Apresentação

A obra **Conexões com a Matemática** é resultado de um trabalho coletivo que foi motivado pelo desejo de produzir uma obra de Matemática com proposta atual e diferenciada, sem deixar de abordar todo o conteúdo ministrado no Ensino Médio.

Por ser um volume único, apresenta outra vantagem: possibilita ao professor maior autonomia para escolher a ordem dos conteúdos mais adequada a seu trabalho.

O projeto editorial desta obra favorece a compreensão, incentiva a leitura e facilita a consulta.

A sequência didática escolhida para a apresentação dos conteúdos inicia-se com uma situação contextualizada, nas páginas da abertura dos capítulos, relacionando os conceitos a serem estudados a uma imagem interessante. A seguir, explora-se a teoria entremeada por exemplos, exercícios resolvidos e exercícios de fixação e de aplicação. Para finalizar, cada capítulo traz as seções *Ficha de revisão* e *Questões de vestibular*. No fechamento do livro, temos a seção *Questões do Enem*.

A obra traz também remissões ao DVD-ROM encartado. O DVD oferece recursos didáticos de diversas naturezas, como textos complementares, atividades de reforço, vídeos e/ou animações, que visam enriquecer e aprofundar os conteúdos tratados no livro-texto.

Esperamos, com esta obra, contribuir para o trabalho do professor em sala de aula e oferecer uma ferramenta adequada ao aprendizado do aluno.

Os editores

Organização do livro

O livro *Conexões com a Matemática* da coleção Vereda Digital é formado por 29 capítulos, em que são desenvolvidos os principais conteúdos da Matemática do Ensino Médio.

O livro está organizado de forma a orientar o estudo, propiciando o aprendizado dos principais conceitos de Matemática. O conteúdo do livro é complementado por conteúdos digitais, indicados ao longo dos capítulos por ícones, identificados pelo nome da pasta e pela numeração de cada objeto.

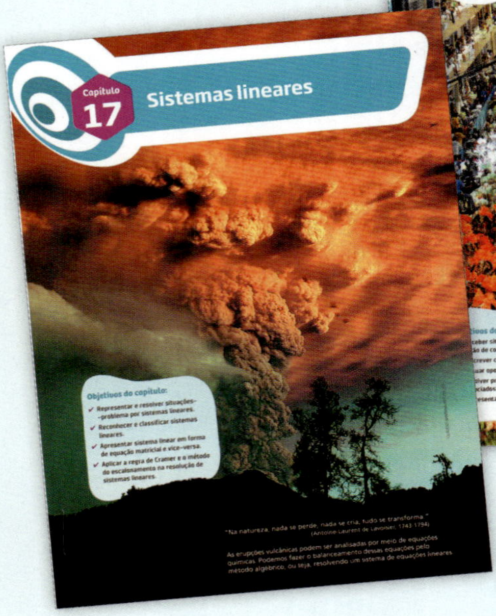

A **abertura do capítulo** apresenta:
- Os objetivos do capítulo.
- Uma imagem motivadora que sugere os conceitos abordados no capítulo.

Ficha de revisão: bateria de exercícios que exploram os conteúdos do capítulo, organizados em ordem crescente de dificuldade.

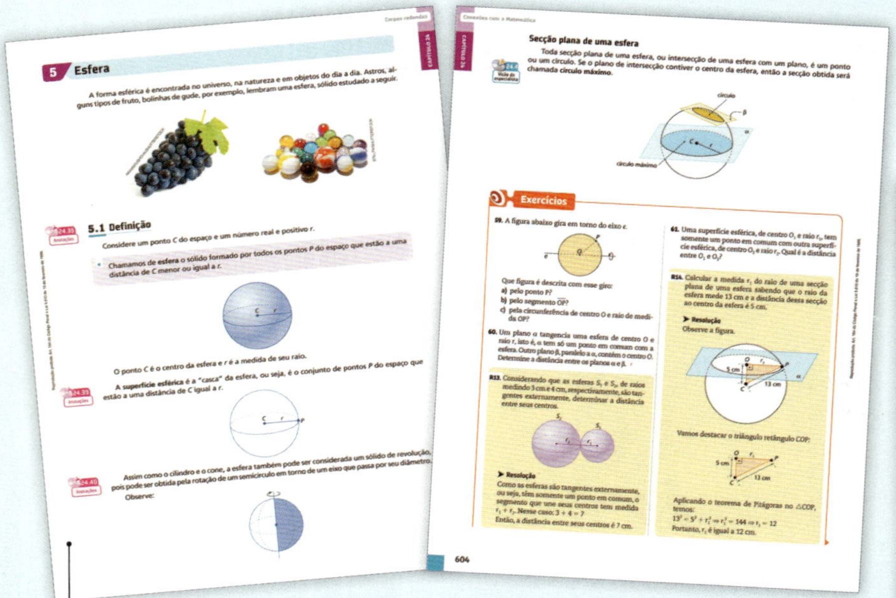

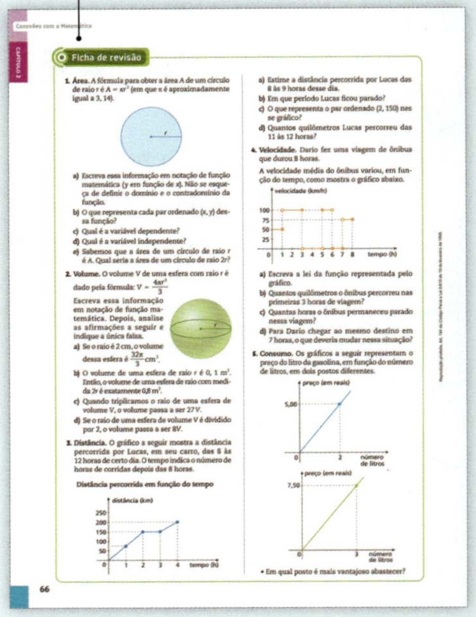

Na **apresentação dos conteúdos**:
- **Definições** e **conceitos básicos** são apresentados em boxes.
- O tratamento visual organiza o conteúdo.
- Os **exemplos** e os **exercícios resolvidos** (R1, R2, R3, ...) apresentam a aplicação dos conceitos.
- Os **exercícios** apresentam grau crescente de dificuldade.

Vereda Digital

Conexões com a Matemática

Volume único

Organizadora: Editora Moderna
Obra coletiva concebida, desenvolvida e produzida pela Editora Moderna.

Editora responsável:
Juliane Matsubara Barroso

Livro acompanhado por um DVD.

1ª edição

MODERNA

Elaboração dos originais

Alexandre Raymundo
Mestre em Educação Internacional pela Endicott College, bacharel e licenciado em Matemática pela Universidade São Judas Tadeu de São Paulo.

Dario Martins de Oliveira
Licenciado em Matemática pela Universidade de São Paulo.

Elaine Aparecida Ostini
Bacharel e licenciada em Matemática pela Pontifícia Universidade Católica de São Paulo.

Ernani Nagy de Moraes
Mestre em Educação e licenciado em Matemática pela Universidade de São Paulo.

Fabio Martins de Leonardo
Licenciado em Matemática pela Universidade de São Paulo.

Juliane Matsubara Barroso
Bacharel e licenciada em Matemática pela Pontifícia Universidade Católica de São Paulo.

Luciana de Oliveira Gerzoschkowitz Moura
Mestre em Educação e licenciada em Matemática pela Universidade de São Paulo.

Márcia Xavier Cury
Bacharel e licenciada em Matemática pela Universidade de São Paulo.

Marisa Biziak Miotto Palo
Licenciada em Matemática pela Faculdade Auxilium de Filosofia, Ciências e Letras de Lins.

Osvaldo Shigueru Nakao
Doutor em Engenharia Civil e mestre em Ensino de Engenharia pela Universidade de São Paulo, licenciado em Matemática pelo Centro Universitário de Brasília.

Tsunediro Takahashi
Licenciado em Matemática pela Universidade de São Paulo.

MODERNA

Coordenação editorial: Juliane Matsubara Barroso
Edição de texto: Ana Paula Souza Nani, Débora Regina Yogui, Enrico Briese Casentini, Everton José Luciano, Fabio Martins de Leonardo, Juliana Ikeda, Marilu Maranho Tassetto, Willian Raphael Silva
Preparação de texto: Renato da Rocha
Assistência editorial: Adriano Rosa Lopes, Marcos Gasparetto de Oliveira, Pedro Almeida do Amaral Cortez
Coordenação de *design* e projetos visuais: Sandra Botelho de Carvalho Homma
Projeto gráfico: Everson de Paula
Capa: Everson de Paula
Foto da capa: Sun Curl. North Shore, Oahu, Hawaii. 2009 © Clark Little
Coordenação de produção gráfica: André Monteiro, Maria de Lourdes Rodrigues
Coordenação de arte: Tais Nakano, Wilson Gazzoni Agostinho
Edição de arte: Elaine Cristina da Silva
Editoração eletrônica: Exemplarr Worldwide Limited
Assistência de produção: Alexandre Cabral Benites
Edição de infografias: William Hiroshi Taciro (coordenação), Fernanda Fencz, Mauro César Brosso, Paula Paschoalick
Ilustrações: Adilson Secco, Biry Sarkis, Enagio Coelho, Orlandeli, Paulo Manzi, Wagner Willian
Cartografia: Anderson de Andrade Pimentel
Coordenação de revisão: Elaine C. del Nero
Revisão: Afonso N. Lopes, Ana Maria C. Tavares, Carlos Eduardo Sigrist, Eduardo Kobayashi, Luís M. Boa Nova, Maristela S. Carrasco, Nancy H. Dias, Nelson J. de Camargo, Rita de Cássia Sam
Pesquisa iconográfica: Carol Böck, Daniela Chahin Barauna, Erika Freitas, Fernanda Siwiec, Monica de Souza, Luciano Baneza, Yan Comunicação
As imagens identificadas com a sigla CID foram fornecidas pelo Centro de Informação e Documentação da Editora Moderna.
Coordenação de *bureau*: Américo Jesus
Tratamento de imagens: Fabio N. Precendo, Pix Art, Rodrigo Fragoso, Rubens M. Rodrigues, Wagner Lima
Pré-impressão: Alexandre Petreca, Everton L. de Oliveira Silva, Hélio P. de Souza Filho, Marcio H. Kamoto
Coordenação de produção industrial: Wilson Aparecido Troque
Impressão e acabamento:

Dados Internacionais de Catalogação na Publicação (CIP)
(Câmara Brasileira do Livro, SP, Brasil)

Conexões com a matemática, volume único / obra coletiva concebida, desenvolvida e produzida pela Editora Moderna ; editora executiva Juliane Matsubara Barroso. – 1. ed. – São Paulo : Moderna, 2012 – (Vereda digital)

Inclui DVD.
Bibliografia.

1. Matemática (Ensino médio) I. Barroso, Juliane Matsubara. II. Série.

12-10796 CDD-510.7

Índice para catálogo sistemático:
1. Matemática : Ensino médio 510.7

978-85-16-08229-1 (LA)
978-85-16-08230-7 (LP)

EDITORA MODERNA LTDA.
Rua Padre Adelino, 758 - Belenzinho
São Paulo - SP - Brasil - CEP 03303-904
Vendas e Atendimento: Tel. (0_ _11) 2602-5510
Fax (0_ _11) 2790-1501
www.moderna.com.br
2016
Impresso na China

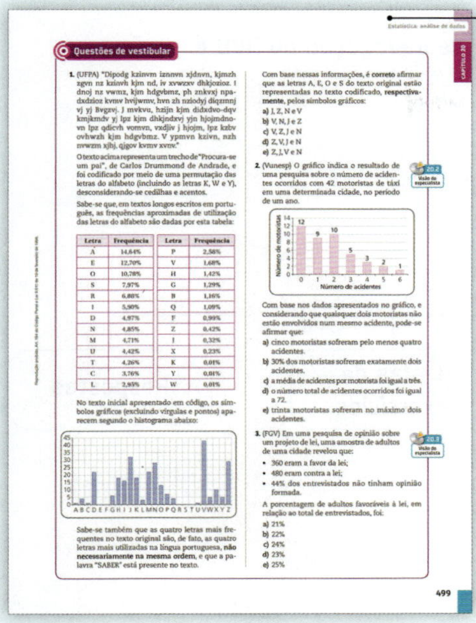

Questões de vestibular: seleção dos principais vestibulares do país.

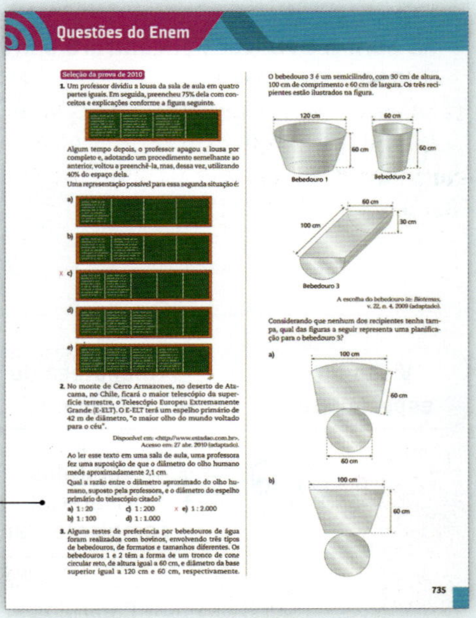

Questões do Enem: no final do livro há questões dos anos de 2010 e 2011.

Como encontrar um objeto digital indicado na remissão

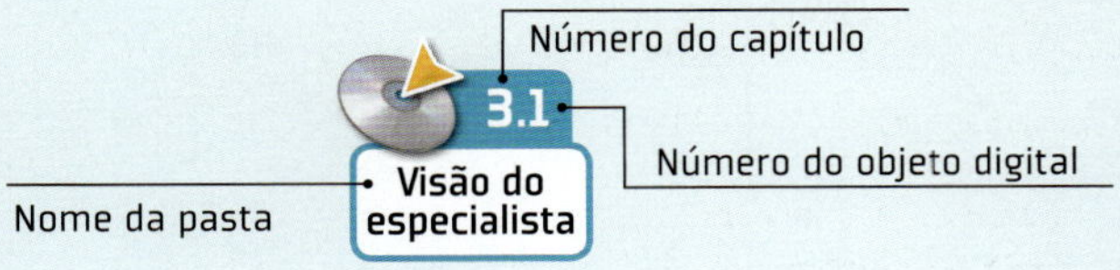

A remissão para o DVD indica a pasta (**Visão do especialista**, **Biblioteca do estudante** ou **Conteúdo multimídia**), o capítulo e o objeto digital.

- O ícone **Visão do especialista**:

Remissão para a pasta do DVD que traz demonstrações de teoremas, comentários ou resoluções de alguns exercícios e ainda uma resolução comentada de algumas questões de vestibular.

- O ícone **Biblioteca do estudante**:

Remissão para a pasta do DVD que traz textos que complementam o conteúdo apresentado no livro.

- O ícone **Conteúdo multimídia**:

Remissão para a pasta do DVD que traz simuladores e roteiro de estudo.

Organização do DVD

Ao abrir o DVD, você encontrará o menu organizado em pastas. O mapa de navegação do DVD é:

- **Conexões com a Matemática DVD-ROM**
  - **Visão do especialista**
  - **Biblioteca do estudante**
    - Capítulos (Material complementar)
    - Capítulos extras
    - Ferramentas digitais: como usar
    - Questões do Enem (1998 a 2009)
    - Sugestão de leitura
    - Sugestão de sites
  - **Conteúdo multimídia**
    - Roteiro de estudo
    - Simulador
  - **Listas de exercícios**
  - **Respostas**

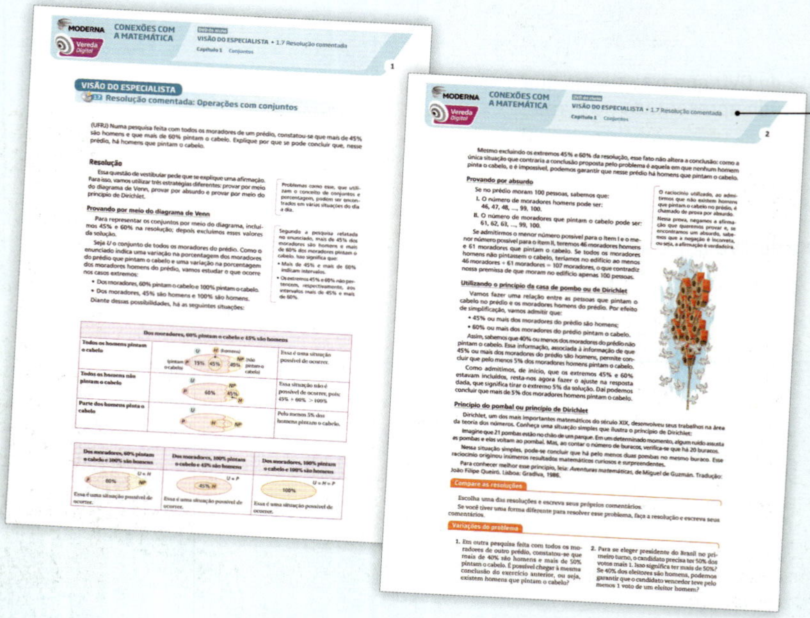

Visão do especialista: demonstrações de teoremas, comentários ou resoluções de alguns exercícios ou ainda a resolução comentada de algumas questões de vestibular.

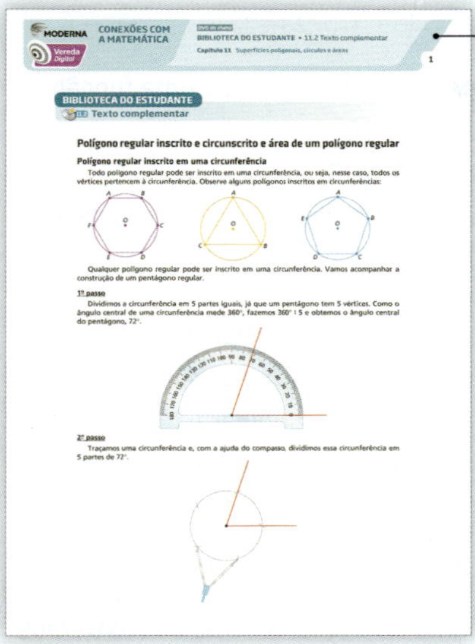

Biblioteca do estudante: textos (acompanhados ou não de atividades) que complementam os conteúdos apresentados no livro e sugestões de leitura sobre assuntos do capítulo.

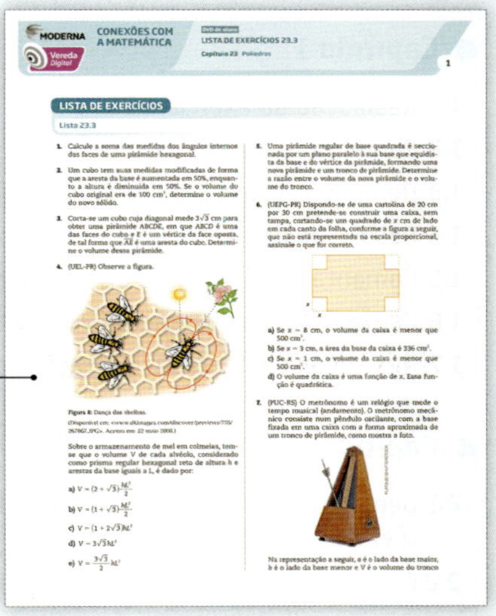

Listas de exercícios: mais de 1.100 exercícios para estudar para as provas.

Conteúdo multimídia: *simuladores* (atividades interativas para testar hipóteses e chegar a conclusões) e *roteiros de estudo* (roteiros com animações para estudar alguns conteúdos).

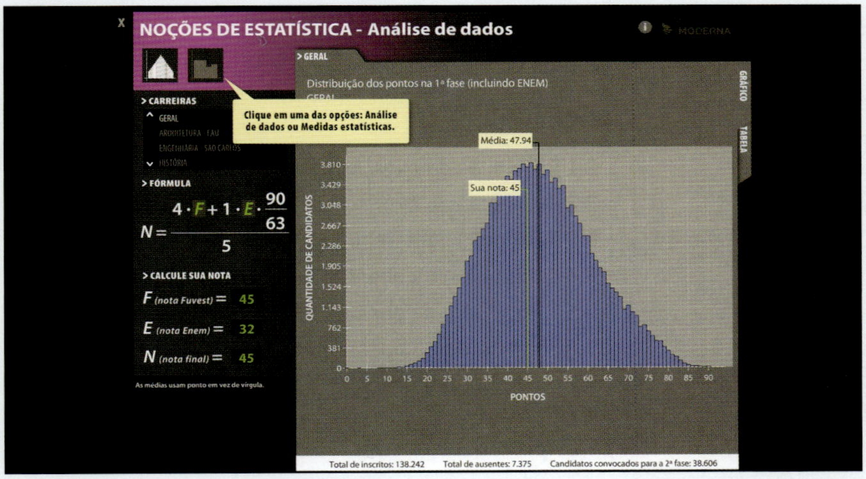

Simulador

Roteiro de estudo

Conteúdo do DVD

Visão do especialista

Capítulo 20

20.1 Resolução comentada: Analisar dados

20.2 Comentário da questão de vestibular 2

20.3 Comentário da questão de vestibular 3

Capítulo 21

21.1 Comentário da questão de vestibular 1

21.2 Comentário da questão de vestibular 3

21.3 Comentário da questão de vestibular 5

Capítulo 22

22.1 Resolução do exercício 26

22.2 Texto complementar: Ângulos diedros

22.3 Resolução do exercício 13 da Ficha de revisão

22.4 Comentário da questão de vestibular 1

22.5 Comentário da questão de vestibular 2

22.6 Comentário da questão de vestibular 6

22.7 Comentário da questão de vestibular 7

22.8 Comentário da questão de vestibular 11

Capítulo 23

23.1 Demonstração: Existem apenas cinco classes de poliedros de Platão

23.2 Resolução do exercício 49

23.3 Resolução comentada: Planificação de um sólido

23.4 Demonstração: 1ª propriedade das pirâmides

23.5 Demonstração: 2ª propriedade das pirâmides

23.6 Resolução do exercício 14 da Ficha de revisão

23.7 Comentário da questão de vestibular 5

23.8 Comentário da questão de vestibular 11

23.9 Comentário da questão de vestibular 20

Capítulo 24

24.1 Demonstração: As secções transversais de um cilindro são círculos congruentes à base

24.2 Demonstração: 1ª propriedade dos cones

24.3 Demonstração: 2ª propriedade dos cones

24.4 Demonstração: A intersecção de um plano com uma esfera pode ser um círculo

24.5 Resolução do exercício 69

24.6 Resolução do exercício 22 da Ficha de revisão

24.7 Comentário da questão de vestibular 1

24.8 Comentário da questão de vestibular 5

24.9 Comentário da questão de vestibular 7

24.10 Comentário da questão de vestibular 13

24.11 Comentário da questão de vestibular 16

Capítulo 25

25.1 Demonstração: Condição de concorrência entre duas retas

25.2 Comentário do exercício 71

25.3 Comentário da questão de vestibular 3

25.4 Comentário da questão de vestibular 5

25.5 Comentário da questão de vestibular 7

25.6 Comentário da questão de vestibular 9

Capítulo 26

26.1 Resolução do exercício 25

26.2 Resolução do exercício 47

26.3 Comentário da questão de vestibular 3

26.4 Comentário da questão de vestibular 4

26.5 Comentário da questão de vestibular 7

26.6 Comentário da questão de vestibular 14

Capítulo 27

27.1 Resolução comentada: Cônicas

27.2 Comentário da questão de vestibular 1

27.3 Comentário da questão de vestibular 5

Capítulo 28

28.1 Resolução comentada: Números complexos

28.2 Comentário da questão de vestibular 1

28.3 Comentário da questão de vestibular 2

28.4 Comentário da questão de vestibular 4

28.5 Comentário da questão de vestibular 8

Capítulo 29

29.1 Resolução do exercício 23

29.2 Demonstração: Teorema da decomposição

29.3 Demonstração

29.4 Resolução do exercício 75

29.5 Demonstração: Teorema das raízes complexas

29.6 Demonstração: Teorema das raízes racionais

29.7 Resolução exercício 101

29.8 Comentário da questão de vestibular 1

29.9 Comentário da questão de vestibular 3

29.10 Comentário da questão de vestibular 6

29.11 Comentário da questão de vestibular 12

29.12 Comentário da questão de vestibular 15

Biblioteca do estudante

Capítulo 1

1.1 Conjunto das partes

1.2 Texto complementar: Como escrever uma dízima periódica em forma de fração

1.3 Texto complementar: Raciocínio para demonstração da existência da irracionalidade de $\sqrt{2}$

Capítulo 2

2.1 Infográfico: Como funciona o *zoom* digital?

2.2 Sugestão de leitura: O caderno secreto de Descartes

2.3 Compreensão de texto: População idosa no Brasil

Capítulo 3

3.1 Texto complementar: Taxa de variação de uma função afim

3.2 Texto complementar: Desigualdade triangular

Capítulo 4

4.1 Crescimento e decrescimento de uma função quadrática

4.2 Conjunto imagem da função quadrática

Capítulo 5

5.1 Transformações em um gráfico

Capítulo 7

7.1 Texto complementar: Logaritmos: um pouco de história

7.2 Texto complementar: Logaritmo neperiano

Capítulo 8

8.1 Sugestão de leitura: O diabo dos números

Capítulo 10

10.1 Texto complementar: Construção da mediana, altura, bissetriz, mediatriz de um triângulo usando régua e compasso

10.2 Sugestão de leitura: O último teorema de Fermat

10.3 Texto complementar: Projeção ortogonal

10.4 Texto complementar: Casos de congruência de triângulos

Capítulo 11

11.1 Texto complementar: Quadrilátero convexo e quadrilátero não convexo

11.2 Texto complementar: Polígono regular inscrito e circunscrito e área de um polígono regular

11.3 Texto complementar: Posições relativas

11.4 Texto complementar: Triângulo e quadrilátero circunscrito a uma circunferência

Capítulo 12

12.1 Compreensão de texto: A modelagem matemática na construção de telhados com diferentes telhas

12.2 A vida secreta dos topógrafos

Capítulo 14

14.1 Compreensão de texto: Som

Capítulo 16

16.1 Outras matrizes especiais

16.2 Regra de Chió

Capítulo 17

17.1 Compreensão de texto: Montando uma dieta alimentar

Capítulo 18

18.1 Texto complementar: Permutação circular

Capítulo 19

19.1 Sugestão de leitura: Novas aventuras científicas de Sherlock Holmes

Capítulo 20

20.1 Compreensão de texto: A pandemia em declínio

Capítulo 21

21.1 Sugestão de leitura: Novas aventuras científicas de Sherlock Holmes

Capítulo 23

23.1 Texto complementar: Soma dos ângulos de todas as faces de um poliedro convexo

Capítulo 24

24.1 Texto complementar: Poliedro ou corpo redondo?

Capítulo 25

25.1 Sugestão de leitura: O caderno secreto de Descartes

25.2 Texto complementar: Inequações do 1º grau com duas incógnitas

Capítulo 27

27.1 Cônicas: Ponto, reta e par de retas concorrentes

27.2 Infográfico: O fogão solar

27.3 Compreensão de texto: A Matemática do GPS

Capítulo 28

28.1 Texto complementar: O número complexo como um vetor

Conteúdo multimídia

Listas de exercícios

Sumário do livro

Capítulo 1

Conjuntos

ISMAR INGBER/PULSAR IMAGENS

Desfile de uma escola de samba no sambódromo do Rio de Janeiro.

Objetivos do capítulo:

- ✔ Perceber situações em que se aplica a noção de conjunto.
- ✔ Descrever conjuntos.
- ✔ Efetuar operações com conjuntos.
- ✔ Resolver problemas aplicando os conceitos associados a conjuntos.
- ✔ Representar e operar intervalos reais.

1 Conjuntos

1.1 Noções básicas

Em muitas situações, como a descrita na abertura deste capítulo, recorremos à noção de conjunto. A noção de conjunto em Matemática é a mesma usada no dia a dia (agrupamento, coleção etc.). Veja alguns exemplos:

- Conjunto dos times de futebol para os quais os alunos de uma turma torcem: Brasiliense, Gama, Ceilândia.
- Conjunto dos números pares: 0, 2, 4, 6, 8, ...
- Conjunto dos dias da semana em que uma pessoa pratica natação: segunda-feira, quarta-feira, sexta-feira.

Um conjunto é formado por **elementos**. Por exemplo: um conjunto A, que representa o conjunto dos divisores de 10, é formado pelos elementos 1, 2, 5 e 10.

Daí, podemos dizer:

- 1 **pertence** a A e indicamos por: $1 \in A$
- 3 **não pertence** a A e indicamos por: $3 \notin A$

Representação de um conjunto

Podemos representar os conjuntos por meio de três formas:

- **enumerando os elementos;**
- **considerando uma propriedade que todos os elementos do conjunto, e somente eles, verificam;**
- **desenhando uma figura (diagrama de Venn).**

Exemplo

Vamos representar de diferentes formas o conjunto A formado pelos elementos 1, 3, 5, 7 e 9:

- enumerando os elementos: $A = \{1, 3, 5, 7, 9\}$
- considerando uma propriedade que todos os elementos do conjunto, e somente eles, verificam:

  $A = \{x \mid x \text{ é um número ímpar menor que } 10\}$
  (Lemos: "x tal que x é um número ímpar menor que 10".)
- desenhando uma figura:

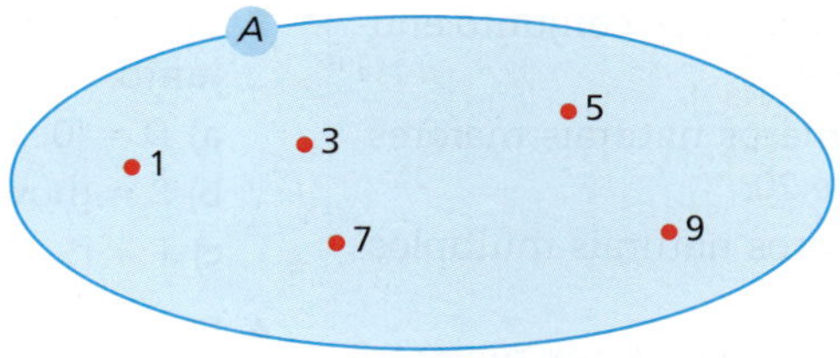

1.2 Igualdade de conjuntos

Dois conjuntos, A e B, são **iguais** ($A = B$) se A tem os mesmos elementos de B.

Como os conjuntos podem ser representados por uma propriedade ou pela enumeração de seus elementos, verificar se eles têm os mesmos elementos pode não ser tão simples. Por exemplo, o conjunto A dos números naturais menores que 5 e o conjunto $B = \{0, 1, 2, 3, 4\}$ são iguais, pois têm os mesmos elementos.

Quando um conjunto tem ao menos um elemento diferente dos elementos de outro conjunto, dizemos que eles são **diferentes**.

$X = \{0, 2, 3, 4, ...\}$
$Y = \{1, 2, 3, 4, ...\}$

$X \neq Y$ (Lemos: "X é diferente de Y".)

1.3 Conjunto universo, unitário e vazio

Conjunto universo

Considere a seguinte situação:

Uma empresa de consultoria foi contratada para fazer um estudo sobre a faixa salarial dos funcionários de uma indústria. Para isso, é necessário que a empresa conheça o universo em que ela realizará seu estudo, ou seja, o conjunto ao qual os funcionários pertencem. Esse conjunto pode ser considerado como conjunto universo.

Conjunto universo, que indicamos por ***U***, é o conjunto formado por todos os elementos utilizados para estudar uma situação.

Por exemplo, ao resolver a equação $x^2 = 4$, considerando como conjunto universo U tal que U é o conjunto dos números naturais, encontramos uma única solução: $x = 2$

Agora, se considerarmos U como o conjunto dos números inteiros, a equação terá duas soluções:

$$x = -2 \text{ ou } x = 2$$

Conjunto unitário

Considere o conjunto $C = \{x \mid x \text{ é um número natural primo e par}\}$. Como o único número natural primo e par é o 2, pois os outros números naturais pares são divisíveis por 2, o conjunto C é formado por um único elemento. Chamamos esse tipo de conjunto de conjunto unitário. Podemos representar o conjunto C por: $C = \{2\}$

Conjunto unitário é o conjunto formado por um único elemento.

Conjunto vazio

Considere o conjunto $B = \{x \mid x \text{ é um número primo par maior que 5}\}$. Como não existe nenhum número primo par maior que 5, o conjunto B não possui nenhum elemento. Nesse caso, podemos chamar esse conjunto de conjunto vazio.

Conjunto vazio, cuja notação é $\varnothing$ ou $\{\ \}$, é o conjunto que não tem elementos.

Exercícios

1. Leia cada propriedade e escreva o conjunto enumerando seus elementos.

a) A: conjuntos dos números naturais maiores que 10 e menores que 20.

b) B: conjunto dos números naturais múltiplos de 3.

c) C: conjunto dos números ímpares maiores que 100.

d) D: conjunto das vogais da palavra PARALELEPÍPEDO.

2. Leia cada propriedade e escreva os conjuntos enumerando seus elementos.

a) M: conjunto dos números primos maiores que 25 e menores que 35.

b) N: conjunto das consoantes da palavra ARARA.

c) O: conjunto dos números múltiplos de 10 entre 100 e 110.

3. Escreva uma propriedade que defina cada conjunto.

a) $D = \{0, 12, 24, 36\}$

b) E = {nova, crescente, cheia, minguante}

c) $F = \{5, 7, 9, 11, 13, 15, 17, 19\}$

4. Escreva uma propriedade que defina cada conjunto.

a) $G = \{0, 2, 4, 6, 8, 10\}$

b) $H = \{2, 3, 5, 7, 11, 13\}$

c) I = {verde, amarelo, azul, branco}

5. Considere os conjuntos: $A = \{x \mid x \text{ é um número natural ímpar}\}$, $B = \{x \mid x \text{ é um número primo}\}$ e $C = \{x \mid x \text{ é um número natural múltiplo de 3}\}$. Classifique cada sentença como verdadeira (V) ou falsa (F).

a) $0 \in A$

b) $0 \notin B$

c) $1 \notin B$

d) $1 \in C$

e) $3 \in A$

f) $3 \in C$

6. Considere os conjuntos: $A = \{x \mid x$ é um número natural menor que $5\}$, $B = \{1, 2, 3, 4, 5\}$, $C = \{x \mid x$ é um número inteiro maior que 0 e menor que $6\}$, $D = \{0, 1, 2, 3, 4, 5, 6\}$ e $E = \{0, 1, 2, 3, 4\}$. Classifique cada sentença a seguir como verdadeira (V) ou falsa (F).

a) $A = B$
b) $B = C$
c) $A \neq D$
d) $E = A$
e) $D \neq C$
f) $C \neq B$

7. Enumere os seguintes conjuntos.

a) $X = \{x \in U \mid x$ é maior que -10 e menor que $10\}$, sendo U o conjunto dos números naturais.

b) $Y = \{y \in U \mid y$ é maior que -10 e menor que $10\}$, sendo U o conjunto dos números inteiros.

8. Enumere os seguintes conjuntos.

a) $A = \{x \in U \mid x$ é um número tal que $x^2 - 4 = 0\}$, sendo U o conjunto dos números naturais.

b) $B = \{x \in U \mid x$ é um número tal que $x^2 - 4 = 0\}$, sendo U o conjunto dos números inteiros.

c) $C = \{x \in U \mid x$ é um número tal que $x^2 - 4 = 0\}$, sendo U o conjunto dos números racionais.

9. Classifique cada conjunto em vazio ou unitário.

a) $M = \{x \mid x$ é um número natural menor que $1\}$

b) $N = \{x \mid x$ é um número par e está entre 2.333 e 2.334$\}$

c) $O = \{x \mid x$ é um número natural tal que $x^2 = 4\}$

d) $P = \{x \mid x$ é um número inteiro e está entre 0 e $1\}$

1.4 Subconjuntos de um conjunto

Dizemos que *A* é **subconjunto** do conjunto *B* se, e somente se, todos os elementos de *A* pertencem a *B*. Por exemplo, considere os conjuntos abaixo.

$A = \{1, 2, 3, 4\}$
$B = \{1, 2, 3, 4, 5, 6, 7\}$

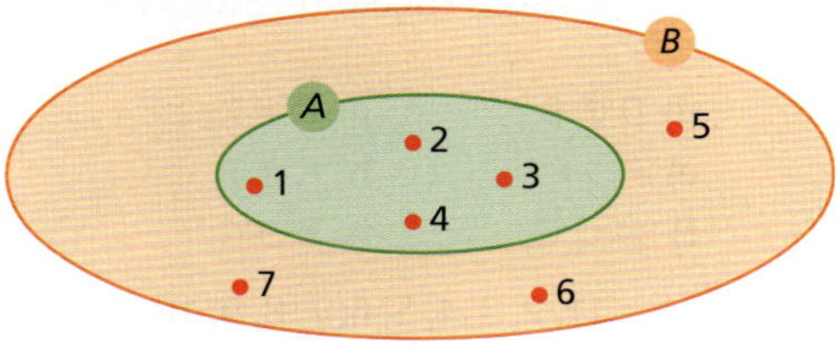

Todos os elementos do conjunto *A* são elementos do conjunto *B*; então dizemos que *A* é um subconjunto de *B*.

Para indicar a relação entre os conjuntos *A* e *B*, usamos a notação:

$A \subset B$ (Lemos: "***A* está contido** em *B*".)

Como o conjunto *A* está contido em *B*, também dizemos que *B* **contém** *A*. Usando notação:

$$B \supset A$$

Se um conjunto *A* não é subconjunto de *B*, dizemos que *A* **não está contido** em *B*. Indicamos por: $A \not\subset B$

Por exemplo, considere os conjuntos abaixo:

$A = \{1, 2, 3, 7\}$
$B = \{1, 2, 3, 4, 5, 6\}$
$C = \{0\}$

1.1 Biblioteca do estudante

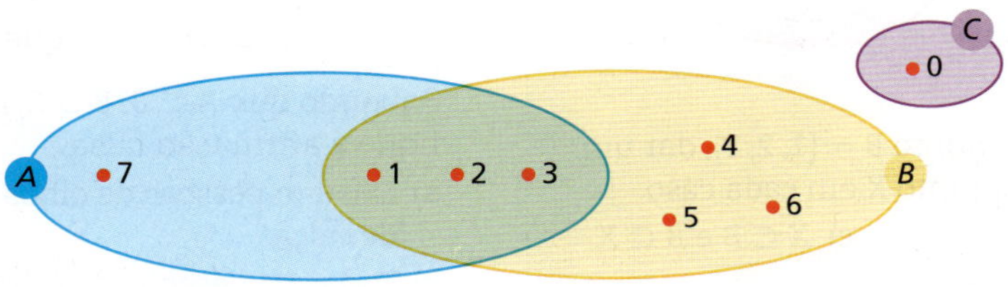

$A \not\subset B$
$C \not\subset B$
$C \not\subset A$

Observe que:

- O conjunto vazio está contido em qualquer conjunto.
- Todo conjunto está contido nele mesmo.
- Se $A \subset B$ e $B \subset A$, então o conjunto *A* é igual a *B*.

Exercícios

R1. Dados os conjuntos $A = \{a, b, c\}$, $B = \{c, d\}$ e $C = \{b, c\}$, classificar cada sentença em verdadeira ou falsa.

a) $A \supset C$ c) $C \supset A$

b) $B \not\subset A$ d) $C \subset B$

➤ Resolução

a) A sentença é verdadeira, pois todos os elementos de C pertencem a A.

b) A sentença é verdadeira, pois existe o elemento *d* de B que não pertence a A.

c) A sentença é falsa, pois o elemento *a* pertence a A, mas não pertence a C.

d) A sentença é falsa, pois o elemento *b* pertence a C, mas não pertence a B.

10. Considere os conjuntos $C = \{1\}$, $D = \{1, 2, 3\}$, $E = \{1, 3, 5, 7, 9, ...\}$ e $F = \{x \mid x$ é um número primo$\}$. Classifique cada sentença em verdadeira (V) ou falsa (F).

a) $C \supset D$ d) $D \not\subset E$ g) $E = F$

b) $C \subset E$ e) $F \supset E$ h) $C \not\subset F$

c) $D \subset F$ f) $\varnothing \subset C$ i) $E \supset C$

11. Dado o conjunto $A = \{1, 2, 3, 4, 5, 6, 7, 8, 9, 10, 11, 12, 13\}$, determine:

a) o subconjunto de A formado somente por elementos que são múltiplos de 2.

b) o subconjunto de A formado somente por elementos que são números primos.

12. Observe o diagrama e escreva relações entre os conjuntos A, B e C utilizando os símbolos $\subset$, $\supset$ ou $\not\subset$.

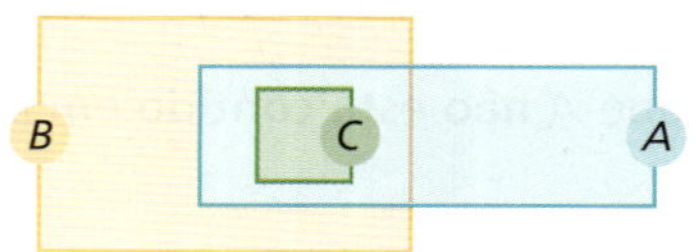

13. Observe o diagrama e escreva relações entre os conjuntos A, B e C utilizando os símbolos $\subset$, $\supset$ ou $\not\subset$.

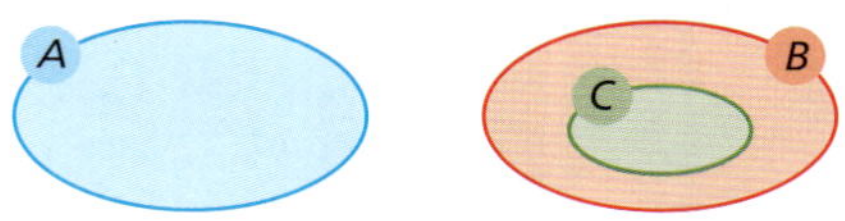

R2. Considerando o conjunto $B = \{1, 2, 3\}$, dar um exemplo de um conjunto X em cada caso.

a) $X \subset B$ b) $B \subset X$ c) $X \subset B$ e $B \subset X$

➤ Resolução

a) Se $X \subset B$, então X é um subconjunto de B. Logo, há mais de um conjunto X que obedece a essa condição.

Poderíamos ter, por exemplo: $X = \varnothing$, uma vez que o conjunto vazio é subconjunto de qualquer conjunto; $X = \{1\}$, $X = \{1, 2\}$, entre outros.

b) Se $B \subset X$, então B é um subconjunto de X. Logo, poderemos determinar infinitos exemplos para X, desde que os elementos 1, 2 e 3 pertençam ao conjunto X. Como exemplo, temos: $X = \{0, 1, 2, 3\}$ ou $X = \{0, 1, 2, 3, 4\}$

c) Se $X \subset B$ e $B \subset X$, então o conjunto X é igual a B. Logo, só existe uma possibilidade: $X = \{1, 2, 3\}$

14. Dados os conjuntos $A = \{a, b, c\}$ e $B = \{b\}$, determine as quatro possibilidades de formar um conjunto M, sabendo que: $M \subset A$ e $M \supset B$

15. Dados dois conjuntos A e B, se $A \subset B$ e $B = \varnothing$, determine o conjunto A.

16. Em um escritório, trabalham cinco pessoas: Jonas, Carlos, João, Rui e Ana. Considere os conjuntos:

O: conjunto das pessoas que usam óculos

A: conjunto das pessoas que usam aparelho nos dentes

H: conjunto das pessoas do sexo masculino

Sabendo que $A \subset O$, $O \subset H$ e que João e Rui usam aparelho nos dentes, descubra quem usa óculos.

(*Dica*: Há mais de uma resposta possível.)

THOMAS BARWICK/THE IMAGE BANK/GETTY IMAGES

17. Considere os seguintes conjuntos:

A: conjunto das pessoas que estão de calça

B: conjunto das pessoas que estão de azul

C: conjunto das pessoas que têm cabelos curtos

D: conjunto das pessoas que têm olhos castanhos

Sabendo que $A \subset B$, $B \supset C$, $D \supset B$ e $A \supset C$, identifique a afirmação falsa.

a) Existem pessoas de olhos castanhos que estão de calça.

b) Todas as pessoas de calça estão de azul.

c) Existem pessoas de cabelos curtos que têm olhos castanhos.

d) Todas as pessoas de olhos castanhos têm cabelos curtos.

2 Operações com conjuntos

2.1 União de conjuntos

Considere os conjuntos $A = \{2, 3, 5, 7\}$ e $B = \{0, 2, 4, 6\}$. Reunindo em um conjunto C os elementos que pertencem ao conjunto A ou ao B, temos:

$$C = \{0, 2, 3, 4, 5, 6, 7\}$$

Dizemos que C é o conjunto resultante da **união** de A e B e indicamos por:

$A \cup B = C$ (Lemos: "A união B é igual a C".)

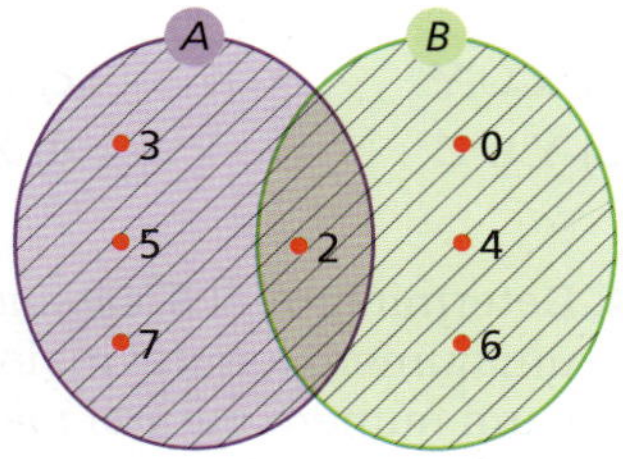

A região hachurada representa: $A \cup B = C$

- Dados dois conjuntos, A e B, a união de A e B é o conjunto formado por todos os elementos que pertencem a A **ou** a B.

$$A \cup B = \{x \mid x \in A \text{ ou } x \in B\}$$

2.2 Intersecção de conjuntos

Considere $A = \{x \mid x$ é um número natural menor que $8\}$ e $B = \{x \mid x$ é um número natural par menor que $10\}$. Se formarmos um conjunto C com os elementos comuns a A e a B, ou seja, com elementos que pertencem tanto a A quanto a B, obteremos:

$$C = \{0, 2, 4, 6\}$$

Dizemos que C é o conjunto resultante da **intersecção** de A e B e indicamos por:

$A \cap B = C$ (Lemos: "a intersecção de A e B é igual a C, ou A inter B é igual a C".)

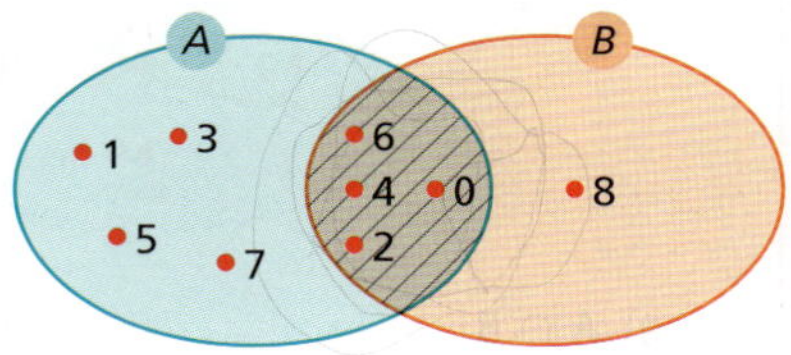

A região hachurada representa: $A \cap B = C$

- Dados dois conjuntos, A e B, a intersecção de A e B é o conjunto formado por todos os elementos que pertencem a A **e** a B.

$$A \cap B = \{x \mid x \in A \text{ e } x \in B\}$$

Observação:
Quando $A \cap B = \varnothing$, dizemos que A e B são **conjuntos disjuntos**, ou seja, A e B não têm elementos em comum.

Exercícios

R3. Determinar $A \cup B$, sabendo que $A = \{x \mid x$ é um número natural menor que $8\}$ e $B = \{x \mid x$ é um número natural entre 7 e $11\}$.

➤ Resolução

Inicialmente, determinamos os elementos dos conjuntos A e B. Assim, temos:
$A = \{0, 1, 2, 3, 4, 5, 6, 7\}$ e $B = \{8, 9, 10\}$
Desse modo: $A \cup B = \{0, 1, 2, 3, 4, 5, 6, 7, 8, 9, 10\}$

Representando a união desses conjuntos em um diagrama, temos:

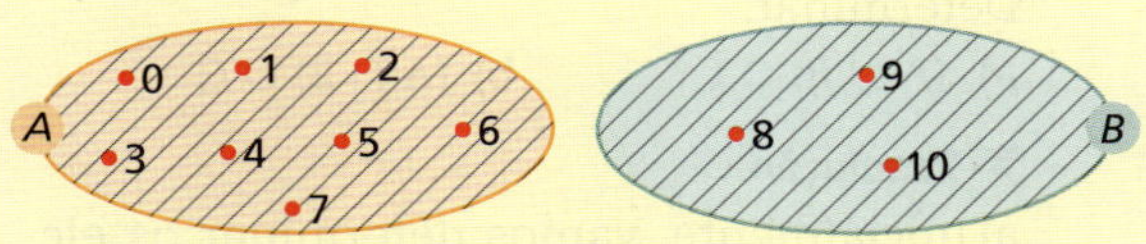

A região hachurada representa $A \cup B$.

18. Observe os conjuntos X, Y e Z. Determine:

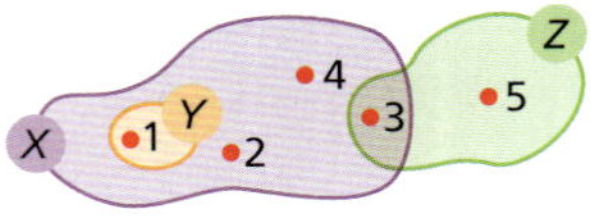

a) $X \cup Y$ c) $Z \cup X$
b) $Y \cup Z$ d) $X \cup Y \cup Z$

R4. Determinar $A \cap B$, sabendo que $A = \{x \mid x$ é um número natural maior que $9\}$ e $B = \{x \mid x$ é um número natural menor que $9\}$.

➤ **Resolução**

Inicialmente, determinamos os elementos dos conjuntos A e B. Assim, temos:

$$A = \{10, 11, 12, 13, 14, 15, ...\}$$
$$B = \{0, 1, 2, 3, 4, 5, 6, 7, 8\}$$

Como não há elementos em comum, $A \cap B = \varnothing$.

19. Considere os conjuntos A, B e C e determine:

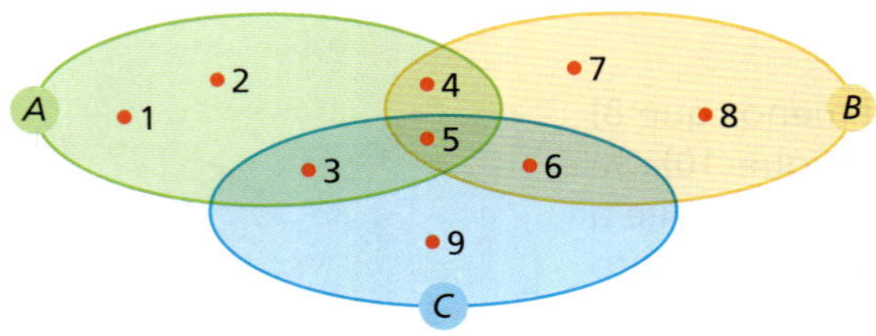

a) $A \cap B$ c) $C \cap A$
b) $B \cap C$ d) $A \cap B \cap C$

1.1 Visão do especialista

20. Considere $P = \{x \mid x$ é par$\}$, $I = \{x \mid x$ é ímpar$\}$ e $M = \{x \mid x$ é um número natural múltiplo de $10\}$. Determine:

a) $P \cup M$ c) $P \cap M$
b) $P \cap I$ d) $I \cap M$

R5. Considerar os conjuntos representados abaixo:

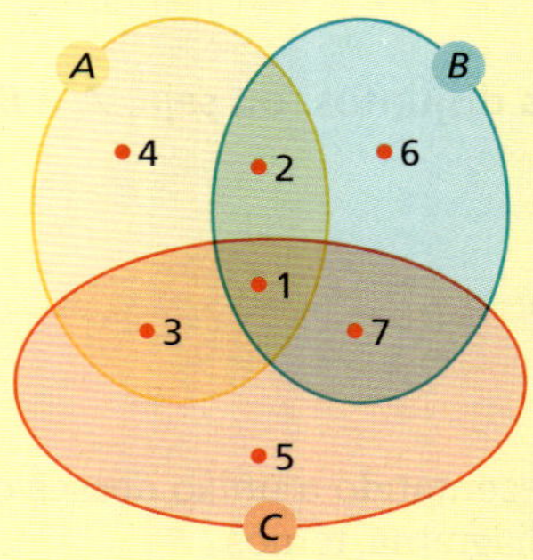

Determinar:

a) $(A \cup B) \cap C$ b) $(A \cap B) \cup C$

➤ **Resolução**

a) Inicialmente, vamos determinar os elementos pertencentes a cada conjunto. Assim: $A = \{1, 2, 3, 4\}$, $B = \{1, 2, 6, 7\}$ e $C = \{1, 3, 5, 7\}$

Agora, determinamos $(A \cup B)$:

$$A \cup B = \{1, 2, 3, 4, 6, 7\}$$

Depois, determinamos a intersecção desse conjunto com C e obtemos:

$$(A \cup B) \cap C = \{1, 3, 7\}$$

Representando em um diagrama de Venn:

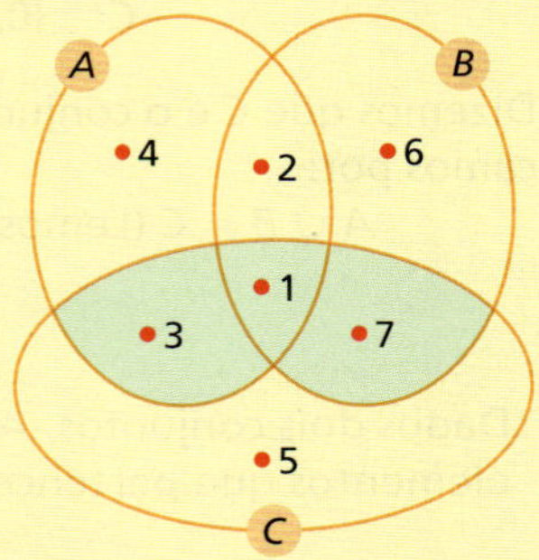

A parte verde representa: $(A \cup B) \cap C$

b) Primeiro, determinamos $(A \cap B)$:

$A \cap B = \{1, 2\}$

Depois, determinamos a união desse conjunto com C: $(A \cap B) \cup C = \{1, 2, 3, 5, 7\}$

Representando em um diagrama de Venn:

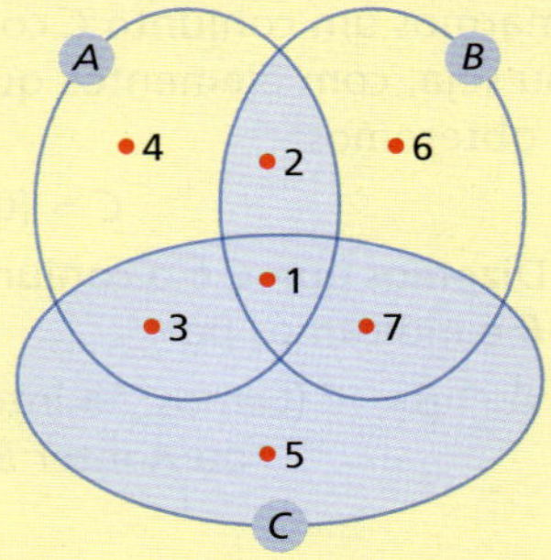

A parte azul representa: $(A \cap B) \cup C$

21. Retome os conjuntos A, B e C do exercício 19 e determine:

a) $(A \cap B) \cup C$ b) $(A \cup B) \cap C$

R6. Sabendo que $A \cup B = \{1, 2, 3, 4, 5, 6\}$ e $A \cap B = \{4, 5\}$, escrever duas possibilidades diferentes para A e B.

➤ **Resolução**

Como $A \cap B = \{4, 5\}$, devemos considerar que os elementos 4 e 5 pertencem tanto ao conjunto A quanto ao conjunto B. Sabemos também que os conjuntos A e B são formados necessariamente pelos elementos que pertencem a $A \cup B$. Assim, podemos escrever:

$$A = \{1, 4, 5\} \text{ e } B = \{2, 3, 4, 5, 6\} \quad \text{ou}$$
$$A = \{3, 4, 5, 6\} \text{ e } B = \{1, 2, 4, 5\}$$

Há outras possibilidades além dessas.

22. Sabendo que $A \cup B = \{15\}$, escreva duas possibilidades diferentes para A e B.

1.2 Visão do especialista

23. Sabendo que $A \cap B = \{15\}$, escreva duas possibilidades diferentes para A e B.

24. Sabendo que $A = \{1, 2, 3, 4\}$, $B = \{1, 4, 5\}$ e $C = \{1, 3, 5, 6\}$, determine o conjunto X tal que $X \cup A = A \cup B$ e $X \cap C = \{5\}$.

2.3 Diferença de conjuntos

Considere os conjuntos:

$A = \{x \mid x$ é um número natural e está entre 20 e 30$\}$ e

$B = \{x \mid x$ é um número primo menor que 30$\}$

Podemos formar um conjunto D com os elementos que pertencem ao conjunto A, mas não pertencem a B. Dizemos que o conjunto D é a diferença entre A e B. Listando os elementos do conjunto D, temos: $D = \{21, 22, 24, 25, 26, 27, 28\}$

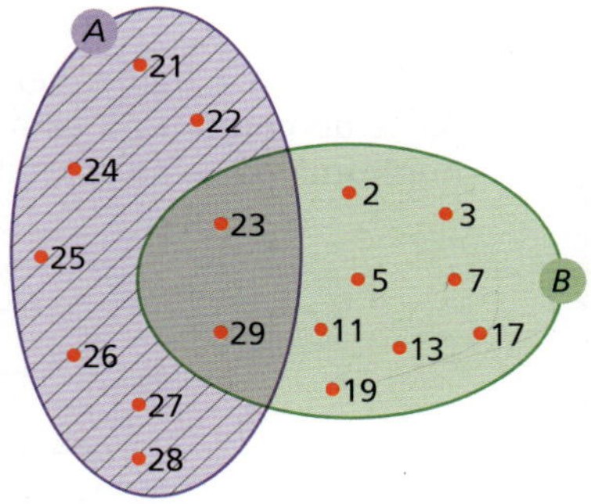

A região hachurada representa: $A - B = D$

- Dados dois conjuntos, A e B, a diferença entre A e B é o conjunto formado pelos elementos que pertencem a A, mas não pertencem a B.

$$A - B = \{x \mid x \in A \text{ e } x \notin B\}$$

Complementar de um conjunto

Considere agora dois conjuntos, A e B, tais que $B \subset A$. Chamamos de **complementar do conjunto B em relação a A** o conjunto dado por $A - B$, que indicamos por $\complement_A^B$.

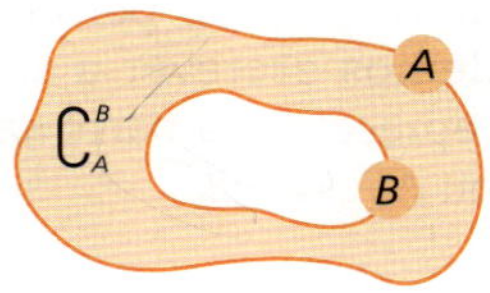

Dados os conjuntos A e B, o complementar do conjunto B em relação a A é a parte laranja da figura.

- $\complement_A^B = A - B$, com $B \subset A$

Observação:
O complementar de um conjunto A em relação ao conjunto universo U também pode ser escrito com a notação A^C ou $\overline{A}$.

Exercícios

R7. Determinar $A - B$ sabendo que $A = \{x \mid x$ é um número natural menor que 10$\}$ e $B = \{x \mid x$ é um número natural e está entre 3 e 7$\}$.

➤ Resolução

Para facilitar a resolução, podemos enumerar os elementos dos conjuntos A e B: $A = \{0, 1, 2, 3, 4, 5, 6, 7, 8, 9\}$ e $B = \{4, 5, 6\}$

Como a diferença de A e B é o conjunto formado pelos elementos que pertencem a A, mas não pertencem a B, temos:

$$A - B = \{0, 1, 2, 3, 7, 8, 9\}$$

25. Considere os conjuntos: $X = \{1, 2, 3, 4\}$, $Y = \{x \mid x$ é um número primo menor que 6$\}$ e $Z = \{1, 2, 3, 4, 5, 6, 7, 8, 9\}$. Determine:

a) $X - Z$ b) $Y - X$ c) $Z - X$

R8. Descrever a parte azul do diagrama por meio de operações de conjuntos.

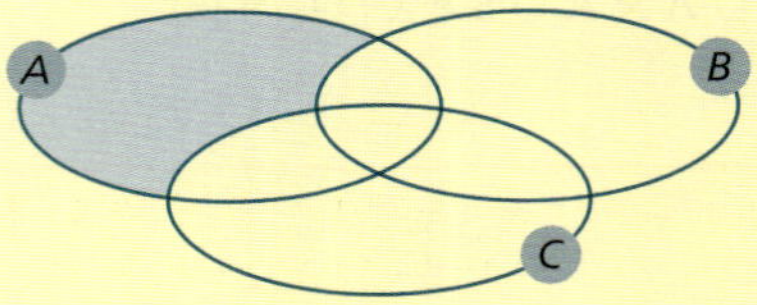

➤ Resolução

Observando a figura, vemos que nenhuma parte do conjunto B está azul, assim como nenhuma parte do conjunto C.

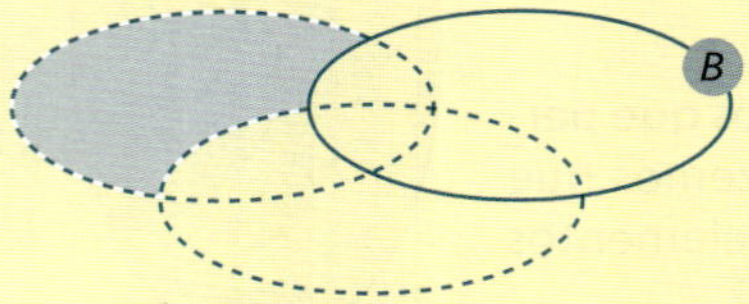

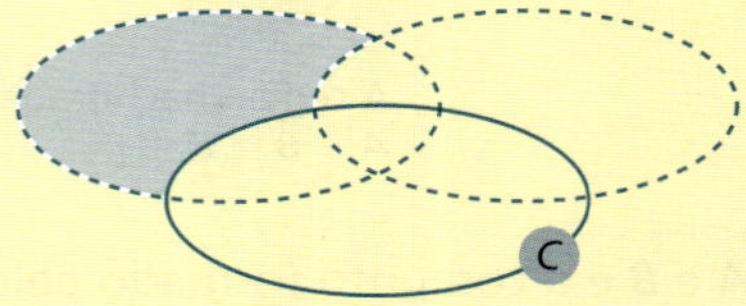

Devemos observar ainda que somente uma parte do conjunto A está azul.

Como essa parte representa os elementos de A que não pertencem a B nem a C, podemos escrever a seguinte operação para representar a parte azul da figura: $A - B - C$ ou $A - C - B$

26. Descreva a parte laranja em cada diagrama, por meio de operações de conjuntos.

a)

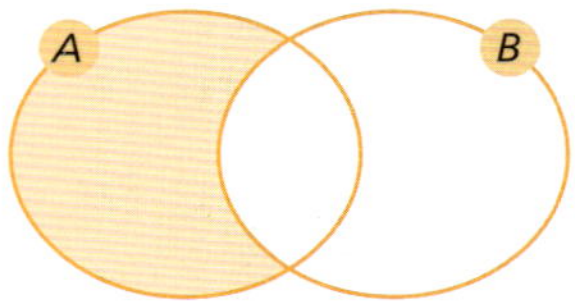

b)

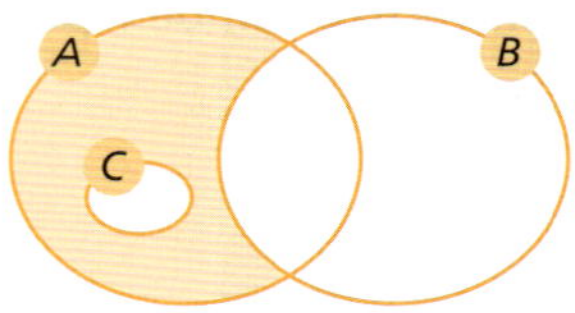

27. Considere os conjuntos do diagrama abaixo.

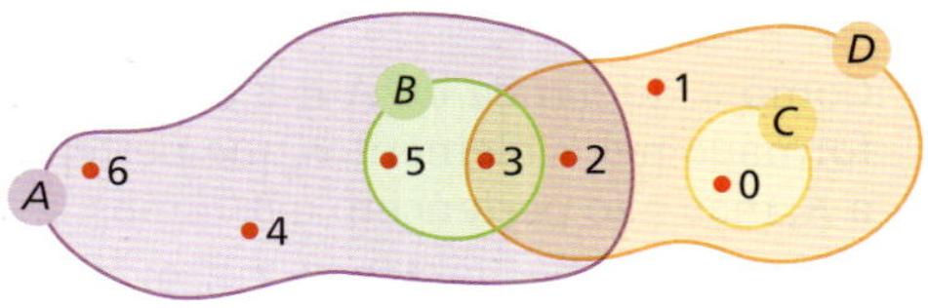

Determine:

a) $A - D$

b) $B - C$

c) $(A \cap D) - (B \cap C)$

28. Dados os conjuntos A, B e C, representados ao lado, determine o que se pede.

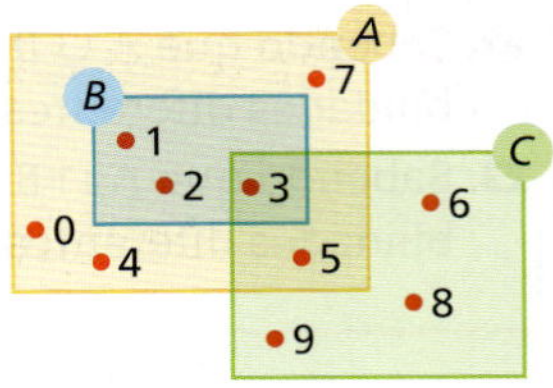

a) $A \cup B \cup C$

b) $A \cap B \cap C$

c) $(A - B) \cap C$

d) $(A - C) \cap B$

R9. Considerar os conjuntos $A = \{0, 5, 10, 15\}$, $B = \{0, 10\}$ e $U = \{x \mid x$ é um número natural menor ou igual a $15\}$. Determinar:

a) A^C b) $\complement_A^B$ c) $\complement_U^E$, com $E = \complement_A^B$

➤ Resolução

a) Como o conjunto U é um conjunto finito, para facilitar a resolução podemos enumerar seus elementos: $U = \{0, 1, 2, 3, 4, 5, 6, 7, 8, 9, 10, 11, 12, 13, 14, 15\}$

Determinando $U - A$, encontramos:

$A^C = \{1, 2, 3, 4, 6, 7, 8, 9, 11, 12, 13, 14\}$

b) Nesse caso, devemos determinar $A - B$. Assim: $\complement_A^B = \{5, 15\}$

c) Inicialmente, devemos encontrar os elementos do conjunto E. Como $E = \complement_A^B$, temos: $E = \{5, 15\}$

Agora, determinamos $U - E$ e encontramos: $\complement_U^E = \{0, 1, 2, 3, 4, 6, 7, 8, 9, 10, 11, 12, 13, 14\}$

29. Dados os conjuntos $U = \{0, 2, 4, 6, 8, 10\}$, $A = \{0, 2, 4\}$, $B = \{4, 6, 8\}$ e $C = \{4\}$. Determine:

a) A^C

b) B^C

c) C^C

d) $\complement_B^C$

30. Desenhe um diagrama com três conjuntos M, N e P de modo que $\complement_M^N = P$.

R10. Dados os conjuntos $U = \{3, 6, 9, 12, 15, 18\}$, $A^C = \{3, 6, 9\}$ e $B^C = \{15, 18\}$, determinar:

a) o conjunto A. b) o conjunto B.

➤ Resolução

a) Como $A^C = \{3, 6, 9\}$, os elementos de U que não pertencem a A^C pertencem ao conjunto A; portanto: $A = \{12, 15, 18\}$

b) Como $B^C = \{15, 18\}$, os elementos de U que não pertencem a B^C pertencem ao conjunto B; portanto: $B = \{3, 6, 9, 12\}$

31. Determine X, Y e Z, sabendo que $Z = \{t\}$, $\complement_X^Y = \{c\}$, $\complement_X^Z = \{c, a\}$ e $\complement_Y^Z = \{a\}$.

32. Dado um conjunto universo U, considere um subconjunto qualquer C. Qual é o complementar do complementar desse conjunto C?

33. Se $A - B = \{1, 3\}$, $A - C = \{1, 4\}$ e $A \cup B = \{1, 3, 4\}$, determine o conjunto A.

3 Aplicação das operações com conjuntos

3.1 Problemas

Em alguns problemas que envolvem a noção de conjuntos, especialmente aqueles que se referem a pesquisas, não importa saber quais elementos pertencem a um ou a outro conjunto, mas sim estabelecer o número de elementos de cada conjunto. Problemas dessa natureza podem ser resolvidos pela aplicação das operações com conjuntos. Vamos analisar o que ocorre com o número de elementos de um conjunto resultante de algumas operações.

No quadro abaixo, considere as seguintes representações:

- *A* e *B* são dois conjuntos finitos quaisquer;
- n(*A*) é o número de elementos do conjunto *A*;
- n(*B*) é o número de elementos do conjunto *B*.

$A \cup B$	$A \cap B$	$A - B$
O número de elementos de *A* união *B* é: 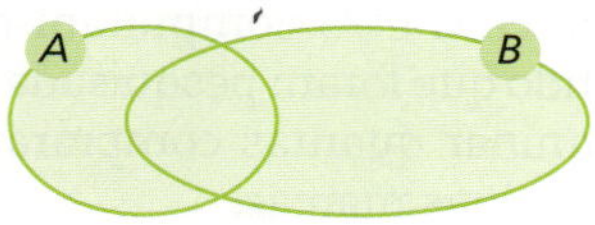 $n(A \cup B) = n(A) + n(B) - n(A \cap B)$	O número de elementos de *A* inter *B* é: 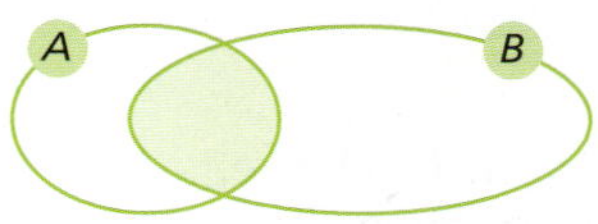 $n(A \cap B) = n(A) + n(B) - n(A \cup B)$	O número de elementos de *A* menos *B* é: 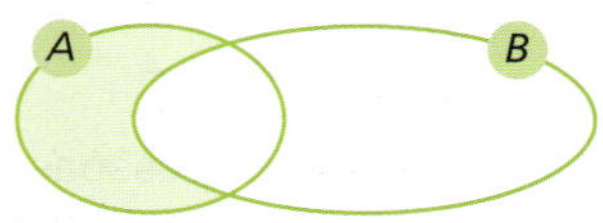 $n(A - B) = n(A) - n(A \cap B)$

Exercícios

34. Determine o número de elementos dos conjuntos:

a) $n(A \cup B)$, sabendo que: $n(A) = 10$, $n(B) = 5$ e $n(A \cap B) = 0$

b) $n(A \cup B)$, sabendo que: $n(A) = 15$, $n(B) = 15$ e $n(A \cap B) = 3$

c) $n(A - B)$, sabendo que: $n(A) = 0$

d) $n(A \cap B)$, sabendo que: $n(A) = 20$, $n(B) = 15$ e $n(A \cup B) = 30$

35. Considere os conjuntos:

P: números primos menores que 10

M: números naturais múltiplos de 2 menores que 10

Q: números naturais múltiplos de 4 menores que 10

Determine a quantidade de elementos de cada conjunto e classifique cada item em verdadeiro (V) ou falso (F).

a) $n(P) = 4$

b) $n(P \cup M) = 9$

c) $n(P \cap M) = 1$

d) $n(Q - M) = 2$

e) $n(P \cup Q) = 7$

f) $n(M - P) = 4$

R11. **Esportes.** Em uma pesquisa com uma turma de Ensino Médio, verificou-se que 15 alunos praticavam basquete como atividade esportiva, 25 alunos praticavam futebol e 7 alunos praticavam duas atividades: basquete e futebol. Determinar quantos alunos foram pesquisados, sabendo que todos optaram por pelo menos um dos dois esportes.

➤ Resolução

Para facilitar a resolução, vamos fazer um diagrama que represente a situação, chamando de A o conjunto dos alunos que praticam basquete e de B o conjunto dos alunos que praticam futebol. Vamos considerar que os dois conjuntos têm elementos em comum (os alunos que praticam os dois esportes).

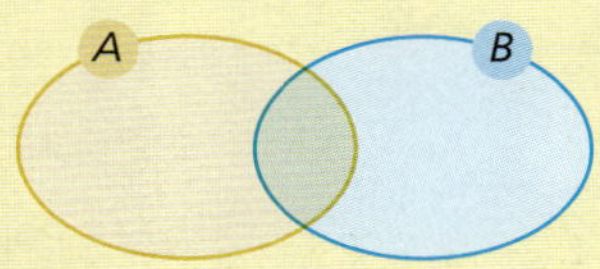

Como um dos dados do problema refere-se à quantidade de elementos dos dois conjuntos (ou seja, à quantidade de elementos da intersecção), vamos começar a resolução indicando essa quantidade na região correspondente à intersecção: 7 alunos praticavam as duas atividades esportivas.

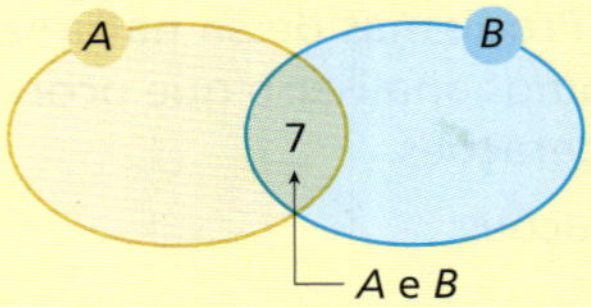

Como 15 pessoas praticavam basquete e, desse número, 7 também praticavam futebol, a quantidade de alunos que estão no conjunto A e não estão no conjunto B é: $15 - 7 = 8$

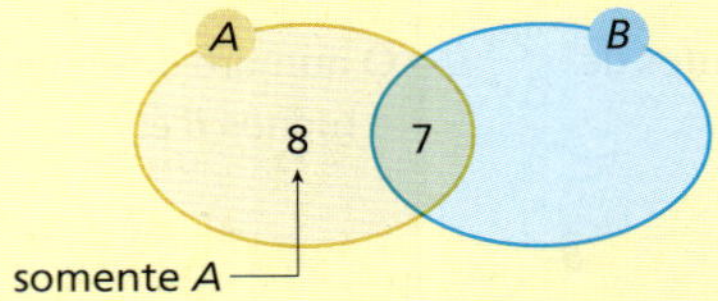

E, como 25 pessoas praticavam futebol e, desse número, 7 também praticavam basquete, a quantidade de alunos que estão no conjunto B e não estão no conjunto A é: $25 - 7 = 18$

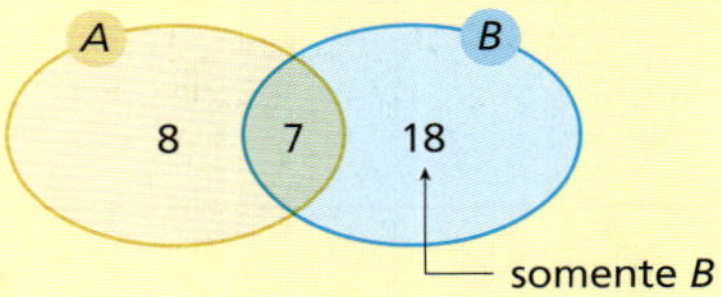

Como o número de alunos pesquisados é o número de elementos do conjunto $A \cup B$, $n(A \cup B)$ é: $8 + 18 + 7 = 33$

Esse problema também poderia ser resolvido com a aplicação da fórmula:

$$n(A \cup B) = n(A) + n(B) - n(A \cap B)$$

Ou seja: $n(A \cup B) = 15 + 25 - 7 = 33$

36. Filmes. Uma empresa voltada ao público jovem pesquisou quantos adolescentes assistiram aos filmes: *Harry Potter e o cálice de fogo* e *Harry Potter e a Ordem da Fênix*.

WARNER BROS. PICTURES/ALBUM/ LATINSTOCK

O resultado foi o seguinte:

- 134 adolescentes assistiram a *Harry Potter e o cálice de fogo*.
- 256 adolescentes assistiram a *Harry Potter e a Ordem da Fênix*.
- 97 adolescentes assistiram aos dois filmes.

Quantos adolescentes foram pesquisados?

37. Escola. A coordenação de uma escola verificou que, em uma turma, 15 alunos tiraram a nota máxima na prova de Matemática e só conseguiram a nota máxima em Matemática; 25 alunos tiraram a nota máxima na prova de Literatura e só conseguiram a nota máxima em Literatura; e 7 alunos tiraram a nota máxima tanto em Matemática quanto em Literatura. Quantos alunos dessa turma tiraram a nota máxima em Matemática ou em Literatura?

R12. Consumidor. Após uma pesquisa com os clientes de um supermercado, verificou-se que 150 pessoas compraram o refrigerante da marca C e 75 compraram o da marca P. Sabendo que foram pesquisadas 200 pessoas, determinar quantas compraram refrigerantes das duas marcas.

➤ Resolução

Vamos construir o diagrama para representar a situação. Primeiro, chamamos de x a quantidade de pessoas que compraram refrigerante das duas marcas.

Então, a quantidade de pessoas que compraram somente uma das marcas será:

Marca C: $150 - x$ Marca P: $75 - x$

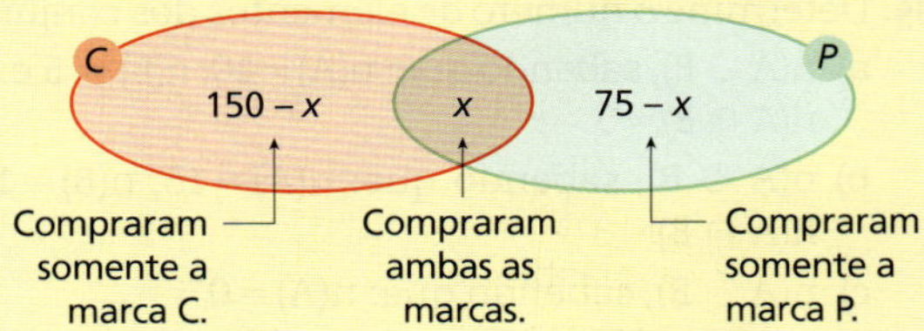

Como o número de consumidores pesquisados é o número de elementos do conjunto $C \cup P$, que indicamos por $n(C \cup P)$, temos:

$$n(C \cup P) = (150 - x) + x + (75 - x) \Rightarrow$$
$$\Rightarrow 200 = (150 - x) + x + (75 - x) \Rightarrow$$
$$\Rightarrow x = 150 + 75 - 200 \Rightarrow x = 25$$

Assim, concluímos que 25 pessoas compraram refrigerantes das duas marcas.

Esse problema também poderia ser resolvido por meio da fórmula:

$$n(A \cap B) = n(A) + n(B) - n(A \cup B)$$

Substituindo os valores desse problema na fórmula, temos:

$$n(A \cap B) = 150 + 75 - 200 = 25$$

38. Indústria. Uma indústria testou a qualidade das camisetas fabricadas em dois itens: qualidade da costura e qualidade da estampa; 27 camisetas não passaram no teste: 23 por terem problemas na costura e 11 por problemas na estampa. Quantas camisetas foram reprovadas nos dois itens?

39. Pesquisa. Numa pesquisa sobre a qualidade de uma margarina, 110 entrevistados acharam que a margarina não era cremosa e 65 acharam que era muito salgada.

Sabendo que foram entrevistadas 150 pessoas e que nenhuma achou simultaneamente a margarina cremosa e pouco salgada, calcule o número de pessoas que acharam que a margarina não é cremosa e é muito salgada.

R13. Carnaval. Uma empresa faz colares para o carnaval. A matéria-prima utilizada é plástico rosa e verde. Em um ano, foram produzidos 1.750 colares com o plástico rosa, 1.200 colares com os plásticos verde e rosa e uma certa quantidade de colares feitos somente com o plástico verde. Quantos colares foram fabricados apenas com o plástico rosa?

➤ Resolução

Para resolver esse problema, podemos fazer um diagrama que represente a situação.

Vamos chamar de R o conjunto dos colares feito com o plástico rosa e de V o conjunto dos colares feitos com o plástico verde.

O número de colares feitos apenas com o plástico rosa é: 1.750 − 1.200

Ou seja, 550 colares foram feitos apenas com o plástico rosa.

Esse problema pode ser resolvido com a fórmula: $n(R - V) = n(R) - n(R \cap V)$

Substituindo os valores, temos:

$$n(R - V) = 1.750 - 1.200 = 550$$

40. Alimentação. Uma lanchonete vendeu em um fim de semana 1.500 hambúrgueres. Sabendo que 725 deles foram pedidos com queijo, faça um diagrama que represente a situação e descubra quantos hambúrgueres sem queijo foram vendidos.

R14. Cultura. Uma pesquisa foi realizada com o objetivo de identificar o tipo de leitura preferida entre os 145 alunos do Ensino Médio. Nessa pesquisa, história em quadrinhos teve 60 votos, romance, 85 votos, e ficção científica, 55. Sabe-se ainda que 20 alunos votaram em história em quadrinhos e em romance, 30 votaram em romance e em ficção, 10 votaram em história em quadrinhos e em ficção e 5 alunos votaram nos três tipos. Determinar quantos alunos votaram somente em romance.

➤ Resolução

Para resolver esse problema, podemos fazer um diagrama que represente a situação.

Vamos chamar:

- Q o conjunto dos que preferem história em quadrinhos;
- R o conjunto dos que preferem romance;
- F o conjunto dos que preferem ficção.

Inicialmente, vamos considerar a quantidade de alunos que votaram nos três tipos de literatura.

Como 20 alunos votaram em história em quadrinhos e em romance, os que preferem exclusivamente quadrinhos e romance serão: 20 − 5 = 15

Fazemos o mesmo com os 30 que votaram em romance e em ficção: 30 − 5 = 25

E também com os 10 que votaram em quadrinhos e ficção: 10 − 5 = 5

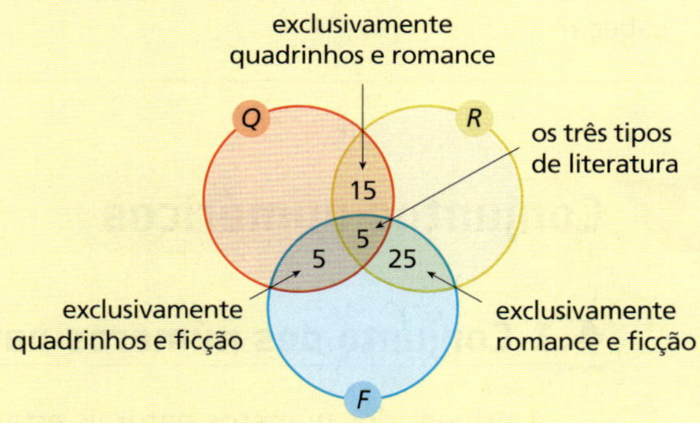

Para descobrir quantos alunos votaram somente em romance, fazemos:

Número de alunos que preferem romance, ficção e história em quadrinhos.

Número de alunos que preferem romance.

85 − 15 − 25 − 5 = 40

Número de alunos que preferem exclusivamente história em quadrinhos e romance.

Número de alunos que preferem exclusivamente romance e ficção.

Portanto, 40 alunos votaram somente em romance.

41. Consumo. Em uma pesquisa realizada com 275 consumidores, constatou-se que 120 consumidores compram produtos da marca A, 110 da marca B e 110 da marca C. Sabe-se ainda que 30 consumidores compram produtos das marcas A e B, 25 compram das marcas A e C, 35 compram das marcas B e C e 25 compram das três marcas. Determine quantos consumidores compram somente produtos de cada uma das três marcas.

42. Avaliação. Um professor aplicou em uma turma uma prova em que havia três itens: A, B e C. Sabe-se que:

- nenhum aluno errou os três itens;
- apenas 3 alunos acertaram os três itens;
- 8 alunos acertaram os itens A e B;
- 5 alunos acertaram os itens B e C;
- 3 alunos acertaram os itens A e C;
- o total de alunos que acertaram o item A é 20;
- o total de alunos que acertaram o item B é 15;
- o total de alunos que acertaram o item C é 8.

Quantos alunos há nessa classe?

43. Saúde. Um hospital está fazendo uma pesquisa com 50 voluntários. Dessas pessoas, algumas tiveram as seguintes reações: 12 sentiram dor de cabeça, 8 sentiram náusea e 4 sentiram dor de cabeça e náusea. Quantos voluntários sentiram dor de cabeça e não sentiram náusea? Quantos voluntários não sentiram náusea nem dor de cabeça?

44. Saúde. Uma pesquisa realizada entre os 8.500 doadores de sangue de certo hospital mostrou que 3.572 deles possuem o antígeno A, 2.837 têm o antígeno B e 2.351 não têm nenhum antígeno. Qual é o número de pessoas que possuem os dois antígenos?

REPRODUÇÃO/MINISTÉRIO DA SAÚDE

Cartaz de campanha para doação de sangue.

45. Cinema. Uma distribuidora de filmes fez uma pesquisa sobre três filmes recém-lançados, para saber quais estavam agradando mais ao público. Dos entrevistados, 32% gostaram do filme X, 29% gostaram do filme Y, 30% gostaram do filme Z, 17% gostaram dos filmes X e Y, 13% gostaram dos filmes Y e Z, 12% gostaram dos filmes X e Z e 5% gostaram dos três filmes.

a) Qual porcentagem do público não gostou de nenhum dos três filmes?

b) Escolha dois filmes para manter em cartaz por mais tempo. Por que você escolheu esses filmes?

4 Conjuntos numéricos

4.1 Conjunto dos números naturais e dos números inteiros

A origem dos números naturais está associada à necessidade de contagem. Hoje, além do emprego na contagem, usamos os naturais para compor códigos (como os usados em telefones), para indicar ordem (1º, 2º, 3º, ...), entre outras aplicações.

O **conjunto dos números naturais** tem infinitos elementos e é indicado por:

$$\mathbb{N} = \{0, 1, 2, 3, \ldots\}$$

AKG-IMAGES/ALBUM/LATINSTOCK

WERNER FORMAN/AKG-IMAGES/ALBUM/LATINSTOCK

Nós em cordões, cortes em pedras, varinhas de plantas e entalhes em ossos são alguns exemplos de métodos de contagem utilizados pelo ser humano ao longo de sua história. Nas ilustrações, a imagem de um quipo, instrumento usado pelos incas – povo antigo que habitou a região do atual Peru – para fazer cálculos.

Para representar os números naturais em uma reta ordenada, primeiro marcamos um ponto na reta, que será a origem, e associamos a ele o número zero. A partir desse ponto, escolhemos uma medida unitária e marcamos, à sua direita, pontos distantes, uma, duas, três unidades, e assim por diante, conforme a figura:

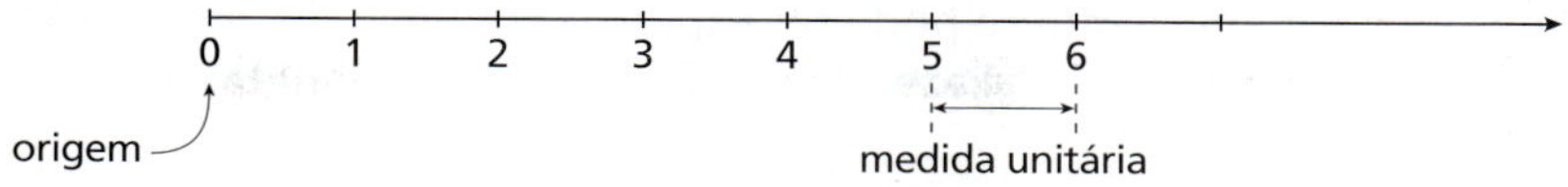

Todo número natural pode ser associado a um ponto da reta.

Para representar o subconjunto dos números naturais sem o zero, utilizamos a notação:

$$\mathbb{N}^* = \{1, 2, 3, \dots\}$$

Em geral, o asterisco junto ao símbolo de um conjunto significa que o elemento zero foi retirado desse conjunto.

No conjunto dos números naturais são definidas duas operações: a adição e a multiplicação. Com essas operações verifica-se que quaisquer dois números naturais somados ou multiplicados resultam em um número natural. Mas se efetuarmos a subtração de dois números naturais, nem sempre o resultado será um número natural. Subtraindo, por exemplo, 78 de 73, a diferença será -5, e $-5 \notin \mathbb{N}$.

Acrescentando os números negativos aos naturais, formamos o **conjunto dos números inteiros**, representado por:

$$\mathbb{Z} = \{\dots, -2, -1, 0, 1, 2, \dots\}$$

Os números inteiros também podem ser representados em uma reta ordenada:

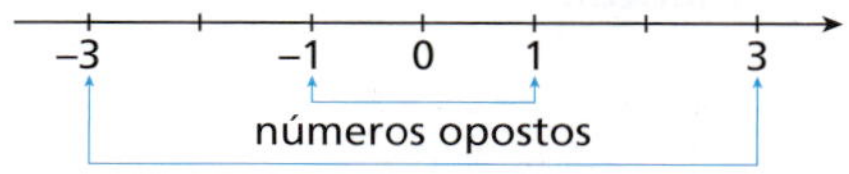

Observe que os números -1 e 1 estão a uma mesma distância da origem, porém situados em lados opostos da reta (em relação ao zero). Números que apresentam essa característica são denominados **números opostos** ou **simétricos**.

O conjunto dos números naturais é um subconjunto do conjunto dos números inteiros: $\mathbb{N} \subset \mathbb{Z}$

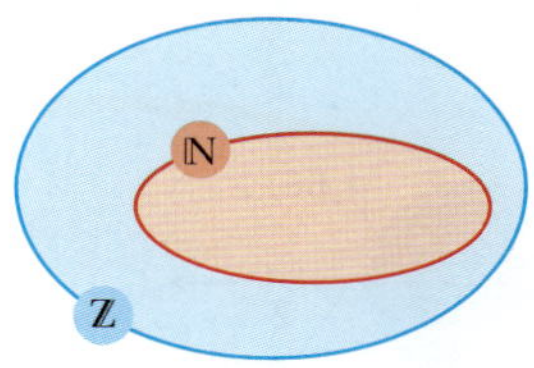

Algumas notações especiais:

- Conjunto dos inteiros não nulos: $\mathbb{Z}^* = \{\dots, -2, -1, 1, 2, \dots\}$
- Conjunto dos inteiros não negativos: $\mathbb{Z}_+ = \{0, 1, 2, 3, \dots\}$
- Conjunto dos inteiros não positivos: $\mathbb{Z}_- = \{\dots, -3, -2, -1, 0\}$

Em $\mathbb{Z}$, além da adição e da multiplicação, podemos operar livremente com a subtração. Porém, na divisão entre dois números inteiros nem sempre o resultado será um número inteiro, por isso há necessidade de ampliar o conjunto $\mathbb{Z}$.

4.2 Conjunto dos números racionais

O **conjunto dos números racionais** é formado por todos os números que podem ser escritos na forma de uma razão $\frac{a}{b}$, com $a \in \mathbb{Z}$ e $b \in \mathbb{Z}^*$.

$$\mathbb{Q} = \{x \mid x = \frac{a}{b}, a \in \mathbb{Z} \text{ e } b \in \mathbb{Z}^*\}$$

Os números $\frac{1}{5}$, $\frac{7}{8}$, $\frac{12}{17}$ e $-\frac{1}{3}$ são exemplos de números racionais, pois estão escritos como uma razão de dois números inteiros, sendo o segundo número diferente de zero.

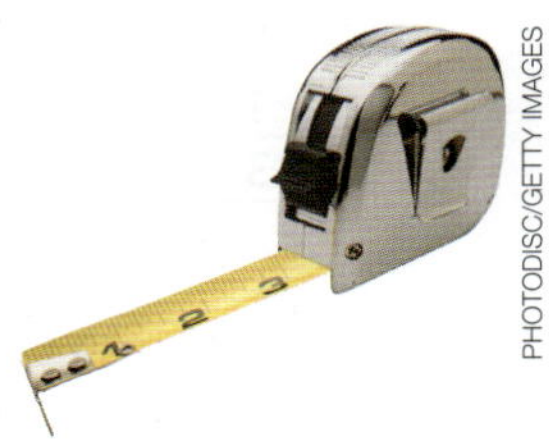
PHOTODISC/GETTY IMAGES

A necessidade de precisão nas medidas exige a utilização frequente dos números racionais.

Os números inteiros 5, 0 e -2 também são números racionais, pois podem ser escritos na forma de uma fração.

$$5 = \frac{5}{1} \qquad 0 = \frac{0}{1} \qquad -2 = \frac{-2}{1}$$

Como todo número inteiro pode ser expresso por meio de uma fração, todo número inteiro é também um número racional. Fazendo um diagrama dos conjuntos dos números racionais, inteiros e naturais, temos:

$$\mathbb{N} \subset \mathbb{Z} \subset \mathbb{Q}$$

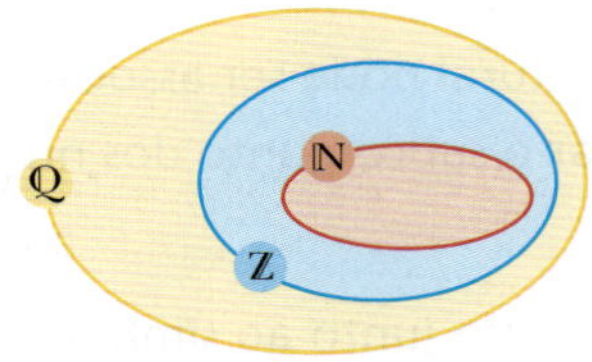

Os números racionais também podem ser representados na **forma decimal**. Temos, então:

- **Decimal exato** (número decimal que pode ser representado com uma quantidade finita de algarismos):

Exemplos

$\frac{1}{5} = 0{,}2 \qquad -\frac{1}{80} = -0{,}0125 \qquad \frac{2}{16} = 0{,}125 \qquad 5 = \frac{5}{1} = 5{,}0$

1.2 Biblioteca do estudante

- **Dízima periódica** (número decimal com uma quantidade infinita de algarismos após a vírgula que se repetem periodicamente):

Exemplos

$\frac{1}{3} = 0{,}333... \qquad -\frac{1}{11} = -0{,}090909... \qquad \frac{2}{111} = 0{,}018018018...$

Todo número na forma de dízima periódica pode ser escrito na forma de fração.

Todos os números racionais podem ser representados na reta ordenada. Veja alguns:

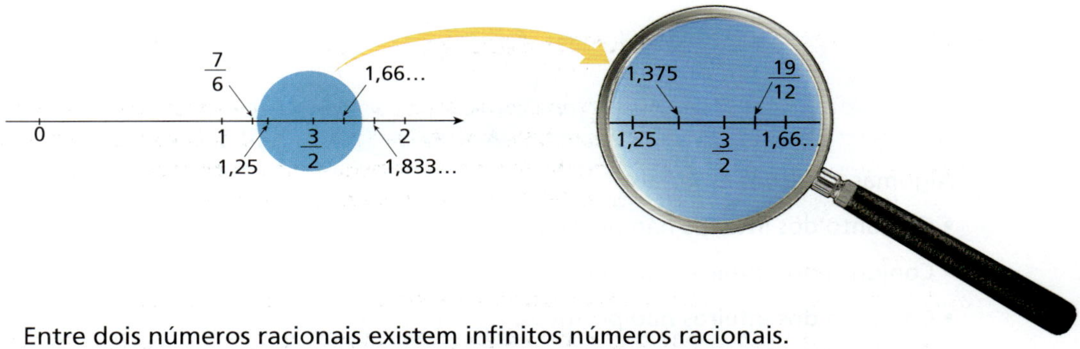

Entre dois números racionais existem infinitos números racionais.

Uma forma de encontrar um número racional entre dois racionais é calcular a média aritmética entre os números considerados.

Exemplo

Encontrar um número racional entre $\frac{1}{3}$ e $\frac{1}{2}$.

$$\frac{\frac{1}{3} + \frac{1}{2}}{2} = \frac{\frac{5}{6}}{2} = \frac{5}{12}$$

Na reta numérica, $\frac{5}{12}$ situa-se entre $\frac{1}{3}$ e $\frac{1}{2}$. Usando o mesmo raciocínio, podemos determinar outros números racionais entre $\frac{1}{3}$ e $\frac{5}{12}$. Mas isso não significa que os números racionais "preenchem" completamente a reta, pois entre dois racionais há números como o $\sqrt{2}$, que não é racional. Números como o $\sqrt{2}$ pertencem a um conjunto numérico que será estudado a seguir.

Algumas notações especiais dos subconjuntos de $\mathbb{Q}$:

- Conjunto dos números racionais não nulos: $\mathbb{Q}^*$
- Conjunto dos números racionais não negativos: $\mathbb{Q}_+$
- Conjunto dos números racionais não positivos: $\mathbb{Q}_-$

Exercícios

46. Identifique o conjunto numérico mais adequado para representar cada situação.

a) O número de uma casa.

b) A temperatura de uma substância.

c) O andar de um prédio.

d) A altura de uma pessoa, em metro.

e) A massa de um ovo.

47. Classifique em verdadeiro (V) ou falso (F).

a) $-2 \in \mathbb{N}$

b) $-2{,}5 \in \mathbb{Z}$

c) $0 \in \mathbb{N}$

d) $100 \in \mathbb{Z}$

e) $\mathbb{N} \subset \mathbb{Z}^*$

f) $\mathbb{Z}_+ = \mathbb{N}$

g) $\mathbb{Q}_- \cap \mathbb{Q}_+ = \varnothing$

h) $\mathbb{N} \cup \mathbb{Z} = \mathbb{Q}$

48. Classifique em verdadeiro (V) ou falso (F).

a) $0 \in \mathbb{Q}$

b) $\frac{10}{3} \in \mathbb{Q}$

c) $\mathbb{N} \subset \mathbb{Q}^*$

d) $\mathbb{Z}_- \cap \mathbb{Z}_+ = \varnothing$

e) $\mathbb{Q}_- \cup \mathbb{Q}_+ = \varnothing$

f) $\mathbb{N} \subset \mathbb{Z} \subset \mathbb{Q}$

49. Represente na reta ordenada os números racionais.

$\frac{7}{8}, \frac{9}{4}, -\frac{3}{5}, -7, -1{,}125$

50. Represente na reta ordenada os números racionais.

$-2{,}5; -\frac{2}{5}; \frac{1}{3}; 1; \frac{5}{2}$

51. Determine quatro racionais entre cada par de números.

a) 1 e 2

b) $-\frac{5}{2}$ e $-\frac{6}{2}$

c) $\frac{1}{2}$ e $\frac{8}{16}$

52. Determine quatro racionais entre cada par de números.

a) 0,99 e 1

b) −10 e −10,01

c) 1,333... e 1,5

4.3 Conjunto dos números reais

Ao estudar os números racionais, vimos que eles podem ser escritos na forma de razão entre inteiros e sua representação decimal pode ser um decimal exato ou uma dízima periódica. Mas há números que não podem ser escritos na forma de fração e sua representação decimal é infinita e não periódica. Esses números são chamados de **números irracionais**.

Exemplos

a) A medida da diagonal de um quadrado de lado 1.

Aplicando o teorema de Pitágoras, temos:

1.3 Visão do especialista

$d^2 = 1^2 + 1^2$

$d^2 = 2$

$d = \sqrt{2} = 1{,}4142135623...$

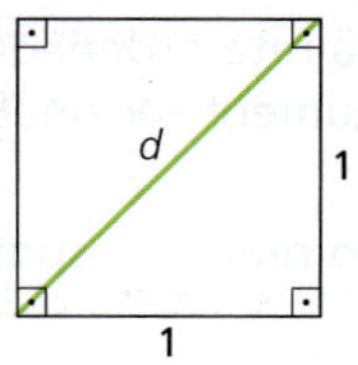

1.3 Biblioteca do estudante

$\sqrt{2}$ é um número cuja representação decimal tem infinitas casas não periódicas depois da vírgula; por isso, $\sqrt{2}$ é um número irracional.

b) O número π (lemos "pi") expressa a razão constante entre o comprimento da circunferência e seu diâmetro.

$\pi = 3{,}1415926535...$ é um número que tem infinitas casas decimais não periódicas depois da vírgula; portanto, π é um número irracional.

c) Além de $\sqrt{2}$ há outras raízes quadradas de números naturais que não são quadrados perfeitos e são números irracionais, como: $\sqrt{3}$, $\sqrt{5}$, $\sqrt{7}$ etc.

Observe como é possível representar alguns números irracionais na reta ordenada com o uso do compasso.

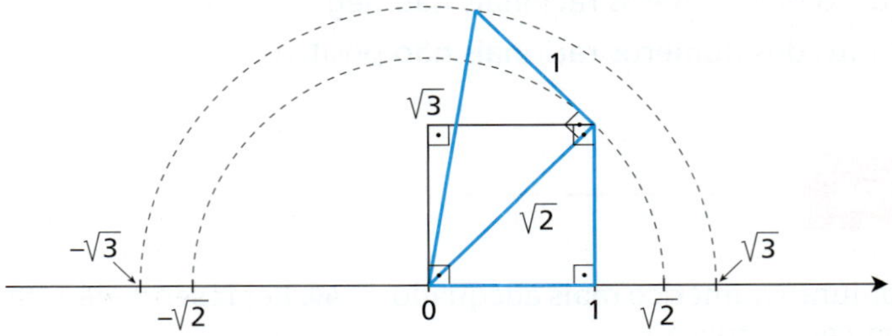

Pela medida da diagonal do quadrado de lado 1, encontramos a medida de $\sqrt{2}$.

Construindo o triângulo retângulo de catetos 1 e $\sqrt{2}$, obtemos $\sqrt{3}$ como a medida da hipotenusa.

Como todo número irracional tem um oposto, também podemos representar $-\sqrt{2}$ e $-\sqrt{3}$ na reta ordenada.

A reunião do conjunto dos números racionais com o dos números irracionais resulta no **conjunto dos números reais**, representado por $\mathbb{R}$.

Essa relação pode ser representada por meio do diagrama:

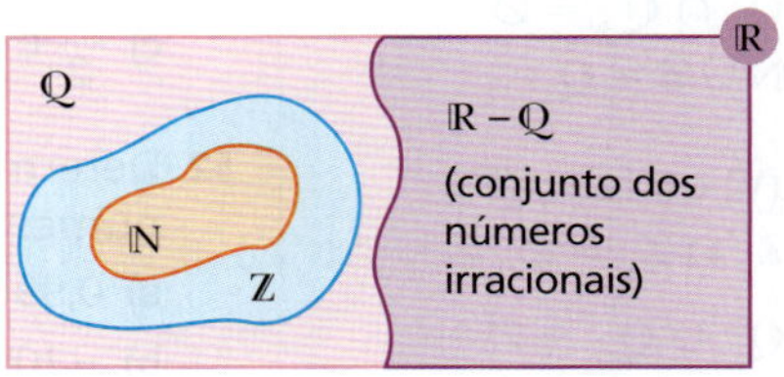

O conjunto dos números racionais é um subconjunto de $\mathbb{R}$: $\mathbb{Q} \subset \mathbb{R}$

Como o conjunto dos números naturais é um subconjunto de $\mathbb{Z}$ e $\mathbb{Z}$ é um subconjunto de $\mathbb{Q}$, então:

$$\mathbb{N} \subset \mathbb{Z} \subset \mathbb{Q} \subset \mathbb{R}$$

Outros subconjuntos de $\mathbb{R}$ que têm notação especial são:

- Conjunto dos números reais não nulos: $\mathbb{R}^*$
- Conjunto dos números reais não negativos: $\mathbb{R}_+$
- Conjunto dos números reais não positivos: $\mathbb{R}_-$

A reta real

Já vimos que os números racionais podem ser representados na reta ordenada e que há pontos da reta que não correspondem a nenhum número racional. Por exemplo, entre os números 1,73 e 1,74 há o número $\sqrt{3} = 1{,}73205...$ que não é racional.

Quando representamos sobre uma reta ordenada os números irracionais, cada ponto da reta corresponde necessariamente a um número racional ou a um número irracional, ou seja, corresponde a um número real.

Dizemos, então, que cada número real corresponde a um só ponto da reta e cada ponto da reta corresponde a um número real.

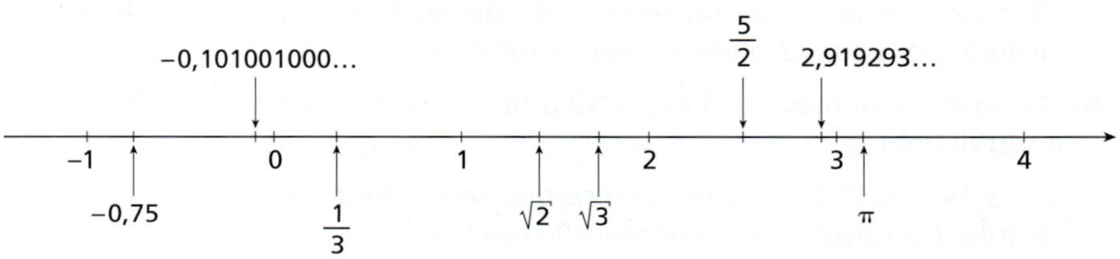

Essa reta é chamada de **reta real** ou **reta numérica**.

Exercícios

53. Relacione usando os símbolos $\in$ ou $\notin$.

a) -13 e $\mathbb{N}$
b) 0 e $\mathbb{Z}^*$
c) $-2{,}25$ e $\mathbb{Q}_+$
d) $\frac{6}{16}$ e $\mathbb{Q}$
e) -3 e $\mathbb{R}$

54. Relacione usando os símbolos $\subset$ ou $\not\subset$.

a) $\mathbb{Z}$ e $\mathbb{R}$
b) $\mathbb{Z}$ e $\mathbb{N}$
c) $\mathbb{N}^*$ e $\mathbb{R}^*$
d) $\mathbb{Z}_-$ e $\mathbb{R}_-$
e) $\mathbb{Z}_+$ e $\mathbb{R}_+$

55. Relacione usando os símbolos $\subset$ ou $\not\subset$.

a) $\mathbb{Q}$ e $\mathbb{N}$
b) $\mathbb{R}$ e $\mathbb{N}$
c) $\mathbb{Q}^*$ e $\mathbb{R}$
d) $\mathbb{R}_+$ e $\mathbb{R}$
e) $\mathbb{R}^*$ e $\mathbb{R}_+$
f) $\mathbb{Q}_+$ e $\mathbb{R}_-$

56. Classifique em verdadeiro (V) ou falso (F).

a) $\mathbb{Z}_+ \cup \mathbb{Z}_- = \mathbb{Z}$
b) $\mathbb{Q}_+ \cap \mathbb{Q}_- = \{0\}$
c) $\mathbb{N} \cap \mathbb{Z} = \mathbb{Z}_+$
d) $\mathbb{N} \cup \mathbb{Z} \cup \mathbb{Q} = \mathbb{R}$

57. Considerando os conjuntos $A = \{x \in \mathbb{N} \mid x$ é menor que $10\}$ e $B = \{x \in \mathbb{Q} \mid x$ é maior que $0\}$, indique quantos elementos têm os conjuntos abaixo.

a) $A \cup B$
b) $A \cap B$
c) $A - B$
d) $B - A$

1.4 Visão do especialista

58. Represente os seguintes números em uma reta numérica e, depois, escreva-os em ordem crescente.

$\sqrt{5}; -\frac{2}{5}; \sqrt{25}; 5{,}222...; -\frac{5}{2}; -2{,}5$

5 Intervalos

5.1 Representação de subconjuntos por intervalos

Certos subconjuntos de $\mathbb{R}$ podem ser representados pela notação de intervalos. A representação pode ser algébrica ou geométrica.

Veja alguns exemplos:

- O intervalo dos números reais entre -4 e 0.

A representação geométrica desse intervalo na reta numérica é:

Observe que, nos extremos -4 e 0, usou-se uma bolinha aberta (o). Isso significa que os números -4 e 0 não fazem parte desse intervalo. Nesse caso, dizemos que o **intervalo é aberto**.

A representação algébrica desse intervalo pode ser: $\{x \in \mathbb{R} \mid -4 < x < 0\}$ ou $]-4, 0[$

A indicação $-4 < x < 0$ é o agrupamento de $x > -4$ (portanto, $-4 < x$) e $x < 0$.

- O intervalo dos números reais entre $\frac{1}{3}$ $\left(\text{inclusive o } \frac{1}{3}\right)$ e $\frac{1}{2}$.

A representação geométrica desse intervalo é:

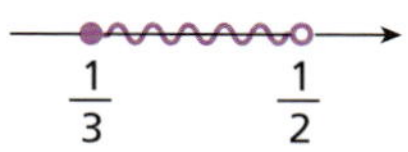

Observe que o extremo $\frac{1}{3}$ pertence ao intervalo, por isso foi usada uma bolinha fechada (•) no ponto correspondente a esse número. Dizemos, então, que o **intervalo é fechado à esquerda**.

A representação algébrica desse intervalo pode ser: $\left\{y \in \mathbb{R} \mid \frac{1}{3} \leqslant y < \frac{1}{2}\right\}$ ou $\left[\frac{1}{3}, \frac{1}{2}\right[$

No entanto, se o intervalo fosse $\left\{y \in \mathbb{R} \mid \frac{1}{3} \leqslant y \leqslant \frac{1}{2}\right\}$, ou seja, se os dois extremos pertencessem ao intervalo, diríamos que o **intervalo é fechado**.

- O intervalo dos números reais maiores que -3.

A representação geométrica desse intervalo é:

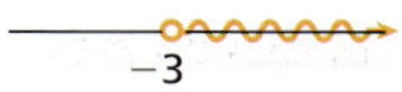

A representação algébrica desse intervalo pode ser: $\{z \in \mathbb{R} \mid z > -3\}$ ou $]-3, +\infty[$

O símbolo ∞ representa infinito.

Nesse caso, dizemos que é uma **semirreta aberta com origem em −3**.

Porém, se o intervalo fosse $\{z \in \mathbb{R} \mid z \geqslant -3\}$, ou seja, se -3 pertencesse ao intervalo, diríamos que a representação geométrica é uma **semirreta de origem em −3**.

Observe o quadro resumo de todas as possibilidades de representação de um intervalo de números reais (consideramos a e b números reais tais que $a < b$).

Representação geométrica	Representação algébrica	Descrição
	$\{x \in \mathbb{R} \mid a < x < b\}$ ou $]a, b[$	Intervalo aberto
	$\{x \in \mathbb{R} \mid a \leqslant x \leqslant b\}$ ou $[a, b]$	Intervalo fechado
	$\{x \in \mathbb{R} \mid a \leqslant x < b\}$ ou $[a, b[$	Intervalo fechado à esquerda
	$\{x \in \mathbb{R} \mid a < x \leqslant b\}$ ou $]a, b]$	Intervalo fechado à direita
	$\{x \in \mathbb{R} \mid x > a\}$ ou $]a, +\infty[$	Semirreta aberta de origem *a*
	$\{x \in \mathbb{R} \mid x \geqslant a\}$ ou $[a, +\infty[$	Semirreta de origem *a*
	$\{x \in \mathbb{R} \mid x < a\}$ ou $]-\infty, a[$	Semirreta aberta de origem *a*
	$\{x \in \mathbb{R} \mid x \leqslant a\}$ ou $]-\infty, a]$	Semirreta de origem *a*
	$\mathbb{R}$ ou $]-\infty, +\infty[$	Reta real

Observação:

O intervalo em que aparece $+\infty$ é aberto à direita e o intervalo em que aparece $-\infty$ é aberto à esquerda.

Exercícios

59. Classifique em verdadeiro (V) ou falso (F).

a) $3 \in [3, 9[$

b) $3 \notin]-4, 3[$

c) $-3 \notin [-3, 6]$

d) $-2 \in]-\infty, 10]$

60. Use a notação algébrica de conjuntos para escrever os intervalos representados na reta real.

a) 

b)

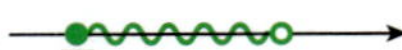

c) 

d) 

5.2 Operações com intervalos

Vejamos agora como proceder nas operações (união, intersecção e diferença) com intervalos numéricos utilizando o recurso da representação geométrica.

Exemplos

a) Dados os conjuntos $A = \{x \in \mathbb{R} \mid -3 \leqslant x < 2\}$ e $B = \{x \in \mathbb{R} \mid 0 < x \leqslant 8\}$, determine $A \cup B$.

Inicialmente, representamos a união desses conjuntos A e B em retas reais paralelas. Em seguida, representamos a união desses conjuntos em uma terceira reta real paralela às anteriores.

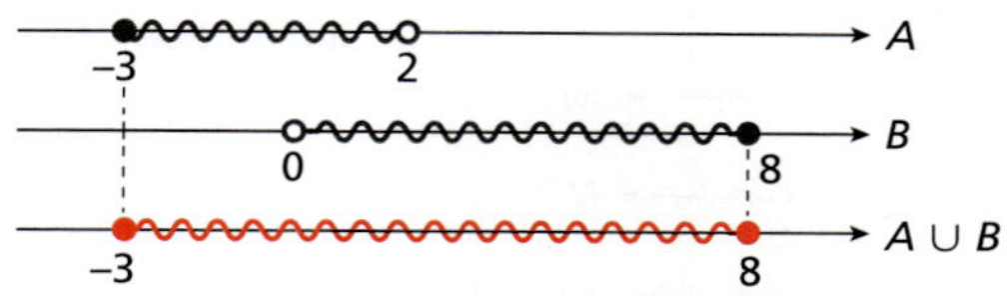

Como o conjunto procurado é o conjunto de todos os elementos que pertencem a A ou a B, temos:

$$A \cup B = \{x \in \mathbb{R} \mid -3 \leqslant x \leqslant 8\} \text{ ou } [-3, 8]$$

b) Dados os conjuntos $A = \{x \in \mathbb{R} \mid -1 \leqslant x < 4\}$ e $B = \{x \in \mathbb{R} \mid 2 \leqslant x \leqslant 7\}$, determine $A \cap B$.
Inicialmente, representamos os conjuntos A e B.

Em seguida, representamos a intersecção desses conjuntos.

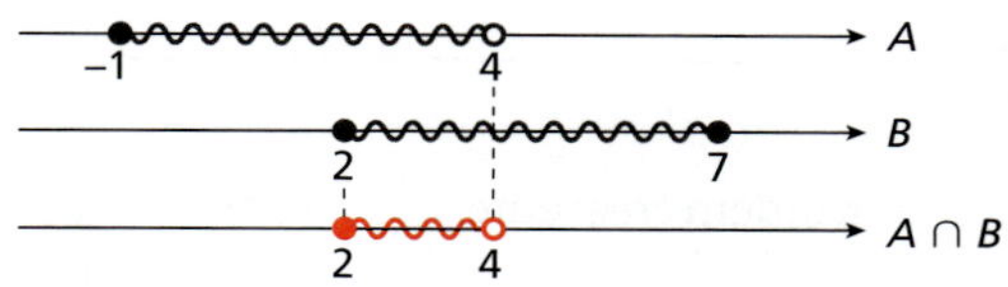

O conjunto procurado será o conjunto de todos os elementos que pertencem a A e a B ao mesmo tempo:

$$A \cap B = \{x \in \mathbb{R} \mid 2 \leqslant x < 4\} \text{ ou } [2, 4[$$

c) Dados os conjuntos $A = \{x \in \mathbb{R} \mid x < -2 \text{ ou } x \geqslant 3\}$ e $B = \{x \in \mathbb{R} \mid -4 < x \leqslant 7\}$, determine $A - B$.
Vamos determinar $A - B$:

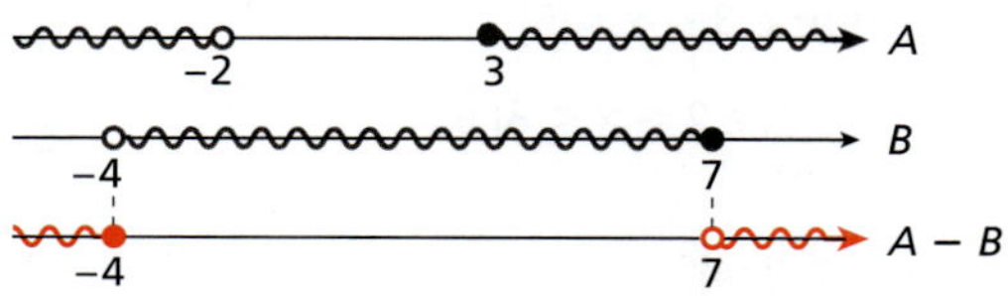

Como a operação $A - B$ indica que devemos encontrar o conjunto de todos os elementos que pertencem a A e não pertencem a B, temos:

$$A - B = \{x \in \mathbb{R} \mid x \leqslant -4 \text{ ou } x > 7\} \text{ ou }]-\infty, -4] \cup]7, +\infty[$$

Exercícios

61. Determine $A \cup B$, $A \cap B$, $A - B$ e $B - A$, dados:

a) $A = \{x \in \mathbb{R} \mid -3 < x < 7\}$ e $B = \{x \in \mathbb{R} \mid 2 \leqslant x < 5\}$

b) $A = [-1, 6[$ e $B =]1, +\infty[$

c) $A = \{x \in \mathbb{R} \mid -3 \leqslant x \leqslant 1\}$ e $B = [2, 5[$

62. Dados os conjuntos $A =]-2, 3]$ e $B =]0, 4]$, determine:

a) $A \cap B$

b) $A \cup B$

c) $A - B$

d) $B - A$

63. Dados os conjuntos $A = \left[-\frac{1}{2}, \frac{15}{7}\right]$ e $B = \left]-\frac{1}{3}, 2\right]$, determine:

a) $A \cup B$
b) $A \cap B$
c) $A - B$
d) $B - A$
e) $\complement_A^B$

R15. Dados os conjuntos $M = \{x \in \mathbb{R} \mid x > 1 \text{ e } x < 4\}$, $N = \{x \in \mathbb{R} \mid x < -2 \text{ ou } x > 6\}$ e $O = \{x \in \mathbb{R} \mid x < -1\}$, determinar $(M \cup N) - O$.

➤ Resolução

Inicialmente, determinamos o intervalo $M \cup N$.

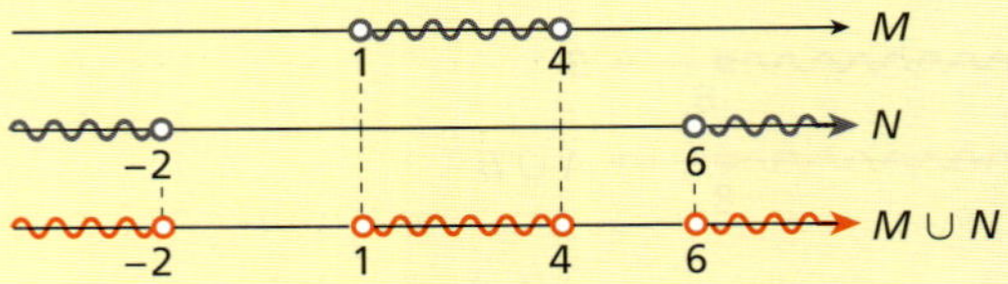

$M \cup N =]-\infty, -2[\cup]1, 4[\cup]6, \infty[$

Depois, fazemos $(M \cup N) - O$.

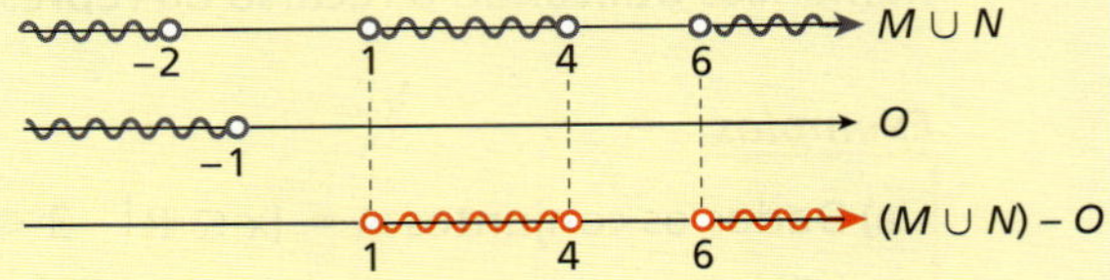

$(M \cup N) - O =]1, 4[\cup]6, +\infty[$

64. Dados os conjuntos:

$A = [-3, 2[$

$B =]-2, 3[$

$C = \left[\frac{1}{3}, \frac{1}{2}\right]$

Determine $(A \cap B) - C$.

Ficha de revisão

1. Coloque os números abaixo em ordem crescente.

$\sqrt{9}$, $\sqrt{4}$, $-\sqrt{16}$, $-\sqrt{10}$, $\frac{2}{5}$, $-1{,}333...$, -7 e -6

2. Represente os conjuntos abaixo explicitando seus elementos.

a) $A = \{m \mid m$ é um número inteiro par e divisor de 20$\}$

b) $B = \{x \mid x$ é um número natural e $x \geq 5\}$

c) $C = \{x \mid x$ é um número ímpar e $3 < x < 5\}$

3. Dados os conjuntos $A = \{x \mid x \in \mathbb{N} \text{ e } 2 \leq x < 8\}$ e $B = \{3, 4, 6\}$, determine o conjunto $\complement_A^B$.

4. Dados os conjuntos $A = \{0, 1, 2, 3, 4\}$, $B = \{1, 2, 3, 4, 5, 6\}$ e $C = \{3, 4, 5, 6\}$, determine:

a) $A \cup B$
b) $A \cup C$
c) $B \cup C$
d) $A \cap B$
e) $A \cap C$
f) $B \cap C$

5. Dados os conjuntos $A = \{a, b, c, x, y\}$, $B = \{x, y, z, w\}$ e $C = \{x \mid x$ é letra do nosso alfabeto e é uma vogal$\}$, determine:

a) $A - B$
b) $B - A$
c) $A - C$
d) $C - A$
e) $B - C$
f) $C - B$

6. Nos diagramas abaixo, cada região está representada por um número. Responda, em cada caso, qual região representa a operação indicada.

a) $(A \cap B) - C$

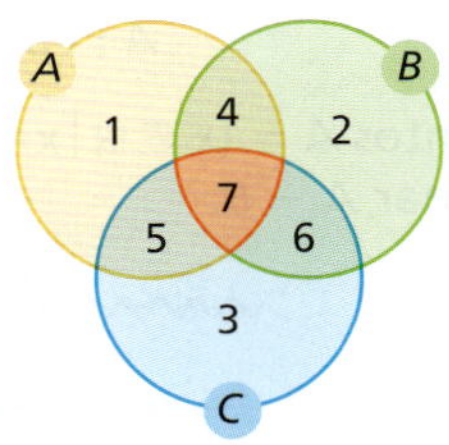

b) $(B - A) \cap C$

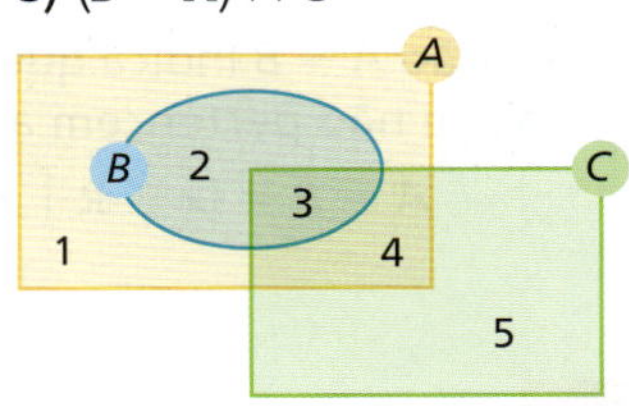

c) $(A - B) \cap C$

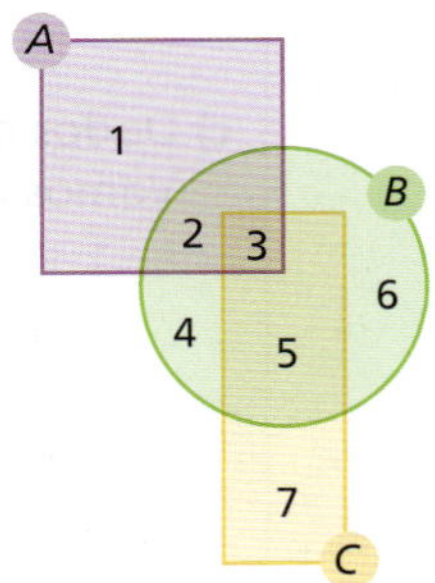

7. Dados os conjuntos $A =]-2, 3]$ e $B =]0, 4]$, determine:

a) $A \cap B$
b) $A \cup B$
c) $A - B$
d) $B - A$

8. Audiência. Numa pesquisa com 1.800 pessoas sobre a audiência de três programas de TV, obteve-se:

Programa	Número de pessoas
A	1.220
B	400
C	1.080
A e B	220
A e C	800
B e C	180
A, B e C	100

Com base nesses resultados, determine quantas pessoas não assistem a nenhum desses três programas.

9. Dados os conjuntos $A =]3, \infty[$ e $B =]-\infty, 5]$, determine:

a) $A - B$ b) $B - A$ c) $A \cap B$

10. Numa sala de aula com 50 alunos, todos falam pelo menos uma língua estrangeira. Sabendo que 35 falam inglês e 27 espanhol, responda.

a) Quantos alunos falam inglês e espanhol?
b) Quantos alunos falam somente inglês?
c) Quantos alunos falam somente espanhol?

11. Se A e B são subconjuntos de U, determine $(A \cap B) \cup (A - B)$.

12. Determine n(M) se $A = \{3, 7\}$, $B = \{7, 8, 9\}$, $A \cap M = \{3\}$, $B \cap M = \{8\}$ e $A \cup B \cup M = \{3, 7, 8, 9, 10\}$.

13. Dados os conjuntos A e B, num universo U, tais que $n(A) = 41$, $n(B) = 56$ e $n(A \cup B) = 83$, determine $n(A \cap B)$.

Questões de vestibular

1. (Uece) O número de elementos do conjunto formado pelos inteiros positivos x que satisfazem à desigualdade $4 \leq \sqrt{x} \leq 17$ é:

a) 136
b) 143
c) 273
d) 274

2. (Unifor-CE) Sejam A e B dois conjuntos tais que $A \subset B$. Qual das seguintes afirmações NÃO pode ser verdadeira?

a) $a \in A \cap B$
b) $b \notin A$ e $b \notin B$
c) $c \in A - B$
d) $d \in B - A$
e) Se $e \in B$, então $e \notin A$.

3. (Unifor-CE) Considerando-se os conjuntos $\mathbb{Z}$, dos números inteiros, e $\mathbb{Q}$, dos números racionais, qual dos números seguintes não pertence ao conjunto $(\mathbb{Z} \cup \mathbb{Q}) - (\mathbb{Z} \cap \mathbb{Q})$?

a) $-\frac{2}{3}$ d) $\frac{3}{5}$
b) $-0,777...$ e) 2,0123
c) 0

4. (PUC-RJ) Numa pesquisa de mercado, verificou-se que 15 pessoas utilizam pelo menos um dos produtos A ou B. Sabendo que 10 dessas pessoas não usam o produto B e que 2 dessas pessoas não usam o produto A, qual é o número de pessoas que utilizam os produtos A e B?

5. (Mackenzie-SP) A e B são dois conjuntos tais que $A - B$ tem 30 elementos, $A \cap B$ tem 10 elementos e $A \cup B$ tem 48 elementos. Então, o número de elementos de $B - A$ é:

1.5 Visão do especialista

a) 22 d) 8
b) 12 e) 18
c) 10

6. (PUC-PR) Em uma pesquisa feita com 120 empregados de uma firma, verificou-se o seguinte:

1.6 Visão do especialista

- têm casa própria: 38
- têm curso superior: 42
- têm plano de saúde: 70
- têm casa própria e plano de saúde: 34
- têm casa própria e curso superior: 17
- têm curso superior e plano de saúde: 24
- têm casa própria, plano de saúde e curso superior: 15

Qual a porcentagem dos empregados que não se enquadram em nenhuma das situações anteriores? (*Sugestão*: utilize o diagrama de Venn para facilitar os cálculos.)

a) 25% d) 40%
b) 30% e) 45%
c) 35%

7. (UFF-RJ) Uma pesquisa foi realizada para avaliar o consumo de três marcas de sucos. Descobriu-se que, de 100 pessoas entrevistadas, 83 consomem pelo menos uma das três marcas, 57 consomem somente uma delas e 19 consomem somente duas das três marcas citadas.

Determine o número de pessoas entrevistadas:

a) que não consomem nenhuma das três marcas.

b) que consomem as três marcas citadas.

8. (Cesgranrio-RJ) Se $A = \{x \in \mathbb{R} \mid x < 1\}$, $B = \{x \in \mathbb{R} \mid -1 < x \leqslant 3\}$ e $C = \{x \in \mathbb{R} \mid x \geqslant 0\}$, o conjunto que representa $(A \cap B) - C$ é:

a) $\{x \in \mathbb{R} \mid -1 < x < 0\}$

b) $\{x \in \mathbb{R} \mid -1 < x \leqslant 0\}$

c) $\{x \in \mathbb{R} \mid -1 < x < 1\}$

d) $\{x \in \mathbb{R} \mid x \leqslant 3\}$

e) $\{x \in \mathbb{R} \mid x > -1\}$

9. (Fuvest-SP) Sendo $A = \{2, 3, 5, 6, 9, 13\}$ e $B = \{a^b \mid a \in A, b \in A \text{ e } a \neq b\}$, o número de elementos de B que são números pares é:

a) 5

b) 8

c) 10

d) 12

e) 13

10. (UFJF-MG) A parte hachurada no diagrama que melhor representa o conjunto $D = A - (B \cap C)$ é:

a) 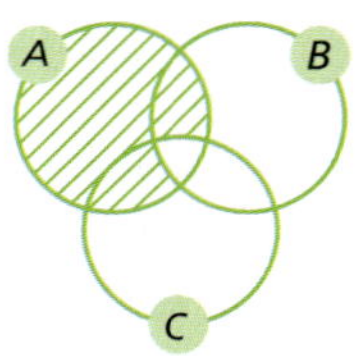

c) 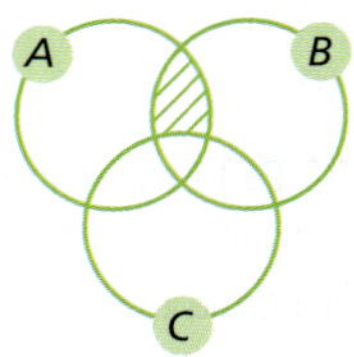

b) 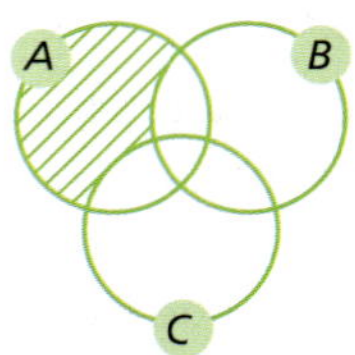

d) 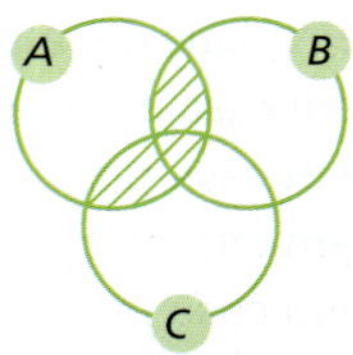

11. (FGV) Em certo ano, ao analisar os dados dos candidatos ao Concurso Vestibular para o Curso de Graduação em Administração, nas modalidades Administração de Empresas e Administração Pública, conclui-se que:

1.7 Visão do especialista

- 80% do número total de candidatos optaram pela modalidade Administração de Empresas.
- 70% do número total de candidatos eram do sexo masculino.
- 50% do número de candidatos à modalidade Administração Pública eram do sexo masculino.
- 500 mulheres optaram pela modalidade Administração Pública.

O número de candidatos do sexo masculino à modalidade Administração de Empresas foi:

a) 4.000
b) 3.500
c) 3.000
d) 1.500
e) 1.000

12. (UFPB) A prefeitura de certa cidade realizou dois concursos: um para gari e outro para assistente administrativo. Nesses dois concursos, houve um total de 6.500 candidatos inscritos. Desse total, exatamente 870 fizeram prova somente do concurso para gari. Sabendo-se que, do total de candidatos inscritos, 4.630 não fizeram a prova do concurso de gari, é correto afirmar que o número de candidatos que fizeram provas dos dois concursos foi:

a) 800

b) 1.870

c) 1.300

d) 1.740

e) 1.000

13. (Esal-MG) Foi consultado um certo número de pessoas sobre as emissoras de TV a que habitualmente assistem. Obteve-se o resultado seguinte: 300 pessoas assistem ao canal A, 270 pessoas assistem o canal B, das quais 150 assistem ambos os canais A e B e 80 assistem a outros canais distintos de A e B. O número de pessoas consultadas é:

a) 800
b) 720
c) 570
d) 500
e) 600

14. (ITA-SP) Denotemos por n(X) o número de elementos de um conjunto finito X. Sejam A, B e C conjuntos tais que $n(A \cup B) = 8$, $n(A \cup C) = 9$, $n(B \cup C) = 10$, $n(A \cup B \cup C) = 11$ e $n(A \cap B \cap C) = 2$. Então, $n(A) + n(B) + n(C)$ é igual a:

a) 11

b) 14

c) 15

d) 18

e) 25

Capítulo 2 Funções

STAN HONDA/AFP/GETTY IMAGES

Objetivos do capítulo:

- ✔ Identificar uma função.
- ✔ Analisar e construir o gráfico de uma função.
- ✔ Resolver situações-problema que envolvem funções.

Para entrar em órbita, o ônibus espacial percorre uma longa distância em alta velocidade, cerca de 28.000 km/h. Distância e velocidade são exemplos de grandezas que variam – uma em função da outra.

1 Conceito de função

2.1 Biblioteca do estudante

1.1 A ideia de função no cotidiano

São muitas as situações cotidianas em que precisamos relacionar grandezas. Vejamos algumas.

Consumo. Sabendo que, em certa padaria, o preço do pão integral é R$ 1,81 por unidade, podemos calcular o valor a ser pago em uma compra relacionando duas grandezas: a quantidade de pães comprados e o preço correspondente a essa quantidade. Assim:

Quantidade de pães	1	2	3	4	5	x
Preço (R$)	1,81	3,62	5,43	7,24	9,05	$1{,}81x$

Portanto, para calcular o preço, multiplicamos por R$ 1,81 a quantidade de pães que pretendemos comprar. Assim, podemos dizer que o preço é **função** da quantidade de pães, pois a cada número de pães que serão comprados corresponde um único valor, que determina o preço.

Meteorologia. Todos os dias, antes de ir para o trabalho, Luciana consulta a previsão do tempo pela internet. Pelas medições do serviço meteorológico, é possível fazer a relação mensal da temperatura média de uma cidade a cada dia e registrar em uma tabela.

JÚLIO COSTA/FUTURA PRESS

Estação meteorológica da Universidade de São Paulo, São Paulo, SP.

Veja:

Dia	1	2	3	4	5	6	7
Temperatura média (°C)	17	18	20	23	23	24	24

2.1 Conteúdo multimídia

Nesse registro, consideramos duas grandezas: o dia do mês e a temperatura média diária. Assim, podemos dizer que a temperatura média é **função** do dia do mês. Observe que o contrário não é verdade: com a temperatura média, não é possível ter certeza de qual é o dia do mês, já que existe mais de uma possibilidade para o dia. Concluímos, então, que o dia do mês não é função da temperatura média.

Geometria. Também podemos relacionar grandezas geométricas. Por exemplo, a medida dos lados de um triângulo equilátero com seu perímetro. Veja:

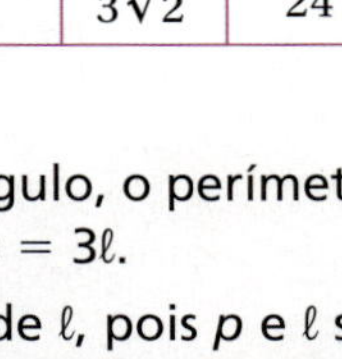

Medida do lado (cm)	1	$\sqrt{2}$	8	10,2	18,8	ℓ
Perímetro (cm)	3	$3\sqrt{2}$	24	30,6	56,4	3ℓ

Assim, se ℓ é a medida do lado do triângulo, o perímetro (p) será igual a 3ℓ. Essa relação pode ser representada pela seguinte sentença: $p = 3\ell$.

Assim, podemos dizer que p é **função** de ℓ, pois p e ℓ são duas **variáveis** que se relacionam e, para cada valor atribuído a ℓ, existe um único p correspondente.

Considerando o que foi visto:

- Dadas as variáveis x e y, dizemos que y é função de x se, a cada valor atribuído a x, associa-se um único y.

1.2 A definição matemática de função

Antes de definir função, vamos analisar as situações anteriores usando o que vimos no capítulo de conjuntos.

Na primeira situação, vamos chamar de A o conjunto da quantidade de pães e de B o conjunto dos preços.

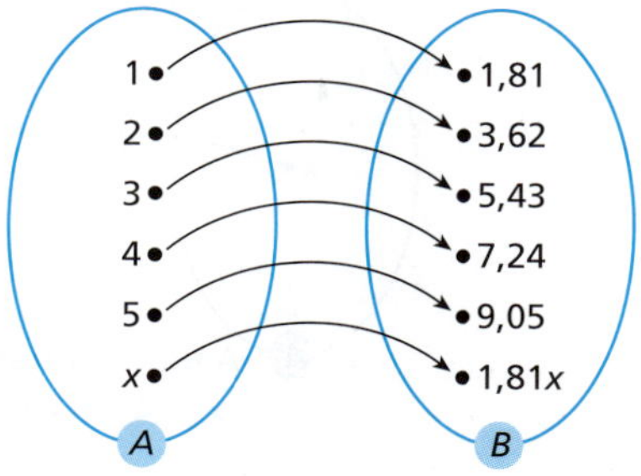

Observe que todos os elementos do conjunto A têm um correspondente em B e cada elemento de A está associado a um único elemento de B.

Temos, assim, uma função de A em B, expressa por $y = 1{,}81x$, onde x pertence ao conjunto A e y pertence ao conjunto B.

No exemplo sobre meteorologia, consideramos C o conjunto dos dias do mês e D o conjunto das temperaturas médias.

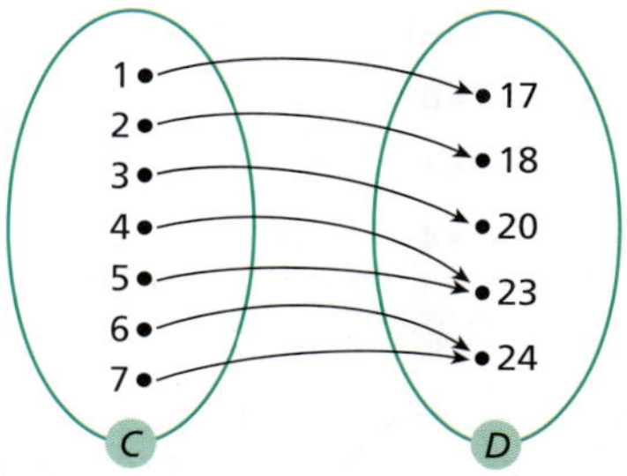

Todos os elementos do conjunto C têm um correspondente em D e cada elemento de C está associado a um único elemento de D. Nesse caso, também temos uma função de C em D.

Na última situação, o perímetro depende do lado do triângulo. Assim, consideramos E o conjunto das medidas do lado do triângulo e F o conjunto dos perímetros do triângulo.

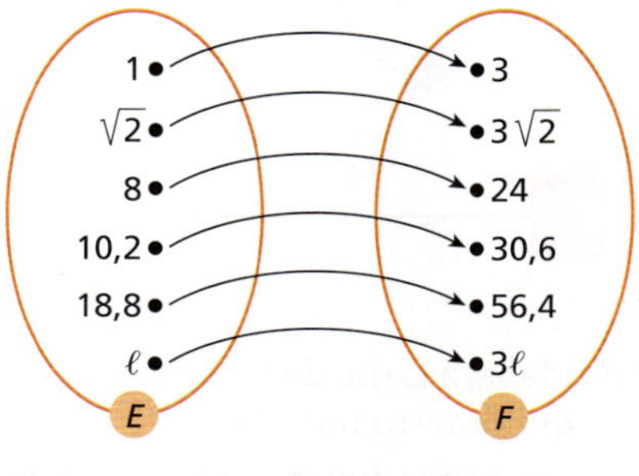

Observe que cada elemento de E está associado a um único elemento de F.

Temos uma função de E em F, expressa por $p = 3\ell$, onde ℓ pertence ao conjunto E e p pertence ao conjunto F.

Depois de analisar as situações, vamos definir o que é uma função:

- Considerando dois conjuntos, A e B, não vazios, dizemos que f é uma função de A em B (ou que y é uma função de x) se, e somente se, para cada elemento x de A, existe em correspondência um único elemento y de B. Representamos assim: $f: A \rightarrow B$

É importante observar que:

• A notação $f: A \to B$ (lemos "função f de A em B") indica que a função f **leva** o conjunto A no conjunto B, ou que f é uma **aplicação** de A em B, ou, ainda, que f é uma **transformação** de A em B.

• Se y está definido em função de x, chamamos x de **variável independente** e y de **variável dependente**.

• Escrevemos $f(x)$, ou simplesmente y, para indicar o valor que a função f assume em x.

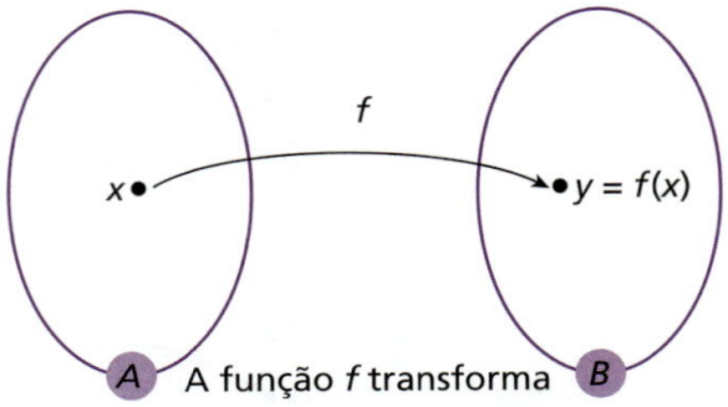

A função f transforma $x \in A$ em $y \in B$.

• As funções podem ser definidas por uma **lei matemática**. Por exemplo:

$f: \mathbb{R} \to \mathbb{R}$ tal que $f(x) = 3x$.

Para verificar se os diagramas representados abaixo são funções, devemos observar os seguintes passos:

a)

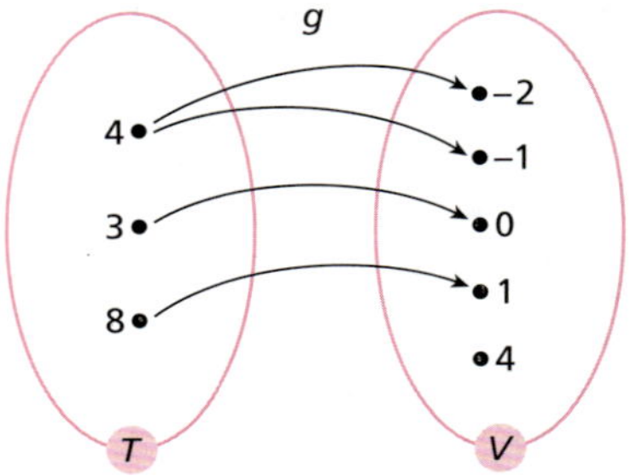

1º) Todo elemento de T tem um correspondente em V.

2º) Um dos elementos de T, o 4, está associado a mais de um elemento de V, os elementos −2 e −1.

Pela segunda afirmação, concluímos que g não é função de T em V.

b)

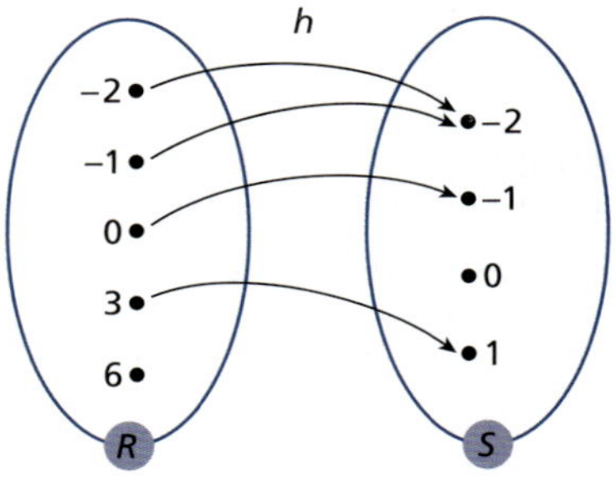

1º) Nem todo elemento de R tem um correspondente em S (6 não se associa a nenhum elemento de S).

2º) Os demais elementos de R associam-se a um único elemento de S.

Pela primeira afirmação, h não é função de R em S.

Exercícios

R1. Tarifa. Em certa cidade, a tarifa de táxi é calculada da seguinte forma: R$ 5,00 a bandeirada mais R$ 1,20 por quilômetro rodado.

a) Pode-se estabelecer uma função entre essas grandezas? Em caso positivo, quais seriam as variáveis (dependente e independente) dessa função?

b) Qual lei matemática definiria essa função?

➤ Resolução

a) Sim, é possível estabelecer uma função: para cada número real positivo que representa o total de quilômetros de uma viagem (variável independente, que vamos chamar de x), associamos um único valor de tarifa (variável dependente, que vamos chamar de y).

b) Essa função é definida pela lei: $y = 5 + 1{,}2x$ ou $f(x) = 5 + 1{,}2x$, com $x \in \mathbb{R}_+$

R2. Distância. Com o auxílio de um cronômetro, marcando-se o tempo em hora, verificaram-se as distâncias percorridas por um móvel.

DENNIS MACDONALD/AGE/GRUPO KEYSTONE

Essas distâncias, percorridas em determinados tempos, foram registradas na tabela a seguir:

Tempo (h)	0,2	0,4	0,8	1,6	2	x
Distância (km)	10	20	40	80	100	$50x$

a) Indicar as variáveis (dependente e independente) relacionadas nessa situação.
b) Expressar a lei matemática que relaciona a distância percorrida em função do tempo.
c) Calcular a distância quando o tempo é igual a 2,8 h.
d) Calcular o tempo quando a distância é 330 km.

Resolução

a) Assumindo que a distância percorrida varia em função do tempo, a variável dependente (y) é a distância, e a variável independente (x) é o tempo.
b) Pelos dados da tabela, percebemos que, para determinar a distância y em função de certo tempo x, devemos multiplicar por 50 o número real positivo que representa x.
Temos, então, a seguinte lei: $y = 50x$ ou $f(x) = 50x$
c) Queremos calcular $f(x)$ para $x = 2{,}8$, que indicamos por $f(2{,}8)$.
Substituindo o valor de x na lei da função, temos:
$f(2{,}8) = 50 \cdot 2{,}8 \Rightarrow f(2{,}8) = 140$
Portanto, em 2,8 horas, o móvel percorreu 140 quilômetros.
d) Queremos, agora, calcular x para $f(x) = 330$.
Substituindo o valor de $f(x)$ na lei da função, temos:
$330 = 50x \Rightarrow x = \dfrac{330}{50} = 6{,}6$
Logo, para percorrer 330 quilômetros, o móvel gastou 6,6 horas.

1. Locação. Observe a tabela abaixo que associa o número de locações de DVD em uma locadora ao preço total correspondente.

Número de locações	1	2	3	4
Preço (R$)	5	10	15	20

a) O preço da locação é dado em função de quê?
b) Qual é a variável independente nessa situação?
c) E qual é a variável dependente?
d) Escreva uma lei matemática que associe o número x de locações ao preço y.
e) Qual é o preço de 20 locações de DVD?
f) Quantas locações correspondem ao preço de R$ 50,00?

2. Indústria. Um fabricante de parafusos verificou que o preço de custo p (em reais) de cada parafuso dependia do diâmetro da base x (em milímetro) de cada um e podia ser calculado pela lei matemática $p(x) = 0{,}01x + 0{,}06$.

a) Qual é a variável independente nessa situação? E a dependente?
b) Qual é o preço de custo de 1 parafuso cuja base tem 3 milímetros de diâmetro?
c) Quantos milímetros tem o diâmetro da base de um parafuso cujo preço de custo é R$ 0,11?
d) Qual é o custo de 500 parafusos com base de 3 milímetros de diâmetro?

3. Determine a lei da função f que relaciona:

a) um número real x com seu triplo;

b) um número real x com sua quarta potência;

c) um número real x com seu quádruplo, menos 2.

4. Verifique quais dos diagramas representam função de $A = \{3, 4, 5\}$ em $B = \{2, 3, 4\}$. Justifique suas respostas.

a)

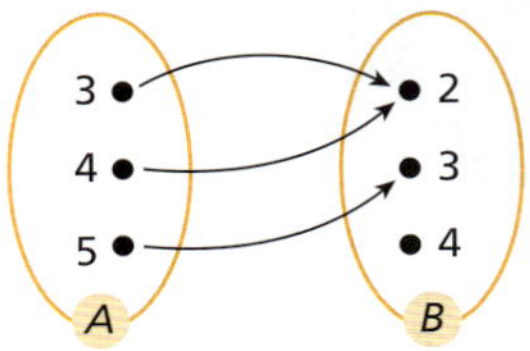

b)

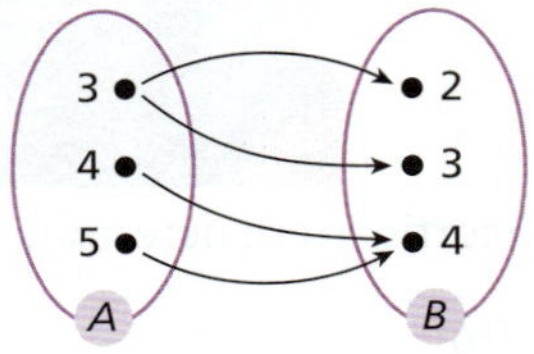

c)

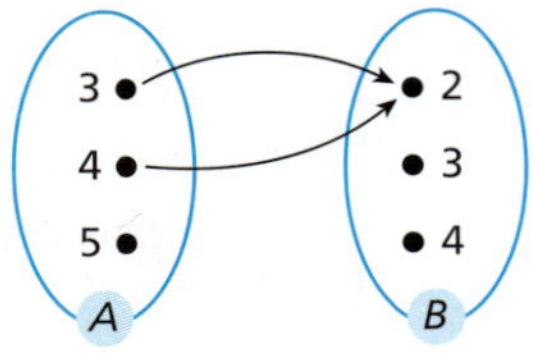

1.3 Domínio, contradomínio e conjunto imagem de uma função

Dada a função $f: A \to B$, temos:

• o conjunto A é chamado de **domínio** da função f, que indicamos por D ou D(f) (lemos "domínio de f"), e o conjunto B é chamado de **contradomínio** da função f, que indicamos por CD ou CD(f) (lemos "contradomínio de f");

• para cada x do domínio da função, o elemento $f(x)$, correspondente no contradomínio, é chamado de valor assumido por f no ponto x, ou **imagem** de x pela função f. O conjunto formado por todas as imagens de x é chamado de **conjunto imagem** da função, que indicamos por Im ou Im(f) (lemos "conjunto imagem de f").

Para definir uma função f, é preciso conhecer o domínio D(f), o contradomínio CD(f) e a maneira pela qual cada x de D(f) se corresponde com um único $y = f(x)$ de CD(f).

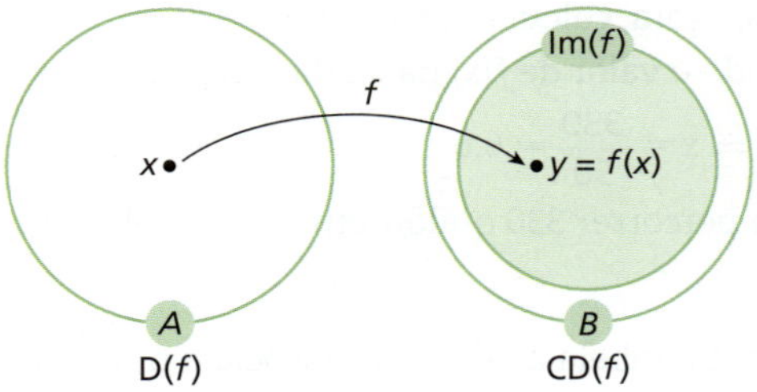

Quando o domínio e o contradomínio de uma função não estão explícitos, admitimos que o contradomínio é $\mathbb{R}$ e o domínio é $\mathbb{R}$, excluídos os valores de x para os quais não vale a lei que associa x a y. Nesse caso, dizemos que a função é real de variável real. Por exemplo, se a lei de uma função g é $g(x) = \frac{1}{x}$ e o domínio e o contradomínio não foram explicitados, subentende-se que $D(g) = \mathbb{R} - \{0\}$, já que $g(0) = \frac{1}{0}$ não faz sentido e $CD(g) = \mathbb{R}$.

Exemplos

a) Em $f(x) = 3x + 1$, se não há indicação contrária, $D(f) = \mathbb{R}$, pois a lei de f permite qualquer x real.

b) Dada a função $g(x) = \sqrt{x+1}$, $D(f) = \{x \in \mathbb{R} \mid x \geqslant -1\}$, pois, se $x < -1$, $\sqrt{x+1}$ não é um número real.

c) Em $h(x) = 3x$, para $D(h) = \mathbb{N}$, a imagem será o conjunto dos números múltiplos de 3, pois $h(1) = 3$, $h(2) = 6$, $h(3) = 9$ e assim por diante.

1.4 O zero de uma função

Todo número real x que pertence ao domínio da função f e faz $f(x) = 0$ é denominado **zero da função f.**

Exemplos

a) O zero da função $f(x) = 2x - 4$ é 2, pois: $f(2) = 2 \cdot 2 - 4 = 4 - 4 = 0$

b) O zero da função $h(x) = \sqrt{x-9}$ é 9, pois: $h(9) = \sqrt{9-9} = \sqrt{0} = 0$

c) A função $m(x) = \dfrac{1}{x}$ não tem zero, pois não há valor de x que anule $m(x)$.

d) O zero da função $g(x) = \dfrac{x}{\sqrt{x+5}}$ é 0, pois: $g(0) = \dfrac{0}{\sqrt{0+5}} = \dfrac{0}{\sqrt{5}} = 0$

Exercícios

R3. Considerar o diagrama da função f abaixo, em que $x \in A$ e $y \in B$, e determinar:

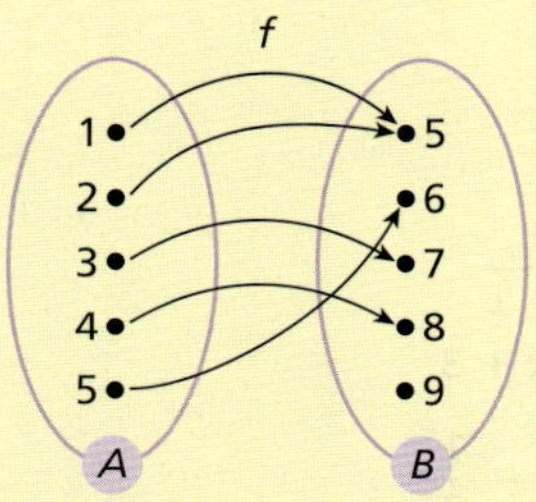

a) D(f)
b) CD(f)
c) Im(f)
d) y quando x = 1
e) y quando x = 2
f) $f(x)$ quando x = 3
g) x quando y = 8
h) x quando $f(x) = 5$

➤ Resolução

a) $D(f) = A = \{1, 2, 3, 4, 5\}$
b) $CD(f) = B = \{5, 6, 7, 8, 9\}$
c) $Im(f) = \{5, 6, 7, 8\}$
d) $x = 1 \Rightarrow y = 5$
e) $x = 2 \Rightarrow y = 5$
f) $x = 3 \Rightarrow f(3) = 7$
g) $y = 8 \Rightarrow x = 4$
h) $f(x) = 5 \Rightarrow x = 1$ ou $x = 2$

5. Considere $A = \{-5, -3, -1, 1, 3, 4\}$, $B = \{0, 1, 9, 25, 36, 81\}$ e a lei $y = x^2$ que associa x de A com y de B.

a) Represente essa situação por um diagrama.
b) Esse diagrama representa uma função? Justifique.

6. Analise o diagrama e determine:

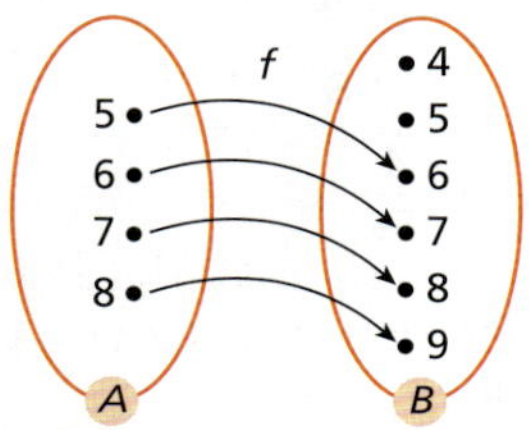

a) o domínio, o contradomínio e a imagem da função representada;
b) o valor de x para $f(x) = 4$;
c) o valor de $f(x)$ para x = 5.

R4. Determinar o conjunto imagem de f: $D(f) \to \mathbb{R}$, sabendo que $f(x) = 2x$ e considerando:
a) $D(f) = \mathbb{N}$
b) $D(f) = [0, 3]$

➤ Resolução

a) $Im(f)$ = conjunto dos números pares
b) $f(0) = 0$ e $f(3) = 6 \Rightarrow Im(f) = [0,6]$

7. Expresse a área s de um retângulo cujo comprimento é o dobro da largura ℓ. Determine o domínio e o conjunto imagem da função definida por essa lei.

R5. Dada a função $h(x) = x^3 - 1$, determinar:
a) $h(3)$
b) $h(0,5)$
c) $h(-3)$
d) x para $h(x) = -1$

➤ Resolução

a) $h(3) = 3^3 - 1 = 27 - 1 = 26$
b) $h(0,5) = (0,5)^3 - 1 = 0,125 - 1 = -0,875$
c) $h(-3) = (-3)^3 - 1 = -27 - 1 = -28$
d) $h(x) = -1 \Rightarrow x^3 - 1 = -1 \Rightarrow x^3 = 0 \Rightarrow x = 0$

8. Considere f: C $\rightarrow$ D, em que C = {0, 1, 2, 3} e D = {1, 2, 3, 4, 5}, uma função definida pela lei $f(x) = x + 1$.
Calcule:

a) $f(0)$ c) $f(2)$
b) $f(1)$ d) $f(3)$

9. Seja f: $\mathbb{R} \rightarrow \mathbb{R}$ a função definida por $f(x) = 4x + 1$.
Determine:

a) $f(4)$ c) $f(-1) + f(0) - f(11)$
b) $f(-2)$ d) $2f(3) - f(-3)$

R6. Obter o domínio de cada função.

a) $f(x) = 17x - 5$

b) $g(x) = \dfrac{x+3}{x-4}$

c) $h(x) = \sqrt[4]{7x-21}$

d) $i(x) = \sqrt[3]{6x+12}$

e) $j(x) = \dfrac{x^2-3x+2}{\sqrt{-2x+8}}$

f) $k(x) = \dfrac{\sqrt{x-4}}{2x-14}$

➤ Resolução

a) $D(f) = \mathbb{R}$

b) Devemos considerar que o denominador não pode ser nulo: $x - 4 \neq 0 \Rightarrow x \neq 4$
Portanto: $D(g) = \{x \in \mathbb{R} \mid x \neq 4\} = \mathbb{R} - \{4\}$

c) Em $\mathbb{R}$, o radicando de uma raiz de índice par não pode ser negativo:
$7x - 21 \geqslant 0 \Rightarrow 7x \geqslant 21 \Rightarrow x \geqslant 3$
Portanto: $D(h) = \{x \in \mathbb{R} \mid x \geqslant 3\}$

d) O radicando de uma raiz de índice ímpar pode ser qualquer valor real.
Portanto: $D(i) = \mathbb{R}$

e) Como o denominador não pode ser nulo e o radicando de uma raiz de índice par não pode ser negativo, devemos ter:
$-2x + 8 > 0 \Rightarrow -2x > -8 \Rightarrow 2x < 8 \Rightarrow x < 4$
Portanto: $D(i) = \{x \in \mathbb{R} \mid x < 4\}$

f) Devemos ter:
$x - 4 \geqslant 0$ e $2x - 14 \neq 0 \Rightarrow x \geqslant 4$ e $x \neq 7$
Portanto: $D(k) = \{x \in \mathbb{R} \mid x \geqslant 4 \text{ e } x \neq 7\}$

10. Determine o domínio de cada função.

a) $f(x) = 9x + 3$

b) $g(x) = \dfrac{x^3+8x}{x+3}$

c) $h(x) = -x^2 - 4x - 7$

d) $i(x) = \sqrt{x-8}$

e) $j(x) = \dfrac{\sqrt{x-1}}{x-3}$

f) $k(x) = \dfrac{x+x^2+3}{\sqrt[3]{x}}$

R7. Determinar os zeros das funções de $\mathbb{R}$ em $\mathbb{R}$, definidas por:

a) $g(x) = x + 9$ b) $h(x) = x^2 - 1$

➤ Resolução

a) Devemos determinar o valor de x para que $g(x) = 0$.
$g(x) = 0 \Rightarrow x + 9 = 0 \Rightarrow x = -9$

b) Devemos determinar o valor de x para que $h(x) = 0$.
$h(x) = 0 \Rightarrow x^2 - 1 = 0 \Rightarrow x^2 = 1 \Rightarrow x = \pm 1$

11. Determine os zeros das funções.

a) $f(x) = x - 3$

b) $g(x) = x + 12$

c) $h(x) = 4 - x$

d) $i(x) = 3x + 18$

e) $j(x) = 4x - 9$

f) $m(x) = x^2$

g) $n(x) = x^3$

h) $p(x) = \dfrac{1}{x+1}$

i) $q(x) = 0{,}5x + 3$

j) $s(x) = \dfrac{1}{3}x - \dfrac{1}{3}$

12. Dada a função $u(x) = \dfrac{x+1}{x-2} + \dfrac{3}{x-3}$, determine:

a) $D(u)$

b) $u(0)$

c) $u(-5)$

d) $u(0{,}2)$

13. Escreva o conjunto imagem de cada função.

a) $v(x) = 2x^2$, sendo $D(v) = [1, 3]$.

b) $w(x) = \dfrac{1}{x-1}$, sendo $D(w) = [2, 4]$.

c) $f(x) = \dfrac{1}{\sqrt{x}}$, sendo $D(f) = [4, 49]$.

14. Que valores do domínio da função f: $\mathbb{R} \rightarrow \mathbb{R}$, definida por $f(x) = x^2 - 2x - 6$, têm imagem igual a 2?

15. Sabe-se que f é uma função definida por $f(x) = ax - 4$, com a real e $f(3) = 11$. Calcule $f(-5)$.

16. Dada a função g, definida por $g(x) = ax + b$, com $a, b \in \mathbb{R}$, $g(2) = 8$ e $g(-2) = -4$, determine:

a) a e b;

b) o zero da função.

2 Gráfico de uma função

2.1 Representação gráfica

É comum encontrar gráficos em várias fontes de informação, como revistas, jornais, livros didáticos, internet, boletins governamentais etc. A representação gráfica auxilia a observação, a organização e a análise da variação de duas grandezas, permitindo uma rápida comparação entre os dados apresentados. Veja um exemplo:

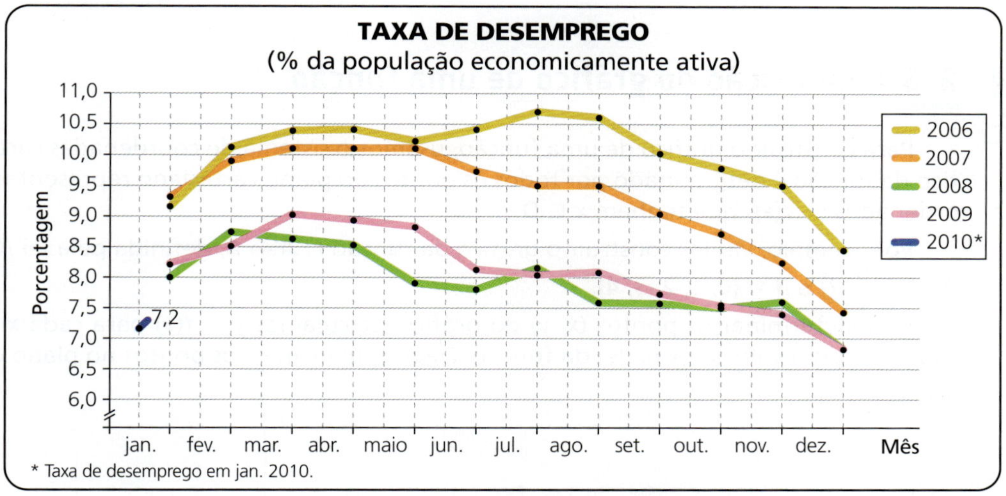

Fonte: IBGE/PME.

Esse gráfico traz a variação da taxa de desemprego relativa à população economicamente ativa nos anos de 2006 a 2010.

2.2 Plano cartesiano

A construção e a interpretação de gráficos requerem a noção de **plano cartesiano**: plano determinado pelo sistema de eixos ortogonais x (**eixo das abscissas**) e y (**eixo das ordenadas**), que o divide em quatro regiões chamadas **quadrantes**. Podemos localizar qualquer ponto P no plano cartesiano através de uma referência horizontal (x) e de uma referência vertical (y), que, juntas, definem o **par ordenado** (x, y). Dizemos que x e y são as **coordenadas** do ponto $P(x, y)$.

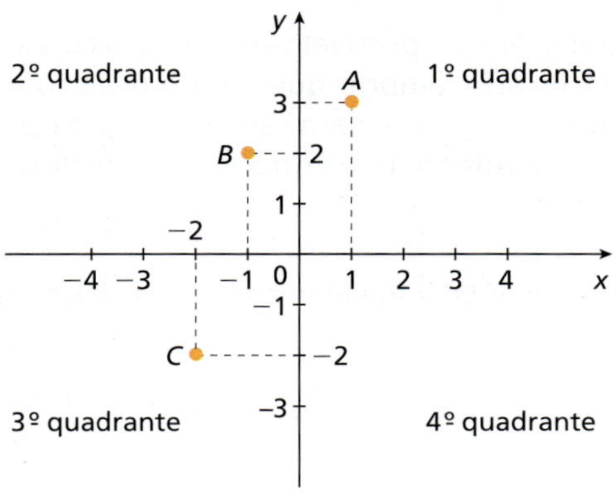

Nesse plano, observamos:

- $A(1, 3)$: tem abscissa 1, ordenada 3 e está no 1º quadrante.
- $B(-1, 2)$: tem abscissa -1, ordenada 2 e está no 2º quadrante.
- $C(-2, -2)$: tem abscissa -2, ordenada -2 e está no 3º quadrante.

Observe que:

- a cada par ordenado corresponde um único ponto no plano cartesiano.
- a cada ponto do plano cartesiano corresponde um único par ordenado.
- todo ponto $P(x, y)$ do 1º quadrante tem $x > 0$ e $y > 0$;
- todo ponto $P(x, y)$ do 2º quadrante tem $x < 0$ e $y > 0$;
- todo ponto $P(x, y)$ do 3º quadrante tem $x < 0$ e $y < 0$;
- todo ponto $P(x, y)$ do 4º quadrante tem $x > 0$ e $y < 0$.

O plano cartesiano também é conhecido por sistema de coordenadas cartesianas. O termo *cartesiano* se origina do nome do filósofo e matemático francês René Descartes (1596-1650).

2.2 Biblioteca do estudante

2.3 Construção do gráfico de uma função

Para construir o gráfico de uma função, usamos o sistema de coordenadas cartesianas. O gráfico da função é determinado por todos os pontos do plano cartesiano representados pelos pares ordenados $(x, f(x))$ que tenham $x \in D$.

Por exemplo, vamos construir o gráfico da função $f: A \to B$, definida pela lei $f(x) = x$, em que $A = \{0, 1, 2\}$ e $B = \{0, 1, 2, 3, 4\}$.

Para determinar os pontos (x, y) do gráfico, calculamos $y = f(x)$ para cada x do domínio A, substituindo o valor de x na lei da função. Depois, marcamos os pontos no plano cartesiano.

x	$y = f(x) = x$	(x, y)
0	$y = f(0) = 0$	$(0, 0)$
1	$y = f(1) = 1$	$(1, 1)$
2	$y = f(2) = 2$	$(2, 2)$

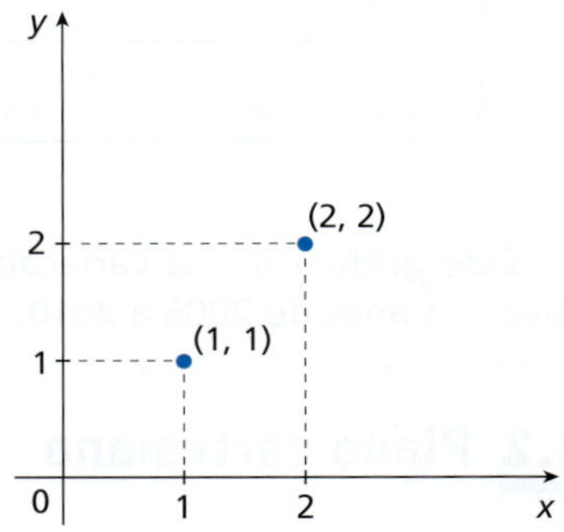

Esses pontos do plano cartesiano compõem o gráfico da função f.

2.4 Reconhecimento dos gráficos que representam uma função

Ao observar um gráfico é possível verificar se a curva descrita corresponde ou não a uma função. Para isso, é necessário lembrar que uma função só estará definida se todos os elementos do domínio tiverem uma imagem e, para cada elemento do domínio (valores do eixo x), houver uma única imagem correspondente no contradomínio (valores do eixo y).

Exemplos

Considerando $D = \mathbb{R}$ e $CD = \mathbb{R}$, vejamos quais gráficos representam uma função.

a)

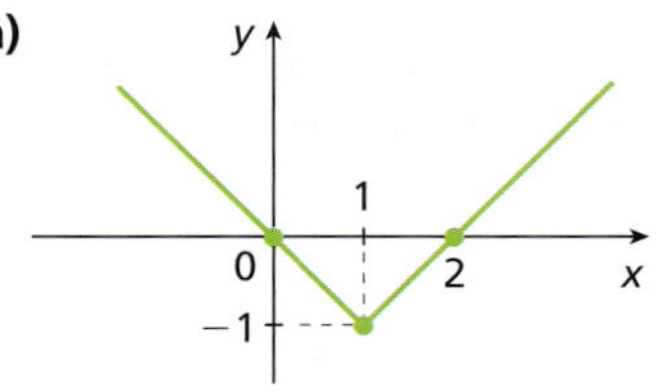

Cada elemento do domínio (no eixo x) tem uma única imagem correspondente no contradomínio (no eixo y). Portanto, esse gráfico **representa** uma função.

b)

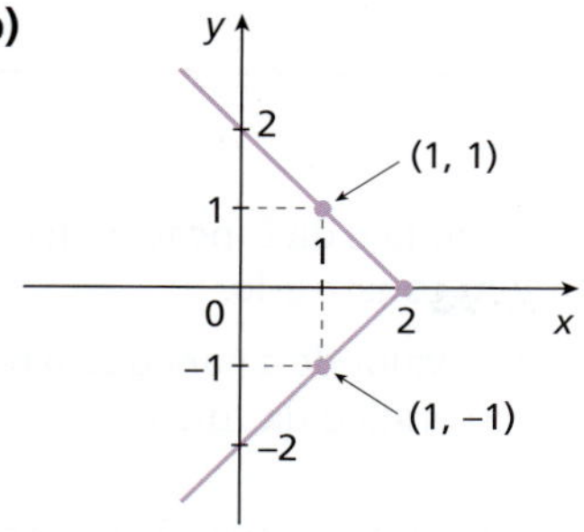

Existem elementos do domínio (no eixo x) que têm mais de um correspondente no contradomínio (no eixo y); por exemplo, o número 1 tem dois correspondentes: 1 e -1

Logo, esse gráfico **não representa** uma função.

c)

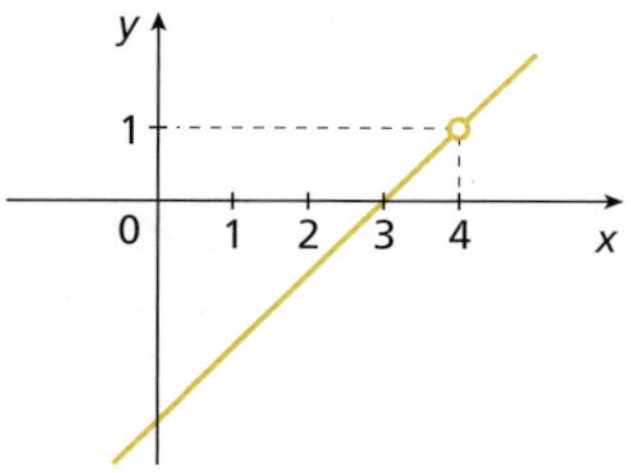

A bolinha vazia na reta que corta os eixos x e y indica que há um elemento do domínio ($x = 4$) que não tem correspondente no contradomínio (no eixo y). Portanto, esse gráfico **não representa** uma função.

Para esse gráfico representar uma função, o domínio deveria ter a seguinte restrição: $D = \{x \in \mathbb{R} \mid x \neq 4\}$. Nesse caso, o conjunto imagem seria $Im = \{y \in \mathbb{R} \mid y \neq 1\}$.

d)

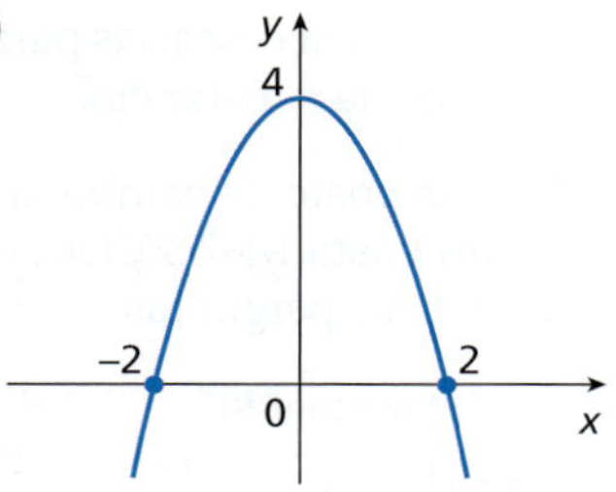

Cada elemento do domínio tem uma única imagem correspondente no contradomínio (no eixo y). Então, esse gráfico representa uma função.

Essa curva, chamada **parábola**, será estudada no capítulo sobre funções quadráticas.

A representação gráfica de uma função facilita a determinação de seu conjunto imagem e de seus zeros. Analisando os gráficos dos itens **a** e **d** do exemplo anterior, temos:

- gráfico do item **a**: $Im = \{y \in \mathbb{R} \mid y \geq -1\}$; os zeros da função são 0 e 2;
- gráfico do item **d**: $Im = \{y \in \mathbb{R} \mid y \leq 4\}$; os zeros da função são -2 e 2.

Admitimos que, quando não há uma restrição no domínio, o gráfico se prolonga nos dois sentidos.

Exercícios

R8. Construir o gráfico da função $f: A \rightarrow B$, definida pela lei $f(x) = 2x - 3$, em que $A = \{-1, 0, 1, 3\}$ e $B = \{-5, -3, -1, 3, 7, 9\}$.

➤ Resolução

Para determinar os pontos (x, y) do gráfico, calculamos $y = f(x)$ para cada x do domínio A, substituindo o valor de x na lei da função. Depois, marcamos os pontos no plano cartesiano.

x	$y = f(x) = 2x - 3$	(x, y)
-1	$y = f(-1) = 2 \cdot (-1) - 3 = -5$	$(-1, -5)$
0	$y = f(0) = 2 \cdot 0 - 3 = -3$	$(0, -3)$
1	$y = f(1) = 2 \cdot 1 - 3 = -1$	$(1, -1)$
3	$y = f(3) = 2 \cdot 3 - 3 = 3$	$(3, 3)$

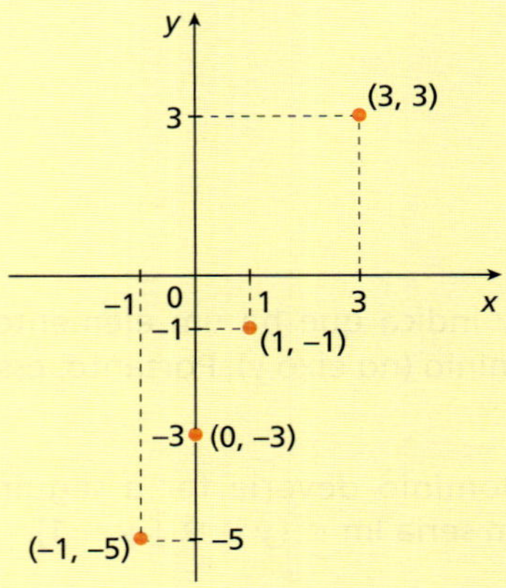

Esses pontos do plano cartesiano compõem o gráfico da função f.

17. Em um mesmo plano cartesiano, localize os pontos representados pelos pares ordenados.

a) $A(1, 1)$
b) $B(-3, 5)$
c) $C(-2, -7)$
d) $D\left(\frac{5}{2}, \frac{7}{4}\right)$
e) $E(0, 0)$
f) $F(4, -5)$
g) $G(8, -5)$
h) $H\left(\frac{3}{2}, -\frac{5}{4}\right)$

18. Construa o gráfico das funções em cada caso.

a) $f: A \rightarrow B$, em que $A = \{-2, -1, 0, 1, 2\}$ e $B = \{0, 1, 2, 3, 4\}$, dada por $f(x) = x^2$
b) $g: A \rightarrow B$, em que $A = \{0, 1, 2, 3, 4\}$ e $B = \{-1, 2, 3, 5, 8, 11\}$ tal que $g(x) = 3x - 1$
c) $h: \mathbb{R} \rightarrow \mathbb{R}$ tal que $h(x) = x - 1$
d) $k: \mathbb{R} \rightarrow \mathbb{R}$ tal que $k(x) = 7$

19. Faça o que se pede.

a) Verifique se o ponto representado pelo par ordenado $(8, -1)$ pertence ao gráfico da função de $\mathbb{R}$ em $\mathbb{R}$ tal que $f(x) = 5x - 9$. Justifique.
b) Descreva o gráfico da função de $\mathbb{R}$ em $\mathbb{R}$ tal que $f(x) = 5$, sem construí-lo.
c) Determine o valor de a para que o ponto $(-2, 1)$ pertença ao gráfico da função $f: \mathbb{R} \rightarrow \mathbb{R}$ tal que $f(x) = ax + 5$.
d) O domínio de uma função f é $D = \{x \in \mathbb{R} \mid x \neq 3\}$. O ponto representado pelo par ordenado $(3, -1)$ pode pertencer ao gráfico de f?

20. Indústria. Uma máquina produz, em 1 hora, 8 litros de certa substância. O gráfico abaixo apresenta o número de litros que essa máquina produz, em função do tempo, em regime ininterrupto de 3 horas.

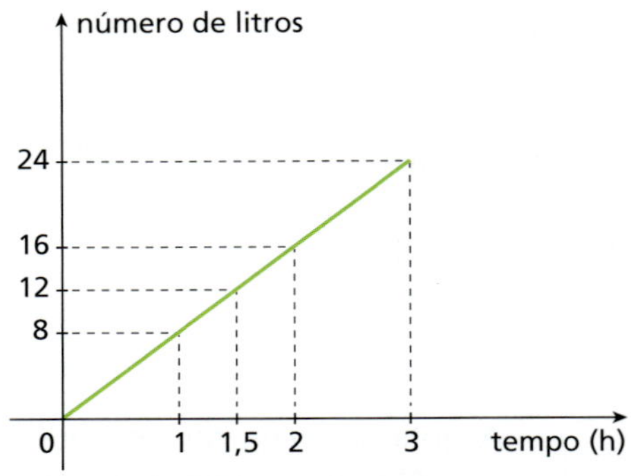

a) Quais são as variáveis envolvidas nessa situação?
b) Qual é a lei que relaciona essas variáveis?
c) Qual é o significado do par ordenado (1,5; 12)?
d) Quantos litros da substância a máquina produziria em 6 horas, em regime ininterrupto? E em 10 horas?
e) Quantas horas são necessárias para a máquina produzir 4 litros da substância?

21. Consumo. Em um posto de combustível, o litro de gasolina comum custa R$ 2,50. Observe o gráfico abaixo e responda às perguntas.

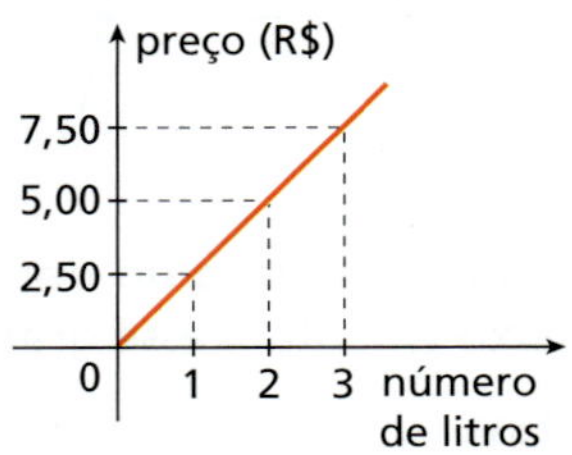

a) Qual é a lei que relaciona o preço (y) com o número de litros (x)?
b) Quanto custam, nesse posto, 2 litros de gasolina?
c) E quanto custa 1,5 litro de gasolina?
d) Pagando um total de R$ 7,50, quantos litros de gasolina podem ser comprados? E pagando R$ 25,00?
e) Quantos litros de gasolina podem ser comprados com R$ 125,00?

22. Determine o domínio, o conjunto imagem e os zeros das funções correspondentes a cada gráfico.

a)

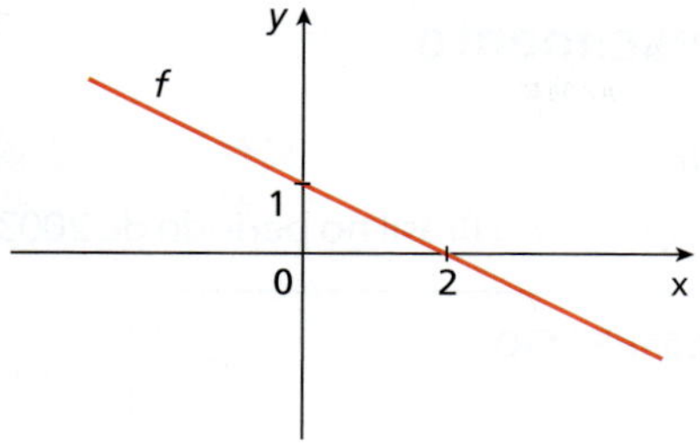

b)

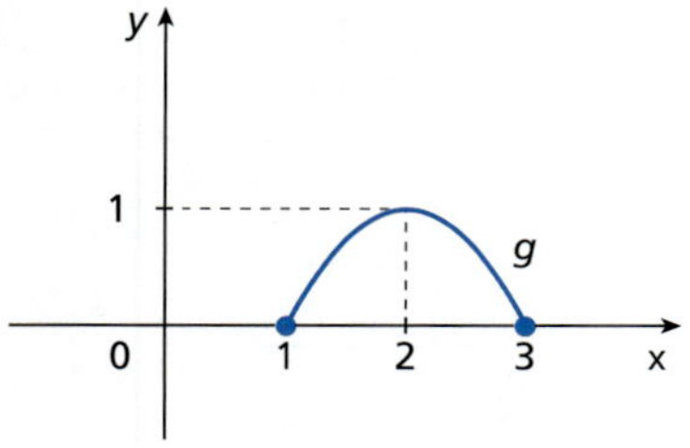

c)

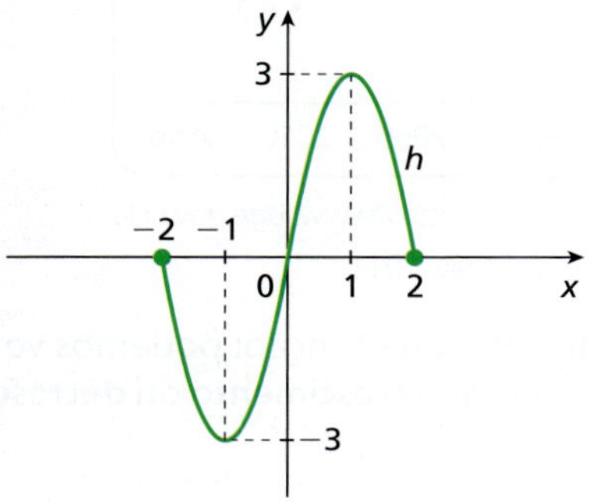

23. Considere $f: \mathbb{R} \to \mathbb{R}$ tal que: $f(x) = x - 2$
Construa o gráfico de f tendo como um dos pontos o de abscissa igual ao zero da função. Depois, determine os valores de x para os quais y é positivo.

24. Quais dos gráficos podem representar funções?

a)

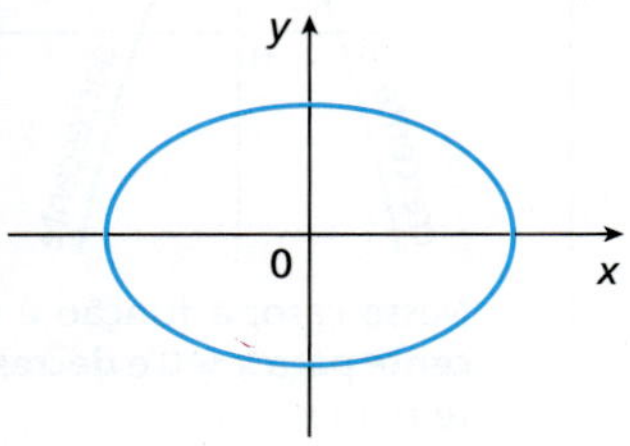

b)

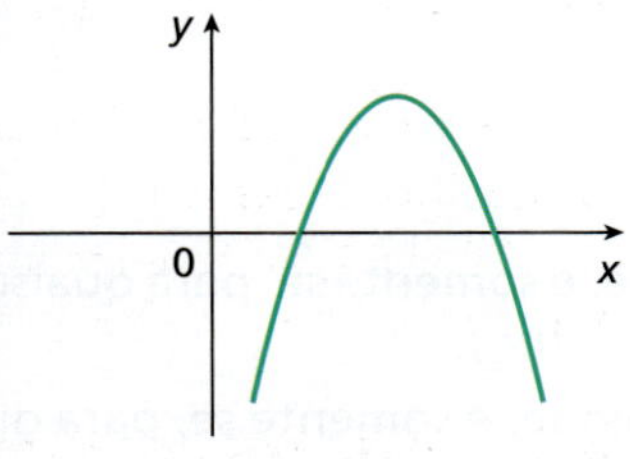

c)

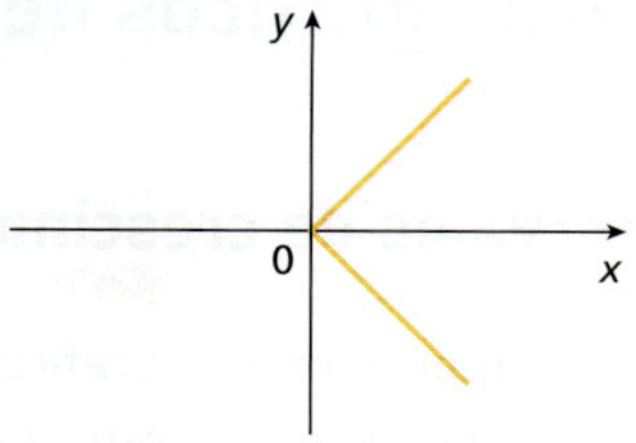

d)

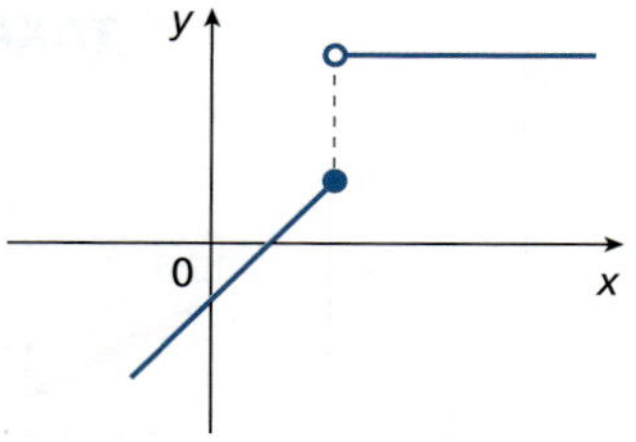

25. Verifique se os gráficos podem representar funções.

a)

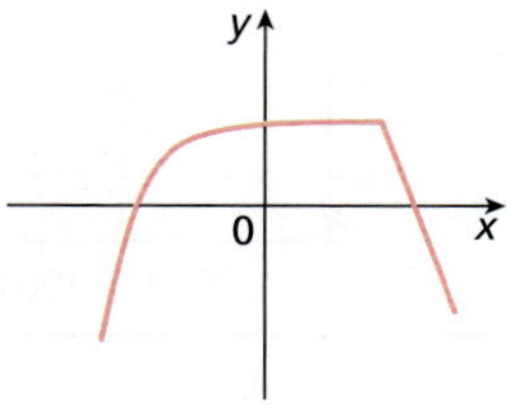

b)

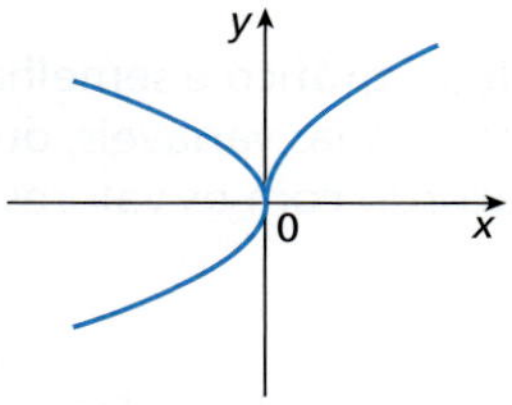

26. Observe o gráfico da função f e faça o que se pede.

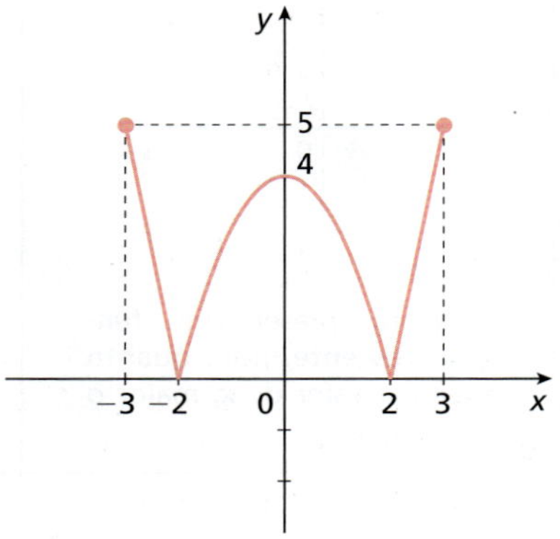

a) Determine $f(-2)$.
b) Estime o valor de $f(0{,}5)$.
c) Estime o valor de x para $f(x) = 2$.
d) Determine $D(f)$ e $Im(f)$.
e) Identifique os zeros da função.

3 Análise de gráficos de funções

3.1 Intervalos de crescimento e de decrescimento

Acompanhe a representação gráfica da situação a seguir.

Economia. O gráfico a seguir mostra a taxa mínima de desemprego no Brasil no período de 2003 a 2010.

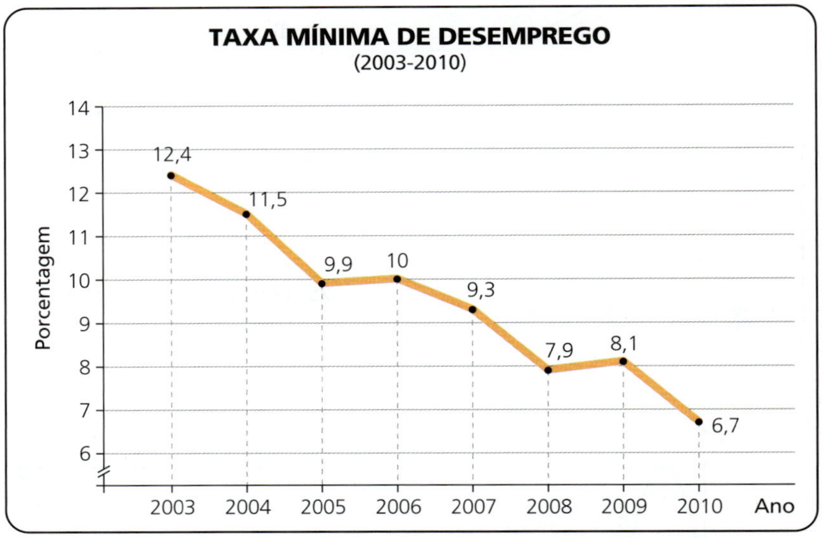

Disponível em: <http://www.ibge.gov.br>. Acesso em: 14 fev. 2011.

2.3 Biblioteca do estudante

A análise desse gráfico é semelhante à análise do gráfico de uma função: podemos verificar o comportamento de suas variáveis, ou, em outras palavras, analisar o **crescimento** ou **decrescimento** da função de acordo com os valores do domínio.

Exemplos

As funções representadas pelos gráficos abaixo têm domínio e contradomínio reais, ou seja, são funções reais.

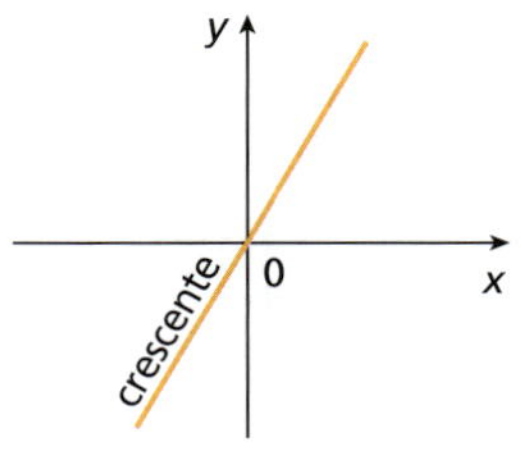

Essa reta representa uma **função crescente**, pois, quanto maior o valor de x, maior o valor de y.

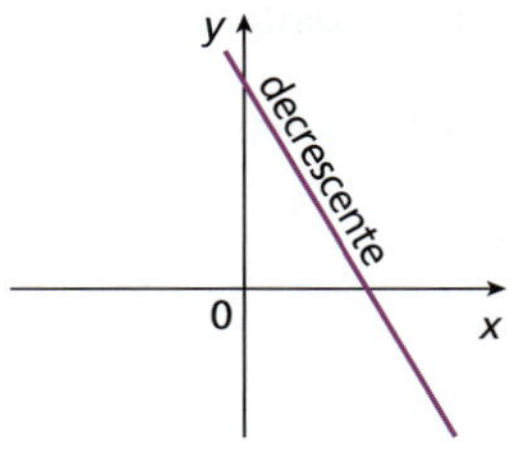

Essa reta representa uma **função decrescente,** pois, quanto maior o valor de x, menor o valor de y.

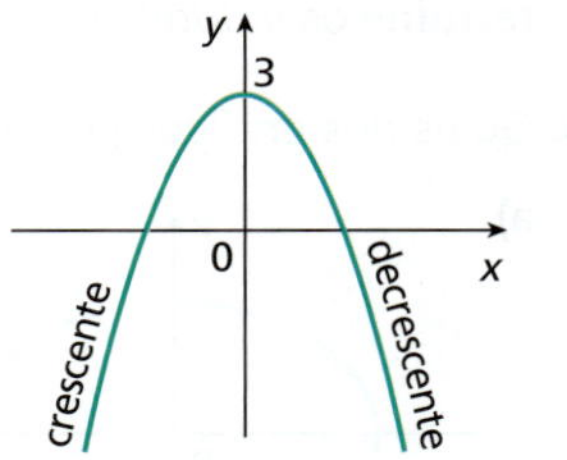

Nesse caso, a função é **crescente** para $x \leqslant 0$ e **decrescente** para $x \geqslant 0$.

Esses exemplos ajudam a entender as afirmações a seguir.

- Uma função f é **crescente** em um intervalo do domínio se, e somente se, para quaisquer valores x_1 e x_2 desse intervalo, com $x_1 < x_2$, tem-se $f(x_1) < f(x_2)$.
- Uma função f é **decrescente** em um intervalo do domínio se, e somente se, para quaisquer valores x_1 e x_2 desse intervalo, com $x_1 < x_2$, tem-se $f(x_1) > f(x_2)$.

3.2 Valor máximo e valor mínimo

Algumas funções f têm y_m pertencente ao conjunto imagem de f tal que não existe um y que pertence ao mesmo conjunto imagem maior que y_m. Dizemos que y_m é o **valor máximo** da função. Mas, se não existe um y pertencente ao conjunto imagem de f menor que y_m, então y_m é o **valor mínimo** da função.

Exemplos

Observe o conjunto imagem nos gráficos das funções abaixo:

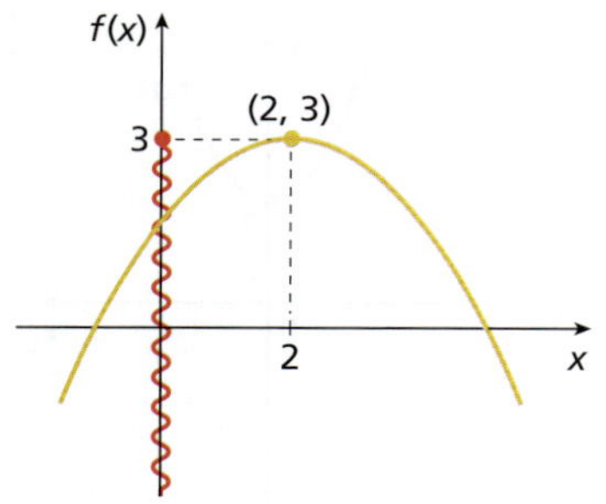

- $\text{Im}(f) = \{y \in \mathbb{R} \mid y \leq 3\}$
- f tem um máximo em (2, 3).

Logo, $y_m = 3$ é o valor máximo de $f(x)$.

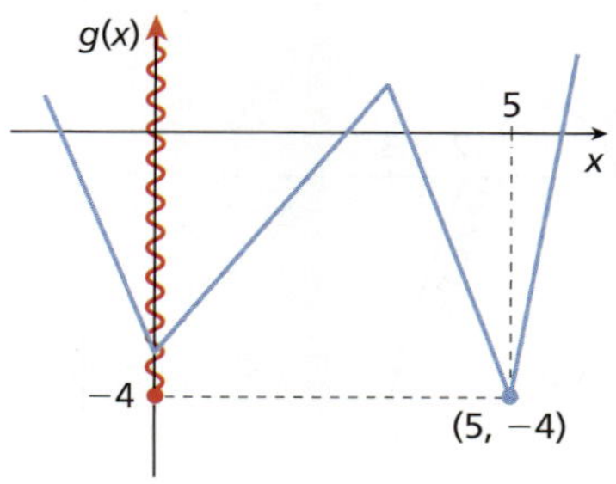

- $\text{Im}(g) = \{y \in \mathbb{R} \mid y \geq -4\}$
- g tem um mínimo em (5, −4).

Logo, $y_m = -4$ é o valor mínimo de $g(x)$.

3.3 Estudo do sinal

Podemos estudar o sinal de uma função por meio de sua representação gráfica.

Exemplo

Vamos estudar o sinal da função f, cujo gráfico está representado abaixo.

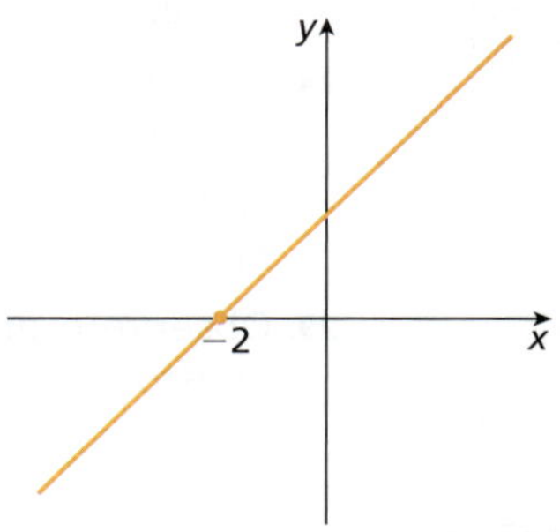

Observe que os pontos de abscissa maior que −2 têm ordenada positiva, os pontos de abscissa menor que −2 têm ordenada negativa e o ponto de abscissa −2 tem ordenada zero.

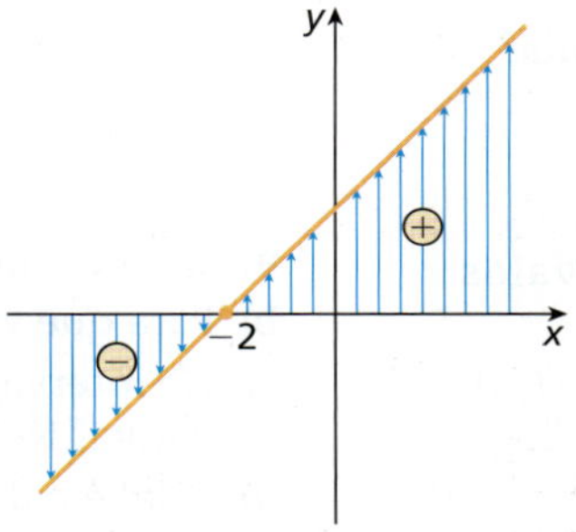

Assim, dizemos que:

- f é positiva para $x > -2$;
- f é negativa para $x < -2$;
- f é nula para $x = -2$.

Exercícios

R9. Indicar o(s) intervalo(s) do domínio no(s) qual(is) a função $f: \mathbb{R} \to \mathbb{R}$, representada no gráfico, é crescente e o(s) intervalo(s) no(s) qual(is) ela é decrescente.

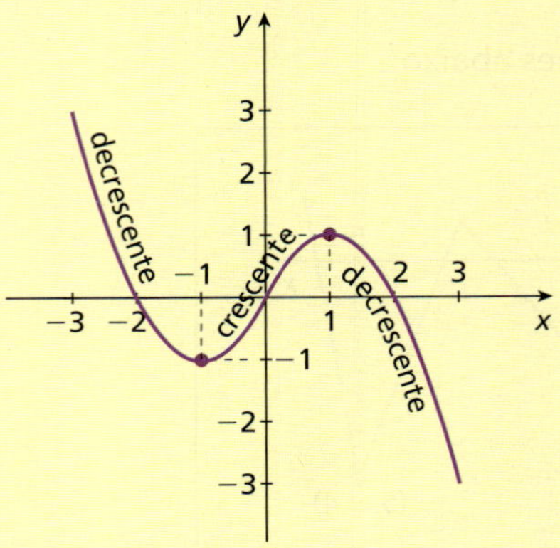

➤ Resolução

A função é:

- decrescente em $]-\infty, -1]$ e $[1, +\infty[$, pois, nesses intervalos, quanto maior o valor de x (domínio), menor o valor de y (imagem);
- crescente em $[-1, 1]$, pois, nesse intervalo, quanto maior o valor de x, maior o valor de y.

R10. A função $f: \mathbb{R} \to \mathbb{R}$ está representada no gráfico abaixo.

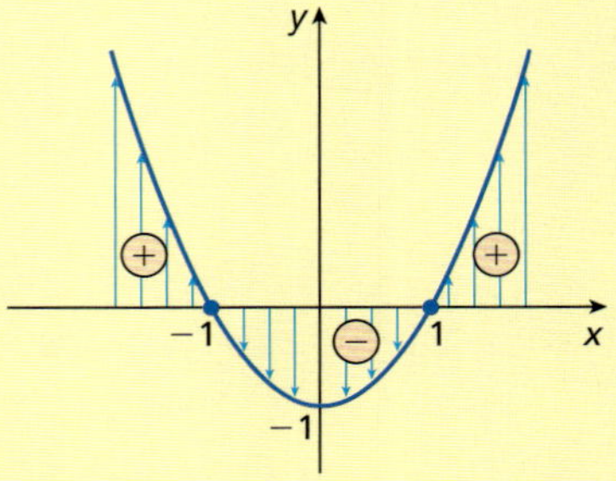

a) Em que intervalos do domínio a função f é positiva?

b) Em que intervalos do domínio a função f é negativa?

c) Para que valores de x a função f é nula?

d) Qual é o valor mínimo de f?

➤ Resolução

a) A função f é positiva nos intervalos $]-\infty, -1[$ e $]1, +\infty[$.

b) A função f é negativa no intervalo $]-1, 1[$.

c) A função f é nula em $x = 1$ e em $x = -1$.

d) O valor mínimo de f é -1.

27. Observe os gráficos das funções de $\mathbb{R}$ em $\mathbb{R}$.

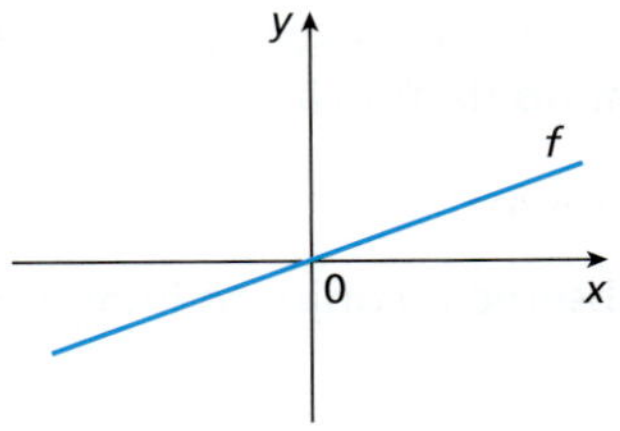

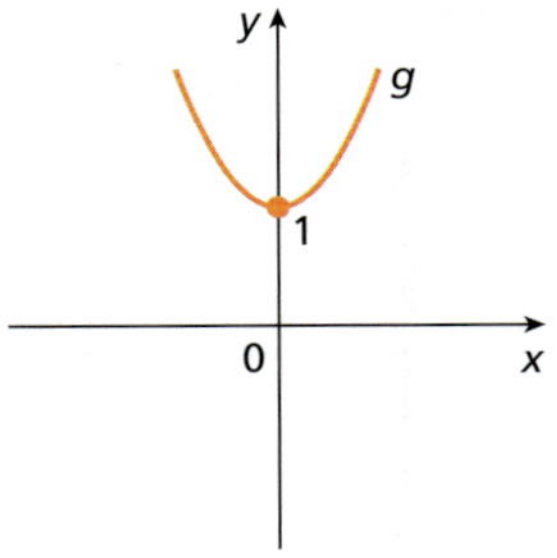

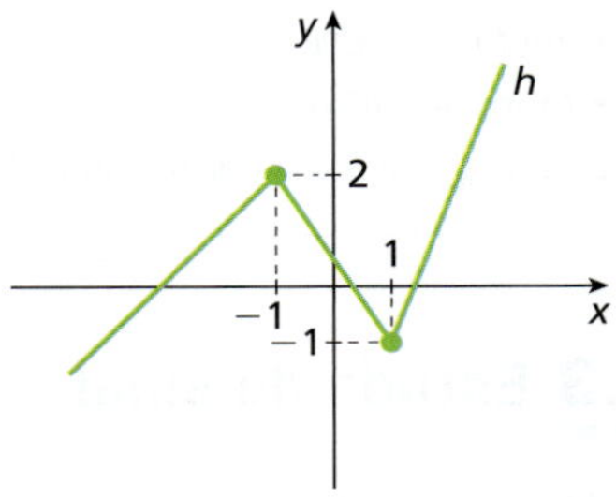

a) Identifique os intervalos de crescimento e os intervalos de decrescimento de cada função.

b) As funções apresentam um valor máximo ou um valor mínimo? Em caso afirmativo, que valores são esses?

28. Construa o gráfico das funções g e h, de $\mathbb{R}$ em $\mathbb{R}$, e verifique se são crescentes ou decrescentes.

a) $g(x) = x + 5$

b) $h(x) = -2x + 1$

29. Observe o gráfico da função f e responda às questões.

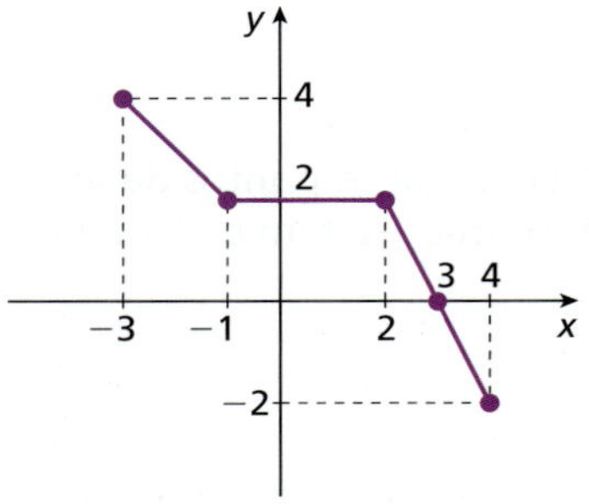

a) Qual é a imagem de 2 pela função f?

b) Para que valor de x a imagem é -2?

c) No intervalo $[-1, 2]$, a função é positiva ou negativa? Nesse intervalo, a função é crescente?

d) Qual é o domínio dessa função?

e) Qual é o conjunto imagem dessa função?

30. O gráfico representa uma função de $\mathbb{R}$ em $\mathbb{R}$.

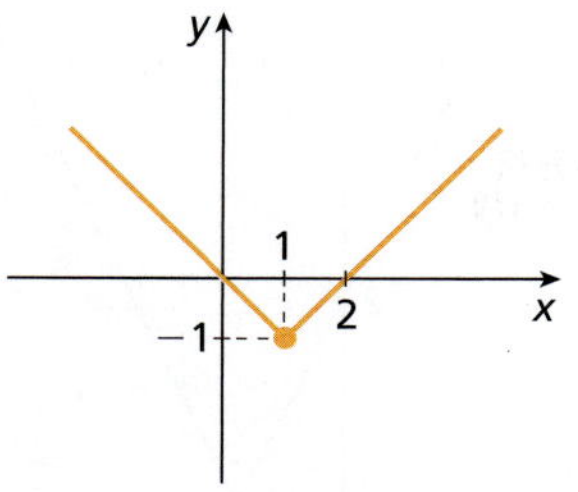

Classifique cada sentença em verdadeira (V) ou falsa (F) e justifique as falsas.

a) $f(0) = 0$

b) A função é crescente no intervalo $[0, +\infty[$.

c) A função é positiva em todo o domínio.

d) O valor mínimo da função é -1.

e) $\text{Im}(f) = [-1, +\infty[$.

31. Observe o gráfico da função f de $\mathbb{R}$ em $\mathbb{R}$.

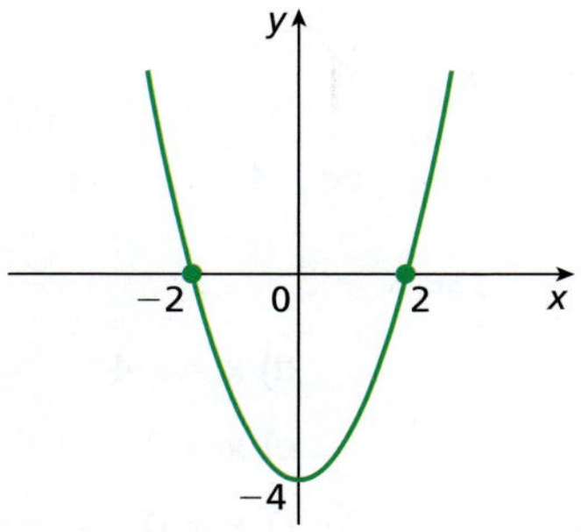

a) Quais são os zeros da função?

b) Em qual intervalo do domínio a função é crescente? E decrescente?

c) Para que valores de x a função é positiva? E negativa?

d) Qual é o domínio da função? E o conjunto imagem?

e) Qual é o menor valor que essa função pode assumir? Esse valor é imagem de qual valor do domínio?

32. Qual dos gráficos representa uma função negativa para todos os números reais?

a)

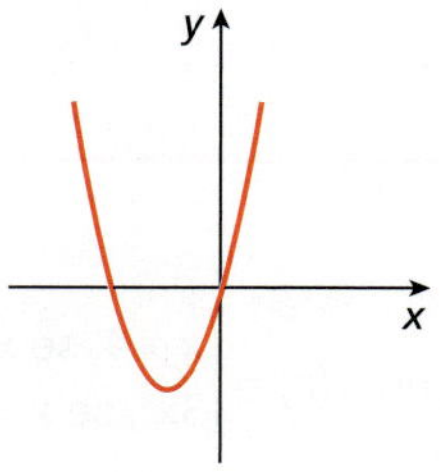

b)

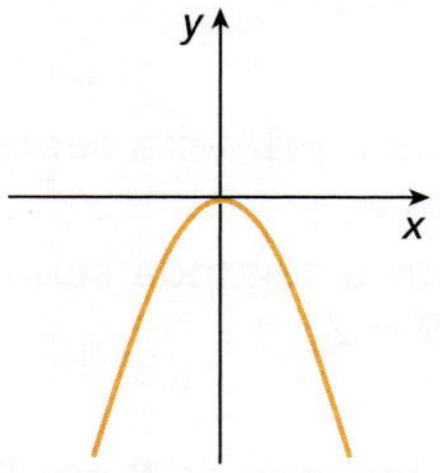

c)

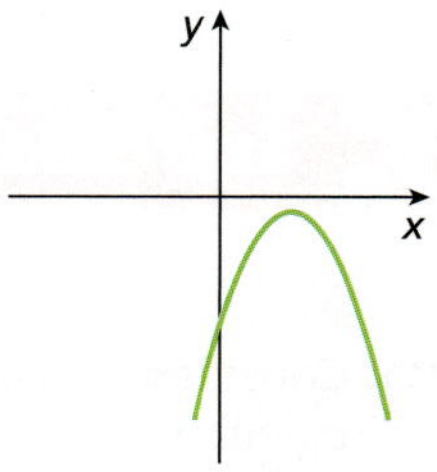

d)

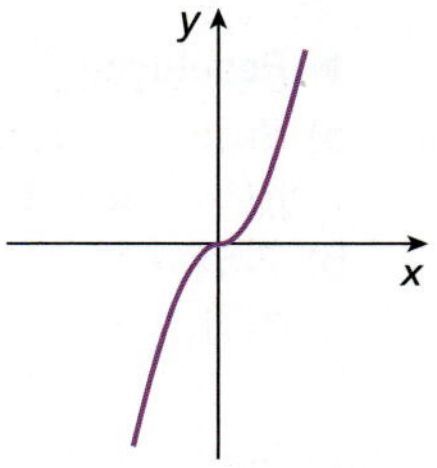

4 Funções definidas por mais de uma sentença

4.1 Gráfico e determinação de valores

Algumas funções são definidas por mais de uma sentença. Vamos ver alguns casos.

Exemplos

a) $f\colon \mathbb{R} \to \mathbb{R}$ tal que:

$$f(x) = \begin{cases} -x-1, \text{ se } x \leqslant 0 \\ x^2-1, \text{ se } x > 0 \end{cases}$$

Observe que o comportamento do gráfico varia conforme o intervalo do domínio.

- domínio: $D(f) = \mathbb{R}$
- imagem: $\text{Im}(f) = \{y \in \mathbb{R} \mid y \geqslant -1\}$
- f é decrescente em: $]-\infty, 0]$
- f é crescente em: $[0, +\infty[$
- f é positiva em: $]-\infty, -1[$ e $]1, +\infty[$
- f é negativa em: $]-1, 1[$
- zeros de f: -1 e 1

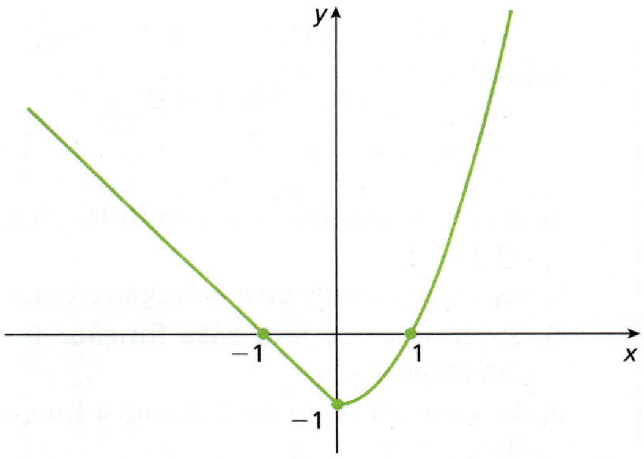

b) $h(x)$: $\mathbb{R} \rightarrow \mathbb{R}$ tal que:

$$h(x) = \begin{cases} -2x + 2, \text{ se } x < 1 \\ 2x - 2, \text{ se } x \geq 1 \end{cases}$$

Observe que o comportamento do gráfico varia conforme o intervalo do domínio.

- domínio: $D(h) = \mathbb{R}$
- imagem: $Im(h) = \{y \in \mathbb{R} \mid y \geq 0\}$
- h é decrescente em: $]-\infty, 1]$
- h é crescente em: $[1, +\infty[$
- h é positiva em: $\mathbb{R} - \{1\}$
- zero de h: 1

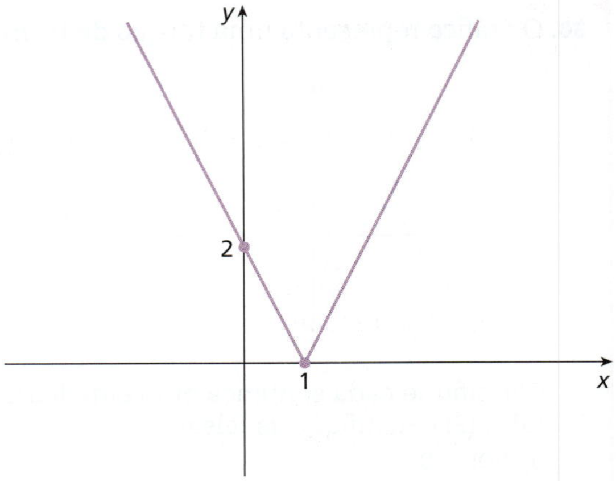

Exercícios

R11. Considerando a função $g(x) = \begin{cases} x + 4, \text{ se } x \leq 1 \\ 3x^2, \text{ se } x > 1 \end{cases}$, calcular:

a) $g(1)$ b) $g(3)$

➤ **Resolução**

a) Para $x = 1$, usamos a primeira sentença: $g(1) = 1 + 4 = 5$

b) Para $x = 3$, usamos a segunda sentença: $g(3) = 3 \cdot 3^2 = 3 \cdot 9 = 27$

33. Observe o gráfico da função m de $\mathbb{R}$ em $\mathbb{R}$ e responda às questões.

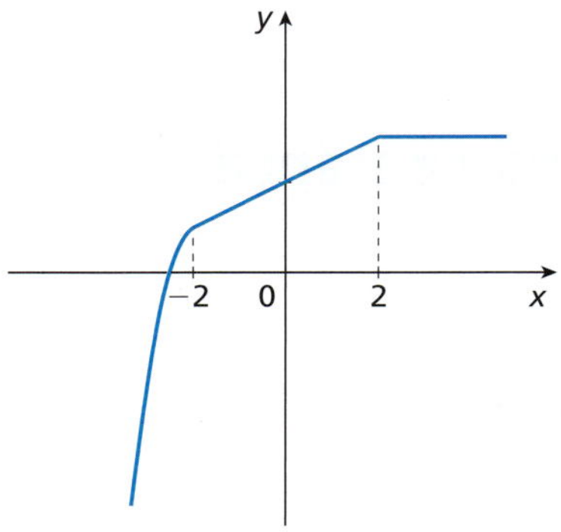

$$m(x) = \begin{cases} -\frac{x^2}{2} + 3, \text{ se } x \leq -2 \\ \frac{x}{2} + 2, \text{ se } -2 < x \leq 2 \\ 3, \text{ se } x > 2 \end{cases}$$

a) Qual é o domínio e o conjunto imagem de $m(x)$?

b) Para que valores de x a função é constante?

c) Quantos zeros tem essa função? Justifique sua resposta.

d) Em que intervalo do domínio a função é positiva? E negativa?

34. A função a seguir é definida por três sentenças. Calcule o valor de $p(x)$ em cada caso.

$$p(x) = \begin{cases} \frac{x^2}{4}, \text{ se } x \leq -4 \\ -\frac{2}{7}x + \frac{20}{7}, \text{ se } -4 < x \leq 3 \\ \frac{x+3}{3}, \text{ se } x > 3 \end{cases}$$

a) $x = -6$

b) $x = \frac{1}{2}$

c) $x = 3{,}78$

d) $x = -4$

e) $x = 3$

f) $x = 0$

35. Construa o gráfico da função f: $\mathbb{R} \rightarrow \mathbb{R}$ definida pela lei:

$$f(x) = \begin{cases} x + 1 \text{ se } x \leq 1 \\ 2 \text{ se } 1 < x \leq 2 \\ -x + 3 \text{ se } x > 2 \end{cases}$$

a) Estude o sinal da função.

b) Determine os intervalos em que a função é: crescente, decrescente e constante.

c) Indique os zeros da função.

36. Indústria. Para estimular sua equipe, o departamento de vendas de uma fábrica de bicicletas elaborou a seguinte regra: se a venda semanal for de uma quantidade x, menor que 30 unidades, a comissão y que o vendedor receberá será de 3% do valor total v, em reais, das vendas; se a venda for de 30 a 100 unidades, a comissão passará para 5% de v; se a quantidade for superior a 100 unidades, a comissão passará para 8% de v. Cada bicicleta é vendida por R$ 350,00.

a) Escreva uma função que retrate a relação entre o número de bicicletas vendidas e a comissão do vendedor.

b) Quanto um vendedor receberá de comissão se vender 80 bicicletas em uma semana? E se vender 101?

5 Função composta

5.1 A ideia de função composta

Administração. Paulo administra um parque ecológico que faz parte de uma reserva ambiental e precisou fazer um levantamento do número de visitantes que o parque recebe aos domingos.

FABIO COLOMBINI

A jaguatirica é um dos animais brasileiros ameaçados de extinção.

Para esse cálculo, ele teve de levar em consideração que cada ingresso dá direito à entrada de um veículo, independentemente do número de passageiros.

Veja como Paulo fez.

1º) Ele calculou que, aos domingos, entram no parque, em média, 35 veículos a cada hora. Com esses dados, escreveu uma função (que vamos chamar de v), relacionando o número de horas, após a abertura do parque, com o número de veículos que entram:

$v = v(h) = 35 \cdot h$ (v = número de veículos, h = número de horas)

2º) Depois de diversas observações e alguns cálculos, Paulo percebeu que, em média, o número de pessoas e o número de veículos relacionavam-se de acordo com outra função (que vamos chamar de p):

$p = p(v) = 4 \cdot v$ (v = número de veículos, p = número de pessoas)

3º) Finalmente, Paulo fez uma composição entre as duas funções e encontrou uma terceira, que relaciona diretamente o número de pessoas com o número de horas:

$$\left.\begin{matrix} \mathbf{v} = 35 \cdot h \\ p = 4 \cdot \mathbf{v} \end{matrix}\right\} \Rightarrow p = 4 \cdot (35 \cdot h) \Rightarrow p = 140 \cdot h$$

A última função que Paulo encontrou é chamada de **função composta** de $\boldsymbol{p}$ com $\boldsymbol{v}$ e é indicada por $\boldsymbol{p} \circ \boldsymbol{v}$ (lemos "$\boldsymbol{p}$ composta com $\boldsymbol{v}$"). Veja o diagrama:

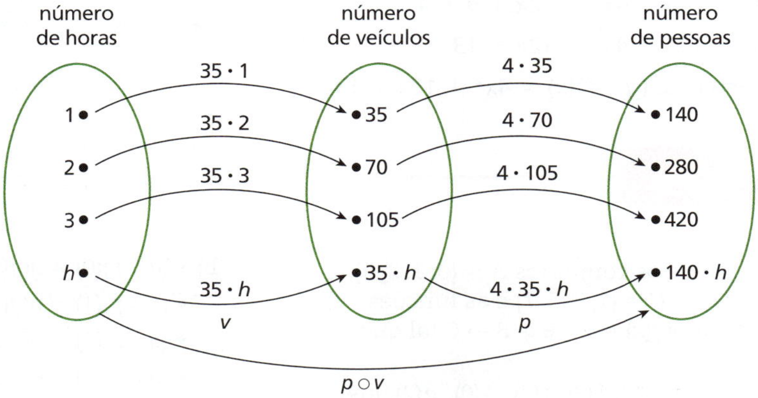

Paulo concluiu, então, que, durante 8 horas de um domingo, 1.120 pessoas visitaram o parque.

5.2 Definição de função composta

Pela situação anterior, Paulo encontrou uma terceira função a partir das outras duas, porque ambas tinham o domínio e o contradomínio conhecidos.

Ao aplicar o conceito de função composta, é importante conhecer o domínio e o contradomínio das funções analisadas.

- Dadas as funções $f\colon A \to B$ e $g\colon B \to C$, chamamos de **função composta** de g com f a função $g \circ f\colon A \to C$ tal que $(g \circ f)(x) = g(f(x))$, para $x \in A$.

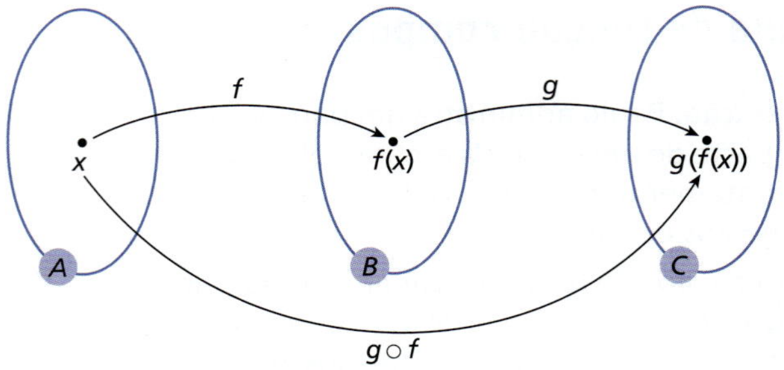

Pelo diagrama acima, podemos observar que:

- a composta $g \circ f$ só está definida quando $CD(f) = D(g)$;
- a composição $(g \circ f) \circ h$ indica primeiro "g composta com f" e, em seguida, "$(g \circ f)$ composta com h";
- na composição de funções, vale a propriedade associativa, ou seja, $(g \circ f) \circ h = g \circ (f \circ h)$.

5.3 Lei da função composta

Conhecendo duas funções, é possível encontrar a lei que define sua função composta. Observe o exemplo a seguir.

Vamos considerar as funções f e g, de $\mathbb{R}$ em $\mathbb{R}$, tal que $f(x) = 2x + 3$ e $g(x) = x^2 + 4$.

1º) Para obter a lei $(g \circ f)(x)$, partimos da lei de g, substituindo x por $f(x)$:

$(g \circ f)(x) = g(f(x)) = (f(x))^2 + 4$

$(g \circ f)(x) = (f(x))^2 + 4$

2º) Como $f(x)$ é igual a $2x + 3$, basta substituir:

$(g \circ f)(x) = (2x + 3)^2 + 4$

$(g \circ f)(x) = 4x^2 + 12x + 9 + 4$

$(g \circ f)(x) = 4x^2 + 12x + 13$

Portanto: $(g \circ f)(x) = 4x^2 + 12x + 13$

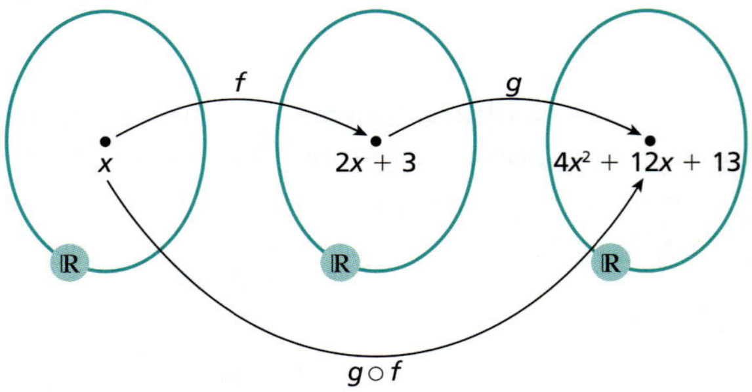

Exercícios

R12. Considerem-se os conjuntos $A = \{0, 1, 2, 3\}$, $B = \{0, 2, 4, 6\}$ e $C = \{1, 3, 5, 7\}$ e as funções $f\colon A \to B$ tal que $f(x) = 2x$, e $g\colon B \to C$ tal que $g(x) = x + 1$.

a) Calcular $f(0)$, $f(1)$, $f(2)$, $f(3)$, $g(0)$, $g(2)$, $g(4)$ e $g(6)$ e fazer um diagrama para representar essas funções.

b) Determinar $(g \circ f)(0)$, $(g \circ f)(1)$, $(g \circ f)(2)$ e $(g \circ f)(3)$.

Resolução

a)
- $f(0) = 2 \cdot 0 = 0$
- $f(1) = 2 \cdot 1 = 2$
- $f(2) = 2 \cdot 2 = 4$
- $f(3) = 2 \cdot 3 = 6$
- $g(0) = 0 + 1 = 1$
- $g(2) = 2 + 1 = 3$
- $g(4) = 4 + 1 = 5$
- $g(6) = 6 + 1 = 7$

b)
- $(g \circ f)(0) = g(f(0)) = g(0) = 1$
- $(g \circ f)(1) = g(f(1)) = g(2) = 3$
- $(g \circ f)(2) = g(f(2)) = g(4) = 5$
- $(g \circ f)(3) = g(f(3)) = g(6) = 7$

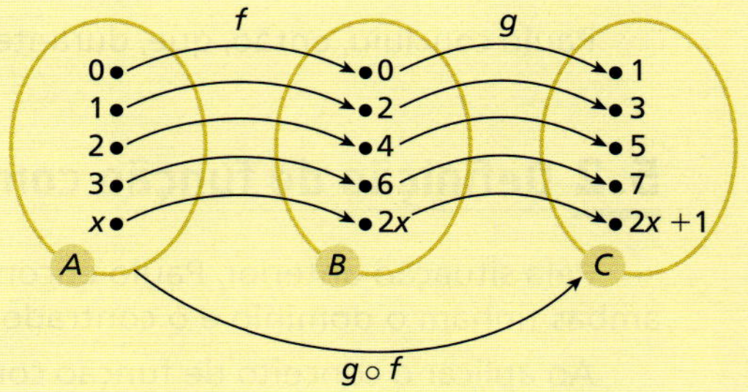

37. Dadas as funções $f(x) = x^2 - 1$ e $g(x) = 2x + 1$, de $\mathbb{R}$ em $\mathbb{R}$, calcule:

a) $(g \circ f)(2)$
b) $(f \circ g)(2)$
c) $(f \circ f)(1)$
d) $(g \circ g)(-3)$

38. Se $f(x) = x + 1$ e $g(x) = 2x + 3$, com x real, determine:

a) $f(g(10))$
b) $g(f(-1))$

39. Determine $f\left(g\left(\sqrt{2}\right)\right)$ sabendo que f e g são funções reais definidas por $f(x) = -6x$ e $g(x) = \frac{x}{2}$.

40. Sendo $f(x) = 2x + 3$ e $g(x) = \frac{5}{x}$, com x real $\neq 0$, determine:

a) $(g \circ g)(1)$
b) $(g \circ f)(2)$
c) $(f \circ f)(-1)$
d) $f(g(3))$
e) $f\left(g\left(\frac{2}{5}\right)\right)$
f) $f\left(g\left(-\frac{1}{9}\right)\right)$

R13. Considerando as funções reais $f(x) = 3x + 7$ e $g(x) = 4x - 1$, determinar a lei que define $f \circ g$ e a lei que define $g \circ f$.

➤ **Resolução**

- $(f \circ g)(x) = f(g(x)) = 3g(x) + 7 =$
$= 3(4x - 1) + 7 = 12x + 4$
- $(g \circ f)(x) = g(f(x)) = 4f(x) - 1 =$
$= 4(3x + 7) - 1 = 12x + 27$

41. Considerando as funções f e g, de $\mathbb{R}$ em $\mathbb{R}$, tal que $f(x) = x + 7$ e $g(x) = x - 9$, determine:

a) $(f \circ g)(x)$
b) $(g \circ f)(x)$

42. Dada a função real definida por $h(x) = x^2 + 1$, determine $h(h(x))$.

43. Dadas as funções f e g, de $\mathbb{R}$ em $\mathbb{R}$, definidas por $f(x) = x^2 - 5x + 2$ e $g(x) = x + 1$, pedem-se:

a) as leis que definem $f \circ g$ e $g \circ f$;
b) $(f \circ g)(-2)$ e $(g \circ f)(-2)$;
c) $(f \circ g)(1)$ e $(g \circ f)(1)$;
d) os valores do domínio de $g \circ f$ com imagem -3.

R14. Se $f(x) = x + 2$ e $g(x) = x^2 - 2$, quais serão os valores de x para que $f(g(x)) = g(f(x))$?

➤ **Resolução**

$f(g(x)) = g(x) + 2 = x^2 - 2 + 2 = x^2$

$g(f(x)) = (f(x))^2 - 2 = (x + 2)^2 - 2 =$

$= x^2 + 4x + 4 - 2 = x^2 + 4x + 2$

$x^2 = x^2 + 4x + 2 \Rightarrow 4x + 2 = 0 \Rightarrow$

$\Rightarrow x = -\frac{2}{4} \Rightarrow x = -\frac{1}{2}$

44. Sabendo que $r(x) = 3x^2$ e $s(x) = 4x - 3$, encontre os valores reais de x para que $(r \circ s)(x) = (s \circ r)(x)$.

45. Dadas as funções f e g, de $\mathbb{R}$ em $\mathbb{R}$, definidas por $f(x) = 2x - 3$ e $g(x) = 2x + k$, determine k sabendo que $f(g(0)) = 2$.

46. Dadas as funções $f(x) = 2x$ e $g(x) = 5x + 6$, determine o valor de x real partindo da equação: $f(x) + g(8) = f(g(0))$

R15. Determinar a função $g(x)$ sabendo que $f(x) = 5x$ e $f(g(x)) = 10x + 1$.

➤ **Resolução**

Sabemos que: $f(x) = 5x$

Então: $f(g(x)) = 5g(x)$

Sabemos também que: $f(g(x)) = 10x + 1$

Assim: $5g(x) = 10x + 1 \Rightarrow g(x) = \frac{10x+1}{5}$

Logo: $g(x) = 2x + \frac{1}{5}$

47. Para x real, estabeleça:

a) $g(x)$, se $f(x) = 14x$ e $(f \circ g)(x) = 7x + 21$;
b) $n(x)$, se $m(x) = 3x + 10$ e $m(n(x)) = x^2 + 8$.

R16. Sejam as funções f e g, de $\mathbb{R}$ em $\mathbb{R}$, tais que $g(x) = x + 3$ e $(f \circ g)(x) = 2x^2 - 1$, determinar $f(x)$.

➤ **Resolução**

Substituindo $g(x) = x + 3$ em $f(g(x)) = 2x^2 - 1$, temos:

$f(x + 3) = 2x^2 - 1$

Fazendo $x + 3 = t$, temos: $x = t - 3$

Então: $f(t) = 2(t - 3)^2 - 1 \Rightarrow$

$\Rightarrow f(t) = 2(t^2 - 6t + 9) - 1 \Rightarrow f(t) = 2t^2 - 12t + 17$

Substituindo t por x, obtemos:

$f(x) = 2x^2 - 12x + 17$

48. Para x real, determine:

a) $f(x)$, se $g(x) = x + 2$ e $(f \circ g)(x) = 3x - 1$;
b) $p(x)$, se $q(x) = x - 7$ e $(p \circ q)(x) = x^2 + 4x - 77$.

49. Considere as funções reais f, g e h definidas por:

- $f(x) = 2x + 1$
- $g(x) = 5x + 9$
- $h(x) = 6x^2$

Determine as leis que definem:

a) $f \circ (g \circ h)$
b) $(f \circ g) \circ h$

6 Função inversa

Antes de estudar função inversa, veremos alguns conceitos necessários para o entendimento desse assunto.

6.1 Função sobrejetora, injetora e bijetora

Função sobrejetora

- Uma função f: $A \rightarrow B$ é **sobrejetora** quando, para qualquer $y \in B$, sempre temos $x \in A$ tal que $f(x) = y$, ou seja, quando $\text{Im}(f) = B$.

Para saber se uma função é sobrejetora, é preciso verificar se o conjunto imagem é igual ao contradomínio.

Exemplos

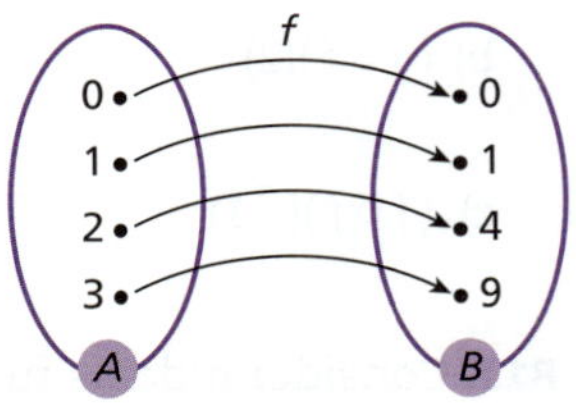

a) O diagrama ao lado representa a função f: $A \rightarrow B$, definida por $f(x) = x^2$.

Observe que todo elemento de B tem um correspondente em A, ou seja, o conjunto imagem da função é igual a seu contradomínio.

Então, a função f: $A \rightarrow B$ é sobrejetora.

b) A função g: $\mathbb{R} \rightarrow \mathbb{R}$ tal que $g(x) = x^2$ é sobrejetora?

Para qualquer número real x, x^2 é um número real positivo ou nulo. Portanto, em $\mathbb{R}$, que é o contradomínio dessa função, existem números que não têm correspondente algum do domínio, ou seja, o conjunto imagem da função não coincide com seu contradomínio. Logo, a função g não é sobrejetora.

Observe que, se $g(x)$: $\mathbb{R} \rightarrow \mathbb{R}_+$, a função será sobrejetora, pois o contradomínio coincidirá com o conjunto imagem.

Função injetora

- Uma função f: $A \rightarrow B$ é **injetora** se, para quaisquer x_1 e x_2 de A, $x_1 \neq x_2$, temos:

$$f(x_1) \neq f(x_2)$$

Exemplo

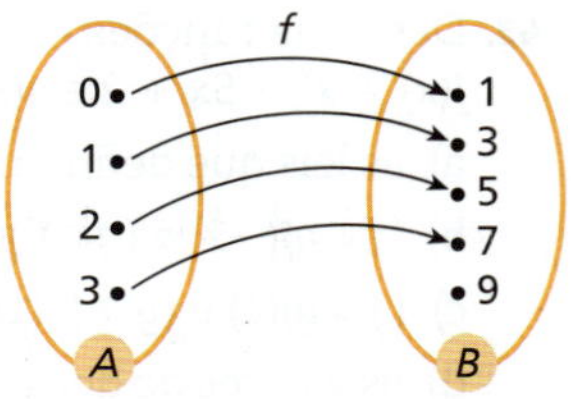

O diagrama ao lado representa a função f: $A \rightarrow B$, definida por $f(x) = 2x + 1$.

Observe que quaisquer dois elementos de A têm como imagem elementos distintos de B. Portanto, a função f é injetora.

Função bijetora

- Uma função f: $A \rightarrow B$ será **bijetora** se for sobrejetora e injetora.

Exemplo

2.1 Visão do especialista

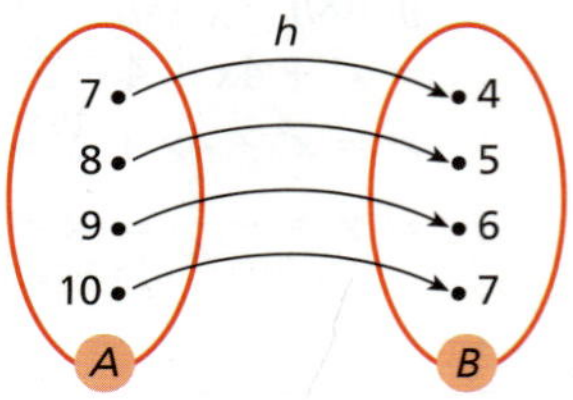

O diagrama ao lado representa a função h: $A \rightarrow B$, definida por $h(x) = x - 3$.

Observe que o contradomínio é igual ao conjunto imagem (é sobrejetora); quaisquer dois elementos de A têm como imagem elementos distintos de B (é injetora). Portanto, a função h é bijetora.

6.2 Definição de função inversa

Comércio. Para facilitar seu trabalho, a gerente de uma loja de camisetas fez uma tabela relacionando quantidade de camisetas e preço.

Quantidade de camisetas	1	2	3	4	5	6
Preço (R$)	15,00	30,00	45,00	60,00	75,00	90,00

Com esses valores, podemos pensar em duas funções. Observe os diagramas:

$f: A \to B$

Função que associa o número de camisetas ao preço.

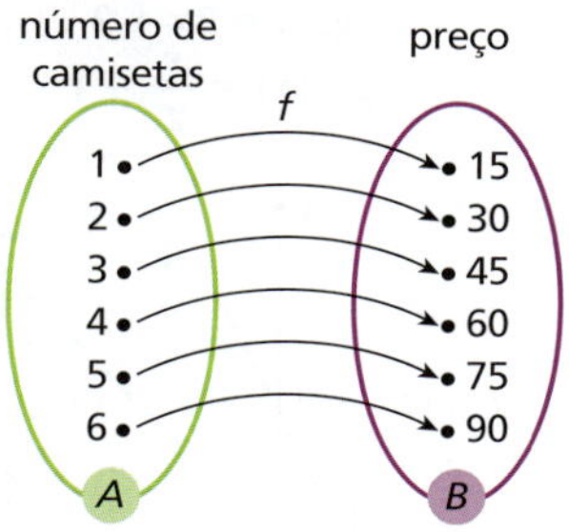

$D(f) = A$
$Im(f) = B$

$g: B \to A$

Função que associa o preço ao número de camisetas.

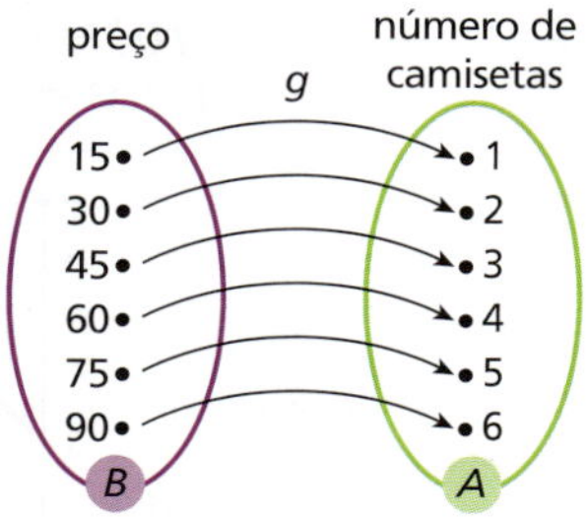

$D(g) = B$
$Im(g) = A$

Nessa situação, temos:
$f: A \to B$
$f(x) = 15x$
$g: B \to A$ (g é inversa de f)
$g(x) = \dfrac{x}{15}$

Observe que f e g são funções bijetoras e $D(f) = Im(g)$ e $D(g) = Im(f)$. Nesse caso, dizemos que uma função é a **inversa** da outra. Geralmente, indicamos a inversa de uma função f por f^{-1}.

- Dada uma função bijetora $f: A \to B$, chamamos de **função inversa** de f a função $f^{-1}: B \to A$ tal que, para todo $x \in A$ e $y \in B$, temos: $f(x) = y$ e $f^{-1}(y) = x$

Somente as funções bijetoras admitem função inversa; as demais não admitem.

6.3 Lei da função inversa

Conhecendo a lei que define uma função bijetora $f: A \to B$, podemos obter a lei que define sua inversa, $f^{-1}: B \to A$.

Vamos retomar a situação da loja de camisetas em que tínhamos a função $f: A \to B$, definida por $f(x) = 15x$.

Partindo da lei que define f, encontramos a lei que define f^{-1}:

1º) Lembrando que $f(x)$ é a imagem de x através da função f e que y também representa essa imagem, escrevemos a lei que define f, substituindo $f(x)$ por y.

Na situação estudada, $f(x) = 15x$ fica na forma $y = 15x$.

2º) Invertemos as variáveis na lei que define f, ou seja, trocamos x por y e y por x.

No nosso exemplo, $y = 15x$ assume a forma $x = 15y$.

3º) Expressamos y em função de x, obtendo $f^{-1}(x)$: $x = 15y \Rightarrow y = \dfrac{x}{15}$

Portanto: $f^{-1}(x) = \dfrac{x}{15}$

Observe alguns valores atribuídos às funções f e f^{-1} e a correspondência entre eles.

$f(x) = 15x$	$f(1) = 15$	$f(2) = 30$	$f(3) = 45$	$f(4) = 60$
$f^{-1}(x) = \dfrac{x}{15}$	$f^{-1}(15) = 1$	$f^{-1}(30) = 2$	$f^{-1}(45) = 3$	$f^{-1}(60) = 4$

6.4 Gráfico da função inversa

Os gráficos de uma função e de sua inversa são simétricos em relação ao gráfico da função $i(x) = x$ que contém a bissetriz dos quadrantes ímpares.

Exemplos

$f(x) = x + 1$ $f^{-1}(x) = x - 1$	$g(x) = 2x + 2$ $g^{-1}(x) = \dfrac{x}{2} - 1$
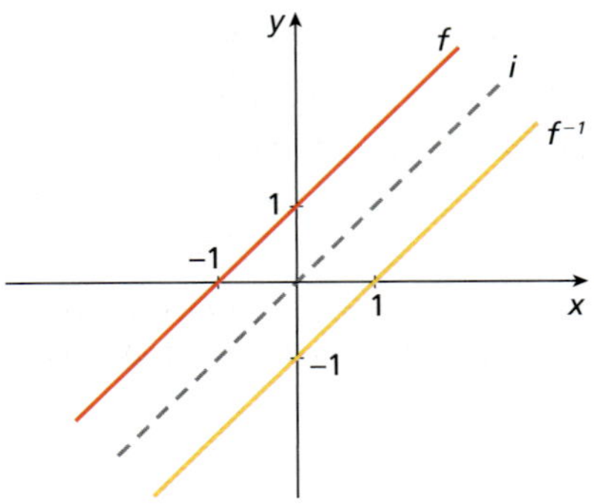	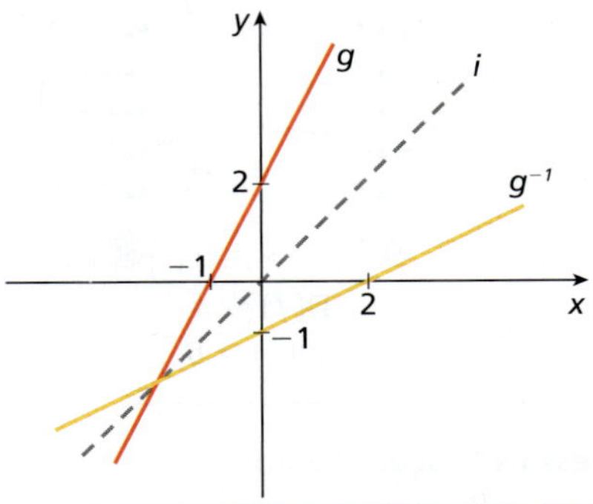

Exercícios

50. Classifique em sobrejetora, injetora ou bijetora cada função representada pelos diagramas.

a)

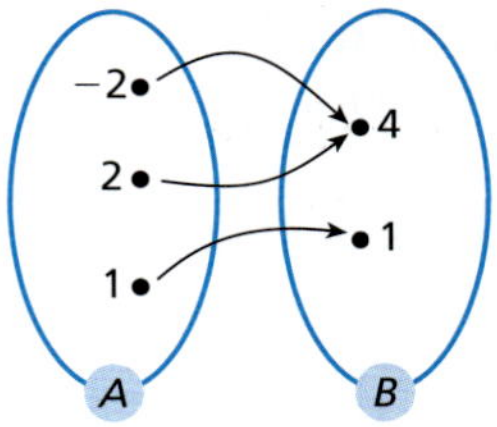

b)

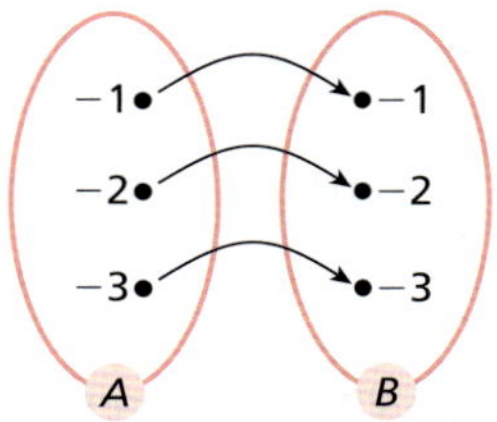

c)

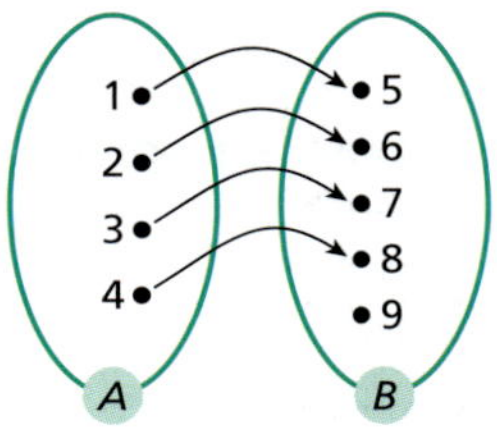

d)

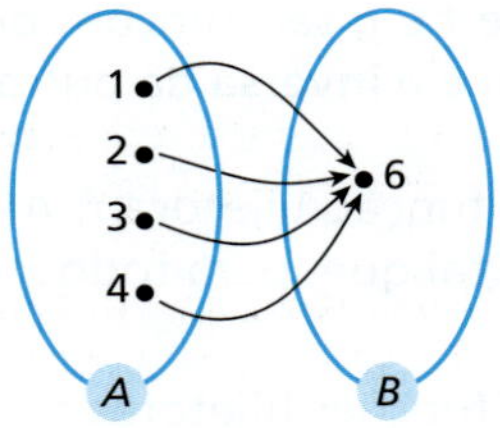

R17. Determinar a lei que define a função inversa da função bijetora $f: \mathbb{R} \rightarrow \mathbb{R}$ tal que $f(x) = -5x + 1$.

➤ Resolução

Partindo da lei que define f, temos:

- $f(x) = -5x + 1$ é o mesmo que:
  $y = -5x + 1$
- trocando x por y e y por x, temos:
  $x = -5y + 1$
- expressando y em função de x, temos:
  $x = -5y + 1 \Rightarrow 5y = 1 - x \Rightarrow y = \dfrac{1 - x}{5}$

Portanto: $f^{-1}(x) = \dfrac{1 - x}{5}$

51. Determine a lei que define a função inversa de cada função de $\mathbb{R}$ em $\mathbb{R}$.

a) $f(x) = 4x + 9$
b) $g(x) = -2x + 3$
c) $h(x) = -7x - \frac{1}{2}$
d) $m(x) = \frac{x + 5}{3}$
e) $n(x) = x^3 + 1$
f) $p(x) = \sqrt[5]{2x}$

52. Sabendo que a função f, definida por $f(x) = \frac{2x + 1}{x + 9}$, admite inversa, determine:

2.2 Visão do especialista

a) $f^{-1}(x)$
b) $D(f)$
c) $D(f^{-1})$
d) $Im(f)$
e) $Im(f^{-1})$
f) $(f \circ f^{-1})(x)$

53. Considere a função f de $\mathbb{R}$ em $\mathbb{R}$, definida por $f(x) = 2x + 3$, e determine:

a) a lei que define $f^{-1} \circ f$
b) a lei que define $f \circ f^{-1}$
c) $(f^{-1} \circ f)(2)$
d) $(f \circ f^{-1})(3)$

54. Obtenha a função inversa das seguintes funções:

a) $f: \mathbb{R} \to \mathbb{R}$ tal que $f(x) = \frac{x + 1}{2}$.
b) $f: \mathbb{R}^* \to B$ tal que $B = \mathbb{R} - \{-1\}$ e $f(x) = \frac{2 - x}{x}$.
c) $f: \mathbb{R}_+ \to \mathbb{R}_+$ tal que $f(x) = x^2$.
d) $f: A \to \mathbb{R}_+$ tal que $A =]-\infty, 1]$ e $f(x) = (x - 1)^2$.

55. Escreva a lei da função inversa de cada função de $\mathbb{R}$ em $\mathbb{R}$.

a) $f(x) = -x + 3$
b) $g(x) = 2x$
c) $h(x) = \frac{x}{3} - 2$
d) $k(x) = 2x + 1$

No mesmo plano cartesiano, trace os gráficos de cada função e da respectiva inversa.

56. Em cada caso, a reta azul é o gráfico de uma função f e a reta verde é o gráfico de uma função g.

a)
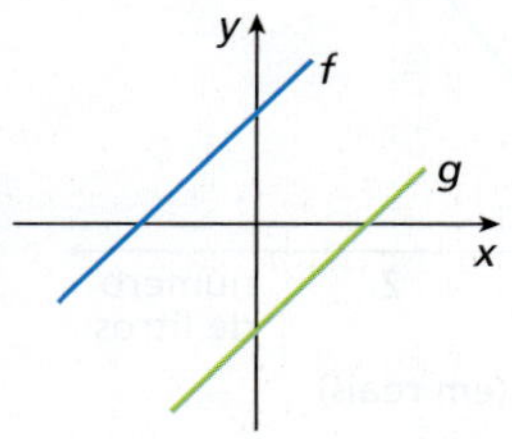

b)
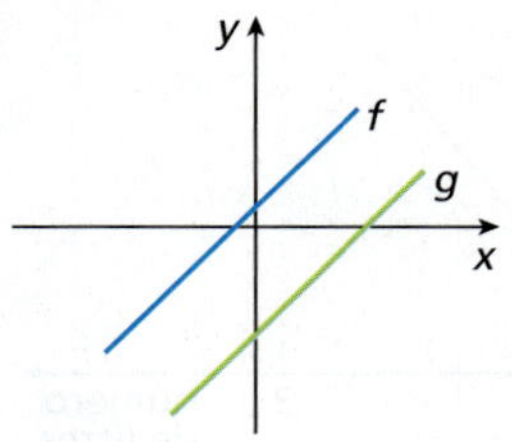

c)
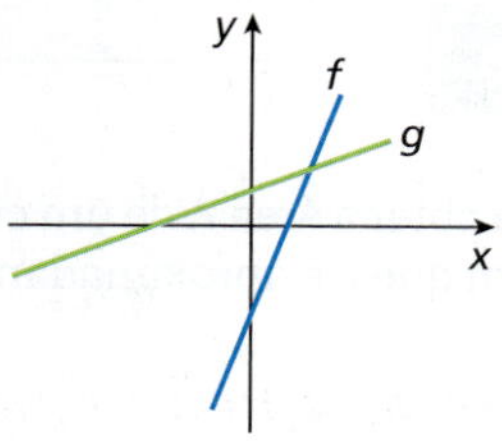

d)
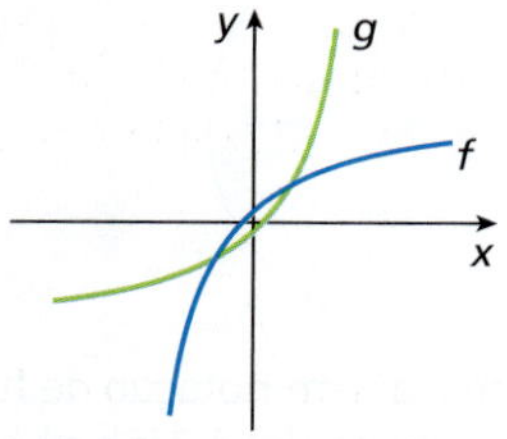

Em quais itens a função f é a inversa da função g? Justifique sua resposta.

57. Considere a função $f: \mathbb{R} \to \mathbb{R}$ tal que $f(x) = x^3$.

a) Qual é a função inversa de f?
b) Sem construir os gráficos, determine os pontos de intersecção dos gráficos de f e de f^{-1}.

58. Reproduza os gráficos abaixo e, sobre cada um, esboce o gráfico da função inversa à função dada.

a)
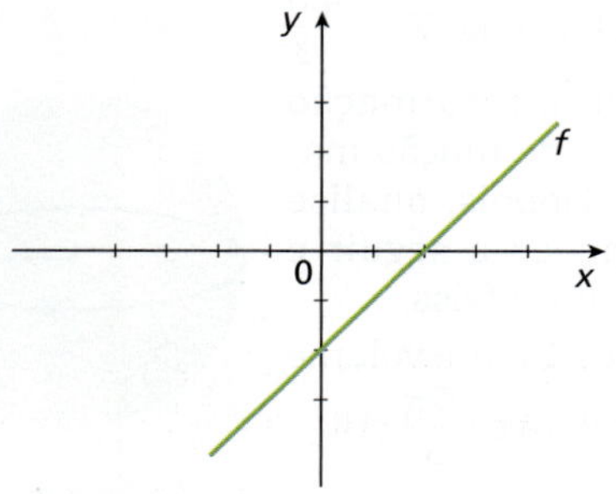

b)
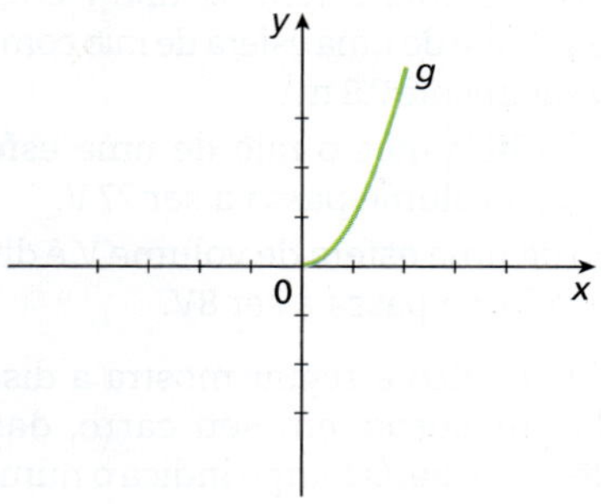

c)
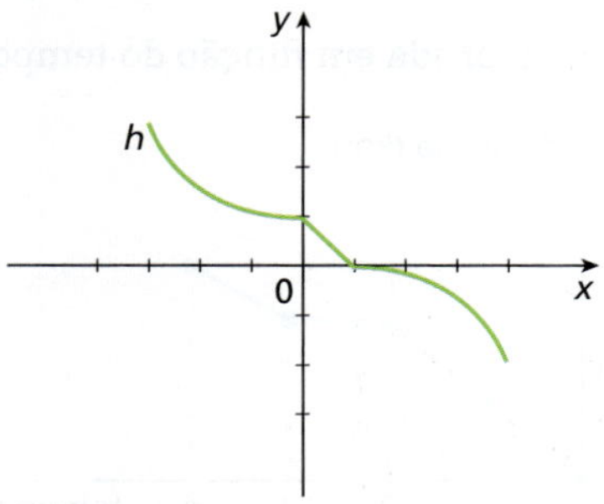

Ficha de revisão

1. Área. A fórmula para obter a área A de um círculo de raio r é $A = \pi r^2$ (em que π é aproximadamente igual a 3, 14).

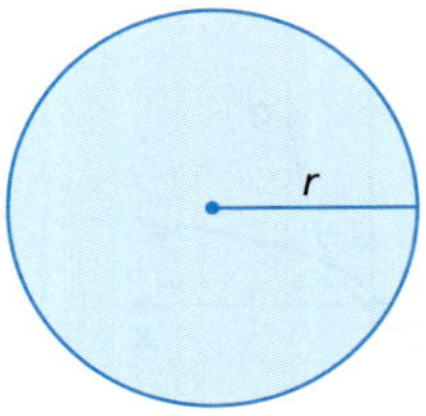

a) Escreva essa informação em notação de função matemática (y em função de x). Não se esqueça de definir o domínio e o contradomínio da função.

b) O que representa cada par ordenado (x, y) dessa função?

c) Qual é a variável dependente?

d) Qual é a variável independente?

e) Sabemos que a área de um círculo de raio r é A. Qual seria a área de um círculo de raio $2r$?

2. Volume. O volume V de uma esfera com raio r é dado pela fórmula: $V = \dfrac{4\pi r^3}{3}$

Escreva essa informação em notação de função matemática. Depois, analise as afirmações a seguir e indique a única falsa.

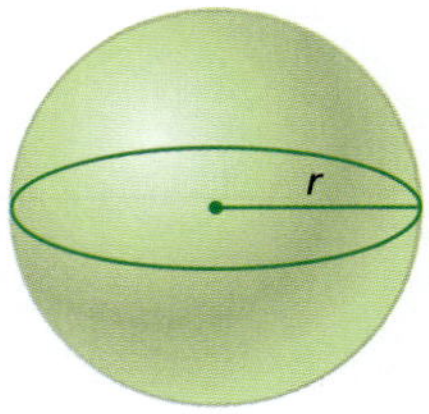

a) Se o raio é 2 cm, o volume dessa esfera é $\dfrac{32\pi}{3}$ cm^3.

b) O volume de uma esfera de raio r é 0, 1 m^3. Então, o volume de uma esfera de raio com medida $2r$ é exatamente 0,8 m^3.

c) Quando triplicamos o raio de uma esfera de volume V, o volume passa a ser 27V.

d) Se o raio de uma esfera de volume V é dividido por 2, o volume passa a ser 8V.

3. Distância. O gráfico a seguir mostra a distância percorrida por Lucas, em seu carro, das 8 às 12 horas de certo dia. O tempo indica o número de horas de corridas depois das 8 horas.

Distância percorrida em função do tempo

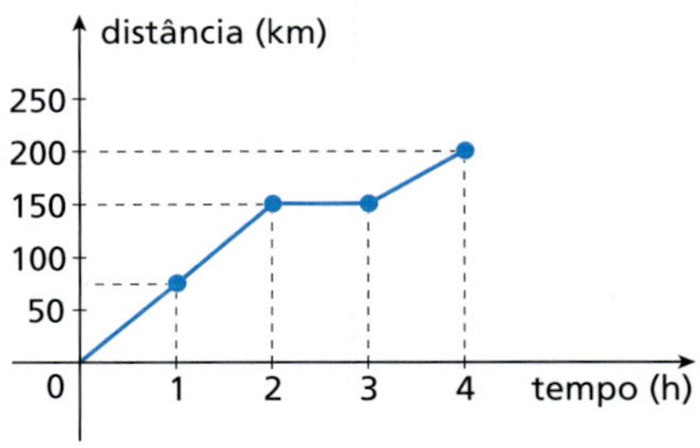

a) Estime a distância percorrida por Lucas das 8 às 9 horas desse dia.

b) Em que período Lucas ficou parado?

c) O que representa o par ordenado (2, 150) nesse gráfico?

d) Quantos quilômetros Lucas percorreu das 11 às 12 horas?

4. Velocidade. Dario fez uma viagem de ônibus que durou 8 horas.

A velocidade média do ônibus variou, em função do tempo, como mostra o gráfico abaixo.

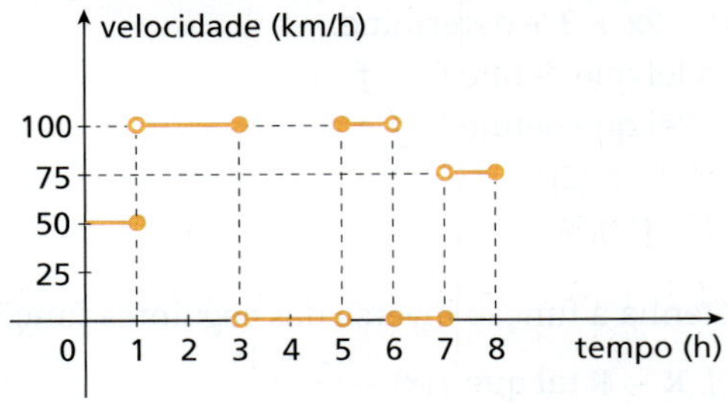

a) Escreva a lei da função representada pelo gráfico.

b) Quantos quilômetros o ônibus percorreu nas primeiras 3 horas de viagem?

c) Quantas horas o ônibus permaneceu parado nessa viagem?

d) Para Dario chegar ao mesmo destino em 7 horas, o que deveria mudar nessa situação?

5. Consumo. Os gráficos a seguir representam o preço do litro da gasolina, em função do número de litros, em dois postos diferentes.

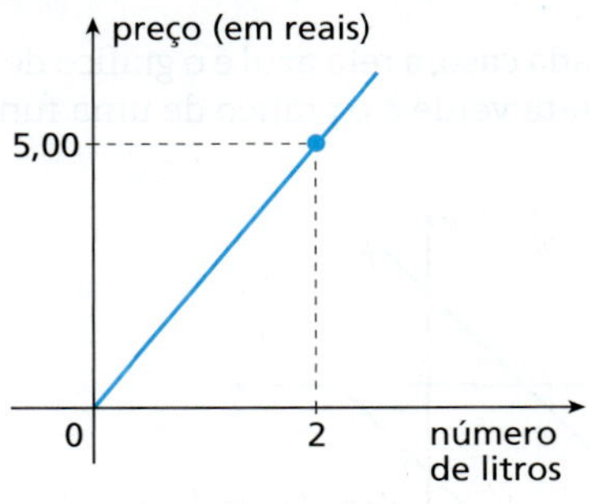

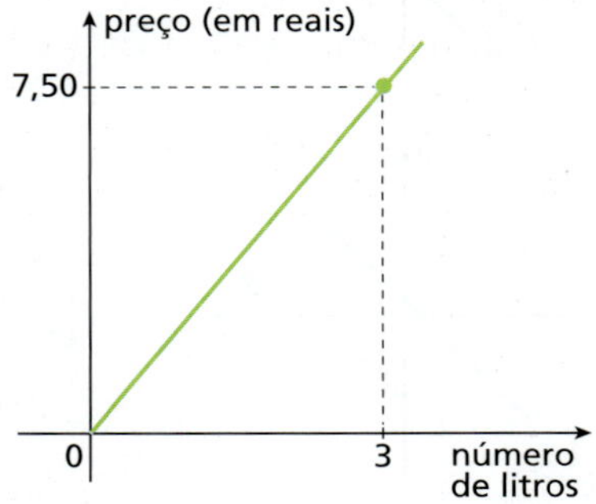

- Em qual posto é mais vantajoso abastecer?

Questões de vestibular

1. (Unifemm-MG) O gráfico da função polinomial $f(x)$ está representado na figura abaixo.

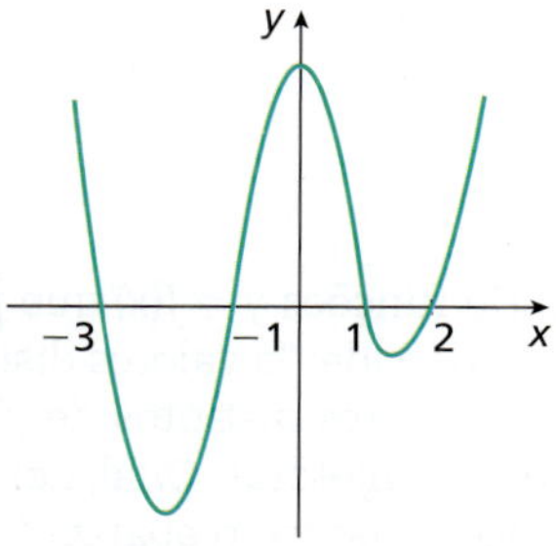

O conjunto solução da inequação $f(x) \leqslant 0$ é:

a) $S = \{x \in \mathbb{R} \mid x \leqslant -3 \text{ ou } x \geqslant 2\}$

b) $S = \{x \in \mathbb{R} \mid -3 \leqslant x \leqslant -1 \text{ ou } 1 \leqslant x \leqslant 2\}$

c) $S = \{x \in \mathbb{R} \mid x \leqslant -3 \text{ ou } 1 \leqslant x \leqslant 2\}$

d) $S = \{x \in \mathbb{R} \mid -3 \leqslant x \leqslant -1 \text{ ou } x \geqslant 2\}$

2. (UEL-PR) Qual dos gráficos a seguir é o gráfico de uma função f tal que a equação $f(x) = 1$ tenha exatamente 3 soluções e tal que a equação $f(x) = 0$ tenha exatamente 2 soluções?

a) 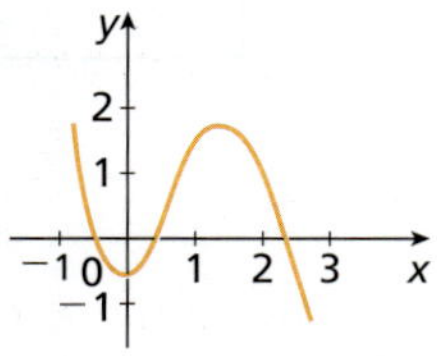

d) 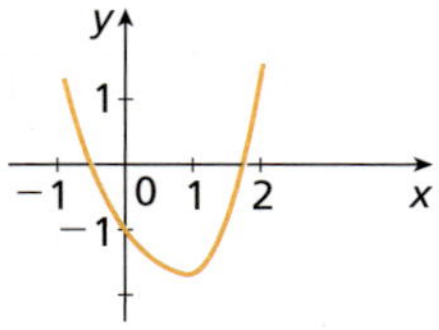

b) 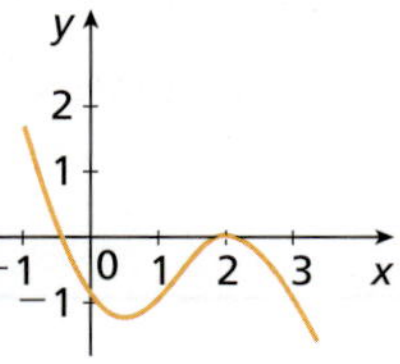

e) 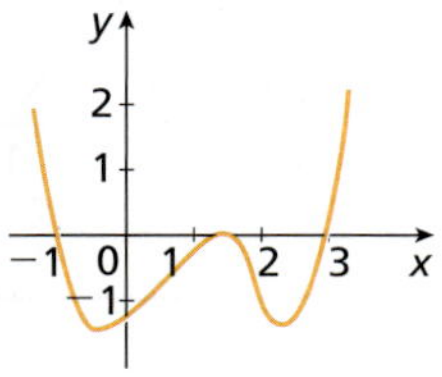

c) 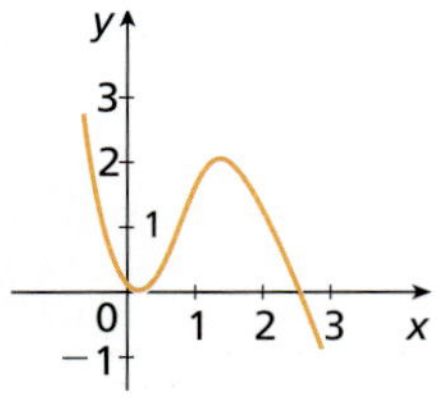

2.3 Visão do especialista

3. (Vunesp) Considere o sólido da figura (em azul), construído a partir de um prisma retangular reto. Se $AB = 2$ cm, $AD = 10$ cm, $FG = 8$ cm e $BC = EF = x$ cm, a função que determina o volume do sólido, em cm^3, é:

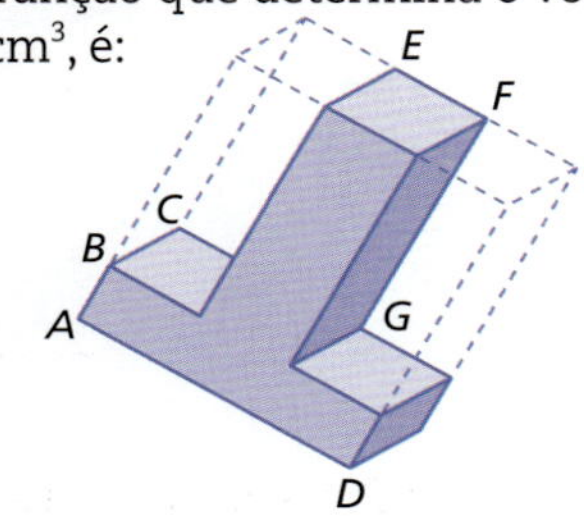

a) $4x(2x + 5)$

b) $4x(5x + 2)$

c) $4(5 + 2x)$

d) $4x^2(2 + 5x)$

e) $4x^2(2x + 5)$

4. (Unifor-CE) Seja f uma função tal que $f(x + 1) = 2 \cdot f(x) - f(x - 1)$, para todo x real. Se $f(-1) = 3$ e $f(0) = 1$, o valor de $f(2)$ é:

a) 6
b) 3
c) 0
d) −3
e) −6

5. (UFU-MG) Seja $f\colon [-3, 3] \to \mathbb{R}$ uma função cujo gráfico está esboçado abaixo.

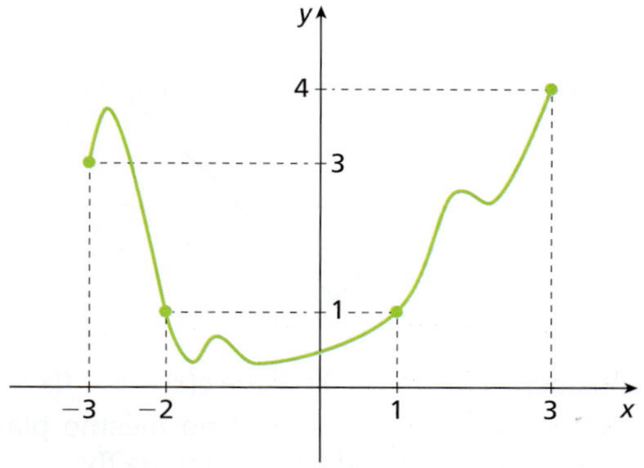

Se $g\colon \mathbb{R} \to [0, 3]$ é tal que $(f \circ g)(-2) = 1$, então $g(-2)$ é igual a:

a) 2
b) −2
c) 1
d) −1

6. (Vunesp) Considere duas funções, f e g, definidas no intervalo $I = \{x \in \mathbb{R} \mid 1 \leqslant x \leqslant 5\}$, tais que $f(1) = g(1) = 0$, $f(3) \cdot g(3) = 0$ e $f(5) > g(5)$.
Representando o gráfico de f em linha cheia e o de g em linha tracejada, a figura que melhor se ajusta a esses dados é:

a) 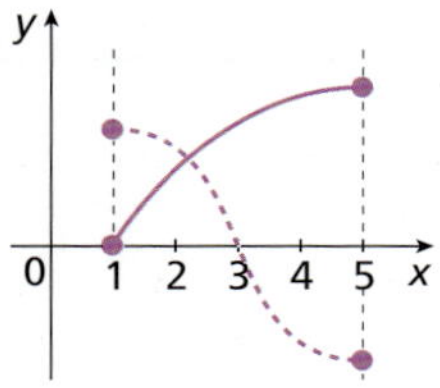

d) 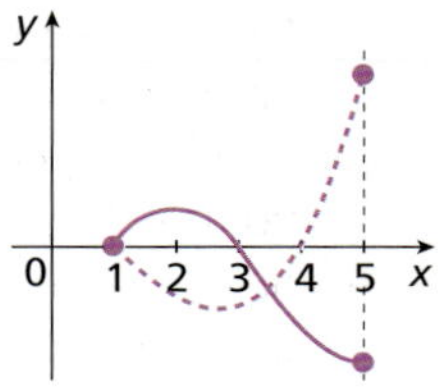

b) 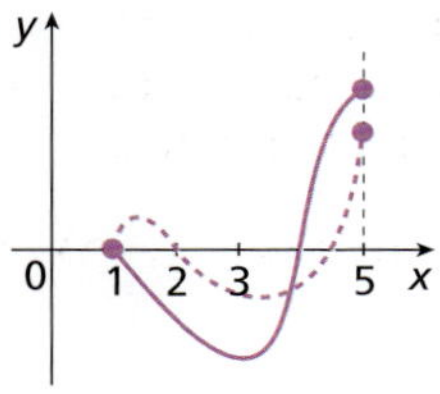

e) 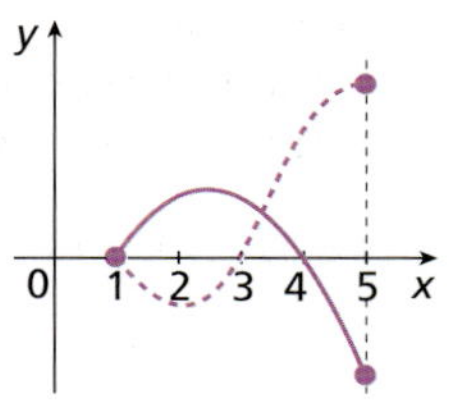

c) 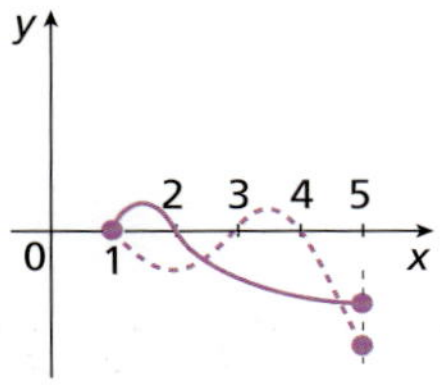

7. (ESPM-SP) Seja $f(x) = \dfrac{1}{x+1}$ uma função real definida para $x > 0$ e seja $f^{-1}(x)$ a sua inversa. A solução da equação $f(x) = f^{-1}(x)$ é:

a) $\dfrac{5-\sqrt{5}}{2}$

b) $\dfrac{\sqrt{5}}{2} - 1$

c) $\dfrac{\sqrt{5}}{2} + 1$

d) $\dfrac{\sqrt{5}+1}{2}$

e) $\dfrac{\sqrt{5}-1}{2}$

8. (FGV) Seja $f(x)$ uma função definida no intervalo $[-4, +\infty[$, cujo gráfico está representado no plano cartesiano da figura abaixo.

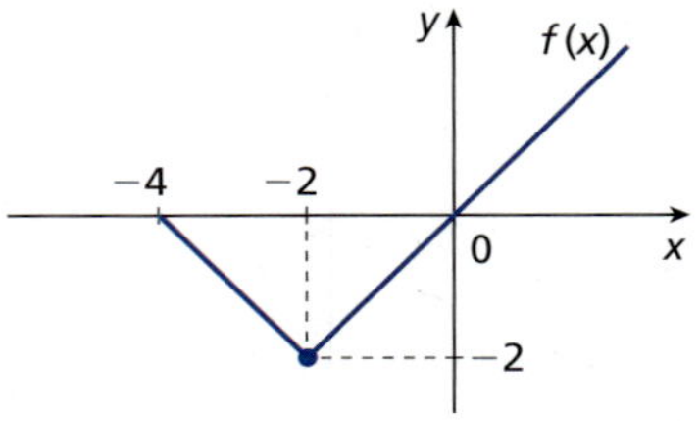

Considere a função $g(x)$ tal que $g(x) = 1 - f(x + 2)$.

a) Construa o gráfico de $g(x)$ no mesmo plano cartesiano onde está representada $f(x)$.

b) Determine o domínio e a imagem da função $g(x)$.

9. (Mackenzie-SP)

2.4 Visão do especialista

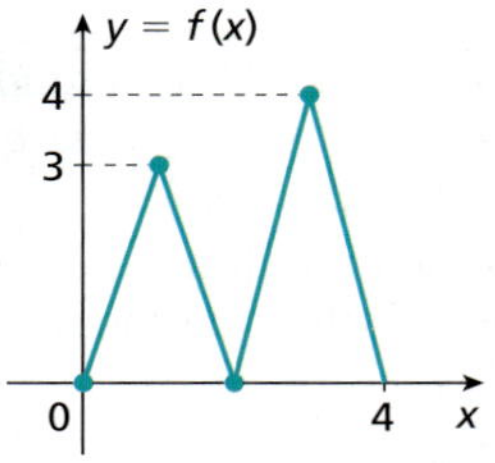

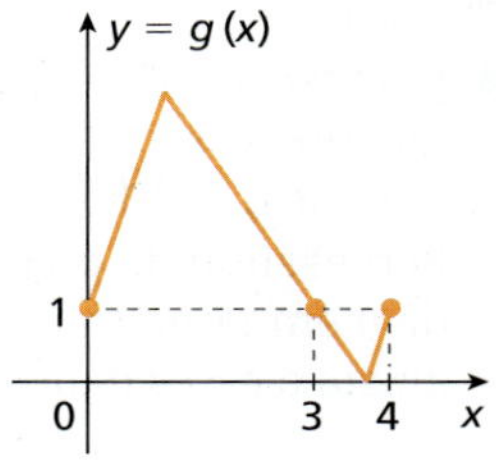

As funções f e g, ambas de domínio $[0, 4]$, estão representadas graficamente. O número de elementos do conjunto solução $g(f(x)) = 1$ é:

a) 6

b) 7

c) 4

d) 2

e) 3

10. (Unifesp) Há funções $y = f(x)$ que possuem a seguinte propriedade: "a valores distintos de x correspondem valores distintos de y". Tais funções são chamadas injetoras. Qual, dentre as funções cujos gráficos aparecem abaixo, é injetora?

a) 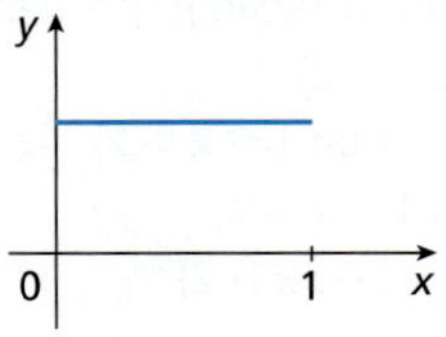

b) 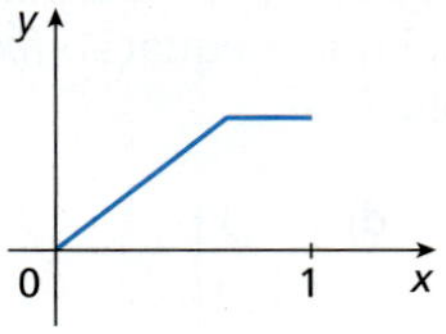

c) 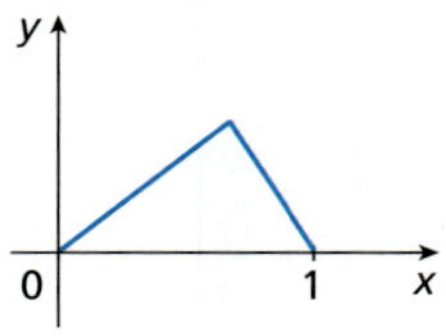

d) 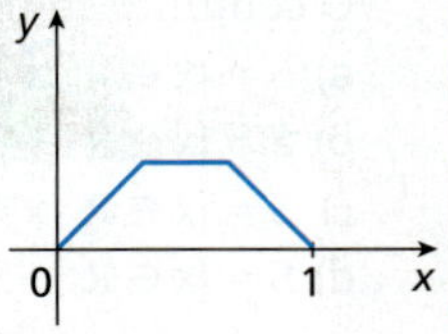

e) 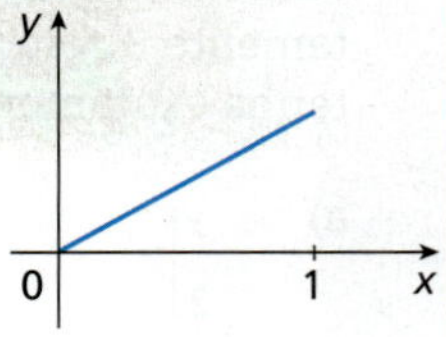

Capítulo 3

Função afim

STEPHEN FRINK/RISER/GETTY IMAGES

Em um mergulho no oceano, quanto maior a profundidade, maior será a pressão da massa de água sobre o mergulhador.

Objetivos do capítulo:

- ✔ Identificar uma função afim.
- ✔ Resolver situações-problema que envolvem funções afins.
- ✔ Analisar o gráfico de uma função afim.
- ✔ Resolver inequações que envolvem funções afins.

1 Função afim

1.1 Definição de função afim

LEANDRO KANNO/GUARA IMAGENS

Observe o exemplo a seguir.

Finanças. Para planejar seus gastos em uma viagem de férias ao litoral, Paula considerou o valor do combustível mais o pedágio e o valor da hospedagem do hotel (com café da manhã, almoço e jantar), que são, respectivamente, R$ 75,00 e R$ 130,00 a diária.

Considerando esses valores, temos um gasto fixo correspondente ao combustível e ao pedágio e um gasto variável relativo ao número de dias em que Paula ficará no hotel. Assim, o gasto de Paula será composto dessas parcelas:

$$\text{Valor gasto} = \underbrace{(\text{valor do combustível} + \text{valor do pedágio})}_{\text{gasto fixo}} + \text{valor referente às diárias}$$

O valor a ser pago se Paula se hospedar, por exemplo, apenas por dois dias pode ser calculado da seguinte maneira:

$75 + 2 \cdot 130 = 75 + 260 = 335$

Portanto, Paula gastará R$ 335,00 em dois dias.

Percebemos que o valor $g(x)$ gasto na viagem é função da quantidade x de dias de hospedagem. Assim:

$g(x) = 75 + 130 \cdot x$

Essa sentença é um exemplo de lei de formação de uma função afim.

- Uma função $f: \mathbb{R} \to \mathbb{R}$ é **função afim** quando existem os números reais a e b tais que $f(x) = ax + b$, para todo $x \in \mathbb{R}$.

Exemplos

- $f(x) = 4x - 3$, em que: $a = 4$ e $b = -3$
- $g(x) = -\frac{1}{2}x + 5$, em que: $a = -\frac{1}{2}$ e $b = 5$
- $h(x) = -7x$, em que: $a = -7$ e $b = 0$
- $m(x) = -\sqrt{2} + \sqrt{3}x$ em que: $a = \sqrt{3}$ e $b = -\sqrt{2}$
- $n(x) = -5$, em que: $a = 0$ e $b = -5$

Os números reais a e b são os coeficientes da função afim.

Casos particulares de função afim

- Uma função $f: \mathbb{R} \to \mathbb{R}$ é **função constante** se é definida por $f(x) = b$, com $b \in \mathbb{R}$, para todo x do domínio.

Observe alguns exemplos de casos particulares de função afim.

- $f: \mathbb{R} \to \mathbb{R}$ tal que $f(x) = -13$
- $f: \mathbb{R} \to \mathbb{R}$ tal que $f(x) = \sqrt{7}$

- Uma função $f: \mathbb{R} \to \mathbb{R}$ é **função linear** quando existe o número real a, com $a \neq 0$, tal que $f(x) = ax$, para todo $x \in \mathbb{R}$.

Exemplos

- $f: \mathbb{R} \rightarrow \mathbb{R}$ tal que $h(x) = 3x$
- $f: \mathbb{R} \rightarrow \mathbb{R}$ tal que $g(x) = -6x$
- $f: \mathbb{R} \rightarrow \mathbb{R}$ tal que $f(x) = x$

Observação:
A função $f(x) = x$ é chamada de **função identidade.**

1.2 Valor de uma função afim

Podemos determinar o valor de uma função afim para um valor de x, por exemplo $x = x_0$, fazendo: $f(x_0) = ax_0 + b$

Exemplo

Dada a função afim $g(x) = \frac{1}{3}x - 1$, vamos calcular $g\left(\frac{1}{2}\right)$.

Nesse caso, temos $x = \frac{1}{2}$; então:

$$g\left(\frac{1}{2}\right) = \frac{1}{3} \cdot \frac{1}{2} - 1 = \frac{1}{6} - \frac{6}{6} = -\frac{5}{6}$$

Logo: $g\left(\frac{1}{2}\right) = -\frac{5}{6}$

Conhecendo dois valores distintos de uma função afim, $f(x_1)$ e $f(x_2)$, podemos estabelecer a lei de formação dessa função, determinando os valores dos coeficientes, a e b, da função afim.

Exemplo

Dada a função afim $f(x) = ax + b$ e conhecendo $f(-1) = 7$ e $f(4) = 2$, vamos determinar a lei de formação dessa função.

Se $f(-1) = 7$, então para $x = -1$ temos $f(x) = 7$, ou seja: $7 = a \cdot (-1) + b$ (I)

Se $f(4) = 2$, então para $x = 4$ temos $f(x) = 2$, ou seja: $2 = a \cdot 4 + b$ (II)

Para determinar os valores de a e b, basta resolver o sistema formado pelas equações (I) e (II):

$$\begin{cases} -a + b = 7 \\ 4a + b = 2 \end{cases} \Rightarrow \begin{cases} -4a + 4b = 28 \\ 4a + b = 2 \end{cases}$$

$$5b = 30 \Rightarrow b = 6$$

3.1 Biblioteca do estudante

Como $-a + b = 7$, temos: $-a + 6 = 7 \Rightarrow -a = 7 - 6 \Rightarrow -a = 1 \Rightarrow a = -1$

Assim, a lei de formação dessa função é: $f(x) = -x + 6$

Exercícios

1. Dadas as funções abaixo, identifique quais são funções afins e, nesse caso, determine o valor dos coeficientes a e b.

a) $g(x) = 2x + 4$

b) $i(x) = 2 + x^2$

c) $h(x) = 5(x - 1)(x^2 + 7)$

d) $j(x) = -\frac{1}{4}x - (x - 1)$

e) $f(x) = -\sqrt{3}$

- Por que algumas dessas funções não são afins?

2. Analise as funções abaixo e identifique quais são funções constantes.

a) $f(x) = -\sqrt{3}$

b) $g(x) = 0$

c) $h(x) = (x + 3)^2$

d) $i(x) = (x + 3) - (x - 7)$

R1. Dada a função afim $f(x) = 10x + 35$, calcular x para $f(x) = 5$.

➤ Resolução

$10x + 35 = 5 \Rightarrow 10x = -30 \Rightarrow x = -3$

3. Dada a função definida por $f(x) = 5x - 8$, calcule:

a) $f(0)$
b) $f\left(\frac{2}{3}\right)$
c) x tal que $f(x) = 0$
d) x tal que $f(x) = 7$

4. Dada a função $f(x) = -3x + 1$, calcule:

a) $f(-2)$
b) x tal que $f(x) = 0$
c) $f(\sqrt{2})$
d) x tal que $f(x) = 19$

5. Determine o valor de $\frac{f(-1) - f(0)}{f(\sqrt{2})}$ para $f(x) = x - \frac{\sqrt{2}}{2}$.

6. Determine o valor de a para que se tenha $f(3) = 8$ na função $f(x) = ax + \frac{1}{2}$

7. Seja a função definida por $f(x) = -3x + b$. Sabendo que $f\left(-\frac{4}{3}\right) = 10$, determine o valor de b.

8. Determine o valor de m para que a função $f(x) = (3 + 7m)$ seja constante e igual a 8.

9. Determine os valores de p e q para que a função $j(x) = (p^2 - 1)x + (2q - 6)$ seja a função identidade.

10. Escreva a lei de formação da função afim $f(x) = ax + b$ para as situações abaixo.

a) se $f(-1) = 3$ e $f(2) = 0$
b) se $f(1) = -\frac{1}{10}$ e $f(-2) = \frac{7}{5}$
c) se $f(2) = 2$ e $f(0) = 10$
d) se $f(3) = \frac{6}{5}$ e $f(-1) = -\frac{22}{15}$

11. Telefonia. Em certa cidade, a assinatura residencial de uma linha telefônica custa R$ 34,50, o que inclui 100 minutos de ligações. Ultrapassando essa cota, o consumidor paga R$ 0,08 por minuto.

a) Quanto o consumidor pagaria pela conta se utilizasse 82 minutos em um mês? E se utilizasse 300 minutos?
b) Um consumidor pagou R$ 53,00 pela conta telefônica. Quantos minutos em ligações esse consumidor utilizou?
c) Escreva a lei de formação que representa essa situação.
d) Se em uma residência há três linhas telefônicas, qual é o valor mínimo gasto com telefone em um mês?

12. Economia. Uma empresa de parafusos paga aos funcionários da produção R$ 540,00 fixos, mais 1% (em real) sobre o total de parafusos produzidos por mês. Determine:

a) o salário de um funcionário que produziu 8.000 parafusos em um mês;
b) a lei de formação que permite calcular o salário do funcionário da produção em função do número de parafusos produzidos.

2 Gráfico da função afim

3.1 Conteúdo multimídia

2.1 Construção do gráfico

No capítulo anterior, vimos que, para construir o gráfico de uma função, usamos um sistema de coordenadas cartesianas, determinando todos os pontos do plano cartesiano representados pelos pares ordenados (x, y) da função. Encontramos esses pares ordenados atribuindo valores do domínio da função a x e calculando suas imagens (valores de y).

Como exemplo, vamos construir o gráfico da função $f(x) = 3x - 2$.

x	$f(x)$
-1	-5
0	-2
$\frac{2}{3}$	0
1	1
2	4

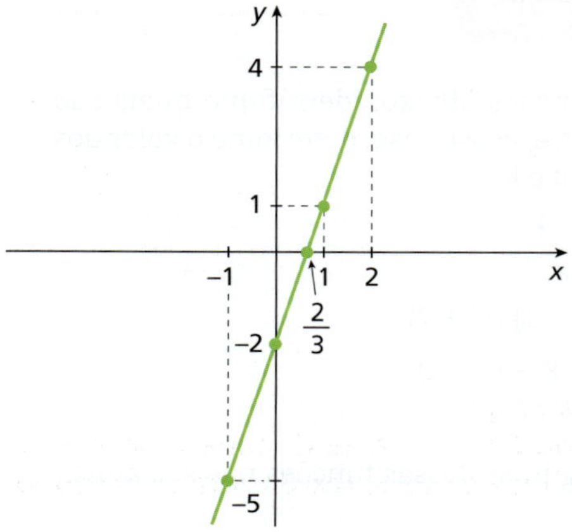

Observe que todos os pontos obtidos até aqui fazem parte de uma mesma reta. Isso sugere que, quanto mais pares ordenados determinarmos, mais próximo de uma reta o gráfico estará.

Generalizando:

3.1 Visão do especialista

- O gráfico de uma função afim é uma **reta**.

Esse fato, que pode ser demonstrado, permite afirmar que o gráfico da função $f(x) = 3x - 2$ é:

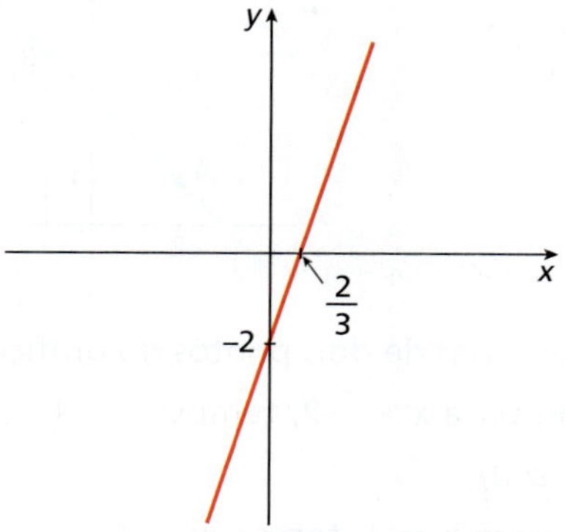

Observe outros exemplos de gráficos de funções afins.

- $g(x) = -2x + 1$

x	$g(x)$
−1	3
2	−3

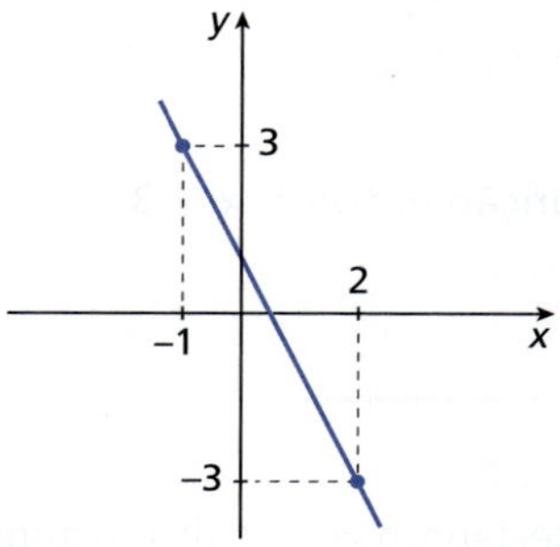

Dois pontos distintos são suficientes para determinar uma reta.

- $f(x) = 3$

x	$f(x)$
1	3

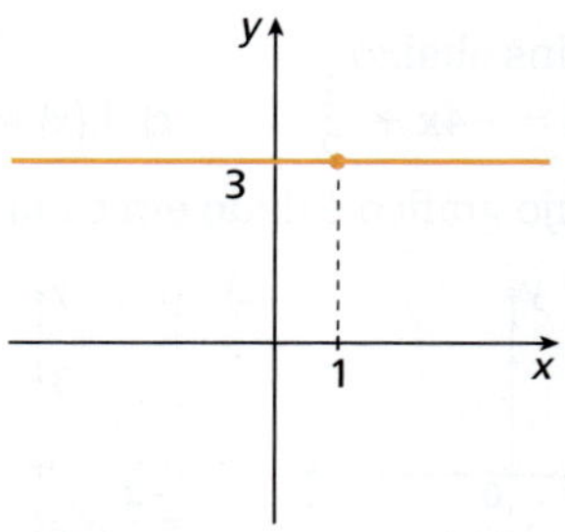

O gráfico de uma função constante é uma reta paralela ao eixo x, por isso podemos traçá-la conhecendo um único ponto.

- $f(x) = x$

x	$f(x)$
−1	−1
1	1

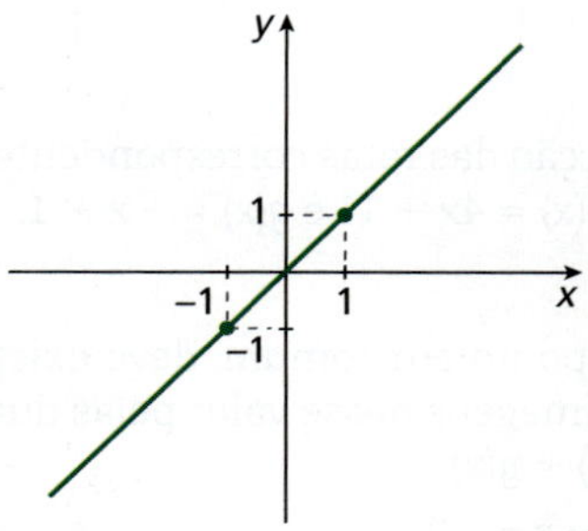

O gráfico de uma função linear é uma reta que passa pela origem (0, 0).

Observação:
Como $f(x) = y$, a lei de uma função afim pode ser escrita como $y = ax + b$. Essa sentença é chamada de **equação da reta** correspondente.

3.2 Conteúdo multimídia

Determinação de uma função a partir do seu gráfico

Já vimos que, conhecendo dois valores distintos de uma função afim, podemos estabelecer sua lei de formação. Dado o gráfico de uma função afim, também podemos determinar sua lei de formação.

Exemplo

Dado o gráfico abaixo de uma função afim, vamos determinar a lei de formação dessa função.

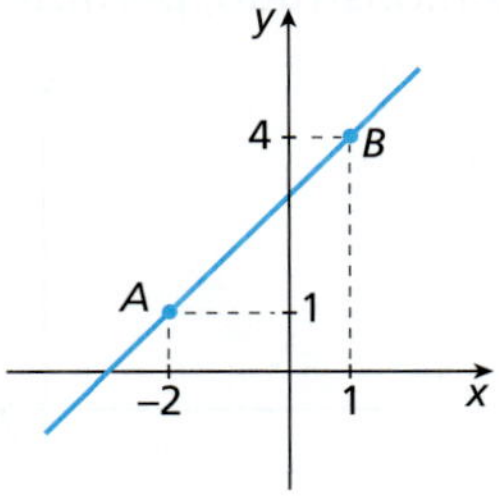

Observamos as coordenadas de dois pontos do gráfico; nesse caso, *A* e *B*.

Como $A(-2, 1)$, então para $x = -2$, temos: $y = 1$

Logo: $1 = a \cdot (-2) + b$ (I)

Como $B(1, 4)$, então para $x = 1$, temos: $y = 4$

Logo: $4 = a \cdot 1 + b$ (II):

Agora, precisamos resolver o sistema formado pelas equações (I) e (II)

$$\begin{cases} -2a + b = 1 \\ a + b = 4 \end{cases} \Rightarrow a = 1 \text{ e } b = 3$$

Portanto, a lei de formação da função é: $f(x) = x + 3$

Exercícios

13. Construa, no mesmo plano cartesiano, o gráfico das seguintes funções constantes:

a) $f(x) = \sqrt{15}$ b) $f(x) = \pi$ c) $f(x) = -3$

14. Construa o gráfico das funções afins abaixo.

a) $f(x) = 2x + 3$ b) $g(x) = -4x + \frac{1}{2}$ c) $h(x) = -x + 2$ d) $i(x) = 5x - 4$

15. Determine a lei da função afim cujo gráfico é dado em cada item.

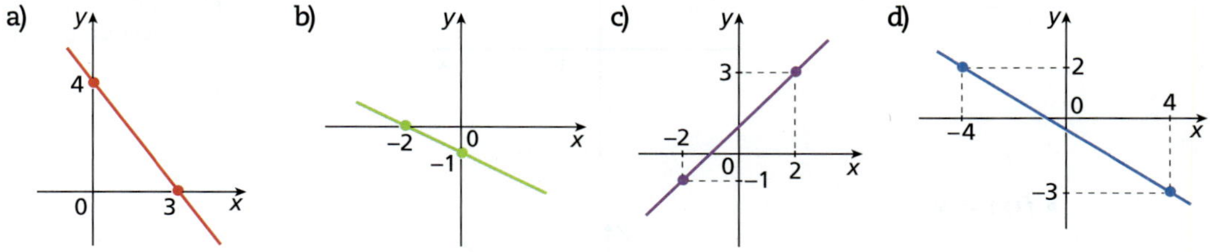

R2. Determinar o ponto de intersecção das retas correspondentes aos gráficos das funções afins $f(x) = 4x + 11$ e $g(x) = -x + 1$.

➤ **Resolução**

Para que as retas tenham um ponto em comum, deve existir um valor de *x* de modo que as imagens desse valor pelas duas funções coincidam, ou seja, $f(x) = g(x)$.

$4x + 11 = -x + 1 \Rightarrow 5x = -10 \Rightarrow x = -2$

Para $x = -2$, temos: $f(-2) = g(-2) = 3$

Logo, o ponto de intersecção é $(-2, 3)$.

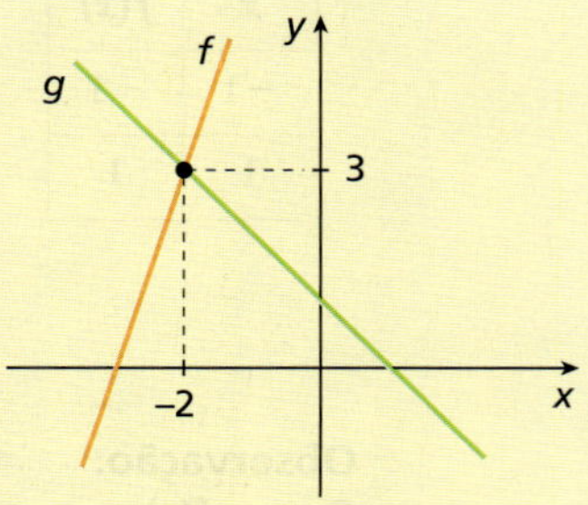

16. Determine o ponto de intersecção das retas correspondentes aos gráficos das funções afins:

- $f(x) = 2x + 5$ e $g(x) = 3x - 4$.
- $f(x) = -3x + 7$ e $g(x) = x + 5$.

17. Determine a lei de formação das funções afins correspondentes às retas abaixo e encontre o ponto de intersecção dessas duas retas.

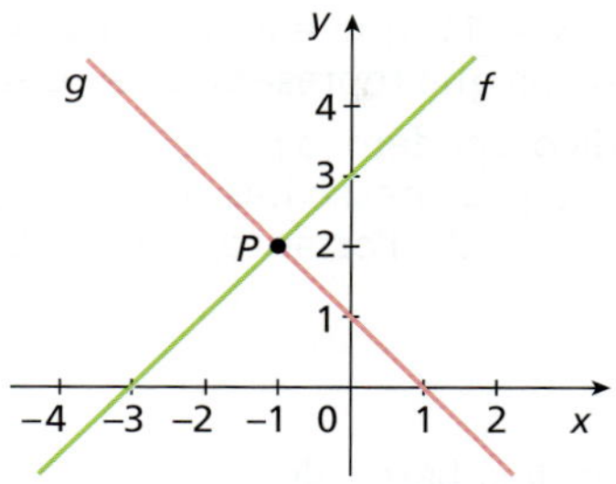

3.2 Visão do especialista

18. Observe o gráfico abaixo e determine as coordenadas dos vértices do triângulo ABC, sabendo que a equação da reta que passa pelos pontos A e B é: $y = -\dfrac{x}{4} - \dfrac{1}{2}$

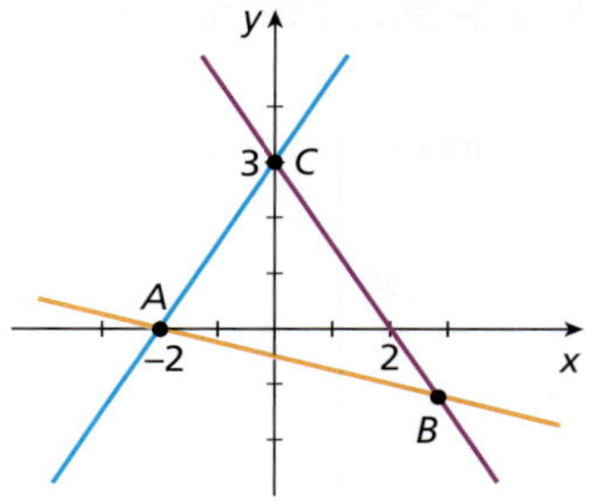

19. Considere as funções $f(x) = 3x$ e $g(x) = 3x - 1$.

a) O que as leis dessas funções têm em comum?

b) Tente encontrar um ponto de intersecção das retas correspondentes a essas funções.

R3. **Arquitetura**. Um arquiteto pretende construir duas casas com piscina, uma ao lado da outra. Ele desenhou uma planta incluindo as duas casas vizinhas e está em dúvida sobre a medida de um dos lados de cada piscina, pois precisa construir as casas de modo que a área ocupada pela casa 2 e pela piscina 2 seja maior que a área ocupada pela casa 1 e pela piscina 1.

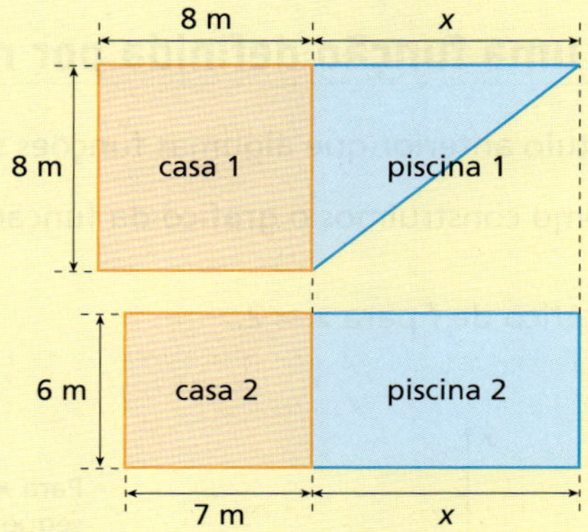

Nessas condições, qual deve ser o valor de x?

➤ **Resolução**

Vamos determinar as leis das funções que representam a área que cada casa e sua piscina ocupam em função da medida x.

Área ocupada pela casa 1 e pela piscina 1:

$A_1 = \frac{1}{2} \cdot 8 \cdot x + 8 \cdot 8 = 4x + 64$

Área ocupada pela casa 2 e pela piscina 2:

$A_2 = 6 \cdot x + 6 \cdot 7 = 6x + 42$

Para $A_1 = A_2$, temos $x = 11$, que é a abscissa do ponto de intersecção dos gráficos que representam A_1 e A_2.

Pelo esboço dos gráficos, podemos perceber que A_2 é maior que A_1 quando $x > 11$, pois, nesse intervalo, o gráfico de A_2 está acima do gráfico de A_1. Portanto, x tem de ser maior que 11 m.

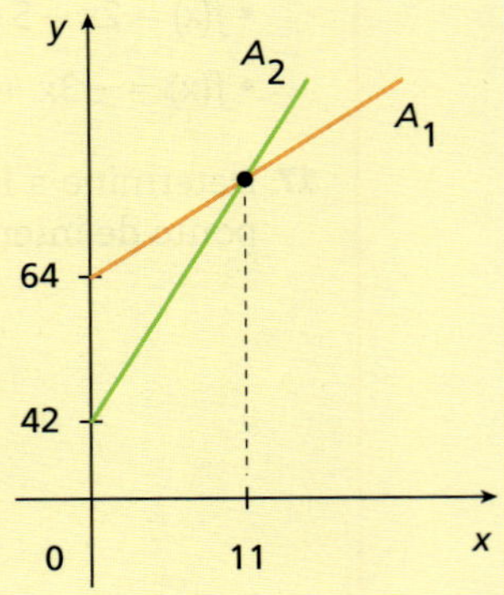

20. Capacidade. Considere dois barris de 200 litros. Um tem água até a metade, e o outro tem 80 litros. Para encher o barril que está com água até a metade, utiliza-se uma torneira que escoa 20 litros de água por minuto; e para encher o outro barril utiliza-se uma torneira que escoa 40 litros por minuto. Ao encher os dois ao mesmo tempo, qual transbordará primeiro?

21. (Cesgranrio-RJ) Uma barra de ferro com temperatura inicial de −10 °C foi aquecida até 30 °C.

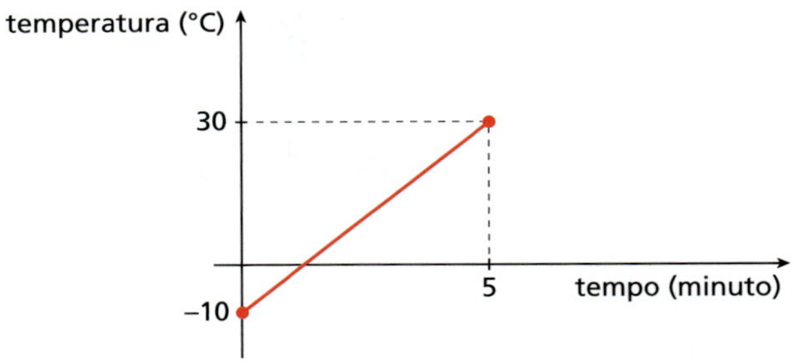

O gráfico anterior representa a variação da temperatura da barra em função do tempo gasto nessa experiência. Calcule em quanto tempo, após o início da experiência, a temperatura da barra atingiu 0 °C.

2.2 Gráfico de uma função definida por mais de uma sentença

Já vimos no capítulo anterior que algumas funções são definidas por mais de uma sentença. Observe, a seguir, como construímos o gráfico da função $f(x) = \begin{cases} 3 - x, \text{se } x \geqslant 2 \\ x + 1, \text{se } x < 2 \end{cases}$:

1º) Construímos o gráfico de f para $x \geqslant 2$.

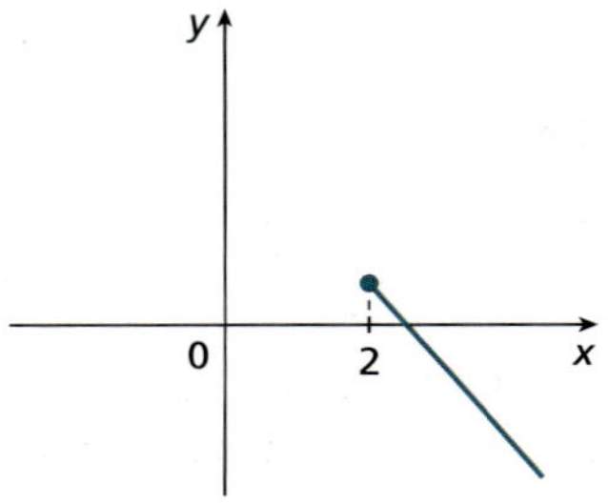

Para $x \geqslant 2$, o gráfico da função f segue a lei: $y = 3 - x$

2º) Construímos o gráfico de f para $x < 2$.

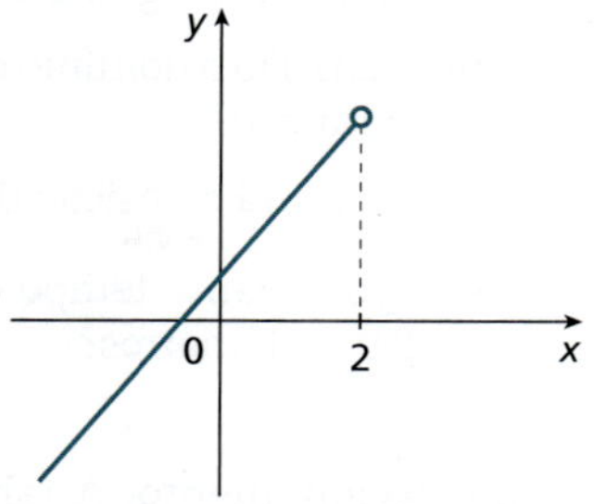

Para $x < 2$, o gráfico da função f segue a lei: $y = x + 1$

3º) Por fim, construímos o gráfico de f.

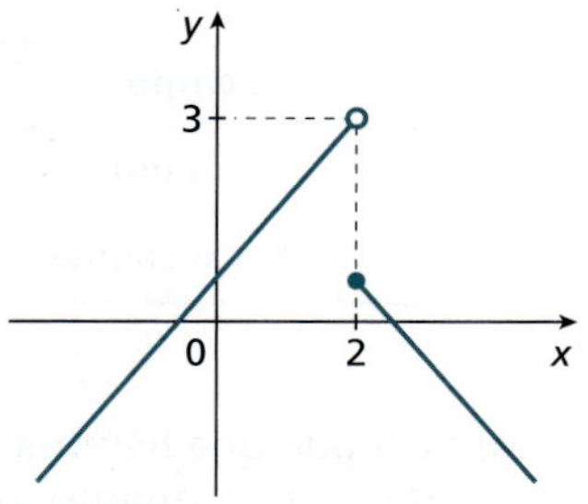

Para $x \leqslant 2$, o gráfico de f coincide com a reta $y = 3 - x$ e, para $x < 2$, coincide com a reta $y = x + 1$.

3.2 Biblioteca do estudante

Pelo gráfico da função de f, podemos determinar o domínio e o conjunto imagem de f: $D(f) = \mathbb{R}$ e $Im(f) = \{y \in \mathbb{R} \mid y < 3\}$.

Exercícios

22. Construa os gráficos das funções a seguir e determine o conjunto imagem de cada uma.

a) $g(x) = \begin{cases} -x + 2, \text{ se } x > 0 \\ 2x, \text{ se } x \leqslant 0 \end{cases}$

b) $f(x) = \begin{cases} 2, \text{ se } x \geqslant 1 \\ x, \text{ se } -1 \leqslant x < 1 \\ 1, \text{ se } x < -1 \end{cases}$

23. Observe cada gráfico e determine a lei de formação da função correspondente.

a)

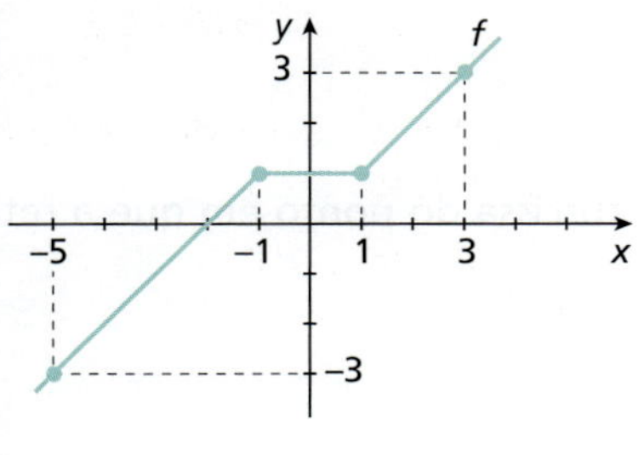

b)

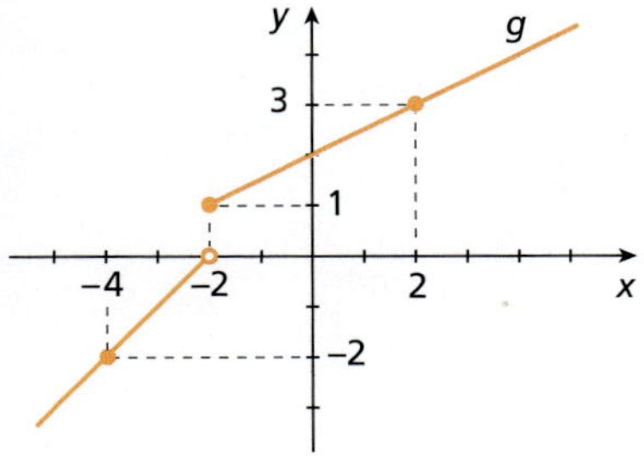

R4. **Física.** O movimento uniforme é caracterizado pelo fato de a velocidade do móvel ser constante. Por esse motivo, o espaço percorrido em intervalos iguais é sempre o mesmo. Assim, a função horária desse movimento é dada pela lei $s(t) = s_0 + v \cdot t$, em que s é a posição (em metro) do móvel no instante t (em segundo), s_0, o espaço inicial quando $t = 0$, e v, a velocidade constante (em m/s). Resolver os itens a seguir de acordo com o gráfico abaixo.

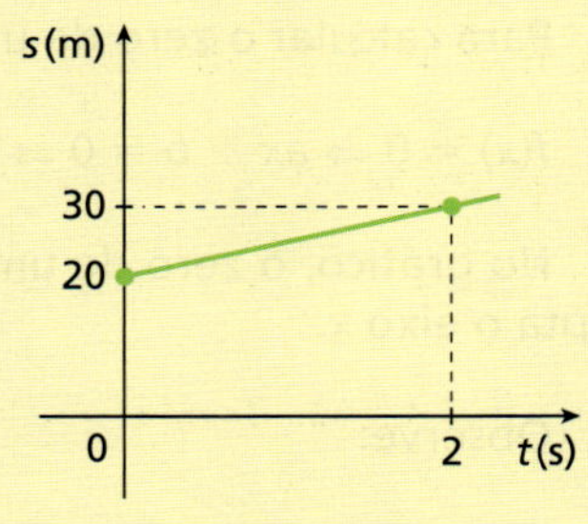

a) Qual é a função horária do movimento correspondente ao gráfico?

b) Quais são o domínio e o conjunto imagem dessa função?

c) Qual será a posição do móvel após 10 segundos?

d) Após quanto tempo o móvel estará na posição 120 metros?

Resolução

a) Observando o gráfico, percebemos que $s_0 = 20$; então: $s(t) = 20 + vt$.
Como $s(2) = 30$, então: $20 + 2v = 30 \Rightarrow v = 5$
Portanto, a função horária do movimento é: $s(t) = 20 + 5t$

b) Pelo gráfico, podemos observar que $D(s) = \mathbb{R}_+$ e $Im(s) = \{s \in \mathbb{R} \mid s \geq 20\}$.

c) Para $t = 10$, temos: $s(10) = 20 + 5 \cdot 10 = 70$
Portanto, após 10 segundos, o móvel estará na posição 70 metros.

d) Para $s(t) = 120$, temos: $20 + 5t = 120 \Rightarrow t = 20$
Portanto, após 20 segundos, o móvel estará na posição 120 metros.

24. Física. Considere o gráfico abaixo, que representa a posição (em quilômetro) de um carro em função do tempo (em hora).

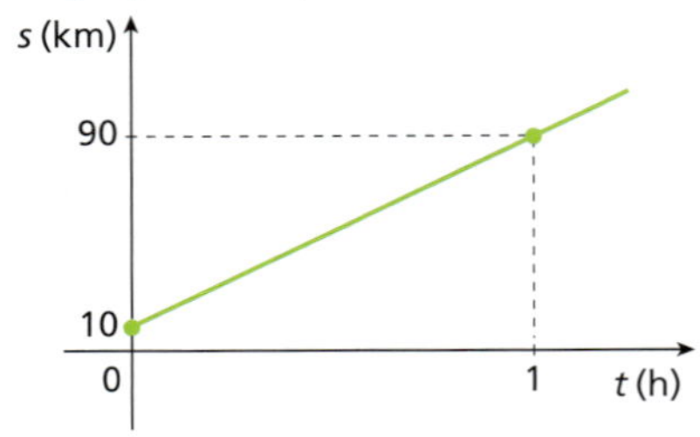

a) Qual é a função horária do movimento correspondente ao gráfico?

b) Quais são o domínio e o conjunto imagem dessa função?

c) Qual será a posição do carro após 4 horas?

d) Após quanto tempo o carro estará na posição 250 quilômetros?

25. Estacionamento. A tabela abaixo apresenta os valores cobrados por um estacionamento.

Tempo	Valor
até 2 horas	R$ 5,00
hora excedente	R$ 1,00

a) Sabendo que há uma tolerância de 10 minutos, quanto um motorista pagaria por ter deixado seu carro estacionado durante 4 h e 30 min?

b) Construa o gráfico do valor a ser pago v (em reais) em função do tempo t (em minuto) que o carro ficou estacionado, no intervalo $0 < t \leq 300$.

2.3 Análise do gráfico da função afim

Zero da função afim

Já vimos que zeros de uma função f são os números reais x para os quais $f(x) = 0$. Dessa maneira, o zero da função $f(x) = ax + b$ é a raiz da equação $ax + b = 0$.

Para calcular o zero de uma função afim, fazemos:

$$f(x) = 0 \Rightarrow ax + b = 0 \Rightarrow x = -\frac{b}{a}$$

No gráfico, o zero de uma função do tipo $ax + b$ é a abscissa do ponto em que a reta intercepta o eixo x.

Observe:

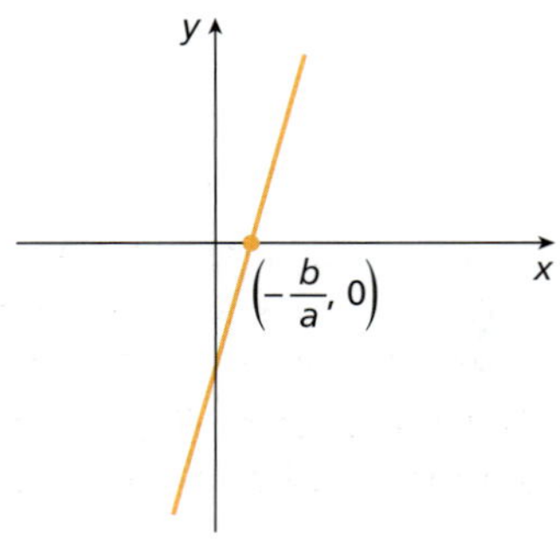

Exemplo

Vamos determinar o zero da função $f(x) = x - \frac{4}{3}$ e o ponto onde a reta intercepta o eixo x.

Para isso, vamos resolver a equação:

$x - \frac{4}{3} = 0 \Rightarrow x = \frac{4}{3}$ (zero da função)

Logo, o gráfico da função intercepta o eixo x no ponto: $\left(\frac{4}{3}, 0\right)$

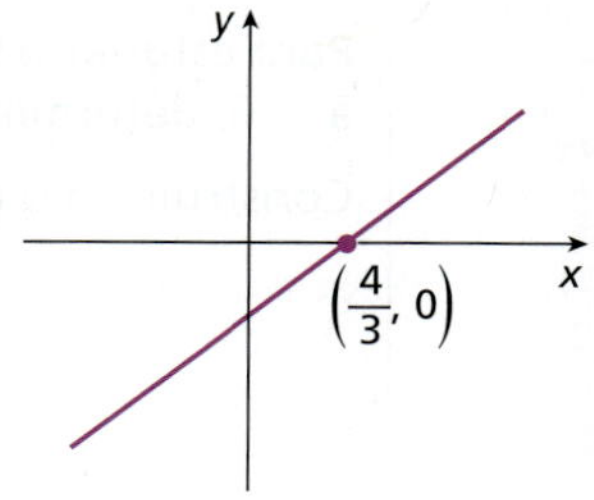

Crescimento e decrescimento de uma função afim

Uma função afim pode ser crescente ou decrescente, dependendo do valor do coeficiente a da função.

Exemplos

- $f(x) = 2x - 1$ $(a > 0)$

x	$f(x)$
−2	−5
−1	−3
0	−1
1	1
2	3

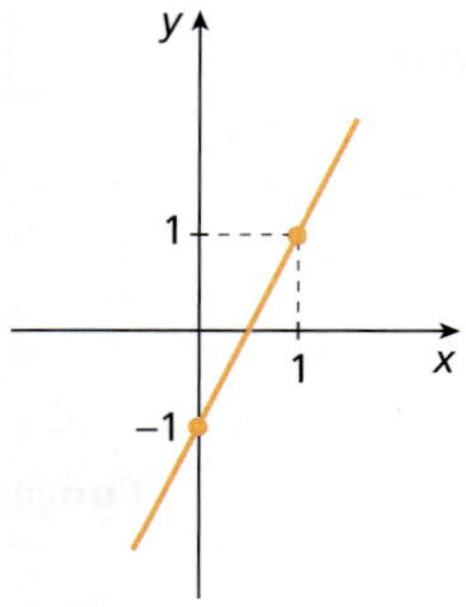

Quando aumentamos o valor de x, os valores correspondentes de $f(x)$ também aumentam. Portanto, a função $f(x) = 2x - 1$ é **crescente**.

- $g(x) = -3x + 1$ $(a < 0)$

x	$g(x)$
−2	7
−1	4
0	1
1	−2
2	−5

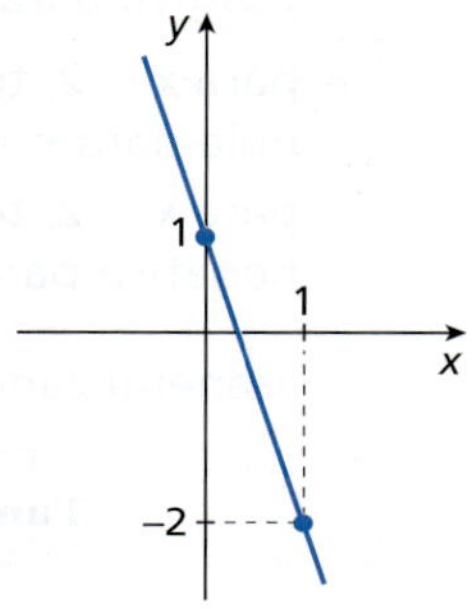

Quando aumentamos o valor de x, os valores correspondentes de $g(x)$ diminuem. Portanto, a função $g(x) = -3x + 1$ é **decrescente**.

De modo geral, temos:

Função crescente ($a > 0$)	Função decrescente ($a < 0$)
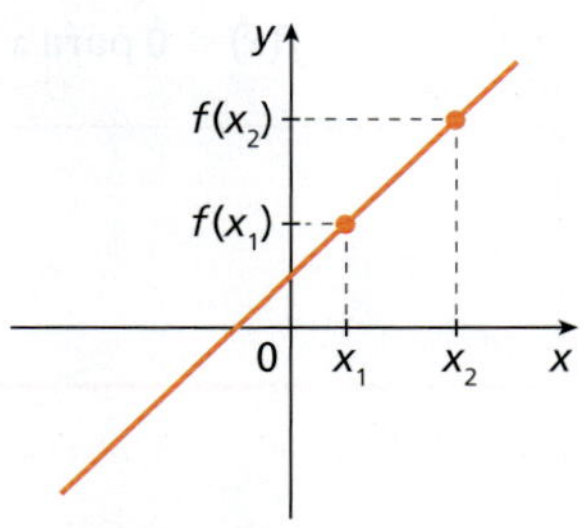	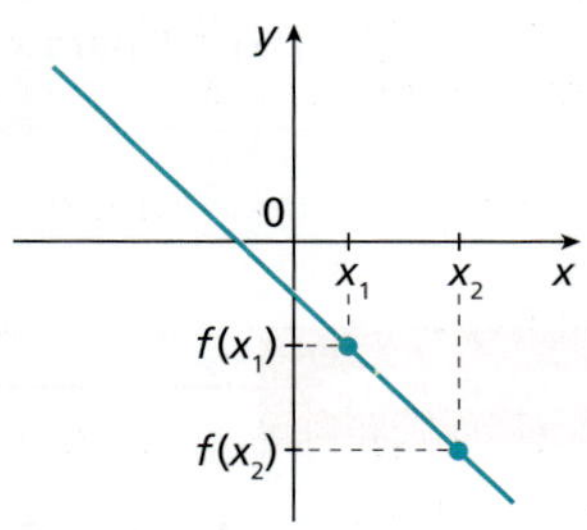
$x_2 > x_1 \Rightarrow ax_2 + b > ax_1 + b$, ou seja, $f(x_2) > f(x_1)$	$x_2 > x_1 \Rightarrow ax_2 + b < ax_1 + b$, ou seja, $f(x_2) < f(x_1)$

Utilizando o gráfico para o estudo do sinal da função afim

Utilizar o gráfico de uma função para estudar o sinal dessa função significa determinar os valores de x para os quais o gráfico está acima do eixo x, intercepta o eixo x ou está abaixo dele. Para isso, temos de analisar se a função é crescente ou decrescente.

Para estudar o sinal da função afim $f(x)$, devemos determinar para quais valores de x a função é positiva, nula ou negativa. Podemos fazer esse estudo a partir do esboço do gráfico da função.

Exemplo

Para estudar o sinal da função $f(x) = -3x + 6$, primeiro temos que a função é decrescente, pois $a < 0$; determinando o zero de f, temos: $-3x + 6 = 0 \Rightarrow x = 2$

Construindo o gráfico da função f:

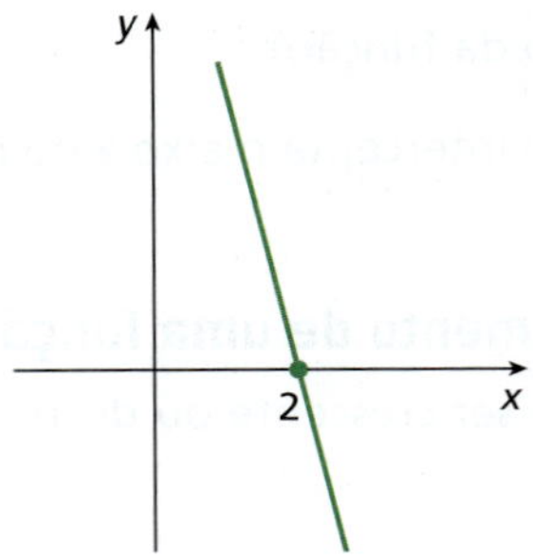

Observe que:

- para $x < 2$, temos $f(x) > 0$, ou seja, a função é positiva para $x < 2$;
- para $x = 2$, temos $f(x) = 0$, ou seja, a função é nula para $x = 2$;
- para $x > 2$, temos $f(x) < 0$, ou seja, a função é negativa para $x > 2$.

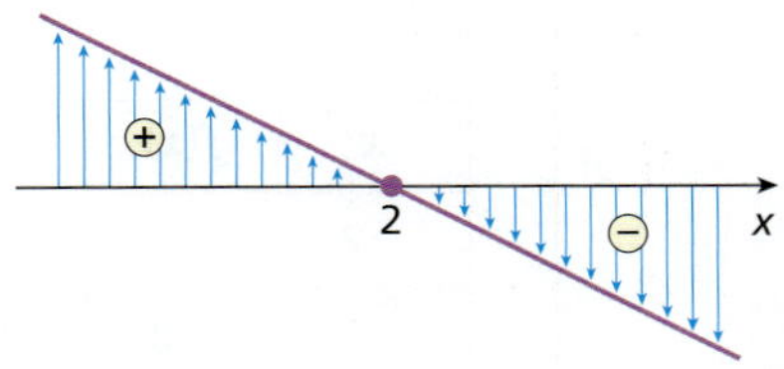

Generalizando, temos:

Função crescente ($a > 0$)	**Função decrescente ($a < 0$)**
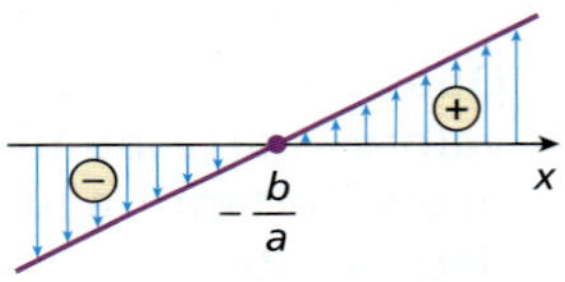	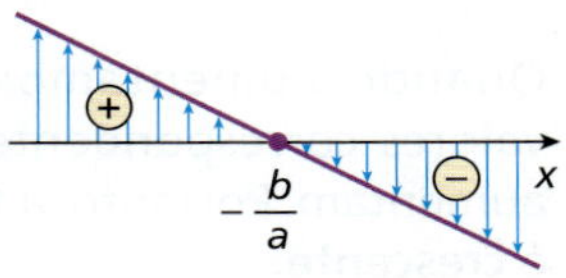
$f(x) = 0$ para $x = -\frac{b}{a}$ $f(x) > 0$ para $x > -\frac{b}{a}$ $f(x) < 0$ para $x < -\frac{b}{a}$	$f(x) = 0$ para $x = -\frac{b}{a}$ $f(x) > 0$ para $x < -\frac{b}{a}$ $f(x) < 0$ para $x > -\frac{b}{a}$

Exercícios

26. Construa os gráficos das funções afins abaixo, indicando os pontos em que a reta intercepta os eixos x e y.

a) $f(x) = x + 1$ b) $i(x) = -2x$

R5. Determinar o valor de m para que o gráfico da função $j(x) = (-3 + 6m)x + 5$ intercepte o eixo das abscissas no ponto (1, 0).

➤ Resolução

Como o ponto (1, 0) pertence ao gráfico da função j, então $j(1) = 0$.

Assim:

$0 = (-3 + 6m) \cdot 1 + 5 \Rightarrow 6m = -2 \Rightarrow m = -\frac{1}{3}$

Logo, para $m = -\frac{1}{3}$, o gráfico da função interceptará o eixo das abscissas no ponto (1, 0).

27. Determine o valor de m para que o gráfico da função afim definida por $f(x) = (m + 1) \cdot x + 3m$ intercepte o eixo das abscissas no ponto $(-2, 0)$.

28. Determine o valor de k para que o gráfico da função afim definida por $f(x) = k \cdot x - 5k - 10$ intercepte o eixo das abscissas no ponto (3, 0).

29. Determine o valor de p para que o gráfico da função afim definida por $f(x) = p \cdot x + p + 3$ intercepte o eixo das ordenadas no ponto (0, 8).

30. Determine a lei de formação da função afim, sabendo que o zero da função é $-\frac{1}{2}$ e o ponto de intersecção do gráfico com o eixo y é $\left(0, -\frac{3}{4}\right)$.

31. Classifique cada função a seguir em crescente ou decrescente.

a) $f(x) = -5x + 2$

b) $h(x) = -3 + \frac{x}{2}$

c) $g(x) = x - \frac{3}{4}$

d) $i(x) = 1 - 2x$

R6. Dada a função afim $f(x) = (-3 + m)x + 7$, discutir para quais valores de m a função é crescente, decrescente ou constante.

➤ **Resolução**

Observe que o coeficiente de x nessa função é $(-3 + m)$.

A função é crescente se: $-3 + m > 0 \Rightarrow m > 3$

A função é decrescente se: $-3 + m < 0 \Rightarrow m < 3$

} Para esses casos temos uma função do tipo $ax + b$, com $a \neq 0$.

A função é constante se: $-3 + m = 0 \Rightarrow m = 3$

32. Dada a função $f(x) = \left(m - \frac{1}{2}\right)x + 7$, discuta para quais valores de m a função é crescente e para quais valores de m ela é decrescente.

33. Dada a função $f(x) = \left(\frac{2}{3} - k\right) \cdot x - 12$, discuta para quais valores de k a função é crescente, decrescente ou constante.

34. Sabendo que o zero da função $f(x) = (-5 + k)x - (3k - 2)$ é -4, verifique se f é crescente ou decrescente.

35. Estude o sinal das funções a seguir.

a) $f(x) = 3x + \frac{3}{4}$

b) $g(x) = -\frac{1}{2}x + 1$

36. Estude o sinal das funções afins.

a) $f(x) = 3x$

b) $f(x) = \frac{2}{5}x + 6$

c) $f(x) = -2x + 5$

d) $f(x) = -\frac{3}{4}x - 2$

37. (FGV) Uma empresa A paga a cada um de seus vendedores uma remuneração mensal que é função do 1º grau de suas vendas mensais. Quando ele vende R$ 50.000,00 sua remuneração é R$ 1.800,00 e quando vende R$ 80.000,00 sua remuneração é R$ 2.400,00.

a) Obter a remuneração R_A em função das vendas (x).

b) Uma outra empresa B paga a cada um de seus vendedores uma remuneração mensal R_B dada por $R_B = 1.500 + 0{,}01x$, em que x são as vendas mensais. Para que valores de x a remuneração mensal do vendedor na empresa A é superior à do vendedor na empresa B?

3.3 Visão do especialista

3 Inequações do 1º grau

Toda inequação que pode ser reduzida a uma desigualdade em que o primeiro membro é um polinômio do tipo $ax + b$ (com $a \neq 0$) e o segundo membro é zero é chamada de **inequação do 1º grau** na incógnita x.

Exemplos

- $4x - 3 \geq 0$
- $-\sqrt{7}x + 1 \leq 0$
- $8x > 0$
- $-5x - 0{,}2 < 0$

Para resolver inequações, vamos relembrar alguns princípios de equivalência das desigualdades. Observe os exemplos:

- $-4 > -7 \Rightarrow -4 + 12 > -7 + 12 \Rightarrow 8 > 5$

  sinal mantido

- $-2 < 3 \Rightarrow -2 + (-6) < 3 + (-6) \Rightarrow -8 < -3$

  sinal mantido

Ao adicionar um mesmo número aos dois membros de uma desigualdade, obtemos outra desigualdade de mesmo sentido (**princípio aditivo**).

- $-12 < 8 \Rightarrow -12 \cdot 2 < 8 \cdot 2 \Rightarrow -24 < 16$ (sinal mantido)
- $21 > 15 \Rightarrow 21 \cdot \frac{1}{3} > 15 \cdot \frac{1}{3} \Rightarrow 7 > 5$ (sinal mantido)

Ao multiplicar os dois membros de uma desigualdade por um mesmo número positivo, obtemos outra desigualdade de mesmo sentido (**princípio multiplicativo**).

- $14 > 1 \Rightarrow 14 \cdot (-3) < 1 \cdot (-3) \Rightarrow -42 < -3$ (sinal invertido)
- $-32 < 64 \Rightarrow -32 \cdot \left(-\frac{1}{2}\right) > 64 \cdot \left(-\frac{1}{2}\right) \Rightarrow 16 > -32$ (sinal invertido)

Ao multiplicar os dois membros de uma desigualdade por um mesmo número negativo, obtemos outra desigualdade de sentido invertido (**princípio multiplicativo**).

Resolução de inequações

Agora, vamos relembrar como resolver uma inequação do 1º grau utilizando os princípios de equivalência das desigualdades.

Exemplo

Vamos resolver, no conjunto dos números reais, a inequação $3(x + 2) \leqslant 2(2x + 4)$.

$3(x + 2) \leqslant 2(2x + 4) \Rightarrow 3x + 6 \leqslant 4x + 8 \Rightarrow 3x - 4x + 6 - 8 \leqslant 0 \Rightarrow$

$\Rightarrow -x - 2 \leqslant 0 \Rightarrow x + 2 \geqslant 0 \Rightarrow x \geqslant -2$

Logo, o conjunto solução da inequação é: $S = \{x \in \mathbb{R} \mid x \geqslant -2\}$

Também podemos resolver essa inequação estudando o sinal de uma função afim. Observe:

$$3(x + 2) \leqslant 2(2x + 4) \Rightarrow \underbrace{x + 2}_{f(x)} \geqslant 0$$

Vamos esboçar o gráfico da função $f(x)$, sabendo que o zero da função é –2:

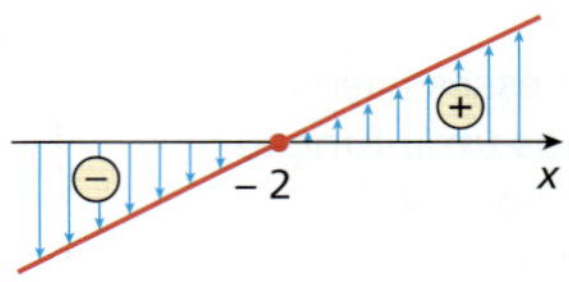

Analisando o esboço, temos: $f(x) \geqslant 0 \Rightarrow x \geqslant -2$

Assim, o conjunto solução da inequação é: $S = \{x \in \mathbb{R} \mid x \geqslant -2\}$

Exercícios

R7. Determinar o conjunto solução da inequação $\frac{x + 4}{3} - \frac{3x + 2}{4} \geqslant 0$.

➤ **Resolução**

$\frac{x + 4}{3} - \frac{3x + 2}{2} \geqslant 0 \Rightarrow$

$\Rightarrow \frac{4(x + 4) - 3(3x + 2)}{12} \geqslant \frac{0}{12} \Rightarrow$

$\Rightarrow 4x + 16 - 9x - 6 \geqslant 0 \Rightarrow -5x + 10 \geqslant 0 \Rightarrow$

$\Rightarrow -5x \geqslant -10 \Rightarrow x \leqslant 2$

Assim, o conjunto solução da inequação é: $S = \{x \in \mathbb{R} \mid x \leqslant 2\}$

38. Resolva as inequações.

a) $3x - 12 \leqslant 0$

b) $5(-x + 1) + 2(3x - 4) > -1$

c) $\frac{-x + 3}{2} < \frac{2x + 5}{3}$

39. No plano cartesiano estão apresentados os gráficos de duas funções, f e g.

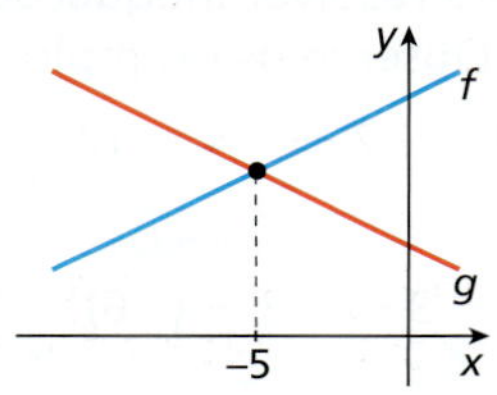

Analisando o gráfico, resolva as questões a seguir.

a) Para qual valor de x temos $f(x) = g(x)$?

b) Qual é o conjunto solução da inequação $f(x) > g(x)$?

c) Determine o conjunto solução da inequação $g(x) \geqslant f(x)$.

40. Num mesmo plano cartesiano, construa os gráficos de $f(x) = -x + 1$ e $g(x) = \frac{1}{2}x + 1$.

a) Analise os intervalos do domínio em que $f(x) < g(x)$.

b) Monte a inequação, resolva-a e compare a solução com sua análise dos gráficos. O que você conclui?

3.1 Inequação-produto e inequação-quociente

Agora, vamos estudar inequações-produto e inequações-quociente que envolvem funções afins.

Sendo f e g funções na variável real x, chamamos de **inequação-produto** as sentenças expressas por: $f(x) \cdot g(x) > 0$; $f(x) \cdot g(x) < 0$; $f(x) \cdot g(x) \geqslant 0$; $f(x) \cdot g(x) \leqslant 0$

O primeiro membro da inequação pode ser formado pelo produto de mais de duas funções.

Exemplos

- $\left(\frac{1}{3} - 4x\right) \cdot (x - 1) > 0$
- $(89x + 1) \cdot \left(x + \frac{3}{5}\right) \geqslant 0$
- $(0{,}45x - 7) \cdot (8 - 2x) < 0$
- $(3x + 4) \cdot (x - \sqrt{11}) \cdot (5 - 2x) \leqslant 0$

Sendo f e g funções na variável real x, com $g(x) \neq 0$, chamamos de **inequação-quociente** as sentenças expressas por: $\frac{f(x)}{g(x)} > 0$; $\frac{f(x)}{g(x)} < 0$; $\frac{f(x)}{g(x)} \geqslant 0$; $\frac{f(x)}{g(x)} \leqslant 0$

Exemplos

- $\frac{x + 7}{x} > 0$
- $\frac{0{,}32x - 2}{x + 9} \geqslant 0$
- $\frac{\sqrt{3}x}{x - 13} < 0$
- $\frac{x}{23 - x} \leqslant 0$

Na resolução de inequações-produto ou inequações-quociente, primeiro estudamos os sinais das sentenças separadamente. Depois, montamos um quadro para estudar o sinal do produto ou do quociente. Observe o exemplo a seguir.

Vamos resolver a inequação $(x + 1) \cdot (3x - 2) < 0$, no conjunto dos números reais ($\mathbb{R}$).

Consideramos $f(x) = x + 1$ e $g(x) = 3x - 2$. Então, para que o produto $f(x) \cdot g(x)$ seja negativo, devemos ter: $f(x) < 0$ e $g(x) > 0$ ou $f(x) > 0$ e $g(x) < 0$

Vamos estudar os sinais das duas funções separadamente e depois montar um quadro para estudar o sinal do produto $f(x) \cdot g(x)$.

Sinal de f

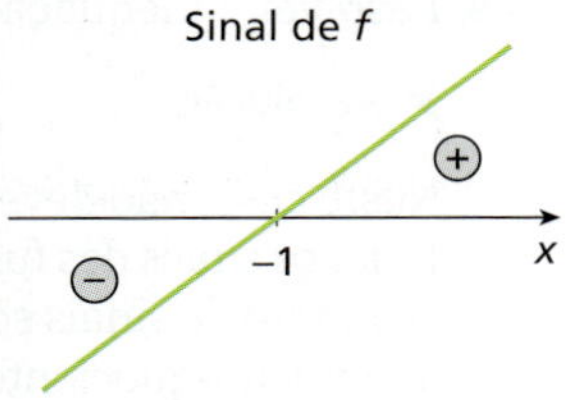

Sinal de g

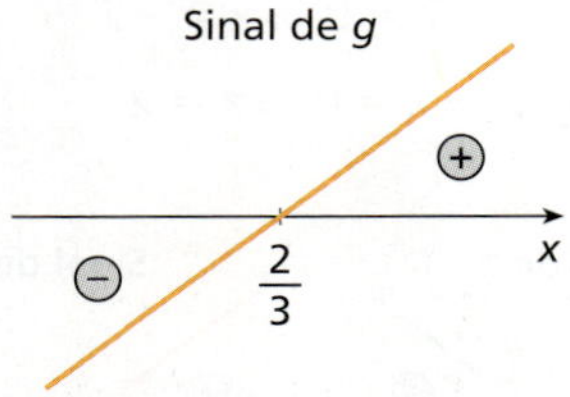

Agora, vamos montar o quadro de sinais e determinar para quais valores de x o produto $(x + 1) \cdot (3x - 2)$ é menor que zero. Para isso, devemos indicar o estudo da variação dos sinais de cada função (f e g) e estudar os sinais do produto ($f \cdot g$).

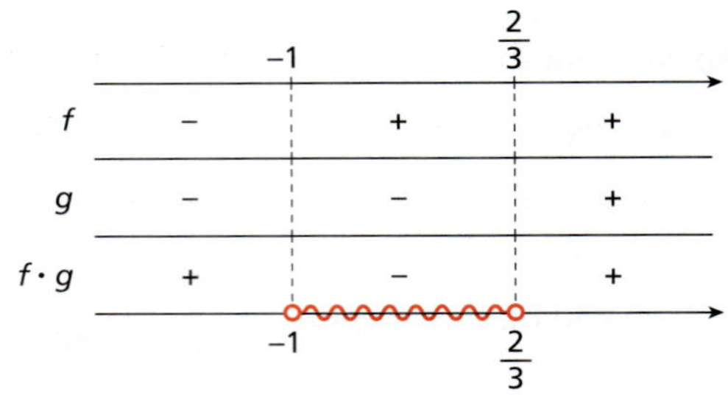

Os valores de x que tornam o produto $(x + 1) \cdot (3x - 2)$ menor que zero podem ser indicados pelo intervalo: $\left]-1, \frac{2}{3}\right[$

Logo, o conjunto solução da inequação é: $S = \left\{x \in \mathbb{R} \mid -1 < x < \frac{2}{3}\right\}$

Exercícios

41. Resolva, em $\mathbb{R}$, a inequação-produto:

$(x + 2) \cdot \left(-\frac{1}{2} + 3x\right) > 0$

42. Resolva, em $\mathbb{R}$, as inequações-produto.

a) $(x - 5) \cdot (-2x + 4) \leqslant 0$

b) $(3x + 9) \cdot (-4x + 5) \leqslant 0$

c) $(x - 2) \cdot (x + 4) \cdot (-2x + 5) < 0$

d) $\left(4x + \frac{2}{5}\right) \cdot (-3x + 8) \cdot (-5x + 18) > 0$

R8. Resolver, em $\mathbb{R}$, a inequação-quociente:

$$\frac{x + 7}{2 - x} < 0$$

➤ **Resolução**

O denominador deve ser diferente de zero: $2 - x \neq 0 \Rightarrow x \neq 2$

Consideramos: $f(x) = x + 7$ e $g(x) = 2 - x$

Para que o quociente $\frac{f(x)}{g(x)}$ seja negativo, devemos ter: $f(x) > 0$ e $g(x) < 0$ ou $f(x) < 0$ e $g(x) > 0$

Zero de f: $x + 7 = 0 \Rightarrow x = -7$

Zero de g: $2 - x = 0 \Rightarrow x = 2$

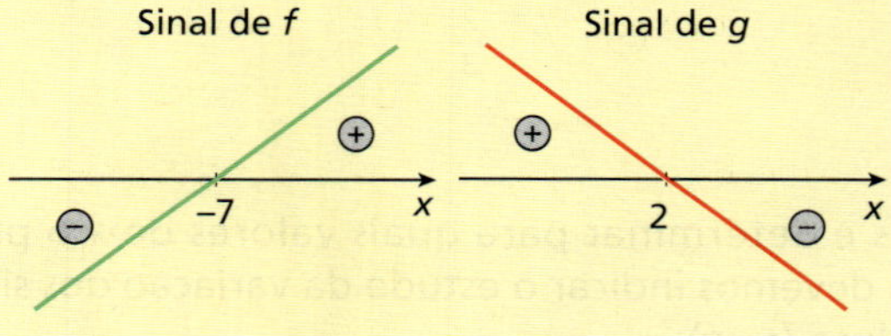

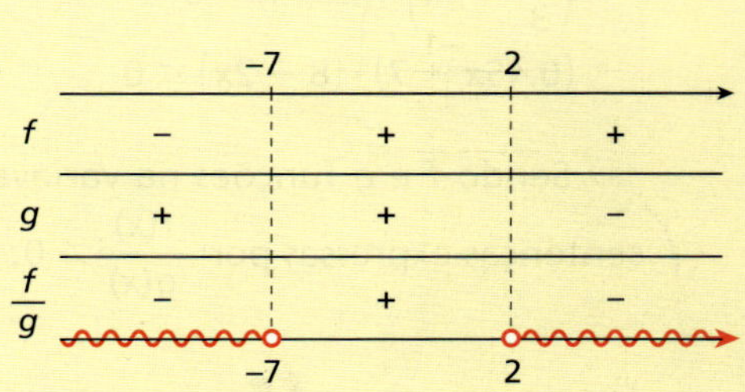

Logo: $S = \{x \in \mathbb{R} \mid x < -7 \text{ ou } x > 2\}$

43. Resolva, em $\mathbb{R}$, as inequações.

a) $\frac{2x + 4}{3x - 9} \leqslant 0$

b) $\frac{-7x + 10}{4x - 17} \geqslant 0$

44. Determine o conjunto solução das inequações.

a) $\frac{(x + 1) \cdot (x - 3)}{-2x + 9} \geqslant 0$

b) $\frac{8x - 5}{(-7x + 10) \cdot (-3x - 12)} < 0$

R9. Resolver a inequação $\frac{2 - 5x}{x + 1} \leqslant -1$, em $\mathbb{R}$.

➤ **Resolução**

Neste caso, não devemos cometer o erro de estudar os sinais das funções $y = 2 - 5x$ e $y = x + 1$. O quadro de sinais só pode ser usado quando a inequação-quociente tem o segundo membro igual a zero. Então, fazemos:

$$\frac{2 - 5x}{x + 1} \leqslant -1 \Rightarrow \frac{2 - 5x}{x + 1} + 1 \leqslant 0 \Rightarrow \frac{-4x + 3}{x + 1} \leqslant 0$$

Consideramos $f(x) = -4x + 3$ e $g(x) = x + 1$. Então, para que o quociente $\frac{f(x)}{g(x)}$ seja negativo ou nulo, devemos ter: $f(x) \geqslant 0$ e $g(x) < 0$ ou $f(x) \leqslant 0$ e $g(x) > 0$

Sinal de f

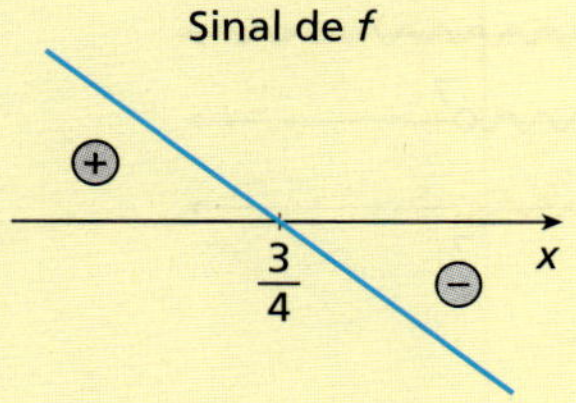

Sinal de g

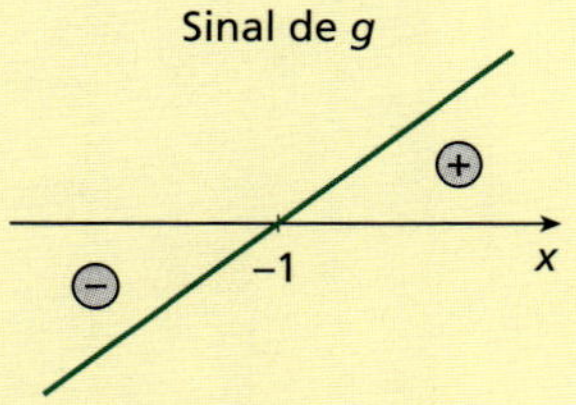

Quadro de sinais

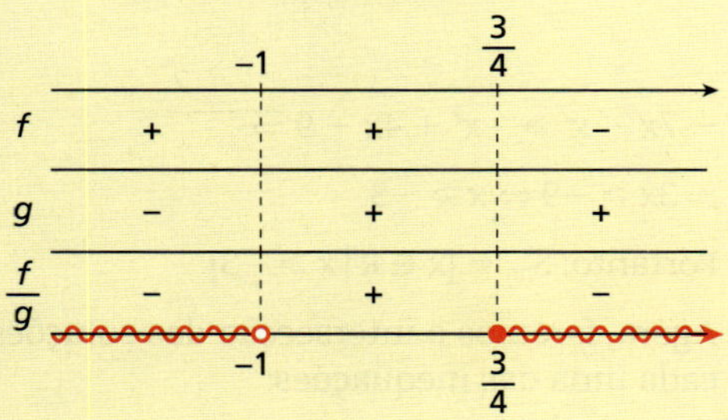

O intervalo que indica os valores de x que tornam $\frac{-4x+3}{x+1}$ menor ou igual a zero é:

$$]-\infty, -1[\ \cup \left[\frac{3}{4}, +\infty\right[$$

Logo, o conjunto solução da inequação é:

$$S = \left\{x \in \mathbb{R} \mid x < -1 \text{ ou } x \geqslant \frac{3}{4}\right\}$$

45. Reduza cada inequação a outra com segundo membro igual a zero e determine a solução, em $\mathbb{R}$.

a) $\frac{5x-2}{2x-1} \leqslant 1$

b) $\frac{4}{1-x} < 3$

46. Determine o conjunto solução das inequações.

a) $\frac{2x-13}{9-x} \geqslant 1$ $S = \left\{x \in \mathbb{R} \mid \frac{22}{3} \leqslant x < 9\right\}$

b) $\frac{3x+7}{2x-9} < 2$

47. Em um mesmo plano cartesiano, construa os gráficos de $f(x) = x + 1$ e $g(x) = -\frac{1}{2}x + 1$.

- Analise os intervalos do domínio em que $f(x) > g(x)$.
- Monte a inequação, resolva-a e compare a solução com sua análise dos gráficos. O que você conclui?

3.2 Inequações simultâneas

Algumas inequações são apresentadas por duas desigualdades ou por um sistema de inequações. Elas são chamadas de **inequações simultâneas**.

Exemplos

- $\frac{1}{2} \leqslant 7x - 2 < 3x + \sqrt{5}$
- $\begin{cases} 6x + (8 + x) > 9x - 0{,}3 \\ \sqrt{2}x - x \leqslant x + \frac{7}{5} \end{cases}$

Para resolver inequações desse tipo, devemos encontrar a solução de cada inequação e fazer a intersecção das soluções.

Como exemplo, vamos resolver, no conjunto dos números reais, as inequações simultâneas $3 \leqslant 2x - 2 < x + 5$.

Para resolver essas inequações simultâneas, primeiro devemos encontrar a solução das inequações (I) e (II):

$$3 \leqslant \underbrace{2x - 2}_{} < x + 5$$

(II): $2x - 2 < x + 5$ (I): $3 \leqslant 2x - 2$

(I) $3 + 2 \leqslant 2x \Rightarrow 5 \leqslant 2x \Rightarrow x \geqslant \frac{5}{2}$

Portanto: $S_{(I)} = \left\{x \in \mathbb{R} \mid x \geqslant \frac{5}{2}\right\}$

(II) $2x - x < 5 + 2 \Rightarrow x < 7$

Portanto: $S_{(II)} = \{x \in \mathbb{R} \mid x < 7\}$

Agora, precisamos fazer a intersecção das soluções de cada uma das inequações:

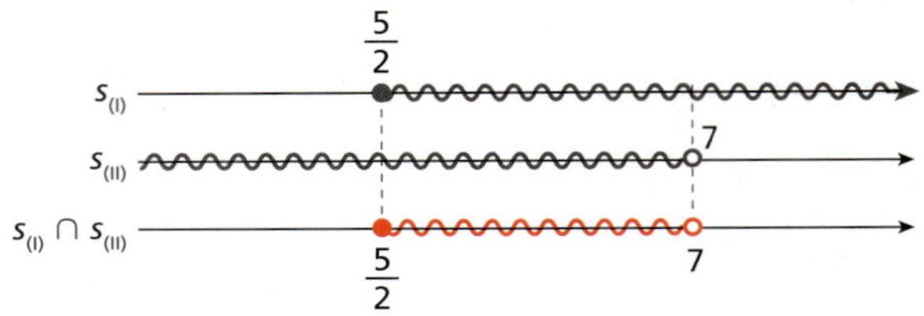

Logo, o conjunto solução das inequações simultâneas é:

$$S = \left\{x \in \mathbb{R} \mid \frac{5}{2} \leqslant x < 7\right\} \text{ ou } S = \left[\frac{5}{2}, 7\right[$$

Exercícios

48. Encontre, em $\mathbb{R}$, as soluções das inequações.

a) $-4x + 1 < 2 - x \leqslant 0$

b) $5 \leqslant 3x - 4 < x + 2$

49. Determine o conjunto solução das inequações.

a) $-4 < 2x - 6 \leqslant 10$

b) $x - 5 \leqslant 2x + 7 \leqslant 13 - x$

R10. Resolver, em $\mathbb{R}$, o sistema de inequações:

$$\begin{cases} x - (3 + 2x) < 4 \\ 7x - x^2 \geqslant -x(x - 4) - 9 \end{cases}$$

➤ Resolução

Vamos resolver cada uma das inequações do sistema:

(I) $x - (3 + 2x) < 4 \Rightarrow x - 3 - 2x < 4 \Rightarrow$

$\Rightarrow -x < 7 \Rightarrow x > -7$

Portanto: $S_{(I)} = \{x \in \mathbb{R} \mid x > -7\}$

(II) $7x - x^2 \geqslant -x(x - 4) - 9 \Rightarrow$

$\Rightarrow 7x - x^2 \geqslant -x^2 + 4x - 9 \Rightarrow$

$\Rightarrow 3x \geqslant -9 \Rightarrow x \geqslant -3$

Portanto: $S_{(II)} = \{x \in \mathbb{R} \mid x \geqslant -3\}$

Agora, faremos a intersecção das soluções de cada uma das inequações:

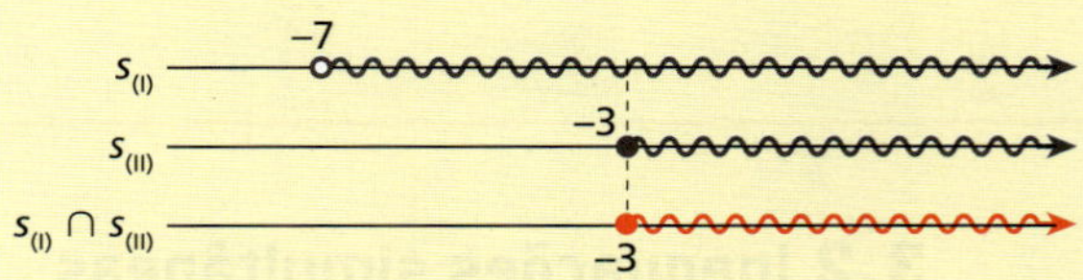

Logo, o conjunto solução do sistema é:

$S = \{x \in \mathbb{R} \mid x \geqslant -3\}$ ou $S = [-3, \infty[$

50. Resolva, em $\mathbb{R}$, os sistemas de inequações.

a) $\begin{cases} x + 3 \geqslant 0 \\ 4x - 7 \leqslant x - 4 \end{cases}$

b) $\begin{cases} -8 - x > 3(1 - 4x) \\ 3x - 5 \leqslant 6 - 3x \end{cases}$

3.3 Identificação do domínio de uma função por meio de inequações

Como já vimos, algumas funções reais não têm como domínio o conjunto $\mathbb{R}$. Pela natureza de suas leis, essas funções apresentam restrição de valores, tendo como domínio um subconjunto de $\mathbb{R}$ (distinto de $\mathbb{R}$).

Para determinar o domínio de algumas dessas funções, podemos utilizar o estudo que fizemos das inequações.

Exemplo

Observe como determinamos o domínio da função dada pela lei $y = \sqrt{x - \frac{5}{6}}$.

Como o radicando de raízes de índice par não pode ser negativo, ou seja, é positivo ou nulo, devemos ter: $x - \frac{5}{6} \geqslant 0 \Rightarrow x \geqslant \frac{5}{6}$

Logo: $D = \left\{x \in \mathbb{R} \mid x \geqslant \frac{5}{6}\right\}$

Observação:

Caso o índice da raiz seja ímpar, não há restrições quanto ao sinal do radicando. Por exemplo, o domínio da função dada por $f(x) = \sqrt[3]{x}$ é: $D(f) = \mathbb{R}$

3.4 Visão do especialista

Exercícios

R11. Encontrar o domínio da função $y = \sqrt{\frac{2x - 2}{x - 7}}$.

➤ Resolução

Como o denominador de expressões fracionárias não pode ser zero, devemos ter:

$$\frac{\overbrace{2x - 2}^{f(x)}}{\underbrace{x - 7}_{g(x)}} \geqslant 0 \text{ e } x - 7 \neq 0$$

Inicialmente, vamos resolver a inequação-quociente.

Sinal de f

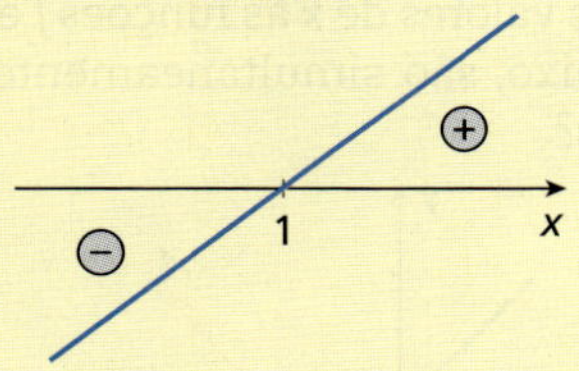

Sinal de g

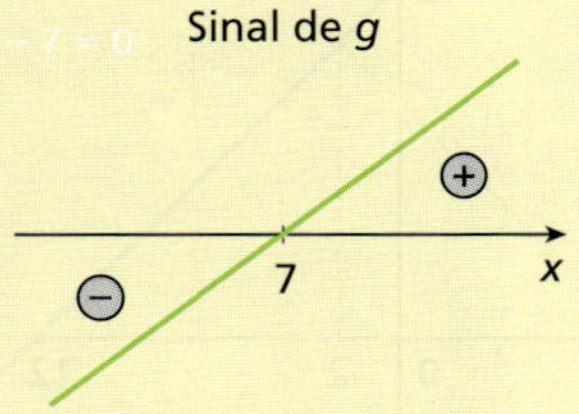

Quadro de sinais

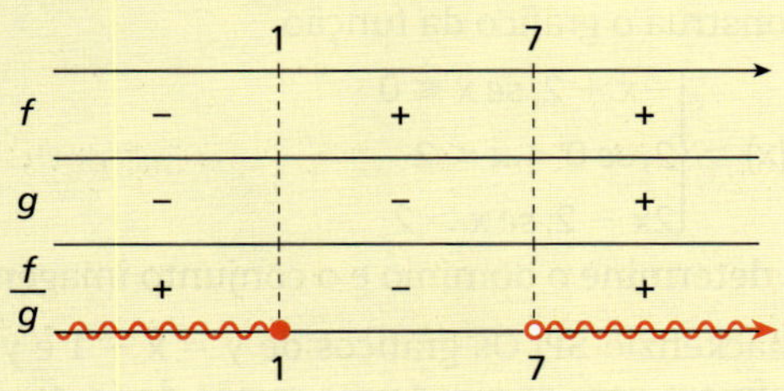

Para obter o domínio da função, temos de excluir o valor de x que anula o denominador, ou seja, excluímos o 7, pois, para x = 7, temos: $x - 7 = 0$

Logo: $D = \{x \in \mathbb{R} \mid x \leqslant 1 \text{ ou } x > 7\}$

51. Determine o domínio das funções dadas pelas leis a seguir.

a) $f(x) = \sqrt{2x + 1}$

b) $h(x) = \frac{-2x + 3}{\sqrt{1 - x}}$

c) $g(x) = \frac{x}{x + 1}$

52. Determine o domínio das funções dadas pelas leis a seguir.

a) $f(x) = \frac{\sqrt{8 - x}}{4x + 12}$

b) $g(x) = \sqrt{x + 10} \cdot \sqrt{2x - 6}$

c) $h(x) = \sqrt{(x + 10) \cdot (2x - 6)}$

d) $i(x) = \frac{\sqrt{16 - 4x}}{\sqrt{12 - x}}$

e) $j(x) = \sqrt{\frac{16 - 4x}{12 - x}}$

53. Escreva uma inequação cuja solução seja cada um dos seguintes intervalos:

a) 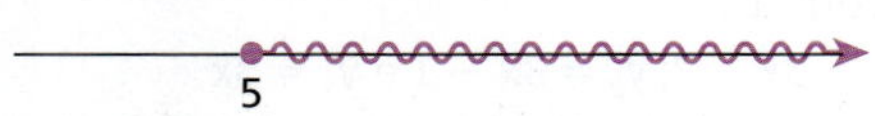

b) 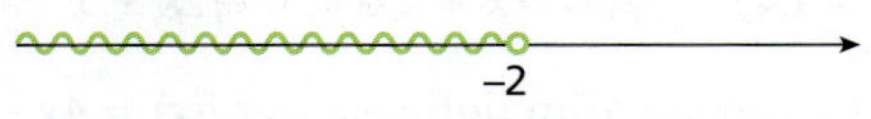

54. Dadas as funções $f(x) = \sqrt{x}$ e $g(x) = x - 2$, encontre o domínio das funções compostas $f \circ g$ e $g \circ f$.

Ficha de revisão

1. Determine o valor de k real para que as funções a seguir sejam constantes.

a) $f(x) = (k^2 - 49)x - 3$

b) $f(x) = -\sqrt{2} + (k^3 + 1)x$

2. Dadas as funções de $\mathbb{R}$ em $\mathbb{R}$, identifique as que são afins, coloque-as na forma $f(x) = ax + b$ e determine os números reais a e b.

a) $y = 5(x - 1) - 4(x - 3)$

b) $y = \dfrac{1}{x}$

c) $f(x) = 2\sqrt{x} - 1$

d) $f(x) = \dfrac{3-x}{4}$

e) $y = x^4 + x^3 + x^2 + x + \dfrac{1}{2}$

3. Dada a função f definida de $\mathbb{R}$ em $\mathbb{R}$ por $f(x) = 3 - 5x$, responda às perguntas.

a) A função dada é crescente ou decrescente?

b) Qual é o ponto de intersecção do gráfico de f com o eixo x? E com o eixo y?

c) Qual é o zero da função?

d) Quais são o domínio e a imagem da função?

e) Qual é ponto de intersecção do gráfico de f com o da função $g(x) = 2x - 4$?

4. Determine $k \in \mathbb{R}$ de modo que a função $y = (k - 1)x + 3$ seja crescente.

5. Dada a função f de $A = \{0, 1, 2\}$ em $B = \{-2, -1, 0, 1, 2\}$, definida por $f(x) = x$, qual é o conjunto imagem de f?

6. Considere a função $f(x) = \dfrac{3x - 4}{7}$, definida de $\mathbb{R}$ em $\mathbb{R}$. Qual elemento de seu domínio tem $\dfrac{2}{3}$ como imagem?

7. Sendo $f(x) = \dfrac{2}{3}x - \dfrac{1}{3}$, $p = 10^8$ e $q = 10^{10}$, determine o valor de

$$\frac{f(p) - f(q)}{q - p}$$

8. Faça, num mesmo plano cartesiano, um esboço dos gráficos das funções afins dadas em cada item. A seguir, analise o que essas funções têm em comum.

a) $y_1 = 3x - 2$, $y_2 = 3x - 1$ e $y_3 = 3x$

b) $y_1 = 2x + 1$, $y_2 = -x + 1$ e $y_3 = -2x + 1$

9. Seja f a função afim definida por $f(x) = 4x - 5$. Determine os valores do domínio dessa função que produzem imagem no intervalo $[-3, 3]$.

Sugestão: Construa o gráfico da função.

10. Dada a função $f(x) = -2x + 3$, definida em $A = [-2, 4[$, determine sua imagem. A seguir, construa seu gráfico.

11. Determine uma função afim cujo gráfico passa pelos pontos $\left(-1, \dfrac{4}{3}\right)$ e $\left(-2, -\dfrac{5}{3}\right)$.

12. Determine a lei de formação da função cujo gráfico é:

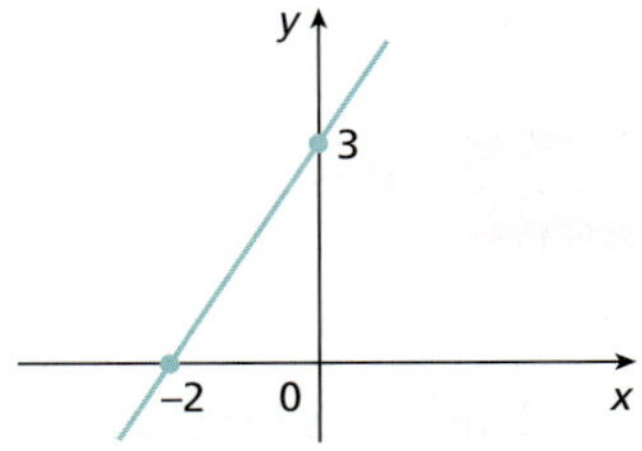

- O gráfico dessa função intercepta o gráfico da função afim $g(x) = 2x$?

13. Os pontos de intersecção das retas que representam as funções afins f, g e h determinam os vértices de um triângulo.

a) Quais são os vértices desse triângulo, se $f(x) = -x + 3$, $g(x) = x - 3$ e $h(x) = 3$?

b) Construa os gráficos dessas funções num mesmo plano cartesiano.

c) Classifique as funções f, g e h em crescente, decrescente ou constante.

14. Para quais valores de x as funções f e g, representadas abaixo, são simultaneamente positivas e não nulas?

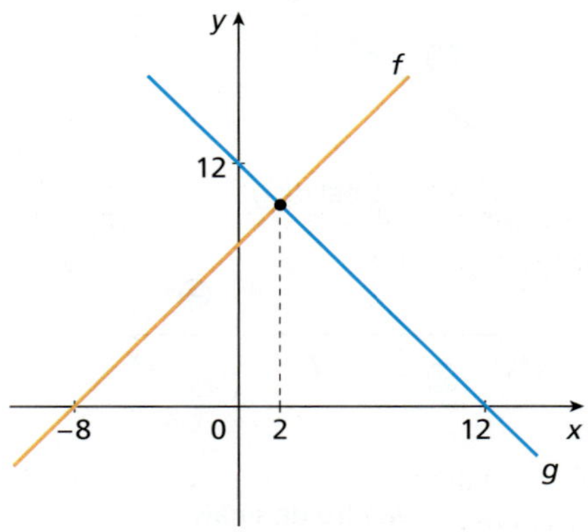

15. Construa o gráfico da função

$$f(x) = \begin{cases} -x + 2, \text{ se } x \leq 0 \\ 2, \text{ se } 0 < x \leq 2 \\ 2x - 2, \text{ se } x > 2 \end{cases}$$

e determine o domínio e o conjunto imagem.

16. (Mackenzie-SP) Os gráficos de $y = x - 1$ e $y = 2$ definem com os eixos uma região de área:

a) 6 b) $\dfrac{5}{2}$ c) 4 d) 3 e) $\dfrac{7}{2}$

17. Determine o domínio de cada uma das funções.

a) $f(x) = \sqrt{x - 1} + \sqrt[4]{x}$

b) $g(x) = \sqrt{3x - 1} \cdot \sqrt{2x - 1}$

c) $h(x) = \sqrt[3]{x^2 + 1} \cdot \sqrt{-x - 1}$

d) $i(x) = \sqrt[4]{x - 3} - \sqrt{-2x + 1}$

18. (FGV) O maior número inteiro que satisfaz a inequação $\frac{5}{x - 3} > 3$ é:

a) um múltiplo de 2.

b) um múltiplo de 5.

c) um número primo.

d) divisível por 3.

e) divisível por 7.

19. (PUC-SP) Quantos números inteiros e estritamente positivos satisfazem a sentença $\frac{1}{x - 20} \leqslant \frac{1}{12 - x}$?

a) dezesseis

b) quinze

c) quatorze

d) treze

e) menos que treze

20. Determine as coordenadas do ponto P.

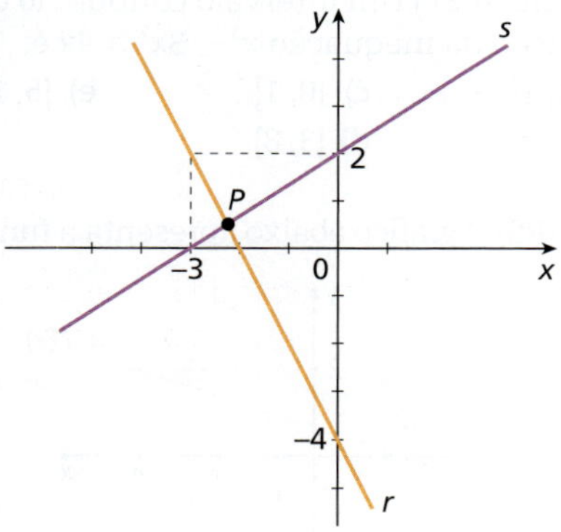

21. (UFMG) A função contínua $y = f(x)$ está definida no intervalo $[-4, 8]$ conforme indicado abaixo, sendo a e b números reais.

$$f(x) = \begin{cases} x + 6, \text{ se } -4 \leqslant x \leqslant 0 \\ ax + b, \text{ se } 0 < x < 4 \\ 2x - 10, \text{ se } 4 \leqslant x \leqslant 8 \end{cases}$$

Calcule os valores de a e b e esboce o gráfico da função no plano cartesiano.

22. Combustível. A quantia y que uma pessoa gasta para abastecer seu carro depende da quantidade x de litros colocados no tanque do veículo. Isso quer dizer que o gasto, em reais, é uma função do número de litros colocados. Supondo que em um determinado posto o litro de gasolina custe R$ 2,20, escreva a lei de formação dessa função.

23. Lupa. Ao usar lupas (ou lentes de aumento) podemos ver detalhes de objetos pequenos.

STEPHEN SNYDER/SHUTTERSTOCK

Por exemplo, podemos utilizar uma lupa para enxergar melhor uma formiga. O interessante é que o comprimento virtual (ou aparente) da formiga aumenta numa proporção característica, de acordo com os dados da tabela:

Aumento da lente	10 ×	25 ×	50 ×
Comprimento virtual	12 mm	30 mm	60 mm

- Se o aumento da lente for de 70 ×, qual será o comprimento virtual da formiga?

24. Lazer. O preço do ingresso de uma peça de teatro é R$ 50,00, e o custo da apresentação de uma sessão é R$ 5.000,00.

Supondo que não haja ingressos promocionais, responda às perguntas.

a) Qual expressão relaciona o faturamento por sessão desse teatro com o número de ingressos vendidos?

b) Qual deve ser o número mínimo de pagantes para que uma apresentação não gere prejuízo?

c) Considerando quatro apresentações semanais, qual deve ser o número mínimo de frequentadores por semana para que não haja prejuízo?

d) Qual é o lucro máximo por sessão, sabendo que o teatro tem 180 lugares?

25. Correio. O número de funcionários necessários para distribuir contas de luz, em um dia, para x por cento de moradores de determinada cidade é dado por $f(x) = \frac{300x}{150 - x}$. Determine a porcentagem de moradores que receberam a conta de luz num dia em que foram utilizados 75 funcionários para esse fim.

26. Termômetro. William Thomson (1824-1907), também conhecido como lorde Kelvin, verificou que, ao estudar os gases, mantendo-se a pressão constante, todos eles (na faixa em que podemos considerá-los gases ideais) se dilatam numa mesma proporção em relação ao volume inicial.

HULTON – DEUTSCH COLLECTION / CORBIS / LATINSTOCK

Lorde Kelvin desenvolveu importantes estudos de termodinâmica.

Para realizar esse experimento, basta colocar um gás num tubo longo de vidro de 1 mm^2 de secção (área), tamponado por uma gota de mercúrio (a gota serve para o gás não escapar e para marcar seu volume a partir da altura). Quando o tubo é aquecido ou resfriado, pode-se perceber a gota de mercúrio subindo ou descendo. Observe a figura:

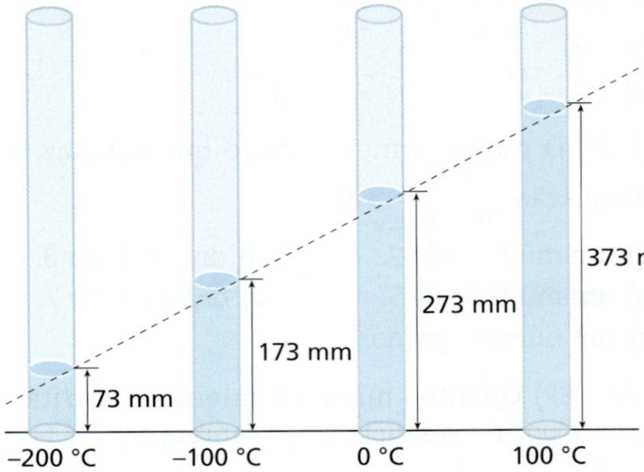

- Para qual temperatura o volume do gás será zero?

Questões de vestibular

3.5 Visão do especialista

1. (Vunesp) Apresentamos a seguir o gráfico do volume do álcool em função de sua massa, a uma temperatura fixa de 0 °C.

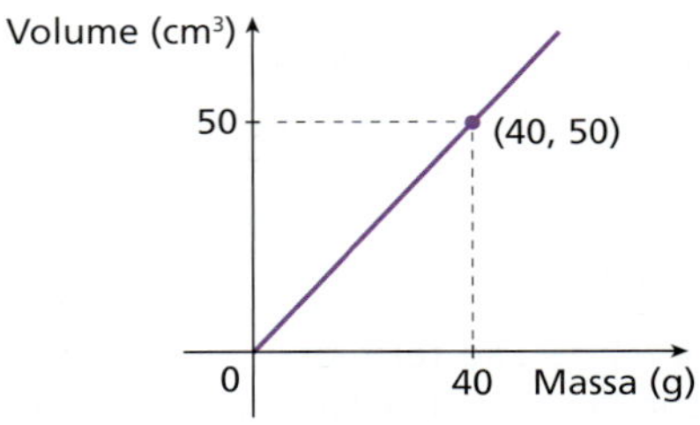

Baseado nos dados do gráfico, determine:

a) a lei da função apresentada no gráfico.

b) qual é a massa (em grama) de 30 cm^3 de álcool.

2. (Fuvest-SP) Seja f a função que associa a cada número real x o menor dos números $x + 3$ e $-x + 5$. Assim, o valor máximo de $f(x)$ é:

a) 1 b) 2 c) 4 d) 6 e) 7

3. (Unifor-CE) Celso e Plínio são eletricistas e, por hora de trabalho, Celso cobra R$ 4,00 a mais do que Plínio. Considerando que, certo dia, ambos trabalharam juntos em um mesmo local por um período de 6 horas e lhes foi pago o total de R$ 240,00 pelo serviço feito, é correto afirmar que:

a) Celso cobra R$ 24,00 por hora de trabalho.

b) Plínio cobra R$ 16,00 por hora de trabalho.

c) Celso recebeu R$ 26,00 a mais do que Plínio.

d) a parte que coube a Plínio foi R$ 108,00.

e) a parte que coube a Celso foi R$ 134,00.

4. (Mackenzie-SP) Um intervalo contido no conjunto solução da inequação $x^3 - 3x^2 \geq 4x$ é:

a) $[-1, 1]$ c) $[0, 1]$ e) $[5, 10]$

b) $[-3, -1]$ d) $[3, 8]$

5. (UFPel-RS) O gráfico abaixo apresenta a função $f(x)$.

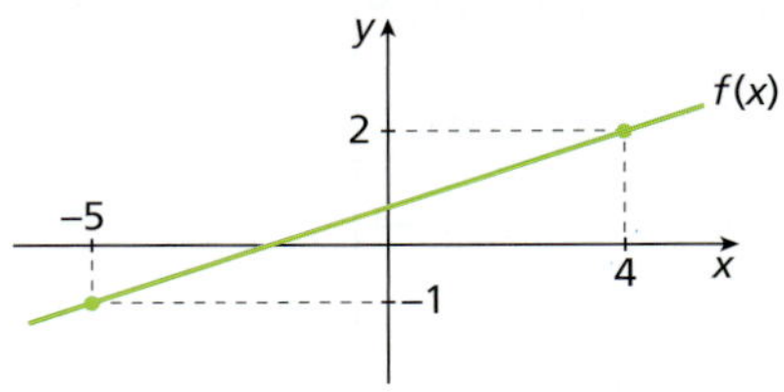

Construindo no mesmo plano cartesiano as retas que representam as funções $f(x)$ e $f^{-1}(x)$, é correto afirmar que o ponto de intersecção dessas retas é:

a) $(-2, 0)$ c) $(1, 1)$ e) $(2, 2)$

b) $(0, 1)$ d) $(5, 5)$ f) I.R.

6. (UFSCar-SP) O gráfico esboçado representa o peso médio, em quilograma, de um animal de determinada espécie em função do tempo t de vida, em meses.

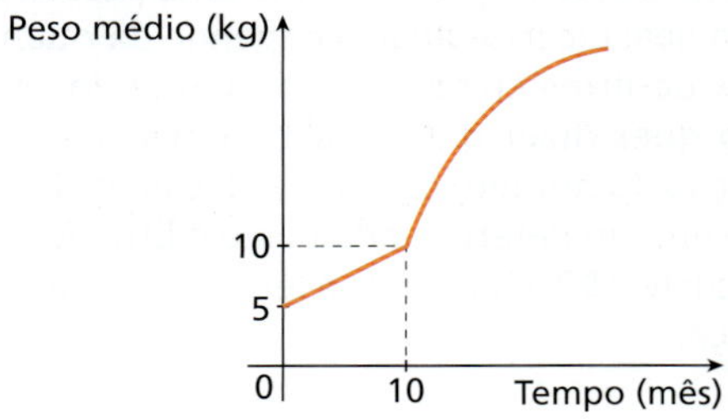

Para $0 \leqslant t \leqslant 10$ o gráfico é um segmento de reta.

a) Determine a expressão da função cujo gráfico é esse segmento de reta e calcule o peso médio do animal com 6 meses de vida.

b) Para $t \geqslant 10$ meses a expressão da função que representa o peso médio do animal, em quilograma, é $P(t) = \dfrac{120t - 1.000}{t + 10}$. Determine o intervalo de tempo t para o qual $10 < P(t) \leqslant 70$.

3.6 Visão do especialista

7. (Mackenzie-SP) O número de soluções inteiras da inequação $\dfrac{x - 5}{x} \leqslant \dfrac{5 - x}{5}$, no intervalo [–7, 5], é:

a) 9 b) 5 c) 8 d) 6 e) 7

8. (Unicamp-SP) O custo de uma corrida de táxi é constituído por um valor inicial Q_0, fixo, mais um valor que varia proporcionalmente à distância D percorrida nessa corrida. Sabe-se que, em uma corrida na qual foram percorridos 3,6 km, a quantia cobrada foi de R$ 8,25, e que em outra corrida, de 2,8 km, a quantia cobrada foi de R$ 7,25.

a) Calcule o valor inicial Q_0.

b) Se, em um dia de trabalho, um taxista arrecadou R$ 75,00 em 10 corridas, quantos quilômetros seu carro percorreu naquele dia?

9. (Fuvest-SP) Três cidades A, B e C situam-se ao longo de uma estrada reta; B situa-se entre A e C e a distância de B a C é igual a dois terços da distância de A a B. Um encontro foi marcado por 3 moradores, um de cada cidade, em um ponto P da estrada, localizado entre as cidades B e C e à distância de 210 km de A. Sabendo-se que P está 20 km mais próximo de C do que de B, determinar a distância que o morador de B deverá percorrer até o ponto de encontro.

10. (Vunesp) Como resultado de uma pesquisa sobre a relação entre o comprimento do pé de uma pessoa, em centímetro, e o número (tamanho) do calçado brasileiro, Carla obteve uma fórmula que dá, em média, o número inteiro n (tamanho do calçado) em função do comprimento c do pé, em cm. Pela fórmula, tem-se $n = [x]$, onde $x = \dfrac{5}{4}c + 7$ e $[x]$ indica o menor inteiro maior ou igual a x. Por exemplo, se $c = 9$ cm, então $x = 18{,}25$ e $n = [18{,}25] = 19$. Com base nessa fórmula:

a) determine o número do calçado correspondente a um pé cujo comprimento é 22 cm.

b) se o comprimento do pé de uma pessoa é $c = 24$ cm, então ela calça 37. Se $c > 24$ cm, essa pessoa calça 38 ou mais. Determine o maior comprimento possível, em cm, que pode ter o pé de uma pessoa que calça 38.

11. (Mackenzie-SP) Uma escola paga, pelo aluguel anual do ginásio de esportes de um clube A, uma taxa fixa de R$ 1.000,00 e mais R$ 50,00 por aluno. Um clube B cobraria pelo aluguel anual de um ginásio equivalente uma taxa fixa de R$ 1.900,00, mais R$ 45,00 por aluno. Para que o clube B seja mais vantajoso economicamente para a escola, o menor número N de alunos que a escola deve ter é tal que:

a) $100 \leqslant N < 150$
b) $75 \leqslant N < 100$
c) $190 \leqslant N < 220$
d) $150 \leqslant N < 190$
e) $220 \leqslant N < 250$

12. (UFSCar-SP) No dia do pagamento, Rita e Luís compraram, cada um, x CDs e y DVDs em uma loja ($x \neq 0$ e $y \neq 0$). Cada CD comprado por Rita custou R$ 20,00, e cada DVD comprado por ela custou R$ 30,00. Cada CD comprado por Luís custou R$ 15,00 e cada DVD custou P reais ($P \neq 0$). Sabe-se que essa foi a única compra que Rita e Luís fizeram na loja, gastando R$ 150,00 e Q reais ($Q \neq 0$), respectivamente.

a) Determine o par ordenado (x, y) da solução do problema quando $x \neq y$.

b) Se o preço de cada DVD comprado por Luís corresponde a 20% do seu gasto total na loja, determine P e Q quando a solução do problema é $x = y$.

13. (Fuvest-SP) Um estacionamento cobra R$ 6,00 pela primeira hora de uso, R$ 3,00 por hora adicional e tem uma despesa diária de R$ 320,00. Considere-se um dia em que sejam cobradas, no total, 80 horas de estacionamento. O número mínimo de usuários necessário para que o estacionamento obtenha lucro nesse dia é:

3.7 Visão do especialista

a) 25 b) 26 c) 27 d) 28 e) 29

14. (FGV) O maior número inteiro que satisfaz a inequação $\dfrac{5}{x - 3} > 3$ é:

a) um múltiplo de 2.
b) um múltiplo de 5.
c) um número primo.
d) divisível por 3.
e) divisível por 7.

15. (Mackenzie-SP) Se $f(x) = \dfrac{3x - 2}{4x - 3}$, $x \neq \dfrac{3}{4}$, tem-se $f(x) \geqslant f(1)$ para:

a) $-2 < x < -1$
b) $-3 \leqslant x < -2$
c) $-1 \leqslant x < \dfrac{3}{4}$
d) $x > 1$
e) $\dfrac{3}{4} < x \leqslant 1$

Capítulo 4

Função quadrática

AGE/EASYPIX BRASIL

Objetivos do capítulo:

- ✔ Identificar uma função quadrática.
- ✔ Resolver situações-problema que envolvam funções quadráticas.
- ✔ Analisar o gráfico de uma função quadrática.
- ✔ Resolver inequações do 2º grau.

Queda livre é o movimento na vertical que um corpo, solto a partir do repouso, sofre pela ação da gravidade, desprezando-se a resistência do ar. Um paraquedista, conhecendo seu tempo de queda livre – isto é, do momento em que salta da aeronave até o momento em que abre o paraquedas –, pode determinar a distância (Δs) em função do período de tempo (t) que percorreu por meio de uma função quadrática.

1 Função quadrática

1.1 Definição de função quadrática

Na situação apresentada na abertura, vimos um paraquedista em queda livre momentos antes de abrir o paraquedas. Queda livre é o movimento na direção vertical que um corpo, solto a partir do repouso, sofre pela ação da gravidade, desconsiderando-se a resistência do ar. Para garantir um salto seguro, o paraquedista pode calcular seu tempo de queda livre, ou seja, o tempo de que dispõe do momento em que salta da aeronave até a abertura do paraquedas. Esse cálculo pode ser feito por meio de uma função quadrática.

Veja: a distância percorrida Δs (em metro) pelo paraquedista em queda livre, depois de um período de tempo t (em segundo), pode ser modelada pela função $\Delta s(t) = \frac{1}{2}gt^2$. A constante g corresponde à aceleração da gravidade, que, nas proximidades da superfície da Terra, mede aproximadamente 9,8 m/s^2.

Assim: $\Delta s(t) = 4{,}9t^2$

Essa sentença é um exemplo de lei de formação de uma função quadrática.

- Uma função $f: \mathbb{R} \rightarrow \mathbb{R}$ é **função quadrática** quando existem números reais a, b e c, com $a \neq 0$, tal que $f(x) = ax^2 + bx + c$, para todo x real.

Na função $\Delta s(t) = 4{,}9t^2$, temos: $a = 4{,}9$, $b = 0$ e $c = 0$

Exemplos

- $f(x) = 2x^2 + 3x - 15$, em que $a = 2$, $b = 3$ e $c = -15$
- $f(x) = -\frac{x^2}{4} + 5$, em que $a = -\frac{1}{4}$, $b = 0$ e $c = 5$
- $f(x) = -x + \sqrt{2}x^2$, em que $a = \sqrt{2}$, $b = -1$ e $c = 0$

Os números reais a, b e c são os coeficientes da função quadrática.

Observação:

- $f(x) = 10^x$
- $f(x) = \sqrt{x}$
- $f(x) = x^4 + x^3 + x^2 + x$

Essas funções não são funções quadráticas, pois não são representadas na forma $f(x) = ax^2 + bx + c$, com $a \neq 0$.

1.2 Valor de uma função quadrática

Podemos determinar o valor de uma função quadrática para um valor de x, por exemplo $x = x_0$, fazendo $f(x_0) = a(x_0)^2 + bx_0 + c$.

Exemplo

Dada a função quadrática $g(x) = 5x - x^2$, vamos calcular $g\left(\frac{1}{2}\right)$.

Nesse caso, temos $x = \frac{1}{2}$; então:

$$g\left(\frac{1}{2}\right) = 5 \cdot \frac{1}{2} - \left(\frac{1}{2}\right)^2 = \frac{5}{2} - \frac{1}{4} = \frac{10 - 1}{4} = \frac{9}{4}$$

Logo: $g\left(\frac{1}{2}\right) = \frac{9}{4}$

Assim como fizemos quando estudamos função afim, também podemos determinar a lei de formação da função quadrática. Conhecendo três valores distintos de uma função quadrática, $f(x_1)$, $f(x_2)$ e $f(x_3)$, é possível determinar os valores de seus coeficientes, obtendo, assim, sua lei.

Exemplo

Vamos determinar a lei de formação da função quadrática f, sabendo que $f(0) = 2$, $f(2) = 12$ e $f(-1) = 6$.

Sabemos que a lei de uma função quadrática é $f(x) = ax^2 + bx + c$, em que a, b e $c \in \mathbb{R}$ e $a \neq 0$.

Dessa forma:

- Se $f(0) = 2$, para $x = 0$, temos $f(x) = 2$.
  Portanto: $2 = a \cdot 0^2 + b \cdot 0 + c \Rightarrow c = 2$ (I)
- Se $f(2) = 12$, para $x = 2$, temos $f(x) = 12$.
  Portanto: $12 = a \cdot 2^2 + b \cdot 2 + c \Rightarrow 4a + 2b + c = 12$ (II)
- Se $f(-1) = 6$, para $x = -1$, temos $f(x) = 6$.
  Portanto: $6 = a \cdot (-1)^2 + b \cdot (-1) + c \Rightarrow a - b + c = 6$ (III)

Com as equações (I), (II) e (III), obtemos um sistema de três incógnitas:

$$\begin{cases} c = 2 \text{ (I)} \\ 4a + 2b + c = 12 \text{ (II)} \\ a - b + c = 6 \text{ (III)} \end{cases}$$

Pela equação (I), temos $c = 2$.

Para determinar os valores de a e b, basta resolvermos o sistema formado pelas equações (II) e (III), substituindo c por 2:

$$\begin{cases} 4a + 2b + c = 12 \\ a - b + c = 6 \end{cases}$$

$$\begin{cases} 4a + 2b + 2 = 12 \\ a - b + 2 = 6 \end{cases}$$

$$\begin{cases} 4a + 2b = 10 \\ a - b = 4 \end{cases}$$

Pelo método da adição, temos:

$$\begin{cases} 4a + 2b = 10 \\ a - b = 4 \end{cases} \Rightarrow \begin{cases} 4a + 2b = 10 \\ 2a - 2b = 8 \end{cases}$$

$$6a + 0 = 18 \Rightarrow a = 3$$

Substituindo a por 3 em $a - b = 4$, temos:

$3 - b = 4 \Rightarrow -b = 4 - 3 \Rightarrow -b = 1 \Rightarrow b = -1$

Agora, para escrever a lei de formação da função quadrática, substituímos os valores encontrados ($a = 3$, $b = -1$ e $c = 2$) na lei $f(x) = ax^2 + bx + c$.

Assim, a lei de formação dessa função é: $f(x) = 3x^2 - x + 2$

Exercícios

1. Identifique a seguir quais são as funções quadráticas e, nesses casos, determine o valor dos coeficientes a, b e c, considerando a lei de formação $ax^2 + bx + c$.

a) $g(x) = x^2 - x$

b) $h(x) = x^2 + \sqrt{7}$

c) $i(x) = \sqrt[3]{x} - 2$

d) $j(x) = (x - 3)^2$

e) $l(x) = \dfrac{x^3 + 2x^2 - 4x - 8}{-2}$

f) $m(x) = (x - 20)^3$

R1. Dada a função quadrática $g(x) = \dfrac{1}{2} + \dfrac{x}{3} + x^2$, calcular:

a) $g(\sqrt{2})$

b) x tal que $g(x) = \dfrac{1}{2}$

Resolução

a) $g(\sqrt{2}) = \dfrac{1}{2} + \dfrac{\sqrt{2}}{3} + (\sqrt{2})^2 = \dfrac{5}{2} + \dfrac{\sqrt{2}}{3}$

Portanto: $g(\sqrt{2}) = \dfrac{15 + 2\sqrt{2}}{6}$

b) $\frac{1}{2} + \frac{x}{3} + x^2 = \frac{1}{2}$

$\frac{x}{3} + x^2 = 0$

$x\left(\frac{1}{3} + x\right) = 0$

$x = 0$ ou $\frac{1}{3} + x = 0$

$x = 0$ ou $x = -\frac{1}{3}$

2. Dada a função $f(x) = x^2 + 3x - 10$, calcule:

a) $f(0)$
b) $f(-1)$
c) $f(2)$
d) x tal que $f(x) = 0$
e) x tal que $f(x) = -6$

3. Dada a função $f(x) = -x^2 + 5x + 6$, calcule:

a) $f(-1)$
b) $f(\sqrt{2})$
c) $f\left(-\frac{4}{5}\right)$
d) x tal que $f(x) = 0$
e) x tal que $f(x) = 20$

4. Dada a função $f(x) = x^2 + 2x - 3$, calcule x tal que:

a) $f(x) = 0$
b) $f(x) = 5$
c) $f(x) = -3$
d) $f(x) = -4$
e) $f(x) = -5$

5. Física. Observe a foto de uma gota de água em queda livre. Nesta foto, foi utilizado um método que permite visualizar as posições da gota em queda de acordo com a variação do tempo. A lei que relaciona a posição (em metro) do objeto em função do tempo (em segundo) é $s(t) = 4{,}9 \cdot t^2$. Calcule a posição s da gota para $t = 1$ s, $t = 2$ s e $t = 3$ s.

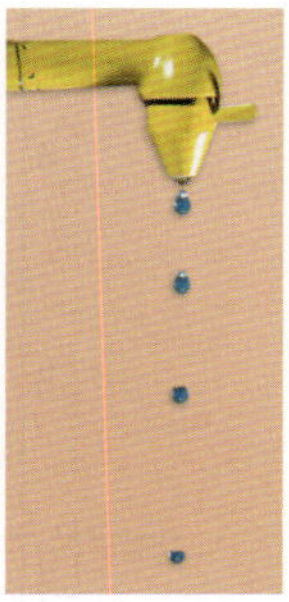
EDUARDO SANTALIESTRA/CID

6. Determine a lei de formação da função quadrática g, sabendo que $g(1) = 3$, $g(-1) = 1$ e $g(4) = 21$.

7. Sabendo que f é uma função quadrática tal que $f(0) = -4$, $f(3) = 8$ e $f(-2) = 4$, obtenha o valor de $f(-3)$.

8. Que valores reais de p tornam as funções f e g quadráticas?

a) $f(x) = (2p - 3)x^2 + 7xp + 2$
b) $g(x) = [(3p + 5)(p + 7)]x^2 + 3x + 11$

9. Para que valores reais de p a função $f(x) = [(p - 3)(p + 5)]x^2 - 4x + 8$ é quadrática?

R2. Projeto. Uma peça metálica é construída conforme o molde de um setor circular.

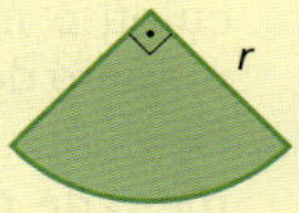

a) Escrever a lei que relaciona o raio desse setor e a área da figura.

b) Considerando $\pi = 3{,}14$, determinar o raio para que a área da peça seja igual a 25 cm^2.

Resolução

a) O molde da peça metálica, ou seja, o setor circular, corresponde a $\frac{1}{4}$ do círculo.

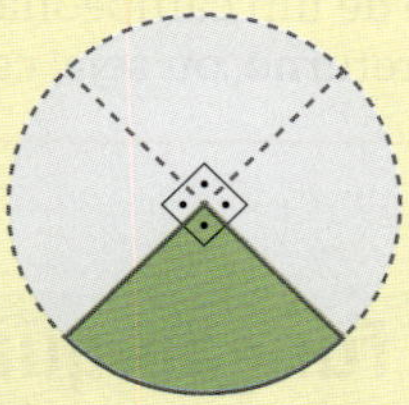

Sabendo que a área do círculo é πr^2, sendo r seu raio, então a área do setor circular é: $A(r) = \frac{\pi r^2}{4}$

b) Para que a área da peça seja igual a 25 cm^2, fazemos $A(r) = 25$; então:

$A(r) = 25 \Rightarrow \frac{\pi r^2}{4} = 25 \Rightarrow r^2 = \frac{25 \cdot 4}{3{,}14} \Rightarrow$

$\Rightarrow r^2 \simeq 31{,}85 \Rightarrow r \simeq 5{,}64$

Logo, o raio do setor circular é aproximadamente 5,64 cm.

10. Arquitetura. Uma piscina retangular foi planejada conforme a figura a seguir. A área A do piso em volta dessa piscina depende da medida x escolhida.

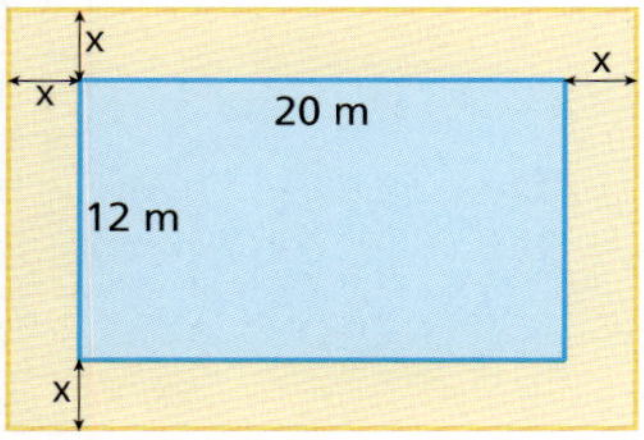

a) Qual é a lei de formação que expressa a área desse piso em função de x?

b) Calcule a área A, em metro quadrado, para x igual a 3 m.

11. Comunicação. Um grupo de estudo formou uma lista de discussão pela internet. O combinado foi que, depois de cada aula, os integrantes trocariam e-mails com as conclusões individuais sobre a aula e mandariam para todos os integrantes da lista.
Todos cumpriram o combinado.

a) Se o grupo fosse formado por 2 pessoas, quantas mensagens seriam enviadas após uma aula? E se o grupo fosse formado por 3 pessoas, quantas mensagens seriam enviadas? E se fossem 4 pessoas? E se fossem 10?

b) Faça uma tabela e mostre como você calculou o número de mensagens para cada número de pessoas.

c) Descubra a expressão que determina o número de mensagens em função do número de pessoas do grupo.

d) Calcule o número de integrantes do grupo sabendo que foram enviadas 132 mensagens após uma aula.

12. Alguns algarismos de 1 a 9 foram agrupados dois a dois, totalizando 12 números de dois algarismos distintos. Quantos algarismos foram escolhidos?

13. Esporte. Em certa fase de um campeonato, os times jogaram turno e returno, ou seja, cada time jogou duas vezes com cada um dos outros times: uma partida no próprio campo e outra no campo do adversário. Sabendo que nessa fase houve 56 jogos, quantos eram os times?

14. Contagem. No primeiro dia de aula, depois das férias de julho, todos os alunos de uma turma se cumprimentaram com um abraço. Ao todo foram 276 cumprimentos. Quantos alunos estavam na classe nesse dia? Que expressão fornece o número total de cumprimentos em função do número de alunos presentes?

15. Geometria. Que sentença determina o número d de diagonais de um polígono convexo de n lados?

2 Gráfico da função quadrática

2.1 Parábola

Quando começamos a estudar funções, vimos que, para construir o gráfico de uma função, usamos o sistema de coordenadas cartesianas. Representamos todos os pontos do plano cartesiano pelos pares ordenados (x, y) que tenham x pertencente ao domínio da função e y pertencente à imagem.

Vamos construir o gráfico da função quadrática $h(x) = x^2 - 4x + 3$.

x	$h(x)$
−1	8
0	3
1	0
2	−1
3	0
4	3
5	8

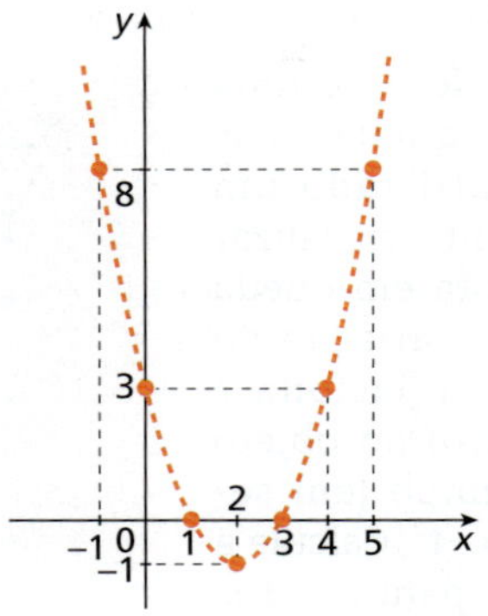

Observe que todos os pontos obtidos até aqui fazem parte de uma mesma curva. Quanto mais pares ordenados determinarmos, mais próximo dessa curva o gráfico estará.

O gráfico de uma função quadrática é uma **parábola**. Esse fato permite afirmar que o gráfico da função $h(x) = x^2 - 4x + 3$ é:

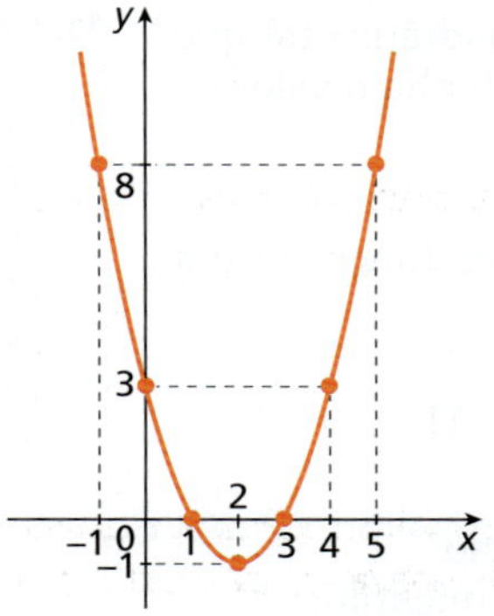

Observe outros exemplos de gráficos de funções quadráticas:

- $f(x) = x^2 - 9$

x	$y = f(x)$
0	−9
1	−8
3	0
−1	−8
−3	0

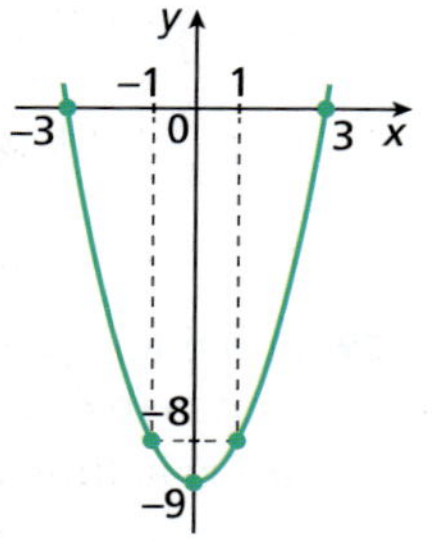

- $g(x) = -x^2 + 8x - 12$

x	$y = g(x)$
1	−5
2	0
4	4
6	0
7	−5

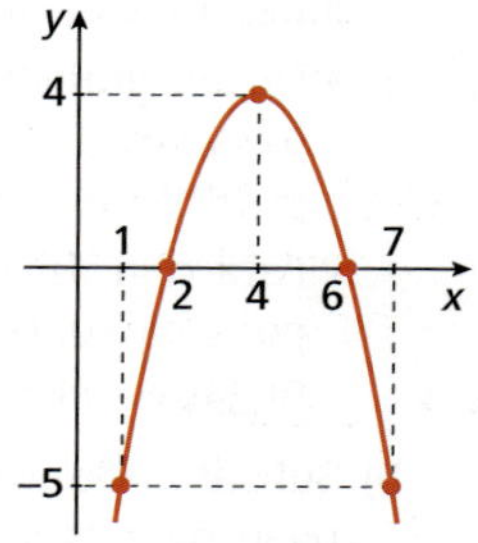

Concavidade da parábola

Observando os exemplos anteriores, percebemos que as parábolas podem ter a abertura (concavidade) voltada para cima ou para baixo.

Nos gráficos das funções $h(x) = x^2 - 4x + 3$ e $f(x) = x^2 - 9$, as parábolas têm concavidade voltada para cima. Já no gráfico da função $g(x) = -x^2 + 8x - 12$, a concavidade da parábola é voltada para baixo.

Na prática, observamos o sinal do coeficiente a da função $f(x) = ax^2 + bx + c$ para determinar se a **concavidade** da parábola correspondente ficará voltada para cima ou para baixo.

- Se $a > 0$, a parábola tem a concavidade voltada para **cima**.
- Se $a < 0$, a parábola tem a concavidade voltada para **baixo**.

Exemplos

a) $j(x) = 2x^2 + 4$

Como $a = 2 > 0$, então a concavidade da parábola é voltada para cima.

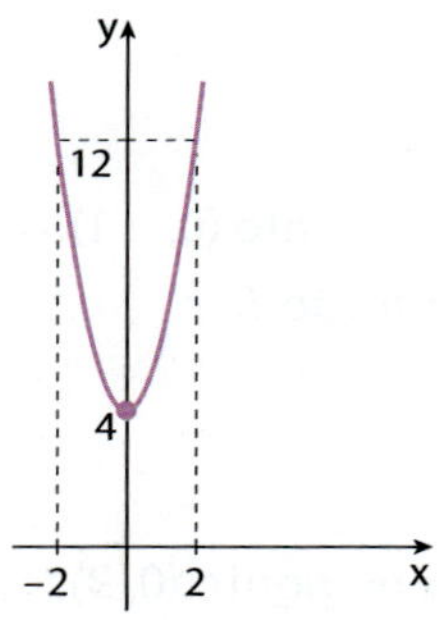

b) $h(x) = -\dfrac{1}{2}x^2 - 2x - 2$

Como $a = -\dfrac{1}{2} < 0$, então a concavidade da parábola é voltada para baixo.

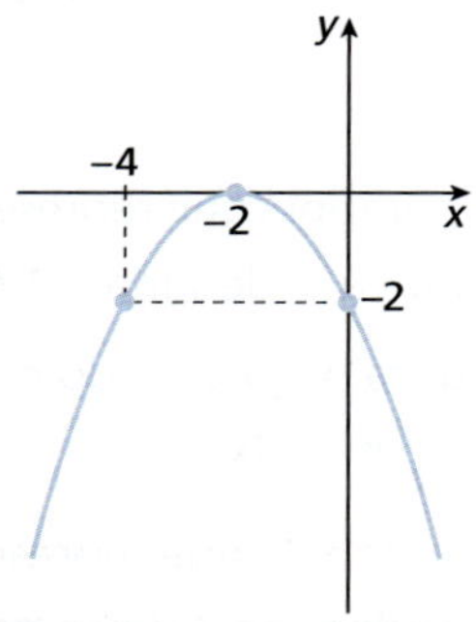

Conhecer a concavidade da parábola pode ajudar na construção do gráfico da função quadrática. A seguir, vamos estudar os elementos da parábola, como o ponto onde ela intercepta o eixo y, os zeros da função e o vértice da parábola. Com base nesses elementos, é possível construir o esboço do gráfico e analisar a função quadrática.

Exercícios

16. Analise a concavidade de cada parábola.

a) $f(x) = x^2 - 6x + 5$

b) $g(x) = -x^2 + 6x - 5$

c) $j(x) = x^2 + 2x + 2$

d) $l(x) = -x^2 - 2x - 2$

17. Considere cada função do exercício anterior, atribua valores a x e calcule a imagem correspondente. Em seguida, construa a parábola de cada função.

R3. Seja a função quadrática $f(x) = (m - 3)x^2 + 2x - m$.

a) Analisar a concavidade da parábola em função de m.

b) Existe algum valor para m de modo que o gráfico da função passe pelo ponto $(0, -3)$?

Resolução

a) A concavidade da parábola depende do sinal do coeficiente a da função.

- Para o gráfico ter a concavidade voltada para cima, o coeficiente de x^2 deve ser positivo: $m - 3 > 0 \Rightarrow m > 3$
- Para o gráfico ter a concavidade voltada para baixo, o coeficiente de x^2 deve ser negativo: $m - 3 < 0 \Rightarrow m < 3$

b) Substituindo as coordenadas do ponto $(0, -3)$ na lei da função, temos:

$-3 = (m - 3) \cdot 0 + 2 \cdot 0 - m \Rightarrow m = 3$

Mas se $m = 3$, a função f não é quadrática, pois: $a = 3 - 3 = 0$

Portanto, não existe $m \in \mathbb{R}$ tal que a parábola passe pelo ponto $(0, -3)$.

18. Analise a concavidade da parábola em função de k.

a) $f(x) = kx^2 - 2x + 10$

b) $f(x) = (2k + 4)x^2 - 2x$

c) $f(x) = \left(\dfrac{k - 5}{k + 1}\right)x^2 - 20$

19. Considere a função $f(x) = (m + 6) \cdot x^2 - 7x + 3m$, com m real. Determine m de modo que:

a) f seja função quadrática;

b) a parábola da função f tenha a concavidade voltada para cima.

20. Determine k real para que a função definida por $f(x) = (k^2 - 9) \cdot x^2 + (k + 5)x - 10$ seja uma função quadrática. Depois, analise a concavidade da parábola em função de k.

2.2 O ponto onde a parábola intercepta o eixo y

Observe o esboço do gráfico da função $f(x) = -x^2 - 1$.

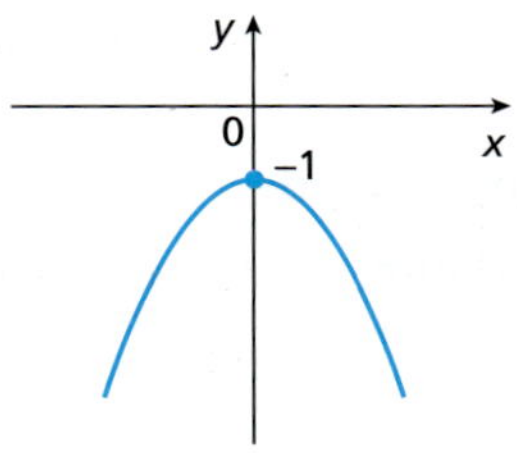

A parábola que representa a função f intercepta o eixo y no ponto $(0, -1)$. Note que a ordenada -1 desse ponto é o coeficiente c da função f.

Agora, veja ao lado o esboço do gráfico da função $g(x) = \dfrac{3}{4}x^2 - 3x + 3$.

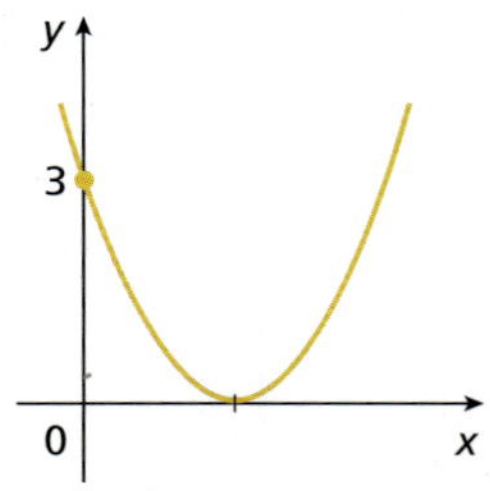

A parábola que representa a função g intercepta o eixo y no ponto $(0, 3)$. A ordenada 3 desse ponto é o coeficiente c da função g.

- Considerando uma função quadrática cuja lei é $f(x) = ax^2 + bx + c$, com $a \neq 0$, as coordenadas do ponto onde a parábola intercepta o eixo y são $(0, c)$.

2.3 Zeros da função quadrática

Já vimos que os zeros de uma função f são os números reais x para os quais temos $f(x) = 0$, ou seja, os zeros da função quadrática $f(x) = ax^2 + bx + c$ são as raízes reais da equação do 2º grau $ax^2 + bx + c = 0$.

Para determinar essas raízes, podemos utilizar a fórmula que você já conhece:

$$x = \frac{-b \pm \sqrt{\Delta}}{2a}, \text{ em que } \Delta = b^2 - 4ac$$

No gráfico, os zeros de uma função quadrática são as abscissas dos pontos onde a parábola intercepta o eixo x.

Exemplos

a) Vamos determinar os zeros da função $f(x) = x^2 - 4x + 3$ e os pontos onde a parábola intercepta o eixo x.

Para isso, vamos resolver a seguinte equação do 2º grau:

$x^2 - 4x + 3 = 0$

$\Delta = (-4)^2 - 4 \cdot 1 \cdot 3 = 16 - 12 = 4$

$x = \dfrac{-(-4) \pm \sqrt{4}}{2} = \dfrac{4 \pm 2}{2} \Rightarrow x = 3$ ou $x = 1$

Assim, os zeros da função são $x_1 = 1$ e $x_2 = 3$.

Logo, o gráfico da função intercepta o eixo x em dois pontos: (1, 0) e (3, 0)

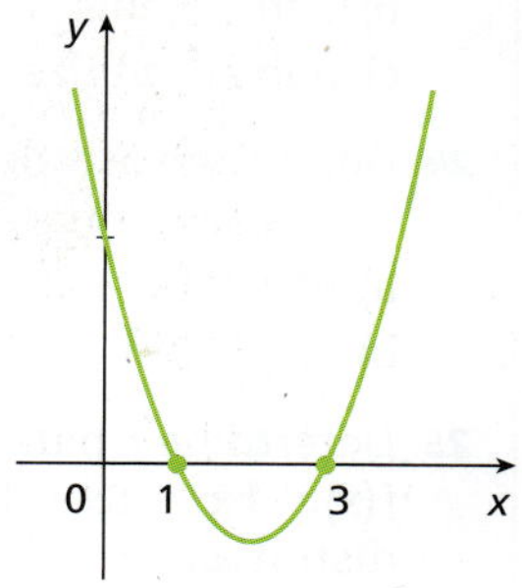

b) Vamos determinar os zeros da função $f(x) = x^2 - 4x + 4$ e os pontos onde a parábola intercepta o eixo x.

Para isso, vamos encontrar as raízes reais da equação:

$x^2 - 4x + 4 = 0$

$\Delta = (-4)^2 - 4 \cdot 1 \cdot 4 = 0$

$x = \dfrac{-(-4) \pm \sqrt{0}}{2} = \dfrac{4 \pm 0}{2} = 2 \Rightarrow x_1 = x_2 = 2$ (zero real duplo da função)

Logo, o gráfico da função intercepta o eixo x em um único ponto: (2, 0)

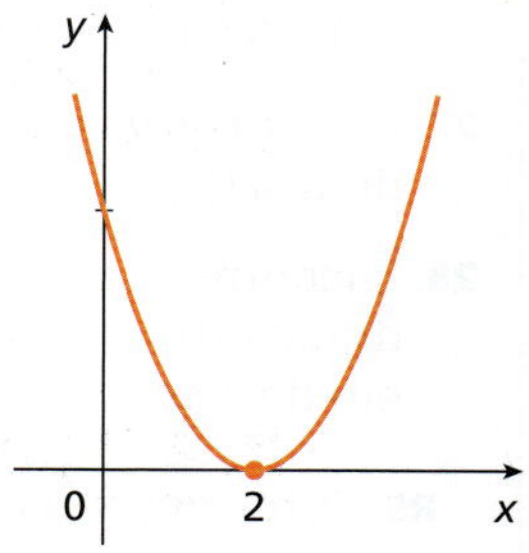

Observação:

Quando a parábola intercepta o eixo x em um único ponto, dizemos que a parábola tangencia o eixo x.

c) Vamos verificar se a função $f(x) = -x^2 + 4x - 5$ tem zeros reais e se a parábola correspondente intercepta o eixo x.

Para isso, vamos resolver a equação do 2º grau:

$-x^2 + 4x - 5 = 0$

$\Delta = (4)^2 - 4 \cdot (-1) \cdot (-5) = 16 - 20 = -4$

Como $\Delta < 0$, a equação $-x^2 + 4x - 5 = 0$ não tem raízes reais e, portanto, a função $f(x) = -x^2 + 4x - 5$ não tem zeros reais.

Logo, o gráfico da função não intercepta o eixo x.

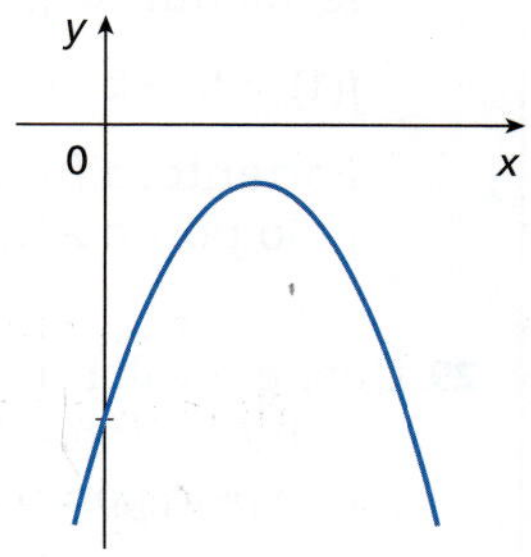

Exercícios

21. Determine o ponto onde o gráfico de cada função intercepta o eixo y.

a) $f(x) = -2x^2 + x - 1$

b) $f(x) = \dfrac{x^3}{3} - \dfrac{x}{3} + \dfrac{1}{3}$

c) $f(x) = x^2 + x$

- Conhecer o ponto onde o gráfico da função intercepta o eixo y facilita a construção do gráfico? Por quê?

22. Determine os zeros das funções.

a) $g(x) = x^2 + 3x + 2$

b) $g(x) = 2x^2 + x + 1$

c) $g(x) = -9x^2 + 6x - 1$

d) $g(x) = 5x^2 + 3x - 7$

- Conhecer os zeros da função facilita a construção do gráfico? Por quê?

R4. Considerando a função quadrática determinada por $f(x) = 2x^2 - 6x - k$, para quais valores de k a função admite dois zeros reais distintos?

➤ Resolução

Vamos calcular o discriminante da equação $2x^2 - 6x - k = 0$.

$\Delta = (-6)^2 - 4 \cdot 2 \cdot (-k) = 36 + 8k$

Para a função ter dois zeros, o discriminante deve ser positivo ($\Delta > 0$).

Então: $36 + 8k > 0 \Rightarrow k > -\dfrac{9}{2}$

23. Determine k para que a função quadrática $f(x) = 3x^2 + 6x + k$:

a) admita dois zeros reais distintos;

b) admita dois zeros reais iguais;

c) não admita zeros reais.

24. Determine os valores reais de k para que as funções a seguir não tenham zeros.

a) $h(x) = kx^2 - x + 25$

b) $h(x) = 2x^2 - 5x + k$

25. Determine k para que a função quadrática $f(x) = kx^2 - 8x - 15$ tenha dois zeros reais distintos.

26. Determine k para que o gráfico da função $f(x) = x^2 + 6x + k$ tangencie o eixo x.

27. Para quais valores de k o gráfico da função quadrática $f(x) = -x^2 + 4x + k$ não intercepta o eixo x?

28. Encontre k de modo que o gráfico da função quadrática $f(x) = -3x^2 + 10x + k$ intercepte o eixo x em dois pontos distintos.

R5. Determinar k para que o gráfico da função quadrática $f(x) = kx^2 + 2$ passe pelo ponto $A(1, 5)$.

➤ Resolução

Substituindo as coordenadas do ponto A na lei da função f, obtemos a equação:

$f(1) = 5 \Rightarrow k \cdot 1^2 + 2 = 5 \Rightarrow k = 3$

Portanto, a função quadrática que passa pelo ponto $A(1, 5)$ é: $f(x) = 3x^2 + 2$

29. Qual é o valor do coeficiente k na lei da função quadrática $f(x) = 3x^2 + kx$ para que o gráfico de f passe pelo ponto $A(2, 8)$?

30. Determine k para que o gráfico da função quadrática $f(x) = kx^2 + kx + 7$ passe pelo ponto $B(-2, 3)$.

31. Considere a função $f(x) = ax^2 + bx + 3$.

Encontre os valores de a e b para cada caso.

a) 1 e 3 são os zeros da função.

b) -1 e -3 são os zeros da função.

R6. Determinar a lei da função quadrática com base no seguinte gráfico:

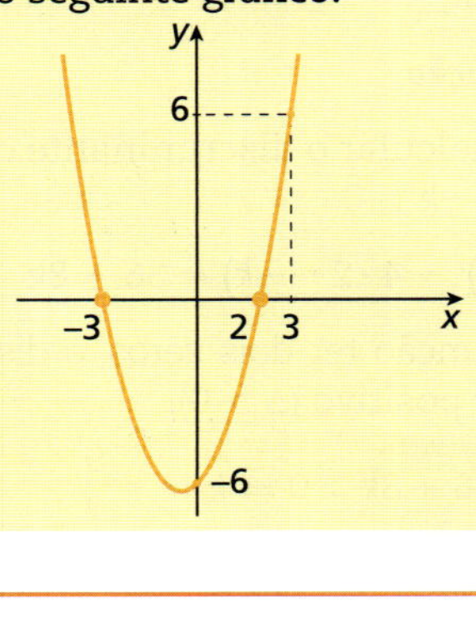

➤ Resolução

A lei da função quadrática é do tipo $f(x) = ax^2 + bx + c$, com a, b e $c \in \mathbb{R}$ e $a \neq 0$.

A parábola intercepta o eixo y no ponto $(0, -6)$. Logo, $f(0) = -6$; assim, $c = -6$.

Então, temos: $f(x) = ax^2 + bx - 6$

A parábola intercepta o eixo x no ponto $(-3, 0)$. Isso significa que -3 é zero da função f. Logo, $f(-3) = 0$.

Assim:

$a(-3)^2 + b(-3) - 6 = 0 \Rightarrow 9a - 3b = 6$ (I)

A parábola passa pelo ponto $(3, 6)$. Logo: $f(3) = 6$

Portanto:

$a(3)^2 + b(3) - 6 = 6 \Rightarrow 9a + 3b = 12$ (II)

Somando, membro a membro, a equação (I) com a equação (II), obtemos:

$$\begin{cases} 9a - 3b = 6 \\ 9a + 3b = 12 \end{cases} \Rightarrow 18a = 18 \Rightarrow a = 1$$

Substituindo $a = 1$, na equação (I) ou na (II), obtemos: $b = 1$

Portanto, a lei da função quadrática representada pelo gráfico é: $f(x) = x^2 + x - 6$

32. Determine os valores reais de m, sabendo que o gráfico da função $f(x) = -mx^2 + 2m^2$ tem concavidade voltada para baixo e que o ponto de intersecção desse gráfico com o eixo y é $(0, 18)$.

33. Determine a lei da função relativa a cada gráfico.

a)

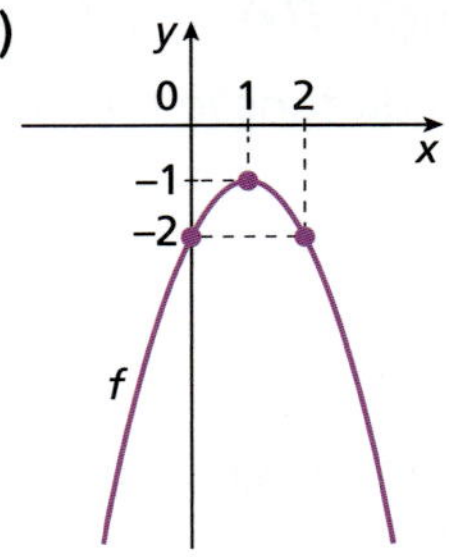

b)

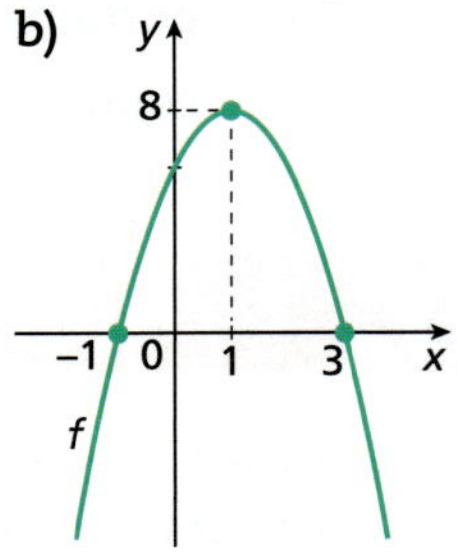

34. Determine a lei da função relativa a cada gráfico.

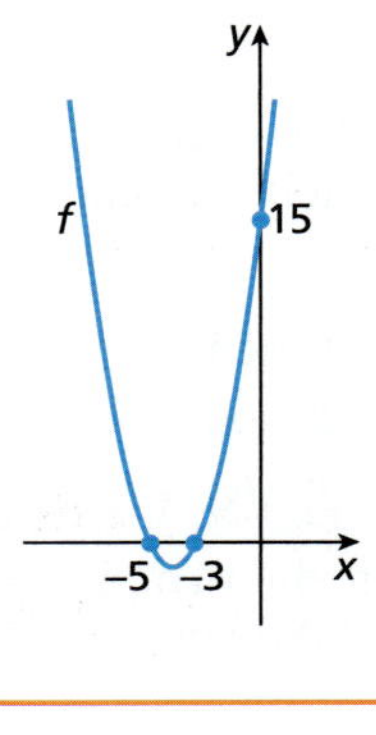

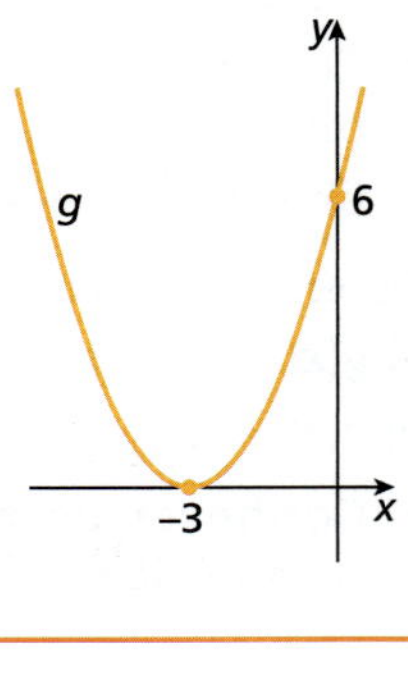

2.4 Vértice do gráfico da função quadrática

4.1 Conteúdo multimídia

4.1 Biblioteca do estudante

Ao construir gráficos de funções quadráticas, você notou que, com exceção de uma única ordenada, cada imagem está associada a dois valores de x? Observe, novamente, o gráfico da função $f(x) = x^2 - 4x + 3$:

x	$f(x)$
−1	8
0	3
1	0
2	**−1**
3	0
4	3
5	8

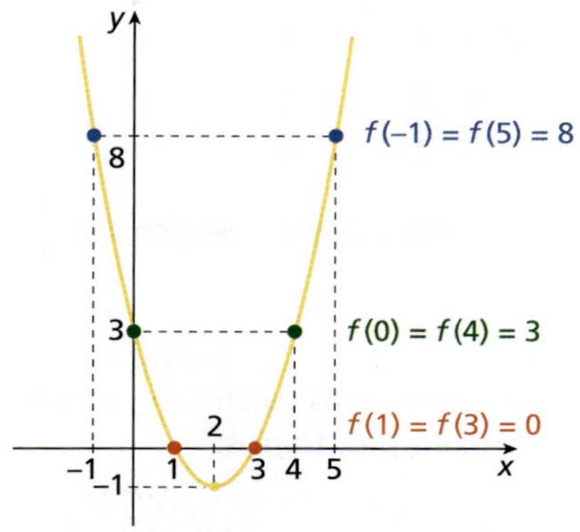

O único ponto onde cada imagem não está associada a dois valores de x é o **vértice da parábola**, que, nesse exemplo, é o ponto $(2, -1)$. Nesse ponto, a imagem está associada a apenas um valor de x.

Na parábola, dois pontos de ordenadas iguais estão à mesma distância da reta perpendicular ao eixo x, que passa pelo vértice $V(x_V, y_V)$ dessa parábola. Essa reta é chamada de **eixo de simetria**, e sua equação é $x = x_V$.

Assim, quaisquer dois valores de x equidistantes de x_V têm a mesma imagem.

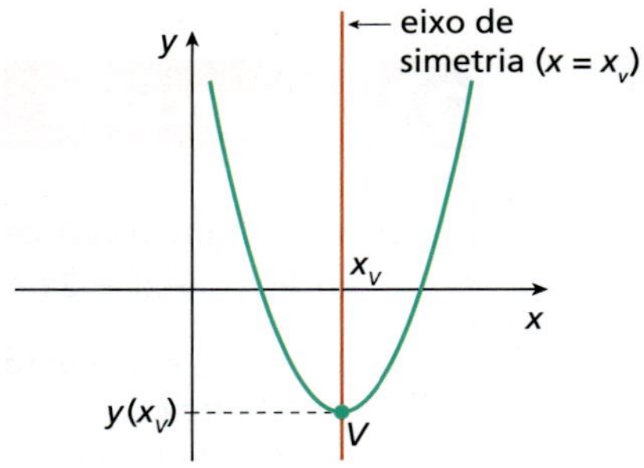

Exemplos

- $f(x) = -x^2 + 6x - 5$

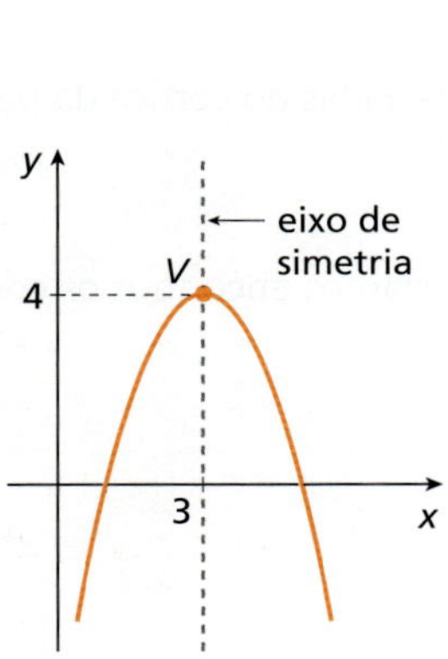

A equação do eixo de simetria é $x = 3$.

- $g(x) = x^2 + 2x + 2$

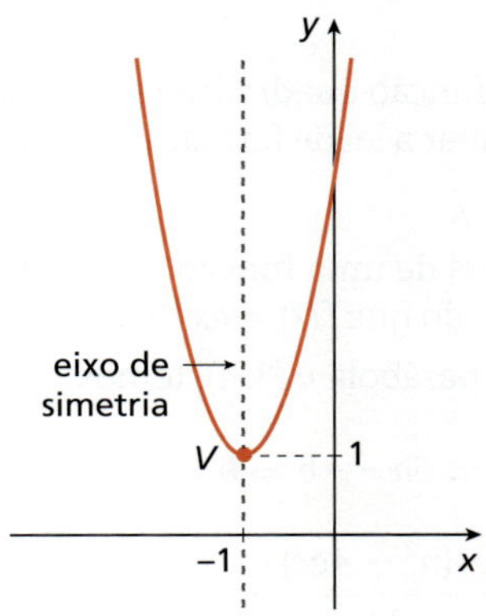

A equação do eixo de simetria é $x = -1$.

- $h(x) = 3x^2 + 6x + 3$

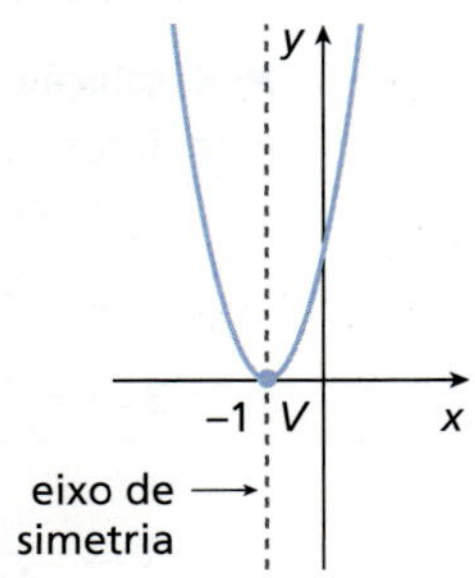

A equação do eixo de simetria é $x = -1$.

4.1 Visão do especialista

As coordenadas do vértice de uma parábola, gráfico da função cuja lei é $f(x) = ax^2 + bx + c$, são dadas por: $x_V = \frac{-b}{2a}$ e $y_V = \frac{-\Delta}{4a}$

Exemplo

Vamos calcular as coordenadas do vértice para $g(x) = -x^2 - 5x - 7$.

$\Delta = (-5)^2 - 4 \cdot (-1) \cdot (-7) = -3$

Utilizando as fórmulas do vértice, temos:

$$x_V = \frac{-b}{2a} = \frac{-(-5)}{2 \cdot (-1)} = -\frac{5}{2}$$

$$y_V = \frac{-\Delta}{4a} = \frac{-(-3)}{4 \cdot (-1)} = -\frac{3}{4}$$

Portanto, as coordenadas do vértice são: $\left(-\frac{5}{2}, -\frac{3}{4}\right)$

Observação:

Conhecendo x_V, podemos calcular y_V sem utilizar a fórmula. Basta substituir o valor de x_V na lei da função. No exemplo, temos:

$$y_V = g\left(-\frac{5}{2}\right) = -\left(-\frac{5}{2}\right)^2 -5 \cdot \left(-\frac{5}{2}\right) -7 = -\frac{25}{4} + \frac{25}{2} -7 = -\frac{3}{4}$$

Então: $y_V = -\frac{3}{4}$

Exercícios

35. Determine o vértice das parábolas referentes às funções dadas por:

a) $h(x) = -x^2 - 2x + 8$ b) $i(x) = x^2 - 2x - 8$ c) $j(x) = x^2 + 2x - 3$

36. Determine as coordenadas do vértice da parábola que representa o gráfico de cada função quadrática.

a) $f(x) = 2x^2 - 3x + 6$ b) $f(x) = -3x^2 + 4x + 7$ c) $f(x) = 4x^2 - 6x$

37. Considere a função quadrática definida por $f(x) = x^2 + mx + n$. Determine m e n reais de modo que o vértice da parábola representativa do gráfico de f seja $V(-1, -9)$.

R7. Sabendo que uma função quadrática tem como coordenadas do vértice da parábola (3, 4) e zeros 1 e 5, determinar a lei de formação dessa função.

➤ Resolução

Para determinar a lei de uma função quadrática, precisamos encontrar os coeficientes a, b e c da função de modo que $f(x) = ax^2 + bx + c$.

Como o vértice da parábola é (3, 4), temos:

$$x_V = 3 \Rightarrow \frac{-b}{2a} = 3 \Rightarrow 6a = -b \Rightarrow b = -6a \qquad \text{(I)}$$

$$y_V = 4 \Rightarrow \frac{-\Delta}{4a} = \frac{-(b^2 - 4ac)}{4a} = 4 \Rightarrow -b^2 + 4ac = 16a \qquad \text{(II)}$$

Como 1 é zero da função, $f(1) = 0$, ou seja: $a \cdot 1^2 + b \cdot 1 + c = 0 \Rightarrow a + b + c = 0$ (III)

Substituindo (I) em (III): $a - 6a + c = 0 \Rightarrow c = 5a$

Substituindo b por $-6a$ e c por $5a$ em (II):

$-(-6a)^2 + 4a(5a) = 16a \Rightarrow -16a^2 - 16a = 0 \Rightarrow a \cdot (a + 1) = 0 \Rightarrow a = -1$ ou $a = 0$

O coeficiente a não pode ser zero, pois a função é quadrática.

Como a função é quadrática, $a = -1$ e, portanto: $b = 6$ e $c = -5$.

Então, a lei é: $f(x) = -x^2 + 6x - 5$

38. Conhecendo alguns elementos da parábola, ache a lei da função quadrática correspondente.

a) Ponto onde a parábola intercepta o eixo y: (0, 10)
Vértice: (−5, 5)

b) Zeros: −5 e 5
Vértice: (0, 5)

39. Analise a concavidade de cada parábola, conhecendo algumas características da função.

a) Os zeros da função são −20 e −10.
O vértice da parábola é (−15, −10).

b) A função não tem zeros.
A intersecção do gráfico com o eixo y ocorre em (0, −4).

2.5 Construção do gráfico da função quadrática

Para esboçar o gráfico (a parábola) correspondente a uma função quadrática, podemos escolher os seguintes pontos convenientes:

- ponto onde a parábola intercepta o eixo *y*, caso exista;
- ponto(s) onde a parábola intercepta o eixo *x* (zeros da função), caso exista(m);
- vértice.

Na página 96, construímos o gráfico da função $h(x) = x^2 - 4x + 3$ determinando alguns pares ordenados quaisquer. Agora, vamos reconstruir esse mesmo gráfico, escolhendo apenas os pontos convenientes:

- coeficiente *c*: 3 → ponto onde a parábola intercepta o eixo *y*: (0, 3)
- zeros da função: 1 e 3 → pontos onde a parábola intercepta o eixo *x*: (1, 0) e (3, 0)
- $x_V = 2$ e $y_V = -1$ → vértice da parábola: (2, −1)

Assim, com apenas quatro pontos, traçamos o esboço do gráfico da função $h(x) = x^2 - 4x + 3$. Veja:

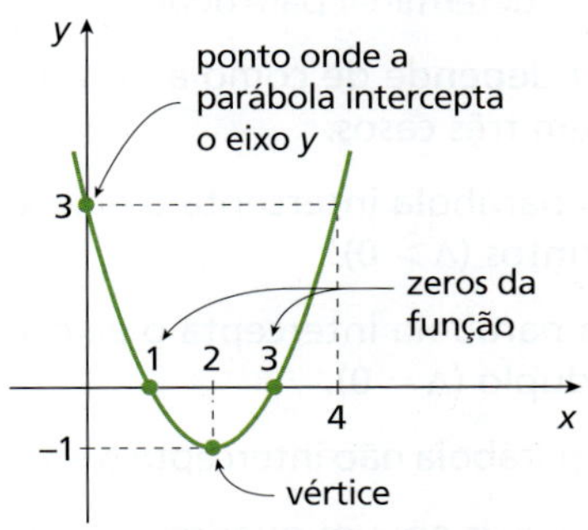

Há parábolas cujos vértices estão sobre o eixo *y* e as funções a elas associadas têm apenas um zero ou não têm zero. Veja estes exemplos:

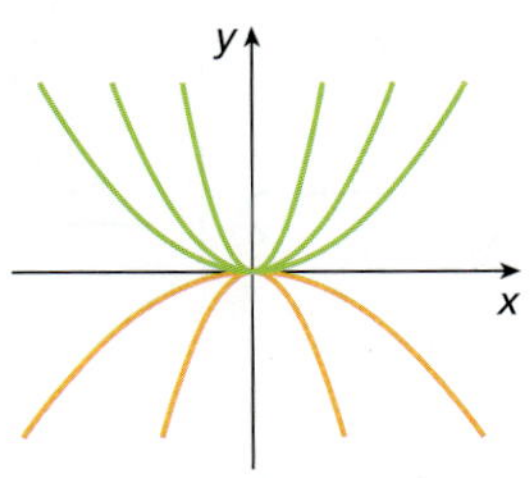

parábolas com vértice (0, 0)

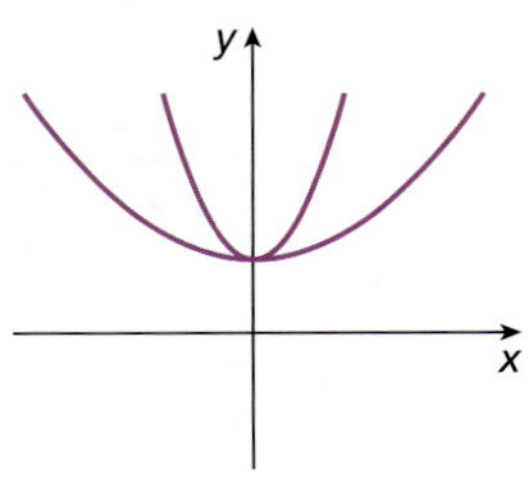

parábolas com vértice no eixo *y* que não interceptam o eixo *x*

Nesses casos, como existem infinitas parábolas com esse vértice, para construir gráficos desse tipo é necessário atribuir outro valor a *x*, calcular a imagem correspondente e, a partir daí, esboçar o gráfico da função utilizando a simetria da parábola.

Exemplo

Vamos construir o gráfico da função $h(x) = x^2 + 4$:

- coeficiente *c*: 4 → ponto onde a parábola intercepta o eixo *y*: (0, 4)
- zeros da função: não há no conjunto dos reais → a parábola não intercepta o eixo *x*
- $x_V = 0$ e $y_V = 4$ → vértice da parábola: (0, 4)
- (2, 8) e (−2, 8) → pontos auxiliares

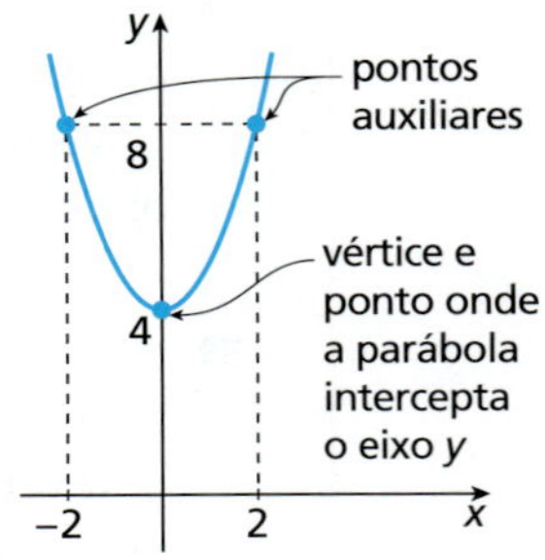

Exercícios

40. Desenhe os gráficos das funções a seguir.

a) $f(x) = x^2 + x + 1$

b) $g(x) = x^2 + 1$

c) $h(x) = -2x^2$

d) $i(x) = x^2$

41. Desenhe os gráficos das funções.

a) $f(x) = -4x^2 + 6x - 9$

b) $g(x) = x^2 + 6x$

c) $h(x) = \dfrac{3x^2}{5} + x + 5$

d) $i(x) = 2x^2 + 7x - 4$

3 Análise da função quadrática a partir do gráfico

3.1 Estudo do sinal da função quadrática

Se conhecemos os zeros e o esboço do gráfico de uma função quadrática *f*, podemos estudar o sinal dessa função, ou seja, determinar para quais valores de *x* as imagens são positivas, negativas ou nulas.

O sinal da função *f* depende de como a parábola intercepta o eixo *x*. Dessa forma, podemos agrupar as parábolas em três casos.

1º caso: quando a parábola intercepta o eixo *x* em dois pontos, ou seja, a função possui dois zeros distintos ($\Delta > 0$).

2º caso: quando a parábola intercepta o eixo *x* em um único ponto, ou seja, a função possui um zero duplo ($\Delta = 0$).

3º caso: quando a parábola não intercepta o eixo *x*, ou seja, a função não possui zero real ($\Delta < 0$).

Organizando esses casos em um quadro, temos:

	1º caso ($\Delta > 0$)	2º caso ($\Delta = 0$)	3º caso ($\Delta < 0$)
$a > 0$	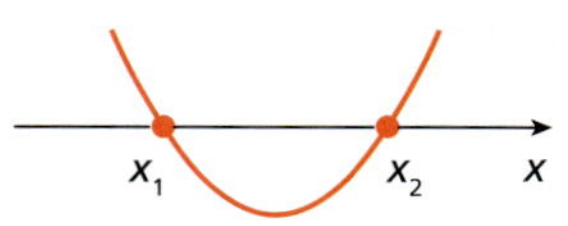	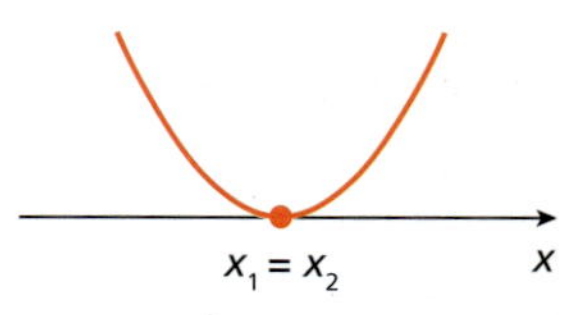	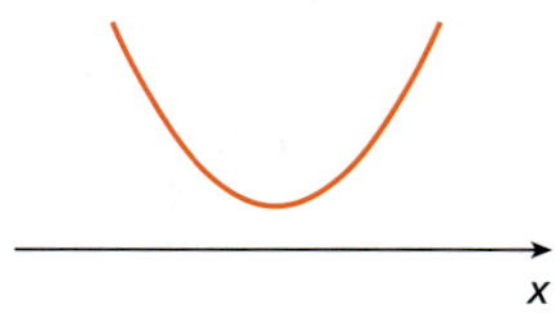
$a < 0$	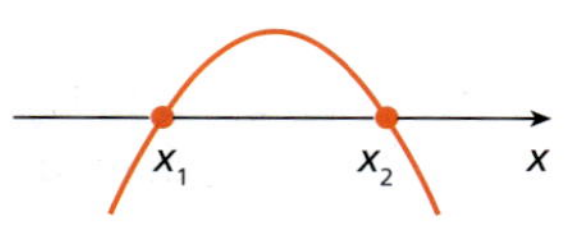	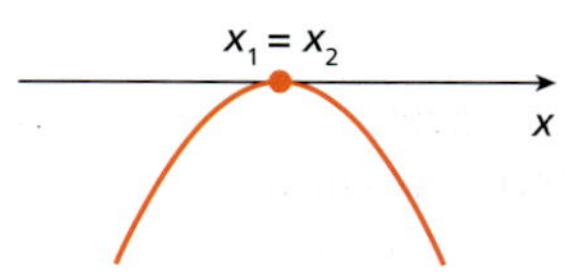	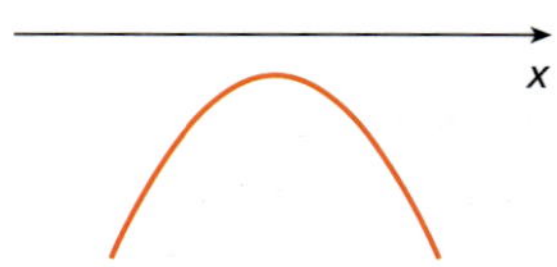

A partir do esboço do gráfico é possível estudar o sinal de uma função quadrática.

Exemplos

a) Vamos estudar o sinal da função quadrática $f(x) = x^2 + x - 6$.
Primeiro, determinamos os zeros de f: $x^2 + x - 6 = 0 \Rightarrow x = -3$ ou $x = 2$

Em seguida, fazemos um esboço do gráfico da função.
Como o coeficiente de x^2 é positivo, a concavidade é voltada para cima, e a função tem dois zeros reais distintos, obtemos o seguinte esboço do gráfico:

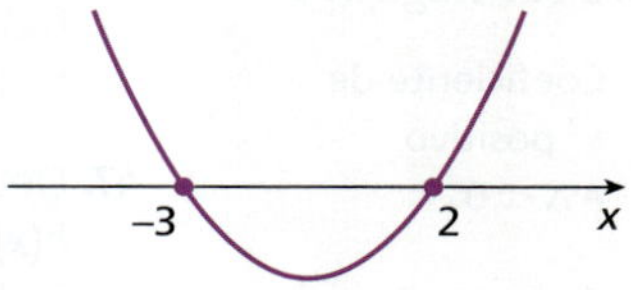

Agora, observando esse esboço, vamos determinar para quais valores de x as imagens são positivas, negativas ou nulas.

Concluímos que: $\begin{cases} y > 0 \text{ para } x < -3 \text{ ou } x > 2 \\ y = 0 \text{ para } x = -3 \text{ ou } x = 2 \\ y < 0 \text{ para } -3 < x < 2 \end{cases}$

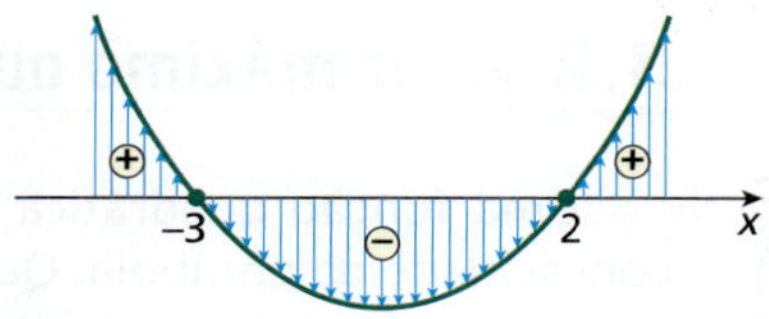

b) Vamos estudar o sinal da função $g(x) = -x^2 - 2x + 15$.

Zeros da função g:

$$-x^2 - 2x + 15 = 0 \Rightarrow \begin{cases} x = -5 \\ \text{ou} \\ x = 3 \end{cases}$$

Como o coeficiente de x^2 é negativo, a concavidade é voltada para baixo e obtemos o seguinte esboço do gráfico:

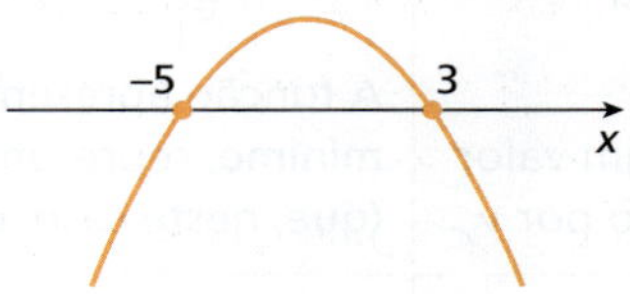

Agora, observando esse esboço, vamos determinar para quais valores de x as imagens são positivas, negativas ou nulas.

Portanto: $\begin{cases} y > 0 \text{ para } -5 < x < 3 \\ y = 0 \text{ para } x = -5 \text{ ou } x = 3 \\ y < 0 \text{ para } x < -5 \text{ ou } x > 3 \end{cases}$

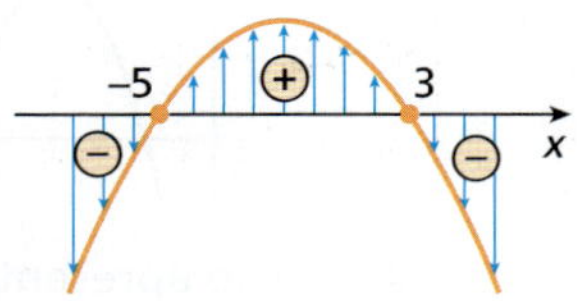

O estudo do sinal de uma função quadrática será útil para resolver inequações do 2º grau, como veremos adiante.

Exercícios

42. Estude o sinal das funções quadráticas abaixo.
a) $f(x) = 2x^2 - 4x - 6$
b) $f(x) = -x^2 - 2x + 8$
c) $f(x) = x^2 - 6x - 9$
d) $f(x) = -x^2 + x - 3$

43. Estude o sinal das funções quadráticas.
a) $g(x) = 2x^2 + 3x + 7$
b) $h(x) = -x^2 + 2x - 1$

44. Determine para que valores reais de x a função $f(x) = -x^2 + 2x$ é positiva.

45. Para que valores reais de x a função $f(x) = x^2 + 4x - 5$ não é negativa?

R8. Determinar k real de modo que a função $f(x) = x^2 - 5x + k$ seja positiva para todo x real.

➤ Resolução

Como o coeficiente de x^2 é positivo, a concavidade da parábola é voltada para cima. Para que a função seja positiva para todo x real, o discriminante de f deve ser negativo.

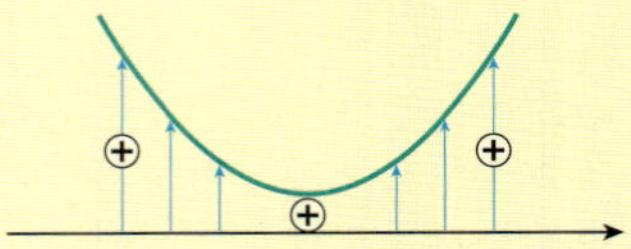

Coeficiente de x^2 positivo e $\Delta < 0$

Assim:

$\Delta = (-5)^2 - 4 \cdot 1 \cdot k = 25 - 4k$

Como $\Delta < 0$, então:

$25 - 4k < 0$

Logo: $k > \dfrac{25}{4}$

46. Determine k real de modo que a função $f(x) = 2x^2 - 3x + k$ seja positiva para todo x real.

47. Determine k real para que a função $h(x) = -2x^2 - 3x - k - 1$ seja negativa para todo x real.

3.2 Valor máximo ou valor mínimo da função quadrática

4.2 Biblioteca do estudante

Uma função quadrática pode ter um **valor máximo** ou um **valor mínimo**, dependendo da concavidade da parábola. Quando a concavidade da parábola é voltada para baixo, a função tem um valor máximo; caso contrário, um valor mínimo. O valor máximo (ou mínimo) corresponde à ordenada do vértice da parábola.

Observe os esboços dos gráficos de funções quadráticas:

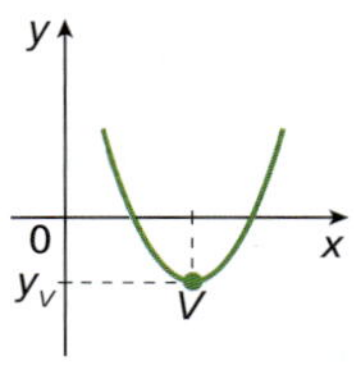 A função apresenta um valor **mínimo**, representado por y_V.	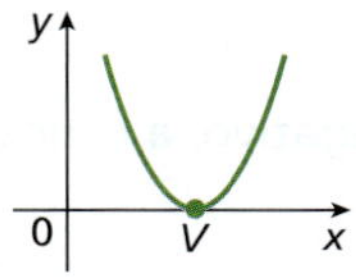 A função apresenta um valor **mínimo**, representado por y_V (que, neste caso, é zero).	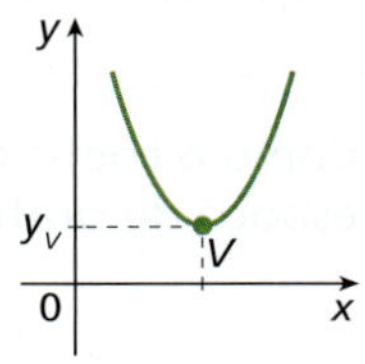 A função apresenta um valor **mínimo**, representado por y_V.
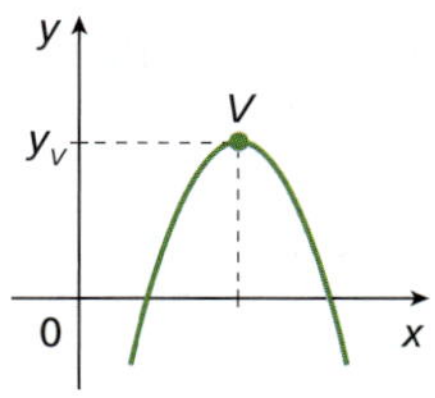 A função apresenta um valor **máximo**, representado por y_V.	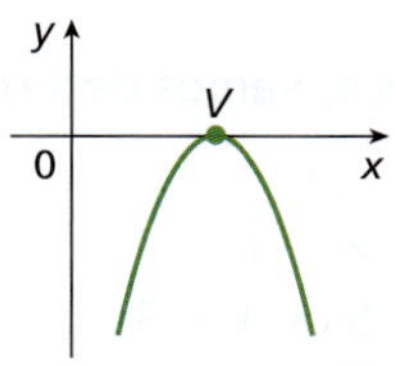 A função apresenta um valor **máximo**, representado por y_V (que, neste caso, é zero).	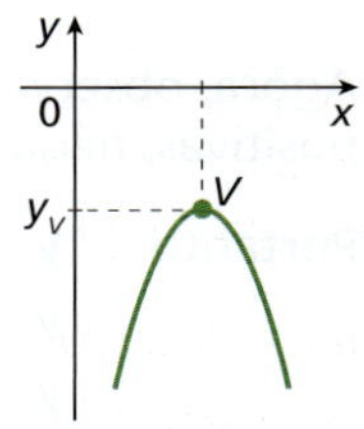 A função apresenta um valor **máximo**, representado por y_V.

Exemplo

Vamos determinar o valor máximo (ou mínimo) da função $f(x) = \dfrac{x^2}{4} - 2x - 15$.

Como $a > 0$, o gráfico da função f tem a concavidade voltada para cima. Portanto, a função tem valor mínimo:

$$y_V = \frac{-\Delta}{4a} = \frac{-\left[(-2)^2 - 4 \cdot \frac{1}{4} \cdot (-15)\right]}{4 \cdot \frac{1}{4}} = \frac{-(4 + 15)}{1} = -19$$

Assim, -19 é o valor mínimo dessa função.

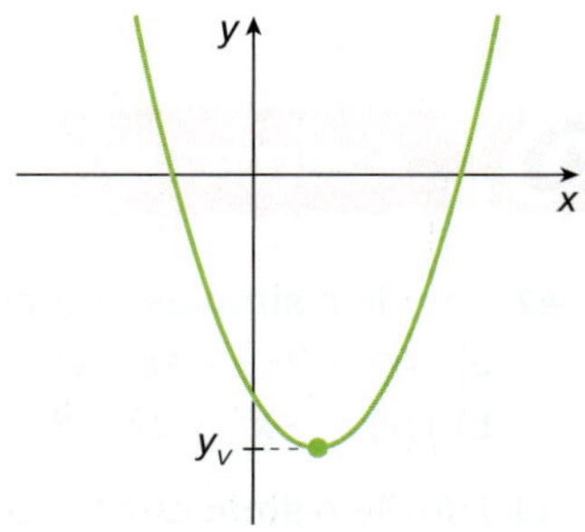

Exercícios

48. Determine o valor máximo ou mínimo de cada função definida abaixo.

a) $f(x) = 2x^2 + 7x - 4$

b) $g(x) = \dfrac{x^2}{4} - 4x + 8$

c) $h(x) = -\sqrt{5}x^2 - 5x + 1$

d) $j(x) = -\dfrac{x^2}{3} - 9$

R9. Determinar k para que -1 seja valor mínimo da função quadrática $y = [k - 1]x^2 + kx + [k - 2]$.

➤ **Resolução**

Para que uma função quadrática admita valor mínimo, o coeficiente do termo em x^2 deve ser positivo.

Então: $k - 1 > 0 \Rightarrow k > 1$

Sabendo que o valor mínimo da função quadrática é dado por $y_V = \dfrac{-\Delta}{4a}$, temos:

$$\frac{-\left[k^2 - 4(k-1)(k-2)\right]}{4(k-1)} = -1 \Rightarrow$$

$$\Rightarrow 3k^2 - 8k + 4 = 0 \Rightarrow k = 2 \text{ ou } k = \frac{2}{3}$$

Como $k > 1$, temos $k = 2$.

49. Determine k real para que a função:

a) $f(x) = (2k - 8)x^2 + kx - 9$ tenha valor mínimo.

b) $f(x) = (k - 6)x^2 + 7x - 9$ tenha valor máximo.

50. Determine k real para que a função quadrática $f(x) = 2x^2 - 5x + k$ tenha $\dfrac{23}{8}$ como valor mínimo.

51. Calcule k real para que a função quadrática $f(x) = -x^2 + kx + 15$ tenha valor máximo igual a 16.

52. Determine k real sabendo que a função quadrática $f(x) = (k - 3)x^2 + (k - 1)x - 16$ tem valor mínimo igual a –18.

53. Calcule os valores reais de m para que a função $f(x) = 3x^2 + 2mx + m$ tenha $\dfrac{4}{3}$ como valor mínimo.

R10. **Navegação.** Durante uma situação de emergência, o capitão de um barco dispara um sinalizador para avisar a guarda costeira. A trajetória que o sinal luminoso descreve é um arco de parábola.

A função que descreve o movimento do sinal luminoso é dada por $h(t) = 80t - 5t^2$, sendo h a altura do sinal, em metro, e t o tempo decorrido após o disparo, em segundo.

IVAN MUÑOZ OSORIO/CID

a) Qual é a altura máxima que esse sinal luminoso pode atingir?

b) Quantos segundos se passam, após o disparo, até o sinal luminoso atingir a altura máxima?

4.2 Visão do especialista

➤ **Resolução**

a) Para determinar a altura máxima que esse sinal pode atingir, precisamos encontrar o valor máximo da função. Analisando o sinal do coeficiente a, podemos concluir que o sinal luminoso descreve um arco de parábola com concavidade voltada para baixo.

É possível determinar o valor máximo da função usando a fórmula da ordenada do vértice:

$$y_V = \frac{-\Delta}{4a} = \frac{-6.400}{-20} = 320$$

Logo, a altura máxima que o sinal luminoso pode atingir é 320 metros.

b) O tempo que o sinal luminoso leva para atingir a altura máxima corresponde ao x_V da parábola. Utilizando a fórmula da abscissa do vértice, temos:

$$x_V = \frac{-b}{2a} = \frac{-80}{2 \cdot (-5)} = \frac{-80}{-10} = 8$$

Logo, o sinal luminoso atingirá a altura máxima 8 segundos após o disparo.

54. **Física.** Uma pedra é lançada verticalmente para cima. Um segundo após o lançamento, a pedra atinge 5 metros de altura e começa a descer. A lei que descreve a altura h, em metro, em relação ao tempo t, em segundo, é do tipo $h(t) = at^2 + bt$, com a e $b \in \mathbb{R}$ e $a \neq 0$.

- Determine a lei dessa função e a altura da pedra 2 segundos após o lançamento.
- Construa o gráfico correspondente a essa situação.
- Compare o tempo de subida com o tempo de descida da pedra. O que você pode concluir? O que justifica essa conclusão?

55. **Esporte.** Um jogador de basquete lança uma bola em direção à cesta e a bola descreve um arco de parábola. A lei que descreve essa parábola é $h(t) = -t^2 + 4t$, em que t é o tempo decorrido após o lançamento, em segundo, e h é a altura, em metro, em que a bola está no instante t.

Sabendo que a bola está a 2 metros de altura quando é lançada pelo jogador, calcule a altura máxima que ela atinge nesse lançamento.

56. Economia. Uma empresa de televisão a cabo que tem 20.000 assinantes e cobra R$ 54,90 de mensalidade fez uma pesquisa de mercado para decidir o aumento a ser aplicado nesse valor mensal. Os resultados desse estudo indicam que a empresa perderá 320 assinantes para cada real adicionado à mensalidade.

a) Dê a lei da função que determina o faturamento mensal (em real), dependendo da quantidade de reais adicionados à mensalidade.

b) De quanto deve ser o aumento para maximizar o faturamento mensal?

57. Balística. Um projétil é lançado e descreve uma curva de acordo com a lei $h(t) = -4{,}9t^2 + 24{,}5t + 9{,}8$, com h em metro e t em segundo. Determine os intervalos de tempo em que o projétil está subindo e descendo, respectivamente.

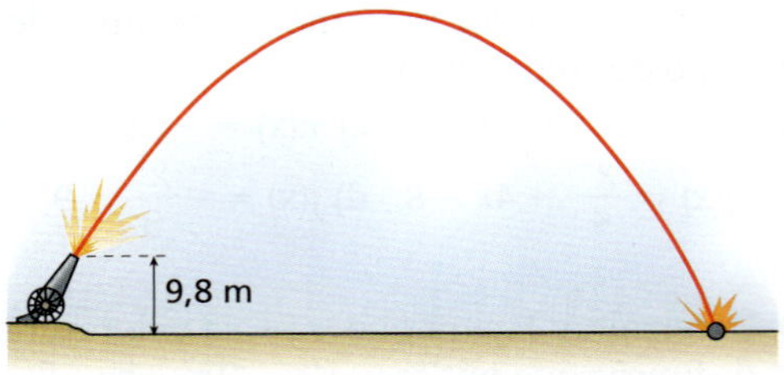

58. Física. Dois móveis, A e B, no mesmo instante, partem do mesmo ponto e realizam movimentos retilíneos que obedecem às leis $s_A(t) = 5 + 5t$ e $s_B(t) = 5 - 5t + t^2$. Determine o intervalo de tempo em que o móvel A fica na frente do móvel B.

4 Inequações do 2º grau

Inequação do 2º grau na incógnita x é toda inequação que pode ser reduzida a uma desigualdade em que o primeiro membro é um polinômio do tipo $ax^2 + bx + c$ (com $a \neq 0$) e o segundo membro é zero.

Exemplos

- $3x^2 - 8x - 3 \geqslant 0$
- $5x^2 - 2 < 0$
- $-x^2 - 0{,}5x \leqslant 0$
- $-4x^2 + x + \sqrt{3} > 0$

Para resolver inequações do 2º grau, podemos utilizar o estudo do sinal da função quadrática associado à inequação.

Como exemplo, vamos resolver a inequação $3x^2 - 8x - 3 \geqslant 0$ no conjunto dos números reais.

A solução dessa inequação são todos os valores reais de x para os quais a função $f(x) = 3x^2 - 8x - 3$ é positiva ou nula (ou seja, não é negativa).

Para encontrar esses valores, devemos estudar o sinal da função f: $\underbrace{3x^2 - 8x - 3}_{f(x)} \geqslant 0$

Primeiro, determinamos os zeros de f:

$$3x^2 - 8x - 3 = 0$$

$$\Delta = 64 + 36 = 100$$

$$x = \frac{-(-8) \pm \sqrt{100}}{2 \cdot 3}$$

$$x = 3 \text{ ou } x = -\frac{1}{3}$$

Depois, destacamos no esboço do gráfico os valores de x para os quais a função f é positiva ou nula.

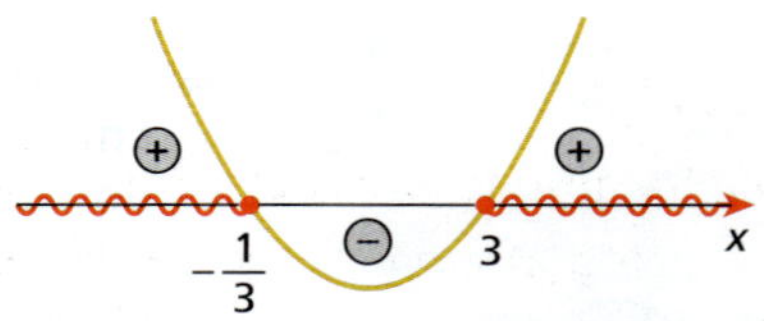

Assim, o conjunto solução da inequação é:

$$S = \left\{x \in \mathbb{R} \mid x \leqslant -\frac{1}{3} \text{ ou } x \geqslant 3\right\}$$

4.1 Inequação-produto e inequação-quociente

Você já trabalhou com inequações-produto e inequações-quociente quando estudou função afim. Agora, vamos estudar inequações desse tipo envolvendo funções quadráticas.

Novamente, utilizaremos o quadro de sinais.

Observe as resoluções das inequações a seguir no conjunto dos números reais.

a) $\dfrac{x-5}{x^2-x-42} \geqslant 0$

Considerando $f(x) = x - 5$ e $g(x) = x^2 - x - 42$, vamos, primeiro, estudar o sinal da função $f(x)$.

Determinamos os zeros de f e, em seguida, fazemos um esboço do gráfico da função, indicando os valores de x para os quais a função é positiva, nula ou negativa.

• Zero de f:

$f(x) = 0 \Rightarrow x - 5 = 0 \Rightarrow x = 5$

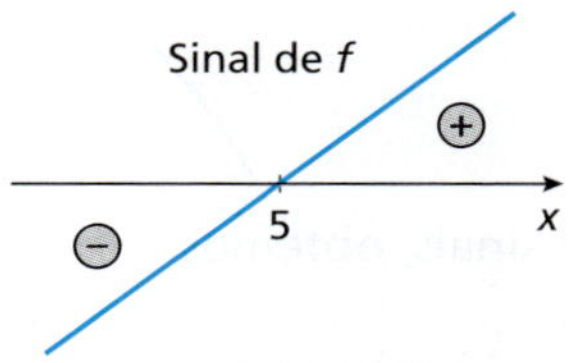

Agora, vamos estudar o sinal da função g:

• Zeros de g:

$g(x) = 0 \Rightarrow x^2 - x - 42 = 0 \Rightarrow x = -6$ ou $x = 7$

Como o coeficiente de x^2 é positivo, a concavidade da parábola é voltada para cima, e a função tem dois zeros reais distintos, então o esboço do gráfico da função g, que indica para quais valores de x as imagens são positivas, negativas ou nulas, é:

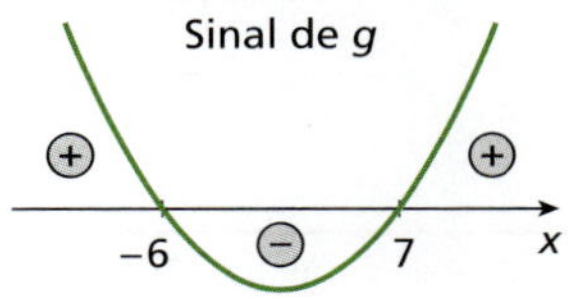

Montando o quadro de sinais, obtemos:

	$x < -6$	-6 a 5	5 a 7	$x > 7$
f	−	−	+	+
g	+	−	−	+
$\dfrac{f}{g}$	−	+	−	+

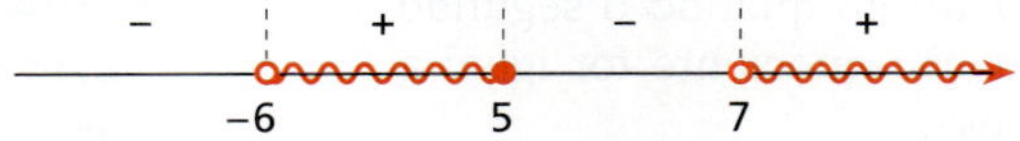

Observe que -6 e 7 não são soluções da inequação. Lembre-se de que temos como condição de existência da inequação-quociente: $x^2 - x - 42 \neq 0$, então $x \neq -6$ e $x \neq 7$.

Logo, o conjunto solução da inequação é: $S = \{x \in \mathbb{R} \mid -6 < x \leqslant 5 \text{ ou } x > 7\}$

b) $-x^3 - 4x < 0$

Primeiro, temos:

$-x^3 - 4x = x(-x^2 - 4)$

Assim, obtemos uma inequação-produto: $x(-x^2 - 4) < 0$

Considerando $f(x) = x$ e $g(x) = -x^2 - 4$, vamos estudar o sinal de cada função a partir do esboço de seus gráficos.

• Estudo do sinal da função $f(x) = x$:

Zero de f:

$f(x) = 0 \Rightarrow x = 0$

Sinal de f

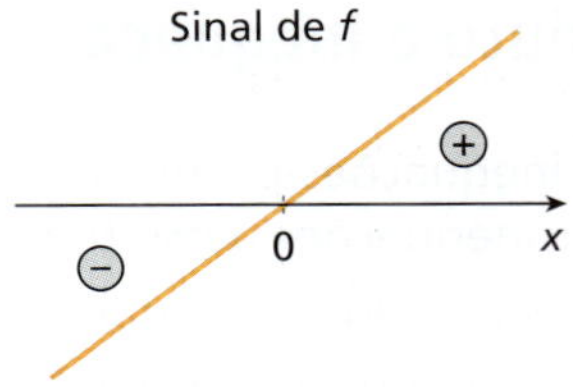

- Estudo do sinal da função $g(x) = -x^2 - 4$:

  Zero de g:

  $g(x) = 0 \Rightarrow -x^2 - 4 = 0$

  Nesse caso, temos $\Delta < 0$, assim g não tem zeros reais.

Sinal de g

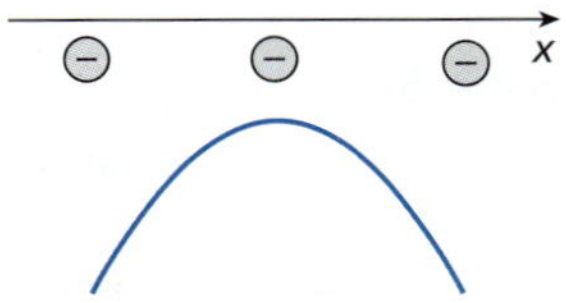

Montando o quadro de sinais, obtemos:

	$x < 0$	$x > 0$
f	−	+
g	−	−
$f \cdot g$	+	−

Logo, o conjunto solução da inequação é: $S = \{x \in \mathbb{R} \mid x > 0\} = \mathbb{R}_+^*$

Exercícios

R11. Resolver a inequação $\dfrac{(x+1)^2}{2x+10} \geqslant 1$ em $\mathbb{R}$.

➤ Resolução

Observe que a inequação tem o segundo membro diferente de zero. Atente que o quadro de sinais só pode ser usado quando o segundo membro da inequação-quociente for igual a zero; então, fazemos:

$$\frac{(x+1)^2}{2x+10} \geqslant 1 \Rightarrow \frac{(x+1)^2}{2x+10} - 1 \geqslant 0 \Rightarrow$$

$$\Rightarrow \frac{(x+1)^2 - (2x+10)}{2x+10} \geqslant 0 \Rightarrow$$

$$\Rightarrow \frac{x^2 + 2x + 1 - 2x - 10}{2x+10} \geqslant 0 \Rightarrow \frac{x^2 - 9}{2x+10} \geqslant 0$$

Considerando $f(x) = x^2 - 9$ e $g(x) = 2x + 10$, vamos estudar o sinal de cada função a partir do esboço de seus gráficos.

- Estudo do sinal da função $f(x) = x^2 - 9$:

  Zero de f:

  $f(x) = 0 \Rightarrow x^2 - 9 = 0 \Rightarrow x = 3$ ou $x = -3$

Sinal de f

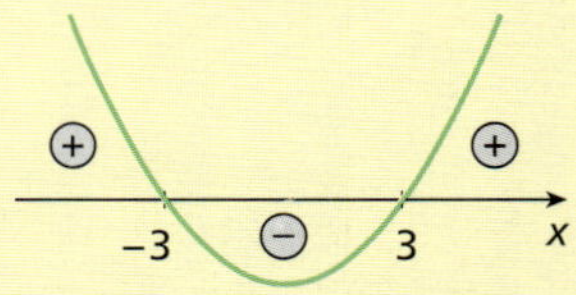

- Estudo do sinal da função $g(x) = 2x + 10$:

  Zero de g:

  $g(x) = 0 \Rightarrow 2x + 10 = 0 \Rightarrow x = -5$

Sinal de g

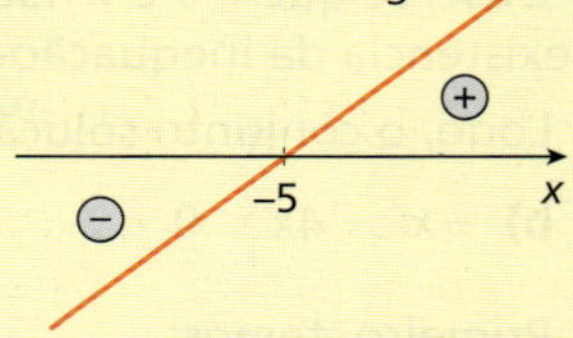

Montando o quadro de sinais, obtemos:

	$x < -5$	$-5 < x < -3$	$-3 < x < 3$	$x > 3$
f	+	+	−	+
g	−	+	+	+
$\dfrac{f}{g}$	−	+	−	+

Observe que -5 não é solução da inequação, pois temos como condição de existência $g(x) \neq 0$; então: $2x + 10 \neq 0 \Rightarrow x \neq 5$

Logo, o conjunto solução da inequação é: $S = \{x \in \mathbb{R} \mid -5 < x \leq -3 \text{ ou } x \geq 3\}$

59. Resolva as inequações do 2º grau em $\mathbb{R}$.

a) $-x^2 + 1 < 0$

b) $2x^2 + 3x + 7 \leq 0$

c) $-x^2 + 2x - 1 \geq 0$

d) $x^2 + 2(x - 4) - 1 \leq 2x^2 - 9$

e) $x^2 - 4x \geq -4$

f) $(-2x + 1)^2 > 0$

60. Resolva as inequações-produto em $\mathbb{R}$.

a) $(3x^2 - 10x + 7)(-x^2 + 4x) \geq 0$

b) $2x^3 + 9x^2 - 35x \leq 0$

c) $(-x + 4)(-x^2 - 4x - 5)(x + 3) > 0$

d) $x^4 - 4 < 0$

e) $(x + 1)(x^2 + 1)(-x - 1) \geq 0$

61. Encontre a solução das inequações-quociente em $\mathbb{R}$.

a) $\dfrac{3x + 5}{2x^2 - 7x - 4} \leq 0$

b) $\dfrac{-x^2 + 5x - 4}{x^2 - 14x + 48} \geq 0$

c) $-\dfrac{(x - 5)^2}{(-x + 5)^2} > 0$

62. Reduza cada inequação e obtenha outra com segundo membro igual a zero. Determine a solução em $\mathbb{R}$.

a) $\dfrac{6}{x^2 - 4} \leq 2$

b) $\dfrac{1}{-x} < \dfrac{1}{2}x + 1$

c) $\dfrac{3 - 2x}{(x - 2)^2} > 1$

R12. **Geometria.** Determinar a área da parte azul da figura em função de x e encontrar o maior valor inteiro que x pode assumir.

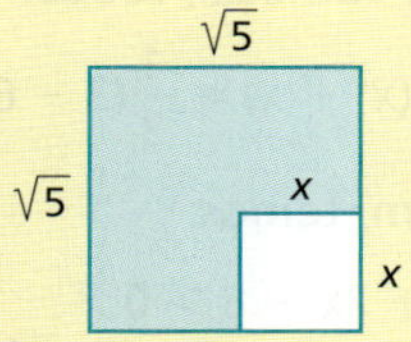

➤ Resolução

Indicando a área da parte azul por A, temos, $A(x) = (\sqrt{5})^2 - x^2$, ou seja:

$A(x) = 5 - x^2$, com $0 < x < \sqrt{5}$

Como $x > 0$ e $\sqrt{5} \simeq 2{,}24$, o maior valor inteiro que x pode assumir é 2.

63. Determine o maior número inteiro x tal que:

a) $-x^2 - 2x - 1 \geq 0$

b) $\dfrac{-x^2 + 10x - 25}{x^2 - 6x + 5} > 0$

64. Num mesmo plano cartesiano, construa os gráficos de $f(x) = 2x^2 + 1$ e $g(x) = x^2 + 2x + 1$. Em seguida, analise os intervalos do domínio em que $f(x) > g(x)$. Monte a inequação, resolva-a e compare a solução com sua análise dos gráficos.

4.3 Visão do especialista

65. A função afim f e a função quadrática g estão representadas a seguir:

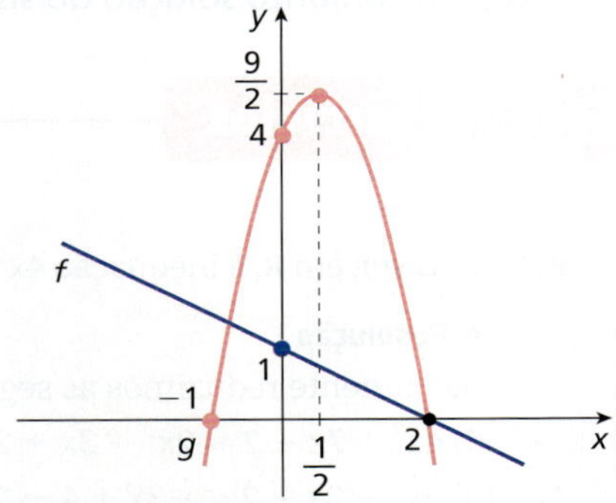

a) Determine as leis das funções f e g.

b) Em quais pontos os gráficos se interceptam?

c) Sem fazer cálculos, com base no gráfico determine quais valores de x tornam $f(x) \cdot g(x) \geq 0$.

d) Resolva a inequação $f(x) \cdot g(x) \geq 0$ e compare a resposta com a do item **c**.

4.2 Inequações simultâneas

Já vimos que inequações simultâneas são aquelas apresentadas por duas desigualdades ou por meio de um sistema de inequações. Agora, vamos estudar inequações desse tipo envolvendo funções quadráticas.

Para resolver inequações simultâneas, primeiro encontramos a solução de cada inequação, depois fazemos a intersecção das soluções. Observe a resolução a seguir.

Vamos resolver, no conjunto dos números reais, o seguinte sistema de inequações:

$$\begin{cases} x^2 + 2x - 8 > 0 \\ -\dfrac{1}{2}(x^2 + x) \leq \dfrac{1}{3}(3 - 6x) \end{cases}$$

Para começar, reduzimos a 2ª inequação a uma forma mais simples:

$$-\frac{1}{2}(x^2 + x) \leq \frac{1}{3}(3 - 6x) \Rightarrow \frac{-x^2}{2} - \frac{x}{2} \leq 1 - 2x \Rightarrow -x^2 + 3x - 2 \leq 0$$

Assim, temos:

$$\begin{cases} x^2 + 2x - 8 > 0 \\ -x^2 + 3x - 2 \leq 0 \end{cases} \Rightarrow \overbrace{x^2 + 2x - 8}^{f(x)} > 0 \text{ e } \overbrace{-x^2 + 3x - 2}^{g(x)} \leq 0$$

- Zeros de f: -4 e 2
- Zeros de g: 1 e 2

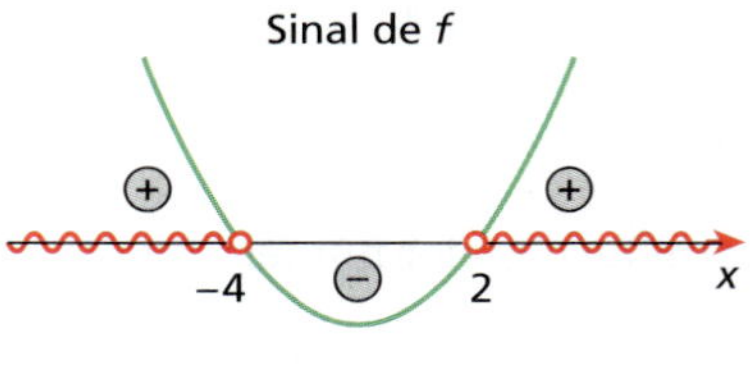

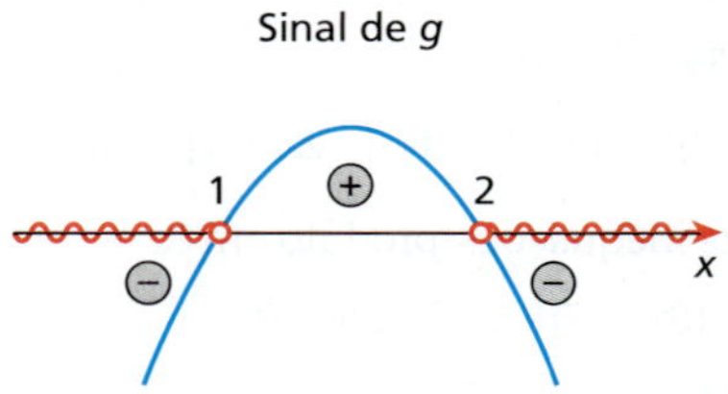

$S_1 = \{x \in \mathbb{R} \mid x < -4 \text{ ou } x > 2\}$

$S_2 = \{x \in \mathbb{R} \mid x \leq 1 \text{ ou } x \geq 2\}$

A seguir, fazemos a intersecção das soluções de cada uma das inequações:

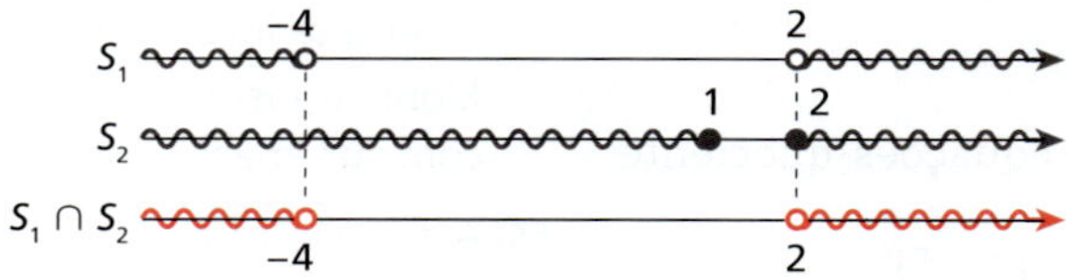

Logo, o conjunto solução do sistema é: $S = \{x \in \mathbb{R} \mid x < -4 \text{ ou } x > 2\}$

Exercícios

R13. Resolver, em $\mathbb{R}$, a inequação $4x^2 - 7x + 2 \leq 2x^2 - 3x + 2 < -3x + 4$.

➤ Resolução

Inicialmente reduzimos as seguintes inequações a uma forma mais simples:

(I) $4x^2 - 7x + 2 \leq 2x^2 - 3x + 2 \Rightarrow 2x^2 - 4x \leq 0$

(II) $2x^2 - 3x + 2 < -3x + 4 \Rightarrow 2x^2 - 2 < 0$

Considerando $f(x) = 2x^2 - 4x$ e $g(x) = 2x^2 - 2$, temos:

- Zeros de f: 0 e 2
- Zeros de g: -1 e 1

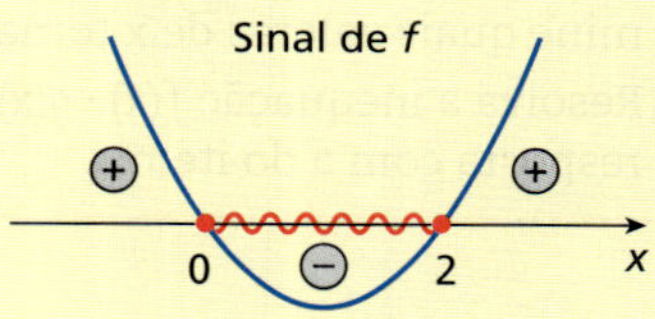

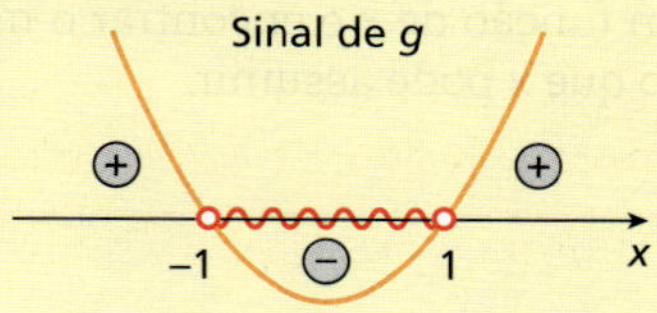

$S_1 = \{x \in \mathbb{R} \mid 0 \leq x \leq 2\}$

$S_2 = \{x \in \mathbb{R} \mid -1 < x < 1\}$

Depois, fazemos a intersecção das soluções de cada uma das inequações:

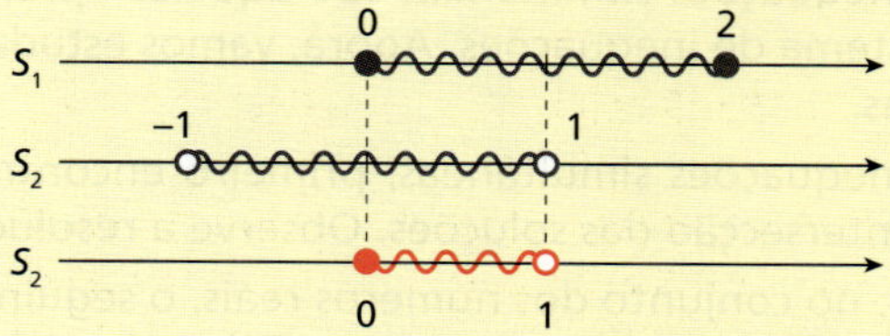

Logo, o conjunto solução da inequação simultânea é: $S = \{x \in \mathbb{R} \mid 0 \leq x < 1\}$

66. Resolva as inequações em $\mathbb{R}$.

a) $2x \leq -x^2 + 4x < 4$

b) $-4 < \dfrac{x^2 + 8x + 16}{2} < 8$

67. Encontre a solução dos sistemas em $\mathbb{R}$.

a) $\begin{cases} x^2 - 2x - 8 \geq 0 \\ x^2 - 2x + 8 < 0 \end{cases}$

b) $\begin{cases} -x^2 + 5x \geq 0 \\ x^2 - 4x \geq x \end{cases}$

68. Observe ao lado o gráfico da função:

$f(x) = \dfrac{x^2 - 4x + 4}{x - 4}$

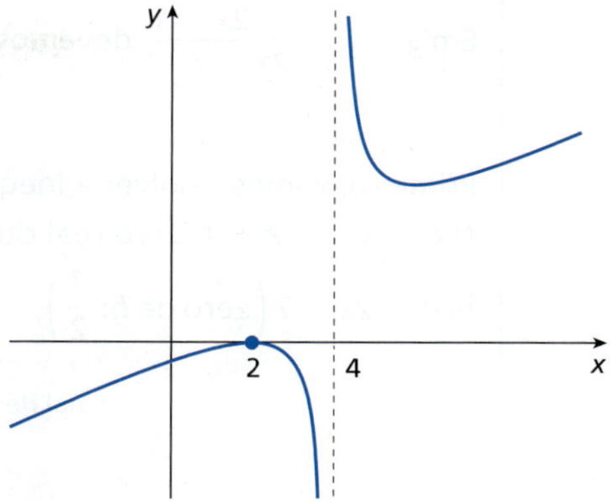

Agora, determine as soluções das inequações.

a) $\dfrac{x^2 - 4x + 4}{x - 4} > 0$

b) $\dfrac{x^2 - 4x + 4}{x - 4} < 0$

Explique como você determinou as soluções.

69. Observe o gráfico da função $f(x) = \dfrac{x^2 + x - 6}{x - 4}$ apresentado abaixo.

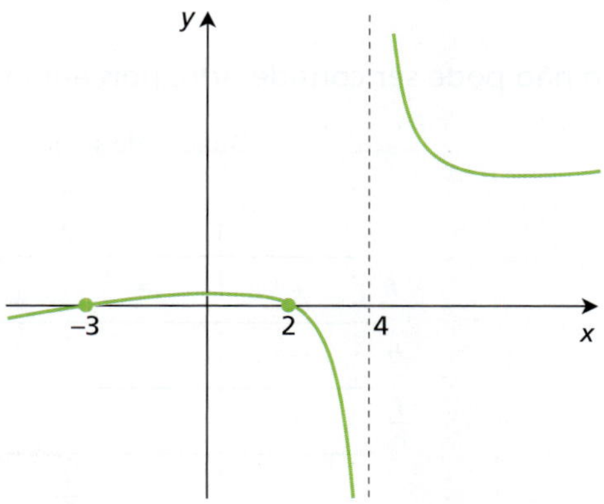

Agora, determine as soluções das inequações.

a) $\dfrac{x^2 + x - 6}{x - 4} \geq 0$

b) $\dfrac{x^2 + x - 6}{x - 4} < 0$

Explique como você determinou as soluções.

70. **Geometria**. A figura mostra dois círculos de mesmo centro.

4.4 Visão do especialista

a) Encontre a área $A(x)$ da coroa circular.

b) Determine x para que essa área fique entre 28π e 65π.

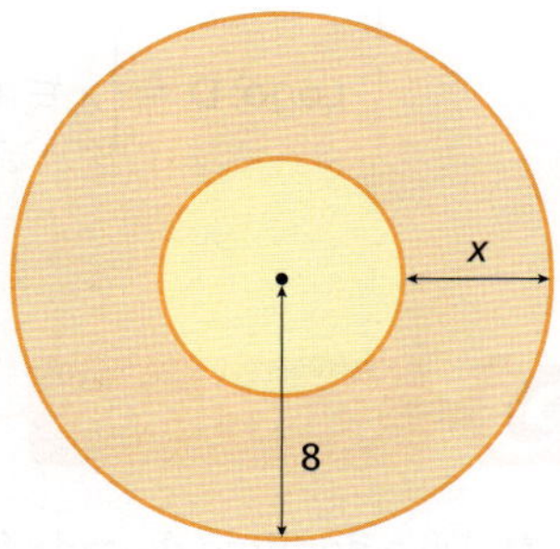

4.3 Identificação do domínio de uma função por meio de inequações

Já vimos no capítulo anterior que nem todas as funções reais têm como domínio o conjunto dos números reais. Pela natureza da sua lei, algumas apresentam restrição de valores, tendo como domínio um subconjunto dos números reais. Por exemplo, o denominador de expressões fracionárias não pode ser zero e o radicando de raízes de índice par não pode ser negativo, ou seja, é positivo ou nulo.

Com base no estudo que fizemos das inequações, podemos determinar o domínio de algumas dessas funções.

Exemplo

Vamos determinar o domínio da função dada pela lei $y = \sqrt{\dfrac{x^2 - 2x + 1}{2x - 7}}$.

Em $y = \sqrt{\dfrac{x^2 - 2x + 1}{2x - 7}}$, devemos ter: $\dfrac{\overbrace{x^2 - 2x + 1}^{f(x)}}{\underbrace{2x - 7}_{h(x)}} \geqslant 0$

Primeiro, vamos resolver a inequação-quociente:

$f(x) = x^2 - 2x + 1$ (zero real duplo de f: 1)

$h(x) = 2x - 7 \left(\text{zero de } h\text{: } \dfrac{7}{2}\right)$

Sinal de f

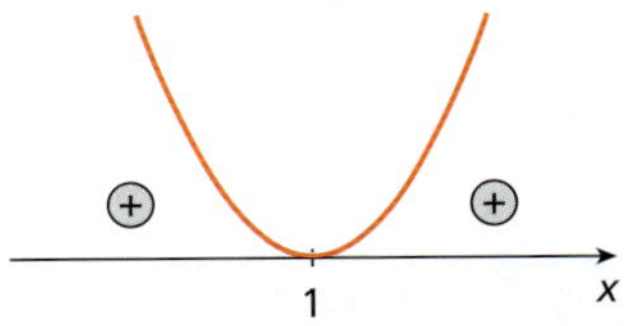

Sinal de h

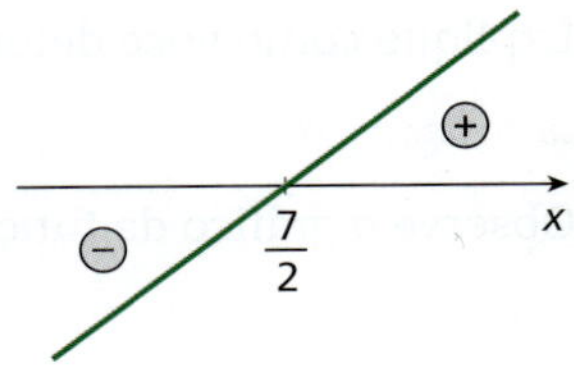

O zero da função h não pode ser considerado, pois anula o denominador da inequação:

Quadro de sinais

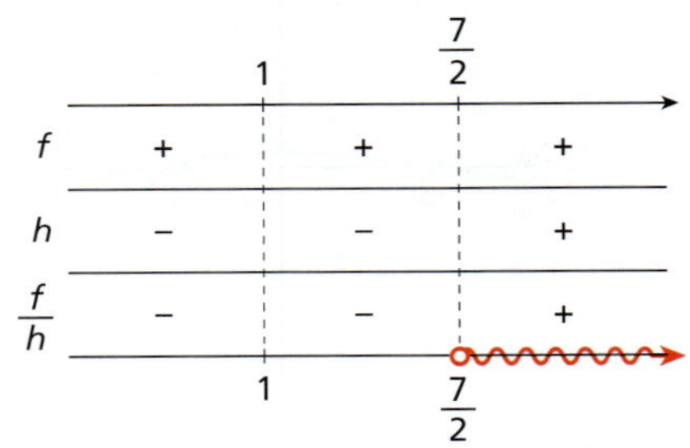

Logo: $D = \left\{x \in \mathbb{R} \mid x > \dfrac{7}{2}\right\}$

Exercícios

71. Dê o domínio de cada função.

a) $y = \sqrt{-x^2 + 14x - 49}$

b) $y = \sqrt{\dfrac{x^2 - 2x - 8}{x^2 + 6x}}$

72. Determine para que valores reais cada função abaixo está definida.

a) $f(x) = \dfrac{-3}{(x^2 - 2x)(x - 5)}$

b) $g(x) = \dfrac{\sqrt{x^2}}{x^2}$

73. Considere as funções definidas por:

$g(x) = \sqrt{x}$ e $h(x) = \dfrac{1}{x^2 - 1}$

Encontre o domínio da função composta $g \circ h$.

Ficha de revisão

1. Identifique as funções quadráticas. Justifique sua resposta.

a) $y = 3x^4 - 8x^2 + 5$

b) $y = \frac{1}{3}x^2 - 7$

c) $y = (x - 2)(x + 3)$

d) $y = 2x - 7$

e) $y = -3x^2 + 2x + \sqrt{5}$

f) $y = x(x - 3)$

2. Desenhe um triângulo retângulo e isósceles, indicando por x a medida dos catetos. Escreva a expressão da área desse triângulo em função de x. Que valores x pode assumir?

3. Encontre os pontos de intersecção com o eixo x de cada parábola correspondente às funções.

a) $y = x^2 - 9$

b) $y = -x^2 - 4$

c) $y = -x^2 + 5x - 6$

d) $y = -x^2 + 6x - 9$

e) $y = 2x^2 - 10x + 12$

4. Determine os pontos de intersecção com o eixo das ordenadas das parábolas do exercício anterior.

5. Sem construir o gráfico da função correspondente, indique em quais casos a parábola intersecciona o eixo x. Justifique sua resposta.

a) $y = x^2 - 3x + 5$

b) $y = 2x^2 - 5x - 3$

c) $y = -x^2 + x + 1$

d) $y = 3x^2 + 2\sqrt{3}x + 1$

6. Ache o vértice da parábola correspondente à função $y = 2x^2 - 10x + 8$.

7. Represente em um mesmo plano cartesiano as parábolas correspondentes às funções a seguir. Que relação você observa entre a forma da parábola e o coeficiente de x^2?

a) $y = 5x^2$

b) $y = -5x^2$

c) $y = \frac{1}{4}x^2$

d) $y = -\frac{1}{4}x^2$

8. Relacione cada função com os respectivos gráficos. Escreva uma possível lei para a função referente ao gráfico que sobra.

a) $y = -x^2 + 1$

b) $y = x^2 - 1$

c) $y = 2x^2 - 12x + 19$

d) $y = -x^2 + 4x - 7$

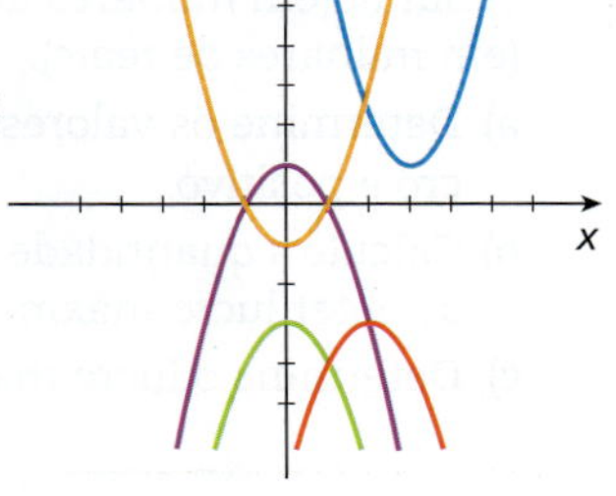

9. Considere a função quadrática definida por $f(x) = -2x^2 + (k - 1)x + 8$. Determine k, sabendo que $x = -1$ é a equação do eixo de simetria do gráfico de f.

10. Considerando a função dada por $y = x^2 - x + 8$, classifique cada sentença em verdadeira ou falsa.

a) A função é negativa para todo x real.

b) A função tem dois zeros.

c) A função é positiva para todo x real.

11. Dê a lei da função determinada pela parábola.

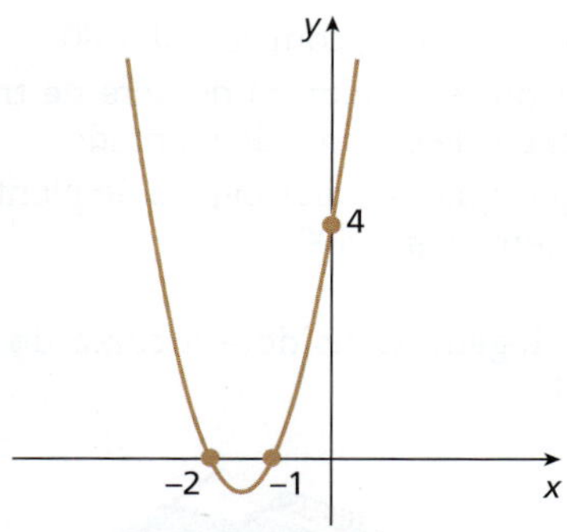

12. Escreva a lei da função quadrática seguindo as condições indicadas.

a) A função tem como zeros os números 6 e −1. Ela é única? Justifique.

b) Além da condição do item **a**, o gráfico dessa função passa pelo ponto (2, −3). Ela é única? Justifique.

13. Qual deve ser o valor de m para que a função quadrática dada por $y = mx^2 - 2x - (-m + 5)$ tenha −5 como valor máximo?

14. Resolva as seguintes inequações em $\mathbb{R}$.

a) $x^2 - 5x + 4 > 0$

b) $5x^2 - 2x + 3 \leq 0$

c) $(3x^2 - 5x + 2) \cdot (-x^2 + 4x - 4) \geq 0$

d) $\frac{4x^2 + 3x - 1}{1 - x^2} \leq 0$

e) $\frac{x^2 + x - 2}{-x^2 + 3x - 2} < 0$

15. (UFC-CE) Determine o valor de p real na função $f(x) = (p^2 - 1)x^2 + 2(p - 1)x + 1$ para que $f(x) > 0$, $\forall x$ real.

16. Encontre o valor de m de modo que se tenha $g(x) < 0$ para todo x real, sendo g dada por: $g(x) = (2m - 3)x^2 + 2 - m$

17. Construa o gráfico da função.

$$f(x) = \begin{cases} -2, \text{ se } x < -1 \\ 2x - 1, \text{ se } -1 \leq x < 2 \\ x^2 - 3, \text{ se } x \geq 2 \end{cases}$$

18. (Unicamp-SP) Determine o número m de modo que o gráfico da função $y = x^2 + mx + 8 - m$ seja tangente ao eixo x. Faça o gráfico da solução (ou soluções) que você encontrar para o problema.

19. Resolva os sistemas graficamente.

a) $\begin{cases} y = x^2 - 2x + 1 \\ y = x - 1 \end{cases}$

b) $\begin{cases} -2x^2 + 3x + 2 \leq 0 \\ x^2 + x - 2 \leq 0 \end{cases}$

20. Agricultura. O valor p em reais por acre (4.047 m^2) de uma produção de trigo, d dias depois de plantado, é dado por:

$p = 12d - 0{,}05d^2$, com $20 < d < 80$

a) Encontre o valor (p) do acre de trigo 50 dias depois de ele ter sido plantado.

b) Após quantos dias depois de plantado o trigo obtém-se $p = 400$?

21. Embalagem. Considere a caixa do correio do tipo 1.

RODRIGO CARRARO/CID

a) Calcule as dimensões mínimas que uma folha retangular de papelão deve ter para construir a planificação dessa caixa.

b) Determine a função que relaciona a área A da parte colorida e a medida x indicada na figura.

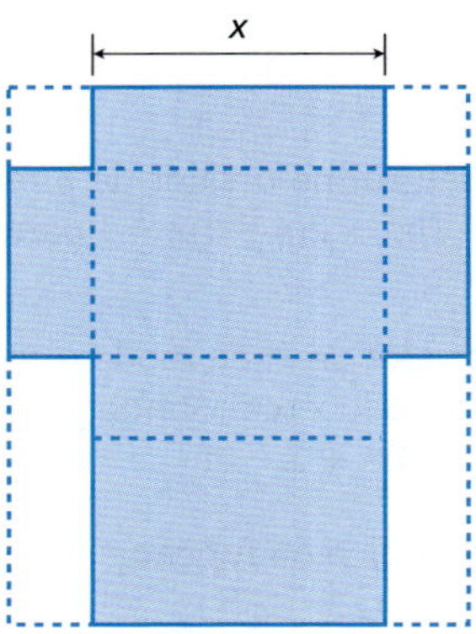

planificação da caixa

22. Embalagem. A caixa do tipo 2 do correio tem dimensões 270 × 180 × 90 mm.

RODRIGO CARRARO/CID

Considere que, para produzir essa caixa, foi necessária uma folha de papelão de dimensões 450 mm por 540 mm, e que alguns cantos dessa folha foram recortados para obter a planificação da caixa (figura I).

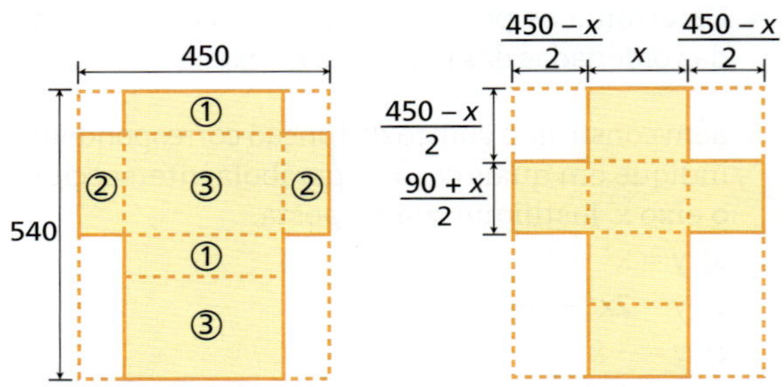

Figura I   Figura II

a) Calcule a área de cada parte da planificação destacada na figura I.

b) Considere outra folha com as mesmas dimensões da folha da figura usada na planificação de outra caixa (figura II). Determine a lei e o domínio da função que relaciona a área A dessa planificação e a medida x indicada na figura II. Desenhe o esboço do gráfico dessa função.

23. Economia. O lucro de uma empresa é dado pela lei $L(x) = -x^2 + 8x - 7$, em que x é a quantidade vendida (em milhares de unidades) e L é o lucro (em milhares de reais).

a) Determine os valores de x para os quais o lucro é positivo.

b) Calcule a quantidade que se deve vender para se obter lucro máximo.

c) Determine o lucro máximo.

Questões de vestibular

1. (FGV) Sabe-se que o custo por unidade de mercadoria produzida de uma empresa é dado pela função $C(x) = x + \frac{10.000}{x} - 60$, onde $C(x)$ é o custo por unidade, em R\$, e x é o total de unidades produzidas. Nas condições dadas, o custo total mínimo em que a empresa pode operar, em R\$, é igual a:

4.5 Visão do especialista

a) 3.600,00
b) 3.800,00
c) 4.000,00
d) 4.200,00
e) 4.400,00

2. (Mackenzie-SP) Considere o polinômio $P(x)$, do segundo grau, tal que $P(x) - P(x + 1) = x$, qualquer que seja x real. Sabendo-se que $P(0) = 0$, assinale, dentre as alternativas, o melhor esboço do gráfico de $y = P(x)$:

a)
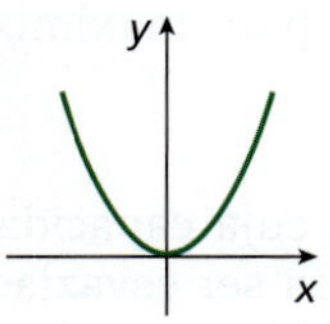

d)
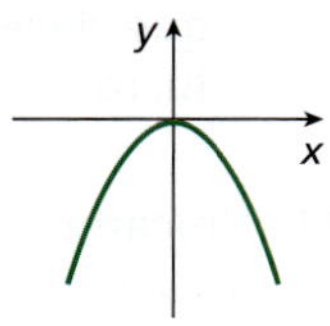

b)
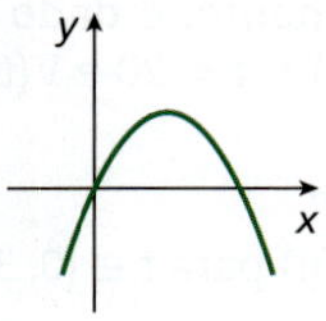

e)
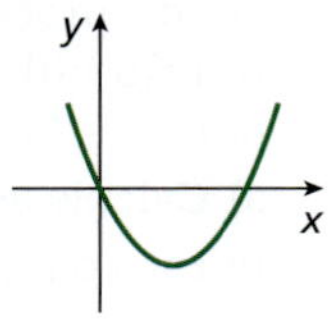

c)
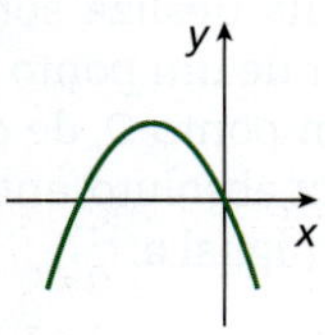

3. (Fatec-SP) Sejam as funções f e g, de $\mathbb{R}$ em $\mathbb{R}$, definidas, respectivamente, por $f(x) = 2 - x$ e $g(x) = x^2 - 1$. Com relação à função $g \circ f$, definida por $(g \circ f)(x) = g(f(x))$, é verdade que:

a) a soma dos quadrados de suas raízes é igual a 16.
b) o eixo de simetria de seu gráfico é $y = 2$.
c) o seu valor mínimo é -1.
d) o seu conjunto imagem está contido em $[0, +\infty[$.
e) $(g \circ f)(x) < 0$ se, e somente se, $0 < x < 3$.

4. (Unifesp) As figuras **A** e **B** representam dois retângulos de perímetros iguais a 100 cm, porém de áreas diferentes, iguais a 400 cm² e 600 cm², respectivamente.

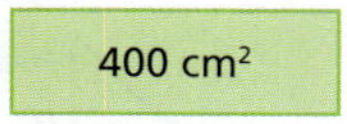

Figura A

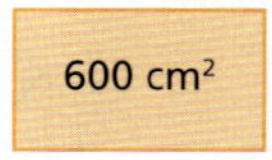

Figura B

A figura **C** exibe um retângulo de dimensões $(50 - x)$ cm e x cm, de mesmo perímetro que os retângulos das figuras **A** e **B**.

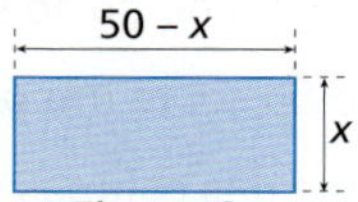

Figura C

a) Determine a lei, $f(x)$, que expressa a área do retângulo da figura **C**, e exiba os valores de x que fornecem a área do retângulo da figura A.
b) Determine a maior área possível para um retângulo nas condições da figura **C**.

5. (UEL-PR) Um grupo de amigos alugou um ônibus com 40 lugares para uma excursão. Foi combinado com o dono do ônibus que cada participante pagaria R\$ 60,00 pelo seu lugar e mais uma taxa de R\$ 3,00 para cada lugar não ocupado. O dono do ônibus receberá, no máximo:

a) R\$ 2.400,00
b) R\$ 2.520,00
c) R\$ 2.620,00
d) R\$ 2.700,00
e) R\$ 2.825,00

6. (Vunesp) Em uma loja, todos os CDs de uma determinada seção estavam com o mesmo preço y. Um jovem escolheu, nessa seção, uma quantidade x de CDs, totalizando R\$ 60,00.

a) Determine y em função de x.
b) Ao pagar sua compra no caixa, o jovem ganhou, de bonificação, 2 CDs a mais, da mesma seção, e, com isso, cada CD ficou R\$ 5,00 mais barato. Com quantos CDs o jovem saiu da loja e a que preço saiu realmente cada CD incluindo os CDs que ganhou?

7. (PUC) Considere que o material usado na confecção de um certo tipo de tapete tem um custo de R\$ 40,00. O fabricante pretende colocar cada tapete à venda por x reais e, assim, conseguir vender $(100 - x)$ tapetes por mês. Nessas condições, para que, mensalmente, seja obtido um lucro máximo, cada tapete deverá ser vendido por:

a) R\$ 55,00
b) R\$ 60,00
c) R\$ 70,00
d) R\$ 75,00
e) R\$ 80,00

8. (Fuvest-SP) Suponha que um fio suspenso entre duas colunas de mesma altura h, situadas à distância d (ver figura), assuma a forma de uma parábola.

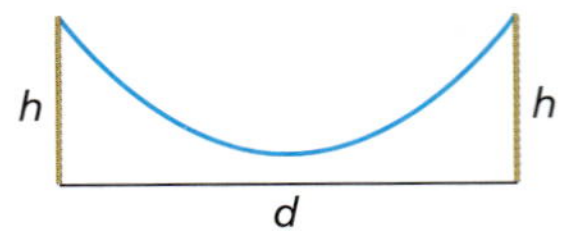

Suponha também que:

(I) a altura mínima do fio ao solo seja igual a 2;

(II) a altura do fio sobre um ponto no solo que dista $\frac{d}{4}$ de uma das colunas seja igual a $\frac{h}{2}$.

Se $h = 3\frac{d}{8}$, então d vale:

a) 14
b) 16
c) 18
d) 20
e) 22

9. (FGV) Sejam f e g funções quadráticas, com $f(x) = ax^2 + bx + c$. Sabe-se que o gráfico de g é simétrico ao de f em relação ao eixo y, como mostra a figura.

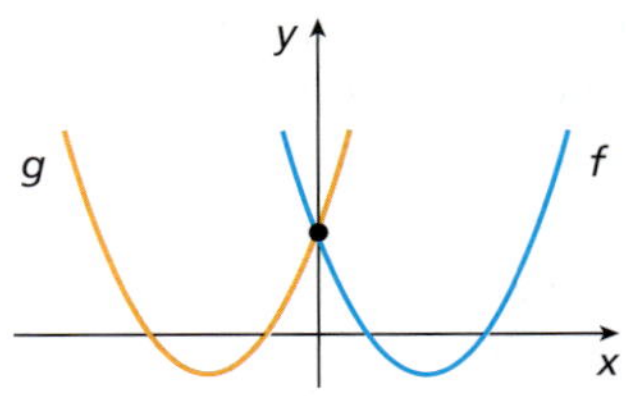

Os pontos P e Q localizam-se nos maiores zeros das funções f e g, e o ponto R é o intercepto de f e g com o eixo y. Portanto, a área do triângulo PQR, em função dos parâmetros a, b e c da função f, é:

a) $\frac{(a - b) \cdot c}{2}$
b) $\frac{(a + b) \cdot c}{2}$
c) $-\frac{a \cdot b \cdot c}{2}$
d) $-\frac{b \cdot c}{2 \cdot a}$
e) $\frac{c^2}{2 \cdot a}$

10. (Fuvest-SP) Seja $f(x) = ax^2 + (1 - a)x + 1$, onde a é um número real diferente de zero.

4.6 Visão do especialista

Determine os valores de a para os quais as raízes da equação $f(x) = 0$ são reais e o número $x = 3$ pertence ao intervalo fechado compreendido entre as raízes.

11. (UFMG) A secção transversal de um túnel tem a forma de um arco de parábola, com 10 m de largura na base e altura máxima de 6 m, que ocorre acima do ponto médio da base. De cada lado, é reservado 1,5 m para passagem de pedestres, e o restante é dividido em duas pistas para veículos. As autoridades só permitem que um veículo passe por esse túnel caso tenha uma altura de, no máximo, 30 cm a menos que a altura mínima do túnel sobre as pistas para veículos. Calcule a altura máxima que um veículo pode ter para que sua passagem pelo túnel seja permitida.

12. (FGV) Quando uma pizzaria cobra R\$ 14,00 por pizza, 80 unidades são vendidas por dia. Quando o preço é R\$ 12,00 por pizza, 90 unidades são vendidas.

a) Admitindo que a quantidade vendida (y) seja função do 1º grau do preço (x), qual o preço que deve ser cobrado para maximizar a receita diária?

b) Se a relação entre y e x fosse $y = -4x - 160$ e o custo de cada pizza R\$ 8,00, qual o preço que deveria ser cobrado para maximizar o lucro?

13. (Unicamp-SP) Uma piscina, cuja capacidade é de 120 m^3, leva 20 horas para ser esvaziada. O volume de água na piscina, t horas após o início do processo de esvaziamento, é dado pela função $V(t) = a(b - t)^2$ para $0 \leqslant t \leqslant 20$ e $V(t) = 0$ para $t \geqslant 20$.

a) Calcule as constantes a e b.

b) Faça o gráfico da função V(t) para $t \in \{0, 30\}$.

14. (Mackenzie-SP) Uma partícula desliza sobre a curva $y = x^2 - 3x - 4$, a partir de um ponto P, de ordenada 14, até chegar a um ponto Q, de ordenada −4. A diferença, em valor absoluto, entre as abscissas de P e de Q pode ser igual a:

a) 6
b) 4
c) 5
d) 7
e) 8

Capítulo 5

Função modular

TIM GRAHAM/MOTORING PICTURE LIBRARY/ALAMY/OTHER IMAGES

Objetivos do capítulo:

- ✔ Identificar uma função modular.
- ✔ Analisar o gráfico de uma função modular.
- ✔ Resolver equações modulares.
- ✔ Resolver inequações modulares.

Às vezes, ao calcular a velocidade de um automóvel, podemos encontrar um valor negativo. Esse valor mostra apenas que o veículo está em sentido oposto ao sentido positivo preestabelecido para a trajetória.

1 Módulo ou valor absoluto de um número real

O conceito de módulo pode ser aplicado em diversas áreas do conhecimento. Na verificação e inspeção de instrumentos de pesagem não automáticos, por exemplo, o Instituto Nacional de Metrologia, Qualidade e Tecnologia (Inmetro) estabelece que, ao pesar uma mesma carga várias vezes, a diferença entre os resultados obtidos não pode ser superior ao valor absoluto (isto é, ao módulo) do erro máximo admissível pela balança. As balanças empregadas na pesagem de veículos pesados nas estradas, como caminhões e ônibus, são instrumentos de pesagem não automáticos.

JACEK/KINO

Cerca de 9,6 milhões de caminhões e ônibus passaram pelos Postos de Pesagem de Veículos (PPVs) nas rodovias do Brasil durante o ano de 2010.

Outro exemplo é o estudo da Cinemática, com problemas em que, ao calcular a velocidade de um móvel, é possível obter resultado negativo, como –120 km/h. Esse resultado significa que, em módulo ou valor absoluto, a velocidade do móvel é 120 km/h; o sinal negativo indica apenas que o móvel está no sentido contrário ao da trajetória.

- **Módulo**, ou **valor absoluto**, de um número real x, indicado por $|x|$, é definido como:

$$|x| = x, \text{ se } x \geqslant 0 \quad \text{e} \quad |x| = -x, \text{ se } x < 0$$

Exemplos

a) $|4| = 4$

b) $|0{,}25| = 0{,}25$

c) $|0| = 0$

d) $\left|\dfrac{5}{6}\right| = \dfrac{5}{6}$

e) $|-4| = 4$

f) $|-\sqrt{2}| = \sqrt{2}$

Geometricamente, o módulo de um número real x corresponde, na reta real, à distância da origem ao ponto associado ao número x. Por exemplo:

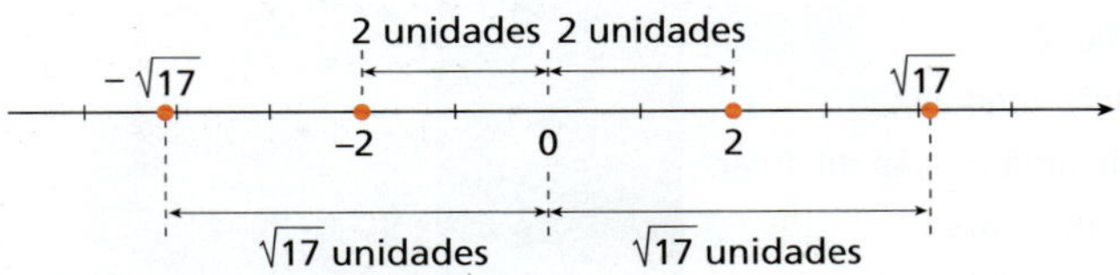

a) $|\sqrt{17}| = \sqrt{17}$ (distância do ponto associado a $-\sqrt{17}$ até a origem)

b) $|\sqrt{17}| = \sqrt{17}$ (distância do ponto associado a $\sqrt{17}$ até a origem)

c) $|-2| = 2$ (distância do ponto associado a -2 até a origem)

d) $|2| = 2$ (distância do ponto associado a 2 até a origem)

Observação:

Para $a \geqslant 0$, $\sqrt{a}$ representa a raiz quadrada não negativa de a. Dessa forma, podemos escrever:

$$\sqrt{a} = b, \text{ se } b \geqslant 0 \text{ e } b^2 = a$$

Observamos, então, que $\sqrt{(x)^2} = x$ é verdadeira somente para $x \geqslant 0$.

Por exemplo, para $x = -5$, temos: $\sqrt{(x)^2} = \sqrt{(-5)^2} = \sqrt{25} = 5 \neq x$

Ou seja, para $x = -5$, a sentença $\sqrt{x^2} = x$ é falsa.

Portanto, para todo $x \in \mathbb{R}$, temos:

$$\sqrt{x^2} = |x| = \begin{cases} x, \text{ se } x \geqslant 0 \\ -x, \text{ se } x < 0 \end{cases}$$

Exemplos

a) $\sqrt{(2-\sqrt{5})^2} = |2-\sqrt{5}| = -(2-\sqrt{5}) = \sqrt{5}-2$, pois $2-\sqrt{5}$ é negativo.

b) $\sqrt{(x-3)^2} = |x-3| = \begin{cases} x-3, \text{ se } x \geq 3 \\ -x+3, \text{ se } x < 3 \end{cases}$

c) $\sqrt{(x^2+1)^2} = |x^2+1| = x^2+1$, pois x^2+1 é positivo para qualquer $x \in \mathbb{R}$.

2 Função modular

2.1 Definição de função modular

Considerando qualquer número real x, o módulo de x sempre existe e ele é único. Assim, podemos definir uma função que associa qualquer número real com seu módulo.

Função modular é a função $f: \mathbb{R} \to \mathbb{R}$ tal que: $f(x) = |x|$, ou seja, $f(x) = \begin{cases} x, \text{ se } x \geq 0 \\ -x, \text{ se } x < 0 \end{cases}$

Note que essa função é formada por duas sentenças.

Há ainda funções que podem ser obtidas da função modular.

Exemplos

a) $f(x) = |x| - 3$

b) $i(x) = 9|x^2 + x|$

c) $g(x) = \left|-\frac{1}{3}x + 1\right|$

d) $j(x) = |x| + |x+1|$

e) $h(x) = |\sqrt{2} - x^2| + 7$

f) $l(x) = \frac{|x^2 - 6|}{5}$

2.2 Gráfico da função modular

Vamos estudar a função modular $f(x) = |x|$. Para obter alguns pontos do gráfico relativo a ... atribuímos valores para x e calculamos as correspondentes imagens y, dividindo o ... 0, gráfico para $x < 0$ e gráfico final.

Gráfico de $f(x) = x$

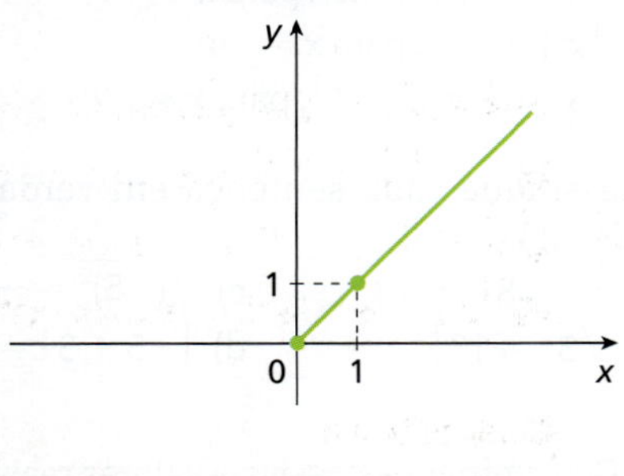

...arte de uma
...eus pontos e

...
...
...)

Gráfico de $f(x) = -x$

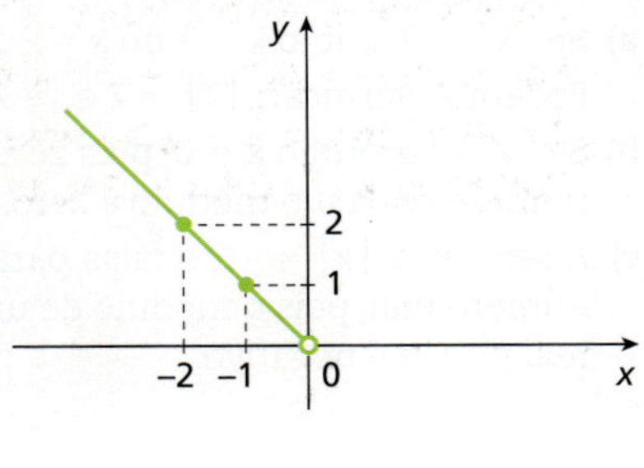

...$-x$

... de uma função
... de seus pontos:

..., y)
...1, 1)
...2, 2)

Reunindo os dois gráficos, formamos o gráfico da função modular $f(x) = |x|$:

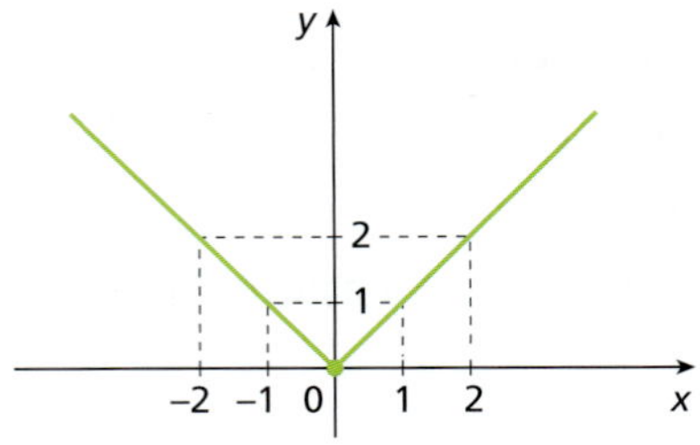

Observe que: $D(f) = \mathbb{R}$ e $\text{Im}(f) = \mathbb{R}_+$

Exercícios

R1. Calcular $|x + 1|$ para:

a) $x = 7$

b) $x = -8$

c) qualquer número real.

➤ Resolução

a) para $x = 7$: $|x + 1| = |7 + 1| = |8| = 8$

b) para $x = -8$: $|x + 1| = |-8 + 1| = |-7| = 7$

c) Pela definição de módulo, temos duas possibilidades:

- $|x + 1| = x + 1$, se $x + 1 \geqslant 0$, ou seja, se $x \geqslant -1$
- $|x + 1| = -(x + 1)$, se $x + 1 < 0$, ou seja, se $x < -1$

Portanto: $|x + 1| = \begin{cases} x + 1, \text{ se } x \geqslant -1 \\ -x - 1, \text{ se } x < -1 \end{cases}$

1. Calcule o valor das expressões.

a) $|-3 + 2| + |7 - 10| - |5 - 8|$

b) $|10 - 5 + 1| - |-14 - 18| + |10 - 48|$

c) $|-y| + |x|$, para $y = -5$ e $x = -3$

d) $|x|^2 - |x| + |x|$, para $x = -4$

e) $|x^2|$ e $|x|^2$, para $x = -4$

f) $|8 - x| + |x - 4|$, para $x = -2$

2. Classifique cada sentença em verdadeira (V) ou falsa (F).

a) $|5 - 8| = -3$

b) $\sqrt{3^2} = |3|$

c) $\sqrt{(-5)^2} = -5$

d) $|-5 + 3| = |-5| + |3|$

R2. Determinar os possíveis valores reais de x para:

a) $|x| = 7$ b) $|x| = 0$ c) $|x| = -3$

➤ Resolução

a) Se $|x| = 7$, então $x = 7$ ou $x = -7$.
Podemos verificar: $|7| = 7$ e $|-7| = 7$

b) Se $|x| = 0$, então $x = 0$, pois zero é o único número real cujo módulo é zero.

c) A sentença $|x| = -3$ é falsa para qualquer número real, pois o módulo de um número real nunca é negativo.

3. Determine os possíveis valores reais de x em cada caso.

a) $|x| = 16$

b) $x = |-8|$

c) $x = |8|$

d) $|x| = \dfrac{49}{80}$

e) $|x| = -1$

R3. Determinar uma expressão equivalente a cada caso, sem usar módulo.

a) $|x - 5|$ para $x > 5$.

b) $|x - 5| - |x - 3|$ para $x \in \mathbb{R}$.

➤ Resolução

a) Se $x > 5$, temos: $x - 5 > 0$
Portanto: $|x - 5| = x - 5$ para $x > 5$.

b) Para $x \in \mathbb{R}$, devemos analisar três casos:

- Se $x < 3$, temos $x - 5 < 0$ e $x - 3 < 0$.
Portanto:
$|x - 5| - |x - 3| = -x + 5 - (-x + 3) = 2$
- Se $3 \leqslant x \leqslant 5$, temos $x - 5 \leqslant 0$ e $x - 3 \geqslant 0$.
Portanto:
$|x - 5| - |x - 3| =$
$= -x + 5 - (x - 3) = -2x + 8$
- Se $x > 5$, temos $x - 5 > 0$ e $x - 3 > 0$.
Portanto:
$|x - 5| - |x - 3| = x - 5 - (x - 3) = -2$

Logo:

$$|x - 5| - |x - 3| = \begin{cases} 2, \text{ se } x < 3 \\ -2x + 8, \text{ se } 3 \leqslant x \leqslant 5 \\ -2, \text{ se } x > 5 \end{cases}$$

4. Determine uma ou mais expressões equivalentes, sem módulo, em cada caso.

a) $|x - 12|$, para $x > 12$

b) $|x - 4|$, para $x \in \mathbb{R}$

c) $|x - 5| + |x - 4|$, para $x > 5$

d) $|x - 2| + |x - 5|$, para $2 < x < 5$

e) $|x - 4| - |x - 6|$, para $x \in \mathbb{R}$

5. Sabendo que x é qualquer número real, qual é o maior valor que cada expressão pode assumir? Qual é o valor de x nessa situação?

a) $5 - |x|$

b) $10 - |x - 1|$

c) $7 - |x - 4|$

d) $-2 - |3x|$

R4. Construir o gráfico da função $g(x) = |x| + 1$.

➤ Resolução

5.1 Biblioteca do estudante

Para definir os pontos do gráfico, faremos duas tabelas:

- para $x \geq 0$, $g(x) = |x| + 1 = x + 1$

Como para esse intervalo obtemos uma função cujo gráfico é uma semirreta, basta determinar dois pontos:

x	$y = g(x) = x + 1$	(x, y)
0	$y = g(0) = 0 + 1$	(0, 1)
1	$y = g(1) = 1 + 1$	(1, 2)

- para $x < 0$, $g(x) = |x| + 1 = -x + 1$

x	$y = g(x) = -x + 1$	(x, y)
−1	$y = g(-1) = -(-1) + 1$	(−1, 2)
−2	$y = g(-2) = -(-2) + 1$	(−2, 3)

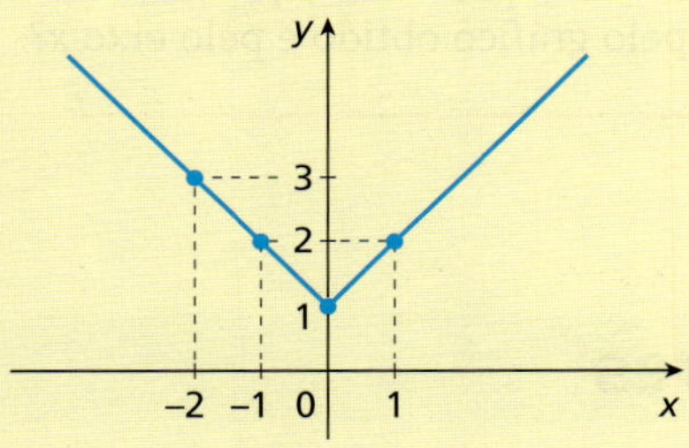

Observe que o gráfico da função $g(x) = |x| + 1$ é o gráfico da função $f(x) = |x|$ transladado 1 unidade para cima.

6. Construa o gráfico e determine o conjunto imagem das funções de $\mathbb{R}$ em $\mathbb{R}$.

a) $g(x) = |x| -$ ...

b) $h(x) = |x + 2$ ...

c) $i(x) = |x + 2|$ ...

7. Como você des... exercício anteri... gráfico de $f(x) =$ ...

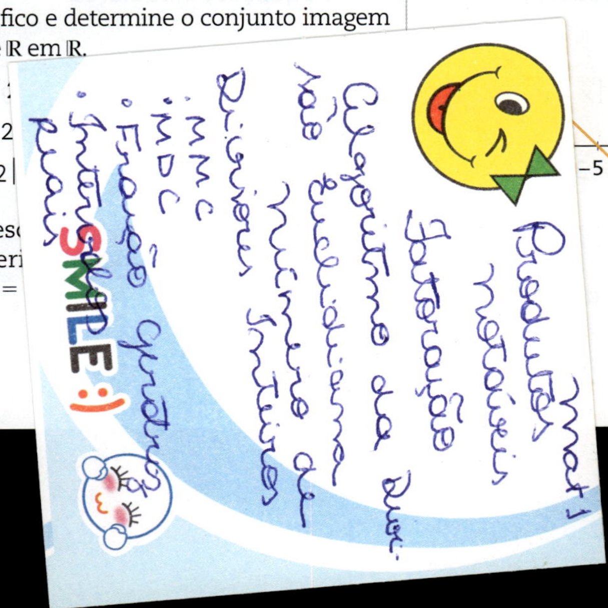

R5. Estudar o sinal da função $h(x) = |x - 1|$ e verificar em que intervalos ela é crescente e em quais ela é decrescente.

➤ Resolução

Para estudar o sinal da função, vamos construir seu gráfico. Observando que a expressão se anula para $x = 1$, faremos duas tabelas:

- para $x \geq 1$, $h(x) = |x - 1| = x - 1$.

x	$y = h(x) = x - 1$	(x, y)
1	$y = h(1) = 1 - 1$	(1, 0)
2	$y = h(2) = 2 - 1$	(2, 1)

- para $x < 1$, $h(x) = |x - 1| = -x + 1$.

x	$y = h(x) = -x + 1$	(x, y)
0	$y = h(0) = -0 + 1$	(0, 1)
−1	$y = h(-1) = -(-1) + 1$	(−1, 2)

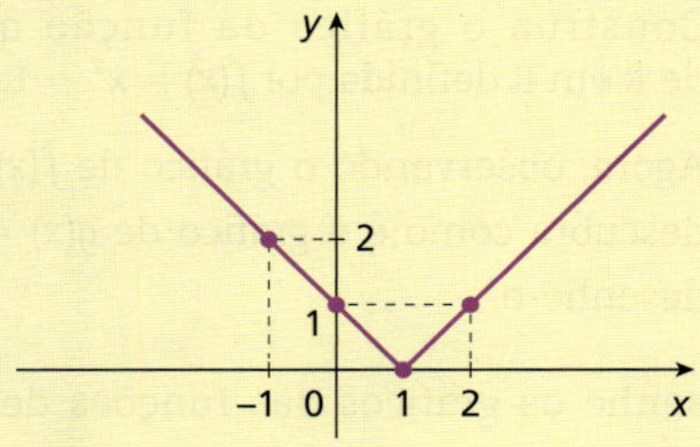

Analisando o gráfico, concluímos que a função h:

- é positiva para $\mathbb{R} - \{1\}$;
- não tem valores negativos;
- é nula para $x = 1$;
- é decrescente em $]-\infty, 1]$;
- é crescente em $[1, +\infty[$.

8. Estude o sinal da função representada abaixo e verifique em quais intervalos ela é crescente e em quais ela é decrescente.

$m: \mathbb{R} \to \mathbb{R}$

$m(x) = |x + 3| - 2$

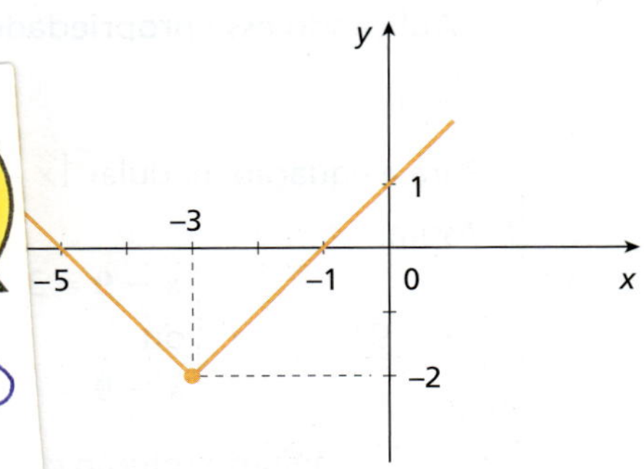

9. Identifique o gráfico da função definida por $f(x) = |x - 2| + 3$ e estude seu sinal. Escreva a lei de cada função representada pelos outros gráficos.

a)

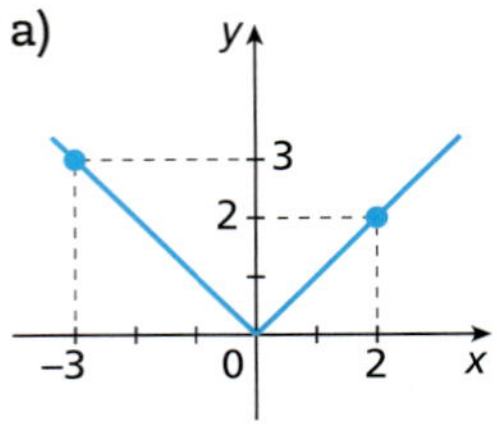

c)

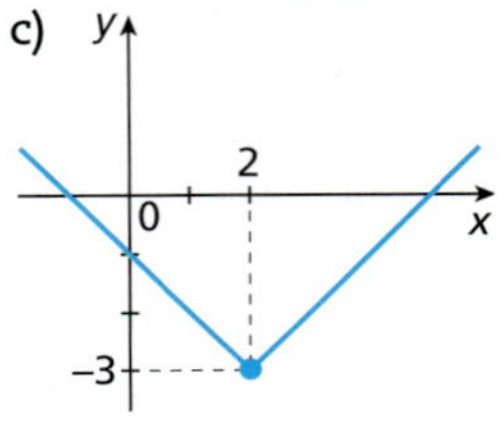

b)

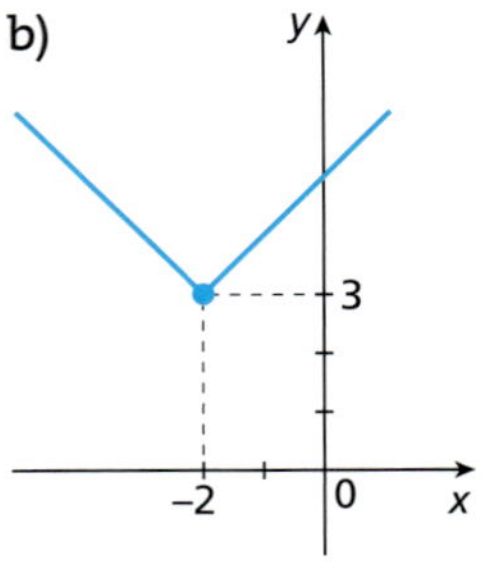

d)

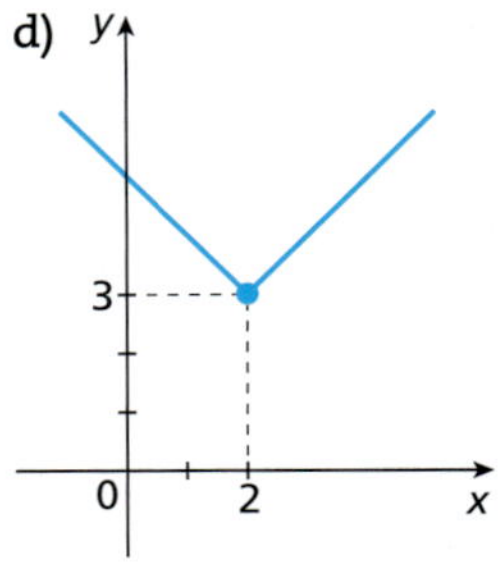

10. a) Construa o gráfico da função quadrática de $\mathbb{R}$ em $\mathbb{R}$ definida por $f(x) = x^2 - 1$.

b) Agora, observando o gráfico de $f(x) = x^2 - 1$, descubra como é o gráfico de $g(x) = |x^2 - 1|$ e desenhe-o.

11. Desenhe os gráficos das funções de $\mathbb{R}$ em $\mathbb{R}$ a seguir.

a) $f(x) = |x^2 - 9|$

b) $g(x) = |x^2 - 6x + 8|$

c) $h(x) = |x^2 - 2x + 1|$

d) $i(x) = |-2x^2 + 4x - 5|$

12. Em cada caso, determine a área do triângulo delimitada pelos gráficos das funções.

5.1 Visão do especialista

a) $f(x) = 2$ e $g(x) = |x|$

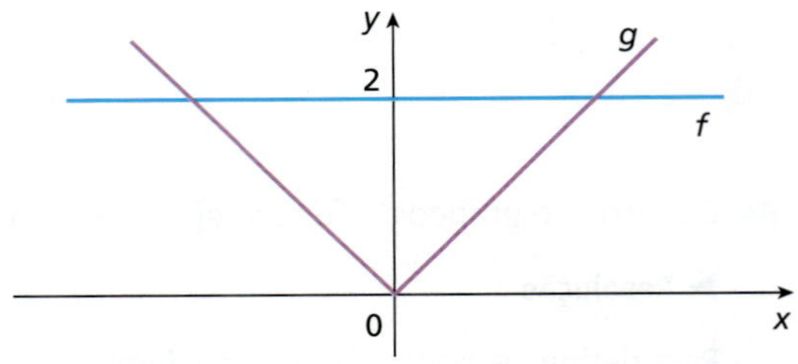

b) $f(x) = -3$ e $g(x) = -|x - 3| + 1$

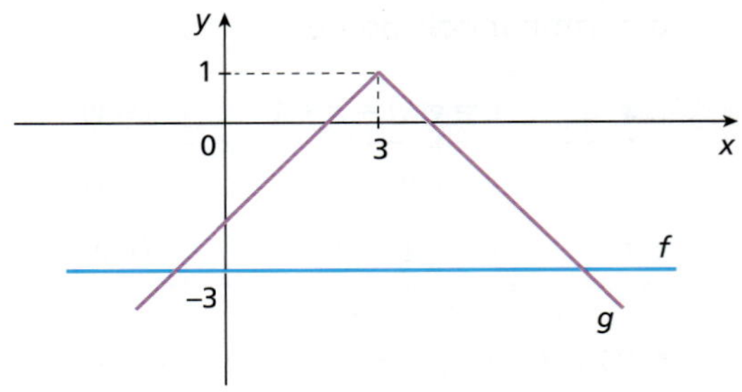

13. Sabe-se que o gráfico da função g dada por $g(x) = f(x) + 1$ pode ser obtido do gráfico de f, transladando-o 1 unidade para cima. Ao transladar o gráfico da função $h(x) = -|x|$ verticalmente 3 unidades para cima, qual será a área delimitada pelo gráfico obtido e pelo eixo x?

3 Equações e inequações modulares

3.1 Equações modulares

Uma equação é chamada de **equação modular** quando a incógnita aparece em módulo.

Você já sabe que se $x \in \mathbb{R}$ e $m > 0$, vale a seguinte propriedade: $|x| = m \Leftrightarrow x = m$ ou $x = -m$

Aplicando essa propriedade, podemos resolver equações modulares.

Exemplo

Para a equação modular $|x - 9| = 3$ ser válida, devemos ter $x - 9 = 3$ ou $x - 9 = -3$.

Assim:

$$|x - 9| = 3 \Leftrightarrow \begin{cases} x - 9 = 3 \Rightarrow x = 12 \\ \text{ou} \\ x - 9 = -3 \Rightarrow x = 6 \end{cases}$$

Logo, o conjunto solução da equação é: $S = \{6, 12\}$

3.2 Inequações modulares

Uma inequação é chamada de **inequação modular** quando a incógnita aparece em módulo.

Exemplos

a) $|x| \geqslant 28$

b) $-\sqrt{7}\,|x| + 1 \leqslant 5$

c) $|x| + 1 < 25$

d) $8\,|x^2| > -x$

e) $|4x - 3| \geqslant 2$

f) $|-5x^2 - 0{,}2| < 0$

Sendo a um número real, com $a > 0$, resolvemos uma inequação modular da seguinte forma:

- $|x| > a \Leftrightarrow x < -a$ ou $x > a$
- $|x| < a \Leftrightarrow -a < x < a$

Para visualizar essas propriedades, observe o gráfico ao lado.

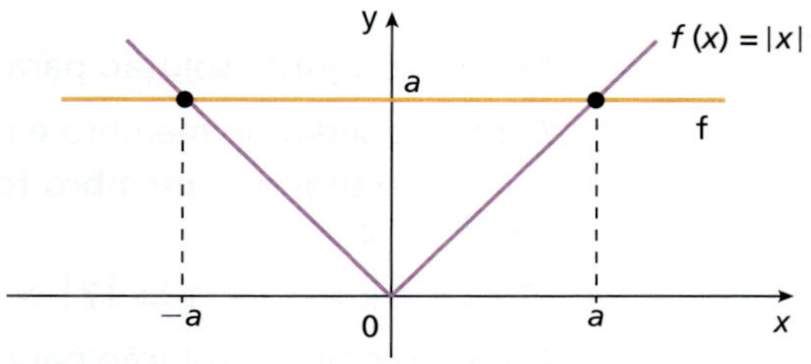

Para resolver outras inequações modulares, devemos efetuar algumas operações com conjuntos.

Acompanhe os exemplos a seguir.

a) Vamos determinar os valores reais de x que satisfazem a inequação $|x - 1| < 3$.

Primeiro, escrevemos a inequação modular como uma inequação simultânea:

$$|x - 1| < 3 \Leftrightarrow \underbrace{-3 < \overbrace{x - 1}^{}}_{\text{(I)}}\overbrace{< 3}^{\text{(II)}}$$

A seguir, resolvemos cada uma das inequações:

(I) $-3 < x - 1 \Rightarrow -3 + 1 < x \Rightarrow x > -2$

Portanto: $S_1 = \{x \in \mathbb{R} \mid x > -2\}$

(II) $x - 1 < 3 \Rightarrow x < 3 + 1 \Rightarrow x < 4$

Portanto: $S_2 = \{x \in \mathbb{R} \mid x < 4\}$

A solução final será a intersecção das soluções S_1 e S_2:

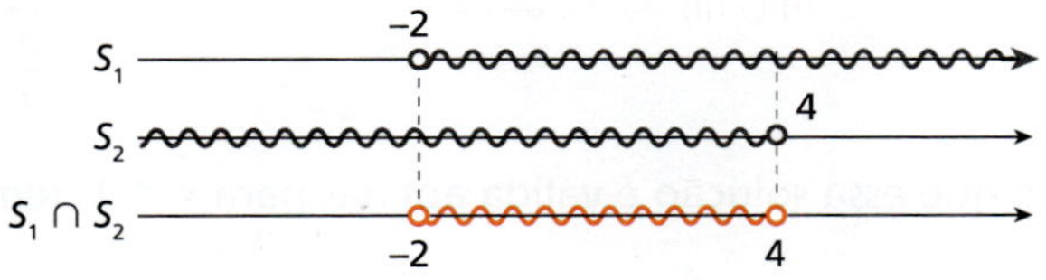

Logo, o conjunto solução da inequação $|x - 1| < 3$ é:

$S = \{x \in \mathbb{R} \mid -2 < x < 4\}$ ou $S =]-2, 4[$

Podemos representar geometricamente essa inequação.

Considerando $f(x) = |x - 1|$ e $g(x) = 3$, temos os gráficos abaixo. Como queremos resolver a inequação $|x - 1| < 3$, a solução será todos os valores de x para os quais $f(x) < g(x)$. Observando os gráficos, concluímos: $S =]-2, 4[$

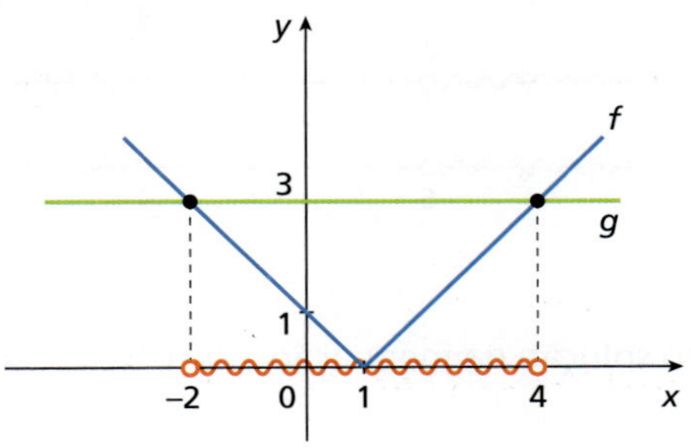

b) Vamos resolver a inequação $|2x + 5| > -x + 1$, em $\mathbb{R}$.

Para resolver essa inequação, estudamos o segundo membro da desigualdade, classificando-o nos seguintes casos: 1º caso, o segundo membro é negativo; 2º caso, o segundo membro é nulo; 3º caso, o segundo membro é positivo.

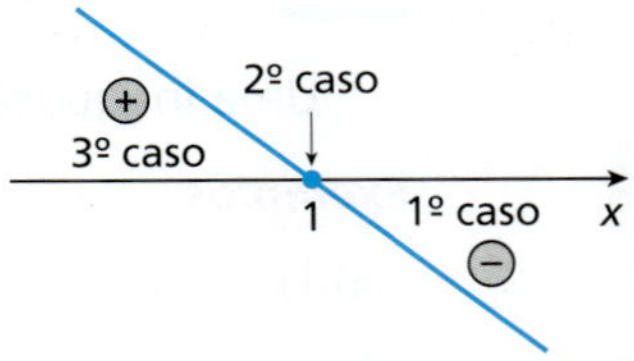

A solução da inequação será a união das soluções obtidas em cada caso.

1º caso: o segundo membro é negativo, ou seja: $-x + 1 < 0 \Rightarrow x > 1$

Quando o segundo membro for negativo, ou seja, para $x > 1$, a desigualdade sempre será válida, pois o primeiro membro da inequação, $|2x + 5|$, sempre será maior que um número negativo.

Assim, o conjunto solução para esse caso é: $S_1 = \{x \in \mathbb{R} \mid x > 1\}$

2º caso: o segundo membro é nulo, ou seja: $-x + 1 = 0 \Rightarrow x = 1$

Quando o segundo membro for nulo, ou seja, para $x = 1$, teremos uma desigualdade verdadeira, pois:

$|2 \cdot 1 + 5| > -1 + 1 \Rightarrow |7| > 0 \Rightarrow 7 > 0$ (verdadeiro)

Assim, o conjunto solução para esse caso é: $S_2 = \{1\}$

3º caso: o segundo membro é positivo, ou seja: $-x + 1 > 0 \Rightarrow x < 1$

Quando o segundo membro for positivo, ou seja, para $x < 1$, teremos:

$|2x + 5| > -x + 1 \Leftrightarrow 2x + 5 < -(-x + 1)$ ou $2x + 5 > -x + 1$

Resolvendo as duas inequações:

(I) $2x + 5 < -(-x + 1) \Rightarrow 2x + 5 < x - 1 \Rightarrow 2x - x < -1 - 5 \Rightarrow x < -6$

(II) $2x + 5 > -x + 1 \Rightarrow 2x + x > 1 - 5 \Rightarrow 3x > -4 \Rightarrow x > -\dfrac{4}{3}$

Como a inequação modular gerou duas possibilidades, a inequação (I) **ou** a inequação (II), a solução para esse caso é a união das soluções parciais:

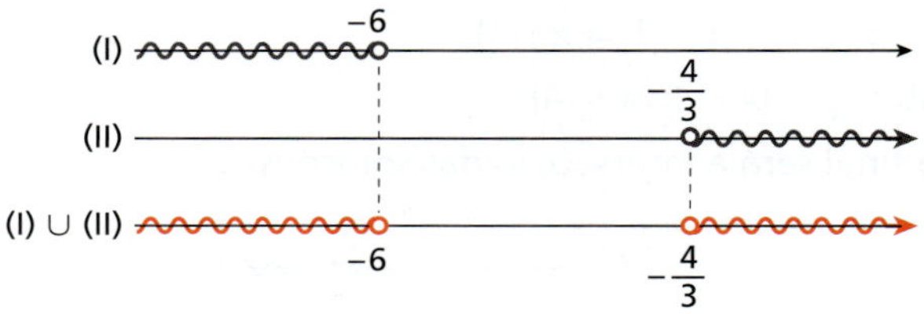

Lembrando que essa solução é válida apenas para $x < 1$, temos:

$$S_3 = \left\{x \in \mathbb{R} \mid x < -6 \text{ ou } -\frac{4}{3} < x < 1\right\}$$

Para finalizar, vamos unir as soluções encontradas em cada caso:

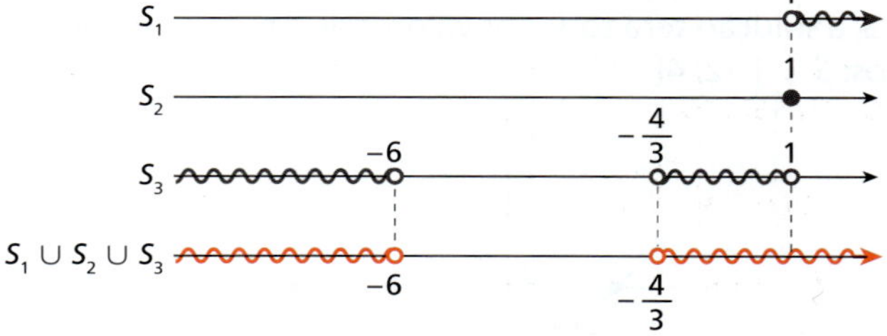

Logo, o conjunto solução da inequação $|2x + 5| > -x + 1$ é: $S = \left\{x \in \mathbb{R} \mid x < -6 \text{ ou } x > -\frac{4}{3}\right\}$

5.1 Conteúdo multimídia

c) Agora vamos determinar os valores reais de x que satisfazem a inequação $|x^2| < 1$.

Escrevendo essa inequação como uma inequação simultânea temos:

$$|x^2| < 1 \Leftrightarrow \underbrace{-1 < \overbrace{x^2}^{} }_{(I)}\!\!\!\!\overbrace{\;< 1}^{(II)}$$

(I) $x^2 > -1$

Essa inequação é válida para todo x real. Portanto, $S_1 = \mathbb{R}$.

(II) $x^2 < 1 \Rightarrow x^2 - 1 < 0$

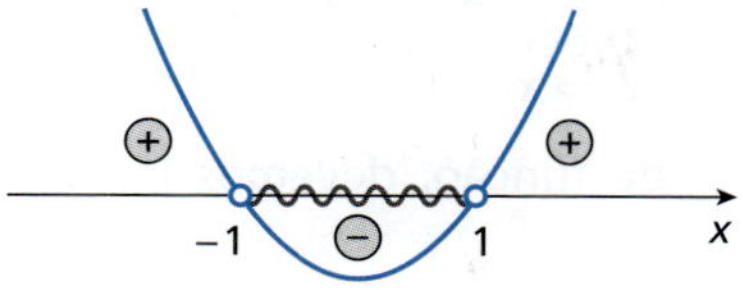

Portanto: $S_2 = \{x \in \mathbb{R} \mid -1 < x < 1\}$

A solução final será a intersecção das soluções S_1 e S_2:

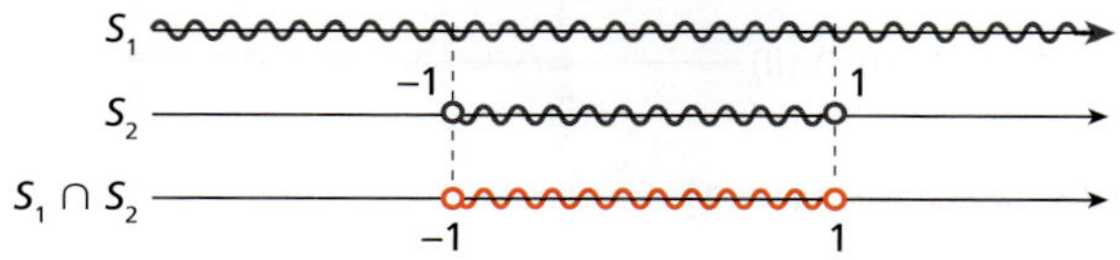

Logo: $S = \{x \in \mathbb{R} \mid -1 < x < 1\}$

3.3 Identificação do domínio de uma função por meio de inequações

Recorrendo ao estudo que fizemos das inequações, podemos identificar o domínio de algumas funções que apresentam restrição de domínio por causa da natureza de sua lei.

Exemplos

a) Vamos identificar o domínio da função dada pela lei $y = \dfrac{-2x^2}{|3 - x^2|} + \dfrac{1}{\sqrt{x - 1}}$.

Para $y = \dfrac{-2x^2}{|3 - x^2|} + \dfrac{1}{\sqrt{x - 1}}$ temos: $\overbrace{|3 - x^2| \neq 0}^{(I)}$ e $\overbrace{x - 1 > 0}^{(II)}$

(I) $|3 - x^2| \neq 0 \Rightarrow 3 - x^2 \neq 0 \Rightarrow x \neq -\sqrt{3}$ e $x \neq \sqrt{3}$

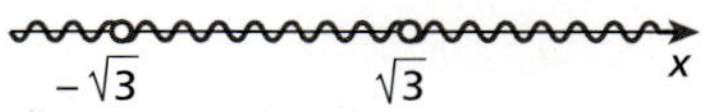

(II) $x - 1 > 0 \Rightarrow x > 1$

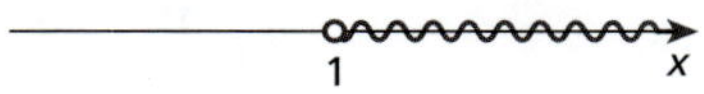

Como as condições (I) e (II) devem ocorrer juntas, fazemos a intersecção das soluções parciais para obter o domínio, ou seja, $D = (I) \cap (II)$.

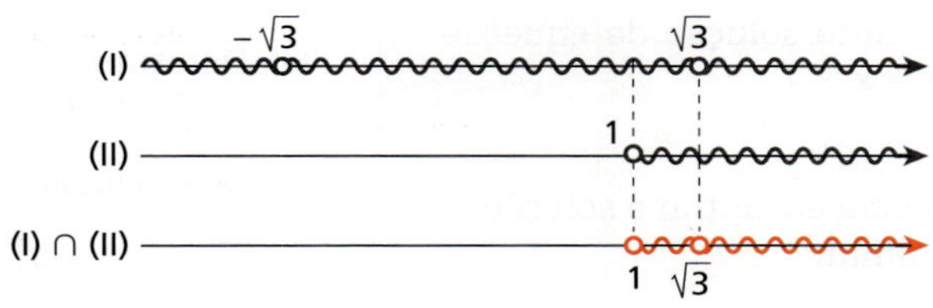

Logo: $D = \{x \in \mathbb{R} \mid x > 1 \text{ e } x \neq \sqrt{3}\}$

b) Agora, vamos identificar o domínio da função $y = \sqrt{3 - |x + 2|}$.

Para $y = \sqrt{3 - |x + 2|}$, temos:

$3 - |x + 2| \geqslant 0 \Rightarrow -|x + 2| \geqslant -3 \Rightarrow |x + 2| \leqslant 3$

Escrevemos a inequação $|x + 2| \leqslant 3$ como uma inequação simultânea.

$$|x + 2| \leqslant 3 \Leftrightarrow \underbrace{-3 \leqslant \overbrace{x + 2}^{} }_{(I)}\!\!\overbrace{\leqslant 3}^{(II)}$$

(I) $x + 2 \geqslant -3 \Rightarrow x \geqslant -3 - 2 \Rightarrow x \geqslant -5$

(II) $x + 2 \leqslant 3 \Rightarrow x \leqslant 3 - 2 \Rightarrow x \leqslant 1$

Para obter o domínio da função, devemos fazer a intersecção das soluções parciais, ou seja, $D = (I) \cap (II)$:

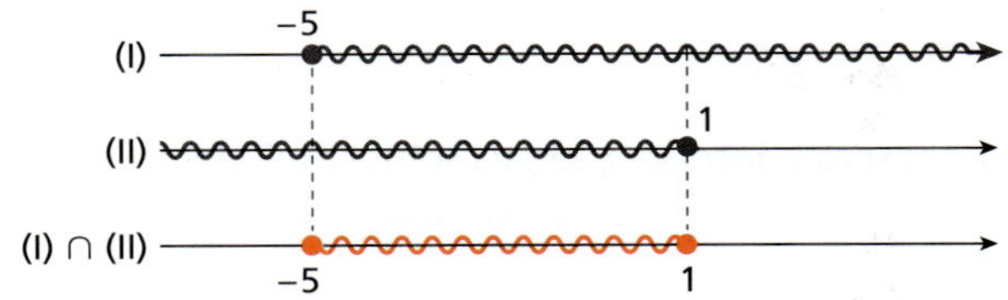

Logo: $D = \{x \in \mathbb{R} \mid -5 \leqslant x \leqslant 1\}$

Exercícios

R6. Resolver a equação modular $|3x - 9| = |x + 5|$.

➤ **Resolução**

$$|3x - 9| = |x + 5| \Leftrightarrow \begin{cases} 3x - 9 = x + 5 \\ \text{ou} \\ 3x - 9 = -(x + 5) \end{cases}$$

Resolvendo as equações, temos:

$3x - 9 = x + 5$	$3x - 9 = -x - 5$
$3x - x = 5 + 9$	$3x + x = -5 + 9$
$2x = 14$	$4x = 4$
$x = 7$	$x = 1$

Portanto: $S = \{1, 7\}$

14. Determine o conjunto solução das equações modulares.

a) $|4x - 2| = |2x - 4|$

b) $|3x + 5| = |x - 5|$

c) $|7x - 4| = |7x - 10|$

R7. Determinar o conjunto solução da equação modular $|4x - 1| = x + 4$.

➤ **Resolução**

A condição inicial para encontrar a solução dessa equação é admitir:

$$x + 4 \geqslant 0 \Rightarrow x \geqslant -4$$

Em seguida, procedemos como nos exercícios anteriores.

$$|4x - 1| = x + 4 \Leftrightarrow \begin{cases} 4x - 1 = x + 4 \\ \text{ou} \\ 4x - 1 = -(x + 4) \end{cases}$$

$4x - 1 = x + 4$	$4x - 1 = -x - 4$
$4x - x = 4 + 1$	$4x + x = -4 + 1$
$3x = 5$	$5x = -3$
$x = \frac{5}{3}$	$x = -\frac{3}{5}$

Como $\frac{5}{3}$ e $-\frac{3}{5}$ satisfazem a condição inicial ($x \geqslant -4$),

concluímos que: $S = \left\{-\frac{3}{5}, \frac{5}{3}\right\}$

15. Obtenha o conjunto solução das equações modulares.

a) $|3x + 5| = 2x + 10$

b) $|x + 3| = 2x - 6$

c) $|3x - 2| = x - 3$

R8. Determinar a solução da equação modular $|2x^2 - 7x + 3| = 0$.

➤ **Resolução**

$|2x^2 - 7x + 3| = 0 \Leftrightarrow 2x^2 - 7x + 3 = 0$

$\Delta = (-7)^2 - 4 \cdot 2 \cdot 3 = 49 - 24 = 25$

$$x = \frac{-(-7) \pm \sqrt{25}}{2 \cdot 2} = \frac{7 \pm 5}{4} \begin{cases} x_1 = \frac{12}{4} = 3 \\ x_2 = \frac{2}{4} = \frac{1}{2} \end{cases}$$

Portanto: $S = \left\{\frac{1}{2}, 3\right\}$

R9. Determinar a solução da equação modular $4|x|^2 + 11|x| - 3 = 0$.

➤ Resolução

Fazendo $|x| = y$, obtemos: $4y^2 + 11y - 3 = 0$

$\Delta = (11)^2 - 4 \cdot 4 \cdot (-3) = 121 + 48 = 169$

$$y = \frac{-11 \pm \sqrt{169}}{2 \cdot 4} = \frac{-11 \pm 13}{8} \begin{cases} y_1 = \frac{2}{8} = \frac{1}{4} \\ y_2 = \frac{-24}{8} = -3 \end{cases}$$

Como $|x| = y$, então $y = -3$ não será possível.

Logo, $|x| = \frac{1}{4} \Leftrightarrow x = -\frac{1}{4}$ ou $x = \frac{1}{4}$

Portanto: $S = \left\{-\frac{1}{4}, \frac{1}{4}\right\}$

16. Resolva as equações modulares.

a) $|8x - 3| = |2x - 4|$

b) $20 \cdot |8x + 3| = 10$

c) $|x| = x - 7$

d) $4 + |2x^2 - x - 3| = 7$

e) $|x|^2 + 4|x| + 4 = 0$

f) $\left|\frac{x - 2}{x - 5}\right| = 3$, para $x \neq 5$

17. Considere a função $g(x) = |x^2 - 5x + 4|$.

a) Qual é o valor de x para que $g(x) = -2$?

b) E para $g(x) = 2$?

18. Determine os zeros de cada função.

a) $f(x) = |x|$

b) $k(x) = |x| - 5$

c) $j(x) = 2|x| - 3$

d) $h(x) = |x|^2 - 4$

19. Determine as soluções das equações modulares.

a) $x + |x - 1| = 7$

b) $\left|\frac{x - 1}{-4 + x}\right| = 6$

c) $3|x| + x = 4$

d) $7|x|^2 + 2|x| = 0$

20. Determine o domínio das funções.

a) $f(x) = |x|^2 - 5|x| + 7$

b) $g(x) = \frac{4}{|x|}$

c) $h(x) = \frac{4}{|x - 1|}$

d) $i(x) = \frac{10 - x}{|x| - 2}$

e) $j(x) = \sqrt{|x|}$

21. Quais são as soluções reais da equação $|x| + |x - 1| = 4$?

Para resolver, siga os passos:

I. Escreva a expressão $|x| + |x - 1|$ sem usar módulo, para todos os intervalos possíveis.

II. Iguale a 4 cada expressão obtida.

III. Resolva as equações de 1º grau obtidas.

22. Determine o conjunto solução da equação $|||x-1|-3|-2| = 0$

23. Seja a função $f(x) = |x| + 2$, para todo x real, e considere a função $g(x) = f(f(x))$, para todo x real. Determine os valores de x para os quais $g(x) = 7$.

R10. Obter, em $\mathbb{R}$, o conjunto solução das inequações modulares.

a) $|2x + 1| > 5$

b) $|3x + 1| < -4$

c) $|5x + 1| \leq 3$

d) $|7x + 1| > -9$

➤ Resolução

a) $|2x + 1| > 5 \Leftrightarrow$

$\Leftrightarrow 2x + 1 < -5$ ou $2x + 1 > 5 \Rightarrow$

$\Rightarrow 2x < -6$ ou $2x > 4 \Rightarrow$

$\Rightarrow x < -3$ ou $x > 2$

Portanto: $S = \{x \in \mathbb{R} \mid x < -3 \text{ ou } x > 2\}$

b) Como $|3x + 1|$ é positivo ou nulo para todo x real, a sentença $|3x + 1| < -4$ é falsa.

Portanto: $S = \varnothing$

c) $|5x + 1| \leq 3 \Leftrightarrow -3 \leq 5x + 1 \leq 3 \Rightarrow$

$\Rightarrow -4 \leq 5x \leq 2 \Rightarrow -\frac{4}{5} \leq x \leq \frac{2}{5}$

Portanto: $S = \left\{x \in \mathbb{R} \mid -\frac{4}{5} \leq x \leq \frac{2}{5}\right\}$

d) Como $|7x + 1|$ é positivo ou nulo para todo x real, a sentença $|7x + 1| > -9$ é verdadeira qualquer que seja x real.

Portanto: $S = \mathbb{R}$

24. Determine o conjunto solução das inequações modulares.

a) $|3x + 2| \geq 7$

b) $|4x + 1| < 9$

c) $|9x - 18| > 0$

d) $|15 - 2x| < 3$

25. Obtenha, em $\mathbb{R}$, o conjunto solução da inequação $2 < |x - 1| \leq 4$.

R11. Determinar, em $\mathbb{R}$, o conjunto solução das inequações modulares.

a) $|x^2 - 5x| > 6$

b) $|x^2 - x - 4| < 2$

➤ Resolução

a) $|x^2 - 5x| > 6 \Leftrightarrow$

$\Leftrightarrow \underbrace{x^2 - 5x < -6}_{(I)}$ ou $\underbrace{x^2 - 5x > 6}_{(II)}$

(I) $x^2 - 5x < -6 \Rightarrow x^2 - 5x + 6 < 0$

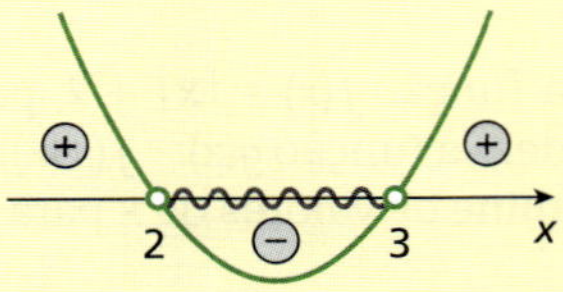

$S_1 = \{x \in \mathbb{R} \mid 2 < x < 3\}$

(II) $x^2 - 5x > 6 \Rightarrow x^2 - 5x - 6 > 0$

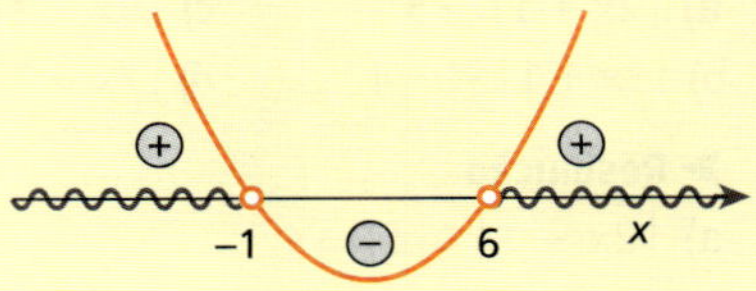

$S_2 = \{x \in \mathbb{R} \mid x < -1 \text{ ou } x > 6\}$

A solução final será a união das soluções S_1 e S_2.

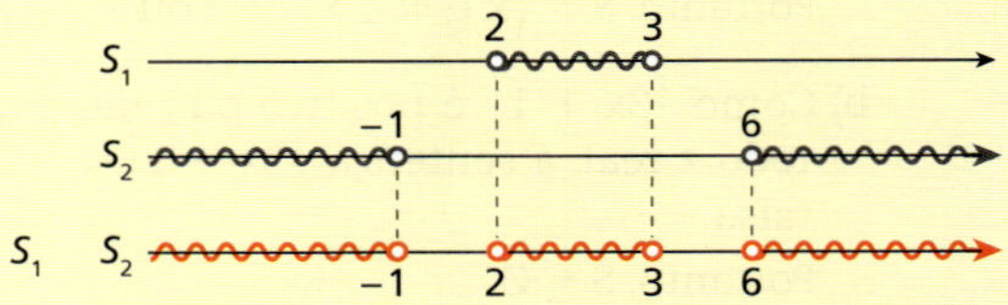

Portanto:

$S = \{x \in \mathbb{R} \mid x < -1 \text{ ou } 2 < x < 3 \text{ ou } x > 6\}$

b) $|x^2 - x - 4| < 2 \Leftrightarrow -2 < x^2 - x - 4 < 2 \Rightarrow$

$\underbrace{x^2 - x - 4 > -2}_{(I)}$ e $\underbrace{x^2 - x - 4 < 2}_{(II)}$

(I) $x^2 - x - 4 > -2 \Rightarrow x^2 - x - 2 > 0$

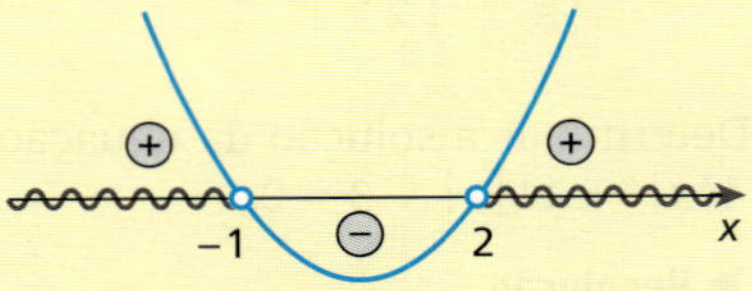

$S_1 = \{x \in \mathbb{R} \mid x < -1 \text{ ou } x > 2\}$

(II) $x^2 - x - 4 < 2 \Rightarrow x^2 - x - 6 < 0$

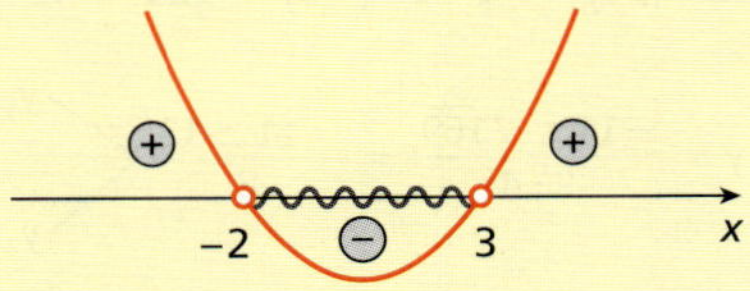

$S_2 = \{x \in \mathbb{R} \mid -2 < x < 3\}$

Nesse caso, a solução final será a intersecção das soluções S_1 e S_2.

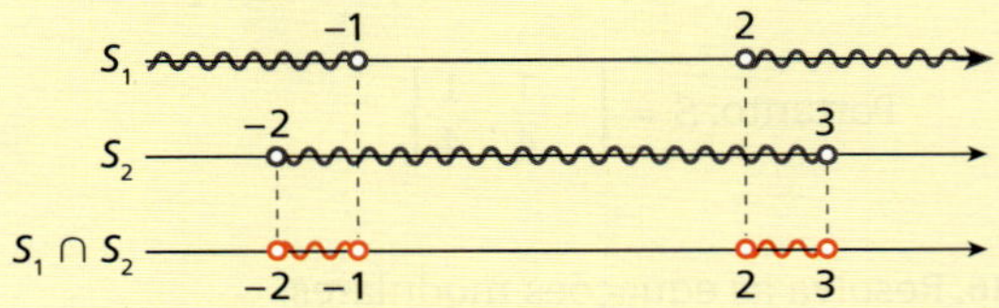

Portanto:

$S = \{x \in \mathbb{R} \mid -2 < x < -1 \text{ ou } 2 < x < 3\}$

26. Determine, em $\mathbb{R}$, o conjunto solução das inequações modulares.

a) $|x^2 - 5x + 5| \geqslant 1$

b) $|x^2 - 3x - 4| < 6$

27. Resolva as inequações modulares em $\mathbb{R}$.

a) $|(x - 3)^2 + 2| \geqslant 3$

b) $|x^2 - x - 6| \leqslant 0$

c) $|-x - 2 - x^2| < 2$

d) $|x^2 + 1| > -1$

Ficha de revisão

1. Construa os gráficos das funções a seguir e, depois, determine o conjunto imagem de cada uma.

a) $h(x) = \left|-x - \frac{1}{2}\right|$

b) $i(x) = |2x - 6|$

2. (ITA-SP) Sobre a equação na variável real x, $|||x-1|-3|-2| = 0$, podemos afirmar que:

a) ela não admite solução real.

b) a soma de todas as suas soluções é 6.

c) ela admite apenas soluções positivas.

d) a soma de todas as soluções é 4.

e) ela admite apenas duas soluções reais.

3. (ITA-SP) Os valores de $x \in \mathbb{R}$, para os quais a função real dada por $f(x) = \sqrt{5 - ||2x - 1| - 6|}$ está definida, formam o conjunto:

a) $[0, 1]$

b) $[-5, 6]$

c) $[-5, 0] \cup [1, \infty)$

d) $(-\infty, 0] \cup [1, 6]$

e) $[-5, 0] \cup [1, 6]$

4. Determine, em $\mathbb{R}$, o conjunto solução da inequação $|x - 3| < x + 3$.

5. Obtenha, em $\mathbb{R}$, o conjunto solução da inequação $x \cdot |x| < x$.

Questões de vestibular

1. (Unifesp) Considere a função:

$$f(x) = \begin{cases} 1, \text{ se } 0 \leqslant x \leqslant 2 \\ -2, \text{ se } -2 \leqslant x < 0 \end{cases}$$

A função $g(x) = |f(x)| - 1$ terá o seguinte gráfico:

a)

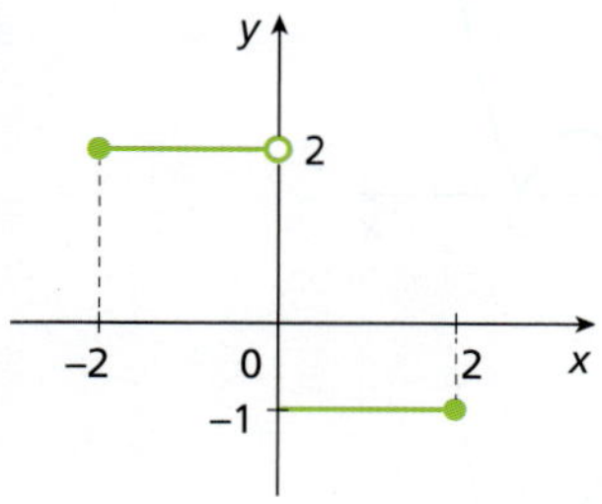

b)

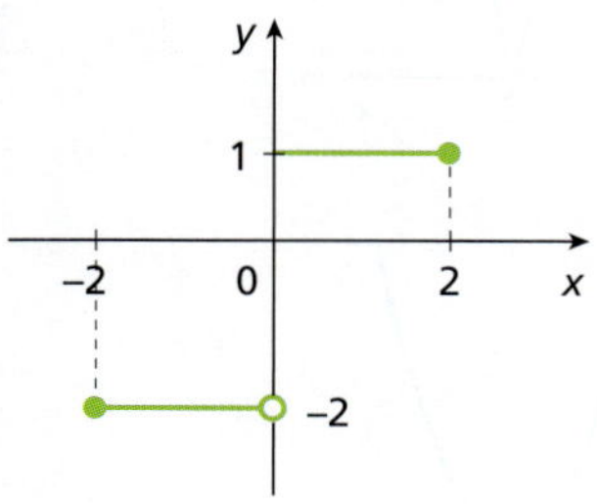

c)

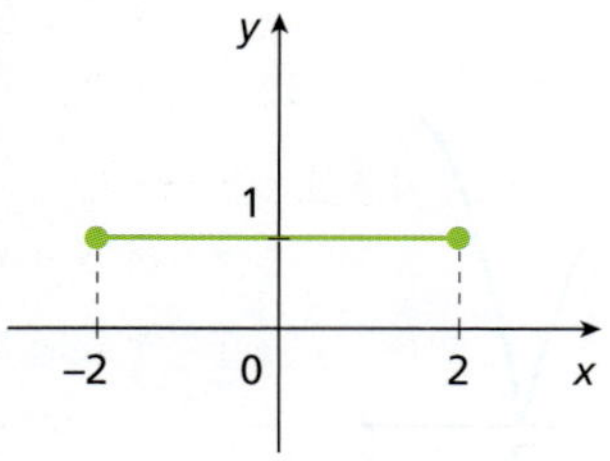

d)

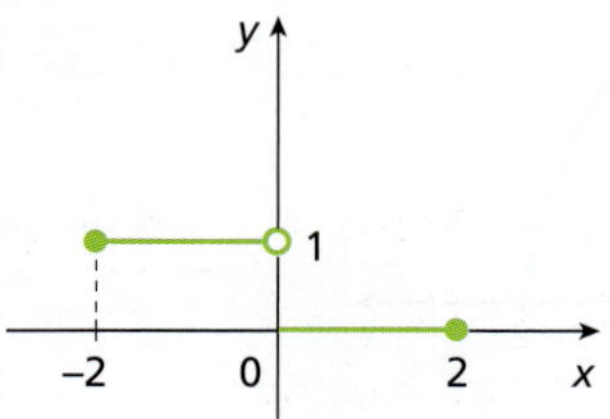

e)

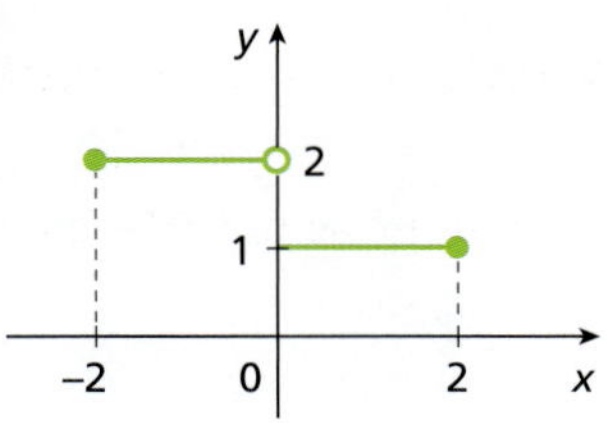

2. (Ufes) O gráfico da função real dada pela expressão $f(x) = \dfrac{\sqrt{x^2 - 2x + 1}}{x - 1}$ pode ser representado por:

5.2 Visão do especialista

a)

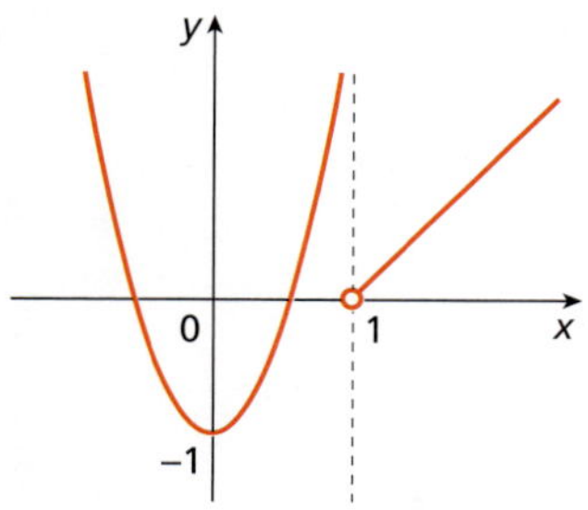

b)

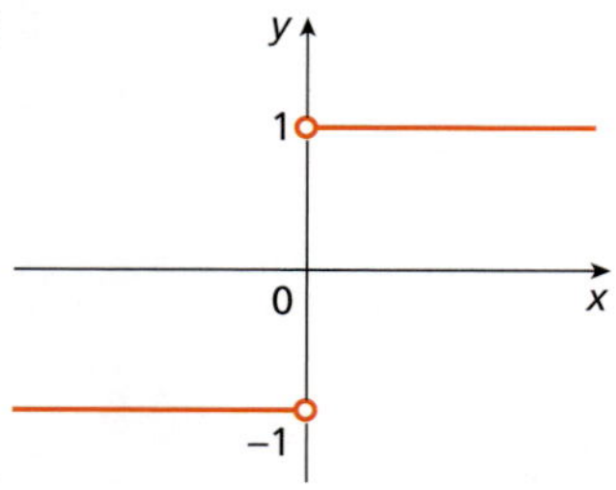

c)

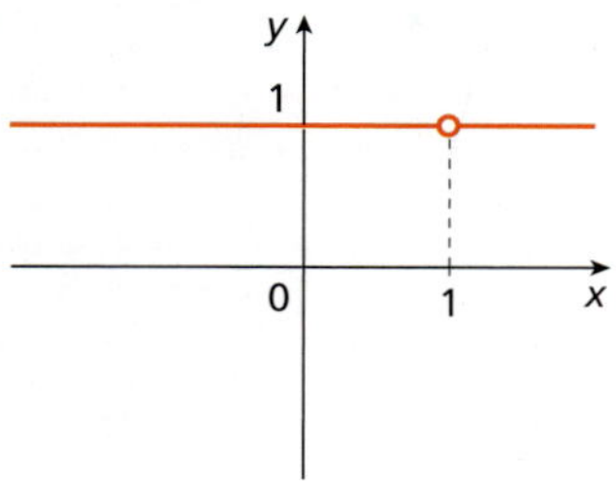

d)

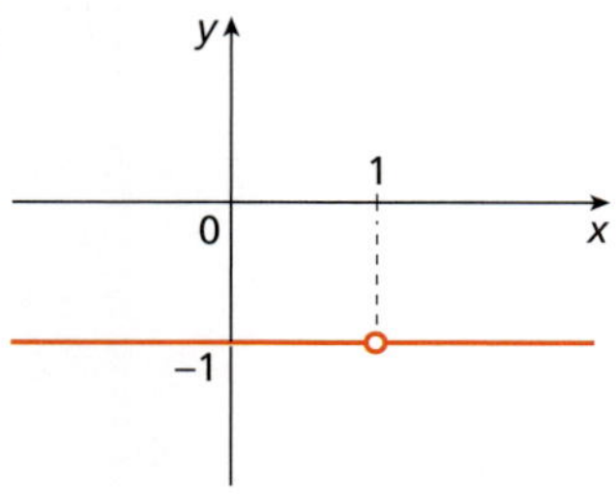

e)

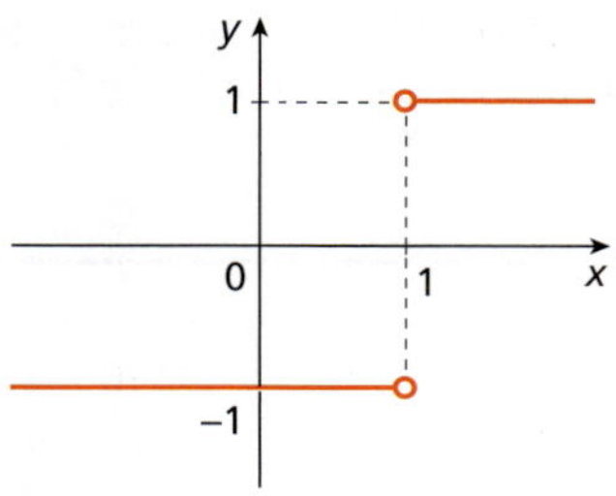

3. (UFGO) Considere a função $f: \mathbb{R} \rightarrow \mathbb{R}$, definida por $f(x) = x + |x|$, e faça o que se pede.

a) Mostre que $f(x) = \begin{cases} 0, \text{ se } x < 0 \\ 2x, \text{ se } x \geqslant 0 \end{cases}$

b) Resolva a equação: $f(x + 2) - x = 3$

4. (Fuvest-SP) O módulo $|x|$ de um número real x é definido por $|x| = x$, se $x \geq 0$, e $|x| = -x$, se $x < 0$. Das alternativas a seguir, a que melhor representa o gráfico da função $f(x) = x \cdot |x| - 2x + 2$ é:

a)

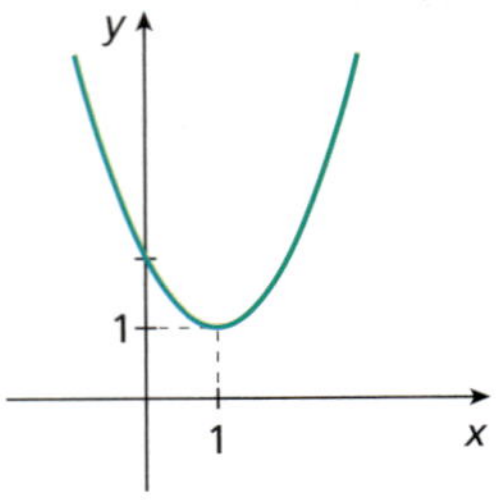

b)

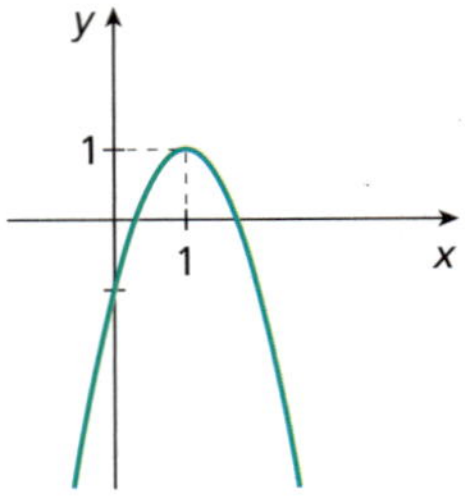

c)

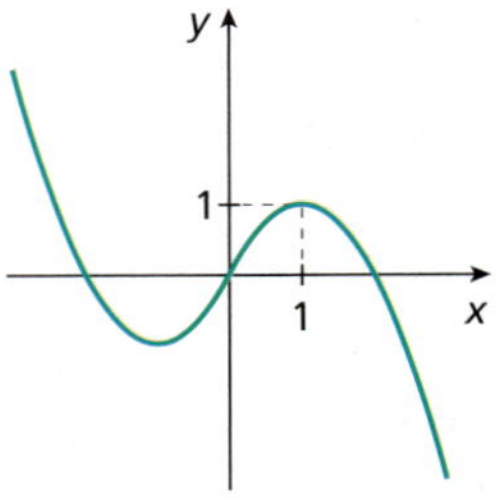

d)

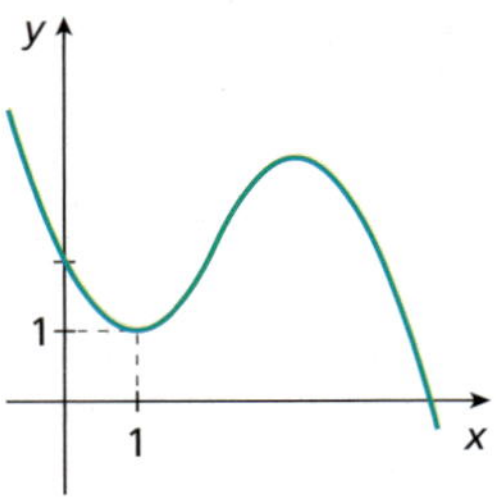

e)

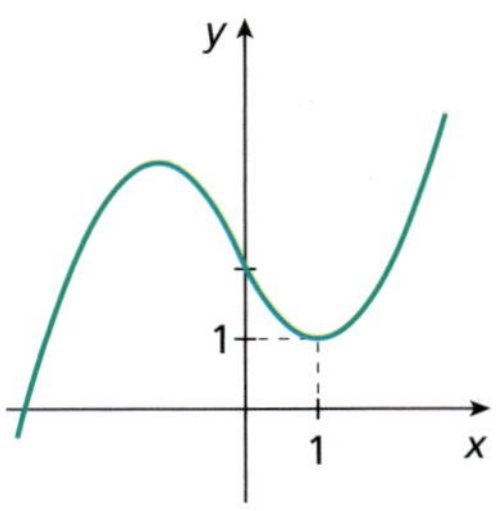

5. Economia. (Uerj) Durante o ano de 1997 uma empresa teve seu lucro diário L dado pela função $L(x) = 50(|x - 100| + |x - 200|)$, em que $x = 1, 2, ..., 365$ corresponde a cada dia do ano e L é dado em reais. Determine em que dias (x) do ano o lucro foi R$ 10.000,00.

6. (Unama) O gráfico que melhor representa a função $f(x) = |x^2 - 4|$ é:

a)

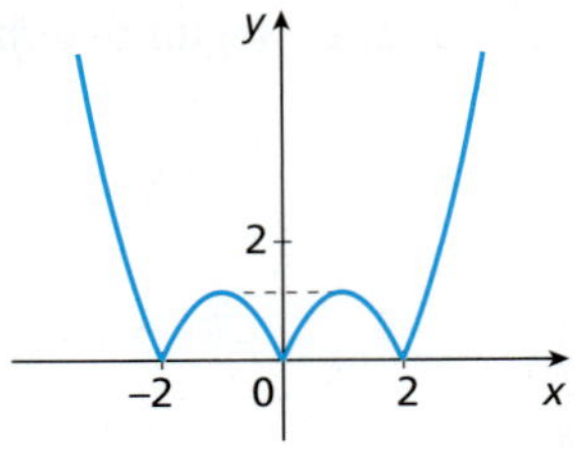

b)

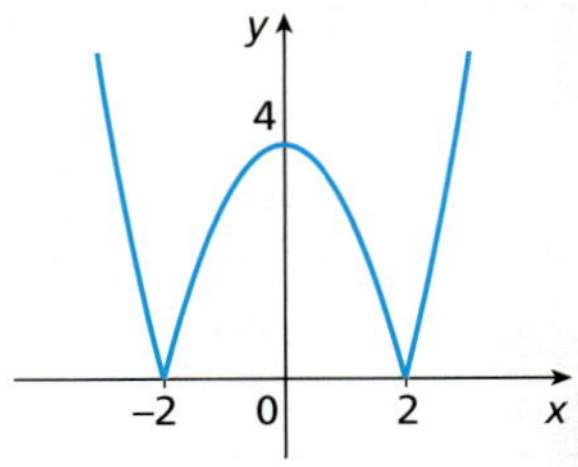

c)

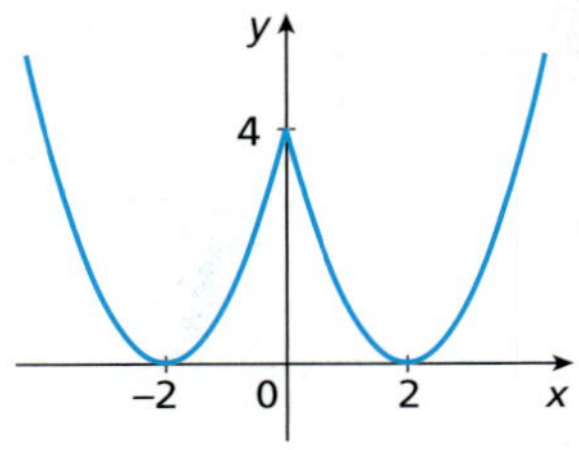

d)

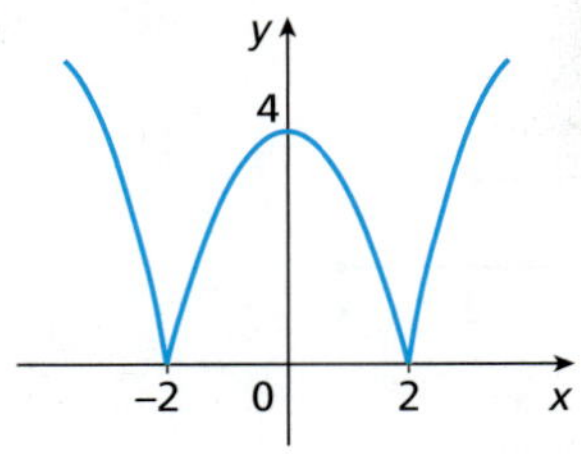

e)

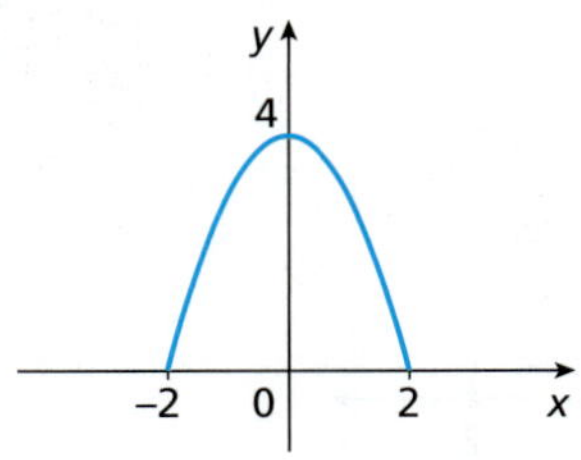

Capítulo 6

Função exponencial

PALLAVA BAGLA/CORBIS/LATINSTOCK

O cobalto 60, obtido pelo bombardeamento do metal cobalto 59 por nêutrons em um reator atômico, é bastante utilizado mundialmente na esterilização de alimentos. Seu uso comercial se justifica pela disponibilidade, pelo baixo custo e por ser insolúvel em água, em sua forma metálica, o que proporciona maior segurança para o consumidor e o ambiente. O cobalto 60 tem meia-vida de 5,3 anos. A redução da radioatividade de algumas substâncias ao longo do tempo pode ser expressa por meio de funções exponenciais.

Objetivos do capítulo

- ✔ Identificar uma função exponencial.
- ✔ Analisar o gráfico de uma função exponencial.
- ✔ Resolver situações-problema que envolvem funções exponenciais.
- ✔ Resolver equações e inequações exponenciais.

1 Revisão de potenciação

1.1 Potência de expoente natural

Dados um número real a e um número natural n, com $n \geqslant 2$, a potência de base a e expoente n é o produto de n fatores iguais a a. Essa potência é indicada por a^n.

- $$a^n = \underbrace{a \cdot a \cdot a \cdot \ldots \cdot a}_{n \text{ fatores}}$$

Como não há produto com um único fator ou com nenhum fator, a^1 e a^0 não se encaixam nessa definição. Então, definimos:

- $a^1 = a$ e
- $a^0 = 1$ (para $a \neq 0$)

Exemplos

a) $\left(\dfrac{1}{4}\right)^3 = \dfrac{1}{4} \cdot \dfrac{1}{4} \cdot \dfrac{1}{4} = \dfrac{1}{64}$

b) $(-5)^2 = (-5) \cdot (-5) = 25$

c) $(\sqrt{7})^1 = \sqrt{7}$

d) $(-1)^3 = (-1) \cdot (-1) \cdot (-1) = -1$

e) $\left(-\dfrac{\sqrt{3}}{2}\right)^4 = \left(-\dfrac{\sqrt{3}}{2}\right) \cdot \left(-\dfrac{\sqrt{3}}{2}\right) \cdot \left(-\dfrac{\sqrt{3}}{2}\right) \cdot \left(-\dfrac{\sqrt{3}}{2}\right) = \dfrac{9}{16}$

f) $(-19)^0 = 1$

1.2 Potência de expoente inteiro negativo

Dado um número real a, com $a \neq 0$, e um número inteiro e positivo n, definimos:

- $$a^{-n} = \frac{1}{a^n}$$

Dizemos que a^{-n} é o **inverso** de a^n.

Exemplos

a) $5^{-2} = \dfrac{1}{5^2} = \dfrac{1}{25}$

b) $\left(\dfrac{3}{4}\right)^{-1} = \dfrac{1}{\dfrac{3}{4}} = \dfrac{4}{3}$

c) $(\sqrt{7})^{-2} = \dfrac{1}{(\sqrt{7})^2} = \dfrac{1}{7}$

d) $(-2)^{-3} = \dfrac{1}{(-2)^3} = \dfrac{1}{-8} = -\dfrac{1}{8}$

1.3 Potência de expoente racional

Antes de definir potência de expoente racional, vamos revisar o conceito de raiz enésima e suas propriedades.

Definição de raiz enésima

Seja a um número real não negativo, e n um número natural, com $n \geqslant 1$, a **raiz enésima** de a é definida como o número b, real e não negativo, tal que $b^n = a$.

Escrevemos:

- $$\sqrt[n]{a} = b \Leftrightarrow b^n = a \text{ e } b \geqslant 0$$

O símbolo $\sqrt{\ }$ é o radical, a é o radicando e n é o índice.

Quando o índice é 2, ele pode ser omitido na representação da raiz. Assim: $\sqrt[2]{9} = \sqrt{9}$

Exemplos

a) $\sqrt{16} = 4$, pois $4^2 = 16$

b) $\sqrt[3]{27} = 3$, pois $3^3 = 27$

c) $\sqrt[4]{0} = 0$, pois $0^4 = 0$

d) $\sqrt[10]{1.024} = 2$, pois $2^{10} = 1.024$

A raiz enésima de um número tem as seguintes propriedades (sendo a e b reais não negativos, m inteiro, n e p naturais e não nulos):

1ª propriedade: $\sqrt[n]{a \cdot b} = \sqrt[n]{a} \cdot \sqrt[n]{b}$

2ª propriedade: $\sqrt[n]{\frac{a}{b}} = \frac{\sqrt[n]{a}}{\sqrt[n]{b}}\ (b \neq 0)$

3ª propriedade: $(\sqrt[n]{a})^m = \sqrt[n]{a^m}$

4ª propriedade: $\sqrt[n]{\sqrt[p]{a}} = \sqrt[n \cdot p]{a}$

5ª propriedade: $\sqrt[n \cdot p]{a^{m \cdot p}} = \sqrt[n]{a^m}$

Podemos aplicar essas propriedades para simplificar expressões ou racionalizar denominadores de frações.

Exemplos

a) $\sqrt[10]{64} = \sqrt[10]{2^6} = \sqrt[5 \cdot 2]{2^{3 \cdot 2}} = \sqrt[5]{2^3} = \sqrt[5]{8}$

b) $\sqrt{12} + \sqrt{108} = \sqrt{2^2 \cdot 3} + \sqrt{2^2 \cdot 3^2 \cdot 3} = \sqrt{2^2} \cdot \sqrt{3} + \sqrt{2^2} \cdot \sqrt{3^2} \cdot \sqrt{3} = 2\sqrt{3} + 6\sqrt{3} = 8\sqrt{3}$

c) $\frac{2}{\sqrt{5}} = \frac{2}{\sqrt{5}} \cdot \frac{\sqrt{5}}{\sqrt{5}} = \frac{2\sqrt{5}}{\sqrt{5^2}} = \frac{2\sqrt{5}}{5}$

d) $\frac{5}{\sqrt{3} + 2} = \frac{5}{\sqrt{3} + 2} \cdot \frac{\sqrt{3} - 2}{\sqrt{3} - 2} = \frac{5(\sqrt{3} - 2)}{(\sqrt{3})^2 - 2^2} = \frac{5\sqrt{3} - 10}{3 - 4} = \frac{5\sqrt{3} - 10}{-1} = 10 - 5\sqrt{3}$

Definição de potência de expoente racional

Dados um número real positivo a e um número racional $\frac{p}{q}$ (em que $p, q \in \mathbb{Z}$ e $q \geqslant 2$), definimos:

$$a^{\frac{p}{q}} = \sqrt[q]{a^p}$$

Exemplos

a) $7^{\frac{2}{9}} = \sqrt[9]{7^2}$

b) $\left(\frac{1}{3}\right)^{\frac{-3}{5}} = \sqrt[5]{\left(\frac{1}{3}\right)^{-3}} = \sqrt[5]{3^3} = \sqrt[5]{27}$

c) $(\sqrt{11})^{\frac{2}{3}} = \sqrt[3]{(\sqrt{11})^2} = \sqrt[3]{11}$

1.4 Potência de expoente irracional

O conceito de potência pode ser estendido para potências de base real positiva e expoente irracional. Observe como definimos, por exemplo, a potência $2^{\sqrt{3}}$.

Sabemos que $\sqrt{3} = 1{,}7320508\ ...$; assim, podemos considerar duas sequências de potências de base 2: uma com expoentes que são aproximações de $\sqrt{3}$ por falta e a outra com aproximações de $\sqrt{3}$ por excesso:

- $2^1, 2^{1,7}, 2^{1,73}, 2^{1,732}, 2^{1,73205}...$
- $2^2, 2^{1,8}, 2^{1,74}, 2^{1,733}, 2^{1,7321}...$

À medida que os expoentes se aproximam de $\sqrt{3}$, as potências das duas sequências aproximam-se de $2^{\sqrt{3}}$. Portanto, definimos $2^{\sqrt{3}}$ como o número para o qual convergem os valores das duas sequências.

De maneira análoga definimos qualquer potência a^x, de expoente irracional x e base real positiva a.

Observação:

Como o conjunto dos números reais é formado pela união dos números racionais com os números irracionais, ficam definidas as potências de expoente real.

1.5 Propriedades das potências

Dados m e n números reais e considerando que todas as potências e operações envolvidas estejam definidas em $\mathbb{R}$, temos as seguintes propriedades:

1ª propriedade: $a^m \cdot a^n = a^{m+n}$

2ª propriedade: $\frac{a^m}{a^n} = a^{m-n} (a \neq 0)$

3ª propriedade: $(a \cdot b)^m = a^m \cdot b^m$

4ª propriedade: $\left(\frac{a}{b}\right)^m = \frac{a^m}{b^m} (b \neq 0)$

5ª propriedade: $(a^m)^n = a^{m \cdot n}$

Exemplos

a) $(\sqrt{2})^3 \cdot (\sqrt{2})^7 = (\sqrt{2})^{3+7} = (\sqrt{2})^{10} = \left(2^{\frac{1}{2}}\right)^{10} = 2^{\frac{1}{2} \cdot 10} = 2$

b) $\frac{8^5}{8^6} = 8^{5-6} = 8^{-1}$

c) $(5 \cdot 3)^{-5} = 5^{-5} \cdot 3^{-5}$

d) $(2 : \sqrt{5})^2 = \left(\frac{2}{\sqrt{5}}\right)^2 = \frac{2^2}{(\sqrt{5})^2} = \frac{2^2}{\left(5^{\frac{1}{2}}\right)^2} = \frac{2^2}{5}$

Observação:

Dados um número real a e dois números naturais não nulos m e n, temos, em geral, $a^{m^n} \neq (a^m)^n$. Por exemplo, $3^{1^2} \neq (3^1)^2$, pois $3^{1^2} = 3^1 = 3$ e $(3^1)^2 = 3^2 = 9$.

Exercícios

1. Calcule as potências a seguir.

a) $(-3)^4$

b) $\left(-\frac{1}{5}\right)^3$

c) 0^{10}

d) $\left(\frac{8}{9}\right)^{-2}$

e) $4^{\frac{3}{2}}$

6.1 Visão do especialista

2. Determine o valor de:

a) $\sqrt{1{,}69}$

b) $\sqrt[3]{-1{,}728}$

c) $\sqrt[4]{0{,}1296}$

d) $\sqrt[3]{-2{,}197}$

3. Calcule.

a) $(-2)^3$

b) $-(-2)^3$

c) $(-2)^4$

d) $-(-2)^4$

e) -2^4

4. Calcule as potências.

a) $16^{\frac{3}{4}}$

b) $\left(\frac{4}{5}\right)^{-1}$

c) $\left(-\frac{3}{4}\right)^{-3}$

d) $\left(\frac{8}{27}\right)^{-\frac{2}{3}}$

5. Escreva como potência de base 10.

a) 100^3

b) $(10^2)^{-2}$

c) $(0{,}01)^4$

d) $(0{,}001)^{-3}$

6. Utilizando as propriedades das potências, determine:

a) $10^9 \cdot 10^{-4}$

b) $(-5)^{15} : (-5)^{12}$

c) $13^{19} : 13^{17}$

7. Simplifique e determine o resultado final.

a) $121^{0,9} : 121^{0,4}$ b) $0,3^{8} \cdot 0,3^{-7} : 0,3^{-2}$

8. Simplifique.

a) $2^{7} \cdot 4^{5} \cdot 2^{-8}$

b) $\dfrac{3^{5} \cdot 3^{9}}{3^{11}}$

c) $\dfrac{(3^{2})^{3} \cdot 3^{2^{3}}}{3^{3^{2}}}$

9. Utilizando as propriedades das potências, determine:

a) $2^{\frac{1}{3}} \quad 2^{-\frac{1}{3}}$

b) $\left(\dfrac{5}{2}\right)^{4} : \left(\dfrac{5}{3}\right)^{4}$

c) $\left[\left(\dfrac{1}{12}\right)^{2}\right]^{-\frac{1}{2}}$

d) $(-8)^{-\frac{4}{3}}$

10. Simplifique as expressões.

a) $\left(\dfrac{1}{9}\right)^{-8} \cdot 3^{12}$ b) $(4^{-1})^{2} \cdot 2^{6} \cdot \left(\dfrac{1}{16}\right)^{4}$

11. Determine o valor das expressões a seguir.

a) $\left(11^{-\sqrt{24}}\right)^{-\sqrt{6}}$ b) $\left(4^{-\frac{1}{3}}\right)^{6} - \left(4^{\frac{1}{8}}\right)^{-8}$

R1. Simplificar a expressão.

$$32^{\frac{1}{2}} + 5 \cdot 27^{\frac{1}{2}} + 48^{\frac{1}{2}} - 2 \cdot 50^{\frac{1}{2}}$$

➤ **Resolução**

$$32^{\frac{1}{2}} + 5 \cdot 27^{\frac{1}{2}} + 48^{\frac{1}{2}} - 2 \cdot 50^{\frac{1}{2}} =$$
$$= \sqrt{32} + 5 \cdot \sqrt{27} + \sqrt{48} - 2 \cdot \sqrt{50} =$$
$$= \sqrt{16 \cdot 2} + 5 \cdot \sqrt{9 \cdot 3} + \sqrt{16 \cdot 3} - 2 \cdot \sqrt{25 \cdot 2} =$$
$$= 4\sqrt{2} + 15\sqrt{3} + 4\sqrt{3} - 10\sqrt{2} =$$
$$= -6\sqrt{2} + 19\sqrt{3}$$

12. Simplifique as expressões.

a) $\sqrt{50} - \sqrt{8}$ b) $\sqrt{80} + \sqrt{180}$

13. Racionalize o denominador das expressões a seguir.

a) $\dfrac{2}{\sqrt{3} - 3}$ b) $\dfrac{\sqrt{6} + 1}{\sqrt{2} + \sqrt{3}}$

14. Simplifique as expressões.

a) $\left(\dfrac{1}{4}\right)^{-\frac{1}{2}} + 81^{\frac{3}{4}} - 2^{-1} + 5^{0}$

b) $\dfrac{\dfrac{3}{2} \cdot \left(\dfrac{2}{3}\right)^{-2} \cdot \left(\dfrac{1}{2}\right)^{-3}}{(0,01)^{-1} - \left(\dfrac{12}{5}\right)^{0}}$

c) $\left(5^{2-\sqrt{3}}\right)^{2+\sqrt{3}} - 125^{\frac{1}{3}}$

R2. Simplificar a expressão $\dfrac{a^{n+1} + a^{n}}{a^{n-1}}$.

➤ **Resolução**

Aplicando as propriedades da potenciação, temos:

$$\frac{a^{n+1} + a^{n}}{a^{n-1}} = \frac{a^{n} \cdot a^{1} + a^{n}}{a^{n} \cdot a^{-1}} = \frac{\cancel{a^{n}} \cdot (a + 1)}{\cancel{a^{n}} \cdot \dfrac{1}{a}} = a \cdot (a + 1)$$

15. Simplifique as expressões a seguir.

a) $2^{n+3} + 2^{n+1} - 2^{n}$

b) $\dfrac{2^{n+2} + 2^{n+1} + 3 \cdot 2^{n}}{2^{n-1} - 5 \cdot 2^{n}}$

2 Função exponencial

São muitas as áreas do conhecimento que utilizam funções exponenciais para solucionar situações recorrentes em seu cotidiano. A engenharia, a biologia, a geologia e as finanças são exemplos dessas áreas.

Observe a situação a seguir.

Microbiologia. Em condições ideais o número de bactérias de uma colônia dobra sempre no mesmo período de tempo. A colônia gerada mantém as mesmas características da original e também duplica em número no mesmo período de tempo. Sabendo que determinada colônia, iniciada por uma única bactéria, dobra a cada 20 minutos, quantas bactérias existirão depois de 2 horas e 40 minutos?

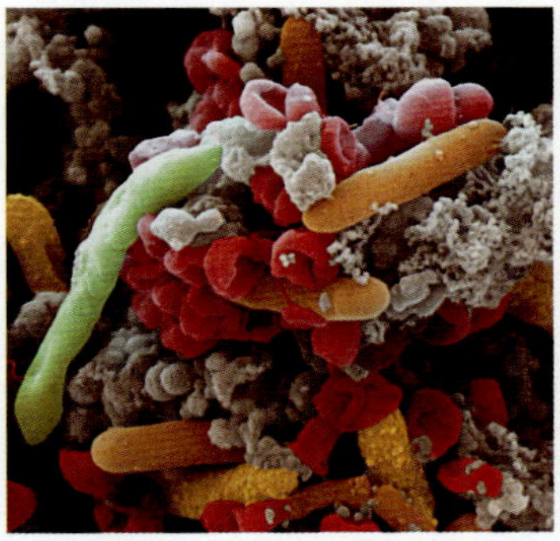

EYE OF SCIENCE/SCIENCE PHOTO LIBRARY/LATINSTOCK

Bactéria *Dehalococcoides*, ampliada 25.000/10 cm, vista em microscópio eletrônico.

Passado um período de 20 minutos, teremos $2 = 2^{1}$ bactérias. Após dois períodos de 20 minutos, teremos $4 = 2^{2}$ bactérias. Depois de 2 horas e 40 minutos, ou seja, 8 períodos de 20 minutos, teremos $256 = 2^{8}$ bactérias. Assim, após x períodos de 20 minutos, o número n de bactérias será dado por $n = 2^{x}$. Esse é um exemplo de função exponencial.

2.1 Definição de função exponencial

- Uma função $f: \mathbb{R} \to \mathbb{R}_+^*$ é chamada de **função exponencial** de base a quando existe um número real a, com $a > 0$ e $a \neq 1$, tal que $f(x) = a^x$, para todo $x \in \mathbb{R}$.

Exemplos

a) $g(x) = \left(\frac{1}{5}\right)^x$ **b)** $h(x) = (0{,}4)^x$ **c)** $y = \left(\sqrt{3}\right)^x$

Em uma função exponencial, note que a base a deve ser positiva e diferente de 1, pois:

- se $a = 1$, então $f(x) = a^x$ é uma função constante.
- se $a = 0$ e $x < 0$, então a^x não está definida em $\mathbb{R}$, portanto $f(x) = a^x$ também não.
- se $a = 0$ e $x > 0$, então a^x é uma função constante.
- se $a < 0$, então $f(x) = a^x$ não está definida para todo x real. Por exemplo:

$$f\left(\frac{1}{2}\right) = (-4)^{\frac{1}{2}} = \sqrt{-4} \notin \mathbb{R}$$

Observação:
Além da função exponencial, existem funções que podem ser obtidas a partir dela. Por exemplo:

$$f(x) = 3^{2x+1} \qquad g(x) = 5 \cdot 4^x \qquad h(x) = 2^x - 1$$

2.2 Gráfico da função exponencial

Observe a construção dos gráficos das funções exponenciais $f(x) = 2^x$ e $g(x) = \left(\frac{1}{2}\right)^x$.

- $f(x) = 2^x$

x	$f(x)$
−2	$\frac{1}{4}$
−1	$\frac{1}{2}$
0	1
1	2
2	4
3	8

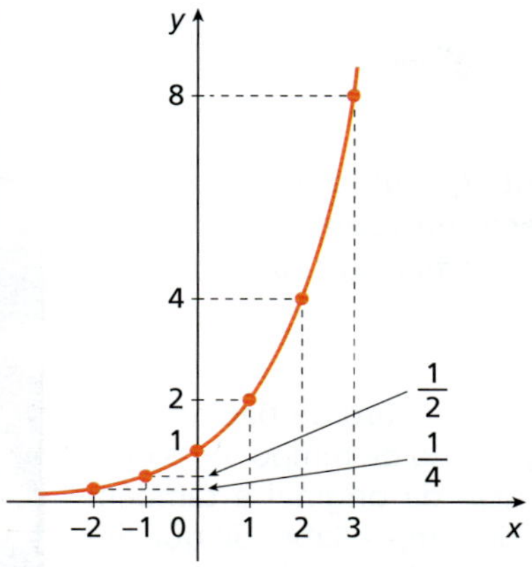

O domínio de f é $D(f) = \mathbb{R}$ e a imagem é $\text{Im}(f) = \mathbb{R}_+^*$.

- $g(x) = \left(\frac{1}{2}\right)^x$

x	$g(x)$
−3	8
−2	4
−1	2
0	1
1	$\frac{1}{2}$
2	$\frac{1}{4}$

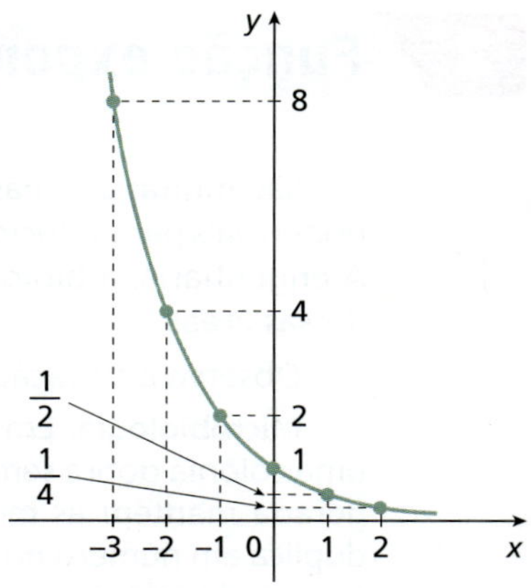

O domínio de g é $D(g) = \mathbb{R}$ e a imagem é $\text{Im}(g) = \mathbb{R}_+^*$.

O gráfico de qualquer função exponencial $f(x) = a^x$ é uma curva que tem aspecto semelhante ao dos gráficos apresentados acima, intercepta o eixo y no ponto (0, 1) e não cruza nem encosta no eixo x.

As funções obtidas a partir da função exponencial nem sempre têm essas características. Vamos construir, por exemplo, o gráfico da função $h(x) = 2^x - 1$.

x	$h(x)$
-2	$-\frac{3}{4}$
-1	$-\frac{1}{2}$
0	0
1	1
2	3
3	7

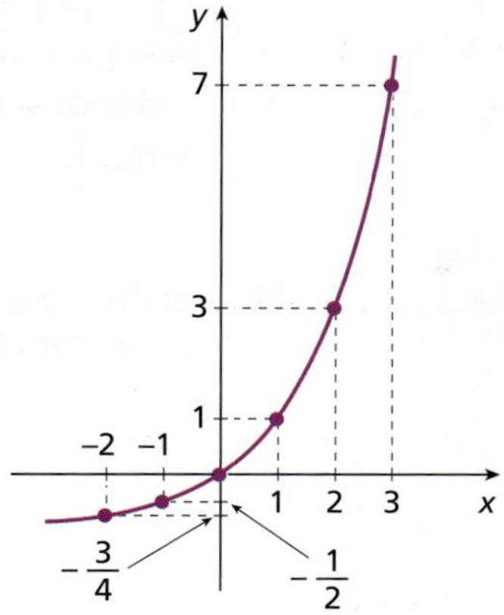

Note que o gráfico da função $h(x) = 2^x - 1$ é o gráfico da função $f(x) = 2^x$ transladado 1 unidade para baixo.

Observe que o gráfico de h cruza os eixos x e y no ponto (0, 0), o domínio de h é $D(h) = \mathbb{R}$ e sua imagem é $Im(h) = \{y \in \mathbb{R} \mid y > -1\}$.

Crescimento e decrescimento de uma função exponencial

Uma função exponencial pode ser crescente ou decrescente, dependendo do valor da base a.

Analisando as tabelas de valores e os gráficos das funções f e g apresentadas anteriormente, verificamos que, quando os valores de x aumentam:

- os valores correspondentes de $f(x)$ também aumentam. Isso ocorre porque a base a é maior que 1 ($a = 2$). Portanto, a função $f(x) = 2^x$ é **crescente**.
- os valores correspondentes de $g(x)$ diminuem. Isso ocorre porque a base a está entre 0 e 1 $\left(a = \frac{1}{2}\right)$. Portanto, a função $g(x) = \left(\frac{1}{2}\right)^x$ é **decrescente**.

De modo geral, temos:

Função crescente ($a > 1$)	Função decrescente ($0 < a < 1$)
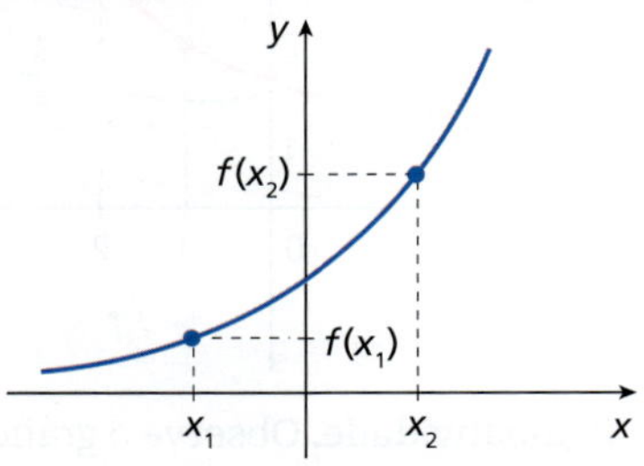	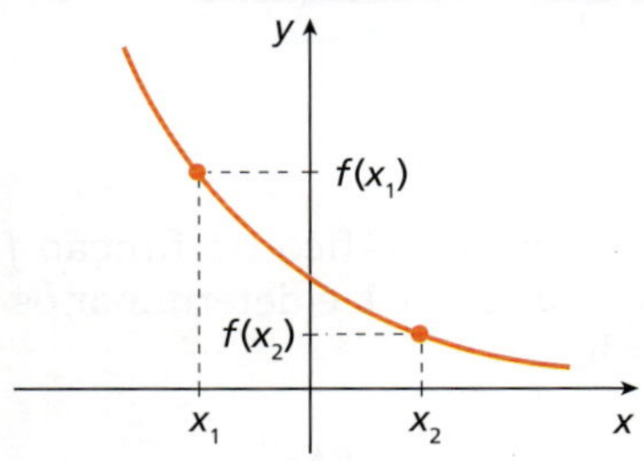
$x_2 > x_1 \Leftrightarrow f(x_2) > f(x_1)$	$x_2 > x_1 \Leftrightarrow f(x_2) < f(x_1)$

Exercícios

16. Construa o gráfico das funções exponenciais a seguir.

a) $f(x) = 5^x$

b) $g(x) = \left(\frac{1}{3}\right)^x$

17. Construa o gráfico e identifique o conjunto imagem das funções.

a) $f(x) = 2^{x-1}$

b) $g(x) = \left(\frac{1}{2}\right)^x - 8$

18. Identifique quais das funções abaixo são crescentes e quais são decrescentes.

a) $f(x) = (0{,}3)^x$

b) $g(x) = (\sqrt{2})^x$

c) $h(x) = \left(\frac{\sqrt{2}}{2}\right)^x$

d) $i(x) = \left(\frac{\pi}{2}\right)^x$

e) $j(x) = \left(\frac{3}{8}\right)^x$

f) $k(x) = \left(\frac{\sqrt{3}}{3}\right)^x$

g) $l(x) = (0{,}001)^x$

h) $m(x) = \left(\frac{2{,}71}{2}\right)^x$

19. Associe cada uma das funções a seguir com a respectiva representação gráfica.

a) $f(x) = 3^{x+1}$

b) $g(x) = 2^x + 1$

c) $h(x) = \left(\frac{1}{2}\right)^x - 1$

d) $t(x) = 4^{x-1}$

I.

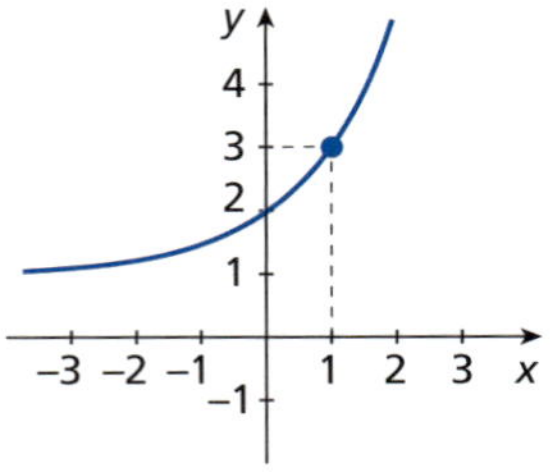

II.

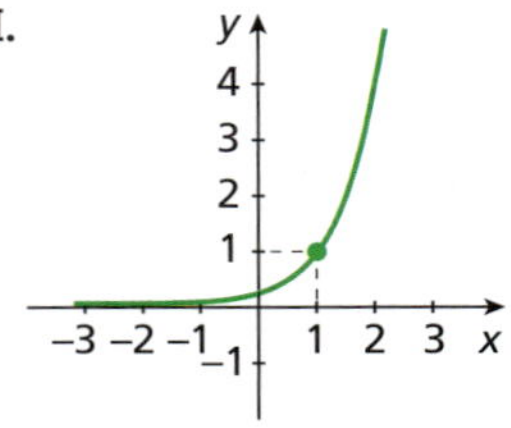

III.

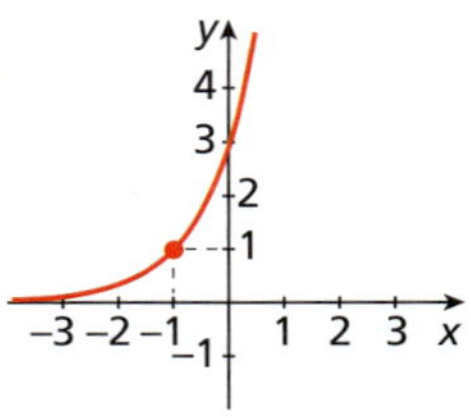

IV.

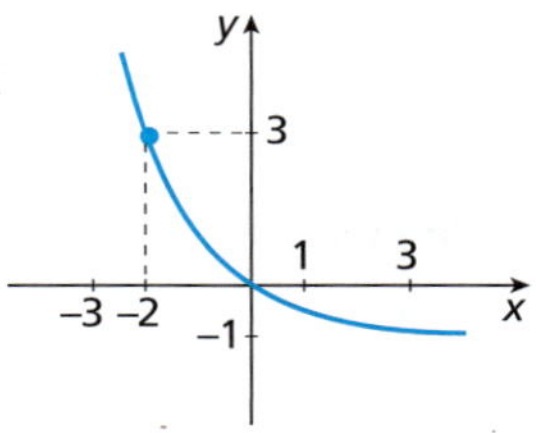

R3. Observar o gráfico da função f dada por $f(x) = a \cdot 3^{-x} + b$ e determinar os valores de a e b.

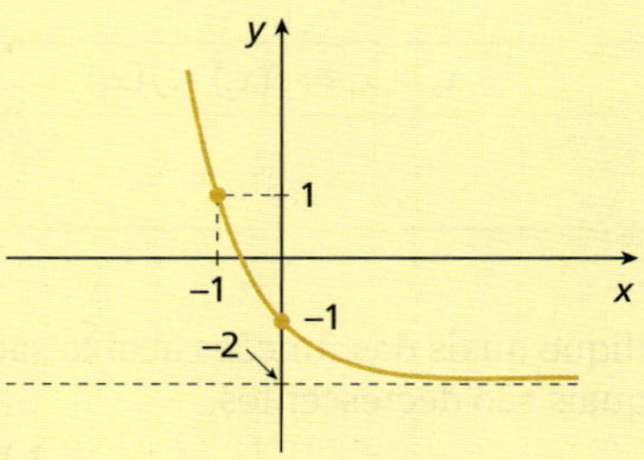

➤ Resolução

Os pontos $(-1, 1)$ e $(0, -1)$ pertencem ao gráfico de f.

Para $x = -1$: temos $f(-1) = 1$

Então:

$1 = a \cdot 3^{-(-1)} + b \Rightarrow 1 = a \cdot 3 + b$ (I)

Para $x = 0$, temos: $f(0) = -1$

Então:

$-1 = a \cdot 3^{-(0)} + b \Rightarrow -1 = a \cdot 1 + b$ (II)

Resolvendo o sistema formado por (I) e (II), obtemos $a = 1$ e $b = -2$.

Portanto, $f(x) = 3^{-x} - 2$, ou seja: $f(x) = \left(\frac{1}{3}\right)^x - 2$

20. O gráfico abaixo representa uma função do tipo $f(x) = a^x$, com $0 < a$ e $a \neq 1$.

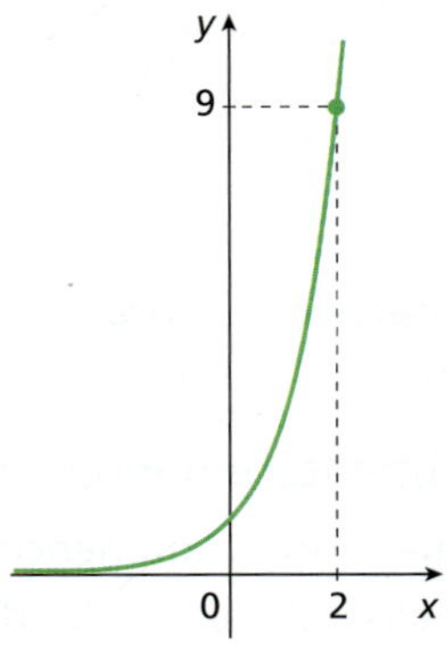

- Determine o valor de $f(4)$.

21. Observe o gráfico da função f, dada por $f(x) = 2^{x+a} + b$, e determine os valores de a e b, sabendo que $a = -b$.

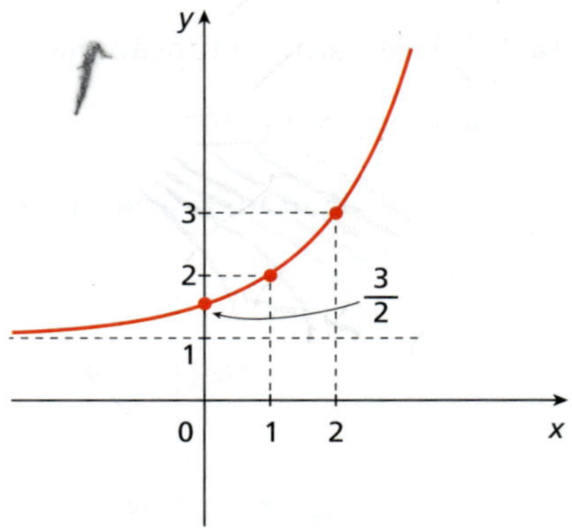

22. Radioatividade. Observe o gráfico da função $y = a^x$ que representa a radioatividade y de um determinado minério em função do tempo x e responda às questões.

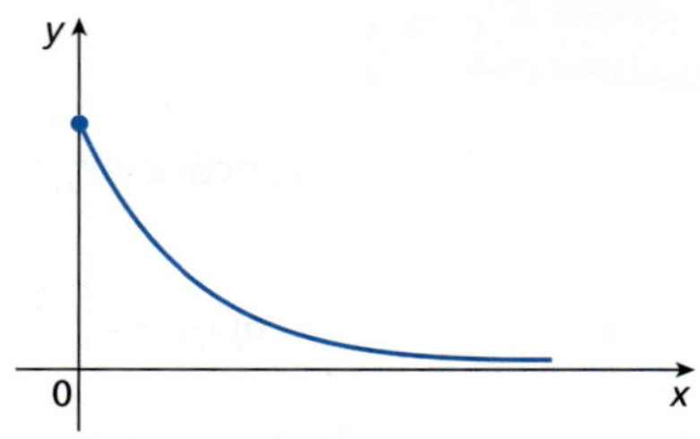

a) A radioatividade está aumentando ou diminuindo? Por quê?

b) Esse minério deixará de ser radioativo em algum momento? Por quê?

c) Quais são os possíveis valores de a?

23. Radioatividade. (Vunesp) Uma substância se decompõe aproximadamente segundo a lei $Q(t) = k \cdot 2^{-0,5t}$, em que k é uma constante, t indica o tempo, em minuto, e $Q(t)$ indica a quantidade de substância, em grama, no instante t.

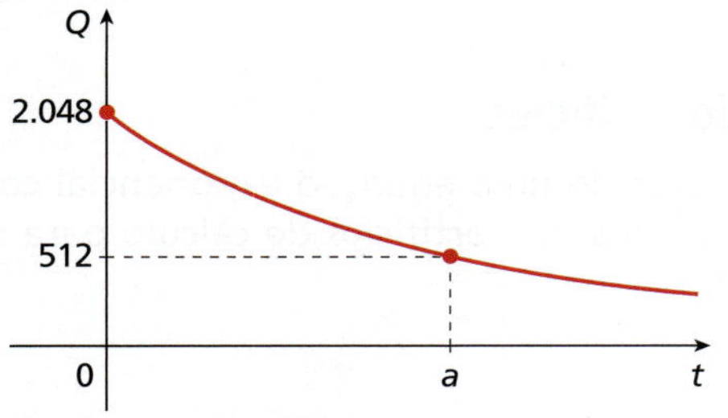

Considerando os dados desse processo de decomposição mostrados no gráfico, determine o valor de k e de a.

24. Microbiologia. A função $n(t) = 1.000 \cdot 2^{0,2t}$ indica o número de bactérias existentes em um recipiente, em que t é o número de horas decorridas.

a) Qual é o número de bactérias 10 horas depois do início do experimento?

b) Após quanto tempo haverá 64.000 bactérias?

25. Microbiologia. Em uma pesquisa realizada em laboratório, obteve-se o gráfico abaixo, que indica o crescimento do número de indivíduos de uma cultura de bactérias ao longo de seis meses.

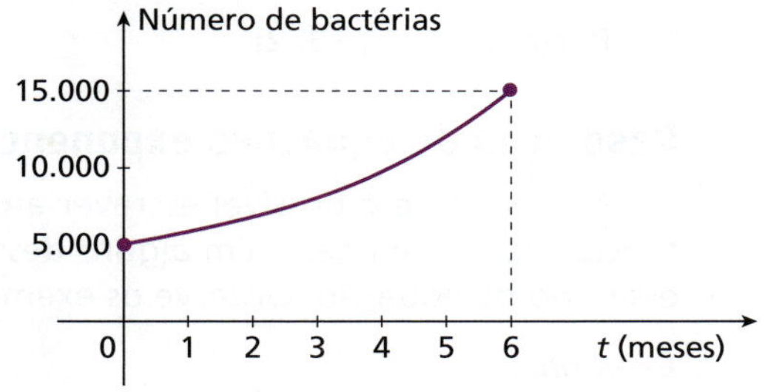

a) Quantas bactérias havia no início da pesquisa?

b) Após 6 meses, qual era a quantidade total de bactérias?

c) Admitindo a lei de formação da função que representa essa situação como $f(x) = k \cdot a^x$, determine os valores de a e k.

d) Quais são o domínio e o conjunto imagem dessa função?

e) Qual era o número de bactérias após 3 meses?

3 Equação exponencial

Toda equação que tem a incógnita no expoente é chamada de **equação exponencial**.

Exemplos

a) $2^x = 7$ b) $5^{-x} = \sqrt{5}$ c) $\left(\frac{1}{3}\right)^x = 10$ d) $14^{x+9} = \left(\frac{1}{28}\right)^{-x} + 2$

3.1 Resolução de equações exponenciais

Algumas equações exponenciais podem ser resolvidas escrevendo-se ambos os membros da igualdade como potências de mesma base a (com $a > 0$ e $a \neq 1$) e aplicando-se a propriedade:

$$a^{x_1} = a^{x_2} \Rightarrow x_1 = x_2$$

Exemplos

a) Para resolver a equação exponencial $\left(\frac{1}{3}\right)^x = \sqrt{27}$, seguimos alguns passos:

1º) Escrevemos ambos os membros da igualdade como potências de mesma base:

$$\left(\frac{1}{3}\right)^x = \sqrt{27} \Rightarrow (3^{-1})^x = 27^{\frac{1}{2}} \Rightarrow 3^{-x} = (3^3)^{\frac{1}{2}} \Rightarrow 3^{-x} = 3^{\frac{3}{2}}$$

2º) Aplicamos a propriedade:

$$3^{-x} = 3^{\frac{3}{2}} \Rightarrow -x = \frac{3}{2} \Rightarrow x = -\frac{3}{2}$$

Portanto: $S = \left\{-\frac{3}{2}\right\}$

b) Agora, vamos resolver a equação exponencial $(2^x)^{x+1} = 64$

$(2^x)^{x+1} = 64 \Rightarrow 2^{x^2+x} = 2^6$

Logo:

$x^2 + x = 6 \Rightarrow x^2 + x - 6 = 0 \Rightarrow x = 2$ ou $x = -3$

Portanto: $S = \{-3, 2\}$

Resolução de equações exponenciais usando artifícios

Nem sempre é possível escrever ambos os membros de uma equação exponencial como potências de mesma base. Em alguns desses casos, podemos usar artifícios de cálculo para resolver esse tipo de equação. Observe os exemplos a seguir.

Exemplos

a) Vamos resolver a equação $4^x + 4 \cdot 2^x = 5$.

1º) Usando as propriedades da potenciação, fazemos uma transformação na equação para identificar um termo comum:

$4^x + 4 \cdot 2^x = 5 \Rightarrow (2^2)^x + 4 \cdot 2^x - 5 = 0 \Rightarrow (2^x)^2 + 4 \cdot (2^x) - 5 = 0$

2º) Consideramos $2^x = y$ e resolvemos a equação obtida:

$y^2 + 4y - 5 = 0 \Rightarrow y = 1$ ou $y = -5$

3º) Substituímos em $2^x = y$ os valores encontrados:

$2^x = 1 \Rightarrow 2^x = 2^0 \Rightarrow x = 0$

ou

$2^x = -5$ (não existe x real tal que $2^x = -5$)

Logo, o único valor de x que satisfaz a equação $4^x + 4 \cdot 2^x = 5$ é $x = 0$; portanto: $S = \{0\}$

b) Agora, vamos resolver a equação exponencial $3^{2x} + 4 \cdot 3^x - 3^{x+1} = 0$.

1º) Usando as propriedades da potenciação, temos:

$3^{2x} + 4 \cdot 3^x - 3^{x+1} = 0 \Rightarrow (3^x)^2 + 4 \cdot 3^x - 3 \cdot 3^x = 0$

2º) Consideramos $3^x = y$:

$y^2 + 4y - 3y = 0 \Rightarrow y^2 + y = 0 \Rightarrow y = 0$ ou $y = -1$

3º) Substituímos em $3^x = y$ os valores encontrados:

$3^x = 0$ ou $3^x = -1$ (como 3^x é sempre positivo, não existe x real que satisfaça tais equações);

Portanto: $S = \varnothing$

Sistema de equações exponenciais

Para resolver um sistema formado por equações exponenciais, começamos analisando cada uma das equações. Observe o exemplo.

Vamos calcular x e y no sistema de equações: $\begin{cases} 2^x \cdot 4^y = \dfrac{1}{2} \\ 7^{x+y} = 1 \end{cases}$

1º) Desenvolvemos cada uma das equações:

- $2^x \cdot 4^y = \dfrac{1}{2} \Rightarrow 2^x \cdot (2^2)^y = 2^{-1} \Rightarrow 2^x \cdot 2^{2y} = 2^{-1} \Rightarrow 2^{x+2y} = 2^{-1} \Rightarrow x + 2y = -1$ (I)
- $7^{x+y} = 1 \Rightarrow 7^{x+y} = 7^0 \Rightarrow x + y = 0$ (II)

2º) Consideramos, então, o sistema formado por (I) e (II):

$\begin{cases} x + 2y = -1 \\ x + y = 0 \end{cases} \Rightarrow y = -1$ e $x = 1$

3º) Como (I) e (II) são equações que decorrem das equações iniciais, a solução desse sistema é solução do sistema original.

Portanto, a solução do sistema é: $S = \{(1, -1)\}$

Exercícios

26. Determine o conjunto solução das seguintes equações exponenciais:

a) $6^x = 36$

b) $\frac{1}{27} = 3^x$

c) $4^x = 2^{x-13}$

d) $16^x = \sqrt{2}$

e) $64 \cdot 2^x - 1 = 0$

f) $\sqrt{\left(\frac{1}{2}\right)^x} = \frac{1}{128}$

g) $(0{,}5)^{2x} = 4^{1-3x}$

27. Resolva as equações exponenciais.

a) $\left(\frac{2}{3}\right)^x = \frac{27}{8}$

b) $10^x = 0{,}0001$

c) $\sqrt[5]{4} = 2^{x+1}$

d) $27^{2x} = \left(\frac{1}{9}\right)^{x+3}$

e) $\left(\frac{4}{5}\right)^x \cdot \frac{125}{64} = \left(\frac{16}{24}\right)^x$

R4. Determinar o ponto de intersecção dos gráficos das funções $f(x) = \frac{1}{2^{x+1}}$ e $g(x) = 4^{x+1}$.

➤ Resolução

Para que os gráficos tenham um ponto em comum, deve existir um valor de x de modo que as imagens desse valor pelas duas funções coincidam, ou seja, $f(x) = g(x)$. Assim:

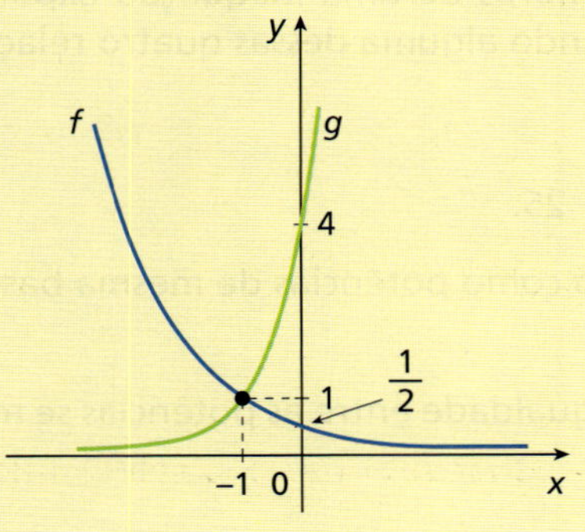

$$\frac{1}{2^{x+1}} = 4^{x+1} \Rightarrow \left(\frac{1}{2}\right)^{x+1} = (2^2)^{x+1} \Rightarrow$$

$$\Rightarrow (2^{-1})^{x+1} = 2^{2x+2} \Rightarrow 2^{-x-1} = 2^{2x+2} \Rightarrow$$

$$\Rightarrow -x - 1 = 2x + 2 \Rightarrow 3x = -3 \Rightarrow x = -1$$

Logo, para $x = -1$, temos:

$$f(-1) = \frac{1}{2^{-1+1}} = \frac{1}{2^0} = \frac{1}{1} = 1$$

$$g(-1) = 4^{-1+1} = 4^0 = 1$$

Portanto, o ponto de intersecção dos gráficos das funções f e g é $(-1, 1)$.

28. Determine o ponto de intersecção dos gráficos das funções $f(x) = \frac{1}{9^{x-1}}$ e $g(x) = 3^{x+1}$.

29. Determine o conjunto solução das equações exponenciais.

a) $2^{x+2} - 3 \cdot 2^x = 16$

b) $3^{x-1} - 3^{x+1} = -8$

c) $5^{x-1} - 5^x + 5^{x+1} = 105$

d) $2 \cdot 4^{x+3} + 3 \cdot 4^{x+2} - 5 \cdot 4^x = 171$

e) $5^{x-2} + 3 \cdot 5^{x+1} = 351 + 5^x$

30. Dê o conjunto solução das equações.

a) $3 \cdot 3^{2x} - 4 \cdot 3^x = -1$

b) $11^{2x} + 2 \cdot 11^x = -3$

31. Determine o conjunto solução das equações.

a) $25^x - 26 \cdot 5^x + 25 = 0$

b) $16^x - 12 \cdot 4^x = 64$

c) $2^{2x+2} - 33 \cdot 2^x = -8$

32. Resolva os sistemas de equações exponenciais.

a) $\begin{cases} 2^{2x+y} = 4 \\ 2^{x-y} = 2^{-\frac{1}{2}} \end{cases}$

b) $\begin{cases} 3^{x+y} = 3^{-2} \\ 7^{2x} : 7^y = 1 \end{cases}$

c) $\begin{cases} 8^{\frac{x}{2}} \cdot 16^{y-1} = 1 \\ 5^{\frac{x}{4} - 4y} = \frac{1}{5} \end{cases}$

d) $\begin{cases} \frac{1}{8} = 8^x \cdot 8^{3y} \\ (11^2)^{3x-y} \cdot 11 = 11^x \end{cases}$

4 Inequação exponencial

Toda inequação que tem a incógnita no expoente é chamada de **inequação exponencial**.

Exemplos

a) $3^x < 27$

b) $2^{-3x} \geqslant \sqrt{5}$

c) $\left(\frac{1}{7}\right)^x > 7^3$

d) $8^{x+6} \leqslant \left(\frac{1}{16}\right)^{-x} + 2^x$

4.1 Resolução de inequações exponenciais

Já vimos que $a^{x_1} = a^{x_2} \Rightarrow x_1 = x_2$ e que uma função exponencial pode ser crescente ou decrescente, dependendo do valor da base a.

Função crescente ($a > 1$)	**Função decrescente ($0 < a < 1$)**
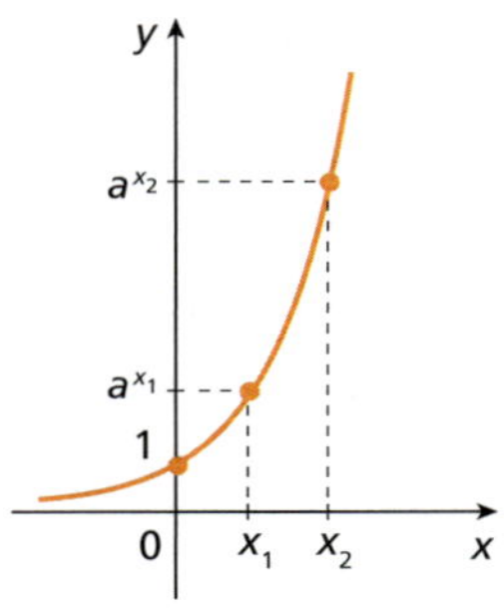	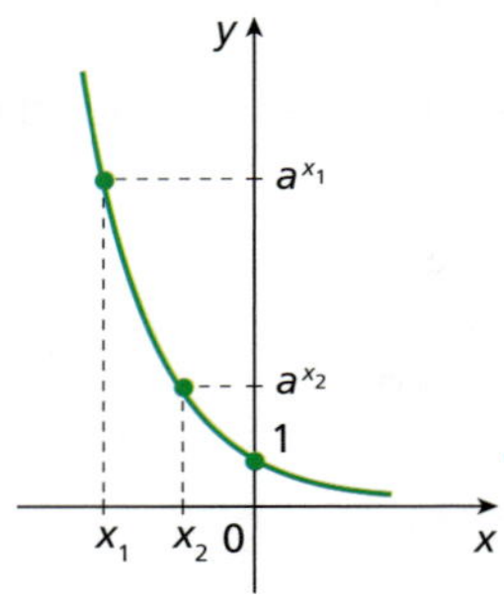
$x_2 > x_1 \Leftrightarrow a^{x_2} > a^{x_1}$	$x_2 > x_1 \Leftrightarrow a^{x_2} < a^{x_1}$

Assim, quando a base da potência é maior que 1 ($a > 1$), a relação de desigualdade entre as potências se mantém entre os expoentes:

$$\boldsymbol{a^{x_2} > a^{x_1} \Rightarrow x_2 > x_1}$$

sinal mantido

$$\boldsymbol{a^{x_2} \geqslant a^{x_1} \Rightarrow x_2 \geqslant x_1}$$

sinal mantido

Já quando a base da potência está entre 0 e 1 ($0 < a < 1$), a relação de desigualdade entre as potências se inverte entre os expoentes:

$$\boldsymbol{a^{x_2} > a^{x_1} \Rightarrow x_2 < x_1}$$

sinal invertido

$$\boldsymbol{a^{x_2} \geqslant a^{x_1} \Rightarrow x_2 \leqslant x_1}$$

sinal invertido

Sempre que for possível escrever ambos os membros de uma inequação exponencial como potências de mesma base, poderemos resolvê-la usando alguma dessas quatro relações.

Exemplos

a) Vamos resolver a inequação exponencial $5^{x+12} < 25$.

1º) Escrevemos ambos os membros da inequação como potências de mesma base:

$5^{x+12} < 25 \Rightarrow 5^{x+12} < 5^2$

2º) Como a base é maior que 1, a relação de desigualdade entre as potências se mantém entre os expoentes:

$5^{x+12} < 5^2 \Rightarrow x + 12 < 2 \Rightarrow x < -10$

Portanto: $S = \{x \in \mathbb{R} \mid x < -10\}$

b) Agora, vamos determinar o conjunto solução da inequação $\left(\frac{1}{8}\right)^{x+3} \leqslant \left(\frac{1}{8}\right)^{8}$.

$$\left(\frac{1}{8}\right)^{x+3} \leqslant \left(\frac{1}{8}\right)^{8} \Rightarrow x + 3 \geqslant 8 \Rightarrow x \geqslant 5$$

Portanto: $S = \{x \in \mathbb{R} \mid x \geqslant 5\}$

Note que, utilizando propriedades das potências, poderíamos também trabalhar com uma inequação com base maior que 1:

$$\left(\frac{1}{8}\right)^{x+3} \leqslant \left(\frac{1}{8}\right)^{8} \Rightarrow 8^{-(x+3)} \leqslant 8^{-8} \Rightarrow -(x+3) \leqslant -8 \Rightarrow x \geqslant 5$$

Exercícios

33. Determine o conjunto solução das inequações exponenciais.

a) $\frac{1}{9} \geqslant 3^{x+3}$

b) $\sqrt[5]{5} < 5^{x-13}$

c) $\sqrt[3]{3^x} > 3^x \cdot 3^8$

d) $\left(\frac{1}{3}\right)^{2x-4} > 3^{x+2}$

R5. Resolver a inequação $\left(\frac{2}{3}\right)^{-x^2+5x} \leqslant \left(\frac{2}{3}\right)^{6}$.

➤ Resolução

$\left(\frac{2}{3}\right)^{-x^2+5x} \leqslant \left(\frac{2}{3}\right)^{6} \Rightarrow -x^2 + 5x \geqslant 6 \Rightarrow$

$\Rightarrow -x^2 + 5x - 6 \geqslant 0$

Resolvendo a equação do 2º grau $-x^2 + 5x - 6 = 0$, obtemos $x = 2$ ou $x = 3$.
Então, para $-x^2 + 5x - 6 \geqslant 0$, temos o intervalo indicado abaixo:

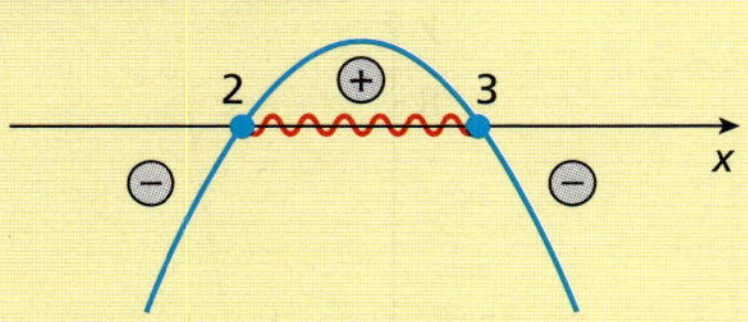

Portanto: $S = \{x \in R \mid 2 \leqslant x \leqslant 3\}$.

34. Determine o conjunto solução das inequações a seguir.

a) $6^{x^2+1} < 6^5$

b) $(0{,}44)^{x^2-4} \leqslant 1$

35. Determine o domínio das funções.

a) $f(x) = \sqrt{3^x - 243}$

b) $g(x) = \frac{1}{\sqrt{2^x}}$

36. Seja f uma função definida por $f(x) = 3^{x^2+x}$, determine o conjunto solução de:

a) $f(x) < 1$

b) $f(x) > -3$

c) $f(x) \geqslant 9$

d) $f(x) \leqslant 0$

e) $f(x) > \frac{1}{3}$

f) $\frac{1}{f(x)} \leqslant 1$

R6. Determinar o conjunto solução da inequação $2^x < 2^3 < 2^{2x}$.

➤ Resolução

Quando a inequação tem mais de uma desigualdade, analisamos cada uma separadamente.

- $2^x < 2^3 \Rightarrow x < 3$ (I)
- $2^3 < 2^{2x} \Rightarrow 3 < 2x \Rightarrow x > \frac{3}{2}$ (II)

As duas desigualdades devem ser simultaneamente satisfeitas: $x < 3$ e $x > \frac{3}{2}$

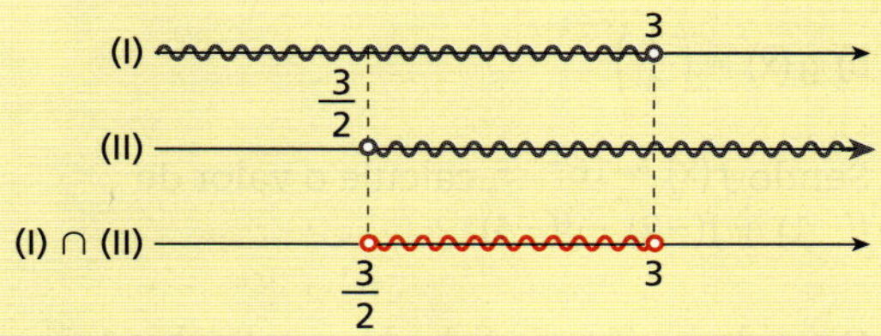

Portanto: $S = \left\{x \in \mathbb{R} \mid \frac{3}{2} < x < 3\right\}$

37. Resolva as inequações.

a) $2 \leqslant 2^x \leqslant 2^3$

b) $\frac{1}{81} < 81^{x-1} < 9^x$

38. Observe o gráfico e responda às questões a seguir.

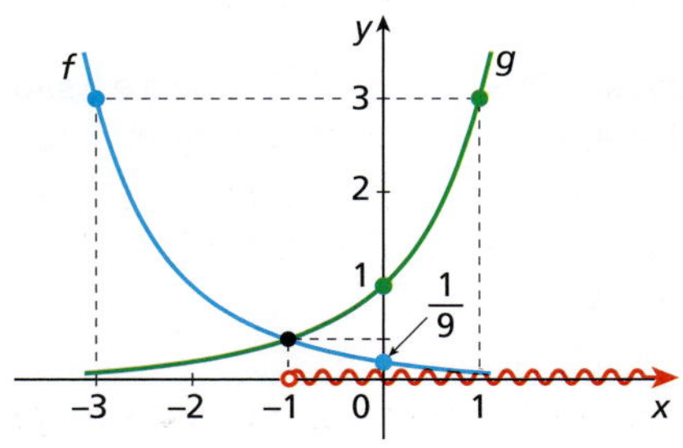

6.2 Visão do especialista

a) Quais são as leis de formação das funções representadas no gráfico?

b) Qual é o ponto de intersecção dos gráficos das funções?

c) Escreva uma inequação cuja solução seja o intervalo de x representado no gráfico acima.

Ficha de revisão

1. Calcule o valor de cada expressão.

a) $\left(\dfrac{10^{4x+2}}{10^{3x+1}} : 10^2\right) \cdot 10^{5-x}$

b) $\left[\left(\dfrac{2}{3}\right)^2 : \left(\dfrac{2}{3}\right)^{-4}\right] \cdot \left[\left(\dfrac{2}{3}\right)^{-1} : \left(\dfrac{2}{3}\right)^9\right]$

2. Calcule o valor das expressões.

a) $\dfrac{-2^2 + 3^3 - 5^2}{-3^2 + 2^3 - 5^0}$

b) $9^{-1} \cdot (-3)^3 + \left(\dfrac{1}{3}\right)^{-2} : 3^3$

3. Simplifique as expressões a seguir.

a) $45^{\frac{1}{2}} - 2 \cdot 18^{\frac{1}{2}} + 6 \cdot 54^{\frac{1}{2}} - 24^{\frac{1}{2}} + 5 \cdot 48^{\frac{1}{2}}$

b) $3 \cdot 56^{\frac{1}{3}} + 189^{\frac{1}{3}} + 448^{\frac{1}{3}} - 2 \cdot 49^{\frac{1}{6}} + 343^{\frac{1}{9}}$

4. Construa os gráficos das seguintes funções e determine o domínio e a imagem de cada uma.

a) $f(x) = 3^x$

b) $g(x) = \left(\dfrac{1}{2}\right)^{x-1}$

5. Sendo $f(x) = 16^{1+\frac{1}{x}}$, calcule o valor de $f(-1) + f(-2) - f(-4)$.

6. Considere a função $f(x) = b^x$, com $0 < b < 1$. Sendo $f(1) + f(-1) = \dfrac{10}{3}$, determine o valor de b.

7. Sendo $f(x) = 5^x$, determine o valor de $f(1) + f(a) - f(a+1) + 4 \cdot f(a)$

8. Sendo $f(x) = 2^{5x}$ e $f(m) = 32$, determine o valor de $f\left(-\dfrac{m}{5}\right)$.

9. (Fuvest-SP) Seja $f(x) = 2^{2x+1}$. Se a e b são tais que $f(a) = 4f(b)$, pode-se afirmar que:

a) $a + b = 2$

b) $a + b = 1$

c) $a - b = 3$

d) $a - b = 2$

e) $a - b = 1$

10. Resolva as equações.

a) $3^{5-2x} = 9^{2x+1}$

b) $7^{6x^2+5x-4} = 1$

11. Resolva as equações.

a) $2^{x+1} + 2^{x+2} - 2^{x+3} = -32$

b) $3^{2x+1} + 8 \cdot 3^x = 3$

c) $16^{1-x} + 16^x = 10$

12. Resolva as inequações.

a) $7^{3x-1} < 7^{x+1}$ b) $\left(\dfrac{1}{2}\right)^{x^2+1} \geqslant \left(\dfrac{1}{2}\right)^2$

13. Resolva a inequação $4 > \dfrac{1}{2^{x^2+3x}} > \dfrac{1}{16}$.

14. Resolva o sistema de inequações.

$$\begin{cases} \left(\dfrac{1}{2}\right)^x > \left(\dfrac{1}{2}\right)^5 \\ 9^{-x^2-1} < 3^{-5x} \end{cases}$$

15. Calcule o valor da expressão $\dfrac{2^x + 2^{x+1} - 5 \cdot 2^{x+2}}{2^x - 2^{x+3} - 17 \cdot 2^x}$.

16. Para que valores de $m \in \mathbb{R}$ a função $f(x) = (-m^2 + 2m)^x$ é decrescente?

17. Resolva o sistema: $\begin{cases} 2^x + 2^y = 12 \\ x + y = 5 \end{cases}$

18. Determine os valores de k e de a, sabendo que a função representada abaixo é dada por $f(x) = k \cdot a^x$.

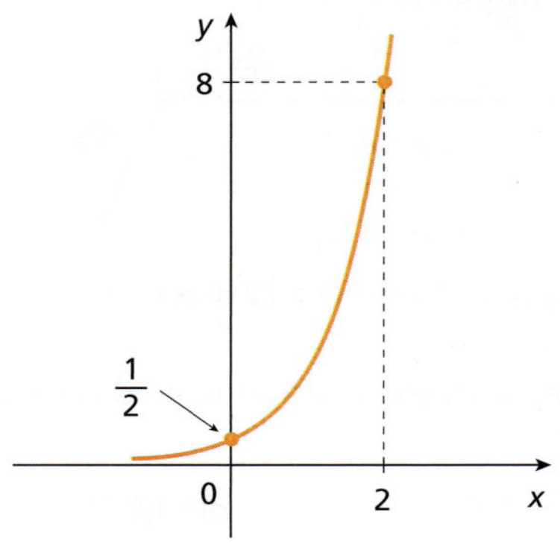

19. Determine o domínio da função $f(x) = \dfrac{5 \cdot 2^x}{\sqrt{2^x - 4}}$.

20. Quantos são os números primos x que satisfazem a relação $2^{17x - x^2} > 2^{30}$?

21. **Microbiologia.** A relação $P = 64.000(1 - 2^{-0,1t})$ descreve o crescimento de uma população de micro-organismos, sendo P o número de micro-organismos e t o número de dias após o instante zero. Determine t para que essa população seja igual a 63.000.

22. Crescimento populacional. Estima-se que a população de uma cidade aumente de acordo com a lei $P(t) = 15.000 \cdot (1{,}035)^t$, sendo t o tempo em ano e $P(t)$ o número de habitantes após t anos. Adotando $(1{,}035)^{10} = \sqrt{2}$, determine a população dessa cidade daqui a 80 anos.

MAURICIO SIMONETTI/PULSAR IMAGENS

23. Mercado automobilístico. O valor de um automóvel daqui a t anos é dado pela lei $V = 20.000 \cdot (0{,}9)^t$ (em reais). Calcule o valor desse automóvel daqui a 4 anos.

24. Finanças. Uma aplicação financeira obedece à regra $M(t) = 50.000 \cdot (1{,}1)^t$, em que $M(t)$ é o montante* final após t meses. Determine o montante final após:

a) 3 meses

b) 6 meses

c) 1 ano

* É denominado montante (M) o valor em dinheiro ao final da operação (capital + juro).

25. Física. Um equipamento retira ar de um tanque de acordo com a lei $A(t) = A_0 \cdot (0{,}9)^t$, em que $A(t)$ é o volume de ar do tanque após t minutos e A_0 é o volume inicial de ar contido no tanque. Determine o volume de ar que restará num tanque de 10 m^3 5 minutos após o equipamento ser ligado.

26. Economia. A taxa de inflação anual de certo país é de 15%, isto é, a cada ano os produtos comercializados no país têm seus preços multiplicados por 1,15 e em n anos por $(1{,}15)^n$. Quantos anos são necessários para que os produtos comercializados nesse país dobrem de preço?

Questões de vestibular

1. (Fatec-SP) Se x e y são números reais tais que $x = (0{,}25)^{0{,}25}$ e $y = 16^{-0{,}125}$, é verdade que:

a) $x = y$

b) $x > y$

c) $x \cdot y = 2\sqrt{2}$

d) $x - y$ é um número irracional.

e) $x + y$ é um número racional não inteiro.

2. (Fuvest-SP) Seja $f(x) = 2^{2x+1}$. Se a e b são tais que $f(a) = 4f(b)$, pode-se afirmar que:

a) $a + b = 2$

b) $a + b = 1$

c) $a - b = 3$

d) $a - b = 2$

e) $a - b = 1$

3. (Udesc) Resolva o sistema de equações.

$$\begin{cases} \left(\dfrac{1}{4}\right)^x \cdot 4^y = 16 \\ 27^x \cdot \left(\dfrac{1}{9}\right)^{2y} = 9 \end{cases}$$

4. (IME-RJ) Dada a função $f(x) = \dfrac{(156^x + 156^{-x})}{2}$, demonstre que: $f(x + y) + f(x - y) = 2f(x)f(y)$

5. (Fuvest-SP) Das alternativas abaixo, a que melhor corresponde ao gráfico da função $f(x) = 1 - 2^{-|x|}$ é:

6.3 Visão do especialista

a)

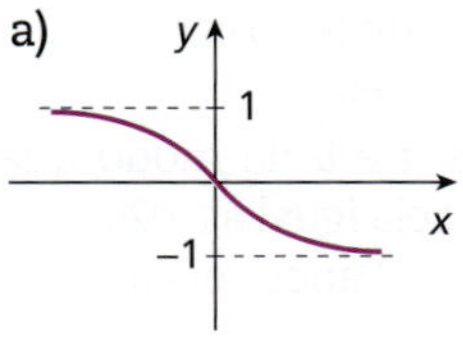

d)

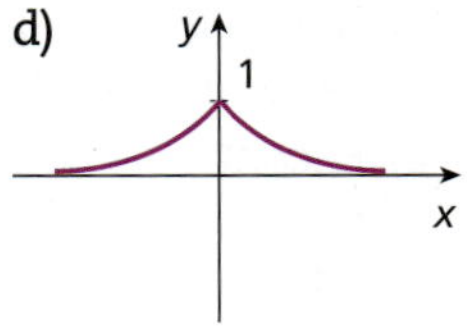

b)

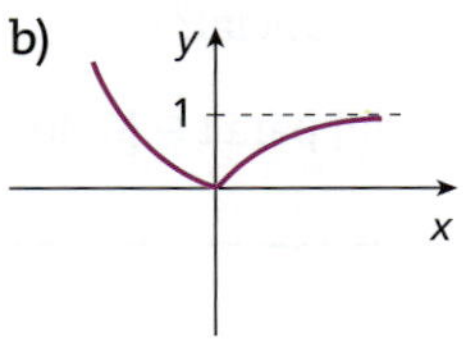

e)

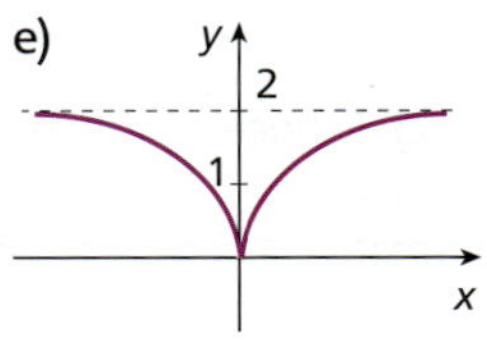

c)

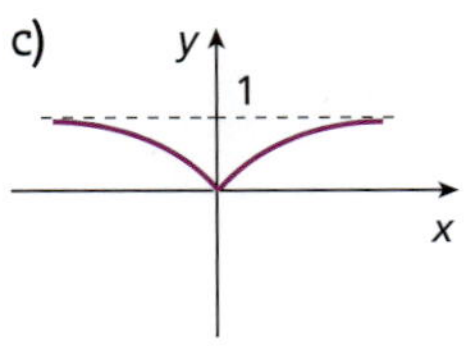

6.4 Visão do especialista

6. (Mackenzie-SP) O gráfico mostra, em função do tempo, a evolução do número de bactérias em certa cultura.

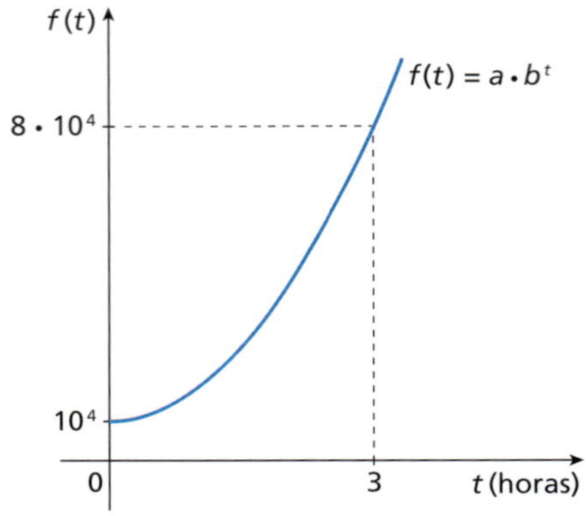

Dentre as alternativas abaixo, decorridos 30 minutos do início das observações, o valor mais próximo desse número é:

a) 18.000
b) 20.000
c) 32.000
d) 14.000
e) 40.000

7. (Vunesp) A trajetória de um salto de um golfinho nas proximidades de uma praia, do instante em que ele saiu da água ($t = 0$) até o instante em que mergulhou ($t = T$), foi descrita por um observador através do seguinte modelo matemático: $h(t) = 4t - t \cdot 2^{0,2 \cdot T}$, com t em segundos, $h(t)$ em metros e $0 \leqslant t \leqslant T$. O tempo, em segundos, em que o golfinho esteve fora da água durante esse salto foi:

a) 1
b) 2
c) 4
d) 8
e) 10

6.5 Visão do especialista

8. (Unicamp-SP) Suponha que o número de indivíduos de uma determinada população seja dado pela função $f(t) = a \cdot 2^{-bt}$, onde a variável t é dada em anos e *a* e *b* são constantes.

a) Encontre as constantes *a* e *b* de modo que a população inicial ($t = 0$) seja igual a 1.024 indivíduos e a população após 10 anos seja a metade da população inicial.

b) Qual é o tempo mínimo para que a população se reduza a $\frac{1}{8}$ da população inicial?

c) Esboce o gráfico da função $f(t)$ para $t \in [0, 40]$.

9. (UFPel-RS) A função exponencial serve de modelo matemático para resolver várias situações do cotidiano. Um exemplo é o de uma cultura de bactérias inicialmente com 1.000 elementos, contados a partir do instante zero, na qual a população dobra a cada hora. Essa situação é representada pela função $f(x) = 1.000 \cdot 2^x$, em que x é o tempo decorrido.

Com base na função acima, em seus conhecimentos, considerando $\mathbb{R}$ o conjunto dos números reais, analise as afirmações a seguir.

(I) O domínio da função é o conjunto dos números reais.

(II) O domínio (D) da função é $D = \{x \in \mathbb{R} \mid x \geqslant 1.000\}$.

(III) O domínio (D) da função é $D = \{x \in \mathbb{R} \mid x \geqslant 0\}$.

(IV) A imagem (Im) da função é $Im = \{y \in \mathbb{R} \mid y \geqslant 1.000\}$.

(V) A imagem (Im) da função é $Im = \{y \in \mathbb{R} \mid y \geqslant 0\}$.

Estão corretas somente as afirmações:

a) I e IV.
b) III e V.
c) II e IV.
d) I e V.
e) III e IV.

10. (Unifesp) Sob determinadas condições, o antibiótico gentamicina, quando ingerido, é eliminado pelo organismo à razão de metade do volume acumulado a cada hora. Daí, se *K* é o volume da substância no organismo, pode-se utilizar a função $f(t) = K \cdot \left(\frac{1}{2}\right)^{\frac{t}{2}}$ para estimar a sua eliminação depois de um tempo *t*, em horas. Neste caso, o tempo mínimo necessário para que uma pessoa conserve no máximo 2 mg desse antibiótico no organismo, tendo ingerido 128 mg numa única dose, é de:

a) 12 horas e meia.
b) 12 horas.
c) 10 horas e meia.
d) 8 horas.
e) 6 horas.

Capítulo 7

Função logarítmica

CHRIS MCGRATH/GETTY IMAGES

Objetivos do capítulo:

- ✔ Identificar uma função logarítmica.
- ✔ Analisar o gráfico de uma função logarítmica.
- ✔ Resolver situações-problema que envolvam funções logarítmicas.
- ✔ Resolver equações e inequações logarítmicas.

Um terremoto de 9 graus de magnitude na escala Richter abalou o Japão em março de 2011.

A escala Richter mede a magnitude de um terremoto. Os terremotos originam-se do movimento das placas tectônicas: o atrito de uma placa contra outra forma ondas mecânicas, responsáveis pelas vibrações que causam os terremotos. O sismógrafo mede a amplitude e a frequência dessas vibrações. Utilizando uma equação logarítmica, pode-se calcular a magnitude do terremoto.

1 Logaritmos

7.1 Biblioteca do estudante

7.2 Biblioteca do estudante

O aparecimento dos logaritmos ocorreu no começo do século XVII, quando já era premente a necessidade de facilitar os laboriosos cálculos trigonométricos da Astronomia e da navegação. A ideia básica era substituir operações mais complicadas, como multiplicação e divisão, por operações mais simples, como adição e subtração.

Os principais inventores dos logaritmos foram o suíço Joost Bürgi (1552-1632) e o escocês John Napier (ou Neper) (1550-1617), cujos trabalhos foram produzidos independentemente um do outro. [...] Os logaritmos foram reconhecidos como uma invenção realmente extraordinária logo após a publicação de Neper em 1614. [...]

ÁVILA, Geraldo. Como se constrói uma tábua de logaritmos. *Revista do Professor de Matemática*, n. 26, 1994.

1.1 Definição de logaritmo de um número

Antes de tratar de logaritmos, vamos retomar potenciação.

Você sabe quanto vale 3^2? E $49^{\frac{1}{2}}$? Essas perguntas referem-se a potenciação, e as respostas são 9 e 7, respectivamente.

Agora, responda: o 3 elevado a qual número resulta em 9? E o 49 elevado a qual número resulta em 7?

Essas perguntas referem-se a logaritmo, e as respostas são, respectivamente, 2 e $\frac{1}{2}$. Veja:

- $3^x = 9 \Rightarrow 3^x = 3^2 \Rightarrow x = 2$
- $49^x = 7 \Rightarrow (7^2)^x = 7 \Rightarrow 7^{2x} = 7^1 \Rightarrow 2x = 1 \Rightarrow x = \frac{1}{2}$

Dizemos que:

- Como $3^2 = 9$, o número 2 é o logaritmo de 9 na base 3, que representamos assim: $\log_3 9 = 2$
- Como $49^{\frac{1}{2}} = 7$, o número $\frac{1}{2}$ é o logaritmo de 7 na base 49, que representamos assim: $\log_{49} 7 = \frac{1}{2}$

> Dados a e b, números reais positivos, com $a \neq 1$, o **logaritmo de *b* na base *a*** é o número real x tal que $a^x = b$, ou seja, $\boldsymbol{\log_a b = x \Leftrightarrow a^x = b}$. O número b é conhecido por **logaritmando**.

Exemplos

- $\log_6 36 = 2 \Leftrightarrow 6^2 = 36$
- $\log_{10} 1 = 0 \Leftrightarrow 10^0 = 1$
- $\log_3 \left(\frac{1}{9}\right) = -2 \Leftrightarrow 3^{-2} = \frac{1}{9}$
- $\log_{\sqrt[3]{12}} 12 = 3 \Leftrightarrow \left(\sqrt[3]{12}\right)^3 = 12$

Sempre que a base é omitida, entende-se que o logaritmo tem 10 por base, ou seja, $\log_{10} b = x$ pode ser escrito também como $\log b = x$.

A seguir, vamos verificar se é possível determinar o valor de x sabendo que $x = \log_{\frac{1}{8}} (\sqrt{2})^3$.

Pela definição de logaritmo, temos:

$$x = \log_{\frac{1}{8}} (\sqrt{2})^3 \Rightarrow \left(\frac{1}{8}\right)^x = (\sqrt{2})^3 \Rightarrow \left(\frac{1}{2^3}\right)^x = 2^{\frac{3}{2}} \Rightarrow$$

$$\Rightarrow 2^{-3x} = 2^{\frac{3}{2}} \Rightarrow -3x = \frac{3}{2} \Rightarrow x = -\frac{1}{2}$$

Calculamos, assim, o valor do $\log_{\frac{1}{8}} (\sqrt{2})^3$, que é $-\frac{1}{2}$.

Exercícios

1. Calcule.

a) $\log_2 32$

b) $\log_3 81$

c) $\log_5 125$

d) $\log 10.000$

2. Calcule.

a) $\log_{\sqrt{2}} 2$

b) $\log 0{,}1$

c) $\log_{\frac{1}{4}} 16$

3. Se $A = \log_7 7$, $B = \log_{76} 1$, $C = \log_{0,5} 8$ e $D = \log_8 8^{-2}$, determine $B^A + CD$.

4. Calcule o valor de m para que $\log(2m - 5) = 3$.

5. Obtenha o valor de:

$\log_{0,25} 64 + \log_{\sqrt[3]{2}} \sqrt{32}$.

6. Determine o resultado da expressão $\log_2(\log_4 256)$.

7. Calcule $\log(\log_3(\log 1.000))$.

8. Calcule o valor da expressão $\left(2^{\log_3 5} - 5^{\log_3 2}\right)^{2011}$.

R1. Quanto vale k, se $\log_k 81 = 4$?

➤ Resolução

$\log_k 81 = 4 \Rightarrow k^4 = 81$ e $k > 0 \Rightarrow k = \sqrt[4]{81} \Rightarrow k = 3$

(-3 não serve, pois $k > 0$)

9. Determine o valor de x.

a) $\log_x 125 = 5$

b) $4 = \log_x \dfrac{1}{81}$

10. Determine x de modo que $\log_x \dfrac{9}{4} = \dfrac{1}{2}$.

11. Calcule o valor de x.

a) $\log_x 243 = \dfrac{5}{2}$

b) $\log_x \left(\dfrac{7}{4}\right) = \dfrac{1}{3}$

12. Sabendo que $\log_a b = -2$ e $ab = 3$, determine o valor de $b - a$.

1.2 Condições de existência dos logaritmos

Na página anterior, calculamos $\log_6 36 = 2$ e $\log 1 = 0$. Mas será possível calcular os valores de $\log_6(-36)$ e de $\log_1 10$?

Para verificar se esses cálculos são possíveis, vamos aplicar a definição de logaritmo:

(I) $\log_6(-36) = x \Rightarrow 6^x = -36 \rightarrow$ Observe que, nesse caso, a definição de logaritmo não faz sentido, pois não existe x real que satisfaça essa equação.

(II) $\log_1 10 = w \Rightarrow 1^w = 10 \rightarrow$ Observe que, mais uma vez, a definição de logaritmo não faz sentido, pois não existe w real que satisfaça essa equação. Percebemos, assim, que para que o $\log_a b$ exista é necessário que os números a e b satisfaçam seguintes as condições: $b > 0$, $a > 0$ e $a \neq 1$.

No exemplo (I), temos: $b = -36 < 0$; no (II), $a = 1$. Portanto, nenhuma das situações apresenta todas as condições exigidas para a existência de logaritmos.

Vejamos outros exemplos em que precisamos observar atentamente essas condições:

a) Para determinar os valores de x de modo que $\log_{x+4}(x + 6)$ exista, devemos impor as seguintes condições:

(I) para o logaritmando: $x + 6 > 0 \Rightarrow x > -6$

(II) para a base: $x + 4 > 0 \Rightarrow x > -4$

(III) para a base: $x + 4 \neq 1 \Rightarrow x \neq -3$

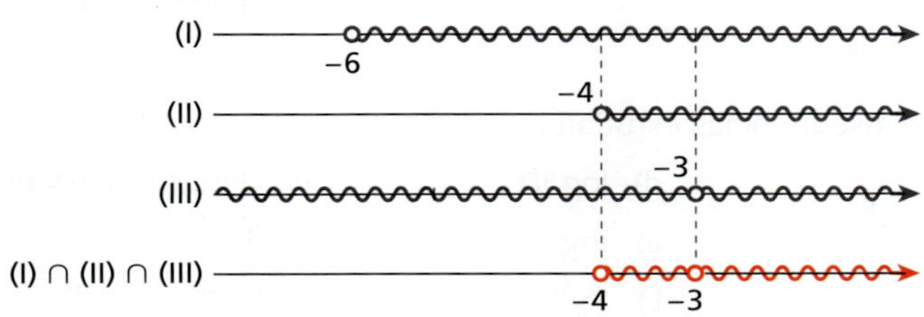

Para que x satisfaça todas as condições, devemos ter: $\{x \in \mathbb{R} \mid x > -4 \text{ e } x \neq -3\}$

b) Para determinar os valores de x de modo que $\log_{x-2}(x^2 - 5x + 6)$ exista, devemos impor as seguintes condições:

(I) para o logaritmando: $x^2 - 5x + 6 > 0 \Rightarrow x < 2$ ou $x > 3$

(II) para a base: $x - 2 > 0 \Rightarrow x > 2$

(III) para a base: $x - 2 \neq 1 \Rightarrow x \neq 3$

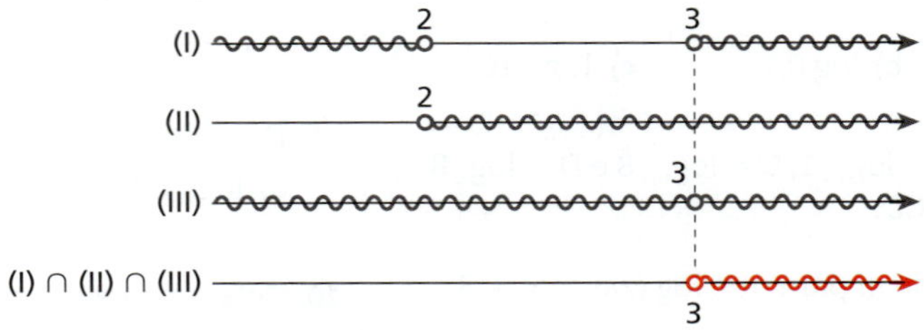

As três condições devem ocorrer simultaneamente, assim: $\{x \in \mathbb{R} \mid x > 3\}$

1.3 Consequências da definição dos logaritmos

Satisfeitas as condições de existência dos logaritmos, podemos observar algumas consequências:

1ª) $\log_a 1 = 0$, pois $a^0 = 1$

2ª) $\log_a a = 1$, pois $a^1 = a$

3ª) $\log_a a^n = n$, pois $a^n = a^n$

4ª) $a^{\log_a n} = n$, pois $\log_a n = m \Rightarrow a^m = n \Rightarrow a^{\log_a n} = n$

5ª) $\log_a m = \log_a n \Rightarrow m = n$, pois $a^{\log_a m} = n \Rightarrow m = n$

Veja, a seguir, algumas aplicações dessas consequências:

a) $\left(\log_{\sqrt{3}} \sqrt{3}\right) \cdot \left(3^{\log_3 8}\right) = 1 \cdot 8 = 8$ (2ª consequência; 4ª consequência)

b) $\log_3 x = \log_3 29 \Rightarrow x = 29$ (5ª consequência)

Exercícios

13. Determine os possíveis valores de x para que exista:

a) $\log_x 5$

b) $\log_2 (3x + 5)$

c) $\log_3 \dfrac{x - 2}{x + 4}$

d) $\log_5 (x^2 - 2x + 1)$

14. Com base nas consequências estudadas, calcule.

a) $\log_{11} 11$

b) $\log_{32} 1$

c) $\log_6 6^7$

d) $\log 100$

e) $\log_{\sqrt[3]{2}} 128$

f) $15^{\log_{15} 16}$

15. Determine os valores desconhecidos.

a) $\log_{\sqrt{5}} \sqrt[6]{5} = k$

b) $\log_8 x = \log_8 \dfrac{2}{3}$

c) $\log_7 b = 1$

d) $3^{\log_3 2} = n$

16. Determine o valor das expressões.

a) $2^{5 \cdot \log_2 3}$

b) $2^{\log_7 7 \cdot \log_2 15}$

c) $(\log_5 10)^{\log_3 1}$

d) $(\log_{64} 64)^{\log_3 2}$

2 Propriedades operatórias dos logaritmos e mudança de base

Na página 150, vimos que os logaritmos surgiram com a necessidade de facilitar cálculos trabalhosos, já que no século XVII não havia calculadoras. A ideia original para a criação dos logaritmos era utilizá-los para substituir operações mais complexas por operações mais simples; por exemplo, substituir multiplicações por adições ou divisões por subtrações. A seguir, veremos essas transformações.

2.1 Logaritmo de um produto

Observe os cálculos:

$$\log_3 (3 \cdot 9) = \log_3 (3^1 \cdot 3^2) = \log_3 3^{1+2} = 1 + 2 = \log_3 3 + \log_3 3^2 = \log_3 3 + \log_3 9$$

Então, podemos dizer: $\log_3 (3 \cdot 9) = \log_3 3 + \log_3 9$

O logaritmo do produto de dois números positivos, em uma base *a*, com $0 < a \neq 1$, é igual à soma dos logaritmos de cada um desses números na base *a*.

$$\bullet \quad \log_a (b \cdot c) = \log_a b + \log_a c$$

Vamos provar essa propriedade.

Considere os seguintes logaritmos:

(I) $\log_a b = x \Leftrightarrow a^x = b$ (II) $\log_a c = y \Leftrightarrow a^y = c$ (III) $\log_a (b \cdot c) = z \Leftrightarrow a^z = b \cdot c$

Substituindo (I) e (II) em (III), temos:

$$a^z = b \cdot c \Rightarrow a^z = a^x \cdot a^y \Rightarrow a^z = a^{x+y} \Rightarrow z = x + y \Rightarrow \log_a (b \cdot c) = \log_a b + \log_a c$$

Exemplos

a) $\log_5 (25 \cdot 625) = \log_5 25 + \log_5 625 = \log_5 5^2 + \log_5 5^4 = 2 + 4 = 6$

b) $\log 500 = \log (100 \cdot 5) = \log 100 + \log 5 = 2 + \log 5$

2.2 Logaritmo de um quociente

Observe:

$$\log_3 \left(\frac{3}{9}\right) = \log_3 \left(\frac{3^1}{3^2}\right) = \log_3 3^{1-2} = 1 - 2 = \log_3 3 - \log_3 3^2 = \log_3 3 - \log_3 9$$

Então, podemos dizer: $\log_3 \left(\frac{3}{9}\right) = \log_3 3 - \log_3 9$

O logaritmo do quociente de dois números positivos, em uma base *a*, com $0 < a \neq 1$, é igual à diferença dos logaritmos de cada um desses números na base *a*.

$$\bullet \quad \log_a \frac{b}{c} = \log_a b - \log_a c$$

Vamos provar essa propriedade.

Considere os seguintes logaritmos:

(I) $\log_a b = x \Leftrightarrow a^x = b$ (II) $\log_a c = y \Leftrightarrow a^y = c$ (III) $\log_a \left(\frac{b}{c}\right) = z \Leftrightarrow a^z = \left(\frac{b}{c}\right)$

Substituindo (I) e (II) em (III), temos:

$$a^z = \left(\frac{b}{c}\right) \Rightarrow a^z = \left(\frac{a^x}{a^y}\right) \Rightarrow a^z = a^{x-y} \Rightarrow z = x - y \Rightarrow \log_a = \frac{b}{c} = \log_a b - \log_a c$$

Exemplos

a) $\log_5\left(\frac{125}{625}\right) = \log_5 125 - \log_5 625 = \log_5 5^3 - \log_5 5^4 = 3 - 4 = -1$

b) $\log_4\left(\frac{1}{16}\right) = \log_4 1 - \log_4 16 = 0 - 2 = -2$

Observações:

a) Algumas calculadoras científicas têm uma tecla em que se lê [log]. Essa tecla calcula logaritmos na base 10. Se digitarmos o número 100 e, em seguida, apertarmos a tecla [log], no visor aparecerá o número 2, que é o resultado de log 100. Dependendo da calculadora, o procedimento pode ser diferente; por exemplo: para o mesmo cálculo, apertamos a tecla [log], digitamos o número 100, apertamos a tecla [=] e obtemos o número 2 (resultado de log 100).

Em calculadoras desse tipo, se quisermos calcular logaritmos em bases diferentes de 10, teremos de usar a propriedade de mudança de base, como veremos mais adiante.

LUIZ CARLOS GOMES/FUTURA PRESS

b) Observe a expressão a seguir:

$\log_a \frac{1}{y} = \log_a 1 - \log_a y = 0 - \log_a y = -\log_a y$

Portanto: $\log_a \frac{1}{y} = -\log_a y$

Pela expressão, vimos que o logaritmo do inverso de um número é igual ao oposto desse número. O oposto é denominado **cologaritmo** e é indicado assim:

$$\mathbf{\log_a \frac{1}{y} = -\log_a y = \text{colog}_a\, y}, \text{ com } y > 0,\ a > 0 \text{ e } a \neq 1$$

2.3 Logaritmo de uma potência

Observe:

$$\log_5 4^3 = \log_5 (4 \cdot 4 \cdot 4) = \log_5 4 + \log_5 4 + \log_5 4 = 3 \cdot \log_5 4$$

Então: $\log_5 4^3 = 3 \cdot \log_5 4$

O logaritmo de uma potência em uma base a, com $0 < a \neq 1$, é igual ao produto do expoente da potência pelo logaritmo da base da potência.

- $\log_a b^n = n \cdot \log_a b$

Vamos mostrar essa propriedade.

Considere os seguintes logaritmos:

(I) $\log_a b = x \Leftrightarrow a^x = b$ (II) $\log_a b^n = y \Leftrightarrow a^y = b^n$

Substituindo (I) em (II), temos: $a^y = b^n \Rightarrow a^y = (a^x)^n \Rightarrow a^y = a^{x \cdot n} \Rightarrow y = n \cdot x \Rightarrow \log_a b^n = n \cdot \log_a b$

Exemplos

a) $\log_5 5^8 = 8 \cdot \log_5 5 = 8 \cdot 1 = 8$

b) $\log_2 \sqrt{3} = \log_2 3^{\frac{1}{2}} = \frac{1}{2}\log_2 3$

Observação:

Veja os cálculos:

- $\log_5^2 3 = (\log_5 3)^2 = (\log_5 3) \cdot (\log_5 3)$
- $\log_5 3^2 = 2 \cdot \log_5 3$

No primeiro caso, a base da potência é $\log_5 3$, e no segundo, a base da potência é o 3 (logaritmando).

Observe que: $\log_5^2 3 \neq \log_5 3^2$

Fique atento, pois, em geral: $\log_a^n b \neq \log_a b^n$

Exercícios

R2. Aplicando as propriedades operatórias dos logaritmos, reescrever as expressões abaixo na forma de adição e/ou subtração.

a) $\log (3^2 \cdot 5^3)$

b) $\log \left(\dfrac{2^3 \cdot 3}{5^2 \cdot 7}\right)$

➤ Resolução

a) $\log (3^2 \cdot 5^3) = \log 3^2 + \log 5^3 = 2 \cdot \log 3 + 3 \cdot \log 5$

b) $\log \left(\dfrac{2^3 \cdot 3}{5^2 \cdot 7}\right) = \log (2^3 \cdot 3) - \log (5^2 \cdot 7) =$
$= \log 2^3 + \log 3 - (\log 5^2 + \log 7) =$
$= 3 \log 2 + \log 3 - 2 \log 5 - \log 7$

17. Aplicando as propriedades dos logaritmos, simplifique as expressões.

a) $\log_2 (64 \cdot 13)$

b) $\log_{\sqrt{2}} (2 \cdot 3)$

c) $\log_3 (13 \cdot 3)$

d) $\log_{\frac{1}{2}} \left(\dfrac{26}{32}\right)$

e) $\log_{\frac{1}{4}} \left(\dfrac{1}{4}\right)^9$

f) $\log \left(\dfrac{1}{10}\right)^{19}$

R3. Utilizando as propriedades dos logaritmos, simplificar a expressão: $\log 50 + \log 20 - \log 8$.

➤ Resolução

$\log 50 + \log 20 - \log 8 = \log (2 \cdot 5^2) + \log (2^2 \cdot 5) -$
$- \log 2^3 = \log 2 + \log 5^2 + \log 2^2 + \log 5 - \log 2^3 =$
$= \log 2 + 2 \log 5 + 2 \log 2 + \log 5 - 3 \log 2 =$
$= 3 \log 5$

18. Utilizando propriedades de logaritmos, determine o valor de A.

a) $A = \log 30 + \log 7 - \log 21$

b) $A = \log_2 100 - \log_2 25$

19. Transforme cada um dos itens em adição ou subtração.

a) $\log_a (b \cdot c \cdot d)$

b) $\log_a \left(\dfrac{2 \cdot k}{d}\right)$

c) $\log_a \dfrac{\sqrt{5}}{v}$

d) $\log_a a^{-n}$

20. Determine o valor da expressão $\log_2 (m^2 \cdot n^4)$ se:

a) $m = 2$ e $n = 4$

b) $m = \dfrac{1}{2}$ e $n = 1$

c) $m = 1$ e $n = \sqrt{2}$

d) $m = 0{,}2$ e $n = 0{,}5$

21. Explique, com suas palavras, se m ou n podem ser números negativos na expressão $\log_2 (m^2 \cdot n^4)$.

R4. Sabendo que $\log 2 \simeq 0{,}3$ e $\log 5 \simeq 0{,}7$, determinar o valor aproximado de:

a) $\log \left(\dfrac{5}{2}\right)$ b) $\log 20$ c) $\log \sqrt{5}$

➤ Resolução

a) $\log \left(\dfrac{5}{2}\right) = \log 5 - \log 2 \simeq 0{,}7 - 0{,}3 = 0{,}4$

b) $\log 20 = \log (2 \cdot 10) = \log 2 + \log 10 \simeq 0{,}3 + 1 = 1{,}3$

c) $\log \sqrt{5} = \log 5^{\frac{1}{2}} = \dfrac{1}{2} \cdot \log 5 \simeq \dfrac{1}{2} \cdot 0{,}7 = 0{,}35$

22. Considerando $\log 2 = 0{,}30$ e $\log 3 = 0{,}48$, determine:

a) $\log 5$

b) $\log 6$

c) $\log 30$

d) $\log 144$

e) $\log \sqrt[3]{30}$

23. Utilizando uma calculadora científica, determine o valor aproximado de:

a) $\log 32$

b) $\log 0{,}012$

c) $\log 243$

d) $\log \sqrt{130}$

e) $\log 0{,}8$

R5. Sendo $\log 8 = a$, calcular $\log 5$.

➤ Resolução

Como $\log 8 = a$, temos:

$\log 2^3 = a \Rightarrow 3 \cdot \log 2 = a \Rightarrow \log 2 = \dfrac{a}{3}$

Agora, vamos determinar o valor de $\log 5$:

$\log 5 = \log \dfrac{10}{2} = \log 10 - \log 2 = 1 - \dfrac{a}{3}$

Portanto: $\log 5 = 1 - \dfrac{a}{3}$

24. Se $\log 64 = k$, calcule $\log 125$.

25. Sendo $\log 2 = a$ e $\log 3 = b$, calcule o valor de:

a) $\log 15$

b) $\log 0{,}75$

c) $\log 36$

d) $\log 0{,}60$

26. Sabendo que $\log 2 = a$ e $\log 3 = b$, determine $\log 14{,}4$ em função de a e b.

R6. Medicina. O pH de uma solução indica a acidez (pH < 7) ou a alcalinidade (pH > 7) dessa solução. Para calcular o pH do sangue humano, pode-se utilizar a fórmula de Henderson-Hasselbach, dada por $pH = 6{,}1 + \log\left(\frac{B}{C}\right)$, em que B representa a concentração de bicarbonato, substância básica (ou alcalina), em mmol/ℓ, e C representa a concentração de ácido carbônico, substância ácida, em mmol/ℓ. Em geral, o pH do sangue humano é igual a 7,4 (levemente básico). Usando uma calculadora científica, calcular o pH do sangue de uma pessoa cuja concentração de bicarbonato é 25 mmol/ℓ e cuja concentração de ácido carbônico é 2 mmol/ℓ.

7.1 Visão do especialista

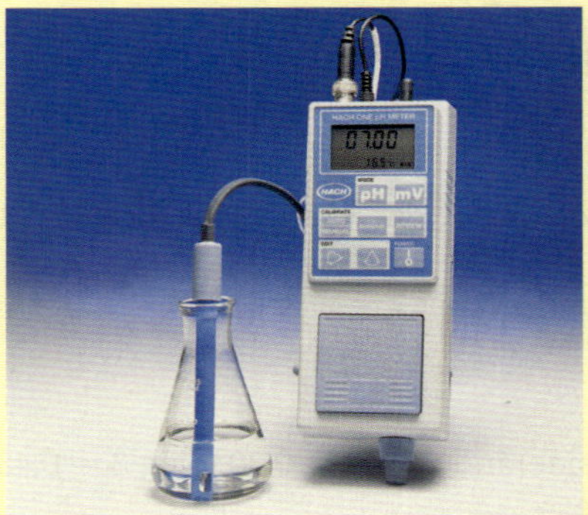

CHARLES D. WINTERS/ PHOTORESEARCHES/LATINSTOCK

➤ **Resolução**

$pH = 6{,}1 + \log\left(\frac{B}{C}\right) = 6{,}1 + \log\left(\frac{25}{2}\right) =$

$= 6{,}1 + \log 25 - \log 2 = 6{,}1 + \log 5^2 - \log 2 =$

$= 6{,}1 + 2\log 5 - \log 2$

Utilizando uma calculadora científica, obtemos:

$\log 5 \simeq 0{,}699$ e $\log 2 \simeq 0{,}301$

Assim: $pH = 6{,}1 + 2(0{,}699) - 0{,}301 \simeq 7{,}2$

Logo, o pH do sangue dessa pessoa é aproximadamente 7,2.

27. O pH de uma solução é dado pela fórmula $pH = -\log\,[H^+]$ e indica se uma substância é ácida (pH < 7) ou básica (pH > 7). Uma substância com concentração de H^+ em quantidade de $3{,}8 \cdot 10^{-5}$ mol/ℓ é ácida ou básica?

28. Considerando a fórmula do exercício anterior, se o pH de uma substância é igual a 9, qual é a concentração de H^+ em mol/ℓ?

29. Se $\log(a - b) = \log a + \log b$, com $a > 0$, $b > 0$, $b \neq 1$ e $a > b$, calcule a em função de b.

30. Se a equação $x^2 - bx + 100 = 0$ tem raízes r e s, com $r > 0$ e $s > 0$, prove que $\log(r \cdot s)^r + \log(r \cdot s)^s = 2b$.

7 Visão do especialista

31. Se p, k e m são números reais maiores que 1, e a e b são raízes da equação $x^2 - px + k^m = 0$, determine o valor de $\log_k a^a + \log_k a^b + \log_k b^b + \log_k b^a$.

2.4 Mudança de base

Considere os seguintes logaritmos: $\log_4 16 = 2$, $\log_2 16 = 4$ e $\log_2 4 = 2$

Agora, observe os cálculos a seguir.

$$2 = \frac{4}{2} \Rightarrow \log_4 16 = \frac{\log_2 16}{\log_2 4}$$

Note que foi possível transformar um logaritmo de base 4 em um logaritmo de base 2, ou seja, acabamos de efetuar uma mudança de base.

Se a, b e c são números reais positivos, e a e c são diferentes de 1, então:

$$\log_a b = \frac{\log_c b}{\log_c a}$$

Assim, apresentamos mais uma propriedade dos logaritmos, que como as demais também pode ser provada.

Considere os seguintes logaritmos:

(I) $\log_c b = x \Leftrightarrow c^x = b$ (II) $\log_c a = y \Leftrightarrow c^y = a$ (III) $\log_a b = z \Leftrightarrow a^z = b$

Pelas sentenças (I) e (III), temos $a^z = c^x$. Substituindo (II) nessa expressão, obtemos:

$$a^z = c^x \Rightarrow (c^y)^z = c^x \Rightarrow c^{y \cdot z} = c^x \Rightarrow y \cdot z = x \Rightarrow z = \frac{x}{y} \Rightarrow \log_a b = \frac{\log_c b}{\log_c a}$$

Quando $c = b$, temos: $\log_a b = \frac{\log_b b}{\log_b a} \Rightarrow \log_a b = \frac{1}{\log_b a}$

Exemplos

a) Recorrendo à mudança de base, vamos determinar o valor de $\log_8 16$.

Escolhendo a base 2, temos:

$$\log_8 16 = \frac{\log_2 16}{\log_2 8} = \frac{\log_2 2^4}{\log_2 2^3} = \frac{4 \log_2 2}{3 \log_2 2} = \frac{4}{3}$$

b) Sabendo que $\log 11 \simeq 1{,}04$, vamos determinar um valor aproximado de $\log_{11} 1.000$.

Para isso, mudamos a base do logaritmo para 10, porque o dado fornecido é um logaritmo nessa base:

$$\log_{11} 1.000 = \frac{\log 1.000}{\log 11} = \frac{\log 10^3}{\log 11} = \frac{3 \log 10}{\log 11} = \frac{3}{\log 11} \simeq \frac{3}{1{,}04} \simeq 2{,}88$$

Observação:

Se a e b são reais positivos, com $a \neq 1$, e n é um número real não nulo, o valor de $\log_{a^n} b$ em função de $\log_a b$ é:

$$\log_{a^n} b = \frac{\log_a b}{\log_a a^n} = \frac{\log_a b}{n \cdot \log_a a} = \frac{1}{n} \cdot \log_a b$$

Então: $\boldsymbol{\log_{a^n} b = \frac{1}{n} \cdot \log_a b}$

Exercícios

32. Transformando $\log_a b$ para a base b, faça o que se pede.

a) Calcule o resultado.

b) Escreva uma conclusão com base no logaritmo que foi dado e no logaritmo encontrado.

c) De acordo com sua conclusão, o que acontecerá se você multiplicar $\log_a b$ pelo denominador da fração encontrada no item **a**?

33. Sendo $\log_m n = x$ e $\log_n m = 9^2$, determine o valor de x.

R7. Determinar o valor da expressão $\frac{1}{8} \cdot (\log_7 10) \cdot (\log 49)$.

➤ Resolução

$$\frac{1}{8} \cdot (\log_7 10) \cdot (\log 49) = \frac{1}{8} \cdot (\log_7 10) \cdot \frac{\log_7 49}{\log_7 10} =$$

$$= \frac{1}{8} \cdot (\log_7 10) \cdot \frac{\log_7 7^2}{\log_7 10} = \frac{1}{8} \cdot 2 \cdot \log_7 7 = \frac{1}{4}$$

34. Determine o valor da expressão $(\log_9 8) \cdot (2 \log_8 9)$.

35. Quando simplificada, qual é o valor da expressão $9 - (\log_{15} 8) \cdot (\log_2 15)$?

R8. Se $A = \log 6 \cdot \log_6 10$ e $B = \log_3 8 \cdot \log_2 3$, determinar o resultado de:

a) $A - B$

b) A^B

➤ Resolução

Resolvendo cada uma das expressões:

$$A = \log 6 \cdot \log_6 10 = \log 6 \cdot \frac{\log 10}{\log 6} = \log 10 = 1$$

$$B = \log_3 8 \cdot \log_2 3 = \frac{\log_2 8}{\log_2 3} \cdot \log_2 3 = \log_2 2^3 =$$

$$= 3 \cdot \log_2 2 = 3$$

a) $A - B = 1 - 3 = -2$

b) $A^B = 1^3 = 1$

36. Se $A = \log_{\frac{1}{5}} 16 \cdot \log_{16} \frac{1}{5}$ e $B = \frac{1}{\log_{25} 5}$, determine:

a) $A + B$

b) $A : B$

c) B^A

d) $\frac{B - A}{33}$

37. Sendo $\log_3 4 = m$ e $\log_4 5 = n$, determine, em função de m e n, o valor de $\log_3 5$.

38. Determine o valor da expressão $(\log_b x) \cdot (\log_x y) \cdot (\log_y k)$, fazendo a transformação para a base b. Se $k = 128$ e $b = 2$, qual será o resultado?

7.3 Visão do especialista

39. Calcule a expressão $\log_4 2 \cdot \log_6 4 \cdot \log_8 6 \cdot \ldots \cdot \log_{64} 62$.

40. Admitidas as condições de existência, mostre que $\log_{b^n} a^n = \log_b a$.

41. Sabendo que $a = \log_3 5$ e $b = \log_{27} 125$, calcule o valor de $a - b$.

42. Sabendo que $\log_{30} 3 = a$ e que $\log_{30} 5 = b$, calcule $\log 2$.

3 Função logarítmica

Na abertura deste capítulo, vimos que a escala Richter mede a magnitude de terremotos. A magnitude do terremoto (M) e a energia liberada (E) podem ser relacionadas da seguinte maneira: $M = \dfrac{\log E - 11{,}8}{1{,}5}$. Essa fórmula é um exemplo de **função logarítmica**.

3.1 Definição de função logarítmica

- Uma função $f: \mathbb{R}_+^* \to \mathbb{R}$ é chamada de **função logarítmica** quando existe um número real a, com $a > 0$ e $a \neq 1$, tal que $f(x) = \log_a x$ para todo $x \in \mathbb{R}_+^*$.

São exemplos de função logarítmica:

$$g(x) = \log_2 x,\ h(x) = \log_8 x \text{ e } i(x) = \log_{\frac{1}{5}} x.$$

Valor de uma função logarítmica

Podemos determinar o valor de uma função logarítmica para qualquer valor de x pertencente ao domínio. Por exemplo, para $x = x_0$, fazemos $f(x_0) = \log_a x_0$.

Exemplo

Dada a função $f(x) = \log\,(x + 3)$, vamos calcular $f(7)$.

Nesse caso, temos $x = 7$, então:

$f(7) = \log\,(7 + 3) = \log 10 = 1$

Logo: $f(7) = 1$

Exercícios

43. Dada a função $f(x) = \log_2\,(x + 1)$, determine.

a) $f(7)$

b) $f(0)$

c) $f(-0{,}5)$

d) $f(\sqrt{2} - 1)$

44. Dada a função $g(x) = \log_3\,(x - 4)$, determine o valor de x se:

a) $g(x) = 3$

b) $g(x) = \dfrac{1}{2}$

c) $g(x) = 0$

d) $g(x) = -4$

45. (Vunesp) O altímetro dos aviões é um instrumento que mede a pressão atmosférica e transforma esse resultado em altitude.

OLIVIER DIGOIT/ALAMY/OTHER IMAGES

Suponha que a altitude h acima do nível do mar, em quilômetro, detectada pelo altímetro de um avião seja dada, em função da pressão atmosférica p, em atm, por $h(p) = 20 \cdot \log_{10}\left(\dfrac{1}{p}\right)$. Num determinado instante, a pressão atmosférica medida pelo altímetro era 0,4 atm. Considerando a aproximação $\log_{10} 2 = 0{,}3$, a altitude h do avião nesse instante, em quilômetro, era de:

a) 5 b) 8 c) 9 d) 11 e) 12

46. Física. Um satélite será conduzido ao espaço por um foguete que tem seu consumo de combustível calculado pela função

$$C(t) = \log_2\,(3t^2 + 5)^2 + 2 \cdot \log_2 \frac{1}{10},$$

em que C é o consumo em tonelada e t é o tempo em hora. Para colocar o satélite em órbita, o foguete deverá percorrer uma distância de 45.000 km a uma velocidade média de 9.000 km/h. Determine o consumo de combustível para o foguete cumprir a missão.

3.2 Gráfico da função logarítmica

Observe, a seguir, os gráficos de duas funções logarítmicas.

- $f(x) = \log_3 x$

x	$f(x)$
$\frac{1}{9}$	-2
$\frac{1}{3}$	-1
1	0
3	1
9	2

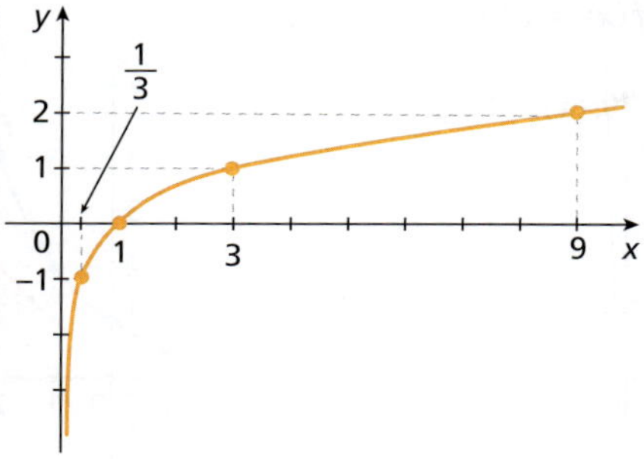

- $g(x) = \log_{\frac{1}{3}} x$

x	$g(x)$
$\frac{1}{9}$	2
$\frac{1}{3}$	1
1	0
3	-1
9	-2

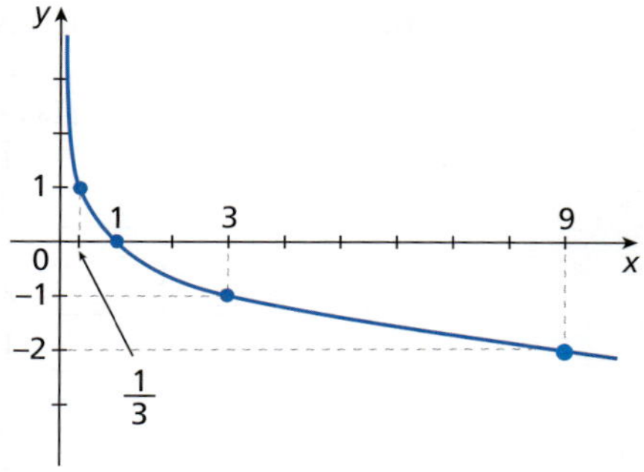

Analisando os gráficos das funções logarítmicas acima, percebemos que:

- ambos interceptam o eixo x no ponto (1, 0) e não encostam no eixo das ordenadas;
- os dois gráficos ocupam apenas o 1º e o 4º quadrantes;
- o domínio das duas funções é o conjunto dos números reais positivos ($\mathbb{R}_+^*$), e a imagem é o conjunto dos números reais ($\mathbb{R}$).

7.4 Visão do especialista

De modo geral, essas observações são válidas para todas as funções logarítmicas.

Crescimento e decrescimento de uma função logarítmica

Analisando as tabelas de valores e os gráficos das funções f e g apresentadas anteriormente, podemos verificar que:

- na função f, quando os valores de x aumentam, os valores correspondentes de $f(x)$ também aumentam. Isso ocorre porque a base a é maior que 1 ($a = 3$). Portanto, a função $f(x) = \log_3 x$ é **crescente**.
- no caso da função g, quando os valores de x aumentam, os correspondentes valores de $g(x)$ diminuem. Isso ocorre porque a base a está entre 0 e 1 $\left(a = \frac{1}{3}\right)$. Portanto, a função $g(x) = \log_{\frac{1}{3}} x$ é **decrescente**.

De modo geral, temos:

Função crescente ($a > 1$)	Função decrescente ($0 < a < 1$)
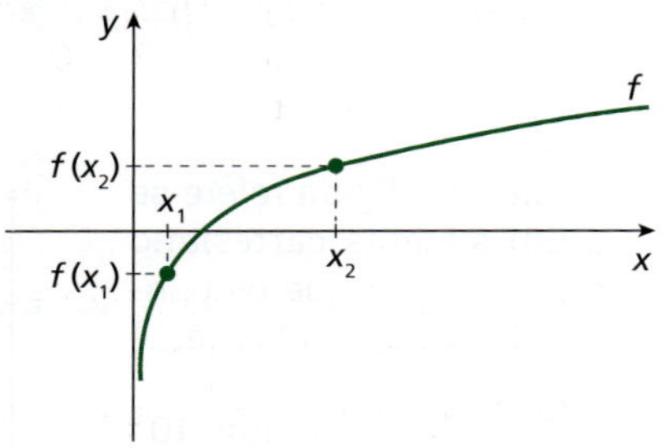	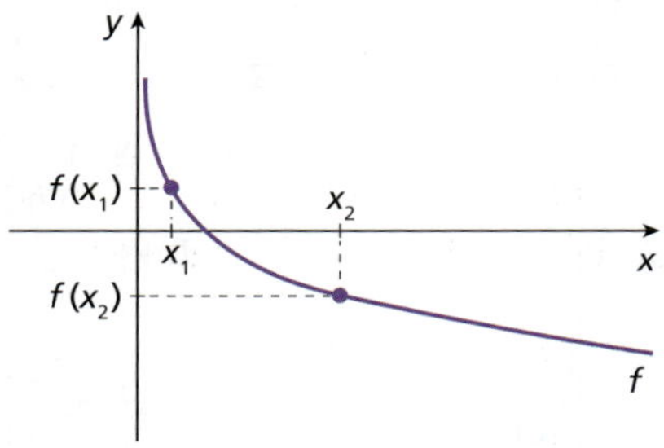
$x_2 > x_1 \Rightarrow f(x_2) > f(x_1)$	$x_2 > x_1 \Rightarrow f(x_2) < f(x_1)$

Veja mais alguns exemplos:

- $g(x) = \log_2 x$ é crescente, pois $2 > 0$;
- $h(x) = \log_8 x$ é crescente, pois $8 > 0$;
- $i(x) = \log_{\frac{1}{5}} x$ é decrescente, pois $0 < \frac{1}{5} < 1$.

Relação entre função logarítmica e função exponencial

Vejamos agora uma importante relação entre a função logarítmica $f(x) = \log_a x$ e a função exponencial $g(x) = a^x$.

Pela definição de logaritmo, se $y = \log_a x$, então $x = a^y$. Considerando os respectivos domínios e contradomínios, as funções logarítmica e exponencial são inversas.

Os gráficos de duas funções inversas são simétricos em relação à reta $y = x$. Como exemplo, compare as representações gráficas de $f(x) = 2^x$ e $g(x) = \log_2 x$:

x	$f(x) = 2^x$
-2	$\frac{1}{4}$
-1	$\frac{1}{2}$
0	1
1	2
2	4

x	$g(x) = \log_2 x$
$\frac{1}{4}$	-2
$\frac{1}{2}$	-1
1	0
2	1
4	2

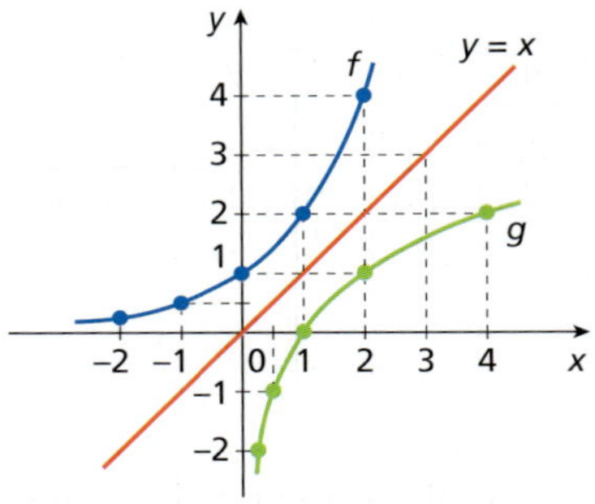

Exercícios

47. Com o auxílio de uma tabela, construa os gráficos das seguintes funções logarítmicas:

a) $h(x) = \log_2 x$ b) $i(x) = \log_{\frac{1}{2}} x$

- Qual função é crescente e qual é decrescente?
- Como você responderia a essas perguntas sem construir os gráficos correspondentes?

48. Classifique cada uma das funções representadas pelos gráficos abaixo em crescente ou decrescente.

a)

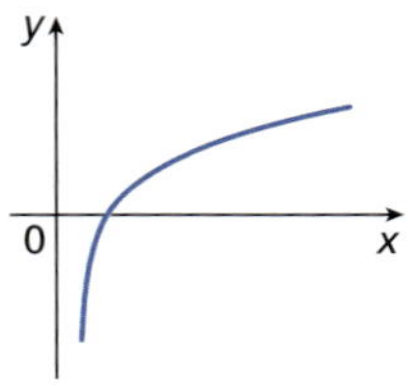

b)

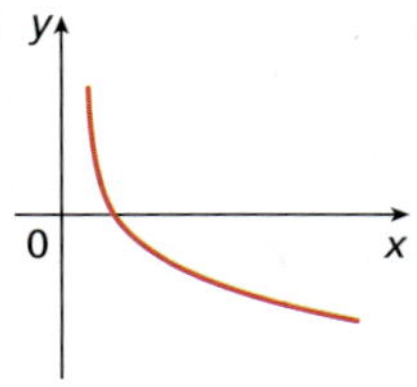

49. Em cada item, determine a função logarítmica representada pelo gráfico.

a)

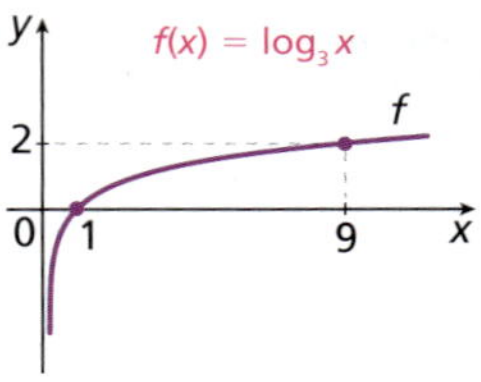

b)

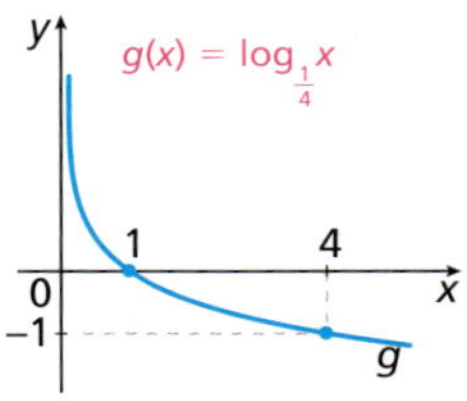

c)

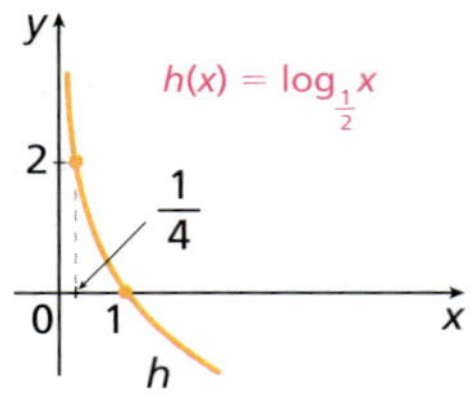

d)

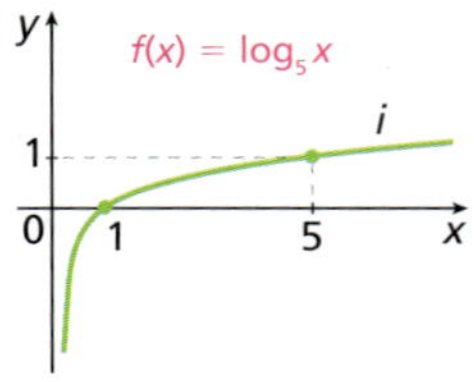

50. Classifique cada uma das funções em crescente ou decrescente, justificando sua resposta.

a) $f(x) = \log_3 x$ c) $y = \log_{\frac{1}{10}} x$

b) $f(x) = \log_{\frac{1}{3}} x$ d) $y = \log x$

51. Determine o valor de $a \in \mathbb{R}$ para que a função $f(x) = \log_{(a-3)} x$ seja decrescente.

52. Determine o valor de k para que:

a) $f(x) = \log_{k^2-1} x$ seja uma função crescente;

b) $f(x) = \log_{3k-1} x$ seja uma função decrescente.

53. (Fuvest-SP) A curva da figura que se segue representa o gráfico da função $y = \log_{10} x$, para $x > 0$.

Assim sendo, a área da região pontilhada formada pelos dois retângulos é:

a) $\log_{10} 2$

b) $\log_{10} 3$

c) $\log_{10} 4$

d) $\log_{10} 5$

e) $\log_{10} 6$

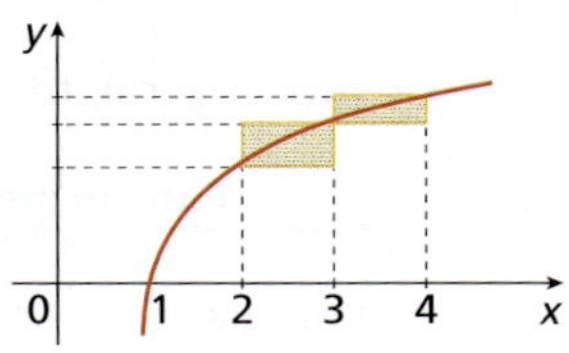

54. (Unifesp) A figura refere-se a um sistema cartesiano ortogonal em que os pontos de coordenadas (a, c) e (b, c), com $a = \frac{1}{\log_5 10}$, pertencem aos gráficos de $y = 10^x$ e $y = 2^x$, respectivamente.

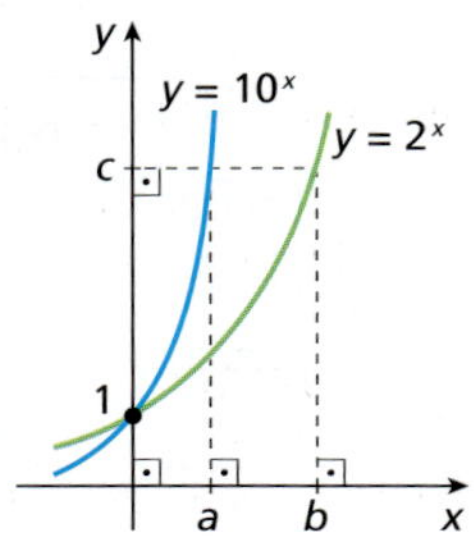

A abscissa b vale:

a) 1 c) 2 e) 3

b) $\frac{1}{\log_3 2}$ d) $\frac{1}{\log_5 2}$

4 Equações e inequações logarítmicas

4.1 Equações logarítmicas

Equações cuja incógnita está no logaritmando ou na base do logaritmo são chamadas de **equações logarítmicas**. Por exemplo: $\log(2x - 3) = -1$, $\log_x^2 x + \log_x x = 2$ e $\log_x 5 + 7 = 0$.

Dependendo da localização da incógnita, há métodos específicos para a resolução da equação. Observe, a seguir, alguns desses métodos.

a) Vamos determinar o valor de x sabendo que $\log_6 (x + 5) = 2$.

Primeiro, estabelecemos a condição de existência: $x + 5 > 0 \Rightarrow x > -5$

Em seguida, resolvemos a equação dada, usando a definição de logaritmo:

$\log_6 (x + 5) = 2 \Rightarrow 6^2 = x + 5 \Rightarrow x = 36 - 5 \Rightarrow x = 31$

Como 31 atende à condição de existência do logaritmo, então x é igual a 31.

Se o número encontrado como resposta de uma equação logarítmica não satisfizer as condições de existência do logaritmo, o conjunto solução será vazio, ou seja, $S = \{\ \}$ ou $S = \varnothing$.

b) Vamos resolver o sistema: $\begin{cases} \log x - \log y = \log 4 \\ 4^{x+y} = 1.024 \end{cases}$

Antes de começar a resolver o sistema, lembre-se de que em um sistema com duas incógnitas as soluções, se existirem, serão pares ordenados (x, y). Por isso, é preciso colocar a solução entre chaves e parênteses: $S = \{(x, y)\}$

As condições de existência do sistema são: $x > 0$ e $y > 0$

Preparando o sistema, temos:

$$\begin{cases} \log \dfrac{x}{y} = \log 4 \Rightarrow \dfrac{x}{y} = 4 \Rightarrow x = 4 - y \text{ (I)} \\ 4^{x+y} = 4^5 \Rightarrow x + y = 5 \text{ (II)} \end{cases}$$

Substituindo (I) em (II): $4y + y = 5 \Rightarrow 5y = 5 \Rightarrow y = 1$

Substituindo y por 1 em (I): $x = 4 \cdot 1 \Rightarrow x = 4$

Como ambos os resultados são positivos, temos: $S = \{(4, 1)\}$

c) Vamos calcular o valor de x supondo que $\log_{(x+1)} 9 = 2$.

Primeiro, estabelecemos as condições de existência:

I) $x + 1 > 0 \Rightarrow x > -1$ II) $x + 1 \neq 1 \Rightarrow x \neq 0$

Em seguida, resolvemos a equação dada, usando a definição de logaritmo:

$$\log_{(x+1)} 9 = 2 \Rightarrow (x + 1)^2 = 9 \Rightarrow x^2 + 2x - 8 = 0 \Rightarrow x = 2 \text{ ou } x = -4$$

Como $x = -4$ não atende a condição de existência do logaritmo, então x é igual a 2.

Portanto, o conjunto solução é $S = \{2\}$.

Exercícios

55. Resolva as equações a seguir.

a) $\log_x 64 = 2$
b) $\log_m 2 = \dfrac{1}{2}$
c) $\log_n 243 = 5$
d) $\log_y 12 = 2$
e) $\log_v 16 = -4$
f) $\log_k 0{,}01 = 2$

56. Determine o conjunto solução das equações.

a) $\log_4 (x + 1) = 2$
b) $\log_4 x = \dfrac{1}{3}$
c) $\log_{\frac{2}{9}} x = 3$
d) $\log_8 x = -2$
e) $\log_{\sqrt{7}} x = -4$
f) $\log_{0{,}03} x = -3$

R9. Resolver a equação $\log^2 x - 5 \log x + 4 = 0$.

➤ Resolução

Condição de existência: $x > 0$

Substituindo $\log x$ por y, temos:

$y^2 - 5y + 4 = 0 \Rightarrow y_1 = 4$ e $y_2 = 1$

Como $y = \log x$, então:

- $\log x = 1 \Rightarrow x = 10$
- $\log x = 4 \Rightarrow x = 10.000$

Como ambos os resultados são positivos, temos: $S = \{10, 10.000\}$

57. Resolva as equações logarítmicas.

a) $\log x + 2\log^2 x - 1 = 0$

b) $\log_x 2(0{,}5x^3 + 9x - 72) = 3$

58. Determine o valor de x nas equações logarítmicas.

a) $\dfrac{\log^2 x - 81}{19} = 1$

b) $\log_x (x^4 + 18x - 36) = 4$

c) $\log_x 2 + \log_4 x = 0$

d) $\log_{\frac{1}{3}} \left(\dfrac{x+2}{x-1}\right) = -3 \ (x \neq 1)$

59. (Vunesp) O valor de x na equação $\log_{3\sqrt{3}} x = \dfrac{1}{3}$ é:

a) $\left(\dfrac{1}{3}\right)^{3\sqrt{3}}$

b) $\dfrac{3\sqrt{3}}{3}$

c) $\dfrac{\sqrt{3}}{3}$

d) $\sqrt[3]{3}$

e) $\sqrt{3}$

60. Resolva as equações.

a) $\log_{21} (x + 2) + \log_{21} (x + 6) = 1$

b) $\log_2 (x - 2) - \log_2 (2x - 7) = 1 - \log_2 (x - 3)$

61. Resolva as equações abaixo.

a) $\log_2 (2 - x) - \log_4 (17 - x) = 1$

b) $\log_{x+7} 25 = \log_2 4$

62. Calcule o valor de x que satisfaz a equação $\log_2 (12 - 2^x) = 2x$.

63. (ESPM-SP) A solução da equação $\log_2 x^2 + \log_4 \sqrt{x} = -2{,}25$ é:

a) 0,5

b) 3,5

c) 7,5

d) 10,5

e) 13,5

64. Sendo $f(x) = \dfrac{2}{3} \cdot \log \dfrac{x}{k}$, em que $k = 7 \cdot 10^{-3}$, determine o valor de x se $f(x) = 6$.

65. Sabendo que a equação $x^2 + 8x + 2 \cdot \log a = 0$ possui duas raízes reais e iguais, calcule o valor de a.

66. Resolva a equação $\log x^2 = \log^2 x$.

67. Resolva a equação:
$\log_2 3 \cdot \log_3 4 \cdot \log_4 5 \cdot \log_5 6 \cdot \log_6 x = \log_4 (2x - 1)$

68. Determine o valor de x que satisfaz a equação $\log(x - 1) + \log (x^2 - 2x + 1) = 3$.

69. Resolva a equação $\dfrac{\log (35 - x^3)}{\log (5 - x)} = 3$.

70. Resolva a equação $\log_2 (x - 1) - \log_4 x = 1$.

71. Obtenha o valor de x que satisfaz a equação $4^{\log_2 x} - 2x - 2 = 0$.

7.5 Visão do especialista

72. Determine o conjunto solução dos sistemas abaixo.

a) $\begin{cases} x + y = 240 \\ \log_{18} x - \log_{18} y = \log_{18} 11 \end{cases}$

b) $\begin{cases} x - y = 30 \\ \log x - \log y = \log 61 \end{cases}$

c) $\begin{cases} x + y = 240 \\ \log (x - y) = 2 \end{cases}$

d) $\begin{cases} x + y^2 = 50 \\ \log_y x = 2 \end{cases}$

73. Resolva o sistema: $\begin{cases} \log x + \log y = \log 2 \\ x^2 + y^2 = 5 \end{cases}$

74. Determine o conjunto solução do sistema
$\begin{cases} 3^{x+y} = 729 \\ \log x + \log y = \log 8 \end{cases}$

75. Calcule o valor de $a + b$ sabendo que (a, b) é solução do sistema $\begin{cases} \log x + \log y = 1 \\ \log x + \text{colog}\, y = 1 + 2 \cdot \text{colog}\, 2 \end{cases}$

76. (Mackenzie-SP) Considerando a solução (x, y) do sistema $\begin{cases} \log_4 x + \log_2 y = 5 \\ \log_2 x - \log_4 y = 0 \end{cases}$, com $x \neq 1$, o valor de $\log_x \left(\dfrac{x}{y}\right)$ é:

a) 1

b) 4

c) −1

d) $\dfrac{1}{2}$

e) $\dfrac{1}{4}$

77. (Fuvest-SP) Se (x, y) é solução do sistema
$\begin{cases} 2^x \cdot 4^y = \dfrac{3}{4} \\ y^3 - \dfrac{1}{2}xy^2 = 0 \end{cases}$, pode-se afirmar que:

a) $x = 0$ ou $x = -2 - \log_2 3$

b) $x = 1$ ou $x = 3 + \log_2 3$

c) $x = 2$ ou $x = -3 + \log_2 3$

d) $x = \dfrac{\log_2 3}{2}$ ou $x = -1 + \log_2 3$

e) $x = -2 + \log_2 3$ ou $x = -1 + \dfrac{\log_2 3}{2}$

4.2 Inequações logarítmicas

Inequações que têm a incógnita no logaritmando são denominadas **inequações logarítmicas**.

Exemplos

- $\log_3 (x + 1) > \log_3 x$
- $\log_5 (x - 2) - \log_7 (x^2 + 4) \leqslant 9$
- $\log_6 x + \log_3 x \geqslant 0$
- $\log (8 - x) < \log x + 12$

Já vimos que uma função logarítmica pode ser crescente ou decrescente, dependendo do valor da base *a*.

Função crescente ($a > 1$)	**Função decrescente ($0 < a < 1$)**
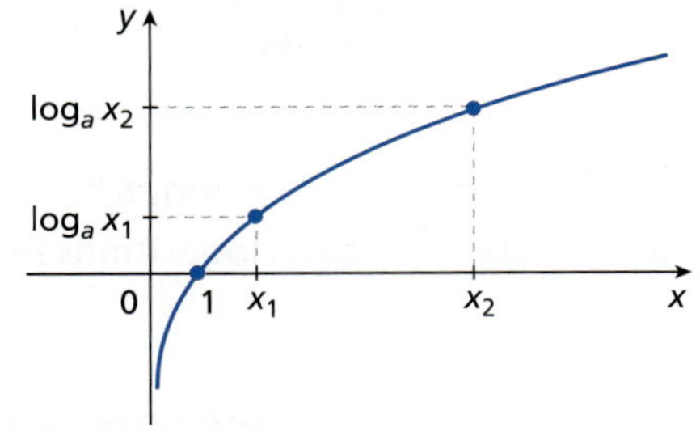	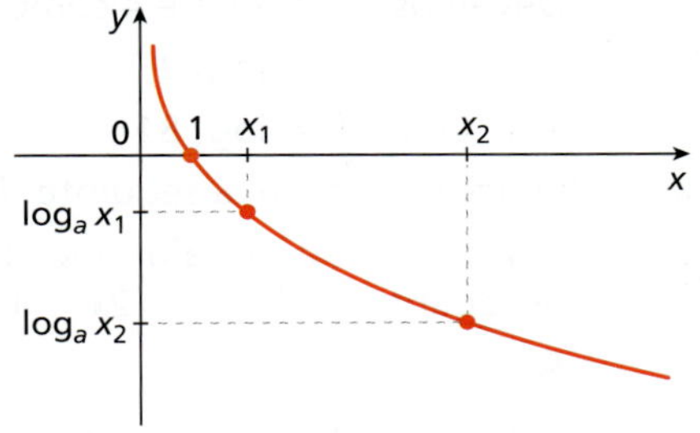
$x_2 > x_1 \Leftrightarrow \log_a x_2 > \log_a x_1$	$x_2 > x_1 \Leftrightarrow \log_a x_2 < \log_a x_1$

Assim, concluímos:

- Quando a base do logaritmo é maior que 1, a relação de desigualdade entre os logaritmos se mantém entre os logaritmandos:

$$\log_a f(x) > \log_a g(x) \Rightarrow f(x) > g(x)$$

sinal mantido

Analogamente:

$$\log_a f(x) \geqslant \log_a g(x) \Rightarrow f(x) \geqslant g(x)$$
$$\log_a f(x) < \log_a g(x) \Rightarrow f(x) < g(x)$$
$$\log_a f(x) \leqslant \log_a g(x) \Rightarrow f(x) \leqslant g(x)$$

- Quando a base do logaritmo está entre 0 e 1, a relação de desigualdade entre os logaritmos se inverte entre os logaritmandos:

$$\log_a f(x) > \log_a g(x) \Rightarrow f(x) < g(x)$$

sinal invertido

Analogamente:

$$\log_a f(x) \geqslant \log_a g(x) \Rightarrow f(x) \leqslant g(x)$$
$$\log_a f(x) < \log_a g(x) \Rightarrow f(x) > g(x)$$
$$\log_a f(x) \leqslant \log_a g(x) \Rightarrow f(x) \geqslant g(x)$$

Apesar de essas regras serem análogas às utilizadas na resolução de inequações exponenciais, devemos lembrar que a função exponencial tem domínio $\mathbb{R}$, ou seja, não há condição de existência, ao contrário da função logarítmica, cujo domínio é $\mathbb{R}_+^*$.

Portanto, ao resolver inequações logarítmicas, é fundamental determinar as condições de existência.

Como exemplo, vamos resolver algumas inequações logarítmicas.

a) $\log (x + 13) > \log 2$

Condição de existência:

$x + 13 > 0 \Rightarrow x > -13$ (I)

Como a base é 10 (maior que 1), a relação de desigualdade entre os logaritmos se mantém entre os logaritmandos:

$$\log (x + 13) > \log 2 \Rightarrow x + 13 > 2 \Rightarrow x > -11 \text{ (II)}$$

sinal mantido

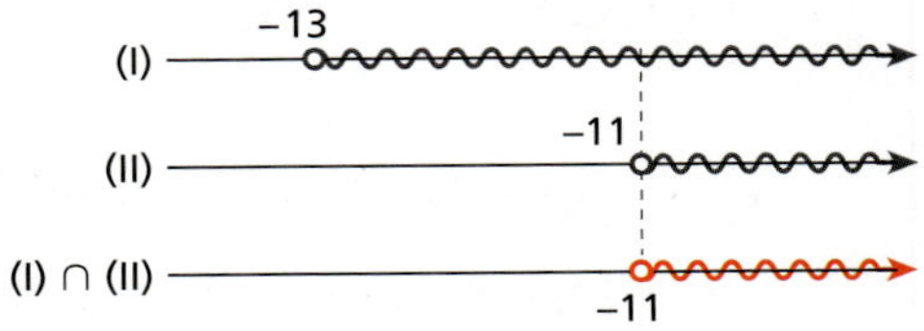

As duas condições devem ser satisfeitas: $x > -13$ e $x > -11$

Logo: $S = \{x \in \mathbb{R} \mid x > -11\}$

b) $1 < \log_3 (2x + 1) < 4$

Condição de existência:

$2x + 1 > 0 \Rightarrow x > -\dfrac{1}{2}$ (I)

Devemos escrever 1 e 4 como logaritmos de um número na base 3:

- $1 = \log_3 3^1 = \log_3 3$
- $4 = \log_3 3^4 = \log_3 81$

Obtemos, então, a seguinte desigualdade: $\log_3 3 < \log_3 (2x - 1) < \log_3 81$

Como a base é 3 (maior que 1), a relação de desigualdade entre os logaritmos se mantém entre os logaritmandos: $3 < 2x - 1 < 81$

Assim:

- $3 < 2x - 1 \Rightarrow x > 2$ (II)
- $2x - 1 < 81 \Rightarrow x < 41$ (III)

As condições (I), (II) e (III) devem ser satisfeitas.

Logo: $S = \{x \in \mathbb{R} \mid 2 < x < 41\}$

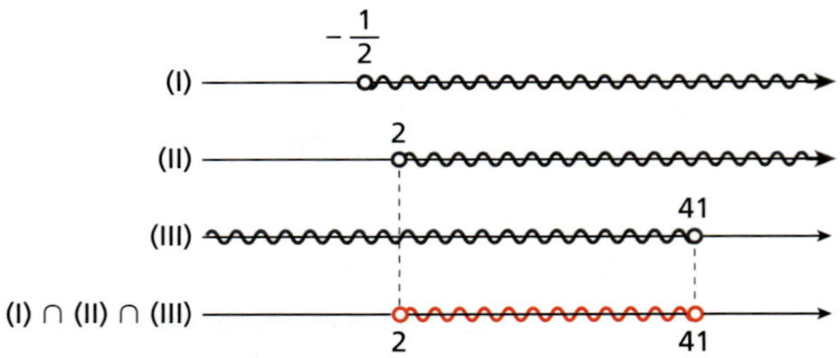

Exercícios

R10. Resolver a inequação $\log_{\frac{1}{3}} x + \log_{\frac{1}{3}} (-x + 10) \leqslant -2$.

➤ Resolução

Condições de existência:

- $x > 0$
- $-x + 10 > 0 \Rightarrow x < 10$

Assim: $0 < x < 10$ (I)

Devemos escrever -2 como o logaritmo de um número na base $\dfrac{1}{3}$:

$$-2 = \log_{\frac{1}{3}} \left(\frac{1}{3}\right)^{-2} = \log_{\frac{1}{3}} 3^2 = \log_{\frac{1}{3}} 9$$

Como a base é $\dfrac{1}{3}$ (está entre 0 e 1), a relação de desigualdade entre os logaritmos se inverte entre os logaritmandos:

$$\log_{\frac{1}{3}} x + \log_{\frac{1}{3}} (-x + 10) \leqslant \log_{\frac{1}{3}} 9$$

$$\log_{\frac{1}{3}} [x(-x + 10)] \leqslant \log_{\frac{1}{3}} 9$$

sinal invertido

$$[x(-x + 10)] \geqslant 9$$

$$-x^2 + 10x - 9 \geqslant 0$$

Resolvendo a equação $-x^2 + 10x - 9 = 0$:

$\Delta = 100 - 4 \cdot (-1)(-9)$

$\Delta = 100 - 36 = 64$

$x = \dfrac{-10 \pm \sqrt{64}}{-2}$

$x = 1$ ou $x = 9$

Para estudar o sinal da função quadrática $f(x) = -x^2 + 10x - 9$, cujos zeros são 1 e 9, vamos esboçar o gráfico:

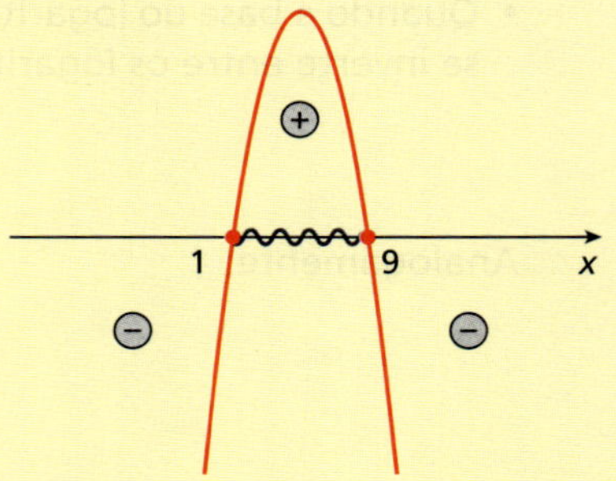

Portanto: $-x^2 + 10x - 9 \geqslant 0 \Rightarrow 1 \leqslant x \leqslant 9$ (II)

As desigualdades (I) e (II) devem ser satisfeitas: $0 < x < 10$ e $1 \leqslant x \leqslant 9$

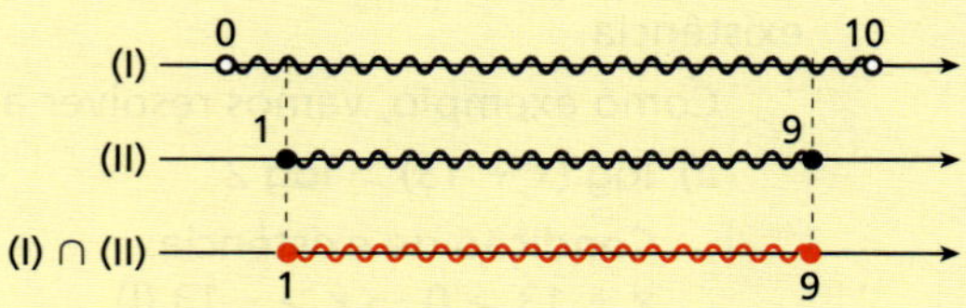

Logo: $S = \{x \in \mathbb{R} \mid 1 \leqslant x \leqslant 9\}$

78. Resolva as inequações.

a) $\log_{12} (x + 9) > 0$

b) $\log_{\frac{1}{5}} (x^2 - 4) < \log_{\frac{1}{5}} 5$

c) $\log_{0,2} (x - 2) \leqslant \log_{0,2} \dfrac{1}{3}$

d) $\log_3 (\log_3 x) > 0$

e) $\log_8 x \geqslant 2$

f) $\log_{0,2} (x + 3) > 0$

79. Num mesmo plano cartesiano, construa os gráficos de $f(x) = \log_2 x$ e $g(x) = 2$.

a) Analise os intervalos do domínio em que $f(x) \geq g(x)$.

b) Monte a inequação, resolva-a e compare a solução com a análise dos gráficos.

80. Resolva as inequações logarítmicas.

a) $\log_2 (2x - 3) < 1$

b) $\log_{\frac{1}{2}} (x - 5) < 3$

81. Resolva a inequação $\log_{\frac{1}{2}} (x^2 - 3x + 2) > -1$.

82. Para que valores de $a \in \mathbb{R}$ a equação $2x^2 - 4x + \log_2 a = 0$ não tem raízes reais?

83. Resolva a inequação $(16 - x^2) \cdot \log^3 (x - 2) > 0$.

84. Determine $k \in \mathbb{R}$ de modo que a função $f(x) = \log (x^2 - 6x + 2k + 1)$ tenha domínio real.

R11. Determinar para que valores de x é definida a função $f(x) = \log_6 (\log_2 x)$.

➤ Resolução

Para que essa função seja definida, é necessário que $\log_2 x > 0$.

Condição de existência: $x > 0$ (I)

Sabendo que a base é 2 (maior que 1) e que $0 = \log_2 1$, podemos resolver a inequação:

$\log_2 x > 0$

$\log_2 x > \log_2 1$

$x > 1$ (II)

As desigualdades (I) e (II) devem ser satisfeitas: $x > 0$ e $x > 1$

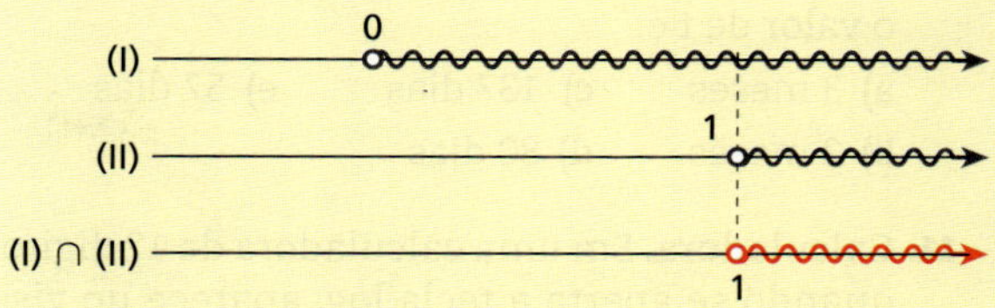

Logo: $D(f) = \{x \in \mathbb{R} \mid x > 1\}$

85. Explicite o domínio das funções a seguir.

a) $f(x) = \sqrt{\log (x + 3)}$

b) $g(x) = \dfrac{1}{\log_2 x}$

86. Determine o domínio da função $f(x) = \sqrt{\log_{\frac{1}{3}} (2x - 1)}$.

87. Determine o domínio da função dada por $f(x) = \sqrt[4]{\log_{\frac{1}{3}} \left(\log_{\frac{1}{3}} x\right)}$.

88. Seja $f(x) = \log_2 (x - 3) + \log_2 (x - 2)$. Obtenha o conjunto de valores reais de x para os quais f está definida e $f(x) < 1$.

89. Resolva a inequação $\log x^3 + \log (2x - 1)^3 \leq 3 \cdot \log 3$.

90. Resolva a inequação $3 \cdot 2^{2x} - 14 \cdot 2^x + 8 < 0$.

Ficha de revisão

1. Determine o valor de:

a) $M = \log 50 + \log 40 + \log 20 + \log 2{,}5$

b) $A = \log_3 5 \cdot \log_4 27 \cdot \log_{25} \sqrt{2}$

2. Sejam x e y números reais e positivos tais que $\log_3 (\log_7 x) = \log_7 (\log_3 y) = 0$, calcule $x - y$.

3. (Mackenzie-SP) Considerando que $x - y = \sqrt[3]{3}$ e que $x + y = \sqrt{3}$, o valor de $\log_3 (x^2 - y^2)$ é:

a) $\dfrac{\sqrt{3}}{3}$ b) $\dfrac{2}{5}$ c) $\sqrt{3}$ d) $\dfrac{3}{2}$ e) $\dfrac{5}{6}$

4. Considerando $\log 2 = 0{,}30$ e $\log 3 = 0{,}48$, calcule o maior inteiro n que satisfaz a inequação $10^n \leq 18^{40}$.

5. Sendo $p = \log_8 289$ e $q = \log_2 17$, determine p em função de q.

6. Sabendo que $a = \log_2 20$ e $b = \log 2$, calcule a em função de b.

7. Se $5^n = 2$, calcule o valor de $\log_2 100$.

8. Considere a função definida por $f(x) = \log_n x$. Se $f(n) = m$ e $f(n + 2) = m + 1$, determine m e n.

9. (Vunesp) O nível sonoro N, medido em decibéis (dB), e a intensidade I de um som, medida em watt por metro quadrado (W/m²), estão relacionados pela equação $N = 120 + 10 \cdot \log_{10} (I)$. Suponha que foram medidos em certo local os níveis sonoros N_1 e N_2 de dois ruídos com intensidades I_1 e I_2, respectivamente. Sendo $N_1 - N_2 = 20$ dB, a razão $\dfrac{I_1}{I_2}$ é:

a) 10^{-2} b) 10^{-1} c) 10 d) 10^2 e) 10^3

10. (FGV) Ao longo de uma campanha publicitária pelo desarmamento, verificou-se que o número de armas em poder das pessoas de uma comunidade decresceu à taxa de 20% ao mês. Após um tempo t, o número de armas nessa comunidade foi reduzido à metade. Se $\log 2 = 0{,}30$, o valor de t é:

a) 3 meses
b) 2 meses
c) 137 dias
d) 80 dias
e) 57 dias

11. Calculadora. Em uma calculadora de 12 dígitos, quando se aperta a tecla log, aparece no visor o logaritmo decimal do número que estava antes no visor. Se a operação não é possível, aparece no visor a palavra ERRO. Se digitarmos o número 10 bilhões, quantas vezes deveremos apertar a tecla log para aparecer a mensagem ERRO?

12. Calcule o valor da expressão $3^{2 + \log_3 4} + 10^{-\log 2}$.

13. Sendo $\log_2(\sqrt{3} + 1) = k$, calcule o valor de $\log_2(\sqrt{3} - 1)$, em função de k.

14. Sabendo que $2t = 2^k - 2^{-k}$, determine k em função de t.

15. Resolva a equação $4 \cdot x^{\log_2 x} = x^3$.

16. Resolva a inequação $\log_{\frac{1}{2}} x + \log_3 x > 1$.

Questões de vestibular

1. (Femm-MG) Calculando-se o valor de $\log_2\left(\dfrac{2^{x+1} - 2^x - 2^{x-1}}{2^{x-3}}\right)$, obtém-se:

a) $-\dfrac{1}{3}$
b) 1
c) 2
d) 3

7.6 Visão do especialista

2. (Unifesp) A relação $P(t) = P_0(1 + r)^t$, onde $r > 0$ é constante, representa a quantidade P que cresce exponencialmente em função do tempo $t > 0$. P_0 é a quantidade inicial e r é a taxa de crescimento num dado período de tempo. Neste caso, *o tempo de dobra* da quantidade é o período necessário para ela dobrar. O tempo de dobra T pode ser calculado pela fórmula:

a) $T = \log_{(1+r)} 2$
b) $T = \log_r 2$
c) $T = \log_2 r$
d) $T = \log_2 (1 + r)$
e) $T = \log_{(1+r)} (2r)$

3. (UFRJ) Considere $a = \log\left(x - \dfrac{1}{x}\right)$ e $b = \log\left(x + \dfrac{1}{x} - 1\right)$, com $x > 1$.

Determine $\log\left(x^2 - x + \dfrac{1}{x} - \dfrac{1}{x^2}\right)$ em função de a e b.

7.7 Visão do especialista

4. (Insper-SP) Na figura abaixo, está representada, fora de escala, uma parte do gráfico $y = \log_3 x$.

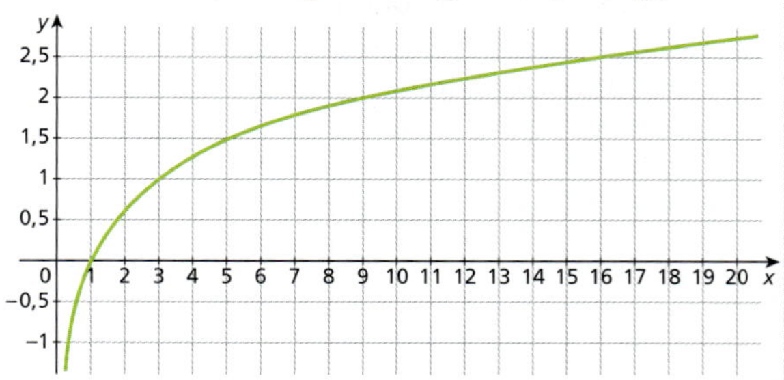

A partir do gráfico, pode-se concluir que a solução da equação $9^x = 15$ vale, aproximadamente:

a) 2,50
b) 1,65
c) 1,45
d) 1,25
e) 1,10

5. (Vunesp) Considere as funções $f(x) = \dfrac{x}{2}$ e $g(x) = \log_2 x$, para $x > 0$.

a) Represente, num mesmo sistema de coordenadas retangulares, os gráficos das duas funções, colocando os pontos cujas abscissas são $x = 1$, $x = 2$, $x = 4$ e $x = 8$.

b) Baseado na representação gráfica, dê o conjunto solução da inequação $\dfrac{x}{2} < \log_2 x$, e justifique por que $\dfrac{\pi}{2} < \log_2 \pi$.

6. (Vunesp) Seja V_0 o volume inicial de um líquido volátil, o qual diminui à taxa de 20% por hora.

a) Encontre a equação do volume V do líquido em função do tempo.

b) Determine o valor aproximado do tempo em que o volume se reduz à metade (dado: $\log_{10} 2 = 0{,}301$).

7.8 Visão do especialista

ANDREW LAMBERT PHOTOGRAPHY/ SCIENCE PHOTO LIBRARY/LATINSTOCK

O álcool é um líquido volátil, ou seja, evapora à pressão e temperatura ambientes.

7.9 Visão do especialista

7. (Mackenzie-SP) Se $\log_{a^2} \sqrt{5} + \log_{a^3} \sqrt{5} = \dfrac{5}{12}$, então o valor de a é:

a) $\sqrt{5}$
b) 5^2
c) $\dfrac{1}{5}$
d) 5
e) $\dfrac{\sqrt{5}}{5}$

8. (Unifesp) Considere os gráficos das funções definidas por $f(x) = \log_{10}(x)$ e $g(x) = 10^x$, conforme figura (fora de escala).

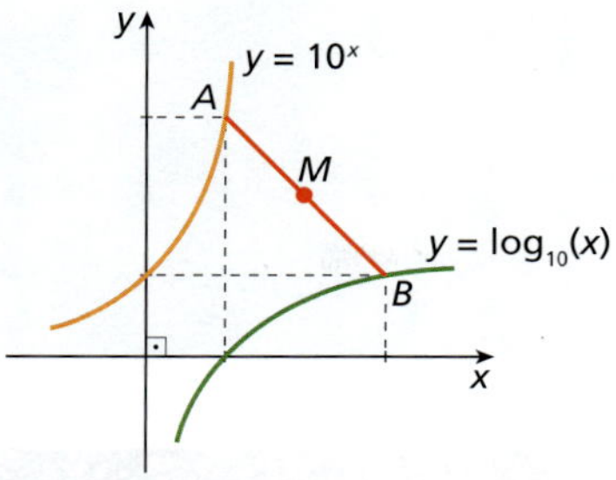

a) Dê as coordenadas de M, ponto médio do segmento $\overline{AB}$.

b) Mostre que $(f \circ g)(x) = x$ e $(g \circ f)(x) = x$, para todo $x > 0$.

9. (UFSCar-SP) Em notação científica, um número é escrito na forma $p \cdot 10^q$, sendo p um número real tal que $1 \leqslant p < 10$, e q um número inteiro. Considerando $\log 2 = 0{,}3$, o número 2^{255}, escrito em notação científica, terá p igual a:

a) $\sqrt{10}$ c) $\sqrt{2}$ e) 1,1
b) $\sqrt{3}$ d) 1,2

10. (Mackenzie-SP) Se a e b são números inteiros positivos, tais que $2^b = a^{\log_3 2}$, então um possível valor de a é:

a) 15 b) 18 c) 27 d) 30 e) 36

11. (Vunesp) Considere as funções $f(x) = \log_3 (9x^2)$ e $g(x) = \log_3 \left(\frac{1}{x}\right)$, definidas para todo $x > 0$.

a) Resolva as duas equações: $f(x) = 1$ e $g(x) = -3$
b) Mostre que $1 + f(x) + g(x) = 3 + \log_3 x$.

12. (FGV) O conjunto solução da equação

$$x \cdot \left(\log_2 (7^x) + \log_2\left(\frac{7}{3}\right)\right) + \log_2 (21^x) = 0,$$ sendo

$\log_2 (N)$ o logaritmo do número N na base 2, é:

a) $\varnothing$ c) $\{1\}$ e) $\{0, 2\}$
b) $\{0\}$ d) $\{0, -2\}$

13. (Mackenzie-SP) O valor real de x, tal que

$\log \sqrt{5x + 1} - \log (1 - 5x) = 0$, é um número:

a) racional maior que zero.
b) irracional maior que zero.
c) inteiro.
d) racional menor que zero.
e) irracional menor que zero.

14. (Fuvest-SP) Se x é um número real, $x > 2$ e $\log_2 (x - 2) - \log_4 x = 1$, então o valor de x é:

a) $4 - 2\sqrt{3}$ c) $2 + 2\sqrt{3}$ e) $2 + 4\sqrt{3}$
b) $4 - \sqrt{3}$ d) $4 + 2\sqrt{3}$

15. (Mackenzie-SP) A soma dos inteiros x tais que

$$\log_{\left(3 - \frac{x}{3}\right)} \frac{1}{2} - \log_{\left(3 - \frac{x}{3}\right)} \frac{4}{5} > 0$$ é:

a) 10 b) 12 c) 14 d) 15 e) 18

16. (PUC) Se x e y são números reais tais que $\log_8 2^x = y + 1$ e $\log_3 9^y = x - 9$, então $x - y$ é igual a:

a) 5 b) 8 c) 10 d) 12 e) 15

17. (FGV)

a) Obtenha os valores de x e y que satisfazem o sistema abaixo:

$$\begin{cases} x + y = 15 \\ \log_4 x - \log_4 y = \dfrac{1}{2} \end{cases}$$

b) Qual o conjunto solução da equação exponencial $5^{2x} - 5^{x+1} + 4 = 0$?

18. (Fuvest-SP) Seja $f(x) = \log_3 (3x + 4) - \log_3 (2x - 1)$. Os valores de x, para os quais f está definida e satisfaz $f(x) > 1$, são:

a) $x < \frac{7}{3}$ d) $-\frac{4}{3} < x$
b) $\frac{1}{2} < x$ e) $-\frac{4}{3} < x < \frac{1}{2}$
c) $\frac{1}{2} < x < \frac{7}{3}$

19. (Mackenzie-SP)

I. $(0{,}2)^{-0{,}3} < (0{,}2)^{-\frac{2}{5}}$

II. $(\sqrt{2})^{\frac{4}{7}} < 1$

III. $\log_8 1{,}5 < \log_8 \sqrt{2}$

Das desigualdades acima:

a) somente I é verdadeira.
b) somente II é verdadeira.
c) somente III é verdadeira.
d) somente II e III são verdadeiras.
e) somente I e II são verdadeiras.

Capítulo 8

Sequências

ERIC GAILLARD/REUTERS/LATINSTOCK

Os jogos olímpicos são o maior evento esportivo do mundo. Na edição de 2008, realizada em Pequim (China), o evento reuniu atletas de várias modalidades representando mais de 200 países.

Objetivos do capítulo:

- Identificar padrões numéricos e sequências.
- Resolver situações-problema que envolvam sequências.
- Interpretar graficamente progressões aritméticas e geométricas.

1 Sequências e padrões

1.1 Sequência numérica

Vamos retomar a situação da abertura deste capítulo.

Olimpíadas. As últimas quatro edições das olimpíadas ocorreram nas cidades de Atlanta, Sidney, Atenas e Pequim, respectivamente nos anos de 1996, 2000, 2004 e 2008. Os anos em que foram realizadas as últimas quatro olimpíadas formam uma sequência, ou sucessão.

Os elementos ou termos dessa sequência podem ser representados por uma letra (neste livro, pela letra *a*) e um índice que indica a posição ou ordem do elemento na sequência. Assim, $a_1 = 1996$ é o primeiro termo da sequência, $a_2 = 2000$ é o segundo termo, e assim sucessivamente até $a_4 = 2008$.

Para indicar um termo qualquer da sequência, ou seja, o enésimo termo, escrevemos a_n.

Se a sequência tem um último termo a_n, dizemos que a sequência é **finita**; se não tem, dizemos que é **infinita** e a indicamos por reticências no final. Veja:

- uma sequência finita de *n* termos é indicada por $(a_1, a_2, a_3, ..., a_n)$.
- uma sequência infinita é indicada por $(a_1, a_2, a_3, ..., a_n, ...)$.

Exemplos

a) A sequência das estações do ano é finita, pois tem um último elemento: (verão, outono, inverno e primavera).

b) A sequência dos números primos é infinita. Para indicá-la, escrevemos os primeiros elementos e colocamos reticências no final: (2, 3, 5, 7, 11, 13, ...)

Observe que essas sequências pressupõem uma certa ordem em seus termos. Um tipo importante de sucessão são as sequências numéricas.

1.2 Definição e determinação de uma sequência numérica

Uma sequência numérica pode ser determinada por uma **lei de formação**, ou seja, uma lei que associe a cada número natural *n* diferente de zero um termo $a_n = f(n)$. O termo a_n é também conhecido por **termo geral** da sequência.

- Uma **sequência numérica** é uma função *f* cujo domínio está contido em $\mathbb{N}^*$ e cujo contradomínio é $\mathbb{R}$.

Exemplos

a) Para determinar a sequência de números naturais ímpares, podemos utilizar a seguinte lei de formação: $f(n) = 2n - 1$, em que $n \in \mathbb{N}^*$. Essa lei de formação associa cada número natural diferente de zero a um termo da sequência formada pelos números naturais ímpares. Nesse caso, o primeiro termo da sequência será indicado por a_1.

A tabela a seguir apresenta os quatro primeiros termos dessa sequência:

n	1	2	3	4
a_n	$a_1 = 2 \cdot 1 - 1 = 1$	$a_2 = 2 \cdot 2 - 1 = 3$	$a_3 = 2 \cdot 3 - 1 = 5$	$a_4 = 2 \cdot 4 - 1 = 7$

Nesse caso, podemos verificar que a sequência dos números naturais ímpares é: (1, 3, 5, 7, 9, ...). Como *n* pertence a um conjunto infinito, a sequência também é infinita.

8.1 Biblioteca do estudante

b) Considerando a sequência (7, 14, 21, 28, 35), verificamos que é possível estabelecer uma relação entre o valor de cada termo e sua posição na sequência:

n	1	2	3	4	5
a_n	$a_1 = 7 \cdot 1 = 7$	$a_2 = 7 \cdot 2 = 14$	$a_3 = 7 \cdot 3 = 21$	$a_4 = 7 \cdot 4 = 28$	$a_5 = 7 \cdot 5 = 35$

Analisando a tabela, verificamos que o termo geral dessa sequência é: $a_n = 7n$, com $n \in \{1, 2, 3, 4, 5\}$

Exercícios

R1. Determinar os termos da sequência definida por $f(n) = 3n + 1$, com $n \in \mathbb{N}^*$.

➤ Resolução

n	$f(n) = 3n + 1$
1	$f(1) = 3 \cdot 1 + 1 = 4$
2	$f(2) = 3 \cdot 2 + 1 = 7$
3	$f(3) = 3 \cdot 3 + 1 = 10$
4	$f(4) = 3 \cdot 4 + 1 = 13$

Assim, a sequência é: (4, 7, 10, 13, ...)

1. Sendo $n \in \mathbb{N}^*$, determine os cinco primeiros termos das sequências numéricas definidas pelas leis:

a) $f(n) = 4n - 8$

b) $f(n) = (-1)^n \cdot \dfrac{1}{(\sqrt{2})^n}$

c) $f(n) = -3$

d) $f(n) = \dfrac{1}{2} \cdot n^2$

R2. Escrever a sequência definida por:

$$\begin{cases} a_1 = -2 \\ a_2 = 3 \cdot a_{n-1} - 5, \text{com } n \geq 2 \end{cases}$$

➤ Resolução

n	a_n
1	$a_1 = -2$
2	$a_2 = 3a_1 - 5 = 3(-2) - 5 = -11$
3	$a_3 = 3 \cdot a_2 - 5 = 3 \cdot (-11) - 5 = -38$
4	$a_4 = 3 \cdot a_3 - 5 = 3 \cdot (-38) - 5 = -119$

A sequência é: (−2, −11, −38, −119, ...)

2. Determine os quatro primeiros termos das sequências definidas pelas seguintes leis:

a) $\begin{cases} a_1 = 4 \\ a_n = a_{n-1} \cdot 5n, \text{com } n \geq 2 \end{cases}$

b) $\begin{cases} a_1 = -\dfrac{1}{2} \\ a_n = 3^n \cdot a_{n-1}, \text{com } n \geq 2 \end{cases}$

c) $\begin{cases} a_1 = -2 \\ a_n = (a_{n-1})^{-2}, \text{com } n \geq 2 \end{cases}$

3. Leonardo de Pisa, também conhecido por Fibonacci, foi um dos mais talentosos matemáticos da Idade Média. Escreva a sequência conhecida como "sequência de Fibonacci", determinada pela lei:

$$\begin{cases} a_1 = a_2 = 1 \\ a_n = a_{n-2} + a_{n-1}, \text{com } n \geq 3 \end{cases}$$

R3. Dada a sequência (0, 6, 12, 18, 24, 30, ...), determinar seu termo geral.

➤ Resolução

Para $n = 1$, temos: $a_1 = 0 = 6 \cdot 0 = 6(\mathbf{1} - 1)$
Para $n = 2$, temos: $a_2 = 6 = 6 \cdot 1 = 6(\mathbf{2} - 1)$
Para $n = 3$, temos: $a_3 = 12 = 6 \cdot 2 = 6(\mathbf{3} - 1)$
Para n qualquer, temos: $a_n = 6(\boldsymbol{n} - 1)$

Assim, para o enésimo termo, temos: $a_n = 6(n - 1)$, com $n \in \mathbb{N}^*$

4. Determine uma lei de formação da sequência dos números pares.

5. Escreva uma lei de formação das seguintes sequências:

a) (−3, 4, 11, 18, ...)

b) $\left(-\dfrac{1}{4}, -\dfrac{1}{8}, 0, \dfrac{1}{8}, ...\right)$

6. Escreva os quatro primeiros elementos da sequência infinita cuja lei é:

$$\begin{cases} a_1 = -15 \\ a_k = (-a_{k-1})^{-1}, \text{com } k \geq 2 \end{cases}$$

7. Considere a sequência determinada pela lei a seguir:

$$\begin{cases} a_1 = x - 1 \\ a_n = x \cdot a_{n-1}, \text{com } n \geq 2 \end{cases}$$

Sabendo que $a_2 = 12$, escreva os elementos dessa sequência.

2 Progressões aritméticas

2.1 Progressão aritmética

Consumo. O dono de uma papelaria preparou uma tabela com o total a ser pago pelos clientes de acordo com a quantidade de cópias pedidas.

Quantidade de cópias	1	2	3	4	5	6	7	8	9	10
Valor a pagar (R$)	0,20	0,40	0,60	0,80	1,00	1,20	1,40	1,60	1,80	2,00

Observe que o valor a pagar, em função do número de cópias, determina a sequência: (0,20; 0,40; 0,60; 0,80; 1,00; 1,20; 1,40; 1,60; 1,80; 2,00)

Os termos dessa sequência, a partir do segundo, são obtidos somando-se a constante 0,20 ao termo antecedente. Esse é um exemplo de progressão aritmética.

- Uma **progressão aritmética (PA)** é uma sequência numérica em que cada termo, a partir do segundo, é obtido somando-se ao anterior uma constante *r* chamada **razão da PA**.

Classificação:

- Quando a razão for positiva ($r > 0$), temos uma PA **crescente**.
  Na PA $\left(2, \frac{5}{2}, 3, \frac{7}{2}, \ldots\right)$, $r = \frac{1}{2}$. Como $r > 0$, essa é uma PA crescente.
- Quando a razão for negativa ($r < 0$), temos uma PA **decrescente**.
  Na PA $(32, 12, -8, -28, \ldots)$, $r = -20$. Como $r < 0$, essa é uma PA decrescente.
- Quando a razão for nula ($r = 0$), temos uma PA **constante**.
  Na PA $(-5, -5, -5, -5 \ldots)$. Note que todos os termos são iguais, logo $r = 0$; essa é uma PA constante.

2.2 Termo geral de uma progressão aritmética

Em uma PA $(a_1, a_2, a_3, a_4, \ldots, a_n, \ldots)$ de razão *r*, podemos escrever qualquer termo em função do primeiro termo, da razão e da ordem (*n*) desse termo na sequência. Para isso, devemos nos basear na definição de PA.

$a_2 = a_1 + r$

$a_3 = a_2 + r \Rightarrow a_3 = (a_1 + r) + r \Rightarrow a_3 = a_1 + 2r$

$a_4 = a_3 + r \Rightarrow a_4 = (a_1 + 2r) + r \Rightarrow a_4 = a_1 + 3r$

Logo, concluímos que o termo geral que ocupa a enésima posição na PA é dado por:

$$a_n = a_1 + (n - 1)r, \text{ com } n \in \mathbb{N}^*$$

Observe que essa fórmula é a lei de formação de uma função, e que *n* é o número de termos da PA até o termo a_n.

Vamos determinar, por exemplo, o termo geral da sequência (8, 15, 22, 29, 36, ...).

Essa sequência é uma PA de razão $r = 7$ e primeiro termo $a_1 = 8$.

Como o termo geral de uma PA é dado por $a_n = a_1 + (n - 1)r$, temos:

$$a_n = 8 + (n - 1) \cdot 7 \Rightarrow a_n = 8 + 7n - 7$$

Portanto, o termo geral é $a_n = 1 + 7n$, com $n \in \mathbb{N}^*$.

Exercícios

8. Identifique quais das sequências abaixo são PA.

a) (3, 10, 17, 24)

b) (−1, 1, −1, 1, −1, ...)

c) $\left(\frac{1}{2}, -\frac{1}{2}, -\frac{3}{2}, -\frac{5}{2}, \ldots\right)$

9. Classifique cada PA em crescente, decrescente ou constante e identifique a razão de cada uma.

a) (−2, −5, −8, −11, −14)

b) $(\sqrt{3}, \sqrt{3}, \sqrt{3}, \ldots)$

c) $\left(\frac{1}{1.000}, \frac{1}{500}, \frac{3}{1.000}, \frac{1}{250}, \ldots\right)$

10. Calcule os cinco primeiros termos de cada PA.

a) $a_1 = 12$ e $r = 7$

b) $a_1 = 12$ e $r = -7$

c) $a_1 = -2$ e $r = \frac{1}{2}$

d) $a_1 = 12$ e $r = -0{,}25$

11. Determine o 13º termo da PA (1, −7, −15, −23, ...).

12. Encontre o 101º termo da PA (−4, 1, 6, ...).

R4. Sabendo que o décimo segundo termo e o vigésimo primeiro termo de uma PA são, respectivamente, 67 e 130, determinar o primeiro termo e a razão dessa PA.

➤ Resolução

Pelo enunciado: $a_{12} = 67$ e $a_{21} = 130$

Sendo a_1 o primeiro termo e r a razão da PA, temos:

$a_{12} = 67 \Rightarrow a_1 + 11 \cdot r = 67$ (I)

$a_{21} = 130 \Rightarrow a_1 + 20 \cdot r = 130$ (II)

Resolvendo o sistema de equações formado por (I) e (II), obtemos: $a_1 = -10$ e $r = 7$

13. Os dois últimos termos de uma sequência de 13 termos são 35 e 42. Quais são os três primeiros termos dessa sequência?

14. Determine a razão da PA que tem $a_1 = 5$ e $a_{12} = 247$.

15. **Comércio.** Um par de tênis que custava R$ 150,00 entrou em promoção. Agora, o cliente vai pagar de acordo com a quantidade de pares que comprar, limitada a 10 por pessoa. Observe a tabela:

Pares de tênis	1	2	3	4
Valor unitário (R$)	142,00	134,00	126,00	118,00

Veja que o valor unitário decresce em PA à medida que aumenta o número de pares de tênis adquiridos.

a) Qual é a razão dessa PA?

b) Se alguém comprar 10 pares desse tênis, qual será o valor total de sua compra?

c) Comparando com o valor não promocional, quanto uma pessoa economizaria se comprasse 8 pares desse tênis na promoção?

16. **Natação.** Um nadador estabeleceu que, a cada dia, iria nadar 400 m a mais que no treino do dia anterior. Sabe-se que no 2º dia ele nadou 1.100 m. Quantos metros nadou no 10º dia?

17. Observe a sequência de figuras cujas quantidades de pontos estão em progressão aritmética.

- Continuando essa sequência, quantos pontos formarão a 12ª figura?

18. Escreva os cinco primeiros termos da PA infinita que tem primeiro termo igual a b e razão $(b + 1)$.

19. Determine o primeiro termo de cada PA, sabendo que:

a) $a_{17} = -39$ e que a razão é $r = 4$

b) $a_{10} = 9$ e que a razão é $r = -\frac{1}{9}$

20. Encontre o primeiro número maior que zero de cada PA a seguir.

a) (−63, −54, −45, ...)

b) (−15, −12, −9, ...)

21. Encontre o primeiro número menor que zero de cada PA a seguir.

a) (73, 51, 29, ...)

b) (101, 88, 75, ...)

R5. Dados três termos consecutivos de uma PA, a_p, a_q, a_s, escrever a_q em função de a_p e a_s.

➤ Resolução

Pela definição de PA: $r = a_q - a_p$ e $r = a_s - a_q$

Logo: $a_q - a_p = a_s - a_q \Rightarrow 2a_q = a_s + a_p$

Portanto, $a_q = \frac{a_p + a_s}{2}$. Ou seja, dados três termos consecutivos de uma PA, o termo do meio é a média aritmética dos outros dois.

R6. Determinar o valor de x para que a sequência $(2x - 7, x^2 - 1, x^2 + 8x + 16)$ seja uma PA e escrever seus termos.

➤ Resolução

Sejam: $a_1 = 2x - 7$, $a_2 = x^2 - 1$ e $a_3 = x^2 + 8x + 16$

Sabemos que $a_2 = \frac{a_1 + a_3}{2}$. Assim:

$$x^2 - 1 = \frac{2x - 7 + x^2 + 8x + 16}{2} \Rightarrow$$

$$\Rightarrow x^2 - 10x - 11 = 0 \Rightarrow x = 11 \text{ ou } x = -1$$

Substituindo os valores de x na sequência: para x = 11, temos (15, 120, 225); para x = −1, temos (−9, 0, 9).

22. Sejam −5, x e −13, respectivamente, os três primeiros termos de uma PA. Calcule x e a razão da PA.

23. Geometria. As medidas dos lados de um quadrilátero estão em PA e podem ser expressas em ordem crescente por $3, x + 7, x^2 - 4$ e $6x$. Qual é o perímetro desse quadrilátero?

24. Determine o valor de p para que a sequência $(p + 5, 3p, p^2 - 1)$ seja uma PA.

R7. Em uma PA, $a_3 + a_8 = 10$ e $a_5 + a_{14} = -22$. Determinar a_1 e a razão r dessa PA.

➤ Resolução

Sabemos que: $a_3 = a_1 + 2r$ e $a_8 = a_1 + 7r$

Pelo enunciado: $a_3 + a_8 = 10 \Rightarrow (a_1 + 2r) + (a_1 + 7r) = 10 \Rightarrow 2a_1 + 9r = 10$ (I)

Analogamente: $a_5 + a_{14} = -22 \Rightarrow (a_1 + 4r) + (a_1 + 13r) = -22 \Rightarrow 2a_1 + 17r = -22$ (II)

Resolvendo o sistema de equações formado por (I) e (II), encontramos a_1 e r. Assim:

$$\begin{cases} 2a_1 + 9r = 10 \\ 2a_1 + 17r = -22 \end{cases} \Rightarrow \begin{cases} 2a_1 + 9r = 10 \\ -2a_1 - 17r = 22 \end{cases} \Rightarrow$$

$$\Rightarrow -8r = 32 \Rightarrow r = -4$$

Substituindo $r = -4$ em I, temos:

$2a_1 + 9 \cdot (-4) = 10 \Rightarrow a_1 = 23$

25. Calcule os valores de a_1 e de r em uma PA, sabendo que $a_4 = 10$ e $a_7 + a_{13} = -25$.

26. Determine o valor de a_8 e de r em uma PA, sabendo que $a_1 + a_{10} = 120$ e $a_5 + a_{15} = 210$.

R8. Interpolar cinco termos entre 4 e 250 de forma que a sequência seja uma PA.

➤ Resolução

Observe como obtemos uma PA:

$$4, \underbrace{a_2, a_3, a_4, a_5, a_6}_{\text{5 termos}}, 250$$

Então, a PA considerada contém 7 termos, sendo $a_1 = 4$ e $a_7 = 250$.

Como $a_7 = a_1 + 6r$, segue que $250 = 4 + 6r$. Logo, $r = 41$.

Assim: $a_2 = 45$, $a_3 = 86$, $a_4 = 127$, $a_5 = 168$ e $a_6 = 209$

Logo, a sequência procurada é:
(4, 45, 86, 127, 168, 209, 250)

27. Interpole quatro termos entre −12 e 48 de forma que a sequência seja uma PA.

28. Interpole oito termos entre 7 e 52 e forme uma PA.

R9. Quantos múltiplos de 6 existem entre 4.000 e 5.000?

➤ Resolução

A sequência dos múltiplos de 6 é uma PA de razão 6.
O primeiro múltiplo de 6 existente nesse intervalo é $a_1 = 4.002$ e o último é $a_n = 4.998$.
Substituindo esses valores na expressão $a_n = a_1 + (n - 1) \cdot r$, obtemos:
$4.998 = 4.002 + (n - 1) \cdot 6 \Rightarrow n = 167$
Portanto, existem 167 múltiplos de 6 entre 4.000 e 5.000.

29. Quantos são os múltiplos de 4 entre 101 e 3.001?

R10. Determinar uma PA de três termos na qual a soma e o produto dos termos são, respectivamente, 6 e −42.

➤ Resolução

Uma maneira conveniente de representar uma PA de três termos e razão r é $(x - r, x, x + r)$.

Assim: $\begin{cases} x - r + x + x + r = 6 & \text{(I)} \\ (x - r) \cdot x \cdot (x + r) = -42 & \text{(II)} \end{cases}$

De (I), temos: $3x = 6 \Rightarrow x = 2$

Fazendo $x = 2$ em (II):
$(2 - r) \cdot 2 \cdot (2 + r) = -42$
$(2 - r) \cdot (2 + r) = -21$
$4 - r^2 = -21$
$r^2 = 25 \Rightarrow r = 5$ ou $r = -5$
Para $x = 2$ e $r = 5$, a PA é: $(-3, 2, 7)$
Para $x = 2$ e $r = -5$, a PA é: $(7, 2, -3)$

30. Três números estão em PA. Descubra esses números sabendo que o produto deles é 420 e a soma é −12.

31. As medidas dos lados de um triângulo retângulo estão em progressão aritmética. Sabendo que o perímetro do triângulo é 24 cm, determine as medidas dos lados desse triângulo.

32. Financiamento. Na compra de um automóvel a prazo, Rui pagou R$ 3.500,00 de entrada e fez um plano de pagamento de 12 prestações que decaíam em PA, sendo a 1ª de R$ 660,00, a 2ª de R$ 630,00, a 3ª de R$ 600,00, e assim por diante.

a) Qual é o valor da última prestação?

b) Qual é o valor final do automóvel a prazo?

33. Os jogos olímpicos acontecem a cada 4 anos. Embora em alguns anos eles tenham sido cancelados, o calendário continuou sendo obedecido como se tivessem realmente ocorrido. Em sua 1ª edição da era moderna, os jogos ocorreram em 1896, na Grécia, e em sua 26ª edição, em 2008, na China. Quantas vezes os jogos deixaram de acontecer nesse período?

REUTERS/LATINSTOCK

Medalhas dos jogos olímpicos de Pequim, China, 2008.

2.3 Interpretação gráfica da progressão aritmética

Observe a situação a seguir.

Orçamento. Para fazer reparos em uma instalação elétrica, um técnico cobra R\$ 120,00 pela visita mais R\$ 70,00 por hora adicional, conforme indicado na tabela:

Tempo (h)	0	1	2	3
Custo (R\$)	120,00	190,00	260,00	330,00

O custo, em função das horas gastas no reparo, forma uma PA (120, 190, 260, 330, ...), em que $a_0 = 120$ e $r = 70$.

Como o termo geral de uma PA é: $a_n = a_0 + nr$, com $n \in \mathbb{N}$, na PA acima temos: $a_4 = 120 + 4 \cdot 70 \Rightarrow a_4 = 400$

Considerando a fórmula $a_n = a_0 + nr$ do termo geral de uma PA cujo primeiro termo é a_0 e cuja razão é r, percebemos que uma PA assemelha-se a uma função afim $f(x) = a_0 + xr$, com domínio restrito a $\mathbb{N}$. O gráfico dessa função é formado por pontos colineares: $(0, a_0)$, $(1, a_1)$, $(2, a_2)$, ..., (n, a_n), ... Observe no gráfico alguns pontos cujas coordenadas são (0, 120), (1, 190), (2, 260) e (3, 330).

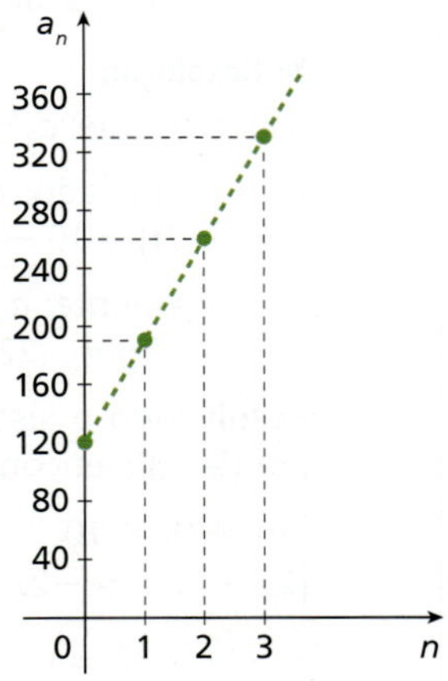

2.4 Soma dos *n* primeiros termos de uma PA

Carl Friedrich Gauss (1777-1855) é considerado um dos maiores matemáticos do século XVIII. Conta-se que, quando criança, seu professor pediu aos alunos que calculassem a soma: $1 + 2 + 3 + 4 + ... + 98 + 99 + 100$

Para surpresa de todos, Gauss resolveu rapidamente o desafio. O professor verificou que Gauss foi o único a acertar a resposta, 5.050.

O pequeno Gauss percebeu que:

$$1 + 2 + 3 + ... + 98 + 99 + 100$$

101

101

101

Carl Friedrich Gauss, filho único de pais sem instrução, foi matemático, astrônomo e físico.

8.1 Visão do especialista

Como são 50 parcelas iguais a 101, a soma dos termos dessa PA será igual a: $50 \cdot 101 = 5.050$

Essa ideia pode ser utilizada para encontrar a fórmula da soma dos *n* primeiros termos de uma PA, sendo conhecidos o primeiro termo e a razão da progressão.

Considere a PA $(a_1, a_2, a_3, ..., a_{n-1}, a_n)$; a soma dos *n* primeiros termos pode ser indicada por:

$$S_n = a_1 + a_2 + a_3 + ... + a_{n-2} + a_{n-1} + a_n \text{ (I)}$$

Ou, invertendo a ordem de seus elementos:

$$S_n = a_n + a_{n-1} + a_{n-2} + ... + a_3 + a_2 + a_1 \text{ (II)}$$

Somando membro a membro as igualdades (I) e (II), obtemos:

$$2S_n = \underbrace{(a_1 + a_n)}_{a_1 + a_n} + \underbrace{(a_2 + a_{n-1})}_{a_1 + a_n} + \underbrace{(a_3 + a_{n-2})}_{a_1 + a_n} + ... + \underbrace{(a_{n-2} + a_3)}_{a_1 + a_n} + \underbrace{(a_{n-1} + a_2)}_{a_1 + a_n} + \underbrace{(a_n + a_1)}_{a_1 + a_n}$$

Veja que $2S_n$ tem *n* parcelas iguais a $a_1 + a_n$. Assim: $2S_n = n(a_1 + a_n)$

Portanto:

$$S_n = \frac{n(a_1 + a_n)}{2}$$

Exercícios

R11. Sabendo que a soma dos três primeiros termos de uma PA crescente é igual a -3 e o produto deles é 8, escrever a lei e construir o gráfico dessa sequência.

➤ **Resolução**

Podemos representar os três primeiros termos dessa PA por $x - r$, x e $x + r$. Pelo enunciado: $(x - r) + x + (x + r) = -3 \Rightarrow$ $\Rightarrow 3x = -3 \Rightarrow x = -1$

Sabemos ainda que o produto desses primeiros termos é igual a 8; logo:

$(x - r) \cdot x \cdot (x + r) = 8 \Rightarrow$

$\Rightarrow (-1 - r) \cdot (-1) \cdot (-1 + r) = 8 \Rightarrow r^2 - 1 = 8 \Rightarrow r^2 = 9$

Portanto, $r = -3$ ou $r = 3$. Como a razão não pode ser negativa, pois a PA é crescente, segue que $r = 3$. Assim, os três primeiros termos dessa PA são -4, -1 e 2.

Agora, podemos escrever a lei de formação:

$f(n) = a_n \Rightarrow f(n) = a_0 + nr \Rightarrow f(n) = -4 + 3n$, com $n \in \mathbb{N}$

Com base na lei de formação $f(n) = -4 + 3n$, podemos construir o gráfico da PA.

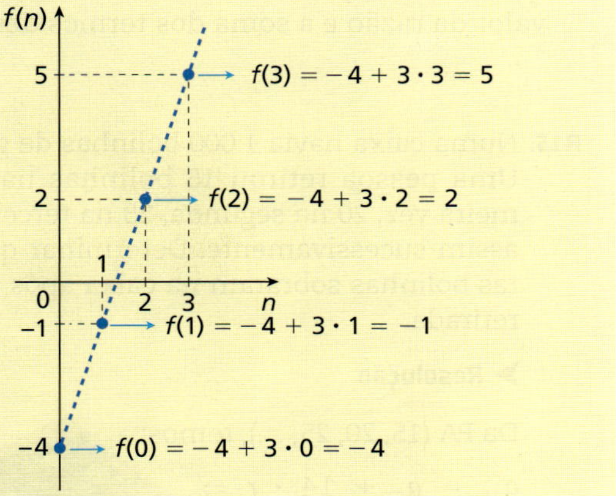

34. Sendo n um número natural, construa, para cada item, o gráfico cartesiano da progressão aritmética determinada pela lei de formação:

a) $a_n = -n - 2$

b) $a_n = -2$

c) $a_n = n$

d) $a_n = 2n - 2$

35. Escreva os elementos de uma PA de cinco termos que tem dois de seus pontos representados no gráfico abaixo.

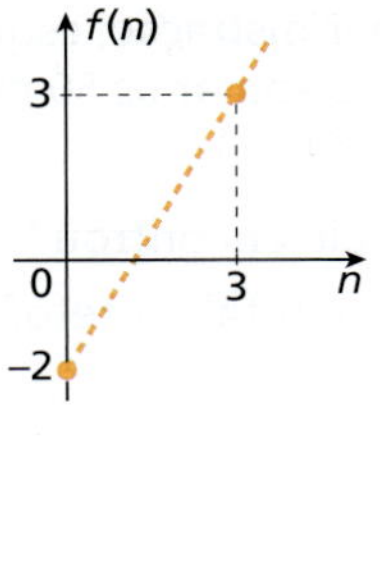

R12. Calcular a soma dos 80 primeiros termos da PA em que $a_1 = -10$ e $r = 3$.

➤ **Resolução**

Primeiro vamos determinar o 80º termo dessa PA:

$a_{80} = a_1 + (n - 1)r \Rightarrow a_{80} = -10 + 79 \cdot 3 \Rightarrow$ $\Rightarrow a_{80} = 227$

Agora, aplicando a fórmula da soma dos n primeiros termos da PA, temos:

$$S_n = \frac{n(a_1 + a_n)}{2} \Rightarrow S_{80} \frac{80 \cdot (a_1 + a_{80})}{2} \Rightarrow$$

$$\Rightarrow S_{80} = \frac{80 \cdot (-10 + 227)}{2} \Rightarrow S_{80} = 8.680$$

36. Calcule a soma dos 24 primeiros termos de cada PA.

a) $(-57, -27, 3, \ldots)$

b) $\left(\frac{2}{3}, \frac{8}{3}, \frac{14}{3}, \ldots\right)$

c) $(7, 7, 7, \ldots)$

d) $\left(-\frac{1}{2}, -\frac{1}{4}, 0, \ldots\right)$

R13. Determinar o 10º termo de uma PA, sabendo que a soma dos 48 primeiros termos é igual a 1.008 e que a razão é $r = 2$.

➤ **Resolução**

Para determinar o 10º termo, é necessário encontrar o primeiro termo da PA.

Sabemos que: $S_{48} = \dfrac{48 \cdot (a_1 + a_{48})}{2}$

Portanto: $1.008 = 24 \cdot (a_1 + a_1 + 47r) \Rightarrow$ $\Rightarrow a_1 = -26$

Assim: $a_{10} = a_1 + 9r \Rightarrow a_{10} = -26 + 9 \cdot 2 \Rightarrow$ $\Rightarrow a_{10} = -8$

37. Quantos termos da PA (3, 19, 35, ...) devem ser somados para que $S_n = 472$?

38. Em uma PA, sabe-se que a soma dos 20 primeiros termos é igual a 200 e a soma dos 30 primeiros é zero. Determine o valor do primeiro termo dessa PA.

39. **Partiha.** Uma herança deve ser dividida em PA de razão R$ 6.000,00 entre 6 irmãos, de modo que o filho mais velho receba a maior parte, que é R$ 45.000,00.

a) Qual é o valor total da herança a ser dividida?

b) Quanto cada filho receberá?

40. A soma dos 30 primeiros termos de uma PA é igual a 1.430. Sabendo que a razão é 6, determine o oitavo termo.

R14. Escrever os termos de uma PA de n termos, em que $a_1 = -20$, $a_n = 2n$ e a soma dos termos é igual a 24.

➤ Resolução

Substituindo as informações do enunciado na fórmula $S_n = \dfrac{n(a_1 + a_n)}{2}$, obtemos:

$24 = \dfrac{n(-20 + 2n)}{2} \Rightarrow 2n^2 - 20n - 48 = 0$, com $n \in \mathbb{N}^*$

Resolvendo essa equação, obtemos $n = 12$.

Falta encontrar a razão r da sequência. Assim:

$a_{12} = a_1 + (n - 1)r \Rightarrow 2 \cdot 12 = -20 + 11r \Rightarrow$
$\Rightarrow r = 4$

Como $a_1 = -20$ e $r = 4$, a sequência é: $(-20, -16, -12, -8, \ldots, 24)$

41. Em uma PA, $a_5 + a_9 = 86$ e $a_{11} + a_{18} = 81$. Determine a soma dos 40 primeiros termos dessa PA.

42. Resolva as equações abaixo.

a) $\dfrac{x}{2} + \dfrac{7x}{10} + \dfrac{9x}{10} + \ldots + \dfrac{17x}{10} = 462$

b) $\dfrac{2m}{7} + \dfrac{11m}{14} + \dfrac{9m}{7} + \ldots + \dfrac{207m}{14} = \dfrac{3.165}{14}$

43. Em um mesmo sistema de coordenadas cartesianas, construa os gráficos correspondentes às sequências definidas por $a_n = 2n - 1$ e $b_n = 5 - n$, com $0 \leqslant n \leqslant 4$, $n \in \mathbb{N}$.

a) Verifique que os gráficos têm um ponto em comum. Chame esse ponto de P.

b) Calcule a soma de todos os termos da sequência a_n com todos os termos de b_n, mas desconsidere a ordenada do ponto P.

44. Calcule a soma dos 10 termos de uma PA, sabendo que $a_1 = 10$ e $a_{10} = -10$.

45. Considere a PA infinita determinada pela lei de formação $a_k = \dfrac{1}{2}k$, $k \in \mathbb{N}^*$.

a) Escreva seus cinco primeiros termos.

b) Calcule a soma dos 50 primeiros termos.

8.2 Visão do especialista

46. Se a_n e b_n são duas sequências finitas de cinco termos cada uma tais que $a_n = 2n + 1$ e $b_n = -2n$, $n \in \mathbb{N}^*$, qual é a soma dos termos de a_n e b_n?

47. Economia. Uma academia de ginástica oferece o seguinte plano anual: em janeiro, o aluno paga R$ 140,00 por mês. A partir daí, o valor da mensalidade sofre um decréscimo de R$ 8,00 a cada mês.

EMMANUEL LATTES/ALAMY/GLOWIMAGES

a) Quanto o aluno pagará no 8º mês se contratar esse plano?

b) Qual será o valor total anual pago pelo aluno?

c) Em um ano, em média, quanto o aluno pagará por mês?

48. Lazer. Um cinema tem 448 lugares, distribuídos da seguinte maneira: na primeira fila, há 13 poltronas, na segunda, 15, na terceira, 17, e assim sucessivamente, até completar n filas. Determine o número total de filas desse cinema.

49. Em uma progressão aritmética decrescente de cinco termos, a diferença entre os dois primeiros é 16 e a soma dos três últimos é 12. Determine a soma de todos os termos.

50. Em uma PA crescente de cinco termos, a soma do segundo com o terceiro é igual a -26 e o quadrado do quarto termo é 144. Determine o valor da razão e a soma dos termos dessa PA.

R15. Numa caixa havia 1.000 bolinhas de gude. Uma pessoa retirou 15 bolinhas na primeira vez, 20 na segunda, 25 na terceira, e assim sucessivamente. Determinar quantas bolinhas sobraram na caixa após a 15ª retirada.

➤ Resolução

Da PA (15, 20, 25, ...), temos:

LEANDRO KANNO/GUARÁ IMAGENS

$a_{15} = a_1 + 14 \cdot r \Rightarrow$
$\Rightarrow a_{15} = 15 + 14 \cdot 5 \Rightarrow$
$\Rightarrow a_{15} = 85$

$S_{15} = (15 + 85) \cdot \dfrac{15}{2} \Rightarrow$

$\Rightarrow S_{15} = 50 \cdot 15 \Rightarrow S_{15} = 750$

Se foram retiradas 750 bolinhas da caixa, conclui-se que sobraram 250 bolinhas.

51. Um aluno, por distração, esqueceu-se de somar o 24º termo ao somar os 50 primeiros termos da PA $(-11, -6, -1, \ldots)$.

a) Que total ele encontrou?

b) Qual seria o total correto?

3 Progressões geométricas

3.1 Progressão geométrica

Acompanhe a situação a seguir.

Crescimento populacional. Pelos dados do IBGE, éramos aproximadamente 190 milhões de brasileiros em 2010. Considerando um crescimento populacional de 2% ao ano, quantos habitantes, aproximadamente, o Brasil terá em 2014?

Para calcular esse valor, tomamos por base o número de brasileiros em 2010.

DANIEL CYMBALISTA/PULSAR IMAGENS

Av. Paulista, São Paulo.

Ano	Número de habitantes
2010	190.000.000
2011	$190.000.000 \cdot 1{,}02 = 193.800.000$
2012	$193.800.000 \cdot 1{,}02 = 197.676.000$
2013	$197.676.000 \cdot 1{,}02 = 201.629.520$
2014	$201.629.520 \cdot 1{,}02 = 205.662.110{,}4$

Observe que, com exceção de 2010, a estimativa do número de brasileiros de um ano foi obtida multiplicando-se a constante 1,02 pelo número de brasileiros do ano anterior.

A sequência (190.000.000; 193.800.000; 197.676.000; 201.629.520; 205.662.110,4) é um exemplo de progressão geométrica.

- Uma **progressão geométrica (PG)** é uma sequência numérica em que cada termo, a partir do segundo, é obtido multiplicando-se o anterior por uma constante q chamada **razão da PG**.

Classificação:

- Quando $q = 1$, temos uma PG **constante**.
  A PG $(\sqrt{7}, \sqrt{7}, \sqrt{7}, \sqrt{7}, \ldots)$ tem razão $q = 1$, portanto é constante.
- Quando $a_1 \neq 0$ e $q = 0$, temos uma PG **estacionária**.
  A PG (3, 0, 0, 0, ...) tem $a_1 \neq 0$ e $q = 0$, portanto é estacionária.
- Quando $a_1 \neq 0$ e $q < 0$, temos uma PG **oscilante**.
  A PG (2, −10, 50, −250, ...) tem razão $q = -5$, portanto é oscilante.
- Quando $a_1 > 0$ e $q > 0$ ou $a_1 < 0$ e $1 < q < 0$, temos uma PG **crescente**.
  A PG $\left(-4, -2, -1, -\frac{1}{2}, \ldots\right)$ tem $a_1 = -4$ e razão $q = \frac{1}{2}$, portanto é crescente.
- Quando $a_1 > 0$ e $1 < q < 0$ ou $a_1 < 0$ e $q > 0$, temos uma PG **decrescente**.
  A PG (−3, −9, −27, ...) tem $a_1 = -3$ e razão $q = 3$, portanto é decrescente.

3.2 Termo geral de uma progressão geométrica

Dada uma PG $(a_1, a_2, a_3, a_4, \ldots, a_n, \ldots)$ de razão q, podemos escrever qualquer termo em função do primeiro. Para isso, devemos nos basear na definição de PG.

$$a_2 = a_1 \cdot q \qquad a_3 = a_1 \cdot q^2 \qquad a_4 = a_1 \cdot q^3$$

Dessa maneira, encontramos o termo geral que ocupa a enésima posição na PG:

$$a_n = a_1 \cdot q^{n-1}, \text{ com } n \in \mathbb{N}^*$$

Observe que essa fórmula é a lei de formação de uma função, e que n é o número de termos da PG até o termo a_n.

Exercícios

52. Identifique quais sequências numéricas abaixo são PA e quais são PG.

a) $\left(-8, -2, -\frac{1}{2}, \ldots\right)$

b) (5, 15, 25, ...)

c) (1, 2, 4, 8, ...)

d) (1, 2, 3, 4, ...)

53. Calcule a razão de cada PG a seguir.

a) $\left(-3, -\frac{12}{5} - \frac{48}{25}, \ldots\right)$

b) $(\sqrt{2}, \sqrt{6}, 3\sqrt{2}, \ldots)$

c) $\left(5, \frac{10}{\pi}, \frac{20}{\pi^2}, \ldots\right)$

d) (5, −10, 20, ...)

- Qual é a lei de formação dessas progressões geométricas em função do primeiro termo e da razão?
- Que processo poderia ser usado para representar essas progressões graficamente?

54. Classifique cada progressão geométrica em constante, oscilante, crescente ou decrescente.

a) $(\pi, \pi^2, \pi^3, \pi^4, \pi^5, \ldots)$

b) PG de razão $q < 0$ e $a_1 \neq 0$

c) PG com $a_1 < 0$ e $q > 1$

d) $(\sqrt[3]{e}, \sqrt[3]{e}, \sqrt[3]{e}, \sqrt[3]{e})$

55. Responda.

a) Quais são os cinco primeiros termos da PG em que $a_1 = 4$ e $q = 6$?

b) Quais são os seis primeiros termos da PG em que $a_1 = x^2$ (com $x \neq 0$) e $q = \frac{y}{x^3}$?

R16. Determinar o oitavo termo da progressão geométrica (−3, 18, −108, ...).

➤ Resolução

Primeiro, devemos encontrar a razão da PG:

$$q = -\frac{108}{18} = -\frac{18}{3} = -6$$

Agora, basta utilizar a fórmula $a_n = a_1 \cdot q^{n-1}$.
Sendo $a_1 = -3$, o oitavo termo é:

$$a_8 = a_1 \cdot q^{8-1} \Rightarrow a_8 = -3 \cdot (-6)^7 \Rightarrow a_8 = 839.808$$

56. Calcule o sétimo termo da PG $\left(\frac{1}{8}, \frac{1}{4}, \frac{1}{2}, \ldots\right)$.

57. Determine o primeiro termo da PG em que $a_4 = 27$ e $a_7 = 125$.

58. O segundo termo de uma PG é 1 e o quinto termo é $\frac{1}{343}$; determine a razão dessa PG.

59. Dada a PG $\left(\frac{2}{5}, \frac{4}{15}, \frac{8}{45}, \ldots\right)$, identifique a posição do termo $\frac{256}{10.935}$.

60. Determine o número de termos da PG $\left(3, \frac{1}{3}, \frac{1}{27}, \ldots, \frac{1}{19.683}\right)$.

R17. Determinar a razão de uma PG não oscilante, em que $a_3 + a_6 = 169$ e $a_5 + a_8 = 144$.

➤ Resolução

Pela primeira condição, obtemos a_1 em função da razão q:

$$a_3 + a_6 = 169 \Rightarrow a_1 \cdot q^2 + a_1 \cdot q^5 = 169 \Rightarrow$$

$$\Rightarrow a_1 \cdot (q^2 + q^5) = 169 \Rightarrow a_1 = \frac{169}{q^2 + q^5}$$

Da mesma forma, considerando a segunda condição, obtemos a_1:

$$a_5 + a_8 = 144 \Rightarrow a_1 \cdot q^4 + a_1 \cdot q^7 = 144 \Rightarrow$$

$$\Rightarrow a_1 \cdot q^2 \cdot (q^2 + q^5) = 144 \Rightarrow a_1 = \frac{144}{q^2 \cdot (q^2 + q^5)}$$

Igualando as duas equações, temos:

$$\frac{169}{q^2 + q^5} = \frac{144}{q^2 \cdot (q^2 + q^5)} \Rightarrow 169 \cdot q^2 = 144 \Rightarrow$$

$$\Rightarrow q^2 = \frac{144}{169} \Rightarrow q = \pm\sqrt{\frac{144}{169}} \Rightarrow q = \pm\frac{12}{13}$$

Como a PG é não oscilante, ou seja, $q > 0$, então $q = \frac{12}{13}$.

61. Em uma PG, a soma do terceiro com o quinto termo é 120 e a soma do quarto com o sexto termo é 240. Determine o primeiro termo da PG.

R18. Dados três termos consecutivos de uma PG, $(\ldots, a_m, a_n, a_p, \ldots)$, escrever a_n em função de a_m e a_p.

➤ Resolução

Pela definição de PG: $a_n = a_m \cdot q$ e $a_p = a_n \cdot q$

Considerando os termos não nulos, temos:

$$\frac{a_n}{a_m} = q \text{ e } \frac{a_p}{a_n} = q$$

Assim: $\frac{a_n}{a_m} = \frac{a_p}{a_n} \Rightarrow a_n^2 = a_m \cdot a_p$

A relação $a_n^2 = a_m \cdot a_p$ é válida também para os termos nulos. Portanto, dados três termos consecutivos de uma PG, o termo do meio é a média geométrica dos outros dois.

62. Determine a razão da PG (x −5, 2x + 20, 12x).

63. Que número deve ser somado a 2, 6 e 15, nessa ordem, para que a sequência se torne uma PG?

R19. Determinar três números em PG de modo que a soma deles seja 333 e o produto 27.000.

➤ Resolução

Sendo x o termo intermediário e $q \neq 0$ a razão da PG, temos: $\left(\frac{x}{q}, x, x \cdot q\right)$

Primeiro, indicamos a soma:

$\frac{x}{q} + x + x \cdot q = 333 \Rightarrow$

$\Rightarrow x \cdot q^2 + x \cdot q + x - 333q = 0$ (I)

Agora indicamos o produto, obtendo o valor de x: $\frac{x}{q} \cdot x \cdot x \cdot q = 27.000 \Rightarrow x^3 = 27.000 \Rightarrow$

$\Rightarrow x = \sqrt[3]{27.000} \Rightarrow x = 30$

Substituindo o valor de x na equação (I):

$30 \cdot q^2 + 30 \cdot q + 30 - 333q = 0 \Rightarrow$

$\Rightarrow 30q^2 - 303q + 30 = 0$

Resolvendo a equação, obtemos $q = \frac{1}{10}$ ou $q = 10$.

Para $q = \frac{1}{10}$, encontramos 300, 30 e 3.

Para $q = 10$, encontramos 3, 30 e 300.

64. Três números estão em PG. Obtenha esses números sabendo que o produto deles é 1.000 e a soma é 62.

65. Três números estão em PG. Sabe-se que o produto entre eles é 125.000 e que a soma do segundo com o terceiro termo é 150. Determine os três números.

R20. Interpolar três termos entre $\frac{2}{3}$ e $\frac{27}{128}$ para que a sequência seja uma PG.

➤ Resolução

Observe como obtemos uma PG:

$\left(\frac{2}{3}, \underbrace{a_2, a_3, a_4}_{\text{3 termos}}, \frac{27}{128}\right)$. A PG obtida contém cinco termos, sendo $a_1 = \frac{2}{3}$ e $a_5 = \frac{27}{128}$.

Como $a_5 = a_1 \cdot q^4$, segue que

$\frac{27}{128} = \frac{2}{3} \cdot q^4$. Logo, $q = -\frac{3}{4}$ ou $q = \frac{3}{4}$.

Para $q = -\frac{3}{4}$ a PG é: $\left(\frac{2}{3}, -\frac{1}{2}, \frac{3}{8}, -\frac{9}{32}, \frac{27}{128}\right)$

Para $q = \frac{3}{4}$ a PG é: $\left(\frac{2}{3}, \frac{1}{2}, \frac{3}{8}, \frac{9}{32}, \frac{27}{128}\right)$

66. Interpole dois termos entre 24 e 81 e forme uma PG.

67. Interpole cinco termos entre $\frac{5}{4}$ e 80 para formar uma PG.

R21. **Economia.** A produção anual de uma empresa cresceu em PG de 2002 a 2005. Determinar qual foi a produção nos anos de 2003 e 2004, sabendo que, em 2002, a produção foi de 690 unidades e, em 2005, foi de 18.630 unidades.

➤ Resolução

Devemos interpolar dois termos entre os extremos 690 e 18.630.

Sendo $a_1 = 690$ e $a_4 = 18.630$, vamos calcular o valor da razão q:

$a_n = a_1 \cdot q^{n-1} \Rightarrow a_4 = a_1 \cdot q^{4-1} \Rightarrow 18.630 =$

$= 690 \cdot q^3 \Rightarrow q = \sqrt[3]{27} \Rightarrow q = 3$

Produção em 2003:

$a_2 = a_1 \cdot q \Rightarrow a_2 = 690 \cdot 3 \Rightarrow a_2 = 2.070$

Produção em 2004:

$a_3 = a_2 \cdot q \Rightarrow a_3 = 2.070 \cdot 3 \Rightarrow a_3 = 6.210$

Portanto, a produção em 2003 foi de 2.070 e, em 2004, de 6.210 unidades.

68. **Internet.** No sábado passado, Paula enviou uma mensagem por e-mail para três amigos. No dia seguinte, cada amigo de Paula reenviou o e-mail para outros três amigos, e assim por diante. Se nenhuma pessoa recebeu a mensagem mais de uma vez, descubra quantas pessoas receberam a mensagem até o sábado seguinte.

69. **Microbiologia.** Uma população de bactérias dobra de número a cada 30 minutos. Considerando que o processo se inicia com uma única bactéria, quantas haverá após 4 horas e 30 minutos?

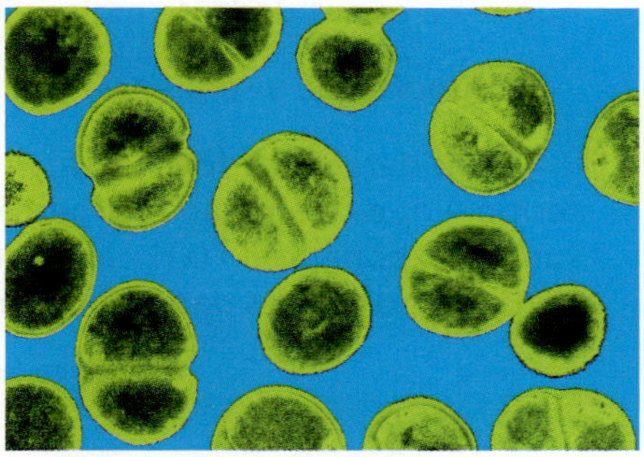

BIOMEDICAL IMAGING UNIT/SOUTHAMPTOM GENERAL HOSPITAL/SCIENCE PHOTO LIBRARY/LATINSTOCK

Bactérias *Staphilococus* em processo de divisão.

70. **Economia.** Um capital inicial C_0 foi aplicado e cresce à taxa de i% ao mês. Após o primeiro mês, o montante aplicado foi:

$C_1 = C_0 + C_0 \cdot i \Rightarrow C_1 = C_0(1 + i)$

a) Quanto foi o montante aplicado após o segundo mês? E após o terceiro mês?

b) Qual é a razão da PG $(C_0, C_1, C_2, C_3, C_4, \ldots)$?

c) Utilize a fórmula do termo geral para determinar C_n (montante após n meses) em função de C_0.

71. Geometria. A figura abaixo apresenta cinco quadrados. Cada quadrado, exceto o de maior lado, é determinado a partir dos pontos médios dos lados do quadrado anterior.

a) Quanto mede o lado do quadrado menor se o lado do quadrado maior mede 4 cm?

b) Escreva a sequência das áreas dos quadrados, partindo da maior para a menor. Essa sequência é uma PA ou uma PG?

72. Crescimento populacional. A população de certo país é de cerca de 100 milhões de habitantes e estima-se que daqui a 20 anos será de 144 milhões. Calcule a taxa anual de crescimento da população desse país no período mencionado, em porcentagem ao ano. (Use uma calculadora.)

73. Economia. Um automóvel vale hoje x reais, e esse valor fica 20% menor a cada ano que passa (em relação ao valor do ano anterior).

a) Qual será seu valor daqui a n anos?

b) Qual será a desvalorização sofrida ao longo do enésimo ano expressa em reais?

c) Daqui a quantos anos aproximadamente o valor do automóvel terá se reduzido à metade?

3.3 Interpretação gráfica da progressão geométrica

Acompanhe a situação a seguir.

Radioatividade. Na medicina nuclear, é importante conhecer a velocidade com que um elemento radioativo se desintegra, para saber por quanto tempo haverá radioatividade no organismo do paciente. Chama-se meia-vida o tempo necessário para desintegrar metade dos átomos radioativos existentes em dada amostra. Um exemplo é o elemento radioativo $^{131}_{53}I$ (iodo 131), cuja meia-vida é de 8 dias. Esse elemento é usado no diagnóstico de doenças da tireoide.

Podemos interpretar graficamente o decaimento radioativo. Suponha que tenhamos 16 g de $^{131}_{53}I$ e queiramos representar a desintegração desse elemento.

A lei de formação que descreve essa situação é do tipo exponencial: $f(n) = 16 \cdot \left(\frac{1}{2}\right)^n$, em que n é a quantidade de meias-vidas ($n \in \mathbb{N}$) e $f(n)$ a massa.

Observe que a sequência (16, 8, 4, 2, 1, ...) é uma progressão geométrica de razão $\frac{1}{2}$.

Considerando a fórmula $a_n = a_0 \cdot q^n$ (com $q \neq 1$) do termo geral de uma PG cujo primeiro termo é a_0 e cuja razão é q, percebemos que uma progressão geométrica assemelha-se a uma função exponencial $f(x) = a_0 \cdot q^x$ (com $q \neq 1$), mas com uma restrição do domínio aos números naturais. Com esses dados, podemos construir o gráfico de uma PG.

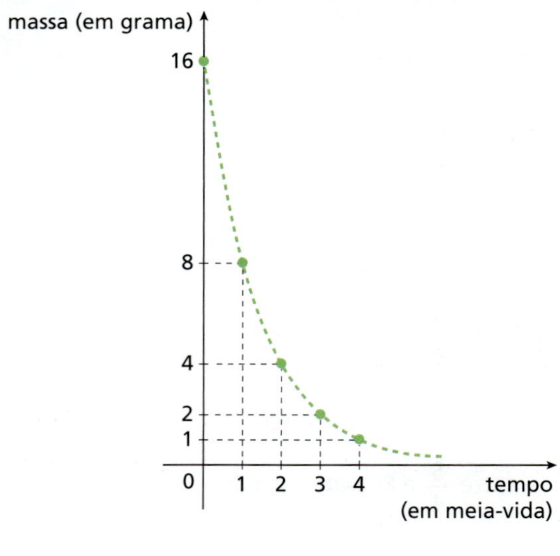

Vamos agora construir o gráfico da progressão geométrica com $a_0 = \frac{1}{3}$ e $q = 3$.

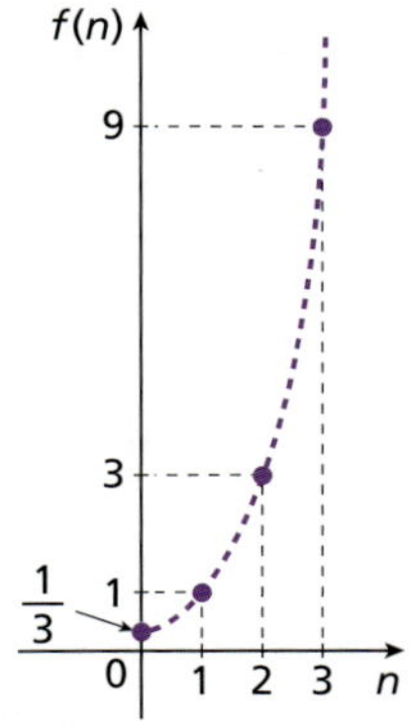

A lei de formação dessa PG é: $a_n = f(n) = \frac{1}{3} \cdot 3^n$ $(n \in \mathbb{N})$

Utilizando essa lei, podemos construir o gráfico da PG.

Para $n = 0$, temos: $f(0) = \frac{1}{3} \cdot 3^0 = \frac{1}{3}$

Para $n = 1$, temos: $f(1) = \frac{1}{3} \cdot 3^1 = 1$

Para $n = 2$, temos: $f(2) = \frac{1}{3} \cdot 3^2 = 3$

Para $n = 3$, temos: $f(3) = \frac{1}{3} \cdot 3^3 = 9$

Observe que os pontos do gráfico da PG pertencem ao gráfico de uma função exponencial.

3.4 Soma dos *n* primeiros termos de uma progressão geométrica

Dada uma PG $(a_1, a_2, a_3, \dots, a_n)$ de razão $q \neq 1$, podemos calcular a soma S_n de seus termos tendo apenas o primeiro termo e a razão da PG.

Primeiro, consideramos a soma dos termos da PG: $S_n = a_1 + a_2 + a_3 + \dots + a_n$ (I)

Agora, vamos multiplicar os dois membros da sentença pela razão q:

$$q \cdot S_n = q \cdot (a_1 + a_2 + a_3 + \dots + a_n) \Rightarrow q \cdot S_n = a_1 \cdot q + a_2 \cdot q + a_3 \cdot q + \dots + a_n \cdot q$$

$$q \cdot S_n = a_2 + a_3 + a_4 + \dots + a_{n+1} \text{ (II)}$$

Subtraindo (II) de (I), temos:

$$q \cdot S_n - S_n = (a_2 + a_3 + a_4 + \dots + a_n + a_{n+1}) - (a_1 + a_2 + a_3 + \dots + a_n)$$

$$q \cdot S_n - S_n = a_2 + a_3 + a_4 + \dots + a_n + a_{n+1} - a_1 - a_2 - a_3 - \dots - a_n$$

$$S_n \cdot (q - 1) = a_{n+1} - a_1 \Rightarrow S_n = \frac{a_{n+1} - a_1}{q - 1} \Rightarrow S_n = \frac{(a_1 \cdot q^n) - a_1}{q - 1}$$

Logo, para $q \neq 1$, temos: $$S_n = \frac{a_1 \cdot (q^n - 1)}{q - 1}$$

Essa fórmula é a lei de formação de uma função, e n é um número natural.

3.5 Soma dos termos de uma progressão geométrica infinita

Já estudamos a soma dos n primeiros termos de uma PG. Agora, veremos como somar um número cada vez maior de termos de uma PG infinita.

Vamos calcular a soma dos termos da PG $\left(\frac{1}{4}, \frac{1}{8}, \frac{1}{16}, \dots\right)$.

Primeiro, vamos calcular a soma S_n para alguns valores de n.

Para $n = 6$, temos:	Para $n = 13$, temos:	Para $n = 25$, temos:
$S_6 = \dfrac{\frac{1}{4} \cdot \left(\left(\frac{1}{2}\right)^6 - 1\right)}{\frac{1}{2} - 1} = 0{,}4921875$	$S_{13} = \dfrac{\frac{1}{4} \cdot \left(\left(\frac{1}{2}\right)^{13} - 1\right)}{\frac{1}{2} - 1} \simeq 0{,}49993896$	$S_{25} = \dfrac{\frac{1}{4} \cdot \left(\left(\frac{1}{2}\right)^{25} - 1\right)}{\frac{1}{2} - 1} \simeq 0{,}49999998$

Observe que, quanto maior o valor de n, mais próxima de zero será a potência $\left(\frac{1}{2}\right)^n$ e mais próxima de 0,5 será a soma S_n. Nesse caso, dizemos que, quando n tende a infinito, a potência $\left(\frac{1}{2}\right)^n$ tende a zero e a soma S_n tende a 0,5.

Veja as notações:

$\lim\limits_{n \to \infty} \left(\dfrac{1}{2}\right)^n = 0$ Lemos: o limite de $\left(\dfrac{1}{2}\right)^n$, quando n tende a infinito, é igual a zero.	$\lim\limits_{n \to \infty} S_n = \dfrac{1}{2}$ Lemos: o limite de S_n, quando n tende a infinito, é igual a $\dfrac{1}{2}$.

Seja $(a_1, a_2, a_3, a_4, \ldots)$ uma progressão geométrica em que $-1 < q < 1$. Quando n tende a infinito, a potência q^n tende a zero. Com essas informações, vamos calcular o **limite** da soma S_n:

$$S_n = \frac{a_1 \cdot (q^n - 1)}{q - 1} \Rightarrow \lim_{n \to \infty} S_n = \frac{a_1 \cdot (0 - 1)}{q - 1}$$

Logo, para $-1 < q < 1$, temos: $$\lim_{n \to \infty} S_n = \frac{a_1}{1 - q}$$

Exercícios

74. Construa o gráfico das progressões geométricas.

a) $(1, 2, 4, 8, \ldots)$

b) $\left(\dfrac{1}{5}, 1, 5, 25, \ldots\right)$

c) PG com $a_0 = -8$ e $q = \dfrac{1}{2}$

d) PG com $a_0 = \sqrt{3}$ e $q = 1$

75. Economia. Uma pessoa aplicou R$ 2.000,00 em um fundo de investimento que rende 3% ao mês. Qual foi o valor obtido no fim do terceiro mês?

76. Observe o gráfico de uma PG e responda às questões.

a) Qual é a lei de formação dessa PG?

b) Qual é o décimo termo dessa PG?

c) Essa PG tem algum termo menor ou igual a zero?

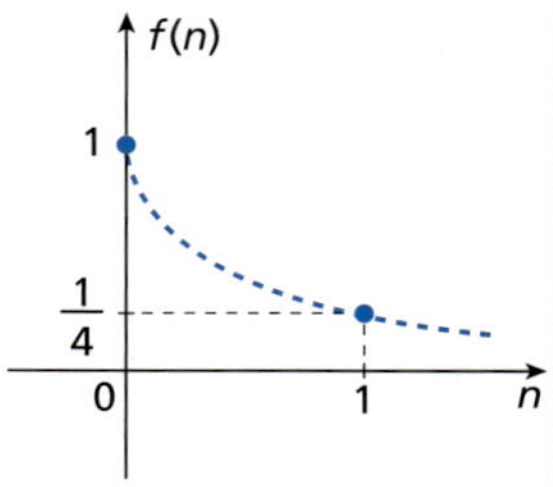

R22. Calcular a soma dos sete primeiros termos da PG (6, 18, 54, ...).

➤ Resolução

Observe que essa PG tem $a_1 = 6$ e $q = 3$. Utilizando a fórmula, temos:

$$S_n = \frac{a_1 \cdot (q^n - 1)}{q - 1} \Rightarrow S_7 = \frac{6 \cdot (3^7 - 1)}{3 - 1} \Rightarrow$$

$$\Rightarrow S_7 = \frac{6 \cdot (3^7 - 1)}{2} \Rightarrow$$

$$\Rightarrow S_7 = 3 \cdot (3^7 - 1) \Rightarrow S_7 = 3^8 - 3 \Rightarrow$$

$$\Rightarrow S_7 = 6.561 - 3 \Rightarrow S_7 = 6.558$$

77. Dada a PG (6, 48, 384, ...), determine a soma dos cinco primeiros termos.

78. Calcule a soma dos seis primeiros termos da PG de primeiro termo $\dfrac{4}{5}$ e razão $\dfrac{1}{2}$.

79. Calcule a soma dos quatro primeiros termos da PG infinita, em que $a_1 = 1$ e $q = \dfrac{1}{2}$.

- Se calcularmos a soma de um número maior de termos dessa PG, ela se aproximará de um determinado número? Justifique.

80. Sabendo que a soma dos cinco primeiros termos de uma PG é igual a 8.403 e que a razão da progressão é 7, determine o valor de a_1.

81. Comércio. Uma empresa produzia 30 camisetas por mês. Porém, por causa das festas de fim de ano, essa produção foi triplicada a cada mês, a partir de setembro, durante o último quadrimestre do ano de 2012. Determine o total de camisetas produzidas nesse período.

MUNIR UZ ZAMAN/AFP/GETTY IMAGES

82. Calcule o limite de cada soma.

8.3 Visão do especialista

a) $15 + 10 + \dfrac{20}{3} + \ldots$

b) $\pi + \dfrac{\pi}{2} + \dfrac{\pi}{4} + \ldots$

R23. Determinar a fração geratriz da dízima: 0,444...

➤ Resolução

Vamos escrever essa dízima periódica como uma soma infinita.

Sendo $x = 0,444\ldots$, podemos escrever:

$x = 0,4 + 0,04 + 0,004 + 0,0004 + \ldots$

As parcelas formam uma PG infinita com $a_1 = 0,4$ e $q = 0,1$.

Portanto, a fração geratriz é o limite da soma:

$$\lim_{n \to \infty} S_n = \frac{0,4}{1 - 0,1} \Rightarrow \lim_{n \to \infty} S_n = \frac{0,4}{0,9} \Rightarrow \lim_{n \to \infty} S_n = \frac{4}{9}$$

83. Determine a fração geratriz de cada uma das dízimas.

a) 0,77...

b) 0,0606...

c) 0,472472...

4 Problemas que envolvem PA e PG

4.1 Resolução de problemas que envolvem PA e PG

Já vimos progressões aritméticas e progressões geométricas. Agora vamos resolver alguns problemas que envolvem simultaneamente essas sequências.

REPRODUÇÃO - NATIONAL PORTRAIT GALLERY, LONDON

Thomas Robert Malthus (1766-1834) tentou prever, em 1798, o crescimento da população mundial. Com base em dados de anos anteriores, ele estabeleceu um modelo pelo qual a população crescia em PG, enquanto a produção de alimentos crescia em PA.

Exemplos

a) Determinar os valores de x e y de modo que a sequência $(x, 7, y)$ seja uma PA de termos positivos e $(y, 15, 75)$ seja uma PG de termos positivos.

Se x, 7 e y estão em PA, então: $7 - x = y - 7 \Rightarrow x + y = 14$

Se y, 15 e 75 estão em PG, então: $\frac{15}{y} = \frac{75}{15} \Rightarrow y = 3$

Substituindo $y = 3$ na equação $x + y = 14$, temos: $x + 3 = 14 \Rightarrow x = 11$

b) Economia. Em uma cidade há duas empresas que foram inauguradas na mesma data. Nos últimos anos, a empresa A manteve certo crescimento: no primeiro ano, obteve lucro de R$ 100.000; no ano seguinte, de R$ 110.000; no outro ano, de R$ 120.000; e assim por diante. A empresa B também manteve certo crescimento: no primeiro ano, obteve lucro de R$ 20.000; no ano seguinte, de R$ 40.000; no outro ano, de R$ 80.000; e assim por diante.

- Verificar graficamente o crescimento anual do lucro dessas duas empresas.
- Qual dos lucros cresceu mais rápido? O da empresa A ou o da empresa B?

Observe que a sequência dos lucros da empresa A forma uma PA: (100.000, 110.000, 120.000, ...), em que $a_0 = 100.000$ e $r = 10.000$. A lei de formação dessa PA é:
$a_n = a_0 + n \cdot r \Rightarrow a_n = 100.000 + 10.000n$
Já a sequência dos lucros da empresa B forma uma PG: (20.000, 40.000, 80.000, ...), em que $a_0 = 20.000$ e $q = 2$.
A lei de formação dessa PG é: $a_n = a_0 \cdot q_n \Rightarrow a_n = 20.000 \cdot 2^n$
Construindo os gráficos da PA e da PG, obtemos:

8.4 Visão do especialista

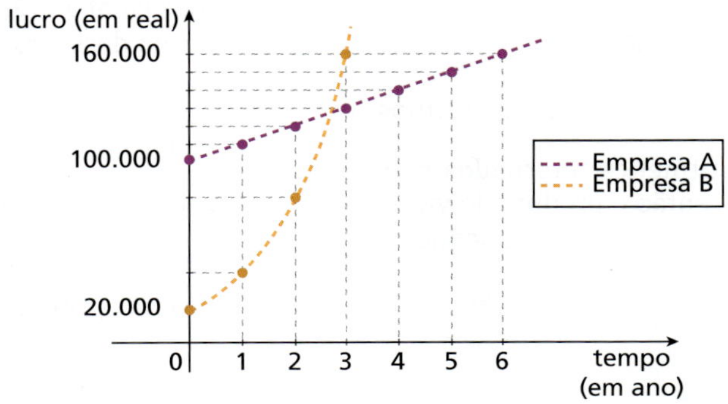

Observe que o lucro da empresa B cresce mais rápido que o da empresa A.

No terceiro ano de funcionamento, a empresa B atingiu um lucro de R$ 160.000 (8 vezes o lucro inicial). Já a empresa A, nesse mesmo período, atingiu um lucro de R$ 130.000 (1,3 vez o lucro inicial).

Exercícios

84. Determine x e y maiores que zero de modo que (x, y, 45) seja PA e que (x, y, 81) seja PG.

85. Uma PA e uma PG têm, ambas, o primeiro termo igual a 2. Sabe-se também que seus terceiros termos são maiores que zero e iguais, e que o segundo termo da PA excede o segundo termo da PG em 1. Qual é o terceiro termo das progressões?

Ficha de revisão

1. Considere a sequência $\left(1, -\frac{1}{2}, \frac{1}{3}, -\frac{1}{4}, \dots\right)$, na qual um termo e seu sucessor têm sinais opostos e denominadores consecutivos. Determine seu 17º termo.

2. Escreva o termo geral da sequência:

$$\left(\frac{3}{4}, \frac{6}{5}, \frac{3}{2}, \frac{12}{7}, \frac{15}{8}, \dots\right)$$

3. Considere a sequência de números reais definida por:

$$a_n = \begin{cases} \frac{n+1}{2}, \text{ se } n \text{ é ímpar} \\ \frac{n-1}{2}, \text{ se } n \text{ é par} \end{cases}$$

Sabendo que $n \geqslant 1$, determine o produto dos seis primeiros termos dessa sequência.

4. Seja a função f definida por:

$$\begin{cases} f(0) = 3 \\ f(n+1) = f(n) + \frac{3}{5}, \text{ com } n \in \mathbb{N} \end{cases}$$

Determine f(12).

5. Considere a sequência:

$$\left(\frac{43}{2}, \frac{729}{2}, 23, 243, \frac{49}{2}, 162, 26, \dots\right)$$

a) Os termos de índice par formam uma PA ou uma PG? E os termos de índice ímpar?

b) Qual número é termo de índice par e também é termo de índice ímpar?

6. (Mackenzie-SP) Se a sequência $\left(2, \frac{1}{2}, 4, \frac{1}{4}, 6, \frac{1}{8}, \dots\right)$ é formada por termos de uma progressão aritmética alternados com os termos de uma PG, então o produto do vigésimo pelo trigésimo primeiro termo dessa sequência é:

a) 2^{10}

b) $\frac{1}{2^8}$

c) 2^{15}

d) $\frac{1}{2^{20}}$

e) $\frac{1}{2^5}$

7. Seja f uma função afim definida por $f(x) = 2x$ e g uma função exponencial definida por $g(x) = 2^x$.

a) Esboce no mesmo plano cartesiano os gráficos de f e g.

b) Com base nos gráficos, identifique os termos que fazem parte, simultaneamente, da PA de termo geral $h(n) = 2n$ e da PG de termo geral $i(n) = 2^n$.

c) Observe os gráficos e resolva a inequação $2^x \leqslant 2x$.

d) Que número é maior: $2\sqrt{2}$ ou $2^{\sqrt{2}}$?

8. (ESPM-SP) O 15º termo da sequência de frações $\left(\frac{1}{2}, \frac{2}{3}, \frac{4}{4}, \frac{8}{5}, \frac{16}{6}, \dots\right)$ vale:

a) 2.048

b) 1.024

c) 832

d) 768

e) 512

9. Três números estão em PA. A soma desses três números é 15, e seu produto é 105. Determine a diferença entre o maior e o menor deles.

10. A soma dos n primeiros elementos da PA $(-31, -26, -21, \dots)$ é igual a 60. Determine n.

11. Entre 3 e 3.000 temos n números na forma 2^k, em que k é um número natural. Determine n.

12. Determine x real de modo que a sequência $(x^2, x, \log x)$ seja uma progressão geométrica.

13. Sabendo que a, $2a$, a^2 e b formam, nessa ordem, uma progressão aritmética crescente, determine o valor de b.

14. Em uma progressão aritmética com 53 termos, a soma do termo central com seu antecessor é igual ao último termo. Sabendo que a razão dessa progressão é igual a 7, determine o valor de seu termo central.

15. Uma PG de quatro termos tem a soma dos elementos do meio igual a 48 e a soma dos extremos igual a 112. Determine o valor do primeiro termo dessa PG.

16. Considere uma progressão geométrica de cinco termos e razão positiva, em que a soma do primeiro com o terceiro termo é $\frac{9}{2}$ e o produto de seus termos é 1.024. Determine o produto dos três primeiros termos dessa PG.

17. Resolva a equação $x + \frac{x}{3} + \frac{x}{9} + \dots = 9$.

18. **Física.** Observe a trajetória de um pêndulo.

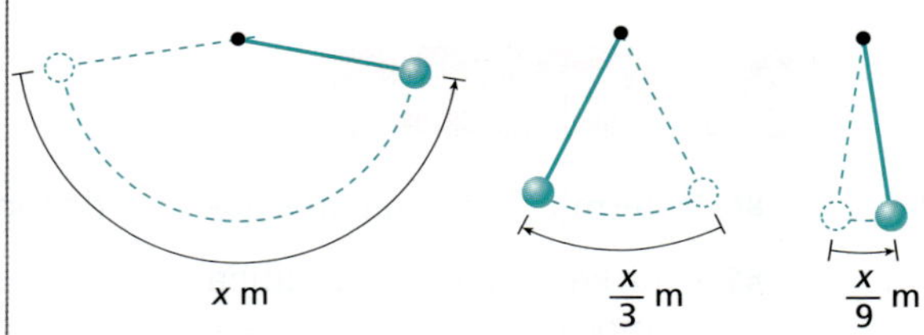

• Quanto o pêndulo percorrerá até parar?

19. Observe a quantidade de pontos nas figuras que formam a sequência de números triangulares e responda às questões.

$n = 1$ $n = 2$ $n = 3$ $n = 4$

a) Qual é a lei de formação que dá o número de pontos da enésima figura dessa sequência?

b) Quantos pontos formarão a 13ª figura?

c) Essa sequência tem uma figura com 110 pontos? E com 120 pontos?

20. As progressões aritméticas (9, 13, 17, ...) e (4, 7, 10, ...) têm 100 elementos cada uma. Determine a quantidade de termos iguais nas duas progressões.

21. Considere os números naturais n de três algarismos que, divididos por 7, deixam resto 3. Determine a soma de todos os números que satisfazem essa condição.

22. O limite da soma dos infinitos termos de uma PG é 6. Se a soma dos dois primeiros termos é $\frac{9}{2}$, determine o primeiro termo dessa PG.

23. Se S_5 e S_6 representam as somas dos cinco e dos seis primeiros termos de uma progressão aritmética e valem, respectivamente, 0 e -5, determine a soma dos sete primeiros elementos dessa PA.

24. A diferença entre o triplo da soma dos n primeiros números naturais pares não nulos e a soma dos n primeiros números naturais ímpares é igual a $n^2 + 113n - 1.000$. Determine os possíveis valores de n.

25. A soma dos 10 primeiros elementos de uma PA é 50, e a soma dos 20 primeiros elementos dessa mesma PA também é 50. Determine a soma de seus 30 primeiros elementos.

26. As somas dos n primeiros elementos das sequências aritméticas (8, 12, ...) e (17, 19, ...) são iguais. Determine n.

27. Considere uma progressão geométrica de termos não nulos na qual cada termo, a partir do terceiro, é igual à soma dos dois termos imediatamente anteriores. Calcule os dois valores possíveis para a razão dessa PG.

28. Sendo $(40, x, y, 5, ...)$ uma progressão geométrica de razão q e $\left(q, 8 - a, \frac{7}{2}, ...\right)$ uma progressão aritmética, determine o valor de a.

29. Os números x, y e z formam, nessa ordem, uma PA de soma 15. Se x, y + 1 e z + 5 formam, nessa ordem, uma PG de soma 21 e $0 \leq x \leq 10$, determine y e z.

30. Um aluno, depois de formar uma progressão aritmética com oito termos começando pelo 3 e composta apenas de números naturais, percebe que o 2º, o 4º e o 8º termo dessa PA formam, nessa ordem, uma progressão geométrica. Determine a soma dos elementos dessa PG.

Questões de vestibular

1. (Vunesp) Os coelhos se reproduzem mais rapidamente que a maioria dos mamíferos. Considere uma colônia de coelhos que se inicia com um único casal de coelhos adultos e denote por a_n o número de casais adultos dessa colônia ao final de n meses. Se $a_1 = 1$, $a_2 = 1$ e, para $n \geq 2$, $a_{n+1} = a_n + a_{n-1}$, o número de casais de coelhos adultos na colônia ao final do quinto mês será:

a) 13 c) 6 e) 4
b) 8 d) 5

2. (Mackenzie-SP) Considere a sequência de números inteiros dada por $a_n = 3n + (-1)^n$, com $n \in \mathbb{N}^*$. A soma dos 20 primeiros termos dessa sequência é:

8.5 Visão do especialista

a) 580 c) 950 e) 760
b) 630 d) 840

3. (Fuvest-SP) Uma sequência de números reais $a_1, a_2, a_3, ...$ satisfaz à lei de formação $a_{n+1} = 6a_n$, se n é ímpar, $a_{n+1} = \frac{1}{3}a_n$, se n é par.

Sabendo que $a_1 = \sqrt{2}$:

a) escreva os oito primeiros termos da sequência.

b) determine a_{37} e a_{38}.

4. (PUC) Considere as sequências (1, 4, 7, 10, ..., 67) e (8, 12, 16, 20, ..., 104). O número de termos comuns a essas duas progressões é:

a) 5 b) 6 c) 7 d) 8 e) 9

5. (Mackenzie-SP) Considere os naturais n, $100 \leq n \leq 999$, que, divididos por 9, deixam resto 2. A soma deles é:

a) 49.700 c) 83.870 e) 75.550
b) 65.450 d) 54.650

6. (Mackezie-SP) Uma empresa decidiu presentear seus principais clientes com lotes de 1.000 ações. Os clientes foram classificados em ordem crescente, de acordo com o faturamento de cada um deles. Ao primeiro, a empresa entregou 1 lote, ao segundo 3 lotes, ao terceiro 5 lotes e assim por diante. Se a empresa distribuiu um total de 1.089.000 ações, o número de clientes presenteados foi:

a) 47 b) 37 c) 43 d) 32 e) 33

7. (Unicamp-SP) A Anatel determina que as emissoras de rádio FM utilizem as frequências de 87,9 a 107,9 MHz, e que haja uma diferença de 0,2 MHz entre emissoras com frequências vizinhas. A cada emissora, identificada por sua frequência, é associado um canal, que é um número natural que começa em 200. Dessa forma, à emissora cuja frequência é de 87,9 MHz corresponde o canal 200; à seguinte, cuja frequência é de 88,1 MHz, corresponde o canal 201, e assim por diante. Pergunta-se:

a) Quantas emissoras FM podem funcionar [na mesma região], respeitando-se o intervalo de frequências permitido pela Anatel? Qual o número do canal com maior frequência?

b) Os canais 200 e 285 são reservados para uso exclusivo das rádios comunitárias. Qual a frequência do canal 285, supondo que todas as frequências possíveis são utilizadas?

8. (Fuvest-SP) Um número racional r tem representação decimal da forma $r = a_1\, a_2\, a_3$, onde $1 \leqslant a_1 \leqslant 9, 0 \leqslant a_2 \leqslant 9, 0 \leqslant a_3 \leqslant 9$.

Supondo-se que:

- a parte inteira de r é o quádruplo de a_3,
- a_1, a_2, a_3 estão em progressão aritmética,
- a_2 é divisível por 3,

então a_3 vale:

a) 1 b) 3 c) 4 d) 6 e) 9

9. (Fuvest-SP)

8.6 Visão do especialista

a) Quantos múltiplos de 9 há entre 100 e 1.000?

b) Quantos múltiplos de 9 ou 15 há entre 100 e 1.000?

10. (Fuvest-SP) Sejam a e b números reais tais que:

8.7 Visão do especialista

(i) a, b e $a + b$ formam, nessa ordem, uma PA;

(ii) 2^a, 16 e 2^b formam, nessa ordem, uma PG.

Então o valor de a é:

a) $\frac{2}{3}$ b) $\frac{4}{3}$ c) $\frac{5}{3}$ d) $\frac{7}{3}$ e) $\frac{8}{3}$

11. (Vunesp) Considere um triângulo equilátero T_1 de área $16\sqrt{3}$ cm². Unindo-se os pontos médios dos lados desse triângulo, obtém-se um segundo triângulo equilátero T_2, que tem os pontos médios dos lados de T_1 como vértices. Unindo-se os pontos médios dos lados desse novo triângulo obtém-se um terceiro triângulo equilátero T_3, e assim por diante, indefinidamente. Determine:

a) as medidas do lado e da altura do triângulo T_1, em centímetro.

b) as áreas dos triângulos T_2 e T_7, em cm².

12. (Mackenzie-SP) Se um número natural n é tal que $n + 3$, $n + 7$ e $n + 12$ formam, nessa ordem, uma progressão geométrica, então $\sqrt{n + 3}$ é igual a:

a) 5 b) 3 c) 1 d) 4 e) 2

13. (Unicamp-SP) Suponha que, em uma prova, um aluno gaste para resolver cada questão, a partir da segunda, o dobro de tempo gasto para resolver a questão anterior. Suponha ainda que, para resolver todas as questões, exceto a última, ele tenha gasto 63,5 minutos e para resolver todas as questões, exceto as duas últimas, ele tenha gasto 31,5 minutos. Calcule:

a) o número total de questões da referida prova.

b) o tempo necessário para que aquele aluno resolva todas as questões da prova.

14. (Unifesp) Um objeto parte do ponto A, no instante t = 0, em direção ao ponto B, percorrendo, a cada minuto, a metade da distância que o separa do ponto B, conforme a figura. Considere como sendo de 800 metros a distância entre A e B.

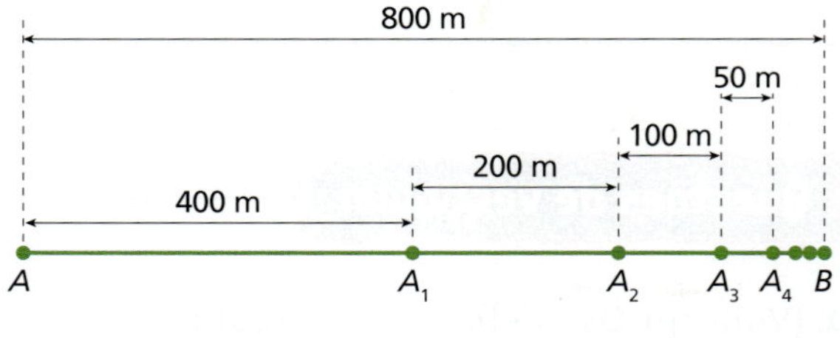

8.8 Visão do especialista

Desse modo, ao final do primeiro minuto (1º período), ele deverá se encontrar no ponto A_1; ao final do segundo minuto (2º período), no ponto A_2; ao final do terceiro minuto (3º período), no ponto A_3, e, assim, sucessivamente. Suponhamos que a velocidade se reduza linearmente em cada período considerado.

a) Calcule a distância percorrida pelo objeto ao final dos 10 primeiros minutos. Constate que, nesse instante, sua distância ao ponto B é inferior a 1 metro.

b) Construa o gráfico da função definida por "$f(t)$ = distância percorrida pelo objeto em t minutos", a partir do instante t = 0.

Capítulo 9

Matemática financeira

O dinheiro no Brasil

Brasil colônia (1500-1822)

1500-1600 – primeira moeda foi a moeda-mercadoria: as pessoas trocavam fumo, algodão, madeira e outras mercadorias. As poucas moedas de ouro e prata que circulavam eram cunhadas em Portugal.

1624 – com a invasão holandesa, foram cunhadas, em Pernambuco, as primeiras moedas de ouro e prata.

1

2

1808-1822 – com a vinda da família real portuguesa criou-se o Banco do Brasil cunharam-se os primeiros bilhetes bancários (usados como papel-moeda).

3

4

1822-1889 – durante o império, ampliou-se o uso do papel-moeda, na época, chamado de "réis" (plural de real).

5

1889-1930 – período da Primeira República. A moeda continuou sendo o mil-réis (por causa da desvalorização, usava-se como referência uma nota de maior valor).

6

1930-1945 – para substituir o desvalorizado mil-réis, o governo de Getúlio Vargas criou uma nova unidade monetária: o cruzeiro.

7

1945 até os dias atuais – houve várias trocas de unidades monetárias decorrentes dos períodos de inflação e consequente desvalorização da moeda:

8

Cruzado, 1986

9

Cruzado novo, 1990

10

Cruzeiro, 1993

11

Cruzeiro real, 1994

12

Real, 2004

Objetivos do capítulo:

- Identificar razão e proporção.
- Resolver problemas envolvendo taxa percentual.
- Analisar os regimes de juro simples e juro composto.

FOTOS: 1, 2 E 3: RÔMULO FIALDINI/MUSEU HISTÓRICO NACIONAL, RIO DE JANEIRO; 4 E 12: © BANCO CENTRAL DO BRASIL; 5: REPRODUÇÃO/MUSEU HISTÓRICO NACIONAL, RIO DE JANEIRO; 6: RÉGIS FILHO/EDITORA ABRIL/MUSEU DO BANCO CENTRAL DO BRASIL, BRASÍLIA; 7, 8, 9, 10 E 11: JACQUES LEPINE/AGÊNCIA ESTADO

1 Razão e proporção

Neste item, faremos uma revisão de razão e proporção, conceitos estudados no Ensino Fundamental.

1.1 Razão

Observe a situação a seguir.

Combustível. O proprietário de um automóvel equipado com a tecnologia *flex fuel* resolveu abastecê-lo com álcool e gasolina na razão de 1 para 3.

Para abastecer o automóvel nessa razão, basta completar o tanque com $\frac{1}{4}$ de álcool e $\frac{3}{4}$ de gasolina, o que implica uma razão entre álcool e gasolina igual a $\frac{1}{3}$ $\left(\text{observe: } \frac{\frac{1}{4}}{\frac{3}{4}} = \frac{1}{3}\right)$.

RENATO STOCKLER/FOLHAPRESS

A tecnologia *flex fuel*, para motores bicombustíveis, possibilita a utilização de álcool e gasolina em qualquer razão.

- Chama-se **razão** entre dois números reais a e b, com $b \neq 0$, nessa ordem, a divisão ou quociente entre a e b.

  Indica-se a razão entre a e b por: $\frac{a}{b}$ ou $a : b$

O número a é o numerador ou antecedente da razão, e o número b é o denominador ou consequente da razão. Observe alguns exemplos:

Exemplos

a) Coleção. Juliana coleciona CDs de cantoras brasileiras e de cantoras internacionais. Na coleção, há 3 CDs de cantoras brasileiras para cada 2 CDs de cantoras internacionais. Com base nessas informações, podemos determinar algumas razões:

- A razão entre o número de CDs de cantoras brasileiras e o número de CDs de cantoras internacionais é $\frac{3}{2}$.
- Sabendo que para cada 5 CDs do total 3 são de cantoras brasileiras e 2 são de cantoras internacionais,

  a razão entre o número de CDs de cantoras brasileiras e o total de CDs é $\frac{3}{5}$, e a razão entre o número de CDs de cantoras internacionais e o total é $\frac{2}{5}$.

b) Concurso. Para participar de uma olimpíada de Matemática, do total de 500 alunos que estudam em uma escola, inscreveram-se 100. Sabe-se que dos 40 alunos do 1º ano A do Ensino Médio inscreveram-se apenas 8. Com base nessas informações, podemos determinar algumas razões:

- A razão entre o número de participantes e o número total de alunos da escola é: $\frac{100}{500} = \frac{1}{5}$
- A razão entre o número de participantes do 1º ano A e o número total de alunos dessa classe é: $\frac{8}{40} = \frac{1}{5}$

Pode-se dizer que a quantidade de alunos do 1º ano A que participaram da olimpíada está na mesma razão que o total de alunos da escola que participaram da mesma olimpíada, pois essas razões são expressas pelo mesmo quociente.

1.2 Proporção

Acompanhe a situação a seguir.

Escala. O mapa ao lado foi construído na escala 1 : 150.000, isto é, cada centímetro medido no mapa corresponde a 150.000 cm reais. Com isso, cada 1 cm no mapa corresponde a 1,5 km na realidade. Nesse mapa, a distância, em linha reta, entre o Campo de Marte e o Parque Ibirapuera, na cidade de São Paulo, é de aproximadamente 6 cm, o que indica uma distância real aproximada de 9 km. Para determinar a distância real entre as duas localidades, usamos o conceito de proporção.

Vias de São Paulo

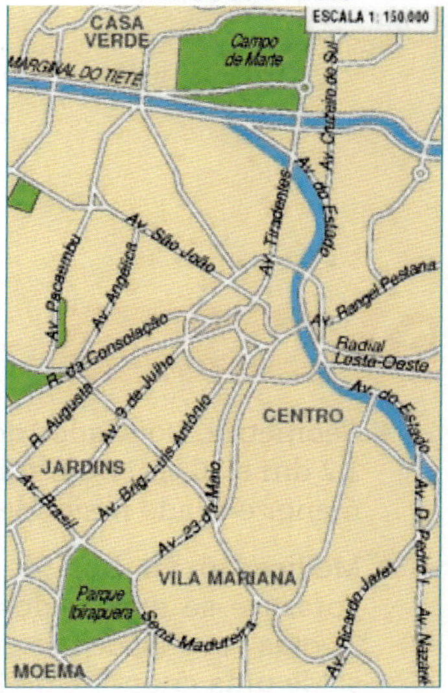

REPRODUÇÃO

Fonte: *Guia Quatro Rodas — Brasil*. São Paulo: Abril, 2004. p. 723.

Dizemos que quatro números reais não nulos, a, b, c e d, formam, nessa ordem, uma **proporção** quando a razão $\frac{a}{b}$ é igual à razão $\frac{c}{d}$. Indicamos da seguinte maneira:

$$\frac{a}{b} = \frac{c}{d} \text{ ou } a : b = c : d$$

Os números a, b, c e d são os termos da proporção; a e d são os termos extremos (ou, simplesmente, extremos); e b e c são os termos do meio (ou, simplesmente, meios).

Em toda proporção, o produto dos extremos é igual ao produto dos meios:

$$\frac{a}{b} = \frac{c}{d} \Leftrightarrow a \cdot d = b \cdot c$$

Exemplos

a) Vamos determinar o valor de x sabendo que as razões $\frac{x}{3}$ e $\frac{5}{15}$ formam uma proporção.

$$\frac{x}{3} = \frac{5}{15} \Rightarrow x \cdot 15 = 3 \cdot 5 \Rightarrow x = 1$$

Portanto, o valor de x é 1.

b) **Seleção.** O setor de recursos humanos de uma empresa constatou que, entre os entrevistados para uma vaga, a razão entre o número de aprovados e o de reprovados era $\frac{2}{7}$. Sabendo que foram aprovados 4 candidatos, para descobrir o total de pessoas entrevistadas calculamos inicialmente a quantidade de reprovados (x):

$$\frac{4}{x} = \frac{2}{7} \Rightarrow 2x = 28 \Rightarrow x = 14$$

Portanto, 4 candidatos foram aprovados e 14 foram reprovados, totalizando 18 pessoas entrevistadas.

Números diretamente proporcionais e números inversamente proporcionais

Os números reais não nulos a, b, c, ... são **diretamente proporcionais** aos números reais não nulos A, B, C, ..., nessa ordem, quando:

$$\frac{a}{A} = \frac{b}{B} = \frac{c}{C} = \cdots = \underbrace{k}_{\text{constante de proporcionalidade}}$$

Os números reais não nulos a, b, c, ... são **inversamente proporcionais** aos números reais não nulos A, B, C, ..., nessa ordem, quando:

$$\frac{a}{\frac{1}{A}} = \frac{b}{\frac{1}{B}} = \frac{c}{\frac{1}{C}} = \cdots = k \text{ ou } a \cdot A = b \cdot B = c \cdot C = \cdots = k$$

Exemplos

a) Os números 60, 120 e 180 são diretamente proporcionais aos números 1, 2 e 3, pois:

$$\frac{60}{1} = \frac{120}{2} = \frac{180}{3} = 60$$

b) Os números 40, 60 e 80 são inversamente proporcionais aos números 6, 4 e 3, pois:

$$\frac{40}{\frac{1}{6}} = \frac{60}{\frac{1}{4}} = \frac{80}{\frac{1}{3}} = 240, \text{ ou } 40 \cdot 6 = 60 \cdot 4 = 80 \cdot 3 = 240$$

Exercícios

1. Geometria. Dois lados de um retângulo medem 1,2 dm e 36 cm. Determine a razão entre o lado menor e o lado maior desse retângulo.

2. Medicação. Na bula de um medicamento em gotas, lê-se que "a dosagem recomendada é 3 gotas por 2 kg de massa da criança". Se a massa de uma criança é de 14 kg, qual é a dosagem recomendada para ela?

3. Escola. Em uma classe com 42 alunos, de cada 7 alunos 4 são do sexo feminino. Qual é o número de alunos do sexo masculino?

4. Sabendo que $\frac{x}{4} = \frac{15}{20}$ e $\frac{7}{6} = \frac{21}{y}$, verifique se as razões $\frac{x}{y}$ e $\frac{1}{6}$ formam uma proporção.

5. Determine o valor de x sabendo que as razões $\frac{x}{2 + \frac{1}{4}}$ e $\frac{\frac{1}{5}}{3 - \frac{2}{5}}$ formam uma proporção.

6. Os números 4, 2 e 3 são, nessa ordem, direta ou inversamente proporcionais aos números 6, 12 e 8?

R1. Na tabela abaixo, as grandezas x e y são diretamente proporcionais. Determinar os valores de a e de b.

x	4	a	7
y	2	7	b

➤ Resolução

Como x e y são diretamente proporcionais, a razão entre os números da primeira linha (x, 4, a, 7) e seu correspondente na segunda (y, 2, 7, b) é constante. Ou seja:

$$\frac{x}{y} = \frac{4}{2} = \frac{a}{7} = \frac{7}{b} = 2$$

Então:

$$\frac{a}{7} = 2 \Rightarrow a = 14 \text{ e } \frac{7}{b} = 2 \Rightarrow b = \frac{7}{2}$$

Portanto: $a = 14$ e $b = \frac{7}{2}$

7. As grandezas x e y, apresentadas na tabela abaixo, são inversamente proporcionais. Determine o valor de m e de p.

x	m	2	8
y	4	5	p

8. Bicicleta. Se em uma bicicleta a catraca tem 36 dentes e a coroa, 48, qual é o número de pedaladas (número de voltas dadas pela coroa) que um ciclista deve dar para que a roda traseira (número de voltas dadas pela catraca) realize 100 voltas?

RAFAL OLKIS/GRUPO KEYSTONE

9. Fotografia. Em uma fotografia de 12,6 cm × 9 cm, a altura de uma pessoa era 7,5 cm. Essa fotografia foi ampliada e transformada em um pôster de dimensões 70 cm × 50 cm. Qual altura passou a ter a pessoa depois da ampliação?

R2. Dividir o número 33 em partes diretamente proporcionais a 2, 5 e 4.

➤ Resolução

Sendo x, y e z as partes diretamente proporcionais a 2, 5 e 4, respectivamente, podemos montar um sistema:

$$\begin{cases} x + y + z = 33 & \text{(I)} \\ \frac{x}{2} = \frac{y}{5} = \frac{z}{4} = k & \text{(II)} \end{cases}$$

De (II), temos:

$$x = 2k, y = 5k \text{ e } z = 4k$$

De (I), temos:

$$2k + 5k + 4k = 33 \Rightarrow k = 3$$

Portanto:

$$x = 6, y = 15 \text{ e } z = 12$$

R3. Dividir o número 70 em partes inversamente proporcionais a 1, 2 e 11.

➤ Resolução

Sendo x, y e z as partes inversamente proporcionais a 1, 2 e 11, respectivamente, temos:

$$\begin{cases} x + y + z = 70 \ \text{(I)} \\ 1 \cdot x = 2 \cdot y = 11 \cdot z = k \ \text{(II)} \end{cases}$$

De (II), temos: $x = k$, $y = \frac{k}{2}$ e $z = \frac{k}{11}$

De (I), temos: $k + \frac{k}{2} + \frac{k}{11} = 70 \Rightarrow k = 44$

Portanto: $x = 44$, $y = 22$ e $z = 4$

10. Remuneração. Dois pintores cobraram um total de R$ 1.600,00 para executar um serviço. O serviço deveria ter sido dividido igualmente, mas um deles, que trabalhou 6 horas, machucou-se e não retornou ao trabalho. O outro terminou o trabalho em 10 horas. Se cada um recebeu um valor proporcional ao número de horas trabalhadas, quanto recebeu cada pintor?

KEITH MORRIS/ALAMY/GLOWIMAGES

11. Partilha. João recebeu uma herança no valor de R$ 3.910.000,00 e pensou em duas maneiras de dividi-la integralmente entre seus três filhos, de acordo com sua idade. As idades dos filhos de João são 21, 39 e 45 anos.

a) Se cada filho receber uma quantia inversamente proporcional à sua idade, quanto cada um receberá?

b) Já se cada filho receber uma quantia diretamente proporcional à sua idade, quais serão os valores recebidos por eles?

12. Comércio. Três aparelhos de telefone celular custam ao todo R$ 2.200,00. Calcule o preço de cada um, sabendo que os preços são inversamente proporcionais às suas massas: 50 g, 100 g e 150 g.

13. Geometria. As medidas dos ângulos internos de um triângulo são tais que $\frac{\alpha}{3} = \frac{\beta}{4} = \frac{\gamma}{5}$. Determine essas medidas.

14. Economia. Antônio montou uma empresa investindo um capital de R$ 600.000,00 ao ano. Após dois anos, precisando ampliar o negócio, aceitou a entrada de um sócio, que passou a investir R$ 1.200.000,00 ao ano na empresa. Quatro anos após a entrada desse sócio, a empresa teve um lucro de R$ 350.000,00, que deve ser repartido entre os dois sócios, em partes diretamente proporcionais ao capital investido até o momento. Quanto receberá cada um?

2 Taxa percentual

2.1 Definição de taxa percentual

Acompanhe a situação a seguir.

Promoção. É comum encontrar no comércio promoções do tipo "Leve 5 e pague 3". Esse tipo de promoção equivale a um desconto para o consumidor, que pode ser determinado da seguinte forma: não se paga por 2 unidades em 5, isto é, há um desconto de $\frac{2}{5}$, que é uma fração equivalente a $\frac{40}{100}$; por isso, dizemos que o desconto nessa promoção é de $\frac{40}{100}$ ou de 40%.

- Taxa **percentual** ou **porcentagem** é a razão entre um número real *p* e o número 100. Indicamos assim: $\frac{p}{100}$ ou $p\%$

A expressão "por cento" vem do latim *per centum*, que significa "divisão por 100".

Observe que a porcentagem é um conceito relativo, ou seja, só podemos falar em porcentagem de alguma quantidade.

Exemplos

a) 25% de 200 $= \dfrac{25}{100} \cdot 200 = \dfrac{1}{4} \cdot 200 = 0{,}25 \cdot 200 = 50$

b) 80% de 42 $= \dfrac{80}{100} \cdot 42 = \dfrac{4}{5} \cdot 42 = 0{,}8 \cdot 42 = 33{,}6$

c) 120% de 60 $= \dfrac{120}{100} \cdot 60 = \dfrac{6}{5} \cdot 60 = 1{,}2 \cdot 60 = 72$

d) 30% de 40% de 75 $= \dfrac{30}{100} \cdot \dfrac{40}{100} \cdot 75 = 0{,}3 \cdot 0{,}4 \cdot 75 = 9$

Exercícios

R4. No primeiro dia de aula, em uma determinada classe, o professor de Matemática constatou que naquela turma a razão entre o número de moças e o número de rapazes é $\dfrac{13}{12}$. Qual é a porcentagem de rapazes nessa turma?

➤ Resolução

Como a razão entre o número de moças e o número de rapazes é $\dfrac{13}{12}$, para cada 13 moças há 12 rapazes nessa turma. Ou seja, de cada 25 pessoas 13 são moças e 12 são rapazes. Assim, a quantidade de rapazes em relação ao total de alunos é dada por:

$$\frac{12}{25} = 0{,}48 = 48\%$$

Portanto, a porcentagem de rapazes é 48%.

15. Em uma turma, a razão entre o número de meninos e o de meninas é $\dfrac{5}{11}$. Em relação ao total de alunos, qual é a porcentagem de meninos?

16. Em uma mina de cobre existem 100 pessoas, sendo 99% homens. Quantos homens devem se retirar da mina para que, no conjunto restante, 98% sejam homens?

THOMAZ VITA NETO/PULSAR IMAGENS

17. Combustível. De acordo com a Agência Nacional de Petróleo (ANP), em certas regiões do país a gasolina é considerada de "boa qualidade" quando apresenta, no máximo, 25% de álcool anidro em sua composição. O proprietário de um posto de gasolina adquire dois caminhões-tanque idênticos com misturas álcool-gasolina em concentrações diferentes. A razão entre o volume de álcool e o volume de gasolina no primeiro caminhão é, $\dfrac{1}{5}$ e, no segundo, é $\dfrac{1}{3}$. Os dois caminhões descarregam sua carga no reservatório do posto, que estava inicialmente vazio, originando assim a gasolina que será comercializada. A gasolina obtida é de "boa qualidade", pelo critério estabelecido pela ANP? Explique seu raciocínio.

9.1 Visão do especialista

18. Dados três números reais $a < b < c$, sabe-se que o maior é a soma dos outros dois e o menor é a quarta parte do maior. Determine a porcentagem de c que corresponde ao número b.

19. Comércio. No primeiro dia de liquidação anual, uma loja vendeu 40% do estoque de determinado produto; no segundo dia, vendeu 25% do restante. Que porcentagem do estoque do produto não foi vendida?

20. Saúde. Uma pesquisa com a população de certa região constatou que 20% dos entrevistados usam óculos e que, entre eles, 40% são míopes. Qual é a porcentagem de pessoas míopes nessa população?

21. Transporte. O metrô é um dos meios de transporte mais eficientes nas grandes cidades. Ao adquirir seu bilhete, o usuário tem diversas alternativas. Em 2011, o preço da passagem unitária do metrô na cidade de São Paulo era R$ 2,90, e o usuário podia optar por comprar um cartão com 20 passagens por R$ 51,40. Que porcentagem de desconto o usuário obtinha ao adquirir o cartão com 20 passagens em relação a 20 passagens unitárias?

DANIEL CYMBALISTA /PULSAR IMAGENS

2.2 Aplicações de taxa percentual

Há muitas situações que exigem a aplicação de taxas percentuais. Algumas das mais importantes envolvem transações mercantis (compra e venda), que podem gerar acréscimos, descontos, lucros ou prejuízos. Acompanhe a situação a seguir.

Comércio. Uma mercadoria que custa R$ 100,00 tem seu preço acrescido de 20%. Vamos calcular o novo valor dessa mercadoria.

Inicialmente, calculamos o valor do acréscimo:

$$20\% \text{ de } 100 = \frac{20}{100} \cdot 100 = 0{,}20 \cdot 100 = 20$$

Agora, para calcular o valor final da mercadoria, somamos o preço inicial e o acréscimo:

$$\text{R\$ } 100{,}00 + \text{R\$ } 20{,}00 = \text{R\$ } 120{,}00$$

Também podemos obter o valor V da mercadoria de modo mais simples:

$$V = 100 + 0{,}2 \cdot 100 = 100 \cdot (1 + 0{,}2) = 100 \cdot (1{,}2) = 120$$

Portanto, o novo valor é R$ 120,00.

De maneira geral, quando um valor inicial V_0 recebe acréscimo ou desconto pela aplicação de uma taxa percentual i, o valor final V_f é dado por:

$$V_f = V_0 \cdot (1 \pm i)$$

Nessa expressão, o sinal é positivo se há acréscimo e negativo se há desconto.

Nesse caso, a taxa percentual i deve ser utilizada na forma de número decimal. Por exemplo, uma taxa percentual de 25% implica $i = 0{,}25$.

Acréscimos e descontos sucessivos

No dia a dia, muitas situações envolvem valores que se alteram por causa de aumentos e descontos sucessivos. Vamos acompanhar uma situação para entender como essa variação acontece.

Comércio. Um produto cujo valor inicial V_0 era R$100,00 teve dois aumentos sucessivos, um de 5% e outro de 12%. Passado algum tempo, esse produto teve um desconto de 10%. Vamos determinar o novo valor V_f do produto.

Inicialmente, calculamos o valor V_1 após o 1º aumento:

$$V_1 = 100 \cdot (1 + 0{,}05) = 100 \cdot 1{,}05 = 105{,}00$$

Para calcular o valor V_2 após o 2º aumento, devemos lembrar que o 2º aumento incidiu sobre R$105,00 e não mais sobre R$100,00. Logo:

$$V_2 = 105 \cdot (1 + 0{,}12) = 105 \cdot 1{,}12 = 117{,}60$$

Finalmente, o desconto é calculado sobre R$ 117,60:

$$V_f = 117{,}60 \cdot (1 - 0{,}10) = 117{,}60 \cdot 0{,}90 = 105{,}84$$

Portanto, após todas as variações, o valor final do produto é R$105,84.

Vamos calcular esse valor de outra maneira:

$$V_f = V_2 \cdot (1 - 0{,}10) = V_1 \cdot (1 + 0{,}12) \cdot (1 - 0{,}10) = V_0 \cdot (1 + 0{,}05) \cdot (1 + 0{,}12) \cdot (1 - 0{,}10)$$

Assim: $V_f = 100 \cdot (1 + 0{,}05) \cdot (1 + 0{,}12) \cdot (1 - 0{,}10) = 105{,}84$

De modo geral, quando um valor inicial V_0 sofre variações sucessivas de taxas $i_1, i_2, i_3, \ldots, i_n$, o valor final V_f pode ser determinado por:

$$V_f = V_0 \cdot (1 \pm i_1) \cdot (1 \pm i_2) \cdot (1 \pm i_3) \cdot \ldots \cdot (1 \pm i_n)$$

Nessa expressão, o sinal é positivo se a taxa indica acréscimo e negativo se indica desconto.

A taxa de variação total, quando comparamos os valores inicial e final, é chamada de **taxa acumulada**, que indicamos por: $i_{\text{acumulada}}$

$$\text{Assim: } \begin{cases} V_f = V_0 \cdot (1 \pm i_1) \cdot (1 \pm i_2) \cdot (1 \pm i_3) \cdot \ldots \cdot (1 \pm i_n) \\ V_f = V_0 \cdot (1 \pm i_{\text{acumulada}}) \end{cases}$$

Na situação anterior, o preço inicial da mercadoria era R$ 100,00 e o final, R$ 105,84; logo, a taxa acumulada é de 0,0584% – pois 105,84 = 100,00 · (1 + 0,0584) – que corresponde a 5,84%.

Exercícios

22. Reajuste salarial. Depois de um aumento de 6%, o salário de Paula passou a ser R$ 2.650,00. Qual era seu salário antes do aumento?

23. Comércio. Depois de um desconto, um relógio que custava R$ 175,00 passou a custar R$ 161,00. Qual foi a taxa percentual de desconto?

JOHN KASAWA/SHUTTERSTOCK

R5. Mercado automobilístico. Os especialistas do mercado de veículos afirmam que um automóvel zero quilômetro sofre uma depreciação de 15% ao ano nos três anos seguintes ao de fabricação, estabilizando-se em um patamar inferior nos anos posteriores. Se hoje um veículo zero quilômetro custa R$ 24.000,00, qual será seu valor daqui a 3 anos, de acordo com as previsões dos especialistas?

EDSON SILVA/FOLHAPRESS

➤ Resolução

Como a taxa de depreciação é constante nos três anos, temos:

$$V_f = 24.000 \cdot (1 - 0{,}15) \cdot (1 - 0{,}15) \cdot (1 - 0{,}15)$$

$$V_f = 24.000 \cdot (1 - 0{,}15)^3 = 24.000 \cdot (0{,}85)^3$$

$$V_f = 14.739$$

Portanto, o valor do veículo será R$ 14.739,00.

24. Dívida. Uma dívida aumenta 9% ao mês. Se hoje a dívida é de R$ 13.000,00, de quanto será daqui a 3 meses?

R6. Comércio. Um lojista aumentou o preço de um produto em 61% ao aplicar dois acréscimos sucessivos. Se o primeiro aumento foi de 15%, qual foi a taxa percentual do segundo?

➤ Resolução

61% representa a taxa acumulada que corrigiu o preço do produto. Então:

$$(1 + i_{\text{acumulada}}) = (1 + i_1) \cdot (1 + i_2)$$

$$(1 + 0{,}61) = (1 + 0{,}15) \cdot (1 + i_2)$$

Portanto: $i_2 = 0{,}4 = 40\%$

25. Uma mercadoria que tem um aumento e um desconto à mesma taxa percentual apresenta, em relação ao valor inicial, um valor final maior, menor ou igual? Explique sua resposta.

26. Comércio. Antes de colocar um produto à venda, um comerciante aumentou seu preço em 20%. Se o desconto no ato da venda também foi de 20%, que porcentagem do preço inicial o comprador vai pagar pelo produto?

27. Dois descontos sucessivos, um de 10% e outro de 20%, correspondem a um único desconto de quanto por cento?

28. Três aumentos sucessivos, de 5%, 4% e 10%, correspondem a um único aumento de quanto por cento?

29. Comércio. Um objeto que custava R$ 260,00 recebeu dois aumentos sucessivos, um de 20% e outro de 30%. O novo valor do objeto é 50% maior que o original? Qual é o novo valor e a taxa acumulada pelos dois aumentos?

30. Comércio. Um supermercado aumentou o preço de um produto em 2% no mês de janeiro e em 5% no mês de fevereiro. O preço desse produto passou a ser, então, R$ 53,55. Quanto custava o produto antes dos aumentos?

31. Economia. Em países de economia instável, ocorre o fenômeno da inflação, que basicamente é a perda do valor de compra de uma moeda.

a) Se em um país a inflação mensal é de 5%, qual é a taxa de inflação trimestral?

b) Uma inflação de 44%, acumulada em dois anos, corresponde a que inflação média ao ano?

32. Saúde. Um município registrou as seguintes informações sobre o número de casos de dengue:

- em fevereiro, relativamente a janeiro, houve um aumento de 10%;
- em março, relativamente a fevereiro, houve uma redução de 10%.

Os dados mostram que nesse município houve aumento ou diminuição nos casos da doença no período considerado? Justifique.

MINISTÉRIO DA SAÚDE

33. Finanças. A valorização de uma ação foi de 38% em dois meses. Qual foi sua valorização no 2º mês, se no 1º mês a valorização foi de 15%?

34. Economia. Em janeiro, fevereiro e março as taxas de inflação foram, respectivamente, de 1,2%, 0,8% e 1,3%. Qual é a taxa de inflação acumulada nesse primeiro trimestre? E qual deve ser a taxa máxima de inflação de abril para que a taxa acumulada no quadrimestre seja de, no máximo, 4%?

35. Inflação. Durante o ano de 1923, no auge da hiperinflação na Alemanha, a taxa de inflação foi de 85.544.000.000%. Se em cada um dos 12 meses a taxa de inflação tivesse sido constante, qual teria sido seu valor?

ULLSTEIN BILD/OTHER IMAGES

Crianças empilhando dinheiro na Alemanha, década de 1920.

2.3 Lucro e prejuízo

De maneira geral, podemos entender **lucro** como o ganho obtido em uma operação comercial. O lucro é gerado pela diferença entre o preço de venda de uma mercadoria e o preço de custo (fabricação ou compra).

Considerando P_v o preço de venda, P_c o preço de custo e L o lucro, podemos escrever:

$$L = P_v - P_c$$

Quando o lucro é negativo, ou seja, quando o preço de custo é maior que o preço de venda, dizemos que houve **prejuízo**.

Observe que o lucro pode ser calculado como uma porcentagem do preço de custo ou do preço de venda. No enunciado de um problema, quando não é mencionado se o lucro se refere a P_v ou a P_c, admitimos que ele deve ser calculado sobre P_c.

Exemplo

Comércio. Um produto tem preço de custo de R\$ 160,00 e é vendido por R\$ 200,00.

Vamos calcular a porcentagem do lucro sobre o preço de custo e sobre o preço de venda.

Como $L = P_v - P_c$, temos: $L = 200 - 160 \Rightarrow L = 40$

Portanto, o lucro é R\$ 40,00.

A porcentagem do lucro sobre o preço de custo é: $\frac{L}{P_c} = \frac{40}{160} = 0,25 = 25\%$

A porcentagem do lucro sobre o preço de venda é: $\frac{L}{P_v} = \frac{40}{200} = 0,20 = 20\%$

Exercícios

36. Indústria. Um fabricante de canetas gasta R\$ 1,00 para produzir cada unidade de determinado modelo. Qual deve ser o preço de venda de cada caneta para que o fabricante obtenha um lucro de R\$ 27.000,00 com a venda de 15.000 canetas desse modelo?

R7. Comércio. Um relógio antigo foi vendido por R\$ 10.000,00 com prejuízo de 20% sobre o preço de compra. Por quanto o relógio havia sido comprado?

➤ Resolução

Pelo enunciado, temos:

$P_v = (1 - 0,2) \cdot P_c$

Como $P_v = 10.000$, então:

$10.000 = (1 - 0,2) \cdot P_c \Rightarrow$

$\Rightarrow P_c = 12.500$

Portanto, o relógio havia sido comprado por R\$ 12.500,00.

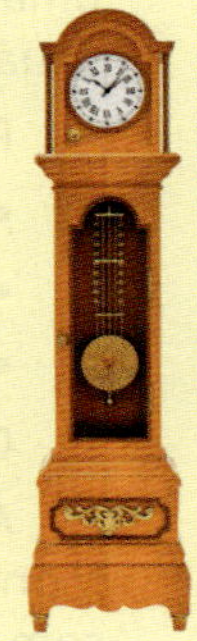

HOTOHEDGEHOG/SHUTTERSTOCK

37. Comércio. Um comerciante compra calculadoras por R$ 28,00 a unidade e as revende com um lucro de 20% sobre o preço de venda. Qual é o preço de venda das calculadoras? E se o lucro fosse de 20% sobre o preço de custo?

GERALD BERNARD/SHUTTERSTOCK

38. Indústria. Ao vender um produto por R$ 520,00, um fabricante obtém lucro de 30% sobre o preço que gastou para produzir o produto. Qual é o preço de custo desse produto?

39. Agricultura. Um agricultor tem um custo de R$ 1,30 para produzir um quilograma de determinada fruta e vende o quilograma por R$ 2,40. Em uma safra, a produção dessa fruta foi de 7.000 kg, mas houve perdas e ele conseguiu vender apenas 3.400 kg. Percentualmente, qual foi o prejuízo do agricultor em relação ao custo total da produção?

R8. Comércio. Ao vender uma mercadoria, uma pessoa teve lucro de 40% sobre o preço de venda. Qual é a porcentagem do lucro em relação ao preço de custo?

Resolução

Pelo enunciado, temos: $\frac{L}{P_v} = 0{,}4 \Rightarrow L = 0{,}4 \cdot P_v$

Sabemos que $L = P_v - P_c$, então vamos escrever P_c em função de P_v:

$$0{,}4 \cdot P_v = P_v - P_c \Rightarrow P_c = 0{,}6 \cdot P_v$$

Como queremos saber $\frac{L}{P_c}$, então:

$$\frac{L}{P_c} = \frac{0{,}4 \cdot P_v}{0{,}6 \cdot P_v} = \frac{4}{6} \simeq 0{,}67 = 67\%$$

Portanto, a porcentagem do lucro sobre o preço de custo é aproximadamente 67%.

40. Comércio. Um vendedor repassa seus produtos ao consumidor com um lucro de 60% em relação ao preço de venda. Qual é a taxa de lucro do comerciante em relação ao preço de custo?

41. Comércio. O preço de custo de um produto é R$ 9,00 a unidade. Um comerciante pôs esse produto à venda por x reais, com o objetivo de obter um lucro de 40% sobre o preço de custo, mesmo dando um desconto de 10% sobre o preço estabelecido para o consumidor. Qual é o preço de venda do produto?

42. Comércio. Uma loja compra um *tablet* por R$ 500,00 e o revende por R$ 700,00.

a) Determine o lucro da loja sobre o preço de custo.

b) Com a crise econômica, o fornecedor passou a cobrar R$ 400,00 por *tablet* e a loja passou a vender cada aparelho por R$ 600,00, para repassar o desconto. Calcule o lucro da loja sobre o custo.

YURIY KULYK/SHUTTERSTOCK

c) Se a loja repassasse o desconto ao consumidor de modo a manter o lucro em relação ao preço de custo, por quanto deveria vender os *tablets*?

43. Comércio. Um lojista sabe que, para não ter prejuízo, o preço de venda de seus produtos deve ser no mínimo 44% superior ao preço de custo. Mas ele prepara a tabela de preços de venda acrescentando 80% ao preço de custo, porque sabe que o cliente gosta de obter um desconto no ato da compra. Qual é o maior desconto que ele pode conceder ao cliente, sobre o preço da tabela, para não ter prejuízo?

3 Juro simples e juro composto

Quando investimos ou pedimos emprestado um valor em dinheiro, devemos receber ou pagar uma compensação financeira pelo tempo de investimento ou de empréstimo, dependendo da situação. Essa compensação é denominada **juro**.

Para calcular o juro, devemos considerar:

- o **capital** (*C*), valor investido ou pedido emprestado;
- o **tempo** (*t*), do início ao fim da operação;
- a **taxa de juro** (*i*), taxa percentual recebida ou paga pelo capital em relação ao tempo.

O valor em dinheiro ao final da operação (capital + juro) é denominado **montante** (***M***).

Ao aplicar um capital por determinado período de tempo, a uma determinada taxa de juro, o montante varia de acordo com o regime aplicado: juro simples ou juro composto. Vamos estudar com mais detalhes cada um desses regimes.

3.1 Regime de juro simples

No regime de **juro simples**, a taxa de juro incide sempre sobre o capital inicial.

Vamos considerar, por exemplo, um investimento de R$ 1.000,00 aplicado à taxa de 1,5% ao mês. Observe, na tabela abaixo, como calculamos o montante ao final de cada um dos três primeiros meses:

Período	Montante (em real)
início	$M_0 = 1.000$
após 1 mês	$M_1 = \underbrace{1.000}_{M_0} + \underbrace{1.000 \cdot 0{,}015}_{\text{juro referente ao 1º mês}} = 1.015$
após 2 meses	$M_2 = \underbrace{1.015}_{M_1} + \underbrace{1.000 \cdot 0{,}015}_{\text{juro referente ao 2º mês}} = 1.030$
após 3 meses	$M_3 = \underbrace{1.030}_{M_2} + \underbrace{1.000 \cdot 0{,}015}_{\text{juro referente ao 3º mês}} = 1.045$

Observe que o juro referente aos três meses é em real: $1.000 \cdot 0{,}015 \cdot 3 = 45$

Em qualquer transação financeira em que o regime é de juro simples, sendo C o capital, i a taxa percentual de juro, t o tempo, J o juro e M o montante, temos:

- $J = C \cdot i \cdot t$
- $M = C + J$
- $M = C \cdot (1 + it)$

Ou seja, como $J = C \cdot i \cdot t$ e $M = C + J$, então: $M = C + C \cdot i \cdot t \Rightarrow M = C \cdot (1 + it)$

Tanto no regime de juro simples como no de juro composto, a taxa de juro deve ser compatível com a unidade de tempo considerada. Por exemplo: se a taxa é diária, o tempo deve ser em dias; se a taxa é mensal, o tempo deve ser em meses; se é anual, o tempo deve ser em anos; e assim por diante. Para fazer as conversões de tempo necessárias, consideramos o **ano comercial**, com 360 dias, sendo 12 meses de 30 dias cada um.

Observação:
No regime de juro simples, temos: $i_{anual} = 12 \cdot i_{mensal} = 360 \cdot i_{diária}$

Exercícios

R9. Finanças. Um investidor aplica R$ 1.000,00 a juro simples de 2% ao mês. Determinar a taxa equivalente ao ano, o juro recebido após 1 mês, após 5 meses e o montante após 8 meses.

➤ **Resolução**

- A taxa equivalente ao ano, no regime de juro simples, é:

$$i_{anual} = 12 \cdot i_{mensal} \Rightarrow i_{anual} = 24\%$$

- O juro, em real, recebido após 1 mês de aplicação é:

$$J = C \cdot i \cdot t \Rightarrow J = 1.000 \cdot 0{,}02 \cdot 1 \Rightarrow J = 20$$

- O juro, em real, recebido após 5 meses de aplicação é:

$$J = C \cdot i \cdot t \Rightarrow J = 1.000 \cdot 0{,}02 \cdot 5 \Rightarrow J = 100$$

- Para obter o montante após 8 meses de aplicação, calculamos inicialmente o juro no período: $J = 1.000 \cdot 0{,}02 \cdot 8 \Rightarrow J = 160$

  Agora, somamos o juro ao capital:
  $M = C + J \Rightarrow M = 1.000 + 160 \Rightarrow M = 1.160$

  Portanto, a taxa equivalente ao ano é de 24%, o juro recebido após 1 mês é R$ 20,00, após 5 meses é R$ 100,00 e o montante após 8 meses é R$ 1.160,00.

44. Finanças. Antônio aplicou uma determinada quantia por 4 meses à taxa de juro simples de 5% ao mês. Após esse período recebeu juro de R$ 360,00. Qual foi o capital investido?

45. Rendimento. Após quanto tempo um capital de R$ 10.000,00, aplicado à taxa de juro simples de 8% ao ano, renderá um juro de R$ 2.000,00?

46. Finanças. Uma aplicação de R$ 15.000,00 será feita a juro simples de 3% ao mês. Qual será o juro recebido mensalmente?

Determine também o montante da aplicação após:

a) 1 mês b) 2 meses c) 3 meses d) t meses

47. Finanças. Uma aplicação de R$ 2.000,00 é feita a juro simples de 24% ao ano.

a) Qual será o montante 3 anos após a aplicação?

b) Escreva uma expressão que forneça o montante da aplicação em função do número n de anos decorridos após a aplicação.

c) Faça o gráfico do montante em função do prazo n da aplicação, expresso em anos.

R10. Finanças. Calcular o juro que rende um capital de R$ 7.500,00, aplicado à taxa de 12% ao ano, durante 5 meses.

➤ Resolução

Podemos resolver o problema de duas maneiras:

- Utilizando a taxa equivalente ao mês:

$$i = 12\% \text{ ao ano} \Rightarrow i = 1\% \text{ ao mês}$$
$$J = 7.500 \cdot 0{,}01 \cdot 5 \Rightarrow J = 375$$

- Utilizando a fração do ano correspondente ao número de meses dados:

$$5 \text{ meses} \Rightarrow \frac{5}{12} \text{ do ano}$$
$$J = 7.500 \cdot 0{,}12 \cdot \frac{5}{12} \Rightarrow J = 375$$

Portanto, o capital rende juro de R$ 375,00.

48. Rendimento. Em 3 anos de rendimento à taxa de juros simples, um capital de R$ 2.000,00 rendeu R$ 2.160,00. Qual foi a taxa anual de juro da aplicação? E a taxa mensal?

49. Rendimento. Durante quanto tempo um capital aplicado a juro simples de 15% ao ano deve permanecer investido para que renda juro aproximado a 50% do seu valor?

50. Empréstimo. Uma pessoa fez um empréstimo em um banco e deverá pagar o valor total de R$ 7.521,00. Se o empréstimo foi feito à taxa de juro simples de 18% ao ano pelo prazo de 6 meses, qual foi o valor do empréstimo?

51. Empréstimo. Para equilibrar as despesas iniciais do ano, João conseguiu um empréstimo de R$ 800,00, pelo qual pagará uma única parcela de R$ 1.056,00 daqui a 120 dias. Qual é a taxa anual de juro simples desse empréstimo?

FERNANDO FAVORETTO/CRIAR IMAGEM

52. Finanças. Um investidor aplicou na mesma data, por três meses e a juro simples, os capitais de R$ 110.000,00 e de R$ 80.000,00 em instituições diferentes. O maior capital foi aplicado à taxa de 6% ao mês e rendeu, de juro, R$ 10.200,00 a mais que o menor. Qual foi a taxa de juros da aplicação do menor capital?

53. Poupança. No início do ano, Carina aplicou 25% de suas economias em caderneta de poupança e o restante em um fundo de ações. Após um ano, a rentabilidade da caderneta de poupança foi de 16% e a do fundo de ações, de 26%.

9.2 Visão do especialista

a) Se o saldo da caderneta de poupança (CP), um ano após a data de aplicação, era R$ 29.000,00, qual foi o valor aplicado na CP?

b) Qual foi a rentabilidade global dessas aplicações?

54. Finanças. Mário aplicou R$ 25.000,00 à taxa de 1,2% ao mês de juro simples. Ao final de 10 meses, reaplicou por mais 120 dias o montante assim obtido, resgatando R$ 29.512,00 no final do segundo período de investimento. Qual foi a taxa mensal de juro simples da segunda aplicação?

55. Aplicação. Considere um capital C aplicado à taxa t ao mês, durante 3 meses, em regime de juro simples. Qual dos gráficos representa melhor essa situação?

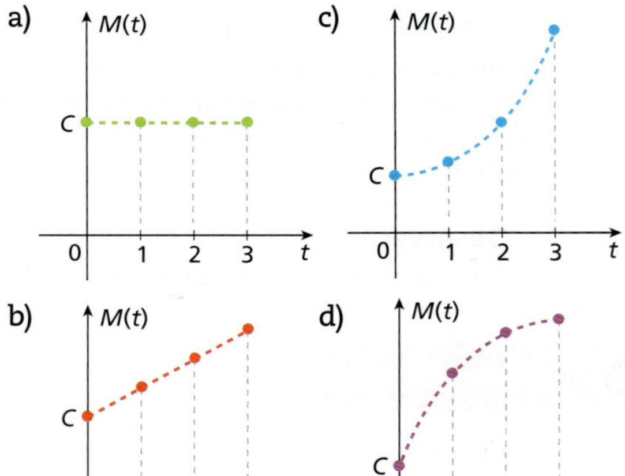

56. Parcelamento. Carlos adquiriu um aparelho de TV nas seguintes condições: uma entrada de R$ 2.000,00 mais uma única parcela de R$ 4.500,00, a ser paga 2 meses após a compra. Sabendo que o preço à vista do aparelho é R$ 6.000,00, responda às questões.

a) Qual é a taxa mensal de juro simples do parcelamento?

b) Após quantos meses da compra deveria vencer a parcela de R$ 4.500,00 para que a taxa de juro simples do parcelamento fosse de 2,5% ao mês?

3.2 Regime de juro composto

No regime de **juro composto**, o rendimento obtido ao final de cada período de aplicação é incorporado ao capital inicial, dando origem ao montante. Dessa forma, calculamos o juro sempre sobre o resultado da aplicação anterior, ou seja, calculamos "juro sobre juro". Essa é a modalidade de remuneração mais empregada pelas instituições financeiras.

Acompanhe, na tabela abaixo, a evolução do montante gerado pelo investimento de R$ 1.000,00 à taxa de 2% ao mês sob os regimes de juro simples e de juro composto.

Período	Juro simples	Juro composto
início	$M_0 = 1.000$	$M_0 = 1.000$
após 1 mês	$M_1 = 1.000 + 1.000 \cdot 0{,}02 \cdot 1 \Rightarrow M_1 = 1.020$	$M_1 = 1.000 + 1.000 \cdot 0{,}02 \Rightarrow M_1 = 1.020$
após 2 meses	$M_2 = 1.000 + 1.000 \cdot 0{,}02 \cdot 2 \Rightarrow M_2 = 1.040$	$M_2 = 1.020 + 1.020 \cdot 0{,}02 \Rightarrow M_2 = 1.040{,}40$
após 3 meses	$M_3 = 1.000 + 1.000 \cdot 0{,}02 \cdot 3 \Rightarrow M_3 = 1.060$	$M_3 = 1.040{,}40 + 1.040{,}40 \cdot 0{,}02 \Rightarrow M_3 \simeq 1.061{,}21$
após 4 meses	$M_4 = 1.000 + 1.000 \cdot 0{,}02 \cdot 4 \Rightarrow M_4 = 1.080$	$M_4 = 1.061{,}21 + 1.061{,}21 \cdot 0{,}02 \Rightarrow M_4 \simeq 1.082{,}43$
após 5 meses	$M_5 = 1.000 + 1.000 \cdot 0{,}02 \cdot 5 \Rightarrow M_5 = 1.100$	$M_5 = 1.082{,}43 + 1.082{,}43 \cdot 0{,}02 \Rightarrow M_5 \simeq 1.104{,}10$
após *t* meses	$M_t = 1.000 \cdot (1 + 0{,}02t)$	$M_t = 1.000 \cdot (1 + 0{,}02)^t$

Vamos detalhar os cálculos feitos na coluna do juro composto ao final de cada mês. Para isso, considere o capital investido C, a taxa de juro composto i e o período de aplicação t.

- após 1 mês: $M_1 = C + Ci \Rightarrow M_1 = C(1 + i)$
- após 2 meses: $M_2 = M_1 + M_1 i = M_1(1 + i) \Rightarrow M_2 = C(1 + i) \cdot (1 + i) = C(1 + i)^2$
- após 3 meses: $M_3 = M_2 + M_2 i = M_2(1 + i) \Rightarrow M_3 = C(1 + i)^2 \cdot (1 + i) = C(1 + i)^3$
- após 4 meses: $M_4 = M_3 + M_3 i = M_3(1 + i) \Rightarrow M_4 = C(1 + i)^3 \cdot (1 + i) = C(1 + i)^4$

$\vdots$

- após t meses: $M_t = M_{t-1} + M_{t-1} i = M_{t-1}(1 + i) \Rightarrow M_t = C(1 + i)^{t-1} \cdot (1 + i) = C(1 + i)^t$

Assim, o montante que resulta dessa aplicação é calculado da seguinte forma:

$$M = C(1 + i)^t$$

9.1 Conteúdo multimídia

De volta à tabela, percebemos que o montante aplicado a juro composto cresce mais "rápido" que o aplicado a juro simples. Isso ocorre porque, enquanto o montante aplicado a juro simples cresce em progressão aritmética, no juro composto o montante cresce em progressão geométrica.

Exemplo

Considere um capital de R$ 200,00 aplicado à taxa de 10% ao mês por 4 meses.

No regime de juro simples, obtemos os montantes em reais a seguir:

Como $C = 200$ e $i_{mensal} = 10\% = 0{,}10$:

$M_1 = 200 \cdot (1 + 0{,}1 \cdot 1) = 220$
$M_2 = 200 \cdot (1 + 0{,}1 \cdot 2) = 240$
$M_3 = 200 \cdot (1 + 0{,}1 \cdot 3) = 260$
$M_4 = 200 \cdot (1 + 0{,}1 \cdot 4) = 280$

termos de uma PA de razão 20

No regime de juro composto, obtemos os montantes em reais a seguir:

Como $C = 200$ e $i_{mensal} = 10\% = 0{,}10$:

$M_1 = 200 \cdot (1 + 0{,}1)^1 = 220$
$M_2 = 200 \cdot (1 + 0{,}1)^2 = 242$
$M_3 = 200 \cdot (1 + 0{,}1)^3 = 266{,}2$
$M_4 = 200 \cdot (1 + 0{,}1)^4 = 292{,}82$

termos de uma PG de razão 1,1

Exercícios

R11. Poupança. Um capital de R$ 1.500,00 foi aplicado em uma caderneta de poupança, que rendeu juro composto de 1,2% ao mês. Qual foi o saldo (montante) dessa caderneta após 6 meses de aplicação, se durante esse período não houve movimentação na conta?

➤ Resolução

Aplicando a fórmula do juro composto, temos:

$$M = 1.500 \cdot (1 + 0{,}012)^6$$

$$M = 1.500 \cdot (1{,}012)^6 \simeq 1.611{,}29$$

Portanto, após 6 meses de aplicação o saldo dessa caderneta foi de aproximadamente R$ 1.611,29.

57. Boleto. O valor de um boleto bancário que vence no dia 2 de abril é R$ 73,00. Sabendo que é cobrado um juro de 0,06% por dia de atraso no pagamento, determine o valor a ser pago por esse boleto no dia 7 de abril.

58. Finanças. Um capital foi aplicado a juro composto com taxa de 20% ao mês, durante três meses. Se no fim desse período o montante produzido foi de R$ 864,00, qual foi o capital aplicado?

59. Empréstimo. Maria Lúcia é cliente de um banco. Para ampliar seu comércio, pediu R$ 15.000,00 emprestado ao banco. O gerente concedeu-lhe o empréstimo com a condição de que fosse pago em 90 dias, com uma taxa de 8% ao mês. Qual será o valor pago por Maria Lúcia ao final do prazo combinado?

60. Indústria. Para começar a produzir um novo produto, um empresário fez um empréstimo de R$ 10.000,00 a juro composto de 8% ao mês. Depois de um ano, as vendas desse produto deram um lucro de R$ 25.000,00. Esse lucro é suficiente para pagar, nessa data, a dívida feita com o empréstimo? Se não, quanto faltaria para o empresário quitar a dívida?

61. Finanças. Lígia costuma aplicar seu dinheiro em um fundo de investimento que rende juro composto. Quanto ela deverá aplicar hoje, para ter um montante de R$ 13.310,00 daqui a 3 anos, se a taxa de juro for de 10% ao ano?

62. Investimento. Camila quer aplicar R$ 5.000,00 com o objetivo de, após 3 anos, resgatar R$ 8.000,00. A que taxa anual de juro Camila deve investir esse capital?

R12. Depreciação. O valor de uma máquina sofre depreciação anual de 25%. Se hoje ela custa R$ 2.000,00, daqui a quantos anos valerá metade do que vale hoje? (Adotar: $\log 2 = 0{,}30$ e $\log 3 = 0{,}48$)

➤ Resolução

Aplicando a fórmula do juro composto, a definição e as propriedades operatórias dos logaritmos, temos:

$$1.000 = 2.000 \cdot (1 - 0{,}25)^t \Rightarrow$$

$$\Rightarrow (0{,}75)^t = \frac{1}{2} \Leftrightarrow t = \log_{0{,}75}\left(\frac{1}{2}\right)$$

$$t = \frac{\log\left(\frac{1}{2}\right)}{\log(0{,}75)} = \frac{\log\left(\frac{1}{2}\right)}{\log\left(\frac{3}{4}\right)} = \frac{\log 1 - \log 2}{\log 3 - \log 4} =$$

$$= \frac{\log 1 - \log 2}{\log 3 - \log 2^2} = \frac{\log 1 - \log 2}{\log 3 - 2 \cdot \log 2}$$

Como $\log 2 = 0{,}30$ e $\log 3 = 0{,}48$, temos:

$$t = \frac{0 - 0{,}30}{0{,}48 - 2 \cdot 0{,}30} = \frac{-0{,}30}{-0{,}12} = 2{,}5$$

Portanto, a máquina terá seu valor reduzido à metade em 2 anos e meio, contados a partir de hoje.

Observação

Lembre-se de que, satisfeitas as condições de existência dos logaritmos, são válidas as seguintes propriedades:

- $\log_a (b \cdot c) = \log_a b + \log_a c$
- $\log_a \left(\frac{b}{c}\right) = \log_a b - \log_a c$
- $\log_a b^a = a \cdot \log_a b$
- $\log_a b = \frac{\log_c b}{\log_c a}$

63. Finanças. Um capital de R$ 1.000,00 será remunerado a uma taxa de 10% trimestralmente. Quantos trimestres deverá durar essa aplicação para que renda juro de R$ 210,00?

64. Finanças. Um capital de R$ 1.500,00 foi aplicado a juro composto à taxa de 2% ao mês. Ao completar dois meses de aplicação, o montante foi retirado e aplicado a juro simples à taxa de 5% ao mês. Se, após certo prazo, o montante final era de R$ 1.950,75, qual foi o prazo da segunda aplicação?

65. Crescimento populacional. A população de um país aumenta 2% ao ano. Supondo que esse crescimento seja constante, quantos anos serão necessários para que essa população dobre? (Utilize: $\log 2 = 0{,}30103$ e $\log 1{,}02 = 0{,}0086$)

66. Investimento. Aplicando R$ 8.000,00 a juro composto com rendimento anual de 44%, após quanto tempo obteremos montante total de juro no valor de R$ 7.000,00? (Adote: $\log 2 = 0{,}30$ e $\log 3 = 0{,}48$)

R13. Dívida. Uma dívida contraída a juro composto, com taxa mensal constante, aumentou 69% em dois meses. Qual era a taxa mensal de juro?

➤ Resolução

É importante perceber que 69% é a taxa acumulada sobre a dívida, no período de dois meses. Assim:

$(1 + 0{,}69) = (1 + i_{mensal})^2 \Rightarrow 1 + i_{mensal} = \sqrt{1{,}69} \Rightarrow$

$\Rightarrow i_{mensal} = 0{,}30 \Rightarrow i_{mensal} = 30\%$

67. Finanças. Certo capital duplica em 2 anos de aplicação sob o regime de juro composto. Qual é aproximadamente a taxa de juro anual desse investimento?

68. Inflação. Em um determinado país, a inflação é medida semestralmente. Se no ano passado os índices de inflação dos dois semestres foram iguais a 100%, qual foi a inflação acumulada nesse ano?

69. Setor agroindustrial. Em três anos, o crescimento do setor agroindustrial no Brasil foi de 700%. Qual foi a taxa de crescimento médio por ano? Se a taxa de crescimento no primeiro ano foi de 25% e, no segundo, de 100%, qual será a taxa de crescimento no terceiro ano?

70. Economia. Considere que certo país troca de moeda cada vez que a inflação acumulada atinge a cifra de 900%. A nova moeda vale sempre 1.000 vezes o valor da antiga. Com uma inflação de 25% ao mês, em quantos meses esse país trocará de moeda? (Adote: log 2 = 0,301)

71. Finanças. Uma aplicação de R$ 20.000,00 rendeu R$ 10.000,00 de juro à taxa de 5% ao mês. Calcule o tempo da aplicação supondo:

a) juro simples
b) juro composto

(Adote: log 2 = 0,30, log 3 = 0,48 e log 7 = 0,84)

72. Investimento. Considere um capital C aplicado à taxa t ao mês durante 3 meses, em regime de juro composto. Qual dos gráficos melhor representa essa situação?

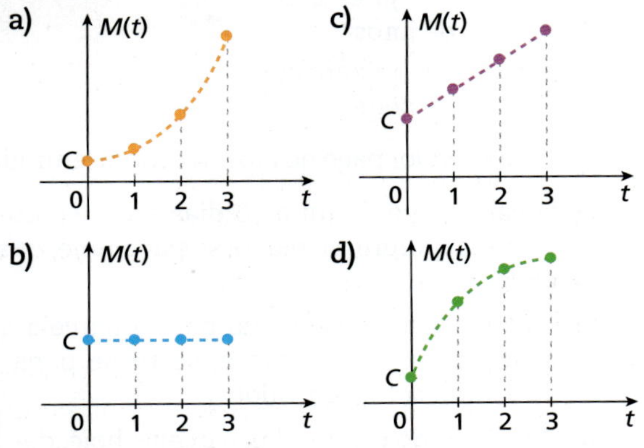

73. Finanças. Um capital de R$ 2.000,00 foi aplicado à taxa de juro composto de 21% ao ano, pelo prazo de 6 meses. Qual será o valor do resgate dessa aplicação?

74. Finanças. Um capital rende 100% de juro em dois anos de aplicação. Qual é a taxa anual de juro composto desse investimento?

75. Inflação. Em um país, a taxa de inflação acumulada em um ano foi de 80%. Se de janeiro a novembro (inclusive) a taxa acumulada foi de 72%, de quanto foi a taxa de inflação de dezembro?

R14. Condições de pagamento. Uma loja oferece as seguintes alternativas para o pagamento de uma mercadoria:

- à vista, com 3% de desconto sobre o preço de tabela;
- com cheque pré-datado para 30 dias, no valor de tabela da mercadoria.

Considerando que um indivíduo tenha dinheiro para comprar a mercadoria à vista e que esse dinheiro possa ser aplicado a uma taxa de 0,8% ao mês, qual é a opção mais vantajosa para o consumidor?

➤ Resolução

Sendo P_t o preço de tabela da mercadoria e P_v seu preço à vista, temos:

$P_v = 0{,}97 \cdot P_t$ (desconto de 3% sobre o preço de tabela)

Se o valor à vista da mercadoria fosse aplicado, produziria um montante, após 1 mês, de:

$$M = 0{,}97 \cdot P_t \cdot (1 + 0{,}008) \Rightarrow M = 0{,}97776 \cdot P_t$$

Logo, após 30 dias o valor resgatado na aplicação seria insuficiente para saldar o cheque pré-datado, pois: $0{,}97776 \cdot P_t < P_t$

Portanto, é mais vantajoso para o consumidor pagar a mercadoria à vista.

76. Ações. Um investidor aplicou R$ 4.000,00 em um fundo de ações que gerou prejuízo, no primeiro mês, de 40% sobre o total investido. Na tentativa de recuperar o dinheiro perdido, ele aplicou o montante que resultou da primeira aplicação por um prazo de 60 dias a uma taxa de 20% ao mês. Esse investidor conseguiu recuperar o dinheiro investido? Qual foi a taxa percentual de prejuízo em relação ao capital inicial aplicado?

77. Comércio. Em uma determinada loja, as vendas no ano de 2012 foram 40% superiores às vendas de 2011. Analisando o ano de 2012, as vendas de 2011 foram inferiores em quanto por cento?

JULIJA SAPIC/SHUTTERSTOCK

Atualização financeira

Já vimos que certo capital aplicado por um período *t* a juro composto tem seu valor calculado pela fórmula $M = C \cdot (1 + i)^t$.

Observe que, nesse caso, para calcular o valor futuro de uma aplicação ou de uma dívida, multiplicamos o valor atual por $(1 + i)^t$.

Vamos analisar agora o que ocorre na situação inversa, ou seja, qual valor devemos pagar hoje por uma dívida cujo valor futuro está com o juro composto embutido.

Acompanhe a situação a seguir.

Comércio. Uma loja vende um aparelho de som por R$ 505,62 para pagamento com cheque pré-datado para 60 dias. Se a loja está cobrando juro de 6% ao mês para a compra com cheque pré-datado, qual é o preço à vista do aparelho?

Para saber o preço à vista do aparelho, devemos atualizar seu preço monetariamente, isto é, calcular o valor presente do bem. Para isso, devemos "tirar" o juro embutido no preço final da mercadoria.

Utilizando $M = C \cdot (1 + i)^t$, temos:

$$505{,}62 = C \cdot (1 + 0{,}06)^2 \Rightarrow C = \frac{505{,}62}{(1{,}06)^2} \Rightarrow C = 450$$

Portanto, o preço à vista do aparelho é R$ 450,00.

Observe que para trazer o valor do bem para o presente dividimos seu valor futuro por $(1 + i)^t$.

Resumindo:

Seja *i* a taxa de juro composto e *t* o tempo:
- para obter o valor futuro, multiplica-se o valor presente por $(1 + i)^t$;
- para obter o valor presente, divide-se o valor futuro por $(1 + i)^t$.

Exercícios

R15. Comércio. Uma compra de R$ 600,00 vai ser paga em três parcelas mensais e iguais, sendo a primeira à vista. Determinar o valor de cada parcela sabendo que a loja cobra juro de 6,5% ao mês.

➤ Resolução

Inicialmente, vamos calcular o valor presente de cada uma das parcelas. Observe o esquema:

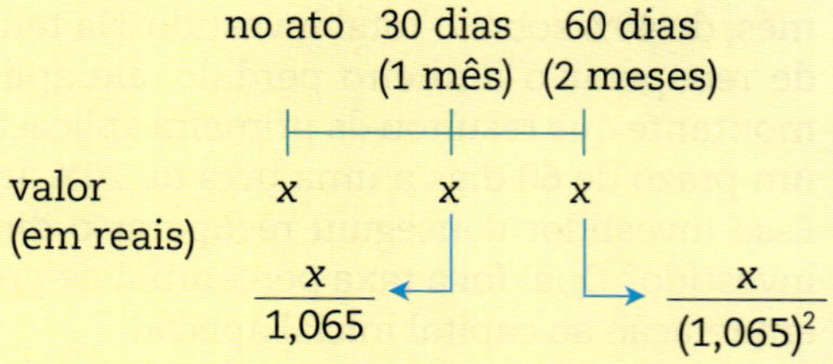

A soma da entrada (valor pago no ato da compra) com as demais parcelas atualizadas monetariamente (descontado o juro) fornece o valor da compra à vista:

$$x + \frac{x}{1{,}065} + \frac{x}{(1{,}065)^2} = 600$$

Resolvendo a equação, obtemos $x \simeq 212{,}72$.

Portanto, o valor de cada parcela do financiamento é, aproximadamente, R$ 212,72.

78. Parcelamento. Uma geladeira é vendida em uma loja de eletrodomésticos em 3 parcelas iguais de R$ 520,00, sendo a primeira no ato da compra e as demais com vencimento em 30 e 60 dias após a compra. Qual é o valor da geladeira à vista, se a loja está cobrando 3% de juros?

MARCOS PERON/KINO

Para resolver o exercício, faça o que se pede.

a) Qual é o valor pago no ato da compra (entrada)?

b) O valor pago daqui a 30 dias é o mesmo da entrada, porém, se ele fosse pago hoje, quanto seria?

c) Faça o mesmo raciocínio para a parcela que vence em 60 dias, isto é, se fosse paga hoje, qual seria seu valor?

d) Conhecendo o valor das parcelas hoje, determine o valor da geladeira à vista.

9.3 Visão do especialista

79. Financiamento. Um imóvel no valor de R$ 364.000,00 vai ser pago em três parcelas anuais iguais, sendo a primeira à vista. Determine o valor de cada parcela, se o juro cobrado é de 20% ao ano.

80. Comércio. Uma mercadoria foi paga em três parcelas mensais e iguais de R$ 225,00, sendo a primeira à vista. Se a taxa de juro cobrada foi de 8% ao mês, determine o valor desse produto.

81. Financiamento. Joana comprou um automóvel que custava R$ 28.880,00 à vista. Ela pagou R$ 15.000,00 de entrada e financiou o restante em 3 parcelas, com vencimentos após 12, 24 e 36 meses após a compra, a uma taxa de 15% ao ano. Qual é o valor de cada uma das parcelas?

R16. Financiamento. Uma grande loja anuncia a venda de uma bicicleta por R$ 300,00 à vista ou R$ 50,00 de entrada e mais dois pagamentos mensais de R$ 135,00.

Qual é a taxa mensal de juro no plano a prazo? (Utilizar: $\sqrt{6.129} = 78$)

➤ Resolução

Inicialmente, vamos calcular o valor presente de cada uma das parcelas. Observe o esquema:

	no ato	30 dias (1 mês)	60 dias (2 meses)
valor (em reais)	50	135	135

$\dfrac{135}{(1+i)}$ ← 135 (30 dias)

$\dfrac{135}{(1+i)^2}$ ← 135 (60 dias)

A soma da entrada com as duas prestações mensais atualizadas monetariamente (descontado o juro) fornece o valor à vista da bicicleta:

$$50 + \frac{135}{(1+i)} + \frac{135}{(1+i)^2} = 300$$

Para resolver essa equação, fazemos $(1 + i) = k$:

$$50 + \frac{135}{k} + \frac{135}{k^2} = 300$$

$$250k^2 - 135k - 135 = 0$$

$$50k^2 - 27k - 27 = 0$$

$k = \dfrac{27 \pm \sqrt{6.129}}{2 \cdot 50} \Rightarrow k = 1{,}05$ ou $k = -0{,}51$ (não é conveniente)

Logo: $(1 + i) = 1{,}05 \Rightarrow i = 0{,}05$

Portanto, a taxa de juro no plano a prazo é de 5%.

82. Comércio. Um ventilador que custa R$ 100,00 à vista é vendido em uma loja virtual em duas parcelas iguais de R$ 60,00, sendo a primeira no ato da compra e a segunda a vencer em 30 dias. Qual é a taxa mensal de juro cobrada pela loja?

83. Parcelamento. Um MP3 *player* portátil custa R$ 210,00 à vista ou zero de entrada e mais 2 parcelas iguais de R$ 110,00 cada uma, com vencimentos em 30 e 60 dias após a compra (plano 0 + 2).

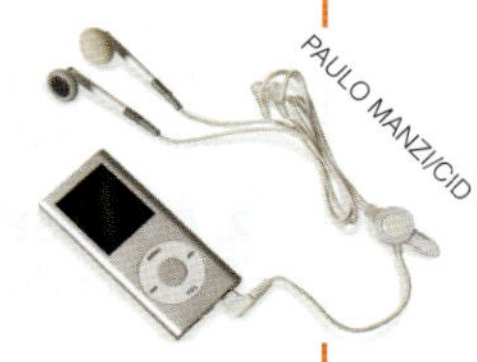
PAULO MANZI/CID

Qual é a taxa mensal de juro cobrada pela loja nesse plano de pagamento? (Utilize: $\sqrt{1.045} = 32$)

84. Comércio. Uma compra no valor de R$ 2.500,00 vai ser paga com entrada de 40% e mais duas parcelas mensais de R$ 800,00 cada uma, sendo a primeira a vencer 30 dias após a compra. Qual é a taxa de juro cobrada pela loja? (Adote: $\sqrt{544} = 23$)

85. Propaganda. Em um comercial de televisão, o garoto-propaganda anuncia: "Amanhã é o dia do refrigerador nas Casas Bom Dia. Compre seu refrigerador por R$ 400,00 agora e mais R$ 600,00 daqui a dois meses, ou, se quiser, traga seu plano de pagamento".

Um consumidor, vendo a propaganda, foi até uma das lojas das Casas Bom Dia e propôs pagar R$ 400,00 de entrada e mais duas prestações mensais e iguais. Sabendo que a loja opera com uma taxa de juro composto de 5% ao mês, qual deve ser o valor de cada parcela para que os dois planos sejam equivalentes?

86. Comércio. Uma compra de R$ 1.000,00 deverá ser paga em duas parcelas iguais: uma à vista e a outra a vencer em 60 dias. Se a loja cobra juro de 20% sobre o saldo devedor, qual será o valor de cada parcela?

87. Empréstimo. No dia 15/7/2011, Ana contraiu uma dívida, com a promessa de quitá-la em 15/7/2012, mediante um único pagamento de R$ 208.080,00.

LISA S./SHUTTERSTOCK

Nessa quantia já está incluído o juro composto correspondente aos doze meses, à taxa mensal de 2%. Hoje, ela entrou em contato com o credor, mostrando interesse em liquidar sua dívida no dia 15/5/2012, desde que ela seja recalculada com a retirada do juro correspondente aos dois meses de antecipação. Supondo que o credor concorde com Ana, quanto ela vai pagar?

Ficha de revisão

1. Investimento. Um capital de R$ 2.400,00 foi aplicado durante 5 meses a juro simples, gerando um montante de R$ 2.760,00. Qual foi a taxa mensal de juro?

2. (Faap-SP) Um investimento de R$ 24.000,00 foi aplicado parte a juro simples de 1,8% ao mês e parte a 3% ao mês. Se o juro mensal é igual a R$ 480,00, quais são as partes correspondentes do investimento?

3. (Ibmec) Se x reais forem investidos numa determinada aplicação, então o rendimento gerado por essa aplicação e o imposto que irá incidir sobre esse rendimento serão ambos iguais a x%. O maior valor de x para o qual essa aplicação não gera prejuízo é:

a) R$ 50,00
b) R$ 83,33
c) R$ 100,00
d) R$ 125,80
e) R$ 161,80

4. Comércio eletrônico. Numa loja virtual, um *notebook* é vendido à vista por R$ 1.500,00, ou a prazo com R$ 600,00 de entrada mais uma parcela de R$ 1.089,00 dois meses após a compra. Calcule a taxa mensal de juro composto do financiamento.

TATIANA POPOVA/ SHUTTERSTOCK

5. (FGV) Uma aplicação financeira rende juro de 10% ao ano, compostos anualmente. Utilizando para os cálculos as aproximações fornecidas na tabela, pode-se afirmar que uma aplicação de R$ 1.000,00 seria resgatada no montante de R$ 1.000.000,00 após:

x	$\log x$
2	0,30
5	0,70
11	1,04

a) mais de 1 século.
b) 1 século.
c) $\frac{4}{5}$ de século.
d) $\frac{2}{3}$ de século.
e) $\frac{3}{4}$ de século.

6. Abatimento. Em primeiro de abril de determinado ano, um produto que custava R$ 250,00 teve seu preço diminuído em p% de seu valor. Em primeiro de maio do mesmo ano, o novo preço foi diminuído em p% do seu valor, passando a custar R$ 211,60. Determine o valor de p.

7. Quanto uma pessoa deve aplicar hoje, a juro composto com taxa de 1,4% ao mês, para conseguir pagar uma dívida de R$ 3.600,00 daqui a 3 meses?

8. Comércio. Uma mercadoria é vendida em três parcelas iguais de R$ 320,00, sem entrada. A taxa de juro do financiamento é de 5% ao mês. Calcule o valor dessa mercadoria se for paga à vista.

9. (Vunesp-SP) Uma loja vende um produto no valor de R$ 200,00 e oferece duas opções de pagamento aos clientes: à vista, com 10% de desconto, ou em duas prestações mensais de mesmo valor, sem desconto, a primeira sendo paga no momento da compra. A taxa mensal de juro embutida na venda a prazo é de:

a) 5% b) 10% c) 20% d) 25% e) 90%

10. Aplicação. Observe os gráficos abaixo. Um deles representa a aplicação de R$ 300,00 a juro composto, e o outro, a aplicação desse mesmo valor a juro simples.

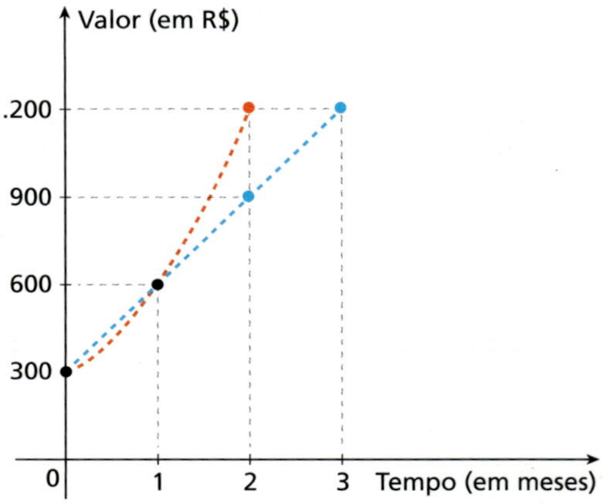

a) No regime de juro composto, qual será o montante após 3 meses?
b) Após que mês é menos vantajoso o regime de juro simples?

11. Farmacologia. Um técnico de laboratório manipula dois recipientes que contêm misturas das substâncias A e B. Embora os volumes das misturas sejam iguais, em um dos recipientes a proporção de A para B é $\frac{1}{2}$ e no outro é $\frac{3}{4}$. Se esse técnico juntar dois conteúdos em um único recipiente, qual passará a ser a proporção de A para B?

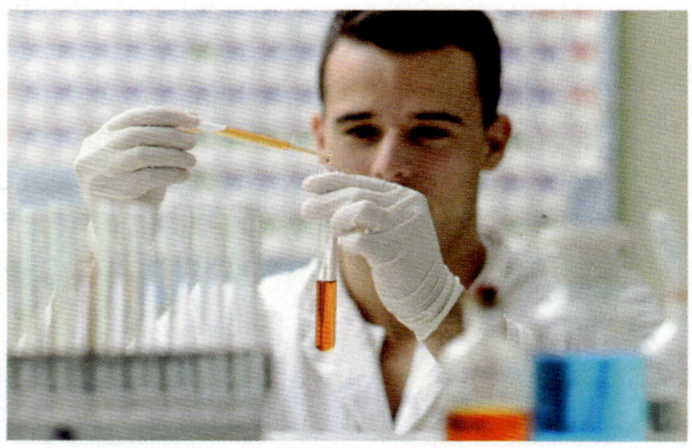
BENIS ARAPOVIC/SHUTTERSTOCK

12. Mão de obra. Para pintar uma casa, 4 pintores demoram 60 horas. Se o número de horas trabalhadas para pintar essa casa for inversamente proporcional ao número de pintores, quantos pintores serão necessários para que o trabalho termine em 6 períodos de 8 horas cada um?

PHOTODISC/GETTY IMAGES

13. Comércio. Um supermercado negociou com seus fornecedores 150.000 unidades de determinado produto. Na primeira semana de vendas, o lucro por unidade era de 30% sobre o custo, e o público consumiu $\frac{2}{3}$ das unidades; na semana seguinte, o lucro por unidade foi reduzido para 15% sobre o custo, e o público consumiu o restante das unidades. Qual foi a taxa percentual média do lucro do supermercado nessas vendas?

Questões de vestibular

9.4 Visão do especialista

1. (Mackenzie-SP) No ano de 2003, no Brasil, foram emplacados aproximadamente 1.320.000 veículos nacionais e 15.000 veículos importados, sendo que 43% dos importados eram japoneses. Do total de veículos emplacados no Brasil, em 2003, a alternativa mais próxima da porcentagem de carros japoneses é:

a) 1%
b) 0,5%
c) 2%
d) 1,5%
e) 0,9%

2. (UFSCar-SP) A companhia de eletricidade informou que, para cada hora de um mês de 30 dias, um bairro ficou, em média, 0,2 hora sem energia elétrica em algumas ruas. No mesmo período, uma residência localizada nesse bairro totalizou 18 horas sem energia elétrica. Em relação ao total de horas que alguma parte do bairro ficou sem eletricidade, o número de horas que essa residência ficou sem energia elétrica representa:

a) 3,6%
b) 9%
c) 12%
d) 12,5%
e) 33,3%

3. (Fuvest-SP) Um reservatório, com 40 litros de capacidade, já contém 30 litros de uma mistura gasolina/álcool com 18% de álcool.

Deseja-se completar o tanque com uma nova mistura gasolina/álcool de modo que a mistura resultante tenha 20% de álcool. A porcentagem de álcool nessa nova mistura deve ser de:

a) 20%
b) 22%
c) 24%
d) 26%
e) 28%

9.5 Visão do especialista

4. (FGV) O país A possui renda *per capita* anual de R dólares e população de P habitantes. Sabendo-se que o país B possui renda *per capita* anual igual a 60% da do país A e o dobro da sua população, é correto dizer que a renda total anual do país B é:

a) 20% inferior à de A.
b) 30% inferior à de A.
c) igual à de A.
d) 30% superior à de A.
e) 20% superior à de A.

5. (ESPM-SP) Toda a produção de uma pequena indústria é feita por duas máquinas, sendo que uma delas é responsável por 70% dessa produção. Em geral, a taxa de produtos defeituosos dessa máquina é de 4%, enquanto a da outra é de 2%. Podemos concluir que a taxa de produtos defeituosos dessa indústria é da ordem de:

a) 3,0% b) 3,2% c) 3,4% d) 3,6% e) 3,8%

6. (Mackenzie-SP) Dos n alunos de uma escola, 20% têm 10% de desconto na mensalidade e 10% têm 20% de desconto na mesma mensalidade. Caso o equivalente a esses descontos fosse distribuído igualmente para cada um dos n alunos, caberia a cada um deles, na mensalidade, um desconto de:

a) 4% b) 2% c) 3% d) 1% e) 5%

7. (Unicamp-SP) A quantia de R$ 1.280,00 deverá ser dividida entre 3 pessoas. Quanto receberá cada uma, se:

a) a divisão for feita em partes diretamente proporcionais a 8, 5 e 7?
b) a divisão for feita em partes inversamente proporcionais a 5, 2 e 10?

8. (ESPM-SP) Sabe-se que as grandezas positivas A e B são inversamente proporcionais. Quando A vale x ($x > 0$), B vale $x - 1$ e, quando A vale $x + 5$, B vale 2. Podemos afirmar que, se A vale 8, então B vale:

a) 0,5 b) 1,0 c) 1,5 d) 2,0 e) 2,5

9. (FGV)

a) O faturamento de uma empresa neste ano foi 120% superior ao do ano anterior; obtenha o faturamento do ano anterior, sabendo que o deste ano foi de R$ 1.430.000,00.
b) Um comerciante compra calças a um custo de R$ 26,00 a unidade. Pretende vender cada unidade com um ganho líquido (ganho menos os impostos) igual a 30% do preço de venda. Sabendo que, por ocasião da venda, ele tem que pagar um imposto igual a 18% do preço de venda, qual deve ser esse preço?

9.6 Visão do especialista

10. (Unifor-CE) Uma pessoa aplicou um capital de R$ 2.400,00 por 2 meses, à taxa mensal de 3%. Se $\frac{2}{3}$ do total foi aplicado a juros compostos e o restante a juro simples, o juro total arrecadado ao fim do prazo foi:

a) R$ 144,72
b) R$ 144,98
c) R$ 145,20
d) R$ 145,33
e) R$ 145,44

11. (Unioeste-PR) Um investidor aplicou um capital C em ações de uma empresa durante três períodos. Por causa de uma crise na economia, ao final do primeiro período, verificou-se uma perda de 20% sobre C (taxa de –20%), gerando um montante C_1. Este montante continuou aplicado e, ao final do segundo período, observou-se um ganho de 10% sobre C_1, produzindo outro montante, C_2. De modo similar, a aplicação de C_2 obteve um rendimento de 10% ao final do terceiro período.

Com base nestas afirmações, pode-se afirmar que:

a) Ao final do segundo período, ainda havia um prejuízo de 10% sobre o capital C.
b) Ao final do segundo período, o investidor verificou ganho de 0,5% sobre C.
c) Ao final do terceiro período, o investidor recuperou exatamente seu capital original C.
d) Ao final do terceiro período, o investidor ainda verificava um prejuízo superior a 1%.
e) Ao final do terceiro período, o capital inicial foi recuperado e com ganho de 1%.

12. (FGV)

a) Um capital C foi aplicado a juros simples durante 10 meses, gerando um montante de R$ 10.000,00; esse montante, por sua vez, foi também aplicado a juros simples, durante 15 meses, à mesma taxa da aplicação anterior, gerando um montante de R$ 13.750,00. Qual é o valor de C?
b) Um capital C foi aplicado a juros compostos à taxa de 2% ao mês. Três meses depois, um outro capital igual a C é aplicado também a juros compostos, porém à taxa de 3% ao mês. Durante quanto tempo o 1º capital deve ficar aplicado para dar um montante igual ao do 2º capital?

13. (Vunesp-SP) Uma loja vende um produto no valor de R$ 200,00 e oferece duas opções de pagamento aos clientes: à vista, com 10% de desconto, ou em duas prestações mensais de mesmo valor, sem desconto, a primeira sendo paga no momento da compra. A taxa mensal de juros embutida na venda a prazo é de:

a) 5%
b) 10%
c) 20%
d) 25%
e) 90%

14. (UEL-PR) Um empresário comprou um apartamento com intenção de investir seu dinheiro. Sabendo-se que esse imóvel valorizou 12% ao ano, é correto afirmar que seu valor duplicou em, aproximadamente:

(Dados: $\log_{10} 2 \simeq 0{,}30$ e $\log_{10} 7 \simeq 0{,}84$)

a) 3 anos
b) 4 anos e 3 meses
c) 5 anos
d) 6 anos e 7 meses
e) 7 anos e 6 meses

9.7 Visão do especialista

15. (Unicamp-SP) Um capital de R$ 12.000,00 é aplicado a uma taxa anual de 8%, com juros capitalizados anualmente. Considerando que não foram feitas novas aplicações ou retiradas, encontre:

a) o capital acumulado após 2 anos;
b) o número inteiro mínimo de anos necessários para que o capital acumulado seja maior que o dobro do capital inicial.

(Se necessário, use $\log_{10} 2 = 0{,}301$ e $\log_{10} 3 = 0{,}477$.)

16. (FGV)

a) Uma empresa tomou um empréstimo bancário de R$ 500.000,00 para pagamento em 3 parcelas anuais, sendo a 1ª daqui a 1 ano. O banco combinou cobrar juros compostos a uma taxa de 20% ao ano. Sabendo-se que a 1ª parcela foi de R$ 180.000,00 e a 2ª foi de R$ 200.000,00, qual é o valor da 3ª?
b) Durante quantos meses um capital deve ser aplicado a juros compostos e à taxa de 8% ao ano para que o montante seja o triplo do capital aplicado?

17. (Insper-SP) A taxa anual, em porcentagem, de um investimento que rendeu 60% em cinco anos é dada pela expressão $(\sqrt[5]{1{,}6} - 1) \cdot 100$. Considerando $\log 2 = 0{,}30$ e utilizando os dados da tabela, pode-se concluir que essa taxa anual vale, aproximadamente:

a) 10%
b) 11%
c) 12%
d) 14%
e) 15%

Dados:
$10^{0{,}040} \simeq 1{,}10$
$10^{0{,}045} \simeq 1{,}11$
$10^{0{,}050} \simeq 1{,}12$
$10^{0{,}055} \simeq 1{,}13$
$10^{0{,}060} \simeq 1{,}15$

Capítulo 10

Geometria plana: triângulos e semelhança

Paul Klee. *City picture with red and green accents*, 1921. Da Grécia antiga até nossos dias, os artistas plásticos, em geral, sempre utilizaram conhecimentos matemáticos, como medidas, proporção e formas geométricas, para expressar sua criatividade. Assim como há pintores que estudam perspectiva para criar suas obras, especialmente cenas ao ar livre, há também os que se dedicam aos estudos da Geometria plana para dar forma às suas criações. Paul Klee, um dos grandes mestres da pintura, passou por várias fases até optar pelo abstracionismo, tendência que prioriza a representação das formas e das cores.

Objetivos do capítulo:

- ✔ Identificar figuras planas semelhantes e a razão de semelhança entre elas.
- ✔ Resolver situações-problema que envolvam a semelhança de figuras planas.
- ✔ Reconhecer a relação pitagórica em figuras que envolvam triângulos retângulos.
- ✔ Resolver situações-problema que envolvam a relação pitagórica.

1 Ângulos

Este capítulo aborda, resumidamente, alguns conceitos básicos da Geometria plana, como ângulos, triângulos e semelhanças, permitindo uma rápida revisão dos conceitos mais relevantes.

1.1 Ângulos formados por retas paralelas cortadas por uma reta transversal

Quando duas retas paralelas quaisquer, *r* e *s*, são cortadas por uma transversal *t*, formam-se oito ângulos.

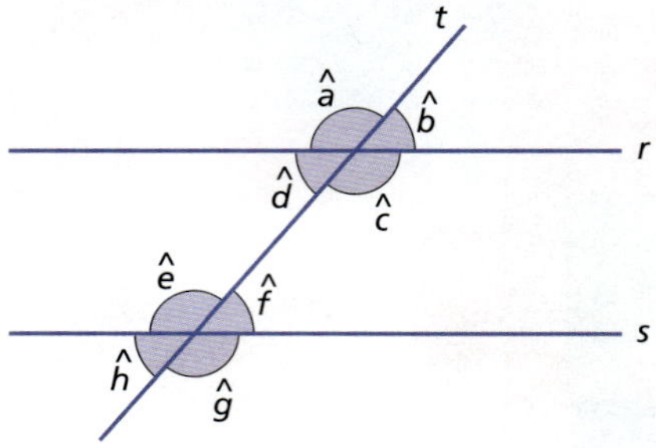

r // *s*

Existem algumas relações entre os ângulos formados. Vejamos a seguir.

Ângulos alternos

- Ângulos **alternos externos**: $\widehat{a}$ e $\widehat{g}$; $\widehat{b}$ e $\widehat{h}$
- Ângulos **alternos internos**: $\widehat{c}$ e $\widehat{e}$; $\widehat{d}$ e $\widehat{f}$

Os ângulos alternos internos e os alternos externos são congruentes. Assim:
med($\widehat{a}$) = med($\widehat{g}$), med($\widehat{b}$) = med($\widehat{h}$), med($\widehat{c}$) = med($\widehat{e}$) e med($\widehat{d}$) = med($\widehat{f}$)

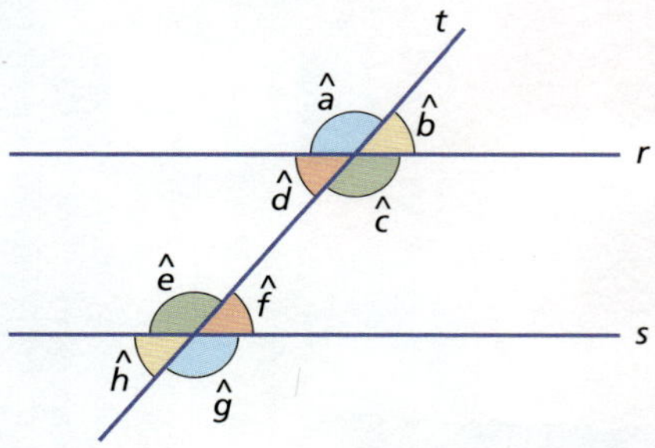

Ângulos colaterais

- Ângulos **colaterais externos**: $\widehat{a}$ e $\widehat{h}$; $\widehat{b}$ e $\widehat{g}$
- Ângulos **colaterais internos**: $\widehat{c}$ e $\widehat{f}$; $\widehat{d}$ e $\widehat{e}$

Os ângulos colaterais internos e os colaterais externos são suplementares. Então:
med($\widehat{a}$) + med($\widehat{h}$) = med($\widehat{b}$) + med($\widehat{g}$) =
= med($\widehat{c}$) + med($\widehat{f}$) = med($\widehat{d}$) + med($\widehat{e}$) = 180°

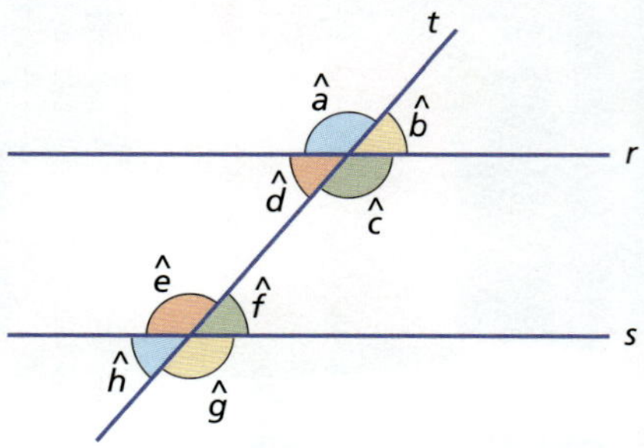

Ângulos correspondentes

- $\widehat{a}$ e $\widehat{e}$; $\widehat{b}$ e $\widehat{f}$; $\widehat{c}$ e $\widehat{g}$; $\widehat{d}$ e $\widehat{h}$

Os ângulos correspondentes são congruentes. Assim:
med($\widehat{a}$) = med($\widehat{e}$), med($\widehat{b}$) = med($\widehat{f}$), med($\widehat{c}$) = med($\widehat{g}$) e med($\widehat{d}$) = med($\widehat{h}$)

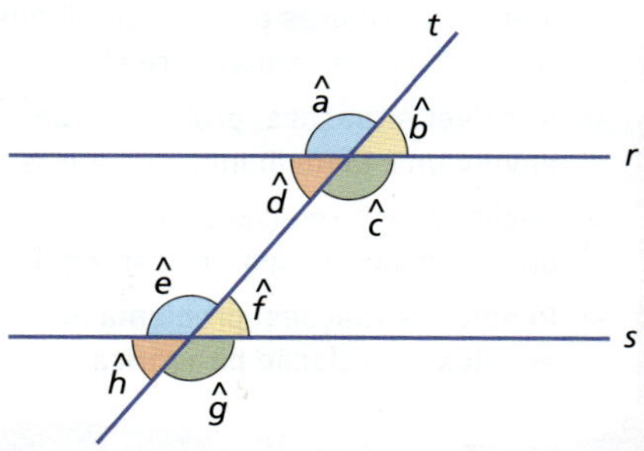

Ângulos opostos pelo vértice

- $\widehat{a}$ e $\widehat{c}$; $\widehat{b}$ e $\widehat{d}$; $\widehat{e}$ e $\widehat{g}$; $\widehat{f}$ e $\widehat{h}$

Os ângulos opostos pelo vértice são congruentes. Assim: med($\widehat{a}$) = med($\widehat{c}$), med($\widehat{b}$) = med($\widehat{d}$), med($\widehat{e}$) = med($\widehat{g}$) e med($\widehat{f}$) = med($\widehat{h}$)

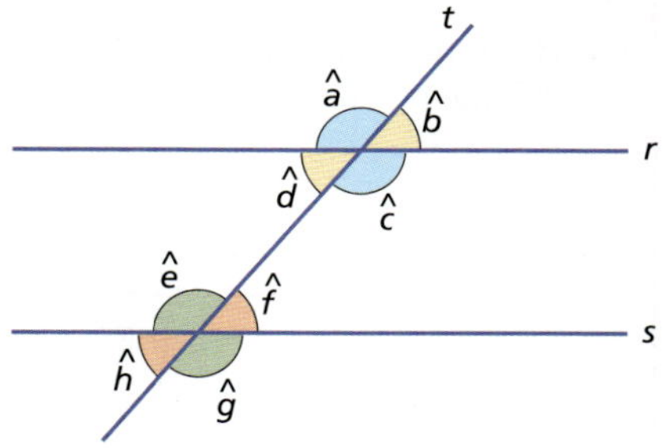

Exemplos

a) Os ângulos $\widehat{a}$ e $\widehat{b}$ são ângulos correspondentes. Sabemos que os ângulos correspondentes são congruentes. Assim: $a = b \Rightarrow b = 20°$

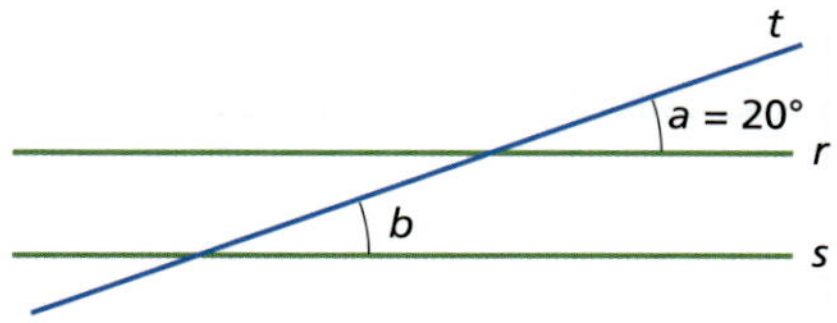

b) Os ângulos $\widehat{x}$ e $\widehat{y}$ são ângulos colaterais internos. Sabemos que os ângulos colaterais são suplementares. Então:

$x + y = 180° \Rightarrow 30° + y = 180° \Rightarrow$

$\Rightarrow y = 180° - 30° \Rightarrow y = 150°$

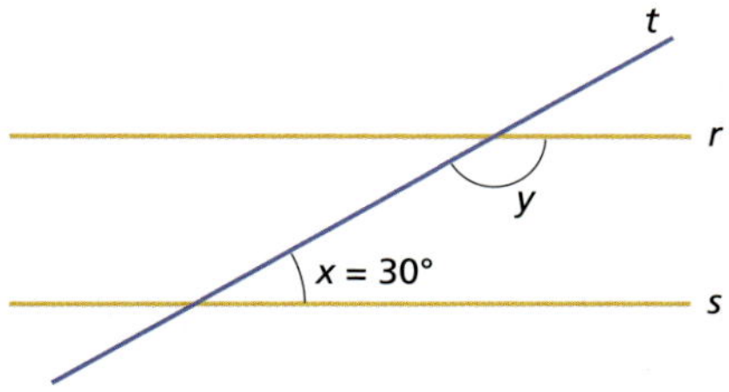

Exercícios

R1. Sabendo que as retas r e s são paralelas cortadas por uma transversal t, determinar o valor de x nos seguintes casos:

a)

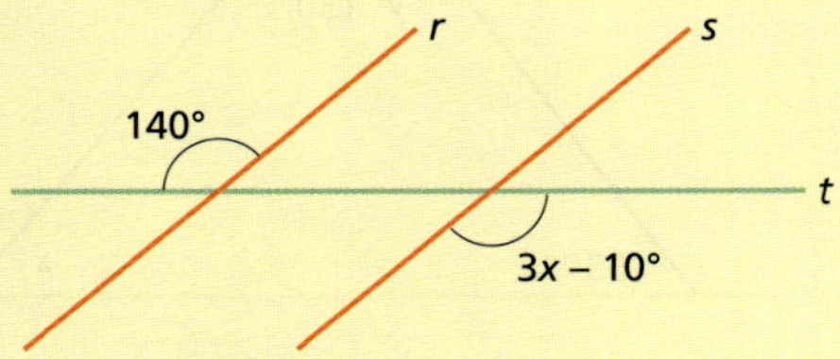

b)

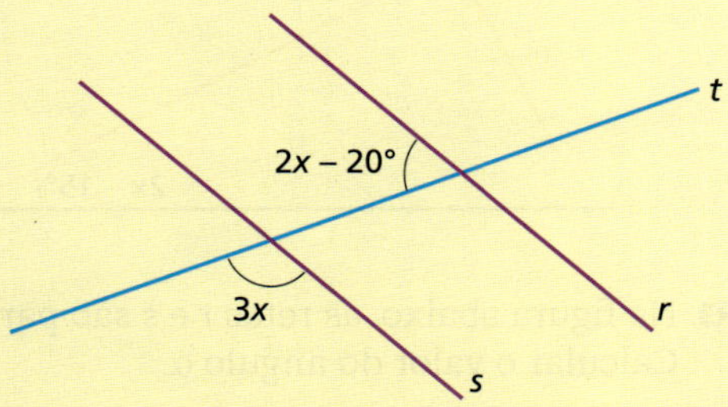

➤ **Resolução**

a) Os ângulos assinalados são alternos externos. Logo, são congruentes. Assim:

$(3x - 10°) = 140° \Rightarrow 3x = 150° \Rightarrow x = 50°$

Portanto, o valor de x é 50°.

b) Chamando o ângulo de medida $2x - 20°$ de ângulo $\widehat{a}$ e o ângulo de medida 3x de $\widehat{b}$ e marcando um ângulo $\widehat{c}$, temos:

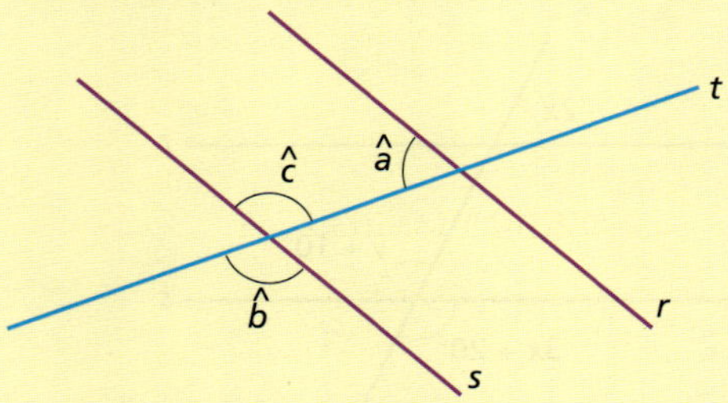

(I) Os ângulos $\widehat{a}$ e $\widehat{c}$ são colaterais internos, portanto, são suplementares. Assim: med($\widehat{a}$) + med($\widehat{c}$) = 180°

(II) Os ângulos $\widehat{b}$ e $\widehat{c}$ são opostos pelo vértice, logo, têm as mesmas medidas. Assim: med($\widehat{b}$) = med($\widehat{c}$)

De (I) e (II), vem:

med($\widehat{a}$) + med($\widehat{c}$) = 180° $\Rightarrow$

$\Rightarrow$ med($\widehat{a}$) + med($\widehat{b}$) = 180°

Como med($\widehat{a}$) = 2x – 20° e med($\widehat{b}$) = 3x, segue:

med($\widehat{a}$) + med($\widehat{b}$) = 180° $\Rightarrow (2x - 20°) + 3x = 180° \Rightarrow 5x = 200° \Rightarrow x = 40°$

Portanto: x = 40°

1. Na figura abaixo, sendo a reta a paralela à reta b, calcule $\alpha + \beta + \gamma$.

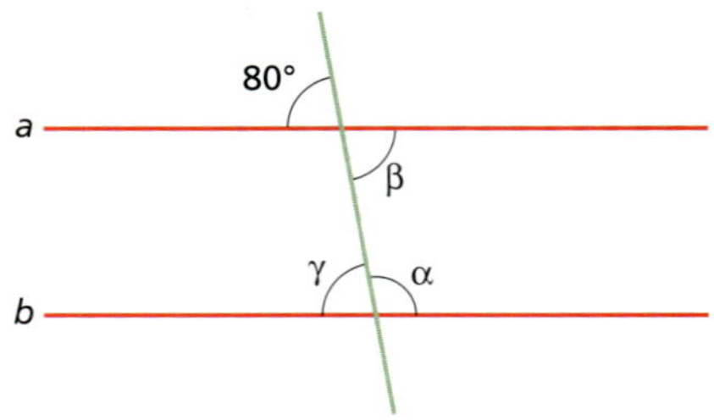

2. Calcule o valor x, sabendo que $a \mathbin{//} b$.

a)

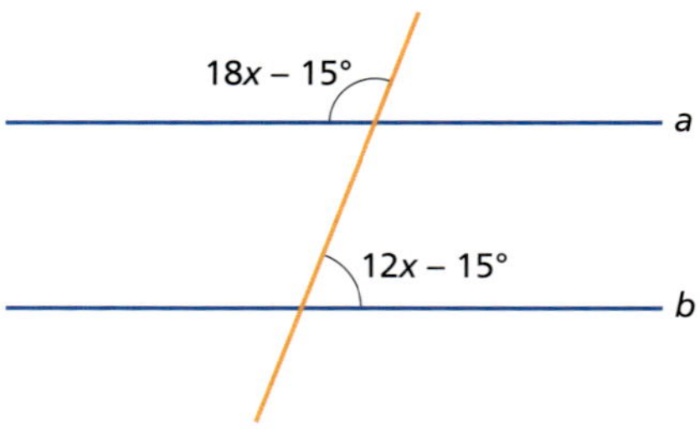

b)

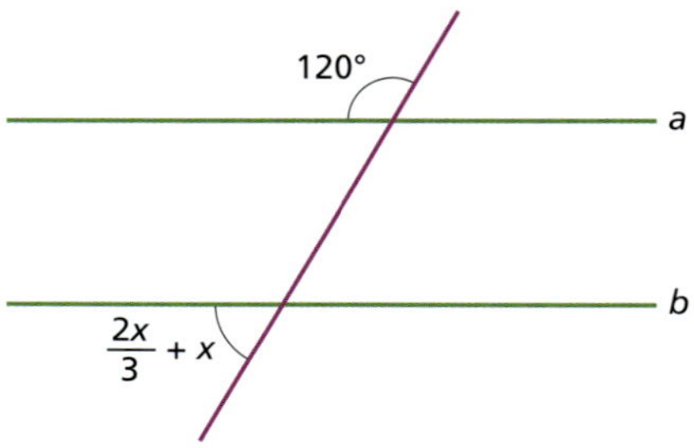

3. Sabendo que $r \mathbin{//} s$, calcule x e y.

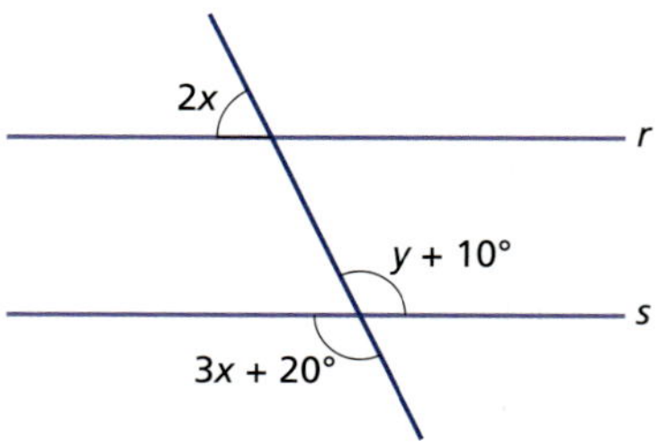

R2. Na figura abaixo, os ângulos têm os lados respectivamente paralelos ($\overline{AB} \mathbin{//} \overline{A'B'}$ e $\overline{AC} \mathbin{//} \overline{A'C'}$). Calcular o valor de x.

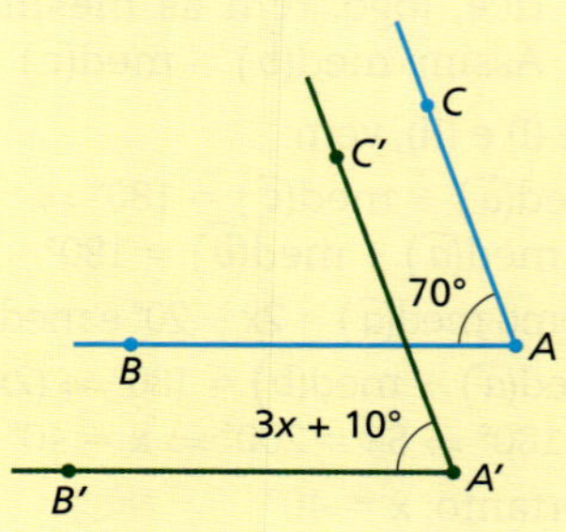

➤ Resolução

Prolongando os lados dos ângulos, temos:

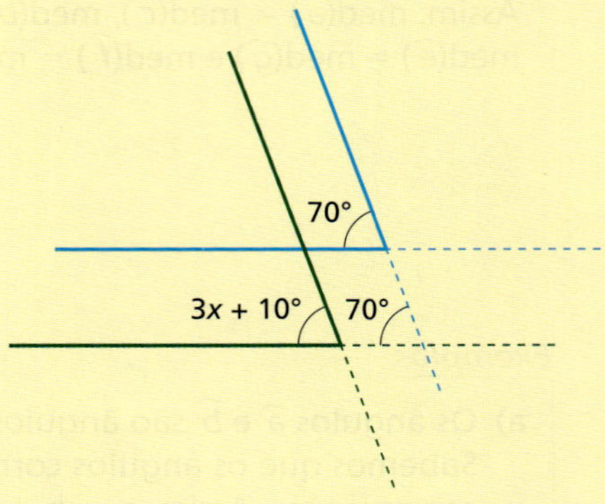

Observe que os ângulos $3x + 10°$ e $70°$ são correspondentes e, portanto, congruentes. Logo:

$3x + 10° = 70° \Rightarrow 3x = 60° \Rightarrow x = 20°$

Assim, o valor de x é $20°$.

4. Sabendo que os ângulos têm os lados respectivamente paralelos, calcule o valor de x.

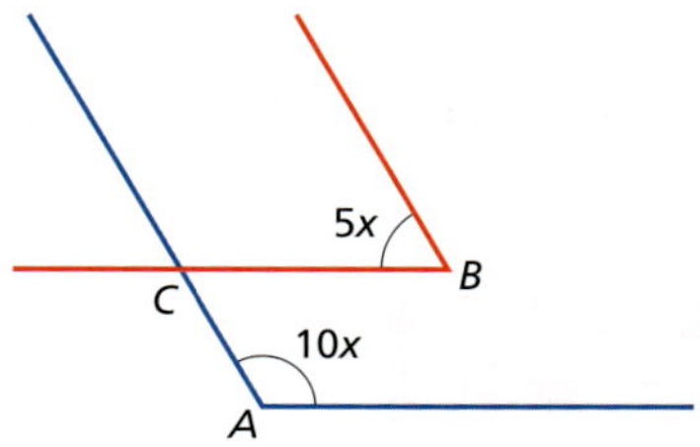

5. Sendo r e s retas paralelas, determine os valores de x e y nos casos abaixo.

a)

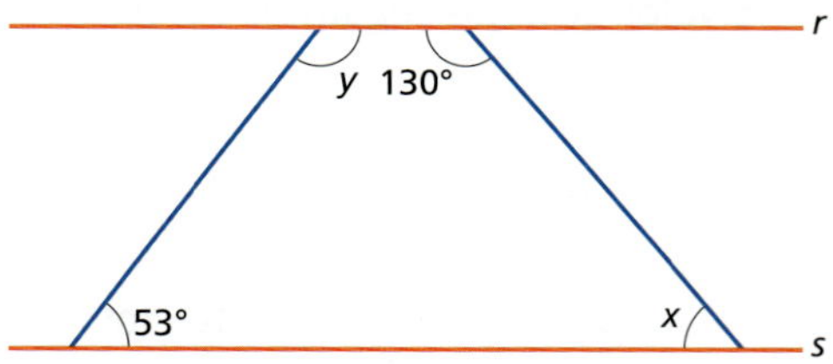

b)

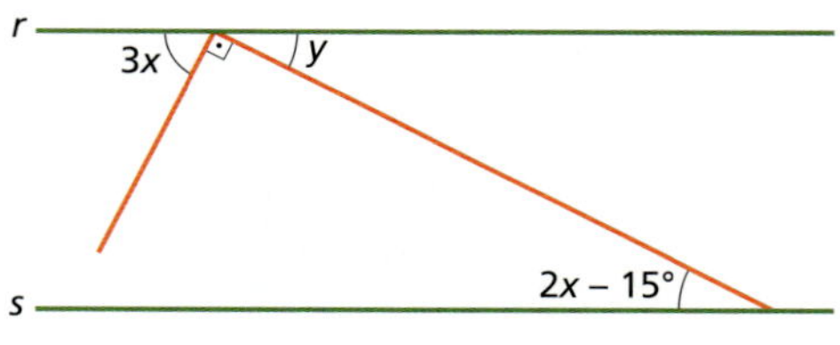

R3. Na figura abaixo, as retas r e s são paralelas. Calcular o valor do ângulo α.

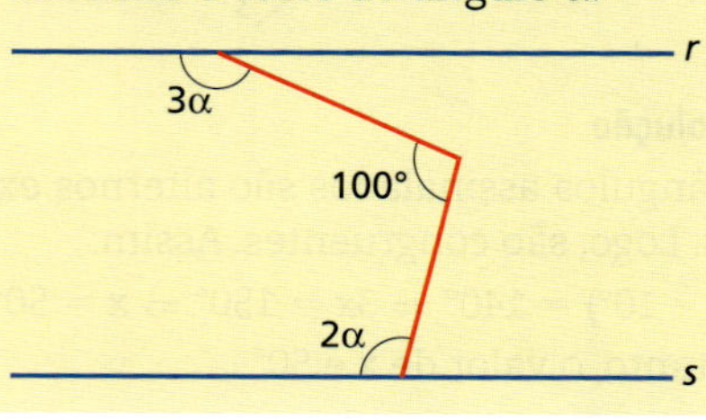

➤ Resolução

Traçando uma reta auxiliar v, paralela a r e s, temos:

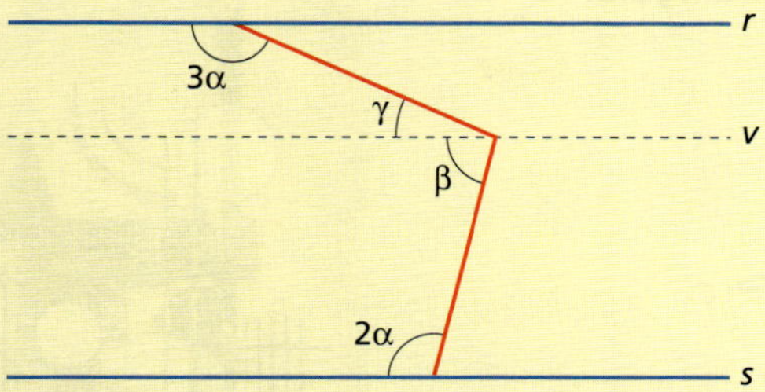

(I) $\gamma + \beta = 100°$

(II) γ e 3α são ângulos colaterais internos, então:
$\gamma + 3\alpha = 180° \Rightarrow \gamma = 180° - 3\alpha$

(III) β e 2α são ângulos colaterais internos, então:
$\beta + 2\alpha = 180° \Rightarrow \beta = 180° - 2\alpha$

De (I), (II) e (III), temos:

$\gamma + \beta = 100° \Rightarrow (180° - 3\alpha) + (180° - 2\alpha) =$
$= 100° \Rightarrow -5\alpha = -260° \Rightarrow \alpha = 52°$

Portanto, o valor do ângulo α é 52°.

6. Determine o valor de x e y, sendo r paralela a s.

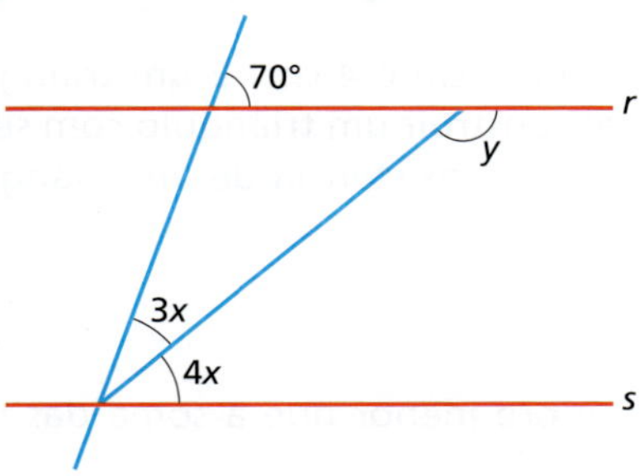

7. Sendo a reta r paralela à reta s, determine o valor de α nas figuras abaixo.

a)

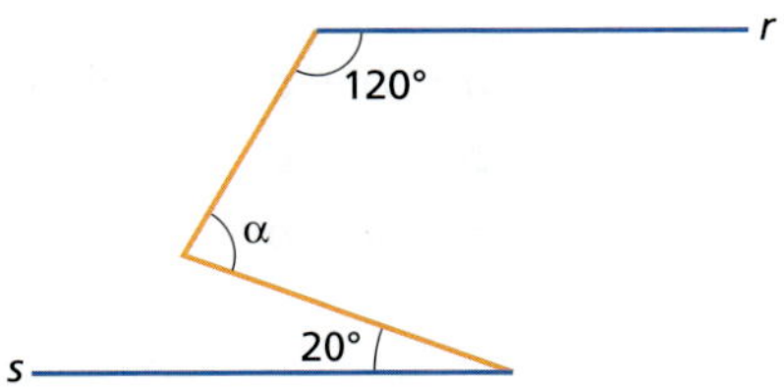

b)

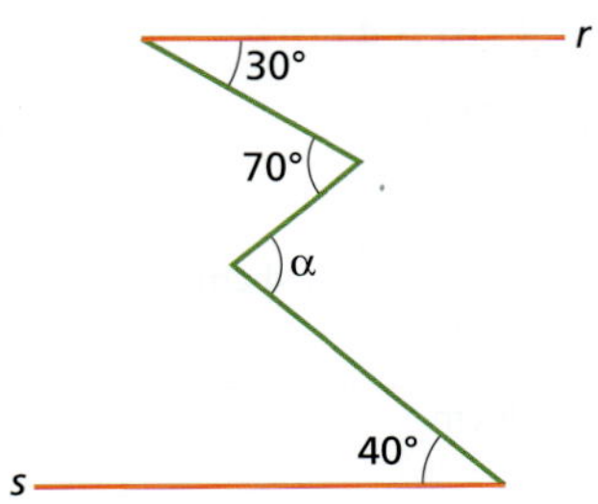

c)

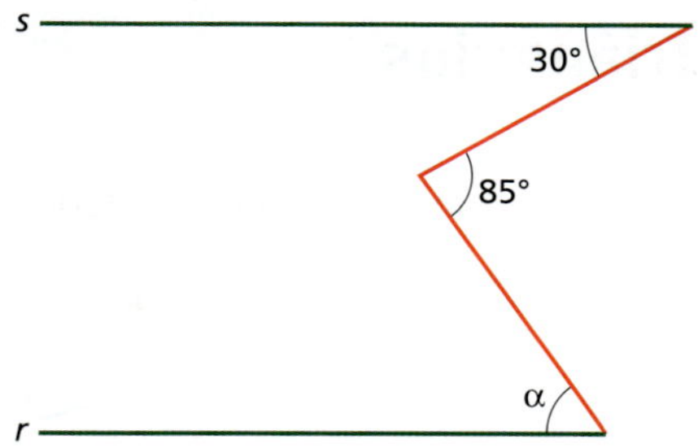

d)

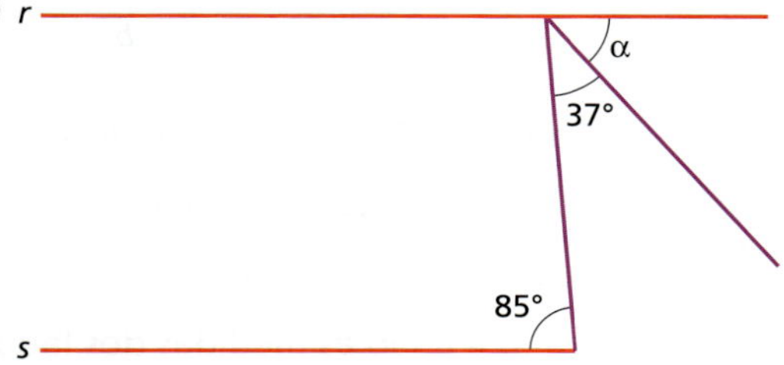

8. Calcule o valor de x nas figuras abaixo.

a)

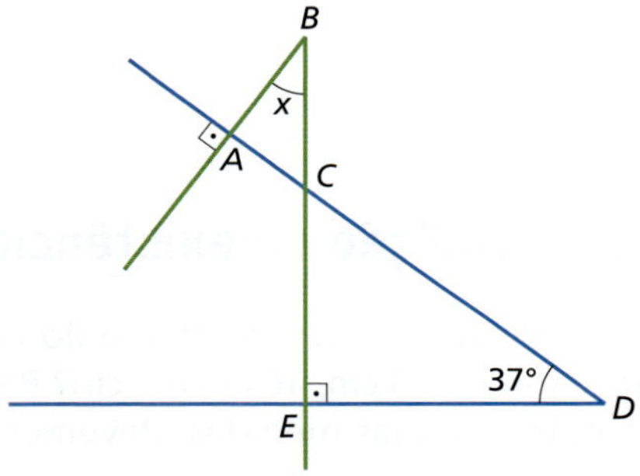

b)

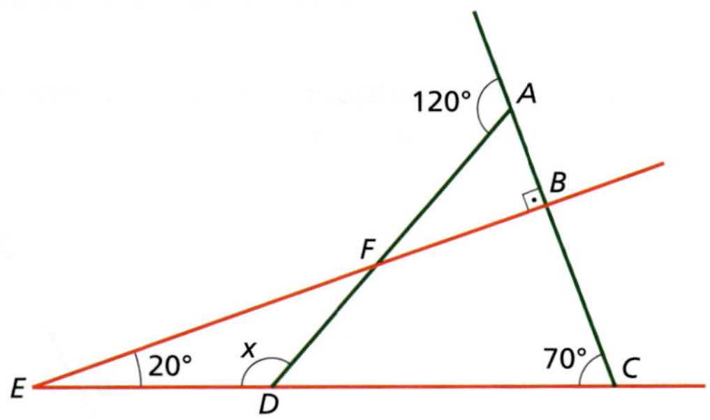

c)

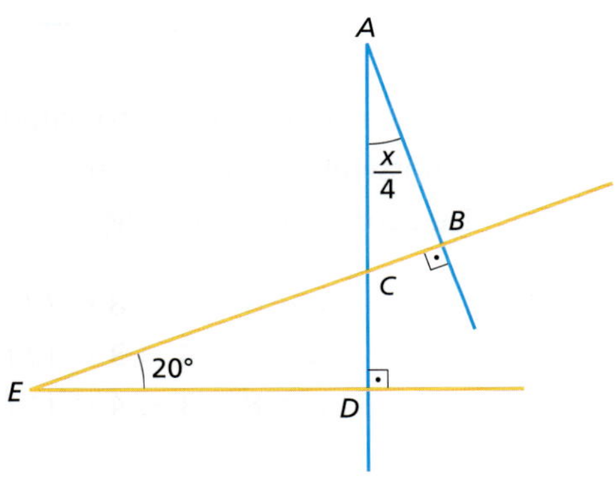

2 Triângulos

Um polígono que tem três lados é chamado **triângulo**.

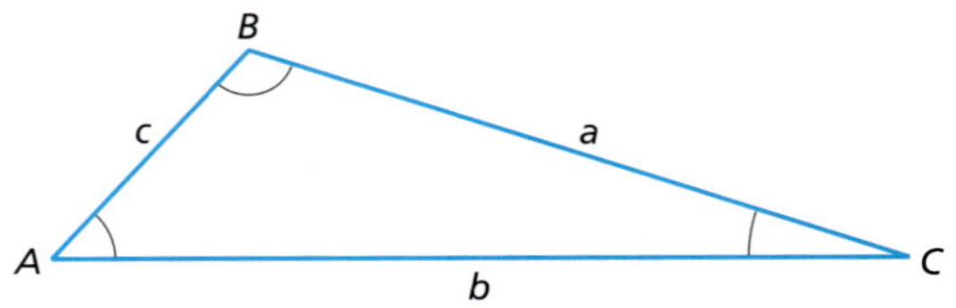

Com relação ao $\triangle ABC$ (lemos: "triângulo *ABC*") acima, temos:

- $\overline{AB}$, $\overline{BC}$ e $\overline{AC}$ são os lados do triângulo;
- *A*, *B* e *C* são os vértices;
- *a*, *b* e *c* são as medidas dos lados do triângulo;
- $C\widehat{A}B$, $A\widehat{C}B$ e $A\widehat{B}C$ são os ângulos internos;
- o perímetro do triângulo *ABC* é obtido com: $a + b + c$

Wassily Kandisky, *Duro e mole*, 1927.

2.1 Condição de existência de um triângulo (desigualdade triangular)

É possível traçar um triângulo cujos lados medem 8 cm, 3 cm e 4 cm? E um triângulo cujos lados medem 8 cm, 10 cm e 5 cm? Para saber se é possível construir um triângulo com segmentos de determinadas medidas, devemos verificar se a condição de existência de um triângulo pode ser aplicada.

Condição de existência de um triângulo:

- Em qualquer triângulo, a medida de um lado é sempre menor que a soma das medidas dos outros dois lados.

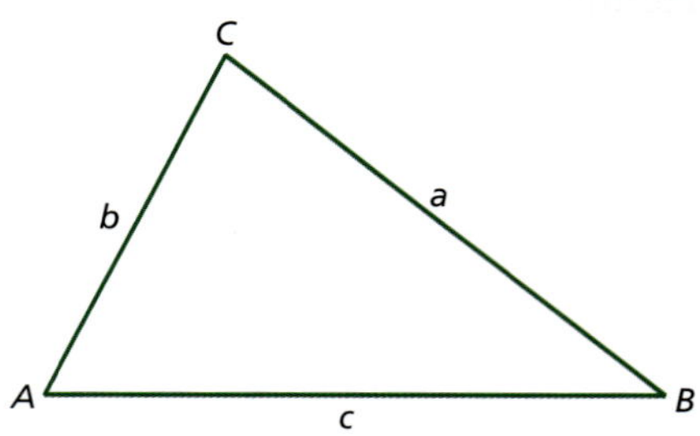

$a < b + c$

$b < a + c$

$c < a + b$

Vamos analisar os dois casos citados anteriormente:

a) É possível construir um triângulo cujos lados medem 8 cm, 3 cm e 4 cm?

De acordo com a condição de existência de um triângulo, temos:

$8 < 3 + 4 \Rightarrow 8 < 7$ (falso)

$3 < 8 + 4 \Rightarrow 3 < 12$ (verdadeiro)

$4 < 8 + 3 \Rightarrow 4 < 11$ (verdadeiro)

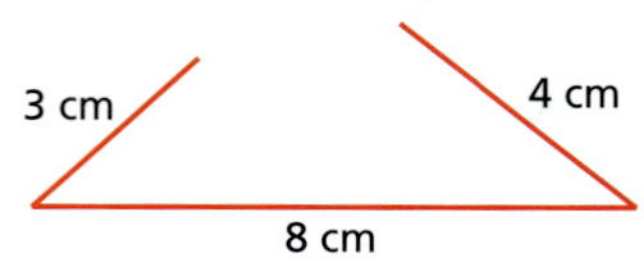

Como a condição de existência não é válida, não existe um triângulo cujos lados medem 8 cm, 3 cm e 4 cm.

b) E um triângulo cujos lados medem 8 cm, 10 cm e 5 cm?

De acordo com a condição de existência de um triângulo, temos:

$8 < 10 + 5 \Rightarrow 8 < 15$ (verdadeiro)

$10 < 8 + 5 \Rightarrow 10 < 13$ (verdadeiro)

$5 < 8 + 10 \Rightarrow 5 < 18$ (verdadeiro)

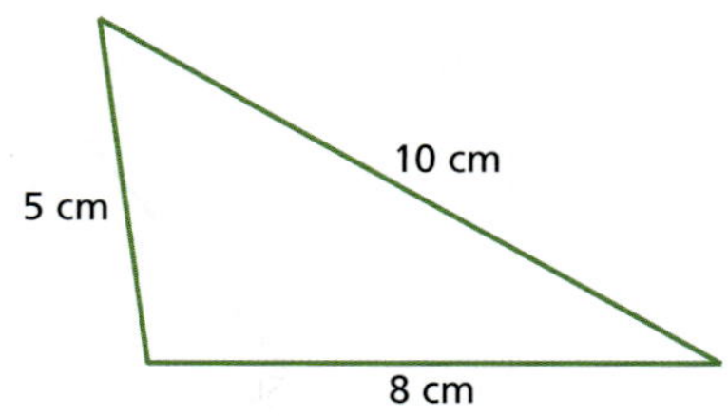

Como a condição de existência é válida, então existe um triângulo cujos lados medem 8 cm, 10 cm e 5 cm.

Exercício

9. Verifique se existe ou não um triângulo com as medidas indicadas em cada item. Justifique.

a) 2 cm, 5 cm e 6 cm.

b) 3 cm, 4 cm e 6 cm.

c) 5 cm, 5 cm e 5 cm.

d) 7 cm, 6 cm e 13 cm.

2.2 Soma das medidas dos ângulos internos de um triângulo

Vamos considerar um triângulo *ABC* e uma reta *r*, paralela ao lado $\overline{AB}$ e que passa pelo vértice *C*.

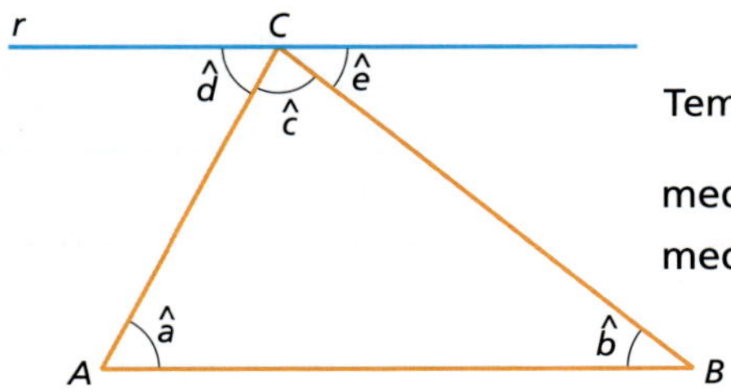

Temos:

$\left.\begin{array}{l}\text{med}(\widehat{a}) = \text{med}(\widehat{d})\\ \text{med}(\widehat{b}) = \text{med}(\widehat{e})\end{array}\right\}$ $\widehat{a}$ e $\widehat{d}$, $\widehat{b}$ e $\widehat{e}$ são ângulos alternos internos.

Então:

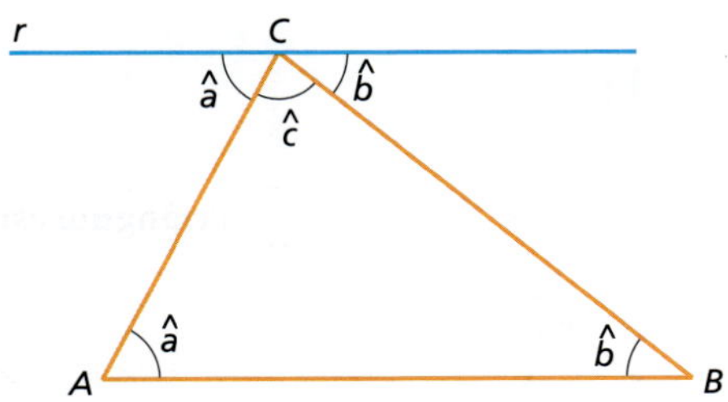

Os ângulos $\widehat{a}$, $\widehat{b}$ e $\widehat{c}$ formam um ângulo raso; assim:

$$\text{med}(\widehat{a}) + \text{med}(\widehat{b}) + \text{med}(\widehat{c}) = 180°$$

Portanto, a soma das medidas dos ângulos internos de um triângulo é 180°.

Exemplo

Vamos determinar o valor do ângulo *x* no triângulo *ABC*.

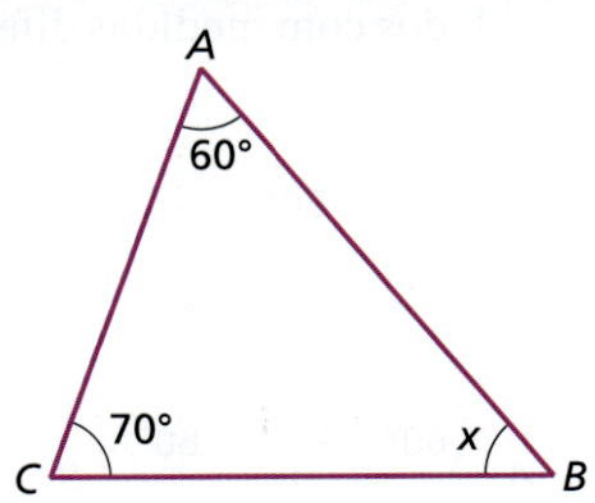

Como a soma das medidas dos ângulos internos de um triângulo é 180°, temos:

$x + 70° + 60° = 180° \Rightarrow x + 130° = 180° \Rightarrow$

$\Rightarrow x = 180° - 130° \Rightarrow x = 50°$

Exercícios

10. Determine o valor de x nos triângulos.

a)

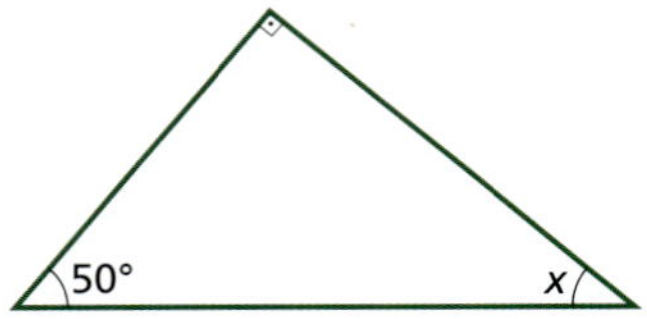

b)

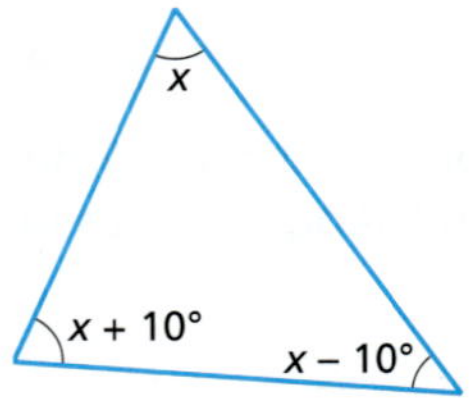

11. Determine o valor dos ângulos x e y na figura abaixo.

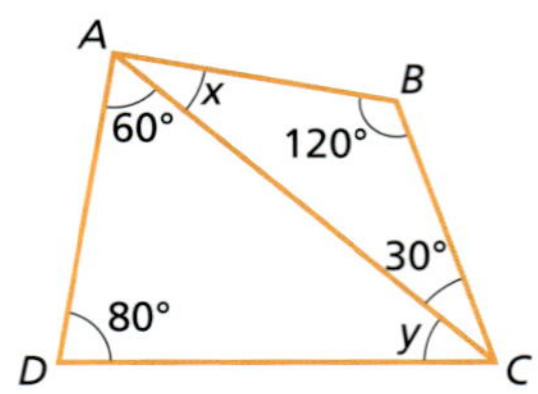

12. Determine o valor de x em cada triângulo.

a)

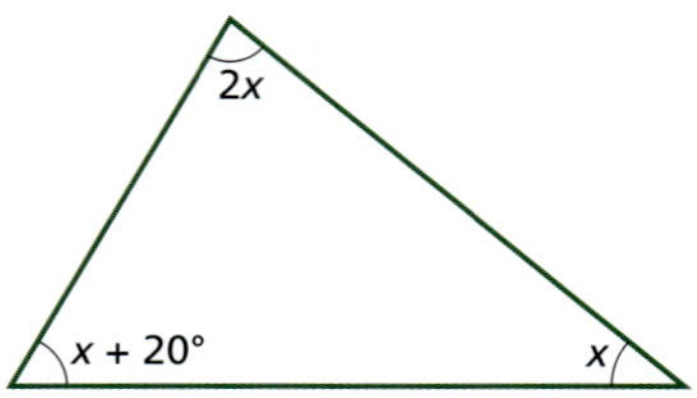

b)

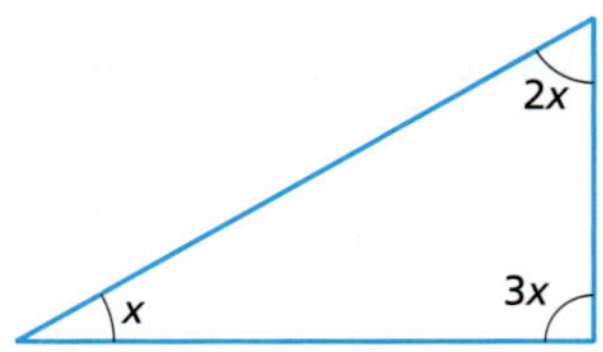

2.3 Classificação dos triângulos

Os triângulos recebem nomes especiais de acordo com as medidas dos lados ou de acordo com as medidas dos ângulos internos.

Classificação dos triângulos quanto aos lados

Triângulo equilátero	Triângulo isósceles	Triângulo escaleno
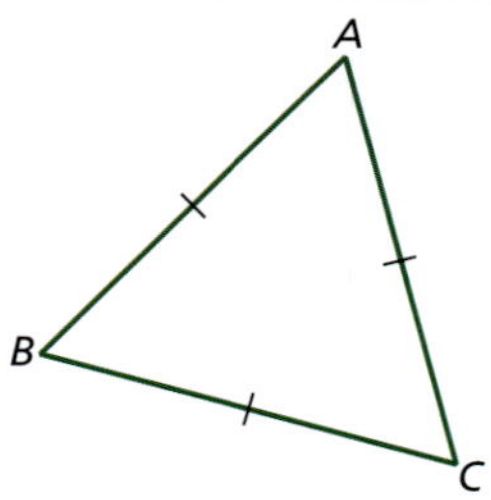	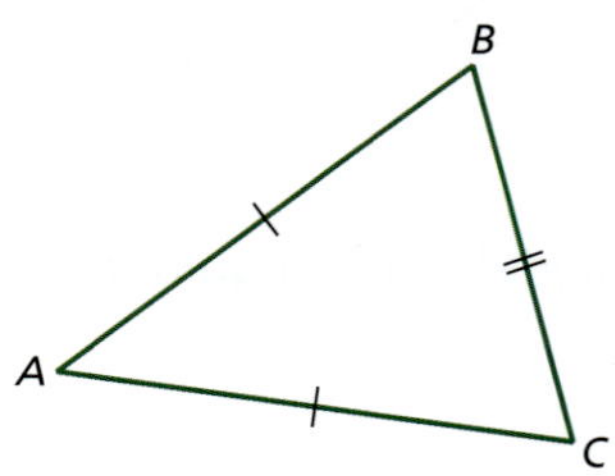	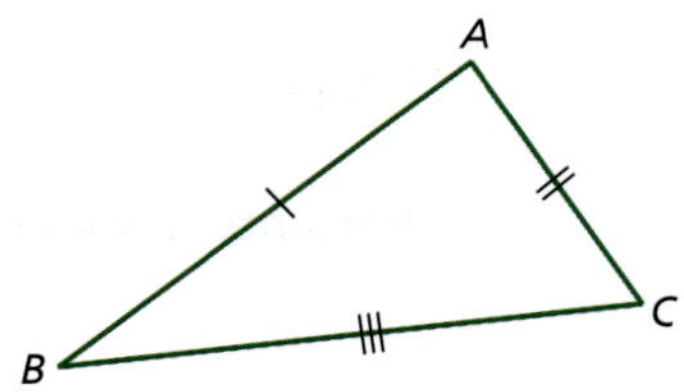
Um triângulo equilátero tem os três lados congruentes: $\overline{AB} \cong \overline{BC} \cong \overline{CA}$	Um triângulo isósceles tem dois lados congruentes: $\overline{AB} \cong \overline{AC}$	Um triângulo escaleno tem os três lados com medidas diferentes.

10.1 Visão do especialista

Observações:

1. Em qualquer triângulo equilátero, os três ângulos internos são congruentes, medindo 60° cada um.

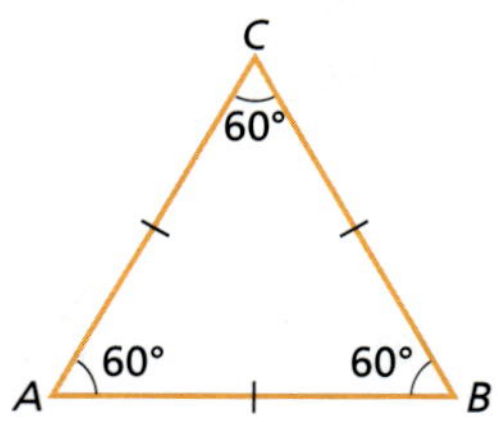

10.2 Visão do especialista

2. Em um triângulo isósceles os ângulos da base são congruentes.

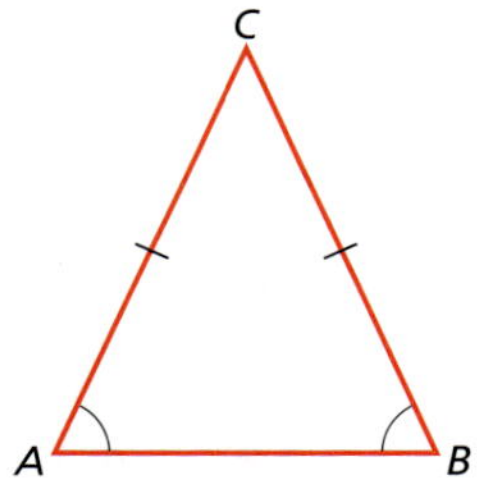

- Lados congruentes: $\overline{AC} \cong \overline{BC}$
- Base: $\overline{AB}$
- Ângulo do vértice: $\widehat{C}$
- Ângulos da base congruentes: $\widehat{A} \cong \widehat{B}$

Classificação dos triângulos quanto aos ângulos

Triângulo acutângulo	Triângulo retângulo	Triângulo obtusângulo
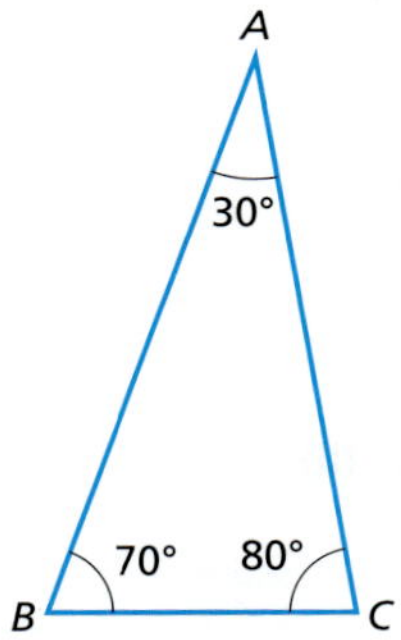	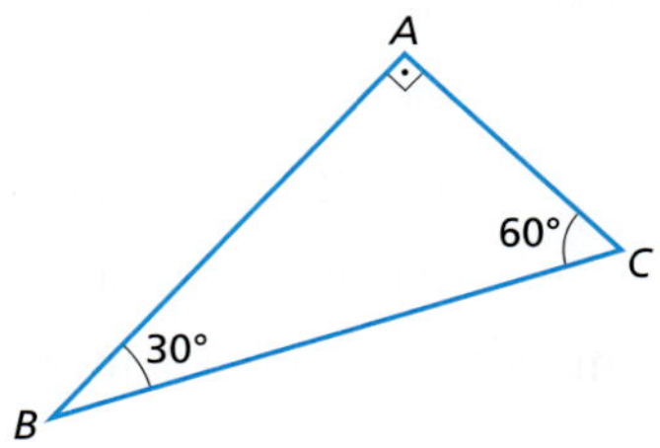	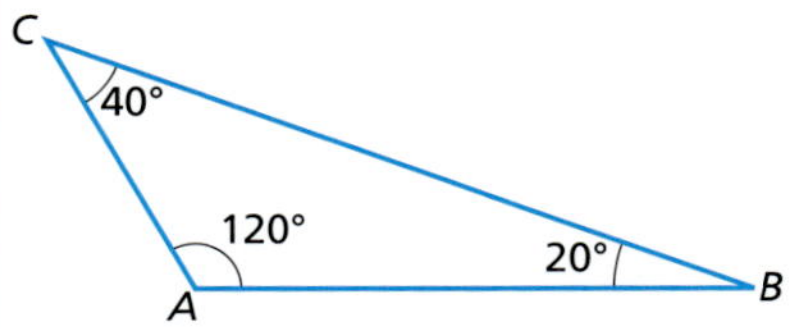
Um triângulo acutângulo tem todos os ângulos internos agudos.	Um triângulo retângulo tem um ângulo interno reto.	Um triângulo obtusângulo tem um ângulo interno obtuso.

Exercícios

13. Sabendo que o triângulo *ABC* é equilátero, determine *x* e *y*.

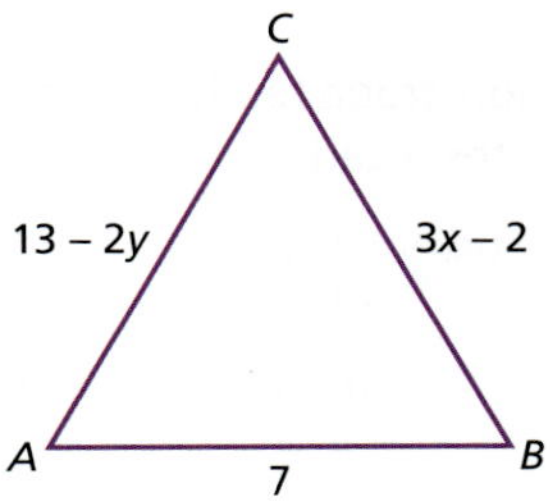

14. O perímetro de um triângulo equilátero é 105 cm. Determine o valor de cada lado.

15. Sendo o perímetro de um triângulo isósceles 150 cm e sabendo que a base mede 30 cm, calcule a medida dos outros lados.

16. Sabendo que os triângulos *ABC* são isósceles de base $\overline{BC}$, determine *x*.

a) 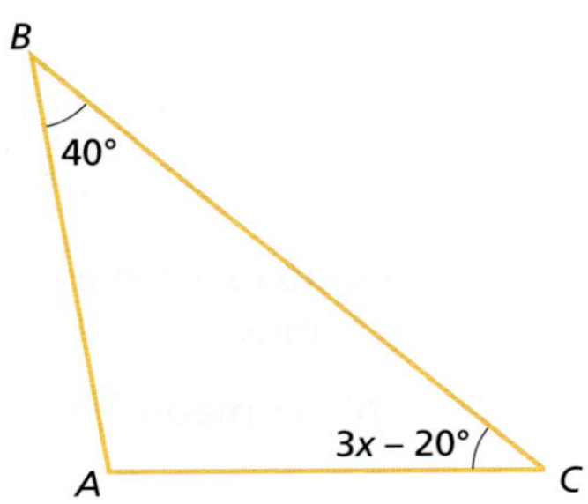

b) 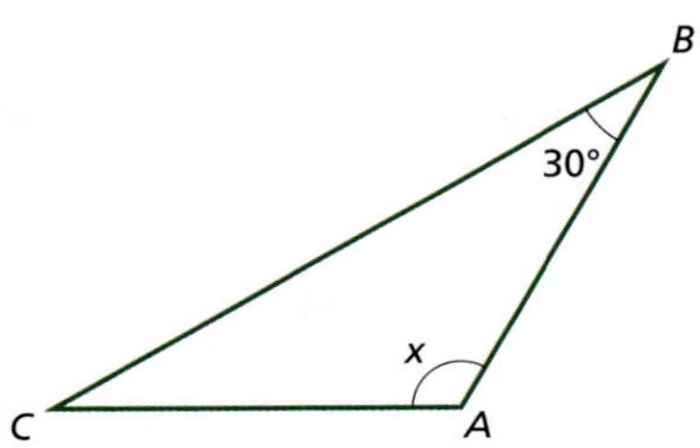

2.4 Relação entre um ângulo externo e dois ângulos internos não adjacentes

Considere o triângulo *ABC*, abaixo, e observe os ângulos internos e os ângulos externos destacados.

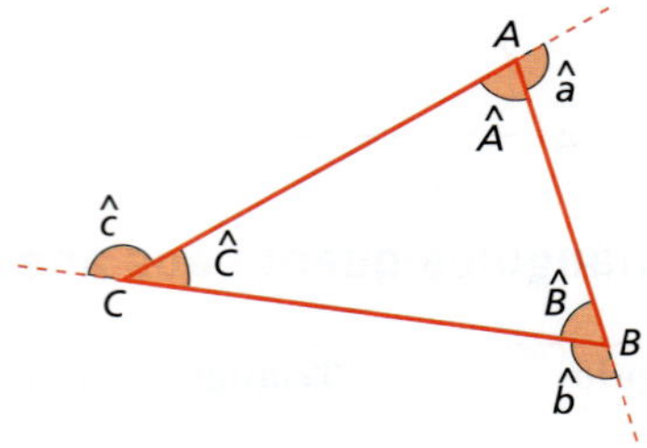

De acordo com a figura e com o que já vimos antes, temos:

$$\text{med}(\widehat{A}) + \text{med}(\widehat{a}) = 180° \text{ (I)}$$

$$\text{med}(\widehat{B}) + \text{med}(\widehat{b}) = 180°$$

$$\text{med}(\widehat{C}) + \text{med}(\widehat{c}) = 180°$$

$$\text{med}(\widehat{A}) + \text{med}(\widehat{B}) + \text{med}(\widehat{C}) = 180° \text{ (II)}$$

De (I), temos:

$$\text{med}(\widehat{A}) = 180° - \text{med}(\widehat{a})$$

Substituindo em (II):

$$\text{med}(\widehat{A}) + \text{med}(\widehat{B}) + \text{med}(\widehat{C}) = 180°$$

$$(180° - \text{med}(\widehat{a})) + \text{med}(\widehat{B}) + \text{med}(\widehat{C}) = 180°$$

$$\text{med}(\widehat{B}) + \text{med}(\widehat{C}) = 180° - 180° + \text{med}(\widehat{a})$$

- $\text{med}(\widehat{B}) + \text{med}(\widehat{C}) = \text{med}(\widehat{a})$

Essa relação pode ser demonstrada também entre os outros ângulos internos e os ângulos externos não adjacentes correspondentes a cada um deles. Então:

- $\text{med}(\widehat{C}) + \text{med}(\widehat{A}) = \text{med}(\widehat{b})$

  $\text{med}(\widehat{B}) + \text{med}(\widehat{A}) = \text{med}(\widehat{c})$

Assim, temos:

- Em qualquer triângulo, a medida de um ângulo externo é igual à soma das medidas dos ângulos internos não adjacentes a ele.

Exemplo

Vamos determinar o valor do ângulo $\widehat{e}$ no triângulo abaixo.

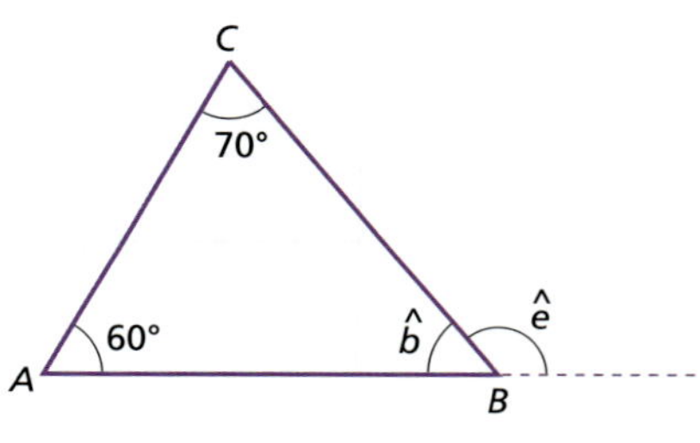

Pela relação entre um ângulo externo e dois ângulos internos não adjacentes, temos:

$$\text{med}(\widehat{e}) = 60° + 70° \Rightarrow \text{med}(\widehat{e}) = 130°$$

Exercícios

17. Determine o valor de x.

a)

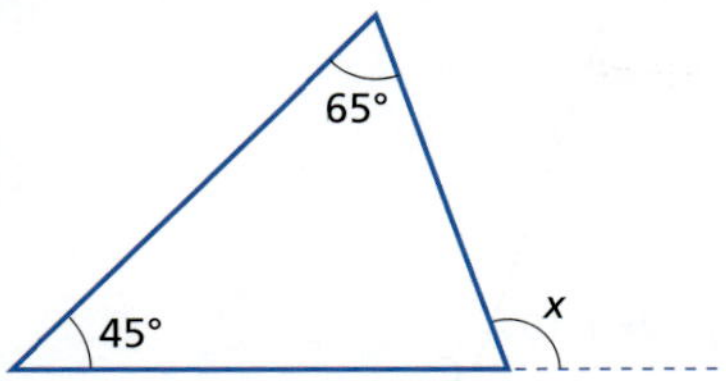

b)

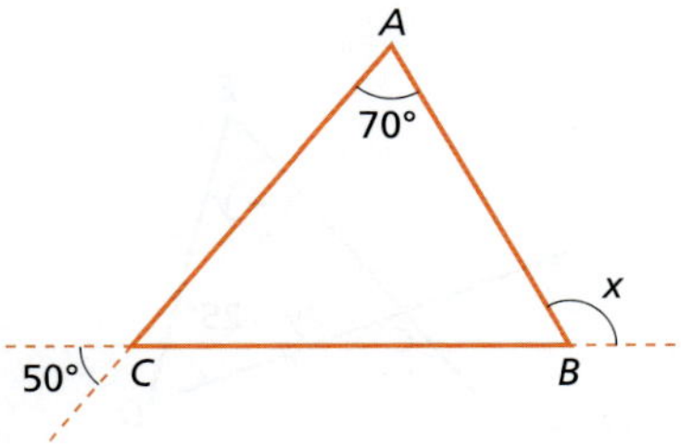

18. Sabendo que o triângulo ABC é isósceles, sendo $\overline{BC}$ sua base, determine o valor de x nos seguintes casos.

a)

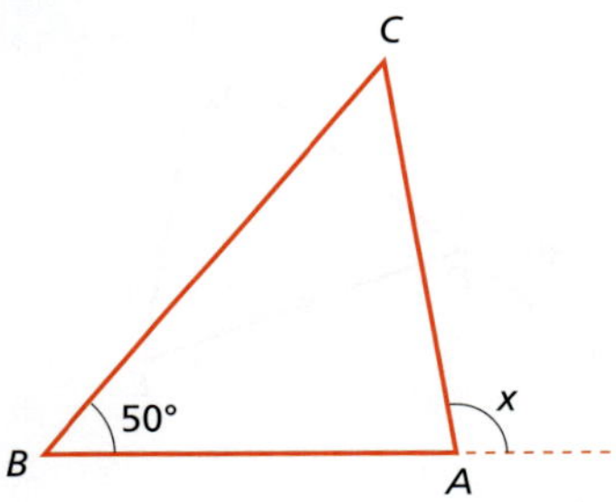

b)

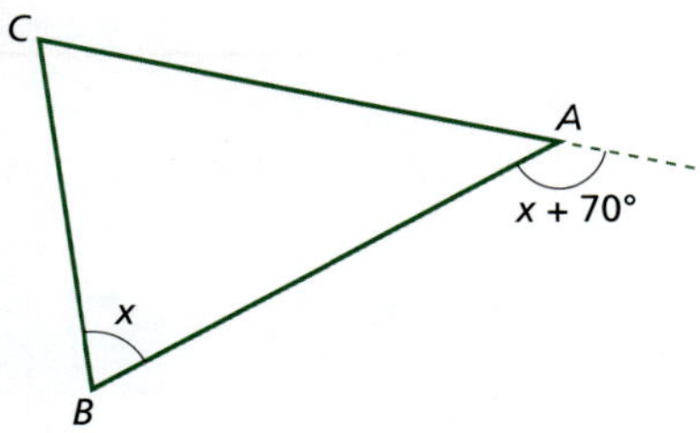

c)

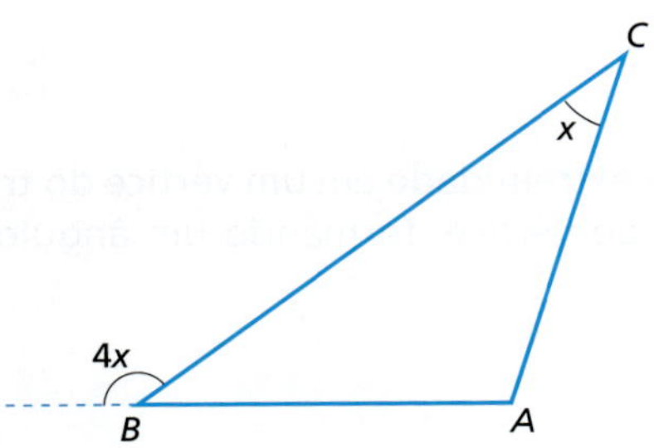

19. Determine o valor de x no triângulo abaixo.

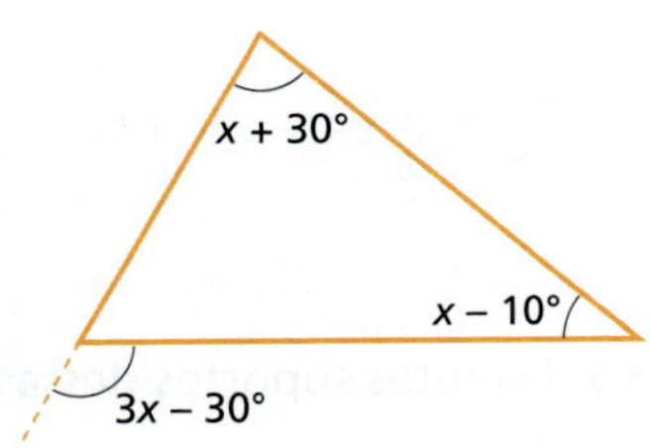

20. Determine o valor de x e y.

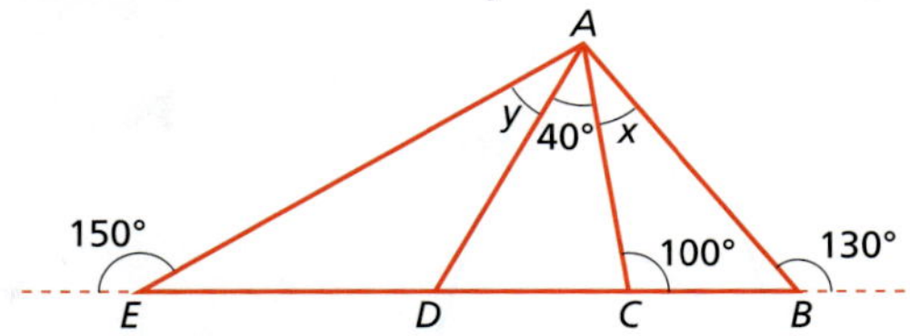

21. Sabendo que o triângulo ABC é isósceles de base $\overline{BC}$, determine o valor de x e y nos seguintes casos.

a)

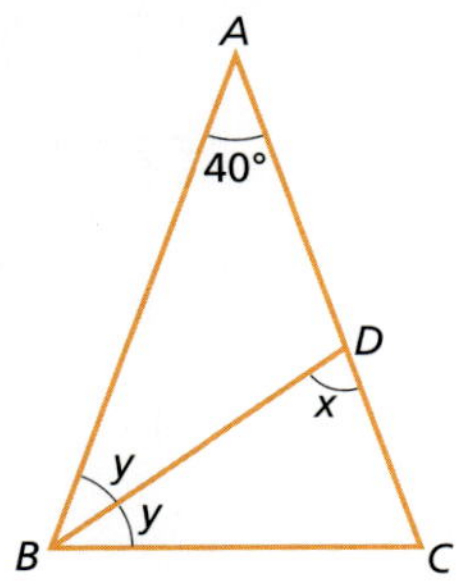

b)

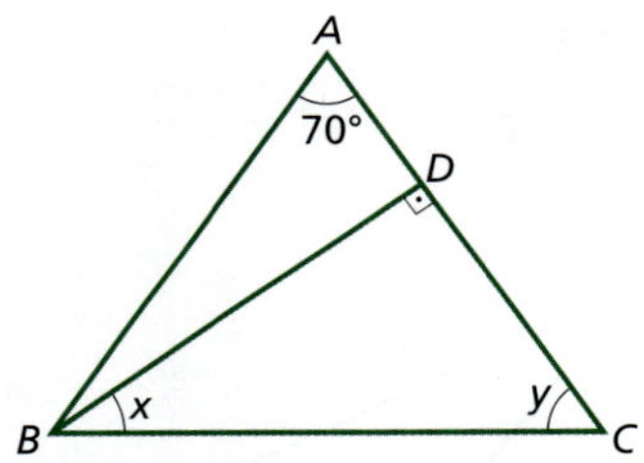

22. Determine o valor de x nos casos a seguir.

a)

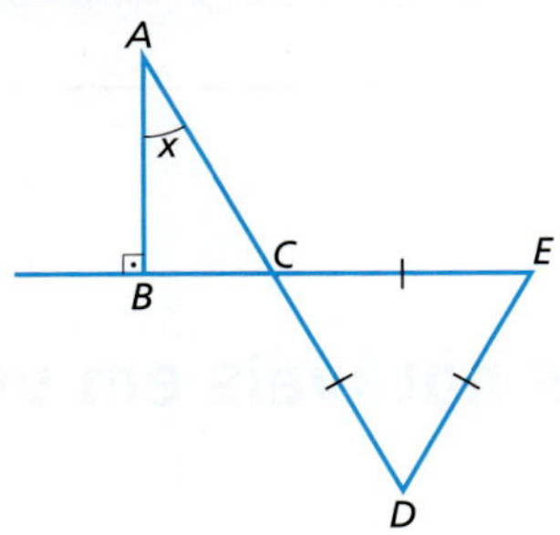

b)

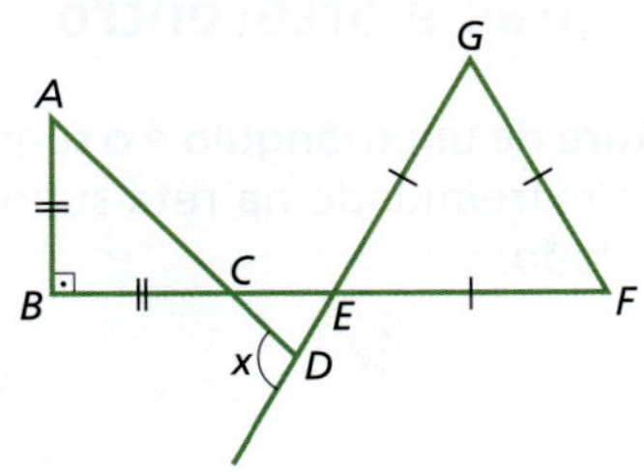

c)

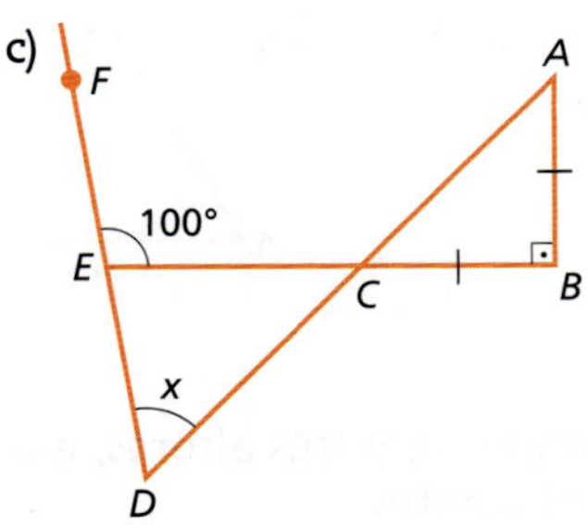

d)

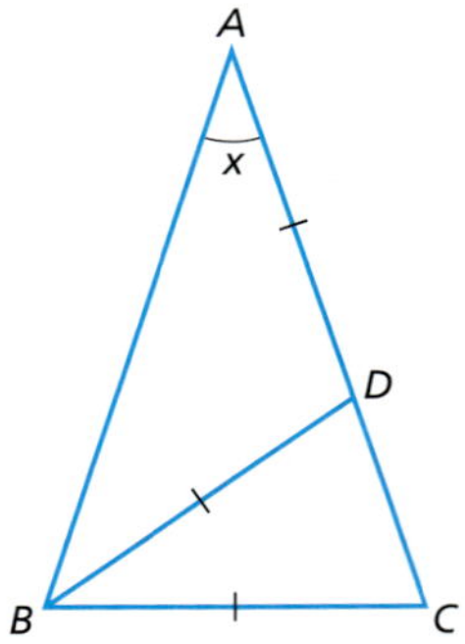

$\overline{AB} \cong \overline{AC}$

e)

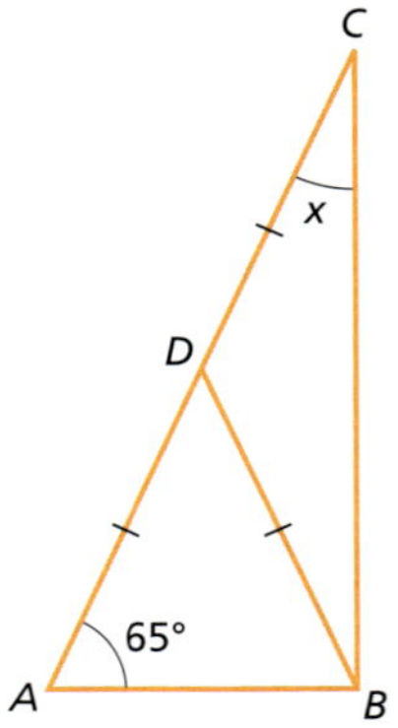

f)

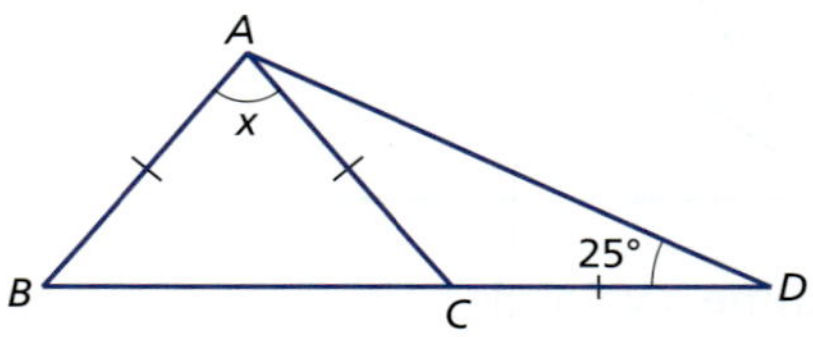

23. Determine o valor de x e y nos casos abaixo.

a)

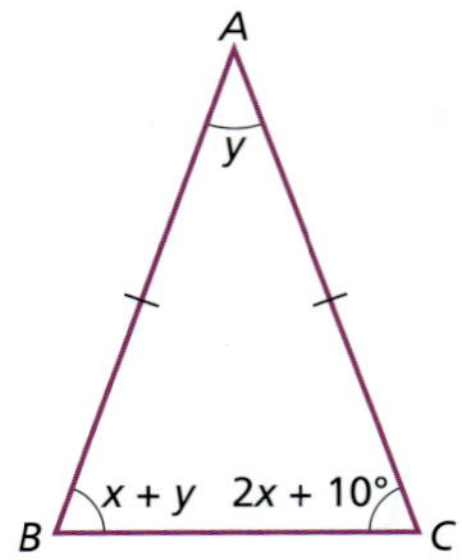

b)

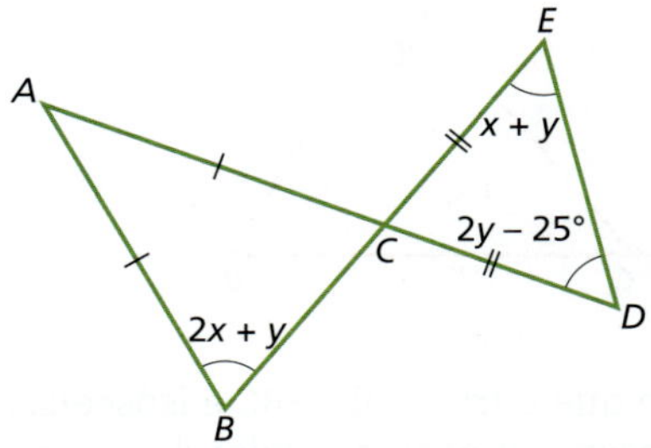

c)

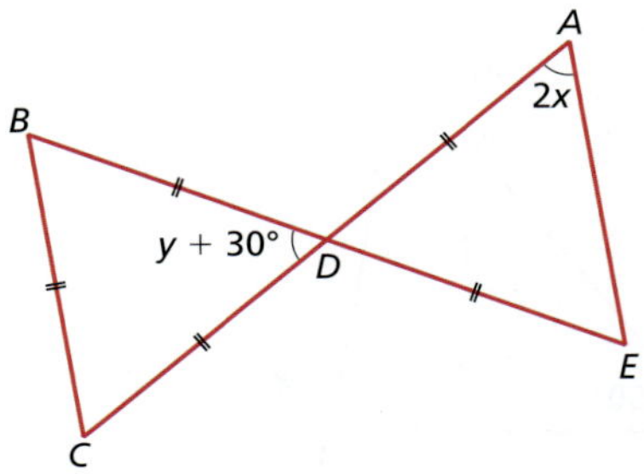

3 Pontos notáveis em um triângulo

3.1 Alturas e ortocentro

A **altura** de um triângulo é o segmento que tem uma extremidade em um vértice do triângulo e a outra extremidade na reta suporte do lado oposto ao vértice, formando um ângulo de 90° com esse lado.

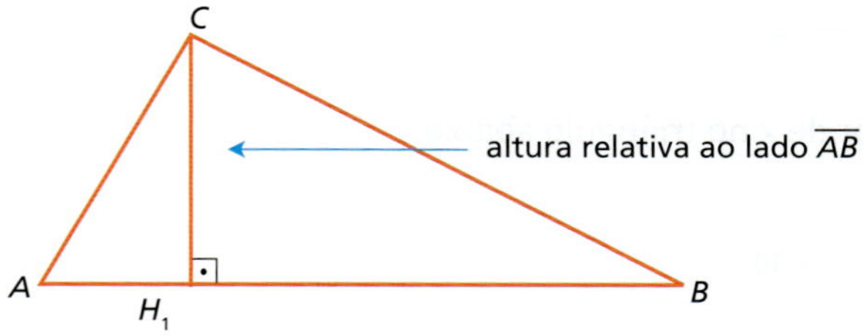

Um triângulo tem três alturas, e o ponto de encontro das retas suportes dessas alturas é denominado **ortocentro**.

Observe as alturas e o ortocentro de diferentes triângulos:

Triângulo acutângulo	Triângulo retângulo	Triângulo obtusângulo
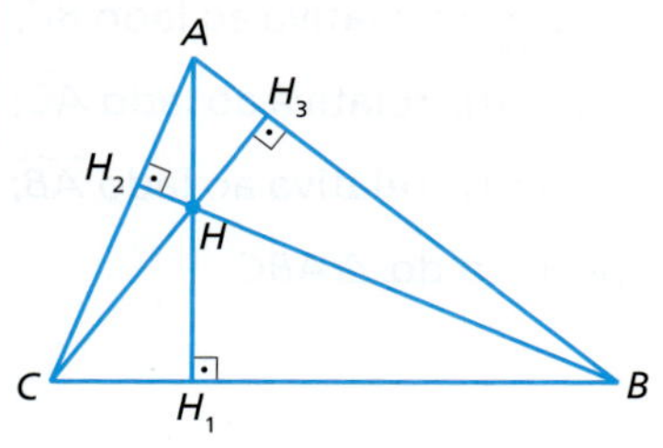	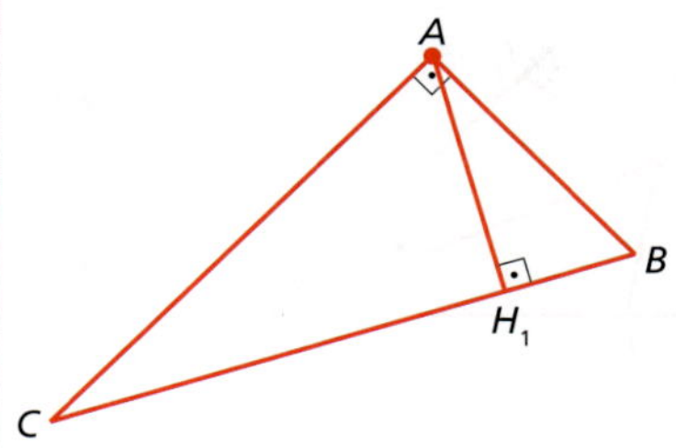	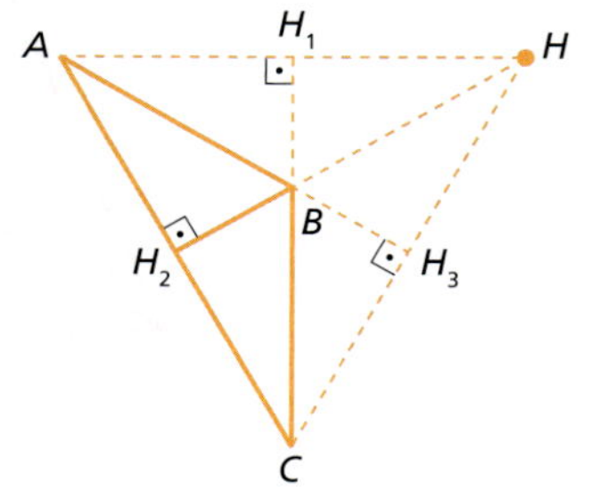
• $\overline{AH_1}$ é a altura relativa ao lado $\overline{BC}$; • $\overline{BH_2}$ é a altura relativa ao lado $\overline{AC}$; • $\overline{CH_3}$ é a altura relativa ao lado $\overline{AB}$; • H é o ortocentro do $\triangle ABC$.	• $\overline{AH_1}$ é a altura relativa ao lado $\overline{BC}$; • $\overline{BA}$ é a altura relativa ao lado $\overline{AC}$; • $\overline{CA}$ é a altura relativa ao lado $\overline{AB}$; • A é o ortocentro do $\triangle ABC$.	• $\overline{AH_1}$ é a altura relativa ao lado $\overline{BC}$; • $\overline{BH_2}$ é a altura relativa ao lado $\overline{AC}$; • $\overline{CH_3}$ é a altura relativa ao lado $\overline{AB}$; • H é o ortocentro do $\triangle ABC$.

3.2 Medianas e baricentro

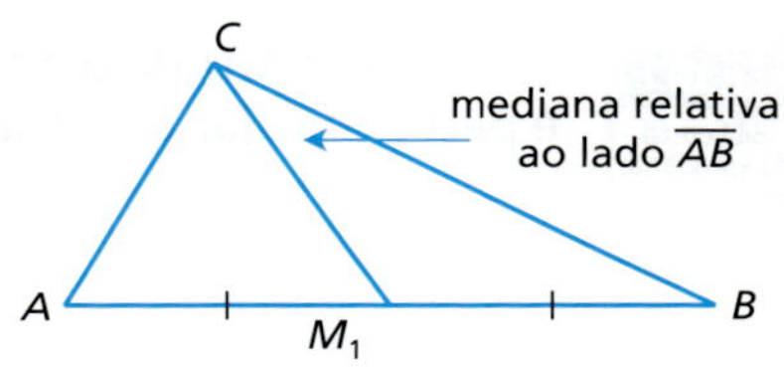

A **mediana** de um triângulo é o segmento que tem uma extremidade em um vértice do triângulo e a outra extremidade no ponto médio do lado oposto a esse vértice.

Um triângulo tem três medianas que se interceptam em um único ponto chamado **baricentro**.

Observe as medianas e o baricentro do triângulo ABC:

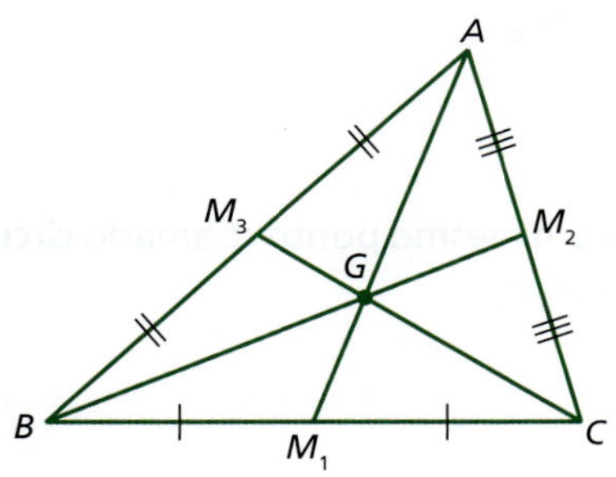

- $\overline{AM_1}$ é a mediana relativa ao lado $\overline{BC}$;
- $\overline{BM_2}$ é a mediana relativa ao lado $\overline{AC}$;
- $\overline{CM_3}$ é a mediana relativa ao lado $\overline{AB}$;
- G é o baricentro do $\triangle ABC$.

3.3 Bissetrizes e incentro

A **bissetriz** de um triângulo é o segmento que divide um ângulo interno em dois ângulos congruentes e tem uma extremidade em um vértice e a outra no lado oposto a esse vértice.

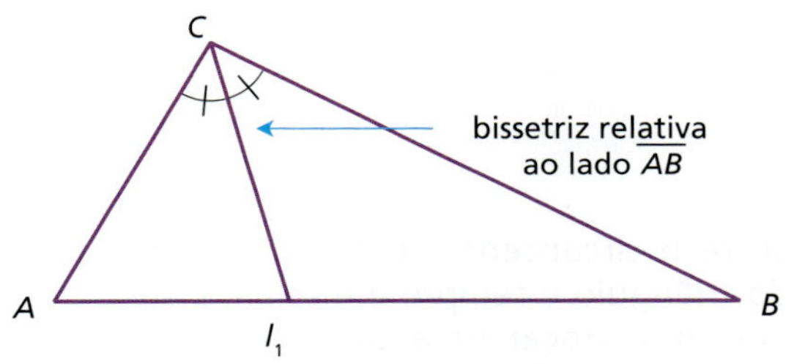

As três bissetrizes de um triângulo interceptam-se em um único ponto chamado **incentro**.

Observe as bissetrizes e o incentro do triângulo ABC:

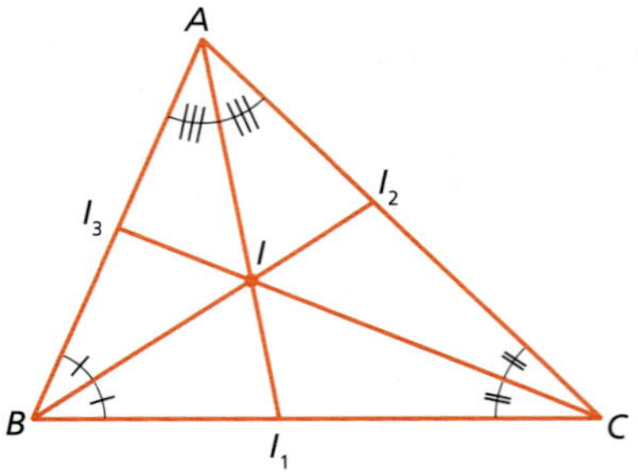

- $\overline{AI_1}$ é a bissetriz relativa ao lado $\overline{BC}$;
- $\overline{BI_2}$ é a bissetriz relativa ao lado $\overline{AC}$;
- $\overline{CI_3}$ é a bissetriz relativa ao lado $\overline{AB}$;
- I é o incentro do $\triangle ABC$.

Observação:
A distância entre o incentro e qualquer um dos lados do triângulo é sempre a mesma. Essa propriedade permite traçar uma circunferência inscrita no triângulo, de centro I e raio $\overline{IM}$ ($\overline{IM} \cong \overline{IO} \cong \overline{IN}$).

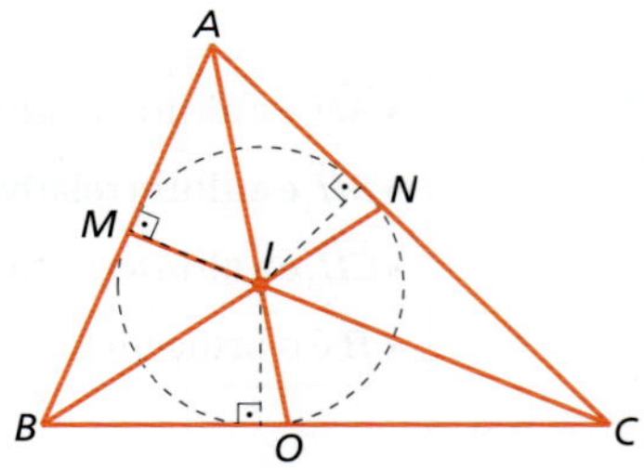

3.4 Mediatrizes e circuncentro

10.1 Biblioteca do estudante

A **mediatriz** de um triângulo é a reta que intercepta um lado do triângulo no ponto médio e é perpendicular a esse lado.

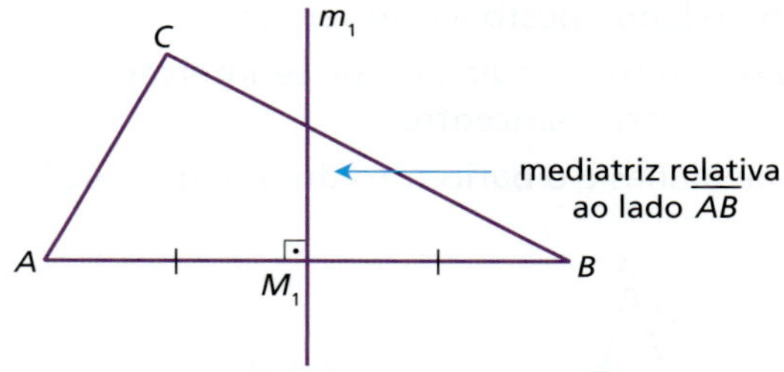

As três mediatrizes de um triângulo se interceptam em um mesmo ponto chamado **circuncentro.**
Observe as mediatrizes e o circuncentro do triângulo ABC:

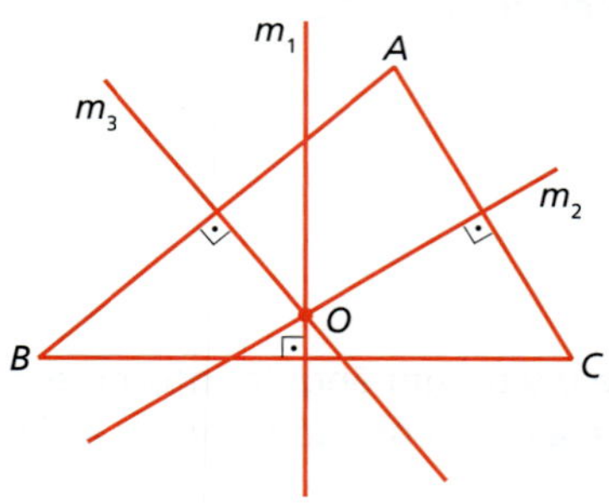

- m_1 é a mediatriz relativa ao lado $\overline{BC}$;
- m_2 é a mediatriz relativa ao lado $\overline{AC}$;
- m_3 é a mediatriz relativa ao lado $\overline{AB}$;
- O é o circuncentro do $\triangle ABC$.

Observação:
A distância entre o circuncentro e qualquer um dos vértices do triângulo é sempre a mesma. Essa propriedade permite traçar uma circunferência circunscrita no triângulo de centro O e raio $\overline{AO}$ ($\overline{AO} \cong \overline{BO} \cong \overline{CO}$).

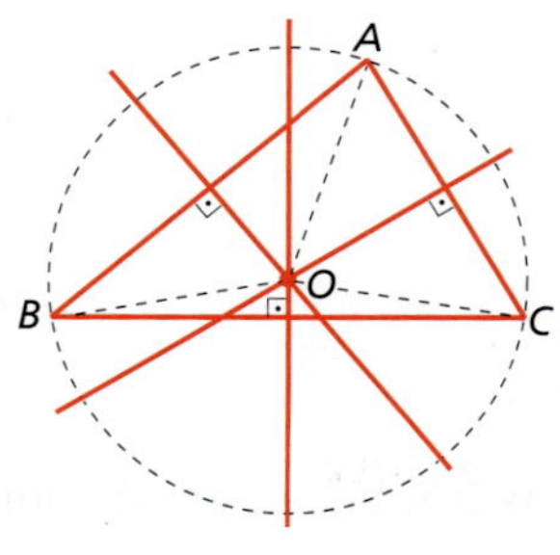

Exercícios

R4. Sabendo que $\overline{AM}$ é mediana relativa ao lado $\overline{BC}$, determinar o perímetro do triângulo ABC.

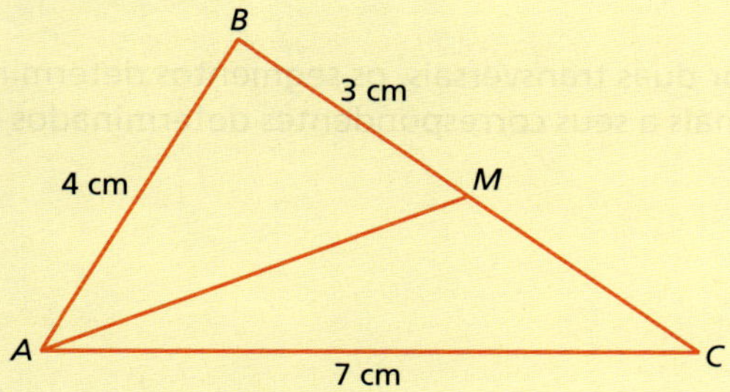

➤ Resolução

Como $\overline{AM}$ é mediana relativa ao lado $\overline{BC}$, verificamos que $\overline{CM}$ mede 3 cm.

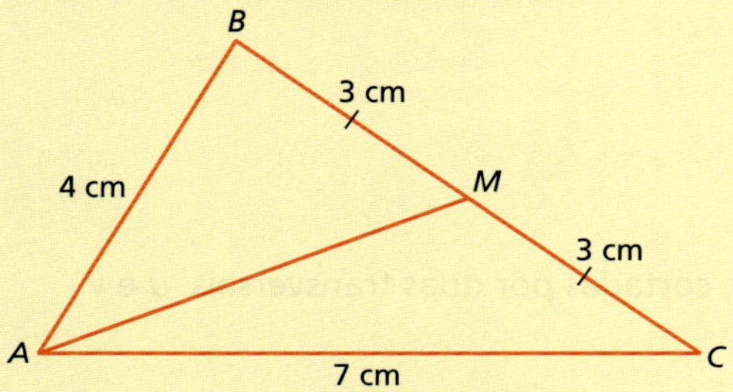

Assim, o perímetro do triângulo é:
4 cm + 7 cm + (3 cm + 3 cm) = 17 cm

24. No triângulo abaixo, indique qual é o segmento que representa, respectivamente, a mediana, a bissetriz e a altura relativa ao lado $\overline{BC}$, sabendo que $\overline{BE} \cong \overline{EC}$ e $B\widehat{A}D \cong D\widehat{A}C$.

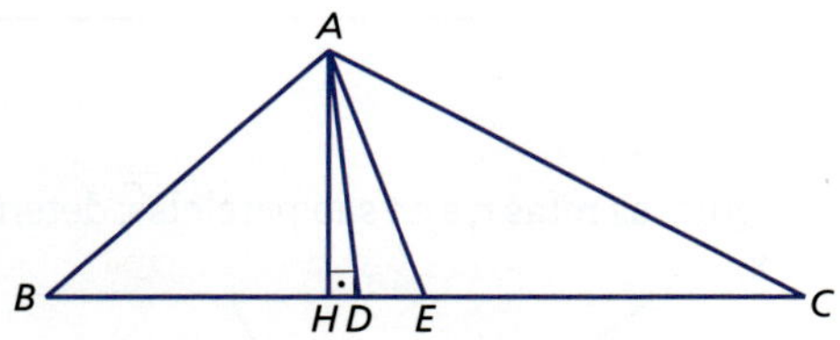

25. Dado o triângulo ABC, retângulo em $\widehat{A}$, determine:

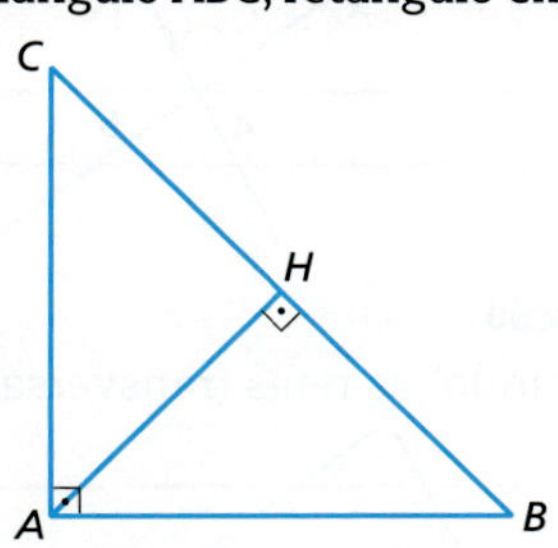

a) a altura relativa ao lado $\overline{AC}$;
b) a altura relativa ao lado $\overline{BC}$;
c) a altura relativa à hipotenusa.

26. Nos triângulos abaixo, determine os valores de x, y e z.

a) $\overline{CH}$ e $\overline{AS}$ são alturas.

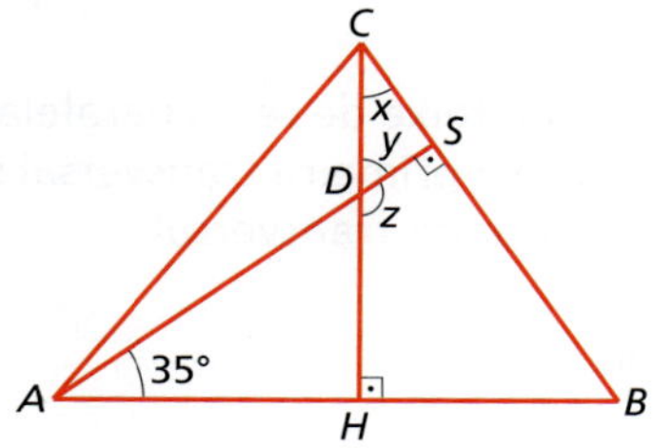

b) $\overline{CS}$ e $\overline{AT}$ são bissetrizes.

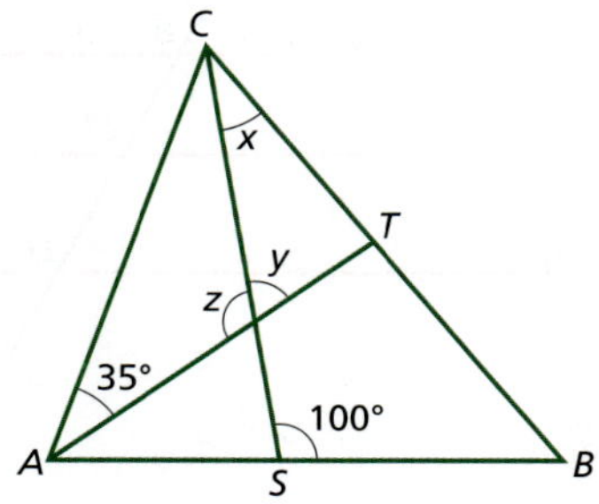

27. Determine x e y, sabendo que $\overline{CH}$ é altura relativa ao lado $\overline{AB}$ e $\overline{CS}$ é bissetriz do ângulo $A\widehat{C}B$.

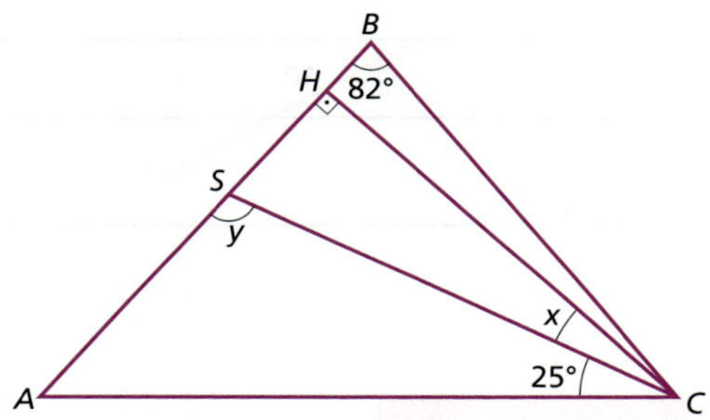

28. No triângulo abaixo, $\overline{AH}$ é altura relativa ao lado $\overline{BC}$ e $\overline{AS}$ é bissetriz do ângulo $C\widehat{A}B$. Determine x, y e z.

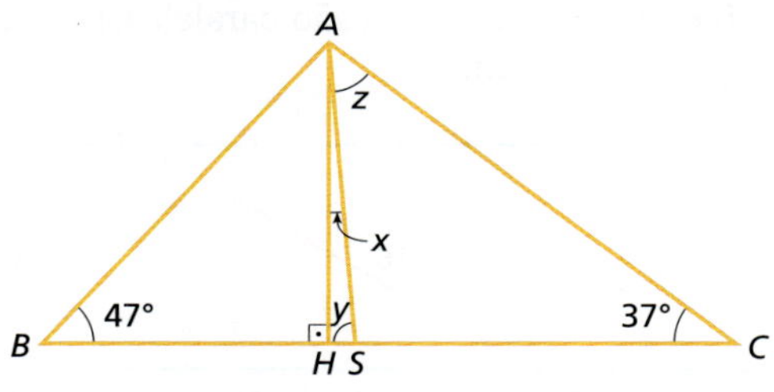

29. Determine o valor de x no triângulo, sabendo que $\overline{AD}$ é bissetriz do ângulo $C\widehat{A}B$.

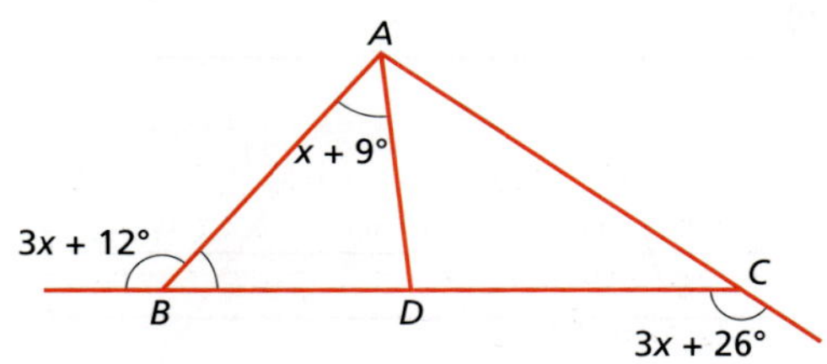

4 Semelhança

4.1 Teorema de Tales

O **teorema de Tales** afirma que:

10.3 Visão do especialista

- Se um feixe de retas paralelas é cortado por duas transversais, os segmentos determinados sobre a primeira transversal são proporcionais a seus correspondentes determinados sobre a segunda transversal.

Ou seja:

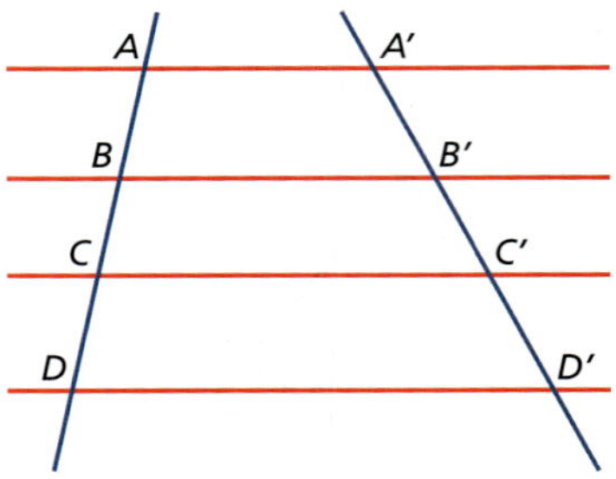

$$\frac{AB}{A'B'} = \frac{BC}{B'C'} \text{ ou } \frac{AC}{A'C'} = \frac{AB}{A'B'} \text{ ou } \frac{AD}{A'D'} = \frac{BD}{B'D'} \ldots$$

Exemplo

Na figura abaixo, as retas *r*, *s* e *t* são paralelas, cortadas por duas transversais, *u* e *v*. Vamos determinar *x*.

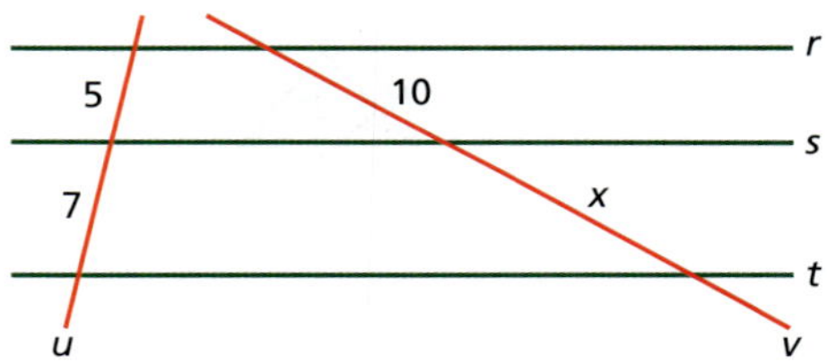

Pelo teorema de Tales, temos:

$$\frac{5}{10} = \frac{7}{x} \Rightarrow 5x = 70 \Rightarrow x = 14$$

Exercícios

30. Nas figuras, as retas r, s e t são paralelas. Determine x para cada item.

a)

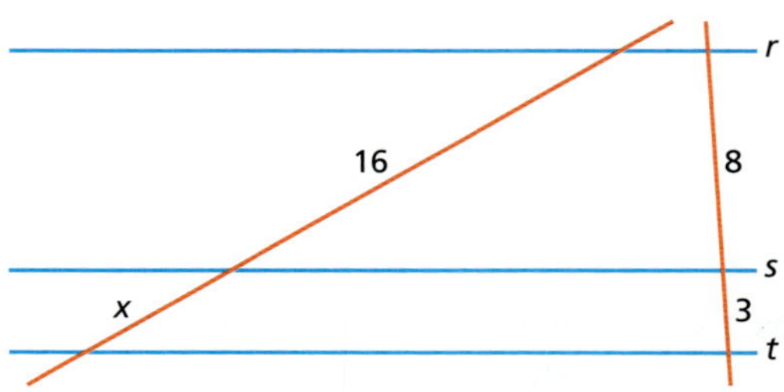

b)

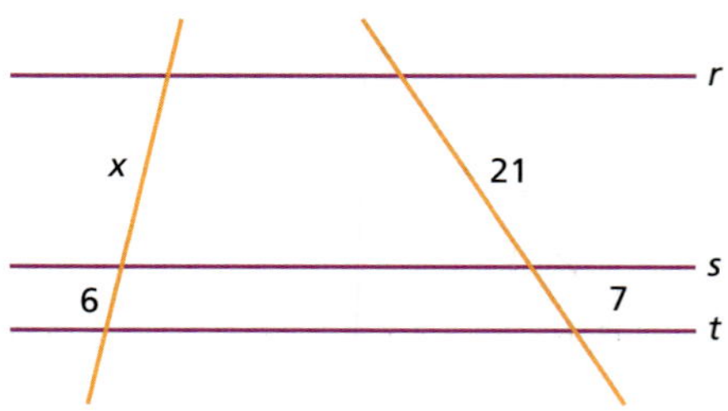

R5. Na figura, as retas r, s e t são paralelas; determinar x.

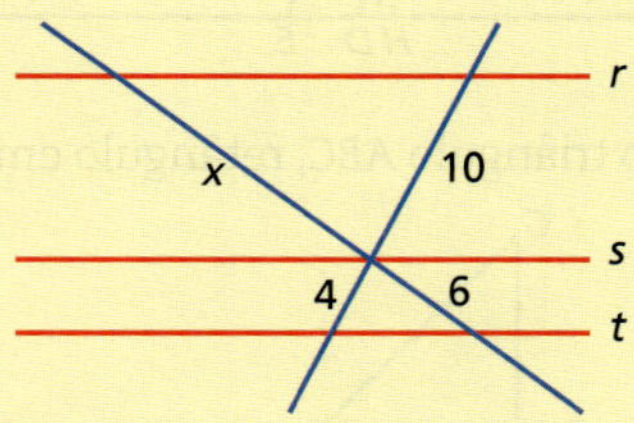

➤ **Resolução**

"Descruzando" as retas transversais, temos:

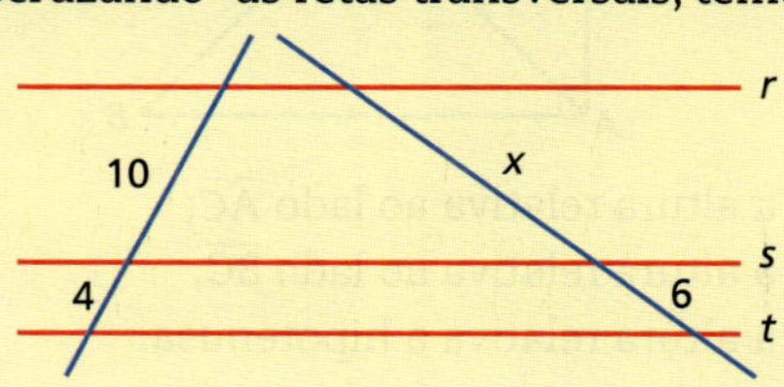

Pelo teorema de Tales:

$$\frac{10}{4} = \frac{x}{6} \Rightarrow 4x = 60 \Rightarrow x = 15$$

Portanto: $x = 15$

31. Sabendo que as retas r, s, t e u são paralelas, determine x e y.

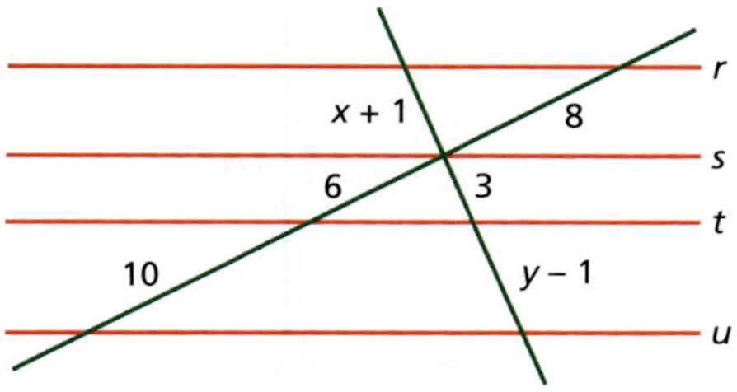

32. Nas figuras, as retas r, s e t são paralelas. Determine x.

a)

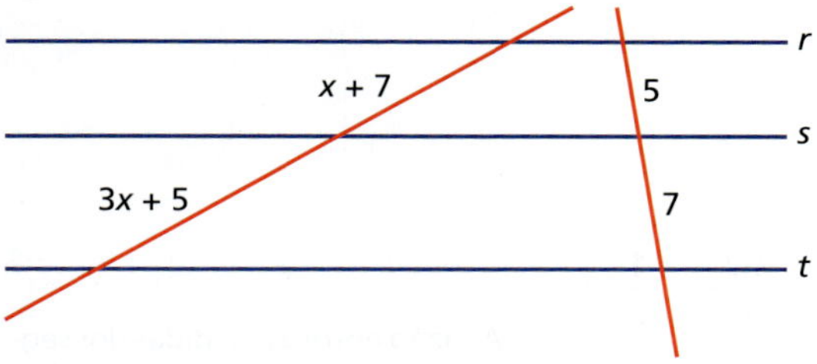

b)

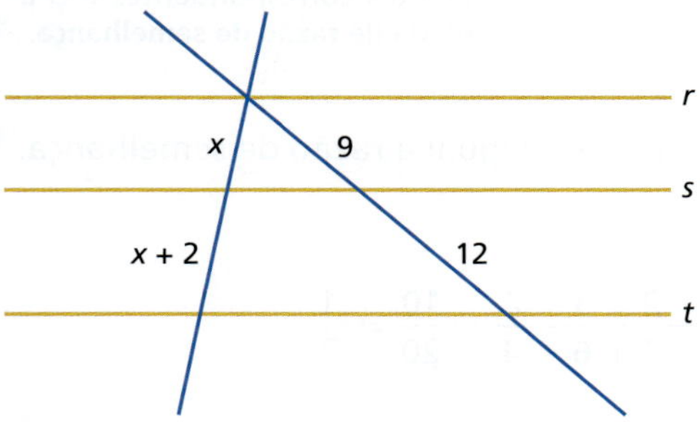

33. Sabendo que $r \parallel s \parallel t$, determine x e y.

a)

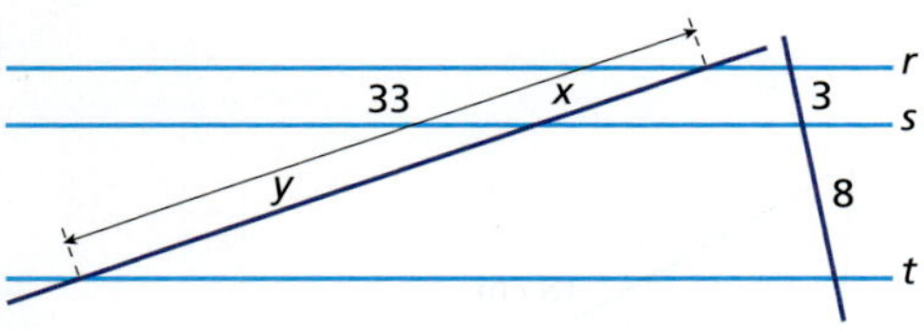

b) $x + y = 8$

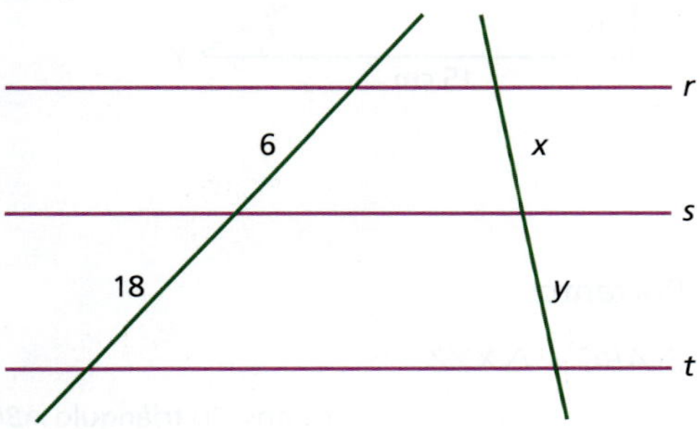

34. Sabendo que $\overline{DE} \parallel \overline{BC}$, determine x.

a)

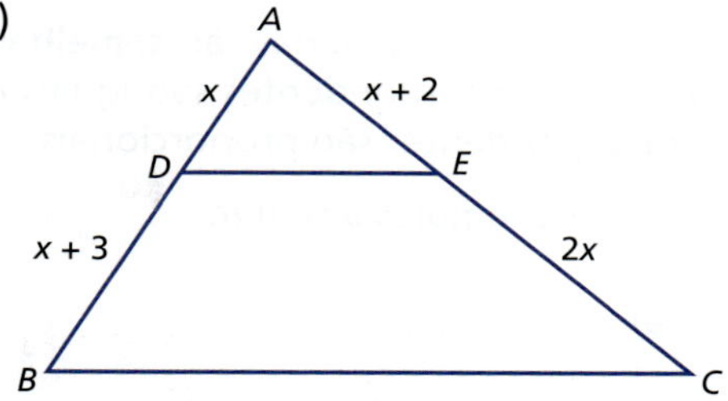

b)

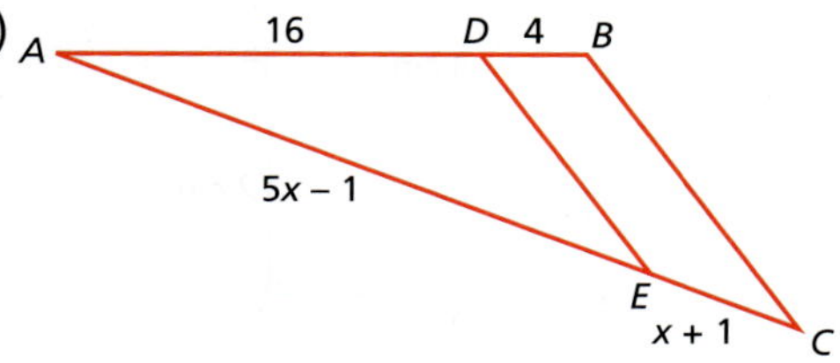

35. Nos triângulos abaixo, $\overline{DE} \parallel \overline{BC}$. Determine x e y, sabendo que:

a) $AB = 24$

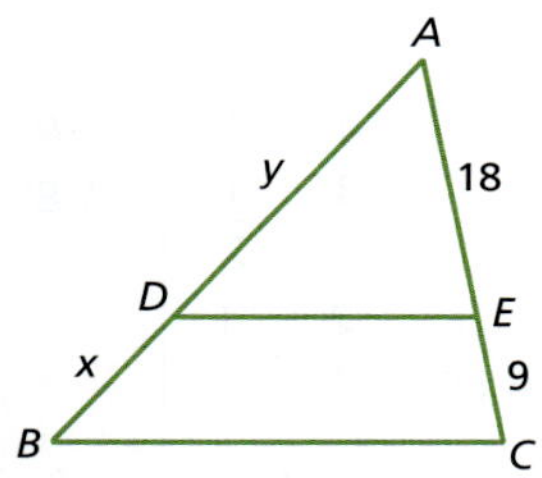

b) $AC = 9$

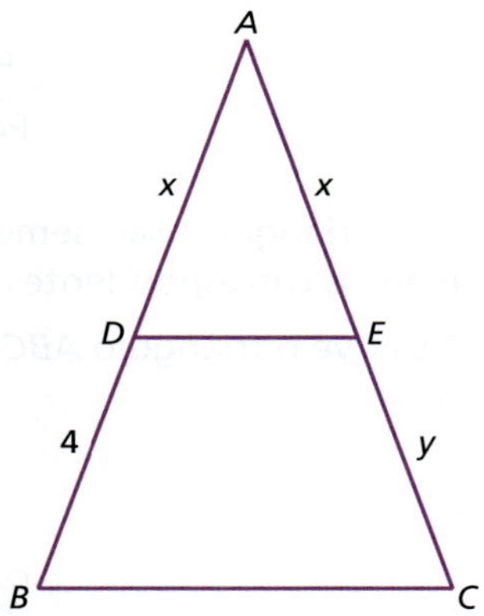

c) $AC = 28$

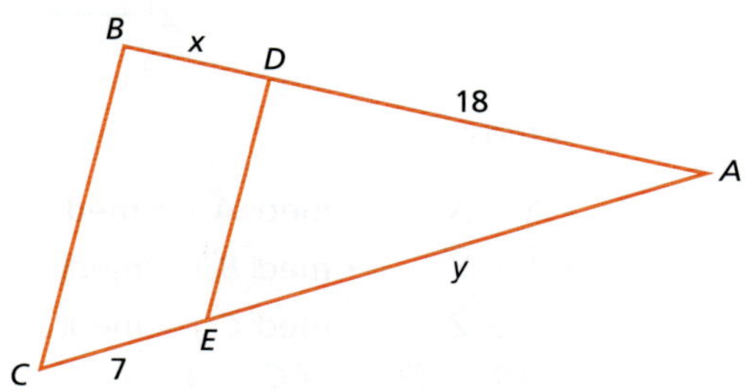

4.2 Figuras semelhantes

EASY FOTOSTOCK/GRUPO KEYSTONE

Duas figuras planas são **semelhantes** quando as medidas dos ângulos correspondentes são iguais e as medidas dos segmentos correspondentes são proporcionais.

Veja os exemplos a seguir.

a)

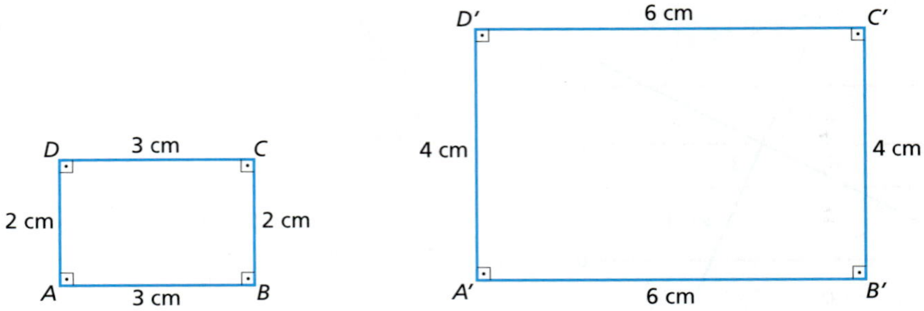

As figuras são semelhantes, pois os ângulos correspondentes são congruentes e as medidas dos segmentos correspondentes (AB e $A'B'$, BC e $B'C'$, CD e $C'D'$, AD e $A'D'$) são proporcionais.

Observe:

$$\left.\begin{aligned} \frac{AB}{A'B'} &= \frac{3}{6} = \frac{1}{2} \\ \frac{BC}{B'C'} &= \frac{2}{4} = \frac{1}{2} \\ \frac{CD}{C'D'} &= \frac{3}{6} = \frac{1}{2} \\ \frac{AD}{A'D'} &= \frac{2}{4} = \frac{1}{2} \end{aligned}\right\} \quad \frac{AB}{A'B'} = \frac{BC}{B'C'} = \frac{CD}{C'D'} = \frac{AD}{A'D'} = \mathbf{\frac{1}{2}}$$

A razão entre as medidas dos segmentos correspondentes é chamada de **razão de semelhança**.

A razão entre os perímetros das figuras semelhantes é igual à razão de semelhança.

Observe:

$$\frac{\text{Perímetro}_{ABCD}}{\text{Perímetro}_{A'B'C'D'}} = \frac{3+2+3+2}{6+4+6+4} = \frac{10}{20} = \frac{1}{2}$$

b) Dois triângulos são semelhantes quando têm ângulos correspondentes congruentes e segmentos correspondentes de medidas proporcionais.

Observe o triângulo ABC e o triângulo XYZ:

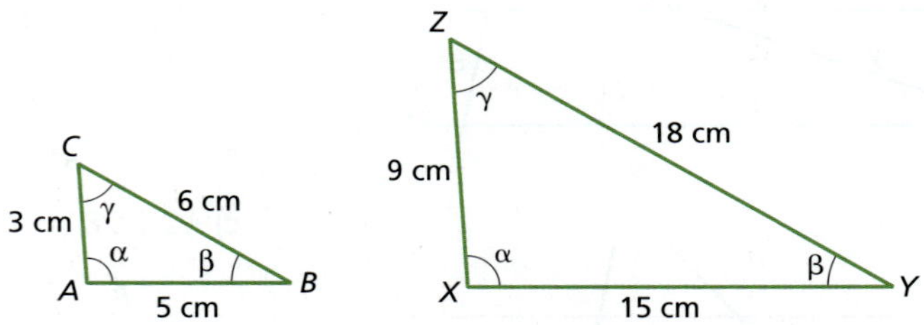

Temos:

- $\widehat{A} \cong \widehat{X} \longrightarrow \text{med}(\widehat{A}) = \text{med}(\widehat{X}) = \alpha$
- $\widehat{B} \cong \widehat{Y} \longrightarrow \text{med}(\widehat{B}) = \text{med}(\widehat{Y}) = \beta$
- $\widehat{C} \cong \widehat{Z} \longrightarrow \text{med}(\widehat{C}) = \text{med}(\widehat{Z}) = \gamma$
- $\dfrac{AB}{XY} = \dfrac{BC}{YZ} = \dfrac{AC}{XZ} = \dfrac{1}{3}$

Portanto:

$\triangle ABC \sim \triangle XYZ$

Lemos: "o triângulo ABC é **semelhante** ao triângulo XYZ".

Exercícios

R6. Deterrminar x e y, sabendo que:
$\triangle ABC \sim \triangle A'B'C'$

a)

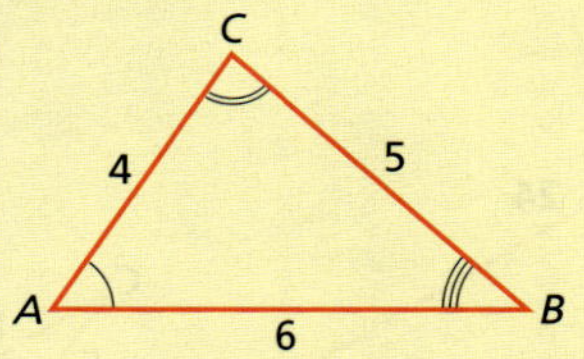

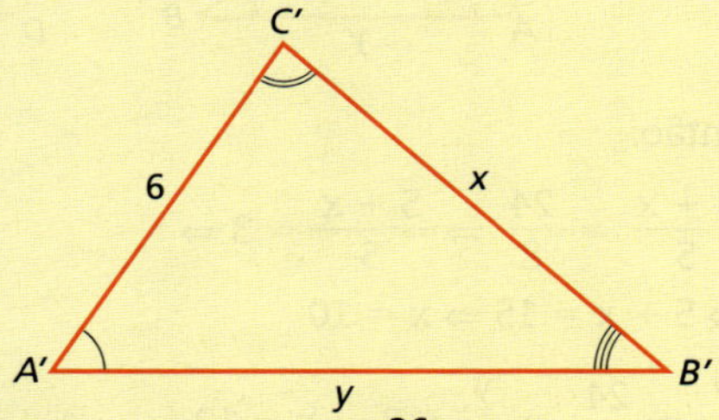

b)

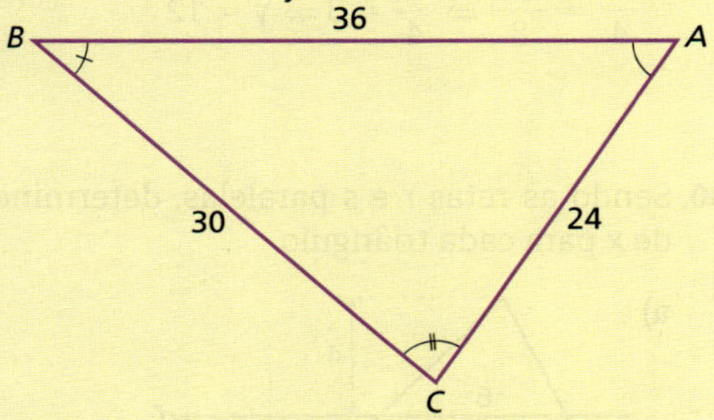

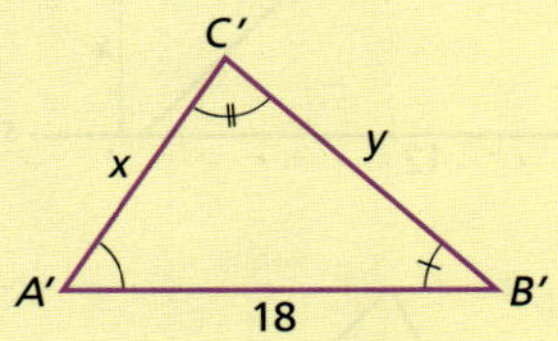

➤ Resolução

Como os triângulos são semelhantes, as medidas dos seus segmentos correspondentes são proporcionais. Então:

a) $\frac{4}{6} = \frac{6}{y} \Rightarrow 4y = 36 \Rightarrow y = 9$

$\frac{4}{6} = \frac{5}{x} \Rightarrow 4x = 30 \Rightarrow x = \frac{15}{2}$

Portanto: $x = \frac{15}{2}$ e $y = 9$

b) $\frac{36}{18} = \frac{30}{y} \Rightarrow 36y = 510 \Rightarrow y = 15$

$\frac{36}{18} = \frac{24}{x} \Rightarrow 36x = 432 \Rightarrow x = 12$

Portanto: $x = 12$ e $y = 15$

36. Sabendo que os triângulos são semelhantes, determine:

a) o valor de x.

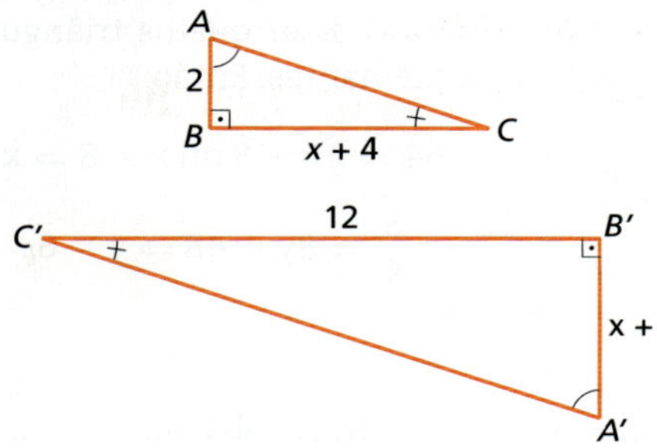

b) o valor de x e y.

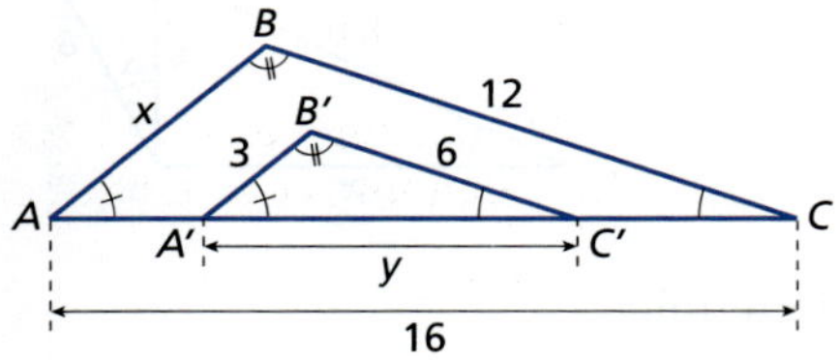

37. Sendo $\overline{AB} \parallel \overline{ED}$, $DE = 6$ cm, $BC = 9$ cm e $CD = 3$ cm, determine a medida de $\overline{AB}$.

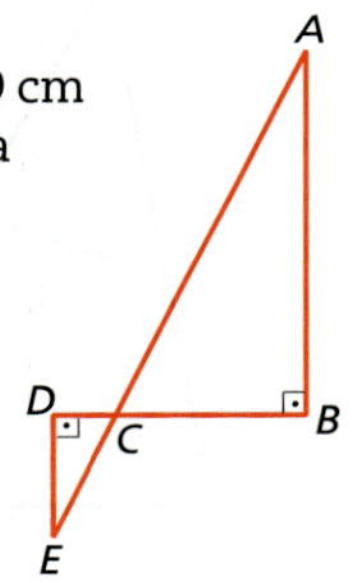

R7. Determinar x e y.

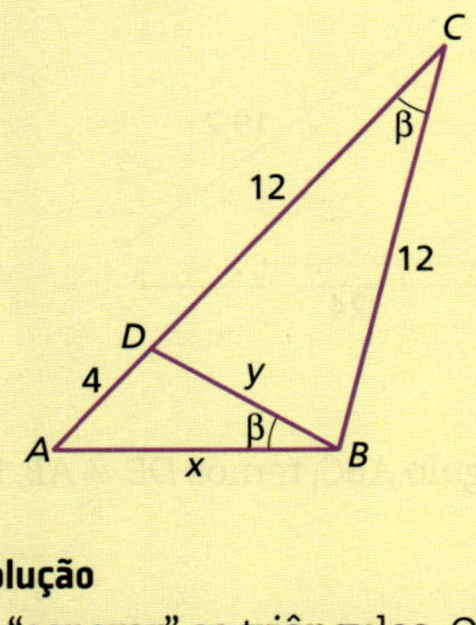

➤ Resolução

Vamos "separar" os triângulos. Observe:

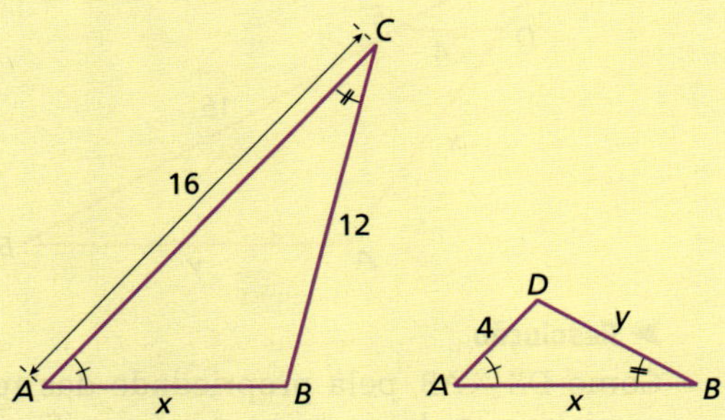

Como os triângulos têm dois ângulos correspondentes congruentes, então o terceiro ângulo também tem a mesma medida, já que a soma dos ângulos internos de um triângulo é 180°. Assim, podemos dizer que os triângulos *ABC* e *ABD* são semelhantes. Então:

$$\frac{16}{x} = \frac{x}{4} \Rightarrow x^2 = 64 \Rightarrow \cancel{x = -8} \text{ ou } x = 8 \Rightarrow x = 8$$

$$\frac{12}{y} = \frac{x}{4} \Rightarrow \frac{12}{y} = \frac{8}{4} \Rightarrow 8y = 48 \Rightarrow y = 6$$

Logo, x = 8 e y = 6.

38. Determine x e y no triângulo abaixo.

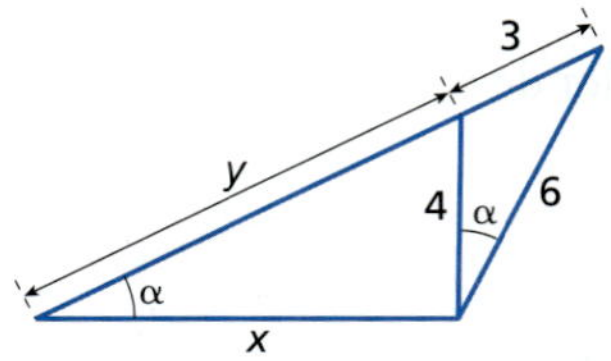

39. Determine x.

a)

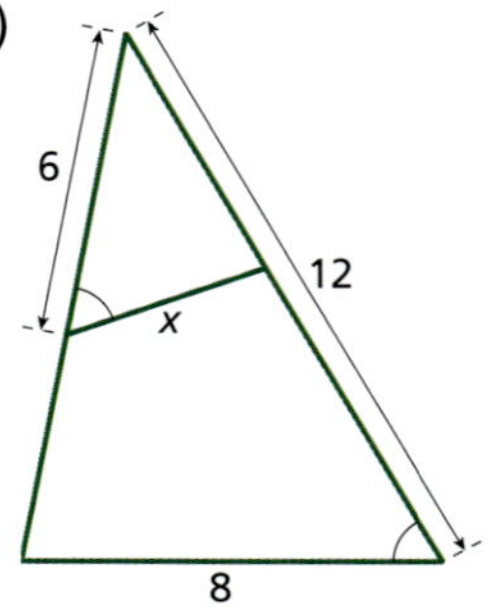

b)

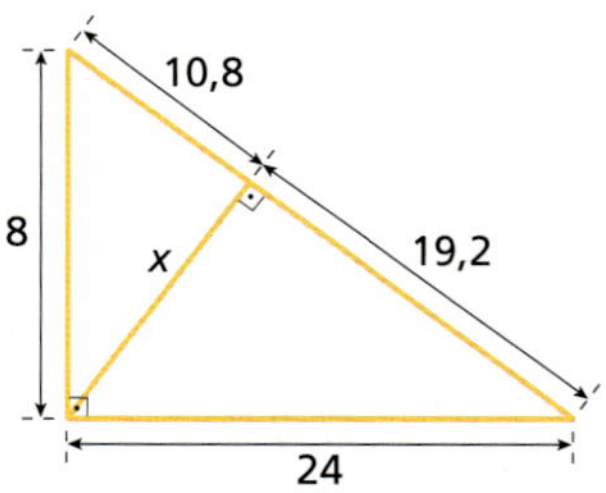

R8. No triângulo *ABC*, temos *DE* // *AB*. Determinar x e y.

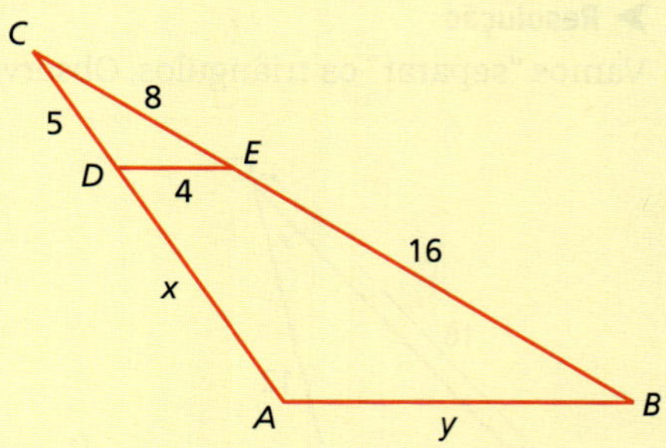

➤ Resolução

Como *DE* // *AB*, pela propriedade das retas paralelas cortadas por transversais, verificamos que os ângulos $C\widehat{A}B$ e $C\widehat{D}E$ são congruentes, assim como os ângulos $C\widehat{B}A$ e $C\widehat{E}D$. Como o ângulo $\widehat{C}$ é comum aos triângulos *CDE* e *CAB*, temos $\triangle ABC \sim \triangle CDE$:

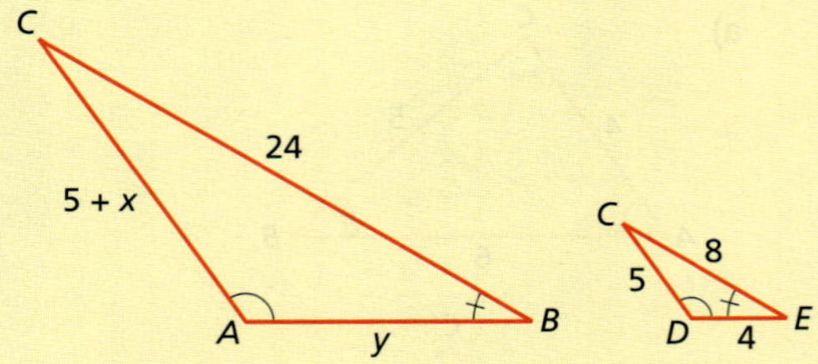

Então:

$$\frac{5 + x}{5} = \frac{24}{8} \Rightarrow \frac{5 + x}{5} = 3 \Rightarrow$$

$$\Rightarrow 5 + x = 15 \Rightarrow x = 10$$

$$\frac{y}{4} = \frac{24}{8} \Rightarrow \frac{y}{4} = 3 \Rightarrow y = 12$$

40. Sendo as retas *r* e *s* paralelas, determine o valor de x para cada triângulo.

a)

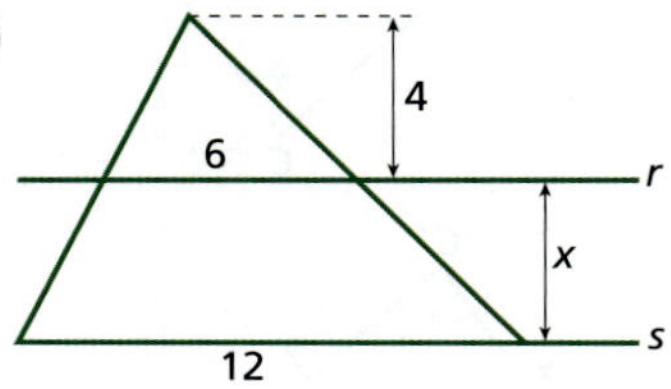

b)

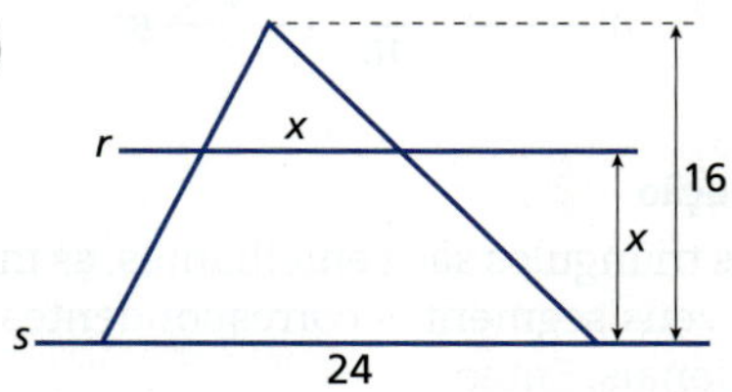

41. Determine x e y, sabendo que *BC* // *DE*.

a)

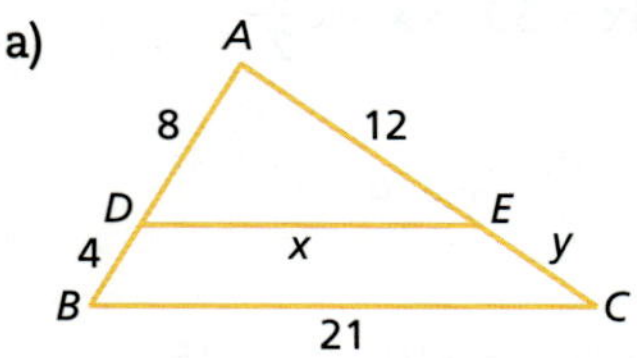

b)

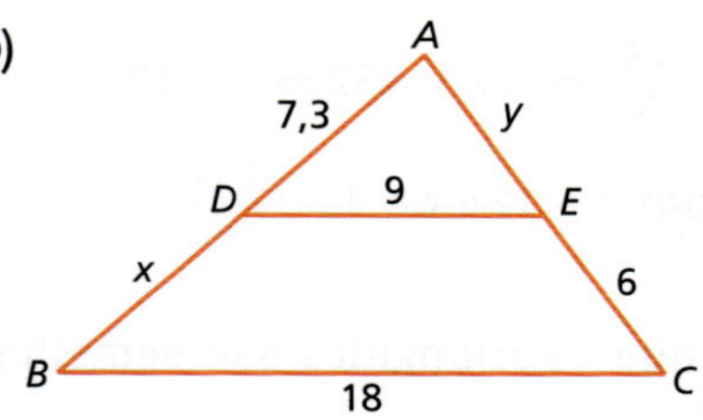

42. Determine x.

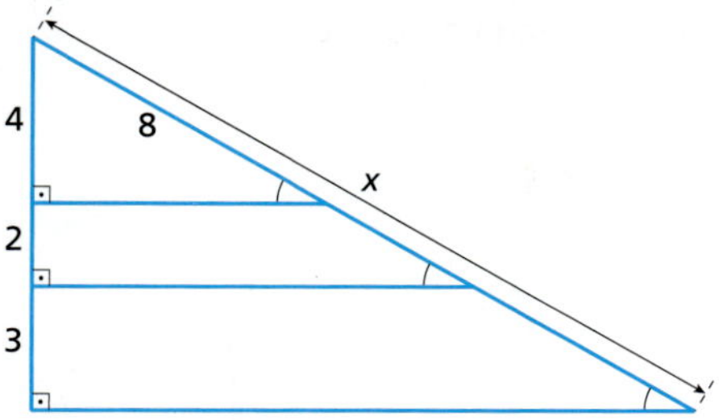

43. Determine x e y na figura a seguir.

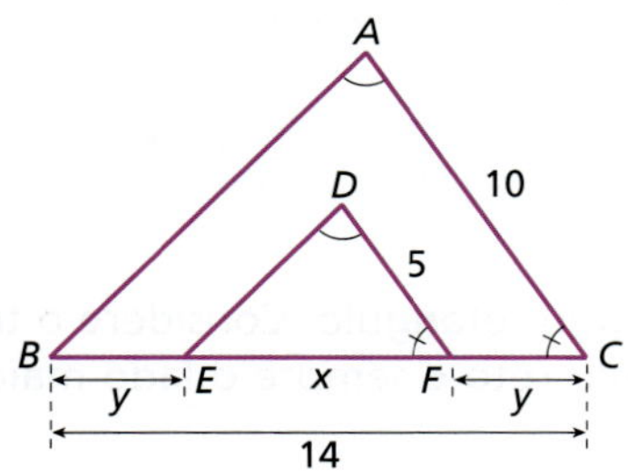

44. Sabendo que o segmento $\overline{UC}$ é paralelo ao segmento $\overline{TA}$, determine x, y e z na figura abaixo.

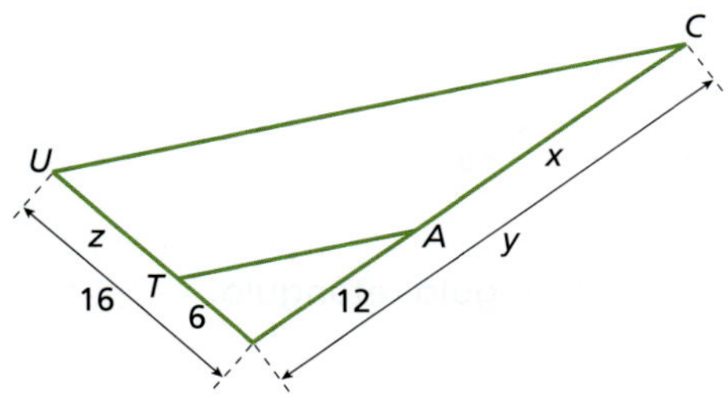

R9. Os lados de um triângulo *ABC* medem 5 cm, 8 cm e 4 cm. Determinar as medidas dos lados de um triângulo *A'B'C'* semelhante ao triângulo *ABC*, sabendo que o perímetro do triângulo *A'B'C'* é 51 cm.

➤ Resolução

Quando dois triângulos são semelhantes, a razão entre os perímetros é igual à razão de semelhança entre as medidas dos lados correspondentes.

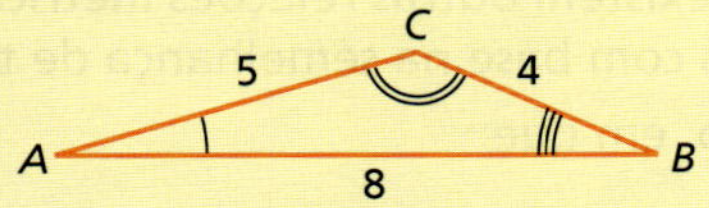

Perímetro do $\triangle ABC$: 8 cm + 5 cm + 4 cm = 17 cm

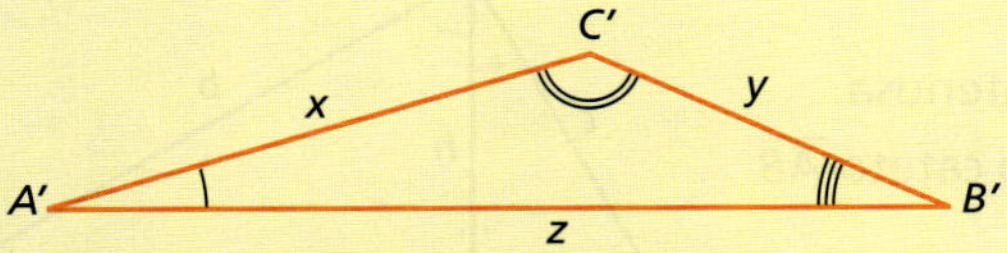

Perímetro do $\triangle A'B'C'$: x cm + y cm + z cm = 51 cm

Então, temos:

$$\frac{5}{x} = \frac{17}{51} \Rightarrow x = 15$$

$$\frac{4}{y} = \frac{17}{51} \Rightarrow y = 12$$

$$\frac{8}{z} = \frac{17}{51} \Rightarrow z = 24$$

Logo, as medidas dos lados do triângulo *A'B'C'*, semelhante ao triângulo *ABC*, são 15 cm, 12 cm e 24 cm.

45. O perímetro de um triângulo é 80 cm, e um dos lados mede 30 cm. Qual é o perímetro de um triângulo semelhante cujo lado correspondente ao lado dado mede 18 cm?

46. Os triângulos *ABC* e *A'B'C'* são semelhantes e a razão entre *AB* e *A'B'* é 3. Sabendo que o perímetro do triângulo *ABC* é 27 cm, determine o perímetro do triângulo *A'B'C'*.

R10. Determinar a medida do lado do quadrado inscrito no triângulo retângulo a seguir.

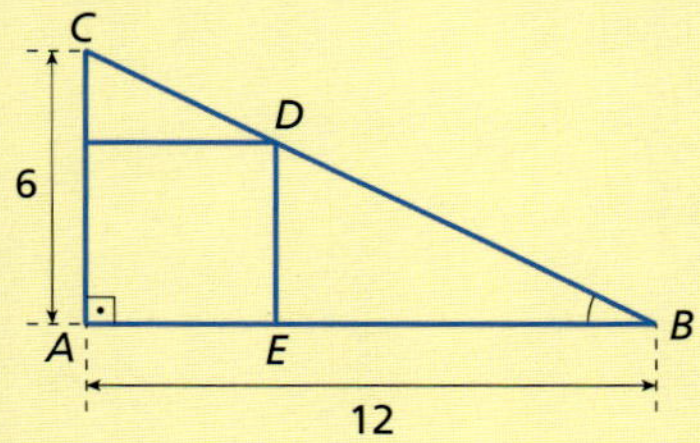

10.4 Visão do especialista

➤ Resolução

Todo quadrado tem lados paralelos, então o $\triangle ABC \sim \triangle BDE$, pois $\widehat{E} \cong \widehat{A}$ e o ângulo $\widehat{B}$ é comum aos dois triângulos. Portanto, temos:

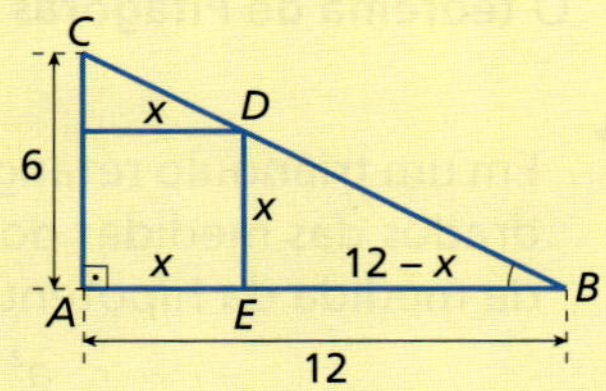

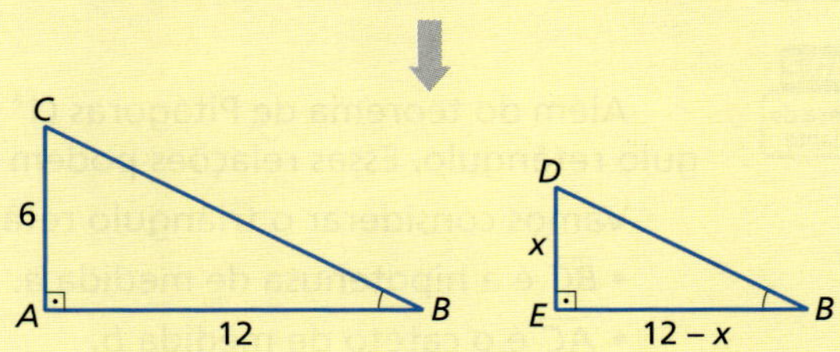

$$\frac{6}{x} = \frac{12}{12 - x} \Rightarrow 12x = 6(12 - x) \Rightarrow$$

$$\Rightarrow 12x = 72 - 6x \Rightarrow 18x = 72 \Rightarrow x = 4$$

47. Sabendo que, na figura abaixo, os quadrados têm lados medindo 12, 9 e x, determine o perímetro do quadrado de lado x.

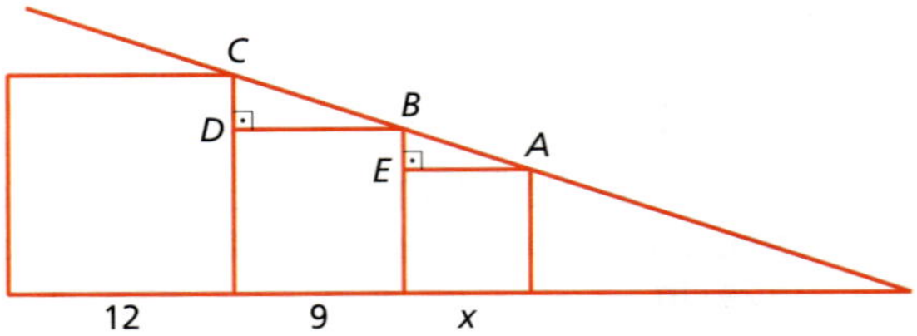

48. Uma pessoa de 1,7 m está a 5,7 m da base de um poste e projeta uma sombra de 2,3 m. Qual é a altura aproximada do poste?

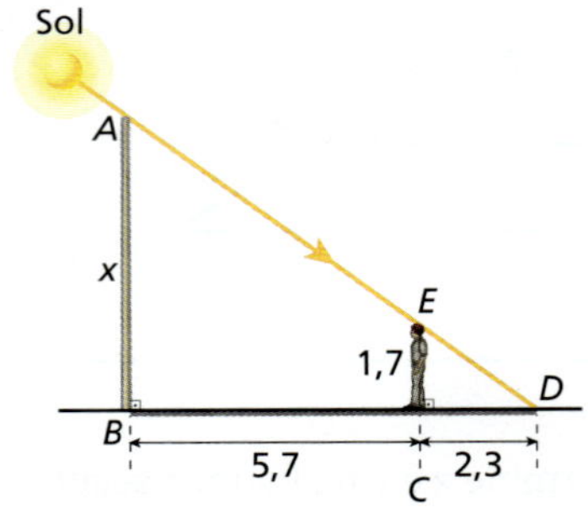

5 Triângulo retângulo

Vamos estudar algumas particularidades do triângulo retângulo. Considere o triângulo ABC, observe que $\overline{AB}$ é a **hipotenusa** (lado oposto ao ângulo reto e sempre o lado maior) e $\overline{BC}$ e $\overline{AC}$ são os **catetos** (lados que formam o ângulo reto).

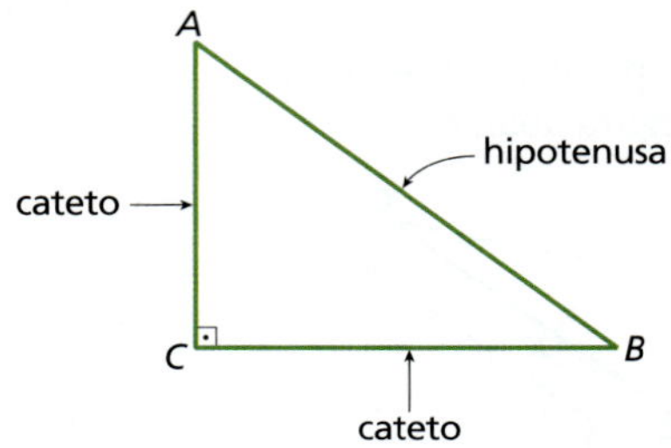

A seguir, vamos estudar as relações métricas em um triângulo retângulo.

10.1 Conteúdo multimídia

5.1 Relações métricas no triângulo retângulo

O **teorema de Pitágoras** enuncia uma das relações no triângulo retângulo.

10.5 Visão do especialista

10.2 Biblioteca do estudante

Em um triângulo retângulo qualquer, a soma dos quadrados das medidas dos catetos é igual ao quadrado da medida da hipotenusa.

$$a^2 + b^2 = c^2$$

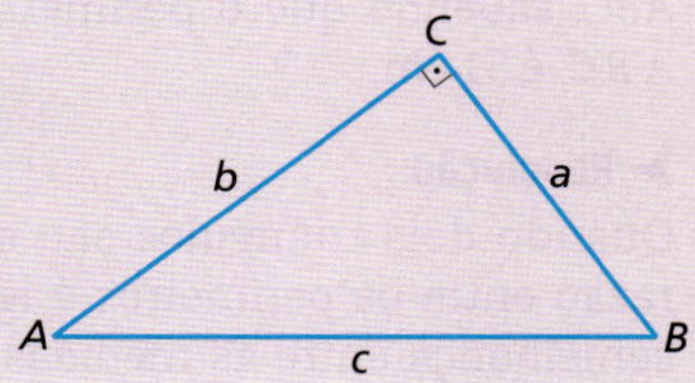

Além do teorema de Pitágoras (1ª relação métrica), existem outras relações métricas no triângulo retângulo. Essas relações podem ser demonstradas com base na semelhança de triângulos.

Vamos considerar o triângulo retângulo ABC abaixo, em que:

- $\overline{BC}$ é a hipotenusa de medida a.
- $\overline{AC}$ é o cateto de medida b.
- $\overline{AB}$ é o cateto de medida c.
- $\overline{AH}$ é a altura, de medida h, relativa à hipotenusa.
- $\overline{BH}$ é a projeção ortogonal, de medida m, do cateto $\overline{AB}$ sobre a hipotenusa.
- $\overline{HC}$ é a projeção ortogonal, de medida n, do cateto $\overline{AC}$ sobre a hipotenusa.

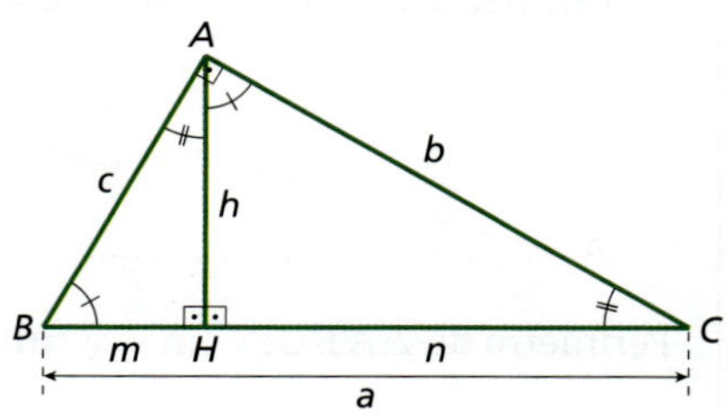

10.3 Biblioteca do estudante

10.4 Biblioteca do estudante

O triângulo ABC pode ser decomposto em dois triângulos retângulos: $\triangle HBA$ e $\triangle HAC$

Analisando esses triângulos dois a dois, temos: $\triangle ABC \sim \triangle HBA \sim \triangle HAC$

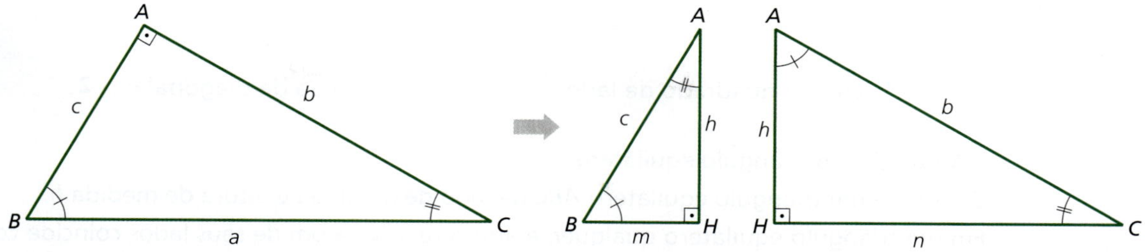

I) $\triangle ABC \sim \triangle HBA$

$$\frac{AB}{HB} = \frac{BC}{BA} = \frac{AC}{AH}$$

$$\frac{c}{m} = \frac{a}{c} = \frac{b}{h} \begin{cases} \dfrac{c}{m} = \dfrac{a}{c} \Rightarrow c^2 = a \cdot m \\ \dfrac{a}{c} = \dfrac{b}{h} \Rightarrow b \cdot c = a \cdot h \end{cases}$$

- Em um triângulo retângulo qualquer, o quadrado da medida de um cateto é igual ao produto da medida da hipotenusa pela medida da projeção ortogonal desse cateto sobre a hipotenusa. **(2ª relação métrica)**

- Em um triângulo retângulo qualquer, o produto das medidas dos catetos é igual ao produto da medida da hipotenusa pela medida da altura relativa à hipotenusa. **(3ª relação métrica)**

II) $\triangle ABC \sim \triangle HAC$

$$\frac{AB}{HA} = \frac{BC}{AC} = \frac{AC}{HC}$$

$$\frac{c}{h} = \frac{a}{b} = \frac{b}{n} \begin{cases} \dfrac{c}{h} = \dfrac{a}{b} \Rightarrow \boldsymbol{c \cdot b = h \cdot a} & \longrightarrow \text{3ª relação métrica} \\ \dfrac{a}{b} = \dfrac{b}{n} \Rightarrow \boldsymbol{b^2 = a \cdot n} & \longrightarrow \text{2ª relação métrica} \end{cases}$$

III) $\triangle HBA \sim \triangle HAC$

$$\frac{HB}{HA} = \frac{HA}{HC}$$

$$\frac{m}{h} = \frac{h}{n} \Rightarrow \boldsymbol{h^2 = m \cdot n}$$

- Em um triângulo retângulo qualquer, o quadrado da medida da altura relativa à hipotenusa é igual ao produto das medidas das projeções ortogonais dos catetos sobre a hipotenusa. **(4ª relação métrica)**

Aplicações do teorema de Pitágoras

• Diagonal do quadrado

Vamos considerar um quadrado $ABCD$ de lado de medida ℓ. A diagonal de medida d desse quadrado divide-o em dois triângulos retângulos congruentes. Observe:

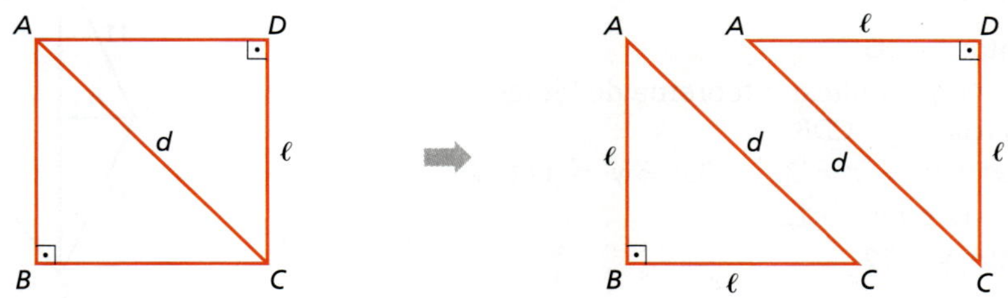

Aplicando o teorema de Pitágoras ao triângulo *ABC*, temos:

$$d^2 = \ell^2 + \ell^2 \Rightarrow d^2 = 2\ell^2 \Rightarrow \mathbf{d} = \boldsymbol{\ell}\sqrt{\mathbf{2}}$$

Assim:

- Em um quadrado de lado de medida ℓ, a medida da diagonal é $\ell\sqrt{2}$.

• Altura de um triângulo equilátero

Considere um triângulo equilátero *ABC* de lado de medida ℓ e altura de medida *h*.

Em um triângulo equilátero qualquer, a altura relativa a um de seus lados coincide com a mediana relativa ao mesmo lado, formando dois triângulos retângulos congruentes ($\triangle ABH$ e $\triangle ACH$).

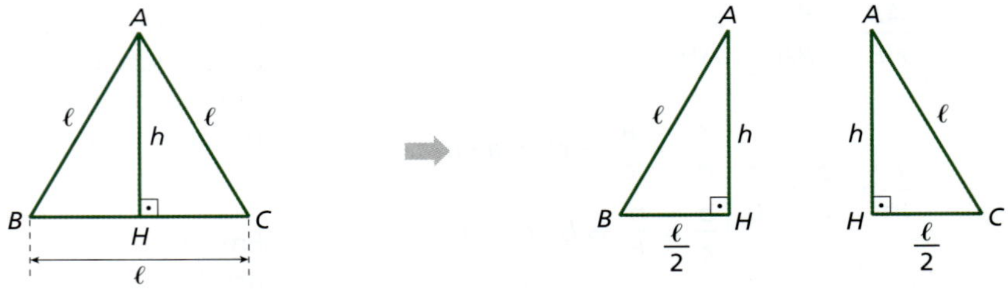

Aplicando o teorema de Pitágoras ao triângulo *ACH*, temos:

$$h^2 + \left(\frac{\ell}{2}\right)^2 = \ell^2 \Rightarrow h^2 + \frac{\ell^2}{4} = \ell^2 \Rightarrow h^2 = \frac{3\ell^2}{4} \Rightarrow h = \sqrt{\frac{3\ell^2}{4}} \Rightarrow \mathbf{h} = \frac{\boldsymbol{\ell}\sqrt{\mathbf{3}}}{\mathbf{2}}$$

Então:

- Em um triângulo equilátero de lado de medida ℓ, a altura mede $\dfrac{\ell\sqrt{3}}{2}$.

Exercícios

R11. Determinar x e y na figura abaixo.

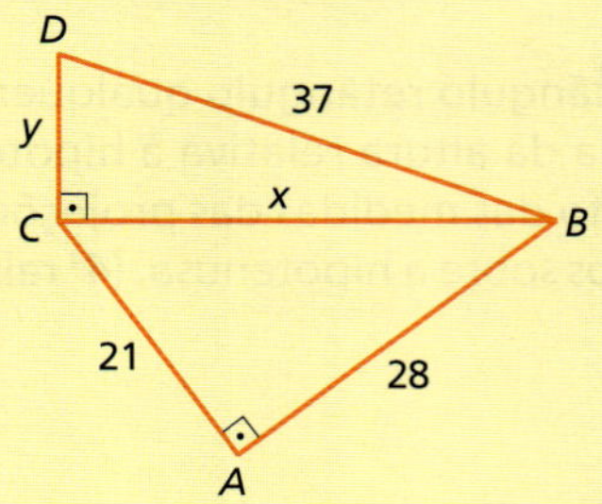

➤ Resolução

Aplicando o teorema de Pitágoras no triângulo ABC, temos:

$x^2 = 21^2 + 28^2 \Rightarrow x^2 = 1.225 \Rightarrow x = +35$ ou ~~$x = -35$~~

Portanto: $x = 35$

Agora, vamos aplicar o teorema de Pitágoras no triângulo *CDB*:

$37^2 = x^2 + y^2 \Rightarrow y^2 = 37^2 - 35^2 \Rightarrow y^2 = 144 \Rightarrow$
$\Rightarrow y = +12$ ou ~~$y = -12$~~

Portanto: $y = 12$

49. Determine *a*, *b* e x.

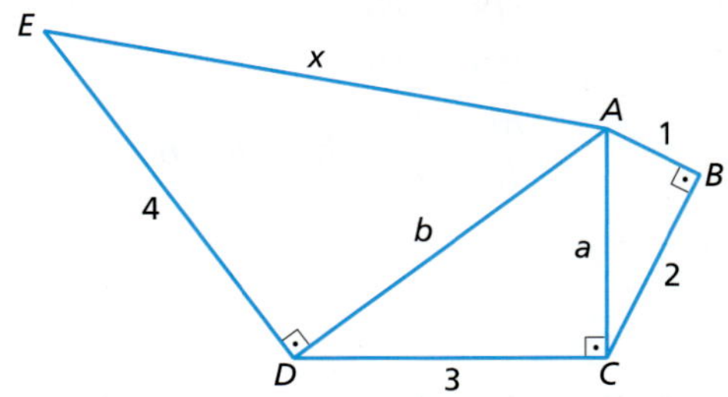

50. Determine, na figura abaixo, a altura de medida *h* relativa ao lado $\overline{BC}$ do triângulo *ABC*.

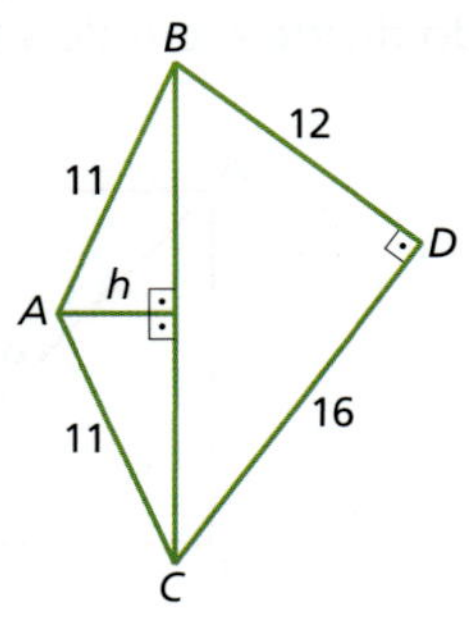

51. Determine x e y.

a)

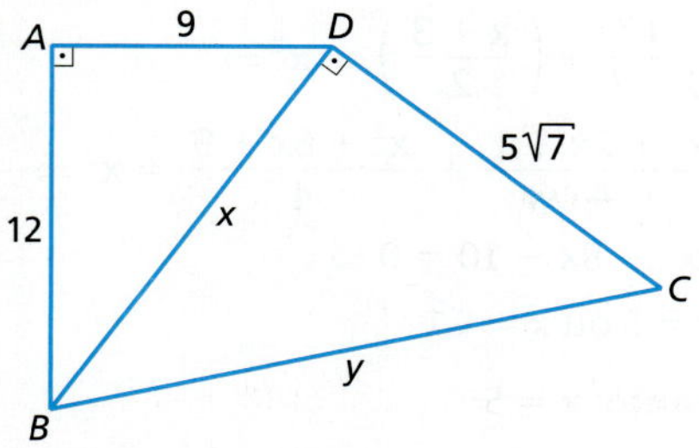

b)

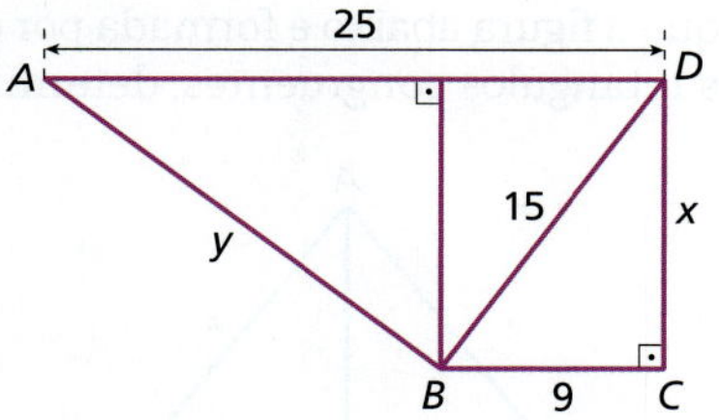

52. A diagonal do retângulo *ABCD* da figura coincide com o lado do quadrado *ACEF*. Determine a medida da diagonal do quadrado *ACEF*.

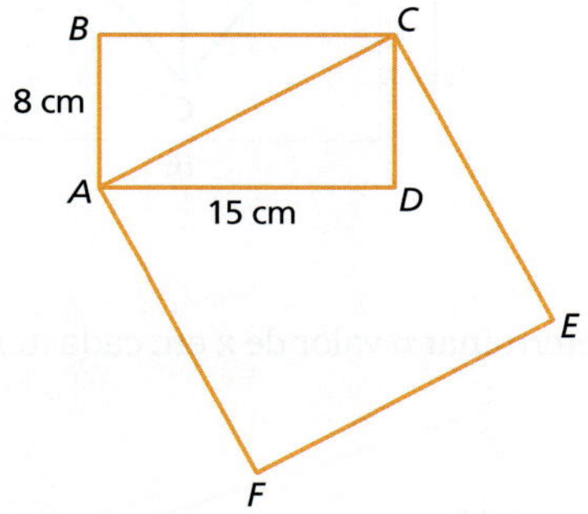

53. (Fuvest-SP) Qual é a medida da hipotenusa de um triângulo retângulo isósceles cujo perímetro é igual a 2?

54. Num triângulo retângulo, a hipotenusa mede 10 cm e a medida de um dos catetos é o triplo da medida do outro. Determine as medidas dos catetos.

R12. Determinar o valor de x e y no triângulo *ABD*.

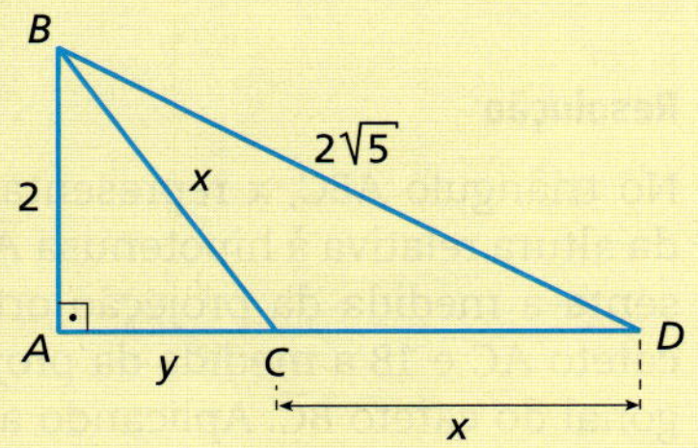

➤ **Resolução**

Aplicando o teorema de Pitágoras nos triângulos *ABC* e *ABD*, respectivamente, temos:

$$\begin{cases} x^2 = 4 + y^2 \\ (2\sqrt{5})^2 = 4 + (x+y)^2 \end{cases} \Rightarrow \begin{cases} x^2 = 4 + y^2 \\ 16 = (x+y)^2 \end{cases} \Rightarrow$$

$$\Rightarrow \begin{cases} x^2 = 4 + y^2 \\ (x+y) = 4 \end{cases}, \text{ pois } x > 0 \text{ e } y > 0 \Rightarrow$$

$$\Rightarrow \begin{cases} x^2 = 4 + y^2 & \text{(I)} \\ x \ = 4 - y & \text{(II)} \end{cases}$$

Substituindo (II) em (I):

$$(4 - y)^2 = 4 + y^2 \Rightarrow 16 - 8y + y^2 = 4 + y^2 \Rightarrow$$

$$\Rightarrow -8y = -12 \Rightarrow y = \frac{3}{2}$$

Substituindo $y = \frac{3}{2}$ em (II), obtemos:

$$x = 4 - y \Rightarrow x = 4 - \frac{3}{2} \Rightarrow x = \frac{5}{2}$$

55. Determine x.

a)

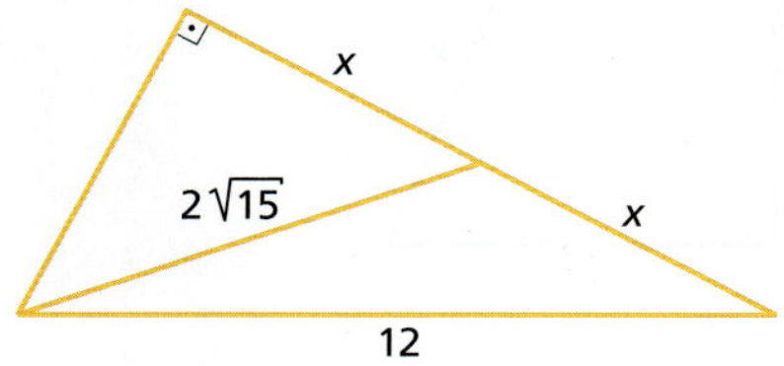

b)

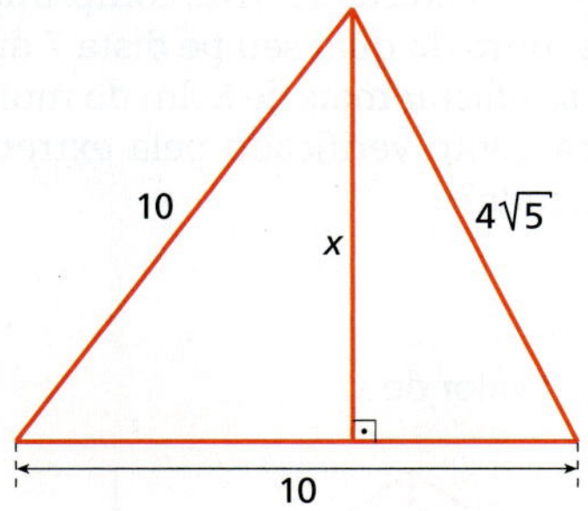

R13. Encontrar o valor de x.

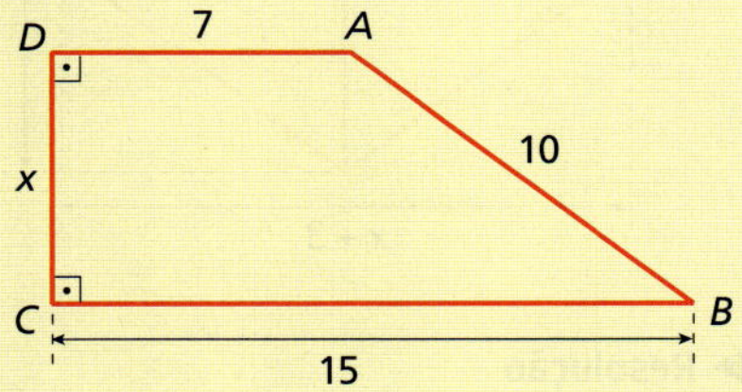

➤ **Resolução**

Traçando a altura $\overline{AH}$, temos $AH = x$ (lados paralelos de um retângulo), formando assim o triângulo retângulo *AHB*.

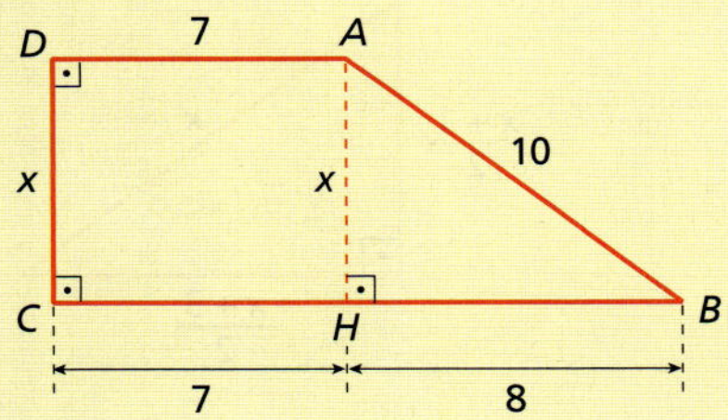

Aplicando o teorema de Pitágoras no triângulo *AHB*, temos:

$x^2 + 8^2 = 10^2 \Rightarrow x^2 = 36 \Rightarrow x = 6$ ou $\cancel{x = -6}$

Portanto: $x = 6$

56. Determine x.

a)

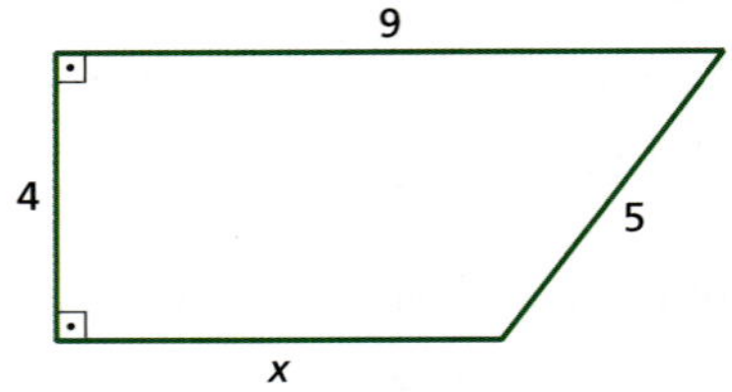

b)

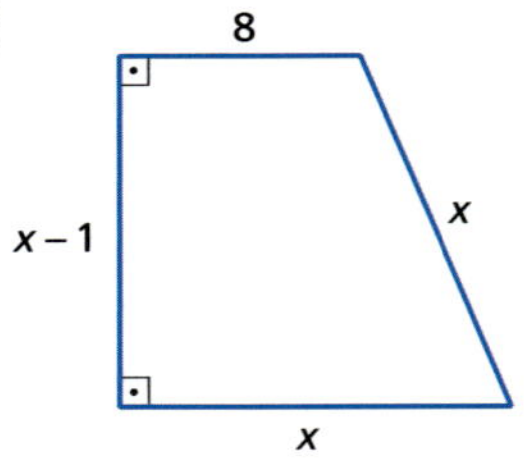

57. (Fuvest-SP) Uma escada de 25 m de comprimento se apoia em um muro do qual seu pé dista 7 dm. Se o pé da escada se afastar mais de 8 dm do muro, qual será o deslocamento verificado pela extremidade superior da escada?

R14. Determinar o valor de x.

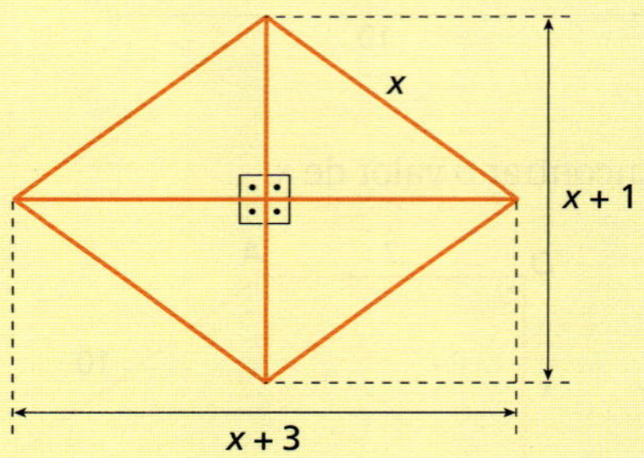

➤ Resolução

Escolhendo um dos triângulos retângulos, podemos observar que cada cateto tem a metade da medida indicada (x + 1 ou x + 3), uma vez que os triângulos são congruentes.

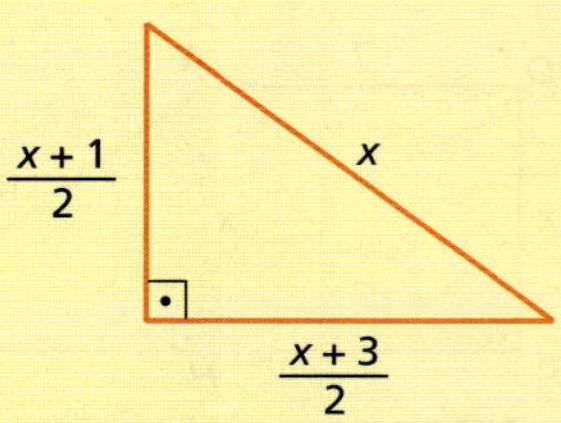

Aplicando o teorema de Pitágoras, obtemos:

$$\left(\frac{x+1}{2}\right)^2 + \left(\frac{x+3}{2}\right)^2 = x^2 \Rightarrow$$

$$\Rightarrow \frac{x^2+2x+1}{4} + \frac{x^2+6x+9}{4} = x^2 \Rightarrow$$

$$\Rightarrow 2x^2 - 8x - 10 = 0 \Rightarrow$$

$$\Rightarrow x = 5 \text{ ou } \cancel{x = -1}$$

Portanto: $x = 5$

58. Sabendo que a figura abaixo é formada por quatro triângulos retângulos congruentes, determine x.

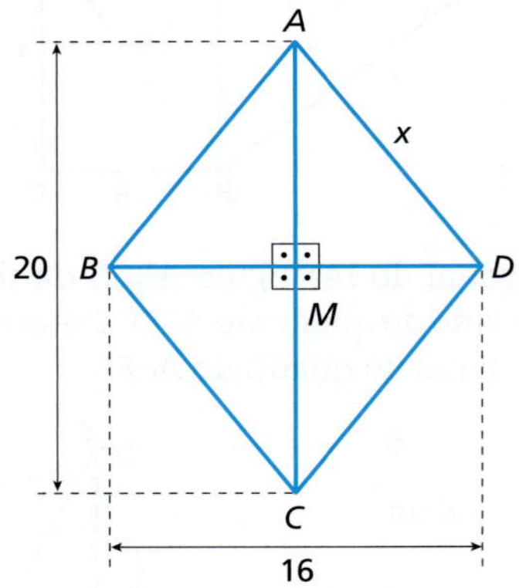

R15. Determinar o valor de x em cada item abaixo.

a)

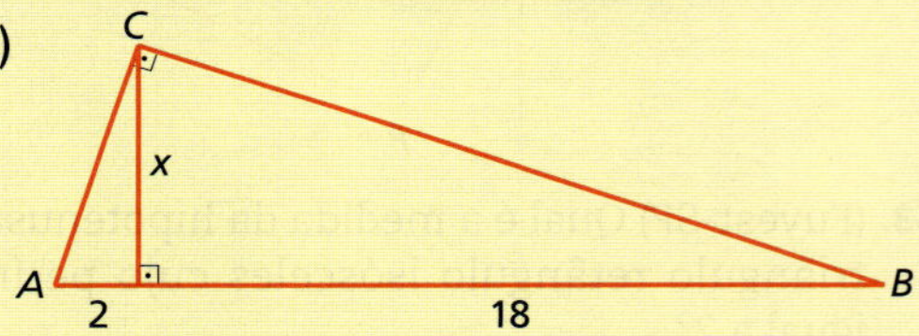

b)

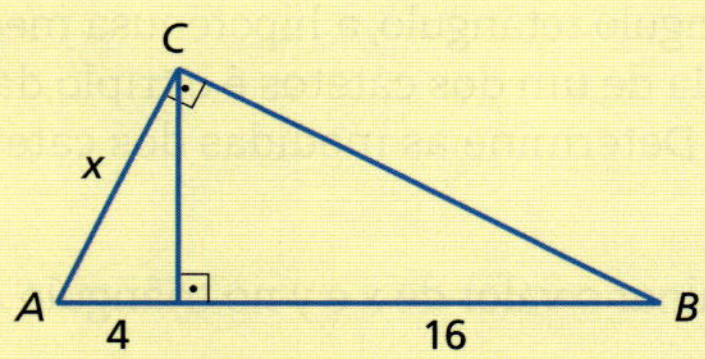

➤ Resolução

a) No triângulo *ABC*, x representa a medida da altura relativa à hipotenusa $\overline{AB}$, 2 representa a medida da projeção ortogonal do cateto $\overline{AC}$ e 18 a medida da projeção ortogonal do cateto $\overline{BC}$. Aplicando a 4ª relação métrica, que diz que o quadrado da medida da altura relativa à hipotenusa é igual ao produto das medidas das projeções ortogonais dos catetos sobre a hipotenusa, temos:

$x^2 = 2 \cdot 18 \Rightarrow x^2 = 36 \Rightarrow x = 6$ ou $\cancel{x = -6}$

Portanto: $x = 6$

b) Podemos observar que x representa a medida de um dos catetos, 4 é a medida da projeção ortogonal do cateto x e 20 é a medida da hipotenusa. Relacionando essas medidas, verificamos que o quadrado da medida de um cateto é igual ao produto da medida da hipotenusa pela medida da projeção ortogonal desse cateto sobre a hipotenusa. Assim:

$x^2 = 4 \cdot 20 \Rightarrow x^2 = 80 \Rightarrow x = 4\sqrt{5}$

59. Determine x.

a)

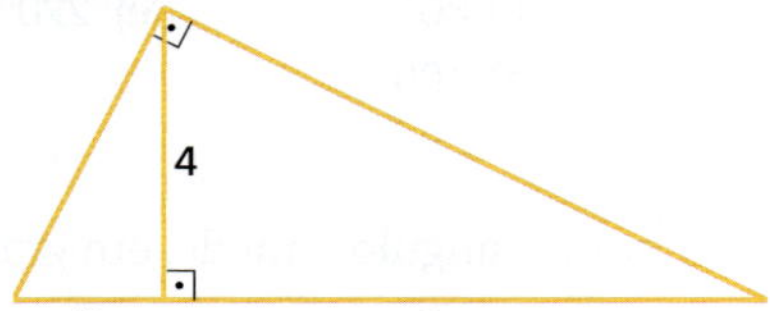

b)

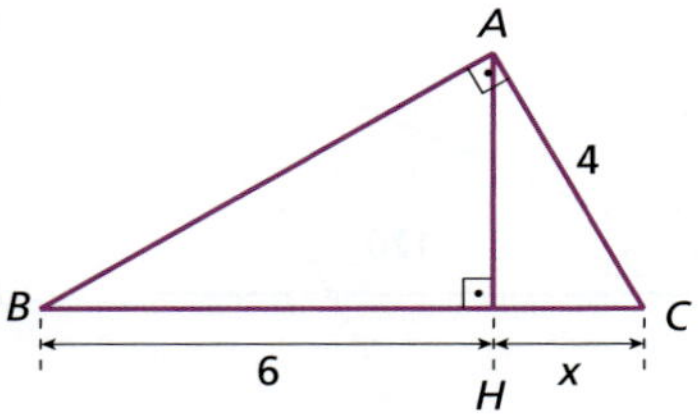

c)

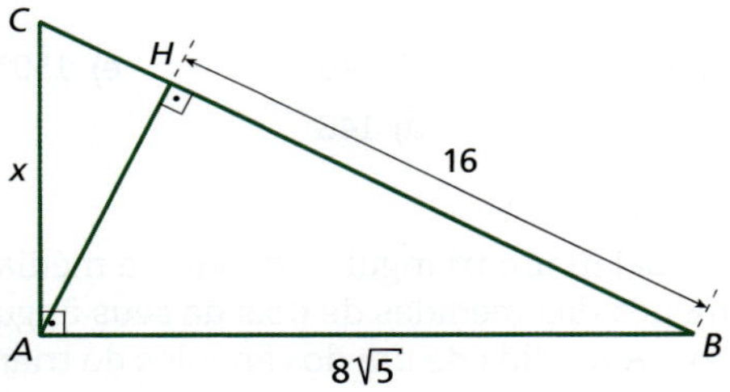

d)

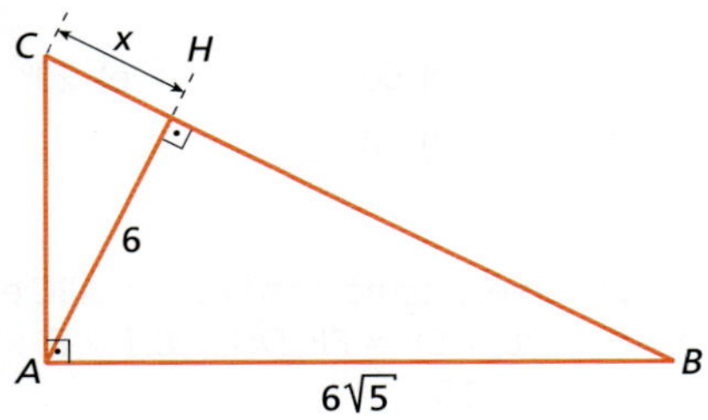

60. Determine x e y nos triângulos retângulos a seguir.

a)

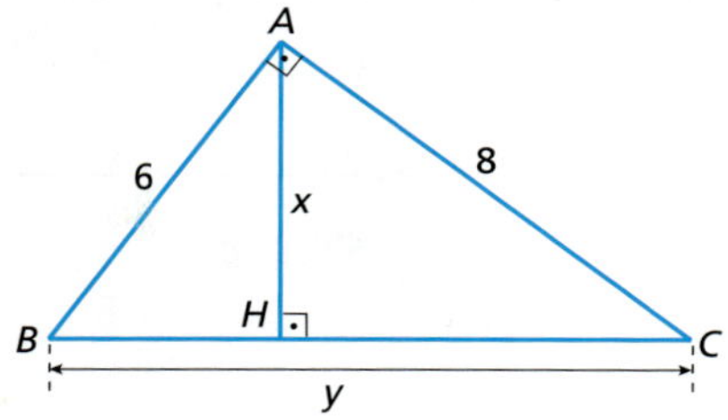

b)

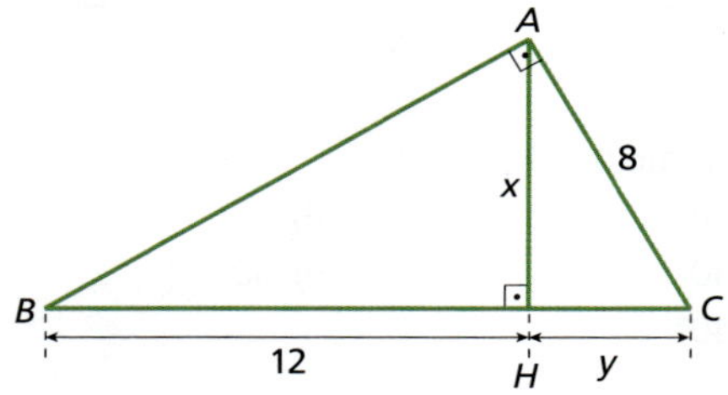

61. Determine os valores de a, b, c e d do triângulo retângulo abaixo.

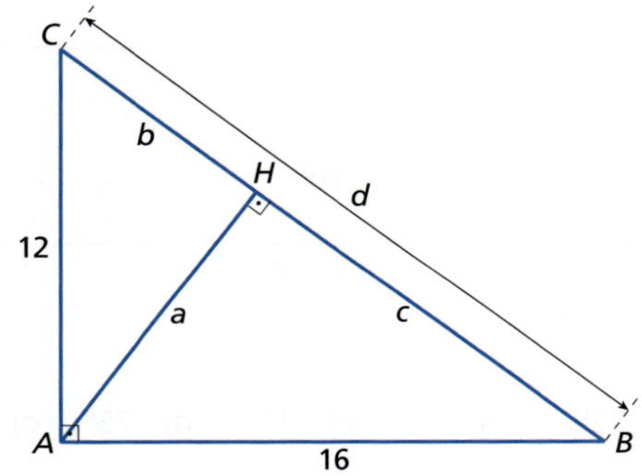

62. Determine a, h, x e y no triângulo retângulo abaixo.

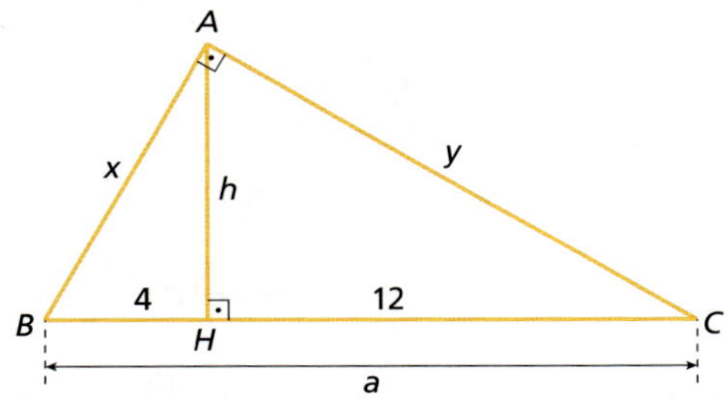

Questões de vestibular

1. (PUC) Sendo a paralela a b, então o valor de x é:

a) 18°
b) 45°
c) 90°
d) 60°30′10″
e) 60°

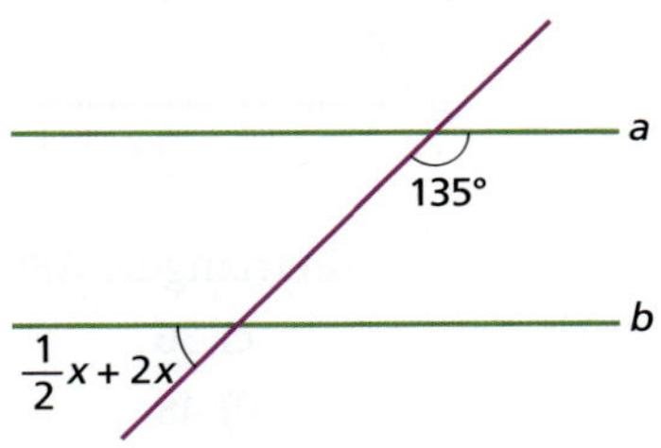

2. (FGV) Considere as retas r, s, t, u, todas num mesmo plano, com $r // u$. O valor em grau de $(2x + 3y)$ é:

a) 64°
b) 500°
c) 520°
d) 660°
e) 580°

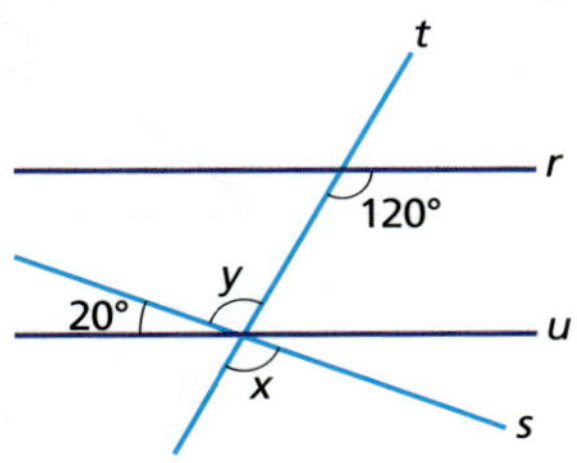

10.6 Visão do especialista

3. (FGV) Na figura, os pontos A e B estão no mesmo plano que contém as retas paralelas r e s.

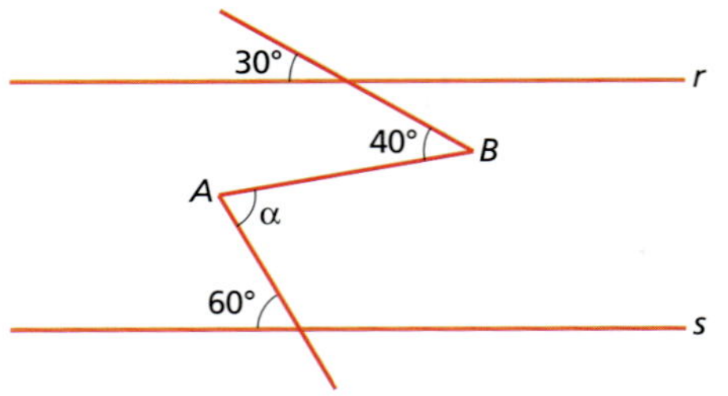

Assinale o valor de α.

a) 30°
b) 50°
c) 40°
d) 70°
e) 60°

4. (Ufes) Se as retas r e s da figura são paralelas, então $3\alpha + \beta$ vale:

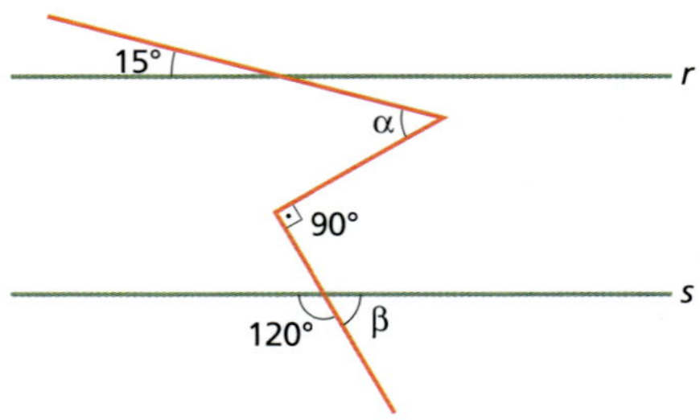

a) 225° b) 195° c) 215° d) 175° e) 185°

5. (FEI-SP) Na figura, $\overline{DE} \parallel \overline{BC}$. O valor de x é:

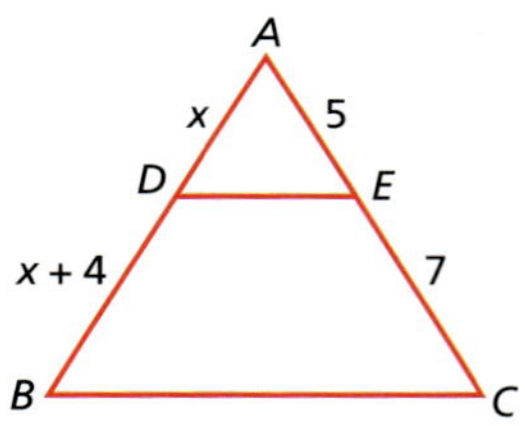

a) $\frac{15}{2}$ b) 9 c) 10 d) $\frac{19}{3}$ e) 12

6. (Mackenzie-SP) Na figura, sendo $a \parallel b \parallel c$ o valor de x é:

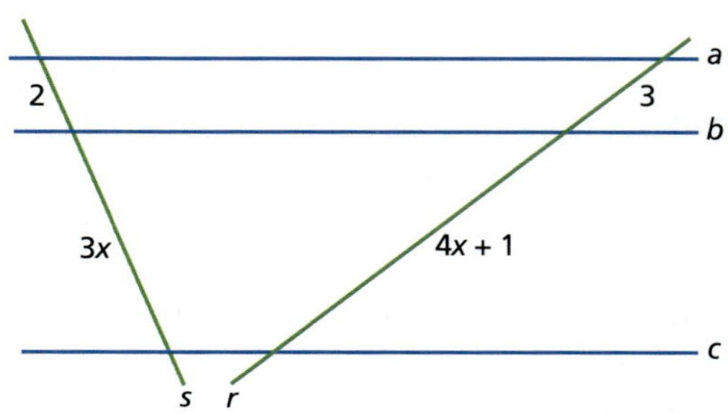

a) $\frac{3}{2}$ b) 3 c) $\frac{4}{3}$ d) 2 e) 1

7. (PUC) Na figura, $a = 100°$ e $b = 110°$. Quanto mede o ângulo x?

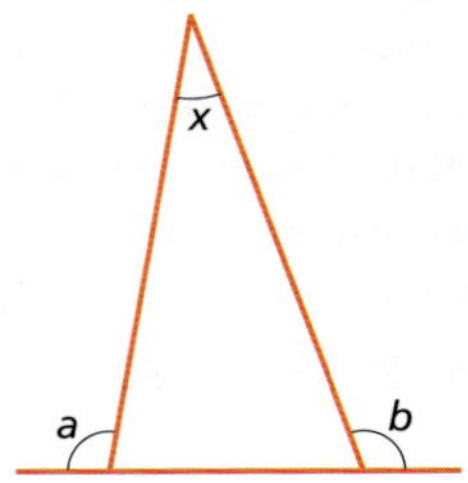

a) 30°
b) 50°
c) 80°
d) 100°
e) 220°

8. (Ufes) Na figura, o ângulo α mede, em grau:

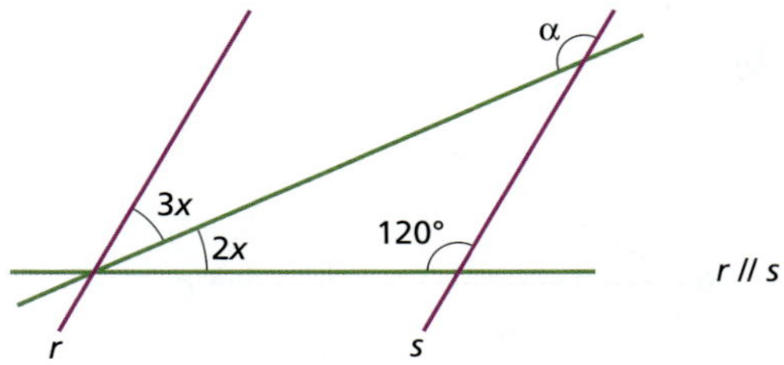

a) 142°
b) 144°
c) 146°
d) 148°
e) 150°

9. (PUC) Em um triângulo isósceles, a média aritmética das medidas de dois de seus ângulos é 50°. A medida de um dos ângulos do triângulo pode ser:

a) 100°
b) 90°
c) 60°
d) 30°
e) 20°

10. (UFMG) Observe a figura. O triângulo ABC é equilátero, $AD = DE = EF = FB$, $\overline{DG} \parallel \overline{EH} \parallel \overline{FI} \parallel \overline{BC}$, $DG + EH + FI = 18$.

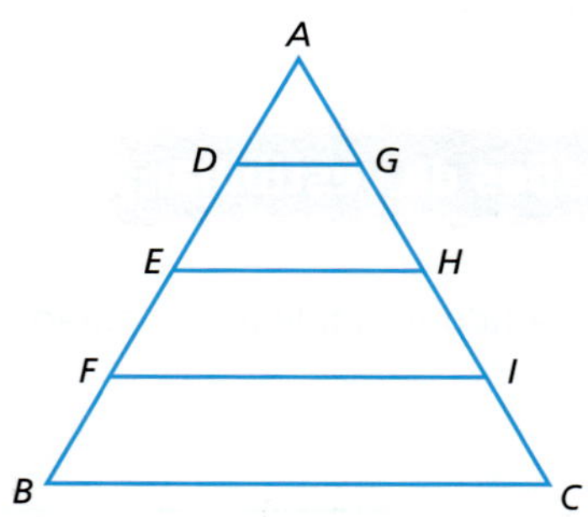

O perímetro do triângulo ABC é:

a) 12
b) 24
c) 36
d) 48
e) 54

11. (UEL-PR) Na figura, a medida x do ângulo assinalado é:

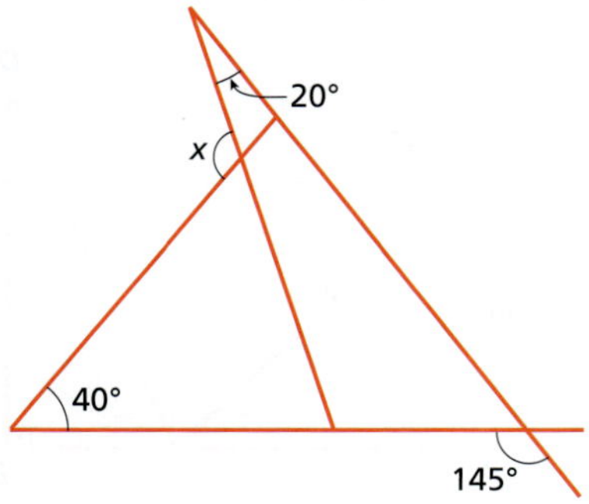

a) 85° c) 95° e) 105°
b) 90° d) 100°

10.7 Visão do especialista

12. (Mackenzie-SP) Na figura, $AB = AC$ e $AD = AE$. A medida do ângulo α é:

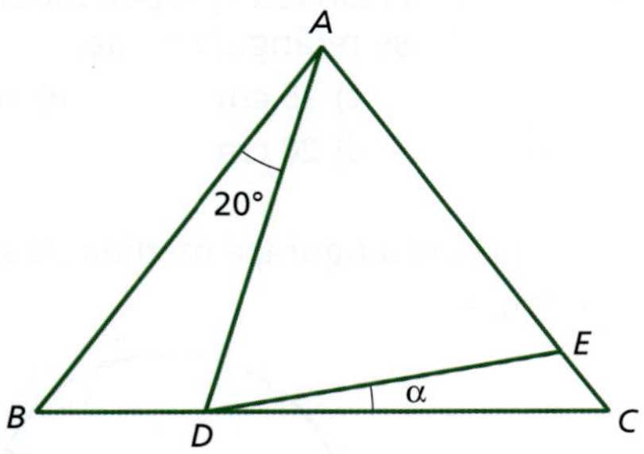

a) 5° b) 10° c) 15° d) 20° e) 25°

13. (UFMA) Dois lados de um triângulo isósceles medem, respectivamente, 5 cm e 2 cm. Qual é o seu perímetro?

a) 14 cm c) 9 cm e) 10 cm
b) 12 cm d) 7 cm

14. (UFU-MG) Do ponto P partem duas semirretas que encontram as paralelas r e t, nos pontos indicados na figura. Sabendo-se que $MR = 6$ cm, $MS = 20$ cm, $RQ = 32$ cm e $PQ = 24$ cm, os valores dos segmentos $\overline{PM}$, $\overline{PS}$ e $\overline{QS}$ são, respectivamente:

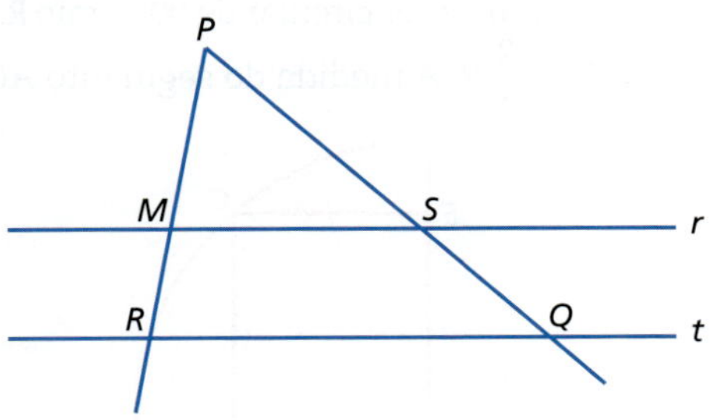

a) 9 cm, 15 cm, 10 cm
b) 15 cm, 10 cm, 9 cm
c) 10 cm, 15 cm, 9 cm
d) 10 cm, 9 cm, 15 cm
e) 9 cm, 10 cm, 15 cm

15. (UFMG) Na figura, $AC = CB = BD$ e $\text{med}(\widehat{A}) = 25°$. O ângulo x mede:

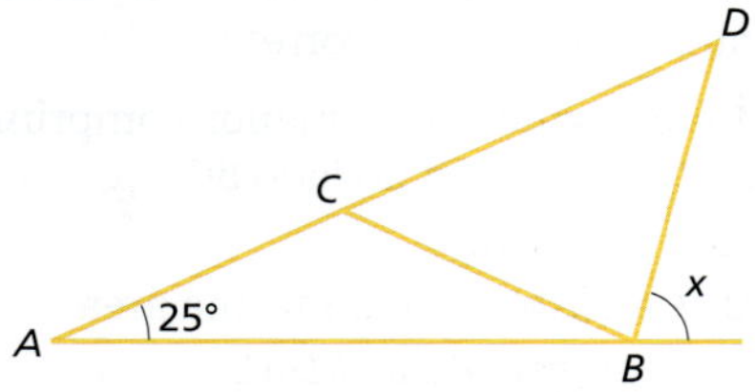

a) 50° b) 60° c) 70° d) 75° e) 80°

16. (PUC) Na figura, $BC = CA = AD = DE$. O ângulo $C\widehat{A}D$ mede:

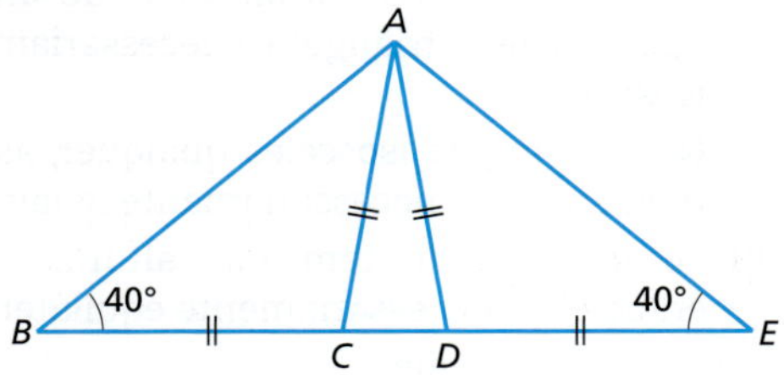

a) 10° b) 20° c) 30° d) 40° e) 60°

17. (Fatec-SP) Na figura, r é bissetriz do ângulo $A\widehat{B}C$. Se $\alpha = 40°$ e $\beta = 30°$, então:

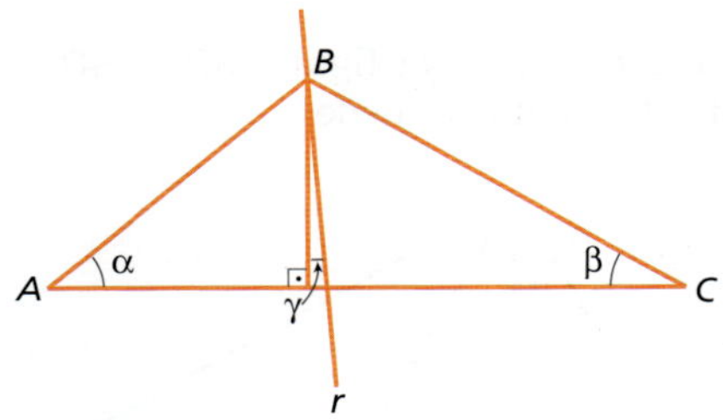

a) $\gamma = 0°$
b) $\gamma = 5°$
c) $\gamma = 35°$
d) $\gamma = 15°$
e) Os dados são insuficientes para a determinação de γ.

18. (FGV) Num triângulo isósceles ABC, de vértice A, a medida do ângulo obtuso formado pelas bissetrizes dos ângulos $\widehat{B}$ e $\widehat{C}$ é 140°.

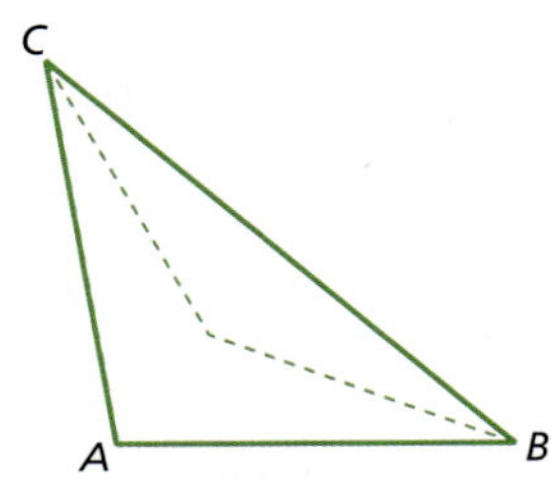

Então, as medidas dos ângulos $\widehat{A}$, $\widehat{B}$ e $\widehat{C}$ são, respectivamente:

a) 120°, 30° e 30°
b) 80°, 50° e 50°
c) 100°, 40° e 40°
d) 90°, 45° e 45°
e) 140°, 20° e 20°

19. (UFG-GO) Considere um triângulo qualquer de vértices A, B e C e represente por $\overline{AM}$ a mediana relativa ao lado $\overline{BC}$. Assinale, dentre as seguintes, a alternativa correta.

a) $\overline{AM}$ é o segmento de menor comprimento ligando o vértice A ao lado $\overline{BC}$.
b) $\triangle ABM \cong \triangle AMC$
c) $\triangle ABM$ e $\triangle AMC$ têm a mesma área.
d) $B\widehat{A}M$ é congruente ao $M\widehat{A}C$.
e) $B\widehat{M}A$ é congruente a $A\widehat{M}C$.

20. (UnB-DF) Considere as afirmações:

I. Se num triângulo a altura relativa a um lado coincide com a bissetriz do ângulo oposto a ele, o triângulo é necessariamente isósceles.
II. Num triângulo isósceles qualquer, as três medianas são necessariamente iguais.
III. Se um triângulo tem duas alturas iguais, então ele é necessariamente equilátero.

Pode-se afirmar que:

a) I e II são corretas, III é falsa.
b) todas são falsas.
c) I é correta, II e III são falsas.
d) n.r.a

21. (Mackenzie-SP) Na figura, $BD = AD = DC$ e $BM = MD$. Então α mede:

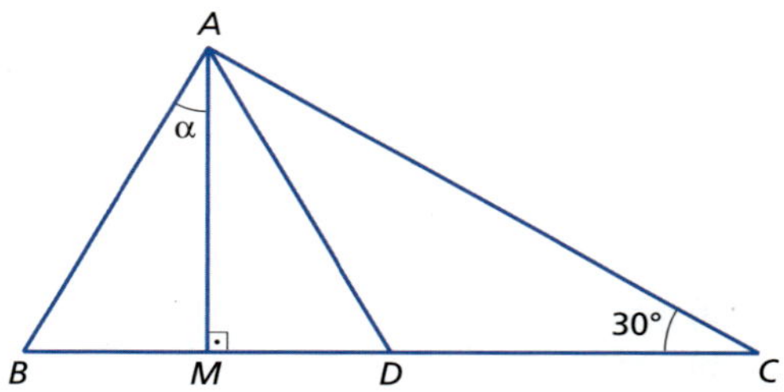

a) 45° c) 30° e) 20°
b) 60° d) 15°

22. (Mackenzie-SP) No triângulo abaixo, temos $AB = BC$ e $CD = AC$. Se x e y são as medidas, em grau, dos ângulos $\widehat{A}$ e $\widehat{B}$, respectivamente, então $x + y$ é igual a:

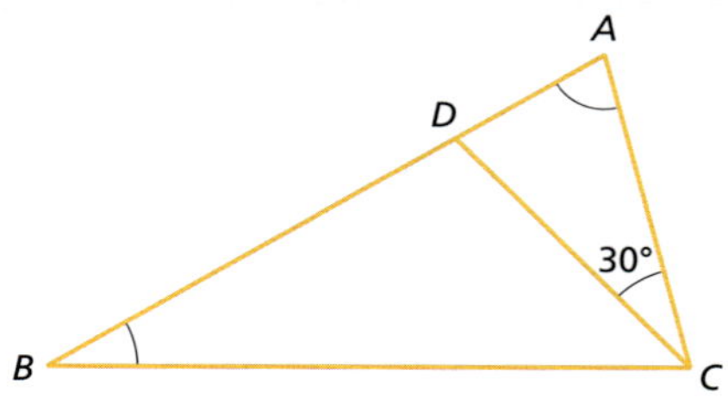

a) 120° c) 115° e) 105°
b) 110° d) 95°

23. (Santa Casa-SP) A altura do triângulo equilátero de lado 4 cm é:

a) 4 cm c) $4\sqrt{3}$ cm e) 1 cm
b) 2 cm d) $2\sqrt{3}$ cm

24. (PUC) Na figura, sabendo-se que $AE = 30$ m, $BD = 40$ m, $AB = 50$ m, $EC = CD$, então $\overline{AC}$ e $\overline{CB}$ valem, respectivamente:

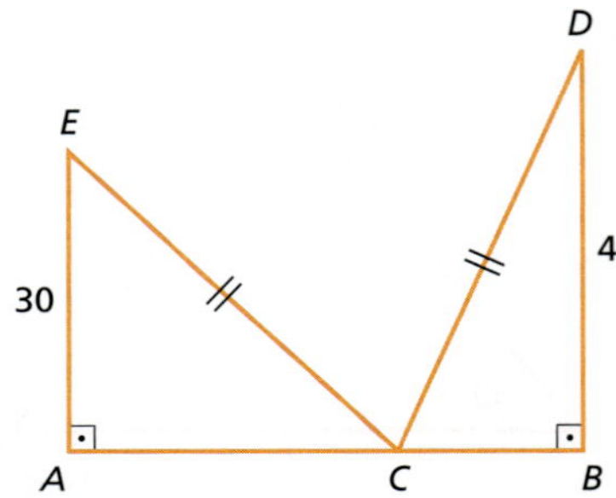

a) 25 m e 25 m d) 40 m e 10 m
b) 32 m e 18 m e) n.r.a
c) 38 m e 12 m

25. (Mackenzie-SP) O perímetro de um retângulo é 42 cm e os seus lados são proporcionais a 3 e 4. A diagonal desse retângulo mede:

a) 5 cm c) 15 cm e) n.r.a
b) 10 cm d) 20 cm

26. (Fatec-SP) Nesta figura, a medida do segmento $\overline{AD}$ é igual a:

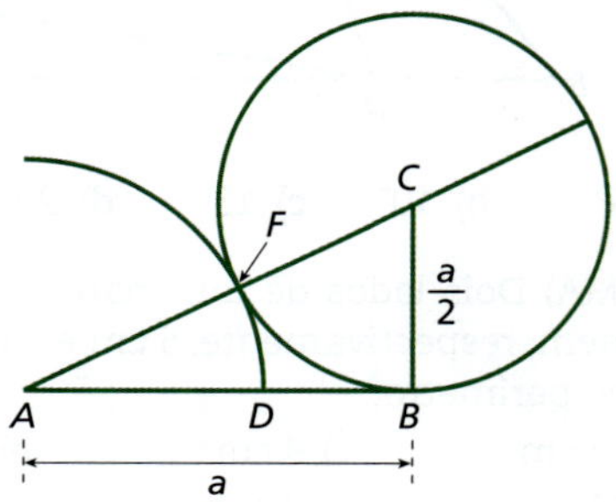

a) $\frac{a}{2}$ c) $\frac{a}{3}\sqrt{3}$ e) $\frac{a}{2}(1+\sqrt{5})$
b) $\frac{a}{2}\sqrt{5}$ d) $\frac{a}{2}(\sqrt{5}-1)$

27. (UCMG) Nesta figura, o retângulo OACE está inscrito num setor circular de 90° e raio R. Tem-se $AO = \frac{2}{3}R$. A medida do segmento $\overline{AC}$ é:

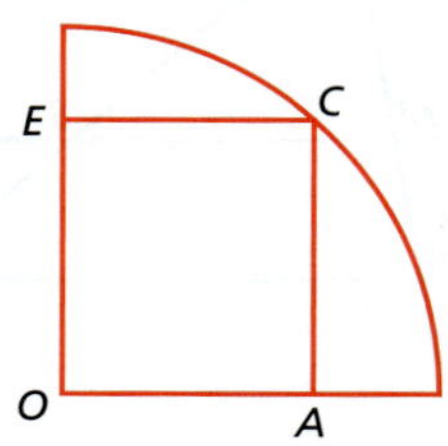

a) $\frac{R\sqrt{2}}{3}$ c) $\frac{R\sqrt{3}}{5}$ e) $\frac{R\sqrt{5}}{3}$
b) $\frac{R\sqrt{3}}{2}$ d) $\frac{R\sqrt{5}}{2}$

28. (PUC) A soma dos quadrados dos três lados de um triângulo retângulo é igual a 32. Quanto mede a hipotenusa desse triângulo?

a) 3 b) 4 c) 5 d) 6 e) 8

29. (PUC) Na figura, os segmentos são medidos em metro. O segmento de medida x vale:

10.8 Visão do especialista

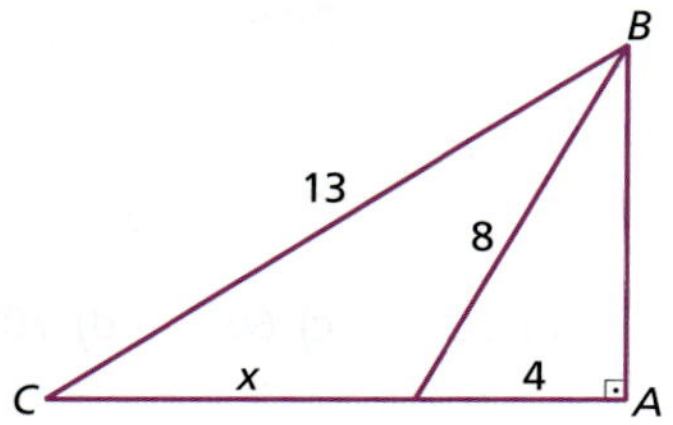

a) 11 m
b) 105 m
c) Impossível de ser calculado, pois 43 não tem raiz.
d) 7 m
e) n.r.a

30. (Mackenzie-SP) A diagonal do quadrado de lado 4 cm vale:

a) 4 cm
b) 8 cm
c) $4\sqrt{2}$ cm
d) $2\sqrt{2}$ cm
e) 1 cm

31. (Cesgranrio-RJ) No triângulo retângulo *ABC* da figura, os seis quadrados têm o lado igual a 2 cm. A hipotenusa $\overline{BC}$ mede:

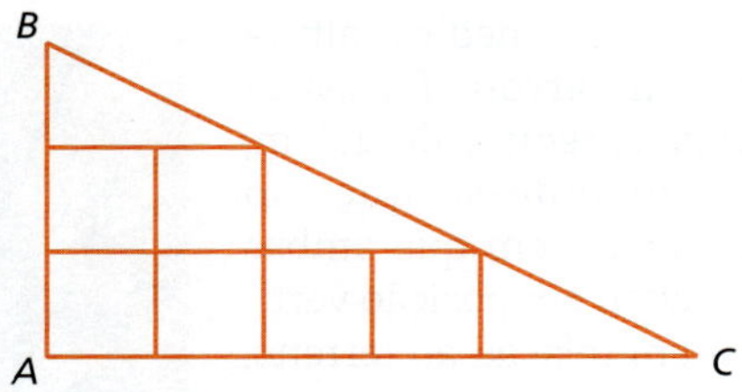

a) $6\sqrt{5}$ cm
b) 12 cm
c) $12\sqrt{2}$ cm
d) $12\sqrt{3}$ cm
e) 18 cm

32. (PUC) A diagonal de uma tela retangular mede 22 polegadas. Determine as dimensões da tela, sabendo que a razão entre os lados é $\frac{3}{4}$.

a) 13,2 e 17,6
b) 14,2 e 18,4
c) 12,6 e 16,4
d) 15,5 e 19,5
e) 11,8 e 15,2

33. (UnG-SP) Na figura abaixo, o segmento $\overline{AB}$ é paralelo ao segmento $\overline{DE}$. O valor de x é:

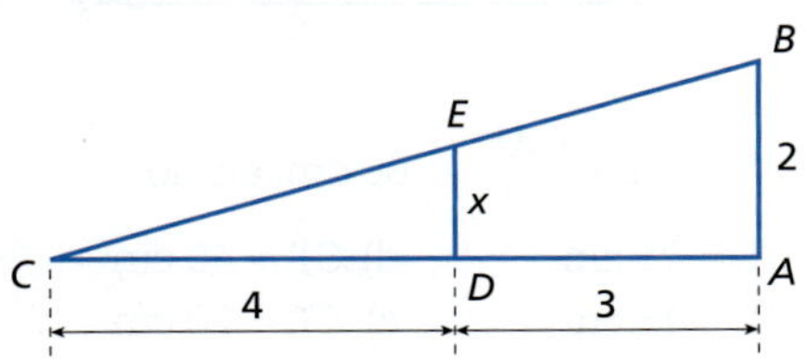

a) $\frac{2}{3}$ b) $\frac{8}{3}$ c) $\frac{2}{7}$ d) $\frac{8}{7}$ e) 1

34. (FEI-SP) Na figura, x mede:

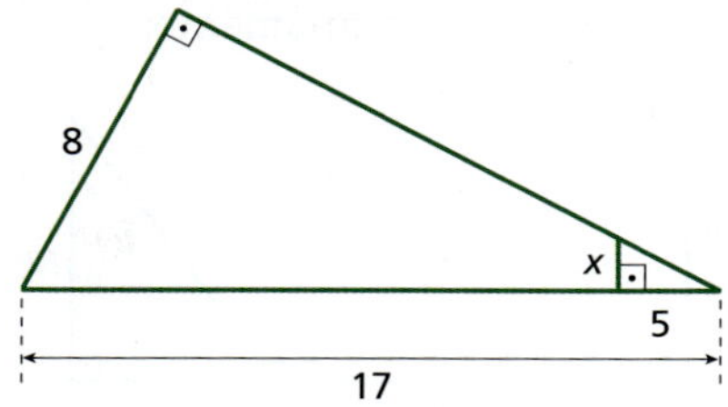

a) 3
b) $2\,\frac{10}{15}$
c) Faltam dados para calcular x.
d) $3 + 2\,\frac{10}{15}$
e) n.r.a

35. (Unisinos-RS) O ponto mais alto de uma rampa em relação ao solo fica a 6 m. Ela é sustentada por 6 pilares, distantes um do outro 5 m e distribuídos conforme a figura. Desprezando a largura dos pilares, a altura do 3º pilar, em metro, é:

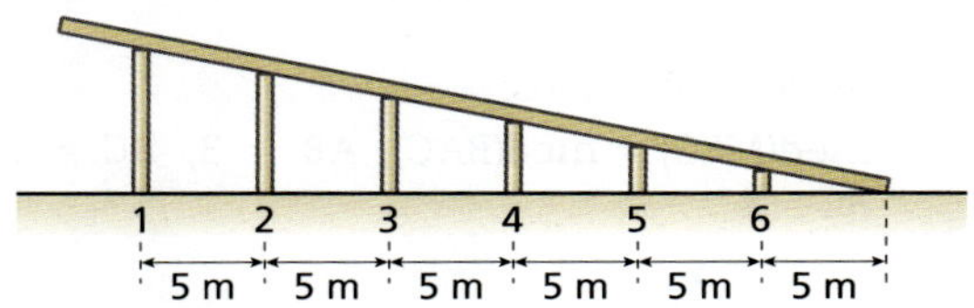

a) 4 b) 5 c) 6 d) 7 e) 8

36. (Fuvest-SP) Na figura, o triângulo *ABC* é retângulo em $\hat{A}$, *ADEF* é um quadrado, *AB* = 1 e *AC* = 3. Quanto mede o lado do quadrado?

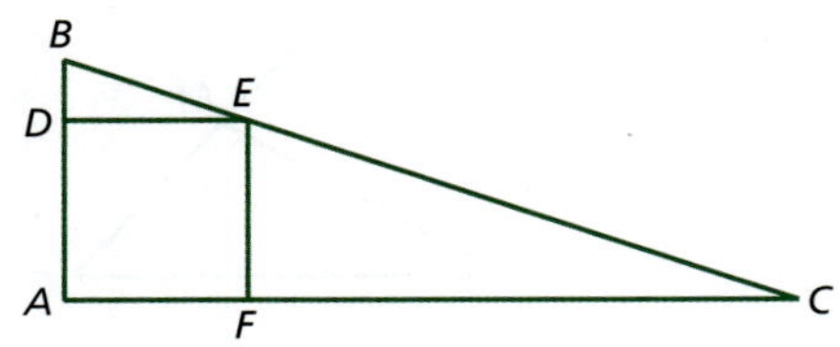

a) 0,70
b) 0,75
c) 0,80
d) 0,85
e) 0,90

37. (FEI-SP) O quadrado de vértices *M*, *N*, *P* e *Q* está inscrito no triângulo retângulo *ABC*, conforme a figura. Se *AP* = 8 cm e *QC* = 2 cm, então o lado do quadrado mede:

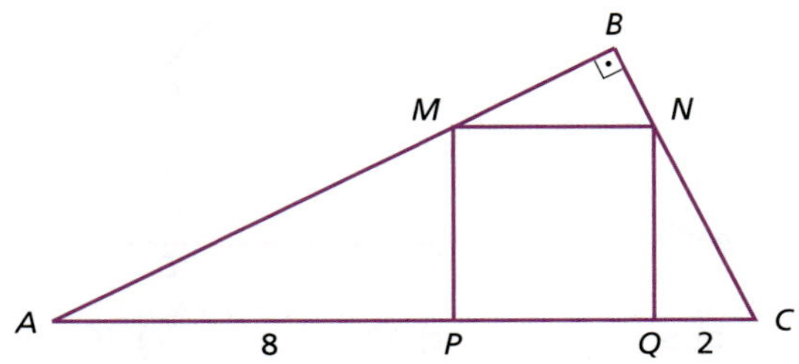

a) 1 cm
b) 2 cm
c) 3 cm
d) 4 cm
e) 5 cm

38. (Fuvest-SP) Na figura, os ângulos assinalados são retos. Temos necessariamente:

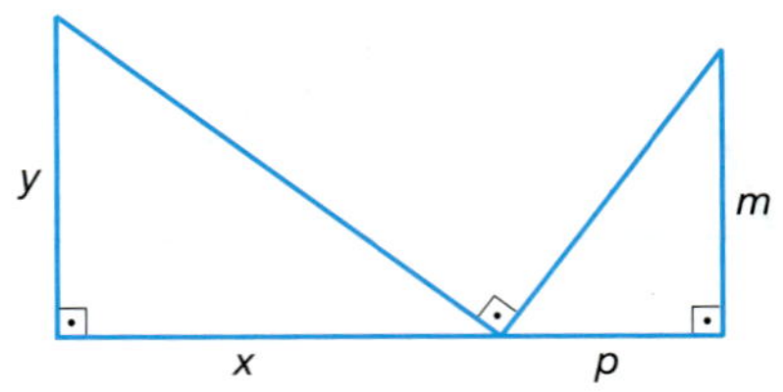

a) $\frac{x}{y} = \frac{p}{m}$

b) $\frac{x}{y} = \frac{m}{p}$

c) $xy = pm$

d) $x^2 + y^2 = p^2 + m^2$

e) $\frac{1}{x} + \frac{1}{y} = \frac{1}{m} : \frac{1}{p}$

39. (Fuvest-SP) A sombra de um poste vertical, projetada pelo sol sobre um chão plano, mede 12 m. Nesse mesmo instante, a sombra de um bastão vertical de 1 m de altura mede 0,6 m. A altura do poste é:

a) 6 m
b) 7,2 m
c) 12 m
d) 20 m
e) 72 m

40. (Fuvest-SP) Dados:
med($M\widehat{B}C$) = med($B\widehat{A}C$), $AB = 3$, $BC = 2$ e $AC = 4$

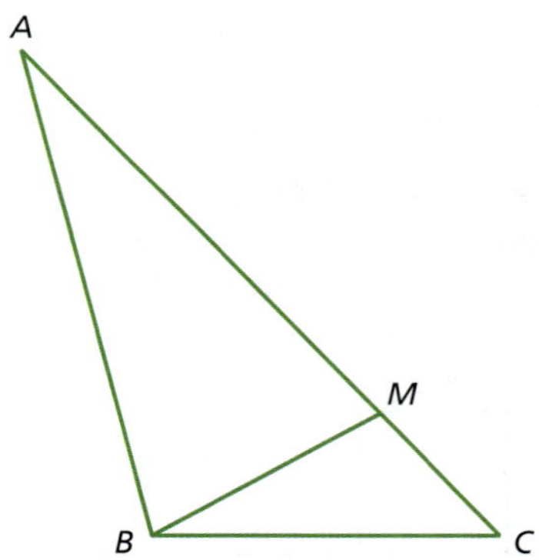

Então $\overline{MC}$ é igual a:

a) 3,5
b) 2
c) 1,5
d) 1
e) 0,5

41. (UFS-SE) Na figura, são dados $AC = 8$ cm e $CD = 4$ cm. A medida de $\overline{BD}$ é, em centímetro:

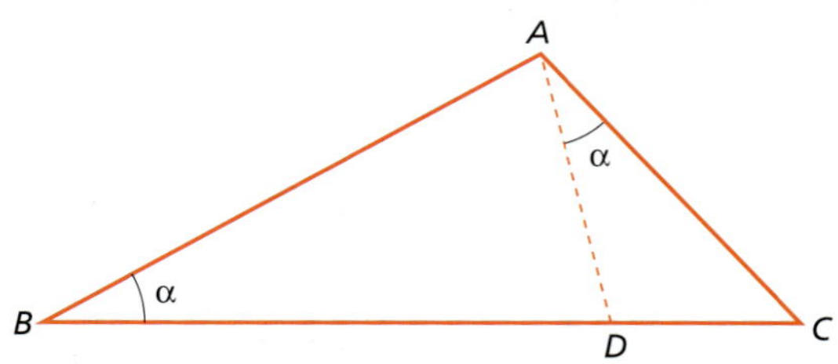

a) 9
b) 10
c) 12
d) 15
e) 16

42. (Fuvest-SP) Na figura, $AB = AC$, $BX = BY$ e $CZ = CY$. Se o ângulo $\widehat{A}$ mede 40°, então o ângulo $X\widehat{Y}Z$ mede:

10.9 Visão do especialista

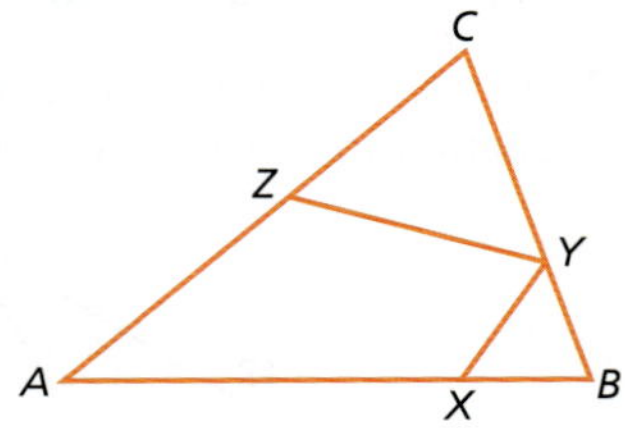

a) 40°
b) 50°
c) 60°
d) 70°
e) 90°

43. (PUC) Na figura, está a planta de um lago poligonal de lados $AB = 2CD$, $BC = 6$ m e $AD = 2\sqrt{21}$ m. Os ângulos internos de vértices B e D são retos. A medida do segmento $\overline{AC}$, em metro, é:

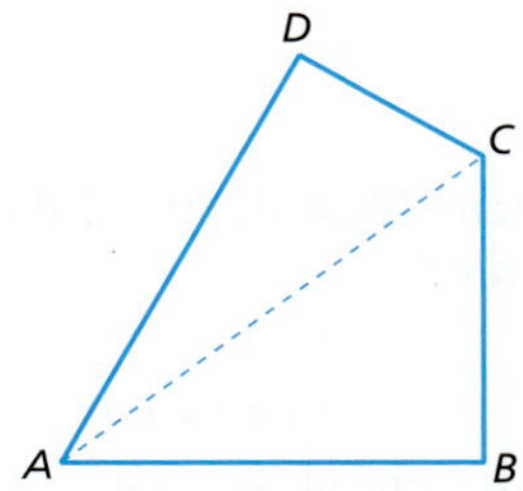

a) 10
b) 12
c) 14
d) 16

44. (PUC) Para medir a altura de uma árvore, foi usada uma vassoura de 1,5 m, verificando-se que, no momento em que ambas estavam em posição vertical em relação ao terreno, a vassoura projetava uma sombra de 2 m e a árvore, de 16 m. A altura da árvore, em metro, é:

CESAR DUARTE/ARGOSFOTO

a) 3,0
b) 8,0
c) 12,0
d) 15,5
e) 16,0

45. (FEI-SP) São dados os triângulos retângulos ABE e CTE, conforme a figura:

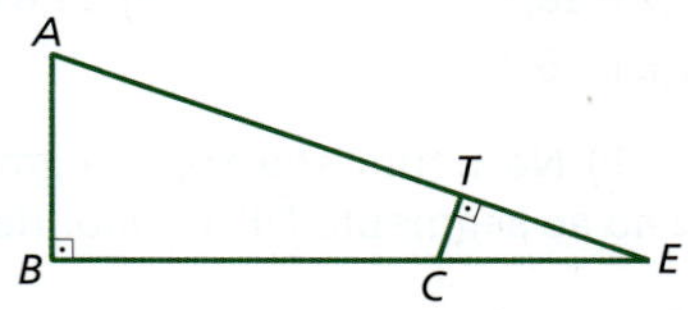

Se $AB = CE = \frac{AE}{3} = 60$ cm, então:

a) $CT = 25$ cm
b) $CT = 15$ cm
c) $CT = 30$ cm
d) $CT = 40$ cm
e) $CT = 20$ cm

Capítulo 11

Superfícies poligonais, círculos e áreas

JOHN CHURCHMAN/CORBIS/LATINSTOCK

Objetivos do capítulo:

- Identificar polígonos, superfícies poligonais, circunferências e círculos.
- Resolver situações-problema que envolvam o cálculo das áreas de círculos e de superfícies poligonais.

As formas poligonais também estão presentes na natureza, como é possível observar nas folhas, nas pétalas das flores e na teia de uma aranha.

1 Polígonos

Por serem elementos decorativos e estruturais, as formas poligonais estão presentes em áreas da atividade humana que vão da Arte à Geografia, passando pela Agrimensura, Arquitetura e Engenharia.

No detalhe da obra *Acompanhamento negro*, de Wassily Kandinsky, o artista compôs retângulos quadrados e não quadrados, colorindo o interior de cada um com cores de vários tons, conseguindo um efeito visual harmonioso. Já no planetário de Fortaleza, o arquiteto utilizou uma estrutura formada de triângulos preenchidos por placas brilhantes, que dão à construção um aspecto futurista.

KANDINSKY, WASSILY/LICENCIADO POR AUTVIS, BRASIL, 2012 - COLEÇÃO PARTICULAR

Wassily Kandinsky, *Acompanhamento negro*, óleo sobre tela, 1924, detalhe.

JARBAS OLIVEIRA/FOLHAPRESS

Planetário do Centro Cultural Dragão do Mar, em Fortaleza (CE), cuja estrutura da abóboda geodésica é formada por polígonos de metal.

1.1 Polígono e superfície poligonal

Na obra *Músicos mascarados* (ao lado), de Pablo Picasso, o artista optou por combinar polígonos e não polígonos e criou uma pintura que se tornaria um dos símbolos da escola cubista.

Destacamos um detalhe que representa uma superfície cujo interior foi pintado de vermelho. A linha fechada que contorna a região pintada de vermelho é um exemplo de **polígono**.

- **Polígono** é uma figura geométrica plana e fechada formada apenas por segmentos de reta que não se cruzam no mesmo plano.

SUCCESSION PABLO PICASSO/LICENCIADO POR AUTVIS, BRASIL, 2012 - PHILADELPHIA MUSEUM OF ART, EUA

Pablo Picasso, *Músicos mascarados*, 1921, óleo sobre tela, 203,2 × 188 cm.

Observe alguns exemplos:

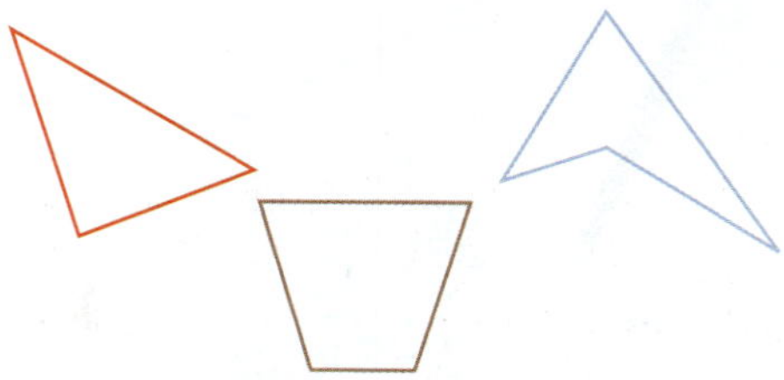

Um polígono divide o plano que o contém em duas regiões distintas: uma interna e outra externa. A figura formada pela união do polígono com sua região interna é denominada **superfície poligonal** ou **região poligonal**.

Elementos de um polígono

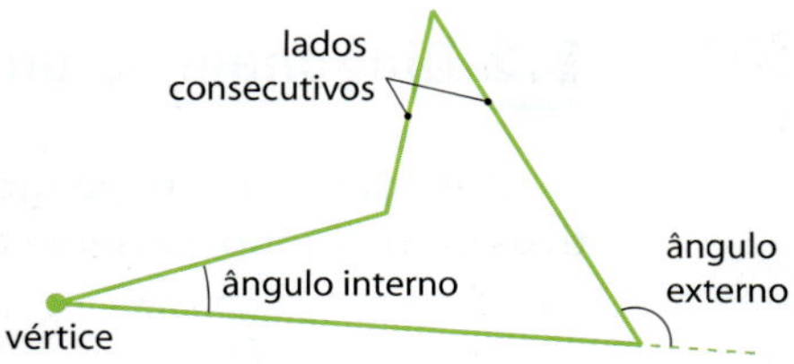

Cada um dos segmentos de reta que formam um polígono é denominado **lado**, e o ponto comum a dois lados é um **vértice**. Os lados que têm extremidades num mesmo vértice são chamados **lados consecutivos**. Os vértices que têm um lado comum são chamados **vértices consecutivos**. Cada um dos ângulos formados por lados consecutivos é chamado de **ângulo interno** e cada um dos ângulos adjacentes suplementares a cada ângulo interno é chamado de **ângulo externo**.

Polígonos convexos e não convexos

Se a reta que passa por qualquer par de vértices consecutivos mantiver todos os demais vértices no mesmo semiplano, temos um polígono **convexo**. Caso contrário, temos um polígono **não convexo**.

Observe as figuras a seguir.

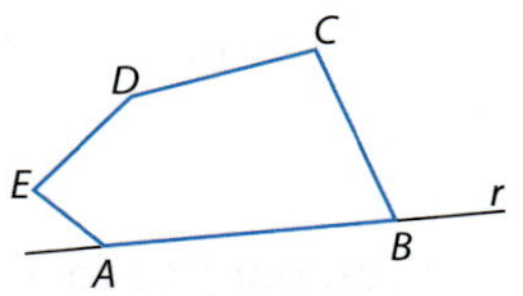

Polígono convexo: uma reta r que passa por qualquer par de vértices consecutivos mantém os demais vértices no mesmo semiplano.

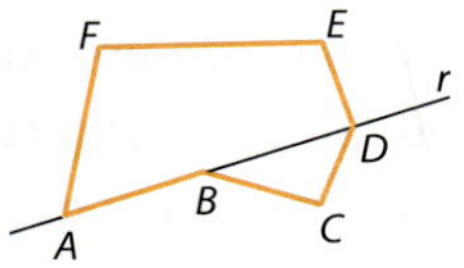

Polígono não convexo: a reta $\overleftrightarrow{AB}$ não mantém os demais vértices no mesmo semiplano.

Toda região poligonal delimitada por um polígono convexo é chamada de **região convexa**. Porém, nem toda região convexa é delimitada por um polígono convexo. O círculo é um exemplo de região convexa cujo contorno não é poligonal.

As regiões convexas apresentam uma propriedade: todo segmento de reta com extremidades pertencentes à região está contido nela.

Observe alguns exemplos de regiões convexas e não convexas:

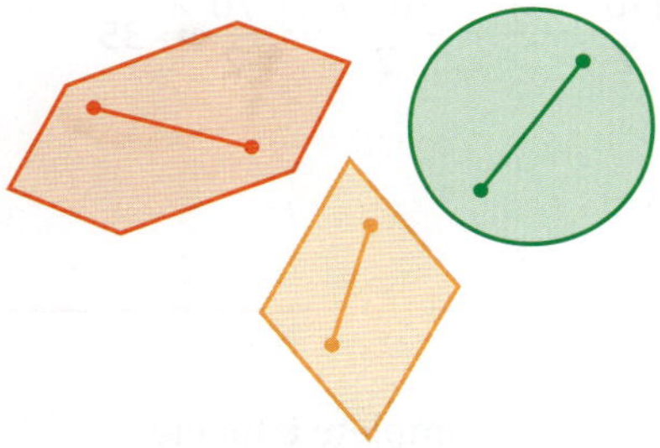

Regiões convexas

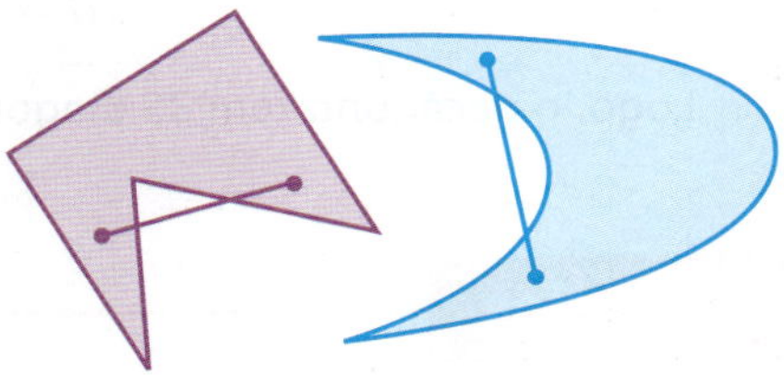

Regiões não convexas

Nas regiões não convexas mostradas acima, é possível perceber que, embora as extremidades dos segmentos pertençam às regiões, tais segmentos não estão inteiramente contidos nelas.

Em um polígono convexo, a medida de cada ângulo interno é menor que 180°.

Neste capítulo, estudaremos apenas polígonos convexos, que daqui em diante serão chamados apenas de polígonos.

Nome dos polígonos

Os polígonos são nomeados de acordo com o número de lados, como indicado a seguir.

- Triângulo: polígono de 3 lados
- Quadrilátero: polígono de 4 lados
- Pentágono: polígono de 5 lados
- Hexágono: polígono de 6 lados
- Heptágono: polígono de 7 lados
- Octógono: polígono de 8 lados
- Eneágono: polígono de 9 lados
- Decágono: polígono de 10 lados
- Undecágono: polígono de 11 lados
- Dodecágono: polígono de 12 lados
- Pentadecágono: polígono de 15 lados
- Icoságono: polígono de 20 lados

1.2 Diagonais de um polígono

A **diagonal** de um polígono é um segmento cujas extremidades são dois vértices não consecutivos do polígono. Observe alguns exemplos:

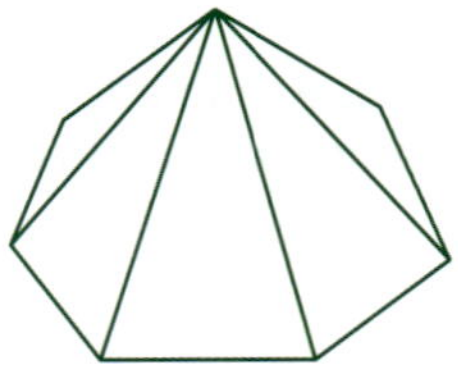

número de vértices: 7
número de diagonais
relativas a um dos vértices: 4

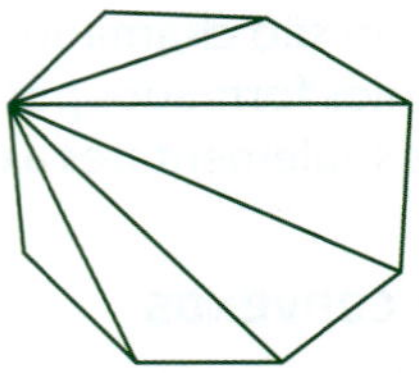

número de vértices: 8
número de diagonais
relativas a um dos vértices: 5

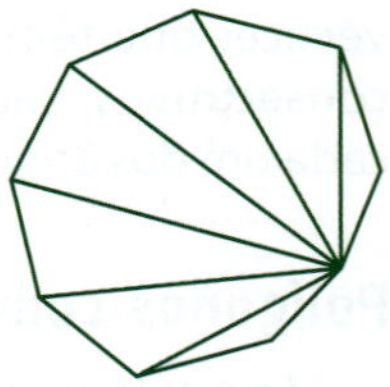

número de vértices: 9
número de diagonais
relativas a um dos vértices: 6

Considerando um polígono com n lados, observamos que:

- de um único vértice partem $(n - 3)$ diagonais;
- há n vértices, logo temos $n(n - 3)$ diagonais;
- cada diagonal tem extremidade em dois vértices, por isso foi contada duas vezes; logo, precisamos dividir a expressão anterior por dois.

Então, a relação entre o número de diagonais d e o número de lados n de um polígono qualquer é:

$$d = \frac{n(n-3)}{2}$$

Exemplo

O número de diagonais de um decágono é:

$$d = \frac{10 \cdot (10 - 3)}{2} = \frac{10 \cdot 7}{2} = \frac{70}{2} = 35$$

Logo, o decágono tem 35 diagonais.

Exercícios

1. Observe as figuras e responda.

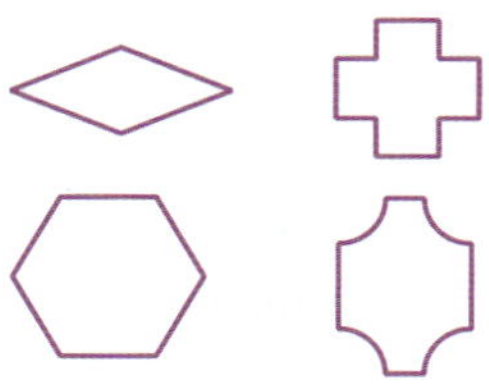

Quais figuras são polígonos? Justifique sua resposta.

2. Desenhe um polígono, não convexo, com 6 lados.

3. Desenhe um polígono com 5 lados e 4 ângulos internos.

4. Desenhe e pinte uma região poligonal determinada por um polígono convexo e uma região poligonal determinada por um polígono não convexo.

5. Complete a tabela.

Polígono	Número de vértices	Número de diagonais em um vértice	Número de diagonais do polígono
Pentágono			
	6		
Heptágono			
		6	
		9	
Icoságono	20		

6. Há um polígono cujo número de lados é igual ao dobro do número de diagonais. Que polígono é esse?

1.3 Soma das medidas dos ângulos internos e das medidas dos ângulos externos de um polígono convexo qualquer

Soma das medidas dos ângulos internos de um polígono convexo qualquer

Traçando as diagonais que partem de um único vértice de um polígono, é possível decompor qualquer polígono em triângulos. Observe alguns exemplos:

Quadrilátero (4 lados)

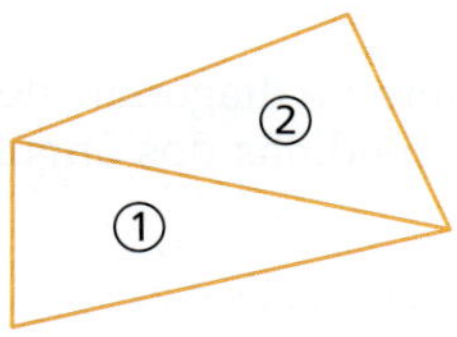

número de triângulos formados: 2
↑
4 − 2
(número de lados menos 2)

Heptágono (7 lados)

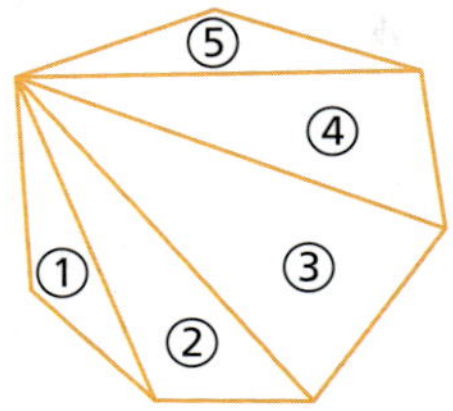

número de triângulos formados: 5
↑
7 − 2
(número de lados menos 2)

Decágono (10 lados)

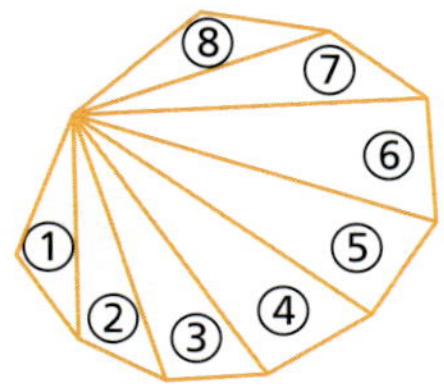

número de triângulos formados: 8
↑
10 − 2
(número de lados menos 2)

Considerando um polígono de *n* lados, podemos relacionar o número de lados (*n*) com a soma das medidas dos ângulos internos do polígono. Acompanhe:

- podemos decompor esse polígono em $(n - 2)$ triângulos pelas diagonais que partem de um vértice;
- sabemos que a soma das medidas dos ângulos internos de um triângulo é igual a 180°.

Então, a soma (S_i) das medidas dos ângulos internos de um polígono de *n* lados é dada por:

$$S_i = (n - 2) \cdot 180°$$

Soma das medidas dos ângulos externos de um polígono convexo qualquer

Em cada vértice de um polígono, o ângulo interno ($\hat{i}$) e o ângulo externo adjacente ($\hat{e}$) são suplementares. Observe:

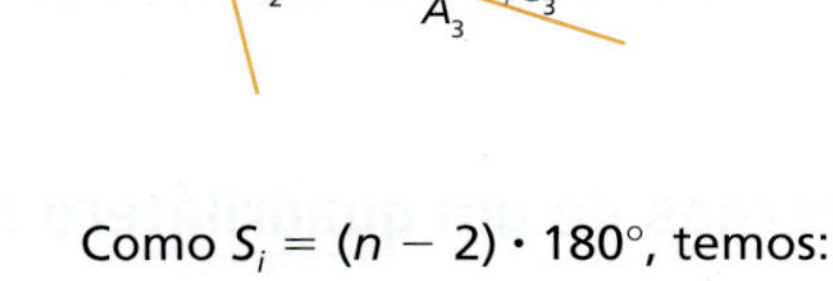

$$\begin{array}{rcl} i_1 + e_1 & = & 180° \\ i_2 + e_2 & = & 180° \\ i_3 + e_3 & = & 180° \\ i_4 + e_4 & = & 180° \\ \vdots + \vdots & = & \vdots \\ i_n + e_n & = & 180° \\ \hline S_i + S_e & = & n \cdot 180° \end{array}$$

S_e: soma das medidas de todos os ângulos externos

S_i: soma das medidas de todos os ângulos internos

Como $S_i = (n - 2) \cdot 180°$, temos:

$$S_i + S_e = n \cdot 180°$$
$$(n - 2) \cdot 180° + S_e = n \cdot 180°$$
$$n \cdot 180° - 360° + S_e = n \cdot 180°$$
$$S_e - 360° = 0$$

$$S_e = 360°$$

Concluímos, então, que a soma das medidas dos ângulos externos de um polígono é sempre 360°, independentemente do número de lados do polígono.

Exercícios

7. Calcule, em cada caso, x em grau.

a)

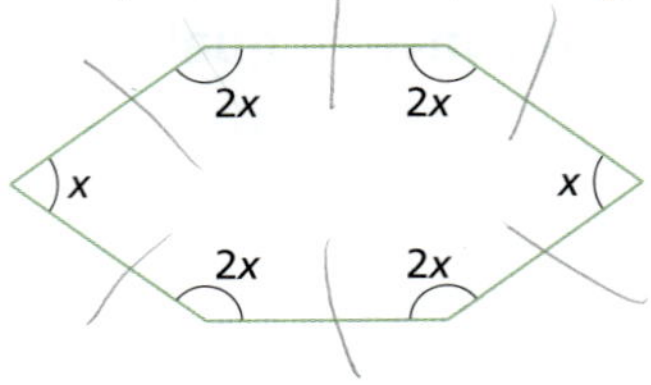

b)

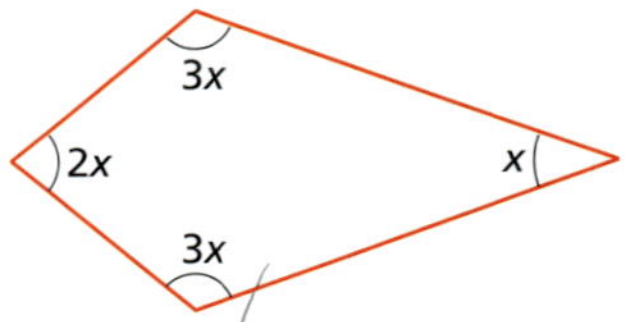

c)

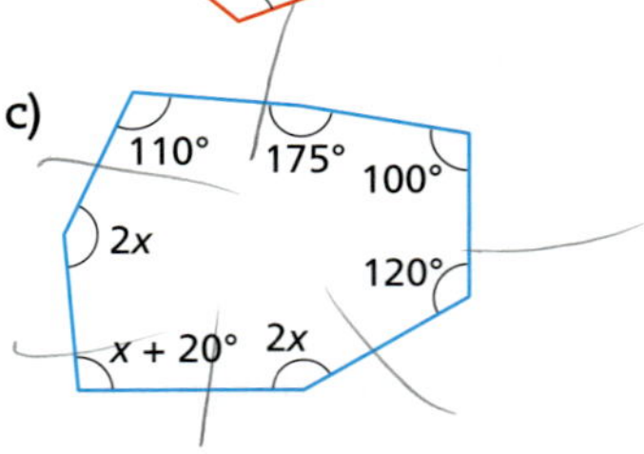

d)

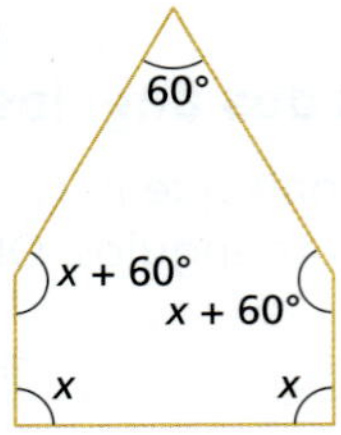

8. Calcule o número de diagonais de um polígono cuja soma das medidas dos ângulos internos é 3.060°.

9. Determine, em grau, x, y e z.

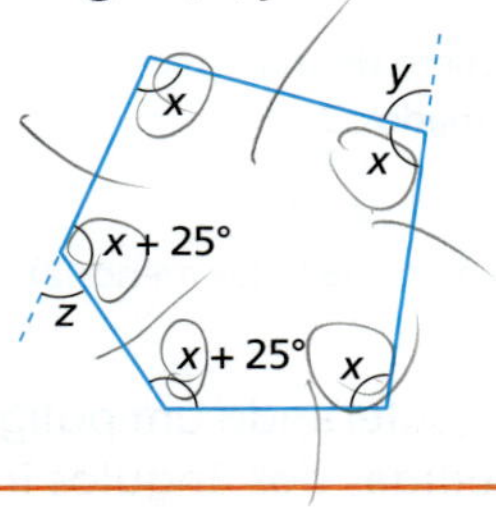

2 Quadriláteros

- Todo polígono com quatro lados é chamado de **quadrilátero**.

11.1 Biblioteca do estudante

Considere o quadrilátero $ABCD$ abaixo, os elementos desse quadrilátero são:

- vértices: A, B, C e D
- lados: $\overline{AB}$, $\overline{BC}$, $\overline{CD}$ e $\overline{DA}$
- diagonais: $\overline{AC}$ e $\overline{BD}$
- ângulos internos: $D\widehat{A}B$, $A\widehat{B}C$, $B\widehat{C}D$ e $C\widehat{D}A$
- ângulos externos: $\widehat{a}$, $\widehat{b}$, $\widehat{c}$ e $\widehat{d}$

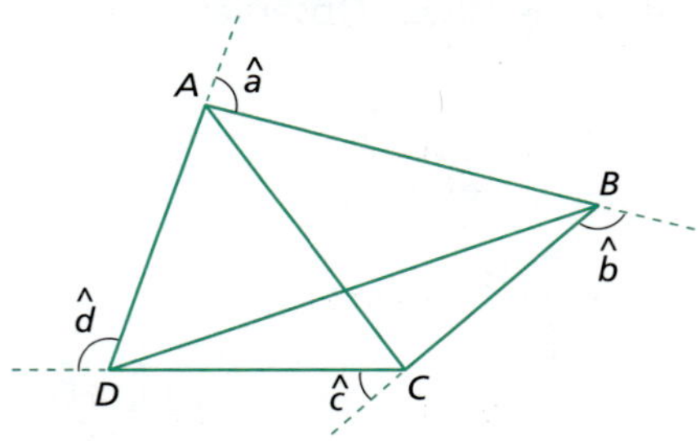

O perímetro de um quadrilátero é a soma das medidas dos seus lados, então o perímetro do quadrilátero $ABCD$ é $AB + BC + CD + DA$.

2.1 Soma das medidas dos ângulos internos de um quadrilátero convexo

Vimos que a soma das medidas ângulos internos de um polígono convexo qualquer é dada pela fórmula $S_i = (n - 2) \cdot 180°$, sendo n o número de lados.

11.1 Visão do especialista

Aplicando essa fórmula para determinar a medida dos ângulos internos de um quadrilátero (polígono de 4 lados), temos:

$$S_i = (n - 2) \cdot 180°$$
$$S_i = (4 - 2) \cdot 180°$$
$$S_i = 2 \cdot 180° = 360°$$

Então, a soma das medidas dos ângulos internos de um quadrilátero convexo é 360°.

Exercícios

10. Determine x.

a)

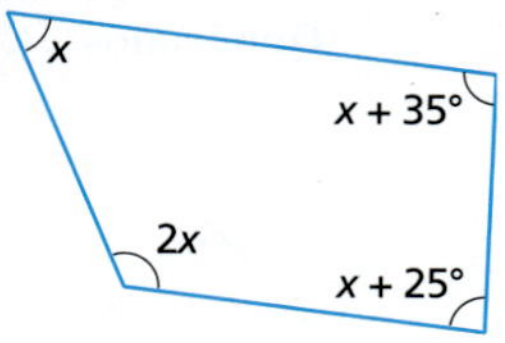

b)

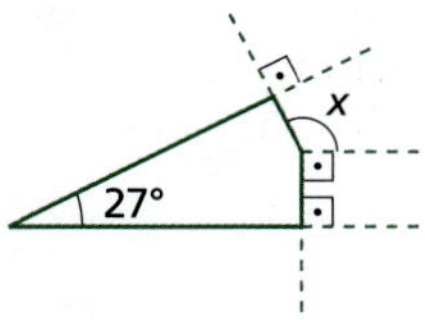

c)

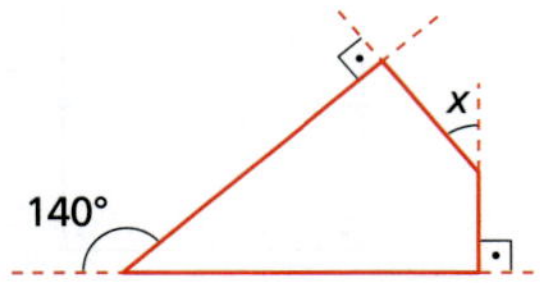

11. Determine x nos casos abaixo, sabendo que:

a) MA = MB

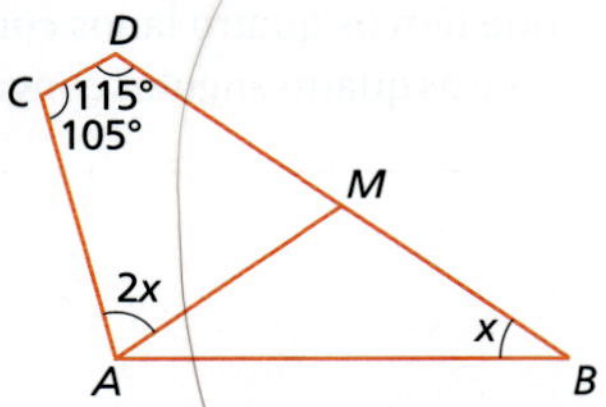

b) PQ = PR e SQ = SR

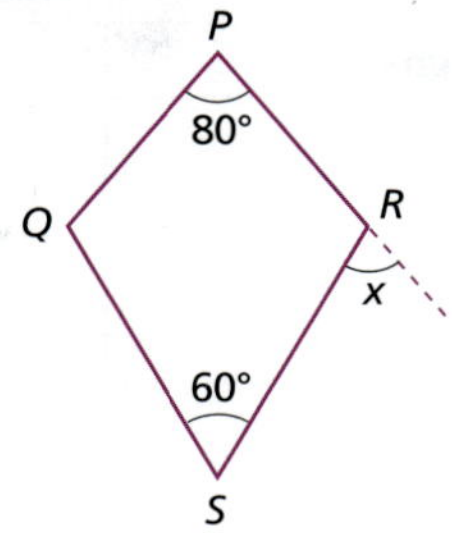

12. Determine x.

a)

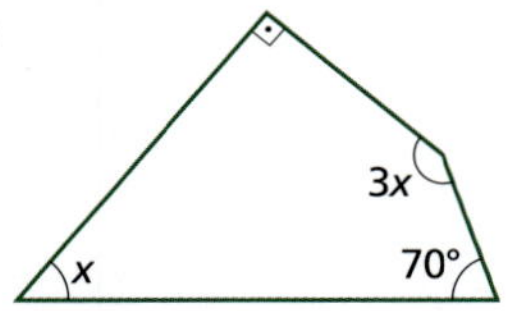

b)

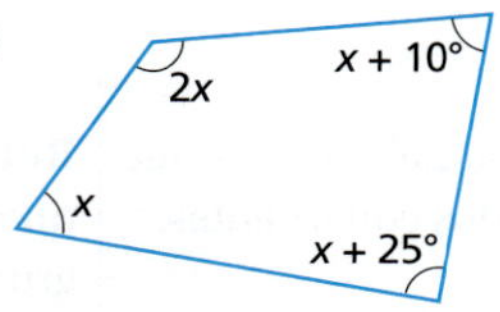

c)

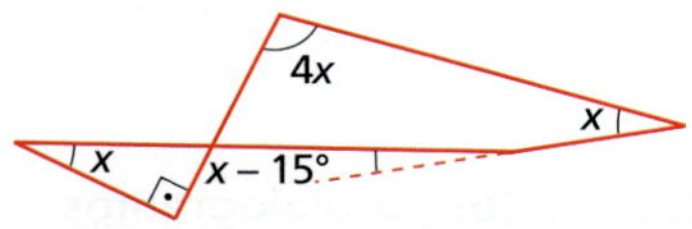

2.2 Quadriláteros notáveis: paralelogramos e trapézios

Alguns quadriláteros têm características que os tornam especiais, caso dos **paralelogramos** e dos **trapézios**.

Paralelogramos

- Todo quadrilátero convexo que tem os lados opostos paralelos é um **paralelogramo**.

O quadrilátero *ABCD*, abaixo, é um paralelogramo.

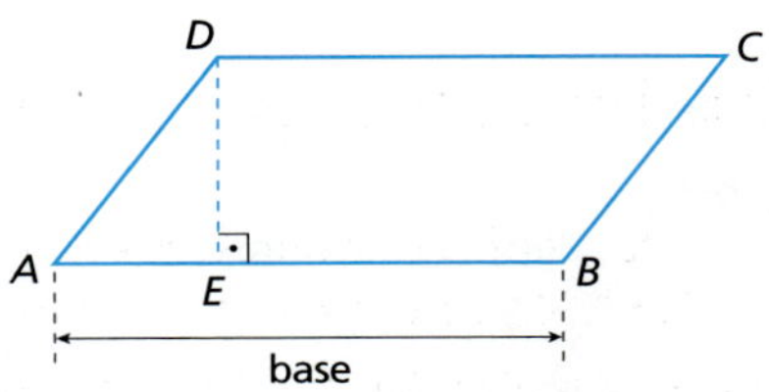

Observe algumas de suas características:

- $\overline{AB} \,//\, \overline{DC}$ e $\overline{AD} \,//\, \overline{BC}$
- $\overline{AB}$ é uma das bases.
- $\overline{DE}$ é a altura relativa ao lado $\overline{AB}$.

Alguns paralelogramos recebem nomes especiais, de acordo com particularidades de seus lados ou de seus ângulos. Veja no quadro abaixo.

Classificação dos paralelogramos		
Losangos	**Retângulos**	**Quadrados**
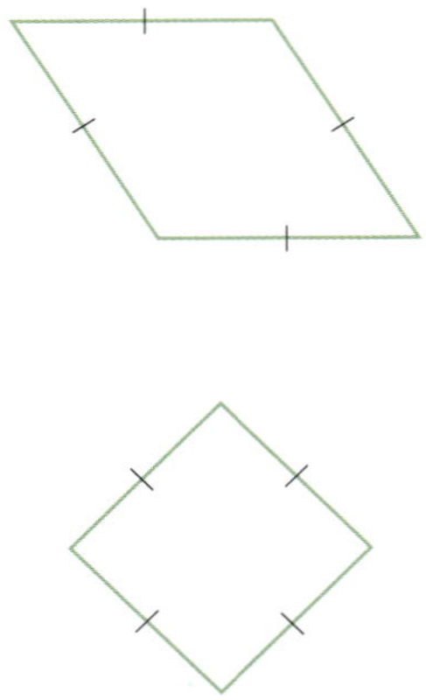	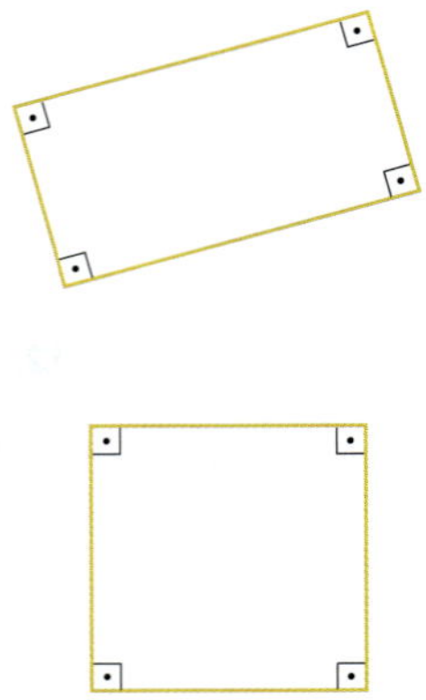	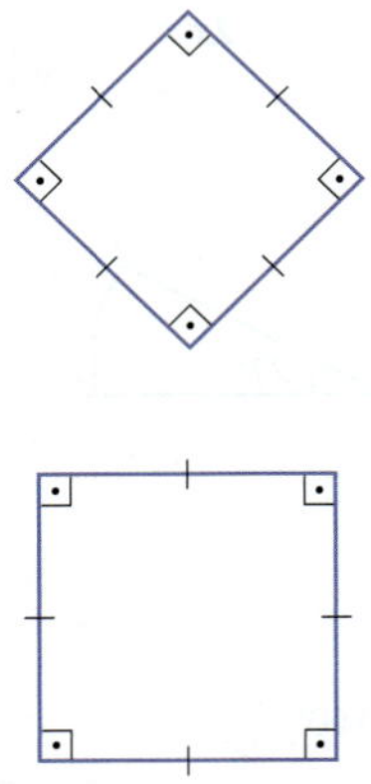
Losangos são paralelogramos que têm os quatro lados congruentes.	**Retângulos** são paralelogramos que têm os quatro ângulos congruentes.	**Quadrados** são paralelogramos que têm os quatro lados congruentes e os quatro ângulos congruentes.

11.2 Visão do especialista

Propriedades dos paralelogramos

- Os lados opostos de um paralelogramo são congruentes.

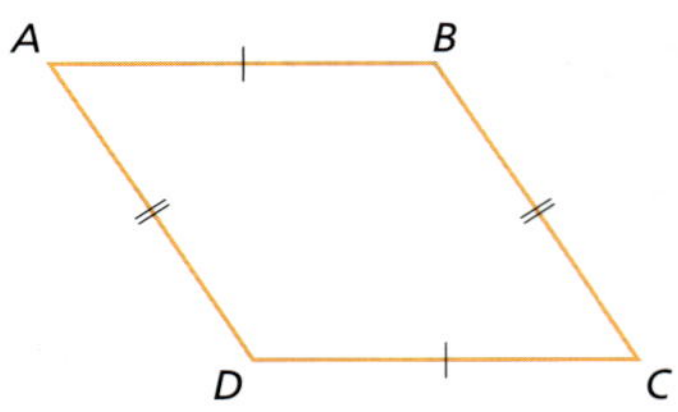

$\overline{AB} \cong \overline{DC}$
$\overline{AD} \cong \overline{BC}$

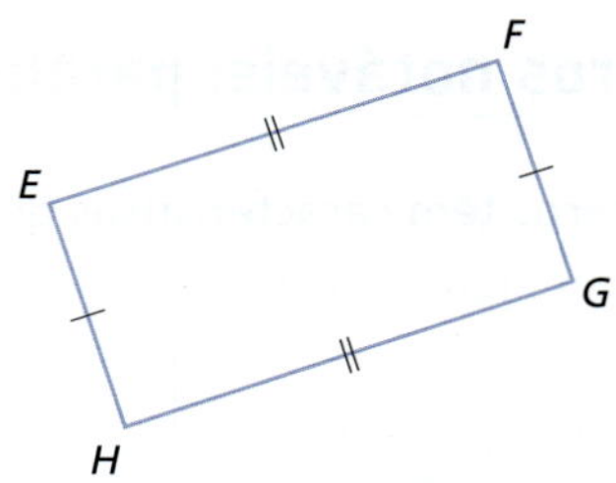

$\overline{EF} \cong \overline{HG}$
$\overline{EH} \cong \overline{FG}$

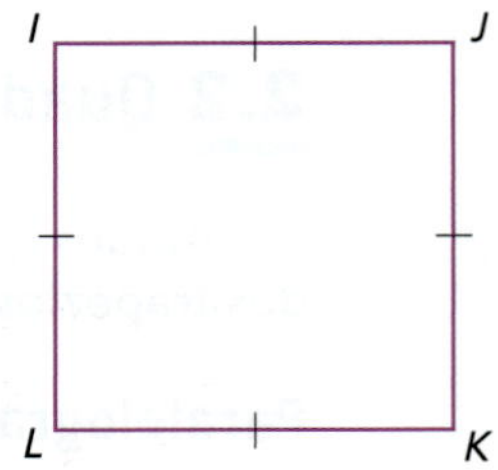

$\overline{IJ} \cong \overline{LK}$
$\overline{IL} \cong \overline{JK}$

- Os ângulos opostos de um paralelogramo são congruentes.

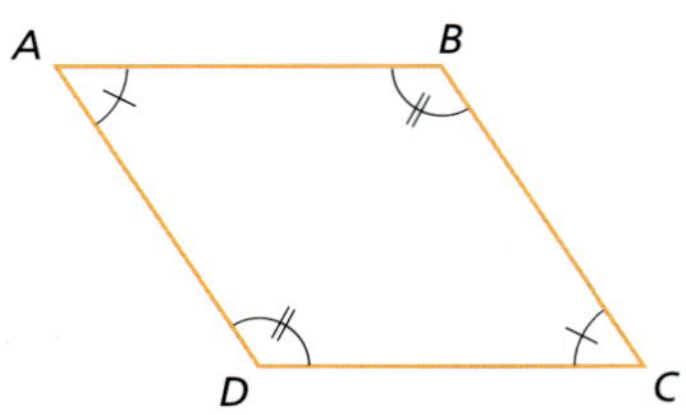

$\hat{A} \cong \hat{C}$
$\hat{D} \cong \hat{B}$

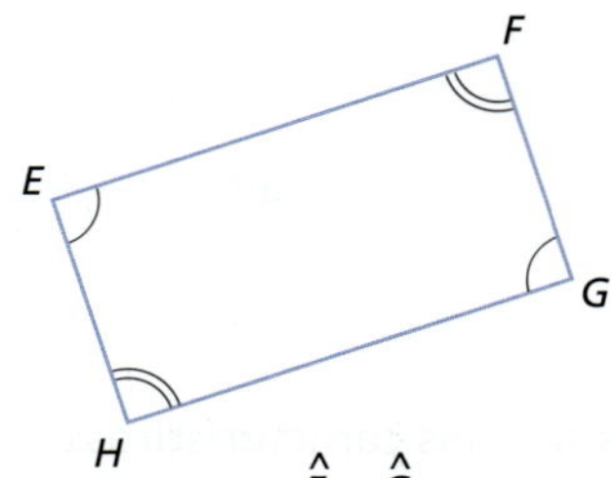

$\hat{E} \cong \hat{G}$
$\hat{F} \cong \hat{H}$

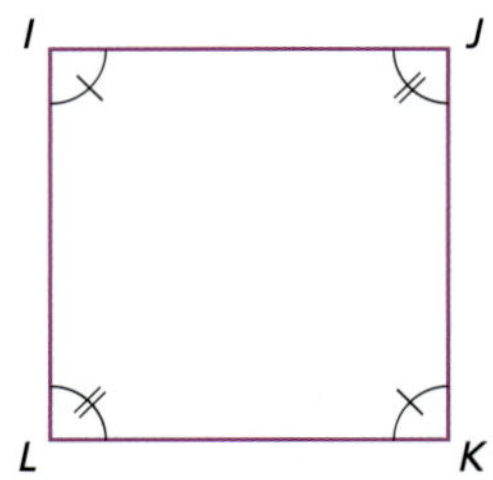

$\hat{I} \cong \hat{K}$
$\hat{J} \cong \hat{L}$

- As diagonais de um paralelogramo cruzam-se nos respectivos pontos médios.

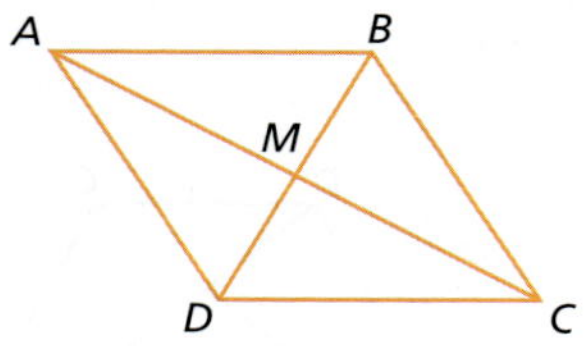

$\overline{AM} \cong \overline{MC}$
$\overline{BM} \cong \overline{MD}$

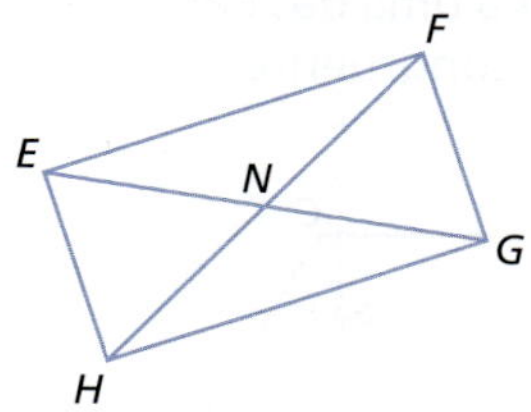

$\overline{EN} \cong \overline{NG}$
$\overline{FN} \cong \overline{NH}$

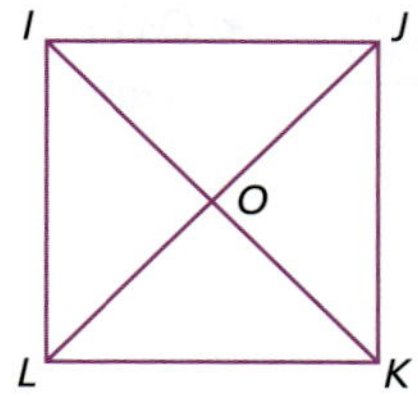

$\overline{IO} \cong \overline{OK}$
$\overline{LO} \cong \overline{OJ}$

Existem propriedades específicas para alguns paralelogramos, como as relacionadas a seguir.

11.3 Visão do especialista

- As diagonais de um retângulo são congruentes.

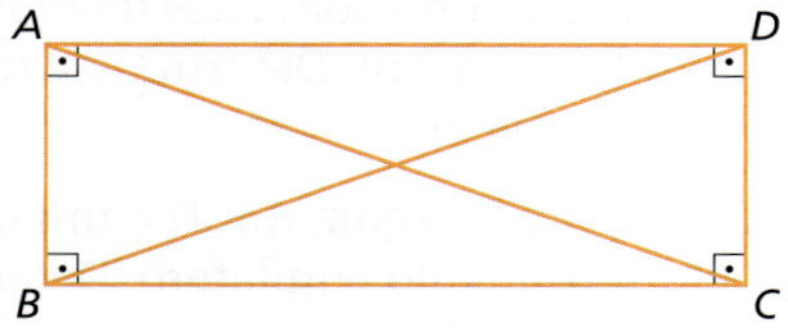

$\overline{AC} \cong \overline{BD}$

- As diagonais de um losango estão contidas nas respectivas bissetrizes dos ângulos internos e são perpendiculares entre si.

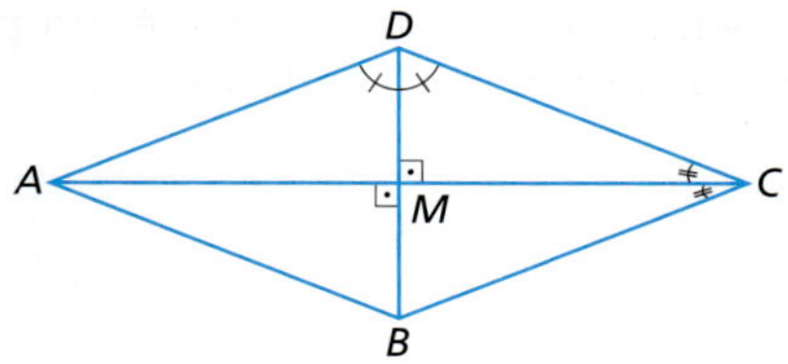

$\overline{AC} \perp \overline{BD}$

Trapézios

Todo quadrilátero convexo que tem apenas dois lados paralelos é um **trapézio**.

O quadrilátero *ABCD*, abaixo, é um trapézio.

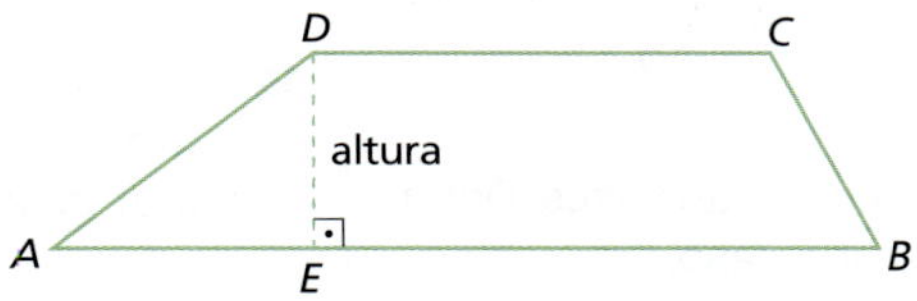

Observe algumas de suas características:

- Os lados paralelos $\overline{AB}$ e $\overline{CD}$ são as bases: $\overline{AB}$ é a base maior e $\overline{DC}$ é a base menor.
- $\overline{DE}$ é a altura do trapézio (segmento perpendicular às duas bases).

Alguns trapézios, de acordo com seus lados e ângulos, recebem nomes especiais. Veja:

Classificação dos trapézios		
Trapézio isósceles	**Trapézio escaleno**	**Trapézio retângulo**
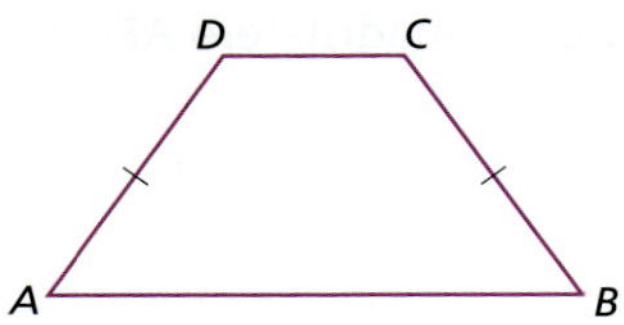 $\overline{AD} \cong \overline{BC}$	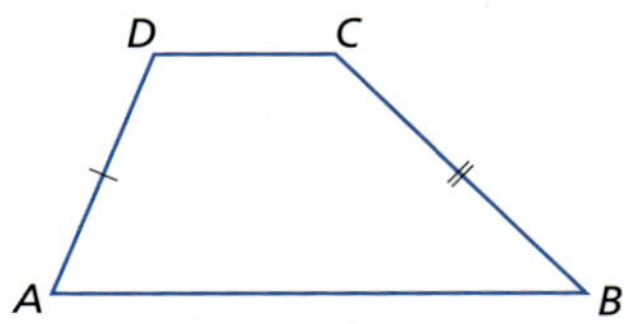 $\overline{AD}$ não é congruente a $\overline{BC}$.	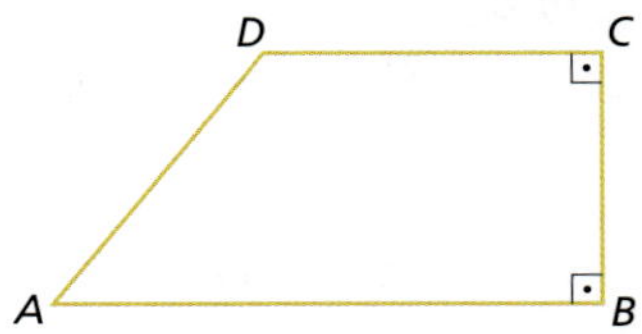 $\overline{BC} \perp \overline{AB}$ e $\overline{BC} \perp \overline{DC}$
Trapézios isósceles são trapézios cujos lados não paralelos são congruentes.	**Trapézios escalenos** são trapézios cujos lados não paralelos não são congruentes.	**Trapézios retângulos** são trapézios que têm um lado perpendicular às bases. Estes trapézios também são escalenos.

11.4 Visão do especialista

Propriedades dos trapézios isósceles

- Os ângulos adjacentes a uma das bases de um trapézio isósceles são congruentes.

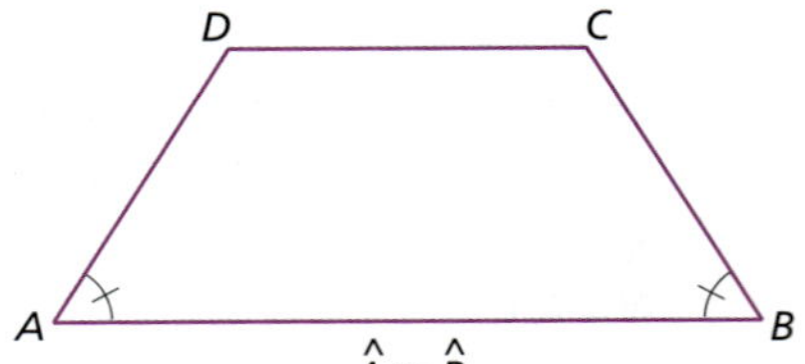

$\hat{A} \cong \hat{B}$

- As diagonais de um trapézio isósceles são congruentes.

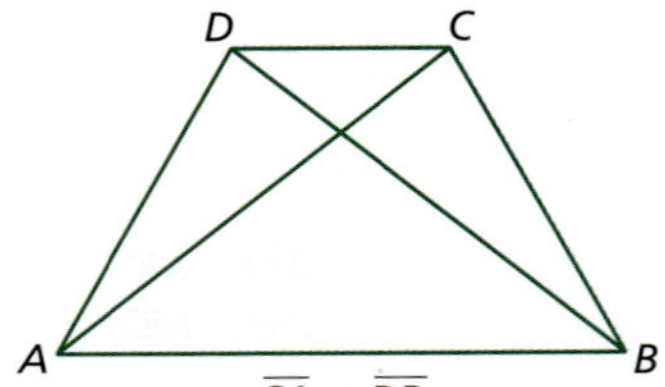

$\overline{CA} \cong \overline{DB}$

Exercícios

13. Sabendo que a figura abaixo é um paralelogramo, determine o valor de x e de y.

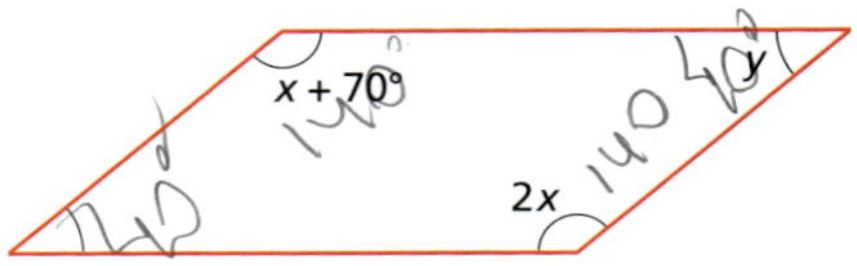

14. Sabendo que o trapézio *MNOP* é isósceles, de bases $\overline{MN}$ e $\overline{OP}$, determine o valor de x e y.

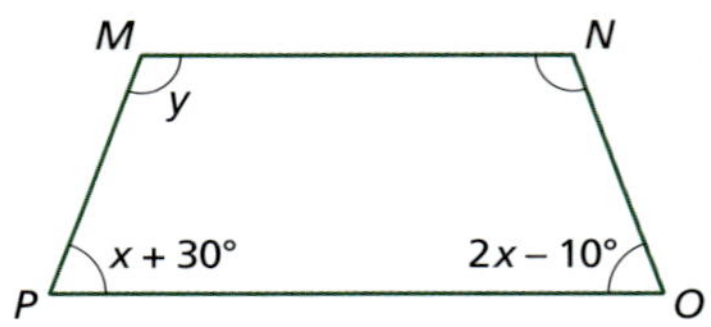

15. Nos trapézios a seguir, $\overline{AB}$ e $\overline{CD}$ são bases. Determine o valor de x e y em cada caso.

a)

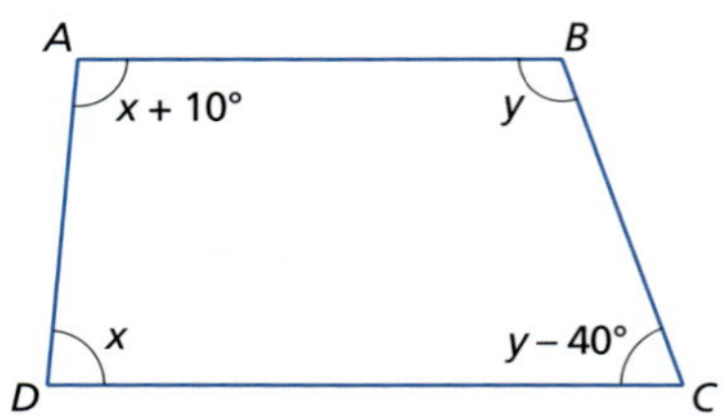

b)

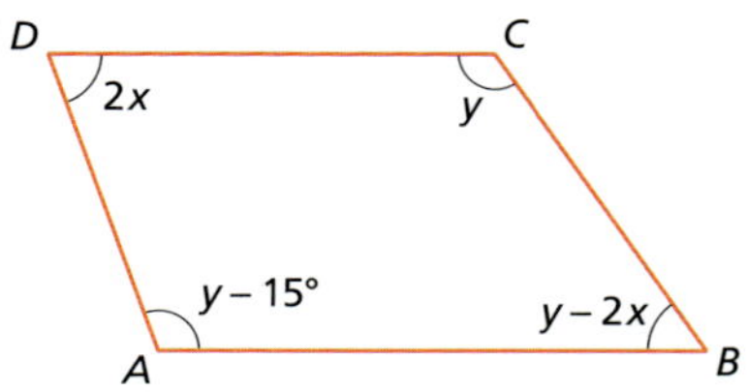

16. A altura de um trapézio isósceles mede 8 cm e suas bases medem 27 cm e 15 cm. Determine a medida da diagonal desse trapézio.

17. (FGV) As bases de um trapézio isósceles medem 20 m e 36 m, e a soma das medidas dos lados não paralelos é 20 m. Determine a medida da altura desse trapézio.

18. Na figura a seguir, *ABCD* é um quadrado e *ABM* é um triângulo equilátero. Determine a medida do ângulo $C\widehat{M}D$.

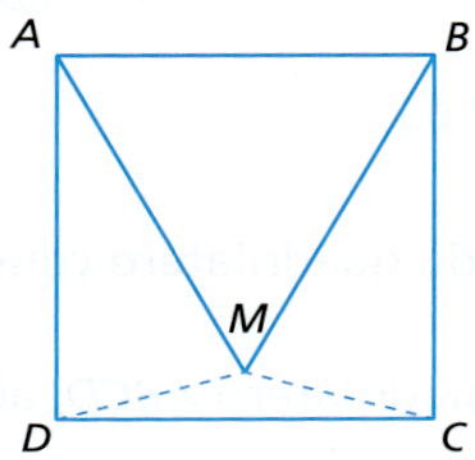

19. *ABCD* é um quadrado e *BEF*, um triângulo equilátero. Os pontos B, C e E são colineares. Qual é o valor de x?

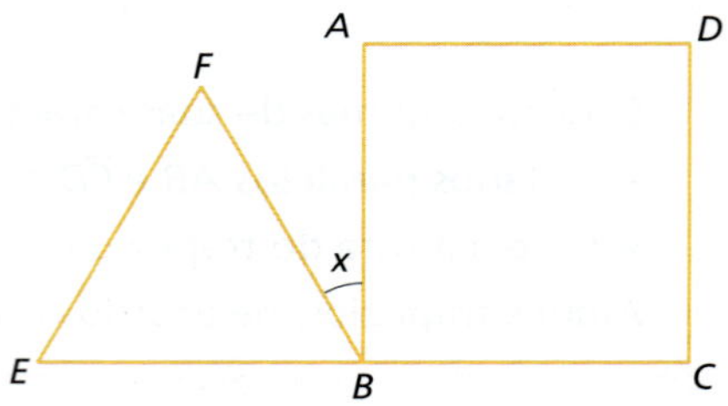

20. Na figura, os ângulos $C\widehat{A}B$ e $B\widehat{D}E$ são retos e $AC = 9$ cm, $BC = 15$ cm e $DE = 3$ cm. Determine o perímetro do quadrilátero *AEDC*.

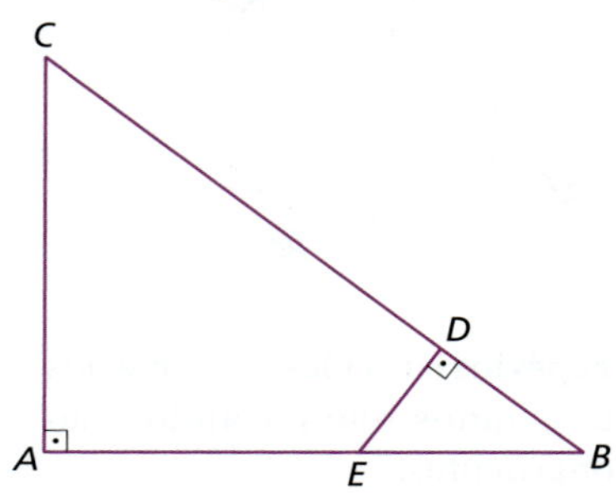

3 Áreas de quadriláteros e triângulos

3.1 Área do retângulo

A área de um retângulo é obtida pelo produto da medida da base pela medida da altura relativa a essa base, ou seja, em um retângulo com medida da base *b* e medida da altura *h*, a área é dada por:

$$A = b \cdot h$$

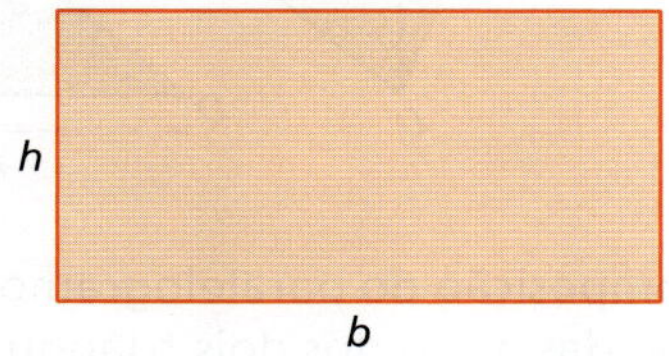

3.2 Área do quadrado

O quadrado é um caso particular do retângulo, então, a área de um quadrado é obtida pelo produto das medidas de seus lados, ou seja, em um quadrado com medida do lado *a*, a área é dada por:

$$A = a \cdot a = a^2$$

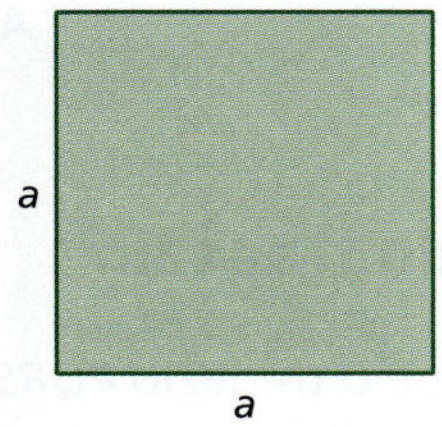

3.3 Área do paralelogramo

Observe o paralelogramo *ABCD* abaixo. Traçando a altura $\overline{AH}$, relativa à base $\overline{DC}$, obtivemos o triângulo *ADH*. Assim, esse paralelogramo pode ser decomposto em dois polígonos: o triângulo *ADH* e o trapézio *ABCH*.

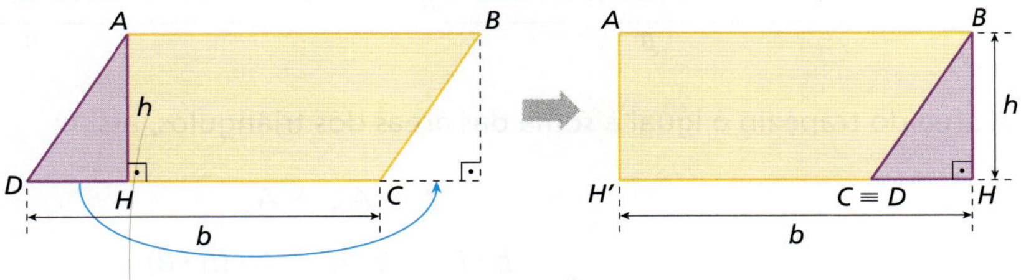

Após a decomposição do paralelogramo e a composição do retângulo, podemos observar que eles têm a mesma área, já que possuem altura de mesma medida *h* e base de mesma medida *b*.

Portanto, a área de um paralelogramo é obtida pelo produto da medida da base pela medida da altura relativa a essa base, ou seja, em um paralelogramo de medida da base *b* e medida da altura *h*, a área é dada por:

$$A = b \cdot h$$

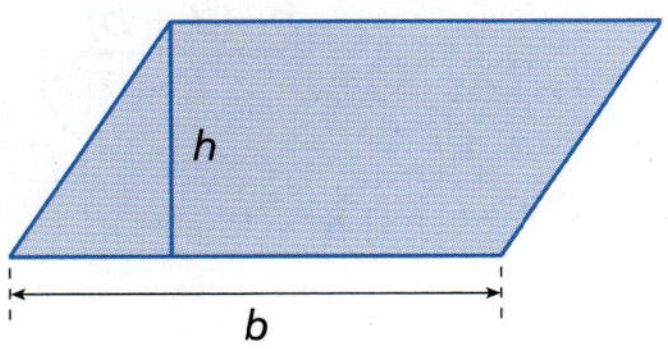

3.4 Área do triângulo

Observe os triângulos congruentes *ABD* e *CDB*, com base de medida *b* e altura de medida *h*. Com esses dois triângulos, podemos compor o paralelogramo *ABCD* conforme o esquema:

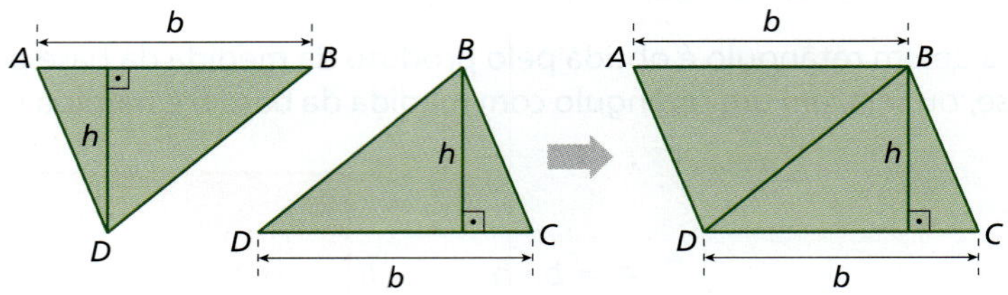

Após a composição do paralelogramo *ABCD*, podemos observar que a área do paralelogramo é igual à soma das áreas dos dois triângulos.

Como os dois triângulos são congruentes, a área de cada um é igual à metade da área de um paralelogramo.

Portanto, em um triângulo de medida da base *b* e medida da altura *h*, a área é dada por:

11.5 Visão do especialista

$$A = \frac{b \cdot h}{2}$$

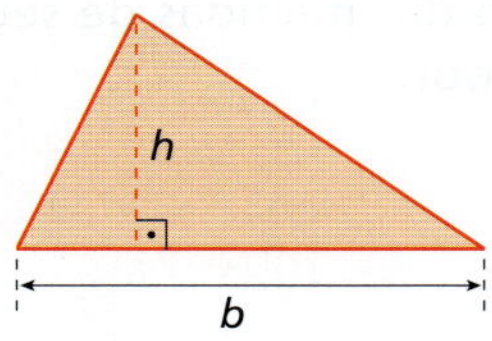

3.5 Área do trapézio

Observe que o trapézio *PQRS* a seguir pode ser decomposto em dois triângulos com bases de medidas *b* e *B* e altura de mesma medida *h*.

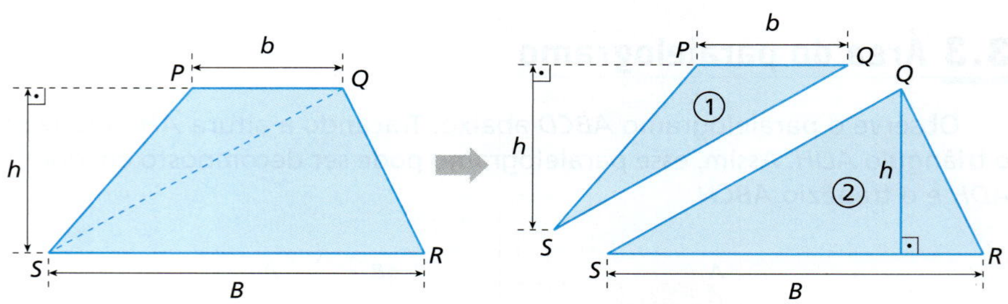

A área do trapézio é igual à soma das áreas dos triângulos, assim:

$$A = A_{\triangle_1} + A_{\triangle_2}$$

$$A = \frac{b \cdot h}{2} + \frac{B \cdot h}{2} = \frac{h \cdot (b \cdot B)}{2}$$

Assim, a área de um trapézio, cujas medidas das bases são, respectivamente, *B* e *b* e a medida da altura é *h*, é:

$$A = \frac{h \cdot (B + b)}{2}$$

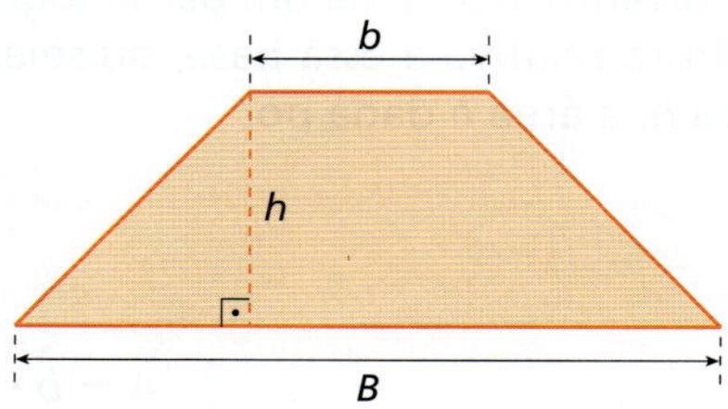

3.6 Área do losango

Observe que o losango *PQRS* abaixo pode ser decomposto em dois triângulos congruentes com base de medida *D* e altura de medida $\frac{d}{2}$.

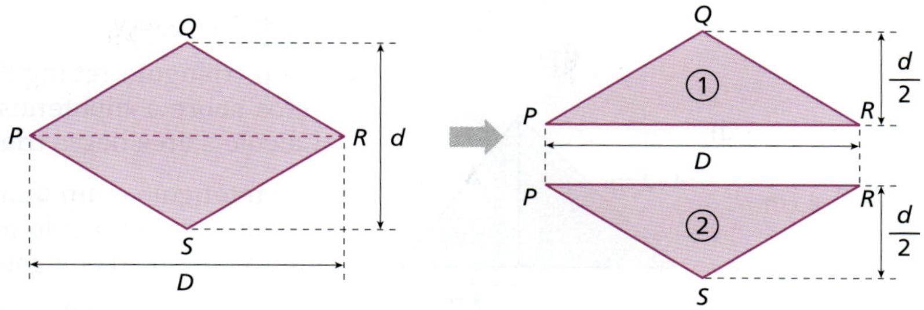

Observe que, como o losango é um paralelogramo de lados de mesma medida, os triângulos *PQR* e *PSR*, obtidos com a decomposição do losando *PQRS*, são congruentes pelo caso LLL.

A área do losango é igual à soma das áreas dos triângulos, assim:

$$A = A_{\triangle_1} + A_{\triangle_2}$$

$$A = \frac{D \cdot \frac{d}{2}}{2} + \frac{D \cdot \frac{d}{2}}{2} = \frac{2\left(D \cdot \frac{d}{2}\right)}{2} = D \cdot \frac{d}{2} = \frac{D \cdot d}{2}$$

Portanto, a área de um losango, cujas medidas das diagonais são *D* e *d*, é:

$$A = \frac{D \cdot d}{2}$$

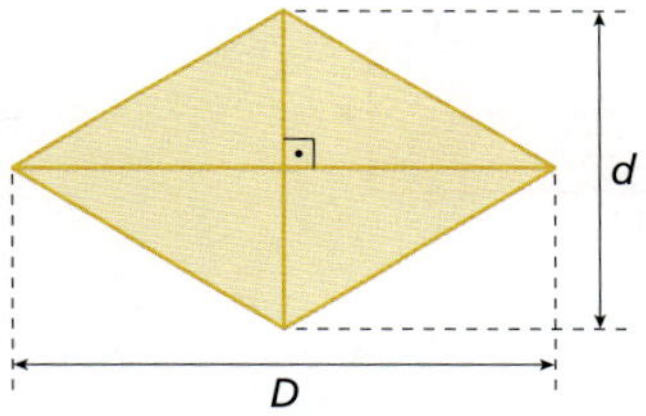

Exercícios

21. Conhecendo a área das figuras, determine o valor de x.

a) A = 64 cm²

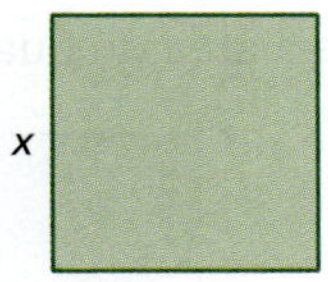

b) A = 48 cm²

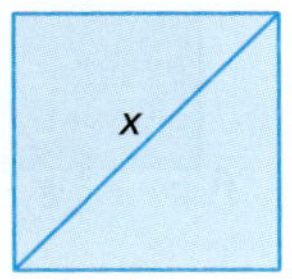

c) A = 27 cm²

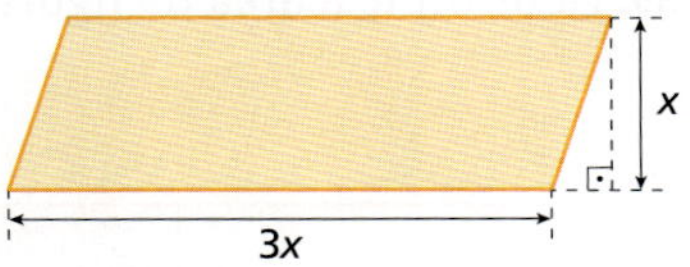

d) A = 21 cm²

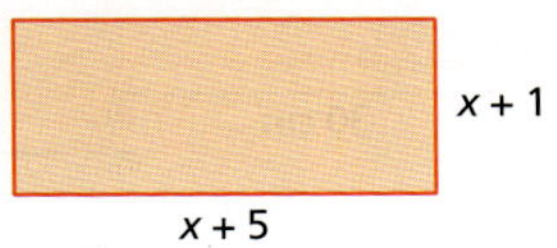

e) A = 20 cm²

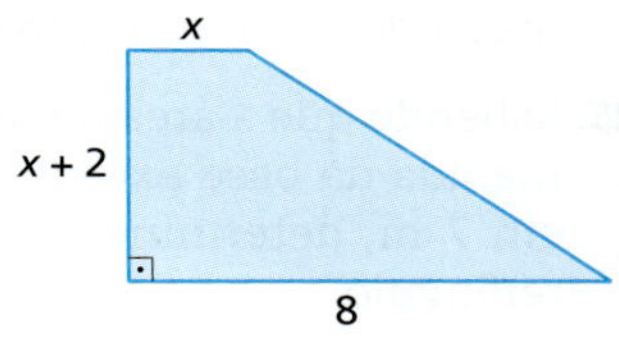

f) A = 28 cm²

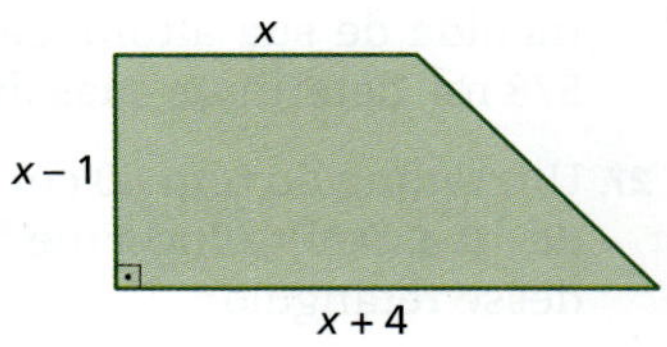

g) A = 36 cm²

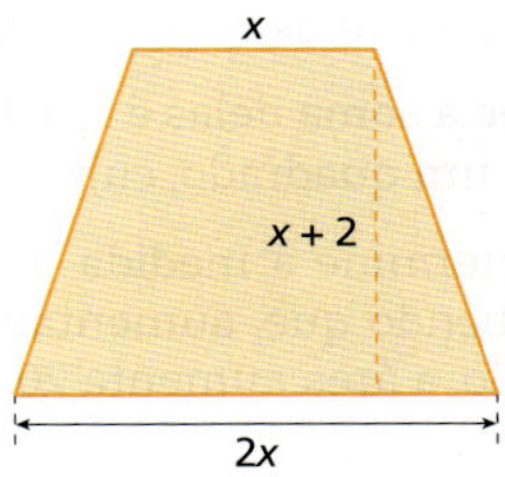

22. Determine a área dos triângulos.

a)

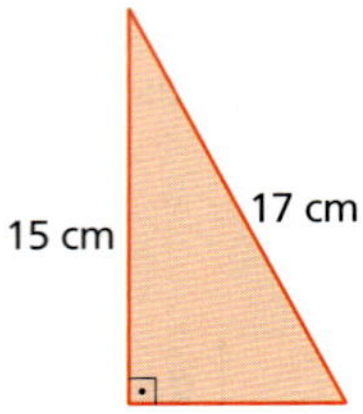

c)

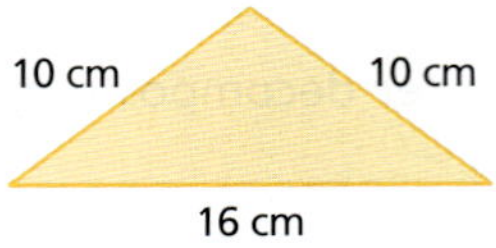

b)

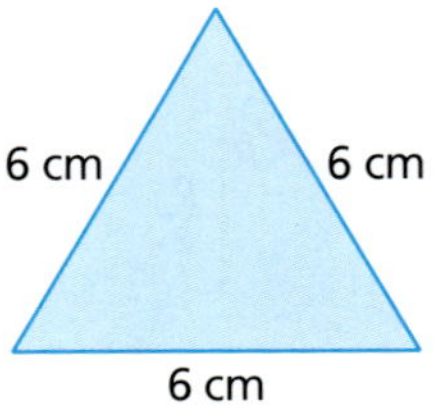

d)

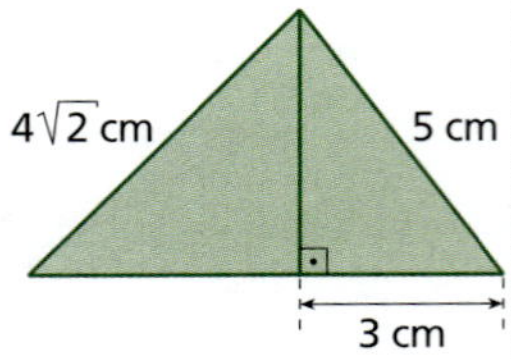

23. Determine o valor de *x* e a área dos seguintes trapézios retângulos, sabendo que as medidas estão em centímetro.

a)

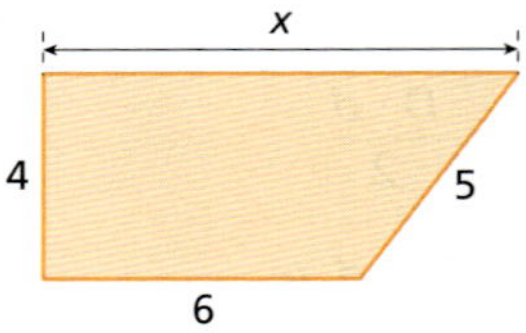

b)

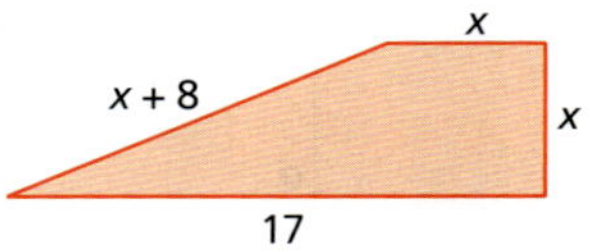

c)

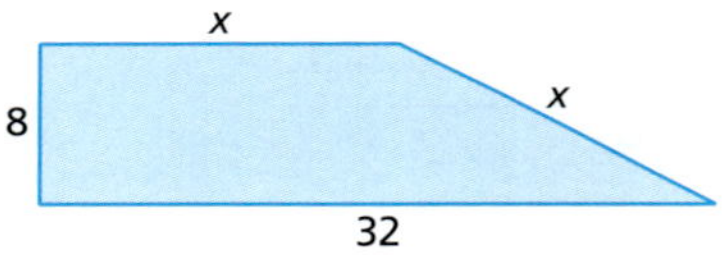

24. Determine a área do trapézio isósceles de bases medindo 4,2 m e 16,4 m e perímetro 54 m.

25. Sabendo que a área de um retângulo é 60 m^2 e a medida da base excede a medida de sua altura em 7 m, determine a medida da altura desse retângulo.

26. A medida da base de um retângulo é o dobro da medida de sua altura. Sabendo que sua área é 578 m^2, determine suas dimensões.

27. Um retângulo tem 60 cm de perímetro e 56 cm^2 de área. Determine a medida da base e da altura desse retângulo.

28. Determine a área do losango, sabendo que a razão entre as medidas de suas diagonais é $\frac{3}{4}$ e que a soma delas é igual à metade do perímetro de um quadrado, cuja área é 196 cm^2.

29. Determine a medida do lado de um quadrado, sabendo que, aumentando 2 cm na medida do lado, a área aumenta 20 cm^2.

30. Calcule a área de um losango de 13 cm de lado, sabendo que uma das diagonais mede 24 cm.

31. (Vunesp) A área de um triângulo retângulo é 12 dm^2. Se a medida de um dos catetos é $\frac{2}{3}$ da medida do outro, calcule a medida da hipotenusa desse triângulo.

32. Num triângulo retângulo, as projeções dos catetos sobre a hipotenusa medem 15 m e 9 m. Calcule a área desse triângulo.

33. Um retângulo e um quadrado têm áreas iguais. Os lados do retângulo medem 16 m e 9 m. Calcule a medida da diagonal do quadrado.

34. Um losango tem 68 cm de perímetro e uma das suas diagonais mede 16 cm. Calcule sua área.

35. Considere o trapézio *ABCD* a seguir, em que $AB = BC = CD = 4$ cm. Se $AD = 8$ cm, qual é a área do trapézio, em centímetro quadrado?

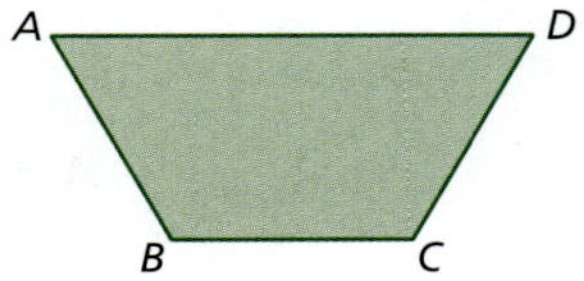

36. Uma região retangular tem 36 m^2 de área e 26 m de perímetro. Aumentando 1 m no comprimento e 1 m na largura, qual será a nova área dessa região?

37. No losango a seguir, cada lado mede 30 cm e a diagonal menor, 36 cm. Calcule a área do losango.

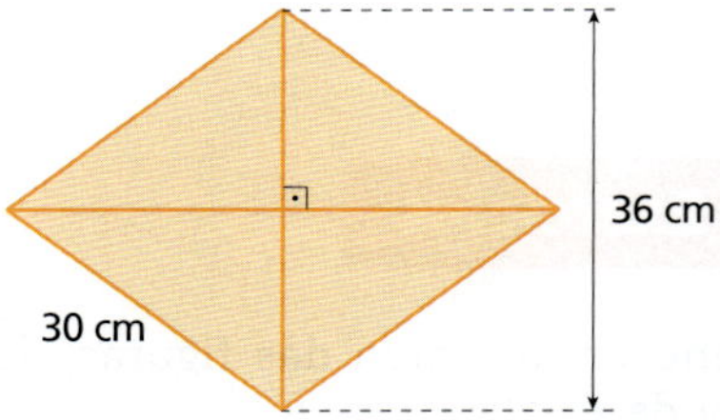

38. Determine a área do quadrado *ABCD*.

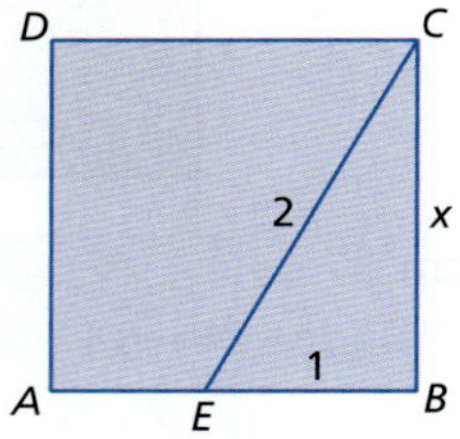

39. Determine a área da figura abaixo.

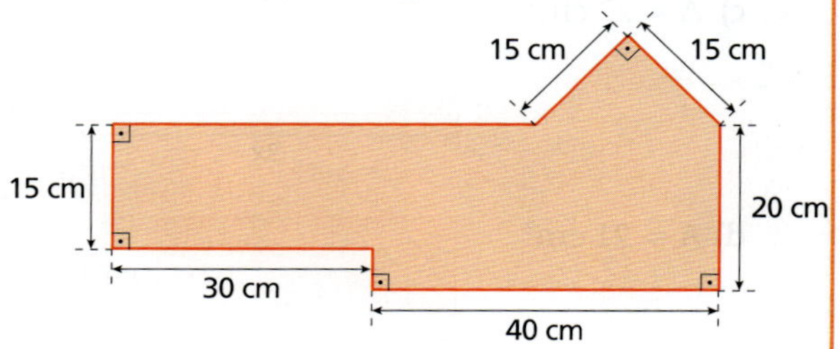

4 Polígonos regulares

Um polígono que tem todos os lados congruentes entre si e todos os ângulos internos congruentes entre si é chamado de **polígono regular**.

Exemplos

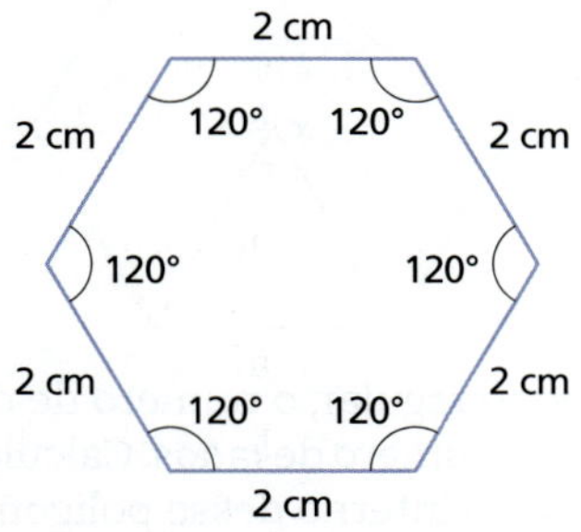

polígono regular

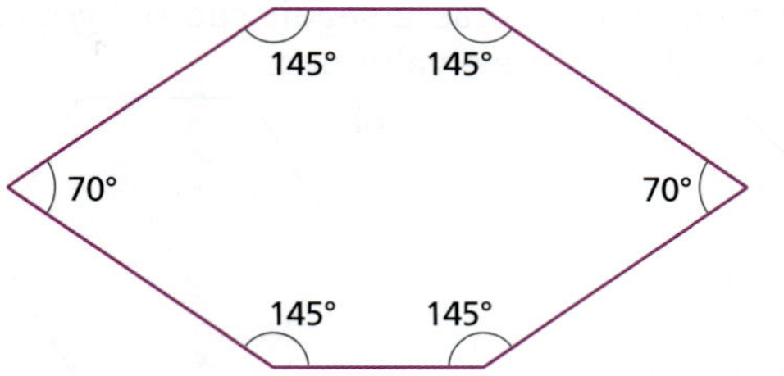

polígono não regular

Ângulos de um polígono regular

Vamos considerar um polígono regular de *n* lados, sendo $\widehat{a_i}$ um ângulo interno e $\widehat{a_e}$ um ângulo externo.

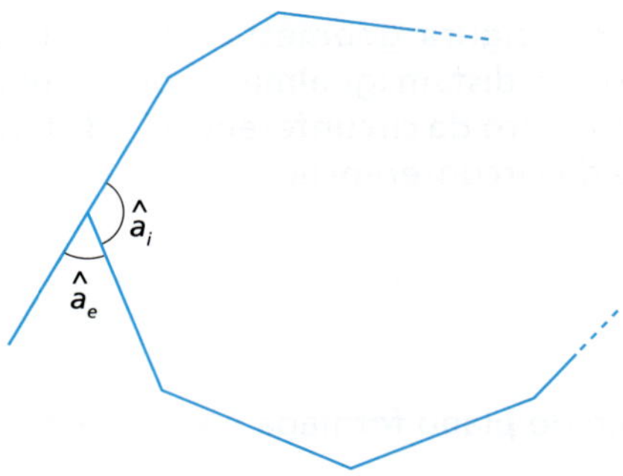

Já vimos que:

- a soma dos ângulos internos (S_i) de um polígono convexo qualquer é igual a:

$$S_i = (n - 2) \cdot 180° \text{ (I)}$$

Como em um polígono regular de *n* lados existem *n* ângulos internos de mesma medida a_i:

$$S_i = n \cdot a_i \text{ (II)}$$

De (I) e (II), temos:

$$\begin{cases} S_i = (n-2) \cdot 180° \\ S_i = n \cdot a_i \end{cases} \Rightarrow n \cdot a_i = (n-2) \cdot 180° \Rightarrow \boxed{a_i = \frac{(n-2) \cdot 180°}{n}}$$

- a soma dos ângulos externos (S_e) de um polígono convexo qualquer é igual a:

$$S_e = 360° \text{ (I)}$$

Como em um polígono regular de *n* lados existem *n* ângulos externos de mesma medida a_e, temos:

$$S_e = n \cdot a_e \text{ (II)}$$

11.2 Biblioteca do estudante

De (I) e (II), temos:

$$\begin{cases} S_e = 360° \\ S_e = n \cdot a_e \end{cases} \Rightarrow n \cdot a_e = 360° \Rightarrow \boxed{a_e = \frac{360°}{n}}$$

Exercícios

40. Qual é o polígono regular cujo ângulo externo mede 40°?

41. Qual é o polígono regular cujo ângulo interno mede cinco vezes a medida do ângulo externo?

42. Sabendo que as figuras a seguir são polígonos regulares, determine o valor de x.

a)

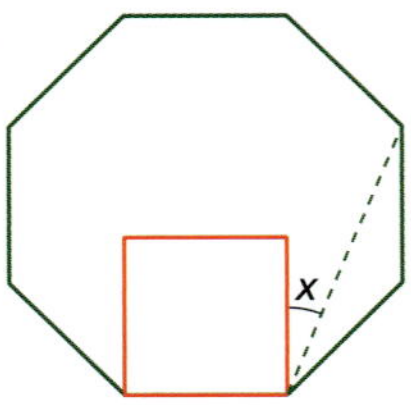

b)

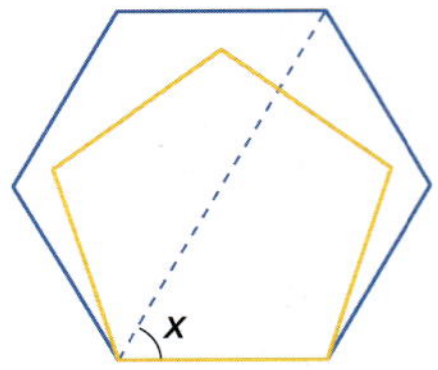

43. Determine o valor de x e y, sabendo que a figura abaixo é composta de polígonos regulares.

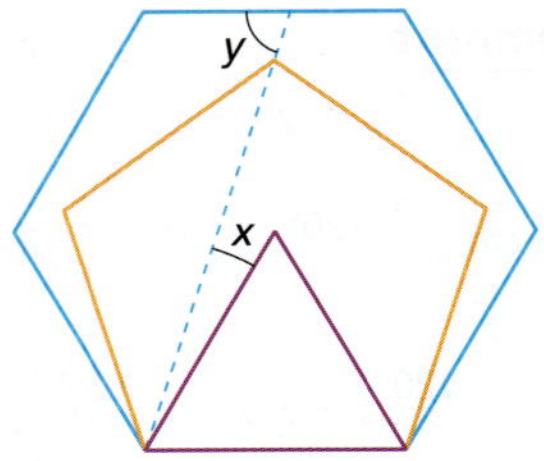

44. Num polígono regular, o número de diagonais é o sêxtuplo de número de lados. Calcule a medida de cada ângulo interno desse polígono.

5 Circunferência e círculo

Circunferência é a figura geométrica formada por todos os pontos de um plano que distam igualmente de um ponto fixo desse plano, denominado centro da circunferência. A distância constante é a medida do raio da circunferência.

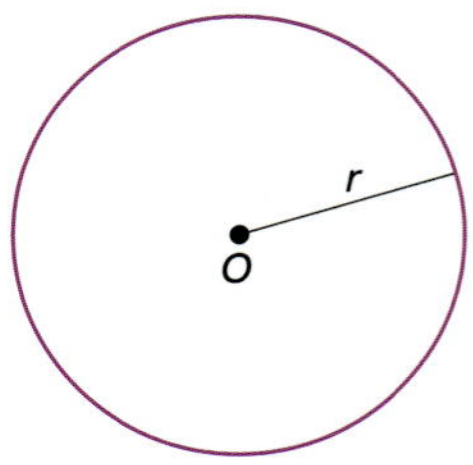

circunferência

Círculo é a região do plano formada por uma circunferência e sua região interna.

círculo

Elementos de uma circunferência

Observe alguns elementos da circunferência:

- corda é um segmento cujas extremidades são dois pontos quaisquer da circunferência;
- raio é um segmento cujas extremidades são o centro e um ponto qualquer da circunferência;
- diâmetro é uma corda que passa pelo centro da circunferência. A medida do diâmetro (d) é o dobro da medida do raio (r), ou seja, $d = 2r$.

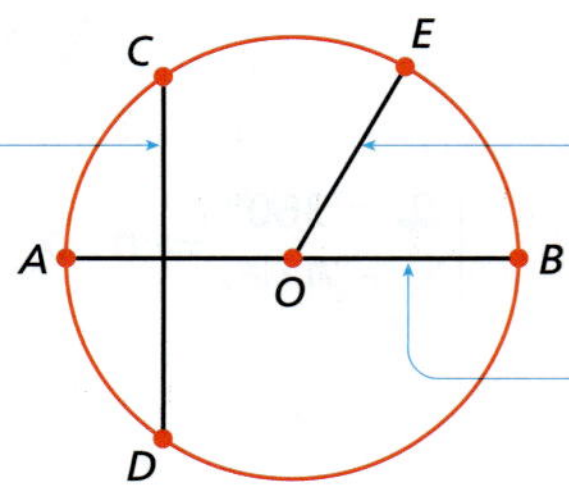

Comprimento de uma circunferência

Em qualquer circunferência, a razão entre seu comprimento C e a medida do seu diâmetro d é o número π.

$$\frac{C}{d} = \pi = 3,14159265\ ...$$

Com o número π, podemos calcular o comprimento (C) de qualquer circunferência usando a medida de seu diâmetro ($d = 2r$), aplicando a fórmula a seguir:

$$C = \pi d \text{ ou } C = 2\pi r$$

11.3 Biblioteca do estudante

5.1 Posições relativas de uma reta a uma circunferência

Há três situações que caracterizam a posição de uma reta em relação a uma circunferência:

I) Uma reta é **externa** a uma circunferência se não tem pontos comuns com a circunferência.

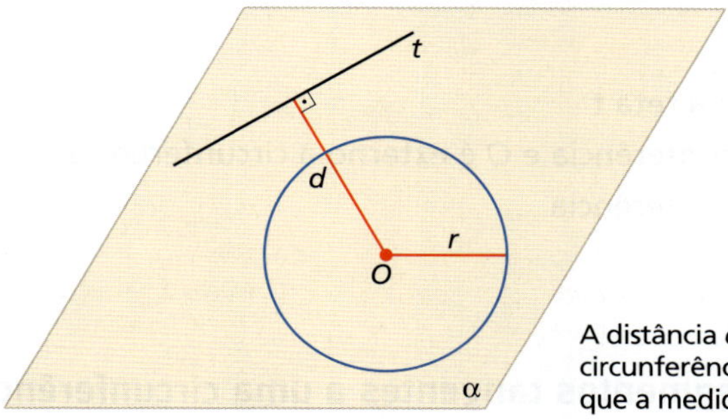

A distância d, do centro O da circunferência à reta t, é maior que a medida r do raio ($d > r$).

II) Uma reta é **tangente** a uma circunferência se tem um único ponto comum com a circunferência.

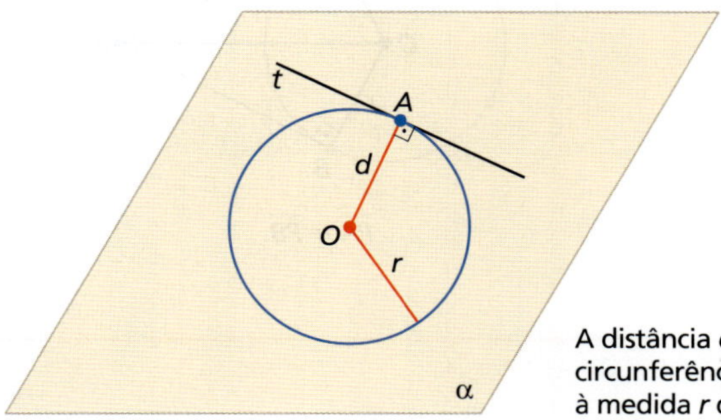

A distância d, do centro O da circunferência à reta t, é igual à medida r do raio ($d = r$).

III) Uma reta é **secante** a uma circunferência se tem dois pontos comuns com a circunferência.

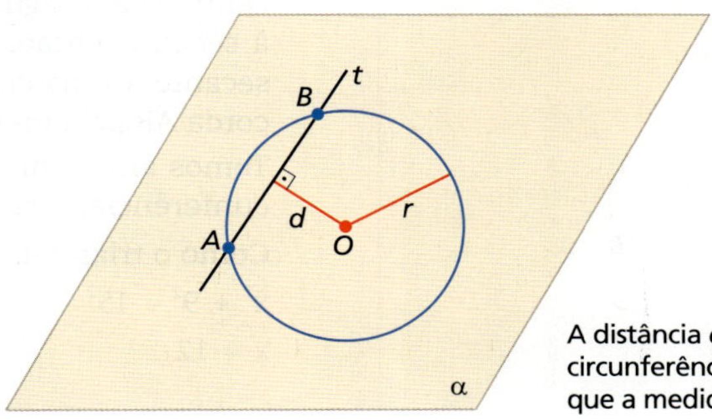

A distância d, do centro O da circunferência à reta t, é menor que a medida r do raio ($d < r$).

11.6 Visão do especialista

Propriedades das retas secantes e tangentes a uma circunferência

Veremos agora duas importantes propriedades das retas secantes e tangentes a uma circunferência.

- Se uma reta *s* passa pelo centro *O* de uma circunferência e é perpendicular a uma reta secante dessa circunferência, então a reta *s* intercepta a corda $\overline{AB}$ determinada pela reta secante em seu ponto médio *M*.

- $\overline{AO}$ e $\overline{OB}$: raios da circunferência
- $\overline{BA}$: corda da circunferência
- *s* é perpendicular a *t*

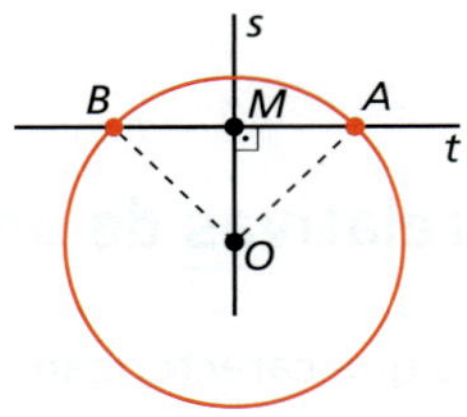

- Toda reta tangente a uma circunferência é perpendicular ao raio da circunferência no ponto de tangência.

- *P* e *Q* pertencem à reta *t*
- *P* pertence à circunferência e *Q* é externo à circunferência
- $\overline{OP}$ é raio da circunferência

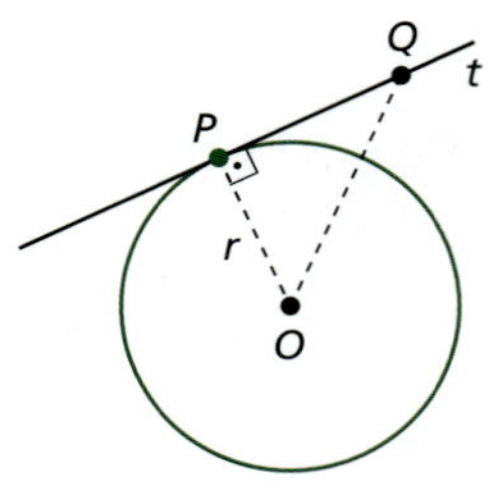

11.7 Visão do especialista

Propriedade dos segmentos tangentes a uma circunferência

- Dois segmentos, $\overline{PA}$ e $\overline{PB}$, tangentes a uma circunferência nos pontos *A* e *B* são congruentes.

11.4 Biblioteca do estudante

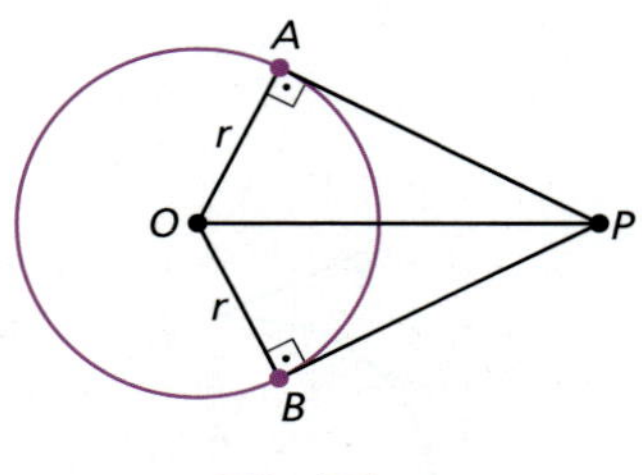

$\overline{PA} \cong \overline{PB}$

Exercícios

R1. Determinar o valor de x.

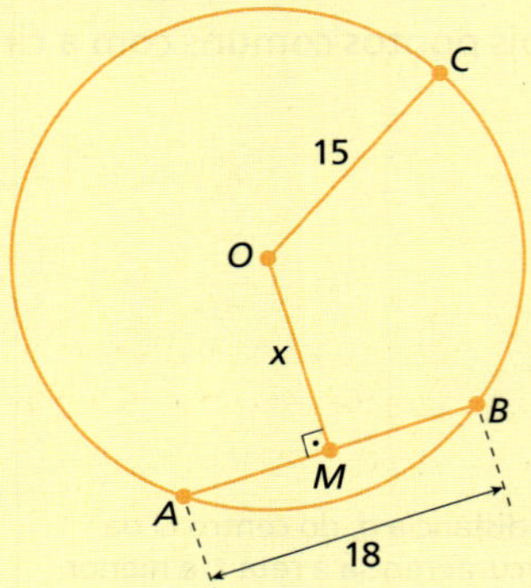

➤ Resolução

A corda $\overline{AB}$ é secante à circunferência de centro O e o segmento $\overline{OM}$ é perpendicular à secante, então, pela propriedade da reta secante a uma circunferência, $\overline{OM}$ divide a corda $\overline{AB}$ pela metade; logo, $\overline{MB}$ mede 9.

Temos ainda que $\overline{OC}$ e $\overline{OB}$ são raios da circunferência, assim: $OB = OC = 15$

Como o triângulo MOB é retângulo, temos:

$x^2 + 9^2 = 15^2$

$x = 12$

45. Determine x.

a)

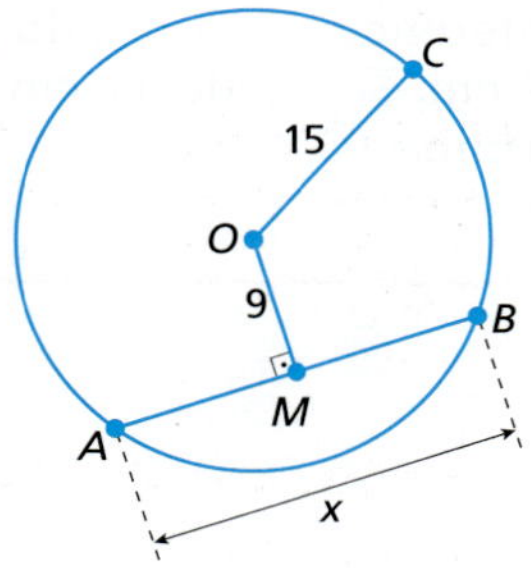

b)

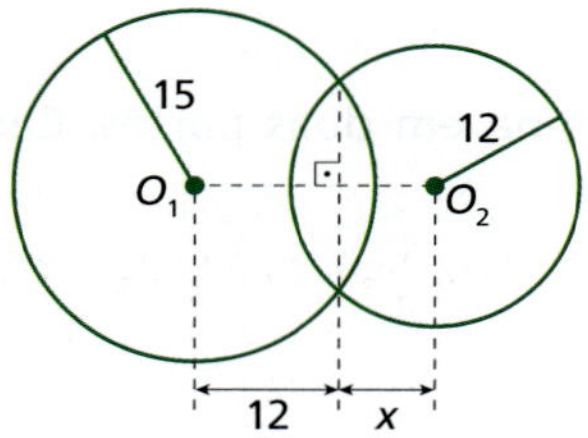

R2. Determinar o valor de x sabendo que A e B são centros de suas respectivas circunferências e C e D são pontos de tangência da reta t com as circunferências.

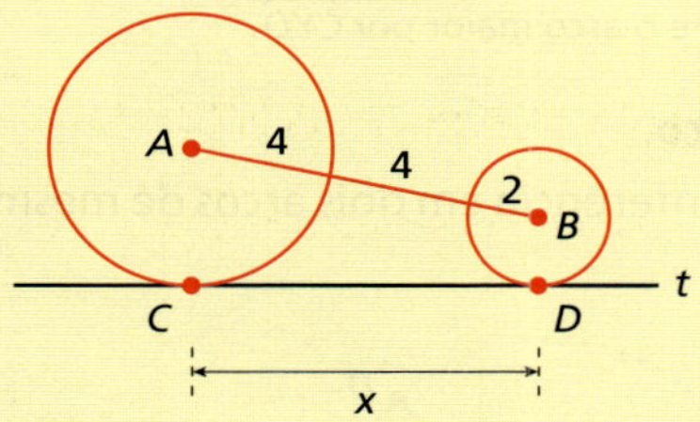

➤ Resolução

Como C e D são pontos de tangência, então os segmentos $\overline{AC}$ e $\overline{BD}$ são perpendiculares à reta t; logo, $\overline{AC}$ e $\overline{BD}$ são raios das circunferências e medem 4 e 2, respectivamente. Portanto, o quadrilátero $ABCD$ é um trapézio de altura x.

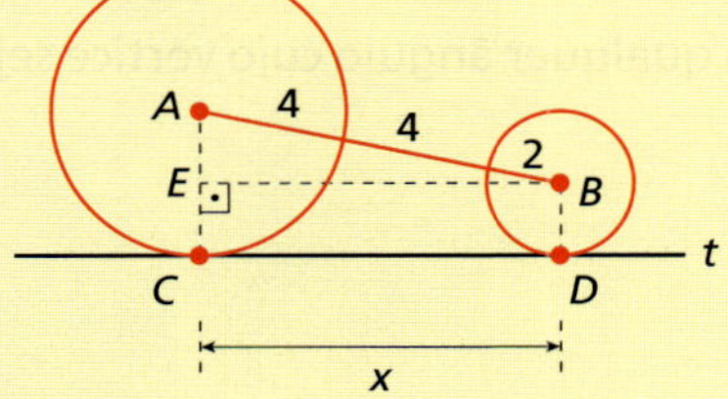

Temos:

- $BD = EC = 2$
- $AC = EC + AE \Rightarrow 4 = 2 + AE \Rightarrow AE = 2$
- $AB = 4 + 4 + 2 = 10$

O triângulo AEB é retângulo, então:

$(AB)^2 = (AE)^2 + (EB)^2$

$10^2 = 2^2 + x^2$

$x = 4\sqrt{6}$

46. Determine o valor de x sabendo que A e B são os centros das circunferências, C e D são pontos de tangência da reta t com as circunferências e elas são tangentes entre si.

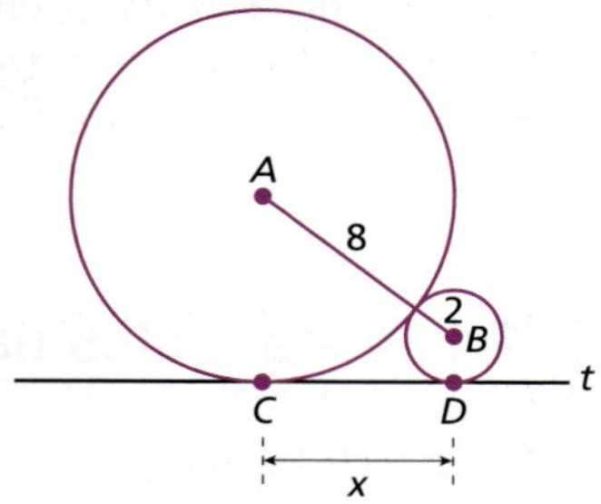

47. Determine o valor de x, em centímetro, sabendo que os segmentos são tangentes à circunferência.

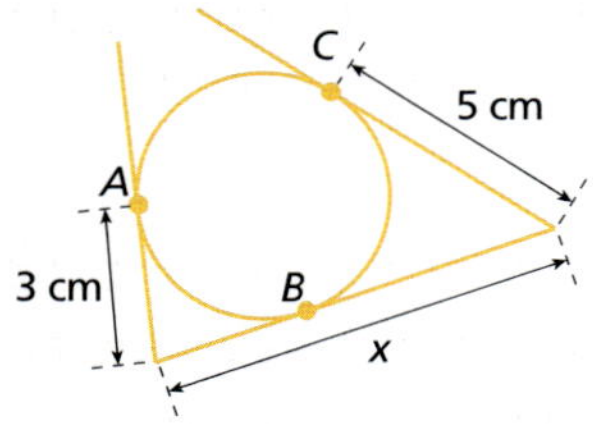

48. Na figura, $\overline{PA}$ e $\overline{PB}$ são tangentes à circunferência. Se $\overline{PB}$ mede 20 cm, determine o perímetro do triângulo PDC.

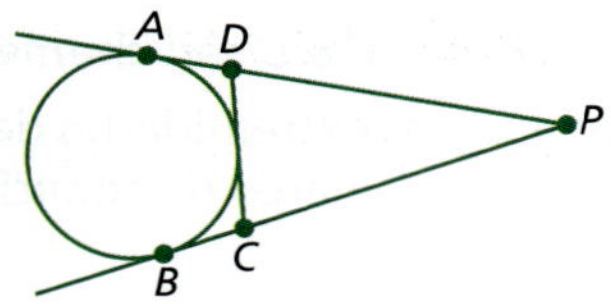

R3. Dada uma circunferência inscrita num triângulo ABC, e seja D, E e F os pontos de tangência dessa circunferência com os lados $\overline{AB}$, $\overline{AC}$ e $\overline{BC}$, respectivamente. Determinar a medida do segmento $\overline{BD}$, sabendo que $\overline{AB}$ mede 20 cm, $\overline{BC}$ mede 25 cm e $\overline{AC}$ mede 16 cm.

➤ Resolução

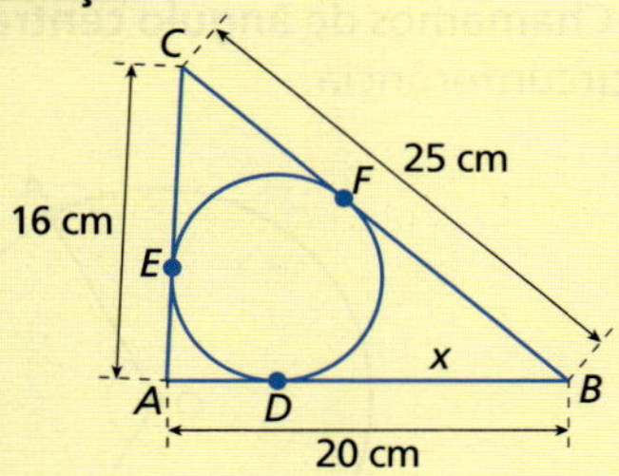

Temos:

$AB = AD + DB \Rightarrow 20 = AD + x \Rightarrow AD = 20 - x$

Pela propriedade dos segmentos tangentes a uma circunferência, temos:

- $AD = AE \Rightarrow AE = 20 - x$
- $BD = BF = x$

Então: $CF = 25 - x$

Mas: CF = CE ⇒ CE = 25 − x

Então, como AC = CE + AE, temos:

16 = (25 − x) + (20 − x) ⇒ 2x = 29 ⇒ x = 14,5

Logo, o segmento $\overline{BD}$ mede 14,5 cm.

49. Uma circunferência está inscrita num triângulo *ABC*. Sabendo que *T* é o ponto de tangência da circunferência com o lado $\overline{AC}$ e que $\overline{AC}$ mede 12 cm, $\overline{BC}$ mede 11 cm e $\overline{AB}$ mede 9 cm, determine $\overline{TC}$.

5.2 Arcos e ângulos na circunferência

Arco de circunferência

Dois pontos distintos, *C* e *D*, de uma circunferência dividem-na em duas partes. Cada uma dessas partes é denominada **arco de circunferência**.

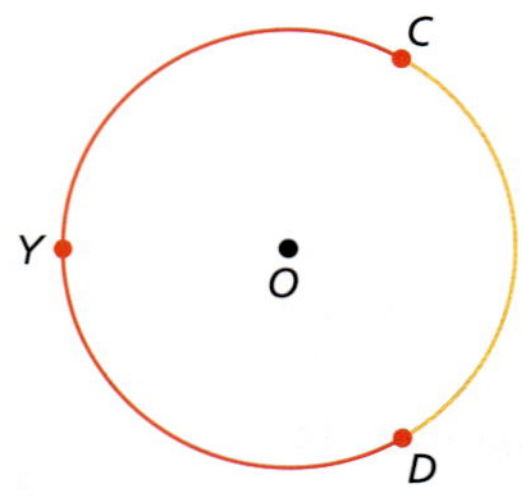

Indicamos o arco menor por $\overset{\frown}{CD}$ e o arco maior por $\overset{\frown}{CYD}$.

Os pontos *C* e *D* são chamados **extremidades do arco**.

Quando as extremidades de um arco dividem a circunferência em dois arcos de mesma medida, chamamos cada arco de **semicircunferência**.

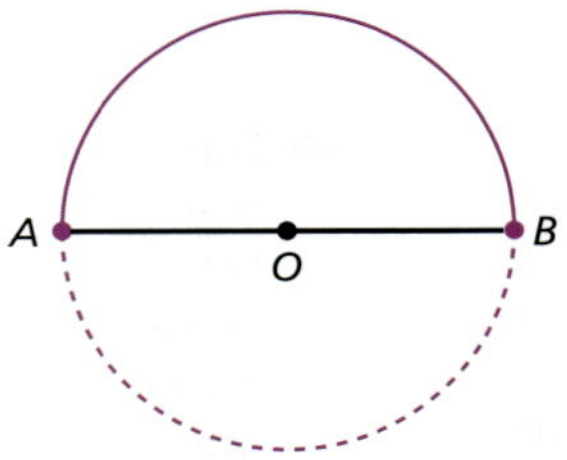

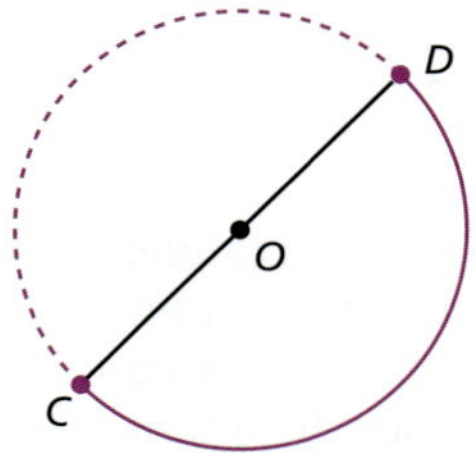

Ângulo central

Chamamos de **ângulo central** de uma circunferência qualquer ângulo cujo vértice seja o centro da circunferência.

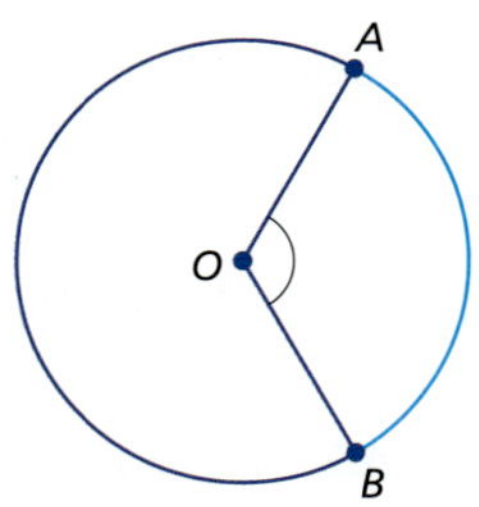

$A\hat{O}B$ é um ângulo central.

$\overset{\frown}{AB}$ é o arco correspondente ao ângulo central $A\hat{O}B$.

A medida, em grau, de um arco de circunferência é a medida do ângulo central correspondente a esse arco.

Indicamos a medida do arco $\overset{\frown}{AB}$ por: med $(\overset{\frown}{AB})$

Então: med $(A\hat{O}B)$ = med $(\overset{\frown}{AB})$

Ângulo inscrito

Ângulo inscrito é todo ângulo cujo vértice é um ponto da circunferência e cujos lados são secantes a essa circunferência.

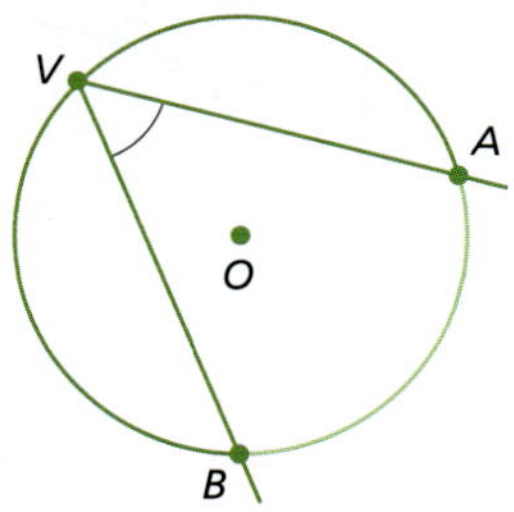

$\widehat{AVB}$ é um ângulo inscrito que determina o arco $\widehat{AB}$.

11.8 Visão do especialista

Para todo ângulo inscrito, há um ângulo central correspondente que determina, na circunferência, o mesmo arco. A medida de um ângulo inscrito é igual à metade da medida do ângulo central correspondente a ele, ou seja, é igual à metade da medida do arco de circunferência compreendido entre seus lados.

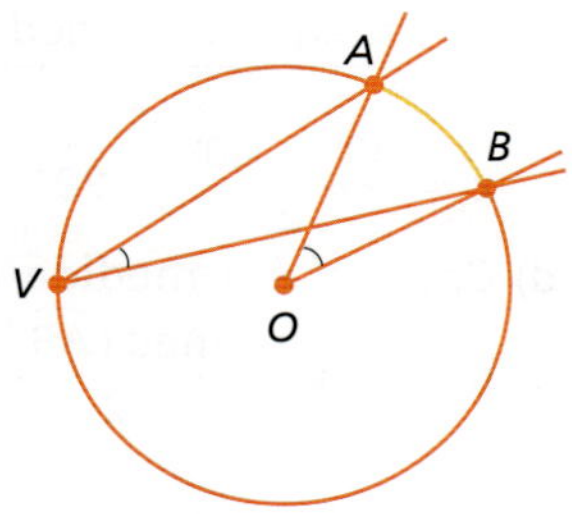

O ângulo inscrito $\widehat{AVB}$ determina o arco $\widehat{AB}$.

O ângulo central $\widehat{AOB}$ também determina o arco $\widehat{AB}$.

$$\text{med}\,(A\widehat{V}B) = \frac{\text{med}\,(\widehat{AB})}{2}$$

Todo ângulo inscrito na semicircunferência é reto.

$$\text{med}\,(A\widehat{V}B) = \frac{\text{med}\,(\widehat{AB})}{2} = \frac{180°}{2} = 90°$$

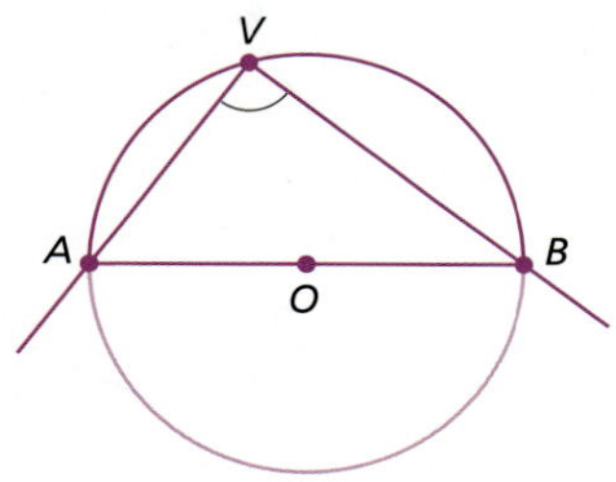

Ângulo excêntrico

Ângulo excêntrico é todo ângulo cujo vértice não é um ponto pertencente à circunferência.

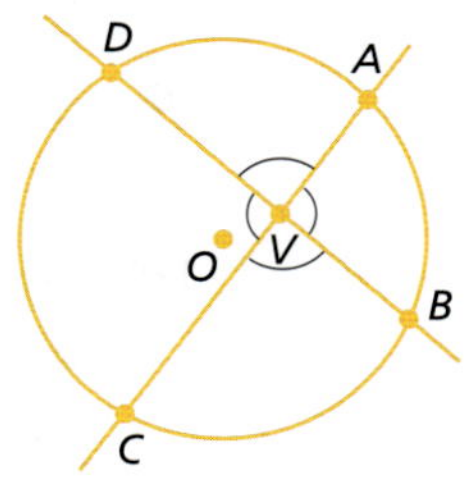

Os ângulos $\widehat{AVB}$, $\widehat{BVC}$, $\widehat{CVD}$ e $\widehat{DVA}$ são ângulos excêntricos interiores.

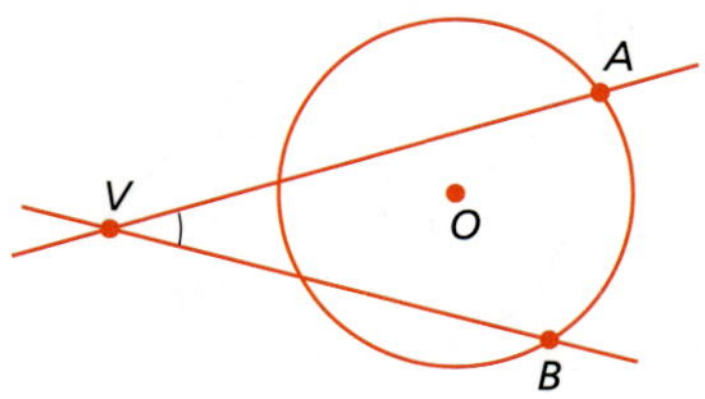

$\widehat{AVB}$ é um ângulo excêntrico exterior.

11.9 Visão do especialista

A medida de um **ângulo excêntrico interior** é igual à metade da soma das medidas do arco compreendido entre seus lados e do arco compreendido entre os prolongamentos de seus lados:

$$\text{med}\,(A\widehat{V}B) = \frac{\text{med}\,(\widehat{AB})}{2} + \frac{\text{med}\,(\widehat{CD})}{2}$$

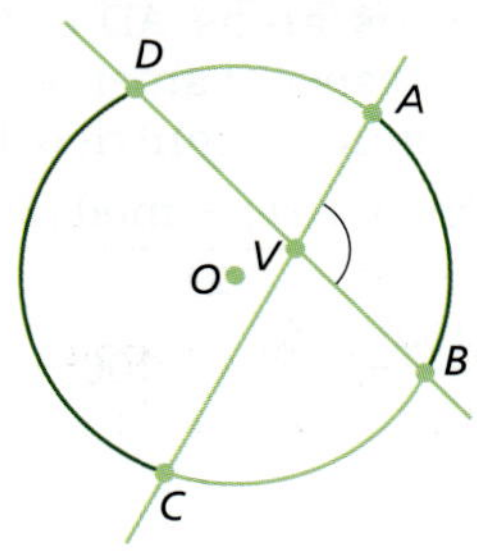

11.10 Visão do especialista

A medida de um **ângulo excêntrico exterior** é igual à metade da diferença entre as medidas dos arcos compreendidos entre seus lados:

$$\text{med}(A\widehat{V}B) = \frac{\text{med}(\widehat{AB})}{2} - \frac{\text{med}(\widehat{CD})}{2}$$

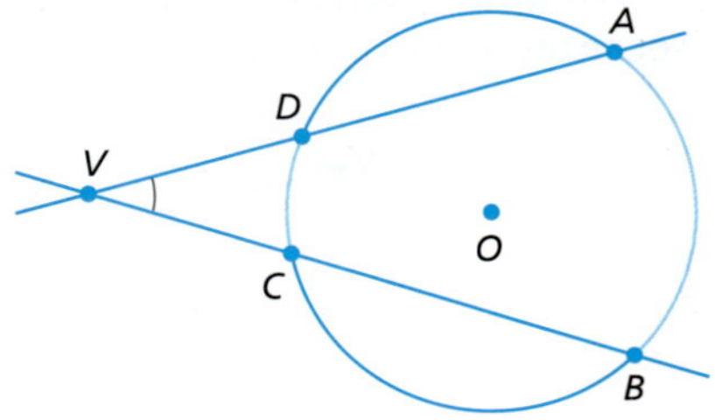

Exercícios

R4. Determinar o valor de x em cada um dos casos.

a)

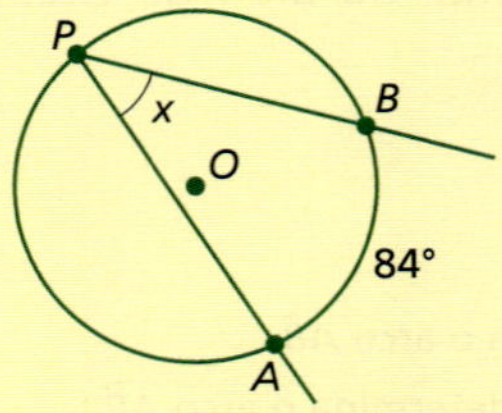

b)

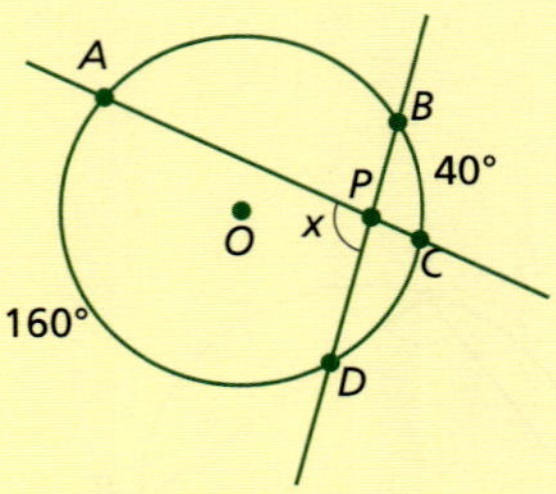

c)

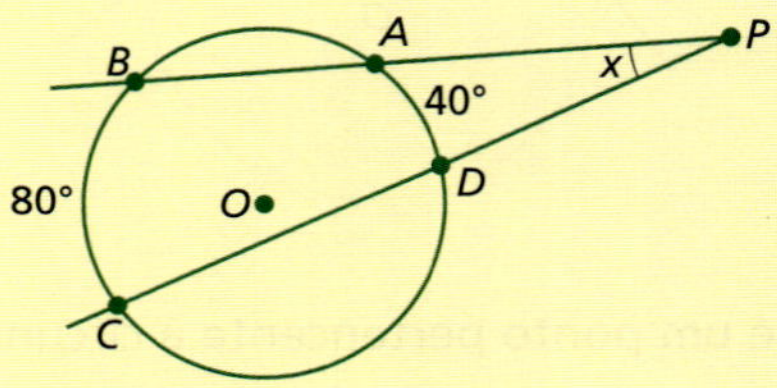

d)

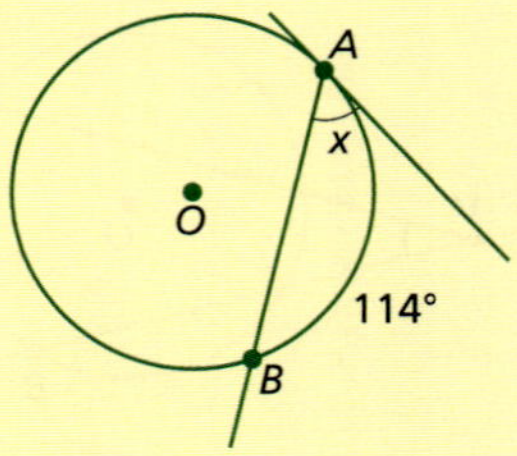

➤ **Resolução**

a) Como x é a medida do ângulo inscrito $A\widehat{P}B$, temos: $x = \frac{\text{med}(\widehat{AB})}{2} = \frac{84°}{2} = 42°$

b) Como os arcos $\widehat{AD}$ e $\widehat{BC}$ medem 160° e 40°, respectivamente, e x é a medida do ângulo excêntrico interior, então:

$$x = \frac{\text{med}(\widehat{AD}) + \text{med}(\widehat{BC})}{2}$$

$$x = \frac{160° + 40°}{2} = 100°$$

c) Como x é a medida do ângulo excêntrico exterior e os arcos $\widehat{AD}$ e $\widehat{BC}$ medem 40° e 80°, respectivamente, temos:

$$x = \frac{\text{med}(\widehat{BC}) - \text{med}(\widehat{AD})}{2}$$

$$x = \frac{80° - 40°}{2} = 20°$$

d) Como x é a medida do ângulo inscrito, temos: $x = \frac{\text{med}(\widehat{AB})}{2} = \frac{114°}{2} = 57°$

50. Determine x.

a)

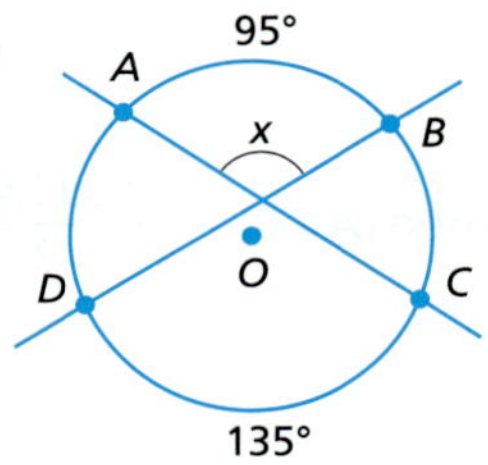

b)

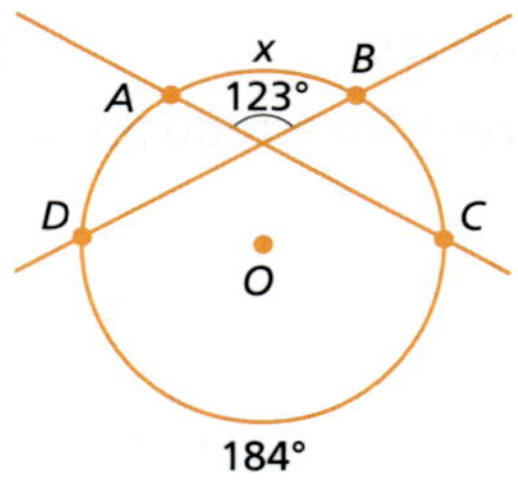

c)

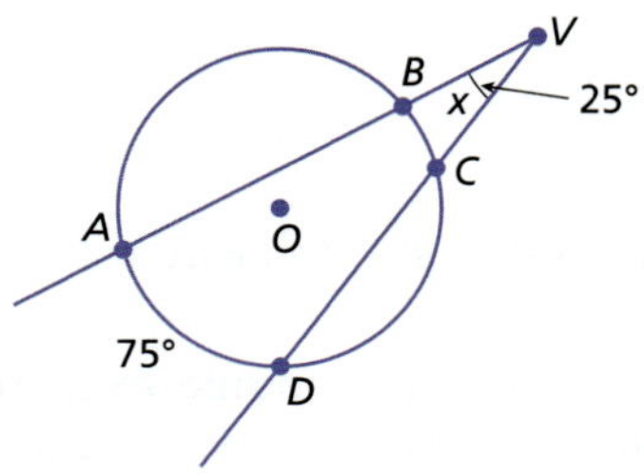

d)

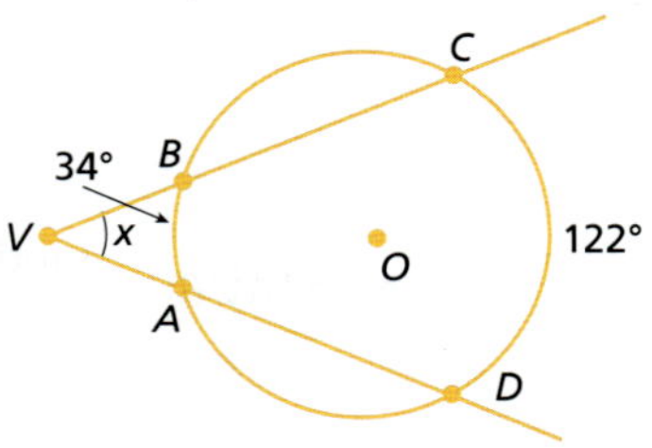

51. Determine x.

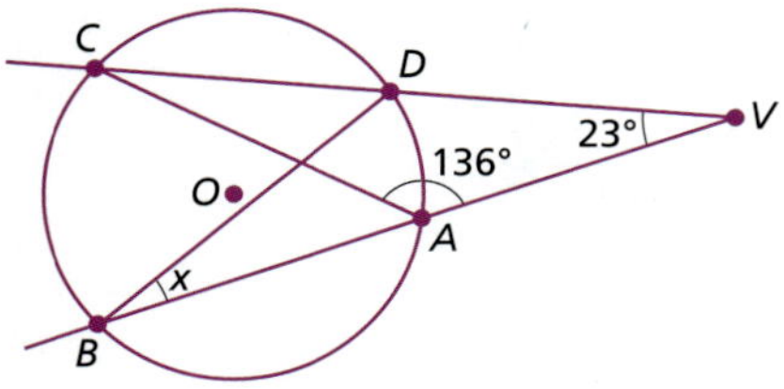

52. Determine o valor de x e y na figura abaixo.

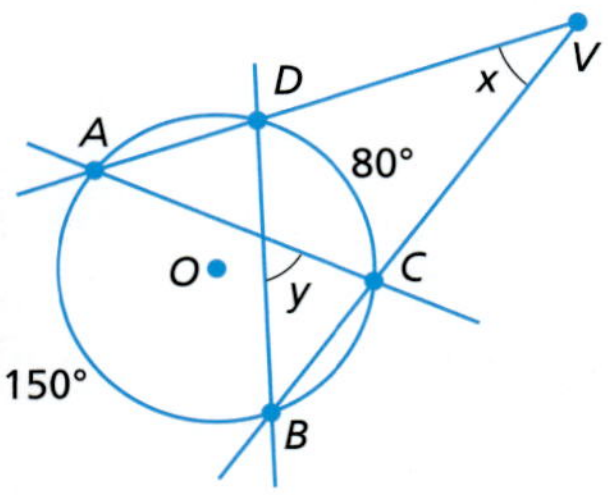

R5. Determinar x.

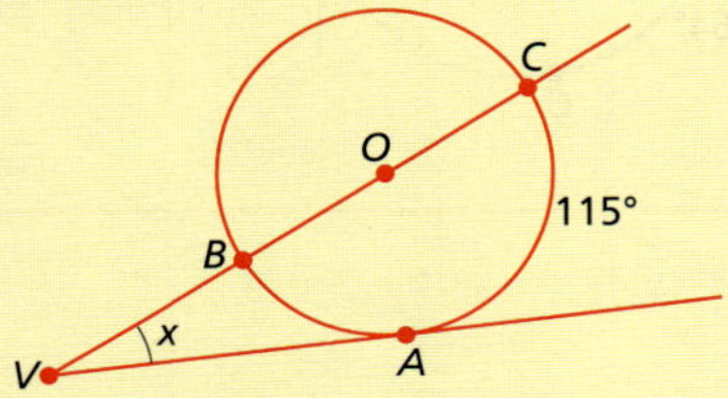

➤ **Resolução**

Temos: $\text{med}(\widehat{BAC}) = 180°$ e $\text{med}(\widehat{AC}) = 115°$

então: $\text{med}(\widehat{AB}) = 180° - 115° = 65°$

Como x é a medida do ângulo excêntrico exterior, temos:

$$x = \frac{\text{med}(\widehat{AC}) - \text{med}(\widehat{AB})}{2} = \frac{115° - 65°}{2} = 25°$$

53. Determine o valor de x.

a)

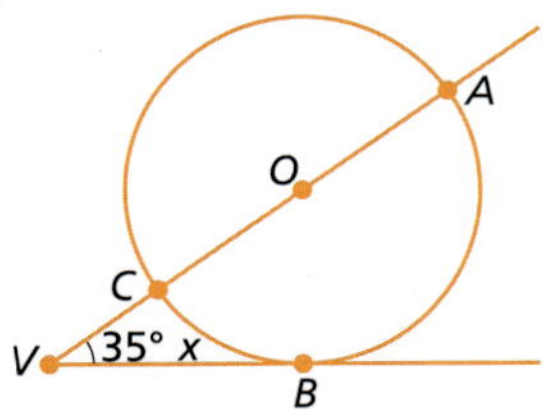

b)

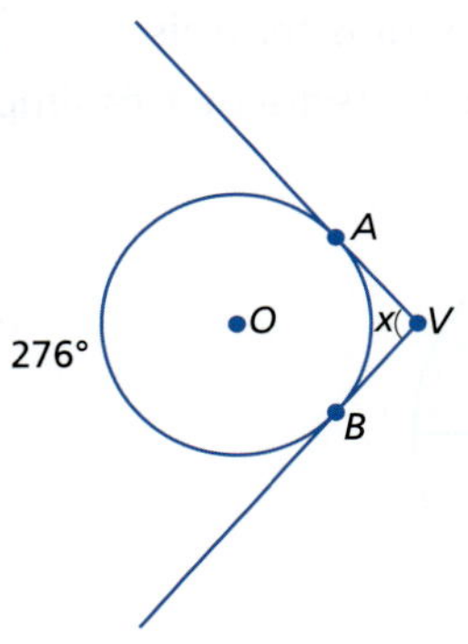

54. Sabendo que O é o centro da circunferência, determine x.

a)

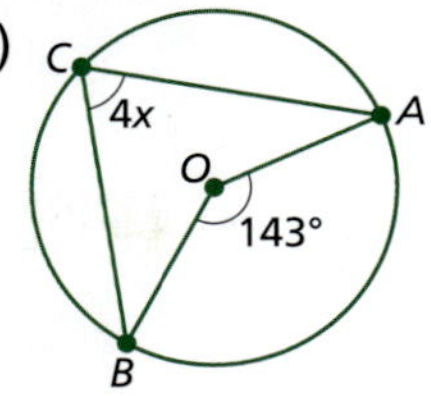

b)

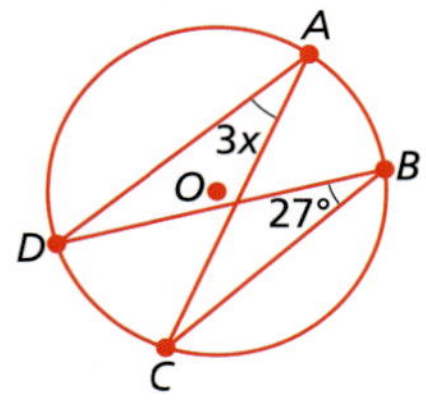

c)

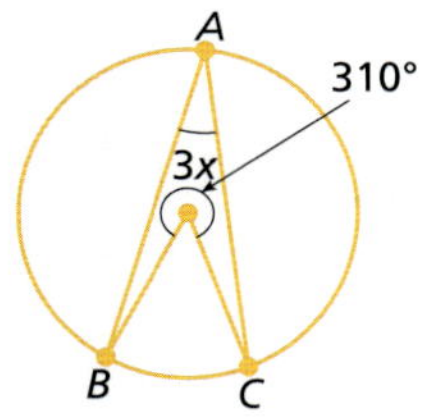

55. Sabendo que a medida do arco $\widehat{ABC}$ igual a 250°, calcule o valor de x.

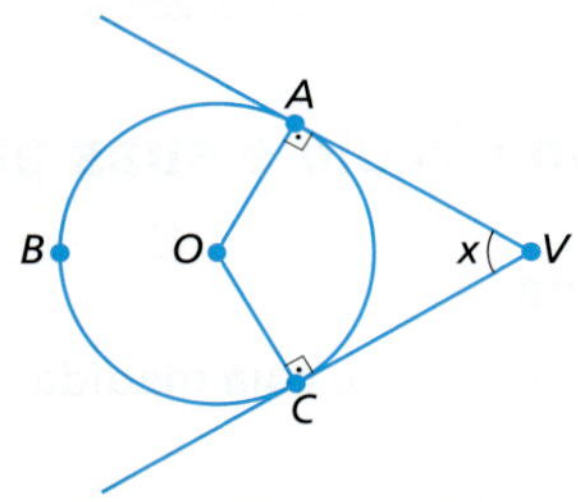

R6. Determine o valor de x sabendo que O é o centro da circunferência.

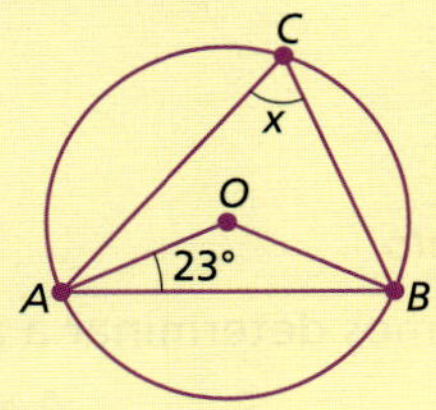

➤ **Resolução**

Como O é o centro da circunferência, o triângulo AOB é isósceles, pois $\overline{AO}$ e $\overline{OB}$ são raios da circunferêcia, então: $\text{med}(O\hat{A}B) =$
$= \text{med}(O\hat{B}A) = 23°$

Portanto:

$\text{med}(A\hat{O}B) = 180° - \left(\text{med}(O\hat{A}B) + \text{med}(O\hat{B}A)\right)$

$\text{med}(A\hat{O}B) = 180° - 23° - 23° = 134°$

Como $A\hat{O}B$ é ângulo central, então:
$\text{med}(A\hat{O}B) = \text{med}(\widehat{AB}) = 134°$

E como x é a medida do ângulo inscrito na circunferência, temos:

$$x = \frac{\text{med}(\widehat{AB})}{2} = \frac{134°}{2} = 67°$$

56. Determine x sabendo que O é o centro da circunferência.

a)

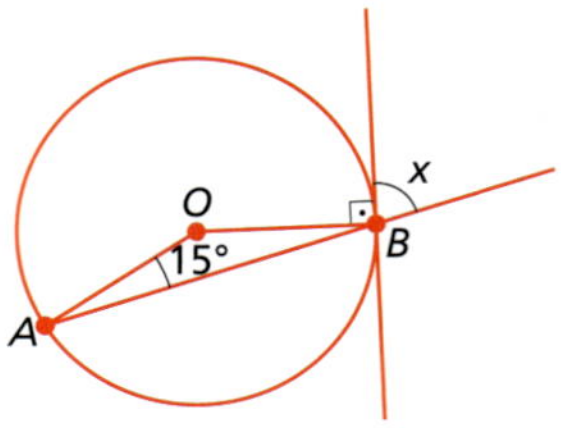

b)

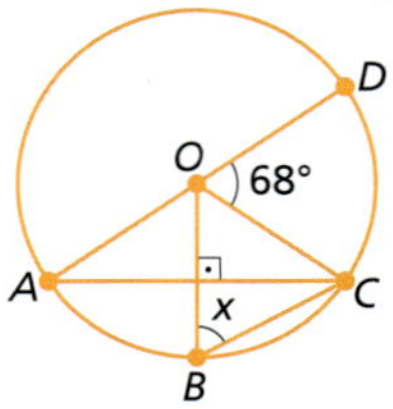

c)

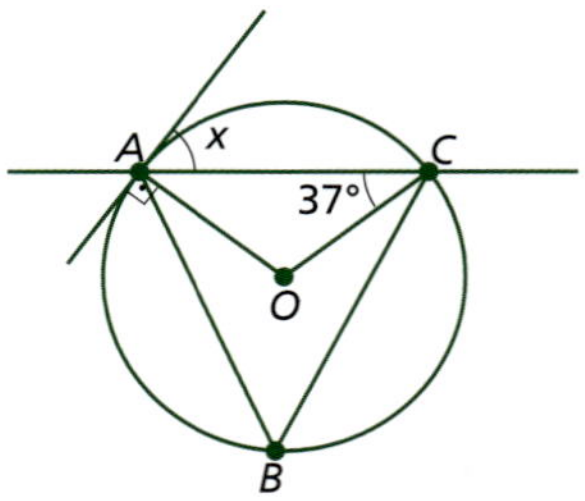

d)

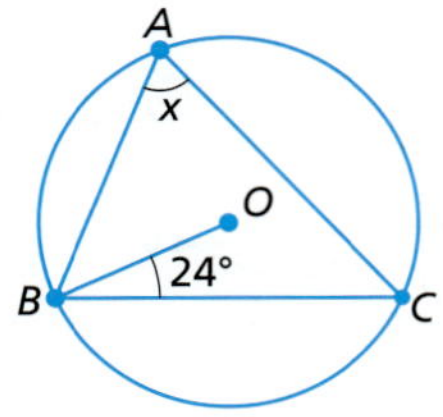

e)

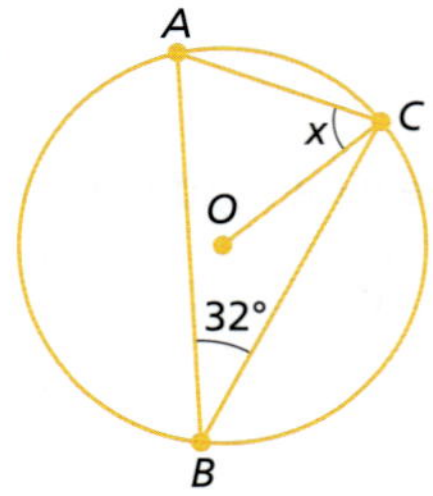

f)

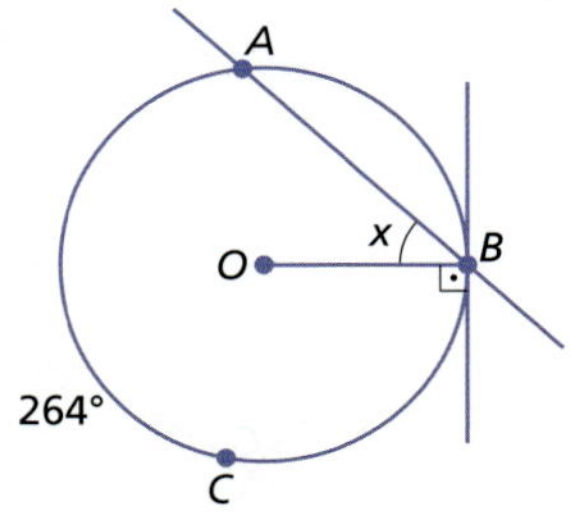

5.3 Área do círculo e suas partes

Área do círculo

A área de um círculo, cuja medida do raio é r, é dado por:

$$A = \pi r^2$$

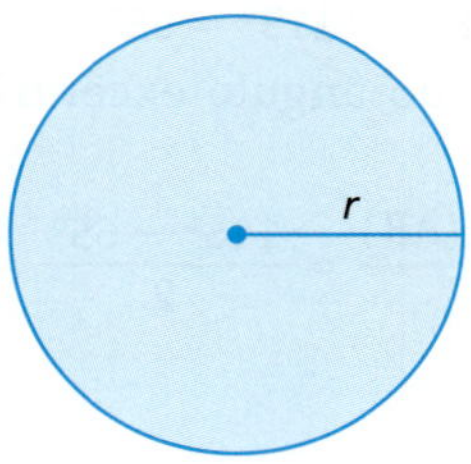

Exemplo

11.11 Visão do especialista

Vamos determinar a área de um círculo cujo raio mede 4 cm.

$$A = \pi \cdot r^2 = \pi \cdot 4^2 = 16\pi$$

Então, a área do círculo é 16π cm^2.

Área de um setor circular

Setor circular é a região do círculo delimitada por um de seus ângulos centrais.

Podemos determinar a área de um setor circular estabelecendo uma regra de três simples que relacione a medida do ângulo central e a área.

$$360° - \pi r^2$$

$$\alpha - A$$

Então:

$$A = \frac{\alpha \cdot \pi r^2}{360°}$$

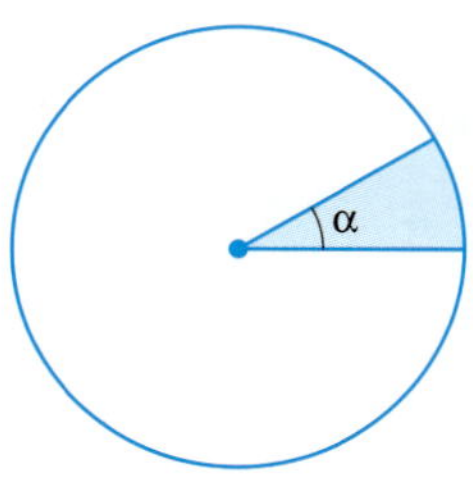

Exemplo

Vamos calcular a área do setor circular destacado.

$$A = \frac{\alpha \cdot \pi r^2}{360°} = \frac{50° \cdot \pi \cdot 1^2}{360°} = \frac{5\pi}{36}$$

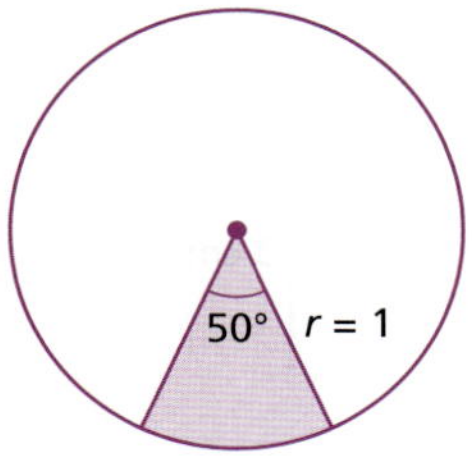

Área da coroa circular

A **coroa circular** é a região compreendida entre duas circunferências concêntricas (que possuem o mesmo centro), que estão em um mesmo plano e que têm raios de medidas diferentes.

A área de uma coroa circular é dada pela diferença entre a área do círculo de maior raio e a área do círculo de menor raio.

Assim:

$$A = \pi R^2 - \pi r^2$$

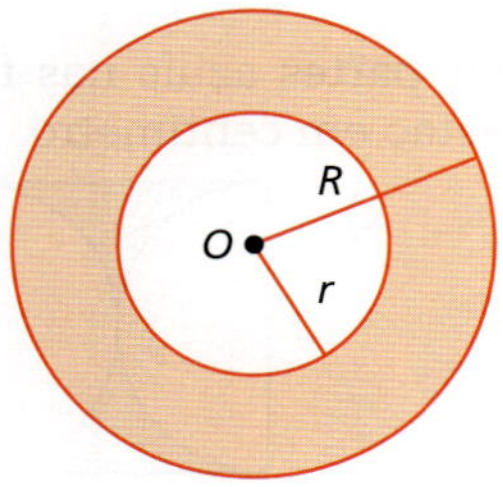

Exemplo

Vamos calcular a área da coroa circular destacada.

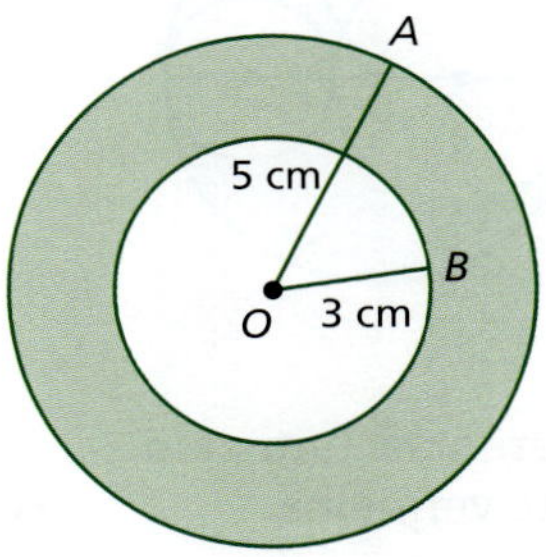

$$A = \pi \cdot 5^2 - \pi \cdot 3^2 = 25\pi - 9\pi = 16\pi$$

Exercícios

57. Determine a área do círculo nos seguintes casos.

a)

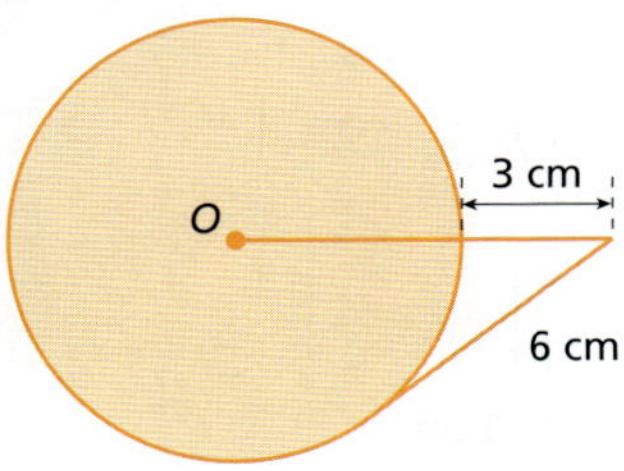

b)

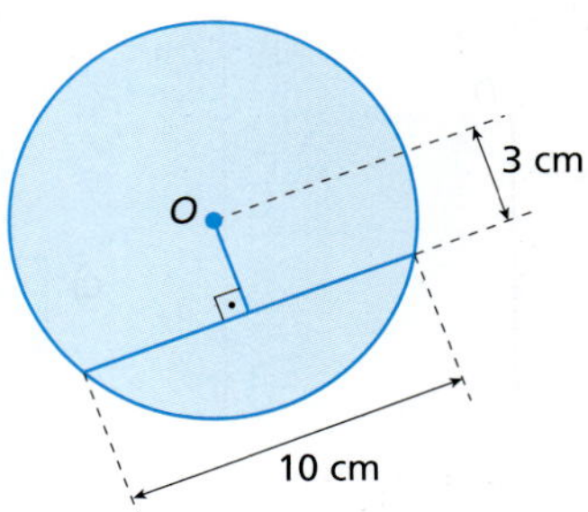

c)

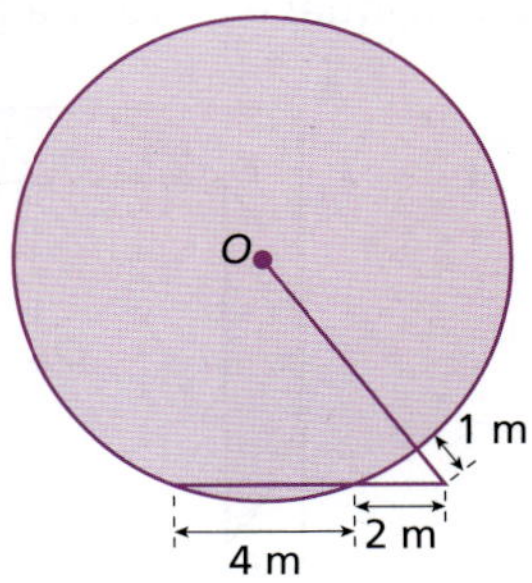

58. Determine a área das coroas circulares nos itens abaixo.

a)

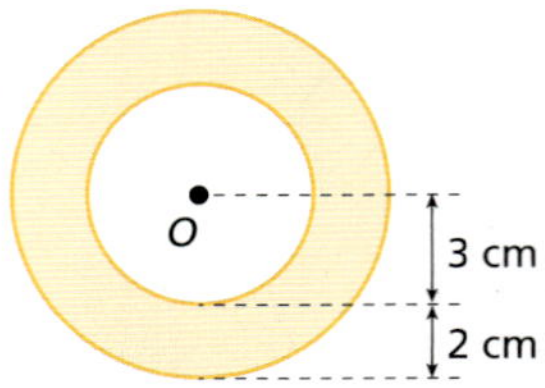

b)

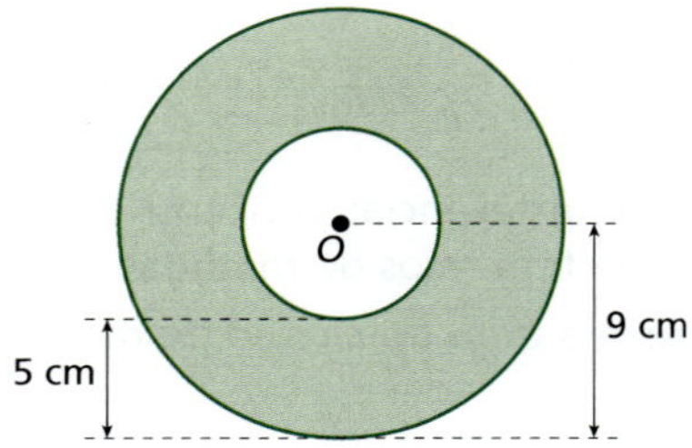

59. Determine a área das partes azuis nas figuras abaixo, as medidas estão em centímetro.

11.12 Visão do especialista

a)

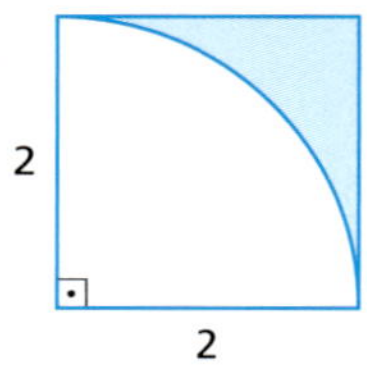

b)

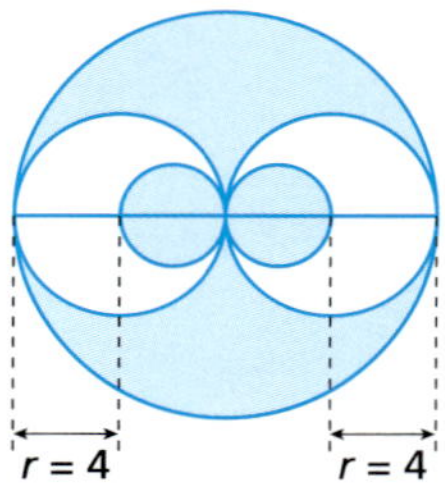

c)

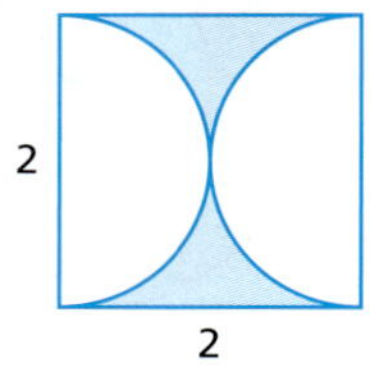

d)

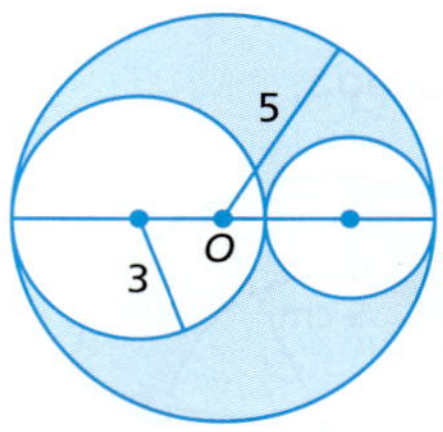

60. Sabendo que a semicircunferência tem raio 4 cm, determine a área da parte vermelha.

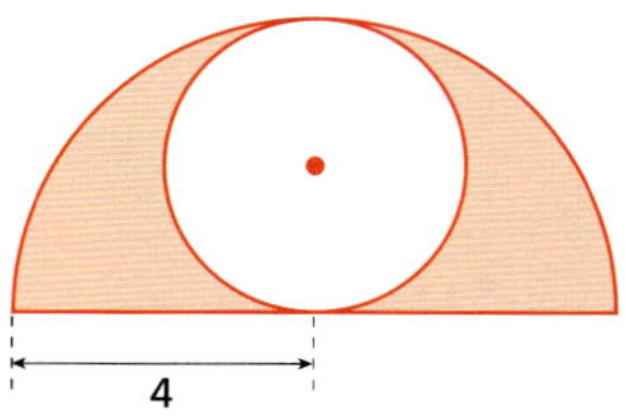

61. Na figura a seguir, o lado do quadrado *ABCD* mede 8, qual é a área da parte lilás?

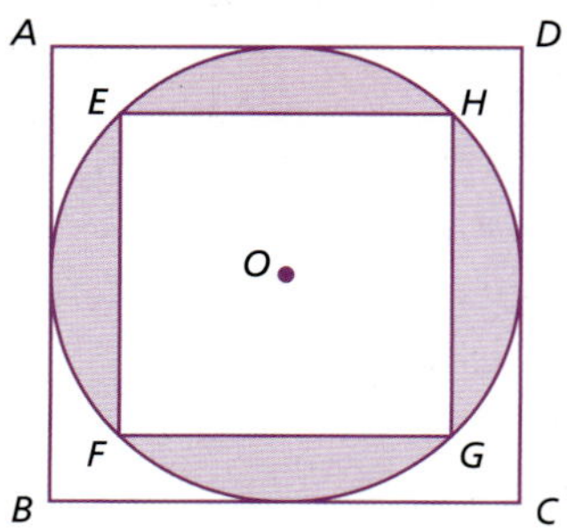

62. Determine a área verde nas seguintes figuras, sabendo que $\overline{AB}$ mede 24 cm.

a)

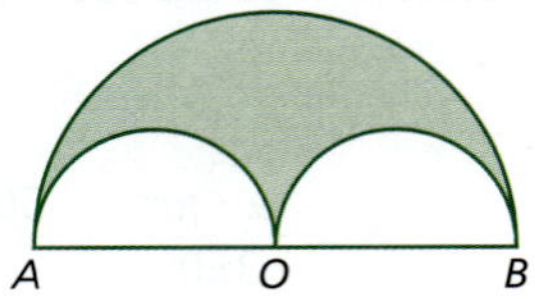

b) $AC = CO = OD = DB$

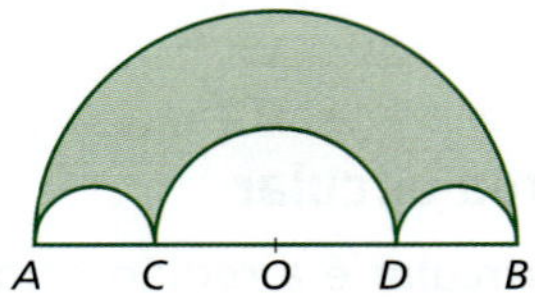

63. Determine a área laranja, sabendo que o lado dos quadrados mede 2 cm e os pontos *A*, *B*, *C* e *D* são pontos médios de seus respectivos lados.

a)

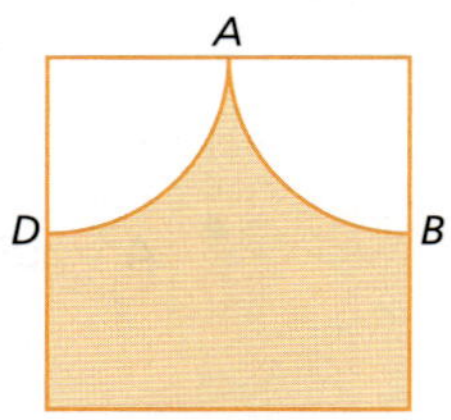

b)

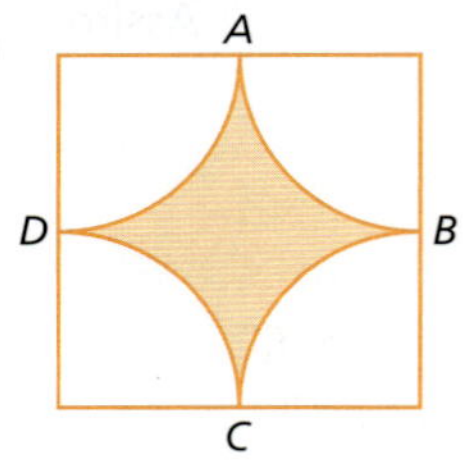

64. A figura mostra duas circunferências concêntricas. A corda $\overline{AB}$, da circunferência de raio maior, mede 10 cm e é tangente à circunferência de raio menor. Calcule a área da coroa roxa.

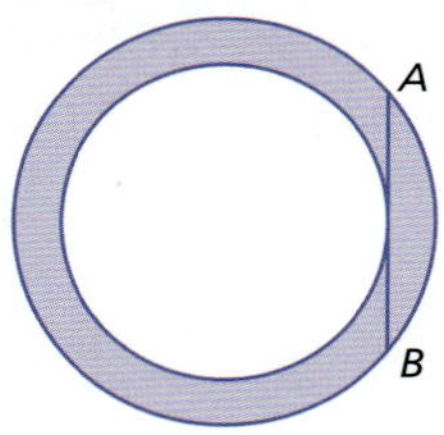

65. Determine a área da parte azul.

a)

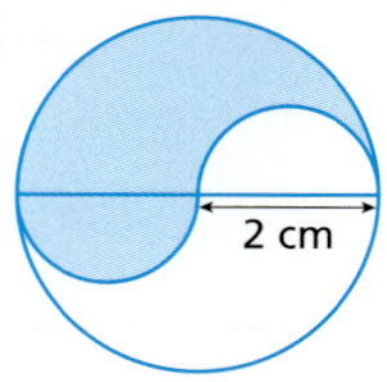

b)

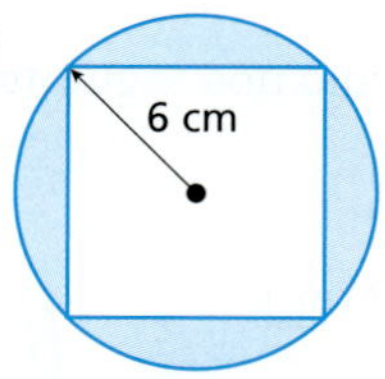

c)

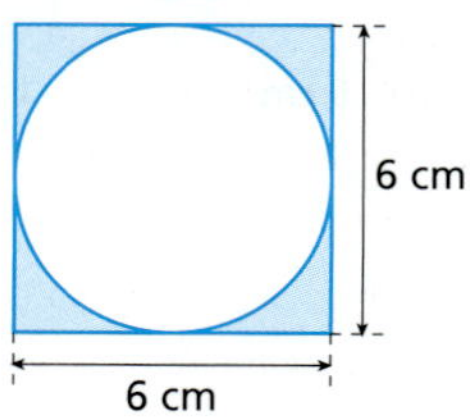

Questões de vestibular

11.13 Visão do especialista

1. (PUC) Sendo $A = \{x \mid x \text{ é quadrilátero}\}$, $B = \{x \mid x \text{ é quadrado}\}$, $C = \{x \mid x \text{ é retângulo}\}$, $D = \{x \mid x \text{ é losango}\}$, $E = \{x \mid x \text{ é trapézio}\}$; $F = \{x \mid x \text{ é paralelogramo}\}$, então vale a relação:

a) $A \supset D \supset E$

b) $A \supset F \supset D \supset B$

c) $F \subset D \subset A$

d) $A \supset F \supset B \supset C$

e) $B \subset D \subset A \subset E$

2. (Puccamp-SP) Considere as afirmações:

I. Todo retângulo é um paralelogramo.

II. Todo quadrado é um retângulo.

III. Todo losango é um quadrado.

Associe a cada uma delas a letra V, se for verdadeira, ou F, caso seja falsa. Na ordem apresentada temos:

a) F, F, F

b) F, F, V

c) V, F, F

d) V, V, F

e) n.r.a.

3. (Vunesp) A afirmação falsa é:

a) Todo quadrado é um losango.

b) Existem retângulos que não são losangos.

c) Todo paralelogramo é um quadrilátero.

d) Todo quadrado é um retângulo.

e) Um losango pode não ser um paralelogramo.

4. (Vunesp) Considere as seguintes proposições:

- todo quadrado é um losango;
- todo quadrado é um retângulo;
- todo retângulo é um paralelogramo;
- todo triângulo equilátero é isósceles.

Pode-se afirmar que:

a) só uma é verdadeira.

b) todas são verdadeiras.

c) só uma é falsa.

d) duas são verdadeiras e duas são falsas.

e) todas são falsas.

5. (PUC) Seja Q um quadrilátero convexo. Então:

a) Q é um paralelogramo se, e somente se, as diagonais de Q têm o mesmo comprimento.

b) Q é um losango se, e somente se, as diagonais de Q são perpendiculares.

c) Q é um trapézio se, e somente se, as diagonais de Q têm o mesmo comprimento.

d) Q é um paralelogramo se, e somente se, as diagonais de Q cortam-se ao meio.

e) Q é um quadrado se, e somente se, as diagonais de Q são perpendiculares.

6. (PUC) Dois ângulos opostos de um paralelogramo são expressos em grau por $(3x - 20°)$ e $(2x + 30°)$ respectivamente. Um dos menores ângulos do paralelogramo medirá:

a) 130°

b) 50°

c) 60°

d) 90°

e) Todas as respostas anteriores estão erradas.

7. (Cesgranrio-RJ) No quadrado *ABCD* da figura, tem-se $AB = 4$, $AH = CI = 1$ e $AG = 2$.

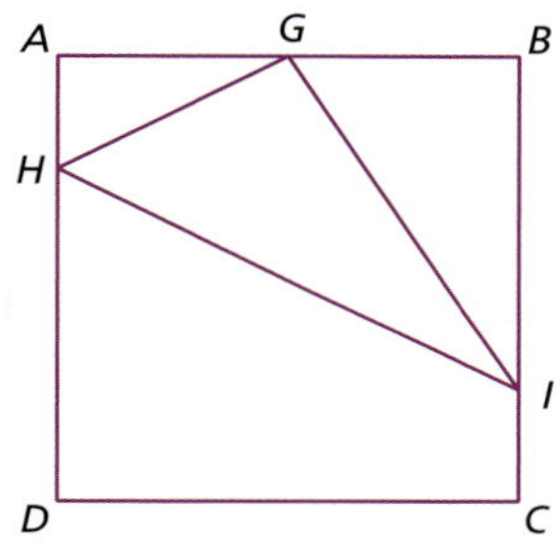

Então, $\overline{HI}$ mede:

a) $\sqrt{5}$

b) 5

c) $\frac{16}{3}$

d) $3\sqrt{3}$

e) $2\sqrt{5}$

8. (ITA-SP) Considere um quadrilátero *ABCD* cujas diagonais $\overline{AC}$ e $\overline{BD}$ medem, respectivamente, 5 cm e 6 cm. Se *R*, *S*, *T* e *U* são os pontos médios dos lados do quadrilátero dado, então o perímetro do quadrilátero *RSTU* vale:

11.14 Visão do especialista

a) 22 cm

b) 5,5 cm

c) 8,5 cm

d) 11 cm

e) 13 cm

9. (PUC) Se a altura de um trapézio isósceles medir 8 dm e suas bases medirem, respectivamente, 27 dm e 15 dm, então a medida da diagonal do referido trapézio será:

a) 18,6 dm

b) 2,04 dm

c) 22,4 dm

d) 24,2 dm

e) 26 dm

10. (Ufes) Seja *ABCD* um trapézio retângulo. O ângulo formado pelas bissetrizes do seu ângulo reto e do ângulo consecutivo da base maior mede 92°. Os ângulos, agudo e obtuso, deste trapézio medem, respectivamente:

a) 88° e 92°

b) 86° e 94°

c) 84° e 96°

d) 82° e 98°

e) 79° e 101°

11. (UEL-PR) No quadrado *ABCD*, tem-se $AD = DE$.

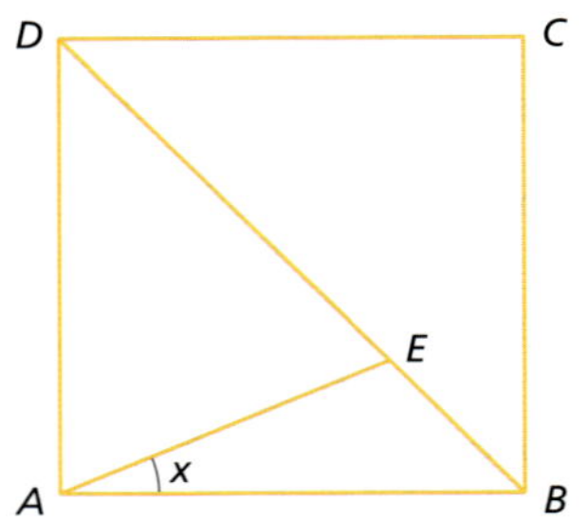

A medida x do ângulo assinalado é:

a) 18°45′

b) 22°30′

c) 20°

d) 30°

e) 36°

12. (Fatec-SP) Na figura, *ABCD* é um retângulo.

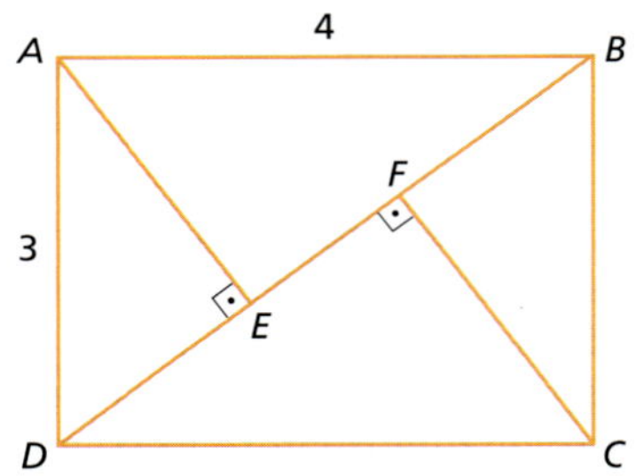

A medida do segmento $\overline{EF}$ é:

a) 0,8

b) 1,4

c) 2,6

d) 3,2

e) 3,8

13. (UEL-PR) Um terreno possui a forma de um trapézio isósceles *ABCD*, conforme a figura a seguir.

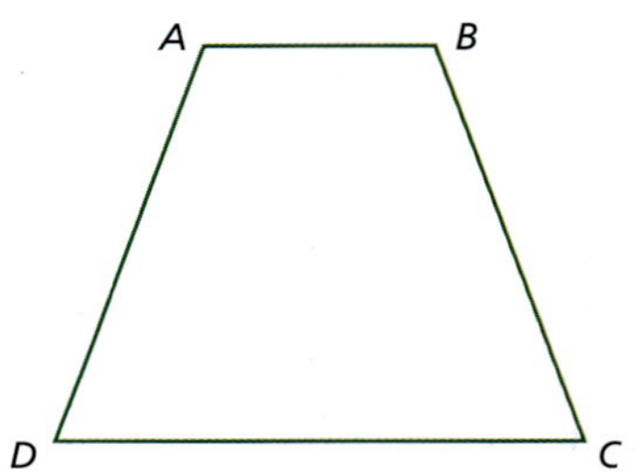

A base maior $\overline{DC}$ tem 64 metros; a base menor $\overline{AB}$ tem 28 metros e a altura do trapézio é igual a 49 metros. O dono do terreno deseja dividi-lo em dois polígonos de áreas equivalentes e com mesmo perímetro. Para efetuar esta divisão deverá traçar um segmento de reta $\overline{PQ}$. O ponto *P* deverá estar na base maior $\overline{DC}$ a uma distância de 24 metros do vértice C e o ponto Q sobre a base menor $\overline{AB}$.

Nestas condições, a distância do ponto Q ao vértice *B* deverá ser igual a:

a) 18 metros.

b) 20 metros.

c) 22 metros.

d) 24 metros.

e) 28 metros.

14. (Vunesp-SP) Uma região *R* a ser cultivada está representada na malha quadriculada seguinte.

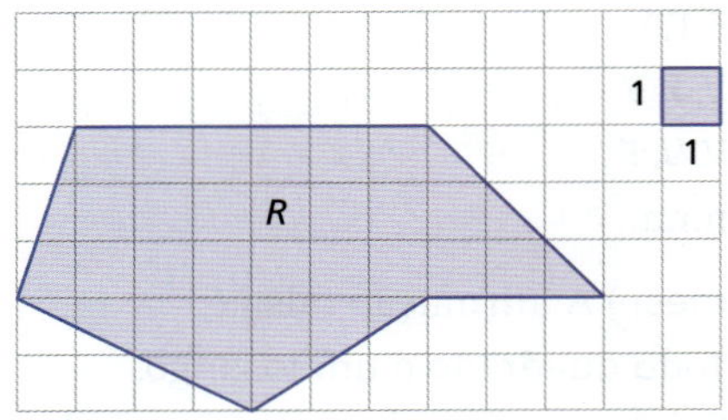

Se a malha é quadriculada com quadrados de lados iguais a 1 km, então a área, em quilômetro quadrado, da região a ser cultivada é:

a) 54

b) 40

c) 34

d) 31

e) 29

15. (PUC) A área da figura abaixo é:

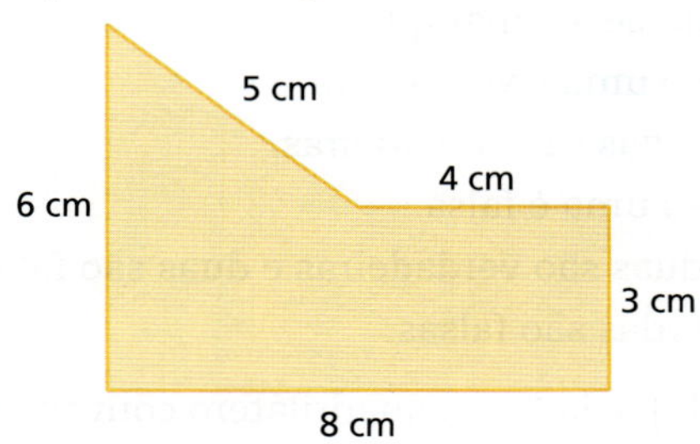

a) 24 cm²

b) 30 cm²

c) 33 cm²

d) 36 cm²

e) 48 cm²

16. (Mackenzie-SP) Na figura, $ABCD$ é um quadrado, a área assinalada vale:

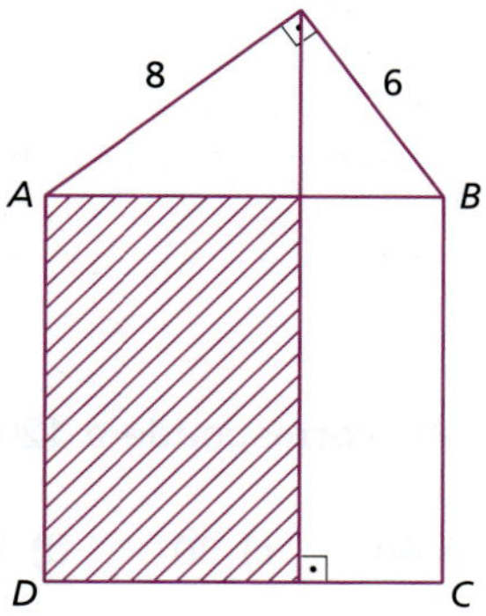

a) 36
b) 48
c) 72
d) 64
e) 50

17. (FGV) O monitor de um *notebook* tem formato retangular com a diagonal medindo d. Um lado do retângulo mede $\frac{3}{4}$ do outro. A área do monitor é dada por:

a) $0{,}44\ d^2$
b) $0{,}46\ d^2$
c) $0{,}48\ d^2$
d) $0{,}50\ d^2$
e) $0{,}52\ d^2$

18. (Vunesp) Uma piscina retangular, de 6 m de largura por 12 m de comprimento, é contornada por uma superfície ladrilhada de 2 m de largura, porém tendo os cantos formando triângulos, como mostra a figura.

11.15 Visão do especialista

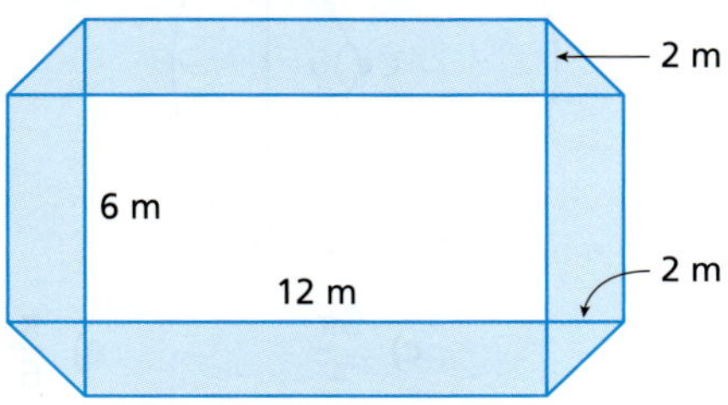

A área (em metro quadrado) dessa região ladrilhada, que está marcada na figura, é:

a) 72
b) 80
c) 88
d) 120
e) 152

19. (UFGO) Uma casa ocupa a quarta parte de um terreno, como nos mostra a figura a seguir. O restante do terreno é usado como quintal. Para cobrir o quintal com certo piso, compraram-se caixas com 1,5 m^2 de piso cada uma.

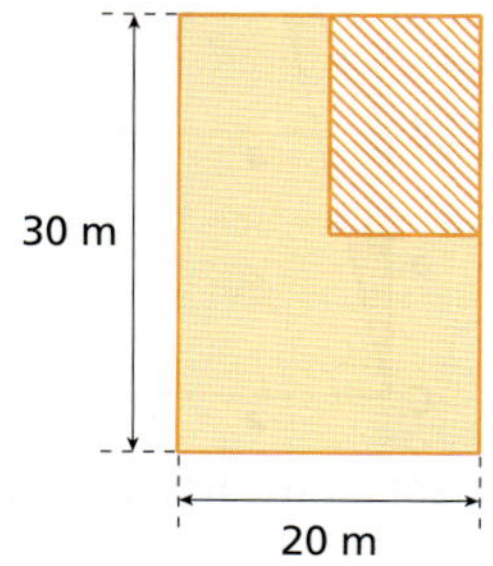

Quantas caixas foram compradas?

a) 300
b) 200
c) 400
d) 250
e) 500

20. (PUC) De uma placa quadrada de 16 cm^2 foi recortada uma peça, conforme indicado na figura.

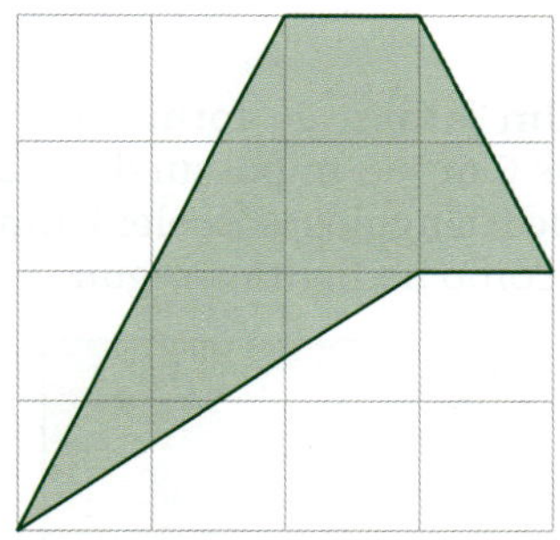

A medida da área da peça recortada, em centímetro quadrado, é:

a) 4
b) 5
c) 6
d) 7

21. (PUC) Para fazer um modelo de ladrilho, certo desenhista une um dos vértices de um quadrado aos pontos médios dos lados que não contêm esse vértice, obtendo um triângulo isósceles.

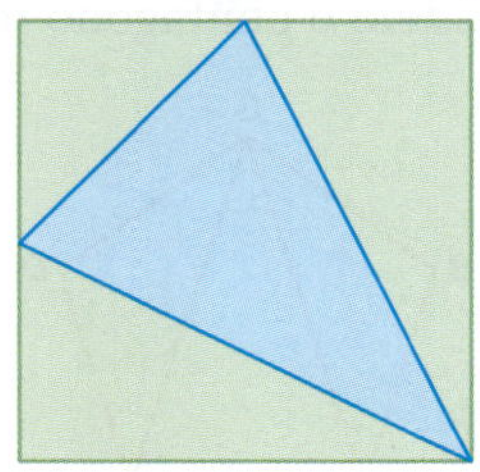

A razão entre a medida da área desse triângulo e a medida da área desse quadrado é igual a:

a) 0,350
b) 0,375
c) 0,380
d) 0,385

22. (UFMG) Nesta figura plana, há um triângulo equilátero, ABE, cujo lado mede a, e um quadrado, $BCDE$, cujo lado também mede a:

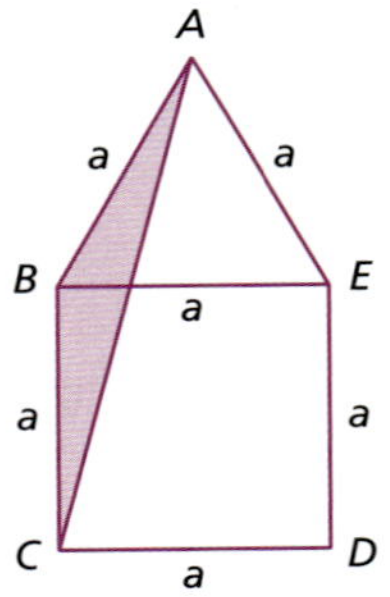

Com base nessas informações, é correto afirmar que a área do triângulo ABC é:

a) $\frac{a^2}{3}$

b) $\frac{a^2}{4}$

c) $\frac{\sqrt{3}\,a^2}{4}$

d) $\frac{\sqrt{3}\,a^2}{8}$

23. (PUC) Um jardim de forma retangular com medidas 6 m × 8 m possui dois canteiros em forma de triângulos isósceles e um passeio no centro, como na figura a seguir.

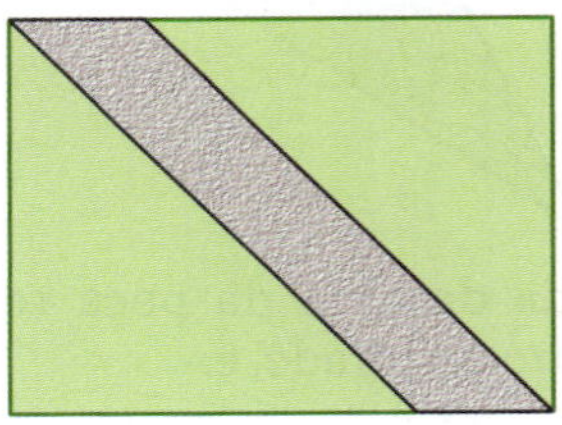

A área do passeio, em metro quadrado, é:

a) 64 b) 36 c) 24 d) 12 e) 2

24. (PUC) Considere o pentágono regular $ABCDE$.

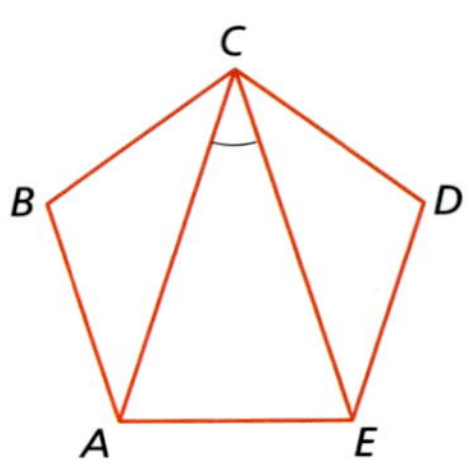

Quanto mede o ângulo $A\widehat{C}E$?

a) 24° b) 30° c) 36° d) 40° e) 45°

25. (FEI-SP) Na figura abaixo, $\overline{AB}$ é um diâmetro do círculo.

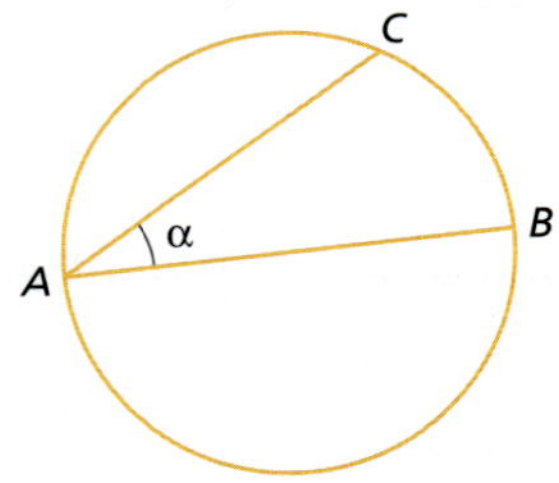

Se o arco $\widehat{AC}$ corresponde a 120°, o ângulo α mede:

a) 60° b) 40° c) 30° d) 80° e) 72°

26. (Cesgranrio-RJ) As semirretas $\overrightarrow{PM}$ e $\overrightarrow{PN}$ são tangentes ao círculo da figura e o comprimento do arco $\widehat{MGN}$ é 4 vezes o do arco $\widehat{MFN}$.

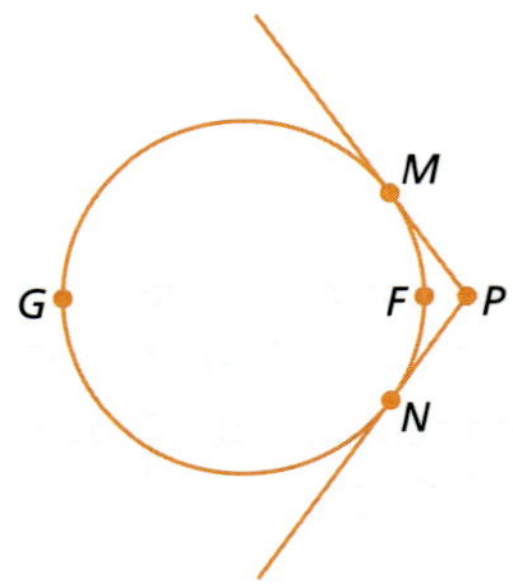

O ângulo $M\widehat{P}N$ mede:

a) 76° b) 80° c) 90° d) 108° e) 120°

27. (UFGO) Se a corda $\overline{AB}$ da figura é o lado de um triângulo equilátero inscrito na circunferência de centro C, a medida do ângulo α, em radiano, é:

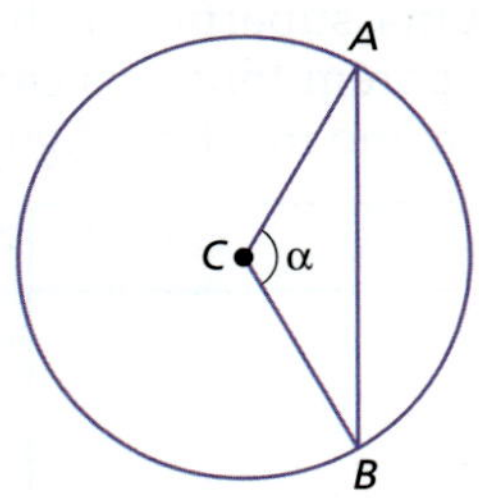

a) $\frac{2\pi}{3}$ b) $\frac{3\pi}{2}$ c) $\frac{3\pi}{4}$ d) $\frac{\pi}{3}$ e) $\frac{\pi}{6}$

28. (Cesgranrio-RJ) Em um círculo de raio 5 está inscrito um quadrilátero $ABCD$. Sobre a soma dos ângulos opostos $B\widehat{A}D$ e $B\widehat{C}D$, podemos afirmar que vale:

a) 5 · 180° b) 3 · 180° c) 2 · 180° d) 180° e) 90°

29. (UMC-SP) Os raios de duas circunferências são 3 cm e 8 cm e a distância entre seus centros é 13 cm.

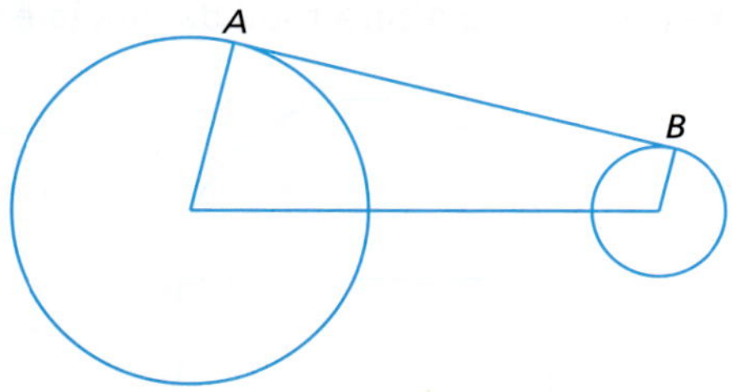

O comprimento do segmento $\overline{AB}$ é:

a) $\sqrt{58}$ cm
b) 11 cm
c) 12 cm
d) 10 cm
e) $\sqrt{120}$ cm

30. (PUC) No círculo abaixo, O é o centro, $AB = 2$ e $AC = \sqrt{3}$.

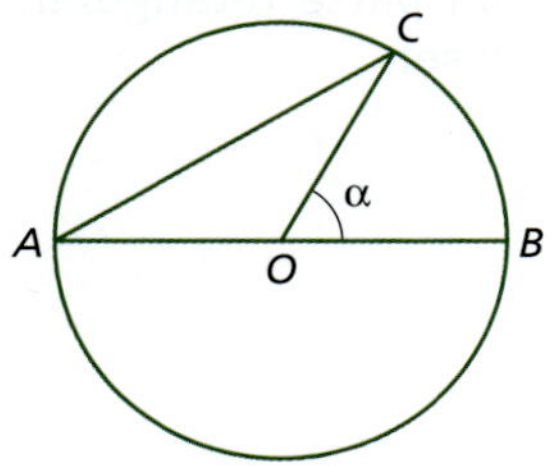

Então α vale:

a) 75° b) 60° c) 45° d) 30° e) 15°

31. (UCSalvador-BA) Na figura, o triângulo ABC é isósceles e $\overline{BD}$ é a bissetriz do ângulo de vértice B.

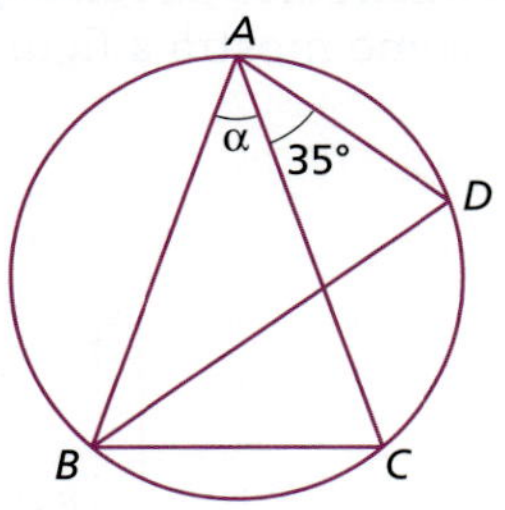

A medida α do ângulo assinalado é:

a) 55° b) 50° c) 45° d) 40° e) 35°

32. (FGV) A medida do ângulo $A\widehat{D}C$, inscrito na circunferência de centro O, é:

11.16 Visão do especialista

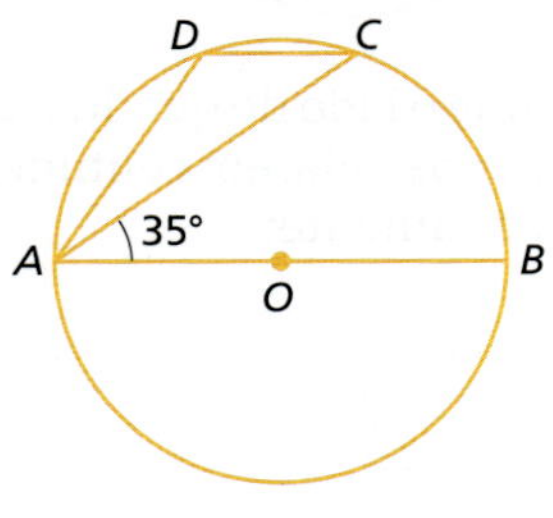

a) 125°
b) 110°
c) 120°
d) 100°
e) 135°

33. (PUC) Seja ABC um triângulo e D e E pontos sobre os lados $\overline{AB}$ e $\overline{BC}$. O quadrilátero ADEC é inscritível. Os ângulos $A\widehat{E}C$ e $D\widehat{C}B$ medem 40° e 25°, respectivamente.

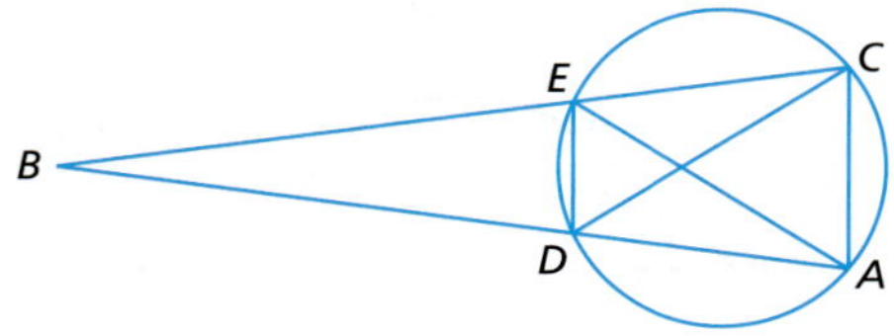

Quanto vale o ângulo $A\widehat{B}C$?

a) 5° b) 10° c) 15° d) 20° e) 25°

34. (Mackenzie-SP) Na figura, O é o centro da circunferência e α mede 15°.

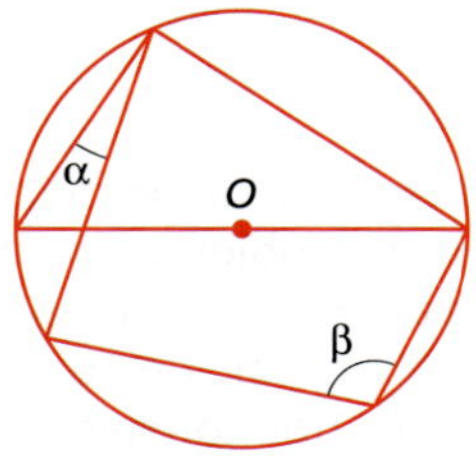

A medida de β é:

a) 95°
b) 105°
c) 110°
d) 115°
e) 120°

35. (Mackenzie-SP) Na figura abaixo, tem-se o ângulo med $(B\widehat{A}D) = 108°$ e o ângulo med $(A\widehat{D}C) = 112°$. A medida do ângulo $E\widehat{B}C$ é:

a) 68°
b) 72°
c) 108°
d) 112°
e) Nenhuma das respostas acima é verdadeira.

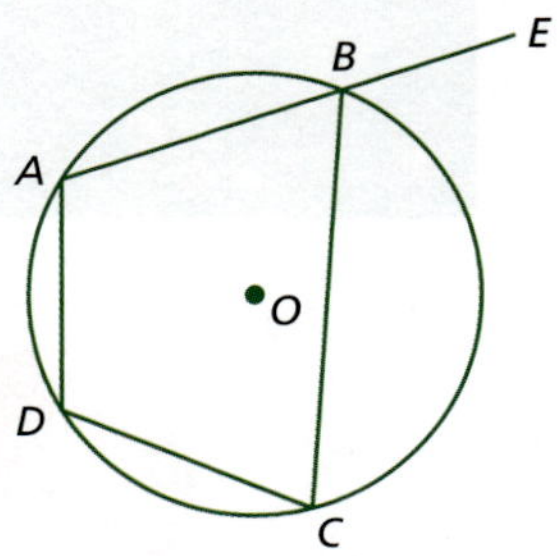

36. (Mackenzie-SP) O ângulo α da figura mede:

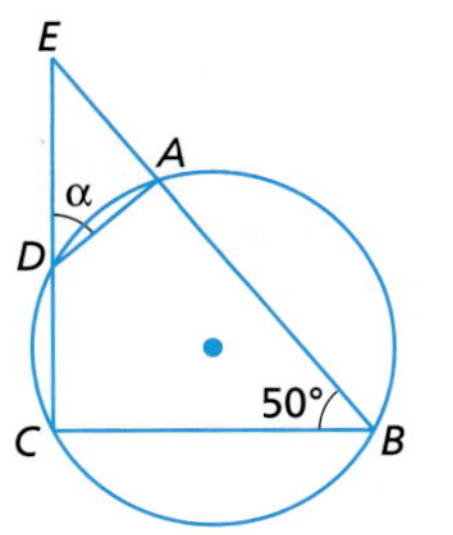

a) 60° b) 55° c) 50° d) 45° e) 40°

37. (Faap-SP) Na circunferência de centro O, a seguir, A é ponto de tangência. Calcule a medida x do ângulo $A\widehat{P}C$.

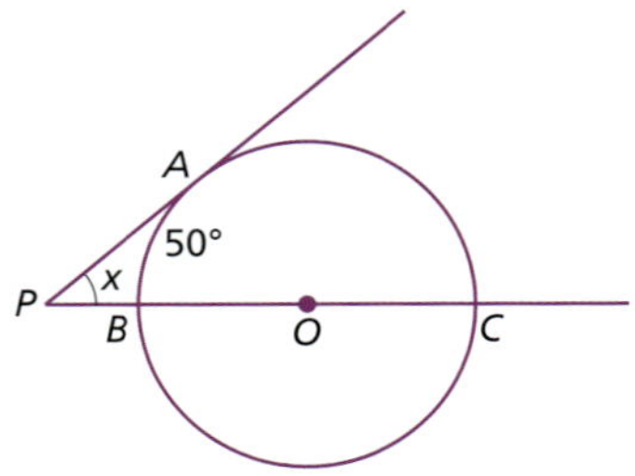

a) 50°
b) 130°
c) 100°
d) 80°
e) 40°

38. (Fuvest-SP) No jogo de bocha, disputado num terreno plano, o objetivo é conseguir lançar uma bola de raio 8 o mais próximo possível de uma bola menor, de raio 4. Num lançamento, um jogador conseguiu fazer com que as duas bolas ficassem encostadas, conforme ilustra a figura a seguir.

GUNTER MARX/ALAMY/OTHER IMAGES

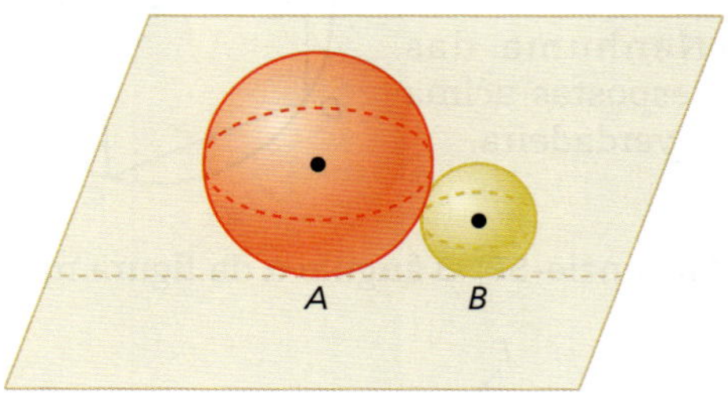

A distância entre os pontos A e B, em que as bolas tocam o chão, é:

a) 8
b) $6\sqrt{2}$
c) $8\sqrt{2}$
d) $4\sqrt{3}$
e) $6\sqrt{3}$

39. (PUC) A figura abaixo é uma janela com formato de um semicírculo sobre um retângulo. Sabemos que a altura da parte retangular da janela é 1 m e a altura total da janela é 1,5 m.

A largura da parte retangular, expressa em metro, deve ser:

a) 0,5
b) 1
c) 2
d) π
e) 2π

40. (UGF-RJ) Nas comemorações de fim de ano, um homem caminha sobre a areia molhada da praia sem tirar os sapatos. Olhando para trás observa que suas pegadas são formadas por dois semicírculos de raios iguais e por um quadrado, como mostra a figura a seguir.

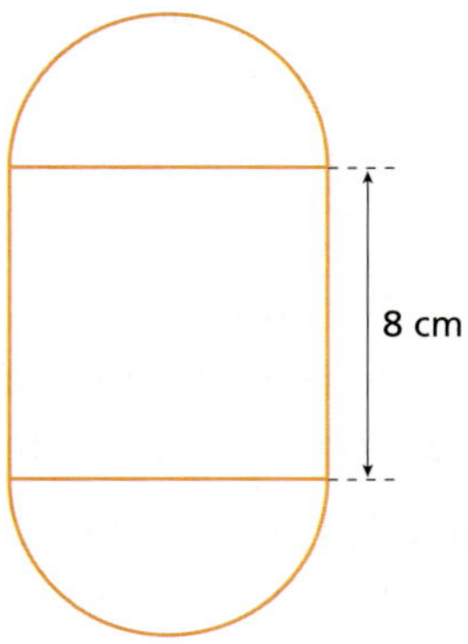

Supondo que o lado do quadrado mede 8 cm, a área de uma pegada, em centímetro quadrado, é aproximadamente:

a) 110
b) 112
c) 113
d) 114
e) 118

41. (Mackenzie-SP) Quatro círculos de raio unitário, cujos centros são vértices de um quadrado, são tangentes exteriormente dois a dois.

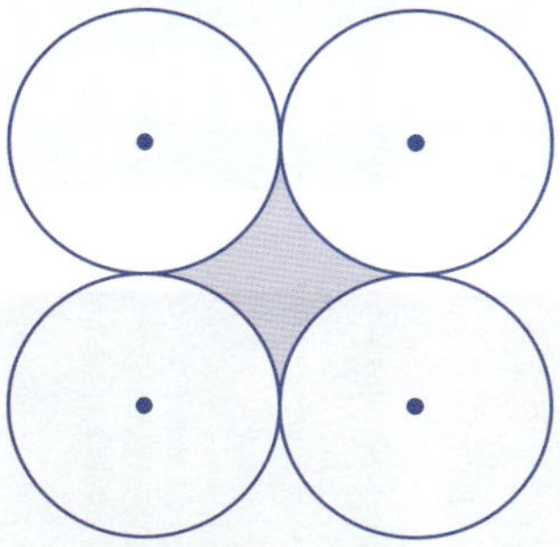

A área da parte sombreada é:

a) $2\sqrt{3} - \pi$
b) $3\sqrt{2} - \pi$
c) $\frac{\pi}{2}$
d) $4 - \pi$
e) $5 - \pi$

42. (FCC-SP) Se, na figura abaixo, R_1 mede 5 cm e a área da coroa circular é 75π cm^2, então R_2, em centímetro, é igual a:

11.17 Visão do especialista

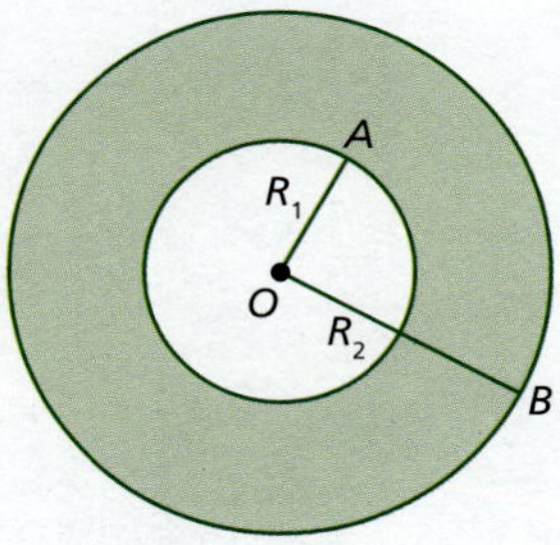

a) 6
b) 7
c) 8
d) 9
e) 10

43. (Vunesp) Um cavalo se encontra preso num cercado de pastagem, cuja forma é um quadrado, com lado medindo 50 m. Ele está amarrado a uma corda de 40 m que está fixada num dos cantos do quadrado. Considerando $\pi = 3{,}14$, calcule a área, em metro quadrado, da região do cercado que o cavalo não conseguirá alcançar, porque está amarrado.

a) 1.244
b) 1.256
c) 1.422
d) 1.424
e) 1.444

44. (UPF-RS) Na figura, composta por 4 semicircunferências, as duas menores são iguais e o raio mede 1,5 cm, a semicircunferência intermediária tem diâmetro igual ao raio da circunferência maior.

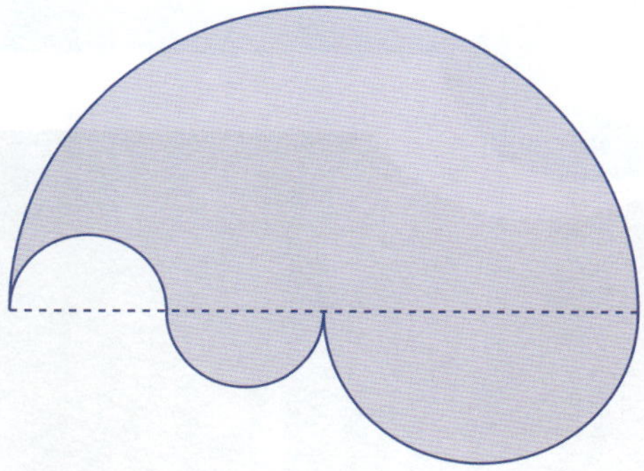

O perímetro em π cm e a área em π cm^2 da figura são, respectivamente:

a) 24 e 27
b) 12 e 22,5
c) 24 e 22,5
d) 12 e 27
e) 24 e 12

45. (Fuvest-SP) Um comício político lotou uma praça semicircular de 130 m de raio. Admitindo-se uma ocupação média de 4 pessoas por metro quadrado, qual é a melhor estimativa do número de pessoas presentes?

a) dez mil
b) cem mil
c) meio milhão
d) um milhão
e) muito mais que um milhão

46. (Fuvest-SP) Numa circunferência de raio 1 está inscrito um quadrado. A área da região interna à circunferência e externa ao quadrado é:

a) maior que 2.
b) igual à área do quadrado.
c) igual a $\pi^2 - 2$.
d) igual a $\pi - 2$.
e) igual a $\frac{\pi}{4}$.

Capítulo 12

Trigonometria no triângulo retângulo e em um triângulo qualquer

DAVID RAMOS/STRINGER/GETTY IMAGES

Considerando a marca do pênalti, o meio da linha do gol e a altura das traves, podemos aplicar razões trigonométricas para calcular a medida do maior ângulo de inclinação com que a bola deve ser chutada para que o jogador tenha a possibilidade de marcar o gol.

Objetivos do capítulo:

- ✔ Perceber a importância das razões trigonométricas no triângulo retângulo.
- ✔ Entender as razões trigonométricas e aplicá-las nas medições de distâncias inacessíveis.
- ✔ Resolver problemas que envolvam essas razões.
- ✔ Aplicar as leis dos senos e dos cossenos na resolução de problemas com triângulos quaisquer.
- ✔ Usar a Trigonometria para o cálculo de área de triângulos.

1 Razões trigonométricas no triângulo retângulo

1.1 Semelhança de triângulos retângulos

Situações como a apresentada na página de abertura podem ser resolvidas por meio das razões trigonométricas.

Observe a imagem a seguir. Nessa representação de cobrança de pênalti, traçamos o triângulo retângulo *BPT* e os segmentos $\overline{GF}$, $\overline{ED}$ e $\overline{AC}$, paralelos ao lado $\overline{PT}$ e com vértices nos lados $\overline{BP}$ e $\overline{BT}$ do triângulo.

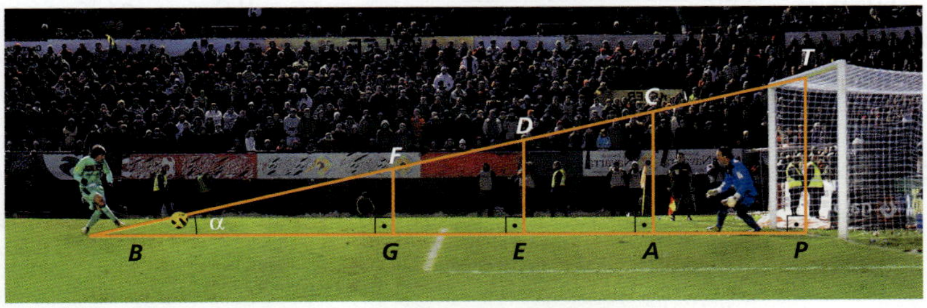

Observe que os triângulos retângulos *BGF*, *BED*, *BAC* e *BPT* são semelhantes, pois têm ângulos correspondentes congruentes.

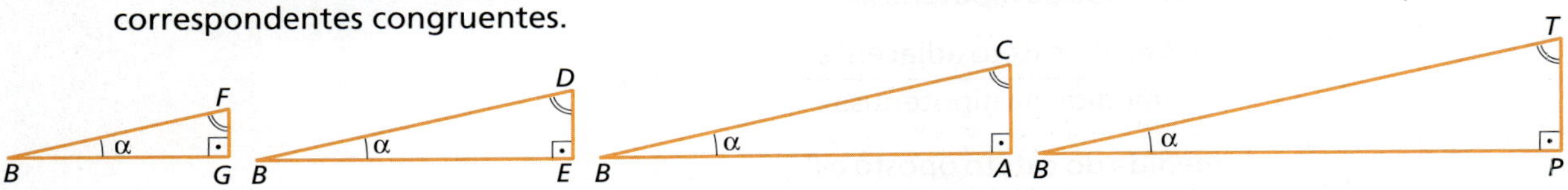

Assim, podemos escrever a seguinte proporção: $\dfrac{FG}{BF} = \dfrac{DE}{BD} = \dfrac{CA}{BC} = \dfrac{TP}{BT}$

As razões entre a medida do cateto oposto ao ângulo α e a medida da hipotenusa de cada triângulo são iguais a uma constante, que depende do ângulo α. Chamamos essa razão de **seno do ângulo α**.

$$\text{sen}\,\alpha = \frac{\text{medida do cateto oposto a }\alpha}{\text{medida da hipotenusa}}$$

Do mesmo modo, podemos afirmar que: $\dfrac{BG}{BF} = \dfrac{BE}{BD} = \dfrac{BA}{BC} = \dfrac{BP}{BT}$

As razões entre a medida do cateto adjacente ao ângulo α e a medida da hipotenusa de cada triângulo são chamadas de **cosseno do ângulo α**.

$$\cos\alpha = \frac{\text{medida do cateto adjacente a }\alpha}{\text{medida da hipotenusa}}$$

De maneira semelhante, temos: $\dfrac{FG}{BG} = \dfrac{DE}{BE} = \dfrac{CA}{BA} = \dfrac{TP}{BP}$

As razões entre a medida do cateto oposto ao ângulo α e a medida do cateto adjacente ao mesmo ângulo são chamadas de **tangente do ângulo α**.

$$\text{tg}\,\alpha = \frac{\text{medida do cateto oposto a }\alpha}{\text{medida do cateto adjacente a }\alpha}$$

Assim, se conhecermos a altura da trave e a distância da marca do pênalti à linha do gol, usando a razão tangente, é possível determinar o ângulo máximo de inclinação com que a bola deve ser chutada em uma cobrança de pênalti.

Observe, a seguir, outros exemplos de aplicação das razões trigonométricas.

Exemplos

a) Vamos determinar o seno, o cosseno e a tangente do ângulo α do triângulo retângulo *ABC* a seguir.

Considerando o ângulo α, o cateto oposto é $\overline{AC}$, o cateto adjacente é $\overline{AB}$ e a hipotenusa é $\overline{CB}$.

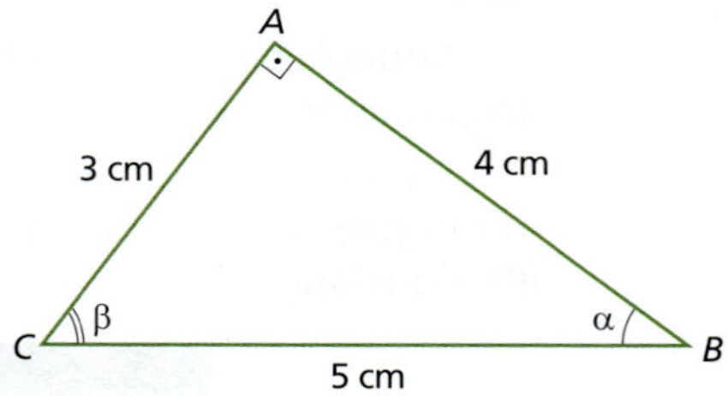

Aplicando as definições, obtemos:

$$\text{sen}\ \alpha = \frac{\text{medida do cateto oposto a } \alpha}{\text{medida da hipotenusa}} = \frac{3}{5} = 0{,}6$$

$$\cos \alpha = \frac{\text{medida do cateto adjacente a } \alpha}{\text{medida da hipotenusa}} = \frac{4}{5} = 0{,}8$$

$$\text{tg}\ \alpha = \frac{\text{medida do cateto oposto a } \alpha}{\text{medida do cateto adjacente a } \alpha} = \frac{3}{4} = 0{,}75$$

b) Agora, vamos determinar o seno, o cosseno e a tangente do ângulo β.

Em relação ao ângulo β, o cateto oposto é $\overline{AB}$, o cateto adjacente é $\overline{AC}$ e a hipotenusa é $\overline{CB}$.

Aplicando as definições, obtemos:

$$\text{sen}\ \beta = \frac{\text{medida do cateto oposto a } \beta}{\text{medida da hipotenusa}} = \frac{4}{5} = 0{,}8$$

$$\cos \beta = \frac{\text{medida do cateto adjacente a } \beta}{\text{medida da hipotenusa}} = \frac{3}{5} = 0{,}6$$

$$\text{tg}\ \beta = \frac{\text{medida do cateto oposto a } \beta}{\text{medida do cateto adjacente a } \beta} = \frac{4}{3} \simeq 1{,}33$$

Exercícios

1. Determine o seno, o cosseno e a tangente do ângulo α do triângulo retângulo abaixo.

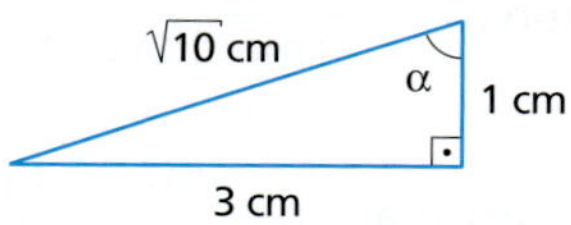

2. No triângulo *ABC*, retângulo em *C*, o cateto oposto ao vértice A mede 8 cm e a hipotenusa mede 12 cm. Determine o seno, o cosseno e a tangente do ângulo $\widehat{A}$.

3. Determine a medida da hipotenusa, o seno e o cosseno de β do triângulo retângulo abaixo.

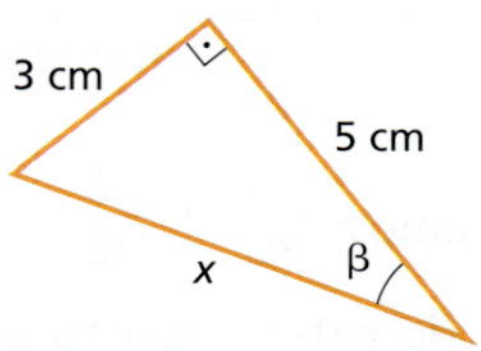

4. Calcule *x* na figura abaixo, considerando sen $\alpha = 0{,}6$, cos $\alpha = 0{,}8$ e tg $\alpha = 0{,}75$.

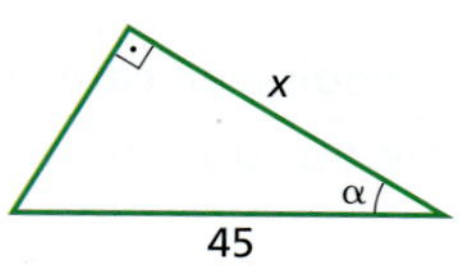

5. Um avião levanta voo sob um ângulo α. Depois de percorrer 8 km, ele atinge 4 km de altura. Calcule o seno de α.

Relações entre seno, cosseno e tangente de ângulos agudos

Analise os valores do seno, do cosseno e da tangente dos ângulos α e β do triângulo *ABC* nos exemplos da página 269. O que é possível concluir?

No triângulo *ABC* a seguir, retângulo em *A*, as razões trigonométricas que envolvem os ângulos agudos α e β são:

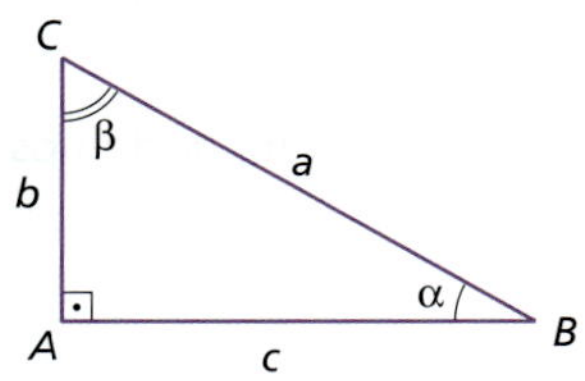

$\text{sen}\,\alpha = \frac{b}{a}$ $\quad$ $\text{sen}\,\beta = \frac{c}{a}$

$\cos\alpha = \frac{c}{a}$ $\quad$ $\cos\beta = \frac{b}{a}$

$\text{tg}\,\alpha = \frac{b}{c}$ $\quad$ $\text{tg}\,\beta = \frac{c}{b}$

Observe que os ângulos agudos α e β são complementares, pois a soma de suas medidas é 90°. Assim, podemos escrever β em função de α:

$\beta = 90° - \alpha$

Note também que $\text{sen}\,\alpha = \frac{b}{a}$ e $\cos\beta = \frac{b}{a}$, então temos $\text{sen}\,\alpha = \cos\beta$. Substituindo β por $90° - \alpha$ na última igualdade, temos:

- $\text{sen}\,\alpha = \cos\beta = \cos(90° - \alpha)$

Observe também que $\cos\alpha = \frac{c}{a}$ e $\text{sen}\,\beta = \frac{c}{a}$, então $\cos\alpha = \text{sen}\,\beta$. Substituindo β por $90° - \alpha$ nessa igualdade, temos:

- $\cos\alpha = \text{sen}\,\beta = \text{sen}\,(90° - \alpha)$

Além dessas, vale a relação:

- $\text{sen}^2\,\alpha + \cos^2\alpha = 1$

Acompanhe a demonstração dessa relação.

No triângulo *ABC*, sabemos que $\text{sen}\,\alpha = \frac{b}{a}$ e $\cos\alpha = \frac{c}{a}$. Assim:

$$\text{sen}^2\,\alpha + \cos^2\alpha = \left(\frac{b}{a}\right)^2 + \left(\frac{c}{a}\right)^2 = \frac{b^2}{a^2} + \frac{c^2}{a^2} = \frac{b^2 + c^2}{a^2} \quad \text{(I)}$$

Pelo teorema de Pitágoras, no triângulo *ABC*, temos:

$$a^2 = b^2 + c^2 \quad \text{(II)}$$

De (I) e (II), podemos escrever: $\text{sen}^2\,\alpha + \cos^2\alpha = \frac{b^2 + c^2}{a^2} = \frac{a^2}{a^2} = 1$

Portanto, quaisquer que sejam as medidas dos ângulos agudos de um triângulo retângulo, vale a igualdade: $\text{sen}^2\,\alpha + \cos^2\alpha = 1$

Retomando o triângulo *ABC*, apresentado na página anterior, veremos agora como relacionar o seno e o cosseno do ângulo agudo α com sua tangente.

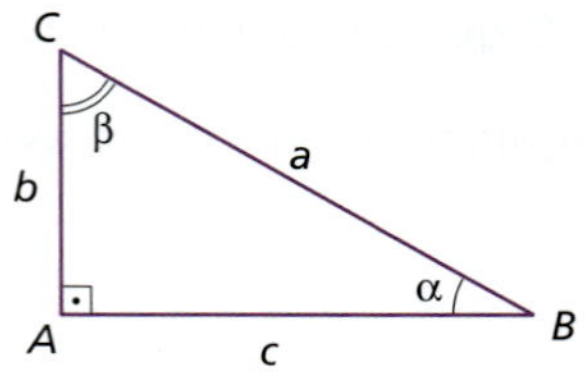

Sabemos que $\text{sen}\ \alpha = \frac{b}{a}$, $\cos \alpha = \frac{c}{a}$ e $\text{tg}\ \alpha = \frac{b}{c}$; então, podemos escrever *b* em função de sen α:

$$\text{sen}\ \alpha = \frac{b}{a} \Rightarrow b = a \cdot \text{sen}\ \alpha \quad \text{(I)}$$

Também podemos escrever *c* em função de cos α:

$$\cos \alpha = \frac{c}{a} \Rightarrow c = a \cdot \cos \alpha \quad \text{(II)}$$

Substituindo (I) e (II) na razão que fornece a tangente de α, temos:

$$\text{tg}\ \alpha = \frac{b}{c} = \frac{a \cdot \text{sen}\ \alpha}{a \cdot \cos \alpha} = \frac{\text{sen}\ \alpha}{\cos \alpha}$$

Assim, concluímos:

$$\text{tg}\ \alpha = \frac{\text{sen}\ \alpha}{\cos \alpha}$$

Em síntese, sendo α um ângulo agudo, temos as relações:

Seno e cosseno de ângulos complementares	Seno e cosseno de um ângulo	Seno, cosseno e tangente de um ângulo
$\text{sen}\ \alpha = \cos (90° - \alpha)$ $\cos \alpha = \text{sen}\ (90° - \alpha)$	Sendo α um ângulo agudo: $\text{sen}^2 \alpha + \cos^2 \alpha = 1$	Sendo α um ângulo agudo: $\text{tg}\ \alpha = \frac{\text{sen}\ \alpha}{\cos \alpha}$

Exemplo

Vamos determinar o seno, o cosseno e a tangente dos ângulos agudos de um triângulo retângulo cujos catetos medem 6 cm e 4 cm.

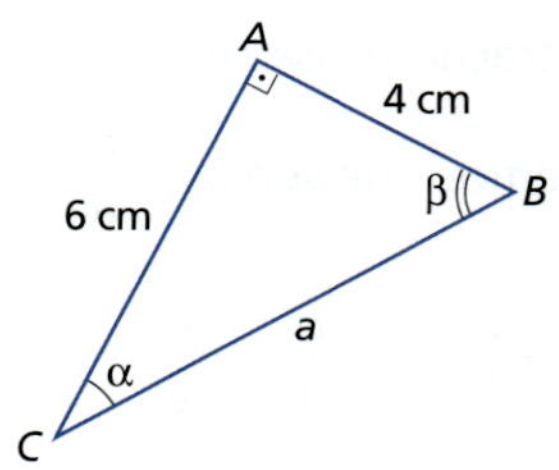

Vamos começar aplicando o teorema de Pitágoras:

$$a^2 = 6^2 + 4^2 \Rightarrow a^2 = 36 + 16 \Rightarrow a = 2\sqrt{13}$$

$$\text{sen}\ \alpha = \cos (90° - \alpha) = \cos \beta = \frac{4}{2\sqrt{13}} = \frac{2}{\sqrt{13}} \cdot \frac{\sqrt{13}}{\sqrt{13}} = \frac{2\sqrt{13}}{13}$$

$$\text{sen}\ \beta = \cos (90° - \beta) = \cos \alpha = \frac{6}{2\sqrt{13}} = \frac{3}{\sqrt{13}} \cdot \frac{\sqrt{13}}{\sqrt{13}} = \frac{3\sqrt{13}}{13}$$

$$\text{tg}\ \alpha = \frac{4}{6} = \frac{2}{3}$$

$$\text{tg}\ \beta = \frac{6}{4} = \frac{3}{2}$$

Exercícios

6. Calcule o valor de x e y na figura a seguir, sabendo que sen $\alpha = 0{,}41$, cos $\alpha = 0{,}91$ e tg $\alpha = 0{,}45$.

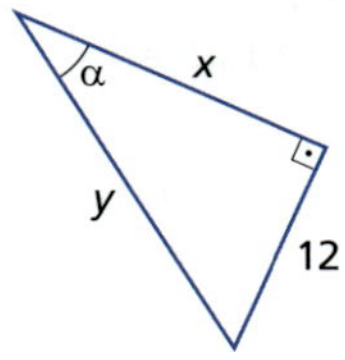

7. Considere o triângulo retângulo a seguir e determine:

a) sen 54°

b) cos 54°

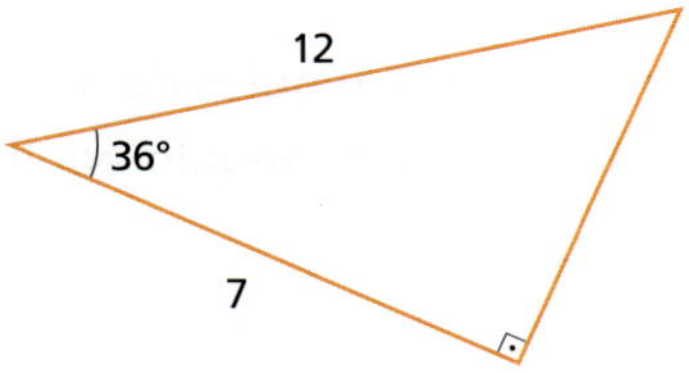

8. Na figura ao lado, $\overline{CD}$ é a altura relativa ao lado $\overline{AB}$ do triângulo ABC.

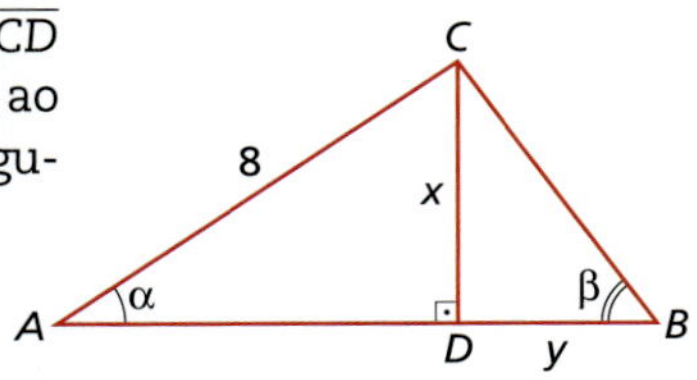

Calcule o valor de x e de y. Utilize os valores de seno, cosseno e tangente da tabela a seguir.

	α	β
sen	0,57	0,81
cos	0,82	0,59
tg	0,70	1,38

9. Sendo α um dos ângulos agudos de um triângulo retângulo ABC, com cos $\alpha = \dfrac{\sqrt{17}}{17}$ e tg $\alpha = 4$, determine sen α.

10. Determine cos α, sabendo que sen $\alpha = \dfrac{3\sqrt{13}}{13}$ e tg $\alpha = \dfrac{3}{2}$.

R1. Na dança folclórica do trança-fitas, geralmente se usa um mastro de 3 metros de altura. Para certa passagem da dança, é preciso formar um ângulo de 30° entre a fita esticada (com uma ponta na extremidade superior do mastro e a outra ponta no chão) e o piso horizontal. Sabendo que sen 30° = 0,5, determinar o comprimento da fita e a distância da ponta que fica do chão ao mastro.

JUCA MARTINS/ OLHAR IMAGEM

➤ Resolução

No esquema a seguir, c representa o comprimento da fita e d, a distância pedida.

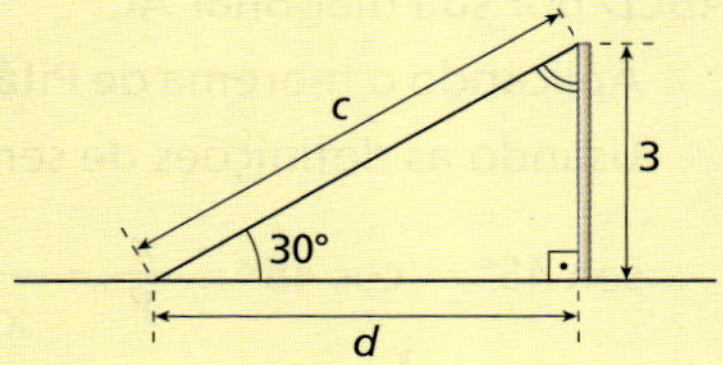

Então:

$$\text{sen } 30° = 0{,}5 \Rightarrow \frac{3}{c} = 0{,}5 \Rightarrow c = \frac{3}{0{,}5} \Rightarrow c = 6$$

Pelo teorema de Pitágoras:

$$d^2 + 3^2 = 6^2 \Rightarrow d^2 = 27 \Rightarrow d = 3\sqrt{3} \Rightarrow d \simeq 5{,}2$$

Portanto, a fita tem 6 metros de comprimento e sua ponta fica a 5,2 metros do mastro, aproximadamente.

11. Copie a tabela a seguir em seu caderno e preencha as lacunas com as informações que faltam. Se achar necessário, use uma calculadora.

Ângulo	Seno	Cosseno	Tangente
20°	0,3420	0,9397	//////////
70°	//////////	//////////	//////////
50°	//////////	//////////	//////////
40°	0,6428	//////////	0,8391

R2. Dado sen $\alpha = \dfrac{24}{25}$, com α agudo, determinar cos α.

➤ Resolução

Aplicando a relação $\text{sen}^2\, \alpha + \cos^2 \alpha = 1$, temos:

$$\left(\frac{24}{25}\right)^2 + \cos^2 \alpha = 1 \Rightarrow \cos^2 \alpha = \frac{49}{625}$$

Como α é agudo, (α) pode ser um dos ângulos de um triângulo retângulo, logo, cos α e sen α são razões entre os lados do triângulo e, portanto, são positivos. Então: cos $\alpha = \dfrac{7}{25}$

12. Seja α um ângulo agudo tal que cos $\alpha = \dfrac{15}{17}$, determine sen α.

13. Dado cos $\alpha = \dfrac{\sqrt{3}}{3}$, com o ângulo α agudo, determine sen α.

14. Considere um triângulo ABC retângulo em A. Sabendo que cos $\widehat{B} = \dfrac{2}{5}$, determine tg $\widehat{C}$.

1.2 Ângulos notáveis

Agora, vamos determinar o seno, o cosseno e a tangente dos ângulos de medidas 30°, 45° e 60°. Esses ângulos são chamados de **ângulos notáveis**.

Veja como calculamos o seno, o cosseno e a tangente do ângulo de 45°.

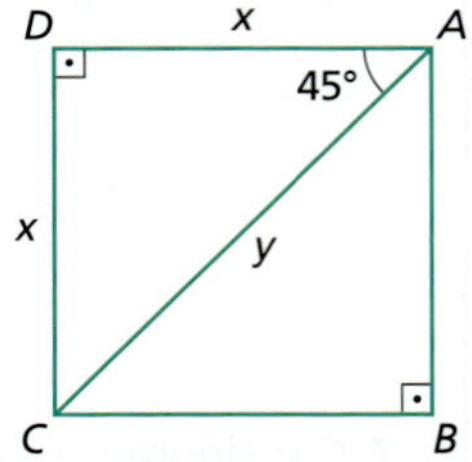

Considere o triângulo retângulo *ADC* obtido da divisão do quadrado *ABCD* por sua diagonal $\overline{AC}$.

Aplicando o teorema de Pitágoras, temos: $y^2 = x^2 + x^2$, ou seja, $y = x\sqrt{2}$

Usando as definições de seno, cosseno e tangente, temos:

$$\text{sen } 45° = \cos 45° = \frac{x}{y} = \frac{x}{x\sqrt{2}} = \frac{1}{\sqrt{2}} = \frac{\sqrt{2}}{2}$$

$$\text{tg } 45° = \frac{x}{x} = 1$$

Agora, vamos calcular o seno, o cosseno e a tangente dos ângulos de 60° e 30°.

Observe o triângulo retângulo *AHC* obtido da divisão do triângulo equilátero *ABC* por sua altura $\overline{AH}$.

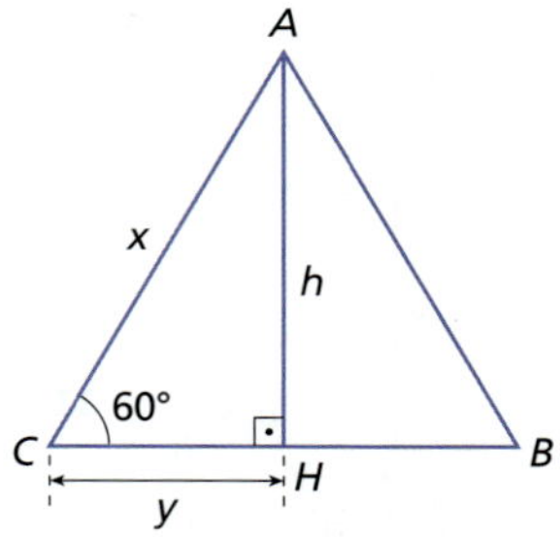

Aplicando o teorema de Pitágoras, temos: $x^2 = y^2 + h^2$

Como $y = \frac{x}{2}$, então $x^2 = \left(\frac{x}{2}\right)^2 + h^2$. Daí, segue que:

$$h^2 = \frac{3x^2}{4} \Rightarrow h = \frac{x\sqrt{3}}{2}$$

De acordo com a figura, temos: $\text{sen } 60° = \frac{h}{x} = \frac{\frac{x\sqrt{3}}{2}}{x} = \frac{\sqrt{3}}{2}$;

$$\cos 60° = \frac{y}{x} = \frac{\frac{x}{2}}{x} = \frac{1}{2}; \text{ tg } 60° = \frac{h}{y} = \frac{\frac{x\sqrt{3}}{2}}{\frac{x}{2}} = \sqrt{3}$$

Como os ângulos de 30° e 60° são complementares, resulta:

$$\text{sen } 60° = \cos 30° = \frac{\sqrt{3}}{2} \text{ e } \cos 60° = \text{sen } 30° = \frac{1}{2}$$

$$\text{tg } 30° = \frac{\text{sen } 30°}{\cos 30°} = \frac{\frac{1}{2}}{\frac{\sqrt{3}}{2}} = \frac{1}{\sqrt{3}} = \frac{\sqrt{3}}{3}$$

Os resultados obtidos podem ser organizados na seguinte tabela:

	30°	**45°**	**60°**
seno	$\frac{1}{2}$	$\frac{\sqrt{2}}{2}$	$\frac{\sqrt{3}}{2}$
cosseno	$\frac{\sqrt{3}}{2}$	$\frac{\sqrt{2}}{2}$	$\frac{1}{2}$
tangente	$\frac{\sqrt{3}}{3}$	1	$\sqrt{3}$

12.1 Biblioteca do estudante

1.3 Aplicações das razões trigonométricas

As razões trigonométricas podem ser usadas, por exemplo, na Astronomia, para calcular a distância entre dois planetas, ou entre planetas e satélites; na Topografia, para determinar a altura de morros, montanhas e colinas; na construção civil, para estabelecer a altura da tesoura de um telhado ou o comprimento de uma rampa e para calcular distâncias inacessíveis.

ISMAR INGBER/PULSAR IMAGENS

Para calcular a altura do Pão de Açúcar, RJ, podemos usar razões trigonométricas.

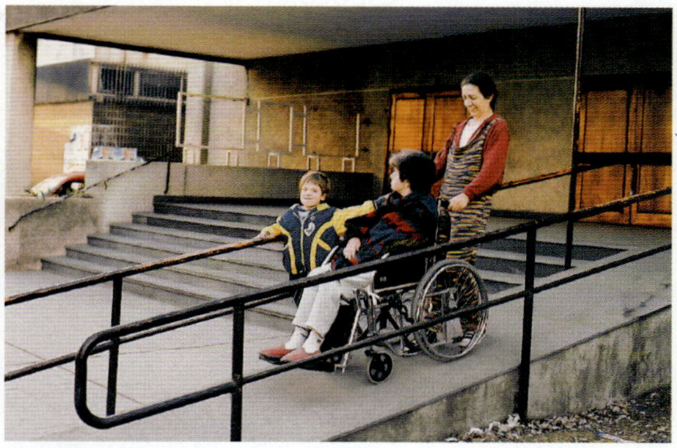

MANUEL GONZÁLES VICENTE/CID

Para calcular o comprimento de uma rampa e de planos inclinados, podemos usar as razões trigonométricas.

Veja outros exemplos:

a) Vamos imaginar que um foguete foi lançado formando com o solo um ângulo de 45°. Depois de percorrer 1.000 m em linha reta, a que altura o foguete estava do chão?

Para melhor visualizar a situação, é interessante fazer um esboço.

Nesse caso, para calcular a altura (h) do foguete, usamos o seno de 45°:

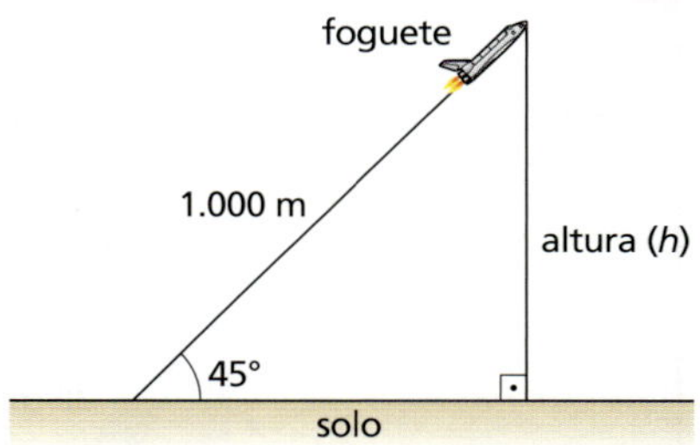

$$\text{sen } 45° = \frac{h}{1.000}$$

$$\frac{\sqrt{2}}{2} = \frac{h}{1.000}$$

$$h = 500\sqrt{2}$$

Considerando $\sqrt{2} = 1{,}41$, obtemos: $h = 705$

O foguete estava a 705 m do chão.

b) Uma das extremidades de um cabo de aço está presa ao topo de um poste, formando um ângulo de 30°, enquanto a outra extremidade está fixada no chão a 5 m do pé do poste. Qual é o comprimento (c) do cabo de aço? Qual é a altura (h) do poste?

Nesse caso, para calcular o comprimento (c) do cabo, usamos o seno de 30°:

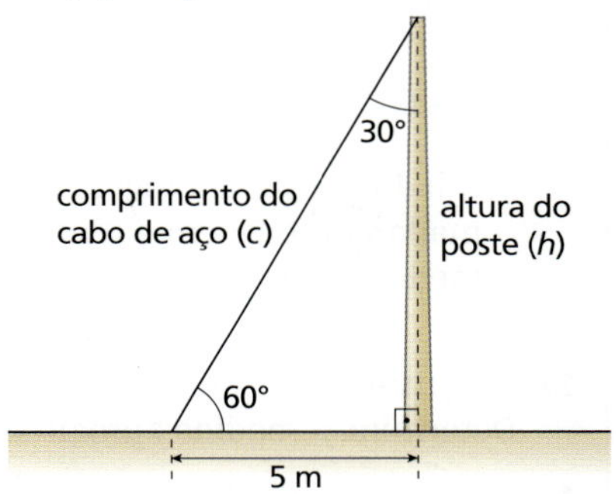

$$\text{sen } 30° = \frac{5}{c} \Rightarrow \frac{1}{2} = \frac{5}{c} \Rightarrow c = 10$$

O cabo de aço mede 10 m.

Para determinar a altura (h) do poste, usamos a tangente de 30°:

$$\text{tg } 30° = \frac{5}{h} \Rightarrow \frac{\sqrt{3}}{3} = \frac{5}{h} \Rightarrow h = 5\sqrt{3}$$

Considerando $\sqrt{3} = 1{,}73$, obtemos: $h = 8{,}65$

A altura do poste é 8,65 m.

12.2 Biblioteca do estudante

c) Um barqueiro pretendia ir de uma margem à outra de um rio pela travessia mais curta possível. No entanto, a correnteza o arrastou 24 m além do atracadouro. Do local onde o barco chegou, avista-se o ponto de partida de um ângulo de 60° em relação à margem onde o barqueiro está. Qual é a largura (*r*) do rio?

Para melhor visualizar a situação, fazemos um esboço:

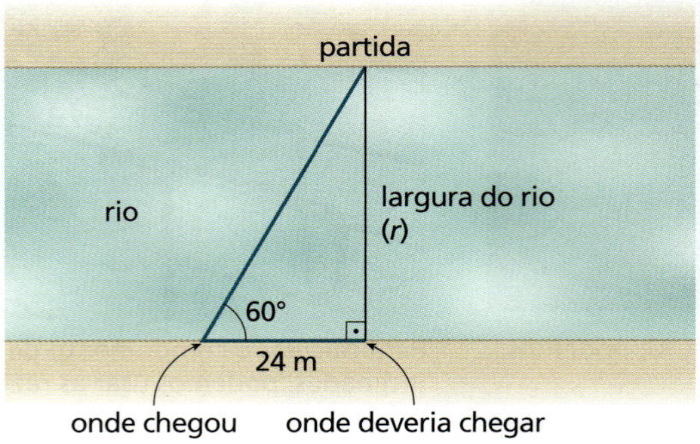

GLOBAL WARMING IMAGES/ALAMY/OTHER IMAGES

Para calcular a distância entre as margens de um rio, pode-se usar inicialmente um teodolito, instrumento de precisão para medir ângulos, e depois aplicar as razões trigonométricas.

Nesse caso, para calcular a largura, usamos a tangente de 60°:

$$\text{tg } 60° = \frac{r}{24} \Rightarrow \sqrt{3} = \frac{r}{24} \Rightarrow r = 24\sqrt{3}$$

Considerando $\sqrt{3} = 1{,}73$, obtemos: $r = 41{,}52$

Logo, a largura do rio é 41,52 m.

Exercícios

R3. Determinar a medida dos outros dois lados do esquadro ilustrado abaixo.

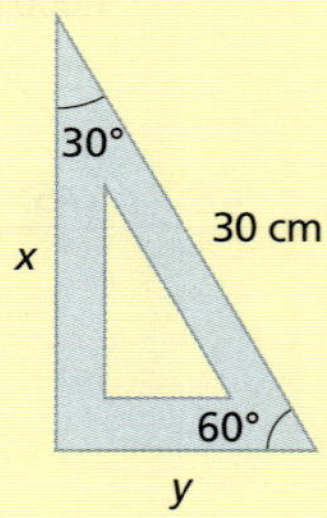

➤ Resolução

$$\text{sen } 60° = \frac{x}{30} \Rightarrow \frac{\sqrt{3}}{2} = \frac{x}{30} \Rightarrow x = 15\sqrt{3} \simeq 26$$

$$\cos 60° = \frac{y}{30} \Rightarrow \frac{1}{2} = \frac{y}{30} \Rightarrow y = 15$$

O lado oposto ao ângulo de 60° mede aproximadamente 26 cm e o menor lado adjacente mede 15 cm.

15. Um triângulo equilátero tem 18 cm de altura. Determine a medida aproximada de seus lados.

16. Uma escada de 8 m de comprimento está encostada em uma parede. A distância entre o pé da escada e a parede é de 4 m. Determine o ângulo formado entre a escada e a parede.

17. Determine as medidas de x e y nos triângulos.

a)

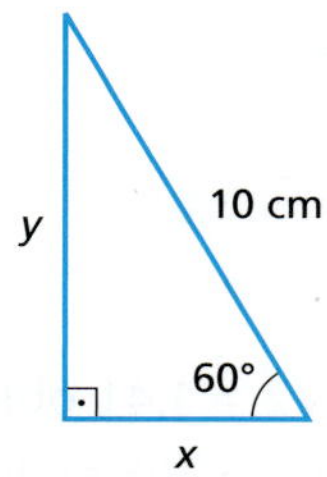

b)

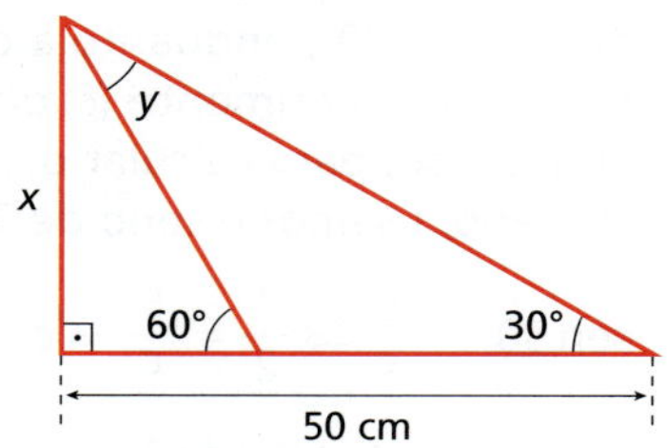

c)

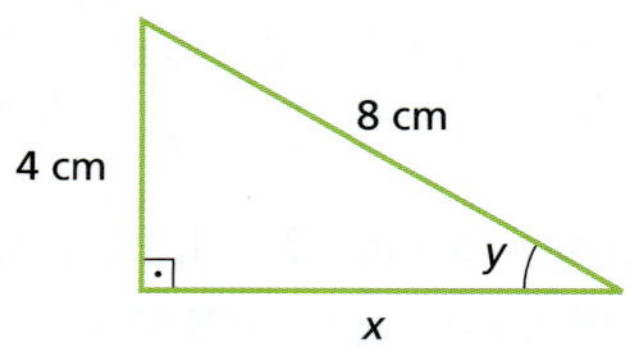

18. A altura relativa à hipotenusa de um triângulo retângulo mede 15 cm. Sabendo que esse triângulo tem um ângulo de 60°, determine as medidas de seus catetos.

R4. Determinar a medida de $\overline{CB}$, no triângulo abaixo, sabendo que $DE = DC$ e $AB = 1$.

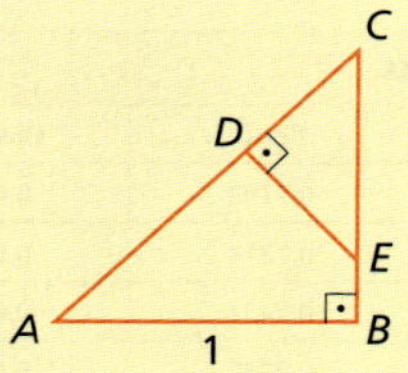

➤ Resolução

Como $DE = DC$, então:

$\frac{DE}{DC} = 1$

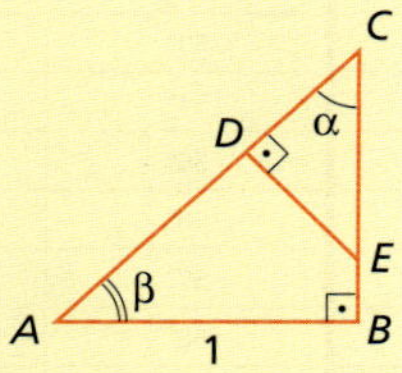

No triângulo DCE, temos:

$\frac{DE}{DC} = \text{tg}\ \alpha \Rightarrow \text{tg}\ \alpha = 1 \Rightarrow$

$\Rightarrow \alpha = 45°$

No triângulo ABC, os ângulos α e β são complementares, então $\beta = 45°$.

$\text{tg}\ \beta = \frac{CB}{AB} \Rightarrow \text{tg}\ 45° = \frac{CB}{1} \Rightarrow 1 = CB$

Logo, o triângulo ABC é retângulo isósceles e $CB = 1$.

19. Um pedreiro estava descarregando sacos de areia de um caminhão. Sabendo que a tábua que ele apoiou na caçamba do caminhão tem 3 m e que a inclinação da rampa é de 30°, calcule a altura h que a caçamba está do solo.

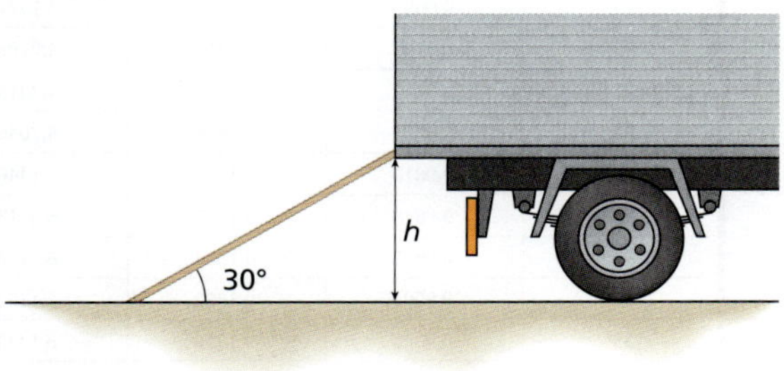

20. Uma antena de 15 m de altura é presa ao chão por 4 cabos de aço. Cada cabo forma um ângulo de 45° com a ponta da antena. Quantos metros de cabo de aço foram usados, aproximadamente, para prender essa antena?

21. Um recipiente com a forma de um bloco retangular de altura 18 cm foi tombado como mostra a figura. Determine a altura aproximada h do nível da água em relação ao solo.

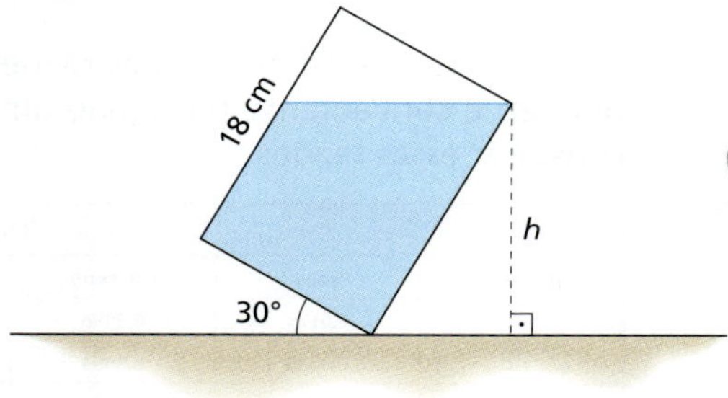

R5. Uma pequena árvore de altura x, ao ser replantada, foi escorada por duas vigas de madeira, como mostra a figura. Determinar as medidas de x e de y.

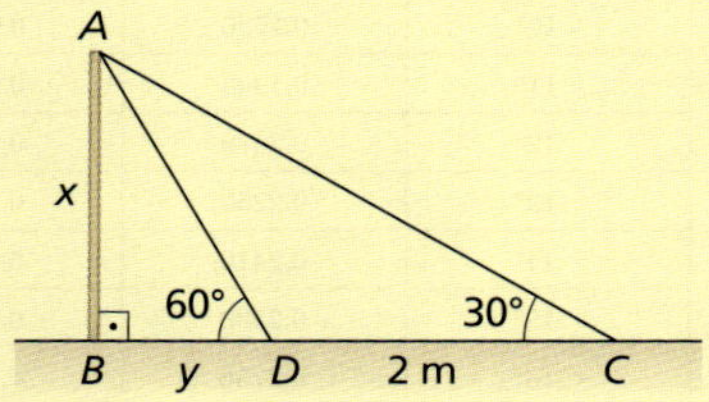

➤ Resolução

$\triangle ABC$: $\text{tg}\ 30° = \frac{x}{y + 2} \Rightarrow \frac{\sqrt{3}}{3} = \frac{x}{y + 2} \Rightarrow$

$\Rightarrow x = \frac{y\sqrt{3} + 2\sqrt{3}}{3}$ (I)

$\triangle ABD$: $\text{tg}\ 60° = \frac{x}{y} \Rightarrow \sqrt{3} = \frac{x}{y} \Rightarrow x = y\sqrt{3}$ (II)

Substituindo (II) em (I), obtemos:

$y\sqrt{3} = \frac{y\sqrt{3} + 2\sqrt{3}}{3}$

Daí: $y = 1$ m

Como $x = y\sqrt{3}$, resulta: $x = \sqrt{3}$ m

22. Dada a figura a seguir, determine a medida x.

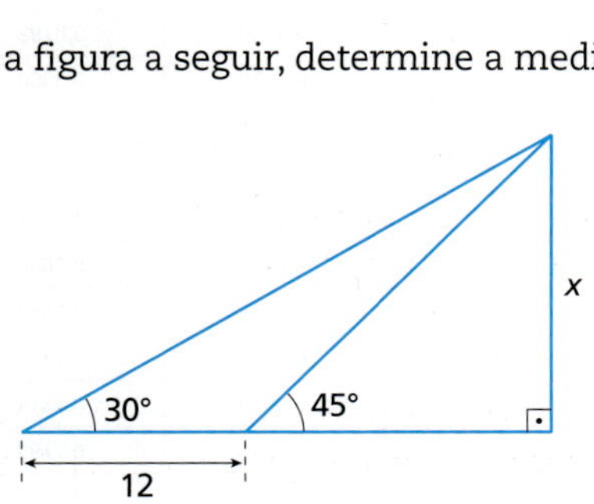

2 Seno, cosseno e tangente dos ângulos agudos

2.1 Tabela de razões trigonométricas

Usamos com frequência as razões seno, cosseno e tangente em problemas trigonométricos, por isso é conveniente ter à mão uma tabela trigonométrica ou uma calculadora científica para consultar essas razões.

Tabela de razões trigonométricas							
Ângulo	**Seno**	**Cosseno**	**Tangente**	**Ângulo**	**Seno**	**Cosseno**	**Tangente**
1°	0,0175	0,9998	0,0175	46°	0,7193	0,6947	1,0355
2°	0,0349	0,9994	0,0349	47°	0,7314	0,6820	1,0724
3°	0,0523	0,9986	0,0524	48°	0,7431	0,6691	1,1106
4°	0,0698	0,9976	0,0699	49°	0,7547	0,6561	1,1504
5°	0,0872	0,9962	0,0875	50°	0,7660	0,6428	1,1918
6°	0,1045	0,9945	0,1051	51°	0,7771	0,6293	1,2349
7°	0,1219	0,9925	0,1228	52°	0,7880	0,6157	1,2799
8°	0,1392	0,9903	0,1405	53°	0,7986	0,6018	1,3270
9°	0,1564	0,9877	0,1584	54°	0,8090	0,5878	1,3764
10°	0,1736	0,9848	0,1763	55°	0,8192	0,5736	1,4281
11°	0,1908	0,9816	0,1944	56°	0,8290	0,5592	1,4826
12°	0,2079	0,9781	0,2126	57°	0,8387	0,5446	1,5399
13°	0,2250	0,9744	0,2309	58°	0,8480	0,5299	1,6003
14°	0,2419	0,9703	0,2493	59°	0,8572	0,5150	1,6643
15°	0,2588	0,9659	0,2679	60°	0,8660	0,5000	1,7321
16°	0,2756	0,9613	0,2867	61°	0,8746	0,4848	1,8040
17°	0,2924	0,9563	0,3057	62°	0,8829	0,4695	1,8807
18°	0,3090	0,9511	0,3249	63°	0,8910	0,4540	1,9626
19°	0,3256	0,9455	0,3443	64°	0,8988	0,4384	2,0503
20°	0,3420	0,9397	0,3640	65°	0,9063	0,4226	2,1445
21°	0,3584	0,9336	0,3839	66°	0,9135	0,4067	2,2460
22°	0,3746	0,9272	0,4040	67°	0,9205	0,3907	2,3559
23°	0,3907	0,9205	0,4245	68°	0,9272	0,3746	2,4751
24°	0,4067	0,9135	0,4452	69°	0,9336	0,3584	2,6051
25°	0,4226	0,9063	0,4663	70°	0,9397	0,3420	2,7475
26°	0,4384	0,8988	0,4877	71°	0,9455	0,3256	2,9042
27°	0,4540	0,8910	0,5095	72°	0,9511	0,3090	3,0777
28°	0,4695	0,8829	0,5317	73°	0,9563	0,2924	3,2709
29°	0,4848	0,8746	0,5543	74°	0,9613	0,2756	3,4874
30°	0,5000	0,8660	0,5774	75°	0,9659	0,2588	3,7321
31°	0,5150	0,8572	0,6009	76°	0,9703	0,2419	4,0108
32°	0,5299	0,8480	0,6249	77°	0,9744	0,2250	4,3315
33°	0,5446	0,8387	0,6494	78°	0,9781	0,2079	4,7046
34°	0,5592	0,8290	0,6745	79°	0,9816	0,1908	4,1446
35°	0,5736	0,8192	0,7002	80°	0,9848	0,1736	5,6713
36°	0,5878	0,8090	0,7265	81°	0,9877	0,1564	6,3138
37°	0,6018	0,7986	0,7536	82°	0,9903	0,1392	7,1154
38°	0,6157	0,7880	0,7813	83°	0,9925	0,1219	8,1443
39°	0,6293	0,7771	0,8098	84°	0,9945	0,1045	9,5144
40°	0,6428	0,7660	0,8391	85°	0,9962	0,0872	11,4301
41°	0,6561	0,7547	0,8693	86°	0,9976	0,0698	14,3007
42°	0,6691	0,7431	0,9004	87°	0,9986	0,0523	19,0811
43°	0,6820	0,7314	0,9325	88°	0,9994	0,0349	28,6363
44°	0,6947	0,7193	0,9657	89°	0,9998	0,0175	57,2900
45°	0,7071	0,7071	1,0000				

Note que, para $0° < x < 90°$, um aumento na medida do ângulo x implica aumento do sen x e uma diminuição do cos x.

Algumas calculadoras científicas têm teclas em que se leem "sin", "cos" ou "tan". Essas teclas permitem calcular os valores aproximados do seno, do cosseno e da tangente de ângulos. As calculadoras oferecem diferentes modos de entrada para a unidade de medida dos ângulos: "grau", "radiano" ou "grado".

FERNANDO FAVORETTO/CRIAR IMAGEM

Após selecionar a opção "grau", se digitarmos em algumas calculadoras a tecla "sin" e depois o número 30, aparecerá o número 0,5, que é o valor do seno de 30°. Da mesma forma, se apertarmos a tecla "cos" e depois o número 30, aparecerá o número 0,86602..., que é o valor do cosseno de 30°. Se for pressionada a tecla "tan" e depois o número 60, aparecerá 1,73205... no visor, que é a tangente de 60°.

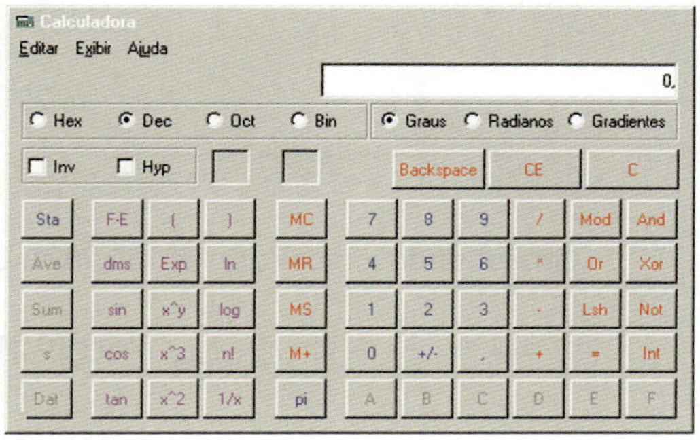

REPRODUÇÃO

Agora, vamos ver uma situação que pode ser resolvida com o auxílio da tabela trigonométrica ou de uma calculadora científica.

Esporte. Sabendo que as distâncias oficiais entre as balizas de um campo de futebol são 2,44 m entre a baliza horizontal e o solo e 7,32 m entre as balizas verticais, e que a marca do pênalti (*B*) está a 11 m do meio (*P*) da linha de gol, vamos determinar o maior ângulo em relação à reta $\overleftrightarrow{BP}$, com que um jogador pode cobrar um pênalti, chutando rasteiro, e ter a possibilidade de marcar um gol.

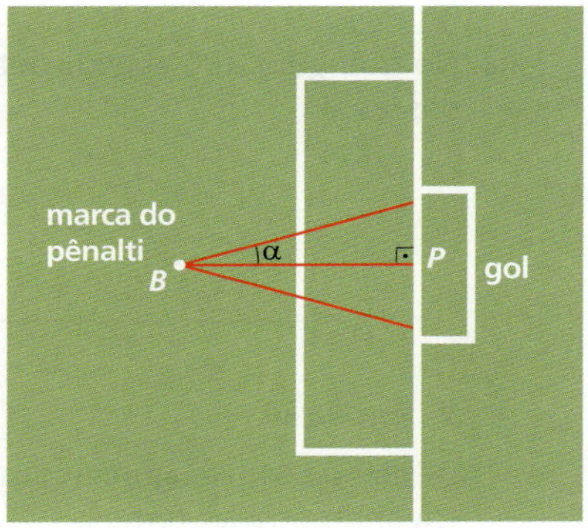

Já vimos que, ao aplicar razões trigonométricas no triângulo retângulo, é possível encontrar a medida do maior ângulo de inclinação, em relação à horizontal, com que a bola deve ser chutada, para que o jogador tenha a possibilidade de marcar o gol.

Agora, vamos calcular o maior ângulo com que o jogador pode cobrar um pênalti, com um chute rasteiro, para ter a possibilidade de marcar o gol.

Distância entre as balizas verticais: 7,32 m

Marca do pênalti até o meio da linha de gol: 11 m

Metade da distância entre as balizas verticais: $\frac{7{,}32}{2}$ m $= 3{,}66$ m

$$\text{tg}\ \alpha = \frac{3{,}66}{11} = 0{,}3327$$

Consultando a tabela de razões trigonométricas, temos: $\alpha \simeq 18°$

Então, para ter a possibilidade de, chutando rasteiro, marcar o gol, o jogador deve chutar a bola com um ângulo de menos de 18° com a reta que passa pela marca do pênalti e pelo meio da linha do gol.

Exercícios

R6. Um fio de 15 m de comprimento, esticado, eleva uma pipa até a altura de 6,8 m. Qual é o ângulo formado entre o fio e o solo?

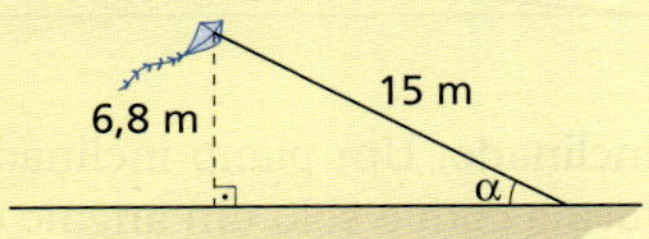

➤ Resolução

Vamos determinar o seno de α:

$$\text{sen}\ \alpha = \frac{6{,}8}{15} \Rightarrow \text{sen}\ \alpha \simeq 0{,}4533.$$

Consultando a tabela, temos $\alpha \simeq 27°$.

Então, o fio forma um ângulo de aproximadamente 27° com o solo.

R7. Numa determinada hora do dia, a luz do sol incide sobre uma estaca fincada verticalmente no solo. Os raios solares formam com a estaca um ângulo de 75°, e o comprimento da sombra projetada no solo é 3,5 m. Qual é a altura dessa estaca?

➤ Resolução

De acordo com o esboço abaixo, devemos usar a tangente de 75°.

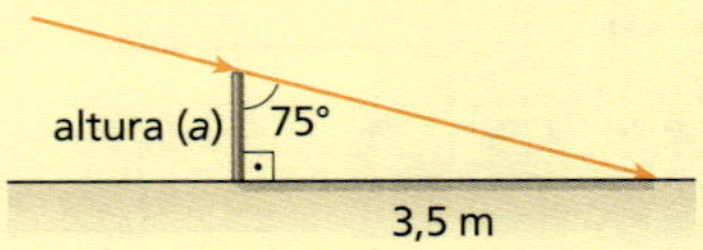

$$\text{tg } 75° = \frac{3{,}5}{a}$$

Consultando a tabela, tg 75° = 3,7321. Logo:

$$3{,}7321 = \frac{3{,}5}{a} \Rightarrow a = \frac{3{,}5}{3{,}7321} \Rightarrow a \simeq 0{,}94 \text{ m}$$

R8. No triângulo *ABC* abaixo, determinar as medidas x e y.

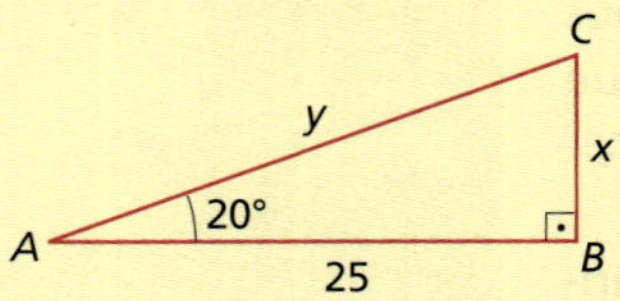

➤ Resolução

De acordo com a figura e com a tabela de razões trigonométricas, temos:

$$\text{tg } 20° = \frac{x}{25} \Rightarrow 0{,}3640 = \frac{x}{25} \Rightarrow x = 9{,}1$$

$$\cos 20° = \frac{25}{y} \Rightarrow 0{,}9397 = \frac{25}{y} \Rightarrow y \simeq 26{,}6$$

23. Em um triângulo retângulo, a hipotenusa mede 10 cm e um dos catetos mede 3,5 cm. O ângulo α, oposto a esse cateto, é maior ou menor que 25°?

24. Em um barco que está a 200 m da base de um rochedo, um pescador avista seu ponto mais alto sob um ângulo de 35°. Aproximando-se do rochedo, ele avista o mesmo ponto sob um ângulo de 58°. Quantos metros ele percorreu?

25. Na figura a seguir, determine as medidas aproximadas de x, y e z.

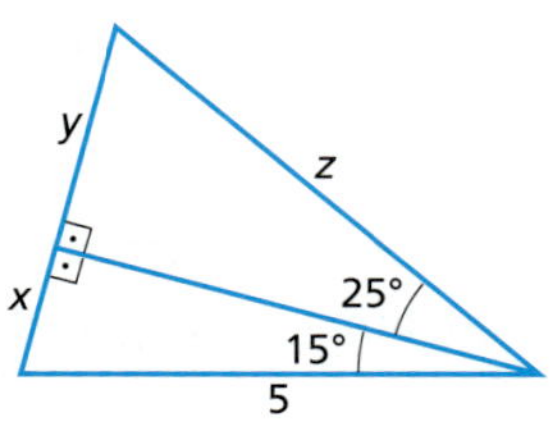

26. Observe a figura abaixo e determine as medidas aproximadas de x, y e z.

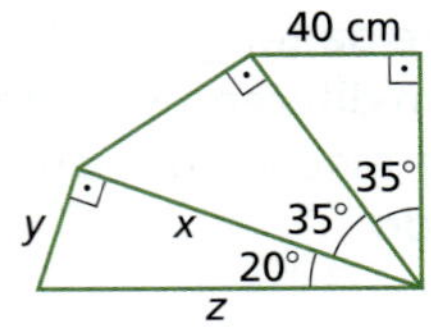

27. Um cabo de aço de 20 m é esticado do topo de uma antena até o solo. Esse cabo forma com o solo um ângulo de 32°. Determine a altura da antena.

28. No triângulo *OIA*, o ângulo $\hat{I}$ é reto. Sabendo que $\text{sen } \widehat{A} = 2 \cdot \cos \widehat{A}$ e que o cateto $\overline{AI}$ mede 5 cm, determine as medidas dos outros lados do triângulo.

R9. Qual é a medida aproximada do ângulo de uma rampa para pedestres, com inclinação de 10%, que liga o pavimento térreo ao primeiro andar de um prédio?

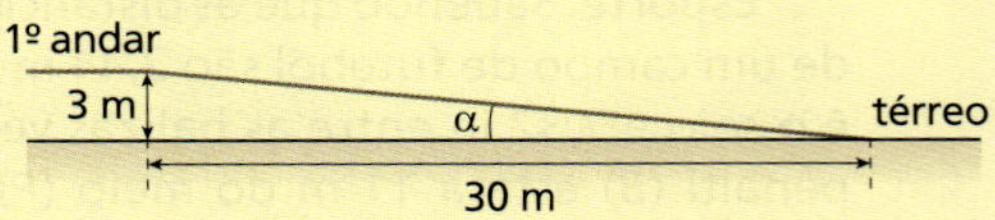

➤ Resolução

Uma rampa ter inclinação de 10%, ou 0,1, significa que a tangente do ângulo agudo que a rampa forma com o piso inferior é igual a 0,1. Assim, de acordo com o problema, tg α = 0,1. Pela tabela de razões trigonométricas da página 277, a tangente mais próxima desse valor é 0,1051, que corresponde ao ângulo de 6°.

29. Rampa. Uma rampa pneumática, usada em oficinas mecânicas, tem 5 m de comprimento e elevação vertical de até 0,90 m. Qual é o ângulo que essa rampa forma com o solo quando está com sua elevação máxima?

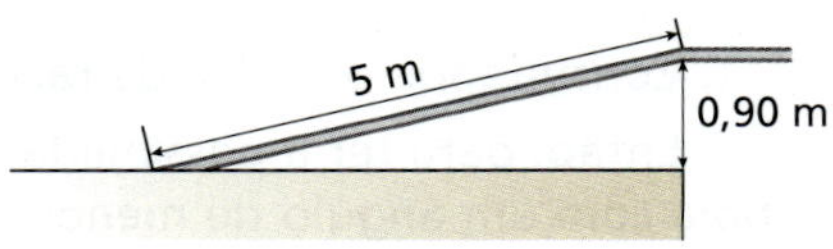

30. Aterrissagem. Um avião está a 1.400 m de altitude e começa a descer num ângulo constante de 6° em relação à horizontal, como mostra a figura a seguir. A que distância *d* de uma pista no nível do mar a aeronave inicia a descida?

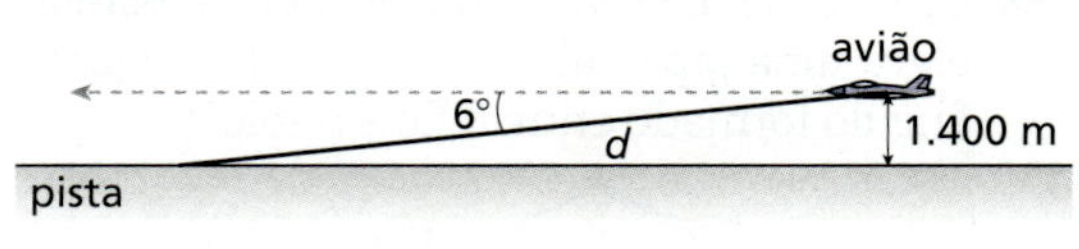

31. Plano inclinado. Um plano inclinado de 3 m de altura forma com o solo um ângulo de 35°. Determine o comprimento desse plano.

R10. A construção de um tipo de rampa para skatistas obedece ao seguinte padrão: a inclinação é de 23° com o solo, o comprimento horizontal é 1,70 m e a plataforma superior tem 0,30 m. Qual é a altura dessa rampa?

➤ Resolução

Fazendo um esboço, temos:

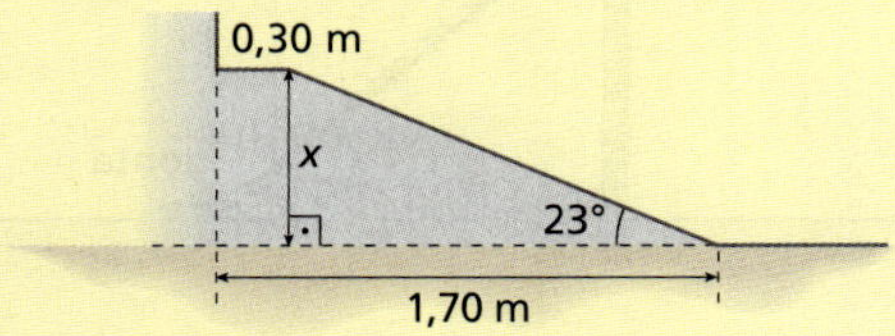

Daí, segue que:

$$\text{tg } 23° = \frac{x}{1{,}40} \Rightarrow x = 1{,}40 \cdot 0{,}4245 \Rightarrow x \simeq 0{,}59$$

Logo, a rampa tem aproximadamente 0,59 m de altura.

32. Um engenheiro utiliza um teodolito para medir o ângulo formado entre o plano do chão e o topo de um edifício. Com o teodolito situado a uma distância de 50 metros da base do edifício, o ângulo encontrado é de 55°. Sabendo ainda que a altura do teodolito é de 1 metro, determine a altura do edifício.

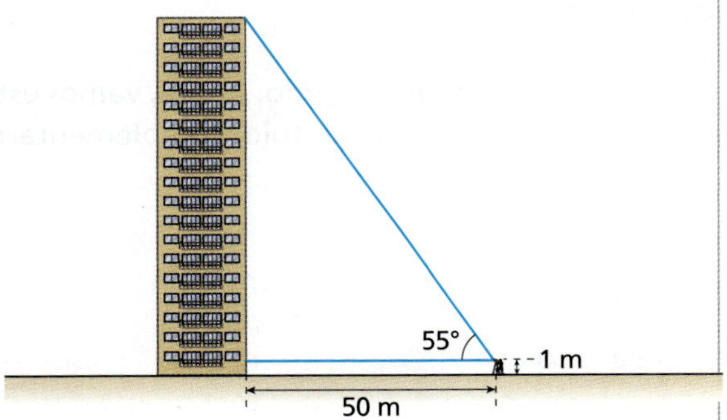

33. Torre. Um guarda-florestal está no alto de uma torre de 12 m de altura, localizada em uma colina de 63 m, situada em uma planície. Desse ponto de observação, vê-se um princípio de incêndio na planície, visto pelo guarda sob um ângulo de 10° em relação à horizontal. A que distância da colina começou o incêndio?

RODRIGO BALEIA/FOLHAPRESS

R11. Em um ponto de uma das margens de um rio de margens paralelas, avista-se na outra margem, bem em frente, em uma linha reta, uma determinada árvore. Caminhando 200 m pela margem, avista-se essa mesma árvore sob um ângulo de 60°. Qual é a largura aproximada do rio?

➤ Resolução

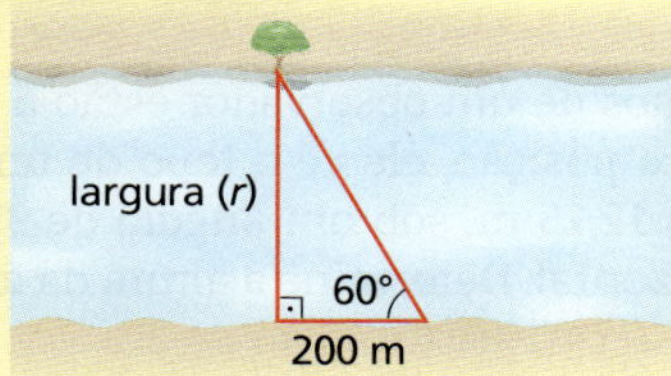

$$\text{tg } 60° = \frac{r}{200} \Rightarrow 1{,}7321 = \frac{r}{200} \Rightarrow r \simeq 346 \text{ m}$$

Logo, o rio tem aproximadamente 346 m de largura.

34. Rio. Um observador está em uma das margens do rio Tietê na região de Piracicaba, SP. Desse lugar, ele vê, bem à sua frente, uma pedra na outra margem. Depois de percorrer 35 m pela beira do rio, ele avista a mesma pedra sob um ângulo de 55°. Qual é, nesse local, a largura do rio Tietê?

35. Geometria. Determine as medidas dos lados e dos ângulos de um losango cujas diagonais medem 16 cm e 12 cm. (Lembre-se de que os losangos possuem todos os lados congruentes e que suas diagonais são perpendiculares por seu ponto médio.)

R12. Um jogador de futebol, ao cobrar um escanteio, coloca, em um chute rasteiro e em linha reta, a bola nos pés de um companheiro de time que está sobre a marca de pênalti na área adversária. Sabendo que a linha de fundo mede 75 m e a distância entre essa linha e a marca de pênalti é 11m, determine qual foi o ângulo do chute em relação à linha de fundo.

➤ Resolução

A marca de pênalti está centralizada em frente ao gol, à distância de 11 m. Do canto de onde é cobrado o escanteio até o meio da linha do gol, que está situado em frente à marca de pênalti, temos 37,5 m de distância. Portanto, para determinar o ângulo, devemos calcular sua tangente.

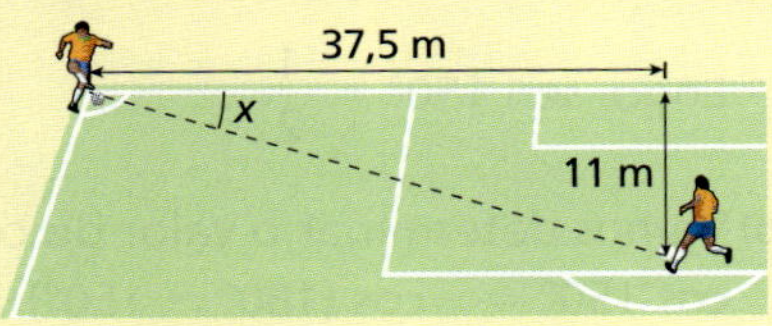

$$\text{tg } x = \frac{11}{37{,}5} \Rightarrow \text{tg } x \simeq 0{,}2933 \Rightarrow x \simeq 16{,}5°$$

36. Escada. Uma escada de bombeiros tem 20 m de comprimento e está sobre um caminhão a 2 m do solo. O ângulo máximo de abertura dessa escada é 70°. Qual é a altura máxima que ela atinge?

MIKE BRAKE/SHUTTERSTOCK

37. Árvore. Os olhos de um observador estão a 1,7 m do chão. Dessa posição, ele vê o topo de uma árvore, distante 12,25 m, sob um ângulo de 35° em relação à horizontal. Determine a altura da árvore.

38. Geometria. As bases de um trapézio isósceles medem, respectivamente, 10 cm e 4 cm, e sua altura, 5 cm. Determine o perímetro desse trapézio e as medidas de seus ângulos internos. Lembre-se de que os trapézios isósceles possuem os lados não paralelos congruentes.

39. Altura. Durante um vendaval, uma taquara foi dobrada em determinado ponto e sua ponta encostou no solo a 1,7 m de sua raiz, formando com o solo um ângulo de 40°, como mostra a figura. Qual era a altura da taquara antes da ventania?

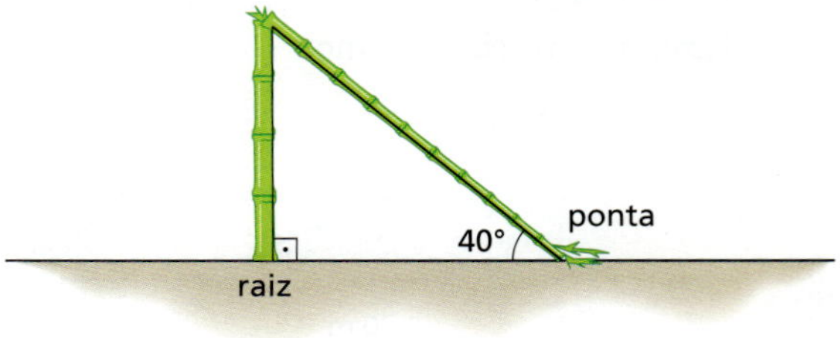

40. Uma pessoa vê um prédio, construído numa superfície plana, sob um ângulo de 60°.
Afastando-se 30 m, essa pessoa vê esse prédio sob um ângulo de 45°. Determine a altura do prédio. (Despreze a altura do observador.)

3 Trigonometria em um triângulo qualquer

3.1 Seno e cosseno de ângulos obtusos

Já vimos as razões trigonométricas seno e cosseno de um ângulo agudo. Agora, vamos estudar os conceitos de seno e cosseno de um ângulo obtuso. No próximo capítulo, complementaremos esse estudo.

Para iniciar o estudo, devemos saber que:

- $\text{sen } 90° = 1$
  $\cos 90° = 0$

Para calcular o seno e o cosseno dos ângulos obtusos, usamos as razões dos ângulos agudos, considerando que o seno de um ângulo obtuso é igual ao seno do suplemento desse ângulo, e que o cosseno de um ângulo obtuso é o oposto do cosseno do suplemento desse ângulo:

- $\text{sen } x = \text{sen } (180° - x)$
  $\cos x = -\cos (180° - x)$

Exemplos

a) Vamos determinar o valor do seno de 150°.
$\text{sen } 150° = \text{sen } (180° - 150°) = \text{sen } 30°$

Logo: $\text{sen } 150° = \dfrac{1}{2}$

b) Vamos determinar o valor do cosseno de 150°.
$\cos 150° = -\cos (180° - 150°) = -\cos 30°$

Portanto: $\cos 150° = -\dfrac{\sqrt{3}}{2}$

3.2 Lei dos senos

Vamos analisar a situação a seguir.

Medição. Um fio elétrico será instalado entre um poste *P* e uma casa *C*, separados por um lago em um terreno plano. Por conta do lago, não é possível medir a distância *PC* em linha reta; então, como calcular o comprimento necessário de fio para essa instalação?

Observe o esquema que representa essa situação:

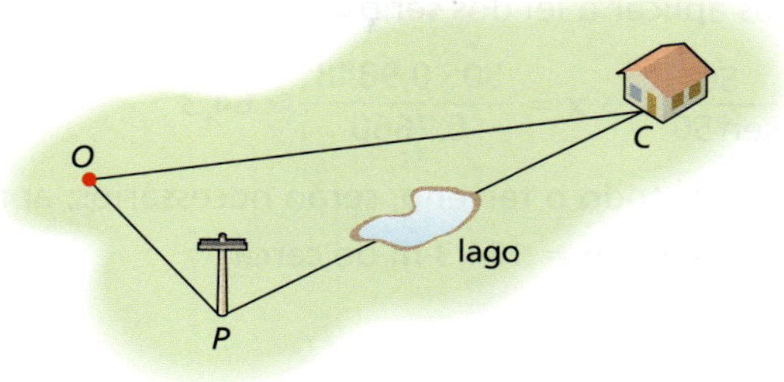

Posicionando um teodolito nos pontos *O* e *C*, medimos os ângulos $P\widehat{O}C$ e $O\widehat{C}P$. Com uma trena, medimos a distância *OP*. Aplicando esses dados na **lei dos senos** (dada a seguir), obtemos o comprimento *PC* do fio.

12.2 Visão do especialista

- Em um triângulo qualquer, as medidas dos lados são proporcionais aos senos dos ângulos opostos a eles, isto é:

$$\frac{a}{\text{sen}\,\widehat{A}} = \frac{b}{\text{sen}\,\widehat{B}} = \frac{c}{\text{sen}\,\widehat{C}}$$

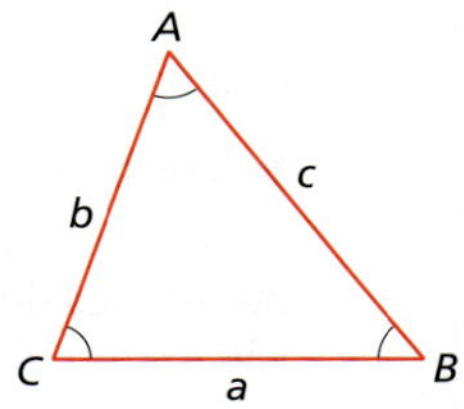

Exemplos

a) Vamos fazer um esquema para ilustrar a situação da página anterior e determinar a medida do ângulo $O\widehat{P}C$ e as distâncias *OC* e *PC* (comprimento do fio).

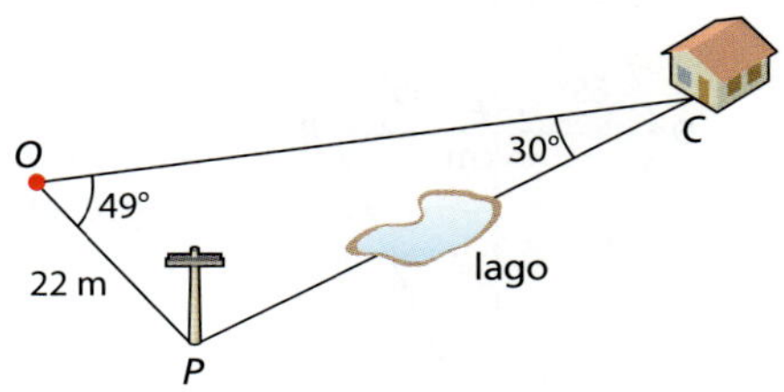

Para calcular a medida do ângulo $O\widehat{P}C$, fazemos:

$\text{med}(O\widehat{P}C) = 180° - (49° + 30°) = 101°$

Aplicando o conceito do seno de um ângulo obtuso, obtemos:

$\text{sen } 101° = \text{sen } (180° - 101°) = \text{sen } 79°$

Consultando a tabela de razões trigonométricas, temos: $\text{sen } 79° \simeq 0{,}98$ e $\text{sen } 49° \simeq 0{,}75$

Aplicando a lei dos senos:

$$\frac{PC}{\text{sen } 49°} = \frac{OP}{\text{sen } 30°} = \frac{OC}{\text{sen } 101°}$$

- $\dfrac{22}{\text{sen } 30°} = \dfrac{OC}{\text{sen } 101°} \Rightarrow OC \simeq \dfrac{22 \cdot 0{,}98}{0{,}5} \Rightarrow OC \simeq 43{,}12$
- $\dfrac{PC}{\text{sen } 49°} = \dfrac{22}{\text{sen } 30°} \Rightarrow PC \simeq \dfrac{22 \cdot 0{,}75}{0{,}5} \Rightarrow PC \simeq 33$

Assim, a medida do ângulo $O\widehat{P}C$ é 101°, a distância *OC* é aproximadamente 43,12 m e o comprimento *PC* do fio é, aproximadamente, 33 m.

b) Dois lados de um terreno triangular medem 50 m e formam entre si um ângulo de 80°. Sabendo que o proprietário pretende construir uma cerca ao redor do terreno, vamos calcular a metragem total da cerca.

Observe a representação dessa situação na figura ao lado.

Como o triângulo é isósceles, os ângulos da base medem 50°.

Consultando a tabela de razões trigonométricas, temos: sen 50° = 0,7660 e sen 80° = 0,9848

Agora, vamos aplicar a lei dos senos:

$$\frac{x}{\text{sen } 80°} = \frac{50}{\text{sen } 50°} \Rightarrow x = \frac{50 \cdot 0{,}9848}{0{,}7660} \simeq 64{,}3$$

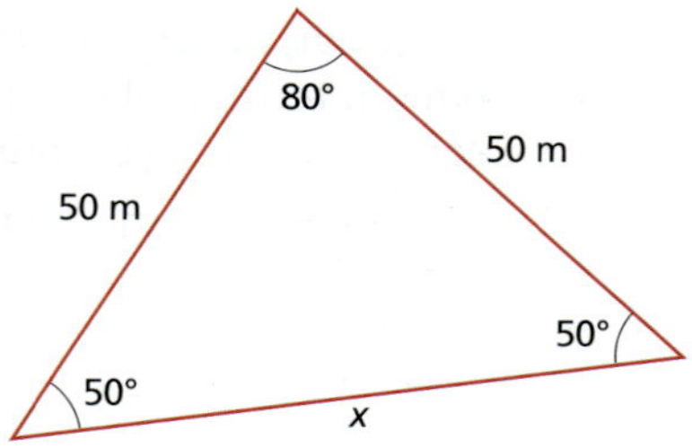

Logo, para cercar todo o terreno, serão necessários, aproximadamente,

50 m + 50 m + 64,3 m = 164,3 m de cerca.

Exercícios

R13. Calcular as medidas do lado e da diagonal maior de um losango cuja diagonal menor mede 5 cm e cujos ângulos obtusos medem 130°.

➤ Resolução

Em um losango, cada diagonal está contida nas bissetrizes dos ângulos internos, cujos vértices são extremidades dessa diagonal.

Na figura ao lado, a diagonal $\overline{BD}$ divide o losango em dois triângulos isósceles congruentes; assim, no triângulo *ABD*: med($\widehat{A}$) = 180° − (65° + + 65°) = 50°

Consultando a tabela de razões trigonométricas e aplicando a lei dos senos no triângulo *ABD*, temos:

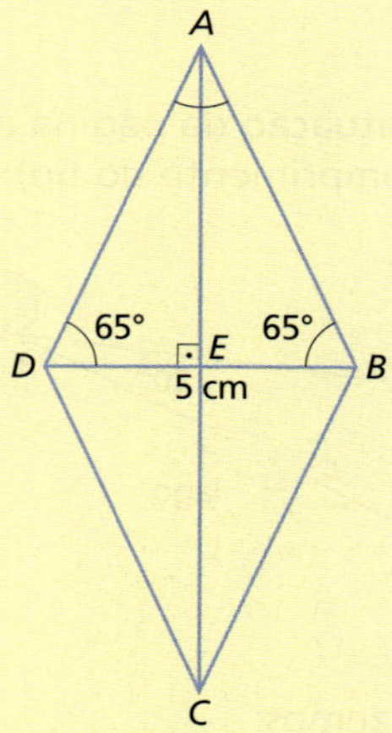

$$\frac{AD}{\text{sen } 65°} = \frac{5}{\text{sen } 50°} \Rightarrow AD \simeq \frac{5 \cdot 0{,}91}{0{,}77} \simeq 5{,}9$$

Aplicando o teorema de Pitágoras no triângulo *AED*, temos:

$$\left(\frac{AC}{2}\right)^2 + \left(\frac{BD}{2}\right)^2 = (AD)^2 \Rightarrow$$

$$\Rightarrow \frac{(AC)^2}{4} + (2{,}5)^2 \simeq (5{,}9)^2 \Rightarrow AC \simeq 10{,}7$$

Logo, o lado e a diagonal maior do losango medem cerca de 5,9 cm e 10,7 cm, respectivamente.

41. O triângulo *ABC* tem as seguintes medidas: *AB* = 6 cm; *BC* = 7 cm e med($\widehat{A}$) = 30°. Aplique a lei dos senos e determine as medidas do lado $\overline{AC}$ e dos outros dois ângulos do triângulo.

42. Calcule a medida x.

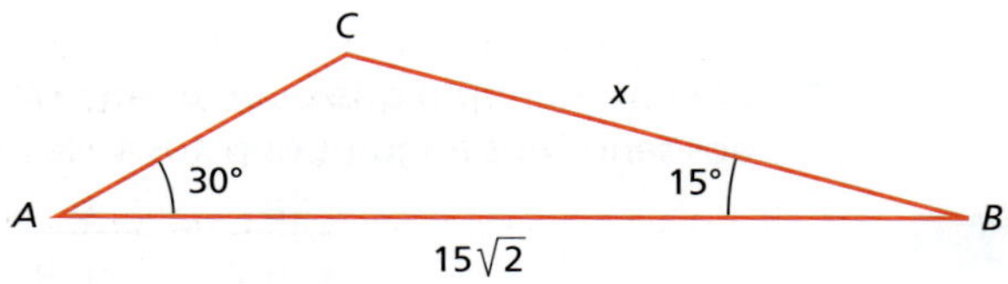

43. Determine o valor de sen α.

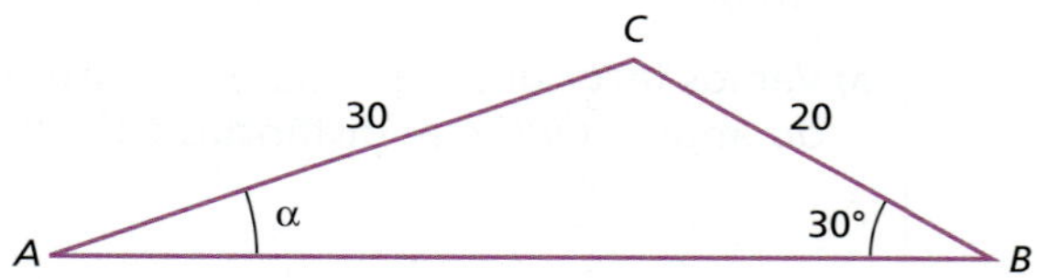

44. Determine as medidas de *a*, *x* e *y* no triângulo representado a seguir, cujo perímetro é 16,2 cm.

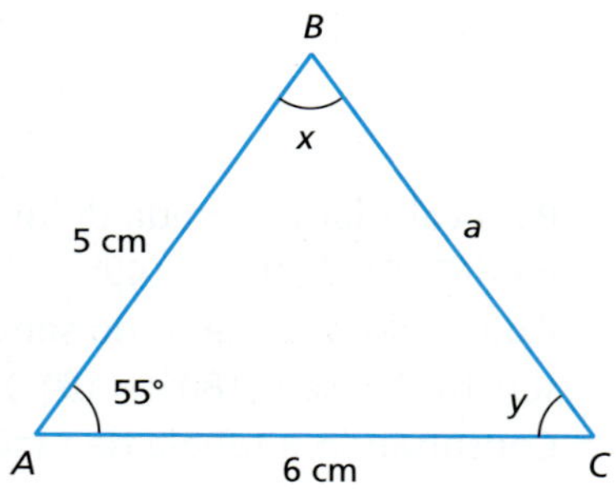

45. A diagonal de um retângulo mede 8,5 cm, e um ângulo formado por ela e um dos lados mede 36°. Qual é, aproximadamente, a área desse retângulo?

46. Um paralelogramo tem lados de medidas 3,5 cm e 4,5 cm. Uma de suas diagonais forma com o menor lado um ângulo de 70°. Qual é a medida aproximada dessa diagonal?

47. Determine a área de um losango cuja diagonal maior mede $2\sqrt{10}$ m e cujos ângulos agudos medem 40°.

48. Um triângulo tem ângulos de medidas 100° e 35°. O lado oposto a esse último ângulo mede 12 m, calcule o perímetro desse triângulo.

49. No pico de uma montanha há uma torre de 19 m de altura. Ao fazer medições em determinado ponto da região, um topógrafo obtém 36° para o ângulo de elevação até o topo da torre e 15° para o ângulo de elevação até a base da torre. Qual é a distância aproximada entre o topógrafo e a base da torre?

50. Calcule o valor aproximado de x e y em cada figura.

a)

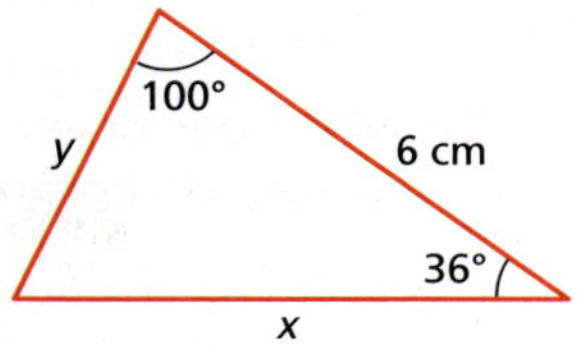

c)

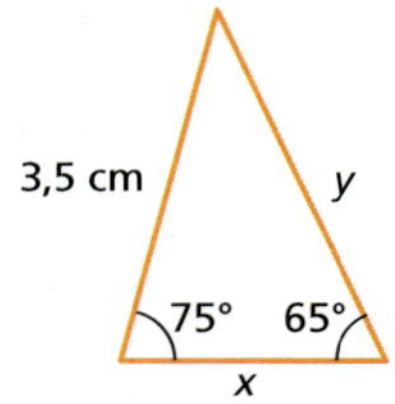

b)

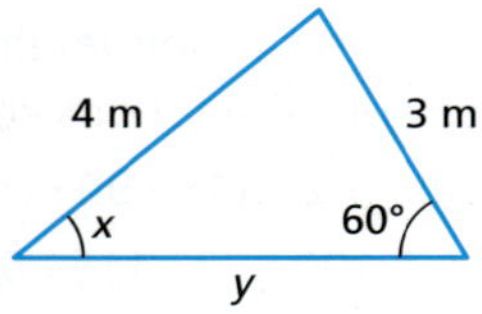

d)

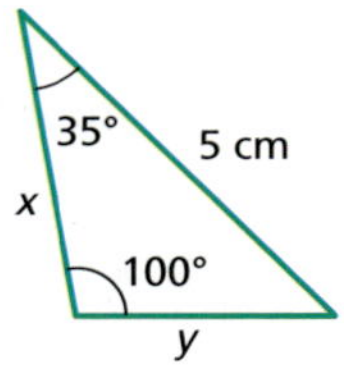

3.3 Lei dos cossenos

Vamos analisar a situação a seguir.

Medição. Um avião decola de um aeroporto e percorre 90 km na direção norte. Em seguida, muda de direção formando um ângulo de 35° em relação à trajetória inicial, no sentido horário, e percorre 115 km até aterrissar.

Observe o esquema que representa essa situação:

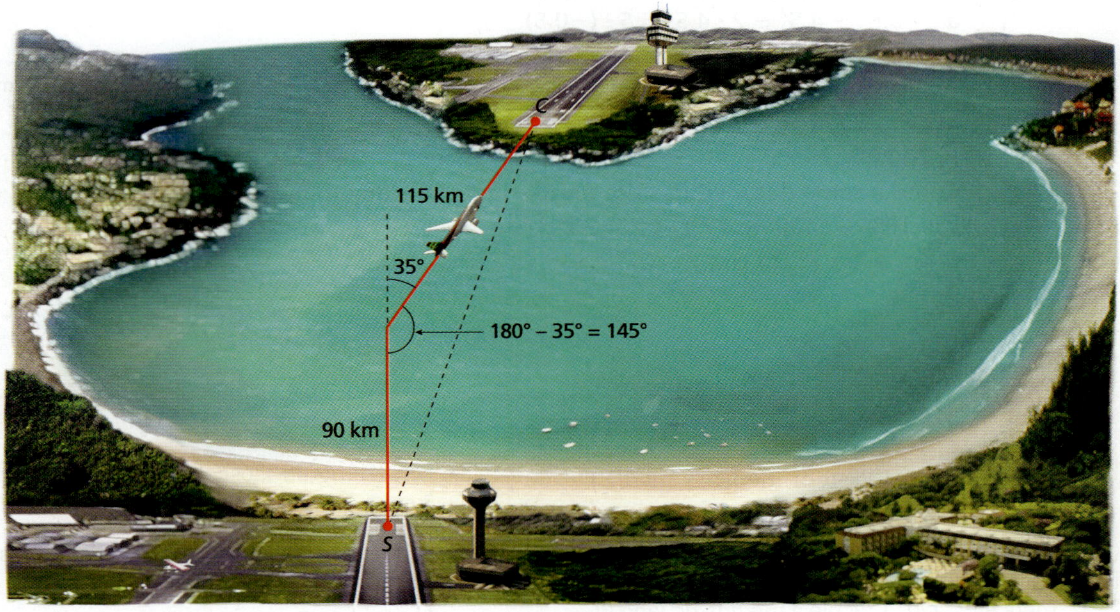

Considerando que a rota segue o modelo acima, podemos obter a distância entre os pontos de decolagem e de aterrissagem aplicando a **lei dos cossenos** (dada a seguir).

Em um triângulo qualquer, o quadrado da medida de um lado é igual à soma dos quadrados das medidas dos outros lados menos duas vezes o produto dessas medidas pelo cosseno do ângulo formado por esses lados, isto é:

$a^2 = b^2 + c^2 - 2 \cdot b \cdot c \cdot \cos \widehat{A}$
$b^2 = a^2 + c^2 - 2 \cdot a \cdot c \cdot \cos \widehat{B}$
$c^2 = a^2 + b^2 - 2 \cdot a \cdot b \cdot \cos \widehat{C}$

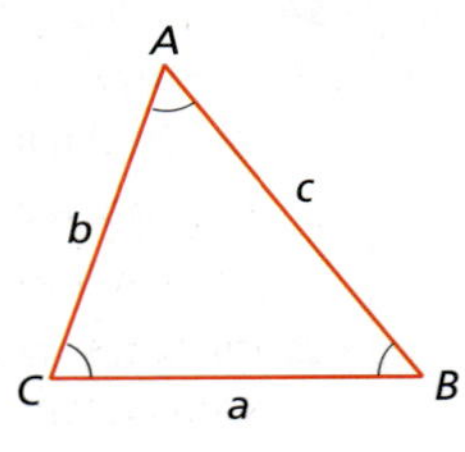

12.3 Visão do especialista

Exemplos

a) Vamos fazer um esquema para ilustrar a situação acima e calcular a distância entre os pontos de decolagem e de aterrissagem.

Sabemos que o avião percorreu 90 km em direção ao norte, mudou de direção por um ângulo de 35°, no sentido horário, e depois percorreu 115 km até aterrissar. Observe:

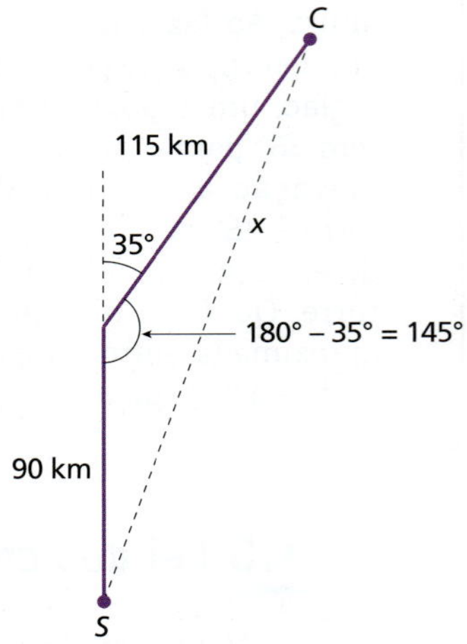

Aplicando o conceito de cosseno de um ângulo obtuso, temos:

$\cos 145° = -\cos (180° - 145°) = -\cos 35°$

Consultando a tabela trigonométrica, temos: $-\cos 35° = -0{,}8192$

Agora, vamos aplicar a lei dos cossenos:

$x^2 = 115^2 + 90^2 - 2 \cdot 115 \cdot 90 \cdot \cos 145°$

$x^2 = 13.225 + 8.100 - 2 \cdot 115 \cdot 90 \cdot (-0{,}8192)$

$x^2 = 38.282{,}44$

$x = \sqrt{38.282{,}44}$

$x \simeq 195{,}66$ km

Assim, a distância entre os pontos de decolagem e de aterrissagem é, aproximadamente, 195,66 km.

b) Vamos determinar as medidas a, x e y no triângulo a seguir.

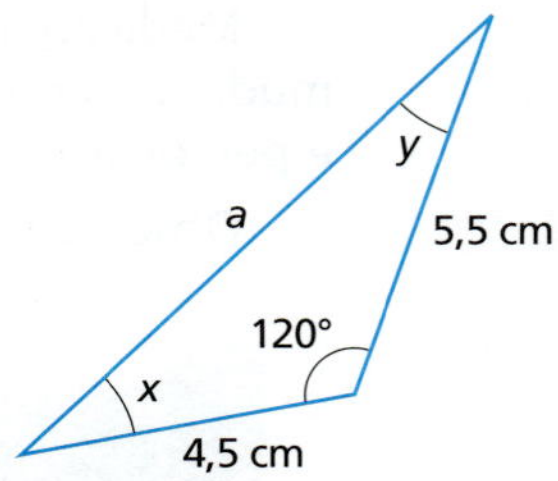

Aplicando o conceito de cosseno de um ângulo obtuso, temos:

$\cos 120° = -\cos (180° - 120°) = -\cos 60°$

Então: $\cos 120° = -0{,}5$

Agora, vamos aplicar a lei dos cossenos:

$a^2 = 5{,}5^2 + 4{,}5^2 - 2 \cdot 4{,}5 \cdot 5{,}5 \cdot (-0{,}5)$

$a^2 = 30{,}25 + 20{,}25 + 24{,}75 \Rightarrow a^2 = 75{,}25 \Rightarrow a = \sqrt{75{,}25}$

Assim, podemos determinar a medida y:

$(4{,}5)^2 = \left(\sqrt{75{,}25}\right)^2 + (5{,}5)^2 - 2 \cdot \sqrt{75{,}25} \cdot 5{,}5 \cdot \cos y \Rightarrow$

$\Rightarrow 20{,}25 \simeq 75{,}25 + 30{,}25 - 95{,}42 \cdot \cos y \Rightarrow \cos y \simeq 0{,}89 \Rightarrow y \simeq 27°$

Como a soma das medidas dos ângulos internos de um triângulo é 180°, temos:

$x \simeq 180° - (120° + 27°) \Rightarrow x \simeq 33°$

Logo: $a = \sqrt{75{,}25}$ cm, $y \simeq 27°$ e $x \simeq 33°$

Exercícios

51. Um triângulo DEF tem medidas $\text{med}(\widehat{E}) = 60°$, $DE = 8$ cm e $EF = 5$ cm. Determine as medidas do lado $\overline{DF}$ e dos outros ângulos do triângulo.

52. No triângulo ABC, temos $AB = 8$ cm, $AC = 8$ cm e $\text{med}(\widehat{A}) = 120°$. Calcule a medida do lado $\overline{BC}$.

53. Os lados $\overline{AB}$ e $\overline{AC}$ do triângulo ABC medem 8 cm e 12 cm, respectivamente. Sabendo que $\text{med}(\widehat{A}) = 120°$, determine a medida do lado $\overline{BC}$ desse triângulo.

54. Dois dos lados de um triângulo medem 7 m e 8 m. O ângulo formado por eles é igual a 120°.

a) Qual é a medida do outro lado desse triângulo?

b) Qual é a medida dos outros dois ângulos desse triângulo?

55. Os lados de um triângulo medem 4 cm, 7 cm e 6 cm. Determine a medida dos ângulos desse triângulo.

56. Um triângulo isósceles tem lados com medidas 3 cm e 4 cm. Determine a medida de seus ângulos.

57. Para cada triângulo, calcule as medidas dos lados e dos ângulos que faltam.

a)

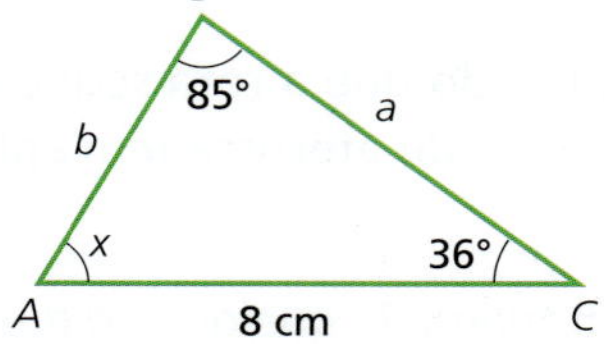

b)

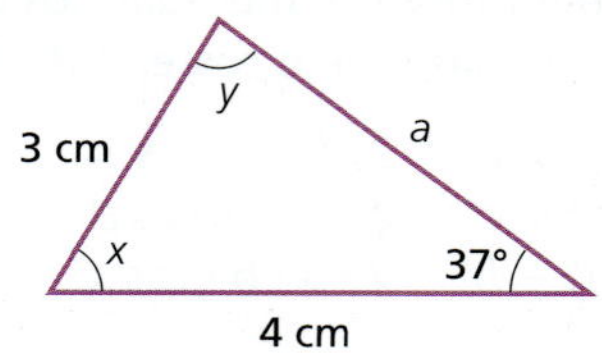

58. Dadas as medidas (em cm) dos lados de possíveis triângulos, use a lei dos cossenos para classificar cada caso em relação aos ângulos.

a) 10; 13; 15
b) 1,5; 2; 2,5
c) 8; 14; 20
d) 3; 5; 10

59. Dois navios saíram do porto de Santos às 8 h da manhã. Um dos navios viajou na direção 60° nordeste à velocidade de 24 nós. O outro navio viajou na direção 15° sudeste à velocidade de 18 nós, conforme o esquema a seguir. Qual será a distância em quilômetro entre os navios ao meio-dia? (Observação: 1 nó é uma unidade de medida de velocidade equivalente a 1.852 m/h.)

MARCIO LOURENÇO/PULSAR IMAGENS

Porto de Santos, SP.

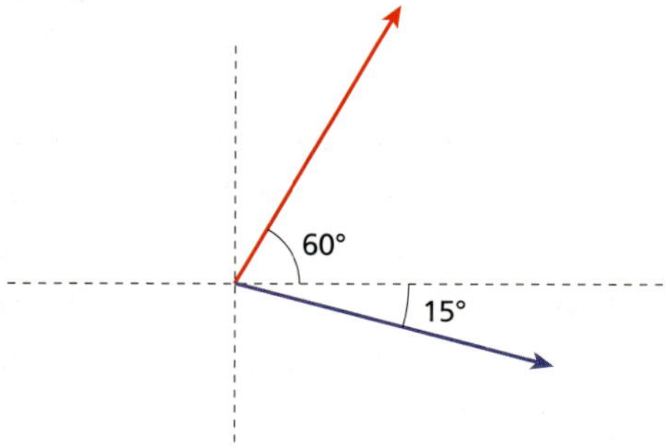

3.4 Área de superfície triangular

No triângulo retângulo *AHB* da figura ao lado, temos:

$\text{sen}\,\widehat{A} = \dfrac{h}{c}$ ou $h = c \cdot \text{sen}\,\widehat{A}$

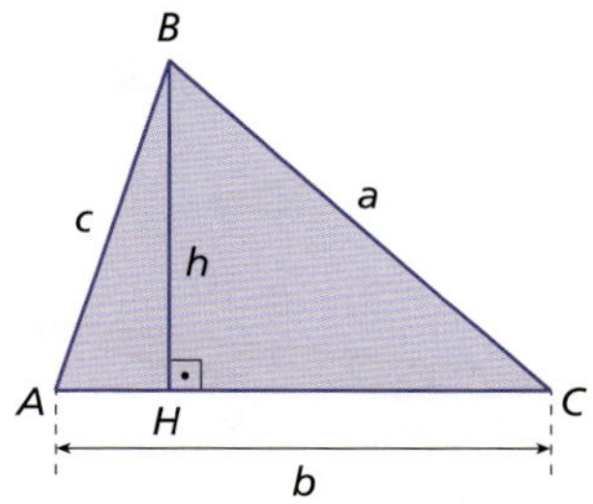

Substituindo *h* na fórmula da área, obtemos:

$$\text{área} = \frac{b \cdot h}{2} = \frac{b \cdot c \cdot \text{sen}\,\widehat{A}}{2}$$

Do mesmo modo, podemos obter:

$$\text{área} = \frac{a \cdot c \cdot \text{sen}\,\widehat{B}}{2} \text{ e área} = \frac{a \cdot b \cdot \text{sen}\,\widehat{C}}{2}$$

Em uma superfície (ou região) triangular, a área é igual ao semiproduto das medidas de dois de seus lados pelo seno do ângulo determinado por eles, isto é:

- $\text{área} = \dfrac{b \cdot c \cdot \text{sen}\,\widehat{A}}{2}$
- $\text{área} = \dfrac{a \cdot c \cdot \text{sen}\,\widehat{B}}{2}$
- $\text{área} = \dfrac{a \cdot b \cdot \text{sen}\,\widehat{C}}{2}$

Exemplo

Vamos calcular a área de uma superfície triangular (ou de um triângulo), sabendo que dois de seus lados medem 4 cm e 6 cm e o ângulo formado por eles mede 30°.

Temos: sen 30° = 0,5

Aplicando a fórmula da área, obtemos:

$$\text{área} = \frac{4 \cdot 6 \cdot \text{sen}\,30°}{2} = 6$$

Então, a área do triângulo é 6 cm^2.

Exercícios

R14. Determinar a área do triângulo *ABC* da figura.

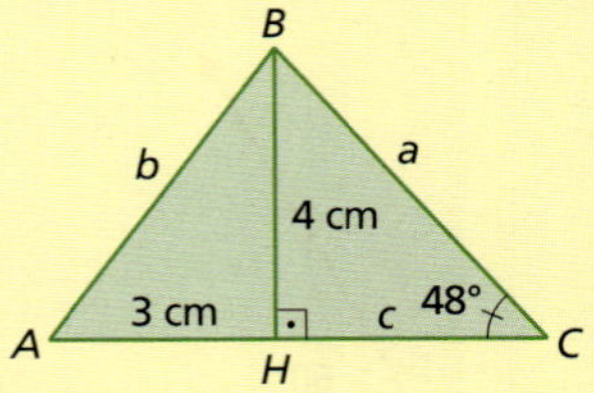

Resolução

$\text{sen } 48° = \dfrac{4}{a} \Rightarrow a \simeq \dfrac{4}{0{,}74} \Rightarrow a \simeq 5{,}4$

$(5{,}4)^2 \simeq 4^2 + c^2 \Rightarrow c \simeq 3{,}6$

$\text{Área} \simeq \dfrac{5{,}4 \cdot (3 + 3{,}6) \cdot \text{sen } 48°}{2} \simeq 13{,}18$

60. Calcule a área de um triângulo sabendo que seus lados medem $6\sqrt{3}$ cm e 4 cm, e o ângulo formado por eles mede 60°.

61. Calcule a área dos triângulos.

a)

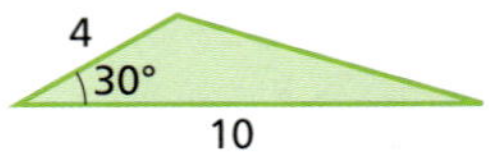

b)

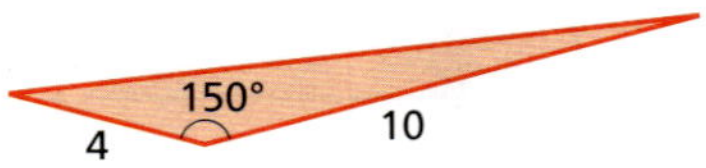

c)

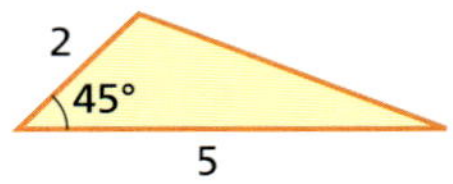

62. Um losango tem lado medindo 6 cm e um dos ângulos medindo 135°. Calcule sua área aproximada. (Use: $\sqrt{2} = 1{,}41$)

63. Determine a área dos triângulos.

a)

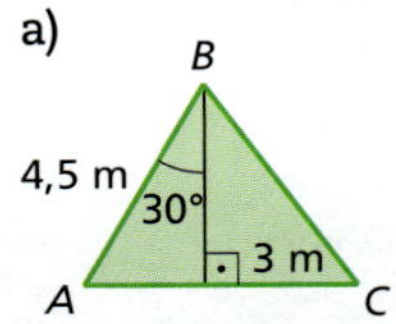

b)

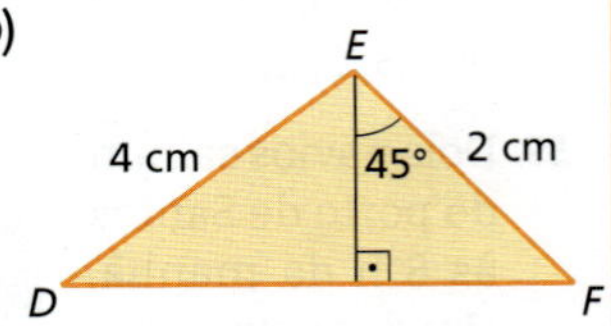

64. Calcule a área aproximada de um triângulo isósceles sabendo que sua base mede 6 cm e o ângulo do vértice oposto à base mede 120°.

65. Determine a área de um paralelogramo cujas diagonais medem 10 cm e 20 cm e formam um ângulo de 60°.

66. Área de terreno. Determine a área de um terreno triangular de lados medindo 15 m, 24 m e 21 m.

67. Calcule a área das figuras abaixo.

a)

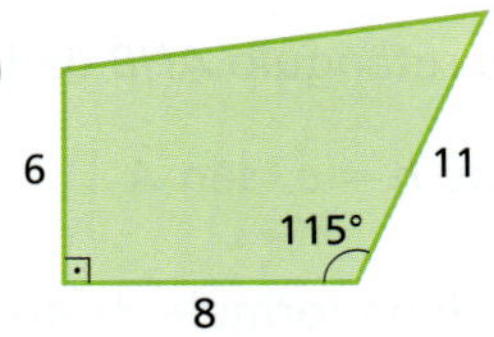

b)

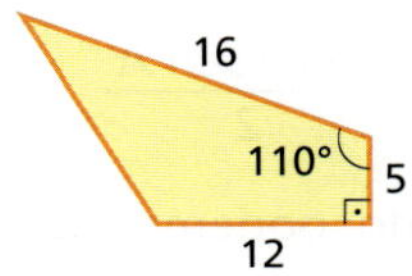

68. Um losango tem lados que medem x e formam um ângulo de medida α.

a) Obtenha a área desse losango em função de x e α.

b) Sendo α = 90°, caracterize esse losango e calcule sua área.

Ficha de revisão

1. Considerando o triângulo *ABC* a seguir, determine sen α, cos α e tg α.

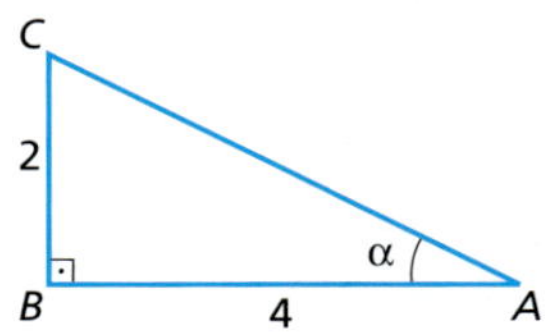

2. Determine *x* em cada caso.
(Considere: cos 23° = 0,92)

a)

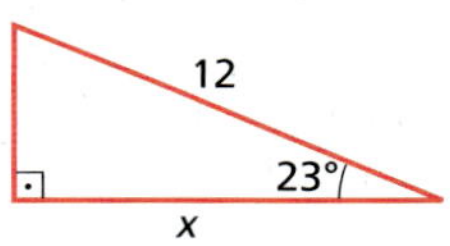

b)

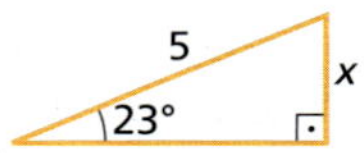

3. Observe os dados de 5 rampas construídas para facilitar o acesso a um desnível de 0,5 m.

Rampa	Comprimento da rampa	Altura do desnível
A	5,0 m	0,5 m
B	4,0 m	0,5 m
C	3,0 m	0,5 m
D	2,0 m	0,5 m
E	1,0 m	0,5 m

Qual rampa tem a maior inclinação? Justifique sua resposta.

4. Para construir uma rampa, dispõe-se de uma tábua de 2,8 m. Se o ângulo de inclinação desejado for de 23°, qual será a altura da rampa?
(Dados: sen 23° = 0,39, cos 23° = 0,92 e tg 23° = 0,42)

5. Um avião que está a 4.500 m de altura inicia o procedimento de aterrissagem sob um ângulo constante de 10°. Se o aeroporto está ao nível do mar, qual a distância entre o avião e o início da aterrissagem?

6. Num triângulo ABC, reto em A, determine a medida de seus catetos se a hipotenusa mede 20 e $\text{sen}\,\hat{B} = \dfrac{4}{5}$.

7. No triângulo a seguir, a hipotenusa mede $2\sqrt{13}$ e $\cos\beta = \dfrac{3\sqrt{26}}{20}$, calcule a medida dos catetos.

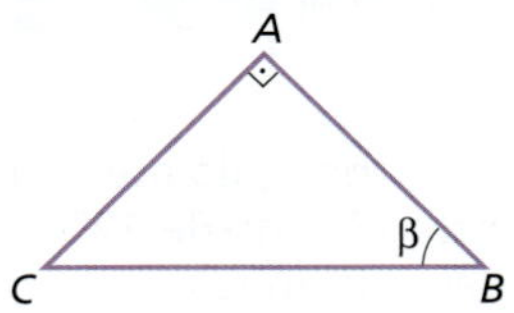

8. Determine o valor de x nos triângulos a seguir.

a)

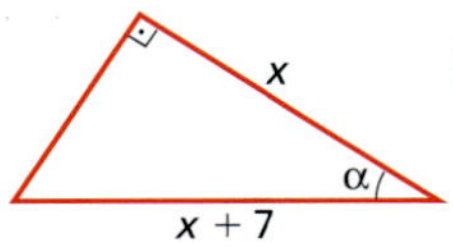

$\left(\text{Dado: } \cos\alpha = \dfrac{5}{6}\right)$

b)

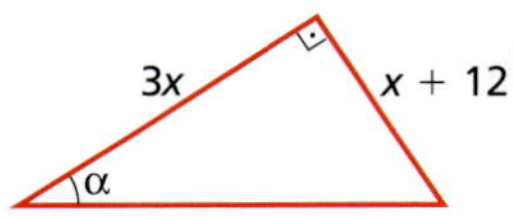

$\left(\text{Dado: } \text{tg}\,\alpha = \dfrac{2}{3}\right)$

9. Um poste vertical projeta uma sombra de 18 m sobre o solo. Sabendo que o poste tem 18 m de altura, determine a inclinação dos raios solares em relação ao solo.

10. Determine o valor de x e de y sabendo que α = 29° e β = 53°.

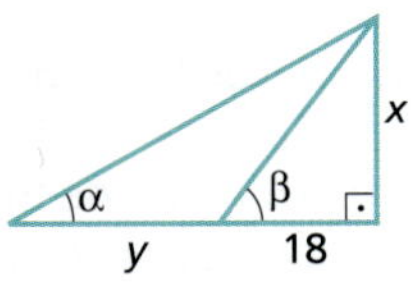

11. Para medir a altura de um poste, um engenheiro utiliza um teodolito, como mostra a figura:

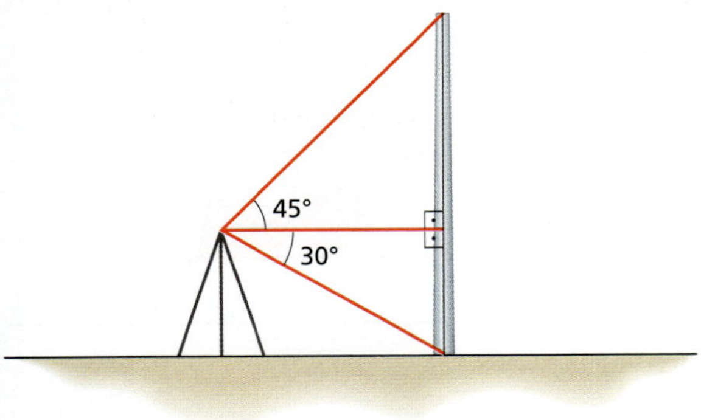

Determine a altura aproximada do poste sabendo que o teodolito tem 1,5 m de altura.

12. Determine a medida de $\overline{CB}$ no triângulo a seguir, sabendo que DE = 2DC e AB = 1.

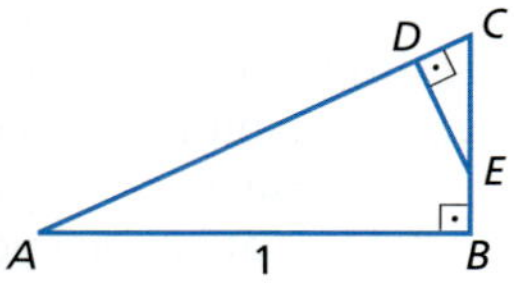

13. (Fuvest-SP) Na figura, ABC e CDE são triângulos retângulos, AB = 1, $BC = \sqrt{3}$ e BE = 2DE. Logo, a medida de $\overline{AE}$ é:

a) $\dfrac{\sqrt{3}}{2}$

b) $\dfrac{\sqrt{5}}{2}$

c) $\dfrac{\sqrt{7}}{2}$

d) $\dfrac{\sqrt{11}}{2}$

e) $\dfrac{\sqrt{13}}{2}$

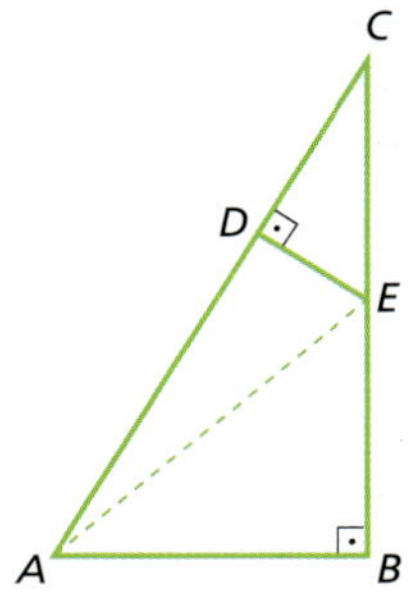

14. A PA (x, 2x, 3x) representa os ângulos internos de um triângulo cujo menor lado mede 5. Quanto mede o lado maior desse triângulo?

15. Duas circunferências C_1 e C_2 são tangentes externas e a distância entre seus centros é de 15 cm. Observe a figura e determine o raio de cada circunferência.

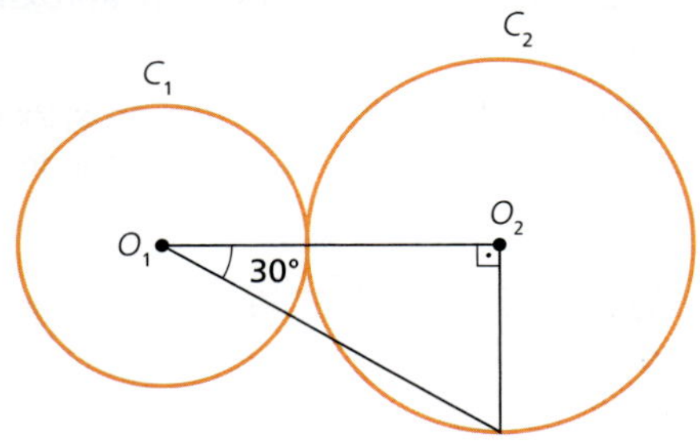

16. **Cabo de aço.** Se para prender um poste de $18\sqrt{3}$ m de altura utilizarmos um cabo de aço (esticado), preso ao topo do poste, que mede 36 m, qual será o ângulo de inclinação do cabo de aço em relação ao solo?

17. **Dobradura.** Um pedaço de papel retangular foi cortado em uma de suas diagonais formando o triângulo ABC da figura abaixo.

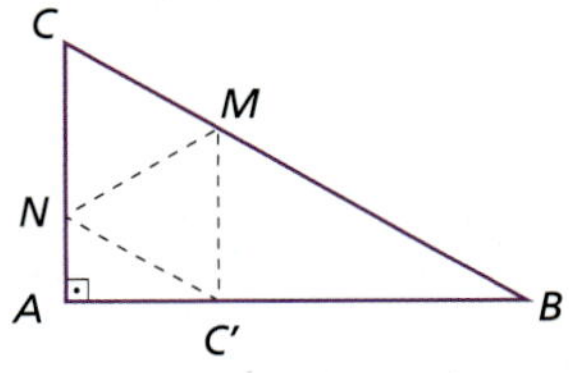

Em seguida, foi feita uma dobra no papel por $\overline{MN}$. O vértice C do triângulo ficou sobre o lado $\overline{AB}$ no ponto C', e o segmento C'M ficou perpendicular a $\overline{AB}$. Sabendo que AC = 10 cm e $AB = 10\sqrt{3}$ cm, determine as medidas de $\overline{CN}$ e $\overline{CM}$.

18. História da Matemática. Eratóstenes de Cirene, geógrafo e matemático grego (276-194 a.C.), calculou a medida da circunferência da Terra. Mesmo com os instrumentos de medida da época, ele obteve um resultado com bom grau de precisão. Em um dia ensolarado, precisamente no solstício de verão, Eratóstenes verificou que, em determinado horário, os raios do Sol incidiam perpendicularmente na cidade de Siene (hoje Assuã). De maneira semelhante, um bastão fincado perpendicularmente na cidade de Alexandria, 5.000 estádios (antiga medida de comprimento) ao norte de Siene, projetava uma sombra conforme o esquema:

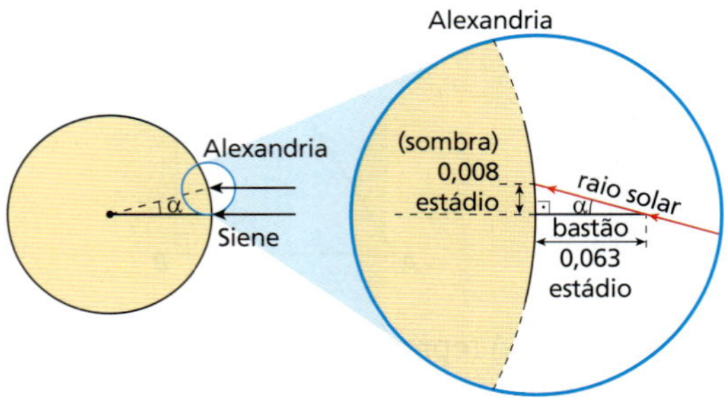

a) Utilizando os dados que Eratóstenes coletou, calcule a medida da circunferência da Terra.

b) Compare a medida encontrada com a medida que adotamos hoje.
(Considere: 1 estádio = 157,5 m, aproximadamente.)

19. Os ângulos de um triângulo medem x, 2x e 3x, e o menor lado mede 10 m. Quanto mede o lado maior?

20. Determine o valor de sen α.

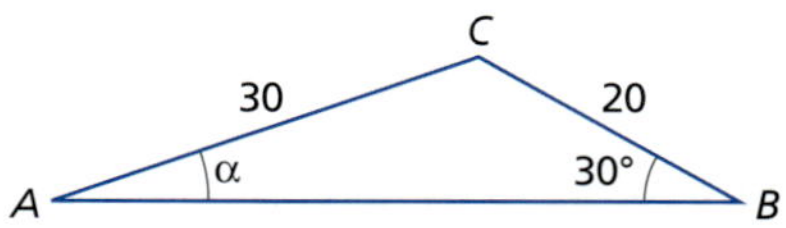

21. Os lados $\overline{AB}$ e $\overline{AC}$ do triângulo ABC medem 8 cm e 12 cm, respectivamente. Sendo med $\widehat{A} = 120°$, determine a medida do lado $\overline{BC}$ desse triângulo.

22. Calcule a medida do ângulo α no triângulo abaixo.

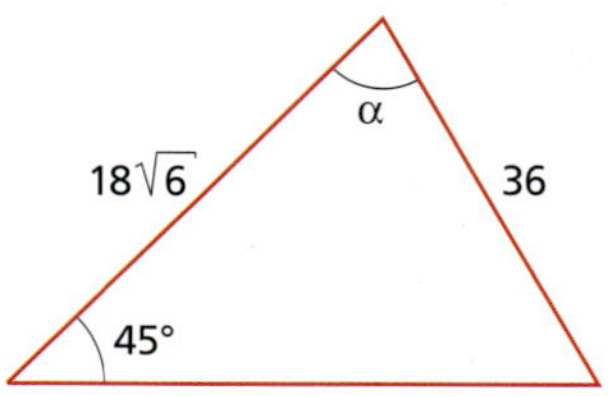

23. (Fuvest-SP) Um triângulo ABC tem lados de comprimentos $AB = 5$, $BC = 4$ e $AC = 2$. Sejam M e N os pontos de $\overline{AB}$ tais que $\overline{CM}$ é a bissetriz relativa ao ângulo $A\widehat{C}B$ e $\overline{CN}$ é a altura relativa ao lado $\overline{AB}$. Determine o comprimento de $\overline{MN}$.

24. Distância. Do alto de uma ponte, uma engenheira observa dois edifícios, um em cada margem de um rio. Em relação à engenheira, o edifício A está a 60 m de distância e o edifício B, a 50 m. Considerando as medidas da figura abaixo, determine a distância entre os edifícios A e B.

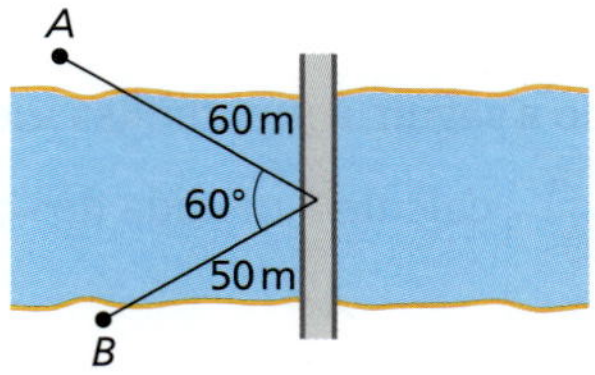

25. Dois lados de um triângulo medem 8 cm e 5 cm, e o ângulo entre eles mede 72°. Calcule a área aproximada desse triângulo.

26. Calcule a área dos seguintes triângulos:

a)

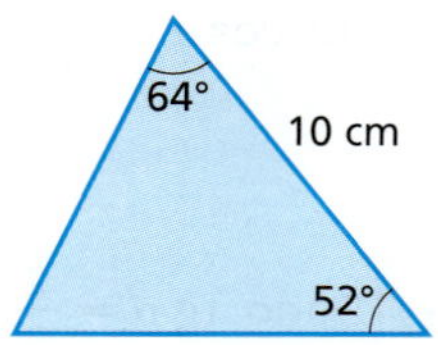

b)

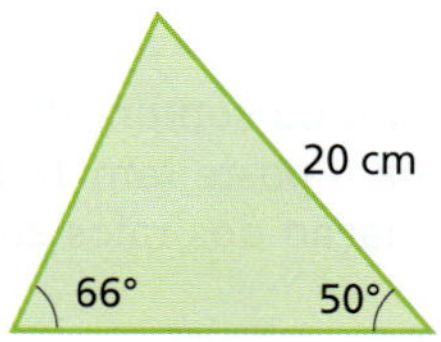

27. Área de terreno. A figura abaixo representa um terreno $ABCD$ em forma de quadrilátero. Sabendo que E é o ponto de intersecção das diagonais $\overline{AC}$ e $\overline{BD}$, med$(A\widehat{E}D) = 45°$, $AE = 10$ m, $BE = 40$ m, $CE = 50$ m e $DE = 30$ m, calcule a área desse terreno.

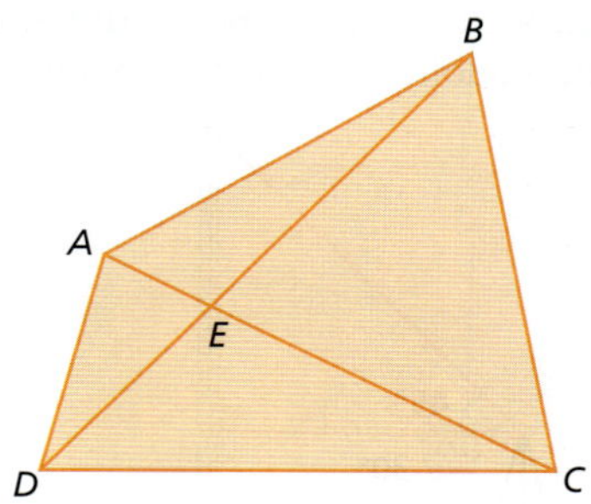

Questões de vestibular

1. (Vunesp) Três cidades, A, B e C, são interligadas por estradas, conforme mostra a figura.

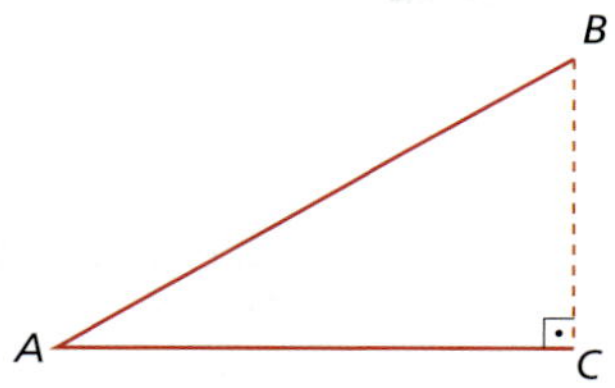

As estradas AC e AB são asfaltadas. A estrada CB é de terra e será asfaltada. Sabendo-se que AC tem 30 km, que o ângulo entre AC e AB é de 30°, e que o triângulo ABC é retângulo em C, a quantidade de quilômetros da estrada que será asfaltada é:

a) $30\sqrt{3}$
b) $10\sqrt{3}$
c) $\frac{10\sqrt{3}}{3}$
d) $8\sqrt{3}$
e) $\frac{3\sqrt{3}}{2}$

2. (Femm-MG) A distância entre o ponto $P = (x, y)$ e a origem é 12. Nesse caso, as coordenadas do ponto P são:

a) $(6\sqrt{3}, 6)$
b) $(9\sqrt{3}, 9)$
c) $(9, 9\sqrt{2})$
d) $(6, 6\sqrt{3})$

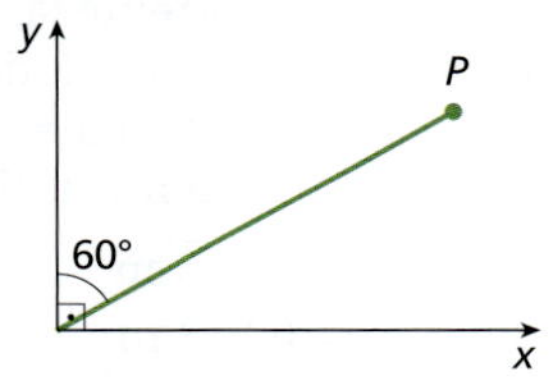

3. (Fatec-SP) De dois observatórios, localizados em dois pontos X e Y da superfície da Terra, é possível enxergar um balão meteorológico B, sob ângulos de 45° e 60°, conforme é mostrado na figura abaixo.

12.4 Visão do especialista

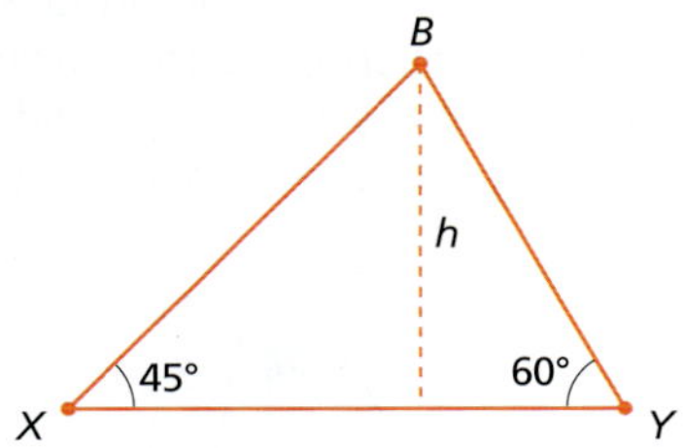

Desprezando-se a curvatura da Terra, se 30 km separaram X e Y, a altura h, em quilômetros, do balão à superfície da Terra, é:

a) $30 - 15\sqrt{3}$
b) $30 + 15\sqrt{3}$
c) $60 - 30\sqrt{3}$
d) $45 - 15\sqrt{3}$
e) $45 + 15\sqrt{3}$

4. (Insper-SP) No triângulo ABC da figura, retângulo em A, $A\hat{B}C = \alpha$, $AC = 3$ e $AB = \text{tg}\,\alpha$.

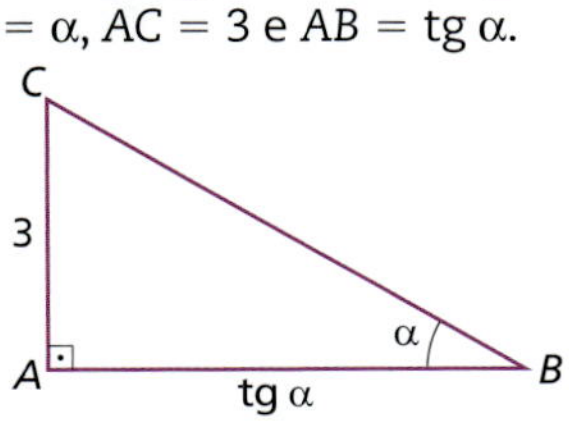

Então, o perímetro do triângulo vale:

a) $\sqrt{3} + 4$
b) $2\sqrt{3} + 4$
c) $3\sqrt{3} + 3$
d) $2\sqrt{2} + 3$
e) $3\sqrt{2} + 4$

5. (Mackenzie-SP) Uma estação E, de produção de energia elétrica, e uma fábrica F estão situadas nas margens opostas de um rio de largura $\frac{1}{\sqrt{3}}$ km. Para fornecer energia a F, dois fios elétricos a ligam a E, um por terra e outro por água, conforme a figura. Supondo-se que o preço do metro do fio de ligação por terra é R$ 12,00 e que o metro do fio de ligação pela água é R$ 30,00, o custo total, em reais, dos fios utilizados é:

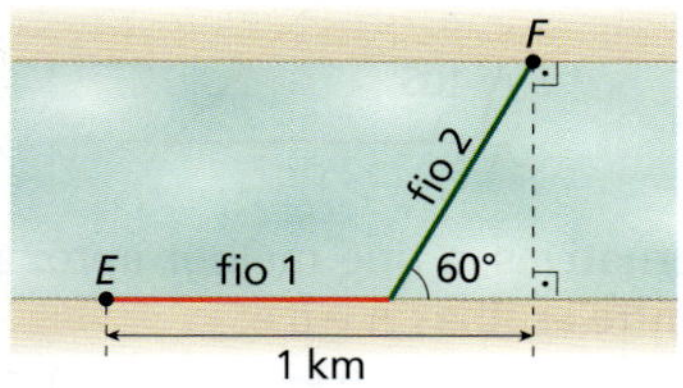

a) 28.000
b) 24.000
c) 15.800
d) 18.600
e) 25.000

6. (UFSCar-SP) Na figura, $A\hat{D}B$ é reto, $B\hat{A}C = \alpha$, $C\hat{A}D = \beta$, $AC = 4$ dm e $BC = 1$ dm. Sabendo que $\cos(\alpha + \beta) = \frac{4}{5}$, o valor de sen ($\alpha$) é:

12.5 Visão do especialista

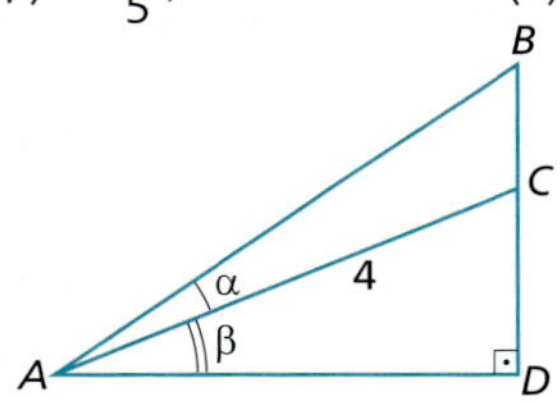

a) $\frac{2}{3}$
b) $\frac{3}{5}$
c) $\frac{2}{5}$
d) $\frac{1}{5}$
e) $\frac{1}{6}$

7. (Vunesp) Um pequeno avião deveria partir de uma cidade A rumo a uma cidade B ao norte, distante 60 quilômetros de A. Por um problema de orientação, o piloto seguiu erradamente rumo ao oeste. Ao perceber o erro, ele corrigiu a rota, fazendo um giro de 120° à direita em um ponto C, de modo que o seu trajeto, juntamente com o trajeto que deveria ter seguido, formou, aproximadamente, um triângulo retângulo ABC, como mostra a figura.

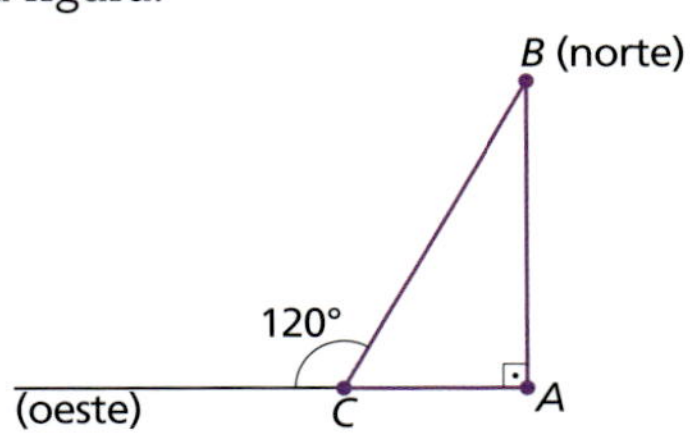

Com base na figura, a distância em quilômetros que o avião voou partindo de A até chegar a B é:

a) $30\sqrt{3}$ c) $60\sqrt{3}$ e) $90\sqrt{3}$
b) $40\sqrt{3}$ d) $80\sqrt{3}$

8. (Mackenzie-SP) Em um triângulo retângulo, a medida da hipotenusa é o dobro da medida de um dos catetos. O ângulo oposto ao menor lado desse triângulo mede:

a) 36° c) 45° e) 72°
b) 60° d) 30°

9. (Mackenzie-SP) Três ilhas, A, B e C, aparecem num mapa, em escala 1:10.000, como na figura.

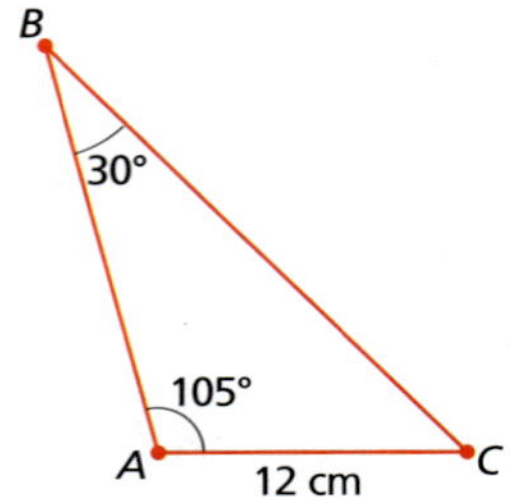

Das alternativas, a que melhor aproxima a distância entre as ilhas A e B é:

a) 2,3 km c) 1,9 km e) 1,7 km
b) 2,1 km d) 1,4 km

10. (UFSCar-SP) Um programa de rádio é gerado em uma cidade plana, a partir de uma central C localizada 40 km a leste e 20 km a norte da antena de transmissão T. C envia o sinal de rádio para T, que em seguida o transmite, em todas as direções, a uma distância máxima de 60 km. O ponto mais a leste de C, que está 20 km a norte de T e poderá receber o sinal de rádio, está a uma distância de C, em km, igual a:

a) $20(\sqrt{2} - 1)$ d) $40(\sqrt{3} - 1)$
b) $30(\sqrt{3} - 1)$ e) $50(2 - \sqrt{2})$
c) $40(\sqrt{2} - 1)$

11. (Vunesp) Uma pessoa, no nível do solo, observa o ponto mais alto de uma torre vertical, à sua frente, sob o ângulo de 30°. Aproximando-se 40 metros da torre, ela passa a ver esse ponto sob o ângulo de 45°. A altura aproximada da torre, em metros, é:

a) 44,7 c) 54,6 e) 65,3
b) 48,8 d) 60,0

12. (Mackenzie-SP) Na figura, tg α vale:

a) $\frac{1}{3}$
b) $\frac{2}{\sqrt{3}}$
c) $\frac{1}{\sqrt{3}}$
d) $\frac{3}{4}$
e) $\frac{2}{3}$

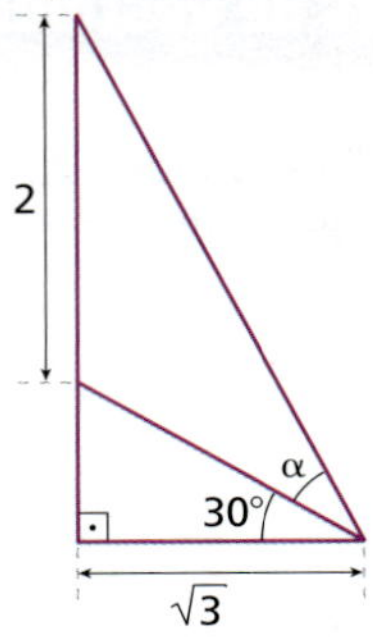

13. (Vunesp) Um rio de largura 60 m, cuja velocidade da correnteza é $v_x = 5\sqrt{3}$ m/s, é atravessado por um barco, de velocidade $v_y = 5$ m/s, perpendicular às margens do rio, conforme a figura.

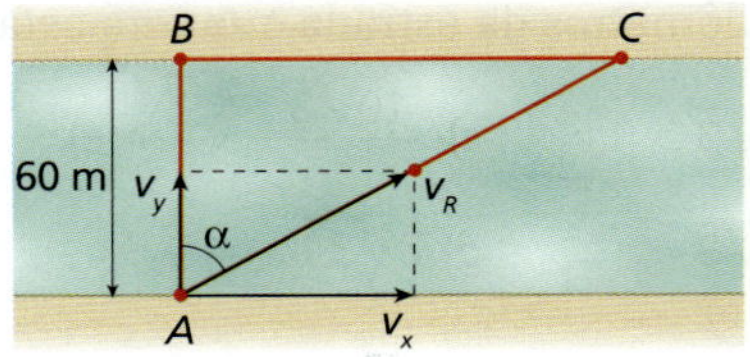

O ângulo α do movimento em relação à perpendicular da correnteza, a velocidade resultante v_R e a distância CB do ponto de chegada em relação ao ponto onde o barco chegaria caso não houvesse correnteza são, respectivamente:

a) 30°, 5 m/s, $20\sqrt{3}$ m
b) 30°, 5 m/s, $60\sqrt{3}$ m
c) 45°, $10\sqrt{3}$ m/s, $60\sqrt{3}$ m
d) 60°, 10 m/s, $60\sqrt{3}$ m
e) 60°, $10\sqrt{3}$ m/s, $60\sqrt{2}$ m

14. (Fuvest-SP) As páginas de um livro medem 1 dm de base e $\sqrt{1+\sqrt{3}}$ dm de altura. Se este livro foi parcialmente aberto, de tal forma que o ângulo entre duas páginas seja 60°, a medida do ângulo α, formado pelas diagonais das páginas, será:

a) 15°
b) 30°
c) 45°
d) 60°
e) 75°

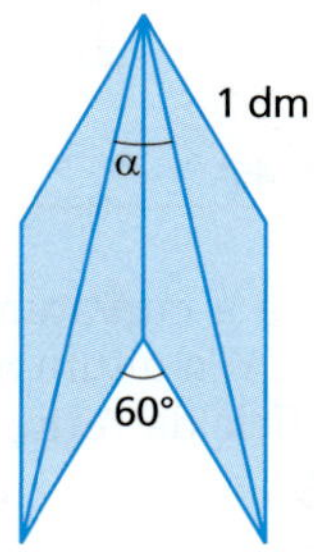

Capítulo 13 Ciclo trigonométrico (1ª volta)

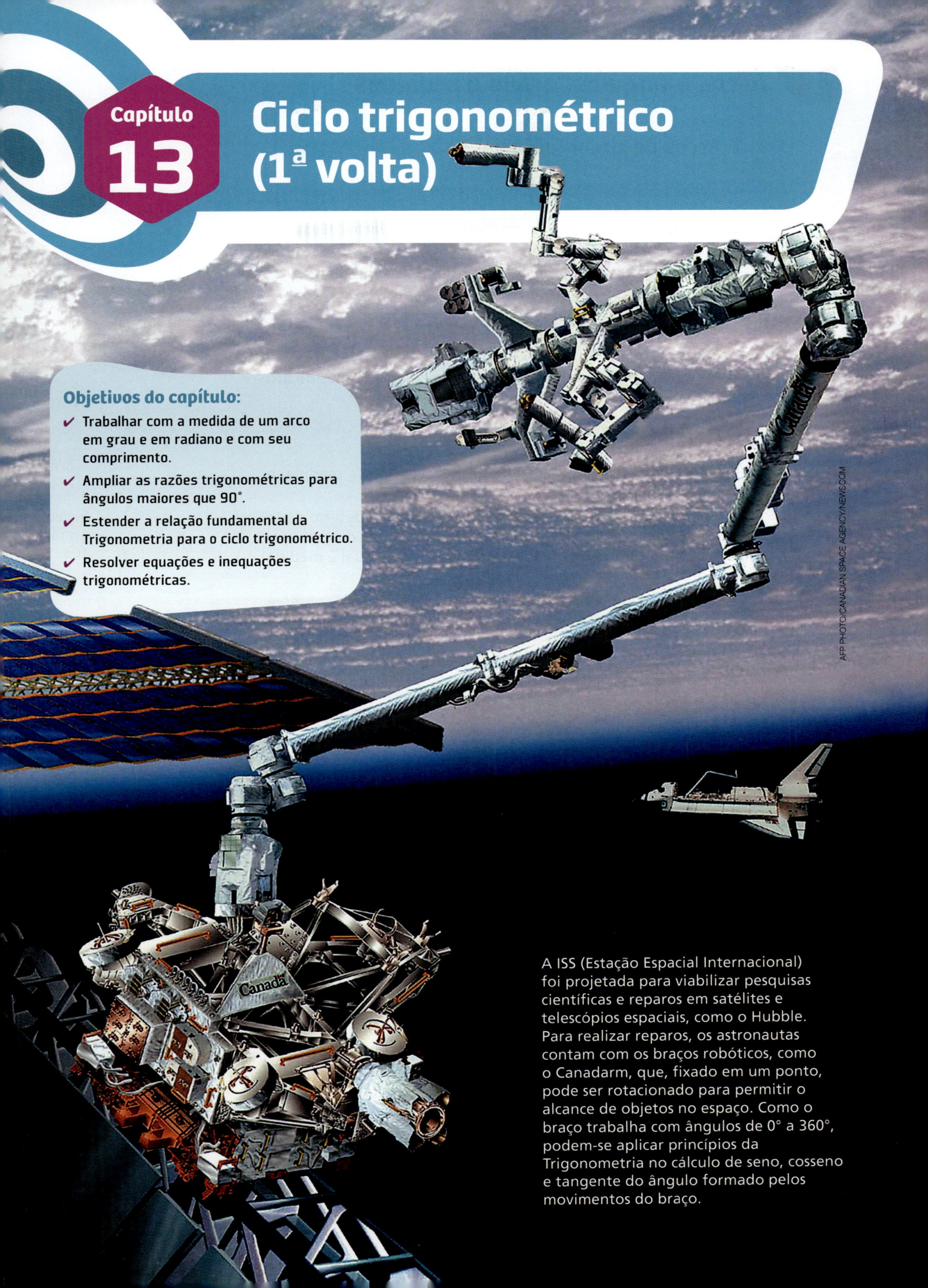

AFP PHOTO/CANADIAN SPACE AGENCY/NEWSCOM

Objetivos do capítulo:

- ✔ Trabalhar com a medida de um arco em grau e em radiano e com seu comprimento.
- ✔ Ampliar as razões trigonométricas para ângulos maiores que 90°.
- ✔ Estender a relação fundamental da Trigonometria para o ciclo trigonométrico.
- ✔ Resolver equações e inequações trigonométricas.

A ISS (Estação Espacial Internacional) foi projetada para viabilizar pesquisas científicas e reparos em satélites e telescópios espaciais, como o Hubble. Para realizar reparos, os astronautas contam com os braços robóticos, como o Canadarm, que, fixado em um ponto, pode ser rotacionado para permitir o alcance de objetos no espaço. Como o braço trabalha com ângulos de 0° a 360°, podem-se aplicar princípios da Trigonometria no cálculo de seno, cosseno e tangente do ângulo formado pelos movimentos do braço.

1 Arcos e ângulos, graus e radianos

1.1 Arcos de circunferência

Considere dois pontos, A e B, em uma circunferência.

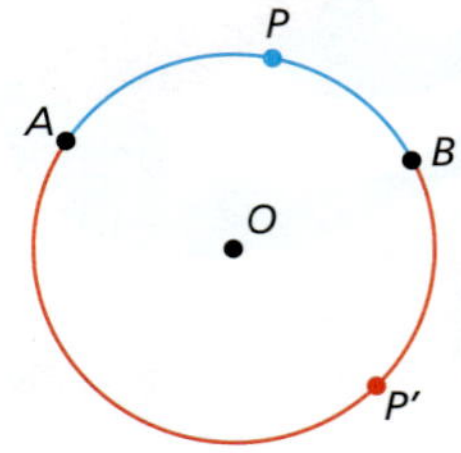

arco $\overset{\frown}{AB}$

Esses pontos dividem a circunferência em duas partes. Cada uma dessas partes é um **arco de circunferência**.

Os pontos A e B são denominados **extremidades** dos arcos.

- $\overset{\frown}{APB}$: arco de extremidades A e B, contendo P.
- $\overset{\frown}{AP'B}$: arco de extremidades A e B, contendo P'.

Observação:
O arco de circunferência também pode ser chamado apenas de **arco**.

1.2 Medida de arcos de circunferência

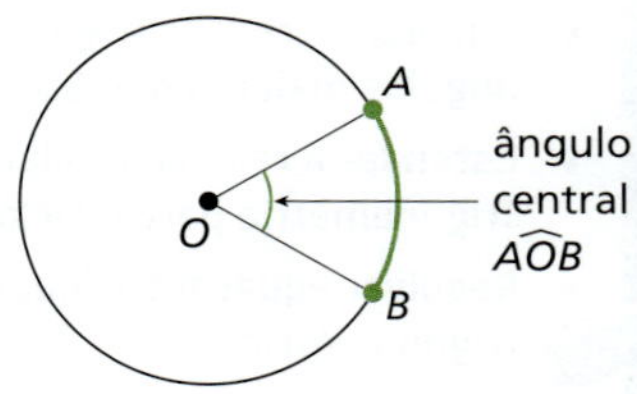

Um arco de circunferência permite duas formas de medida: a angular e a linear.

Todo arco tem um ângulo central correspondente, determinado pela união das extremidades desse arco com o centro da circunferência que o contém. A medida do ângulo central é igual à **medida angular** do arco correspondente.

Considerando o arco $\overset{\frown}{AB}$, destacado na figura ao lado, observe que o ângulo $A\hat{O}B$ é o ângulo central correspondente a esse arco.

A medida do ângulo $A\hat{O}B$ é igual à **medida angular** do arco $\overset{\frown}{AB}$.

Vamos representar a medida do ângulo e do arco da seguinte forma:

- med $A\hat{O}B$: medida do ângulo $A\hat{O}B$;
- med($\overset{\frown}{AB}$): medida angular do arco $\overset{\frown}{AB}$.

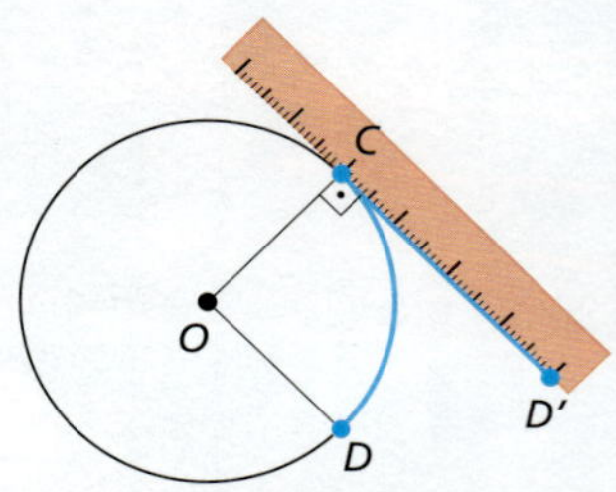

Já a **medida linear** de um arco é a medida de seu comprimento. Por exemplo, considere o arco $\overset{\frown}{CD}$, destacado em azul na figura ao lado. Se fosse possível "esticar" esse arco, poderíamos medir seu comprimento.

Sempre que nos referirmos à medida de um arco, vamos considerar sua medida angular e usar como unidades de medida o grau ou o radiano, que serão vistos a seguir. Quando nos referirmos ao seu comprimento, vamos considerar sua medida linear e, nesse caso, usar unidades lineares de medida, como o metro, o centímetro, o milímetro etc.

Unidades de medidas de arcos e ângulos

• O grau

Uma das unidades de medida do arco é o **grau**: 1° (um grau) é cada parte de uma circunferência que foi dividida em 360 partes iguais. Dizemos, então, que a circunferência mede 360° (trezentos e sessenta graus).

A medida de um arco $\overset{\frown}{AB}$ (destacado na figura a seguir) é igual à medida do ângulo central $A\hat{O}B$ correspondente, ou seja, é iqual à medida do ângulo com vértice no centro O e lados que contêm A e B.

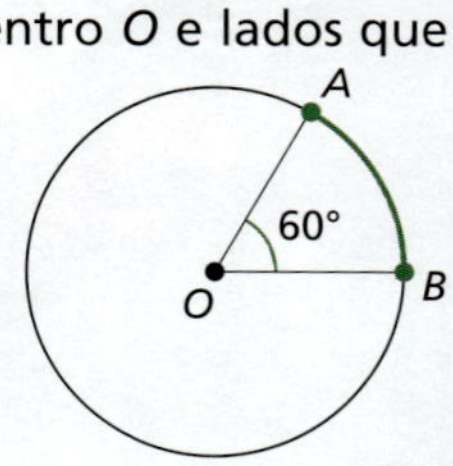

No exemplo da figura ao lado, temos: $\text{med}(\overset{\frown}{AB}) = 60°$ e $\text{med}A\hat{O}B = 60°$

O grau tem submúltiplos:

- $1'$ (1 minuto) $= \dfrac{1}{60}$ do grau
- $1''$ (1 segundo) $= \dfrac{1}{60}$ do minuto

- **O radiano**

Para medir arcos e ângulos, também usamos o **radiano**. Um arco de um radiano (1 rad) é aquele que tem comprimento igual ao raio da circunferência que o contém, ou seja, o comprimento do arco dividido pelo raio da circunferência é igual a 1. Em geral, para calcular a medida α, correspondente a um arco $\widehat{AB}$ qualquer, em radiano, usamos a seguinte relação: $\alpha = \frac{C}{r}$

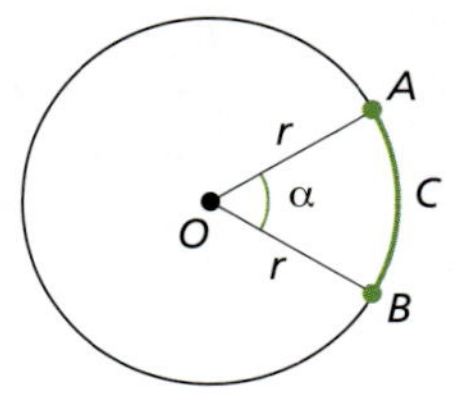

Para arcos determinados por um mesmo ângulo central, a razão entre o comprimento do arco e o raio da circunferência que o contém também é constante e representa a medida α do ângulo, em radiano, que é igual à medida do arco correspondente.

$$\alpha = \frac{C_1}{r_1} = \frac{C_2}{r_2} = \frac{C_3}{r_3}$$

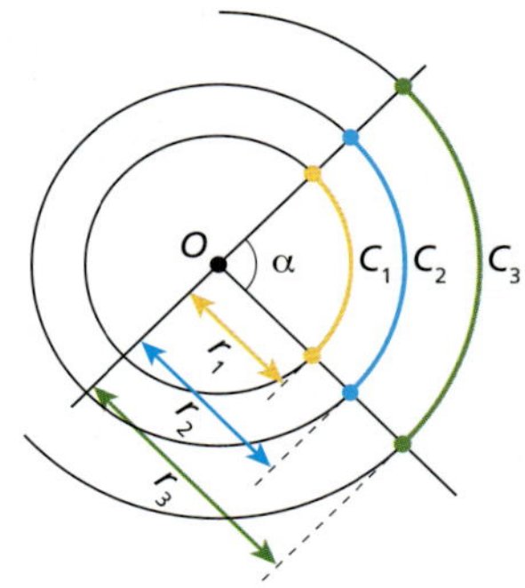

Exemplo

Uma circunferência mede 360°; essa medida também pode ser dada em radiano.

Sabemos que o comprimento de uma circunferência de centro O e raio r é dado por $2\pi r$ e que um arco de medida 1 rad tem comprimento r, assim:

$$\alpha = \frac{C}{r} = \frac{2\pi r}{r} \Rightarrow \alpha = 2\pi$$

Logo, a medida, em radiano, de uma circunferência é 2π rad.

Observação:
Usamos a letra grega α para indicar um ângulo qualquer, bem como sua medida.

1.3 Relação entre grau e radiano

Como vimos, uma circunferência mede 360° ou 2π rad. Assim, um ângulo raso, que determina uma semicircunferência, corresponde a um arco que mede 180° ou π rad.

A tabela e as figuras a seguir mostram a relação entre as medidas em grau e em radiano de alguns ângulos.

Grau	0	45	90	135	180	270	360
Radiano	0	$\frac{\pi}{4}$	$\frac{\pi}{2}$	$\frac{3\pi}{4}$	π	$\frac{3\pi}{2}$	2π

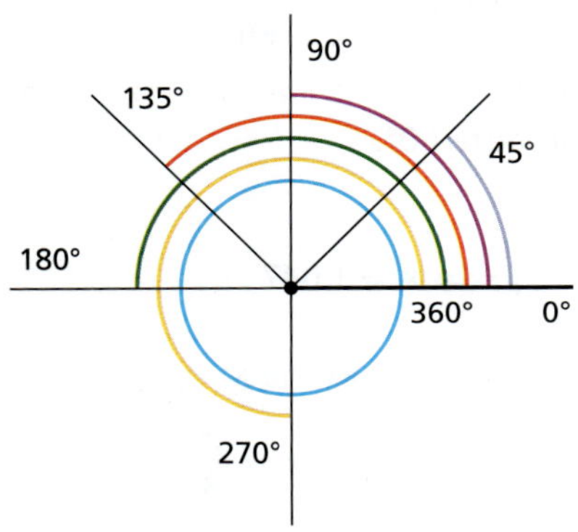

medidas em grau

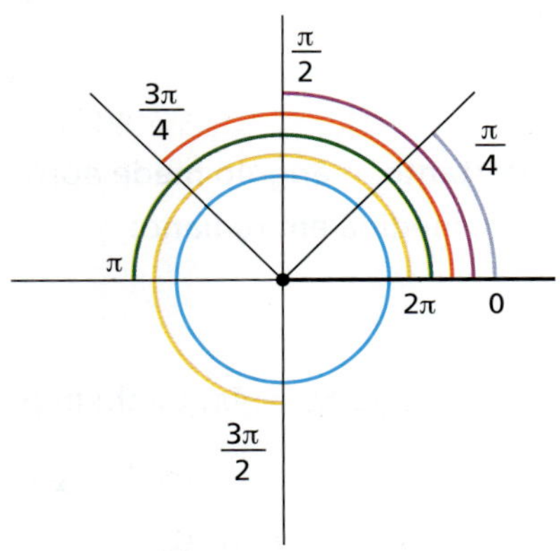

medidas em radiano

Exemplos

a) Vamos verificar quanto mede, em grau, um arco de $\frac{\pi}{6}$ rad.

Sabendo que π rad = 180°, fazemos a substituição:

$$x = \frac{\pi}{6} \Rightarrow x = \frac{180}{6} \Rightarrow x = 30$$

Assim, um arco de $\frac{\pi}{6}$ rad mede 30°.

b) Para determinar quanto mede, em radiano, um arco de 200°, fazemos:

radiano —— grau

π —————— 180

x —————— 200

$$180 \cdot x = \pi \cdot 200 \Rightarrow x = \frac{200 \cdot \pi}{180} \Rightarrow x = \frac{10\pi}{9}$$

Portanto, um arco de 200° mede $\frac{10\pi}{9}$ rad.

c) Vamos calcular o comprimento de uma circunferência de raio 5 cm:

$C = 2\pi r \Rightarrow C = 2\pi \cdot 5 \Rightarrow C \simeq 31{,}4$

Assim, a circunferência tem cerca de 31,4 cm de comprimento.

Vale lembrar que, quando escrito na forma decimal, o número π é uma dízima infinita que não apresenta repetições periódicas:

$\pi = 3{,}141592653589732...$

Em cálculos práticos, aproximamos o valor de π para 3,14.

d) Para calcular o comprimento do arco $\overset{\frown}{AB}$ de 45° de uma circunferência de 8 cm de raio, e considerando que um ângulo de 45° corresponde à oitava parte da circunferência (360° : 8 = 45°), fazemos:

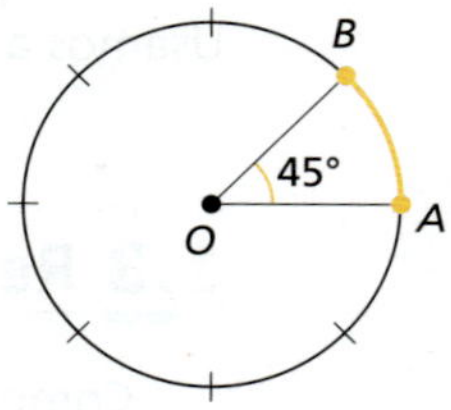

$$\text{med}\left(\overset{\frown}{AB}\right) = \frac{1}{8} \cdot 2\pi r = \frac{1}{8} \cdot 2\pi \cdot 8 \Rightarrow \text{med}\left(\overset{\frown}{AB}\right) \simeq 6{,}28$$

Assim, o arco mede aproximadamente 6,28 cm de comprimento.

e) Para determinar a medida x, em grau e em radiano, de um ângulo correspondente a um arco com aproximadamente 12,56 cm de comprimento, em uma circunferência com 12 cm de raio, calculamos:

- a medida em grau:

comprimento (cm) —— medida (grau)

12,56 —————— x

$2 \cdot \pi \cdot 12$ —————— 360

$$x \simeq \frac{360 \cdot 12{,}56}{2 \cdot 3{,}14 \cdot 12} \Rightarrow x \simeq 60$$

Portanto, o ângulo mede aproximadamente 60°.

- a medida em radiano:

$$x \simeq \frac{12{,}56}{12} \Rightarrow x \simeq 1{,}047$$

Como $12{,}56 \simeq 4\pi$, também podemos obter o valor de x:

$$x \simeq \frac{12{,}56}{12} \Rightarrow x \simeq \frac{4\pi}{12} \Rightarrow x \simeq \frac{\pi}{3}$$

Assim, o ângulo x mede aproximadamente $\frac{\pi}{3}$ rad ou 1,047 rad.

Exercícios

R1. Determinar, em grau, a medida do arco de 1 radiano. (Adote: $\pi = 3{,}14$)

➤ Resolução

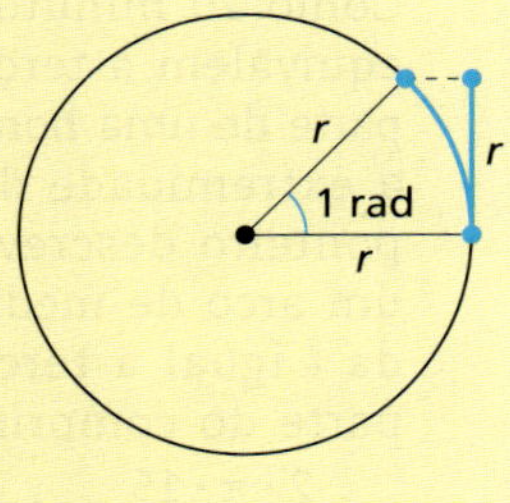

radiano	grau
π	180
1	x

$$x = \frac{180}{\pi} \simeq \frac{180}{3{,}14}$$

Pela resolução, o número 180 corresponde a 180°. Assim, para encontrar o valor de x, dividimos 180° por 3,14:

180,00° | 3,14
17898° → 57°19′29″
102° = 6120′
5966′
154′ = 9240″
9106″
134″

Assim: $x \simeq 57°19'29''$

Portanto, um arco de 1 rad mede cerca de 57°19′29″.

1. Indique, em radiano, a medida do ângulo reto.

2. Determine, em grau, a medida do ângulo de $\frac{2\pi}{3}$ rad.

3. Calcule, em grau, a medida aproximada de um arco de 3 rad.

4. Se $1° = 60'$ e $1' = 60''$, calcule a medida (em grau, minuto e segundo) de um arco de 2 rad.

5. Determine, em radiano, a medida dos arcos de:

a) 30°
b) 60°
c) 120°
d) 150°
e) 210°
f) 240°
g) 300°
h) 330°

6. Estabeleça, em grau, a medida dos arcos de:

a) $\frac{5\pi}{4}$ rad b) $\frac{7\pi}{6}$ rad c) $\frac{11\pi}{6}$ rad

7. Quanto mede (em rad) um ângulo de 1°?

8. Calcule, em grau e em radiano, a medida dos arcos que representam.

a) $\frac{2}{5}$ da circunferência.

b) $\frac{7}{10}$ da circunferência.

9. Trajeto. O esquema a seguir mostra, em azul, o trecho de uma rua com a forma de um arco de circunferência de raio r e centro O. Para ir de A a B, andamos 314 m e alteramos a direção em 5°.

a) Qual é a medida, em radiano, de α?

b) Qual é o valor, em metro, de r? (Adote: $\pi = 3{,}14$)

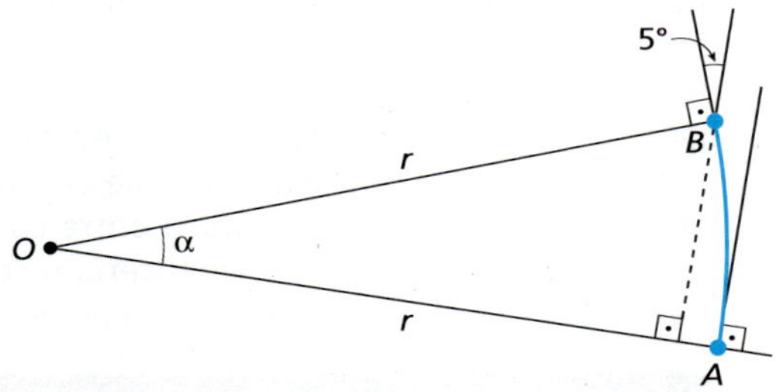

R2. Qual é a medida, em grau, do menor ângulo formado pelos ponteiros de um relógio às 11 h 45 min?

➤ Resolução

Na figura abaixo, observamos que o ângulo procurado mede $(\alpha + 60°)$.

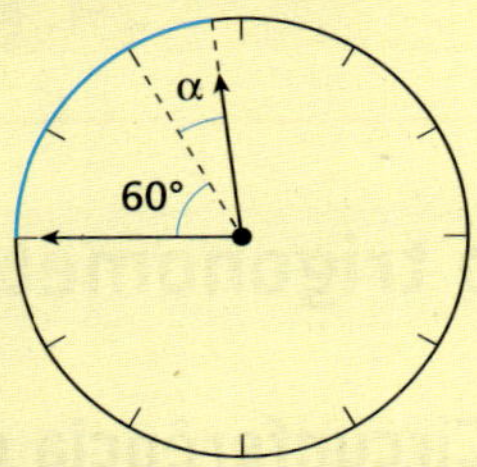

A cada 60 minutos, o ponteiro das horas percorre 30°.

Usando a regra de três, calculamos α:

$$\left.\begin{array}{l}30° - 60 \text{ min} \\ \alpha - 45 \text{ min}\end{array}\right\} \Rightarrow \frac{30°}{\alpha} = \frac{60}{45} \Rightarrow \alpha = 22{,}5°$$

$$\alpha + 60° = 22{,}5° + 60° = 82{,}5° = 82°30'$$

Portanto, a medida do menor ângulo é 82°30′.

10. Qual é a medida do menor ângulo formado pelos ponteiros de um relógio às 2 h 20 min?

R3. Caminhada. Pela manhã, uma pessoa idosa completou três voltas em torno de uma praça circular de 42 m de raio. Calcular quantos metros a pessoa caminhou.

➤ Resolução

três voltas: $C' = 3 \cdot 2 \cdot \pi \cdot 42 \Rightarrow C' \simeq 791{,}28$

Portanto, a pessoa caminhou aproximadamente 791,28 m.

11. Calcule o comprimento de uma circunferência de 30 cm de diâmetro.

12. Atletismo. Um atleta corria em uma pista circular de 400 m de raio. Quando faltava a quarta parte para completar a primeira volta, ele teve de interromper a corrida. Quantos metros, aproximadamente, ele percorreu?

13. Moenda. Nos antigos engenhos de cana-de-açúcar, muitas vezes utilizava-se tração animal. Uma junta de bois era atrelada a uma canga (trave de madeira), que, por sua vez, era presa a uma haste ligada ao pivô central da moenda. Ao andar, os animais moviam as engrenagens que esmagavam a cana. Supondo que a distância entre os bois e o pivô central fosse 2,80 m, qual seria o comprimento da circunferência percorrida pelos bois?

REPRODUÇÃO - MUSEU PAULISTA DA USP, SÃO PAULO

R4. Relógio. Em um relógio, o ponteiro dos minutos mede 15 cm. Determinar o comprimento do arco percorrido pela extremidade desse ponteiro das 14 h às 14 h 20 min.

➤ Resolução

PKRUGER/SHUTTERSTOCK

Como 20 minutos equivalem à terça parte de uma hora, a extremidade do ponteiro descreve um arco de medida ℓ igual à terça parte do comprimento da circunferência:

$$\ell = \frac{2 \cdot \pi \cdot 15}{3} \simeq 31{,}4$$

Logo, o ponteiro percorre um arco de cerca de 31,4 cm.

14. Relógio. O ponteiro das horas de um relógio tem 7 cm de comprimento. Quantos centímetros sua extremidade percorre das 13 h às 16 h?

15. Física. Um pêndulo oscila e forma, entre suas posições extremas, um ângulo de 70°.

a) Sabendo que esse pêndulo tem 25 cm de comprimento, calcule o comprimento do arco que ele descreve.

b) Qual seria o comprimento do arco se o pêndulo tivesse 20 cm de comprimento?

2 Ciclo trigonométrico (1ª volta)

2.1 Circunferência orientada no plano cartesiano

A **circunferência trigonométrica**, ou **ciclo trigonométrico**, tem centro na origem $O(0, 0)$ de um plano cartesiano e raio de 1 unidade.

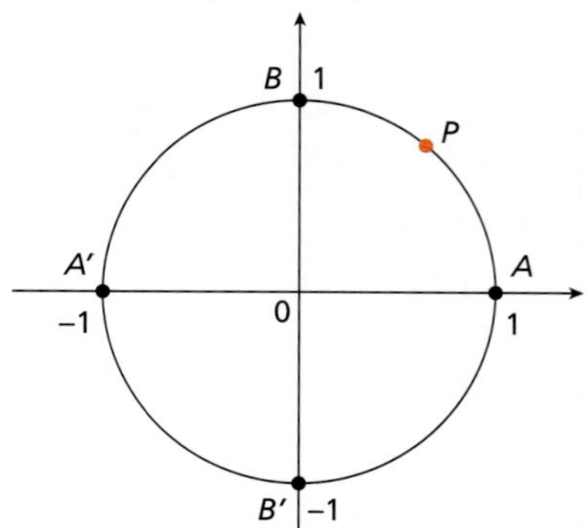

No ciclo trigonométrico, o ponto $A(1, 0)$ é a **origem** de todos os arcos, isto é, o ponto a partir do qual percorremos a circunferência até um ponto P, para determinar o arco $\overset{\frown}{AP}$ (P é a extremidade do arco, conforme mostra a figura ao lado).

A cada ponto P da circunferência, associamos a medida de $\overset{\frown}{AP}$ tal que:

$$0 \text{ rad} \leq \text{med}(\overset{\frown}{AP}) \leq 2\pi \text{ rad ou } 0° \leq \text{med}(\overset{\frown}{AP}) \leq 360°$$

Podemos percorrer uma circunferência em dois sentidos: no sentido horário e no sentido anti-horário.

Adotando o sentido anti-horário para as medidas **positivas**, determinamos o sentido oposto (horário) para as medidas **negativas**. Assim:

- sentido anti-horário: $\text{med}(\overset{\frown}{AP}) = 60°$
- sentido horário: $\text{med}(\overset{\frown}{AP}) = -300°$

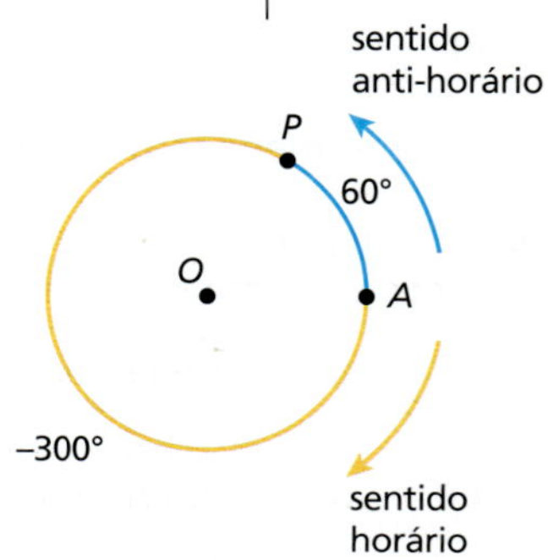

Daqui em diante, vamos convencionar que a notação $\overset{\frown}{AP}$ representa um arco de circunferência orientada no sentido anti-horário, com origem em A e extremidade em P.

O **eixo das abscissas** (eixo $\overleftrightarrow{A'A}$) e o **eixo das ordenadas** (eixo $\overleftrightarrow{B'B}$) do plano dividem o ciclo em quatro quadrantes (QI, QII, QIII, QIV), como mostram as figuras a seguir.

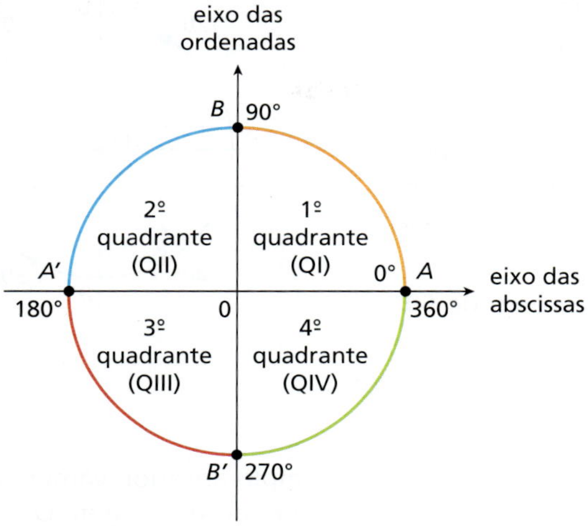

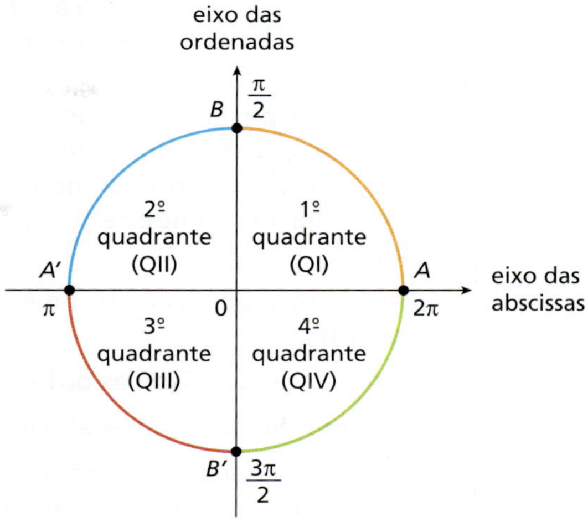

Assim, dado um arco $\left(\overset{\frown}{AP}\right)$, temos:

- Se $P \in \text{QI} \Rightarrow 0 \text{ rad} < \text{med}\left(\overset{\frown}{AP}\right) < \dfrac{\pi}{2} \text{ rad}$ ou $0° < \text{med}\left(\overset{\frown}{AP}\right) < 90°$
- Se $P \in \text{QII} \Rightarrow \dfrac{\pi}{2} \text{ rad} < \text{med}\left(\overset{\frown}{AP}\right) < \pi \text{ rad}$ ou $90° < \text{med}\left(\overset{\frown}{AP}\right) < 180°$
- Se $P \in \text{QIII} \Rightarrow \pi \text{ rad} < \text{med}\left(\overset{\frown}{AP}\right) < \dfrac{3\pi}{2} \text{ rad}$ ou $180° < \text{med}\left(\overset{\frown}{AP}\right) < 270°$
- Se $P \in \text{QIV} \Rightarrow \dfrac{3\pi}{2} \text{ rad} < \text{med}\left(\overset{\frown}{AP}\right) < 2\pi \text{ rad}$ ou $270° < \text{med}\left(\overset{\frown}{AP}\right) < 360°$

Observação:

Os pontos A, A′, B e B′ pertencem aos eixos, portanto não são considerados pontos dos quadrantes.

2.2 Simetria no ciclo trigonométrico

A seguir, vamos estudar três tipos de simetria no ciclo trigonométrico:

- em relação ao eixo das ordenadas;
- em relação à origem O;
- em relação ao eixo das abscissas.

Essas simetrias ajudarão a relacionar senos, cossenos, tangentes etc. desses arcos.

Na figura ao lado, $\text{med}\left(\overset{\frown}{AP}\right) = \alpha$ rad:

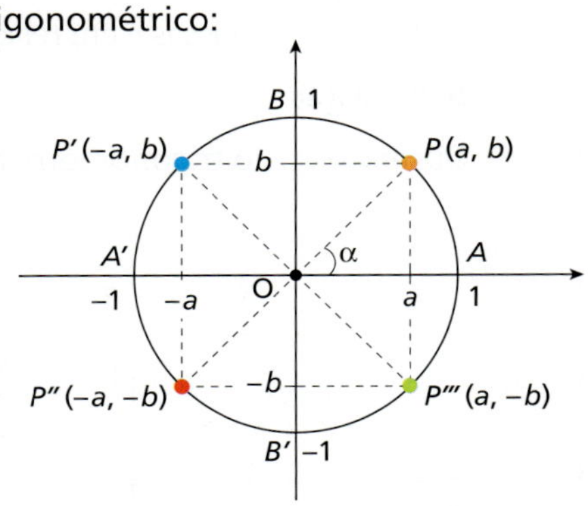

Pontos	Simétricos em relação	Característica	Medida do arco
P e P'	ao eixo das ordenadas	têm abscissas opostas e ordenadas iguais	$\text{med}\left(\overset{\frown}{AP'}\right) = (\pi - \alpha)$ rad ou $(180° - \alpha)$
P e P''	à origem	têm abscissas opostas e ordenadas opostas	$\text{med}\left(\overset{\frown}{AP''}\right) = (\pi + \alpha)$ rad ou $(180° + \alpha)$
P e P'''	ao eixo das abscissas	têm abscissas iguais e ordenadas opostas	$\text{med}\left(\overset{\frown}{AP'''}\right) = (2\pi - \alpha)$ rad ou $(360° - \alpha)$

Se as extremidades de dois arcos com mesma origem são pontos que apresentam uma dessas simetrias, dizemos que esses arcos são **arcos simétricos**.

Exemplos

a) Vamos determinar a medida dos arcos simétricos ao arco de 60° em relação aos eixos das ordenadas e das abscissas. Observe o ciclo trigonométrico ao lado.

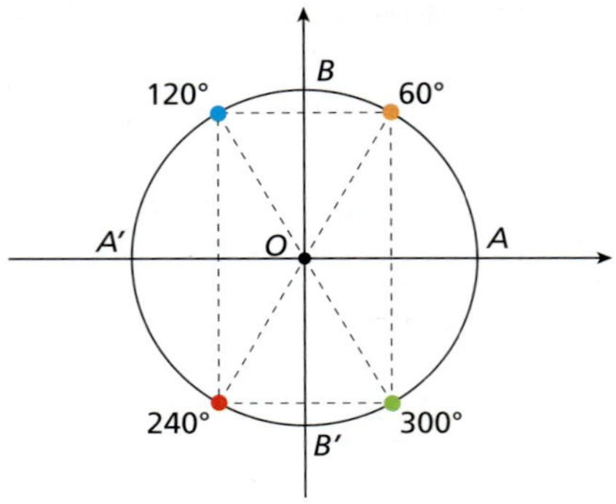

Em um ciclo trigonométrico, quando um valor, em grau, está associado a um ponto, subentende-se que esse valor indica a medida, em grau, de um arco cuja extremidade é representada por esse ponto.

Percebemos que os arcos simétricos ao arco de 60° medem:

- em relação ao eixo das ordenadas: 180° − 60° = 120°
- em relação ao eixo das abscissas: 360° − 60° = 300°

b) Agora, analisando a figura do ciclo trigonométrico no exemplo anterior, vamos encontrar a medida de todos os arcos simétricos ao simétrico de 60° em relação à origem *O*.

O arco simétrico ao arco de 60° em relação à origem *O* é o arco de 240°.

Portanto, o arco de 240° é simétrico aos arcos:

- de 120°, em relação ao eixo das abscissas;
- de 300°, em relação ao eixo das ordenadas;
- de 60°, em relação à origem: 180° + 60° = 240°

Exercícios

R5. Determinar a medida dos arcos simétricos ao arco de $\frac{\pi}{6}$ rad em relação aos eixos das ordenadas e das abscissas e em relação à origem.

➤ Resolução

Observe o ciclo trigonométrico a seguir.

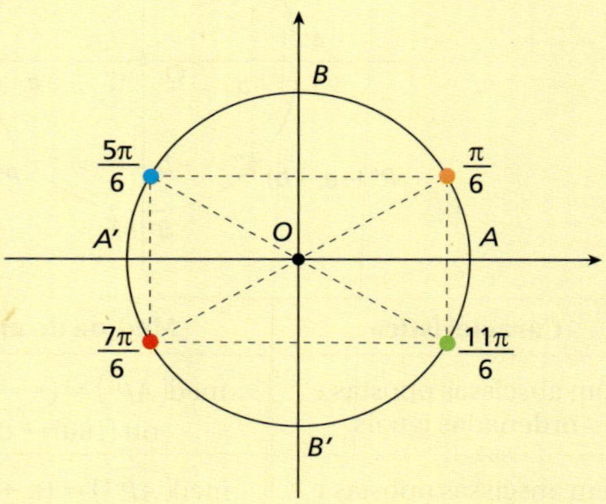

Em um ciclo trigonométrico, quando um valor, sem unidade de medida, está associado a um ponto, subentende-se que esse valor representa a medida de um arco em radiano.

Os arcos simétricos ao arco de $\frac{\pi}{6}$ rad medem:

- em relação ao eixo das ordenadas (eixo y):
$$\left(\pi - \frac{\pi}{6}\right) \text{rad} = \frac{5\pi}{6} \text{ rad}$$
- em relação ao eixo das abscissas (eixo x):
$$\left(2\pi - \frac{\pi}{6}\right) \text{rad} = \frac{11\pi}{6} \text{ rad}$$
- em relação à origem (O):
$$\left(\pi + \frac{\pi}{6}\right) \text{rad} = \frac{7\pi}{6} \text{ rad}$$

16. Desenhe um ciclo trigonométrico e assinale os pontos que são extremidades dos arcos de: 30°, 45°, 60°, 90°, 120°, 135°, 150°, 180°, 210°, 225°, 240°, 270°, 300°, 315°, 330°, e 360°.

17. Considere o ciclo trigonométrico desenhado no exercício anterior e determine em radiano as extremidades dos arcos assinalados.

18. Observe as respostas dos exercícios 16 e 17 e indique o simétrico, em relação aos eixos x e y e em relação à origem O, dos arcos de:

a) $\frac{5\pi}{4}$ rad b) 330° c) $\frac{2\pi}{3}$ rad d) 315°

19. Obtenha a medida dos arcos do 1º quadrante que são simétricos aos arcos cujas medidas estão indicadas nas figuras.

a)

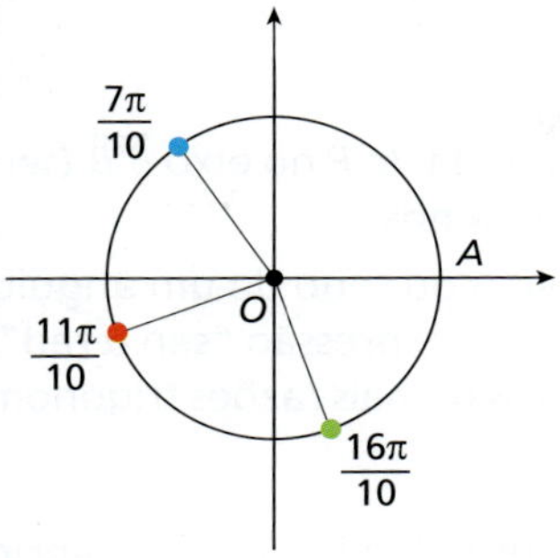

b)

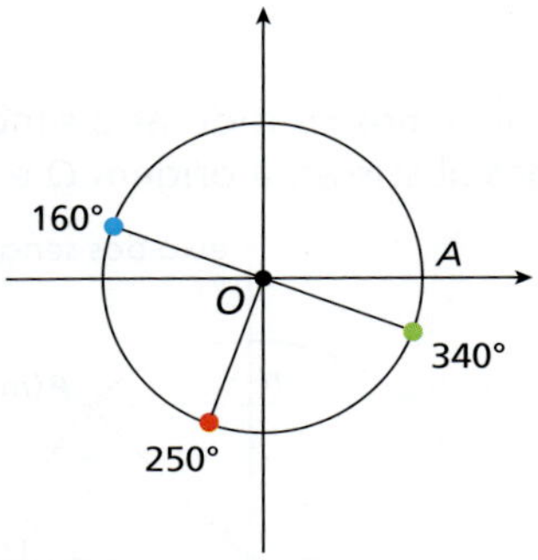

20. Calcule a medida dos arcos de extremidade A, B e C nos ciclos trigonométricos abaixo.

a)

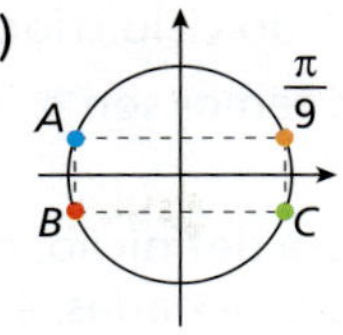

b)

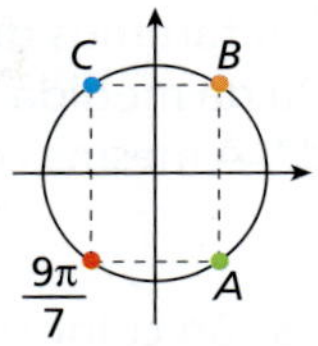

c)

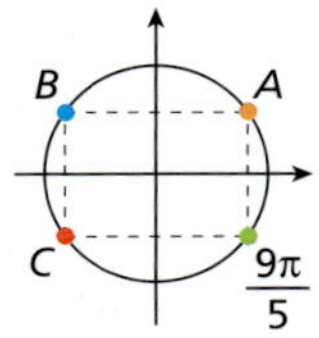

21. Determine a medida dos arcos de extremidade P, R e S no ciclo trigonométrico ao lado.

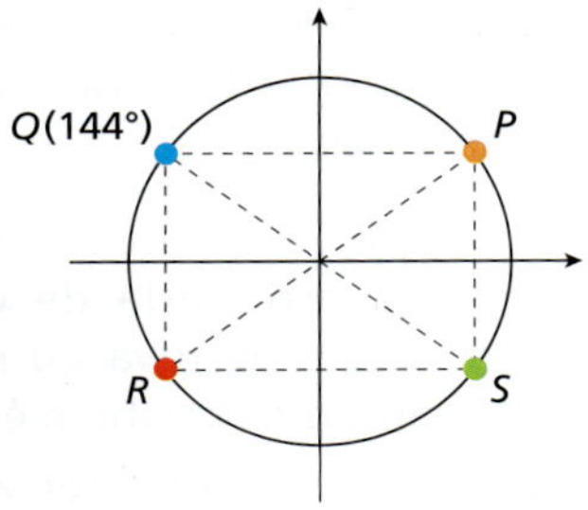

3 Seno, cosseno e tangente

Você já aprendeu a calcular o seno, o cosseno e a tangente de um ângulo agudo de um triângulo retângulo. Observe:

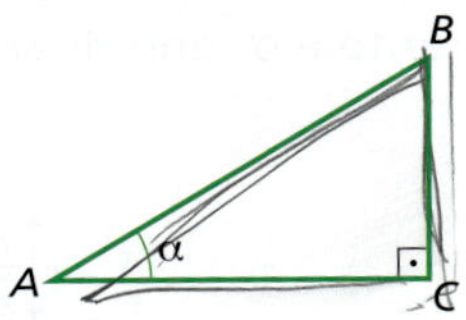

$$\text{sen}\,\alpha = \frac{BC}{AB} \qquad \cos\alpha = \frac{AC}{AB} \qquad \text{tg}\,\alpha = \frac{BC}{AC} = \frac{\text{sen}\,\alpha}{\cos\alpha}$$

Mas como podemos calcular sen α, cos α e tg α quando α é maior que 90°?

Nesta seção, vamos estender o conceito de sen α, cos α e tg α para qualquer α pertencente ao intervalo $[0, 2\pi]$.

3.1 Seno de um arco

No 1º quadrante do ciclo trigonométrico ao lado, observe o triângulo *COP* e o arco $\widehat{AP}$. Pela representação, percebemos que: $\text{med}(C\hat{O}P) = \text{med}(A\hat{O}P) = \text{med}(\widehat{AP}) = \alpha$

Aplicando ao triângulo *COP* a definição de seno de um ângulo agudo, temos:

$$\text{sen}\,\alpha = \frac{CP}{OP} = \frac{n}{1} = n$$

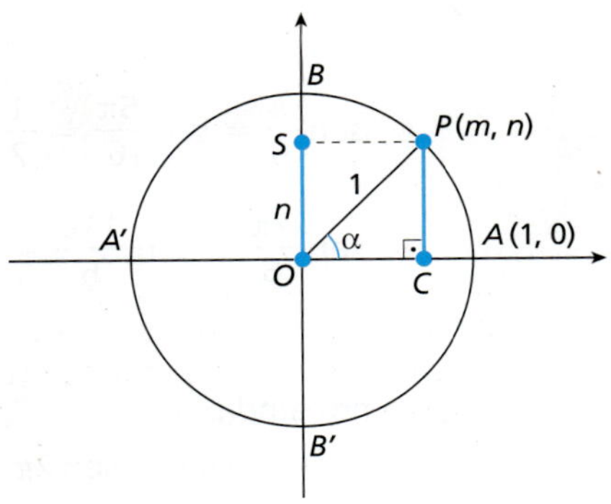

Essa definição é válida apenas quando *P* está no 1º quadrante e *B*, *P* e *A* não são coincidentes. Quando *P* não satisfaz essas condições, verificamos que o ângulo de medida α não é agudo; assim, é necessário redefinir seno.

De modo geral, para m e n reais pertencentes ao intervalo $[-1, 1]$:

- Para todo arco $\overset{\frown}{AP}$ do ciclo trigonométrico, com $P(m, n)$, med$(\overset{\frown}{AP}) = \alpha$ rad, $\alpha \in \mathbb{R}$ e $0 \leq \alpha \leq 2\pi$, temos sen $\alpha = n$.

Observe que, por essa definição, o seno do ângulo α é a ordenada de P no eixo $\overleftrightarrow{B'B}$ (sen $\alpha = n$). Por isso, o eixo $\overleftrightarrow{B'B}$, das ordenadas, é também chamado **eixo dos senos**.

Daqui em diante, não faremos distinção entre seno de um arco ou seno de um ângulo e seno da medida de um arco ou da medida de um ângulo. Por exemplo, na expressão "sen α rad", vamos omitir a abreviação "rad". A mesma convenção será adotada para as demais razões trigonométricas.

Observação:

- A ≡ B: Os pontos A e B são coincidentes;
- A ≢ B: Os pontos A e B **não** são coincidentes.

Simetria no estudo do seno

Para determinar o seno dos arcos dos demais quadrantes, devemos considerar a simetria do ponto P, com $P \in$ QI, e de seus simétricos em relação ao eixo das abscissas, à origem O e ao eixo das ordenadas.

Como a ordenada de um ponto do 1º ou do 2º quadrante é positiva ou nula, o seno de um arco desses quadrantes também é positivo ou nulo.

Na figura: $sen\ \overset{\frown}{AP} = sen\ \overset{\frown}{AQ} = n$

Analogamente, concluímos que o seno de um arco do 3º ou do 4º quadrante é negativo ou nulo.

Na figura: $sen\ \overset{\frown}{AR} = sen\ \overset{\frown}{AS} = -n$

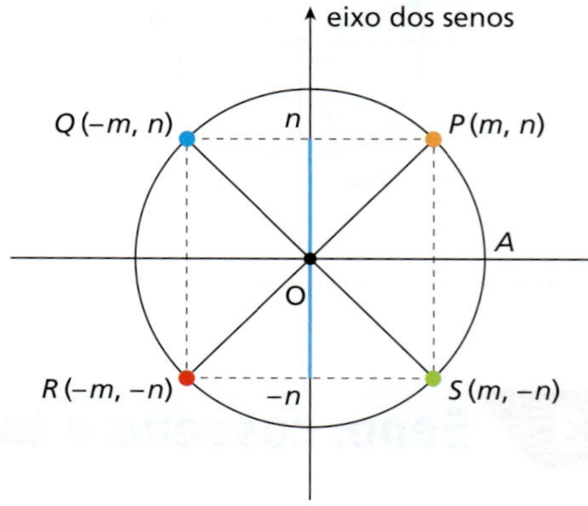

Exemplo

Nas figuras abaixo, observe o seno de alguns arcos do 1º quadrante e o seno de seus simétricos em relação aos eixos ou à origem O.

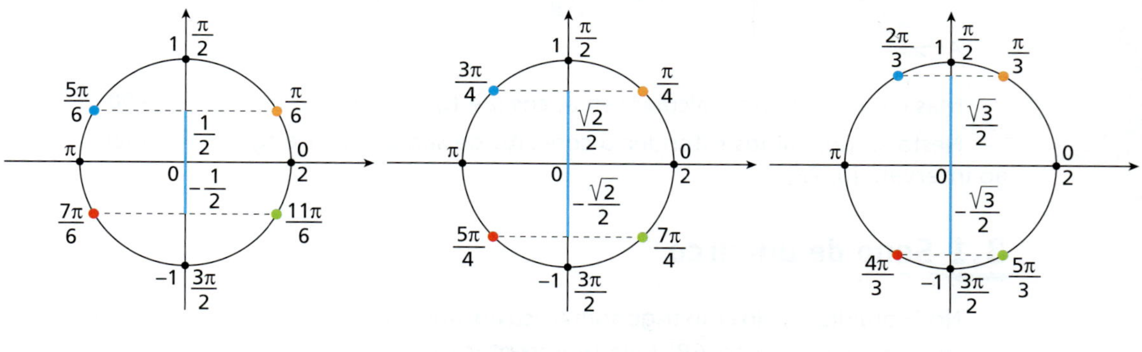

- $\text{sen}\,\dfrac{\pi}{6} = \text{sen}\,\dfrac{5\pi}{6} = \dfrac{1}{2}$
- $\text{sen}\,\dfrac{7\pi}{6} = \text{sen}\,\dfrac{11\pi}{6} = -\dfrac{1}{2}$
- $\text{sen}\,\dfrac{\pi}{4} = \text{sen}\,\dfrac{3\pi}{4} = \dfrac{\sqrt{2}}{2}$
- $\text{sen}\,\dfrac{5\pi}{4} = \text{sen}\,\dfrac{7\pi}{4} = -\dfrac{\sqrt{2}}{2}$
- $\text{sen}\,\dfrac{\pi}{3} = \text{sen}\,\dfrac{2\pi}{3} = \dfrac{\sqrt{3}}{2}$
- $\text{sen}\,\dfrac{4\pi}{3} = \text{sen}\,\dfrac{5\pi}{3} = -\dfrac{\sqrt{3}}{2}$

Temos ainda:

- $\text{sen}\,0 = \text{sen}\,\pi = \text{sen}\,2\pi = 0$
- $\text{sen}\,\dfrac{3\pi}{2} = -1$
- $\text{sen}\,\dfrac{\pi}{2} = 1$

Observação:

Os valores do seno dos arcos 0, $\frac{\pi}{6}$, $\frac{\pi}{4}$, $\frac{\pi}{3}$, $\frac{\pi}{2}$, π, $\frac{3\pi}{2}$ e 2π são chamados de **valores notáveis**.

Analisando a simetria estudada no ciclo trigonométrico do exemplo, concluímos que, a partir do seno de um arco do 1º quadrante, podemos determinar o seno de um arco simétrico do 2º, do 3º ou do 4º quadrante usando as relações a seguir.

Para α, em radiano, no 1º quadrante, temos:

- $\text{sen}(\pi - \alpha) = \text{sen}\ \alpha$

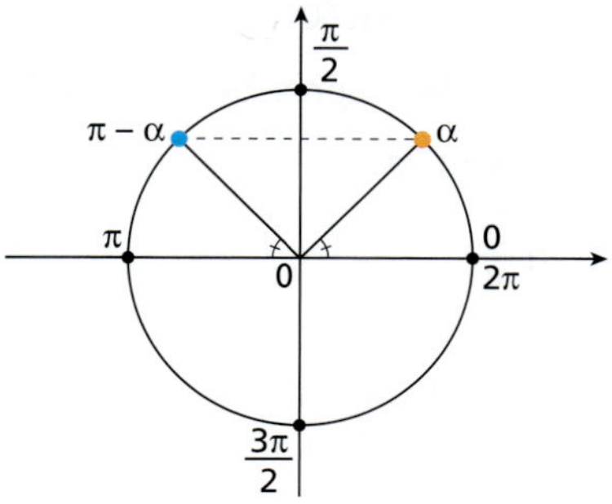

- $\text{sen}(\pi + \alpha) = -\text{sen}\ \alpha$

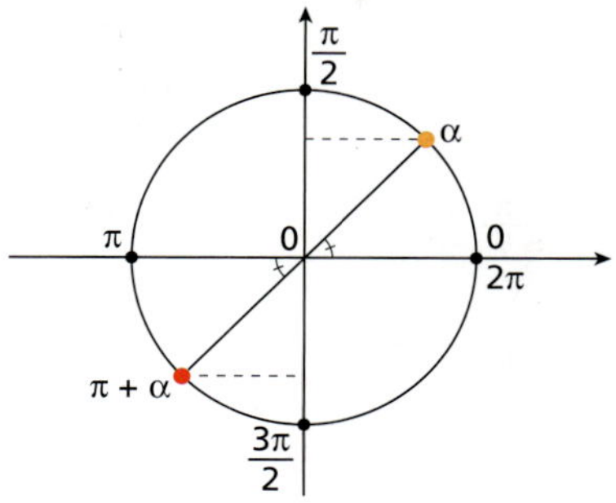

- $\text{sen}(2\pi - \alpha) = -\text{sen}\ \alpha$

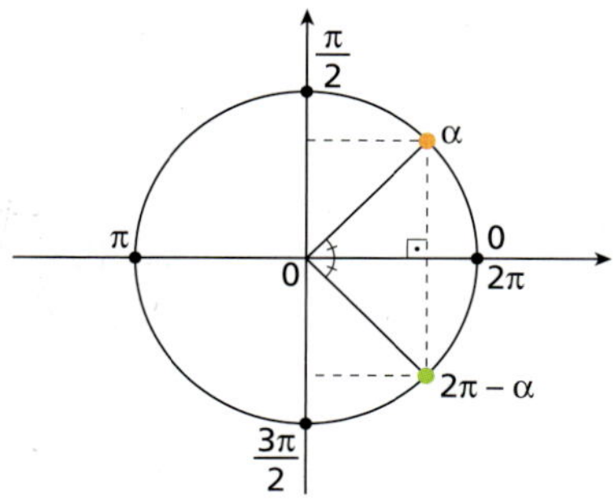

Como $\pi = 180°$, as mesmas relações são válidas para qualquer medida de ângulo em grau.

Exemplo

Vamos determinar o seno de $\frac{4\pi}{3}$ e o seno de seus simétricos em relação aos eixos e à origem *O*.

O arco de $\frac{4\pi}{3}$ (QIII) é simétrico ao:

- arco de $\frac{2\pi}{3}$ (QII) em relação ao eixo $\overleftrightarrow{A'A}$:
  $\text{sen}\ \frac{4\pi}{3} = -\text{sen}\ \frac{2\pi}{3}$
- arco de $\frac{5\pi}{3}$ (QIV) em relação ao eixo $\overleftrightarrow{B'B}$:
  $\text{sen}\ \frac{4\pi}{3} = \text{sen}\ \frac{5\pi}{3}$
- arco de $\frac{\pi}{3}$ (QI) em relação à origem *O*:
  $\text{sen}\ \frac{4\pi}{3} = -\text{sen}\frac{\pi}{3}$

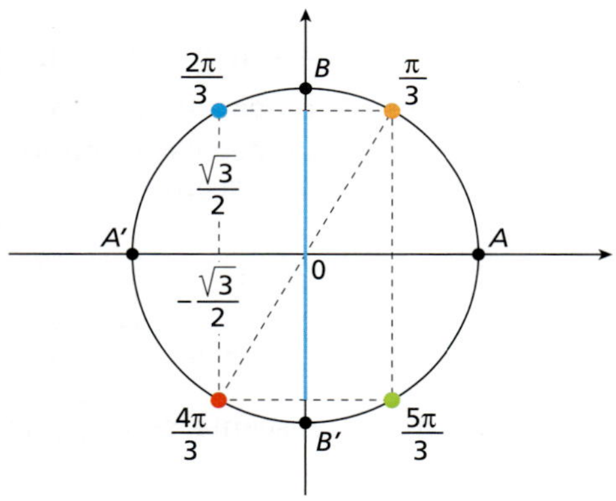

Portanto:

$$\text{sen}\frac{4\pi}{3} = \text{sen}\frac{5\pi}{3} = -\frac{\sqrt{3}}{2} \text{ e } \text{sen}\frac{2\pi}{3} = \text{sen}\frac{\pi}{3} = \frac{\sqrt{3}}{2}$$

Variação do seno

Se imaginarmos um ponto *P* percorrendo o ciclo trigonométrico, no sentido anti-horário, a partir de *A*(1, 0), verificaremos que o seno:

- cresce de 0 a 1 no 1º quadrante $\left(0 \text{ a } \frac{\pi}{2}\right)$;
- decresce de 1 a 0 no 2º quadrante $\left(\frac{\pi}{2} \text{ a } \pi\right)$;
- decresce de 0 a −1 no 3º quadrante $\left(\pi \text{ a } \frac{3\pi}{2}\right)$;
- cresce de −1 a 0 no 4º quadrante $\left(\frac{3\pi}{2} \text{ a } 2\pi\right)$.

Observação:

No ciclo trigonométrico, para todo $\alpha \in \mathbb{R}$, com $0 \leq \alpha \leq 2\pi$, temos:

$$-1 \leq \text{sen}\ \alpha \leq 1$$

Exercícios

Na resolução dos exercícios, se necessário, consulte a tabela trigonométrica do capítulo 12.

R6. Colocar em ordem crescente os valores de $\text{sen}\,\frac{\pi}{7}$, $\text{sen}\,\frac{\pi}{2}$, $\text{sen}\,\frac{10\pi}{9}$, $\text{sen}\,\frac{3\pi}{2}$ e $\text{sen}\,\frac{13\pi}{9}$.

➤ Resolução

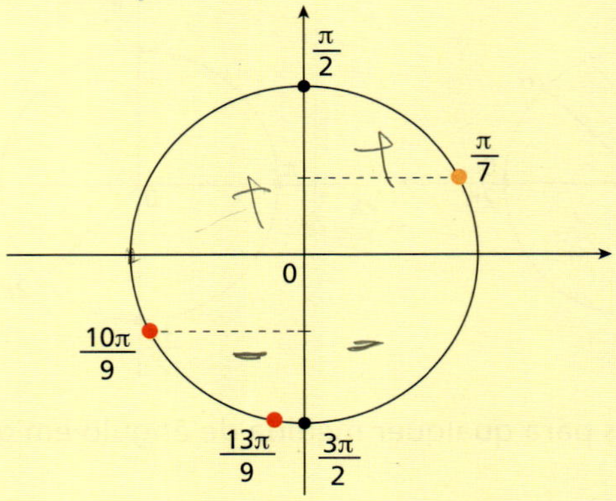

O arco de $\frac{\pi}{7}$ localiza-se no 1º quadrante:

$0 < \frac{\pi}{7} < \frac{\pi}{2}$

Logo: $0 < \text{sen}\,\frac{\pi}{7} < 1$

Sabemos que: $\text{sen}\,\frac{\pi}{2} = 1$ e $\text{sen}\,\frac{3\pi}{2} = -1$

(valores extremos para o seno)

Em QIII, o seno decresce conforme as medidas dos arcos crescem:

$\frac{13\pi}{9} > \frac{10\pi}{9}$: logo,

$-1 < \text{sen}\,\frac{13\pi}{9} < \text{sen}\,\frac{10\pi}{9} < 0$

Em ordem crescente: $\text{sen}\,\frac{3\pi}{2}$, $\text{sen}\,\frac{13\pi}{9}$, $\text{sen}\,\frac{10\pi}{9}$, $\text{sen}\,\frac{\pi}{7}$, $\text{sen}\,\frac{\pi}{2}$

22. Determine o sinal do seno dos arcos que medem em radiano: $\frac{7\pi}{6}$, $\frac{2\pi}{3}$, $\frac{\pi}{4}$ e π

23. Determine o seno dos arcos simétricos a $\frac{\pi}{6}$ nos demais quadrantes.

24. Dado $\text{sen}\,55° \simeq 0{,}8$, calcule o valor aproximado de:

a) sen 125° b) sen 235° c) sen 305°

25. Verifique se o seno de 120° é o dobro do seno de 60° e metade do seno de 240°.

26. Determine o quadrante a que pertence o ângulo x, se:

a) $\text{sen}\,x = 0{,}8$

b) $\text{sen}\,x = -0{,}99$

c) $\text{sen}\,x = \frac{3}{7}$

d) $\text{sen}\,x = 0$

27. Classifique cada sentença em verdadeira (V) ou falsa (F).

a) sen 60° = sen 20° + sen 40°

b) sen (20° + 40°) = sen 20° + sen 40°

c) sen (3 · 60°) = 3 · sen 60°

28. Calcule o valor das expressões.

a) $\dfrac{\text{sen}\,\frac{\pi}{3} + \text{sen}\,2\pi}{\text{sen}\,\frac{\pi}{4}}$

b) $\dfrac{\text{sen}\,\frac{3\pi}{2} + \text{sen}\,\frac{2\pi}{3}}{3 \cdot \text{sen}\,\frac{\pi}{6}}$

c) $\dfrac{\text{sen}\,\frac{4\pi}{3} - \text{sen}\,\frac{11\pi}{6} + \text{sen}\,\pi}{2 \cdot \text{sen}\,\frac{\pi}{2}}$

29. Relógio. Imagine o ciclo trigonométrico sobreposto ao mostrador de um relógio, de modo que seus centros fiquem coincidentes. Se o ponteiro das horas aponta para a origem do ciclo às 15 h, que horas o relógio estará indicando quando esse ponteiro se sobrepuser a um raio do ciclo correspondente a um ângulo de seno $-0{,}5$?

RTIMAGES/SHUTTERSTOCK

30. Aplique as relações de simetria e obtenha o valor aproximado de:

a) sen 140°

b) sen 255°

c) sen 310°

31. Converta as medidas de $\frac{2\pi}{5}$ e $\frac{7\pi}{5}$ em grau e calcule o valor de:

a) $\text{sen}\,\frac{2\pi}{5}$ b) $\text{sen}\,\frac{7\pi}{5}$

32. Dado o ciclo trigonométrico abaixo, determine os valores de $\text{sen}\,\alpha$, $\text{sen}\,\beta$ e $\text{sen}\,\theta$.

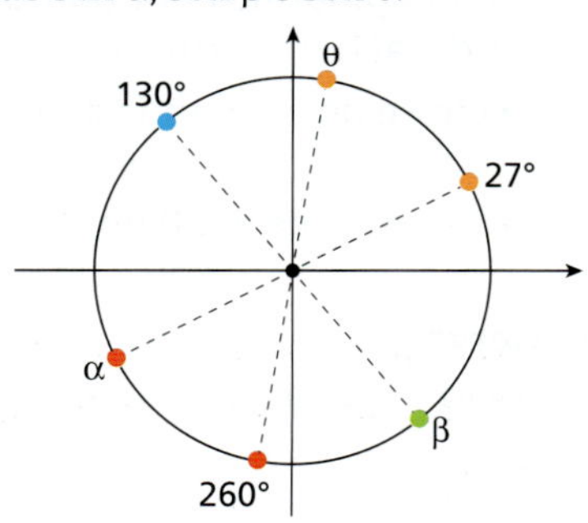

33. Sobre o ciclo trigonométrico foram traçados arcos com os seguintes comprimentos:

- $\widehat{AB}: \frac{\pi}{4}$ • $\widehat{AC}: \frac{2\pi}{3}$ • $\widehat{AD}: \frac{7\pi}{6}$ • $\widehat{AE}: \frac{3\pi}{2}$

a) Determine a medida de cada arco em radiano.

b) Coloque em ordem crescente os seguintes valores: $\text{sen}\,\frac{\pi}{4}$, $\text{sen}\,\frac{2\pi}{3}$, $\text{sen}\,\frac{7\pi}{6}$, $\text{sen}\,\frac{3\pi}{2}$.

34. Indique o sinal das expressões.

a) $(\text{sen}\,50° + \text{sen}\,125°) \cdot (\text{sen}\,215° \cdot \text{sen}\,285°)$

b) $\dfrac{2 \cdot \text{sen}\,\frac{\pi}{3} \cdot \text{sen}\,\frac{3\pi}{4}}{-1}$

c) $\dfrac{(\text{sen}\,10° + \text{sen}\,80°) \cdot (\text{sen}\,190°)}{-2 \cdot \text{sen}\,300°}$

3.2 Cosseno de um arco

Observando, no ciclo trigonométrico ao lado o triângulo COP e o arco $\widehat{AP}$ do 1º quadrante, verificamos que:

$$\text{med}(C\hat{O}P) = \text{med}(A\hat{O}P) = \text{med}(\widehat{AP}) = \alpha$$

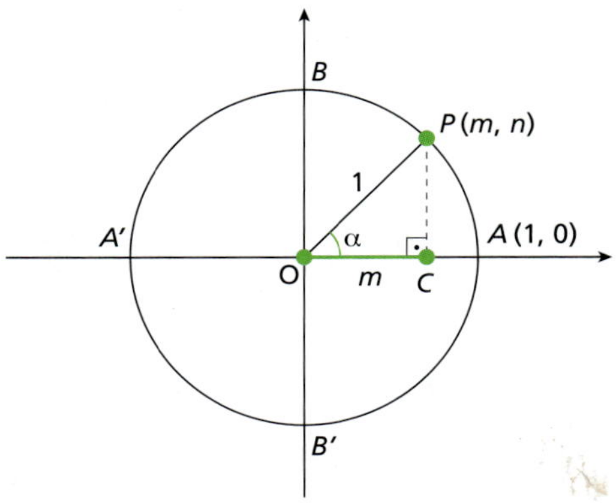

Aplicando a definição de cosseno de um ângulo agudo no triângulo COP, temos:

$$\cos\alpha = \frac{OC}{OP} = \frac{m}{1} = m$$

Essa definição é válida apenas quando P está no 1º quadrante e B, P e A não são coincidentes. Quando P não satisfaz essas condições, verificamos que o ângulo de medida α não é agudo; assim, é necessário redefinir cosseno.

De modo geral, para m e n reais pertencentes ao intervalo $[-1, 1]$:

- Para todo arco $\widehat{AP}$ do ciclo trigonométrico, com $P(m, n)$, $\text{med}(\widehat{AP}) = \alpha$, $\alpha \in \mathbb{R}$ e $0 \leq \alpha \leq 2\pi$, temos $\cos\alpha = m$.

Observe que, por essa definição, o cosseno do ângulo α é a abscissa de P no eixo $\overleftrightarrow{A'A}$ ($\cos\alpha = m$). Por isso, o eixo $\overleftrightarrow{A'A}$, das abscissas, é também chamado **eixo dos cossenos**.

Simetria no estudo do cosseno

Para determinar o cosseno dos arcos dos demais quadrantes, devemos considerar a simetria do ponto P, com $P \in \text{QI}$, e de seus simétricos em relação ao eixo das abscissas, à origem O e ao eixo das ordenadas.

Como a abscissa de um ponto do 1º ou do 4º quadrante é positiva ou nula, o cosseno de um arco desses quadrantes também é positivo ou nulo.

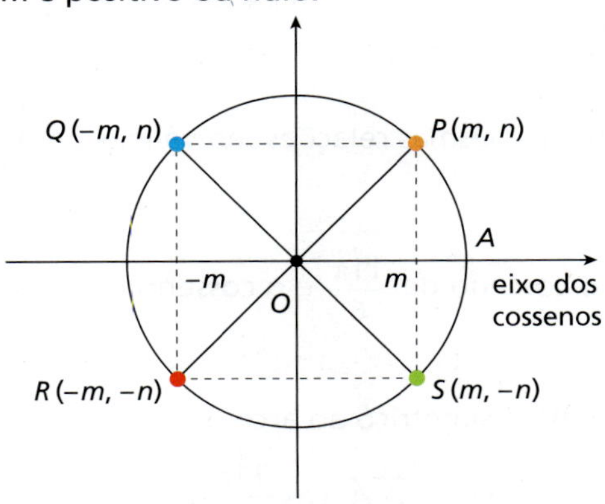

Na figura: $\cos\widehat{AP} = \cos\widehat{AS} = m$

De modo similar, concluímos que o cosseno de um arco do 2º ou do 3º quadrante é negativo ou nulo.

Na figura: $\widehat{AQ} = \cos\widehat{AR} = -m$

Exemplo

Observe, nas figuras abaixo, o cosseno de alguns arcos do 1º quadrante e o cosseno de seus simétricos em relação aos eixos ou à origem *O*.

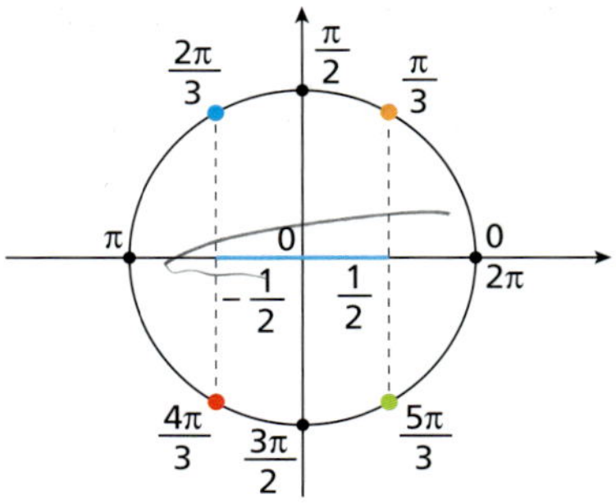

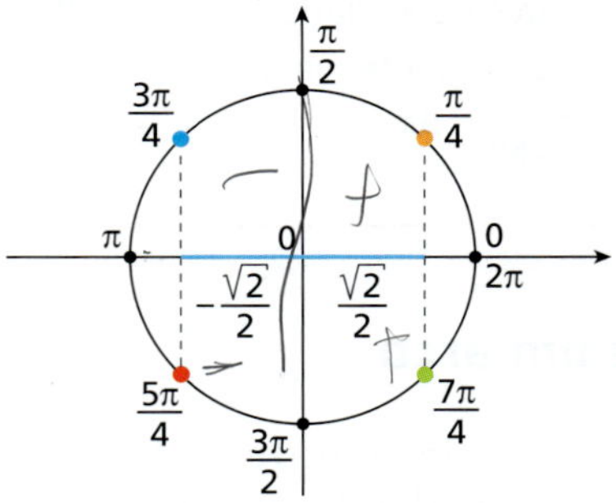

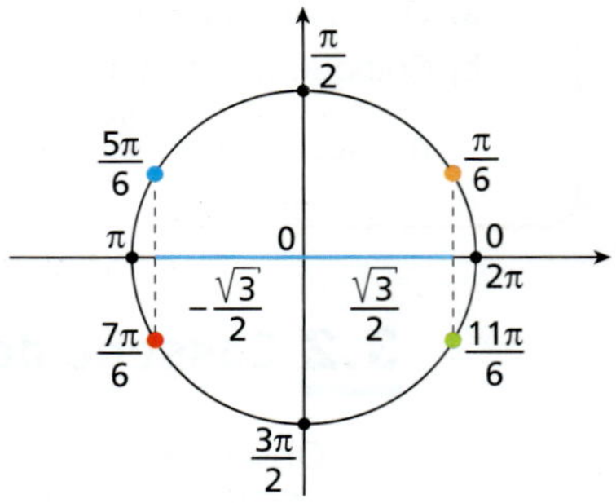

- $\cos \frac{\pi}{3} = \cos \frac{5\pi}{3} = \frac{1}{2}$
- $\cos \frac{2\pi}{3} = \text{sen}\, \frac{4\pi}{3} = -\frac{1}{2}$
- $\cos \frac{\pi}{4} = \cos \frac{7\pi}{4} = \frac{\sqrt{2}}{2}$
- $\cos \frac{3\pi}{4} = \cos \frac{5\pi}{4} = -\frac{\sqrt{2}}{2}$
- $\cos \frac{\pi}{6} = \cos \frac{11\pi}{6} = \frac{\sqrt{3}}{2}$
- $\cos \frac{5\pi}{6} = \cos \frac{7\pi}{6} = -\frac{\sqrt{3}}{2}$

Temos ainda:

- $\cos 0 = \cos 2\pi = 1$
- $\cos \pi = -1$
- $\cos \frac{\pi}{2} = \cos \frac{3\pi}{2} = 0$

Observação:

Os valores do cosseno dos arcos 0, $\frac{\pi}{6}$, $\frac{\pi}{4}$, $\frac{\pi}{3}$, $\frac{\pi}{2}$, π, $\frac{3\pi}{2}$ e 2π são chamados de **valores notáveis**.

Analisando a simetria estudada no ciclo trigonométrico do exemplo, concluímos que, a partir do cosseno de um arco do 1º quadrante, podemos determinar o cosseno de um arco simétrico do 2º, do 3º ou do 4º quadrante usando as relações a seguir.

Para α, em radiano, no 1º quadrante, temos:

- $\cos(\pi - \alpha) = -\cos \alpha$
- $\cos(\pi + \alpha) = -\cos \alpha$
- $\cos(2\pi - \alpha) = \cos \alpha$

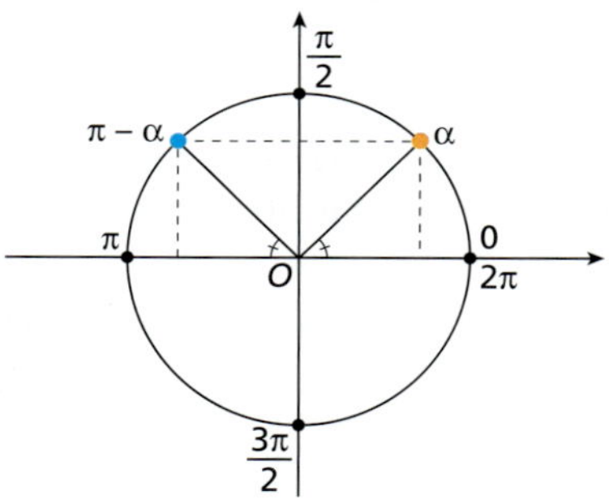

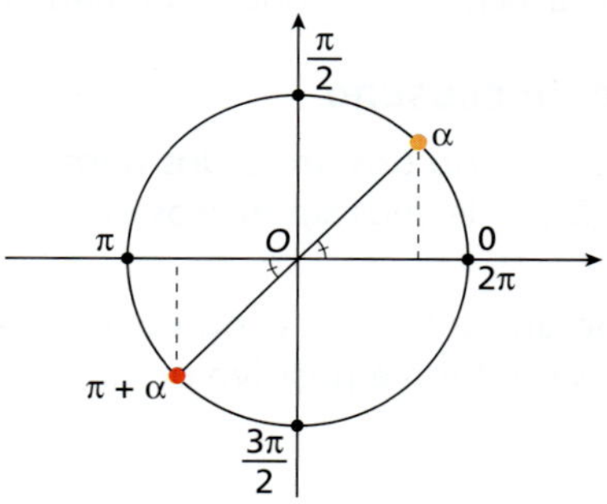

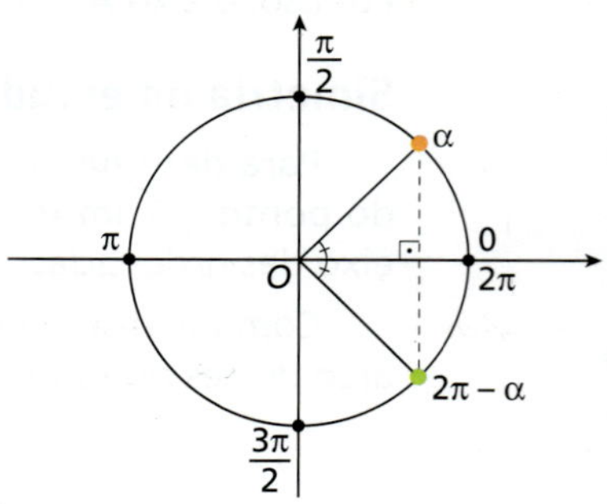

Como $\pi = 180°$, as mesmas relações são válidas para qualquer medida de ângulo em grau.

Exemplo

Vamos calcular o cosseno de $\frac{11\pi}{6}$ e o cosseno de seus simétricos em relação aos eixos e à origem *O*.

O arco de $\frac{11\pi}{6}$ (QIV) é simétrico ao arco de:

- $\frac{\pi}{6}$ (QI) em relação ao eixo $\overleftrightarrow{A'A}$: $\cos \frac{11\pi}{6} = \cos \frac{\pi}{6}$
- $\frac{7\pi}{6}$ (QIII) em relação ao eixo $\overleftrightarrow{B'B}$: $\cos \frac{11\pi}{6} = -\cos \frac{7\pi}{6}$
- $\frac{5\pi}{6}$ (QII) em relação à origem *O*: $\cos \frac{11\pi}{6} = -\cos \frac{5\pi}{6}$

Portanto: $\cos \frac{11\pi}{6} = \cos \frac{\pi}{6} = \frac{\sqrt{3}}{2}$ e $\cos \frac{7\pi}{6} = \cos \frac{5\pi}{6} = -\frac{\sqrt{3}}{2}$

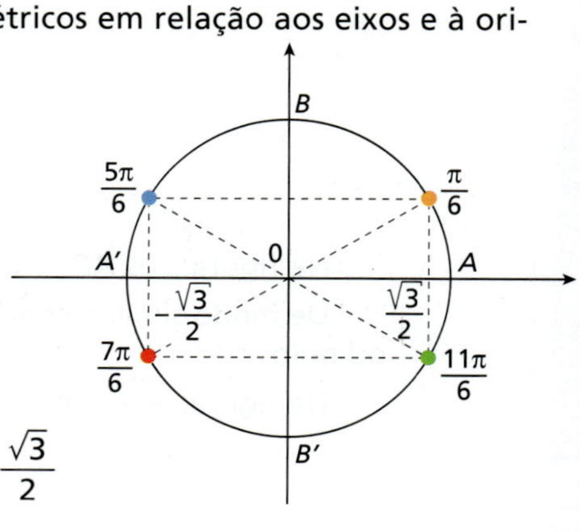

Variação do cosseno

Se imaginarmos um ponto P percorrendo o ciclo trigonométrico, no sentido anti-horário, a partir de $A(1, 0)$, verificaremos que o cosseno:

- decresce de 1 a 0 no 1º quadrante $\left(0 \text{ a } \frac{\pi}{2}\right)$;
- decresce de 0 a -1 no 2º quadrante $\left(\frac{\pi}{2} \text{ a } \pi\right)$;
- cresce de -1 a 0 no 3º quadrante $\left(\pi \text{ a } \frac{3\pi}{2}\right)$;
- cresce de 0 a 1 no 4º quadrante $\left(\frac{3\pi}{2} \text{ a } 2\pi\right)$.

Observação:

No ciclo trigonométrico, para todo $\alpha \in \mathbb{R}$, $0 \leqslant \alpha \leqslant 2\pi$, temos:

- $-1 \leqslant \cos \alpha \leqslant 1$

Exercícios

Se necessário, consulte a tabela trigonométrica do capítulo 12.

R7. Escrever em ordem decrescente os valores de:

$\cos 0$, $\cos \frac{4\pi}{7}$, $\cos \frac{6\pi}{7}$, $\cos \pi$ e $\cos \frac{8\pi}{5}$

➤ Resolução

Os valores do cosseno variam de 1 ($\cos 0$) a -1 ($\cos \pi$).

Os arcos de $\frac{4\pi}{7}$ e de $\frac{6\pi}{7}$ localizam-se no QII, onde os valores do cosseno decrescem conforme as medidas dos arcos crescem, e: $\frac{4\pi}{7} < \frac{6\pi}{7}$

Logo: $0 > \cos \frac{4\pi}{7} > \cos \frac{6\pi}{7} > -1$

O arco de $\frac{8\pi}{5}$ está no QIV: $\frac{3\pi}{2} < \frac{8\pi}{5} < 2\pi$

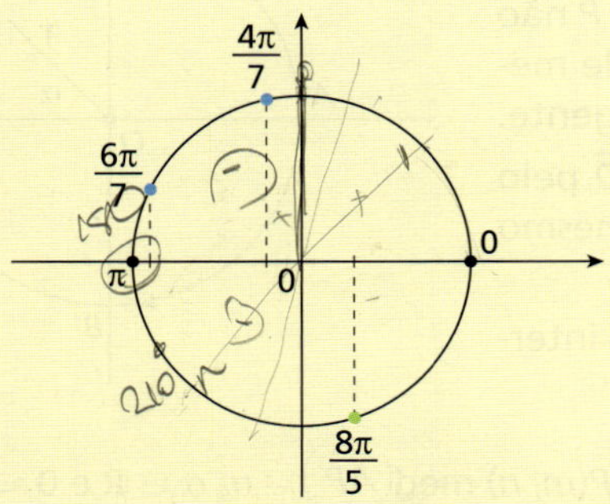

Logo: $0 < \cos \frac{8\pi}{5} < 1$

Em ordem decrescente: $\cos 0$, $\cos \frac{8\pi}{5}$, $\cos \frac{4\pi}{7}$, $\cos \frac{6\pi}{7}$, $\cos \pi$

35. Indique se são positivos ou negativos os cossenos dos arcos de: $\frac{7\pi}{6}$, $\frac{2\pi}{3}$, $\frac{\pi}{4}$, π e $\frac{3\pi}{2}$

36. Em quais quadrantes os arcos têm seno e cosseno com o mesmo sinal? Nesses quadrantes, para que valores de α tem-se $\text{sen } \alpha = \cos \alpha$?

37. Verifique se:

a) o cosseno de 90° é o triplo do cosseno de 30°;

b) o cosseno de 90° é a metade do cosseno de 180°.

38. Dê o valor de x, $0 \leqslant x \leqslant 2\pi$, para os quais:

a) $\cos x = -\frac{1}{2}$

b) $\cos x = -\frac{\sqrt{2}}{2}$

39. Determine o quadrante a que pertence o ângulo x, se:

a) $\cos x = 0{,}3$

b) $\cos x = -0{,}88$

c) $\cos x = 0$

d) $\cos x = \frac{\sqrt{3}}{7}$

40. Classifique cada sentença abaixo em verdadeira (V) ou falsa (F).

a) $\cos 40° = \cos 20° + \cos 20°$

b) $\cos (20° + 30°) = \cos 20° + \cos 30°$

c) $\cos (2 \cdot 45°) = 2 \cdot \cos 45°$

41. Calcule:

a) $\dfrac{\cos \frac{2\pi}{3} + \cos \pi}{\text{sen } \frac{\pi}{4}}$

b) $\dfrac{\cos \frac{\pi}{2} - \cos \frac{4\pi}{3}}{2 \cdot \text{sen } \frac{5\pi}{6}}$

42. Sabendo que $\cos 25° \simeq 0{,}9$, obtenha o valor aproximado de:

a) $\cos 155°$

b) $\cos 205°$

c) $\cos 335°$

43. Aplique as relações de simetria e obtenha o valor de:

a) $\cos 140°$

b) $\cos 255°$

c) $\cos 310°$

d) $\cos 208°$

44. Transforme em grau os arcos de $\frac{2\pi}{5}$ e de $\frac{7\pi}{5}$ e calcule:

a) $\cos \frac{2\pi}{5}$

b) $\cos \frac{7\pi}{5}$

45. Escreva em ordem decrescente: $\cos 134°$, $\cos 265°$, $\cos 28°$ e $\cos 348°$

46. Dado o ciclo trigonométrico a seguir, aplique as relações de simetria e determine o valor de cos α, cos β e cos θ.

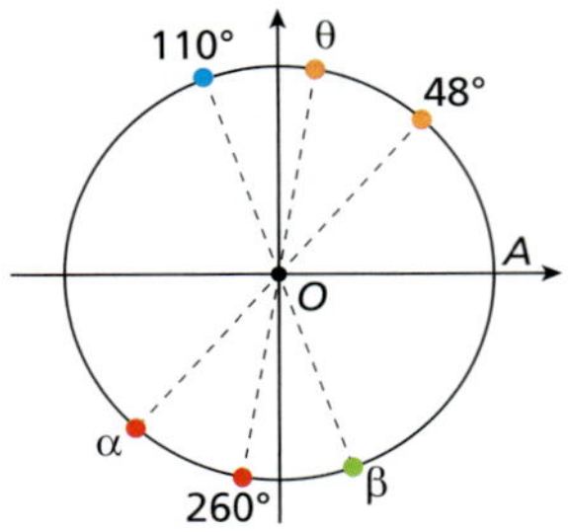

47. Indique o sinal das expressões.

a) $(\cos 50° + \cos 325°) \cdot (\cos 215° + \cos 145°)$

b) $\dfrac{2 \cdot \cos \dfrac{4\pi}{3} \cdot \cos \dfrac{\pi}{4}}{-1}$

c) $\dfrac{(\cos 20° + \cos 70°) \cdot (\text{sen } 170°)}{-2 \cdot \cos 340°}$

48. Sobre o ciclo trigonométrico foram traçados arcos com os seguintes comprimentos:

- $\widehat{AB}: \dfrac{\pi}{8}$
- $\widehat{AD}: \dfrac{4\pi}{3}$
- $\widehat{AC}: \dfrac{7\pi}{6}$
- $\widehat{AE}: \dfrac{11\pi}{6}$

a) Coloque em ordem crescente os valores abaixo.

$$\cos \frac{\pi}{8}, \cos \frac{7\pi}{6}, \cos \frac{4\pi}{3}, \cos \frac{11\pi}{6}$$

b) Considerando que, sobre o ciclo trigonométrico, cada ângulo de medida α determina um arco também de medida α, pode-se afirmar que, quanto maior for o valor de cos α, maior será o comprimento desse arco? Justifique.

3.3 Tangente de um arco

Considere o ciclo trigonométrico a seguir, no qual a reta *AT* é perpendicular ao eixo *OA* no ponto *A*.

Observando o triângulo *COP*, o triângulo *AOT* e o arco $\widehat{AP}$ do 1º quadrante, percebemos que: med $(C\hat{O}P)$ = med$(A\hat{O}T)$ = med$(\widehat{AP}) = \alpha$

Aplicando a definição de tangente de ângulo agudo no triângulo *AOT*, temos:

$$\text{tg}\,\alpha = \frac{AT}{OA} = \frac{t}{1} = t$$

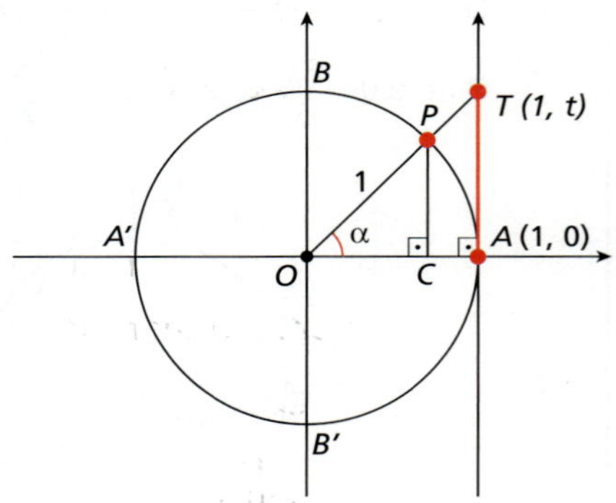

Observe que tg $\alpha = t$ é a ordenada de *T*.

Essa definição é válida apenas quando *P* está no 1º quadrante e *B*, *P* e *A* não são coincidentes. Quando *P* não satisfaz essas condições, verificamos que o ângulo de medida α não é agudo; assim, é necessário redefinir tangente.

Vamos considerar a reta $\overleftrightarrow{AT}$, perpendicular a $\overleftrightarrow{AO}$ pelo ponto *A*, como o **eixo das tangentes**, com origem *A*, mesmo sentido e mesma unidade do eixo dos senos.

De modo geral, para *m* e *n* reais pertencentes ao intervalo $[-1, 1]$:

- Para todo arco $\widehat{AP}$ do ciclo trigonométrico, com *P*(*m*, *n*) med$(\widehat{AP}) = \alpha$, $\alpha \in \mathbb{R}$ e $0 \leq \alpha \leq 2\pi$ e $\dfrac{\pi}{2} \neq \alpha \neq \dfrac{3\pi}{2}$, temos tg $\alpha = t$, ordenada de *T*, em que *T* é a intersecção das retas $\overleftrightarrow{OP}$ e $\overleftrightarrow{AT}$.

Note, na figura ao lado, que os triângulos *AOT* e *COP* são semelhantes. Então:

$$\frac{AT}{OA} = \frac{CP}{OC} \Rightarrow \frac{AT}{OA} = \frac{OS}{OC} \Rightarrow \text{tg}\,\alpha = \frac{\text{sen}\,\alpha}{\cos\alpha}$$

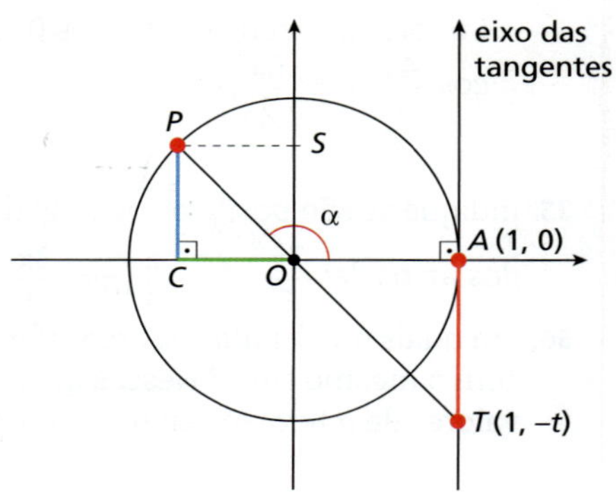

Observação:

Sendo tg $\alpha = \dfrac{\text{sen}\,\alpha}{\cos\alpha}$, com cos $x \neq 0$, não estão definidos os valores de tg $\dfrac{\pi}{2}$ e tg $\dfrac{3\pi}{2}$, pois $\cos \dfrac{\pi}{2} = \cos \dfrac{3\pi}{2} = 0$.

Simetria no estudo da tangente

Para determinar a tangente dos arcos dos demais quadrantes, devemos considerar a simetria do ponto P, com $P \in \text{QI}$, e de seus simétricos em relação ao eixo das abscissas, à origem O e ao eixo das ordenadas.

Como o eixo das tangentes tem origem A e mesmo sentido do eixo dos senos, temos:

- $\text{tg}\,\widehat{AP} = \text{tg}\,\widehat{AR} = t > 0$
- $\text{tg}\,\widehat{AQ} = \text{tg}\,\widehat{AS} = -t < 0$

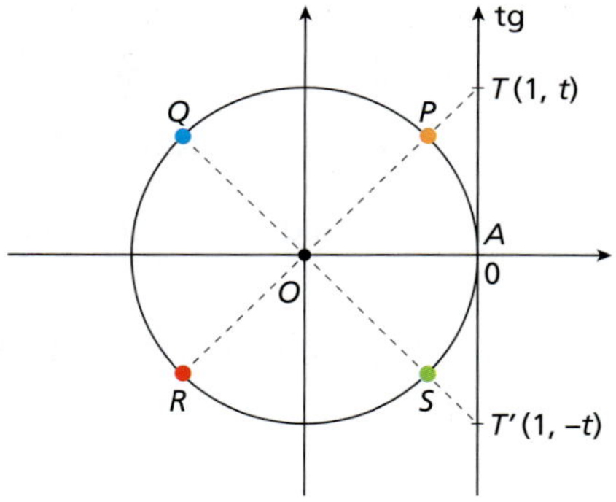

Exemplo

Na figura abaixo, vamos observar a tangente de alguns arcos do 1º quadrante e a tangente de seus simétricos em relação aos eixos ou à origem O.

- $\text{tg}\,\dfrac{\pi}{6} = \text{tg}\,\dfrac{7\pi}{6} = \dfrac{\sqrt{3}}{3}$
- $\text{tg}\,\dfrac{\pi}{4} = \text{tg}\,\dfrac{5\pi}{4} = 1$
- $\text{tg}\,\dfrac{\pi}{3} = \text{tg}\,\dfrac{4\pi}{3} = \sqrt{3}$
- $\text{tg}\,\dfrac{2\pi}{3} = \text{tg}\,\dfrac{5\pi}{3} = -\sqrt{3}$
- $\text{tg}\,\dfrac{3\pi}{4} = \text{tg}\,\dfrac{7\pi}{4} = -1$
- $\text{tg}\,\dfrac{5\pi}{6} = \text{tg}\,\dfrac{11\pi}{6} = -\dfrac{\sqrt{3}}{3}$

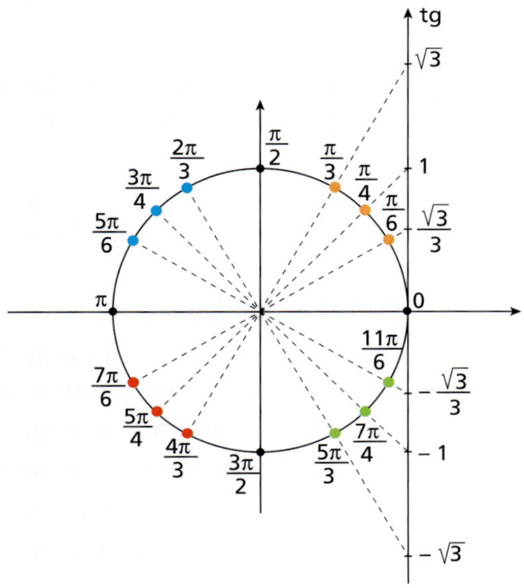

Vale destacar:

$\text{tg}\,0 = \text{tg}\,\pi = 0$

Não existe $\text{tg}\,\dfrac{\pi}{2}$ nem $\text{tg}\,\dfrac{3\pi}{2}$, pois nesse caso temos $OP \,//\, AT$

Observação

Assim como ocorre com o seno e o cosseno, os valores da tangente dos arcos 0, $\dfrac{\pi}{6}$, $\dfrac{\pi}{4}$, $\dfrac{\pi}{3}$, π e 2π também são chamados de **valores notáveis**.

Analisando a simetria estudada no ciclo trigonométrico do exemplo, concluímos que, a partir da tangente de um arco do 1º quadrante, podemos determinar a tangente de um arco simétrico do 2º, do 3º ou do 4º quadrante usando as relações a seguir.

Para α, em radiano, no 1º quadrante:

- $\text{tg}\,(\pi - \alpha) = -\text{tg}\,\alpha$
- $\text{tg}\,(\pi + \alpha) = \text{tg}\,\alpha$
- $\text{tg}\,(2\pi - \alpha) = -\text{tg}\,\alpha$

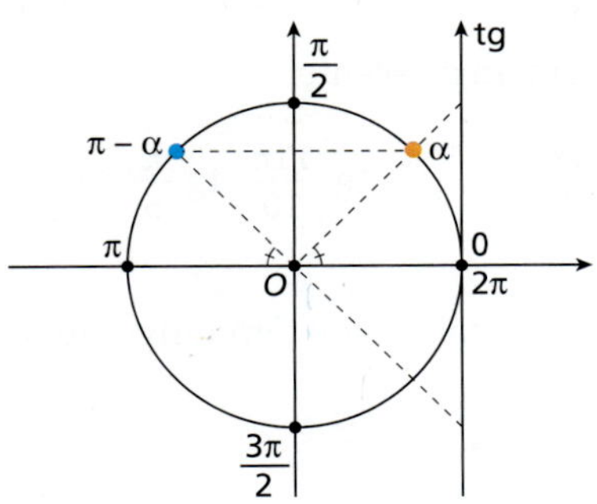

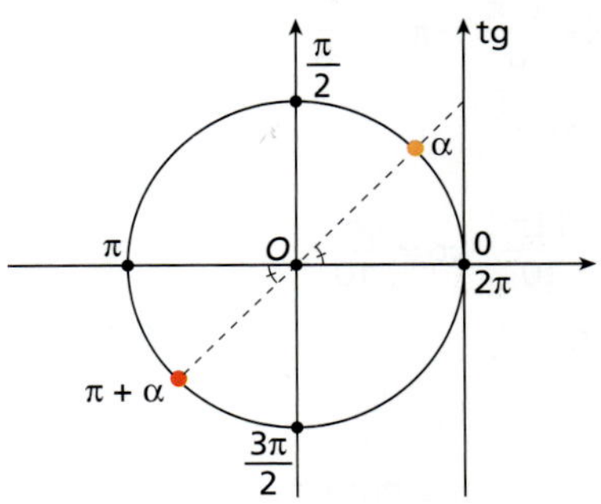

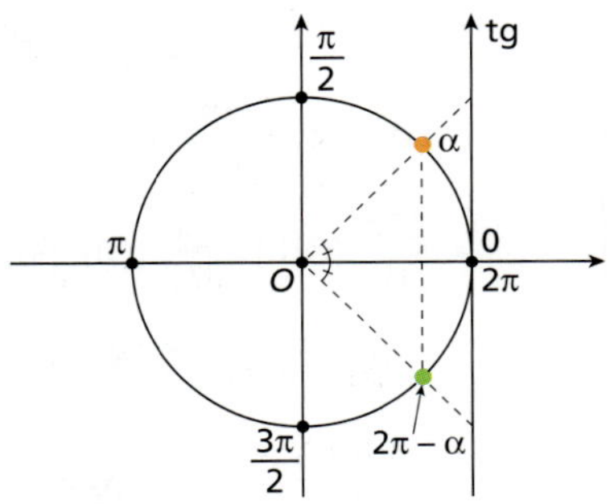

Como $\pi = 180°$, as mesmas relações são válidas para qualquer medida de ângulo em grau.

Exemplo

Vamos determinar a tangente de um arco de $\frac{11\pi}{6}$ e a tangente de seus simétricos em relação ao eixo das abscissas ($\overleftrightarrow{A'A}$), das ordenadas ($\overleftrightarrow{B'B}$) e à origem O.

O arco de $\frac{11\pi}{6}$ está no QIV e é simétrico aos arcos de:

- $\frac{\pi}{6}$ (QI) em relação ao eixo $\overleftrightarrow{A'A}$: $\text{tg}\,\frac{11\pi}{6} = -\text{tg}\,\frac{\pi}{6}$
- $\frac{5\pi}{6}$ (QII) em relação à origem O: $\text{tg}\,\frac{11\pi}{6} = \text{tg}\,\frac{5\pi}{6}$
- $\frac{7\pi}{6}$ (QIII) em relação ao eixo $\overleftrightarrow{B'B}$: $\text{tg}\,\frac{11\pi}{6} = -\text{tg}\,\frac{7\pi}{6}$

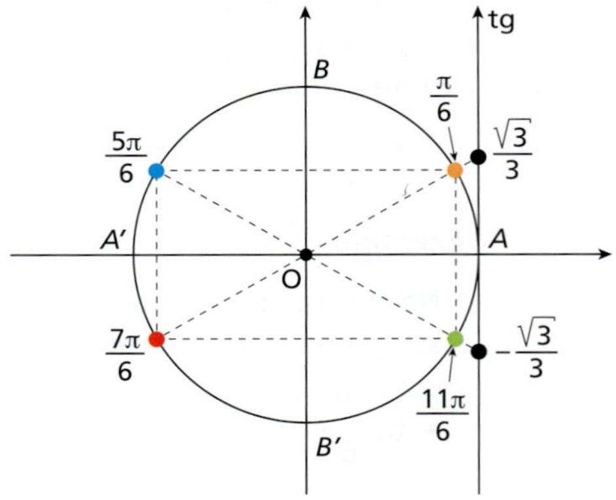

As tangentes dos arcos do QI e do QIII são positivas. As tangentes dos arcos do QII e do QIV são negativas. Portanto:

$$\text{tg}\,\frac{\pi}{6} = \text{tg}\,\frac{7\pi}{6} = \frac{\sqrt{3}}{3} \quad \text{e} \quad \text{tg}\,\frac{5\pi}{6} = \text{tg}\,\frac{11\pi}{6} = -\frac{\sqrt{3}}{3}$$

Variação da tangente

Se imaginarmos um ponto P percorrendo o ciclo trigonométrico, no sentido anti-horário a partir de $A(1, 0)$, verificaremos que:

- No 1º quadrante, a tangente cresce de 0 a $+\infty$;
- No 2º quadrante, a tangente cresce de $-\infty$ a 0;
- No 3º quadrante, a tangente cresce de 0 a $+\infty$;
- No 4º quadrante, a tangente cresce de $-\infty$ a 0.

Exercícios

Se necessário, consulte a tabela trigonométrica do capítulo 12.

R8. Escrever em ordem crescente as tangentes dos arcos de: $\frac{\pi}{5}$, $\frac{3\pi}{4}$, $\frac{11\pi}{10}$ e $\frac{15\pi}{8}$

➤ Resolução

Em relação à origem O, são simétricos os arcos de:

- $\frac{15\pi}{8}$ (QIV) e $\frac{7\pi}{4}$ (QII), pois $\frac{15\pi}{8} - \pi = \frac{7\pi}{8}$

  Logo: $\text{tg}\,\frac{15\pi}{8} = \text{tg}\,\frac{7\pi}{8} < 0$

- $\frac{11\pi}{10}$ (QIII) e $\frac{\pi}{10}$ (QI), pois $\frac{11\pi}{10} - \pi = \frac{\pi}{10}$

  Logo: $\text{tg}\,\frac{11\pi}{10} = \text{tg}\,\frac{\pi}{10} > 0$

Como $\frac{3\pi}{4} < \frac{7\pi}{8}$ e a tangente é crescente no QII, temos:

$$\text{tg}\,\frac{3\pi}{4} < \text{tg}\,\frac{7\pi}{8} = \text{tg}\,\frac{15\pi}{8}$$

Como $\frac{\pi}{10} < \frac{\pi}{5}$ e a tangente é crescente no QI, temos:

$$\text{tg}\,\frac{\pi}{10} = \text{tg}\,\frac{11\pi}{10} < \text{tg}\,\frac{\pi}{5}$$

Em ordem crescente:

$$\text{tg}\,\frac{3\pi}{4}, \text{tg}\,\frac{15\pi}{8}, \text{tg}\,\frac{11\pi}{10}, \text{tg}\,\frac{\pi}{5}$$

49. Determine quais arcos têm tangente igual a:

a) $\sqrt{3}$

b) $-\sqrt{3}$

c) 1

d) -1

13.1 Visão do especialista

50. Desenhe um ciclo trigonométrico e indique os ângulos de medidas α e 2α, com $0° < \alpha < 45°$. Verifique se $\text{tg}\ 2\alpha = 2 \cdot \text{tg}\ \alpha$.

51. Dado $\text{tg}\ 35° \simeq 0,7$, obtenha o valor aproximado de:

a) tg 145° b) tg 215° c) tg 325°

52. Determine o quadrante a que pertence o ângulo x, se:

a) $\text{tg}\ x = 0,6$

b) $\text{tg}\ x = -0,78$

c) $\text{tg}\ x = 0$

d) $\text{tg}\ x = \dfrac{\sqrt{32}}{8}$

13.2 Visão do especialista

53. Classifique cada sentença em verdadeira (V) ou falsa (F)

a) $\text{tg}\ 50° = \text{tg}\ 25° + \text{tg}\ 25°$

b) $\text{tg}\ (15° + 45°) = \text{tg}\ 15° + \text{tg}\ 45°$

54. Consulte a tabela trigonométrica, obtenha o valor de:

a) tg 140° b) tg 255° c) tg 310°

55. Converta para grau as medidas dos arcos dadas em radiano. Depois, aplique as relações de simetria e calcule o valor de:

a) $\text{tg}\ \dfrac{2\pi}{5}$

b) $\text{tg}\ \dfrac{7\pi}{5}$

c) $\text{tg}\ \dfrac{8\pi}{5}$

d) $\text{tg}\ \dfrac{3\pi}{5}$

56. Dado o ciclo trigonométrico abaixo, calcule os valores de $\text{tg}\ \alpha$, $\text{tg}\ \beta$ e $\text{tg}\ \theta$.

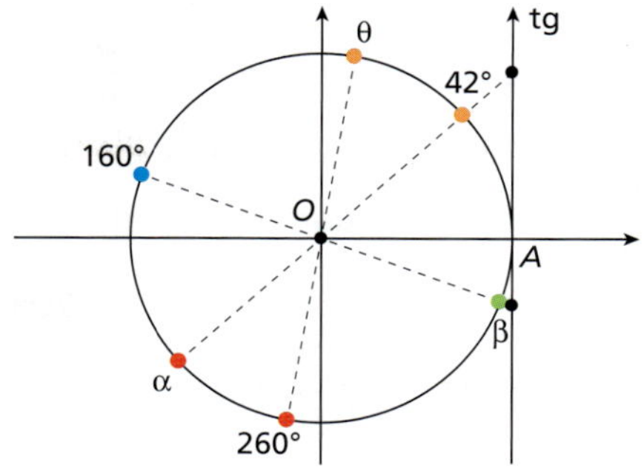

57. Indique o sinal das expressões.

a) $(\text{tg}\ 40° + \text{tg}\ 220°) \cdot (\text{tg}\ 315° + \text{tg}\ 165°)$

b) $\dfrac{2 \cdot \text{tg}\ \dfrac{4\pi}{6} \cdot \text{tg}\ \dfrac{5\pi}{4}}{(-2)}$

58. Considerando $\cos \alpha \simeq 0,84$ e $\text{sen}\ \alpha \simeq 0,55$, resolva.

a) Analise os valores dados acima e, sem efetuar cálculos, verifique se o valor de $\text{tg}\ \alpha$ é maior ou menor que 1.

b) Determine o valor aproximado de $\text{tg}\ \alpha$.

c) Em qual quadrante está o arco de medida α?

d) Determine o sinal de $\text{tg}\ (\pi - \alpha)$, $\text{tg}\ (\pi + \alpha)$ e $\text{tg}\ (2\pi - \alpha)$.

e) Determine os valores aproximados de $\text{tg}\ (\pi - \alpha)$, $\text{tg}\ (\pi + \alpha)$ e $\text{tg}\ (2\pi - \alpha)$.

59. Sobre o ciclo trigonométrico foi determinado o arco $\overset{\frown}{AB}$ de comprimento $\dfrac{11\pi}{6}$

a) Determine a medida α, em radiano, desse arco.

b) Calcule $\text{tg}\ \alpha$.

3.4 Relação fundamental da Trigonometria

Observe o ciclo trigonométrico ao lado:

O ponto P é extremidade do arco $\overset{\frown}{AP}$ de medida α; logo, P tem coordenadas $\cos \alpha$ e $\text{sen}\ \alpha$.

Os lados do triângulo COP medem: $OC = \cos \alpha$, $CP = \text{sen}\ \alpha$ e $OP = 1$

Aplicando o teorema de Pitágoras ao triângulo retângulo COP, obtemos a **relação fundamental da Trigonometria**:

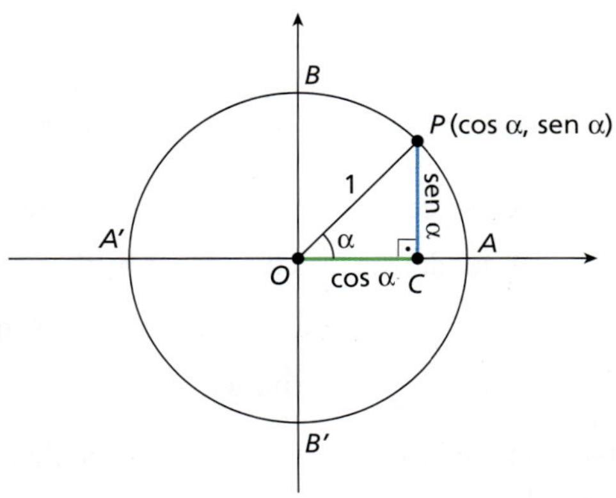

13.3 Visão do especialista

$$\text{sen}^2\ \alpha + \cos^2 \alpha = 1$$

Essa relação é válida para qualquer arco $\overset{\frown}{AP}$ do ciclo trigonométrico, mesmo quando P pertence a um dos eixos, caso em que **não se configura o** triângulo COP. Veja:

- $P \equiv A \Rightarrow sen^2 0 + cos^2 0 = 0^2 + 1^2 = 1$
- $P \equiv A' \Rightarrow sen^2 \pi + cos^2 \pi = 0^2 + (-1)^2 = 1$
- $P \equiv B \Rightarrow sen^2 \dfrac{\pi}{2} + cos^2 \dfrac{\pi}{2} = 1^2 + 0^2 = 1$
- $P \equiv B' \Rightarrow sen^2 \dfrac{3\pi}{2} + cos^2 \dfrac{3\pi}{2} = (-1)^2 + 0^2 = 1$

Exemplo

Sabendo que α é a medida de um arco do 2º quadrante e tg $\alpha = -2{,}4$, vamos calcular sen α e cos α.

Primeiro, temos: $\text{tg}\,\alpha = \dfrac{\text{sen}\,\alpha}{\cos\alpha} = -2{,}4$

Logo: $\text{sen}\,\alpha = -2{,}4 \cdot \cos\alpha$

Da relação fundamental, $\text{sen}^2\alpha + \cos^2\alpha = 1$, para um arco do 2º quadrante, temos:

$$(-2{,}4 \cdot \cos\alpha)^2 + \cos^2\alpha = 1 \Rightarrow 5{,}76 \cdot \cos^2\alpha + \cos^2\alpha = 1 \Rightarrow 6{,}76 \cdot \cos^2\alpha = 1 \Rightarrow$$

$$\Rightarrow \cos^2\alpha = \frac{100}{676} \Rightarrow \cos\alpha = \pm\frac{5}{13}$$

Como α é a medida de um arco do 2º quadrante, temos: $\cos\alpha = -\dfrac{5}{13}$

Portanto, como $\text{sen}\,\alpha = -2{,}4 \cdot \cos\alpha$, temos: $\text{sen}\,\alpha = \dfrac{12}{13}$

Exercícios

R9. Sabendo que $\text{sen}\,\alpha = 0{,}5$ e que α é a medida de um arco do 2º quadrante, obter $\cos\alpha$.

➤ Resolução

$\text{sen}^2\alpha + \cos^2\alpha = 1 \Rightarrow (0{,}5)^2 + \cos^2\alpha = 1 \Rightarrow$

$\Rightarrow \cos^2\alpha = 1 - 0{,}25 \Rightarrow \cos^2\alpha = 0{,}75 \Rightarrow$

$\Rightarrow \cos\alpha = \pm\sqrt{0{,}75}$

Como

$\sqrt{0{,}75} = \sqrt{\dfrac{75}{100}} = \sqrt{\dfrac{3 \cdot 5^2}{10^2}} = \dfrac{5 \cdot \sqrt{3}}{10} = \dfrac{\sqrt{3}}{2} \simeq$

$\simeq 0{,}87$, temos: $\cos\alpha \simeq \pm 0{,}87$

Agora, como α é um arco do 2º quadrante: $\cos\alpha \simeq -0{,}87$

60. Determine cos x sabendo que $\text{sen}\,x = \dfrac{5}{13}$ e x é um arco do QI.

61. Se $\cos x = 0{,}8$ e x é um arco do QIV, determine:

a) sen x
b) tg x

62. Sabendo que x é um arco do QII e $\text{sen}\,x = 0{,}6$, determine cos x, $\text{sen}\,(\pi + x)$ e $\cos\,(\pi + x)$.

63. Sendo $\cos x = \dfrac{\sqrt{3}}{2}$ e x a medida de um arco do 1º quadrante, calcule sen x e tg x.

64. Se x é a medida de um arco do 2º quadrante e $\text{sen}\,x = \dfrac{3}{4}$, determine:

13.4 Visão do especialista

a) o comprimento do arco de medida x;
b) cos x;
c) tg x.

65. Se x é a medida de um arco do 3º quadrante e $\text{sen}\,x = -0{,}766$, determine:

a) o comprimento do arco de medida x;
b) tg x;
c) cos x.

66. Se x é medida de um arco do 2º quadrante e $\text{tg}\,x = -\sqrt{3}$, determine:

a) sen x
b) cos x

67. Se α é um arco do QIII e $\text{tg}\,\alpha = 1{,}33\ldots$, determine:

a) sen α
b) cos α

68. Existe um arco x tal que $\text{sen}\,x = 0{,}8$ e $\cos x = 0{,}4$?

R10. Determinar k para que se obtenha simultaneamente $\text{sen}\,x = \dfrac{\sqrt{k-2}}{k}$ e $\cos x = \dfrac{2}{k}$.

➤ Resolução

Devemos impor a condição de existência para $\dfrac{\sqrt{k-2}}{k}$ e $\dfrac{2}{k}$:

$$\begin{cases} k - 2 \geqslant 0 \\ k \neq 0 \end{cases} \Rightarrow \begin{cases} k \geqslant 2 \\ k \neq 0 \end{cases} \Rightarrow k \geqslant 2$$

Da relação fundamental da Trigonometria, temos:

$$\text{sen}^2 x + \cos^2 x = 1 \Rightarrow \left(\frac{\sqrt{k-2}}{k}\right)^2 + \left(\frac{2}{k}\right)^2 =$$

$$= 1 \Rightarrow \frac{k-2}{k^2} + \frac{4}{k^2} = 1 \Rightarrow k^2 - k - 2 = 0 \Rightarrow$$

$\Rightarrow k = -1$ (não convém, pois não satisfaz a condição $k \geqslant 2$) ou $k = 2$ (satisfaz a condição $k \geqslant 2$) Portanto: $k = 2$

69. Calcule m para que se obtenha simultaneamente $\text{sen}\,x = \dfrac{\sqrt{2 - 2m}}{m}$ e $\cos x = \dfrac{1}{m}$.

70. Dado $\text{sen}\,\alpha = \cos\,(90° - \alpha)$, $0 \leqslant \alpha \leqslant 90°$, calcule: $\text{sen}^2 1° + \text{sen}^2 2° + \ldots + \text{sen}^2 88° + \text{sen}^2 89°$.

4 Equações e inequações trigonométricas

4.1 Equação trigonométrica

- Toda equação em que aparecem razões trigonométricas com arco de medida desconhecida é chamada **equação trigonométrica**.

Veja alguns exemplos de equações trigonométricas:

- $\text{sen } x = 0{,}5$
- $\cos 2x = -\frac{3}{4}$
- $\text{tg}^2\, x + (\sqrt{3} - 1) \cdot \text{tg } x - \sqrt{3} = 0$

Observe que as equações do tipo $3x \cdot \cos \pi = 2$ e $\text{sen } \frac{\pi}{4} + x = \frac{1}{2}$ não são equações trigonométricas, pois a incógnita x não representa a medida de um arco.

Na resolução das equações e inequações trigonométricas deste capítulo, vamos considerar valores reais para as incógnitas tais que as medidas dos arcos estejam no intervalo $[0, 2\pi]$. No capítulo 15, vamos estender esse intervalo para o conjunto dos números reais ($\mathbb{R}$).

Acompanhe a seguir a resolução de alguns exemplos de equações trigonométricas.

- Vamos determinar os valores de x que satisfazem a equação $\cos x = \frac{1}{2}$, com $x \in [0, 2\pi]$.

Observe a figura a seguir.

Existem dois arcos com cosseno igual a $\frac{1}{2}$: o arco de $\frac{\pi}{3}$ e seu simétrico em relação ao eixo x, o arco de $\frac{5\pi}{3}$.

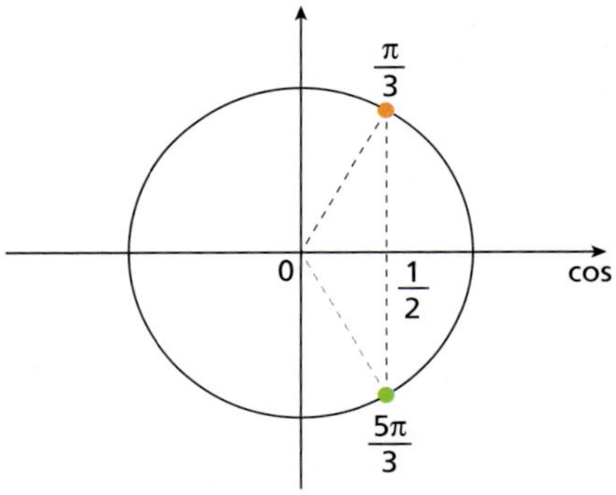

Portanto, como estabelecemos que $x \in [0, 2\pi]$, os valores de x são $\frac{\pi}{3}$ e $\frac{5\pi}{3}$.

- Para calcular o valor de x na equação $\text{sen } \frac{x}{3} + 1 = 0$, com $x \in [0, 2\pi]$, fazemos:

$\text{sen } \frac{x}{3} + 1 = 0 \Rightarrow \text{sen } \frac{x}{3} = -1$

O arco cujo seno é -1 mede $\frac{3\pi}{2}$.

Então: $\frac{x}{3} = \frac{3\pi}{2} \Rightarrow x = \frac{9\pi}{2}$

Como $\frac{9\pi}{2} \notin [0, 2\pi]$, o conjunto solução da equação é: $S = \varnothing$

- Vamos determinar quais valores de x satisfazem a equação $\cos x + 1 = \text{sen}^2\, x$, com $x \in [0, 2\pi]$.

Da relação fundamental, temos: $\text{sen}^2\, x = 1 - \cos^2 x$

Então: $\cos x + 1 = 1 - \cos^2 x \Rightarrow \cos^2 x + \cos x = 0 \Rightarrow \cos x (\cos x + 1) = 0 \Rightarrow$

$$\Rightarrow \begin{cases} \cos x = 0 \Rightarrow x - \frac{\pi}{2} \text{ ou } \frac{3\pi}{2} \\ \cos x = -1 \Rightarrow x = \pi \end{cases}$$

Portanto: $S = \left\{\frac{\pi}{2}, \frac{3\pi}{2}, \pi\right\}$

- Vamos determinar o conjunto solução da equação $\cos^2 x - \cos x - 2 = 0$, com $x \in [0, 2\pi]$.

Substituindo $\cos x$ por y, temos: $y^2 - y - 2 = 0$, com $-1 \leqslant y \leqslant 1$

Resolvendo a equação do 2º grau, obtemos: $y = 2$ (não convém) ou $y = -1$

Logo: $\cos x = -1 \Rightarrow x = \pi$

Portanto: $S = \{\pi\}$

Exercícios

R11. Determinar o conjunto solução da equação

$\text{tg } 2x = \frac{\sqrt{3}}{3}$, com $x \in [0, 2\pi]$.

➤ **Resolução**

Observe a figura a seguir:

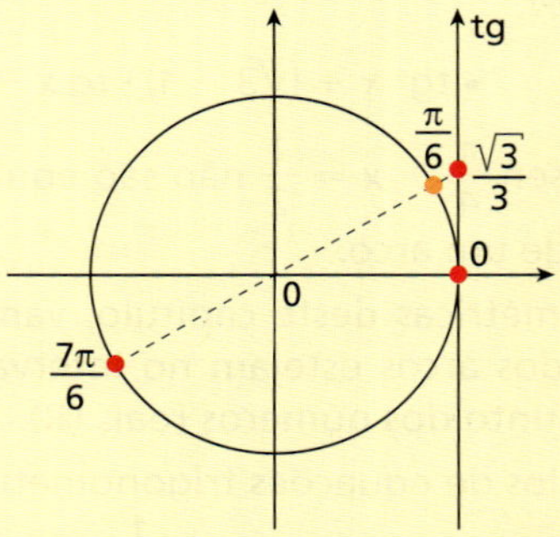

Veja que existem dois arcos com tangente igual a $\frac{\sqrt{3}}{3}$: o arco de $\frac{\pi}{6}$ e o arco de $\frac{7\pi}{6}$.

Assim: $2x = \frac{\pi}{6} \Rightarrow x = \frac{\pi}{12}$ ou $2x = \frac{7\pi}{6} \Rightarrow x = \frac{7\pi}{12}$

Então, o conjunto solução da equação é:

$S = \left\{\frac{\pi}{12}, \frac{7\pi}{12}\right\}$

R12. Resolver a equação $\text{sen } (x - \pi) = \pi$.

➤ **Resolução**

Não há nenhum arco com seno maior que 1.

Portanto, o conjunto solução da equação é: $S = \varnothing$

71. Determine o valor de x, com $x \in [0, 2\pi]$, nas equações:

a) $\text{sen } 2x = -1$

b) $1 + \text{tg } x = 0$

c) $\cos 3x = 0$

d) $\text{sen } x + 2 = 1$

e) $\text{tg } 3x = -\sqrt{3}$

f) $3 \cdot \text{sen } x = 0$

g) $2 \cdot \text{tg } x = 0$

72. Calcule x na equação $\cos^2 x + \text{sen}^2 x = \text{sen } x + 1$, com $x \in [0, 2\pi]$.

73. Determine x sabendo que $\text{sen}^2 x = 2 \cdot \cos x - \cos^2 x$, com $x \in [0, 2\pi]$.

74. Determine x sabendo que $\text{tg}\left(x + \frac{\pi}{2}\right) = -\sqrt{3}$, com $x \in [0, 2\pi]$.

75. Determine x sabendo que $\text{sen}\left(x - \frac{\pi}{2}\right) = \frac{\sqrt{3}}{2}$, com $x \in [0, 2\pi]$.

76. Determine os possíveis valores de x, com $x \in [0, 2\pi]$, nas equações:

a) $2 \cdot \text{sen } x \cdot \cos x - \cos x = 0$

b) $\text{sen}^3 x \cdot \cos x + \text{sen } x \cdot \cos^3 x = 0$

77. Determine os possíveis valores de x, com $x \in [0, 2\pi]$, nas equações de 2º grau:

a) $\text{sen}^2 x - \text{sen } x - 2 = 0$

b) $\cos^2 x - 2 \cdot \cos x + 1 = 0$

c) $\text{sen}^2 x - 2 \cdot \text{sen } x + 1 = 0$

d) $2 \cdot \cos x = \frac{1}{\cos x}$

e) $1 + \text{tg}^2 x = 2 \cdot \text{tg } x$

78. Determine o valor de x, com $x \in [0, 2\pi]$, na equação:

$$\frac{\text{sen}^2 x}{\cos x} + \cos x + 1 = 0$$

79. Determine a diferença entre a maior e a menor raiz da equação $\text{tg}^3 x - \text{tg } x = 0$, com $0 < x < 2\pi$.

80. Encontre as raízes da equação a seguir.

$2 \cdot \text{sen}^2 x + \text{sen } x - 1 = 0$, com $\frac{\pi}{2} < x < \frac{3\pi}{2}$

81. Resolva a equação $\text{sen } x - \cos x = 0$, com $0 < x \leqslant \pi$.

82. Determine a média aritmética das raízes da equação $4 \cdot \cos^2 x - 1 = 0$, sendo $0 \leqslant x < 2\pi$.

4.2 Inequação trigonométrica

• Toda inequação na qual aparecem razões trigonométricas com arco de medida desconhecida é chamada **inequação trigonométrica**.

Veja alguns exemplos de inequações trigonométricas:

• $\text{sen } x > \frac{\sqrt{3}}{2}$ • $\cos \frac{x}{2} \leqslant \frac{\sqrt{2}}{2}$ • $\text{tg } x \geqslant 1$ • $\cos (x + \pi) \cdot \text{tg } (x + \pi) < -\frac{1}{2}$

A solução das inequações trigonométricas pode ser representada no ciclo trigonométrico. Veja os exemplos a seguir.

- Considere a inequação trigonométrica $\text{sen } x > \frac{1}{2}$, com $0 \leqslant x \leqslant 2\pi$.
  Vamos determinar para quais números reais essa sentença é verdadeira.

  No intervalo considerado, os arcos $\frac{\pi}{6}$ e $\frac{5\pi}{6}$ têm seno igual a $\frac{1}{2}$.
  No destaque do ciclo trigonométrico ao lado, observe as extremidades dos arcos cujas medidas são a solução da inequação dada.
  O conjunto dessas medidas é o intervalo aberto: $\left]\frac{\pi}{6}, \frac{5\pi}{6}\right[$
  Portanto: $S = \left\{x \in \mathbb{R} \mid \frac{\pi}{6} < x < \frac{5\pi}{6}\right\}$

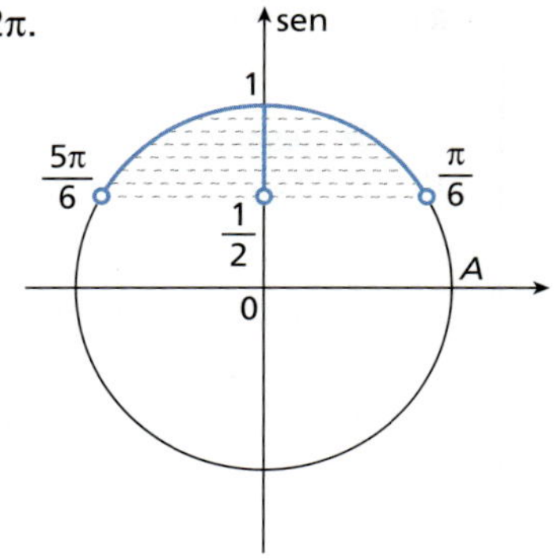

- Vamos resolver a inequação trigonométrica $\cos x \leqslant \frac{\sqrt{3}}{2}$, com $0 \leqslant x \leqslant 2\pi$.
  Primeiro, determinamos para quais números reais essa sentença é verdadeira.
  No intervalo considerado, os arcos $\frac{\pi}{6}$ e $\frac{11\pi}{6}$ têm cosseno igual a $\frac{\sqrt{3}}{2}$.
  No destaque do ciclo trigonométrico a seguir, observe as extremidades dos arcos cujas medidas são a solução da inequação dada:
  O conjunto dessas medidas é o intervalo fechado $\left[\frac{\pi}{6}, \frac{11\pi}{6}\right]$
  Portanto: $S = \left\{x \in \mathbb{R} \mid \frac{\pi}{6} \leqslant x \leqslant \frac{11\pi}{6}\right\}$

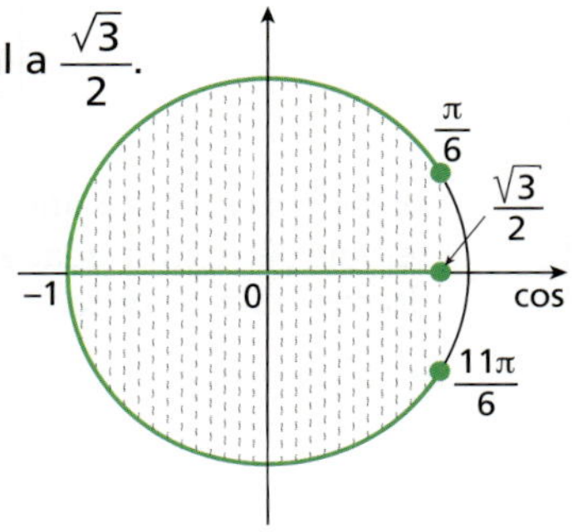

- Vamos resolver a inequação trigonométrica $\text{tg } x \geqslant 1$, com $0 \leqslant x \leqslant 2\pi$, $x \neq \frac{\pi}{2}$ e $x \neq \frac{3\pi}{2}$.
  Sabemos que: $\text{tg } \frac{\pi}{4} = \text{tg } \frac{5\pi}{4} = 1$
  Observe a resolução da equação na figura ao lado.
  A solução é verdadeira para os arcos de $\frac{\pi}{4}$ a $\frac{\pi}{2}$ $\left(\text{excluindo } \frac{\pi}{2}\right)$ ou de $\frac{5\pi}{4}$ a $\frac{3\pi}{2}$ $\left(\text{excluindo } \frac{3\pi}{2}\right)$.
  Portanto: $S = \left\{x \in \mathbb{R} \mid \frac{\pi}{4} \leqslant x < \frac{\pi}{2} \text{ ou } \frac{5\pi}{4} \leqslant x < \frac{3\pi}{2}\right\}$

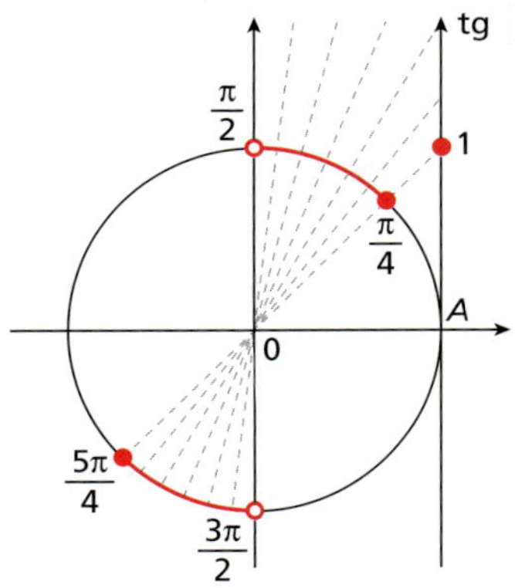

Exercícios

R13. Resolver a inequação trigonométrica $\text{sen } x \leqslant -\frac{\sqrt{2}}{2}$, com $0 \leqslant x \leqslant 2\pi$.

➤ Resolução

Sabemos que: $\text{sen } \frac{5\pi}{4} = \text{sen } \frac{7\pi}{4} = -\frac{\sqrt{2}}{2}$

Observe o intervalo $\left[-1, -\frac{\sqrt{2}}{2}\right]$ no eixo dos senos:

Os pontos do ciclo que têm ordenada nesse intervalo são extremidades de arcos de medida x entre $\frac{5\pi}{4}$ e $\frac{7\pi}{4}$ (incluindo esses valores). Portanto: $S = \left\{x \in \mathbb{R} \mid \frac{5\pi}{4} \leqslant x \leqslant \frac{7\pi}{4}\right\}$

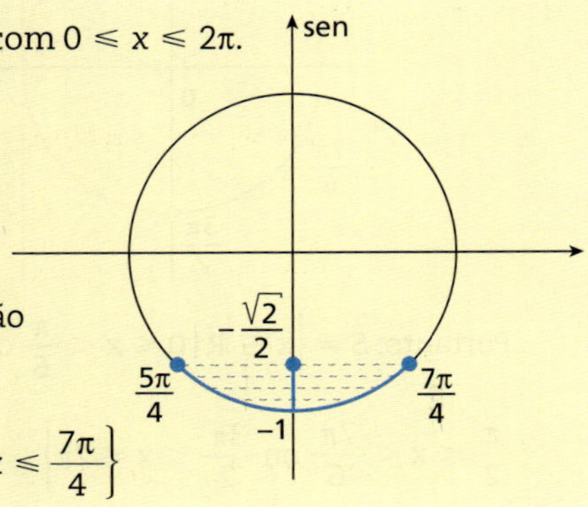

R14. Resolver a inequação $2 \cdot \cos x > -1$, com $0 \leqslant x \leqslant 2\pi$.

➤ **Resolução**

De $2 \cdot \cos x > -1$, temos: $\cos x > -\frac{1}{2}$

Os arcos cujo cosseno é $-\frac{1}{2}$ medem $\frac{2\pi}{3}$ e $\frac{4\pi}{3}$.

Observe o intervalo $\left]-\frac{1}{2}, 1\right]$ no eixo dos cossenos:

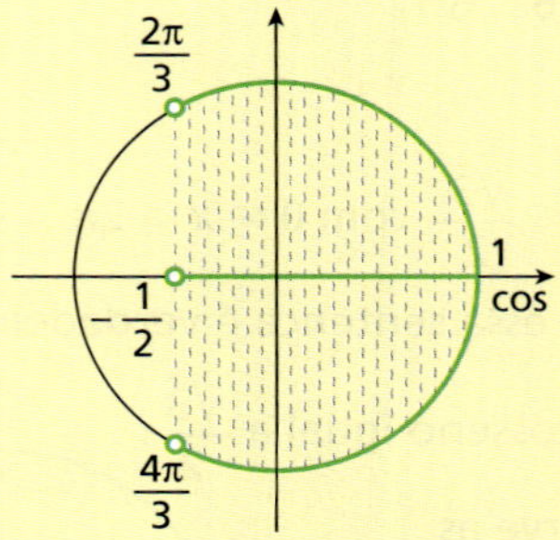

Os pontos do ciclo que têm abscissa nesse intervalo são extremidades de arcos de medida x do conjunto solução:

$$S = \left\{x \in \mathbb{R} \mid 0 \leqslant x < \frac{2\pi}{3} \text{ ou } \frac{4\pi}{3} < x \leqslant 2\pi\right\}$$

R15. Determinar os valores de x, com $0 \leqslant x \leqslant 2\pi$, para os quais $3 \cdot \text{tg}\, x < \sqrt{3}$.

➤ **Resolução**

De $3 \cdot \text{tg}\, x < \sqrt{3}$, temos: $\text{tg}\, x < \frac{\sqrt{3}}{3}$

Os arcos cuja tangente é $\frac{\sqrt{3}}{3}$ medem $\frac{\pi}{6}$ e $\frac{7\pi}{6}$.

Observe o intervalo $\left]-\infty, \frac{\sqrt{3}}{3}\right[$ no eixo das tangentes e, na figura, os arcos para os quais $\text{tg}\, x < \frac{\sqrt{3}}{3}$:

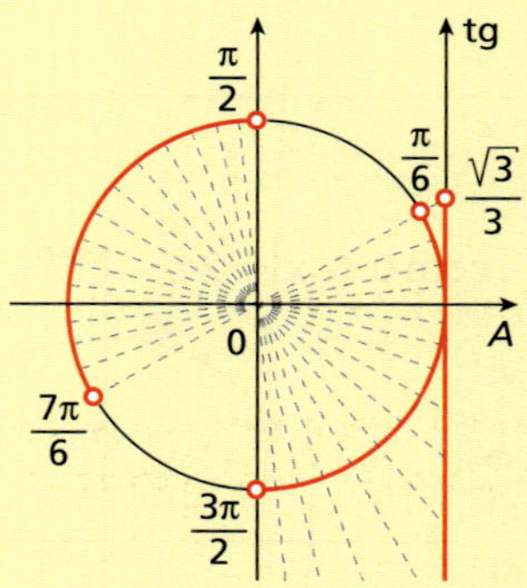

Portanto: $S = \left\{x \in \mathbb{R} \mid 0 \leqslant x < \frac{\pi}{6} \text{ ou } \frac{\pi}{2} < x < \frac{7\pi}{6} \text{ ou } \frac{3\pi}{2} < x \leqslant 2\pi\right\}$

83. Dado o ciclo trigonométrico abaixo, encontre a solução da inequação trigonométrica $\text{tg}\, x \leqslant -1$, com $0 \leqslant x \leqslant 2\pi$.

13.5 Visão do especialista

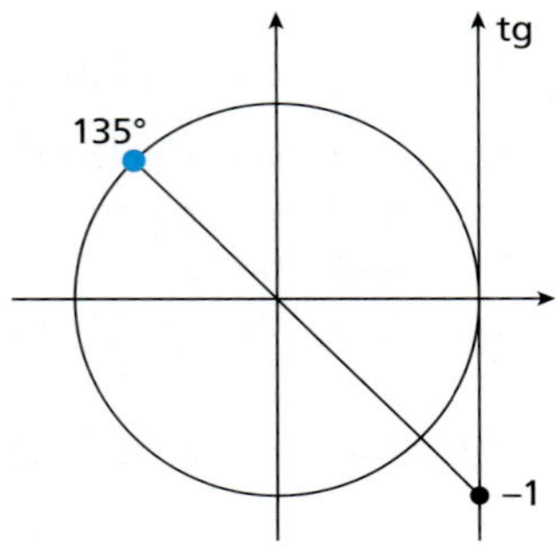

84. Resolva as inequações trigonométricas abaixo considerando $0 \leqslant x \leqslant 2\pi$

a) $\cos x < 0$

b) $\text{sen}\, x > 0$

c) $\text{tg}\, x > 0$

d) $\text{tg}\, x \geqslant -\frac{\sqrt{3}}{3}$

e) $\cos x \geqslant -\frac{\sqrt{3}}{2}$

f) $\text{sen}\, x \geqslant -\frac{\sqrt{2}}{2}$

85. Represente a solução no ciclo trigonométrico e determine os valores de x, com $0 \leqslant x \leqslant 2\pi$, nas inequações:

a) $\text{sen}\, x > -1$

b) $\cos x < 1$

c) $\text{tg}\, x \leqslant \sqrt{3}$

86. Sendo $0 \leqslant x \leqslant 2\pi$, resolva a inequação trigonométrica a seguir.

$$\text{sen}\, x \geqslant -\frac{\sqrt{3}}{2}$$

87. Resolva as inequações trigonométricas abaixo, com $0 \leqslant x \leqslant 2\pi$.

a) $\sqrt{3} \cdot \text{tg}\, x < -3$

b) $\sqrt{2} \cdot \cos x < 1$

c) $\text{sen}\, x \geqslant -\frac{1}{2}$

d) $2 \cdot \text{sen}\, x \leqslant \sqrt{3}$

e) $\sqrt{2} \cdot \text{sen}\, x < 1$

f) $2 \cdot \cos x \geqslant 1$

g) $\text{sen}\, x \leqslant 1$

h) $\cos x \geqslant -1$

88. Resolva as equações, com $0 \leqslant x \leqslant 2\pi$.

a) $\cos x \leqslant -\frac{1}{2}$

b) $\text{sen}\, x + \frac{1}{2} \leqslant 0$

c) $\text{tg}\, x > -\sqrt{3}$

Ficha de revisão

1. Sejam x e y dois arcos tais que $x + y = 315°$ e $x - y = 15°$. Calcule o valor de x e de y em grau.

2. Em uma circunferência de 8 m de diâmetro, toma-se um arco de 15,7 m de comprimento. Considerando $\pi = 3{,}14$, determine a medida do ângulo correspondente a esse arco.

3. Qual é a medida do raio de um arco de circunferência que mede 300° e tem comprimento de 200 m?

4. Calcule a medida, em rad, de um ângulo de 140°.

5. Determine, em grau, a medida de um ângulo de 1,5 rad.

6. Qual é o comprimento de um arco de circunferência de raio 24 cm e ângulo central de 135°?

7. Um ângulo central de uma circunferência de 5 cm de raio determina sobre ela um arco de 7 cm. Calcule a medida desse ângulo em rad.

8. Um arco do 1º ou do 2º quadrante tem seno positivo e um arco do 3º ou do 4º quadrante tem seno negativo.

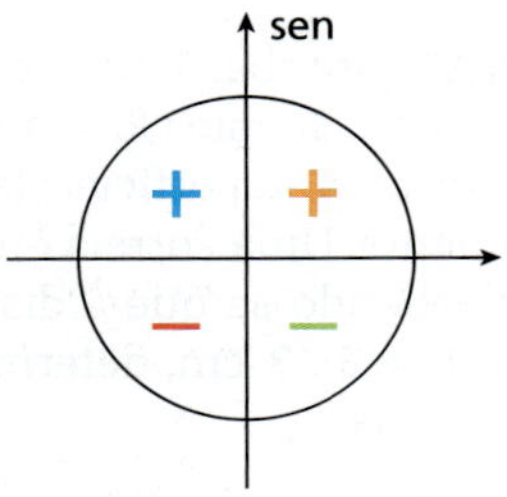

Construa um ciclo trigonométrico para o cosseno e outro para a tangente e indique, como na figura acima, o respectivo sinal em cada quadrante.

9. Veja, na figura a seguir, a indicação do decrescimento (↓) e do crescimento (↑) do cosseno em cada quadrante.

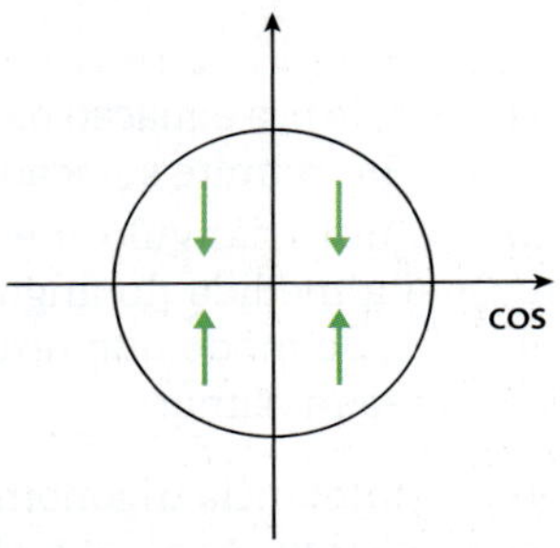

Construa figuras semelhantes para indicar as variações de crescimento do seno e da tangente.

10. Sabendo que $\text{sen } 32° = 0{,}53$, calcule o valor de:

a) sen 148° b) sen 212° c) sen 328°

11. Escreva em ordem decrescente:

$$\text{tg } \frac{\pi}{12}, \text{tg } \frac{7\pi}{12}, \text{tg } \frac{7\pi}{6}, \text{tg } \frac{23\pi}{12}$$

12. Calcule o valor de:

a) $\text{sen } \frac{5\pi}{3} - \cos \frac{5\pi}{4}$ b) $\cos \frac{2\pi}{3} - \text{tg } \frac{7\pi}{6}$

13. Quais arcos entre 0 e 2π têm cosseno igual a $-\frac{1}{2}$? Esboce o ciclo trigonométrico e mostre esses arcos.

14. Se θ é um arco do QIII e $\text{sen } \theta = -\frac{\sqrt{6}}{6}$, quanto vale $\text{tg } \theta$?

15. Dado $\text{sen } \alpha = 0{,}8$, com $\alpha \in$ QI, determine o que se pede.

a) $\text{sen } (\pi - \alpha)$ b) $\text{sen } (\pi + \alpha)$ c) $\text{sen } (2\pi - \alpha)$

16. Qual é o menor valor de $\frac{3}{2 - \cos x}$, com $x \in [0, 2\pi]$?

17. Resolva a equação $\frac{3}{4} - \cos^2 x = 0$, com $x \in [0, 2\pi]$.

18. Calcule a soma das raízes da equação $2 \cdot \cos^2 x + \cos x - 1 = 0$, em que $x \in [0, 2\pi[$.

19. Estabeleça os valores de $x \in [0, 2\pi]$ para os quais $(\text{sen } x + \cos x)^2 = 1$.

20. Resolva as inequações a seguir.

a) $2 \cdot \cos x - 1 \leqslant 0$, com $x \in [0, 2\pi]$

b) $3 \cdot \text{tg } x - \sqrt{3} \geqslant 0$, com $0 \leqslant x < \pi$

21. **Relógio.** Qual é a medida do menor ângulo formado entre os ponteiros de um relógio às 16 h 15 min?

22. Para quais valores de $a \in \mathbb{R}$ temos

$$\cos \alpha = \frac{2a - 1}{5}?$$

23. Se $x \in \left[\frac{\pi}{2}, \pi\right]$ e $\text{sen } x = 2m + 5$, indique os possíveis valores de $m \in \mathbb{R}$.

24. Determine x e y sabendo que são arcos do 1º quadrante e que $\text{sen } x + \cos y = 1$ e $\text{sen } x = \cos y$.

25. Calcule o 4º termo da PG $\left(\text{sen } \frac{\pi}{2}, \text{sen } \frac{\pi}{4}, \ldots\right)$.

Questões de vestibular

1. (Vunesp) As rodas dianteiras de um trator têm 0,70 m de diâmetro e as traseiras têm o dobro desse diâmetro. Considerando $\pi = 3{,}14$, a distância percorrida por esse trator, em metros, se as rodas dianteiras derem 2.500 voltas a mais que as traseiras, é:

a) 5.000
b) 7.500
c) 8.345
d) 10.990
e) 12.500

2. (UFSCar-SP) Uma pizza circular será fatiada, a partir do seu centro, em setores circulares. Se o arco de cada setor medir 0,8 radiano, obtém-se um número máximo N de fatias idênticas, sobrando, no final, uma fatia menor, que é indicada na figura por fatia N + 1.

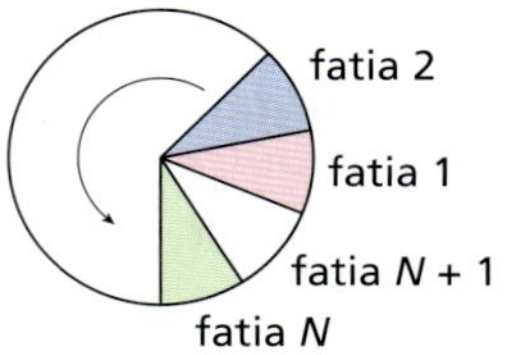

Considerando $\pi = 3{,}14$, o arco da fatia N + 1, em radiano, é:

a) 0,74
b) 0,72
c) 0,68
d) 0,56
e) 0,34

3. (UEMS) Define-se radiano como a medida de um ângulo com vértice no centro de uma circunferência e que enxerga um arco de comprimento igual à medida do raio da circunferência. Na figura a seguir, o ângulo $\alpha = 1$ rad.

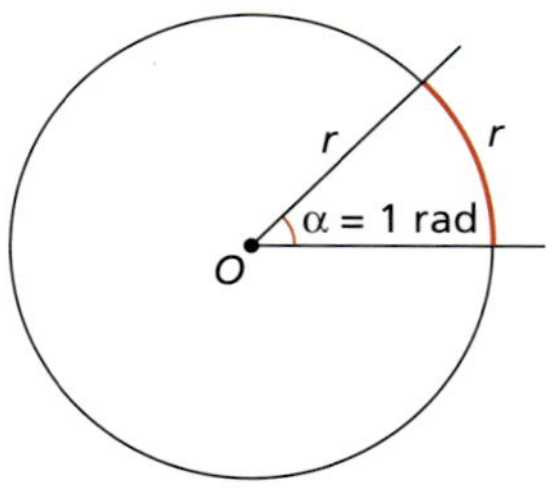

Se o perímetro da circunferência vale $2\pi r$, então 1 radiano corresponde a:

I. um ângulo maior que 60°.
II. um ângulo entre 50° e 60°.
III. $\frac{\pi}{4}$ radianos.

É verdadeiro o que se afirma apenas em:

a) I
b) I e II
c) I e III
d) II
e) III

4. (Vunesp) Se x é a medida de um ângulo em radianos e $\frac{\pi}{2} < x < \frac{3\pi}{4}$, então:

13.6 Visão do especialista

a) $\cos x > 0$
b) $\cos 2x < 0$
c) $\text{tg}\, x > 0$
d) $\text{sen}\, x < 0$
e) $\text{sen}\, 2x > 0$

5. (Insper-SP) A figura abaixo representa a circunferência trigonométrica (cujo raio mede 1). As medidas dos arcos menores $\overset{\frown}{AB}$, $\overset{\frown}{CD}$ e $\overset{\frown}{EF}$ são todas iguais a $\frac{\pi}{6}$. Se x, y e z são números reais positivos e representam, respectivamente, as medidas dos arcos trigonométricos $\overset{\frown}{AB}$, $\overset{\frown}{AC}$ e $\overset{\frown}{AF}$, então sen x + sen y + sen z + cos x + cos y + cos z é igual a:

a) $\frac{3}{2} - \frac{3\sqrt{3}}{2}$
b) $\frac{1}{2} - \frac{3\sqrt{3}}{2}$
c) $\frac{3}{2} - \frac{\sqrt{3}}{2}$
d) $\frac{1}{2} - \frac{\sqrt{3}}{2}$
e) $\frac{3}{4} - \frac{\sqrt{3}}{4}$

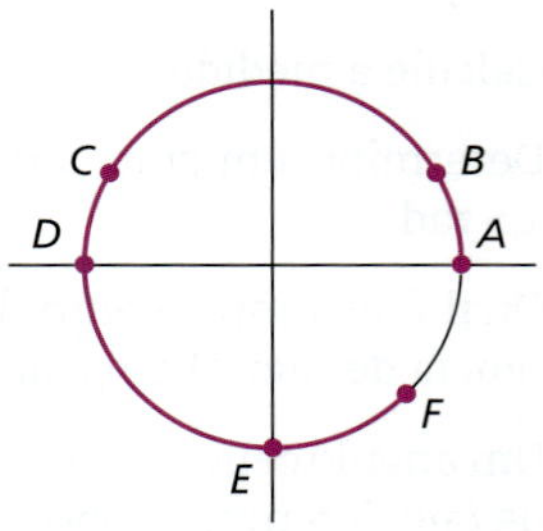

6. (Vunesp) O menor ângulo formado pelos ponteiros de um relógio às 14 horas e 20 minutos é:

a) 8°
b) 50°
c) 52,72°
d) 60°
e) 62°

7. (Fuvest-SP) A figura abaixo representa duas polias circulares C_1 e C_2, de raios $R_1 = 4$ cm e $R_2 = 1$ cm, apoiadas em uma superfície plana em P_1 e P_2, respectivamente. Uma correia envolve as polias, sem folga. Sabendo-se que a distância entre os pontos P_1 e P_2 é $3\sqrt{3}$ cm, determinar o comprimento da correia.

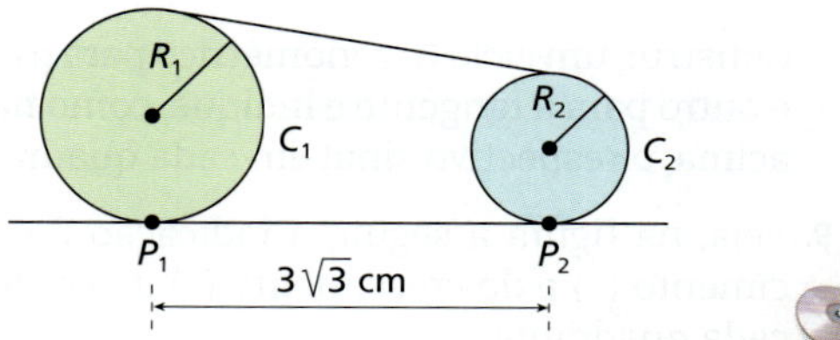

13.7 Visão do especialista

8. (FGV)

a) Para que valores de m a equação na incógnita x, $2 \cdot \text{sen}\, x - 1 = 3m$, admite solução?
b) Dois lados de um triângulo medem 10 cm cada um. Qual a medida do ângulo formado por esses lados, de modo que resulte em um triângulo de área máxima?

9. (Fatec-SP) Na circunferência trigonométrica abaixo, considere o arco $\overset{\frown}{AM}$, de medida $\frac{\pi}{3}$ radianos. Então:

a) AP = 1
b) $MN = \sqrt{3}$
c) $ON = \sqrt{2}$
d) $AN = \frac{1}{3}$
e) OP = 2

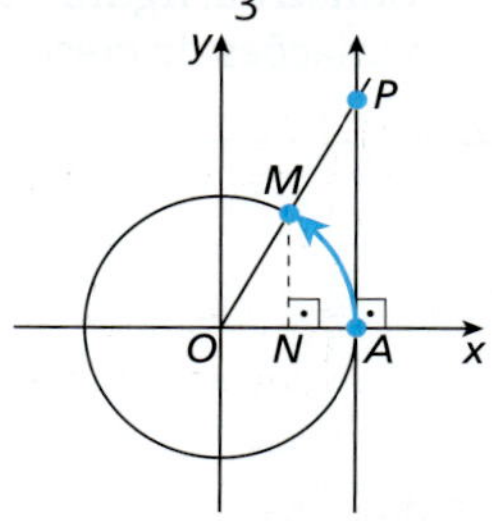

Capítulo 14

Funções trigonométricas

KEVPIX/ALAMY/OTHER IMAGES

A maior roda-gigante em funcionamento do mundo é a Singapore Flyer, em Cingapura, inaugurada em 2008. Ela tem 165 metros de altura e 28 cabines com capacidade para 28 pessoas cada uma. A volta demora cerca de 30 minutos e permite ampla visão de Cingapura e, em dias claros, também de países vizinhos, como Malásia e Indonésia.

Objetivos do capítulo:

- Relacionar as funções trigonométricas com os fenômenos periódicos.
- Estender o conceito de ciclo trigonométrico em $\mathbb{R}$.
- Compreender as funções trigonométricas por meio de suas aplicações.

1 Funções periódicas

1.1 Definição de função periódica

Considere a situação a seguir.

Ondulatória. Em certa cidade litorânea, a altura h da maré (em metro), em função do tempo t, é dada pela função $h(t) = 2 + 0{,}5 \cdot \cos\left(\frac{\pi}{3} \cdot t\right)$, na qual o tempo é medido em hora, a partir da meia-noite.

MUZHIK/SHUTTERSTOCK

A maré, fenômeno do fluxo e refluxo das águas do mar junto à costa, é provocada, principalmente, pela força gravitacional exercida pela Lua sobre a Terra.

Vamos calcular, por exemplo, a altura da maré às 6 horas da manhã.

Para isso, sabendo que o tempo é medido a partir da meia-noite, basta substituir t por 6 na função $h(t) = 2 + 0{,}5 \cdot \cos\left(\frac{\pi}{3} \cdot t\right)$:

$$h(6) = 2 + 0{,}5 \cdot \cos\left(\frac{\pi}{3} \cdot 6\right) = 2 + 0{,}5 \cdot \cos 2\pi = 2 + 0{,}5 = 2{,}5$$

Já para obter a altura da maré no início da contagem do tempo, fazemos $t = 0$:

$$h(0) = 2 + 0{,}5 \cdot \cos\left(\frac{\pi}{3} \cdot 0\right) = 2 + 0{,}5 \cdot \cos 0 = 2 + 0{,}5 = 2{,}5$$

Assim, às 6 horas da manhã e à meia-noite, a altura da maré era 2,5 m.

Como podemos determinar o primeiro momento do dia em que a maré atingiu a altura de 2 metros?

Agora, basta substituir a altura h por 2 na função dada e obter o tempo t:

$$2 = 2 + 0{,}5 \cdot \cos\left(\frac{\pi}{3} \cdot t\right)$$

$$0{,}5 \cdot \cos\left(\frac{\pi}{3} \cdot t\right) = 0$$

$$\cos\left(\frac{\pi}{3} \cdot t\right) = 0$$

$$\frac{\pi}{3} \cdot t = \frac{\pi}{2} \Rightarrow t = 1{,}5$$

Portanto, a maré atingiu a altura de 2 m pela primeira vez à 1 h 30 min.

Na expressão $h(t)$, aparece a função trigonométrica cosseno, que tem comportamento do tipo periódico. Além do nível das marés, outros fenômenos têm comportamento periódico, como: a propagação do som, as variações da temperatura terrestre, da pressão sanguínea, da corrente alternada etc.

Podemos definir uma função periódica como:

- Uma função $f: \mathbb{R} \to \mathbb{R}$ é **função periódica** quando existe um número real positivo p tal que, para todo $x \in \mathbb{R}$, $f(x) = f(x + p)$.

O menor valor positivo de p que satisfaz a igualdade acima é chamado **período fundamental**, ou, simplesmente, **período de *f***.

As funções trigonométricas seno, cosseno e tangente — tipicamente periódicas — surgem com frequência na modelagem matemática de fenômenos naturais que apresentam periodicidade, como é o caso das marés.

2 Ciclo trigonométrico

Como já vimos, o ciclo trigonométrico tem raio 1 e centro na origem do sistema cartesiano. O ponto $A(1, 0)$ é a origem de todos os arcos (ângulos), e a circunferência Ω é orientada com sentido positivo anti-horário.

2.1 A função de Euler

Vamos definir a função $E: \mathbb{R} \to \Omega$ que associa a cada número real um ponto P localizado na circunferência Ω, conforme ilustrado a seguir. Para homenagear seu criador — o matemático suíço Leonard Euler (1707-1783) —, a função E é chamada **função de Euler**.

Com o auxílio da figura ao lado, podemos observar que:

- se $t = 0$, então $P \equiv A$, ou seja, os pontos P e A são coincidentes;
- se $t > 0$, percorremos o ciclo no sentido anti-horário (positivo), a partir de A, e marcamos o ponto P, extremidade do arco $\overset{\frown}{AP}$, de comprimento t;
- se $t < 0$, percorremos o ciclo no sentido horário (negativo), a partir de A, e marcamos o ponto P, extremidade do arco $\overset{\frown}{AP}$, de comprimento $|t|$.

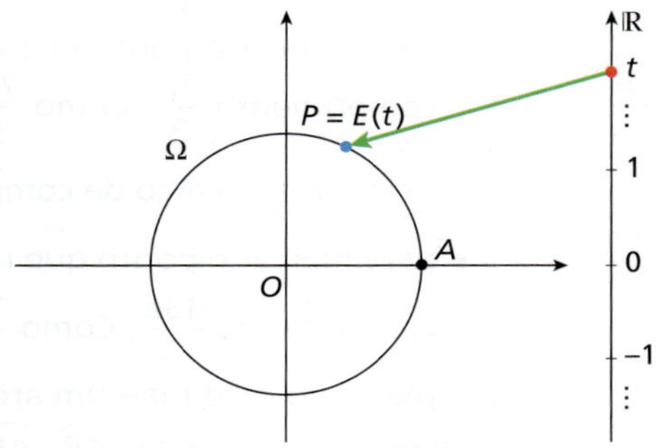

Na prática, a função de Euler consiste em "enrolar" a reta $\mathbb{R}$ sobre a circunferência Ω de modo que o zero da reta coincida com o ponto $A(1, 0)$, e que o sentido positivo da "reta enrolada" seja o sentido anti-horário.

A função de Euler é periódica, de período 2π, ou seja, $E(t) = E(t + 2k\pi), k \in \mathbb{Z}$.

Exemplo

No ciclo trigonométrico, as imagens dos números reais t tais que $t_1 = 0$, $t_2 = \pi$, $t_3 = -\frac{3\pi}{2}$, $t_4 = \frac{\pi}{2}$ e $t_5 = 2\pi$ podem ser representadas pelos pontos $A = E(0)$, $B = E(\pi)$, $C = E\left(-\frac{3\pi}{2}\right)$, $D = E\left(\frac{\pi}{2}\right)$ e $F = E(2\pi)$, conforme indicado na figura a seguir.

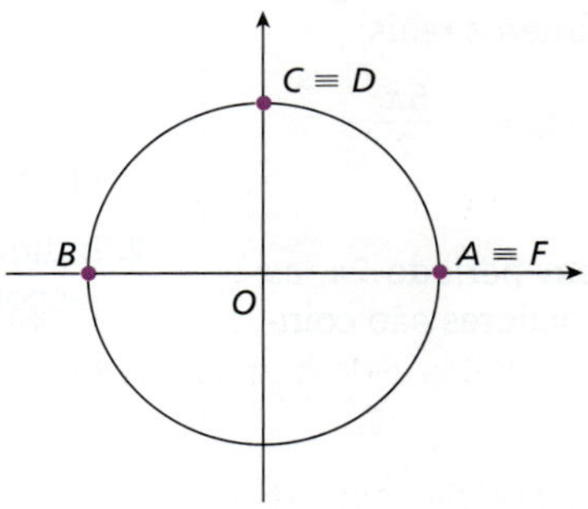

2.2 Arcos côngruos

Sendo 2π o comprimento da circunferência Ω, para $t > 2\pi$ ou $t < -2\pi$, os arcos $\overset{\frown}{AP}$ são obtidos com mais de uma volta ao longo da circunferência. Se o ponto P é a imagem de certo número t_0, é também a imagem dos números $t_0 \pm 2\pi$, $t_0 \pm 4\pi$, ..., ou seja, genericamente, P é a imagem de todos os números $t = t_0 \pm 2k\pi$, $k \in \mathbb{Z}$.

A expressão $t = t_0 \pm 2k\pi$, $k \in \mathbb{Z}$, é a **expressão geral dos comprimentos** dos arcos $\overset{\frown}{AP}$ de mesma extremidade P, denominados **arcos côngruos**.

Exemplo

Os números $\frac{\pi}{3}, \frac{7\pi}{3}, \frac{13\pi}{3}$ apresentam a mesma imagem no ciclo trigonométrico, como pode ser visto nas figuras a seguir:

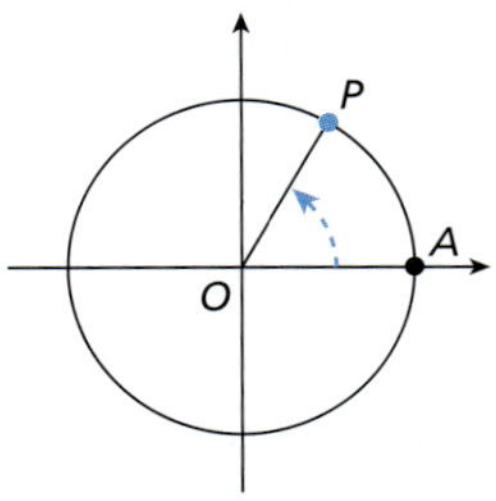

imagem de $\frac{\pi}{3}$

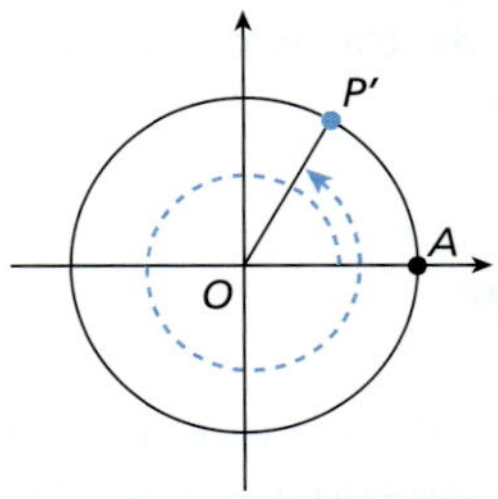

imagem de $\frac{7\pi}{3}$

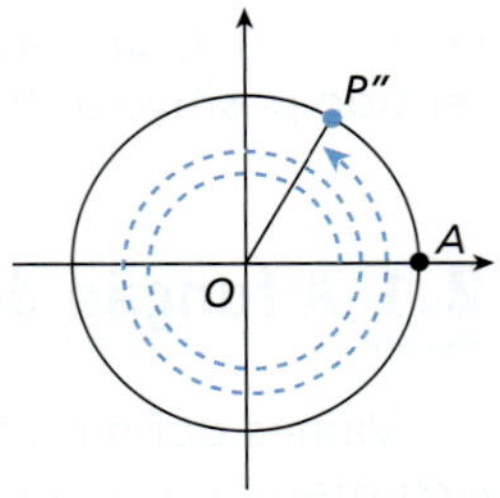

imagem de $\frac{13\pi}{3}$

Observando as figuras, podemos verificar que:

- para marcar o ponto que representa a imagem do número $\frac{\pi}{3}$, percorremos um arco $\overset{\frown}{AP}$ de comprimento $\frac{\pi}{3}$;
- para marcar o ponto que representa a imagem do número $\frac{7\pi}{3}$, percorremos um arco $\overset{\frown}{AP'}$ de comprimento $\frac{7\pi}{3}$. Como $\frac{7\pi}{3} = 2\pi + \frac{\pi}{3}$, verificamos que percorremos uma volta completa no ciclo mais um arco de comprimento $\frac{\pi}{3}$; nesse caso, $P \equiv P'$;
- para marcar o ponto que representa a imagem do número $\frac{13\pi}{3}$, percorremos um arco $\overset{\frown}{AP''}$ de comprimento $\frac{13\pi}{3}$. Como $\frac{13\pi}{3} = 2\pi + 2\pi + \frac{\pi}{3}$, verificamos que percorremos duas voltas completas no ciclo mais um arco de comprimento $\frac{\pi}{3}$; nesse caso $P \equiv P' \equiv P''$.

Observe que os arcos $\overset{\frown}{AP}$, $\overset{\frown}{AP'}$ e $\overset{\frown}{AP''}$ têm a mesma extremidade e diferem entre si pelo número de voltas inteiras.

Assim, os arcos $\overset{\frown}{AP}$, $\overset{\frown}{AP'}$ e $\overset{\frown}{AP''}$ são côngruos e indicamos $\frac{\pi}{3} \equiv \frac{7\pi}{3} \equiv \frac{13\pi}{3}$.

Exercícios

R1. Marcar no ciclo trigonométrico as imagens associadas aos seguintes números reais:

$t_1 = \frac{3\pi}{2}, t_2 = -\frac{\pi}{2}, t_3 = \frac{7\pi}{2}$ e $t_4 = -\frac{5\pi}{2}$.

➤ Resolução

Como a função de Euler tem período 2π, as imagens associadas a esses valores são coincidentes, pois:

$-\frac{\pi}{2} \equiv -\frac{\pi}{2} + 2\pi = \frac{3\pi}{2}$

$\frac{7\pi}{2} = 2\pi + \frac{3\pi}{2} \equiv \frac{3\pi}{2}$

$-\frac{5\pi}{2} \equiv -\frac{5\pi}{2} + 2\pi = -\frac{\pi}{2} \equiv \frac{3\pi}{2}$

Assim:

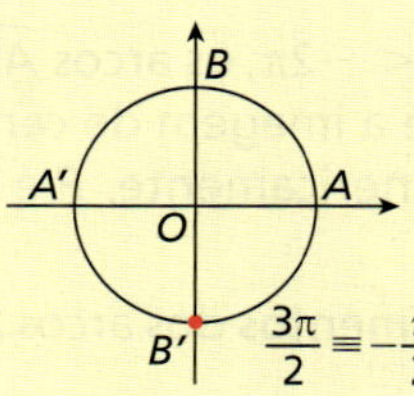

$\frac{3\pi}{2} \equiv -\frac{\pi}{2} \equiv \frac{7\pi}{2} \equiv -\frac{5\pi}{2}$

1. Marque no ciclo trigonométrico as imagens correspondentes aos números:

a) $t = \frac{\pi}{4}$
b) $t = \frac{2\pi}{3}$
c) $t = -\frac{4\pi}{3}$
d) $t = -\frac{15\pi}{4}$

2. Indique no ciclo trigonométrico as imagens correspondentes aos números:

a) $t = -\frac{\pi}{3}$
b) $t = \frac{5\pi}{3}$
c) $t = -\frac{\pi}{6}$
d) $t = \frac{47\pi}{6}$

3. Marque no ciclo trigonométrico as imagens correspondentes aos números:

a) $t = \frac{\pi}{6}$
b) $t = \frac{\pi}{6} + \pi$
c) $t = \frac{5\pi}{6}$
d) $t = -\frac{5\pi}{6}$

4. Indique no ciclo trigonométrico o tipo de simetria existente entre as imagens de:

a) t e $\pi - t$
b) t e $t + \pi$
c) t e $-t$
d) t e $2\pi - t$

5. Marque no ciclo trigonométrico as imagens correspondentes aos números a seguir.

a) $\frac{\pi}{3}$

b) $\pi - \frac{\pi}{3}$

c) $\pi + \frac{\pi}{3}$

d) $-\frac{\pi}{3}$

e) $2\pi - \frac{\pi}{3}$

R2. Indicar uma expressão geral das medidas dos arcos côngruos aos arcos com as seguintes medidas:

a) $\frac{8\pi}{3}$

b) 1.105°

➤ Resolução

a) Uma expressão geral para $\frac{8\pi}{3}$ é $\frac{2\pi}{3} + k \cdot 2\pi$, com $k \in \mathbb{Z}$, pois:

$$\frac{8\pi}{3} = \frac{2\pi}{3} + \frac{6\pi}{3} = \frac{2\pi}{3} + 2\pi \equiv \frac{2\pi}{3}$$

b) Uma expressão geral para 1.105° é 25° + k · 360°, com $k \in \mathbb{Z}$, pois:

$$1.105° = 25° + 3 \cdot 360° \equiv 25°$$

6. Indique a expressão geral dos arcos côngruos a:

a) $\frac{5\pi}{3}$

b) 765°

7. Indique uma expressão geral dos arcos côngruos a:

a) $\frac{67\pi}{6}$

b) 3.000°

3 Função seno

3.1 Definição da função seno

No ciclo trigonométrico, seja *P* a extremidade de um arco correspondente ao número real *x*, conforme definido na função de Euler.

Considerando a projeção ortogonal de *P* no eixo vertical, a ordenada do ponto *P* é o seno do arco de medida *x*. Observe a figura ao lado.

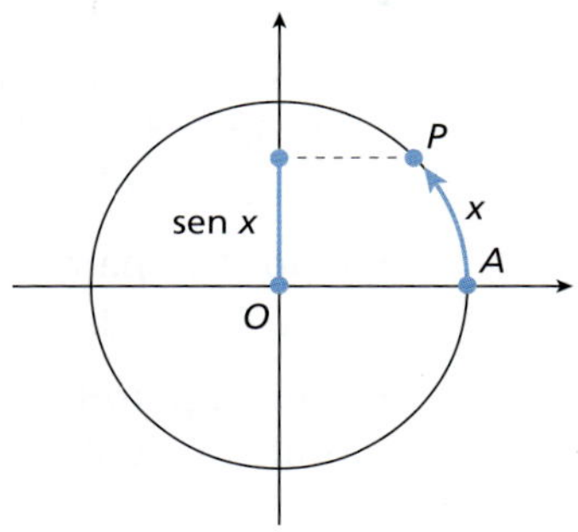

Logo:

- A função **seno** é a função $f: \mathbb{R} \rightarrow \mathbb{R}$ que associa cada número real *x* a um único sen *x*, ou seja, $f(x) = \text{sen } x$.

3.2 O gráfico da função seno

Vamos construir o gráfico da função $f(x) = \text{sen } x$ com base em uma tabela de valores para *x*. Inicialmente, consideramos $x \in [0, 2\pi]$ (ou seja, localizado na primeira volta), para os quais o seno já é conhecido:

x	0	$\frac{\pi}{4}$	$\frac{\pi}{2}$	$\frac{3\pi}{4}$	π	$\frac{5\pi}{4}$	$\frac{3\pi}{2}$	$\frac{7\pi}{4}$	2π
sen x	0	$\frac{\sqrt{2}}{2}$	1	$\frac{\sqrt{2}}{2}$	0	$-\frac{\sqrt{2}}{2}$	-1	$-\frac{\sqrt{2}}{2}$	0

Para alguns valores de x maiores que 2π ou menores que zero, temos:

x	$\frac{9\pi}{4}$	$\frac{5\pi}{2}$	$\frac{11\pi}{4}$	$-\frac{\pi}{4}$	$-\frac{\pi}{2}$	$-\frac{3\pi}{4}$
sen x	$\frac{\sqrt{2}}{2}$	1	$\frac{\sqrt{2}}{2}$	$-\frac{\sqrt{2}}{2}$	-1	$-\frac{\sqrt{2}}{2}$

Observe que, para valores de x maiores que 2π ou menores que zero, o seno de x assume os valores da primeira volta. Assim, a função seno é periódica, pois, para todo $x \in \mathbb{R}$:

sen x = sen $(x + 2\pi)$ = sen $(x + 4\pi)$ = ⋯ = sen $(x + 2k\pi)$, com $k \in \mathbb{Z}$

A curva obtida no intervalo $[0, 2\pi]$ repete-se para $x > 2\pi$ e $x < 0$.

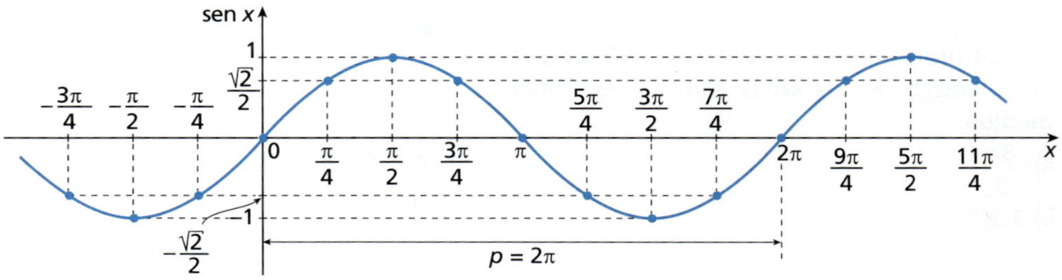

3.3 Características da função seno

Por definição, o domínio e o contradomínio da função seno são iguais a $\mathbb{R}$.

Em seu gráfico, chamado **senoide**, observamos ainda que a função seno:

- é periódica, de período 2π (cada ciclo se completa em um intervalo de 2π);
- é limitada, ou seja, seus valores estão no intervalo $[-1, 1]$; seu conjunto imagem é $\text{Im} = [-1, 1]$;
- é crescente nos intervalos $\left[-\frac{\pi}{2}, \frac{\pi}{2}\right]$, $\left[\frac{3\pi}{2}, \frac{5\pi}{2}\right]$ etc. e decrescente nos intervalos $\left[\frac{\pi}{2}, \frac{3\pi}{2}\right]$, $\left[\frac{5\pi}{2}, \frac{7\pi}{2}\right]$ etc.;
- é positiva para x nos intervalos $]0, \pi[$, $]2\pi, 3\pi[$ etc. e negativa para x nos intervalos $]-\pi, 0[$, $]\pi, 2\pi[$, $]3\pi, 4\pi[$ etc.;
- tem **amplitude** (metade da diferença entre as ordenadas máxima e mínima dos pontos do gráfico) igual a 1.

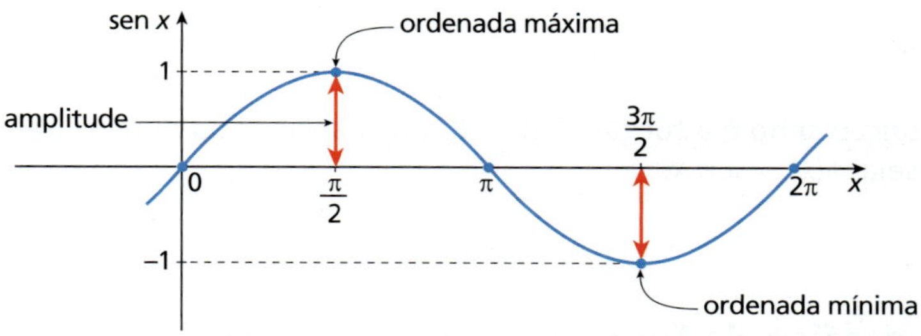

Quando $g(x) = -g(-x)$ em todo o domínio de uma função g, ela é chamada de **função ímpar**. Veja o exemplo:

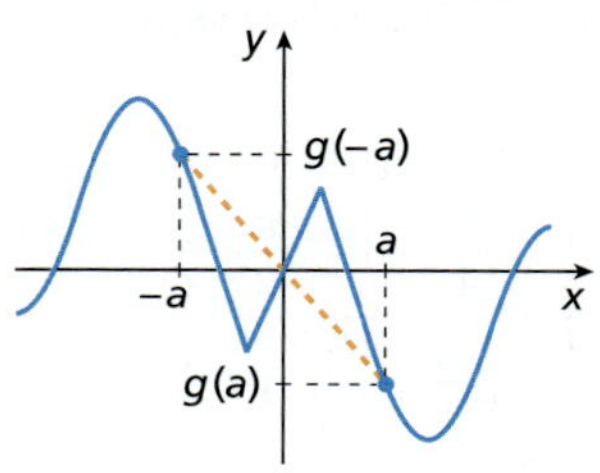

A função seno é ímpar, pois: $\text{sen}(x) = -\text{sen}(-x)$

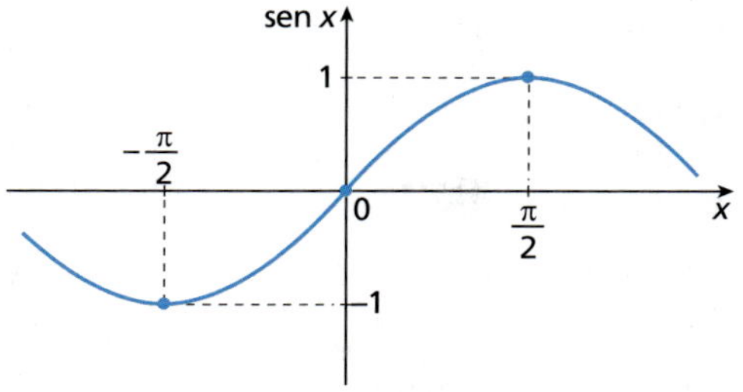

Para visualizar melhor a situação acima, vamos considerar um valor qualquer, por exemplo $x = \frac{\pi}{2}$; assim:

$$\text{sen}(x) = -\text{sen}(-x) \Rightarrow \text{sen}\left(\frac{\pi}{2}\right) = -\text{sen}\left(-\frac{\pi}{2}\right) \Rightarrow 1 = 1$$

Exercícios

R3. Determinar os valores reais de m para os quais $\text{sen}\,x = 3m - 2$.

➤ **Resolução**

Sabemos que os valores da função $f(x) = \text{sen}\,x$ variam no intervalo $[-1, 1]$.

Assim:

$-1 \leqslant \text{sen}\,x \leqslant 1 \Rightarrow -1 \leqslant 3m - 2 \leqslant 1 \Rightarrow$

$\Rightarrow 1 \leqslant 3m \leqslant 3 \Rightarrow \frac{1}{3} \leqslant m \leqslant 1$

Então, m assume valores em $\mathbb{R}$ tais que:

$\frac{1}{3} \leqslant m \leqslant 1$

8. Determine os valores reais de k para os quais $\text{sen}\,x = 2k - 3$.

9. Indique os valores reais de k para os quais $\text{sen}\,x = \frac{2k + 4}{3}$.

R4. Considerando apenas arcos entre 0 e 2π, determinar o menor valor de k, com $k \in \mathbb{N}$, tal que $\text{sen}\,\frac{2k\pi}{9}$ assuma valor negativo.

➤ **Resolução**

Entre 0 e 2π, temos: $\text{sen}\,x < 0$ para $\pi < x < 2\pi$.

Substituindo x por $\frac{2k\pi}{9}$:

- $\pi < \frac{2k\pi}{9} < 2\pi$ (dividindo cada membro por π)
- $1 < \frac{2k}{9} < 2$ (multiplicando cada membro por 9)
- $9 < 2k < 18$ (dividindo cada membro por 2)
- $\frac{9}{2} < k < 9$

O menor número natural que torna essa desigualdade verdadeira é 5. Portanto: $k = 5$

10. Considerando apenas arcos entre 0 e 2π, determine o maior valor de k, com $k \in \mathbb{N}$, tal que $\text{sen}\,\frac{4k\pi}{45}$ assuma valor positivo.

11. Dê o sinal de:

a) $\text{sen}\,\frac{16\pi}{3}$

b) $\text{sen}\,\frac{25\pi}{24}$

c) $\text{sen}\left(-\frac{16\pi}{3}\right)$

d) $\text{sen}\left(-\frac{25\pi}{24}\right)$

R5. Calcular sen 3.360°.

➤ **Resolução**

Como $3.360° = 120° + 9 \cdot 360°$, então:

$\text{sen}\,3.360° = \text{sen}\,120° = \text{sen}\,60° = \frac{\sqrt{3}}{2}$

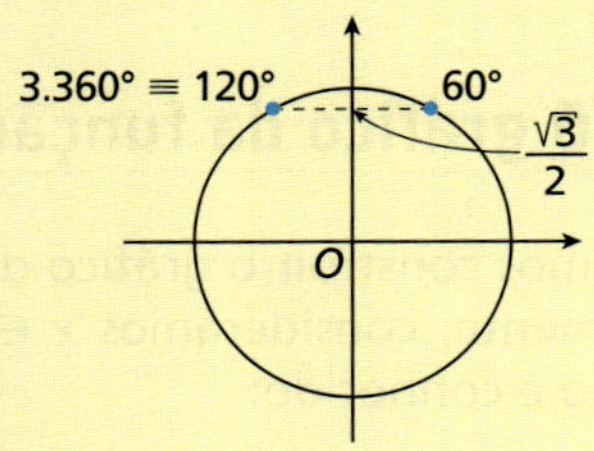

R6. Calcular $\text{sen}\,\frac{71\pi}{6}$.

➤ **Resolução**

Como $\frac{71\pi}{6} = \frac{11\pi}{6} + 5 \cdot 2\pi$, então:

$\text{sen}\,\frac{71\pi}{6} = \text{sen}\,\frac{11\pi}{6} = -\text{sen}\,\frac{\pi}{6} = -\frac{1}{2}$

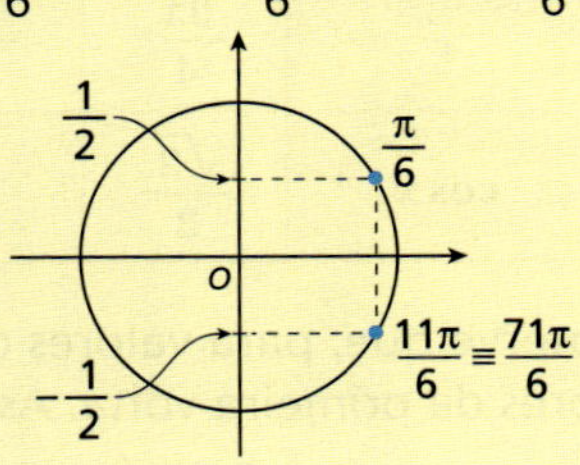

12. Calcule:

a) sen 3.465°

b) sen $\frac{13\pi}{4}$

c) sen 4.230°

d) sen $\left(-\frac{10\pi}{3}\right)$

e) sen (−3.465°)

f) sen $\left(-\frac{13\pi}{4}\right)$

g) sen (−4.230°)

h) sen $\frac{10\pi}{3}$

13. Faça um esboço do gráfico de $f(x) = \text{sen } x$ para $x \in [2\pi, 4\pi]$.

14. Calcule o valor de
$\text{sen } x + \text{sen } 2x + \text{sen } 3x + \cdots + \text{sen } 100x$, para $x = \frac{\pi}{2}$.

15. Cadeia alimentar. Em um sistema predador-presa, o número de predadores e de presas tende a variar periodicamente com o tempo. Considere que, em determinada região, onde leões são os predadores e zebras são as presas, a população de zebras tenha variado de acordo com a função dada por:

$$Z(t) = 850 + 400 \cdot \text{sen } \frac{\pi t}{4},$$

sendo o tempo t medido, em anos, a partir de janeiro de 2012 (t = 0).

a) Qual era a população de zebras em janeiro de 2012?

b) Sabendo que a população máxima de zebras atingida foi 1.250, determine a primeira vez em que isso ocorreu.

4 Função cosseno

4.1 Definição da função cosseno

No ciclo trigonométrico, seja *P* a extremidade de um arco correspondente ao número real *x*, conforme definido na função de Euler.

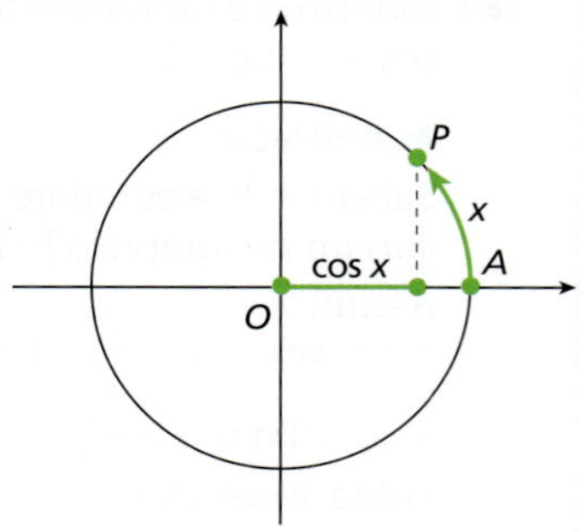

Considerando a projeção ortogonal de *P* no eixo horizontal, a abscissa do ponto *P* é o cosseno do arco de medida *x*. Observe a figura ao lado.

Logo:

- A função **cosseno** é a função $f: \mathbb{R} \to \mathbb{R}$, que associa cada número real *x* a um único cos *x*, ou seja, $f(x) = \cos x$.

4.2 O gráfico da função cosseno

Vamos construir o gráfico da função $f(x) = \cos x$ com base em uma tabela de valores para *x*. Inicialmente, consideramos $x \in [0, 2\pi]$ (ou seja, localizado na primeira volta), para os quais o cosseno é conhecido:

x	0	$\frac{\pi}{4}$	$\frac{\pi}{2}$	$\frac{3\pi}{4}$	π	$\frac{5\pi}{4}$	$\frac{3\pi}{2}$	$\frac{7\pi}{4}$	2π
$\cos x$	1	$\frac{\sqrt{2}}{2}$	0	$-\frac{\sqrt{2}}{2}$	−1	$-\frac{\sqrt{2}}{2}$	0	$\frac{\sqrt{2}}{2}$	1

Para alguns valores de *x* maiores que 2π ou menores que zero, temos:

x	$\frac{9\pi}{4}$	$\frac{5\pi}{2}$	$\frac{11\pi}{4}$	$-\frac{\pi}{4}$	$-\frac{\pi}{2}$	$-\frac{3\pi}{4}$
$\cos x$	$\frac{\sqrt{2}}{2}$	0	$-\frac{\sqrt{2}}{2}$	$\frac{\sqrt{2}}{2}$	0	$-\frac{\sqrt{2}}{2}$

Observe que, para valores de *x* maiores que 2π ou menores que zero, o cosseno de *x* assume os valores da primeira volta. Assim, a função cosseno é periódica, pois, para todo $x \in \mathbb{R}$:

$$\cos x = \cos(x + 2\pi) = \cos(x + 4\pi) = \cdots = \cos(x + 2k\pi),\ k \in \mathbb{Z}$$

A curva obtida no intervalo $[0, 2\pi]$ repete-se para $x > 2\pi$ e $x < 0$.

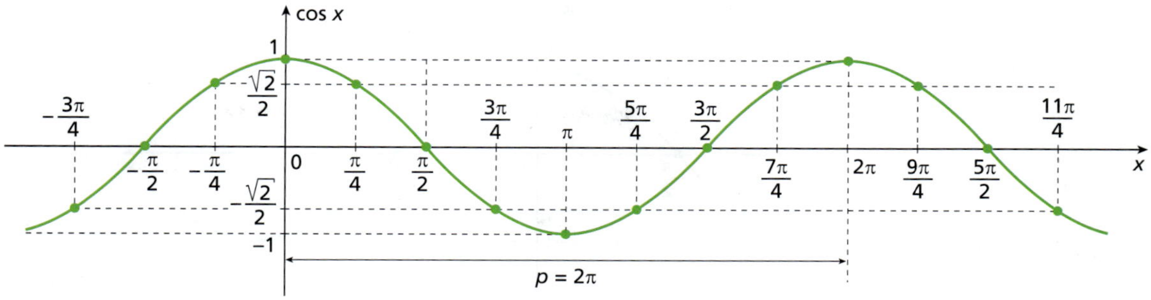

4.3 Características da função cosseno

Por definição, o domínio e o contradomínio da função cosseno são iguais a $\mathbb{R}$.

No gráfico da função cosseno, também conhecido como **cossenoide**, observamos, entre outras características, que a função cosseno:

- É periódica, de período 2π (cada ciclo se completa em um intervalo de 2π);
- É limitada, ou seja, seus valores estão no intervalo $[-1, 1]$, o que significa que seu conjunto imagem é $\text{Im} = [-1, 1]$;
- É crescente nos intervalos $[-\pi, 0]$, $[\pi, 2\pi]$ etc. e decrescente nos intervalos $[0, \pi]$, $[2\pi, 3\pi]$ etc.;
- É positiva nos intervalos $\left]-\frac{\pi}{2}, \frac{\pi}{2}\right[$, $\left]\frac{3\pi}{2}, \frac{5\pi}{2}\right[$ etc. e negativa nos intervalos $\left]\frac{\pi}{2}, \frac{3\pi}{2}\right[$, $\left]\frac{5\pi}{2}, \frac{7\pi}{2}\right[$ etc.;
- Tem amplitude igual a 1.

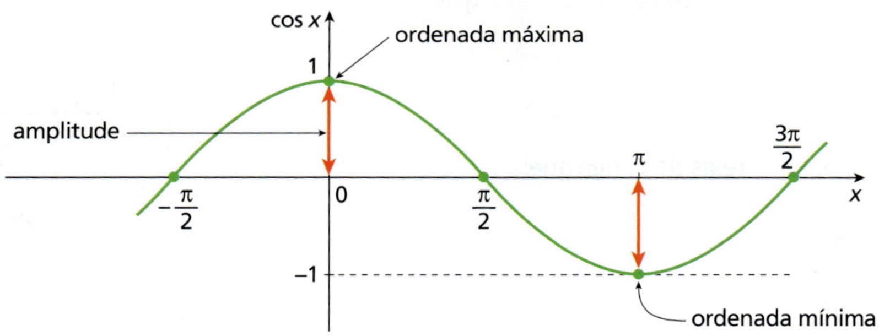

Observamos ainda que o gráfico da função cosseno forma uma "onda" semelhante à do gráfico da função seno, com deslocamento de $\frac{\pi}{2}$ rad para a esquerda.

Quando $f(x) = f(-x)$ em todo o domínio de uma função f, ela é chamada de **função par**. Veja o exemplo:

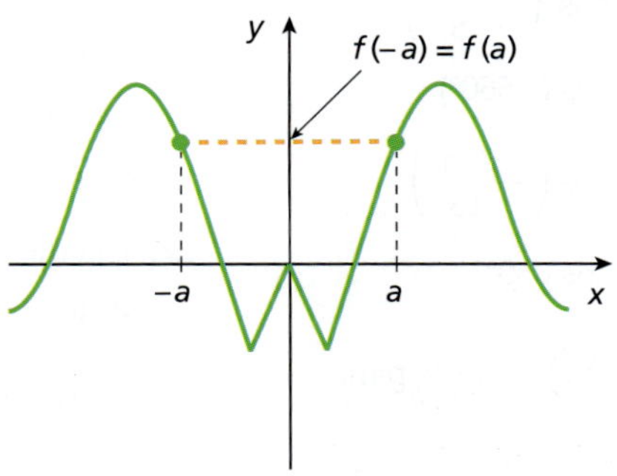

A função cosseno é par, pois $\cos(x) = \cos(-x)$.

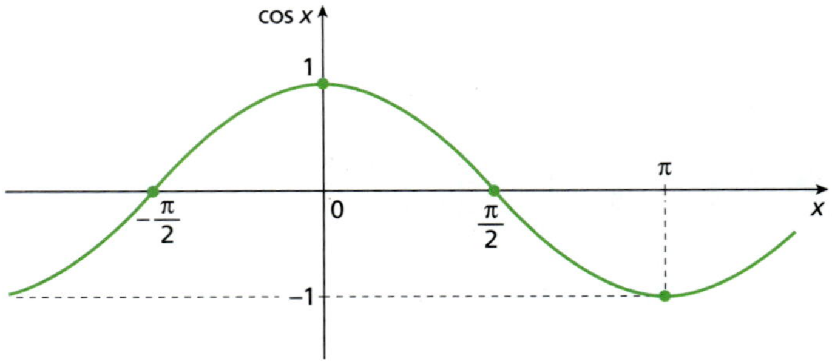

Para visualizar melhor, vamos considerar um valor qualquer, por exemplo, $x = \frac{\pi}{2}$; assim:

$$\cos(x) = \cos(-x) \Rightarrow \cos\left(\frac{\pi}{2}\right) = \cos\left(-\frac{\pi}{2}\right) \Rightarrow 0 = 0$$

Exercícios

R7. Determinar os valores reais de m para os quais $\cos x = 2m + 4$.

➤ Resolução

Sabemos que os valores da função $f(x) = \cos x$ variam no intervalo $[-1, 1]$.

Assim: $-1 \leqslant \cos x \leqslant 1 \Rightarrow -1 \leqslant 2m + 4 \leqslant 1 \Rightarrow$
$\Rightarrow -5 \leqslant 2m \leqslant -3 \Rightarrow -\frac{5}{2} \leqslant m \leqslant -\frac{3}{2}$

Então, m assume valores em $\mathbb{R}$ tais que: $-\frac{5}{2} \leqslant m \leqslant -\frac{3}{2}$

16. Determine os valores reais de m tais que:

a) $\cos x = 3m + 7$

b) $\cos x = \frac{5m - 2}{2}$

c) $\cos x = \frac{5m^2 - 2}{2}$

17. Considerando apenas arcos entre 0 e 2π, determine o maior valor de k, com $k \in \mathbb{N}$, tal que $\cos \frac{7k\pi}{62}$ assuma valor positivo.

18. Dê o sinal de:

a) $\cos \frac{12\pi}{5}$

b) $\cos 560°$

c) $\cos \frac{32\pi}{15}$

d) $\cos (-650°)$

e) $\cos \left(-\frac{12\pi}{5}\right)$

f) $\cos (-560°)$

g) $\cos \left(-\frac{32\pi}{15}\right)$

h) $\cos 650°$

19. Faça um esboço do gráfico de $f(x) = \cos x$, para $x \in [2\pi, 4\pi]$.

R8. Calcular $\cos \frac{100\pi}{3}$.

➤ Resolução

Como $\frac{100\pi}{3} = \frac{4\pi}{3} + 16 \cdot 2\pi$, então:

$$\cos \frac{100\pi}{3} = \cos \frac{4\pi}{3} = -\cos \frac{\pi}{3} = -\frac{1}{2}$$

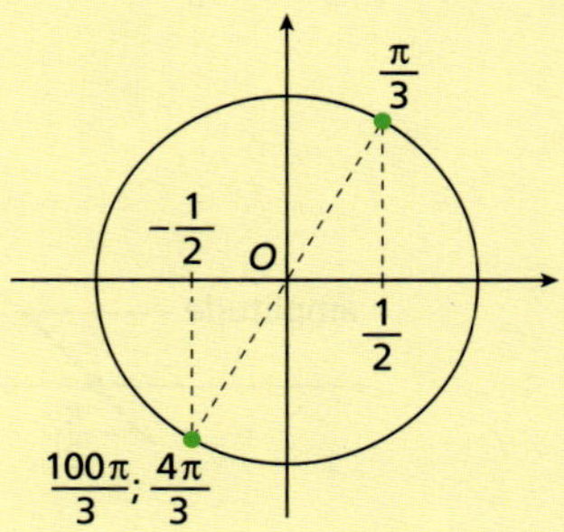

20. Calcule:

a) $\cos 1.485°$

b) $\cos\left(-\frac{19\pi}{4}\right)$

c) $\cos 6.000°$

d) $\cos \frac{23\pi}{6}$

e) $\cos (-1.485°)$

f) $\cos \frac{19\pi}{4}$

g) $\cos (-6.000°)$

h) $\cos\left(-\frac{23\pi}{6}\right)$

21. Calcule o valor da expressão

$\cos 2x + \cos 4x + \cos 6x + \ldots + \cos 78x + \cos 80x$, para $x = \frac{\pi}{4}$.

22. Calcule:

a) $\text{sen}\,(870°)$

b) $\cos \frac{17\pi}{4}$

c) $\cos (870°)$

d) $\text{sen}\,\frac{17\pi}{4}$

5 A função tangente

5.1 Definição da função tangente

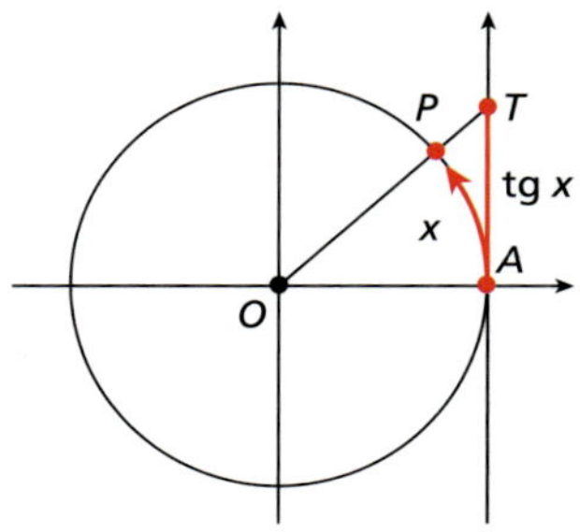

Na circunferência trigonométrica de centro O, seja P a extremidade de um arco correspondente ao número real x.

Vamos considerar o ponto T da intersecção entre a reta $\overleftrightarrow{OP}$ e a reta tangente à circunferência pelo ponto $A(1, 0)$.

A ordenada do ponto T é a tangente do arco de medida x.

Logo:

- A função **tangente** é a função $f: \mathbb{R} - \left\{\frac{\pi}{2} + k\pi,\ k \in Z\right\} \to \mathbb{R}$, que associa cada número real x $\left(\text{com exceção dos valores côngruos a } \frac{\pi}{2} \text{ e } \frac{3\pi}{2}\right)$ a um único valor tg x, ou seja, $f(x) = \text{tg } x$.

Observe, na figura ao lado, que:

- $OQ = \cos \alpha$, $QP = \text{sen } \alpha$, $OA = 1$ e $AT = \text{tg } \alpha$;
- os triângulos OQP e OAT são semelhantes.

Então: $\dfrac{\text{tg } \alpha}{1} = \dfrac{\text{sen } \alpha}{\cos \alpha}$ ou $\text{tg } \alpha = \dfrac{\text{sen } \alpha}{\cos \alpha}$

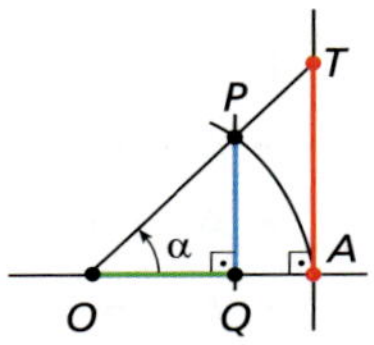

5.2 O gráfico da função tangente

Tabela

Vamos construir o gráfico da função $f(x) = \text{tg } x$ com base em uma tabela de valores para x. Inicialmente, vamos considerar x no intervalo $[0, 2\pi]$:

x	0	$\frac{\pi}{4}$	$\frac{\pi}{2}$	$\frac{3\pi}{4}$	π	$\frac{5\pi}{4}$	$\frac{3\pi}{2}$	$\frac{7\pi}{4}$	2π
tg x	0	1	$\nexists$	-1	0	1	$\nexists$	-1	0

Para alguns valores de x maiores que 2π ou menores que zero, temos:

x	$\frac{9\pi}{4}$	$\frac{5\pi}{2}$	$\frac{11\pi}{4}$	3π	$-\frac{\pi}{4}$	$-\frac{\pi}{2}$	$-\frac{3\pi}{4}$	$-\pi$
tg x	1	$\nexists$	-1	0	-1	$\nexists$	1	0

Observamos que, para valores de x maiores que π ou menores que zero, a tangente de x assume os valores da primeira meia-volta. Assim, a função tangente é periódica, pois, para todo x do seu domínio, temos:

$\text{tg } x = \text{tg } (x + \pi) = \text{tg } (x + 2\pi) = \ldots = \text{tg } (x + k\pi),\ k \in \mathbb{Z}$

A curva obtida no intervalo $\left]-\frac{\pi}{2}, \frac{\pi}{2}\right[$ repete-se para $x > \frac{\pi}{2}$ e $x < -\frac{\pi}{2}$.

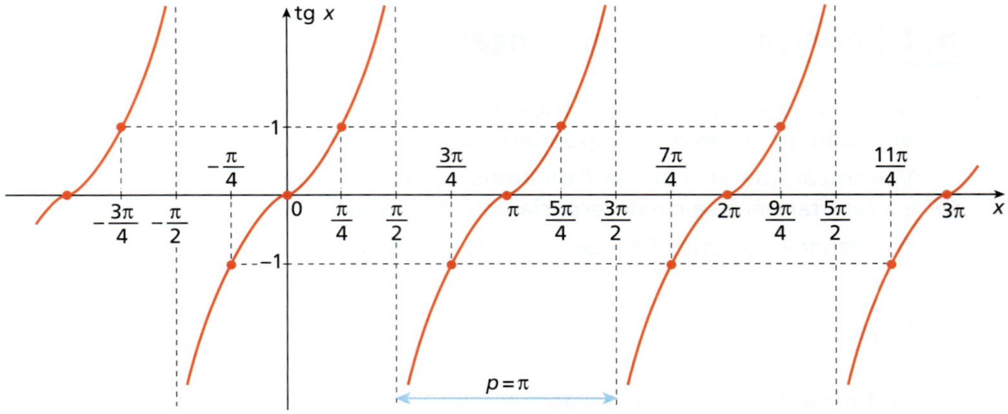

5.3 Características da função tangente

Por definição, o domínio da função tangente é $\mathbb{R} - \left\{\frac{\pi}{2} + k\pi,\ k \in \mathbb{Z}\right\}$, e o contradomínio é $\mathbb{R}$.

Pelo gráfico, observamos ainda que:

- A função tangente é periódica de período π;
- A função tangente não é limitada, ou seja, seu conjunto imagem é $\text{Im} =]-\infty, +\infty[$ ou $\mathbb{R}$;
- A função tangente é crescente nos intervalos $\left]\frac{\pi}{2} + k\pi, \frac{3\pi}{2} + k\pi\right[$, onde $k \in \mathbb{Z}$;
- A função tangente assume valores positivos para x nos intervalos $\left]-\pi, -\frac{\pi}{2}\right[$, $\left]0, \frac{\pi}{2}\right[$, $\left]\pi, \frac{3\pi}{2}\right[$ etc. e valores negativos para x nos intervalos $\left]-\frac{\pi}{2}, 0\right[$, $\left]\frac{\pi}{2}, \pi\right[$, $\left]\frac{3\pi}{2}, 2\pi\right[$ etc.;
- As retas verticais que passam pelos pontos de abscissa $\frac{\pi}{2} + k\pi$, $k \in \mathbb{Z}$, são denominadas **assíntotas**, ou seja, não podem coincidir com a curva que representa tg x. Quando um ponto se move ao longo de uma parte extrema dessa curva, a distância desse ponto à assíntota se aproxima de zero.
- A função tangente é uma função ímpar, pois, para todo x pertencente a seu domínio: $\text{tg}\,(x) = -\text{tg}\,(-x)$. Observe o gráfico a seguir.

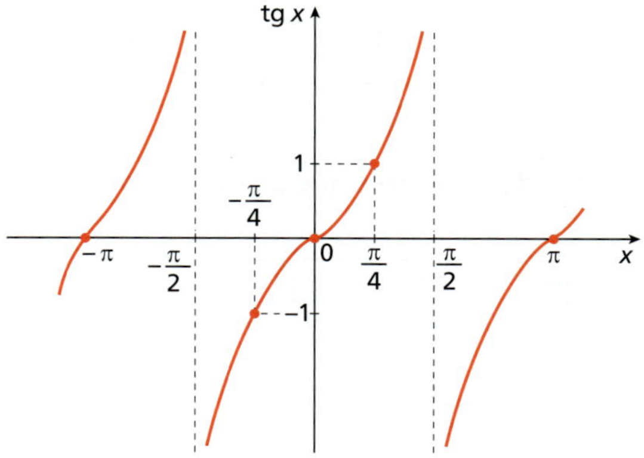

Para entender melhor, vamos considerar um valor qualquer dentro do domínio da função, por exemplo, $x = \frac{\pi}{4}$; assim:

$$\text{tg}\,(x) = -\text{tg}\,(-x) \Rightarrow \text{tg}\left(\frac{\pi}{4}\right) = -\text{tg}\left(-\frac{\pi}{4}\right) \Rightarrow 1 = 1$$

Exercícios

R9. Determinar o domínio da função $f(x) = \text{tg}\left(x + \frac{\pi}{4}\right)$.

➤ Resolução

De acordo com a restrição do domínio para a função tangente, temos:

$$x + \frac{\pi}{4} \neq \frac{\pi}{2} + k\pi \Rightarrow x \neq \frac{\pi}{4} + k\pi, k \in \mathbb{Z}$$

Logo: $D(f) = \left\{x \in \mathbb{R} \mid x \neq \frac{\pi}{4} + k\pi,\ k \in \mathbb{Z}\right\}$

23. Determine o domínio da função, em cada caso.

a) $\text{tg}\, 4x$

b) $\text{tg}\left(2x + \frac{\pi}{3}\right)$

24. Dê o sinal de:

a) $\text{tg}\, 3.000°$

b) $\text{tg}\, \frac{30\pi}{7}$

25. Construa o gráfico da função $f(x) = \text{tg}\, x$ para $x \in \left]\frac{5\pi}{2}, \frac{7\pi}{2}\right[$

26. Calcule:

a) $\text{tg}\, 1.395°$

b) $\text{tg}\left(-\frac{21\pi}{4}\right)$

c) $\text{tg}\, 4.950°$

d) $\text{tg}\, \frac{33\pi}{6}$

27. Calcule o valor da expressão:

$$E = \frac{\text{tg}\,\frac{\pi}{4} + \text{tg}\,\frac{\pi}{3}}{1 - \text{tg}\,\frac{\pi}{4} \cdot \text{tg}\,\frac{\pi}{3}}$$

28. Veja o esboço, num mesmo plano cartesiano, dos gráficos de $f(x) = \cos x$, $g(x) = \text{sen}\, x$ e $h(x) = \text{tg}\, x$ para $\frac{\pi}{2} < x < \frac{3\pi}{2}$.

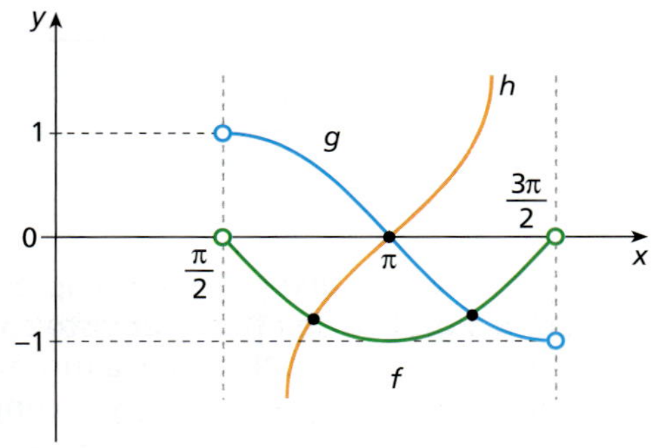

No intervalo considerado:

a) cos x é sempre negativo?

b) sen x é sempre decrescente e negativo?

c) tg x é sempre crescente e positiva?

d) quais são as coordenadas do ponto em que sen x = tg x?

e) o ponto em que cos x = sen x tem abscissa menor, maior ou igual à abscissa do ponto em que tg x = cos x?

6 Construção de gráficos

6.1 Alguns casos especiais

Até aqui vimos gráficos das funções trigonométricas fundamentais: seno, cosseno e tangente. Agora, veremos alguns exemplos de funções cujos gráficos podem ser exigidos em problemas reais que envolvem Trigonometria. Trataremos cada caso em etapas distintas: inicialmente, construiremos o gráfico de uma das funções fundamentais e, a partir dele, efetuando certas transformações, obteremos o gráfico pedido.

a) $f(x) = 2 + \text{sen}\, x$

Primeiro, montamos uma tabela adotando para x valores de 0 a 2π.

x	0	$\frac{\pi}{4}$	$\frac{\pi}{2}$	$\frac{3\pi}{4}$	π	$\frac{5\pi}{4}$	$\frac{3\pi}{2}$	$\frac{7\pi}{4}$	2π
sen x	0	$\frac{\sqrt{2}}{2}$	1	$\frac{\sqrt{2}}{2}$	0	$-\frac{\sqrt{2}}{2}$	−1	$-\frac{\sqrt{2}}{2}$	0
2 + sen x	2	$\frac{4+\sqrt{2}}{2}$	3	$\frac{4+\sqrt{2}}{2}$	2	$\frac{4-\sqrt{2}}{2}$	1	$\frac{4-\sqrt{2}}{2}$	2

Construímos, então, os gráficos de $g(x) = \text{sen } x$ e $f(x) = 2 + \text{sen } x$, em um mesmo sistema de eixos, para efeito comparativo.

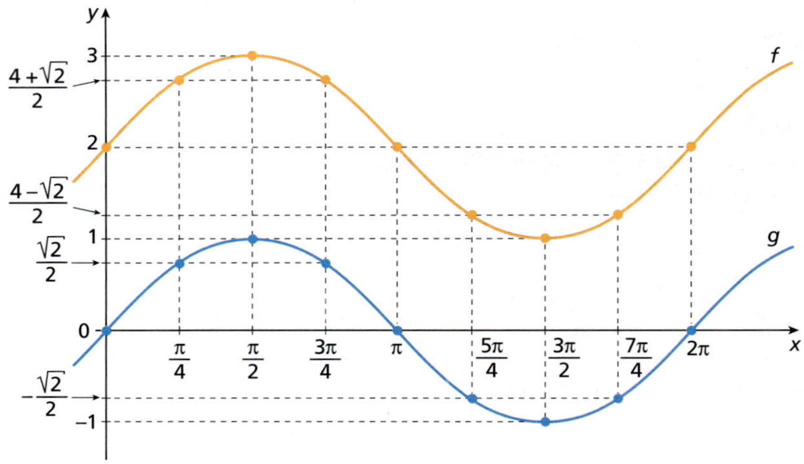

Observe que $f(x) = 2 + \text{sen } x$ apresenta mesmo domínio, período e amplitude que $g(x) = \text{sen } x$, porém o gráfico de *f* pode ser visto como o gráfico da função *g* transladado, ponto a ponto, duas unidades para cima. Note que a função *f* permanece limitada, mas a "onda" oscila entre os valores mínimo 1 e máximo 3. Assim, seu conjunto imagem é o intervalo fechado [1, 3].

Se tivéssemos adicionado -2 à função sen *x*, observaríamos a mesma translação, porém para baixo.

Analisando casos semelhantes a esse, percebemos que:

- O gráfico de funções trigonométricas do tipo $y = c + \text{sen } x$ ou $y = c + \cos x$ ou $y = c + \text{tg } x$ sofre uma translação de $|c|$ unidades em relação ao gráfico original, da seguinte forma:
  - se $c > 0$, a translação é para cima;
  - se $c < 0$, a translação é para baixo.

b) $f(x) = \cos\left(x + \frac{\pi}{2}\right)$

Novamente, montamos uma tabela adotando para *x* valores de 0 a 2π.

x	0	$\frac{\pi}{4}$	$\frac{\pi}{2}$	$\frac{3\pi}{4}$	π	$\frac{5\pi}{4}$	$\frac{3\pi}{2}$	$\frac{7\pi}{4}$	2π
$\cos x$	1	$\frac{\sqrt{2}}{2}$	0	$-\frac{\sqrt{2}}{2}$	-1	$-\frac{\sqrt{2}}{2}$	0	$\frac{\sqrt{2}}{2}$	1
$x + \frac{\pi}{2}$	$\frac{\pi}{2}$	$\frac{3\pi}{4}$	π	$\frac{5\pi}{4}$	$\frac{3\pi}{2}$	$\frac{7\pi}{4}$	2π	$\frac{9\pi}{4}$	$\frac{5\pi}{2}$
$\cos\left(x + \frac{\pi}{2}\right)$	0	$-\frac{\sqrt{2}}{2}$	-1	$-\frac{\sqrt{2}}{2}$	0	$\frac{\sqrt{2}}{2}$	1	$\frac{\sqrt{2}}{2}$	0

Os gráficos de $g(x) = \cos x$ e $f(x) = \cos\left(x + \frac{\pi}{2}\right)$ são:

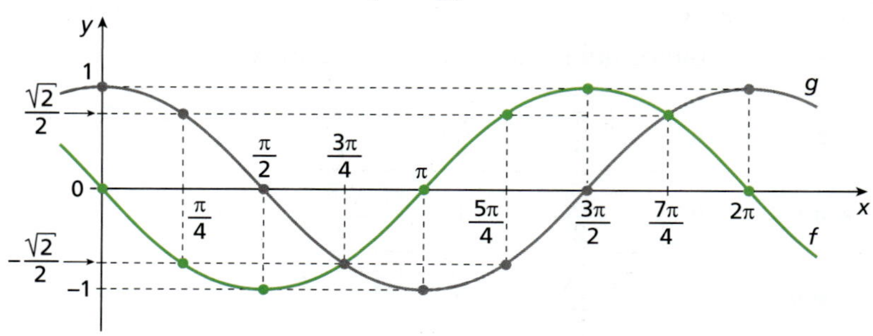

A função $f(x) = \cos\left(x + \frac{\pi}{2}\right)$ apresenta mesmo domínio, imagem, período e amplitude que $g(x) = \cos x$. O gráfico de f pode ser visto como o gráfico da função g transladado $\frac{\pi}{2}$ para a esquerda.

Analisando casos semelhantes a esse, verificamos que:

- O gráfico de funções do tipo $y = \text{sen}\ (x + b)$ ou $y = \cos\ (x + b)$ ou $y = \text{tg}\ (x + b)$ sofre uma translação de $|b|$ unidades em relação ao gráfico original:
  - se $b > 0$, a translação é para a esquerda;
  - se $b < 0$, a translação é para a direita.

Adicionando -1 a $f(x)$, temos a função h, cujo gráfico, em relação ao gráfico de g, apresenta duas translações: vertical (uma unidade para baixo) e horizontal $\left(\frac{\pi}{2}\text{ para a esquerda}\right)$. O conjunto imagem passa a ser $[-2, 0]$.

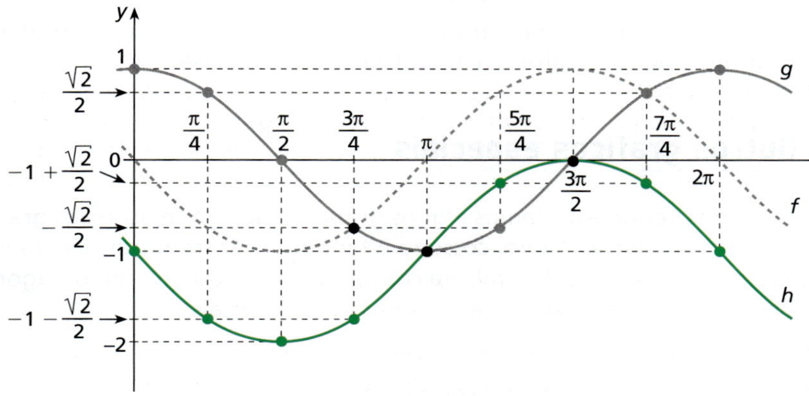

c) $f(x) = 3 \cdot \cos x$

Vamos construir uma tabela, atribuindo a x valores de 0 a 2π.

x	0	$\frac{\pi}{4}$	$\frac{\pi}{2}$	$\frac{3\pi}{4}$	π	$\frac{5\pi}{4}$	$\frac{3\pi}{2}$	$\frac{7\pi}{4}$	2π
$\cos x$	1	$\frac{\sqrt{2}}{2}$	0	$-\frac{\sqrt{2}}{2}$	-1	$-\frac{\sqrt{2}}{2}$	0	$\frac{\sqrt{2}}{2}$	1
$3 \cdot \cos x$	3	$\frac{3\sqrt{2}}{2}$	0	$-\frac{3\sqrt{2}}{2}$	-3	$-\frac{3\sqrt{2}}{2}$	0	$\frac{3\sqrt{2}}{2}$	3

Os gráficos de $g(x) = \cos x$ e $f(x) = 3 \cdot \cos x$ são:

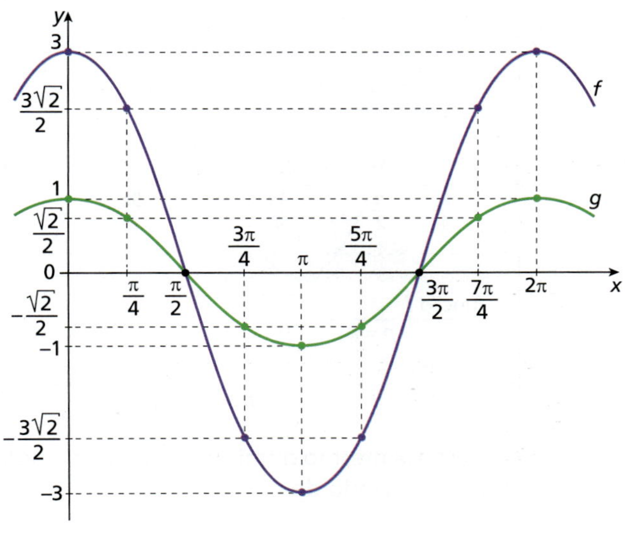

A função $f(x) = 3 \cdot \cos x$ apresenta mesmo domínio e período que $g(x) = \cos x$, porém sua amplitude é 3, o triplo da amplitude de g. A "onda" oscila entre os valores mínimo -3 e máximo 3.

Isso significa que a função f está limitada entre esses valores, o que pode ser demonstrado da seguinte forma: sabemos que, para todo x real, $-1 \leqslant \cos x \leqslant 1$; multiplicando os membros dessas desigualdades por 3, temos: $-3 \leqslant 3 \cdot \cos x \leqslant 3$

Logo, a função f está limitada entre -3 e 3, incluindo esses dois valores, ou seja, seu conjunto imagem é: $\text{Im}(f) = [-3, 3]$.

Analisando casos semelhantes a esse, notamos que:

- O gráfico de funções trigonométricas do tipo $y = d \cdot \text{sen}\, x$ ou $y = d \cdot \cos x$ tem amplitude $|d|$.

Comparando todos os exemplos, observamos que, no exemplo **b**, o parâmetro b foi adicionado diretamente ao argumento da função (valor do domínio no qual a função é calculada), o que implicou uma translação na direção do eixo x. Mas, no exemplo **a**, o parâmetro c foi adicionado à função seno, o que implicou uma translação na direção do eixo y. Nesses dois casos, a amplitude permanece igual à amplitude das funções seno e cosseno.

Já no exemplo **c**, não ocorre translação, nem vertical nem horizontal, mas o parâmetro d, ao multiplicar sen x ou cos x, altera a amplitude dessas funções.

6.2 Outros gráficos especiais

No tópico anterior, estudamos alguns gráficos que, em relação aos gráficos das funções trigonométricas fundamentais (seno, cosseno e tangente), sofrem translações horizontais ou verticais ou modificação na amplitude, embora conservem o período. Veremos, agora, gráficos que sofrem alteração de período em relação às funções fundamentais.

Consideremos a função f dada por: $f(x) = \text{sen}\, 2x$

Vamos montar uma tabela adotando para x valores de 0 a 2π.

x	0	$\frac{\pi}{4}$	$\frac{\pi}{2}$	$\frac{3\pi}{4}$	π	$\frac{5\pi}{4}$	$\frac{3\pi}{2}$	$\frac{7\pi}{4}$	2π
sen x	0	$\frac{\sqrt{2}}{2}$	1	$\frac{\sqrt{2}}{2}$	0	$-\frac{\sqrt{2}}{2}$	-1	$-\frac{\sqrt{2}}{2}$	0
$2x$	0	$\frac{\pi}{2}$	π	$\frac{3\pi}{2}$	2π	$\frac{5\pi}{2}$	3π	$\frac{7\pi}{2}$	4π
sen $2x$	0	1	0	-1	0	1	0	-1	0

Construímos, então, os gráficos de $g(x) = \text{sen}\, x$ e $f(x) = \text{sen}\, 2x$ no mesmo sistema de eixos:

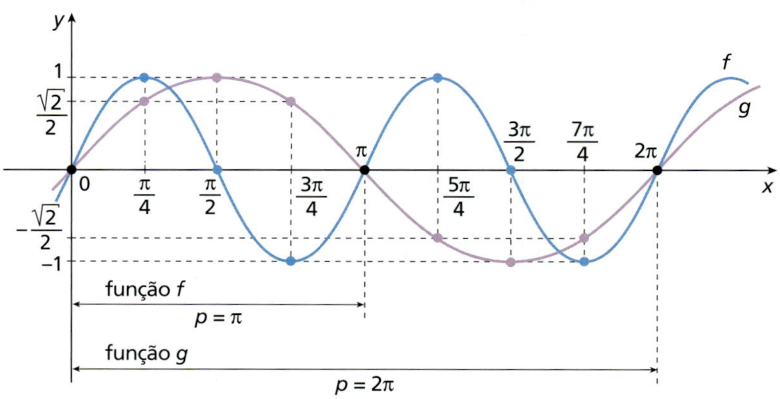

Observamos que f apresenta mesmo domínio, imagem e amplitude que g, porém com período igual a π, ou seja, metade do período de g.

Analisando casos semelhantes a esse, percebemos que:

- As funções trigonométricas do tipo $y = \text{sen }(ax)$ ou $y = \cos(ax)$ têm período $\frac{2\pi}{|a|}$.
O gráfico da função tangente do tipo $y = \text{tg }(ax)$ tem período $\frac{\pi}{|a|}$.

Adicionando 1 a $f(x)$, temos a função h, cujo gráfico é obtido do gráfico de g por uma translação de uma unidade para cima.

14.1 Biblioteca do estudante

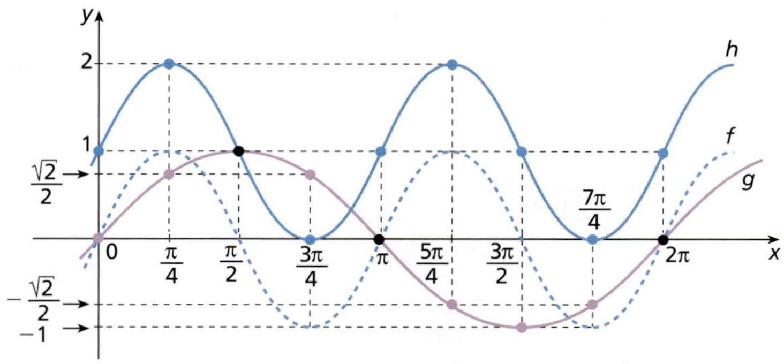

Exercícios

R10. Determinar domínio, imagem, período e amplitude de $f(x) = 2 \cdot \cos\left(x - \frac{\pi}{4}\right)$.

➤ Resolução

Vamos iniciar o processo de análise dessa função partindo da função original: $g(x) = \cos x$

- 1º passo: $\cos x \rightarrow \cos\left(x - \frac{\pi}{4}\right)$

O gráfico de g sofrerá uma translação de $\frac{\pi}{4}$ para a direita no eixo x.

- 2º passo: $\cos\left(x - \frac{\pi}{4}\right) \rightarrow 2 \cdot \cos\left(x - \frac{\pi}{4}\right)$

O gráfico terá nova amplitude, igual a 2.

Após o 2º passo, o conjunto imagem da função também será modificado, pois, quando $g(x) = \cos x$ é multiplicada por 2, sua imagem, antes igual a $[-1, 1]$, passa a ser $[-2, 2]$. Logo: $\text{Im}(f) = [-2, 2]$.

O domínio e o período de f são os mesmos de g: $D(f) = \mathbb{R}$ e $p = 2\pi$

R11. Construir o gráfico de

$f(x) = 2 + 2 \cdot \cos\left(x + \frac{\pi}{4}\right)$,

indicando: domínio, imagem, período e amplitude.

➤ Resolução

Para a análise dessa função, vamos partir da função original: $g(x) = \cos x$. Acompanhe, na ilustração, os passos que serão descritos.

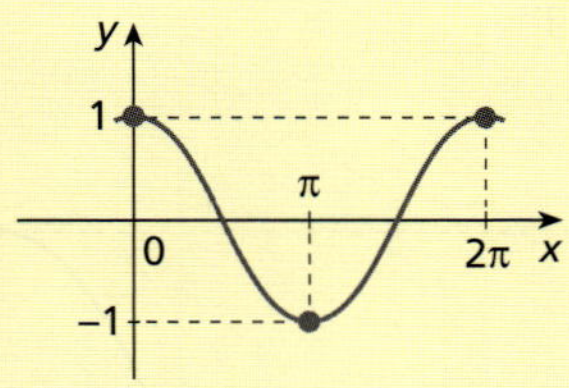

- 1º passo: $\cos x \rightarrow \cos\left(x + \frac{\pi}{4}\right)$

O gráfico de g sofrerá uma translação de $\frac{\pi}{4}$ para a esquerda sobre o eixo x.

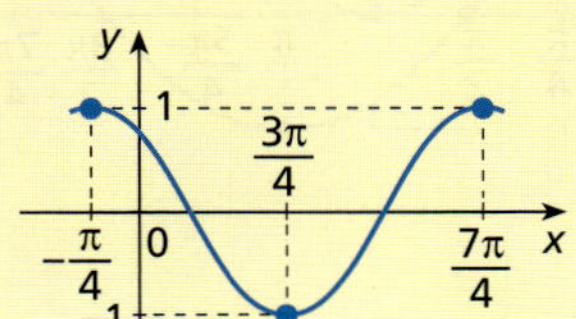

- 2º passo: $\cos\left(x + \frac{\pi}{4}\right) \rightarrow 2 \cdot \cos\left(x + \frac{\pi}{4}\right)$

O gráfico da função terá nova amplitude, igual a 2.

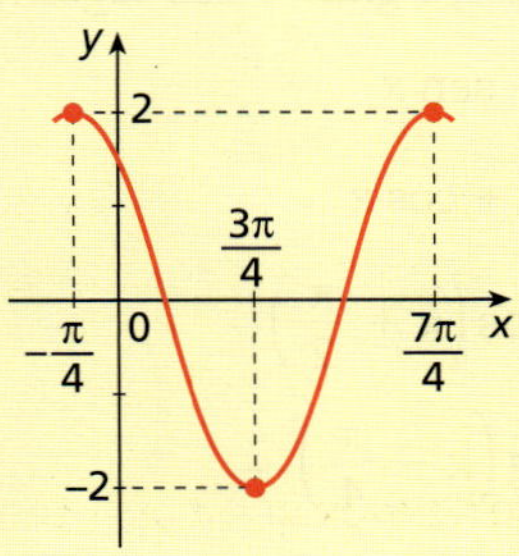

- 3º passo:

$$2 \cdot \cos\left(x + \frac{\pi}{4}\right) \rightarrow 2 + 2 \cdot \cos\left(x + \frac{\pi}{4}\right)$$

O gráfico da função translada duas unidades para cima.

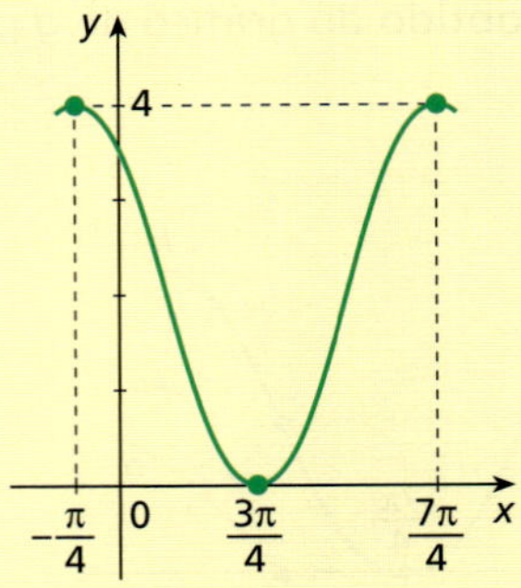

Após o 2º e o 3º passos, o conjunto imagem da função também será modificado. A imagem de $g(x) = \cos x$ é $[-1, 1]$. Quando g é multiplicada por 2, a imagem passa a ser $[-2, 2]$. Adicionando-se 2, a nova imagem é: $\text{Im}(f) = [0, 4]$

O domínio e o período de f são os mesmos de g: $D(f) = \mathbb{R}$ e $p = 2\pi$

Vejamos o gráfico comparativo entre as funções f e g:

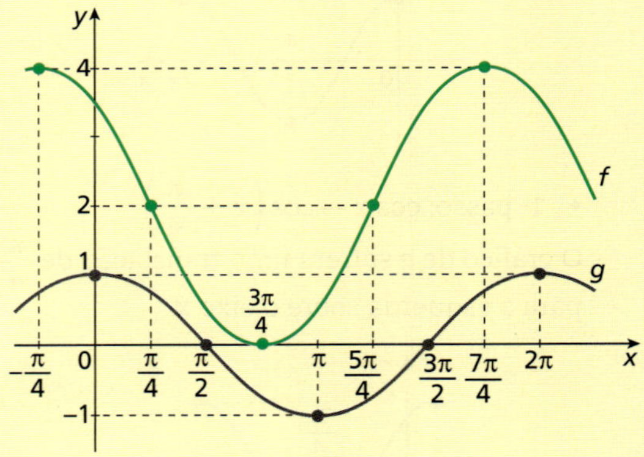

29. Construa o gráfico de $f(x) = 1 + \text{sen}\left(x + \frac{\pi}{4}\right)$, indicando domínio, imagem, período e amplitude.

30. Construa, a partir do gráfico de uma das funções fundamentais, o gráfico das seguintes funções:

a) $f(x) = 3 + \text{sen}\, x$

b) $f(x) = -2 + \cos x$

c) $f(x) = \cos\left(x + \frac{\pi}{2}\right)$

d) $f(x) = \text{tg}\left(x - \frac{\pi}{4}\right)$

R12. Construir o gráfico da função $f(x) = |\cos x|$.

➤ Resolução

Para construir o gráfico da função f, devemos analisar os valores da função:

$$f(x) = \begin{cases} \cos x, \text{ se } \cos x > 0 \\ -\cos x, \text{ se } \cos x < 0 \end{cases}$$

Atribuindo a x valores de 0 a 2π, podemos montar a tabela:

x	$\cos x$	$f(x)$
0	1	1
$\frac{\pi}{4}$	$\frac{\sqrt{2}}{2}$	$\frac{\sqrt{2}}{2}$
$\frac{\pi}{2}$	0	0
$\frac{3\pi}{4}$	$-\frac{\sqrt{2}}{2}$	$\frac{\sqrt{2}}{2}$
π	−1	1
$\frac{5\pi}{4}$	$-\frac{\sqrt{2}}{2}$	$\frac{\sqrt{2}}{2}$
$\frac{3\pi}{2}$	0	0
$\frac{7\pi}{4}$	$\frac{\sqrt{2}}{2}$	$\frac{\sqrt{2}}{2}$
2π	1	1

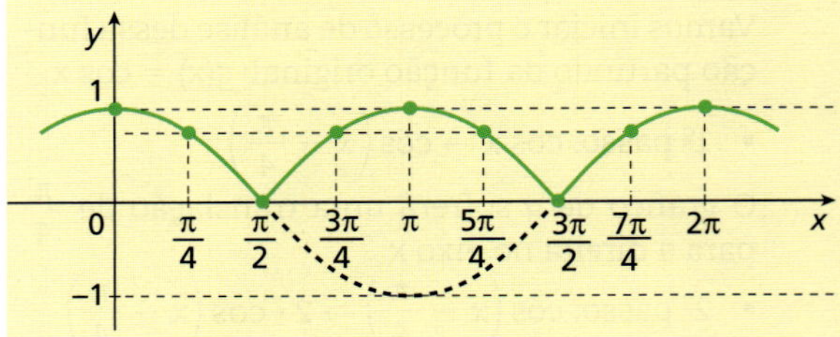

R13. Obter domínio, imagem, período e amplitude de $f(x) = -4 + 4 \cdot \text{sen}\, 3x$.

➤ Resolução

Iniciaremos a análise dessa função partindo da função original: $g(x) = \text{sen}\, x$

- 1º passo: $\text{sen}\, x \rightarrow \text{sen}\, 3x$

  O novo período é: $p = \frac{2\pi}{3}$

- 2º passo: $\text{sen}\, 3x \rightarrow 4 \cdot \text{sen}\, 3x$

  A nova amplitude é igual a 4.

- 3º passo: $4 \cdot \text{sen}\, 3x \rightarrow -4 + 4 \cdot \text{sen}\, 3x$

  Ocorre translação de quatro unidades para baixo.

Após o 2º e o 3º passos, o conjunto imagem da função também será modificado.

A imagem de $g(x) = \text{sen } x$ é: $[-1, 1]$

Quando g é multiplicada por 4, sua imagem passa a ser: $[-4, 4]$

Finalmente, adicionando-se -4, a nova imagem será: $\text{Im}(f) = [-8, 0]$

O domínio de f é o mesmo de g, ou seja: $D(f) = \mathbb{R}$

R14. Construir o gráfico da função $f(x) = \text{tg } 2x$, indicando domínio, imagem e período.

➤ Resolução

Como vimos anteriormente, o gráfico de funções do tipo $f(x) = \text{tg } (ax)$ tem período igual a $\dfrac{\pi}{|a|}$.

Na função $f(x) = \text{tg } 2x$, o parâmetro a é igual a 2. Logo, seu período é igual a $\dfrac{\pi}{2}$.

Os elementos do domínio de $f(x)$ satisfazem a condição: $2x \neq \dfrac{\pi}{2} + k\pi$, ou seja, $x \neq \dfrac{\pi}{4} + \dfrac{k\pi}{2}$, $k \in \mathbb{Z}$. Então:

$$D(f) = \left\{x \in \mathbb{R} \mid x \neq \frac{\pi}{4} + k \cdot \frac{\pi}{2}, k \in \mathbb{Z}\right\}$$

O conjunto imagem de f é igual a $\mathbb{R}$.

Veja abaixo os gráficos das funções $f(x) = \text{tg } 2x$ e $g(x) = \text{tg } x$.

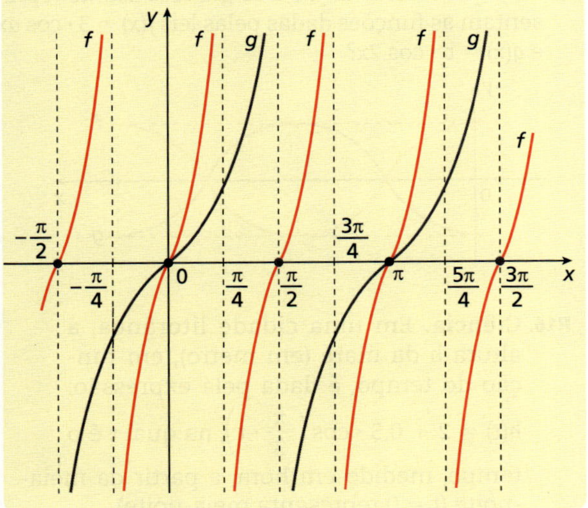

R15. Construir o gráfico da função $f(x) = 1 + 3 \cdot \text{sen}\left(2x - \dfrac{\pi}{2}\right)$ e determinar domínio, imagem, período e amplitude.

➤ Resolução

Para a análise dessa função, vamos voltar à função original $g(x) = \text{sen } x$.

- 1º passo: $\text{sen } x \rightarrow \text{sen } (2x)$

  O período da função passa a ser: $\dfrac{2\pi}{|2|} = \pi$

- 2º passo: $\text{sen } (2x) \rightarrow \text{sen}\left(2x - \dfrac{\pi}{2}\right)$

  O gráfico da função sofre uma translação de $\dfrac{\pi}{2}$ para a direita no eixo x.

- 3º passo: $\text{sen}\left(2x - \dfrac{\pi}{2}\right) \rightarrow 3 \cdot \text{sen}\left(2x - \dfrac{\pi}{2}\right)$

  A função tem nova amplitude, igual a 3.

- 4º passo:

  $3 \cdot \text{sen}\left(2x - \dfrac{\pi}{2}\right) \rightarrow 1 + 3 \cdot \text{sen}\left(2x - \dfrac{\pi}{2}\right)$

  O gráfico da função é transladado uma unidade para cima.

Após o 3º e o 4º passos, o conjunto imagem da função também será modificado. A imagem de $g(x) = \text{sen } x$ é $[-1, 1]$. Quando g é multiplicada por 3, a nova imagem é $[-3, 3]$. Adicionando-se 1, a nova imagem será: $\text{Im}(f) = [-2, 4]$

O domínio é o mesmo de g, ou seja, é igual a $\mathbb{R}$.

Vejamos abaixo o gráfico comparativo das funções f e g:

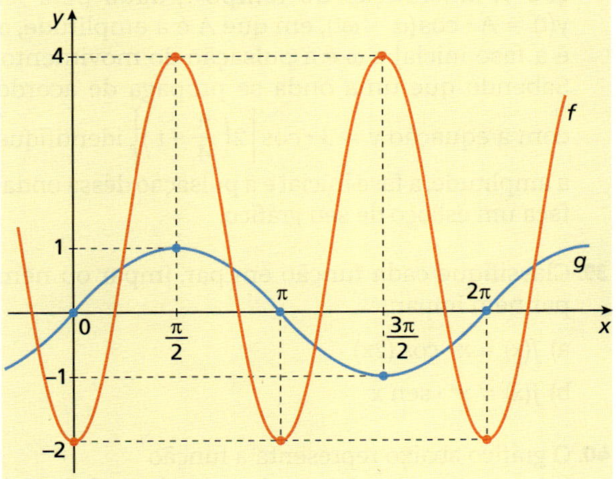

31. Indique o domínio, a imagem, o período e a amplitude (quando houver) das seguintes funções:

a) $f(x) = 3 \cdot \text{sen } 2x$

b) $f(x) = 5 + 2 \cdot \cos 3x$

c) $f(x) = \text{tg } 4x$

d) $f(x) = -2 + 4 \cdot \text{sen}\left(3x + \dfrac{\pi}{3}\right)$

32. Faça um esboço do gráfico da função $f(x) = 1 + 3 \cdot \cos\left(2x - \dfrac{\pi}{2}\right)$, indicando domínio, imagem, período e amplitude.

33. Construa o gráfico de $f(x) = \text{tg}\,\frac{x}{2}$, indicando domínio, imagem e período.

34. Sabendo que a função definida por $f(x) = a \cdot \text{sen}\,(bx)$ tem período 4π e conjunto imagem $[-6, 6]$, obtenha os valores de a e b.

35. Construa o gráfico das seguintes funções:

a) $f(x) = -3 - \text{sen}\,x$

b) $f(x) = 2 - \cos x$

c) $f(x) = -\cos\left(x + \frac{\pi}{2}\right)$

d) $f(x) = -\text{tg}\left(x - \frac{\pi}{4}\right)$

36. Esboce o gráfico das funções abaixo:

a) $f(x) = \cos\frac{x}{2}$

b) $f(x) = \text{sen}\,4x$

c) $f(x) = 2 \cdot \text{sen}\,2x$

d) $f(x) = -2 \cdot \cos x$

37. Construa o gráfico de $f(x) = -1 + 2 \cdot \text{sen}\,2x$.

38. Física. Quando uma onda senoidal se propaga em uma corda, sua fonte realiza, na vertical, um movimento harmônico simples e tem sua posição y, em função do tempo t, dada pela lei $y(t) = A \cdot \cos(\alpha + \omega t)$, em que A é a amplitude, α é a fase inicial e ω é a pulsação do movimento. Sabendo que uma onda se propaga de acordo com a equação $y = 3 \cdot \cos\left[2\left(\frac{\pi}{4} + t\right)\right]$, identifique a amplitude, a fase inicial e a pulsação dessa onda; faça um esboço de seu gráfico.

39. Classifique cada função em par, ímpar ou nem par nem ímpar:

a) $f(x) = x \cdot \cos(2x)$

b) $f(x) = x^2 \cdot \text{sen}\,x$

40. O gráfico abaixo representa a função $f(x) = a + b \cdot \cos x$. Determine os valores de a e b.

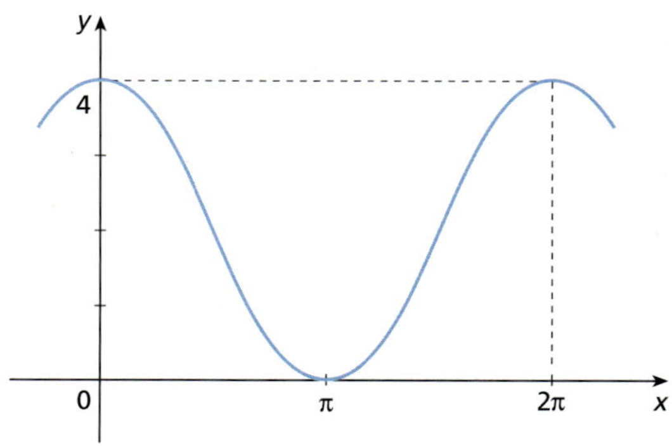

41. O gráfico abaixo representa a função:
$f(x) = a + b \cdot \text{sen}\,cx$
Determine os valores de a, b e c.

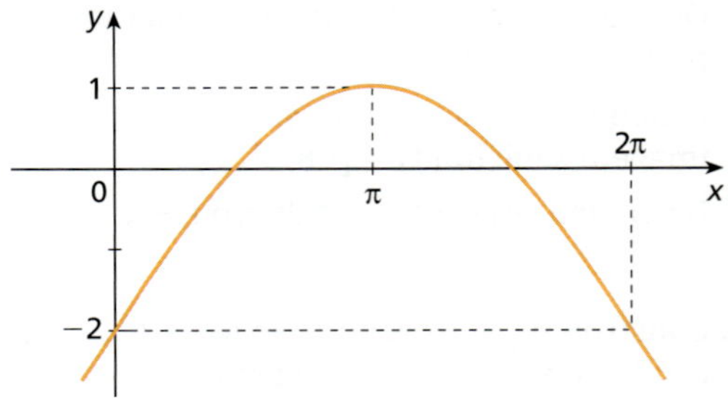

42. O gráfico abaixo representa a função $f(x) = a + \text{tg}\,(bx)$ no intervalo $]-\pi, \pi[$. Determine os valores de a e b:

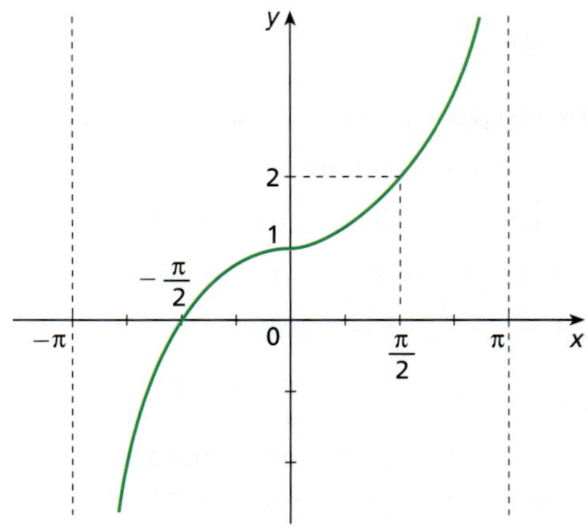

43. Para que valores de a e b os gráficos abaixo representam as funções dadas pelas leis $f(x) = 3 \cdot \cos ax$ e $g(x) = b \cdot \cos 2x$?

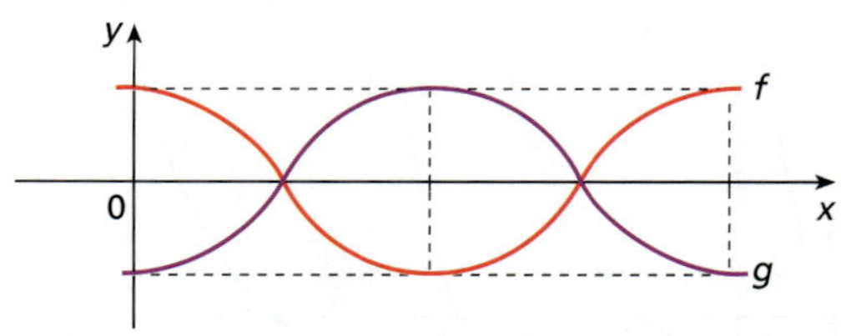

R16. Ciência. Em uma cidade litorânea, a altura h da maré (em metro), em função do tempo, é dada pela expressão: $h(t) = 2 + 0{,}5 \cdot \cos\left(\frac{\pi}{3} \cdot t\right)$, na qual t é o tempo, medido em hora, a partir da meia-noite (t = 0 representa meia-noite).

PALÊ ZUPPANI/PULSAR IMAGENS

Esboçar o gráfico da função, determinando os respectivos período e conjunto imagem.

➤ Resolução

Para esboçar o gráfico de h e iniciar a análise dessa função, vamos voltar à função original: $f(t) = \cos t$

- 1º passo: $\cos t \rightarrow \cos\left(\frac{\pi}{3} \cdot t\right)$

O período é dado por $\frac{2\pi}{\frac{\pi}{3}}$, ou seja, é de 6 h.

- 2º passo: $\cos\left(\frac{\pi}{3} \cdot t\right) \rightarrow 0{,}5 \cdot \cos\left(\frac{\pi}{3} \cdot t\right)$

A multiplicação por 0,5 faz com que a "onda" do gráfico passe a ter amplitude igual a 0,5 m.

- 3º passo:
$0{,}5 \cdot \cos\left(\frac{\pi}{3} \cdot t\right) \rightarrow 2 + 0{,}5 \cdot \cos\left(\frac{\pi}{3} \cdot t\right)$

A adição de 2 faz com que o gráfico sofra uma translação de duas unidades para cima.

O conjunto imagem de $f(t) = \cos t$ é $[-1, 1]$. Quando a função é multiplicada por 0,5 (2º passo), a nova imagem é $[-0{,}5; 0{,}5]$ e, adicionando-se 2 (3º passo), a nova imagem é: $\text{Im}\,(h) = [1{,}5; 2{,}5]$

Com tais informações e com o cálculo de $h(0) = 2{,}5$, temos o esboço:

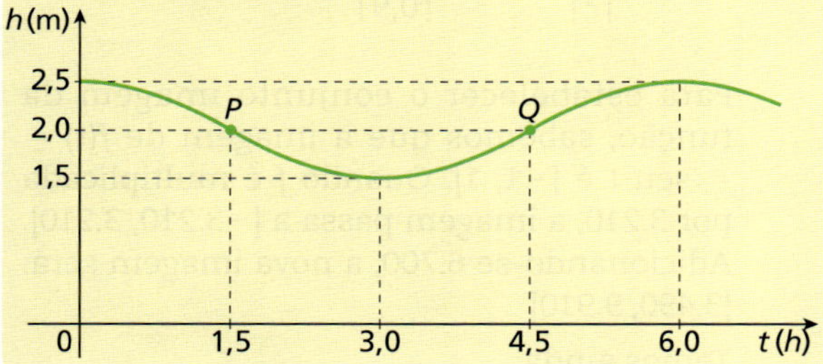

R17. Ciência. Considerando a situação do exercício R16, descrever um ciclo completo da maré, indicando as alturas máxima e mínima que ela atinge e em que momentos isso ocorre, o período de tempo e a frequência com que a maré completa esse ciclo.

➤ Resolução

Pelo gráfico do exercício anterior, podemos observar que a maré atinge sua altura máxima em dois momentos: em $t = 0$, ou seja, à meia-noite, e em $t = 6$, isto é, às 6 horas da manhã.

- Para obter o valor de $t = 6$, basta observar que o período da função $h(t) = 2 + 0{,}5 \cdot \cos\left(\frac{\pi}{3} \cdot t\right)$ é igual a 6.
  Então, após 6 horas, a maré perfaz um ciclo completo.
- Em $t = 3$, a maré atinge sua altura mínima, de 1,5 m. Vamos obter algebricamente o valor 3 para t.
  Para isso, substituímos $h(t)$ por 1,5 na expressão de $h(t)$:
  $h(t) = 2 + 0{,}5 \cdot \cos\left(\frac{\pi}{3} \cdot t\right)$
  $1{,}5 = 2 + 0{,}5 \cdot \cos\left(\frac{\pi}{3} \cdot t\right)$
  $-0{,}5 = 0{,}5 \cdot \cos\left(\frac{\pi}{3} \cdot t\right)$
  $-1 = \cos\left(\frac{\pi}{3} \cdot t\right) \Rightarrow \frac{\pi}{3} \cdot t = \pi \Rightarrow t = 3$
  Na página 319, calculamos algebricamente e determinamos o primeiro momento do dia em que a maré atinge uma altura de 2 m, que é à 1 h 30 min. Com vimos, essa situação está representada no gráfico pelo ponto P.
  Entretanto, graficamente, podemos observar que há outro momento, ou seja, às 4 h 30 min, em que a maré atinge a altura de 2 metros (ponto Q). Vamos calcular algebricamente o valor 4,5 para t.
  Sabemos que $h(t) = 2$. Assim:
  $2 = 2 + 0{,}5 \cdot \cos\left(\frac{\pi}{3} \cdot t\right)$
  $0{,}5 \cdot \cos\left(\frac{\pi}{3} \cdot t\right) = 0$
  $\cos\left(\frac{\pi}{3} \cdot t\right) = 0$
  Portanto: $\frac{\pi}{3} \cdot t = \frac{\pi}{2}$ ou $\frac{\pi}{3} \cdot t = \frac{3\pi}{2} \Rightarrow t = 1{,}5$ ou $t = 4{,}5$
  Como vimos no início do capítulo, concluímos que a maré atingirá a altura de 2 m em dois momentos: à 1 h 30 min e novamente às 4 h 30 min.
  Temos, assim, todas as informações necessárias para descrever um ciclo completo dessa maré:
- ela oscila entre 1,5 metro e 2,5 metros, em ciclos completos a cada 6 horas, o que implica uma frequência de 4 ciclos diários;
- em seu primeiro ciclo, que se inicia à meia-noite, ela atinge a altura máxima de 2,5 metros às 6 horas e a altura mínima de 1,5 metro às 3 horas.

R18. Física. Certo dispositivo produz uma tensão elétrica E que oscila entre os valores de -110 V e $+110$ V, com frequência de 60 ciclos por segundo. Obter a amplitude, o período e a equação para a tensão E em função do tempo e esboçar o gráfico para o primeiro décimo de segundo.

➤ Resolução

A tensão produzida num circuito de corrente alternada é outro exemplo de fenômeno periódico que pode ser modelado por uma função trigonométrico. Com os conhecimentos da Física, sabemos que a expressão geral que representa a tensão num circuito de corrente alternada, em função do tempo, é do tipo:

$$E(t) = a + b \cdot \text{sen}\ (ct + d)$$

na qual E é a voltagem (em volt) e t é o tempo (em segundo).

- Se a tensão oscila entre -110 V e $+110$ V, a amplitude é igual a 110.
- Sabemos que a corrente elétrica oscila 60 vezes em 1 segundo; logo, o tempo para oscilar uma vez é $\frac{1}{60}$ s; o período vale $\frac{1}{60}$ s.
- Na expressão $E(t) = a + b \cdot \text{sen}\ (ct + d)$, os parâmetros a e d indicam, respectivamente, os deslocamentos vertical e horizontal. Como não há informações a respeito de deslocamentos no gráfico, vamos assumir que $a = 0$ e $d = 0$.

  A amplitude é dada por b. Logo: $b = 110$

  O período é dado por $\frac{2\pi}{|c|}$. Assumindo $c > 0$, $\frac{2\pi}{c} = \frac{1}{60}$, temos: $c = 120\pi$

  Assim, a equação da tensão será dada por:

  $E(t) = 110 \cdot \text{sen}\ (120\pi \cdot t)$, com t em segundo.
- Em 1 segundo, a tensão oscila 60 vezes; em 0, 1 segundo, 6 vezes. Como $E(0) = 0$, o período é $\frac{1}{60}$ s e a amplitude é 110, o gráfico terá este aspecto:

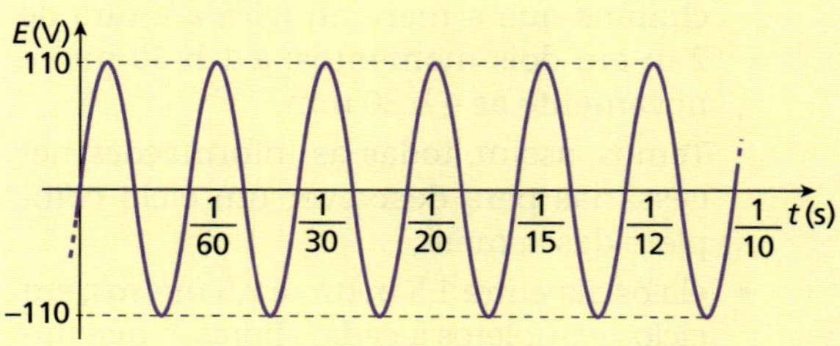

R19. Economia. Uma pesquisa mostrou que a procura por empregos temporários em determinada cidade, medida em milhares de formulários de emprego preenchidos por semana, poderia ser modelada pela função:

JAMIE GRILL/JGI/BLEND IMAGES/GETTY IMAGES

$$D(t) = 3{,}21 \cdot \text{sen}\ (0{,}9t + 1{,}5) + 6{,}7$$

em que t é o tempo, medido em anos a partir de janeiro de 2000 ($t = 0$). Calcular a amplitude, as translações vertical e horizontal do gráfico e o período da função, e interpretar os resultados.

➤ Resolução

Na expressão $D(t) = a + b \cdot \text{sen}\ (ct + d)$:

- os parâmetros a e d indicam, respectivamente, as translações vertical e horizontal;
- o parâmetro b indica a amplitude da função, enquanto o período (p) é calculado por $\frac{2\pi}{|c|}$.

Comparando essa expressão com a função dada no enunciado,

$D(t) = 3{,}21 \cdot \text{sen}\ (0{,}9t + 1{,}5) + 6{,}7$, temos:

- translação vertical: $a = 6.700$ formulários
- translação horizontal: $d = 1{,}5$ ano (à esquerda)
- amplitude: $b = 3.210$ formulários
- período:

$$p = \frac{2\pi}{|c|} \Rightarrow p = \frac{2\pi}{|0{,}9|} \Rightarrow p = \frac{20\pi}{9} \simeq 7 \text{ anos}$$

Para estabelecer o conjunto imagem da função, sabemos que a imagem de $f(t) = \text{sen}\ t$ é $[-1, 1]$. Quando f é multiplicada por 3.210, a imagem passa a $[-3.210, 3.210]$. Adicionando-se 6.700, a nova imagem será: $[3.490, 9.910]$

Temos ainda:

$$D(t) = 3.490$$
$$3.490 = 3.210 \cdot \text{sen}\ (0{,}9t + 1{,}5) + 6.700$$
$$-3.210 = 3.210 \cdot \text{sen}\ (0{,}9t + 1{,}5)$$
$$-1 = \text{sen}\ (0{,}9t + 1{,}5) \Rightarrow 0{,}9t + 1{,}5 = \frac{3\pi}{2}$$
$$t \simeq \frac{4{,}71 - 1{,}50}{0{,}9} \simeq 3{,}6 \Rightarrow t \simeq 3{,}6 \text{ anos}$$

Concluímos, então, que a procura por empregos temporários oscila entre 3.490 e 9.910, número de formulários preenchidos semanalmente, em ciclos completos a cada 7 anos.

No primeiro ciclo, que se iniciou em janeiro de 2000, o número de formulários preenchidos atingiu o máximo de 9.910, pela primeira vez, em cerca de 1 mês, ou seja, entre janeiro e fevereiro de 2000. Já o mínimo de 3.490 formulários foi atingido em cerca de 3,6 anos, ou seja, em torno de junho de 2003.

44. Ciência. A altura h da maré, em metro, em função do tempo, é dada pela expressão $h(t) = 3 + 2 \cdot \text{sen}\left(\frac{\pi}{4} \cdot t\right)$, sendo t o tempo, medido em hora a partir do meio-dia. Descreva um ciclo completo dessa maré.

45. Física. Um dispositivo produz uma tensão elétrica que oscila entre −220 V e +220 V, com frequência de 60 ciclos por segundo. Obtenha a amplitude, o período e a equação para a tensão em função do tempo.

46. Medicina. O número de casos de uma doença infecciosa, em certa região, variou de maneira periódica, conforme a função $n(t) = 5.900 \cdot \cos 13t + 6.380$, em que t é o tempo, medido em anos a partir de janeiro de 1990. Calcule a amplitude, as translações vertical e horizontal e o período dessa função, e interprete os resultados.

47. Meteorologia. Sabendo que em 1990 a temperatura máxima em determinada região foi 38 °C, em janeiro, e a temperatura mínima foi 2 °C, em agosto, dê uma função do tipo $T(t) = a + b \cdot \cos(ct)$, com t em meses, que modele a temperatura nessa região em 1990.

14.1 Visão do especialista

Ficha de revisão

1. Indique a expressão geral dos arcos côngruos a:

a) $t_1 = \frac{25\pi}{3}$ b) $t_2 = \frac{123\pi}{7}$

2. Marque, na mesma circunferência trigonométrica, as imagens associadas aos números reais $t_1 = \frac{5\pi}{6}$, $t_2 = \frac{7\pi}{12}$, $t_3 = -\frac{7\pi}{6}$, $t_4 = \frac{3\pi}{2}$ e $t_5 = \frac{2\pi}{15}$.

3. Determine o valor de:

a) $\cos\frac{19\pi}{6}$ b) $\cos\left(\frac{19\pi}{6} + \pi\right)$

4. Calcule o valor de $\cos\frac{29\pi}{4} + \text{tg}\left(-\frac{16\pi}{3}\right)$.

5. Construa o gráfico das funções a seguir e indique seu domínio, imagem, período e amplitude.

a) $f(x) = 1 - 2 \cdot \cos x$

b) $f(x) = 3 \cdot \text{sen}\left(x + \frac{\pi}{2}\right)$

6. Determine o período das seguintes funções:

a) $f(x) = -2 + 5 \cdot \text{sen}\left(3x - \frac{\pi}{6}\right)$

b) $g(x) = 7 - 2 \cdot \cos\left(\frac{\pi}{2} - \pi x\right)$

c) $h(x) = 2 - \frac{1}{2} \cdot \text{tg}\left(5x - \frac{\pi}{7}\right)$

7. A figura a seguir representa o gráfico da função $f(x) = a \cdot \cos(bx)$. Determine a e b.

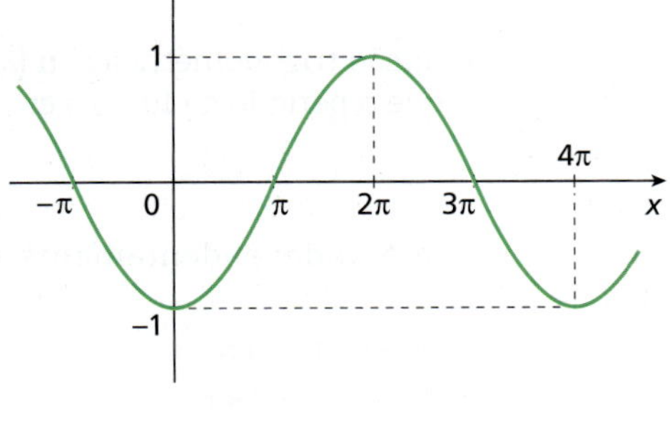

8. Certo estudo é modelado pela função trigonométrica $f(x) = 5 - 2 \cdot \text{sen}\left(5x - \frac{\pi}{3}\right)$. Determine o domínio, a imagem, o período e a amplitude dessa função.

9. Determine o domínio da função $f(x) = 3 \cdot tg\left(2x - \frac{\pi}{3}\right)$.

10. Considerando apenas arcos entre 0 e 2π, determine o maior valor de k, com $k \in \mathbb{N}$, tal que $\text{sen}\,\frac{3k\pi}{7}$ seja negativo.

11. Considerando apenas ângulos entre 0 e 2π, determine o maior valor de m, com $m \in \mathbb{N}$, de modo que $\cos\frac{5m\pi}{7}$ seja negativo.

12. Determine m real de modo que $\text{sen}\,x = \left|2m - \text{sen}\,\frac{\pi}{6}\right|$.

13. Dada f: $[0, 2\pi] \to \mathbb{R}$, por $f(x) = -3 \cdot \cos\left(x - \frac{2\pi}{3}\right)$, encontre o valor de x que torna $f(x)$ máximo.

14. Calcule o valor máximo de $t = \frac{2}{3 - \text{sen}\,x}$.

15. Estude o sinal da função dada por $f(x) = -(\text{sen}\,x) \cdot (\text{tg}\,x)$, no intervalo $[0, 2\pi]$.

16. Determine se a sequência [sen x, sen $(x + \pi)$, sen $(x + 2\pi)$, ..., sen $(x + n\pi)$, ...] é uma PA ou uma PG e dê sua razão.

17. (PUC) Na sequência de termo geral $a_n = 5n + \text{sen}\left(n \cdot \frac{\pi}{2}\right)$, com $n \in \mathbb{N}^*$, a soma dos 20 primeiros termos de ordem ímpar é igual a:

a) 1.800
b) 1.874
c) 1.896
d) 2.000
e) 2.024

18. Quantos valores distintos de $\cos \frac{k\pi}{7}$, com $k \in \mathbb{N}^*$, há?

19. Supondo $\frac{k}{2} + \frac{k}{4} + \frac{k}{8} + ... = 5$, determine $\text{sen}\,\frac{k\pi}{3}$.

20. Observando a figura, coloque em ordem crescente os números sen α, $\text{sen}\,\frac{2\pi}{3}$ e sen 2α

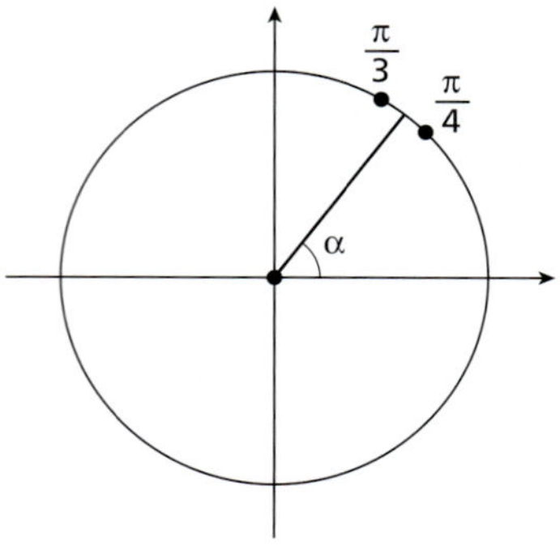

21. Esboce, num mesmo sistema cartesiano, o gráfico de $f(x) = \cos x$ e de $g(x) = |x|$. A seguir, determine o número de soluções reais da equação $\cos x = |x|$.

22. Quantos pontos comuns aos gráficos de $f(x) = \text{sen}\,4x$ e de $g(x) = \frac{x}{100}$, para $x \in [0, 2\pi]$, existem?

23. Determine os valores reais de m de modo que:

a) $\cos x = \frac{m + 2}{-m + 1}$

b) $\text{sen}\,x = |5 - 2m|$

24. Ecologia. A quantidade de algas, em tonelada, em certa baía varia periodicamente com o tempo e é representada pela função $A(t) = 850 + 200 \cdot \text{sen}\,\frac{\pi t}{6}$, com t medido em anos. Se t for medido a partir de janeiro de 1990, qual será a quantidade de algas na baía em janeiro de 2005?

25. Meio ambiente. Em alguns trechos do rio Tietê (SP), verifica-se a formação de grandes quantidades de espuma, resultante de poluição por resíduos domésticos e industriais. Em certo dia, a quantidade de espuma variou conforme a função $f(t) = 3 + 2 \cdot \text{sen}\,\frac{\pi t}{6}$, sendo $f(t)$ a quantidade de espuma, em m^3 por metro de rio, e t o tempo, em horas contadas a partir da meia-noite. Determine o momento do dia em que a quantidade de espuma atingiu 5 m^3 por metro de rio.

ALEXANDRE CARVALHO/ FOTOARENA/FOLHAPRESS

Espuma proveniente de poluição no rio Tietê na cidade de Pirapora do Bom Jesus, SP.

26. Economia. A procura por emprego em certa empresa obedece à função $f(t) = 2.500 + 1.215 \cdot \text{sen}\left(\frac{\pi t}{3} + \frac{\pi}{4}\right)$, em que t é o tempo em meses contados a partir de janeiro de 2005 e $f(t)$ é o número de pessoas. Determine o número máximo de pessoas que procuram emprego nessa empresa por mês.

Questões de vestibular

1. (Unifor-CE) O valor de $\cos \frac{37\pi}{5}$ é igual ao valor de:

a) $-\cos \frac{\pi}{5}$

b) $-\cos \frac{2\pi}{5}$

c) $\cos \frac{2\pi}{5}$

d) $\cos \frac{\pi}{5}$

e) $\cos \frac{\pi}{10}$

2. (Fuvest-SP) Dados os números reais expressos por cos (−535°) e cos 190°, qual deles é maior?

14.2 Visão do especialista

3. (UEL-PR) Se $2x + y = \pi$, então:

a) $\text{sen}\,2x + \text{sen}\,y = 0$

b) $\text{tg}\,y = \text{tg}\,2x$

c) $\text{sen}\,(\pi - y) = 2 \cdot \text{sen}\,x$

d) $\cos 2x = -\cos y$

e) $\cos y = \cos^2 x - \text{sen}^2\,x$

4. (Mackenzie-SP) Para todo n inteiro, $\text{sen}\,(b + n\pi)$ é igual a:

14.3 Visão do especialista

a) $\text{sen}\,b$

b) $(-1)^n \cdot \cos b$

c) $(-1)^{n+1} \cdot \text{sen}\,b$

d) $(-1)^n \cdot \text{sen}\,b$

e) $\cos b$

5. (UEL-PR) Dada a função trigonométrica $\text{sen}\,(Kx)$, é correto afirmar que o período da função é:

a) π

b) 2π

c) sempre o mesmo, independentemente do valor de K.

d) diretamente proporcional a K.

e) inversamente proporcional a K.

14.4 Visão do especialista

6. (Fuvest-SP) A figura abaixo mostra parte do gráfico da função:

a) sen x

b) $2 \cdot \text{sen}\ \frac{x}{2}$

c) $2 \cdot \text{sen}\ x$

d) $2 \cdot \text{sen}\ 2x$

e) sen $2x$

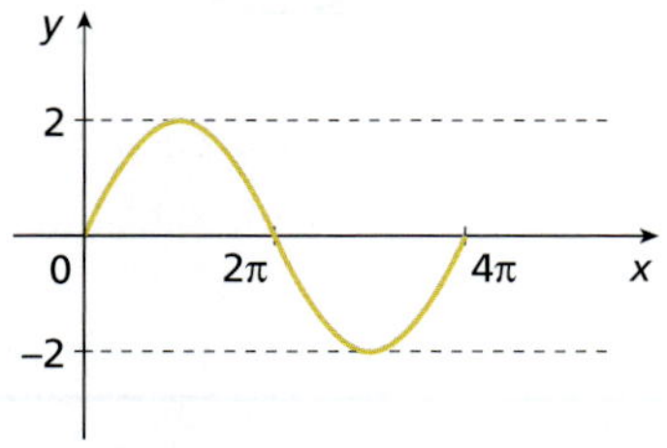

7. (Unifor-CE) Observe a figura abaixo.

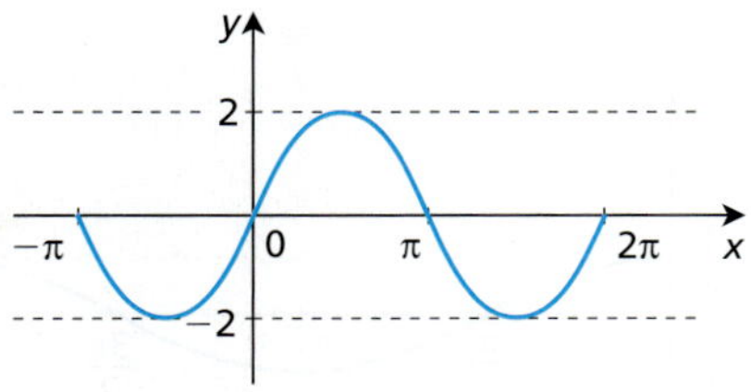

Ela representa um trecho do gráfico da função f, de $\mathbb{R}$ em $\mathbb{R}$, definida por:

a) $f(x) = 2 + \text{sen}\ x$

b) $f(x) = 2 + \cos x$

c) $f(x) = \text{sen}\left(x + \frac{\pi}{2}\right)$

d) $f(x) = 2 \cdot \cos x$

e) $f(x) = 2 \cdot \text{sen}\ x$

8. (FGV) Uma empresa prevê para os próximos 24 meses (a partir de janeiro de 2001) a quantidade mensal vendida de determinado produto através da função $Q = 30 + 4 \cdot \text{sen}\left(\frac{\pi t}{6} + \frac{\pi}{2}\right)$, onde Q é a quantidade e t vale 1 para janeiro de 2001, t vale 2 para fevereiro de 2001 e assim por diante.

14.5 Visão do especialista

a) Qual o período da função?

b) Para que valores de t a quantidade é máxima? Para que valores de t a quantidade é mínima?

9. (Unifesp) Considere as funções:

$$f_1(x) = 3^x,\ f_2(x) = \log_{\frac{1}{3}} x,\ f_3(x) = -(x + 1)(x - 2)$$

e $f_4(x) = \text{sen}\ (2x)$ e os gráficos G_1, G_2, G_3 e G_4 seguintes:

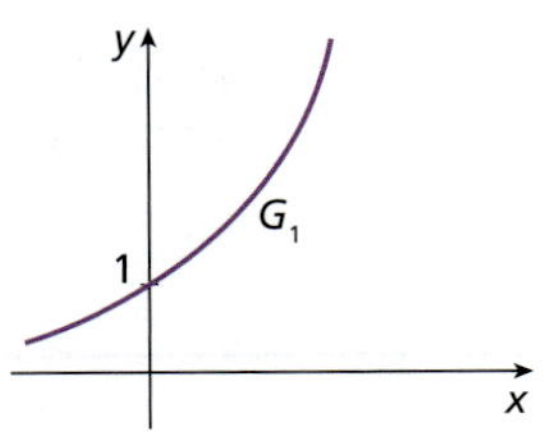

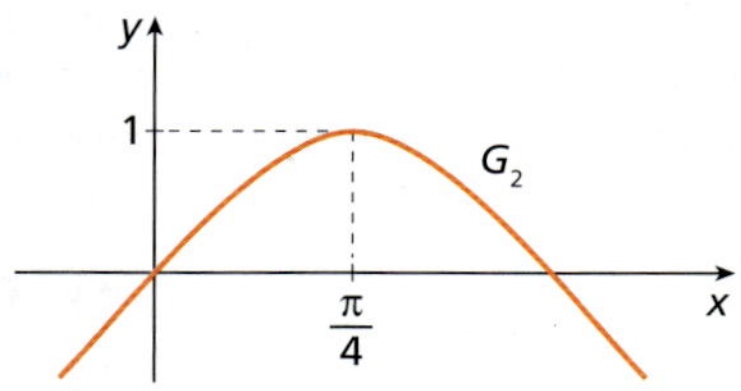

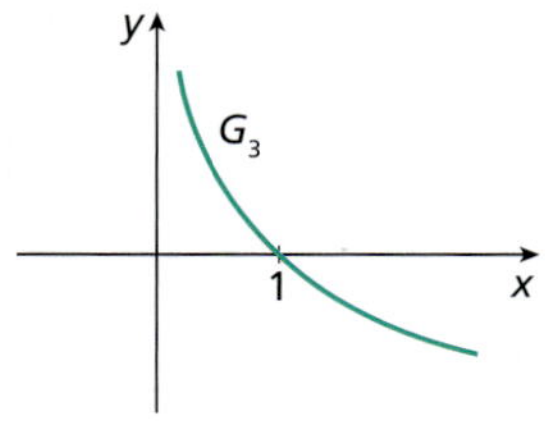

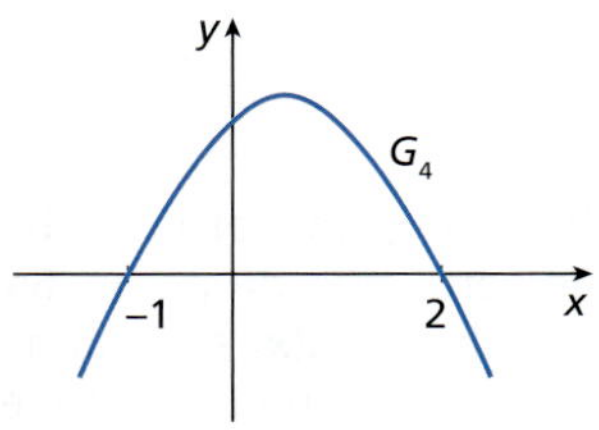

Das associações entre funções e gráficos, exibidas a seguir, a única inteiramente correta é:

a) $f_1 - G_1$; $f_3 - G_4$

b) $f_4 - G_2$; $f_3 - G_3$

c) $f_3 - G_4$; $f_4 - G_3$

d) $f_2 - G_1$; $f_3 - G_2$

e) $f_2 - G_3$; $f_1 - G_4$

10. (Unifesp) Considere as funções dadas por $f(x) = \text{sen}\frac{\pi x}{2}$ e $g(x) = ax + b$, sendo o gráfico de g fornecido na figura.

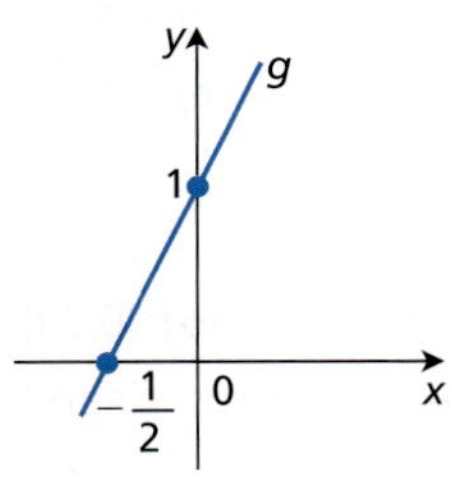

O valor de $f(g^{-1}(2))$ é:

a) $\frac{\sqrt{2}}{4}$

b) $\frac{1}{2}$

c) $\frac{\sqrt{2}}{2}$

d) $\frac{\sqrt{3}}{2}$

e) 1

11. (Unitau-SP) Indique a função trigonométrica $f(x)$ de domínio $\mathbb{R}$; $Im = [-1, 1]$ e período π que é representada, aproximadamente, pelo gráfico a seguir:

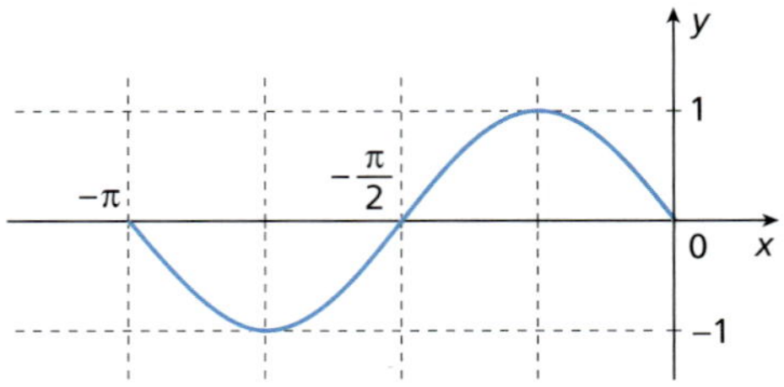

a) $y = 1 + \cos x$
b) $y = 1 - \text{sen}\, x$
c) $y = \text{sen}\,(-2x)$
d) $y = \cos\,(-2x)$
e) $y = -\cos x$

12. (Vunesp) Uma máquina produz diariamente x dezenas de certo tipo de peças. Sabe-se que o custo de produção $C(x)$ e o valor de venda $V(x)$ são dados, aproximadamente, em milhares de reais, respectivamente, pelas funções $C(x) = 2 - \cos\left(\frac{x\pi}{6}\right)$ e $V(x) = 3\sqrt{2} \cdot \text{sen}\left(\frac{x\pi}{12}\right)$, $0 \leqslant x \leqslant 6$.

O lucro, em reais, obtido na produção de 3 dezenas de peças é:

a) 500
b) 750
c) 1.000
d) 2.000
e) 3.000

13. (FGV) Considere a função $f(x) = 2 - \frac{3 \cdot \cos^4 x}{4}$.
Os valores máximo e mínimo de $f(x)$ são, respectivamente:

a) 1 e −1
b) 1 e 0
c) 2 e $-\frac{3}{4}$
d) 2 e 0
e) 2 e $\frac{5}{4}$

14. (UFPB) Considere a função $f: [0, 2\pi] \to \mathbb{R}$ definida por:
$f(x) = \frac{1}{2}\left[\text{sen}\, x + \cos x - \text{sen}\,(-x) - \cos\,(-x)\right]$.

O gráfico que melhor representa essa função é:

a)
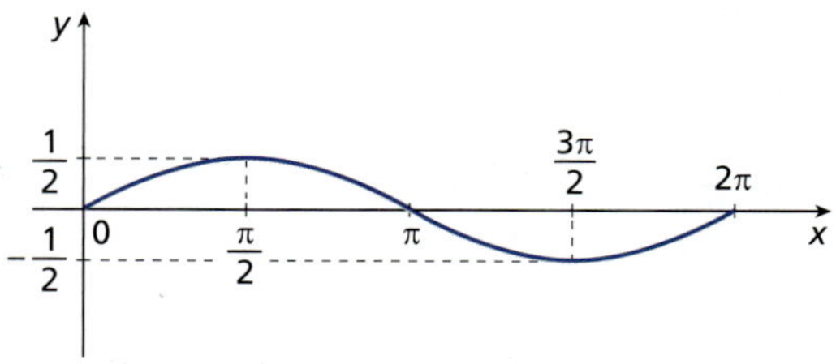

b)
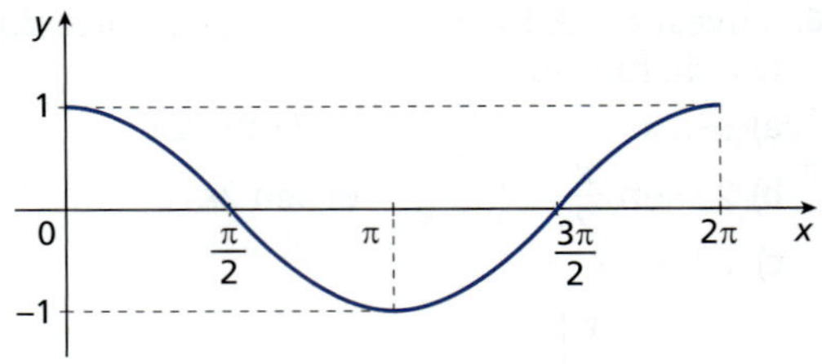

c)

d)
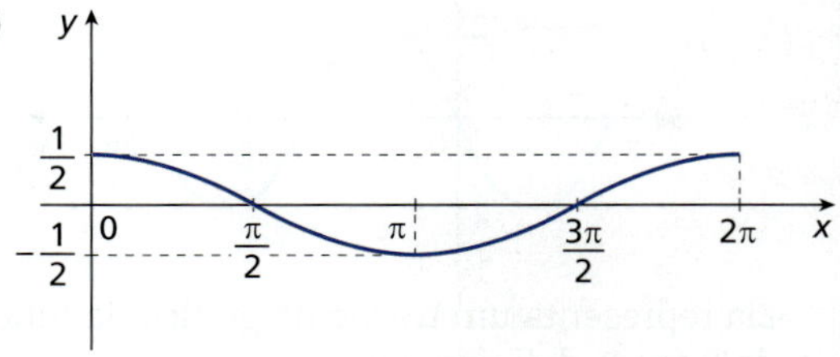

e)
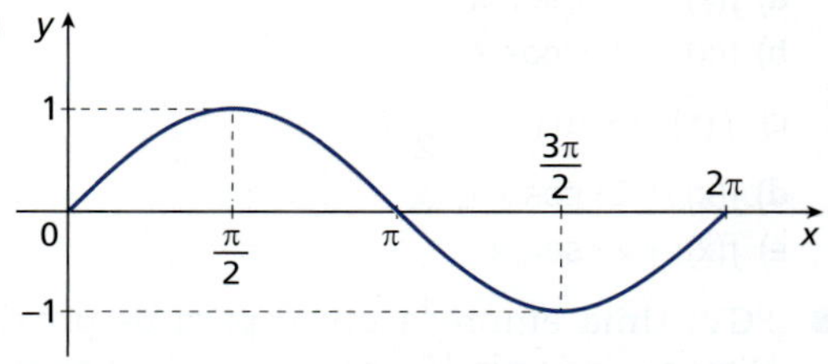

15. (Unifor-CE) Na figura abaixo tem-se o gráfico de uma função f, de $\mathbb{R}$ em $\mathbb{R}$, definida por

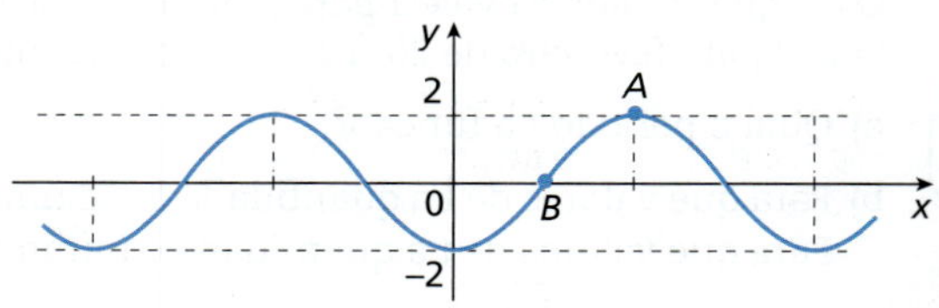

$f(x) = k \cdot \cos tx$, em que k e t são constantes reais.
Se o período de f é 4π, então $f\left(\frac{16\pi}{3}\right)$ é igual a:

a) $\sqrt{3}$
b) 1
c) $-\frac{1}{2}$
d) -1
e) $-\sqrt{3}$

Capítulo 15

Complementos e aprofundamento de Trigonometria

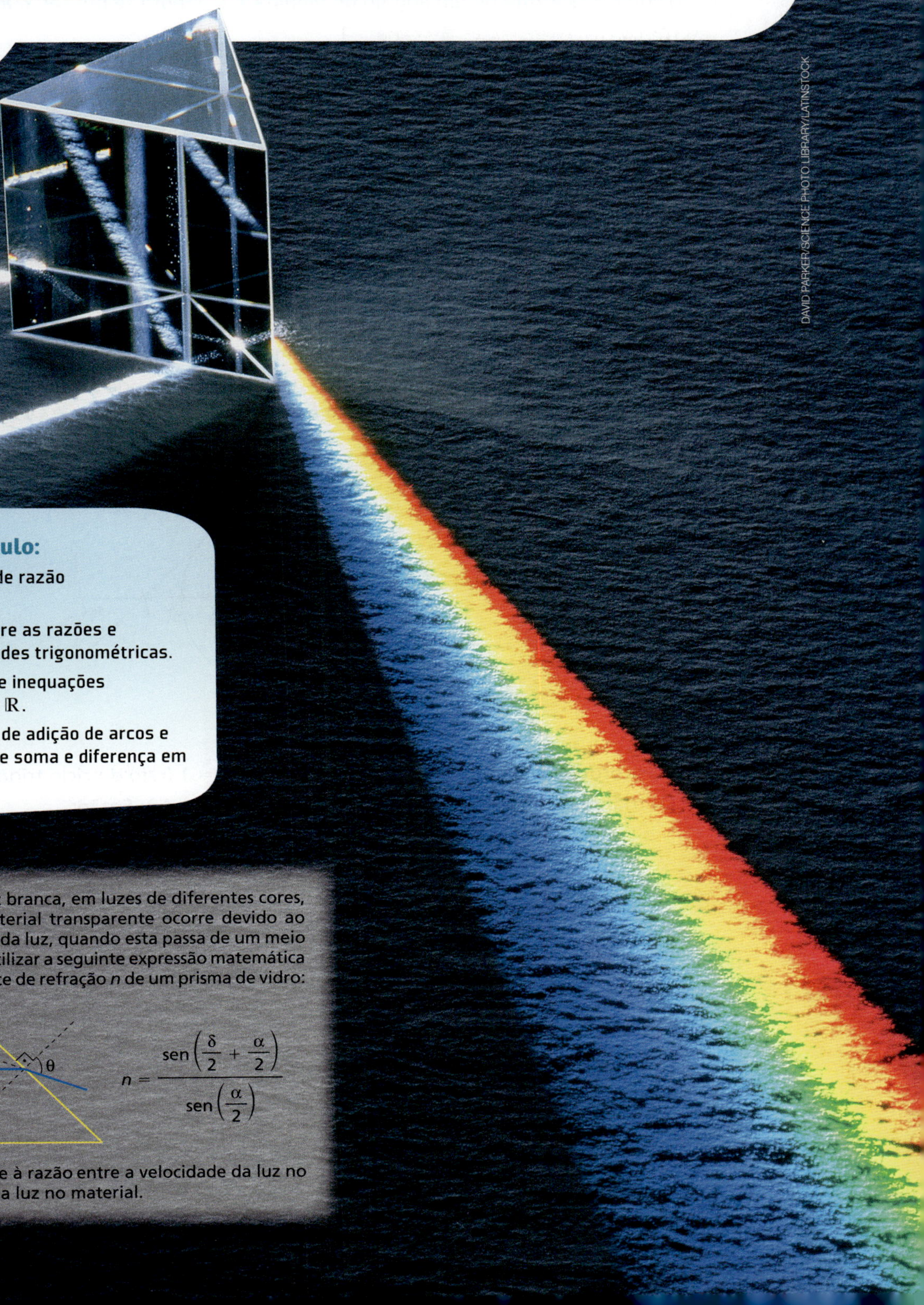

DAVID PARKER/SCIENCE PHOTO LIBRARY/LATINSTOCK

Objetivos do capítulo:

- Ampliar o conceito de razão trigonométrica.
- Aplicar relações entre as razões e reconhecer identidades trigonométricas.
- Resolver equações e inequações trigonométricas em $\mathbb{R}$.
- Aplicar as fórmulas de adição de arcos e de transformação de soma e diferença em produto.

A decomposição da luz branca, em luzes de diferentes cores, por um prisma de material transparente ocorre devido ao fenômeno da refração da luz, quando esta passa de um meio para outro. Podemos utilizar a seguinte expressão matemática para determinar o índice de refração n de um prisma de vidro:

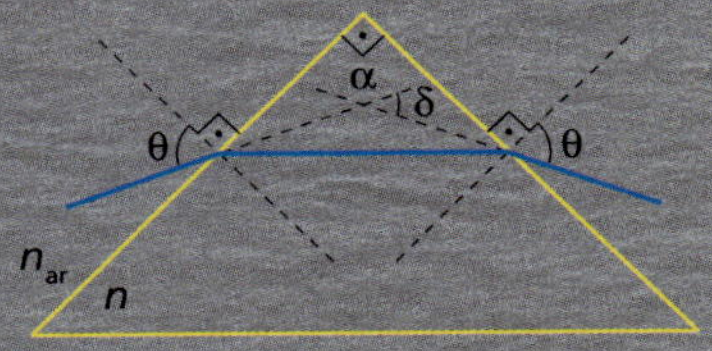

$$n = \frac{\text{sen}\left(\frac{\delta}{2} + \frac{\alpha}{2}\right)}{\text{sen}\left(\frac{\alpha}{2}\right)}$$

Esse índice corresponde à razão entre a velocidade da luz no vácuo e a velocidade da luz no material.

1 Demais razões trigonométricas

1.1 Secante

Neste capítulo, vamos estudar três razões trigonométricas que decorrem das razões inversas do seno, cosseno e tangente, já vistas. A primeira delas é a secante.

- Define-se **secante** de um ângulo de medida x, e denota-se por sec x, a razão:

$$\sec x = \frac{1}{\cos x}, \text{ para } \cos x \neq 0$$

Exemplos

a) $\sec 45° = \dfrac{1}{\cos 45°} = \dfrac{1}{\frac{\sqrt{2}}{2}} = \dfrac{2}{\sqrt{2}} \cdot \dfrac{\sqrt{2}}{\sqrt{2}} = \dfrac{2\sqrt{2}}{2} = \sqrt{2}$

b) $\sec \dfrac{2\pi}{3} = \dfrac{1}{\cos \frac{2\pi}{3}} = \dfrac{1}{-\frac{1}{2}} = 1 \cdot \left(-\dfrac{2}{1}\right) = -2$

Podemos localizar sec x no ciclo trigonométrico. Para isso, traçamos a reta tangente à circunferência no ponto P (extremidade do arco $\overset{\frown}{AP}$, que corresponde ao ângulo de medida x). Essa reta intercepta o eixo das abscissas no ponto E. Agora, vamos provar que $OE = \sec x$.

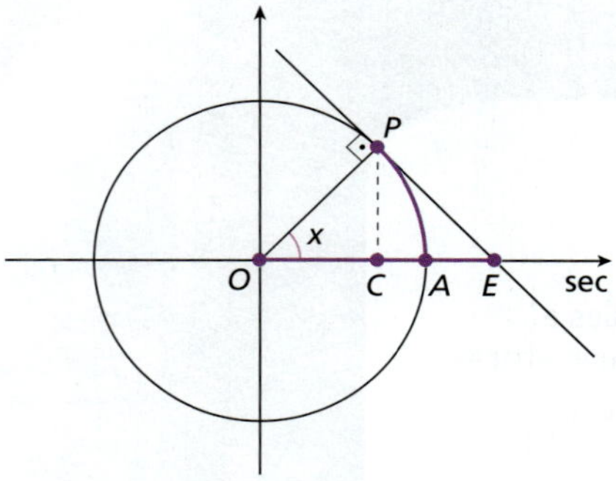

De acordo com o que já vimos, $OC = \cos x$ e $OP = 1$ (raio do ciclo trigonométrico).

Os triângulos OEP e OPC são semelhantes pelo caso AA. Então:

$$\frac{OE}{OP} = \frac{OP}{OC}$$

Substituindo OP e OC, temos: $\dfrac{OE}{1} = \dfrac{1}{\cos x} \Rightarrow OE = \dfrac{1}{\cos x}$

Logo: $OE = \sec x$

1.2 Cossecante

- Define-se **cossecante** de um ângulo de medida x, e denota-se por cossec x, a razão:

$$\text{cossec } x = \frac{1}{\text{sen } x}, \text{ para sen } x \neq 0$$

Exemplos

a) $\text{cossec}\,120° = \dfrac{1}{\text{sen}\,120°} = \dfrac{1}{\text{sen}\,60°} = 1 : \dfrac{\sqrt{3}}{2} = 1 \cdot \dfrac{2}{\sqrt{3}} = \dfrac{2}{\sqrt{3}} \cdot \dfrac{\sqrt{3}}{\sqrt{3}} = \dfrac{2\sqrt{3}}{3}$

b) $\text{cossec}\,\dfrac{3\pi}{2} = \dfrac{1}{\text{sen}\,\dfrac{3\pi}{2}} = \dfrac{1}{-1} = -1$

Podemos localizar cossec x no ciclo trigonométrico. Para isso, traçamos a reta tangente à circunferência no ponto P (extremidade do arco $\overset{\frown}{AP}$, que corresponde ao ângulo de medida x). Essa reta intercepta o eixo das ordenadas no ponto F. Observando que os triângulos OFP e OPD são semelhantes, provamos que $OF = \text{cossec}\,x$.

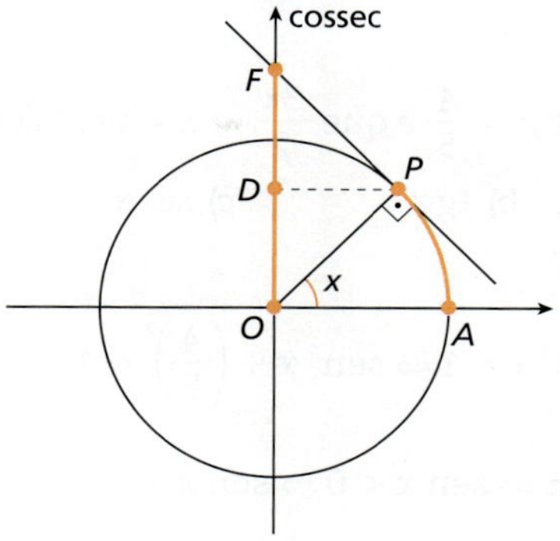

1.3 Cotangente

Define-se **cotangente** de um ângulo de medida x, e denota-se por cotg x, a razão:

$$\text{cotg}\,x = \frac{\cos x}{\text{sen}\,x},\ \text{para sen}\,x \neq 0$$

Exemplos

a) $\text{cotg}\,135° = \dfrac{\cos 135°}{\text{sen}\,135°} = -\dfrac{\sqrt{2}}{2} : \dfrac{\sqrt{2}}{2} = -1$

b) $\text{cotg}\,\dfrac{\pi}{6} = \dfrac{\cos\dfrac{\pi}{6}}{\text{sen}\,\dfrac{\pi}{6}} = \dfrac{\sqrt{3}}{2} : \dfrac{1}{2} = \dfrac{\sqrt{3}}{2} \cdot \dfrac{2}{1} = \sqrt{3}$

No ciclo trigonométrico, seja t' a reta que passa pelo ponto B e é paralela ao eixo das abscissas. Se P é a extremidade do arco, a reta $\overleftrightarrow{OP}$ intercepta t' no ponto T.

Por semelhança dos triângulos OBT e ODP, demonstramos que $BT = \dfrac{\cos x}{\text{sen}\,x}$, ou seja, que $BT = \text{cotg}\,x$.

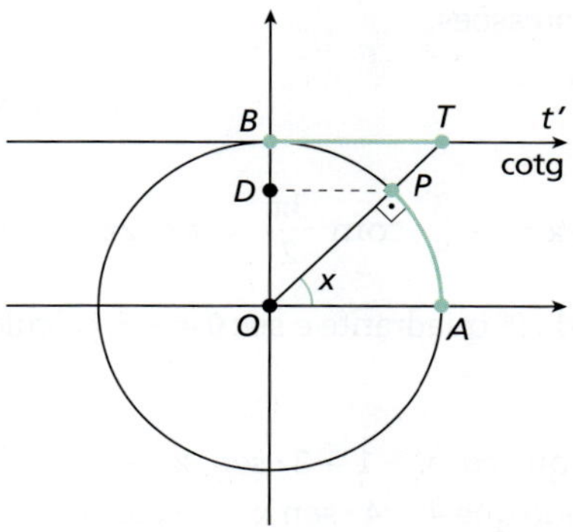

Exercícios

1. Calcule os valores de:

a) $\sec \frac{\pi}{3}$

b) sec 135°

c) cossec 150°

d) $\text{cotg}\ \frac{\pi}{4}$

e) cossec 240°

f) cotg 330°

2. Calcule:

a) $\sec 8\pi$

b) sec 780°

c) $\text{cossec}\ \frac{5\pi}{2}$

d) cossec 1.710°

e) $\text{cotg}\left(-\frac{\pi}{4}\right)$

f) cotg 1.035°

R1. Sabendo que $\cos x = \frac{4}{5}$ e que $\frac{3\pi}{2} < x < 2\pi$, calcular:

a) sen x

b) tg x

c) sec x

d) cossec x

e) cotg x

➤ Resolução

a) $\text{sen}^2 x + \cos^2 x = 1 \Rightarrow \text{sen}^2 x + \left(\frac{4}{5}\right)^2 = 1 \Rightarrow \text{sen}^2 x = 1 - \frac{16}{25} \Rightarrow \text{sen}^2 x = \frac{9}{25}$

$\frac{3\pi}{2} < x < 2\pi \Rightarrow \text{sen}\ x < 0 \Rightarrow \text{sen}\ x = -\sqrt{\frac{9}{25}} = -\frac{3}{5}$

b) $\text{tg}\ x = \frac{\text{sen}\ x}{\cos x} \Rightarrow \text{tg}\ x = -\frac{3}{5} : \frac{4}{5} = -\frac{3}{5} \cdot \frac{5}{4} = -\frac{3}{4}$

c) $\sec x = \frac{1}{\cos x} \Rightarrow \sec x = 1 : \frac{4}{5} = 1 \cdot \frac{5}{4} = \frac{5}{4} \Rightarrow \sec x = \frac{5}{4}$

d) $\text{cossec}\ x = \frac{1}{\text{sen}\ x} \Rightarrow \text{cossec}\ x = 1 : \left(-\frac{3}{5}\right) = 1 \cdot \left(-\frac{5}{3}\right) = -\frac{5}{3} \Rightarrow \text{cossec}\ x = -\frac{5}{3}$

e) $\text{cotg}\ x = \frac{\cos x}{\text{sen}\ x} \Rightarrow \text{cotg}\ x = \frac{4}{5} : \left(-\frac{3}{5}\right) = \frac{4}{5} \cdot \left(-\frac{5}{3}\right) = -\frac{4}{3} \Rightarrow \text{cotg}\ x = -\frac{4}{3}$

3. Sendo $\text{sen}\ x = \frac{\sqrt{7}}{4}$ e $\frac{\pi}{2} < x < \pi$, calcule:

a) cos x

b) tg x

c) sec x

d) cossec x

e) cotg x

4. Sendo $\text{cossec}\ x = -\frac{13}{5}$ e $\frac{3\pi}{2} < x < 2\pi$, calcule:

a) sen x

b) cos x

c) tg x

d) cotg x

e) sec x

5. Sabendo que $\text{cossec}\ x = \frac{8\sqrt{15}}{15}$ e que x pertence ao 1º quadrante, determine tg x.

6. Simplifique as expressões.

a) $\frac{\text{cossec}\ x \cdot \text{tg}\ x}{\cos x}$

b) $\cos x \cdot \text{tg}\ x + \text{sen}\ x \cdot \text{cossec}\ x$

7. Sabendo que $\text{sen}\ x = -\frac{3}{5}$, com $\frac{3\pi}{2} < x < 2\pi$, calcule cotg x.

8. Sendo θ um arco do 2º quadrante e $\sec \theta = -3$, calcule o valor de cossec θ.

9. Calcule:

a) sec x, sabendo que $\cos x + 1 = 3 \cdot \text{sen}^2 x$.

b) cossec x, sabendo que $4 - 4 \cdot \text{sen}\ x = 5 \cdot \cos^2 x$.

1.4 Relações fundamentais na Trigonometria

Vimos até agora cinco relações importantes na Trigonometria:

- $\text{sen}^2 x + \cos^2 x = 1$ $\quad \text{tg}\, x = \dfrac{\text{sen}\, x}{\cos x}$ $\quad \sec x = \dfrac{1}{\cos x}$ $\quad \text{cossec}\, x = \dfrac{1}{\text{sen}\, x}$ $\quad \text{cotg}\, x = \dfrac{\cos x}{\text{sen}\, x}$

Realizando algumas operações, podemos determinar três relações a partir dessas.

Considerando $\cos x \neq 0$, isto é, $x \neq \dfrac{\pi}{2} + k\pi$, com $k \in \mathbb{Z}$, vamos dividir cada um dos membros da igualdade $\text{sen}^2 x + \cos^2 x = 1$ por $\cos^2 x$. Assim:

$$\text{sen}^2 x + \cos^2 x = 1 \Rightarrow \frac{\text{sen}^2 x + \cos^2 x}{\cos^2 x} = \frac{1}{\cos^2 x} \Rightarrow \left(\frac{\text{sen}\, x}{\cos x}\right)^2 + 1 = \left(\frac{1}{\cos x}\right)^2 \Rightarrow$$

$$\Rightarrow \text{tg}^2 x + 1 = \sec^2 x$$

Portanto:

- $\text{tg}^2 x + 1 = \sec^2 x$, com $\cos x \neq 0$

Analogamente, considerando $\text{sen}\, x \neq 0$, isto é, $x \neq k\pi$, com $k \in \mathbb{Z}$, vamos dividir cada um dos membros de $\text{sen}^2 x + \cos^2 x = 1$ por $\text{sen}^2 x$. Temos, então:

$$\text{sen}^2 x + \cos^2 x = 1 \Rightarrow \frac{\text{sen}^2 x + \cos^2 x}{\text{sen}^2 x} = \frac{1}{\text{sen}^2 x} \Rightarrow 1 + \left(\frac{\cos x}{\text{sen}\, x}\right)^2 = \left(\frac{1}{\text{sen}\, x}\right)^2 \Rightarrow$$

$$\Rightarrow 1 + \text{cotg}^2 x = \text{cossec}^2 x$$

Portanto:

- $1 + \text{cotg}^2 x = \text{cossec}^2 x$, com $\text{sen}\, x \neq 0$

Outra relação importante vem da comparação das igualdades $\text{tg}\, x = \dfrac{\text{sen}\, x}{\cos x}$ e $\text{cotg}\, x = \dfrac{\cos x}{\text{sen}\, x}$, ou seja, tg x e cotg x são razões inversas para $\cos x \neq 0$ e $\text{sen}\, x \neq 0$, isto é, $x \neq \dfrac{k\pi}{2}$, com $k \in \mathbb{Z}$.

Logo:

- $\text{cotg}\, x = \dfrac{1}{\text{tg}\, x}$, com $\text{sen}\, x \neq 0$ e $\cos x \neq 0$

Exemplos

a) $\text{tg}^2 \dfrac{7\pi}{4} + 1 = (-1)^2 + 1 = 2$

$$\sec^2 \frac{7\pi}{4} = \frac{1}{\cos^2 \frac{7\pi}{4}} = \frac{1}{\left(\frac{\sqrt{2}}{2}\right)^2} = \frac{1}{\frac{2}{4}} = \frac{4}{2} = 2$$

Logo: $\text{tg}^2 \dfrac{7\pi}{4} + 1 = \sec^2 \dfrac{7\pi}{4}$

b) $1 + \text{cotg}^2 \dfrac{5\pi}{3} = 1 + \left(-\dfrac{\sqrt{3}}{3}\right)^2 = 1 + \dfrac{3}{9} = \dfrac{12}{9} = \dfrac{4}{3}$

$\text{cossec}^2 \dfrac{5\pi}{3} = \dfrac{1}{\text{sen}^2 \dfrac{5\pi}{3}} = 1 : \left(-\dfrac{\sqrt{3}}{2}\right)^2 = 1 : \dfrac{3}{4} = \dfrac{4}{3}$

Logo: $1 + \text{cotg}^2 \dfrac{5\pi}{3} = \text{cossec}^2 \dfrac{5\pi}{3}$

c) $\text{cotg} \dfrac{11\pi}{6} = \cos \dfrac{11\pi}{6} : \text{sen} \dfrac{11\pi}{6} = \dfrac{\sqrt{3}}{2} : \left(-\dfrac{1}{2}\right) = \dfrac{\sqrt{3}}{2} \cdot \left(-\dfrac{2}{1}\right) = -\sqrt{3}$

$\text{tg} \dfrac{11\pi}{6} = -\dfrac{\sqrt{3}}{3} \Rightarrow \dfrac{1}{\text{tg} \dfrac{11\pi}{6}} = 1 : \left(-\dfrac{\sqrt{3}}{3}\right) = -\dfrac{3}{\sqrt{3}} = -\dfrac{3}{\sqrt{3}} \cdot \dfrac{\sqrt{3}}{\sqrt{3}} = -\sqrt{3}$

Logo: $\text{cotg} \dfrac{11\pi}{6} = \dfrac{1}{\text{tg} \dfrac{11\pi}{6}}$

Relações para arcos complementares

Dois arcos são complementares quando a soma de suas medidas é $\dfrac{\pi}{2}$.

Vamos representar, no ciclo trigonométrico, dois arcos complementares de medidas x e $\left(\dfrac{\pi}{2} - x\right)$, conforme a figura.

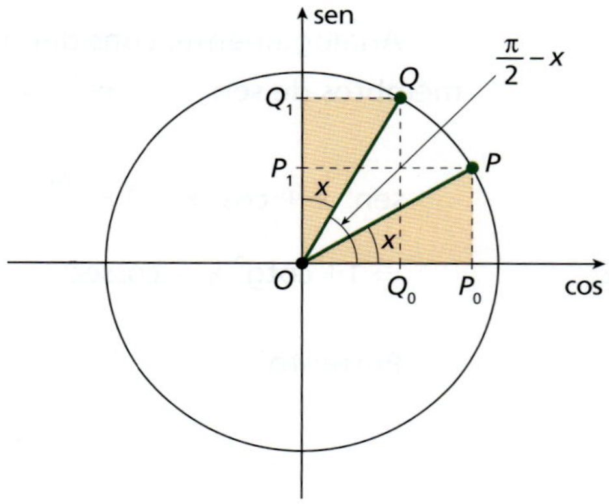

Temos:

$\text{sen}\, x = OP_1$ e $\cos x = OP_0$

$\text{sen}\left(\dfrac{\pi}{2} - x\right) = OQ_1$ e $\cos\left(\dfrac{\pi}{2} - x\right) = OQ_0$

Os triângulos OQQ_1 e OPP_0, destacados na figura ao lado, são congruentes, pois têm os ângulos internos congruentes e $OQ = OP = 1$.

Logo: $QQ_1 = PP_0$ e $OQ_1 = OP_0$

Como $QQ_1 = OQ_0$ e $PP_0 = OP_1$, temos:

$OQ_0 = OP_1$ e $OQ_1 = OP_0$

Portanto:

- $\cos\left(\dfrac{\pi}{2} - x\right) = \text{sen}\, x$ e
- $\text{sen}\left(\dfrac{\pi}{2} - x\right) = \cos x$

Como consequência dessas relações, temos:

$$\sec\left(\frac{\pi}{2} - x\right) = \frac{1}{\cos\left(\frac{\pi}{2} - x\right)} = \frac{1}{\text{sen}\, x} = \text{cossec}\, x$$

$$\text{cossec}\left(\frac{\pi}{2} - x\right) = \frac{1}{\text{sen}\left(\frac{\pi}{2} - x\right)} = \frac{1}{\cos x} = \sec x$$

$$\text{tg}\left(\frac{\pi}{2} - x\right) = \frac{\text{sen}\left(\frac{\pi}{2} - x\right)}{\cos\left(\frac{\pi}{2} - x\right)} = \frac{\cos x}{\text{sen}\, x} = \text{cotg}\, x$$

$$\text{cotg}\left(\frac{\pi}{2} - x\right) = \frac{\cos\left(\frac{\pi}{2} - x\right)}{\text{sen}\left(\frac{\pi}{2} - x\right)} = \frac{\text{sen}\, x}{\cos x} = \text{tg}\, x$$

Exercícios

R2. Simplificar a expressão $\dfrac{\text{cotg}^2\, x}{1 + \text{cossec}\, x}$.

➤ Resolução

Aplicando as relações $\text{cotg}\, x = \dfrac{\cos x}{\text{sen}\, x}$, $\text{cossec}\, x = \dfrac{1}{\text{sen}\, x}$ e $\text{sen}^2 x + \cos^2 x = 1$, temos:

$$\frac{\text{cotg}^2\, x}{1 + \text{cossec}\, x} = \frac{\dfrac{\cos^2 x}{\text{sen}^2 x}}{1 + \dfrac{1}{\text{sen}\, x}} = \frac{\dfrac{\cos^2 x}{\text{sen}^2 x}}{\dfrac{1 + \text{sen}\, x}{\text{sen}\, x}} = \frac{1 - \text{sen}^2 x}{\text{sen}^2 x} \cdot \frac{\text{sen}\, x}{1 + \text{sen}\, x} =$$

$$= \frac{(1 + \text{sen}\, x)(1 - \text{sen}\, x)}{\text{sen}\, x \cdot (1 + \text{sen}\, x)} = \frac{1 - \text{sen}\, x}{\text{sen}\, x} = \frac{1}{\text{sen}\, x} - \frac{\text{sen}\, x}{\text{sen}\, x} = \text{cossec}\, x - 1$$

Portanto: $\dfrac{\text{cotg}^2\, x}{1 + \text{cossec}\, x} = \text{cossec}\, x - 1$

10. Simplifique a expressão $A = \cos x \cdot \text{tg}\, x \cdot \text{cossec}\, x$.

11. Simplifique.

a) $\sec \theta - \sec \theta \cdot \text{sen}^2 \theta$

b) $\text{sen}\, \theta \cdot \sec \theta \cdot \text{cotg}\, \theta$

c) $(\text{sen}\, \theta + \cos \theta)^2 + (\text{sen}\, \theta - \cos \theta)^2$

12. Simplifique as expressões.

a) $1 + \dfrac{1}{\text{sen}^2 x \cdot \sec^2 x} - \text{cossec}^2 x$

b) $\dfrac{\text{cotg}\, x + \text{tg}\, x}{\text{cossec}^2 x - \cos^2 x \cdot \text{cossec}^2 x + \cos^2 x - 1}$

13. Simplifique as expressões.

a) $\dfrac{\text{sen}^2\left(\dfrac{\pi}{2} - x\right) + \text{sen}\left(\dfrac{\pi}{2} - x\right) - \cos x}{\text{tg}\left(\dfrac{\pi}{2} - x\right)}$

b) $\dfrac{\text{cossec}\left(\dfrac{\pi}{2} - x\right) \cdot \cos x}{\text{cotg}\left(\dfrac{\pi}{2} - x\right)}$

14. Simplifique.

a) $(1 + \text{cotg}^2\, x)(1 - \cos^2 x)$

b) $\dfrac{1}{\text{cossec}\, x - 1} + \dfrac{1}{\text{cossec}\, x + 1}$

15. Calcule o valor das expressões.

a) $A = \cos^2 x + \cos^2 x \cdot \dfrac{1}{\text{cotg}^2\, x}$

b) $B = \text{sen}^2 x + \text{sen}^2 x \cdot \dfrac{1}{\text{tg}^2\, x}$

c) $C = \dfrac{\text{tg}\, x + \text{cotg}\, x}{\text{cossec}\, x \cdot \sec x}$

R3. Sabendo que $\text{sen}\, x = \dfrac{1}{3}$ e $x \in \text{QI}$, calcular o valor de $y = \dfrac{\text{cossec}\, x + \text{tg}\, x}{2 \cdot \text{cossec}\, x \cdot \sec x}$.

➤ Resolução

Aplicando as relações estudadas e considerando $x \in \text{QI}$, temos:

$$\text{sen}\, x = \frac{1}{3} \Rightarrow \left(\frac{1}{3}\right)^2 + \cos^2 x = 1 \Rightarrow \cos^2 x = \frac{8}{9} \Rightarrow \cos x = \frac{2\sqrt{2}}{3}$$

$$\text{tg}\, x = \frac{\text{sen}\, x}{\cos x} = \frac{\dfrac{1}{3}}{\dfrac{2\sqrt{2}}{3}} = \frac{1}{3} \cdot \frac{3}{2\sqrt{2}} = \frac{1}{2\sqrt{2}} \cdot \frac{\sqrt{2}}{\sqrt{2}} = \frac{\sqrt{2}}{4}$$

$$\text{cossec}\, x = \frac{1}{\text{sen}\, x} = \frac{1}{\dfrac{1}{3}} = 3 \text{ e } \sec x = \frac{1}{\cos x} = \frac{1}{\dfrac{2\sqrt{2}}{3}} = \frac{3}{2\sqrt{2}} \cdot \frac{\sqrt{2}}{\sqrt{2}} = \frac{3\sqrt{2}}{4}$$

$$\text{Portanto: } y = \frac{\text{cossec } x + \text{tg } x}{2 \cdot \text{cossec } x \cdot \sec x} = \frac{3 + \frac{\sqrt{2}}{4}}{2 \cdot 3 \cdot \frac{3\sqrt{2}}{4}} = \frac{\frac{12 + \sqrt{2}}{4}}{\frac{9\sqrt{2}}{2}} = \frac{12 + \sqrt{2}}{4} \cdot \frac{2}{9\sqrt{2}} =$$

$$= \frac{12 + \sqrt{2}}{18\sqrt{2}} \cdot \frac{\sqrt{2}}{\sqrt{2}} = \frac{12\sqrt{2} + 2}{36} = \frac{6\sqrt{2} + 1}{18}$$

Logo, o valor de y é: $\frac{6\sqrt{2} + 1}{18}$

16. Sabendo que $\text{sen } x = -\frac{3}{5}$, com $\frac{3\pi}{2} < x < 2\pi$, calcule cotg x.

17. Calcule o valor de $\frac{\sec^2 x}{\text{cossec } x \cdot \cos x}$, sabendo que $\text{tg } x = \frac{3}{2}$.

18. Sendo $\cos x = \frac{\sqrt{2}}{3}$, determine $\frac{\text{cotg}^2 x}{1 + \text{cotg}^2 x}$.

19. Sabendo que tg x = 3 e $0 < x < \frac{\pi}{2}$, calcule o valor numérico da expressão $y = \frac{\text{sen } x \cdot \text{cossec } x}{2 \cdot \cos x \cdot \text{cotg } x}$.

20. Qual é o valor numérico da expressão $\sec^2 x \cdot (2 - \text{sen}^2 x) - \frac{1}{\text{cotg}^2 x}$?

R4. Determinar uma relação entre x e y, sabendo que $x = 5 \cdot \text{cotg } t$ e $y = 3 \cdot \sec t$.

➤ Resolução

Temos:

$$x = 5 \cdot \text{cotg } t \Rightarrow \text{cotg } t = \frac{x}{5} \Rightarrow \text{tg } t = \frac{5}{x} \text{ e } y = 3 \cdot \sec t \Rightarrow \sec t = \frac{y}{3}$$

Como $\sec^2 t = 1 + \text{tg}^2 t$, resulta:

$$\left(\frac{y}{3}\right)^2 = 1 + \left(\frac{5}{x}\right)^2 \Rightarrow \frac{y^2}{9} = 1 + \frac{25}{x^2} \Rightarrow \frac{y^2}{9} = \frac{x^2 + 25}{x^2} \Rightarrow x^2y^2 = 9x^2 + 225 \Rightarrow x^2y^2 - 9x^2 = 225$$

Portanto, uma relação entre x e y é: $x^2y^2 - 9x^2 = 225$

21. Determine uma relação entre x e y sabendo que $x = 7 \cdot \text{tg } t$ e $y = 2 \cdot \text{cossec } t$.

22. Sabendo que $\text{tg } x = a + 3$ e que $\sec^2 x = a + 14$, determine o(s) valor(es) de a.

23. Sabendo que $\text{cotg } x = a + 2$ e que $\text{cossec}^2 x = 8a + 2$, determine o(s) valor(es) de a.

R5. Resolver a equação $\sqrt{3} \cdot \sec^2 x - \text{tg } x = \sqrt{3}$, sendo $0 \leq x < 2\pi$.

➤ Resolução

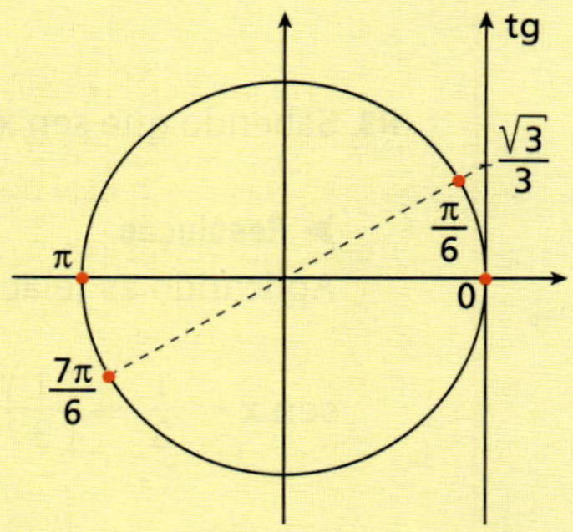

$$\sqrt{3} \cdot \sec^2 x - \text{tg } x = \sqrt{3}$$

$$\sqrt{3} \cdot (1 + \text{tg}^2 x) - \text{tg } x = \sqrt{3}$$

$$\sqrt{3} + \sqrt{3} \cdot \text{tg}^2 x - \text{tg } x - \sqrt{3} = 0$$

$$\sqrt{3} \cdot \text{tg}^2 x - \text{tg } x = 0 \Rightarrow \text{tg } x \cdot \left(\sqrt{3} \cdot \text{tg } x - 1\right) = 0$$

Então, temos:

- $\text{tg } x = 0 \Rightarrow x = 0$ ou $x = \pi$, ou
- $\sqrt{3} \cdot \text{tg } x - 1 = 0 \Rightarrow \text{tg } x = \frac{1}{\sqrt{3}} = \frac{1 \cdot \sqrt{3}}{\sqrt{3} \cdot \sqrt{3}} = \frac{\sqrt{3}}{3} \Rightarrow x = \frac{\pi}{6}$ ou $x = \frac{7\pi}{6}$

Logo: $S = \left\{0, \frac{\pi}{6}, \pi, \frac{7\pi}{6}\right\}$

24. Resolva as equações, sendo $0 \leqslant x < 2\pi$.

a) $\sec^2 x + \dfrac{4\sqrt{3}}{3}\,\text{tg}\,x = 0$

b) $(1 + \text{cotg}^2 x) \cdot \text{sen}\,x = \dfrac{2\sqrt{3}}{3}$

25. Resolva a equação $\dfrac{81^{\cos^2 x}}{9^{\cos x}} = 1$ para $0 \leqslant x \leqslant \dfrac{\pi}{2}$.

1.5 Identidades

Uma igualdade que envolve funções trigonométricas é uma identidade quando ela vale para todos os valores de *x* em que ambas as funções estão definidas.

As identidades são indicadas pelo símbolo $\equiv$, apesar de ser comum o uso do símbolo de igualdade para simplificar a notação.

Assim, $\text{sen}\,x \cdot \text{cotg}\,x \equiv \cos x$, para $\text{sen}\,x \neq 0$, pois $\text{sen}\,x \cdot \dfrac{\cos x}{\text{sen}\,x} \equiv \cos x$.

Há muitos caminhos para demonstrar uma identidade. Vamos estudar três deles.

1. Desenvolvemos um dos membros da identidade, utilizando simplificações algébricas e substituições por outras identidades, para encontrar o outro membro.

Por exemplo: $\text{sen}^2 x \cdot \text{cotg}^2 x + \text{sen}^2 x = 1$

De fato, a identidade vale, pois:

$$\text{sen}^2 x \cdot \text{cotg}^2 x + \text{sen}^2 x = \text{sen}^2 x \cdot \frac{\cos^2 x}{\text{sen}^2 x} + \text{sen}^2 x = \cos^2 x + \text{sen}^2 x = 1$$

2. Desenvolvemos ambos os membros até encontrar uma expressão comum.

Observe o exemplo: $\dfrac{1 + \text{cotg}^2 x}{\text{cotg}\,x \cdot (1 - \text{sen}^2 x)} = \dfrac{\text{cossec}\,x}{\cos^3 x}$

Vamos desenvolver, separadamente, cada um dos membros da igualdade:

$$\frac{1 + \text{cotg}^2 x}{\text{cotg}\,x \cdot (1 - \text{sen}^2 x)} = \text{cossec}^2 x : \left[\frac{\cos x}{\text{sen}\,x} \cdot \cos^2 x\right] = \frac{1}{\text{sen}^2 x} : \frac{\cos^3 x}{\text{sen}\,x} =$$

$$= \frac{1}{\text{sen}^2 x} \cdot \frac{\text{sen}\,x}{\cos^3 x} = \frac{1}{\text{sen}\,x \cdot \cos^3 x}$$

$$\frac{\text{cossec}\,x}{\cos^3 x} = \frac{1}{\text{sen}\,x} : \cos^3 x = \frac{1}{\text{sen}\,x} \cdot \frac{1}{\cos^3 x} = \frac{1}{\text{sen}\,x \cdot \cos^3 x}$$

Então, $\dfrac{1 + \text{cotg}^2 x}{\text{cotg}\,x \cdot (1 - \text{sen}^2 x)} = \dfrac{\text{cossec}\,x}{\cos^3 x}$ é uma identidade trigonométrica.

3. Escrevemos a diferença entre os dois membros da identidade e provamos que tal diferença é nula. Matematicamente, temos: se $f(x) = g(x)$, então $f(x) - g(x) = 0$.

Exemplo: $\text{tg}^2 x + \text{cossec}^2 x = \sec^2 x + \text{cotg}^2 x$

Nesse caso, consideramos: $f(x) = \text{tg}^2 x + \text{cossec}^2 x$ e $g(x) = \sec^2 x + \text{cotg}^2 x$

De fato, a identidade vale, pois:

$$\text{tg}^2 x + \text{cossec}^2 x - (\sec^2 x + \text{cotg}^2 x) = (\text{tg}^2 x - \sec^2 x) + (\text{cossec}^2 x - \text{cotg}^2 x) =$$

$$= (\sec^2 x - 1 - \sec^2 x) + (1 + \text{cotg}^2 x - \text{cotg}^2 x) = -1 + 1 = 0$$

Como a diferença resultante é nula, concluímos que a identidade é verdadeira.

Exercícios

26. Mostre que:

15.1 Visão do especialista

a) $\text{sen}\left(\frac{\pi}{2} + x\right) = \cos x$

b) $\cos\left(\frac{\pi}{2} + x\right) = -\text{sen } x$

27. Prove as identidades.

a) $\frac{(\text{sen } x + \cos x)^2 - (\text{sen } x - \cos x)^2}{4 \cdot \cos x} = \text{sen } x$

b) $\frac{\text{cotg } x \cdot \text{sen } x}{\frac{(1 + \text{sen } x)}{\cos x}} = 1 - \text{sen } x$

c) $\frac{\text{sen } x}{\text{cossec } x} + \frac{\cos x}{\sec x} = 1$

28. Verifique se as sentenças a seguir são identidades trigonométricas.

a) $\sec^2 x \cdot \frac{\cos x}{\text{cossec } x} = \frac{(1 - \cos^2 x)}{(1 - \text{sen}^2 x)} \cdot \text{cotg } x$

b) $-2 + (1 - \cos x)^2 =$
$= (\text{cotg}^2 x + 1) \cdot (-\text{sen}^4 x) - 2 \cos x$

c) $(\text{sen } x + \cos x)^2 =$
$= (\sec x - \text{tg } x) \cdot (\sec x + \text{tg } x) + \frac{2 \cos x}{\text{cossec } x}$

d) $(\text{cossec } x - \text{cotg } x)^2 = \frac{1 - \cos x}{1 + \cos x}$

29. Demonstre que $\sec^2 \alpha + \text{cossec}^2 \alpha = \sec^2 \alpha \cdot \text{cossec}^2 \alpha$, para $\text{sen } x \neq 0$ e $\cos x \neq 0$.

30. Sendo $A = (\text{tg } \alpha + \sec \alpha) \cdot (\text{tg } \alpha - \sec \alpha)$, mostre que $A = -1$.

31. Considerando $f(x) = \text{tg}^4 \alpha + \text{tg}^2 \alpha$ e $g(x) = \sec^4 \alpha - \sec^2 \alpha$, verifique que $f(x) = g(x)$.

2 Equações e inequações trigonométricas em $\mathbb{R}$

No capítulo 13, vimos como resolver equações e inequações trigonométricas considerando as medidas dos arcos no intervalo $[0, 2\pi]$. Neste item, vamos estudar essas resoluções considerando o conjunto universo $U = \mathbb{R}$.

2.1 Equações trigonométricas

As equações trigonométricas fundamentais na incógnita x, com α e a constantes, são da forma:

- $\text{sen } x = a$ ou $\text{sen } x = \text{sen } \alpha$
- $\cos x = a$ ou $\cos x = \cos \alpha$
- $\text{tg } x = a$ ou $\text{tg } x = \text{tg } \alpha$

Sempre que possível, usaremos artifícios de cálculo, identidades e transformações para que a equação a ser resolvida recaia em uma relação fundamental. Acompanhe, a seguir, os exemplos de resolução de algumas equações trigonométricas fundamentais.

a) Vamos resolver a equação $\text{sen } x = \frac{\sqrt{3}}{2}$, sendo $U = \mathbb{R}$.

Tomando o intervalo $[0, 2\pi]$, os arcos cujo seno vale $\frac{\sqrt{3}}{2}$ são $\frac{\pi}{3}$ e $\frac{2\pi}{3}$.

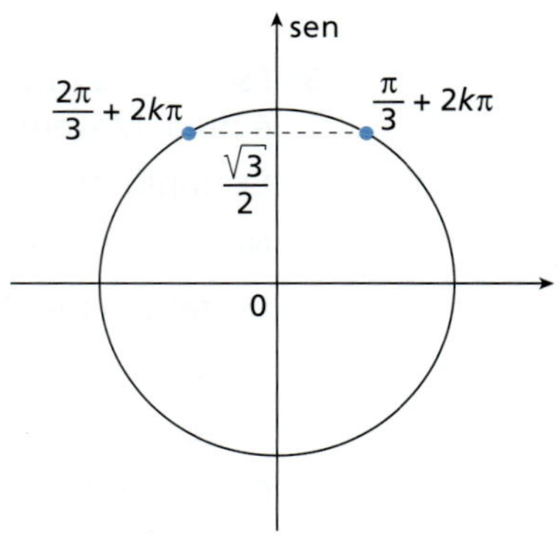

Logo, no universo real, temos:

$$x = \frac{\pi}{3} + 2k\pi, k \in \mathbb{Z}, \text{ ou } x = \frac{2\pi}{3} + 2k\pi, k \in \mathbb{Z}$$

Então, o conjunto solução é:

$$S = \left\{x \in \mathbb{R} \mid x = \frac{\pi}{3} + 2k\pi \text{ ou } x = \frac{2\pi}{3} + 2k\pi, k \in \mathbb{Z}\right\}$$

b) Agora, vamos determinar x tal que $\text{sen } x = \text{sen } \dfrac{\pi}{4}$, sendo $U = \mathbb{R}$.

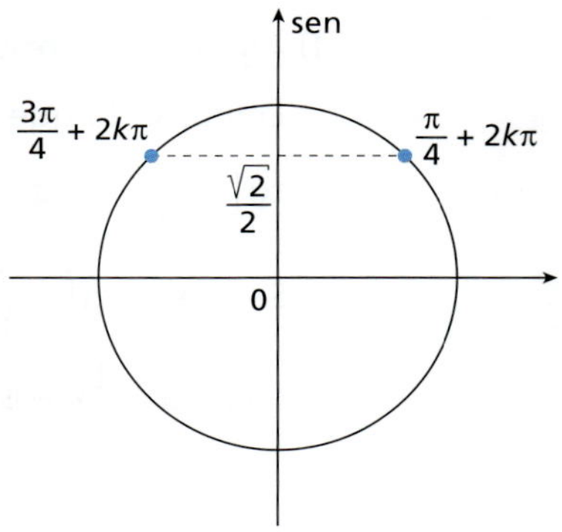

Temos: $\text{sen } \dfrac{\pi}{4} = \dfrac{\sqrt{2}}{2} = \text{sen } \dfrac{3\pi}{4}$

Assim, no universo real:

$$x = \frac{\pi}{4} + 2k\pi, k \in \mathbb{Z}, \text{ ou } x = \frac{3\pi}{4} + 2k\pi, k \in \mathbb{Z}$$

Então, o conjunto solução é:

$$S = \left\{x \in \mathbb{R} \mid x = \frac{\pi}{4} + 2k\pi \text{ ou } x = \frac{3\pi}{4} + 2k\pi, k \in \mathbb{Z}\right\}$$

c) Vamos obter x tal que $\cos\left(x - \dfrac{\pi}{6}\right) = -\dfrac{1}{2}$ sendo $U = \mathbb{R}$.

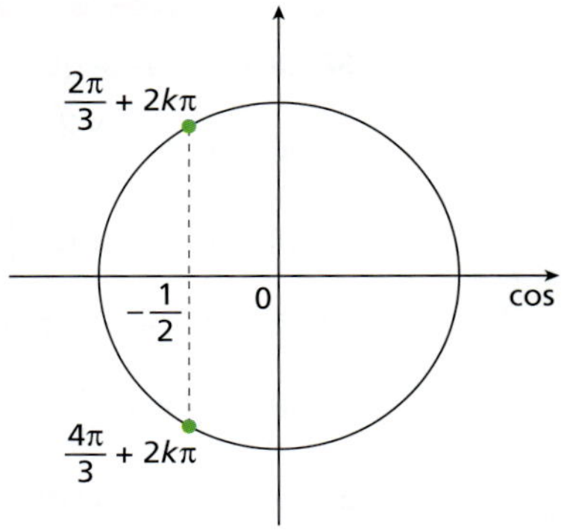

No intervalo $[0, 2\pi]$, os arcos cujo cosseno vale $-\dfrac{1}{2}$ são $\dfrac{2\pi}{3}$ e $\dfrac{4\pi}{3}$.

Assim, temos:

$$x - \frac{\pi}{6} = \frac{2\pi}{3} + 2k\pi \Rightarrow x = \frac{5\pi}{6} + 2k\pi, k \in \mathbb{Z}, \text{ ou}$$

$$x - \frac{\pi}{6} = \frac{4\pi}{3} + 2k\pi \Rightarrow x = \frac{3\pi}{2} + 2k\pi, k \in \mathbb{Z}$$

Então, o conjunto solução é:

$$S = \left\{x \in \mathbb{R} \mid x = \frac{5\pi}{6} + 2k\pi \text{ ou } x = \frac{3\pi}{2} + 2k\pi, k \in \mathbb{Z}\right\}$$

d) Vamos resolver a equação $\cos(x) = \cos \dfrac{\pi}{7}$ para $U = \mathbb{R}$.

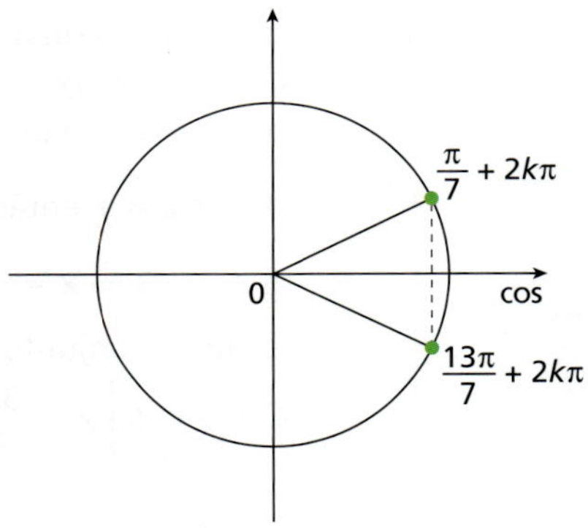

Lembrando que $\cos(a) = \cos(-a)$, temos:

$$\cos \frac{\pi}{7} = \cos\left(-\frac{\pi}{7}\right) = \cos \frac{13\pi}{7}$$

Assim, no intervalo $[0, 2\pi]$, o arco $\dfrac{13\pi}{7}$ tem cosseno igual a $\cos \dfrac{\pi}{7}$.

Então, considerando o universo real:

$$x = \frac{\pi}{7} + 2k\pi, k \in \mathbb{Z}, \text{ ou } x = \frac{13\pi}{7} + 2k\pi, k \in \mathbb{Z}$$

Logo, o conjunto solução da equação é:

$$S = \left\{x \in \mathbb{R} \mid x = \frac{\pi}{7} + 2k\pi \text{ ou } x = \frac{13\pi}{7} + 2k\pi, k \in \mathbb{Z}\right\}$$

e) Vamos resolver a equação $\text{tg } 2x = 1$.

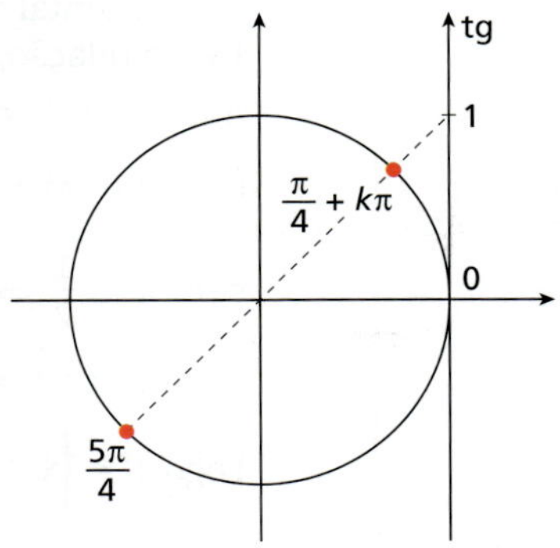

Os arcos cuja tangente vale 1, considerando a primeira volta no ciclo trigonométrico, são $\dfrac{\pi}{4}$ e $\dfrac{5\pi}{4}$.

Quando o conjunto universo não é mencionado, convencionamos que $U = \mathbb{R}$. Considerando então o conjunto universo real, temos:

$$2x = \frac{\pi}{4} + k\pi \Rightarrow x = \frac{\pi}{8} + \frac{k\pi}{2}, k \in \mathbb{Z}$$

Assim, o conjunto solução é: $S = \left\{x \in \mathbb{R} \mid x = \dfrac{\pi}{8} + \dfrac{k\pi}{2}, k \in \mathbb{Z}\right\}$

f) Agora vamos resolver a equação $\text{tg}\, x = \text{tg}\left(-\frac{\pi}{10}\right)$, sendo $U = \mathbb{R}$.

Lembrando que $\text{tg}\, x = \text{tg}\,(x + \pi)$, temos:

$$\text{tg}\left(-\frac{\pi}{10}\right) = \text{tg}\left(-\frac{\pi}{10} + \pi\right) = \text{tg}\,\frac{9\pi}{10}$$

Se $\text{tg}\, x = \text{tg}\left(-\frac{\pi}{10}\right) = \text{tg}\,\frac{9\pi}{10}$, então: $x = \frac{9\pi}{10} + k\pi, k \in \mathbb{Z}$

Logo: $S = \left\{x \in \mathbb{R} \mid x = \frac{9\pi}{10} + k\pi, k \in \mathbb{Z}\right\}$

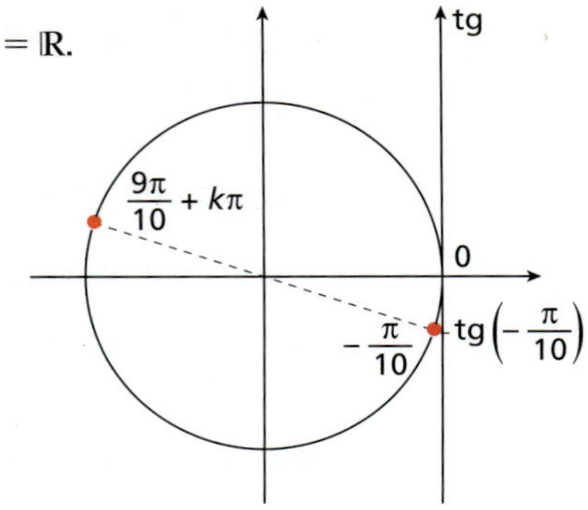

Exercícios

32. Resolva as sequintes equações, sendo $U = \mathbb{R}$.

a) $\text{sen}\, x = \frac{\sqrt{2}}{2}$

b) $\text{sen}\, x = \text{sen}\,\frac{2\pi}{3}$

c) $\cos x = -\frac{1}{2}$

d) $\cos x = \cos(-150°)$

e) $\text{tg}\, x = -\sqrt{3}$

f) $\text{tg}\, x = \text{tg}\,\frac{5\pi}{4}$

33. Resolva, em $\mathbb{R}$, as equações.

a) $\cos\left(x + \frac{\pi}{4}\right) = \frac{\sqrt{3}}{2}$

b) $\sec x = \frac{2\sqrt{3}}{3}$

34. Determine o conjunto solução das equações.

a) $\cos 2x + 1 = 0$

b) $\text{sen}\, 2x + 1 = 0$

R6. Resolver a equação $\text{tg}^2\, x + (1 - \sqrt{3}) \cdot \text{tg}\, x = \sqrt{3}$.

➤ Resolução

Para resolver essa equação, vamos introduzir uma incógnita auxiliar. Substituindo tg x por y, obtemos:

$y^2 + (1 - \sqrt{3})y - \sqrt{3} = 0$

Resolvendo a equação do 2º grau: $y = -1$ ou $y = \sqrt{3}$

Mas tg x = y, então: $\text{tg}\, x = -1 \Rightarrow x = \frac{3\pi}{4} + k\pi,\ k \in \mathbb{Z}$, ou

$\text{tg}\, x = \sqrt{3} \Rightarrow x = \frac{\pi}{3} + k\pi,\ k \in \mathbb{Z}$

Assim, o conjunto solução é:

$$S = \left\{x \in \mathbb{R} \,\middle|\, x = \frac{3\pi}{4} + k\pi \text{ ou } x = \frac{\pi}{3} + k\pi, k \in \mathbb{Z}\right\}$$

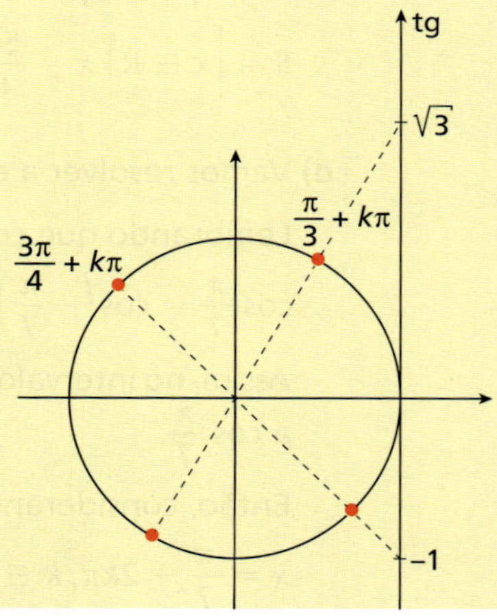

R7. Resolver a equação $\cos^2 x + 2 \cdot \text{sen}^2\, x = \frac{3}{2}$.

➤ Resolução

A equação será resolvida com o auxílio da relação fundamental da trigonometria: $\text{sen}^2\, x + \cos^2 x = 1$.

Dessa relação, segue: $\cos^2 x = 1 - \text{sen}^2\, x$

Substituindo $\cos^2 x$ na equação, temos:

$$(1 - \text{sen}^2\, x) + 2 \cdot \text{sen}^2\, x = \frac{3}{2}$$

$$\text{sen}^2\, x = \frac{1}{2} \Rightarrow \text{sen}\, x = \pm\frac{\sqrt{2}}{2}$$

Assim: $\text{sen}\, x = \pm\frac{\sqrt{2}}{2} \Rightarrow x = \frac{\pi}{4} + k \cdot \frac{\pi}{2}, k \in \mathbb{Z}$

Logo: $S = \left\{x \in \mathbb{R} \mid x = \frac{\pi}{4} + k \cdot \frac{\pi}{2}, k \in \mathbb{Z}\right\}$

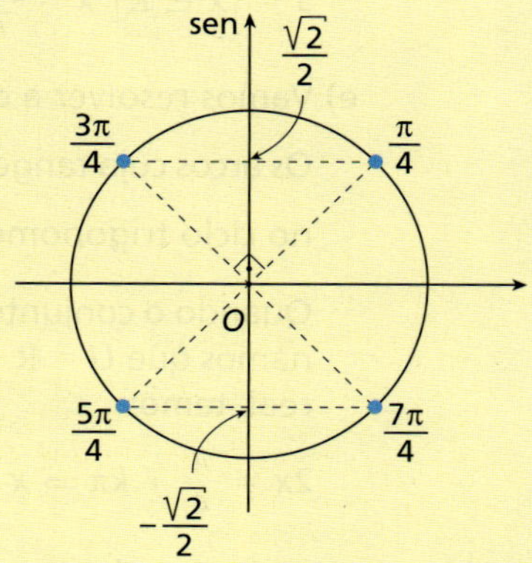

35. Determine o conjunto solução das equações.

a) $2 \cdot \cos^2 x + \cos x - 1 = 0$

b) $\text{tg}\, x - \text{cotg}\, x = 0$

c) $\text{sen}\, x + \dfrac{\text{cossec}\, x}{2} = \dfrac{3}{2}$

d) $\sec^2 x - \sqrt{3} \cdot \text{tg}\, x = 1$

R8. Resolver a equação $\text{sen}^3 x - \text{sen}\, x = 0$.

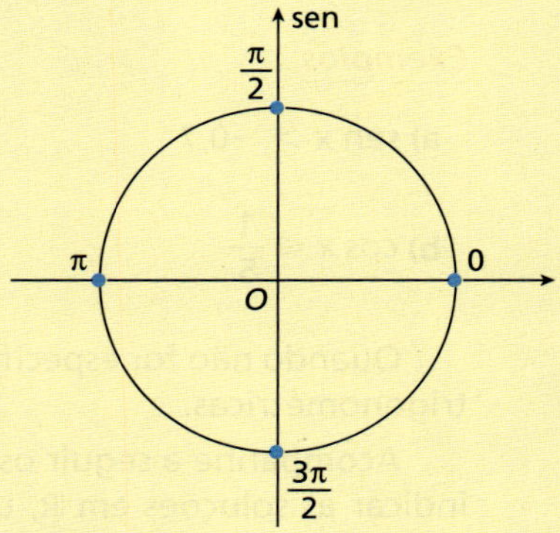

➤ **Resolução**

Colocando o fator comum sen x em evidência, temos:

$\text{sen}^3 x - \text{sen}\, x = 0 \Rightarrow \text{sen}\, x \cdot (\text{sen}^2 x - 1) = 0$

Para um produto de dois fatores ser igual a zero, é necessário que um dos fatores seja igual a zero.

Assim: $\text{sen}\, x \cdot (\text{sen}^2 x - 1) = 0 \Rightarrow \text{sen}\, x = 0$ (I) ou $\text{sen}^2 x - 1 = 0$ (II)

De (I), vem:

$\text{sen}\, x = 0 \Rightarrow x = 0 + k\pi, k \in \mathbb{Z}$

De (II), vem:

$\text{sen}^2 x - 1 = 0 \Rightarrow \text{sen}^2 x = 1 \Rightarrow \text{sen}\, x = \pm 1 \Rightarrow x = \dfrac{\pi}{2} + k\pi, k \in \mathbb{Z}$

Logo:

$S = \left\{x \in \mathbb{R} \mid x = k\pi \text{ ou } x = \dfrac{\pi}{2} + k\pi, k \in \mathbb{Z}\right\}$ ou, escrevendo de outra forma,

$S = \left\{x \in \mathbb{R} \mid x = k \cdot \dfrac{\pi}{2}, k \in \mathbb{Z}\right\}$

36. Resolva as equações.

a) $\cos^2 x + (1 - \text{sen}^2 x) \cdot \text{tg}\, x = 0$

b) $2 \cdot \cos^3 x - \cos x = 0$

37. Resolva, em $\mathbb{R}$. a equação trigonométrica: $\text{sen}\, x \cdot \cos x = 0$

38. Determine x real.

a) $\text{sen}^2 x + 3 \cdot \cos^2 x = \dfrac{3}{2}$

b) $2 \cdot \cos^2 x = 3 - 3 \cdot \text{sen}\, x$

39. Obtenha o conjunto solução, em $\mathbb{R}$, das equações.

a) $\sec^2 x + 2 = 2\sqrt{3}\, \text{tg}\, x$

b) $3\, \text{tg}^2 x + 5 = 7 \sec x$

40. Dada a expressão $y = \text{cossec}\, x \cdot \text{tg}\, x \cdot \cos x \cdot \text{cotg}\, x$, simplifique-a e, depois, calcule os valores de x para os quais $y = 1$.

R9. Resolver a equação $\text{sen}\, x = \cos \dfrac{3\pi}{8}$.

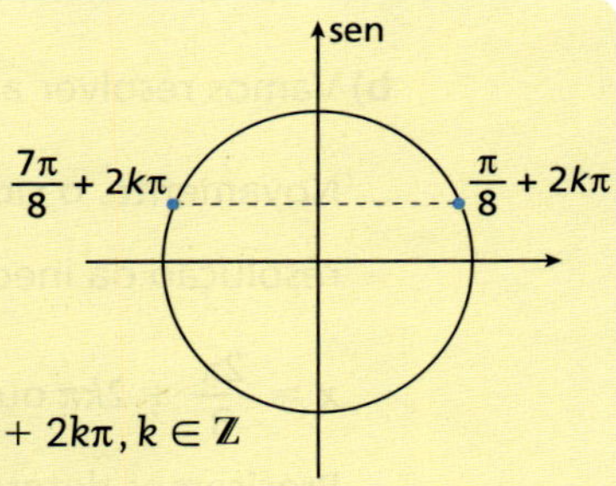

➤ **Resolução**

Sabemos que $\cos \dfrac{3\pi}{8} = \text{sen}\left(\dfrac{\pi}{2} - \dfrac{3\pi}{8}\right) = \text{sen}\, \dfrac{\pi}{8}$

Assim, temos:

$\text{sen}\, x = \text{sen}\, \dfrac{\pi}{8} \Rightarrow x = \dfrac{\pi}{8} + 2k\pi \text{ ou } x = \pi - \dfrac{\pi}{8} + 2k\pi = \dfrac{7\pi}{8} + 2k\pi, k \in \mathbb{Z}$

Logo: $S = \left\{x \in \mathbb{R} \mid x = \dfrac{\pi}{8} + 2k\pi \text{ ou } x = \dfrac{7\pi}{8} + 2k\pi, k \in \mathbb{Z}\right\}$

41. Resolva a equação $\text{sen}\, x + \text{sen}\, x \cdot \text{cotg}\, x = 0$.

42. Resolva, em $\mathbb{R}$, as equações.

a) $\text{sen}\, 3x = \cos 2x$

b) $\cos 3x = \text{sen}\, x$

2.2 Inequações trigonométricas

As inequações trigonométricas simples, na incógnita x, podem ser resumidas em:

- $\text{sen}\, x > a$, $\text{sen}\, x < a$, $\text{sen}\, x \geqslant a$ e $\text{sen}\, x \leqslant a$
- $\cos x > a$, $\cos x < a$, $\cos x \geqslant a$ e $\cos x \leqslant a$
- $\text{tg}\, x > a$, $\text{tg}\, x < a$, $\text{tg}\, x \geqslant a$ e $\text{tg}\, x \leqslant a$

Exemplos

a) $\text{sen}\, x > -0{,}7$

b) $\cos x \leqslant \dfrac{1}{5}$

c) $\text{tg}\, x \geqslant -\dfrac{1}{\sqrt{3}}$

d) $\text{sen}\, x \leqslant -\dfrac{\sqrt{5}}{4}$

e) $\cos x > \dfrac{\sqrt{3} - \sqrt{2}}{2}$

f) $\text{tg}\, x < 3\sqrt{5}$

Quando não for especificado, vamos considerar o conjunto $\mathbb{R}$ conjunto solução das inequações trigonométricas.

Acompanhe a seguir os exemplos de resolução de algumas inequações trigonométricas. Para indicar as soluções em $\mathbb{R}$, usaremos as medidas de arcos da primeira volta, no sentido positivo, acrescidas de um número inteiro de voltas. É importante construir os ciclos trigonométricos quando resolvemos exercícios de inequação, para melhor visualizar os intervalos de solução.

a) Vamos encontrar o conjunto solução da inequação $\text{sen}\, x > \dfrac{\sqrt{3}}{2}$.

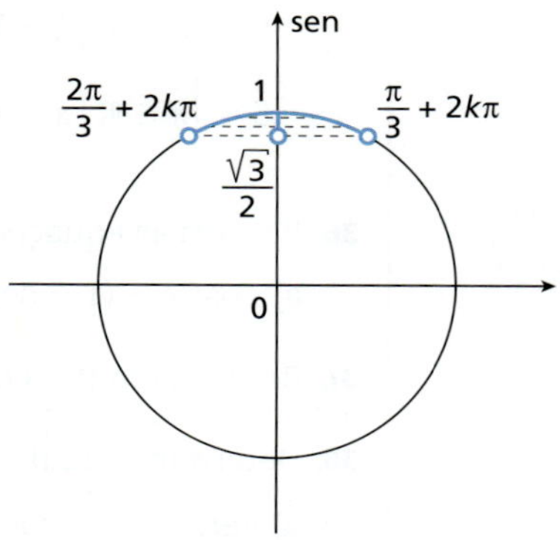

Sabemos que sen x pode assumir valores de -1 a 1. Assim, precisamos determinar quais valores de x têm valores de seno entre $\dfrac{\sqrt{3}}{2}$ e 1 (inclusive).

Para $\text{sen}\, x = \dfrac{\sqrt{3}}{2}$, temos:

$$x = \frac{\pi}{3} + 2k\pi \text{ ou } x = \frac{2\pi}{3} + 2k\pi,\ k \in \mathbb{Z}$$

Observando a figura acima, vemos que a solução da inequação $\text{sen}\, x > \dfrac{\sqrt{3}}{2}$ é formada pelos valores de x que estão entre os encontrados acima. Assim:

$$S = \left\{x \in \mathbb{R} \mid \frac{\pi}{3} + 2k\pi < x < \frac{2\pi}{3} + 2k\pi,\ k \in \mathbb{Z}\right\}$$

b) Vamos resolver a inequação $\cos x \geqslant -\dfrac{1}{2}$, sendo $U = \mathbb{R}$.

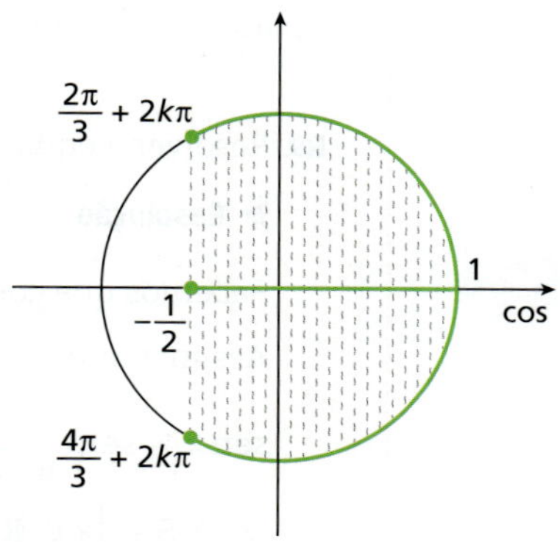

Novamente, o ciclo trigonométrico nos auxiliará na resolução da inequação. Para $\cos x = -\dfrac{1}{2}$, temos:

$$x = \frac{2\pi}{3} + 2k\pi \text{ ou } x = \frac{4\pi}{3} + 2k\pi,\ k \in \mathbb{Z}$$

Precisamos determinar os arcos cujos cossenos variam de $-\dfrac{1}{2}$ a 1, incluindo esses valores.

Logo, o conjunto solução é:

$$S = \left\{x \in \mathbb{R} \mid 0 + 2k\pi \leqslant x \leqslant \frac{2\pi}{3} + 2k\pi \text{ ou } \frac{4\pi}{3} + 2k\pi \leqslant x < 2\pi + 2k\pi,\ k \in \mathbb{Z}\right\}$$

c) Vamos determinar os valores reais de x tais que $\text{tg}\, x \leqslant \frac{\sqrt{3}}{3}$.

Se $\text{tg}\, x = \frac{\sqrt{3}}{3}$, temos:

$x = \frac{\pi}{6} + 2k\pi$ ou $x = \frac{7\pi}{6} + 2k\pi$

Representamos no eixo das tangentes o intervalo $\left]-\infty, \frac{\sqrt{3}}{3}\right]$ dos números reais menores ou iguais a $\frac{\sqrt{3}}{3}$.

Em seguida, verificamos, no ciclo trigonométrico, os valores reais de x associados às extremidades dos arcos cuja tangente pertence a esse intervalo.

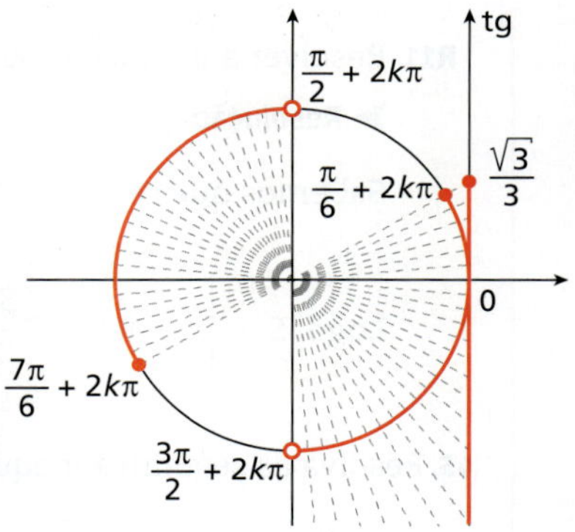

Como usamos as medidas dos arcos da primeira volta positiva para escrever o conjunto solução, consideramos, nesse caso, três intervalos: de 0 a $\frac{\pi}{6}$, de $\frac{\pi}{2}$ (excluindo esse valor) a $\frac{7\pi}{6}$ e de $\frac{3\pi}{2}$ a 2π (excluindo esses valores).

Logo, o conjunto solução é:

$$S = \left\{x \in \mathbb{R} \mid 0 + 2k\pi \leqslant x \leqslant \frac{\pi}{6} + 2k\pi \text{ ou } \frac{\pi}{2} + 2k\pi < x \leqslant \frac{7\pi}{6} + 2k\pi \text{ ou } \frac{3\pi}{2} + 2k\pi < x < 2\pi + 2k\pi, k \in \mathbb{Z}\right\}$$

Os valores $\frac{\pi}{2} + 2k\pi$ e $\frac{3\pi}{2} + 2k\pi$, com $k \in \mathbb{Z}$, não fazem parte da solução, pois, para esses arcos, a tangente não está definida.

Exercícios

43. Resolva as inequações em $U = \mathbb{R}$.

a) $\text{sen}\, x < -\frac{\sqrt{3}}{2}$

b) $\cos x \geqslant \frac{1}{2}$

c) $\text{tg}\, x < \sqrt{3}$

d) $\text{sen}\, x \geqslant 0$

e) $\cos x < -\frac{\sqrt{2}}{2}$

f) $\text{tg}\, x \geqslant -1$

44. Resolva as inequações em $\mathbb{R}$.

a) $2 \cdot \cos x - \sqrt{2} \geqslant 0$

b) $2 \cdot \text{sen}\, x + \sqrt{3} < 0$

c) $5 \cdot \text{tg}\, x \geqslant 5$

d) $-2 \cdot \text{sen}\, x > -1$

e) $2\cos x - \sqrt{3} < 0$

R10. Para quais valores reais de x temos $-\frac{1}{2} < \cos x \leqslant \frac{\sqrt{2}}{2}$?

➤ Resolução

Se $\cos x = -\frac{1}{2}$, temos $x = \frac{2\pi}{3} + 2k\pi$ ou $x = \frac{4\pi}{3} + 2k\pi$.

Temos também que, se $\cos x = \frac{\sqrt{2}}{2}$, então: $x = \frac{\pi}{4} + 2k\pi$ ou $x = \frac{7\pi}{4} + 2k\pi$, com $k \in \mathbb{Z}$.

Representamos no eixo dos cossenos o intervalo $\left]-\frac{1}{2}, \frac{\sqrt{2}}{2}\right]$ e verificamos, no ciclo trigonométrico, os valores de x associados às extremidades dos arcos cujo cosseno pertence a esse intervalo.

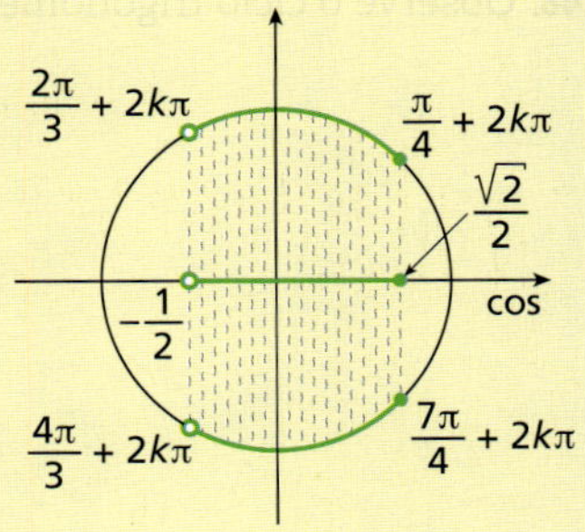

Logo, os valores reais de x procurados são tais que:

$$\frac{\pi}{4} + 2k\pi \leqslant x < \frac{2\pi}{3} + 2k\pi \text{ ou } \frac{4\pi}{3} + 2k\pi < x \leqslant \frac{7\pi}{4} + 2k\pi$$

R11. Resolver a inequação sen x > −1.

➤ **Resolução**

Sabemos que sen x = −1 apenas para $x = \frac{3\pi}{2} + 2k\pi$; para qualquer outro arco, o seno é maior que −1.

Logo: $S = \left\{x \in \mathbb{R} \mid x \neq \frac{3\pi}{2} + 2k\pi, k \in \mathbb{Z}\right\}$

45. Resolva as seguintes inequações em $\mathbb{R}$.

a) $\frac{\sqrt{2}}{2} \leqslant \text{sen}\, x < \frac{\sqrt{3}}{2}$

b) $0 < \text{tg}\, x < 1$

c) $-1 \leqslant \cos x \leqslant \frac{1}{2}$

d) $1 \leqslant \text{tg}\, x \leqslant \sqrt{3}$

R12. Determinar o conjunto solução da inequação $2 \cdot \cos^2 x + \cos x - 1 > 0$.

➤ **Resolução**

Fazendo y = cos x, temos: $2y^2 + y - 1 > 0$

Resolvendo a equação $2y^2 + y - 1 = 0$, encontramos:

$y = \frac{1}{2}$ ou $y = -1$

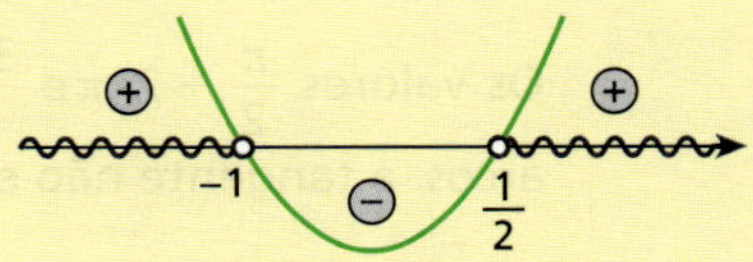

Observando o esquema ao lado, concluímos:

$2y^2 + y - 1 > 0 \Rightarrow y < -1$ ou $y > \frac{1}{2}$

Como cos x = y, temos:

$\cos x < -1$ ou $\cos x > \frac{1}{2}$

Assim:

- $\cos x < -1 \Rightarrow \nexists\, x \in \mathbb{R}$, ou
- $\cos x > \frac{1}{2} \Rightarrow 0 + 2k\pi \leqslant x < \frac{\pi}{3} + 2k\pi$ ou

  $\frac{5\pi}{3} + 2k\pi < x < 2\pi + 2k\pi, k \in \mathbb{Z}$

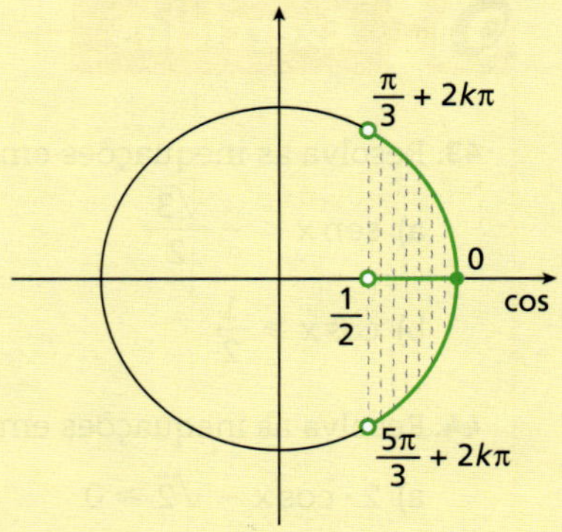

$S = \{x \in \mathbb{R} \mid 0 + 2k\pi \leqslant x < \frac{\pi}{3} + 2k\pi$ ou $\frac{5\pi}{3} + 2k\pi < x < 2\pi + 2k\pi, k \in \mathbb{Z}\}$

46. Resolva em $\mathbb{R}$ a inequação trigonométrica a seguir.

$2 \cdot \text{sen}^2\, x + \text{sen}\, x - 1 < 0$

47. Resolva a inequação sec x < 0.

48. Observe o ciclo trigonométrico abaixo.

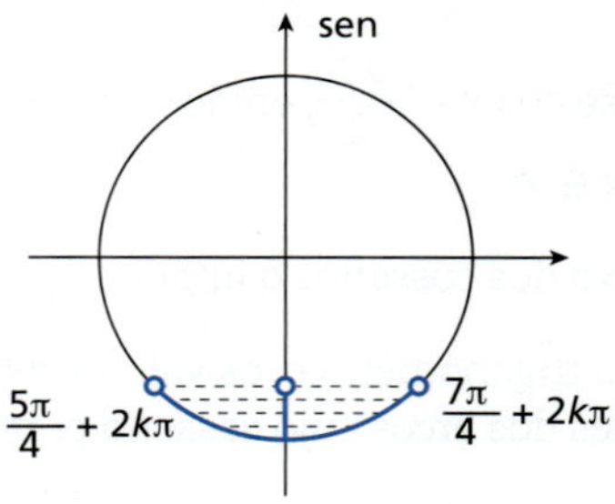

Supondo que a parte em destaque na figura represente as raízes de uma inequação trigonométrica, escreva essa inequação.

3 Adição e subtração de arcos

É possível que sen $(a + b)$ = sen a + sen b para quaisquer arcos a e b?

Vamos comparar, por exemplo, sen (30° + 60°) e o resultado de (sen 30° + sen 60°):

$\text{sen}\ (30° + 60°) = \text{sen}\ 90° = 1$

$\text{sen}\ 30° + \text{sen}\ 60° = \frac{1}{2} + \frac{\sqrt{3}}{2} = \frac{1 + \sqrt{3}}{2}$

Assim: $\text{sen}\ (30° + 60°) \neq \text{sen}\ 30° + \text{sen}\ 60°$

De modo geral: $\text{sen}\ (a + b) \neq \text{sen}\ a + \text{sen}\ b$, $\cos\ (a + b) \neq \cos a + \cos b$ e $\text{tg}\ (a + b) \neq \text{tg}\ a + \text{tg}\ b$

Neste item, veremos como expressar essas razões em relação ao seno, cosseno e tangente de cada um dos arcos.

3.1 Seno da soma e seno da diferença

Considere o triângulo ABC ao lado, em que $\text{med}(C\widehat{A}B) = a + b$.

Primeiro, calculamos a área de cada triângulo:

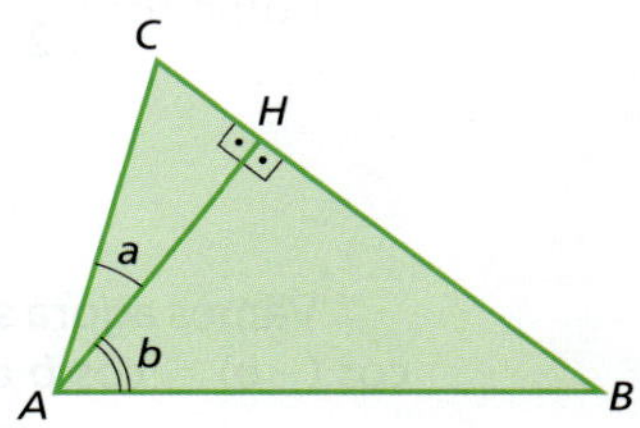

$\text{Área}_{\triangle ACH} = \frac{AC \cdot AH \cdot \text{sen}\ a}{2}$

$\text{Área}_{\triangle ABH} = \frac{AB \cdot AH \cdot \text{sen}\ b}{2}$

$\text{Área}_{\triangle ABC} = \frac{AB \cdot AC \cdot \text{sen}\ (a + b)}{2}$

No ΔACH, temos: $\cos a = \frac{AH}{AC} \Rightarrow AH = AC \cdot \cos a$

No ΔABH: $\cos b = \frac{AH}{AB} \Rightarrow AH = AB \cdot \cos b$

Temos ainda: $\text{Área}_{\triangle ABC} = \text{Área}_{\triangle ACH} + \text{Área}_{\triangle ABH}$

Logo:

$$\frac{AB \cdot AC \cdot \text{sen}\ (a + b)}{2} = \frac{AC \cdot AH \cdot \text{sen}\ a}{2} + \frac{AB \cdot AH \cdot \text{sen}\ b}{2}$$

$$\frac{AB \cdot AC \cdot \text{sen}\ (a + b)}{2} = \frac{AC \cdot (AB \cdot \cos b) \cdot \text{sen}\ a}{2} + \frac{AB \cdot (AC \cdot \cos a) \cdot \text{sen}\ b}{2}$$

$$\frac{AB \cdot AC \cdot \text{sen}\ (a + b)}{2} = \frac{AB \cdot AC \cdot (\text{sen}\ a \cdot \cos b + \text{sen}\ b \cdot \cos a)}{2}$$

Assim:

$$\text{sen}\ (a + b) = \text{sen}\ a \cdot \cos b + \text{sen}\ b \cdot \cos a$$

Demonstramos essa fórmula para a e b menores que 180° (pois, no caso, a e b são medidas de ângulos internos de um triângulo), mas, usando a simetria em relação aos eixos coordenados, pode-se mostrar que ela é válida para o seno da soma de quaisquer a e b reais.

Agora, vamos considerar o arco $(-b)$ na fórmula do seno da soma. Sabemos que $\cos(-b) = \cos b$ e $\text{sen}\ (-b) = -\text{sen}\ b$. Substituindo na fórmula anterior, temos:

$\text{sen}\ [a + (-b)] = \text{sen}\ a \cdot \cos(-b) + \text{sen}\ (-b) \cdot \cos a$

$\text{sen}\ (a - b) = \text{sen}\ a \cdot \cos b + (-\text{sen}\ b) \cdot \cos a$

Logo:

$$\text{sen}\ (a - b) = \text{sen}\ a \cdot \cos b - \text{sen}\ b \cdot \cos a$$

Exemplos

a) $\text{sen } 105° = \text{sen}(45° + 60°)$

$\text{sen } (45° + 60°) = \text{sen } 45° \cdot \cos 60° + \text{sen } 60° \cdot \cos 45° = \dfrac{\sqrt{2}}{2} \cdot \dfrac{1}{2} + \dfrac{\sqrt{3}}{2} \cdot \dfrac{\sqrt{2}}{2} = \dfrac{\sqrt{2} + \sqrt{6}}{4}$

Logo: $\text{sen } 105° = \dfrac{\sqrt{2} + \sqrt{6}}{4}$

b) $\text{sen } 15° = \text{sen } (60° - 45°)$

$\text{sen } (60° + 45°) = \text{sen } (60°) \cdot \cos (45°) - \text{sen } (45°) \cdot \cos (60°) = \dfrac{\sqrt{3}}{2} \cdot \dfrac{\sqrt{2}}{2} - \dfrac{\sqrt{2}}{2} \cdot \dfrac{1}{2} = \dfrac{\sqrt{6} - \sqrt{2}}{4}$

Logo: $\text{sen } 15° = \dfrac{\sqrt{6} - \sqrt{2}}{4}$

3.2 Cosseno da soma e cosseno da diferença

Lembrando que $\cos x = \text{sen}\left(\dfrac{\pi}{2} - x\right)$ e usando a fórmula do seno da diferença, escrevemos:

$$\cos (a + b) = \text{sen}\left[\frac{\pi}{2} - (a + b)\right] = \text{sen}\left[\left(\frac{\pi}{2} - a\right) - b\right] = \text{sen}\left(\frac{\pi}{2} - a\right) \cdot \cos b - \text{sen } b \cdot \cos\left(\frac{\pi}{2} - a\right)$$

Como $\text{sen}\left(\dfrac{\pi}{2} - a\right) = \cos a$ e $\cos\left(\dfrac{\pi}{2} - a\right) = \text{sen } a$, concluímos:

- $\cos (a + b) = \cos a \cdot \cos b - \text{sen } a \cdot \text{sen } b$

Vamos agora substituir, na fórmula do cosseno da soma, o arco $(+b)$ pelo arco $(-b)$. Sabemos que $\cos (-b) = \cos b$ e $\text{sen } (-b) = -\text{sen } b$. Substituindo na fórmula anterior, temos:

$\cos [a + (-b)] = \cos a \cdot \cos (-b) - \text{sen } a \cdot \text{sen } (-b)$

$\cos (a - b) = \cos a \cdot \cos b - \text{sen } a \cdot (-\text{sen } b)$

Logo:

- $\cos (a - b) = \cos a \cdot \cos b + \text{sen } a \cdot \text{sen } b$

Exemplos

a) $\cos 75° = \cos (30° + 45°)$

$\cos (30° + 45°) = \cos 30° \cdot \cos 45° - \text{sen } 30° \cdot \text{sen } 45° = \dfrac{\sqrt{3}}{2} \cdot \dfrac{\sqrt{2}}{2} - \dfrac{1}{2} \cdot \dfrac{\sqrt{2}}{2} = \dfrac{\sqrt{6} - \sqrt{2}}{4}$

Logo: $\cos 75° = \dfrac{\sqrt{6} - \sqrt{2}}{4}$

b) $\cos 15° = \cos (45° - 30°)$

$\cos (45° - 30°) = \cos 45° \cdot \cos 30° + \text{sen } 45° \cdot \text{sen } 30° = \dfrac{\sqrt{2}}{2} \cdot \dfrac{\sqrt{3}}{2} + \dfrac{\sqrt{2}}{2} \cdot \dfrac{1}{2} = \dfrac{\sqrt{6} + \sqrt{2}}{4}$

Logo: $\cos 15° = \dfrac{\sqrt{6} + \sqrt{2}}{4}$

Exercícios

49. Calcule.

a) sen 75° b) sen 165° c) cos 285°

50. Dados $\text{sen } a = \dfrac{12}{13}$, $\dfrac{\pi}{2} < a < \pi$, $\cos b = -\dfrac{3}{5}$ e $\pi < b < \dfrac{3\pi}{2}$, calcule:

a) $\text{sen } (a + b)$
b) $\text{sen } (a - b)$
c) $\cos (a + b)$
d) $\cos (a - b)$

51. Dados $\text{sen } a = \dfrac{8}{17}$, $0 < a < \dfrac{\pi}{2}$, $\text{tg } b = \dfrac{5}{12}$ e $\pi < b < \dfrac{3\pi}{2}$, calcule:

a) $\text{sen } (a + b)$
b) $\cos (a + b)$

52. Dados $\text{sen } \alpha = \dfrac{1}{3}$, $\dfrac{\pi}{2} < \alpha < \pi$, $\text{sen } \beta = \dfrac{2}{5}$ e $0 < \beta < \dfrac{\pi}{2}$, calcule:

a) $\text{sen } (\alpha - \beta)$
b) $\cos (\alpha - \beta)$

R13. Demonstrar as identidades.

a) $\text{sen}\,(x + y) - \text{sen}\,(x - y) = 2 \cdot \text{sen}\,y \cdot \cos x$

b) $\cos\,(x + y) - \cos\,(x - y) = -2 \cdot \text{sen}\,x \cdot \text{sen}\,y$

➤ Resolução

Utilizando as fórmulas do seno e do cosseno da soma e da diferença, temos:

$$\text{sen}\,(x + y) = \text{sen}\,x \cdot \cos y + \text{sen}\,y \cdot \cos x$$

$$\text{sen}\,(x - y) = \text{sen}\,x \cdot \cos y - \text{sen}\,y \cdot \cos x$$

$$\cos\,(x + y) = \cos x \cdot \cos y - \text{sen}\,x \cdot \text{sen}\,y$$

$$\cos\,(x - y) = \cos x \cdot \cos y + \text{sen}\,x \cdot \text{sen}\,y$$

Logo:

a) $\text{sen}\,(x + y) - \text{sen}\,(x - y) = \text{sen}\,x \cdot \cos y + \text{sen}\,y \cdot \cos x - (\text{sen}\,x \cdot \cos y - \text{sen}\,y \cdot \cos x) = \text{sen}\,x \cdot \cos y + \text{sen}\,y \cdot \cos x - \text{sen}\,x \cdot \cos y + \text{sen}\,y \cdot \cos x = 2 \cdot \text{sen}\,y \cdot \cos x$

b) $\cos\,(x + y) - \cos\,(x - y) = \cos x \cdot \cos y - \text{sen}\,x \cdot \text{sen}\,y - (\cos x \cdot \cos y + \text{sen}\,x \cdot \text{sen}\,y) = \cos x \cdot \cos y - \text{sen}\,x \cdot \text{sen}\,y - \cos x \cdot \cos y - \text{sen}\,x \cdot \text{sen}\,y = -2 \cdot \text{sen}\,x \cdot \text{sen}\,y$

53. Usando as fórmulas de adição e subtração de arcos, mostre que:

a) $\cos\,(\pi + x) = -\cos x$ **c)** $\text{sen}\,(2\pi - x) = -\text{sen}\,(x)$

b) $\text{sen}\left(\frac{\pi}{2} - x\right) = \cos x$ **d)** $\cos\,(2\pi - x) = \cos\,(x)$

54. Demonstre a identidade

$\text{sen}\,(30° + \theta) + \cos\,(60° + \theta) = \cos\theta$

55. Calcule o valor de cada expressão.

a) $\text{sen}\,17° \cdot \cos 13° + \text{sen}\,13° \cdot \cos 17°$

b) $\text{sen}\,50° \cdot \cos 5° - \text{sen}\,5° \cdot \cos 50°$

c) $\cos 35° \cdot \cos 25° - \text{sen}\,35° \cdot \text{sen}\,25°$

d) $\cos 55° \cdot \cos 25° + \text{sen}\,55° \cdot \text{sen}\,25°$

56. Determine o valor da expressão $(\text{sen}\,x + \cos y)^2 + (\cos x + \text{sen}\,y)^2$, sabendo que $x + y = \frac{\pi}{3}$.

57. Simplifique a expressão:
$(\text{sen}\,a \cdot \cos b - \text{sen}\,b \cdot \cos a)^2 + (\cos a \cdot \cos b + \text{sen}\,a \cdot \text{sen}\,b)^2$

58. Considerando o triângulo abaixo, calcule o valor de $\text{sen}\,(\alpha)$.

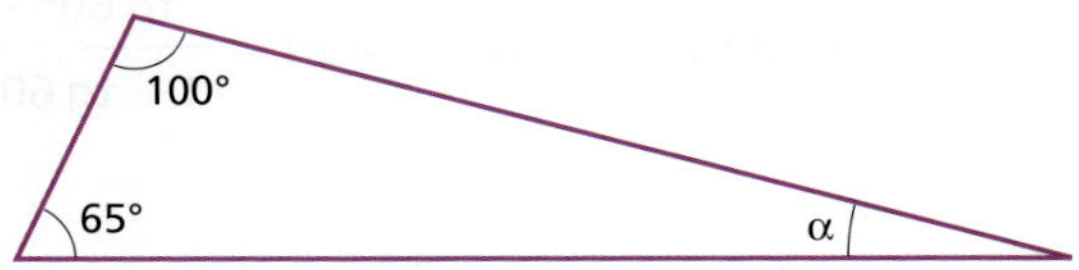

3.3 Tangente da soma e tangente da diferença

Sabendo que $\text{tg}\,x = \frac{\text{sen}\,x}{\cos x}$, para $\cos x \neq 0$, vamos tomar $x = a + b$ e determinar $\text{tg}\,(a + b)$, com base nos valores de tg a e de tg b: $\text{tg}\,(a + b) = \frac{\text{sen}\,(a + b)}{\cos\,(a + b)}$

Aplicando as fórmulas do seno da soma e do cosseno da soma, temos:

$$\text{tg}\,(a + b) = \frac{\text{sen}\,a \cdot \cos b + \text{sen}\,b \cdot \cos a}{\cos a \cdot \cos b - \text{sen}\,a \cdot \text{sen}\,b}$$

Como queremos trabalhar com tangentes, vamos dividir o numerador e o denominador da equação acima por $\cos a \cdot \cos b \neq 0$. Então:

$$\text{tg}\,(a + b) = \frac{\dfrac{\text{sen}\,a \cdot \cos b + \text{sen}\,b \cdot \cos a}{\cos a \cdot \cos b}}{\dfrac{\cos a \cdot \cos b - \text{sen}\,a \cdot \text{sen}\,b}{\cos a \cdot \cos b}} = \frac{\dfrac{\text{sen}\,a \cdot \cancel{\cos b}}{\cos a \cdot \cancel{\cos b}} + \dfrac{\text{sen}\,b \cdot \cancel{\cos a}}{\cancel{\cos a} \cdot \cos b}}{\dfrac{\cancel{\cos a} \cdot \cancel{\cos b}}{\cancel{\cos a} \cdot \cancel{\cos b}} - \dfrac{\text{sen}\,a \cdot \text{sen}\,b}{\cos a \cdot \cos b}} = \frac{\text{tg}\,a + \text{tg}\,b}{1 - \text{tg}\,a \cdot \text{tg}\,b}$$

Logo:

$$\text{tg}\,(a + b) = \frac{\text{tg}\,a + \text{tg}\,b}{1 - \text{tg}\,a \cdot \text{tg}\,b}, \text{ em que } a \neq \frac{\pi}{2} + k\pi,\ b \neq \frac{\pi}{2} + k\pi \text{ e } (a + b) \neq \frac{\pi}{2} + k\pi,\ k \in \mathbb{Z}$$

Como nos casos anteriores, vamos considerar o arco $(-b)$. Temos ainda: $\text{tg}\,(-b) = -\text{tg}\,b$

Assim: $\text{tg}\left[a + (-b)\right] = \dfrac{\text{tg}\,a + \text{tg}\,(-b)}{1 - \text{tg}\,a \cdot \text{tg}\,(-b)}$

$$\text{tg}\,(a - b) = \frac{\text{tg}\,a - \text{tg}\,b}{1 + \text{tg}\,a \cdot \text{tg}\,b}$$

Logo:

- $\text{tg}\,(a - b) = \dfrac{\text{tg}\,a - \text{tg}\,b}{1 + \text{tg}\,a \cdot \text{tg}\,b}$, em que $a \neq \dfrac{\pi}{2} + k\pi$, $b \neq \dfrac{\pi}{2} + k\pi$ e $(a - b) \neq \dfrac{\pi}{2} + k\pi$, $k \in \mathbb{Z}$

Exemplos

a) $\text{tg}\,105° = \text{tg}\,(45° + 60°) = \dfrac{\text{tg}\,45° + \text{tg}\,60°}{1 - \text{tg}\,45° \cdot \text{tg}\,60°}$

$\text{tg}\,105° = \dfrac{1 + \sqrt{3}}{1 - 1 \cdot \sqrt{3}} = \dfrac{1 + \sqrt{3}}{1 - \sqrt{3}} \cdot \dfrac{1 + \sqrt{3}}{1 + \sqrt{3}} = \dfrac{1 + 2\sqrt{3} + 3}{1 - 3}$

$\text{tg}\,105° = \dfrac{4 + 2\sqrt{3}}{-2} = -2 - \sqrt{3}$

b) $\text{tg}\,15° = \text{tg}\,(60° - 45°) = \dfrac{\text{tg}\,60° - \text{tg}\,45°}{1 + \text{tg}\,60° \cdot \text{tg}\,45°} = \dfrac{\sqrt{3} - 1}{1 + \sqrt{3} \cdot 1} = 2 - \sqrt{3}$

Exercícios

59. Calcule tg 795°.

60. Calcule.

a) $\text{tg}\,\dfrac{7\pi}{12}$ b) $\text{tg}\,\dfrac{17\pi}{12}$

61. Mostre que:

a) $\text{tg}\,15° \neq \text{tg}\,45° - \text{tg}\,30°$

b) $\text{tg}\,60° - \text{tg}\,45° \neq \text{tg}\,15°$

62. Calcule.

a) cos 105° c) cotg 75°

b) cossec 15° d) sec 105°

63. Calcule cos 165° e tg 165°.

64. Sabendo que $\text{tg}\,x = \dfrac{2}{3}$ e $\text{sen}\,y = \dfrac{4}{5}$, com $\dfrac{\pi}{2} < y < \pi$, calcule:

a) $\text{tg}\,(x + y)$ b) $\text{tg}\,(x - y)$

65. Dados $\text{tg}\,(x + y) = 30$ e $\text{tg}\,x = 4$, calcule tg y.

66. Calcule o valor de cada expressão.

a) $\dfrac{\text{tg}\,19° + \text{tg}\,11°}{1 - \text{tg}\,19° \cdot \text{tg}\,11°}$ b) $\dfrac{\text{tg}\,76° - \text{tg}\,16°}{1 + \text{tg}\,76° \cdot \text{tg}\,16°}$

67. Simplifique a expressão $\text{tg}\left(x + \dfrac{\pi}{4}\right) \cdot \text{tg}\left(x - \dfrac{\pi}{4}\right)$.

68. Determine o valor da expressão $(1 + \text{tg}\,a) \cdot (1 + \text{tg}\,b)$, sabendo que $a + b = \dfrac{\pi}{4}$.

69. **Geometria.** Na figura abaixo, os pontos A, D, E e C são colineares e AB = AD = DE = EC. Calcule a soma x + y + z.

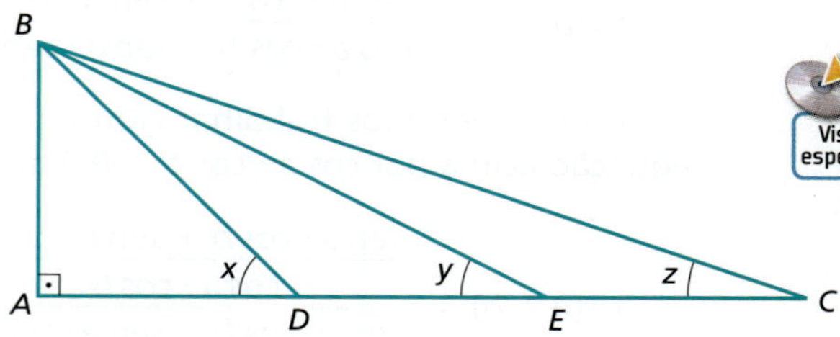

15.2 Visão do especialista

70. **Geometria.** Calcule tg *a* no triângulo abaixo.

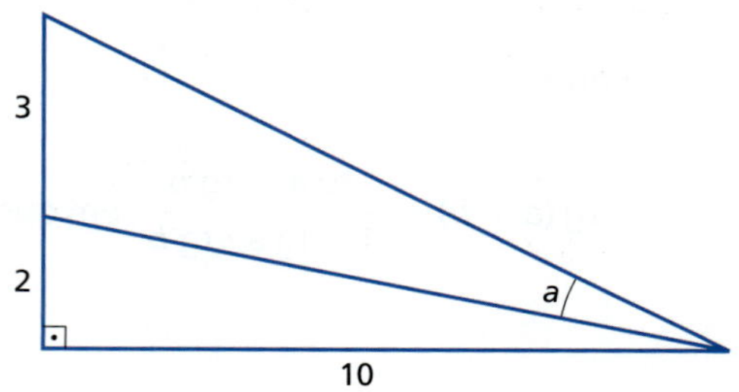

3.4 Fórmulas para arcos duplos

Seno do arco duplo

Aplicando a fórmula do seno da soma, temos:

$\text{sen } 2a = \text{sen } (a + a) = \text{sen } a \cdot \cos a + \text{sen } a \cdot \cos a$

Logo:

- $\text{sen } 2a = 2 \cdot \text{sen } a \cdot \cos a$

Cosseno do arco duplo

Aplicando a fórmula do cosseno da soma, temos:

$\cos 2a = \cos (a + a) = \cos a \cdot \cos a - \text{sen } a \cdot \text{sen } a$

Assim:

- $\cos 2a = \cos^2 a - \text{sen}^2 a$

Observação:

Como $\cos^2 a = 1 - \text{sen}^2 a$ e $\text{sen}^2 a = 1 - \cos^2 a$, podemos escrever a fórmula do cosseno de um arco duplo de outras formas:

- $\cos 2a = 1 - 2 \cdot \text{sen}^2 a$
- $\cos 2a = 2 \cdot \cos^2 a - 1$

Tangente do arco duplo

$$\text{tg } 2a = \text{tg } (a + a) = \frac{\text{tg } a + \text{tg } a}{1 - \text{tg } a \cdot \text{tg } a}$$

Logo:

- $\text{tg } 2a = \dfrac{2 \cdot \text{tg } a}{1 - \text{tg}^2 a}$, em que $a \neq \dfrac{\pi}{4} + \dfrac{k\pi}{2}$ e $a \neq \dfrac{\pi}{2} + k\pi, k \in \mathbb{Z}$

3.5 Fórmulas para arcos metades

Seno do arco metade

Aplicando a fórmula do cosseno do arco duplo, podemos escrever:

$$\cos a = \cos\left(2 \cdot \frac{a}{2}\right) = 1 - 2 \cdot \text{sen}^2\left(\frac{a}{2}\right) \Rightarrow 2 \cdot \text{sen}^2\left(\frac{a}{2}\right) = 1 - \cos a \Rightarrow \text{sen}^2\left(\frac{a}{2}\right) = \frac{1 - \cos a}{2}$$

Logo:

- $\text{sen}\left(\dfrac{a}{2}\right) = \pm\sqrt{\dfrac{1 - \cos a}{2}}$

Cosseno do arco metade

De maneira análoga ao tópico anterior, aplicamos a fórmula do cosseno do arco duplo:

$$\cos a = \cos\left(2 \cdot \frac{a}{2}\right) = 2 \cdot \cos^2\left(\frac{a}{2}\right) - 1 \Rightarrow 2 \cdot \cos^2\left(\frac{a}{2}\right) = \cos a + 1 \Rightarrow \cos^2\left(\frac{a}{2}\right) = \frac{1 + \cos a}{2}$$

Logo:

- $\cos\left(\dfrac{a}{2}\right) = \pm\sqrt{\dfrac{1 + \cos a}{2}}$

Tangente do arco metade

Empregando a definição de tangente de um arco, podemos escrever:

$$\operatorname{tg}\left(\frac{a}{2}\right) = \frac{\operatorname{sen}\left(\frac{a}{2}\right)}{\cos\left(\frac{a}{2}\right)} = \frac{\pm\sqrt{\frac{1-\cos a}{2}}}{\pm\sqrt{\frac{1+\cos a}{2}}} = \pm\sqrt{\frac{1-\cos a}{2}\cdot\frac{2}{1+\cos a}} = \pm\sqrt{\frac{1-\cos a}{1+\cos a}}$$

Logo:

$$\operatorname{tg}\left(\frac{a}{2}\right) = \pm\sqrt{\frac{1-\cos a}{1+\cos a}}, \text{ em que } a \neq \pi + 2k\pi,\ k \in \mathbb{Z}$$

Observação:

O sinal do seno, do cosseno ou da tangente dependerá do quadrante em que estiver a extremidade do arco $\frac{a}{2}$.

Exercícios

R14. Sendo $\operatorname{sen} x = \frac{\sqrt{2}}{2}$, com $\frac{\pi}{2} < x < \pi$, determinar sen 2x, cos 2x e tg 2x.

➤ **Resolução**

Usando a relação fundamental, temos:

$\operatorname{sen}^2 x + \cos^2 x = 1 \Rightarrow \cos^2 x = 1 - \left(\frac{\sqrt{2}}{2}\right)^2 \Rightarrow$

$\Rightarrow \cos^2 x = \frac{1}{2}$

Como $x \in$ QII, o cosseno é negativo:

$\cos x = -\frac{\sqrt{2}}{2}$

Logo: $\operatorname{tg} x = \frac{\operatorname{sen} x}{\cos x} = \frac{\sqrt{2}}{2} : \left(-\frac{\sqrt{2}}{2}\right) \Rightarrow$

$\Rightarrow \operatorname{tg} x = -1$

Assim:

- $\operatorname{sen} 2x = 2 \cdot \operatorname{sen} x \cdot \cos x = 2 \cdot \frac{\sqrt{2}}{2} \cdot \left(-\frac{\sqrt{2}}{2}\right) \Rightarrow$
  $\Rightarrow \operatorname{sen} 2x = -1$
- $\cos 2x = \cos^2 x - \operatorname{sen}^2 x =$
  $= \left(-\frac{\sqrt{2}}{2}\right)^2 - \left(\frac{\sqrt{2}}{2}\right)^2 \Rightarrow \cos 2x = 0$
- $\operatorname{tg} 2x = \frac{2 \cdot \operatorname{tg} x}{1 - \operatorname{tg}^2 x} = \frac{2 \cdot (-1)}{1 - (-1)^2}$

Logo, não existe tg 2x $\left(\text{note que } x = \frac{3\pi}{4}\right)$.

71. Sendo $\operatorname{sen} x = -\frac{\sqrt{3}}{2}$, com $\pi < x < \frac{3\pi}{2}$, determine sen 2x, cos 2x e tg 2x.

72. Sendo $\cos x = \frac{4}{5}$ e $\frac{\pi}{2} < x < \pi$, calcule sen 2x, cos 2x e tg 2x.

73. Sendo $\operatorname{tg} x = -\frac{1}{5}$ e $\frac{3\pi}{2} < x < 2\pi$, calcule sen 2x, cos 2x e tg 2x.

74. Sendo $\operatorname{cotg} x = \frac{12}{5}$ e $\pi < x < \frac{3\pi}{2}$, calcule cos 2x.

75. Calcule.

a) $\cos \frac{\pi}{8}$

b) $\operatorname{sen} \frac{\pi}{12}$

c) tg 22,5°

d) $\operatorname{tg} \frac{7\pi}{8}$

76. Sabendo que $\cos b = \frac{2}{3}$, com $0 < b < \frac{\pi}{2}$, calcule $\cos\left(\frac{b}{2}\right)$, $\operatorname{sen}\left(\frac{b}{2}\right)$ e $\operatorname{tg}\left(\frac{b}{2}\right)$.

77. Demonstre que:

a) $\text{tg}\,\theta \cdot \text{sen}\,2\theta = 2 \cdot \text{sen}^2\,\theta$

b) $\dfrac{1 + \cos 2\theta}{\text{sen}\,2\theta} = \text{cotg}\,\theta$

c) $\dfrac{1 - \text{tg}^2\,\theta}{1 + \text{tg}^2\,\theta} = \cos 2\theta$

d) $\dfrac{1 - \text{tg}^2\,x}{\cos 2x} = \sec^2 x$

78. Dado $\text{sen}\,a = \cos a - 0{,}2$, com $a \in QI$, calcule $\text{sen}\,2a$.

79. Determine $\text{sen}\,2x$ em função de $m = \text{sen}\,x + \cos x$.

80. Calcule $\text{sen}\,2x$ sabendo que $\text{tg}\,x + \text{cotg}\,x = 5$.

81. Simplifique as expressões o máximo possível.

a) $(\text{sen}\,15° + \cos 15°)^2$

b) $\dfrac{\cos^4 17° - \text{sen}^4\,17°}{\cos 34°}$

82. Calcule o valor de $(\text{tg}\,13° + \text{cotg}\,13°) \cdot \text{sen}\,26°$.

83. Mostre que:
(*Dica*: Considere $3a = 2a + a$)

a) $\text{sen}\,3a = 3 \cdot \text{sen}\,a - 4 \cdot \text{sen}^3\,a$

b) $\cos 3a = 4 \cdot \cos^3 a - 3 \cdot \cos a$

c) $\text{tg}\,3a = \dfrac{3 \cdot \text{tg}\,a - \text{tg}^3\,a}{1 - 3 \cdot \text{tg}^2\,a}$

84. Calcule $\cos 4a$ em função de $\cos a$.

85. Sabendo que $\text{sen}\,x + \cos x = \dfrac{\sqrt{2}}{2}$, calcule $\cos 4x$.

86. Sabendo que $\text{tg}\,x = \dfrac{1}{2}$, calcule $\text{tg}\,2x$ e $\text{tg}\,4x$.

87. Simplifique:

$$y = \frac{(\text{sen}\,x + \cos x)^2}{\text{sen}\,2x + 1} + \frac{\cos 2x}{1 + \text{tg}\,x} - 1$$

88. Geometria. (Fuvest-SP) A figura representa um quadrado $ABCD$ de lado 1. O ponto F está em $\overline{BC}$, $\overline{BF}$ mede $\dfrac{\sqrt{5}}{4}$, o ponto E está em $\overline{CD}$ e $\overline{AF}$ é bissetriz do ângulo $B\widehat{A}E$. Nessas condições, o segmento $\overline{DE}$ mede:

15.3 Visão do especialista

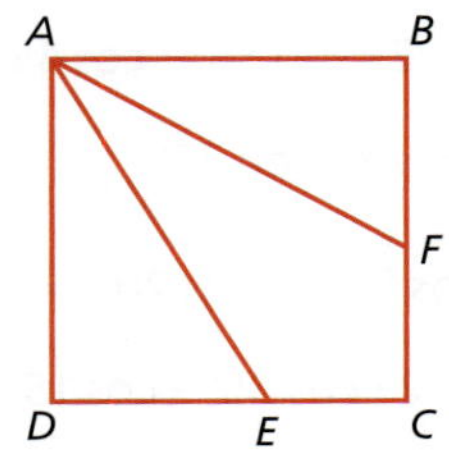

a) $\dfrac{3\sqrt{5}}{40}$

b) $\dfrac{7\sqrt{5}}{40}$

c) $\dfrac{9\sqrt{5}}{40}$

d) $\dfrac{11\sqrt{5}}{40}$

e) $\dfrac{13\sqrt{5}}{40}$

89. Resolva a equação $\cos a - \cos \dfrac{a}{2} = 0$, com $0 \leqslant a \leqslant 2\pi$.

4 Transformação da soma e da diferença em produto

15.4 Visão do especialista

Usando as fórmulas vistas até agora e alguns artifícios de cálculo, podemos transformar a soma e a diferença de razões trigonométricas em um produto, conforme as expressões a seguir:

$$\text{sen}\,x + \text{sen}\,y = 2 \cdot \text{sen}\left(\frac{x + y}{2}\right) \cdot \cos\left(\frac{x - y}{2}\right)$$

$$\text{sen}\,x - \text{sen}\,y = 2 \cdot \text{sen}\left(\frac{x - y}{2}\right) \cdot \cos\left(\frac{x + y}{2}\right)$$

$$\cos x + \cos y = 2 \cdot \cos\left(\frac{x + y}{2}\right) \cdot \cos\left(\frac{x - y}{2}\right)$$

$$\cos x - \cos y = -2 \cdot \text{sen}\left(\frac{x + y}{2}\right) \cdot \text{sen}\left(\frac{x - y}{2}\right)$$

$$\text{tg}\,x + \text{tg}\,y = \frac{\text{sen}\,(x + y)}{\cos x \cdot \cos y}$$

$$\text{tg}\,x - \text{tg}\,y = \frac{\text{sen}\,(x - y)}{\cos x \cdot \cos y}$$

Exemplos

a) $\text{sen}\,70° + \text{sen}\,10° = 2 \cdot \text{sen}\left(\dfrac{70° + 10°}{2}\right) \cdot \cos\left(\dfrac{70° - 10°}{2}\right) =$

$= 2 \cdot \text{sen}\,40° \cdot \cos 30° = 2 \cdot \text{sen}\,40° \cdot \dfrac{\sqrt{3}}{2} =$

$= \sqrt{3} \cdot \text{sen}\,40°$

b) $\text{sen}\,80° - \text{sen}\,10° = 2 \cdot \text{sen}\left(\dfrac{80° - 10°}{2}\right) \cdot \cos\left(\dfrac{80° + 10°}{2}\right) =$

$= 2 \cdot \text{sen}\,35° \cdot \cos 45° = 2 \cdot \text{sen}\,35° \cdot \dfrac{\sqrt{2}}{2} =$

$= \sqrt{2} \cdot \text{sen}\,35°$

c) $\cos 50° + \cos 20° = 2 \cdot \cos\left(\dfrac{50° + 20°}{2}\right) \cdot \cos\left(\dfrac{50° - 20°}{2}\right) =$

$= 2 \cdot \cos 35° \cdot \cos 15°$

d) $\cos 40° - \cos 10° = -2 \cdot \text{sen}\left(\dfrac{40° + 10°}{2}\right) \cdot \text{sen}\left(\dfrac{40° - 10°}{2}\right) =$

$= -2 \cdot \text{sen}\,25° \cdot \text{sen}\,15°$

e) $\text{tg}\,15° + \text{tg}\,25° = \dfrac{\text{sen}\,(15° + 25°)}{\cos 15° \cdot \cos 25°} = \dfrac{\text{sen}\,(40°)}{\cos 15° \cdot \cos 25°}$

f) $\text{tg}\,15° - \text{tg}\,25° = \dfrac{\text{sen}\,(15° - 25°)}{\cos 15° \cdot \cos 25°} = \dfrac{\text{sen}\,(-10°)}{\cos 15° \cdot \cos 25°} =$

$= -\dfrac{\text{sen}\,(10°)}{\cos 15° \cdot \cos 25°}$

Exercícios

90. Transforme em produto as expressões.

a) $\text{sen}\,7x - \text{sen}\,5x$

b) $\text{sen}\,2x + \text{sen}\,x$

c) $\cos x + \cos 4x$

d) $\cos 10x - \cos 6x$

e) $\text{sen}\,0° + \text{sen}\,x$

f) $1 + \cos x$

91. Calcule o valor de y.

a) $y = \text{sen}\,75° + \text{sen}\,15°$

b) $y = \cos 75° - \cos 15°$

c) $y = \text{tg}\,75° + \text{tg}\,45°$

d) $y = \text{tg}\,75° - \text{tg}\,45°$

92. Transforme em produto as expressões.

a) $\text{sen}\,9\theta + \text{sen}\,7\theta + \text{sen}\,5\theta + \text{sen}\,3\theta$

b) $\cos 7\theta + \cos 5\theta + \cos 3\theta + \cos \theta$

93. Calcule o valor da expressão $\cos 130° + \cos 110° + \cos 10°$.

94. Simplifique.

a) $\dfrac{\text{sen}\,2x + \text{sen}\,4x}{\cos 2x + \cos 4x}$

b) $\text{sen}\,2x - 2 \cdot \text{sen}\,x \cdot \cos 3x$

c) $\dfrac{\text{sen}\,5x - \text{sen}\,x}{\cos 5x - \cos x}$

95. Prove que:

a) $\dfrac{\text{sen}\,4x - \text{sen}\,3x + \text{sen}\,2x}{\cos 4x - \cos 3x + \cos 2x} = \text{tg}\,3x$

b) $\dfrac{\text{sen}\,3x + \text{sen}\,5x + \text{sen}\,7x + \text{sen}\,9x}{\cos 3x + \cos 5x + \cos 7x + \cos 9x} = \text{tg}\,6x$

96. Mostre que:

a) $\text{sen}\,25° + \cos 25° = \sqrt{2} \cdot \cos 20°$

b) $\text{sen}\,a + \cos a = \sqrt{2} \cdot \cos\left(a - \dfrac{\pi}{4}\right)$

97. Mostre que:

a) $\text{sen}^2\,70° - \text{sen}^2\,20° = \text{sen}\,50°$

b) $\cos^2 110° - \cos^2 10° = -\dfrac{\sqrt{3}}{2} \cdot \text{sen}\,80°$

(*Dica*: Use o fato de que $a^2 - b^2 = (a + b) \cdot (a - b)$)

Ficha de revisão

1. Sendo x um arco do 1º quadrante e $\cos x = \frac{1}{3}$, determine:

a) sen x
b) tg x
c) sec x
d) cossec x

2. Calcule o valor de $\text{sen}\,\frac{\pi}{2} \cdot \cos \pi + \text{tg}\, 2\pi \cdot \sec \frac{\pi}{4}$.

3. Sendo $\frac{\pi}{2} < \theta < \pi$ e $\cos \theta = -\frac{3}{\sqrt{10}}$, calcule o valor de $\sqrt{2 \cdot \text{cotg}\,\theta + \text{cossec}^2\,\theta}$.

4. Se $\text{tg}\,\theta = -\sqrt{5}$ e $\frac{\pi}{2} < \theta < \pi$, qual é o valor de sen θ?

5. Considerando $\cos x = \frac{1}{4}$ e $m > 0$, calcule o valor de $\sqrt{m^2 \cdot \cos x \cdot \cos^2 \alpha + m^2 \cdot \cos x \cdot \text{sen}^2\,\alpha}$.

6. Se $\text{sen}\,\alpha = \frac{\sqrt{3}}{6}$, qual é o valor de $\cos^2 \alpha$?

7. Prove as identidades.

a) $\frac{\cos x + \text{cotg}\,x}{\sec x + \text{tg}\,x} = \text{cotg}\,x \cdot \cos x$

b) $(\text{tg}^2\,x + 1) \cdot (\text{sen}^2\,x - 1) = -1$

c) $\sec x - \text{tg}\,x = \frac{1}{\sec x + \text{tg}\,x}$

d) $(\text{tg}\,x + \text{cotg}\,x) \cdot (\sec x - \cos x) \cdot$
$\cdot\, (\text{cossec}\,x - \text{sen}\,x) = 1$

8. Resolva as equações a seguir considerando $U = \mathbb{R}$.

a) $\text{sen}\,x = \text{sen}\,\frac{\pi}{5}$

b) $\cos\left(x + \frac{\pi}{3}\right) = -\frac{\sqrt{2}}{2}$

c) $\text{tg}\left(x - \frac{\pi}{4}\right) = \sqrt{3}$

9. Resolva as equações em $\mathbb{R}$.

a) $2 \cdot \text{sen}^2\,x - \text{sen}\,x = 0$

b) $-2 \cdot \cos^2 x + \cos x + 1 = 0$

c) $4 \cdot \text{cossec}\,x + 2 \cdot \text{sen}\,x = 9$

10. Resolva a equação $\text{sen}\,x + \cos x = 0$ considerando $U = \mathbb{R}$.

11. (Fuvest-SP) Sabe-se que $x = 1$ é raiz da equação $(\cos^2 \alpha)x^2 - (4 \cdot \cos \alpha \cdot \text{sen}\,\beta)x + \frac{3}{2}\,\text{sen}\,\beta = 0$, sendo α e β os ângulos agudos indicados no triângulo retângulo da figura ao lado.

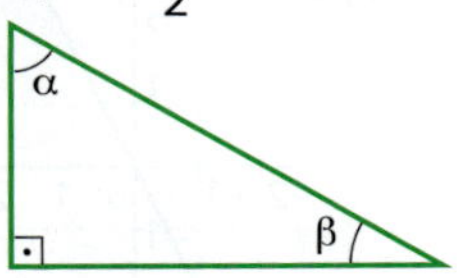

Pode-se então afirmar que as medidas de α e β são, respectivamente:

a) $\frac{\pi}{8}$ e $\frac{3\pi}{8}$
b) $\frac{\pi}{6}$ e $\frac{\pi}{3}$
c) $\frac{\pi}{4}$ e $\frac{\pi}{4}$
d) $\frac{\pi}{3}$ e $\frac{\pi}{6}$
e) $\frac{3\pi}{8}$ e $\frac{\pi}{8}$

12. Resolva as equações a seguir considerando $0 \leqslant x < 2\pi$.

a) $\sec^2 x = 4$
b) $\frac{3}{1 - \cos^2 x} = 4$

13. (Vunesp) Seja a expressão $f(x) = \text{sen}\,2x - \text{cotg}\,x$, considerando o conjunto dos reais.

a) Encontre o valor de $f(x)$ para $x = \frac{5\pi}{6}$.

b) Resolva a equação $f(x) = 0$.

14. Resolva as inequações.

a) $\text{sen}\,x + \frac{1}{2} \leqslant 0$

b) $2 \cdot \text{sen}\,x - 1 \geqslant 0$

c) $\cos x - \frac{\sqrt{2}}{2} < 0$

d) $\text{tg}\,x - \sqrt{3} \geqslant 0$

15. Calcule o valor de:

a) cos 165°
b) tg 75°

16. Simplifique $\frac{\text{cotg}\,x + \text{cotg}\,y}{\text{tg}\,x + \text{tg}\,y}$

17. Calcule sen α dado $\cos 2\alpha = \frac{1}{2}$ e $0 < \alpha < \frac{\pi}{2}$.

18. Calcule o valor de cos 75° − sen 105°.

19. Sendo $\cos x = \frac{1}{3}$, calcule o valor de:

a) cos 2x
b) sen 2x

20. Sendo $\text{tg}\,\theta = \frac{2}{3}$ e $\text{sen}\,\alpha = \frac{4}{5}$ e $\frac{\pi}{2} < \alpha < \pi$, calcule o valor de $\text{tg}\,(\alpha + \theta)$.

21. Calcule:

a) cotg 165°
b) sec 285°

22. Se $\text{sen}\,x = \frac{3}{5}$ e $\cos y = \frac{5}{13}$, determine o valor de $\cos\,(x + y)$, sabendo que x e y estão no 1º quadrante.

23. Calcule o valor de sen 75° + sen 15°.

24. Fatore a expressão $\cos(a + 2b) + \cos a$.

25. (Mackenzie-SP) Se $4 \cdot \cos^2 x - 2 = \frac{1}{\sqrt{2}}$, um possível valor para tg 2x é:

a) $\sqrt{3}$ b) $\sqrt{6}$ c) $\sqrt{2}$ d) $\sqrt{7}$ e) $\sqrt{5}$

26. (FGV) A função $f(x) = 16 \cdot (\text{sen } x) \cdot (\cos x)$ assume valor máximo igual a:

a) 16 b) 12 c) 10 d) 8 e) 4

27. **Termologia.** Em certa região, a temperatura média mensal, em grau Celsius, varia de acordo com a lei $f(t) = 26 + 12 \cdot \cos \frac{\pi t}{6}$, em que t é medido em mês.

Calcule, para essa região:

a) a temperatura máxima e mínima;

b) a amplitude térmica.

28. **Indústria.** Uma empresa determina o custo unitário de seus produtos, em reais, de acordo com a lei $C(t) = 200 + 120 \cdot \text{sen } \frac{\pi t}{2}$, com t medido em horas de trabalho. Determine o custo mínimo de cada produto.

29. **Poluição.** Em determinada cidade, a concentração diária (em grama) de partículas de fósforo na atmosfera é medida pela função $f(t) = 3 + 2 \cdot \text{sen } \frac{\pi t}{6}$, em que t é a quantidade de horas que demora uma medição. Calcule quanto tempo foi necessário para uma medição que registrou 5 gramas de fósforo.

30. Qual é o domínio da função $f(x) = \sqrt{2 \cdot \text{sen } x - 1}$, para $0 \leqslant x < 2\pi$?

31. Resolva a inequação $4 \cdot \cos^2 x < 3$, com $0 \leqslant x < 2\pi$.

32. Resolva a inequação $\text{sen}^2 x < 2 \cdot \text{sen}^2 x$.

33. Sendo $\text{sen } x = -\frac{3}{5}$ e $\frac{3\pi}{2} < x < 2\pi$, calcule $\text{sen}\left(\frac{\pi}{4} + 2x\right)$.

34. Admitidas as condições de existência, obtenha o valor da expressão trigonométrica a seguir.

$$\frac{1}{(\cos^2 \alpha - \text{sen}^2 \alpha)^2} - \frac{4 \cdot \text{tg}^2 \alpha}{(1 - \text{tg}^2 \alpha)^2}$$

35. Prove que:

$$\text{sen } \theta \cdot \cos \theta \cdot \cos 2\theta \cdot \cos 4\theta \cdot \cos 8\theta = \frac{\text{sen } 16\theta}{16}.$$

Questões de vestibular

1. (Mackenzie-SP) Se α e β são ângulos internos de um triângulo tais que $\text{sen } \alpha \cdot \cos \beta = \text{sen } \alpha \cdot \cos \alpha = \frac{1}{4}$, então a medida do terceiro ângulo interno desse triângulo pode ser:

15.5 Visão do especialista

a) 90° c) 120° e) 150°

b) 45° d) 105°

2. (Vunesp) Dadas as funções $f(x) = x^2 + 2x + 1$ e $g(x) = x - 1$:

a) encontre a função composta $(f \circ g)(x)$.

b) resolva a equação: $(f \circ g)(y) = 0$, onde $y = \cos x$.

3. (Mackenzie-SP) As raízes da equação $\text{tg}(x + \pi) = \text{cotg } x$, pertencentes ao intervalo $[0, 2\pi]$, têm soma:

a) $\frac{3\pi}{2}$ b) 2π c) $\frac{9\pi}{2}$ d) 3π e) 4π

4. (Fuvest-SP) Se a está no intervalo $\left[0, \frac{\pi}{2}\right]$ e satisfaz $\text{sen}^4 \alpha - \cos^4 \alpha = \frac{1}{4}$, então o valor da tangente de α é:

15.6 Visão do especialista

a) $\sqrt{\frac{3}{5}}$ c) $\sqrt{\frac{3}{7}}$ e) $\sqrt{5}$

b) $\sqrt{\frac{5}{3}}$ d) $\sqrt{\frac{7}{3}}$

5. (Ibmec-SP) Considere os pontos do plano cartesiano da forma $(x; y) = (\cos(\alpha); \text{sen}(\alpha))$, em que α é raiz da função $f(t) = \cos(t) + \text{sen}(t)$. A reta que passa por esses pontos está mais bem representada por:

a)

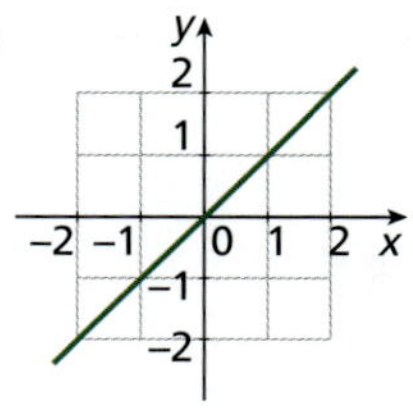

d)

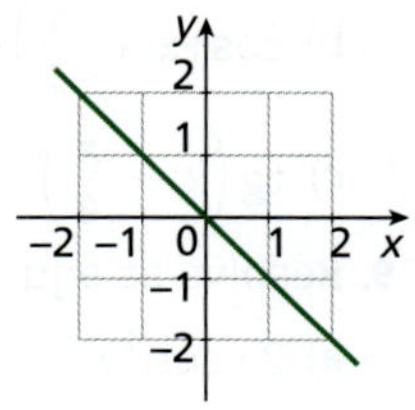

b)

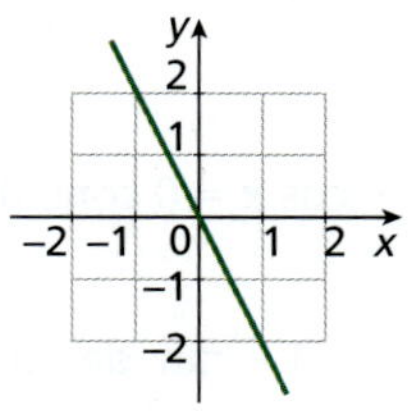

e)

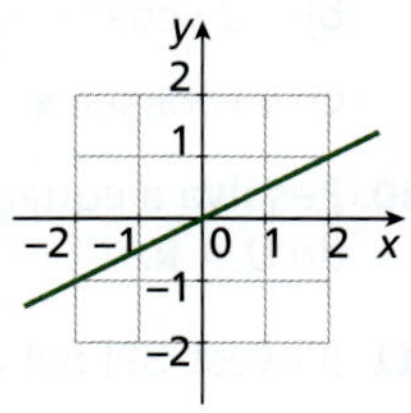

c)

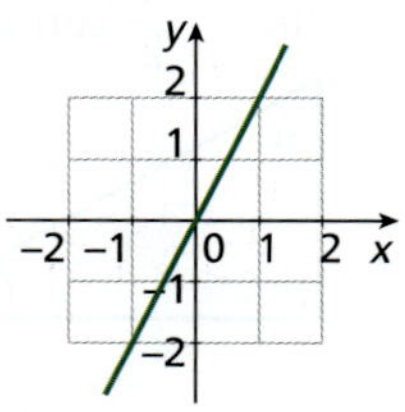

6. (Mackenzie-SP) O valor de $\text{sen}\left(\dfrac{\pi}{12}\right) \cdot \cos\left(\dfrac{23\pi}{12}\right)$ é:

a) $-\dfrac{\sqrt{2}}{4}$ c) $-\dfrac{\sqrt{3}}{4}$ e) $\dfrac{1}{2}$

b) $\dfrac{\sqrt{2}}{4}$ d) $\dfrac{1}{4}$

15.7 Visão do especialista

7. (Vunesp) A temperatura, em graus Celsius (°C), de uma câmara frigorífica, durante um dia completo, da 0 hora às 24 horas, é dada aproximadamente pela função:

$$f(t) = \cos\left[\frac{\pi}{12}t\right] - \cos\left[\frac{\pi}{6}t\right], 0 \leq t \leq 24$$

com t em horas. Determine:

a) a temperatura da câmara frigorífica às 2 horas e às 9 horas. (Use as aproximações $\sqrt{2} = 1{,}4$ e $\sqrt{3} = 1{,}7$.)

b) em quais horários do dia a temperatura atingiu 0 °C.

8. (Fuvest-SP) Determine as soluções da equação $(2 \cdot \cos^2 x + 3 \cdot \text{sen}\, x)(\cos^2 x - \text{sen}^2 x) = 0$, que estão no intervalo $[0, 2\pi]$.

9. (Vunesp) Uma equipe de mergulhadores, dentre eles um estudante de ciências exatas, observou o fenômeno das marés em determinado ponto da costa brasileira e concluiu que ele era periódico e podia ser aproximado pela expressão:

$$P(t) = \frac{21}{2} + 2 \cdot \cos\left(\frac{\pi}{6}t + \frac{5\pi}{4}\right)$$

onde t é o tempo (em horas) decorrido após o início da observação ($t = 0$) e $P(t)$ é a profundidade da água (em metros) no instante t.

a) Resolva a equação $\cos\left(\dfrac{\pi}{6}t + \dfrac{5\pi}{4}\right) = 1$, para $t > 0$.

b) Determine quantas horas após o início da observação ocorreu a primeira maré alta.

10. (Ibmec-SP) Se $\theta = \dfrac{x}{3}$, então

$$\frac{\dfrac{1 - \text{sen}^2(\theta)}{\text{tg}^2(\theta) + 1} - \dfrac{1 - \cos^2(\theta)}{\text{cotg}^2(\theta) + 1}}{\cos^2(\theta) - \text{sen}^2(\theta)}$$

é igual a:

a) 0 c) $\dfrac{\sqrt{3}}{4}$ e) 1

b) $\dfrac{\sqrt{3}}{8}$ d) $\dfrac{\sqrt{3}}{2}$

11. (Mackenzie-SP) Num retângulo de lados 1 cm e 3 cm, o seno do menor ângulo formado pelas diagonais é:

a) $\dfrac{4}{5}$ c) $\dfrac{1}{5}$ e) $\dfrac{2}{3}$

b) $\dfrac{3}{5}$ d) $\dfrac{1}{3}$

12. (Unicamp-SP) Considere a equação trigonométrica

$$\text{sen}^2\,\theta - 2 \cdot \cos^2\theta + \frac{1}{2} \cdot \text{sen}\, 2\theta = 0$$

a) Mostre que **não** são soluções dessa equação os valores de θ para os quais $\cos\theta = 0$.

b) Encontre todos os valores de $\cos\theta$ que são soluções da equação.

15.8 Visão do especialista

13. (Fuvest-SP) Determine os valores de x no intervalo $]0, 2\pi[$ para os quais $\cos x \geq \sqrt{3} \cdot \text{sen}\, x + \sqrt{3}$.

14. (Vunesp) Na figura, $ABCD$ é um retângulo, $BD = 6$ cm, a medida do ângulo $A\hat{B}D$ é $\alpha = 30°$, a medida do ângulo $A\hat{E}D$ é β e $x = BE$.

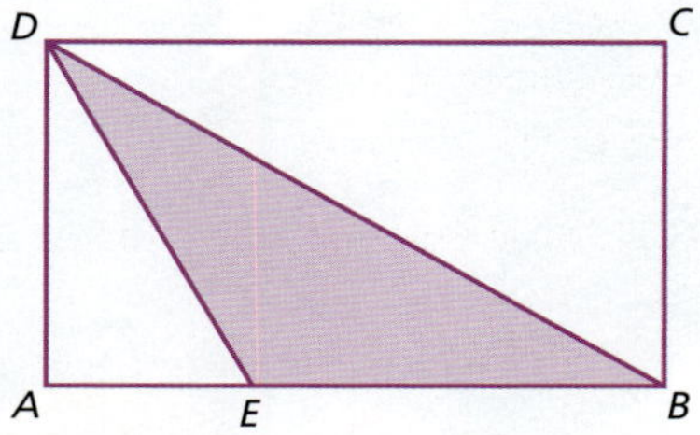

Determine:

a) a área do triângulo BDE em função de x.

b) o valor de x quando $\beta = 75°$.

15. (Mackenzie-SP) Quando resolvida no intervalo $[0, 2\pi]$, o número de quadrantes nos quais a desigualdade $2\cos x < \sqrt{3}$ apresenta soluções é:

a) 0

b) 1

c) 2

d) 3

e) 4

16. (Vunesp) Do solo, você observa um amigo numa roda-gigante. A altura h em metros de seu amigo em relação ao solo é dada pela expressão

$$h(t) = 11{,}5 + 10\ \text{sen}\left[\frac{\pi}{12}(t - 26)\right],$$

onde o tempo t é dado em segundos e a medida angular em radianos.

a) Determine a altura em que seu amigo estava quando a roda começou a girar ($t = 0$).

b) Determine as alturas mínima e máxima que seu amigo alcança e o tempo gasto em uma volta completa (período).

17. (Fuvest-SP) Sejam x e y dois números reais, com $0 < x < \dfrac{\pi}{2}$ e $\dfrac{\pi}{2} < y < \pi$, satisfazendo $\text{sen}\, y = \dfrac{4}{5}$ e $11 \cdot \text{sen}\, x + 5 \cdot \cos(y - x) = 3$.

Nessas condições, determine:

a) $\cos y$ b) $\text{sen}\, 2x$

Capítulo 16

Matrizes e determinantes

BLUE SKY STUDIOS/TWENTIETH CENTURY FOX ANIMATION/ALBUM CINEMA/LATINSTOCK

Objetivos do capítulo:

- Identificar e classificar uma matriz.
- Operar com matrizes.
- Determinar a matriz inversa.
- Calcular o determinante de uma matriz quadrada.

O filme *Rio* (dirigido por Carlos Saldanha, Estados Unidos, 2011) é um dos muitos exemplos de animações produzidas com o uso da computação gráfica. Neste capítulo, veremos a definição de matrizes e suas operações, que têm grande aplicação nessa área. Para ter uma ideia, a cada movimento de um personagem podem estar envolvidos milhares de adições e multiplicações de matrizes.

1 Matriz

Observe a tabela a seguir.

Análise química de frutos brasileiros (quantidade por porções de 100 g)							
Fruto	**Energia (kcal)**	**Proteínas (g)**	**Lipídios (g)**	**Cálcio (mg)**	**Fósforo (mg)**	**Ferro (mg)**	**Vitamina C (mg)**
Açaí	262	3,60	2,00	118	58	1,09	9
Buriti	145	1,80	8,10	156	54	5,00	26
Cupuaçu	72	1,70	1,60	23	26	2,60	33
Mangaba	43	0,70	0,30	41	18	2,80	33
Pupunha	164	2,50	9,20	28	31	3,30	35

BRASIL. Ministério da Saúde, Secretaria de Políticas de Saúde, Coordenação-geral da Política de Alimentação e Nutrição. *Alimentos regionais brasileiros*. Brasília: MS, 2002.

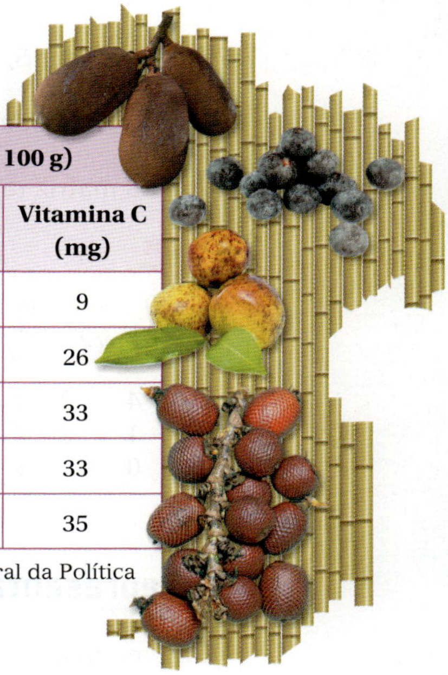

MANUEL LOURENÇO/OLHAR IMAGEM, VINICIUS TUPINAMBA/SHUTTERSTOCK, JBK/SHUTTERSTOCK, GUENTERMANAUS/SHUTTERSTOCK

Organizar informações numéricas em tabelas facilita a leitura e a interpretação dos dados. Se quisermos saber, por exemplo, quantos gramas de proteína há em 100 g de açaí, basta observar o número localizado na 1ª linha e na 2ª coluna da tabela (3,60).

Para saber a quantidade de vitamina C, em miligrama, em 100 g de cupuaçu, procuramos o número localizado na 3ª linha e na 7ª coluna da tabela (33).

Na Matemática, tabelas que apresentam dados numéricos dispostos em linhas (filas horizontais) e colunas (filas verticais) são denominadas **matrizes**.

Podemos representar as matrizes com os valores da tabela acima de duas formas:

$$\begin{pmatrix} 262 & 3{,}60 & 2{,}00 & 118 & 58 & 1{,}09 & 9 \\ 145 & 1{,}80 & 8{,}10 & 156 & 54 & 5{,}00 & 26 \\ 72 & 1{,}70 & 1{,}60 & 23 & 26 & 2{,}60 & 33 \\ 43 & 0{,}70 & 0{,}30 & 41 & 18 & 2{,}80 & 33 \\ 164 & 2{,}50 & 9{,}20 & 28 & 31 & 3{,}30 & 35 \end{pmatrix} \quad \begin{bmatrix} 262 & 3{,}60 & 2{,}00 & 118 & 58 & 1{,}09 & 9 \\ 145 & 1{,}80 & 8{,}10 & 156 & 54 & 5{,}00 & 26 \\ 72 & 1{,}70 & 1{,}60 & 23 & 26 & 2{,}60 & 33 \\ 43 & 0{,}70 & 0{,}30 & 41 & 18 & 2{,}80 & 33 \\ 164 & 2{,}50 & 9{,}20 & 28 & 31 & 3{,}30 & 35 \end{bmatrix}$$

1.1 Definição de matriz

- Define-se **matriz** do tipo $m \times n$ (lemos: "m por n") uma tabela com $m \cdot n$ elementos dispostos em m linhas e n colunas.

Os números que compõem uma matriz são chamados elementos ou termos. Para escrever uma matriz, dispõem-se os elementos entre colchetes, [ ], ou entre parênteses, ( ).

Exemplos

a) $\begin{bmatrix} 5 & 2 \\ -3 & 4 \\ 4 & 0 \end{bmatrix}$ é uma matriz do tipo 3 × 2 (lemos: "três por dois").

b) $\begin{pmatrix} \sqrt{3} & \frac{1}{2} & 4 \\ 2 & -1 & 3 \\ 0 & \sqrt{5} & -0{,}3 \end{pmatrix}$ é uma matriz do tipo 3 × 3 (lemos: "três por três").

c) $\begin{bmatrix} 1 \\ 7 \end{bmatrix}$ é uma matriz do tipo 2×1 (lemos: "dois por um"), que, por ter uma só coluna, recebe o nome especial de **matriz coluna**.

d) $\begin{pmatrix} -8 & \frac{3}{4} & 0 & 5{,}1 \end{pmatrix}$ é uma matriz do tipo 1×4 (lemos: "um por quatro"), que, por ter uma só linha, é chamada **matriz linha**.

O tipo da matriz também pode ser indicado ao lado dela, na extremidade inferior direita.

Exemplos

a) $\begin{pmatrix} 6 & 0 & -4 & 1 \\ 1 & 9 & \sqrt{2} & 3 \end{pmatrix}_{2 \times 4}$

b) $\begin{bmatrix} 5 & 4 & 3 & 2 & 1 \\ 7 & -1 & 2 & 7 & 4 \\ 9 & 0 & \sqrt{5} & 3 & 0 \end{bmatrix}_{3 \times 5}$

1.2 Representação genérica de uma matriz

Em uma matriz, cada elemento ocupa uma posição definida por determinada linha e determinada coluna, nessa ordem.

Observe, por exemplo, a matriz a seguir.

1ª coluna
2ª coluna
3ª coluna

1ª linha
2ª linha
3ª linha
4ª linha

$$\begin{pmatrix} 2 & 5 & 3 \\ 0 & -1 & 21 \\ \sqrt{3} & 16 & -8 \\ 6 & 4 & \sqrt{2} \end{pmatrix}$$

Nessa matriz, o elemento 3 está na 1ª linha e na 3ª coluna, por isso indicamos esse elemento por a_{13} (lemos: "*a* um três"). Assim, $a_{13} = 3$.

Um elemento genérico da matriz pode ser representado pelo símbolo $\boldsymbol{a_{ij}}$, em que i indica a linha que o elemento ocupa na matriz e j indica a coluna.

Veja mais alguns exemplos da matriz acima:

- o elemento que está na 1ª linha e na 1ª coluna é $a_{11} = 2$;
- o elemento que está na 1ª linha e na 2ª coluna é $a_{12} = 5$;
- o elemento que está na 2ª linha e na 1ª coluna é $a_{21} = 0$;
- o elemento que está na 4ª linha e na 3ª coluna é $a_{43} = \sqrt{2}$.

Genericamente, uma matriz A é representada por $A = (a_{ij})_{m \times n}$, em que $1 \leq i \leq m$ e $1 \leq j \leq n$, com $i, j \in \mathbb{N}$. Uma matriz A, do tipo $m \times n$, pode ser representada por:

$$A = \begin{pmatrix} a_{11} & a_{12} & a_{13} & \dots & a_{1n} \\ a_{21} & a_{22} & a_{23} & \dots & a_{2n} \\ a_{31} & a_{32} & a_{33} & \dots & a_{3n} \\ \vdots & \vdots & \vdots & & \vdots \\ a_{m1} & a_{m2} & a_{m3} & \dots & a_{mn} \end{pmatrix}_{m \times n}$$

Exercícios

1. Determine o tipo de cada matriz.

a) $\begin{pmatrix} 1 & -2 & \sqrt{3} \end{pmatrix}$

b) $\begin{pmatrix} 1 \\ 0 \\ -5 \end{pmatrix}$

c) $\begin{pmatrix} \sqrt{2} & 0 & -1 & \frac{1}{2} \\ 5 & 3 & \sqrt{3} & 0 \\ |-2| & 9 & \frac{3}{4} & -8 \end{pmatrix}$

d) $\begin{pmatrix} 1 \\ 7 \end{pmatrix}$

e) $\begin{pmatrix} 7 & 10 \\ -1 & 5 \end{pmatrix}$

f) $\begin{pmatrix} 2 & 7 & \sqrt{5} & \frac{1}{3} \\ x & -5 & 8 & 1 \\ -1 & 0 & x & 1 \\ -4 & \sqrt{2} & 6 & 7 \end{pmatrix}$

g) $\begin{pmatrix} \frac{1}{2} & -2 \\ -\frac{2}{3} & \frac{3}{2} \\ \frac{3}{4} & -\frac{4}{3} \\ -\frac{4}{5} & \frac{5}{4} \end{pmatrix}$

2. (Vunesp) Considere três lojas, L_1, L_2 e L_3, e três tipos de produtos, P_1, P_2 e P_3. A matriz a seguir descreve a quantidade de cada produto vendido por cada loja na primeira semana de dezembro. Cada elemento a_{ij} da matriz indica a quantidade do produto P_i vendido pela loja L_j, com $i, j = 1, 2, 3$.

$$\begin{array}{c} \\ P_1 \\ P_2 \\ P_3 \end{array}\begin{array}{c} \begin{array}{ccc} L_1 & L_2 & L_3 \end{array} \\ \begin{bmatrix} 30 & 19 & 20 \\ 15 & 10 & 8 \\ 12 & 16 & 11 \end{bmatrix} \end{array}$$

Analisando a matriz, podemos afirmar que:

a) a quantidade de produtos do tipo P_2 vendidos pela loja L_2 é 11.

b) a quantidade de produtos do tipo P_1 vendidos pela loja L_3 é 30.

c) a soma das quantidades de produtos do tipo P_3 vendidos pelas três lojas é 40.

d) a soma das quantidades de produtos do tipo P_i, vendidos pelas lojas L_1, $i = 1, 2, 3$ é 52.

e) a soma das quantidades dos produtos dos tipos P_1 e P_2 vendidos pela loja L_1 é 45.

3. Escreva uma matriz 3×2 na qual $a_{12} = 5$, $a_{31} = 7$, $a_{11} = a_{22} = 1$ e os demais elementos sejam nulos.

R1. Escrever a matriz $A = (a_{ij})_{2 \times 3}$ na qual $a_{ij} = i + 2j$.

➤ Resolução

Uma matriz do tipo 2×3 é representada genericamente por: $A = \begin{pmatrix} a_{11} & a_{12} & a_{13} \\ a_{21} & a_{22} & a_{23} \end{pmatrix}$

Aplicando a "lei de formação" dos elementos dessa matriz, temos:

- $a_{11} = 1 + 2 \cdot 1 = 3$
- $a_{12} = 1 + 2 \cdot 2 = 5$
- $a_{13} = 1 + 2 \cdot 3 = 7$
- $a_{21} = 2 + 2 \cdot 1 = 4$
- $a_{22} = 2 + 2 \cdot 2 = 6$
- $a_{23} = 2 + 2 \cdot 3 = 8$

Portanto: $A = \begin{pmatrix} 3 & 5 & 7 \\ 4 & 6 & 8 \end{pmatrix}$

4. Escreva a matriz $A = (a_{ij})_{3 \times 4}$ na qual $a_{ij} = 3i + 2j$.

5. Escreva a matriz $C = (c_{ij})_{2 \times 4}$ em que $c_{ij} = i^3 - j^2$.

R2. Escrever a matriz $A = (a_{ij})_{3 \times 2}$ em que:

$$a_{ij} = \begin{cases} 10i + j, \text{ se } i = j \\ 0, \text{ se } i \neq j \end{cases}$$

➤ Resolução

Uma matriz do tipo 3×2 é representada genericamente por: $A = \begin{pmatrix} a_{11} & a_{12} \\ a_{21} & a_{22} \\ a_{31} & a_{32} \end{pmatrix}$

Quando $i = j$, temos $a_{ij} = 10i + j$, então:

$a_{11} = 10 \cdot 1 + 1 = 11$ e $a_{22} = 10 \cdot 2 + 2 = 22$

Quando $i \neq j$, temos $a_{ij} = 0$, então:

$a_{12} = a_{21} = a_{31} = a_{32} = 0$

Portanto: $A = \begin{pmatrix} 11 & 0 \\ 0 & 22 \\ 0 & 0 \end{pmatrix}$

6. Escreva a matriz $B = (b_{ij})_{3 \times 2}$ em que:

$$b_{ij} = \begin{cases} i^2 - 1, \text{ para } i = j \\ 3j, \text{ para } i \neq j \end{cases}$$

7. Determine o elemento b_{22} na matriz $B = (b_{ij})_{3 \times 2}$ na qual $b_{ij} = 3i - j^2$.

8. Identifique os elementos de A em que $i = j$ ou $i + j = 4$.

$$A = (a_{ij})_{3 \times 3} = \begin{pmatrix} |-6| & 0 & 3 \\ 8 & 7 & |-4| \\ -7 & 5 & 9 \end{pmatrix}$$

9. Elabore uma lei de formação que represente os elementos da matriz a seguir.

$$A = \begin{pmatrix} 1 & 1 & 1 & 1 \\ 2 & 4 & 8 & 16 \\ 3 & 9 & 27 & 81 \end{pmatrix}$$

2 Igualdade de matrizes

Quando duas matrizes A e B são de mesmo tipo, os elementos de mesmo índice, isto é, aqueles que ocupam a mesma posição, são denominados **elementos correspondentes**.

Exemplo

Vejamos as matrizes A e B do tipo 3×3.

$$A = \begin{pmatrix} a_{11} & a_{12} & a_{13} \\ a_{21} & a_{22} & a_{23} \\ a_{31} & a_{32} & a_{33} \end{pmatrix} \qquad B = \begin{pmatrix} b_{11} & b_{12} & b_{13} \\ b_{21} & b_{22} & b_{23} \\ b_{31} & b_{32} & b_{33} \end{pmatrix}$$

Nessas matrizes, os elementos correspondentes são:

a_{11} e b_{11} $\quad a_{12}$ e b_{12} $\quad a_{13}$ e b_{13}
a_{21} e b_{21} $\quad a_{22}$ e b_{22} $\quad a_{23}$ e b_{23}
a_{31} e b_{31} $\quad a_{32}$ e b_{32} $\quad a_{33}$ e b_{33}

- Duas matrizes, A e B, são **matrizes iguais** quando são do mesmo tipo e têm os elementos correspondentes iguais.

Exercícios

10. Considere as matrizes: $\begin{pmatrix} 1 \\ 3 \\ 4 \\ 7 \\ 0 \end{pmatrix}$ e $(1\ 3\ 4\ 7\ 0)$.

Elas são iguais? Por quê?

R3. Determinar os valores de x, y e z que tornam as matrizes A e B iguais.

$$A = \begin{pmatrix} 2 & x+1 & 1 \\ 3 & 5 & y-2 \\ |z| & 0 & 6 \end{pmatrix} \qquad B = \begin{pmatrix} 2 & 7 & 1 \\ 3 & 5 & 9 \\ 4 & 0 & 6 \end{pmatrix}$$

➤ Resolução

Para que as matrizes A e B sejam iguais, é necessário que os elementos correspondentes sejam iguais; portanto, devemos ter:

- $x + 1 = 7 \Rightarrow x = 6$
- $y - 2 = 9 \Rightarrow y = 11$
- $|z| = 4 \Rightarrow z = \pm 4$

11. Dada a igualdade matricial $(2\ x\ 5) = (y\ 3\ z)$, encontre os valores de x, y e z.

12. Determine os valores de x e y, sabendo que: $A = (a_{ij})_{3 \times 2}$, em que: $a_{ij} = -i + 7j$

$$A = \begin{pmatrix} 2x & 13 \\ x - 2y & 12 \\ 4 & x^2 + 2 \end{pmatrix}$$

R4. Determinar os valores de x e y que tornam as matrizes A e B iguais.

$$A = \begin{pmatrix} x - y & 2 \\ 1 & 2x + y \end{pmatrix}$$

$$B = \begin{pmatrix} 5 & 2 \\ 1 & 7 \end{pmatrix}$$

➤ Resolução

Para que as matrizes A e B sejam iguais,

devemos ter: $\begin{cases} x - y = 5 \\ 2x + y = 7 \end{cases}$

Resolvendo o sistema pelo método da

adição: $\begin{cases} x - \cancel{y} = 5 \\ 2x + \cancel{y} = 7 \end{cases}$

$3x = 12 \Rightarrow x = 4$

Substituindo x por 4 em $x - y = 5$, temos: $4 - y = 5 \Rightarrow y = -1$

Então:

$x = 4$ e $y = -1$

13. Determine a, b, c e d para que as matrizes

$\begin{pmatrix} a + 2b & 3c - 2d \\ -a + 3b & -2c + d \end{pmatrix}$ e $\begin{pmatrix} 7 & 3 \\ 8 & -1 \end{pmatrix}$ sejam iguais.

3 Matrizes especiais

3.1 Matriz nula

Uma matriz que tem todos os elementos iguais a zero é denominada **matriz nula**. Indica-se uma matriz nula do tipo $m \times n$ por: $0_{m \times n}$

Exemplos

a) $0_{3 \times 2} = \begin{pmatrix} 0 & 0 \\ 0 & 0 \\ 0 & 0 \end{pmatrix}$

b) $0_{2 \times 4} = \begin{pmatrix} 0 & 0 & 0 & 0 \\ 0 & 0 & 0 & 0 \end{pmatrix}$

3.2 Matriz quadrada

Toda matriz cujo número de linhas é igual ao número de colunas é chamada **matriz quadrada**.

Nesse caso, consideramos que a matriz com m linhas e m colunas é do tipo $m \times m$, ou que a matriz é de ordem m.

Exemplos

a) $A = \begin{pmatrix} 5 & -1 \\ 0 & 2 \end{pmatrix}$ é uma matriz quadrada 2×2 ou, simplesmente, matriz de ordem 2.

b) $B = \begin{pmatrix} \sqrt{3} & -1 & 7 \\ 2 & 1 & 3 \\ 0 & 5 & \frac{1}{2} \end{pmatrix}$ é uma matriz quadrada 3×3 ou matriz de ordem 3.

Diagonais de uma matriz quadrada

Considere uma matriz quadrada de ordem n.

Os elementos a_{ij}, com $i = j$, isto é, a_{11}, a_{22}, ..., a_{nn}, formam a **diagonal principal** dessa matriz.

Exemplo

$$A = \begin{pmatrix} 1 & 0 & 5 \\ 6 & 2 & -7 \\ -5 & 7 & 3 \end{pmatrix}$$

diagonal principal

A outra diagonal da matriz é denominada **diagonal secundária.** Essa diagonal é formada pelos elementos a_{ij} com $i + j = n + 1$, isto é, $a_{1\,n}$, $a_{2\,n-1}$, $a_{3\,n-2}$, ..., $a_{n\,1}$.

Exemplo

$$A = \begin{pmatrix} 1 & 0 & 5 \\ 6 & 2 & -7 \\ -5 & 7 & 3 \end{pmatrix}$$

diagonal secundária

3.3 Matriz identidade

Chamamos **matriz identidade** a matriz quadrada em que todos os elementos da diagonal principal são iguais a 1 e os demais são iguais a zero.

Assim, em qualquer matriz identidade, temos: $a_{ij} = \begin{cases} 1, \text{ se } i = j \\ 0, \text{ se } i \neq j \end{cases}$

Indicamos uma matriz identidade de ordem n por: I_n

Exemplos

a) $I_3 = \begin{pmatrix} 1 & 0 & 0 \\ 0 & 1 & 0 \\ 0 & 0 & 1 \end{pmatrix}$

b) $I_5 = \begin{pmatrix} 1 & 0 & 0 & 0 & 0 \\ 0 & 1 & 0 & 0 & 0 \\ 0 & 0 & 1 & 0 & 0 \\ 0 & 0 & 0 & 1 & 0 \\ 0 & 0 & 0 & 0 & 1 \end{pmatrix}$

3.4 Matriz diagonal

Uma matriz é denominada **matriz diagonal** se é quadrada e todos os elementos que **não** estão na diagonal principal são nulos.

Exemplos

a) $\begin{pmatrix} 3 & 0 & 0 \\ 0 & -1 & 0 \\ 0 & 0 & 1 \end{pmatrix}$

b) $I_2 = \begin{pmatrix} 1 & 0 \\ 0 & 1 \end{pmatrix}$

c) $0_{4 \times 4} = \begin{pmatrix} 0 & 0 & 0 & 0 \\ 0 & 0 & 0 & 0 \\ 0 & 0 & 0 & 0 \\ 0 & 0 & 0 & 0 \end{pmatrix}$

3.5 Matriz transposta

Dada uma matriz A do tipo $m \times n$, denominamos **matriz transposta** de A a matriz do tipo $n \times m$ cujas linhas são, ordenadamente, iguais às colunas de A.

Assim, se $(a'_{ij})_{n \times m}$ é transposta de $(a_{ij})_{m \times n}$, temos: $a'_{ij} = a_{ji}$

Indicamos a matriz transposta de A por $\boldsymbol{A^t}$.

Exemplos

a) $A = \begin{pmatrix} 2 & 3 \\ 5 & 1 \\ 0 & 2 \end{pmatrix}_{3 \times 2}$ então $A^t = \begin{pmatrix} 2 & 5 & 0 \\ 3 & 1 & 2 \end{pmatrix}_{2 \times 3}$

b) $B = \begin{pmatrix} -1 & \frac{1}{2} & -2 & \frac{1}{4} \\ \frac{1}{3} & -1 & \frac{1}{9} & -3 \end{pmatrix}_{2 \times 4}$ então $B^t = \begin{pmatrix} -1 & \frac{1}{3} \\ \frac{1}{2} & -1 \\ -2 & \frac{1}{9} \\ \frac{1}{4} & -3 \end{pmatrix}_{4 \times 2}$

Matriz simétrica

Uma matriz A é **simétrica** se é quadrada e coincide com sua transposta, isto é, $A = A^t$.

Exemplos

a) $A = \begin{pmatrix} 4 & 2 \\ 2 & -1 \end{pmatrix}$ é simétrica, pois $A = A^t = \begin{pmatrix} 4 & 2 \\ 2 & -1 \end{pmatrix}$

b) $B = \begin{pmatrix} 4 & 3 & -1 \\ 3 & -14 & 16 \\ -1 & 16 & 10 \end{pmatrix}$ é simétrica, pois $B = B^t = \begin{pmatrix} 4 & 3 & -1 \\ 3 & -14 & 16 \\ -1 & 16 & 10 \end{pmatrix}$

Observe que, em uma matriz simétrica, quaisquer dois elementos simétricos em relação à diagonal principal são iguais.

$\begin{pmatrix} 4 & 2 \\ 2 & -1 \end{pmatrix}$ diagonal principal

$\begin{pmatrix} 4 & 3 & -1 \\ 3 & -14 & 16 \\ -1 & 16 & 10 \end{pmatrix}$ diagonal principal

16.1 Biblioteca do estudante

Exercícios

14. Se $A = (a_{ij})_{3 \times 3}$, com $a_{ij} = 2i + j^2$, determine a diagonal principal e a diagonal secundária de A.

15. Sendo $B = (b_{ij})_{4 \times 4}$, em que $b_{ij} = \begin{cases} i + j, \text{se } i = j \\ i - j, \text{se } i \neq j \end{cases}$, calcule a diferença entre os produtos dos elementos da diagonal principal e da diagonal secundária.

16. Determine k real para que: $\begin{pmatrix} k^2 & k - 1 \\ -k + 1 & k \end{pmatrix} = I$

17. Determine a matriz diagonal de ordem 3 em que $a_{ij} = 3i - j$, para $i = j$.

R5. Determinar a matriz transposta A^t da matriz

$A = \begin{pmatrix} 3 & 5 \\ 6 & 8 \\ 11 & 13 \end{pmatrix}$

➤ Resolução

Pela definição, $A^t = (a'_{ij})_{2 \times 3}$, com $a'_{ij} = a_{ji}$. Então:

- $a'_{11} = a_{11} = 3$
- $a'_{12} = a_{21} = 6$
- $a'_{13} = a_{31} = 11$
- $a'_{21} = a_{12} = 5$
- $a'_{22} = a_{22} = 8$
- $a'_{23} = a_{32} = 13$

Portanto, a transposta de A é: $A^t = \begin{pmatrix} 3 & 6 & 11 \\ 5 & 8 & 13 \end{pmatrix}$

18. Determine a matriz transposta de $C = (c_{ij})_{3 \times 2}$, com $c_{ij} = i^2 - 2j^2$.

19. Determine a matriz quadrada A de ordem 2 na qual $a_{ij} = \frac{i}{j}$.

20. Indique os elementos da diagonal principal da matriz transposta de $M = \begin{pmatrix} 1 & 4 & 12 \\ 9 & 0 & 2 \\ 3 & 5 & -7 \end{pmatrix}$.

21. Determine a matriz transposta da matriz diagonal A, de ordem 3, definida por $a_{ij} = i + j$, para $i = j$.

22. Determine os números reais x e y para que as matrizes sejam simétricas.

a) $A = \begin{pmatrix} 8 & -5 & x \\ y & 0 & -4 \\ 3 & -4 & 7 \end{pmatrix}$

b) $B = \begin{pmatrix} 7 & 9 & 3y \\ x^2 & -5 & x^2 + 2x \\ 12 & 12 + 3x & 5 \end{pmatrix}$

23. Seja a matriz $A = (a_{ij})_{2 \times 2}$, com: $a_{ij} = \begin{cases} 1, \text{se } i = j \\ 0, \text{se } i \neq j \end{cases}$

Classifique cada afirmação em verdadeira (V) ou falsa (F) e justifique sua resposta.

a) A é matriz quadrada.
b) A é matriz nula.
c) A é matriz diagonal.
d) A é matriz simétrica.

4 Adição e subtração de matrizes

4.1 Adição de matrizes

- Dadas duas matrizes de mesmo tipo, $A = (a_{ij})_{m \times n}$ e $B = (b_{ij})_{m \times n}$, a matriz soma $A + B$ é a matriz $C = (c_{ij})_{m \times n}$, na qual $c_{ij} = a_{ij} + b_{ij}$ para todo i e todo j.

Exemplo

Considere as matrizes $A = \begin{pmatrix} 2 & 3 & 1 \\ 0 & 1 & 4 \end{pmatrix}$ e $B = \begin{pmatrix} 0 & 1 & 2 \\ -1 & 3 & 5 \end{pmatrix}$.

Para obter a matriz $C = A + B$, basta somar os elementos correspondentes de A e B:

$$C = A + B = \begin{pmatrix} 2 & 3 & 1 \\ 0 & 1 & 4 \end{pmatrix} + \begin{pmatrix} 0 & 1 & 2 \\ -1 & 3 & 5 \end{pmatrix} = \begin{pmatrix} 2+0 & 3+1 & 1+2 \\ 0+(-1) & 1+3 & 4+5 \end{pmatrix}$$

Portanto: $C = \begin{pmatrix} 2 & 4 & 3 \\ -1 & 4 & 9 \end{pmatrix}$

4.2 Matriz oposta

- Dada uma matriz A do tipo $m \times n$, chama-se **matriz oposta** de A, e indica-se por $-A$, a matriz que somada com A resulta na matriz nula de mesmo tipo, ou seja: $A + (-A) = 0_{m \times n}$

Exemplo

Se $A = \begin{pmatrix} 1 & -2 \\ -3 & 5 \end{pmatrix}$, então $-A = \begin{pmatrix} -1 & 2 \\ 3 & -5 \end{pmatrix}$, pois: $\begin{pmatrix} 1 & -2 \\ -3 & 5 \end{pmatrix} + \begin{pmatrix} -1 & 2 \\ 3 & -5 \end{pmatrix} = \begin{pmatrix} 0 & 0 \\ 0 & 0 \end{pmatrix}$

Observe que os elementos correspondentes de A e de $-A$ são opostos. Portanto, podemos obter os elementos de $-A$ invertendo os sinais dos elementos de A, ou seja, $-A = (-a_{ij})$.

4.3 Propriedades da adição de matrizes

Dadas as matrizes A, B, C e a matriz nula $0_{m \times n}$, todas de mesmo tipo, valem as seguintes propriedades:

- **Comutativa**: $A + B = B + A$
- **Associativa**: $(A + B) + C = A + (B + C)$
- **Existência do elemento neutro**: $A + 0_{m \times n} = 0_{m \times n} + A = A$
- **Existência do elemento oposto**: $A + (-A) = (-A) + A = 0_{m \times n}$
- **Cancelamento**: $A + C = B + C \Leftrightarrow A = B$

4.4 Subtração de matrizes

- A diferença entre duas matrizes A e B, de mesmo tipo, é a soma da matriz A com a oposta de B, isto é: $A - B = A + (-B)$

Exemplo

Sejam $A = \begin{pmatrix} 2 & 3 & 5 \\ -4 & -2 & 0 \end{pmatrix}$ e $B = \begin{pmatrix} 0 & -2 & 1 \\ -3 & 4 & 5 \end{pmatrix}$

$$A - B = A + (-B) = \begin{pmatrix} 2 & 3 & 5 \\ -4 & -2 & 0 \end{pmatrix} - \begin{pmatrix} 0 & -2 & 1 \\ -3 & 4 & 5 \end{pmatrix} = \begin{pmatrix} 2 & 3 & 5 \\ -4 & -2 & 0 \end{pmatrix} + \begin{pmatrix} 0 & 2 & -1 \\ 3 & -4 & -5 \end{pmatrix}$$

Portanto $A - B = \begin{pmatrix} 2 & 5 & 4 \\ -1 & -6 & -5 \end{pmatrix}$

Exercícios

24. Considere as matrizes abaixo e efetue, quando possível, as operações:

$A = \begin{pmatrix} 3 & -1 \\ 1 & 2 \\ 4 & 0 \end{pmatrix}$, $B = \begin{pmatrix} 2 & 3 \\ 0 & 1 \\ 1 & 2 \end{pmatrix}$, $C = \begin{pmatrix} 1 & 0 \\ -1 & 3 \\ 2 & 5 \end{pmatrix}$ e I

a) $A + B$
b) $B + A$
c) $A + (B + C)$
d) $(A + B) + I_3$

25. Dadas as matrizes $A = \begin{pmatrix} 4 & -1 \\ 2 & 0 \end{pmatrix}$ e $B = \begin{pmatrix} 2 & 0 \\ 3 & -1 \end{pmatrix}$, calcule:

a) $B - A$
b) $A - (B + I_2)$
c) $B - (A + 0_{2 \times 2})$

26. Considere as matrizes $A = \begin{pmatrix} 2 & 0 \\ 1 & -5 \end{pmatrix}$, $B = \begin{pmatrix} 6 & -7 \\ 9 & 1 \end{pmatrix}$ e $C = \begin{pmatrix} 3 & -2 \\ 1 & -8 \end{pmatrix}$. Calcule:

a) $A + B$
b) $B + C$
c) $B - A + C$
d) $C - B + A$
e) $A + A^t$
f) $A - A^t$

R6. Dadas as matrizes $A = \begin{pmatrix} 2 & 1 \\ 0 & 3 \end{pmatrix}$ e $B = \begin{pmatrix} -1 & 2 \\ 5 & 0 \end{pmatrix}$, obter uma matriz $X_{2 \times 2}$ tal que $A + X = B$.

➤ Resolução

Representando a matriz X por $\begin{pmatrix} a & b \\ c & d \end{pmatrix}$, temos:

$$\begin{pmatrix} 2 & 1 \\ 0 & 3 \end{pmatrix} + \begin{pmatrix} a & b \\ c & d \end{pmatrix} = \begin{pmatrix} -1 & 2 \\ 5 & 0 \end{pmatrix}$$

$$\begin{pmatrix} 2 + a & 1 + b \\ 0 + c & 3 + d \end{pmatrix} = \begin{pmatrix} -1 & 2 \\ 5 & 0 \end{pmatrix}$$

Então:

- $2 + a = -1 \Rightarrow a = -3$
- $1 + b = 2 \Rightarrow b = 1$
- $0 + c = 5 \Rightarrow c = 5$
- $3 + d = 0 \Rightarrow d = -3$

Logo: $X = \begin{pmatrix} -3 & 1 \\ 5 & -3 \end{pmatrix}$

Também podemos determinar a matriz X usando as propriedades da adição de matrizes:

$A + X = B \Rightarrow (-A) + A + X = (-A) + B \Rightarrow$
$\Rightarrow 0_{2 \times 2} + X = B - A \Rightarrow X = B - A$

Assim:

$$X = \begin{pmatrix} -1 & 2 \\ 5 & 0 \end{pmatrix} - \begin{pmatrix} 2 & 1 \\ 0 & 3 \end{pmatrix} \Rightarrow X = \begin{pmatrix} -3 & 1 \\ 5 & -3 \end{pmatrix}$$

27. Determine a matriz X tal que:

$$\begin{pmatrix} 2 & 1 \\ 4 & -1 \end{pmatrix} + X = \begin{pmatrix} 5 & -3 \\ 3 & 4 \end{pmatrix}$$

28. Resolva as equações determinando a matriz X.

a) $X - \begin{pmatrix} 2 & 0 \\ 4 & 3 \end{pmatrix} = \begin{pmatrix} -5 & -1 \\ 3 & 4 \end{pmatrix} + \begin{pmatrix} 2 & 3 \\ -4 & -2 \end{pmatrix}$

b) $X + \begin{pmatrix} -3 \\ 5 \end{pmatrix} = \begin{pmatrix} 4 \\ -3 \end{pmatrix}$

29. Determine a matriz X na equação:

$$\begin{pmatrix} 1 & 2 \\ 3 & 4 \end{pmatrix} + \begin{pmatrix} 2 & 4 \\ -1 & 0 \end{pmatrix} = X - \begin{pmatrix} -6 & 0 \\ 4 & 2 \end{pmatrix}$$

30. Considerando as matrizes

$A = (a_{ij})_{2 \times 3}$, com $a_{ij} = i^2 + j^2$ para todo a_{ij},
$B = (b_{ij})_{2 \times 3}$, com $b_{ij} = 3i$ para todo b_{ij},

determine:

a) o elemento c_{22} da matriz $C = A + B$.
b) o termo de C igual a 3.

5 Multiplicação de um número real por uma matriz

- Sejam a matriz $A = (a_{ij})_{m \times n}$ e k um número real, então $k \cdot A$ é uma matriz do tipo $m \times n$ obtida pela multiplicação de k por todos os elementos de A, ou seja, $kA = (ka_{ij})$.

Exemplo

Se $A = \begin{pmatrix} 2 & 0 \\ 3 & -7 \\ 5 & \frac{2}{3} \end{pmatrix}$ e $k = 3$, então:

$$k \cdot A = 3 \cdot \begin{pmatrix} 2 & 0 \\ 3 & -7 \\ 5 & \frac{2}{3} \end{pmatrix} = \begin{pmatrix} 3 \cdot 2 & 3 \cdot 0 \\ 3 \cdot 3 & 3 \cdot (-7) \\ 3 \cdot 5 & 3 \cdot \frac{2}{3} \end{pmatrix} = \begin{pmatrix} 6 & 0 \\ 9 & -21 \\ 15 & 2 \end{pmatrix}$$

Exercícios

31. Considerando $A = \begin{pmatrix} -2 & 5 \\ 1 & 2 \\ 3 & -3 \end{pmatrix}$ e $B = \begin{pmatrix} 1 & 0 \\ -2 & 3 \\ 1 & 5 \end{pmatrix}$, determine:

a) $3A - B$

b) $2A + B$

32. Sendo $A = \begin{pmatrix} 1 & 3 \\ 2 & 4 \end{pmatrix}$, $B = \begin{pmatrix} 2 & -1 \\ 4 & 0 \end{pmatrix}$ e $C = \begin{pmatrix} 0 & -6 \\ 4 & 2 \end{pmatrix}$, determine:

a) $3A$

b) $\frac{1}{3}(A + B)$

c) $2 \cdot A - \frac{1}{3} \cdot B$

d) $2A - (B + C)$

e) $2(A - C) + 3(B - A)$

f) $1 \cdot B + 1 \cdot C - 2 \cdot I_2$

33. Encontre os valores reais de k, x, y, z e w para os quais a igualdade a seguir é verdadeira.

$$k \cdot \begin{pmatrix} -2 & 3 \\ 0 & x \\ -\frac{1}{2} & 0 \\ y & w^2 \end{pmatrix} = \begin{pmatrix} -8 & 12 \\ 0 & -1 \\ -2 & z \\ 0 & 1 \end{pmatrix}$$

R7. Determinar a matriz X na equação:

$$\begin{pmatrix} 2 & 5 \\ -1 & 7 \end{pmatrix} + 2X = \begin{pmatrix} 4 & -1 \\ -5 & 9 \end{pmatrix}$$

➤ Resolução

$$\begin{pmatrix} 2 & 5 \\ -1 & 7 \end{pmatrix} + 2 \cdot \begin{pmatrix} a & b \\ c & d \end{pmatrix} = \begin{pmatrix} 4 & -1 \\ -5 & 9 \end{pmatrix}$$

$$\begin{pmatrix} 2 + 2a & 5 + 2b \\ -1 + 2c & 7 + 2d \end{pmatrix} = \begin{pmatrix} 4 & -1 \\ -5 & 9 \end{pmatrix}$$

Aplicando a definição de igualdade, temos:

- $2 + 2a = 4 \Rightarrow a = 1$
- $5 + 2b = -1 \Rightarrow b = -3$
- $-1 + 2c = -5 \Rightarrow c = -2$
- $7 + 2d = 9 \Rightarrow d = 1$

Logo: $X = \begin{pmatrix} 1 & -3 \\ -2 & 1 \end{pmatrix}$

Observação:

Na equação matricial $A + 2X = B$, é possível isolar a matriz X aplicando as propriedades da adição de matrizes, o que significa dizer que:

$X = \frac{1}{2} \cdot (B - A)$

34. Dadas as matrizes $A = \begin{pmatrix} 0 & 2 \\ 1 & -1 \end{pmatrix}$ e $B = (b_{ij})_{2 \times 2}$, sendo $b_{ij} = 2i - j$ para todo b_{ij}, determine a matriz X tal que $X + 2 \cdot B = -A$.

R8. Determinar a matriz X na equação matricial $2X + A = X + B$ sabendo que:

$A = \begin{pmatrix} 0 & 2 \\ -1 & 3 \end{pmatrix}$ e $B = \begin{pmatrix} -2 & 5 \\ 4 & 7 \end{pmatrix}$

➤ Resolução

Inicialmente, aplicamos as propriedades da adição à equação matricial.

$2X + A = X + B$

$2X + (-X) + A + (-A) = X + (-X) + B + (-A)$

$2X - X = B - A \Rightarrow X = B - A$

Então:

$$X = \begin{pmatrix} -2 & 5 \\ 4 & 7 \end{pmatrix} - \begin{pmatrix} 0 & 2 \\ -1 & 3 \end{pmatrix} = \begin{pmatrix} -2 & 3 \\ 5 & 4 \end{pmatrix}$$

Logo: $X = \begin{pmatrix} -2 & 3 \\ 5 & 4 \end{pmatrix}$

35. Determine a matriz X tal que $2X - 3A = 5X$, sabendo que: $A = \begin{pmatrix} 1 \\ -3 \\ 7 \end{pmatrix}$

36. Determine a matriz X tal que $X - 3B = I_3$, dado que:

a) $B = \begin{pmatrix} 1 & 5 & 0 \\ -1 & -2 & 3 \\ 7 & 0 & 2 \end{pmatrix}$

b) $B = \begin{pmatrix} -1 & -5 & 0 \\ 1 & 2 & -3 \\ -7 & 0 & -2 \end{pmatrix}$

37. Dadas $A^t = \begin{pmatrix} 0 \\ 2 \\ 3 \end{pmatrix}$, $B^t = \begin{pmatrix} -1 \\ 4 \\ -5 \end{pmatrix}$ e $C^t = \begin{pmatrix} 2 \\ 0 \\ 7 \end{pmatrix}$, determine a matriz X tal que $3(X - A) + 2B = 2(C - B) + 2X$.

38. Sendo $A = (a_{ij})_{3 \times 3}$, com $a_{ij} = j - i$, determine a matriz $X_{3 \times 3}$, dado que: $-X = \frac{1}{2} \cdot (A - I_3)$

R9. Determinar as matrizes X e Y tais que

$$\begin{cases} X + Y = A + 3B \\ X - Y = A + B \end{cases}$$

em que $A = \begin{pmatrix} 1 & 2 \\ 0 & -1 \end{pmatrix}$ e $B = \begin{pmatrix} 2 & -2 \\ 1 & 3 \end{pmatrix}$.

➤ Resolução

Resolvendo o sistema, temos:

$$\begin{cases} X + Y = A + 3B \\ X - Y = A + B \end{cases}$$

$2X = 2A + 4B \Rightarrow X = A + 2B$

Como $X + Y = A + 3B$, segue:

$A + 2B + Y = A + 3B \Rightarrow Y = B$

Assim, temos:

$$X = A + 2B = \begin{pmatrix} 1 & 2 \\ 0 & -1 \end{pmatrix} + 2 \cdot \begin{pmatrix} 2 & -2 \\ 1 & 3 \end{pmatrix} = \begin{pmatrix} 5 & -2 \\ 2 & 5 \end{pmatrix}$$

$$Y = B = \begin{pmatrix} 2 & -2 \\ 1 & 3 \end{pmatrix}$$

39. Dadas $A = \begin{pmatrix} 2 & -3 \\ 0 & 5 \end{pmatrix}$ e $B = \begin{pmatrix} -2 & 6 \\ -1 & 7 \end{pmatrix}$, calcule as matrizes X e Y tais que:

$$\begin{cases} 2X + Y = A - B \\ -3X - 2Y = B - 2A \end{cases}$$

6 Multiplicação de matrizes

Considere a seguinte situação.

Comércio. Fernando tem uma confeitaria e sempre compra produtos para repor o estoque. Geralmente, ele faz a cotação de preços com dois fornecedores. Veja a tabela a seguir.

MIKA/CORBIS/LATINSTOCK

	Farinha (R$/kg)	Açúcar (R$/kg)	Leite (R$/L)	Ovos (R$/dz)
Fornecedor A	2,02	1,90	2,35	3,10
Fornecedor B	2,26	1,24	2,52	3,34

Nessa compra, Fernando vai precisar de: 35 kg de farinha, 30 kg de açúcar, 30 litros de leite e 15 dúzias de ovos. Reunindo essas informações, podemos construir uma tabela "produto-quantidade"; observe:

	Quantidade
Farinha	35 kg
Açúcar	30 kg
Leite	30 L
Ovos	15 dz

Para saber com qual dos fornecedores ele gastará menos, podemos calcular:

Fornecedor A $\rightarrow (2{,}02) \cdot 35 + (1{,}90) \cdot 30 + (2{,}35) \cdot 30 + (3{,}10) \cdot 15 = 244{,}70$

Fornecedor B $\rightarrow (2{,}26) \cdot 35 + (1{,}24) \cdot 30 + (2{,}52) \cdot 30 + (3{,}34) \cdot 15 = 242{,}00$

Também é possível efetuar esse cálculo por meio de matrizes. Veja:

$$P = \begin{pmatrix} 2{,}02 & 1{,}90 & 2{,}35 & 3{,}10 \\ 2{,}26 & 1{,}24 & 2{,}52 & 3{,}34 \end{pmatrix}_{2 \times 4} \text{ e } Q = \begin{pmatrix} 35 \\ 30 \\ 30 \\ 15 \end{pmatrix}_{4 \times 1}$$

A multiplicação da matriz P (preço) pela matriz Q (quantidade) resulta na matriz C (custo da compra com cada fornecedor):

$$C = P \cdot Q = \begin{pmatrix} 2{,}02 & 1{,}90 & 2{,}35 & 3{,}10 \\ 2{,}26 & 1{,}24 & 2{,}52 & 3{,}34 \end{pmatrix} \cdot \begin{pmatrix} 35 \\ 30 \\ 30 \\ 15 \end{pmatrix} = \begin{pmatrix} 244{,}70 \\ 242{,}00 \end{pmatrix}$$

Observe que os elementos de uma linha de P são multiplicados, ordenadamente, pelos elementos da coluna de Q, depois os produtos são somados:

- $p_{11} \cdot q_{11} + p_{12} \cdot q_{21} + p_{13} \cdot q_{31} + p_{14} \cdot q_{41} = c_{11}$

  $(2{,}02) \cdot 35 + (1{,}90) \cdot 30 + (2{,}35) \cdot 30 + (3{,}10) \cdot 15 = 244{,}70$
- $p_{21} \cdot q_{11} + p_{22} \cdot q_{21} + p_{23} \cdot q_{31} + p_{24} \cdot q_{41} = c_{21}$

  $(2{,}26) \cdot 35 + (1{,}24) \cdot 30 + (2{,}52) \cdot 30 + (3{,}34) \cdot 15 = 242{,}00$

> Dadas as matrizes $A = (a_{ij})_{m \times n}$ e $B = (b_{ij})_{n \times p}$, o produto de A por B é a matriz $C = (c_{ij})_{m \times p}$, na qual cada elemento c_{ij} é a soma dos produtos obtidos multiplicando-se ordenadamente os elementos da linha i de A pelos elementos da coluna j de B.

O produto das matrizes A e B, indicado por $A \cdot B$, só é definido se o número de colunas de A é igual ao número de linhas de B. Esse produto terá o mesmo número de linhas da matriz A e o mesmo número de colunas da matriz B.

$$A_{m \times n} \cdot B_{n \times p} = C_{m \times p}$$

iguais

Exemplo

Dadas as matrizes $A = \begin{pmatrix} 2 & 0 & 1 \\ 1 & 3 & 4 \end{pmatrix}$ e $B = \begin{pmatrix} 0 & 1 \\ 5 & 4 \\ 3 & 1 \end{pmatrix}$, vamos determinar $A \cdot B$.

Como a matriz A é do tipo 2×3 e a matriz B é do tipo 3×2, existe o produto $A \cdot B$ (pois o número de colunas da matriz A é igual ao número de linhas da matriz B). Então: $A \cdot B = C$, sendo $C = (c_{ij})_{2 \times 2}$

Os elementos da matriz C são obtidos do seguinte modo:

- c_{11}: multiplicamos, ordenadamente, a 1ª linha de A pela 1ª coluna de B
- c_{12}: multiplicamos, ordenadamente, a 1ª linha de A pela 2ª coluna de B
- c_{21}: multiplicamos, ordenadamente, a 2ª linha de A pela 1ª coluna de B
- c_{22}: multiplicamos, ordenadamente, a 2ª linha de A pela 2ª coluna de B

Assim, temos:

$$A \cdot B = C = \begin{pmatrix} c_{11} & c_{12} \\ c_{21} & c_{22} \end{pmatrix} = \begin{pmatrix} 2 & 0 & 1 \\ 1 & 3 & 4 \end{pmatrix} \cdot \begin{pmatrix} 0 & 1 \\ 5 & 4 \\ 3 & 1 \end{pmatrix} = \begin{pmatrix} 2 \cdot 0 + 0 \cdot 5 + 1 \cdot 3 & 2 \cdot 1 + 0 \cdot 4 + 1 \cdot 1 \\ 1 \cdot 0 + 3 \cdot 5 + 4 \cdot 3 & 1 \cdot 1 + 3 \cdot 4 + 4 \cdot 1 \end{pmatrix}$$

Logo: $C = \begin{pmatrix} 3 & 3 \\ 27 & 17 \end{pmatrix}$

6.1 Propriedades da multiplicação de matrizes

Dadas as matrizes A, B e C, valem as seguintes propriedades:

- **Associativa:** $(A \cdot B) \cdot C = A \cdot (B \cdot C)$
- **Distributiva à direita:** $(A + B) \cdot C = A \cdot C + B \cdot C$
- **Distributiva à esquerda:** $C \cdot (A + B) = C \cdot A + C \cdot B$

Observe, a seguir, que nem sempre temos $A \cdot B = B \cdot A$. Logo, **não** vale a propriedade comutativa na multiplicação de matrizes.

Dadas as matrizes $A = \begin{pmatrix} 2 & 5 \\ -1 & 3 \end{pmatrix}$ e $B = \begin{pmatrix} 0 & 3 \\ 2 & -2 \end{pmatrix}$, obtemos os seguintes produtos:

$A \cdot B = \begin{pmatrix} 10 & -4 \\ 6 & -9 \end{pmatrix}$ e $B \cdot A = \begin{pmatrix} -3 & 9 \\ 6 & 4 \end{pmatrix}$

Observe que $A \cdot B \neq B \cdot A$.

Mesmo quando A é uma matriz não nula, não podemos concluir, com base em $A \cdot B = A \cdot C$, que $B = C$, isto é, **não** vale a lei do cancelamento. Observe o exemplo.

Dadas as matrizes $A = \begin{pmatrix} 2 & 4 \\ -1 & -2 \end{pmatrix}$, $B = \begin{pmatrix} 1 & 3 \\ 3 & 4 \end{pmatrix}$ e $C = \begin{pmatrix} 3 & 1 \\ 2 & 5 \end{pmatrix}$, obtemos:

$A \cdot B = \begin{pmatrix} 14 & 22 \\ -7 & -11 \end{pmatrix}$ e $A \cdot C = \begin{pmatrix} 14 & 22 \\ -7 & -11 \end{pmatrix}$

Observe que $A \cdot B = A \cdot C$, mas $B \neq C$.

Temos ainda que um produto de matrizes não nulas pode ser uma matriz nula. Veja um exemplo.

Dadas as matrizes $A = \begin{pmatrix} 1 & -3 \\ 2 & -6 \end{pmatrix}$ e $B = \begin{pmatrix} 3 & 9 \\ 1 & 3 \end{pmatrix}$, obtemos o produto:

$A \cdot B = \begin{pmatrix} 0 & 0 \\ 0 & 0 \end{pmatrix}$, que é a matriz nula. Observe que $A \neq 0$ e $B \neq 0$.

Exercícios

40. Obtenha, quando existir, o produto AB.

a) $A = \begin{pmatrix} 2 & 1 & 1 \\ 1 & 2 & 3 \end{pmatrix}, B = \begin{pmatrix} 3 & 1 \\ 1 & 2 \\ 2 & 1 \end{pmatrix}$

b) $A = \begin{pmatrix} -1 & 3 \\ 0 & 2 \end{pmatrix}, B = \begin{pmatrix} 2 \\ 3 \end{pmatrix}$

c) $A = \begin{pmatrix} 3 & 4 \end{pmatrix}, B = \begin{pmatrix} 2 & 3 \\ 3 & 2 \end{pmatrix}$

41. Determine, se existir, o produto $A \cdot B$.

a) $A = \begin{pmatrix} 3 & 4 \\ 5 & 7 \end{pmatrix}, B = \begin{pmatrix} 7 & -4 \\ -5 & 3 \end{pmatrix}$

b) $A = \begin{pmatrix} 2 & 6 \\ -8 & 4 \end{pmatrix}, B = \begin{pmatrix} 0 & 0 \\ 0 & 0 \end{pmatrix}$

c) $A = \begin{pmatrix} 3 & -2 \\ -6 & 4 \end{pmatrix}, B = \begin{pmatrix} 2 & 6 \\ 3 & 9 \end{pmatrix}$

42. Dadas as matrizes

$$A = \begin{pmatrix} 2 & 4 \\ 1 & 2 \\ 0 & -1 \end{pmatrix}, B = \begin{pmatrix} 1 & 0 \\ -3 & 1 \end{pmatrix} \text{ e } C = \begin{pmatrix} 2 \\ -1 \end{pmatrix}$$

determine, caso exista:

a) $A \cdot B$
b) $B \cdot A$
c) $A \cdot C$
d) $B^t \cdot C$
e) $(A \cdot B)^t$
f) $B^t \cdot A^t$

43. Calcule o valor de x e y de modo que:

$$\begin{pmatrix} -3 & y \\ x & 2 \end{pmatrix} \cdot \begin{pmatrix} 2 \\ -3 \end{pmatrix} = \begin{pmatrix} 1 \\ -5 \end{pmatrix}$$

R10. Resolver a equação matricial:

$$X \cdot \begin{pmatrix} 1 & 3 \\ -2 & -1 \end{pmatrix} = \begin{pmatrix} 0 & 2 \\ 1 & 5 \end{pmatrix}$$

➤ Resolução

Para que essa multiplicação exista, é preciso que:

- a matriz X tenha 2 colunas, pois a matriz multiplicada tem 2 linhas;
- a matriz X tenha 2 linhas, pois o produto das matrizes tem 2 linhas.

Observe o esquema:

$$X_{m \times n} \cdot \begin{pmatrix} 1 & 3 \\ -2 & -1 \end{pmatrix}_{2 \times 2} = \begin{pmatrix} 0 & 2 \\ 1 & 5 \end{pmatrix}_{2 \times 2}$$

iguais

Assim: $\begin{pmatrix} a & b \\ c & d \end{pmatrix} \cdot \begin{pmatrix} 1 & 3 \\ -2 & -1 \end{pmatrix} = \begin{pmatrix} 0 & 2 \\ 1 & 5 \end{pmatrix}$

$$\begin{pmatrix} a \cdot 1 + b \cdot (-2) & a \cdot 3 + b \cdot (-1) \\ c \cdot 1 + d \cdot (-2) & c \cdot 3 + d \cdot (-1) \end{pmatrix} = \begin{pmatrix} 0 & 2 \\ 1 & 5 \end{pmatrix}$$

Igualando as matrizes, temos os sistemas:

$$\begin{cases} a - 2b = 0 \\ 3a - b = 2 \end{cases}$$

$$\begin{cases} c - 2d = 1 \\ 3c - d = 5 \end{cases}$$

Resolvendo os sistemas, obtemos:

$a = \frac{4}{5}, b = \frac{2}{5}, c = \frac{9}{5}$ e $d = \frac{2}{5}$

Logo:

$$X = \begin{pmatrix} \frac{4}{5} & \frac{2}{5} \\ \frac{9}{5} & \frac{2}{5} \end{pmatrix}$$

44. Resolva a equação matricial:

$$X \cdot \begin{pmatrix} 0 & 2 \\ 1 & 5 \end{pmatrix} = \begin{pmatrix} 1 & 3 \\ -2 & -1 \end{pmatrix}$$

45. Dadas as matrizes $A = \begin{pmatrix} 1 & 3 \\ 0 & 2 \end{pmatrix}$ e $B = \begin{pmatrix} 7 \\ 4 \end{pmatrix}$, obtenha a matriz X tal que: $A \cdot X = B$

46. Resolva a equação $A \cdot X + B = C$ em que:

$$A = \begin{pmatrix} 0 & -1 \\ 3 & 3 \end{pmatrix}, B = \begin{pmatrix} 5 \\ 1 \end{pmatrix} \text{ e } C = \begin{pmatrix} -3 \\ 0 \end{pmatrix}$$

47. Solucione a equação $A^t \cdot X = B^t$ para:

a) $A = \begin{pmatrix} 1 & 3 \\ 2 & 4 \end{pmatrix}$ e $B = \begin{pmatrix} 4 & 5 \\ -2 & 3 \\ 0 & 1 \end{pmatrix}$

b) $A = \begin{pmatrix} 3 & 1 \\ 4 & 2 \end{pmatrix}$ e $B = \begin{pmatrix} 5 & 4 \\ 3 & -2 \\ 1 & 0 \end{pmatrix}$

48. Dadas as matrizes

$$A = \begin{pmatrix} 4 & 0 \\ 1 & -2 \end{pmatrix}, B = \begin{pmatrix} 2 & 2 \\ 3 & 4 \end{pmatrix} \text{ e } C = \begin{pmatrix} 4 \\ -5 \end{pmatrix},$$

obtenha a matriz X para cada caso.

a) $X + A = B$

b) $3 \cdot (X + A) = X + B$

c) $A \cdot X = C$

49. Determine os valores de x, y e z para que a igualdade seja válida.

$$\begin{pmatrix} 1 & 2 \\ 0 & 3 \end{pmatrix} \cdot \begin{pmatrix} 1 & 3 \\ 0 & 1 \end{pmatrix} = \begin{pmatrix} x - 3 & 0 \\ x - y & 0 \end{pmatrix} + \begin{pmatrix} y & y + z \\ 6 & 3 \end{pmatrix}$$

50. Dada a matriz $A = \begin{pmatrix} 3 & 2 \\ 5 & 1 \end{pmatrix}$, determine a matriz X tal que $X \cdot A = A$.

O que você pode concluir sobre a matriz X?

51. Sejam $A = \begin{pmatrix} 1 & 2 \\ -2 & 3 \end{pmatrix}$ e $B = \begin{pmatrix} x & y \\ 1 & 4 \end{pmatrix}$, determine x e y para que $A \cdot B = B \cdot A$.

52. Considerando as matrizes $A = \begin{pmatrix} x & 3 \\ -2 & 5 \end{pmatrix}$ e $B = \begin{pmatrix} 5 & y \\ 2 & 4 \end{pmatrix}$, determine x e y tal que $A \cdot B = B \cdot A$.

53. Dada a matriz $A = \begin{pmatrix} 2 & -1 & 0 \\ 3 & 6 & -2 \end{pmatrix}$, calcule:

a) $I_2 \cdot A$
b) $A \cdot I_2$
c) $I_3 \cdot A$
d) $A \cdot I_3$

54. Sendo A uma matriz quadrada de ordem n, tem-se que $A^2 = A \cdot A$, $A^3 = A \cdot A \cdot A$, e assim por diante.

Dada a matriz $A = \begin{pmatrix} 2 & 3 \\ -1 & -2 \end{pmatrix}$, determine:

a) A^2

b) A^3

c) A^4

d) A^5

55. Dadas as matrizes $A = \begin{pmatrix} 2 & -1 \\ -5 & 4 \end{pmatrix}$ e $B = \begin{pmatrix} 3 & 0 \\ -2 & 5 \end{pmatrix}$, determine:

a) $(A + B)^2$

b) $A^2 + 2AB + B^2$

- Observe os resultados obtidos nos itens **a** e **b** e responda: a igualdade $(A + B)^2 = A^2 + 2AB + B^2$ é válida para matrizes?

56. Dadas as matrizes $A = \begin{pmatrix} 2 & -1 \\ -5 & 4 \end{pmatrix}$ e $B = \begin{pmatrix} 3 & 0 \\ -2 & 5 \end{pmatrix}$, determine:

a) $(A + B) \cdot (A - B)$

b) $A^2 - B^2$

- Observe os resultados obtidos nos itens **a** e **b** e responda: a igualdade $(A + B) \cdot (A - B) = A^2 - B^2$ é válida para matrizes?

7 Matriz inversa

Sendo **a** um número real, com $a \neq 0$, dizemos que o seu inverso é o número a^{-1} tal que $a \cdot a^{-1} = a^{-1} \cdot a = 1$. Assim, por exemplo, o inverso de 2 é $\frac{1}{2}$, o inverso de $\frac{3}{5}$ é $\frac{5}{3}$ e o inverso de $-\pi$ é $-\frac{1}{\pi}$.

De maneira análoga, definimos a inversa de uma matriz:

- Seja A uma matriz quadrada de ordem n. Se existir uma matriz B, quadrada de mesma ordem, tal que $A \cdot B = B \cdot A = I_n$, então B será a **matriz inversa** de A, indicada por A^{-1}.

Quando uma matriz tem inversa, dizemos que ela é **invertível** ou **não singular.**

Exemplo

A inversa da matriz $A = \begin{pmatrix} 1 & 2 \\ 1 & 3 \end{pmatrix}$ é a matriz $A^{-1} = \begin{pmatrix} 3 & -2 \\ -1 & 1 \end{pmatrix}$, pois:

$$A \cdot A^{-1} = \begin{pmatrix} 1 & 2 \\ 1 & 3 \end{pmatrix} \cdot \begin{pmatrix} 3 & -2 \\ -1 & 1 \end{pmatrix} = \begin{pmatrix} 1 & 0 \\ 0 & 1 \end{pmatrix} \text{ e } A^{-1} \cdot A = \begin{pmatrix} 3 & -2 \\ -1 & 1 \end{pmatrix} \cdot \begin{pmatrix} 1 & 2 \\ 1 & 3 \end{pmatrix} = \begin{pmatrix} 1 & 0 \\ 0 & 1 \end{pmatrix}$$

Sendo A e B matrizes quadradas, pode-se demonstrar que, se $A \cdot B = I$, então $B \cdot A = I$.

Exercícios

57. Dadas as matrizes $A = \begin{pmatrix} 1 & 2 \\ 2 & 3 \end{pmatrix}$ e $B = \begin{pmatrix} -3 & 2 \\ 2 & -1 \end{pmatrix}$, verifique se a matriz B é a inversa da matriz A.

R11. Determinar, se existir, a inversa das matrizes:

a) $A = \begin{pmatrix} 3 & 4 \\ 2 & 3 \end{pmatrix}$

b) $B = \begin{pmatrix} 1 & 2 \\ 3 & 6 \end{pmatrix}$

➤ Resolução

a) Se existir, a matriz A^{-1}, inversa de A, é quadrada de ordem 2, tal que $A \cdot A^{-1} = I_2$.

Seja $A^{-1} = \begin{pmatrix} a & b \\ c & d \end{pmatrix}$. Pela definição, temos:

$$\begin{pmatrix} 3 & 4 \\ 2 & 3 \end{pmatrix} \cdot \begin{pmatrix} a & b \\ c & d \end{pmatrix} = \begin{pmatrix} 1 & 0 \\ 0 & 1 \end{pmatrix}$$

$$\begin{pmatrix} 3a + 4c & 3b + 4d \\ 2a + 3c & 2b + 3d \end{pmatrix} = \begin{pmatrix} 1 & 0 \\ 0 & 1 \end{pmatrix}$$

Com base na igualdade de matrizes, construímos os seguintes sistemas:

$$\begin{cases} 3a + 4c = 1 \\ 2a + 3c = 0 \end{cases} \Rightarrow a = 3 \text{ e } c = -2$$

$$\begin{cases} 3b + 4d = 0 \\ 2b + 3d = 1 \end{cases} \Rightarrow b = -4 \text{ e } d = 3$$

Portanto: $A^{-1} = \begin{pmatrix} a & b \\ c & d \end{pmatrix} = \begin{pmatrix} 3 & -4 \\ -2 & 3 \end{pmatrix}$

b) Se existir, a matriz B^{-1}, inversa de B, é quadrada de ordem 2, tal que $B \cdot B^{-1} = I_2$. Seja $B^{-1} = \begin{pmatrix} a & b \\ c & d \end{pmatrix}$. Pela definição, temos:

$$\begin{pmatrix} 1 & 2 \\ 3 & 6 \end{pmatrix} \cdot \begin{pmatrix} a & b \\ c & d \end{pmatrix} = \begin{pmatrix} 1 & 0 \\ 0 & 1 \end{pmatrix}$$

$$\begin{pmatrix} a + 2c & b + 2d \\ 3a + 6c & 3b + 6d \end{pmatrix} = \begin{pmatrix} 1 & 0 \\ 0 & 1 \end{pmatrix}$$

Com base na igualdade de matrizes, construímos os sistemas:

$$\begin{cases} a + 2c = 1 \\ 3a + 6c = 0 \end{cases} \qquad \begin{cases} b + 2d = 0 \\ 3b + 6d = 1 \end{cases}$$

Resolvendo o primeiro sistema:

$$\begin{cases} a + 2c = 1 \\ 3a + 6c = 0 \end{cases} \Rightarrow \begin{cases} -\cancel{3a} - \cancel{6c} = -3 \\ \cancel{3a} + \cancel{6c} = 0 \end{cases}$$

$$0 = -3 \ (falsa)$$

Portanto, não há valores de a e de c que satisfaçam ambas as equações do sistema e tornem as matrizes $\begin{pmatrix} a + 2c & b + 2d \\ 3a + 6c & 3b + 6d \end{pmatrix}$ e $\begin{pmatrix} 1 & 0 \\ 0 & 1 \end{pmatrix}$ iguais. Logo, a matriz B não admite inversa.

58. Calcule, se existir, a matriz inversa de:

a) $A = \begin{pmatrix} 1 & 2 \\ -1 & 3 \end{pmatrix}$

b) $B = \begin{pmatrix} 3 & 1 \\ 2 & -1 \end{pmatrix}$

c) $C = \begin{pmatrix} 1 & 5 \\ 2 & 10 \end{pmatrix}$

59. Determine, se existir, a inversa das matrizes.

a) $C = \begin{pmatrix} 1 & 1 & 1 \\ 0 & 1 & 1 \\ 0 & 0 & 1 \end{pmatrix}$

b) $E = \begin{pmatrix} 0 & 0 & 0 \\ 0 & 0 & 0 \\ 0 & 0 & 0 \end{pmatrix}$

c) $D = \begin{pmatrix} 1 & 0 & 0 \\ 0 & -\frac{1}{2} & 0 \\ -\frac{1}{3} & 0 & \frac{1}{3} \end{pmatrix}$

60. Dada a matriz $A = \begin{pmatrix} 2 & 3 \\ 5 & 7 \end{pmatrix}$, determine $(A + A^{-1})^t$.

61. Sabendo que a inversa da matriz $A = \begin{pmatrix} -2 & \frac{1}{2} \\ x & 1 \end{pmatrix}$ é a matriz $B = \begin{pmatrix} -\frac{1}{4} & \frac{1}{8} \\ y & \frac{1}{2} \end{pmatrix}$, determine x e y.

62. Considerando as matrizes quadradas abaixo, obtenha a matriz X, quadrada e de ordem 3, tal que $A \cdot X = B^{-1}$.

$$A = \begin{pmatrix} 4 & 3 & 1 \\ 1 & 1 & 0 \\ 2 & 0 & 0 \end{pmatrix}$$

$$B = \begin{pmatrix} 1 & 0 & 0 \\ 2 & 1 & 0 \\ 5 & 3 & 6 \end{pmatrix}$$

8 Determinante de uma matriz

A toda matriz quadrada associa-se um número, denominado **determinante da matriz**, que é obtido por meio de operações entre os elementos da matriz.

Para representar o determinante de uma matriz A (indicado por **det** A), substituímos os parênteses ou colchetes da matriz por barras simples:

- $A = \begin{pmatrix} 0 & 3 & 8 \\ 1 & 4 & 3 \\ 6 & 1 & 7 \end{pmatrix}$ e $\det A = \begin{vmatrix} 0 & 3 & 8 \\ 1 & 4 & 3 \\ 6 & 1 & 7 \end{vmatrix}$
- $A = [4]$ e $\det A = |4|$
- $A = \begin{bmatrix} 1 & 0 \\ 7 & -5 \end{bmatrix}$ e $\det A = \begin{vmatrix} 1 & 0 \\ 7 & -5 \end{vmatrix}$

Os determinantes são muito úteis na resolução de sistemas lineares, como veremos no capítulo 17.

8.1 Determinante de uma matriz de ordem 1

O determinante de uma matriz quadrada de ordem 1, $A = (a_{11})$, é o próprio elemento de A.

$$\det A = |a_{11}| = a_{11}$$

Exemplos

a) $A = (4) \Rightarrow \det A = |4| = 4$

b) $B = (-\sqrt{2}) \Rightarrow \det B = |-\sqrt{2}| = -\sqrt{2}$

8.2 Determinante de uma matriz de ordem 2

O determinante de uma matriz quadrada de ordem 2, $A = \begin{pmatrix} a_{11} & a_{12} \\ a_{21} & a_{22} \end{pmatrix}$, é a diferença entre o produto dos elementos da diagonal principal e o produto dos elementos da diagonal secundária.

$$\det A = \begin{vmatrix} a_{11} & a_{12} \\ a_{21} & a_{22} \end{vmatrix} = a_{11} \cdot a_{22} - a_{12} \cdot a_{21}$$

Exemplos

a) $A = \begin{pmatrix} 2 & -3 \\ -1 & 4 \end{pmatrix} \Rightarrow \det A = \begin{vmatrix} 2 & -3 \\ -1 & 4 \end{vmatrix} = (2 \cdot 4) - [(-3) \cdot (-1)] = 8 - 3 = 5$

b) $B = \begin{pmatrix} 3 & 10 \\ 7 & -5 \end{pmatrix} \Rightarrow \det B = \begin{vmatrix} 3 & 10 \\ 7 & -5 \end{vmatrix} = [3 \cdot (-5)] - (10 \cdot 7) = -15 - 70 = -85$

8.3 Determinante de uma matriz de ordem 3

Dada uma matriz A, quadrada de ordem 3, o determinante de A pode ser calculado pela **regra de Sarrus**, conforme o procedimento explicado a seguir.

Considere a matriz: $A = \begin{pmatrix} a_{11} & a_{12} & a_{13} \\ a_{21} & a_{22} & a_{23} \\ a_{31} & a_{32} & a_{33} \end{pmatrix}$

Descrição do procedimento	Aplicação do procedimento
1º) Ao lado da matriz, copiam-se suas duas primeiras colunas.	$\begin{vmatrix} a_{11} & a_{12} & a_{13} \\ a_{21} & a_{22} & a_{23} \\ a_{31} & a_{32} & a_{33} \end{vmatrix} \begin{matrix} a_{11} & a_{12} \\ a_{21} & a_{22} \\ a_{31} & a_{32} \end{matrix}$
2º) Multiplicam-se os elementos da diagonal principal e, na mesma direção dessa diagonal, multiplicam-se os elementos de cada uma das duas paralelas à sua direita.	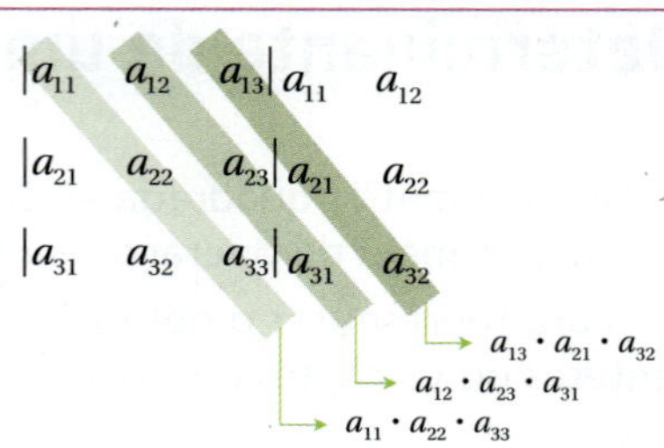
3º) Multiplicam-se os elementos da diagonal secundária e, na mesma direção dessa diagonal, os elementos de cada uma das duas paralelas à sua direita.	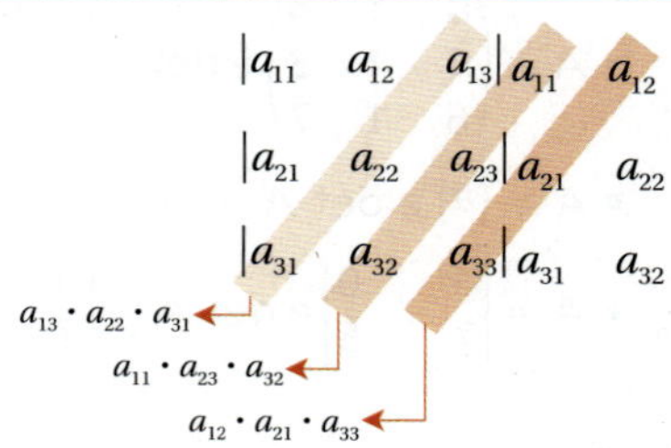
4º) O determinante da matriz é obtido pela diferença entre as somas dos produtos do 2º e do 3º passo, nessa ordem.	$\det A = (a_{11}a_{22}a_{33} + a_{12}a_{23}a_{31} + a_{13}a_{21}a_{32}) - (a_{13}a_{22}a_{31} + a_{11}a_{23}a_{32} + a_{12}a_{21}a_{33})$

Exemplos

a) Considerando a matriz $A = \begin{pmatrix} 1 & 2 & 3 \\ 0 & 2 & 4 \\ -1 & 3 & 5 \end{pmatrix}$, temos:

$$\begin{vmatrix} 1 & 2 & 3 \\ 0 & 2 & 4 \\ -1 & 3 & 5 \end{vmatrix} \begin{matrix} 1 & 2 \\ 0 & 2 \\ -1 & 3 \end{matrix}$$

$-6 \quad 12 \quad 0 \qquad 10 \quad -8 \quad 0$

Assim:

$\det A = (10 - 8 + 0) - (-6 + 12 + 0) = -4$

b) Considerando a matriz $B = \begin{pmatrix} -1 & 2 & 3 \\ 1 & 4 & 9 \\ -1 & 8 & 27 \end{pmatrix}$, temos:

$$\begin{vmatrix} -1 & 2 & 3 \\ 1 & 4 & 9 \\ -1 & 8 & 27 \end{vmatrix} \begin{matrix} -1 & 2 \\ 1 & 4 \\ -1 & 8 \end{matrix}$$

$-12 \quad -72 \quad 54 \qquad -108 \quad -18 \quad 24$

Assim:

$\det B = (-108 - 18 + 24) - (-12 - 72 + 54) = -72$

Exercícios

63. Calcule os determinantes:

a) $|7|$

b) $\left|-\frac{2}{5}\right|$

c) $\begin{vmatrix} 2 & 3 \\ 5 & 8 \end{vmatrix}$

d) $\begin{vmatrix} 1 & 4 \\ 3 & 2 \end{vmatrix}$

e) $\begin{vmatrix} 4 & -4 \\ 3 & -3 \end{vmatrix}$

f) $\begin{vmatrix} -1 & -2 \\ -8 & -7 \end{vmatrix}$

64. Determine o valor da expressão:

$$\begin{vmatrix} 2 & 1 \\ 1 & 2 \end{vmatrix} + \begin{vmatrix} 5 & 3 \\ 8 & 2 \end{vmatrix} - \begin{vmatrix} 7 & 2 \\ 5 & 1 \end{vmatrix}$$

65. Aplique a regra de Sarrus e calcule os determinantes:

a) $\begin{vmatrix} 2 & 0 & 2 \\ 0 & 2 & 0 \\ 2 & 0 & 2 \end{vmatrix}$

b) $\begin{vmatrix} 2 & 0 & 2 \\ 0 & 2 & 0 \\ 2 & 0 & -2 \end{vmatrix}$

c) $\begin{vmatrix} 3 & -4 & 3 \\ 2 & -8 & 6 \\ 1 & -5 & 1 \end{vmatrix}$

d) $\begin{vmatrix} a & 0 & a \\ 0 & c & 0 \\ b & 0 & b \end{vmatrix}$

R12. Determinar x para que seja verdadeira a igualdade a seguir.

$$\begin{vmatrix} 2 & -1 & -x \\ 3 & 2 & 1 \\ x & -1 & -2 \end{vmatrix} = 0$$

➤ Resolução

Pela regra de Sarrus:

$$\begin{vmatrix} 2 & -1 & -x \\ 3 & 2 & 1 \\ x & -1 & -2 \end{vmatrix} \begin{matrix} 2 & -1 \\ 3 & 2 \\ x & -1 \end{matrix}$$

$-2x^2 \quad -2 \quad 6 \qquad -8 \quad -x \quad 3x$

Assim, temos:

$(-8 - x + 3x) - (-2x^2 - 2 + 6) = 0$

$2x^2 + 2x - 12 = 0$

$x^2 + x - 6 = 0$

$x = 2$ ou $x = -3$

Portanto, a igualdade é verdadeira para: $x = 2$ ou $x = -3$

66. Resolva as equações.

a) $\begin{vmatrix} x & x+1 \\ 8 & 3 \end{vmatrix} = 0$

b) $\begin{vmatrix} x & 2 \\ x+2 & 3x+1 \end{vmatrix} = 0$

67. Determine o valor de x que satisfaz cada equação.

a) $\begin{vmatrix} x & 3 & x \\ 2 & 4 & 1 \\ 1 & 2 & x \end{vmatrix} = 5$

b) $\begin{vmatrix} 0 & 3 & 2 \\ x & 2 & 4 \\ 1 & 1 & -1 \end{vmatrix} - \begin{vmatrix} 3x & -1 \\ 0 & 2 \end{vmatrix} = 6$

c) $\dfrac{\begin{vmatrix} -1 & 1 \\ x & x \end{vmatrix}}{\begin{vmatrix} 3 & -1 \\ x+2 & 2x \end{vmatrix}} = \begin{vmatrix} 1 & 0 & 0 \\ 0 & 1 & 1 \\ 0 & 0 & 1 \end{vmatrix}$

68. Resolva, em $\mathbb{R}$, a desigualdade:

$$\begin{vmatrix} 3 & 1 & 2 \\ x & -2 & 3 \\ 2 & 0 & -1 \end{vmatrix} > \begin{vmatrix} 2x+3 & -1 \\ 1 & 2 \end{vmatrix}$$

69. Dadas as matrizes

$A = \begin{pmatrix} 1 & 3 \\ 2 & 4 \end{pmatrix}$, $B = \begin{pmatrix} -2 & 1 \\ 0 & -3 \end{pmatrix}$ e $C = \begin{pmatrix} -1 & 0 \\ 3 & 1 \end{pmatrix}$, calcule o determinante:

a) da matriz $X = A + B + C$

b) da matriz $X = (A - B) \cdot C$

c) de A^2 (sendo $A^2 = A \cdot A$)

d) de B^t

e) de $(A - C)^t$

70. Aplicando a relação fundamental da Trigonometria, calcule o determinante $\begin{vmatrix} 1 & \text{sen } x \\ \text{sen } x & 1 \end{vmatrix}$.

71. Seja a matriz $A = (a_{ij})$, quadrada e de ordem 3, em que $a_{ij} = i \cdot j + 2 \cdot i$ para todo a_{ij}. Calcule det A.

72. Dadas as matrizes

$A = \begin{pmatrix} 2 & -1 \\ -3 & 4 \end{pmatrix}$ e $B = \begin{pmatrix} 0 & 4 \\ -1 & -2 \end{pmatrix}$, calcule:

a) det $(A \cdot B)$ b) det $(B \cdot A)$ c) det $A \cdot$ det B

73. Dadas as matrizes

$A = (2)$, $B = \begin{pmatrix} 1 & 2 \\ -1 & 3 \end{pmatrix}$ e $C = \begin{pmatrix} 1 & 2 & -1 \\ 0 & 1 & -2 \\ 3 & 4 & 0 \end{pmatrix}$, calcule:

a) det A c) det C e) det B^t

b) det B d) det A^t f) det C^t

74. Dadas as matrizes

$A = \begin{pmatrix} -1 & 3 \\ 7 & 4 \end{pmatrix}$ e $B = \begin{pmatrix} 2 & 1 \\ -3 & 0 \end{pmatrix}$, calcule:

a) det $(A + B)$ d) det A + det B

b) det A^t + det B^t e) det $(A + B)^t$

c) det $(3 \cdot A)$ f) det $(A^t)^t$

75. Dados $X = \begin{vmatrix} 1 & 5 \\ 2 & 9 \end{vmatrix}$, $Y = \begin{vmatrix} -1 & 3 \\ 0 & 2 \end{vmatrix}$ e $Z = \begin{vmatrix} -2 & -3 \\ 6 & 10 \end{vmatrix}$, calcule o número real $A = X^2 - 2 \cdot Y + \frac{Z}{2}$.

76. Determine os valores de x para que o determinante $\begin{vmatrix} 1 & x \\ -x & 2x \end{vmatrix}$ seja nulo.

77. Determine as condições de x para que o determinante $\begin{vmatrix} 1 & x & -3 \\ 0 & 5 & -1 \\ x & -14 & 0 \end{vmatrix}$ seja um número real positivo.

78. Sabendo que $\begin{vmatrix} x & 2 & 1 \\ y & 1 & -2 \\ 0 & 4 & 1 \end{vmatrix} = 5$ e que $\begin{vmatrix} 2 & 1 & 0 \\ y & 0 & 1 \\ 3 & 5 & -1 \end{vmatrix} = 0$, calcule os valores de x e y.

79. Seja a matriz $A = (a_{ij})$, quadrada de ordem 3, em que $a_{ij} = \begin{cases} 2 \cdot i \cdot j, \text{ se } i = j \\ i + j, \text{ se } i \neq j \end{cases}$, calcule det A^t.

80. Dadas as matrizes A e B, calcule o valor de x tal que det A = −det B.

$A = \begin{pmatrix} 1 & 0 & x \\ 2 & 1 & 2 \\ -x & 3 & 0 \end{pmatrix}$

$B = \begin{pmatrix} x & 1 & 0 \\ 1 & -x & 2 \\ 3 & 0 & 1 \end{pmatrix}$

81. Calcule os determinantes de I_1, I_2 e I_3. Qual valor você imagina para o determinante de I_4?

82. Sendo $A = \begin{pmatrix} 2 & 1 \\ 3 & 4 \end{pmatrix}$ e $B = \begin{pmatrix} 4 & 2 \\ 3 & -1 \end{pmatrix}$, determine o número real x tal que: det $(A - x \cdot B) = 0$

R13. Dado um triângulo RST, com coordenadas cartesianas dos vértices, pode-se calcular sua área por meio da fórmula:

$$A_{RST} = \frac{1}{2} \cdot |D|, \text{ em que } D = \begin{vmatrix} x_R & y_R & 1 \\ x_S & y_S & 1 \\ x_T & y_T & 1 \end{vmatrix}$$

Nessa fórmula, |D| é o módulo do determinante de ordem 3 tal que: a 1ª coluna é formada pelas abscissas dos pontos, a 2ª pelas ordenadas e a 3ª por 1.

Determinar a área do triângulo RST, dados os pontos R(−2, 2), S(4, 3) e T(5, −3).

➤ Resolução

$$D = \begin{vmatrix} -2 & 2 & 1 \\ 4 & 3 & 1 \\ 5 & -3 & 1 \end{vmatrix}$$

$$D = (-6 + 10 - 12) - (15 + 6 + 8) = -37$$

$$A_{RST} = \frac{1}{2} \cdot |-37| = 18{,}5$$

Logo, a área do triângulo é 18,5 unidades de área.

83. Observe a figura.

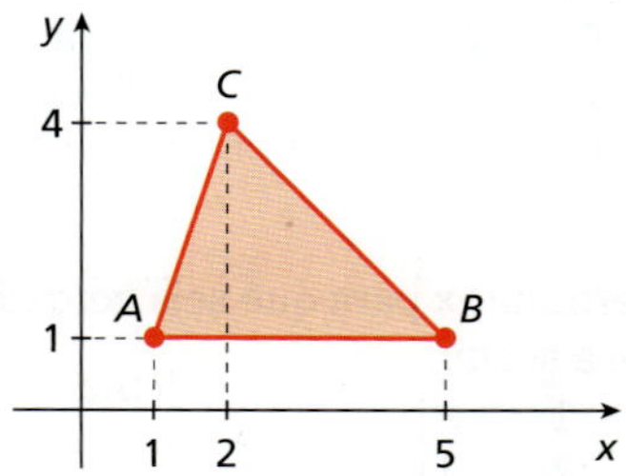

Determine a área da superfície do triângulo ABC:

a) usando a fórmula estudada na Geometria plana:

$$A_{ABC} = \frac{\text{medida da base} \times \text{medida da altura}}{2}$$

b) usando a fórmula utilizada no exercício resolvido **R13**.

8.4 Determinante de uma matriz de ordem maior que 3

Cofator de uma matriz

- Seja A uma matriz quadrada de ordem $n \geqslant 2$. Chama-se **cofator** de um elemento a_{ij} de A o número real $A_{ij} = (-1)^{i+j} \cdot D_{ij}$, em que D_{ij} é o determinante obtido da matriz A quando se eliminam a linha e a coluna que contêm o elemento a_{ij}.

Exemplos

a) Seja $A = \begin{pmatrix} 1 & 2 & 0 \\ 3 & -1 & 2 \\ 4 & -2 & 5 \end{pmatrix}$. Eliminando a 1ª linha e a 2ª coluna de A, obtemos

$A_{12} = (-1)^{1+2} \cdot \begin{vmatrix} 3 & 2 \\ 4 & 5 \end{vmatrix}$. Logo, $A_{12} = -7$ é o cofator do elemento a_{12}.

b) Seja $B = \begin{pmatrix} 4 & 0 & 1 & 2 \\ -2 & 1 & 3 & 6 \\ 5 & 7 & 9 & 4 \\ -4 & 8 & 0 & 3 \end{pmatrix}$. Eliminando a 3ª linha e a 4ª coluna de B, obtemos

$B_{34} = (-1)^{3+4} \cdot \begin{vmatrix} 4 & 0 & 1 \\ -2 & 1 & 3 \\ -4 & 8 & 0 \end{vmatrix}$. Logo, $B_{34} = 108$ é o cofator do elemento b_{34}.

Teorema de Laplace

Para matrizes de ordem $n \geqslant 2$, podemos aplicar o **teorema de Laplace**:

- O determinante de uma matriz A, de ordem $n \geqslant 2$, é a soma dos produtos dos elementos de uma fila qualquer (linha ou coluna) pelos respectivos cofatores.

THE GRANGER COLLECTION/OTHER IMAGES

Pierre-Simon Laplace (1749-1827).

Exemplo

Considere a matriz $A = \begin{pmatrix} 1 & 2 & -3 & 0 \\ 3 & -2 & 1 & 5 \\ 0 & 1 & -1 & 2 \\ -3 & 0 & 4 & 1 \end{pmatrix}$.

Escolhendo a 1ª linha, temos: $\det A = 1 \cdot A_{11} + 2 \cdot A_{12} + (-3) \cdot A_{13} + 0 \cdot A_{14}$

$$\det A = 1 \cdot (-1)^2 \cdot \begin{vmatrix} -2 & 1 & 5 \\ 1 & -1 & 2 \\ 0 & 4 & 1 \end{vmatrix} + 2 \cdot (-1)^3 \cdot \begin{vmatrix} 3 & 1 & 5 \\ 0 & -1 & 2 \\ -3 & 4 & 1 \end{vmatrix} + (-3) \cdot (-1)^4 \cdot \begin{vmatrix} 3 & -2 & 5 \\ 0 & 1 & 2 \\ -3 & 0 & 1 \end{vmatrix} +$$

$$+ 0 \cdot \begin{vmatrix} 3 & -2 & 1 \\ 0 & 1 & -1 \\ -3 & 0 & 4 \end{vmatrix}$$

16.2 Biblioteca do estudante

Não é necessário calcular A_{14}, pois: $0 \cdot A_{14} = 0$

Portanto: $\det A = 1 \cdot 37 + 2 \cdot 48 - 3 \cdot 30 = 43$

Observação:

Aplicando o teorema de Laplace, reduzimos o cálculo de um determinante de qualquer ordem, maior ou igual a 2, ao cálculo de determinantes de ordem inferior. O teorema pode ser reaplicado até que se obtenham determinantes de ordem 3 ou 2, que já sabemos calcular diretamente.

Ao aplicar o teorema, podemos optar por qualquer linha ou coluna que o resultado será o mesmo, mas convém optar pela linha ou coluna que tiver mais zeros.

Exercícios

84. Dada a matriz $A = \begin{pmatrix} 1 & x^2 \\ 2x & 4 \end{pmatrix}$, obtenha o valor de x para que $A_{12} = 16$.

R14. Calcular o determinante da matriz

$$A = \begin{pmatrix} 0 & 2 & 3 & 1 \\ 1 & -2 & 3 & 0 \\ 0 & 2 & 1 & 5 \\ -1 & 4 & 2 & 0 \end{pmatrix}.$$

➤ Resolução

Vamos usar o teorema de Laplace para calcular det A. Para isso, é conveniente escolher a coluna 1 ou a coluna 4, pois elas têm a maior quantidade de zeros.

Escolhendo, por exemplo, a coluna 1:

$$\det A = 1 \cdot (-1)^3 \cdot \begin{vmatrix} 2 & 3 & 1 \\ 2 & 1 & 5 \\ 4 & 2 & 0 \end{vmatrix} + $$

$$+ (-1) \cdot (-1)^5 \cdot \begin{vmatrix} 2 & 3 & 1 \\ -2 & 3 & 0 \\ 2 & 1 & 5 \end{vmatrix}$$

$$\det A = -40 + 52 = 12$$

85. Aplique o teorema de Laplace e calcule os determinantes a seguir.

a) $\begin{vmatrix} 1 & 3 & 5 \\ 0 & -1 & -2 \\ 4 & 0 & 1 \end{vmatrix}$

b) $\begin{vmatrix} 0 & 2 & 1 \\ -1 & -2 & 3 \\ 5 & 4 & 1 \end{vmatrix}$

86. Usando a fila com a maior quantidade de zeros, calcule:

a) $\begin{vmatrix} 1 & 2 & 1 & 3 \\ 0 & 1 & 0 & 0 \\ 1 & 3 & 2 & 2 \\ 3 & 1 & 3 & 1 \end{vmatrix}$

b) $\begin{vmatrix} 1 & 2 & 1 & 3 & 0 \\ 0 & 0 & 1 & 2 & 0 \\ 1 & -1 & 2 & -2 & 0 \\ 0 & 2 & 0 & 1 & 3 \\ 0 & 1 & 2 & -1 & 0 \end{vmatrix}$

87. Dadas as matrizes

$$A = \begin{pmatrix} 0 & 2 & 3 & 5 \\ 0 & 0 & -1 & 2 \\ 0 & 1 & 2 & 1 \\ 2 & -1 & 1 & 0 \end{pmatrix} \text{ e}$$

$$B = \begin{pmatrix} -2 & 3 & 1 & 2 \\ 0 & 1 & 3 & 4 \\ 1 & 0 & 1 & -1 \\ -2 & 0 & 0 & 0 \end{pmatrix},$$

calcule:

$\det A - \det A^t + \det B - \det B^t$

88. Resolva a equação:

$$\begin{vmatrix} x^2 & 3 & 4 & 5 \\ 0 & 3 & 4 & 5 \\ 0 & 0 & 4 & 5 \\ 0 & 0 & 0 & 5 \end{vmatrix} = 240$$

9 Simplificação do cálculo de determinantes

Para simplificar o cálculo de alguns determinantes, podemos aplicar propriedades e teoremas que veremos a seguir.

1ª propriedade: Fila nula

Se todos os elementos de uma fila (linha ou coluna) de uma matriz quadrada A forem nulos, então $\det A = 0$.

Exemplo

$$A = \begin{pmatrix} 5 & 4 & 8 & 1 \\ 0 & 0 & 0 & 0 \\ 2 & 1 & 0 & 9 \\ 7 & 3 & 4 & 1 \end{pmatrix} \Rightarrow \det A = \begin{vmatrix} 5 & 4 & 8 & 1 \\ \boxed{0 \;\; 0 \;\; 0 \;\; 0} \\ 2 & 1 & 0 & 9 \\ 7 & 3 & 4 & 1 \end{vmatrix}$$

$$\det A = 0 \cdot (-1)^{2+1} \cdot \begin{vmatrix} 4 & 8 & 1 \\ 1 & 0 & 9 \\ 3 & 4 & 1 \end{vmatrix} + 0 \cdot (-1)^{2+2} \cdot \begin{vmatrix} 5 & 8 & 1 \\ 2 & 0 & 9 \\ 7 & 4 & 1 \end{vmatrix} + 0 \cdot (-1)^{2+3} \cdot \begin{vmatrix} 5 & 4 & 1 \\ 2 & 1 & 9 \\ 7 & 3 & 1 \end{vmatrix} + 0 \cdot (-1)^{2+4} \cdot \begin{vmatrix} 5 & 4 & 8 \\ 2 & 1 & 0 \\ 7 & 3 & 4 \end{vmatrix}$$

$$\det A = 0 + 0 + 0 + 0 = 0$$

2ª propriedade: Filas paralelas iguais ou proporcionais

Se duas filas paralelas (duas linhas ou duas colunas) de uma matriz quadrada A forem iguais ou proporcionais, então $\det A = 0$.

Exemplos

a) Seja $A = \begin{pmatrix} 4 & 7 & 12 \\ 4 & 7 & 12 \\ 3 & 5 & -1 \end{pmatrix}$: $\det A = -28 + 252 + 240 - (252 + 240 - 28) = 0$

b) Considerando a matriz $B = \begin{pmatrix} 1 & 2 & 2 \\ 2 & 3 & 4 \\ 3 & 4 & 6 \end{pmatrix}$, temos:

$\det B = 18 + 24 + 16 - (18 + 16 + 24) = 0$

3ª propriedade: Combinação linear

Se uma fila de uma matriz quadrada A for uma combinação linear de outras filas paralelas, então $\det A = 0$.

Exemplo

Seja a matriz $A = \begin{pmatrix} 1 & 2 & 0 \\ 2 & 5 & -1 \\ 1 & 0 & 2 \end{pmatrix}$: $\det A = 10 - 2 + 0 - (0 - 0 + 8) = 0$

Observe que na matriz acima, a 3ª coluna é uma combinação linear das outras duas colunas (os elementos dessa coluna são iguais a 2 vezes os elementos da 1ª coluna somados aos opostos dos elementos da 2ª coluna).

4ª propriedade: Determinante da matriz transposta

O determinante de uma matriz quadrada A é igual ao determinante de sua transposta.

Exemplo

Seja $A = \begin{pmatrix} 2 & 0 & -1 \\ 5 & 1 & 0 \\ 3 & 4 & 8 \end{pmatrix}$: $\det A = 16 + 0 - 20 - (-3 + 0 + 0) = -1$

Seja $A^t = \begin{pmatrix} 2 & 5 & 3 \\ 0 & 1 & 4 \\ -1 & 0 & 8 \end{pmatrix}$: $\det A^t = 16 - 20 + 0 - (-3 + 0 + 0) = -1$

5ª propriedade: Produto de uma fila por uma constante

Em uma matriz quadrada, multiplicando todos os elementos de uma fila por um mesmo número real k, o determinante da matriz obtida fica multiplicado por k.

Exemplo

Se $A = \begin{pmatrix} 1 & 9 & 2 \\ 0 & 3 & 4 \\ -1 & -1 & 5 \end{pmatrix}$, então: $\det A = 15 - 36 - 0 - (-6 - 4 + 0) = -11$

Multiplicando a 2ª coluna de A por -3, temos:

$$B = \begin{pmatrix} 1 & -27 & 2 \\ 0 & -9 & 4 \\ -1 & 3 & 5 \end{pmatrix}$$

Assim: $\det B = -45 + 108 + 0 - (18 + 12 - 0) = 33$

Logo: $\det B = (-3) \cdot \det A$

6ª propriedade: Troca de filas paralelas

Trocando de posição duas filas paralelas de uma matriz quadrada *A*, o determinante da matriz obtida é o oposto do determinante de *A*.

Exemplo

Se $A = \begin{pmatrix} 1 & 4 & 2 \\ 0 & 3 & 5 \\ 2 & -1 & 7 \end{pmatrix}$, então: $\det A = 21 + 40 - 0 - (12 - 5 + 0) = 54$

Trocando a 1ª e a 3ª linhas de posição, temos:

$$B = \begin{pmatrix} 2 & -1 & 7 \\ 0 & 3 & 5 \\ 1 & 4 & 2 \end{pmatrix}$$

Assim: $\det B = 12 - 5 + 0 - (21 + 40 - 0) = -54$

Logo: $\det B = -\det A$

7ª propriedade

Se todos os elementos situados de um mesmo lado da diagonal principal de uma matriz quadrada *A* são nulos, o determinante de *A* é igual ao produto dos elementos dessa diagonal.

Exemplo

Considerando a matriz $A = \begin{pmatrix} 1 & 6 & 10 \\ 0 & 2 & 3 \\ 0 & 0 & 4 \end{pmatrix}$, temos:

$\det A = 1 \cdot 2 \cdot 4 + 0 + 0 - 0 - 0 - 0 = 1 \cdot 2 \cdot 4 = 8$

Teorema de Jacobi

- Em uma matriz quadrada *A* de ordem *n*, se multiplicarmos os elementos de uma fila por uma constante qualquer e adicionarmos os resultados aos elementos correspondentes de uma fila paralela, obteremos uma matriz *B* tal que $\det B = \det A$.

THE GRANGER COLLECTION/OTHER IMAGES

Carl Gustav Jakob Jacobi (1804-1851).

Exemplo

Dada a matriz $M = \begin{pmatrix} 2 & 2 & -2 \\ 3 & 1 & 1 \\ 5 & -1 & 0 \end{pmatrix}$, temos:

$\det M = 0 + 10 + 6 - (-10 - 2 + 0) = 28$

- Triplicando os elementos da 3ª coluna de *M* e somando aos da 1ª coluna de *M*, obtemos:

  $$N = \begin{pmatrix} -4 & 2 & -2 \\ 6 & 1 & 1 \\ 5 & -1 & 0 \end{pmatrix}$$

  $\det N = 0 + 10 + 12 - (-10 + 4 + 0) = 28$

- Calculando o oposto do dobro dos elementos da 1ª coluna de *M* e somando aos da 3ª coluna de *M*, obtemos:

  $$P = \begin{pmatrix} 2 & 2 & -6 \\ 3 & 1 & -5 \\ 5 & -1 & -10 \end{pmatrix}$$

  $\det P = -20 - 50 + 18 - (-30 + 10 - 60) = 28$

Teorema de Binet

- Se A e B são matrizes quadradas de mesma ordem n, então $\det(A \cdot B) = \det A \cdot \det B$.

Exemplo

Sendo $A = \begin{pmatrix} 4 & 1 \\ 2 & 3 \end{pmatrix}$ e $B = \begin{pmatrix} 3 & 0 \\ 1 & 2 \end{pmatrix}$, temos:

$\det A = 10$, $\det B = 6$ e $\det A \cdot \det B = 10 \cdot 6 = 60$

$A \cdot B = \begin{pmatrix} 4 & 1 \\ 2 & 3 \end{pmatrix} \cdot \begin{pmatrix} 3 & 0 \\ 1 & 2 \end{pmatrix} = \begin{pmatrix} 13 & 2 \\ 9 & 6 \end{pmatrix}$; logo: $\det(A \cdot B) = 13 \cdot 6 - 2 \cdot 9 = 60$

Assim: $\det A \cdot \det B = \det(A \cdot B)$

Determinante da matriz inversa

Seja A uma matriz quadrada de ordem n e A^{-1} a sua inversa:

$A \cdot A^{-1} = I_n$ e $\det(A \cdot A^{-1}) = \det I_n$

Pela 7ª propriedade, sabemos que: $\det I_n = 1^n = 1$

Aplicando o teorema de Binet, temos: $\det A \cdot \det A^{-1} = 1$

Como o produto dos determinantes é não nulo, cada fator é não nulo, isto é, $\det A \neq 0$; assim:

$$\det A^{-1} = \frac{1}{\det A}$$

Verificamos também que, se $\det A \neq 0$, então, A é uma matriz invertível.

Exemplo

Sendo $A = \begin{pmatrix} 1 & 2 & 1 \\ 0 & 4 & 5 \\ 2 & 3 & 0 \end{pmatrix}$, então: $\det A = 0 + 20 + 0 - (8 + 15 + 0) = -3$; assim:

$\det A^{-1} = \frac{1}{-3} = -\frac{1}{3}$

Exercícios

89. Aplicando as propriedades, calcule os seguintes determinantes:

a) $\begin{vmatrix} 0 & 1 \\ 0 & 2 \end{vmatrix}$

b) $\begin{vmatrix} 3 & 4 & 0 \\ 1 & 2 & 3 \\ 6 & 8 & 0 \end{vmatrix}$

c) $\begin{vmatrix} 1 & 1 \\ 2 & 2 \end{vmatrix}$

d) $\begin{vmatrix} 3 & 5 & 3 \\ 2 & -2 & 2 \\ 5 & -1 & 5 \end{vmatrix}$

90. Sendo $\det A = 10$, calcule o valor de $\det A^t$.

91. Sabendo que $\det A = 5$ e $\det(A \cdot B) = 75$, calcule $\det B$.

92. Dadas as matrizes

$A = \begin{pmatrix} 2 & 1 \\ 0 & 3 \end{pmatrix}$ e $B = \begin{pmatrix} 3 & 1 \\ 4 & 2 \end{pmatrix}$,

calcule, sem efetuar as multiplicações:

a) $\det(A \cdot B)$

b) $\det(B \cdot A)$

93. Considere as matrizes:

$A = \begin{pmatrix} 2 & 1 \\ 0 & 2 \\ 3 & 0 \end{pmatrix}$ e $B = \begin{pmatrix} 2 & 1 & 3 \\ 0 & 1 & 4 \end{pmatrix}$

Calcule, se existir:

a) $\det A$

b) $\det B$

c) $\det(A \cdot B)$

d) $\det(B \cdot A)$

94. Sendo A uma matriz quadrada de ordem n tal que $\det A \cdot \det A^t = 144$, calcule $\det A$.

95. Calcule o determinante da matriz:

$A = \begin{pmatrix} 1 & 2 & 4 & 0 \\ 1 & -1 & 3 & 2 \\ 0 & 5 & 8 & -3 \\ 2 & 4 & 8 & 0 \end{pmatrix}$

96. Seja uma matriz A, quadrada e de ordem 3, tal que $\det A = -8$. Se multiplicarmos todos os elementos da 2ª linha de A por 5, gerando uma matriz B, qual será o valor de $\det B$?

97. Considere uma matriz A, quadrada de ordem 3, tal que $\det A = 16$. Ao multiplicar todos os elementos da 3ª linha de A por 3 e todos os elementos da 2ª coluna de A por $\frac{1}{2}$, obtemos uma matriz B. Qual é o valor do determinante da matriz B?

R15. Seja A uma matriz quadrada de ordem 4 tal que det A = 3. Sabendo que a matriz B é da forma B = 2 · A, calcular seu determinante.

➤ Resolução

$$\text{Se } A = \begin{pmatrix} a & b & c & d \\ e & f & g & h \\ i & j & k & l \\ m & n & o & p \end{pmatrix},$$

$$\text{então: } B = \begin{pmatrix} 2a & 2b & 2c & 2d \\ 2e & 2f & 2g & 2h \\ 2i & 2j & 2k & 2l \\ 2m & 2n & 2o & 2p \end{pmatrix}$$

Como cada uma das 4 linhas de B foi obtida multiplicando a respectiva linha de A por 2, pela 5ª propriedade temos:

$\det B = \det(2 \cdot A) = 2^4 \cdot \det A = 16 \cdot 3$

$\det B = 48$

98. Sendo uma matriz $A_{3 \times 3}$, com det A = 2, e uma matriz B dada por B = 5 · A, calcule det B.

99. Seja A uma matriz quadrada de ordem 2, com det A = 4. Calcule det (3 · A).

100. Seja A uma matriz quadrada de ordem 2, com det A = 3. Calcule $\det(5 \cdot A^t)$.

101. Sendo $A = \begin{pmatrix} 1 & 0 & 2 \\ 5 & 4 & 1 \\ 0 & 2 & 3 \end{pmatrix}$, calcule $\det A^{-1}$.

102. Determine os valores de m para que a matriz $A = \begin{bmatrix} m & 2 \\ 8 & m \end{bmatrix}$ tenha determinante diferente de zero, ou seja, para que A seja invertível.

103. Seja $A = \begin{pmatrix} x & 1 & 2 \\ 3 & x & -3 \\ 2 & 1 & x \end{pmatrix}$. Para quais valores reais de x a matriz A é invertível?

104. Sejam A, B e C matrizes de ordem 3. Sabe-se que: $A \cdot C = B^{-1}$ e $C = 4 \cdot A$

Se $\det B = \frac{1}{16}$, qual é o valor de det A?

R16. Calcular o determinante da matriz:

$$A = \begin{pmatrix} 1 & 0 & 3 & -2 \\ 2 & -3 & 1 & 4 \\ 1 & 2 & -4 & 5 \\ 3 & -1 & 2 & 4 \end{pmatrix}$$

➤ Resolução

Vamos considerar a matriz B que é obtida da seguinte forma:

- adicionamos aos elementos da 3ª coluna de A os elementos da 1ª coluna multiplicados por −3;
- a seguir, adicionamos aos elementos da 4ª coluna de A os elementos da 1ª coluna multiplicados por 2.

$$A = \begin{pmatrix} 1 & 0 & 3 & -2 \\ 2 & -3 & 1 & 4 \\ 1 & 2 & -4 & 5 \\ 3 & -1 & 2 & 4 \end{pmatrix} \Rightarrow$$

$$\Rightarrow B = \begin{pmatrix} 1 & 0 & 0 & 0 \\ 2 & -3 & -5 & 8 \\ 1 & 2 & -7 & 7 \\ 3 & -1 & -7 & 10 \end{pmatrix}$$

Pelo teorema de Jacobi: det A = det B

Observe que, com as operações realizadas entre as colunas de A, obtivemos uma matriz B em que três dos quatro elementos de uma linha são zero. Portanto, esse procedimento simplificará o cálculo do determinante da matriz A.

$$\text{Assim: } \det A = \det B = \begin{vmatrix} 1 & 0 & 0 & 0 \\ 2 & -3 & -5 & 8 \\ 1 & 2 & -7 & 7 \\ 3 & -1 & -7 & 10 \end{vmatrix}$$

Pelo teorema de Laplace, escolhendo a 1ª linha:

$$\det A = 1 \cdot (-1)^{1+1} \cdot \begin{vmatrix} -3 & -5 & 8 \\ 2 & -7 & 7 \\ -1 & -7 & 10 \end{vmatrix} +$$

$$+ 0 \cdot (-1)^{1+2} \cdot \begin{vmatrix} 2 & -5 & 8 \\ 1 & -7 & 7 \\ 3 & -7 & 10 \end{vmatrix} +$$

$$+ 0 \cdot (-1)^{1+3} \cdot \begin{vmatrix} 2 & -3 & 8 \\ 1 & 2 & 7 \\ 3 & -1 & 10 \end{vmatrix} +$$

$$+ 0 \cdot (-1)^{1+4} \cdot \begin{vmatrix} 2 & -3 & -5 \\ 1 & 2 & -7 \\ 3 & -1 & -7 \end{vmatrix}$$

$$\text{Logo: } \det A = 1 \cdot (-1)^2 \cdot \begin{vmatrix} -3 & -5 & 8 \\ 2 & -7 & 7 \\ -1 & -7 & 10 \end{vmatrix} =$$

$$= 210 + 35 - 112 - (56 + 147 - 100) = 30$$

105. Usando o teorema de Jacobi, calcule o valor do determinante $\begin{vmatrix} 1 & 3 & 4 & 2 \\ 0 & -1 & 4 & 1 \\ 0 & 2 & -3 & 1 \\ -1 & -3 & -4 & 1 \end{vmatrix}$.

106. Calcule, usando o teorema de Jacobi, o determinante da matriz $M = \begin{pmatrix} 1 & 2 & -1 & 2 \\ 2 & 0 & -1 & 3 \\ 3 & 1 & 4 & -2 \\ -2 & 1 & -3 & -1 \end{pmatrix}$.

Ficha de revisão

1. Escreva as seguintes matrizes:

a) $A = (a_{ij})_{3 \times 4}$, em que $a_{ij} = i + j$

b) $B = (b_{ij})_{3 \times 1}$, em que $b_{ij} = i^2 j$

c) $C = (c_{ij})_{2 \times 2}$, em que $c_{ij} = \begin{cases} (-1)^t, \text{ se } i = j \\ 3i - j, \text{ se } i \neq j \end{cases}$

2. Considere as matrizes:

$$A = (a_{ij})_{4 \times 4}, \text{ em que } a_{ij} = \begin{cases} 1, \text{ se } i = j \\ 2j, \text{ se } i < j \\ j - i, \text{ se } i > j \end{cases}$$

$$B = \begin{pmatrix} a & 4 & 6 & b \\ c - 4 & 1 & 6 & d + 3 \\ -2 & e + 1 & 1 & 8 \\ -f & 4g & -1 & 1 \end{pmatrix}$$

Determine a, b, c, d, e, f e g de modo que $A = B$.

3. Escreva o nome das matrizes abaixo de acordo com as características de cada uma.

a) $A = (a_{ij})_{n \times n}$, em que $a_{ij} = \begin{cases} 1, \text{ se } i = j \\ 0, \text{ se } i \neq j \end{cases}$

b) $B = (b_{ij})_{n \times n}$, em que $b_{ij} = \begin{cases} 3, \text{ se } i = j \\ 0, \text{ se } i \neq j \end{cases}$

c) $C = (c_{ij})_{1 \times n}$, em que $c_{ij} = f$

d) $D = (d_{ij})_{n \times 1}$, em que $d_{ij} = t$

4. Dadas as matrizes

$A = \begin{pmatrix} 2y - 6 & 4 \\ 1 & 5 \end{pmatrix}$ e $B = \begin{pmatrix} 4 & x^2 \\ 1 & 5 \end{pmatrix}$, determine os valores de x e de y de modo que $A = B$.

5. Dadas as matrizes $A = (a_{ij})_{2 \times 2}$, em que $a_{ij} = i - j$, e $B = (b_{ij})_{2 \times 2}$, em que $b_{ij} = \dfrac{3(i - j)}{i + j}$. Construa as matrizes e verifique se $A = B$.

6. Calcule o valor de a, b, c e d sabendo que:

$$\begin{pmatrix} 1 & a \\ 1 & -2 \end{pmatrix} + \begin{pmatrix} 2 & 1 \\ b & -1 \end{pmatrix} = \begin{pmatrix} c & 2 \\ 1 & d \end{pmatrix}$$

7. Seja a matriz $M = \begin{pmatrix} -1 & 0 & -3 \\ 3 & -2 & 4 \\ 2 & 5 & 1 \end{pmatrix}$. Calcule:

a) $M + M^t$

b) $M^t - M$

8. Considere as matrizes $A = \begin{pmatrix} -2 & 1 & 4 \\ 0 & -3 & -2 \end{pmatrix}$ e $B = \begin{pmatrix} 1 & 2 & 0 \\ 3 & 0 & 4 \end{pmatrix}$. Verifique as igualdades:

a) $A^t - B^t = (A - B)^t$ **b)** $(B^t)^t = B$

9. Considerando as matrizes $A = \begin{pmatrix} -2 \\ 1 \end{pmatrix}$, $B = \begin{pmatrix} 0 \\ 4 \end{pmatrix}$, $C = \begin{pmatrix} -1 \\ 3 \end{pmatrix}$ e $D = \begin{pmatrix} -1 \\ 2 \end{pmatrix}$, determine as matrizes X e Y tais que:

a) $X = 2A - 3B + \dfrac{1}{2} \cdot C - D$

b) $\dfrac{Y + A}{3} + 2D = \dfrac{C}{2} + D$

10. Dadas as matrizes $A = (a_{ij})_{3 \times 3}$ e $B = (b_{ij})_{3 \times 3}$, em que $a_{ij} = 1 + 2j$ e $b_{ij} = 2i - j + 1$, determine a matriz $X = 2A - 3B$.

11. Dada a matriz $A = \begin{pmatrix} 2 & 5 & 1 \\ -1 & 4 & -3 \\ 3 & 0 & 2 \end{pmatrix}$, somando a transposta de A com $-\dfrac{1}{3} \cdot A$, obtemos a matriz $\begin{pmatrix} 2x + y & 5x + y & \frac{8}{3} \\ \frac{16}{3} & \frac{8}{3} & 1 \\ 0 & -3 & \frac{4}{3} \end{pmatrix}$. Determine o valor de x e y.

12. Sendo $A = \begin{pmatrix} 3 & 0 \\ -2 & 1 \end{pmatrix}$ e $B = \begin{pmatrix} 9 \\ 1 \end{pmatrix}$, calcule a matriz X tal que $A \cdot X = B$.

13. Considerando a matriz $A = \begin{pmatrix} 3 & 1 \\ 2 & \frac{2}{3} \end{pmatrix}$, encontre uma matriz $B = \begin{pmatrix} x & y \\ 1 & 5 \end{pmatrix}$ tal que $A \cdot B = C$, sendo C a matriz nula de ordem 2.

14. Dadas as matrizes $A = \begin{pmatrix} 3 & 4 \\ 5 & 7 \end{pmatrix}$ e $B = \begin{pmatrix} 1 & -1 \\ 2 & 3 \end{pmatrix}$, verifique se são válidas as igualdades:

a) $(A \cdot B)^{-1} = B^{-1} \cdot A^{-1}$ **b)** $(A \cdot B)^{-1} = A^{-1} \cdot B^{-1}$

15. Considerando a matriz $A = \begin{pmatrix} 2 & -1 \\ -3 & 2 \end{pmatrix}$, determine a matriz $X = A - A^{-1} - A^t$.

16. Calcule os determinantes.

a) $\begin{vmatrix} \text{sen}\,\frac{\pi}{12} & -\cos\frac{\pi}{12} \\ \text{sen}\,\frac{\pi}{12} & \cos\frac{\pi}{12} \end{vmatrix}$

b) $\begin{vmatrix} \cos x & \text{sen}\,x & 0 \\ -\text{sen}\,x & \cos x & 0 \\ 0 & 0 & 2 \end{vmatrix}$

17. Resolva as inequações.

a) $\begin{vmatrix} x & 1 & 0 \\ 1 & x & 1 \\ 1 & 1 & 1 \end{vmatrix} < 0$ **b)** $\begin{vmatrix} 5 & 1 & 2^x \\ 0 & 3 & 2^x \\ 0 & 2 & 2^x \end{vmatrix} > \dfrac{5}{8}$

18. Calcule os determinantes.

16.1 Visão do especialista

a) $\begin{vmatrix} 3 & 1 & 0 & 4 & 1 \\ 0 & 1 & 2 & 1 & 0 \\ 0 & 2 & 0 & 1 & 2 \\ 0 & 1 & 0 & 3 & 1 \\ 0 & 1 & 0 & 2 & 4 \end{vmatrix}$

b) $\begin{vmatrix} 1 & 1 & 1 & 1 \\ 3 & 3 \cdot \text{sen}\,\pi & (-3)^2 & 0 \\ 1 & 2 \cdot \cos\frac{\pi}{3} & 0 & (-1)^3 \\ 0 & 1 & \log_{10} 1 & 2 \end{vmatrix}$

19. Considere as matrizes M e N de ordem 3 e $N = x \cdot M$. Sendo $\det N^t = 75$ e $\det M = \frac{25}{9}$, determine o valor da constante x.

20. Dada a matriz $A = (a_{ij})_{3 \times 3}$, definida por

$$a_{ij} = \begin{cases} x, & \text{se } i \geqslant j \\ 0, & \text{se } i < j \end{cases}$$, determine x tal que $\det(2A^t) = 216$.

21. Determine o número real x para que a matriz $A = \begin{pmatrix} 2 & x^2 \\ 1 & 2 \end{pmatrix}$ seja invertível.

22. Determine o número real x para que a matriz

$$A = \begin{pmatrix} 1 & 2 & 1 & 0 \\ 1 & 1 & -2 & 1 \\ 1 & -1 & 2 & -1 \\ 1 & 3 & 3 & x \end{pmatrix}$$ seja invertível.

23. Dada a matriz $A = \begin{pmatrix} 1 & -1 \\ 0 & 1 \end{pmatrix}$, calcule $(\det A)^n$, sendo $n \in \mathbb{Z}$.

24. (FGV) A é uma matriz quadrada de ordem 2 e $\det A = 7$. Nessas condições, $\det(3A)$ e $\det A^{-1}$ valem, respectivamente:

a) 7 e − 7
b) 21 e $\frac{1}{7}$
c) 21 e − 7
d) 63 e −7
e) 63 e $\frac{1}{7}$

25. (Fatec-SP) Seja a matriz $A = \begin{pmatrix} 3 & -1 \\ x & y \end{pmatrix}$, em que x e y são números reais, e I_2 a matriz identidade de ordem 2. Se $A^2 = I_2$, então o valor do módulo de xy é:

a) 0
b) 8
c) 10
d) 16
e) 24

26. (Fuvest-SP) Uma matriz real A é ortogonal se $AA^t = I$, onde I indica a matriz identidade e A^t indica a transposta de A. Se $A = \begin{pmatrix} \frac{1}{2} & x \\ y & z \end{pmatrix}$ é ortogonal, então $x^2 + y^2$ é igual a:

a) $\frac{1}{4}$
b) $\frac{\sqrt{3}}{4}$
c) $\frac{1}{2}$
d) $\frac{\sqrt{3}}{2}$
e) $\frac{3}{2}$

27. Indústria. (Unifesp) Uma indústria farmacêutica produz, diariamente, p unidades do medicamento X e q unidades do medicamento Y, ao custo unitário de r e s reais, respectivamente. Considere as matrizes $M_{1 \times 2}$ e $N_{2 \times 1}$:

$$M = (2p \quad q) \text{ e } N = \begin{pmatrix} r \\ 2s \end{pmatrix}$$

A matriz produto $M \cdot N$ representa o custo da produção de:

a) 1 dia.
b) 2 dias.
c) 3 dias.
d) 4 dias.
e) 5 dias.

28. Futebol. (UEL-PR) Durante a primeira fase da Copa do Mundo de Futebol realizada na França, em 1998, o grupo A era formado por quatro países: Brasil, Escócia, Marrocos e Noruega. Observe os resultados (número de vitórias, empates e derrotas) de cada país, registrados na tabela I.

FÁBIO M. SALLES/AGÊNCIA ESTADO

Tabela I	Vitória	Empate	Derrota
Brasil	2	0	1
Escócia	0	1	2
Marrocos	1	1	1
Noruega	1	2	0

Pelo regulamento da Copa, cada resultado (vitória, empate ou derrota) tem uma pontuação que pode ser observada na tabela II.

Tabela II	Pontuação
Vitória	3
Empate	1
Derrota	0

A matriz $C = \begin{pmatrix} \text{Noruega} \\ \text{Marrocos} \\ \text{Escócia} \\ \text{Brasil} \end{pmatrix}$, que representa a pontuação final de cada país, ao término dessa primeira fase, é:

a) $C = \begin{pmatrix} 6 \\ 1 \\ 4 \\ 5 \end{pmatrix}$
b) $C = \begin{pmatrix} 6 \\ 1 \\ 5 \\ 4 \end{pmatrix}$
c) $C = \begin{pmatrix} 5 \\ 4 \\ 1 \\ 6 \end{pmatrix}$
d) $C = \begin{pmatrix} 7 \\ 1 \\ 4 \\ 6 \end{pmatrix}$
e) $C = \begin{pmatrix} 7 \\ 2 \\ 3 \\ 6 \end{pmatrix}$

29. Pesquisa. (Vunesp) Foi realizada uma pesquisa, num bairro de determinada cidade, com um grupo de 500 crianças de 3 a 12 anos de idade. Para esse grupo, em função da idade x da criança, concluiu-se que a massa média $p(x)$, em quilograma, era dada pelo determinante da matriz A, onde

$$A = \begin{pmatrix} 1 & -1 & 1 \\ 3 & 0 & -x \\ 0 & 2 & \frac{2}{3} \end{pmatrix}.$$

Com base na fórmula $p(x) = \det A$, determine:

a) a massa média de uma criança de 5 anos;
b) a idade mais provável de uma criança cuja massa é 30 kg.

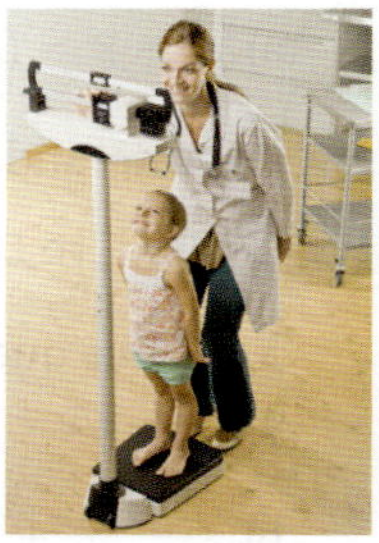
AVAVA/SHUTTERSTOCK

Questões de vestibular

1. (Mackenzie-SP) Considere as matrizes A e B, tais que

$$A = \begin{pmatrix} 1 & 2 \\ 3 & 5 \end{pmatrix} \text{ e } A \cdot B = \begin{pmatrix} 4 & 1 & 8 \\ 11 & 3 & 21 \end{pmatrix}.$$

A soma dos elementos da primeira coluna da matriz B é igual a:

a) 1 b) 2 c) 3 d) 4 e) 5

2. (UFSCar-SP) Seja $A = (a_{ij})$ uma matriz quadrada de ordem 3 tal que $a_{ij} = \begin{cases} p, \text{ se } i = j \\ 2p, \text{ se } i \neq j \end{cases}$, com p inteiro positivo.

Em tais condições, é correto afirmar que, necessariamente, det A é múltiplo de:

a) 2 b) 3 c) 5 d) 7 e) 11

3. (ITA-SP) Considere a matriz:

16.2 Visão do especialista

$$A = \begin{pmatrix} 1 & 1 & 1 & 1 \\ 1 & 2 & 3 & 4 \\ 1 & 4 & 9 & 16 \\ 1 & 8 & 27 & 64 \end{pmatrix}$$

A soma dos elementos da primeira coluna da matriz inversa de A é:

a) 1 b) 2 c) 3 d) 4 e) 5

4. (Mackenzie-SP) A representação gráfica dos pontos (x, y), soluções da equação matricial

$$\begin{pmatrix} -2 & 1 \\ 1 & 0 \end{pmatrix} \cdot \begin{pmatrix} x \\ y \end{pmatrix} = \begin{pmatrix} -y \\ x \end{pmatrix}, \text{ é:}$$

a) uma reta que passa pela origem.
b) uma reta que passa pelo ponto $(-2, 1)$.
c) uma circunferência.
d) uma reta paralela ao eixo das ordenadas.
e) um par de retas concorrentes.

5. (Vunesp) Dadas as matrizes:

$$A = \begin{pmatrix} \log_2 x & \log_2 2x \\ y & \dfrac{y}{2} \end{pmatrix}, B = \begin{pmatrix} 4 \\ 4 \end{pmatrix} \text{ e } C = \begin{pmatrix} 28 \\ 10 \end{pmatrix}$$

a) efetue o produto AB.
b) determine os valores de x e y para que AB = C.

6. (UFV-MG) Considere as matrizes quadradas de ordem 2:

$$A = \begin{pmatrix} 1 & 0 \\ 2 & 1 \end{pmatrix} \text{ e } B = \begin{pmatrix} 2 & 1 \\ 0 & 2 \end{pmatrix}$$

Seja $M = A \cdot B^t$, onde B^t é a matriz transposta de B. O determinante da matriz inversa de M é:

a) $\frac{1}{8}$ b) $\frac{1}{6}$ c) $\frac{1}{4}$ d) $\frac{1}{2}$

7. (FGV) Seja a matriz $A = \begin{pmatrix} 1 & 1 \\ 0 & 1 \end{pmatrix}$.

16.3 Visão do especialista

A soma dos elementos da matriz A^{100} é:

a) 102 c) 150 e) 300
b) 118 d) 175

8. (UEL-PR) Dada a matriz $A = (a_{ij})_{2 \times 2}$ tal que

$$a_{ij} = \begin{cases} \text{sen } \dfrac{\pi i}{2}, \text{ se } i = j \\ \cos \pi j, \text{ se } i \neq j \end{cases}$$

é correto afirmar que a sua inversa A^{-1} é:

a) $\begin{pmatrix} -1 & 1 \\ -1 & 1 \end{pmatrix}$ c) $\begin{pmatrix} 1 & 1 \\ -1 & 0 \end{pmatrix}$ e) $\begin{pmatrix} 1 & -1 \\ 1 & 0 \end{pmatrix}$

b) $\begin{pmatrix} 0 & -1 \\ 1 & 1 \end{pmatrix}$ d) $\begin{pmatrix} 0 & 1 \\ -1 & 1 \end{pmatrix}$

9. (Unifesp) Se $|A|$ denota o determinante da matriz A, e se $A = \begin{pmatrix} |A| & 1 \\ 2 & |A| \end{pmatrix}$, então:

a) $A = \begin{pmatrix} 0 & 1 \\ 2 & 0 \end{pmatrix}$

b) $A = \begin{pmatrix} 2 & 1 \\ 2 & 2 \end{pmatrix}$, se $|A| < 0$

c) $A = \begin{pmatrix} -1 & 1 \\ 2 & -1 \end{pmatrix}$, se $|A| > 0$

d) $A = \begin{pmatrix} 2 & 1 \\ 2 & 2 \end{pmatrix}$ ou $A = \begin{pmatrix} -1 & 1 \\ 2 & -1 \end{pmatrix}$

e) $A = \begin{pmatrix} -2 & 1 \\ 2 & -2 \end{pmatrix}$ ou $A = \begin{pmatrix} 1 & 1 \\ 2 & 1 \end{pmatrix}$

10. (Unifor-CE) Seja A uma matriz 2×2 tal que $3A = A^2$. Se A é inversível, então o determinante de A é igual a:

16.4 Visão do especialista

a) 12 b) 9 c) 6 d) 3 e) $\frac{1}{3}$

11. (Mackenzie-SP) Considerando a matriz

$$A = \begin{pmatrix} \text{sen } \alpha & \cos \alpha \\ -\text{sen } \alpha & \cos \alpha \end{pmatrix},$$ a soma dos valores de α, $0 \leqslant \alpha \leqslant 2\pi$, tais que $\det A = \frac{1}{2}$, é:

a) 4π b) 2π c) $\frac{2\pi}{3}$ d) 3π e) $\frac{3\pi}{2}$

12. (Unir-RO) Para codificar palavras de 4 letras, por meio de matrizes, pode-se utilizar o seguinte método:

16.5 Visão do especialista

I) Associa-se cada letra da palavra a um número da tabela:

A	B	C	D	E	F	G	H	I	J	K	L
1	2	3	4	5	6	7	8	9	10	11	12

M	N	O	P	Q	R	S	T	U	V	X	Z
13	14	15	16	17	18	19	20	21	22	23	24

II) Escreve-se, com os números obtidos, uma matriz M de ordem 2×2.

Exemplo: A matriz correspondente à palavra BOTA é $M = \begin{bmatrix} 2 & 15 \\ 20 & 1 \end{bmatrix}$.

III) Multiplica-se M pela matriz-codificadora (C), inversível de ordem 2, obtendo-se, assim, a matriz-codificada $N = C \cdot M$;

IV) Para obter a matriz M, calcula-se o produto $C^{-1} \cdot N$.

Uma palavra com quatro letras fora codificada pelo método visto anteriormente, obtendo-se a matriz

$$N = \begin{bmatrix} 27 & 42 \\ 9 & 6 \end{bmatrix}.$$

Sabendo-se que a matriz-codificadora utilizada foi $C = \begin{bmatrix} 2 & 1 \\ -1 & 1 \end{bmatrix}$, pode-se afirmar que essa palavra é:

a) AMOR
b) VIDA
c) UNIR
d) ROSA
e) FLOR

13. (UFG-GO) Um polígono pode ser representado por uma matriz $F_{2 \times n}$, onde n é o número de vértices e as coordenadas dos seus vértices são as colunas dessa matriz. Assim, a matriz

$$F_{2 \times 6} = \begin{bmatrix} 0 & 2 & 6 & 6 & 4 & 2 \\ 2 & 6 & 4 & -2 & -4 & -2 \end{bmatrix}$$ representa o

polígono da figura abaixo.

Em computação gráfica utilizam-se transformações geométricas para realizar movimentos de figuras e objetos na tela do computador. Essas transformações geométricas podem ser representadas por uma matriz $T_{2 \times 2}$. Fazendo-se o produto das matrizes $T_{2 \times 2} \cdot F_{2 \times n}$, obtém-se uma matriz que representa a figura transformada, que pode ser uma simetria, translação, rotação ou dilatação da figura original.

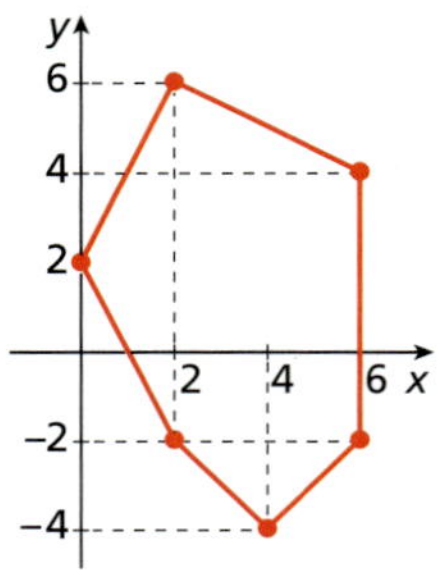

Considerando a transformação geométrica representada pela matriz $T_{2 \times 2} = \begin{bmatrix} \frac{3}{2} & 0 \\ 0 & -\frac{3}{2} \end{bmatrix}$, qual é a figura transformada do polígono representado pela matriz $F_{2 \times 6}$ dada anteriormente?

a)

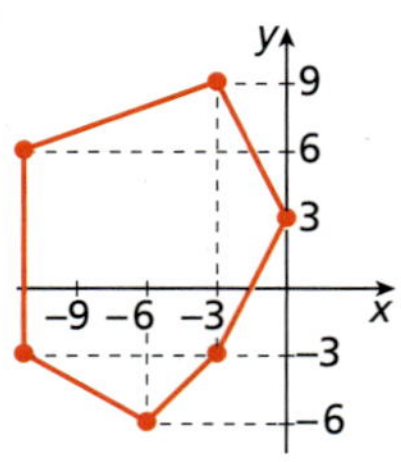

b)

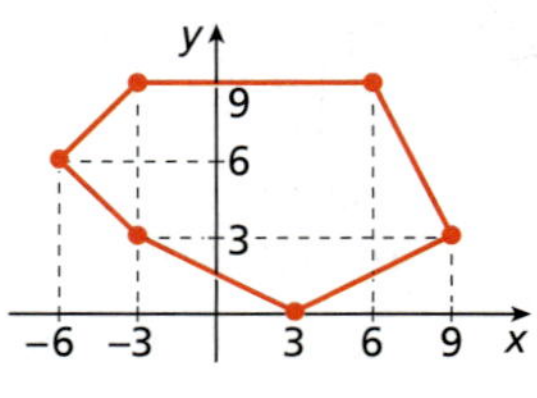

c)

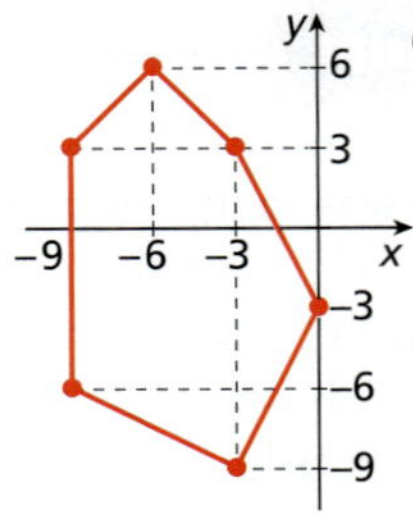

d)

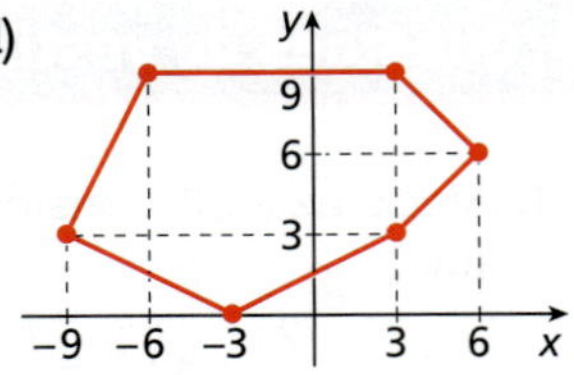

e)

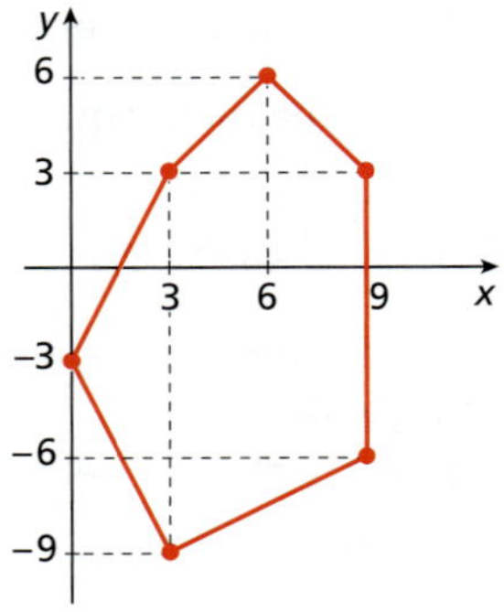

14. (Ibmec) Uma agência de propaganda utiliza nas campanhas publicitárias que elabora para seus clientes três tipos de material para divulgação em papel:

- impresso tipo PB, em preto e branco no papel simples;
- impresso tipo CK, colorido no papel simples;
- impresso tipo CKX, colorido no papel mais grosso.

Para fazer esse tipo de trabalho, a agência contrata normalmente três gráficas, que cobram preços unitários diferentes para cada tipo de impressão, conforme tabela abaixo.

Tabela 1			
Tipo	**PB**	**CK**	**CKX**
Gráfica A	R$ 2,00	R$ 3,00	R$ 4,00
Gráfica B	R$ 3,00	R$ 3,00	R$ 4,00
Gráfica C	R$ 1,00	R$ 2,00	R$ 6,00

a) Determine a gráfica que, para fazer 300 impressões do tipo PB, 150 do tipo CK e 200 do tipo CKX, apresentaria o menor custo.

b) No último ano, a agência fez 25% dos seus impressos com a gráfica **A**, 45% com a gráfica **B** e o restante com a gráfica **C**. Supondo que, em cada campanha deste último ano, a agência sempre fez os três tipos de impressão com a mesma gráfica e que os preços unitários foram os valores dados na Tabela 1, determine o custo unitário médio que a agência teve com cada tipo de impressão.

Capítulo 17

Sistemas lineares

CLAUDIO SANTANA/AFP PHOTO

Objetivos do capítulo:

- ✔ Representar e resolver situações--problema por sistemas lineares.
- ✔ Reconhecer e classificar sistemas lineares.
- ✔ Apresentar sistema linear em forma de equação matricial e vice-versa.
- ✔ Aplicar a regra de Cramer e o método do escalonamento na resolução de sistemas lineares.

"Na natureza, nada se perde, nada se cria, tudo se transforma."
(Antoine-Laurent de Lavoisier, 1743-1794)

As erupções vulcânicas podem ser analisadas por meio de equações químicas. Podemos fazer o balanceamento dessas equações pelo método algébrico, ou seja, resolvendo um sistema de equações lineares.

1 Introdução ao estudo de sistemas lineares

Já estudamos os sistemas de equação e os métodos da adição e da substituição para a resolução de sistemas. Neste capítulo, vamos estudar os métodos de Cramer e do escalonamento.

O método de Cramer, embora seja pouco prático para sistemas com muitas equações e variáveis, tem importância teórica. O do escalonamento, também chamado de eliminação de Gauss-Jordan, é semelhante ao método da adição e constitui uma poderosa ferramenta para a resolução, usada por computadores, de problemas complexos.

Antes de estudar esses métodos, vamos estudar alguns conceitos iniciais.

2 Equações lineares

Acompanhe a situação a seguir.

Uma companhia de navegação utiliza dois tipos de recipiente para carga, *A* e *B*, que acondicionam mercadorias em contêineres de dois tipos, I e II. A quantidade de contêineres de cada tipo que cabem em cada recipiente é dada pela tabela a seguir.

Tipo de recipiente	I	II
A	4	3
B	5	2

GARY BLAKELEY/SHUTTERSTOCK

Para determinar o número de recipientes x_1 e x_2 de cada tipo, sabendo que a companhia deve transportar 42 contêineres do tipo I e 27 do tipo II, podemos montar um sistema:

$$\begin{cases} 4x_1 + 5x_2 = 42 \\ 3x_1 + 2x_2 = 27 \end{cases}$$

As equações desse sistema são do 1º grau e são chamadas de **equações lineares**.

De modo geral:

- **Equação linear** é toda equação que pode ser escrita na forma $a_1x_1 + a_2x_2 + \dots + a_nx_n = b$, em que $x_1, x_2, \dots, x_n$ são incógnitas; os números reais $a_1, a_2, \dots, a_n$ são os **coeficientes** das incógnitas; e o número real b é o **termo independente**. Quando o termo independente é nulo, a equação linear é chamada de **homogênea**.

Exemplos

- $x_1 + 3x_2 - x_3 = 7$
- $x - \frac{1}{2}w = 3$
- $-x_1 + 1{,}5x_2 = 0$ (homogênea)
- $2x + 3y - z = 0$ (homogênea)

Observação:

As equações abaixo não são equações lineares, pois não podem ser expressas na forma descrita acima.

- $x^2 + 3y - z = 7$ (apresenta uma incógnita com expoente diferente de 1)
- $x - \frac{1}{y} = 3$ (apresenta uma incógnita no denominador)
- $2x + 3yz = 0$ (apresenta um termo com mais de uma incógnita: $3yz$)

17.1 Conteúdo multimídia

2.1 Solução de uma equação linear

Veja os exemplos a seguir.

- O par ordenado (3, 5) é solução da equação $-3x + 2y = 1$, pois, substituindo x por 3 e y por 5, obtemos uma sentença verdadeira: $-3 \cdot \mathbf{3} + 2 \cdot \mathbf{5} = 1$
- O terno ordenado (1, 3, 5) não é solução da equação $3x - 2y - 3z = 14$, pois $3 \cdot \mathbf{1} - 2 \cdot \mathbf{3} - 3 \cdot \mathbf{5} = 14$ não é uma sentença verdadeira.
- O terno ordenado (0, 0, 0) é solução da equação $x + 2y - 3z = 0$, pois $\mathbf{0} + 2 \cdot \mathbf{0} - 3 \cdot \mathbf{0} = 0$ é uma sentença verdadeira. Note que essa equação é homogênea.

Definimos:

Solução de uma equação é toda ênupla de números reais $(\alpha_1, \alpha_2, ..., \alpha_n)$ que torna a igualdade $a_1x_1 + a_2x_2 + ... + a_nx_n = b$ verdadeira, isto é, tal que $a_1\alpha_1 + a_2\alpha_2 + ... + a_n\alpha_n = b$ seja verdadeira.

Ênupla é uma sequência ordenada de n elementos. Por exemplo, o par ordenado (5, −1) e o terno ordenado (3, 0, 3) são ênuplas. Vale destacar que o terno (1, 2, 3) é diferente do terno (3, 2, 1).

Exercícios

1. Verifique se os ternos ordenados seguintes são soluções da equação linear $2x + y + 3z = 11$.

a) (1, 3, 2) b) (0, 5, 2) c) (2, 2, 2)

R1. Sabendo que o par ordenado $(2a, a)$ é a solução da equação $4x + 3y = 10$, determinar o valor de a.

➤ **Resolução**

Substituindo x por $2a$ e y por a, temos:

$$4 \cdot (2a) + 3 \cdot (a) = 10 \Rightarrow 8a + 3a = 10 \Rightarrow a = \frac{10}{11}$$

Portanto: $a = \frac{10}{11}$

2. Determine k de modo que o par $(3, k)$ seja solução da equação linear $2x + 3y = 12$.

3. Encontre duas soluções para a equação $2a + 3b - c = 0$.

4. Verifique se o par $\left(3, \frac{2}{3}\right)$ é solução comum das equações lineares $x - 3y = 1$ e $x + 3y = 5$.

5. Dada a equação linear $mx - 2y + 4z = 3$, calcule m de modo que $\left(2, 1, \frac{1}{4}\right)$ seja uma das soluções.

6. Determine k de modo que o par $(3, k^2)$ seja solução das equações $2x + 3y = 9$ e $x - 4y = k$.

3 Sistemas de equações lineares

Frequentemente, deparamos com situações-problema cuja resolução pode ser iniciada com a tradução dos dados para a linguagem matemática, por meio de um sistema de equações.

Por exemplo, observe a reação de combustão do gás metano, representada pela equação:

$$\underbrace{CH_4 + O_2}_{\text{reagentes}} \rightarrow \underbrace{CO_2 + H_2O}_{\text{produtos}}$$

reagentes	produtos
Número de átomos	Número de átomos
carbono (C): 1	carbono (C): 1
hidrogênio (H): 4	hidrogênio (H): 2
oxigênio (O): 2	oxigênio (O): 3

Em Química, uma equação está balanceada quando o número de átomos dos reagentes é igual ao número de átomos dos produtos. Então, para balancear essa equação, podemos multiplicar cada substância por uma incógnita e formar um sistema de equações lineares.

$$aCH_4 + bO_2 \rightarrow cCO_2 + dH_2O,$$

$$\begin{cases} a = c & \longrightarrow \text{ número de átomos de carbono} \\ 4a = 2d & \longrightarrow \text{ número de átomos de hidrogênio} \\ 2b = 2c + d & \longrightarrow \text{ número de átomos de oxigênio} \end{cases}$$

Definimos:

- Um **sistema** de equações lineares de m equações com n incógnitas é um conjunto de equações lineares que podem ser escritas na forma:

$$\begin{cases} a_{11}x_1 + a_{12}x_2 + \cdots + a_{1n}x_n = b_1 \\ a_{21}x_1 + a_{22}x_2 + \cdots + a_{2n}x_n = b_2 \\ a_{31}x_1 + a_{32}x_2 + \cdots + a_{3n}x_n = b_3 \\ \vdots \quad\quad \vdots \quad\quad\quad\quad \vdots \quad\quad \vdots \\ a_{m1}x_1 + a_{m2}x_2 + \cdots + a_{mn}x_n = b_m \end{cases}$$

em que $x_1, x_2, \ldots, x_n$ são as incógnitas; $a_{11}, a_{12}, a_{m1}, \ldots, a_{mn}$ são os coeficientes reais; e os números reais $b_1, b_2, \ldots, b_m$ são os termos independentes.

Exemplos

- $\begin{cases} -x + y = 3 \\ 2x - 4y = -7 \end{cases}$ (sistema de 2 equações com 2 incógnitas)
- $\begin{cases} x + y + z = 6 \\ x - y + 2z = 4 \end{cases}$ (sistema de 2 equações com 3 incógnitas)
- $\begin{cases} x_1 + 0x_2 + x_3 - 3x_4 = -5 \\ 2x_1 + x_2 - 0x_3 + 5x_4 = 2 \\ x_1 + x_2 + 2x_3 - 3x_4 = 1 \end{cases} \longrightarrow \begin{cases} x_1 + x_3 - 3x_4 = -5 \\ 2x_1 + x_2 + 5x_4 = 2 \\ x_1 + x_2 + 2x_3 - 3x_4 = 1 \end{cases}$ (sistema de 3 equações com 4 incógnitas)
- $\begin{cases} -x - 3y + z = 0 \\ 5x - 2y - z = 8 \\ 6x + 5y + 2z = 9 \\ -x + 2y - 4z = -3 \end{cases}$ (sistema de 4 equações com 3 incógnitas)

3.1 Solução de um sistema linear

Observe as seguintes equações e algumas de suas soluções:

- $2x + y = 4 \longrightarrow (-1, 6), (0, 4),$ **(1, 2)**, $(2, 0), \ldots$
- $x + 2y = 5 \longrightarrow (-1, 3),$ **(1, 2)**, $(3, 1), (5, 0), \ldots$

Note que as duas equações têm o par ordenado (1, 2) como solução comum.

Portanto, esse par ordenado é **solução do sistema linear**: $\begin{cases} 2x + y = 4 \\ x + 2y = 5 \end{cases}$

De modo geral:

- A ênupla $(\alpha_1, \alpha_2, \ldots, \alpha_n)$ é **solução** de um sistema linear de m equações com n incógnitas quando é solução de cada uma das equações do sistema.

É importante observar que o conjunto solução de um sistema é formado por todas as soluções comuns a todas as equações do sistema.

Exemplos

a) Os ternos ordenados (2, 5, 2), (3, 2, 0) e (−1, 14, 8) são algumas das soluções do sistema abaixo.

$$\begin{cases} x - y + 2z = 1 \\ -2x + 2y - 4z = -2 \\ x + y - z = 5 \end{cases}$$

Podemos verificar isso substituindo os valores de cada terno no sistema. Observe:

- (2, 5, 2) é solução, pois: $\begin{cases} 2 - 5 + 2 \cdot 2 = 1 & \text{(verdadeira)} \\ -2 \cdot 2 + 2 \cdot 5 - 4 \cdot 2 = -2 & \text{(verdadeira)} \\ 2 + 5 - 2 = 5 & \text{(verdadeira)} \end{cases}$

- (3, 2, 0) é solução, pois: $\begin{cases} 3 - 2 + 2 \cdot 0 = 1 & \text{(verdadeira)} \\ -2 \cdot 3 + 2 \cdot 2 - 4 \cdot 0 = -2 & \text{(verdadeira)} \\ 3 + 2 - 0 = 5 & \text{(verdadeira)} \end{cases}$

- (−1, 14, 8) é solução, pois: $\begin{cases} -1 - 14 + 2 \cdot 8 = 1 & \text{(verdadeira)} \\ -2 \cdot (-1) + 2 \cdot 14 - 4 \cdot 8 = -2 & \text{(verdadeira)} \\ -1 + 14 - 8 = 5 & \text{(verdadeira)} \end{cases}$

b) O terno ordenado (1, 3, 4) não é uma solução do sistema $\begin{cases} -x + y - z = -2 \\ 4y - 2z = 0 \end{cases}$, pois, substituindo esses valores nas equações, temos: $\begin{cases} -1 + 3 - 4 = -2 & \text{(verdadeira)} \\ 4 \cdot 3 - 2 \cdot 4 = 0 & \text{(falsa)} \end{cases}$

c) Vamos encontrar a solução do sistema, $\begin{cases} 2x + y = 5 \\ 3x - 2y = 4 \end{cases}$ pelo método da adição.

Para isso, devemos multiplicar os membros de uma ou mais equações por números convenientes e, depois, adicioná-las membro a membro, de modo a eliminar uma incógnita. Assim:

$$\begin{cases} 2x + y = 5 \\ 3x - 2y = 4 \end{cases} \xrightarrow[\text{equação por 2}]{\text{multiplicando a 1ª}} \begin{cases} 4x + \cancel{2y} = 10 \\ 3x - \cancel{2y} = 4 \end{cases}$$
$$7x = 14 \Rightarrow x = 2$$

Substituindo $x = 2$ na equação $2x + y = 5$, temos: $2 \cdot 2 + y = 5 \Rightarrow y = 5 - 4 \Rightarrow y = 1$

Logo, o conjunto solução do sistema é: $S = \{(2, 1)\}$

Interpretação gráfica de um sistema linear com duas incógnitas

Vamos, a seguir, interpretar graficamente sistemas lineares com duas equações e duas incógnitas. Na representação gráfica desse tipo de sistema, encontraremos três possibilidades: retas concorrentes, retas paralelas ou retas coincidentes. Acompanhe.

1º caso

Vimos que o par ordenado (1, 2) é solução do sistema $\begin{cases} 2x + y = 4 \\ x + 2y = 5 \end{cases}$

Agora, vamos resolver esse sistema interpretando-o graficamente.

Observe, no plano cartesiano ao lado, que os pares ordenados que são soluções da equação $2x + y = 4$ representam pontos de uma reta *r*. O mesmo ocorre para as soluções da equação $x + 2y = 5$ (reta *s*).

O ponto *P*, intersecção das retas *r* e *s*, representa o par ordenado (1, 2); portanto, o ponto *P* é a solução gráfica desse sistema.

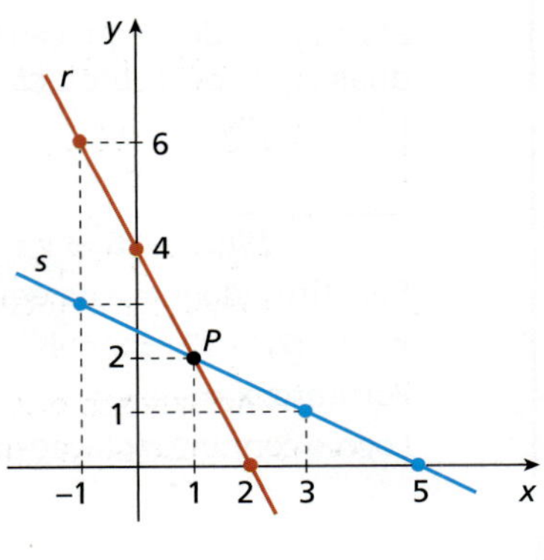

2º caso

Vamos considerar o sistema: $\begin{cases} -2x + 4y = 10 \\ -x + 2y = 4 \end{cases}$

Interpretando graficamente as equações, obtemos a reta *r* para a primeira equação e a reta *s* para a segunda:

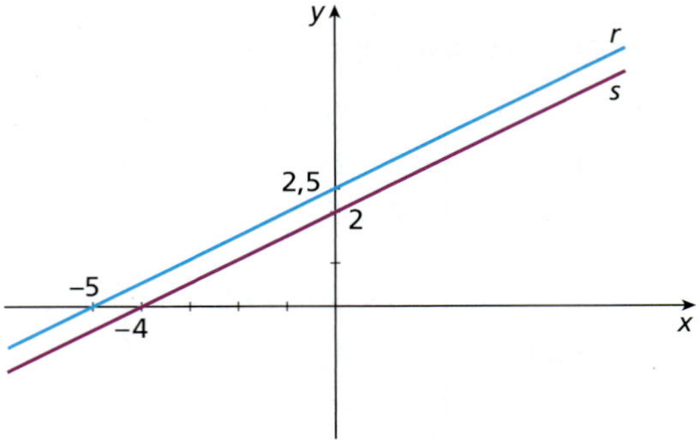

Como as equações são representadas por retas paralelas e distintas, não há intersecção entre elas, portanto não existe par ordenado que seja solução do sistema.

3º caso

Interpretando graficamente as equações do sistema $\begin{cases} 3x + 2y = 5 \\ 6x + 4y = 10 \end{cases}$, temos:

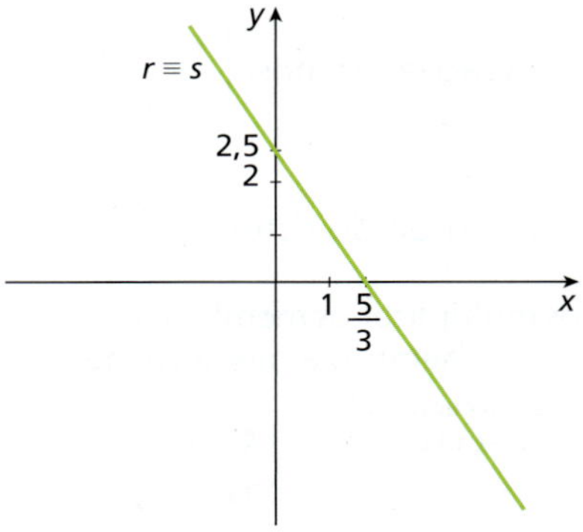

Como as equações são representadas por retas coincidentes, existem infinitos pares ordenados que são soluções do sistema.

Exercícios

R2. Resolver o sistema de equações:

$$\begin{cases} x + 4y = 12 & \text{(I)} \\ 5x + 2y = 24 & \text{(II)} \end{cases}$$

➤ Resolução

Multiplicando a equação (I) por −5 e somando duas equações, obtemos:

$$\begin{cases} -5x - 20y = -60 \\ 5x + 2y = 24 \end{cases}$$

$$-18y = -36 \Rightarrow y = 2$$

Substituindo y = 2 na equação (I), temos:

$x + 4 \cdot (2) = 12 \Rightarrow x = 4$

Portanto: x = 4 e y = 2

Logo, o conjunto solução do sistema é: $S = \{(4, 2)\}$

7. Calcule *m* e *n* para que o par (1, 0) seja solução de:

$$\begin{cases} mx + 3y = 4 \\ -2x + y = n \end{cases}$$

8. Resolva os sistemas.

a) $\begin{cases} x + 2y = 9 \\ 2x - y = 9 \end{cases}$

b) $\begin{cases} 2x + y = 9 \\ -x + 2y = 9 \end{cases}$

9. A parábola descrita pela equação $y = ax^2 + bx$ passa pelos pontos $A = \left(\frac{1}{3}, 1\right)$ e $B = (1, 2)$. Calcule os valores de *a* e *b*.

10. Considere o sistema: $\begin{cases} x - y = 0 \\ x + y = 2 \end{cases}$

a) Dê 3 soluções para cada equação.

b) Represente, em um mesmo plano cartesiano, as soluções gráficas de cada equação.

c) Identifique a solução gráfica do sistema.

11. As retas *r* e *s* são, respectivamente, as representações gráficas das equações $mx - 2y = 2$ e $x + ny = 6$.

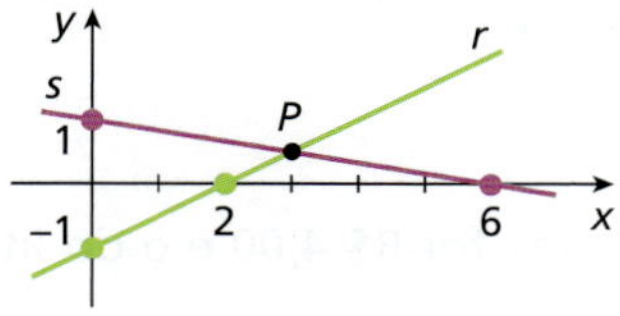

- Determine *m*, *n* e as coordenadas de *P*.

12. Alguns alunos faziam prova em uma sala. Em dado momento, 5 meninas terminaram e saíram da sala, ficando o número de meninos igual ao dobro do número de meninas. Depois de alguns minutos, 7 meninos terminaram a prova e saíram, ficando na sala o mesmo número de meninas e de meninos. Determine o número total de alunos que faziam a prova nessa sala.

ADRIAN SHERRATT/ALAMY/OTHER IMAGES

13. Misturam-se dois tipos de leite — um com 2% de gordura, outro com 4% de gordura — para obter, ao todo, 80 litros de leite com 2,5% de gordura. Quantos litros de leite de cada tipo foram misturados?

14. No plano cartesiano abaixo estão representadas duas retas. Uma delas é dada pela equação $x - y = 0$, e a outra pelas intersecções com os eixos coordenados.

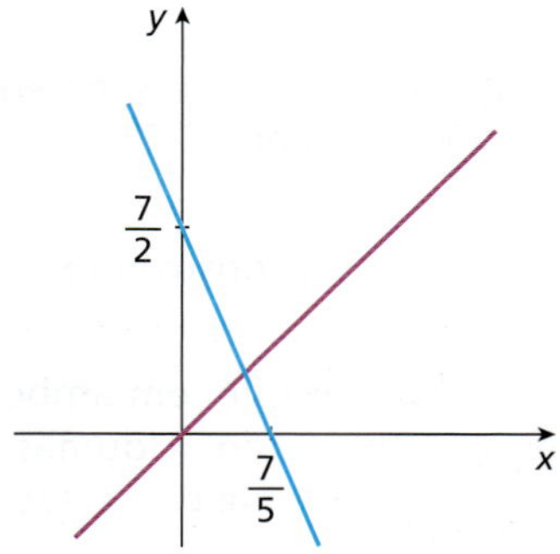

a) Determine a equação da outra reta.

b) Qual é a solução do sistema formado pelas duas equações? O que ela representa no plano cartesiano?

3.2 Classificação de um sistema linear

De acordo com o número de soluções, um sistema linear é classificado em:

a) sistema possível e determinado (SPD) ⟶ uma só solução;

b) sistema possível e indeterminado (SPI) ⟶ infinitas soluções;

c) sistema impossível (SI) ⟶ nenhuma solução.

Veja o exemplo a seguir.

Produção. Em uma loja de tintas, uma máquina mistura tinta látex e corante conforme a cor escolhida pelo consumidor. O preço de uma lata de tinta é calculado de acordo com as quantidades de cada uma dessas substâncias. Vamos calcular a quantidade de litros de látex e de corante para que a máquina, preenchendo latas de 20 litros, obtenha:

a) latas que custem R$ 100,00, se o preço do litro de látex for R$ 4,00 e o do litro de corante for R$ 8,00.

Representando a quantidade, em litro, de látex e de corante por *x* e *y*, respectivamente, construímos o sistema:

$$\begin{cases} x + y = 20 \\ 4x + 8y = 100 \end{cases}$$

GEMENACOM/SHUTTERSTOCK

Resolvendo esse sistema, obtemos: $x = 15$ e $y = 5$

Logo, o conjunto solução é $S = \{(15, 5)\}$, isto é, o sistema tem apenas uma solução e é um **sistema possível e determinado (SPD)**.

Representando graficamente o sistema, temos:

$r \cap s = \{P\} \Rightarrow$ SPD

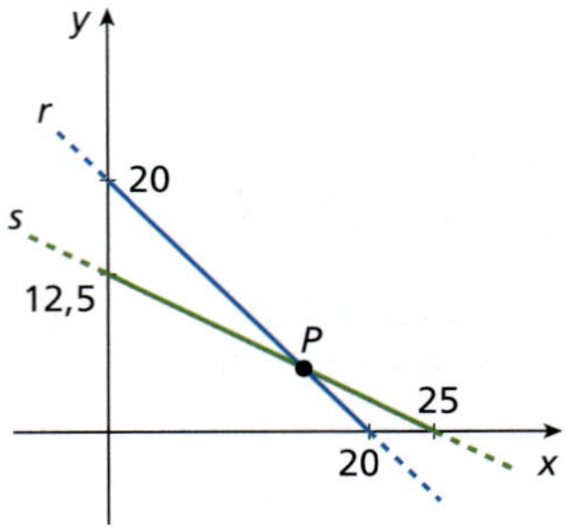

b) latas que custem R$ 80,00, se o preço do litro de látex for R$ 4,00 e o do litro de corante for R$ 4,00.

Nesse caso, construímos o sistema: $\begin{cases} x + y = 20 \\ 4x + 4y = 80 \end{cases}$

A 2ª equação é, em ambos os membros, o quádruplo da 1ª equação, representando assim a mesma informação. Algumas das infinitas soluções para esse sistema são (1, 19), (2, 18), (3, 17) e (5,3; 14,7). Observe que essas soluções são do tipo $(20 - k, k)$, com $0 < k < 20$ e $k \in \mathbb{R}$.

Logo a solução é $S = \{(20 - k, k) \mid k \in \mathbb{R} \text{ e } 0 < k < 20\}$ e o sistema é um **sistema possível e indeterminado (SPI)**.

Representando graficamente o sistema, temos:

$r \cap s = r = s \Rightarrow$ SPI

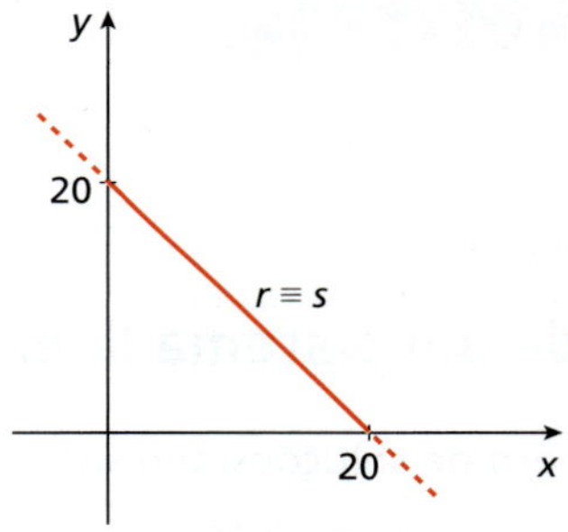

Note que os gráficos que representam as duas equações são retas coincidentes, ou seja, as retas têm infinitos pontos em comum.

c) latas que custem R$ 120,00, se o preço do litro de látex for R$ 8,00 e o do litro de corante for R$ 8,00.

Para essa situação, vamos considerar o sistema: $\begin{cases} x + y = 20 \\ 8x + 8y = 120 \end{cases}$

Resolvendo o sistema, temos:

$$\begin{cases} -8x - 8y = -160 \\ 8x + 8y = 120 \end{cases}$$

$$0x + 0y = -40 \Rightarrow 0 = -40 \text{ (falsa)}$$

$r \cap s = \varnothing \Rightarrow$ SI

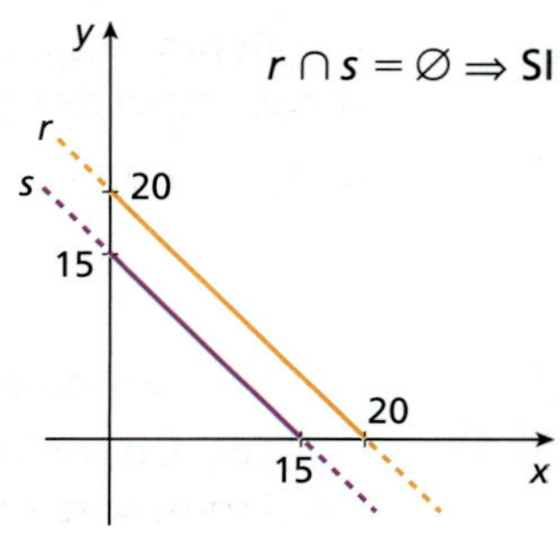

Ou seja, não há valores para x e y que tornem a sentença verdadeira. Portanto, $S = \varnothing$ e o sistema é um **sistema impossível (SI)**.

Observe, ao lado, que os gráficos que representam as duas equações são retas paralelas e distintas, ou seja, as retas não possuem pontos em comum.

Exercícios

15. Classifique cada sistema em SPD, SPI ou SI.

a) $\begin{cases} x - y = 3 \\ 2x + 3y = 6 \end{cases}$ b) $\begin{cases} x - y = 3 \\ 2x - 2y = 6 \end{cases}$ c) $\begin{cases} x - y = 3 \\ -3x + 3y = 9 \end{cases}$ d) $\begin{cases} x = 3 + y \\ y = x - 3 \end{cases}$

16. Calcule k tal que $\begin{cases} x = 2 \\ x + 2y = 8 \\ 3x - 2y + kz = 0 \end{cases}$ seja:

a) um sistema possível e indeterminado. b) um sistema possível e determinado.

17. Determine o conjunto solução dos sistemas formados pelas equações que descrevem as retas r e s dos gráficos abaixo.

a)

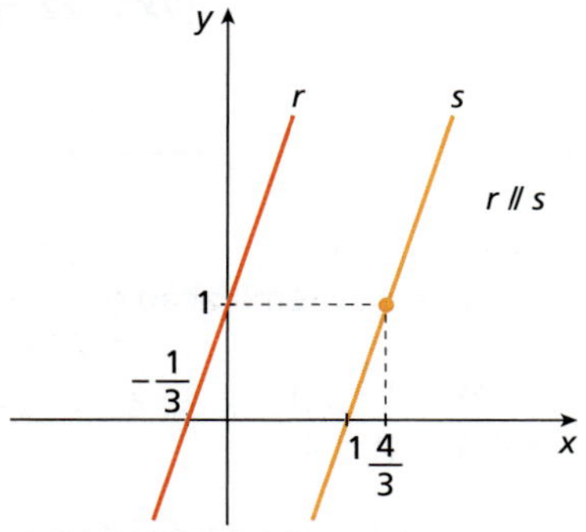

b)

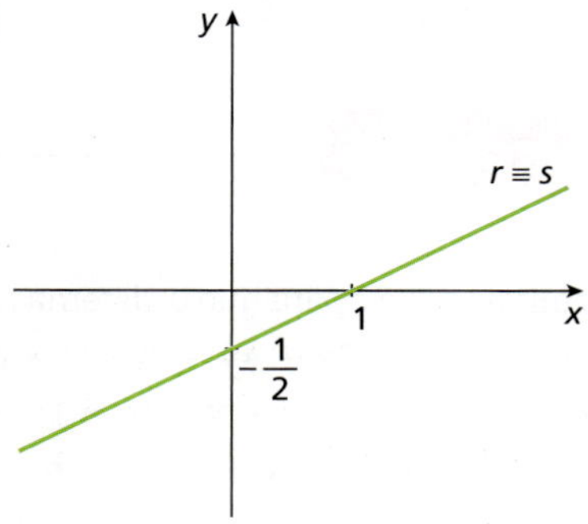

3.3 Sistemas lineares homogêneos

Acompanhe a situação a seguir.

Lazer. Um jogo de computador tem início com a distribuição de fichas coloridas aos participantes. Veja na tabela abaixo a quantidade de fichas que cada jogador recebeu.

	Azul	Branca	Cinza
Ari	3	2	1
Laís	1	2	3
João	5	6	7

O programa atribui valores às fichas conforme sua cor.

Para calcular o valor de cada ficha, sabendo que, para cada jogador, a soma da quantidade de fichas multiplicada por seus valores é zero, montamos o seguinte sistema: $\begin{cases} 3a + 2b + c = 0 \\ a + 2b + 3c = 0 \\ 5a + 6b + 7c = 0 \end{cases}$

em que a é o valor da ficha azul; b o valor da ficha branca; e c o valor da ficha cinza.

Esse sistema é chamado de sistema homogêneo, pois todos os termos independentes são nulos. Observe que ele admite como solução o terno (0, 0, 0).

Nesse caso, também há outras soluções. Pela substituição de a, b e c, verificamos que, para $\alpha \in \mathbb{R}$, o terno ordenado $(\alpha, -2\alpha, \alpha)$ é solução do sistema:

$$\begin{cases} 3\alpha + 2 \cdot (-2\alpha) + \alpha = 0 \\ \alpha + 2 \cdot (-2\alpha) + 3\alpha = 0 \\ 5\alpha + 6 \cdot (-2\alpha) + 7\alpha = 0 \end{cases}$$

Assim, para cada valor de α que substituímos no terno $(\alpha, -2\alpha, \alpha)$, obtemos uma solução. Por exemplo, para $\alpha = 1$, temos a solução $(1, -2, 1)$.

- Quando um sistema é formado apenas por equações homogêneas, ou seja, quando todos os termos independentes são nulos, o sistema é denominado **homogêneo**.

Observe que todo sistema linear homogêneo com n incógnitas admite a ênupla (0, 0, 0, ..., 0) como solução. Essa solução é chamada **solução nula**, **trivial** ou **imprópria**.

Qualquer solução diferente de (0, 0, 0) para um sistema homogêneo é chamada de **não nula, não trivial** ou **própria.**

Veja exemplos de sistemas lineares homogêneos:

$$\begin{cases} x + y + 2z = 0 \\ x + 2y + 2z = 0 \\ x + 3y + z = 0 \end{cases} \qquad \begin{cases} 4x - 6y + z - t = 0 \\ 0x + 3y - z + 5t = 0 \end{cases} \qquad \begin{cases} -x + 8y = 0 \\ 2y - 4y = 0 \\ 7x - 2z = 0 \end{cases}$$

Exercícios

R3. Determinar a, b e c para que o sistema a seguir seja homogêneo. $\begin{cases} 3x + 4y - 7z = c + a \\ -2x + y + 2z = 1 - c \\ x - y + z = a - b \end{cases}$

➤ **Resolução**

O sistema é homogêneo se:

$$\begin{cases} c + a = 0 \\ 1 - c = 0 \\ a - b = 0 \end{cases} \Rightarrow \begin{cases} a = -c \\ c = 1 \\ a = b \end{cases}$$

Logo,
$a = -1$, $b = -1$ e $c = 1$.

18. Considere o sistema abaixo.

$$\begin{cases} x - 3y = p^2 - 4 \\ 2x + y = p - 2 \end{cases}$$

Para que valor de p esse sistema é homogêneo?

19. Sabendo que o sistema abaixo é homogêneo, determine a, b e c.

$$\begin{cases} x + y + z = a - 2 \\ x + 2y + 3z = 2a + c \\ x - y + 2z = a + 2b - c \end{cases}$$

3.4 Matriz associada a um sistema

Todo sistema linear pode ser associado a matrizes. Por exemplo, considere o sistema abaixo.

$$\begin{cases} 3x + 2y = 5 \\ 2x - 7y = -3 \end{cases}$$

- Chamamos de **matriz associada incompleta** a matriz $\begin{pmatrix} 3 & 2 \\ 2 & -7 \end{pmatrix}$, formada apenas pelos coeficientes das incógnitas do sistema.
- Chamamos de **matriz associada completa** a matriz $\begin{pmatrix} 3 & 2 & 5 \\ 2 & -7 & -3 \end{pmatrix}$, formada pelos coeficientes das incógnitas e pelos termos independentes.

Veja mais um exemplo:

$$\begin{cases} x + 2y - z = 8 \\ 2x + 3y + 5z = 10 \\ -x - y = -5 \end{cases} \Rightarrow \begin{pmatrix} 1 & 2 & -1 \\ 2 & 3 & 5 \\ -1 & -1 & 0 \end{pmatrix} \qquad \begin{pmatrix} 1 & 2 & -1 & 8 \\ 2 & 3 & 5 & 10 \\ -1 & -1 & 0 & -5 \end{pmatrix}$$

matriz associada incompleta — matriz associada completa

Observe que, quando uma das incógnitas do sistema não aparece em alguma das equações, seu coeficiente é nulo.

Representação matricial de um sistema

Aplicando a definição de multiplicação de matrizes, estudada no capítulo anterior, e o conceito de matriz incompleta associada a um sistema, é possível representar um sistema em forma de **equação matricial**.

Exemplos

a) $\begin{cases} x + 3y = 7 \\ 7x - 4y = -1 \end{cases}$

A representação matricial associada a esse sistema é dada por: $\begin{pmatrix} 1 & 3 \\ 7 & -4 \end{pmatrix} \cdot \begin{pmatrix} x \\ y \end{pmatrix} = \begin{pmatrix} 7 \\ -1 \end{pmatrix}$

Podemos verificar se essa representação matricial está correta efetuando a multiplicação de matrizes:

$$\begin{pmatrix} 1 & 3 \\ 7 & -4 \end{pmatrix} \cdot \begin{pmatrix} x \\ y \end{pmatrix} = \begin{pmatrix} 7 \\ -1 \end{pmatrix}$$

$$\boxed{1 \quad 3} \cdot \boxed{\begin{matrix} x \\ y \end{matrix}} \rightarrow \boxed{1x + 3y = 7}$$

$$\boxed{7 \quad -4} \cdot \boxed{\begin{matrix} x \\ y \end{matrix}} \rightarrow \boxed{7x - 4y = -1}$$

Observe que, ao desenvolver a multiplicação de matrizes, obtemos as equações do sistema.

b) $\begin{cases} x - 2y + z = 3 \\ x + 2z = 1 \end{cases}$

Representação matricial: $\begin{pmatrix} 1 & -2 & 1 \\ 1 & 0 & 2 \end{pmatrix} \cdot \begin{pmatrix} x \\ y \\ z \end{pmatrix} = \begin{pmatrix} 3 \\ 1 \end{pmatrix}$

Podemos verificar essa representação matricial efetuando a multiplicação de matrizes:

$$\begin{pmatrix} 1 & -2 & 1 \\ 1 & 0 & 2 \end{pmatrix} \cdot \begin{pmatrix} x \\ y \\ z \end{pmatrix} = \begin{pmatrix} 3 \\ 1 \end{pmatrix}$$

$$\boxed{1 \quad -2 \quad 1} \cdot \boxed{\begin{matrix} x \\ y \\ z \end{matrix}} \rightarrow \boxed{1x - 2y + 1z = 3}$$

$$\boxed{1 \quad 0 \quad 2} \cdot \boxed{\begin{matrix} x \\ y \\ z \end{matrix}} \rightarrow \boxed{1x + 0y + 2z = 1}$$

Exercícios

R4. Resolver o sistema linear associado à equação matricial:

$$\begin{pmatrix} 2 & -1 \\ 3 & 1 \end{pmatrix} \cdot \begin{pmatrix} x \\ y \end{pmatrix} = \begin{pmatrix} 0 \\ 5 \end{pmatrix}$$

➤ Resolução

Resolvendo a multiplicação matricial, obtemos o sistema correspondente à equação $\begin{cases} 2x - y = 0 \\ 3x + y = 5 \end{cases}$

Pelo método da adição, temos: $5x = 5$

Então: $x = 1$ e $y = 2$

Logo, o conjunto solução do sistema é: $S = \{(1, 2)\}$

20. Escreva o sistema correspondente a:

$$\begin{pmatrix} -3 & 2 \\ 7 & -9 \end{pmatrix} \cdot \begin{pmatrix} x \\ y \end{pmatrix} = \begin{pmatrix} 4 \\ 0 \end{pmatrix}$$

21. Verifique se $\left(\frac{1}{2}, \frac{1}{5}\right)$ é solução da equação matricial:

$$\begin{pmatrix} 2 & -5 \\ 6 & -5 \end{pmatrix} \cdot \begin{pmatrix} x \\ y \end{pmatrix} = \begin{pmatrix} 0 \\ 2 \end{pmatrix}$$

22. Verifique se (1, 2, 3) é solução da equação matricial:

$$\begin{pmatrix} 1 & 1 & 1 \\ 1 & -2 & 2 \\ -2 & 3 & 0 \end{pmatrix} \cdot \begin{pmatrix} x \\ y \\ z \end{pmatrix} = \begin{pmatrix} 6 \\ 3 \\ 4 \end{pmatrix}$$

23. Determine quais dos ternos ordenados são soluções da equação matricial: $\begin{pmatrix} 1 & 1 & 1 \\ 1 & -1 & 2 \end{pmatrix} \cdot \begin{pmatrix} x \\ y \\ z \end{pmatrix} = \begin{pmatrix} 0 \\ 0 \end{pmatrix}$

a) (1, 1, 1)
b) (0, 0, 0)
c) (−3, 1, 2)
d) (3, −1, −2)
e) (−1, 1, 0)

24. Escreva a matriz incompleta N e a matriz completa M para cada um dos sistemas.

a) $\begin{cases} 3x - y + z = 7 \\ x + 2z = 10 \\ x + y + z = 3 \end{cases}$

b) $\begin{cases} 3x + 4y - z = 2 \\ -x - y - z = 7 \end{cases}$

c) $\begin{cases} -2x + 3y = 5 \\ x + y - 2z = 2 \end{cases}$

d) $\begin{cases} x + y - 2z = 7 \\ x + y = 6 \\ y - 5z = -4 \end{cases}$

25. Escreva o sistema correspondente a:

a) $\begin{pmatrix} 3 & 2 & -1 \\ 5 & 4 & -3 \end{pmatrix} \cdot \begin{pmatrix} x \\ y \\ z \end{pmatrix} = \begin{pmatrix} 2 \\ 5 \end{pmatrix}$

b) $\begin{pmatrix} -2 & 3 & 0 \\ 1 & -4 & 7 \\ 5 & 0 & -6 \end{pmatrix} \cdot \begin{pmatrix} x \\ y \\ z \end{pmatrix} = \begin{pmatrix} -2 \\ 0 \\ 3 \end{pmatrix}$

26. Dadas as matrizes completas, escreva os sistemas associados a elas.

a) $\begin{pmatrix} 1 & 2 & 5 & -1 \\ 3 & -2 & 2 & 4 \end{pmatrix}$

b) $\begin{pmatrix} 2 & -1 & -3 & 4 \\ 1 & 4 & 3 & -2 \\ 3 & 2 & -1 & 5 \end{pmatrix}$

c) $\begin{pmatrix} 3 & -2 & 2 \\ -1 & 3 & 5 \end{pmatrix}$

d) $\begin{pmatrix} 2 & 7 & -1 \\ 2 & -3 & 2 \\ 1 & 1 & 5 \end{pmatrix}$

27. Calcule m e n para que $(m + 3, n - 1)$ seja solução da equação matricial:

$$\begin{pmatrix} 1 & 1 \\ 2 & -3 \end{pmatrix} \cdot \begin{pmatrix} x \\ y \end{pmatrix} = \begin{pmatrix} 9 \\ 13 \end{pmatrix}$$

28. Escreva o sistema associado a cada equação matricial e resolva-o.

a) $\begin{pmatrix} 1 & 1 \\ 0 & 1 \end{pmatrix} \cdot \begin{pmatrix} x \\ y \end{pmatrix} = \begin{pmatrix} 10 \\ 8 \end{pmatrix}$

b) $\begin{pmatrix} 1 & 1 & 1 \\ 0 & 1 & 1 \\ 0 & 0 & 1 \end{pmatrix} \cdot \begin{pmatrix} x \\ y \\ z \end{pmatrix} = \begin{pmatrix} 6 \\ 5 \\ 3 \end{pmatrix}$

29. Calcule k para que $(1, 2, k)$ seja solução de:

$$\begin{pmatrix} 2 & -1 & -1 \\ 1 & 1 & 2 \\ 3 & 2 & -5 \end{pmatrix} \cdot \begin{pmatrix} x \\ y \\ z \end{pmatrix} = \begin{pmatrix} -k \\ k^2 + 3 \\ 7 \end{pmatrix}$$

30. Resolva o sistema associado a cada equação matricial.

a) $\begin{pmatrix} -7 & 1 \\ 0 & 1 \end{pmatrix} \cdot \begin{pmatrix} x \\ y \end{pmatrix} = \begin{pmatrix} -8 \\ 6 \end{pmatrix}$

b) $\begin{pmatrix} -3 & 2 & 1 \\ 0 & 1 & 2 \\ 0 & 0 & 1 \end{pmatrix} \cdot \begin{pmatrix} x \\ y \\ z \end{pmatrix} = \begin{pmatrix} 7 \\ 5 \\ 3 \end{pmatrix}$

4 Regra de Cramer

O matemático suíço Gabriel Cramer (1704 - 1752) demonstrou uma regra, conhecida por regra de Cramer, que possibilita resolver um sistema pelo uso direto de seus coeficientes. Porém, essa regra só pode ser aplicada se:

- o sistema for $n \times n$ (com n equações e n incógnitas);
- o determinante D da matriz incompleta não é nulo ($D \neq 0$).

4.1 Conceito da regra de Cramer

Veja a seguir como resolver um sistema linear 3 × 3 usando a **regra de Cramer**.

Considere o sistema de equações: $\begin{cases} ax + by + cz = k_1 \\ dx + ey + fz = k_2 \\ gx + hy + iz = k_3 \end{cases}$

Descrição do procedimento	Aplicação do procedimento
1º) Montamos a matriz associada incompleta e calculamos seu determinante **D**. • É importante observar que a regra de Cramer só pode ser aplicada a sistemas $n \times n$ (com n equações e n incógnitas) com $\boldsymbol{D \neq 0}$; portanto, se $D = 0$, **não** podemos aplicá-la.	$\boldsymbol{D} = \begin{vmatrix} a & b & c \\ d & e & f \\ g & h & i \end{vmatrix}$
2º) Calculamos o determinante $\boldsymbol{D_x}$, substituindo, na matriz dos coeficientes, a coluna dos coeficientes de x pela coluna dos termos independentes.	$\boldsymbol{D_x} = \begin{vmatrix} k_1 & b & c \\ k_2 & e & f \\ k_3 & h & i \end{vmatrix}$
3º) Calculamos o determinante $\boldsymbol{D_y}$, substituindo, na matriz dos coeficientes, a coluna dos coeficientes de y pela coluna dos termos independentes.	$\boldsymbol{D_y} = \begin{vmatrix} a & k_1 & c \\ d & k_2 & f \\ g & k_3 & i \end{vmatrix}$
4º) Calculamos o determinante $\boldsymbol{D_z}$, substituindo, na matriz dos coeficientes, a coluna dos coeficientes de z pela coluna dos termos independentes.	$\boldsymbol{D_z} = \begin{vmatrix} a & b & k_1 \\ d & e & k_2 \\ g & h & k_3 \end{vmatrix}$
5º) A solução do sistema é dada pela regra de Cramer:	$x = \frac{D_x}{D}$ $\quad y = \frac{D_y}{D}$ $\quad z = \frac{D_z}{D}$

Agora, vamos demonstrar a regra de Cramer para um sistema 2×2.

Descrição do procedimento	Aplicação do procedimento
1º) Resolvendo o sistema $\begin{cases} ax + by = k_1 \\ cx + dy = k_2 \end{cases}$ pelo método da adição, temos:	$\begin{cases} ax + by = k_1 \ (\times\ d) \\ cx + dy = k_2 \ (\times\ (-b)) \end{cases} \Rightarrow \begin{cases} adx + bdy = k_1d \\ -cbx - dby = -k_2b \end{cases}$ $(ad - cb)x = k_1d - k_2b$ $x = \frac{k_1d - k_2b}{ad - bc}$, se $ad - bc \neq 0$
2º) Substituindo x em qualquer das equações, encontramos:	$y = \frac{k_2a - k_1c}{ad - bc}$, se $ad - bc \neq 0$
3º) Observe agora os determinantes de algumas matrizes obtidas do sistema:	• $D = \begin{vmatrix} a & b \\ c & d \end{vmatrix} = ad - bc$ • $D_x = \begin{vmatrix} k_1 & b \\ k_2 & d \end{vmatrix} = k_1d - k_2b$ • $D_y = \begin{vmatrix} a & k_1 \\ c & k_2 \end{vmatrix} = k_2a - k_1c$
4º) Observando as equações dos dois primeiros passos e os determinantes, concluímos que, se $D \neq 0$, a solução do sistema é dada por:	$x = \frac{D_x}{D}$ $\quad y = \frac{D_y}{D}$

Exemplos

a) Vamos resolver o sistema $\begin{cases} 5 - 2(y + x) = -3 \\ 1 + 3(y - x) = 7 \end{cases}$ pela regra de Cramer.

Primeiro, reescrevemos o sistema: $\begin{cases} x + y = 4 \\ x - y = -2 \end{cases}$

Depois, calculamos:

$$D = \begin{vmatrix} 1 & 1 \\ 1 & -1 \end{vmatrix} = -2,\ D_x = \begin{vmatrix} 4 & 1 \\ -2 & -1 \end{vmatrix} = -2 \text{ e } D_y = \begin{vmatrix} 1 & 4 \\ 1 & -2 \end{vmatrix} = -6$$

Agora, usando a regra de Cramer, temos:

$$x = \frac{D_x}{D} = \frac{-2}{-2} = 1 \text{ e } y = \frac{D_y}{D} = \frac{-6}{-2} = 3$$

Logo, o conjunto solução do sistema é: $S = \{(1, 3)\}$

b) Vamos encontrar a solução do sistema $\begin{cases} 3x + 4y - z = -1 \\ -x + 2y + z = -3 \\ 2x + 5z = 2 \end{cases}$, usando a regra de Cramer:

$$D = \begin{vmatrix} 3 & 4 & -1 \\ -1 & 2 & 1 \\ 2 & 0 & 5 \end{vmatrix} = 62,$$

$$D_x = \begin{vmatrix} \mathbf{-1} & 4 & -1 \\ \mathbf{-3} & 2 & 1 \\ \mathbf{2} & 0 & 5 \end{vmatrix} = 62,\ D_y = \begin{vmatrix} 3 & \mathbf{-1} & -1 \\ -1 & \mathbf{-3} & 1 \\ 2 & \mathbf{2} & 5 \end{vmatrix} = -62 \text{ e } D_z = \begin{vmatrix} 3 & 4 & \mathbf{-1} \\ -1 & 2 & \mathbf{-3} \\ 2 & 0 & \mathbf{2} \end{vmatrix} = 0$$

coluna dos termos independentes

$$\text{Logo: } x = \frac{D_x}{D} = \frac{62}{62} = 1,\ y = \frac{D_y}{D} = \frac{-62}{62} = -1 \text{ e } z = \frac{D_z}{D} = \frac{0}{62} = 0$$

Portanto, a solução do sistema é: $S = \{(1, -1, 0)\}$

Note que, quando é possível aplicar a regra de Cramer, ou seja, quando $D \neq 0$, o sistema tem uma única solução (SPD). De modo geral, temos:

- $D \neq 0 \Rightarrow$ SPD
  $D = 0 \Rightarrow$ SPI ou SI

Exercícios

31. Aplicando a regra de Cramer, resolva os sistemas.

a) $\begin{cases} 2x + y = 8 \\ x + y = 6 \end{cases}$

b) $\begin{cases} 2x + y = 13 \\ 5x - 2y = 1 \end{cases}$

c) $\begin{cases} x + 2y = 5 \\ 2x - 3y = 3 \end{cases}$

d) $\begin{cases} 3x - 5y = -46 \\ 5x - 3y = 51 \end{cases}$

32. Resolva os sistemas pela regra de Cramer.

a) $\begin{cases} 2x + y + z = 9 \\ -x + 2y + 2z = 3 \\ -2x + 3y + 5z = 7 \end{cases}$

b) $\begin{cases} x + 2y + z = 10 \\ x + y - z = -1 \\ 2x - 3y + 2z = 13 \end{cases}$

33. Determine o valor de *a* para que os sistemas sejam possíveis e determinados (SPD).

a) $\begin{cases} ax - 2y = -1 \\ 2x - 2y = 4 \end{cases}$

b) $\begin{cases} x + 5y = 20 \\ ax - 2y = 9 \end{cases}$

R5. Consumo. Em um supermercado, há três marcas de cestas básicas, **A**, **B** e **C**, cada uma contendo macarrão, arroz e feijão. As cestas diferenciam-se não pelo conteúdo, mas pela quantidade desses produtos. Veja a seguir a composição de cada cesta.

- **cesta A:** 3 pacotes de macarrão, 1 de arroz e 2 de feijão;
- **cesta B:** 5 pacotes de macarrão, 2 de arroz e 3 de feijão;
- **cesta C:** 2 pacotes de macarrão, 1 de arroz e 3 de feijão.

Se os preços das cestas são, respectivamente, R$ 20,00, R$ 35,00 e R$ 21,00, qual é o valor do pacote de cada produto citado?

➤ Resolução

Representando os preços dos pacotes de macarrão, arroz e feijão por m, a e f, respectivamente, construímos o sistema:

$$\begin{cases} 3m + a + 2f = 20 \\ 5m + 2a + 3f = 35 \\ 2m + a + 3f = 21 \end{cases}$$

Calculando os determinantes, temos:

$$D = \begin{vmatrix} 3 & 1 & 2 \\ 5 & 2 & 3 \\ 2 & 1 & 3 \end{vmatrix} = 2 \qquad D_a = \begin{vmatrix} 3 & 20 & 2 \\ 5 & 35 & 3 \\ 2 & 21 & 3 \end{vmatrix} = 16$$

$$D_m = \begin{vmatrix} 20 & 1 & 2 \\ 35 & 2 & 3 \\ 21 & 1 & 3 \end{vmatrix} = 4 \qquad D_f = \begin{vmatrix} 3 & 1 & 20 \\ 5 & 2 & 35 \\ 2 & 1 & 21 \end{vmatrix} = 6$$

Portanto, pela regra de Cramer:

$$m = \frac{D_m}{D} = \frac{4}{2} = 2 \qquad a = \frac{D_a}{D} = \frac{16}{2} = 8$$

$$f = \frac{D_f}{D} = \frac{6}{2} = 3$$

Logo, os preços dos pacotes de macarrão, de arroz e de feijão são R$ 2,00, R$ 8,00 e R$ 3,00, respectivamente.

R6. Medição. Para se inscreverem em um concurso, Bruna, Paula e Carla deviam informar, com exatidão, quanto pesavam. Como não sabiam, precisaram usar a balança que estava no local da inscrição. No entanto, a balança indicava apenas valores acima de 80 kg. Para resolver o problema, elas se pesaram, duas a duas, e descobriram que Bruna e Paula pesavam, juntas, 95 kg; Paula e Carla, 110 kg; e Bruna e Carla, 106 kg. Determine quanto cada uma pesava no ato da inscrição.

➤ Resolução

Representando as massas de Bruna, Paula e Carla por x, y e z, respectivamente, construímos o seguinte sistema:

$$\begin{cases} x + y = 95 \\ y + z = 110 \\ x + z = 106 \end{cases}$$

Pela regra de Cramer:

$$D = \begin{vmatrix} 1 & 1 & 0 \\ 0 & 1 & 1 \\ 1 & 0 & 1 \end{vmatrix} = 2 \qquad D_y = \begin{vmatrix} 1 & 95 & 0 \\ 0 & 110 & 1 \\ 1 & 106 & 1 \end{vmatrix} = 99$$

$$D_x = \begin{vmatrix} 95 & 1 & 0 \\ 110 & 1 & 1 \\ 106 & 0 & 1 \end{vmatrix} = 91 \qquad D_z = \begin{vmatrix} 1 & 1 & 95 \\ 0 & 1 & 110 \\ 1 & 0 & 106 \end{vmatrix} = 121$$

Portanto:

$$x = \frac{D_x}{D} = \frac{91}{2} = 45{,}5 \qquad y = \frac{D_y}{D} = \frac{99}{2} = 49{,}5$$

$$z = \frac{D_z}{D} = \frac{121}{2} = 60{,}5$$

Logo, Bruna, Paula e Carla pesam 45,5 kg; 49,5 kg e 60,5 kg, respectivamente.

34. Indústria. (Unicamp-SP) Uma empresa deve enlatar uma mistura de amendoim, castanha-de-caju e castanha-do-pará. Sabe-se que o quilo do amendoim custa R$ 5,00, o quilo da castanha-de-caju, R$ 20,00 e o quilo da castanha-do-pará, R$ 16,00. Cada lata deve conter meio quilo da mistura, e o custo total dos ingredientes de cada lata deve ser R$ 5,75.

JANDUARI SIMIES/FOLHAPRESS

Além disso, a quantidade de castanha-de-caju em cada lata deve ser igual a um terço da soma das quantidades das outras duas.

a) Escreva o sistema linear que representa a situação descrita acima.

b) Resolva o sistema e determine as quantidades, em grama, de cada ingrediente por lata.

35. Idades. A soma das idades de Pedro e Maira é 22, e a soma das idades de Pedro e Iara é 23. Qual é a idade de Iara se a soma da sua idade com a de Maira é 25?

36. Poupança. Três amigos compararam o valor que cada um tinha na poupança e perceberam o seguinte:

- o dobro do valor do 1º mais a quantia do 2º, mais o triplo do 3º dava R$ 7.000,00;
- a quantia do 1º mais duas vezes o valor do 3º era igual ao valor do 2º;
- metade da quantia do 1º mais metade do valor do 3º dava R$ 1.000,00.

Quanto cada um tinha na poupança?

37. Determine o valor de m que torna possível e determinado o sistema: $\begin{cases} 2x + 4y = 9 \\ 3x + my = 7 \end{cases}$

38. Arquitetura. Para a ornamentação de um jardim, foi solicitado a uma arquiteta o projeto de um espelho d'água triangular. O projeto deve contemplar duas condições: a diferença entre as medidas de dois dos ângulos internos do triângulo deve ser 30°; e a soma das medidas de dois dos ângulos internos deve ser 120°. Determine a medida dos ângulos que serão formados pelas laterais do espelho d'água.

17.1 Visão do especialista

39. Resolva os sistemas pela regra de Cramer.

a) $\begin{cases} \dfrac{x}{2} + \dfrac{2y}{3} = 3 \\ 2x + y = 1 \end{cases}$

b) $\begin{cases} x + \dfrac{y}{3} + \dfrac{z}{2} = \dfrac{1}{3} \\ -x + \dfrac{z}{4} = 1 \\ y - z = -6 \end{cases}$

40. Câmbio. No Brasil, três turistas trocaram por reais, no mesmo dia, as quantias que lhes restavam em dólares, libras e euros, da seguinte forma:

1º *turista*: 50 dólares, 20 libras e 10 euros por 155 reais

2º *turista*: 40 dólares, 30 libras e 10 euros por 165 reais

3º *turista*: 30 dólares, 20 libras e 30 euros por 169 reais

Calcule o valor de uma libra, em reais, no dia em que os turistas efetuaram a transação.

5 Escalonamento de sistemas lineares

Para resolver e classificar sistemas lineares, além dos métodos já estudados, podemos recorrer ao processo do escalonamento, ou método de Gauss-Jordan.

Antes de estudar o método, veja o que são sistemas lineares equivalentes e sistemas escalonados.

5.1 Sistemas lineares equivalentes

- Dois sistemas lineares, S_1 e S_2, são **equivalentes** quando têm o mesmo conjunto solução. Indicamos por $S_1 \sim S_2$.

Veja os exemplos a seguir.

a) $S_1 = \begin{cases} 2x + y = 7 \\ x + y = 5 \end{cases}$ e $S_2 = \begin{cases} 3x + y = 9 \\ 7x - 3y = 5 \end{cases}$

O par ordenado (2, 3) é solução do sistema S_1, pois $2 \cdot \mathbf{2} + \mathbf{3} = 7$ e $\mathbf{2} + \mathbf{3} = 5$ são sentenças verdadeiras.

O par ordenado (2, 3) também é solução do sistema S_2, pois $3 \cdot \mathbf{2} + \mathbf{3} = 9$ e $7 \cdot \mathbf{2} - 3 \cdot \mathbf{3} = 5$ são sentenças verdadeiras.

Como $S = \{(2, 3)\}$ é conjunto solução dos dois sistemas, S_1 e S_2 são chamados de sistemas equivalentes: $S_1 \sim S_2$

b) $S_1 = \begin{cases} x + y + 2z = 2 \\ 2x + y + 2z = 4 \\ 3x + 2y + 4z = 6 \end{cases}$ e $S_2 = \begin{cases} x - y - 2z = 2 \\ 2x - 3y - 6z = 4 \\ x + 2y + 4z = 2 \end{cases}$

Podemos verificar que, para todo número real α, o terno ordenado $(2, -2\alpha, \alpha)$ é solução de S_1 e também de S_2, pois são verdadeiras as sentenças:

$\mathbf{2} + (\mathbf{-2\alpha}) + 2 \cdot \boldsymbol{\alpha} = 2$	$\mathbf{2} - (\mathbf{-2\alpha}) - 2 \cdot \boldsymbol{\alpha} = 2$
$2 \cdot \mathbf{2} + (\mathbf{-2\alpha}) + 2 \cdot \boldsymbol{\alpha} = 4$	$2 \cdot \mathbf{2} - 3 \cdot (\mathbf{-2\alpha}) - 6 \cdot \boldsymbol{\alpha} = 4$
$3 \cdot \mathbf{2} + 2 \cdot (\mathbf{-2\alpha}) + 4 \cdot \boldsymbol{\alpha} = 6$	$\mathbf{2} + 2 \cdot (\mathbf{-2\alpha}) + 4 \cdot \boldsymbol{\alpha} = 2$

Assim, se $\alpha = 1$, o terno $(2, -2, 1)$ é uma das infinitas soluções de S_1 e S_2.

Como $S = \{(2, -2\alpha, \alpha) \mid \alpha \in \mathbb{R}\}$ é o conjunto solução dos dois sistemas, temos $S_1 \sim S_2$.

Exercícios

R7. Verificar se os sistemas $\begin{cases} x + y = 7 \\ 4x + 2y = 24 \end{cases}$ e $\begin{cases} x - 1 = 2y \\ x = 5(y - 1) \end{cases}$ são equivalentes.

➤ Resolução

Resolvendo cada um dos sistemas, temos:

- $\begin{cases} x + y = 7 \\ 4x + 2y = 24 \end{cases} \Rightarrow \begin{cases} -2x - 2y = -14 \\ 4x + 2y = 24 \end{cases}$

  $2x = 10 \Rightarrow x = 5$

  Como $x = 5$, obtemos: $y = 2$

  Logo, (5, 2) é a solução desse sistema.

- $\begin{cases} x - 1 = 2y & \text{(I)} \\ x = 5(y - 1) & \text{(II)} \end{cases}$

  Substituindo (II) em (I):

  $5(y - 1) - 1 = 2y \Rightarrow 3y = 6 \Rightarrow y = 2$

  Como $y = 2$, obtemos: $x = 5$

  Logo, (5, 2) é a solução desse sistema.

  Como os dois sistemas têm a mesma solução, podemos concluir que são equivalentes.

R8. Sabendo que os sistemas são equivalentes, determinar p e q.

$S_1 = \begin{cases} px + 3y = 6 \\ 3px - 2qy = 3 \end{cases}$ e $S_2 = \begin{cases} x + y = 4 \\ 2x + y = 5 \end{cases}$

➤ Resolução

Resolvendo S_2, temos: $\begin{cases} x + y = 4 \\ -2x - y = -5 \end{cases}$

$-x = -1 \Rightarrow x = 1$

Como $x = 1$, então: $y = 3$

Logo, o par (1, 3) é solução do sistema S_2.

Sendo S_1 e S_2 equivalentes, o par (1, 3) também é solução de S_1. Assim:

$px + 3y = 6 \Rightarrow p \cdot 1 + 3 \cdot 3 = 6 \Rightarrow p = -3$

$3px - 2qy = 3 \Rightarrow 3 \cdot (-3) \cdot 1 - 2 \cdot q \cdot 3 = 3 \Rightarrow$

$\Rightarrow q = -2$

Portanto: $p = -3$ e $q = -2$

41. Os sistemas abaixo são equivalentes. Determine a e b.

$\begin{cases} 2x - y = -1 \\ 3x + y = 11 \end{cases}$ $\qquad$ $\begin{cases} ax + y = 13 \\ 4x - by = 7 \end{cases}$

42. Calcule m e n para que os sistemas tenham a mesma solução.

$\begin{cases} x + 2y = 5 \\ 3y = 6 \end{cases}$ $\qquad$ $\begin{cases} 3x - y = m \\ x + y = n \end{cases}$

43. Calcule o valor de a para que os sistemas sejam equivalentes.

$S_1 = \begin{cases} x - y = -1 \\ 2y - 2 = 2x \end{cases}$ $\qquad$ $S_2 = \begin{cases} ax - 3y = -a \\ x + 1 = y \end{cases}$

44. Determine os valores de a e b para que os sistemas sejam equivalentes.

$S_1 = \begin{cases} x + 2y = 3 \\ x - y = 0 \\ 3x - y = 2 \end{cases}$ $\qquad$ $S_2 = \begin{cases} x + y = 2 \\ ax + y = 3 \\ 2x - y = b \end{cases}$

45. Nos sistemas abaixo, observe:

$S_1 = \begin{cases} -x - 2y - z = 1 & \text{(A)} \\ 2x + 5y + 4z = -2 & \text{(B)} \\ 3x + 2y + z = 3 & \text{(C)} \end{cases}$

$S_2 = \begin{cases} -x - 2y - z = 1 & \text{(D)} \\ y + 2z = 0 & \text{(E)} \\ -4y - 2z = 6 & \text{(F)} \end{cases}$

$S_3 = \begin{cases} -x - 2y - z = 1 & \text{(G)} \\ y + 2z = 0 & \text{(H)} \\ 6z = 6 & \text{(I)} \end{cases}$

- a 2ª equação de S_2 é a soma da 2ª equação de S_1 com a 1ª equação de S_1 multiplicada por 2 ($E = B + 2 \cdot A$);
- a 3ª equação de S_2 é a soma da 3ª equação de S_1 com a 1ª equação de S_1 multiplicada por 3 ($F = C + 3 \cdot A$);
- a 3ª equação de S_3 é a soma da 3ª equação de S_2 com a 2ª equação de S_2 multiplicada por 4 ($I = F + 4 \cdot E$).

  Determine a solução de S_3 e verifique se ela também é solução de S_2 e de S_1, isto é, verifique se S_1, S_2 e S_3 são sistemas equivalentes.

5.2 Sistema escalonado

- Um sistema é dito **escalonado** quando, de uma equação para a seguinte, aumenta a quantidade de coeficientes nulos antes do primeiro coeficiente não nulo.

Exemplos

- $\begin{cases} 2x - y + z = 2 \\ 0x + 2y - z = 3 \\ 0x + 0y + z = 5 \end{cases}$
- $\begin{cases} 2x - y + 3z = 7 \\ 0x + 3y + 2z = 5 \\ 0x + 0y + 0z = 0 \end{cases}$
- $\begin{cases} x + y + 2z - 3t = 7 \\ 0x + 0y + 5z + t = 2 \end{cases}$

Resolução e classificação de um sistema escalonado

Veja, nos exemplos a seguir, como resolver e classificar sistemas escalonados.

a) $\begin{cases} 2x - y + z = 2 \\ \quad 2y - z = 3 \\ \qquad z = 5 \end{cases}$

Como o sistema já está escalonado, temos: $z = 5$

Substituindo z por 5 na 2ª equação: $2y - 5 = 3 \Rightarrow y = 4$

Agora, trocando z por 5 e y por 4 na 1ª equação, obtemos: $2x - 4 + 5 = 2 \Rightarrow x = \frac{1}{2}$

Logo, há uma só solução: $\left(\frac{1}{2}, 4, 5\right)$

Portanto, o sistema é **possível e determinado** (SPD).

b) O sistema $\begin{cases} x + 2y - z = 4 \\ \quad 2y - 6z = 0 \end{cases}$ tem duas equações e três incógnitas.

Se o sistema admite solução, para $z = k$, sendo k real, ele é equivalente ao sistema:

$\begin{cases} x + 2y - k = 4 \\ \quad 2y - 6k = 0 \end{cases}$

Resolvendo esse novo sistema, encontramos: $y = 3k$ e $x = 4 - 5k$

Atribuindo valores reais a k, obtemos soluções do sistema. Por exemplo, fazendo $k = -6$, obtemos o terno $(34, -18, -6)$, que satisfaz o sistema.

Como k é um número real qualquer, o sistema tem infinitas soluções, ou seja, é um sistema **possível e indeterminado** (SPI).

Portanto, a solução do sistema será do tipo $(4 - 5k, 3k, k)$, em que k é real.

Dizemos ainda que $S = \{(4 - 5k, 3k, k) \mid k \in \mathbb{R}\}$ é o conjunto solução do sistema.

É importante observar que, quando um sistema admite infinitas soluções (SPI), chamamos a variável que assume o valor k, real, de **variável livre**. Há sistemas com mais de uma variável livre. Nesse exemplo, z é a única variável livre.

c) Na última equação do sistema $\begin{cases} x + 6y + 3z = 5 \\ \quad y - 3z = 8 \\ \qquad 0z = 2 \end{cases}$, não há valores para z que tornem a igualdade $0z = 2$ verdadeira, pois toda multiplicação por zero resulta em zero. Sem solução, o sistema é **impossível** (SI).

Exercícios

46. Verifique quais sistemas estão escalonados.

a) $\begin{cases} x + y = 4 \\ \quad y = 3 \end{cases}$

b) $\begin{cases} x + 3y = 15 \\ 2x - y = 5 \end{cases}$

c) $\begin{cases} x + 2y + z = 8 \\ \quad 3y - z = 3 \\ \qquad -z = -3 \end{cases}$

d) $\begin{cases} x + y + z = 6 \\ \quad -y + z = -2 \\ -x + y - z = 0 \end{cases}$

e) $\begin{cases} x + 2y - z + w = 6 \\ \quad y + z - w = 1 \\ \qquad -z + w = 1 \end{cases}$

47. Resolva e classifique os sistemas escalonados.

a) $\begin{cases} -3x + 5y = -11 \\ \quad 2y = -2 \end{cases}$

b) $\begin{cases} 3x - y + z = 3 \\ \quad y - z = 0 \end{cases}$

c) $\begin{cases} x + y - z = 2 \\ \quad -2y + z = 3 \\ \qquad -4z = 4 \end{cases}$

d) $\begin{cases} x + 2y - z = -2 \\ \quad y + 3z = 1 \end{cases}$

5.3 O processo do escalonamento

Para escalonar um sistema linear, escrevemos sistemas equivalentes a ele, aplicando, total ou parcialmente, o procedimento usado nos exemplos a seguir.

a) Vamos escalonar o sistema $\begin{cases} 3x - y + z = 5 \\ x + y - 2z = 3 \\ 2x + 3y - z = 7 \end{cases}$ adotando os seguintes passos:

Descrição do procedimento	Aplicação do procedimento
1º) Escolhemos como 1ª equação aquela cujo coeficiente da 1ª incógnita seja não nulo e, se possível, igual a 1 ou a −1, o que simplifica o processo. Então, invertendo a posição da 1ª e da 2ª equação, temos:	$\begin{cases} x + y - 2z = 3 & \text{(2ª equação do sistema original)} \\ 3x - y + z = 5 & \text{(1ª equação do sistema original)} \\ 2x + 3y - z = 7 & \text{(3ª equação)} \end{cases}$
2º) Anulamos os coeficientes de x da 2ª e da 3ª equação. Para isso, vamos: • multiplicar a 1ª equação por −3 e somar a equação obtida com a 2ª; • multiplicar a 1ª equação por −2 e somar a equação obtida com a 3ª; Depois, substituímos as novas equações no sistema anterior.	$\begin{array}{r} -\cancel{3x} - 3y + 6z = -9 \\ \cancel{3x} - y + z = 5 \\ \hline -4y + 7z = -4 \end{array}$ $\begin{array}{r} -\cancel{2x} - 2y + 4z = -6 \\ \cancel{2x} + 3y - z = 7 \\ \hline y + 3z = 1 \end{array}$ $\begin{cases} x + y - 2z = 3 \\ -4y + 7z = -4 \\ y + 3z = 1 \end{cases}$
3º) Para facilitar a resolução, vamos inverter a 2ª e a 3ª equação do sistema anterior. Assim, o coeficiente de y na 2ª equação será 1.	$\begin{cases} x + y - 2z = 3 & \\ y + 3z = 1 & \text{(3ª equação do sistema anterior)} \\ -4y + 7z = -4 & \text{(2ª equação do sistema anterior)} \end{cases}$
4º) Anulamos o coeficiente de y na 3ª equação. Para isso, vamos multiplicar a nova 2ª equação por 4 e somar o produto obtido com a nova 3ª equação:	$\begin{array}{r} \cancel{4y} + 12z = 4 \\ -\cancel{4y} + 7z = -4 \\ \hline 19z = 0 \end{array}$
5º) Após substituir a 3ª equação pela soma obtida, temos o sistema escalonado:	$\begin{cases} x + y - 2z = 3 \\ y + 3z = 1 \\ 19z = 0 \end{cases}$

Com o sistema original escalonado, a resolução fica facilitada, pois da 3ª equação temos $z = 0$; substituindo z por 0 na 2ª equação, obtemos $y = 1$, e substituindo z por 0 e y por 1 na 1ª equação obtemos $x = 2$.

Portanto, a solução do sistema é: (2, 1, 0)

Observação

Note que, se todos os termos de uma equação linear forem multiplicados por um mesmo número não nulo, a solução da equação não será alterada.

b) Agora, para escalonar o sistema $\begin{cases} 3x + 2y + 2z = -1 \\ 2x - y - z = -3 \\ x + y + z = 0 \end{cases}$, vamos aplicar os mesmos procedimentos que os do exemplo anterior, mas vamos escrever a resolução por meio de um esquema. Acompanhe.

Descrição do procedimento	Aplicação do procedimento
1º) Para simplificar o processo, vamos deixar a equação mais simples na 1ª linha, trocando a ordem da 3ª equação com a 1ª.	$\begin{cases} 3x + 2y + 2z = -1 \\ 2x - y - z = -3 \\ x + y + z = 0 \end{cases}$ (troca da 1ª com a 3ª) $\Downarrow$
2º) Para anular os coeficientes de x da 2ª e da 3ª equações, vamos: • multiplicar a 1ª equação por -2 e somar com a 2ª; • multiplicar a 1ª equação por -3 e somar com a 3ª.	$\begin{cases} x + y + z = 0 \\ 2x - y - z = -3 \\ 3x + 2y + 2z = -1 \end{cases}$ $\cdot(-2)$ + ; $\cdot(-3)$ + $\Downarrow$
3º) Para facilitar, vamos dividir a 2ª equação por 3.	$\begin{cases} x + y + z = 0 \\ -3y - 3z = -3 \\ -y - z = -1 \end{cases}$ $:(3)$ $\Downarrow$
4º) Para anular o coeficiente de y na 3ª equação, vamos somar a 2ª equação com a 3ª.	$\begin{cases} x + y + z = 0 \\ y + z = 1 \\ -y - z = -1 \end{cases}$ + $\Downarrow$
5º) Assim, obtemos o sistema escalonado.	$\begin{cases} x + y + z = 0 \\ y + z = 1 \\ 0z = 0 \end{cases}$

Para resolver o sistema, observamos que qualquer valor real de z satisfaz a 3ª equação, isto é, equação $0z = 0$ admite solução $z = k$, em que k é um número real. Assim, se o sistema admite solução com $z = k$, sendo k real, ele é equivalente ao sistema: $\begin{cases} x + y + k = 0 \\ y + k = 1 \end{cases}$

Resolvendo esse novo sistema, encontramos: $y = 1 - k$ e $x = -1$

Atribuindo valores reais a k, obtemos soluções do sistema. Por exemplo:

- Fazendo $k = 3$, obtemos o terno $(-1, -2, 3)$, que satisfaz o sistema.
- Se $k = 0$, obtemos o terno $(-1, 1, 0)$, que satisfaz o sistema.
- Se $k = -2$, obtemos o terno $(-1, 3, -2)$, que satisfaz o sistema.

Como k é um número real qualquer, o sistema tem infinitas soluções, ou seja, é um sistema possível e indeterminado (SPI).

17.1 Biblioteca do estudante

Portanto, a solução do sistema será do tipo $(-1, 1 - k, k)$, em que k é um número real.

Logo: $S = \{(-1, 1 - k, k) \mid k \in \mathbb{R}\}$

Exercícios

R9. Escalonar e resolver o sistema:

$$\begin{cases} x - 2y + z = 3 \\ 4x - 6y + 8z = 16 \\ 4x - 7y + 6z = 15 \end{cases}$$

Resolução

Vamos escalonar esse sistema por meio de um esquema.

$$\begin{cases} x - 2y + z = 3 \\ 4x - 6y + 8z = 16 \\ 4x - 7y + 6z = 15 \end{cases} \quad \begin{matrix} \cdot(-4) \text{ (1ª eq.) } + \text{ (2ª eq.)} \\ \cdot(-4) \text{ (1ª eq.) } + \text{ (3ª eq.)} \end{matrix}$$

$$\Downarrow$$

$$\begin{cases} x - 2y + z = 3 \\ 2y + 4z = 4 \quad :(2) \\ y + 2z = 3 \end{cases}$$

$$\Downarrow$$

$$\begin{cases} x - 2y + z = 3 \\ y + 2z = 2 \quad \cdot(-1) \\ y + 2z = 3 \quad + \end{cases}$$

$$\Downarrow$$

$$\begin{cases} x - 2y + z = 3 \\ y + 2z = 2 \\ 0z = 1 \end{cases}$$

Como a nova 3ª equação é falsa, o sistema não admite solução. Logo, o sistema é impossível (SI).

48. Escalone e resolva os sistemas.

a) $\begin{cases} x + y = 5 \\ 2x - y = 1 \end{cases}$

b) $\begin{cases} 2x + 2y = 4 \\ x - 3y = 6 \end{cases}$

c) $\begin{cases} 4x - 2y = 34 \\ x + 6y = 2 \end{cases}$

d) $\begin{cases} x + y = -4 \\ 3x - 2y = 3 \end{cases}$

49. Escalone e resolva o sistema.

$$\begin{cases} 2x - y - z + w = 1 \\ x + 2y - z + w = 2 \\ -x - y + 2z + w = 3 \\ -x + y + z + 2w = 4 \end{cases}$$

17.2 Visão do especialista

50. Escalone e resolva os sistemas.

a) $\begin{cases} x + y + z = 6 \\ -2x + 3y + z = 7 \\ -x + 2y + 3z = 12 \end{cases}$

b) $\begin{cases} x + y = -1 \\ x + z = 1 \\ y + z = 4 \end{cases}$

c) $\begin{cases} 3x + y + 6z = 32 \\ -5x + 3y - 8z = -12 \\ x - 3y + 2z = -16 \end{cases}$

d) $\begin{cases} 4x + 3y + z = 6 \\ 3x - 8y + 4z = -3 \\ x + y + 2z = 9 \end{cases}$

51. Escalone, resolva e classifique os sistemas.

a) $\begin{cases} x + y = 4 \\ x - y = -2 \\ 5x + 2y = 11 \end{cases}$

b) $\begin{cases} 2x + y = 3 \\ -x + 2y = -3 \\ x - y = 1 \end{cases}$

c) $\begin{cases} x + y + z = 0 \\ 2x + 3y + 3z = 3 \\ 3x + 4y + 4z = 4 \end{cases}$

d) $\begin{cases} x + y + z = 1 \\ 2x + y + 2z = 0 \\ x + 2y + 2z = 1 \end{cases}$

e) $\begin{cases} -x + 2y - z = -2 \\ 2x + y + z = 13 \end{cases}$

f) $\begin{cases} x + y + z = 4 \\ 5x + 2y + z = 3 \\ 6x + 3y + 2z = 7 \end{cases}$

6 Discussão de um sistema linear

Discutir um sistema linear em função de um ou mais parâmetros é indicar para quais valores desses parâmetros o sistema é:

17.3 Visão do especialista

- possível e determinado (SPD);
- possível e indeterminado (SPI);
- impossível (SI).

Para discutir um sistema, podemos usar o escalonamento ou aplicar o determinante. Acompanhe a seguir como aplicar essa última técnica.

6.1 Aplicação do determinante

Considere o sistema: $\begin{cases} ax + by = e \\ cx + dy = f \end{cases}$

Sabemos, pela regra de Cramer, que, se o determinante da matriz incompleta é diferente de zero, isto é, $D = \begin{vmatrix} a & b \\ c & d \end{vmatrix} \neq 0$, então o sistema é possível e determinado (SPD).

Agora, se $D = 0$, o sistema é possível e indeterminado (SPI) ou impossível (SI). Nesse caso, podemos usar o escalonamento para descobrir se o sistema é SPI ou SI.

Ou seja, de modo geral:

> Sendo D o determinante da matriz associada incompleta de um sistema linear de n equações e n incógnitas:
> - $D \neq 0 \Rightarrow$ sistema possível e determinado (SPD);
> - $D = 0 \Rightarrow$ sistema possível e indeterminado (SPI) ou sistema impossível (SI).

É importante observar que, se a matriz associada incompleta de um sistema linear não é uma matriz quadrada ($n \times n$), não é possível calcular seu determinante, por isso aplicamos o método do escalonamento para discutir esse sistema.

Exemplos

a) Para discutir o sistema $\begin{cases} x + y = 2 \\ 3x + ky = 3 \end{cases}$ em função de k, calculamos:

$$D = \begin{vmatrix} 1 & 1 \\ 3 & k \end{vmatrix} = k - 3$$

- $D \neq 0 \Rightarrow k - 3 \neq 0 \Rightarrow k \neq 3$ SPD
- $D = 0 \Rightarrow k - 3 = 0 \Rightarrow k = 3$ SPI ou SI

Para saber o que ocorre com o sistema quando $k = 3$, ou seja, para saber se o sistema é SPI ou SI, substituímos k por 3 no sistema original e prosseguimos a análise:

$$\begin{cases} x + y = 2 \\ 3x + 3y = 3 \end{cases}$$

Dividindo todos os termos da 2ª equação por 3, obtemos:

$$\begin{cases} x + y = 2 & \text{(I)} \\ x + y = 1 & \text{(II)} \end{cases}$$

Substituindo I em II, obtemos $2 = 1$, o que é absurdo!

Logo, o sistema é impossível (SI).

Conclusão: $\begin{cases} k \neq 3 \Rightarrow \text{SPD} \\ k = 3 \Rightarrow \text{SI} \end{cases}$

b) Para discutir o sistema $\begin{cases} x + my = 0 \\ mx + y = 1 - m \end{cases}$ em função de m, calculamos:

$$D = \begin{vmatrix} 1 & m \\ m & 1 \end{vmatrix} = 1 - m^2$$

- $D \neq 0 \Rightarrow 1 - m^2 \neq 0 \Rightarrow m \neq \pm 1 \Rightarrow$ SPD
- $D = 0 \Rightarrow m = \pm 1$
  - $m = 1 \Rightarrow \begin{cases} x + y = 0 \\ x + y = 0 \end{cases} \Rightarrow$ SPI
  - $m = -1 \Rightarrow \begin{cases} x - y = 0 \\ -x + y = 2 \end{cases} \Rightarrow$ SI

Exercícios

R10. Discutir o sistema

$$\begin{cases} kx + y = -2 \\ -2x + y - z = k \\ 4x + y + kz = -5 \end{cases}$$ em função de k.

➤ Resolução

$$D = \begin{vmatrix} k & 1 & 0 \\ -2 & 1 & -1 \\ 4 & 1 & k \end{vmatrix} = k^2 + 3k - 4$$

- Se $D \neq 0$, então: $k^2 + 3k - 4 \neq 0 \Rightarrow k \neq -4$ e $k \neq 1 \Rightarrow$ SPD
- Se $D = 0$, então: $k^2 + 3k - 4 = 0 \Rightarrow k = -4$ ou $k = 1 \Rightarrow$ SPI ou SI

Para $k = -4$, temos:

$$\begin{cases} -4x + y = -2 \\ -2x + y - z = -4 \\ 4x + y - 4z = -5 \end{cases} \Rightarrow \begin{cases} -2x + y - z = -4 \\ -4x + y = -2 \\ 4x + y - 4z = -5 \end{cases} \Rightarrow$$

$$\Rightarrow \begin{cases} -2x + y - z = -4 \\ -y + 2z = 6 \\ 3y - 6z = -13 \end{cases} \Rightarrow \begin{cases} -2x + y - z = -4 \\ -y + 2z = 6 \\ 0z = 5 \end{cases}$$

Podemos observar que não há nenhum valor real para z que satisfaça a 3ª equação; então para $k = -4$, o sistema é SI.

Para $k = 1$, temos:

$$\begin{cases} x + y = -2 \\ -2x + y - z = 1 \\ 4x + y + z = -5 \end{cases} \Rightarrow \begin{cases} x + y = -2 \\ 3y - z = -3 \\ -3y + z = 3 \end{cases} \Rightarrow$$

$$\Rightarrow \begin{cases} x + y = -2 \\ 3y - z = -3 \\ 0z = 0 \end{cases}$$

Nesse caso, pela 3ª equação, concluímos que z pode assumir qualquer valor real; logo, o sistema é SPD.

Portanto:

$$\begin{cases} k \neq -4 \text{ e } k \neq 1 \Rightarrow \text{SPD} \\ k = -4 \Rightarrow \text{SI} \\ k = 1 \Rightarrow \text{SPI} \end{cases}$$

52. Discuta os sistemas em função de k.

a) $\begin{cases} x + y = 4 \\ x + ky = 3 \end{cases}$

b) $\begin{cases} x + y = 1 \\ kx - y = 2 \end{cases}$

c) $\begin{cases} x + ky = 3 \\ kx + y = 2 \end{cases}$

d) $\begin{cases} x - ky = 0 \\ kx - y = 0 \end{cases}$

e) $\begin{cases} x - y = 1 \\ 2kx + y = 3 \end{cases}$

f) $\begin{cases} 2x - 3ky = 1 \\ x + ky = 4 \end{cases}$

53. Discuta os sistemas em função de m.

a) $\begin{cases} x + y + z = 3 \\ 2x + 3y + z = 0 \\ 3x + 4y + mz = 1 \end{cases}$

b) $\begin{cases} x + y + z = 3 \\ y + z = 10 \\ mz = 7 \end{cases}$

c) $\begin{cases} 3x + 4y + 2z = 0 \\ x + z = 2 \\ mx + 2y = 1 \end{cases}$

d) $\begin{cases} x + z = 8 \\ y + z = 10 \\ -mx + z = 8 \end{cases}$

54. Discuta o sistema abaixo em função do parâmetro a.

$$\begin{cases} x + 4y - 5z = 0 \\ 2x - y + 3z = 0 \\ 3x + ay + 2z = 0 \end{cases}$$

55. Discuta o sistema $\begin{cases} x + y + z = 7 \\ x + my + z = 5 \\ mx + my + 2z = 3 \end{cases}$ em função de m.

R11. Discutir o sistema

$$\begin{cases} x + y + z = 0 \\ x - y + mz = 2 \\ 2x + y - z = n \end{cases}$$

➤ Resolução

Vamos escalonar o sistema conservando a 1ª equação.

Multiplicamos a 1ª equação por (−1) e somamos, membro a membro, com a 2ª.

Multiplicamos a 1ª equação por (−2) e somamos, membro a membro, com a 3ª.

$$\begin{cases} x + y + z = 0 \\ -2y + (m - 1)z = 2 \\ -y - 3z = n \end{cases}$$

Para facilitar, multiplicamos a nova 3ª equação por (−1) e trocamos com a nova 2ª equação:

$$\begin{cases} x + y + z = 0 \\ y + 3z = -n \\ -2y + (m - 1)z = 2 \end{cases}$$

Multiplicamos a nova 2ª equação por 2 e somamos, membro a membro, com a nova 3ª equação:

$$\begin{cases} x + y + z = 0 \\ y + 3z = -n \\ (m + 5)z = 2 - 2n \end{cases}$$

- Se $m \neq -5$, então $z = \dfrac{2 - 2n}{m + 5}$. Logo, o sistema tem uma única solução e, portanto, é SPD.
- Se $m = -5$, obtemos o sistema:

$$\begin{cases} x + y + z = 0 \\ \quad y + 3z = -n \\ \qquad 0z = 2 - 2n \end{cases}$$

Agora, observando a 3ª equação, $0z = 2 - 2n$, temos:

Se $2 - 2n$ for igual a zero, ou seja, se $n = 1$, a variável z pode assumir qualquer valor real e, portanto, o sistema é SPI.

Se $2 - 2n \neq 0$, não há valor de z que satisfaça a equação; logo, o sistema é SI.

Resumindo:

$$\begin{cases} m \neq 5 \Rightarrow \text{SPD} \\ m = 5 \text{ e } n = 1 \Rightarrow \text{SPI} \\ m = 5 \text{ e } n \neq 1 \Rightarrow \text{SI} \end{cases}$$

56. O sistema linear $\begin{cases} x + 2y - z = 2 \\ 2x + 3y - 3z = 7 \\ x + py + z = q \end{cases}$, nas incógnitas x, y e z, admite infinitas soluções. Calcule os valores de p e q.

Ficha de revisão

1. Determine o valor real da constante k de modo que $(2, k)$ seja solução da equação $3kx - ky + 40 = 0$, de incógnitas x e y

2. Sociologia. (Unicamp-SP) O IBGE contratou um certo número de entrevistadores para realizar o recenseamento em uma cidade. Se cada um deles recenseasse 100 residências, 60 delas não seriam visitadas. Como, no entanto, todas as residências foram visitadas e cada recenseador visitou 102, quantas residências tem a cidade?

3. Segurança. Em determinada região da cidade, existem 3 delegacias de polícia (*A*, *B* e *C*). Cada delegacia atende uma área de determinado raio, de acordo com a quantidade de funcionários (conforme mostra a figura).

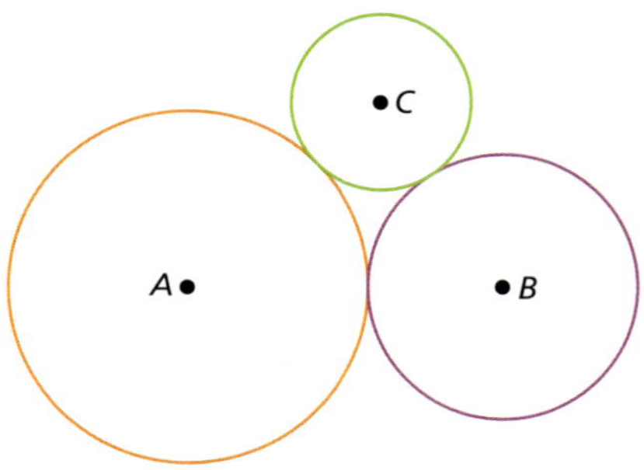

A distância entre as delegacias *A* e *B* é 18 km; entre *A* e *C* é 16 km; e entre *B* e *C* é 12 km. Determine o raio de atendimento de cada delegacia, admitindo que os círculos sejam tangentes entre si.

4. Determine o valor de $m \in \mathbb{R}$ de modo que $(2m, -m)$ seja solução do sistema:

$\begin{cases} 2x - y = -5 \\ 3mx - y = 5 \end{cases}$, de incógnitas x e y

5. Premiação. No final do ano, uma empresa premiará seus funcionários com certo número de cédulas de R$ 50,00. Se cada funcionário receber 8 cédulas, sobrarão 45 delas, e se cada funcionário receber 11 cédulas faltarão 27. Que valor será distribuído?

6. Determine a lei da função polinomial do 1º grau $f(x) = ax + b$ sabendo que seu gráfico passa pelos pontos $A(2, 5)$ e $B(-3, 1)$.

7. Consumo. (Mackenzie-SP) Um supermercado vende três marcas diferentes, *A*, *B* e *C*, de sabão em pó, embalados em caixas de 1 kg. O preço da marca *A* é igual à metade da soma dos preços das marcas *B* e *C*. Se um cliente paga R$ 14,00 pela compra de dois pacotes do sabão *A*, mais um pacote do sabão *B* e mais um do sabão *C*, o preço que ele pagaria por três pacotes do sabão *A* seria:

a) R$ 12,00
b) R$ 10,50
c) R$ 13,40
d) R$ 11,50
e) R$ 13,00

8. O sistema linear $\begin{cases} (\lambda + 1)x + y = 0 \\ x + \lambda y = 3 \end{cases}$ admite solução (x, y) com $y = 0$. Determine o valor de λ.

9. Determine $k \in \mathbb{R}$ de modo que o sistema abaixo tenha solução única.

$$\begin{cases} 6x + 2y = 4 \\ 3x + 5y = 6 \\ kx + 2y = 5 \end{cases}$$

10. Viagem. (Fuvest-SP) Durante uma viagem, choveu 5 vezes. A chuva caía pela manhã ou à tarde, nunca o dia todo. Houve 6 manhãs e 3 tardes sem chuva. Quantos dias durou a viagem?

a) 6
b) 7
c) 8
d) 9
e) 10

11. Dadas as equações $y = 2x - 6$ e $y = 2x - 4$:

a) represente, num mesmo sistema de coordenadas, as funções dadas por essas equações.
b) interprete os gráficos construídos no item **a** e dê o conjunto solução do sistema formado pelas equações.

12. Classifique os sistemas lineares abaixo e determine o conjunto solução correspondente.

a) $\begin{cases} x + 5y = 3 \\ 2x - 3y = 5 \end{cases}$

b) $\begin{cases} x + \dfrac{1}{2}y = 2 \\ 2x + y = 4 \end{cases}$

13. Sabendo que os sistemas abaixo são equivalentes, determine o valor de $a + b$.

$\begin{cases} 2x + 3y = -1 \\ 3x + 2y = -4 \end{cases}$ $\begin{cases} ax - 3y = 0 \\ 2x - by = 0 \end{cases}$

14. Resolva o sistema: $\begin{cases} 3x + 2y - 12z = 0 \\ x - y + z = 0 \\ 2x - 3y + 5z = 0 \end{cases}$

15. Resolva as equações matriciais.

a) $\begin{bmatrix} 1 & 2 & 0 \\ 0 & 3 & 3 \\ 0 & -1 & 0 \end{bmatrix} \cdot \begin{bmatrix} x \\ y \\ z \end{bmatrix} = \begin{bmatrix} 1 \\ -1 \\ 2 \end{bmatrix}$

b) $\begin{bmatrix} 1 & 1 & 1 & 1 \\ 0 & -1 & -1 & 1 \\ 0 & 0 & -1 & 1 \\ 0 & 0 & 0 & -1 \end{bmatrix} \cdot \begin{bmatrix} u \\ x \\ y \\ z \end{bmatrix} = \begin{bmatrix} 6 \\ 0 \\ 1 \\ -3 \end{bmatrix}$

16. Determine o valor de $\lambda \in \mathbb{R}$ de modo que a equação matricial $\begin{bmatrix} 1 & 5 \\ 2 & -1 \end{bmatrix} \cdot \begin{bmatrix} x \\ y \end{bmatrix} = \lambda \begin{bmatrix} x \\ y \end{bmatrix}$ admita mais de uma solução.

17. O sistema $\begin{cases} 3x + 7my + 6z = 0 \\ 3my + 4z = 0 \\ (m - 1)x + 2y - mz = 0 \end{cases}$

nas variáveis x, y e z admite solução diferente da trivial. Determine o valor de m.

18. Determine $\lambda \in \mathbb{R}$ de modo que o sistema abaixo não admita solução diferente da trivial.

$$\begin{cases} \lambda x + y = 0 \\ x + \lambda y + z = 0 \\ y + \lambda z = 0 \end{cases}$$

19. Resolva pela regra de Cramer o sistema linear a seguir: $\begin{cases} x + y = 1 \\ x - z = -2 \\ y - z = 3 \end{cases}$

20. Resolva por escalonamento o sistema linear:

$$\begin{cases} 2x + 3y + z + t = 4 \\ 3x - 3y + z - t = 5 \\ 2y + z = 0 \\ -x - y + 2t = 6 \end{cases}$$

21. Discuta, em função do parâmetro a, o sistema a seguir: $\begin{cases} x + 4y - 5z = 0 \\ 2x - y + 3z = 0 \\ 3x + ay + 2z = 0 \end{cases}$

22. Resolva o sistema: $\begin{cases} 2^x = 8^{y+1} \\ 9^y = 3^{x-9} \end{cases}$

23. (Uece) No sistema linear $\begin{cases} x + 2y + z + w = 3 \\ x + y + 2z + w = 7 \\ x + y + z + 2w = 9 \\ 2x + y + z + w = 5 \end{cases}$

o valor de $x + y + z + w$ é:

a) 15
b) $\frac{12}{5}$
c) $\frac{19}{5}$
d) $\frac{24}{5}$

24. Discuta, em função do parâmetro m, o sistema linear a seguir: $\begin{cases} (m - 1)x + 2y = 0 \\ 4x + (m + 1)y = 0 \end{cases}$

25. Sabendo que o sistema abaixo é possível e não admite solução trivial, determine k.

$$\begin{cases} 2x + y + 4z = k \\ 3x + 2y + 5z = k \\ x + \dfrac{y}{2} + 2z = k^2 \end{cases}$$

26. Discuta o sistema abaixo em função dos coeficientes a e b.

$$\begin{cases} x + ay = 1 \\ ax + y = b \end{cases}$$

27. (Fuvest) Considere o sistema:

$$\begin{cases} x - my = 1 - m \\ (1 + m)x + y = 1 \end{cases}$$

a) Prove que o sistema admite solução única para cada número real m.
b) Determine m de modo que o valor de x seja o maior possível.

Questões de vestibular

1. (UFJF-MG) A tabela abaixo fornece a quantidade de proteína, carboidrato e gordura contida em cada grama dos alimentos A, B, C e D. Um nutricionista deseja preparar uma refeição, composta somente por esses alimentos, que contenha exatamente 50 unidades de proteínas, 21 unidades de carboidrato e 24 unidades de gordura. Então, quanto às maneiras de se combinarem quantidades desses quatro alimentos, em números inteiros de gramas, para compor tal refeição, é correto afirmar que:

Alimentos	Unidades de proteína	Unidades de carboidrato	Unidades de gordura
A	4	4	2
B	6	1	3
C	6	2	3
D	2	3	1

a) não existe tal maneira.
b) existe uma única maneira.
c) existem exatamente duas maneiras.
d) existem exatamente três maneiras.
e) existem infinitas maneiras.

2. (FGV) Sabe-se que o sistema linear

$\begin{cases} x - y = 2 \\ 2x + ay = \log_b(-a) \end{cases}$ nas variáveis x e y é

possível e indeterminado. Nessas condições, b^a é igual a:

a) $2\sqrt[4]{2}$
b) $\sqrt{2}$
c) $\sqrt[4]{2}$
d) $\frac{\sqrt{2}}{2}$
e) $\frac{\sqrt[4]{2}}{2}$

17.4 Visão do especialista

3. (Mackenzie-SP) As afirmações abaixo referem-se ao sistema $\begin{cases} x + ky = 2 \\ kx + 4y = 2 - k \end{cases}$, $k \in \mathbb{R}$.

I. Existe um único valor de k para o qual o sistema admite mais de uma solução.

II. Existe um único valor de k para o qual o sistema não admite solução.

III. Existe k irracional para o qual o sistema tem solução única.

Então:

a) somente III é verdadeira.
b) somente II é verdadeira.
c) somente I é verdadeira.
d) somente I e II são verdadeiras.
e) somente II e III são verdadeiras.

17.5 Visão do especialista

4. (UFSCar-SP) Sendo m e n números reais positivos, o sistema linear $\begin{cases} (\log_2 m)x + (\log_4 n)y = 1 \\ x + y = 2 \end{cases}$ nas variáveis x e y será possível e determinado se, e somente se:

a) $m \neq 2n$
b) $m \neq \sqrt{n}$
c) $m\sqrt{n} \neq 1$
d) $n = 2m$
e) $m = 2n$

5. (Unioeste-PR) Considere o sistema de equações lineares com três equações e três incógnitas a seguir.

$$\begin{cases} 2x + y - \frac{1}{2}z = \frac{1}{3} \\ x + 2y - z = \frac{2}{3} \\ 6x + 3y - \frac{3}{2}z = 1 \end{cases}$$

Podemos afirmar que tal sistema:

a) Não possui solução.
b) Possui uma única solução.
c) Tem como solução geral o conjunto $\{(a, b, a - b)$, com a e b pertencentes a $\mathbb{R}$.
d) É possível, mas possui número infinito de soluções.
e) Possui um número finito n de soluções, onde $n > 2$.

6. (Unipar-PR) Sobre o sistema linear

$$\begin{cases} x + 2y + 3z = 1 \\ 2x + 4y + 6z = 2 \\ 3x + 6y + 9z = 4 \end{cases}$$

é correto afirmar que é:

a) possível e determinado.
b) possível e indeterminado.
c) impossível.
d) homogêneo.
e) inclassificável.

7. (IME-RJ) Resolva e interprete, geometricamente, o sistema matricial a seguir, em função de α e β.

$$\begin{bmatrix} 1 & -2 & 3 \\ 5 & -6 & 7 \\ 6 & 8 & \alpha \end{bmatrix} \cdot \begin{bmatrix} x \\ y \\ z \end{bmatrix} = \begin{bmatrix} -4 \\ -8 \\ \beta \end{bmatrix}$$

8. (ESPM-SP) Quanto ao sistema

$\begin{bmatrix} k & 2 \\ 1 & k+1 \end{bmatrix} \cdot \begin{bmatrix} x \\ y \end{bmatrix} = \begin{bmatrix} -6 \\ 3 \end{bmatrix}$, nas variáveis x e y, pode-se afirmar:

a) É sempre possível.
b) É impossível para $k = -1$ ou $k = -2$.
c) É possível e indeterminado para $k = 1$ ou $k = -2$.
d) É possível e indeterminado somente para $k = -2$.
e) É possível e determinado para qualquer k real.

9. (Vunesp) Considere a matriz $A = \begin{bmatrix} 6 & -3 & 0 \\ -3 & 6 & 0 \\ 1 & -1 & 2 \end{bmatrix}$

a) Determine todos os números reais λ para os quais se tem $\det(A - \lambda I) = 0$, onde I é a matriz identidade de ordem 3.

b) Tomando $\lambda = -2$, dê todas as soluções do sistema: $\begin{cases} (6-\lambda)x - 3y = 0 \\ -3x + (6-\lambda)y = 0 \\ x - y + (2-\lambda)z = 0 \end{cases}$

10. (UFBA) Determine os valores de k para que o sistema de equações $\begin{cases} 2x + 2y - 2z = 2 \\ 3x + 4y + (k-1)z = 4 \\ x + ky + 3z = 2 \end{cases}$ seja:

a) possível e determinado.

b) possível e indeterminado.

c) impossível.

11. (Unicamp-SP) Dado o sistema linear homogêneo:

$$\begin{cases} [\cos(\alpha) + sen(\alpha)]x + [2\,sen(\alpha)]y = 0 \\ [\cos(\alpha)]x + [\cos(\alpha) - sen(\alpha)]y = 0 \end{cases}$$

17.6 Visão do especialista

a) Encontre os valores de α para os quais esse sistema admite solução não trivial, isto é, solução diferente da solução $x = y = 0$.

b) Para o valor de α encontrado no item (**a**) que está no intervalo $\left[0, \frac{\pi}{2}\right]$, encontre uma solução não trivial do sistema.

12. (FGV)

a) Discuta, em função de m, o sistema nas incógnitas x e y: $\begin{cases} mx + y = 4 \\ x + my = 6 \end{cases}$

b) Dadas as matrizes $A = \begin{bmatrix} 2 & 0 \\ 1 & 3 \end{bmatrix}$ e $B = \begin{bmatrix} k & 0 \\ m & \frac{1}{3} \end{bmatrix}$, para que valores de k e m a matriz A é a inversa de B?

13. (Fuvest-SP) O sistema $\begin{cases} x + (c+1)y = 0 \\ cx + y = -1 \end{cases}$, onde $c \neq 0$, admite uma solução (x, y) com $x = 1$. Então, c é:

a) -3 **b)** -2 **c)** -1 **d)** 1 **e)** 2

14. (Unicamp-SP) Resolva o sistema abaixo.

$$\begin{cases} 2x + y + z + w = 11 \\ x + 2y + z + w = 12 \\ x + y + 2z + w = 13 \\ x + y + z + 2w = 14 \end{cases}$$

15. (Fuvest-SP) Um caminhão transporta maçãs, peras e laranjas, num total de 10.000 frutas. As frutas estão condicionadas em caixas (cada caixa só contém um tipo de fruta), sendo que cada caixa de maçãs, peras e laranjas tem, respectivamente, 50 maçãs, 60 peras e 100 laranjas e custa, respectivamente, 20, 40 e 10 reais. Se a carga do caminhão tem 140 caixas e custa 3.300 reais, calcule quantas maçãs, peras e laranjas estão sendo transportadas.

17.7 Visão do especialista

16. (Unicamp-SP) Seja dado o sistema linear:

17.8 Visão do especialista

$$\begin{cases} -x_1 + 2x_2 = 2 \\ 2x_1 - x_2 = 2 \\ x_1 + x_2 = 2 \end{cases}$$

a) Mostre graficamente que esse sistema não tem solução. Justifique.

b) Para determinar uma solução aproximada de um sistema linear $Ax = b$ impossível, utiliza-se o método dos quadrados mínimos, que consiste em resolver o sistema $A^TAx = A^Tb$. Usando esse método, encontre uma solução aproximada para o sistema dado anteriormente. Lembre-se de que as linhas de M^T (a transposta da matriz M) são iguais às colunas de M.

Capítulo 18

Análise combinatória

Objetivos do capítulo:

- Compreender e aplicar o princípio fundamental da contagem.
- Identificar a natureza dos problemas de contagem.
- Compreender e aplicar os conceitos e as fórmulas de permutação, arranjo, combinação e binômio de Newton na resolução de problemas.

REPRODUÇÃO - ACERVO FAMÍLIA DUMONT, RIO DE JANEIRO

Em 1891, Alberto Santos--Dumont, o inventor do avião, trouxe o primeiro automóvel para o Brasil.

REPRODUÇÃO - BIBLIOTECA MUNICIPAL MÁRIO DE ANDRADE, SÃO PAULO

Em 1904, existiam apenas 84 automóveis em São Paulo, e a prefeitura tornou obrigatória a inspeção dos veículos, para registrá-los. O veículo de Santos--Dumont recebeu a placa de identificação "P-1".

ACERVO ICONOGRAPHIA

O mercado automobilístico no Brasil foi efetivamente inaugurado em 1919, quando a Ford decidiu instalar uma subsidiária em solo brasileiro.

ACERVO ICONOGRAPHIA

O Brasil chegou ao final de 1960 com um total de 321.150 veículos. Observe na foto que, naquele ano, as placas de identificação dos carros tinham somente números.

ADRIANA ELIAS/FOLHAPRESS

Pelo Departamento Nacional de Trânsito (Denatran), em 1990, o Brasil tinha 18.267.245 veículos. Em fevereiro desse ano, a placa de cor amarela, com duas letras e quatro números, foi substituída pela placa cinza, com três letras e quatro números, que é usada até hoje.

SERGEY PETERMAN/SHUTTERSTOCK

K. FARAKTINOV/SHUTTERSTOCK

Conforme levantamento do Denatran, em abril de 2011, o Brasil tinha uma frota de mais de 66,5 milhões de veículos.
Neste capítulo, veremos como calcular quantos veículos é possível emplacar antes que as placas recebam uma letra ou um número a mais.

1 Contagem

Os problemas de contagem são frequentes no nosso cotidiano. Estão presentes, por exemplo, quando pensamos nas possibilidades de combinação de roupas, de planejamento de pratos em cardápios ou de combinação de números em um jogo de loteria.

Seu estudo tem aplicação nas mais diversas situações: no esporte, ao se montar tabelas de campeonatos; no trânsito, ao se planejar um sistema de emplacamento que possibilite identificar todos os veículos que circulam em um país, etc.

A Análise combinatória é o campo de estudo que desenvolve métodos para fazer a contagem, de modo eficiente, do número de elementos de um conjunto. Associada à Probabilidade e à Estatística, a Análise combinatória constitui um poderoso instrumento de antecipação de resultados nos campos industrial, comercial, científico ou governamental.

1.1 Princípio multiplicativo

Acompanhe, a seguir, algumas situações que envolvem contagens.

a) Consumo. Para montar seu lanche na cantina da escola, Raul pode escolher entre 2 tipos de pão (francês ou integral), 3 tipos de recheio (calabresa, presunto ou hambúrguer) e ainda se quer o sanduíche com ou sem queijo. Quantos tipos de sanduíche Raul pode montar?

Raul pode fazer três tipos de escolha:

- E_1: pão francês (f) ou integral (i);
- E_2: recheio de calabresa (c), presunto (p) ou hambúrguer (h);
- E_3: com queijo (cq) ou sem queijo (sq).

FERNANDO FAVORETTO/ CRIAR IMAGEM

Organizando as opções em um esquema, temos:

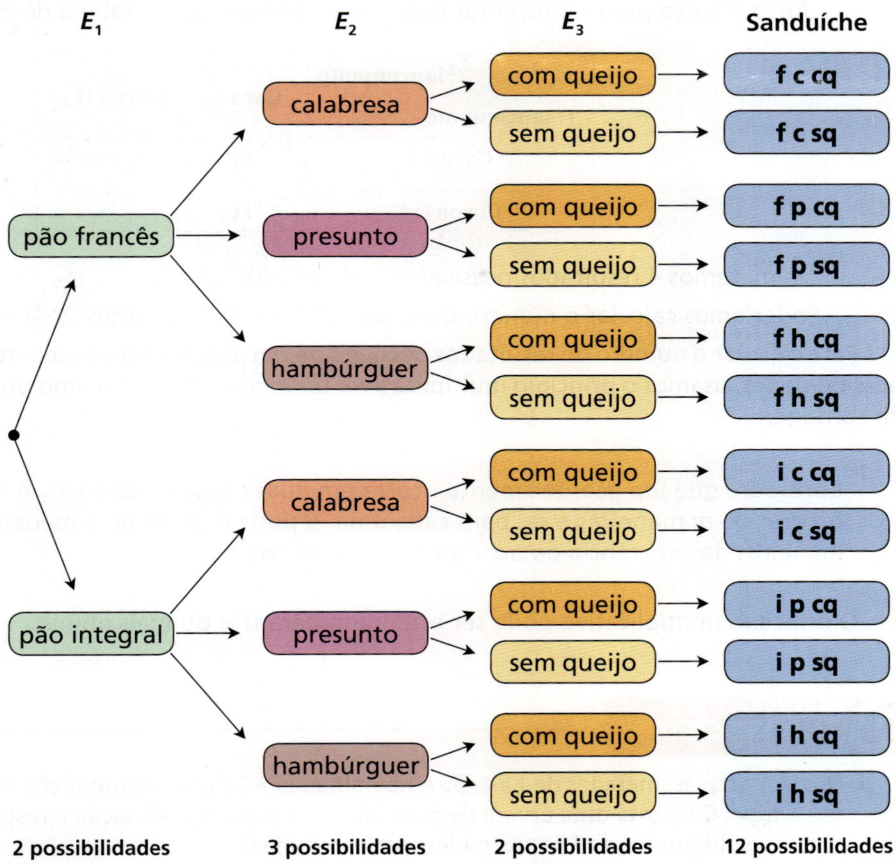

Com base no esquema, concluímos que Raul pode montar 12 tipos de sanduíche.

Note que, para cada um dos 2 tipos de pão, há 3 possibilidades de recheio, e, para cada uma delas, há 2 opções (o lanche com ou sem queijo); então, a quantidade de sanduíches pode ser calculada por: $2 \cdot 3 \cdot 2 = 12$

O esquema anterior, montado para auxiliar na visualização das possibilidades, é chamado de **árvore de possibilidades**, também conhecido como diagrama de árvore ou diagrama sequencial.

b) Jogo. Vamos considerar dois lançamentos sucessivos de uma moeda. Quais resultados podem ser obtidos?

Quando lançamos uma moeda, podemos obter cara (c) ou coroa (k). Lançando-a uma segunda vez, novamente podemos obter cara (c) ou coroa (k).

Vamos representar esses lançamentos em uma árvore de possibilidades:

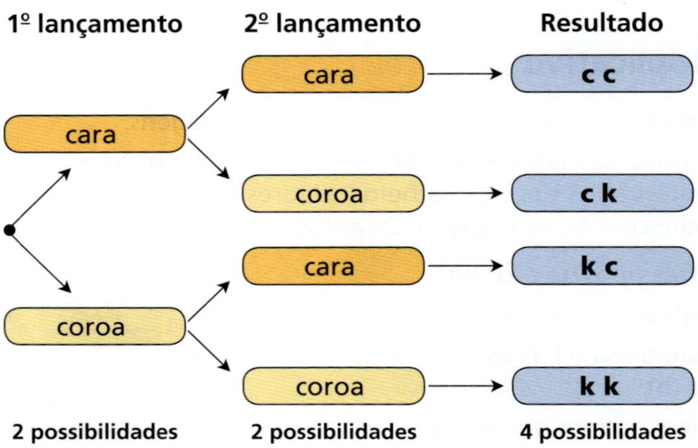

INXTI/SHUTTERSTOCK

Outro recurso para representar todas as possibilidades é a tabela de dupla entrada:

2º lançamento / 1º lançamento	Cara (c)	Coroa (k)
Cara (c)	cc	ck
Coroa (k)	kc	kk

Assim, temos 4 resultados possíveis: cc, ck, kc e kk

Poderíamos calcular o número de resultados possíveis fazendo: $2 \cdot 2 = 4$

Para calcular o número de resultados possíveis de um acontecimento sem ter que listar todas as possibilidades, usamos o **princípio multiplicativo**, também conhecido como princípio fundamental da contagem:

- Considere que um acontecimento ocorra em duas etapas sucessivas, A e B. Se A pode ocorrer de m maneiras e se, para cada uma, B pode ocorrer de n maneiras, o número de maneiras de ocorrência do acontecimento é $m \cdot n$.

O princípio multiplicativo pode ser estendido para três ou mais etapas.

Exercícios

1. Quatro cartas numeradas de 1 a 4 são embaralhadas, e 3 cartas distintas são escolhidas ao mesmo tempo. Construa uma árvore de possibilidades para essa situação e responda: de quantas maneiras diferentes as 3 cartas podem ser escolhidas?

R1. Três alunos chegam atrasados a uma palestra. No auditório, há 7 cadeiras desocupadas. De quantas maneiras eles podem ocupar essas cadeiras?

➤ Resolução

Vamos considerar que a ocupação das cadeiras ocorra em três etapas:

- E_1 (escolha de uma cadeira pelo 1º aluno): 7 possibilidades
- E_2 (escolha pelo 2º aluno após ter ocorrido E_1): 6 possibilidades
- E_3 (escolha pelo 3º aluno após terem ocorrido E_1 e E_2): 5 possibilidades

Pelo princípio multiplicativo, temos: $7 \cdot 6 \cdot 5 = 210$

Logo, são 210 maneiras diferentes.

R2. **Transporte.** Conforme vimos no início do capítulo, no Brasil, após 1990, as placas de automóvel passaram a ter 3 letras seguidas por 4 algarismos. Quantas são as possibilidades de compor placas diferentes nesse sistema? (Considere o alfabeto com 26 letras.)

➤ Resolução

O diagrama abaixo representa os sete espaços de uma placa de automóvel:

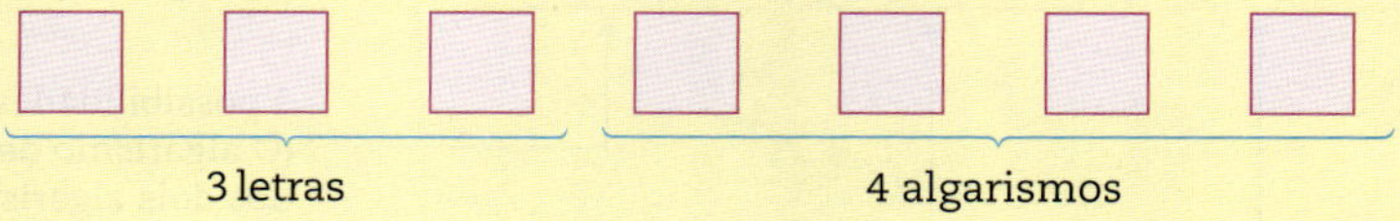

Cada um dos 3 primeiros espaços pode ser preenchido com qualquer uma das 26 letras do alfabeto, e cada um dos últimos 4 espaços pode ser preenchido com qualquer um dos 10 algarismos, conforme o diagrama abaixo:

26	26	26	10	10	10	10

Pelo princípio multiplicativo, o número de possibilidades de diferentes placas é:

$26 \cdot 26 \cdot 26 \cdot 10 \cdot 10 \cdot 10 \cdot 10 = 175.760.000$

Portanto, nesse sistema, é possível compor 175.760.000 placas.

2. Uma pessoa quer viajar de uma cidade A a uma cidade C, passando pela cidade B. As cidades A e B estão ligadas por 3 estradas: d_1, d_2 e d_3; e as cidades B e C estão ligadas por 4 estradas: e_1, e_2, e_3 e e_4. De quantos modos diferentes pode-se fazer o percurso ABC?

3. Com 3 tipos de macarrão e 2 tipos de molho, quantos pratos diferentes de macarronada podem ser preparados com 1 tipo de macarrão e 1 tipo de molho?

OLGA MILTSOVA/SHUTTERSTOCK

4. Doze atletas participam de uma corrida. Se nenhum pode ganhar mais de um prêmio, de quantas maneiras podem ser distribuídos o 1º e o 2º prêmio?

5. Ao lançar uma moeda e um dado, quantas são as possibilidades de resultado?

R3. Quantos números de 4 algarismos podem ser formados com os algarismos 0, 1, 2, 3, 4 e 5?

➤ Resolução

O esquema abaixo representa o número de 4 algarismos:

milhar	centena	dezena	unidade

Observe que, para o algarismo do milhar, há apenas 5 possibilidades, pois essa posição não pode ser ocupada pelo algarismo zero, nesse caso, teríamos um número com 3 algarismos, não com 4. Para cada uma das posições restantes – centena, dezena e unidade – há 6 possibilidades.

Assim, pelo princípio multiplicativo, temos: $5 \cdot 6 \cdot 6 \cdot 6 = 1.080$

Portanto, é possível formar 1.080 números com os algarismos dados.

R4. Calcular a quantidade de números de 3 algarismos distintos que podem ser formados com os algarismos 0, 2, 4, 6 e 8.

Vamos considerar o seguinte esquema, que representa o número de três algarismos distintos:

centena	dezena	unidade

unidade → 3 possibilidades (O algarismo deve ser diferente dos dois algarismos anteriores.)

dezena → 4 possibilidades (O algarismo pode ser o zero, mas não pode ser igual ao algarismo das centenas.)

centena → 4 possibilidades (2, 4, 6 e 8, pois o algarismo não pode ser o zero.)

Pelo princípio multiplicativo, temos: $4 \cdot 4 \cdot 3 = 48$

Portanto, podem ser formados 48 números de 3 algarismos distintos com os algarismos dados.

6. Quantos são os números de 4 algarismos?

7. Quantos são os números de 4 algarismos distintos?

8. Calcule quantos números de 3 dígitos podem ser formados com os algarismos 0, 1, 2, 3, 4 e 5, se os algarismos:

a) podem ser repetidos;

b) não podem ser repetidos.

R5. Quantos são os números de 4 algarismos distintos formados com os algarismos 0, 1, 2, 3, 4 e 5 e divisíveis por 5?

➤ Resolução

Se um número é divisível por 5, termina em 0 ou em 5:

___ ___ ___ 0

- 3 possibilidades
- 4 possibilidades
- 5 possibilidades (1, 2, 3, 4 e 5)

$5 \cdot 4 \cdot 3 = 60$

___ ___ ___ 5

- 3 possibilidades
- 4 possibilidades
- 4 possibilidades (1, 2, 3 e 4)

$4 \cdot 4 \cdot 3 = 48$

Assim, temos 60 números terminados em 0 e 48 terminados em 5.

Portanto, é possível formar 108 números divisíveis por 5.

9. Quantos números entre 1.000 e 8.000 podemos formar usando apenas os algarismos 1, 3, 5, 7 e 9, sem repeti-los?

10. No sistema de numeração decimal, quantos números de 3 algarismos distintos são ímpares?

11. No sistema de numeração decimal, quantos números de 3 algarismos distintos são pares?

R6. Uma prova consta de 12 questões do tipo verdadeiro ou falso. De quantos modos distintos é possível preencher o gabarito de respostas?

➤ Resolução

Cada questão pode ser respondida com verdadeiro ou falso, logo há 2 possibilidades para responder cada questão.

Assim, pelo princípio multiplicativo:

$$\underbrace{2 \cdot 2 \cdot 2 \cdot \ldots \cdot 2 \cdot 2}_{12\text{ fatores}} = 2^{12} = 4.096$$

Logo, há 4.096 formas distintas de preencher o gabarito de respostas.

12. A seleção para certo concurso é feita por uma prova com 6 questões. Para cada questão, há 3 opções de resposta. Os candidatos marcam as 6 respostas em um cartão. De quantos modos diferentes esse cartão pode ser preenchido?

13. No código Morse, as letras são representadas por pontos e traços, em agrupamentos ordenados de 1 a 4 desses sinais para cada letra. Quantas letras distintas podem ser representadas nesse código?

A	B	C	D	E
•—	—•••	—•—•	—••	•

14. Em um salão há 4 portas. Sabendo que o salão é considerado aberto quando há pelo menos uma dessas portas aberta, determine de quantas maneiras distintas esse salão pode estar aberto.

2 Fatorial de um número natural

Muitos problemas de Análise combinatória devem ser resolvidos com uma multiplicação de números naturais consecutivos, como $1 \cdot 2 \cdot 3$ ou $8 \cdot 7 \cdot 6 \cdot 5 \cdot 4 \cdot 3 \cdot 2 \cdot 1$. Nesses exemplos, multiplicamos números naturais de 1 até n, sendo no primeiro caso $n = 3$ e, no segundo, $n = 8$. Em geral, produtos do tipo $1 \cdot 2 \cdot 3 \cdot 4 \cdot \ldots \cdot (n - 1) \cdot n$ são escritos com a notação de fatorial.

O **fatorial** de um número natural n é representado por $n!$ (lemos: "n fatorial") e é definido por:

- $n! = n \cdot (n - 1) \cdot (n - 2) \cdot \ldots \cdot 2 \cdot 1$, para $n \geq 2$
- $1! = 1$
- $0! = 1$

Exemplos

a) $4! = 4 \cdot 3 \cdot 2 \cdot 1 = 24$

b) $10! = 10 \cdot 9 \cdot 8 \cdot 7 \cdot 6 \cdot 5 \cdot 4 \cdot 3 \cdot 2 \cdot 1 = 3.628.800$

A notação fatorial facilita a representação da multiplicação de números naturais consecutivos. Por exemplo, para representar o produto $25 \cdot 24 \cdot 23 \cdot 22 \cdot 21 \cdot \ldots \cdot 3 \cdot 2 \cdot 1$, podemos escrever 25!.

Se tivermos um número natural n muito grande, o cálculo de $n!$ será muito trabalhoso. Por isso, ao representar $n!$, podemos fazer algumas substituições, observe:

- $10! = 10 \cdot \underbrace{9 \cdot 8 \cdot 7 \cdot 6 \cdot 5 \cdot 4 \cdot 3 \cdot 2 \cdot 1}_{9!} = 10 \cdot 9!$
- $n! = n \cdot (n - 1)!$
- $n! = n \cdot (n - 1) \cdot (n - 2)!$, e assim por diante.

Esse tipo de substituição será muito usado nas simplificações de expressões.

Exemplos

a) $\frac{8!}{5! \cdot 3!} = \frac{8 \cdot 7 \cdot 6 \cdot \cancel{5!}}{\cancel{5!} \cdot 3 \cdot 2 \cdot 1} = \frac{8 \cdot 7 \cdot 6}{3 \cdot 2 \cdot 1} = 56$

b) $\frac{1.001!}{1.000!} = \frac{1.001 \cdot \cancel{1.000!}}{\cancel{1.000!}} = 1.001$

c) $\frac{(n+1)!}{n!} = \frac{(n+1) \cdot \cancel{n!}}{\cancel{n!}} = n + 1$

Exercícios

15. Calcule o valor de:

a) $\frac{7!}{4!}$

b) $\frac{3! \cdot 7!}{4! \cdot 6!}$

16. Simplifique:

a) $\frac{n!}{(n - 1)!}$

b) $\frac{(n + 2)!}{n!}$

R7. Calcular n sabendo que $\frac{(n + 1)!}{n!} = 4!$.

➤ Resolução

Observando que $(n + 1)!$ pode ser escrito como $(n + 1) \cdot n!$ e que $4! = 4 \cdot 3 \cdot 2 \cdot 1 = 24$, temos:

$\frac{(n + 1) \cdot \cancel{n!}}{\cancel{n!}} = 24 \Rightarrow n + 1 = 24 \Rightarrow n = 23$

17. Calcule n sabendo que:

a) $\frac{n!}{(n - 2)!} = 30$

b) $\frac{(n + 1)!}{(n - 1)!} = 72$

18. Escreva os números como um produto de fatoriais.

a) 12

b) 48

c) 24

d) 720

19. Escreva as expressões em termos de 4!.

a) $\frac{5!}{5}$

b) $\frac{5!}{2!}$

c) $\frac{7! - 5!}{5}$

3 Permutação

3.1 Permutação simples

Permutar significa trocar a ordem dos elementos que formam um todo com a finalidade de obter uma nova configuração.

Quando trocamos a ordem das letras que formam uma palavra, obtemos um **anagrama** dessa palavra, que pode ter significado ou não. Vamos verificar, por exemplo, quantos anagramas é possível formar com as letras da palavra AMOR.

Para a primeira letra, temos 4 possibilidades (A, M, O, R). Depois dessa escolha, há 3 possibilidades para a escolha da segunda letra, 2 para a terceira letra e 1 para a quarta letra. Logo, pelo princípio multiplicativo, temos: $4 \cdot 3 \cdot 2 \cdot 1 = 24$, ou seja, 24 anagramas.

Para determinar todos os anagramas, podemos fazer uma árvore de possibilidades:

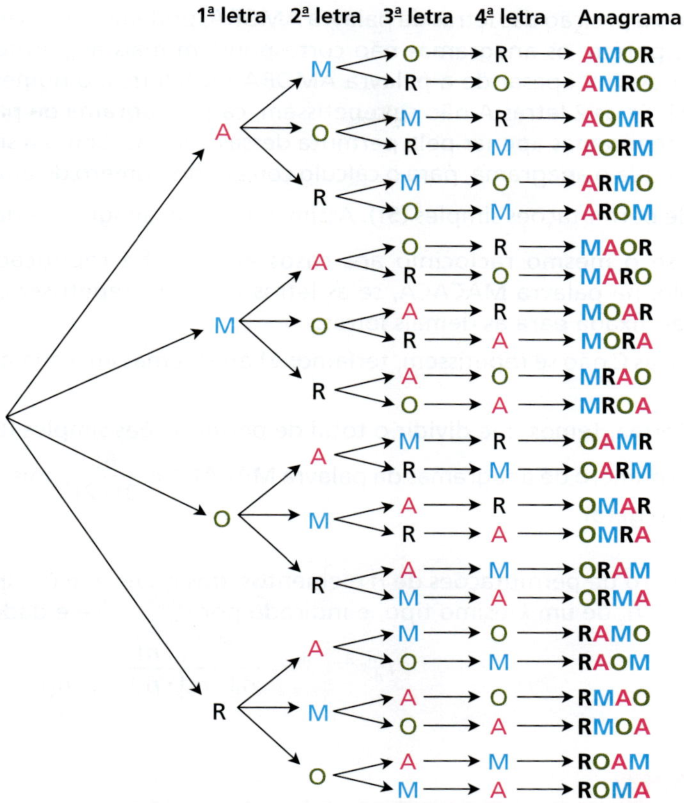

Cada um dos anagramas corresponde a uma permutação simples das letras da palavra AMOR. De uma permutação para outra, os elementos são sempre os mesmos; eles apenas mudam de posição.

- Dado um conjunto de n elementos, chama-se **permutação simples** dos n elementos qualquer agrupamento ordenado (sequência) desses n elementos.

Indica-se por P_n o número de permutações simples de n elementos.

Número de permutações simples

Para saber, por exemplo, quantos anagramas da palavra CINEMA começam por C, consideramos que, para a primeira letra, temos 1 possibilidade (C) e que as outras 5 letras podem ser permutadas entre si.

Então, aplicando o princípio multiplicativo, temos:

$1 \cdot P_5 = 1 \cdot 5 \cdot 4 \cdot 3 \cdot 2 \cdot 1 = 1 \cdot 5! = 120$

Logo, há 120 anagramas da palavra CINEMA começados por C.

Acompanhe mais este exemplo:

Vamos considerar que as 20 carteiras de uma sala de aula podem ser ocupadas de distintos modos pelos 20 alunos de uma turma. Dizemos, então, que esses alunos podem ocupar essas carteiras de P_{20} modos, ou seja:

$P_{20} = 20 \cdot 19 \cdot 18 \cdot 17 \cdot ... \cdot 4 \cdot 3 \cdot 2 \cdot 1 = 2.432.902.008.176.640.000$

Logo, há 2.432.902.008.176.640.000 modos de os alunos ocuparem essas carteiras.

- O número de permutações simples de n elementos é dado por:
  $P_n = n \cdot (n - 1) \cdot (n - 2) \cdot (n - 3) \cdot ... \cdot 4 \cdot 3 \cdot 2 \cdot 1$, ou $P_n = n!$

3.2 Permutação com elementos repetidos

Trocando a posição das letras da palavra AMORA, podemos escrever outras sequências de letras. Nesse caso, porém, os anagramas não correspondem mais às permutações simples, pois a letra A se repete. Assim, apesar de a palavra AMORA ter 5 letras, o número de anagramas distintos é inferior a 5!. Se as 2 letras A não se repetissem, cada anagrama da palavra AMORA daria origem a 2! novos anagramas apenas pela permuta dessas 2 letras. Como a simples permuta dessas letras iguais não muda o anagrama, para o cálculo correto do número de anagramas devemos dividir por 2! o total de permutações simples (5!). Assim, o total de anagramas da palavra AMORA é: $\frac{5!}{2!} = 60$

Aplica-se o mesmo raciocínio aos casos em que há repetição de mais de 2 elementos. Por exemplo, na palavra MACACA, se as letras A não se repetissem, teríamos 3! anagramas em cada posição fixada para as demais letras.

Se as letras C não se repetissem, teríamos 2! anagramas em cada posição fixada para as demais letras.

Dessa forma, temos que dividir o total de permutações simples (6!) por (3! · 2!).

Então o número de anagramas da palavra MACACA é $\frac{6!}{3! \cdot 2!}$, pois, das 6 letras, 3 são A e 2 são C.

De modo geral:

- O número de permutações de n elementos, dos quais n_1 é de um tipo, n_2 de um segundo tipo, ..., n_k de um k-ésimo tipo, é indicado por $P_n^{n_1, n_2, \ldots, n_k}$ e é dado por:

$$P_n^{n_1, n_2, \ldots, n_k} = \frac{n!}{n_1! \cdot n_2! \cdot n_3! \cdot \ldots \cdot n_k!}$$

18.1 Biblioteca do estudante

Exercícios

R8. Numa van com 9 assentos, viajarão 8 passageiros e o motorista. De quantos modos distintos os 8 passageiros podem ocupar os assentos do veículo?

ROB WILSON/SHUTTERSTOCK

➤ Resolução

$P_8 = 8! = 8 \cdot 7 \cdot 6 \cdot 5 \cdot 4 \cdot 3 \cdot 2 \cdot 1 = 40.320$

Os 8 passageiros podem ocupar os assentos de 40.320 modos.

20. Quantos são os anagramas da palavra SABER?

21. Quantos números de 5 algarismos distintos podemos escrever com os algarismos 1, 2, 3, 4 e 5?

22. Dos anagramas da palavra CORAGEM, quantos começam por A?

23. Uma família com 5 pessoas possui um automóvel de 5 lugares. Sabendo que somente 2 pessoas sabem dirigir, de quantos modos elas poderão se acomodar para uma viagem?

24. **Trabalho.** Numa fábrica, um inspetor de produção visita operários de 6 máquinas diferentes durante o dia. De quantos modos essas visitas podem ser feitas?

25. Com as letras da palavra PROVA, quantos são os anagramas que começam por vogal e quantos são os anagramas que começam e terminam por consoante?

R9. Considerando os anagramas da palavra EDITAR, quantos apresentam:

a) as letras T, A e R juntas e nessa ordem?

b) as letras T, A e R juntas?

➤ Resolução

a) Se as letras T, A e R devem ficar juntas e nessa ordem, podemos considerar o bloco [TAR] como se fosse uma única letra. Então, basta calcular o número de permutações dos 4 elementos (E, D, I e [TAR]):

$P_4 = 4! = 24$

Logo, há 24 anagramas nas condições pedidas.

b) Conforme o item anterior, há 4! anagramas que apresentam o bloco de letras [TAR]. Para cada um deles, se permutarmos as letras T, A e R entre si, teremos 3! anagramas em que as letras T, A e R permanecem juntas.

Logo, pelo princípio multiplicativo, o número de anagramas nas condições solicitadas é dado por: $4! \cdot 3! = 144$

26. De quantas maneiras diferentes um casal e seus três filhos podem ocupar um banco com cinco lugares de modo que o casal sempre fique junto?

27. Oito clientes de um banco, dos quais 3 são mulheres, estão na fila única dos caixas. De quantas maneiras as pessoas dessa fila podem se posicionar de modo que as mulheres fiquem juntas?

28. **Indústria.** (FGV) Um processo industrial deve passar pelas etapas A, B, C, D e E.

a) Quantas sequências de etapas podem ser delineadas se A e B devem ficar juntas no início do processo e A deve preceder B?

b) Quantas sequências de etapas podem ser delineadas se A e B devem ficar juntas, em qualquer ordem, e não necessariamente no início do processo?

29. Deseja-se arrumar em uma estante 4 livros de Matemática, 3 de Química e 5 de Português. Quantas são as possibilidades de arrumação se:

a) não houver restrições?

b) os livros de uma mesma matéria permanecerem juntos?

30. Victor pretende colocar seus DVDs em uma prateleira: 4 romances, 3 policiais e 2 de ficção científica. De quantas maneiras diferentes Victor pode arrumar seus DVDs na prateleira, mantendo juntos os de mesmo gênero?

R10. Determinar quantos anagramas da palavra ELEGER começam por:

a) consoante.

b) vogal.

➤ Resolução

a) Temos 3 possibilidades de escolher uma consoante. Tendo escolhido a primeira consoante, sobram 5 letras com 3 letras E repetidas.

Então, o número de anagramas é:

$$3 \cdot P_5^3 = 3 \cdot \frac{5!}{3!} = 60$$

b) Temos uma possibilidade de escolher uma vogal. Tendo fixado essa vogal (E), sobram 5 letras, com 2 letras E repetidas.

Então, o número de anagramas é:

$$1 \cdot P_5^2 = 1 \cdot \frac{5!}{2!} = 60$$

31. Quantos são os anagramas da palavra CARREIRA?

32. Com os algarismos 1, 1, 2, 2, 2, 3, 3, 3 e 3, quantos números distintos de 9 algarismos podemos escrever no sistema decimal de numeração?

33. Uma prova consta de 12 questões do tipo verdadeiro (V) ou falso (F). De quantas maneiras é possível preencher o gabarito marcando seis respostas V e seis respostas F?

34. Uma moeda é lançada seis vezes sucessivamente. Nos resultados possíveis desses lançamentos, em quantas sequências a face coroa pode ocorrer exatamente duas vezes?

R11. Na figura abaixo, que representa parte do mapa de uma cidade, as ruas são indicadas com a cor cinza.

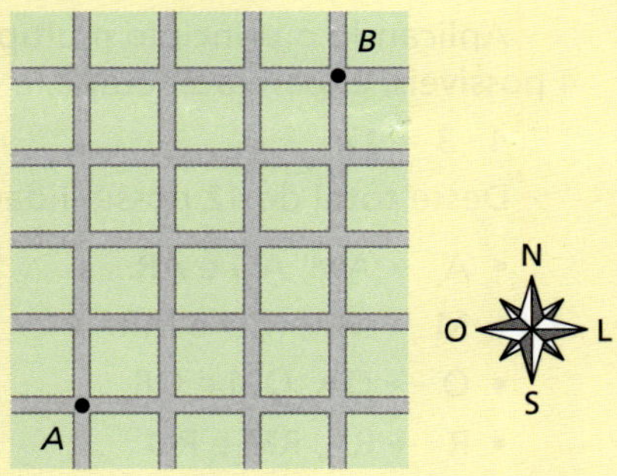

Pedro sai de carro do ponto A e vai até o ponto B, dirigindo-se sempre para o norte (N) ou para o leste (L), realizando, desse modo, trajetórias de comprimento mínimo. Quantas são as possíveis trajetórias que Pedro pode fazer?

➤ Resolução

Observe algumas das trajetórias possíveis:

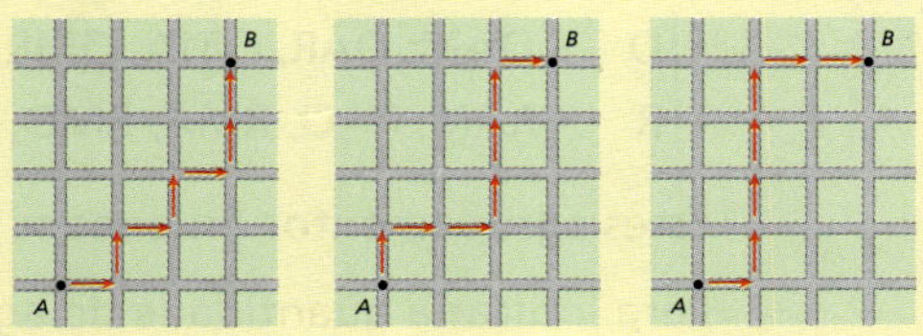

(L, N, L, N, L, N, N) (N, L, L, N, N, N, L) (L, N, N, N, N, L, L)

Note que, qualquer que seja o caminho, Pedro fará sempre 4 movimentos para o norte e 3 para o leste, só alterando a ordem em que realiza esses movimentos. Assim, cada trajetória pode ser representada por uma sequência de 7 termos, sendo 4 iguais a N e 3 iguais a L.

Para determinar o número de trajetórias, basta calcular o número de permutações de 7 elementos com repetição de 4 e de 3.

$$P_7^{4,3} = \frac{7!}{4! \cdot 3!} = \frac{7 \cdot 6 \cdot 5 \cdot 4!}{4! \cdot 6} = 7 \cdot 5 = 35$$

Logo, há 35 trajetórias possíveis.

35. A figura a seguir representa parte do mapa de uma cidade no qual as ruas são indicadas com a cor cinza.

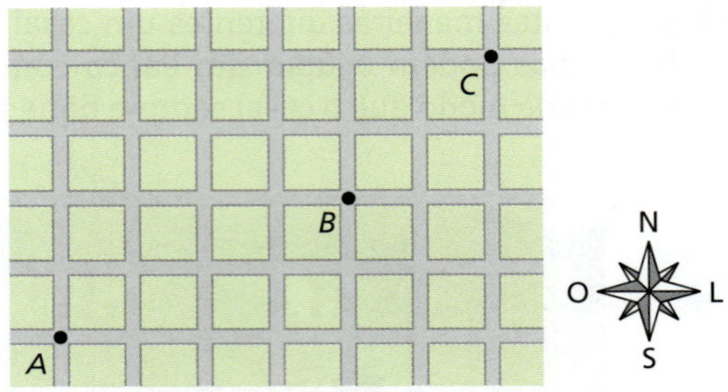

Utilizando os caminhos mais curtos possíveis, de quantas maneiras diferentes uma pessoa pode ir:

a) de A até C?

b) de A até C, passando por B?

4 Arranjo simples

Vimos que a quantidade de permutações simples das letras da palavra AMOR é dada por: 4! = 24. Ou seja, existem 24 anagramas dessa palavra. Se quisermos, porém, formar sequências de 2 letras (com as 4 letras dessa palavra), de quantas maneiras poderemos fazê-lo?

Aplicando o princípio multiplicativo, para a 1ª etapa, temos a escolha da primeira letra entre 4 possíveis, e, para a 2ª etapa, a escolha da segunda letra entre as 3 restantes, o que totaliza:

$4 \cdot 3 = 12$

Desse total de 12 possibilidades, começam por:

- A → AM, AO e AR
- M → MA, MO e MR
- O → OA, OM e OR
- R → RA, RM e RO

Esses agrupamentos ordenados são os arranjos simples dos 4 elementos dados, tomados 2 a 2.

Para indicar a quantidade de agrupamentos, escrevemos: $A_{4,2} = 4 \cdot 3 = 12$

Se desejarmos escolher 3 letras entre as 4 possíveis, as duas primeiras etapas se repetem e, para a 3ª etapa, podemos escolher a terceira letra entre as 2 restantes, o que totaliza: $4 \cdot 3 \cdot 2 = 24$

Desse total de 24 possibilidades, começam por:

- A → AMO, AMR, AOM, AOR, ARO e ARM
- M → MAO, MAR, MOA, MOR, MRA e MRO
- O → OAM, OAR, OMA, OMR, ORA e ORM
- R → RAM, RAO, RMA, RMO, ROA e ROM

Esses agrupamentos ordenados são os arranjos simples dos 4 elementos dados, tomados 3 a 3.

Para indicar a quantidade de agrupamentos, escrevemos: $A_{4,3} = 4 \cdot 3 \cdot 2 = 24$

- Dado um conjunto com *n* elementos, chama-se **arranjo simples** dos *n* elementos, tomados *p* a *p*, qualquer agrupamento ordenado (sequência) de *p* elementos distintos, escolhidos entre os *n* possíveis.

Indica-se por $A_{n,p}$, ou A_n^p, o número de arranjos simples de *n* elementos tomados *p* a *p*.

Número de arranjos simples

Vejamos agora como calcular o número de arranjos simples no caso geral de n elementos tomados p a p, com $0 < p \leq n$, indicado por $A_{n,\,p}$.

Existem n possíveis escolhas para o primeiro elemento do agrupamento, $n - 1$ possíveis escolhas para o segundo elemento, $n - 2$ para o terceiro elemento, ..., $\boldsymbol{n - (p - 1)}$ possíveis escolhas para o p-ésimo elemento do agrupamento.

Então, aplicando o princípio multiplicativo, o número de arranjos simples de n elementos p a p é:

$$A_{n,\,p} = \underbrace{n \cdot (n-1) \cdot (n-2) \cdot \ldots \cdot [n-(p-1)]}_{p \text{ fatores}},\ 0 < p \leq n$$

Desenvolvendo a expressão do 2º membro e multiplicando-o por $\dfrac{(n-p)!}{(n-p)!}$, temos:

$$A_{n,p} = \frac{n \cdot (n-1) \cdot (n-2) \cdot \ldots \cdot (n-p+1) \cdot (n-p)!}{(n-p)!} = \frac{n!}{(n-p)!}$$

Então:

$$A_{n,p} = \frac{n!}{(n-p)!}$$

Observação:

Note que a permutação é um caso particular de arranjo, que ocorre quando $p = n$. Nesse caso, temos:

$$A_{n,n} = \frac{n!}{(n-n)!} = \frac{n!}{0!} = \frac{n!}{1} = n! = P_n$$

Exercícios

36. Calcule:

a) $A_{10,\,5}$

b) $A_{10,\,5} - A_{5,\,2}$

c) $A_{10,\,5} \cdot A_{5,\,4}$

d) $\dfrac{A_{15,\,12}}{A_{15,\,3} \cdot A_{12,\,3} \cdot A_{9,\,3} \cdot A_{6,\,3}}$

37. Determine o número x natural, com $x \geq 2$, para que $A_{x,\,2} = 156$.

R12. Quantos números de 3 algarismos diferentes é possível escrever com os algarismos 1, 2, 3, 6 e 7?

➤ Resolução

Os problemas que envolvem permutações ou arranjos simples podem ser resolvidos por meio da fórmula ou do princípio multiplicativo. A escolha do recurso a ser usado na resolução varia conforme o problema. Vamos resolver esse exercício dos dois modos.

1º modo: usando a fórmula

Devemos calcular a quantidade de arranjos simples dos 5 algarismos tomados 3 a 3, assim:

$$A_{5,3} = \frac{5!}{(5-3)!} = \frac{5!}{2!} = \frac{5 \cdot 4 \cdot 3 \cdot \cancel{2!}}{\cancel{2!}} = 60$$

Logo, podemos escrever 60 números de 3 algarismos distintos com os algarismos dados.

2º modo: usando o princípio multiplicativo

Fazendo um esquema para representar o número de 3 algarismos diferentes, escolhidos entre 1, 2, 3, 6 e 7, temos:

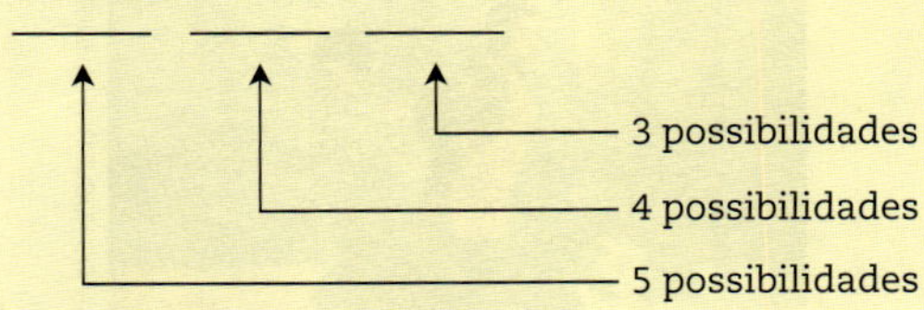

Pelo princípio multiplicativo:

$5 \cdot 4 \cdot 3 = 60$

Portanto, podemos escrever 60 números de 3 algarismos distintos com os algarismos dados.

38. Em uma sala há 6 portas. De quantas maneiras uma pessoa pode entrar por uma porta e sair por outra diferente?

39. Dispomos de 8 cores e queremos pintar uma bandeira de 5 listras, sendo cada listra com uma cor. De quantas formas isso pode ser feito?

40. Márcia tem um cadeado com três discos. Cada disco tem os dígitos 0, 1, 2, 3, 4, 5, 6, 7, 8 e 9. Ela esqueceu a senha para abrir o cadeado e só lembrou que é formada por três dígitos distintos. Se Márcia gastar 10 segundos em cada tentativa de descobrir a senha, quanto tempo ela levará, no máximo, para conseguir abrir o cadeado?

AFRICA STUDIO/SHUTTERSTOCK

41. Numa empresa, 10 diretores são candidatos aos cargos de presidente e vice-presidente. Quantos são os possíveis resultados dessa seleção?

42. Cinco cavalos disputam uma corrida em uma fazenda. Qual é o número de possíveis resultados para as 3 primeiras colocações?

NEALE COUSLAND/SHUTTERSTOCK

43. Um campeonato de futebol vai ser disputado por 20 equipes. Quantas são as possibilidades de classificação para os dois primeiros lugares (campeão e vice-campeão)?

44. Futebol. Para a seleção brasileira de futebol, foram convocados 5 laterais. De quantas maneiras o técnico pode escalar esses jogadores para atuar na esquerda ou na direita?

RICARDO NOGUEIRA/FOLHAPRESS

R13. Numa sala existem 10 cadeiras numeradas de 1 a 10. De quantas formas 2 pessoas podem se sentar nessas cadeiras, deixando ao menos uma cadeira entre elas?

➤ Resolução

Vamos considerar que os números das cadeiras escolhidas pelas pessoas A e B formam um par ordenado. Assim, o par ordenado (2, 5) significa que a pessoa A ocupa a cadeira número 2, enquanto a pessoa B ocupa a cadeira número 5. Já o par ordenado (5, 2) significa que a pessoa A ocupa a cadeira número 5, enquanto a pessoa B ocupa a cadeira número 2.

O total de maneiras diferentes para as cadeiras serem ocupadas pelas duas pessoas será dado pelo número de pares ordenados formados com os números das cadeiras, que pode ser calculado da seguinte maneira:

$$A_{10,2} = \frac{10!}{(10-2)!} = \frac{10!}{8!} = \frac{10 \cdot 9 \cdot \cancel{8!}}{\cancel{8!}} = 90$$

Logo, podem ser formados 90 pares ordenados.

Mas existe uma restrição: as pessoas A e B não podem se sentar juntas.

Isso significa que A e B não devem ocupar cadeiras cujos números são consecutivos. Assim, devemos descobrir quantos são os pares ordenados cujos elementos são consecutivos para subtraí-los dos 90 pares ordenados possíveis.

Os pares ordenados formados por números consecutivos são:

(1, 2), (2, 3), (3, 4), (4, 5), (5, 6), (6, 7), (7, 8), (8, 9), (9, 10), (2, 1), (3, 2), (4, 3), (5, 4), (6, 5), (7, 6), (8, 7), (9, 8) e (10, 9), totalizando 18 pares

Fazendo 90 − 18, concluímos que existem 72 maneiras para as duas pessoas se sentarem com pelo menos uma cadeira entre elas.

45. De quantas maneiras 3 pessoas podem se sentar num sofá de 5 lugares?

46. Gerenciamento. Em uma reunião de um condomínio residencial para eleger os membros de sua administração, 10 pessoas se habilitam para ocupar um dos 3 cargos: síndico, tesoureiro e secretário.

a) De quantas maneiras essa escolha pode ser feita?

b) Se uma dessas 10 pessoas solicita que não seja escolhida para síndico, a escolha pode ser feita de quantas maneiras?

47. Quantos números escritos com algarismos distintos existem entre 100 e 1.000?

48. Uma urna I contém 5 bolas numeradas de 1 a 5. Outra urna II contém 3 bolas numeradas de 1 a 3. Qual é o número de sequências numéricas que podemos obter se extrairmos, sem reposição, 3 bolas da urna I e, em seguida, 2 bolas da urna II?

5 Combinação simples

Considere a situação a seguir.

De quantas maneiras podemos escolher 2 frutas entre nectarina (N), maçã (M), laranja (L) e uva (U) para fazer um suco?

ELENA ITSENKO/SHUTTERSTOCK

Se a ordem em que as frutas fossem escolhidas importasse, a quantidade de agrupamentos ordenados, ou sequências de frutas, seria dada por: $A_{4,2} = \frac{4!}{(4-2)!} = 12$

Para visualizar essas sequências, podemos fazer uma árvore de possibilidades:

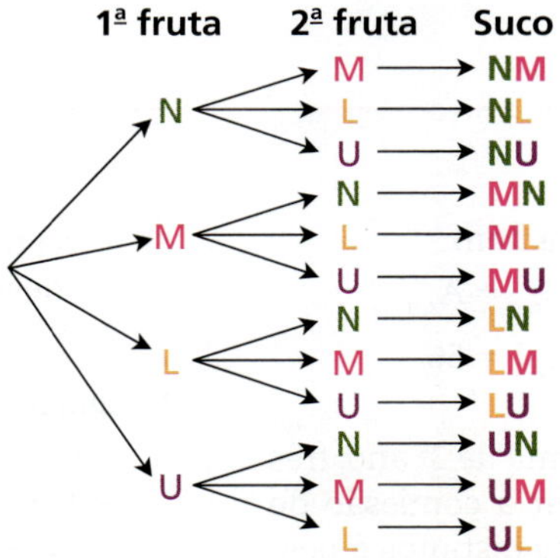

Mas, como queremos fazer um suco, a ordem em que as frutas são escolhidas não importa; assim, os agrupamentos NM e MN, por exemplo, são iguais, pois escolhendo primeiro nectarina e depois maçã ou escolhendo maçã e depois nectarina temos o mesmo suco.

Na escolha das frutas, os agrupamentos diferem entre si pelos elementos, não importando a ordem em que esses elementos aparecem; portanto, os agrupamentos são conjuntos e não sequências. Dessa forma, o total de 12 sequências deve ser dividido por $P_2 = 2! = 2$, pois cada agrupamento se repete P_2 vezes.

Logo, podemos dizer que a quantidade de subconjuntos de 2 frutas escolhidas entre as 4 do conjunto das frutas disponíveis é: $\frac{A_{4,2}}{P_2} = \frac{12}{2} = 6$

São eles:

$$\{N, M\}, \{N, L\}, \{N, U\}, \{M, L\}, \{M, U\}, \{L, U\}$$

Chamamos esses agrupamentos de combinações simples dos 4 elementos tomados 2 a 2.

- Dado um conjunto de n elementos, chama-se **combinação simples** dos n elementos, tomados p a p, qualquer agrupamento não ordenado (subconjunto) de p elementos escolhidos entre os n possíveis.

Indica-se por $\boldsymbol{C_{n,p}}$ ou $\boldsymbol{C_n^p}$, o número de combinações simples de n elementos tomados p a p, com $p \leq n$.

Número de combinações simples

Vamos determinar o número de subconjuntos do conjunto $A = \{0, 2, 4, 6, 8\}$ que tenham 3 elementos, isto é, o número de combinações dos 5 elementos tomados 3 a 3.

Cada combinação de 3 elementos, por exemplo {2, 6, 8}, origina 3! = 6, ou seja, 6 agrupamentos (permutações desses elementos):

$$(2, 6, 8), (2, 8, 6), (6, 2, 8), (6, 8, 2), (8, 2, 6), (8, 6, 2)$$

Portanto, $C_{5,3} \cdot 3!$ dá o total de arranjos dos 5 elementos tomados 3 a 3 ($A_{5,3}$):

$$C_{5,3} \cdot 3! = A_{5,3} \Rightarrow C_{5,3} = \frac{A_{5,3}}{3!} \Rightarrow C_{5,3} = \frac{5 \cdot 4 \cdot 3}{3 \cdot 2 \cdot 1} \Rightarrow C_{5,3} = 10$$

Como vimos, com p elementos distintos, podemos obter $p!$ permutações. Isso significa que, a partir de uma combinação, podemos obter $p!$ arranjos distintos dos n elementos tomados p a p.

Então, o número total de combinações é igual ao quociente entre o número de arranjos ($A_{n,\,p}$) e o número de permutações ($p!$):

$$C_{n,\,p} = \frac{A_{n,\,p}}{p!} = \frac{\frac{n!}{(n-p)!}}{p!} = \frac{n!}{(n-p)!} \cdot \frac{1}{p!} = \frac{n!}{p! \cdot (n-p)!}$$

Portanto:

$$C_{n,\,p} = \frac{n!}{p! \cdot (n-p)!}$$

Exercícios

49. Determine o valor de x em cada item.

a) $C_{40,\,36} = x$

b) $C_{x,\,2} = x$

c) $C_{x,\,5} = A_{x,\,4}$

d) $C_{x,\,3} = 56$

R14. Dentre 10 alunos de uma turma de 3º ano, três serão escolhidos para formar a comissão de formatura. De quantos modos distintos é possível formar essa comissão?

➤ Resolução

Nesse caso, a ordem de escolha dos alunos não altera a comissão. Assim, o número de comissões possíveis é dado por:

$$C_{10,\,3} = \frac{10!}{3! \cdot (10-3)!} = \frac{10!}{3! \cdot 7!} =$$

$$C_{10,\,3} = \frac{10 \cdot 9 \cdot 8 \cdot \cancel{7!}}{3 \cdot 2 \cdot 1 \cdot \cancel{7!}} = 120$$

Portanto, há 120 possibilidades de formar a comissão de formatura.

R15. Loteria. Para fazer uma aposta da Lotofácil, devem-se marcar 15 números entre os 25 que constam no volante. De quantas maneiras é possível preencher um cartão da Lotofácil?

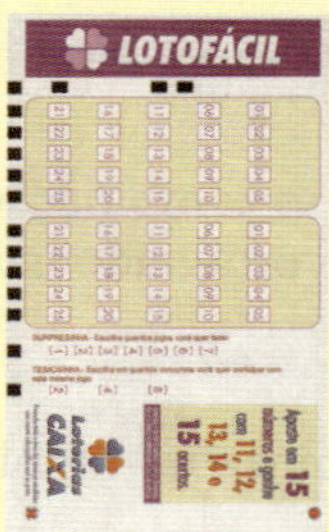

REPRODUÇÃO

➤ Resolução

Nessa loteria, a ordem de escolha dos números não muda a aposta. Podemos, então, calcular o número de combinações de 25 elementos, tomados 15 a 15:

$$C_{25,\,15} = \frac{25!}{15! \cdot (25-15)!}$$

$$C_{25,\,15} = \frac{25 \cdot 24 \cdot 23 \cdot \ldots \cdot 14 \cdot \cancel{15!}}{\cancel{15!} \cdot 10 \cdot 9 \cdot 8 \cdot \ldots \cdot 3 \cdot 2 \cdot 1} = 3.268.760$$

Logo, há 3.268.760 possibilidades de preencher um cartão da Lotofácil.

50. Uma prova consta de 15 questões, das quais o aluno deve resolver 10. De quantas formas ele poderá escolher as 10 questões?

51. Diagonal de um polígono convexo é todo segmento de reta que une dois de seus vértices não consecutivos.

a) Quantas são as diagonais de um polígono convexo de 7 lados?

b) Quantas são as diagonais de um polígono convexo de n lados?

18.1 Visão do especialista

52. Quantas comissões de 3 pessoas podem ser formadas com um grupo de 7 pessoas?

53. Química. Numa experiência na aula de Química, o professor coloca à disposição dos alunos 5 substâncias: sal de cozinha ($NaCl$), ácido sulfúrico (H_2SO_4), sulfato de cobre ($CuSO_4$), carbonato de cálcio ($CaCO_3$) e água (H_2O). Ele pede então aos alunos que selecionem 3 dessas substâncias para compor uma nova solução. Quantas escolhas possíveis os alunos podem fazer?

FERNANDO FAVORETTO/ CRIAR IMAGEM

54. Ao sair de uma festa, 10 amigos se despediram com um aperto de mão. Quantos apertos de mão foram trocados?

55. Um fabricante de doces utiliza embalagens com capacidade para 6 doces cada uma. Sabendo que ele fabrica 15 tipos diferentes de doce, quantos tipos de embalagem, com 6 doces diferentes, ele poderá organizar?

56. Floricultura. Um florista faz arranjos decorativos e, para isso, dispõe de 7 espécies de flores. Quantos tipos de arranjo floral ele poderá fazer utilizando apenas 4 ou 5 tipos de flor?

R16. Geometria. Considerando 6 pontos, pertencentes a um mesmo plano e distribuídos de tal forma que quaisquer 3 pontos não sejam colineares, determinar quantos triângulos podem ser formados com 3 desses pontos como vértices.

18.2 Visão do especialista

➤ Resolução

A ordem em que tomamos os vértices de um triângulo não altera o triângulo. Logo, temos um problema envolvendo combinação.

$$C_{6,3} = \frac{6!}{3! \cdot (6-3)!}$$

$$C_{6,3} = \frac{6!}{3! \cdot 3!} = \frac{6 \cdot 5 \cdot 4 \cdot \cancel{3!}}{\cancel{3!} \cdot 3 \cdot 2 \cdot 1} = 20$$

Portanto, podem ser formados 20 triângulos distintos.

57. Quantos triângulos podem ser determinados por 8 pontos num plano, não havendo 3 pontos colineares?

58. Sobre uma circunferência são marcados 9 pontos distintos. Quantos triângulos podem ser construídos com vértices nos 9 pontos marcados?

R17. Para fazer um trabalho, os 30 alunos de uma turma serão divididos em grupos de 4 pessoas. Há 20 garotas e 10 garotos nessa turma. Quantas equipes diferentes podem ser formadas:

a) se não houver restrições quanto ao sexo?

b) com 2 garotas e 2 garotos?

➤ Resolução

a) Nesse caso, as 4 pessoas devem ser escolhidas entre o total de 30 alunos.

$$C_{30,4} = \frac{30!}{4! \cdot (30-4)!}$$

$$C_{30,4} = \frac{30 \cdot 29 \cdot 28 \cdot 27 \cdot \cancel{26!}}{4 \cdot 3 \cdot 2 \cdot 1 \cdot \cancel{26!}} = 27.405$$

O número de equipes possíveis de 4 pessoas, escolhidas entre 30, é 27.405.

b) Nesse caso, a escolha deverá ocorrer em duas etapas:

- E_1: escolher 2 das 20 garotas;
- E_2: escolher 2 dos 10 garotos.

Pelo princípio multiplicativo, temos:

$$C_{20,2} \cdot C_{10,2} = \frac{20!}{2! \cdot (20-2)!} \cdot \frac{10!}{2! \cdot (10! - 2)!}$$

$$C_{20,2} \cdot C_{10,2} = 190 \cdot 45 = 8.550$$

O número de equipes possíveis com 2 garotas e 2 garotos é 8.550.

59. Usando as 5 vogais e os algarismos de 0 a 9, podemos obter quantos conjuntos de 5 elementos formados por 2 letras diferentes e 3 algarismos distintos?

60. Considere 7 pontos distintos sobre uma reta e 4 pontos, também distintos, sobre outra reta, paralela à primeira. Quantos triângulos podemos obter ligando 3 pontos quaisquer entre os 11?

61. Em um congresso de Educação, há 6 professores de Física e 6 de Matemática. Quantas comissões de 5 professores podem ser formadas havendo em cada uma:

a) 2 professores de Matemática e 3 de Física?

b) pelo menos 3 professores de Matemática?

62. Numa Câmara Municipal há 9 vereadores. Sabendo que 2 desses vereadores têm desavenças pessoais que os impedem de participar de uma mesma comissão, calcule de quantas maneiras pode ser constituída uma comissão de 5 vereadores.

63. Uma urna contém 3 bolas vermelhas e 5 bolas azuis. De quantas maneiras diferentes podemos retirar 3 bolas para que não saiam somente bolas vermelhas?

6 Coeficiente binomial

Dados dois números naturais n e k, com $n \geq k$, chamamos de **coeficiente binomial** n sobre k, ou **número binomial** n sobre k, e indicamos por $\binom{n}{k}$, o número:

$$\binom{n}{k} = C_{n,k} = \frac{n!}{(n-k)! \cdot k!}$$

Dizemos que n é o numerador e k é o denominador do coeficiente binomial.

Exemplos

a) O coeficiente binomial 7 sobre 4 é:

$$\binom{7}{4} = C_{7,4} = \frac{7!}{(7-4)! \cdot 4!} = \frac{7!}{3! \cdot 4!} = \frac{7 \cdot \cancel{6} \cdot 5 \cdot \cancel{4!}}{\cancel{6} \cdot \cancel{4!}} = 35$$

b) O coeficiente binominal 11 sobre 2 é:

$$\binom{11}{2} = C_{11,2} = \frac{11!}{(11-2)! \cdot 2!} = \frac{11!}{9! \cdot 2!} = \frac{11 \cdot 10 \cdot \cancel{9!}}{\cancel{9!} \cdot 2!} = 55$$

Observe o cálculo do coeficiente binomial n sobre k para alguns valores de k:

- Para $k = 0$: $\binom{n}{0} = \frac{n!}{(n-0)! \cdot 0!} = \frac{\cancel{n!}}{\cancel{n!} \cdot 1} = 1$
- Para $k = n$: $\binom{n}{n} = \frac{n!}{(n-n)! \cdot n!} = \frac{\cancel{n!}}{1 \cdot \cancel{n!}} = 1$
- Para $k = 1$: $\binom{n}{1} = \frac{n!}{(n-1)! \cdot 1!} = \frac{n \cdot \cancel{(n-1)!}}{\cancel{(n-1)!}} = n$

Coeficientes binomiais complementares

Dois coeficientes binomiais são complementares se apresentam o mesmo numerador e se a soma de seus denominadores é igual a esse numerador, isto é:

$\binom{n}{p}$ e $\binom{n}{q}$ são complementares se $p + q = n$

Considerando dois coeficientes binomiais complementares $\binom{n}{p}$ e $\binom{n}{q}$, temos:

$$\binom{n}{p} = \binom{n}{n-q} = \frac{n!}{(n-q)! \cdot [n-(n-q)]!} = \frac{n!}{q! \cdot (n-q)!} = \binom{n}{q}$$

Assim:

- Dois coeficientes binomiais são iguais se têm o mesmo numerador e o mesmo denominador, ou se eles são complementares.

Exemplos

a) $\binom{5}{2} = \binom{5}{3}$ **b)** $\binom{10}{0} = \binom{10}{10}$ **c)** $\binom{100}{10} = \binom{100}{90}$ **d)** $\binom{42}{5} = \binom{42}{37}$

Exercícios

64. Calcule o valor dos números binomiais.

a) $\binom{15}{4}$ b) $\binom{100}{97}$ c) $\binom{100}{3}$ d) $\binom{999}{998}$

65. Calcule a soma do coeficiente binomial 3 sobre 2 com o coeficiente binomial 7 sobre 2.

66. Calcule:

a) $\binom{n}{2} + \binom{n}{3}$ b) $\binom{10}{2} + \binom{10}{3}$

67. Simplifique: $\dfrac{\binom{16}{3}}{\binom{16}{5}}$

68. Determine o valor de x.

a) $\binom{13}{x} = \binom{13}{5}$ b) $\binom{18}{x+1} = \binom{18}{3x-11}$

69. Usando a definição de número binomial, mostre que as igualdades são verdadeiras:

a) $k \cdot \binom{n}{k} = n \cdot \binom{n-1}{k-1}$

b) $\frac{1}{k+1} \cdot \binom{n}{k} = \frac{1}{n+1} \cdot \binom{n+1}{k+1}$

7 Triângulo de Pascal

Chamamos de **triângulo de Pascal** a disposição dos coeficientes binomiais em linhas e colunas de forma que os coeficientes binomiais de mesmo numerador fiquem dispostos numa mesma linha, e os de mesmo denominador sejam posicionados numa mesma coluna.

coluna 0, coluna 1, coluna 2, coluna 3, coluna 4, coluna 5, coluna *n*

linha 0 $\binom{0}{0}$

linha 1 $\binom{1}{0}$ $\binom{1}{1}$

linha 2 $\binom{2}{0}$ $\binom{2}{1}$ $\binom{2}{2}$

linha 3 $\binom{3}{0}$ $\binom{3}{1}$ $\binom{3}{2}$ $\binom{3}{3}$

linha 4 $\binom{4}{0}$ $\binom{4}{1}$ $\binom{4}{2}$ $\binom{4}{3}$ $\binom{4}{4}$

linha 5 $\binom{5}{0}$ $\binom{5}{1}$ $\binom{5}{2}$ $\binom{5}{3}$ $\binom{5}{4}$ $\binom{5}{5}$

....

linha *n* $\binom{n}{0}$ $\binom{n}{1}$ $\binom{n}{2}$ $\binom{n}{3}$ $\binom{n}{4}$ $\binom{n}{5}$ ... $\binom{n}{n}$

....

O frontispício da aritmética de Petrus Apianus, Alemanha, 1527, traz uma representação do "triângulo de Pascal", mais de um século antes de Pascal investigar as propriedades desse triângulo.

Calculando os valores dos coeficientes binomiais, encontramos outra representação para o triângulo de Pascal:

1
1 1
1 2 1
1 3 3 1
1 4 6 4 1
1 5 10 10 5 1
1 6 15 20 15 6 1

....

Esse triângulo tem várias propriedades, vamos estudar algumas.

7.1 Propriedades do triângulo de Pascal

1ª propriedade

Todas as linhas do triângulo de Pascal começam e terminam por 1, pois esses elementos são do tipo $\binom{n}{0} = 1$ e $\binom{n}{n} = 1$.

Exemplos

a) Na linha 6, o primeiro elemento é $\binom{6}{0} = 1$ e o último elemento é $\binom{6}{6} = 1$.

b) Na linha 12, o primeiro elemento é $\binom{12}{0} = 1$ e o último elemento é $\binom{12}{12} = 1$.

2ª propriedade

Em qualquer linha do triângulo de Pascal, os coeficientes equidistantes dos extremos são iguais.

A justificativa dessa propriedade está no fato de os coeficientes equidistantes dos extremos serem representados por coeficientes binomiais complementares.

Exemplos

a) Na linha 5 do triângulo, temos:

1 5 10 10 5 1

$$\binom{5}{2} = \binom{5}{3}$$

$$\binom{5}{1} = \binom{5}{4}$$

b) Na linha 8 do triângulo, temos:

$$\binom{8}{3} = \binom{8}{5}$$

1 8 28 56 70 56 28 8 1

$$\binom{8}{2} = \binom{8}{6}$$

$$\binom{8}{1} = \binom{8}{7}$$

3ª propriedade – Relação de Stifel

Cada elemento $\binom{n}{k}$, da linha n, coluna k, com $0 < k < n$, é igual à soma dos elementos que estão na linha $n - 1$, nas colunas $k - 1$ e k. Ou seja:

18.3 Visão do especialista

$$\binom{n-1}{k-1} + \binom{n-1}{k} = \binom{n}{k}$$

Essa é a chamada **relação de Stifel**.

Exemplo

1
1 1
1 2 1
1 3 3 1
1 4 6 4 1
1 5 10 10 5 1
....

$1 + 2 = 3$ ou $\binom{2}{0} + \binom{2}{1} = \binom{3}{1}$

$3 + 3 = 6$ ou $\binom{3}{1} + \binom{3}{2} = \binom{4}{2}$

$4 + 1 = 5$ ou $\binom{4}{3} + \binom{4}{4} = \binom{5}{4}$

4ª propriedade

A soma dos elementos de cada linha do triângulo de Pascal é igual a uma potência de 2, em que o expoente é igual à posição da linha, ou seja, a soma dos elementos da linha n é igual a 2^n.

Exemplo

Observe a soma dos elementos das primeiras 5 linhas do triângulo de Pascal:

linha 0 — 1 — soma $= 2^0 = 1$

linha 1 — 1 1 — soma $= 2^1 = 2$

linha 2 — 1 2 1 — soma $= 2^2 = 4$

linha 3 — 1 3 3 1 — soma $= 2^3 = 8$

linha 4 — 1 4 6 4 1 — soma $= 2^4 = 16$

....

5ª propriedade

A soma dos elementos da coluna k, desde o primeiro elemento até o elemento da linha n, é igual a $\binom{n+1}{k+1}$.

Exemplo

$1 + 1 + 1 + 1 = 4$
$1 + 2 + 3 = 6$

1
1 1
1 2 1
1 3 3 1
1 4 6 4 1
....

6ª propriedade

A soma dos elemento.s da diagonal n, desde o primeiro elemento até o elemento da coluna k, é igual a $\binom{n+k+1}{k}$.

Exemplo

diagonal 0
diagonal 1
diagonal 2
diagonal 3
diagonal 4
diagonal 5

$1 + 1 + 1 + 1 = 4$

1
1 1
1 2 1
1 3 3 1
1 4 6 4 1
1 5 10 10 5 1
....

$1 + 3 + 6 = 10$

Somatório

Em alguns casos, para simplificar a indicação de uma soma com muitas parcelas, usamos o símbolo de **somatório** $\left(\sum\right)$.

- Na sequência $(a_m, a_{m+1}, a_{m+2}, \dots, a_{n-1}, a_n)$, a soma dos termos $a_m + a_{m+1} + a_{m+2} + \dots + a_{n-1} + a_n$ pode ser representada por $\sum_{i=m}^{n} a_i$, com m e n naturais e $m < n$ (lemos: "somatório de a_i com i variando de m a n").

Exemplos

a) $1 + 2 + 3 + \dots + 100 = \sum_{n=1}^{100} n$

b) $1 + \frac{1}{2} + \frac{1}{4} + \dots + \frac{1}{2^n} = \sum_{k=0}^{n} 2^{-k}$

O símbolo Σ é a letra sigma do alfabeto grego, que corresponde ao S do nosso alfabeto, e indica uma soma.

A notação de somatório será muito útil para representar a soma de coeficientes binomiais. Observe, por exemplo, algumas somas de elementos do triângulo de Pascal:

a) soma dos coeficientes binomiais da linha 8:

$$\binom{8}{0} + \binom{8}{1} + \binom{8}{2} + \binom{8}{3} + \binom{8}{4} + \binom{8}{5} + \binom{8}{6} + \binom{8}{7} + \binom{8}{8} = \sum_{i=0}^{8} \binom{8}{i}$$

b) soma dos coeficientes binomiais da linha n:

$$\binom{n}{0} + \binom{n}{1} + \binom{n}{2} + \dots + \binom{n}{n} = \sum_{i=0}^{n} \binom{n}{i}$$

c) soma dos coeficientes binomiais da coluna 3, desde o primeiro até o coeficiente da linha 7:

$$\binom{3}{3} + \binom{4}{3} + \binom{5}{3} + \binom{6}{3} + \binom{7}{3} = \sum_{i=3}^{7} \binom{i}{3}$$

d) soma dos coeficientes binomiais da coluna k, desde o primeiro até o coeficiente da linha n:

$$\binom{k}{k} + \binom{k+1}{k} + \binom{k+2}{k} + \ldots + \binom{n}{k} = \sum_{i=k}^{n} \binom{i}{k}$$

e) soma dos coeficientes binomiais da diagonal n, desde o primeiro até o coeficiente da coluna k:

$$\binom{n}{0} + \binom{n+1}{1} + \binom{n+2}{2} + \ldots + \binom{n+k}{k} = \sum_{i=0}^{k} \binom{n+i}{i}$$

Exercícios

70. Calcule o valor das expressões abaixo.

a) $\binom{3}{0} + \binom{3}{1} + \binom{3}{2} + \binom{3}{3}$

b) $\binom{4}{0} + \binom{4}{1} + \binom{4}{2} - \binom{4}{3} - \binom{4}{4}$

71. Simplifique:

a) $\binom{2+8}{2} + \binom{2+8}{2+1} - \binom{2+8+1}{8}$

b) $\binom{r+s}{s} + \binom{r+s}{s+1} - \binom{r+s+1}{r}$

R18. Resolver a seguinte equação:

$$\binom{5q-15}{2q} + \binom{5q-15}{2q+1} = \binom{5q-14}{q-1}$$

➤ Resolução

Aplicando a relação de Stifel ao 1º membro da equação, temos:

$$\binom{5q-15}{2q} + \binom{5q-15}{2q+1} = \binom{5q-14}{q-1}$$

$$\binom{5q-14}{2q+1} = \binom{5q-14}{q-1}$$

A igualdade é verdadeira se:

- O numerador e o denominador dos coeficientes binomiais são iguais:
  $2q + 1 = q - 1 \Rightarrow q = -2$
  (Esse resultado não é conveniente, pois os termos que compõem os binômios da equação devem ser positivos.)
- Os coeficientes binomiais são complementares: $(2q + 1) + (q - 1) = 5q - 14 \Rightarrow q = 7$

Como há condições para a existência de um coeficiente binomial e condições para a validade das propriedades, é recomendável que sempre se faça a verificação ao encontrar as supostas soluções de uma equação com coeficientes binomiais.

Vamos fazer a verificação para a equação dada:

$$\binom{5 \cdot 7 - 15}{2 \cdot 7} + \binom{5 \cdot 7 - 15}{2 \cdot 7 + 1} = \binom{5 \cdot 7 - 14}{7 - 1} \Rightarrow$$

$$\Rightarrow \binom{20}{14} + \binom{20}{15} = \binom{21}{6} \Rightarrow \binom{21}{15} = \binom{21}{6}$$

Como $15 + 6 = 21$, a igualdade é verdadeira. Portanto, o conjunto solução é $S = \{7\}$.

72. Resolva as equações a seguir.

a) $\binom{4a+2}{6} = \binom{4a+1}{a+1} + \binom{4a+1}{a+2}$

b) $\binom{6}{t} = \binom{4}{2t}$

R19. Calcular o valor de $\sum_{n=8}^{20} \binom{n}{8}$.

➤ Resolução

A expressão é a soma dos elementos da coluna 8 do triângulo de Pascal.

Portanto: $\binom{8}{8} + \binom{9}{8} + \binom{10}{8} + \ldots + \binom{20}{8} = \binom{21}{9} =$

$$= \frac{21!}{(21-9)! \cdot 9!} = 293.930$$

73. Aplicando o cálculo da soma dos elementos de uma mesma coluna, obtenha o valor da expressão abaixo.

$$\frac{\binom{6}{6} + \binom{7}{6} + \binom{8}{6} + \binom{9}{6} + \binom{10}{6}}{\binom{11}{5}} - 2$$

74. Determine a soma de todos os elementos do triângulo de Pascal até a 7ª linha.

75. Calcule n sabendo que $\sum_{i=0}^{n} \binom{n}{i} = 1.024$.

76. Comércio. Numa lanchonete há 5 variedades de fruta. Quantos tipos de suco a lanchonete pode oferecer se os sucos podem ser feitos com 1, 2, 3, 4 ou 5 frutas?

8 Binômio de Newton

Observe o desenvolvimento de $(x + y)^n$ para alguns valores de n:

$(x + y)^0 = 1$

$(x + y)^1 = (x + y) = 1x + 1y$

$(x + y)^2 = (x + y) \cdot (x + y) = 1x^2 + 2xy + 1y^2$

$(x + y)^3 = (x + y) \cdot (x + y)^2 = (x + y) \cdot (x^2 + 2xy + y^2) = 1x^3 + 3x^2y + 3xy^2 + 1y^3$

$(x + y)^4 = (x + y)^2 \cdot (x + y)^2 = (x^2 + 2xy + y^2) \cdot (x^2 + 2xy + y^2) = 1x^4 + 4x^3y + 6x^2y^2 + 4xy^3 + 1y^4$

Aplicando o raciocínio recursivo, poderíamos obter qualquer outra potência do binômio $(x + y)$ com expoente natural a partir das anteriores; mas, para valores grandes de n, o cálculo de $(x + y)^n$ pode ser excessivamente trabalhoso. Entretanto, como é possível observar a seguir, os coeficientes do desenvolvimento de cada potência $(x + y)^n$ são iguais aos elementos da linha n do triângulo de Pascal:

linha 0	1	$(x + y)^0 = 1$
linha 1	1 1	$(x + y)^1 = 1x + 1y$
linha 2	1 2 1	$(x + y)^2 = 1x^2 + 2xy + 1y^2$
linha 3	1 3 3 1	$(x + y)^3 = 1x^3 + 3x^2y + 3xy^2 + 1y^3$
linha 4	1 4 6 4 1	$(x + y)^4 = 1x^4 + 4x^3y + 6x^2y^2 + 4xy^3 + 1y^4$
	....	

Assim, podemos escrever:

$$(x + y)^0 = \binom{0}{0} \cdot x^0 \cdot y^0$$

$$(x + y)^1 = \binom{1}{0} \cdot x^1 \cdot y^0 + \binom{1}{1} \cdot x^0 \cdot y^1$$

$$(x + y)^2 = \binom{2}{0} \cdot x^2 \cdot y^0 + \binom{2}{1} \cdot x^1 \cdot y^1 + \binom{2}{2} \cdot x^0 \cdot y^2$$

$$(x + y)^3 = \binom{3}{0} \cdot x^3 \cdot y^0 + \binom{3}{1} \cdot x^2 \cdot y^1 + \binom{3}{2} \cdot x^1 \cdot y^2 + \binom{3}{3} \cdot x^0 \cdot y^3$$

$$(x + y)^4 = \binom{4}{0} \cdot x^4 \cdot y^0 + \binom{4}{1} \cdot x^3 \cdot y^1 + \binom{4}{2} \cdot x^2 \cdot y^2 + \binom{4}{3} \cdot x^1 \cdot y^3 + \binom{4}{4} \cdot x^0 \cdot y^4$$

De maneira geral, sendo n um número natural, temos a seguinte igualdade, conhecida como **fórmula do binômio de Newton:**

$$(x + y)^n = \binom{n}{0} \cdot x^n \cdot y^0 + \binom{n}{1} \cdot x^{n-1} \cdot y^1 + \ldots + \binom{n}{n-1} \cdot x^1 \cdot y^{n-1} + \binom{n}{n} \cdot x^0 \cdot y^n = \sum_{k=0}^{n} \binom{n}{k} \cdot x^{n-k} \cdot y^k$$

Observe que, em cada termo, a soma dos expoentes das variáveis é n. Além disso, podemos perceber que os expoentes de uma variável decrescem de n até zero, enquanto os expoentes da outra crescem de zero até n.

Veja também que o expoente de uma variável sempre será igual à diferença entre o numerador e o denominador do coeficiente binomial, e que o expoente da outra variável é igual ao denominador do mesmo coeficiente.

Observação:
Para desenvolver a potência $(x - y)^n$, com n natural, fazemos: $(x - y)^n = [x + (-y)]^n$

8.1 Termo geral do binômio de Newton

Vamos escrever alguns termos do desenvolvimento de $(x + y)^n$ e determinar o termo geral do binômio de Newton:

- O primeiro termo ocupa a posição 0 + 1, então: $T_1 = T_{0+1} = \binom{n}{0} \cdot x^n \cdot y^0$
- O segundo termo ocupa a posição 1 + 1, então: $T_2 = T_{1+1} = \binom{n}{1} \cdot x^{n-1} \cdot y^1$
- O terceiro termo ocupa a posição 2 + 1, então: $T_3 = T_{2+1} = \binom{n}{2} \cdot x^{n-2} \cdot y^2$
- O quarto termo ocupa a posição 3 + 1, então: $T_4 = T_{3+1} = \binom{n}{3} \cdot x^{n-3} \cdot y^3$

Logo, concluímos que um **termo geral**, que ocupa a posição $k + 1$ do desenvolvimento de $(x + y)^n$, é dado por:

$$T_{k+1} = \binom{n}{k} \cdot x^{n-k} \cdot y^k, \text{com } 0 \leq k \leq n$$

Exercícios

R20. Desenvolver a potência $(x - 3)^5$ usando a fórmula do binômio de Newton.

➤ **Resolução**

Utilizando a fórmula do binômio de Newton, temos:

$$(x-3)^5 = \binom{5}{0}x^5(-3)^0 + \binom{5}{1}x^{5-1}(-3)^1 + \binom{5}{2}x^{5-2}(-3)^2 + \binom{5}{3}x^{5-3}(-3)^3 + \binom{5}{4}x^{5-4}(-3)^4 + \binom{5}{5}x^{5-5}(-3)^5 =$$
$$= x^5 + 5x^4 \cdot (-3) + 10x^3 \cdot 9 + 10x^2 \cdot (-27) + 5x^1 \cdot 81 + x^0 \cdot (-243)$$

Portanto: $(x - 3)^5 = x^5 - 15x^4 + 90x^3 - 270x^2 + 405x - 243$

77. Desenvolva os termos das seguintes potências:

a) $(1 - 5p)^5$

b) $(x - y)^6$

c) $(2a - 2b^3)^3$

d) $\left(\dfrac{x^3}{2} + 2xy\right)^3$

78. Desenvolva as potências abaixo.

a) $(a + 2)^3$

b) $(pq - pr)^4$

c) $(2^x - 1)^5$

d) $(e^x - x)^3$

R21. Calcular o valor de m sabendo que:

$$\binom{m}{0} + \binom{m}{1} \cdot 2 + \binom{m}{2} \cdot 4 + \ldots + \binom{m}{m-1} \cdot 2^{m-1} + \binom{m}{m} \cdot 2^m = 243$$

➤ **Resolução**

De acordo com a fórmula do binômio de Newton, temos:

$$\binom{m}{0} + \binom{m}{1} \cdot 2 + \binom{m}{2} \cdot 4 + \ldots + \binom{m}{m-1} \cdot 2^{m-1} + \binom{m}{m} \cdot 2^m = (1 + 2)^m = 3^m$$

Resolvendo a equação exponencial $3^m = 243$, obtemos $m = 5$.

79. Determine o valor de:

a) $\displaystyle\sum_{k=0}^{6} \binom{6}{k} \cdot 2^k$

b) $\displaystyle\sum_{k=0}^{4} \binom{4}{k} \cdot 2^{4-k} \cdot 3^k$

80. Determine o valor de:

a) $99^4 + 4 \cdot 99^3 + 6 \cdot 99^2 + 4 \cdot 99 + 1$

b) $101^5 - 5 \cdot 101^4 + 10 \cdot 101^3 - 10 \cdot 101^2 + 5 \cdot 101 - 1$

R22. Determinar o décimo sexto termo do desenvolvimento do binômio $(3p + q^3)^{16}$, com os termos ordenados por expoentes decrescentes de p.

➤ **Resolução**

Aplicando a fórmula do termo geral do desenvolvimento de $(x + y)^n$, temos:

$$T_{k+1} = \binom{n}{k} \cdot x^{n-k} \cdot y^k$$

$$T_{15+1} = \binom{16}{15} \cdot (3p)^{16-15} \cdot (q^3)^{15} = 48pq^{45}$$

Logo, o décimo sexto termo é $48pq^{45}$.

81. Calcule o décimo primeiro termo do desenvolvimento dos binômios a seguir (considerando expoentes decrescentes de x).

a) $(x + 5y)^n$ b) $(2x - y)^{14}$ c) $(x + y^{-1})^n$

82. Qual é o termo central no desenvolvimento do binômio $(x^2 - 4)^8$?

R23. Verificar se há termo independente de x no desenvolvimento de $\left(\frac{1}{x^2} - x^6\right)^8$.

➤ Resolução

$$\left(\frac{1}{x^2} - x^6\right)^8 = \left[(x^{-2}) + (-x^6)\right]^8$$

Assim, sendo $k \in \mathbb{N}$ e $0 \leqslant k \leqslant 8$, o termo geral é:

$$T_{k+1} = \binom{8}{k} \cdot (x^{-2})^{8-k} \cdot (-x^6)^k$$

$$T_{k+1} = \binom{8}{k} \cdot x^{8k-16} \cdot (-1)^k$$

O termo independente de x tem expoente de x igual a zero: $8k - 16 = 0 \Rightarrow k = 2$.

Portanto, o termo independente de x é:

$$T_{2+1} = \binom{8}{2} \cdot x^{8 \cdot 2 - 16} \cdot (-1)^2$$

$$T_3 = 28$$

83. Obtenha o termo independente de x no desenvolvimento da potência $\left(2x^3 + \frac{1}{x^2}\right)^{10}$.

84. Verifique se há termo independente de x no desenvolvimento de $\left(x^3 - \frac{2}{x^4}\right)^{14}$. Em caso afirmativo, determine esse termo.

85. Determine m sabendo que no desenvolvimento de $\left(2x^3 + \frac{1}{x^2}\right)^m$, considerando as potências decrescentes de x, o quarto termo é $560x^6$.

R24. Determinar o coeficiente que multiplica o termo em que aparece x^2 no desenvolvimento da expressão: $(x + 1)^2 + (x + 1)^3 + (x + 1)^4 + (x + 1)^5$

➤ Resolução

Em cada uma das parcelas, o coeficiente do termo em que aparece x^2 é dado, respectivamente, por: $\binom{2}{0}, \binom{3}{1}, \binom{4}{2}$ e $\binom{5}{3}$

Esses coeficientes estão dispostos numa diagonal do triângulo de Pascal. Então:

$$\binom{2}{0} + \binom{3}{1} + \binom{4}{2} + \binom{5}{3} = \binom{6}{3} = \frac{6!}{3! \cdot 3!} = 20$$

86. Determine o coeficiente do termo em a^5 no desenvolvimento da expressão $(a + 1)^5 + (a + 1)^6 + (a + 1)^7$.

87. Determine a soma dos coeficientes dos termos obtidos no desenvolvimento dos binômios.

a) $(x + y)^5$ b) $(x + y)^{10}$ c) $(x + y)^{14}$

Ficha de revisão

1. Calcule:

$$\binom{6}{1} + \binom{6}{2} + \binom{6}{3} + \binom{6}{4} + \binom{6}{5}$$

2. Simplifique:

a) $\frac{(n-5)!}{(n-3)!}$ b) $\frac{(2n+3)!}{(2n+1)!}$

3. Um restaurante oferece 3 tipos de entrada, 2 pratos principais e 4 sobremesas. Quantas opções de escolha uma pessoa terá para comer uma entrada, um prato principal e uma sobremesa?

4. Numa corrida de Fórmula 1, 10 pilotos chegaram ao final. De quantas maneiras diferentes o pódio pode ser formado com 3 desses pilotos?

JAN WOITAS/DPA/CORBIS/LATINSTOCK

5. Resolva as equações.

a) $A_{m,3} = 30m$

b) $A_{n,4} = 12 \cdot A_{n,2}$

6. Com os algarismos 1, 2, 3, 4 e 5, sem repetição, quantos números de três dígitos podem ser pares?

7. Duas retas r e s são paralelas. Se temos 5 pontos distintos em r e 7 pontos distintos em s, quantos triângulos distintos podemos formar com esses pontos?

8. Sorteio. De uma urna que contém 5 bolas pretas e 3 bolas azuis, devem-se sortear todas as bolas. Quantos serão os resultados possíveis se as bolas sorteadas forem colocadas em fila?

FABIO YOSHIHITO MATSUURA/MOSAICO FOTOGRAFIA

9. No final de uma festa, alguns amigos se despediram trocando, ao todo, 28 apertos de mão. Se cada um deles cumprimentou todos os outros, quantos amigos estavam na festa?

10. No sistema de leitura e escrita braille, criado para pessoas com deficiência visual, cada caractere (algarismos, letras, símbolos etc.) é representado por um conjunto de 1 a 6 pontos em alto-relevo, dispostos em três linhas e duas colunas. Observe alguns exemplos:

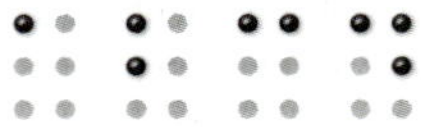

a b c d

ALSU/SHUTTERSTOCK

Calcule o número total de caracteres que podem ser representados no sistema braille.

11. Tênis. Para um torneio, um clube de tênis deve selecionar 2 duplas mistas de um grupo de 5 homens e 4 mulheres. De quantas maneiras isso pode ser feito?

PAUL KANE/GETTY IMAGES

12. Resolva as equações pelas relações binomiais.

a) $\binom{n}{p} - \binom{n-1}{p} = x$ b) $\binom{n-3}{n-7} - \binom{n-4}{n-8} = x$

13. Desenvolva os binômios.

a) $\left(2x^2 - \frac{1}{2}y\right)^3$ b) $(1 - x^2)^5$

14. Resolva as equações.

a) $\frac{(n+2)! - n!}{5!} = 330$ c) $\frac{n!}{(n+2)!} = \frac{1}{30}$

b) $(n-2)! = 4 \cdot (n-3)!$ d) $20 \cdot (n-2)! = n!$

15. Calcule o valor de x.

a) $\frac{x!}{3! \cdot (x-3)!} = \frac{55x}{3}$

b) $\frac{(x+2)!}{4! \cdot (x-2)!} = 11 \cdot \frac{x!}{2! \cdot (x-2)!}$

16. Desenvolva os binômios.

a) $(2x + 3)^5$ b) $(x^2 - 3x)^3$

17. Calcule o oitavo termo do desenvolvimento do binômio $(\sqrt{x} - x)^{13}$.

18. Determine o coeficiente de x^{12} do desenvolvimento de $(x^2 + 2x)^{10}$.

19. Bilhete de transporte. Uma linha férrea com 11 estações deve imprimir bilhetes com o valor equivalente à extensão da viagem. Se cada bilhete deve conter o nome da estação de partida e o nome da estação de chegada, quantos tipos de bilhete são necessários?

20. Iluminação. Uma sala deve ser iluminada com 5 lâmpadas e interruptores independentes para acendê-las. De quantos modos pode-se iluminar essa sala?

21. Escola. (Mackenzie-SP) Um professor deve ministrar 20 aulas em 3 dias consecutivos, tendo, para cada um dos dias, as opções de ministrar 4, 6 ou 8 aulas. O número de diferentes distribuições possíveis dessas 20 aulas, nos 3 dias, é:

a) 7 b) 6 c) 4 d) 10 e) 8

22. (UFMG) Um aposentado realiza diariamente, de segunda a sexta-feira, estas cinco atividades:

- leva seu neto para a escola, às 13 horas;
- pedala 20 minutos na bicicleta ergométrica;
- passeia com o cachorro da família;
- pega seu neto na escola, às 17 horas;
- rega as plantas do jardim de sua casa.

ALEXANDER ISHCHENKO/SHUTTERSTOCK

Cansado, porém, de fazer essas atividades na mesma ordem, ele resolveu realizá-las em uma ordem diferente. Nesse caso, o número de maneiras possíveis de ele realizar essas cinco atividades, em ordem diferente, é:

a) 24 b) 60 c) 72 d) 120

23. A diretoria de uma empresa é composta de 12 diretores. Quantas são as maneiras de escolher cinco deles para formar uma comissão com presidente, vice-presidente e três supervisores?

24. (Mackenzie-SP) Considere todos os números de 3 algarismos formados com os algarismos 1, 2, 3, 5, 7 e 9. Entre eles, a quantidade de números pares com exatamente 2 algarismos iguais é:

a) 17 b) 18 c) 15 d) 22 e) 24

25. Com os algarismos 1, 2, 5 e 6, sem restrições, quantos números formados com três dígitos ou menos são divisíveis por 5?

26. **Distribuição de trabalho.** (Fuvest-SP) Três empresas devem ser contratadas para realizar quatro trabalhos distintos em um condomínio. Cada trabalho será atribuído a uma única empresa, e todas elas devem ser contratadas. De quantas maneiras distintas podem ser distribuídos os trabalhos?

a) 12 b) 18 c) 36 d) 72 e) 108

27. Uma confecção gostaria de produzir 120 bandeiras listradas diferentes entre si, cada bandeira com 3 listras de cores diferentes. Qual é o menor número de cores de tecido para a confecção produzir essas bandeiras?

18.5 Visão do especialista

28. (UFRJ) Ana dispunha de papéis com cores diferentes. Para enfeitar sua loja, cortou fitas desses papéis e embalou 30 caixinhas, de modo que não ficasse a mesma cor no papel e na fita em nenhuma das embalagens. A menor quantidade de cores diferentes que ela necessitou usar para a confecção de todas as embalagens foi igual a:

a) 30 b) 18 c) 6 d) 3

Questões de vestibular

1. (IME-RJ) O sistema de segurança de uma casa utiliza um teclado numérico, conforme ilustrado na figura.

18.6 Visão do especialista

Um ladrão observa de longe e percebe que:

- a senha utilizada possui 4 dígitos;
- o primeiro e o último dígitos encontram-se numa mesma linha;
- o segundo e o terceiro dígitos encontram-se na linha imediatamente superior.

Calcule o número de senhas que deverão ser experimentadas pelo ladrão para que com certeza ele consiga entrar na casa.

2. (UEL-PR) Numa competição internacional, um país obteve, no total, 10 medalhas dentre as de ouro, prata e bronze.

INFOGRAFICK/SHUTTERSTOCK

Sabendo-se que esse país recebeu pelo menos uma medalha de ouro, uma de prata e uma de bronze, quantas são as possibilidades de composição do quadro de medalhas desse país?

a) 10 b) 30 c) 36 d) 120 e) 132

3. (ESPM-SP) A quantidade de números naturais de 3 algarismos distintos cuja soma dos algarismos é 20 é:

a) 30 b) 26 c) 24 d) 20 e) 18

4. (Mackenzie-SP) Num avião, uma fila tem 7 poltronas dispostas, como na figura abaixo.

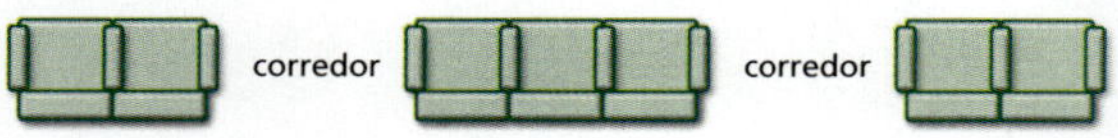

Os modos de João e Maria ocuparem duas poltronas dessa fila, de modo que não haja um corredor entre eles, são em número de:

a) 6 b) 7 c) 8 d) 10 e) 12

5. (Vunesp) Considere todos os números formados por 6 algarismos distintos obtidos permutando-se, de todas as formas possíveis, os algarismos 1, 2, 3, 4, 5 e 6.

18.7 Visão do especialista

a) Determine quantos números é possível formar (no total) e quantos números se iniciam com o algarismo 1.

b) Escrevendo-se esses números em ordem crescente, determine qual posição ocupa o número 512.346 e que número ocupa a 242ª posição.

6. (Fuvest-SP) Participam de um torneio de voleibol 20 times distribuídos em 4 chaves de 5 times cada uma.

Na 1ª fase do torneio, os times jogam entre si uma única vez (um único turno), todos contra todos em cada chave, sendo que os 2 melhores de cada chave passam para a 2ª fase.

Na 2ª fase, os jogos são eliminatórios; depois de cada partida, apenas o vencedor permanece no torneio.

VALERIA73/SHUTTERSTOCK

Logo, o número de jogos necessários até que se apure o campeão do torneio é:

a) 39
b) 41
c) 43
d) 45
e) 47

7. (Femm-MG) Uma fábrica de sucos de frutas utiliza laranjas, uvas, maçãs, abacaxis e kiwis para produzir seus produtos, que são sucos com um único tipo de fruta ou sucos com mistura de dois tipos de frutas.

Aos sucos produzidos pode ser adicionado açúcar ou adoçante. A quantidade de sucos diferentes que essa fábrica produz é:

a) 30
b) 25
c) 20
d) 10

8. (Mackenzie-SP) Uma padaria faz sanduíches, segundo a escolha do cliente, oferecendo 3 tipos diferentes de pães e 10 tipos diferentes de recheios. Se o cliente pode escolher o tipo de pão e 1, 2 ou 3 recheios diferentes, o número de possibilidades de compor o sanduíche é:

a) 525
b) 630
c) 735
d) 375
e) 450

9. (Fuvest-SP) Uma ONG decidiu preparar sacolas, contendo 4 itens distintos cada uma, para distribuir entre a população carente. Esses 4 itens devem ser escolhidos entre 8 tipos de produtos de limpeza e 5 tipos de alimentos não perecíveis. Em cada sacola, deve haver pelo menos um item que seja alimento não perecível e pelo menos um item que seja produto de limpeza. Quantos tipos de sacolas distintas podem ser feitos?

18.8 Visão do especialista

a) 360
b) 420
c) 540
d) 600
e) 640

10. (Vunesp) Uma grande firma oferecerá aos seus funcionários 10 minicursos diferentes, dos quais só 4 serão de informática. Para obter um certificado de participação, o funcionário deverá cursar 4 minicursos diferentes, sendo que exatamente 2 deles deverão ser de informática. Determine de quantas maneiras distintas um funcionário terá a liberdade de escolher:

a) os minicursos que **não** são de informática.
b) os 4 minicursos, de modo a obter um certificado.

11. (Unifesp) As permutações das letras da palavra PROVA foram listadas em ordem alfabética, como se fossem palavras de cinco letras em um dicionário. A 73ª palavra nessa lista é:

a) PROVA
b) VAPOR
c) RAPOV
d) ROVAP
e) RAOPV

12. (Fuvest-SP) Uma lotação possui três bancos para passageiros, cada um com três lugares, e deve transportar os três membros da família Souza, o casal Lúcia e Mauro e mais quatro pessoas. Além disso:

- a família Souza quer ocupar um mesmo banco;
- Lúcia e Mauro querem sentar-se lado a lado.

Nessas condições, o número de maneiras distintas de dispor os nove passageiros na lotação é igual a:

a) 928
b) 1.152
c) 1.828
d) 2.412
e) 3.456

Capítulo 19

Probabilidade

TOBIAS MACHHAUS/SHUTTERSTOCK

Você sabia que o seguro de um mesmo automóvel pode ter valores distintos dependendo da idade, sexo e hábitos do condutor principal?

Para calcular o valor que o segurador pagará, a seguradora investiga, entre outras variáveis, a chance de ocorrer determinados eventos, como um acidente, por exemplo.

No caso de automóveis, as seguradoras investigam um padrão de ocorrência de acidentes envolvendo motoristas com aquele perfil em um número significativo de casos, o que afeta o preço final.

Objetivos do capítulo:

- ✔ Determinar o espaço amostral e os eventos desse espaço, e calcular o número de elementos de ambos os conjuntos.
- ✔ Calcular a probabilidade de ocorrência de um evento.
- ✔ Trabalhar com situações-problema que envolvam a teoria das probabilidades.

1 Introdução ao estudo da Probabilidade

GERALDO BUBNIAK/FOTOARENA/LATINCONTENT/GETTY IMAGES

Nos jogos de futebol, você já deve ter percebido que, antes de iniciar a partida, o árbitro pede ao capitão de cada equipe que escolha um lado da moeda (cara ou coroa) e a lança para o alto. O vencedor desse cara ou coroa pode escolher o lado do campo para iniciar a partida ou optar pela posse da bola.

Usa-se esse método para garantir que as duas equipes tenham a mesma chance de escolha, já que só é possível obter um de dois símbolos: cara ou coroa.

A área da Matemática que investiga a chance de um evento ocorrer é denominada **teoria das probabilidades**. Ela teve sua origem no século XVII, na tentativa de responder a questões ligadas aos jogos de azar.

Atualmente encontramos aplicação da teoria das probabilidades em múltiplas situações da vida social e da pesquisa científica, por exemplo na previsão meteorológica, na análise especulativa da economia mundial e do mercado financeiro ou no estabelecimento dos possíveis efeitos colaterais de medicamentos.

1.1 Experimento aleatório, espaço amostral e evento

Analisando a situação da introdução, em que uma moeda é lançada pelo árbitro em uma partida de futebol, percebemos que, antes do lançamento, não é possível saber com exatidão qual será o resultado. Por isso, esse tipo de situação é chamado **experimento aleatório**.

Também são classificados como experimentos aleatórios: o lançamento de um dado, a retirada de uma bola numerada em um bingo, o sorteio de seis números em uma loteria, entre outros. Neste capítulo, salvo observação em contrário, consideraremos todos os dados, moedas, cartas de baralho e bolas numeradas como perfeitos ou honestos.

Os possíveis resultados, no caso do lançamento da moeda, são: cara ou coroa. O conjunto de todos os resultados possíveis, {cara, coroa}, forma o **espaço amostral** desse experimento. Podemos apostar que em um lançamento caia cara ou caia coroa; esses acontecimentos são denominados **eventos**.

Podemos resumir esses conceitos assim:

- **Experimento aleatório** é todo experimento que, quando repetido várias vezes e sob as mesmas condições, apresenta, entre as possibilidades, resultados imprevisíveis.
- **Espaço amostral** (S) de um experimento aleatório é o conjunto de todos os resultados possíveis desse experimento.
- **Evento** (E) é todo subconjunto do espaço amostral do experimento aleatório.

Exemplos

a) Quando se retira uma bola de uma urna que contém 50 bolas numeradas de 1 a 50, um evento possível é: a bola retirada conter um número primo menor que 20. O espaço amostral desse experimento é $S = \{1, 2, ..., 50\}$ e o evento é $E = \{2, 3, 5, 7, 11, 13, 17, 19\}$. O número de elementos do conjunto S é $n(S) = 50$ e o do conjunto E é $n(E) = 8$.

b) No sorteio de uma carta de um baralho honesto de 52 cartas, um possível evento é: a carta sorteada ser de copas e com figura. O espaço amostral desse experimento é o conjunto S = {ás de copas, 2 de copas, ..., rei de copas, ás de ouros, 2 de ouros, ..., rei de ouros, ás de espadas, ..., rei de espadas, ás de paus, ..., rei de paus}. O evento é o conjunto E = {valete de copas, dama de copas, rei de copas}. Nesse experimento, $n(S) = 52$ e $n(E) = 3$.

Eventos

TATIANA POPOVA/SHUTTERSTOCK

Vamos considerar o experimento aleatório "lançar um dado cúbico e registrar o número representado na face voltada para cima".

O espaço amostral desse experimento é $S = \{1, 2, 3, 4, 5, 6\}$ e o número de elementos desse espaço amostral é dado por $n(S) = 6$.

Observe alguns exemplos de eventos para esse experimento:

- E_1: o número é 5 $\rightarrow E_1 = \{5\}$ e $n(E_1) = 1$

Quando o evento é um subconjunto unitário do espaço amostral é denominado **evento simples** ou **evento elementar**.

- E_2: o número é menor ou igual a 6 $\rightarrow E_2 = \{1, 2, 3, 4, 5, 6\}$ e $n(E_2) = 6$

Se coincidir com o espaço amostral, o evento é chamado **evento certo**.

E_2 é um evento certo.

- E_3: o número é maior que 6 $\rightarrow E_3 = \varnothing$ e $n(E_3) = 0$

Nesse caso, se for o conjunto vazio, o evento será chamado **evento impossível**.

- E_4: o número é par $\rightarrow E_4 = \{2, 4, 6\}$ e $n(E_4) = 3$
- E_5: o número é ímpar $\rightarrow E_5 = \{1, 3, 5\}$ e $n(E_5) = 3$

Note que $E_4 \cap E_5 = \varnothing$. Quando dois eventos não têm elementos comuns, ou seja, quando a intersecção desses eventos é o conjunto vazio, eles são denominados eventos **mutuamente exclusivos**.

No caso desses eventos, temos ainda que $E_4 \cup E_5 = \{1, 2, 3, 4, 5, 6\} = S$. Dois eventos que não têm elementos comuns e cuja união é igual ao espaço amostral são denominados **eventos complementares**. Indicamos o complementar de um evento E por $\overline{E}$.

Exercícios

R1. Lançando dois dados, um vermelho e um azul, e considerando as faces voltadas para cima:

SWAPAN/SHUTTERSTOCK

a) quantos elementos há no espaço amostral?

b) em quantos casos a soma dos números das faces superiores é maior que 8?

c) em quantos casos o produto dos números das faces superiores é igual a 28?

➤ Resolução

a) A tabela a seguir mostra todos os possíveis resultados desse experimento:

		Dado azul					
		1	2	3	4	5	6
Dado vermelho	1	(1, 1)	(1, 2)	(1, 3)	(1, 4)	(1, 5)	(1, 6)
	2	(2, 1)	(2, 2)	(2, 3)	(2, 4)	(2, 5)	(2, 6)
	3	(3, 1)	(3, 2)	(3, 3)	(3, 4)	(3, 5)	(3, 6)
	4	(4, 1)	(4, 2)	(4, 3)	(4, 4)	(4, 5)	(4, 6)
	5	(5, 1)	(5, 2)	(5, 3)	(5, 4)	(5, 5)	(5, 6)
	6	(6, 1)	(6, 2)	(6, 3)	(6, 4)	(6, 5)	(6, 6)

Portanto, há 36 elementos no espaço amostral desse experimento.

b) Observando a tabela, temos soma maior que 8 em 10 casos:

$E = \{(3, 6), (4, 5), (4, 6), (5, 4), (5, 5), (5, 6), (6, 3), (6, 4), (6, 5), (6, 6)\}$

Logo, o número de elementos que correspondem ao evento "soma maior que 8" é $n(E) = 10$.

c) Os únicos pares de números naturais cujo produto é 28 são: (28, 1), (14, 2), (7, 4), (1, 28), (2, 14) e (4, 7). Uma vez que nenhum desses pares ordenados pertence ao espaço amostral, o evento "produto igual a 28" não tem elementos, ou seja, trata-se de um evento impossível.

1. A família Silva gosta de jogar bingo em sua casa, sorteando ao acaso números de 1 a 90. Considerando que o número sorteado na 1ª rodada seja um múltiplo de 5, determine o espaço amostral e o evento representativo da situação.

AWARDIMAGES/SHUTTERSTOCK

2. Se, no início de uma rodada de bingo da família Silva, alguém diz "vai sair um número maior que 3", a chance de acerto é maior que a de erro: sair um número maior que 3 é, nesse caso, um acontecimento (evento) muito provável (não ocorre sempre, mas ocorre com frequência). Determine quantos elementos têm esse evento e o espaço amostral.

3. Ainda considerando a situação da família Silva, se alguém diz "vai sair um número maior que 90", não existe chance de acerto, pois o acontecimento (evento) é impossível. Elabore enunciados para: um evento impossível, um evento certo e um evento simples.

4. Num jogo de baralho comum, com 52 cartas, temos: 13 cartas de ouros, 13 cartas de copas, 13 cartas de paus e 13 cartas de espadas. Se alguém disser "vai sair um rei de ouros", estará apostando em um acontecimento (evento) pouco provável. Nesse caso, o número de elementos do evento é muito menor que o número de elementos do espaço amostral? Justifique sua resposta com uma contagem.

5. Considere o experimento de lançamento de 3 moedas diferentes. Representando por c a ocorrência de cara e por k a ocorrência de coroa, em cada moeda, determine no caderno o espaço amostral do experimento e os eventos correspondentes a cada uma das seguintes condições:

a) ocorrer apenas uma coroa;
b) ocorrer apenas duas caras;
c) ocorrer pelo menos duas coroas;
d) ocorrer uma coroa e duas caras.

6. Para o lançamento simultâneo de dois dados, um azul e um vermelho, considerados ambos perfeitos, determine o espaço amostral e os eventos correspondentes a cada uma das seguintes situações:

a) sair o mesmo número em ambos os dados;
b) sair soma 9;
c) sair soma menor que 2;
d) sair produto maior que 30;
e) sair produto menor que 10;
f) sair soma maior que 1 e menor que 15;
g) sair número par em ambos os dados;
h) sair, em um dos dados, o número 6 e, no outro dado, um número múltiplo de 3.

7. Três pessoas, A, B e C, são colocadas em fila. Tomando como critério a disposição na fila, determine:

a) o espaço amostral;
b) o evento em que A fica antes de B na fila.

R2. Cada um dos números 1, 2, 3 e 4 é escrito em um pequeno cartão, que é depositado em uma caixa. Sabendo que dois cartões são sorteados aleatoriamente, um após o outro, determinar o espaço amostral quando esse experimento é realizado:

a) com reposição dos cartões;
b) sem reposição.

➤ Resolução

a) Se o experimento é realizado com reposição, os números 1, 2, 3 e 4 "participam" de ambos os sorteios, e o espaço amostral é, então, dado por:

S = {(1, 1), (1, 2), (1, 3), (1, 4), (2, 1), (2, 2), (2, 3), (2, 4), (3, 1), (3, 2), (3, 3), (3, 4), (4, 1), (4, 2), (4, 3), (4, 4)}

b) Se o experimento é realizado sem reposição, o número sorteado em primeiro lugar não "participa" do segundo sorteio. Nesse caso, o espaço amostral é diferente daquele do experimento com reposição.

Assim, o espaço amostral é dado por:

S = {(1, 2), (1, 3), (1, 4), (2, 1), (2, 3), (2, 4), (3, 1), (3, 2), (3, 4), (4, 1), (4, 2), (4, 3)}

8. Em uma urna há 4 bolas, uma de cor azul, uma amarela, uma verde e uma vermelha. Duas bolas são retiradas ao acaso. Determine o espaço amostral se esse experimento é realizado:

a) sem reposição;　　b) com reposição.

9. Em uma sala de cinema, as poltronas são distribuídas em 10 fileiras marcadas de **A** a **J**, sendo que em cada fileira há 20 poltronas, numeradas de 1 a 20. Considere o experimento em que uma pessoa entra nessa sala, ainda vazia, e escolhe aleatoriamente um lugar para se sentar.

a) Qual é o número de elementos do espaço amostral desse experimento?
b) Sabendo que a pessoa escolheu uma poltrona representada por uma vogal e um número par, determine o número de elementos desse evento.

10. Em uma embalagem há 500 parafusos. Um experimento consiste em escolher, aleatoriamente, 3 parafusos dessa embalagem e verificar se eles estão de acordo com as normas de qualidade. Calcule o número de elementos do espaço amostral desse experimento.

2 Probabilidade

2.1 Definição de probabilidade

19.1 Biblioteca do estudante

Acompanhe a situação a seguir.

Genética. Suponha que um casal queira ter dois filhos. Cada um dos filhos poderá ser do sexo masculino (M) ou do sexo feminino (F). Sabendo que a chance de nascer um filho do sexo masculino é igual à de nascer um filho do sexo feminino, independentemente do sexo dos filhos anteriores, qual é a chance de esse casal gerar dois filhos do sexo masculino (M, M)?

Para responder a essa questão, determinamos o espaço amostral S e o evento E (dois filhos do sexo masculino):

- $S = \{(M, M), (M, F), (F, M), (F, F)\}$
- $E = \{(M, M)\}$

Observe que:

$$n(E) = 1 \text{ e } n(S) = 4$$

Assim, a chance de o casal gerar dois filhos do sexo masculino é de 1 para 4, ou $\frac{1}{4}$.

Nessa situação, consideramos que, para cada evento simples, existe a mesma chance de ocorrência. Quando adotamos esse critério em um espaço amostral finito, esse espaço é denominado **espaço amostral equiprovável**.

Em um espaço amostral S equiprovável, finito e não vazio, a **probabilidade** de ocorrência de um evento E, indicada por $P(E)$, é a razão entre o número de elementos do evento, $n(E)$, e o número de elementos do espaço amostral, $n(S)$:

$$P(E) = \frac{n(E)}{n(S)}$$

Podemos representar a probabilidade de um evento nas formas fracionária, decimal ou percentual. No caso do nosso exemplo, a probabilidade de o casal ter dois filhos do sexo masculino é:

$$P(E) = \frac{n(E)}{n(S)} = \frac{1}{4} = 0{,}25 \text{ ou } P(E) = 25\%$$

Observação:
Em geral, a probabilidade é uma medida de tendência, e não de certeza.

Consequências da definição

Seja E um evento e S o espaço amostral finito, não vazio, de um experimento aleatório, temos:

$$0 \leq n(E) \leq n(S) \Rightarrow \frac{0}{n(S)} \leq \frac{n(E)}{n(S)} \leq \frac{n(S)}{n(S)} \Rightarrow 0 \leq P(E) \leq 1$$

- Se E é um evento impossível, então: $P(E) = 0$
- Se E é um evento certo, então: $P(E) = 1$

Exercícios

R3. No lançamento de um dado, qual é a probabilidade de a face superior apresentar:

a) o número 3 (evento E_1)?

b) um número menor que 7 (evento E_2)?

c) um número menor que 1 (evento E_3)?

d) um divisor da soma dos pontos de todas as faces do dado (evento E_4)?

➤ Resolução

O espaço amostral $S = \{1, 2, 3, 4, 5, 6\}$ é equiprovável e $n(S) = 6$.

a) $E_1 = \{3\}$ é um evento simples e $n(E_1) = 1$, então: $P(E_1) = \frac{1}{6}$

b) $E_2 = \{1, 2, 3, 4, 5, 6\} = S$ é um evento certo e $n(E_2) = 6$, então: $P(E_2) = \frac{6}{6} = 1$

c) $E_3 = \varnothing$ é um evento impossível e $n(E_3) = 0$, então: $P(E_3) = \frac{0}{6} = 0$

d) A soma dos pontos de todas as faces do dado é: $1 + 2 + 3 + 4 + 5 + 6 = 21$

$E_4 = \{1, 3\}$ e $n(E_4) = 2$, então: $P(E_4) = \frac{2}{6} = \frac{1}{3}$

R4. No lançamento simultâneo de uma moeda e de um dado, determinar:

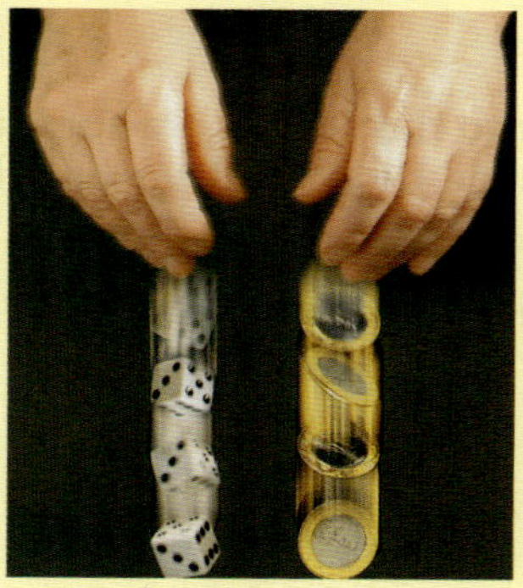

EDUARDO SANTALIESTRA/CID

a) o espaço amostral;

b) o número de elementos do evento E_1: coroa na moeda e face par no dado; e a probabilidade de ocorrência de E_1;

c) a probabilidade de ocorrência do evento E_2: face 3 no dado;

d) a probabilidade de ocorrência do evento E_3: coroa na moeda.

➤ Resolução

a) A moeda tem duas faces, coroa (k) e cara (c), e o dado tem as faces numeradas de 1 a 6. Portanto, o espaço amostral é: $S = \{(k, 1), (k, 2), (k, 3), (k, 4), (k, 5), (k, 6), (c, 1), (c, 2), (c, 3), (c, 4), (c, 5), (c, 6)\}$ e $n(S) = 12$

b) O evento "coroa na moeda e face par no dado" é o conjunto: $E_1 = \{(k, 2), (k, 4), (k, 6)\}$ e $n(E_1) = 3$. Então:

$$P(E_1) = \frac{n(E_1)}{n(S)} = \frac{3}{12} = \frac{1}{4} = 0,25 \text{ ou}$$

$P(E_1) = 25\%$

c) O evento "face 3 no dado" é o conjunto: $E_2 = \{(k, 3), (c, 3)\}$ e $n(E_2) = 2$. Então:

$$P(E_2) = \frac{n(E_2)}{n(S)} = \frac{2}{12} = \frac{1}{6} = 0,1666... \text{ ou}$$

$P(E_2) \simeq 16,7\%$

d) O evento "coroa na moeda" é o conjunto: $E_3 = \{(k, 1), (k, 2), (k, 3), (k, 4), (k, 5), (k, 6)\}$ e $n(E_3) = 6$. Então:

$$P(E_3) = \frac{n(E_3)}{n(S)} = \frac{6}{12} = \frac{1}{2} = 0,5 \text{ ou } P(E_3) = 50\%$$

11. Considerando a face superior resultante do lançamento de um dado, calcule a probabilidade de obtenção de:

a) número par;

b) número menor que 5;

c) número 6;

d) número 0.

12. Em uma urna há 5 bolas brancas, 3 bolas pretas e 7 bolas vermelhas. Retirando uma bola ao acaso, qual é a probabilidade de ela ser:

a) branca?

b) preta?

c) branca **ou** preta?

d) vermelha **e** branca?

13. Retirando ao acaso uma carta de um baralho comum, qual é a probabilidade de sair um rei?

14. Observe o quadro de funcionários da empresa XYZ.

Empresa XYZ	
Setor	**Número de funcionários**
Administração	32
Limpeza	48
Cozinha	20
Produção	400
Controle de qualidade	20
Vendas	280

Sorteando aleatoriamente um funcionário da empresa XYZ, qual é a probabilidade de ele ser do setor:

a) de produção? b) da cozinha?

15. No lançamento de um dado com a forma de um dodecaedro regular (poliedro de 12 faces pentagonais congruentes), cujas faces estão numeradas de 1 a 12, considera-se que "saiu o número 12" se, após o lançamento, a face com o número 12 estiver voltada para cima. Calcule a probabilidade de, em um lançamento, sair:

SONIA SORBI/SHUTTERSTOCK

a) E_1: um número par;

b) E_2: um número maior que 4;

c) E_3: um número divisível por 3;

d) E_4: um número múltiplo de 5;

e) E_5: um número menor que 1.

16. Saúde. Testada em 1.000 crianças, uma vacina imunizou 800 delas. Considerando ao acaso uma das crianças que receberam a vacina, qual é a probabilidade de ela estar imunizada? Qual é o índice de eficácia da vacina?

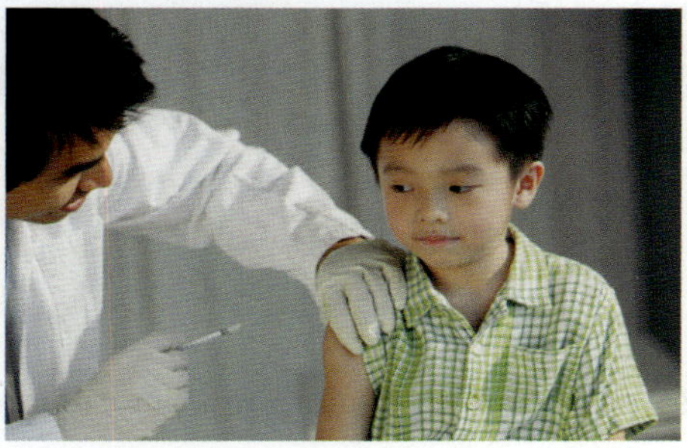

YUKMIN/ASIA IMAGES/CORBIS/LATINSTOCK

17. Genética. Um casal planeja ter três filhos. Faça um diagrama de árvore, como o modelo abaixo, com todos os possíveis arranjos entre meninos (M) e meninas (F), e calcule a probabilidade de nascimentos de:

a) duas meninas e um menino (E_1);

b) três meninos (E_2);

c) pelo menos um menino (E_3);

d) todas as crianças do mesmo sexo (E_4).

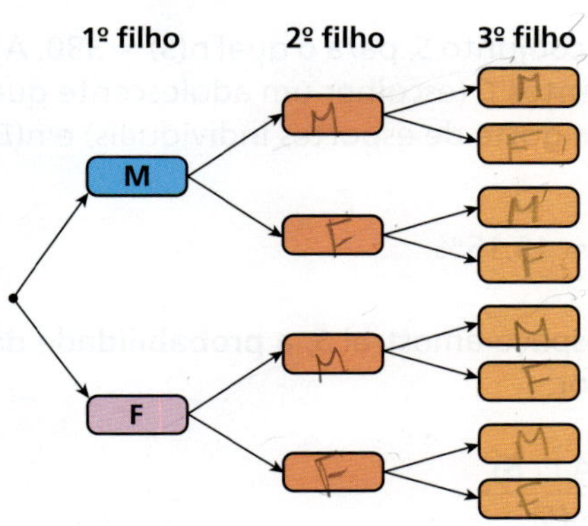

R5. Uma equipe de doze pessoas é formada por nove homens e três mulheres. Dessas pessoas, duas serão sorteadas para compor uma comissão. Qual é a probabilidade de a comissão ser formada por:

a) duas mulheres?

b) dois homens?

c) um homem e uma mulher?

➤ Resolução

Para calcular o número de elementos do espaço amostral, devemos considerar um grupo de doze pessoas, do qual serão sorteados dois elementos, não importando a ordem, o que corresponde ao número de combinações de 12, tomadas 2 a 2:

$$n(S) = C_{12,2} = \frac{12!}{(12-2)! \cdot 2!} = 66$$

a) Seja E_1: comissão formada por duas mulheres, de um total de três. Então:

$$n(E_1) = C_{3,2} = \frac{3!}{(3-2)! \cdot 2!} = 3$$

$$P(E_1) = \frac{n(E_1)}{n(S)} = \frac{3}{66} = \frac{1}{22}$$

b) Seja E_2: comissão formada por dois homens, de um total de nove. Então:

$$n(E_2) = C_{9,2} = \frac{9!}{(9-2)! \cdot 2!} = 36$$

$$P(E_2) = \frac{n(E_2)}{n(S)} = \frac{36}{66} = \frac{6}{11}$$

c) Seja E_3: comissão formada por um homem (de um total de nove) e uma mulher (de um total de três). Então:

$$n(E_3) = C_{9,1} \cdot C_{3,1} = 9 \cdot 3 = 27$$

$$P(E_3) = \frac{n(E_3)}{n(S)} = \frac{27}{66} = \frac{9}{22}$$

18. Uma urna contém bolas numeradas de 1 a 50. Serão sorteadas, simultaneamente, duas delas. Qual é a probabilidade de saírem as bolas 13 e 23?

19. Em um pacote de balas há 5 de sabor morango e 10 de sabor abacaxi. Se 3 balas forem retiradas ao acaso, qual é a probabilidade de serem, todas, de sabor morango?

20. Retirando duas cartas de um baralho comum, qual é a probabilidade de serem ambas da mesma cor?

21. Em quatro cartelas, escrevem-se as letras R, O, M e A, uma em cada cartela. As cartelas são, então, depositadas num saco. Qual é a probabilidade de, retirando uma a uma as cartelas do saco, formar-se, na ordem de saída, a palavra AMOR?

22. Qual a probabilidade de sair coroa em três lançamentos seguidos de uma moeda?

23. Permutando os algarismos 3, 5 e 7, forme todos os números inteiros possíveis de 3 algarismos distintos. Escolhido um desses números ao acaso, determine a probabilidade de ele ser:

a) ímpar (E_1);

b) par (E_2);

c) múltiplo de 7 (E_3);

d) divisível por 5 (E_4);

e) maior que 375 (E_5).

24. De uma urna com 5 bolas amarelas, 7 vermelhas e 3 azuis são retiradas, simultaneamente e ao acaso, 3 bolas. Qual é a probabilidade de as 3 bolas serem:

a) amarelas?

b) azuis?

c) vermelhas?

d) da mesma cor?

25. Em um dos departamentos de um banco há 6 funcionários: Alberto, Bento, Carlos, Dulce, Eduardo e Elaine. Dois funcionários são sorteados simultaneamente para formar uma comissão. Determine a probabilidade de que Dulce seja sorteada e Elaine não seja.

26. Um recipiente contém 4 balas de laranja, 5 de limão e 3 de morango. Se duas balas forem sorteadas sucessivamente e sem reposição, qual a probabilidade de que sejam do mesmo sabor?

FERNANDO FAVORETTO/ CRIAR IMAGEM

2.2 Intersecção de dois eventos

Acompanhe a situação.

OLIVEROMG/SHUTTERSTOCK

Pesquisa. Para uma pesquisa sobre a preferência por esportes individuais ou coletivos, foram entrevistados 330 adolescentes.

O resultado da pesquisa foi o seguinte:

- 150 preferem os esportes individuais;
- 200 preferem os esportes coletivos;
- 50 gostam igualmente dos dois tipos;
- 30 não gostam de esportes.

É possível representar o resultado da pesquisa de forma gráfica em um diagrama de Venn. Observe:

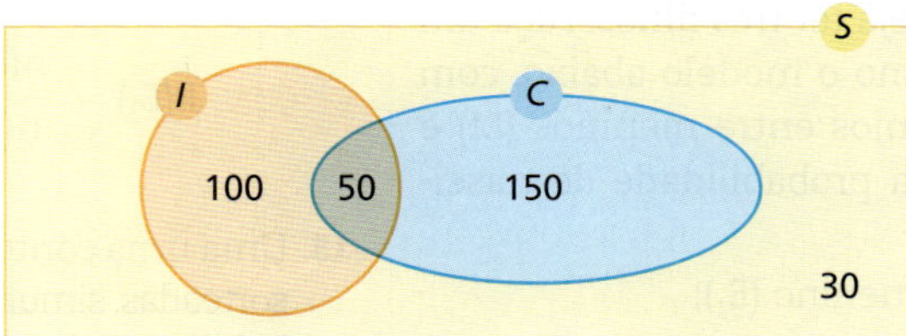

Com os dados coletados na pesquisa, podemos fazer cálculos de probabilidade. Por exemplo, é possível determinar a probabilidade do evento *E*: escolher um adolescente que goste igualmente dos dois tipos de esporte.

O espaço amostral desse experimento é dado pelo conjunto *S*, para o qual $n(S) = 330$. A probabilidade de *E* é a probabilidade da intersecção dos eventos *C* (escolher um adolescente que goste de esportes coletivos) e *I* (escolher um adolescente que goste de esportes individuais) e $n(E) = 50$.

Assim:

$$P(E) = \frac{n(E)}{n(S)} = \frac{50}{330} \simeq 15{,}15\%$$

Em geral, se *A* e *B* são eventos quaisquer de um espaço amostral *S*, a **probabilidade da intersecção** de *A* e *B*, representada por $P(A \cap B)$, é dada por:

$$P(A \cap B) = \frac{n(A \cap B)}{n(S)}$$

2.3 União de dois eventos

Jogo. Marcos está jogando com os amigos. A brincadeira consiste em somar pontos com o lançamento simultâneo de dois dados, um verde e um branco. Qual é a probabilidade de Marcos obter soma par **ou** soma múltipla de 3?

Da situação, conhecemos:

- o espaço amostral S, em que $n(S) = 36$

  $S = \{(1, 1), (1, 2), (1, 3), (1, 4), (1, 5), (1, 6), (2, 1), (2, 2), (2, 3), (2, 4), (2, 5), (2, 6), (3, 1), (3, 2), (3, 3), (3, 4), (3, 5), (3, 6), (4, 1), (4, 2), (4, 3), (4, 4), (4, 5), (4, 6), (5, 1), (5, 2), (5, 3), (5, 4), (5, 5), (5, 6), (6, 1), (6, 2), (6, 3), (6, 4), (6, 5), (6, 6)\}$

- o evento "sair soma par" (E_1), em que $n(E_1) = 18$ e $P(E_1) = \frac{1}{2}$

  $E_1 = \{(1, 1), (1, 3), (1, 5), (2, 2), (2, 4), (2, 6), (3, 1), (3, 3), (3, 5), (4, 2), (4, 4), (4, 6), (5, 1), (5, 3), (5, 5), (6, 2), (6, 4), (6, 6)\}$

- o evento "sair soma múltipla de 3" (E_2), em que $n(E_2) = 12$ e $P(E_2) = \frac{1}{3}$

  $E_2 = \{(1, 2), (1, 5), (2, 1), (2, 4), (3, 3), (3, 6), (4, 2), (4, 5), (5, 1), (5, 4), (6, 3), (6, 6)\}$

Queremos calcular a probabilidade de ocorrer o evento E_1 **ou** de ocorrer o evento E_2, ou seja, a **probabilidade da união** de E_1 e E_2, dada por $P(E_1 \cup E_2)$.

Então, para a situação analisada, determinamos:

$E_1 \cup E_2 = \{(1, 1), (1, 2), (1, 3), (1, 5), (2, 1), (2, 2), (2, 4), (2, 6), (3, 1), (3, 3), (3, 5), (3, 6), (4, 2), (4, 4), (4, 5), (4, 6), (5, 1), (5, 3), (5, 4), (5, 5), (6, 2), (6, 3), (6, 4), (6, 6)\}$

Usando a definição de probabilidade, calculamos:

$$P(E_1 \cup E_2) = \frac{n(E_1 \cup E_2)}{n(S)} = \frac{24}{36} = \frac{2}{3}$$

Logo, a probabilidade de Marcos obter soma par **ou** soma múltipla de 3 é $\frac{2}{3}$.

Vamos supor agora que queremos calcular a probabilidade de obter soma par **e** soma múltipla de 3. Nesse caso, basta determinar $E_1 \cap E_2$ e aplicar a definição de probabilidade:

$E_1 \cap E_2 = \{(1, 5), (2, 4), (3, 3), (4, 2), (5, 1), (6, 6)\}$

$$P(E_1 \cap E_2) = \frac{n(E_1 \cap E_2)}{n(S)} = \frac{6}{36} = \frac{1}{6}$$

Então, a probabilidade de obter soma par **e** soma múltipla de 3 é $\frac{1}{6}$.

Uma relação importante

Considerando os resultados de $P(E_1)$, $P(E_2)$, $P(E_1 \cap E_2)$ e $P(E_1 \cup E_2)$, no caso do jogo entre Marcos e os amigos, verificamos a igualdade: $\frac{2}{3} = \frac{1}{2} + \frac{1}{3} - \frac{1}{6}$

Ou seja: $P(E_1 \cup E_2) = P(E_1) + P(E_2), - P(E_1 \cap E_2)$

Para generalizar essa relação, vamos tomar dois eventos E_1 e E_2 de um espaço amostral S, finito e não vazio, para os quais temos:

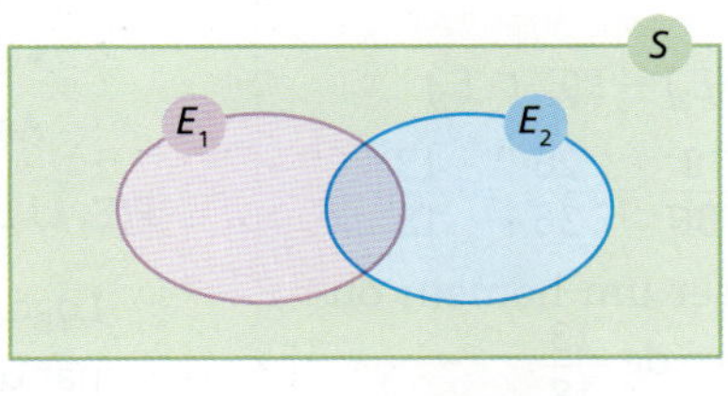

$$n(E_1 \cup E_2) = n(E_1) + n(E_2) - n(E_1 \cap E_2)$$

Dividindo os membros da igualdade por n(*S*):

$$\frac{n(E_1 \cup E_2)}{n(S)} = \frac{n(E_1)}{n(S)} + \frac{n(E_2)}{n(S)} - \frac{n(E_1 \cap E_2)}{n(S)}$$

Portanto, a probabilidade de ocorrência do evento **união de E_1 e E_2** é dada por:

$$P(E_1 \cup E_2) = P(E_1) + P(E_2) - P(E_1 \cap E_2)$$

Eventos mutuamente exclusivos

Quando dois eventos, E_1 e E_2, são mutuamente exclusivos, eles não têm elementos comuns, ou seja, $E_1 \cap E_2 = \varnothing$, e $n(E_1 \cap E_2) = 0$, então:

$$P(E_1 \cap E_2) = \frac{n(E_1 \cap E_2)}{n(S)} = \frac{0}{n(S)} = 0$$

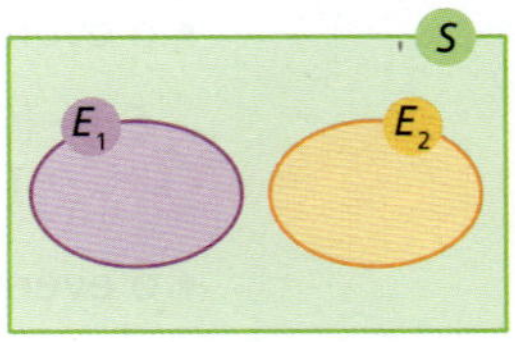

Logo, a probabilidade da união de eventos mutuamente exclusivos é:

$$P(E_1 \cup E_2) = P(E_1) + P(E_2)$$

Eventos complementares

Se dois eventos, E_1 e E_2, de um espaço amostral *S* são complementares, ou seja, se $E_1 \cap E_2 = \varnothing$ e $E_1 \cup E_2 = S$, então:

$$P(E_1) + P(E_2) = P(E_1 \cup E_2) = P(S) = 1$$

Portanto, se E_1 e E_2 são eventos complementares:

$$P(E_1) + P(E_2) = 1$$

Exercícios

R6. Em uma reunião, há 16 homens e 20 mulheres. Metade dos homens e metade das mulheres usam óculos. Ao escolher uma dessas pessoas ao acaso, qual é a probabilidade de ela ser homem **ou** usar óculos?

GNILENKOV ALEKSEY/ SHUTTERSTOCK

➤ Resolução

Vamos considerar:

- E_1: ser homem $\rightarrow n(E_1) = 16$
- E_2: usar óculos $\rightarrow n(E_2) = 18$
- $E_1 \cap E_2$: ser homem **e** usar óculos $\rightarrow$ $\rightarrow n(E_1 \cap E_2) = 8$

Então: $P(E_1 \cup E_2) = P(E_1) + P(E_2) - P(E_1 \cap E_2)$

$$P(E_1 \cup E_2) = \frac{16}{36} + \frac{18}{36} - \frac{8}{36} = \frac{26}{36} = \frac{13}{18}$$

Logo, a probabilidade de ser um homem **ou** uma pessoa que usa óculos é de $\frac{13}{18}$.

R7. Uma urna contém bolas numeradas de 1 a 50. Calcular:

a) a probabilidade de ser sorteada uma bola cujo número seja par **ou** múltiplo de 5;

b) a probabilidade de ser sorteada uma bola cujo número seja par e maior que 10 **ou** o menor número primo.

➤ Resolução

a) Para calcular a probabilidade de sair um número par **ou** um número múltiplo de 5, vamos considerar os eventos E_1 e E_2 e os respectivos números de elementos:

- E_1: número par $\rightarrow n(E_1) = 25$
- E_2: número múltiplo de 5 $\rightarrow n(E_2) = 10$
- $E_1 \cap E_2$: par **e** múltiplo de 5 $\rightarrow n(E_1 \cap E_2) = 5$

Assim: $P(E_1 \cup E_2) = P(E_1) + P(E_2) - P(E_1 \cap E_2)$

$$P(E_1 \cup E_2) = \frac{25}{50} + \frac{10}{50} - \frac{5}{50} = \frac{30}{50} = 0{,}6 = 60\%$$

Logo, a probabilidade de ocorrer um número par **ou** múltiplo de 5 é de 60%.

b) Para calcular a probabilidade de sair um número par maior que 10 **ou** o menor número primo, vamos considerar os eventos E_3 e E_4 e os respectivos números de elementos:

- E_3: número par maior que 10 $\rightarrow n(E_3) = 20$
- E_4: menor número primo.
  De 1 a 50, há 15 números primos, e o menor deles é 2. Portanto: $E_4 = \{2\}$ e $n(E_4) = 1$
- $E_3 \cap E_4$: não há número par maior que 10 e igual a 2, logo: $n(E_3 \cap E_4) = 0$

Os conjuntos E_3 e E_4 são eventos mutuamente exclusivos: $P(E_3 \cup E_4) = P(E_3) + P(E_4) - 0$

$$P(E_3 \cup E_4) = \frac{20}{50} + \frac{1}{50} = \frac{21}{50} = 42\%$$

Logo, a probabilidade de ser sorteado um número par maior que 10 **ou** o menor número primo é de 42%.

R8. Em uma pesquisa realizada com 50 pessoas, os resultados indicaram que 25 pessoas ouvem FM, 20 pessoas ouvem AM e 20 pessoas não costumam ouvir rádio. Calcular a probabilidade de, ao selecionar uma dessas pessoas, ela ouvir ambas as frequências.

➤ Resolução

Observe que a pessoa que ouve FM pode também ouvir AM e a pessoa que ouve AM pode também ouvir FM.

Sendo x o número de pessoas que ouvem ambas as frequências, vamos representar os dados da pesquisa por um diagrama:

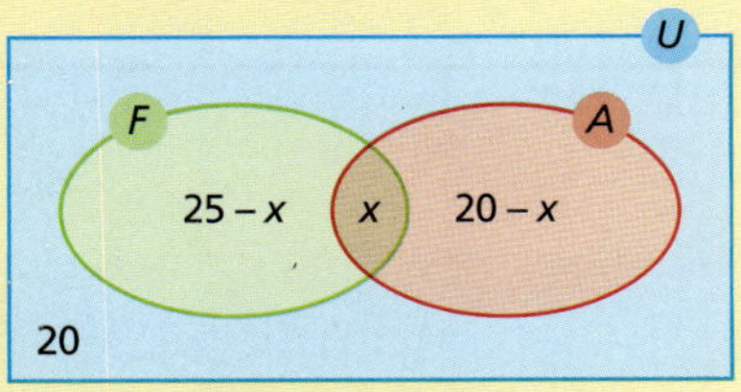

O evento E ("selecionar uma pessoa que ouve ambas as frequências, FM e AM") é a intersecção dos eventos F ("selecionar uma pessoa que ouve FM") e A ("selecionar uma pessoa que ouve AM").

Como $n(E) = n(F \cap A) = x$, temos:

$(25 - x) + x + (20 - x) + 20 = 50$

$65 - x = 50$

$x = 15$

Portanto, 15 pessoas ouvem ambas as frequências.

Logo, a probabilidade de E é:

$$P(E) = \frac{n(E)}{n(S)} = \frac{15}{50} = \frac{3}{10} = 0{,}3 = 30\%$$

27. Uma urna contém 4 bolas vermelhas, 2 bolas azuis 3 bolas brancas. Retirando uma das bolas ao acaso, qual a probabilidade de ela ter cor primária (amarelo, vermelho ou azul)?

28. Um baralho comum tem 52 cartas, distribuídas em quatro grupos idênticos, exceto pelo naipe de cada grupo: paus, ouros, copas e espadas. Se tirarmos uma carta ao acaso, qual a probabilidade de ser uma carta de paus ou uma dama?

STEPHEN AARON REES/SHUTTERSTOCK

29. Retirando ao acaso uma carta de um baralho comum, qual a probabilidade de ela ser vermelha ou um rei?

30. Se lançarmos um dado vermelho e um dado preto, qual a probabilidade de sair 3 no vermelho ou 2 no preto?

31. Numa cidade de 1.000 habitantes, 400 são sócios de um clube A, 300 de um clube B e 200 de ambos os clubes. Calcule a probabilidade de uma pessoa, escolhida ao acaso, ser sócia do clube A ou do B.

32. De 140 alunos de uma escola de Comunicações, 80 cursam Música, 40, Artes cênicas e 20, Música e Artes cênicas. Escolhido um estudante ao acaso, determine em seu caderno a probabilidade de ele:

a) cursar Música;

b) cursar Artes cênicas;

c) cursar Música ou Artes cênicas;

d) cursar Música e Artes cênicas.

33. Genética. Em certa cidade, de cada 10 rapazes, 4, em média, têm olhos verdes. Sorteando ao acaso um rapaz dessa cidade, qual é a probabilidade de ele não ter olhos verdes?

34. Uma caixa contém 30 cartões, numerados de 1 a 30. Se retirarmos ao acaso um desses cartões, qual é a probabilidade de ser um múltiplo de 2 ou de 3?

35. Se lançarmos simultaneamente dois dados considerados perfeitos, qual é a probabilidade de sair, em um deles, o número 4 ou um número par?

36. As peças de um dominó estão posicionadas com as pintas para baixo. Retirando-se uma peça ao acaso, é mais provável que o total de pintas seja maior ou menor que 6?

VRJOYNER/SHUTTERSTOCK

37. Em um auditório, estão 35 pessoas loiras ou morenas. Vinte delas são homens, dos quais 4 são loiros. Entre as mulheres, há 8 loiras.

Sorteando ao acaso uma pessoa desse auditório, qual a probabilidade de ela ser:

a) uma mulher ou uma pessoa loira?

b) um homem moreno?

c) uma mulher morena ou um homem?

38. **Jogo.** Na festa junina de uma escola, uma das brincadeiras consiste em girar um disco dividido em ângulos centrais de mesmo tamanho, numerados de 1 a 30. Os prêmios são distribuídos conforme a pontuação alcançada. Para sortear um desses números, gira-se o disco e, quando ele para, considera-se válido o número indicado pela seta, que fica na parte superior do disco. Determine a probabilidade de:

a) sair um número par;

b) sair um múltiplo de 3;

c) sair um número par e múltiplo de 3;

d) sair um número par ou múltiplo de 3;

e) não sair um número par nem um múltiplo de 3;

f) não sair um número par ou não sair um múltiplo de 3.

39. Uma moeda e um dado são lançados simultaneamente. Qual a probabilidade de se obter cara na moeda ou o número 6 no dado?

40. Jogando dois dados, qual é a probabilidade de sair 5 em pelo menos um deles ou de o produto entre os resultados ser igual a 12?

41. (Mackenzie-SP) Numa urna, há bolas brancas numeradas de 1 a 10, bolas pretas numeradas de 11 a 20 e bolas vermelhas numeradas de 21 a 30. Uma pessoa aposta que, se escolher uma bola ao acaso, essa bola será branca ou terá um número primo. A probabilidade de essa pessoa ganhar a aposta é:

a) $\frac{2}{5}$

b) $\frac{7}{15}$

c) $\frac{8}{15}$

d) $\frac{9}{20}$

e) $\frac{11}{30}$

42. Jogam-se dois dados simultaneamente. Qual é a probabilidade de os números das faces voltadas para cima serem iguais ou de a soma deles ser 7?

43. Uma urna contém 100 cartões, numerados de 1 a 100. Retira-se aleatoriamente um cartão dessa urna. Calcule a probabilidade de o número do cartão não ser múltiplo de 5.

44. No lançamento simultâneo de dois dados, determine a probabilidade de obter soma diferente de 10.

45. Retirando 3 cartas de um baralho comum, calcule a probabilidade de sair pelo menos um rei.

3 Probabilidade condicional

3.1 Definição de probabilidade condicional

Acompanhe a situação a seguir.

Genética. Um casal deseja ter mais dois filhos além do primogênito. Qual é a probabilidade de o casal formar uma família com dois meninos e uma menina se o primeiro filho é do sexo masculino?

Vamos representar o espaço amostral S adotando M para masculino e F para feminino:

$S = \{(M, M, M), (M, M, F), (M, F, M), (M, F, F), (F, M, M), (F, M, F), (F, F, M), (F, F, F)\}$

Então: $n(S) = 8$

• Evento A: nascimento de dois meninos e uma menina

$A = \{(M, M, F), (M, F, M), (F, M, M)\}$; $n(A) = 3$ e $P(A) = \frac{3}{8}$

• Evento B: primogênito do sexo masculino

$$B = \{(M, M, M), (M, M, F), (M, F, M), (M, F, F)\}; n(B) = 4 \text{ e } P(B) = \frac{4}{8} = \frac{1}{2}$$

Indicamos o evento A, condicionado ao fato de o evento B já ter ocorrido, por $\boldsymbol{A / B}$, e a **probabilidade condicional** de ocorrer A, já tendo ocorrido B, por $\boldsymbol{P(A / B)}$.

Na situação anterior, $P(A / B)$ é a probabilidade de o casal ter dois meninos e uma menina dado que o primogênito é menino.

Note que o evento B modifica a condição e a probabilidade do evento A, pois, a partir da ocorrência de B, o espaço amostral passa a ser o conjunto B, não mais o conjunto S. Portanto:

$$P(A / B) = \frac{n(A \cap B)}{n(B)} = \frac{\frac{n(A \cap B)}{n(S)}}{\frac{n(B)}{n(S)}} = \frac{P(A \cap B)}{P(B)}$$

Como $A \cap B = \{(M, M, F), (M, F, M)\}$, $n(A \cap B) = 2$ e $P(A \cap B) = \frac{2}{8} = \frac{1}{4}$, temos:

$$P(A / B) = \frac{P(A \cap B)}{P(B)} = \frac{\frac{1}{4}}{\frac{1}{2}} = \frac{1}{2} = 50\%$$

Assim, a probabilidade de o casal ter dois meninos e uma menina, se o primeiro filho é menino, é de 50%.

Definimos, então:

$$P(A / B) = \frac{P(A \cap B)}{P(B)}, \text{ com } P(B) > 0, \text{ ou } P(A \cap B) = P(B) \cdot P(A / B)$$

Exercícios

46. Considere dois eventos A e B, com:

$P(A) = \frac{3}{5}$, $P(B) = \frac{3}{10}$ e $P(A \cap B) = \frac{1}{5}$

Calcule:

a) $P(A / B)$

b) $P(B / A)$

47. Um grupo de 1.000 pessoas apresenta, conforme sexo e qualificação profissional, os dados da tabela abaixo.

	Especializados	Não especializados	Total
Homens	210	390	600
Mulheres	140	260	400
Total	350	650	1.000

Escolhendo uma pessoa ao acaso:

a) qual a probabilidade de ser homem?

b) qual a chance de ser mulher não especializada?

c) qual a porcentagem de não especializados?

d) qual a porcentagem de homens especializados?

e) se for especializado, qual a chance de ser mulher?

48. A comissão de formatura da escola de Marcos promoveu uma rifa com 100 bilhetes numerados de 1 a 100. Sabendo que o bilhete sorteado é múltiplo de 4 e que Marcos tem o bilhete de número 44, qual a probabilidade de ele ser o premiado?

49. Um dado é lançado duas vezes, uma após a outra. Sabendo que a soma dos números obtidos nos dois lançamentos é 6, calcule a probabilidade de ter saído 2 em um dos lançamentos.

R9. De um baralho comum, são retiradas 2 cartas, uma a uma e sem reposição. Qual é a probabilidade de que as duas cartas sejam de copas?

➤ Resolução

- Evento B: a primeira carta é de copas.

  Então: $P(B) = \frac{13}{52} = \frac{1}{4}$

- Evento A: a segunda carta é de copas.

  Assim: $P(A / B) = \frac{12}{51}$

Queremos obter a probabilidade de ambas as cartas serem de copas, ou seja, devemos calcular a probabilidade de $A \cap B$:

$P(A \cap B) = P(B) \cdot P(A / B) = \frac{1}{4} \cdot \frac{12}{51}$

$P(A \cap B) = \frac{3}{51} \simeq 5{,}88\%$

50. De uma urna com 3 bolas pretas e 2 bolas brancas, serão retiradas, sucessiva e casualmente, 2 bolas.

FERNANDO FAVORETTO/CRIAR IMAGEM

Calcule a probabilidade de serem:

a) a primeira preta e a segunda branca;

b) a primeira branca e a segunda preta.

51. Em um saco há 10 cartões vermelhos e 20 amarelos. Se forem sorteados 2 cartões, sem reposição, qual a probabilidade de o primeiro ser vermelho e o segundo ser amarelo?

3.2 Eventos independentes

Considere o lançamento simultâneo de um dado e de uma moeda.

Adotando C para cara e K para coroa, o espaço amostral desse experimento é:

$S = \{(C, 1), (C, 2), (C, 3), (C, 4), (C, 5), (C, 6), (K, 1), (K, 2), (K, 3), (K, 4), (K, 5), (K, 6)\}$ e $n(S) = 12$

Vamos considerar os eventos:

- A: sair coroa na moeda;
- B: sair um número múltiplo de 3 no dado.

Então:

$A = \{(K, 1), (K, 2), (K, 3), (K, 4), (K, 5), (K, 6)\}$ e $P(A) = \frac{6}{12} = \frac{1}{2}$

$B = \{(C, 3), (C, 6), (K, 3), (K, 6)\}$ e $P(B) = \frac{4}{12} = \frac{1}{3}$

$A \cap B = \{(K, 3), (K, 6)\}$ e $P(A \cap B) = \frac{2}{12} = \frac{1}{6}$

Pela definição de probabilidade condicional:

$$P(A / B) = \frac{P(A \cap B)}{P(B)} = \frac{\frac{1}{6}}{\frac{1}{3}} = \frac{1}{2}$$

Note que $P(A / B) = P(A)$, ou seja, a probabilidade de sair coroa na moeda não é alterada pela ocorrência de número múltiplo de 3 no dado.

Temos ainda:

$$P(B / A) = \frac{P(A \cap B)}{P(A)} = \frac{\frac{1}{6}}{\frac{1}{2}} = \frac{1}{3} = P(B)$$

Como $P(B / A) = P(B)$, a probabilidade de ocorrer o evento B também não é alterada pela ocorrência do evento A.

Portanto, a ocorrência de um evento não interferiu na ocorrência do outro. Dizemos então que os eventos "sair coroa na moeda" e "sair um número múltiplo de 3 no dado" são eventos independentes.

Dois eventos, A e B, são **eventos independentes** se a ocorrência de um deles não afeta a ocorrência do outro, isto é, se: $P(A / B) = P(A)$ e $P(B / A) = P(B)$

Para a ocorrência simultânea dos dois eventos independentes, substituímos $P(A / B)$ por $P(A)$ em $P(A \cap B) = P(B) \cdot P(A / B)$ e temos:

$$P(A \cap B) = P(A) \cdot P(B)$$

Assim, dois eventos são **eventos dependentes** quando a probabilidade de ocorrência de um deles é afetada pela ocorrência do outro. Nesse caso: $P(A \cap B) \neq P(A) \cdot P(B)$

Observação:

A probabilidade de ocorrência de mais de dois eventos independentes é igual ao produto das probabilidades de cada um dos eventos.

Exercícios

R10. Em uma turma de 30 alunos, cada aluno estuda uma língua estrangeira e outra disciplina, de acordo com a tabela:

	Química (*Q*)	História (*H*)	Biologia (*B*)	Total
Francês (*F*)	10	3	5	18
Espanhol (*E*)	5	6	1	12
Total	15	9	6	30

a) Calcular a probabilidade de um aluno, selecionado ao acaso, estudar Química, sabendo que ele estuda Francês.

b) Verifique se os eventos "aluno estuda Química" e "aluno estuda Francês" são eventos independentes.

➤ Resolução

a) Dos 18 alunos que estudam Francês, 10 estudam Química. Então:

$$P(Q / F) = \frac{P(Q \cap F)}{P(F)} = \frac{\frac{10}{30}}{\frac{18}{30}} = \frac{10}{18} = \frac{5}{9}$$

b) A probabilidade de um aluno estudar Química é: $P(Q) = \frac{10}{30} = \frac{1}{3}$

Logo os eventos **não** são independentes, pois: $P(Q / F) \neq P(Q)$

52. Seis cartas (2, 3 e 4 de copas, 2 e 4 de paus e 4 de espadas) são embaralhadas e colocadas com a face voltada para baixo sobre uma mesa. Sabendo que uma dessas cartas é escolhida, responda às questões.

a) Os eventos "escolher um 4" e "escolher uma carta de copas" são independentes?

b) E os eventos "escolher um 4" e "escolher uma carta de paus"?

Justifique suas respostas.

53. Uma moeda é lançada três vezes. Qual a probabilidade de, nas três vezes, sair coroa na face voltada para cima?

54. Uma urna contém 5 bolas verdes e 7 bolas brancas. Retiramos 2 bolas, uma após a outra, com reposição.

a) Qual é a probabilidade de a primeira bola ser branca e a segunda verde?

b) Qual é a probabilidade de as duas bolas serem brancas?

55. Se retirarmos 2 cartas de um baralho de 52 cartas, com reposição, qual é a probabilidade de a primeira ser uma dama e a segunda ser um 10?

56. Uma urna A contém 6 bolas vermelhas e 4 amarelas, e uma urna B contém 3 bolas vermelhas e 5 amarelas. Retirando uma bola de cada urna, calcule a probabilidade de sair uma bola vermelha e uma amarela.

57. Uma caixa contém 6 canetas boas e 4 defeituosas. Quatro canetas são retiradas ao acaso, sem reposição. Calcule a probabilidade de:

a) todas serem boas;

b) todas serem defeituosas;

c) 2 serem boas e 2 serem defeituosas.

58. Bruna vai a uma sorveteria que oferece 3 opções de picolé à base de fruta e 5 que não contêm fruta. Ela quer comprar 2 picolés, mas fica muito indecisa quanto aos sabores. Como gosta de todos igualmente, resolve pegar esses 2 sorvetes ao acaso, sem escolher. Qual a probabilidade:

ELENA SCHWEITZER/ SHUTTERSTOCK

a) de que os 2 sorvetes sejam à base de fruta?

b) de que nenhum dos sorvetes seja à base de fruta?

c) de que somente 1 dos sorvetes seja à base de fruta?

59. Uma urna contém 3 bolas: uma verde, uma azul e uma branca. Tira-se uma bola ao acaso, registra-se sua cor e coloca-se a bola de volta na urna. Repete-se a experiência mais duas vezes. Qual a probabilidade de serem registradas 3 cores distintas?

4 Método binomial

4.1 Análise por árvore de possibilidades

YOSHIKAZU TSUNO/AFP PHOTO

Hugo Hoyama no campeonato mundial de tênis de mesa de 2009.

Acompanhe a situação a seguir.

Torneio. Jaime vai participar de um torneio de tênis de mesa composto de três jogos. Em cada jogo, Jaime só pode ganhar ou não ganhar.

Vamos representar por $\boldsymbol{p}$ a probabilidade de Jaime ganhar um jogo e por $\boldsymbol{q}$ a de não ganhar. Vamos ainda supor que p seja constante para os três jogos. Como não há empate, ganhar e não ganhar são eventos complementares, logo: $p + q = 1$

Podemos representar todas as possibilidades desse torneio em uma árvore de possibilidades. Veja:

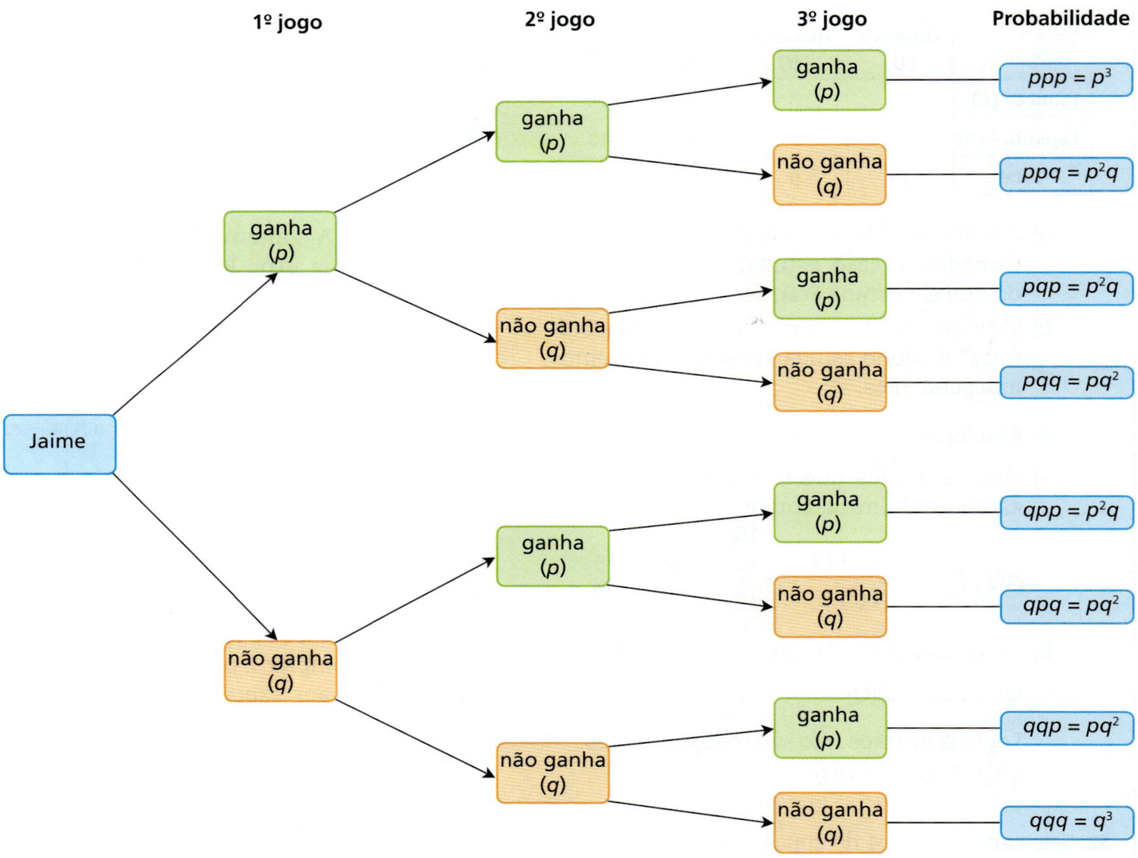

Na representação por árvore de possibilidades, temos, considerando os três jogos, a probabilidade de Jaime:

- ganhar 3 jogos, representada por p^3;
- ganhar 2 jogos, representada por $3\ p^2q$;
- ganhar 1 jogo, representada por $3\ pq^2$;
- não ganhar jogo algum, representada por q^3.

Esses resultados são os termos do desenvolvimento do binômio $(p + q)^3$.

Observe: $(p + q)^3 = p^3 + 3\ p^2q + 3\ pq^2 + q^3$

4.2 Formalização da ideia

Retomando a situação anterior, vamos calcular a probabilidade de Jaime vencer 3 de 5 partidas disputadas.

Antes de calcular a probabilidade de ocorrer o evento E ("Jaime vencer 3 partidas em 5 disputadas"), vamos calcular a probabilidade de ocorrer o evento A ("Jaime vencer as 3 primeiras partidas e perder as 2 seguintes").

Para cada jogo, suponha que a probabilidade de Jaime vencer é $p = \frac{1}{2}$, e a probabilidade de Jaime não vencer é $q = \frac{1}{2}$. Assim: $P(E) = \frac{1}{2} \cdot \frac{1}{2} \cdot \frac{1}{2} \cdot \frac{1}{2} \cdot \frac{1}{2} = \left(\frac{1}{2}\right)^3 \cdot \left(\frac{1}{2}\right)^2$

Como Jaime pode vencer quaisquer 3 das 5 partidas disputadas, devemos contar o total de permutações das 5 partidas, sendo 3 com vitória e 2 com derrota. Recorrendo a uma ferramenta da Análise combinatória (permutação com repetição), determinamos de quantas maneiras podem ocorrer 3 vitórias e 2 derrotas em 5 partidas disputadas:

$$P_5^{3,\,2} = \frac{5!}{3! \cdot 2!} = C_{5,\,3} = \binom{5}{3}$$

Portanto, a probabilidade de Jaime vencer 3 das 5 partidas disputadas é:

$$P(E) = \binom{5}{3} \cdot \left(\frac{1}{2}\right)^3 \cdot \left(\frac{1}{2}\right)^2 = 10 \cdot \frac{1}{8} \cdot \frac{1}{4} = \frac{10}{32} = \frac{5}{16} = 31{,}25\%$$

Essa situação é um exemplo de aplicação do **método binomial** para o cálculo de probabilidades. Nela, há somente duas possibilidades com suas respectivas probabilidades: vencer (p) ou não vencer (q). Existem outras situações que também podem ser resolvidas por esse método, como: o lançamento de uma moeda (cara ou coroa), o sexo de um futuro filho (masculino ou feminino), um teste com questões do tipo verdadeiro ou falso etc.

Se, para determinado evento, há somente duas possibilidades, sucesso ou insucesso, cujas probabilidades são, respectivamente, $\boldsymbol{p}$ e $\boldsymbol{q}$, temos, para a probabilidade de ocorrer $\boldsymbol{m}$ vezes o resultado procurado, em um total de $\boldsymbol{n}$ repetições do experimento, a expressão:

$$P(E) = \binom{n}{m} \cdot p^m \cdot q^{n-m}$$

Observação:

O evento "ocorrer m sucessos em n experimentos" é formado por todas as ênuplas ordenadas em que existem m sucessos e $(n - m)$ insucessos. O número de ênuplas é:

$$P_n^{m,\,n-m} = \frac{n!}{m!(n-m)!} = C_{n,\,m} = \binom{n}{m}$$

Exemplo

Jogando um dado cinco vezes, qual é a probabilidade de sair a face de número 3 em dois dos cinco lançamentos?

Vamos considerar o evento E: "sair a face de número 3 em dois dos cinco lançamentos".

A probabilidade de sair a face de número 3 em um lançamento é de $\frac{1}{6}$, e a probabilidade de não sair a face de número 3 é de $\frac{5}{6}$.

Assim, para sair face 3 em dois dos cinco lançamentos, temos:

$$P(E) = \binom{5}{2} \cdot \left(\frac{1}{6}\right)^2 \cdot \left(\frac{5}{6}\right)^3 = \frac{625}{3.888} \simeq 16{,}08\%$$

Portanto, a probabilidade é, aproximadamente, 16,08%.

Exercícios

R11. Em uma escola, 46% dos alunos são do sexo feminino. Num sorteio de quatro alunos, qual é a probabilidade de saírem:

a) duas pessoas do sexo feminino?

b) quatro pessoas do sexo feminino?

➤ Resolução

Para cada aluno sorteado, temos:

P(feminino) = 46% = 0,46

P(masculino) = 54% = 0,54

a) A: Para 4 alunos sorteados, entre os quais 2 do sexo feminino

$$P(A) = \binom{4}{2} \cdot (0,46)^2 \cdot (0,54)^2 \simeq 37\%$$

b) B: 4 alunos sorteados, todos do sexo feminino

$$P(B) = \binom{4}{4} \cdot (0,46)^4 \cdot (0,54)^0 \simeq 4,5\%$$

60. Qual é a probabilidade de sair coroa três vezes em sete lançamentos de uma moeda não viciada?

61. Num teste com 10 questões de 5 alternativas cada uma e apenas uma certa, qual é a probabilidade aproximada de um candidato, "chutando" todas as respostas, errar somente metade?

62. Atualmente, a probabilidade de uma pessoa viver mais de 70 anos é de 30% ou 0,3. De um grupo de 5 amigos, todos com 60 anos, qual é a chance de 4 deles ultrapassarem os 70 anos?

63. Uma empresa que empacota farinha deixa passar 0,1% do produto embalado com massa abaixo do limite legal. Qual a probabilidade aproximada de um consumidor comprar 3 pacotes e nenhum ter massa abaixo do limite?

64. Ana tem um molho com 8 chaves diferentes, com as quais deve abrir 4 portas de fechaduras distintas. As chaves que abrem as portas estão no molho. Ela deve experimentar, uma única vez, uma única chave em cada fechadura. No entanto, a cada tentativa, não consegue mais saber a chave que acabou de experimentar. Qual é a probabilidade de Ana abrir 2 das 4 portas?

65. Um casal planeja ter quatro filhos. Calcule a probabilidade de terem:

a) quatro meninos;

b) duas meninas e dois meninos;

c) um menino e três meninas.

66. Dois prêmios serão sorteados entre 8 pessoas, sendo 5 mulheres e 3 homens. E uma pessoa pode ganhar os 2 prêmios. Determine a probabilidade de serem contemplados:

a) dois homens;

b) duas mulheres;

c) um homem e uma mulher.

67. Genética. Em cobaias de um experimento, o pelo preto é dominante sobre o branco. Os pais de uma ninhada de 5 filhotes são heterozigotos pretos, de modo que, para cada filhote, a probabilidade de ser preto é de $\frac{3}{4}$.

KUCHERENKO OLENA/SHUTTERSTOCK

Determine a probabilidade de os filhotes serem:

a) 3 brancos e 2 pretos;

b) 2 brancos e 3 pretos;

c) 1 branco e 4 pretos;

d) todos pretos.

R12. Um bom jogador de basquete consegue média de 90% de acertos em lances livres. Sofrendo uma falta, esse jogador tem direito a três lances livres. Qual é a probabilidade de ele acertar pelo menos um lance livre?

LANE V. ERICKSON/SHUTTERSTOCK

➤ Resolução

- P(acerto) = 90%
- P(erro) = 10%
- E: acertar pelo menos um lance livre
- E_n: acertar n lances livres

Como $P(E) = P(E_1) + P(E_2) + P(E_3)$ ou $P(E) = 1 - P(E_0)$, temos:

$$P(E) = 1 - \binom{3}{0} \cdot \left(\frac{90}{100}\right)^0 \cdot \left(\frac{10}{100}\right)^3$$

$$P(E) = 1 - 1 \cdot 1 \cdot \frac{1}{1.000} = 99,9\%$$

Logo, a probabilidade de ele acertar pelo menos um lance em três é de 99,9%.

68. Um banco atribui, por um processo randômico (aleatório), a senha das contas de seus clientes. A senha é formada por 6 caracteres alfanuméricos, isto é, os caracteres podem ser escolhidos entre 26 letras e 10 algarismos. Calcule a probabilidade aproximadada de uma senha ter:

a) apenas letras;
b) apenas números;
c) 4 letras e 2 números;
d) 2 letras e 4 números;
e) pelo menos uma letra;
f) pelo menos um número.

69. A probabilidade de um jogador de basquete fazer, com sucesso, uma jogada de 3 pontos é 0,3. Qual é a probabilidade aproximada de, em cinco jogadas como essa, o atleta conseguir encestar duas vezes?

Ficha de revisão

19.1 Visão do especialista

1. Uma moeda e um dado são lançados simultaneamente. Adotando c para cara e k para coroa, escreva o espaço amostral e o evento "cara na moeda e número primo no dado".

2. Uma prova é composta de 10 questões de múltipla escolha, com 5 alternativas cada uma, sendo apenas uma correta. Qual é a probabilidade de um aluno, "chutando" as respostas, acertar todas as questões?

3. Jogando três dados, qual é a probabilidade de, somando os números das faces voltadas para cima, obter soma menor que 4 ou igual a 4?

4. As urnas A, B e C contêm bolas vermelhas e brancas nas seguintes quantidades: urna A: 2 bolas vermelhas e 3 brancas; urna B: 3 bolas vermelhas e 1 branca; urna C: 4 bolas vermelhas e 2 brancas. Escolhendo uma das urnas ao acaso e retirando dela uma bola, qual a probabilidade de ela ser vermelha?

5. Uma moeda é lançada seis vezes. Qual a probabilidade de não sair cara em nenhuma das vezes?

6. Retira-se uma carta de um baralho de 52 cartas e observa-se que o número dessa carta está entre 2 e 8 (2 e 8 inclusive). Qual é a probabilidade de esse número ser 7?

7. Um dado é lançado cinco vezes. Qual a probabilidade de a face com o número 2 aparecer pelo menos uma vez?

8. Loteria. (UEL-PR) Numa loteria, são sorteados 5 números de 1 a 20, e é possível ganhar com 3, 4 ou 5 acertos. Cada apostador só pode escolher 5 números. Qual a probabilidade de um apostador acertar 4 dos 5 números sorteados?

a) $\dfrac{1}{50^4}$
b) $\dfrac{4}{50^4}$
c) $\dfrac{75}{15.504}$
d) $\dfrac{15}{15.504}$
e) $\dfrac{5}{15.504}$

9. Uma urna contém 4 bolas vermelhas e 6 bolas brancas. Retira-se uma bola ao acaso e registra-se sua cor. Depois, a bola é reposta na urna. O experimento é repetido cinco vezes. Qual a probabilidade de tirar bola vermelha exatamente três vezes?

10. Em certa cidade, 20% dos habitantes têm carro da marca A. Se 8 habitantes forem selecionados ao acaso, qual é a probabilidade aproximada de 3 deles terem carro da marca A?

11. (UFC-CE) Num certo país, 8% das declarações de imposto de renda são suspeitas e submetidas à análise detalhada. Entre estas, verificou-se que 15% são fraudulentas; e, entre as não suspeitas, 5% são fraudulentas.

a) Se uma declaração é separada ao acaso, qual a probabilidade de ser suspeita e fraudulenta?
b) Se uma declaração é fraudulenta, qual a probabilidade de ter sido suspeita?

12. Seis times de futebol com o mesmo nível técnico, entre os quais estão A e B, vão disputar um campeonato cuja classificação final não admite empates. Uma pessoa fez duas apostas: na primeira, apostou que A não seria campeão; na segunda, apostou que B não seria o último colocado. Qual a probabilidade de essa pessoa ganhar as duas apostas?

13. Numa fábrica, a máquina X produz 35% do total da produção, a máquina Y, 40%, e a máquina Z, o restante. As produções de X, Y e Z apresentam, respectivamente, 2%, 1,5% e 0,8% de defeito. Num dia em que a produção total das três máquinas foi de 20.000 peças, verificou-se que uma peça, separada ao acaso, era defeituosa. Qual a probabilidade de essa peça ter sido produzida pela máquina X?

14. Loteria. Para jogar na Mega-sena, tem-se a opção de escolher de 6 a 10 números entre os 60 disponíveis. Os apostadores que acertam 6 números ganham o prêmio principal. Se a probabilidade de escolher 6 números e acertar é x, determine a probabilidade (em função de x) de ganhar escolhendo 8 números.

15. Em uma pesquisa sobre grupos sanguíneos, foram testadas 10.000 pessoas, das quais 4.212 têm o antígeno A, 3.723 o antígeno B e 3.077 não têm antígeno algum. Qual é a probabilidade de uma pessoa, escolhida ao acaso, ter os dois antígenos?

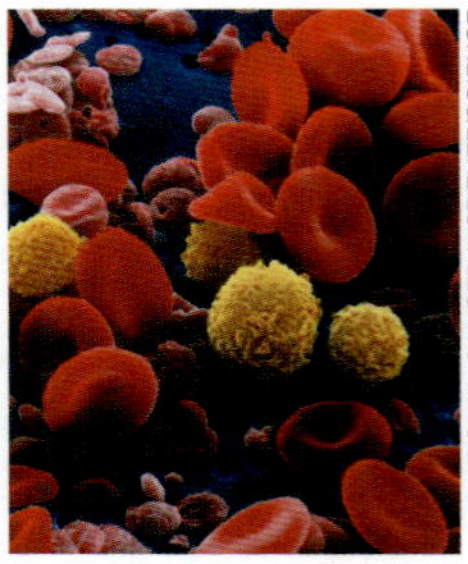

NATIONAL CANCER INSTITUTE/SCIENCE PHOTO LIBRARY/LATINSTOCK

16. Num lote de 20 peças, temos 2 peças defeituosas. Se escolhermos ao acaso 3 dessas peças, qual a probabilidade de nenhuma ser defeituosa?

17. O código de acesso de um cartão de crédito é formado por 6 dígitos. Cada dígito é um número natural de 0 a 9. Um cliente que teve o cartão extraviado receia que alguém descubra o código. Calcule a probabilidade de alguém acertar o código do cartão em um total de 1.000 tentativas, aleatórias e distintas.

18. **Tráfego.** A figura abaixo representa ruas de mão única. Nas esquinas em que há duas opções de direção, o tráfego se divide igualmente entre elas. Se 512 carros entram nessa área por P, determine a probabilidade de um deles sair por Y.

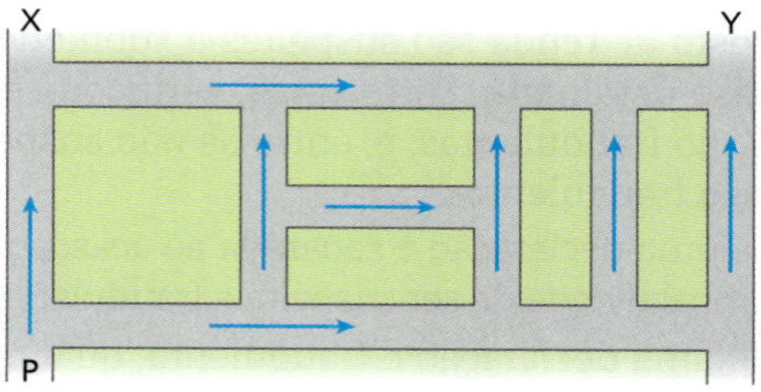

19. Escolhem-se, aleatoriamente, três dos seis vértices do hexágono regular apresentado a seguir. Calcule a probabilidade de os vértices escolhidos formarem um triângulo equilátero.

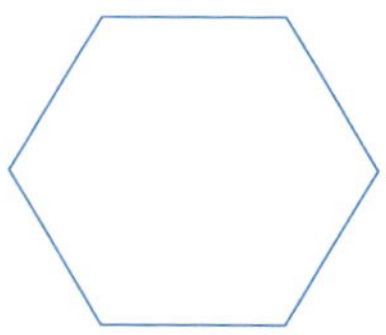

20. Sorteando ao acaso dois vértices quaisquer de um cubo, determine a probabilidade de esses vértices não estarem na mesma face.

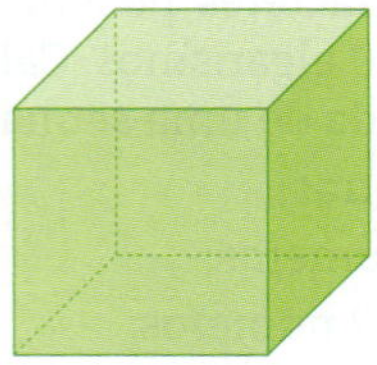

21. Numa urna há 5 bolas brancas, 3 bolas pretas e 2 bolas vermelhas. Retirando-se sucessivamente 3 bolas, sem reposição, qual a probabilidade de obter uma bola branca, depois uma preta e, por fim, uma vermelha?

22. Oito pessoas, entre elas Paulo e Pedro, são dispostas ao acaso em fila. Qual a probabilidade de Paulo e Pedro ficarem separados?

23. Duas pessoas são sorteadas ao acaso em uma sala na qual estão seis casais. Qual a probabilidade de serem dois homens?

24. Com os algarismos 1, 2, 3, 4 e 5 são formados números de quatro algarismos distintos. Um desses números é escolhido ao acaso. Qual a probabilidade de ele ser par?

25. (Unesp) Joga-se um dado honesto. O número que ocorreu (isto é, o da face voltada para cima) é o coeficiente b da equação $x^2 + bx + 1 = 0$. Determine:

19.2 Visão do especialista

a) a probabilidade de essa equação ter raízes reais;

b) a probabilidade de essa equação ter raízes reais, sabendo que ocorreu um número ímpar.

26. Uma moeda é lançada dez vezes. Qual é a probabilidade de obter 5 caras e 5 coroas?

27. Qual probabilidade é maior: a de obter 50% de caras no lançamento de 4 moedas ou a de obter 50% de caras no lançamento de 10 moedas?

Questões de vestibular

1. (Vunesp) Uma urna contém as letras: A, C, D, D, E, E, F, I, I e L.

19.3 Visão do especialista

a) Se todas as letras forem retiradas da urna, uma após a outra, sem reposição, calcule a probabilidade de, na sequência das retiradas, ser formada a palavra FELICIDADE.

b) Se somente duas letras forem retiradas da urna, uma após outra, sem reposição, calcule a probabilidade de serem retiradas duas letras iguais.

2. (FGV) Uma pesquisa com três marcas concorrentes de refrigerantes, A, B e C, mostrou que 60% das pessoas entrevistadas gostam de A, 50% gostam de B, 57% gostam de C, 35% gostam de A e C, 18% gostam de A e B, 24% gostam de B e C, 2% gostam das três marcas e o restante das pessoas não gosta de nenhuma das três. Sorteando-se aleatoriamente uma dessas pessoas entrevistadas, a probabilidade de que ela goste de uma única marca de refrigerante ou não goste de marca alguma é de:

a) 16% b) 17% c) 20% d) 25% e) 27%

19.4 Visão do especialista

3. (Fuvest-SP) Em uma equipe de basquete, a distribuição de idades dos seus jogadores é a seguinte:

Idade	Nº de jogadores
22	1
25	3
26	4
29	1
31	2
32	1

EDUARDO KNAPP/FOLHAPRESS

Será sorteada, aleatoriamente, uma comissão de dois jogadores que representará a equipe junto aos dirigentes.

a) Quantas possibilidades distintas existem para formar essa comissão?

b) Qual a probabilidade de a média de idade dos dois jogadores da comissão sorteada ser estritamente menor que a média de idade de todos os jogadores?

4. (FGV) Um recipiente contém 4 balas de hortelã, 5 de morango e 3 de anis. Se duas balas forem sorteadas sucessivamente e sem reposição, a probabilidade de que sejam de mesmo sabor é:

a) $\frac{18}{65}$

b) $\frac{19}{66}$

c) $\frac{20}{67}$

d) $\frac{21}{68}$

e) $\frac{22}{69}$

5. (PUC) Em uma amostra de 20 peças, existem exatamente quatro defeituosas. Retirando-se ao acaso, sem reposição, 3 peças, qual a probabilidade de todas as três serem perfeitas?

19.5 Visão do especialista

6. (Vunesp) Um jogo consiste num dispositivo eletrônico na forma de um círculo dividido em 10 setores iguais numerados, como mostra a figura. Em cada jogada, um único setor do círculo se ilumina. Todos os setores com números pares têm a mesma probabilidade de ocorrer, o mesmo acontecendo com os setores com números ímpares. Além disso, a probabilidade de ocorrer 3 é o dobro da probabilidade de ocorrer o número 4. Denotando por $p(i)$ a probabilidade de, numa jogada, ocorrer o número i, determine:

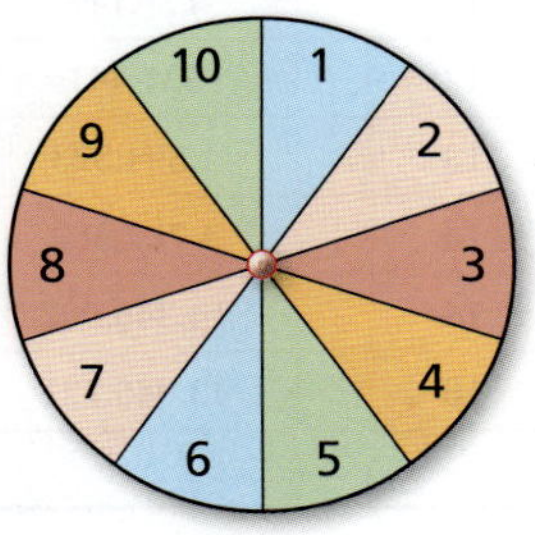

a) $p(3)$ e $p(4)$.

b) a probabilidade de, numa jogada, ocorrer um número primo maior ou igual a 2.

19.6 Visão do especialista

7. (Unicamp-SP) Considere o conjunto dos dígitos {1, 2, 3, ..., 9} e forme com eles números de nove algarismos distintos.

a) Quantos desses números são pares?

b) Escolhendo-se ao acaso um dos números do item (a), qual a probabilidade de que esse número tenha exatamente dois dígitos ímpares juntos?

8. (PUC) Aser, Bia, Cacá e Dedé fazem parte de um grupo de 8 pessoas que serão colocadas lado a lado para tirar uma única fotografia. Se os lugares em que eles ficarão posicionados forem aleatoriamente escolhidos, a probabilidade de que, nessa foto, Aser e Bia apareçam um ao lado do outro e Cacá e Dedé não apareçam um ao lado do outro será:

a) $\frac{5}{28}$ b) $\frac{3}{14}$ c) $\frac{7}{28}$ d) $\frac{2}{7}$ e) $\frac{9}{28}$

9. (Vunesp) Numa festa de aniversário infantil, 5 crianças comeram um alimento contaminado com uma bactéria. Sabe-se que, uma vez em contato com essa bactéria, a probabilidade de que a criança manifeste problemas intestinais é de $\frac{2}{3}$.

Sabendo que $\binom{n}{k} = \frac{n!}{k! \cdot (n-k)!}$, determine:

a) $\binom{5}{2}$ e a probabilidade de manifestação de problemas intestinais em exatamente duas crianças.

b) $\binom{5}{0}$, $\binom{5}{1}$ e a probabilidade de manifestação de problemas intestinais no máximo em uma criança.

10. (Fuvest-SP) Uma pessoa dispõe de um dado honesto, que é lançado sucessivamente quatro vezes. Determine a probabilidade de que nenhum dos números sorteados nos dois primeiros lançamentos coincida com algum dos números sorteados nos dois últimos lançamentos.

11. (Mackenzie-SP) Em um determinado jogo, são sorteados 3 números entre os 30 que estão no volante de apostas. O apostador, que assinala 6 números no volante, ganha se todos os 3 números sorteados estiverem entre os 6 assinalados. A probabilidade de o apostador ganhar é:

a) $\frac{1}{203}$ b) $\frac{1}{507}$ c) $\frac{1}{456}$ d) $\frac{1}{280}$ e) $\frac{1}{98}$

12. (UFSCar-SP) Entre 9 h e 17 h, Rita faz uma consulta pela internet das mensagens de seu correio eletrônico. Se todos os instantes desse intervalo são igualmente prováveis para a consulta, a probabilidade de ela ter iniciado o acesso ao seu correio eletrônico em algum instante entre 14 h 35 min e 15 h 29 min é igual a:

a) 10,42%

b) 11,25%

c) 13,35%

d) 19,58%

e) 23,75%

13. (UFSCar-SP) Juntam-se 27 cubos brancos, cada um com 1 cm^3 de volume, formando um cubo de 27 cm^3. Em seguida, pinta-se de azul cada uma das seis faces do cubo de 27 cm^3, como indica a figura 1.

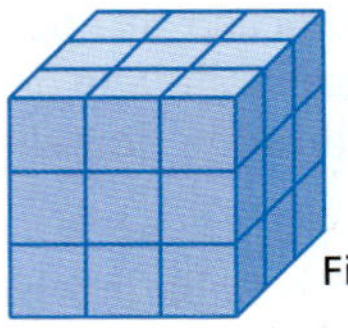

Figura 1

Separam-se novamente os 27 cubos. Aleatoriamente e de uma única vez, 2 desses cubos são sorteados. Com os cubos sorteados, deseja-se formar um paralelepípedo de 2 cm^3 com cinco faces brancas e apenas uma azul, da forma indicada na figura 2.

Figura 2

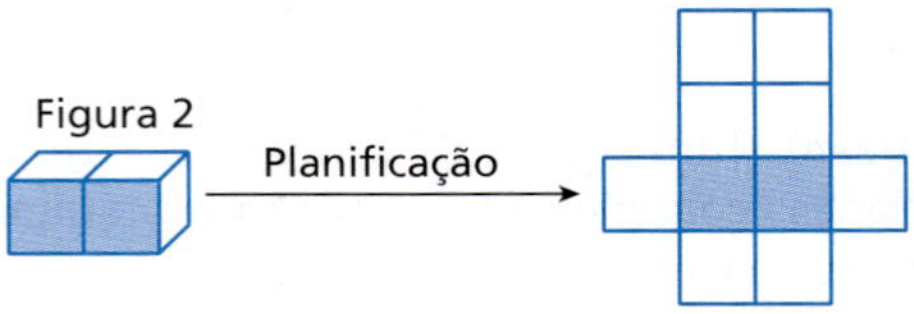

A probabilidade de que esse paralelepípedo possa ser formado com os cubos sorteados é igual a:

a) $\frac{2}{3}$ c) $\frac{29}{117}$ e) $\frac{5}{117}$

b) $\frac{17}{39}$ d) $\frac{2}{9}$

14. (Unifesp) Um engradado, como o da figura, tem capacidade para 25 garrafas.

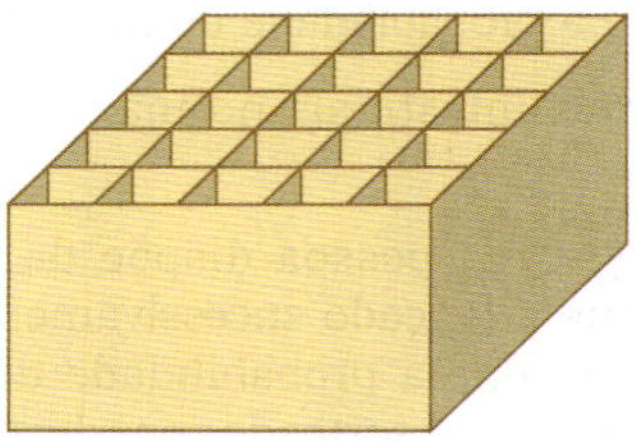

Se, de forma aleatória, forem colocadas 5 garrafas no engradado, a probabilidade de que quaisquer duas delas não recaiam numa mesma fila horizontal, nem numa mesma fila vertical, é:

a) $\frac{5!}{25!}$

b) $\frac{5! \cdot 5!}{25!}$

c) $\frac{5! \cdot 20!}{25!}$

d) $\frac{5! \cdot 5! \cdot 20!}{25!}$

e) $\frac{5! \cdot 5! \cdot 25!}{20!}$

15. (Vunesp) Um colégio possui duas salas, A e B, de determinada série. Na sala A estudam 20 alunos e na B, 30 alunos. Dois amigos, Pedro e João, estudam na sala A. Um aluno é sorteado da sala A e transferido para a B. Posteriormente, um aluno é sorteado e transferido da sala B para a sala A.

a) No primeiro sorteio, qual a probabilidade de qualquer um dos dois amigos ser transferido da sala A para a B?

b) Qual a probabilidade, no final das transferências, de os amigos ficarem na mesma sala?

16. (UFSCar-SP) No volante do jogo da loteca, para cada um dos 14 jogos de futebol indicados, o apostador deverá marcar o seu palpite, que pode ser coluna 1, coluna 2 ou coluna do meio (vitória do time 1, vitória do time 2 ou empate, respectivamente). Quando o jogador assinala apenas uma das três colunas em um jogo, dizemos que ele assinalou palpite simples nesse jogo.

Dependendo do valor disponível para a aposta e dos limites de aposta por volante, o jogador também poderá marcar alguns palpites duplos e/ou triplos. Em um palpite duplo, como, por exemplo, colunas 1 e do meio, o apostador só errará o jogo se o resultado final for coluna 2. Em um palpite triplo (colunas 1, 2 e do meio), o apostador sempre acertará o jogo.

Em relação a um cartão da loteca com palpite duplo em um dos jogos e palpites simples nos demais, preenchido aleatoriamente, e supondo que as três colunas são igualmente possíveis em todos os jogos, pergunta-se:

a) Qual é a probabilidade de esse cartão ser contemplado com o prêmio máximo, que corresponde ao acerto dos 14 jogos?

b) Qual é a probabilidade de esse cartão ser contemplado com o segundo prêmio, que corresponde ao acerto de pelo menos 13 jogos?

Dado:

x	3^x
10	59.049
11	177.147
12	531.441
13	1.594.323
14	4.782.969
15	14.348.907
16	43.046.721

Capítulo 20

Estatística: análise de dados

CARLOS EDUARDO DE QUADROS/FOTOARENA

Objetivos do capítulo:

- Reconhecer as variáveis utilizadas em uma pesquisa.
- Organizar dados e construir tabelas com distribuições de frequências.
- Interpretar dados apresentados por meio de gráficos diversos.
- Construir gráficos.
- Interpretar e construir histogramas e polígonos de frequências.

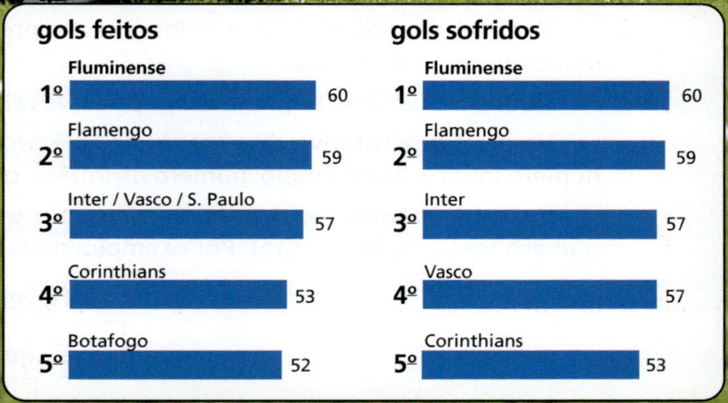

Entre os inúmeros usos da Estatística está o registro de dados relativos aos jogos de futebol. Alguns dados do Campeonato Brasileiro de 2011 foram organizados nesses gráficos de barra.

1 Noções de Estatística

1.1 Conceitos básicos

Observe a situação a seguir.

ALEXANDER F. YUAN/AP PHOTO/GLOWIMAGES

Controle de qualidade. Uma indústria de alimentos que produz leite em pó em latas de um quilograma tem um departamento específico para o controle de qualidade de seus produtos. Uma das funções desse departamento é verificar se as latas de leite em pó têm realmente um quilograma do produto. Como não há tempo hábil nem recursos financeiros para examinar todas as latas dos lotes produzidos, os funcionários retiram uma certa quantidade de latas de cada lote para fazer a verificação e corrigir possíveis problemas.

Essa é uma situação bastante comum nas indústrias. No caso, **todas** as latas de leite em pó de um lote formam uma população e as latas retiradas desse lote para análise formam uma amostra (uma parte da população). Cada lata de leite da amostra é um objeto pesquisado.

- Uma **população** é formada por todos os elementos de um conjunto que têm pelo menos uma característica em comum.

  Amostra é um subconjunto formado por elementos extraídos de uma dada população.

Exemplo

Lazer. Em uma pesquisa sobre a quantidade de horas que os brasileiros passam assistindo à TV, foram entrevistadas 54.000 pessoas. Vamos identificar a população e a amostra nessa situação.

A população é formada por todos os brasileiros (cerca de 190 milhões de pessoas, pelo Censo 2010) e a amostra, pelos 54.000 brasileiros entrevistados.

1.2 Variável

Na compra de um aparelho de TV, além da marca, podemos escolher o tamanho da tela, os recursos disponíveis, bem como o preço. Cada uma dessas características — marca, tamanho da tela, recursos disponíveis e preço — é chamada de **variável**.

- As características estudadas de uma população são chamadas de **variáveis**.

As variáveis podem ser classificadas em **qualitativas** e **quantitativas**.

Variável qualitativa: seus valores são expressos por atributos (qualidade do indivíduo pesquisado). Por exemplo: cor dos olhos, estado civil, time preferido, classe social.

Variável quantitativa: seus valores são expressos por números. Por exemplo: altura, massa, idade, número de irmãos.

Quando a variável é quantitativa podemos classificá-la em variável **discreta** ou **contínua**.

Variável quantitativa discreta: quando é proveniente de contagem, ou seja, é expressa por número inteiro. Por exemplo: número de irmãos, quantidade de computadores, número de animais.

Variável quantitativa contínua: quando é proveniente de medida, ou seja, é expressa por número real (inteiro ou não). Por exemplo: massa, idade, altura, temperatura, volume.

- variável
  - qualitativa
  - quantitativa
    - discreta
    - contínua

2 Distribuição de frequências

2.1 Frequência absoluta, frequência relativa e frequências acumuladas

EDHAR/SHUTTERSTOCK

Informática. Numa pesquisa sobre preços (em reais) de um modelo de *notebook* em 20 lojas do ramo, foram coletados os seguintes valores:

2.000 2.500 2.000 2.600 2.000 2.600 2.600 2.500 2.500 2.000

2.000 2.000 2.500 2.600 2.600 2.600 2.600 2.600 2.600 2.600

Para facilitar o estudo da variável preço, agrupamos os valores numa tabela.

Preço (R$)	Quantidade de lojas
2.000	6
2.500	4
2.600	10
Total	20

Os números que aparecem na coluna Quantidade de lojas indicam as frequências dos valores observados da variável estudada (preço).

- A quantidade de vezes que cada variável é observada é chamada de **frequência absoluta** ou simplesmente de **frequência**, que será indicada por f_i.

A tabela que mostra a relação entre as variáveis e a quantidade de vezes que cada uma delas se repete (frequência) é chamada de **tabela de frequências** ou **distribuição de frequências**.

Agora, vamos acrescentar à tabela de frequências uma coluna com valores que indicam a comparação entre cada frequência absoluta e o total pesquisado. Os valores calculados recebem o nome de **frequência relativa** e geralmente são expressos em porcentagem. A frequência relativa será indicada por f_r.

Preço (R$)	Frequência absoluta (f_i)	Frequência relativa (f_r)
2.000	6	$\frac{6}{20} = 0{,}30$ ou 30%
2.500	4	$\frac{4}{20} = 0{,}20$ ou 20%
2.600	10	$\frac{10}{20} = 0{,}50$ ou 50%
Total	20	100%

Para saber mais sobre a variável estudada, podemos calcular: a soma de cada frequência absoluta com as frequências absolutas anteriores, que chamamos de **frequência absoluta acumulada**, e a soma de cada frequência relativa com as frequências relativas anteriores, que chamamos de **frequência relativa acumulada**.

Preço (R$)	Frequência absoluta (f_i)	Frequência relativa (f_r)	Frequência absoluta acumulada (F_i)	Frequência relativa acumulada (F_r)
2.000	6	30%	6	30%
2.500	4	20%	$10 = 6 + 4$	$50\% = 30\% + 20\%$
2.600	10	50%	$20 = 6 + 4 + 10$	$100\% = 30\% + 20\% + 50\%$
Total	20	100%	20	100%

Assim, produzimos um resumo numérico da situação estudada.

2.2 Distribuição de frequências para dados agrupados por intervalos

Saúde. De acordo com a Organização Mundial da Saúde (OMS), ruídos acima de 50 decibéis são prejudiciais ao ser humano. Insônia, dores de cabeça, estresse e perda (parcial ou total) da audição são alguns dos efeitos negativos provocados pela chamada poluição sonora. A seguir, estão os níveis de ruído (em decibéis, dB) registrados em algumas áreas residenciais da cidade de São Paulo.

73,94	66,84	66,16	64,78	63,14	61,89	60,32	56,67
71,46	64,43	66,01	64,71	62,69	61,49	60,22	56,03
71,52	64,17	65,70	65,81	62,57	60,96	60,14	55,89
70,08	63,29	65,08	64,15	61,92	60,74	59,36	55,77

JUCA MARTINS/OLHAR IMAGEM

O nível de ruído em uma via de tráfego pesado está acima de 70 dB.

Como temos muitos dados distintos, uma distribuição de frequências como as anteriores pouco facilitaria a interpretação desses dados. Nesse caso, podemos agrupar os valores em intervalos (ou classes).

Para construir a tabela de distribuição de frequências precisamos definir os intervalos em que os dados serão agrupados. Para isso, adotaremos o seguinte procedimento: identificamos o maior valor coletado (73,94) e o menor (55,77). Calculamos a diferença entre eles obtendo a **amplitude total** de 18,17 decibéis.

Em seguida, dividimos a amplitude total pelo número de intervalos que desejarmos. Esse número é escolhido de acordo com a natureza dos dados, de maneira que possibilite uma análise adequada.

Na situação acima, escolhemos a distribuição dos valores em quatro classes. O quociente obtido é a **amplitude do intervalo** (ou da classe). Veja: 18,17 : 4 = 4,5425

Arredondamos 4,5425 para 5, agrupando os valores em classes de amplitude de 5 decibéis.

Assim, o primeiro intervalo começa em 55 decibéis, indo até 60 decibéis (55 + 5).

Para representar esse intervalo, podemos usar duas notações: **55 ⊢ 60** ou **[55, 60[**, que indicam intervalos fechados à esquerda e abertos à direita.

Assim, 55 ⊢ 60 significa que foram agrupadas as medidas entre 55 e 60 decibéis, com o extremo inferior 55 pertencente ao intervalo e o extremo superior 60 não pertencente.

Ruído (decibéis)	f_i	F_i	f_r	F_r
55 ⊢ 60	5	5	15,625%	15,625%
60 ⊢ 65	17	22	53,125%	68,75%
65 ⊢ 70	6	28	18,75%	87,5%
70 ⊢ 75	4	32	12,5%	100%
Total	32	—	100%	—

Com base nos dados da tabela, podemos concluir, por exemplo, que:

- 4 áreas residenciais da cidade de São Paulo apresentam nível de ruído entre 70 e 75 decibéis; esse nível de ruído equivale ao ruído de tráfego pesado;
- 18,75% das áreas estudadas apresentam ruído entre 65 e 70 decibéis;
- 68,75% das áreas estudadas apresentam ruído menor que 65 decibéis.

Exercícios

R1. ***Pet shop.*** Em um *pet shop* há 300 animais cadastrados. Para melhor atendê-los, foi feita uma pesquisa sobre o porte, a raça e a idade. Também foram verificados o número de banhos e de tosas durante o semestre e o tempo em que ficam hospedados em hotéis. Para isso, foram selecionados de modo aleatório (ao acaso) 160 animais.

a) Determinar a população e a amostra dessa pesquisa.

b) Identificar as variáveis qualitativas estudadas na pesquisa.

c) Identificar e classificar as variáveis quantitativas estudadas nessa pesquisa.

➤ Resolução

a) Como no cadastro do *pet shop* há 300 animais, a população é formada por esses 300 animais.
Note que foram observados 160 animais; logo, a amostra pesquisada é formada por esses 160 animais.

b) As variáveis qualitativas não são expressas por números.
Portanto, o porte e a raça dos animais são variáveis qualitativas.

c) As variáveis quantitativas discretas são provenientes de contagem e são expressas por números inteiros.
Portanto, o número de banhos e o número de tosas durante o semestre são variáveis quantitativas discretas.
As variáveis quantitativas contínuas são provenientes de medidas e são expressas por números reais (inteiros ou não).
Portanto, a idade e o tempo em que os animais ficam hospedados em hotéis são variáveis quantitativas contínuas.

1. Identifique as variáveis e classifique-as em quantitativa discreta, quantitativa contínua ou qualitativa.

a) Classificação das reportagens publicadas em um jornal, pelo editor, em excelentes, boas ou ruins.

b) Números de telefone de um guia de assinantes.

c) Grau de escolaridade dos governantes dos estados brasileiros.

d) Vendas anuais de uma empresa do setor de telefonia celular.

e) Marcas de desodorante.

f) Tamanhos de roupa expressos em P, M e G.

g) Tipos de queijo vendidos em um supermercado.

h) Lojas da cidade de Ilhéus na Bahia.

i) Número de livros da biblioteca de uma escola.

j) Preços de motos.

k) Esferas de governo (federal, estadual e municipal).

2. Esporte. Uma academia de ginástica tem 5.000 alunos. Os proprietários resolveram realizar uma pesquisa com 500 alunos para identificar a(s) modalidade(s) esportiva(s) preferida(s), o(s) período(s) (manhã, tarde e noite) mais utilizado(s) e a massa muscular (em kg) adquirida pelos alunos após um ano de treino. Nesse caso, quais são as variáveis observadas? Dentre as variáveis estudadas, quais são qualitativas, quantitativas contínuas e quantitativas discretas? Justifique.

IMAGE SOURCE/GETTY IMAGES

3. Grau de satisfação. Para saber o grau de satisfação que os habitantes de Porto Alegre apresentam em relação ao atual governo, foram entrevistadas 8.500 pessoas. Sabendo que a cidade de Porto Alegre tem cerca de 1,4 milhão de habitantes, identifique a população e a amostra estudadas.

GERSON GERLOFF/PULSAR IMAGENS

4. Controle de qualidade. Em uma pesquisa sobre os 50 sabores de sorvetes produzidos por uma sorveteria, foram testados 10 sabores, para verificar a qualidade dos produtos vendidos. Nessa pesquisa, que porcentagem da população representa a amostra pesquisada?

5. Cadastro de funcionários. Observe o quadro de cadastro de funcionários de uma empresa.

Nome	Sexo	Salário (R$)	Grau de escolaridade	Tempo de serviço
Keila	F	1.350	ensino médio	2 anos
Carla	F	1.000	ensino médio	3,5 anos
Marco	M	2.500	superior	2 anos
Alex	M	2.000	superior	5 anos
Bia	F	3.100	pós-graduação	8 anos

Identifique as variáveis qualitativas e as variáveis quantitativas (contínuas ou discretas).

R2. Educação. As notas da última avaliação de Matemática de 20 alunos da classe de Ana são as seguintes:

7,0 5,0 9,0 5,0 8,0 5,0 8,0 9,0 10,0 8,0
6,0 6,0 7,0 7,0 7,0 5,0 5,0 5,0 6,0 6,0

Elaborar uma tabela de distribuição de frequências que apresente frequência absoluta, frequência relativa e frequências acumuladas. Com base na tabela, responder:

a) Quantos alunos obtiveram nota 6,0, que é a nota mínima de aprovação?
b) Quantos alunos obtiveram nota menor ou igual a 7,0?
c) Qual a porcentagem de alunos que obtiveram nota menor que 8,0?
d) Qual foi a porcentagem de alunos reprovados em Matemática? E aprovados?

➤ Resolução

Organizamos os dados em uma tabela e calculamos as frequências:

Nota	Frequência absoluta (f_i)	Frequência relativa (f_r)	Frequência absoluta acumulada (F_i)	Frequência relativa acumulada (F_r)
5,0	6	30%	6	30%
6,0	4	20%	10	50%
7,0	4	20%	14	70%
8,0	3	15%	17	85%
9,0	2	10%	19	95%
10,0	1	5%	20	100%

Analisando a tabela, podemos responder às questões.

a) 4 alunos, que é a frequência absoluta da nota 6,0.
b) 14 alunos, que é a frequência absoluta acumulada da nota 7,0 (6 + 4 + 4).
c) 70% dos alunos, que é a frequência relativa acumulada da nota 7,0.
d) 30% dos alunos, que é a frequência relativa acumulada da nota 5,0, foram reprovados. Logo, 70% dos alunos foram aprovados.

6. Educação. Os conceitos dos alunos avaliados em uma turma de um curso de pós-graduação em Administração de Empresas foram os seguintes:

C A B C A B C
A E D C A C E
B B D E C D B
C E C B D E C
C B B C A C A

a) Construa uma tabela com todas as frequências.
b) Quantos alunos obtiveram conceito A?
c) Sabendo que a média de aprovação é o conceito C, quantos alunos foram reprovados?
d) Qual é a porcentagem de alunos que obtiveram conceito C?
e) Qual é a porcentagem de alunos que obtiveram conceitos D ou E?
f) Qual é a porcentagem de alunos que obtiveram conceitos A ou B?

7. Transporte. Observe as distâncias diárias percorridas (em km) pelos taxistas de uma cooperativa.

90	87	356	70	49	320
320	250	200	236	274	305
360	480	400	150	426	460
278	260	320	346	358	332
357	410	298	314	440	110

ANIELE NASCIMENTO/AGP/FOLHAPRESS

Os dados podem ser agrupados por meio de intervalos. Complete a tabela com as frequências correspondentes.

Distância (km)	Frequência absoluta
[0, 100[	
[100, 200[	
[200, 300[	
[300, 400[	
[400, 500[	

Como esse procedimento facilita o estudo da variável?

R3. Economia. Os tempos (em minuto) que 30 pessoas gastam no banho são:

30 20 14 5 10 12 16 6 3 2 8 8 8 5 10
38 35 28 25 5 7 14 25 23 4 32 5 9 12 14

Construir uma distribuição de frequências com 5 intervalos e determinar a porcentagem de pessoas que gastam menos de 18 minutos no banho.

➤ Resolução

Vamos calcular a amplitude de cada classe: (38 − 2) : 5 = 7,2

Arredondamos 7,2 para 8, usando a amplitude de classe igual a 8 minutos.

Tempo (min)	f_i	F_i	f_r	F_r
2 ⊢ 10	13	13	43,3%	43,3%
10 ⊢ 18	8	21	26,7%	70%
18 ⊢ 26	4	25	13,3%	83,3%
26 ⊢ 34	3	28	10%	93,3%
34 ⊢ 42	2	30	6,7%	100%

A porcentagem dos que gastam menos de 18 minutos no banho é 70%.

8. Hotelaria. Observe ao lado as diárias cobradas por um grande hotel.

Complete a tabela com as frequências: absoluta acumulada, relativa e relativa acumulada.

a) Qual é o extremo inferior da 6ª classe?

b) Que intervalo apresenta as diárias mais comuns?

c) Qual é a porcentagem de apartamentos cujas diárias são menores que R$ 270,00?

d) Quantos apartamentos têm diárias menores que R$ 390,00?

e) Quantos apartamentos têm diárias maiores que R$ 390,00?

Diária (R$)	Número de apartamentos
[150, 180[	3
[180, 210[	8
[210, 240[	10
[240, 270[	13
[270, 300[	33
[300, 330[	40
[330, 360[	35
[360, 390[	30
[390, 420[	16
[420, 450[	12
Total	200

9. Salários. A tabela ao lado mostra a distribuição dos salários mensais de 40 empregados de um supermercado.

Elabore uma tabela de frequências com as frequências: absoluta acumulada, relativa e relativa acumulada.

Salário	Número de empregados
[300, 320[	10
[320, 340[	4
[340, 360[	5
[360, 380[	18
[380, 400[	3

10. Impostos. Veja as contribuições fiscais (em reais) de 40 pessoas escolhidas ao acaso, durante um ano.

200	150	780	2.132	1.976
208	624	2.236	4.404	5.132
832	676	3.172	3.208	2.132
988	3.926	1.196	2.132	3.728
728	2.948	1.248	2.704	5.928
988	1.710	1.716	1.404	4.108
468	2.392	2.028	4.472	3.174
624	3.959	4.040	1.092	1.040

a) Organize os dados em ordem crescente.

b) Agrupe os dados numa distribuição de frequências com intervalos.

c) Qual é o intervalo de contribuições fiscais mais comum?

11. Rendas. Um grupo de 50 analistas financeiros da bolsa de valores efetuou uma previsão, por ganho de ação, em reais, de uma empresa para o próximo ano. Os resultados obtidos estão apresentados na distribuição de frequências abaixo.

Ganho por ação (R$)	Número de analistas (f_i)	F_i	f_r	F_r
		4		8%
		8		
[8, 10[			22%	
[10, 12[	8	27		
		37		74%
			16%	
	5			100%

DANIEL MARENCO/FOLHAPRESS

Complete a tabela de frequências.

3 Representações gráficas

3.1 Gráficos: por que utilizá-los?

Frequentemente, jornais, revistas e sites utilizam gráficos para apresentar os dados numéricos referentes a uma reportagem ou a uma pesquisa.

Quando empregados adequadamente, os gráficos podem mostrar, de forma eficaz e atraente, os dados e informações que contêm ou que precisam transmitir.

Para tornar possível essa representação, devemos obedecer a três regras fundamentais:

- simplicidade;
- clareza;
- veracidade.

3.2 Tipos de gráfico

Existem vários tipos de gráficos e a escolha do mais adequado depende da natureza dos dados e das informações que desejamos transmitir.

Gráfico de barras (verticais ou horizontais)

Os **gráficos de barras verticais** apresentam os dados por meio de colunas (retângulos) dispostas em posição vertical. A altura de cada coluna corresponde à frequência (absoluta ou relativa) dos valores observados. Veja um exemplo:

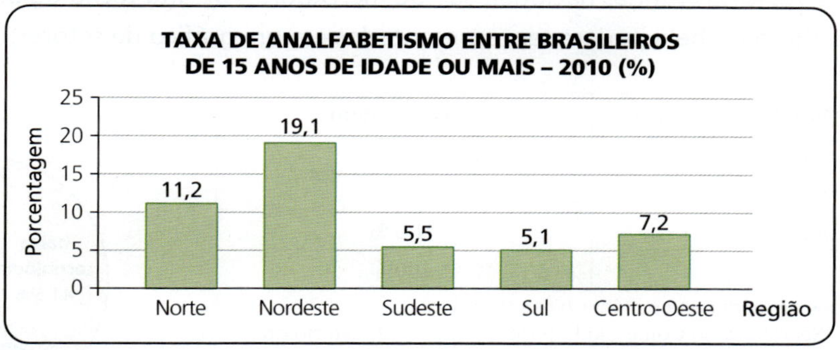

Dados obtidos em: IBGE. *Censo 2010*. Disponível em: <http://www.ibge.gov.br>. Acesso em: 22 jul. 2011.

20.1 Biblioteca do estudante

As informações coletadas também podem ser apresentadas em um **gráfico de barras horizontais.** Esse tipo de gráfico utiliza as barras (retângulos) dispostos em posição horizontal. Os comprimentos das barras correspondem à frequência (absoluta ou relativa) dos valores observados. Veja um exemplo:

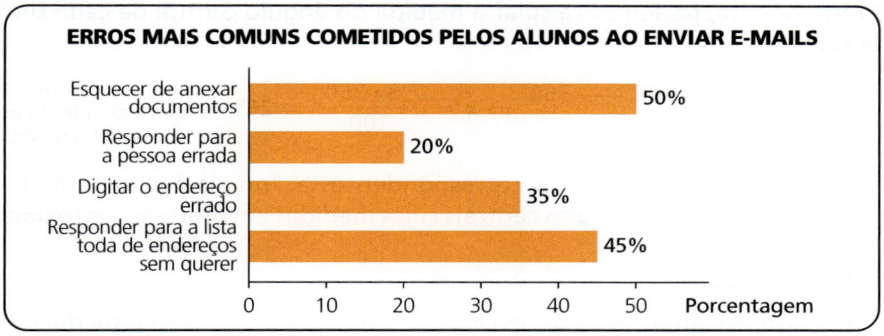

Fonte: Escola Acesso

Gráfico de segmentos

Os **gráficos de segmentos** (ou **de linha)** são muito empregados para representar duas grandezas que se relacionam. Para construir um gráfico deste tipo, adotamos um referencial semelhante ao plano cartesiano, no qual os pontos correspondentes aos dados levantados são marcados e, em seguida, unidos por segmentos de reta. Observe um exemplo:

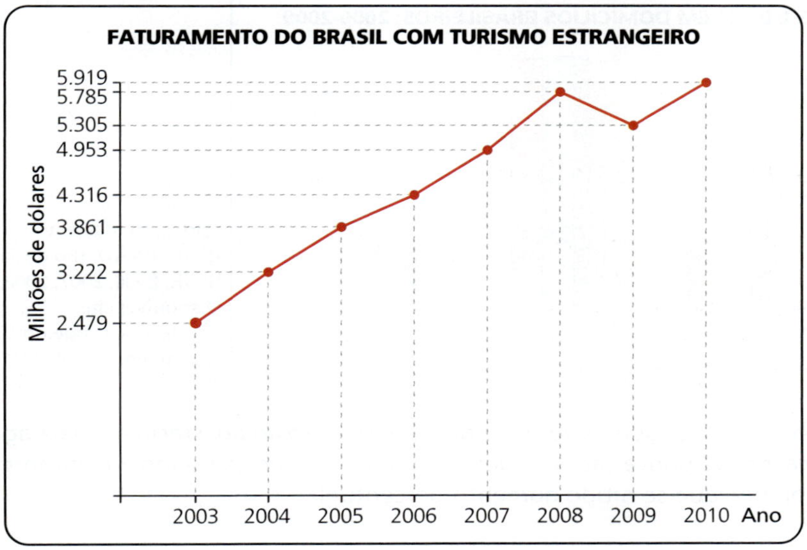

Dados obtidos em: Ministério do Turismo. Disponível em: <http://www.turismo.gov.br>. Acesso em: 22 jul. 2011.

Gráfico de setores

Os **gráficos de setores** apresentam os dados em um círculo, no qual cada setor indica a frequência (absoluta ou relativa) de uma variável observada.

Nesse tipo de representação, a área e a medida do ângulo de cada setor são diretamente proporcionais à porcentagem que representam em relação ao todo (100%).

Exemplo

Os produtos de alta tecnologia, como aviões, não têm grande participação nas exportações brasileiras. Somente 7,3% das vendas nacionais são de mercadorias de alta tecnologia.

Veja como os dados da tabela podem ser representados em um gráfico de setores:

Exportações brasileiras (2010)	Porcentagem
alta tecnologia	7,3%
média tecnologia*	51,2%
baixa tecnologia	41,5 %
Total	100%

* Soma dos produtos de média-alta e média-baixa tecnologia.
Dados obtidos em: Secretaria do Comércio Exterior (SECEX)/Ministério do Desenvolvimento, Indústria e Comércio Exterior (MDIC). Disponível em: <http://www.desenvolvimento.gov.br>. Acesso em: 22 jul. 2011.

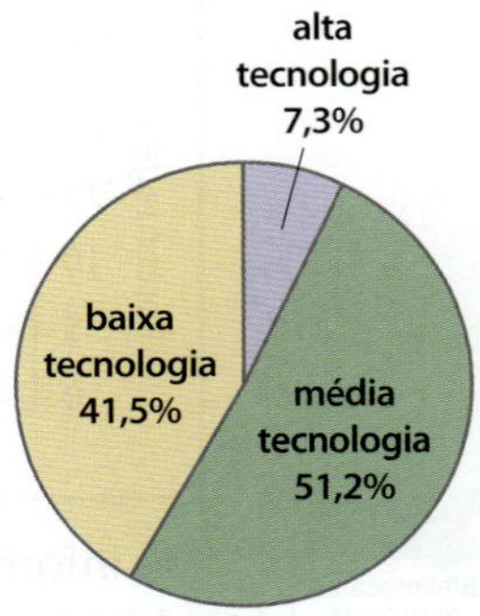

Como existe proporcionalidade direta entre o ângulo que define cada setor e a porcentagem correspondente, podemos calcular a medida do ângulo central de cada setor com uma regra de três simples.

$$\begin{matrix} 100\% & — & 360° \\ 7{,}3\% & — & x \end{matrix} \Rightarrow x = \frac{7{,}3 \cdot 360°}{100} \simeq 26°$$

(ângulo central do setor correspondente às exportações de "alta tecnologia")

Analogamente, os setores correspondentes a "média tecnologia" e "baixa tecnologia", respectivamente, têm ângulos centrais cujas medidas em grau são, aproximadamente, 184 e 150.

Gráfico múltiplo

Em algumas situações, é necessário representar simultaneamente duas ou mais características da amostra. Para facilitar a comparação entre características distintas, podemos construir um **gráfico múltiplo**.

Exemplos

a) Observe que, no gráfico de colunas múltiplas apresentado abaixo, as variáveis comparadas referem-se a serviços e bens presentes em domicílios brasileiros de 2006 a 2009.

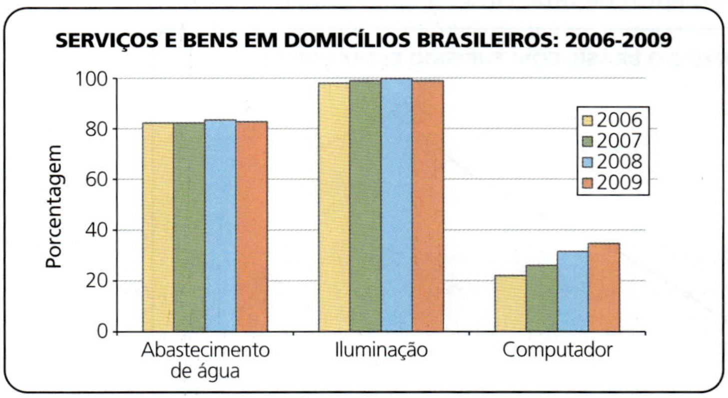

Dados obtidos em: IBGE. PNAD. Rio de Janeiro: IBGE. 2006; 2007; 2008; 2009. Disponível em: <http://www.ibge.gov.br>. Acesso em: 25 jul. 2011.

Analisando o gráfico, podemos verificar que, em relação ao abastecimento de água e à iluminação elétrica, houve pouca variação percentual no período estudado; no entanto, em relação a computador, percebe-se nítido aumento percentual.

b) Considere os gráficos abaixo.

Dados obtidos em: IBGE. *Censo demográfico 1950, 1960, 1970, 1980, 1991, 2000, 2010*. Disponível em: <http://www.ibge.gov.br>. Acesso em: 25 jul. 2011.

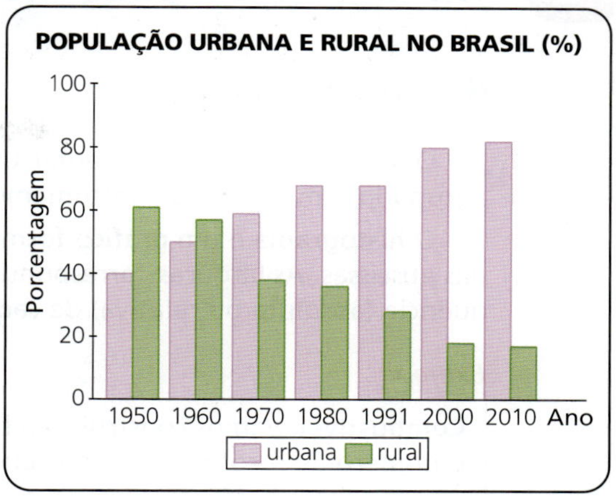

Dados obtidos em: IBGE. *Tendências demográficas 2000* e *Censo 2010*. Disponível em: <http://www.ibge.gov.br>. Acesso em: 25 jul. 2011.

Com base nos dados apresentados, vamos fazer algumas considerações.

O gráfico de colunas simples (fecundidade) e o de colunas múltiplas (população urbana e rural) indicam mudanças em algumas características da população brasileira no período de 1950 a 2010. Cruzando as informações, podemos observar que a população rural predominou até 1960, ano a partir do qual se inicia a redução na taxa de fecundidade, ou ainda que, enquanto a população urbana aumenta, a taxa de fecundidade diminui.

c) Nesse gráfico de linhas múltiplas, é possível comparar o avanço percentual da participação dos cinco países com o maior número de medalhas nos Jogos Pan-Americanos.

20.1 Visão do especialista

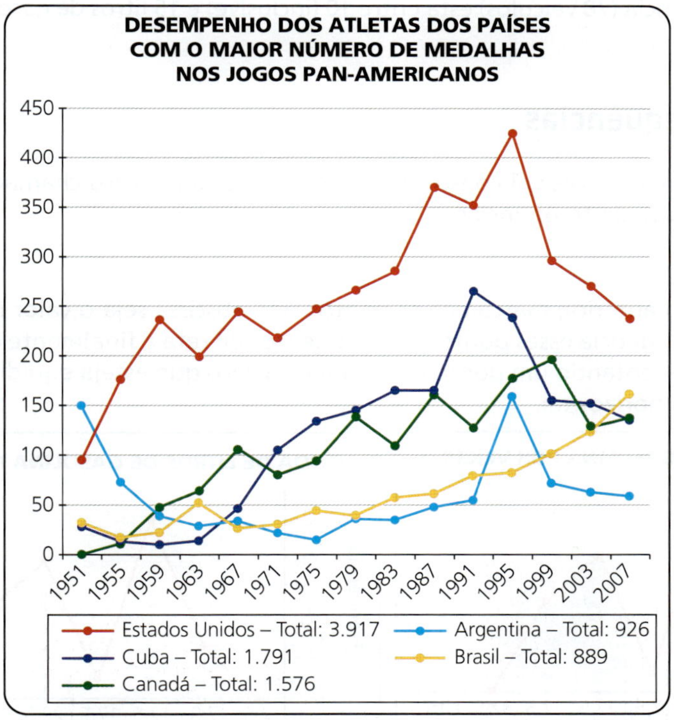

Dados obtidos em: *Quadro de medalhas de todos os Jogos Pan-Americanos*. Disponível em: <http://www.quadrodemedalhas.com>. Acesso em: 25 jul. 2011.

Com as informações apresentadas, concluímos que em todos os Jogos Pan-Americanos, com exceção da primeira edição, os Estados Unidos conquistaram o maior número de medalhas. Mas, a partir de 1995, o número de medalhas conquistadas por esse país vem decrescendo. O Brasil é o único país que vem conquistando número crescente de medalhas a partir dos Jogos Pan-Americanos de 1979.

4 Histograma e polígono de frequências

4.1 Histograma

Quando temos de representar uma distribuição de frequências cuja variável tem os valores agrupados em intervalos, costumamos utilizar um **histograma**.

O **histograma** é um gráfico formado por retângulos cujas bases são construídas sobre o eixo das abscissas. As larguras correspondem à amplitude de cada intervalo e as alturas indicam a frequência (absoluta ou relativa) de cada intervalo.

Exemplo

Combustível. Vamos construir um histograma para a distribuição de frequência que representa o número de litros de gasolina vendidos por veículo no posto RBA.

Número de litros de gasolina (por veículo)	Frequência (f_i)
5 ⊢ 10	23
10 ⊢ 15	78
15 ⊢ 20	9
20 ⊢ 25	60
25 ⊢ 30	40
Total	210

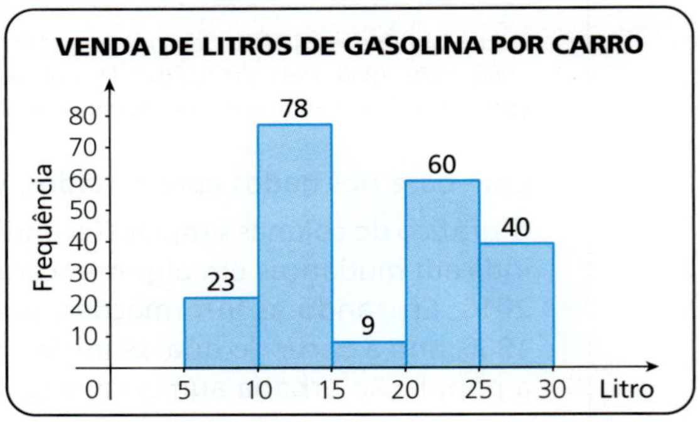

Fonte: Posto de gasolina RBA.

Observando o histograma, podemos perceber que a maior altura é 78, ou seja, o intervalo que apresenta a maior frequência (78 veículos) está entre 10 (inclusive) e 15 litros de gasolina vendidos por veículo.

4.2 Polígono de frequências

Com base no histograma, é possível construir um gráfico de segmentos chamado **gráfico de curva poligonal**, ou **polígono de frequências**.

Exemplos

a) Retomando o exemplo anterior, marcamos os pontos cuja abscissa seja o valor médio dos intervalos, unimos em sequência esses pontos por segmentos de reta e finalmente completamos a curva poligonal acrescentando um ponto de frequência zero que esteja equidistante a cada extremidade da escala horizontal.

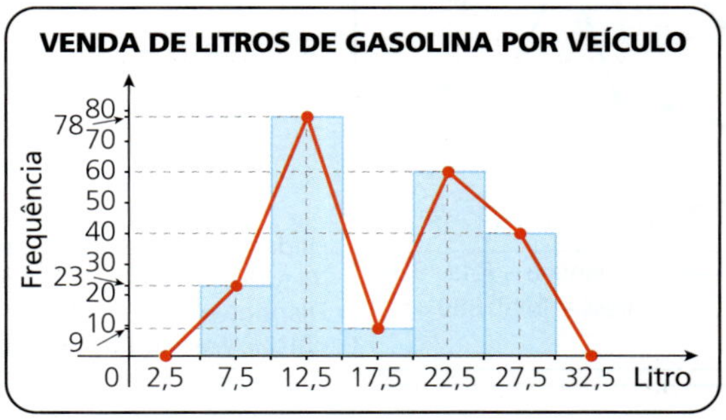

Fonte: Posto de gasolina RBA.

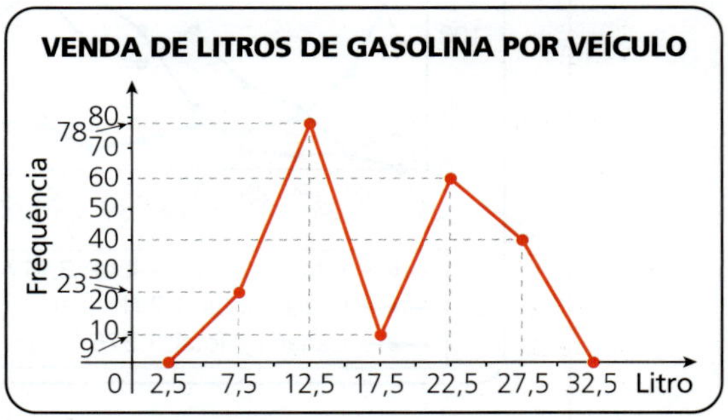

Fonte: Posto de gasolina RBA.

Observando o polígono de frequências (à direita), podemos perceber que o ponto mais alto ocorre para 12,5 litros de gasolina e 78 veículos, o que indica que a quantidade abastecida com mais frequência no posto RBA é de 12,5 litros em média.

b) Preços. Vamos representar, por meio de um histograma e de um polígono de frequências, a distribuição de frequências apresentada pelos preços (em reais) de 50 produtos do Hipermercado ALM.

Preco (R$)	2 ⊢ 4	4 ⊢ 6	6 ⊢ 8	8 ⊢ 10	10 ⊢ 12
Frequência (f_i)	8	28	11	4	2

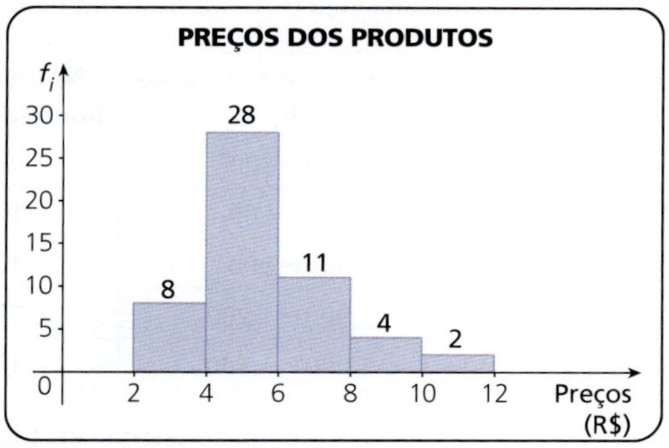

Fonte: Hipermercado ALM.

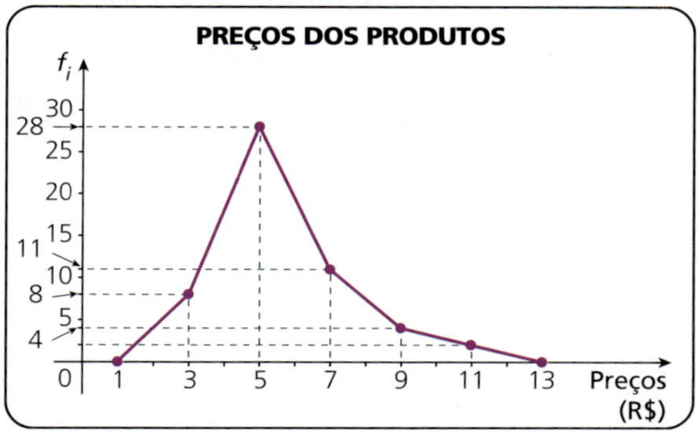

Fonte: Hipermercado ALM.

Exercícios

12. Lazer. O gráfico a seguir apresenta o resultado de uma pesquisa realizada pelo Clube Azul. Os sócios do clube foram entrevistados e indicaram, entre três opções, a atividade que preferiam realizar no clube.

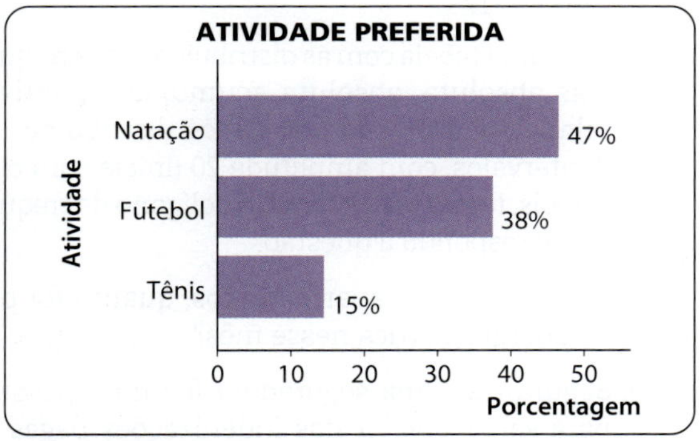

Fonte: Clube Azul.

Sabendo que foram entrevistados 400 sócios, quantos preferiam natação?

13. Premiação. Numa reunião para escolher o melhor trabalho realizado por alunos de um curso de pós-graduação, estavam presentes 80 pessoas, das quais 32 eram sociólogos, 20 eram publicitários, 12 eram economistas e 16, psicólogos. Elabore uma tabela de distribuição de frequências absolutas e, com base nela, construa um gráfico de colunas.

14. Transporte. A Agência de Turismo Nova fez uma pesquisa para conhecer o meio de transporte preferido pelos clientes.

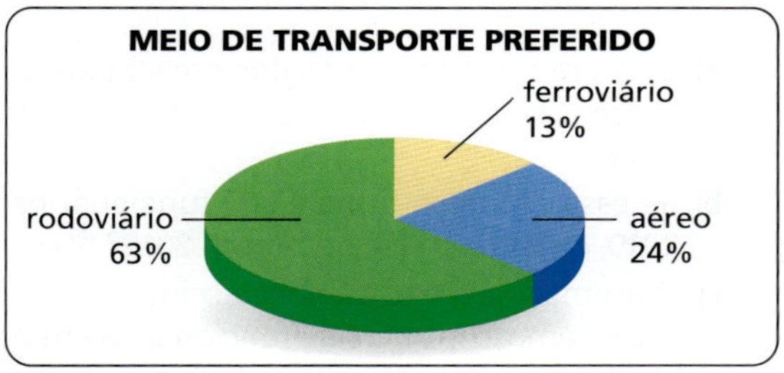

Fonte: Agência de Turismo Nova.

a) Que tipo de gráfico é esse?

b) A que assunto se refere?

c) De acordo com os dados da pesquisa, qual é o meio de transporte preferido para uma viagem turística?

d) Determine as medidas aproximadas dos ângulos centrais dos setores correspondentes às porcentagens.

15. Pesquisa. A revista *Teen 10* faz levantamentos semanais da correspondência que recebe dos leitores. Se quiséssemos apresentar esses dados em um gráfico de setores, quantos graus deveria ter o ângulo central de cada setor?

e-mails	250
cartas	150
fax	80

Fonte: Revista *Teen 10.*

16. O Instituto de Pesquisa Realidade pesquisou o crescimento do número de funcionários de algumas empresas. O instituto divulga esse crescimento levando em consideração o ano anterior.

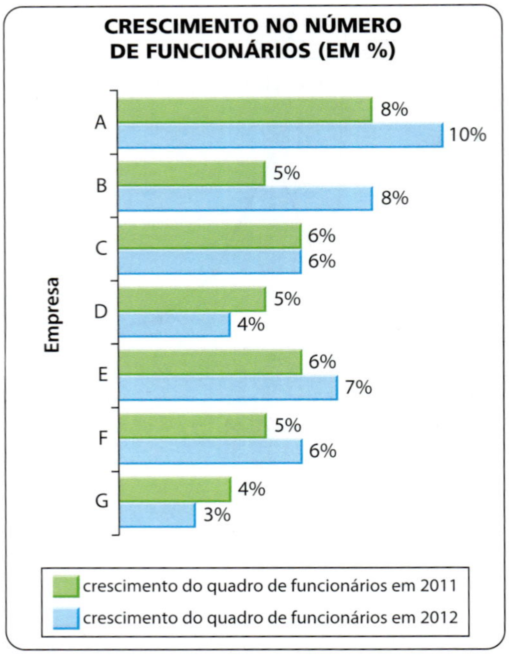

Fonte: Instituto de Pesquisa Realidade.

a) Que empresa teve o maior crescimento, em porcentagem, do número de funcionários em 2012?

b) Se essa empresa tinha 1.000 funcionários em 2010, quantos passou a ter em 2012?

c) Que empresa teve o menor crescimento, em porcentagem, do número de funcionários em 2011?

d) Se a empresa G ficou com 1.339 funcionários em 2012, quantos tinha em 2010?

17. Política. Na cidade Z foi feita uma pesquisa sobre os candidatos ao cargo de prefeito. Foram entrevistados 4.000 eleitores.

Veja o que os eleitores pensam dos candidatos.

Característica dos candidatos	Porcentagem de eleitores
São desonestos	80%
São incompetentes	51%
Não se importam com a opinião pública	66%
São honestos	3%

Fonte: Cidade Z.

a) Os dados da tabela podem ser apresentados por meio de um gráfico de setores? Justifique e, se sua resposta for afirmativa, construa o gráfico.

b) É possível representar esses dados por meio de um gráfico de colunas ou de barras? Construa um gráfico de colunas e um gráfico de barras, caso sua resposta seja afirmativa.

18. Controle de qualidade. O setor de controle de qualidade de uma fábrica fez um teste com 150 lâmpadas. Veja os resultados na tabela.

Duração das lâmpadas (h)	Número de lâmpadas (f_i)
0 ⊢ 300	5
300 ⊢ 600	10
600 ⊢ 900	42
900 ⊢ 1.200	75
1.200 ⊢ 1.500	18

Com base na tabela, construa um histograma e um polígono de frequências.

19. Energia elétrica. Os dados a seguir referem-se aos gastos, em reais, com energia elétrica de 50 apartamentos de um condomínio em um determinado mês.

149 163 151 135 137 167
95 119 147 153 127 149
90 202 172 148 154 158
82 206 123 144 109 167
157 150 130 187 139 149
141 183 114 191 129 158
108 178 102 197 165 168
171 116 111 213 128 166
185 175

Faça uma tabela com as distribuições das frequências absoluta, absoluta acumulada, relativa e relativa acumulada dos dados distribuídos em 7 intervalos, com amplitude 20 (inicie com o 80). Depois, faça o histograma, o polígono de frequências e responda à questão:

Na maioria dos apartamentos, quanto foi pago de energia elétrica nesse mês?

20. Segurança. Uma seguradora fez uma pesquisa para saber o valor das indenizações pagas em decorrência de acidentes de trabalho.

Indenização (R$)	Número de acidentes
[0, 1.500[	20
[1.500, 2.500[	60
[2.500. 3.500[	50
[3.500, 4.500[	35

Faça o histograma relativo aos dados da tabela.

Ficha de revisão

1. (Enem) O gráfico a seguir apresenta o gasto militar dos Estados Unidos no período de 1988 a 2006.

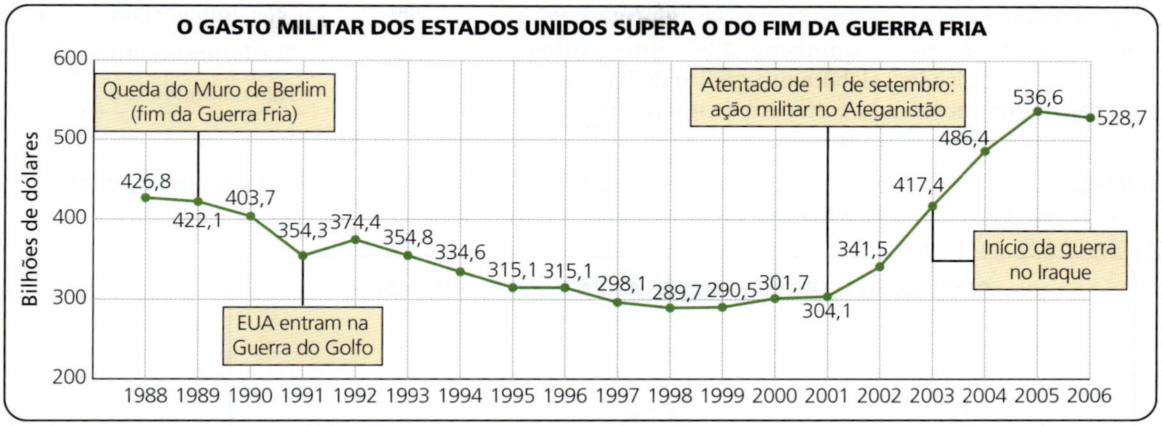

Fonte: Instituto Internacional de Pesquisa da Paz de Estocolmo (Sipri). *Almanaque Abril 2008*. Editora Abril.

Com base no gráfico, o gasto militar no ínicio da guerra no Iraque foi de:

a) U$ 4.174.000,00
b) U$ 41.740.000,00
c) U$ 417.400.000,00
d) U$ 41.740.000.000,00
e) U$ 417.400.000.000,00

2. Saúde. Uma pesquisa realizada nos Estados Unidos sobre a cura do câncer nos anos de 1970 e de 2005 apresentou os resultados mostrados na tabela ao lado.

a) Em 2005, qual tipo de câncer teve maior aumento percentual de cura em relação a 1970?
b) Faça um gráfico de colunas múltiplas comparando os resultados de 1970 com os de 2005.

Tipo de câncer	1970	2005
Próstata	69%	99%
Mama	75%	88%
Pulmão	10%	17%
Cólon e reto	50%	64%
Leucemia	36%	47,5%

Fonte: Instituto Nacional do Câncer dos Estados Unidos.

3. Turismo. O número de turistas que entram no Brasil anualmente tem variado. Observe ao lado os registros dos últimos anos.

Responda:

a) Na sua opinião, que tipo de gráfico representaria de forma mais clara essas informações?
b) Construa o gráfico que você escolheu no item anterior.

Ano	Número de turistas
2006	5.017.251
2007	5.025.834
2008	5.050.099
2009	4.802.217
2010	5.161.379

Fonte: Anuário estatístico Embratur 2006 a 2010.

4. Pesquisa. Analisando a idade dos alunos, a Faculdade Planeta construiu um histograma e um polígono de frequências.

a) Quantas pessoas estudam nessa faculdade?
b) Quantos alunos têm, em média, 21 anos?

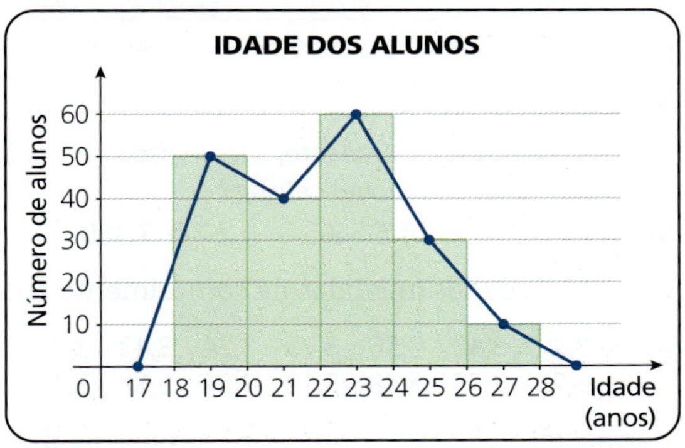

Fonte: Faculdade Planeta.

5. Internet. Um site, voltado para internautas entre 13 e 18 anos de idade, propôs a seguinte questão aos visitantes na primeira quinzena de janeiro/2011:

"De que forma os colegas influenciam na sua vida?"

Os resultados obtidos estão na tabela ao lado.

a) Faça um gráfico de setores com essas informações.

b) Sabendo que, nessa quinzena, 2.000 internautas foram pesquisados, elabore um gráfico de barras ou de colunas mostrando o número de internautas que participaram da pesquisa.

Porcentagem	Opinião
50%	"De forma positiva"
20%	"Não influenciam"
5%	"De forma negativa"
25%	Não responderam

Fonte: Site estudado.

6. (Enem) O gráfico a seguir mostra a evolução, de abril de 2008 a maio de 2009, da população economicamente ativa para seis Regiões Metropolitanas pesquisadas.

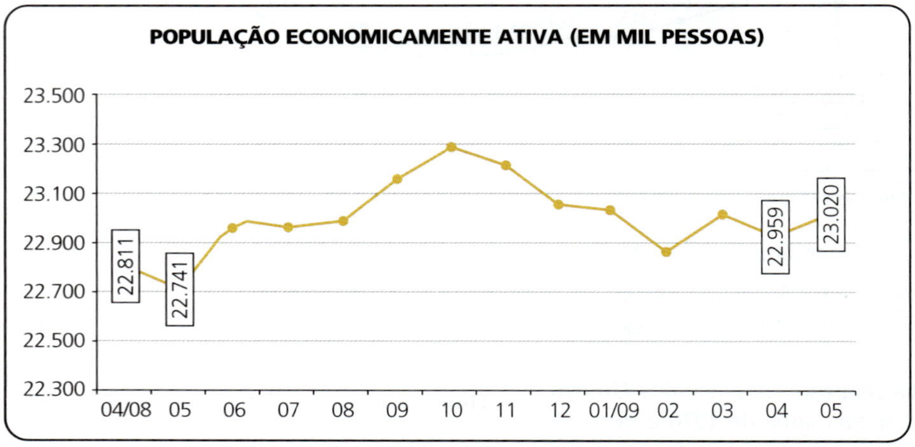

Fonte: IBGE, Diretoria de Pesquisas. Coordenação de Trabalho e Rendimento, Pesquisa Mensal de Emprego. Disponível em: <http://www.ibge.gov.br>.

Considerando que a taxa de crescimento da população economicamente ativa, entre 05/09 e 06/09, seja de 4%, então o número de pessoas economicamente ativas em 06/09 será igual a:

a) 23.940 b) 32.228 c) 920.800 d) 23.940.800 e) 32.228.000

7. (Enem) Os dados do gráfico foram coletados por meio da Pesquisa Nacional por Amostra de Domicílios.

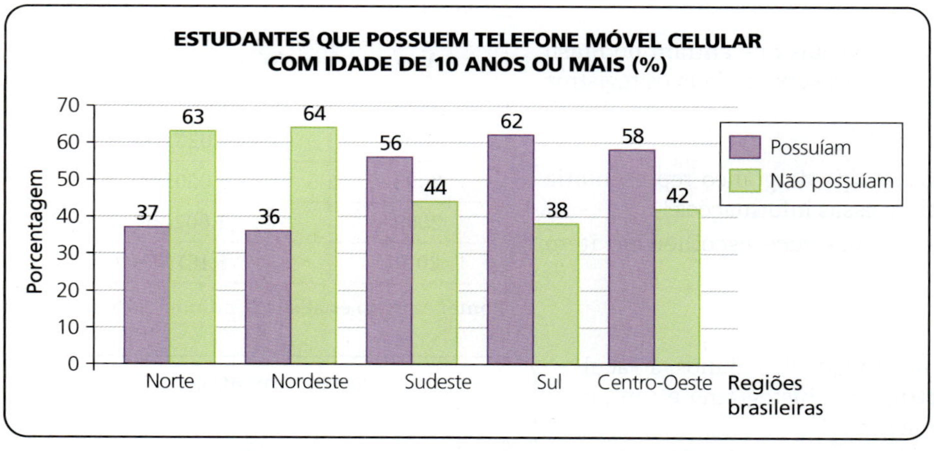

Fonte: IBGE. Disponível em: <http://www.ibge.gov.br>. Acesso em: 28 abr. 2010 (adaptado).

Supondo-se que, no Sudeste, 14.900 estudantes foram entrevistados nessa pesquisa, quantos deles possuíam telefone móvel celular?

a) 5.513 b) 6.556 c) 7.450 d) 8.344 e) 9.536

8. Observe os dados (medidas de comprimento em metro) obtidos em uma pesquisa.

3,20 3,27 3,45 3,56 3,75 3,24 3,43 3,92 3,53 3,98
3,22 3,28 3,73 3,48 3,12 3,32 3,87 3,41 3,02 3,05

Agrupe os dados em 5 intervalos e construa uma tabela com as distribuições de frequências absoluta e relativa.

9. A tabela apresenta os dados (idade em anos de consumidores de vários produtos) obtidos em duas pesquisas com a mesma amostra.

Quais poderiam ser os dados dessas pesquisas?

Pesquisa I		Pesquisa II	
Idade (anos)	Frequência absoluta (f_i)	Idade (anos)	Frequência absoluta (f_i)
$5 \vdash 10$	4	$0 \vdash 7$	2
$10 \vdash 15$	5	$7 \vdash 14$	6
$15 \vdash 20$	7	$14 \vdash 21$	8
$25 \vdash 30$	3	$21 \vdash 28$	2
$30 \vdash 35$	1	$28 \vdash 35$	2

10. Duas instituições coletaram dados envolvendo uma mesma variável quantitativa discreta.

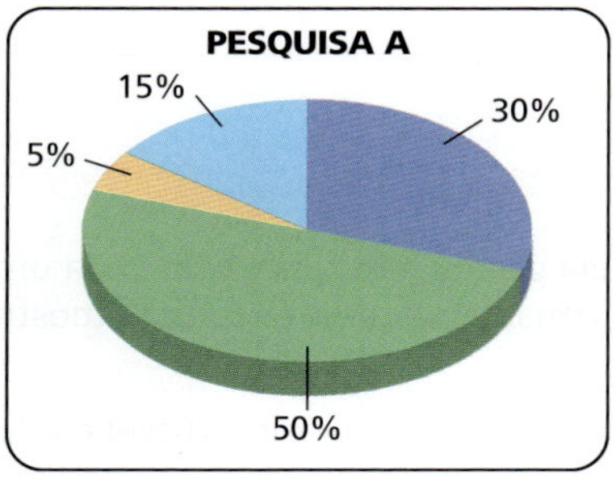

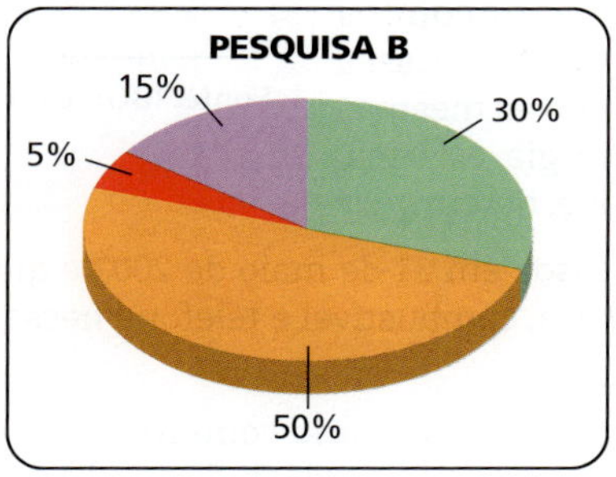

Em ambas as pesquisas, o índice 50% representa a mesma quantidade de objetos? E 5%? E 15%? E 30%? Justifique.

11. Os gráficos a seguir referem-se a duas pesquisas diferentes envolvendo uma mesma variável quantitativa discreta.

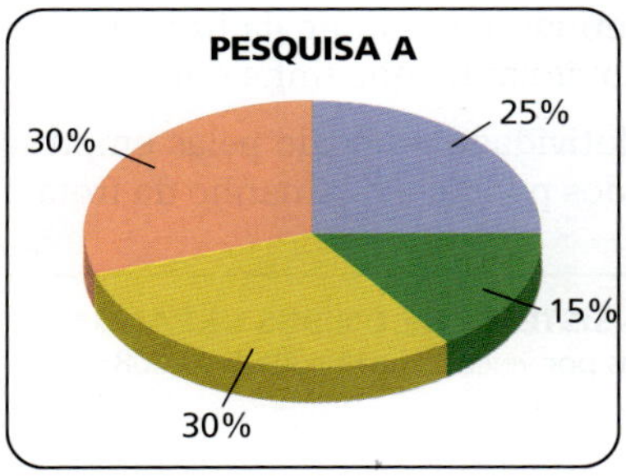

Amostra de 800 objetos.

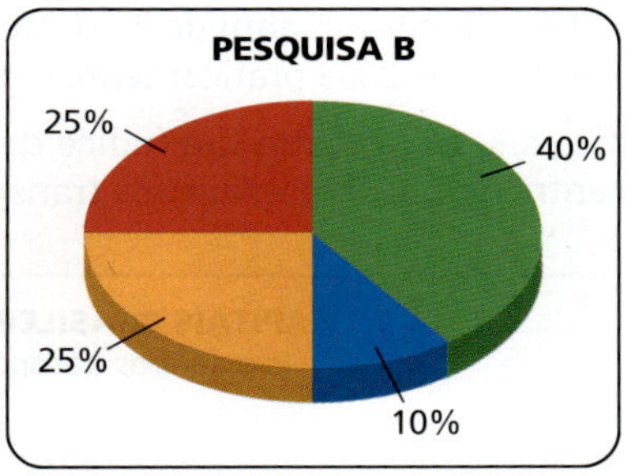

Quantos objetos foram pesquisados em B se os 25% dos objetos pesquisados em A equivalem aos 40% dos objetos pesquisados em B?

12. Observe o gráfico a seguir e responda às questões.

a) Que percentual de mulheres brasileiras entre 20 e 30 anos já realizou exame clínico das mamas?

b) Com o auxílio do gráfico, é possível observar alguma relação entre o rendimento mensal e o número de mulheres com 40 anos ou mais que já realizaram exames preventivos das mamas?

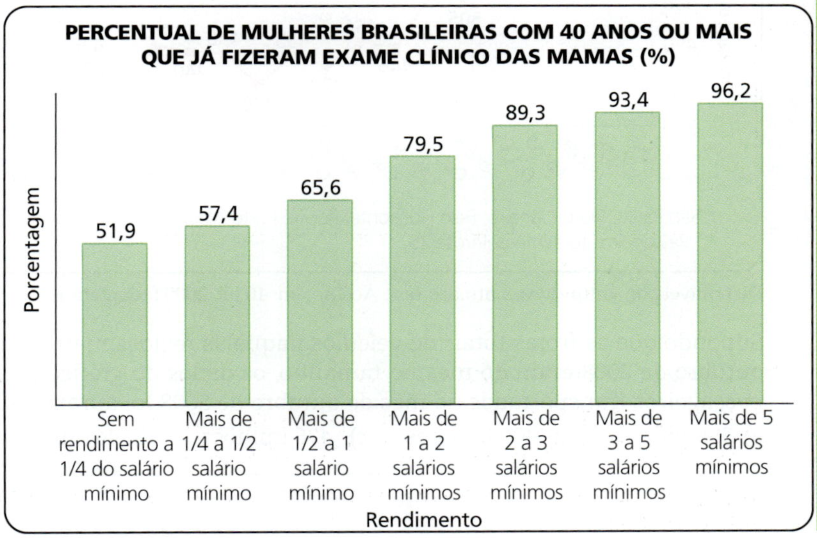

Fonte: IBGE, Diretoria de Pesquisas Coordenação de Trabalho e Rendimento, Pesquisa Nacional por Amostra de Domicílios 2008.

13. Inflação. (Vunesp) O gráfico mostra, em valores aproximados, a inflação medida pelo IPCA de 1º/7/1994 a 1º/7/2003 e alguns itens de consumo da classe média que tiveram aumento maior que a inflação.

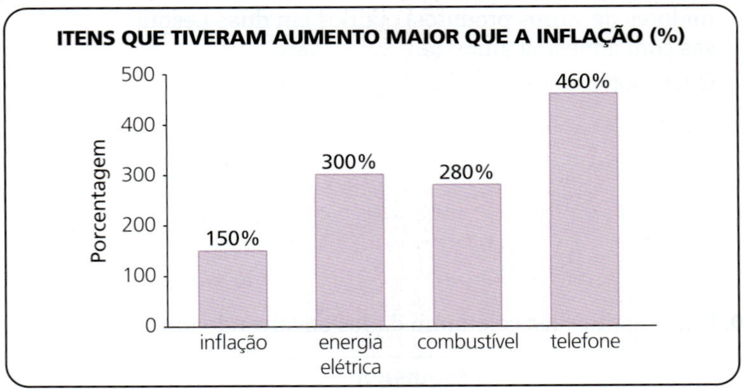

Fonte: IBGE e revista *Veja*.

Em junho de 1994, uma pessoa que ganhava um salário de R$ 1.000,00 gastou no mês, com energia elétrica, combustível e telefone, R$ 50,00, R$ 30,00 e R$ 60,00, respectivamente. Supondo que, de 1º/7/1994 a 1º/7/2003, o salário dessa pessoa foi reajustado de acordo com os índices de inflação e que a pessoa continuou consumindo as mesmas quantidades de energia elétrica, combustível e telefone, determine:

a) o salário dessa pessoa em 31 de maio de 2003 e quanto ela gastou, em reais, com cada um dos itens energia elétrica, combustível e telefone nesse mês, considerando-se os índices mostrados no gráfico;

b) a porcentagem total do seu salário comprometida com energia elétrica, combustível e telefone em junho de 1994 e em maio de 2003.

14. (Enem) Dados da Associação Nacional de Empresas de Transportes Urbanos (ANTU) mostram que o número de passageiros transportados mensalmente nas principais regiões metropolitanas do país vem caindo sistematicamente. Eram 476,7 milhões de passageiros em 1995, e esse número caiu para 321,9 milhões em abril de 2001. Nesse período, o tamanho da frota de veículos mudou pouco, tendo no final de 2008 praticamente o mesmo tamanho que tinha em 2001.

O gráfico a seguir mostra um índice de produtividade utilizado pelas empresas do setor, que é a razão entre o total de passageiros transportados por dia e o tamanho da frota de veículos.

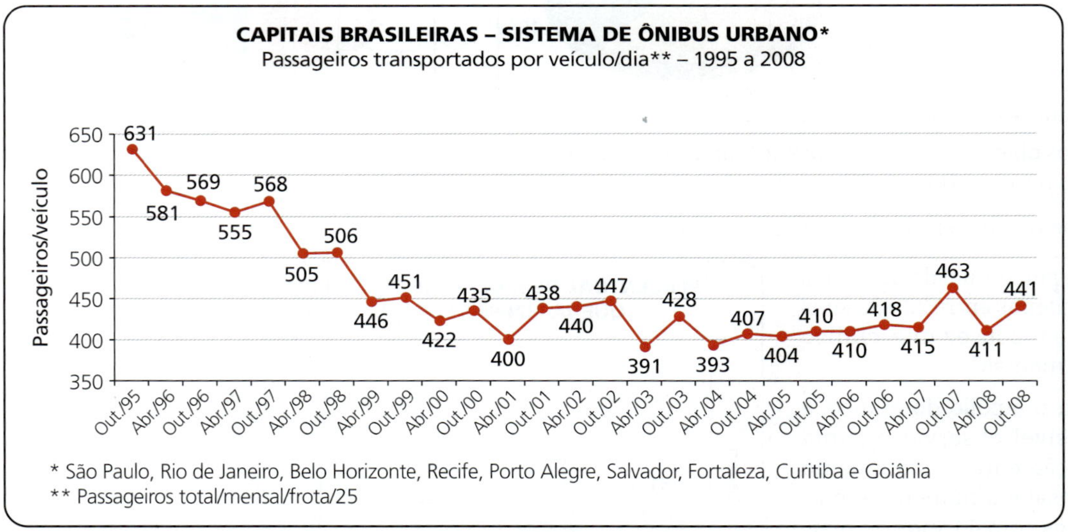

Disponível em: <http://www.ntu.org.br>. Acesso em: 16 jul. 2009 (adaptado).

Supondo que as frotas totais de veículos naquelas regiões metropolitanas em abril de 2001 e em outubro de 2008 eram do mesmo tamanho, os dados do gráfico permitem inferir que o total de passageiros transportados no mês de outubro de 2008 foi aproximadamente igual a:

a) 355 milhões. b) 400 milhões. c) 426 milhões. d) 441 milhões. e) 477 milhões.

Questões de vestibular

1. (UFPA) "Dipodg kzinvm iznnvn xjdnvn, kjmzh zgvn nz kzinvh kjm nd, iv xvwzxv dhkjozioz. I dnoj nz vwmz, kjm hdgvbmz, ph znkvxj npadxdzioz kvmv hvijwmv, hvn zh nziodyj diqzmnj vj yj Bvgzvj. J mvkvu, hzijn kjm didxdvo-dqv kmjkmdv yj Ipz kjm dhkjndxvj yjn hjojmdnovn Ipz qdicvh vomvn, vxdjiv j hjojm, Ipz kzbv ovhwzh kjm hdgvbmz. V ypmvn kzivn, nzh nvwzm xjhj, qjgov kvmv xvnv."

O texto acima representa um trecho de "Procura-se um pai", de Carlos Drummond de Andrade, e foi codificado por meio de uma permutação das letras do alfabeto (incluindo as letras K, W e Y), desconsiderando-se cedilhas e acentos.

Sabe-se que, em textos longos escritos em português, as frequências aproximadas de utilização das letras do alfabeto são dadas por esta tabela:

Letra	Frequência	Letra	Frequência
A	14,64%	P	2,58%
E	12,70%	V	1,68%
O	10,78%	H	1,42%
S	7,97%	G	1,29%
R	6,88%	B	1,16%
I	5,90%	Q	1,09%
D	4,97%	F	0,99%
N	4,85%	Z	0,42%
M	4,71%	J	0,32%
U	4,42%	X	0,23%
T	4,26%	K	0,01%
C	3,76%	Y	0,01%
L	2,95%	W	0,01%

No texto inicial apresentado em código, os símbolos gráficos (excluindo vírgulas e pontos) aparecem segundo o histograma abaixo:

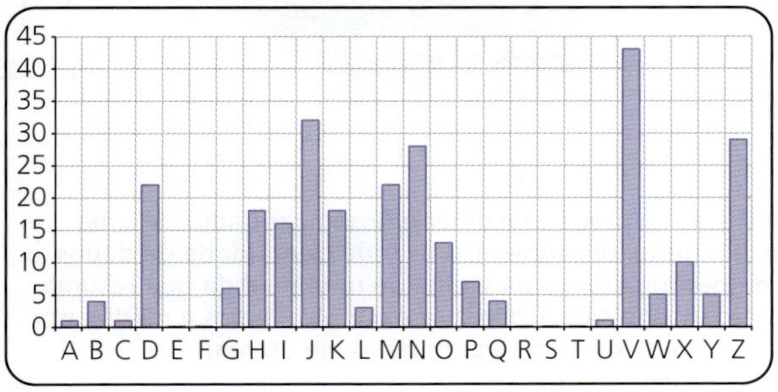

Sabe-se também que as quatro letras mais frequentes no texto original são, de fato, as quatro letras mais utilizadas na língua portuguesa, **não necessariamente na mesma ordem**, e que a palavra "SABER" está presente no texto.

Com base nessas informações, é **correto** afirmar que as letras A, E, O e S do texto original estão representadas no texto codificado, **respectivamente**, pelos símbolos gráficos:

a) J, Z, N e V
b) V, N, J e Z
c) V, Z, J e N
d) Z, V, J e N
e) Z, J, V e N

2. (Vunesp) O gráfico indica o resultado de uma pesquisa sobre o número de acidentes ocorridos com 42 motoristas de táxi em uma determinada cidade, no período de um ano.

20.2 Visão do especialista

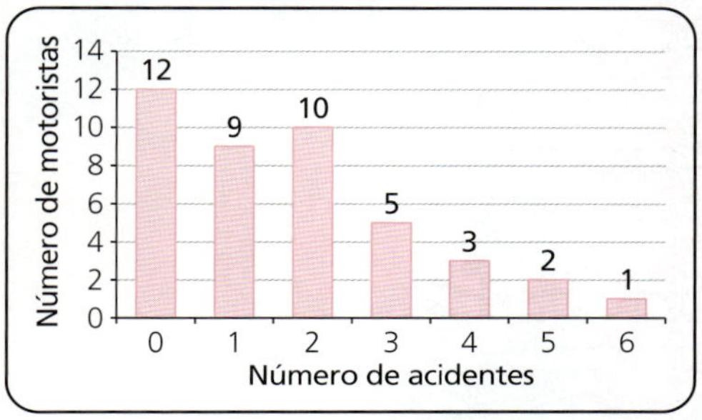

Com base nos dados apresentados no gráfico, e considerando que quaisquer dois motoristas não estão envolvidos num mesmo acidente, pode-se afirmar que:

a) cinco motoristas sofreram pelo menos quatro acidentes.
b) 30% dos motoristas sofreram exatamente dois acidentes.
c) a média de acidentes por motorista foi igual a três.
d) o número total de acidentes ocorridos foi igual a 72.
e) trinta motoristas sofreram no máximo dois acidentes.

3. (FGV) Em uma pesquisa de opinião sobre um projeto de lei, uma amostra de adultos de uma cidade revelou que:

20.3 Visão do especialista

- 360 eram a favor da lei;
- 480 eram contra a lei;
- 44% dos entrevistados não tinham opinião formada.

A porcentagem de adultos favoráveis à lei, em relação ao total de entrevistados, foi:

a) 21%
b) 22%
c) 24%
d) 23%
e) 25%

Capítulo 21

Medidas estatísticas

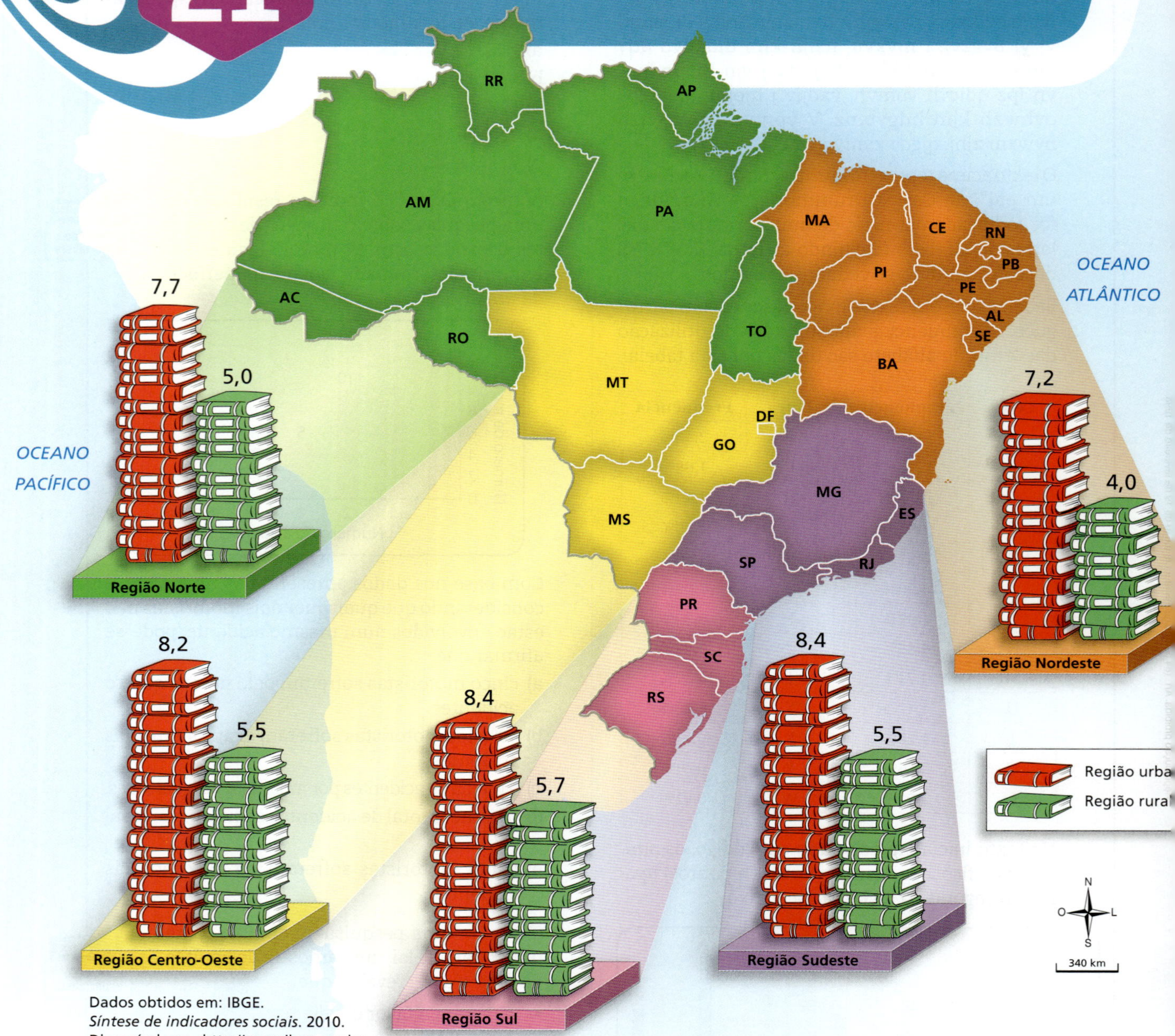

Dados obtidos em: IBGE. *Síntese de indicadores sociais*. 2010. Disponível em: <http://www.ibge.gov.br>. Acesso em: 2 set. 2011.

Para fazer uma pesquisa estatística, é preciso recolher e organizar dados de uma amostra significativa. Como, em geral, se reúne uma grande quantidade de dados, a apresentação do resultado da pesquisa exige a escolha de uma **medida** que resuma todos os valores levantados. No infográfico acima, por exemplo, temos a média, por região, de anos de estudo dos brasileiros com 15 anos de idade ou mais.

Objetivos do capítulo:

- ✔ Calcular e interpretar a média, a moda e a mediana de uma distribuição.
- ✔ Resolver situações-problema que envolvam essas medidas de tendência central.
- ✔ Calcular e interpretar o desvio médio, a variância e o desvio padrão de um conjunto de valores observados.
- ✔ Resolver situações-problema que envolvam essas medidas de dispersão.

1 Medidas de tendência central

CESAR DINIZ/PULSAR IMAGENS

Viagem. Pessoas que dependem dos ônibus urbanos para se deslocar nas grandes cidades, geralmente, se preocupam com o tempo aproximado do percurso. Com o objetivo de possibilitar o acesso a informações desse tipo aos passageiros, uma empresa de transporte coletivo informa em seu *site* o tempo médio de viagem das suas linhas de ônibus. Para isso, coletou dados sobre o tempo que os veículos demoram para percorrer cada trajeto e, por meio de medidas estatísticas, chegou a uma estimativa de tempo.

Em Estatística, para resumir a quantidade de informação contida em um conjunto de dados, utilizamos medidas que descrevem, por meio de um só número, características desses dados.

- As medidas estatísticas que descrevem a tendência de agrupamento dos dados em torno de certos valores recebem o nome de **medidas de tendência central**.

Neste capítulo, vamos destacar três dessas medidas: a média aritmética, a moda e a mediana.

1.1 Média aritmética

Das três medidas de tendência central que serão estudadas, a média aritmética, chamada simplesmente de média, é a medida mais conhecida e utilizada.

- **Média aritmética** é o quociente entre a soma dos valores observados e o número de observações.

Vamos indicar a média por $\overline{x}$. Assim:

$$\overline{x} = \frac{x_1 + x_2 + \ldots + x_n}{n} = \frac{\sum_{i=1}^{n} x_i}{n}$$

sendo $x_1, x_2, \ldots, x_n$ os valores que a variável pode assumir e n a quantidade de valores no conjunto de dados.

A letra grega maiúscula Σ (sigma) é usada para indicar uma soma.

O símbolo $\sum_{i=1}^{n} x_i$ significa o **somatório** dos valores x_i para i variando de 1 até n.

Exemplo

Na sétima rodada de um campeonato de futebol, foram realizados 10 jogos, e a quantidade de gols em cada partida está apresentada na tabela a seguir.

Partida	1ª	2ª	3ª	4ª	5ª	6ª	7ª	8ª	9ª	10ª
Número de gols	4	7	3	4	1	5	5	4	4	6

Para calcular a média de gols dessa rodada, somamos o número de gols de cada partida e dividimos o resultado obtido pelo número de jogos:

$$\overline{x} = \frac{4 + 7 + 3 + 4 + 1 + 5 + 5 + 4 + 4 + 6}{10} = \frac{43}{10} = 4{,}3$$

Logo, a média de gols por partida nessa rodada foi 4,3.

A média de gols serve de parâmetro para, por exemplo, avaliar o desempenho dos times em diferentes campeonatos. Observe que o valor obtido para a média não coincidiu com nenhum dos números de gols por partida, pois a média não é necessariamente igual a um dos valores da variável.

Média aritmética ponderada

Como vimos, para o cálculo da média aritmética, todos os valores foram somados um a um e, na sequência, divididos por um determinado valor. Agora, observe o exemplo a seguir.

Automotivo. Para executar o balanceamento dos pneus de determinado veículo, fez-se o levantamento de preços em oito oficinas, obtendo-se os seguintes valores em reais:

ROBERT KYLLO/SHUTTERSTOCK

40,00   50,00   40,00   45,00   45,00   50,00   60,00   45,00

Já vimos que, para determinar o preço médio, podemos proceder do seguinte modo:

$$\overline{x} = \frac{40 + 50 + 40 + 45 + 45 + 50 + 60 + 45}{8} = \frac{375}{8} = 46{,}875$$

Como alguns valores se repetem, é possível calcular a média assim:

$$\overline{x} = \frac{2 \cdot 40 + 2 \cdot 50 + 3 \cdot 45 + 1 \cdot 60}{2 + 2 + 3 + 1} = \frac{375}{8} = 46{,}875$$

- O número de vezes que um valor se repete recebe o nome de **peso**, e a média aritmética calculada com o uso de pesos é chamada de **média aritmética ponderada**.

Assim, $\overline{x} = \dfrac{p_1 \cdot x_1 + p_2 \cdot x_2 + \ldots + p_n \cdot x_n}{p_1 + p_2 + \ldots + p_n}$, sendo x_i os valores da variável e p_i os respectivos pesos.

Observe que os pesos correspondem às frequências absolutas (f_i) de cada valor.

1.2 Moda

Outra medida de tendência central é a moda.

Ela é usada quando o objetivo é, por exemplo, identificar a preferência em uma situação, definir a faixa etária mais frequente de pessoas em um local ou saber a numeração de roupas mais vendidas de uma marca.

- **Moda** é (ou são) o valor (ou os valores) que aparece(m) com maior frequência no conjunto de valores observados.

Vamos indicar a moda por ***Mo***.

Exemplos

a) O conjunto de valores 0, 0, 1, 1, 1, 2, 2, 3 e 4 tem moda **1**.

b) **Genética.** Vejamos os dados que foram apresentados na tabela e no gráfico a seguir.

Tipo sanguíneo	Número de indivíduos (f_i)
O	717
A	414
B	165
AB	53

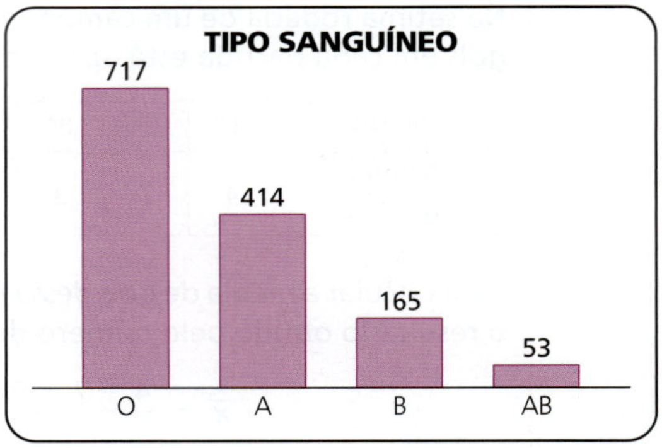

Observando a tabela e o gráfico, percebemos que a maior frequência é 717 e representa as pessoas com sangue tipo O. Logo, a moda dessa amostra é o sangue tipo O.

Quando todos os valores apresentam a mesma frequência, **não há moda** na distribuição considerada. Existem também conjuntos de dados com duas (**bimodais**) ou mais modas (**multimodais**).

1.3 Mediana

A mediana é outra medida estatística que vamos estudar.

- **Mediana** de um grupo de valores previamente ordenados, de modo crescente ou decrescente, é o valor que divide esse grupo em duas partes com o mesmo número de termos.

- Quando temos um grupo de valores em número ímpar de dados, a mediana é o termo central da distribuição. Nesse caso, ela pertence ao grupo observado.
- Quando temos um grupo de valores em número par de dados, a mediana é a média aritmética dos termos centrais. Nesse caso, a mediana pode não pertencer ao grupo de valores observado.

Vamos indicar a mediana por ***Me***.

É importante observar que, sendo n o número de termos da distribuição, temos:

- Se n é ímpar, a posição do termo central é dada por: $\left(\dfrac{n+1}{2}\right)$
- Se n é par, as posições dos dois termos centrais são dadas por: $\dfrac{n}{2}$ e $\left(\dfrac{n}{2}+1\right)$

Exemplos

a) Arqueologia. Para conhecer um pouco sobre a construção das pirâmides do Egito, um arqueólogo precisou coletar alguns dados, como a medida da altura (h) e a medida da diagonal da base quadrada (d), de algumas pirâmides.

PIUS LEE/SHUTTERSTOCK

Quéfren
$h = 143{,}5$ m
$d = 304{,}4$ m

MAKSYM GORPENYUK/SHUTTERSTOCK

Quéops
$h = 146{,}59$ m
$d = 325{,}78$ m

NESTOR NOCI/SHUTTERSTOCK

Seneferu
$h = 104$ m
$d = 311{,}1$ m

JAKEZ/SHUTTERSTOCK

Miquerinos
$h = 66$ m
$d = 146{,}24$ m

ARTHUR R./SHUTTERSTOCK

Djoser
$h = 62{,}5$ m
$d = 162{,}85$ m

Vamos determinar a mediana das alturas ordenando os valores de modo crescente.

1ª posição	**2ª posição**	**3ª posição**	**4ª posição**	**5ª posição**
Djoser	Miquerinos	Seneferu	Quéfren	Quéops
↓	↓	↓	↓	↓
62,5	66	*Me* = 104 termo central	143,5	146,59

Como temos um número ímpar de medidas (5), a mediana é a medida da altura que ocupa a posição central, ou seja, a 3ª posição $\left(\dfrac{5+1}{2}=3\right)$. Assim, a mediana das alturas dessas pirâmides é 104 m, referente à pirâmide de Seneferu.

b) Economia. Considere os preços do litro de gasolina coletados em seis postos de uma cidade:

R\$ 2,49 R\$ 2,48 R\$ 2,78 R\$ 2,59 R\$ 2,80 R\$ 2,49

Para determinar o preço mediano *Me*, vamos primeiro colocar os dados em ordem crescente.

1ª posição	2ª posição	3ª posição	4ª posição	5ª posição	6ª posição
R\$ 2,48	R\$ 2,49	R\$ 2,49	R\$ 2,59	R\$ 2,78	R\$ 2,80

(3ª e 4ª posições: termos centrais)

Como temos um número par de valores (6), a mediana é a média aritmética entre os dois termos centrais, ou seja, os termos que ocupam a 3ª e a 4ª posições (6 : 2 = 3 e 6 : 2 + 1 = 4).

Assim, temos: $Me = \dfrac{2{,}49 + 2{,}59}{2} = 2{,}54$

Exercícios

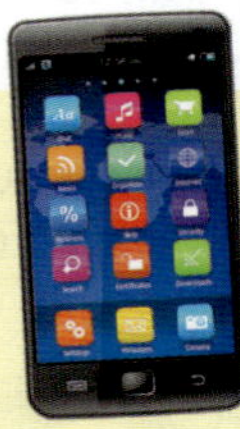
OLEKSIY MARK/SHUTTERSTOCK

R1. Telecomunicação. Durante uma determinada hora do dia, Amanda fez 5 ligações de seu aparelho celular da operadora Trim. O tempo, em minutos, gasto em cada ligação está relacionado abaixo:

2 5 14 10 5

a) Qual é o tempo médio de duração das ligações feitas por Amanda durante esse período?

b) Qual é o tempo mediano de duração das ligações feitas por Amanda?

c) Qual é o tempo modal de duração das ligações feitas por Amanda?

d) Se o valor da tarifa por minuto de ligação na operadora Trim é R\$ 1,05, e considerando que o valor da ligação é proporcional ao tempo, qual foi o gasto médio por ligação?

➤ Resolução

a) Calculando o tempo médio de duração, temos:

$$\bar{x} = \frac{2 + 5 + 14 + 10 + 5}{5} = \frac{36}{5} = 7{,}2$$

Logo, o tempo médio de cada ligação é 7,2 minutos.

b) Para calcular o tempo mediano, devemos primeiro ordenar os valores de duração das ligações:

1ª posição ⟶ 2
2ª posição ⟶ 5
3ª posição ⟶ *Me* = 5
4ª posição ⟶ 10
5ª posição ⟶ 14

Como temos um número ímpar de valores, basta verificar qual é o termo central, ou seja, o tempo que ocupa a 3ª posição.

Portanto, o tempo mediano é 5 minutos.

c) O tempo modal é 5 minutos (*Mo* = 5), já que esse valor é o que aparece mais vezes (tem maior frequência).

d) Cada ligação de Amanda durou, em média, 7,2 min, como vimos no item **a**. Para calcular o gasto médio por ligação, multiplicamos o tempo médio de cada ligação pelo valor do minuto, que é R\$ 1,05.

Assim, temos:

gasto médio por ligação = $7{,}2 \cdot 1{,}05 = 7{,}56$

Logo, o gasto médio por ligação que Amanda efetuou foi R\$ 7,56.

R2. Para quais valores reais de *m* as médias aritméticas dos grupos de valores -3, m, 10, 9 e -2, 3, m^2, -5 coincidem?

➤ Resolução

Para que as médias coincidam, as médias aritméticas dos dois grupos devem ter o mesmo valor. Assim:

$$\frac{-3 + m + 10 + 9}{4} = \frac{-2 + 3 + m^2 - 5}{4} \Rightarrow$$

$$\Rightarrow m + 16 = m^2 - 4 \Rightarrow m^2 - m - 20 = 0 \Rightarrow$$

$$\Rightarrow (m - 5)(m + 4) = 0 \Rightarrow m = 5 \text{ ou } m = -4$$

Logo, para $m = 5$ ou $m = -4$ as médias aritméticas dos dois grupos coincidem.

1. Determine a média, a mediana e a moda para cada um dos conjuntos de dados abaixo.

a) 3, 5, 2, 3, 6, 7, 4, 8, 2, 3, 4, 5

b) 12, 13, 14, 1, 2, 3, 12, 11, 11, 11

c) 51, 4, 34, 78, 65, 90, 106

d) 11; 8; 4; 3; 2; 25; 25,2; 45,7; 68,9

e) 1, 1, 1, 1, 2, 2, 3, 4, 4, 4, 4, 5, 5, 5, 5

f) 7, 7, 7, 7, 7, 7, 7

2. Eletricidade. Abaixo estão os valores mensais referentes ao consumo de energia elétrica de uma família, medido em kWh, durante 10 meses.

267	297
294	226
279	257
272	298
262	244

a) Qual foi o consumo médio do período?
b) E o consumo modal?
c) E o consumo mediano?

3. Economia. A seguir, estão relacionados os lucros, em reais, que uma empresa obteve durante 6 meses do primeiro semestre de um certo ano.

3.270	3.541
3.649	3.258
3.381	3.533

a) Calcule o lucro médio desse período.
b) Qual foi o lucro mediano nesses 6 meses?
c) Observando apenas os resultados obtidos nos itens **a** e **b**, você pode determinar a moda? Justifique.

4. Calcule a média aritmética dos números reais log 2, log 3, log 4 e log 5, dado que log 1,2 = 0,08.

5. Segurança. Os números relacionados abaixo referem-se aos acidentes de trabalho registrados em uma metalúrgica nos 12 meses de um certo ano.

2	0	1	0	0	1
1	3	1	0	1	1

a) Qual foi a média mensal de acidentes que ocorreram nessa metalúrgica nesse ano?
b) Qual foi o número mensal de acidentes mais frequente nesse ano?
c) Qual foi o número mediano de acidentes?

6. Considere os grupos de valores observados abaixo.
Grupo A: x, 6, 3, 4, 5
Grupo B: 9, 1, 4, 8, x, 6, 11, 3
Determine os possíveis valores inteiros de x de modo que a média no grupo A não ultrapasse 4 e a média no grupo B seja, no mínimo, igual a 5.

7. A média aritmética dos números $a_1, a_2, a_3, \ldots, a_{14}, a_{15}$ é 24. Determine a média aritmética dos números: $a_1 + 1, a_2 + 2, a_3 + 3, \ldots, a_{14} + 14$ e $a_{15} + 15$

1.4 Medidas de tendência central para dados agrupados

Quando trabalhamos com amostras muito grandes, é conveniente calcular as medidas de tendência central a partir das distribuições de frequência dos dados analisados.

Média para dados agrupados

Quando os dados estão organizados em uma distribuição de frequência sem intervalos (ou classes), a frequência é o peso; portanto, a média pode ser calculada como a média aritmética ponderada.

Mas, quando os dados estão distribuídos em intervalos (ou classes), para calcular a média, consideramos que a frequência de cada classe está concentrada no ponto médio desse intervalo.

O **ponto médio** (PM_i) de uma classe é a média aritmética entre os valores extremos da classe.

Por exemplo, o ponto médio da classe [2, 6[é:

$$PM_i = \frac{2 + 6}{2} = \frac{8}{2} = 4$$

Para o cálculo de PM_i admitimos que os extremos do intervalo real [2, 6[sejam 2 e 6, apesar de esse intervalo ser aberto em 6.

Para calcular a média, somamos os produtos de cada frequência (f_i) pelo ponto médio (PM_i) correspondente e dividimos esse total pela soma das frequências:

$$\overline{x} = \frac{f_1 \cdot PM_1 + f_2 \cdot PM_2 + \ldots + f_n \cdot PM_n}{f_1 + f_2 + \ldots + f_n}$$

Exemplos

a) Alimentação. Durante um mês foi computado o número de refeições servidas por dia em um restaurante.

Número de refeições servidas por dia	Quantidade de dias (f_i)
154	12
157	8
160	10
	$\sum f_i = 30$

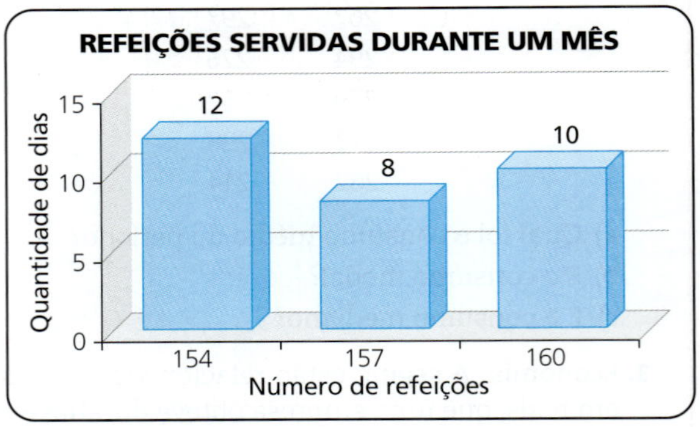

Observando a distribuição de frequência e o gráfico acima, podemos calcular a média aritmética da seguinte maneira:

$$\overline{x} = \frac{12 \cdot 154 + 8 \cdot 157 + 10 \cdot 160}{30} = \frac{4.704}{30} = 156,8$$

Portanto, a média de refeições servidas por dia naquele mês foi 156,8.

Agora, vamos pensar no significado do valor obtido para a média na situação apresentada. Não faz sentido falar em 156,8 refeições (não existe 0,8 refeição). Por isso, podemos interpretar que, em média, foram servidas aproximadamente 157 refeições por dia.

b) Economia. Vamos considerar os gastos mensais, em reais, com alimentação e vestuário extraídos de uma pesquisa feita com 100 pessoas sobre seus orçamentos familiares.

Gasto mensal	f_i	PM_i	$f_i \cdot PM_i$
120 ⊢ 140	25	130	3.250
140 ⊢ 160	26	150	3.900
160 ⊢ 180	24	170	4.080
180 ⊢ 200	15	190	2.850
200 ⊢ 220	10	210	2.100
	$\sum f_i = 100$		$\sum (f_i \cdot PM_i) = 16.180$

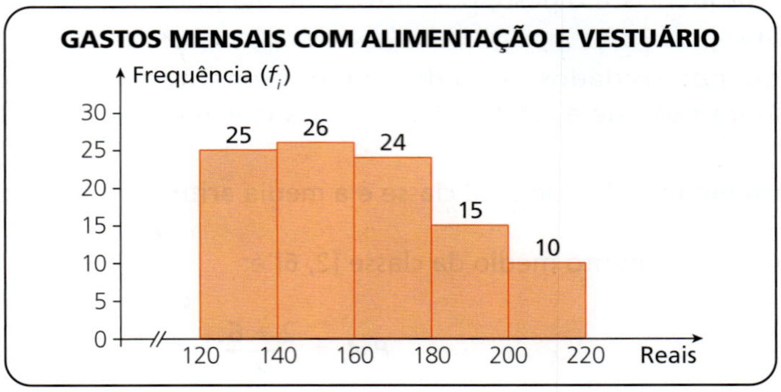

Observando a distribuição de frequência e o histograma acima, podemos obter a média calculando o quociente entre a soma dos produtos de cada frequência com o ponto médio correspondente e a soma das frequências:

$$\overline{x} = \frac{16.180}{100} = 161,80$$

Portanto, a média mensal de gastos com alimentação e vestuário das pessoas pesquisadas é R$ 161,80.

Moda para dados agrupados

Para calcular a moda quando trabalhamos com dados agrupados sem intervalos, basta identificar o valor que aparece com maior frequência.

Mas, quando temos dados agrupados em intervalos, devemos primeiro identificar o intervalo que apresenta a maior frequência, denominado **classe modal**.

Depois, calculamos o ponto médio da classe modal, que é a moda da distribuição.

Exemplos

a) **Telecomunicação.** Considere o número de telefonemas que uma central de atendimento ao cliente recebe nos dias de certo mês.

Número de telefonemas	Quantidade de dias (f_i)
160	10
230	14
260	6

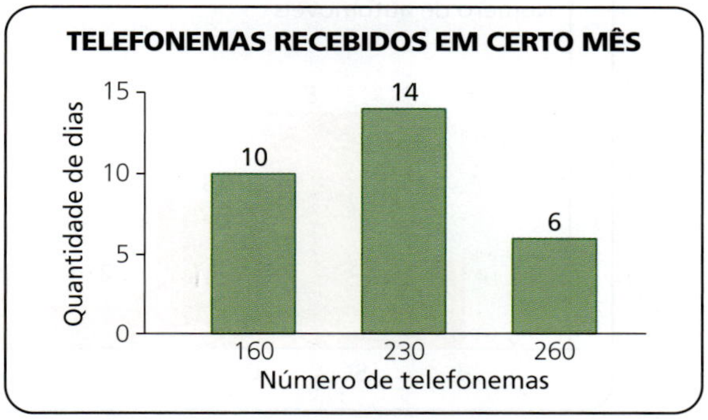

Observando a distribuição de frequência e o gráfico de colunas acima, podemos determinar o número modal de telefonemas.

Como a maior frequência é 14, temos: $Mo = 230$

Logo, 230 é o número modal de telefonemas.

b) **Empreendimento.** Empresas incubadoras são empresas que mantêm empreendimentos em empresas ditas incubadas até que elas atinjam condições de sobreviver e crescer sozinhas. De uma população de 2.114 empresas incubadas, foi analisada uma amostra de 1.000 empresas, sendo entrevistados 2.193 sócios.

Com base no gráfico de setores a seguir, vamos identificar o grau de instrução modal dos sócios das empresas da amostra. Para isso, basta identificar o grau de instrução que corresponde ao setor de maior área, que é aquele representado pela maior porcentagem (44%). Assim, o grau de instrução modal é o ensino superior.

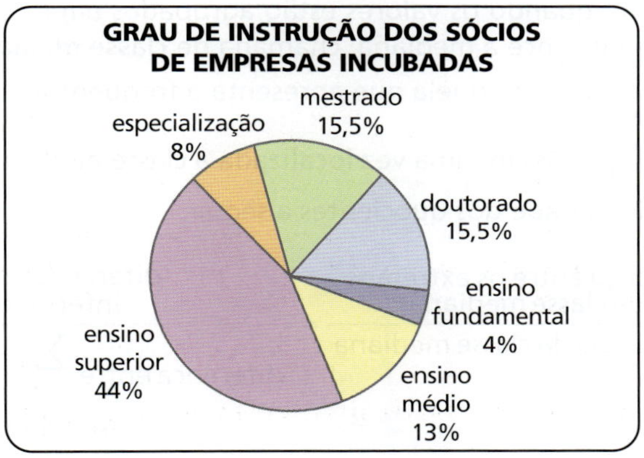

c) Economia. Considere os dados a seguir sobre o consumo de combustível, medido em km/ℓ, de 20 automóveis de uma mesma marca e modelo, num certo período.

Consumo de combustível (em km/ℓ)	Número de automóveis (f_i)
[6, 8[	3
[8, 10[	8
[10, 12[	5
[12, 14[	2
[14, 16[	2

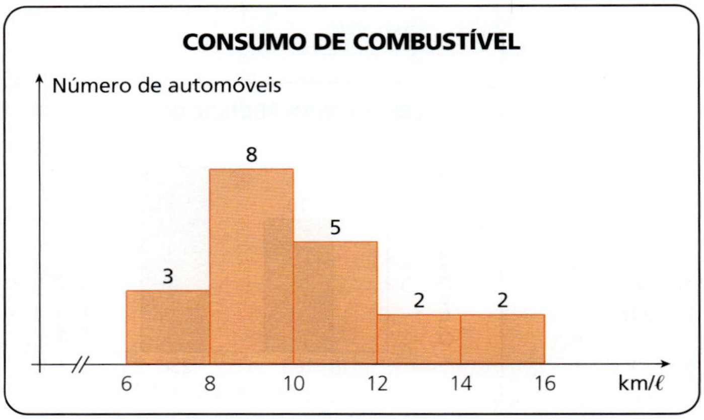

Observando a distribuição de frequência e o histograma acima, vamos calcular o consumo modal. Note que o intervalo de maior frequência (a classe modal) é [8, 10[.

Com essa informação, podemos calcular o ponto médio dessa classe:

$$PM_2 = \frac{8 + 10}{2} = \frac{18}{2} = 9 \Rightarrow Mo = 9$$

Portanto, o consumo modal é igual a 9 km/ℓ.

Mediana para dados agrupados

Para determinar a mediana quando temos valores agrupados sem intervalos, procedemos de modo semelhante ao do cálculo da mediana.

No entanto, quando os valores estão agrupados em intervalos, devemos primeiro encontrar a classe a que pertence a mediana, chamada de **classe mediana**.

A classe mediana é aquela que apresenta a frequência acumulada imediatamente maior que o quociente $\frac{\sum f_i}{2}$. Assim, uma vez localizada a classe mediana, encontramos o valor mediano *Me* por meio da igualdade dos quocientes a seguir.

$$\frac{\text{diferença entre os extremos da classe mediana}}{\text{frequência da classe mediana}} = \frac{\text{diferença entre } Me \text{ e o extremo inferior da classe mediana}}{\text{diferença entre } \frac{\sum f_i}{2} \text{ e a frequência acumulada da classe anterior à classe mediana}}$$

Exemplos

a) Comércio. Observe a seguir a distribuição de frequência referente aos tamanhos de sapatos usados por 25 pessoas.

Tamanho de sapatos	f_i	F_i
36	5	5
37	9	$14 = 5 + 9$
38	4	$18 = 5 + 9 + 4$
39	4	$22 = 5 + 9 + 4 + 4$
40	3	$25 = 5 + 9 + 4 + 4 + 3$

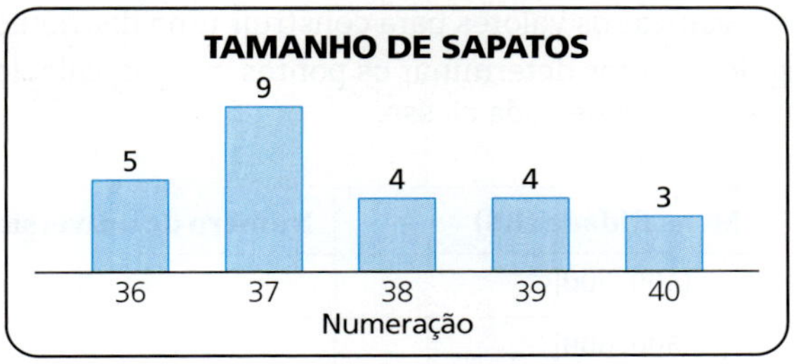

Note que, na tabela, os dados já estão ordenados e que o número total de dados é 25 (número ímpar). Assim, para determinar o tamanho mediano de sapatos dessas pessoas, basta encontrar o termo central, que, nesse caso, é o valor que ocupa a 13ª posição $\left(\frac{25 + 1}{2}\right)$.

Como **13** (13ª posição) está **entre 5 e 14** (5ª posição e 14ª posição), verificamos que o valor que ocupa a 13ª posição é **37**.

Portanto, o tamanho mediano de sapatos é 37.

b) Educação. Considere a distribuição de frequência a seguir.

Nota de Matemática	f_i	F_i
[0, 2[	2	2
[2, 4[	7	9
[4, 6[	8	17
[6, 8[	6	23
[8, 10[	7	30
	$\sum f_i = 30$	

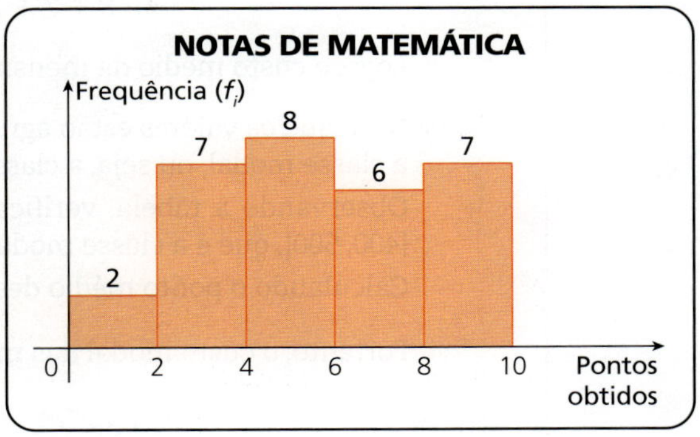

Vamos encontrar a nota mediana dessa turma. Para isso, fazemos:

$$\frac{\sum f_i}{2} = \frac{30}{2} = 15$$

A frequência acumulada imediatamente maior que 15 é 17 e corresponde à classe mediana: [4, 6[

Agora, podemos obter o valor da mediana resolvendo a equação:

$$\frac{6 - 4}{8} = \frac{Me - 4}{15 - 9} \Rightarrow Me = 5{,}5$$

21.1 Biblioteca do estudante

Portanto, a nota mediana dessa turma é 5,5.

Exercícios

R3. Educação. As mensalidades, em reais, do curso de Pedagogia cobradas por 20 universidades estão relacionadas a seguir.

480	495	495	498	525	630	550	550	500	890
970	700	520	520	475	400	400	625	525	414

a) Elaborar uma tabela de distribuição de frequência utilizando intervalos de amplitude 100. Incluir nessa tabela os pontos médios de cada classe.

b) Qual é o custo médio da mensalidade para o curso indicado?

c) Qual é o valor modal das mensalidades nesse curso?

➤ Resolução

a) Vamos organizar os valores para construir uma distribuição de frequência.
Em seguida, vamos determinar os pontos médios, calculando a média aritmética entre os valores extremos de cada classe.

Mensalidade (R$)	Número de universidades (f_i)	PM_i
[400, 500[	8	450
[500, 600[	7	550
[600, 700[	2	650
[700, 800[	1	750
[800, 900[	1	850
[900, 1.000[	1	950

b) O custo médio é calculado assim:

$$\overline{x} = \frac{8 \cdot 450 + 7 \cdot 550 + 2 \cdot 650 + 1 \cdot 750 + 1 \cdot 850 + 1 \cdot 950}{8 + 7 + 2 + 1 + 1 + 1} = \frac{11.300}{20} = 565$$

Logo, o custo médio da mensalidade do curso de Pedagogia é R$ 565,00.

c) Note que os valores estão agrupados em intervalos. Por isso, devemos encontrar primeiro a classe modal, ou seja, a classe com maior frequência.
Observando a tabela, verificamos que a maior frequência é 8 e corresponde à classe [400, 500[, que é a classe modal.
Calculando o ponto médio dessa classe, obtemos: $\frac{400 + 500}{2} = 450$

Portanto, o custo modal das mensalidades desse curso é R$ 450,00.

8. Administração. Uma consultoria pesquisou o número de horas que 100 presidentes, de empresas escolhidas ao acaso, trabalham semanalmente.

Horas trabalhadas	60	61	62	63
Número de presidentes	18	32	28	22

a) Calcule as frequências acumuladas.

b) Identifique os elementos que ocupam as posições centrais da distribuição, quando ordenada.

c) Calcule a média dos valores obtidos no item **b**. Qual medida de tendência central foi encontrada?

R4. Educação. No último vestibular de uma universidade para o curso de Jornalismo, a prova constava de 98 questões objetivas. Compareceram 1.200 alunos ao exame, e os resultados estão indicados na distribuição de frequência abaixo.

Quantidade de pontos	Número de alunos (f_i)
[0, 20[	320
[20, 40[	250
[40, 60[	412
[60, 80[	126
[80, 100[	92
Total	1.200

Calcular a média e a mediana dessa distribuição.

➤ Resolução

Para facilitar os cálculos, vamos construir mais colunas nessa tabela.

Quantidade de pontos	Número de alunos (f_i)	F_i	PM_i	$f_i \cdot PM_i$
[0, 20[	320	320	10	3.200
[20, 40[	250	570	30	7.500
[40, 60[	412	982	50	20.600
[60, 80[	126	1.108	70	8.820
[80, 100[	92	1.200	90	8.820
	$\sum f_i = 1.200$			$\sum (f_i \cdot PM_i) = 48.400$

Observando essa tabela, podemos calcular a média: $\bar{x} = \dfrac{48.400}{1.200} \simeq 40,33$

Como os valores estão agrupados por intervalos, vamos primeiro encontrar a classe mediana.

Note que: $\dfrac{\sum f_i}{2} = \dfrac{1.200}{2} = 600$ (600ª posição)

A frequência acumulada imediatamente superior a 600 é 982 e corresponde à classe [40, 60[, que é a classe mediana. Então: $\dfrac{60 - 40}{412} = \dfrac{Me - 40}{600 - 570} \Rightarrow Me \simeq 41,46$

Portanto, a média e a mediana dos resultados dessa turma são, respectiva e aproximadamente, 40,33 e 41,46, o que indica que os valores observados tendem a se agrupar em torno dos 40 pontos.

9. Esporte. Numa corrida de Fórmula 1, foram computados os tempos (em segundo) que os pilotos gastaram na realização de um *pit stop*.

a) Calcule o tempo médio que os pilotos gastaram nesse *pit stop*.

b) Determine o tempo mediano desse *pit stop*.

Tempo (em s)	Número de pilotos (f_i)
[0, 4[	2
[4, 8[	5
[8, 12[	9
[12, 16[	3
[16, 20[	1

10. Desperdício. Para promover uma campanha de economia de água, um condomínio fez um levantamento do tempo que 10 moradores levam para tomar banho diariamente. Os resultados (em minuto) foram: 30, 35, 10, 5, 35, 5, 10, 15, 30 e 35

a) Calcule o tempo médio gasto por pessoa no banho.

b) Calcule as diferenças entre cada tempo e a média. Some os módulos de todas essas diferenças e divida pelo total de observações.

c) O que você pode dizer do valor encontrado no item **b** em relação ao tempo médio (média)?

2 Medidas de dispersão

Suponha que tenham sido feitas medições em vários momentos de dois dias seguidos para coletar a temperatura (em graus Celsius) da cidade de Gramado (RS). Os resultados obtidos estão registrados a seguir.

1º dia: 7, 8, 9, 9, 10 e 11

2º dia: 6, 7, 8, 10, 11 e 12

Observe que a **temperatura média** de cada um dos dias foi **9 °C**. Mas como fazemos se quisermos saber em qual desses dias a temperatura foi mais estável, ou seja, em qual desses dias a variação de temperatura foi menor?

A média não responde a essa questão, já que, nos dois dias, a temperatura média foi a mesma. Para obter esse resultado, precisamos de outras medidas que permitam descrever o comportamento do grupo de valores em torno da média.

- As medidas estatísticas que descrevem o comportamento de um grupo de valores em torno das medidas de tendência central recebem o nome de **medidas de dispersão** ou **de variabilidade.**

Para responder àquela questão, vamos estudar as seguintes medidas de dispersão: desvio médio, variância e desvio padrão.

2.1 Desvio médio

Para analisar o grau de dispersão, ou de variabilidade, de um grupo de dados, podemos utilizar o desvio médio.

Para isso, primeiro calculamos os **desvios em relação à média**, chamados simplesmente de **desvios**, obtidos pela diferença entre cada valor observado e a média desses valores. Em seguida, obtemos o quociente entre a soma dos valores absolutos dessas diferenças (desvios) e o total dos valores observados.

- **Desvio médio** é a média aritmética dos valores absolutos dos desvios.

Indicando o desvio médio por ***Dm***, temos:

$$Dm = \frac{|x_1 - \overline{x}| + \ldots + |x_n - \overline{x}|}{n} = \frac{\sum_{i=1}^{n} |x_i - \overline{x}|}{n}$$

Exemplo

Retomando as temperaturas em Gramado, vamos construir as tabelas a seguir.

1º dia ($\overline{x} = 9$)		
x_i	$x_i - \overline{x}$	$\|x_i - \overline{x}\|$
7	$7 - 9 = -2$	2
8	$8 - 9 = -1$	1
9	$9 - 9 = 0$	0
9	$9 - 9 = 0$	0
10	$10 - 9 = 1$	1
11	$11 - 9 = 2$	2
		$\sum \|x_i - \overline{x}\| = 6$

2º dia ($\overline{y} = 9$)		
y_i	$y_i - \overline{y}$	$\|y_i - \overline{y}\|$
6	$6 - 9 = -3$	3
7	$7 - 9 = -2$	2
8	$8 - 9 = -1$	1
10	$10 - 9 = 1$	1
11	$11 - 9 = 2$	2
12	$12 - 9 = 3$	3
		$\sum \|y_i - \overline{y}\| = 12$

Calculando os desvios médios para as temperaturas de cada dia, temos:

- 1º dia: $Dm_1 = \dfrac{\sum_{i=1}^{n} |x_i - \overline{x}|}{n} = \dfrac{6}{6} = 1$
- 2º dia: $Dm_2 = \dfrac{\sum_{i=1}^{n} |y_i - \overline{y}|}{n} = \dfrac{12}{6} = 2$

Portanto, houve maior dispersão (ou variabilidade) de temperatura no 2º dia (2 °C); isso permite concluir que a temperatura foi mais estável (houve menor variação) no 1º dia.

2.2 Variância e desvio padrão

Há outras medidas de dispersão que podem ser utilizadas para identificar o grau de dispersão, ou de variabilidade, de um conjunto de dados: a variância e o desvio padrão.

- **Variância** é a média aritmética dos quadrados dos desvios.

Indicamos a variância por ***Var***. Assim: $Var = \dfrac{(x_1 - \overline{x})^2 + ... + (x_n - \overline{x})^2}{n} = \dfrac{\sum_{i=1}^{n} (x_i - \overline{x})^2}{n}$

Observe que, ao calcular a variância, trabalhamos com os quadrados dos desvios, o que pode gerar uma incompatibilidade em relação às unidades dos valores da variável considerada.

Para contornar esse problema, devemos obter uma medida compatível com os valores da variável, ou seja, uma medida que tenha a mesma natureza dos valores observados. Essa medida é o desvio padrão.

- **Desvio padrão** é a raiz quadrada da variância.

Indicamos o desvio padrão por ***Dp***. Assim: $Dp = \sqrt{\dfrac{(x_1 - \overline{x})^2 + ... + (x_i - \overline{x})^2}{n}} = \sqrt{\dfrac{\sum_{i=1}^{n} (x_i - \overline{x})^2}{n}}$

Também podemos indicá-lo assim: $Dp = \sqrt{Var}$

Agora, com base na situação das temperaturas em Gramado, vamos calcular a variância e o desvio padrão relativos a cada dia. Para isso, observe as tabelas:

1º dia		
x_i	$x_i - \overline{x}$	$(x_i - \overline{x})^2$
7	$7 - 9 = -2$	4
8	$8 - 9 = -1$	1
9	$9 - 9 = 0$	0
9	$9 - 9 = 0$	0
10	$10 - 9 = 1$	1
11	$11 - 9 = 2$	4
		$\sum (x_i - \overline{x})^2 = 10$

2º dia		
y_i	$y_i - \overline{y}$	$(y_i - \overline{y})^2$
6	$6 - 9 = -3$	9
7	$7 - 9 = -2$	4
8	$8 - 9 = -1$	1
10	$10 - 9 = 1$	1
11	$11 - 9 = 2$	4
12	$12 - 9 = 3$	9
		$\sum (y_i - \overline{y})^2 = 28$

- Para o 1º dia:

$$Var_1 = \dfrac{\sum_{i=1}^{n} (x_i - \overline{x})^2}{n} = \dfrac{10}{6} \simeq 1{,}67$$

$$Dp_1 = \sqrt{Var_1} = \sqrt{1{,}67} \simeq 1{,}29 \text{ ou } Dp_1 \simeq 1{,}29 \text{ °C}$$

- Para o 2º dia:

$$Var_2 = \dfrac{\sum_{i=1}^{n} (y_i - \overline{y})^2}{n} = \dfrac{28}{6} \simeq 4{,}67$$

$$Dp_2 = \sqrt{Var_2} = \sqrt{4{,}67} \simeq 2{,}16 \text{ ou } Dp_2 \simeq 2{,}16 \text{ °C}$$

Com isso, podemos concluir que a maior dispersão (ou variabilidade) ocorreu no 2º dia, ou seja, o 2º dia foi o que apresentou as temperaturas menos homogêneas. Portanto, caracteriza um grupo menos regular.

2.3 Medidas de dispersão para dados agrupados

Quando estamos tratando de amostras muito grandes, é conveniente calcular as medidas de dispersão a partir das distribuições de frequência.

Variância e desvio padrão para dados agrupados

Para obter a variância e o desvio padrão com os valores agrupados sem intervalos, procedemos de modo semelhante ao cálculo da variância e do desvio padrão, utilizando para a variância a média aritmética ponderada dos quadrados dos desvios.

$$Var = \frac{f_1 \cdot (x_1 - \overline{x})^2 + ... + f_n \cdot (x_n - \overline{x})^2}{n} = \frac{\sum_{i=1}^{n}\left[f_i \cdot (x_i - \overline{x})^2\right]}{n} \text{ e } Dp = \sqrt{Var}$$

21.1 Conteúdo multimídia

Agora, se os valores estão agrupados em intervalos, para obter a variância e o desvio padrão, primeiro calculamos os pontos médios de cada intervalo e, em seguida, fazemos:

$$Var = \frac{f_1 \cdot (PM_1 - \overline{x})^2 + ... + f_n \cdot (PM_n - \overline{x})^2}{n} = \frac{\sum_{i=1}^{n}\left[f_i \cdot (PM_i - \overline{x})^2\right]}{n} \text{ e } Dp = \sqrt{Var}$$

Exemplo

Metalúrgica. Uma indústria produz 5.000 parafusos por dia. Foram coletadas para análise 100 medidas de diâmetros de parafusos, em milímetro. Vamos determinar a média e o desvio padrão da distribuição dos dados coletados.

Medida do diâmetro x_i (em milímetro)	Quantidade de parafusos (f_i)
1,1	12
1,2	27
1,3	35
1,4	20
1,5	6
Total	100

Para obter a média, calculamos a média aritmética ponderada da distribuição.

$$\overline{x} = \frac{12 \cdot 1{,}1 + 27 \cdot 1{,}2 + 35 \cdot 1{,}3 + 20 \cdot 1{,}4 + 6 \cdot 1{,}5}{100}$$

$$\overline{x} = \frac{128{,}10}{100}$$

$$\overline{x} = 1{,}281$$

Para determinar o desvio padrão, vamos construir uma tabela:

Medida do diâmetro x_i (em milímetro)	Quantidade de parafusos (f_i)	$(x_i - \overline{x})$	$(x_i - \overline{x})^2$	$f_i \cdot (x_i - \overline{x})^2$
1,1	12	−0,181	0,032761	0,393132
1,2	27	−0,081	0,006561	0,177147
1,3	35	0,019	0,000361	0,012635
1,4	20	0,119	0,014161	0,283220
1,5	6	0,219	0,047961	0,287766
	$\sum f_i = 100$			$\sum\left[f_i \cdot (x_i - \overline{x})^2\right] = 1{,}1539$

Primeiro, calculamos a variância:

$$Var = \frac{\sum_{i=1}^{n}\left[f_i \cdot (x_i - \overline{x})^2\right]}{n} = \frac{1,1539}{100} = 0,011539$$

Em seguida, obtemos o desvio padrão:

$$Dp = \sqrt{Var} = \sqrt{0,011539} \simeq 0,10742$$

Logo, a média das medidas dos diâmetros dos parafusos da amostra é 1,281 mm e o desvio padrão é aproximadamente 0,107 mm.

Exercícios

R5. Segurança. O número de acidentes em um trecho de uma rodovia federal brasileira foi computado mês a mês durante o 1º semestre de 2012.

ANDRE VICENTE/ FOLHAPRESS

Veja os dados obtidos:

20 14 15 20 27 30

Calcular o desvio médio e o desvio padrão desse grupo de dados.

➤ Resolução

Primeiro, calculamos a média desses valores:

$$\overline{x} = \frac{20 + 14 + 15 + 20 + 27 + 30}{6} = \frac{126}{6} = 21$$

Depois, encontramos o desvio médio:

$$Dm = \frac{|20 - 21| + |14 - 21| + |15 - 21| + |20 - 21| + |27 - 21| + |30 - 21|}{6} = \frac{30}{6} = 5$$

Para obter o desvio padrão, calculamos primeiro a variância. Para isso, fazemos a média aritmética dos quadrados dos desvios em relação à média dos valores observados:

$$Var = \frac{(20 - 21)^2 + (14 - 21)^2 + (15 - 21)^2 + (20 - 21)^2 + (27 - 21)^2 + (30 - 21)^2}{6}$$

$$Var = \frac{204}{6} = 34$$

Agora, para obter o desvio padrão, basta calcular a raiz quadrada da variância:

$$Dp = \sqrt{34} \simeq 5,83$$

Portanto, o desvio médio é 5 acidentes e o desvio padrão é aproximadamente 5,83 acidentes.

11. Considere as seguintes amostras (grupo de dados) e calcule a média, o desvio médio, a variância e o desvio padrão de cada uma delas.

a) 7, 5, 6, 6, 6, 4, 8, 6, 9 e 3

b) 7, 5, 11, 8, 3, 6, 2, 1, 9 e 8

c) 64, 49, 54, 64, 97, 66, 76, 44, 71 e 89

d) 70, 72, 71, 55, 60, 62, 46, 77, 86 e 71

e) 40, 31, 50, 48, 152, 44, 74, 38, 81 e 64

- Quais das amostras apresentam maior estabilidade?

12. Atendimento. Uma locadora de filmes fez uma pesquisa para avaliar o grau de satisfação de seus clientes com duas promoções (A e B) realizadas em fins de semana alternados. Para isso, 20 clientes escolhidos ao acaso deram notas de 1 a 5 conforme o índice de satisfação. As notas obtidas foram:

Promoção A				
5	5	4	4	4
5	3	4	4	5
5	1	4	4	5
5	4	4	5	5

Promoção B				
3	3	2	3	3
2	2	2	2	2
1	3	1	1	2
2	2	4	4	2

Para cada promoção:

a) calcule a média;

b) calcule o desvio padrão.

• Comente os resultados.

13. A seguir, temos dois grupos de dados.

Grupo A:	10	2	3	2	4	2	5
Grupo B:	20	12	13	12	14	12	15

Para cada grupo de valores observados, calcule:

a) a média, a moda e a mediana;

b) o desvio médio, a variância e o desvio padrão.

• Comente a variabilidade desses grupos de valores.

14. Locação. Na locadora de automóveis Alugue Já, o número de veículos básicos (com motor 1.0) alugados durante 15 dias está relacionado abaixo:

25	32	25	28	30	21	23	40
25	26	22	23	25	28	31	

a) Qual foi a média de veículos básicos alugados nessa locadora?

b) Qual foi o número mediano de veículos alugados nessa locadora?

c) Qual foi o número de veículos básicos alugados com maior frequência?

d) Calcule o desvio médio de veículos básicos alugados nessa locadora.

e) Calcule a variância e o desvio padrão desse grupo de valores observados.

f) Comente a variabilidade desse grupo de dados.

R6. Contabilidade. Na auditoria anual de uma empresa, foi anotado o tempo necessário (em minuto) para realizar a auditoria de 50 balanços:

Tempo de auditoria	Número de balanços (f_i)
[10, 20[	3
[20, 30[	5
[30, 40[	10
[40, 50[	12
[50, 60[	20

Caracterizar a dispersão da distribuição por meio do desvio padrão.

➤ Resolução

Primeiro, determinamos o ponto médio de cada intervalo e, em seguida, calculamos a média.

$$\overline{x} = \frac{3 \cdot 15 + 5 \cdot 25 + 10 \cdot 35 + 12 \cdot 45 + 20 \cdot 55}{50} = \frac{2.160}{50} = 43{,}2$$

Agora, vamos construir a tabela para facilitar os cálculos:

Tempo de auditoria	Número de balanços (f_i)	PM_i	$(PM_i - \bar{x})$	$(PM_i - \bar{x})^2$	$f_i \cdot (PM_i - \bar{x})^2$
[10, 20[	3	15	−28,2	795,24	2.385,72
[20, 30[	5	25	−18,2	331,24	1.656,2
[30, 40[	10	35	−8,2	67,24	672,4
[40, 50[	12	45	1,8	3,24	38,88
[50, 60[	20	55	11,8	139,24	2.784,8
	$\sum f_i = 50$				$\sum\left[f_i \cdot (PM_i - \bar{x})^2\right] = 7.538$

Com base na tabela, podemos encontrar a variância e, assim, obter o desvio padrão.

$$Var = \frac{\sum_{i=1}^{n}\left[f_i \cdot (PM_i - \bar{x})^2\right]}{n} = \frac{7.538}{50} = 150{,}76 \rightarrow Dp = \sqrt{Var} = \sqrt{150{,}76} \simeq 12{,}3$$

Logo, podemos dizer que os valores observados se distanciam cerca de 12,3 min da média.

15. Turismo. Uma empresa de turismo registrou o número de viagens mensais realizadas por clientes de um programa de fidelidade. Os dados estão na tabela abaixo.

Número de viagens mensais	Número de clientes
10	120
15	400
20	150

Considerando a tabela:

a) calcule a variância e o desvio padrão.

b) caracterize a dispersão desse conjunto.

16. Locação. Abaixo temos a distribuição dos valores dos aluguéis residenciais (em reais) pagos por 200 pessoas que vivem na zona urbana de uma cidade de médio porte. Caracterize a variabilidade.

Aluguel (R$)	Número de pessoas (f_i)
[200, 300[	10
[300, 400[	40
[400, 500[	80
[500, 600[	50
[600, 700[	20
Total	200

Ficha de revisão

1. O gráfico abaixo está com uma falha de impressão e não mostra a frequência entre 3 e 5 nem a frequência entre 5 e 7. Sabendo que a média é 2,8, determine os percentuais relativos a essas frequências.

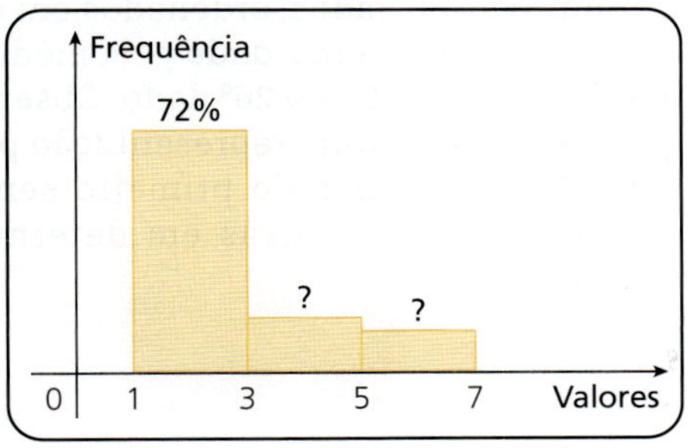

2. Dado o conjunto de valores 2, 3, 5, 4 e 6, obtenha o desvio médio correspondente.

3. Considere a distribuição de frequência abaixo.

Dados observados	50	100	150
Frequência	30	60	10

Calcule a média e o desvio padrão dessa distribuição.

4. Saúde. A média das massas de 25 clientes de um *spa* é 84 kg. Juntaram-se a esse grupo n pessoas, que, curiosamente, pesavam 90 kg cada uma. Determine o número n de pessoas, sabendo que a média das massas do novo grupo formado passou para 85 kg.

5. Vendas. Os dados a seguir referem-se às quantidades mensais de CDs de certo cantor vendidos durante um ano.

3.000	4.000	3.500	5.200	6.700	5.000
8.500	7.600	6.500	6.400	7.000	5.400

Em quantos meses as vendas mensais superaram a média de CDs vendidos?

6. Energia. (Vunesp) Sejam dois bairros, A e B, de certa cidade. O bairro A possui 1.000 residências, sendo o consumo médio mensal de energia elétrica por residência 250 kWh. Já o bairro B possui 1.500 residências, sendo o consumo médio mensal por residência igual a 300 kWh. O consumo médio mensal de energia elétrica por residência, considerando os dois bairros, A e B, é:

a) 275 kWh
b) 280 kWh
c) 287,5 kWh
d) 292,5 kWh
e) 550 kWh

7. Desenvolvimento. O índice de mortalidade é um dado socioeconômico que permite analisar as condições de vida da população de um país. O gráfico abaixo mostra a frequência relativa de mortes, em certo ano, distribuída por faixa etária, em um país cuja qualidade de vida é baixa. Qual é a moda dessa distribuição?

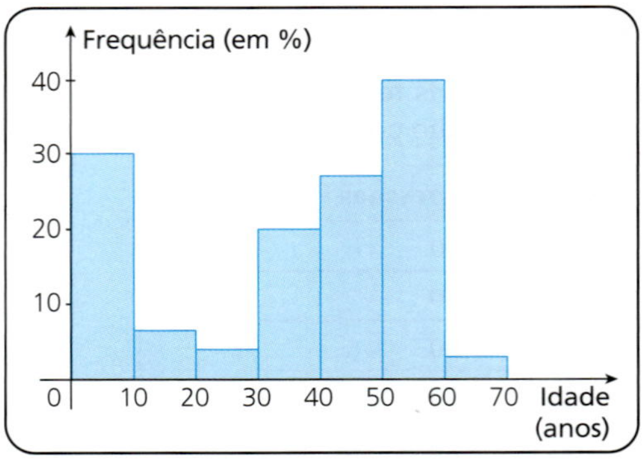

8. Investimento. Uma quantia aplicada por 10 meses num fundo de investimentos rende 1% ao mês. Ache o desvio padrão dessas taxas de rendimento nesse período.

9. Sociologia. Numa pesquisa realizada com 100 famílias foram levantadas as seguintes informações:

Número de filhos	0	1	2	3	4	5
Quantidade de famílias	17	25	28	19	7	4

a) Qual é a mediana e a moda do número de filhos?
b) Qual é o número médio de filhos por casal?

10. Finanças. As taxas de juro recebidas por 10 ações durante certo período de tempo foram (em %): 2,48; 2,60; 2,53; 2,72; 2,64; 2,63; 2,67; 2,51; 2,61 e 2,51

a) Qual foi a média das taxas de juro recebidas?
b) Ache a mediana e o desvio médio desses valores.

11. Futebol. A tabela mostra a distribuição de cartões recebidos pelos jogadores de um time de futebol durante 45 partidas de um torneio.

Número de cartões	0	1	2	3	4
Número de partidas	5	19	10	7	4

Calcule o desvio padrão do número de cartões recebidos.

12. Aviação. Um Departamento de Aviação Civil registrou durante cinco dias o percentual diário de voos que decolaram sem atraso de duas companhias aéreas, A e B.

A	90%	92%	95%	88%	91%
B	97%	88%	98%	86%	90%

a) Que companhia teve o percentual médio mais alto?
b) Que companhia teve desempenho mais regular?

13. A média aritmética de sete números inteiros é 4. Determine-os, sabendo que eles formam uma PA de razão 6. A seguir, determine a mediana desses valores.

14. Determine n, de modo que a média aritmética dos números 2^n, 2^{n+1}, 2^{n+2} e 2^{n+3} seja igual a 60.

15. Suprimindo um dos elementos do conjunto {1, 2, 3, 4, ..., 201}, a média aritmética dos elementos restantes é 101,45. Determine o elemento retirado.

16. Escola. Cada um dos 60 alunos de uma turma obteve em uma prova nota 5 ou nota 10. A média dessas notas foi 6. Quantos alunos obtiveram nota 5?

17. Ensino. (Ibmec) Chama-se mediana de um conjunto de 50 dados, ordenados em ordem crescente, o número x dado pela média aritmética entre o 25º e o 26º dado. Observe, no gráfico a seguir, uma representação para as notas de 50 alunos do primeiro semestre de Ciências Econômicas em determinada prova.

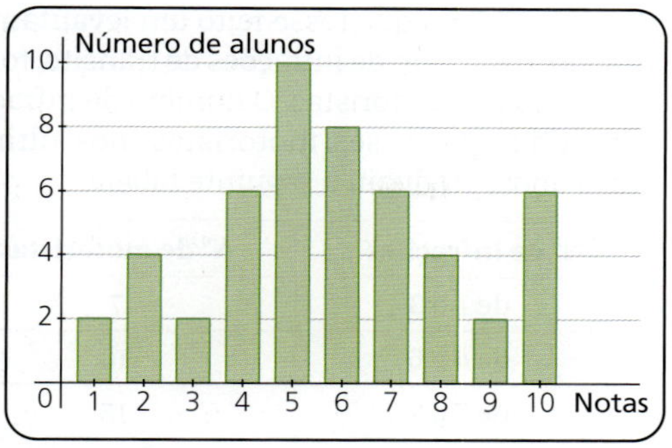

A mediana das notas dos 50 alunos de Ciências Econômicas nessa prova foi igual a:

a) 3 b) 4 c) 5 d) 6 e) 7

18. Considere o grupo de valores 8, 10 e x. Determine os possíveis valores de x para os quais a variância desse grupo é igual a $\frac{26}{3}$.

19. Considere o grupo de valores observados: 2, 4, 6 e k. Determine os valores possíveis de k para que o desvio padrão desse grupo seja $\sqrt{5}$.

20. Turismo. O gráfico a seguir mostra a quantidade de estrangeiros que visitaram certa cidade. Determine o desvio padrão dos dados apresentados.

Questões de vestibular

1. (FGV)

a) Considere n números reais não nulos $x_1, x_2, x_3, ..., x_n$. Em que condição a variância desses números é nula? Justifique.

21.1 Visão do especialista

b) Dados três números reais x_1, x_2 e x_3, qual o valor de m que minimiza a expressão $\sum_{i=1}^{3}(x_i - m)^2$?

2. (Unicamp-SP) Supondo que a área média ocupada por uma pessoa em um comício seja de 2.500 cm^2, pergunta-se:

a) Quantas pessoas poderão se reunir em uma praça retangular que mede 150 metros de comprimento por 50 metros de largura?

b) Se $\frac{3}{56}$ da população de uma cidade lota a praça, qual é, então, a população da cidade?

3. (Mackenzie-SP) O valor de um lote de ações de uma empresa variou, no período de 10 h às 18 h, segundo o gráfico a seguir:

21.2 Visão do especialista

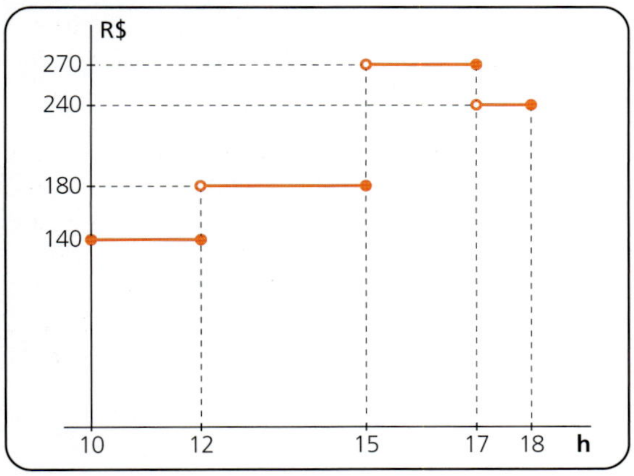

O valor médio desse lote de ações, no período considerado, foi, em reais, igual a:

a) 190
b) 200
c) 240
d) 220
e) 210

4. (FGV) Uma urna contém quatro fichas numeradas, sendo:

- a 1ª com o número 5;
- a 2ª com o número 10;
- a 3ª com o número 15;
- a 4ª com o número 20.

Uma ficha é sorteada, tem seu número anotado e é recolocada na urna; em seguida, outra ficha é sorteada e anotado seu número.

A probabilidade de que a média aritmética dos dois números sorteados esteja entre 6 e 14 é:

a) $\frac{5}{12}$
b) $\frac{9}{16}$
c) $\frac{6}{13}$
d) $\frac{7}{14}$
e) $\frac{8}{15}$

5. (Fuvest-SP) O número de gols marcados nos 6 jogos da primeira rodada de um campeonato de futebol foi 5, 3, 1, 4, 0 e 2.

21.3 Visão do especialista

Na segunda rodada, serão realizados mais 5 jogos. Qual deve ser o número total de gols marcados nessa rodada para que a média de gols, nas duas rodadas, seja 20% superior à média obtida na primeira rodada?

6. (FGV) A média das alturas dos 6 jogadores em quadra de um time de vôlei é 1,92 m. Após substituir 3 jogadores por outros, a média das alturas do time passou para 1,90 m. Nessas condições, a média, em metros, das alturas dos jogadores que saíram supera a dos que entraram em:

a) 0,03
b) 0,04
c) 0,06
d) 0,09
e) 0,12

7. (FGV) Um conjunto de 10 valores numéricos $x_1, x_2, x_3, \dots x_{10}$ tem média aritmética igual a 100 e variância igual a 20.

Se adicionarmos 5 a cada valor, isto é, se obtivermos o conjunto

$(x_1 + 5), (x_2 + 5), (x_3 + 5), \dots (x_{10} + 5)$:

a) qual a média do novo conjunto de valores? Justifique.
b) qual a variância do novo conjunto de valores? Justifique.

8. (Femm-MG) Dentre as amostras:

Amostra 1:	0	1	2
Amostra 2:	26	27	28
Amostra 3:	1.002	1.005	1.003
Amostra 4:	−5	10	25

qual é a amostra que possui maior desvio padrão?

a) 1
b) 2
c) 3
d) 4

9. (Fuvest-SP) Para que fosse feito um levantamento sobre o número de infrações de trânsito, foram escolhidos 50 motoristas. O número de infrações cometidas por esses motoristas, nos últimos cinco anos, produziu a seguinte tabela:

Nº de infrações	Nº de motoristas
de 1 a 3	7
de 4 a 6	10
de 7 a 9	15
de 10 a 12	13
de 13 a 15	5
maior ou igual a 16	0

Pode-se então afirmar que a média do número de infrações, por motorista, nos últimos cinco anos, para este grupo, está entre:

a) 6,9 e 9,0
b) 7,2 e 9,3
c) 7,5 e 9,6
d) 7,8 e 9,9
e) 8,1 e 10,2

10. (FGV) Seja f uma função de $\mathbb{N}$ em $\mathbb{Q}$, dada por:

$$f(x) = \begin{cases} 2x - 1, 1 \leqslant x < 5 \\ -x + 12, 5 \leqslant x \leqslant 12 \end{cases}$$

Sabendo-se que a função f determina o número de vezes que um equipamento foi utilizado em cada um dos 12 meses de um ano, é correto afirmar que a mediana (estatística) dos 12 registros é igual a:

a) 3
b) 3,5
c) $\frac{11}{3}$
d) 4
e) 5,5

11. (FGV) Em um conjunto de 100 observações numéricas, podemos afirmar que:

a) a média aritmética é maior que a mediana.
b) a mediana é maior que a moda.
c) 50% dos valores estão acima da média aritmética.
d) 50% dos valores estão abaixo da mediana.
e) 25% dos valores estão entre a moda e a mediana.

Capítulo 22 Introdução à Geometria espacial

DAVID NUNUK/SCIENCE PHOTO LIBRARY/LATINSTOCK

Objetivos do capítulo:

- Identificar a posição relativa entre: retas; planos; retas e planos.
- Identificar e calcular distâncias entre: pontos; ponto e reta; ponto e plano; retas; reta e plano; planos.
- Determinar o ângulo entre: duas retas; uma reta e um plano; dois planos.

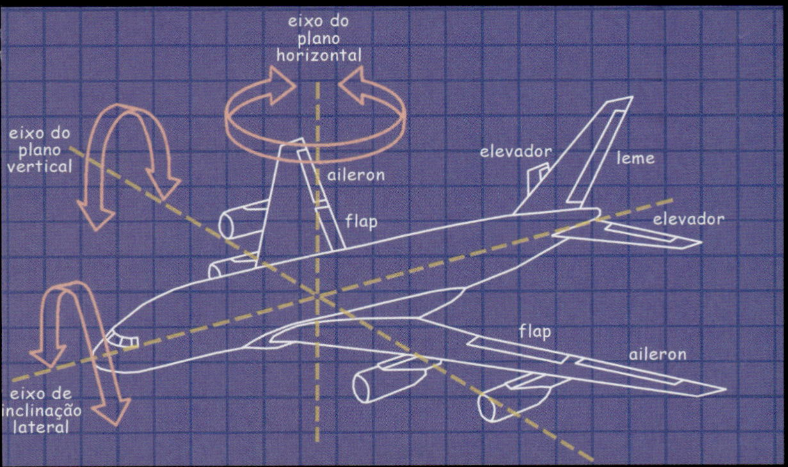

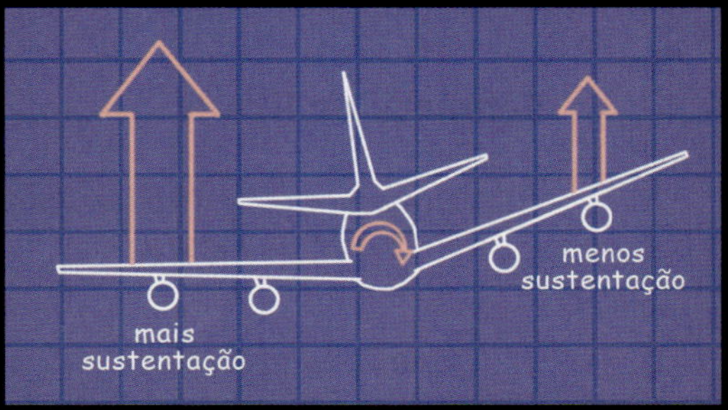

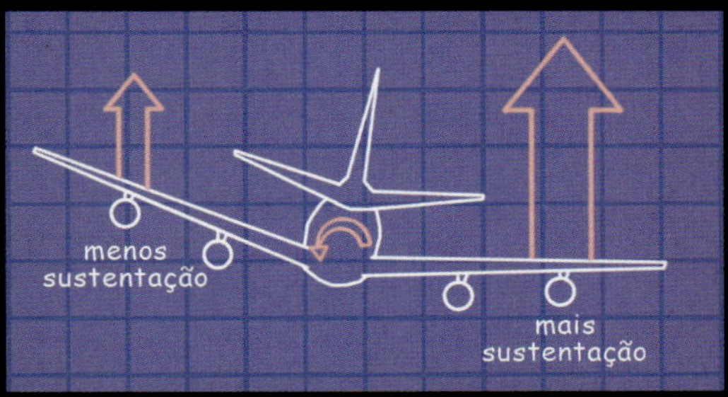

Com base na Geometria espacial, foi possível desenvolver estudos como os relacionados à sustentabilidade no ar e à forma aerodinâmica das aeronaves.

1 Ideias gerais

Como vimos na abertura do capítulo, a sustentabilidade no ar e a forma aerodinâmica das aeronaves são frutos do conhecimento humano construído ao longo do tempo. A forma da fuselagem e das asas e a posição relativa do plano do leme e do plano das pequenas asas traseiras exemplificam o uso de conceitos e relações geométricas no estudo da aerodinâmica de um avião. Neste capítulo, vamos estudar alguns elementos constitutivos da Geometria no espaço tridimensional.

1.1 Noções primitivas

Na Geometria, pontos, retas e planos são algumas noções aceitas sem definição, por isso são chamadas de **noções primitivas**. Por serem produtos da mente humana, as noções primitivas funcionam como modelos para explicar a realidade.

Assim:

- um **ponto** não tem dimensão, nem massa, nem volume;

- uma **reta** não tem espessura, nem começo, nem fim;

- um **plano** não tem espessura nem fronteiras.

Observe que podemos imaginar um ponto ao ver um pequeno furo em uma folha de papel, uma reta ao ver a linha esticada de uma pipa e um plano ao ver as águas tranquilas de um lago.

Neste livro, representaremos os pontos por letras maiúsculas (A, B, C, ...), as retas por letras minúsculas (r, s, t, ...) e os planos por letras gregas minúsculas (α, β, γ, ...).

Espaço

As três noções primitivas que vimos acima e todos os demais objetos geométricos que vamos definir fazem parte do **espaço**.

Assim:

- **Espaço** é o conjunto dos infinitos pontos existentes.

Definição de figura

- Qualquer conjunto de pontos, com pelo menos um ponto considerado no espaço, é chamado de **figura**.

Observe os exemplos.

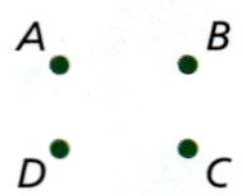

figura I

figura III

figura II

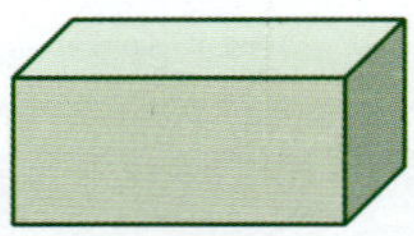
figura IV

Antes de retomar o estudo das figuras, convém lembrar que dois ou mais pontos são denominados **coplanares** se existe um plano que contém todos eles.

Analisando a figura ao lado, temos:

- os pontos A, B, C e D são coplanares, pois pertencem ao plano α. Em linguagem simbólica, indicamos assim: $A \in \alpha$, $B \in \alpha$, $C \in \alpha$ e $D \in \alpha$
- o ponto P não é simultaneamente coplanar a A, B, C e D, pois P não pertence ao plano α; em linguagem simbólica, escrevemos: $P \notin \alpha$

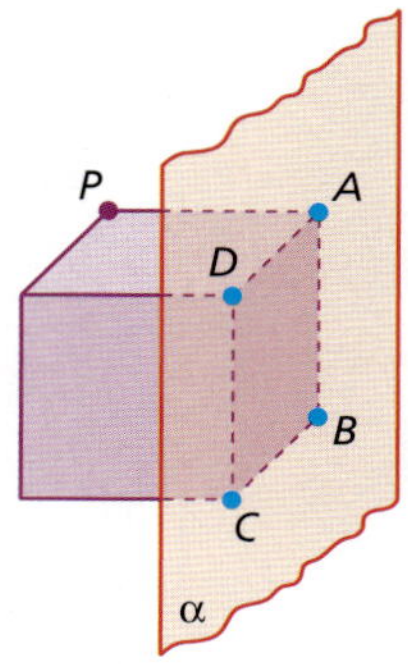

Retomando as figuras do exemplo anterior, com exceção da figura I, que tem apenas quatro pontos coplanares, as demais têm infinitos pontos.

Enquanto as figuras I, II e III são **planas**, pois existe um único plano que as contém, a figura IV é **não plana**, porque, considerando a perspectiva, não existe um plano que contenha todos os pontos da figura.

A figura II representa uma **linha**; a III, uma **superfície**; a IV, um **sólido**. A figura I, que não representa nenhum desses tipos de figura, não recebe nome especial.

1.2 Sistema dedutivo

Em Geometria, além das noções primitivas, como o ponto, a reta e o plano, estabelecemos verdades iniciais aceitas sem demonstração, chamadas de **postulados** (ou **axiomas**).

Postulados são proposições fundamentais que descrevem relações entre os conceitos primitivos (noções primitivas).

Com base nos postulados, por dedução lógica demonstramos outros fatos, ou propriedades, denominados **teoremas**.

Na Geometria, o conjunto de conceitos primitivos, postulados e teoremas constitui o que denominamos **sistema dedutivo**, como será visto a seguir. Para isso, vamos estudar alguns postulados e teoremas.

1.3 Os postulados: um ponto de partida da Geometria

Já estudamos as noções primitivas de ponto, reta e plano. Agora, vamos ver as propriedades fundamentais desses elementos expressas pelos postulados apresentados abaixo.

P1. O espaço tem infinitos pontos.

P2. Toda reta e todo plano são conjuntos de infinitos pontos.

P3. Fora de uma reta, bem como fora de um plano, há infinitos pontos.

P4. Dois pontos distintos determinam uma única reta.

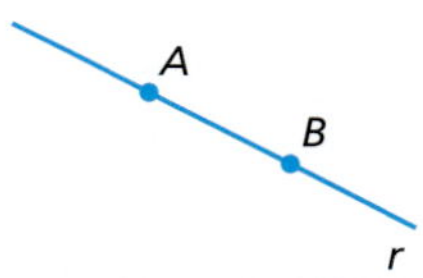

É importante observar que em Geometria o termo *determinar* significa *existir* e *ser único*, mas há situações em que achamos conveniente enfatizar essas ideias e usamos, por exemplo, como no postulado acima, "*determinam uma única reta*".

P5. Postulado de Euclides:

Por um ponto P fora de uma reta r passa somente uma reta s paralela a r.

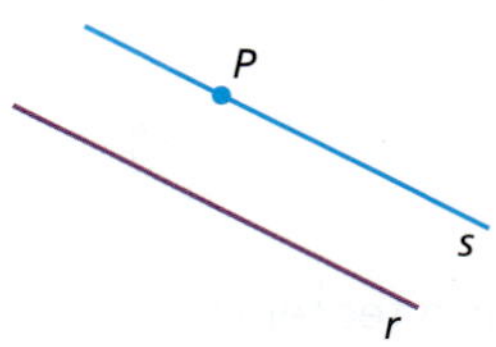

P6. Três pontos não colineares determinam um único plano.

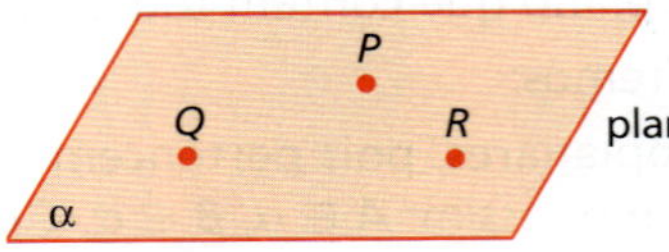

P7. Se dois pontos distintos estão em um plano, a reta que passa por eles está contida nesse plano.

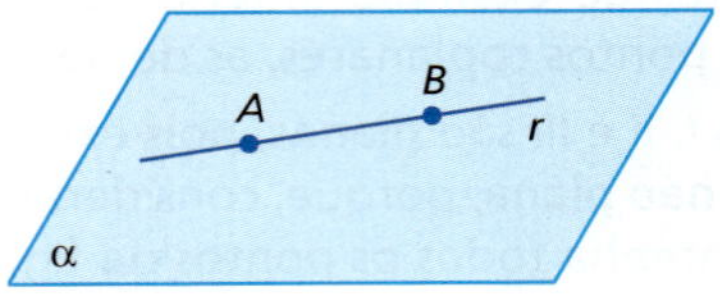

Observações:

- Quando uma reta está contida em um plano, todos os pontos que pertencem à reta também pertencem ao plano.
- Dada uma reta *r* que passa por dois pontos, *A* e *B*, como mostra a figura acima, ela pode ser representada por *r* ou $\overleftrightarrow{AB}$.

P8. Se dois planos distintos, α e β, se interceptam, a intersecção é uma reta.

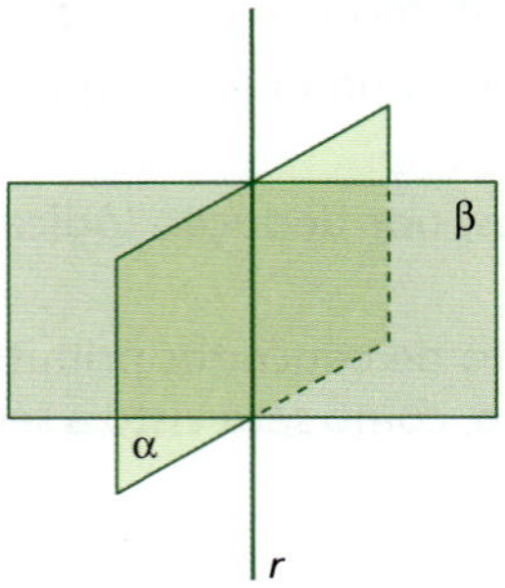

Com esses postulados, é possível demonstrar vários teoremas. Ao longo deste capítulo, veremos alguns deles. Observe, a seguir, o primeiro teorema.

Teorema 1

- Dada uma reta *m* e um ponto *X* fora dela, existe um único plano que contém o ponto *X* e a reta *m*.

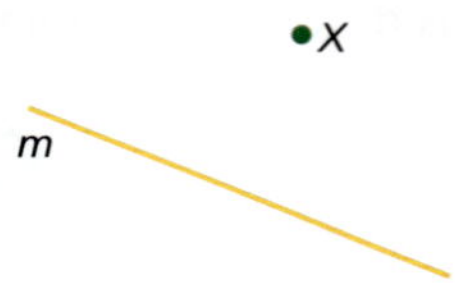

Antes de demonstrar o teorema enunciado acima, vamos retomar a definição de pontos colineares, pois ela será usada na demonstração desse teorema.

Dois ou mais pontos são ditos **colineares** se existe uma reta que contém todos eles.

Na figura abaixo, os pontos *A*, *P* e *M* são colineares, pois pertencem à reta *r*. Em linguagem simbólica, indicamos assim: $A \in r$, $P \in r$ e $M \in r$

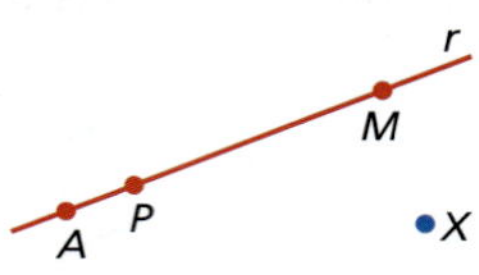

Agora, vamos demonstrar o teorema 1.

Pelos postulados P2 e P3, a reta *m* tem dois pontos, *P* e *Q*, que não são colineares com *X*, pois $X \notin m$.

Pelo postulado P6, três pontos não colineares determinam um plano, ou seja, existe um único plano (α) que passa por *P*, *Q* e *X*.

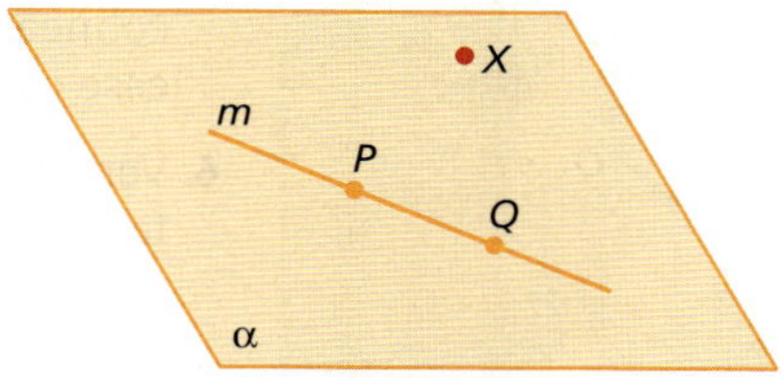

A reta *m* tem dois pontos em α; então, pelo postulado P7, ela está contida em α. Portanto, α é o único plano que contém a reta *m* e o ponto *X*.

Exercícios

R1. Classificar cada sentença em verdadeira (V) ou falsa (F).

a) Dois pontos determinam uma única reta.

b) Três pontos, dois a dois distintos, determinam um único plano.

➤ Resolução

a) Sabemos que dois pontos podem ser coincidentes ou distintos.

Se dois pontos são distintos, determinam uma única reta.

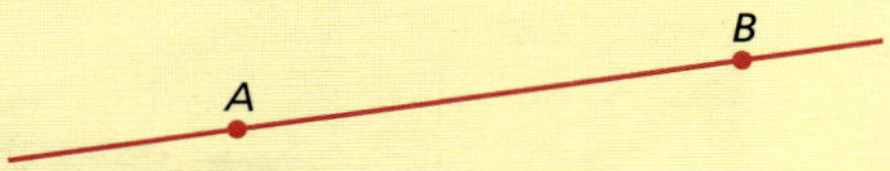

Se dois pontos são coincidentes, existem infinitas retas passando por eles.

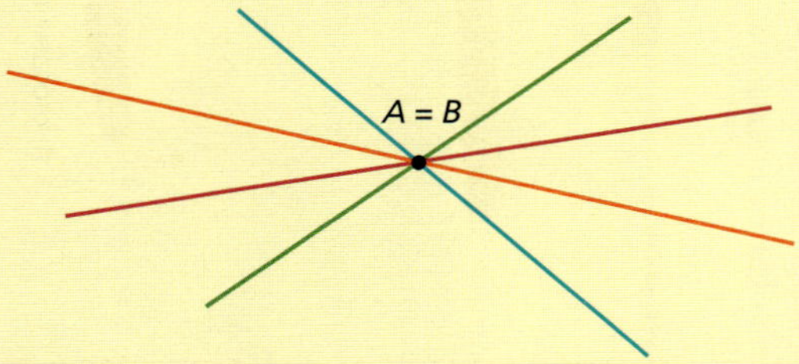

Portanto, a afirmação é falsa.

b) Já vimos que três pontos, dois a dois distintos, podem ser colineares ou não colineares. Sabemos que por três pontos, dois a dois distintos, colineares passam infinitos planos e que três pontos, dois a dois distintos, não colineares determinam um único plano; logo, a afirmação é falsa.

1. Qual(is) das afirmações a seguir é (são) falsa(s)? Justifique sua resposta.

a) Por um ponto passam infinitas retas.

b) Por um ponto passam infinitos planos.

c) Por uma reta passam infinitos planos.

d) Um plano contém infinitas retas.

R2. Quantos planos podem passar por um ponto P?

➤ Resolução

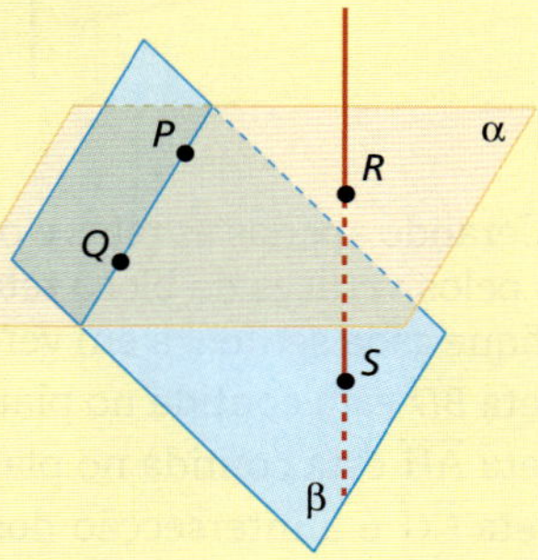

Em um sistema dedutivo, certas resoluções, como a que exemplificamos aqui, necessitam de um desenvolvimento e de uma linguagem estritamente formal.

Além do ponto P, o espaço tem infinitos pontos (postulado P1). Portanto, existe um ponto Q, distinto de P, e, pelo postulado P4, uma reta $\overleftrightarrow{PQ}$. Vamos considerar um ponto R, fora da reta $\overleftrightarrow{PQ}$ (postulado P3), que determina com ela um plano α (teorema 1). Logo, o plano α passa por P.

Vamos considerar agora um ponto S, fora de α (postulado P3). Como $S \notin \alpha$, então $S \notin \overleftrightarrow{PQ}$ e, novamente pelo teorema 1, existe um plano β ($\beta \neq \alpha$) que passa por P.

Assim, podemos construir infinitos planos que passam pelo ponto P.

2. Quantos planos podem passar por dois pontos distintos? E quantos planos podem passar por três pontos distintos que não estejam alinhados? E se os três pontos estiverem alinhados?

R3. Na figura a seguir, pintar de vermelho o plano determinado pelos pontos M, S e T e de verde o plano determinado pelo ponto M e pela reta $\overleftrightarrow{PQ}$.

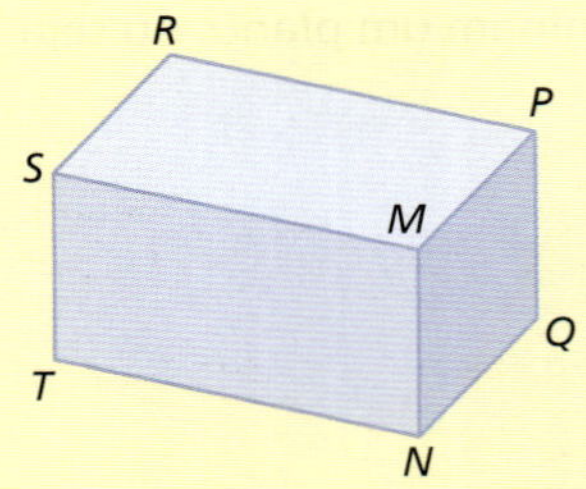

➤ **Resolução**

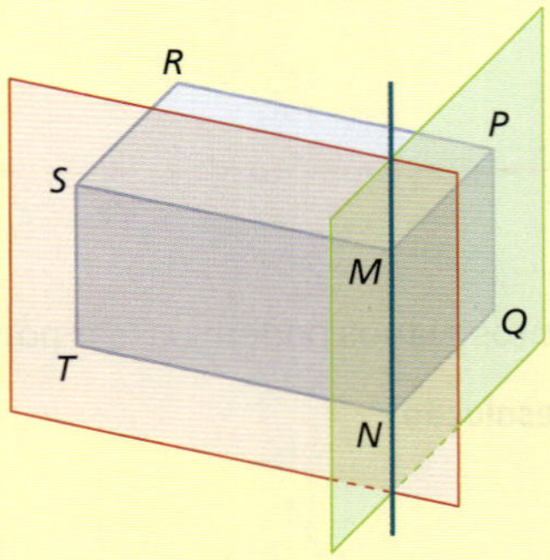

3. Considerando apenas as retas e os planos determinados pelos vértices do bloco retangular da figura, classifique cada sentença em verdadeira ou falsa.

a) A reta $\overleftrightarrow{BD}$ está contida no plano (ABC).

b) A reta $\overleftrightarrow{AH}$ está contida no plano (ABF).

c) A reta $\overleftrightarrow{CG}$ é a intersecção dos planos (HDC) e (HGF).

d) A reta $\overleftrightarrow{EG}$ é a intersecção dos planos (ABG) e (ABD).

e) As retas $\overleftrightarrow{AE}$ e $\overleftrightarrow{CG}$ determinam um único plano.

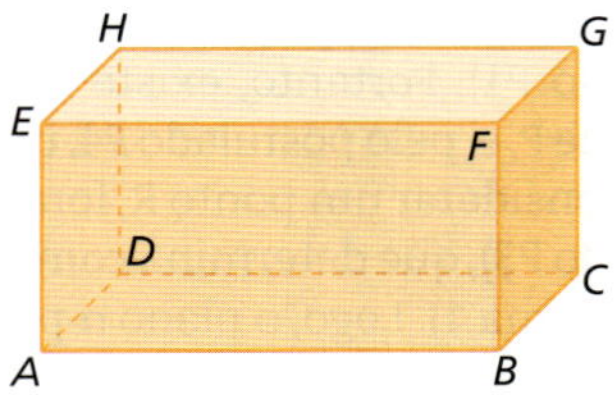

4. Quantos planos passam por quatro pontos distintos dois a dois?

5. Dados quatro pontos, dos quais três deles não são colineares, quantas retas são determinadas por esse conjunto de pontos?

6. Verifique se a afirmação abaixo é verdadeira ou falsa. Justifique sua resposta.

Se F é uma figura tal que quatro quaisquer de seus pontos são coplanares, então F é uma figura plana, isto é, está contida em um plano.

7. Uma mesa de quatro pernas às vezes pode oscilar; já uma mesa de três pernas está sempre firme. Explique esse fato considerando a teoria estudada.

DEA/L. PEDICINI/DE AGOSTINI/GETTY IMAGES

SPFOTOCZ/SHUTTERSTOCK

2 Posições relativas

Estudaremos, a seguir, algumas posições relativas entre duas retas, entre dois planos e entre uma reta e um plano.

2.1 Entre duas retas

Duas retas podem ter três posições relativas no espaço. Veja a seguir.

Retas paralelas

- Duas **retas**, r e s, são **paralelas** se têm todos os pontos comuns (coincidem) ou se estão em um mesmo plano α e não têm nenhum ponto comum (intersecção vazia).

Em linguagem simbólica, podemos escrever: $r // s \Leftrightarrow r \equiv s$ ou $r \subset \alpha$, $s \subset \alpha$ e $r \cap s = \varnothing$

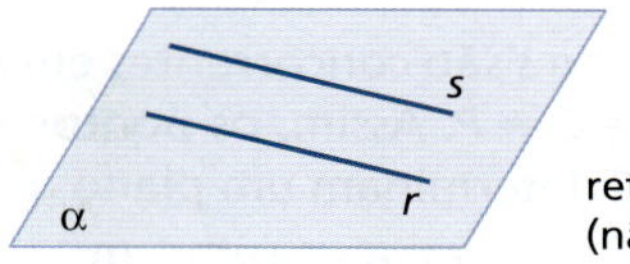

A partir da definição de retas paralelas podemos enunciar o seguinte teorema:

Teorema 2

- Duas retas paralelas não coincidentes determinam um único plano.

Vamos demonstrar esse teorema.

Por definição, existe pelo menos um plano α que contém as retas *r* e *s*, já que elas são paralelas e não coincidentes.

Primeiro, vamos mostrar que α é único. Pelo postulado P2, consideramos *A* e *B* (distintos) em *r* e *o* ponto *C* em *s*.

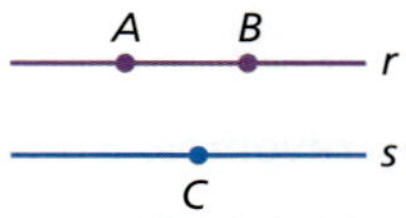

Pelo postulado P6, os pontos *A*, *B* e *C* determinam um plano β. Logo, $A \in \beta$, $B \in \beta$ e $C \in \beta$. Agora, vamos mostrar que β coincide com α.

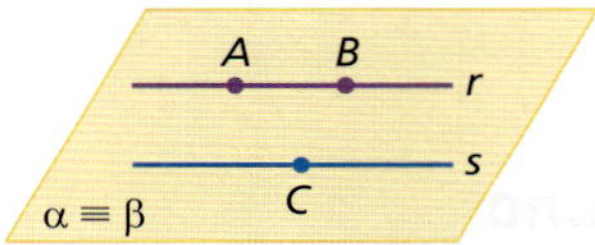

Como o plano α contém as retas *r* e *s*, α contém todos os pontos dessas retas, isto é, $A \in \alpha$, $B \in \alpha$ e $C \in \alpha$, que, por não serem colineares, determinam um único plano. Logo, os planos α e β coincidem ($\alpha \equiv \beta$).

Retas concorrentes

- Duas **retas**, *r* e *s*, são **concorrentes** quando têm apenas um ponto *P* comum.

Para indicar simbolicamente que *r* e *s* são concorrentes, escrevemos: $r \cap s = \{P\}$

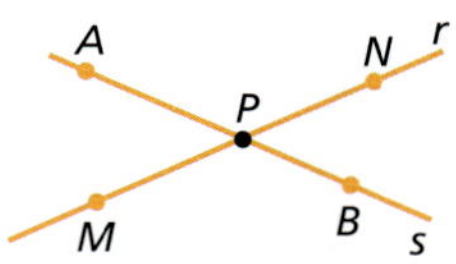

É importante observar que duas retas concorrentes também determinam um plano.

Observe a figura:

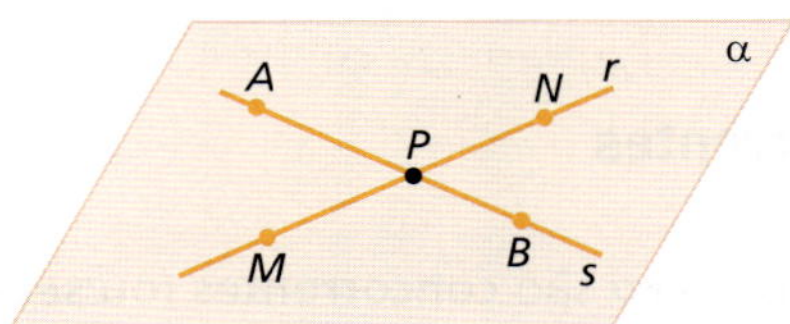

A partir da definição de retas concorrentes podemos enunciar o teorema a seguir.

Teorema 3

- Se duas retas, *r* e *s*, são concorrentes em um ponto *P*, então elas determinam um único plano α.

Esse teorema pode ser demonstrado por meio dos postulados e de alguns conceitos já estudados.

As retas *r* e *s* são concorrentes em *P*. Pelo postulado P2, existem os pontos *A* em *s* e *C* em *r* tais que $A \neq P$ e $C \neq P$. Assim, os pontos *A*, *P* e *C* não são colineares. Pelo postulado P6, concluímos que *A*, *P* e *C* determinam um plano α.

Portanto: α = plano (*APC*) (I)

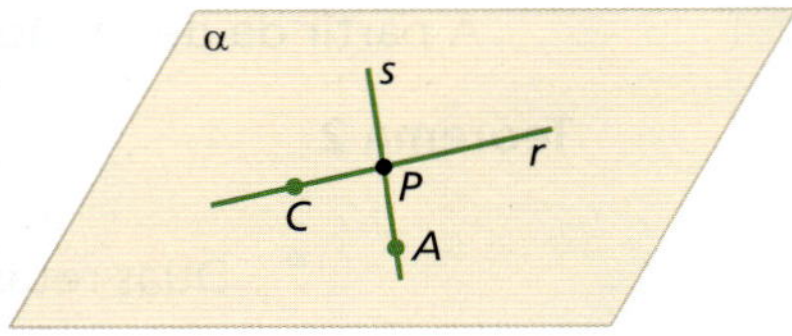

Por P7, o plano α contém *r* e *s*, pois contém dois pontos de cada reta.

Vamos mostrar que esse plano α é único. Suponhamos que exista outro plano β que contenha *r* e s. Por P7, os pontos *P*, *A* e *C* pertencem a β. Assim: β = plano (*APC*) (II)

De (I) e (II), concluímos que $\alpha \equiv \beta$ e que, portanto, α é único.

Retas reversas

- Duas **retas**, *r* e *s*, são **reversas** (ou não coplanares) quando não existe um mesmo plano que as contenha.

Em linguagem simbólica, escrevemos: $\nexists\ \alpha$ tal que $r \subset \alpha$ e $s \subset \alpha$

Observe que, no cubo ao lado, não existe um mesmo plano que contenha as retas *r* e *s*, ou seja, elas são reversas.

Veja, ainda, que as retas *r* e *s* não têm nenhum ponto comum, ou seja, $r \cap s = \varnothing$.

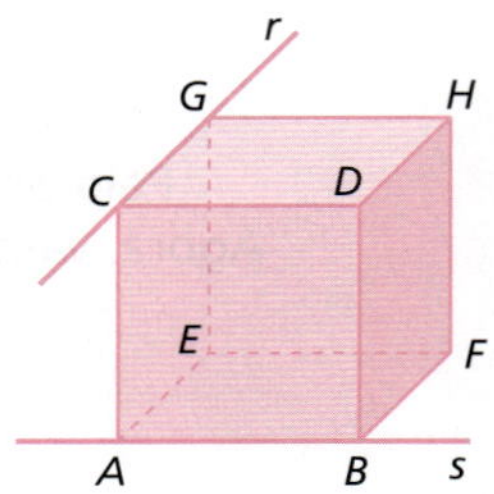

2.2 Entre reta e plano

Uma reta e um plano podem ter duas posições relativas no espaço. Veja a seguir.

Reta e plano paralelos

- Uma reta *r* e um plano α são paralelos se a reta *r* está contida no plano α ou se a reta *r* e o plano α não têm nenhum ponto comum.

Em linguagem simbólica, podemos escrever: $r /\!/ \alpha \Leftrightarrow r \subset \alpha$ ou $r \cap \alpha = \varnothing$

$r \subset \alpha$

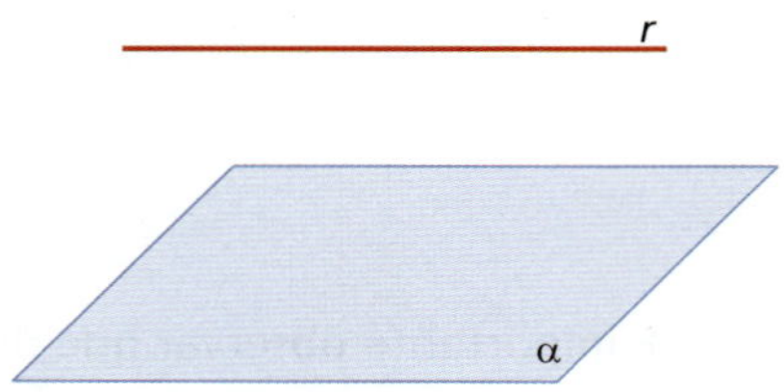

$r \cap \alpha = \varnothing$

Reta e plano concorrentes

- Uma reta *r* e um plano α são **concorrentes** (ou **secantes**) quando *r* e α têm somente um ponto em comum.

Em linguagem simbólica, escrevemos: $r \cap \alpha = \{P\}$

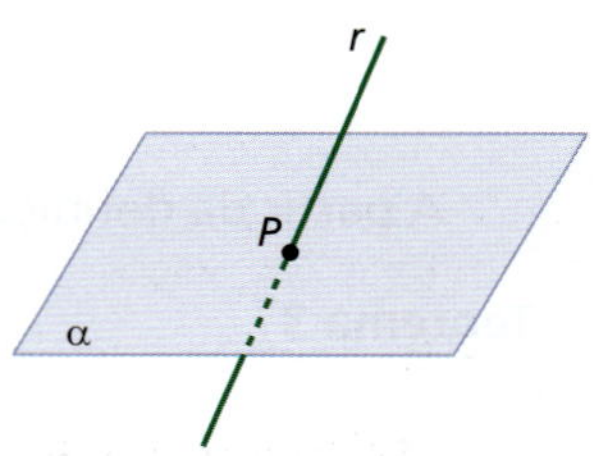

2.3 Entre dois planos

Dois planos podem ter duas posições relativas no espaço. Veja a seguir.

Planos paralelos

- Dois **planos**, α e β, são **paralelos** se coincidem (têm todos os pontos comuns) ou se não têm nenhum ponto comum.

Em linguagem simbólica, podemos escrever: $\alpha // \beta \Leftrightarrow \alpha \equiv \beta$ ou $\alpha \cap \beta = \varnothing$

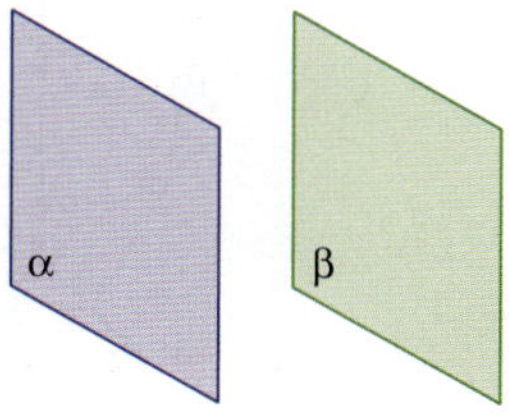

Planos secantes

- Dois **planos** distintos, α e β, são **secantes** (ou **concorrentes**) quando têm uma reta em comum (intersecção não vazia).

Como, pelo postulado P8, a intersecção de dois planos distintos não paralelos é uma reta, podemos escrever: $\alpha \cap \beta = r$

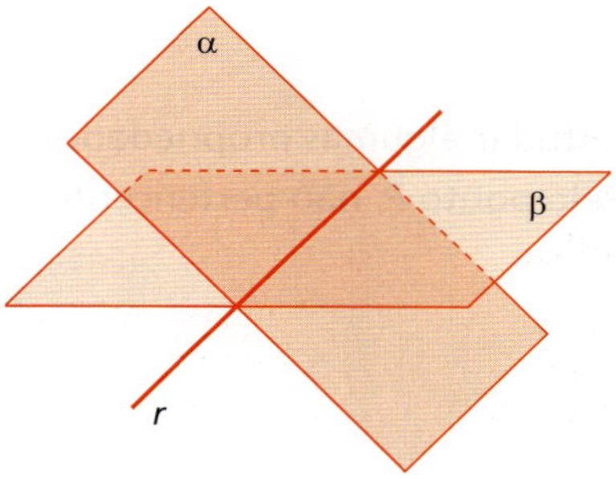

No cubo a seguir, a intersecção dos planos α e β é a reta que contém o segmento $\overline{AB}$, ou seja, a reta $\overleftrightarrow{AB}$, isto é: $\alpha \cap \beta = \overleftrightarrow{AB}$

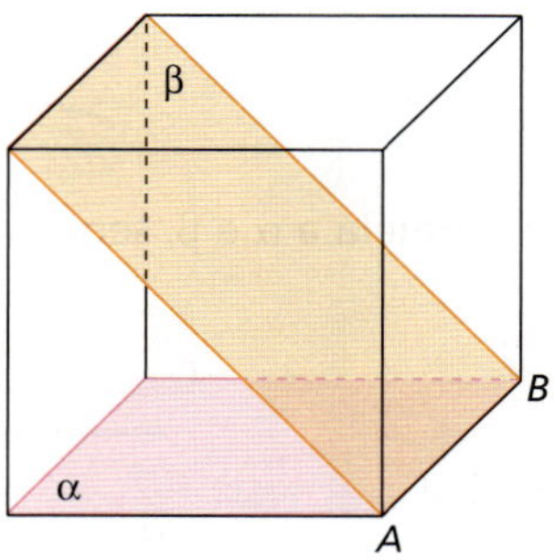

Exemplo

Sejam α e β dois planos secantes cuja intersecção é a reta r. Se A é um ponto em α, e B e C são dois pontos distintos em β, tais que A, B e C não pertencem à reta r:

a) Vamos mostrar que A, B e C não são pontos colineares.

Suponhamos que A, B e C sejam pontos colineares. Isso gera uma contradição, mostrada a seguir.

Se o ponto A pertence à reta $\overleftrightarrow{BC}$, então A pertence ao plano β. Como A pertence a α, temos que $A \in \alpha \cap \beta$, isto é, $A \in r$, o que gera uma contradição, que veio da suposição da colinearidade dos três pontos. Logo, A, B e C não são colineares.

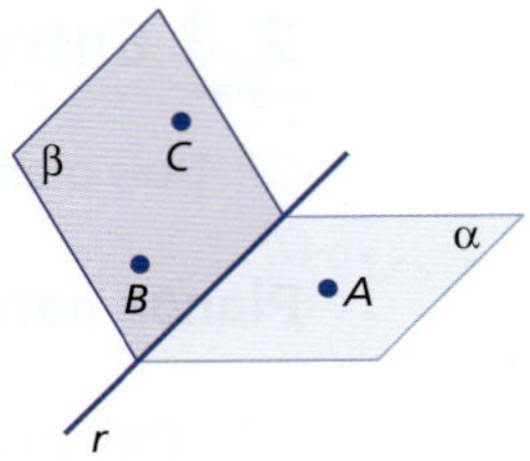

b) Vamos determinar a intersecção do plano α com o plano dado por A, B e C.

Temos dois casos para analisar: quando as retas $\overleftrightarrow{BC}$ e r são concorrentes e quando a reta $\overleftrightarrow{BC}$ é paralela à reta r.

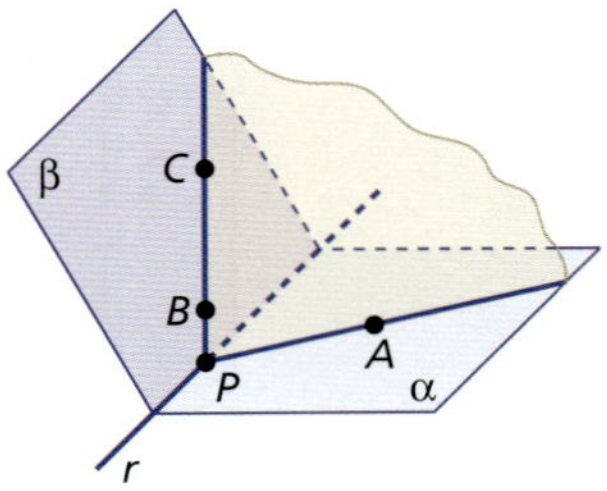

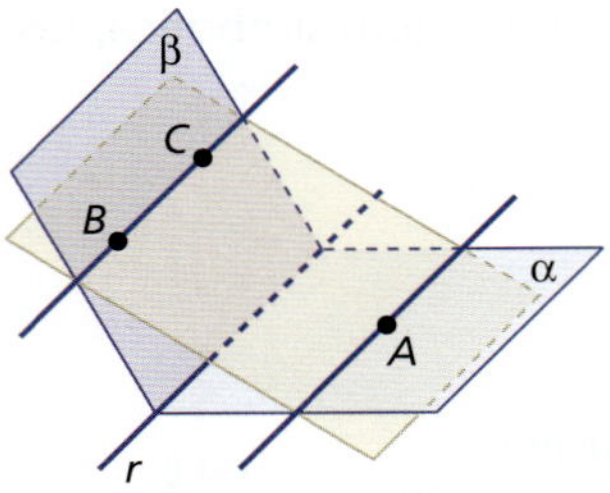

- $\overleftrightarrow{BC}$ e r concorrentes

Seja P o ponto comum a $\overleftrightarrow{BC}$ e r. Como $P \in \overleftrightarrow{BC}$, sabemos que P pertence ao plano (ABC). Mas $P \in \alpha$, pois $P \in r$ e $r \subset \alpha$. Como os pontos A e P pertencem ao plano α e ao plano (ABC), concluímos que a reta $\overleftrightarrow{AP}$ é a reta procurada.

- $\overleftrightarrow{BC}$ e r paralelas

Se $\overleftrightarrow{BC} /\!/ r$, então $\overleftrightarrow{BC} /\!/ \alpha$. O plano (ABC) intercepta o plano α em uma reta que contém o ponto A e é paralela à reta $\overleftrightarrow{BC}$ e, portanto, paralela a r.

22.1 Conteúdo multimídia

Propriedades

Vamos, a seguir, estudar algumas propriedades. Todas podem ser demonstradas.

1ª propriedade: Pelo ponto P, não pertencente a α, passa um único plano β paralelo a α.

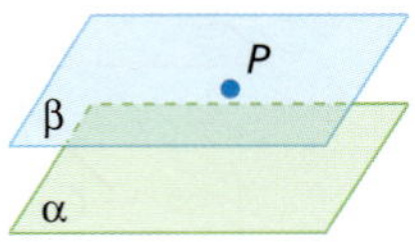

2ª propriedade: Se $r \not\subset \alpha$ e é paralela a s de α, então r é paralela a α.

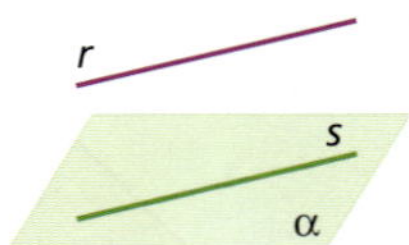

3ª propriedade: Se r é paralela a α e β, sendo que $\alpha \cap \beta = s$, então r é paralela a s.

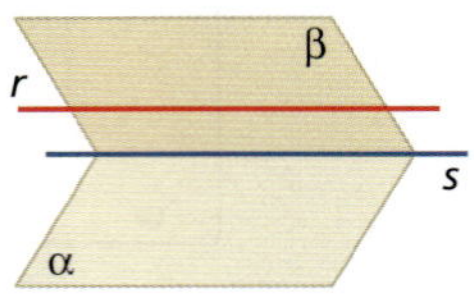

4ª propriedade: Se α é um plano paralelo a duas retas, r e s, contidas em um plano β, tais que $r \cap s = \{P\}$, então α é paralelo a β.

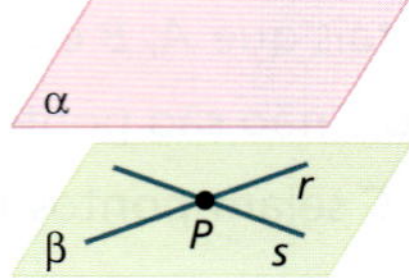

5ª propriedade: Se dois planos são paralelos e distintos, então qualquer reta contida em um deles é paralela ao outro.

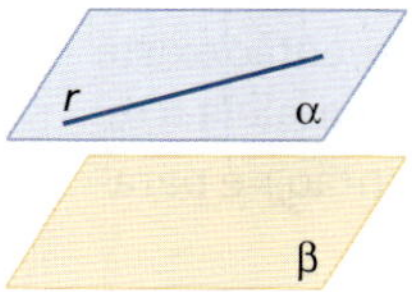

6ª propriedade: Se α intercepta β e γ, $\beta /\!/ \gamma$, então as intersecções *r* e *s* de α com esses planos são retas paralelas.

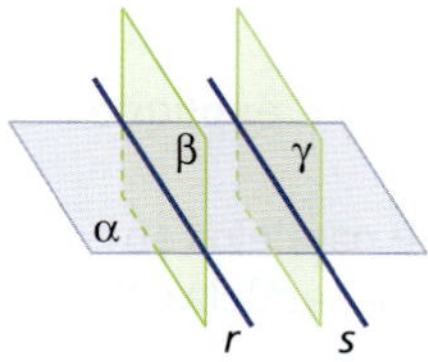

Exercícios

R4. Considerando os pontos destacados na figura a seguir, fazer o que se pede.

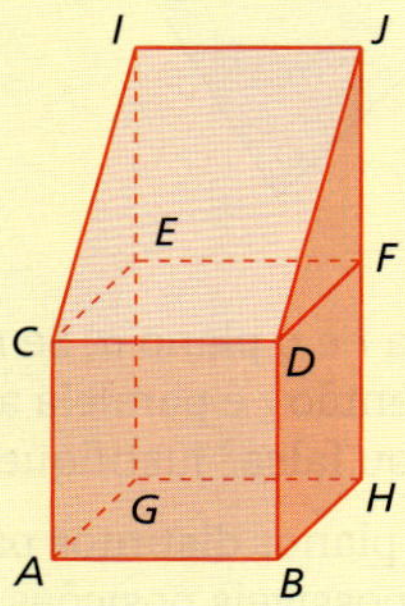

a) Identificar um par de retas paralelas, um par de retas reversas e um par de retas nem paralelas nem reversas.

b) Qual é a posição relativa entre a reta $\overleftrightarrow{CJ}$ e o plano que contém a face *CDJI*?

c) Identificar dois planos paralelos por meio de três pontos não colineares.

➤ Resolução

a) Respostas possíveis: retas paralelas: $\overleftrightarrow{CI}$ e $\overleftrightarrow{DJ}$; retas reversas: $\overleftrightarrow{IJ}$ e $\overleftrightarrow{DF}$; retas que não são paralelas nem reversas: $\overleftrightarrow{JH}$ e $\overleftrightarrow{DF}$.

b) A reta $\overleftrightarrow{CJ}$ está contida no plano que contém a face *CDJI*.

c) Resposta possível: planos (*ABG*) e (*EFD*).

8. Classifique cada afirmação em verdadeira (V) ou falsa (F).

a) Se duas retas não são coplanares, elas são reversas.

b) Duas retas reversas podem ser coplanares.

c) Duas retas paralelas podem não ser coplanares.

d) Se dois planos, α e β, são coincidentes, então são paralelos.

9. Identifique as afirmações falsas.

a) Duas retas reversas nunca estão em planos paralelos.

b) Se uma reta *r* é paralela a outra *s* e uma reta *t* é paralela a *s*, então *t* é paralela a *r*.

c) Se uma reta *r* e um plano α têm um ponto em comum, então *r* está contida em α.

10. Observe o bloco retangular *ABCDEFGH*.

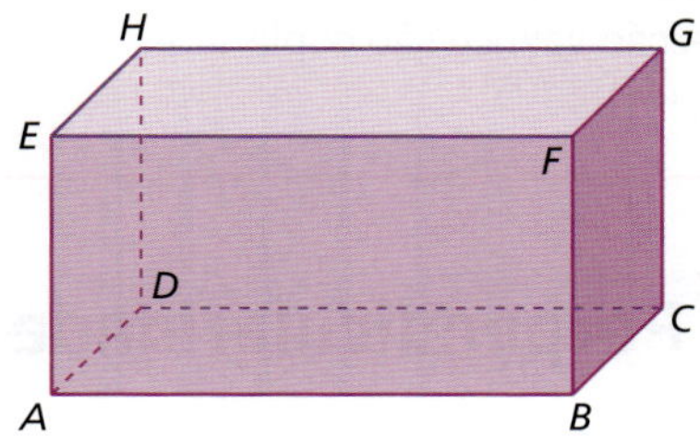

Considerando apenas as retas que passam pelas arestas e os planos que passam pelas faces do bloco, determine:

a) uma reta paralela à reta $\overleftrightarrow{CG}$.

b) uma reta reversa à reta $\overleftrightarrow{EH}$.

c) o plano paralelo ao plano (*FGC*).

d) uma reta paralela ao plano (*ABF*).

e) a posição relativa entre a reta $\overleftrightarrow{FG}$ e o plano (*FEH*).

f) a posição relativa entre a reta $\overleftrightarrow{AD}$ e o plano (*FEH*).

11. Qual(is) das afirmações a seguir é (são) falsa(s)? Justifique sua resposta.

a) Se as retas *r* e *s* são paralelas entre si, então existe um único plano que as contém.

b) Duas retas que não se interceptam são paralelas entre si.

12. Qual(is) das afirmações a seguir é (são) falsa(s)? Explique sua resposta.

a) Se o ponto P não pertence ao plano α, então existe uma única reta que passa por P e é paralela a α.

b) Se a reta r é paralela ao plano α, então r é paralela a toda reta de α.

c) Se a reta r não está contida no plano α e r é paralela à reta s contida em α, então r é paralela a α.

d) Se as retas r e s são paralelas ao plano α, então r e s são paralelas entre si.

13. Identifique a(s) afirmação(ões) falsa(s) e explique sua resposta.

a) Se α e β são dois planos distintos e paralelos entre si, então toda reta contida em α é paralela a β.

b) Por um ponto P não pertencente ao plano α passa um único plano que é paralelo a α.

c) Se os planos α e β são paralelos entre si e os planos β e γ são paralelos entre si, então α e γ são paralelos entre si.

d) Se os planos α e β são paralelos à reta r, então α e β são paralelos entre si.

R5. Considerar a afirmação e mostrar se é verdadeira ou falsa.

Sejam α e β dois planos distintos e paralelos entre si. Se a intersecção do plano γ com α e β são as retas r e s, respectivamente, então r e s são paralelas entre si.

➤ Resolução

Para mostrar se as retas r e s são paralelas entre si, devemos provar que r e s têm intersecção vazia e são coplanares.

Como α e β são planos distintos e paralelos entre si, então: $\alpha \cap \beta = \varnothing$

Temos: $r \subset \alpha$ e $r \subset \gamma$, pois $r = \alpha \cap \gamma$; e $s \cap \beta$ e $s \subset \gamma$, pois $s = \beta \cap \gamma$

Assim:

$r \subset \alpha$ e $s \subset \beta$ e $\alpha \cap \beta = \varnothing \Rightarrow r \cap s = \varnothing$ e $r \subset \gamma$ e $s \subset \gamma \Rightarrow r$ e s são coplanares.

Logo, r e s são paralelas entre si. Portanto, a afirmação é verdadeira.

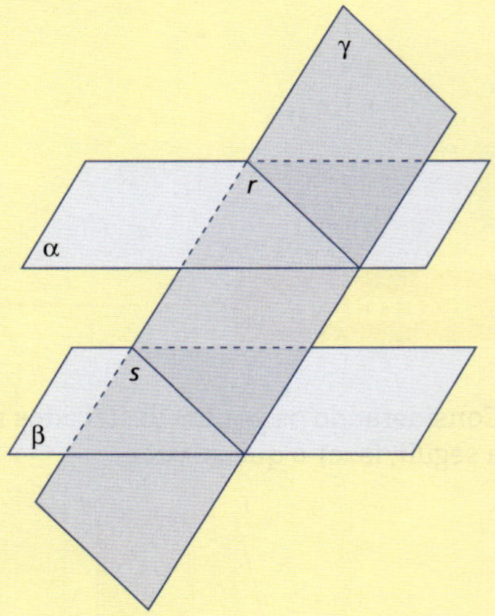

14. Sejam a reta r e o plano α. Se $r \not\subset \alpha$ e r é paralela à reta s de α, então r é paralela a α. Essa afirmação é verdadeira ou falsa? Justifique sua resposta.

15. Sejam α e β planos distintos paralelos entre si; determine as possíveis posições relativas das retas r e s, sabendo que $r \subset \alpha$ e $s \subset \beta$.

3 Perpendicularidade

Em muitas atividades profissionais, como a construção civil, o conhecimento de **perpendicularidade** é fundamental. Observe o exemplo a seguir.

Construção civil. Para verificar a perpendicularidade de uma parede em relação ao piso, um pedreiro usa o fio de prumo.

Nessa situação, como podemos garantir que a parede está perpendicular ao solo?

Para responder a essa questão, vamos estudar a perpendicularidade entre duas retas, entre dois planos e entre uma reta e um plano.

3.1 Retas perpendiculares

- Duas **retas**, *r* e *s*, são **perpendiculares** quando são concorrentes e determinam quatro ângulos retos.

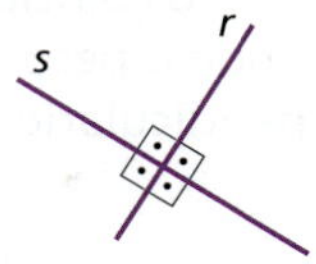

$r \perp s$ (lemos: "a reta *r* é perpendicular à reta *s*")

3.2 Retas ortogonais

- Duas **retas**, *r* e *s*, são **ortogonais** quando existe uma reta *t* que é paralela (não coincidente) a *s* e perpendicular a *r*.

Observe o cubo a seguir.

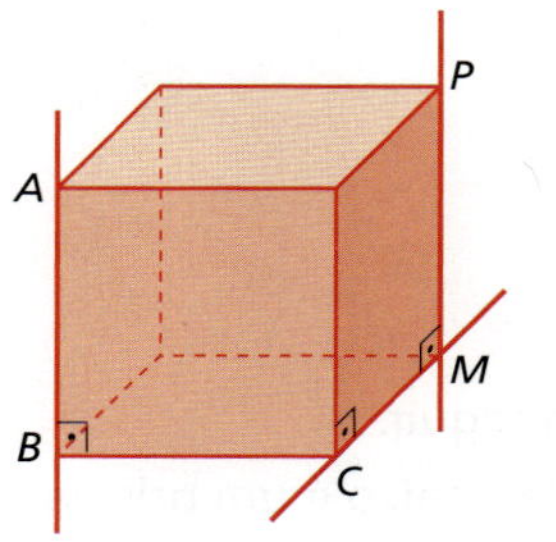

As retas $\overleftrightarrow{AB}$ e $\overleftrightarrow{CM}$ são ortogonais, pois a reta $\overleftrightarrow{PM}$ é paralela a $\overleftrightarrow{AB}$ e é perpendicular a $\overleftrightarrow{CM}$.

É importante observar que, se duas retas são ortogonais, também são reversas.

3.3 Reta e plano perpendiculares

- Dados uma reta *r* e um plano α, concorrentes no ponto *P*, dizemos que *r* é **perpendicular** a α quando *r* é perpendicular a todas as retas de α que passam por *P*.

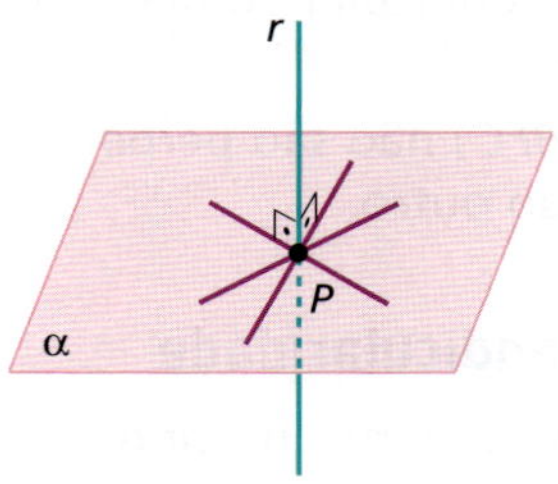

Teorema fundamental da perpendicularidade

Antes de definir planos perpendiculares, vamos estudar um teorema fundamental para a Geometria, cuja demonstração não será feita.

Teorema 4

- Se *r* é uma reta perpendicular a duas retas concorrentes, *s* e *t*, então *r* é perpendicular ao plano determinado por essas retas.

Em linguagem simbólica, escrevemos: $s \subset \alpha$, $t \subset \alpha$, $r \perp s$, $r \perp t \Rightarrow r \perp \alpha$

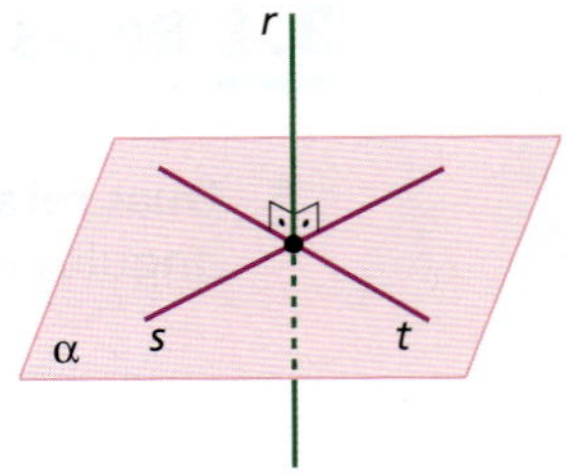

A definição da perpendicularidade entre reta e plano remete à questão sobre o fio de prumo: como ter certeza de que a parede é perpendicular ao piso?

Para responder a essa questão, é preciso verificar se o fio de prumo está perpendicular a duas retas não coincidentes, contidas no plano do piso, que passem pelo ponto onde o peso do prumo está encostado. O teorema fundamental da perpendicularidade nos garante isso.

3.4 Planos perpendiculares

- Dois **planos**, α e β, são **perpendiculares** quando um deles contém uma reta r perpendicular ao outro plano.

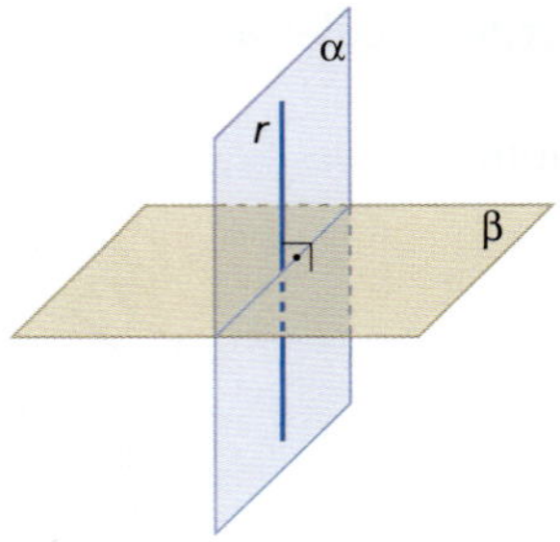

Observe o exemplo a seguir.

A figura representada abaixo é um prisma.

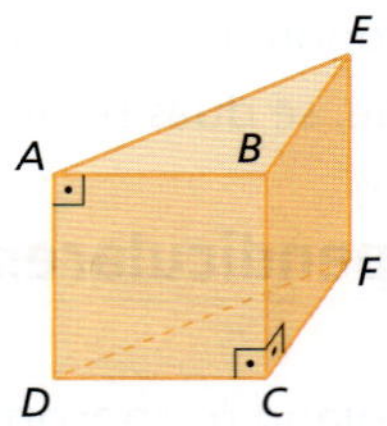

Nesse prisma:

- o plano (ABC) é perpendicular ao plano (DCF), pois contém a reta $\overleftrightarrow{BC}$, que é perpendicular ao plano (DCF);
- os planos (ABC) e (BFC) não são perpendiculares entre si, pois nenhum deles contém uma reta perpendicular ao outro.

Propriedades da perpendicularidade

Agora, vamos estudar algumas propriedades da perpendicularidade. Todas podem ser demonstradas.

1ª propriedade: Por um ponto P de uma reta r passa somente um plano α perpendicular a essa reta.

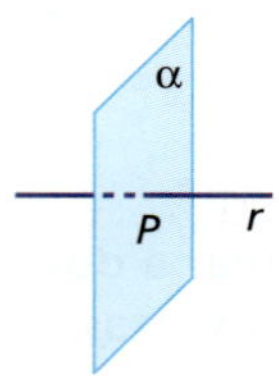

2ª propriedade: Se uma reta r é perpendicular a um plano α, então toda reta paralela a r é perpendicular ao plano α e todo plano paralelo a α é perpendicular a r.

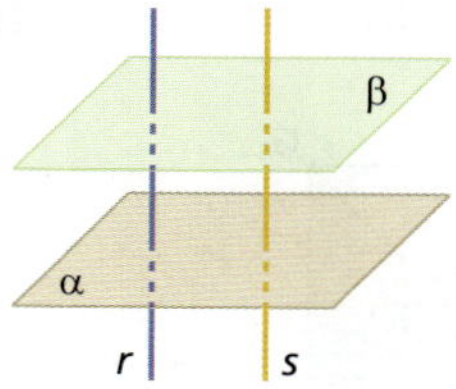

3ª propriedade: Duas retas perpendiculares a um mesmo plano são paralelas. Dois planos perpendiculares a uma mesma reta são paralelos.

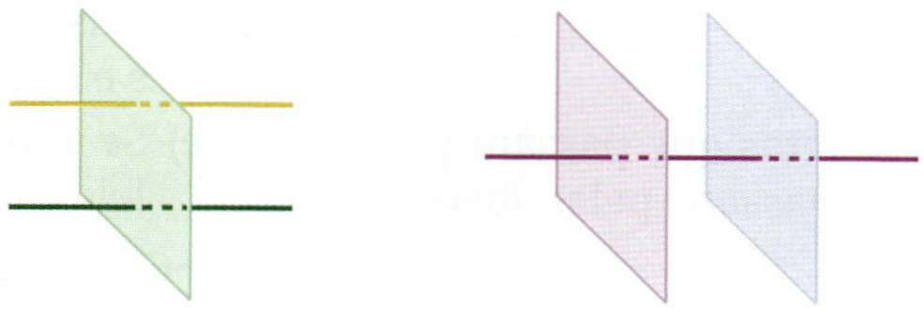

4ª propriedade: Se uma reta r e um plano α são perpendiculares a um plano β, então a reta r é paralela a α ou $r \subset \alpha$.

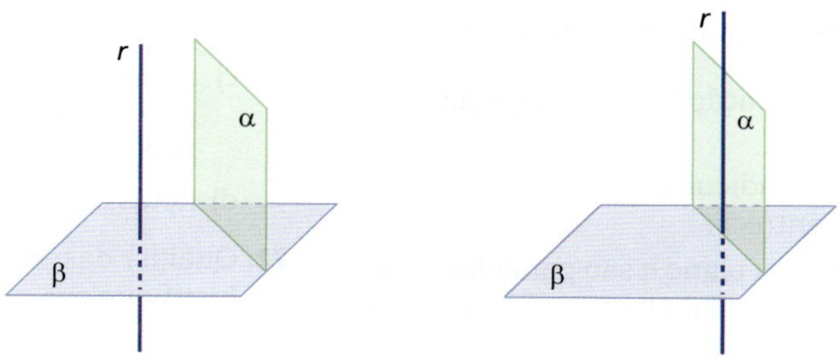

5ª propriedade: Se os planos α e β são concorrentes e γ é um plano perpendicular a α e a β, então γ é perpendicular à reta de intersecção entre α e β.

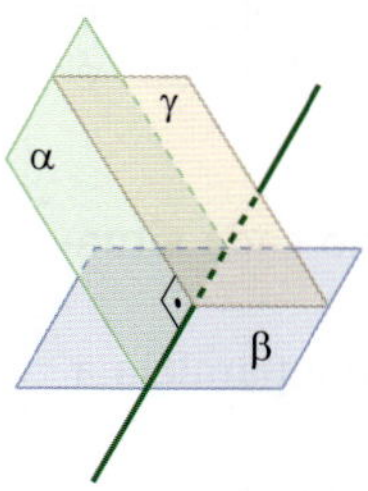

6ª propriedade: Se uma reta r é perpendicular a um plano α em um ponto P, uma reta t está contida em α e não passa por P, uma reta m está contida em α, passa por P e m é perpendicular a t no ponto R, então a reta $\overleftrightarrow{QR}$, com Q pertencente a r, é perpendicular a t.

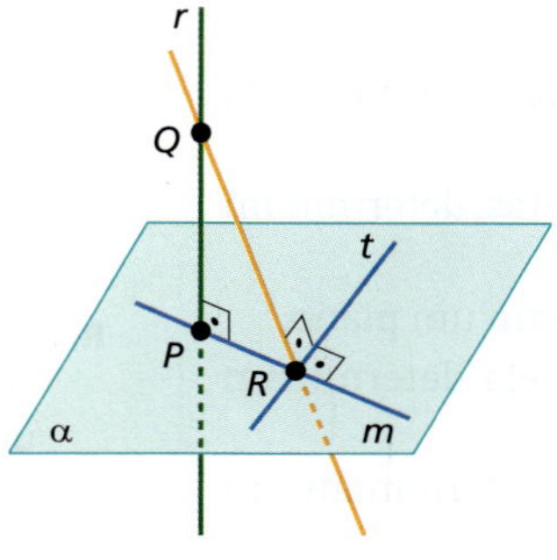

Exercícios

16. Observe o bloco retangular *ABCDEFGH*.

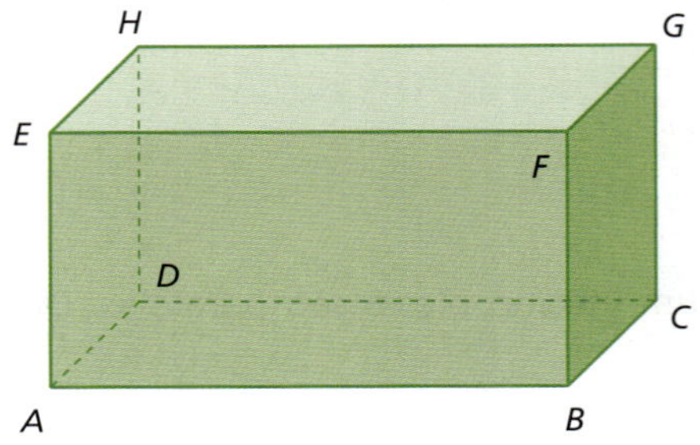

Considerando apenas as retas que passam pelas arestas e os planos que passam pelas faces do bloco, determine:

a) uma reta concorrente à reta $\overleftrightarrow{EH}$.

b) uma reta perpendicular à reta $\overleftrightarrow{AE}$.

c) uma reta ortogonal à reta $\overleftrightarrow{AE}$.

d) uma reta perpendicular ao plano (*FGC*).

e) um plano perpendicular ao plano (*ABF*).

17. Identifique a(s) afirmação(ões) falsa(s) e justifique sua resposta.

a) Duas retas perpendiculares a uma mesma reta são paralelas entre si.

b) Se uma reta r e um plano α são paralelos, então toda reta perpendicular ao plano α é perpendicular à reta r.

c) Se uma reta r está contida em um plano α, então toda perpendicular a r é perpendicular a α.

d) Se uma reta r é perpendicular a um plano α e esse plano é paralelo a outro plano β, então r é perpendicular a β.

18. Represente por meio de um desenho cada situação a seguir.

a) Uma reta r paralela a um plano α e paralela a um plano β.

b) Dois planos distintos paralelos entre si e perpendiculares a um terceiro plano.

c) Duas retas reversas e um plano paralelo a ambas.

19. Classifique cada afirmação a seguir em verdadeira (V) ou falsa (F). Justifique sua resposta.

a) Duas retas concorrentes determinam um plano.

b) Duas retas paralelas e distintas determinam um plano.

c) Duas retas reversas determinam um plano.

d) Uma reta e um ponto fora dela determinam um plano.

e) Os vértices de um triângulo determinam um plano.

20. Identifique a(s) afirmação(ões) falsa(s) e justifique sua resposta.

a) Se as retas r e s têm um ponto em comum, então elas são concorrentes entre si.

b) Se as retas r e s são concorrentes entre si e as retas s e t são concorrentes entre si, então r e t são concorrentes entre si.

c) Três retas distintas concorrentes em um mesmo ponto são coplanares.

d) Se as retas distintas r e s são paralelas entre si e as retas r e t são concorrentes entre si, então s e t são concorrentes entre si.

e) Se as retas r e s são reversas entre si e r é paralela a t, então s e t são reversas entre si.

21. Classifique cada afirmação a seguir em verdadeira (V) ou falsa (F). Justifique sua resposta.

a) Por um ponto fora da reta r passa uma única reta que é perpendicular a r.

b) Por um ponto da reta r passa uma única reta que é perpendicular a r.

c) Sejam r e s retas ortogonais; se a reta t é paralela a r e t é concorrente com s, então t é perpendicular a s.

d) Retas ortogonais entre si são coplanares.

22. Qual(is) das afirmações a seguir é (são) falsa(s)? Justifique sua resposta.

a) Por um ponto P passa uma única reta perpendicular a um plano α.

b) Uma reta perpendicular a duas retas concorrentes de um plano é perpendicular a esse plano.

c) Uma reta ortogonal a duas retas concorrentes de um plano é perpendicular a esse plano.

d) Uma reta perpendicular a duas retas distintas de um plano é perpendicular a esse plano.

e) Seja r uma reta perpendicular ao plano α. Se a reta s é paralela a r, então s é perpendicular a α.

23. Identifique a(s) afirmação(ões) falsa(s) e justifique sua resposta.

a) Se uma reta r é perpendicular a um plano α, então existem infinitos planos que passam por r e são perpendiculares a α.

b) Se uma reta r não é perpendicular a um plano α, então existe um único plano que passa por r e é perpendicular a α.

c) Se os planos α e β são perpendiculares entre si e a reta r é perpendicular a α, então r é paralela a β.

R6. Dados três pontos não colineares, *A*, *B* e *C*, se as retas $\overleftrightarrow{AB}$ e $\overleftrightarrow{AC}$ são perpendiculares a uma reta r, demonstrar que as retas r e $\overleftrightarrow{BC}$ são ortogonais.

➤ Resolução

Como A, B e C são pontos não colineares, determinam um plano, que chamamos de α. Assim, pelo postulado P7, as retas $\overleftrightarrow{AB}$, $\overleftrightarrow{BC}$ e $\overleftrightarrow{AC}$ estão contidas em α. Como r é perpendicular às retas $\overleftrightarrow{AB}$ e $\overleftrightarrow{AC}$ que são concorrentes, r é perpendicular ao plano que as contém, isto é, $r \perp \alpha$. Portanto, r é ortogonal a qualquer reta de α que não passe pelo ponto A. Logo, as retas r e $\overleftrightarrow{BC}$ são ortogonais entre si.

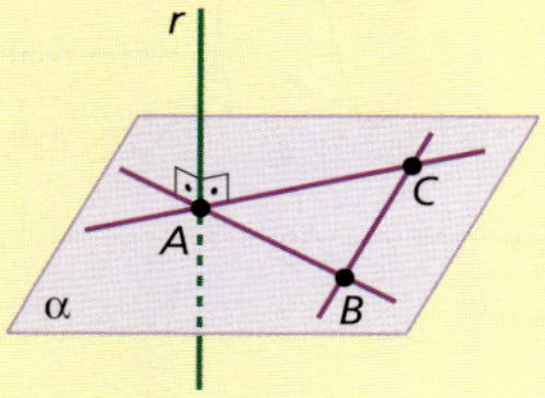

R7. Considerando dois planos paralelos distintos, α e β, e duas retas, r e s, com $r \subset \alpha$ e $s \subset \beta$, indicar todas as possíveis posições entre r e s.

➤ Resolução

Temos duas possibilidades:

a) As retas r e s estão contidas em um plano γ, $\gamma \neq \alpha$ e $\gamma \neq \beta$. Nesse caso, o plano γ intercepta α e β, respectivamente, em r e s, que são paralelas distintas.

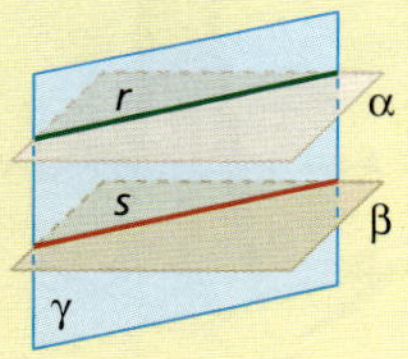

b) Não há um plano que contenha as retas r e s. Nesse caso, vamos considerar uma reta t de β que seja paralela a r. A reta t determina com r um plano γ tal como o do item **a**. A reta t determina com s um plano que coincide com β. Assim, temos: $r \parallel t$, $t \cap s = \{P\}$, $r \cap s = \varnothing$; logo, r e s são retas reversas. Portanto, se $t \perp s$, então r e s são retas ortogonais.

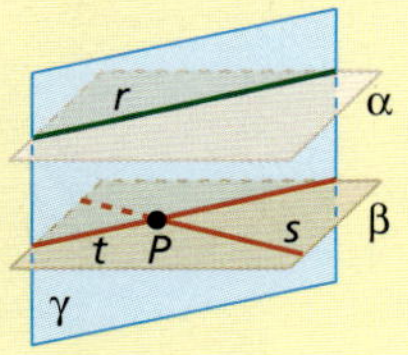

R8. Demonstrar que duas retas reversas têm uma única reta perpendicular comum.

➤ Resolução

Sejam r e s duas retas reversas e α e β dois planos paralelos que contêm r e s, respectivamente.

Por um ponto C de r passa uma perpendicular ao plano β. Seja D o ponto de intersecção dessa reta ($\overleftrightarrow{CD}$) com β.

Por D passa uma única reta paralela (m) à reta r (postulado de Euclides). Essa reta está contida em β. Seja B a intersecção da reta m com a reta s.

Por B passa uma única reta paralela à reta $\overleftrightarrow{CD}$ (postulado de Euclides), que intercepta a reta r no ponto A. É a reta $\overleftrightarrow{AB}$.

A reta $\overleftrightarrow{AB}$ é perpendicular aos planos α e β, pois é paralela à reta $\overleftrightarrow{CD}$ e, portanto, $\overleftrightarrow{AB}$ é perpendicular a todas as retas de α e de β que passam por suas intersecções com esses planos.

Logo, $\overleftrightarrow{AB}$ é a única perpendicular comum às retas r e s.

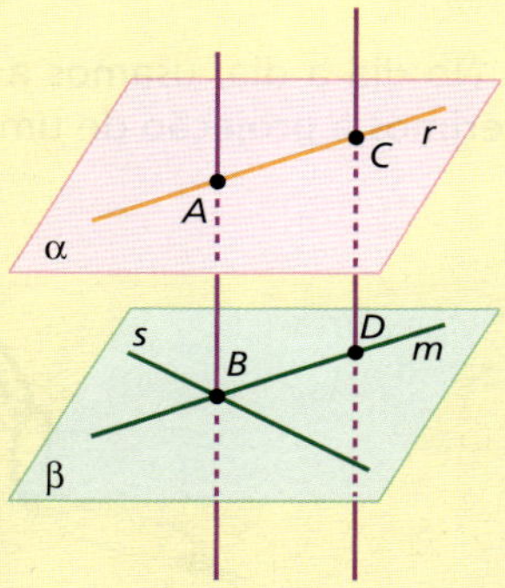

24. Sejam P, M e S três pontos não colineares tais que $\overleftrightarrow{PM}$ e $\overleftrightarrow{PS}$ estão contidas no plano α. Sejam $\overleftrightarrow{KM} \perp \overleftrightarrow{PM}$, $\overleftrightarrow{QS} \perp \overleftrightarrow{PS}$ e $\overleftrightarrow{KM} \parallel \overleftrightarrow{QS}$, como mostra a figura abaixo.

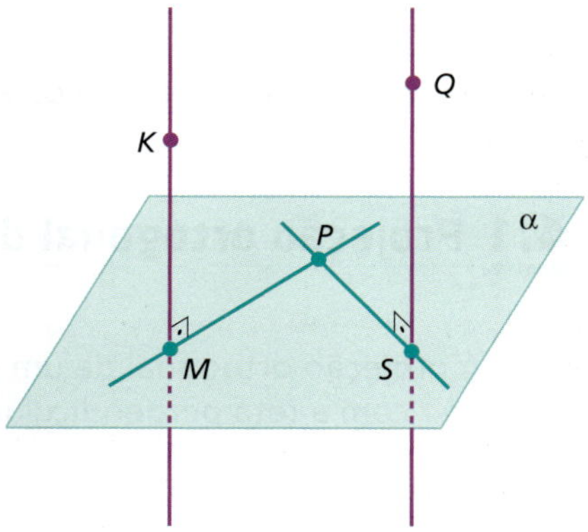

Mostre que $\overleftrightarrow{KM} \perp \alpha$ e $\overleftrightarrow{QS} \perp \alpha$

(*Sugestão*: Construa por P uma reta paralela à reta $\overleftrightarrow{KM}$.)

25. Em um plano α perpendicular a um plano β, r é uma reta contida em α e r é perpendicular à reta de intersecção entre os planos α e β. Mostre que r é perpendicular ao plano β.

26. Mostre que, no cubo representado a seguir, a diagonal $\overline{AC}$ da face $ABCD$ é perpendicular ao plano $(HFBD)$.

22.1 Visão do especialista

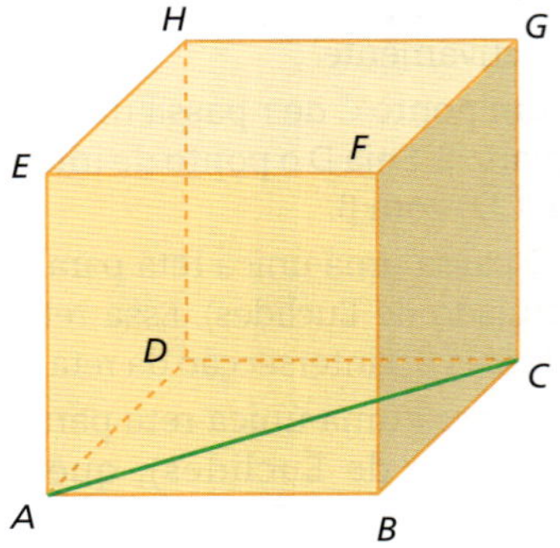

27. Sejam α e β planos paralelos, A, B e C pontos de α e P um ponto de β tais que $\overline{PA} \perp \beta$. Se R, T e V são pontos médios de $\overline{PB}$, $\overline{PA}$ e $\overline{PC}$, respectivamente prove que o plano (RTV) é paralelo a β.

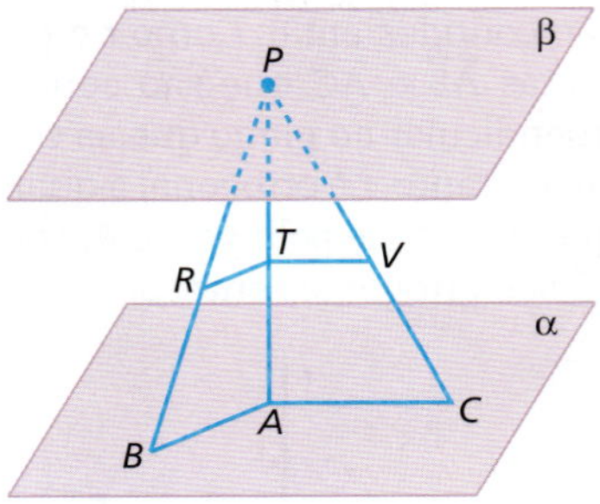

4 Projeção ortogonal

No dia a dia, usamos a palavra **projeção** com vários significados: por exemplo, quando nos referimos à projeção de um filme, à projeção da sombra de um objeto, entre outras situações.

DAVID ASKHAM/ALAMY/OTHER IMAGES

JUCA MARTINS/PULSAR IMAGENS

Na Matemática empregamos esse termo com um sentido mais específico.

4.1 Projeção ortogonal de um ponto sobre uma reta

- A projeção ortogonal de um ponto P sobre uma reta r é o ponto P', que é a intersecção de r com a reta perpendicular a r que passa por P.

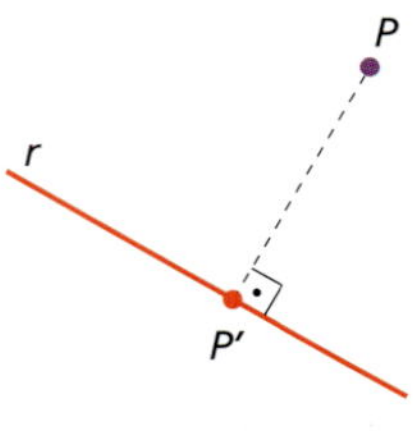

Observe que, caso o ponto P pertença a r, sua projeção ortogonal sobre r é o próprio P.

4.2 Projeção ortogonal de um ponto sobre um plano

- A projeção ortogonal de um ponto A sobre um plano α é o ponto A', que é a intersecção, com esse plano, da reta que passa por A e é perpendicular a α.

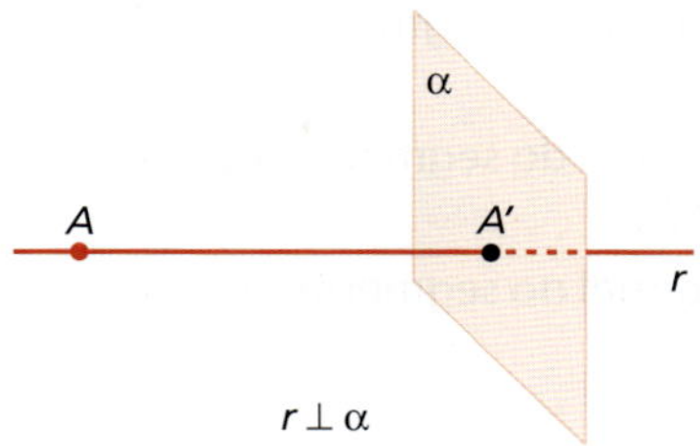

Note que, caso o ponto A pertença a α, sua projeção ortogonal sobre esse plano é o próprio A.

4.3 Projeção ortogonal de uma reta sobre um plano

- Vamos considerar uma reta r e um plano α.
  - Se $r \perp \alpha$, com $r \cap \alpha = \{A\}$, então a projeção ortogonal de r sobre α é o ponto A (figura I).
  - Se a reta r não é perpendicular ao plano α, então a projeção ortogonal de r sobre α é a reta s determinada pela projeção de dois pontos distintos de r sobre α (figura II).

figura I

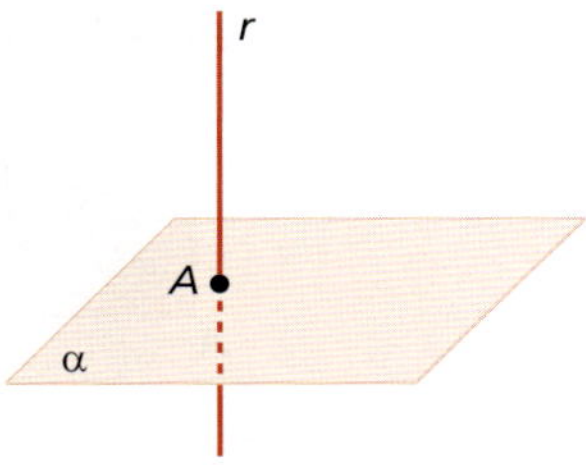

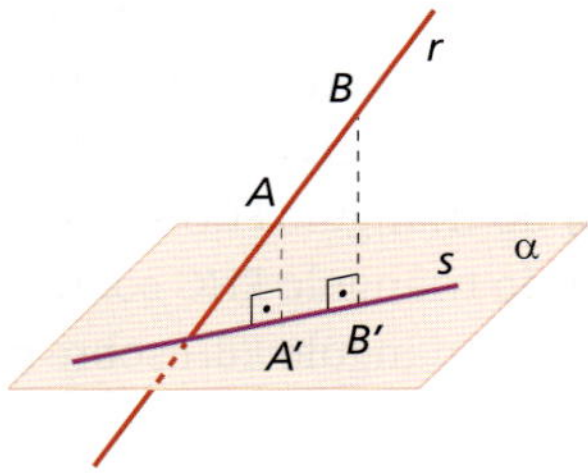

figura II

É importante observar que a projeção ortogonal sobre um plano α de um segmento $\overline{AB}$, cuja reta que o contém (reta suporte) não é perpendicular ao plano α, é o segmento $A'B'$.

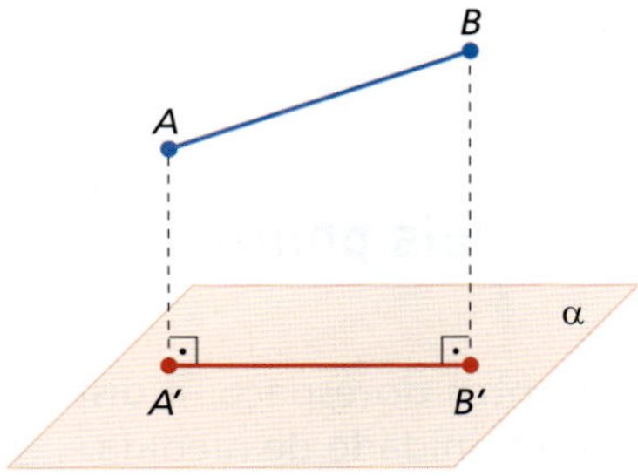

4.4 Projeção ortogonal de uma figura qualquer sobre um plano

- A projeção ortogonal de uma figura, plana ou não plana, sobre um plano é a figura formada pelas projeções ortogonais dos pontos dessa figura sobre esse plano.

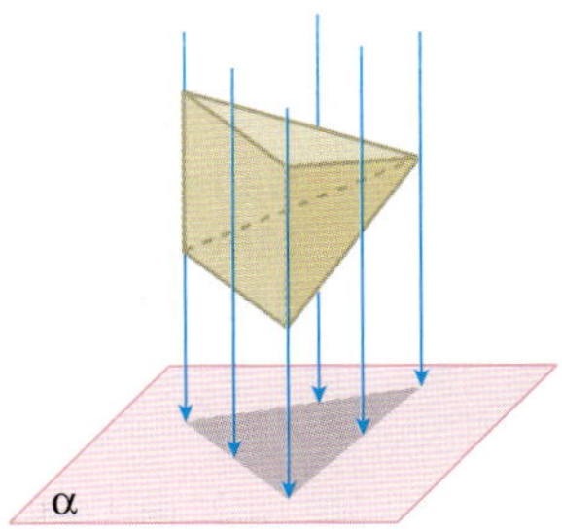

Exemplos

No cubo ao lado:

a) a projeção ortogonal do ponto C sobre o plano (ABE) é o ponto A;

b) a projeção ortogonal do ponto C sobre o plano (ACE) é o próprio ponto C;

c) a projeção ortogonal do segmento $\overline{CD}$ sobre o plano (ABE) é o segmento $\overline{AB}$;

d) a projeção ortogonal do segmento $\overline{AD}$ sobre o plano (ABE) é o segmento $\overline{AB}$;

e) a projeção ortogonal do segmento $\overline{AC}$ sobre o plano (ABE) é o ponto A.

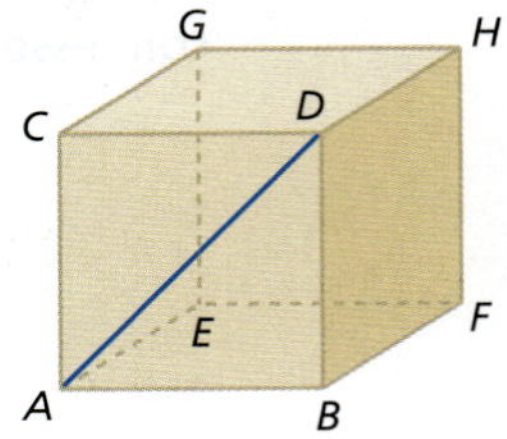

Exercícios

28. Classifique cada sentença em verdadeira (V) ou falsa (F).

a) A projeção ortogonal de uma reta sobre um plano é sempre uma reta.

b) Duas retas que têm projeções ortogonais paralelas são sempre retas paralelas.

c) A projeção ortogonal de um ângulo sobre um plano pode ser uma reta.

29. Considere o bloco retangular ao lado.

Qual é a projeção ortogonal:

a) do ponto F sobre o plano $(ABCD)$?

b) do segmento de reta $\overline{EB}$ sobre o plano $(DCGH)$?

c) do segmento de reta $\overline{EB}$ sobre o plano $(ABCD)$?

d) do triângulo FCG sobre o plano $(ADHE)$?

e) do triângulo EHG sobre o plano $(DCGH)$?

f) do triângulo EBH sobre o plano $(ABCD)$?

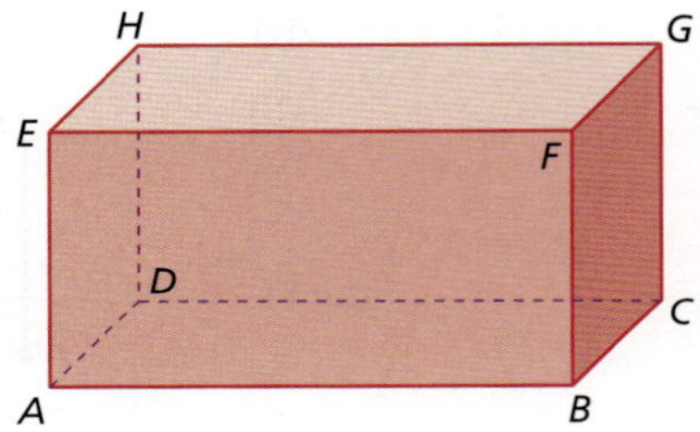

5 Distâncias

5.1 Distância entre dois pontos

- Se A e B são dois pontos do espaço, a distância entre eles é a medida do segmento de reta $\overline{AB}$, em uma certa unidade de medida.

Indicamos a distância de A a B (ou distância de B a A) por $d_{A,B}$ (ou $d_{B,A}$), ou ainda, por AB (ou BA).

Exemplo

Na reta numérica, se o ponto A representa o número real -2 e B, o número real 1, então a distância AB é 3, que é a medida do segmento $\overline{AB}$, determinada pelo valor absoluto da diferença dos números -2 e 1.

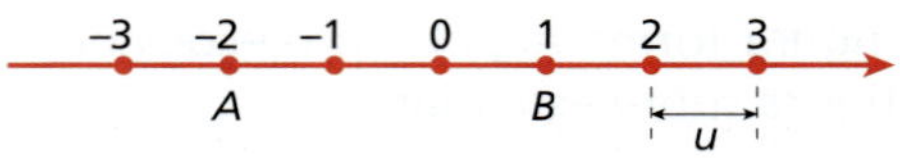

Simbolicamente, temos: $d_{A,\,B} = AB = |(-2) - (1)| = |-3| = 3$

Nesse caso, a unidade de medida de comprimento utilizada (u) é o comprimento do segmento cujos extremos representam dois números inteiros consecutivos.

Observe que: $d_{B,\,A} = BA = |(1) - (-2)| = |1+2| = |3| = 3$

Assim: $d_{B,\,A} = BA = d_{A,\,B} = AB = 3$

5.2 Distância entre um ponto e uma reta

- A distância entre um ponto P e uma reta r é a distância entre P e sua projeção ortogonal P' sobre r.

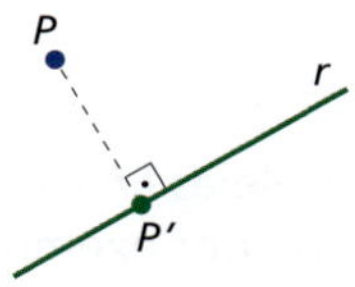

Indicamos a distância de P a r por: $d_{P,\,r} = PP'$

Exemplo

Vamos calcular a distância HB da figura ao lado.

A distância do ponto C, de um cubo de aresta 3 cm, à reta $\overleftrightarrow{AB}$ é 3 cm.

Como o triângulo BHD é retângulo, pelo teorema de Pitágoras temos:

$(HB)^2 = (DH)^2 + (DB)^2 \Rightarrow HB = \sqrt{3^2 + 3^2} \Rightarrow HB = 3\sqrt{2}$

Logo, a distância HB é: $3\sqrt{2}$ cm

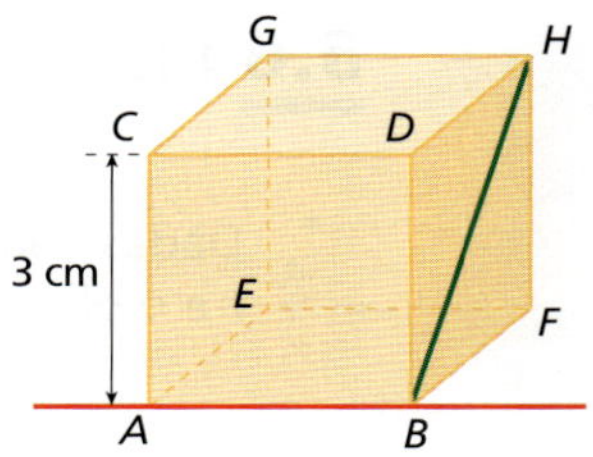

5.3 Distância entre um ponto e um plano

- A distância entre um ponto A e um plano α é a distância entre o ponto A e sua projeção ortogonal A' sobre α.

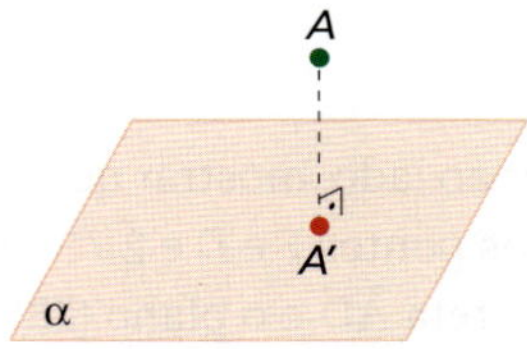

Indicamos a distância de A a α por: $d_{A,\,\alpha} = AA'$

5.4 Distância entre uma reta e um plano paralelos

- Dados um plano α e uma reta r paralelos, a distância entre a reta r e o plano α é a distância entre um ponto A qualquer de r e o plano α.

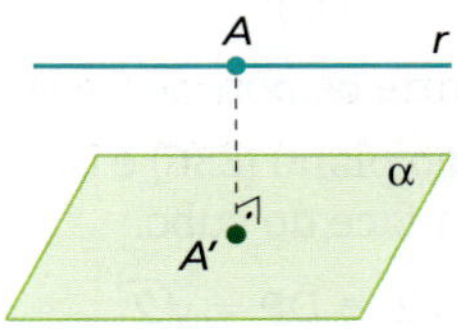

Indicamos a distância de r a α por: $d_{r,\,\alpha} = AA'$, sendo A' a projeção ortogonal de A sobre α.

5.5 Distância entre dois planos distintos e paralelos

- Dados dois planos distintos e paralelos, α e β, a distância entre eles é a distância entre qualquer ponto de α e o plano β ou vice-versa.

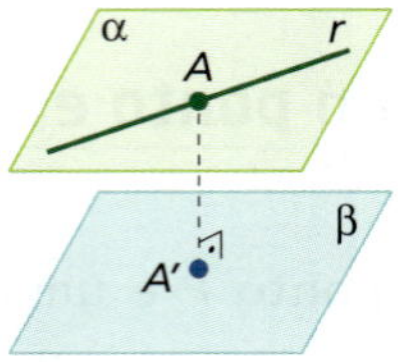

Exemplos

No cubo ao lado:

a) a distância entre as retas paralelas $\overleftrightarrow{EF}$ e $\overleftrightarrow{CD}$ é igual à distância entre um ponto de uma delas e a outra, por exemplo entre C e $\overleftrightarrow{EF}$ que é $2\sqrt{2}$ cm;

b) a distância entre os planos (CDG) e (ABE) é 2 cm.

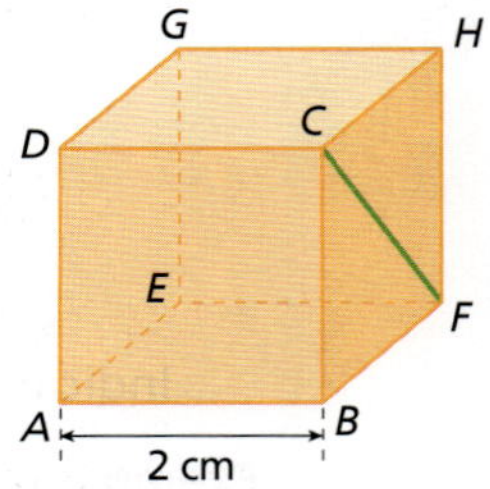

5.6 Distância entre duas retas reversas

- Dadas duas retas reversas, r e s, a distância entre elas é a distância entre qualquer ponto de r e o plano que contém s e é paralelo a r ou vice-versa.

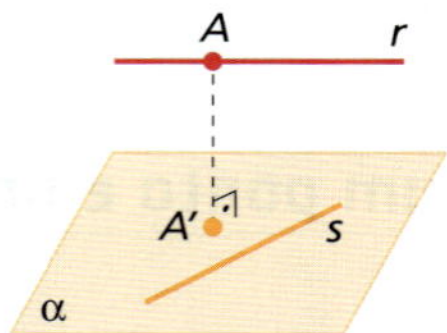

Exercícios

R9. Considerando o cubo ao lado, mostrar que:

a) a distância entre os pontos F e D é $2\sqrt{3}$ cm;

b) a distância entre a reta $\overleftrightarrow{AD}$ e o plano (EBC) é $\sqrt{2}$ cm.

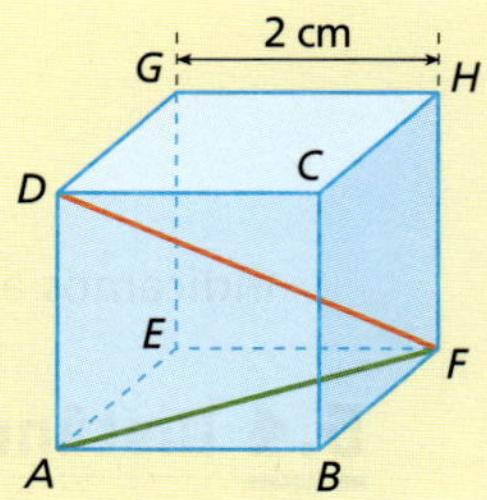

➤ Resolução

a) O $\triangle ABF$ é retângulo em B, que é ângulo interno do quadrado ABFE. Como $AB = BF = 2$ cm, pelo teorema de Pitágoras, temos:

$(AF)^2 = 2^2 + 2^2 \Rightarrow AF = 2\sqrt{2}$

O $\triangle DAF$ é retângulo, pois $\overline{DA} \perp$ plano (ABE). Logo, $\overline{DA}$ é perpendicular a todas as retas desse plano que passam por A e, portanto, $\overline{DA} \perp \overline{AF}$. Assim, aplicando o teorema de Pitágoras no $\triangle DAF$, temos:

$(DF)^2 = 2^2 + (2\sqrt{2})^2 \Rightarrow (DF)^2 = 4 + 8 = 12 \Rightarrow DF = 2\sqrt{3}$

Logo, a distância entre os pontos F e D é $2\sqrt{3}$ cm.

b) A distância de $\overline{AD}$ ao plano (EBC) é DP, que é metade da medida da diagonal de uma face do cubo.

Assim: $DP = (2\sqrt{2}) : 2 \Rightarrow DP = \sqrt{2}$.

Logo, a distância entre a reta $\overleftrightarrow{AD}$ e o plano (EBC) é $\sqrt{2}$ cm.

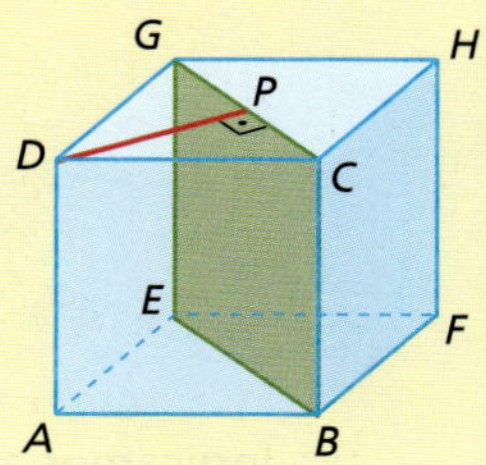

30. Considerando o paralelepípedo, determine a distância entre:

a) $\overleftrightarrow{EF}$ e $\overleftrightarrow{GC}$

b) $\overleftrightarrow{EF}$ e $\overleftrightarrow{HG}$

c) $\overleftrightarrow{EF}$ e $\overleftrightarrow{DC}$

d) $\overleftrightarrow{EF}$ e o plano (HGF)

e) $\overleftrightarrow{EH}$ e o plano (ABC)

f) o plano (EHD) e o plano (FGC)

g) o plano (ABC) e o plano (HGF)

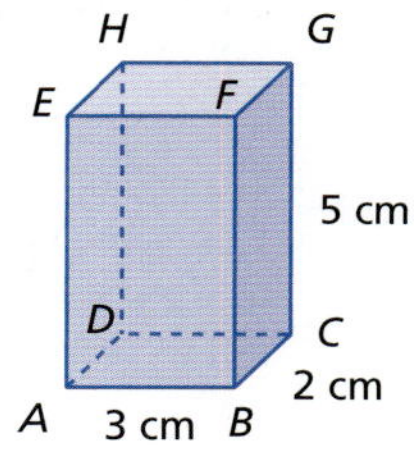

6 Ângulos

6.1 Ângulo entre retas

Ângulo entre duas retas concorrentes

Já vimos que duas retas concorrentes determinam quatro ângulos, dois a dois opostos pelo vértice (opv) e, portanto, congruentes dois a dois.

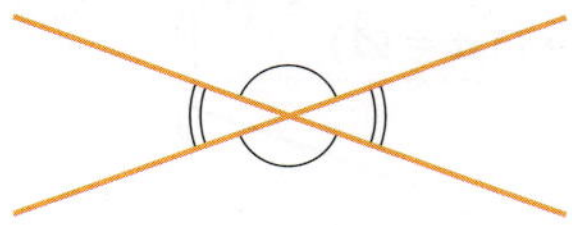

Daqui em diante, vamos estabelecer que, sempre que nos referirmos ao ângulo entre duas retas concorrentes não perpendiculares, estaremos considerando o ângulo de menor medida (se as retas são perpendiculares, o ângulo entre elas é de 90°, pela definição de retas perpendiculares).

Observe que, conhecida a medida do menor dos quatro ângulos, podemos determinar as medidas dos demais.

Exemplo

Vamos calcular a medida dos ângulos $C\widehat{O}D$, $A\widehat{O}C$ e $B\widehat{O}D$ da figura a seguir.

Como os ângulos $A\widehat{O}B$ e $C\widehat{O}D$ são opv, temos: $med(A\widehat{O}B) = med(C\widehat{O}D)$, isto é, $med(C\widehat{O}D) = 80°$.

Os ângulos $A\widehat{O}C$ e $A\widehat{O}B$ são suplementares, então: $med(A\widehat{O}C) = 100°$

Portanto: $med(A\widehat{O}C) = med(B\widehat{O}D) = 100°$, pois $A\widehat{O}C$ e $B\widehat{O}D$ são opv.

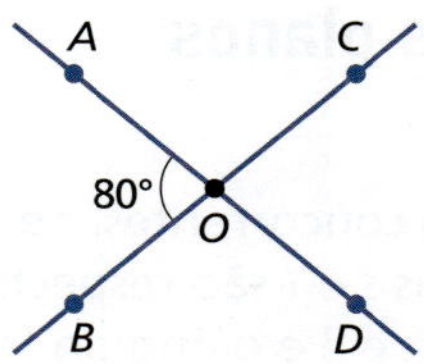

Ângulo entre retas paralelas

O ângulo entre retas paralelas tem medida igual a 0°, conforme podemos observar nas figuras abaixo.

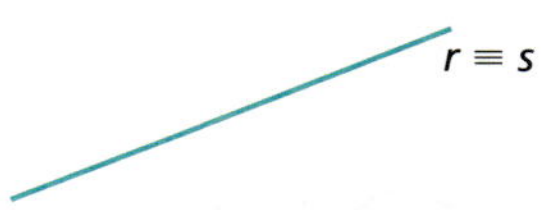

$r \,//\, s$ e $r \equiv s \Rightarrow \theta = 0°$

$r \,//\, s$ e $r \cap s = \varnothing \Rightarrow \theta = 0°$

Ângulo entre duas retas reversas

O ângulo entre duas retas reversas, r e s (medida θ), é o angulo formado entre r e s', sendo s' uma reta paralela a s e concorrente com r.

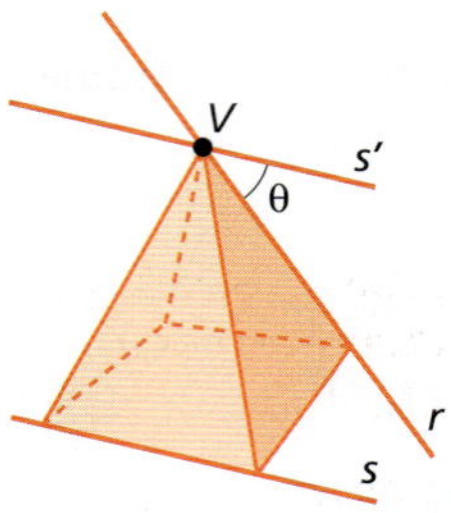

Em linguagem simbólica, escrevemos:

r e s reversas, $s /\!/ s'$, $s' \cap r = \{V\}$, ângulo entre r e s' mede $\theta \Rightarrow$ ângulo entre r e s mede θ.

6.2 Ângulo entre uma reta e um plano

Se uma reta r não é perpendicular a um plano α, o ângulo entre r e α, de medida θ, é o ângulo formado por r e r', sendo r' a projeção ortogonal de r sobre α.

No caso em que r é perpendicular ao plano α, o ângulo mede 90°.

Observe, na tabela abaixo, os quatro casos de ângulos entre uma reta e um plano.

Reta r não concorrente com o plano α ($r \subset \alpha$ ou $r \cap \alpha = \varnothing$)		**Reta r concorrente com o plano α ($r \cap \alpha = \{P\}$)**	
	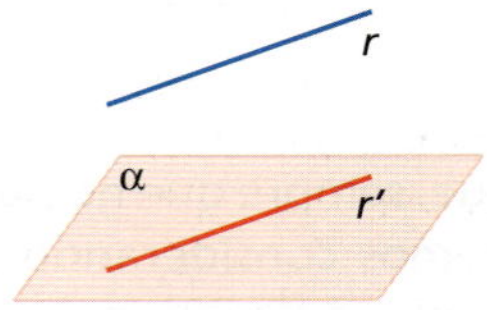	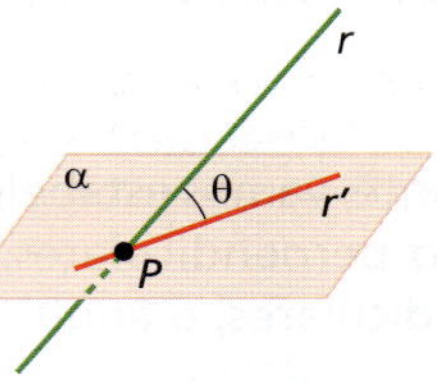	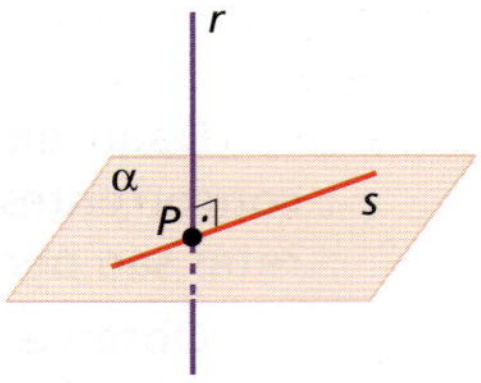
$r \subset \alpha \Rightarrow r \equiv r'$ e $\theta = 0°$	$r /\!/ \alpha$ e $r \not\subset \alpha \Rightarrow r /\!/ r'$ e $\theta = 0°$	$r \cap \alpha = \{P\} \Rightarrow r \cap r' = \{P\}$ O ângulo entre r e α é o ângulo entre r e r'.	r e α são perpendiculares; então, r e s são perpendiculares. Os ângulos entre r e s e entre r e α medem 90°.

6.3 Ângulo entre dois planos

- Se dois planos, α e β, são concorrentes, r é a reta de intersecção deles, γ é um plano perpendicular à reta r, e as retas s e t são respectivamente as intersecções de α e β com γ, então o ângulo entre os planos α e β é o ângulo formado entre as retas s e t.

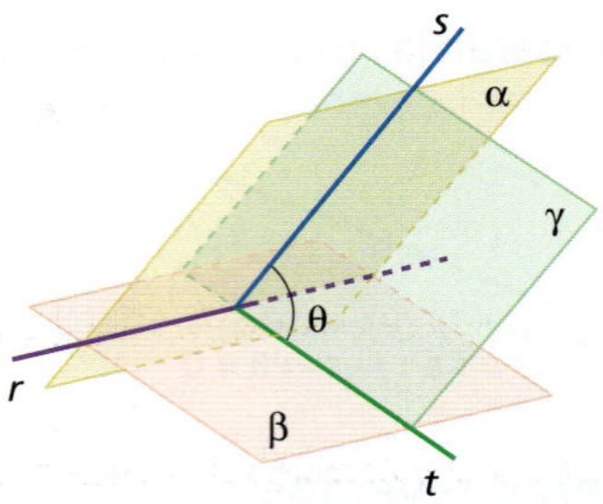

Observe que, se dois planos, α e β, são paralelos, então o ângulo entre eles é nulo (mede 0º).

Ficha de revisão

1. Dois planos, α e β, interceptam-se em uma reta r. Quantas retas paralelas a r passam por um ponto A de α?

2. Na figura, qual é a posição relativa entre:

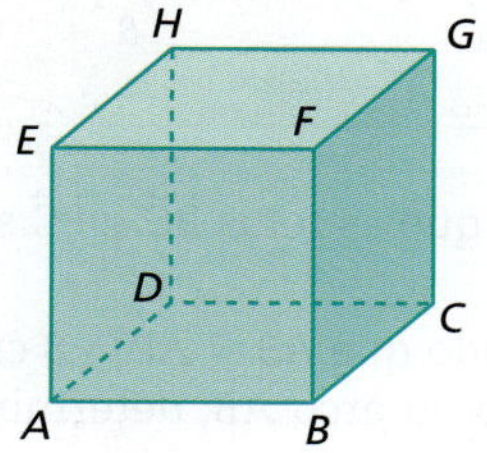

a) $\overleftrightarrow{EH}$ e $\overleftrightarrow{GC}$?
b) $\overleftrightarrow{EH}$ e $\overleftrightarrow{BC}$?
c) $\overleftrightarrow{EH}$ e $\overleftrightarrow{EF}$?
d) $\overleftrightarrow{EH}$ e o plano (ABC)?
e) $\overleftrightarrow{EH}$ e o plano (DCG)?
f) o plano (ABF) e o plano (EHG)?

3. A figura representa um prisma hexagonal regular que é composto de 2 hexágonos regulares e congruentes entre si e 6 retângulos também congruentes entre si.

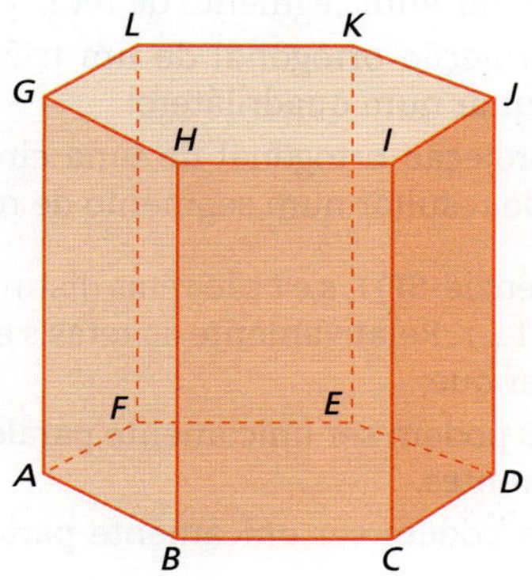

Qual é a posição relativa entre:
a) as retas $\overleftrightarrow{LK}$ e $\overleftrightarrow{IJ}$?
b) as retas $\overleftrightarrow{FE}$ e $\overleftrightarrow{BC}$?
c) as retas $\overleftrightarrow{HI}$ e $\overleftrightarrow{AG}$?
d) a reta $\overleftrightarrow{FE}$ e o plano (ABC)?
e) a reta $\overleftrightarrow{AJ}$ e o plano (ABH)?
f) a reta $\overleftrightarrow{ID}$ e o plano (AFL)?
g) os planos (LKE) e (BCI)?
h) os planos (LFA) e (BCI)?

4. Como pode ser a projeção ortogonal de uma reta sobre um plano?

5. Considerando apenas as retas que passam pelas arestas e os planos que passam pelas faces do prisma hexagonal a seguir, responda às questões.

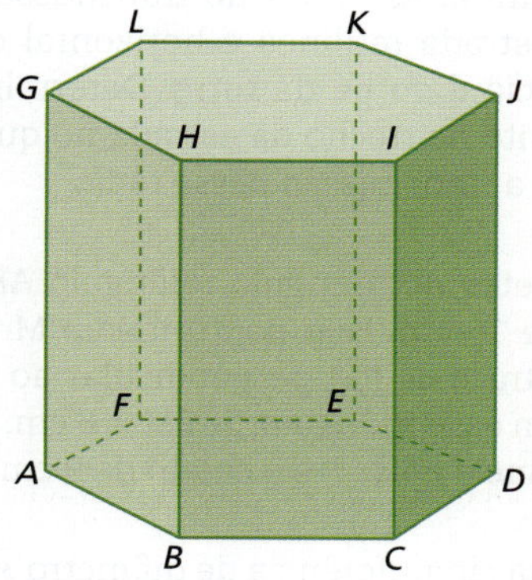

a) A reta $\overleftrightarrow{KE}$ é perpendicular a qual(is) plano(s)?
b) A reta $\overleftrightarrow{KE}$ é paralela a qual(is) plano(s)?
c) Quais retas são perpendiculares ao plano (CDF)?
d) O plano (ABH) é paralelo a qual(is) plano(s)?
e) O plano (ABH) é perpendicular a qual(is) plano(s)?

6. Observe o bloco retangular abaixo.

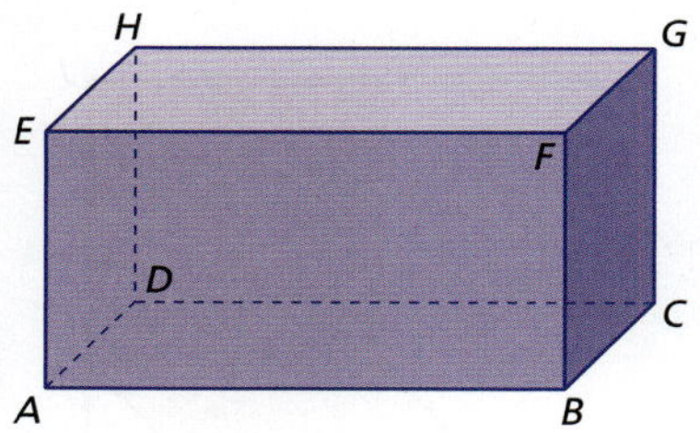

Indique os ângulos formados:
a) pelas retas $\overleftrightarrow{EG}$ e $\overleftrightarrow{BG}$.
b) pela reta $\overleftrightarrow{DF}$ e o plano (ABC).
c) pelos planos (ADH) e (HFB).

7. Indique a afirmação falsa e justifique sua resposta.
a) Se uma reta é paralela a dois planos, então esses planos são paralelos.
b) Se dois planos são paralelos, então toda reta de um é paralela a uma reta do outro.
c) Se duas retas são reversas, então existe uma única perpendicular comum a elas.

8. A projeção ortogonal de um ponto P sobre um plano α é o vértice do ângulo reto de um triângulo retângulo contido em α. Se P dista $2\sqrt{3}$ m da hipotenusa desse triângulo e 2 m do plano α, determine a altura relativa à hipotenusa.

9. O segmento $\overline{PA}$ é perpendicular ao plano que contém o triângulo equilátero ABC. Se $AB = 2 \cdot (AP)$ e M é o ponto médio de $\overline{BC}$, determine a medida do ângulo formado pelos segmentos $\overline{PA}$ e $\overline{PM}$.

10. Radiofonia. Um aparelho transmissor de rádio, cujas ondas atingem no máximo uma distância r, está situado no alto de uma torre vertical de altura h. As ondas do transmissor atingem uma estrada retilínea e horizontal que está à distância d do pé da torre. Determine o comprimento do trecho da estrada no qual se pode captar a transmissão desse rádio.

11. Os catetos do triângulo retângulo ABC medem 9 cm e 16 cm. Pelo ponto médio M da hipotenusa, traça-se $\overline{PM}$ perpendicular ao plano que contém esse triângulo. Se $PM = 6$ cm, determine a distância entre P e o cateto de 9 cm.

12. De uma circunferência de diâmetro $\overline{AB}$ levanta-se por A um segmento $\overline{AP}$ perpendicular ao plano da circunferência. Une-se P a um ponto C qualquer da circunferência, distinto de B.

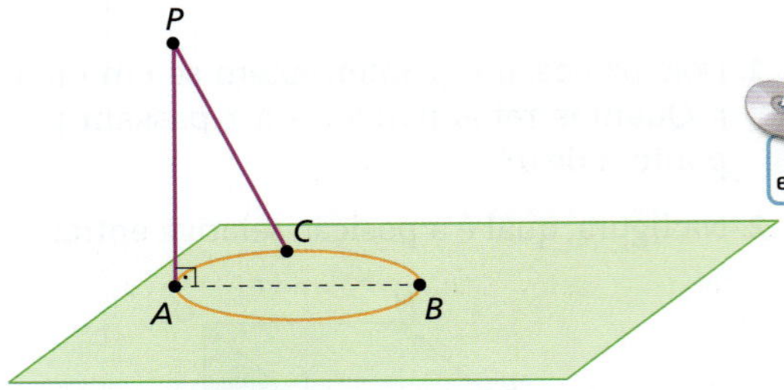

22.3 Visão do especialista

a) Prove que as retas $\overleftrightarrow{BC}$ e $\overleftrightarrow{PC}$ são perpendiculares.

b) Sabendo que $AB = AP = 8$ cm e C é o ponto médio do arco $\widehat{AB}$, determine a medida do ângulo $C\hat{P}B$.

Questões de vestibular

1. (UFRN) Na cadeira representada na figura a seguir, o encosto é perpendicular ao assento e este é paralelo ao chão.

22.4 Visão do especialista

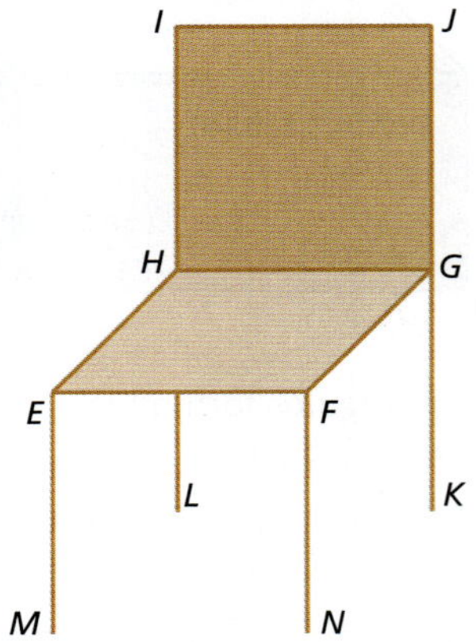

Sendo assim:

a) os planos EFN e FGJ são paralelos.

b) $\overline{HG}$ é um segmento de reta comum aos planos EFN e EFH.

c) os planos HIJ e EGN são paralelos.

d) $\overline{EF}$ é um segmento de reta comum aos planos EFN e EHG.

2. (UFSCar-SP) Considere um plano α e um ponto P qualquer do espaço. Se por P traçarmos a reta perpendicular a α, a intersecção dessa reta com α é um ponto chamado projeção ortogonal do ponto P sobre α. No caso de uma figura F do espaço, a projeção ortogonal de F sobre α é definida pelo conjunto das projeções ortogonais de seus pontos. Com relação a um plano qualquer fixado, pode-se dizer que:

22.5 Visão do especialista

a) a projeção ortogonal de um segmento de reta pode resultar numa semirreta.

b) a projeção ortogonal de uma reta sempre resulta numa reta.

c) a projeção ortogonal de uma parábola pode resultar num segmento de reta.

d) a projeção ortogonal de um triângulo pode resultar num quadrilátero.

e) a projeção ortogonal de uma circunferência pode resultar num segmento de reta.

3. (Mackenzie-SP) r, s e t são retas distintas, tais que $s \perp r$ e $t \perp r$. Relativamente às retas s e t, podemos afirmar que:

a) elas podem ser unicamente paralelas ou concorrentes.

b) elas podem ser unicamente paralelas ou reversas.

c) elas podem ser unicamente concorrentes ou reversas.

d) elas podem ser paralelas, concorrentes ou reversas.

e) elas podem ser unicamente reversas.

4. (Faap-SP) O galpão da figura a seguir está no prumo e a cumeeira está "bem no meio" da parede.

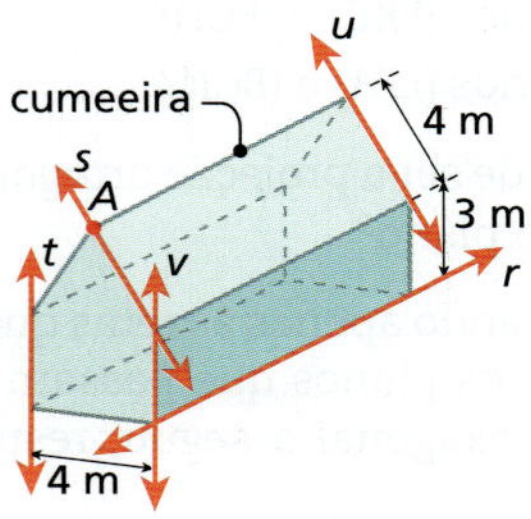

Das retas assinaladas podemos afirmar que:

a) *t* e *u* são reversas.
b) *s* e *u* são reversas.
c) *t* e *u* são concorrentes.
d) *s* e *r* são concorrentes.
e) *t* e *u* são perpendiculares.

5. (UFPE) Em quantas regiões quatro retas distintas dividem o plano, sabendo-se que não há duas retas paralelas nem três concorrentes no mesmo ponto?

6. (Unesp) Entre todas as retas suportes das arestas de um certo cubo, considere duas, *r* e *s*, reversas. Seja *t* a perpendicular comum a *r* e a *s*. Então:

22.6 Visão do especialista

a) *t* é a reta suporte de uma das diagonais de uma das faces do cubo.
b) *t* é a reta suporte de uma das diagonais do cubo.
c) *t* é a reta suporte de uma das arestas do cubo.
d) *t* é a reta que passa pelos pontos médios das arestas contidas em *r* e *s*.
e) *t* é a reta perpendicular a duas faces do cubo, por seus pontos médios.

7. (Puccamp-SP) Considere as afirmações a seguir.

22.7 Visão do especialista

I. Duas retas distintas determinam um plano.
II. Se duas retas distintas são paralelas a um plano, então elas são paralelas entre si.
III. Se dois planos são paralelos, então toda reta de um deles é paralela a alguma reta do outro.

É correto afirmar que:

a) apenas II é verdadeira.
b) apenas III é verdadeira.
c) apenas I e II são verdadeiras.
d) apenas I e III são verdadeiras.
e) I, II e III são verdadeiras.

8. (Ufam) Considere um plano α, uma reta *r*, perpendicular a α e um ponto P, tal que $P \notin r$ e $P \notin \alpha$.
É correto afirmar:

a) toda reta que passa por P e é paralela a α é perpendicular a *r*.
b) toda reta que passa por P e intercepta *r* é paralela a α.
c) todo plano que contém *r* é perpendicular a α.
d) existe reta que passa por P, é paralela a *r* e é paralela a α.
e) existe reta que passa por P, é perpendicular a *r* e é perpendicular a α.

9. (UEL-PR) O sólido representado na figura ao lado é formado por um cubo de aresta de medida $\frac{x}{2}$ que se apoia sobre um cubo de aresta de medida *x*.

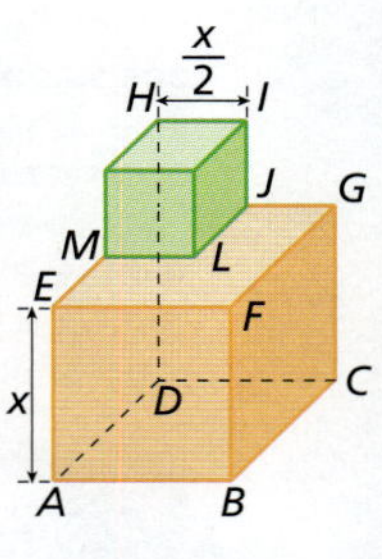

A intersecção do plano *EGC* com o plano *ABC* é:

a) vazia.
b) a reta $\overleftrightarrow{AC}$.
c) o segmento de reta $\overline{AC}$.
d) o ponto C.
e) o triângulo *AGC*.

10. (UFBA) Com base nos conhecimentos sobre Geometria espacial, pode-se afirmar:

(01) Se uma reta *r* e um plano α são paralelos, então toda reta perpendicular à reta *r* é também perpendicular ao plano α.
(02) Se um ponto P não pertence a uma reta *s*, então existe um único plano passando por P, paralelo à reta *s*.
(04) Se uma reta *r* está contida em um plano α, e a reta *s* é reversa a *r*, então a reta *s* intercepta o plano α.
(08) Se α e β são dois planos perpendiculares, e *r* é uma reta perpendicular a α, que não está contida em β, então *r* é paralela a β.
(16) Se dois planos são perpendiculares, então toda reta de um deles é perpendicular ao outro.
(32) Três planos distintos interceptam-se segundo uma reta ou um ponto.

- Qual é a soma das alternativas corretas?

11. (UFPE) Na ilustração abaixo, *ABCD* e *ABEF* são retângulos, e o ângulo $D\hat{A}F$ mede 60°. Se $\overline{AB}$ mede $2\sqrt{30}$, $\overline{BE}$ mede 6 e $\overline{BC}$ mede 10, qual a distância entre os vértices C e F?

22.8 Visão do especialista

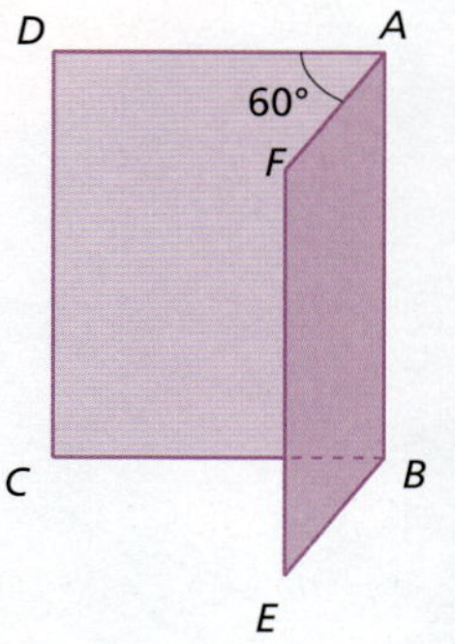

12. (Fuvest-SP) No segmento $\overline{AC}$, toma-se um ponto B de forma que $\frac{AB}{AC} = 2\frac{BC}{AB}$. Então, o valor de $\frac{BC}{AB}$ é:

a) $\frac{1}{2}$
b) $\frac{\sqrt{3}-1}{2}$
c) $\sqrt{5}-1$
d) $\frac{\sqrt{5}-1}{2}$
e) $\frac{\sqrt{5}-1}{3}$

Capítulo 23
Poliedros

GENTIL BARREIRA/IMAGEM BRASIL-COLEÇÃO SÉRVULO ESMERALDO, SÃO PAULO

Objetivos do capítulo:

- Identificar poliedros, prismas, pirâmides, troncos de pirâmides e seus elementos.
- Reconhecer propriedades dos poliedros e aplicar relações entre seus elementos.
- Calcular áreas, volumes e medidas de comprimento de elementos de poliedros.
- Resolver situações-problema que envolvam poliedros (do ponto de vista métrico e

O artista plástico Sérvulo Esmeraldo nasceu em Crato, CE, em 1929. Começou sua carreira como xilogravurista e ilustrador. À medida que sua obra amadurecia passou a se dedicar mais às formas que aos temas, como é possível observar na escultura acima. Em suas palavras: "Nunca passei para o abstrato. Minha escrita sempre foi concreta. O encaminhamento começou pelos vegetais, folhas, galhos. Deles retirei minha geometria".

1 Sólidos geométricos

O estudo das formas geométricas sempre instigou a mente humana, o interesse por essas formas existe há milênios, como é possível observar na Arquitetura e na Arte das antigas civilizações. Um destaque nesse campo de interesse são as figuras denominadas **sólidos geométricos**, que abrangem os **poliedros** e os **corpos redondos**. Um dos motivos para a importância desse estudo é a aplicabilidade das propriedades dos sólidos geométricos a situações que envolvem diversas áreas do conhecimento, como a Arquitetura, a Engenharia e as Artes.

Ao nosso redor, é possível distinguir inúmeras figuras geométricas planas e não planas. As linhas e as superfícies podem ser planas ou não planas, mas os sólidos são sempre não planos.

1.1 Poliedros

Neste capítulo, vamos estudar um dos tipos de sólidos geométricos: os poliedros.

Todo poliedro apresenta uma superfície, composta de regiões poligonais, chamada de **superfície poliédrica fechada**.

- Uma **superfície poliédrica fechada** é composta de um número finito (quatro ou mais) de superfícies poligonais planas, de modo que cada lado de uma dessas superfícies coincida com apenas um lado de alguma das outras superfícies.

Observe as figuras.

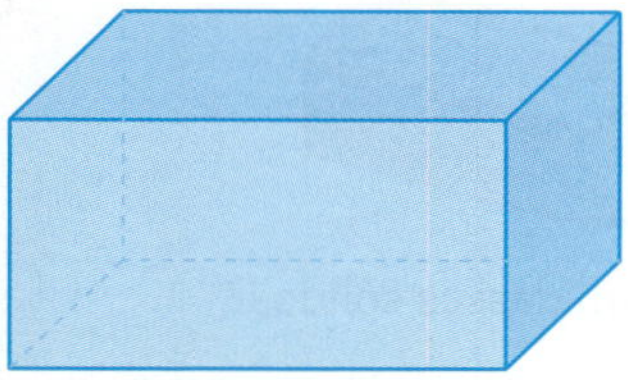
Figura I

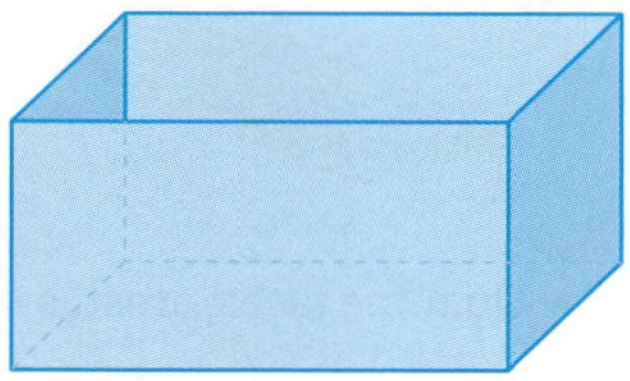
Figura II

Considerando que uma superfície poliédrica fechada delimita uma porção do espaço em seu interior, observamos que apenas a figura I representa uma superfície poliédrica fechada.

Depois de estudar uma superfície poliédrica fechada, podemos definir o que é poliedro.

- É chamado de **poliedro** o sólido geométrico formado pela reunião de uma superfície poliédrica fechada com todos os pontos do espaço delimitados por ela.

Exemplos

a) 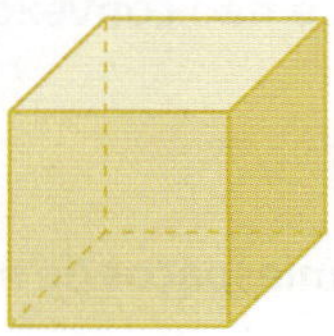

b) 

c) 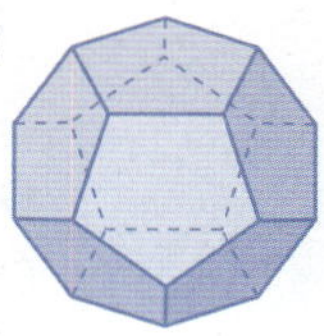

Elementos de um poliedro

- **Face:** cada uma das superfícies poligonais que compõem a superfície do poliedro.
- **Aresta:** cada um dos lados comum a duas faces.
- **Vértice:** cada ponto comum a três ou mais arestas.

Observe que as arestas do poliedro são os lados dos polígonos que determinam as faces, e que os vértices do poliedro são os vértices desses polígonos.

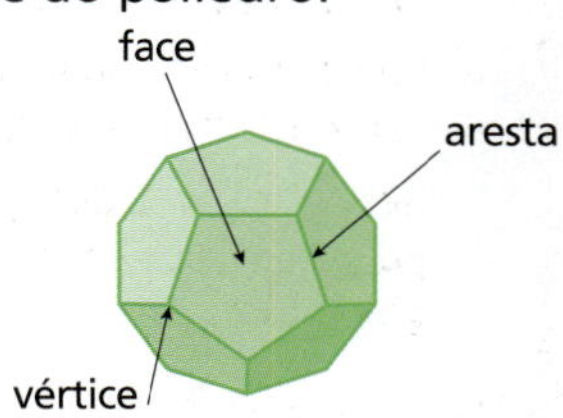

Nomenclatura de um poliedro

A palavra **poliedro**, de origem grega, é formada por *poli*, que significa "várias", e *edro*, que significa "face".

Um poliedro costuma ser nomeado de acordo com seu número de faces. Na palavra *tetraedro*, por exemplo, temos um elemento de origem grega (*tetra* = 4), seguido do elemento de composição *edro*. Assim, tetraedro significa "poliedro de 4 faces".

Retomando os exemplos de poliedro dados anteriomente, temos:

a) hexaedro $\begin{cases} \text{6 faces} \\ \text{8 vértices} \\ \text{12 arestas} \end{cases}$ **b)** tetradecaedro $\begin{cases} \text{14 faces} \\ \text{16 vértices} \\ \text{28 arestas} \end{cases}$ **c)** dodecaedro $\begin{cases} \text{12 faces} \\ \text{20 vértices} \\ \text{30 arestas} \end{cases}$

Veja alguns dos nomes de poliedros estudados com maior frequência:

Número de faces	4	5	6	7	8	12	20
Nome do poliedro	tetraedro	pentaedro	hexaedro	heptaedro	octaedro	dodecaedro	icosaedro

Exercício

1. Analise os sólidos abaixo.

a) 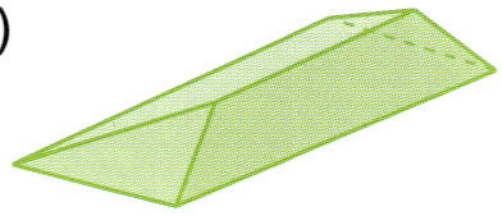

b) 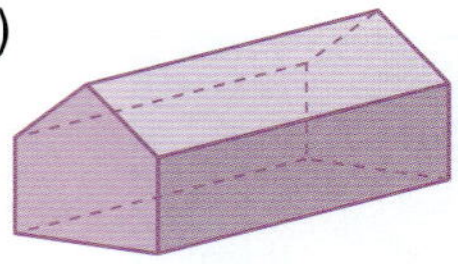

c) 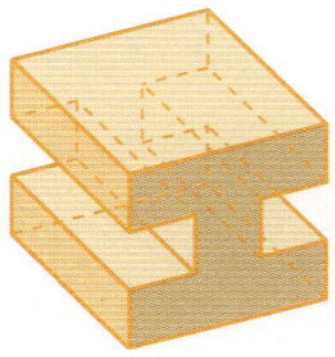

- Quantas faces, arestas e vértices tem cada um desses sólidos?

1.2 Poliedro convexo e poliedro não convexo

Os poliedros que não apresentam reentrâncias em sua superfície são denominados **convexos**. Os que apresentam essa característica são denominados **não convexos** (ou **côncavos**).

De maneira mais precisa:

- Se cada plano que contém uma face de um poliedro posiciona as demais faces em um mesmo semiespaço, então o poliedro é **convexo**; caso contrário, é **não convexo** (ou **côncavo**).

Observação:

É importante observar que um plano α divide o espaço em dois **semiespaços** de mesma origem α.

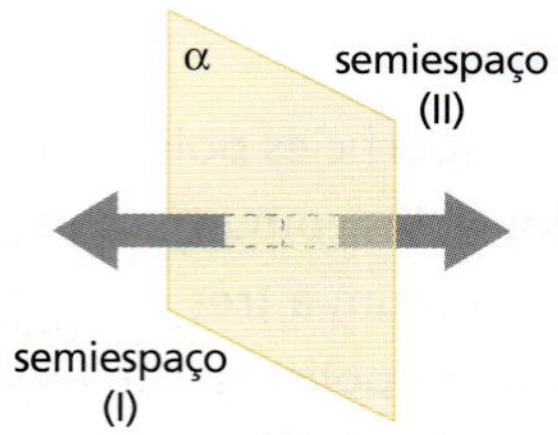

Em cada uma das figuras abaixo, destacou-se um plano que contém uma das faces do poliedro. Observe:

Poliedros convexos	Poliedros não convexos
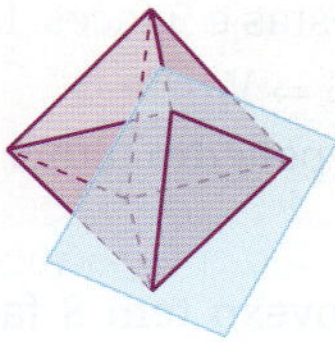 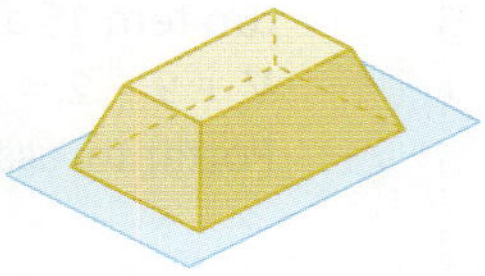	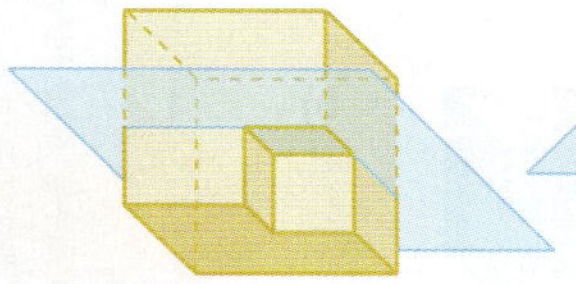 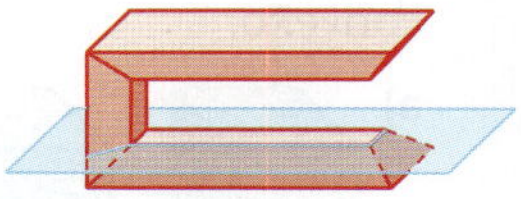

1.3 Relação de Euler

Os elementos dos poliedros mantêm entre si muitas relações geométricas, numéricas e métricas.

Entre as relações numéricas uma das mais importantes é a **relação de Euler**, que relaciona o número de vértices (V), de arestas (A) e de faces (F) de qualquer poliedro convexo.

Essa relação pode ser escrita assim:

$$V + F - 2 = A$$

Observe que a relação de Euler é válida para os poliedros abaixo.

Poliedro	V	F	A	$V + F$	$V + F - 2$
	8	6	12	14	12
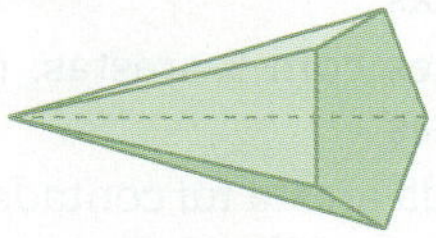	6	6	10	12	10
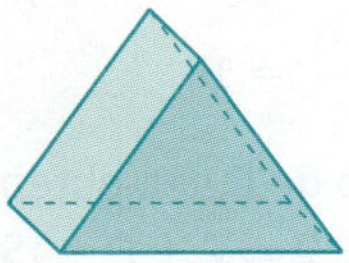	6	5	9	11	9

É importante saber que, apesar de todo poliedro convexo satisfazer a relação de Euler, nem sempre um poliedro que satisfaz essa relação é convexo.

Veja:

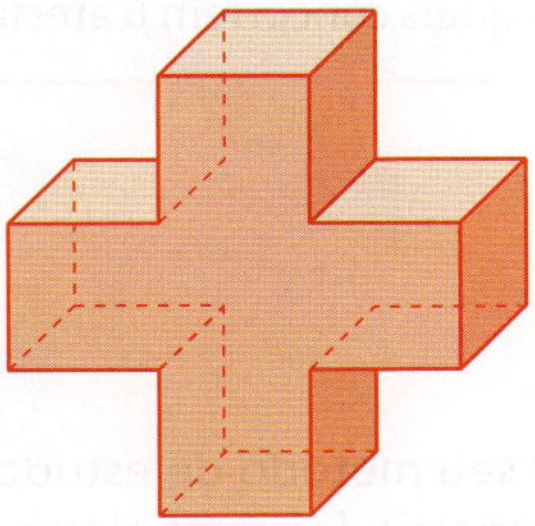

23.1 Biblioteca do estudante

O poliedro ao lado tem: $V = 24$, $F = 14$ e $A = 36$

Note que, mesmo não sendo convexo, esse poliedro satisfaz a relação de Euler, pois:

$$24 + 14 - 2 = 36$$

Exercícios

2. Determine o número de vértices, faces e arestas de cada poliedro e classifique-os em convexo ou não convexo.

a) 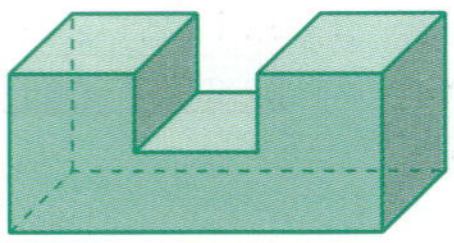

b) 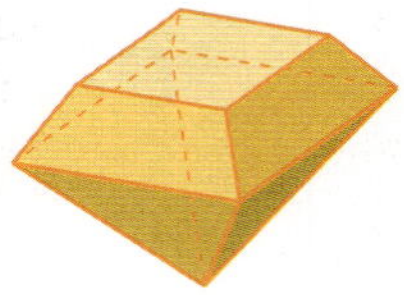

3. Verifique a validade da relação de Euler para cada poliedro.

a) 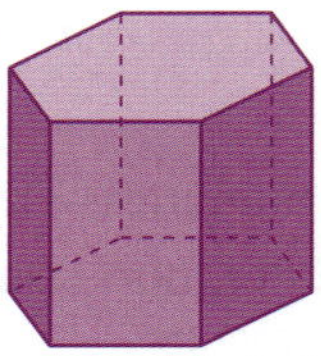

poliedro I

b) 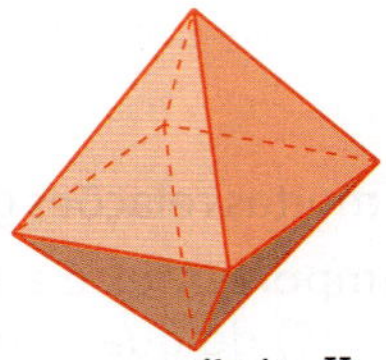

poliedro II

R1. Obter o número de arestas de um poliedro convexo que tem 6 faces e 8 vértices.

➤ **Resolução**

Como a relação de Euler é válida para todos os poliedros convexos, temos:

$V + F - 2 = A \Rightarrow A = 8 + 6 - 2 \Rightarrow A = 12$

Portanto, esse poliedro convexo tem 12 arestas.

4. Quantas faces tem um poliedro convexo com 12 vértices e 30 arestas?

5. Num poliedro convexo, o número de arestas excede o número de vértices em 6 unidades. Calcule o número de faces desse poliedro.

6. O número de arestas de um octaedro convexo é o dobro do número de vértices. Calcule o número de arestas desse poliedro.

R2. Quantos vértices tem um poliedro convexo com 4 faces triangulares e 5 faces quadradas?

➤ **Resolução**

Número de faces do poliedro: $4 + 5 = 9$

As 4 faces triangulares têm 12 lados $(4 \cdot 3)$ e as 5 faces quadradas têm 20 lados $(5 \cdot 4)$. Então, o número de arestas é dado por: $(12 + 20) : 2 = 16$, pois a ligação de duas faces consecutivas se dá sempre por uma única aresta. Assim, o poliedro tem 16 arestas e 9 faces. Logo:

$V + 9 - 2 = 16 \Rightarrow V = 9$

Portanto, esse poliedro tem 9 vértices.

7. Um poliedro convexo tem 8 faces triangulares e 6 faces octogonais. Quantos vértices tem esse poliedro?

8. Determine o número de vértices de um poliedro convexo que tem 3 faces triangulares, 1 face quadrangular, 1 pentagonal e 2 hexagonais.

9. Um poliedro convexo com 11 vértices tem o número de faces triangulares igual ao número de faces quadrangulares e 1 face pentagonal. Calcule o número de faces desse poliedro.

10. Calcule o número de faces quadrangulares e triangulares de um poliedro com 20 arestas e 10 vértices.

R3. Um poliedro euleriano (que atende à relação de Euler) de 7 vértices tem 5 vértices nos quais concorrem 4 arestas e 2 vértices nos quais concorrem 5 arestas. Quantas arestas e quantas faces tem esse poliedro?

➤ **Resolução**

- 5 vértices com 4 arestas: $(5 \cdot 4)$ arestas = 20 arestas
- 2 vértices com 5 arestas: $(2 \cdot 5)$ arestas = 10 arestas

Como cada aresta foi contada duas vezes (uma vez em cada vértice), temos:

$$A = \frac{20 + 10}{2} = 15$$

Pela relação de Euler, obtemos:

$V + F = A + 2 \Rightarrow 7 + F = 15 + 2 \Rightarrow F = 10$

Logo, o poliedro tem 15 arestas e 10 faces.

11. Determine o número de vértices, arestas e faces de um poliedro convexo que tem 5 vértices nos quais concorrem 3 arestas, 7 vértices nos quais concorrem 4 arestas, 9 vértices nos quais concorrem 5 arestas e 8 vértices nos quais concorrem 6 arestas.

1.4 Poliedros de Platão

O filósofo grego Platão (427 a.C.-347 a.C.), para construir seu método de estudo, reuniu Filosofia, Matemática e Geometria. Um de seus interesses na Geometria foi certa classe de poliedros, mais tarde denominados **poliedros de Platão**.

Um poliedro é chamado de poliedro de Platão se, e somente se:

- é convexo e, portanto, satisfaz a relação de Euler;
- todas as faces têm o mesmo número inteiro n de arestas;
- em todos os vértices concorre o mesmo número inteiro m de arestas.

Observe os exemplos abaixo.

a) 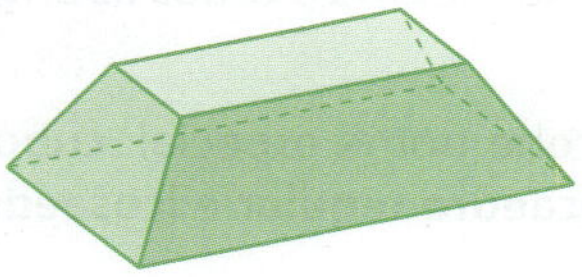

Esse poliedro é de Platão, pois todas as faces têm 4 arestas, em todos os vértices concorrem 3 arestas e ele é convexo, portanto para esse poliedro vale a relação de Euler ($8 + 6 - 2 = 12$).

b) 

Esse poliedro não é de Platão, pois, embora seja convexo e em todos os vértices concorra o mesmo número de arestas, nem todas as faces têm o mesmo número de arestas. Há faces quadrangulares, pentagonais e uma triangular.

As cinco classes de poliedros de Platão

Um poliedro de Platão deve pertencer necessariamente a uma das cinco classes a seguir.

Classe	Característica	Exemplo
Tetraedro	4 faces triangulares, e em cada vértice concorrem 3 arestas	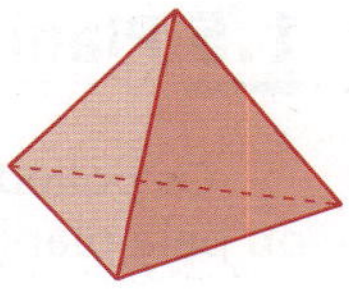
Hexaedro	6 faces quadrangulares, e em cada vértice concorrem 3 arestas	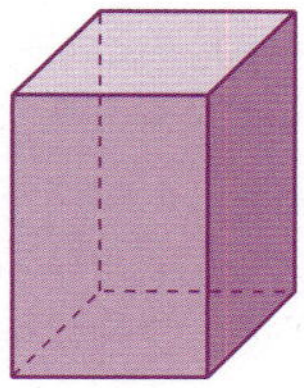
Octaedro	8 faces triangulares, e em cada vértice concorrem 4 arestas	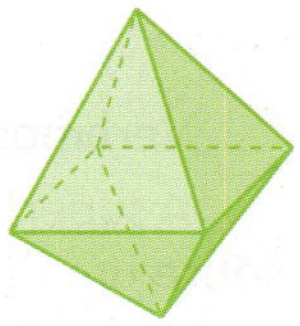
Dodecaedro	12 faces pentagonais, e em cada vértice concorrem 3 arestas	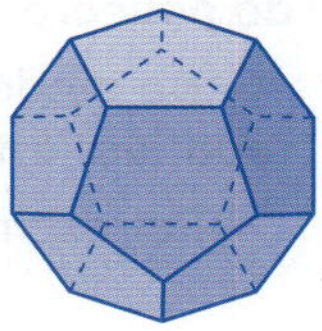
Icosaedro	20 faces triangulares, e em cada vértice concorrem 5 arestas	

23.1 Visão do especialista

Pode-se demonstrar que existem apenas essas cinco classes de poliedros de Platão.

Poliedros regulares

Entre os poliedros de Platão encontram-se os **poliedros regulares**, isto é, os que têm todas as faces poligonais regulares e congruentes entre si.

Observe que:

- uma superfície poligonal plana é regular se o polígono que a compõe é regular;
- um polígono é regular se tem todos os lados de mesma medida e todos os ângulos internos congruentes.

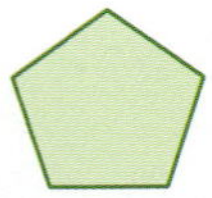
pentágono regular

Um dos poliedros regulares, o hexaedro regular, recebe nome especial: **cubo**. Os demais são denominados **tetraedro regular**, **octaedro regular**, **dodecaedro regular** e **icosaedro regular**.

Veja a seguir os cinco poliedros regulares.

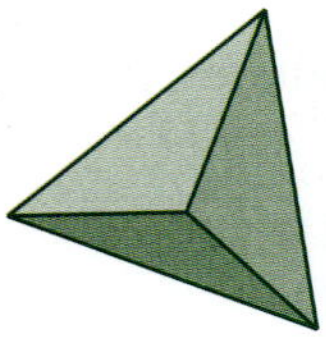
tetraedro regular

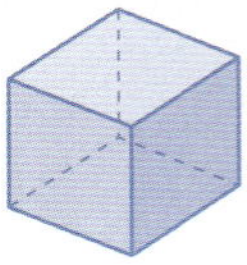
hexaedro regular (cubo)

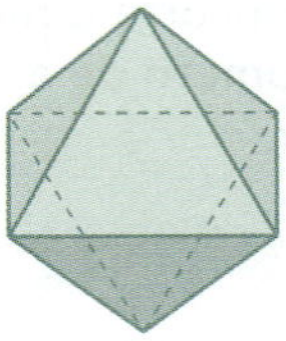
octaedro regular

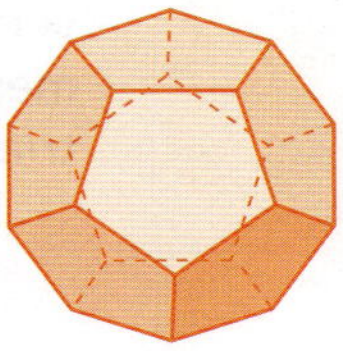
dodecaedro regular

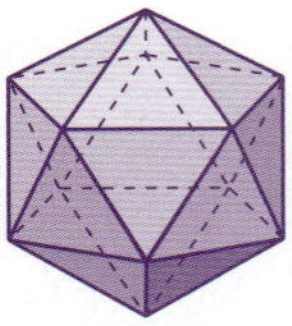
icosaedro regular

1.5 Planificação da superfície de um poliedro

Os poliedros podem ser representados de diferentes maneiras; por exemplo, em perspectiva ou pela planificação de sua superfície.

Até aqui, vimos a representação de alguns poliedros em perspectiva, como o cubo abaixo.

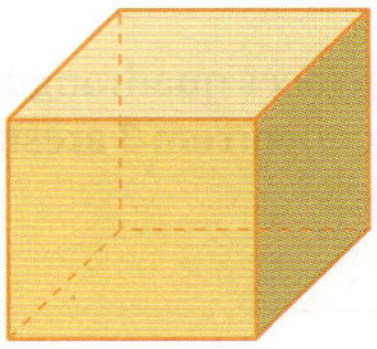

Veremos agora outras formas de representação.

A superfície de um poliedro, que é formada por superfícies poligonais planas, pode ser projetada sobre um plano, de tal modo que cada uma das faces do poliedro tenha pelo menos um lado em comum com outra face. Obtemos, assim, uma figura plana, que costuma ser chamada de **molde do poliedro, planificação da superfície do poliedro** ou, simplesmente, **planificação do poliedro**.

De modo geral, as faces de um poliedro podem ser arranjadas de vários modos, desde que cada face esteja ligada a outra por pelo menos um de seus lados.

Por exemplo:

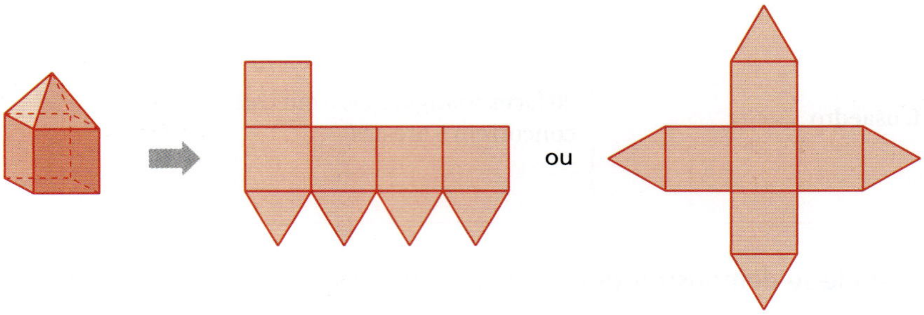

Exercícios

R4. Para o caso do cubo, há 11 diferentes planificações. Duas delas estão representadas abaixo; desenhar as outras 9 planificações.

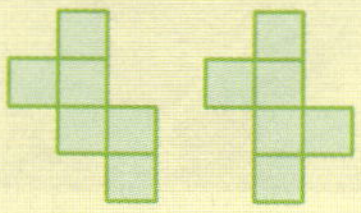

➤ Resolução

A resolução fica facilitada se usarmos uma malha quadriculada. Estas são as outras possibilidades:

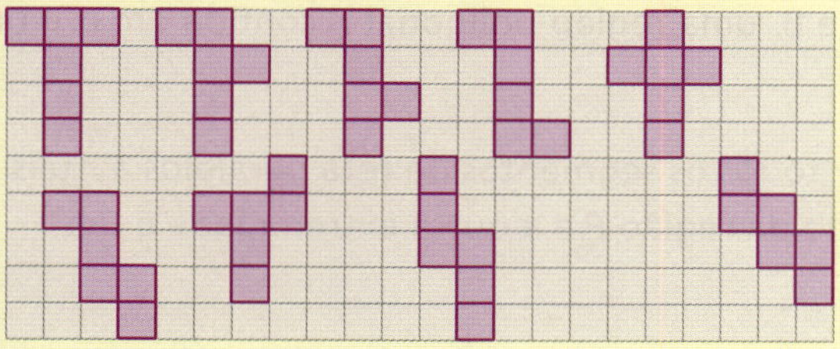

R5. Desenhar duas planificações diferentes da superfície do tetraedro regular.

➤ Resolução

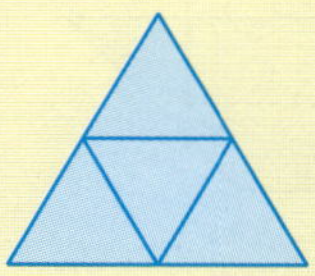

ou

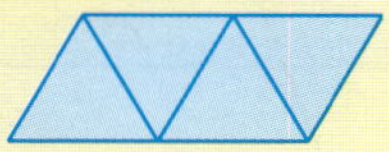

12. Represente a planificação da superfície de um poliedro que tem 3 faces quadradas e 4 faces triangulares.

13. Represente a planificação de um octaedro regular.

R6. Na planificação da superfície de um cubo, foi assinalado um ponto A. Marcar nessa planificação o ponto que coincidirá com A depois de o cubo ser montado.

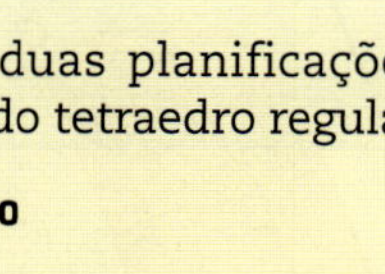

➤ Resolução

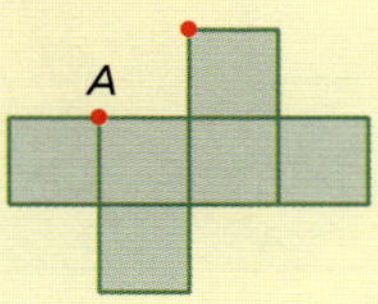

14. Nas planificações abaixo, pinte de vermelho os lados das faces que coincidirão com o lado destacado com azul depois que o sólido for montado.

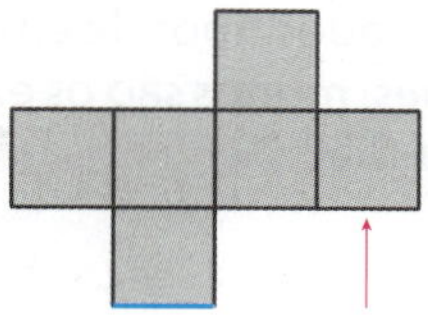

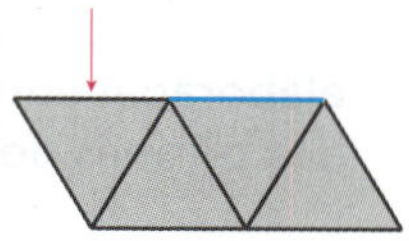

R7. Qual é o número de vértices do sólido obtido ao dobrar convenientemente as linhas tracejadas da figura abaixo?

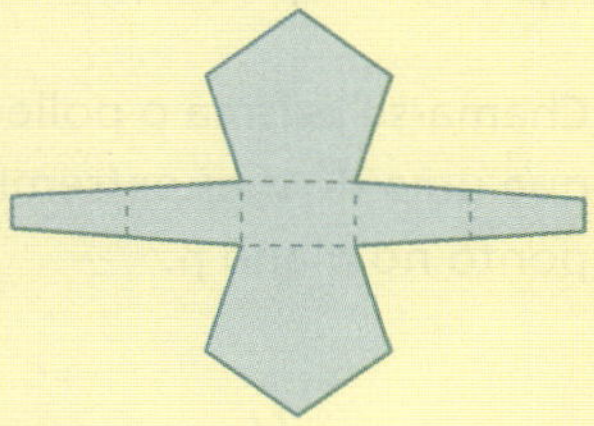

➤ Resolução

O sólido obtido é um heptaedro, logo o número de faces é 7.

Como há 5 faces quadrangulares e 2 faces pentagonais, o número de arestas é:

$$A = \frac{5 \cdot 4 + 2 \cdot 5}{2} = 15$$

Como vale a relação de Euler, temos: $V = 15 - 7 + 2$ ou $V = 10$

15. Da superfície de um poliedro regular de faces pentagonais, foram retiradas as três faces adjacentes a um vértice comum. Calcule o número de arestas, de faces e de vértices da superfície poliédrica que restou.

16. Determine o número de arestas e de vértices do poliedro cuja planificação é a da figura abaixo.

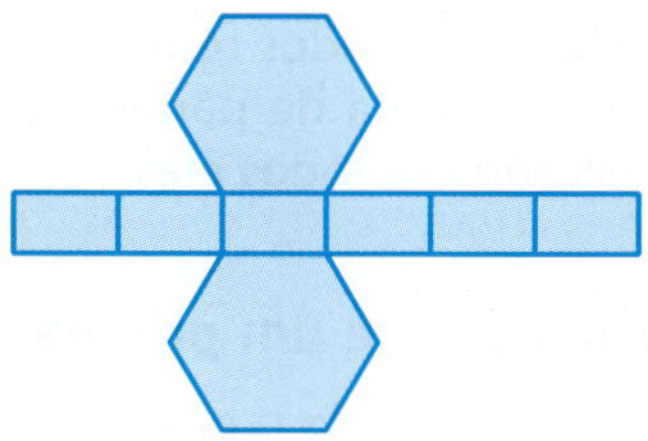

17. Considere que a figura abaixo seja a planificação da superfície de um poliedro. Qual é a soma do número de arestas e do número de vértices?

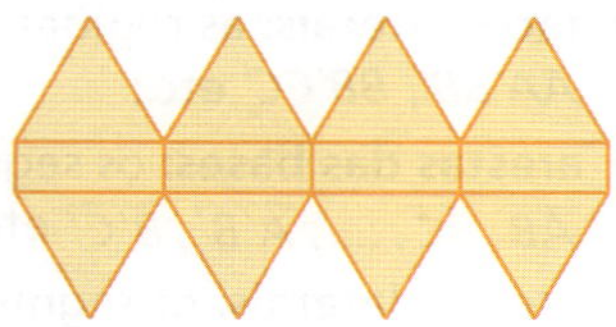

2 Prismas

Vários objetos dos ambientes em que vivemos têm a forma de poliedros; entre eles, destaca-se um tipo especial: os **prismas**.

Desde os mais variados tipos de embalagem até as mais elaboradas edificações, muitos são os exemplos da presença dos prismas no dia a dia.

PHOTORESEARCHERS/LATINSTOCK

Prédio do Pentágono, Arlington, EUA.

2.1 Definição

Vamos considerar dois planos paralelos, α e β, uma região poligonal *P* contida em α e uma reta *r* que intercepta os planos α e β.

- Chama-se **prisma** o poliedro formado por todos os segmentos de reta paralelos a *r* tais que uma de suas extremidades é um ponto da região *P* e a outra extremidade é um ponto no plano β.

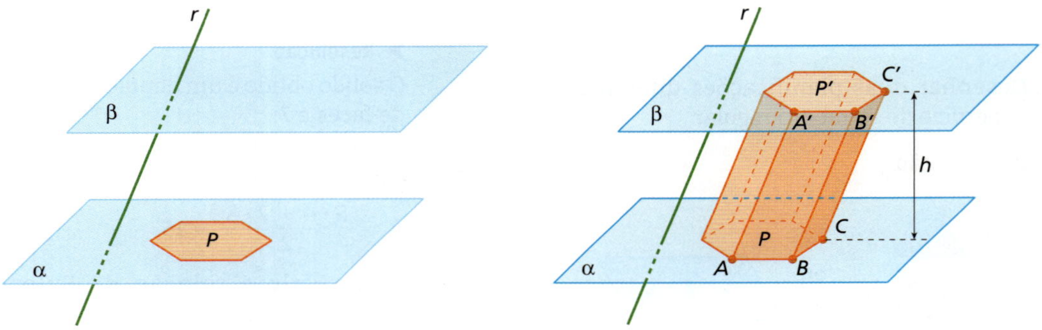

Observe os prismas:

Note que todos têm pelo menos um par de faces paralelas e congruentes e pelo menos três faces em forma de paralelogramo. Esse fato, embora não seja exclusivo dos prismas, pode ser observado em todos eles.

Elementos de um prisma

Considerando o prisma ao lado, temos:

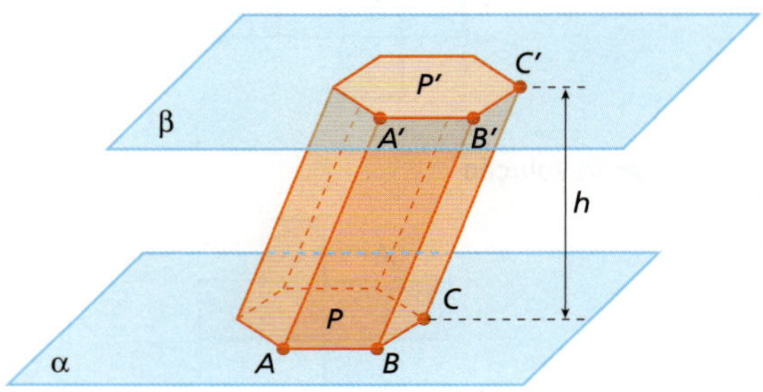

- **bases:** são as regiões poligonais *P* e *P*′, congruentes e situadas em planos paralelos (α e β, respectivamente);
- **faces laterais:** as regiões poligonais *AA*′*BB*′, *BB*′*CC*′ etc.;
- **arestas das bases:** os segmentos $\overline{AB}$, $\overline{BC}$, ..., $\overline{A'B'}$, $\overline{B'C'}$ etc.;
- **arestas laterais:** os segmentos $\overline{AA'}$, $\overline{BB'}$, $\overline{CC'}$ etc.;
- **altura do prisma:** a distância *h* entre os planos das bases (α e β).

2.2 Classificação dos prismas

Para classificar os prismas, utilizamos alguns critérios.

1º Consideramos a inclinação da reta r em relação aos planos α e β que contêm as bases. Essa reta define a inclinação das arestas laterais do prisma em relação às bases. Se a reta r é perpendicular aos planos α e β, dizemos que o prisma é **reto**; caso contrário, ele é **oblíquo**, ou seja, nos prismas retos, as arestas laterais são perpendiculares às bases, mas nos oblíquos, não.

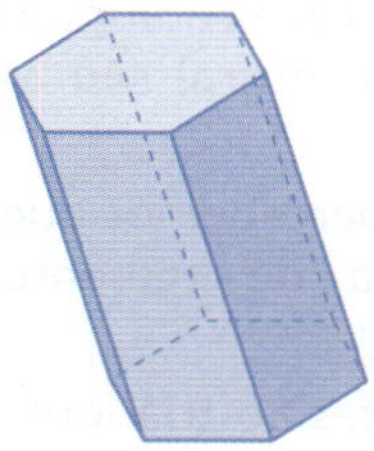
prisma oblíquo

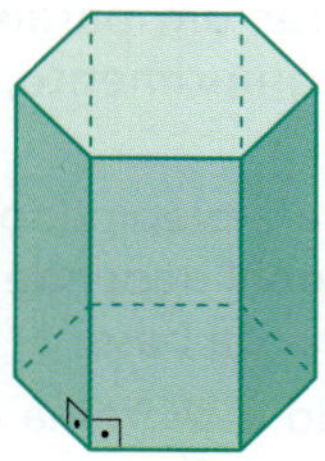
prisma reto

Observe que, nos prismas oblíquos, as faces laterais são paralelogramos e, nos prismas retos, são retângulos.

2º Consideramos o polígono que determina as bases. Se esse polígono for um triângulo, o prisma será denominado **prisma triangular**; se for um quadrilátero, teremos um **prisma quadrangular**; se for um pentágono, teremos o **prisma pentagonal**, e assim por diante.

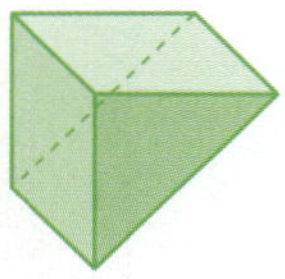
prisma triangular

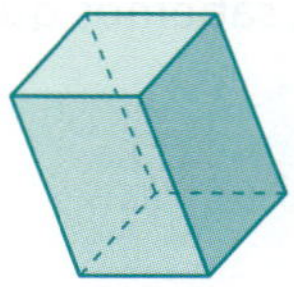
prisma quadrangular

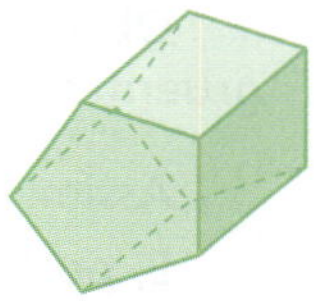
prisma pentagonal

Prisma regular

- Um prisma é **regular** se, e somente se, é reto e suas bases são superfícies poligonais regulares.

Observe os exemplos abaixo.

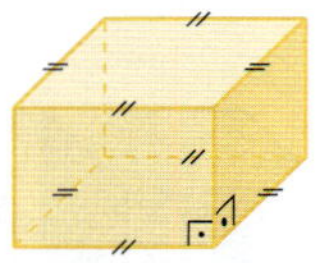
Este prisma é regular, pois ele é reto e suas bases são quadradas.

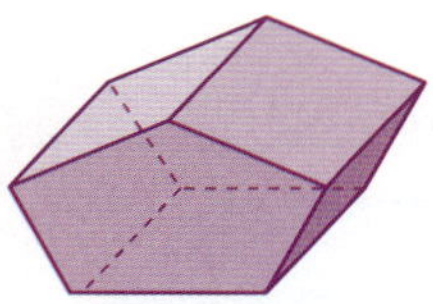
Este prisma **não** é regular, pois as bases não são polígonos regulares.

Paralelepípedo

Entre os prismas quadrangulares, aqueles que têm bases em forma de paralelogramo são chamados de paralelepípedos. Esses prismas podem ser retos ou oblíquos.

Um paralelepípedo reto que tenha bases retangulares recebe o nome de **paralelepípedo reto-retângulo**, ou **bloco retangular**, e o nome de **cubo** quando tem todas as faces congruentes.

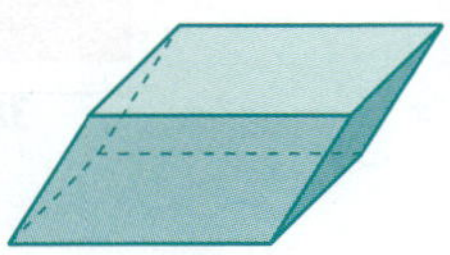
paralelepípedo oblíquo

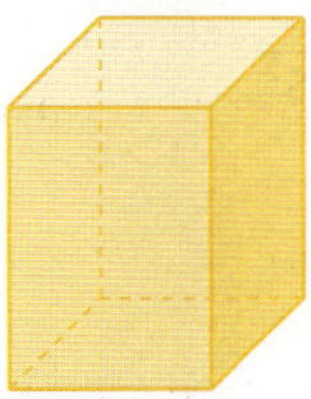
paralelepípedo reto-retângulo ou bloco retangular

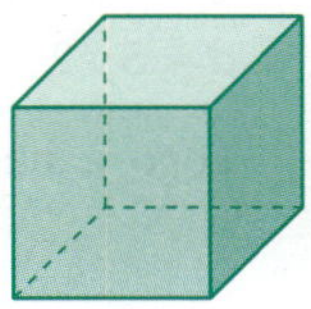
cubo

2.3 Medida da diagonal de um paralelepípedo reto-retângulo

Definimos:

- **Diagonal de um paralelepípedo** é todo segmento cujas extremidades são vértices desse paralelepípedo que não pertencem a uma mesma face.

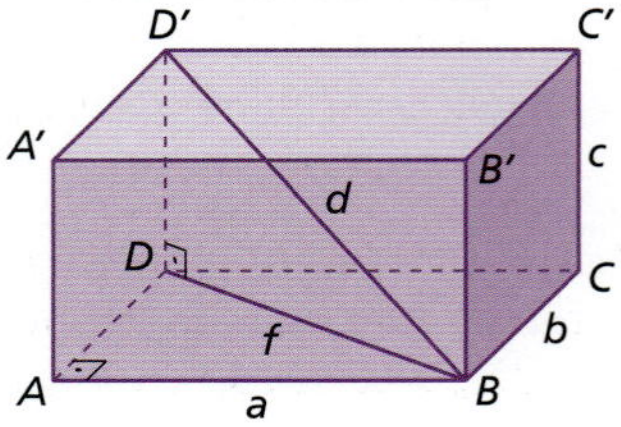

Vamos considerar um paralelepípedo reto-retângulo cujas dimensões (comprimento, largura e altura) são as medidas *a*, *b* e *c*.

Analisando o paralelepípedo ao lado percebemos que a medida *d* da diagonal depende da medida *f* do segmento $\overline{DB}$, que é a diagonal da base.

Assim, aplicando o teorema de Pitágoras ao triângulo retângulo *ADB*, temos: $f^2 = a^2 + b^2$ (I)

E, aplicando o teorema de Pitágoras ao triângulo retângulo *DBD'*, vem: $d^2 = f^2 + c^2$ (II)

Substituindo (I) em (II), temos: $d^2 = (a^2 + b^2) + c^2$

Portanto, concluímos:

- $d = \sqrt{a^2 + b^2 + c^2}$

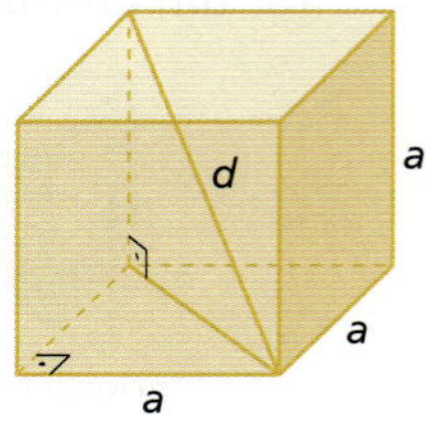

Observe que no caso do cubo sabemos que suas arestas são congruentes, ou seja, $a = b = c$.

Assim: $d = \sqrt{a^2 + a^2 + a^2} \Rightarrow d = \sqrt{3a^2}$

E, portanto:

- $d = a\sqrt{3}$

Exercícios

R8. Calcular a medida da diagonal do paralelepípedo abaixo.

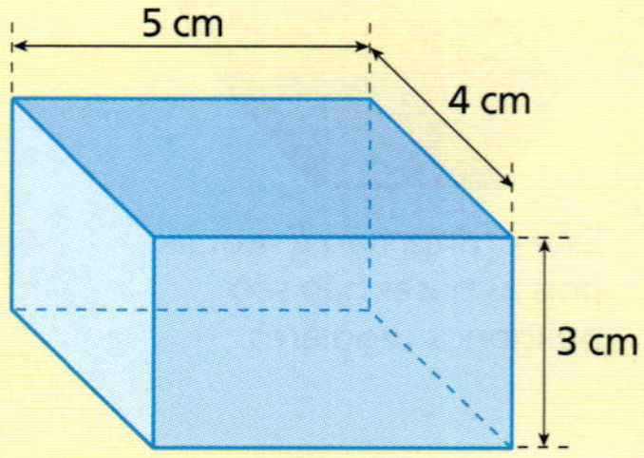

➤ Resolução

Sabemos que: $d = \sqrt{a^2 + b^2 + c^2}$

Substituindo *a*, *b* e *c*, respectivamente, por 3, 4 e 5, temos:

$d = \sqrt{3^2 + 4^2 + 5^2} = \sqrt{50} = \sqrt{2 \cdot 5^2}$
$d = 5\sqrt{2}$

Logo, a diagonal mede $5\sqrt{2}$ cm.

18. Calcule a medida da diagonal de cada paralelepípedo.

a)
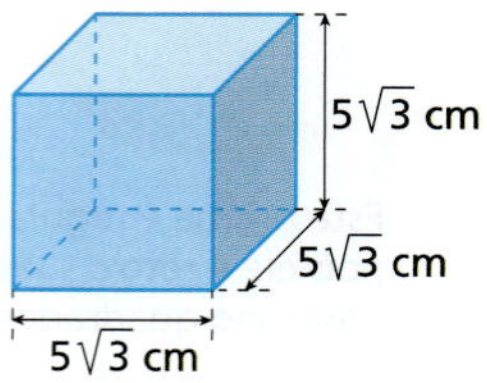

b)
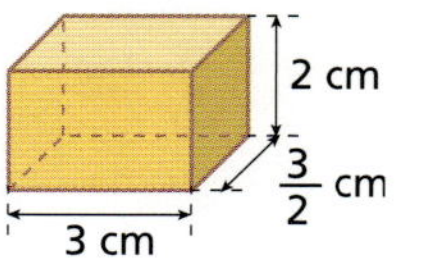

19. Escreva a expressão algébrica que indica a medida da diagonal de cada paralelepípedo.

a)
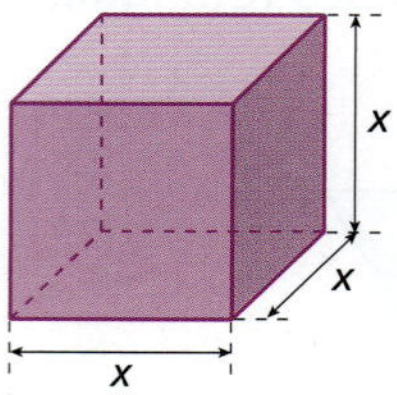

b)
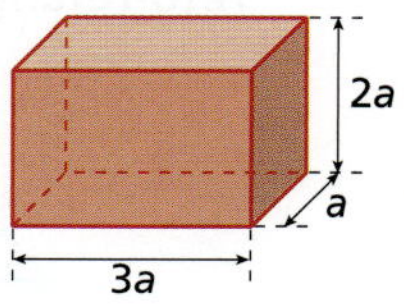

20. Um paralelepípedo reto-retângulo de dimensões a cm, 4 cm e 7 cm tem diagonal de medida $3\sqrt{10}$ cm. Determine a.

21. Calcule a medida da aresta de um cubo cuja diagonal mede 12 cm.

22. Um paralelepípedo reto-retângulo tem diagonal de medida $\sqrt{14}$ cm. Determine as medidas das três arestas sabendo que são números inteiros consecutivos.

23. As medidas das arestas de um paralelepípedo reto-retângulo são proporcionais a 3, 4 e 12. Se a diagonal mede 130 cm, quanto medem essas arestas?

R9. Calcular a medida da aresta de um cubo cuja diagonal excede em $\sqrt{2}$ cm a diagonal da base.

➤ Resolução

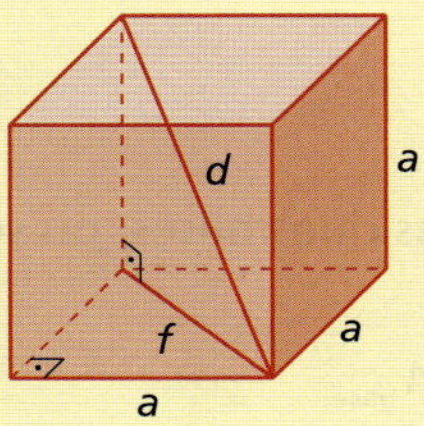

Sendo d a medida da diagonal do cubo e f a medida da diagonal da base, temos, pelos dados do problema: $d = f + \sqrt{2} \Rightarrow d - f = \sqrt{2}$

Também temos: $f^2 = a^2 + a^2 \Rightarrow f = a\sqrt{2}$

Por se tratar de um cubo, sabemos que: $d = a\sqrt{3}$

Assim:

$$d - f = \sqrt{2} \Rightarrow a\sqrt{3} - a\sqrt{2} = \sqrt{2} \Rightarrow$$

$$\Rightarrow a \cdot (\sqrt{3} - \sqrt{2}) = \sqrt{2} \Rightarrow$$

$$\Rightarrow a = \frac{\sqrt{2}(\sqrt{3} + \sqrt{2})}{(\sqrt{3} - \sqrt{2})(\sqrt{3} + \sqrt{2})} \Rightarrow a = \frac{\sqrt{6} + 2}{3 - 2}$$

Portanto: $a = (2 + \sqrt{6})$ cm

24. O sólido abaixo é um cubo cujas arestas medem 4 cm. Qual é a área do triângulo ABH?

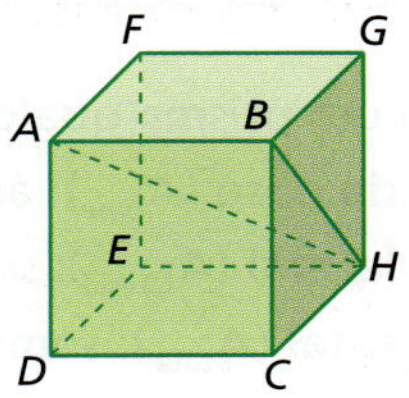

25. Desenhe um cubo e trace duas de suas diagonais. Mostre que duas diagonais de um cubo não são perpendiculares entre si.

2.4 Representações planas de prismas

Assim como todo poliedro, os prismas também podem ter sua superfície planificada. Observe, a seguir, a planificação da superfície de um prisma.

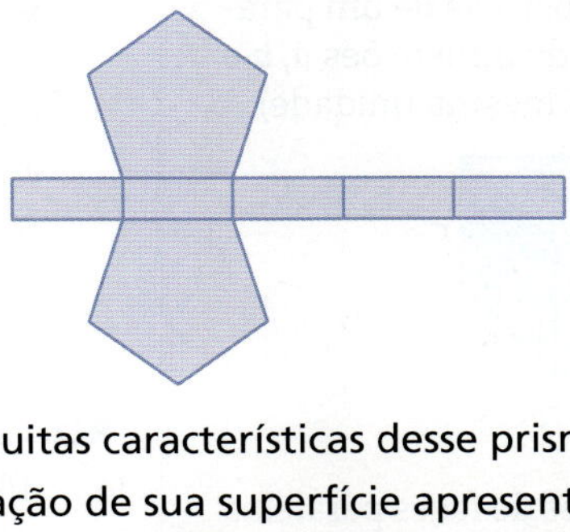

Por meio dela, identificamos muitas características desse prisma. Veja:

- tem 7 faces, já que a planificação de sua superfície apresenta 7 regiões poligonais;
- tem bases pentagonais, pois faces pentagonais não podem ser faces laterais de um prisma, que devem ser necessariamente quadriláteros;
- tem 5 faces laterais (ou faces retangulares), já que as pentagonais são bases;
- tem 10 vértices, uma vez que cada base contém metade dos vértices do prisma;
- é um prisma reto, pois suas faces laterais são retangulares;
- tem altura igual ao comprimento de uma aresta lateral, já que é reto.

É importante observar que as faces laterais de um prisma reto são sempre retangulares. Mesmo que o prisma seja um cubo, podemos dizer que suas faces laterais são retangulares, porque todo quadrado é um retângulo.

Exercícios

26. Identifique o cubo que corresponde à planificação.

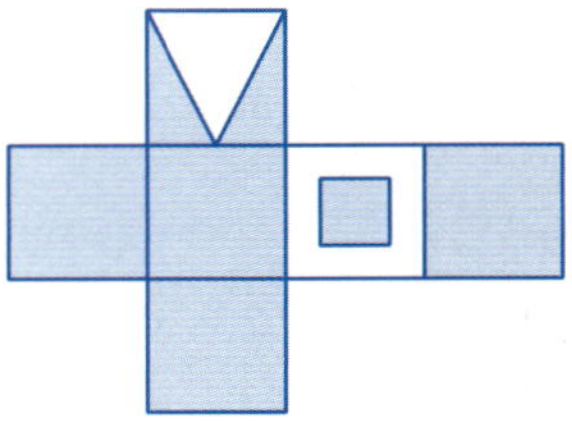

a)  b)  c) 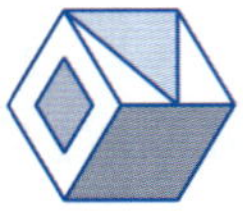 d) 

27. Qual é a planificação que corresponde ao cubo apresentado a seguir?

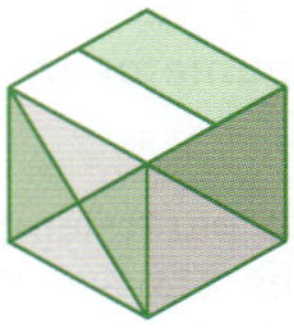

a) 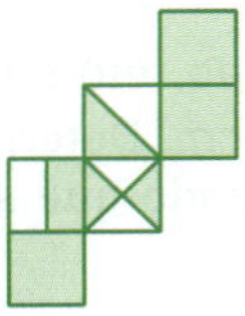

b) 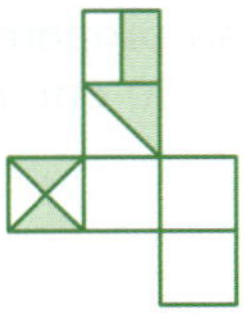

c) 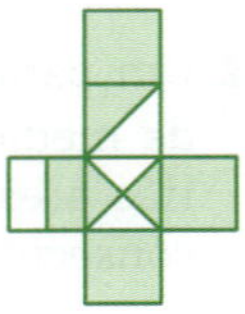

d) 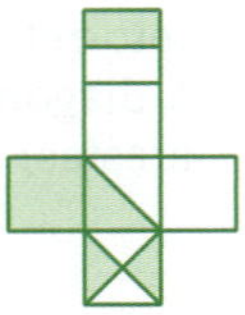

2.5 Área da superfície de um prisma

Dado um prisma qualquer, definimos:

Área da base (A_{base}): área da face que é base;

Área lateral ($A_{lateral}$): soma das áreas das faces laterais;

Área total (A_{total}): soma da área lateral com as áreas das duas bases, ou seja:

$$A_{total} = A_{lateral} + 2 \cdot A_{base}$$

Observação:
Embora um polígono seja uma linha e tenha apenas comprimento, para simplificar, sempre que possível, vamos usar *área do polígono* em vez de *área da superfície poligonal*.

Exercícios

R10. Calcular a área total da superfície de um paralelepípedo reto-retângulo de dimensões a, b e c (medidas dadas em uma mesma unidade).

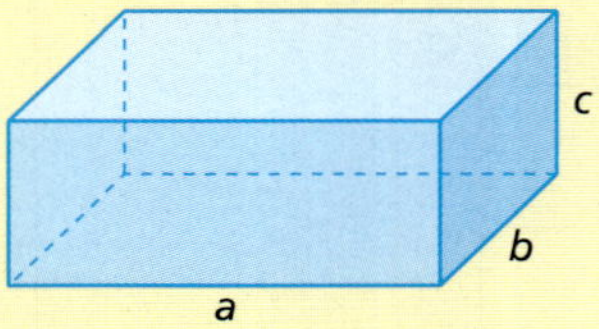

➤ Resolução

Nesse caso, quaisquer pares de faces paralelas podem ser as bases do prisma. Assim, a área total é a soma das áreas de seis retângulos congruentes dois a dois:

$A_{total} = 2ab + 2ac + 2bc \Rightarrow A_{total} = 2(ab + ac + bc)$

R11. Calcular a área total da superfície de um cubo de aresta a.

➤ Resolução

Como o cubo é um paralelepípedo reto-retângulo de arestas congruentes, temos:

$A_{total} = 2(a \cdot a + a \cdot a + a \cdot a)$

$A_{total} = 6a^2$

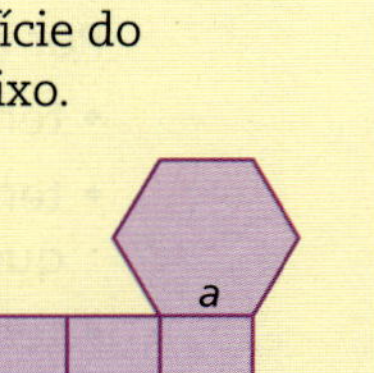

R12. Calcular a área total da superfície do prisma hexagonal regular abaixo.

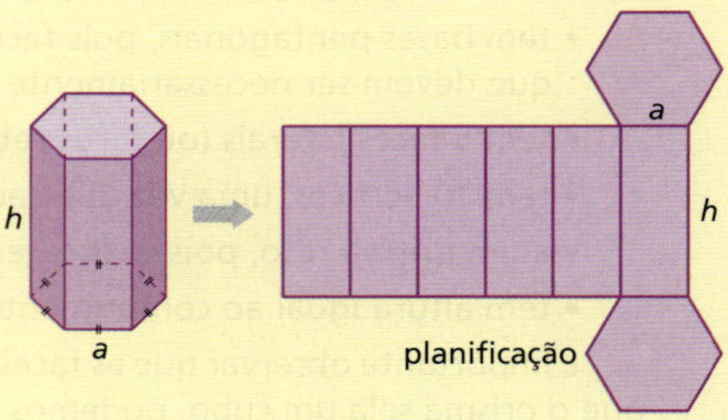

➤ Resolução

Como vimos, um prisma regular é um prisma reto e, portanto, suas faces laterais são retangulares e congruentes, de dimensões a e h.

Assim, a área lateral é dada por:

$A_{lateral} = 6 \cdot \underbrace{a \cdot h}$ (área da face retangular lateral)

A base do prisma é uma região hexagonal regular de lado a.

Sabemos que um hexágono regular pode ser decomposto em seis triângulos equiláteros.

A área de um triângulo equilátero de lado ℓ é dada por: $A = \dfrac{\ell^2 \cdot \sqrt{3}}{4}$

Assim, a área de um hexágono regular de lado ℓ é: $A = 6 \cdot \dfrac{\ell^2 \cdot \sqrt{3}}{4} = \dfrac{3\ell^2 \cdot \sqrt{3}}{2}$

Portanto, a área da base do prisma é dada por:

$A_{base} = \dfrac{3a^2 \cdot \sqrt{3}}{2}$

Logo, a área total da superfície desse prisma hexagonal é:

$A_{total} = A_{lateral} + 2 \cdot A_{base}$

$A_{total} = 6ah + 2 \cdot \dfrac{3a^2 \cdot \sqrt{3}}{2} = 6ah + 3a^2 \cdot \sqrt{3}$

$A_{total} = 3a\left(2h + a\sqrt{3}\right)$

R13. Determinar a área total da superfície de um prisma triangular reto, de altura 12 cm, sabendo que as arestas da base formam um triângulo retângulo de catetos que medem 6 cm e 8 cm.

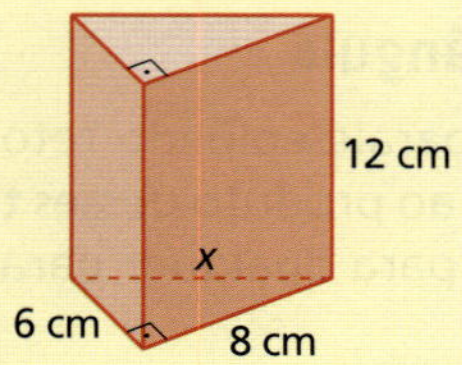

➤ Resolução

O prisma tem base triangular. Assim:

$A_{base} = \dfrac{6 \cdot 8}{2} = 24$

A área lateral é dada pela soma das áreas das faces retangulares que compõem a superfície lateral. Calculando a medida da hipotenusa do triângulo retângulo da base, temos:

$x^2 = 6^2 + 8^2 \Rightarrow x = 10$

Portanto: $A_{lateral} = 6 \cdot 12 + 8 \cdot 12 + 10 \cdot 12 = 288$

Logo, a área total é dada por:

$A_{total} = A_{lateral} + 2 \cdot A_{base}$

$A_{total} = 288 + 2 \cdot 24 = 336$

Portanto, a área total da superfície do prisma é 336 cm².

R14. Determinar a área total da superfície do prisma oblíquo de base quadrada representado ao lado, sabendo que as faces laterais são congruentes.

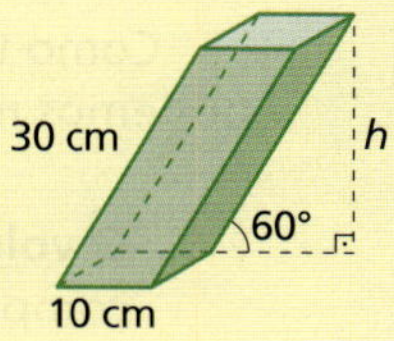

➤ Resolução

O prisma tem base quadrada. Assim:

$A_{base} = 10^2 \Rightarrow A_{base} = 100$

Para calcular a área de uma das faces laterais, vamos obter a altura h.

$\text{sen } 60° = \dfrac{h}{30} \Rightarrow \dfrac{\sqrt{3}}{2} = \dfrac{h}{30} \Rightarrow h = 15\sqrt{3}$

Assim:

$A_{lateral} = 4 \cdot \underbrace{(10 \cdot 15\sqrt{3})}_{\text{área do paralelogramo}}$

$A_{lateral} = 600\sqrt{3}$

Logo:

$A_{total} = A_{lateral} + 2 \cdot A_{base}$

$A_{total} = 600\sqrt{3} + 2 \cdot 100$

$A_{total} = 200\left(1 + 3\sqrt{3}\right)$

Portanto, a área total da superfície do prisma é $200\left(1 + 3\sqrt{3}\right)$ cm².

28. Calcule a área total da superfície dos prismas.

a)

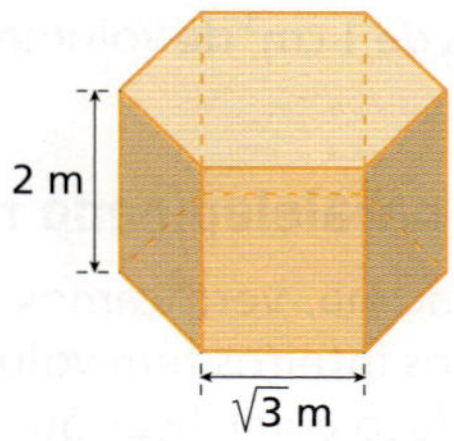

prisma hexagonal regular

b)

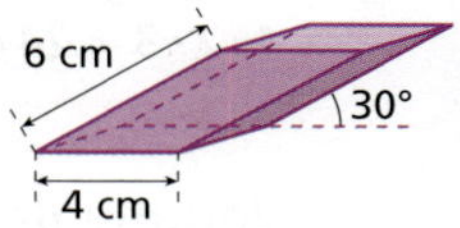

prisma oblíquo de base quadrada e faces laterais congruentes

29. Considere três cubos: cubo A, de aresta 12 cm, cubo B, com diagonal de 12 cm, e cubo C, com diagonal da face quadrada medindo 12 cm.
Qual deles tem superfície de menor área?

30. Calcule a área total da superfície de um prisma triangular regular, de área lateral 300 cm², sabendo que a aresta da base é igual à aresta lateral.

31. Quatro cubos têm arestas iguais a 1, 2, 3 e 4 unidades respectivamente.

a) Determine a área total de cada cubo.

b) O que acontece com a área total se o comprimento da aresta dobra? E se a aresta triplica?

32. Calcule a área da superfície lateral de um prisma hexagonal cuja área da base é $12\sqrt{3}$ cm², sabendo que a aresta da base mede metade da medida da aresta lateral.

2.6 Volume de um prisma

Como todo sólido, um prisma ocupa uma porção do espaço. Usando uma unidade de volume, podemos medir a porção do espaço ocupada por um prisma.

- O **volume** de um prisma corresponde a um único número real V positivo obtido pela comparação da porção do espaço ocupado pelo prisma com a porção do espaço ocupado por uma unidade de medida de volume.

A unidade de medida de volume que usualmente consideramos é o volume de um cubo unitário, isto é, de um cubo de aresta 1 u, sendo u certa unidade de comprimento. Assim, dizemos que o volume desse cubo unitário é 1 u^3.

Se a aresta do cubo unitário medir 1 m, seu volume será 1 m^3; se a aresta do cubo unitário medir 1 mm, o volume desse cubo será 1 mm^3; e assim por diante. Observe o exemplo a seguir.

Vamos calcular quantas vezes o cubo unitário de aresta 1 cm cabe em um paralelepípedo reto-retângulo de dimensões 4 cm, 2 cm e 3 cm.

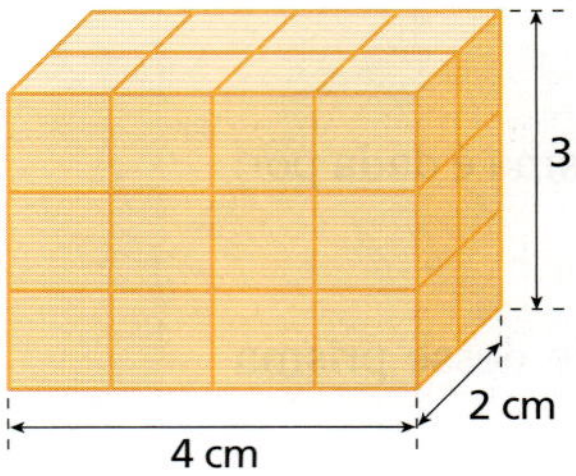

Analisando a figura, observamos que o paralelepípedo é formado por $4 \cdot 2 = 8$ cubos unitários na base e tem 3 camadas iguais à camada da base.

Logo, tem $3 \cdot 8 = 24$ cubos unitários no total. Portanto, o paralelepípedo é formado por $4 \cdot 2 \cdot 3 = 24$ cubos de 1 cm^3 de volume. Dizemos, então, que o volume desse paralelepípedo é 24 cm^3.

Volume de um paralelepípedo reto-retângulo

No exemplo acima, verificamos que um paralelepípedo reto-retângulo cujas dimensões são dadas por números inteiros tem volume igual ao produto desses três números. Também é possível demonstrar esse fato e verificar que é válido para qualquer paralelepípedo reto-retângulo cujas dimensões são dadas por números reais.

Desse modo, para calcular o volume V do paralelepípedo reto-retângulo, fazemos:

- $V_{\text{paralelepípedo}} = a \cdot b \cdot c$

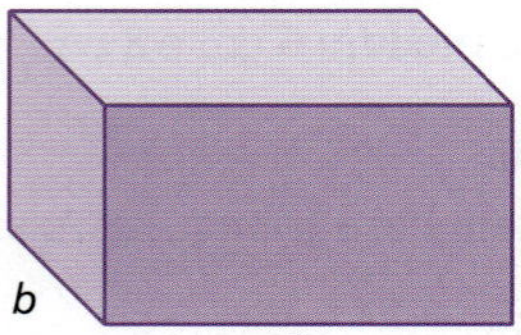

Observe que o volume do paralelepípedo também pode ser expresso assim:

$$V = \text{área da base} \times \text{altura}$$

Agora, como o cubo é um caso particular de paralelepípedo reto-retângulo, seu volume V é dado por:

- $V_{\text{cubo}} = a^3$

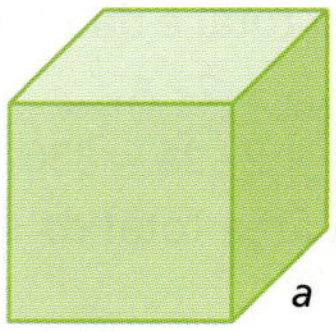

Secção transversal de um prisma

Um plano intercepta um sólido através de uma superfície chamada de **secção plana**. Quando a secção plana é paralela à base do prisma, é denominada **secção transversal**.

Observe uma secção transversal de cada um dos prismas a seguir.

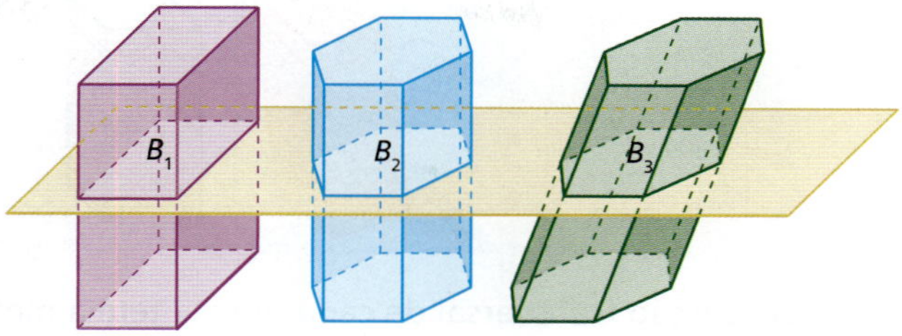

Qualquer secção transversal de um prisma é congruente à base desse prisma e, portanto, tem a mesma área que essa base.

Usaremos esse conceito para determinar o volume de um prisma qualquer.

Princípio de Cavalieri

Pelo princípio de Cavalieri podemos fazer a correspondência entre volumes de alguns sólidos. Observe a seguir.

Sobre uma mesa, formamos uma pilha com certa quantidade de cartões retangulares idênticos. A seguir, modificamos a forma da pilha sem retirar nem pôr nenhum cartão. Veja a ilustração de uma possível situação desse tipo.

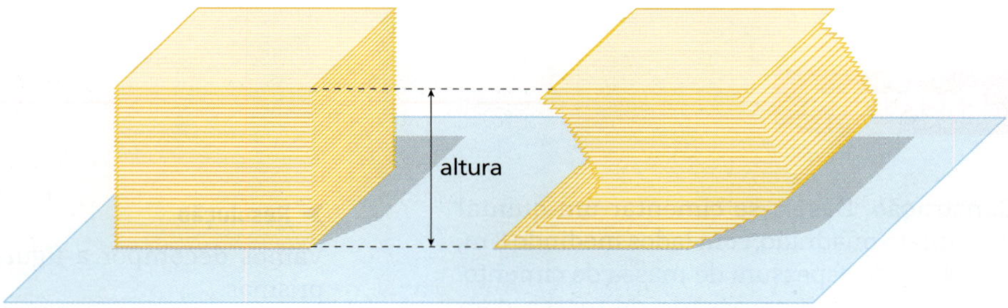

Observando as pilhas, é possível notar que:

- a altura das duas pilhas é a mesma, pois têm a mesma quantidade de cartões idênticos;
- os cartões das duas pilhas ficam à mesma altura da mesa e têm a mesma área, pois são idênticos;
- a segunda pilha tem o mesmo volume da primeira, já que é formada pelos mesmos cartões e, portanto, ocupa a mesma porção do espaço.

Essa situação ilustra o **princípio de Cavalieri**, ou **postulado de Cavalieri**, que afirma:

- Dois sólidos, S_1 e S_2, apoiados num plano α e contidos num mesmo semiespaço, terão o mesmo volume V se todo plano β, paralelo a α, que secciona os dois sólidos, o faz de modo que as secções sejam regiões planas de mesma área.

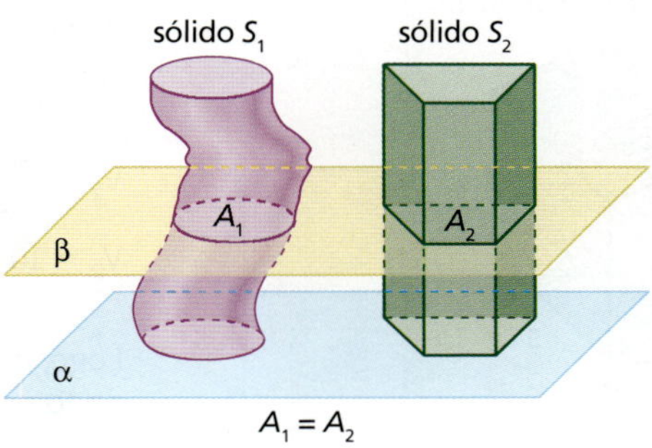

Volume de um prisma qualquer

Considere um prisma S_1 e um paralelepípedo reto-retângulo S_2 de mesma altura h e de bases equivalentes (de mesma área), apoiados num plano α e situados em um mesmo semiespaço.

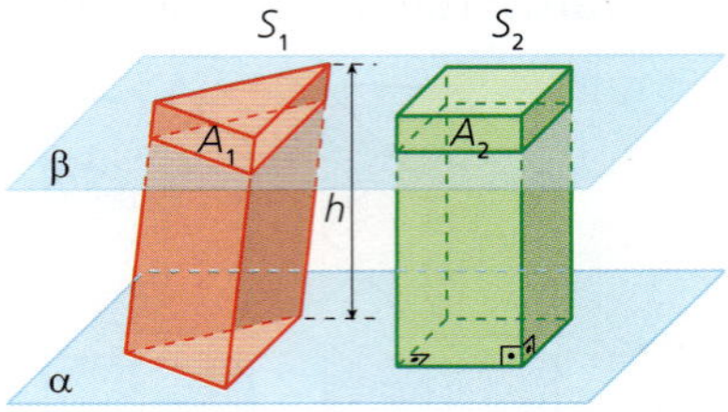

Como qualquer secção transversal de cada prisma tem a mesma área que a base desse prisma e as áreas das bases de S_1 e S_2 são iguais, temos que qualquer plano β paralelo a α que intercepte os dois prismas determina secções transversais de mesma área: $A_1 = A_2$

Assim, pelo princípio de Cavalieri, os dois prismas têm volumes iguais, isto é: $V_1 = V_2$, sendo V_1 o volume do prisma S_1 e V_2 o volume do prisma S_2.

Como S_2 é um paralelepípedo reto-retângulo, seu volume pode ser calculado por:

$$V_2 = \text{área da base de } S_2 \times \text{altura}$$

Como as áreas das bases de S_1 e de S_2 são iguais e $V_1 = V_2$, temos: $V_1 = \text{área da base de } S_1 \times \text{altura}$

Assim, o volume de um prisma qualquer pode ser obtido por:

- $V_{prisma} = \text{área da base} \times \text{altura}$

Exercícios

R15. Construção. Deseja-se cimentar um quintal de formato quadrado, com lados medindo 8 m, com 4 cm de espessura de massa de cimento. Qual é o volume necessário de massa para revestir essa área?

➤ Resolução

A camada de cimento terá a forma de um paralelepípedo reto-retângulo de base quadrada, com 8 m de aresta e altura de 4 cm.

Como a espessura do revestimento é de 4 cm ou 0,04 m, o volume de massa é dado por:

$V = 8 \cdot 8 \cdot 0{,}04 \Rightarrow V = 64 \cdot 0{,}04 \Rightarrow V = 2{,}56$

Logo, são necessários 2,56 m³ de massa para fazer o revestimento.

R16. Calcular o volume de ar contido em uma casa que tem a forma do prisma a seguir.

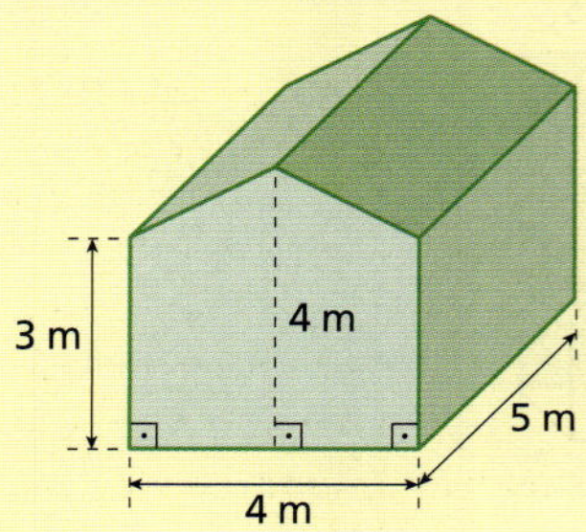

➤ Resolução

Vamos decompor a figura da casa em dois prismas.

1. Prisma reto-retângulo

$V_1 = A_{base} \cdot \text{altura}$

$V_1 = 4 \cdot 5 \cdot 3$

$V_1 = 60$

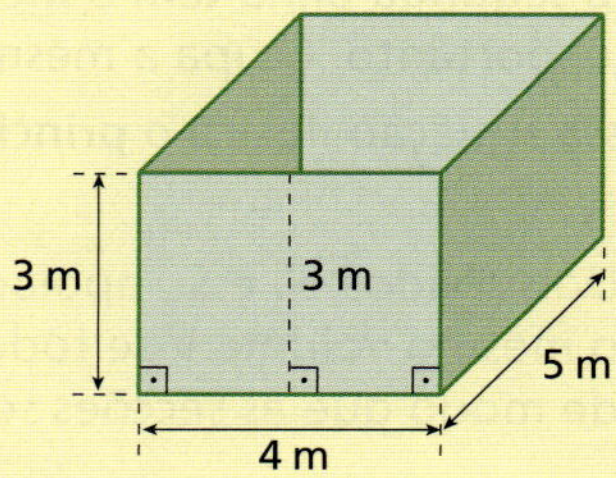

2. Prisma reto de base triangular

$V_2 = A_{base} \cdot \text{altura}$

$V_2 = \dfrac{4 \cdot 1}{2} \cdot 5$

$V_2 = 10$

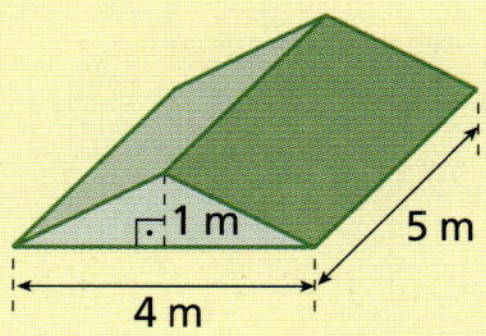

Logo, o volume total de ar contido na casa é dado por $V_1 + V_2$, ou seja, 70 m³.

R17. Capacidade. Um reservatório de água tem a forma do prisma hexagonal regular da figura ao lado e está cheio. Se forem consumidos $3.000\sqrt{3}$ litros, quanto baixará, em metro, o nível de água desse reservatório?

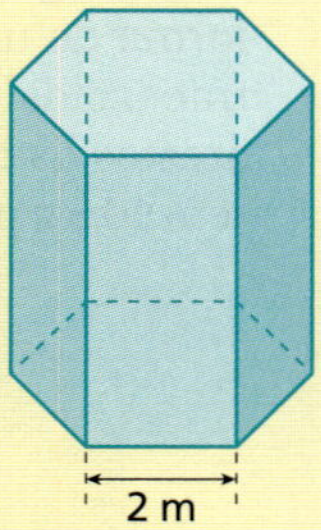

➤ Resolução

Vamos representar por x, em metro, quanto baixará o nível da água no reservatório, se forem consumidos os litros indicados.

Os $3.000\sqrt{3}$ litros consumidos ocupam o volume de um prisma hexagonal regular de mesma base do prisma da figura e altura de *x* metro.

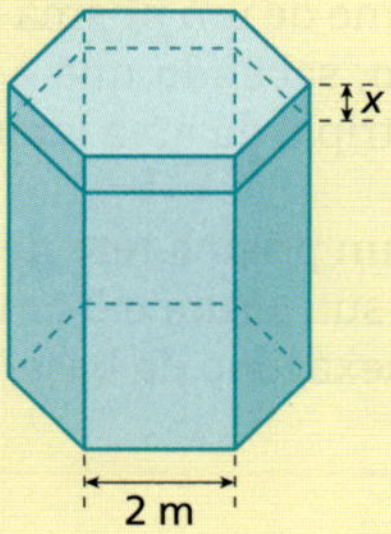

A base do prisma é uma região hexagonal regular de lado 2 m, cuja area é dada por:

$$A_{base} = \frac{6 \cdot \ell^2 \cdot \sqrt{3}}{4} \Rightarrow A_{base} = \frac{3 \cdot 2^2 \cdot \sqrt{3}}{2} \Rightarrow$$

$$\Rightarrow A_{base} = 6\sqrt{3}$$

Com esse dado, podemos calcular o volume da parte do prisma correspondente aos $3.000\sqrt{3}$ litros: $V = A_{base} \cdot x = 6\sqrt{3} \cdot x$

Como $3.000\sqrt{3}$ litros $= 3\sqrt{3}$ m^3, temos:

$6\sqrt{3} \cdot x = 3\sqrt{3} \Rightarrow x = 0{,}5$

Portanto, o nível de água baixará 0,5 metro.

33. Sabe-se que a superfície de um cubo tem 216 m^2 de área total. Calcule o volume desse cubo.

34. Calcule a medida da diagonal de um cubo de 343 m^3 de volume.

35. Calcule o volume de um cubo sabendo que a diagonal de uma de suas faces mede 6 m.

36. A área total da superfície de um cubo mede 54 m^2. Qual deve ser a medida da diagonal para que o volume aumente 98 m^3?

37. Capacidade. Enche-se com água um recipiente cúbico de metal cuja aresta mede 120 cm. Para isso, usa-se um balde de 21.600 cm^3. Quantos desses baldes são necessários para encher o recipiente?

38. Capacidade. Determine a capacidade, em litro, de um piscina cúbica, sabendo que a maior pá de limpeza que nela cabe inteiramente, sem envergar, tem 2 m de comprimento.

39. De um cubo de aresta a é extraído um cubo de aresta b, tal como mostra a figura abaixo.

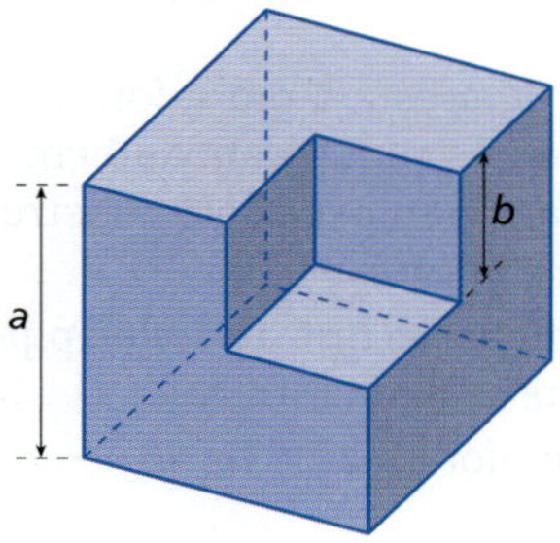

Calcule o volume do sólido resultante em função de b, sabendo que: $a = 2b$.

40. Considere um cubo de aresta 2 cm.

a) Qual é o volume desse cubo?

b) Qual é a área da superfície desse cubo?

c) O que ocorre com o volume se a medida da aresta é dobrada?

d) E com a área da superfície?

41. A medida x de cada uma das arestas de um cubo é aumentada 20%.

a) Qual é a medida da nova aresta?

b) Calcule o volume do cubo antes e depois do aumento.

c) De quanto aumenta o volume desse cubo?

42. Dado um cubo de aresta a, deseja-se obter um outro cubo que tenha o dobro do volume do anterior. Qual deve ser o valor da medida x da aresta desse novo cubo?

43. A altura de um paralelepípedo reto-retângulo é 7 cm, e as dimensões da base são 4 cm e 5 cm. Determine o volume desse prisma.

44. A área total da superfície de um paralelepípedo reto-retângulo é igual à área total da superfície de um cubo. Se as medidas de três arestas que concorrem em um mesmo vértice do paralelepípedo são 3, 5 e 7, respectivamente, quanto mede a diagonal do cubo?

45. Calcule a área total da superfície de um paralelepípedo reto-retângulo cujo volume é 240 cm^3, sabendo que as áreas de duas faces são 30 cm^2 e 48 cm^2.

46. Hidromecânica. Mergulhando uma amostra de metal em um tanque de água com formato de paralelepípedo reto-retângulo cuja base mede 15 cm por 20 cm, o nível de água se eleva 0,35 cm. Qual é o volume da peça de metal?

47. As arestas de um paralelepípedo reto-retângulo são proporcionais aos números 2, 3 e 4, e sua diagonal mede $4\sqrt{29}$ cm. Qual é a área total e o volume desse paralelepípedo?

48. Três faces de um paralelepípedo reto-retângulo têm por área 12 cm², 18 cm² e 24 cm². Calcule o volume desse paralelepípedo.

49. Um cubo de aresta 4 cm é formado de cubinhos independentes com aresta de 1 cm. Considerando que um paralelepípedo será construído com esses cubinhos, responda:

23.2 Visão do especialista

a) que dimensões terá o paralelepípedo de menor área que se pode formar?

b) e o de maior área?

50. Em um prisma triangular regular, todas as arestas têm a mesma medida x. Calcule, em função de x, o volume desse prisma.

51. Calcule a área total de um prisma triangular regular cujo volume mede $90\sqrt{3}$ m³, sendo a altura $\frac{5}{9}$ do perímetro da base.

52. **Metalurgia**. Uma barra de prata é fundida na forma de um prisma reto de altura 32 cm e base trapezoidal. A altura do trapézio mede 5 cm, e as arestas da base medem 7,5 cm e 10 cm. Se a prata tem 10,5 g por cm³, qual deve ser a massa da barra?

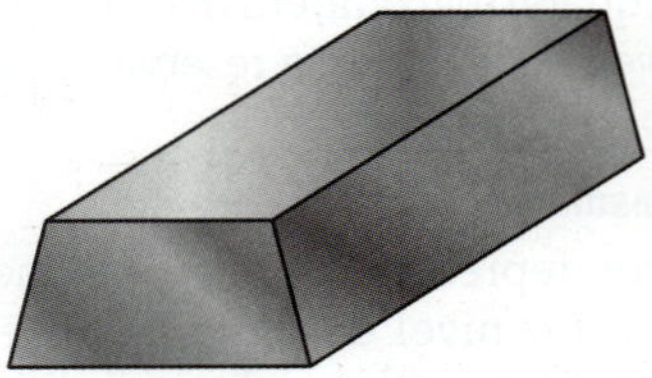

53. Calcule o volume de um prisma hexagonal regular cuja superfície tem área total igual a $48\sqrt{3}$ dm², sabendo que a altura desse prisma é 1 dm.

54. Calcule o volume de um prisma regular hexagonal de altura 8 cm, sabendo que a área total de sua superfície é o triplo da área lateral.

55. O volume de um prisma reto de base hexagonal é $120\sqrt{3}$ cm³, e sua altura é 5 cm. Qual é a medida dos lados do hexágono da base?

3 Pirâmides

As construções em forma de pirâmide aparecem desde a Antiguidade, como é possível observar nos monumentos preservados no Egito, cujas construções são datadas de 4500 a.C. em diante. O fascínio que essa forma sempre exerceu sobre a humanidade faz com que ainda seja adotada em edificações mais modernas, como a pirâmide de vidro construída no pátio do Museu do Louvre, em Paris, França.

PHOTONONSTOP/LATINSTOCK

Vamos, agora, estudar esse importante tipo de poliedro: a pirâmide.

3.1 Definição

Vamos considerar um plano α, uma região poligonal convexa S contida em α e um ponto V fora de α.

- Chama-se **pirâmide** o poliedro formado por todos os segmentos de reta cujas extremidades são o ponto V e um ponto da região S.

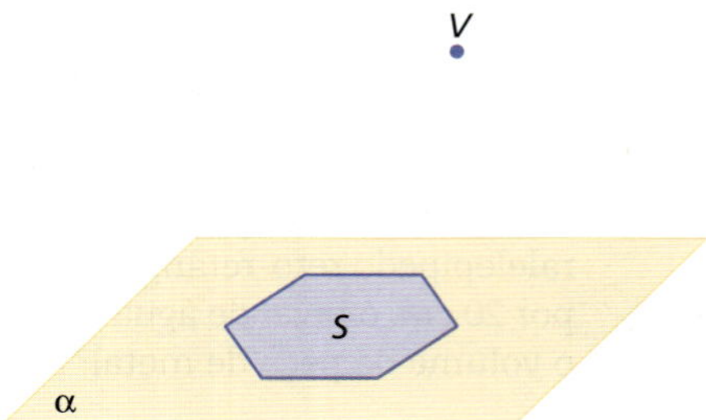

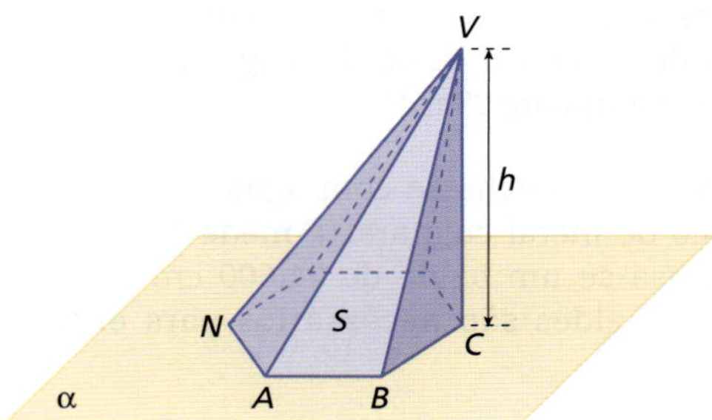

Elementos de uma pirâmide

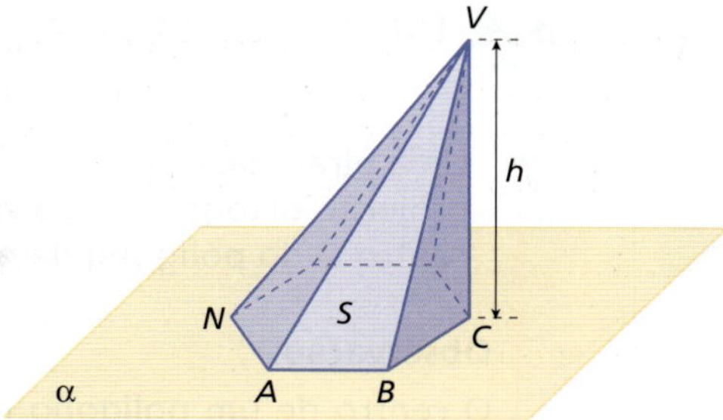

Considerando a pirâmide ao lado, temos:

- **base:** a região poligonal *S*;
- **vértice da pirâmide:** o ponto *V*;
- **faces laterais:** as superfícies triangulares *AVB*, *BVC*, ..., *NVA*;
- **arestas da base:** os segmentos $\overline{AB}, \overline{BC}, ..., \overline{NA}$;
- **arestas laterais:** os segmentos $\overline{VA}, \overline{VB}, \overline{VC}, ..., \overline{VN}$;
- **altura da pirâmide:** a distância *h* entre o vértice *V* e o plano α.

Observe que a denominação especial **vértice da pirâmide** refere-se ao único vértice que não pertence à base. Os vértices que pertencem à base não recebem nomes especiais.

3.2 Classificação das pirâmides

As pirâmides podem ser classificadas de acordo com o número de arestas da base. Se a base tiver 3 arestas, a pirâmide é classificada como **pirâmide triangular**, se tiver 4 arestas, **pirâmide quadrangular**, se tiver 5 arestas, **pirâmide pentagonal,** e assim por diante.

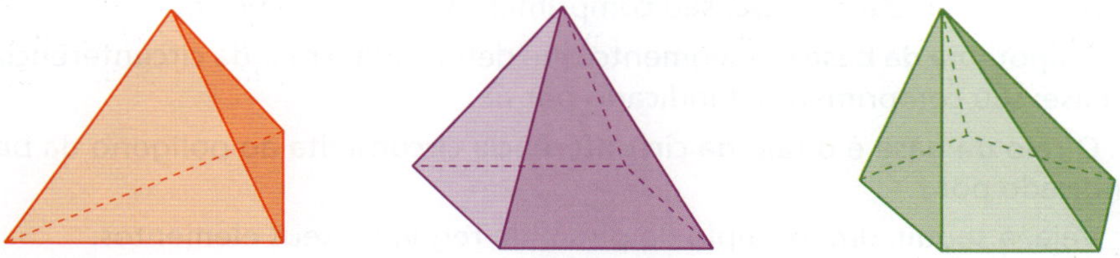

pirâmide triangular — pirâmide quadrangular — pirâmide pentagonal

3.3 Representações planas de pirâmides

Até aqui, representamos as pirâmides em perspectiva, como a ilustrada abaixo.

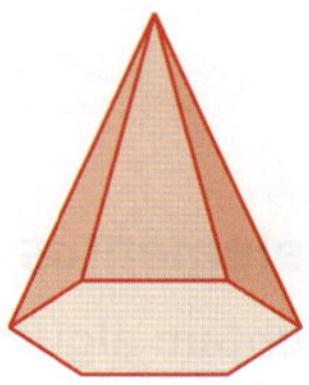

Como os demais poliedros, uma pirâmide também pode ser representada por meio de planificações de sua superfície. Em um plano, é possível justapor as faces de uma pirâmide de diferentes modos, desde que cada uma das faces tenha pelo menos uma aresta em comum com outra. Observe:

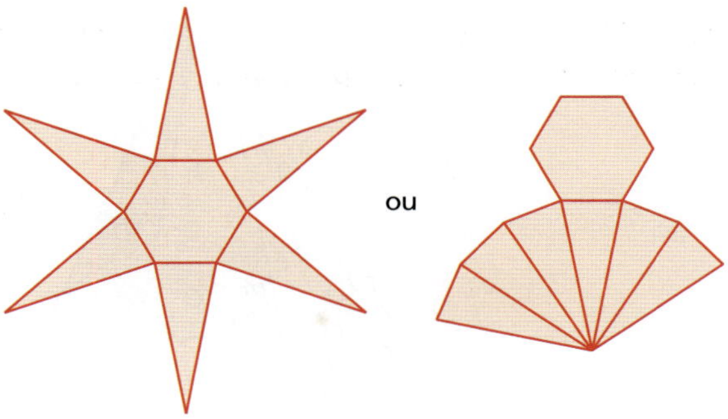

3.4 Pirâmide regular

- Uma pirâmide cuja base é uma superfície poligonal regular e cuja projeção ortogonal *P* do vértice sobre o plano da base coincide com o centro *O* do polígono da base é chamada de **pirâmide regular**.

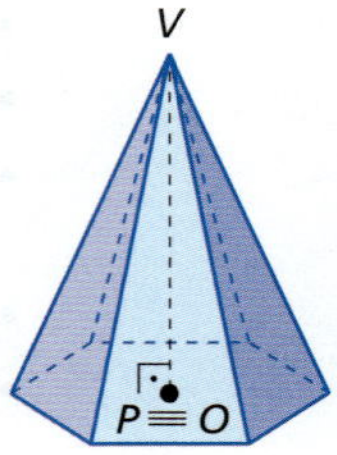

Observação:

O centro de um polígono regular coincide com o centro da circunferência circuncrita a esse polígono.

As faces de uma pirâmide regular são determinadas por triângulos isósceles congruentes. Assim, uma pirâmide triangular regular tem quatro faces: a base (um triângulo equilátero) e as três faces laterais (triângulos isósceles congruentes).

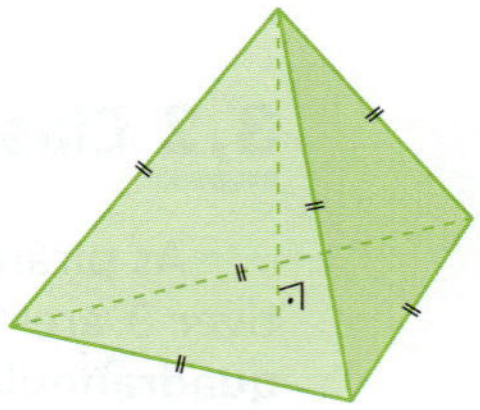

Um importante exemplo desse tipo de pirâmide regular é o **tetraedro regular**, que tem as quatro faces constituídas por triângulos equiláteros congruentes. No tetraedro regular, qualquer uma das faces pode ser considerada base da pirâmide.

Agora, vamos estudar alguns elementos das pirâmides regulares.

O **apótema de uma pirâmide regular** é a altura de qualquer face lateral em relação à aresta da base; seu comprimento é indicado por *g*.

O **apótema da base** é o segmento que determina o raio da circunferência inscrita no polígono da base; seu comprimento é indicado por *m*.

O **raio da base** é o raio da circunferência circunscrita ao polígono da base; seu comprimento é indicado por *r*.

Veja, a seguir, um exemplo de pirâmide regular e seus elementos.

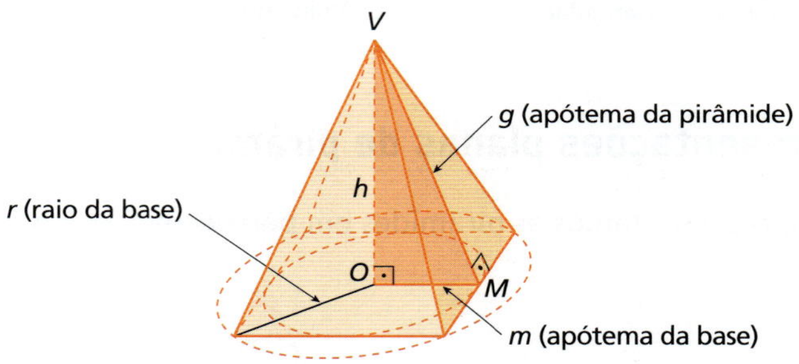

Relações métricas entre os elementos de uma pirâmide regular

As pirâmides regulares apresentam algumas propriedades decorrentes do fato de a projeção do vértice coincidir com o centro da base e de possuírem base regular.

Observe a pirâmide regular abaixo, de altura *h*, aresta da base medindo ℓ e arestas laterais medindo *a*.

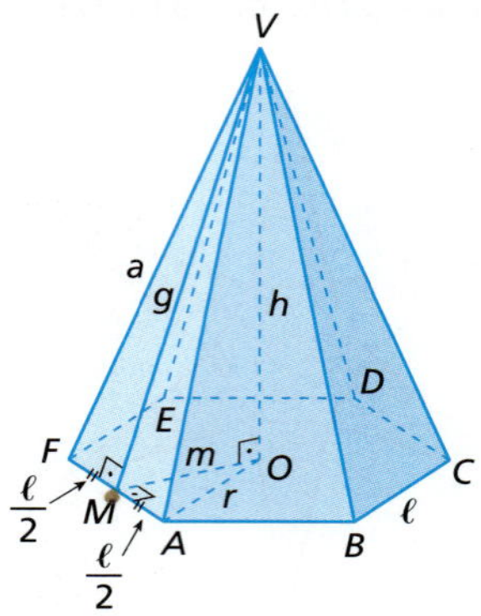

Aplicando o teorema de Pitágoras nos triângulos retângulos *VOA*, *MOA*, *VMO* e *VMA*, temos:

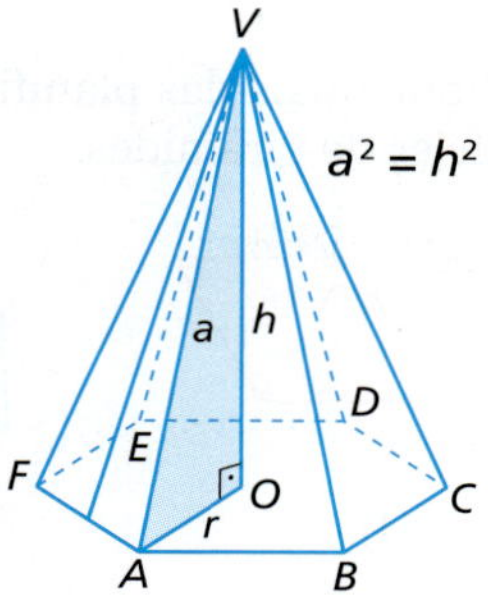

$$a^2 = h^2 + r^2$$

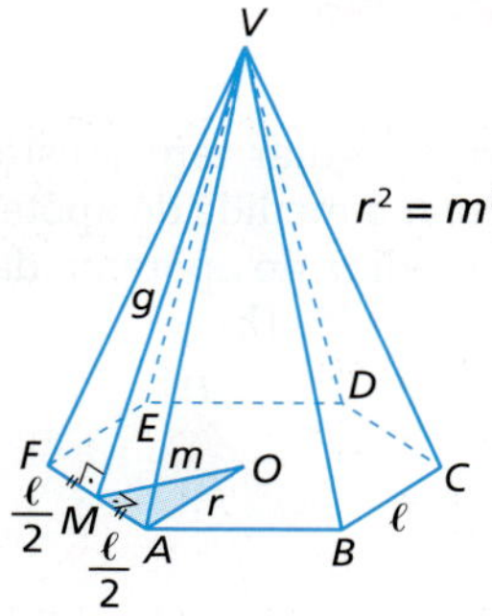

$$r^2 = m^2 + \left(\frac{\ell}{2}\right)^2$$

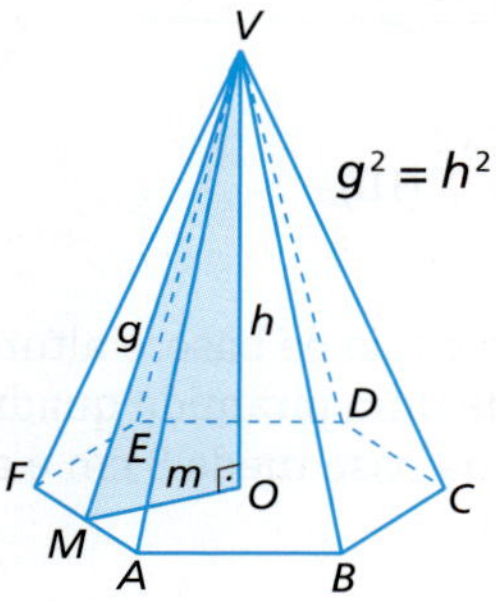

$$g^2 = h^2 + m^2$$

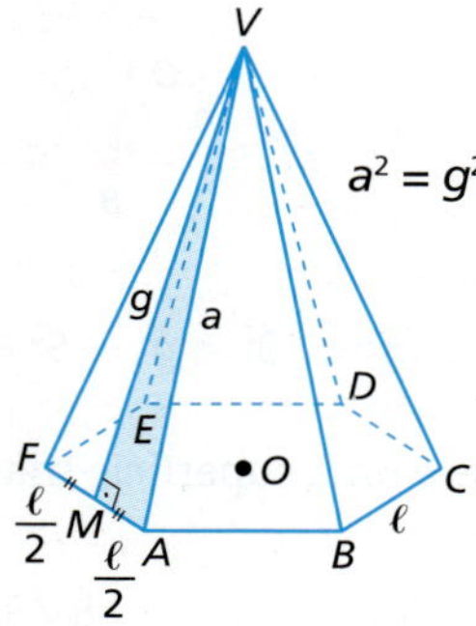

$$a^2 = g^2 + \left(\frac{\ell}{2}\right)^2$$

Além dessas, há outras relações. O quadro a seguir indica a relação entre as medidas da aresta da base e as medidas do apótema da base de algumas pirâmides regulares. Observe:

Base	Figura	Relação
Triângulo equilátero	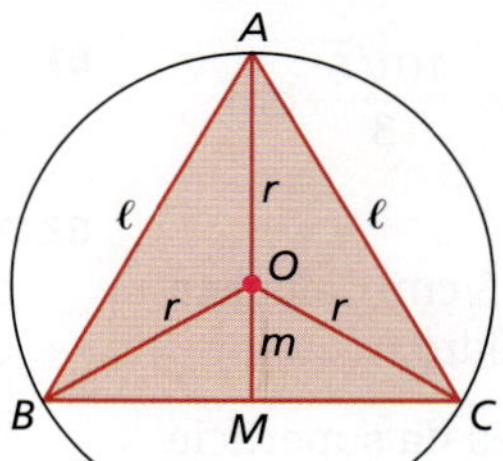	$m = \frac{r}{2}$ ou $m = \frac{\ell\sqrt{3}}{6}$
Quadrado	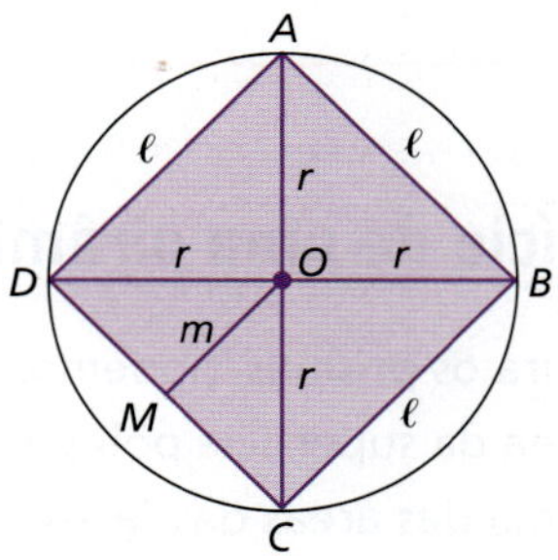	$m = \frac{r\sqrt{2}}{2}$ ou $m = \frac{\ell}{2}$
Hexágono regular	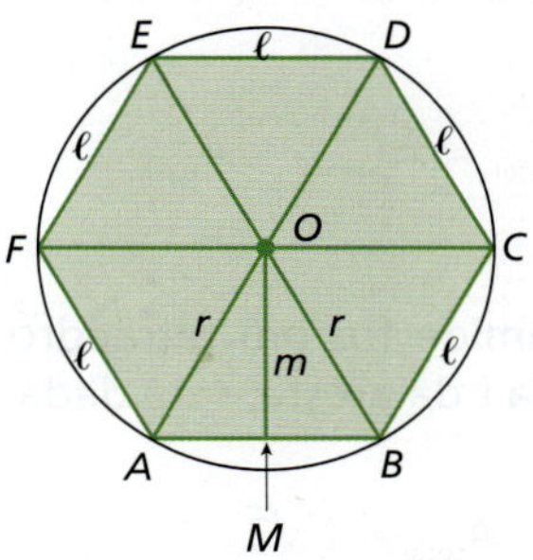	$m = \frac{r\sqrt{3}}{2}$ ou $m = \frac{\ell\sqrt{3}}{2}$

Exercícios

R18. Um tetraedro regular tem arestas medindo 10 cm. Calcular a medida do apótema da pirâmide (g), a medida do apótema da base (m) e a altura da pirâmide (h).

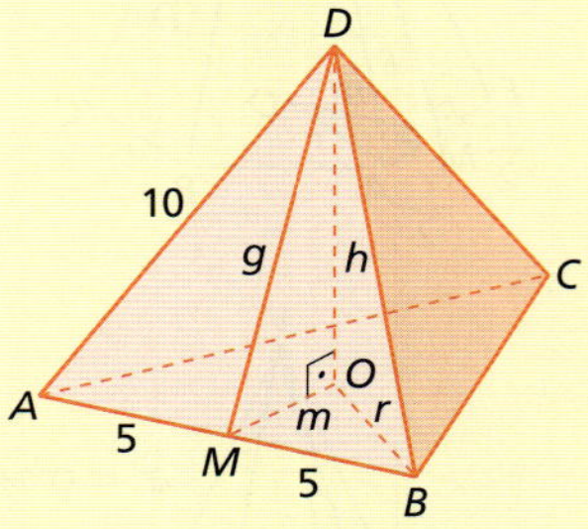

➤ Resolução

No $\triangle DMA$, temos: $10^2 = g^2 + 5^2 \Rightarrow g^2 = 75 \Rightarrow$ $\Rightarrow g = 5\sqrt{3}$

Como a base é uma superfície triangular equilátera, vem:

$$m = \frac{\ell\sqrt{3}}{6} = \frac{10\sqrt{3}}{6} \Rightarrow m = \frac{5\sqrt{3}}{3}$$

Agora, no $\triangle DMO$, temos: $g^2 = h^2 + m^2 \Rightarrow$

$$\Rightarrow 75 = h^2 + \frac{25}{3} \Rightarrow h^2 = \frac{200}{3} \Rightarrow h = \frac{10\sqrt{6}}{3}$$

Portanto, as medidas são:

$$g = 5\sqrt{3}\ \text{cm},\ m = \frac{5\sqrt{3}}{3}\ \text{cm e } h = \frac{10\sqrt{6}}{3}\ \text{cm}$$

56. A altura de um tetraedro regular é 3 cm. Calcule a medida de cada aresta desse tetraedro.

- Você também pode calcular a área da superfície desse tetraedro. Explique como você faria e dê o valor da área.

57. Identifique quais das planificações abaixo são de superfícies de pirâmides.

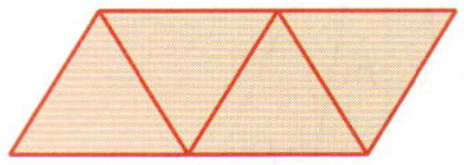

(I)

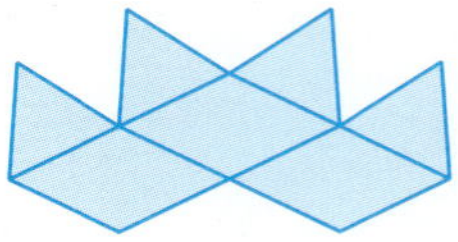

(II)

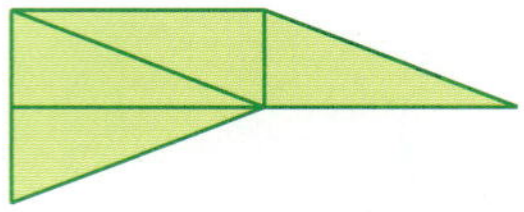

(III)

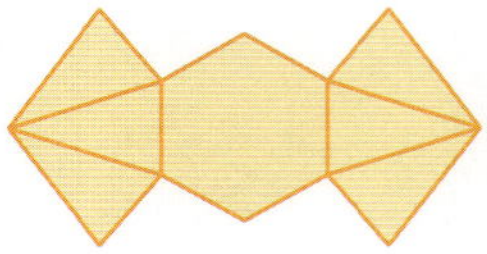

(IV)

58. Calcule o raio da base, a altura e a medida do apótema de uma pirâmide quadrangular regular cuja aresta da base mede 8 cm e a aresta lateral mede $\sqrt{41}$ cm.

59. Determine o número de faces de uma pirâmide cuja base tem 8 vértices.

60. Determine o número de vértices, de faces e de arestas de uma pirâmide que tem n faces laterais, sendo n um número natural maior que 2.

61. Mostre que não existe uma pirâmide com 30 faces, 30 vértices e 60 arestas.

62. Numa pirâmide hexagonal regular cujo lado da base mede 6 cm e a aresta lateral mede 9 cm, determine:

a) o apótema da pirâmide:

b) o apótema da base:

c) a altura da pirâmide.

3.5 Área da superfície de uma pirâmide

Assim como fizemos para os prismas, podemos definir:

Área da base (A_{base}): área da superfície poligonal que forma a base;

Área lateral ($A_{lateral}$): soma das áreas das faces laterais (superfícies triangulares);

Área total (A_{total}): soma da área lateral com a área da base, ou seja:

$$A_{total} = A_{lateral} + A_{base}$$

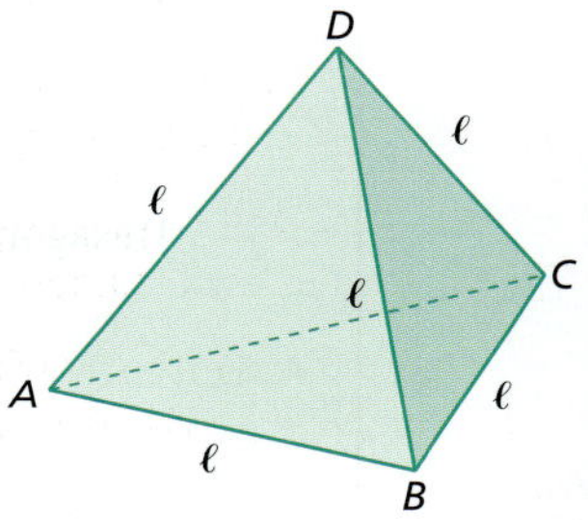

Observe que, se a pirâmide for um tetraedro regular, sua área total, em função da medida ℓ da aresta, será dada por:

$$A_{total} = \ell^2\sqrt{3}$$

Exercícios

R19. Determinar a área da superfície de uma pirâmide regular hexagonal sabendo que a aresta da base mede ℓ e a aresta lateral mede a.

23.3 Visão do especialista

➤ Resolução

A base da pirâmide é uma superfície hexagonal regular de lado ℓ.

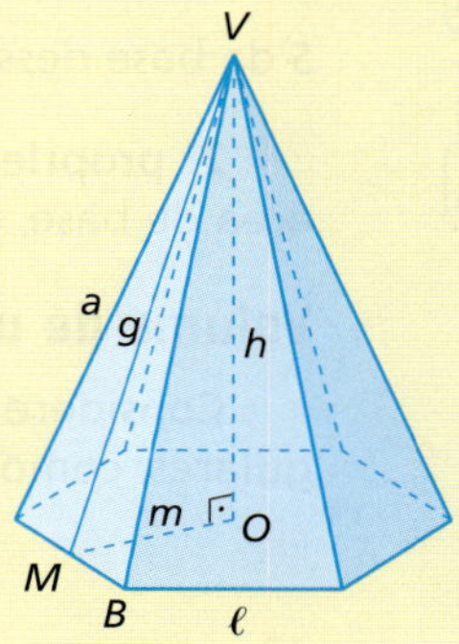

Portanto, a área da base é dada por: $A_{base} = \dfrac{3\ell^2 \cdot \sqrt{3}}{2}$

Como a pirâmide é regular, as faces laterais são formadas por triângulos isósceles e congruentes, que nesse caso têm base ℓ e altura g.

No triângulo retângulo VMB, temos:

$$a^2 = g^2 + \left(\frac{\ell}{2}\right)^2 \Rightarrow a^2 - \frac{\ell^2}{4} = g^2 \Rightarrow \frac{4a^2 - \ell^2}{4} = g^2 \Rightarrow g = \frac{\sqrt{4a^2 - \ell^2}}{2}$$

Dessa forma: $A_{lateral} = 6 \cdot \dfrac{\ell g}{2} = 3\ell g = 3\ell \cdot \dfrac{\sqrt{4a^2 - \ell^2}}{2} = \dfrac{3\ell\sqrt{4a^2 - \ell^2}}{2}$

Portanto: $A_{total} = A_{base} + A_{lateral} = \dfrac{3\ell^2\sqrt{3}}{2} + \dfrac{3\ell\sqrt{4a^2 - \ell^2}}{2} = \dfrac{3\ell\left(\ell\sqrt{3} + \sqrt{4a^2 - \ell^2}\right)}{2}$

Logo, a área da superfície da pirâmide regular hexagonal é: $A_{total} = \dfrac{3\ell\left(\ell\sqrt{3} + \sqrt{4a^2 - \ell^2}\right)}{2}$

63. **Limpeza**. Para limpar a estrutura lateral da pirâmide de Caio Céstio, em Roma, uma empresa especializada cobra 5 euros por m^2. Sabendo que essa pirâmide é regular, tem 37 m de altura e base quadrada de 30 m de lado, quanto foi gasto nessa limpeza?

MARTYN VICKERY/ALAMY/OTHER IMAGES

64. Calcule a área total da superfície de uma pirâmide triangular regular cuja aresta lateral mede 82 mm e aresta da base mede 36 mm.

65. Sabendo que a área total da superfície de um tetraedro regular é $16\sqrt{3}$ cm^2, calcule a medida da aresta desse tetraedro.

66. Calcule a área da base, a área lateral e a área total da superfície de uma pirâmide quadrangular regular cuja altura mede 3 cm e a aresta da base mede 8 cm.

67. Calcule a área lateral e a área total da superfície de uma pirâmide quadrangular regular de 64 cm^2 de área da base, sabendo que essa pirâmide tem todas as arestas congruentes.

68. Calcule a área total da superfície de uma pirâmide triangular regular que tem aresta lateral de 13 cm e cujo apótema da pirâmide mede 12 cm.

69. A base de uma pirâmide quadrangular regular está inscrita numa circunferência de $6\sqrt{2}$ cm de raio. Sabendo que a pirâmide tem 8 cm de altura, calcule a área total da sua superfície.

70. Um tetraedro regular tem área da base igual a $\sqrt{3}$ cm^2. Deseja-se fazer um molde dessa pirâmide usando papelão. Qual será a área desse molde?

3.6 Volume de uma pirâmide

23.4 Visão do especialista

23.5 Visão do especialista

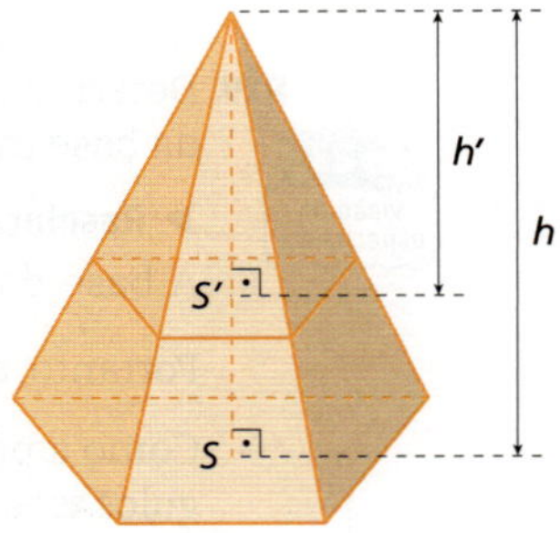

Antes de tratar do volume de uma pirâmide qualquer, vamos estudar duas propriedades das pirâmides.

1ª propriedade: A razão entre a área S' de uma secção transversal de uma pirâmide feita a uma altura h' em relação ao vértice e a área S da base dessa pirâmide de altura h é: $\frac{S'}{S} = \left(\frac{h'}{h}\right)^2$

2ª propriedade: Se duas pirâmides têm mesma altura e mesma área de base, elas têm o mesmo volume.

Volume de uma pirâmide de base triangular

Considere um prisma triangular de volume V_{prisma}. Vamos decompô-lo em três pirâmides triangulares, como mostra a figura abaixo.

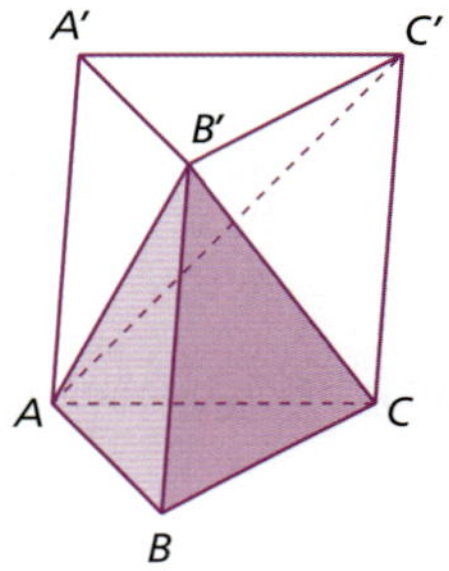

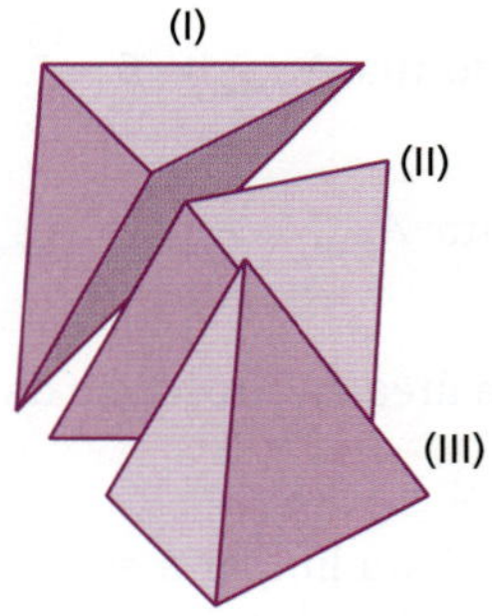

A pirâmide I tem por base o triângulo $AA'C'$ e por altura a distância de B' ao plano que contém a face $AA'C'C$ do prisma.

A pirâmide II tem por base o triângulo $AC'C$ e por altura a distância de B' ao plano que contém a face $AA'C'C$ do prisma.

$AA'C'C$ é um paralelogramo; logo, os triângulos $AA'C'$ e ACC' têm mesma área.

Assim, as pirâmides I e II têm bases de mesma área e, como têm também mesma altura, concluímos que elas têm volumes iguais.

Entretanto, a pirâmide I é também aquela que tem por base o triângulo $A'B'C'$ e por altura a distância de A ao plano que contém a base $A'B'C'$ do prisma (altura do prisma).

A pirâmide III tem por base o triângulo ABC e por altura a distância de B' ao plano que contém a base ABC do prisma (altura do prisma).

Os triângulos $A'B'C'$ e ABC têm mesma área (são bases do prisma). Assim, as pirâmides I e III têm bases de mesma área e, como também têm mesma altura (altura do prisma), concluímos que elas têm volumes iguais.

Se V_1, V_2 e V_3 são respectivamente os volumes dessas três pirâmides triangulares, temos:

$$V_1 = V_2 = V_3 = \frac{V_{prisma}}{3}$$

Como V_{prisma} = área da base × altura, vem:

$$V_{\text{pirâmide triangular}} = \frac{\text{área da base} \times \text{altura}}{3}$$

Volume de uma pirâmide qualquer

Para uma pirâmide qualquer, podemos dividir o polígono da sua base em triângulos justapostos por meio de diagonais.

Assim, a pirâmide fica dividida em pirâmides triangulares de mesma altura.

Observe no exemplo a seguir uma pirâmide pentagonal dividida em três pirâmides triangulares: $VABC$, $VACD$ e $VADE$

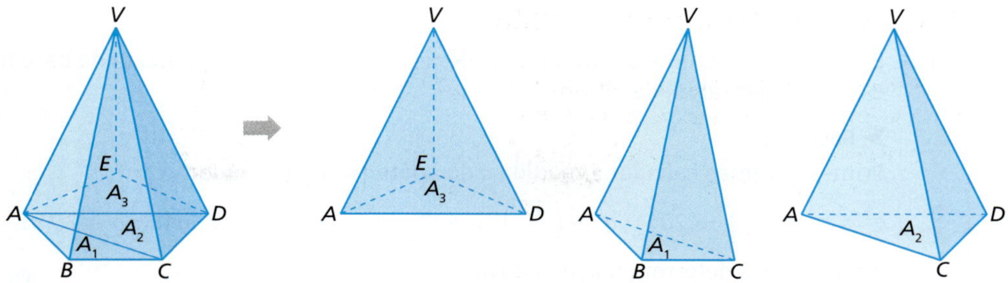

Se a base foi dividida em n triângulos de áreas A_1, A_2, ... e A_n, então a área da base é dada por: $A_{base} = A_1 + A_2 + \ldots + A_n$

Como o volume da pirâmide é a soma dos volumes das pirâmides triangulares, temos:

$$V_{pirâmide} = \frac{1}{3} \cdot A_1 \cdot h + \frac{1}{3} \cdot A_2 \cdot h + \ldots + \frac{1}{3} \cdot A_n \cdot h \Rightarrow V_{pirâmide} = \frac{1}{3} \cdot \underbrace{(A_1 + A_2 + \ldots + A_n)}_{A_{base}} \cdot h$$

Assim, concluímos:

$$V_{pirâmide} = \frac{1}{3} \times \text{área da base} \times \text{altura}$$

Exercícios

R20. Calcular o volume do octaedro regular de aresta a.

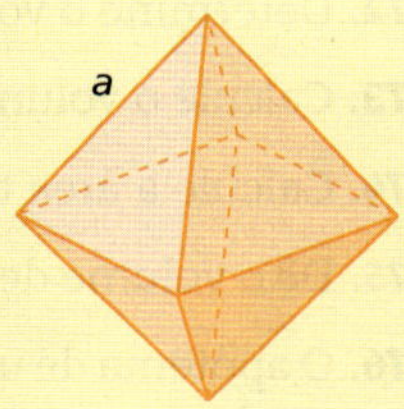

➤ Resolução

Observe que o sólido é formado por duas pirâmides quadrangulares regulares cuja área da base é $A_{base} = a^2$.

OB é igual à metade da medida da diagonal do quadrado da base. Portanto: $OB = \frac{a\sqrt{2}}{2}$

No triângulo retângulo BOE, temos:

$$a^2 = h^2 + \left(\frac{a\sqrt{2}}{2}\right)^2 \Rightarrow h = \frac{a\sqrt{2}}{2}$$

Logo, o volume do octaedro é:

$$V_{octaedro} = 2 \cdot \left(\frac{1}{3} \cdot A_{base} \cdot h\right) = 2 \cdot \left(\frac{1}{3} \cdot a^2 \cdot \frac{a\sqrt{2}}{2}\right) = \frac{a^3 \cdot \sqrt{2}}{3}$$

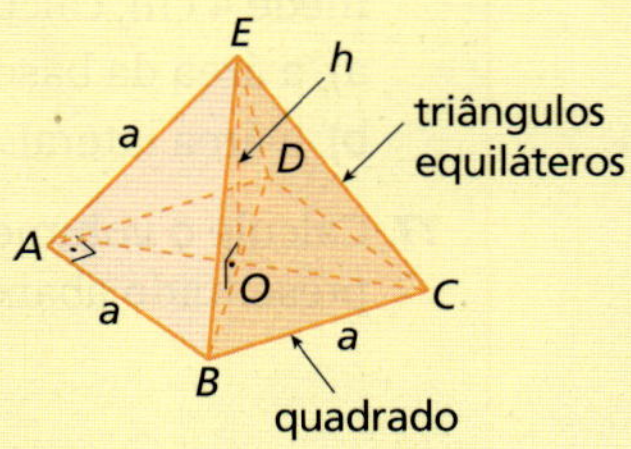

R21. Calcular o volume do tetraedro regular de aresta a.

➤ Resolução

A área da base é a área de uma superfície triangular equilátera de lado a. Logo: $A_{base} = \frac{a^2\sqrt{3}}{4}$

A altura h é tal que: $h^2 = g^2 - m^2 \Rightarrow h^2 = \frac{3a^2}{4} - \frac{a^2}{12} \Rightarrow h = \frac{a\sqrt{6}}{3}$

Assim:

$$V_{tetraedro} = \frac{1}{3} \cdot A_{base} \cdot h$$

$$V_{tetraedro} = \frac{1}{3} \cdot \frac{a^2 \cdot \sqrt{3}}{4} \cdot \frac{a \cdot \sqrt{2} \cdot \sqrt{3}}{3}$$

$$V_{tetraedro} = \frac{a^3 \cdot \sqrt{2}}{12}$$

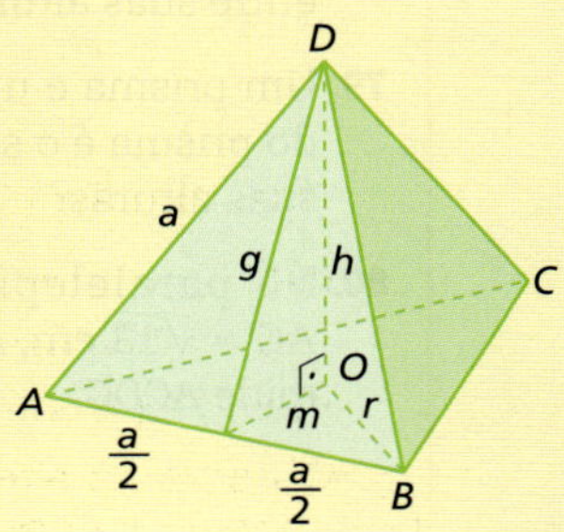

R22. Determinar o volume de uma pirâmide regular hexagonal cuja aresta da base mede 12 cm e a aresta lateral mede 20 cm.

➤ Resolução

Primeiro, vamos calcular a medida g do apótema da pirâmide.

$$a^2 = g^2 + \left(\frac{\ell}{2}\right)^2 \Rightarrow 20^2 = g^2 + \left(\frac{12}{2}\right)^2 \Rightarrow 400 = g^2 + 36 \Rightarrow g = \sqrt{364} \Rightarrow g = 2\sqrt{91}$$

Agora, vamos determinar a medida m do apótema da base. Como a base é um hexágono regular, temos:

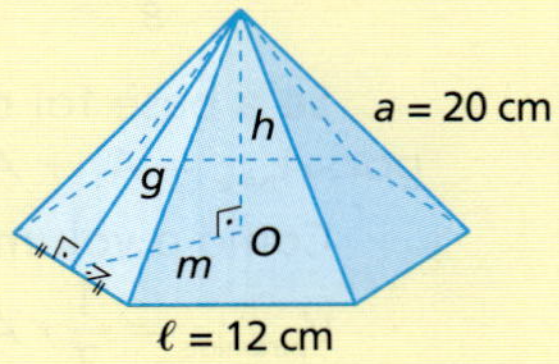

$$m = \frac{\ell \cdot \sqrt{3}}{2} \Rightarrow m = \frac{12 \cdot \sqrt{3}}{2} \Rightarrow m = 6\sqrt{3}$$

Cálculo da altura h da pirâmide:

$$g^2 = h^2 + m^2 \Rightarrow (2\sqrt{91})^2 = h^2 + (6\sqrt{3})^2 \Rightarrow h^2 = 256 \Rightarrow h = 16$$

Cálculo da área da base:

$$A_{base} = \frac{3 \cdot 12^2 \cdot \sqrt{3}}{2} \Rightarrow A_{base} = 216\sqrt{3}$$

Cálculo do volume da pirâmide:

$$V_{pirâmide} = \frac{1}{3} \cdot A_{base} \cdot h \Rightarrow V_{pirâmide} = \frac{1}{3} \cdot 216\sqrt{3} \cdot 16 \Rightarrow V_{pirâmide} = 1.152\sqrt{3}$$

Portanto, o volume da pirâmide é $1.152\sqrt{3}$ cm³.

71. Uma pirâmide regular de base quadrada e altura 4 cm possui aresta da base com 6 cm de comprimento. Calcule o volume dessa pirâmide.

72. Determine o volume de um tetraedro regular cuja aresta mede 2 cm.

73. Calcule o volume de um tetraedro regular cuja superfície tem área total de $16\sqrt{3}$ cm².

74. Calcule a área total da superfície e o volume de um octaedro regular de aresta 3 cm.

75. Dê o volume de uma pirâmide triangular regular de altura 8 cm e aresta da base medindo 6 cm.

76. O apótema de uma pirâmide regular quadrangular mede $g = 9$ cm. Sabendo que a aresta da base mede 4 cm, calcule:

a) a área da base.
b) a área lateral.
c) a área total.
d) a altura.
e) o volume.

77. Calcule o volume de ar contido em uma casa que tem o formato e as dimensões do sólido representado abaixo.

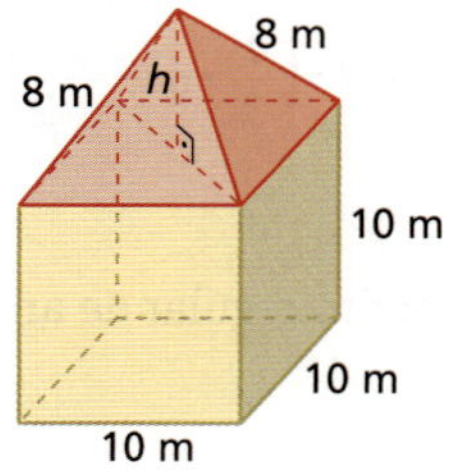

78. A base de um prisma é um quadrado de lado de medida 2 m, e a base de uma pirâmide é um quadrado de lado de medida 1 m. Se o prisma e a pirâmide têm mesmo volume, qual é a razão entre suas alturas?

79. Um prisma e uma pirâmide têm bases com mesma área, e o volume do prisma é o sêxtuplo do volume da pirâmide. Qual é a relação entre suas alturas?

80. No paralelepípedo reto-retângulo da figura ao lado, tem-se $AC = \sqrt{13}$ cm, $AD = 2$ cm e $CG = 3$ cm. Determine o volume da pirâmide $ACDG$.

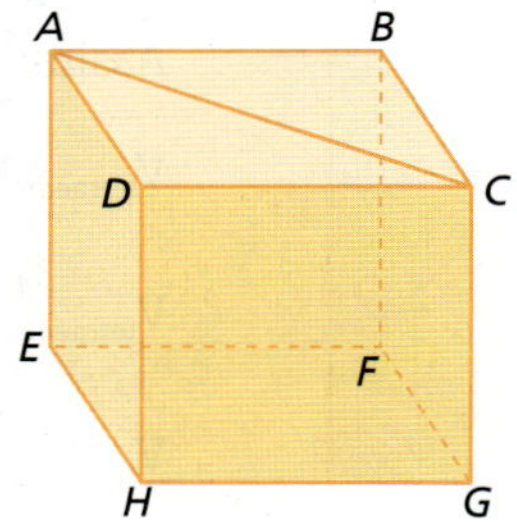

4 Tronco de pirâmide

Alguns sólidos, embora chamados de pirâmides, são, na realidade, **troncos de pirâmides**, pois não têm a parte superior que uma pirâmide deve ter.

O monumento da foto ao lado lembra um tronco de pirâmide.

YANN ARTHUS-BERTRAND/CORBIS/LATINSTOCK

Pirâmide de Kukulcan (987 d.C.) da cidade maia de Chichén Itzá (México).

4.1 Definição

Vamos considerar uma pirâmide de vértice *V*, altura *H* e base contida em um plano α.

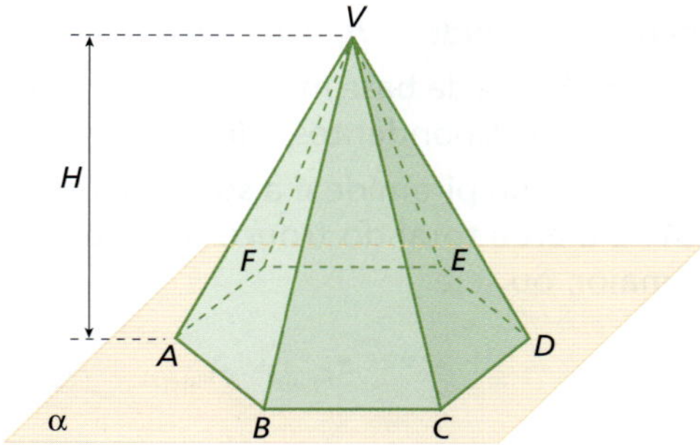

Seccionando essa pirâmide com um plano β, paralelo a α, essa figura é separada em dois sólidos, o que contém o vértice *V*, que é uma nova pirâmide de altura *h* e base contida no plano β, e o que contém a base da pirâmide maior, denominado **tronco de pirâmide**, de bases paralelas.

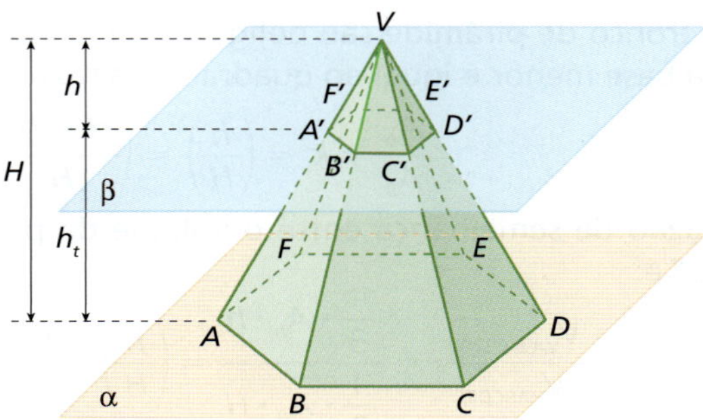

Elementos de um tronco de pirâmide

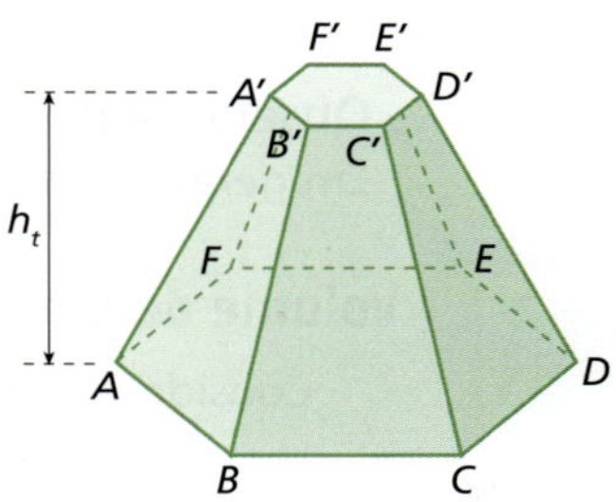

Considerando o tronco de pirâmide da figura ao lado, temos:

- **base maior:** superfície poligonal *ABCDEF*;
- **base menor:** superfície poligonal *A′B′C′D′E′F′*;
- **faces laterais:** superfícies trapezoidais *AA′B′B*, *BB′C′C* etc.
- **altura do tronco (h_t):** distância entre a base maior e a base menor ($h_t = H - h$).

Tronco de pirâmide regular

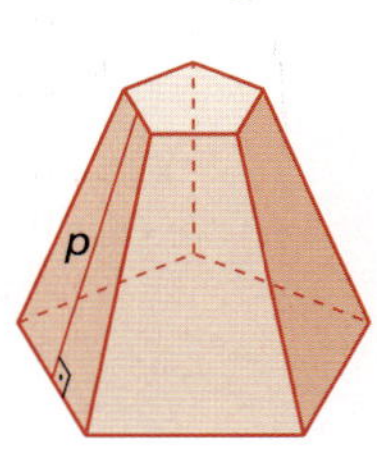

No tronco obtido de uma pirâmide regular, observamos que as bases são superfícies poligonais regulares e semelhantes, as faces laterais são superfícies trapezoidais isósceles e congruentes e a altura de uma face lateral é o **apótema do tronco** (de medida *p*).

4.2 Área, volume e razão de semelhança

Vamos considerar uma pirâmide reta de vértice V, altura H e base $ABCDEF$ contida em um plano α. Seccionando essa pirâmide com um plano β, paralelo a α, obtemos uma nova pirâmide de vértice V, altura h e base $A'B'C'D'E'F'$ contida em β.

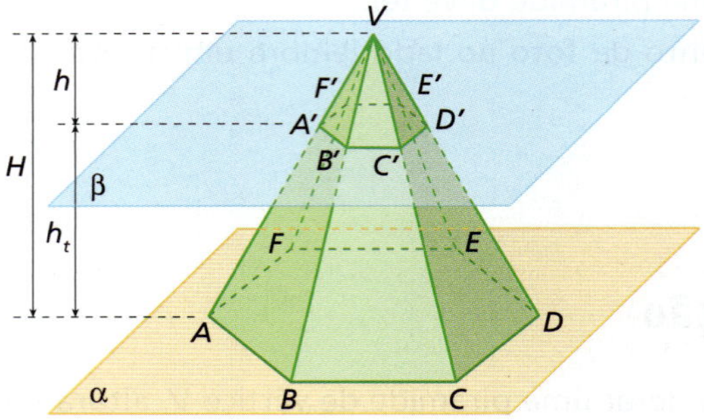

A altura do tronco de pirâmide é: $h_t = H - h$

A área da base maior (A_B) e a da base menor (A_b) do tronco de pirâmide são obtidas calculando-se as áreas dos polígonos correspondentes, $ABCDEF$ e $A'B'C'D'E'F'$, que são as bases das pirâmides.

A área lateral do tronco de pirâmide é a soma das áreas dos trapézios $A'ABB'$, $B'BCC'$, $C'CDD'$, $D'DEE'$, $E'EFF'$ e $F'FAA'$. E a área total do tronco de pirâmide é a soma da área lateral com a área da base menor e da maior, ou seja:

- $A_{total} = A_{lateral} + A_b + A_B$

Já vimos que:

- nas pirâmides da figura anterior, as arestas laterais correspondentes, assim como as alturas, ficam divididas na mesma razão;

$$\frac{A'B'}{AB} = \frac{B'C'}{BC} = \dots = \frac{VA'}{VA} = \frac{VB'}{VB} = \dots = k = \frac{h}{H} = \frac{H-h_t}{H}$$

- as bases do tronco de pirâmide são polígonos semelhantes e a razão entre a área da base maior e a da base menor é igual ao quadrado da razão entre H e h.

$$\frac{A_b}{A_B} = k^2 = \left(\frac{h}{H}\right)^2 = \left(\frac{H - h_t}{H}\right)^2$$

Portanto, a razão de semelhança entre o volume da pirâmide $VA'B'C'D'E'F'$ e o volume da pirâmide $VABCDEF$ é:

$$\frac{V_{VA'B'C'D'E'F'}}{V_{VABCDEF}} = \frac{\frac{1}{3} \cdot A_b \cdot h}{\frac{1}{3} \cdot A_B \cdot H} = \left(\frac{h}{H}\right)^2 \cdot \frac{h}{H} = \left(\frac{h}{H}\right)^3 = k^3$$

Observação:
Em geral, usa-se a letra k para representar a razão de semelhança entre dois segmentos.

Volume de um tronco de pirâmide

Considere o tronco de pirâmide obtido da pirâmide de vértice V.

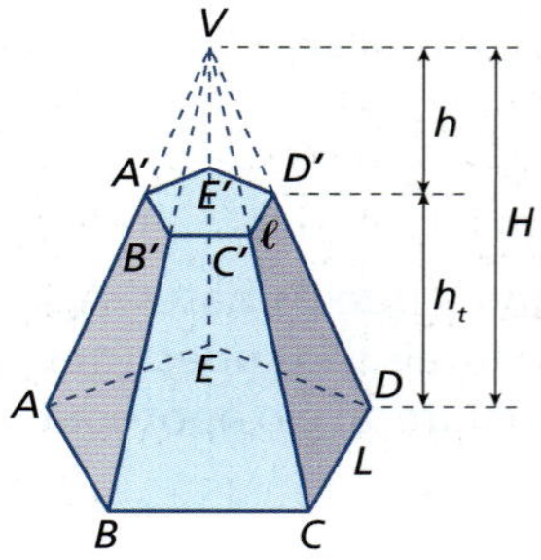

O volume do tronco de pirâmide poderá ser calculado subtraindo o volume da pirâmide $VA'B'C'D'E'$ do volume da pirâmide $VABCDE$, ou seja:

- $V_{tronco} = V_{VABCDE} - V_{VA'B'C'D'E'}$

Indicando a área da base menor por A_b e a área da base maior por A_B, o volume da pirâmide também pode ser determinado por:

$$V_{tronco} = \frac{h_t}{3}(A_B + \sqrt{A_B \cdot A_b} + A_b)$$

É importante observar que essa fórmula também é válida para pirâmides oblíquas.

Exercícios

R23. Um tronco de pirâmide reta tem bases quadradas de lados 4 cm e 10 cm e altura de 6 cm. Calcular as áreas das bases e o volume do tronco.

➤ Resolução

$A_B = 10^2 = 100$

Logo: $A_B = 100\ cm^2$

$A_b = 4^2 = 16$

Logo: $A_b = 16\ cm^2$

$V_{tronco} = \frac{6}{3}(100 + \sqrt{100 \cdot 16} + 16)$

$V_{tronco} = 2(100 + 40 + 16) = 312$

Logo, o volume do tronco é $312\ cm^3$.

R24. Um tetraedro regular de 4 cm de altura tem $64\ cm^3$ de volume. Calcular o volume v da pirâmide obtida pela secção feita por um plano paralelo à base à altura de 2 cm.

➤ Resolução

Se duas pirâmides de alturas h e H são semelhantes na razão k, então a razão entre seus volumes é:

$$\frac{v}{V} = k^3 = \left(\frac{h}{H}\right)^3 \Rightarrow \frac{v}{64} = \frac{2^3}{4^3} \Rightarrow v = 8$$

Logo, o volume da nova pirâmide é $8\ cm^3$.

R25. Um tronco de pirâmide regular tem a aresta lateral medindo $\sqrt{34}$ dm e bases quadradas cujos lados medem 4 dm e 10 dm. Calcular a área de cada base, a área lateral e o volume do tronco.

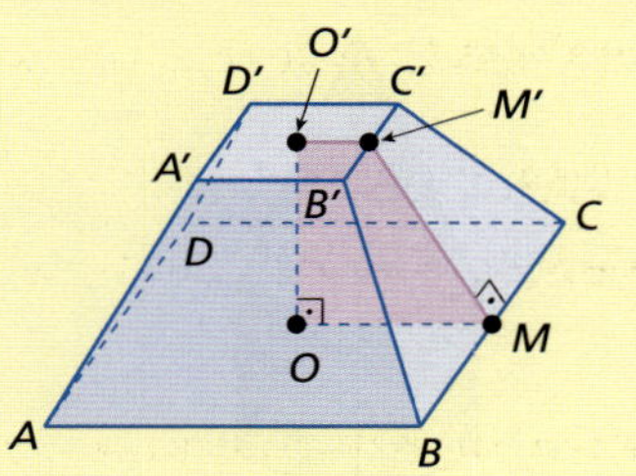

➤ Resolução

- Cálculo da área de cada base:

$A_b = 4^2 = 16$; logo: $A_b = 16\ dm^2$

$A_B = 10^2 = 100$; logo: $A_B = 100\ dm^2$

- Cálculo da área lateral:

Para calcular a área lateral, precisamos da medida $\overline{M'M}$ indicada na figura. Vamos destacar a face lateral $BB'C'C$.

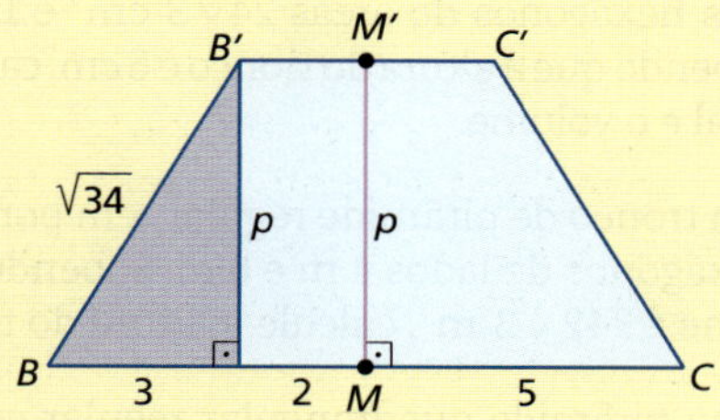

Pela figura, temos:

$p^2 + 3^2 = (\sqrt{34})^2 \Rightarrow p = 5$

A área de cada face lateral (trapézio $BB'C'C$) é:

$A_{BB'C'C} = \frac{4 + 10}{2} \cdot 5 = 35$

A área lateral do tronco de pirâmide é:

$A_{lateral} = 4 \cdot 35 \Rightarrow A_{lateral} = 140$; logo:

$A_{lateral} = 140\ dm^2$

- Cálculo do volume do tronco:

Para calcular o volume, precisamos determinar a altura do tronco de pirâmide. Observe o trapézio $O'M'MO$ destacado:

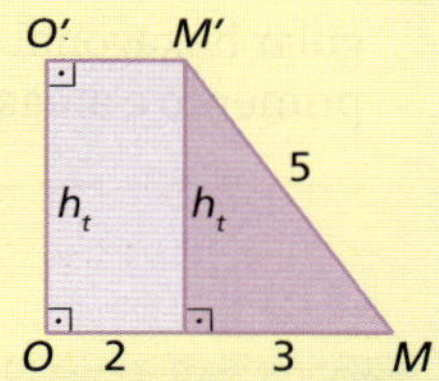

Pela figura, temos:

$h_t^2 + 3^2 = 5^2 \Rightarrow h_t = 4$

Portanto:

$V_{tronco} = \frac{h_t}{3}(A_B + \sqrt{A_B \cdot A_b} + A_b)$

$V_{tronco} = \frac{4}{3}(100 + \sqrt{100 \cdot 16} + 16)$

$V_{tronco} = 208$

Logo, o volume do tronco é $208\ dm^3$.

81. Uma pirâmide hexagonal regular tem altura de 10 cm e aresta da base de 4 cm. A que distância do vértice deve passar um plano paralelo à base para que a área da secção transversal seja $8\sqrt{3}\ cm^2$?

82. Um tronco de pirâmide regular tem como bases dois triângulos equiláteros de lados 2 cm e 8 cm. Sabendo que a aresta lateral do tronco mede 5 cm, calcule a altura e o volume do tronco.

83. Determine a área lateral, a área total, a altura e o volume do tronco de pirâmide quadrangular regular, sabendo que os apótemas das bases medem 6 cm e 16 cm e o apótema do tronco, 26 cm.

84. Uma pirâmide tem altura de 15 cm e base com área de 40 cm^2. Seccionando a pirâmide por um plano paralelo ao plano da base, exatamente à meia altura, obtemos um tronco de pirâmide. Calcule a área da secção obtida (base menor do tronco).

85. Um tronco de pirâmide regular tem como bases dois quadrados de lados 6 cm e 16 cm. Sabendo que o apótema do tronco mede 13 cm, calcule a altura, a área lateral e o volume do tronco.

86. Um tronco de pirâmide regular tem como bases dois hexágonos de áreas $24\sqrt{3}$ cm^2 e $150\sqrt{3}$ cm^2. Sabendo que a altura do tronco é 6 cm, calcule a área total e o volume.

87. Um tronco de pirâmide regular tem por bases dois hexágonos de lados 4 m e 6 m. Sabendo que o volume é $342\sqrt{3}$ m^3, calcule a altura do tronco.

88. Uma pirâmide quadrangular regular com 224 cm de altura foi seccionada por um plano paralelo à base e distante do vértice $\frac{3}{4}$ da altura. Calcule o volume do tronco de pirâmide resultante, sabendo que o perímetro da secção é 180 cm.

89. O volume de um tronco de pirâmide regular é 64 cm^3, e as bases são triângulos equiláteros de lados 5 cm e 7 cm. Determine a altura do tronco.

90. Determine o volume de um tronco de pirâmide regular hexagonal de aresta lateral com 5 m de comprimento e áreas das bases de $54\sqrt{3}$ m^2 e $6\sqrt{3}$ m^2.

91. Para determinar o volume do tronco de uma pirâmide, podemos aplicar a fórmula:

$$V_{\text{tronco}} = \frac{h_t}{3}\left(A_B + \sqrt{A_B \cdot A_b} + A_b\right)$$

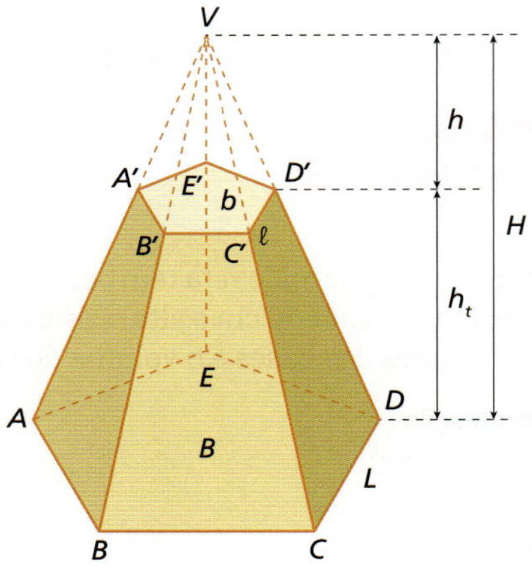

Siga os passos e descubra um modo de obter essa fórmula.

1º) O volume do tronco da pirâmide é a diferença entre o volume da pirâmide maior e o volume da pirâmide menor. Escreva uma expressão que relacione:

V_{tronco}, A_B, A_b, h_t e a altura da pirâmide maior (H)

2º) Sabendo que $\frac{A_b}{A_B} = \left(\frac{h}{H}\right)^2$ (1ª propriedade das pirâmides), escreva uma expressão que relacione:

H, h_t, A_B e A_b

3º) Usando as expressões encontradas no 1º e no 2º passo, encontre a fórmula que determina o volume do tronco da pirâmide.

Ficha de revisão

1. Classifique cada poliedro em convexo ou não convexo.

a) 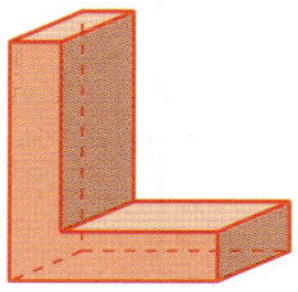

b) 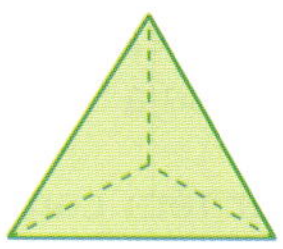

c) 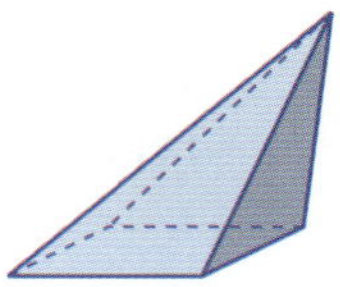

2. Represente uma possível planificação do sólido abaixo.

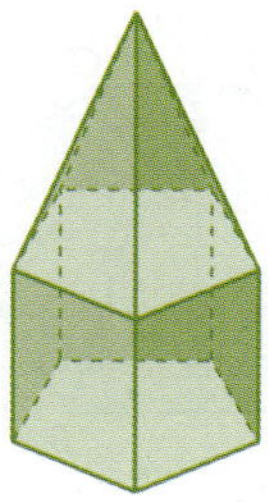

3. Um poliedro convexo de 10 faces triangulares é um poliedro de Platão?

4. Calcule, em função de n, a medida da diagonal do paralelepípedo reto-retângulo de dimensões $2n$, $3n$ e $7n$.

5. Quanto diminui a medida da aresta de um cubo quando a medida de sua diagonal diminui $5\sqrt{3}$ cm?

6. Calcule as dimensões de um paralelepípedo reto-retângulo, sabendo que elas são proporcionais a 2, 3 e 6 e que a diagonal desse prisma mede 35 cm.

7. **Marcenaria.** Uma cunha utilizada para prender uma porta tem o formato de um prisma, conforme mostra a figura. Calcule o volume de madeira necessário para fazer essa cunha.

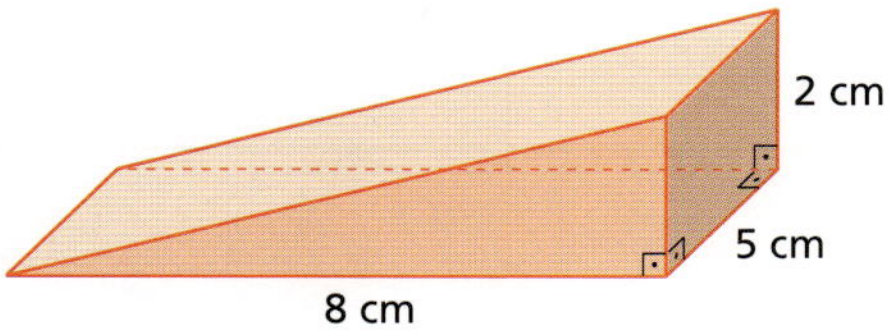

8. Determine a área total da superfície de um paralelepípedo reto-retângulo de altura 6 cm e cuja base é um losango de diagonais medindo 12 cm e 14 cm.

9. (PUC) Um cubo tem 96 m^2 de área total. Em quantos metros deve ser aumentada sua aresta para que seu volume se torne igual a 125 m^3?

10. Determine as medidas da aresta e da diagonal de um cubo de 1.728 cm^3 de volume.

11. Calcule o volume de um prisma triangular cuja base é um triângulo equilátero de lado 4 cm, sabendo que a aresta lateral mede 6 cm e forma com a base desse prisma um ângulo de 60°.

12. **Empacotamento.** Um balconista vai empacotar 6 livros de formato idêntico e de dimensões 20 cm, 25 cm e 1,5 cm. Para empacotar esses livros, colocando-os um sobre o outro, na menor dimensão, gasta-se 20% a mais de papel que a área da superfície a ser empacotada para o acabamento. Determine quanto de papel o balconista gastará para embrulhar os 6 livros juntos.

ROGÉRIO REIS/PULSAR IMAGENS

13. **Armazenamento.** Um silo para armazenar soja tem a forma de um paralelepípedo reto-retângulo de altura de 35 m e base quadrada com 60 m de perímetro. Depois de parte da colheita de soja ser armazenada, o silo ficou com 60% de sua capacidade ocupada. Quantos metros cúbicos vazios ainda restam para que o silo fique com a capacidade total ocupada?

14. (Unicamp-SP) A figura abaixo representa um prisma reto cujas bases são hexágonos regulares.

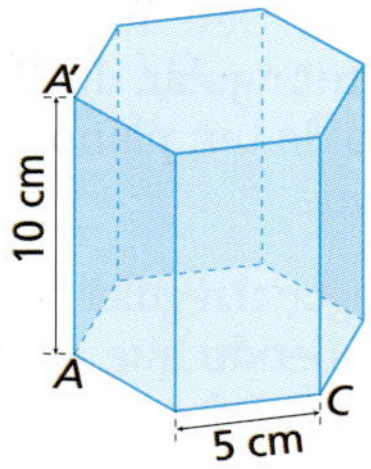

23.6 Visão do especialista

Os lados dos hexágonos medem 5 cm cada um e a altura do prisma é 10 cm.

a) Calcule o volume do prisma.

b) Encontre a área da secção desse prisma pelo plano que passa pelos pontos *A*, *C* e *A'*.

15. Em uma pirâmide regular de base quadrada, sabe-se que a área da base é 32 cm^2 e o apótema dessa pirâmide mede 6 cm. Determine quanto mede:

a) a aresta da base;

b) o apótema da base;

c) a altura da pirâmide;

d) a aresta lateral;

e) a área lateral;

f) a área total;

g) o volume.

16. Em uma pirâmide de base com área de 64 cm^2 e altura de 8 cm, tomou-se uma secção transversal (paralela à base) de área igual a 8 cm^2. Determine a que distância do vértice da pirâmide essa secção transversal foi feita.

17. **Pluviometria.** A água da chuva de um dia foi recolhida em um pluviômetro na forma de uma pirâmide quadrangular regular. A aresta da base da pirâmide mede 10 cm, e a altura que a água alcança é 8 cm. Qual foi o volume de água recolhido nesse dia, se a altura total do pluviômetro era 16 cm?

18. Calcule o volume da pirâmide inscrita no cubo, conforme mostra a figura abaixo.

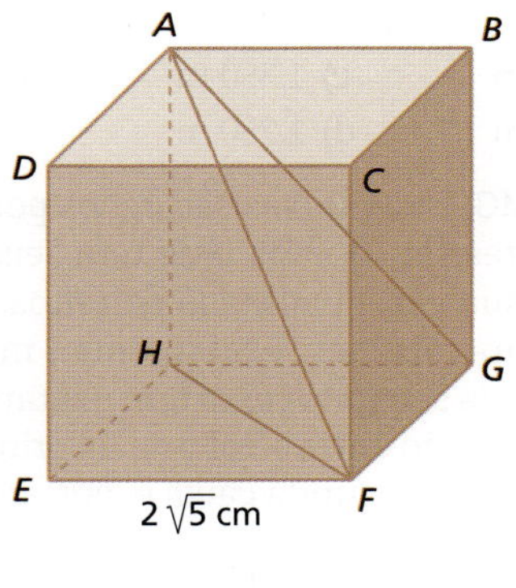

19. O apótema de um tronco de pirâmide regular mede 10 cm e as bases são quadrados cujos lados medem 8 cm e 20 cm. Calcule o volume desse tronco.

20. Uma pirâmide triangular tem altura de 9 cm e a base é um triângulo isósceles cujos lados medem 5 cm, 5 cm e 8 cm. Determine o volume de uma nova pirâmide triangular, de 3 cm de altura, obtida pela secção de um plano paralelo à base da primeira pirâmide.

21. Um prisma hexagonal regular tem $A_{base} = 96\sqrt{3}\ cm^2$. Calcule $A_{lateral}$ sabendo que a altura do prisma é igual à medida do apótema da base.

22. Determine o volume de um paralelepípedo reto-retângulo com 60 cm de altura e bases quadradas, sabendo que a diagonal desse paralelepípedo forma um ângulo de 60° com o plano da base.

23. Calcule a área da superfície e o volume de um octaedro regular cuja aresta mede 10 cm.

24. As dimensões de um paralelepípedo reto-retângulo formam uma PG. Sabendo que a diagonal desse paralelepípedo mede $\sqrt{91}$ cm e que a soma das medidas de todas as suas arestas é 52 cm, calcule o volume desse sólido.

Questões de vestibular

1. (Unifesp) Considere o poliedro cujos vértices são os pontos médios das arestas de um cubo.

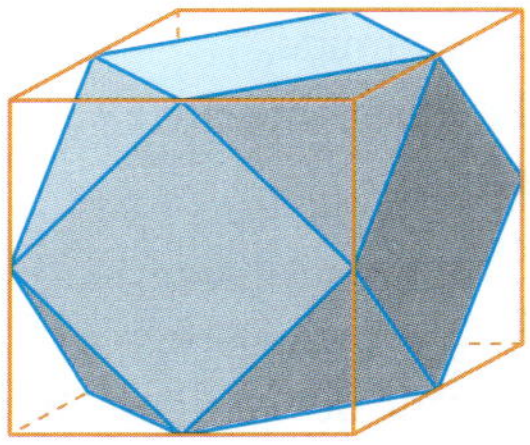

O número de faces triangulares e o número de faces quadradas desse poliedro são, respectivamente:

a) 8 e 8
b) 8 e 6
c) 6 e 8
d) 8 e 4
e) 6 e 6

2. (Mackenzie-SP) A base do cesto reto da figura é um quadrado de lado 25 cm. Se a parte lateral externa e o fundo externo do cesto devem ser forrados com um tecido que é vendido com 50 cm de largura, o menor comprimento de tecido necessário para a forração é:

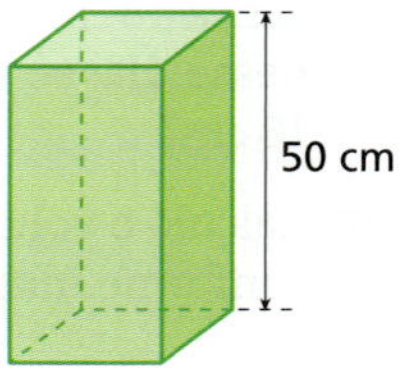

a) 1.115 m
b) 1.105 m
c) 1.350 m
d) 1.250 m
e) 1.125 m

3. (Femm-MG) Duas caixas são cubos perfeitamente regulares, isto é, cada uma tem seis faces que são, por sua vez, quadrados perfeitos. Cada face da primeira caixa tem exatamente $3\ m^2$ de área, e cada face da segunda caixa tem exatamente $9\ m^2$ de área. A razão entre o volume da primeira caixa e o volume da segunda caixa é, portanto, igual a:

a) $3^{\frac{1}{2}}$
b) $3^{-\frac{1}{2}}$
c) $3^{-\frac{3}{2}}$
d) $3^{\frac{3}{2}}$

4. (ESPM-SP) 36 litros de água estão no interior de uma caixa em forma de paralelepípedo, totalmente fechada. Conforme a face que fica apoiada numa mesa horizontal, a altura do líquido na caixa pode ser de 15 cm, 20 cm ou 30 cm. A capacidade total dessa caixa é de:

a) 48 litros
b) 54 litros
c) 64 litros
d) 72 litros
e) 86 litros

5. (UFSCar-SP) Na figura, os pontos *ACFH* são vértices de um tetraedro inscrito em um cubo de lado 3. O volume do tetraedro é:

23.7 Visão do especialista

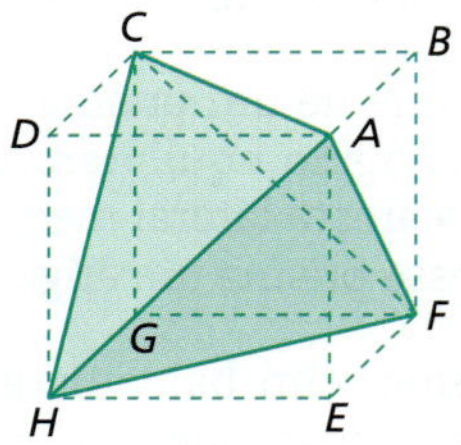

a) $\frac{27}{8}$
b) $\frac{9\sqrt{39}}{8}$
c) 9
d) $\frac{27\sqrt{13}}{18}$
e) 18

6. (Unifesp) Quando se diz que numa determinada região a precipitação pluviométrica foi de 10 mm, significa que a precipitação naquela região foi de 10 litros de água por metro quadrado, em média.

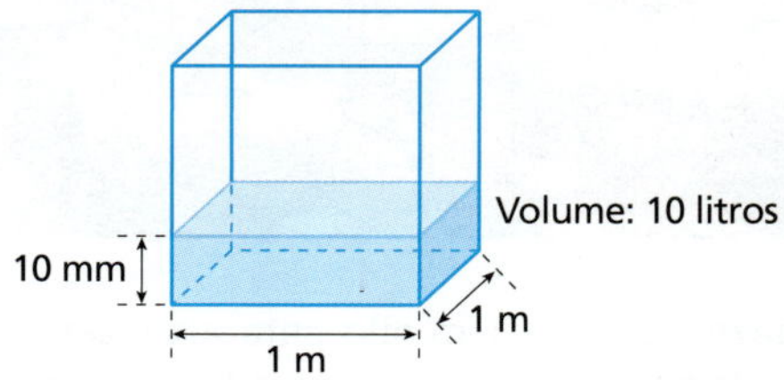

Se numa região de 10 km² de área ocorreu uma precipitação de 5 cm, quantos litros de água foram precipitados?

a) 5×10^7
b) 5×10^8
c) 5×10^9
d) 5×10^{10}
e) 5×10^{11}

7. (Mackenzie-SP) Considere uma pirâmide cuja base é um polígono convexo. Se a soma das medidas dos ângulos internos de todas as suas faces é 3.600°, o número de lados da base dessa pirâmide é igual a:

a) 11 c) 9 e) 8
b) 12 d) 10

8. (UEMS) A clepsidra é um engenhoso instrumento que, no passado, foi usado para marcar o tempo da seguinte forma: colocava-se água num recipiente com um pequeno furo no fundo que, estando inicialmente tampado, ao ser destampado deixava a água fluir em vazão constante. Com o auxílio de outro instrumento de medida do tempo, graduava-se a parede interna do recipiente marcando-se então intervalos fixos de tempo (por exemplo, de 3 em 3 minutos ou 10 em 10 minutos etc.).

Sabe-se que o recipiente usado para confeccionar a clepsidra terá um formato de pirâmide de base quadrada invertida, com lado do quadrado da base medindo 40 centímetros, altura vertical do recipiente medindo 40 centímetros e suspensa de forma que o quadrado da base fique paralelo ao chão. Sabe-se que, a partir do recipiente completamente cheio, seu total esvaziamento demoraria 3 horas e 20 minutos. Quanto tempo, em minutos, terá passado, a partir do recipiente completamente cheio, quando o nível da água tiver descido verticalmente 20 centímetros, em relação ao topo na boca do recipiente?

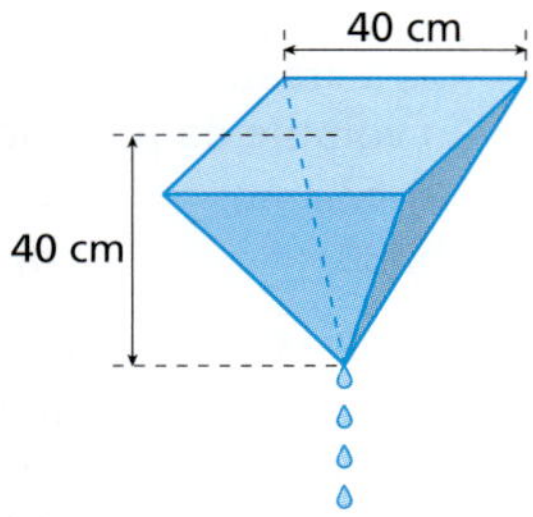

9. (Uerj) Leia os quadrinhos:

© 2011 KING FEATURES SYNDICATE/IPRESS

("O Globo", março 2000.)

Figura 1

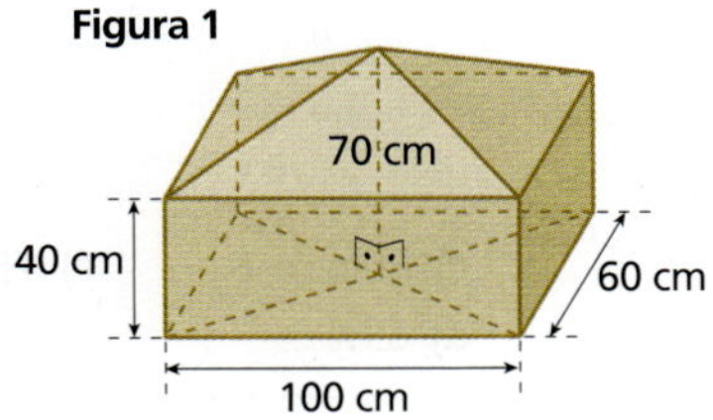

Suponha que o volume de terra acumulada no carrinho de mão do personagem seja igual ao do sólido esquematizado na figura 1, formado por uma pirâmide reta sobreposta a um paralelepípedo retângulo.

Assim, o volume médio de terra que Hagar acumulou em cada ano de trabalho é, em dm³, igual a:

a) 12 b) 13 c) 14 d) 15

10. (Fuvest-SP) A pirâmide de base retangular *ABCD* e vértice E, representada na figura, tem volume 4. Se *M* é o ponto médio da aresta $\overline{AB}$ e *V* é o ponto médio da aresta $\overline{EC}$, então o volume da pirâmide de base *AMCD* e vértice *V* é:

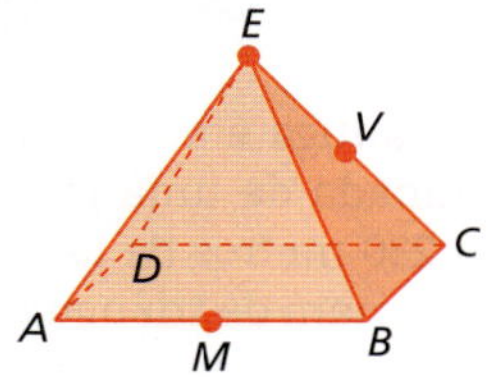

a) 1 b) 1,5 c) 2 d) 2,5 e) 3

11. (Unicamp-SP) Dado um cubo de aresta ℓ, qual é o volume do octaedro cujos vértices são os centros das faces do cubo?

23.8 Visão do especialista

12. (FEI-SP) Num paralelepípedo reto-retângulo a área total mede 28 cm² e a diagonal $\sqrt{21}$ cm. A soma das dimensões mede:

a) 7 cm c) 9 cm e) 12 cm
b) 8 cm d) 10 cm

13. (PUC) Para obter a peça esboçada na figura abaixo, um artesão deve recortar 8 cubos iguais, a partir dos vértices de um bloco maciço de madeira que tem as seguintes dimensões: 25 cm × 18 cm × 18 cm.

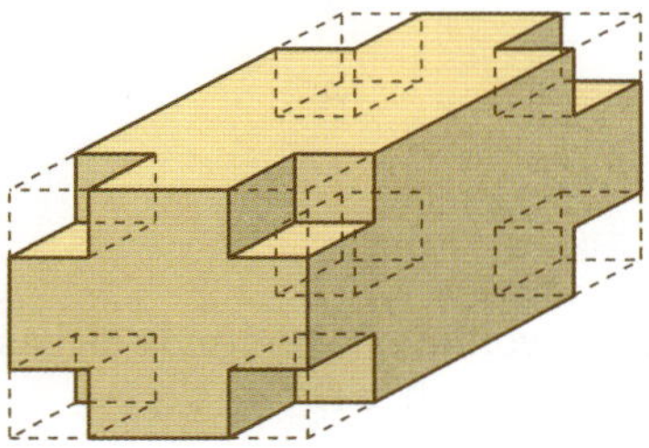

Se ele pretende que o peso da peça obtida seja 6.603 kg e sabendo que a densidade da madeira é 0,93 g/cm³, a aresta de cada cubo recortado deverá medir, em centímetro:

a) 6,5 b) 6 c) 5,5 d) 5 e) 4,5

14. (Unesp) Um artesão precisa recortar placas de vidro para montar uma pirâmide de base quadrangular regular, de altura 8 cm e aresta da base 12 cm, que será totalmente preenchida com areia.

a) Calcule a quantidade de vidro, em cm², necessária para montar essa pirâmide.

b) Calcule o volume de areia necessário para encher totalmente essa pirâmide.

15. (UEL-PR) As maiores pirâmides egípcias são conhecidas pelo nome de "Pirâmides de Gizé" e estão situadas nas margens do Nilo. A fotografia a seguir representa essas pirâmides: Miquerinos (2470 a.C.), Quéfren (2500 a.C.) e Quéops (2530 a.C.).

SCULPIES/SHUTTERSTOCK

A maior e mais antiga é a de Quéops, que tem a forma aproximada de uma pirâmide de base quadrada com 230 metros de lado e cujas faces laterais se aproximam de triângulos equiláteros. Em Matemática, "pirâmide" é um sólido geométrico. O volume de um sólido com as dimensões da pirâmide de Quéops é:

a) $\dfrac{230^3}{\sqrt{3}}\ m^3$

b) $\dfrac{230^3\sqrt{2}}{6}\ m^3$

c) $\dfrac{230^2\sqrt{3}}{4}\ m^3$

d) $\dfrac{230^3}{\sqrt{2}}\ m^3$

e) $\dfrac{230^3\sqrt{2}}{2}\ m^3$

16. (UFU-MG) Na figura abaixo, temos um cubo $ABCDEFGH$ de aresta $a = 6$ cm. Os pontos I, J, K, L, M e N são pontos médios das arestas a que pertencem.

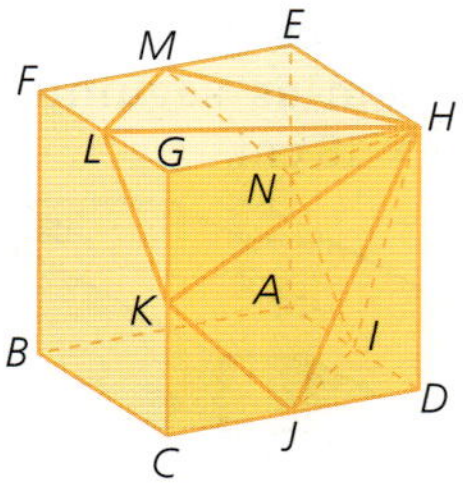

Determine o volume da pirâmide de base hexagonal $IJKLMN$ e vértice H.

17. (UFMG) Observe a figura:

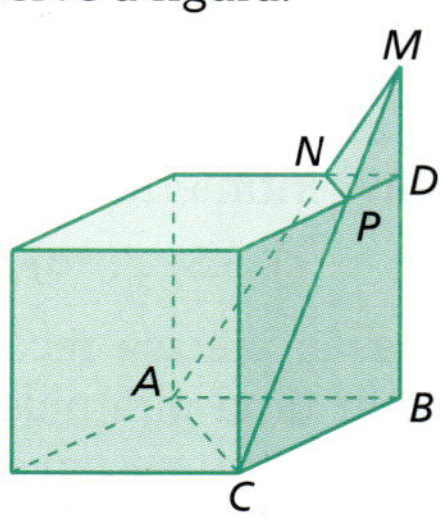

Nessa figura, estão representados um cubo, cujas arestas medem, cada uma, 3 cm, e a pirâmide $MABC$, que possui três vértices em comum com o cubo. O ponto M situa-se sobre o prolongamento da aresta $\overline{BD}$ do cubo. Os segmentos $\overline{MA}$ e $\overline{MC}$ interceptam arestas desse cubo, respectivamente, nos pontos N e P e o segmento $\overline{ND}$ mede 1 cm.

Considerando-se essas informações, é correto afirmar que o volume da pirâmide $MNPD$ é, em cm^3:

a) $\dfrac{1}{6}$ b) $\dfrac{1}{4}$ c) $\dfrac{1}{2}$ d) $\dfrac{1}{8}$

18. (UFSCar-SP) As bases $ABCD$ e $ADGF$ das pirâmides $ABCDE$ e $ADGFE$ são retângulos e estão em planos perpendiculares. Sabe-se também que $ABCDE$ é uma pirâmide regular de altura 3 cm e apótema lateral 5 cm, e que ADE é face lateral comum às duas pirâmides.

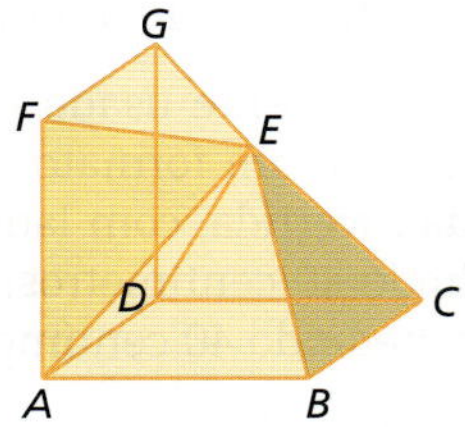

Se a aresta $\overline{AF}$ é 5% maior que a aresta $\overline{AD}$, então o volume da pirâmide $ADGFE$, em cm^3, é:

a) 67,2
b) 80
c) 89,6
d) 92,8
e) 96

19. (UFJF-MG) Seja um prisma quadrangular regular de altura 4 e aresta básica 3. Considere uma pirâmide triangular inscrita nele, que tenha seu vértice coincidente com um dos vértices de uma base desse prisma, e sua base tenha vértices coincidentes com vértices da outra base dele. Nenhuma face lateral dessa pirâmide é perpendicular ao plano da base do prisma.

Calcule a soma do comprimento de todas as arestas dessa pirâmide.

20. (FGV) As figuras A e B indicam, respectivamente, planificações de sólidos em forma de prisma e pirâmide, com todas as medidas sendo dadas em metros. Denotando por V_1 e V_2 os volumes do prisma e da pirâmide, respectivamente, conclui-se que V_1 representa de V_2:

23.9 Visão do especialista

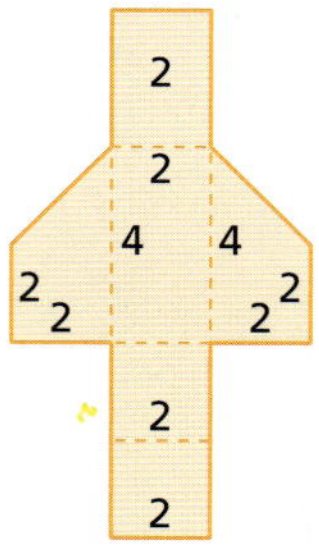

A

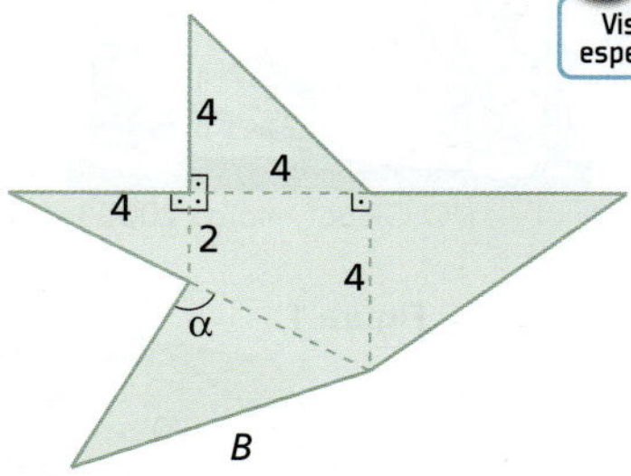

B

a) 25%
b) 45%
c) 50%
d) 65%
e) 75%

Capítulo 24

Corpos redondos

REX FEATURES/GLOW IMAGES

O hotel Free Spirit Spheres, em Vancouver, Canadá, adotou uma forma inovadora de acomodar os hóspedes. A ideia é fazer com que o hóspede se sinta integrado à floresta. Para isso, os quartos têm forma de esferas que são presas às árvores por meio de cabos e de suportes. As esferas têm 3,20 m de diâmetro e por volta de 500 kg de massa.

Objetivos do capítulo:

- ✔ Identificar cilindros, cones, troncos de cone, esferas e seus respectivos elementos.
- ✔ Calcular a área da superfície de corpos redondos.
- ✔ Determinar o volume de corpos redondos.

1 Introdução

24.1 Biblioteca do estudante

Já vimos que as formas dos objetos que nos cercam podem ser estudadas matematicamente por meio de representações chamadas **sólidos geométricos**. Também vimos que os sólidos abrangem grandes grupos, como os **poliedros** e os **corpos redondos**. Entre esses últimos destacamos o cilindro, o cone, a esfera e os corpos obtidos a partir deles.

Os quartos do hotel Free Spirit Spheres, por exemplo, têm forma arredondada, que lembra uma esfera.

Neste capítulo, vamos estudar as propriedades geométricas desses corpos redondos.

2 Cilindro

No capítulo anterior apresentamos a definição de prisma, para estudar o cilindro partimos de uma definição semelhante à do prisma.

2.1 Definição

Vamos considerar dois planos paralelos, γ e σ, um círculo C de raio r contido em γ e uma reta s que intercepta os planos γ e σ.

- Chama-se **cilindro circular**, ou apenas **cilindro**, a figura geométrica formada pela reunião de todos os segmentos de reta paralelos à reta s, com uma extremidade em um ponto de C e a outra em um ponto do plano σ.

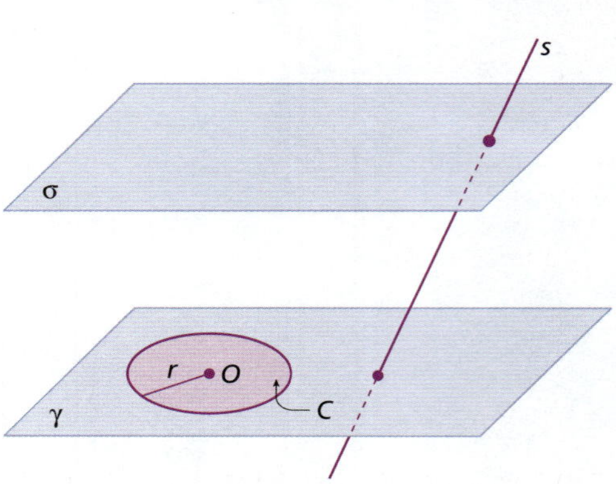

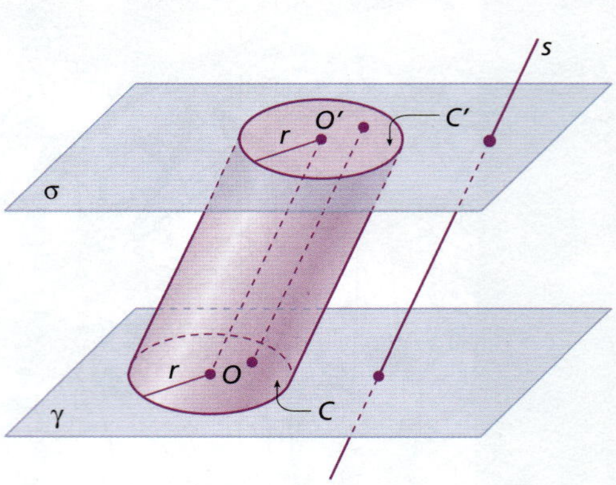

Note que as extremidades que pertencem ao plano σ formam um círculo C', congruente a C.

É importante observar que, embora exista uma definição de cilindro mais ampla, vamos estudar aqui apenas os cilindros circulares.

Elementos do cilindro

Considerando o cilindro ao lado, definimos:

- **bases**: círculos C e C' de raio r e centros O e O';
- **eixo**: reta $\overleftrightarrow{OO'}$;
- **geratrizes**: segmentos paralelos ao eixo do cilindro cujas extremidades são pontos das circunferências das bases do cilindro. Vamos indicar por g o comprimento de cada geratriz;
- **altura do cilindro**: distância h entre os planos que contêm as bases.

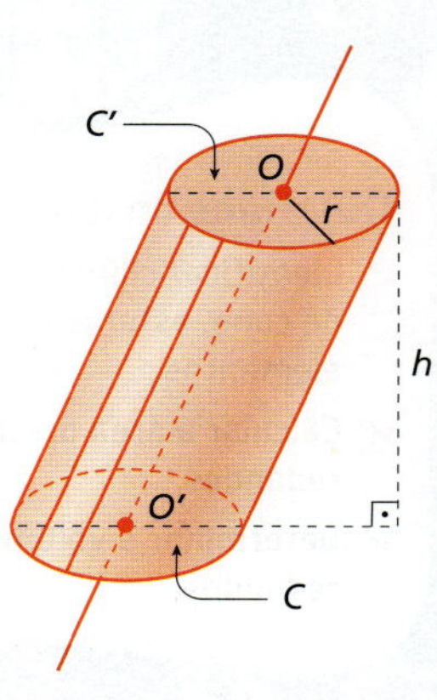

2.2 Classificação dos cilindros

Podemos classificar um cilindro de acordo com a inclinação da reta s em relação aos planos γ e σ, que contêm as bases.

Se a reta s é perpendicular aos planos γ e σ, o cilindro é **reto**. Nesse caso, tanto o eixo $\overleftrightarrow{OO'}$ quanto as geratrizes do cilindro são perpendiculares aos planos das bases e, portanto, o comprimento de cada geratriz é igual à altura do cilindro ($g = h$).

Se a reta s **não** é perpendicular aos planos γ e σ, o cilindro é **oblíquo**. Nesse caso, nem o eixo $\overleftrightarrow{OO'}$ nem as geratrizes são perpendiculares aos planos das bases e, assim, o comprimento de cada geratriz e a altura do cilindro são diferentes ($g \neq h$).

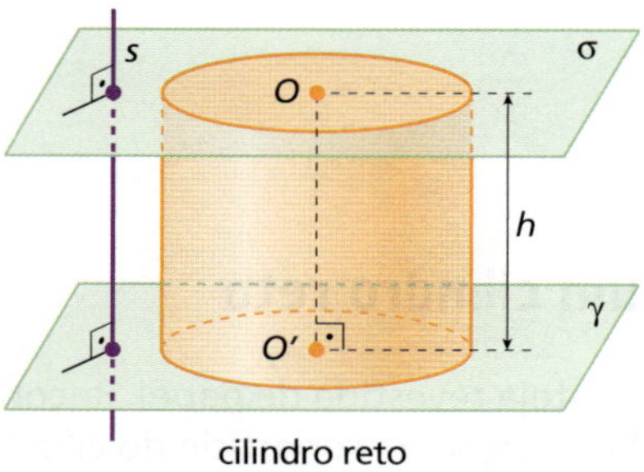

cilindro reto

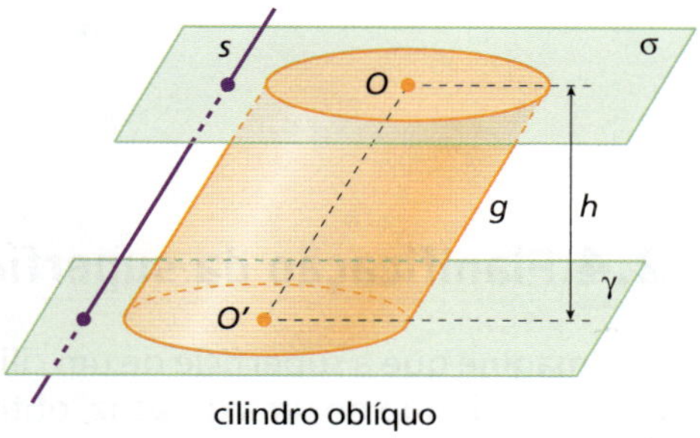

cilindro oblíquo

Observações

- Um cilindro circular reto também é denominado **cilindro de revolução**, pois pode ser obtido pela rotação de uma superfície retangular em torno da reta que contém um dos lados dessa superfície. A medida desse lado é igual à altura h do cilindro, e a medida do lado perpendicular a este é igual à medida do raio r da base do cilindro.
- Se um cilindro reto tem altura igual ao dobro da medida do raio da base ($h = 2r$), ele é chamado **cilindro equilátero**.

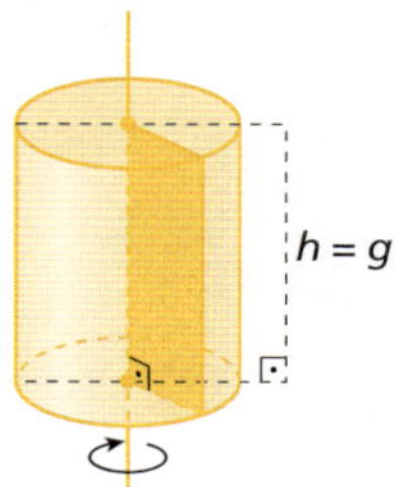

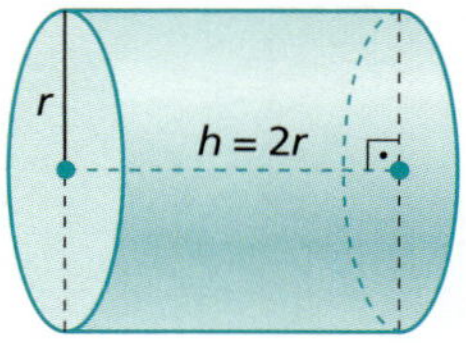

2.3 Secções de um cilindro

Secção meridiana de um cilindro

Uma **secção meridiana de um cilindro** é determinada pela intersecção do cilindro com um plano que contenha seu eixo.

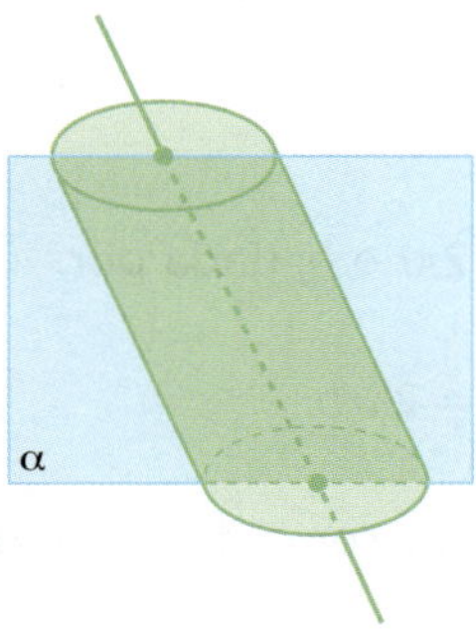

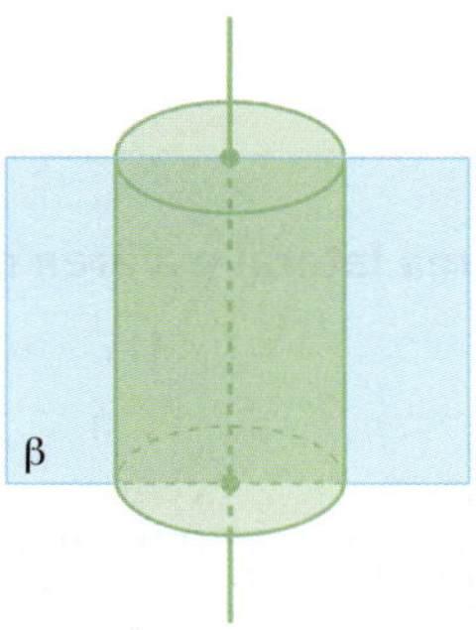

Observe que o quadrilátero determinado por uma secção meridiana de um cilindro qualquer é um paralelogramo. Se o cilindro for reto, o quadrilátero será um retângulo; se for equilátero, o quadrilátero será um quadrado.

Secção transversal de um cilindro

Uma **secção transversal de um cilindro** é a intersecção do cilindro com um plano paralelo ao plano da base.

24.1 Visão do especialista

As secções transversais de um cilindro são círculos congruentes à base.

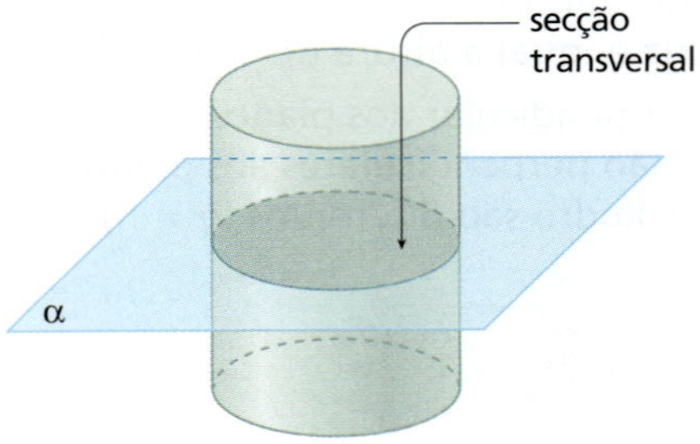

2.4 Planificação da superfície de um cilindro reto

Imagine que a superfície de um cilindro reto esteja revestida de papel. Recortando o papel nas bases e ao longo de uma geratriz, obtemos a **planificação da superfície do cilindro**. A planificação é composta de dois círculos e de uma superfície retangular, em que a medida de um dos lados é igual ao comprimento da circunferência da base ($2\pi r$) e a medida do outro lado é igual à altura do cilindro (h).

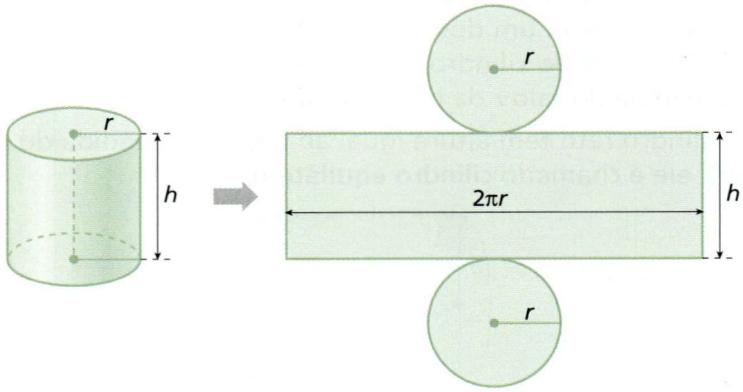

2.5 Área da superfície de um cilindro reto

Por meio da planificação da superfície de um cilindro reto, podemos obter a área total dessa superfície. Vamos considerar um cilindro reto de altura h e raio da base de medida r.

A **área da base** é a área de um círculo de raio r e é dada por:

$$A_{base} = \pi r^2$$

A **área lateral** é a área do retângulo de lados $2\pi r$ e h, dada por:

$$A_{lateral} = 2\pi rh$$

Portanto, a **área total** da superfície do cilindro é a soma das áreas das bases com a área lateral. Assim: $A_{total} = 2 \cdot A_{base} + A_{lateral} \Rightarrow A_{total} = 2\pi r^2 + 2\pi rh$

Logo:

$$A_{total} = 2\pi r(r + h)$$

Exercícios

1. Calcule a área da base, a área lateral e a área total de cada um dos cilindros circulares retos.

a) 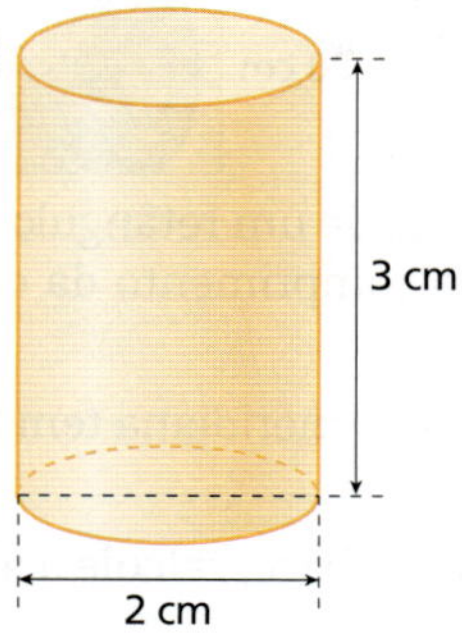

b) 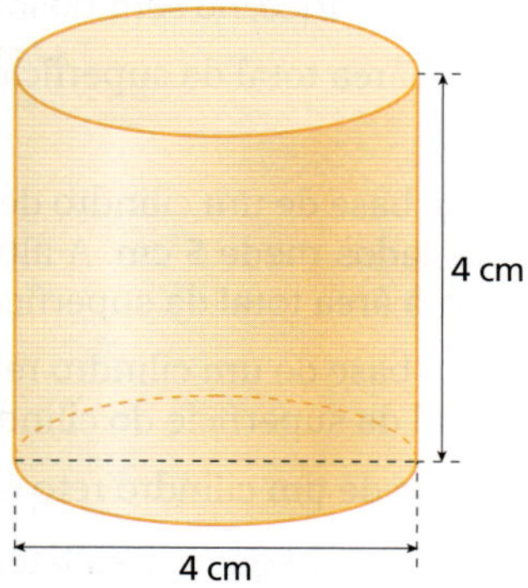

R1. Dado um retângulo de dimensões 3 cm e 5 cm, comparar a área lateral e a área total da superfície dos cilindros de revolução dele obtidos.

➤ Resolução

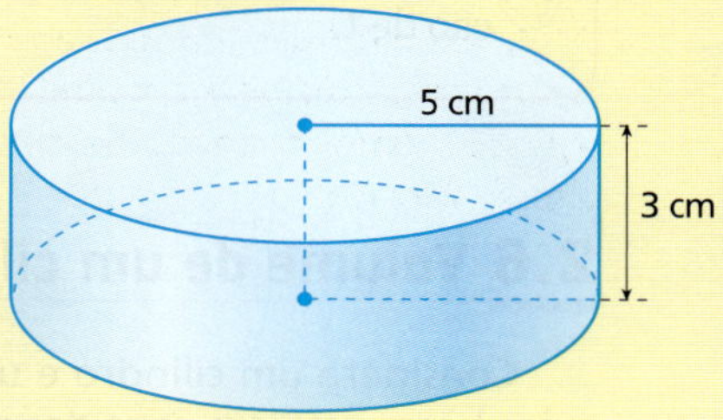

Fazendo a rotação do retângulo em torno do lado que mede 3 cm, obtemos um cilindro reto de raio 5 cm e altura 3 cm. Então:

$A_{lateral} = 2 \cdot \pi \cdot 5 \cdot 3 = 30\pi$

$A_{total} = 2 \cdot 5 \cdot \pi \cdot (5 + 3) = 80\pi$

Logo, esse cilindro tem área lateral de 30π cm^2 e área total de 80π cm^2.

O outro cilindro de revolução tem raio de 3 cm e altura 5 cm. Então:

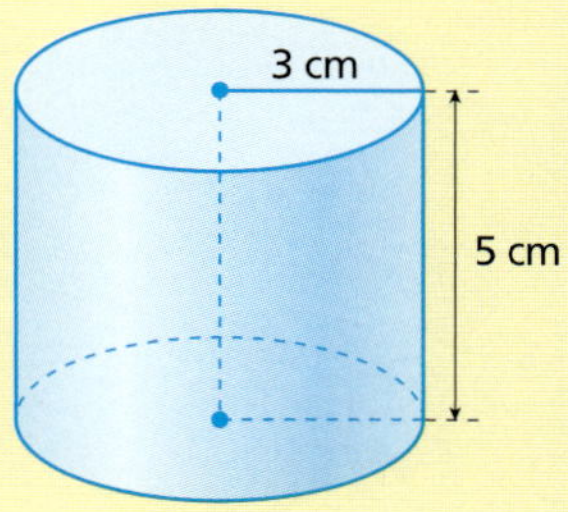

$A_{lateral} = 2 \cdot \pi \cdot 3 \cdot 5 = 30\pi$

$A_{total} = 2 \cdot 3 \cdot \pi \cdot (3 + 5) = 48\pi$

Logo, esse cilindro tem área lateral de 30π cm^2 e área total de 48π cm^2.

Portanto, as áreas laterais dos cilindros obtidos são iguais. No entanto, quando fazemos a rotação do retângulo em torno do lado menor, a área total da superfície do cilindro é maior.

2. Calcule a área lateral de um cilindro reto sabendo que o diâmetro da base mede 14 cm e a geratriz mede o dobro do raio.

R2. Calcular a razão entre a área da base e a área da secção meridiana de um cilindro equilátero.

➤ Resolução

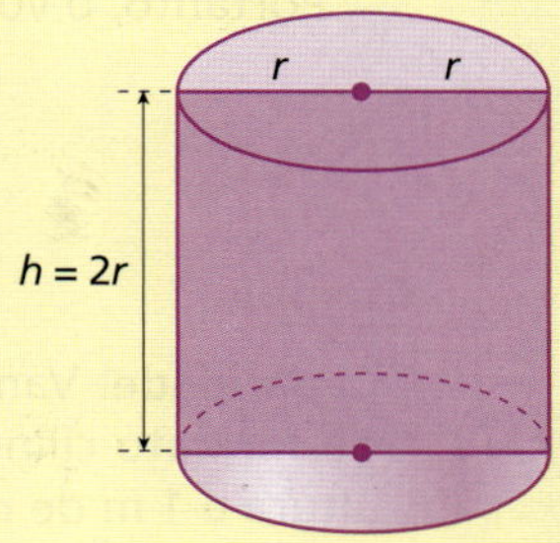

Vamos considerar um cilindro equilátero de altura h e cuja base é um círculo de raio r.

A área da base é: $A_{base} = \pi \cdot r^2$

Como um cilindro equilátero tem a altura igual ao dobro da medida do raio ($h = 2r$), a secção meridiana é um quadrado de lado $2r$.

A área da secção meridiana é: $A_{secção\ meridiana} = 2r \cdot 2r = 4r^2$

Assim, temos: $\dfrac{\pi \cdot r^2}{4 \cdot r^2} = \dfrac{\pi}{4}$

Portanto, a razão entre a área da base e a área da secção meridiana é $\dfrac{\pi}{4}$.

3. Qual é a razão entre a área da superfície lateral e a área da secção meridiana de um cilindro circular reto?

4. Uma peça de metal tem forma de um cilindro circular reto com um furo cilíndrico, no sentido longitudinal, conforme a figura.

Calcule a área total da superfície da peça.

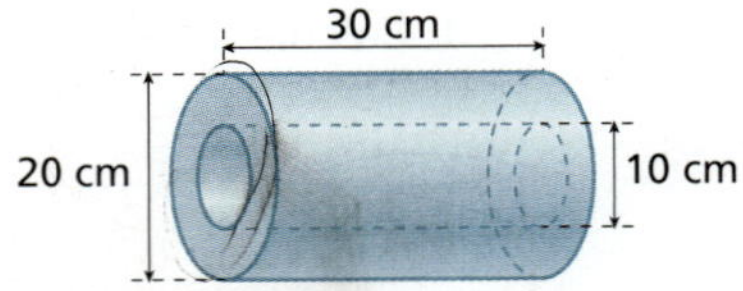

5. O raio da base de um cilindro de revolução gerado pela rotação de um retângulo em torno de um de seus lados mede 5 cm. A altura desse cilindro é igual ao comprimento da circunferência da base. Dê a área total da superfície do cilindro.

6. O raio da base de um cilindro reto mede 2 cm e a área da secção meridiana tem 20 cm^2, calcule a área total da superfície do cilindro.

7. Se a altura de um cilindro reto é igual a $\frac{3}{2}$ da medida do raio da base, calcule a altura e a medida do raio, sabendo que a área lateral do cilindro é 108π cm^2.

8. Determine a área lateral e a área total da superfície de um cilindro equilátero cuja base tem 26 cm de raio.

9. Se a área lateral da superfície de um cilindro equilátero é L, determine a sua área total em função de L.

2.6 Volume de um cilindro

Considere um cilindro e um prisma de mesma altura h contidos em um mesmo semiespaço e cujas bases estejam contidas no mesmo plano α, sendo a área da base do cilindro igual à da base do prisma.

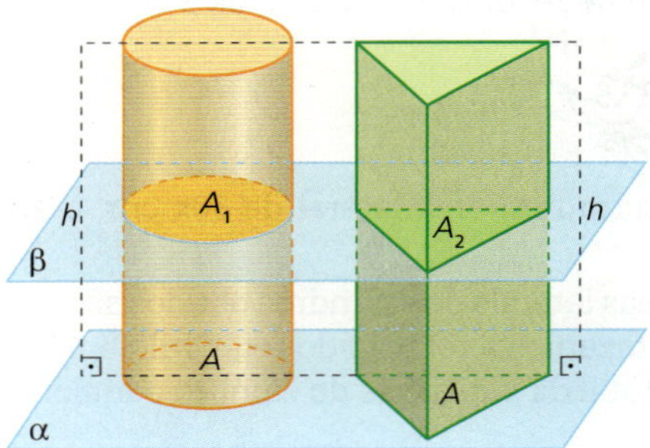

Observe que cada plano β, paralelo a α, que secciona o cilindro também secciona o prisma, determinando secções de mesma área, já que $A_1 = A$ e $A_2 = A$.

Assim, pelo princípio de Cavalieri, o volume do cilindro é igual ao volume do prisma:

$$V_{\text{cilindro}} = V_{\text{prisma}} = A_{\text{base}} \cdot h$$

Portanto, o volume do cilindro é dado por:

$$V_{\text{cilindro}} = \pi r^2 h$$

Exemplo

Capacidade. Vamos calcular o volume máximo de areia que um recipiente de formato cilíndrico pode conter. As medidas do recipiente são: 1,5 m de altura e 1 m de raio da base. (Adote $\pi = 3{,}14$)

Como o volume de um cilindro é dado por $V = \pi r^2 h$, o volume de areia nesse caso será: $V = (3{,}14) \cdot (1)^2 \cdot (1{,}5) \Rightarrow V = 4{,}71$

Logo, o recipiente pode conter no máximo 4,71 m^3 de areia.

RICARDO SIWIEC/CID

Exercícios

R3. Considerar três cilindros circulares retos: cilindro C, de altura h e base de raio r; cilindro C′, de altura h e base de raio $2r$; e cilindro C″, de altura $2h$ e base de raio r.

a) Comparar o volume de C′ com o de C.

b) Comparar o volume de C″ com o de C.

c) Comparar o volume de C′ com o de C″.

➤ Resolução

Primeiro calculamos o volume de C: $V = \pi r^2 h$

a) C′ tem volume $V' = \pi \cdot (2r)^2 \cdot h = 4(\pi r^2 h)$, ou seja: $V' = 4V$

Portanto, o volume de C′ é o quádruplo do volume de C.

b) C″ tem volume $V'' = \pi \cdot r^2 \cdot (2h) = 2(\pi r^2 h)$, ou seja: $V'' = 2V$

Portanto, o volume de C″ é o dobro do volume de C.

c) Dos itens anteriores, temos:
$V' = 4\pi r^2 h = 2(2\pi r^2 h)$, ou seja: $V' = 2V''$.

Portanto, o volume de C′ é o dobro do volume de C″.

10. Indústria. Um empresário recebeu um pedido para fabricar determinado tipo de peça, com formato e dimensões conforme a figura abaixo.

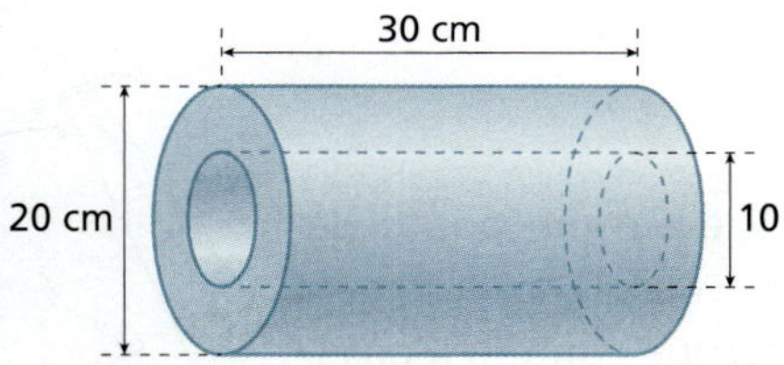

Calcule o volume de matéria-prima necessária para a fabricação de cada unidade.

11. Um recipiente na forma de um cilindro circular reto contém água até determinada altura. Coloca-se uma pedra dentro dele, de modo que fique totalmente submersa. Sabendo que o nível da água subiu 2 cm, não transbordou, e que a medida do raio da base do cilindro é 6 cm, calcule o volume da pedra.

12. Um cilindro reto tem 8 m de altura, e a área total de sua superfície é 306π m^2. Determine o volume do cilindro.

13. Aumentando o raio da base ou a altura, de um cilindro reto em 4 cm, os volumes dos novos cilindros serão iguais. Calcule a medida do raio da base do cilindro inicial sabendo que sua altura é 2 cm.

14. Determine o volume de um cilindro equilátero cuja área total é igual a 24π dm^2.

15. Capacidade. Quantos mililitros (mL) de tinta cabem no reservatório cilíndrico de uma caneta cujo diâmetro mede 2 mm e o comprimento é 10 cm? (Use $\pi = 3,14$)

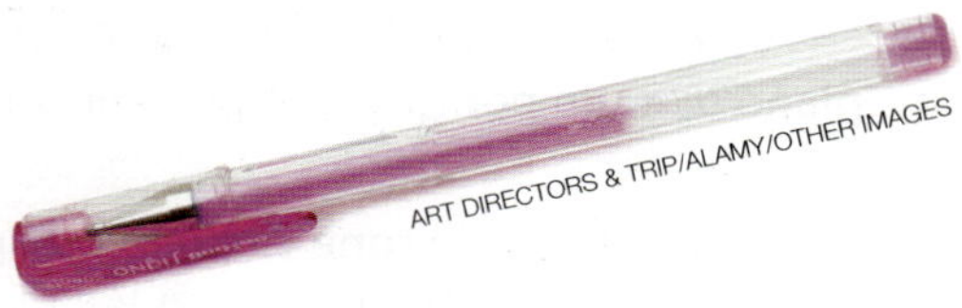
ART DIRECTORS & TRIP/ALAMY/OTHER IMAGES

16. O que acontecerá com o volume de um cilindro circular reto se reduzirmos a medida da altura à metade e dobrarmos a medida do raio da base?

17. Embalagens. Um tipo de achocolatado é vendido em duas embalagens cilíndricas: uma de raio 3 cm e altura 6 cm e outra de raio 4 cm e altura 10 cm. A primeira é vendida por R$ 5,00 e a segunda é vendida por R$ 12,00. Qual é a embalagem mais vantajosa para o comprador, considerando o volume das embalagens e seu preço?

18. Qual é a área lateral do cilindro de revolução de volume 157 m^3 e altura igual ao dobro da medida do diâmetro da base?

19. Um cilindro de revolução cujo raio da base mede 10 cm foi cortado por um plano paralelo a seu eixo e distante 6 cm dele. Sabendo que a área da secção determinada pelo plano é 80 cm^2, calcule o volume do cilindro.

20. Consumo. A parte interna de um botijão de gás de cozinha tem forma cilíndrica com 40 cm de diâmetro e 60 cm de altura. Quantos dias o gás de um botijão cheio durará se forem consumidos diariamente 3,1 litros? (Considere $\pi = 3,1$)

FABIO YOSHIHITO MATSUURA/MOSAICO FOTOGRAFIA

21. Nível de água. Uma cisterna cilíndrica tem diâmetro medindo 1 m. Se forem consumidos 310 litros, quantos centímetros o nível da água baixará? (Considere $\pi = 3,1$)

3 Cone

IFONG/M. UNAL OZMEN/SHUTTERSTOCK

A forma cônica aparece em alguns objetos do dia a dia, como uma casquinha de sorvete ou os cones de sinalização de trânsito.

3.1 Definição

Vamos considerar um círculo *C*, de centro *O* e de raio *r*, em um plano α, e um ponto *V* não pertencente ao plano α.

- Chamamos de **cone circular**, ou apenas **cone**, a reunião de todos os segmentos de reta com uma extremidade em *V* e outra em um ponto de *C*.

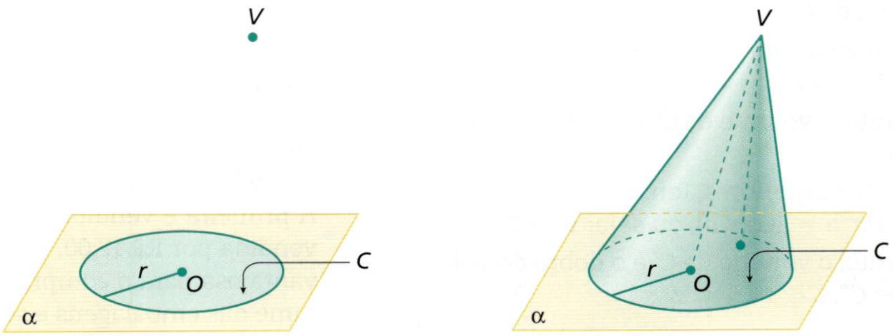

Elementos do cone

Considerando o cone ao lado, definimos:

- **base:** círculo *C* de raio *r* e centro *O*;
- **vértice:** ponto *V*;
- **eixo:** reta $\overleftrightarrow{VO}$;
- **geratrizes:** segmentos com extremidades em *V* e em um ponto da circunferência da base do cone.
- **altura do cone:** distância *h* do vértice *V* ao plano que contém a base.

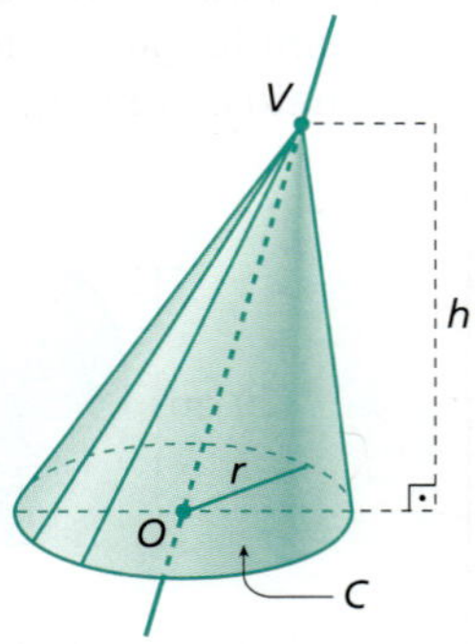

3.2 Classificação dos cones

O cone pode ser classificado de acordo com a inclinação do eixo $\overleftrightarrow{VO}$ em relação ao plano que contém a base.

Se o eixo $\overleftrightarrow{VO}$ é perpendicular ao plano que contém a base, o cone é **reto**. Nesse caso, a altura é igual a *VO* e todas as geratrizes do cone tem a mesma medida, que indicaremos por *g*.

Se o eixo $\overleftrightarrow{VO}$ **não** é perpendicular ao plano que contém a base, o cone é **oblíquo**. Nesse caso, a altura é menor que *VO*.

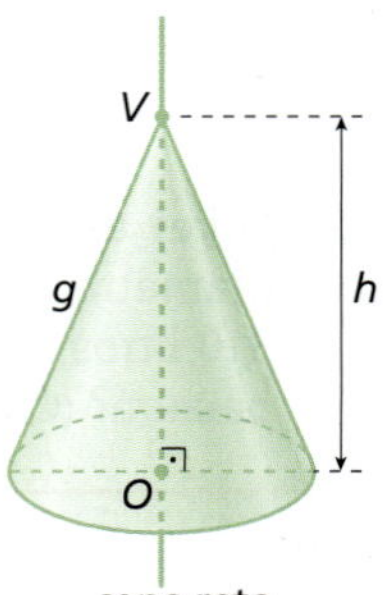

cone reto

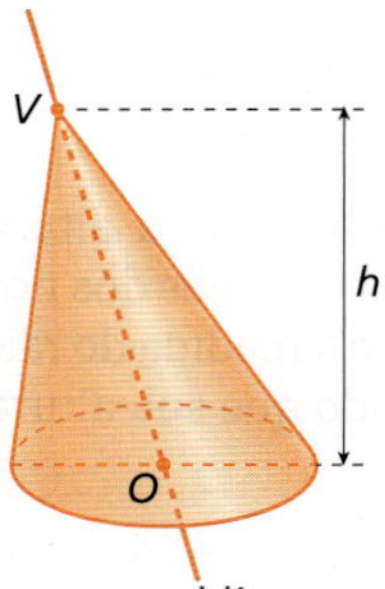

cone oblíquo

Observações

- Um cone circular reto também é denominado **cone de revolução**, pois pode ser obtido pela rotação de uma superfície triangular, determinada por um triângulo retângulo, em torno de uma reta que contém um de seus catetos. A medida desse cateto será igual à altura do cone, e a medida do outro cateto será igual à medida do raio da base do cone.

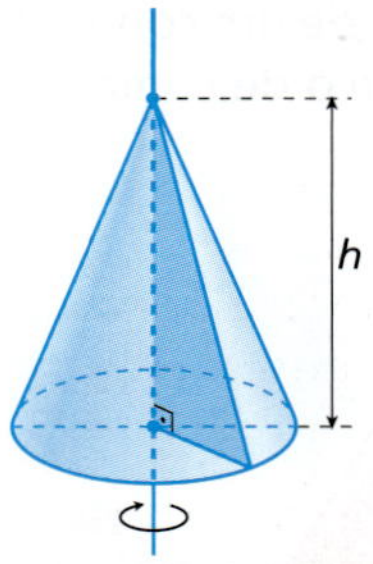

- Se um cone reto tem a medida da geratriz igual ao dobro da medida do raio da base ($g = 2r$), ele é chamado **cone equilátero**.

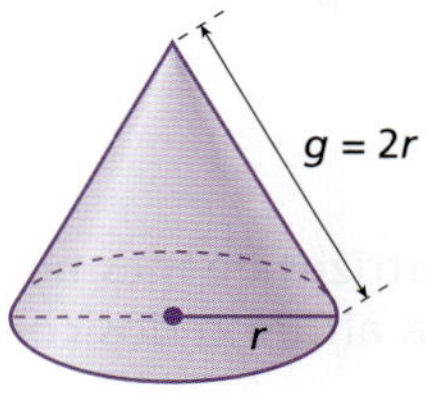

3.3 Secções de um cone

Secção meridiana de um cone

Uma **secção meridiana de um cone** é determinada pela intersecção do cone com um plano que contenha seu eixo.

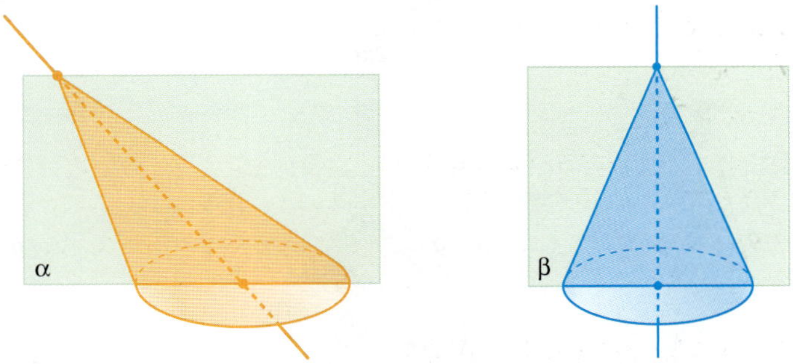

Observe que uma secção meridiana de um cone é um triângulo. Quando o cone é reto, esse triângulo é isósceles; se o cone for equilátero, o triângulo será equilátero.

Secção transversal de um cone

Uma **secção transversal de um cone** é a intersecção do cone com um plano paralelo ao plano da base e que não passa por seu vértice.

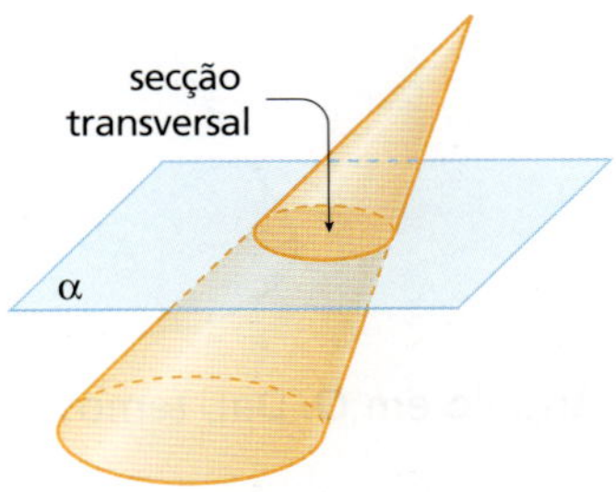

As secções transversais de um cone são círculos.

3.4 Planificações da superfície de um cone reto

Assim como fizemos com o cilindro, vamos supor que a superfície de um cone reto esteja revestida de papel. Para obter a planificação dessa superfície, vamos imaginar um recorte do papel ao longo do contorno de sua base e, em seguida, um recorte ao longo de uma de suas geratrizes.

A planificação da superfície de um cone reto é formada por um círculo de raio r e por um setor circular de raio g, ângulo α e arco de comprimento $2\pi r$.

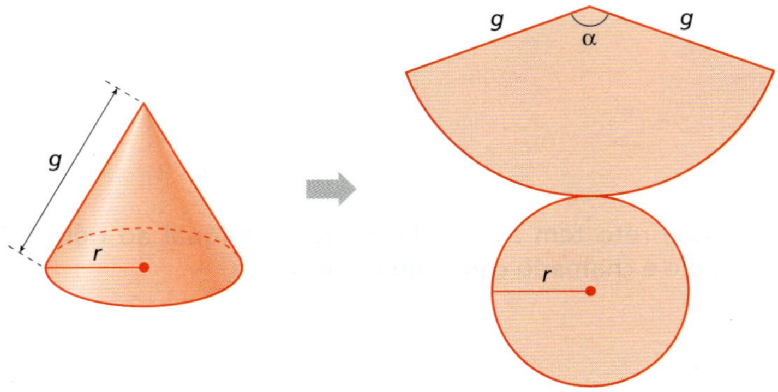

Em cones retos e com geratrizes de mesmo comprimento, quanto maior é o ângulo α, maior é o raio r da base e menor é a altura h dos cones. Assim, para $\alpha_1 < \alpha_2 < \alpha_3$, temos $r_1 < r_2 < r_3$ e $h_1 > h_2 > h_3$.

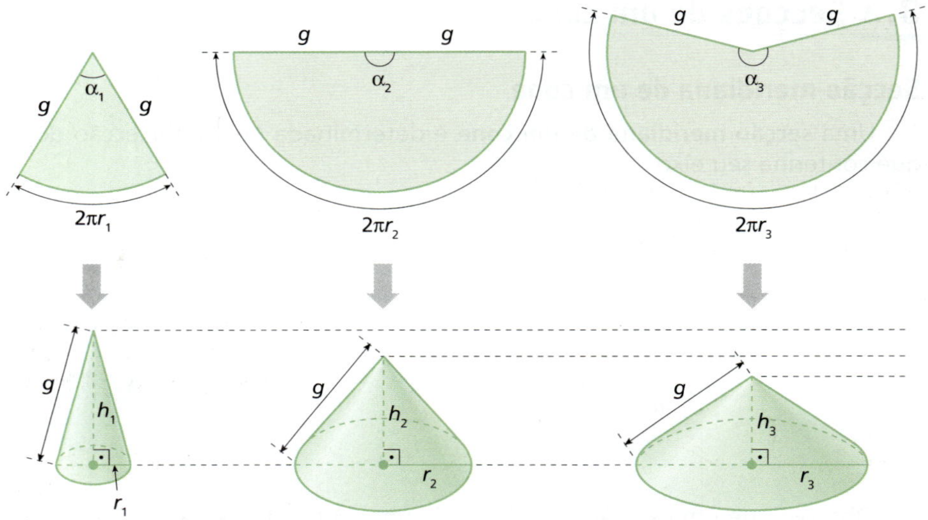

Relações métricas entre os elementos de um cone reto

Consideremos um cone reto com raio da base de medida r, comprimento da geratriz g e altura h.

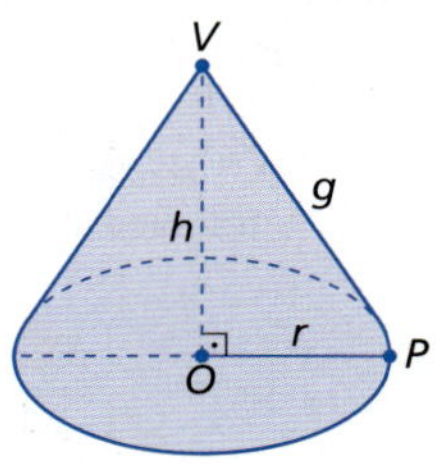

O triângulo VOP é retângulo em O. Daí, temos: $VO^2 + OP^2 = VP^2$

Portanto:

$$h^2 + r^2 = g^2$$

O setor circular ao lado representa a planificação da superfície lateral do cone.

Como o comprimento do arco de um setor circular é proporcional ao ângulo central que determina esse setor, podemos estabelecer a proporção: $\dfrac{2\pi r}{2\pi g} = \dfrac{\alpha}{360°}$

Portanto, α em grau é dado por:

$$\alpha = \frac{360° r}{g}$$

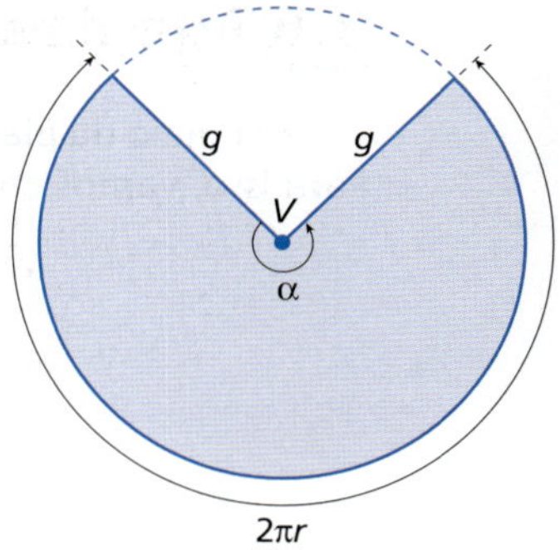

Exercícios

R4. Calcular o comprimento da circunferência da base e a altura de um cone reto cuja geratriz mede 13 cm e cujo raio mede 5 cm.

➤ Resolução

O comprimento da circunferência da base é dado por $C = 2\pi r$. Sabemos que o cone tem raio de medida $r = 5$ cm. Assim:

$C = 2 \cdot \pi \cdot 5 \Rightarrow C = 10\pi \Rightarrow C \simeq 31{,}4$

Portanto, o comprimento da circunferência da base é aproximadamente 31,4 cm.

Sabendo que o cone é reto, podemos obter a altura por meio de um triângulo retângulo, cuja hipotenusa é a geratriz e as medidas dos catetos são a altura e o raio da base do cone.

Assim:

$13^2 = h^2 + 5^2$

$h^2 = 144$

$h = 12$

Portanto, a altura do cone é 12 cm.

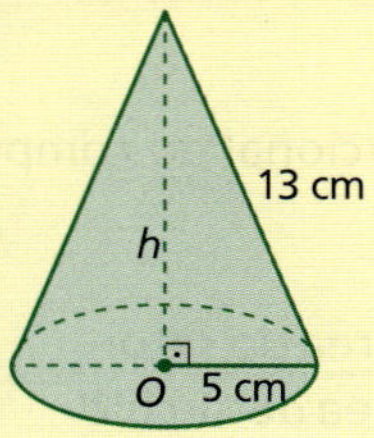

22. Calcule a medida da geratriz de um cone circular reto cuja base tem 14 cm de diâmetro, sendo 24 cm a altura do cone.

R5. Um cone reto de altura 10 cm tem por planificação da superfície lateral um setor circular de ângulo α medindo 150°. Determinar o raio da base e a medida da geratriz do cone.

➤ Resolução

Como $r^2 + h^2 = g^2$, temos: $r^2 + 10^2 = g^2$

Logo: $g^2 - r^2 = 100$ (I)

Como $\alpha = \dfrac{360° \cdot r}{g}$, temos:

$150° = \dfrac{360° \cdot r}{g} \Rightarrow g = \dfrac{12r}{5}$ (II)

De (I) e (II), concluímos que: $\left(\dfrac{12r}{5}\right)^2 - r^2 = 100$

$\dfrac{144r^2}{25} - r^2 = 100 \Rightarrow$

$\Rightarrow 144r^2 - 25r^2 = 2.500 \Rightarrow$

$\Rightarrow r^2 \simeq 21{,}01 \Rightarrow r \simeq \sqrt{21{,}01} \Rightarrow r \simeq 4{,}58$

Portanto, o raio da base do cone mede aproximadamente 4,58 cm.

Como $g = \dfrac{12r}{5}$, o comprimento da geratriz é aproximadamente 11 cm.

23. Sabendo que a planificação da superfície lateral de um cone circular reto é um setor circular de raio 10 cm e ângulo central de 72°, determine a altura do cone.

24. Obtenha a altura de um cone reto, sabendo que a planificação da superfície lateral é um setor circular com ângulo central medindo 120° e o raio da base medindo 10 cm.

25. Determine a medida do ângulo central de um setor circular obtido pela planificação da superfície lateral de um cone reto cuja geratriz mede 60 cm e o raio da base mede 10 cm.

26. Determine a medida do ângulo central do setor circular obtido pela planificação da superfície lateral de um cone circular reto de raio da base 12 cm e altura 16 cm.

27. A planificação da superfície lateral de um cone reto é um setor circular com ângulo central medindo 60°. Calcule a razão k entre o comprimento da circunferência da base e o comprimento da geratriz do cone.

3.5 Área da superfície de um cone reto

Por meio da planificação da superfície de um cone, podemos obter a área total dessa superfície. Para isso, vamos considerar um cone reto de raio da base r e comprimento da geratriz g.

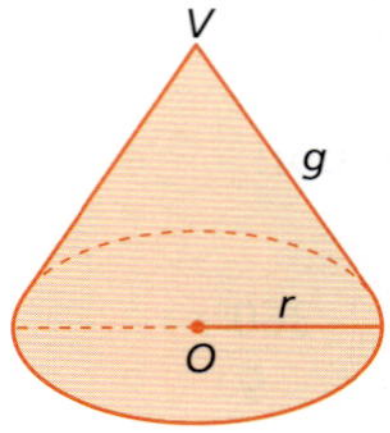

A **área da base** é a área de um círculo de raio r, dada por:

- $A_{base} = \pi r^2$

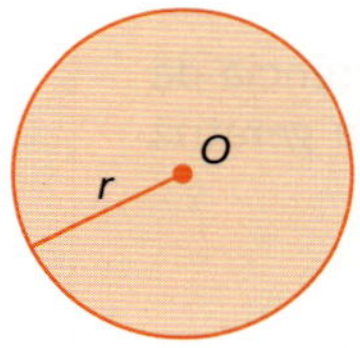

A **área lateral** é a área de um setor circular tal que o raio é o comprimento g da geratriz e o arco tem comprimento igual a $2\pi r$ (comprimento da circunferência da base do cone).

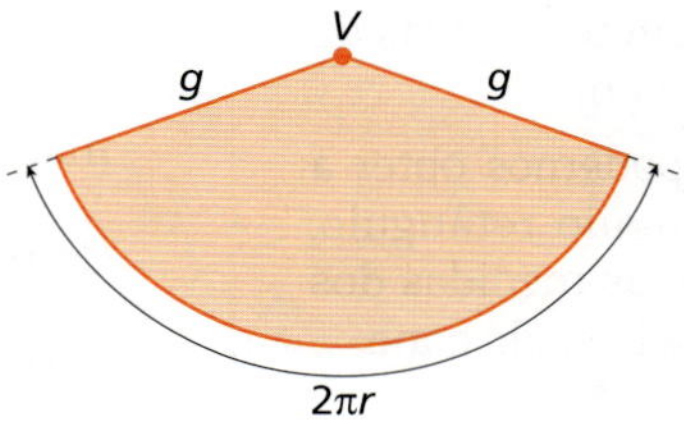

Como a área desse setor é diretamente proporcional ao comprimento $2\pi r$ do arco que o define, temos:

$$\frac{\text{comprimento do arco do setor}}{\text{comprimento da circunferência de raio } g} = \frac{\text{área do setor}}{\text{área do círculo}} \Rightarrow$$

$$\Rightarrow \frac{2\pi r}{2\pi g} = \frac{A_{lateral}}{\pi g^2} \Rightarrow A_{lateral} = \frac{(2\pi r) \cdot (\pi g^2)}{2\pi g}$$

Portanto:

- $A_{lateral} = \pi r g$

Como a **área total** da superfície do cone reto é igual à soma da área da base com a área lateral, temos:

$A_{total} = A_{base} + A_{lateral} \Rightarrow A_{total} = \pi r^2 + \pi r g$

Logo:

- $A_{total} = \pi r(r + g)$

Exercícios

R6. Calcular a área lateral de um cone reto cuja altura é 16 cm e cujo raio da base mede 12 cm.

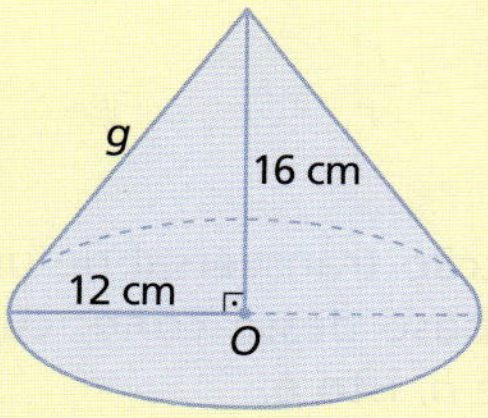

➤ Resolução

Inicialmente, vamos obter o comprimento da geratriz do cone:

$g^2 = 16^2 + 12^2 \Rightarrow g^2 = 400 \Rightarrow g = 20$

Portanto, o comprimento da geratriz do cone é 20 cm.

A área lateral do cone é:

$A_{lateral} = \pi r g \Rightarrow A_{lateral} = \pi \cdot 12 \cdot 20 \Rightarrow$
$\Rightarrow A_{lateral} = 240\pi \Rightarrow A_{lateral} \simeq 753{,}6$

Logo, a área lateral do cone é 240π cm², ou aproximadamente 753,6 cm².

28. Obtenha a área lateral e a área total da superfície de um cone reto considerando os dados a seguir.

a) A altura é 12 cm e o raio da base mede 9 cm.

b) O comprimento da geratriz é 26 cm, e a altura, 24 cm.

29. Uma escola infantil realizará a Festa do Circo. Uma professora ficou de confeccionar 34 chapéus cônicos de palhaço. Sabendo que cada chapéu terá 12 cm de altura e 8 cm de raio, calcule a quantidade total de papel necessária para fazer todos os chapéus.

FABIO YOSHIHITO MATSUURA/ MOSAICO FOTOGRAFIA

30. Determine a área total da superfície de um cone reto inscrito em um cilindro reto de altura 5 cm e raio da base 2 cm.

R7. Determinar a área total da superfície de um cone equilátero de geratriz g.

➤ Resolução

Vamos considerar um cone equilátero de raio da base r, comprimento da geratriz g e altura h.

Sabemos que, no cone equilátero, $g = 2r$; portanto: $r = \dfrac{g}{2}$

Logo:

$A_{total} = A_{lateral} + A_{base}$

$A_{total} = \pi \cdot r \cdot g + \pi \cdot r^2$

$A_{total} = \pi \cdot \dfrac{g}{2} \cdot g + \pi \cdot \left(\dfrac{g}{2}\right)^2 = \dfrac{3}{4} \cdot \pi \cdot g^2$

Portanto: $A_{total} = \dfrac{3}{4}\pi g^2$

31. Calcule a área lateral da superfície de um cone equilátero que tem 16π dm² de área da base.

32. Determine a área total da superfície de um cone circular reto cuja secção meridiana é um triângulo equilátero de lado medindo 10 cm.

33. Obtenha a área lateral do cone representado abaixo.

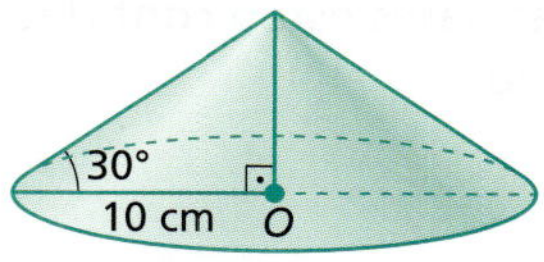

34. Um cone circular reto tem altura de 8 dm e raio da base medindo 6 dm. Qual é, em metro quadrado, a área total da sua superfície?

35. Um triângulo retângulo tem catetos medindo 3 dm e 4 dm. Determine a área da superfície do sólido de revolução gerado pela rotação do triângulo em torno de sua hipotenusa.

3.6 Volume de um cone

Antes de estudar o volume de um cone qualquer, vamos conhecer duas propriedades dos cones.

Para isso, considere um plano α que secciona um cone a uma distância h' do vértice, paralelamente à base, determinando uma secção de área A'.

Seja h a altura do cone, r o raio da base e A a área da base do cone.

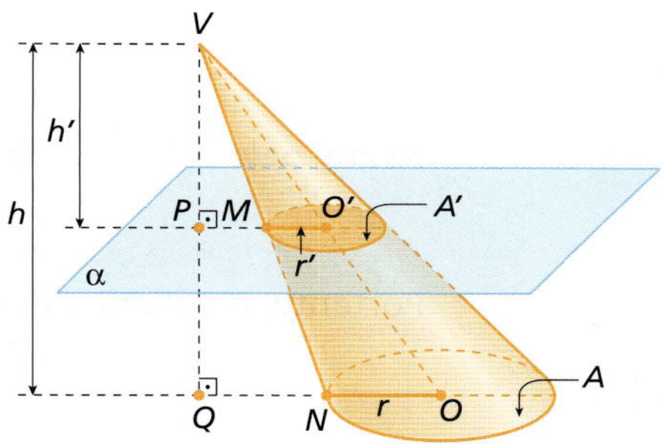

24.2 Visão do especialista

1ª propriedade: A razão entre a distância h' de uma secção transversal ao vértice do cone e a altura h do cone é igual à razão entre a medida do raio r' da secção transversal e a medida do raio r da base, isto é:

$$\frac{h'}{h} = \frac{r'}{r}$$

24.3 Visão do especialista

2ª propriedade: Seja A' a área de uma secção transversal de um cone, feita a uma distância h' em relação ao vértice V, e A a área da base desse cone, cuja altura é h. A razão entre A' e A é igual ao quadrado da razão entre h' e h, isto é:

$$\frac{A'}{A} = \left(\frac{h'}{h}\right)^2$$

Exemplo

A secção transversal de um cone, feita a 84 cm do vértice, tem 10 cm de raio. Vamos calcular a distância de uma secção de 4,5 cm de raio ao vértice. Para isso, vamos chamar de x a distância entre o vértice e essa secção.

Como as distâncias das secções transversais ao vértice são proporcionais a seus raios, temos:

$$\frac{84}{x} = \frac{10}{4{,}5} \Rightarrow x = \frac{84 \cdot 4{,}5}{10} = 37{,}8$$

Portanto, a secção de 4,5 cm de raio está a 37,8 cm do vértice.

Determinação do volume de um cone

Considere um cone e uma pirâmide com a mesma altura h, contidos em um mesmo semiespaço e cujas bases estão contidas no mesmo plano α, sendo a área da base do cone igual à da base da pirâmide.

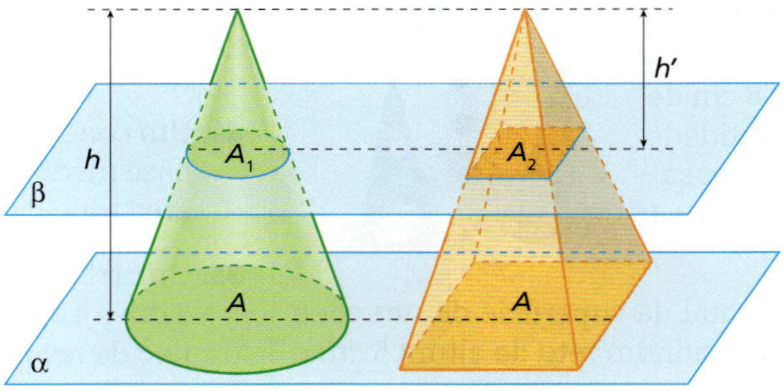

Observe que cada plano β, paralelo a α, que secciona o cone também secciona a pirâmide, determinando as secções do cone e da pirâmide, de áreas A_1 e A_2, respectivamente.

Pelas propriedades estudadas, temos:

$$\frac{A_1}{A} = \frac{(h')^2}{h^2} \text{ e } \frac{A_2}{A} = \frac{(h')^2}{h^2}$$

Portanto:

$$\frac{A_1}{A} = \frac{A_2}{A} \Rightarrow A_1 = A_2$$

Assim, pelo princípio de Cavalieri, o volume do cone é igual ao volume da pirâmide, ou seja:

$$V_{cone} = V_{pirâmide} = \frac{1}{3} A_b \cdot h$$

Portanto, o volume de um cone circular de raio r e altura h é dado por:

$$V_{cone} = \frac{1}{3}\pi r^2 h$$

Exercícios

R8. Observar a representação de uma taça e calcular a quantidade máxima de líquido, em litro, que ela pode comportar.

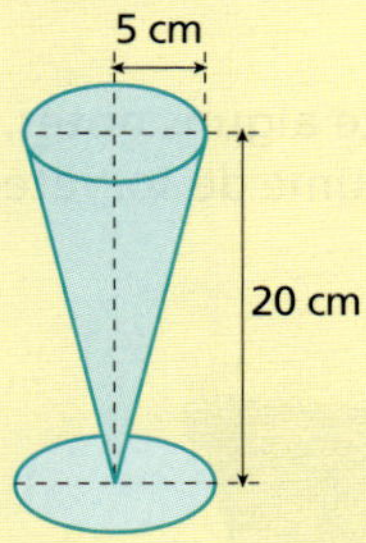

➤ Resolução

A quantidade de líquido é dada pelo volume da taça. Assim:

$$V = \frac{1}{3}\pi r^2 h = \frac{1}{3} \cdot \pi \cdot 5^2 \cdot 20$$

Logo: $V \simeq 523{,}3\ \text{cm}^3$

Sabemos que: $1\ \ell = 1\ \text{dm}^3$ e $1\ \text{dm}^3 = 1.000\ \text{cm}^3$

Logo: $1\ \ell = 1.000\ \text{cm}^3$

Então:

$$V \simeq 523{,}3\ \text{cm}^3 = 523{,}3 \cdot \frac{1}{1.000}\ \ell \Rightarrow V \simeq 0{,}523\ \ell$$

Portanto, a taça pode conter até 0,523 ℓ.

36. Determine o volume dos cones cujas medidas estão indicadas nas figuras.

a)

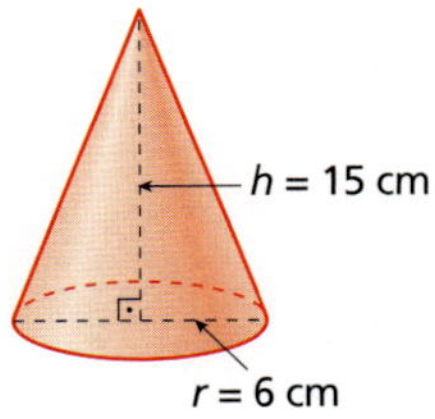

b)

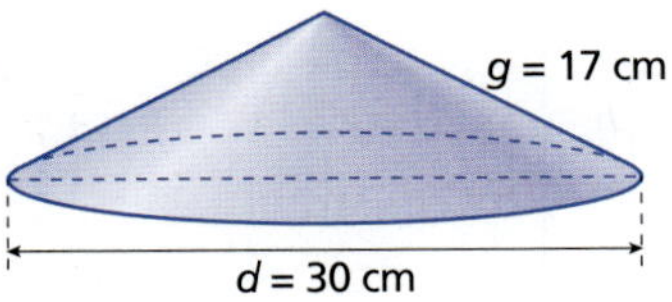

37. Determine o volume do cone de revolução que tem 6 cm de raio da base e comprimento da geratriz $2\sqrt{3}$ cm.

38. Calcule o volume de um cone equilátero cuja altura é 20 cm.

39. Um cone reto de 3 cm de raio da base tem volume $18\sqrt{2}\pi\ \text{cm}^3$. Calcule a área total da superfície desse cone.

40. Em um cone de revolução de 10 cm de altura, a área da base excede em $216\pi\ \text{cm}^2$ a área de uma secção paralela à base, feita a 2 cm do vértice. Calcule o volume do cone.

41. Calcule o volume do cone gerado pela rotação da superfície triangular determinada por um triângulo retângulo, de catetos 6 cm e 8 cm, em torno do cateto maior.

42. Calcule o volume do lápis conforme as medidas a seguir.

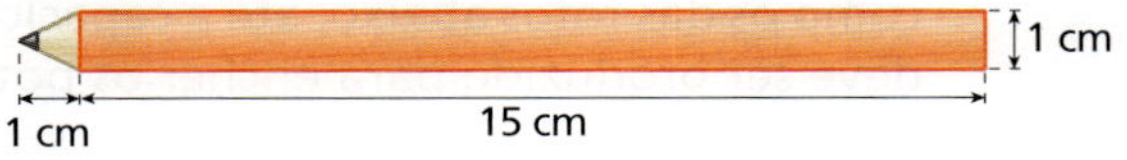

43. Dois cones, 1 e 2, são gerados pela rotação da superfície determinada por um triângulo retângulo de catetos 5 cm e 12 cm. Para obter o cone 1, o giro se dá em torno do cateto menor e, para o cone 2, em torno do maior.

a) Determine a razão percentual entre V_1 e V_2.

b) Se as medidas dos catetos desse triângulo fossem x e y, em torno dos quais se fizessem rotações para gerar, respectivamente, os cones 1 e 2, qual seria a razão entre V_1 e V_2?

44. Um cone circular reto tem 16 cm de altura e $144\pi\ \text{cm}^2$ de área da base. O cone é seccionado por um plano α, paralelo ao plano da base, determinando uma secção transversal. Sabendo que a distância do plano α até o plano que contém a base do cone é 7 cm, determine a área da secção obtida.

45. Considere um cone circular reto com 30 cm de altura. A que distância do vértice um plano paralelo à base deve seccionar o cone de modo que a área da secção obtida seja um quarto da área da base?

46. Calcule o volume do reservatório de água, conforme a figura ao lado, que tem a forma de um cilindro circular reto sobreposto a um cone reto, com as dimensões indicadas. (Despreze a espessura das paredes.)

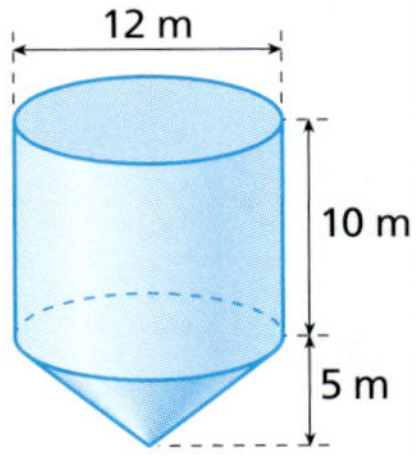

47. (PUC) A figura abaixo mostra um cone inscrito num cilindro. Ambos têm raio da base x e altura 2x. Retirando-se o cone do cilindro, o volume do sólido resultante é:

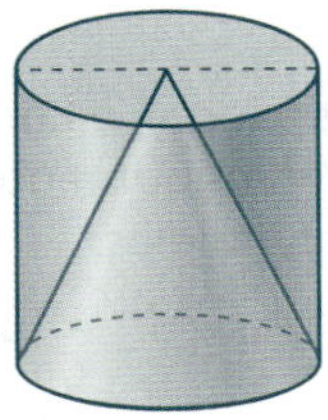

a) $\frac{2\pi x^3}{3}$

b) $\frac{4\pi x^3}{3}$

c) $\frac{5\pi x^3}{3}$

d) $\frac{7\pi x^3}{3}$

e) $\frac{8\pi x^3}{3}$

4 Tronco de um cone reto

NICKOLAY KHOROSHKOV/SHUTTERSTOCK

Vários objetos têm a forma de um tronco de cone, como copas de abajur, canecas, vasos, potes etc. Muitas vezes, em situações que envolvem esse tipo de corpo redondo precisamos fazer cálculos de área ou de volume. Um exemplo é a situação a seguir.

Sorveteria. Uma sorveteria artesanal vai encher de sorvete alguns potes, como os das fotos abaixo, até a capacidade máxima. Qual volume de sorvete deve ser produzido para encher os potes?

RICARDO SIWIEC/CID

Esse problema envolve o cálculo do volume de um tronco de cone, que estudaremos posteriormente.

4.1 Definição

Considere um cone reto, de vértice V, altura h e raio da base r, seccionado por um plano α, paralelamente ao plano da base, a uma distância h_t dela ($h_t < h$), que determina uma secção transversal de centro O' e raio r', conforme a figura abaixo.

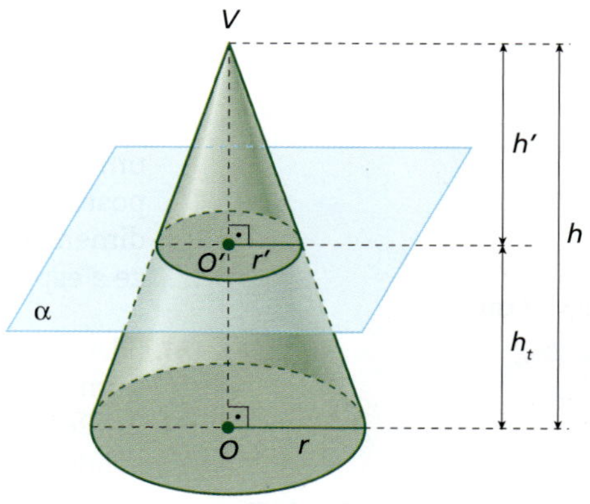

Ao seccionar o cone original, o plano α determina dois sólidos, um cone menor, de mesmo vértice V, comprimento da geratriz g' e altura $h' = h - h_t$, e outro denominado **tronco de cone** de bases paralelas.

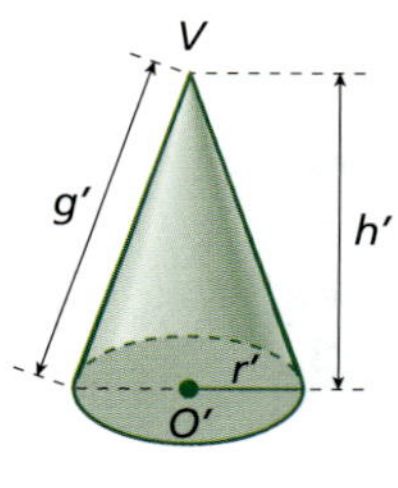

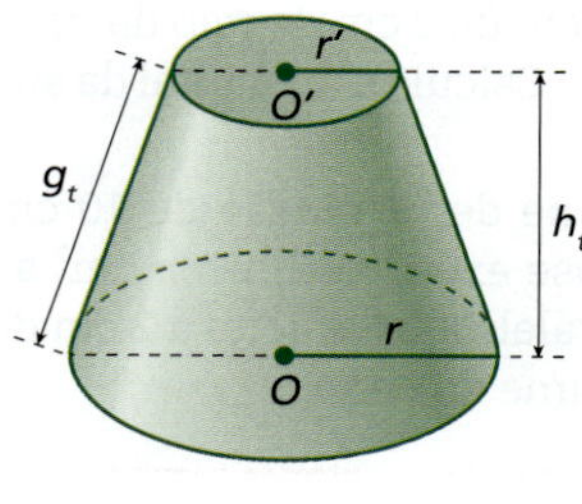

Elementos de um tronco de cone

Considerando o tronco de cone ilustrado ao lado, definimos:

- **base maior:** círculo de centro O e raio R;
- **base menor:** secção transversal obtida por meio do plano α, ou seja, círculo de centro O' e raio r;
- **geratrizes**: segmentos cujas extremidades são pontos das circunferências das bases, e que estão contidas em retas que passam pelo vértice V do cone original. Indicaremos por g_t o comprimento da geratriz;
- **altura**: distância h_t entre os planos que contêm as bases do tronco de cone.

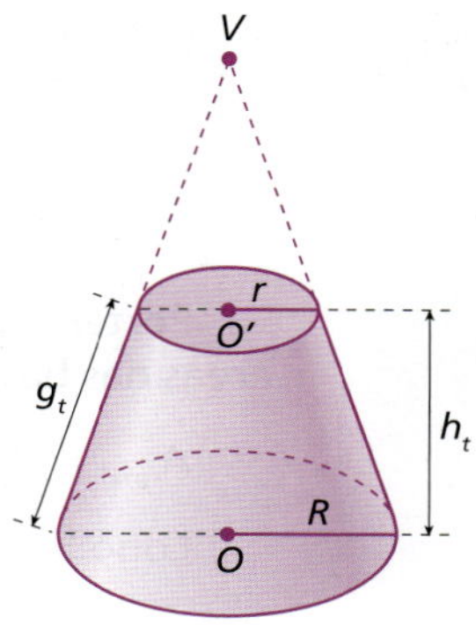

4.2 Área da superfície de um tronco de cone reto

Vamos considerar o tronco de cone reto abaixo e a planificação de sua superfície.

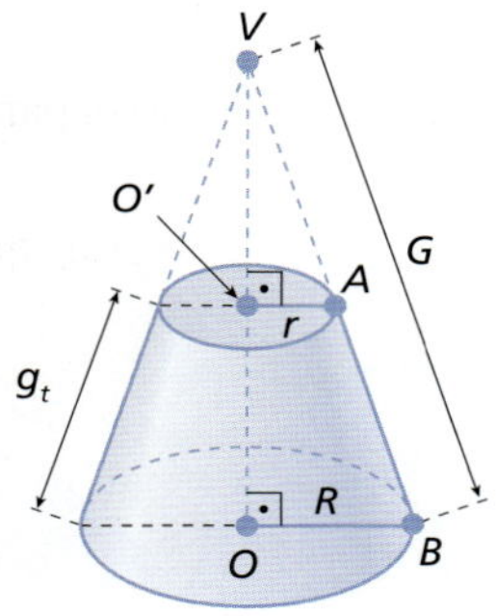

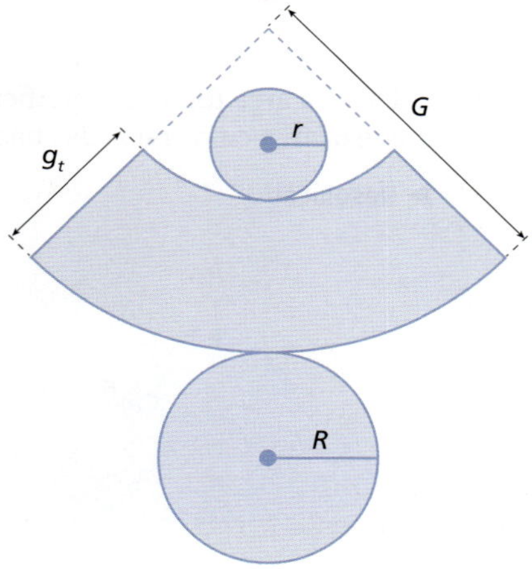

Para obter a área da superfície desse tronco de cone, primeiro relacionamos G, R, g_t e r.

Como os triângulos $VO'A$ e VOB são semelhantes, temos:

$$\frac{VA}{r} = \frac{VB}{R} \Rightarrow \frac{G - g_t}{r} = \frac{G}{R} \Rightarrow GR - g_tR = Gr \Rightarrow G(R - r) = g_tR \Rightarrow G = \frac{g_tR}{R - r} \qquad \text{(I)}$$

Agora, vamos determinar a **área lateral** da superfície do tronco de cone. Observe que essa área é a diferença entre a área lateral da superfície do cone maior e a área lateral da superfície do cone menor. Assim:

$$A_{\text{lateral}} = \pi RG - \pi r(G - g_t) \Rightarrow A_{\text{lateral}} = \pi RG - \pi rG + \pi rg_t \Rightarrow A_{\text{lateral}} = \pi G(R - r) + \pi rg_t \qquad \text{(II)}$$

De (I) e (II) temos:

$$A_{\text{lateral}} = \pi \cdot \left(\frac{g_tR}{R - r}\right) \cdot (R - r) + \pi rg_t \Rightarrow A_{\text{lateral}} = \pi g_tR + \pi rg_t = \pi g_t(R + r)$$

Portanto:

$$A_{\text{lateral}} = \pi g_t(R + r)$$

A **área da base menor** é a área do círculo de raio r, dada por:

$$A_{\text{base menor}} = \pi r^2$$

A **área da base maior** é a área do círculo de raio R, dada por:

- $A_{\text{base maior}} = \pi R^2$

Portanto, a **área total** da superfície do tronco de cone reto de bases paralelas é a soma das áreas das bases, maior e menor, com a área lateral. Assim:

$$A_{\text{total}} = A_{\text{lateral}} + A_{\text{base menor}} + A_{\text{base maior}} = \pi g_t(R + r) + \pi r^2 + \pi R^2$$

Logo:

- $A_{\text{total}} = \pi g_t(R + r) + \pi r^2 + \pi R^2$

Exercícios

R9. Calcular a área total da superfície de um tronco de cone reto de bases paralelas, cuja geratriz mede 6 cm e cujos raios das bases medem 5 cm e 1 cm.

➤ Resolução

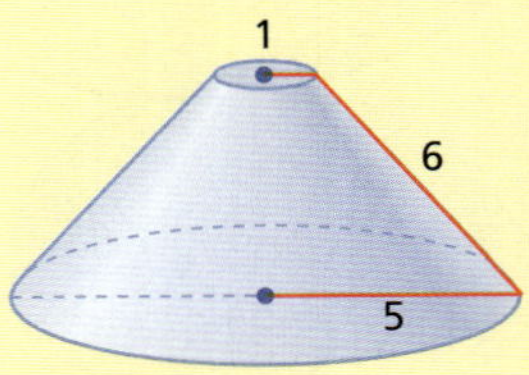

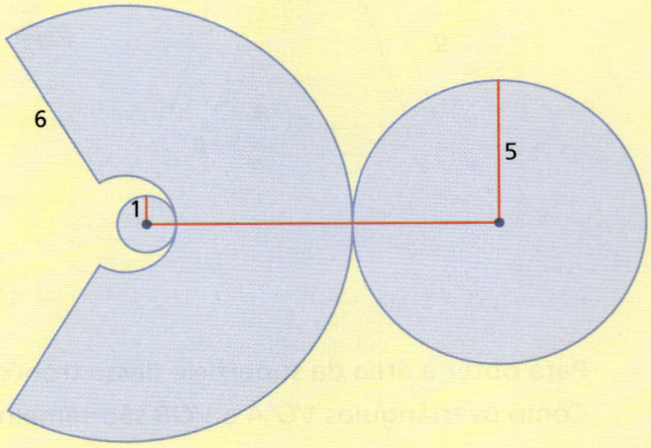

$A_{\text{lateral}} = \pi g_t(R + r) \Rightarrow A_{\text{lateral}} = \pi \cdot 6 \cdot (5 + 1) \Rightarrow A_{\text{lateral}} = 36\pi$

$A_{\text{base menor}} = \pi r^2 \Rightarrow A_{\text{base menor}} = \pi \cdot 1^2 \Rightarrow A_{\text{base menor}} = \pi$

$A_{\text{base maior}} = \pi R^2 \Rightarrow A_{\text{base maior}} = \pi \cdot 5^2 \Rightarrow A_{\text{base maior}} = 25\pi$

$A_{\text{total}} = A_{\text{lateral}} + A_{\text{base menor}} + A_{\text{base maior}}$

$A_{\text{total}} = 36\pi + \pi + 25\pi$

$A_{\text{total}} = 62\pi$

Portanto, a área total da superfície desse tronco de cone é 62π cm^2.

48. Determine a área lateral e a área total da superfície de um tronco de cone reto de bases paralelas, cuja geratriz mede 8 cm e cujos raios das bases medem 3 cm e 7 cm.

49. Um cone circular reto tem 12 cm de raio da base e geratriz de medida 20 cm. O cone é seccionado por um plano α, paralelo ao plano da base, que determina uma secção transversal de raio 9 cm. Nessas condições, calcule a área total da superfície do tronco de cone obtido pela secção.

50. A área determinada por uma secção plana paralela à base de um cone circular reto de 21 cm de altura é igual a $\frac{4}{9}$ da área da base.

Determine a distância da base do cone à secção plana.

4.3 Volume de um tronco de cone reto

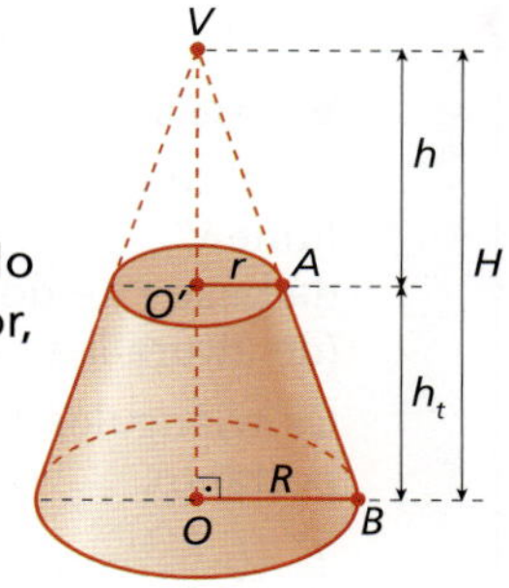

Observe o tronco de cone reto representado ao lado.

O volume de um tronco de cone reto de bases paralelas é dado pela diferença entre o volume do cone maior e o volume do cone menor, ou seja:

$$V_{\text{tronco de cone}} = V_{\text{cone maior}} - V_{\text{cone menor}} = \frac{1}{3}\pi R^2 H - \frac{1}{3}\pi r^2 h =$$

$$= \frac{\pi}{3}(R^2H - r^2h) = \frac{\pi}{3}\left[R^2H - r^2(H - h_t)\right] =$$

$$= \frac{\pi}{3}(R^2H - r^2H + r^2h_t) = \frac{\pi}{3}\left[(R^2 - r^2)H + r^2h_t\right] \quad \text{(I)}$$

Como os triângulos $VO'A$ e VOB são semelhantes, temos:

$$\frac{R}{r} = \frac{H}{h} \Rightarrow Rh = rH \Rightarrow R(H - h_t) = rH \Rightarrow RH - Rh_t = rH \Rightarrow$$

$$\Rightarrow RH - rH = Rh_t \Rightarrow H(R - r) = Rh_t \Rightarrow H = \frac{Rh_t}{R - r} \quad \text{(II)}$$

De (I) e (II) concluímos que:

$$V_{\text{tronco de cone}} = \frac{\pi}{3}\left[(R^2 - r^2)\left(\frac{Rh_t}{R - r}\right) + r^2h_t\right] = \frac{\pi}{3}\left[\frac{(R + r)(R - r)Rh_t}{R - r} + r^2h_t\right] =$$

$$= \frac{\pi}{3}\left[(R + r)Rh_t + r^2h_t\right] = \frac{\pi}{3}(R^2h_t + rRh_t + r^2h_t) = \frac{\pi h_t}{3}(R^2 + Rr + r^2)$$

Portanto, o volume do tronco de cone reto de bases paralelas é dado por:

$$V_{\text{tronco de cone}} = \frac{\pi h_t}{3}(R^2 + Rr + r^2)$$

Exercícios

R10. Determinar o volume de um tronco de cone circular reto de 4 cm de altura, cujo raio da base maior mede 6 cm e o raio da base menor mede 3 cm.

➤ Resolução

O volume do tronco de cone é dado por:

$$V_{\text{tronco de cone}} = \frac{\pi h_t}{3}(R^2 + Rr + r^2)$$

$$V_{\text{tronco de cone}} = \frac{\pi \cdot 4}{3}(6^2 + 6 \cdot 3 + 3^2)$$

Portanto: $V_{\text{tronco de cone}} = 84\pi \text{ cm}^3$

R11. Dado um tronco de cone reto de bases paralelas, calcular a razão entre os volumes V'_{cone}, do cone menor, e V_{cone}, do cone maior, que determinam esse tronco, em função da razão entre as respectivas alturas, h' e h.

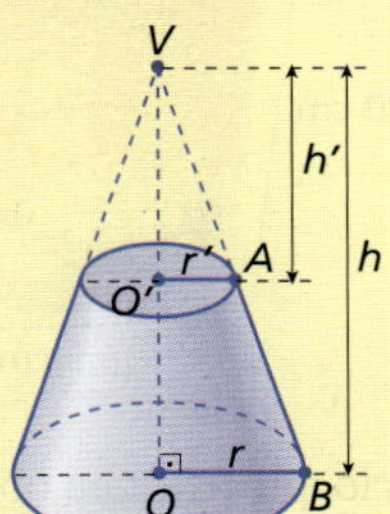

➤ Resolução

O volume do tronco de cone é obtido do volume V'_{cone} do cone menor (de altura h' e raio da base r') e do volume V_{cone} do cone maior (de altura h e raio da base r).

Os triângulos $VO'A$ e VOB são semelhantes; portanto:

$$\frac{r'}{r} = \frac{h'}{h} \quad \text{(I)}$$

Como os volumes dos cones são dados por:

$V'_{cone} = \frac{1}{3} \cdot \pi \cdot (r')^2 \cdot h'$ e $V_{cone} = \frac{1}{3} \cdot \pi \cdot r^2 \cdot h$,

a razão entre os volumes é:

$$\frac{V'_{cone}}{V_{cone}} = \frac{\frac{1}{3} \cdot \pi \cdot (r')^2 \cdot h'}{\frac{1}{3} \cdot \pi \cdot r^2 \cdot h}$$

$$\frac{V'_{cone}}{V_{cone}} = \frac{(r')^2 \cdot h'}{r^2 \cdot h} = \frac{(r')^2}{r^2} \cdot \frac{h'}{h}$$

$$\frac{V'_{cone}}{V_{cone}} = \left(\frac{r'}{r}\right)^2 \cdot \frac{h'}{h} \quad \text{(II)}$$

Substituindo (I) em (II), obtemos a razão solicitada:

$$\frac{V'_{cone}}{V_{cone}} = \left(\frac{h'}{h}\right)^3$$

51. As medidas dos raios das circunferências das bases paralelas de um tronco de cone reto são 5 cm e 3 cm. Sabendo que a altura do tronco é 6 cm, calcule seu volume.

52. Calcule o volume da figura obtida com a rotação de uma superfície determinada por um trapézio retângulo de base maior 5 cm, base menor 3 cm e altura 4 cm, em torno do lado que é perpendicular às bases.

53. Os comprimentos das circunferências das bases de um tronco de cone reto são 6π cm e 4π cm. Calcule o volume do tronco sabendo que sua altura é 4 cm.

R12. Calcular a quantidade máxima de sorvete que o pote representado na figura pode comportar.

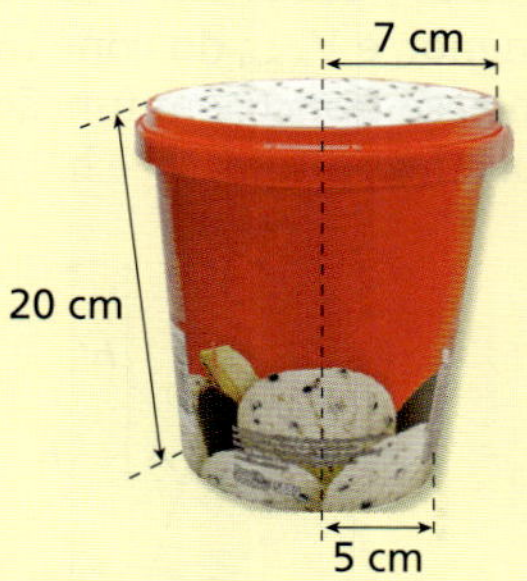

➤ Resolução

Neste exercício, precisamos obter o volume do tronco de cone reto que representa o pote. Para isso, vamos considerar uma secção meridiana desse tronco, determinada por um trapézio, conforme a figura abaixo.

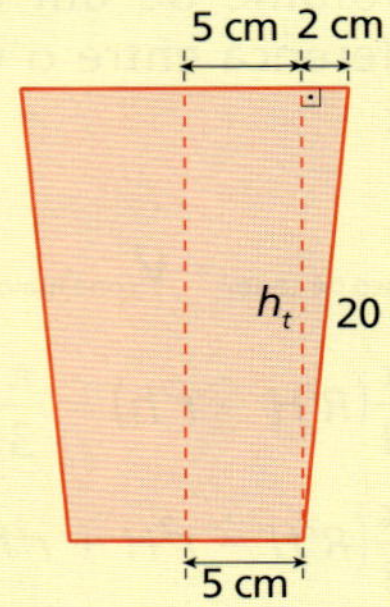

Calculando a altura do tronco de cone, temos:

$20^2 = 2^2 + h_t^2 \Rightarrow h_t = \sqrt{396} \Rightarrow h_t = 6\sqrt{11}$

O volume desse tronco de cone é:

$$V_{\text{tronco de cone}} = \frac{\pi h_t}{3}(R^2 + Rr + r^2)$$

$$V_{\text{tronco de cone}} = \frac{\pi \cdot 6\sqrt{11}}{3} \cdot (7^2 + 7 \cdot 5 + 5^2)$$

$$V_{\text{tronco de cone}} = 218\sqrt{11}\pi$$

Logo, o pote comporta no máximo $218\sqrt{11}\pi$ cm³, cerca de 2.270 cm³ de sorvete.

54. As áreas das bases de um tronco de cone reto de bases paralelas são 36π cm² e 16π cm². Sabendo que sua geratriz mede $2\sqrt{5}$ cm, calcule o volume desse tronco.

55. O volume de um tronco de cone circular reto é 63π cm³. Sabendo que os raios das circunferências das bases paralelas medem 5 cm e 2 cm, calcule a altura do tronco.

56. Um copo tem forma cônica e sua altura é o dobro da medida do diâmetro da base. O copo estava cheio de água, mas alguém bebeu até que o restante da água ficasse exatamente na metade da altura do copo. Que fração da água foi consumida?

57. Considere um cone circular reto de altura 4 cm e um tronco desse cone de altura 3 cm. Determine o volume do cone sabendo que o tronco tem volume 21 cm³.

58. **Indústria.** Observe o desenho de uma peça com o formato de um tronco de cone. Note que, no centro, há uma cavidade em formato cilíndrico. A altura do cilindro coincide com a altura do tronco de cone. Sabendo que os raios das circunferências das bases paralelas do tronco de cone medem 7 cm e 12 cm e que a geratriz do tronco mede 13 cm, calcule o volume da peça.

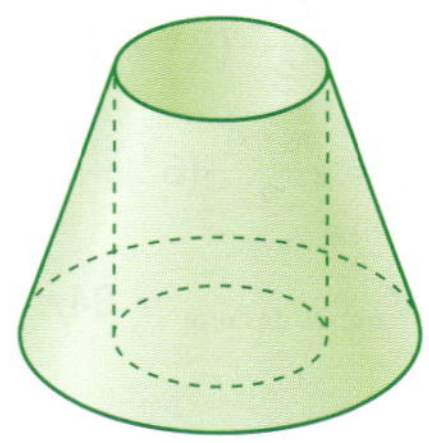

5 Esfera

A forma esférica é encontrada no universo, na natureza e em objetos do dia a dia. Astros, alguns tipos de fruto, bolinhas de gude, por exemplo, lembram uma esfera, sólido estudado a seguir.

PAKHNYUSHCHA/SHUTTERSTOCK

STILLFX/SHUTTERSTOCK

5.1 Definição

Considere um ponto C do espaço e um número real e positivo r.

- Chamamos de **esfera** o sólido formado por todos os pontos P do espaço que estão a uma distância de C menor ou igual a r.

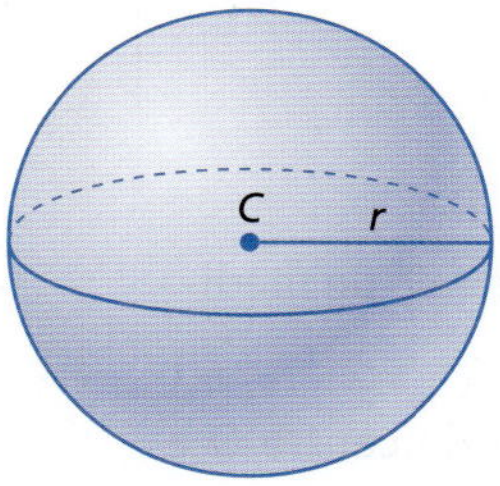

O ponto C é o centro da esfera e r é a medida de seu raio.

A **superfície esférica** é a "casca" da esfera, ou seja, é o conjunto de pontos P do espaço que estão a uma distância de C igual a r.

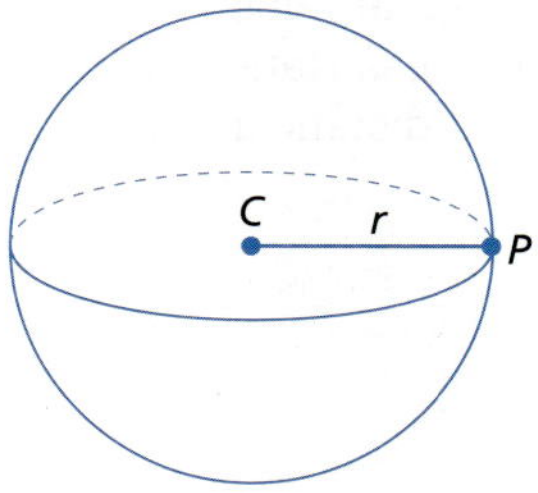

Assim como o cilindro e o cone, a esfera também pode ser considerada um sólido de revolução, pois pode ser obtida pela rotação de um semicírculo em torno de um eixo que passa por seu diâmetro.

Observe:

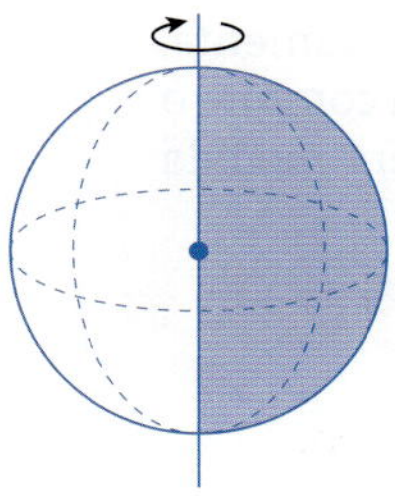

Secção plana de uma esfera

24.4 Visão do especialista

Toda secção plana de uma esfera, ou intersecção de uma esfera com um plano, é um ponto ou um círculo. Se o plano de intersecção contiver o centro da esfera, então a secção obtida será chamada **círculo máximo**.

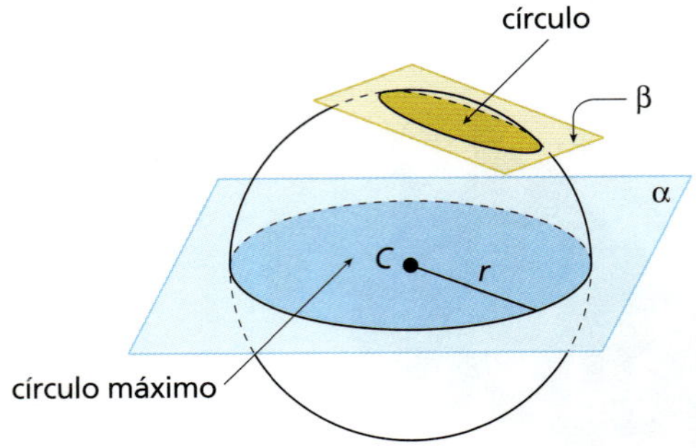

Exercícios

59. A figura abaixo gira em torno do eixo *e*.

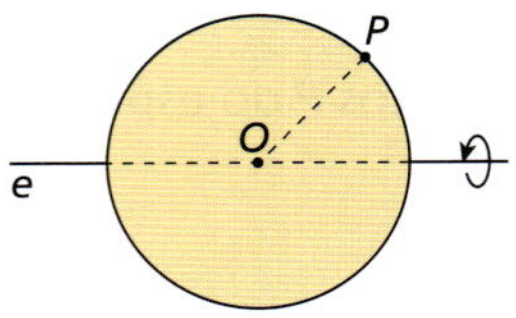

Que figura é descrita com esse giro:

a) pelo ponto *P*?

b) pelo segmento $\overline{OP}$?

c) pela circunferência de centro O e raio de medida *OP*?

60. Um plano α tangencia uma esfera de centro O e raio *r*, isto é, α tem só um ponto em comum com a esfera. Outro plano β, paralelo a α, contém o centro O. Determine a distância entre os planos α e β.

R13. Considerando que as esferas S_1 e S_2, de raios medindo 3 cm e 4 cm, respectivamente, são tangentes externamente, determinar a distância entre seus centros.

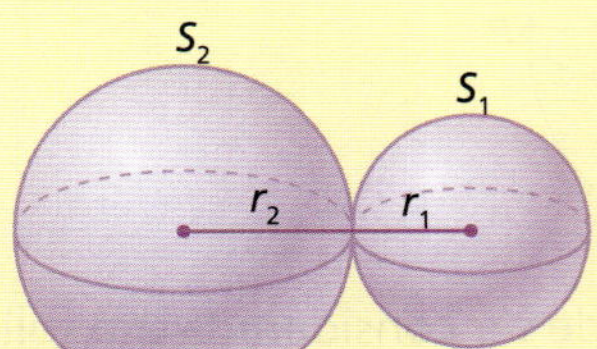

➤ Resolução

Como as esferas são tangentes externamente, ou seja, têm somente um ponto em comum, o segmento que une seus centros tem medida $r_1 + r_2$. Nesse caso: $3 + 4 = 7$

Então, a distância entre seus centros é 7 cm.

61. Uma superfície esférica, de centro O_1 e raio r_1, tem somente um ponto em comum com outra superfície esférica, de centro O_2 e raio r_2. Qual é a distância entre O_1 e O_2?

R14. Calcular a medida r_1 do raio de uma secção plana de uma esfera sabendo que o raio da esfera mede 13 cm e a distância dessa secção ao centro da esfera é 5 cm.

➤ Resolução

Observe a figura.

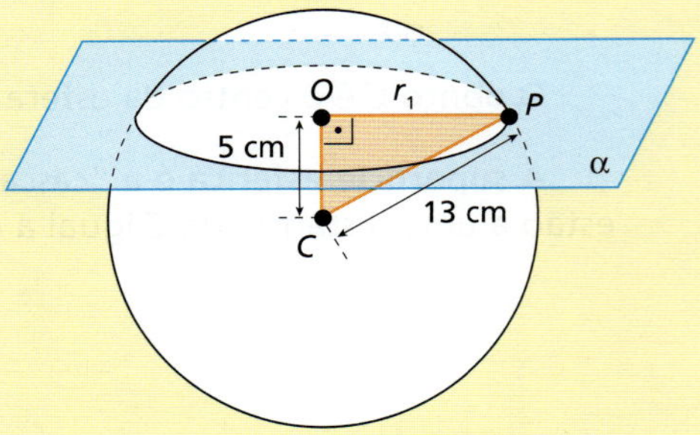

Vamos destacar o triângulo retângulo COP:

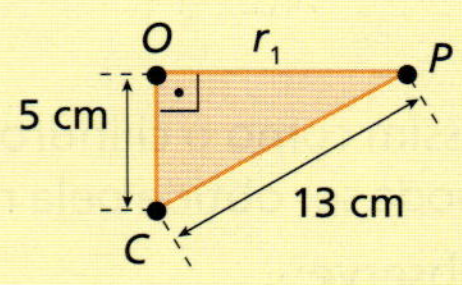

Aplicando o teorema de Pitágoras no △COP, temos:

$13^2 = 5^2 + r_1^2 \Rightarrow r_1^2 = 144 \Rightarrow r_1 = 12$

Portanto, r_1 é igual a 12 cm.

62. Calcule a medida r_1 do raio do círculo determinado pela intersecção do plano α com a esfera, conforme a figura abaixo.

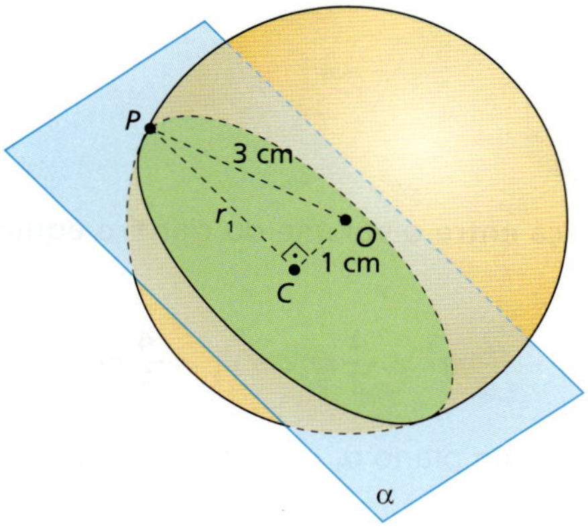

63. Desenhe uma esfera de 2 cm de raio e um plano β interceptando a esfera de forma que determine uma secção plana de raio $\sqrt{3}$ cm.

R15. Calcular o volume do cilindro inscrito na semiesfera abaixo.

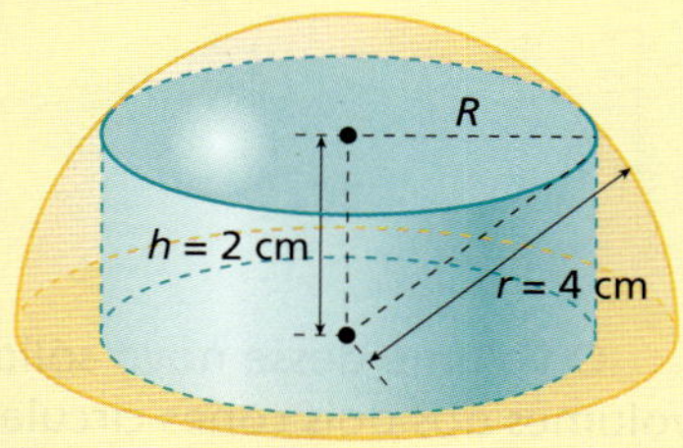

➤ **Resolução**

$V_{cilindro} = \pi R^2 h \Rightarrow V_{cilindro} = \pi(r^2 - h^2)h$

$V_{cilindro} = \pi(4^2 - 2^2) \cdot 2 = 24\pi$

O volume do cilindro é 24π cm^3.

64. Um cilindro equilátero está inscrito em uma esfera de raio medindo $r = 16$ cm. Determine a altura desse cilindro.

5.2 Área da superfície esférica

Considere uma esfera de raio r.

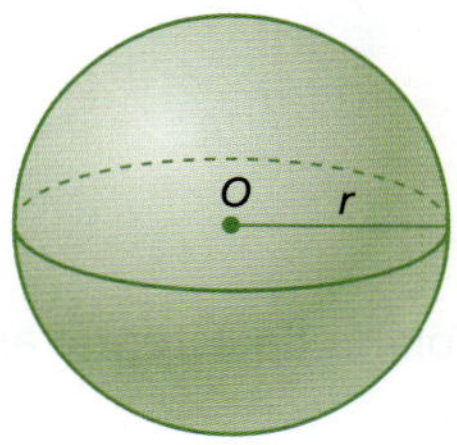

A área da superfície esférica é dada por:

$$A_{\text{superfície esférica}} = 4\pi r^2$$

Exemplo

Vamos calcular a área da superfície esférica de raio 5 cm.

Sabemos que: $A_{\text{superfície esférica}} = 4\pi r^2$

Considerando $\pi \simeq 3{,}14$, temos:

$A \simeq 4 \cdot 3{,}14 \cdot 25 = 314$

Portanto, a área da superfície esférica é de aproximadamente 314 cm^2.

5.3 Volume da esfera

Para calcular o volume de uma esfera de raio r, utilizamos o princípio de Cavalieri e um sólido S, obtido a partir de um cilindro equilátero. Considere um cilindro equilátero de altura $2r$ e raio da base r.

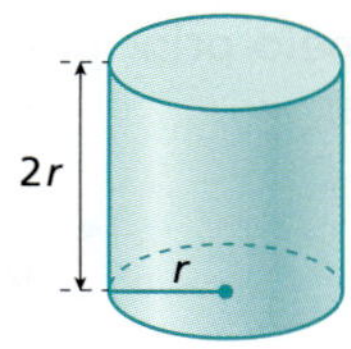

Desse cilindro, retiramos dois cones circulares retos, de altura r e raio da base r, cujas bases coincidem com as bases do cilindro. Observe:

O volume desse novo sólido S é igual à diferença entre o volume do cilindro equilátero e os volumes dos dois cones circulares retos, ou seja:

$$V_S = V_{\text{cilindro}} - 2V_{\text{cone}} = \pi r^2 \cdot 2r - 2\frac{1}{3}\pi r^2 \cdot r = 2\pi r^3 - \frac{2}{3}\pi r^3 = \frac{4}{3}\pi r^3 \Rightarrow V_S = \frac{4}{3}\pi r^3$$

Agora, apoiamos a esfera e o sólido S em um mesmo plano α, conforme a figura abaixo.

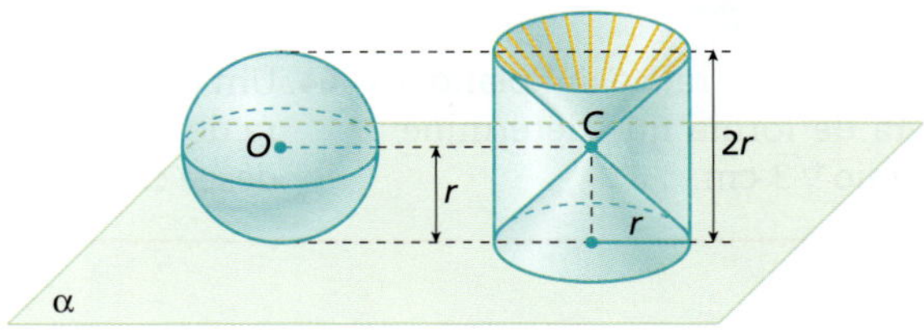

Um plano β paralelo a α secciona a esfera e o sólido S a uma distância d do centro da esfera.

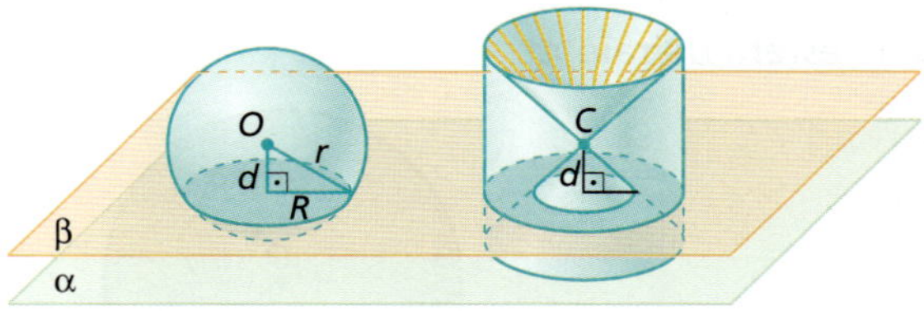

Sendo R o raio da secção plana da esfera e aplicando o teorema de Pitágoras, temos:

$r^2 = R^2 + d^2 \Rightarrow R^2 = r^2 - d^2$

Assim, a área A_1 dessa secção é dada por: $A_1 = \pi R^2 = \pi(r^2 - d^2)$

A secção determinada pelo plano β no sólido S é uma coroa circular. Observe que, para calcular a área da coroa circular, primeiro temos que determinar a medida do raio do círculo maior e do círculo menor. A medida do raio do círculo maior é igual à medida do raio do cilindro. Já a medida do raio do círculo menor é igual à distância do plano β ao ponto C.

Observe uma secção meridiana do sólido S:

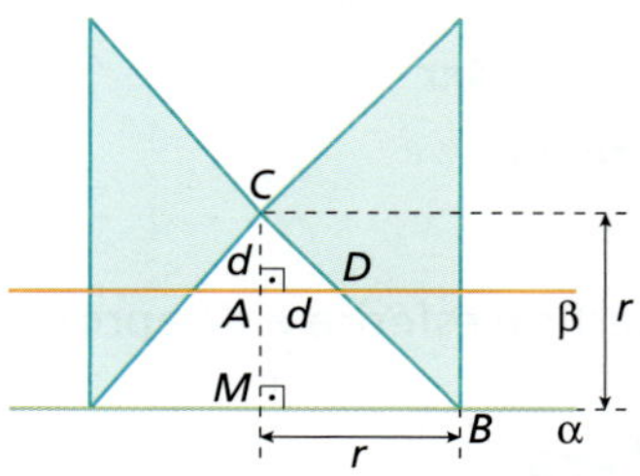

Como o triângulo CMB é isósceles e os planos α e β são paralelos, temos, pela semelhança de triângulos, que o triângulo CAD também é isósceles e, portanto, a medida do raio do círculo menor é d.

Assim: $A_{\text{coroa}} = \pi(r^2 - d^2)$

Agora, como $A_1 = A_{\text{coroa}}$, pelo princípio de Cavalieri, concluímos que a esfera tem o mesmo volume que o sólido S, ou seja:

$$V_{\text{esfera}} = \frac{4}{3}\pi r^3$$

Exercícios

R16. Uma secção plana de uma esfera, distante $3\sqrt{5}$ cm do centro dessa esfera, tem 36π cm² de área. Calcular o volume da esfera e a área de sua superfície.

➤ Resolução

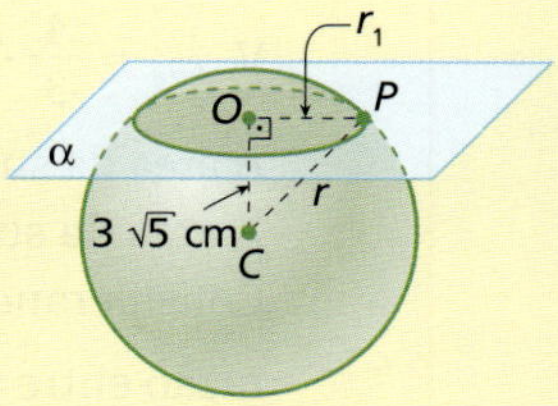

Como toda secção plana de uma esfera é um círculo, então a área é dada por: $A_1 = \pi r_1^2$

Logo: $36\pi = \pi r_1^2 \Rightarrow r_1 = 6$ (raio da secção plana)

Assim, aplicando o teorema de Pitágoras no $\triangle COP$, calculamos o raio da esfera:

$$r^2 = 6^2 + (3\sqrt{5})^2 \Rightarrow r^2 = 36 + 45 \Rightarrow r^2 = 81 \Rightarrow r = 9$$

Agora, podemos calcular o volume V da esfera e a área A de sua superfície:

$$V = \frac{4}{3}\pi r^3 \Rightarrow V = \frac{4}{3} \cdot \pi \cdot 9^3 \Rightarrow V = 972\pi \Rightarrow V \simeq 3.053$$

$$A = 4\pi r^2 \Rightarrow A = 4 \cdot \pi \cdot 9^2 \Rightarrow A = 324\pi \Rightarrow A \simeq 1.017$$

Portanto, o volume da esfera é aproximadamente 3.053 cm³ e a área da sua superfície é aproximadamente 1.017 cm².

65. Determine a área da superfície esférica e o volume de cada esfera descrita abaixo.

a) A esfera tem 3 cm de raio.

b) O diâmetro da esfera é 18 cm.

66. Culinária. Uma doceira tem uma panela cilíndrica, cheia até a borda, de massa para fazer brigadeiros. Sabendo que a panela tem formato cilíndrico com 16 cm de altura e 20 cm de diâmetro, quantos brigadeiros esféricos de 2 cm de raio ela poderá fazer?

FABIO YOSHIHITO MATSUURA/ MOSAICO FOTOGRAFIA/CID

67. Determine a área da superfície de uma esfera, sabendo que o volume dessa esfera é 288π dm³.

68. Duas esferas de metal, de raio 3 cm e 6 cm, são fundidas e, com o metal, é criada uma nova esfera. Determine o raio dessa esfera.

24.5 Visão do especialista

69. (PUC) A tira seguinte mostra o Cebolinha tentando levantar um haltere, que é um aparelho feito de ferro, composto de duas esferas acopladas a um bastão cilíndrico.

MAURICIO DE SOUSA PRODUÇÕES LTDA.

Suponha que cada esfera tenha 10,5 cm de diâmetro e que o bastão tenha 50 cm de comprimento e diâmetro da base medindo 1,4 cm. Se a densidade do ferro é 7,8 g/cm³, quantos quilogramas, aproximadamente, o Cebolinha tentava levantar? (Use: $\pi = \frac{22}{7}$)

a) 18
b) 16
c) 15
d) 12
e) 10

R17. Uma esfera foi inscrita em um cubo, conforme a figura a seguir. Calcular o volume dessa esfera e determinar a razão entre as áreas da superfície cúbica e da superfície esférica.

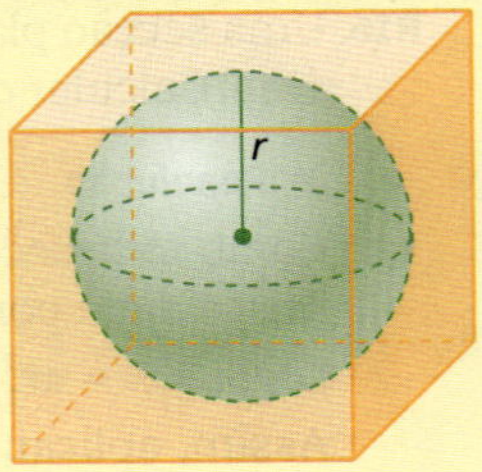

➤ Resolução

Da figura, temos $a = 2r$, e a aresta do cubo igual a 2 cm, então $r = 1$ cm. O volume da esfera é:

$$V_{esfera} = \frac{4}{3} \cdot \pi \cdot 1^3 \Rightarrow V_{esfera} = \frac{4}{3}\pi$$

A área da superfície cúbica é: $A_{cubo} = 6 \cdot 2 \cdot 2 \Rightarrow A_{cubo} = 24$

A área da superfície esférica é: $A_{esfera} = 4 \cdot \pi \cdot 1^2$

Considerando $\pi = 3{,}14$: $A_{esfera} = 4 \cdot 3{,}14 = 12{,}56$

razão entre as áreas: $\frac{24}{12{,}56} \simeq 1{,}91$

Logo, a área do cubo é quase o dobro da área da superfície esférica.

70. Determine o volume do paralelepípedo abaixo sabendo que o volume de cada esfera é $\frac{4}{3}\pi$ cm³.

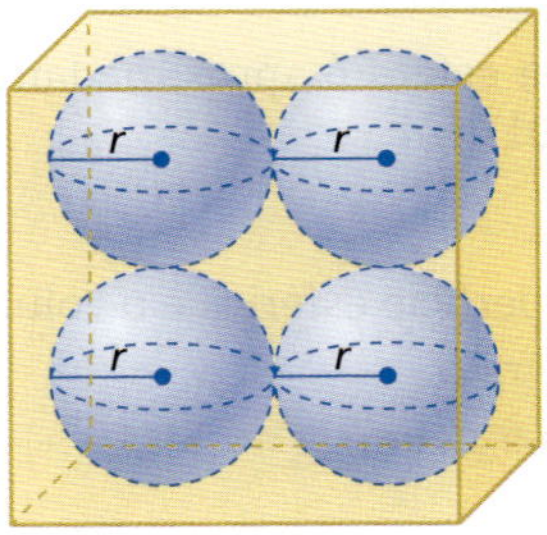

Cunha esférica

É chamado de **cunha esférica** o sólido gerado pela rotação, por um ângulo de medida α, de um semicírculo de raio r em torno de um eixo que contém seu diâmetro.

Observe:

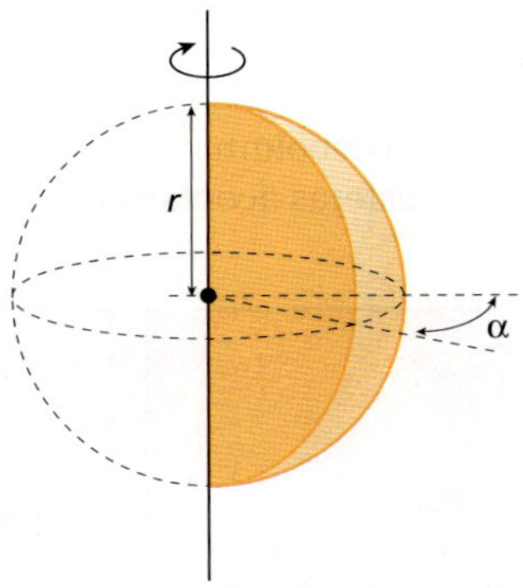

O **volume de uma cunha esférica** é proporcional à medida α (em grau) do ângulo de rotação e pode ser calculado usando uma regra de três simples.

$$\frac{4}{3}\pi r^3 \text{ ——— } 360°$$

$$V_{cunha} \text{ ——— } \alpha$$

Resolvendo essa regra de três simples, verificamos que o volume da cunha esférica é dado por:

$$V_{cunha\ esférica} = \frac{\pi \cdot r^3 \cdot \alpha}{270°}$$

Fuso esférico

Pela rotação, por um ângulo de medida α, de uma semicircunferência de raio r em torno de um eixo que contém seu diâmetro, obtemos um **fuso esférico**.

Observe:

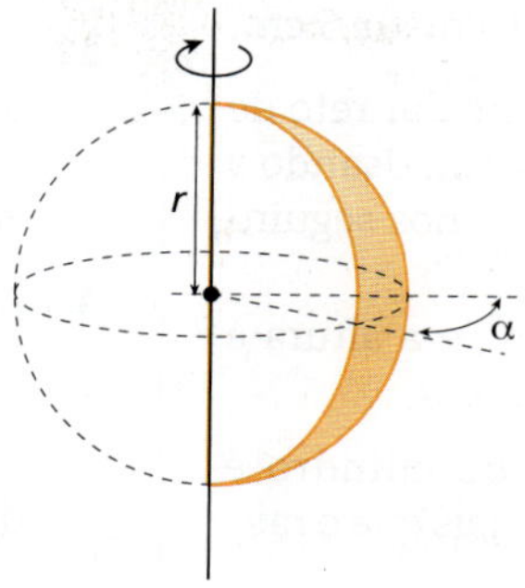

A **área de um fuso esférico** é proporcional à medida α (em grau) do ângulo de rotação e pode ser calculada pela fórmula:

$$A_{\text{fuso esférico}} = \frac{\pi r^2 \alpha}{90°}$$

Exercícios

R18. Calcular o volume da cunha esférica e a área do fuso esférico da figura abaixo, em que $r = 4$ cm.

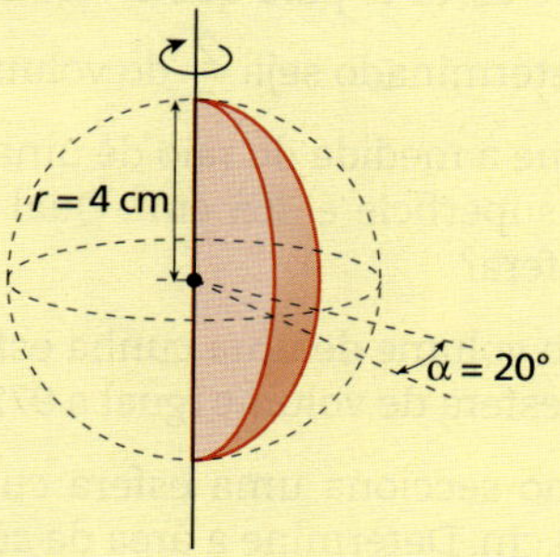

➤ Resolução

O volume da cunha esférica é dado por:

$$V_{\text{cunha esférica}} = \frac{\pi \cdot 4^3 \cdot 20°}{270°}$$

$$V_{\text{cunha esférica}} = \frac{128\pi}{27} \simeq 14{,}9$$

A área do fuso esférico é dada por:

$$A_{\text{fuso esférico}} = \frac{\pi \cdot 4^2 \cdot 20°}{90°}$$

$$A_{\text{fuso esférico}} = \frac{32\pi}{9} \simeq 11{,}2$$

Portanto, o volume da cunha esférica é aproximadamente 14,9 cm^3 e a área do fuso esférico é aproximadamente 11,2 cm^2.

71. Calcule a área do fuso esférico e o volume da cunha esférica de $\frac{\pi}{4}$ rad em uma esfera de raio 6 cm.

72. Calcule a área do fuso esférico e o volume da cunha esférica de $\frac{2\pi}{5}$ rad em uma esfera de raio 15 cm.

73. Uma cunha esférica de raio 1 m tem volume 1 m^3. Qual é a medida α, em radiano, do ângulo que a determina?

Ficha de revisão

1. Um cilindro reto tem raio da base medindo 10 cm e área da secção meridiana igual à área da base. Calcule:

a) a área da superfície lateral;

b) a área da superfície total;

c) o volume do cilindro.

2. A medida do raio da base de um cilindro é $\frac{3}{2}$ de sua altura. Qual é a área lateral desse cilindro, considerando que a área total de sua superfície é 30π cm^2?

3. Um cilindro de revolução é cortado por um plano paralelo ao eixo e a 3 cm desse eixo, determinando uma secção retangular cuja área é igual à área da base do cilindro. Calcule o volume desse cilindro sabendo que o raio da base mede 5 cm.

4. (Vunesp) Considere um cilindro circular reto de altura x cm e raio da base igual a y cm. Usando a aproximação $\pi = 3$, determine x e y nos seguintes casos:

a) o volume do cilindro é 243 cm^3, e a altura é igual ao triplo da medida do raio;

b) a área da superfície lateral do cilindro é 450 cm^2, e a altura tem 10 cm a mais que o raio.

5. Indústria farmacêutica. Quanto maior a área de um comprimido efervescente, mais rapidamente ele se dissolve na água. Uma indústria farmacêutica quer produzir comprimidos efervescentes de vitamina C em forma cilíndrica de 0,5 cm de altura e raio da base de 1 cm. Determine a área total da superfície desse comprimido.

FABIO YOSHIHITO MATSUURA/MOSAICO FOTOGRAFIA

6. Embalagens. Um suco de fruta é vendido em dois tipos de embalagem cilíndrica, uma de raio 6 cm e altura 10 cm e outra de raio 3 cm e altura 20 cm. Se a primeira é vendida por R$ 8,00, e a segunda, por R$ 4,50, qual das embalagens é mais vantajosa para o consumidor?

RICARDO SIWIEC/CID

7. Capacidade. Uma lata cilíndrica de óleo de cozinha, com 4 cm de raio da base e 19 cm de altura, indica ter conteúdo de 900 mL. Qual é o volume de ar contido nessa lata se ela tem exatamente a quantidade de óleo especificada na embalagem?

SEBASTIAN CROCKER/SHUTTERSTOCK

8. Um cone circular reto tem raio da base medindo 10 cm. Sabendo que a medida do ângulo central do setor circular, que representa sua superfície lateral, é igual a 135°, determine o volume desse cone.

9. Calcule a medida do raio da base e a altura de um cone de revolução cuja superfície lateral é representada por um semicírculo de raio medindo 10 cm.

10. Calcule a altura de um cone equilátero que tem a área total de sua superfície igual a 54π cm^2.

11. Um setor circular, que representa a superfície lateral de um cone, tem ângulo central medindo 120° e raio medindo 9 cm. Qual é a área total da superfície e o volume desse cone?

12. Determine a altura de um tronco de cone de bases paralelas, sabendo que os raios da base medem, respectivamente, 3 m e 2 m, e que seu volume é 20π m^3.

13. A área lateral de um tronco de cone de bases paralelas, cuja altura é 16 cm, é igual a 560π cm^2. Sabendo que a medida do raio da base maior é igual ao comprimento da geratriz e que o raio da base menor mede 8 cm, determine o comprimento da geratriz.

14. Determine a área lateral e a área total da superfície de um tronco de cone, sabendo que os raios das bases medem 11 cm e 5 cm e que a altura do tronco é 8 cm.

15. Considere um cone reto de raio da base de medida 7 cm e altura 14 cm. A que distância do vértice um plano paralelo à base desse cone deve cortá-lo para que ele fique dividido em dois sólidos de mesmo volume?

16. Considere um cone circular reto cujo raio da base mede 3 cm e cuja altura é 9 cm. A que distância do vértice um plano paralelo à base do cone deve cortá-lo para que o volume do tronco assim determinado seja $\frac{2}{3}$ do volume do cone?

17. Determine a medida do raio de uma esfera cuja área da superfície é 36π cm^2. Qual é o volume dessa esfera?

18. Calcule o volume de uma cunha esférica de 30° de uma esfera de volume igual a 972π m^3.

19. Um plano secciona uma esfera cujo diâmetro mede 34 cm. Determine a área da secção obtida sabendo que a distância do centro da esfera ao plano é 8 cm.

20. Os raios de duas esferas concêntricas medem 15 cm e 8 cm. Calcule a área determinada pela intersecção da esfera maior por um plano tangente à esfera menor.

21. Calcule a área total da superfície de um cilindro circular reto que tem volume igual ao de um cubo de aresta de 9 cm e área lateral igual à área total da superfície do cubo.

22. A medida do raio da base, a altura e o comprimento da geratriz de um cone de revolução formam, nessa ordem, uma PA. Determine essa PA, sendo 12π cm^3 o volume desse cone.

Visão especial

23. Os diâmetros das bases de um tronco de cone de revolução medem 22 m e 4 m. Qual é a medida do diâmetro da base de um cilindro de mesma altura do tronco e de mesmo volume?

24. Calcule o volume de uma esfera circunscrita a um cubo de aresta 4 m.

25. (Ibmec) Considere um cone circular reto de altura 24 e raio da base 10. Suponha que o segmento $\overline{AB}$ seja uma corda da circunferência da base que diste 5 do seu centro *C*. Então, sendo *V* o vértice do cone, o volume do tetraedro *ABCV* é igual a:

a) $200\sqrt{3}$
b) $400\sqrt{3}$
c) $600\sqrt{3}$
d) $800\sqrt{3}$
e) $1.000\sqrt{3}$

26. Capacidade. (Mackenzie-SP) Uma xícara de chá tem a forma de um tronco de cone reto, conforme a figura. Supondo $\pi = 3$, o volume máximo de líquido que ela pode conter é:

a) $168\ cm^3$
b) $172\ cm^3$
c) $166\ cm^3$
d) $176\ cm^3$
e) $164\ cm^3$

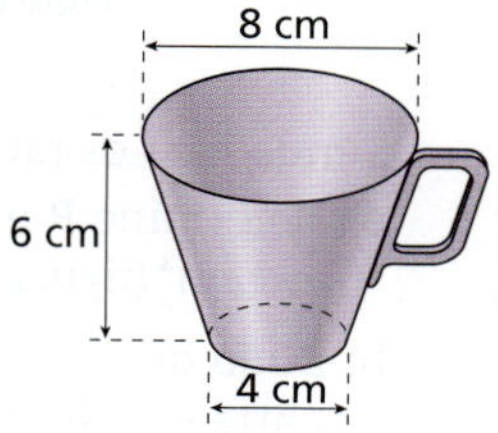

27. Composição alimentar. Uma melancia é composta de 95% de água. Calcule o volume de água existente em uma melancia esférica de 15 cm de raio.

28. Brinquedos. Um fabricante de brinquedos produz piões usando as medidas indicadas na figura abaixo. Determine o volume de cada pião.

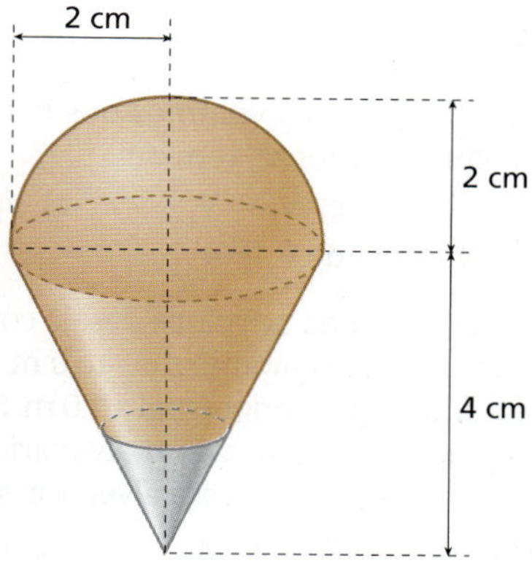

Questões de vestibular

1. (PUC) O retângulo *ABCD* seguinte, representado num sistema de coordenadas cartesianas ortogonais, é tal que $A = (2, 8)$, $B = (4, 8)$, $C = (4, 0)$ e $D = (2, 0)$.

24.7 Visão do especialista

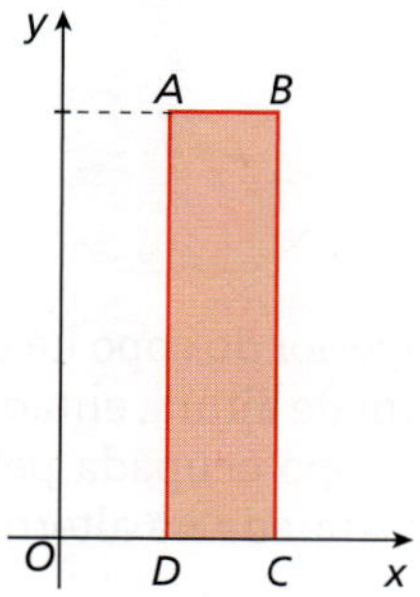

Girando-se esse retângulo em torno do eixo das ordenadas, obtém-se um sólido de revolução cujo volume é:

a) 24π
b) 32π
c) 36π
d) 48π
e) 96π

2. (UEM-PR) Um reservatório de água, de forma cilíndrica, está disposto horizontalmente. Se o diâmetro da sua base mede 20 m e o seu comprimento mede 24 m, a altura máxima da água armazenada para que sua superfície meça $384\ m^2$ é x metros. O valor de x é . . .

3. (Ibmec) Para sua próxima turnê internacional, um cantor planeja montar para sua posição de destaque no *show* um palco circular de diâmetro 5 metros. O *designer* de iluminação propôs uma superfície cilíndrica metálica, parcialmente cortada, para cercar o palco.

A cerca metálica está representada pela região sombreada da figura abaixo.

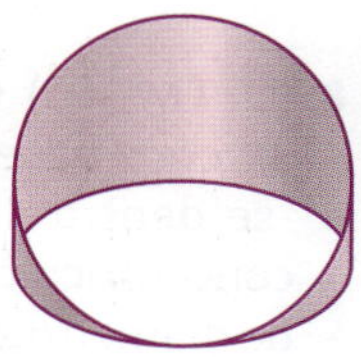

Se o ponto mais alto da cerca metálica mede 4 m e o custo de cada metro quadrado desse material é R$ 100,00, então, considerando $\pi \simeq 3{,}14$, essa cerca custará aproximadamente:

a) R$ 62,80
b) R$ 314,00
c) R$ 628,00
d) R$ 3.140,00
e) R$ 6.280,00

4. (Fatec-SP) Um cilindro circular reto tem volume igual a $250\pi\ cm^3$. Um plano, paralelo ao eixo desse cilindro, à distância de x cm desse eixo, determina uma secção retangular de área igual a $60\ cm^2$. Se a medida da altura do cilindro é igual ao dobro da medida do raio da base, então x é igual a:

a) $\frac{9}{2}$
b) 4
c) $2\sqrt{3}$
d) $\frac{13}{4}$
e) $\sqrt{10}$

24.8 Visão do especialista

5. (Fuvest-SP) Uma metalúrgica fabrica barris cilíndricos de dois tipos, A e B, cujas superfícies laterais são moldadas a partir de chapas metálicas retangulares de lados a e $2a$, soldando lados opostos dessas chapas, conforme ilustrado.

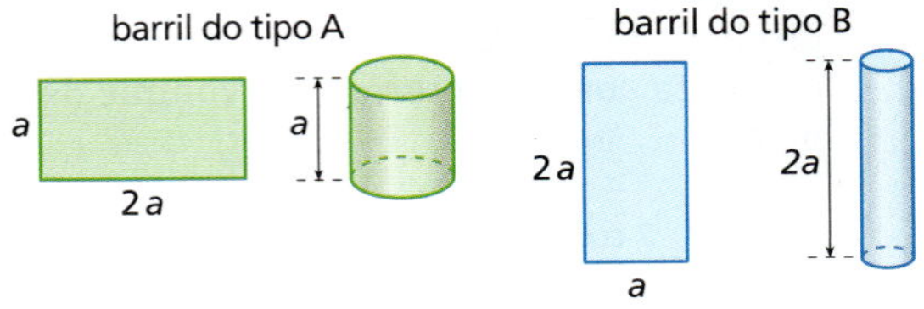

Se V_A e V_B indicam os volumes dos barris do tipo A e B, respectivamente, tem-se:

a) $V_A = 2V_B$
b) $V_B = 2V_A$
c) $V_A = V_B$
d) $V_A = 4V_B$
e) $V_B = 4V_A$

6. (UEL-PR) O diretor de um clube deseja construir um poço, com formato cilíndrico, de 10,0 m de profundidade e diâmetro interior igual a 1,0 m. Se a parede desse poço for construída com alvenaria na espessura de 0,2 m, o volume dessa alvenaria será igual a:

a) $2{,}4\pi\ m^3$
b) $5{,}6\pi\ m^3$
c) $6{,}5\pi\ m^3$
d) $7{,}0\pi\ m^3$
e) $8{,}0\pi\ m^3$

24.9 Visão do especialista

7. (Fuvest-SP) Um cilindro oblíquo tem raio das bases igual a 1, a altura $2\sqrt{3}$ e está inclinado de um ângulo de 60° (ver figura). O plano β é perpendicular às bases do cilindro, passando por seus centros. Se P e A são os pontos representados na figura, calcule PA.

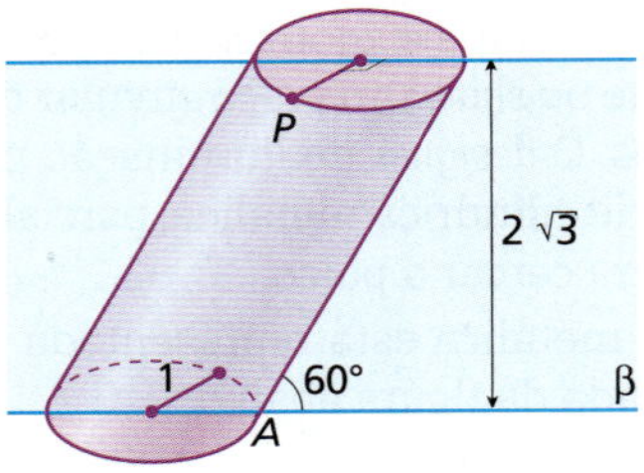

8. (UFTM-MG) Considere um cilindro de altura $3x$ com base circular de diâmetro a. Coloca-se dentro dele um outro cilindro de altura x concêntrico com o primeiro e com base circular de diâmetro $2b$. Os triângulos ABC e A'B'C na figura são semelhantes, onde C é o centro das bases dos cilindros, e a razão de suas áreas é igual a 4. Então, o quociente entre o volume do cilindro grande, V_G, e o volume do cilindro pequeno V_P, é:

a) $\frac{V_G}{V_P} = 3$

b) $\frac{V_G}{V_P} = 9$

c) $\frac{V_G}{V_P} = 12$

d) $\frac{V_G}{V_P} = 18$

e) $\frac{V_G}{V_P} = 27$

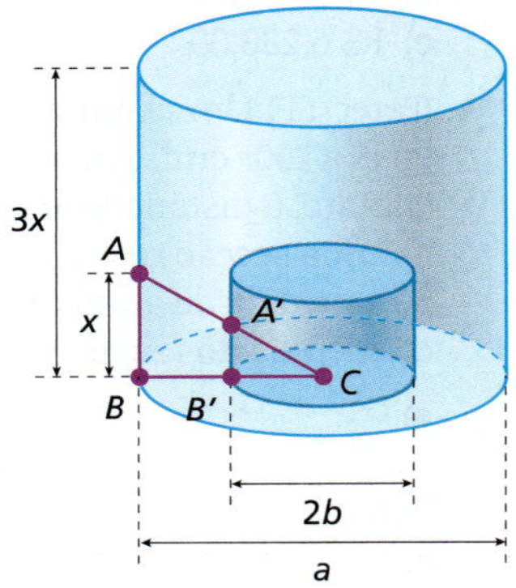

9. (Vunesp) Um recipiente tampado, na forma de um cone circular reto de altura 18 cm e raio 6 cm, contém um líquido até a altura de 15 cm (figura 1). A seguir, a posição do recipiente é invertida (figura 2).

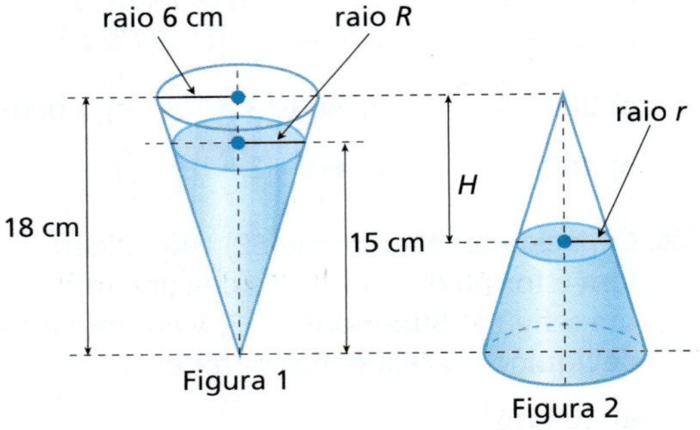

Sendo R e r os raios mostrados nas figuras:

a) Determine R e o volume do líquido no cone em cm^3 (figura 1), como múltiplo de π.

b) Dado que $r = \sqrt[3]{91}$, determine a altura H da parte sem líquido do cone na figura 2. $\left(\text{Use a aproximação: } \sqrt[3]{91} \simeq \frac{9}{2}\right)$

10. (FGV) Uma mistura de leite batido com sorvete é servida em um copo, como na figura.

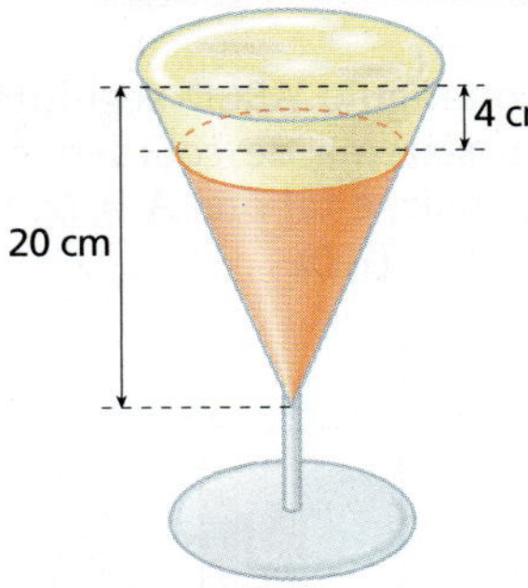

Se na parte superior do copo há uma camada de espuma de 4 cm de altura, então a porcentagem do volume do copo ocupada pela espuma está mais bem aproximada na alternativa:

a) 65%
b) 60%
c) 50%
d) 45%
e) 70%

11. (Mackenzie-SP) Planificando a superfície lateral de um cone, obtém-se o setor circular da figura, de centro O e raio 18 cm. Dos valores abaixo, o mais próximo da altura desse cone é:

a) 12 cm
b) 18 cm
c) 14 cm
d) 16 cm
e) 20 cm

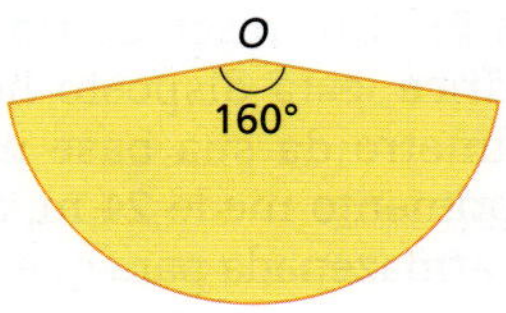

12. (Vunesp) Um recipiente, na forma de um cilindro circular reto de raio R e altura 32 cm, está até a metade com água (figura 1).

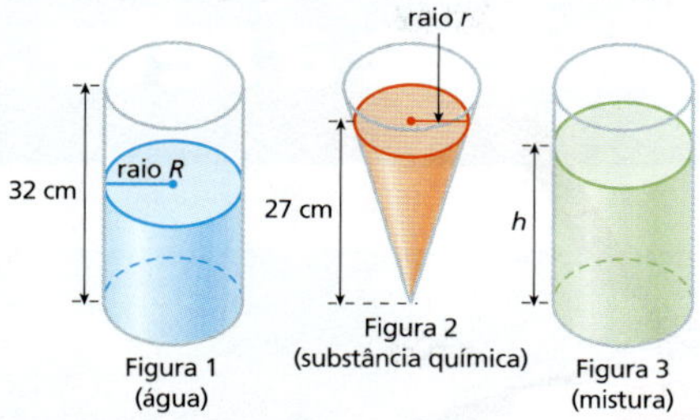

Outro recipiente, na forma de um cone circular reto, contém uma substância química que forma um cone de altura 27 cm e raio *r* (figura 2).

a) Sabendo que $R = \left(\frac{3}{2}\right)r$, determine o volume da água no cilindro e o volume da substância química no cone, em função de *r*. (Para facilitar os cálculos, use a aproximação: $\pi = 3$)

b) A substância química do cone é despejada no cilindro, formando uma mistura homogênea (figura 3). Determine a concentração (porcentagem) da substância química na mistura e a altura *h* atingida pela mistura no cilindro.

13. (Mackenzie-SP) Um recipiente cilíndrico reto, com raio da base igual a 4 cm, contém água até a metade de sua altura. Uma esfera maciça, colocada no seu interior, fica totalmente submersa, elevando a altura da água em 2 cm. O raio da esfera é:

24.10 Visão do especialista

a) $2\sqrt[3]{3}$

b) 4

c) $3\sqrt[3]{2}$

d) $\frac{\sqrt[3]{5}}{2}$

e) 2

14. (Udesc) Um cilindro circular reto e um cone reto possuem a mesma altura *h* e o mesmo raio *r* da base. Uma semiesfera é retirada do interior do cilindro e é acrescentada no topo do cone, gerando os sólidos S_1 e S_2, conforme a figura 3.

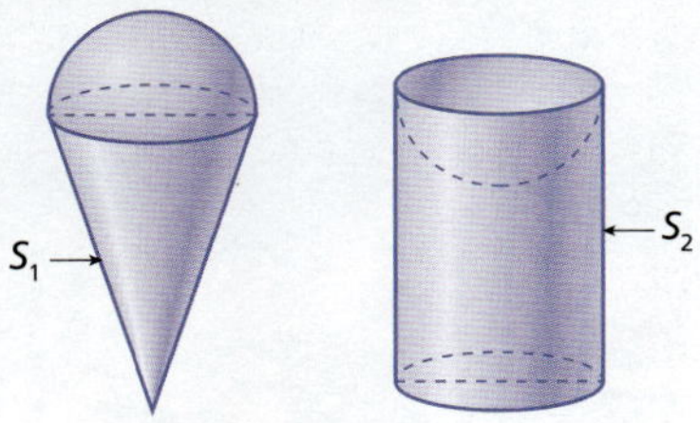

Figura 3

Se os volumes desses sólidos são representados, respectivamente, por $Vol(S_1)$ e $Vol(S_2)$, é correto afirmar que:

a) $Vol(S_1) = Vol(S_2)$ se, e somente se, $h = 2r$.

b) $Vol(S_1) = Vol(S_2)$ se, e somente se, $r = 2h$.

c) $Vol(S_1) = Vol(S_2)$ para quaisquer valores de *r* e *h*.

d) $Vol(S_1) > Vol(S_2)$ para quaisquer valores de *r* e *h*.

e) $Vol(S_1) < Vol(S_2)$ para quaisquer valores de *r* e *h*.

15. (UFV-MG) Um círculo está inscrito em um quadrado e ambos são submetidos a uma rotação de 180°, em torno de uma das diagonais do quadrado. Sejam V_c e V_q os volumes dos sólidos gerados pelo círculo e pelo quadrado, respectivamente, o valor da expressão $\left(\frac{V_q}{V_c}\right)^2$ é:

a) 2

b) 3

c) 4

d) 5

16. (UFTM-MG) Um *designer* projetou uma vela decorativa com a forma de cone circular reto, de altura 8 cm e raio da base 6 cm. Uma parte da vela será feita com parafina transparente, e a outra com parafina vermelha. A parte vermelha será uma esfera inscrita no cone, como indicado na figura, feita fora de escala.

24.11 Visão do especialista

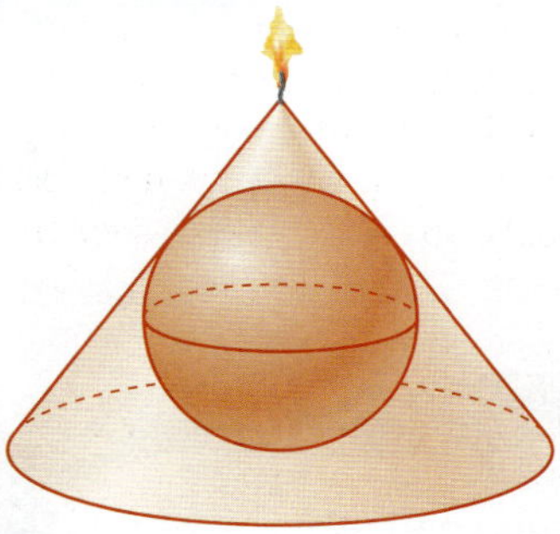

Sabe-se que o preço de 1 cm^3 de parafina transparente é o dobro do preço de 1 cm^3 de parafina vermelha. Sejam *T* o custo com parafina transparente e *V* o custo com parafina vermelha para fabricar uma dessas velas. Assim, é correto afirmar que:

a) $\frac{T}{V} = \frac{5}{6}$

b) $\frac{T}{V} = \frac{5}{2}$

c) $\frac{T}{V} = \frac{9}{2}$

d) $\frac{T}{V} = \frac{8}{3}$

e) $\frac{T}{V} = \frac{10}{3}$

17. (Fuvest-SP) Um cálice com a forma de um cone contém V cm^3 de uma bebida. Uma cereja de forma esférica com diâmetro de 2 cm é colocada dentro do cálice. Supondo-se que a cereja repousa apoiada nas paredes laterais do cálice e o líquido recobre exatamente a cereja a uma altura de 4 cm a partir do vértice do cone, determinar o valor V.

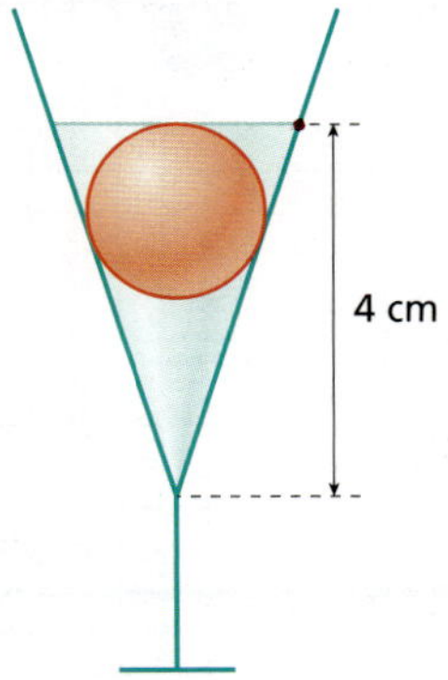

Capítulo 25

Geometria analítica: conceitos básicos e a reta

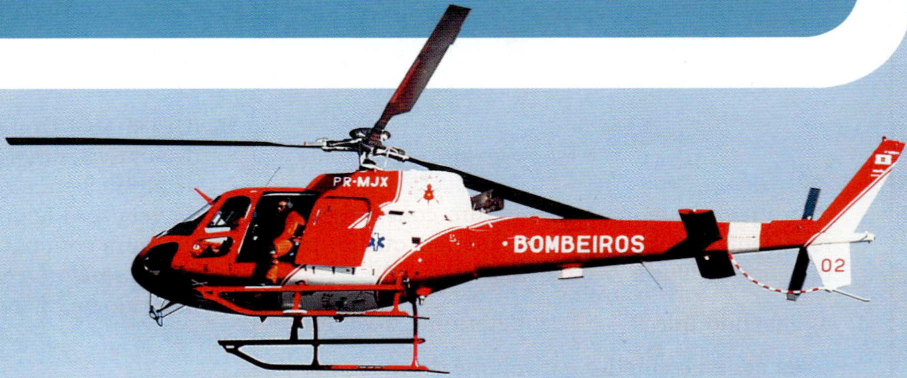

GUSTAVO MORENO/CB/D.A PRESS

Objetivos do capítulo:

- ✔ Representar pontos, segmentos e retas no plano cartesiano.
- ✔ Calcular a distância entre dois pontos.
- ✔ Escrever de várias formas a equação de uma reta.
- ✔ Discutir posições relativas entre duas retas.
- ✔ Calcular a distância entre ponto e reta.
- ✔ Calcular a área de um triângulo.

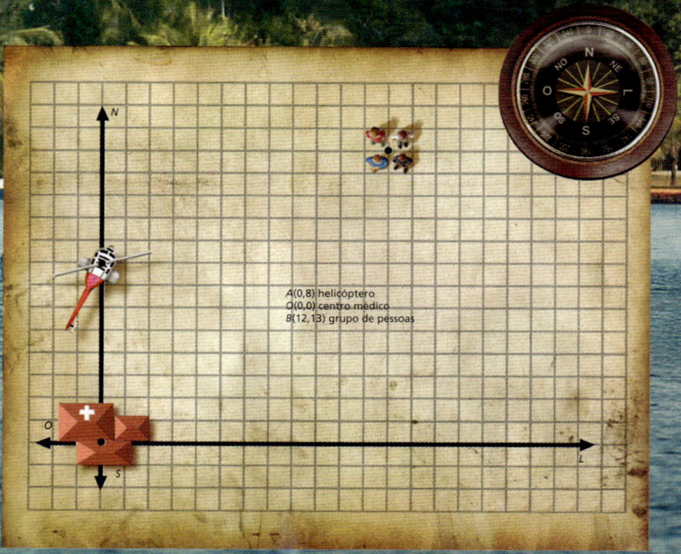

Em operações de salvamento em áreas de mata, o piloto do helicóptero pode se orientar por meio de um plano cartesiano virtual para determinar as coordenadas do local onde estão as pessoas.

1 Ponto

25.1 Biblioteca do estudante

1.1 Sistema cartesiano ortogonal

Na Geometria analítica, estudamos curvas e figuras por meio de equações e analisamos essas equações usando gráficos, estabelecendo relações com a Álgebra e a Geometria (plana e espacial). Assim, uma figura geométrica pode ter suas propriedades analisadas e estudadas por processos algébricos, o que facilita a resolução de vários problemas.

A seguir, faremos um estudo do **ponto** pela perspectiva da Geometria analítica.

O **sistema cartesiano ortogonal** é formado por dois eixos perpendiculares entre si. O eixo x (horizontal) é o eixo das **abscissas**, e o eixo y (vertical) é o eixo das **ordenadas**. Os eixos se cruzam no ponto $O(0, 0)$, denominado **origem** das coordenadas do plano cartesiano.

Podemos localizar qualquer ponto P do plano cartesiano por meio de um único par ordenado (x_p, y_p) de números reais. Reciprocamente, dado um par ordenado (x_p, y_p) de números reais, associa-se a ele um único ponto P pertencente ao plano.

Exemplo

Considerando o plano cartesiano visto na abertura do capítulo, vamos associar os pontos O, A e B aos pares ordenados correspondentes:

- o ponto O (localização do centro médico) à origem (0, 0) das coordenadas do plano cartesiano;
- o ponto A (localização do helicóptero) ao par ordenado (0, 8);
- o ponto B (localização do grupo de pessoas) ao par ordenado (12, 13).

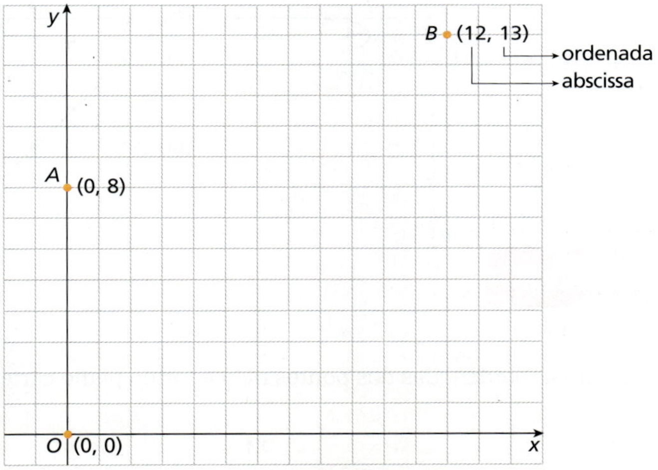

Podemos usar a seguinte notação: $O(0, 0)$; $A(0, 8)$ e $B(12, 13)$

Quadrantes

Os eixos do plano cartesiano dividem esse plano em quatro quadrantes, numerados no sentido anti-horário. A figura abaixo indica essa numeração e as condições para que um ponto P pertença ao quadrante.

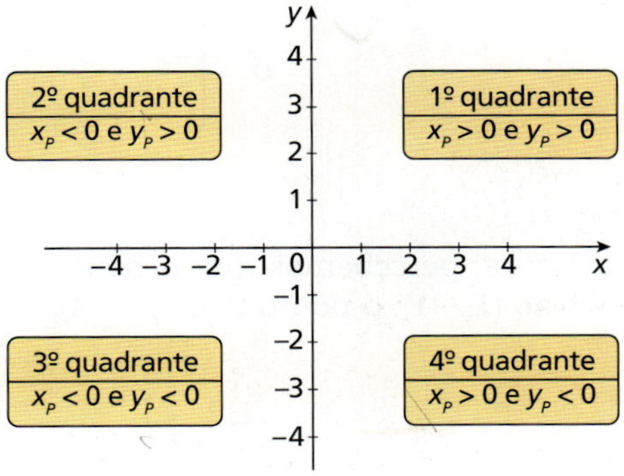

No plano cartesiano, a bissetriz do 1º e do 3º quadrantes é chamada de **bissetriz dos quadrantes ímpares**.

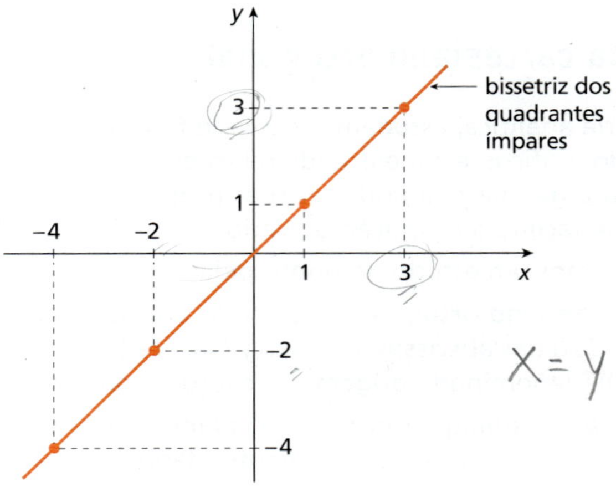

Já a bissetriz do 2º e do 4º quadrantes é chamada de **bissetriz dos quadrantes pares**.

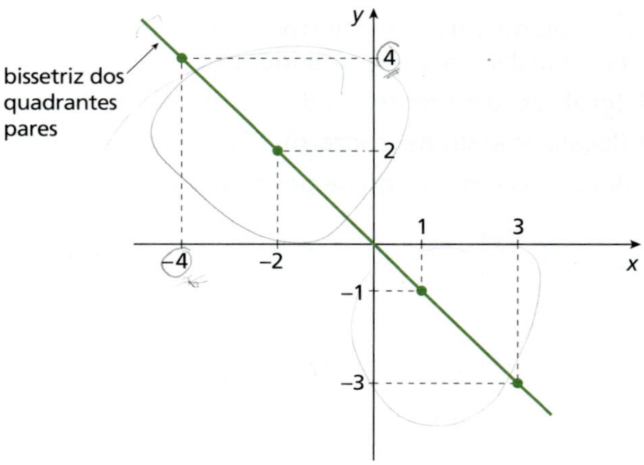

Exercícios

R1. Determinar as coordenadas dos pontos indicados no plano cartesiano.

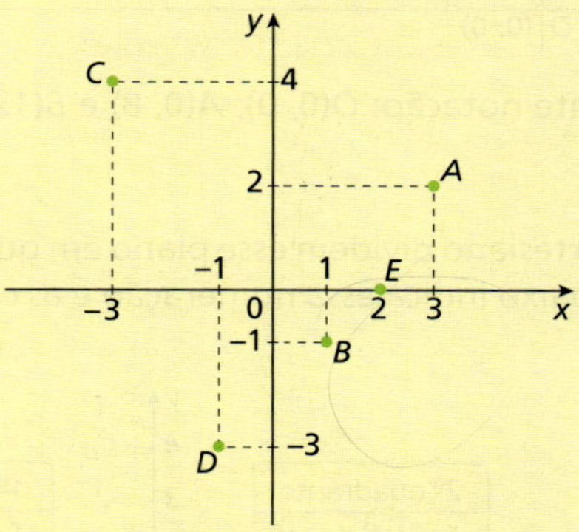

➤ Resolução

Observando a figura, percebemos que o ponto A está associado ao par ordenado (3, 2); o ponto B, ao (1, −1); o ponto C, ao (−3, 4); o ponto D, ao (−1, −3); e o ponto E, ao (2, 0).

R2. Determinar o valor real de b, de modo que o ponto $B(4, b - 4)$ pertença ao eixo das abscissas.

➤ Resolução

Se o ponto B pertence ao eixo das abscissas, então: $y_B = 0$

Assim: $b - 4 = 0 \Rightarrow b = 4$

R3. Representar no plano cartesiano os pontos $A(1, 5)$, $B(4, 1)$ e $C(1, 1)$. Depois, com segmentos de retas, unir esses pontos.

➤ Resolução

As coordenadas do ponto A são: $x_A = 1$ e $y_A = 5$

As coordenadas do ponto B são: $x_B = 4$ e $y_B = 1$

As coordenadas do ponto C são: $x_C = 1$ e $y_C = 1$

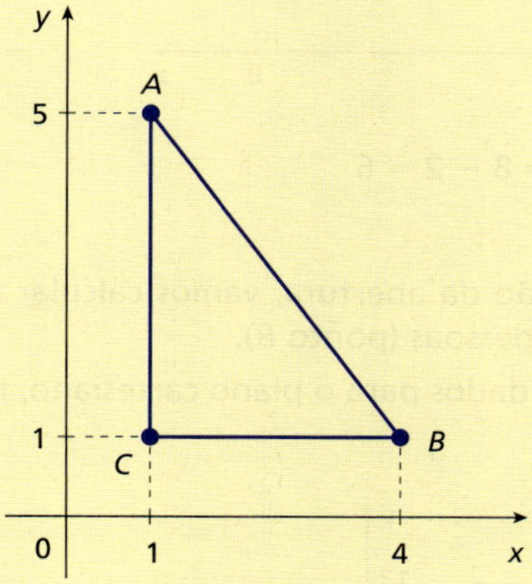

Observe que os pontos A, B e C determinam o $\triangle ABC$.

1. Localize no plano cartesiano os pontos $A(-1, -4)$, $B(7, 1)$, $C(2, -2)$, $D(-6, 0)$, $E\left(-\frac{5}{2}, 2\right)$ e $F(4, 6)$.

2. Observe as coordenadas dos pontos e identifique o quadrante a que cada um deles pertence, sem localizá-los no plano cartesiano.

a) $(3, -\sqrt{2})$ **b)** $(-\pi, -4)$ **c)** $\left(\frac{\sqrt{7}}{2}, \pi\right)$ **d)** $(-1, 1)$

3. Determine a medida do segmento que tem como extremidades os pontos $P(8, 0)$ e $Q(0, 6)$.

4. Para que valores de m e n o ponto $A(m - 8, n - 5)$ pertence ao 2º quadrante? Explique como você obteve esses valores.

5. Responda às questões.

a) Em que quadrante está localizado o ponto A que tem abscissa diferente de zero e ordenada $-\sqrt{3}$?

b) Como podemos escrever as coordenadas de um ponto P qualquer que está localizado na bissetriz dos quadrantes pares?

c) Como podemos escrever as coordenadas de um ponto P qualquer que está localizado na bissetriz dos quadrantes ímpares?

6. Determine o valor de $m \in \mathbb{R}$ para que o ponto $P(2m^2 - 5m, -m^2 - m + 9)$ esteja na bissetriz dos quadrantes pares.

1.2 Distância entre dois pontos

Em muitas situações do cotidiano, precisamos conhecer a distância entre dois pontos.

Vamos considerar dois pontos, *A* e *B*, sendo a distância entre eles dada por $d_{A,\,B}$, que é a medida do segmento $\overline{AB}$ de origem *A* e extremidade *B*.

Observe nos exemplos a seguir como calcular essa distância.

a)

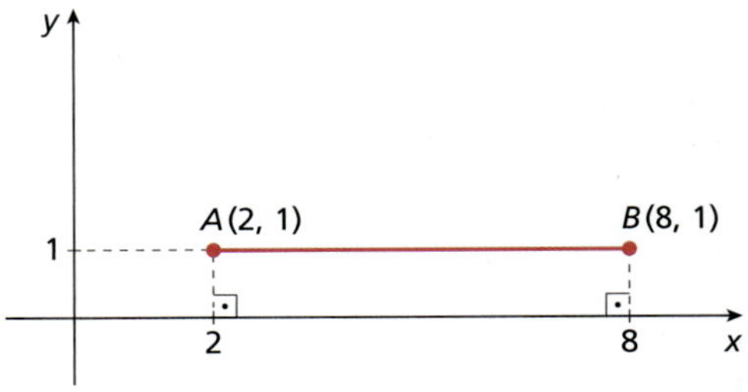

$d_{A,\,B} = 8 - 2 = 6$

b)

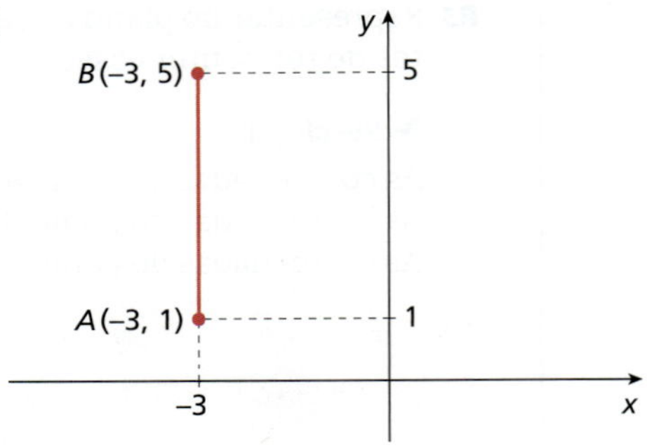

$d_{A,\,B} = 5 - 1 = 4$

c) Voltando à situação da abertura, vamos calcular a que distância o helicóptero (ponto *A*) está do grupo de pessoas (ponto *B*).

Transportando os dados para o plano cartesiano, temos:

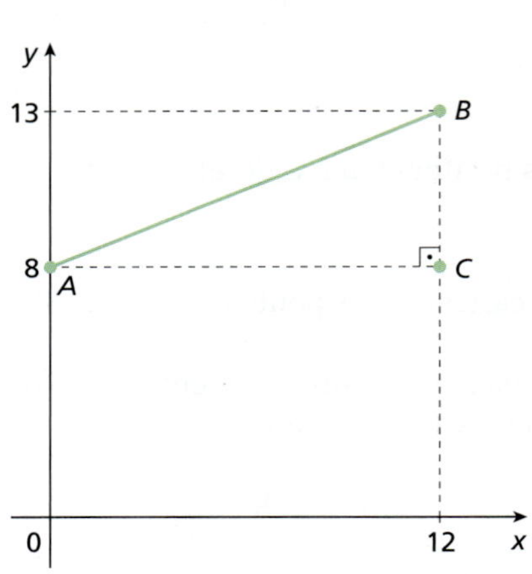

Para calcular essa distância, vamos observar o ponto auxiliar *C*(12, 8) no plano cartesiano.

- distância do ponto *A* ao *C* ($d_{A,\,C}$): 12 km
- distância do ponto *B* ao *C* ($d_{B,\,C}$): 5 km
- distância do ponto *A* ao *B* ($d_{A,\,B}$): *d* km

Os pontos *A*, *B* e *C* são os vértices de um triângulo retângulo. Pelo teorema de Pitágoras, obtemos:

$(d_{A,\,B})^2 = (d_{A,\,C})^2 + (d_{B,\,C})^2$

$d^2 = 12^2 + 5^2$

$d^2 = 169$

$d = 13$ ou $d = -13$

A distância entre dois pontos, por definição, é um número não negativo; então: $d = 13$ km

Logo, o helicóptero está a 13 km do grupo de pessoas.

Agora, vamos determinar a distância $d_{A,B}$ entre dois pontos quaisquer $A(x_A, y_A)$ e $B(x_B, y_B)$.

Para isso, vamos representá-los no plano cartesiano abaixo. Também representaremos um ponto auxiliar C, de modo a formar um triângulo ABC, retângulo em C.

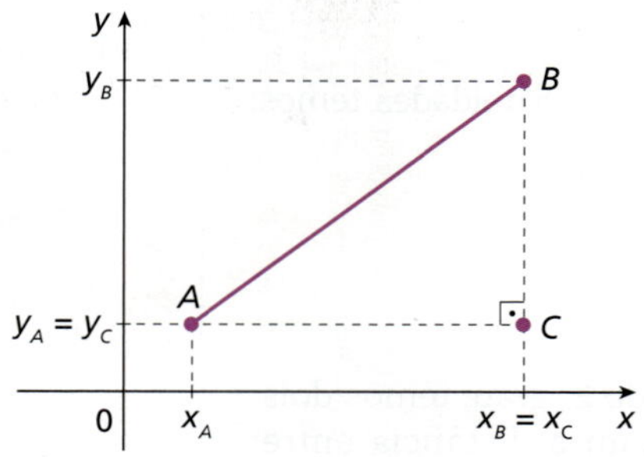

Pelo teorema de Pitágoras: $(d_{A,B})^2 = (AC)^2 + (BC)^2$

Sabemos que $AC = |x_B - x_A|$ e que $BC = |y_B - y_A|$

Como $|x_B - x_A|^2 = (x_B - x_A)^2$ e $|y_B - y_A|^2 = (y_B - y_A)^2$, temos: $(d_{A,B})^2 = (x_B - x_A)^2 + (y_B - y_A)^2$

Portanto, a distância entre os pontos $A(x_A, y_A)$ e $B(x_B, y_B)$ do plano cartesiano é dada por:

$$d_{A,B} = \sqrt{(x_B - x_A)^2 + (y_B - y_A)^2}$$

É importante observar que a fórmula acima também pode ser aplicada quando A e B estão alinhados horizontal ou verticalmente.

Exercícios

R4. Calcular a distância entre os pontos A(0, 3) e B(2, −1).

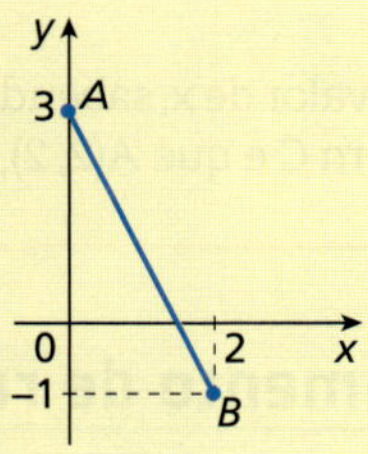

➤ Resolução

Como A(0, 3) e B(2, −1), então: $x_A = 0$, $y_A = 3$, $x_B = 2$ e $y_B = -1$

Substituindo esses valores em $d_{A,B} = \sqrt{(x_B - x_A)^2 + (y_B - y_A)^2}$, temos:

$d_{A,B} = \sqrt{(2 - 0)^2 + (-1 - 3)^2} \Rightarrow$

$\Rightarrow d_{A,B} = \sqrt{2^2 + 4^2} \Rightarrow d_{A,B} = \sqrt{4 + 16} \Rightarrow$

$\Rightarrow d_{A,B} = \sqrt{20} = 2\sqrt{5}$

7. Calcule a distância entre os pontos abaixo.

a) $A(2, 1)$ e $B(5, 5)$

b) $A(0, 0)$ e $B(-1, 3)$

c) $D(-4, -2)$ e $E(0, 7)$

d) $C(4\sqrt{3}, 5)$ e $B(6\sqrt{3}, 3)$

8. Determine o perímetro do triângulo, cujos vértices são os pontos A(1, 1), B(2, 3) e C(5, −1).

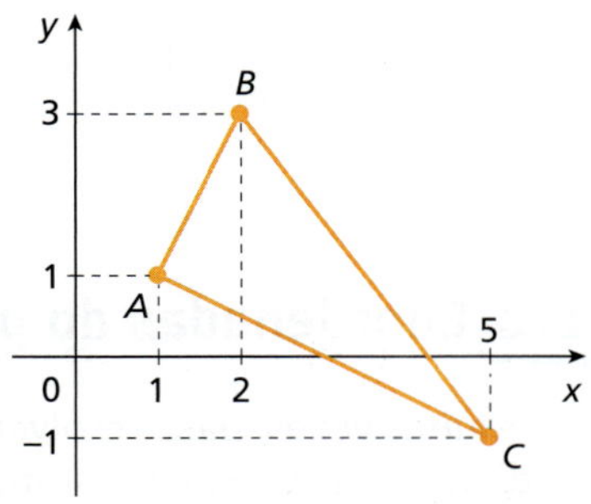

9. Determine a distância entre os pontos A(cos *a*, sen *a*) e B(sen *a*, −cos *a*).

10. Determine a distância do ponto C(2, 3):

a) à origem.

b) ao eixo das ordenadas.

c) ao eixo das abscissas.

11. Localize no plano cartesiano os vértices A(3, 3), B(9, 3), C(9, −3) e D(3, −3) do quadrilátero ABCD. Qual é a área desse quadrilátero?

R5. Determinar m para que a distância entre A e B seja 5 unidades, dados os pontos $A(-2, m)$ e $B(1, 3)$.

➤ Resolução

Como a distância entre A e B é 5 unidades, temos:

$(d_{A,B})^2 = (x_B - x_A)^2 + (y_B - y_A)^2$

$5^2 = (1 + 2)^2 + (3 - m)^2$

$25 = 3^2 + 9 - 6m + m^2$

$m^2 - 6m - 7 = 0$

Resolvendo a equação do 2º grau, temos dois valores de m que tornam a distância entre A e B igual a 5 unidades: $m = 7$ ou $m = -1$

12. Considere os pontos $P(3, -a)$ e $Q(a, -1)$. Sabendo que a distância entre eles é 2 unidades, calcule o valor de a.

R6. Determinar o ponto $C(m, 2m)$ que é equidistante dos pontos $A(-7, 0)$ e $B(3, 0)$.

➤ Resolução

Como o ponto C é equidistante dos pontos A e B, então a distância entre C e A é a mesma que entre C e B. Assim:

$d_{A,C} = d_{B,C} \Rightarrow \sqrt{(m + 7)^2 + (2m - 0)^2} =$

$= \sqrt{(m - 3)^2 + (2m - 0)^2} \Rightarrow (m + 7)^2 + 4m^2 =$

$= (m - 3)^2 + 4m^2 \Rightarrow m^2 + 14m + 49 =$

$= m^2 - 6m + 9 \Rightarrow m = -2$

Substituindo $m = -2$, obtemos $C(-2, -4)$.

Observe a representação gráfica:

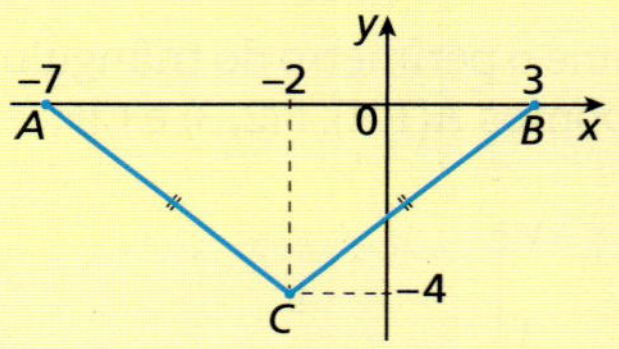

13. Obtenha o ponto do eixo das ordenadas que seja equidistante de $A(6, 8)$ e de $B(2, 5)$.

R7. Determinar o valor de x de modo que os pontos $A(2, -1)$, $B(3, x)$ e $C(-2, 5)$ sejam os vértices de um triângulo retângulo em A.

➤ Resolução

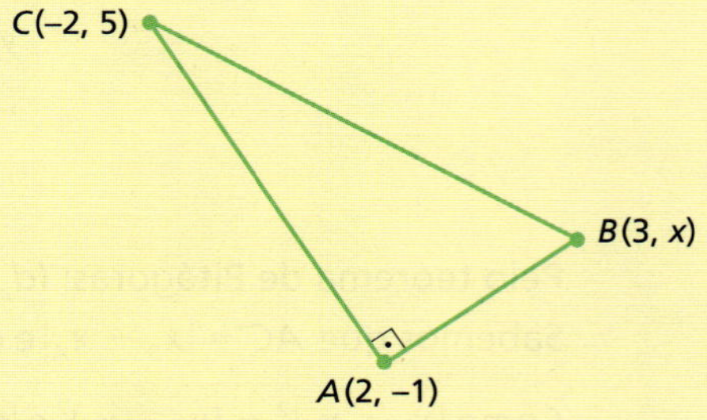

Para ser um triângulo retângulo, devemos ter:

$(d_{A,C})^2 + (d_{A,B})^2 = (d_{B,C})^2$

$\left(\sqrt{(-2-2)^2 + (5+1)^2}\right)^2 + \left(\sqrt{(3-2)^2 + (x+1)^2}\right)^2 =$

$= \left(\sqrt{(-2-3)^2 + (5-x)^2}\right)^2 \Rightarrow$

$\Rightarrow 16 + 36 + 1 + (-1 - x)^2 = 25 + (5 - x)^2 \Rightarrow$

$\Rightarrow 53 + 1 + 2x + x^2 = 25 + 25 - 10x + x^2 \Rightarrow$

$\Rightarrow 12x = -4 \Rightarrow$

$\Rightarrow x = -\dfrac{1}{3}$

14. Considere $A(-2, -5)$, $B(-4, -1)$ e $C(4, 3)$ vértices do triângulo ABC. Explique como você faria para provar que esse triângulo é retângulo.

15. Determine o valor de x, sabendo que o triângulo ABC é retângulo em C e que $A(2, 2)$, $B(4, -12)$ e $C(-4, x)$.

1.3 Coordenadas do ponto médio de um segmento de reta

Muitas vezes, para resolver problemas, precisamos dividir um segmento em dois de mesma medida. Por isso, vamos estudar como determinar o ponto médio de um segmento.

Ao considerar um segmento de extremos $A(x_A, y_A)$ e $B(x_B, y_B)$, e ponto médio $M(x_M, y_M)$, temos:

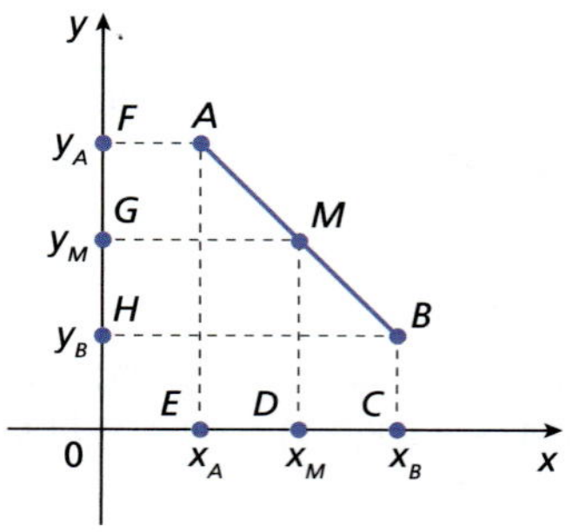

Pelo teorema de Tales:

$$AM = MB \Rightarrow ED = DC \Rightarrow x_M - x_A = x_B - x_M \Rightarrow 2x_M = x_B + x_A$$

Portanto:

$$x_M = \frac{x_A + x_B}{2}$$

Pelo teorema de Tales:

$$AM = MB \Rightarrow FG = GH \Rightarrow y_A - y_M = y_M - y_B \Rightarrow 2y_M = y_A + y_B$$

Portanto:

$$y_M = \frac{y_A + y_B}{2}$$

Podemos concluir que, se tivermos um segmento de extremos *A* e *B*, a abscissa do ponto médio será a média aritmética das abscissas dos extremos e a ordenada do ponto médio será a média aritmética das ordenadas dos extremos.

Portanto, o ponto médio *M* do segmento $\overline{AB}$ é dado por:

$$M\left(\frac{x_A + x_B}{2}, \frac{y_A + y_B}{2}\right)$$

É importante observar que, se $y_A = y_B = 0$, isto é, se $\overline{AB}$ está contido no eixo *x*, temos: $M\left(\frac{x_B + x_A}{2}, 0\right)$ e se $x_A = x_B = 0$, isto é, se $\overline{AB}$ está contido no eixo *y*, temos: $M\left(0, \frac{y_B + y_A}{2}\right)$

Exemplos

a) Vamos calcular as coordenadas do ponto médio do segmento $\overline{AB}$, sendo $A(10, -4)$ e $B(4, -6)$.

As coordenadas do ponto médio do segmento $\overline{AB}$ podem ser dadas por:

$$x_M = \frac{x_A + x_B}{2} = \frac{10 + 4}{2} = 7$$

$$y_M = \frac{y_A + y_B}{2} = \frac{-4 + (-6)}{2} = -5$$

Logo, o ponto médio do segmento $\overline{AB}$ é $M(7, -5)$. Veja:

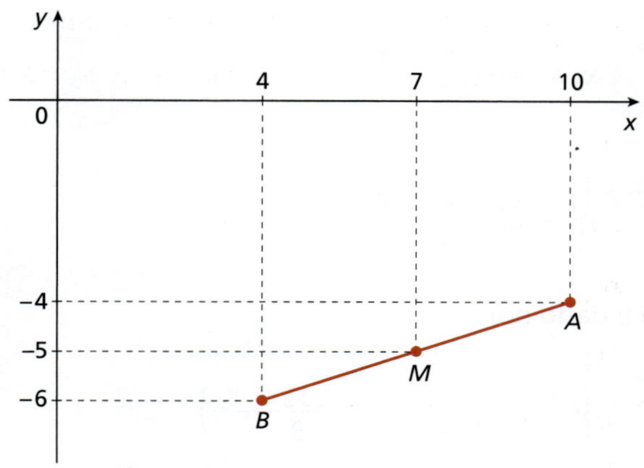

b) Vamos determinar o comprimento da mediana $\overline{AM}$ do triângulo cujos vértices são $A(2, 3)$, $B(4, -2)$ e $C(0, -6)$.

M é o ponto médio do segmento $\overline{BC}$. Calculando suas coordenadas, temos:

$$x_M = \frac{0 + 4}{2} = 2 \qquad y_M = \frac{(-6) + (-2)}{2} = -4$$

Logo: $M(2, -4)$

Agora vamos calcular o comprimento da mediana.

$$d_{A,M} = \sqrt{(2-2)^2 + (-4-3)^2} = \sqrt{49} = 7$$

Portanto, o comprimento da mediana $\overline{AM}$ é 7.

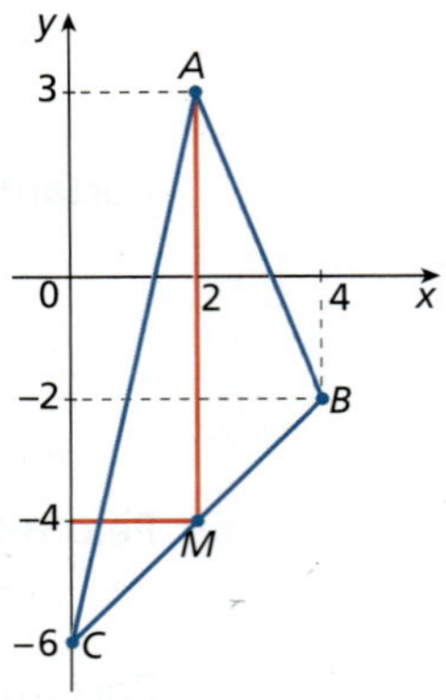

c) Vamos determinar as coordenadas do ponto B, sabendo que $M(-1, -1)$ é o ponto médio de $\overline{AB}$, com $A(-1, 1)$.

$$x_M = \frac{x_A + x_B}{2} \Rightarrow -1 = \frac{-1 + x_B}{2} \Rightarrow -1 + x_B = -2 \Rightarrow x_B = -1$$

$$y_M = \frac{y_A + y_B}{2} \Rightarrow -1 = \frac{1 + y_B}{2} \Rightarrow 1 + y_B = -2 \Rightarrow y_B = -3$$

Logo: $B(-1, -3)$

Coordenadas do baricentro de um triângulo

O baricentro de um triângulo é o ponto de intersecção de suas três medianas. Esse ponto divide cada mediana em dois segmentos cujas medidas estão na razão de 2 para 1, a partir do vértice do triângulo para o ponto médio do lado oposto ao vértice.

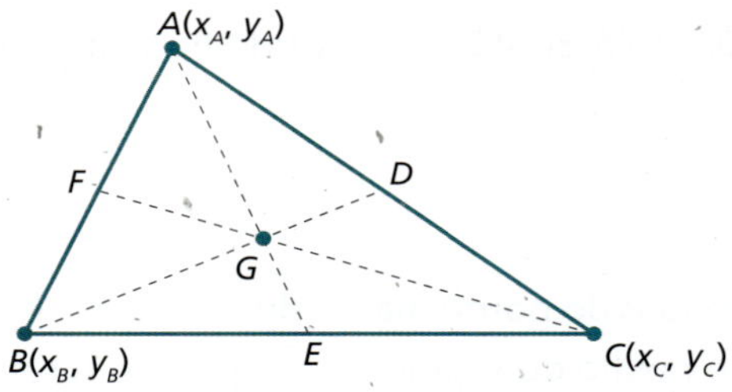

$$\frac{AG}{GE} = \frac{BG}{GD} = \frac{CG}{GF} = \frac{2}{1}$$

Considerando a proporção $\frac{AG}{GE} = \frac{2}{1}$, temos:

$$\frac{x_G - x_A}{x_E - x_G} = \frac{2}{1} \Rightarrow x_G - x_A = 2x_E - 2x_G \Rightarrow 3x_G = x_A + 2x_E \text{ (I)}$$

Como E é o ponto médio do segmento $\overline{BC}$, temos: $x_E = \frac{x_B + x_C}{2}$ (II)

Substituindo (II) em (I), temos:

$$3x_G = x_A + \frac{2(x_B + x_C)}{2} \Rightarrow$$

- $$x_G = \frac{x_A + x_B + x_C}{3}$$

De maneira análoga:

- $$y_G = \frac{y_A + y_B + y_C}{3}$$

Portanto, o baricentro $G(x_G, y_G)$ é dado por:

- $$G\left(\frac{x_A + x_B + x_C}{3}, \frac{y_A + y_B + y_C}{3}\right)$$

Exemplos

a) Vamos calcular as coordenadas do baricentro do triângulo de vértices $A(3, 1)$, $B(2, 6)$ e $C(4, 2)$.

$$x_G = \frac{x_A + x_B + x_C}{3} = \frac{3 + 2 + 4}{3} = 3$$

$$y_G = \frac{y_A + y_B + y_C}{3} = \frac{1 + 6 + 2}{3} = 3$$

Logo, as coordenadas do baricentro são: (3, 3)

b) Os pontos $A(1, 5)$, $B(2, 8)$ e $C(x, y)$ são vértices de um triângulo cujo baricentro é o ponto $G(4, 2)$. Vamos determinar as coordenadas do vértice C.

$$4 = \frac{1 + 2 + x}{3} \Rightarrow 12 - 1 - 2 = x \Rightarrow x = 9$$

$$2 = \frac{5 + 8 + y}{3} \Rightarrow 6 - 5 - 8 = y \Rightarrow y = -7$$

Portanto, as coordenadas do vértice C são: $(9, -7)$

Exercícios

16. Obtenha o ponto médio do segmento $\overline{AB}$ nos seguintes casos:

a) $A(3, 2)$ e $B(5, 4)$

b) $A(-1, 3)$ e $B(5, -2)$

c) $A(-3, -4)$ e $B(-7, 0)$

d) $A(0, -7)$ e $B(9, -5)$

17. Seja $M(3, 3)$ o ponto médio do segmento $\overline{AB}$. Calcule as coordenadas do ponto A, sabendo que $B(4, 0)$.

18. Sendo $A(4, 1)$, $B(2, 3)$, $C(-8, 7)$ e $D(-6, 5)$ vértices de um paralelogramo, determine o ponto de intersecção de suas diagonais. Lembre-se que as diagonais do paralelogramo se cruzam no ponto médio.

19. Determine o comprimento da mediana $\overline{AM}$ do triângulo cujos vértices são os pontos $A(2, 6)$, $B(4, 2)$ e $C(-2, 4)$.

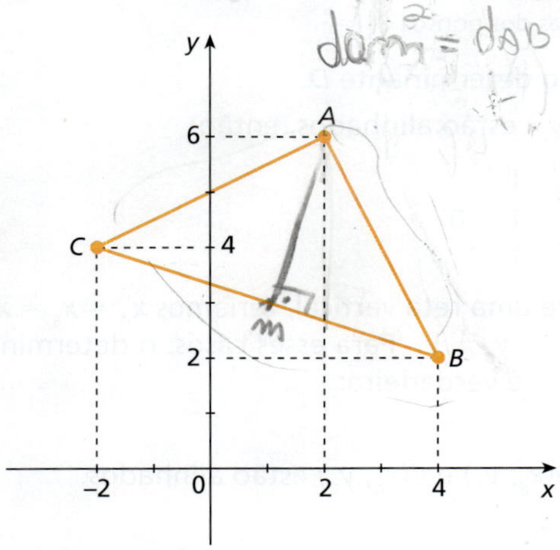

20. Determine as coordenadas do baricentro dos triângulos de vértices:

a) $A(2, 3)$, $B(5, -1)$ e $C(-1, 4)$

b) $A(-1, 0)$, $B(2, -3)$ e $C(2, 3)$

21. Determine os valores de x e y, sabendo que $A(2, 4)$, $B(x, 5)$ e $C(5, y)$ são vértices de um triângulo cujo baricentro é $G(2, 3)$.

22. Sabendo que $A(x, y)$, $B(-1, 8)$ e $C(3, -10)$ são vértices de um triângulo cujo baricentro é o ponto $G(3, -2)$, determine as coordenadas do vértice A.

23. Dados os pontos $A(2, 6)$, $B(4, 2)$ e $C(-2, 4)$, vértices de um triângulo:

a) represente os pontos A, B e C no plano cartesiano e trace o triângulo e suas medianas.

b) calcule o comprimento das medianas desse triângulo.

c) determine as coordenadas do baricentro desse triângulo.

24. Considere o triângulo ABC, retângulo em A, conforme mostra a figura abaixo.

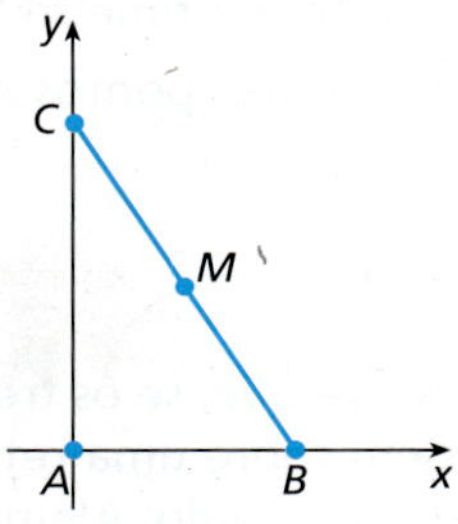

Representando a abscissa do ponto B por x_B e a ordenada do ponto C por y_C, responda:

a) Quais são as coordenadas dos pontos A, B e C?

b) Determine as coordenadas de M, ponto médio da hipotenusa $\overline{BC}$.

c) Qual é a medida do segmento $\overline{CM}$? E do segmento $\overline{AM}$?

d) Observando os resultados dos itens **b** e **c**, o que você pode concluir?

1.4 Condição de alinhamento de três pontos

Como já vimos, por dois pontos distintos $A(x_A, y_A)$ e $B(x_B, y_B)$, que sempre estão alinhados, passa uma única reta. Agora veremos qual é a condição para que três pontos distintos estejam alinhados.

Considere os pontos $A(x_A, y_A)$, $B(x_B, y_B)$ e $C(x_C, y_C)$ pertencentes a uma mesma reta, não paralela aos eixos, conforme a figura:

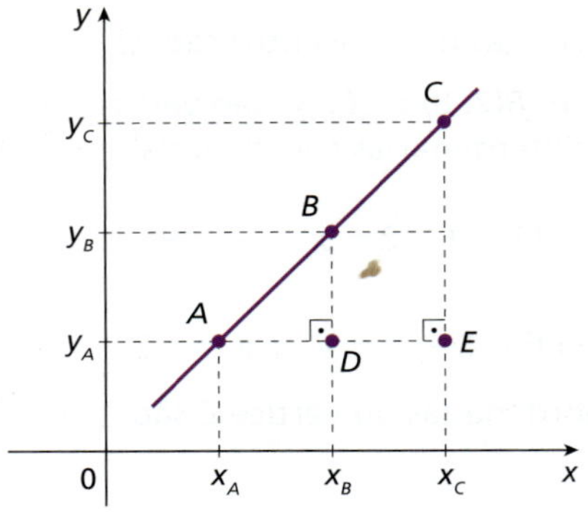

Os triângulos *ACE* e *ABD* são semelhantes. Assim:

$$\frac{AE}{AD} = \frac{EC}{DB} \Rightarrow \frac{x_C - x_A}{x_B - x_A} = \frac{y_C - y_A}{y_B - y_A} \Rightarrow$$

$$\Rightarrow (x_C - x_A)(y_B - y_A) - (x_B - x_A)(y_C - y_A) = 0 \Rightarrow$$

$$\Rightarrow x_C y_B - x_C y_A - x_A y_B + x_A y_A - x_B y_C + x_B y_A + x_A y_C - x_A y_A = 0 \Rightarrow$$

$$\Rightarrow x_C y_B - x_C y_A - x_A y_B - x_B y_C + x_B y_A + x_A y_C = 0$$

Multiplicando ambos os membros da igualdade por -1 e reordenando os termos, obtemos:

$$x_A y_B + x_C y_A + x_B y_C - x_C y_B - x_A y_C - x_B y_A = 0 \quad \text{(I)}$$

Empregando a regra de Sarrus, vamos recordar o desenvolvimento do determinante abaixo. A seguir, vamos compará-lo com o primeiro membro da igualdade (I).

$$D = \begin{vmatrix} x_A & y_A & 1 \\ x_B & y_B & 1 \\ x_C & y_C & 1 \end{vmatrix} = x_A y_B + x_C y_A + x_B y_C - x_C y_B - x_A y_C - x_B y_A$$

→ coluna das ordenadas dos pontos

→ coluna das abscissas dos pontos

Portanto, o primeiro termo da igualdade (I) é o determinante *D*.

Logo, se três pontos $A(x_A, y_A)$, $B(x_B, y_B)$ e $C(x_C, y_C)$ estão alinhados, então:

$$\begin{vmatrix} x_A & y_A & 1 \\ x_B & y_B & 1 \\ x_C & y_C & 1 \end{vmatrix} = 0$$

Observe que, se os três pontos estivessem sobre uma reta vertical, teríamos $x_A = x_B = x_C$; e, se estivessem sobre uma reta horizontal, teríamos $y_A = y_B = y_C$. Para esses casos, o determinante *D* também seria nulo. Além disso, a recíproca também é verdadeira:

Se $\begin{vmatrix} x_A & y_A & 1 \\ x_B & y_B & 1 \\ x_C & y_C & 1 \end{vmatrix} = 0$, então os pontos $A(x_A, y_A)$, $B(x_B, y_B)$ e $C(x_C, y_C)$ estão alinhados.

- Três pontos $A(x_A, y_A)$, $B(x_B, y_B)$ e $C(x_C, y_C)$ são colineares se, e somente se:

$$\begin{vmatrix} x_A & y_A & 1 \\ x_B & y_B & 1 \\ x_C & y_C & 1 \end{vmatrix} = 0$$

Exercícios

R8. Verificar se os pontos $A(3, 2)$, $B(4, 1)$ e $C(1, 4)$ são colineares.

➤ Resolução

Vamos calcular o determinante:

$$D = \begin{vmatrix} 3 & 2 & 1 \\ 4 & 1 & 1 \\ 1 & 4 & 1 \end{vmatrix} = 3 + 2 + 16 - 1 - 12 - 8 =$$

$$= 21 - 21 = 0$$

Como $D = 0$, os pontos são colineares.

É importante observar que, se $D = 0$, os pontos são colineares e, se $D \neq 0$, os pontos são vértices de um triângulo.

25. Verifique, em cada caso, se os pontos A, B e C estão alinhados.

a) $A(2, 3)$, $B(-2, -5)$ e $C(-1, -3)$

b) $A(-2, 0)$, $B(1, 3)$e $C(2, 4)$

c) $A(1, 2)$, $B(3, 4)$ e $C(3, -1)$

d) $A(1, 0)$, $B(3, 1)$ e $C(-7, 0)$

e) $A(-5, -5)$, $B(0, 0)$ e $C(3, 3)$

R9. Determinar o valor de k para que os pontos $A(k, 7)$, $B(2, -3)$ e $C(k, 1)$ sejam vértices de um triângulo.

➤ Resolução

Para que os pontos A, B e C sejam vértices de um triângulo, eles não podem estar alinhados. Assim:

$$\begin{vmatrix} k & 7 & 1 \\ 2 & -3 & 1 \\ k & 1 & 1 \end{vmatrix} \neq 0$$

$$-3k + 7k + 2 + 3k - k - 14 \neq 0$$

$$6k - 12 \neq 0$$

Logo: $k \neq 2$

26. Verifique, em cada caso, para quais valores de x existe o triângulo ABC:

a) $A(x, 2)$, $B(3, 5)$ e $C(1, 0)$

b) $A(x, 1)$, $B(x + 1, 2)$ e $C(0, 3)$

27. Determine dois pontos que estejam alinhados com os pontos $A(1, 4)$ e $B(0, 3)$.

28. Determine m para que os pontos $A(-1, m)$, $B(2, -3)$ e $C(-4, 5)$:

a) estejam alinhados;

b) sejam vértices de um triângulo.

29. Determine uma relação entre as coordenadas de um ponto $P(x, y)$ para que ele esteja alinhado com $A(2, 3)$ e $B(5, 4)$.

30. Determine k de maneira que os pontos $A(2, 3)$, $B(5, 7)$ e $C(k, 1)$ sejam os vértices de um triângulo.

31. Os pontos $A(-3, a)$, $B(9, b)$ e $C(1, -2)$ são colineares. Determine $2a + b$.

32. O ponto A pertence à intersecção do eixo das abscissas com a reta que contém os pontos $B(1, 3)$ e $C(2, 5)$. Determine as coordenadas do ponto A.

33. Os pontos $A(-4, 7)$, $B(2, -5)$ e $C(x, y)$ estão alinhados. Determine o valor de x em função de y.

34. Uma reta s passa pelos pontos $A(1, 1)$ e $B(-2, 4)$. Outra reta r passa pelos pontos $C(1, 3)$ e $D(-2, -6)$.

a) Determine o ponto $P(x, y)$ pertencente à intersecção das duas retas.

b) Explique como você encontrou esse ponto.

c) Faça a representação dos pontos e das retas no plano cartesiano, mostrando o ponto de intersecção.

35. O ponto $P(x_P, y_P)$ está alinhado com os pontos $A(5, 3)$ e $B(-2, 1)$. Verifique as condições necessárias para que:

a) P pertença ao eixo x.

b) P pertença ao eixo y.

c) P pertença à bissetriz dos quadrantes ímpares.

d) P pertença à bissetriz dos quadrantes pares.

e) $y_P = 2x_P$.

- Determine as coordenadas de P de acordo com as condições apresentadas em cada item.

2 Reta

2.1 Equação geral da reta

Dados dois pontos distintos, $A(x_A, y_A)$ e $B(x_B, y_B)$, pertencentes à reta *r*, vamos determinar uma relação entre as coordenadas de um ponto genérico, $P(x, y)$, também pertencente à reta *r*.

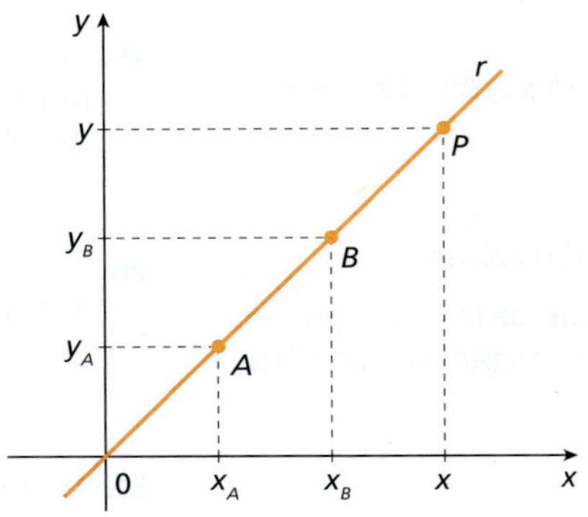

Pela condição de alinhamento para os pontos *A*, *B* e *P*, podemos escrever:

$$\begin{vmatrix} x & y & 1 \\ x_A & y_A & 1 \\ x_B & y_B & 1 \end{vmatrix} = 0 \Rightarrow (y_A - y_B)x + (x_B - x_A)y + x_A\,y_B - x_B\,y_A = 0$$

Como, nesse caso, as únicas variáveis são *x* e *y*, os outros elementos são números reais conhecidos. Assim, podemos fazer:

$(y_A - y_B) = a$

$(x_B - x_A) = b$

$x_A y_B - x_B y_A = c$

Não sendo *a* e *b* simultaneamente nulos, obtemos a **equação geral da reta:**

$$ax + by + c = 0$$

Exemplo

Vamos obter a equação geral da reta *r* que passa pelos pontos $A(-1, 3)$ e $B(3, 2)$. Considere um ponto $P(x, y)$ pertencente à reta *r*. Ele está alinhado com os pontos *A* e *B*.

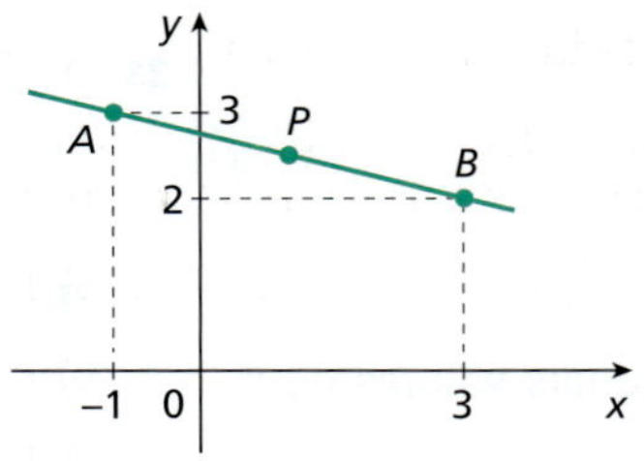

Pela condição de alinhamento de três pontos, temos:

$$\begin{vmatrix} x & y & 1 \\ -1 & 3 & 1 \\ 3 & 2 & 1 \end{vmatrix} = 0 \Rightarrow 3x + 3y - 2 - 9 - 2x + y = 0 \Rightarrow x + 4y - 11 = 0$$

Portanto, a equação geral da reta que passa pelos pontos *A* e *B* é: $x + 4y - 11 = 0$

Exercícios

R10. Verificar se o ponto $P(3, 2)$ pertence à reta s, cuja equação é $x - 3y + 3 = 0$.

➤ Resolução

Para que o ponto $P(3, 2)$ pertença à reta s, suas coordenadas devem satisfazer a equação dessa reta.

Substituindo x por 3 e y por 2 na equação $x - 3y + 3 = 0$, temos:

$3 - 3 \cdot 2 + 3 = 0 \Rightarrow 3 - 6 + 3 = 0 \Rightarrow 0 = 0$

Portanto, o ponto P pertence à reta s.

R11. Os pontos $A(2, 3)$, $B(5, 1)$ e $C(4, 4)$ são vértices de um triângulo. Determinar as equações das retas suportes dos lados desse triângulo.

(*Dado:* As retas suportes dos lados de um triângulo são retas que contêm os lados do triângulo.)

➤ Resolução

Equação da reta suporte do lado $\overline{AB}$:

$$\overleftrightarrow{AB}: \begin{vmatrix} x & y & 1 \\ 2 & 3 & 1 \\ 5 & 1 & 1 \end{vmatrix} = 0 \Rightarrow 2x + 3y - 13 = 0$$

Equação da reta suporte do lado $\overline{AC}$:

$$\overleftrightarrow{AC}: \begin{vmatrix} x & y & 1 \\ 2 & 3 & 1 \\ 4 & 4 & 1 \end{vmatrix} = 0 \Rightarrow -x + 2y - 4 = 0$$

Equação da reta suporte do lado $\overline{BC}$:

$$\overleftrightarrow{BC}: \begin{vmatrix} x & y & 1 \\ 5 & 1 & 1 \\ 4 & 4 & 1 \end{vmatrix} = 0 \Rightarrow -3x - y + 16 = 0$$

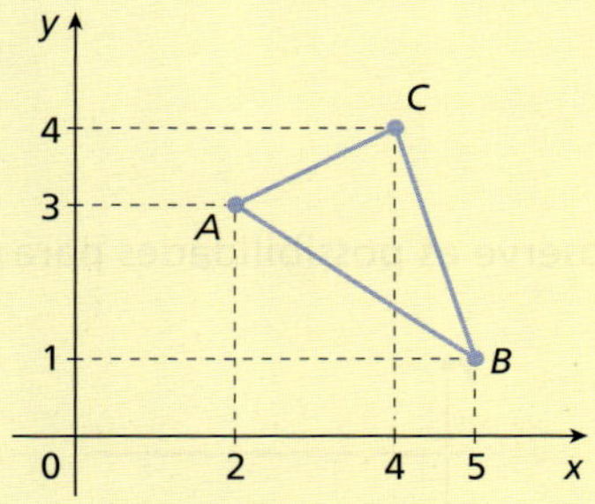

Logo, as equações das retas suportes dos lados do triângulo ABC são:

$2x + 3y - 13 = 0$, $-x + 2y - 4 = 0$ e $-3x - y + 16 = 0$

36. Determine a equação geral da reta que passa pelos pontos dados.

a) $A(3, 2)$ e $B(2, 1)$

b) $A(-1, 2)$ e $B(-3, -2)$

c) $A(0, 2)$ e $B(6, 0)$

d) $A(-3, 2)$ e $B(1, 4)$

37. Determine a equação da reta que passa pela origem do sistema cartesiano e pelo ponto $(2, -1)$.

38. Os pontos $A(-1, 2)$ e $B(3, 4)$ determinam uma reta. Calcule o valor de m para que o ponto $C(1, m)$ pertença a essa reta.

39. Quais são os pontos de intersecção da reta de equação $x + 3y + 1 = 0$ com os eixos x e y?

40. Sabendo que os pontos $A(1, 2)$, $B(3, 4)$ e $C(4, 6)$ são vértices de um triângulo, determine as equações das retas suportes dos lados desse triângulo.

41. Determine a equação geral da reta r em cada caso.

a)

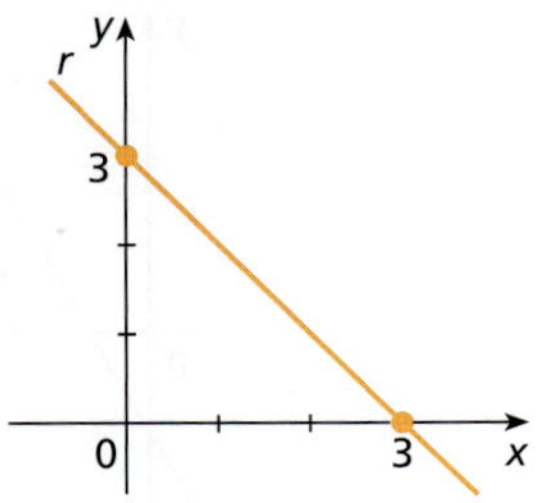

b)

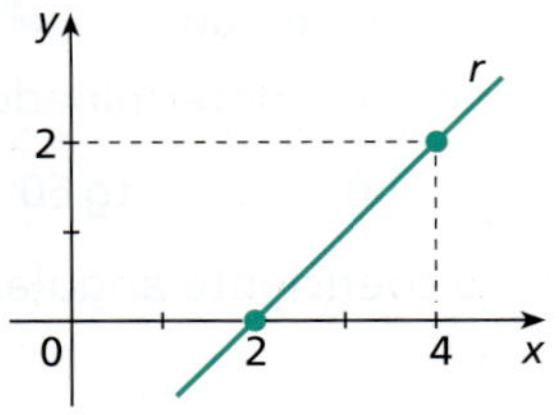

2.2 Inclinação e coeficiente angular de uma reta

Vamos analisar a figura a seguir:

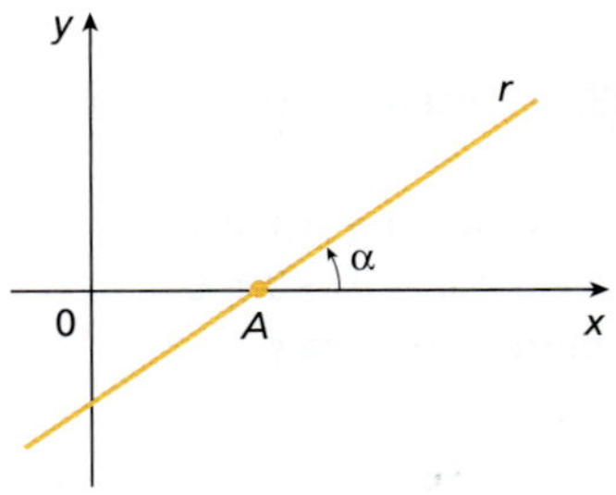

A medida α do ângulo indicado acima é chamada de **inclinação da reta** e é determinada a partir do eixo *x* no sentido anti-horário ($0° \leqslant \alpha < 180°$).

Chamamos de **coeficiente angular** ou **declividade** de uma reta não perpendicular ao eixo *x* o número real *m* expresso pela tangente trigonométrica de sua inclinação, ou seja:

$$m = \text{tg}\ \alpha$$

Observe as possibilidades para o ângulo α:

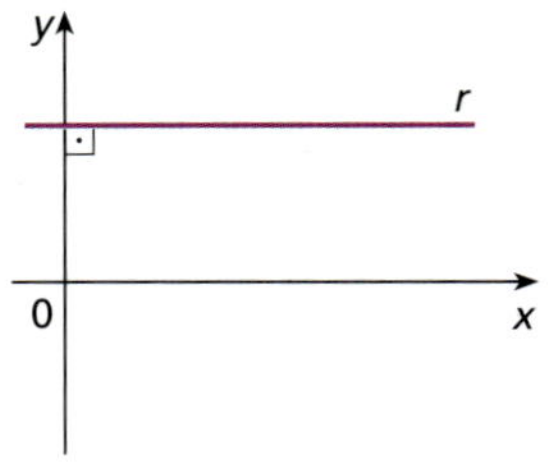

$\alpha = 0° \Rightarrow m = \text{tg}\ 0° = 0$

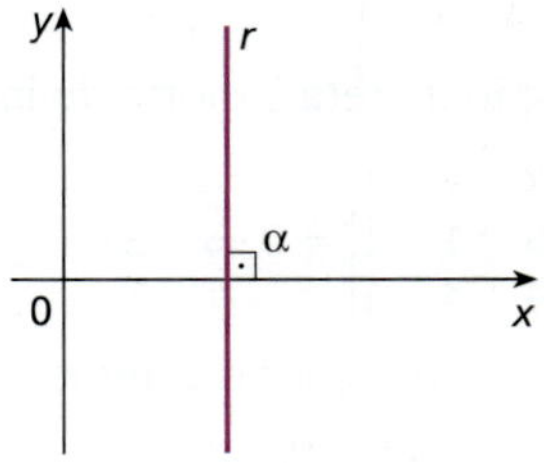

$\alpha = 90° \Rightarrow \text{tg}\ 90°$ não é definida

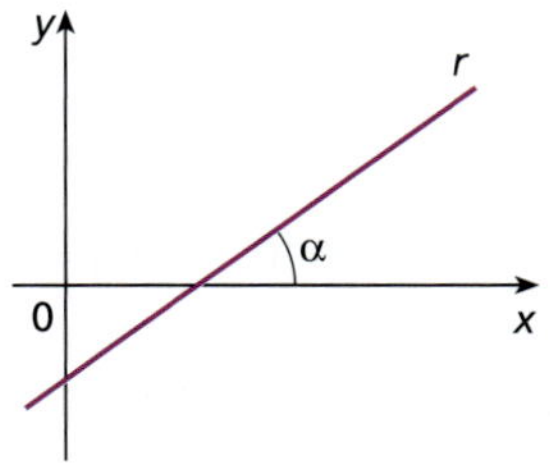

$0° < \alpha < 90° \Rightarrow m > 0$

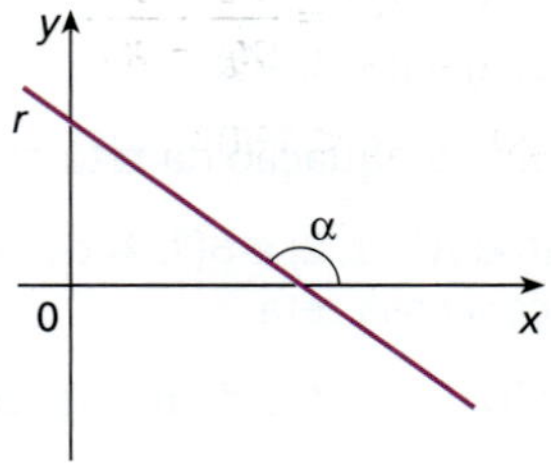

$90° < \alpha < 180° \Rightarrow m < 0$

Exemplos

a) Vamos determinar o coeficiente angular *m* da reta representada ao lado.

O valor de *m* é determinado pela tg α.

Logo: $\alpha = 60° \Rightarrow m = \text{tg}\,60° \Rightarrow m = \sqrt{3}$

Assim, o coeficiente angular é: $\sqrt{3}$

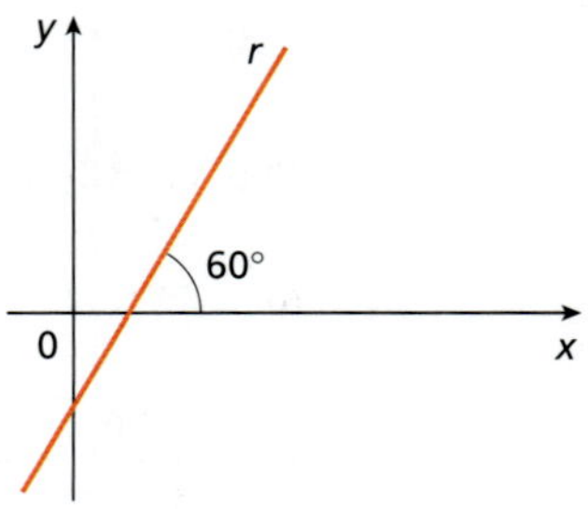

b) Vamos obter o coeficiente angular da reta representada abaixo:

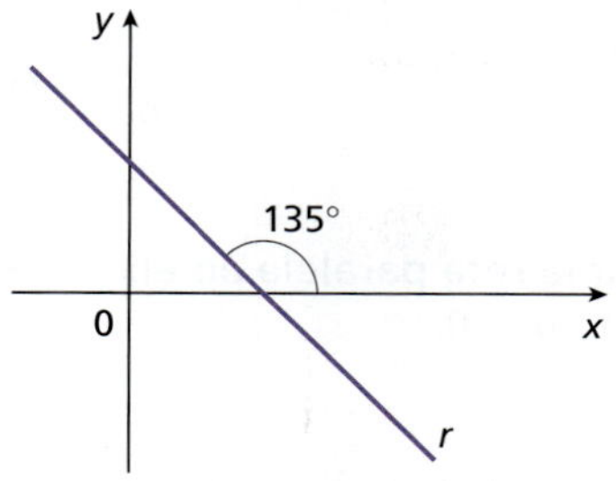

O valor de m é dado pela tg α.

Logo: $\alpha = 135° \Rightarrow m = \text{tg } 135° = -\text{tg } 45° \Rightarrow m = -1$

Portanto, o coeficiente angular é: -1

Determinação do coeficiente angular

Considere dois pontos distintos $A(x_A, y_A)$ e $B(x_B, y_B)$ pertencentes a uma reta r não paralela ao eixo y e que forma um ângulo α com o eixo x. Vamos determinar o coeficiente angular de r, analisando dois casos:

1º caso: $0° < \alpha < 90°$

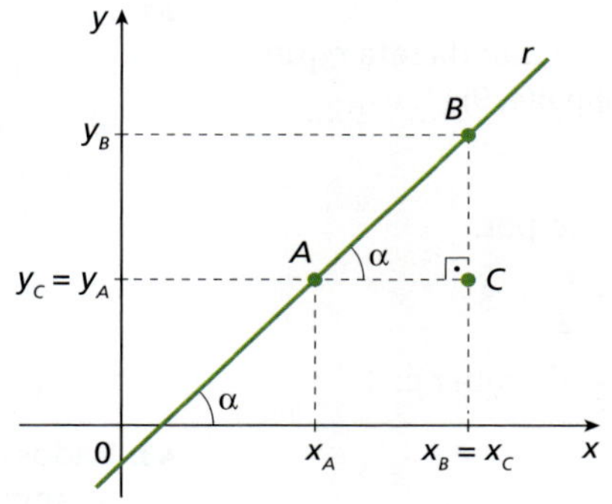

O triângulo ABC é retângulo em C.

Logo:

$$m = \text{tg } \alpha = \frac{d_{B,C}}{d_{C,A}} = \frac{y_B - y_A}{x_B - x_A}$$

2º caso: $90° < \alpha < 180°$

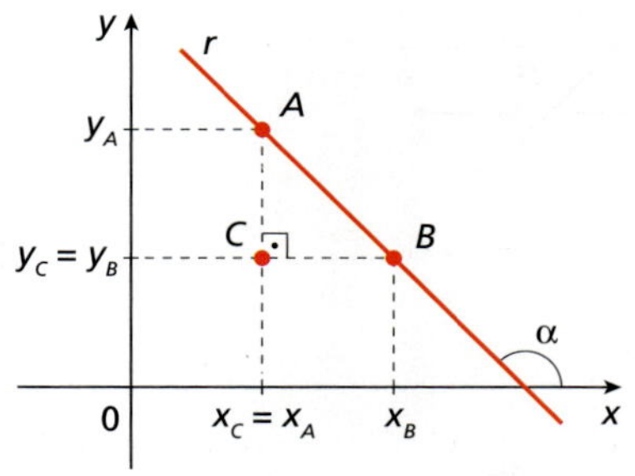

O triângulo ABC é retângulo em C. Logo:

$$m = \text{tg } \alpha = -\text{tg}(180° - \alpha) = -\frac{d_{A,C}}{d_{B,C}} =$$

$$= -\frac{(y_A - y_B)}{(x_B - x_A)} = \frac{y_B - y_A}{x_B - x_A}$$

Portanto, pelos casos anteriores, concluímos que o coeficiente angular m de uma reta não paralela aos eixos é dado por:

$$m = \frac{y_B - y_A}{x_B - x_A}$$

Observe que, para uma reta paralela ao eixo x, a fórmula acima também é válida, pois, nesse caso, $y_A = y_B$ e, portanto, $m = 0$.

Exemplos

a) Vamos determinar o coeficiente angular da reta que passa pelos pontos $A(3, 2)$ e $B(5, 7)$.

O coeficiente angular é: $m = \frac{y_B - y_A}{x_B - x_A} = \frac{7 - 2}{5 - 3} = \frac{5}{2}$

b) Dados os pontos $A(k, 2)$ e $B(2, 5)$ de uma reta e seu coeficiente angular $m = 1$, vamos determinar o valor de k.

$$m = \frac{y_B - y_A}{x_B - x_A} \Rightarrow 1 = \frac{5 - 2}{2 - k} \Rightarrow 2 - k = 5 - 2 \Rightarrow k = -1$$

Exercícios

R12. Determinar o coeficiente angular da reta r que passa pelos pontos $A(2, 3)$ e $B(4, 9)$.

➤ Resolução

O coeficiente angular é dado por:

$$m_r = \frac{y_B - y_A}{x_B - x_A} = \frac{9 - 3}{4 - 2} = \frac{6}{2} = 3$$

Logo, o coeficiente angular da reta r é: 3

R13. Calcular o valor de $m_r \cdot m_s$ sabendo que m_r e m_s correspondem, respectivamente, ao coeficiente angular das retas r e s apresentadas na figura.

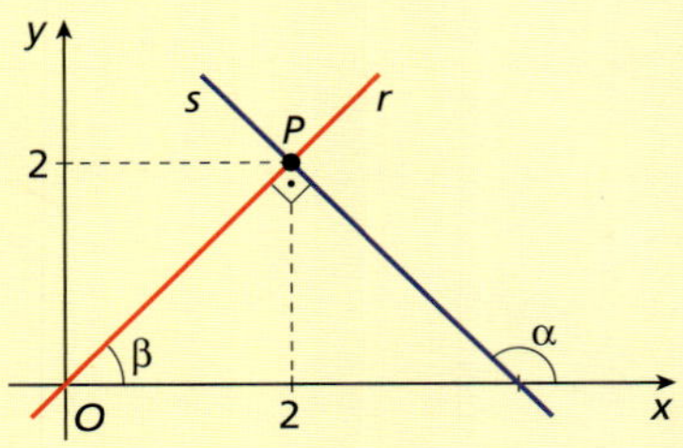

➤ Resolução

Coeficiente angular da reta r:

$$m_r = \frac{y_P - y_O}{x_P - x_O} = \frac{2 - 0}{2 - 0} = 1$$

Note que: $m_r = \text{tg}\,\beta = 1 \Rightarrow \beta = 45°$

Pela propriedade do ângulo externo, temos:

$\alpha = \beta + 90° \Rightarrow \alpha = 45° + 90° \Rightarrow \alpha = 135°$

Então: $m_s = \text{tg}\,135° = -1$

Portanto: $m_r \cdot m_s = 1 \cdot (-1) = -1$

42. Determine o coeficiente angular da reta que passa pelos pontos:

a) $A(-1, 2)$ e $B(-1, 5)$

b) $A(3, 0)$ e $B(4, 0)$

c) $A(3, 7)$ e $B(1, 2)$

d) $A(1, 2)$ e $B(-2, -1)$

e) $A\left(\sqrt{2}, -\frac{1}{7}\right)$ e $B(0, 0)$

43. Dados os pontos A e B de uma reta e seu coeficiente angular, determine o valor de k nos seguintes casos:

a) $A(2, 2)$, $B(k, 3)$ e $m = \frac{1}{2}$

b) $A(k, -4)$, $B(-2, -2)$ e $m = 2$

c) $A\left(-\frac{1}{2}, 3\right)$, $B(2, k)$ e $m = \frac{6}{5}$

44. Calcule o coeficiente angular das retas representadas abaixo:

a)

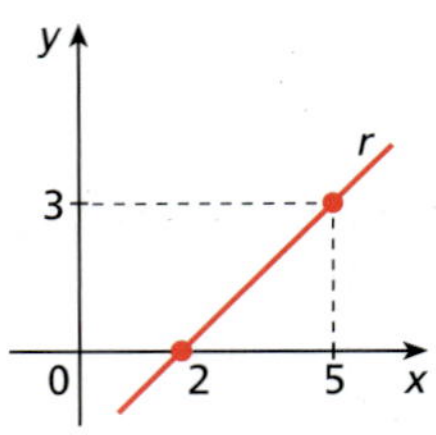

c)

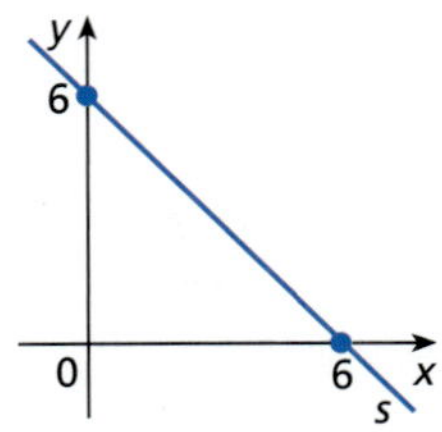

b)

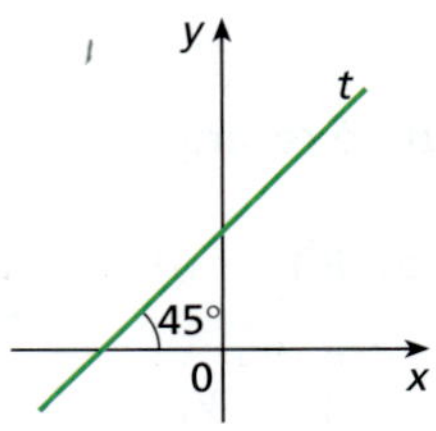

d)

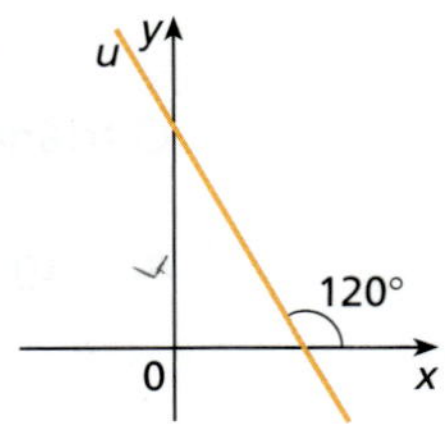

2.3 Equação da reta de coeficiente angular m e que passa por um ponto $A(x_A, y_A)$

25.1 Conteúdo multimídia

Já vimos como determinar a equação de uma reta conhecendo dois de seus pontos. Agora, vamos determinar a equação de uma reta r conhecendo um de seus pontos, $A(x_A, y_A)$, e seu coeficiente angular m.

Considere o ponto $P(x, y)$ na reta r não paralela ao eixo y, sendo $P \neq A$ e $m = \text{tg}\ \alpha$.

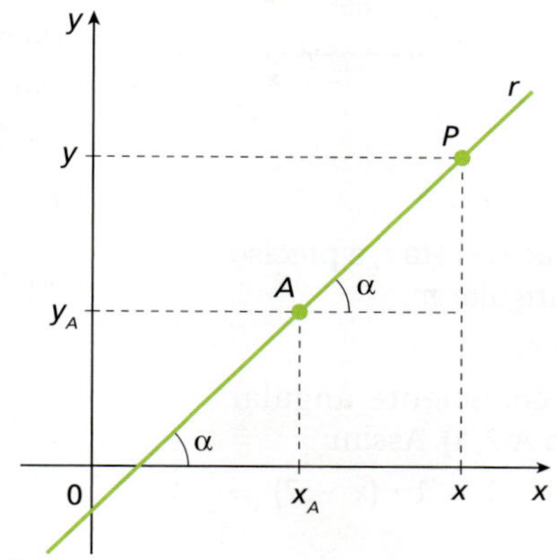

Como $m = \text{tg}\ \alpha$, então: $m = \dfrac{y - y_A}{x - x_A}$

Portanto, a equação de uma reta que passa por $A(x_A, y_A)$ e tem coeficiente angular m é:

$$y - y_A = m(x - x_A)$$

É importante observar que, se a reta r é paralela ao eixo y, então sua equação é: $x = x_A$

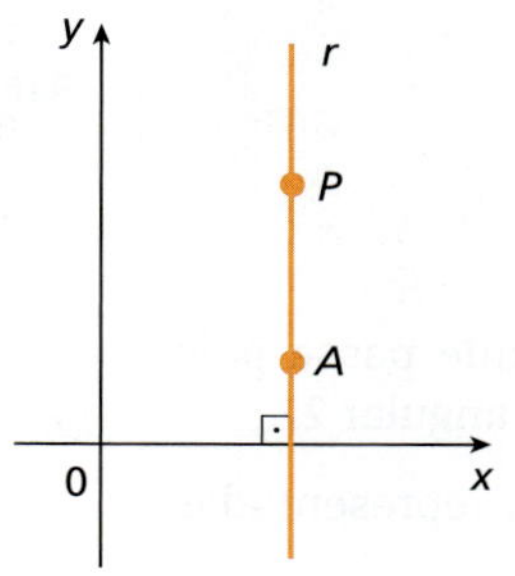

Exemplo

Vamos determinar a equação da reta r que intercepta o eixo y no ponto $P(0, 1)$ e o eixo x com uma inclinação de 150°.

coeficiente angular: $m = \text{tg}\,150° = -\text{tg}\,30° = -\dfrac{\sqrt{3}}{3}$

Como $P(0, 1)$ pertence à r, temos:

$$y - y_P = m(x - x_P) \Rightarrow y - 1 = -\frac{\sqrt{3}}{3} \cdot (x - 0) \Rightarrow \sqrt{3}x + 3y - 3 = 0$$

Portanto, a equação da reta r é:

$\sqrt{3}x + 3y - 3 = 0$

Exercícios

R14. Observar a figura e obter a equação da reta r que passa pelo ponto A e tem inclinação 45°.

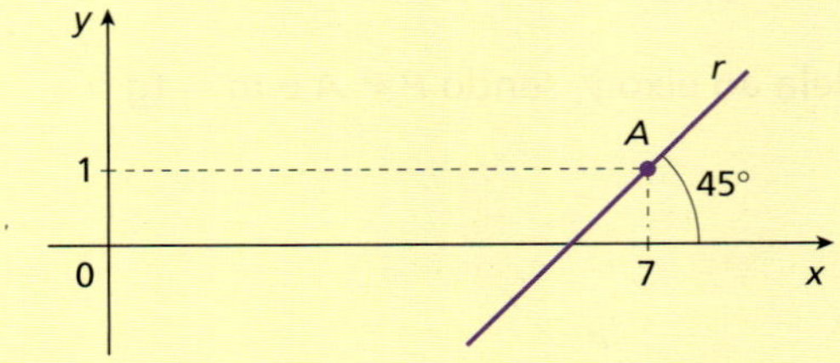

➤ Resolução

Para determinar a equação da reta r, é preciso encontrar o coeficiente angular m:

$m = \text{tg}\,\alpha \Rightarrow m = \text{tg}\,45° \Rightarrow m = 1$

A reta procurada tem coeficiente angular $m = 1$ e passa pelo ponto $A(7, 1)$. Assim:

$y - y_A = m(x - x_A) \Rightarrow y - 1 = 1 \cdot (x - 7) \Rightarrow$
$\Rightarrow x - y - 6 = 0$

Portanto, $x - y - 6 = 0$ é a equação geral da reta r.

45. Determine a equação da reta r que passa pelo ponto $A(1, -6)$ e forma com o eixo das abscissas um ângulo de 60°.

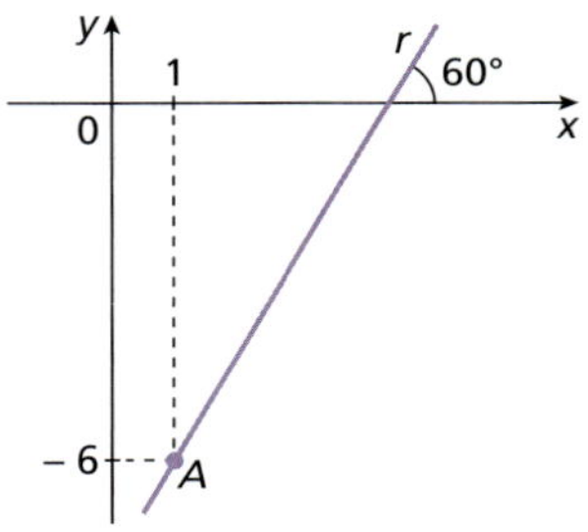

46. Determine a equação da reta r que passa pelo ponto $A(-2, -1)$ e tem coeficiente angular 2.

47. Determine as equações das retas representadas abaixo.

a)

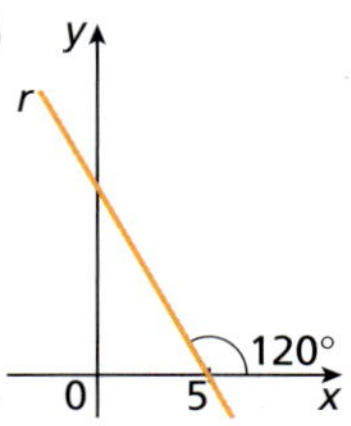

b)

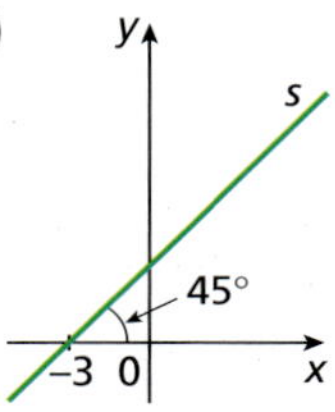

c)

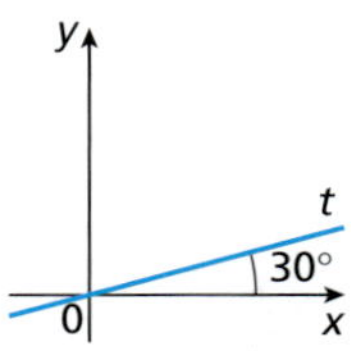

d)

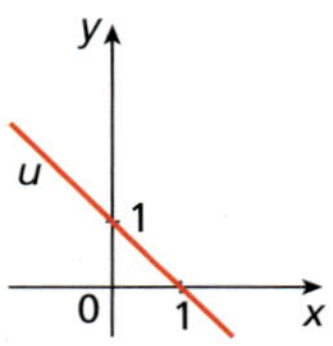

R15. Determinar a equação da reta r que passa pelos pontos $A(-1, 2)$ e $B(4, 3)$.

➤ Resolução

Além do método da condição de alinhamento, usando determinante, esse problema pode ser resolvido com o estudo do coeficiente angular da reta.

Vamos calcular o coeficiente angular da reta determinada por A e B:

$$m = \frac{y_B - y_A}{x_B - x_A} = \frac{3 - 2}{4 - (-1)} = \frac{1}{5}$$

Após calcular o valor do coeficiente angular da reta, podemos obter a equação da reta a partir de qualquer um de seus pontos.

A reta procurada tem coeficiente angular $m = \frac{1}{5}$ e passa pelo ponto $B(4, 3)$. Assim:

$$y - 3 = \frac{1}{5}(x - 4) \Rightarrow 5y - 15 = x - 4 \Rightarrow$$
$$\Rightarrow x - 5y + 11 = 0$$

Portanto, $x - 5y + 11 = 0$ é a equação geral da reta r.

48. Considere os pontos $A(0, 3)$ e $B(-2, 1)$.

a) Calcule o coeficiente angular da reta que passa pelos pontos A e B.

b) Determine a equação da reta r que passa por A e B, de duas maneiras diferentes.

R16. Sabendo que a inclinação da reta que passa pelos pontos $A(k, 2)$ e $B(-1, 3)$ é 45°, determine o valor de k e a equação da reta que passa pelos pontos A e B.

➤ Resolução

O coeficiente angular é: $m = \text{tg}\,45° \Rightarrow m = 1$

Portanto: $m = \frac{y_B - y_A}{x_B - x_A} \Rightarrow 1 = \frac{3 - 2}{-1 - k} \Rightarrow k = -2$

A reta tem coeficiente angular $m = 1$ e passa por $A(-2, 2)$

Assim: $y - 2 = 1(x + 2) \Rightarrow x - y + 4 = 0$

Portanto, $x - y + 4 = 0$ é a equação geral da reta que passa pelos pontos A e B.

49. Seja r a reta determinada pelos pontos $A(k, 4)$ e $B(0, 1)$, com coeficiente angular $m = 3$. Obtenha:

a) o valor de k.

b) a equação da reta r.

c) o ponto de intersecção da reta r com o eixo x.

d) o ponto de intersecção da reta r com o eixo y.

2.4 Equação reduzida da reta

Sabemos que a equação da reta r, que passa por um ponto $A(x_A, y_A)$ e tem coeficiente angular m, é dada por $y - y_A = m(x - x_A)$.

Como a reta r intercepta o eixo y no ponto $N(0, n)$, temos:

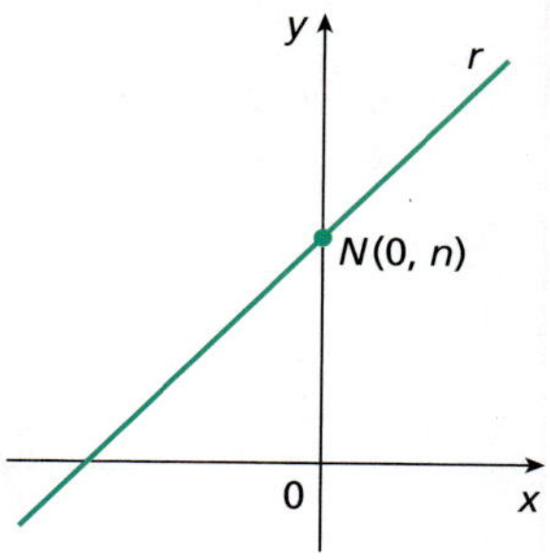

$$y - n = m(x - 0) \Rightarrow y - n = mx \Rightarrow \quad y = mx + n$$

A forma $y = mx + n$ é denominada **equação reduzida da reta**, sendo m o coeficiente angular da reta e n a ordenada do ponto onde a reta intercepta o eixo y. O número n é chamado de coeficiente linear da reta.

Exemplo

Vamos escrever na forma reduzida a equação da reta que passa pelo ponto $A(2, 5)$ e tem coeficiente angular $m = -1$.

Como $m = -1$ e $A(2, 5)$, temos:

$$y - y_A = m(x - x_A) \Rightarrow y - 5 = -1(x - 2) \Rightarrow y - 5 = -x + 2 \Rightarrow y = -x + 7$$

Portanto, a equação reduzida da reta que passa pelo ponto $A(2, 5)$ e tem coeficiente angular $m = -1$ é $y = -x + 7$

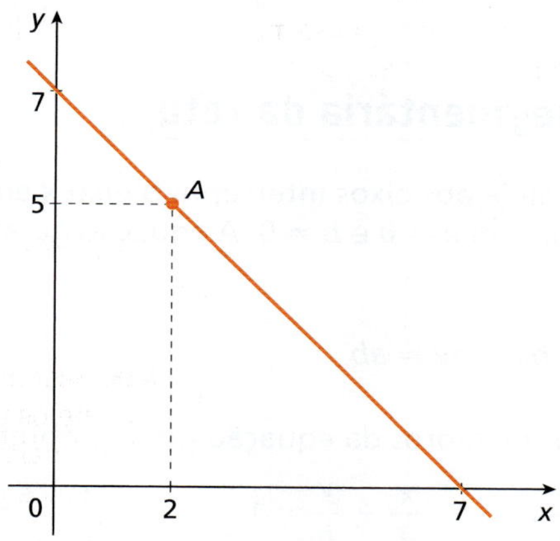

Exercícios

50. Escreva na forma reduzida a equação da reta que passa pelos pontos $A(-1, 2)$ e $B(1, 3)$.

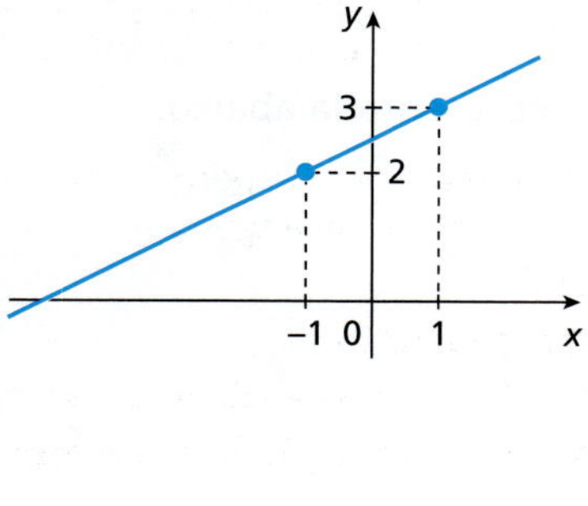

R17. Determinar os coeficientes linear e angular da reta de equação $6x - 5y - 30 = 0$.

➤ Resolução

Para determinar os coeficientes linear e angular da reta, isolamos y em: $6x - 5y - 30 = 0$

Assim: $6x - 5y - 30 = 0 \Rightarrow -5y = -6x + 30 \Rightarrow$

$\Rightarrow y = \frac{6}{5}x - 6$

Comparando a equação acima com a equação reduzida da reta, temos o coeficiente linear -6 e o coeficiente angular $\frac{6}{5}$.

51. Determine os coeficientes angular e linear da reta de equação $2x - y + 3 = 0$.

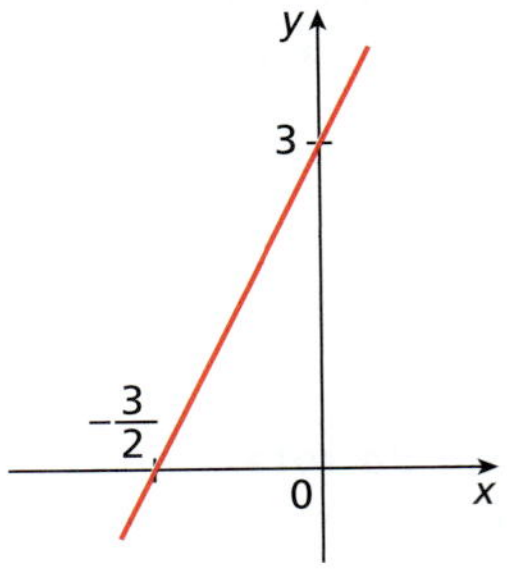

R18. Dada a representação gráfica da reta r, determinar a equação reduzida de r.

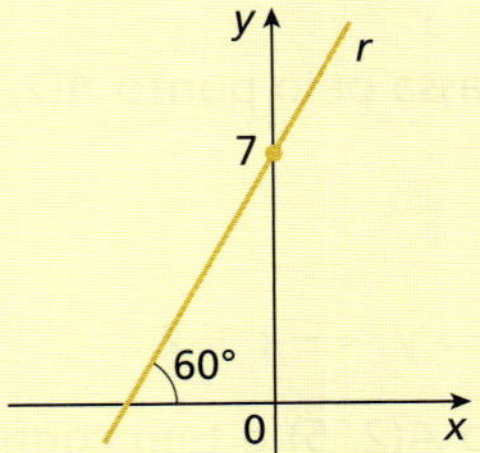

➤ **Resolução**

Observando a figura, temos:

coeficiente linear: $n = 7$ (ordenada do ponto de intersecção de r com o eixo y)

$\alpha = 60° \Rightarrow m = \text{tg } 60° \Rightarrow m = \sqrt{3}$

Substituindo $m = \sqrt{3}$ e $n = 7$ na equação $y = mx + n$, obtemos a equação reduzida de r:

$y = \sqrt{3}x + 7$

52. Determine as equações reduzidas das retas r e s mostradas na figura.

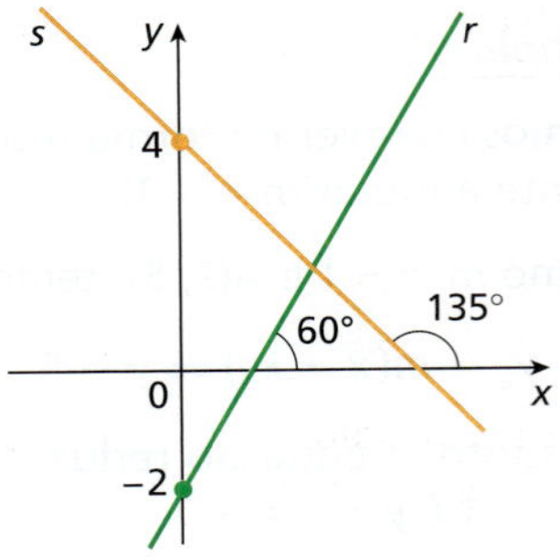

2.5 Equação segmentária da reta

A reta r não paralela aos eixos intercepta o eixo x em $A(a, 0)$ e o eixo y em $B(0, b)$, com $a \neq 0$ e $b \neq 0$. A equação geral da reta r é dada por:

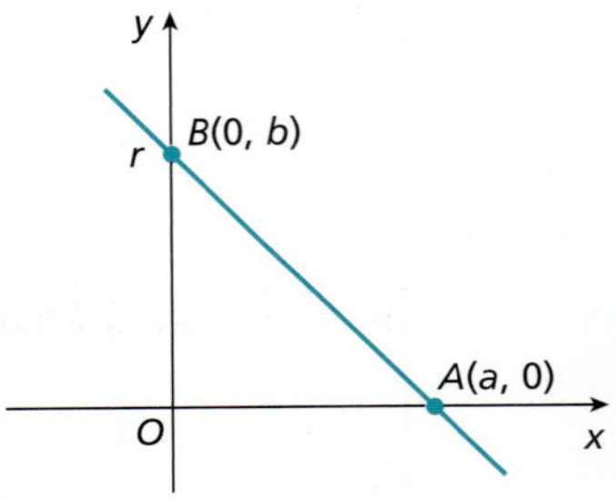

$$\begin{vmatrix} x & y & 1 \\ a & 0 & 1 \\ 0 & b & 1 \end{vmatrix} = 0 \Rightarrow bx + ay = ab$$

Dividindo os dois membros da equação por ab, obtemos:

$$\frac{bx}{ab} + \frac{ay}{ab} = \frac{ab}{ab} \Rightarrow \frac{x}{a} + \frac{y}{b} = 1$$

A equação $\frac{x}{a} + \frac{y}{b} = 1$ é denominada **equação segmentária da reta**.

Observe que a abscissa de A (ponto onde a reta intercepta o eixo x) e a ordenada de B (ponto onde a reta intercepta o eixo y) devem aparecer na equação segmentária da reta.

Note que a e b são medidas algébricas dos segmentos $\overline{AO}$ e $\overline{BO}$, daí o nome equação segmentária.

Vale lembrar que, se a reta cruzar os eixos na origem (0,0), não podemos escrever sua equação na forma segmentária.

Exemplos

a) Vamos determinar a equação segmentária da reta r representada abaixo.

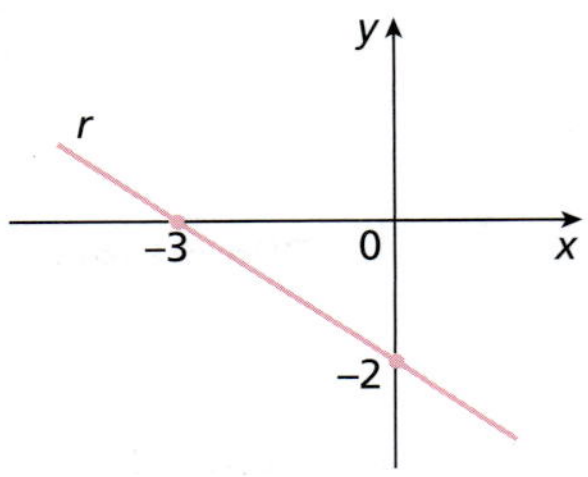

Como a reta r intercepta o eixo x em $(-3, 0)$ e o y em $(0, -2)$, temos:

$$\frac{x}{a} + \frac{y}{b} = 1 \Rightarrow \frac{x}{-3} + \frac{y}{-2} = 1$$

Portanto, $\frac{x}{-3} + \frac{y}{-2} = 1$ é a equação segmentária da reta.

b) Vamos determinar a equação segmentária da reta r cuja equação geral é $2x - 3y + 4 = 0$.

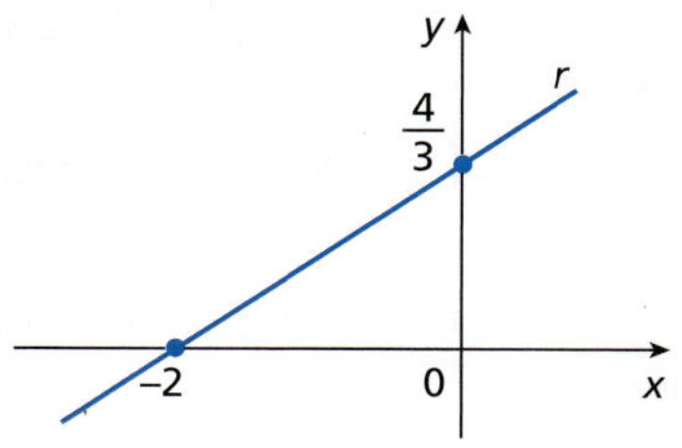

$$2x - 3y + 4 = 0 \Rightarrow 2x - 3y = -4 \Rightarrow$$

$$\Rightarrow \frac{2x}{-4} - \frac{3y}{-4} = \frac{-4}{-4} \Rightarrow \frac{x}{-2} + \frac{y}{\frac{4}{3}} = 1$$

Portanto, $\frac{x}{-2} + \frac{y}{\frac{4}{3}} = 1$ é a equação segmentária da reta.

Exercícios

53. Determine a equação segmentária da reta r em cada um dos gráficos abaixo:

a)

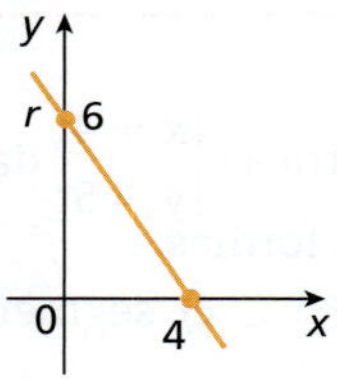

b)

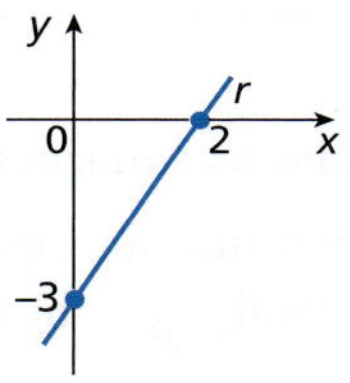

54. Escreva na forma segmentária a equação da reta que passa pelos pontos $A(4, 0)$ e $B(0, 7)$.

55. Determine a equação segmentária da reta cuja equação geral é $4x + 3y - 2 = 0$.

56. Dada a equação geral $3x + 2y - 18 = 0$ de uma reta, obtenha os pontos de intersecção dessa reta com os eixos x e y e sua equação segmentária.

2.6 Equações paramétricas da reta

Já vimos que a equação de uma reta pode aparecer nas formas geral, reduzida ou segmentária. Agora vamos estudar a forma paramétrica da reta e sua representação por meio de **equações paramétricas**.

Equações paramétricas são aquelas que não relacionam diretamente as coordenadas x e y. Essas equações são dadas em função de uma terceira variável, t, chamada **parâmetro:**

$\begin{cases} x = f(t) \\ y = g(t) \end{cases}$, em que f e g são funções afins.

Exemplos

a) Observe a seguinte equação paramétrica da reta r: $\begin{cases} x = 2t + 4 \\ y = t - 3 \end{cases}$

A partir dela, vamos determinar a equação geral da reta r. Para isso, vamos isolar t na primeira equação.

$$x = 2t + 4 \Rightarrow t = \frac{x - 4}{2}$$

Substituindo t por $\frac{x - 4}{2}$ na segunda equação, temos:

$$y = \left(\frac{x - 4}{2}\right) - 3 \Rightarrow x - 2y - 10 = 0$$

Portanto, $x - 2y - 10 = 0$ é a equação geral da reta r.

b) Considerando a reta r cuja equação geral é $3x - 2y - 6 = 0$, vamos determinar as equações paramétricas dessa reta.

Isolando x na equação, temos:

$$3x - 2y - 6 = 0 \Rightarrow 3x = 2y + 6 \Rightarrow x = \frac{2}{3}y + 2 \Rightarrow x = 2\left(\frac{y}{3} + 1\right)$$

Fazendo $\frac{y}{3} + 1 = t$, obtemos: $x = 2t$ e $y = 3t - 3$

Portanto, a reta r é definida por: $\begin{cases} x = 2t \\ y = 3t - 3 \end{cases}$

É importante observar que a escolha $\frac{y}{3} + 1 = t$ é arbitrária; há outras possibilidades. Por exemplo, para $\frac{2}{3}y = t$, temos $\begin{cases} x = t + 2 \\ y = \frac{3}{2}t \end{cases}$, que também representa a reta r.

c) Considerando os dados do exemplo **b**, vamos obter as coordenadas do ponto P de r tal que $t = -4$.

Para $t = -4$, temos: $\begin{cases} x = 2 \cdot (-4) = -8 \\ y = 3 \cdot (-4) - 3 = -15 \end{cases}$

Portanto: $P(-8, -15)$

Exercícios

57. Determine as equações paramétricas das retas de equação:

a) $x + 5y - 3 = 0$

b) $x - 2y + 7 = 0$

58. Determine as equações paramétricas da reta representada a seguir.

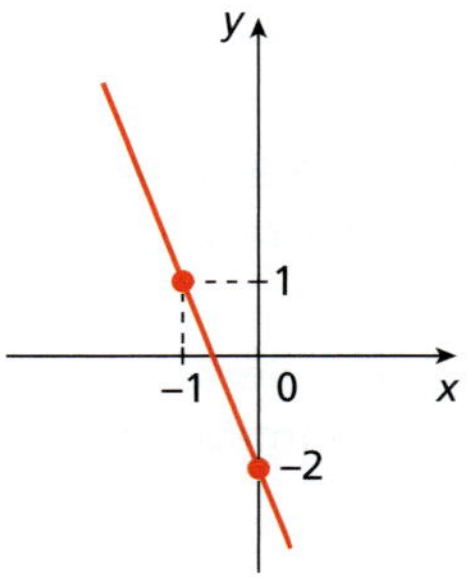

59. Dadas as equações paramétricas $\begin{cases} x = 4t \\ y = 5t \end{cases}$ da reta r, determine sua equação nas formas:

a) geral b) reduzida c) segmentária

60. Seja a reta r definida por: $\begin{cases} x = 2 - t \\ y = 3t \end{cases}$

a) Escreva as coordenadas de $P \in r$, em função de t.

b) Determine os pontos de intersecção de r com os eixos x e y.

c) Encontre as coordenadas do ponto da reta cuja abscissa é 3.

d) Encontre as coordenadas do ponto da reta cuja ordenada é -1.

3 Posição relativa de duas retas no plano

Já estudamos como obter a equação de uma reta nas formas geral, reduzida, segmentária e paramétrica e também vimos como representar uma reta no plano cartesiano. Agora, vamos estudar a posição relativa de duas retas no plano.

Na Geometria, duas retas coplanares podem ser classificadas em coincidentes, paralelas, concorrentes e perpendiculares. As retas coincidentes são um caso particular das retas paralelas e as perpendiculares são um caso especial das concorrentes. Observe os exemplos no quadro a seguir.

Retas paralelas		Retas concorrentes	
Coincidentes	**Distintas**	**Não perpendiculares**	**Perpendiculares**
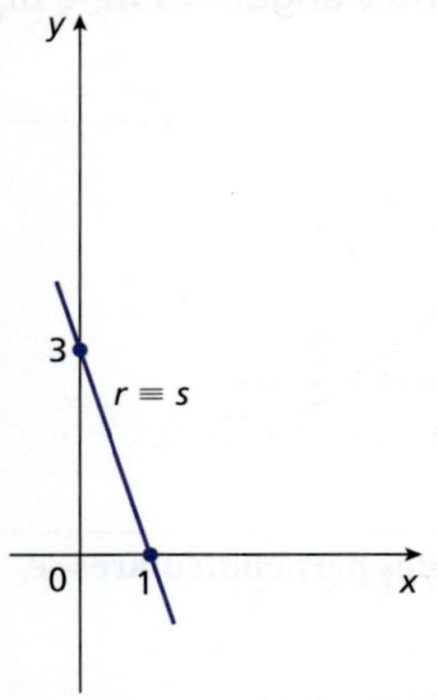	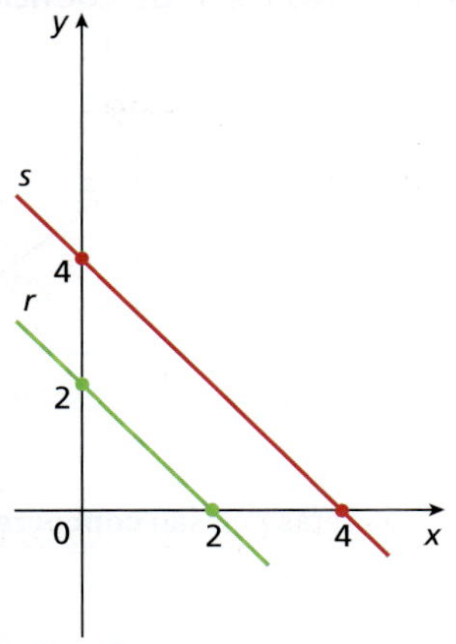	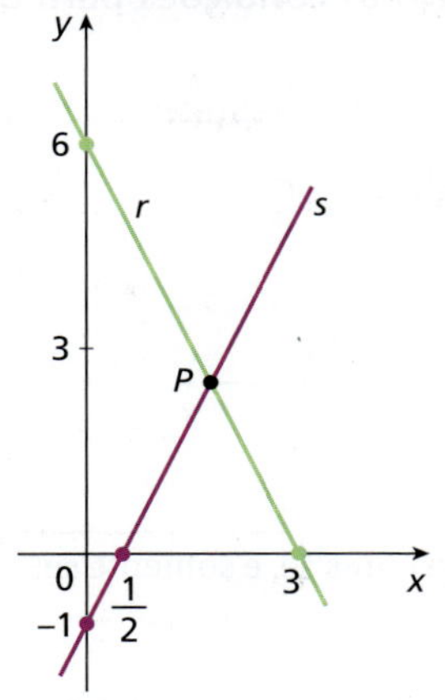	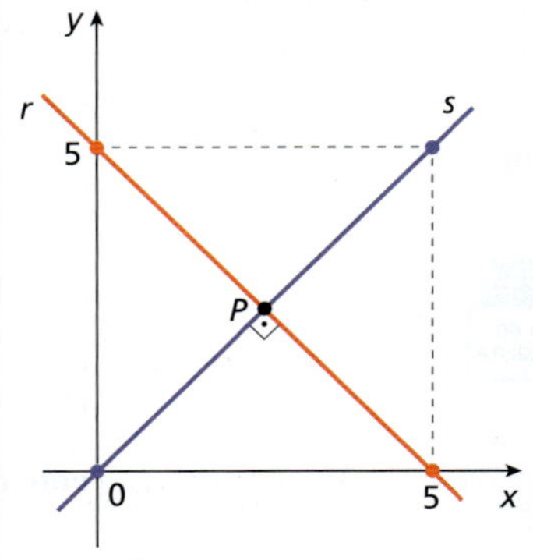
$r: 3x + y - 3 = 0$ $s: 6x + 2y - 6 = 0$	$r: x + y - 2 = 0$ $s: x + y - 4 = 0$	$r: 2x + y - 6 = 0$ $s: -2x + y + 1 = 0$	$r: x + y - 5 = 0$ $s: -x + y = 0$

Nesse exemplo, temos o gráfico e as respectivas equações das retas. Se não tivéssemos o gráfico, seria possível conhecer a posição relativa de duas retas apenas com as equações que as definem?

Adiante, veremos as condições que permitem determinar a posição relativa entre duas retas por meio dos coeficientes angulares e/ou lineares.

3.1 Retas paralelas

Vamos verificar as condições para que as retas *r* e *s*, de coeficientes angulares m_r e m_s, e coeficientes lineares n_r e n_s, sejam paralelas.

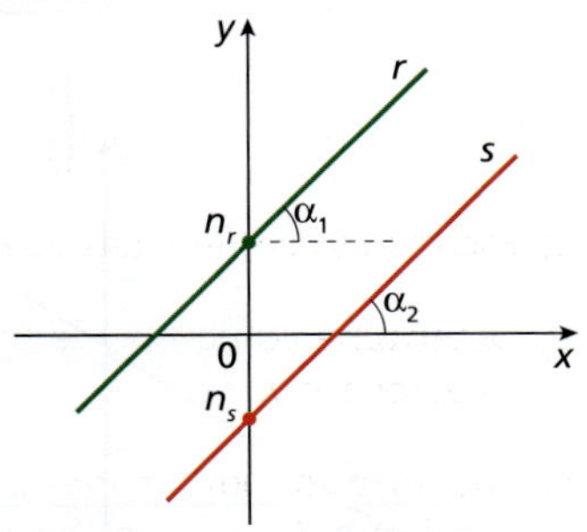	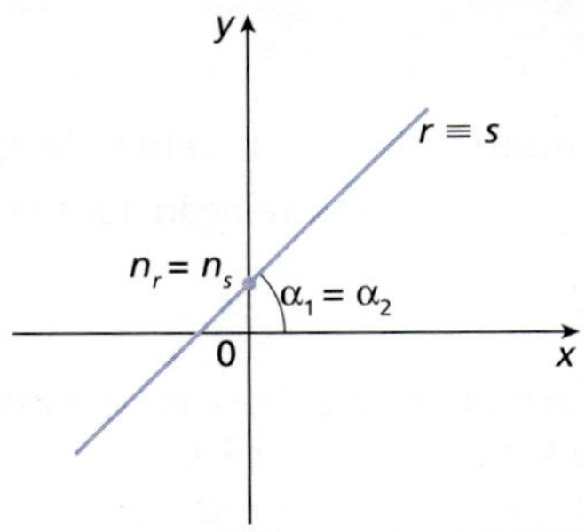
As retas *r* e *s* são **paralelas distintas** se, e somente se: • $m_r = m_s$ e $n_r \neq n_s$	As retas *r* e *s* são **paralelas coincidentes** se, e somente se: • $m_r = m_s$ e $n_r = n_s$

Exemplo

Vamos determinar a posição da reta *r*, de equação $x + 2y - 6 = 0$, em relação à reta *s*, de equação $3x + 6y - 5 = 0$.

Para obter os coeficientes angular e linear de *r* e *s*, usamos a equação na forma reduzida.

Para a reta *r*, temos: $x + 2y - 6 = 0 \Rightarrow y = -\frac{1}{2}x + 3 \Rightarrow m_r = -\frac{1}{2}$ e $n_r = 3$

Para a reta *s*, temos: $3x + 6y - 5 = 0 \Rightarrow y = -\frac{1}{2}x + \frac{5}{6} \Rightarrow m_s = -\frac{1}{2}$ e $n_s = \frac{5}{6}$

Como $m_r = m_s = -\frac{1}{2}$ e $n_r \neq n_s$, então as retas *r* e *s* são paralelas distintas.

3.2 Retas concorrentes

Agora, estudaremos as condições para que as retas r e s, de coeficientes angulares m_r e m_s, sejam concorrentes.

25.1 Visão do especialista

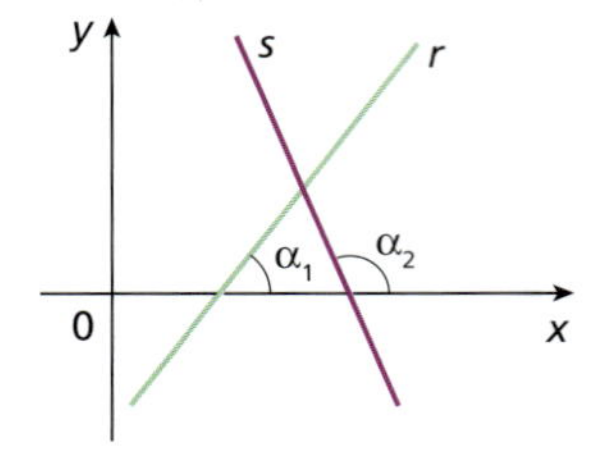	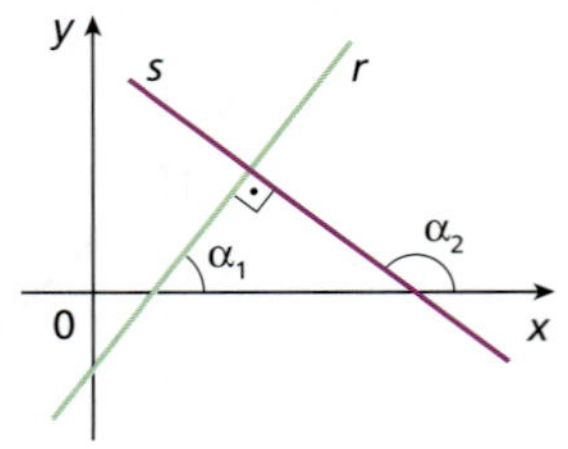
As retas r e s são **concorrentes** se, e somente se: • $m_r \neq m_s$	As retas r e s são **concorrentes perpendiculares** se, e somente se: • $m_r \cdot m_s = -1$

Exemplo

Dadas as retas r e s, de equações $2x + 3y - 6 = 0$ e $3x - 2y + 1 = 0$, vamos verificar se elas são perpendiculares. Observe:

reta r: $2x + 3y - 6 = 0 \Rightarrow y = -\frac{2}{3}x + 2 \Rightarrow m_r = -\frac{2}{3}$

reta s: $3x - 2y + 1 = 0 \Rightarrow y = \frac{3}{2}x + \frac{1}{2} \Rightarrow m_s = \frac{3}{2}$

Como $-\frac{2}{3} \cdot \frac{3}{2} = -1$, temos: $m_r \cdot m_s = -1$; portanto, $r \perp s$.

Exercícios

61. Determine a posição da reta r, de equação $2x - 4y - 2 = 0$, em relação à reta s, de equação $y = \frac{x}{2} + 3$.

R19. Dado o ponto $P(2, 1)$, obter a equação geral da reta s que passa por P e é paralela à reta r de equação $2x - y + 7 = 0$.

➤ Resolução

Para que as retas r e s sejam paralelas, é necessário que seus coeficientes angulares sejam iguais. Assim: $m_r = m_s = 2$

Como o ponto $P(2, 1)$ pertence à reta s, temos:

$y = m_s \cdot x + n_s \Rightarrow 1 = 2 \cdot 2 + n_s \Rightarrow n_s = -3$

Portanto, a equação da reta s, paralela à reta r, é: $y = 2x - 3$

62. Determine a equação geral da reta r que passa pela origem do sistema cartesiano e é paralela à reta de equação $5x - y + 2 = 0$

63. Observe a figura e determine a equação da reta que passa pelo ponto $A(2, 1)$ e é paralela à reta determinada pelos pontos B e C.

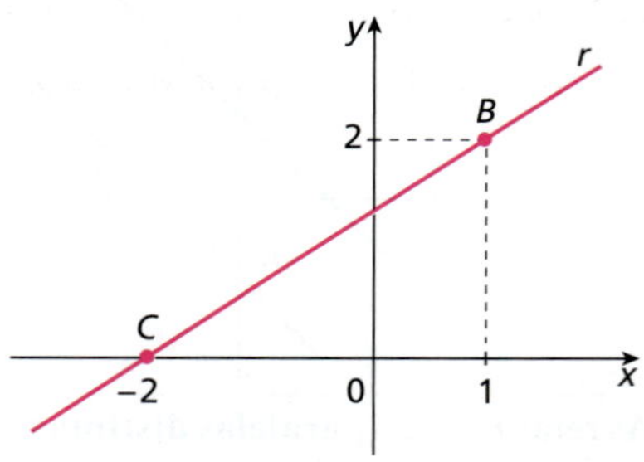

64. Determine a equação da reta r mediatriz do segmento $\overline{AB}$, dados os pontos $A(1, 4)$ e $B(3, 2)$.

65. Dada a reta r de equação $y = 3x - 1$ e o ponto $P(-3, 1)$, determine a equação geral da reta s que passa pelo ponto P e é perpendicular à reta r.

66. Para que valores de k as retas r e s, de equações $kx - 2y + 7 = 0$ e $8x + 12y - 15 = 0$, são perpendiculares?

67. A equação da reta r é dada por: $\begin{vmatrix} x & y & 1 \\ 2 & 3 & 1 \\ 8 & 5 & 1 \end{vmatrix} = 0$

Determine a equação geral da reta s que passa pelo ponto $B(2, -3)$ e é perpendicular a r.

3.3 Retas concorrentes e o ângulo formado entre elas

Quando nenhuma das retas é vertical

Seja θ o ângulo agudo formado entre duas retas concorrentes, *r* e *s*, de coeficientes angulares m_r e m_s, respectivamente. Admitindo que nenhuma das retas seja perpendicular ao eixo *x*, temos:

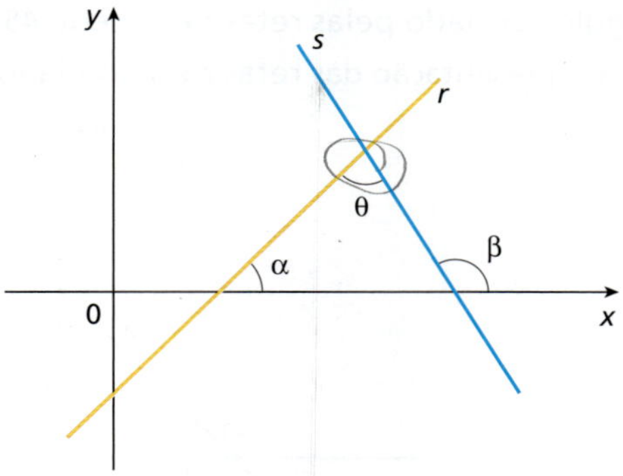

Observe que nesse caso $\beta > \alpha$ e $\beta = \alpha + \theta$. Assim:

$$\theta = \beta - \alpha \Rightarrow \text{tg}\,\theta = \text{tg}(\beta - \alpha) \Rightarrow \text{tg}\,\theta = \frac{\text{tg}\,\beta - \text{tg}\,\alpha}{1 + \text{tg}\,\beta \cdot \text{tg}\,\alpha} \Rightarrow$$

$$\Rightarrow \text{tg}\,\theta = \frac{m_s - m_r}{1 + m_s \cdot m_r} \text{ } (\theta \text{ é agudo e tg}\,\theta > 0)$$

Por raciocínio análogo, se $\beta < \alpha$, encontraríamos $\text{tg}\,\theta = -\frac{m_s - m_r}{1 + m_s \cdot m_r}$, pois θ é agudo e $\text{tg}\,\theta > 0$.

Portanto, em qualquer uma dessas situações:

$$\text{tg}\,\theta = \left| \frac{m_s - m_r}{1 + m_s \cdot m_r} \right|$$

Quando uma das retas é vertical

Se uma das retas for vertical, e a outra não horizontal, teremos:

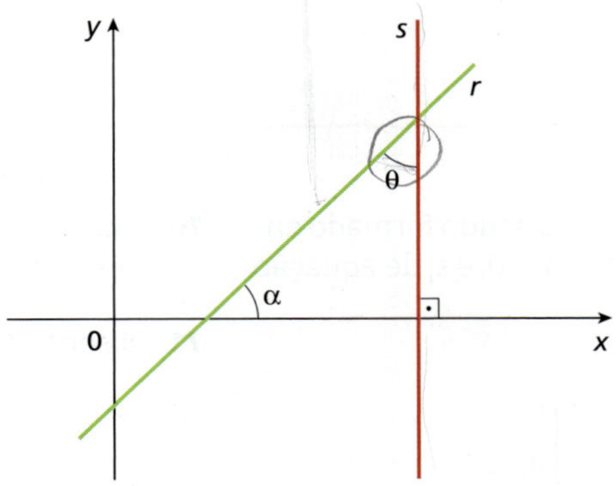

Assim: $\theta + \alpha = 90° \Rightarrow \theta = 90° - \alpha \Rightarrow \text{tg}\,\theta = \text{tg}\,(90° - \alpha) \Rightarrow \text{tg}\,\theta = \frac{1}{\text{tg}\,\alpha} \Rightarrow \text{tg}\,\theta = \frac{1}{m_r}$

Com declividade negativa ($90° < \alpha < 180°$), analogamente encontraríamos: $\text{tg}\,\theta = -\frac{1}{m_r}$

Portanto, em qualquer caso, teremos:

$$\text{tg}\,\theta = \left| \frac{1}{m_r} \right|$$

Exemplos

a) Vamos considerar as retas *r* e *s* de equações $5x + 8 = 0$ e $y = x + 3$, respectivamente, e determinar o ângulo agudo formado entre elas.

Como *r* é perpendicular ao eixo *x* (reta vertical), temos: $\text{tg}\,\theta = \left|\frac{1}{m_s}\right|$

Como $m_s = 1$, temos: $\text{tg}\,\theta = \left|\frac{1}{1}\right| \Rightarrow \text{tg}\,\theta = 1 \Rightarrow \theta = 45°$

Portanto, o ângulo formado pelas retas *r* e *s* mede 45°.

Observe abaixo a representação das retas *r* e *s* no plano cartesiano.

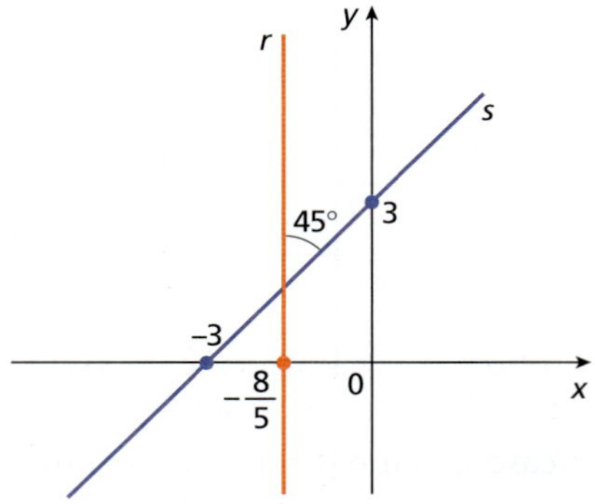

b) O ângulo formado entre as retas *t* e *u* mede 45°, e o coeficiente angular de *t* é $m_t = \frac{3}{2}$. Vamos determinar o coeficiente angular m_u da reta *u*.

$$\text{tg}\,\theta = \left|\frac{m_u - m_t}{1 + m_u \cdot m_t}\right| \Rightarrow \text{tg}\,45° = \left|\frac{m_u - \frac{3}{2}}{1 + m_u \cdot \frac{3}{2}}\right| \Rightarrow 1 = \left|\frac{2m_u - 3}{2 + 3m_u}\right|$$

Para $\frac{2m_u - 3}{2 + 3m_u} = 1$, temos $m_u = -5$

Para $\frac{2m_u - 3}{2 + 3m_u} = -1$, temos: $m_u = \frac{1}{5}$

Portanto: $m_u = -5$ ou $m_u = \frac{1}{5}$

Exercícios

68. Determine a medida do ângulo agudo formado entre as retas r, de equação $x - 3 = 0$, e s, de equação $x - \sqrt{3}y + 2 = 0$.

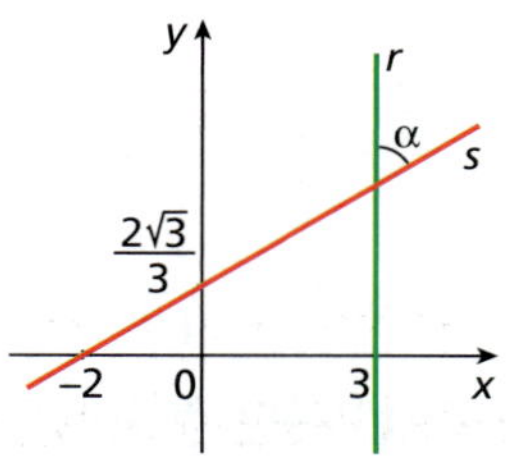

69. Determine a equação da reta que passa pelo ponto (1, 2) e forma um ângulo de 45° com a reta $3x - y + 2 = 0$.

70. Calcule o valor de *k* para que as retas $x + 3y - 13 = 0$ e $kx + y = 0$ formem um ângulo de 45°.

71. Observe o gráfico e determine o valor do ângulo θ.

25.2 Visão do especialista

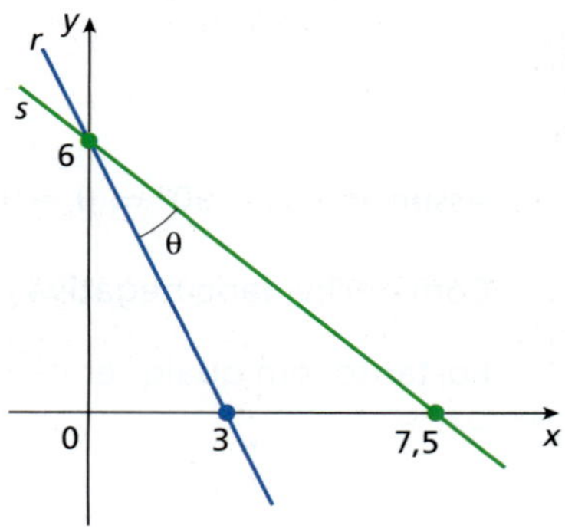

4 Distância entre ponto e reta

4.1 Cálculo da distância entre um ponto e uma reta

Como você já viu, a distância de um ponto P a uma reta r é a distância entre P e sua projeção P' sobre r.

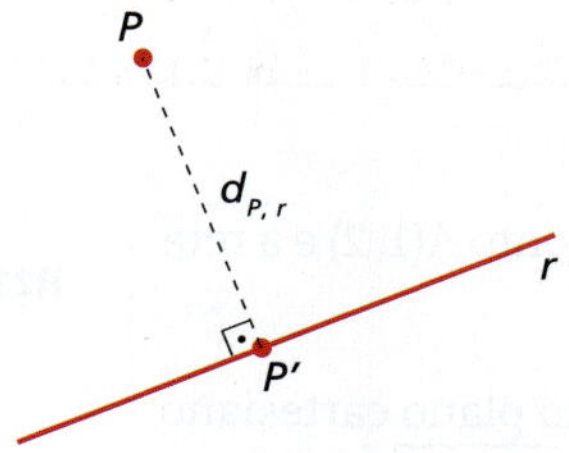

Exemplo

Vamos calcular a distância entre o ponto $A(-2, 5)$ e a reta r de equação $2x + y + 1 = 0$. Observe que, conhecendo a equação de r, devemos encontrar a equação da reta s que passa por A e é perpendicular a r.

Sendo $A'(x, y)$ o ponto onde as retas r e s se interceptam, para resolver o problema, basta calcular a distância entre A e A'.

coeficiente angular da reta r: $2x + y + 1 = 0 \Rightarrow y = -2x - 1 \Rightarrow m_r = -2$

Para $r \perp s$, temos: $m_r \cdot m_s = -1 \Rightarrow (-2) \cdot m_s = -1 \Rightarrow m_s = \frac{1}{2}$

Portanto, a equação da reta s que passa por $A(-2, 5)$ é:

$$y - y_A = m_s(x - x_A) \Rightarrow y - 5 = \frac{1}{2}(x + 2) \Rightarrow x - 2y + 12 = 0$$

Como $A' = r \cap s$, devemos resolver o sistema formado pelas equações das retas r e s e obter as coordenadas de A'.

$$\begin{cases} 2x + y + 1 = 0 \quad \text{(I)} \\ x - 2y + 12 = 0 \quad \text{(II)} \end{cases}$$

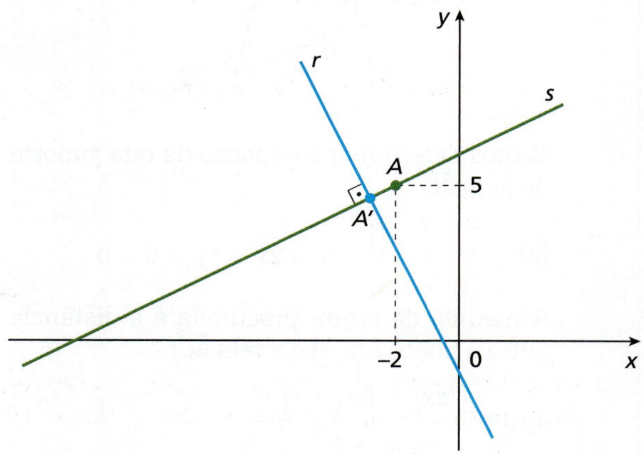

De (I), obtemos: $y = -2x - 1$ (III)

Substituindo (III) em (II), temos:

$$x - 2(-2x - 1) + 12 = 0 \Rightarrow x = -\frac{14}{5}$$

Substituindo $x = -\frac{14}{5}$ em (I), obtemos:

$$2\left(-\frac{14}{5}\right) + y + 1 = 0 \Rightarrow y = \frac{23}{5}$$

Portanto: $A'\left(-\frac{14}{5}, \frac{23}{5}\right)$

Como $d_{A,r} = d_{A,A'}$, temos:

$$d_{A,r} = \sqrt{\left(-\frac{14}{5} + 2\right)^2 + \left(\frac{23}{5} - 5\right)^2} = \sqrt{\frac{16}{25} + \frac{4}{25}} = \sqrt{\frac{20}{25}} = \frac{2\sqrt{5}}{5}$$

Logo, a distância entre o ponto A e a reta r é: $\frac{2\sqrt{5}}{5}$

Aplicando o processo usado no exemplo acima para um ponto $P(x_P, y_P)$ e uma reta r de equação $ax + by + c = 0$, obtemos a fórmula para calcular a distância $d_{P,r}$ entre o ponto P e a reta r:

$$d_{P,r} = \frac{|ax_P + by_P + c|}{\sqrt{a^2 + b^2}}$$

Exemplo

Dado o ponto $P(-2, 5)$ e a reta r de equação $2x + y + 1 = 0$, vamos calcular a distância entre esse ponto e a reta r, empregando a fórmula.

$$d_{P,r} = \frac{|2 \cdot (-2) + 1 \cdot 5 + 1|}{\sqrt{2^2 + 1^2}} = \frac{2}{\sqrt{5}} = \frac{2\sqrt{5}}{5}$$

Exercícios

72. Determine a distância entre o ponto $A(1, 2)$ e a reta r de equação $2x + y + 3 = 0$.

73. Calcule a distância da origem do plano cartesiano à reta r de equação $ax - by + \sqrt{a^2 + b^2} = 0$.

74. Obtenha a distância da origem do plano cartesiano à reta de equação $3x + 4y - 4 = 0$.

R20. Dado o triângulo de vértices $A(2, 4)$, $B(-2, 2)$ e $C(3, 0)$, calcular a medida da altura relativa ao lado $\overline{BC}$.

➤ Resolução

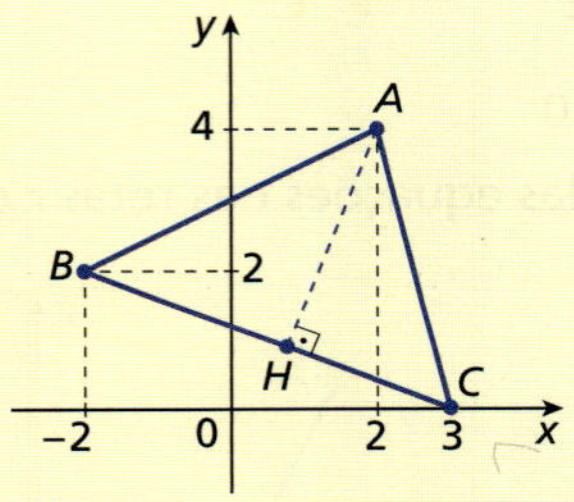

Vamos determinar a equação da reta suporte do lado $\overline{BC}$:

$$\overleftrightarrow{BC}: \begin{vmatrix} x & y & 1 \\ -2 & 2 & 1 \\ 3 & 0 & 1 \end{vmatrix} = 0 \Rightarrow 2x + 5y - 6 = 0$$

A medida da altura procurada é a distância entre o ponto $A(2, 4)$ e a reta $\overleftrightarrow{BC}$:

$$d_{A,\overleftrightarrow{BC}} = \frac{|ax_A + by_A + c|}{\sqrt{a^2 + b^2}} =$$

$$= \frac{|2 \cdot 2 + 5 \cdot 4 + (-6)|}{\sqrt{2^2 + 5^2}} =$$

$$= \frac{18}{\sqrt{29}} = \frac{18\sqrt{29}}{29}$$

Portanto, a medida da altura do triângulo ABC relativa ao lado $\overline{BC}$ é: $\frac{18\sqrt{29}}{29}$

75. Um triângulo tem os vértices $A(2, 0)$, $B(3, 1)$ e $C(0, 2)$. Calcule a medida da altura do triângulo relativa ao lado $\overline{BC}$.

R21. Calcular a distância entre as retas paralelas r e s, de equações $2x - y + 4 = 0$ e $2x - y - 7 = 0$, respectivamente.

➤ Resolução

Sabemos que a distância entre duas retas paralelas é igual à distância de um ponto P qualquer de uma delas a outra reta.

Então, vamos calcular as coordenadas de um ponto P qualquer da reta r. Para $x = 0$, temos: $2 \cdot 0 - y + 4 = 0 \Rightarrow y = 4$

Portanto: $P(0, 4)$

Agora, basta calcular a distância entre P e a reta s.

$$d_{P,s} = \frac{|ax_P + by_P + c|}{\sqrt{a^2 + b^2}} =$$

$$= \frac{|2 \cdot 0 + (-1) \cdot 4 + (-7)|}{\sqrt{2^2 + (-1)^2}} =$$

$$= \frac{11}{\sqrt{5}} = \frac{11\sqrt{5}}{5}$$

Logo, a distância entre as duas retas é: $\frac{11\sqrt{5}}{5}$

76. Obtenha a distância entre as retas paralelas $2x - 3y + 5 = 0$ e $4x - 6y - 1 = 0$.

77. Dois lados de um trapézio estão contidos nas retas r: $5x - 12y + 11 = 0$ e s: $5x - 12y - 15 = 0$. Calcule a medida da altura desse trapézio.

78. Dadas as retas r: $2x + 5y - 4 = 0$ e s: $5x - 2y + 8 = 0$, encontre a equação da reta dos pontos equidistantes a r e s. Siga estes passos:

- Considere um ponto genérico $P(x, y)$.
- Use a definição $d_{P,r} = d_{P,s}$
- Organize a equação, eliminando os módulos.
- Verifique se as equações que você encontrou representam retas bissetrizes dos ângulos formados pelas retas r e s.

25.2 Biblioteca do estudante

5 Área do triângulo: uma aplicação da Geometria analítica

5.1 Cálculo da área de um triângulo

Considere o triângulo *ABC* indicado na figura abaixo.

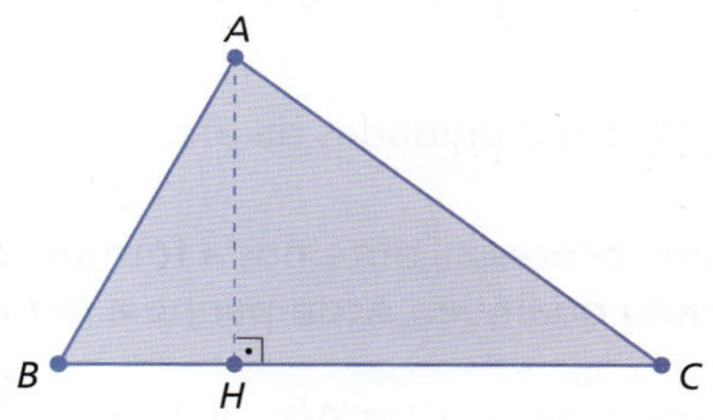

Pela Geometria plana, sabemos que a área desse triângulo é dada por:

$$A_{\text{triângulo}} = \frac{1}{2} \cdot BC \cdot AH$$

Na Geometria analítica, teríamos as coordenadas dos vértices do triângulo e escreveríamos essa fórmula da seguinte maneira:

$$A_{\text{triângulo}} = \frac{1}{2} \cdot d_{B,C} \cdot d_{A,r}$$

Observe que, nesse caso, *r* é a reta suporte do lado $\overline{BC}$ do triângulo.

Acompanhe no exemplo a seguir como seria o cálculo da área de um triângulo, conhecendo as coordenadas de seus vértices.

Exemplo

Os pontos *A*(5, 2), *B*(3, 5) e *C*(1, 0) são vértices do triângulo *ABC*, representado a seguir.

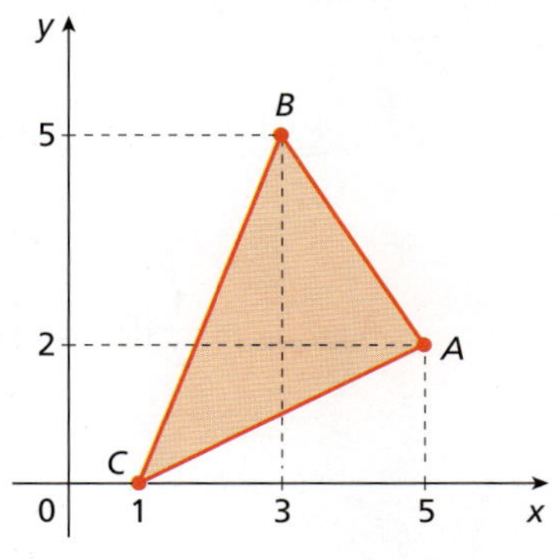

Para calcular a área desse triângulo, devemos determinar a medida do lado $\overline{BC}$.

$$d_{B,C} = \sqrt{(1-3)^2 + (0-5)^2} = \sqrt{4+25} = \sqrt{29}$$

Agora, vamos determinar a equação da reta *r* suporte do lado $\overline{BC}$.

$$\begin{vmatrix} x & y & 1 \\ 3 & 5 & 1 \\ 1 & 0 & 1 \end{vmatrix} = 0 \Rightarrow 5x + y - 5 - 3y = 0 \Rightarrow 5x - 2y - 5 = 0$$

A distância do vértice $A(5, 2)$ à reta r suporte do lado $\overline{BC}$ é dada por:

$$d_{A,r} = \frac{|ax_A + by_A + c|}{\sqrt{a^2 + b^2}} = \frac{|5 \cdot 5 - 2 \cdot 2 - 5|}{\sqrt{5^2 + (-2)^2}} = \frac{|16|}{\sqrt{29}} = \frac{16}{\sqrt{29}}$$

Utilizando os dados obtidos anteriormente, vamos calcular a área do triângulo.

$$A_{\text{triângulo}} = \frac{1}{2} \cdot d_{B,C} \cdot d_{A,r} \Rightarrow A_{\text{triângulo}} = \frac{1}{2} \cdot \sqrt{29} \cdot \frac{16}{\sqrt{29}} = \frac{16}{2} = 8$$

Portanto, o triângulo tem 8 unidades de área.

Usando esse mesmo processo, obtemos a fórmula para o cálculo da área de um triângulo qualquer. Acompanhe a generalização.

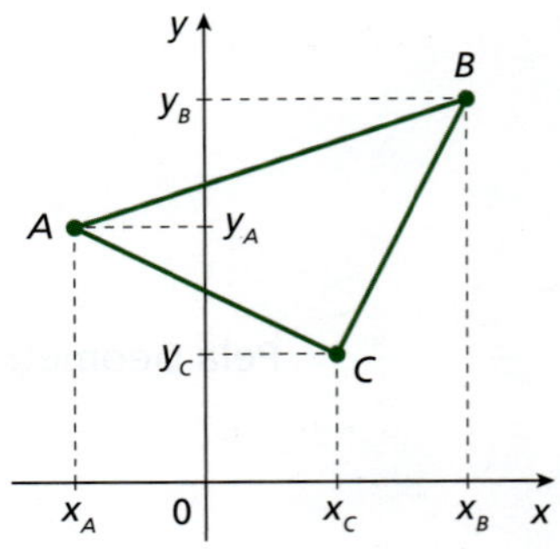

Considere o triângulo de vértices $A(x_A, y_A) \cdot B(x_B, y_B)$ e $C(x_C, y_C)$.

A medida do lado $\overline{BC}$ é: $d_{B,C} = \sqrt{(x_B - x_C)^2 + (y_B - y_C)^2}$

A equação da reta r suporte do lado $\overline{BC}$ é dada por:

$$\begin{vmatrix} x & y & 1 \\ x_B & y_B & 1 \\ x_C & y_C & 1 \end{vmatrix} = \underbrace{(y_B - y_C)}_{a}x + \underbrace{(x_C - x_B)}_{b}y + \underbrace{(x_B y_C - x_C y_B)}_{c} = ax + by + c = 0$$

A distância do vértice A à reta suporte do lado $\overline{BC}$ é:

$$d_{A,r} = \frac{|(y_B - y_C)x_A + (x_C - x_B)y_A + (x_B y_C - x_C y_B)|}{\sqrt{(y_B - y_C)^2 + (x_C - x_B)^2}} = \frac{|D|}{\sqrt{(y_B - y_C)^2 + (x_C - x_B)^2}}$$

A área do triângulo é dada por:

$$A_{\text{triângulo}} = \frac{1}{2} \cdot d_{B,C} \cdot d_{A,r} \Rightarrow A_{\text{triângulo}} = \frac{1}{2} \cdot \frac{\left(\sqrt{(x_B - x_C)^2 + (y_B - y_C)^2}\right) \cdot |D|}{\sqrt{(y_B - y_C)^2 + (x_B - x_C)^2}}$$

Portanto:

$$A_{\text{triângulo}} = \frac{1}{2}|D|, \text{ com } D = \begin{vmatrix} x_A & y_A & 1 \\ x_B & y_B & 1 \\ x_C & y_C & 1 \end{vmatrix}$$

Exemplo

Vamos calcular a área do triângulo de vértices $A(5, 2)$, $B(3, 5)$ e $C(1, 0)$.

$$D = \begin{vmatrix} 5 & 2 & 1 \\ 3 & 5 & 1 \\ 1 & 0 & 1 \end{vmatrix} = 25 + 2 - 5 - 6 = 16$$

$$A_{\text{triângulo}} = \frac{1}{2}|D| \Rightarrow A_{\text{triângulo}} = \frac{1}{2}|16| \Rightarrow A_{\text{triângulo}} = 8$$

Portanto, a área do triângulo é 8 unidades de área.

Exercícios

79. Determine a área do triângulo de vértices $A(-3, -1)$, $B(0, 5)$ e $C(4, 2)$.

80. Determine a área do quadrilátero $ABCD$, sabendo que seus vértices são os pontos $A(4, 0)$, $B(7, 2)$, $C(0, 5)$ e $D(1, 1)$.

81. Dados os vértices $A(-2, 2)$, $B(3, -3)$ e $C(x_C, 7)$ de um triângulo, determine a abscissa x_C, sabendo que a área desse triângulo é igual a 25 unidades de área.

82. Na figura, a reta r tem equação $3x + 2y - 6 = 0$. Determine a área da região colorida na figura.

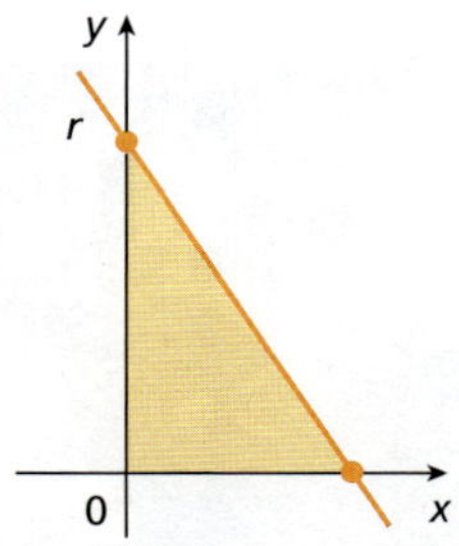

Ficha de revisão

1. Calcule a distância entre os pontos $A(a + 4, b)$ e $B(a - 2, b + 8)$.

2. O baricentro de um triângulo é dado pelo ponto $G(1, 5)$, e dois de seus vértices são $A(-3, 9)$ e $B(2, 1)$. Determine o terceiro vértice C desse triângulo.

3. Determine o valor de m para que os pontos $A(5, 3)$, $B(8, -3)$ e $C(m, 4)$ sejam colineares.

4. Obtenha a equação da reta representada a seguir.

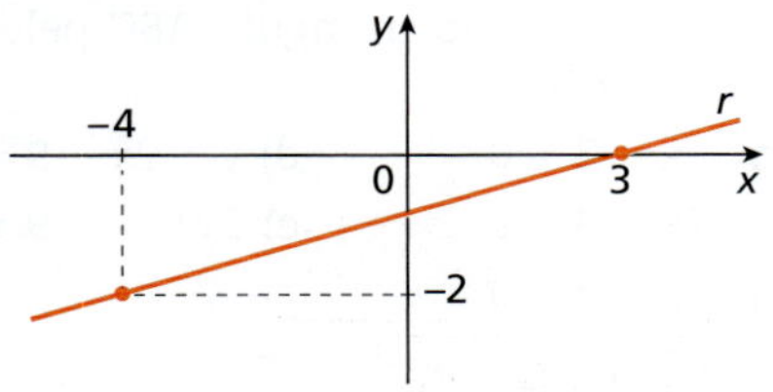

5. Determine o coeficiente angular das retas representadas abaixo.

a)

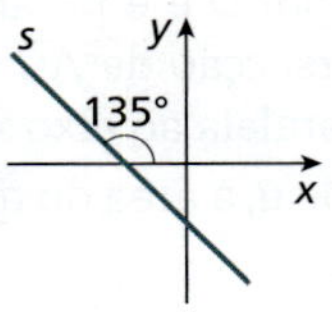

b)

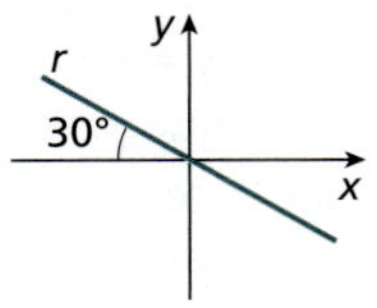

6. A reta que passa pelo ponto $A(m, 2)$ e $B(5, -m)$ tem coeficiente angular igual a $-\frac{2}{3}$. Qual é o valor de m?

7. Escreva a equação segmentária da reta de equação $3x - 2y + 7 = 0$ e determine seus pontos de intersecção com os eixos coordenados.

8. Encontre a equação geral da reta r definida por $x = 2v - 2$ e $y = 7 + v$, com $v \in \mathbb{R}$.

9. Se a reta $y = mx + 3$ é paralela à reta $2x - 3y + 2 = 0$, determine o valor de m.

10. Determine $p \in \mathbb{R}$ para que as retas r e s de equações $-2x + (p - 7)y + 3 = 0$ e $px + y - 13 = 0$, respectivamente, sejam perpendiculares.

11. Calcule a tangente do ângulo agudo formado entre as retas $3x + 2y + 2 = 0$ e $-x + 2y + 5 = 0$.

12. Determine $m \in \mathbb{R}$ para que as retas $-3x + 2y - 5 = 0$ e $mx + y - 6 = 0$ formem um ângulo de 45° entre si.

13. Calcule a distância entre o ponto $A(-2, 3)$ e a reta r cuja equação é $2x + y - 3 = 0$.

14. Determine o valor de $m \in \mathbb{R}$ para que o ponto $P(5, m)$ seja solução da inequação $2x - 3y + 7 \geq 0$.

15. Se $A(2, 1)$, $B(5, 7)$ e $C(m, 2)$ são os vértices de um triângulo de área igual a 12, determine m.

16. (Mackenzie-SP) As retas $x + y = 0$, $x - y = 0$ e $2x + y - 3 = 0$ definem um triângulo de área:

a) $\sqrt{2}$ b) 4 c) $2\sqrt{3}$ d) 3 e) 2

17. **Microbiologia.** Uma colônia de bactérias cresce obedecendo a um padrão. Observando-se o crescimento dessa colônia, nota-se que em x dias ela cresce (aumenta) y em sua quantidade de indivíduos. Nesse experimento obteve-se o seguinte resultado:

NIBSC/SCIENCE PHOTO LIBRARY/LATINSTOCK

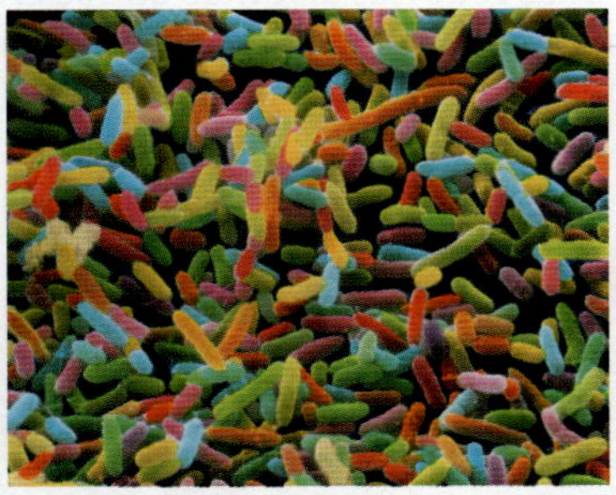

Bactérias *E. coli* em micrografia eletrônica. Colorido artificialmente.

x	y
1	120
2	360
3	600

Determine y em função de x.

18. Economia. Uma empresa calcula a quantidade de peças produzidas x e o faturamento y em função do número de horas trabalhadas t. Se $x = 2t + 7$ e $y = 50t + 18$, determine y em função de x.

MARK ELIAS/BLOOMBERG/GETTY IMAGES

19. Hidrostática. A pressão atmosférica diminui conforme aumenta a altitude em relação ao nível do mar, onde a pressão é de 1 atm. A 100 metros de altura a pressão é de 0,95 atm. Se a variação de pressão é linear, represente num plano cartesiano a função que contém os pontos (0, 1) e (100; 0,95) e determine a lei que define essa variação.

FABIO COLOMBINI

Serra da Mantiqueira, Águas de Lindoia, SP.

20. Termologia. Uma placa de metal sofre um resfriamento linear de 30 °C de temperatura inicial para −10 °C após 5 minutos do resfriamento. Após quanto tempo essa placa deve atingir 0 °C?

21. Engenharia. Um mapa rodoviário foi desenhado sobre um sistema de coordenadas cartesianas, e a rodovia principal obedece à equação $6x + 2y - 3 = 0$. Determine a lei a que devem obedecer duas rodovias distintas que se cruzam na origem desse sistema e formam um ângulo de 45° com a rodovia principal.

MAURICIO SIMONETTI/PULSAR IMAGENS

22. Sejam $A(-5, -5)$, $B(19, 0)$ e $C(1, 5)$ os vértices de um triângulo ABC. Verifique se a reta r de equação $5x - 3y = 20$ passa pelo baricentro desse triângulo.

23. Uma reta determinada por $A(1, 5)$ e $B(x, y)$ passa pela origem. Obtenha uma relação entre x e y.

24. Determine a inclinação da reta que passa pelos pontos $A(3m + 5, 7n - 1)$ e $B(3m - 6, 10 + 7n)$.

25. Determine as coordenadas do ponto B, simétrico de $A(-3, 2)$ em relação à reta de equação $x + y - 1 = 0$.

26. Calcule a altura relativa ao vértice A do triângulo de vértices $A(2, 1)$, $B(3, 2)$ e $C(-2, 0)$.

27. Calcule a cotangente do ângulo agudo formado pelas retas de equações $x = 3y + 7$ e $x = 13y + 9$.

28. (Ibmec) A área do quadrado delimitado pelas retas de equações $\frac{x}{4} + \frac{y}{3} = 1$, $y = \frac{4}{3}x + 3$, $x = \frac{3}{4}y + 4$, $3x + 4y = 37$ é igual a:

a) 9 b) 16 c) 25 d) 36 e) 49

29. Calcule a distância entre as retas paralelas $3x + 4y - 18 = 0$ e $3x + 4y + 7 = 0$.

30. (FGV) Considere os pontos $A(1, -2)$, $B(-2, 4)$ e $C(3, 3)$. A altura do triângulo ABC pelo vértice C tem equação:

a) $2y - x - 3 = 0$

b) $y - 2x + 3 = 0$

c) $2y + x + 3 = 0$

d) $y + 2x + 9 = 0$

e) $2y + x - 9 = 0$

31. (Fuvest-SP) Sejam $A(0, 0)$, $B(8, 0)$ e $C(-1, 3)$ os vértices de um triângulo e $D(u, v)$ um ponto do segmento $\overline{BC}$. Sejam E o ponto de intersecção de $\overline{AB}$ com a reta que passa por D e é paralela ao eixo y e F o ponto de intersecção de $\overline{AC}$ com a reta que passa por D e é paralela ao eixo x.

a) Determine, em função de u, a área do quadrilátero $AEDF$.

b) Determine o valor de u para o qual a área do quadrilátero $AEDF$ é máxima.

32. Determine as equações das retas que formam um ângulo de 45° com o eixo x e estão a uma distância $\sqrt{2}$ do ponto $P(3, 4)$.

33. Qual a equação da reta que passa pelo ponto $P(3, 1)$, intercepta a reta n de equação $y = 3x$ em A, e a reta s de equação $y = -\frac{x}{5}$ em B, sendo P ponto médio de $\overline{AB}$?

Questões de Vestibular

1. (FGV) No plano cartesiano, seja P o ponto situado no 1º quadrante e pertencente à reta de equação $y = 3x$. Sabendo que a distância de P à reta de equação $3x + 4y = 0$ é igual a 3, podemos afirmar que a soma das coordenadas de P vale:

a) 5,6
b) 5,2
c) 4,8
d) 4,0
e) 4,4

2. (Mackenzie-SP) A equação de uma reta, paralela à reta $x + y - 4 = 0$ e distante $3\sqrt{2}$ do ponto $P = (2, 1)$, é:

a) $x + y + 3 = 0$
b) $x + y + 9 = 0$
c) $x + y - 3 = 0$
d) $x - y - 6 = 0$
e) $x + y - 12 = 0$

25.3 Visão do especialista

3. (Unifesp) Dada a matriz 3×3,

$A = \begin{pmatrix} x & y & 1 \\ 1 & 1 & 1 \\ -1 & -1 & 1 \end{pmatrix}$, a distância entre as retas r e s de equações, respectivamente, $\det(A) = 0$ e $\det(A) = 1$ vale:

a) $\dfrac{\sqrt{2}}{4}$
b) $\sqrt{2}$
c) 2
d) 3
e) $3\sqrt{2}$

4. (Ibmec) Para que os pontos do plano cartesiano de coordenadas (1; 1), (a; 2) e (2; b) estejam sobre uma mesma reta é necessário e suficiente que:

a) $ab = a - b$
b) $ab = a + b$
c) $ab = b - a$
d) $ab = a^2 - b^2$
e) $ab = a^2 + b^2$

25.4 Visão do especialista

5. (Fatec-SP) Se os pontos (1; 4), (3; 2) e (7; y) são vértices consecutivos de um retângulo, então a sua área, em unidades de superfície, é:

a) 8
b) $8\sqrt{2}$
c) 16
d) $16\sqrt{2}$
e) 32

6. (Mackenzie-SP) Se as soluções do sistema $\begin{cases} x - \dfrac{y}{2} = 3 \\ mx - y = 6 \end{cases}$ são todos os pontos de uma reta, então:

a) $m = 2$
b) $m = -2$
c) m é qualquer número real
d) $m = 0$
e) $m = \dfrac{1}{2}$

25.5 Visão do especialista

7. (Unicamp-SP) Os pontos A, B, C e D pertencem ao gráfico da função $y = \dfrac{1}{x}$, $x > 0$. As abscissas de A, B e C são iguais a 2, 3 e 4, respectivamente, e o segmento $\overline{AB}$ é paralelo ao segmento $\overline{CD}$.

a) Encontre as coordenadas do ponto D.

b) Mostre que a reta que passa pelos pontos médios dos segmentos $\overline{AB}$ e $\overline{CD}$ passa também pela origem.

8. (Ibmec) O coeficiente angular da reta que passa pelos pontos pertencentes ao gráfico da função $f(x) = \log_2 x$, cujas abscissas são a e $2a$, com $a > 0$, é igual a:

a) $\dfrac{1}{a}$
b) $\dfrac{1}{2a}$
c) $\dfrac{2}{a}$
d) $\log_2 a$
e) 2^a

25.6 Visão do especialista

9. (FGV)

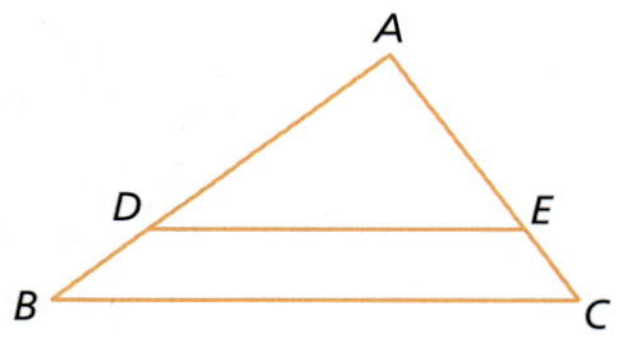

a) Os lados do triângulo ABC da figura acima medem: $AB = 28$ cm, $AC = 21$ cm e $BC = 35$ cm. Uma paralela ao lado $\overline{BC}$ intercepta os lados $\overline{AB}$ e $\overline{AC}$ nos pontos D e E, respectivamente.
Determine a medida dos lados $\overline{BD}$, $\overline{DE}$ e $\overline{EC}$ do trapézio $BDEC$, sabendo que o seu perímetro é 74 cm.

b) Escreva a equação da reta que passa pelo ponto $A(2, 5)$ e que corta a reta r dada por suas equações paramétricas: $x = t + 1$ e $y = t - 2$, num ponto B, tal que $AB = 3\sqrt{2}$.

10. (Mackenzie-SP) A reta $\dfrac{x}{k} + \dfrac{y}{k+1} = 1$, $k > 0$, forma, no primeiro quadrante, um triângulo de área 6 com os eixos coordenados. O perímetro desse triângulo é:

a) 12
b) 18
c) 14
d) $10\sqrt{2}$
e) $12\sqrt{2}$

11. (Vunesp) O valor da área S do triângulo de vértices A, B e C no plano cartesiano, sendo A = (6, 8), B = (2, 2), C = (8, 4), é igual a:

a) 5,4
b) 12
c) 14
d) 28
e) 56,3

12. (Fuvest-SP) Duas retas s e t do plano cartesiano se interceptam no ponto (2, 2). O produto de seus coeficientes angulares é 1 e a reta s intercepta o eixo y no ponto (0, 3). A área do triângulo delimitado pelo eixo x e pelas retas s e t é:

a) 2
b) 3
c) 4
d) 5
e) 6

13. (FGV) A análise conjunta dos gráficos permite concluir que a área do triângulo sombreado é igual a:

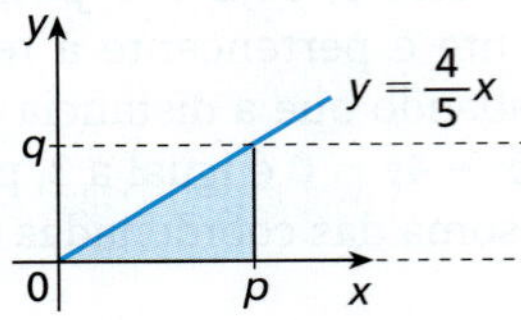

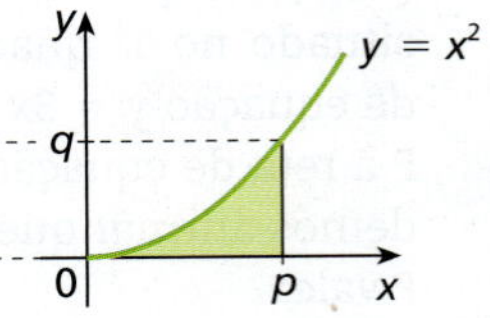

a) $\frac{64}{25}$
b) $\frac{16}{25}$
c) $\frac{32}{125}$
d) $\frac{16}{125}$
e) $\frac{8}{125}$

14. (Mackenzie-SP) Considere a região limitada pela reta $x - 1 = 0$ e pelos pontos (x, y) do plano, tais que $(x + 2y)^2 = (3x - y)^2$. A área dessa região é:

a) $\frac{7}{3}$
b) $\frac{5}{2}$
c) 3
d) $\frac{8}{3}$
e) 4

Capítulo 26

Circunferência

HAYDN HANSELL/ALAMY/OTHER IMAGES

Objetivos do capítulo:

- ✔ Identificar equações de uma circunferência.
- ✔ Discutir posições relativas entre ponto e circunferência, entre reta e circunferência e entre duas circunferências.
- ✔ Representar graficamente equações e inequações.
- ✔ Resolver graficamente sistemas de inequações.

Os arcos são utilizados como recursos arquitetônicos desde a Antiguidade, sendo aplicados em portas, janelas, fachadas, pontes e aquedutos. Existem vários tipos de arco, o da foto acima é um arco trilobado composto de três circunferências secantes.

1 Equações da circunferência

1.1 Lugar geométrico

Quando analisamos figuras geométricas com base em uma propriedade específica estamos estudando um lugar geométrico. Observe a definição abaixo:

- **Lugar geométrico plano** é um conjunto de pontos que atendem a uma propriedade de modo que:
  - todos esses pontos atendam à propriedade; e,
  - somente esses pontos tenham essa propriedade.

1.2 Definição de circunferência

Na Geometria analítica, estudamos a circunferência como um lugar geométrico, pois ela é um conjunto de pontos que obedecem à seguinte propriedade: todos são pontos de um plano que estão à mesma distância do centro; além disso, todos os pontos da circunferência, e somente eles, atendem a essa propriedade.

Veja a definição:

- Dados um ponto fixo C e um número positivo r, a **circunferência** λ é o lugar geométrico dos pontos P do plano que estão à mesma distância r de C.

CYCREATION/SHUTTERSTOCK

London Eye, roda-gigante com 135 m de altura. As rodas-gigantes lembram o lugar geométrico definido como circunferência.

A distância r é a medida do **raio**, e C é o **centro** da circunferência.

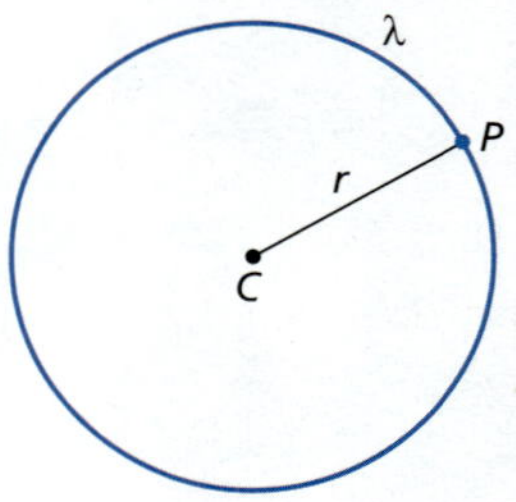

1.3 Equação da circunferência

No capítulo anterior obtivemos a equação da reta, agora vamos determinar a equação da circunferência.

Considerando sua definição como lugar geométrico, vamos estabelecer uma relação para um ponto qualquer $P(x, y)$ que pertence à circunferência de centro $C(a, b)$ e raio de medida r.

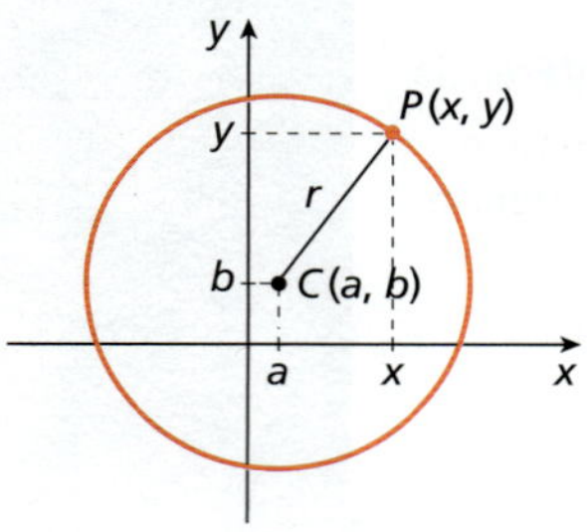

O ponto $P(x, y)$ pertence à circunferência se, e somente se, $d_{C,P} = r$.

Logo: $\sqrt{(x - a)^2 + (y - b)^2} = r$

Elevando os dois membros da equação ao quadrado, temos:

$$(x - a)^2 + (y - b)^2 = r^2$$

A equação descrita acima é conhecida como **equação reduzida** da circunferência de centro $C(a, b)$ e raio r.

Observação:
No caso particular de o centro da circunferência estar na origem, ou seja, $a = b = 0$, a equação será: $(x - 0)^2 + (y - 0)^2 = r^2 \Rightarrow x^2 + y^2 = r^2$

Exemplos

a) Vamos determinar a equação reduzida da circunferência com raio de medida $r = 3$ e centro $C(-2, 1)$. Tomando um ponto $P(x, y)$ qualquer da circunferência, temos:

$(x - a)^2 + (y - b)^2 = r^2$

$[x - (-2)]^2 + (y - 1)^2 = 3^2$

$(x + 2)^2 + (y - 1)^2 = 3^2$

Logo, $(x + 2)^2 + (y - 1)^2 = 9$ é a equação reduzida dessa circunferência.

b) Agora, vamos determinar a equação reduzida da circunferência que tem centro no ponto $C(-1, -3)$ e passa pelo ponto $P(3, -6)$.

A medida do raio dessa circunferência é igual à distância $d_{C,P}$.

Assim: $r = d_{C,P} \Rightarrow r = \sqrt{(3 + 1)^2 + (-6 + 3)^2} \Rightarrow$
$r = \sqrt{16 + 9} \Rightarrow r = \sqrt{25} \Rightarrow r = 5$

Substituindo as coordenadas do centro da circunferência e o valor de r na equação da circunferência, temos:

$(x - a)^2 + (y - b)^2 = r^2 \Rightarrow (x + 1)^2 + (y + 3)^2 = 5^2$

Logo, a equação reduzida dessa circunferência é:
$(x + 1)^2 + (y + 3)^2 = 25$

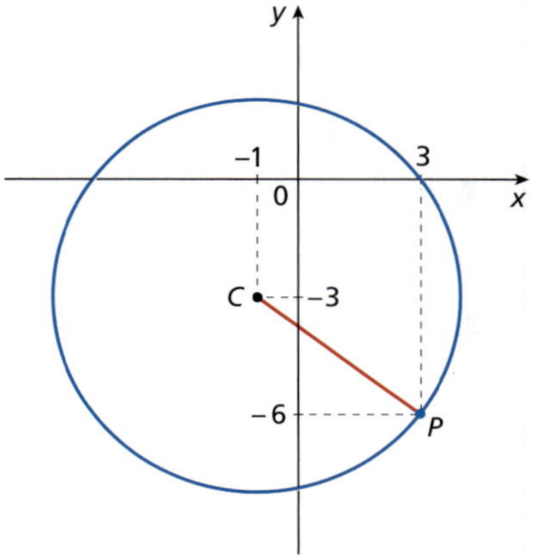

Exercícios

1. Escreva a equação do lugar geométrico dos pontos que distam 3 unidades do ponto $C(2, -1)$.

2. Determine, em cada caso, a equação reduzida da circunferência que tem raio medindo r e centro $C(a, b)$.

a) $r = 2$ e $C(1, 3)$

b) $r = 1$ e $C(-1, 1)$

c) $r = 4$ e $C(0, 0)$

d) $r = \sqrt{5}$ e $C(3; 0,5)$

e) $r = \sqrt{13}$ e $C(0, -4)$

f) $r = 1$ e $C(-2, 0)$

R1. Determinar as coordenadas do centro C e a medida r do raio de uma circunferência a partir de sua equação $(x + 1)^2 + y^2 = 16$.

➤ Resolução

Podemos encontrar o centro e a medida do raio da circunferência comparando a equação dada com a equação na forma reduzida:

$(x - a)^2 + (y - b)^2 = r^2 \Rightarrow (x + 1)^2 + (y - 0)^2 = 16$

Como $a = -1$ e $b = 0$, então: $C(-1, 0)$

Como $r^2 = 16$, então: $r = 4$

Portanto, o centro é $C(-1, 0)$ e o raio mede 4.

3. Determine o centro e a medida do raio das circunferências de equações:

a) $(x - 1)^2 + (y - 2)^2 = 100$

b) $x^2 + (y - 3)^2 = 5$

c) $x^2 + y^2 = 1$

d) $(x + 3)^2 + (y + 2)^2 = 25$

e) $(x - 5)^2 + y^2 = \frac{1}{2}$

4. Determine os valores de m, n e p para que a circunferência representada por cada equação tenha centro na origem e raio de medida $r = 2$.

a) $(x - 2m)^2 + [y - (1 - n)]^2 = p + 3$

b) $(x + m^2)^2 + [y - (n + 2)]^2 = p^2 - 5$

c) $\left[x - (|m| - 1)\right]^2 + \left(y - |n - 1|\right)^2 = |p|$

d) $(x + 2m - 8)^2 + \left(y - 3n + \frac{1}{3}\right)^2 = p^2 + p + 2$

5. Indique quais dos pontos $P(-2, 1)$, $Q(-1, 3)$, $R(-2, 3)$, $S(0, 1)$ e $T(-1, 0)$ pertencem à circunferência de equação $(x + 3)^2 + (y - 1)^2 = 5$.

6. Verifique quais das circunferências a seguir se interceptam no ponto (3, 4).

μ: $(x - 8)^2 + (y - 4)^2 = 25$

λ: $(x - 2)^2 + y^2 = 16$

γ: $x^2 + (y - 4)^2 = 9$

β: $x^2 + y^2 = 25$

7. Para quais valores de k o ponto $P(1, k)$ está no 1º quadrante e pertence à circunferência de equação $x^2 + y^2 = 5$?

8. Observe a circunferência representada abaixo.

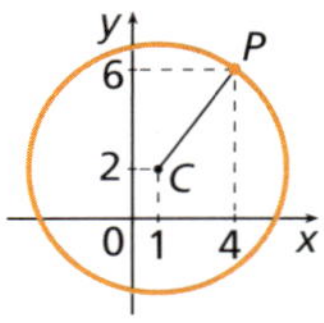

Qual é a distância entre os pontos C e P, sendo C o centro e P um ponto da circunferência?

9. Determine a equação da circunferência cujo diâmetro é $\overline{AB}$ tal que $A(3, 3)$ e $B(11, 3)$.

10. Determine a equação da circunferência que tem por diâmetro o segmento de reta $\overline{RS}$ cujas extremidades são $R(3, 0)$ e $S(-3, 3)$.

R2. Determinar o centro, a medida do raio e a equação reduzida de cada circunferência abaixo, sabendo que a reta $y = 1$ é tangente às duas circunferências.

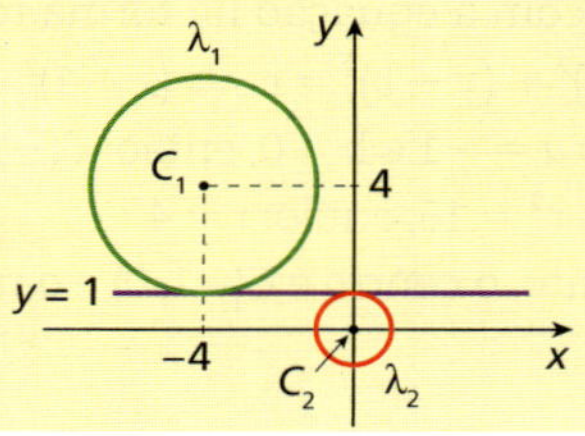

▶ Resolução

A circunferência λ_1 tem centro $C_1(-4, 4)$ e raio de medida $r = 3$.

Logo, a equação reduzida de λ_1 é:

$(x + 4)^2 + (y - 4)^2 = 9$

A circunferência λ_2 tem centro $C_2(0, 0)$ e raio de medida $r = 1$.

Logo, a equação reduzida de λ_2 é:

$x^2 + y^2 = 1$

11. Obtenha a equação reduzida de cada circunferência.

a)

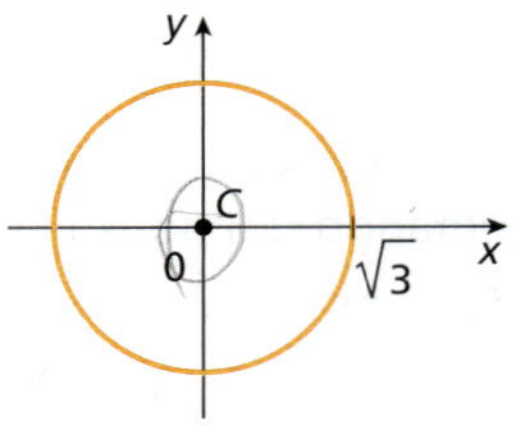

b)

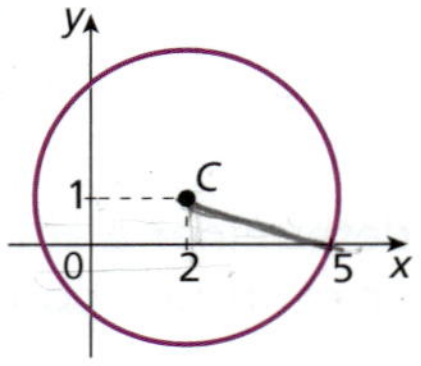

c)

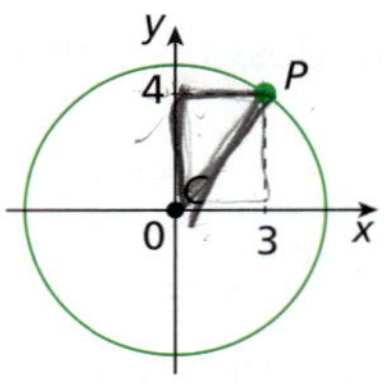

d)

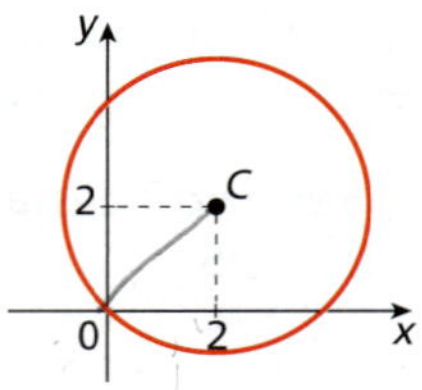

12. Qual é o comprimento da circunferência representada pela equação $x^2 + y^2 = 25$?

13. Os pontos $A(3, 4)$, $B(3, -1)$, $C(-2, -1)$ e $D(x, y)$ são os vértices de um quadrado cuja medida da diagonal é o raio da circunferência λ, que tem centro D. Determine a equação reduzida de λ.

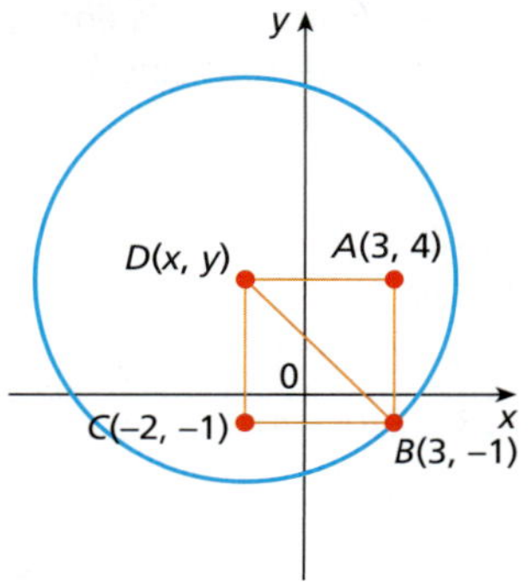

1.4 Equação geral da circunferência

Para obter a **equação geral** da circunferência de centro $C(a, b)$ e raio de medida r devemos desenvolver os quadrados da equação reduzida. Veja:

$(x - a)^2 + (y - b)^2 = r^2 \Rightarrow x^2 - 2ax + a^2 + y^2 - 2by + b^2 - r^2 = 0$

Portanto, a equação geral da circunferência é:

$$x^2 + y^2 - 2ax - 2by + a^2 + b^2 - r^2 = 0$$

Essa equação também é chamada de **equação normal** da circunferência.

Observe que essa equação pode ser escrita como $x^2 + y^2 - 2ax - 2by + c = 0$, em que c é o termo independente e $c = a^2 + b^2 - r^2$. Assim, verificamos que ela é uma equação incompleta do 2º grau com duas variáveis, já que a equação completa é do tipo: $Ax^2 + By^2 + Cxy + Dx + Ey + F = 0$

Exemplos

a) Vamos determinar a equação geral da circunferência com centro no ponto $(-2, 1)$ e raio de medida $r = 2$.

Substituindo os valores $C(-2, 1)$ e $r = 2$ na equação reduzida $(x - a)^2 + (y - b)^2 = r^2$ e desenvolvendo os quadrados, temos:

$(x + 2)^2 + (y - 1)^2 = 2^2 \Rightarrow x^2 + 4x + 4 + y^2 - 2y + 1 = 4 \Rightarrow x^2 + 4x + 4 + y^2 - 2y + 1 - 4 = 0$

Assim, encontramos a forma geral da equação da circunferência:

$x^2 + y^2 + 4x - 2y + 1 = 0$

b) Agora, vamos representar a circunferência de centro $C(-3, 1)$ e raio de medida $r = 2$ na forma da equação geral.

Podemos escrever a equação reduzida da circunferência e depois desenvolver os quadrados:

$(x + 3)^2 + (y - 1)^2 = 4 \Rightarrow x^2 + 6x + 9 + y^2 - 2y + 1 = 4 \Rightarrow$
$\Rightarrow x^2 + y^2 + 6x - 2y + 9 + 1 - 4 = 0$

Portanto, a equação geral da circunferência é:

$x^2 + y^2 + 6x - 2y + 6 = 0$

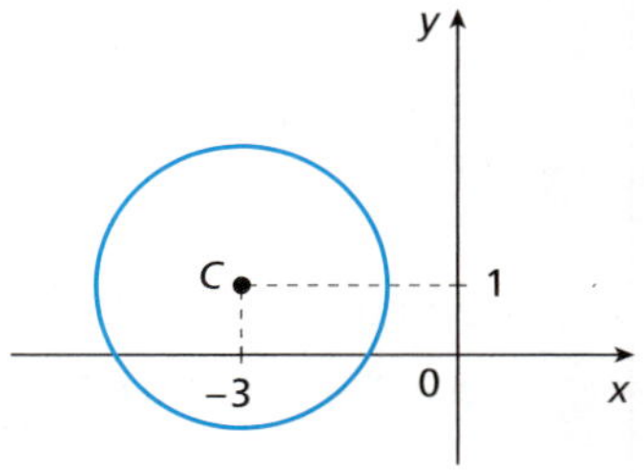

c) Dada a equação da circunferência $x^2 + y^2 - 6x + 8y - 24 = 0$, vamos determinar o centro C e a medida r do raio.

Para obter o centro e a medida do raio da circunferência, podemos formar o trinômio quadrado perfeito.

$$x^2 + y^2 - 6x + 8y - 24 = 0 \Rightarrow \underbrace{x^2 - 6x + \square}_{(I)} + \underbrace{y^2 + 8y + \triangle}_{(II)} = 24$$

Para que (I) e (II) sejam trinômios quadrados perfeitos, precisamos completá-los respectivamente com os números 9 e 16. Adicionando 9 e 16 ao primeiro membro, para que a igualdade se mantenha, é preciso adicionar 9 e 16 ao segundo membro. Assim:

$$\underbrace{x^2 - 6x + 9}_{(x - 3)^2} + \underbrace{y^2 + 8y + 16}_{(y + 4)^2} = 24 + 9 + 16$$
$$(x - 3)^2 + (y + 4)^2 = 49$$

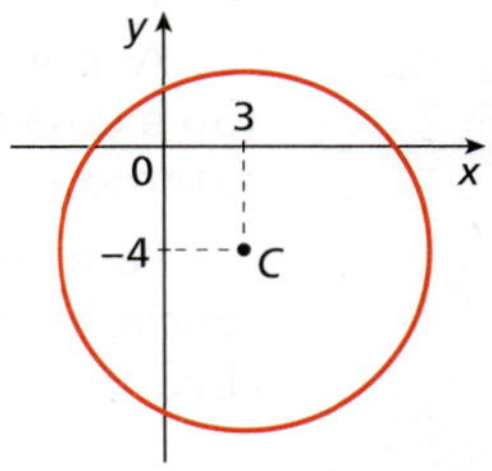

Portanto, o centro da circunferência é $C(3, -4)$ e o raio mede 7.

Exercícios

R3. Seja $Ax^2 + By^2 + Cxy + Dx + Ey + F = 0$ uma equação completa do 2º grau. Determinar as condições que os coeficientes A, B, C, D, E e F devem cumprir para que a equação dada seja uma circunferência.

➤ Resolução

Vamos transformar em 1 o coeficiente de x^2. Para isso, dividimos a equação por A:

$$x^2 + \frac{B}{A}y^2 + \frac{C}{A}xy + \frac{D}{A}x + \frac{E}{A}y + \frac{F}{A} = 0,$$

com $A \neq 0$

Comparando essa equação com a equação geral da circunferência, temos:

$$1x^2 + \frac{B}{A}y^2 + \frac{C}{A}xy + \frac{D}{A}x + \frac{E}{A}y + \frac{F}{A} = 0$$

$$1x^2 + 1y^2 - 2ax - 2by + a^2 + b^2 - r^2 = 0$$

Observe:

$\frac{B}{A} = 1 \Rightarrow A = B \neq 0$	$\frac{E}{A} = -2b \Rightarrow b = \frac{-E}{2A}$
$\frac{C}{A} = 0 \Rightarrow C = 0$	$\frac{F}{A} = a^2 + b^2 - r^2$
$\frac{D}{A} = -2a \Rightarrow a = \frac{-D}{2A}$	$r = \sqrt{\frac{D^2 + E^2 - 4AF}{4A^2}}$ com $D^2 + E^2 - 4AF > 0$

Portanto, as condições são:

$A = B \neq 0$, $C = 0$ e $D^2 + E^2 - 4AF > 0$

14. Determine a equação geral da circunferência, em cada caso, dados o centro C e a medida r do raio.

a) $C(-3, 2)$ e $r = 3$ b) $C(0, -5)$ e $r = \sqrt{5}$

15. Determine, se existirem, o centro e a medida do raio da circunferência, em cada caso.

a) $x^2 + y^2 - 2x + 2y = 0$

b) $(x + 1)^2 - (y - 2)^2 = 9$

16. Analise se a equação $4x^2 + 4y^2 + 4x + 8y + 9 = 0$ representa uma circunferência.

17. Dada a equação da circunferência $x^2 + y^2 - 6x + 18y + 8 = 0$, calcule as coordenadas do centro e a medida do raio dessa circunferência usando para a solução os seguintes critérios:

a) completar quadrados;

b) analisar coeficientes.

18. Descubra as condições para que a equação a seguir represente uma circunferência.

$$x^2 + y^2 + x + y + \frac{p}{2} = 0$$

19. Determine a equação geral da circunferência que passa pelos pontos A(0, 1) e B(1, 4) e tem centro sobre a reta de equação $x = 2$.

20. Conhecendo a equação $(x - 3)^2 + (y - 1)^2 = 1$, calcule o valor de k para que o ponto P(k, 1) esteja na circunferência.

2 Posição relativa

2.1 Posição relativa entre um ponto e uma circunferência

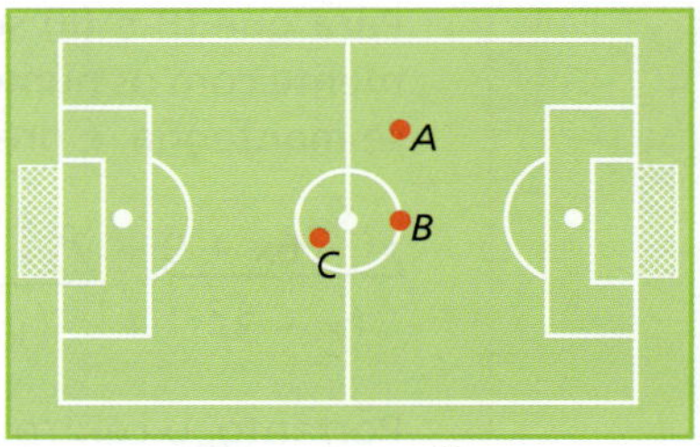

Observe a ilustração ao lado. Nessa ilustração, os pontos *A*, *B* e *C* representam posições distintas de três jogadores em relação à circunferência do centro do campo de futebol.

As posições possíveis de um ponto *P*(*x*, *y*) do plano em relação a uma circunferência λ de centro *C* e raio de medida *r* são: externo, interno ou pertencente à circunferência.

Para analisar a posição desse ponto em relação à circunferência, vamos comparar a distância *d* do ponto ao centro da circunferência, com a medida do raio da circunferência.

Veja o quadro abaixo:

$d = r$	$d > r$	$d < r$
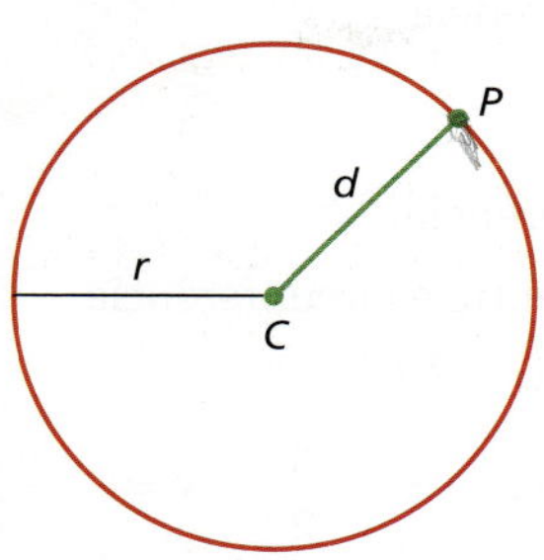 O ponto *P* pertence à circunferência.	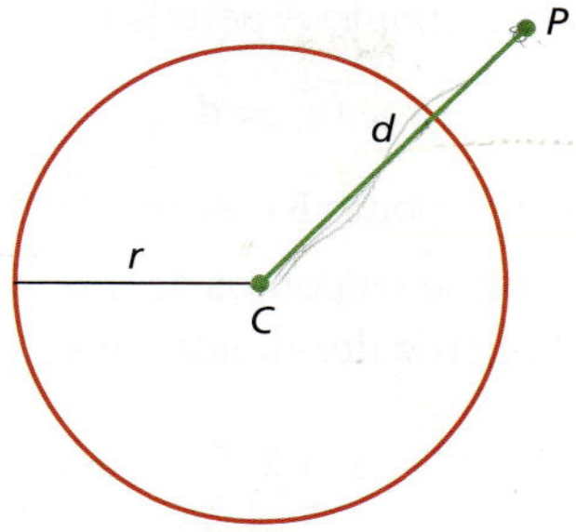 O ponto *P* é exterior à circunferência.	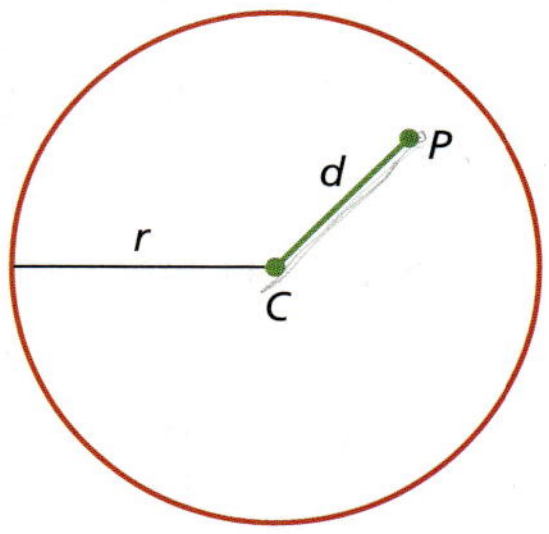 O ponto *P* é interior à circunferência.

Exemplo

Vamos determinar a posição dos pontos $P(1, 5)$, $Q(0, 4)$ e $R(3, 2)$ em relação à circunferência de equação $x^2 + (y - 2)^2 = 9$.

Para determinar a posição que cada ponto ocupa em relação à circunferência, devemos calcular a distância entre cada ponto e o centro da circunferência.

Da equação da circunferência $x^2 + (y - 2)^2 = 9$, temos o centro $C(0, 2)$ e $r = 3$.

Calculando as respectivas distâncias:

$d_{C,P} = \sqrt{(1-0)^2 + (5-2)^2} \Rightarrow d_{C,P} = \sqrt{10}$

Como $\sqrt{10} > 3$, então $d_{C,P} > r$; logo, o ponto P é exterior à circunferência.

$d_{C,Q} = \sqrt{(0-0)^2 + (4-2)^2} \Rightarrow d_{C,Q} = \sqrt{4} \Rightarrow d_{C,Q} = 2$

Como $2 < 3$, então $d_{C,Q} < r$; logo, o ponto Q é interior à circunferência.

$d_{C,R} = \sqrt{(3-0)^2 + (2-2)^2} \Rightarrow d_{C,R} = \sqrt{9} \Rightarrow d_{C,R} = 3$

Então, $d_{C,R} = r$; logo, o ponto R pertence à circunferência.

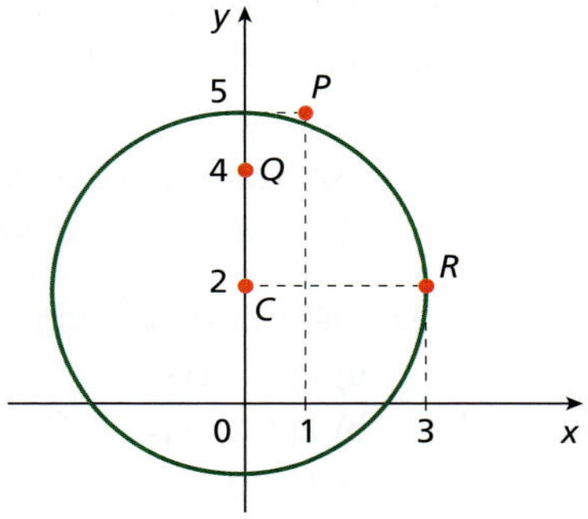

Exercícios

R4. Dada a circunferência ao lado:

a) determinar sua equação.

b) determinar a posição dos pontos $A(\sqrt{2}, \sqrt{3})$ e $B(-2, -2)$ em relação à circunferência.

c) indicar as coordenadas dos pontos pertencentes à circunferência e à bissetriz dos quadrantes ímpares.

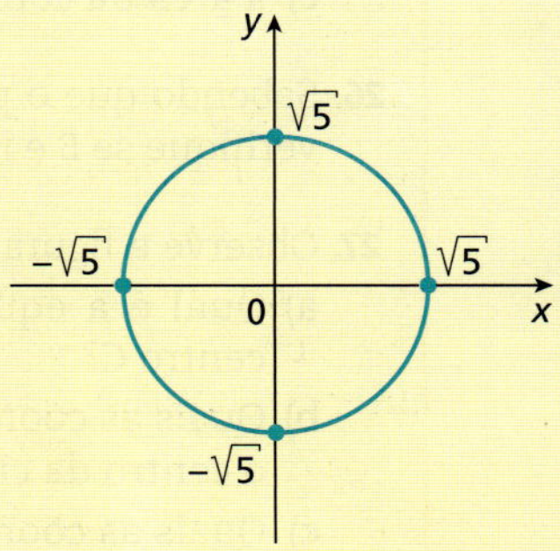

➤ Resolução

a) A circunferência tem centro $C(0, 0)$ e raio de medida $r = \sqrt{5}$.

Portanto, a equação da circunferência é: $x^2 + y^2 = 5$

b) Vamos determinar a distância entre cada ponto e o centro da circunferência:

$$d_{C,A} = \sqrt{(\sqrt{2} - 0)^2 + (\sqrt{3} - 0)^2} \Rightarrow d_{C,A} = \sqrt{5}$$

Então, $d_{C,A} = r$; logo, o ponto A pertence à circunferência.

$$d_{C,B} = \sqrt{(-2 - 0)^2 + (-2 - 0)^2} \Rightarrow d_{C,B} = \sqrt{8}$$

Então, $d_{C,B} > r$; logo, o ponto B é exterior à circunferência.

c) Precisamos determinar os pontos de intersecção entre a circunferência ($x^2 + y^2 = 5$) e a bissetriz dos quadrantes ímpares ($y = x$). Então:

$$\begin{cases} y = x \\ x^2 + y^2 = 5 \end{cases} \Rightarrow x^2 + x^2 = 5 \Rightarrow 2x^2 = 5 \Rightarrow x^2 = \frac{5}{2} \Rightarrow x = \pm\sqrt{\frac{5}{2}} \Rightarrow x = \pm\frac{\sqrt{10}}{2}$$

Para $x = \frac{\sqrt{10}}{2}$, temos: $y = \frac{\sqrt{10}}{2}$ e para $x = -\frac{\sqrt{10}}{2}$, temos: $y = -\frac{\sqrt{10}}{2}$

Portanto, os pontos são:

$$\left(\frac{\sqrt{10}}{2}, \frac{\sqrt{10}}{2}\right) \text{ e } \left(-\frac{\sqrt{10}}{2}, -\frac{\sqrt{10}}{2}\right)$$

21. Indique a posição do ponto $P(-1, 2)$ em relação à circunferência cujo centro C e a medida r do raio são indicados em cada item.

a) $C(2, 3)$ e $r = 3$ **b)** $C(-2, 2)$ e $r = 2$ **c)** $C(-3, 1)$ e $r = \sqrt{5}$ **d)** $C(4, 3)$ e $r = 5$

22. É dada uma circunferência de equação $(x - a)^2 + (y - b)^2 = r^2$.
Para saber a posição de $P(x_0, y_0)$ em relação a essa circunferência, calculamos M tal que:
$M = (x_0 - a)^2 + (y_0 - b)^2 - r^2$

a) Se $M = 0$, o que se pode afirmar sobre P?
b) Se $M < 0$, o que se pode afirmar sobre P?
c) Se $M > 0$, o que se pode afirmar sobre P?

23. Identifique a posição do ponto P em relação à circunferência nos seguintes casos:

a) $P(2, -1)$ e $x^2 + (y - 3)^2 = 4$
b) $P(2, 2)$ e $(x - 2)^2 + y^2 = 4$
c) $P(0, 0)$ e $x^2 + y^2 + 8x + 11 = 0$
d) $P(-1, 0)$ e $x^2 + y^2 + 2x - 2y - 2 = 0$
e) $P(-1, -3)$ e $x^2 + y^2 = 10$

24. Para que valores de m o ponto $P(m, 2)$ é exterior à circunferência $x^2 + (y - 2)^2 = 16$?

26.1 Visão do especialista

25. Um quadrado tem vértices consecutivos $A(3, 3)$, $B(4, 2)$, $C(3, 1)$ e $D(2, 2)$. Determine:

a) a equação da circunferência inscrita nesse quadrado;
b) a equação da circunferência circunscrita ao quadrado;
c) a área da coroa circular formada pelas circunferências.

26. Sabendo que o ponto $E(3, -2)$ não pertence à circunferência de equação $x^2 + y^2 - 2y - 3 = 0$, verifique se E é interior ou exterior a essa circunferência.

27. Observe a figura ao lado e responda às questões.

a) Qual é a equação reduzida da circunferência de centro C?
b) Quais as coordenadas do ponto R, cuja distância até o centro da circunferência é 1?
c) Quais as coordenadas do ponto P?
d) Quais as coordenadas do ponto Q, cuja distância até o centro da circunferência é 5?

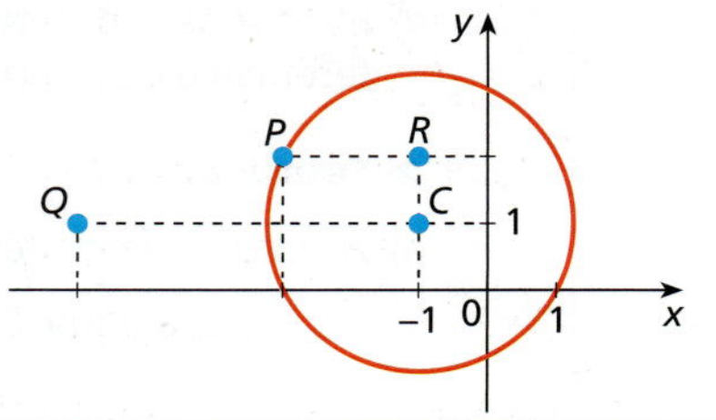

2.2 Posição relativa entre uma reta e uma circunferência

Observe as figuras:

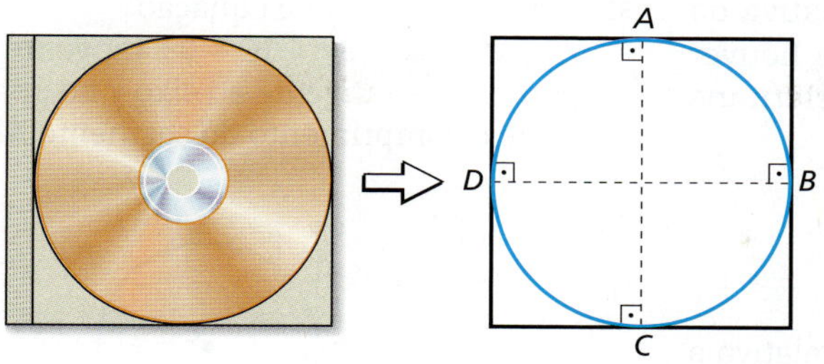

SMILEUS/SHUTTERSTOCK

A posição relativa entre as cordas e a boca do violão lembra retas secantes a uma circunferência.

A caixa de CD vista de cima lembra um quadrado, e a borda do CD, uma circunferência. Imaginando que retas passam pelos lados do quadrado, podemos observar que cada uma delas é tangente à circunferência da borda do CD.

Dadas uma reta s e uma circunferência λ de centro $C(x_0, y_0)$ e raio de medida r, ambas no mesmo plano, e seja d a distância entre a reta s e o centro C da circunferência, há três casos possíveis para a posição relativa entre s e λ:

$d = r$	$d > r$	$d < r$
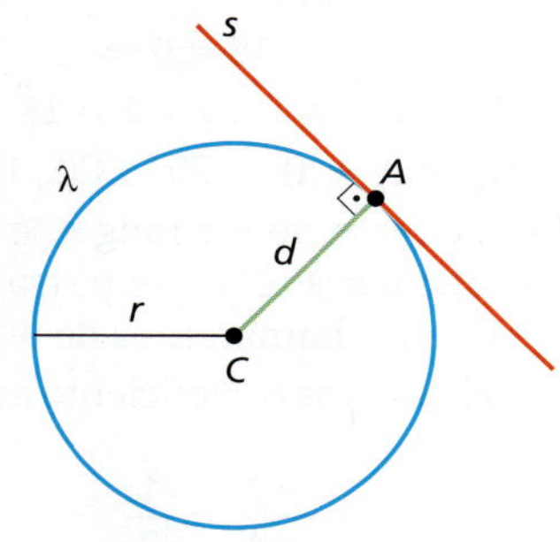	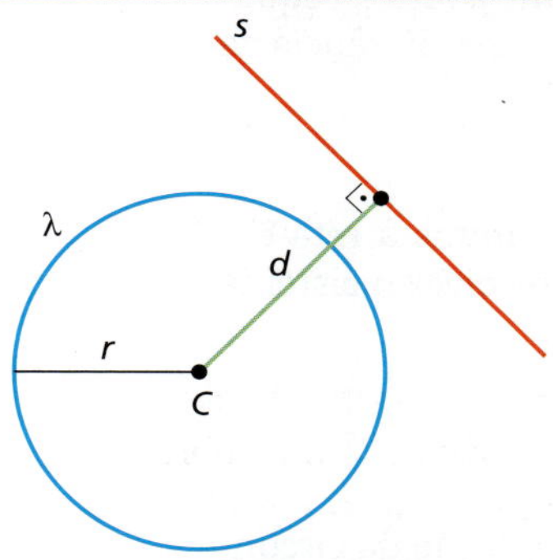	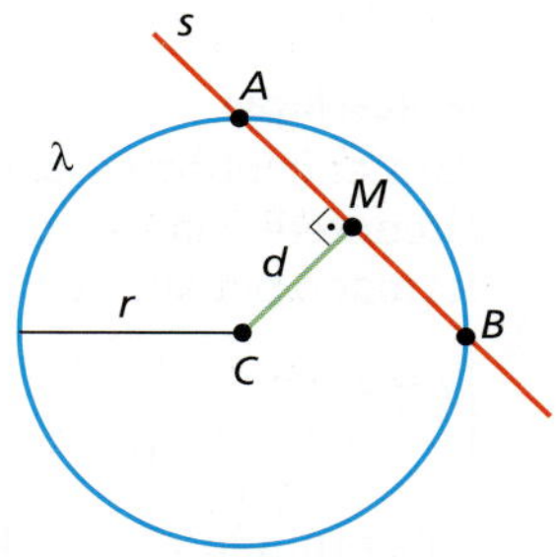
s é tangente à circunferência.	*s* é exterior à circunferência.	*s* é secante à circunferência.

Da observação dos três casos acima concluímos que:

- Se $d = r$, então $s \cap \lambda = \{A\}$ (s é tangente à circunferência λ).
- Se $d > r$, então $s \cap \lambda = \varnothing$ (s é exterior à circunferência λ).
- Se $d < r$, então $s \cap \lambda = \{A, B\}$ (s é secante à circunferência λ).

Exemplo

Vamos determinar a posição relativa entre a reta s de equação $x + y + 1 = 0$ e a circunferência de equação $x^2 + y^2 + 2x + 2y + 1 = 0$.

Primeiro, obtemos o centro e a medida do raio da circunferência de equação $x^2 + y^2 + 2x + 2y + 1 = 0$, comparando-a com a equação geral: $x^2 + y^2 - 2ax - 2by + a^2 + b^2 - r^2 = 0$

Como $-2a = 2$, então: $a = -1$

Como $-2b = 2$, então: $b = -1$

Portanto, o centro da circunferência é: $C(-1, -1)$

Substituindo $a = b = -1$ em $a^2 + b^2 - r^2 = 1$, obtemos: $r = 1$

Agora, calculamos a distância do centro da circunferência à reta s:

$$d_{C,s} = \frac{|1 \cdot (-1) + 1 \cdot (-1) + 1|}{\sqrt{1^2 + 1^2}} = \frac{1}{\sqrt{2}} = \frac{\sqrt{2}}{2}$$

Como $d_{C,s} < r$, então a reta s é secante à circunferência.

Exercícios

28. Determine, em cada caso, a posição relativa da reta s em relação à circunferência λ. Se houver pontos comuns (tangente ou secante), determine esses pontos.

a) s: $x + y = 6$ e λ: $(x - 1)^2 + (y - 1)^2 = 8$

b) s: $x - y = 1$ e λ: $x^2 + y^2 = 1$

c) s: $y = x + 3$ e λ: $x^2 + y^2 - 2x = 0$

29. Para determinar a posição de uma reta relativa a uma circunferência, podemos substituir uma das variáveis, isolada na equação da reta, na equação da circunferência e obter, assim, uma equação do 2º grau.

Fazendo a análise do discriminante dessa equação do 2º grau, determine a posição da reta em relação à circunferência, quando:

$\Delta > 0$; $\Delta = 0$ e $\Delta < 0$

R5. Obter os valores de k para que a reta de equação $y = x + k$ seja tangente à circunferência de equação $x^2 + y^2 - 9 = 0$.

➤ Resolução

Para encontrar os pontos comuns à reta e à circunferência, temos que resolver o sistema formado por suas equações:

$$\begin{cases} y = x + k \\ x^2 + y^2 - 9 = 0 \end{cases}$$

Substituindo $y = x + k$ na equação da circunferência, temos:

$x^2 + (x + k)^2 - 9 = 0$

$x^2 + x^2 + 2kx + k^2 - 9 = 0$

$2x^2 + 2xk + k^2 - 9 = 0$

Para que a reta seja tangente à circunferência, é necessário que essa equação tenha apenas uma solução. Logo, devemos ter:

$\Delta = (2k)^2 - 4 \cdot 2\,(k^2 - 9) = 0$

$-4k^2 + 72 = 0 \Rightarrow k^2 = 18 \Rightarrow$

$\Rightarrow k = 3\sqrt{2}$ ou $k = -3\sqrt{2}$

30. Para que valores de k a reta de equação $y = x + k$ é tangente à circunferência de equação $x^2 + y^2 = 4$?

31. Determine a equação da circunferência de centro $C(1, 0)$ e que é tangente à reta s de equação $3x + 2y - 16 = 0$.

32. Determine as coordenadas dos pontos de intersecção da circunferência de equação $x^2 + y^2 - 8x - 9 = 0$ com os eixos x e y.

33. A circunferência de equação $x^2 + y^2 - 8x - 8y + 16 = 0$ é tangente ao eixo x no ponto A e é tangente ao eixo y no ponto B. Determine o comprimento do segmento AB.

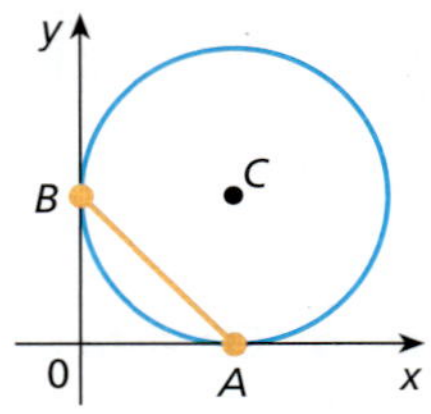

R6. Dada a equação da circunferência μ: $x^2 + y^2 - 2x - 2y - 18 = 0$, determinar a equação da reta v tangente a μ no ponto $P(-3, -1)$.

➤ Resolução

Vamos determinar as coordenadas do centro C da circunferência:

$x^2 + y^2 - 2x - 2y - 18 = 0 \Rightarrow$

$\Rightarrow x^2 - 2x + \mathbf{1} + y^2 - 2y + \mathbf{1} = 18 + \mathbf{1} + \mathbf{1} \Rightarrow$

$\Rightarrow (x - 1)^2 + (y - 1)^2 = 20 \Rightarrow C(1, 1)$

Lembremos que, se v é tangente a μ, então v é perpendicular à reta que passa por $C(1, 1)$ e $P(-3, -1)$, que chamaremos de w.

Agora, calculamos o coeficiente angular m_w da reta w:

$$m_w = \frac{-1 - 1}{-3 - 1} = \frac{-2}{-4} = \frac{1}{2}$$

Com isso, determinamos o coeficiente angular m_v da reta v:

$$m_v = \frac{-1}{m_w} = \frac{-1}{\frac{1}{2}} = -2$$

Logo, a equação da reta v é:

$y + 1 = -2(x + 3) \Rightarrow 2x + y + 7 = 0$

34. Determine as equações das retas s_1 e s_2, que são tangentes à circunferência $x^2 + y^2 - 49 = 0$ e paralelas ao eixo x.

35. Faça a representação gráfica da inequação $(x + 2)^2 + (y - 3)^2 < 9$.

36. Observe a figura ao lado e escreva a inequação correspondente à região destacada em verde.

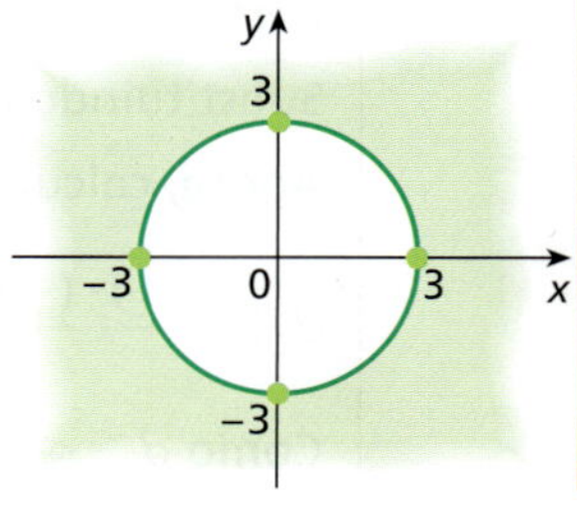

37. Represente graficamente no plano as seguintes inequações:

a) $(x + 3)^2 + (y - 3)^2 \geq 9$
b) $(x - 4)^2 + y^2 < 16$
c) $(x + 5)^2 + (y + 5)^2 \leq 25$

38. Qual é a área do círculo representado pela inequação $x^2 + (y - 1)^2 - 1 \leq 0$?

39. Qual é a área da região dada pela inequação $x^2 + y^2 \leq 16$?

40. Escreva a inequação ou o sistema correspondente a cada círculo.

a) 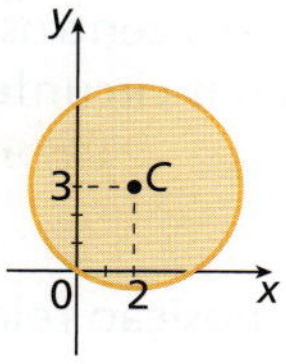

b) 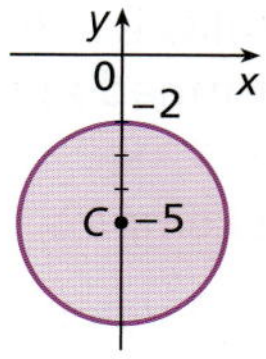

2.3 Posição relativa entre duas circunferências

Observa a ilustração:

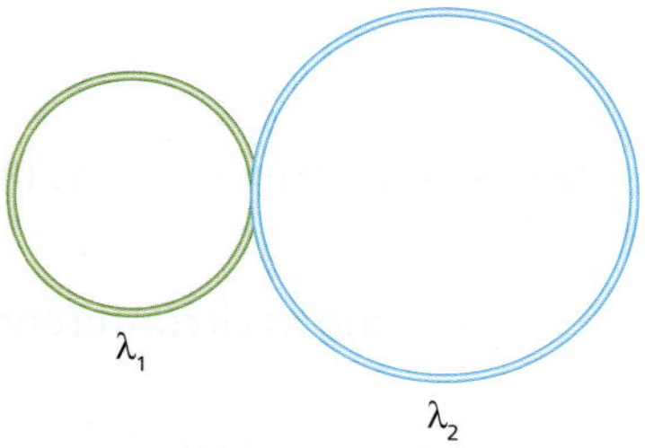

ALEX MARES-MANTON/ASIA IMAGES/CORBIS/LATINSTOCK

Considerando que os dois bambolês lembram duas circunferências, λ_1 e λ_2, distintas em um mesmo plano, podemos analisar a posição relativa entre λ_1 e λ_2 comparando a distância d entre os centros, C_1 e C_2, com os raios das circunferências, conforme mostra o quadro a seguir.

Circunferências secantes	Circunferências tangentes	Circunferências disjuntas
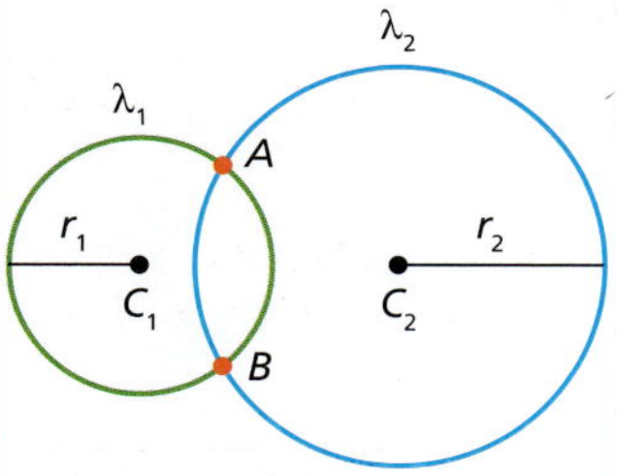 $\lvert r_1 - r_2 \rvert < d < r_1 + r_2$	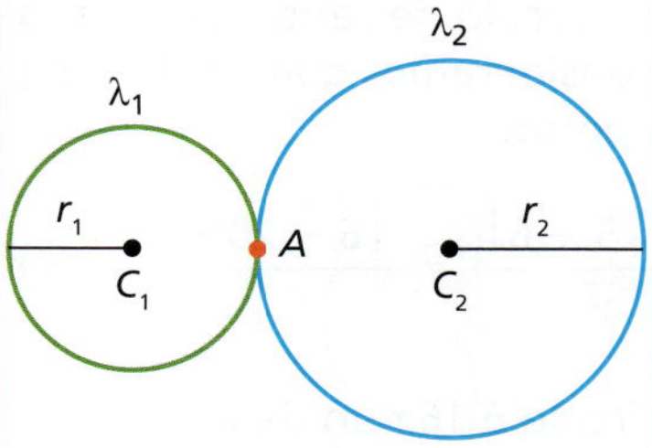 exteriores $d = r_1 + r_2$	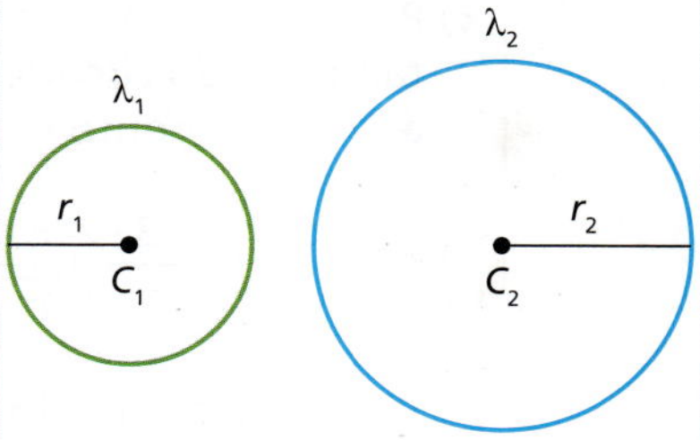 exteriores $d > r_1 + r_2$
	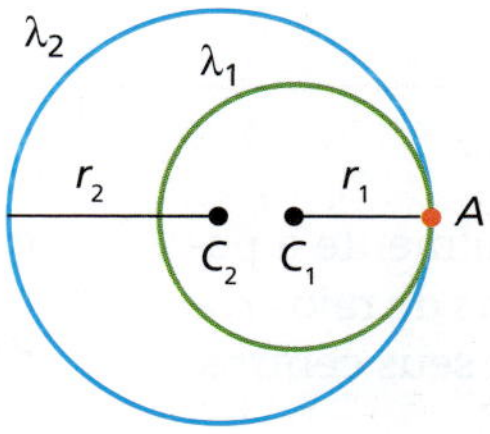 interiores $d = \lvert r_1 - r_2 \rvert$	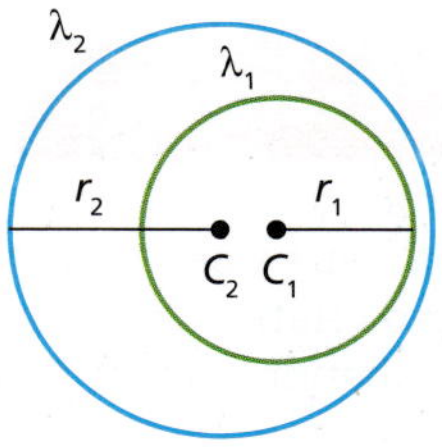 interiores $0 \leq d < \lvert r_1 - r_2 \rvert$
Têm dois pontos em comum.	Têm um ponto em comum.	Não têm nenhum ponto em comum.

É importante observar que, quando $d = 0$, as circunferências λ_1 e λ_2 são **concêntricas**, ou seja, têm o mesmo centro. Quando $d = 0$ e $r_1 = r_2$, as circunferências são **coincidentes**.

Para determinar quantos são os pontos comuns entre duas circunferências, basta conhecer seus raios e a distância entre seus centros. E, para identificar esses pontos, é preciso resolver o sistema formado pelas equações das circunferências.

Exemplos

a) Vamos determinar a posição relativa entre as circunferências de equações $(x + 2)^2 + (y - 12)^2 = 169$ e $x^2 + y^2 - 6y + 9 = 25$.

Primeiro, determinamos os centros C_1 e C_2 e as medidas r_1 e r_2 dos raios de cada circunferência.

Como $(x + 2)^2 + (y - 12)^2 = 169$, então: $C_1(-2, 12)$ e $r_1 = 13$

Escrevendo a equação reduzida da outra circunferência, temos:

$x^2 + y^2 - 6y + 9 = 25 \Rightarrow x^2 + (y - 3)^2 = 25$, assim: $C_2(0, 3)$ e $r_2 = 5$

Calculando a distância d entre os centros C_1 e C_2, vem:

$$d = \sqrt{[0 - (-2)]^2 + (3 - 12)^2} \Rightarrow d = \sqrt{85} \simeq 9{,}22$$

Observe que $|13 - 5| < \sqrt{85} < 13 + 5$, ou seja: $|r_1 - r_2| < d < r_1 + r_2$

Portanto, as circunferências são secantes.

b) Agora, vamos determinar a equação da circunferência de centro $C_1(-1, 0)$ e que tangencia exteriormente a circunferência de equação $(x + 3)^2 + y^2 = 1$.

Da equação $(x + 3)^2 + y^2 = 1$, temos $C_2(-3, 0)$ e $r_2 = 1$ e como as circunferências são tangentes exteriores, então: $d = r_1 + r_2$

Calculando a distância d entre os centros das circunferências, vem:

$$d = \sqrt{[-3 - (-1)]^2 - (0 - 0)^2} \Rightarrow d = \sqrt{4} \Rightarrow d = 2$$

Como o raio da circunferência dada mede 1, temos: $2 = r_1 + 1 \Rightarrow r_1 = 1$

Portanto, a equação da circunferência é: $(x + 1)^2 + y^2 = 1$

c) Para calcular a área do círculo de centro (2, 5), sabendo que a reta de equação $3x + 4y = 6$ é tangente ao círculo, consideramos que a reta tangente a uma circunferência é perpendicular ao raio no ponto de contato.

$$\text{Logo: } r = \frac{|3 \cdot 2 + 4 \cdot 5 - 6|}{\sqrt{3^2 + 4^2}} = \frac{|6 + 20 - 6|}{5} \Rightarrow r = 4$$

Portanto, a área do círculo é 16π unidades de área.

Exercícios

41. Nos itens a seguir, determine mentalmente a posição relativa de duas circunferências de raios r_1 e r_2, sabendo que d é a distância entre seus centros.

a) $r_1 = 4$ cm; $r_2 = 2$ cm; $d = 2$ cm

b) $r_1 = 4$ cm; $r_2 = 2$ cm; $d = 5$ cm

c) $r_1 = 6$ cm; $r_2 = 4$ cm; $d = 10$ cm

d) $r_1 = 6$ cm; $r_2 = 2$ cm; $d = 1$ cm

e) $r_1 = 5$ cm; $r_2 = 3$ cm; $d = 0$ cm

f) $r_1 = 6$ cm; $r_2 = 4$ cm; $d = 12$ cm

42. Observe o sistema de engrenagens e responda.

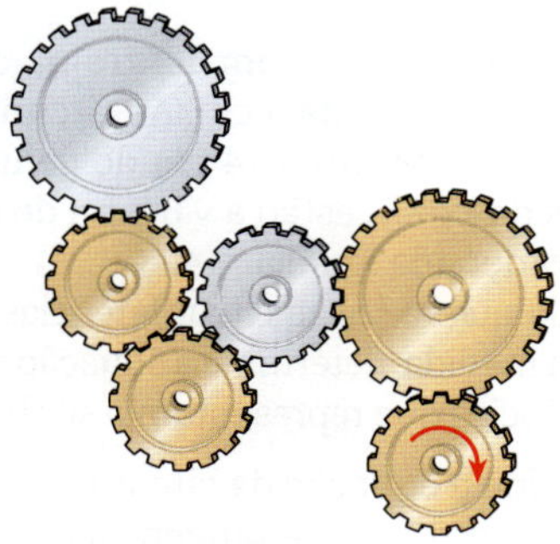

- Em que sentido gira a engrenagem superior, de cor prata?

43. Em cada caso, determine a posição relativa das circunferências.

a) $(x + 1)^2 + (y - 1)^2 = 2$ e $(x - 2)^2 + (y + 1)^2 = 5$

b) $x^2 + y^2 = 25$ e $x^2 + y^2 = 16$

44. Desenhe duas circunferências que tenham apenas um ponto de intersecção e uma reta que seja, ao mesmo tempo, tangente a uma e secante à outra.

45. Obtenha as coordenadas dos pontos comuns às circunferências de equações $x^2 + y^2 - 4x = 0$ e $x^2 + y^2 - 16x = 48$.

46. As equações das circunferências da figura abaixo são:

$x^2 + y^2 - 2x - 8y + 13 = 0$ e

$x^2 + y^2 - 8x - 2y + 7 = 0$

Determine a equação da reta *r* e encontre as coordenadas dos pontos A e B.

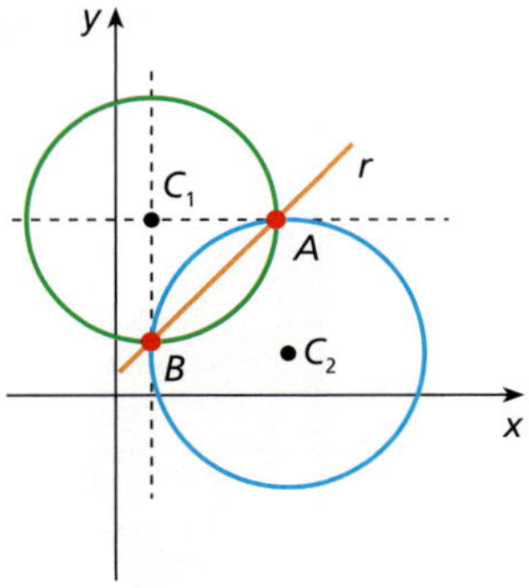

R7. Resolver graficamente o sistema de inequações $\begin{cases} x^2 + y^2 \leqslant 9 \\ x - y \leqslant 3 \end{cases}$

➤ Resolução

1º) O conjunto solução da inequação $x^2 + y^2 \leqslant 9$ é o círculo de centro (0, 0) e raio 3.

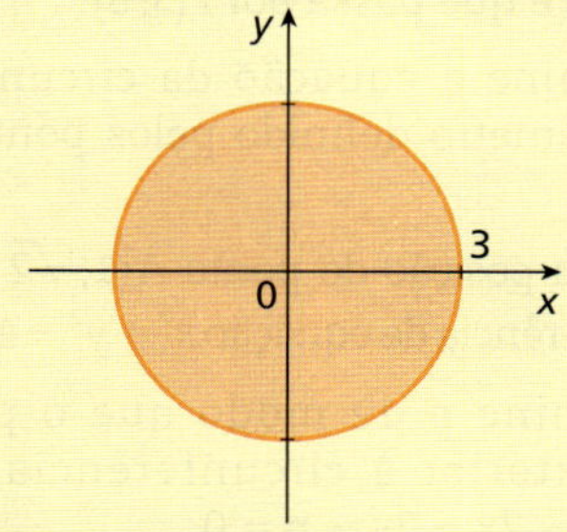

2º) O conjunto solução da inequação $x - y \leqslant 3$ é o semiplano que contém o ponto (0, 0) e é limitado pela reta de equação $x - y - 3 = 0$.

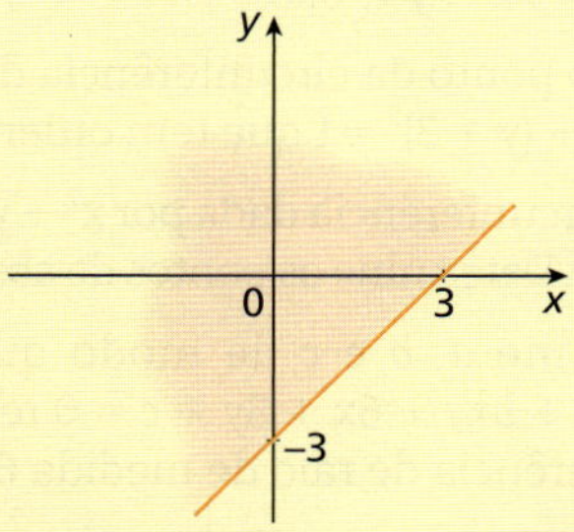

Para obter o conjunto solução do sistema, basta fazer a intersecção dos dois conjuntos.

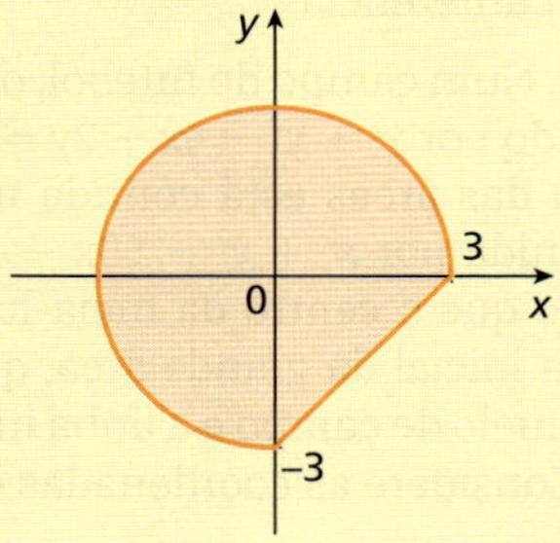

47. Escreva o sistema de inequações que descreve a região destacada abaixo.

26.2 Visão do especialista

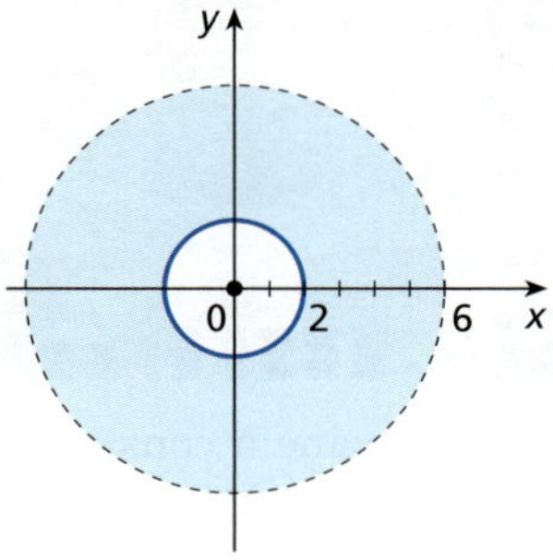

48. Resolva graficamente os sistemas.

a) $\begin{cases} x^2 + y^2 \leqslant 25 \\ x - y \geqslant 5 \end{cases}$ b) $\begin{cases} x^2 + y^2 \geqslant 4 \\ x^2 + y^2 \leqslant 36 \end{cases}$

49. Qual é a equação da circunferência cujo centro é a origem e que é tangente à reta de equação $4x + 3y = 20$? Calcule a área delimitada por essa circunferência.

Ficha de revisão

1. Qual é a equação da circunferência de centro $C(2, -1)$ e que passa por $P(3, 3)$?

2. Determine a equação da circunferência que tem diâmetro definido pelos pontos $A(-2, 1)$ e $B(0, -3)$.

3. Qual é a posição do ponto $A\left(1, \sqrt{2}\right)$ em relação à circunferência de equação $x^2 + y^2 - 4x - 4y + 4 = 0$?

4. Determine p de modo que o ponto $A(7, 9)$ seja exterior à circunferência de equação $x^2 + y^2 - 2x - 2y - p = 0$.

5. Calcule a distância entre os centros das circunferências de equações $x^2 + y^2 - 1 = 0$ e $x^2 + y^2 - 2x - y = 0$.

6. Qual é o ponto da circunferência de equação $(x - 4)^2 + (y + 3)^2 = 1$ que tem ordenada máxima?

7. Seja a circunferência dada por $x^2 + y^2 + 4x + 10y + 28 = 0$. Determine os pontos de abscissa mínima.

8. Determine a, b e c de modo que a equação $ax^2 + y^2 + bxy + 6x + 8y + c = 0$ represente uma circunferência de raio de medida 6.

9. Determine a, b e c de modo que a equação $36x^2 + ay^2 + bxy + 24x - 12y + c = 0$ represente uma circunferência.

10. **Futebol.** Num campo de futebol, o círculo central é definido por $x^2 + y^2 - 4x - 2y = 4$ e a meia-lua de uma das áreas está contida na circunferência definida por $x^2 + y^2 - 50x - 24y + 760 = 0$. Sabendo que o centro da meia-lua está contido na linha inicial da grande área, qual a distância entre o meio de campo e a linha inicial da grande área? (Considere as coordenadas em metro.)

GUILHERME LARA CAMPOS/FOTOARENA/FOLHAPRESS

11. **Olimpíadas.** Imagine a construção do símbolo olímpico conforme a figura:

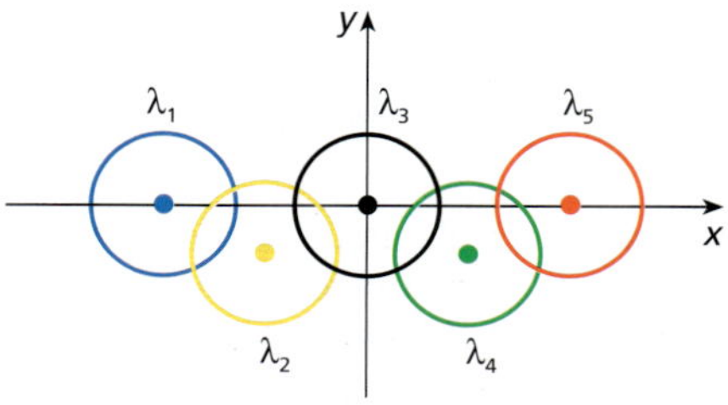

A circunferência λ_3, com centro na origem, tem raio igual de medida 5 cm. As circunferências λ_1 e λ_5 têm seu centro a 14 cm do centro de λ_3. Os centros de λ_2 e λ_4 estão a $\sqrt{64}$ cm do centro de λ_3 e têm ordenada igual a -4.
Sabendo que todas as circunferências têm raio de mesma medida, determine a equação das cinco circunferências que representam o símbolo olímpico.

12. Determine a equação da circunferência que passa pelo ponto $P(8, 1)$ e tangencia os eixos x e y.

13. Uma circunferência passa pelos pontos $(2, 0)$, $(2, 4)$ e $(0, 4)$. Determine a distância do centro dessa circunferência à origem.

14. A reta de equação $y = mx$ (com $m > 0$) é tangente à circunferência de equação $(x - 4)^2 + y^2 = 4$. Determine o seno do ângulo que a reta forma com o eixo x.

15. Qual é a área máxima do retângulo inscrito na circunferência de equação $x^2 + y^2 - 8x + 6y + 22 = 0$?

16. Determine a equação de uma circunferência de raio 2 que seja concêntrica à circunferência de equação $x^2 + y^2 - 4x + 2y + 4 = 0$ e, a seguir, calcule a diferença entre as áreas dos círculos determinados por essas circunferências.

17. A reta s passa pelo ponto $(0, 3)$ e é perpendicular à reta que passa pelos pontos A e B, em que $A(0, 0)$ e B é o centro da circunferência de equação $x^2 + y^2 - 2x - 4y = 20$. Determine a equação de s.

18. Considere um quadrado de lados paralelos aos eixos coordenados e circunscrito na circunferência de equação $x^2 + y^2 - 6x - 8y + 12 = 0$. Determine a equação das retas que contêm as diagonais desse quadrado.

19. **Arte gráfica.** As vírgulas de um cartaz publicitário foram impressas de acordo com um desenho determinado pela união de três semicircunferências, de arcos AB, AC e BC, conforme a figura:

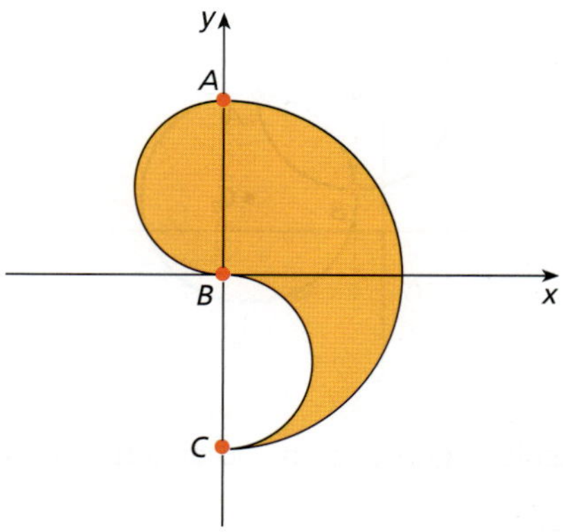

Sabendo que o arco BC está contido na circunferência definida por $x^2 + y^2 + 2y = 0$, calcule a área de impressão ocupada por uma vírgula.

20. Calcule a área da região do plano cartesiano, determinada por:

$$\begin{cases} x \geqslant 0 \\ y \geqslant 0 \\ x^2 + y^2 \leqslant 25 \end{cases}$$

21. Observe a região destacada abaixo e escreva o sistema de equações que a gerou.

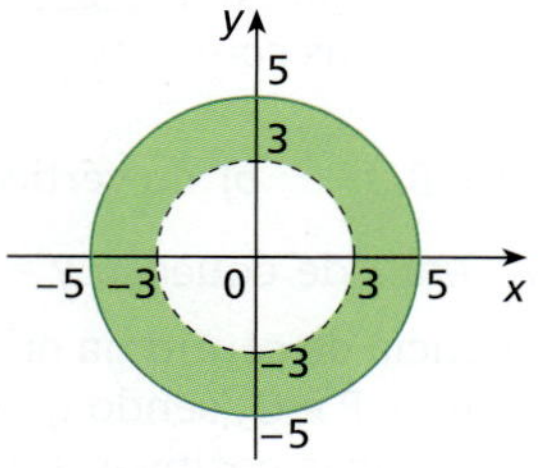

22. Na figura ao lado estão representadas a reta de equação $3y - x = 5$ e a circunferência de equação $x^2 + y^2 = 25$. Determine o ponto médio de $\overline{AB}$.

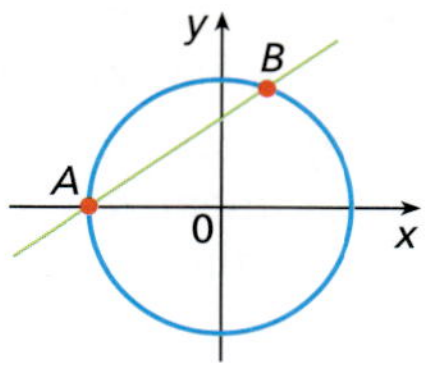

23. Um quadrado está inscrito numa circunferência de centro (1, 2). Um dos vértices do quadrado é o ponto (−3, −1). Determine os outros três vértices.

24. Trace as retas $y = x + n$ para $n = 0, 1, 2, 3, 4$ e 5. Quais dessas retas encontram a circunferência de equação $x^2 + y^2 = 9$?

25. Quantos são os pontos que têm coordenadas inteiras e são interiores à circunferência de equação $x^2 + y^2 = 6$?

Questões de vestibular

1. (Uece) Num sistema cartesiano utilizado no plano, o ponto P é a intersecção das retas $2x - y - 7 = 0$ e $x - 2y + 7 = 0$, o ponto Q é o centro da circunferência $x^2 + y^2 + 2x - 2y - 2 = 0$ e r é o raio dessa circunferência. A distância entre os pontos P e Q é igual a:

a) $2r$ b) $3r$ c) $4r$ d) $5r$

2. (UFRGS-RS) Um círculo tangencia dois eixos perpendiculares entre si, como indicado na figura ao lado.

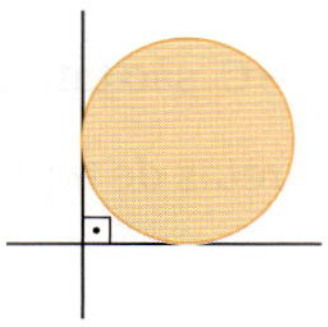

Um ponto P do círculo dista 9 de um dos eixos e 2 do outro.

Nessas condições, a soma dos possíveis valores para o raio do círculo é:

a) 19 b) 20 c) 21 d) 22 e) 23

3. (Uems) A circunferência de equação γ: $x^2 + y^2 - 6y + 5 = 0$ é tangente à reta de equação $r: -kx + y = 0$, $(k > 0)$. O valor de k é:

26.3 Visão do especialista

a) $\frac{\sqrt{2}}{2}$ c) $\frac{\sqrt{5}}{2}$ e) $\frac{\sqrt{11}}{2}$

b) $\frac{\sqrt{3}}{2}$ d) $\frac{\sqrt{7}}{2}$

4. (Fuvest-SP) Considere, no plano cartesiano Oxy, a circunferência C de equação $(x - 2)^2 + (y - 2)^2 = 4$ e sejam P e Q os pontos nos quais C tangencia os eixos Ox e Oy, respectivamente.

26.4 Visão do especialista

Seja PQR o triângulo isósceles inscrito em C, de base $\overline{PQ}$, e com o maior perímetro possível. Então, a área de PQR é igual a:

a) $2\sqrt{2} - 2$ c) $2\sqrt{2}$ e) $2\sqrt{2} + 4$

b) $2\sqrt{2} - 1$ d) $2\sqrt{2} + 2$

5. (Unifesp) Na figura A aparecem as circunferências α, de equação $x^2 + y^2 = 1$, e β, de equação $x^2 + y^2 = 9$. Sabendo-se que as circunferências tangentes simultaneamente a α e a β são como λ_1 (na figura B) ou λ_2 (na figura C):

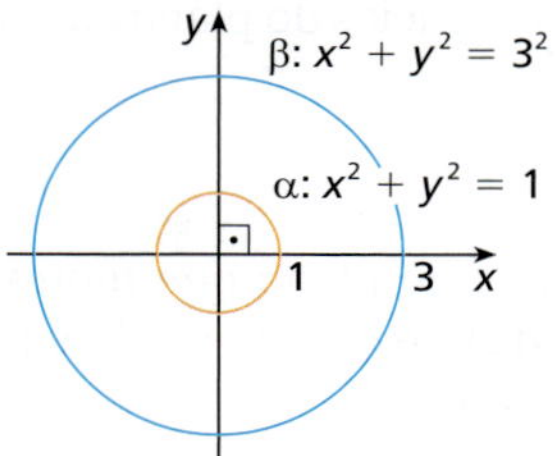

Figura A

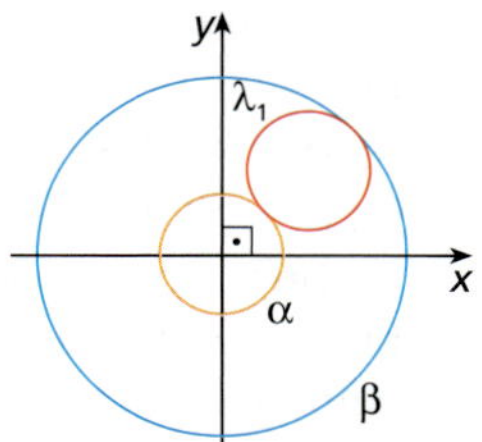

Figura B

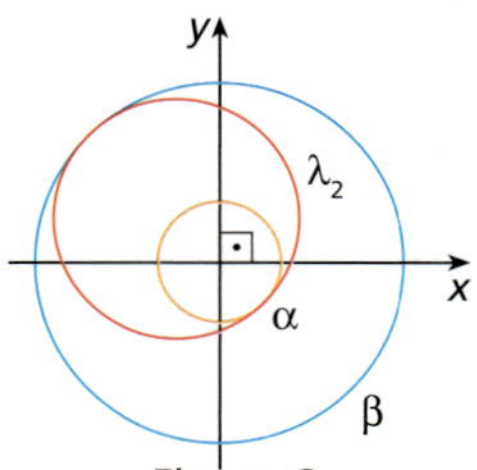

Figura C

o lugar geométrico dos centros dessas circunferências é dado:

a) pelas circunferências de equações $(x - 1)^2 + y^2 = 4$ e $(x - 2)^2 + y^2 = 1$.

b) pela elipse de equação $\frac{x^2}{1} + \frac{x^2}{3^2} = 1$.

c) pelas circunferências de equações $x^2 + y^2 = 1$ e $x^2 + y^2 = 4$.

d) pela circunferência de equação $x^2 + y^2 = 4$.

e) pelas retas de equações $y = x$ e $y = -x$.

6. (FGV) No plano cartesiano, considere o feixe de paralelas $2x + y = c$ em que $c \in \mathbb{R}$.

a) Qual a reta do feixe com maior coeficiente linear que intercepta a região determinada pelas inequações:

$$\begin{cases} x + y \leqslant 10 \\ x \geqslant 0 \\ y \geqslant 0 \end{cases}$$

b) Quais as retas do feixe que tangenciam a circunferência de equação $x^2 + y^2 = 1$?

7. (Unesp) Considere a circunferência $x^2 + (y - 2)^2 = 4$ e o ponto $P(0, -3)$.

26.5 Visão do especialista

a) Encontre uma equação da reta que passe por P e tangencie a circunferência num ponto Q de abscissa positiva.

b) Determine as coordenadas do ponto Q.

8. (FGV) No plano cartesiano, a circunferência que passa pelo ponto P(1, 3) e é concêntrica com a circunferência $x^2 + y^2 - 6x - 8y - 1 = 0$ tem a seguinte equação:

a) $x^2 + y^2 + 6x + 8y - 40 = 0$

b) $x^2 + y^2 - 3x - 4y + 5 = 0$

c) $x^2 + y^2 - 6x - 8y + 20 = 0$

d) $x^2 + y^2 + 3x + 4y - 25 = 0$

e) $x^2 + y^2 - 3x + 4y - 19 = 0$

9. (Ibmec) Suponha que r é um número real positivo e considere as circunferências do plano cartesiano dadas por

C_1: $(x - 5)^2 + y^2 = r^2$,

C_2: $(x + 5)^2 + y^2 = r^2$.

O conjunto dos pontos do plano que representam as intersecções de C_1 e C_2 para $r \leqslant 13$ é mais bem descrito pela figura:

a)

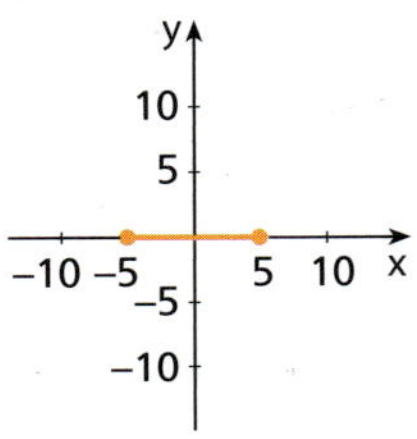

b)

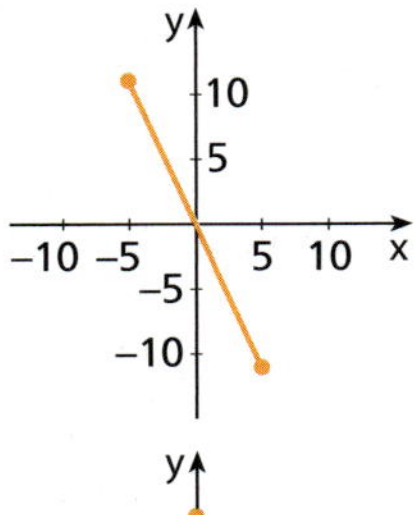

c)

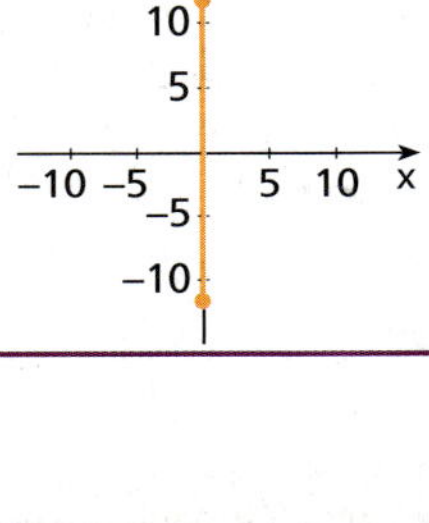

d)

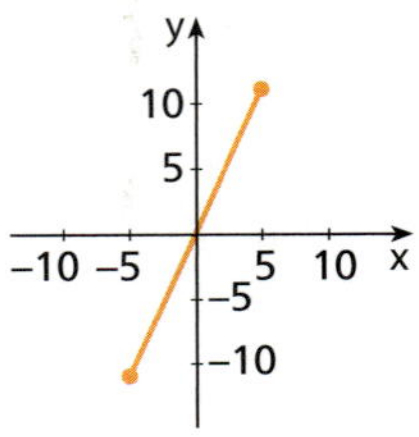

e)

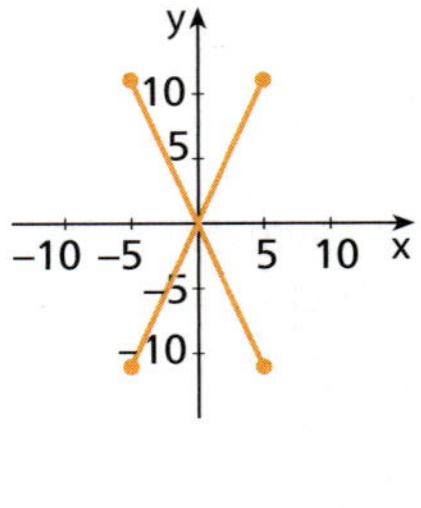

10. (Fuvest-SP) Na figura ao lado, os pontos A, B e C são vértices de um triângulo retângulo, sendo $\hat{B}$ o ângulo reto.

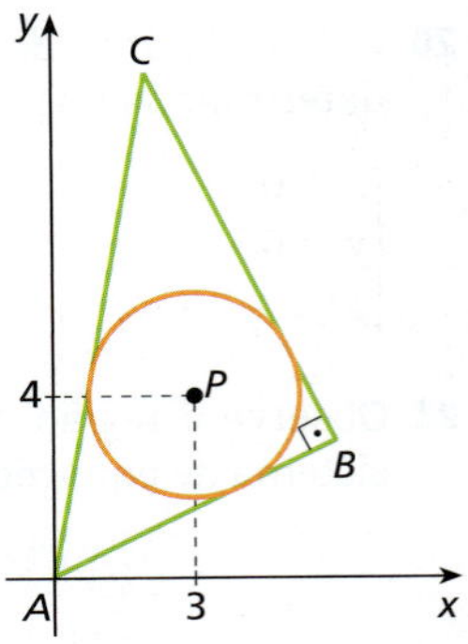

Sabendo-se que A = (0, 0), B pertence à reta $x - 2y = 0$ e P = (3, 4) é o centro da circunferência inscrita no triângulo ABC, determinar as coordenadas:

a) do vértice B.

b) do vértice C.

11. (Unesp) A reta r de equação $y = \dfrac{x}{2}$ intercepta a circunferência de centro na origem e raio $\sqrt{5}$ em dois pontos P e Q, sendo que as coordenadas de P são ambas positivas. Determine:

a) a equação da circunferência e os pontos P e Q.

b) a equação da reta s, perpendicular a r, passando por P.

12. (Fuvest-SP) No plano cartesiano Oxy, a circunferência C tem centro no ponto A(−5, 1) e é tangente à reta de equação $4x - 3y - 2 = 0$ em um ponto P. Seja, ainda, Q o ponto de intersecção da reta t com o eixo Ox. Assim:

a) determine as coordenadas do ponto P.

b) escreva uma equação para a circunferência C.

c) calcule a área do triângulo APQ.

13. (UFG-GO) Na figura abaixo, as circunferências C_1 e C_2 são tangentes entre si e ambas tangentes às retas de equações $y = \dfrac{\sqrt{3}}{3}x$ e $y = -\dfrac{\sqrt{3}}{3}x$.

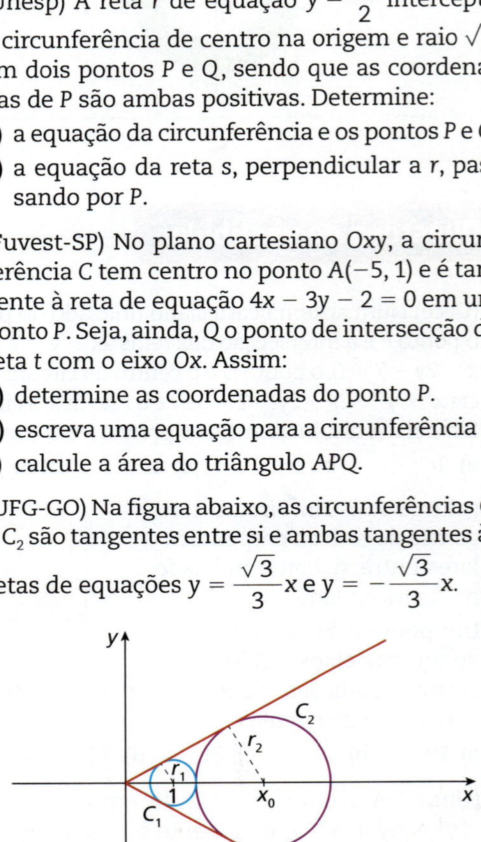

Calcule a equação da circunferência C_2, sabendo que o ponto (1, 0) é o centro da circunferência C_1.

14. (Fuvest-SP) Para cada número real m seja $P_m = (x_m, y_m)$ o ponto de interseção das retas $mx + y = 1$ e $x - my = 1$. Sabendo-se que todos os pontos P_m pertencem a uma mesma circunferência, qual é o centro dessa circunferência?

26 Visão d especiali

a) $\left(\dfrac{1}{2}, \dfrac{1}{2}\right)$

b) (0, 0)

c) $\left(-\dfrac{1}{2}, \dfrac{1}{2}\right)$

d) $\left(-\dfrac{1}{2}, -\dfrac{1}{2}\right)$

e) (1, 1)

Capítulo 27

Cônicas

RICHARD WAINSCOAT/ALAMY/OTHER IMAGES

Objetivos do capítulo:

- ✔ Identificar as cônicas em situações reais.
- ✔ Diferenciar as elipses, as parábolas e as hipérboles.
- ✔ Associar as cônicas com suas respectivas equações.
- ✔ Associar os gráficos de cônicas com suas equações, bem como as equações com seus gráficos.

A descoberta do cometa Halley foi um dos marcos da Astronomia. Edmund Halley (1656-1742), astrônomo inglês, previu, por meio de cálculos matemáticos, que a passagem do cometa ocorreria novamente no ano de 1758. Halley estudava as órbitas dos cometas cujas passagens pela Terra eram registradas desde a Antiguidade. Em seus estudos, concluiu que os cometas vistos em 1531, 1607 e 1682 eram, na verdade, um único cometa, que descrevia sua órbita em torno do Sol com um período de aproximadamente 76 anos. O retorno do astro no ano de 1758 fez com que recebesse o nome do astrônomo inglês. Assim como os planetas do Sistema Solar e outros cometas, o Halley descreve uma órbita elíptica em torno do Sol.

1 Secções cônicas

1.1 Ideia de secções de uma superfície cônica

Observe as figuras a seguir. Imagine que a bola está sobre uma mesa em uma sala escura. Ao iluminar a bola com uma lanterna, é possível verificar que o formato da sombra se modifica de acordo com a posição da lanterna.

O contorno de cada sombra da bola tem a forma de uma curva. Essas diferentes curvas são chamadas de **cônicas**, e podem representar **elipses, parábolas** e **hipérboles**.

JAVIER JAIME/CID

Elipse

JAVIER JAIME/CID

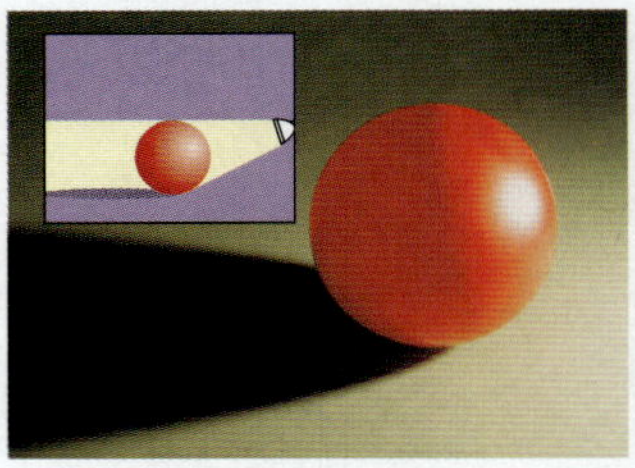

Parábola

JAVIER JAIME/CID

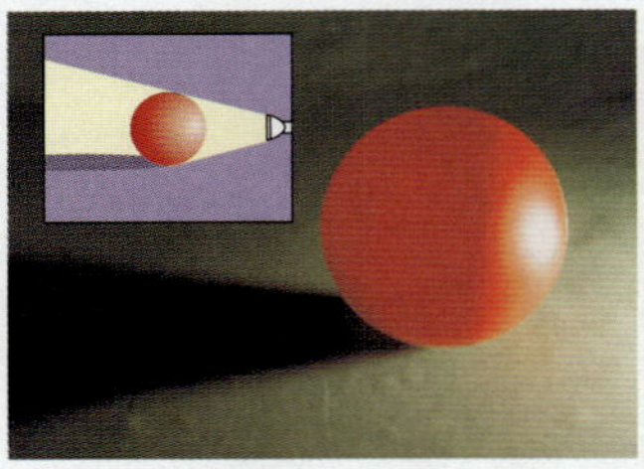

Hipérbole

Os estudos sobre as cônicas tomaram por base a intersecção de um plano com uma superfície cônica formada pelas superfícies laterais de dois cones circulares retos simétricos pelo vértice, daí a origem do nome **secções cônicas**.

Observe ao lado a figura que representa uma superfície cônica interceptada pelo plano α.

Nesse caso, como o plano α é paralelo às bases dos cones e não passa pelos vértices, a cônica obtida é uma circunferência.

Variando a inclinação do plano α, podemos obter as três cônicas que serão estudadas neste capítulo: a elipse, a parábola e a hipérbole.

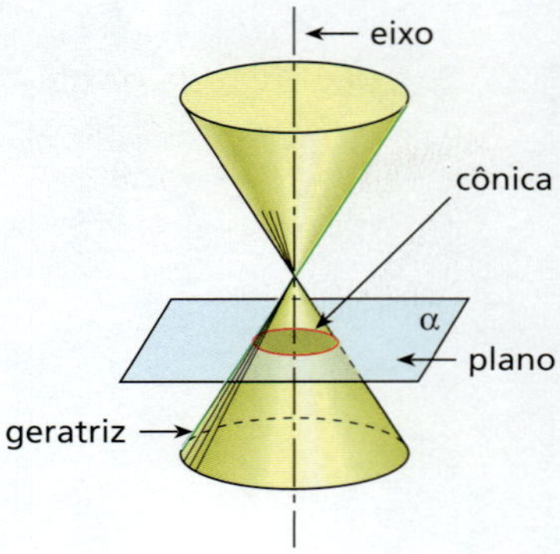

Elipse	Parábola	Hipérbole
Se o plano α interceptar todas as geratrizes do cone e não for paralelo às bases dos cones nem passar pelo vértice, teremos uma elipse:	Se o plano α for paralelo (mas não coincidente) a uma geratriz, teremos uma parábola:	Se o plano α for paralelo (mas não coincidente) ao eixo dos cones, teremos uma hipérbole:
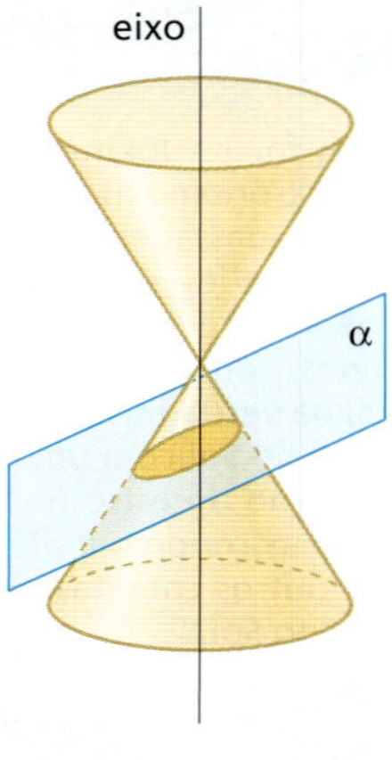	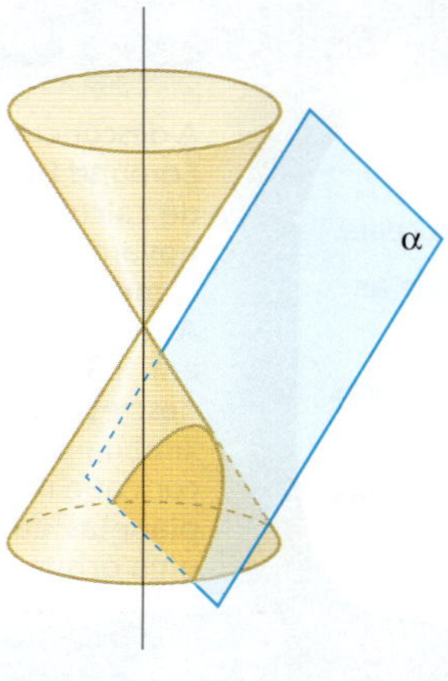	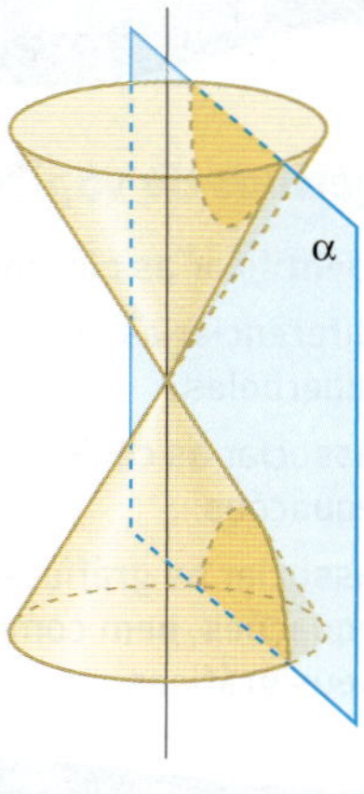

27.1 Biblioteca do estudante

2 Elipse

2.1 Traçado e definição de elipse

A forma de elipse pode ser observada em objetos do dia a dia, em alguns estádios de futebol, na órbita dos planetas e em outras situações.

COREL/STOCK PHOTOS

A borda dessa mesa lembra uma elipse.

VICTOR HABBICK VISIONS/SCIENCE PHOTO LIBRARY/LATINSTOCK

A órbita dos planetas do Sistema Solar ao redor do Sol é elíptica.

Para traçar uma elipse, marcamos, sobre o plano, dois pontos, F_1 e F_2, distantes $2c$ um do outro. Em cada ponto fixamos, com o auxílio de dois percevejos, a extremidade de um barbante de comprimento $2a$, sendo $2a > 2c$ (figura I). A seguir, posicionando um lápis junto ao barbante e mantendo-o bem esticado, traçamos uma curva (figura II).

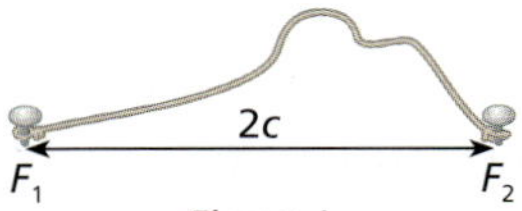

Figura I

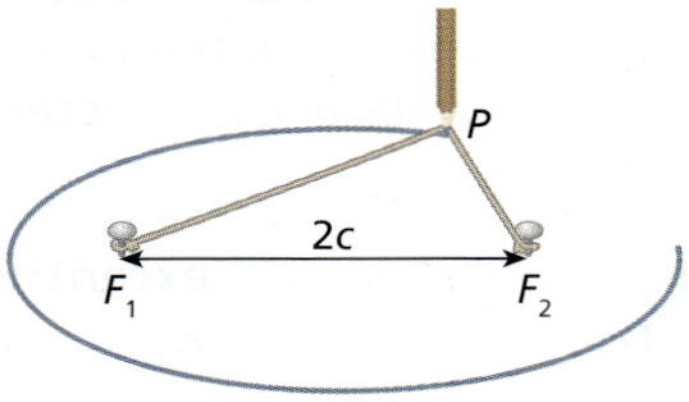

Figura II

Note que, para qualquer ponto P pertencente à curva, a distância $PF_1 + PF_2$ é constante, pois corresponde ao comprimento do barbante. A curva formada é chamada de elipse e pode ser assim definida:

- Sejam F_1 e F_2 dois pontos distintos de um plano. **Elipse** é o lugar geométrico dos pontos P do plano cuja soma das distâncias PF_1 e PF_2 é constante e maior que a distância entre F_1 e F_2.

2.2 Elementos da elipse

Na figura abaixo, estão representados alguns elementos importantes da elipse.

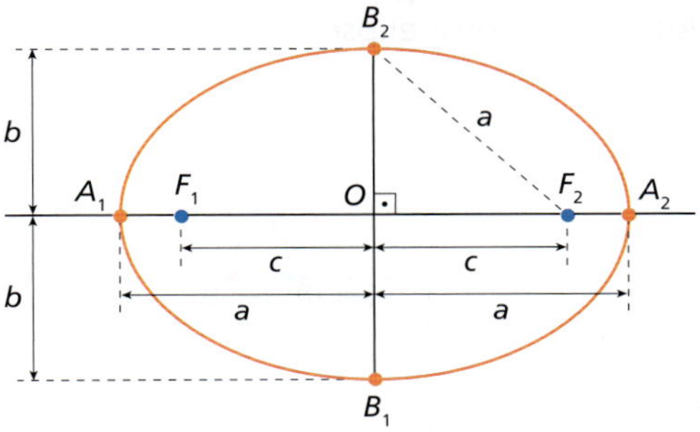

- **Focos:** são os pontos F_1 e F_2.
- **Eixo maior:** é o segmento $\overline{A_1A_2}$, que passa pelos focos ($A_1A_2 = 2a$).
- **Centro:** é o ponto O, ponto médio de $\overline{A_1A_2}$.
- **Eixo menor:** é o segmento $\overline{B_1B_2}$, perpendicular a $\overline{A_1A_2}$, que passa por O ($B_1B_2 = 2b$).
- **Distância focal:** é a distância entre os focos ($F_1F_2 = 2c$).
- **Excentricidade (e):** é a razão $e = \frac{c}{a}$.

2.3 Relação entre *a*, *b* e *c*

Observe a elipse:

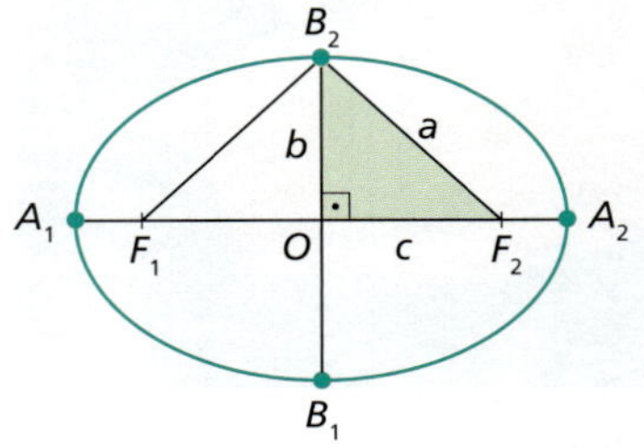

A partir do triângulo retângulo OB_2F_2, podemos escrever a relação: $a^2 = b^2 + c^2$

2.4 Excentricidade

Ao observar várias elipses, você vai perceber que algumas são bem próximas a uma circunferência e outras são mais achatadas. Essa característica da elipse é determinada por um número, a excentricidade *e*.

Como $e = \frac{c}{a}$ e $c < a$, a excentricidade *e* está entre 0 e 1 ($0 < e < 1$).

- Se *e* for próximo de 0, a elipse é mais próxima a uma circunferência.
- Se *e* for próximo de 1, a elipse é mais achatada.

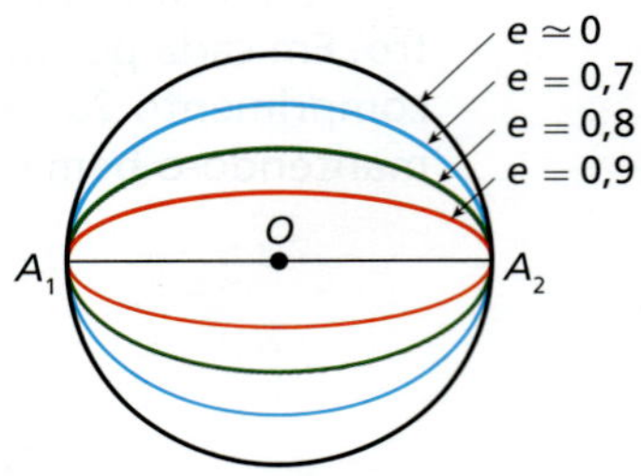

Quanto mais os focos se distanciam do centro, mais achatada é a elipse. No entanto, quanto mais os focos se aproximam do centro, mais próxima a uma circunferência é a elipse.

2.5 Equação reduzida da elipse com centro na origem

Para obter uma equação para a elipse na forma mais simples possível, escolhemos um sistema de coordenadas cujos eixos contenham os eixos da elipse. Vamos estudar dois casos.

Caso 1: Eixo maior da elipse sobre o eixo das abscissas

Considere uma elipse com centro O na origem do sistema cartesiano, eixo maior de coordenadas $A_1(-a, 0)$ e $A_2(a, 0)$, eixo menor $B_1(0, -b)$ e $B_2(0, b)$ e focos $F_1(-c, 0)$ e $F_2(c, 0)$. A seguir, escolhemos um ponto P qualquer sobre essa elipse, com coordenadas (x, y).

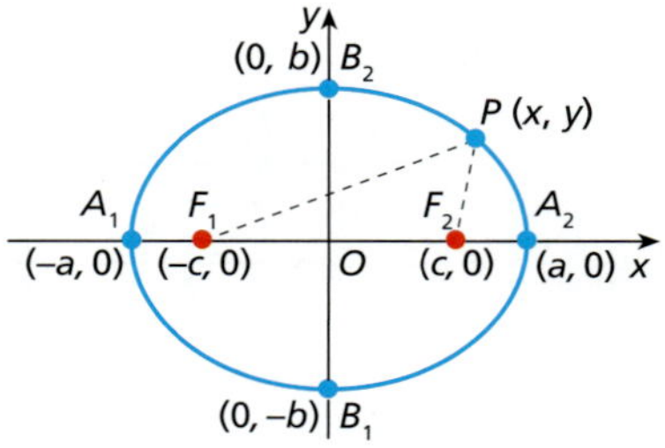

Agora, usando a fórmula da distância entre dois pontos, obtemos a equação da elipse.

Como $PF_1 + PF_2 = 2a$, temos:

$$\sqrt{[x-(-c)]^2+(y-0)^2}+\sqrt{(x-c)^2+(y-0)^2}=2a$$

$$\sqrt{(x+c)^2+y^2}=2a-\sqrt{(x-c)^2+y^2}$$

$$\left[\sqrt{(x+c)^2+y^2}\right]^2=\left[2a-\sqrt{(x-c)^2+y^2}\right]^2$$

$$(x+c)^2+y^2=4a^2-4a\sqrt{(x-c)^2+y^2}+(x-c)^2+y^2$$

$$\cancel{x^2}+2cx+\cancel{c^2}+\cancel{y^2}=4a^2-4a\sqrt{x^2-2cx+c^2+y^2}+\cancel{x^2}-2cx+\cancel{c^2}+\cancel{y^2}$$

$$4cx-4a^2=-4a\sqrt{x^2-2cx+c^2+y^2}$$

$$(cx-a^2)^2=\left(-a\sqrt{x^2-2cx+c^2+y^2}\right)^2$$

$$c^2x^2-2cxa^2+(a^2)^2=a^2(x^2-2cx+c^2+y^2)$$

$$c^2x^2-\cancel{2cxa^2}+a^4=a^2x^2-\cancel{2cxa^2}+a^2c^2+a^2y^2$$

$$c^2x^2+a^4=a^2x^2+a^2c^2+a^2y^2$$

$$a^4-a^2c^2=a^2x^2+a^2y^2-c^2x^2$$

$$a^2(a^2-c^2)=x^2(a^2-c^2)+a^2y^2 \text{ (I)}$$

Como $b^2 = a^2 - c^2$, podemos substituir em (I):

$$a^2b^2 = x^2b^2 + a^2y^2$$

Como $a \neq 0$ e $b \neq 0$, $ab \neq 0$, então $a^2b^2 \neq 0$. Logo, podemos dividir os dois membros da equação por a^2b^2:

$$\frac{\cancel{a^2b^2}}{\cancel{a^2b^2}}=\frac{x^2\cancel{b^2}}{a^2\cancel{b^2}}+\frac{\cancel{a^2}y^2}{\cancel{a^2}b^2}$$

Portanto:

$$\frac{x^2}{a^2}+\frac{y^2}{b^2}=1 \text{, com } a > b$$

Essa é a equação reduzida da elipse de focos no eixo das abscissas e centro (0, 0).

Caso 2: Eixo maior da elipse sobre o eixo das ordenadas

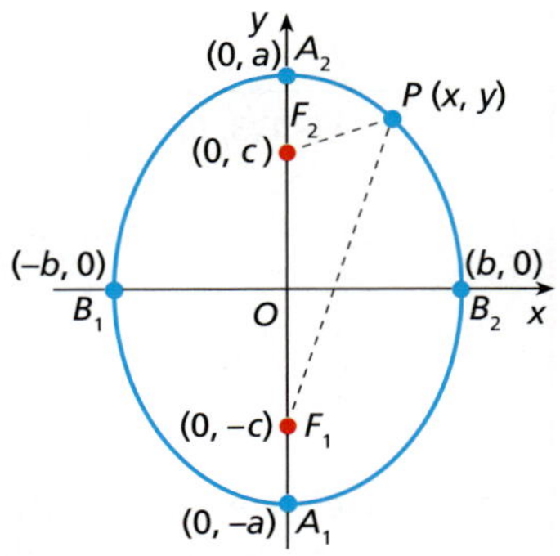

Nesse caso: $F_1(0, -c)$ e $F_2(0, c)$

$P(x, y)$ estará na elipse se: $\sqrt{(y+c)^2+x^2}+\sqrt{(y-c)^2+x^2}=2a$

Analogamente ao que fizemos no caso 1, obtemos:

$$\frac{x^2}{a^2}+\frac{y^2}{b^2}=1 \text{, com } a > b$$

27.1 Visão do especialista

Essa é a equação reduzida da elipse de focos nos eixos das ordenadas e centro em (0, 0).

Exemplo

Vamos determinar a equação reduzida da elipse com centro na origem e focos sobre os eixos das abscissas, sendo $F_1(-3, 0)$ e $F_2(3, 0)$, com eixo maior igual a 8 unidades.

Como o eixo maior tem 8 unidades, então: $2a = 8 \Rightarrow a = 4$

A distância do centro a qualquer um dos focos é igual a 3. Logo: $c = 3$

Pela relação $a^2 = b^2 + c^2$, temos: $4^2 = b^2 + 3^2 \Rightarrow b^2 = 7$

Substituindo os valores encontrados em $\frac{x^2}{a^2}+\frac{y^2}{b^2}=1$, temos a equação:

$$\frac{x^2}{16}+\frac{y^2}{7}=1$$

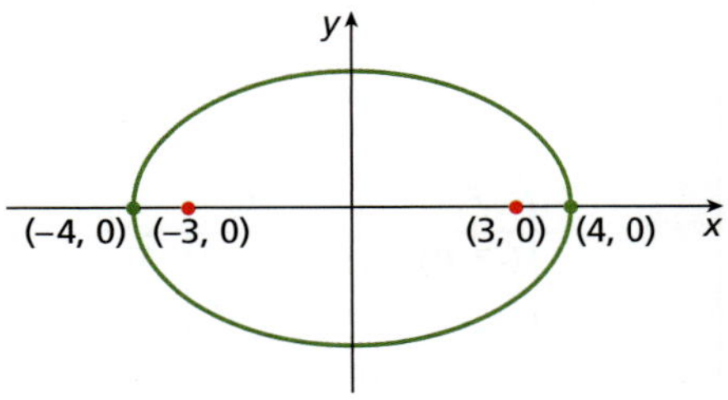

Exercícios

R1. Sendo $x^2 + 4y^2 = 64$ a equação de uma elipse, determinar as coordenadas de seus focos e as extremidades do eixo menor.

➤ **Resolução**

Vamos escrever a equação na forma reduzida:

$$x^2 + 4y^2 = 64 \Rightarrow \frac{x^2}{64} + \frac{4y^2}{64} = \frac{64}{64} \Rightarrow$$

$$\Rightarrow \frac{x^2}{64} + \frac{y^2}{16} = 1$$

Para determinar a e b, precisamos analisar se a elipse determinada por essa equação tem seu eixo maior sobre o eixo das abscissas ou das ordenadas.

Como, na equação reduzida de uma elipse, a é maior que b, podemos concluir que $a^2 = 64$ e $b^2 = 16$. Ou seja, o eixo maior dessa elipse está sobre o eixo das abscissas.

Como $a^2 = 64$ e $b^2 = 16$, então $a = 8$ e $b = 4$. Pela relação $a^2 = b^2 + c^2$:

$64 = 16 + c^2 \Rightarrow c^2 = 48 \Rightarrow c = 4\sqrt{3}$

Assim, os focos são $F_1(-4\sqrt{3}, 0)$ e $F_2(4\sqrt{3}, 0)$, e as extremidades do eixo menor são $B_1(0, -4)$ e $B_2(0, 4)$.

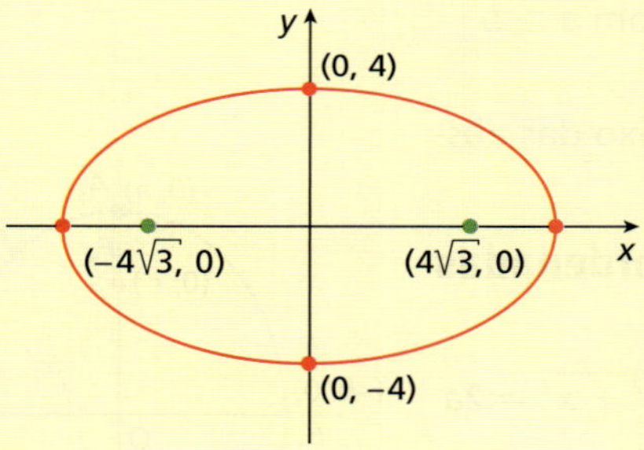

1. Uma elipse tem centro em (0, 0) e $B_1(0, -3)$ e $A_1(-5, 0)$, coordenadas dos pontos que são extremidades de seus eixos. Determine sua equação.

2. Obtenha a equação reduzida de cada elipse representada no plano cartesiano.

a)

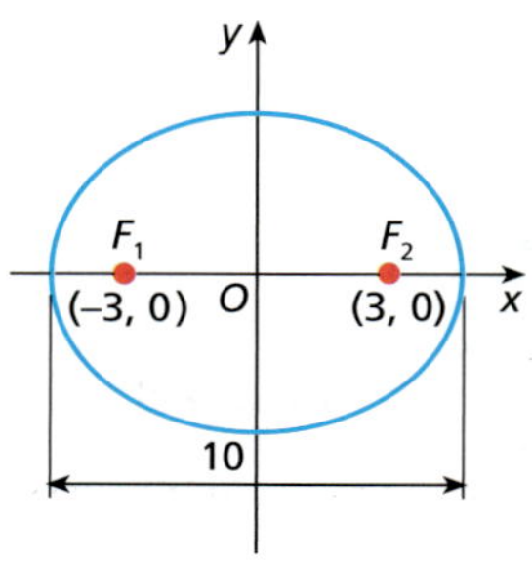

b)

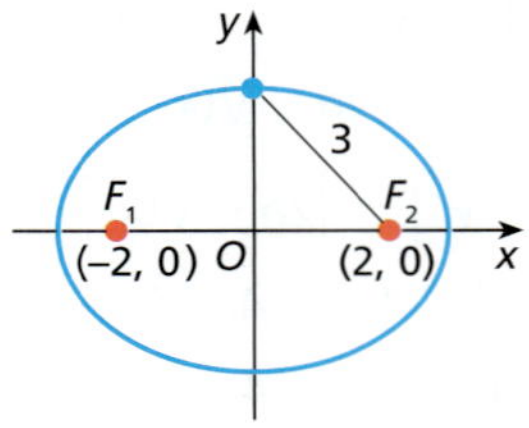

c)

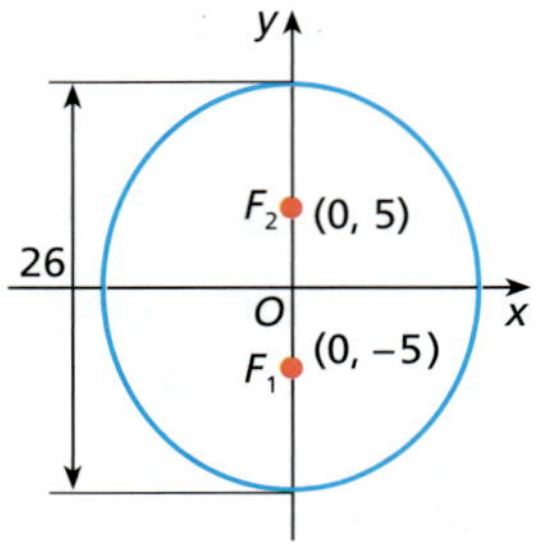

d)

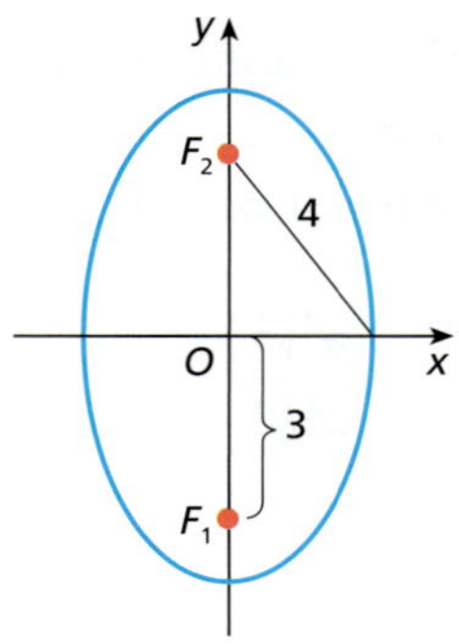

3. Determine a equação reduzida da elipse de cada item.

a) $F_1(-1, 0)$ e $F_2(1, 0)$ e $a = 5$

b) $A_1(-5, 0)$ e $A_2(5, 0)$ e $e = 0{,}8$

c) $B_1(0, -4)$ e $B_2(0, 4)$ e $a = 12$

4. Observe os esboços das elipses. Mesmo sem as medidas, é possível associá-las a uma equação. Analise a forma e a posição de cada elipse e associe a uma equação, justificando sua resposta.

a)

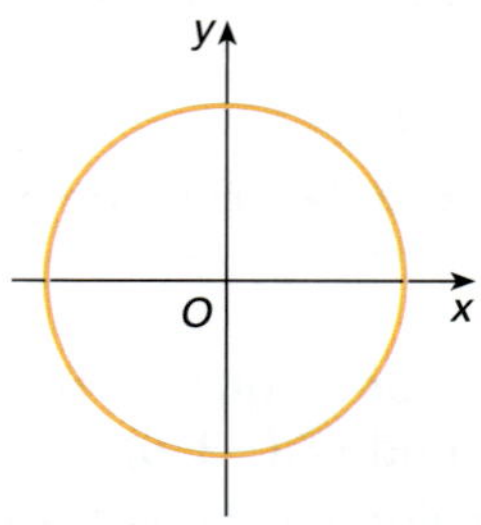

c)

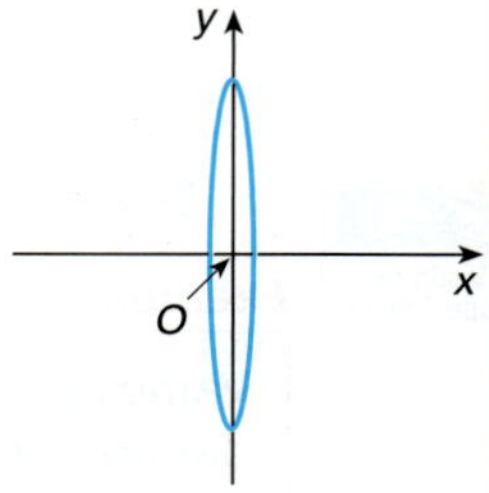

b)

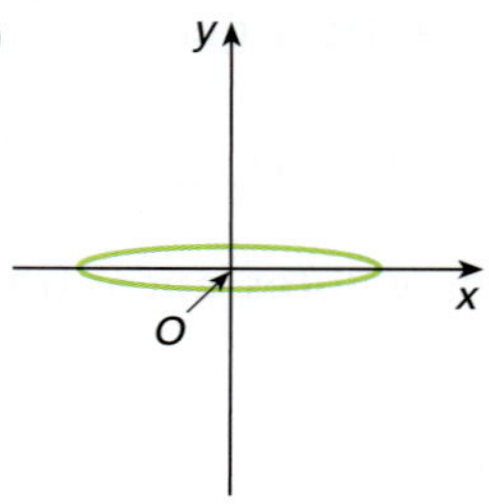

I) $x^2 + 100y^2 = 1$

II) $x^2 + \frac{10y^2}{9} = 1$

III) $100x^2 + y^2 = 1$

5. Determine as coordenadas dos focos e a excentricidade das seguintes elipses:

a) $\frac{x^2}{25} + \frac{y^2}{100} = 1$

b) $\frac{x^2}{49} + \frac{y^2}{9} = 1$

c) $16x^2 + 9y^2 = 576$

d) $x^2 + 2y^2 = 36$

6. Encontre as coordenadas dos focos e das extremidades dos eixos das elipses de equação:

a) $3x^2 + 2y^2 = 6$

b) $4x^2 + 16y^2 = 64$

7. Na elipse representada na figura, a circunferência inscrita tem raio 2, centro na origem e passa pelos focos F_1 e F_2 da elipse. Determine a equação da elipse.

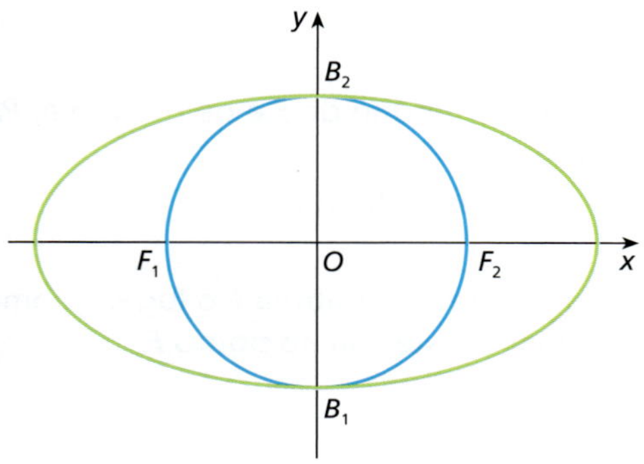

8. Esboce os gráficos das elipses de equação:

a) $\frac{x^2}{9} + \frac{y^2}{4} = 1$

b) $\frac{x^2}{4} + \frac{y^2}{16} = 1$

c) $4x^2 + 9y^2 = 36$

d) $2x^2 + y^2 = 24$

9. Sabendo que uma elipse está centrada na origem do sistema cartesiano e que seus focos estão sobre o eixo das ordenadas, determine sua equação reduzida, sendo a distância focal igual a $2\sqrt{3}$ e $B_2(1, 0)$.

10. Determine o conjunto de todos os pontos do plano, tais que a soma das distâncias desses pontos a $(-4, 0)$ e $(4, 0)$ seja sempre igual a 10.

11. A órbita da Terra em torno do Sol é praticamente elíptica, estando o Sol num dos focos. Sabendo que o eixo maior dessa elipse é cerca de 300.000.000 km e que a excentricidade é 0,0176, determine a menor e a maior distância da Terra ao Sol.

12. Considere a elipse abaixo e demonstre as propriedades indicadas.

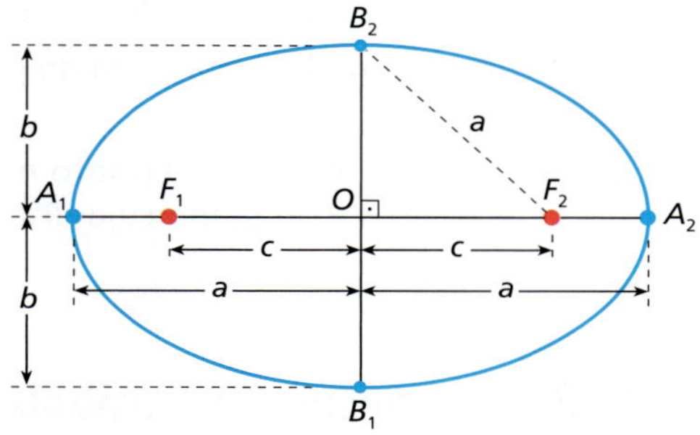

a) $A_1F_1 = A_2F_2$

b) $A_1A_2 = 2a$

c) $B_1F_1 = B_1F_2 = a$ e $B_2F_1 = B_2F_2 = a$

3 Parábola

3.1 Traçado e definição de parábola

Podemos observar parábolas em várias situações, por exemplo na trajetória do jato de água de um chafariz, na trajetória do ponto luminoso em fogos de artifício, entre outras. A parábola também é muito utilizada em projetos arquitetônicos.

JAMES BRUNKER/ALAMY/OTHER IMAGES

A ideia de parábola está presente na Praça das Armas, na cidade de Tacna, Peru.

KRKR/SHUTTERSTOCK

A trajetória da água do chafariz descreve uma parábola.

Para construir uma parábola, traçamos uma reta r e marcamos um ponto F ($F \notin r$). A seguir, cortamos um barbante de comprimento AB, igual à altura do esquadro (figura I). Com a ajuda de dois percevejos, fixamos uma das pontas do barbante no ponto F e a outra no ponto A do esquadro (figura I). Com um lápis apoiado no esquadro, esticamos o barbante e traçamos metade de uma curva, deslizando o esquadro para a direita (figura II). Para traçar a outra metade da curva, repetimos o processo com o esquadro invertido.

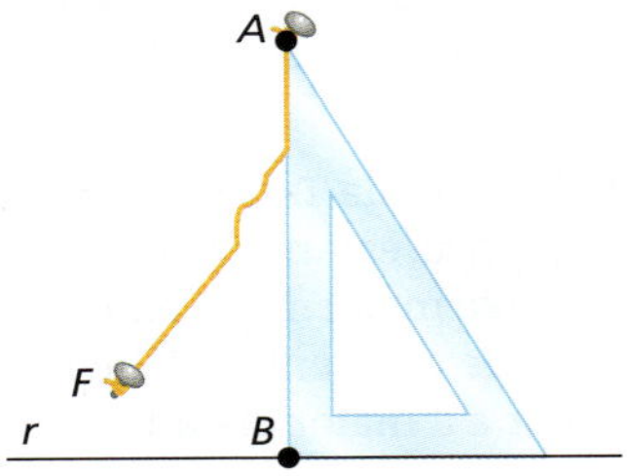

Figura I

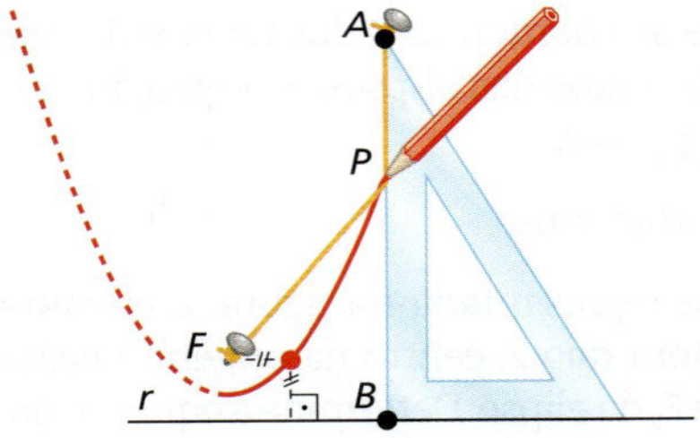

Figura II

Note que qualquer ponto P pertencente à curva dista o mesmo de F e de r, ou seja, $PB = PF$. Veja: $PB + PA = AB = PF + PA \Rightarrow PB + PA = PF + PA \Rightarrow PB = PF$

A curva formada é chamada de parábola e pode ser assim definida:

- Seja r uma reta e F um ponto não pertencente a essa reta. **Parábola** é o lugar geométrico dos pontos P do plano cuja distância à reta r é igual à distância ao ponto F.

3.2 Elementos da parábola

A figura abaixo representa uma parábola com alguns de seus elementos.

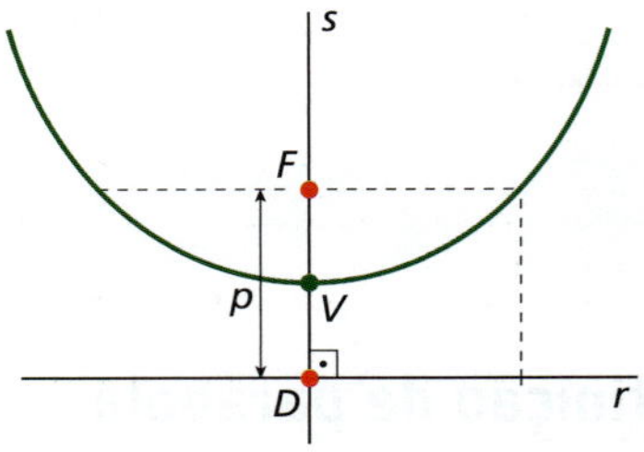

- **Foco**: é o ponto F.
- **Diretriz**: é a reta r.
- **Eixo de simetria**: é a reta s, perpendicular a r, que passa pelo foco.
- **Vértice**: é o ponto V, intersecção da parábola com o eixo de simetria.
- **Parâmetro da parábola**: é a distância p entre o foco e a diretriz, isto é, $p = FD$.

27.2 Biblioteca do estudante

É importante observar que o vértice também pertence à parábola, portanto deve ser equidistante de F e de r, ou seja, V é o ponto médio de $\overline{FD}$.

3.3 Equação reduzida da parábola com vértice na origem

Vamos considerar uma parábola com vértice V na origem do sistema cartesiano e foco F. Escolhemos um ponto $P(x, y)$ qualquer sobre essa parábola. Sabemos que a distância entre F e P deve ser igual à distância entre P e r (diretriz da parábola), ou seja: $d_{P,F} = d_{P,r}$

Vamos estudar dois casos de equação da parábola com vértice na origem:

1º caso: Parábola com eixo de simetria sobre o eixo *y* e vértice na origem	**2º caso: Parábola com eixo de simetria sobre o eixo *x* e vértice na origem**
• $F(0, c)$ e diretriz $y = -c$ 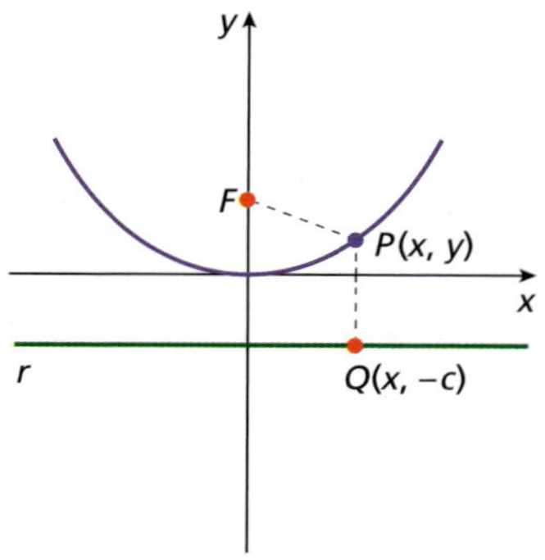 $d_{P,F} = d_{P,r} \Rightarrow d_{P,F} = d_{P,Q}$ $\left(\sqrt{x^2 + (y - c)^2}\right)^2 = \left(\sqrt{(y + c)^2}\right)^2$ $x^2 + (y - c)^2 = (y + c)^2$ $x^2 + \cancel{y^2} - 2cy + \cancel{c^2} = \cancel{y^2} + 2cy + \cancel{c^2}$ • $x^2 = 4cy$	• $F(c, 0)$ e diretriz $x = -c$ 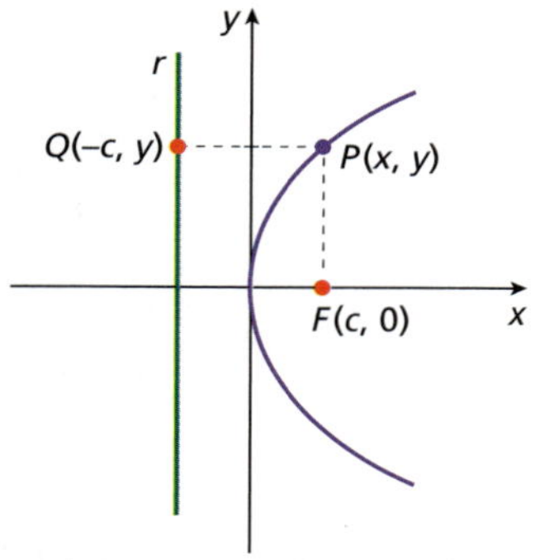 $d_{P,F} = d_{P,r} \Rightarrow d_{P,F} = d_{P,Q}$ $\left(\sqrt{(x - c)^2 + y^2}\right)^2 = \left(\sqrt{(x + c)^2}\right)^2$ $(x - c)^2 + y^2 = (x + c)^2$ $\cancel{x^2} - 2cx + \cancel{c^2} + y^2 = \cancel{x^2} + 2cx + \cancel{c^2}$ • $y^2 = 4cx$
• $F(0, -c)$ e diretriz $y = c$ 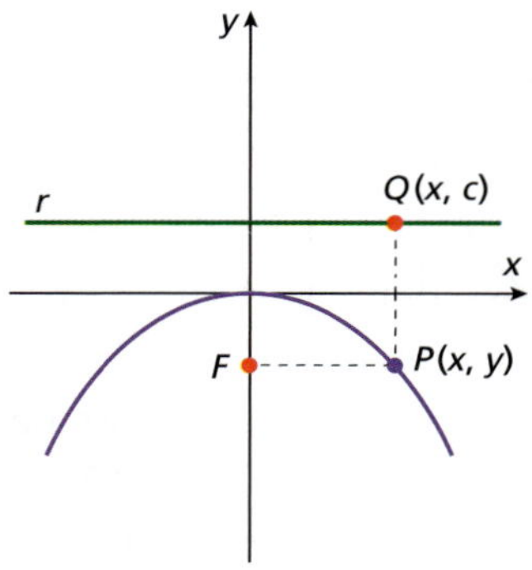 De maneira semelhante à vista acima, obtemos: • $x^2 = -4cy$	• $F(-c, 0)$ e diretriz $x = c$ 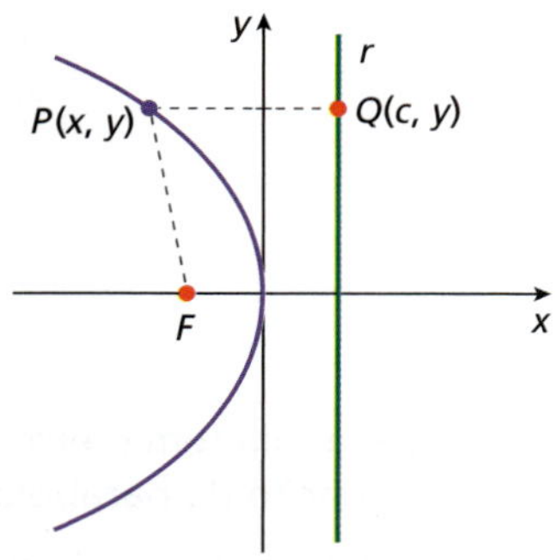 De maneira semelhante à vista acima, obtemos: • $y^2 = -4cx$

Observação:

Note que uma parábola com eixo de simetria sobre o eixo *y*, que tem equação do tipo $x^2 = 4cy$ ou $x^2 = -4cy$, é também o gráfico da função quadrática $y = \frac{1}{4c}x^2$ ou $y = -\frac{1}{4c}x^2$ (ou ainda: $y = ax^2$), conforme vimos no estudo de funções quadráticas.

Exemplos

a) Vamos determinar a equação da curva cujos pontos são equidistantes da reta $x = -2$ e do foco $F(2, 0)$.

O lugar geométrico dos pontos equidistantes de uma reta e de um ponto não pertencente a essa reta é uma parábola.

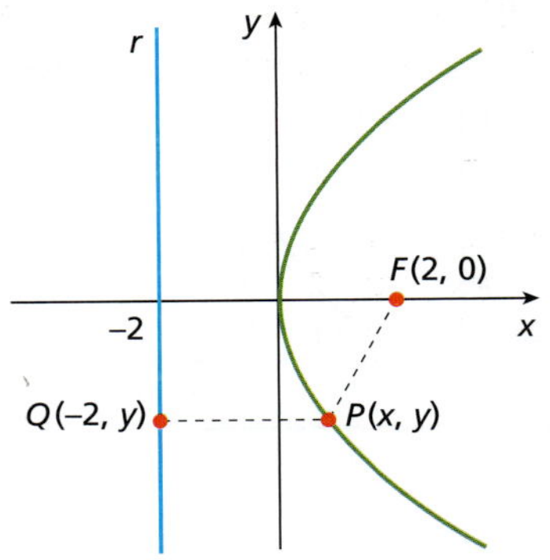

Podemos determinar a equação dessa parábola imaginando um ponto $P(x, y)$ pertencente à parábola. As distâncias desse ponto à reta e ao foco são iguais. Assim:

$d_{P,F} = d_{P,r} \Rightarrow d_{P,F} = d_{P,Q}$

$\sqrt{(x-2)^2 + (y-0)^2} = \sqrt{[x-(-2)]^2 + (y-y)^2} \Rightarrow \sqrt{(x-2)^2 + y^2} = \sqrt{(x+2)^2} \Rightarrow$

$\Rightarrow (x-2)^2 + y^2 = (x+2)^2 \Rightarrow x^2 - 4x + 4 + y^2 = x^2 + 4x + 4 \Rightarrow y^2 = 8x$

A equação da parábola é: $y^2 = 8x$

b) Vamos agora determinar a equação da parábola de foco $(-3, 0)$ e diretriz $x = 3$.

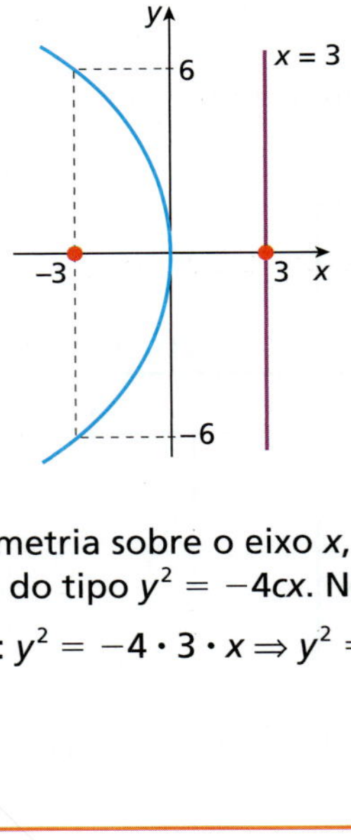

Como a parábola tem o eixo de simetria sobre o eixo x, vértice na origem, $F(-3, 0)$ e diretriz $x = 3$, a equação da parábola será do tipo $y^2 = -4cx$. Nesse caso, $c = 3$.

Logo, a equação da parábola será: $y^2 = -4 \cdot 3 \cdot x \Rightarrow y^2 = -12x$

Exercícios

R2. Dada a parábola de equação $y^2 = 16x$, determinar as coordenadas do foco e a equação da reta diretriz.

➤ Resolução

Comparando a equação da parábola com os casos apresentados, essa parábola tem o eixo de simetria sobre o eixo x, vértice na origem, $F(c, 0)$, e diretriz $x = -c$. A equação desse tipo de parábola é: $y^2 = 4cx$

Comparando as equações, temos $c = 4$, as coordenadas do foco são $(4, 0)$ e a equação da reta diretriz é: $x = -4$

13. Considere um plano α e determine o lugar geométrico dos pontos equidistantes da reta $y = 6$ e do ponto $F(0, -6)$.

R3. Determinar as coordenadas do foco e a equação da reta diretriz da parábola que passa pelos pontos (0, 0), (2, −1) e (4, −4) e tem o eixo de simetria sobre o eixo y e vértice na origem.

➤ Resolução

Analisando os pontos, percebemos que essa parábola tem concavidade voltada para baixo, portanto a equação será do tipo: $x^2 = -4cy$

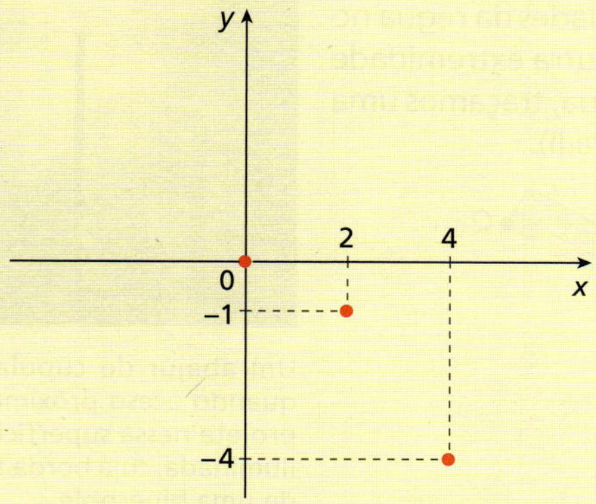

Escolhendo um ponto para substituir na equação, obtemos c. Escolhendo o ponto (2, −1):

$2^2 = -4 \cdot c \cdot (-1) \Rightarrow c = 1$

Portanto $F(0, -1)$ e a equação da reta diretriz é: $y = 1$

14. Determine a equação da parábola em cada caso.

a)

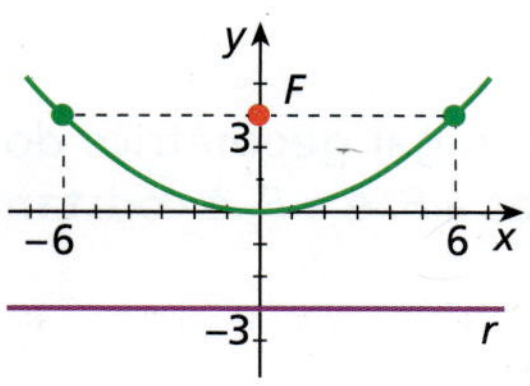

b)

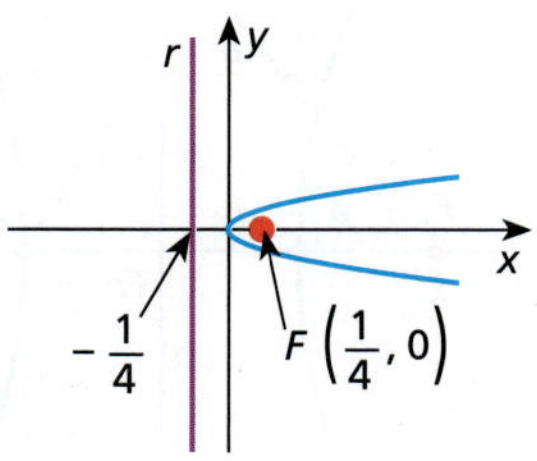

15. Esboce o gráfico e determine a equação da parábola correspondente a cada item.

a) Foco em (4, 0) e reta diretriz $x = -4$.

b) Reta diretriz $y = 3$ e parâmetro $p = 6$.

16. Esboce o gráfico das parábolas de equação:

a) $x^2 = -6y$ b) $y^2 = \frac{1}{2}x$

17. Determine a equação da parábola com eixo de simetria sobre o eixo x e vértice na origem que passa pelos pontos $A(-1, 4\sqrt{10})$ e $B(-10, 20)$.

R4. Obter os pontos de intersecção da parábola de equação $y^2 = 4x$ com a reta $y = -3x + 1$.

➤ Resolução

Os pontos de intersecção pertencem simultaneamente à parábola e à reta. Então:

$$\begin{cases} y^2 = 4x & \text{(I)} \\ y = -3x + 1 & \text{(II)} \end{cases}$$

Substituindo (II) em (I): $(-3x + 1)^2 = 4x \Rightarrow$
$\Rightarrow 9x^2 - 6x + 1 = 4x \Rightarrow 9x^2 - 10x + 1 = 0$

Então: $x = 1$ ou $x = \frac{1}{9}$

Substituindo os valores de x em (II):

Para $x = 1$: $y = -3 \cdot 1 + 1 \Rightarrow y = -2$

Para $x = \frac{1}{9}$: $y = -3 \cdot \frac{1}{9} + 1 \Rightarrow y = \frac{2}{3}$

A reta y intercepta a parábola em dois pontos:

$(1, -2)$ e $\left(\frac{1}{9}, \frac{2}{3}\right)$

18. Determine os pontos de intersecção entre a parábola de equação $y^2 = 6x$ e a reta $y = 2x$.

19. Considere as parábolas de equações do tipo $x^2 = 4cy$.

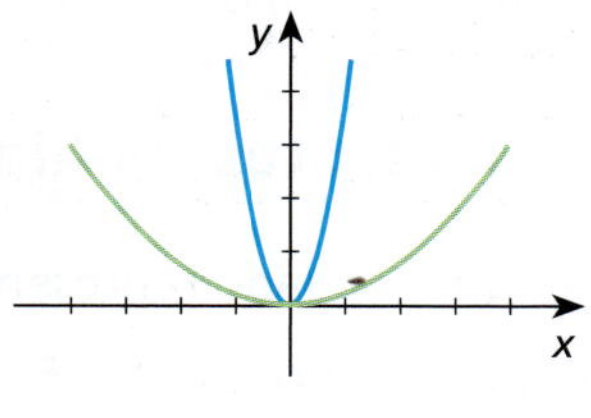

a) Como a constante c determina a abertura da parábola?

- Atribua valores grandes para c e descubra como será a abertura da parábola.
- Atribua valores próximos a zero para c e descubra como será a abertura da parábola.

b) Variando c, descubra o que acontece com o parâmetro p da parábola.

4 Hipérbole

4.1 Traçado e definição de hipérbole

Em algumas situações podemos observar a forma de uma hipérbole. Veja o exemplo ao lado.

Para construir uma hipérbole, vamos marcar sobre o plano dois pontos, F_1 e F_2, distantes $2c$ um do outro. Em seguida, cortamos um barbante que tenha comprimento menor que o de uma régua, de modo que a diferença $2a$ entre o comprimento da régua e o comprimento do barbante seja menor que a distância entre os pontos, ou seja, $2a < 2c$.

Com a ajuda de um percevejo, prendemos uma das pontas do barbante no ponto F_2 e a outra em uma das extremidades da régua no ponto que chamaremos de Q (figura II). Fixamos a outra extremidade da régua em F_1 e, com um lápis apoiado contra a régua, traçamos uma curva, mantendo sempre o barbante esticado (figura II).

CARLOS LUVIZARI/CID

Um abajur de cúpula cilíndrica, quando aceso próximo à parede, projeta nessa superfície uma área iluminada, cuja borda tem a forma de uma hipérbole.

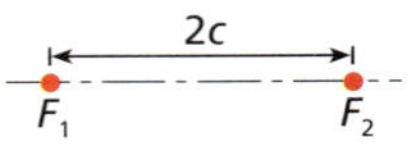

Figura I

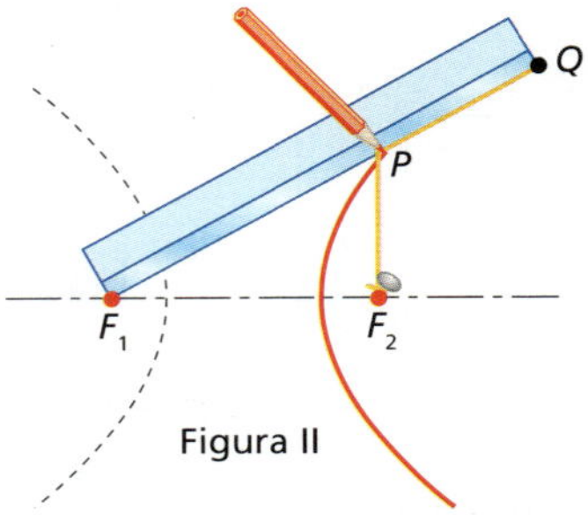

Figura II

Observe que para qualquer ponto P pertencente à curva, temos $PF_1 - PF_2 = 2a$, que é uma constante. Veja:

$$PF_1 - PF_2 = PF_1 - PF_2 + PQ - PQ = \underbrace{(PF_1 + PQ)}_{\text{comprimento da régua}} - \underbrace{(PF_2 + PQ)}_{\text{comprimento do barbante}} = 2a$$

Desse modo traçamos uma curva, que é um dos ramos da curva conhecida como hipérbole. Para obter o outro ramo da hipérbole, fixamos agora uma das pontas do barbante no ponto F_1 e uma das extremidades da régua em F_2 e fazemos o mesmo processo.

A hipérbole pode ser assim definida:

> Sejam F_1 e F_2 dois pontos distintos de um plano. **Hipérbole** é o lugar geométrico dos pontos do plano cuja diferença, em módulo, de suas distâncias a F_1 e a F_2 é constante e menor que a distância entre F_1 e F_2.

4.2 Elementos da hipérbole

A figura ao lado representa alguns elementos da hipérbole.

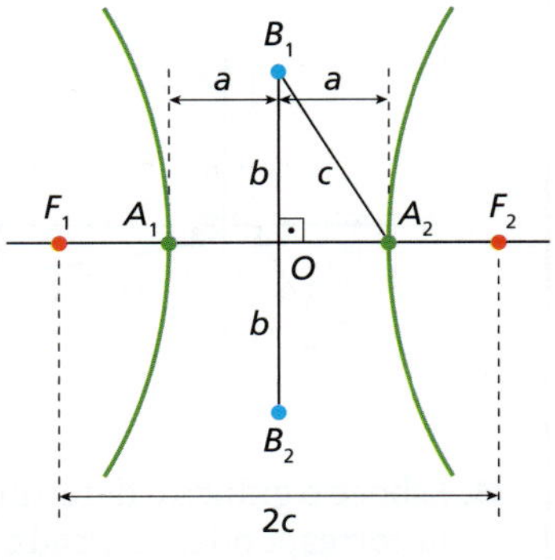

- **Focos:** são os pontos F_1 e F_2.
- **Distância focal:** é a distância entre os focos ($F_1F_2 = 2c$).
- **Vértices:** são os pontos A_1 e A_2, intersecções de $\overline{F_1F_2}$ com a hipérbole.
- **Centro:** é o ponto O, ponto médio de $\overline{A_1A_2}$.
- **Eixo real ou transverso:** é o segmento $\overline{A_1A_2}$ ($A_1A_2 = 2a$).
- **Eixo imaginário ou conjugado:** é o eixo $\overline{B_1B_2}$, determinado pelos pontos B_1 e B_2, que pertencem à reta perpendicular a $\overline{A_1A_2}$, passando por O, e que estão a mesma distância c de A_1 e de A_2 ($B_1B_2 = 2b$).
- **Excentricidade (e):** é a razão $e = \dfrac{c}{a}$.

4.3 Relação entre *a*, *b* e *c*

Observe a hipérbole:

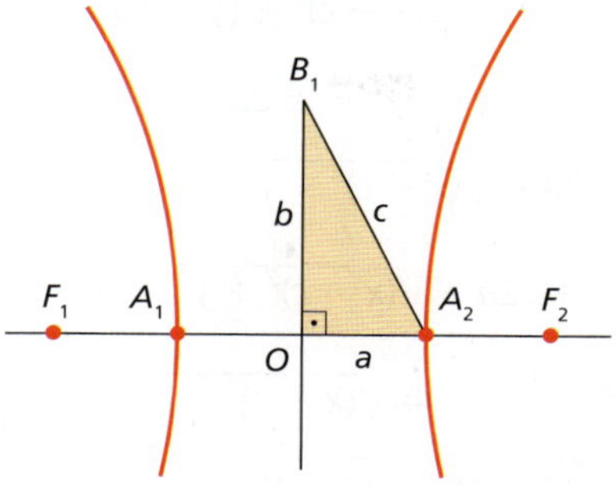

A partir do triângulo retângulo OB_1A_2, podemos escrever a relação: $c^2 = a^2 + b^2$

4.4 Excentricidade

Ao observar várias hipérboles, percebemos que algumas têm ramos mais abertos que outras. Essa característica da hipérbole é determinada por um número, a excentricidade *e*.

Como $e = \dfrac{c}{a}$ e $c > a$, a excentricidade *e* é maior que 1 ($e > 1$).

- Se *e* for um número próximo de 1, os ramos da hipérbole serão mais fechados.
- Quanto maior for o número *e*, mais abertos serão os ramos da hipérbole.

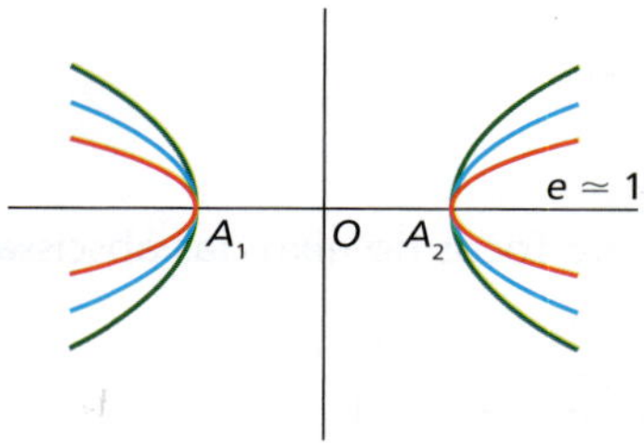

Hipérboles com ramos mais fechados

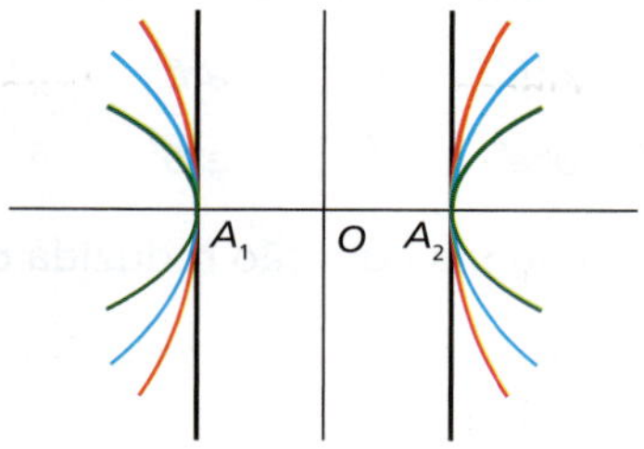

Hipérboles com ramos mais abertos

4.5 Equação reduzida da hipérbole com centro na origem

Fixando um sistema cartesiano, vamos obter a equação da hipérbole nos casos a seguir.

Caso 1: Os focos pertencem ao eixo das abscissas

Vamos considerar uma hipérbole com centro *O* na origem do sistema cartesiano, vértices em $A_1(-a, 0)$ e $A_2(a, 0)$ e focos $F_1(-c, 0)$ e $F_2(c, 0)$. Escolhendo um ponto *P* qualquer sobre essa hipérbole, com coordenadas (x, y), temos:

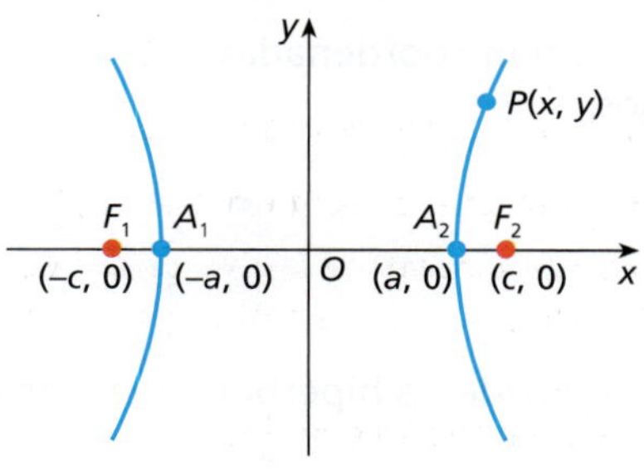

Sabemos que: $|PF_1 - PF_2| = 2a$

Assim:

$$\left|\sqrt{(x-(-c))^2 + (y-0)^2} - \sqrt{(x-c)^2 + (y-0)^2}\right| = 2a$$

$$\sqrt{(x+c)^2 + y^2} - \sqrt{(x-c)^2 + y^2} = \pm\, 2a$$

$$\sqrt{(x+c)^2 + y^2} = \pm 2a + \sqrt{(x-c)^2 + y^2}$$

$$\left(\sqrt{(x+c)^2 + y^2}\,\right)^2 = \left(\pm 2a + \sqrt{(x-c)^2 + y^2}\right)^2$$

$$\cancel{x^2} + 2cx + \cancel{c^2} + \cancel{y^2} = 4a^2 \pm 4a\sqrt{(x-c)^2 + y^2} + \cancel{x^2} - 2cx + \cancel{c^2} + \cancel{y^2}$$

$$4cx - 4a^2 = \pm 4a\sqrt{x^2 - 2cx + c^2 + y^2}$$

$$cx - a^2 = \pm a\sqrt{x^2 - 2cx + c^2 + y^2}$$

$$(cx - a^2)^2 = \left(\pm a\sqrt{x^2 - 2cx + c^2 + y^2}\right)^2$$

$$c^2x^2 - \cancel{2cxa^2} + a^4 = a^2x^2 - \cancel{2cxa^2} + a^2c^2 + a^2y^2$$

$$c^2x^2 + a^4 = a^2x^2 + a^2c^2 + a^2y^2$$

$$c^2x^2 - a^2x^2 - a^2y^2 = a^2c^2 - a^4$$

$$x^2(c^2 - a^2) - a^2y^2 = a^2(c^2 - a^2)$$

$$x^2b^2 - a^2y^2 = a^2b^2$$

Como $a \neq 0$ e $b \neq 0$, $ab \neq 0$, então $a^2b^2 \neq 0$. Logo, podemos dividir a equação por a^2b^2:

$$\frac{x^2\cancel{b^2}}{a^2\cancel{b^2}} - \frac{\cancel{a^2}y^2}{\cancel{a^2}b^2} = \frac{\cancel{a^2b^2}}{\cancel{a^2b^2}} \Rightarrow \frac{x^2}{a^2} - \frac{y^2}{b^2} = 1$$

Logo, a equação reduzida da hipérbole de focos no eixo das abscissas e centro (0, 0) é:

$$\frac{x^2}{a^2} - \frac{y^2}{b^2} = 1$$

Caso 2: Os focos pertencem ao eixo das ordenadas

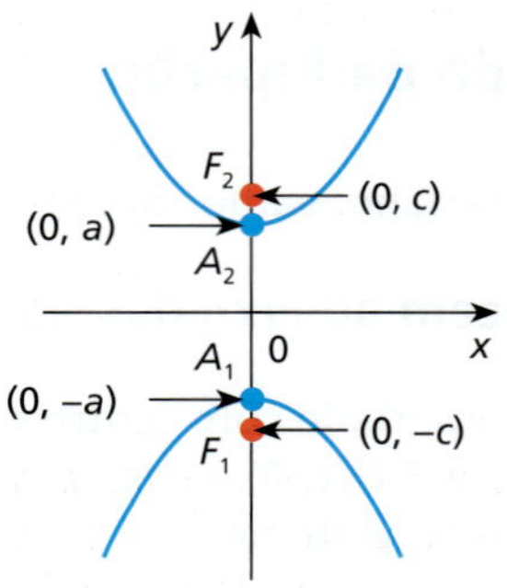

Nesse caso, os focos têm coordenadas $F_1(0, -c)$ e $F_2(0, c)$. Fazendo cálculos análogos aos do caso anterior, obtemos:

$$\frac{y^2}{a^2} - \frac{x^2}{b^2} = 1$$

Essa é a equação reduzida da hipérbole de focos no eixo das ordenadas e centro (0, 0).

Exemplos

a) Vamos determinar a equação reduzida da hipérbole com centro na origem, focos sobre o eixo das ordenadas $F_1(0, -7)$ e $F_2(0, 7)$, e eixo real medindo 10.
Sabendo que o eixo real mede 10, temos: $a = 5$
A distância de um dos focos ao centro da hipérbole fornece o valor $c = 7$.
Assim, pela relação entre a, b e c, temos: $c^2 = a^2 + b^2 \Rightarrow 7^2 = 5^2 + b^2 \Rightarrow 49 - 25 = b^2 \Rightarrow b^2 = 24$
Como os focos estão sobre o eixo das ordenadas, temos: $\dfrac{y^2}{25} - \dfrac{x^2}{24} = 1$

b) Determinar a excentricidade de uma hipérbole centrada na origem, sabendo que seus focos são $(-4, 0)$ e $(4, 0)$ e que ela passa pelo ponto $(3, \sqrt{15})$.
Os focos dessa hipérbole estão sobre o eixo x, então a equação da hipérbole é do tipo:

$$\frac{x^2}{a^2} - \frac{y^2}{b^2} = 1$$

Como a hipérbole passa pelo ponto $(3, \sqrt{15})$, vamos substituí-lo na equação:

$$\frac{x^2}{a^2} - \frac{y^2}{b^2} = 1 \Rightarrow \frac{3^2}{a^2} - \frac{(\sqrt{15})^2}{b^2} = 1 \Rightarrow \frac{9}{a^2} - \frac{15}{b^2} = 1$$

Pela relação $c^2 = a^2 + b^2$, temos: $16 - b^2 = a^2$

Assim: $\dfrac{9}{16 - b^2} - \dfrac{15}{b^2} = 1 \Rightarrow 9b^2 - 15(16 - b^2) = b^2 \cdot (16 - b^2) \Rightarrow$

$\Rightarrow 9b^2 - 240 + 15b^2 = 16b^2 - b^4 \Rightarrow b^4 + 8b^2 - 240 = 0 \Rightarrow b = 2\sqrt{3}$

Determinando o valor de a: $16 - b^2 = a^2 \Rightarrow 16 - (2\sqrt{3})^2 = a^2 \Rightarrow a^2 = 4$

Como $a > 0$, então: $a = 2$

Assim, a excentricidade dessa hipérbole vale: $e = \dfrac{c}{a} \Rightarrow e = \dfrac{4}{2} \Rightarrow e = 2$

4.6 Assíntotas da hipérbole

Observe o retângulo de lados $2a$ e $2b$ na hipérbole abaixo:

27.1 Conteúdo multimídia

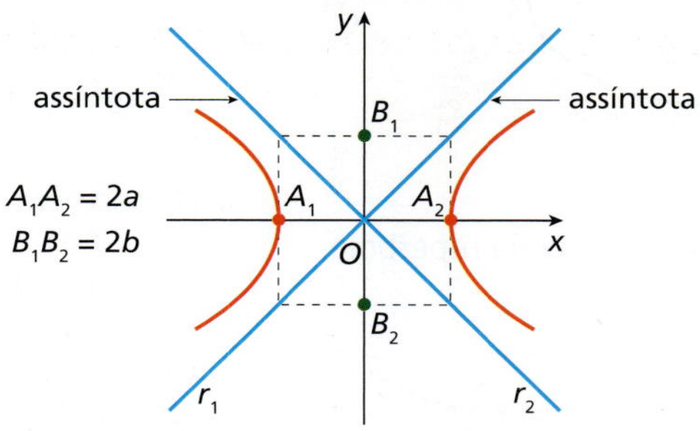

As retas r_1 e r_2, que contêm as diagonais desse retângulo, são chamadas de **assíntotas** da hipérbole. Veja que a hipérbole se aproxima cada vez mais das assíntotas, sem tocá-las. As equações das retas assíntotas, no caso dessa hipérbole, são dadas por:

- r_1: $bx - ay = 0$
- r_2: $bx + ay = 0$

Observação:

Dados dois pontos $(0, 0)$ e (a, b), para determinar a equação da reta que passa por esses dois pontos, podemos calcular o determinante:

$$\begin{vmatrix} x & y & 1 \\ a & b & 1 \\ 0 & 0 & 1 \end{vmatrix} = 0 \Rightarrow bx - ay = 0$$

Exercícios

R5. Esboçar os gráficos da elipse de equação $\frac{x^2}{25} + \frac{y^2}{9} = 1$ e da hipérbole de equação $\frac{x^2}{16} - \frac{y^2}{9} = 1$ em um mesmo plano, destacando os pontos notáveis coincidentes.

➤ **Resolução**

Da equação da elipse, temos:

$a = 5, b = 3$

$c^2 = 25 - 9 \Rightarrow c = 4$

$a = 5, b = 3$ e $c = 4$

$\begin{cases} A_1(-5, 0) \text{ e } A_2(5, 0) \\ F_1(-4, 0) \text{ e } F_2(4, 0) \end{cases}$

Da equação da hipérbole, temos:

$a = 4, b = 3$

$c^2 = 16 + 9 \Rightarrow c = 5$

$a = 4, b = 3$ e $c = 5$

$\begin{cases} A_1(-4, 0) \text{ e } A_2(4, 0) \\ F_1(-5, 0) \text{ e } F_2(5, 0) \end{cases}$

As extremidades do eixo real da hipérbole coincidem com os focos da elipse.

Os focos da hipérbole coincidem com as extremidades do eixo maior da elipse.

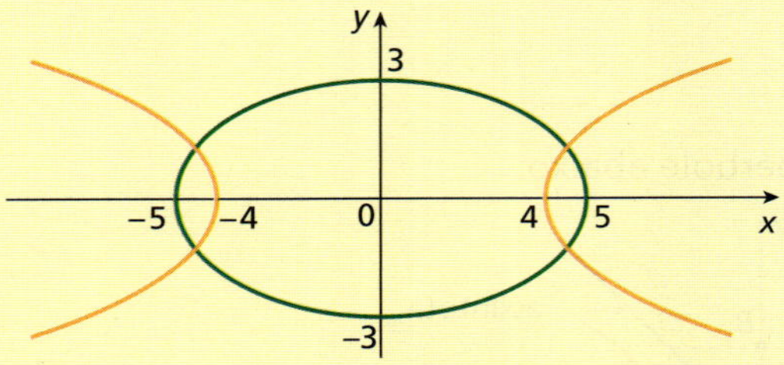

20. Obtenha a equação reduzida de cada hipérbole.

a)

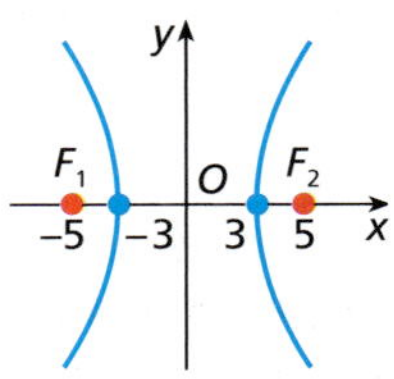

b)

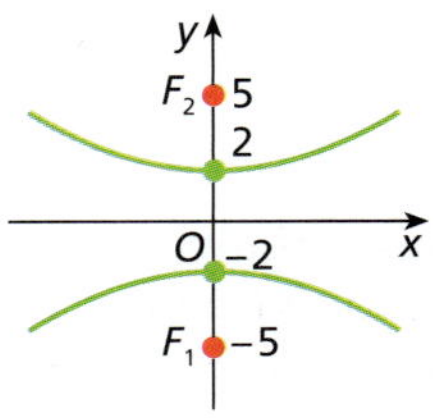

21. Determine a equação de cada hipérbole, considerando:

a) os focos $F_1(-2\sqrt{41}, 0)$ e $F_2(2\sqrt{41}, 0)$ e comprimento do eixo real igual a 20;

b) o comprimento do eixo imaginário igual a 12 e excentricidade igual a $\frac{\sqrt{85}}{7}$.

22. Determine o foco, os vértices e a excentricidade das hipérboles cujas equações são:

a) $\frac{x^2}{12} - \frac{y^2}{4} = 1$

b) $\frac{y^2}{25} - \frac{x^2}{11} = 1$

c) $9x^2 - y^2 = 81$

d) $9y^2 - 16x^2 = 144$

23. Esboce os gráficos das hipérboles de equação:

a) $x^2 - y^2 = 1$

b) $\frac{x^2}{9} - \frac{y^2}{4} = -1$

c) $16x^2 - 9y^2 = 144$

d) $25y^2 - 4x^2 = 100$

24. A figura abaixo representa uma hipérbole e uma elipse com focos coincidentes.

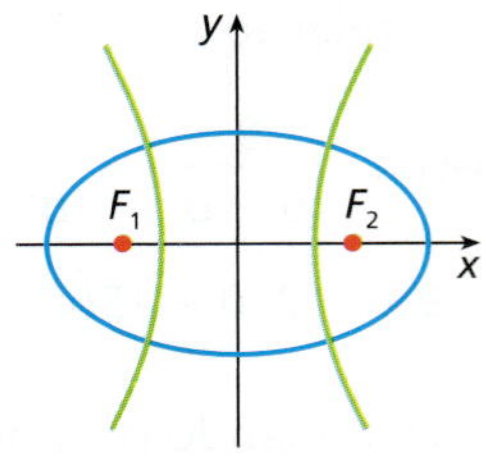

A elipse tem eixo maior de comprimento 5 e excentricidade $\frac{4}{5}$. A hipérbole é **equilátera**, isto é, os comprimentos dos eixos real e imaginário são iguais. Determine a equação de ambas.

25. Determine as assíntotas das hipérboles dadas por:

a) $\frac{x^2}{9} - \frac{y^2}{4} = 1$

b) $5y^2 - 2x^2 = 1$

26. Esboce, em um mesmo plano cartesiano, os gráficos da elipse de equação $\frac{x^2}{9} + \frac{y^2}{16} = 1$ e da hipérbole de equação $\frac{y^2}{12} - \frac{x^2}{13} = 1$.

27. Dada a hipérbole da figura, demonstre a propriedade da hipérbole:

- $A_1F_1 = A_2F_2$

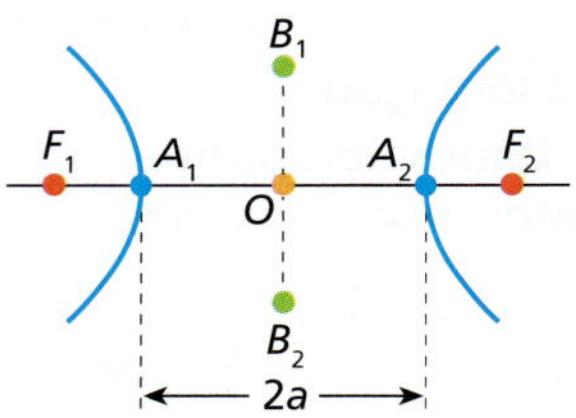

27.3 Biblioteca do estudante

Ficha de revisão

1. Determine a equação da elipse cujos focos são F_1 (0, 3) e $F_2(0, -3)$ e a soma das distâncias PF_1 e PF_2 é igual a 10, sendo P um ponto da elipse.

2. Considere a elipse de equação $\frac{x^2}{4} + \frac{y^2}{9} = 1$. Calcule a área dos triângulos:

a) $A_1B_1A_2$ b) A_1OB_2 c) $F_1F_2B_1$

3. Construa numa folha de papel milimetrado uma elipse de centro (0, 0) considerando que um dos focos é o ponto (4, 0) e que o ponto $\left(3, \frac{12}{5}\right)$ pertence à elipse. Escreva um texto explicando o procedimento.

4. Construa o gráfico da cônica cuja equação é $169x^2 + 25y^2 = 4.225$ e determine seus focos.

5. (ITA-SP) A distância focal e a excentricidade da elipse com centro na origem e que passa pelos pontos (1, 0) e (0, −2) são, respectivamente:

a) $\sqrt{3}$ e $\frac{1}{2}$
b) $\frac{1}{2}$ e $\sqrt{3}$
c) $\frac{\sqrt{3}}{2}$ e $\frac{1}{2}$
d) $\sqrt{3}$ e $\frac{\sqrt{3}}{2}$
e) $2\sqrt{3}$ e $\frac{\sqrt{3}}{2}$

6. Determine as coordenadas do foco e a equação da diretriz da parábola de equação $y^2 = -16x$.

7. Esboce o gráfico da parábola de equação $y^2 = -8x$.

8. Determine a equação da parábola que tem foco F(3, 0) e como diretriz a reta $x + 3 = 0$.

9. Determine o parâmetro da parábola de equação $y^2 = -12x$.

10. Determine a equação reduzida da hipérbole cujo gráfico está representado a seguir.

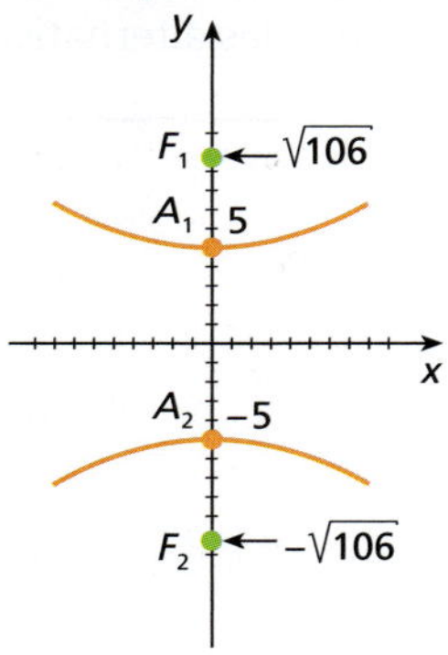

11. Determine a distância focal da hipérbole cuja equação é $\frac{x^2}{16} - \frac{y^2}{9} = 1$.

12. Calcule a excentricidade da hipérbole cuja equação é $49x^2 - 36y^2 = 7.056$.

13. Construa os gráficos de $x^2 - y^2 = 1$ e de $y^2 - x^2 = 1$ num mesmo plano cartesiano.

14. A cônica de equação $\frac{x^2}{9} + \frac{y^2}{4 + m} = 1$ deve ser representada num plano cartesiano. Se sua representação gráfica é a de uma hipérbole equilátera, qual o valor de m?

15. **Astronomia.** Uma agência espacial avaliou o movimento de determinado planeta e observou que ele se movimentava de modo que a soma das distâncias a dois pontos distintos era sempre constante e maior que a distância entre eles. Que tipo de trajetória faz esse planeta? Esboce uma figura que ilustre esse movimento.

16. **Análise de mapa.** Sobre o mapa de uma cidade é traçado um sistema cartesiano. O centro da cidade está na origem desse sistema. Se um avião voa sobre essa cidade obedecendo à equação $\frac{x^2}{25} - \frac{y^2}{81} = 1$, qual a distância mínima em relação ao centro da cidade a que esse avião chega? (As unidades adotadas têm medidas lineares em quilômetro.)

17. **Mundo animal.** A trajetória do pulo de um grilo obedece à parábola do gráfico a seguir. Determine a equação dessa parábola.

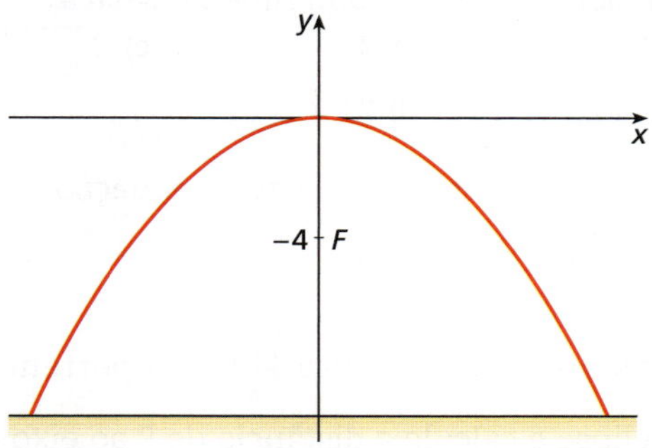

18. Analise as equações de cada cônica e classifique-as em circunferência, elipse, parábola ou hipérbole.

a) $x^2 + y^2 = 1$
b) $36x^2 - 49y^2 = 1$
c) $y^2 = 6x$
d) $9x^2 + 4y^2 = 36$

19. Determine b de modo que a parábola $y = x^2 + bx$ tenha um único ponto em comum com a reta $y = x - 1$.

20. Obtenha os pontos de intersecção da parábola de equação $y^2 = x$ com a elipse de equação $x^2 + 5y^2 = 6$.

21. Se $a > b > 0$, em quantos pontos as curvas de equações $\frac{x^2}{a^2} + \frac{y^2}{b^2} = 1$ e $\frac{x^2}{b^2} + \frac{y^2}{a^2} = 1$ se interceptam?

22. Determine o número de pares (x, y), com $x, y \in \mathbb{Z}$, que satisfazem o sistema: $\begin{cases} y < 0 \\ y \geq x^2 - 4 \end{cases}$

Questões de vestibular

1. (PUC) Um ponto P da elipse $\frac{x^2}{9} + \frac{y^2}{4} = 1$ dista 2 de um dos focos. Qual a distância de P ao outro foco da elipse?

27.2 Visão do especialista

a) 2 b) 3 c) 4 d) 5 e) 7

2. (Unicamp-SP) Uma elipse que passa pelo ponto (0, 3) tem seus focos nos pontos (−4, 0) e (4, 0). O ponto (0, −3) é interior, exterior ou pertence à elipse? Mesma pergunta para o ponto $\left(\frac{5}{2}, \frac{13}{5}\right)$. Justifique sua resposta.

3. (UGF-RJ) A equação $\frac{x^2}{144} + \frac{y^2}{169} = 1$ representa uma:

a) elipse com centro em (12, 13).
b) circunferência de raio igual a 5.
c) hipérbole.
d) elipse de excentricidade $\frac{5}{12}$.
e) elipse com focos em (0, 5) e (0, −5).

4. (Fatec-SP) O segmento cujas extremidades são os pontos de intersecção da reta $y = x - 2$ e da parábola $y^2 = x$ tem comprimento igual a:

a) 6 c) 4 e) 2
b) $3\sqrt{2}$ d) $2\sqrt{2}$

5. (Vunesp) Considere a elipse de equação

$$\frac{x^2}{25} + \frac{y^2}{9} = 1.$$

a) Mostre que o ponto $P\left(3, \frac{12}{5}\right)$ pertence à elipse e calcule a distância de P ao eixo das abscissas.

27.3 Visão do especialista

b) Determine os vértices Q e R da elipse que pertencem ao eixo das abscissas e calcule a área do triângulo PQR, onde $P\left(3, \frac{12}{5}\right)$.

6. (UFPB) Uma quadra de futsal está representada na figura a seguir pelo retângulo ABCD, onde A = (−20, − 10) e C = (20, 10). Cada uma das áreas dos goleiros (regiões hachuradas) é delimitada por uma das linhas de fundo, $\overline{AD}$ ou $\overline{BC}$, e por um dos dois ramos de uma hipérbole de focos $F_1 = (6\sqrt{5}, 0)$ e $F_2 = (-6\sqrt{5}, 0)$. O círculo central e a hipérbole são concêntricos, o raio do círculo mede 3 m e uma das assíntotas da hipérbole passa pelos pontos A e C.

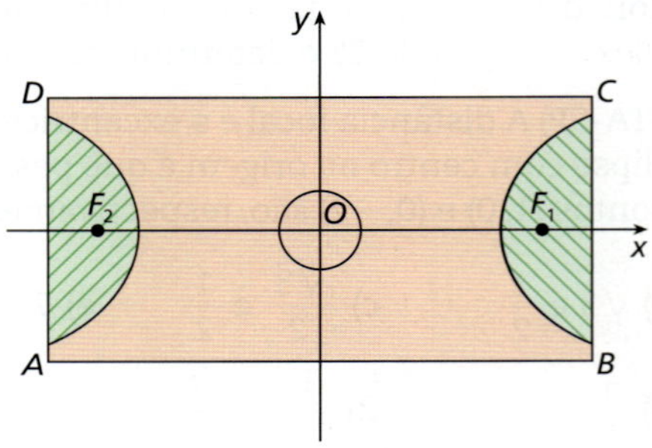

Nesse contexto, identifique as proposições verdadeiras:

(01) A distância entre o centro do círculo e um vértice da hipérbole é de 12 m.
(02) A quadra tem 800 m² de área.
(04) A equação da hipérbole é $\frac{x^2}{180} - \frac{y^2}{36} = 1$.
(08) A excentricidade da hipérbole é igual a $\frac{5}{3}$.
(16) O eixo imaginário da hipérbole tem comprimento igual a 4 vezes o raio do círculo.

- Qual é a soma das alternativas corretas?

Capítulo 28

Números complexos

Niccolo Tartaglia (cerca de 1500-1557)

Descobriu uma fórmula geral para resolver equações do tipo $x^3 + px = q$, com $p, q \in \mathbb{R}$. Porém, não publicou sua obra.

Gerônimo Cardano (1501-1576)

Quebrando um solene juramento de silêncio feito a Tartaglia, publicou a obra intitulada *Ars Magna* (Arte maior), na qual apresentou a fórmula descoberta por Tartaglia. A primeira dificuldade de Cardano surgiu quando ele aplicou essa fórmula na resolução da equação $x^3 - 15x = 4$, chegando à solução:

$$x = \sqrt[3]{2 + \sqrt{-121}} + \sqrt[3]{2 - \sqrt{-121}}$$

Nela, aparece a raiz quadrada de um número negativo, que era considerado inexistente na época. Porém, Cardano já sabia que $x = 4$ era uma solução da equação $x^3 - 15x = 4$, pois: $4^3 - 15 \cdot 4 = 4 \Rightarrow 64 - 60 = 4$

Isso gerou um impasse, pois Cardano não conseguiu compreender como aplicar a fórmula nesse caso.

Raphael Bombelli (cerca de 1526-1573)

Prosseguiu com a solução encontrada por Cardano e, usando aquilo que chamou de "ideia louca", considerou $\sqrt{-1}$ um número "imaginário" e desenvolveu regras para trabalhar com esse tipo de número. A partir de então, outros matemáticos trabalharam com esses números.

Leonard Euler (1707-1783)

Usou pela primeira vez o símbolo i para representar $\sqrt{-1}$.

Carl Friedrich Gauss (1777-1855)

Em 1801, usou o símbolo i criado por Euler e, após seu uso, esse símbolo se tornou amplamente aceito. Em 1831, fez um estudo sobre representação geométrica dos números complexos. Em 1832, Gauss introduziu a expressão *número complexo*.

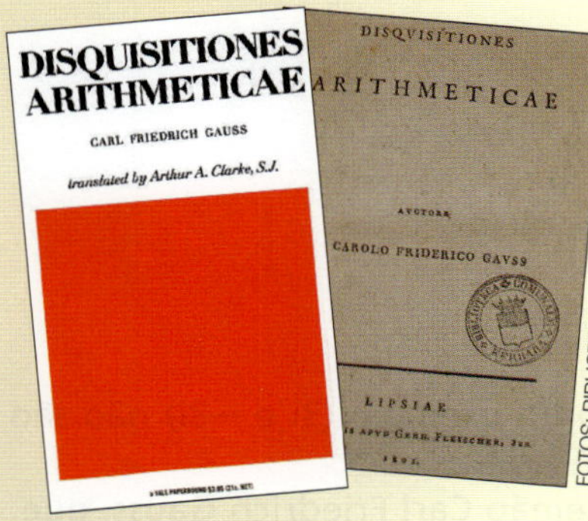

FOTOS: BIBLIOTECA COMUNALE FERRARA, ITÁLIA

Carl Friedrich Gauss publicou as obras *Disquisitiones Arithmeticae*, considerada o marco da moderna Teoria dos Números, e *Theoria Motus Corporum Coelestium*, uma referência para os astrônomos da época.

Objetivos do capítulo:

- Compreender o conjunto dos números complexos do ponto de vista histórico.
- Ampliar o conhecimento adquirido sobre conjuntos numéricos.
- Operar algébrica e geometricamente com números complexos.
- Aplicar os números complexos em diversas áreas do conhecimento.

1 Números complexos

1.1 Histórico

A resolução de equações sempre representou um dos principais interesses dos matemáticos, desde a Antiguidade até os dias de hoje. Babilônios, gregos, egípcios e hindus já conheciam alguns casos particulares de equações de 2º grau, mas, em vez de fórmulas, usavam régua e compasso para resolvê-las. Para esses matemáticos, não havia dificuldade quando aparecia a raiz quadrada de um número negativo: como as equações eram formuladas para solucionar um problema concreto, se surgisse uma raiz quadrada negativa, o problema era considerado sem solução.

Esse ponto de vista só começou a mudar a partir do século XVI, com os matemáticos italianos e seus estudos sobre a resolução de equações de 3º grau em que apareceram raízes de números negativos. No início, a existência de um "novo tipo de número" foi de difícil aceitação, mas a ampliação dos estudos por outros matemáticos e a descoberta da possibilidade de aplicação desses números em outras áreas tornaram os números complexos uma das mais importantes descobertas matemáticas.

Hoje em dia, aplicações desses novos números adquiriram uma enorme importância no campo da Engenharia (por exemplo, na modelagem de circuitos elétricos, no movimento de líquidos e gases ao redor de obstáculos), na Aerodinâmica (no cálculo da força de sustentação da asa de um avião), na Geometria fractal e em sistemas dinâmicos (por exemplo, no estudo da interferência em linhas de transmissão de energia e telefonia), entre outros.

1.2 A unidade imaginária

Foi o matemático alemão Leonard Euler quem, em 1777, utilizou pela primeira vez a letra i para simbolizar $\sqrt{-1}$.

- O número i, não real, tal que $i^2 = -1$ é chamado de **unidade imaginária.**

Com o surgimento desse novo tipo de número, tornou-se possível resolver equações que em $\mathbb{R}$ não têm solução.

Exemplo

Vamos resolver a equação do 2º grau $x^2 + 9 = 0$.

Observe que:

$x^2 + 9 = 0 \Rightarrow x^2 = -9$

No universo real, essa equação não tem solução, pois não existe número real que elevado ao quadrado resulte em -9. Mas, se considerarmos que existe um número i, não real, tal que $i^2 = -1$, temos:

$x^2 = -9 \Rightarrow x^2 = (-1) \cdot 9 \Rightarrow x^2 = 9i^2 \Rightarrow x = \pm\sqrt{9i^2}$

Como $(\pm 3i)^2 = 9i^2 = 9 \cdot (-1) = -9$, temos:

$x = \pm 3i$

Logo, $x = 3i$ ou $x = -3i$.

E, portanto: $S = \{3i, -3i\}$

Como já sabíamos, as soluções encontradas para a equação do exemplo (3i e $-3i$) não são números reais. Mas, então, que números são esses? Como chamá-los?

Nesse caso, foi muito útil a contribuição do matemático alemão Carl Friedrich Gauss, que, em seus trabalhos desenvolvidos no início do século XIX, chamou tais números de **números complexos**.

Exercícios

R1. Resolver a equação $x^2 - 2x + 5 = 0$, utilizando a definição de unidade imaginária ($i^2 = -1$).

➤ Resolução

Resolvendo a equação $x^2 - 2x + 5 = 0$, temos:

$$x = \frac{-(-2) \pm \sqrt{(-2)^2 - 4 \cdot (1) \cdot (5)}}{2 \cdot (1)}$$

$$x = \frac{2 \pm \sqrt{-16}}{2}$$

$$x = \frac{2 \pm \sqrt{16 \cdot (-1)}}{2}$$

$$x = \frac{2 \pm \sqrt{16i^2}}{2}$$

Como $(\pm 4i)^2 = 16i^2 = 16 \cdot (-1) = -16$, temos:

$$x = \frac{2 \pm 4i}{2}$$

$$x = \frac{2 \cdot (1 \pm 2i)}{2}$$

$x = 1 + 2i$ ou $x = 1 - 2i$

Portanto, o conjunto solução é:

$S = \{1 + 2i, 1 - 2i\}$

1. Resolva as equações a seguir, utilizando a definição de unidade imaginária.

a) $x^2 + 16 = 0$ b) $x^2 - 6x + 13 = 0$

R2. Resolver a equação $x^2 - 4x + 6 = 0$, no universo dos números complexos.

➤ Resolução

Resolvendo a equação $x^2 - 4x + 6 = 0$, temos:

$$x = \frac{-(-4) \pm \sqrt{(-4)^2 - 4 \cdot (1) \cdot (6)}}{2 \cdot (1)}$$

$$x = \frac{4 \pm \sqrt{-8}}{2}$$

$$x = \frac{4 \pm \sqrt{8 \cdot (-1)}}{2}$$

$$x = \frac{4 \pm \sqrt{8i^2}}{2}$$

Como $(\pm 2i \cdot \sqrt{2})^2 = 4i^2 \cdot 2 = (-1) \cdot 8 = -8$, temos:

$$x = \frac{4 \pm 2i \cdot \sqrt{2}}{2}$$

$x = 2 + i \cdot \sqrt{2}$ ou $x = 2 - i \cdot \sqrt{2}$

Portanto, o conjunto solução é:

$S = \{2 + i\sqrt{2}, 2 - i\sqrt{2}\}$

2. Resolva as equações a seguir, no universo dos números complexos.

a) $-x^2 - 3 = 0$ b) $4x^2 - 4x + 3 = 0$

1.3 A forma algébrica de um número complexo

• **Número complexo** é todo número da forma $z = a + bi$, em que $a, b \in \mathbb{R}$, e i é a unidade imaginária.

Essa é a chamada **forma algébrica** do número complexo z.

O coeficiente a é a **parte real** de z, representada por $\text{Re}(z)$, e o coeficiente b é a **parte imaginária** de z, representada por $\text{Im}(z)$.

Exemplo

Vamos identificar a parte real e a parte imaginária de z em cada caso:

- $z = 3 - 2i$ é um número complexo com $\text{Re}(z) = 3$ e $\text{Im}(z) = -2$;
- $z = -7 + 5i$ é um número complexo com $\text{Re}(z) = -7$ e $\text{Im}(z) = 5$;
- $z = 3 = 3 + 0i$ é um número complexo com $\text{Re}(z) = 3$ e $\text{Im}(z) = 0$.

  Nesse caso, z é um número real, pois a parte imaginária de z é nula.
- $z = 4i = 0 + 4i$ é um número complexo com $\text{Re}(z) = 0$ e $\text{Im}(z) = 4$.

  Nesse caso, z é chamado de **imaginário puro**, pois a parte real de z é nula e a parte imaginária é não nula.

Igualdade de números complexos

Dados dois números complexos $z = a + bi$ e $w = c + di$, com $a, b, c, d \in \mathbb{R}$, definimos a igualdade $z = w$ quando $\text{Re}(z) = \text{Re}(w)$ e $\text{Im}(z) = \text{Im}(w)$, ou seja:

$$z = w \Leftrightarrow a + bi = c + di \Leftrightarrow a = c \text{ e } b = d$$

Observe o exemplo a seguir.

Os números complexos $z = 8 + bi$ e $w = a - \sqrt{2}i$ são iguais se, e somente se:

- $\text{Re}(z) = \text{Re}(w) \Rightarrow 8 = a$
- $\text{Im}(z) = \text{Im}(w) \Rightarrow b = -\sqrt{2}$

1.4 O conjunto dos números complexos

O surgimento dos números complexos levou a uma ampliação dos conjuntos numéricos com a criação do **conjunto dos números complexos**. Esse conjunto é representado por $\mathbb{C}$ e pode ser definido por:

$$\mathbb{C} = \{z \mid z = a + bi, \text{com } a, b \in \mathbb{R} \text{ e } i^2 = -1\}$$

Vamos analisar a relação que existe entre o conjunto dos números complexos e o conjunto dos reais.

Considere um número real qualquer x. Podemos escrever esse número real como: $x = x + 0i$. Como $x \in \mathbb{R}$ e $0 \in \mathbb{R}$, concluímos que $(x + 0i) \in \mathbb{C}$. Ou seja, todo número real pertence ao conjunto dos números complexos.

Observe o diagrama:

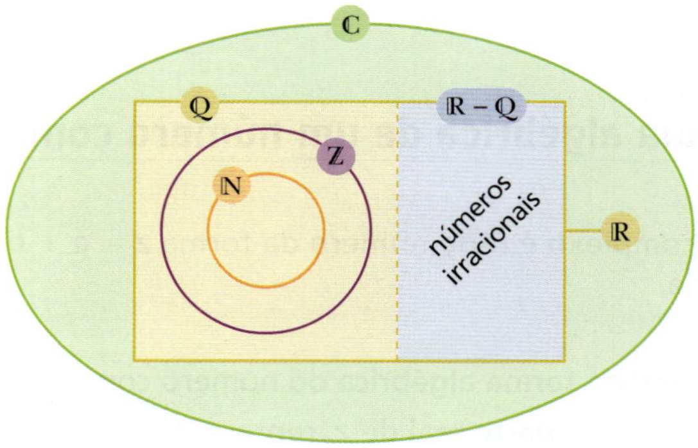

Exercícios

3. Identifique a parte real e a parte imaginária de z em cada caso.

a) $z = \sqrt{3} - i\sqrt{5}$

b) $z = \dfrac{1 + 2i}{3}$

c) $z = 9i$

d) $z = 4$

e) $z = 2 - 3i$

f) $z = -i$

4. Considere o número complexo $z = (x^2 - 25) + (x^2 - 5x)i$, com x real. Determine z e classifique-o como real, imaginário ou imaginário puro se:

a) $x = 0$

b) $x = 2$

c) $x = 5$

d) $x = -5$

R3. Determinar os valores reais de x e y para que o número complexo $z = (2x + 8) + (y - 3)i$ seja um número:
a) real; b) imaginário puro.

➤ **Resolução**

a) z é um número real se: $Im(z) = 0$
Logo: $y - 3 = 0 \Rightarrow y = 3$

b) z é um número imaginário puro se:
$Re(z) = 0$ e $Im(z) \neq 0$
Logo: $2x + 8 = 0$ e $y - 3 \neq 0 \Rightarrow x = -4$ e $y \neq 3$

5. Determine os valores reais de x e y para que os números complexos sejam imaginários puros.
a) $z = 2x + 3yi$
b) $w = (1 - 2y) + 10i$

R4. Determinar os valores reais de x e y para que o número complexo $z = (x^2 - 3x) + (x - 3)i$ seja um número:
a) real; b) imaginário puro.

➤ **Resolução**

a) z é um número real se: $Im(z) = 0$
Logo: $x - 3 = 0 \Rightarrow x = 3$

b) z é um número imaginário puro se:
$Re(z) = 0$ e $Im(z) \neq 0$
Assim: $x^2 - 3x = 0$ e $x - 3 \neq 0 \Rightarrow$
$\Rightarrow x(x - 3) = 0$ e $x \neq 3 \Rightarrow$
$\Rightarrow (x = 0$ ou $x = 3)$ e $x \neq 3$
Logo, $x = 0$.

6. Para que o número complexo $z = 2 - (a^2 - 1)i$ seja um número real, quais devem ser os valores reais de a?

7. Determine os valores reais de x e y para que o número complexo $z = (x^2 - 4) + (2y - 6)i$ seja:
a) um número imaginário puro;
b) um número real não nulo;
c) o número zero.

R5. Calcular $x \in \mathbb{R}$ tal que $x^2 - 9 + (x + 3)i = 0$.

➤ **Resolução**

Vamos reescrever a igualdade da seguinte forma:
$(x^2 - 9) + (x + 3)i = 0 + 0i$
Então, pela definição de igualdade de números complexos, temos:

$$\begin{cases} x^2 - 9 = 0 & \text{(I)} \\ x + 3 = 0 & \text{(II)} \end{cases}$$

(I): $x^2 - 9 = 0 \Rightarrow x^2 = 9 \Rightarrow x = 3$ ou $x = -3$
(II): $x + 3 = 0 \Rightarrow x = -3$
Apenas -3 satisfaz às duas equações.
Portanto, $x = -3$.

8. Seja $z = (3m + n + 1) + (2m - 3n - 2)i$, calcule m e n, reais, para que z seja zero.

R6. Determinar os valores reais de a e b para que os números complexos $z = -2 + 5i$ e $w = 2a + (b^2 + 1)i$ sejam iguais.

➤ **Resolução**

Para que os números complexos z e w sejam iguais, devemos ter:
- $Re(z) = Re(w)$
  $-2 = 2a$
  $a = -1$
- $Im(z) = Im(w)$
  $5 = b^2 + 1$
  $b^2 = 4$
  $b = 2$ ou $b = -2$

Portanto, $a = -1$ e $b = 2$ ou $a = -1$ e $b = -2$.

9. Resolva as equações, para $x \in \mathbb{R}$.
a) $2x + (x - 3)i = 12 + 3i$
b) $(2x + 10) + (x^2 - 25)i = 0$
c) $(x^3 + 8) + (x + 2)i = 0$

10. Determine os números reais x e y de modo que $(2x + y) + (x - y)i = 2 + 4i$.

11. Resolva, em $\mathbb{C}$, as equações do 2º grau.
a) $x^2 + 4 = 0$
b) $x^2 - 5x + 6 = 0$
c) $x^2 + 4\sqrt{2}x + 6 = 0$

12. Classifique cada afirmação abaixo em verdadeira ou falsa. Justifique sua resposta.
a) O número real zero é um número complexo.
b) O número $-\sqrt{5}$ não é complexo, pois não pode ser escrito na forma algébrica $z = a + bi$.
c) Todo número complexo é real, mas nem todo número real é complexo.
d) Com o aparecimento dos números complexos, tornou-se possível resolver equações do 2º grau nas quais o discriminante (Δ) é negativo.
e) A parte imaginária de um número complexo não pode ser um número irracional.
f) A parte real de um número complexo não pode ser um número racional.

2 Operações com números complexos

Antes de estudarmos as operações com números complexos, é importante observar que, para efetuar as operações de adição e multiplicação de números complexos, são válidas as propriedades associativa, comutativa e da existência do elemento neutro, no caso da adição esse elemento é o número zero e no caso da multiplicação é o número 1.

2.1 Adição e subtração de números complexos

Dados dois números complexos $z = a + bi$ e $w = c + di$, podemos definir as operações de adição e subtração entre z e w da seguinte forma:

Adição: $z + w = (a + bi) + (c + di) = a + bi + c + di = (a + c) + (b + d)i$

Subtração: $z - w = (a + bi) - (c + di) = a + bi - c - di = (a - c) + (b - d)i$

Observe que, para qualquer complexo $z = a + bi$, existe o oposto de z, dado por: $-z = -a - bi$

Exemplos

Vamos considerar os números complexos $z_1 = 1 + 3i$, $z_2 = i$ e $z_3 = -7$ e efetuar as seguintes operações:

a) $z_1 + z_2 + z_3$

Para efetuar a adição solicitada, somamos as partes reais de z_1, z_2 e z_3 e, separadamente, somamos as partes imaginárias desses números.

Assim:

$$z_1 + z_2 + z_3 = (1 + 3i) + (0 + i) + (-7 + 0i) = 1 + 3i + 0 + i - 7 + 0i$$

$$z_1 + z_2 + z_3 = (1 + 0 - 7) + (3 + 1 + 0)i = -6 + 4i$$

b) $z_2 - (z_1 + z_3)$

Para efetuar a expressão indicada, devemos, inicialmente, calcular a adição $z_1 + z_3$.

Em seguida, subtraímos de z_2 o resultado obtido. Assim:

$$z_1 + z_3 = 1 + 3i - 7 = -6 + 3i$$

$$z_2 - (z_1 + z_3) = i - (-6 + 3i) = i + 6 - 3i = 6 - 2i$$

Exercícios

13. Efetue as operações.

a) $(3 + 4i) + (5 + 7i)$

b) $(2 + 6i) + (4 - 9i)$

14. Sejam os números complexos $z_1 = 2 + 4i$, $z_2 = -4 + i$ e $z_3 = -5$, calcule:

a) $z_1 + z_2 + z_3$

b) $z_1 - (z_3 + z_2)$

15. Efetue:

a) $(3 + 7i) - (1 + 5i)$

b) $\left(21 + 4i\sqrt{3}\right) - \left(2 - i\sqrt{3}\right)$

16. Calcule:

a) $(4 + i) + (3 + 3i)$

b) $\left(11 - i\sqrt{2}\right) - \left(5 + 2i\sqrt{2}\right)$

2.2 Multiplicação de números complexos

Dados dois números complexos $z = a + bi$ e $w = c + di$, podemos efetuar a multiplicação entre z e w aplicando a propriedade distributiva:

$$zw = (a + bi)(c + di) = ac + adi + bci + bdi^2$$

Como $i^2 = -1$, temos: $zw = ac + adi + bci - bd = (ac - bd) + (ad + bc)i$

Exemplos

Vamos considerar os números complexos $z_1 = 1 + i$, $z_2 = 4 - 2i$ e $z_3 = 5$ e efetuar as seguintes operações:

a) $z_1 \cdot z_2 = (1 + i)(4 - 2i) = 4 - 2i + 4i - 2i^2 = 4 + 2i - 2 \cdot (-1) = 6 + 2i$

b) $(z_2)^2 = z_2 \cdot z_2 = (4 - 2i)(4 - 2i) = 16 - 8i - 8i + 4i^2 = 16 - 16i + 4 \cdot (-1)$

$(z_2)^2 = 12 - 16i$

c) $2 \cdot (z_1 \cdot z_2 \cdot z_3) = 2 \cdot (1 + i)(4 - 2i) \cdot 5 = 10 \cdot (6 + 2i) = 60 + 20i$

d) $(4 - 2i)^2 = 4^2 - 2 \cdot 4 \cdot 2i + (2i)^2 = 16 - 16i - 4 = 12 - 16i$

Exercícios

17. Efetue as operações.

a) $(1 + 2i) \cdot (2 + 4i)$

b) $(2 - 3i) \cdot (5 + 6i)$

c) $\left(\frac{1}{2} - 2i\right) \cdot \left(\frac{3}{4} + 3i\right)$

18. Resolva:

a) $(5 + 2i)^2 \cdot (1 + i)$

b) $(2 + 3i) \cdot (5 - 6i)$

R7. Determinar os valores reais de x e y para que se tenha: $(x + 2yi) \cdot (1 - 3i) = -1$

➤ Resolução

Começamos efetuando a multiplicação indicada:

$(x + 2yi) \cdot (1 - 3i) = -1$

$x - 3xi + 2yi - 6yi^2 = -1$

$x - 3xi + 2yi - 6y \cdot (-1) = -1$

$(x + 6y) + (-3x + 2y)i = -1 + 0i$

Utilizando a igualdade de números complexos, temos:

$$\begin{cases} x + 6y = -1 \\ -3x + 2y = 0 \end{cases}$$

Resolvendo esse sistema, obtemos:

$x = -\frac{1}{10}$ e $y = -\frac{3}{20}$

19. Determine os valores reais de x e y para que se tenha:

$(x + 2yi) \cdot (1 - 3i) = 15 - 5i$

20. Determine x e y reais de modo que:

$(x + yi) \cdot (1 - 3i) = -13 - i$

2.3 O conjugado de um número complexo

• Dado um número complexo $z = a + bi$, chamamos de **conjugado de z**, cuja notação é $\overline{z}$, o número complexo $\overline{z} = a - bi$.

Observe que, para obtermos $\overline{z}$, basta trocar o sinal da parte imaginária de z.

Veja os exemplos a seguir.

Vamos encontrar os conjugados dos números complexos abaixo.

a) $z_1 = 1 + i \Rightarrow \overline{z_1} = 1 - i$

b) $z_2 = -3 - 5i \Rightarrow \overline{z_2} = -3 + 5i$

c) $z_3 = 3 \Rightarrow \overline{z_3} = 3$

d) $z_4 = -i \Rightarrow \overline{z_4} = i$

É importante não confundir conjugado de um número complexo com oposto de um número complexo.

Propriedades do conjugado

Dado $z = a + bi$, são válidas para $\overline{z}$ as seguintes propriedades:

I) $\overline{\overline{z}} = z$ **II)** $z = \overline{z} \Leftrightarrow z \in \mathbb{R}$ **III)** $\overline{z_1} \pm \overline{z_2} = \overline{z_1 \pm z_2}$ **IV)** $\overline{z_1} \cdot \overline{z_2} = \overline{z_1 \cdot z_2}$

Exercícios

21. Efetue:

a) $(2+3i)\cdot(3-2i)+(2-3i)\cdot(3+2i)$

b) $(4+2i)\cdot(\overline{5-3i})$

22. Determine os números reais x e y tais que: $(1-i)\cdot x+(2+i)\cdot y=5+4i$

23. Determine x e y reais de modo que: $(x+yi)\cdot(3-2i)=4+5i$

24. Calcule os valores reais de x e y para que a igualdade a seguir seja válida: $(3x^2+4xyi)-(x^2+yi)=8+3i$

25. Verifique se o número complexo $z=1-i$ é raiz da equação $z^2-2z+2=0$.

26. Determine m real de modo que o número complexo $z=(4+mi)\cdot(1-2i)$ seja um número:

a) real;

b) imaginário puro.

27. Qual deve ser a relação entre x e y, reais, para que o produto $(x+yi)\cdot(2+3i)$ seja um número real?

28. Calcule $z\cdot\overline{z}$ em cada caso.

a) $z=-3-2i$

b) $z=2i$

c) $z=-\sqrt{5}$

d) $z=a+bi$

- Que tipo de número é o produto $z\cdot\overline{z}$?

29. Calcule o produto de cada número complexo abaixo pelo respectivo conjugado.

a) $7+2i$

b) $1-4i$

c) $\sqrt{3}+i\sqrt{2}$

d) $x+2yi$

R8. Sendo $z_1=2+3i$ e $z_2=-1-5i$, calcular:

$\overline{\overline{\overline{z_1}}}+2\cdot(\overline{z_1+z_2})-\text{Re}(\overline{z_1}\,\overline{z_1})$

➤ Resolução

Temos: $\overline{z_1}=2-3i$ e $\overline{z_2}=-1+5i$

Assim, aplicando as propriedades, obtemos:

$\overline{\overline{\overline{z_1}}}+2\cdot(\overline{z_1+z_2})-\text{Re}(\overline{z_1}\,\overline{z_1})=$

$=\overline{z_1}+2\cdot(\overline{z_1}+\overline{z_2})-\text{Re}\left[(\overline{z_1})^2\right]=$

$=(2-3i)+2\cdot(1+2i)-\text{Re}(4-12i-9)=$

$=2-3i+2+4i-(4-9)=4+i+5=9+i$

30. Sendo $z=3-2i$, calcule $z+\overline{z}$ e compare com $\text{Re}(z)$.

- O que você pode observar?

31. Mostre que: $z-\overline{z}=2i\cdot\text{Im}(z)$

R9. Determinar o complexo z tal que: $z+2i=3\overline{z}+5$

➤ Resolução

Fazendo $z=a+bi$, temos $\overline{z}=a-bi$.

Assim: $z+2i=3\overline{z}+5$

$(a+bi)+2i=3(a-bi)+5$

$a+(b+2)i=(3a+5)-3bi$

$$\begin{cases} a=3a+5 \Rightarrow 2a=-5 \Rightarrow a=-\dfrac{5}{2} \\ b+2=-3b \Rightarrow 4b=-2 \Rightarrow b=-\dfrac{1}{2} \end{cases}$$

Logo: $z=-\dfrac{5}{2}-\dfrac{1}{2}i$

32. Determine o número complexo z.

a) $2z+4i=\overline{z}-2i$

b) $3iz-\overline{z}=2+4i$

c) $\dfrac{3+2i}{2}-z=\dfrac{\overline{z}}{3}-3i$

2.4 Divisão de números complexos

Dados dois números complexos z e w, com $w\neq0$, podemos efetuar a divisão entre z e w por meio de um processo semelhante ao de racionalização de denominadores.

Para obter o quociente $\dfrac{z}{w}$, multiplicamos numerador e denominador pelo conjugado do denominador ($\overline{w}$), ou seja:

$$\frac{z}{w}=\frac{z\cdot\overline{w}}{w\cdot\overline{w}}$$

Ao multiplicar o número complexo pelo seu conjugado, o denominador sempre será um número real.

É importante observar que, para qualquer complexo não nulo $z=a+bi$, existe o inverso de z, indicado por $z^{-1}=\dfrac{1}{z}$, dado por: $\dfrac{1}{z}=\dfrac{1\cdot\overline{z}}{z\cdot\overline{z}}=\dfrac{a-bi}{a^2+b^2}$

Exemplos

a) Vamos calcular o quociente $\frac{1+2i}{3-2i}$.

$$\frac{1+2i}{3-2i} = \frac{(1+2i)\cdot(3+2i)}{(3-2i)\cdot(3+2i)} = \frac{3+2i+6i+4i^2}{9+6i-6i-4i^2} = \frac{(3-4)+(2+6)i}{9-4(-1)} = -\frac{1}{13}+\frac{8}{13}i$$

b) Vamos determinar o inverso do número complexo $z = 2$.

Para $z = 2$, temos: $z^{-1} = \frac{1}{z} = \frac{1}{2}$

c) Vamos determinar o inverso do número complexo $z = -5i$.

Para $z = -5i$, temos: $z^{-1} = \frac{1}{z} = \frac{1}{-5i} = \frac{1\cdot(5i)}{-5i\cdot(5i)} = \frac{5i}{-25i^2} = \frac{i}{5}$

Exercícios

R10. Calcular o inverso de i.

➤ Resolução

O inverso de i é $\frac{1}{i}$

Para calcular o quociente $\frac{1}{i}$, basta multiplicar o numerador e o denominador pelo conjugado do denominador.

Assim:

$$\frac{1}{i} = \frac{1\cdot(-i)}{i\cdot(-i)} = \frac{-i}{-i^2} = \frac{-i}{(-1)\cdot(-1)} = \frac{-i}{1} = -i$$

33. Determine o inverso de cada número complexo abaixo.

a) $z = 1 + i$

b) $z = 2i$

c) $z = 3 - 4i$

d) $z = a - bi$

e) $z = -i$

34. Seja um número complexo z não nulo.

a) Multiplique z pelo seu inverso $\frac{1}{z}$.

Que valor você obteve?

b) Se w é o inverso de z, o que podemos afirmar sobre o produto deles?

c) Verifique se os números complexos $5 - 4i$ e $\frac{5+4i}{41}$ são inversos.

d) Quando dois números complexos não nulos são inversos?

R11. Calcular os quocientes:

a) $\frac{-2+i}{3-2i}$ b) $\frac{(3-2i)^2}{-2+i}$

➤ Resolução

a) $\frac{-2+i}{3-2i} = \frac{(-2+i)(3+2i)}{(3-2i)(3+2i)}$

$\frac{-2+i}{3-2i} = \frac{-6-4i+3i+2i^2}{9+6i-6i-4i^2}$

$\frac{-2+i}{3-2i} = \frac{-8-i}{13} = -\frac{8}{13} - \frac{1}{13}i$

b) $\frac{(3-2i)^2}{-2+i} = \frac{9-12i+4i^2}{-2+i} = \frac{5-12i}{-2+i}$

$\frac{(3-2i)^2}{-2+i} = \frac{(5-12i)(-2-i)}{(-2+i)(-2-i)}$

$\frac{(3-2i)^2}{-2+i} = \frac{-10-5i+24i+12i^2}{(4+2i-2i-i^2)}$

$\frac{(3-2i)^2}{-2+i} = \frac{-22+19i}{4+1} = -\frac{22}{5} + \frac{19}{5}i$

35. Faça as divisões.

a) $\frac{4-10i}{-2i}$ b) $\frac{5}{6+6i}$ c) $\frac{2+i\sqrt{7}}{1+i\sqrt{7}}$

36. Escreva o número complexo $z = \frac{1}{1+4i} + \frac{1}{1-4i}$ na forma algébrica.

37. Expresse o número complexo $z = \frac{1+i}{i} - \frac{i}{1-i}$ na forma algébrica.

38. Determine $k \in \mathbb{R}$ para que $\frac{-9+ki}{2+3i}$ seja um número imaginário.

39. Determine $m \in \mathbb{R}$ para que $z = \frac{m+6i}{2-i}$ seja um número real.

2.5 As potências de i

Observe, abaixo, o cálculo de algumas potências de i.

$i^0 = 1$

$i^1 = i$

$i^2 = -1$

$i^3 = i^2 \cdot i = -1 \cdot i = -i$

$i^4 = i^2 \cdot i^2 = -1 \cdot (-1) = 1$

$i^5 = i^2 \cdot i^2 \cdot i = i$

$i^6 = i^2 \cdot i^2 \cdot i^2 = -1$

$i^7 = i^2 \cdot i^2 \cdot i^2 \cdot i = -i$

$i^8 = i^2 \cdot i^2 \cdot i^2 \cdot i^2 = 1$

$i^9 = i^2 \cdot i^2 \cdot i^2 \cdot i^2 \cdot i = i$

... e assim por diante.

Observe ainda que as potências de i se repetem em grupos de quatro valores, seguindo o padrão das potências i^0, i^1, i^2 e i^3. Então, para calcular a potência i^n, com $n \in \mathbb{N}$, efetuamos a divisão de n por 4 e consideramos o resto dessa divisão como o novo expoente de i.

Para expoentes inteiros negativos, o cálculo da potência i^{-n}, com $n \in \mathbb{N}^*$, é feito utilizando-se o conceito de inverso, ou seja: $i^{-n} = \frac{1}{i^n}$

Exemplo

Vamos calcular o valor de i^{244}, i^{605} e i^{-33}.

$244 \div 4$: quociente 61, resto 0 → expoente

$605 \div 4$: quociente 151, resto 1 → expoente

$33 \div 4$: quociente 8, resto 1 → expoente

Assim:

- $i^{244} = i^0 = 1$
- $i^{605} = i^1 = i$
- Utilizando o conceito de inverso, temos: $i^{-33} = \frac{1}{i^{33}} = \frac{1}{i^1} = \frac{1}{i} = \frac{1 \cdot (-i)}{i \cdot (-i)} = \frac{-i}{-i^2} = -i$

Exercícios

R12. Simplificar: $\frac{3i^{44} + 12i^{33}}{-3i^{50}}$

➤ Resolução

Vamos, inicialmente, determinar o valor de i^{44}, i^{33} e i^{50}. Para isso, efetuamos as divisões de 44, 33 e 50 por 4 e levamos em conta os restos obtidos.

$44 \div 4$: quociente 11, resto 0; $33 \div 4$: quociente 8, resto 1; $50 \div 4$: quociente 12, resto 2

Assim:

- $i^{44} = i^0 = 1$
- $i^{33} = i^1 = i$
- $i^{50} = i^2 = -1$

Substituindo na expressão dada, temos:

$$\frac{3i^{44} + 12i^{33}}{-3i^{50}} = \frac{3 \cdot (1) + 12 \cdot (i)}{-3 \cdot (-1)} = 1 + 4i$$

R13. Encontrar o valor da expressão $z^3 = \frac{1}{z} \cdot (z - \bar{z}) - \bar{\bar{z}}$, sendo $z = -2i$.

➤ Resolução

$$z^3 - \frac{1}{z} \cdot 2i \cdot \text{Im}(z) - z =$$

$$= (-2i)^3 - \frac{1}{(-2i)} \cdot 2i \cdot (-2) - (-2i) =$$

$$= -8i^3 + 1 \cdot (-2) + 2i = -2 + 10i$$

40. Efetue:

a) $2i^8 + (1 + 4i)^2$

b) $\frac{(2i)^2 + 4(2i)^3}{(2i)^{20}}$

41. Calcule:

a) i^{90} b) i^{330} c) i^{-37} d) i^{4n}

42. Verifique se as igualdades a seguir são verdadeiras.

a) $i^{20} + i^{30} = i^{20+30}$

b) $i^{20} \cdot i^{30} = i^{20 \cdot 30}$

c) $(i^4)^6 = (i^6)^4$

d) $i^{4^4} = (i^4)^4$

43. Calcule as somas e observe o padrão.

a) $i^0 + i^1 + i^2 + i^3$

b) $i^4 + i^5 + i^6 + i^7$

c) Utilizando o padrão observado, calcule: $i^{10} + i^{11} + i^{12} + \ldots + i^{99}$

44. Calcule $\frac{i^{97}}{3 + 2i}$.

45. Dado o complexo $z = xi$, calcule x real para que se tenha z^{54} real positivo.

3 Representação geométrica de um número complexo

3.1 O plano de Argand-Gauss

No início do século XIX, Carl Friedrich Gauss e Jean-Robert Argand (1768-1822), trabalhando de maneira independente, observaram que era possível associar as partes real e imaginária de um número complexo e as coordenadas de um ponto no plano cartesiano, o que tornava mais fácil a visualização desses números.

Da mesma forma que a cada número real pode-se associar um único ponto da reta real, a cada elemento $a + bi$ do conjunto dos números complexos corresponde um único ponto $P(a, b)$ do plano cartesiano e vice-versa. A parte real de z é representada no eixo das abscissas, que é chamado de **eixo real**, e a parte imaginária, no eixo das ordenadas, que é o **eixo imaginário**.

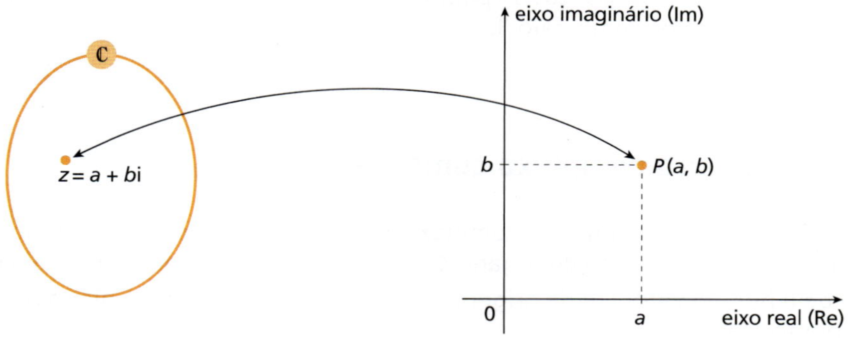

O plano cartesiano assim redefinido passou a ser chamado de **plano de Argand-Gauss** ou **plano complexo**. O ponto $P(a, b)$ é a **imagem de *z*** nesse plano ou o **afixo** do número complexo $z = a + bi$.

Como já vimos, a correspondência entre os números complexos e suas imagens geométricas é biunívoca; por isso podemos fazer a identificação $z = a + bi = (a, b)$.

Observe que:

- o número real zero é representado pelo ponto (0, 0);
- todo número complexo real tem a sua parte imaginária igual a zero. Logo, sua imagem é um ponto pertencente ao eixo real (Re);
- todo número complexo imaginário puro tem a parte real igual a zero. Logo, sua imagem é um ponto pertencente ao eixo imaginário (Im).

Exemplos

a) Vamos representar no plano complexo as imagens dos números complexos $z_1 = 3 - i$, $z_2 = 4i$ e $z_3 = -1$.

Note que as imagens de z_1, z_2 e z_3 são, respectivamente, os pontos $P_1(3, -1)$, $P_2(0, 4)$ e $P_3(-1, 0)$. A representação geométrica desses números é:

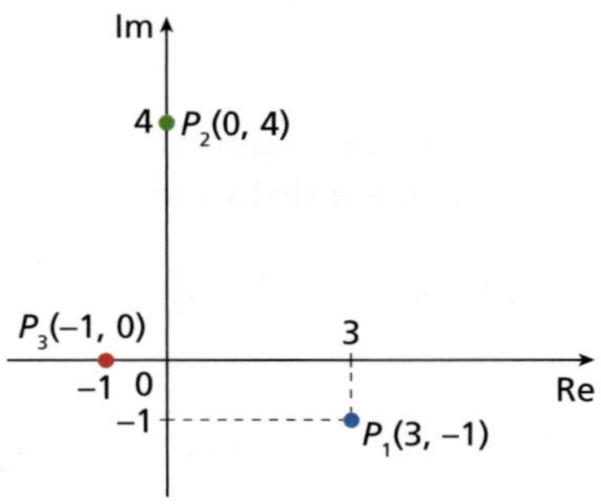

b) Vamos representar no plano complexo todos os números complexos cuja distância das imagens à origem (0, 0) no plano de Argand-Gauss é igual a 3.

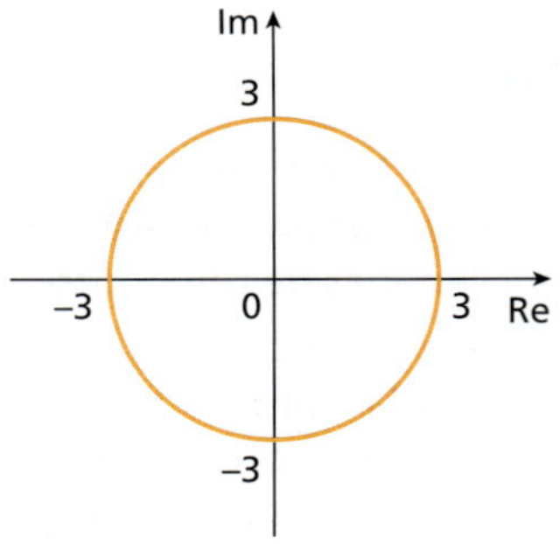

Note que todos os pontos do plano que distam 3 da origem (0, 0) definem uma circunferência de centro na origem e raio 3.

28.1 Biblioteca do estudante

3.2 O número complexo como um vetor

Já vimos que todo número complexo $z = a + bi$ pode ser representado geometricamente por um ponto $P(a, b)$ no plano de Argand-Gauss. Um número complexo não nulo pode ser representado também por um vetor $\overrightarrow{OP}$ de origem no ponto $O(0, 0)$, origem do plano complexo, e extremidade no ponto $P(a, b)$.

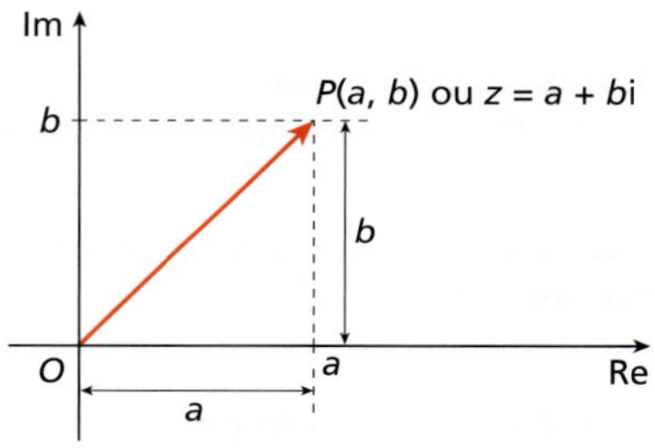

Observe que todo vetor é caracterizado por uma direção, um sentido e um módulo (comprimento do segmento).

Módulo de um número complexo

Observe a figura a seguir:

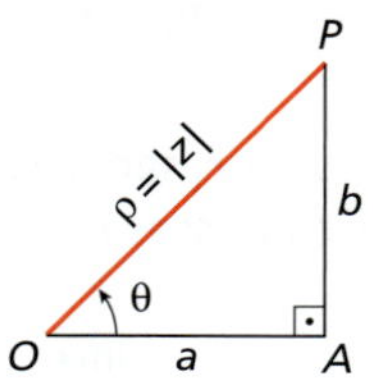

O **módulo** de $z = a + bi$, indicado por $|z|$ ou ρ, é o módulo do vetor $\overrightarrow{OP}$ que o representa (comprimento do vetor), ou seja, é a distância da origem $O(0, 0)$ ao ponto $P(a, b)$.

Assim, no triângulo OAP, temos: $|z| = d_{O,P} = \sqrt{(a-0)^2 + (b-0)^2} = \sqrt{a^2 + b^2}$

- $|z| = \rho = \sqrt{a^2 + b^2}$

Exemplos

a) Vamos determinar o módulo do número complexo $\boldsymbol{z} = 1 + 5i$.

Seja $a = 1$ e $b = 5$.

Calculando o módulo, temos:

$$|z| = \rho = \sqrt{a^2 + b^2} \Rightarrow \rho = \sqrt{1^2 + 5^2} \Rightarrow \rho = \sqrt{1 + 25} \Rightarrow \rho = \sqrt{26}$$

b) Retomando o exemplo **b** da página anterior, vamos aplicar o conceito de módulo de um número complexo.

Os números complexos procurados são aqueles que têm módulo 3. Assim:

$$|z| = 3 \Rightarrow \sqrt{a^2 + b^2} = 3 \Rightarrow a^2 + b^2 = 3^2$$

Como a equação de uma circunferência é dada por $(x - x_0)^2 + (y - y_0)^2 = r^2$, com centro (x_0, y_0) e raio igual a r, temos que $a^2 + b^2 = 3^2$ é a equação de uma circunferência de centro (0, 0) e raio 3.

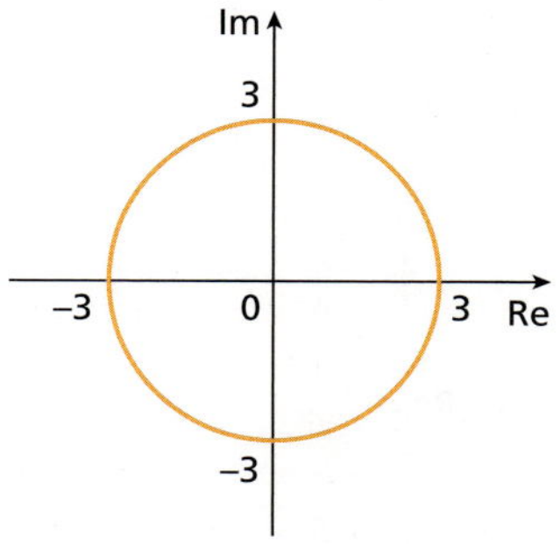

Argumento de um número complexo

A direção do vetor $\overrightarrow{OP}$ é dada pelo ângulo θ (com $0 \leq \theta < 2\pi$), formado pelo vetor e pelo semieixo real positivo, considerado no sentido anti-horário. Para um número complexo não nulo z, o ângulo θ é chamado de **argumento de z**, indicado por arg(z).

Pelo triângulo OAP da figura abaixo, também sabemos que:

- θ é o ângulo cujo $\text{sen}\,\theta = \dfrac{b}{\rho}$ e $\cos\theta = \dfrac{a}{\rho}$, com $\rho = |z|$ e $0 \leq \theta < 2\pi$

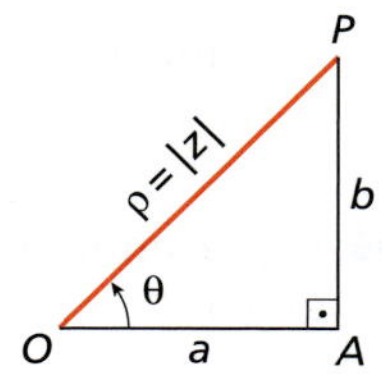

Observe o exemplo a seguir.

Vamos determinar o argumento do número complexo $z = 1 + \sqrt{3}i$.

Seja $a = 1$ e $b = \sqrt{3}$.

Calculando o módulo, temos:

$$|z| = \rho = \sqrt{a^2 + b^2} \Rightarrow \rho = \sqrt{1^2 + (\sqrt{3})^2} \Rightarrow \rho = \sqrt{1 + 3} \Rightarrow \rho = \sqrt{4} \Rightarrow \rho = 2$$

Calculando o argumento, temos:

- $\cos\theta = \dfrac{a}{\rho} \Rightarrow \cos\theta = \dfrac{1}{2}$
- $\text{sen}\,\theta = \dfrac{b}{\rho} \Rightarrow \cos\theta = \dfrac{\sqrt{3}}{2}$

Portanto, como $0 \leq \theta < 2\pi$, temos: $\theta = \dfrac{\pi}{3}$

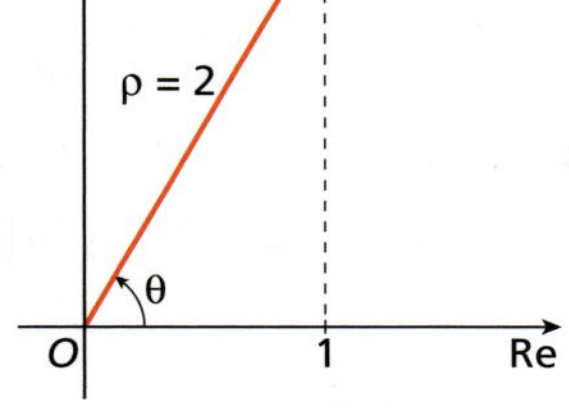

Exercícios

R14. Representar geometricamente o número complexo $z = 2 + 2i$ e obter o módulo e o argumento de z.

➤ Resolução

No plano, $z = 2 + 2i$ é representado pelo ponto $P(2, 2)$.

O módulo de z é dado por:

$\rho = d_{O,P} = \sqrt{2^2 + 2^2} = \sqrt{8} = 2\sqrt{2}$

Para obter o argumento de z, vamos considerar o triângulo retângulo OAP.

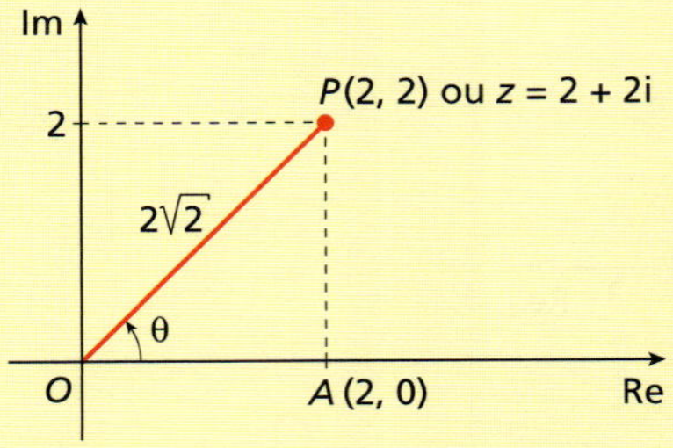

$$\text{sen } \theta = \frac{AP}{OP} = \frac{\text{Im}(z)}{\rho} = \frac{2}{2\sqrt{2}}$$

$$\text{sen } \theta = \frac{1}{\sqrt{2}} \cdot \frac{\sqrt{2}}{\sqrt{2}} = \frac{\sqrt{2}}{2}$$

$$\cos \theta = \frac{OA}{OP} = \frac{\text{Re}(z)}{\rho} = \frac{2}{2\sqrt{2}}$$

$$\cos \theta = \frac{1}{\sqrt{2}} \cdot \frac{\sqrt{2}}{\sqrt{2}} = \frac{\sqrt{2}}{2}$$

Como $0 \leq \theta < 2\pi$, temos: $\theta = \frac{\pi}{4}$

46. Represente no plano complexo e obtenha $|z|$ e $\arg(z)$.

a) $z_1 = 1 + i$

b) $z_2 = -\sqrt{3} + i$

c) $z_3 = 5i$

47. Calcule o argumento dos números complexos a seguir.

a) $z_1 = \sqrt{3} - i$

b) $z_2 = 0{,}5 - 0{,}5i$

c) $z_3 = \sqrt{2} - \sqrt{2}i$

R15. Determinar o módulo de $z = 2 - 5i$.

➤ Resolução

$|z| = \sqrt{2^2 + (-5)^2} = \sqrt{4 + 25} \Rightarrow |z| = \sqrt{29}$

R16. Representar geometricamente no plano complexo os números complexos z que satisfazem a condição $|z + 1 - i| = 1$.

➤ Resolução

Fazendo $z = x + yi$, com x e y reais, temos:

$|z + 1 - i| = 1 \Rightarrow |x + yi + 1 - i| = 1 \Rightarrow$

$\Rightarrow |(x + 1) + (y - 1)i| = 1 \Rightarrow$

$\Rightarrow \sqrt{(x + 1)^2 + (y - 1)^2} = 1 \Rightarrow$

$\Rightarrow (x + 1)^2 + (y - 1)^2 = 1^2$

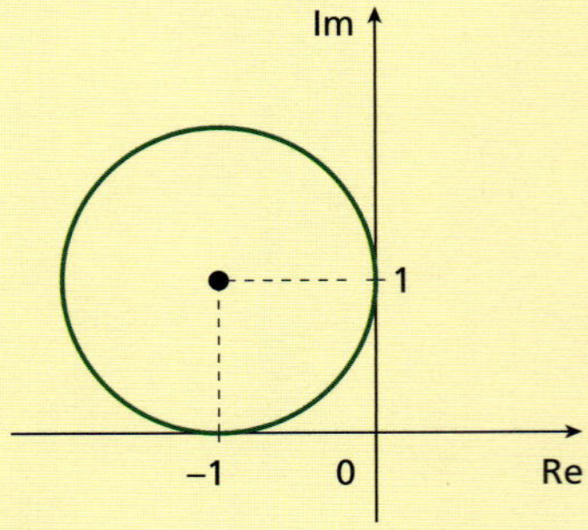

Representa a circunferência de centro $(-1; 1)$ e raio 1.

48. Sendo $z = 3 - 2i$ e $w = -5 + i$, calcule:

a) $|z + w|$ b) $|z - w|$ c) $|z \cdot w|$

49. Sabendo que $z = (2, -3)$ e $w = (0, 2)$, determine o módulo de $z + w$.

50. Considere o número complexo $z = 1 + i\sqrt{3}$ e faça o que se pede.

a) Determine o módulo e o argumento de z e $\bar{z}$. Que relação existe entre esses valores?

b) Represente em um mesmo plano z e $\bar{z}$. Qual é a relação entre as imagens de z e $\bar{z}$?

c) Os resultados observados nos itens **a** e **b** valem para qualquer número complexo não nulo e seu conjugado?

51. Represente no plano os números complexos z tais que:

a) $|z - 2| = 1$

b) $|z + i| < 4$

52. Sendo $z_1 = -4 + 2i$ e $z_2 = 6 - 3i$ represente no mesmo plano complexo z_1, z_2, $z_1 + z_2$ e $z_1 - z_2$.

4 Forma trigonométrica de um número complexo

4.1 Forma trigonométrica ou polar

Como vimos, podemos identificar um número complexo com um ponto do plano $P(a, b)$ ou com um vetor que determina o argumento e o módulo de z. Quando associamos z com um ponto do plano, estamos expressando z por coordenadas cartesianas (a e b). Quando a associação é feita com um vetor, dizemos que temos as coordenadas polares de z, que são o argumento θ e o módulo ρ.

Vamos ver agora como expressar o número complexo $z = a + bi$, não nulo, por meio de suas coordenadas polares, obtendo a chamada **forma trigonométrica** ou **forma polar** de z.

Já sabemos que:

- $\rho = \sqrt{a^2 + b^2}$
- $\text{sen}\,\theta = \dfrac{b}{\rho} \Rightarrow b = \rho \cdot \text{sen}\,\theta$
- $\cos\theta = \dfrac{a}{\rho} \Rightarrow a = \rho \cdot \cos\theta$

Substituindo esses valores na forma algébrica de z, temos:

$z = a + bi = \rho \cdot \cos\theta + (\rho \cdot \text{sen}\,\theta) \cdot i = \rho \cdot \cos\theta + \rho \cdot i \cdot \text{sen}\,\theta$

$$z = \rho(\cos\theta + i \cdot \text{sen}\,\theta)$$

Exemplo

Vamos escrever o número complexo $z = -1 + i$ na forma trigonométrica e representá-lo geometricamente.

Para obter um número complexo na forma trigonométrica, precisamos determinar o módulo ρ e o argumento θ (com $0 \leqslant \theta < 2\pi$) desse número.

Seja $a = -1$ e $b = 1$.

Calculando o módulo, temos:

$|z| = \rho = \sqrt{a^2 + b^2} \Rightarrow \rho = \sqrt{(-1)^2 + (1)^2} \Rightarrow \rho = \sqrt{1+1} \Rightarrow \rho = \sqrt{2}$

E, agora, calculando o argumento:

$\cos\theta = \dfrac{a}{\rho} \Rightarrow \cos\theta = \dfrac{-1}{\sqrt{2}} = \dfrac{-1 \cdot \sqrt{2}}{\sqrt{2} \cdot \sqrt{2}} = \dfrac{-\sqrt{2}}{2}$

$\text{sen}\,\theta = \dfrac{b}{\rho} \Rightarrow \text{sen}\,\theta = \dfrac{1}{\sqrt{2}} = \dfrac{1 \cdot \sqrt{2}}{\sqrt{2} \cdot \sqrt{2}} = \dfrac{\sqrt{2}}{2}$

Como $0 \leqslant \theta < 2\pi$, temos: $\theta = \dfrac{3\pi}{4}$

Aplicando a fórmula da forma trigonométrica ou polar:

$z = \rho(\cos\theta + i \cdot \text{sen}\,\theta) \Rightarrow z = \sqrt{2}\left(\cos\dfrac{3\pi}{4} + i \cdot \text{sen}\,\dfrac{3\pi}{4}\right)$

Logo, o número complexo z pode ser representado por um vetor de módulo $\sqrt{2}$ e direção $\theta = \dfrac{3\pi}{4}$ (ou 135°).

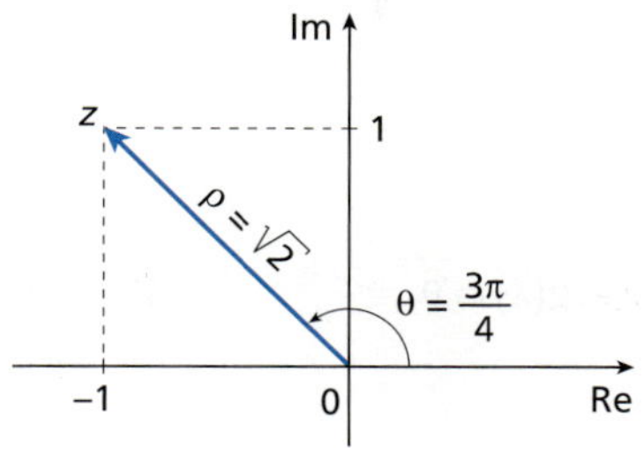

Exercícios

R17. Escrever $z = 2i$ na forma trigonométrica e representá-lo geometricamente.

➤ Resolução

$\rho = \sqrt{0^2 + 2^2} = 2$

$$\theta = \frac{\pi}{2}, \text{ pois: } \begin{cases} \text{sen } \theta = \frac{b}{\rho} = \frac{2}{2} = 1 \\ \cos \theta = \frac{a}{\rho} = \frac{0}{2} = 0 \end{cases}$$

Logo: $z = 2\left(\cos \frac{\pi}{2} + i \cdot \text{sen } \frac{\pi}{2}\right)$

O número complexo z pode ser representado por um vetor de módulo 2 e direção $\theta = \frac{\pi}{2}$ (ou 90°).

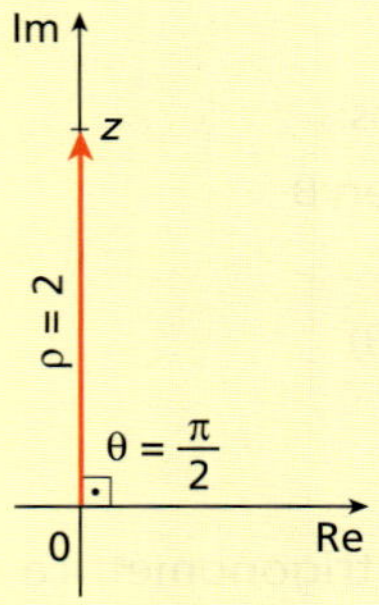

Note que, como z é imaginário puro, sua representação é um vetor sobre o eixo imaginário. Se z fosse um número real não nulo, seria representado por um vetor sobre o eixo real.

R18. Determinar o módulo, o argumento e a forma trigonométrica do conjugado de $z = 1 + i$. Representar em um mesmo plano complexo z e $\bar{z}$.

➤ Resolução

28.1 Visão do especialista

Dado $z = a + bi$, temos que $\bar{z} = a - bi$.

Note que: $\rho = |z| = \sqrt{a^2 + b^2} = |\bar{z}|$

Assim:

$|\bar{z}| = \sqrt{(1)^2 + (-1)^2} = \sqrt{1^2 + 1^2} =$

$= \sqrt{2}$ (com $\bar{z} = 1 - i$)

Sendo $\theta_1 = \arg(z)$, temos:

$$\left.\begin{aligned} \text{sen } \theta_1 &= \frac{1}{\sqrt{2}} = \frac{\sqrt{2}}{2} \\ \cos \theta_1 &= \frac{1}{\sqrt{2}} = \frac{\sqrt{2}}{2} \end{aligned}\right\} \Rightarrow \arg(z) = \theta_1 = \frac{\pi}{4}$$

Sendo $\theta_2 = \arg(\bar{z})$, temos:

$$\left.\begin{aligned} \text{sen } \theta_2 &= \frac{(-1)}{\sqrt{2}} = -\frac{\sqrt{2}}{2} \\ \cos \theta_2 &= \frac{1}{\sqrt{2}} = \frac{\sqrt{2}}{2} \end{aligned}\right\} \Rightarrow \arg(\bar{z}) = \theta_2 = \frac{7\pi}{4}$$

Então:

$$\bar{z} = \sqrt{2} \cdot \left(\cos \frac{7\pi}{4} + i \cdot \text{sen } \frac{7\pi}{4}\right)$$

Note que:

$\arg(\bar{z}) = \frac{7\pi}{4}$ é côngruo a $-\frac{\pi}{4} = -\arg(z)$

Assim:

$$\bar{z} = \sqrt{2} \cdot \left[\cos\left(-\frac{\pi}{4}\right) + i \cdot \text{sen}\left(-\frac{\pi}{4}\right)\right]$$

$$\bar{z} = \sqrt{2} \cdot [\cos(-\theta_1) + i \cdot \text{sen}(-\theta_1)]$$

Como $\cos(-\theta_1) = \cos \theta_1$ (função par) e $\text{sen}(-\theta_1) = -\text{sen } \theta_1$ (função ímpar), temos:

$\bar{z} = |z| \cdot (\cos \theta_1 - i \cdot \text{sen } \theta_1)$

Geometricamente, z e $\bar{z}$ são representados por pontos simétricos em relação ao eixo real.

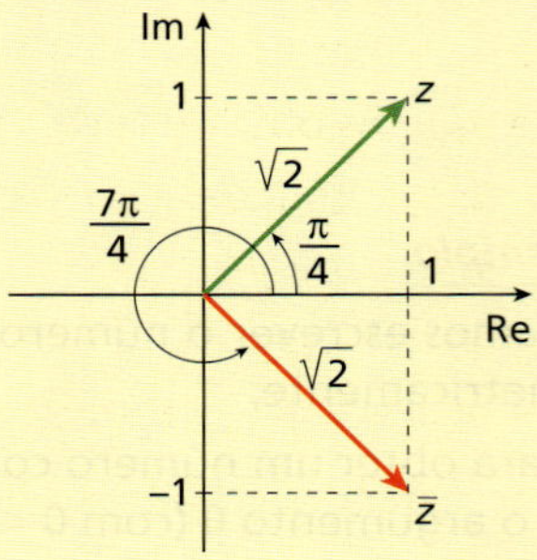

53. Expresse z e $\bar{z}$ na forma trigonométrica.

a) $z = 1 - i$

b) $z = -4 - 4i$

c) $z = 8$

R19. Expressar o número complexo

$$z = 3\left(\cos \frac{\pi}{6} + i \cdot \text{sen } \frac{\pi}{6}\right)$$ na forma algébrica.

➤ Resolução

Nesse caso, basta determinar o valor das razões trigonométricas $\cos \frac{\pi}{6}$ e $\text{sen } \frac{\pi}{6}$ e efetuar os cálculos indicados.

Assim:

$$z = 3\left(\cos \frac{\pi}{6} + i \cdot \text{sen } \frac{\pi}{6}\right)$$

$$z = 3\left(\frac{\sqrt{3}}{2} + i \cdot \frac{1}{2}\right)$$

$$z = \frac{3\sqrt{3}}{2} + \frac{3}{2}i$$

54. Escreva na forma algébrica:

a) $z = \cos \pi + i \cdot \text{sen } \pi$

b) $z = 6\left(\cos \frac{5\pi}{4} + i \cdot \text{sen } \frac{5\pi}{4}\right)$

55. Sendo $z = 3(\cos 0 + i \cdot \text{sen } 0)$, calcule z^{-1}. Represente geometricamente z e z^{-1}.

56. Considere o complexo $z = \frac{\sqrt{3}}{2} + \frac{1}{2}i$ e faça o que se pede.

a) Calcule o produto iz.

b) Represente os vetores correspondentes a z e iz num mesmo plano complexo.

c) O que ocorreu com o vetor correspondente quando multiplicamos z pela unidade imaginária i?

d) A resposta do item **c** pode ser generalizada para qualquer complexo z? Justifique.

5 Operações na forma trigonométrica

5.1 Multiplicação e divisão

Considere os números complexos z_1 e z_2 de módulos ρ_1 e ρ_2 e argumentos θ_1 e θ_2, respectivamente, não nulos, na forma trigonométrica:

$z_1 = \rho_1(\cos \theta_1 + i \cdot \text{sen } \theta_1)$ e $z_2 = \rho_2(\cos \theta_2 + i \cdot \text{sen } \theta_2)$

- Vamos obter o produto z_1z_2:

$$z_1z_2 = [\rho_1(\cos \theta_1 + i \cdot \text{sen } \theta_1)] \cdot [\rho_2(\cos \theta_2 + i \cdot \text{sen } \theta_2)]$$
$$z_1z_2 = \rho_1\rho_2(\cos \theta_1 + i \cdot \text{sen } \theta_1)(\cos \theta_2 + i \cdot \text{sen } \theta_2)$$
$$z_1z_2 = \rho_1\rho_2(\cos \theta_1 \cdot \cos \theta_2 + i \cdot \cos \theta_1 \cdot \text{sen } \theta_2 + i \cdot \text{sen } \theta_1 \cdot \cos \theta_2 + i^2 \cdot \text{sen } \theta_1 \cdot \text{sen } \theta_2)$$
$$z_1z_2 = \rho_1\rho_2[(\cos \theta_1 \cdot \cos \theta_2 - \text{sen } \theta_1 \cdot \text{sen } \theta_2) + i \cdot (\cos \theta_1 \cdot \text{sen } \theta_2 + \text{sen } \theta_1 \cdot \cos \theta_2)]$$

Assim:

$$z_1z_2 = \rho_1\rho_2[\cos (\theta_1 + \theta_2) + i \cdot \text{sen } (\theta_1 + \theta_2)]$$

É importante observar que podemos generalizar o resultado para o caso da multiplicação de *n* fatores complexos:

$z = z_1 \cdot z_2 \cdot ... \cdot z_n$

Obtemos:

$\rho = \rho_1 \cdot \rho_2 \cdot ... \cdot \rho_n$

$\theta = \theta_1 + \theta_2 \cdot ... \cdot \theta_n$

- Vamos obter o quociente $\frac{z_1}{z_2}$ multiplicando-o por $\frac{\overline{z_2}}{\overline{z_2}}$:

$$\frac{z_1}{z_2} = \frac{\rho_1(\cos \theta_1 + i \cdot \text{sen } \theta_1)}{\rho_2(\cos \theta_2 + i \cdot \text{sen } \theta_2)} = \frac{\rho_1(\cos \theta_1 + i \cdot \text{sen } \theta_1)\,\rho_2(\cos \theta_2 - i \cdot \text{sen } \theta_2)}{\rho_2(\cos \theta_2 + i \cdot \text{sen } \theta_2)\,\rho_2(\cos \theta_2 - i \cdot \text{sen } \theta_2)}$$

$$\frac{z_1}{z_2} = \frac{\rho_1\rho_2}{(\rho_2)^2} \cdot \frac{\cos \theta_1 \cdot \cos \theta_2 - i \cdot \cos \theta_1 \cdot \text{sen } \theta_2 + i \cdot \text{sen } \theta_1 \cdot \cos \theta_2 - i^2 \cdot \text{sen } \theta_1 \cdot \text{sen } \theta_2}{\cos^2 \theta_2 + \text{sen}^2 \theta_2}$$

$$\frac{z_1}{z_2} = \frac{\rho_1}{\rho_2} \cdot \frac{(\cos \theta_1 \cdot \cos \theta_2 + \text{sen } \theta_1 \cdot \text{sen } \theta_2) + i \cdot (\text{sen } \theta_1 \cdot \cos \theta_2 - \text{sen } \theta_2 \cdot \cos \theta_1)}{1}$$

Assim:

$$\frac{z_1}{z_2} = \frac{\rho_1}{\rho_2}\left[\cos(\theta_1 - \theta_2) + i \cdot \text{sen}(\theta_1 - \theta_2)\right]$$

Exemplos

Considerando os números complexos $z_1 = 3\left(\cos\frac{\pi}{2} + i \cdot \operatorname{sen}\frac{\pi}{2}\right)$ e $z_2 = 4\left(\cos\frac{\pi}{4} + i \cdot \operatorname{sen}\frac{\pi}{4}\right)$, vamos calcular:

a) $z_1 \cdot z_2 = \rho_1 \cdot \rho_2 \cdot [\cos(\theta_1 + \theta_2) + i \cdot \operatorname{sen}(\theta_1 + \theta_2)]$

$$z_1 \cdot z_2 = 3 \cdot 4 \cdot \left[\cos\left(\frac{\pi}{2} + \frac{\pi}{4}\right) + i \cdot \operatorname{sen}\left(\frac{\pi}{2} + \frac{\pi}{4}\right)\right]$$

$$z_1 \cdot z_2 = 12\left[\cos\frac{3\pi}{4} + i \cdot \operatorname{sen}\frac{3\pi}{4}\right]$$

b) $\frac{z_1}{z_2} = \frac{\rho_1}{\rho_2}\left[\cos(\theta_1 - \theta_2) + i \cdot \operatorname{sen}(\theta_1 - \theta_2)\right]$

$$\frac{z_1}{z_2} = \frac{3}{4}\left[\cos\left(\frac{\pi}{2} - \frac{\pi}{4}\right) + i \cdot \operatorname{sen}\left(\frac{\pi}{2} - \frac{\pi}{4}\right)\right]$$

$$\frac{z_1}{z_2} = \frac{3}{4}\left(\cos\frac{\pi}{4} + i \cdot \operatorname{sen}\frac{\pi}{4}\right)$$

Exercícios

57. Considere os números complexos:

$$z_1 = 2\left(\cos\frac{\pi}{6} + i \cdot \operatorname{sen}\frac{\pi}{6}\right)$$

$$z_2 = 4\left(\cos\frac{3\pi}{4} + i \cdot \operatorname{sen}\frac{3\pi}{4}\right)$$

Calcule:

a) $z_1 z_2$

b) $z_1 z_1 z_1 z_1$

c) $\frac{z_1}{z_2}$

d) $\frac{z_2}{z_1}$

R20. Sejam os números complexos z e w, escritos na forma trigonométrica:

$$z = 2\left(\cos\frac{\pi}{6} + i \cdot \operatorname{sen}\frac{\pi}{6}\right)$$

$$w = 4\left(\cos\frac{2\pi}{3} + i \cdot \operatorname{sen}\frac{2\pi}{3}\right)$$

a) Obter o produto zw.

b) Representar no plano complexo os vetores associados a z, w e zw.

➤ Resolução

a) $zw = 2 \cdot 4 \cdot \left[\cos\left(\frac{\pi}{6} + \frac{2\pi}{3}\right) + i \cdot \operatorname{sen}\left(\frac{\pi}{6} + \frac{2\pi}{3}\right)\right]$

$$zw = 8\left(\cos\frac{5\pi}{6} + i \cdot \operatorname{sen}\frac{5\pi}{6}\right)$$

b) A representação dos vetores é indicada na figura a seguir:

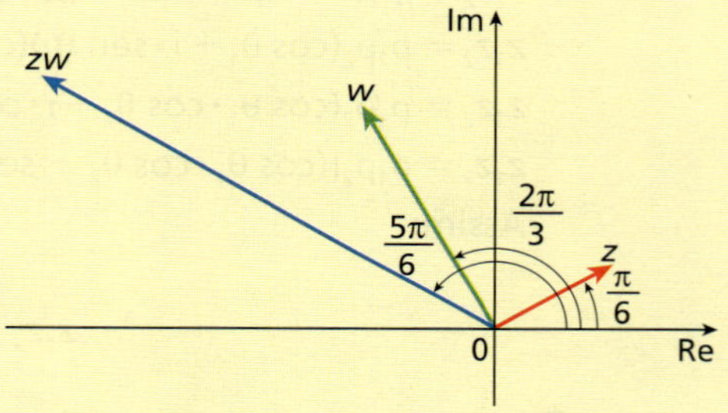

Observe que o produto zw representa uma rotação, no sentido anti-horário, de $\frac{2\pi}{3}\left(\frac{5\pi}{6} - \frac{\pi}{6}\right)$ em relação a z, ou seja, o número complexo z, que tem argumento $\frac{\pi}{6}$, ao ser multiplicado por w sofreu uma rotação equivalente a $\frac{2\pi}{3}$, que é o argumento de w. Assim, o produto zw tem argumento $\frac{5\pi}{6}\left(\frac{\pi}{6} + \frac{2\pi}{3}\right)$. Além disso, o módulo de zw é igual ao produto dos módulos dos números complexos z e w, ou seja: $2 \cdot 4 = 8$

58. Um número complexo z tem módulo 5 e argumento $\frac{2\pi}{3}$. Determine o módulo e o argumento do complexo w tal que $zw = 1$.

59. Determine x real na igualdade:

$$x^3\left(\cos\frac{\pi}{6} + i \cdot \operatorname{sen}\frac{\pi}{6}\right) \cdot \left(\cos\frac{\pi}{3} + i \cdot \operatorname{sen}\frac{\pi}{3}\right) =$$

$$= 8\left(\cos\frac{\pi x}{4} + i \cdot \operatorname{sen}\frac{\pi x}{4}\right)$$

5.2 Potenciação (1ª fórmula de De Moivre)

Já que o conjunto dos números complexos é uma ampliação do conjunto dos números reais, as operações em $\mathbb{C}$ são definidas de modo a manter o que já é válido em $\mathbb{R}$. Isso também vale para a potenciação em $\mathbb{C}$.

Considere um número complexo z, não nulo, na forma trigonométrica. Vamos obter $z^n = [\rho(\cos\theta + i \cdot \text{sen}\,\theta)]^n$, com $n \in \mathbb{N}$ e $n > 1$, recorrendo à multiplicação de complexos na forma trigonométrica vista anteriormente:

$$z^n = \underbrace{z \cdot z \cdot z \cdot \ldots \cdot z \cdot z}_{n \text{ fatores}} = \underbrace{\rho(\cos\theta + i \cdot \text{sen}\theta) \cdot \rho(\cos\theta + i \cdot \text{sen}\theta) \cdot \ldots \cdot \rho(\cos\theta + i \cdot \text{sen}\theta)}_{n \text{ fatores}} =$$

$$= \underbrace{\rho \cdot \rho \cdot \rho \cdot \ldots \cdot \rho \cdot \rho}_{n \text{ fatores}} \cdot \left[\cos\underbrace{(\theta + \theta + \theta + \ldots + \theta + \theta)}_{n \text{ parcelas}} + i \cdot \text{sen}\underbrace{(\theta + \theta + \theta + \ldots + \theta + \theta)}_{n \text{ parcelas}}\right]$$

Ou seja:

$$z^n = \rho^n \cdot (\cos n\theta + i \cdot \text{sen}\, n\theta)$$

Essa fórmula é chamada de **1ª fórmula de De Moivre**, em homenagem ao matemático francês Abraham De Moivre (1667-1754), que a apresentou pela primeira vez em 1730.

Os casos particulares de expoentes 0 e 1 seguem a definição em $\mathbb{R}$:

$z^0 = (a + bi)^0 = 1$ e $z^1 = (a + bi)^1 = z$ (com $a, b \in \mathbb{R}$)

Pode-se demonstrar que a 1ª fórmula de De Moivre também é válida para $n \in \mathbb{Z}$.

Exemplo

Dado $z = 2\left(\cos\dfrac{\pi}{3} + i \cdot \text{sen}\dfrac{\pi}{3}\right)$, vamos calcular z^7.

Nesse caso, temos $n = 7$, $\rho = 2$ e $\theta = \dfrac{\pi}{3}$. Assim:

$$z^n = \rho^n \cdot (\cos n\theta + i \cdot \text{sen}\, n\theta) \Rightarrow z^7 = 2^7\left[\cos\left(7 \cdot \frac{\pi}{3}\right) + i \cdot \text{sen}\left(7 \cdot \frac{\pi}{3}\right)\right] = 128\left(\cos\frac{7\pi}{3} + i \cdot \text{sen}\frac{7\pi}{3}\right)$$

Como $0 \leqslant \theta < 2\pi$, temos: $\dfrac{7\pi}{3} = \dfrac{6\pi}{3} + \dfrac{\pi}{3} = 2\pi + \dfrac{\pi}{3} \equiv \dfrac{\pi}{3}$

Assim:

$$z^7 = 128\left(\cos\frac{\pi}{3} + i \cdot \text{sen}\frac{\pi}{3}\right)$$

Exercícios

R21. Dado o número complexo $z = -1 - i\sqrt{3}$, calcular z^{50}. Dar a resposta nas formas trigonométrica e algébrica.

➤ Resolução

Primeiro, vamos determinar o módulo e o argumento de z. Em seguida, aplicamos a 1ª fórmula de De Moivre.

$$|z| = \rho = \sqrt{(-1)^2 + (-\sqrt{3})^2} = \sqrt{1 + 3} = \sqrt{4} = 2$$

$$\left.\begin{array}{l} \text{sen}\,\theta = \dfrac{b}{\rho} = -\dfrac{\sqrt{3}}{2} \\ \cos\theta = \dfrac{a}{\rho} = -\dfrac{1}{2} \end{array}\right\} \Rightarrow \theta = \frac{4\pi}{3}$$

$$z^{50} = 2^{50}\left[\cos\left(50 \cdot \frac{4\pi}{3}\right) + i \cdot \text{sen}\left(50 \cdot \frac{4\pi}{3}\right)\right] =$$

$$z^{50} = \underbrace{2^{50}\left(\cos\frac{2\pi}{3} + i \cdot \text{sen}\frac{2\pi}{3}\right)}_{\text{forma trigonométrica}}$$

Como $\cos\dfrac{2\pi}{3} = -\dfrac{1}{2}$ e $\text{sen}\dfrac{2\pi}{3} = \dfrac{\sqrt{3}}{2}$,

temos: $z^{50} = \underbrace{2^{50}\left(-\dfrac{1}{2} + i\dfrac{\sqrt{3}}{2}\right)}_{\text{forma algébrica}}$

60. Calcule:

a) $(1 - i)^5$ b) $(1 + i\sqrt{3})^8$ c) $\left(-\dfrac{\sqrt{2}}{2} + i\dfrac{\sqrt{2}}{2}\right)^{10}$

61. Sendo $z = 3\left(\cos\frac{2\pi}{3} + i \cdot \text{sen}\,\frac{2\pi}{3}\right)$, calcule z^7.

62. Verifique se o complexo $(1 - i)^{10}$ é um número real, imaginário puro ou nem um nem outro.

R22. Considerando o número complexo $w = (1 + i)^n$, obter os valores inteiros de n para que w seja um número real positivo.

➤ **Resolução**

Vamos expressar a base $1 + i$ na forma trigonométrica. Para isso, devemos achar o módulo ρ e o argumento θ de $1 + i$.

$$\rho = \sqrt{1^2+1^2} = \sqrt{2}$$

$$\begin{cases} \text{sen}\,\theta = \dfrac{1}{\sqrt{2}} = \dfrac{\sqrt{2}}{2} \\ \cos\theta = \dfrac{1}{\sqrt{2}} = \dfrac{\sqrt{2}}{2} \end{cases} \Rightarrow \theta = \frac{\pi}{4}$$

Assim: $1 + i = \sqrt{2}\left(\cos\frac{\pi}{4} + i \cdot \text{sen}\,\frac{\pi}{4}\right)$

Agora, vamos obter w elevando $1 + i$ à potência n:

$w = (1 + i)^n =$

$$(\sqrt{2})^n \cdot \left[\cos\left(n \cdot \frac{\pi}{4}\right) + i \cdot \text{sen}\left(n \cdot \frac{\pi}{4}\right)\right]$$

Para que w seja real positivo, devemos ter:

$$\begin{cases} \text{Im}(w) = \text{sen}\left(n \cdot \dfrac{\pi}{4}\right) = 0 \\ \text{Re}(w) = \cos\left(n \cdot \dfrac{\pi}{4}\right) > 0 \end{cases}$$

- (I) sen x = 0

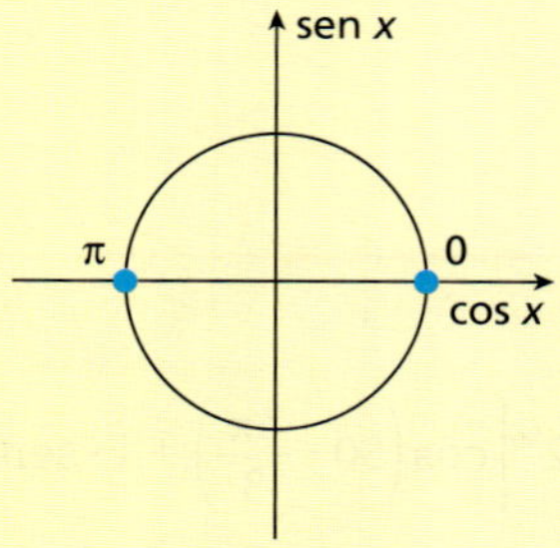

- (II) cos x > 0

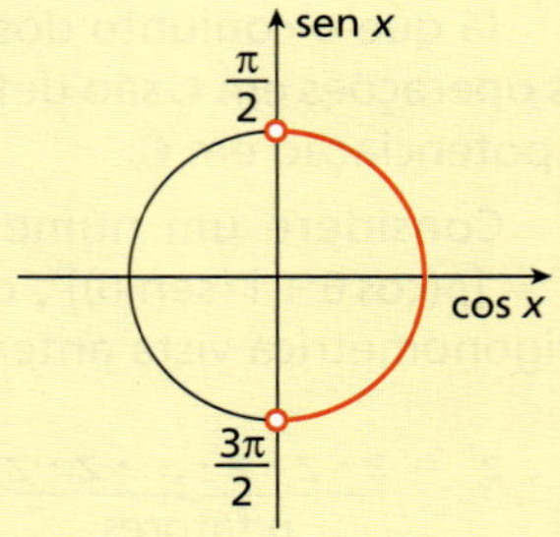

- (I) ∩ (II)

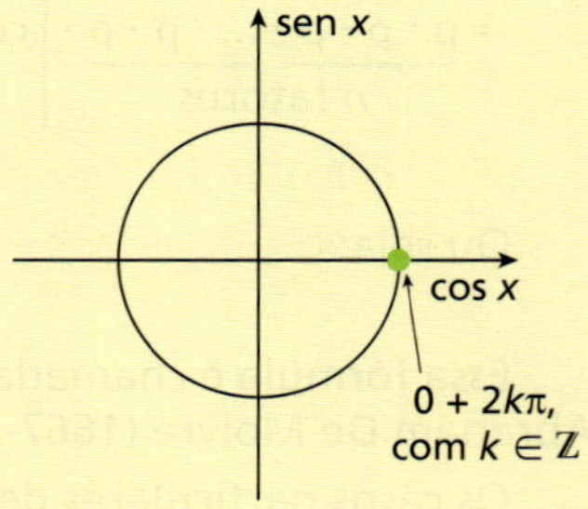

Assim: $n \cdot \frac{\pi}{4} = 0 + 2k\pi \Rightarrow \frac{n}{4} = 2k \Rightarrow$

$\Rightarrow n = 8k$, com $k \in \mathbb{Z}$

Logo: $n \in \{0, \pm 8, \pm 16, \pm 24, ...\}$

63. Considere o número complexo $z = (1 - i\sqrt{3})^n$, com $n \in \mathbb{Z}$. Calcule n para que z seja:

a) um número real;

b) um número imaginário puro.

64. Determine todos os números complexos w, tais que $w^3 = \cos\pi + i \cdot \text{sen}\,\pi$.

65. Siga os comandos e verifique: $(\bar{z})^n = (\overline{z^n})$

Considere o número complexo:

$$z = 2\left(\cos\frac{\pi}{6} + i \cdot \text{sen}\,\frac{\pi}{6}\right)$$

a) Obtenha a expressão de z^n, com $n \in \mathbb{Z}$.

b) Determine a expressão do conjugado de z^n.

c) Calcule $\bar{z}$ e obtenha a expressão de $(\bar{z})^n$.

d) Compare as expressões obtidas nos itens **b** e **c**.

Procure fazer uma demonstração para o caso geral.

5.3 Radiciação (2ª fórmula de De Moivre)

Considere um número complexo z, não nulo, e um número inteiro n, com $n > 1$.

- Todo número complexo w tal que $w^n = z$ é chamado de raiz enésima de z.

As raízes enésimas de $z = \rho(\cos\theta + i \cdot \text{sen}\,\theta)$ podem ser obtidas pela fórmula:

$$w_k = \sqrt[n]{\rho} \cdot \left[\cos\left(\frac{\theta + 2k\pi}{n}\right) + i \cdot \text{sen}\left(\frac{\theta + 2k\pi}{n}\right)\right] \text{com } k = 0, 1, 2, 3, ..., (n - 1) \text{ e } n \text{ natural, } n > 1$$

O índice k de w_k indica que z possui n raízes distintas, todas com mesmo módulo igual a $\sqrt[n]{\rho}$ e argumentos $\frac{\theta + 2k\pi}{n}$ (distintos entre si) dependendo das condições dadas para n e k.

Observação:

Essa fórmula é conhecida como **2ª fórmula de De Moivre** e pode ser demonstrada a partir da expressão $w^n = z$, utilizando a 1ª fórmula de De Moivre, vista anteriormente.

Exemplo

Vamos calcular as raízes quadradas complexas de $z = 2i$.

Temos que $z = 0 + 2i$. Vamos expressá-lo na forma trigonométrica:

$$\rho = \sqrt{0^2 + 2^2} = 2 \text{ e} \begin{cases} \text{sen}\,\theta = \frac{2}{2} = 1 \\ \cos\theta = \frac{0}{2} = 0 \end{cases} \Rightarrow \theta = \frac{\pi}{2}$$

Então: $z = 2\left(\cos\frac{\pi}{2} + i \cdot \text{sen}\,\frac{\pi}{2}\right)$

Usando a 2ª fórmula de De Moivre, vamos encontrar os complexos w_k tais que $(w_k)^n = z$, sendo: $n = 2$, $k = 0, 1$ (raízes quadradas), $\rho = 2$ e $\theta = \frac{\pi}{2}$

As duas raízes têm módulo igual a $\sqrt[n]{\rho}$, ou seja: $|w_0| = |w_1| = \sqrt{2}$

- Para $k = 0$, temos: $\arg(w_0) = \dfrac{\frac{\pi}{2} + 2 \cdot 0 \cdot \pi}{2} = \dfrac{\frac{\pi}{2}}{2} = \dfrac{\pi}{4}$
- Para $k = 1$, temos: $\arg(w_1) = \dfrac{\frac{\pi}{2} + 2 \cdot 1 \cdot \pi}{2} = \dfrac{\frac{\pi}{2} + 2\pi}{2} = \dfrac{\frac{5\pi}{2}}{2} = \dfrac{5\pi}{4}$

Logo, as duas raízes quadradas complexas de $z = 2i$ são:

$$w_0 = \sqrt{2}\left(\cos\frac{\pi}{4} + i \cdot \text{sen}\,\frac{\pi}{4}\right) = \sqrt{2}\left(\frac{\sqrt{2}}{2} + i\frac{\sqrt{2}}{2}\right) = 1 + i$$

$$w_1 = \sqrt{2}\left(\cos\frac{5\pi}{4} + i \cdot \text{sen}\,\frac{5\pi}{4}\right) = \sqrt{2}\left(-\frac{\sqrt{2}}{2} - i\frac{\sqrt{2}}{2}\right) = -1 - i$$

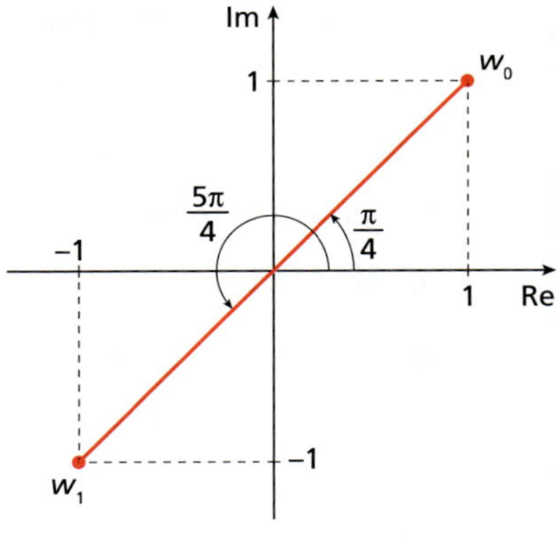

Podemos fazer a verificação elevando ao quadrado as raízes encontradas:

- $(1 + i)^2 = 1^2 + 2 \cdot 1 \cdot i + i^2 = 1 + 2i - 1 = 2i = z$
- $(-1 - i)^2 = (-1)^2 - 2 \cdot (-1) \cdot i + i^2 = 1 + 2i - 1 = 2i = z$

Interpretação geométrica das raízes enésimas de um número complexo

Já vimos que as raízes quadradas de $z = 2i$ são $w_0 = 1 + i$ e $w_1 = -1 - i$. Nesse caso, essas raízes são afixos de pontos simétricos em relação à origem (são números complexos opostos). Esses pontos são as extremidades de um diâmetro da circunferência de centro na origem e raio igual a $\sqrt{2}$ (módulo das raízes). Observe que esses pontos dividem a circunferência em dois arcos congruentes de π rad.

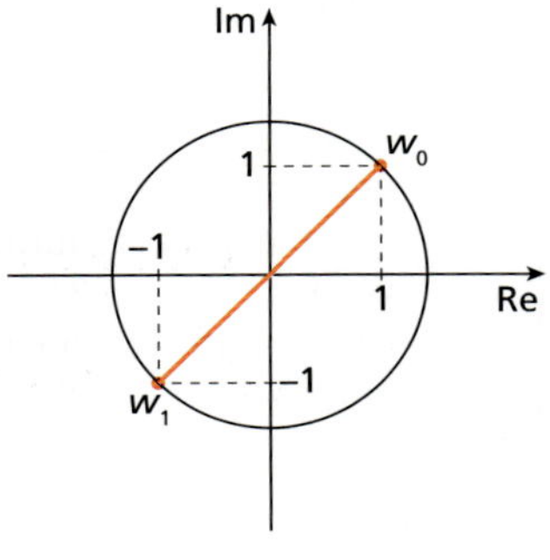

Podemos generalizar esse resultado para as n raízes de um número complexo $z = \rho(\cos\theta + i \cdot \text{sen}\,\theta)$, pois, como todas as raízes têm mesmo módulo, elas são afixos de pontos localizados no plano à mesma distância da origem, o que caracteriza os pontos de uma circunferência.

Além disso, os argumentos dessas raízes, que são da forma $\frac{\theta + 2k\pi}{n}$, constituem uma progressão aritmética de primeiro termo $\frac{\theta}{n}$ e razão $\frac{2\pi}{n}$.

Assim, as raízes n-ésimas de z são os afixos dos vértices de um polígono regular de n lados, inscrito na circunferência de centro na origem e raio $\sqrt[n]{\rho}$ em n arcos congruentes de $\frac{2\pi}{n}$ rad.

Exercícios

R23. Interpretar geometricamente as raízes cúbicas de $z = 8(\cos\pi + i \cdot \text{sen}\,\pi)$.

➤ Resolução

Para obter as raízes cúbicas de z, devemos encontrar os complexos w_k tais que $(w_k)^3 = z$.
Expressando w_k na forma trigonométrica:
$w_k = \rho(\cos\theta + i \cdot \text{sen}\,\theta)$
Pela 1ª fórmula de De Moivre, obtemos:
$(w_k)^3 = \rho^3 \cdot (\cos 3\theta + i \cdot \text{sen}\,3\theta)$
Da igualdade $(w_k)^3 = z$, vem:
$\rho^3 \cdot (\cos 3\theta + i \cdot \text{sen}\,3\theta) = 8(\cos\pi + i\,\text{sen}\,\pi)$

Daí temos:

- $\rho^3 = 8 \Rightarrow \rho = \sqrt[3]{8} \Rightarrow \rho = 2$
- $\begin{cases} \cos 3\theta = \cos\pi = -1 \\ \text{sen}\,3\theta = \text{sen}\,\pi = 0 \end{cases} \Rightarrow \theta = \frac{\pi}{3} + + k \cdot \frac{2\pi}{3}$,

para $k = 0, 1, 2$

Então, as três raízes têm módulo igual a 2 e argumentos $\frac{\pi}{3}$, π e $\frac{5\pi}{3}$. Observe que esses argumentos formam uma progressão aritmética de primeiro termo $\frac{\pi}{3}$ e razão $\frac{2\pi}{3}$. Assim, as raízes cúbicas de z são:

$w_0 = 2\left(\cos\frac{\pi}{3} + i \cdot \text{sen}\,\frac{\pi}{3}\right)$,

$w_1 = 2(\cos\pi + i \cdot \text{sen}\,\pi)$ e

$w_2 = 2\left(\cos\frac{5\pi}{3} + i \cdot \text{sen}\,\frac{5\pi}{3}\right)$ ou, ainda, na forma algébrica: $w_0 = 1 + i\sqrt{3}$, $w_1 = -2$

e $w_2 = 1 - i\sqrt{3}$

Representando as raízes w_0, w_1 e w_2 no plano complexo, observamos que elas são afixos dos vértices de um triângulo equilátero inscrito na circunferência de centro na origem e raio igual a 2.

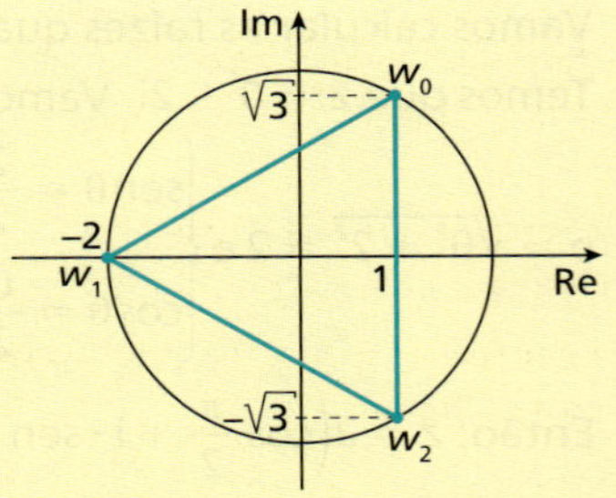

Os vértices desse triângulo dividem a circunferência em três arcos congruentes de $\frac{2\pi}{3}$ rad.

66. Calcule as raízes quartas de $z = 1 + i$.

67. Obtenha as raízes cúbicas de:

a) $z = -2i$
b) $z = 81$
c) $z = 3i$
d) $z = -27$

R24. Sabendo que $z_0 = 2\left(\cos\frac{\pi}{3} + i \cdot \text{sen}\,\frac{\pi}{3}\right)$ é uma das raízes quadradas do número complexo w, determinar a outra raiz.

➤ Resolução

Observe que aqui não podemos utilizar a 2ª fórmula de De Moivre, pois não conhecemos o número complexo w cujas raízes quadradas devemos encontrar. Então, vamos usar o que sabemos geometricamente dessas raízes.
As raízes quadradas de w são os afixos das extremidades de um diâmetro da circunferência de centro na origem e raio igual a 2 (módulo das raízes).
Esses pontos dividem a circunferência em dois arcos congruentes de π rad $\left(\frac{2\pi}{2}\right)$.
Assim, o argumento da outra raiz é $\frac{\pi}{3} + \pi$, ou seja, $\frac{4\pi}{3}$.
Logo, a outra raiz quadrada de w é:
$z_1 = 2\left(\cos\frac{4\pi}{3} + i \cdot \text{sen}\,\frac{4\pi}{3}\right)$

68. Sabendo que $z_0 = 3\left(\cos\frac{\pi}{4} + i \cdot \text{sen}\,\frac{\pi}{4}\right)$ é uma das raízes quadradas do número complexo w, determine a outra raiz.

69. O número complexo $w_0 = \frac{1}{2} + i\frac{\sqrt{3}}{2}$ é uma das raízes cúbicas de um número complexo z. Obtenha as demais raízes de z.

70. Geometria. Dois vértices consecutivos de um quadrado são dados pelas imagens geométricas dos números complexos:

$z = \sqrt{2} + i\sqrt{2}$ e $w = -\sqrt{2} + i\sqrt{2}$

a) Dê os números correspondentes aos demais vértices desse quadrado.

b) Obtenha o perímetro e a área desse quadrado.

71. Considere o número complexo $z = i\sqrt{3}$.

a) Determine as raízes sextas de z.

b) Represente no plano complexo as raízes encontradas.

c) Essas raízes determinam um polígono regular. Determine o centro e o raio da circunferência que circunscreve esse polígono regular.

d) Os pontos que são imagens dessas raízes dividem essa circunferência em arcos congruentes. Qual é a medida desses arcos?

e) Que figura geométrica obtemos ao unir ordenadamente esses pontos?

f) Determine a progressão aritmética formada pelos argumentos das raízes sextas de z.

72. Interprete geometricamente:

a) as raízes cúbicas da unidade (1);

b) as raízes quartas da unidade imaginária (i);

c) as raízes oitavas de -1;

d) as raízes quintas de $-i$;

e) as raízes quadradas de $\frac{1}{i}$.

73. Considere o número complexo $z = (1 + i)^{100}$.

a) Calcule a potência na forma algébrica.

b) O complexo z é um número real, imaginário puro ou nem um nem outro?

c) Calcule a potência usando a 1ª fórmula de De Moivre.

d) Determine o módulo e o argumento de z.

e) Expresse z na forma trigonométrica.

f) Determine as raízes quadradas.

74. Para determinar as raízes quadradas de $z = 16i$, devemos encontrar w tal que $w^2 = 16i$.
Fazendo $w = a + bi$, obtemos a equação:
$(a + bi)^2 = 16i$

a) Escreva e resolva o sistema de equações que obtemos ao aplicar a definição de igualdade de números complexos na equação obtida acima.

b) Quantos pares ordenados são solução desse sistema? O que isso indica?

c) Determine w na forma algébrica.

d) Calcule as raízes quadradas de z utilizando a 2ª fórmula de De Moivre.

e) Compare os resultados obtidos nos itens **c** e **d**. O que você observou?

Ficha de revisão

1. Determine x e y $\in \mathbb{R}$ tais que:
$(x + yi) \cdot (2 + 3i) = 1 + 8i$

2. Determine o valor de $x \in \mathbb{R}$ para que o número complexo $z = (x^2 - 5x + 6) + (x^2 - x - 2)i$ seja imaginário puro.

3. Calcule os valores de x e y $\in \mathbb{R}$ tais que:
$x + 1 + y(1 + 4x + 5i) + i(3x - 1) =$
$= 2i(1 + x) + 3y(i + x)$

4. Sendo $z = 3 - 3i$, calcule o recíproco (ou inverso) do conjugado de z.

5. Calcule o valor de $(1 + i)^2$ e $(1 + i)^{30}$.

6. Calcule o valor de:

a) $(1 - i) \cdot (1 + i)$

b) $(1 - i)^{17} \cdot (1 + i)^{19}$

7. Geometria. Se o vetor que representa $z = 2 + i$ sofrer uma rotação de 90° no sentido horário, vai se tornar a representação do número complexo w. Determine w.

8. Considere $z = 2\sqrt{2}(1 - i)$

a) Determine $|z|$ e arg(z).

b) Localize z no plano complexo. Qual é a imagem de z?

c) Expresse z e $\bar{z}$ na forma trigonométrica.

d) Calcule $(z - \bar{z})^3$.

9. Ache $a - b$ sabendo que os complexos a e b são tais que $a^2 - b^2 = 6$ e $\bar{a} + \bar{b} = 1 - i$.

10. Expresse $z = \left(\frac{-\sqrt{3} - i}{2}\right)^9 - \left(\frac{\sqrt{3} - i}{2}\right)^{18}$ na forma algébrica.

11. Determine z e $w \in \mathbb{C}$ tal que:

$$\begin{cases} iz - 2w = 2 + 3i \\ -2z + 3iw = 1 + 4i \end{cases}$$

12. Sabendo que $z = (x - 2i)^2$, com $x \in \mathbb{R}$, é um número complexo tal que $\arg(z) = 90°$, determine o valor de $\frac{1}{z}$.

13. Resolva a equação $w^2 + |w| = 0$ no universo:

a) real.
b) complexo.

14. Determine $z \in \mathbb{C}$ tal que $i \cdot z^2 = -\bar{z}$.

15. Resolva geometricamente a inequação modular complexa $|z + 8| \leqslant 5$, com $z = x + yi$ e $x, y \in \mathbb{R}$.

Entre os pontos do lugar geométrico da solução da inequação dada, determine aquele que está mais próximo do ponto (5, 0).

16. Represente no plano complexo o conjunto $A \cap B$, sendo $A = \{z \in \mathbb{C} \mid |z - (2 + 3i)| \leqslant 1\}$ e $B = \{z \in \mathbb{C} \mid z = a + bi, \text{ com } a, b \in \mathbb{R} \text{ e } b \leqslant 3\}$.

17. (Fuvest-SP) Considere a equação $z^2 = \alpha z + (\alpha - 1)\bar{z}$, onde α é um número real e $\bar{z}$ indica o conjugado do um número complexo z.

a) Determine os valores de α para os quais a equação tem quatro raízes distintas.

b) Represente, no plano complexo, as raízes dessa equação quando $\alpha = 0$.

Questões de vestibular

28.2 Visão do especialista

1. (Makenzie-SP) As representações gráficas dos complexos $1 + i$, $(1 + i)^2$, -1 e $(1 - i)^2$, com $i^2 = -1$, são vértices de um polígono de área:

a) 2
b) 1
c) $\frac{3}{2}$
d) 3
e) 4

28.3 Visão do especialista

2. (Fatec-SP) Na figura abaixo, tem-se o gráfico da função f, de $\mathbb{R}_+^*$ em $\mathbb{R}$, definida por $f(x) = \log_b x$, com $b \in \mathbb{R}_+^*$ e $b \neq 1$.

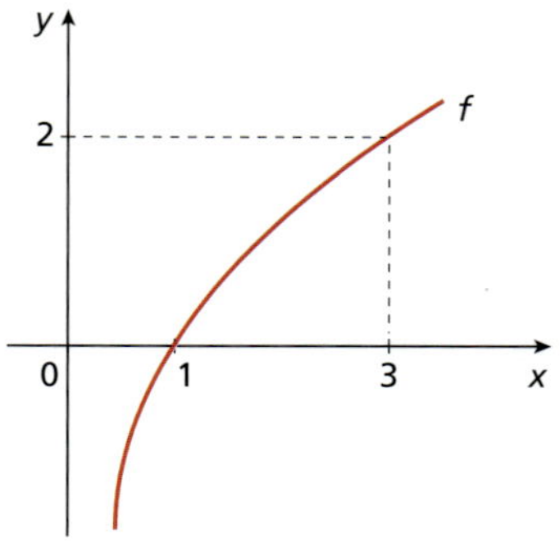

O módulo do número complexo $z = b^2 - bi$ é:

a) $\sqrt{3}$
b) $2\sqrt{3}$
c) $2\sqrt{5}$
d) $3\sqrt{10}$
e) $\sqrt{2} \cdot \sqrt[6]{4}$

3. (Fatec-SP) Sabe-se que, para $n \in \mathbb{N}^*$,

$S_n = \frac{n^2 - 15n}{2} + \left(\frac{n^2 - 23n}{2}\right) \cdot i$ é a expressão da soma dos n primeiros termos de uma progressão aritmética. Considerando que i é a unidade imaginária, a forma trigonométrica do décimo termo dessa progressão é:

a) $\sqrt{2} \cdot \left(\cos \frac{3\pi}{4} + i \cdot \text{sen } \frac{3\pi}{4}\right)$

b) $\sqrt{2} \cdot \left(\cos \frac{7\pi}{4} + i \cdot \text{sen } \frac{7\pi}{4}\right)$

c) $2\sqrt{2} \cdot \left(\cos \frac{3\pi}{4} + i \cdot \text{sen } \frac{3\pi}{4}\right)$

d) $2\sqrt{2} \cdot \left(\cos \frac{5\pi}{4} + i \cdot \text{sen } \frac{5\pi}{4}\right)$

e) $2\sqrt{2} \cdot \left(\cos \frac{7\pi}{4} + i \cdot \text{sen } \frac{7\pi}{4}\right)$

28.4 Visão do especialista

4. (Fuvest-SP) Nos itens abaixo, z denota um número complexo e i a unidade imaginária ($i^2 = -1$). Suponha $z \neq i$.

a) Para quais valores de z tem-se $\frac{z + i}{1 + iz} = 2$?

b) Determine o conjunto de todos os valores de z para os quais $\frac{z + i}{1 + iz}$ é um número real.

5. (FGV) Admita que o centro do plano complexo Argand-Gauss coincida com o centro de um relógio de ponteiros, como indica a figura:

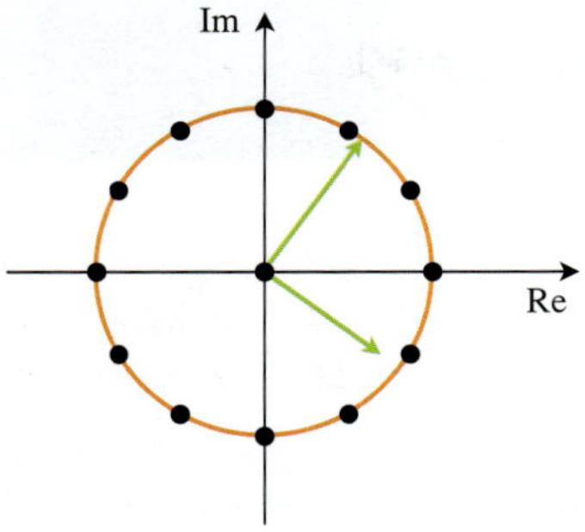

Se o ponteiro dos minutos tem 2 unidades de comprimento, às 11 h 55 sua ponta estará sobre o número complexo:

a) $-1 + \sqrt{3}i$
b) $1 + \sqrt{3}i$
c) $1 - \sqrt{3}i$
d) $\sqrt{3} - i$
e) $\sqrt{3} + i$

6. (Mackenzie-SP) Dados os complexos z e w, tais que $2z + w = 2$ e $z + w = \dfrac{1 + 2i}{i}$, $i^2 = -1$, o módulo de w é igual a:

a) 5
b) $2\sqrt{2}$
c) $\sqrt{3}$
d) $\sqrt{6}$
e) $3\sqrt{3}$

7. (Vunesp) Considere os números complexos $w = 2i$ e $z = (1 + i)$. Determine:

a) z^2 e $(w^2 \cdot \bar{z} + w)$, onde $\bar{z}$ indica o conjugado de z.

b) $|z|$ e $|w|$. Mostre que a sequência $(1, |z|, |w|, |zw|, |w^2|)$ é uma progressão geométrica, determinando todos os seus termos e a sua razão.

28.5 Visão do especialista

8. (Unicamp-SP) Um número complexo $z = x + iy$, $z \neq 0$, pode ser escrito na forma trigonométrica: $z = |z|(\cos\theta + i\,\text{sen}\,\theta)$, onde $|z| = \sqrt{x^2 + y^2}$, $\cos\theta = \dfrac{x}{|z|}$ e $\text{sen}\,\theta = \dfrac{y}{|z|}$. Essa forma de representar os números complexos não nulos é muito conveniente, especialmente para o cálculo de potências inteiras de números complexos, em virtude da fórmula de De Moivre: $\left[|z|(\cos\theta + i\,\text{sen}\,\theta)\right]^k = |z|^k(\cos k\theta + i\,\text{sen}\,k\theta)$, que é válida para todo $k \in \mathbb{Z}$. Use essas informações para:

a) calcular $(\sqrt{3} + i)^{12}$.

b) sendo $z = \dfrac{\sqrt{2}}{2} + i\dfrac{\sqrt{2}}{2}$, calcular o valor de $1 + z + z^2 + z^3 + ... + z^{15}$.

9. (UFSCar-SP) Sejam i a unidade imaginária e a_n o n-ésimo termo de uma progressão geométrica com $a_2 = 2a_1$. Se a_1 é um número ímpar, então $i^{a_1} + i^{a_2} + i^{a_3} + ... i^{a_{10}}$ é igual a:

a) $9i$ ou $-9i$
b) $-9 + i$ ou $-9 - i$
c) $9 + i$ ou $9 - i$
d) $8 + i$ ou $8 - i$
e) $7 + i$ ou $7 - i$

10. (Ibmec) Se A e B representam no plano Argand-Gauss as imagens das raízes complexas da equação $x^3 - 2x^2 + 5x = 0$ e C representa no mesmo plano a imagem da raiz real dessa equação, então o perímetro do triângulo ABC é igual a:

a) $2 + 4\sqrt{5}$
b) $4 + 2\sqrt{5}$
c) $4 + 5\sqrt{2}$
d) $5 + 2\sqrt{5}$
e) $5 + 4\sqrt{2}$

11. (Vunesp) Considere os números complexos $z = 2 - i$ e $w = -3 - i$, sendo i a unidade imaginária.

a) Determine $z \cdot w$ e $|w - z|$.

b) Represente z e w no plano complexo (Argand-Gauss) e determine $b \in \mathbb{R}$, $b \geq 0$, de modo que os números complexos z, w e $t = bi$ sejam vértices de um triângulo, no plano complexo, cuja área é 20.

12. (Ibmec) Considere a equação $x^2 - 2\cos(\theta)x + 1 = 0$, com $0 \leq \theta \leq \pi$.

a) Determine os valores de θ para os quais essa equação admite raízes reais.

b) Resolvendo em $\mathbb{C}$, a equação dada, determine, em função de θ, suas raízes e represente-as no plano Argand-Gauss abaixo.

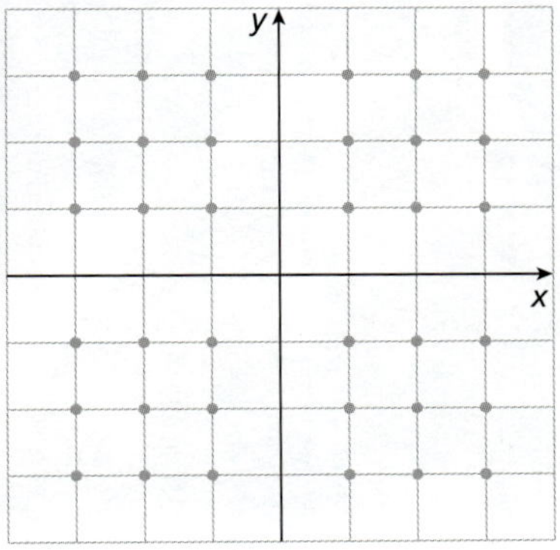

Capítulo 29

Polinômios e equações polinomiais

Objetivos do capítulo:

- Trabalhar com polinômios de variável complexa.
- Determinar o grau e as raízes de um polinômio.
- Calcular o valor numérico de polinômios.
- Efetuar operações com polinômios.
- Aplicar métodos e teoremas para a divisão de polinômios.
- Resolver equações algébricas no universo complexo e estudar suas raízes.

FRIEDRICH STARK/ALAMY/OTHER IMAGES

Barragem de Katse, rio Malibamatso, em Lesoto, África do Sul. A barragem de uma usina hidrelétrica é projetada para conter a pressão exercida por uma quantidade imensa de água.

1 Polinômios

Em uma usina hidrelétrica, a produção de energia está diretamente relacionada ao escoamento de água pelo seu duto. Essa vazão pode ser calculada por meio de uma função, chamada **função polinomial**.

1.1 Função polinomial ou polinômio

Já estudamos funções polinomiais de domínio real. Agora, essas funções serão estudadas para o domínio complexo.

Polinômio ou **função polinomial** na variável complexa x é toda função $P: \mathbb{C} \rightarrow \mathbb{C}$ definida por $P(x) = a_n x^n + a_{n-1}x^{n-1} + a_{n-2}x^{n-2} + ... + a_2x^2 + a_1x + a_0$, para todo $x \in \mathbb{C}$, sendo $n \in \mathbb{N}$ e $a_n, a_{n-1}, ..., a_2, a_1, a_0$ números complexos.

Os números complexos $a_n, a_{n-1}, a_{n-2}, ..., a_2, a_1$ e a_0 são os **coeficientes** do polinômio $P(x)$.

Os monômios $a_nx^n, a_{n-1}x^{n-1}, ..., a_1x$ e a_0 são os **termos** do polinômio, sendo a_0 o **termo independente** de x.

Observe que as funções $P(x) = x^2 + \frac{1}{x^2}$ e $P(x) = 2x^3 + \sqrt{2x}$ não são polinômios, pois em cada uma há pelo menos um expoente da variável x que não é um número natural.

Muitas vezes, para simplificar a notação, chamaremos um polinômio $P(x)$ apenas de polinômio P.

Exemplos

a) Os coeficientes de $P(x) = 5x^4 - 2x^3 + 2i \cdot x^2 + \sqrt{5}$ são: 5, -2, $2i$ e $\sqrt{5}$ ($\sqrt{5}$ é o termo independente de x).

b) No polinômio $Q(x) = -x^5 + 2x^3 - \frac{2}{5}i$, os termos em x^4, x^2 e x não aparecem. Isso significa que os coeficientes desses termos são todos iguais a zero.

Assim, $Q(x) = -x^5 + 0x^4 + 2x^3 + 0x^2 + 0x - \frac{2}{5}i$, e seus coeficientes são: $-1, 0, 2, 0, 0$ e $-\frac{2}{5}i$

c) $Q(x) = -13$ e $R(x) = 5i$

Observe que o polinômio $Q(x)$ e o polinômio $R(x)$ são formados por apenas um número complexo. Nesse caso, eles são chamados de **polinômio constante**.

Polinômio identicamente nulo

Um polinômio é **nulo**, ou **identicamente nulo**, quando todos os seus coeficientes são iguais a zero. Portanto, se $P(x) = a_nx^n + a_{n-1}x^{n-1} + a_{n-2}x^{n-2} + ... + a_2x^2 + a_1x + a_0$ for um polinômio identicamente nulo, então:

$$a_n = a_{n-1} = a_{n-2} = ... = a_1 = a_0 = 0$$

Vamos calcular os valores dos números complexos a, b e c para que o polinômio $P(x) = ax^5 - (b + 3)x^4 + (c + 5i)x^3 + [(b - 2) \cdot i - c]x^2 + ai$ seja nulo. Para isso ocorrer, todos os coeficientes devem ser iguais a zero. Assim:

- $a = 0$
- $-(b + 3) = 0 \Rightarrow -b - 3 = 0 \Rightarrow b = -3$
- $c + 5i = 0 \Rightarrow c = -5i$
- $(b - 2) \cdot i - c = 0 \Rightarrow -5i - c = 0 \Rightarrow c = -5i$
- $ai = 0 \Rightarrow a = 0$

Portanto, $P(x)$ será nulo para: $a = 0$, $b = -3$ e $c = -5i$

1.2 Grau de um polinômio

Vamos considerar $P(x) = a_nx^n + a_{n-1}x^{n-1} + ... + a_2x^2 + a_1x + a_0$ um polinômio não nulo. O **grau** de $P(x)$ é o maior expoente da variável x entre os termos (monômios) com coeficiente diferente de zero. Observe que:

- Se $a_n \neq 0$, o grau de $P(x)$ é n. Indicamos: $gr(P) = n$.
- Se $P(x)$ é um polinômio constante, seu grau é zero.
- **Não se define** grau para polinômio nulo.
- O coeficiente do termo que determina o grau de um polinômio é chamado de **coeficiente dominante**.

Exemplos

a) $P(x) = 5x^4 + 2i \cdot x^2$ tem grau 4.

b) $P(x) = -3i$ tem grau 0.

c) $P(x) = 0x^3 + 2x - 3$ tem grau 1.

d) $P(x) = 0$ **não** tem grau definido.

Exercícios

1. Dado $P(x) = (m + 2 - n)x^2 + (m + n - 3)x - 5m + p$, encontre os números complexos m, n e p tais que $P(x) = 0$.

2. $P(x) = (a - 3)(x + 3)x + 2(b + i)(x - 1) - c(x^2 - 2) - 10$ é um polinômio nulo. Determine os valores de a, b e c.

3. Determine o valor de m para que o polinômio $P(x) = (2m - 10)x^5 + (m^2 - 25)x^4 + mx^3 - 2$ seja do 4º grau

4. Encontre o valor de a para que o grau de $P(x) = (2a - 1)x^5 + ax^3 - (a + 3)x$ seja 5.

5. Para quais valores de p e q o polinômio $F(x) = (p - 2q)x^3 + (2p + 3q - 1)x^2 - 2x + 1$ tem grau 1?

6. Determine, em função dos valores de k, o grau dos polinômios.

a) $G(x) = (k - 7)x^3 + (k^2 - 49)x^2 + 2x - 1$

b) $P(x) = (k + 3)x^4 + (k + 1)x^3 - (k - 1)x^2 - 5x + 4$

1.3 Valor numérico e raiz de um polinômio

Valor numérico

Dado um polinômio $P(x)$, quando substituímos a variável x por um número complexo z qualquer e efetuamos os cálculos indicados, obtemos $P(z)$, que é **valor numérico** de $P(x)$ para $x = z$.

Logo, de modo geral:

- Sendo o polinômio $P(x) = a_nx^n + a_{n-1}x^{n-1} + a_{n-2}x^{n-2} + ... + a_1x + a_0$, concluímos que o valor numérico de $P(x)$ para $x = z$ é:

$$P(z) = a_nz^n + a_{n-1}z^{n-1} + a_{n-2}z^{n-2} + ... + a_1z + a_0$$

Exemplos

a) Dado um polinômio $P(x) = -3x^3 - 5x^2 + 4x - 2$, vamos calcular $P(1)$. Para isso, substituímos x por 1 na expressão que fornece $P(x)$:

$P(1) = -3 \cdot (1)^3 - 5 \cdot (1)^2 + 4 \cdot (1) - 2 = -3 - 5 + 4 - 2 = -6$

Observe que $P(1)$ equivale à soma algébrica dos coeficientes de $P(x)$.

b) Dado um polinômio $P(x) = 2x^4 + bx^3 - x^2 + 3$, vamos encontrar o valor de b para que:

$P(2) = 2i + 1$

Primeiro, substituímos x por 2 na expressão do polinômio $P(x)$:

$$P(2) = 2 \cdot (2)^4 + b \cdot (2)^3 - (2)^2 + 3 = 8b + 31$$

Agora, igualamos o valor encontrado com $2i + 1$:

$$8b + 31 = 2i + 1 \Rightarrow 8b = 2i - 30 \Rightarrow b = \frac{i - 15}{4}$$

Portanto: $b = \frac{i - 15}{4}$

Raiz de um polinômio

Já vimos que $P(z)$ é o valor numérico de $P(x)$ para $x = z$.

Agora, quando $P(z) = 0$, dizemos que o número complexo z é **raiz** do polinômio $P(x)$.

Veja o exemplo a seguir.

Vamos encontrar o valor de b em $P(x) = 2x^3 - bx^2 + x - 2$, para que $-2i$ seja raiz desse polinômio.

Para que $-2i$ seja raiz de $P(x)$, devemos ter: $P(-2i) = 0$.

Assim, substituímos x por $-2i$ na expressão que fornece $P(x)$:

$$P(-2i) = 2 \cdot (-2i)^3 - b(-2i)^2 + (-2i) - 2 = 0 \Rightarrow 14i - 2 + 4b = 0 \Rightarrow 4b = 2 - 14i \Rightarrow b = \frac{1}{2} - \frac{7}{2}i$$

Portanto: $b = \frac{1}{2} - \frac{7}{2}i$

Exercícios

R1. Determinar o polinômio $P(x)$ do 1º grau para que $P(8) = 13$ e $P(2) = 1$.

➤ **Resolução**

Se $P(x)$ é um polinômio do 1º grau, ele é do tipo $P(x) = ax + b$, com $a \neq 0$.

Assim:

- $P(8) = 13$

  $a \cdot (8) + b = 13$

  $8a + b = 13$

- $P(2) = 1$

  $a \cdot (2) + b = 1$

  $2a + b = 1$

Então, obtemos o sistema:

$$\begin{cases} 8a + b = 13 \\ 2a + b = 1 \end{cases}$$

Resolvendo o sistema, obtemos: $a = 2$ e $b = -3$

Logo: $P(x) = 2x - 3$

R2. Sendo $P(x) = ax^2 + bx + c$, com $a \neq 0$, calcular a e b, sabendo que 2 e -1 são raízes de P e que $P(0) = -2$.

➤ **Resolução**

Como $P(0) = -2$, temos:

$a \cdot 0^2 + b \cdot 0 + c = -2$

$c = -2$

Sendo 2 e -1 raízes de P, temos: $P(2) = P(-1) = 0$

Assim:

- $a \cdot (2)^2 + b \cdot (2) + c = 0$

  $4a + 2b + c = 0$

- $a \cdot (-1)^2 + b \cdot (-1) + c = 0$

  $a - b + c = 0$

Substituindo c por -2 nas equações, obtemos o sistema: $\begin{cases} 4a + 2b = 2 \\ a - b = 2 \end{cases}$

Resolvendo esse sistema, obtemos: $a = 1$ e $b = -1$

7. Sendo $P(x)$ um polinômio do 2º grau tal que $P(-3) = 6$, $P(0) = 2$ e $P(2) = 1$, determine esse polinômio.

8. Sabendo que $P(x)$ é do 2º grau, $P(4) = 0$, $P(-1) = 15$ e $P(0) = 8$, determine $P(3)$.

9. Encontre c para que 3 seja raiz de $P(x) = -x^3 + 2x^2 - cx + 1$.

10. Sabendo que $P(2) = i$, $P(i) = 2$ e $Q(0) = 0$, obtenha: $P(x) = ax^3 + bx - c$ e $Q(x) = ax^4 - bx^3 + 4c$

11. Seja $P(x) = x^4 - (2a - 1)x^3 + (b - 3)x^2 - 3x$ um polinômio de raízes 2 e -1, determine a e b.

12. Sabendo que $P(-2) = -10$ e que -1 é raiz de $P(x) = x^3 + 8x^2 - cx + d$, encontre c e d.

13. Se i é raiz de $P(x) = px^3 + (q - 3)x^2 - 2px - 1$, encontre p e q, sabendo que $P(1) = -1$.

1.4 Igualdade de polinômios

Dois polinômios P e Q, na variável complexa x, são **iguais** (ou **idênticos**) quando assumem valores numéricos iguais para qualquer valor comum atribuído à variável.

Assim:

- $P = Q \Leftrightarrow P(x) = Q(x)$, para $\forall\ x \in \mathbb{C}$

Para que dois polinômios $P(x)$ e $Q(x)$ sejam iguais, é necessário, e suficiente, que os coeficientes correspondentes de $P(x)$ e $Q(x)$ sejam iguais.

Exemplo

Dados os polinômios $P(x) = ax^3 + bx^2 + cx + d$ e $Q(x) = 4x^3 + 3x^2 + 2x + 1$, vamos encontrar os valores das incógnitas a, b, c e d para que os polinômios $P(x)$ e $Q(x)$ sejam iguais:

$P(x) = Q(x) \Rightarrow ax^3 + bx^2 + cx + d = 4x^3 + 3x^2 + 2x + 1$

Portanto: $a = 4$, $b = 3$, $c = 2$, $d = 1$

Exercícios

R3. Determinar os valores de a, b, c, d, e, f, de modo que os polinômios

$P(x) = -x^5 + 2x^3 + (d + 2)x^2 - 1 \cdot x + 2$ e

$Q(x) = ax^5 + bx^4 + cx^3 - x^2 + ex + f$ sejam iguais.

➤ Resolução

Para que os polinômios P e Q sejam iguais, os coeficientes dos termos de mesmo grau devem ser iguais. Assim, temos:

- $a = -1$
- $b = 0$
- $c = 2$
- $-1 = d + 2 \Rightarrow d = -3$
- $e = -i$
- $f = 2$

Portanto: $a = -1$, $b = 0$, $c = 2$, $d = -3$, $e = -1$, $f = 2$

R4. Determinar p, q e r para que o polinômio $F(x) = (p + q)x^2 + (p - q)x + p + q - 2r$ seja igual a $H(x) = 5x - 6$.

➤ Resolução

Para que $F(x) = H(x)$, devemos ter: $p + q = 0$, $p - q = 5$ e $p + q - 2r = -6$

Resolvendo o sistema $\begin{cases} p + q = 0 \\ p - q = 5 \end{cases}$, obtemos:

$p = \dfrac{5}{2}$ e $q = -\dfrac{5}{2}$

Substituindo os valores de p e q em $p + q - 2r = -6$, temos:

$p + q - 2r = -6 \Rightarrow \dfrac{5}{2} - \dfrac{5}{2} - 2r = -6 \Rightarrow r = 3$

Portanto: $p = \dfrac{5}{2}$, $q = -\dfrac{5}{2}$, $r = 3$

14. Determine para que valores de a, b e c é válida a igualdade:

$(2a + b)x^3 + (a - b)x^2 + (b + c)x + \dfrac{c}{2} - 3 =$
$= 4x^3 - 10x^2 + 2x - 6$

15. Determine os valores de a, b, c e d para que os polinômios P e Q sejam iguais, sendo:

$P(x) = (a + 3)x^2 + cx + 3$ e

$Q(x) = (b - 6)x^3 + (4a - 4)x^2 + 3x + d + 2$

16. Para que valores de a, b e c o polinômio $P(x) = (2a - b + 2)x^2 + (b - c)x + c - a + 1 = 0$ é idêntico ao polinômio nulo?

17. Determine os valores reais de a, b e c de modo que os polinômios $A(x)$ e $B(x)$ sejam iguais, considerando:

$A(x) = 4x^2 - 10$ e

$B(x) = a(x - 1)(x + 1) + b(x - 1)(x - 2) +$
$+ c(x + 1)(x - 2)$

2 Operações entre polinômios

Vejamos agora como realizar operações entre polinômios.

2.1 Adição e subtração de polinômios

Dados dois polinômios, $P(x)$ e $Q(x)$:

- obtemos a soma dos polinômios $P(x)$ e $Q(x)$ adicionando os coeficientes dos termos correspondentes de $P(x)$ e $Q(x)$;
- obtemos a diferença entre os polinômios $P(x)$ e $Q(x)$ fazendo a adição do primeiro polinômio com o oposto do segundo, ou seja: $P(x) - Q(x) = P(x) + [-Q(x)]$

Observação:
O oposto de um polinômio P é o polinômio que, somado com P, resulta no polinômio nulo.

Exemplos

a) Dados $P(x) = 7x^3 - 2x^2 - 8x + 3$ e $F(x) = 3x^3 + 12x + 6$, vamos obter o polinômio $A(x) = P(x) + F(x)$:

$A(x) = P(x) + F(x) \Rightarrow A(x) = (7x^3 - 2x^2 - 8x + 3) + (3x^3 + 12x + 6) \Rightarrow$

$\Rightarrow A(x) = 7x^3 - 2x^2 - 8x + 3 + 3x^3 + 12x + 6 \Rightarrow$

$\Rightarrow A(x) = 10x^3 - 2x^2 + 4x + 9$

b) Dados $P(x) = 3x^4 + x^3 - ix^2 - \sqrt{2}x + 1$ e $Q(x) = -x^4 + 2x^3 + x$, vamos obter o polinômio $B(x) = P(x) - Q(x)$:

$B(x) = P(x) - Q(x) \Rightarrow B(x) = (3x^4 + x^3 - ix^2 - \sqrt{2}x + 1) + [-(-x^4 + 2x^3 + x)] \Rightarrow$

$\Rightarrow B(x) = 3x^4 + x^3 - ix^2 - \sqrt{2}x + 1 + x^4 - 2x^3 - x \Rightarrow$

$\Rightarrow B(x) = 4x^4 - x^3 - ix^2 + (-\sqrt{2} - 1)x + 1$

Ao calcular adição e subtração de polinômios, também devemos considerar, em cada caso, o grau dos polinômios. Assim, sejam $P(x)$ e $Q(x)$ polinômios não nulos de grau m e n, respectivamente, com $m \geq n$:

- se $m \neq n$: $gr(P + Q) = gr(P - Q) = m$;
- se $m = n$: $gr(P + Q) \leq m$ e $gr(P - Q) \leq m$, ou o polinômio resultante é nulo.

2.2 Multiplicação de polinômios

Para obter o produto de dois polinômios, $P(x)$ e $Q(x)$, multiplicamos cada termo de $P(x)$ por todos os termos de $Q(x)$ e reduzimos os termos semelhantes.

Se dois polinômios $P(x)$ e $Q(x)$ não nulos têm grau m e n, respectivamente, então: $gr(PQ) = m + n$

Exemplo

Dados os polinômios $A(x) = x^2 + 2x$ e $B(x) = x + 4$, vamos obter os polinômios $C(x) = A(x) \cdot B(x)$ e $D(x) = [A(x)]^3$:

a) $C(x) = A(x) \cdot B(x) \Rightarrow C(x) = (x^2 + 2x) \cdot (x + 4) \Rightarrow C(x) = x^3 + 4x^2 + 2x^2 + 8x \Rightarrow$

$\Rightarrow C(x) = x^3 + 6x^2 + 8x$

b) $D(x) = [A(x)]^3 = A(x) \cdot A(x) \cdot A(x) \Rightarrow D(x) = (x^2 + 2x) \cdot (x^2 + 2x) \cdot (x^2 + 2x) \Rightarrow$

$\Rightarrow D(x) = (x^4 + 4x^3 + 4x^2) \cdot (x^2 + 2x) \Rightarrow D(x) = x^6 + 2x^5 + 4x^5 + 8x^4 + 4x^4 + 8x^3 \Rightarrow$

$\Rightarrow D(x) = x^6 + 6x^5 + 12x^4 + 8x^3$

Exercícios

R5. Dados $F(x) = x^2 + 2x + i$ e $G(x) = -x^2 - x + 3$, obter o polinômio $A(x) = F(x) \cdot G(x)$.

➤ Resolução

$A(x) = (x^2 + 2x + i) \cdot (-x^2 - x + 3) \Rightarrow$

$\Rightarrow A(x) = -x^4 - x^3 + 3x^2 - 2x^3 - 2x^2 +$

$+ 6x - ix^2 - ix + 3i$

Portanto:

$A(x) = -x^4 - 3x^3 + (1 - i) \cdot x^2 + (6 - 1)x + 3i$

18. Dados os polinômios $F(x) = -3x^3 + 2x^2 + 2i$ e $G(x) = x^4 - x^3 + x^2 - x + 1$, determine:

a) $F(x) + G(x)$

b) $F(x) - G(x)$

c) $F(x) \cdot G(x)$

d) $F(x) \cdot F(x)$

19. Sendo $F(x) = x - i$ e $P(x) = x^5 + 2x^4 - x^2 + 2x$, calcule os valores de a, b, c e d para que:

$F(x) \cdot P(x) = ax^6 + (2 - i)x^5 + 2bx^4 - x^3 - cx^2 + \frac{d}{2}x$

20. Considerando o polinômio abaixo, calcule $[P(x)^2 - Q(x)]$.

$P(x) = x^3 - 2x$ e $Q(x) = 2x^4 + 5x^3 - x^2 + 3x - 2$

21. Calcule os valores de A, B e C na expressão abaixo:

$$\frac{x + 4}{(x + 2)(x - 3)^2} = \frac{B}{x + 2} + \frac{C}{x - 3} + \frac{A}{(x - 3)^2}$$

22. Sabendo que:

$$F(x) = \begin{vmatrix} x & a & 1 \\ x & x & 2 \\ 5 & 1 & b \end{vmatrix} \text{ e } G(x) = x^2 - 6x,$$

calcule os valores de a e b para que $F(x) - G(x) = 0$.

2.3 Divisão de polinômios

Vamos considerar dois polinômios $P(x)$ e $D(x)$, com $D(x)$ não nulo. Dividir $P(x)$, que é o dividendo, por $D(x)$, que é o divisor, significa determinar os polinômios $Q(x)$ e $R(x)$, quociente e resto, respectivamente, que satisfazem as duas condições:

- $P(x) = Q(x) \cdot D(x) + R(x)$
- $gr(R) < gr(D)$ ou $R(x) = 0$

Observe que:

$gr(Q) = gr(P) - gr(D)$;

o maior grau possível para $R(x)$ é $gr(D) - 1$.

Quando **$R(x) = 0$**, dizemos que o polinômio $P(x)$ **é divisível** pelo polinômio $D(x)$ ou, ainda, que a divisão de $P(x)$ por $D(x)$ **é exata**. Nesse caso, temos: $P(x) = Q(x) \cdot D(x)$

Método da chave

Para efetuar a divisão de dois polinômios usando o **método da chave**, podemos aplicar a mesma ideia da divisão de dois números naturais.

A seguir, estudaremos passo a passo a divisão de $P(x) = 8x^3 + 4x^2 + 1$ por $D(x) = 4x^2 + 1$.

1º) Escrevemos dividendo e divisor seguindo a ordem decrescente das potências de x, completando-os, se necessário, com termos de coeficiente zero.	$8x^3 + 4x^2 + 0x + 1 \quad \lfloor 4x^2 + 0x + 1$
2º) Dividimos o termo de maior grau de P pelo termo de maior grau de D $(8x^3 \div 4x^2)$, obtendo o primeiro termo de Q, que é $2x$.	$8x^3 + 4x^2 + 0x + 1 \quad \lfloor 4x^2 + 0x + 1$ quociente: $2x$
3º) Multiplicamos o termo encontrado $(2x)$ pelo divisor e subtraímos do dividendo o resultado obtido $(8x^3 + 2x)$, chegando ao resto parcial $(4x^2 - 2x + 1)$.	$8x^3 + 4x^2 + 0x + 1 \quad \lfloor 4x^2 + 0x + 1$ $-8x^3 - 0x^2 - 2x \quad\quad 2x$ $4x^2 - 2x + 1$
4º) Dividimos o termo de maior grau do resto parcial pelo termo de maior grau do divisor $(4x^2 \div 4x^2)$, obtendo o próximo termo do quociente (1). Repetimos o passo anterior para obter um novo resto parcial.	$8x^3 + 4x^2 + 0x + 1 \quad \lfloor 4x^2 + 0x + 1$ $-8x^3 - 0x^2 - 2x \quad\quad 2x + 1$ $4x^2 - 2x + 1$ $-4x^2 - 0x - 1$ $-2x$
5º) A divisão termina quando o grau do resto é menor que o grau do divisor (nesse caso, menor que 2) ou quando obtemos resto zero.	$8x^3 + 4x^2 + 1 = (2x + 1)(4x^2 + 1) - 2x$ $Q(x) = 2x + 1$ e $R(x) = -2x$

Exercícios

R6. Determinar o quociente $Q(x)$ e o resto $R(x)$ da divisão de $P(x) = x^3 + 3x^2 + 5x + 6$ por $D(x) = x + 2$ pelo método da chave.

➤ Resolução

Aplicando o método da chave, temos:

$$\begin{array}{r|l} x^3 + 3x^2 + 5x + 6 & x + 2 \\ \cline{2-2} \underline{-x^3 - 2x^2} \quad\quad\quad & x^2 + x + 3 \\ x^2 + 5x + 6 & \\ \underline{-x^2 - 2x} \quad\; & \\ 3x + 6 & \\ \underline{-3x - 6} & \\ 0 & \end{array}$$

Portanto: $Q(x) = x^2 + x + 3$ e $R(x) = 0$

23. Encontre o quociente e o resto da divisão de $F(x)$ por $H(x)$ nos casos a seguir.

29.1 Visão do especialista

a) $F(x) = 2x^3 - 5x^2 + \frac{1}{2}$ e $H(x) = -4x^2 + x - 1$

b) $F(x) = -2x^5 + 4x^4 - 6x - 1 + 4i$ e $H(x) = 2x^3 + ix - 4$

c) $F(x) = 2ix^4 + x^3 - 2x^2 + 4$ e $H(x) = 3x^5 - 2x - i$

24. Sabendo que $-\frac{23}{8}x^2 + \frac{1}{2}x + \frac{3}{4}$ é o resto da divisão de $2x^5 + \frac{1}{2}x^4 + ax^3 + 2x + b$ por $2x^3 - x^2 + 2$, encontre $a + b$.

25. Determine a e b para que $-x^3 + 2x^2 - ax + 2b$ seja divisível por $x^2 - x + 1$.

26. Sejam $Q(x)$ e $R(x)$ o quociente e o resto da divisão de $2x^4 + x^3 - x^2 + 2x - 1$ por $x^3 - x^2 + 1$. Obtenha o resto da divisão de $R(x)$ por $Q(x)$.

27. Divida $P(x) = 2x^3 - 9x^2 + 3x - 6$ por $H(x) = x - 2$ pelo método da chave.

a) Qual é o resto dessa divisão?

b) Calcule $P(2)$.

Compare o valor de $P(2)$ com o resto da divisão. O que você observou?

Método dos coeficientes a determinar ou método de Descartes

Esse método consiste em obter os coeficientes dos polinômios quociente e divisor por meio da relação:

$$P(x) = Q(x) \cdot D(x) + R(x)$$

Veja agora um exemplo:

Vamos obter o quociente e o resto da divisão de $P(x) = 6x^3 - 7x^2 + 2x + 5$ por $D(x) = 3x^2 - 5x + 3$ pelo método de Descartes.

Observe que: $gr(Q) = gr(P) - gr(D) = 1$

Assim, $Q(x)$ é um polinômio do 1º grau: $Q(x) = ax + b$, com $a \neq 0$

Agora, nesse caso, o resto é o polinômio nulo ou o polinômio é de grau 1, pois o grau do divisor é 2.

Logo: $R(x) = cx + d$

Como $P(x) = Q(x) \cdot D(x) + R(x)$, temos:

$6x^3 - 7x^2 + 2x + 5 = (ax + b) \cdot (3x^2 - 5x + 3) + (cx + d)$

$6x^3 - 7x^2 + 2x + 5 = 3ax^3 - 5ax^2 + 3ax + 3bx^2 - 5bx + 3b + cx + d$

$6x^3 - 7x^2 + 2x + 5 = 3ax^3 + (-5a + 3b)x^2 + (3a - 5b + c)x + 3b + d$

Fazendo a correspondência entre os coeficientes dos polinômios, obtemos:

- $6 = 3a \Rightarrow a = 2$
- $-7 = -5a + 3b \Rightarrow -7 = -5 \cdot 2 + 3b \Rightarrow b = 1$
- $2 = 3a - 5b + c \Rightarrow 2 = 3 \cdot 2 - 5 \cdot 1 + c \Rightarrow c = 1$
- $5 = 3b + d \Rightarrow d = 2$

Como $Q(x) = ax + b$ e $R(x) = cx + d$, temos:

$Q(x) = 2x + 1$ e $R(x) = x + 2$

Exercícios

R7. Encontrar m e n para que $5ix^3 - x^2 - mx + n$ seja divisível por $x^2 - x - i$.

➤ **Resolução**

- Como o dividendo é do 3º grau e o divisor é do 2º grau, o quociente é um polinômio do 1º grau, ou seja: $Q(x) = ax + b$, com $a \neq 0$.
- Para a divisão ser exata, o resto deve ser o polinômio nulo.

Então:

$5ix^3 - x^2 - mx + n = (ax + b)(x^2 - x - i)$

$5ix^3 - x^2 - mx + n = ax^3 + (-a + b)x^2 +$
$+ (-ai - b)x - bi$

Assim:

- $5i = a$
- $-1 = -a + b \Rightarrow$
  $\Rightarrow b = -1 + 5i$
- $-m = -ai - b$
  $m = (5i) \cdot i + (-1 + 5i) \Rightarrow$
  $\Rightarrow m = -6 + 5i$
- $n = -bi$
  $n = -(-1 + 5i) \cdot i$
  $n = 5 + i$

Portanto:

$m = -6 + 5i$ e $n = 5 + i$

28. Encontre o dividendo de uma divisão de polinômios em que o resto é $3x + 2$, o divisor é $3x^2 - x$ e o quociente é $2x - 1$.

29. Encontre p e q sabendo que o resto da divisão de $px^4 - qx^2 + 12$ por $x^3 - 3x^2 + 2x - 6$ é 30.

30. (Femm-MG) Seja $P(x)$ um polinômio de coeficientes reais. Na divisão de $P(x)$ por $(x - 3)$, obtêm-se quociente $Q(x)$ e resto igual a 5. Se $Q(1) = 3$ e $Q(2) = 2$, então $P(1) + P(2)$ é igual a:

a) -1
b) -3
c) 2
d) 3

2.4 Divisão por binômios do tipo $(x - a)$

Um caso que merece destaque por sua aplicação na resolução de equações algébricas é a divisão de um polinômio $P(x)$ por um binômio do 1º grau do tipo $B(x) = x - a$.

Observe que o número a é a raiz do binômio $B(x) = x - a$, pois: $B(a) = a - a = 0$

Como o binômio $(x - a)$ tem grau 1, o resto de qualquer divisão de um polinômio $P(x)$, com $gr(P) \geqslant 1$, por esse binômio é um polinômio constante (ou seja, de grau zero, ou polinômio nulo); por isso vamos indicá-lo apenas por R.

No exemplo a seguir, vamos resolver a divisão de um polinômio $P(x) = -3x^3 + 2x + 1$ por $x - 5$ e calcular o valor de $P(5)$.

Aplicando o método da chave, temos:

$$
\begin{array}{rrrr|l}
-3x^3 & +\,0x^2 & +\,2x & +\,1 & x - 5 \\
\cline{5-5}
+3x^3 & -\,15x^2 & & & -3x^2 - 15x - 73 \\
\cline{1-2}
 & -15x^2 & +\,2x & +\,1 & \\
 & +15x^2 & -\,75x & & \\
\cline{2-3}
 & & -73x & +\,1 & \\
 & & +73x & -\,365 & \\
\cline{3-4}
 & & & -364 &
\end{array}
$$

Portanto, o polinômio obtido da divisão de $P(x)$ por $x - 5$ é: $Q(x) = -3x^2 - 15x - 73$

Agora: $P(5) = -3 \cdot (5)^3 + 2 \cdot (5) + 1 = -375 + 10 + 1 = -364$

Logo: $P(5) = -364$

Veja que o valor obtido para $P(5)$ é igual ao resto da divisão de $P(x)$ pelo binômio: $(x - 5)$

Será que isso sempre acontece?

Para responder a essa pergunta, vamos estudar o teorema do resto.

Teorema do resto

Na divisão de $P(x)$ por $(x - a)$, temos: $P(x) = Q(x) \cdot (x - a) + R$, com $R \in \mathbb{C}$, $\forall x \in \mathbb{C}$

Substituindo x por a, obtemos: $P(a) = Q(a) \cdot (a - a) + R = 0 + R = R$

Logo: $P(a) = R$

Assim:

- Dado um polinômio $P(x)$ com grau maior ou igual a 1, o resto da divisão de $P(x)$ por $x - a$ é igual a $P(a)$.

Exemplo

Vamos obter o resto da divisão de $P(x) = -4x^4 + x^2 - ix$ por $(x - i)$, sem efetuar a operação.

Pelo teorema do resto, sabemos que $P(i)$ é o resto R dessa divisão. Então:

$$P(i) = -4 \cdot i^4 + i^2 - i \cdot i, \text{ ou seja, } P(i) = -4$$

Logo, o resto da divisão é: $R = -4$

Teorema D'Alembert

Pelo teorema do resto, verificamos que $P(a) = R$ é o resto da divisão de $P(x)$ por $x - a$. Mas $P(x)$ é divisível por $(x - a)$ se, e somente se, $R = 0$. Já, pelo teorema do resto, $P(a) = 0$ se, e somente se, a é raiz de $P(x)$.

Então, de modo geral:

- Um polinômio $P(x)$ é divisível por $(x - a)$ se, e somente se, a é raiz de $P(x)$, isto é, $P(a) = 0$.

Exemplos

Vamos determinar c para que $P(x) = x^3 + 2x^2 - c$ seja:

a) Divisível por $x + \frac{1}{3}$

Temos: $x + \frac{1}{3} = x - \left(-\frac{1}{3}\right)$

Se P é divisível por $x + \frac{1}{3}$, pelo teorema de D'Alembert, temos:

$$p\left(-\frac{1}{3}\right) = 0 \Rightarrow -\frac{1}{27} + \frac{2}{9} - c = 0 \Rightarrow c = \frac{5}{27}$$

Logo, se $P(x)$ é divisível por $x + \frac{1}{3}$, o valor de c é $\frac{5}{27}$.

b) Divisível por x

Temos: $x = x - 0$

Se P é divisível por x, pelo teorema de D'Alembert, temos:

$$P(0) = 0 \Rightarrow 0 + 2 \cdot 0 - c = 0 \Rightarrow c = 0$$

Portanto, se $P(x)$ é divisível por x, o valor de c é zero.

Exercícios

R8. Encontrar o resto da divisão de $F(x) = x^3 + 5x^2 + 2x - 2$ por $x + 3$.

➤ Resolução

Vamos expressar o binômio $x + 3$ na forma $x - a$ e aplicar o teorema do resto.

Para obter o resto da divisão, devemos encontrar $F(-3)$, pois $a = -3$.

Assim: $F(-3) = (-3)^3 + 5 \cdot (-3)^2 + 2 \cdot (-3) - 2 = 10$

Portanto, o resto da divisão é 10.

R9. Obter o quociente e o resto da divisão de $P(x) = x^2 + 5x + 12$ por $D(x) = 3x - 12$.

➤ **Resolução**

Devemos procurar $Q(x)$ e $R(x)$ tais que $P(x) = Q(x) \cdot D(x) + R(x)$, ou seja:

$x^2 + 5x + 12 = Q(x) \cdot (3x - 12) + R(x)$

Observe que:

$3x - 12 = 3 \cdot (x - 4)$

Assim:

$$x^2 + 5x + 12 = \overbrace{Q(x) \cdot 3}^{Q_1(x)} \cdot (x - 4) + R(x)$$

$$x^2 + 5x + 12 = Q_1(x) \cdot (x - 4) + R(x)$$

Agora, basta dividir $P(x)$ por $(x - 4)$ e o quociente $Q_1(x)$ por 3 para obter o quociente $Q(x)$. Note que o resto permanece o mesmo.

$$\begin{array}{rl} x^2 + 5x + 12 & \underline{|\, x - 4} \\ \underline{-x^2 + 4x \quad\;} & x + 9 \\ 9x + 12 & \\ \underline{-9x + 36} & \\ 48 & \end{array}$$

Obtemos, assim: $Q_1(x) = x + 9$ e $R(x) = 48$

Então: $Q(x) = \dfrac{1}{3}x + 3$ e $R(x) = 48$

31. Encontre o resto da divisão do polinômio $x^5 - 2x^4 - x^3 + 3x^2 - 2x + 5$ por:

a) $x - 1$ b) $x + 1$ c) $2x + 2$ d) $x - i$

32. Determine m para que o resto da divisão de $x^3 + 2mx^2 - 5x$ por $x - 4$ seja 2.

33. Encontre k para que $-x^4 - x^3 + kx - 1$ seja divisível por $x + 2$.

34. Se o resto da divisão de $(m - 3)x^2 + 2mx + 5$ por $x - 2$ é 9, qual é o valor de m?

35. Sendo o resto da divisão de $2x^3 - px^2 + 6x - 3p$ por $x + 1$ igual -20, qual é o valor de p?

36. Ao dividir o polinômio $ax^3 - 2x^2 - \dfrac{3}{2}x - b$ por $x - 2$, obtém-se resto 20. Ao dividi-lo por $x + 1$, o resto é $-\dfrac{21}{2}$. Determine os valores de a e b.

37. Qual é o valor de k para que o resto da divisão de $2x^3 - 5x^2 + kx - 2$ por $x + 2i$ seja $18 + 14i$?

38. Determine a e b de modo que $F(x) = ax^3 + bx - 4$ e $H(x) = x^2 - bx + 2$ sejam divisíveis por $x - i$.

39. Calcule o resto da divisão de $P(x)$ por $x + 1$ para n natural e, depois, justifique cada item.

a) $P(x) = x^{2n} + 3$ b) $P(x) = x^{2n+1} + 3$

2.5 Dispositivo de Briot-Ruffini

Já estudamos a divisão de um polinômio $P(x)$ por um binômio da forma $(x - a)$ aplicando o método da chave e o dos coeficientes a determinar (ou método de Descartes). Agora, vamos estudar o **dispositivo de Briot-Ruffini**, que permite determinar o quociente e o resto desse tipo de divisão de maneira mais simples e rápida.

Esse método utiliza apenas os coeficientes do dividendo $P(x)$ e o valor de a, que é a raiz do divisor $(x - a)$.

Observe como os coeficientes devem ser arranjados nesse dispositivo:

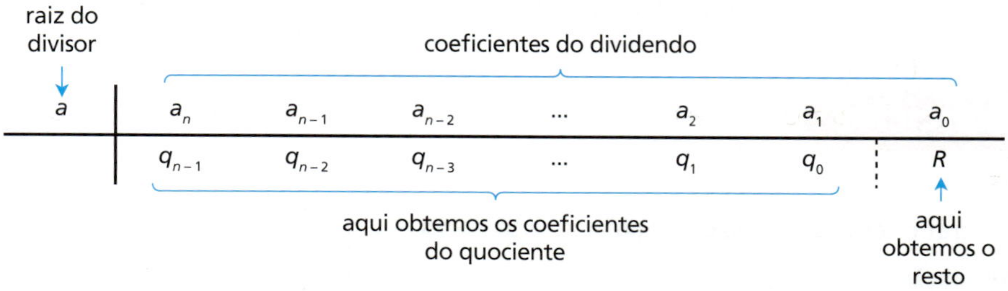

A seguir, vamos estudar, passo a passo, como aplicar o dispositivo de Briot-Ruffini para determinar o quociente e o resto da divisão de $P(x) = 2x^3 - 4x + 1$ por $x - 4$.

Para isso, escrevemos o polinômio dividendo da seguinte forma: $P(x) = 2x^3 + 0x^2 - 4x + 1$

1º) Para montar o dispositivo, dispomos os valores envolvidos no cálculo da seguinte maneira.	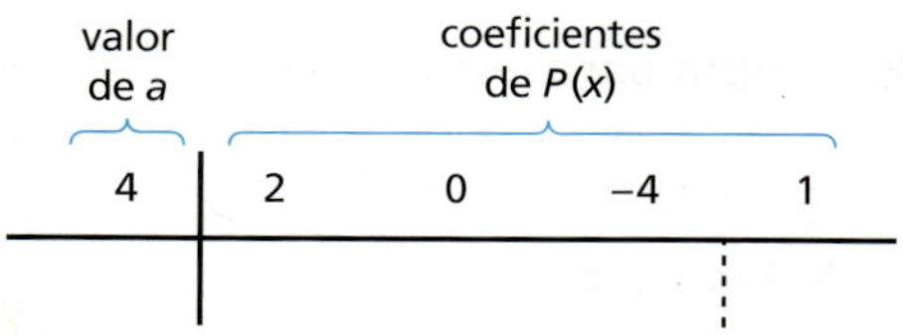
2º) Repetimos, na linha de baixo, o coeficiente dominante do dividendo $P(x)$.	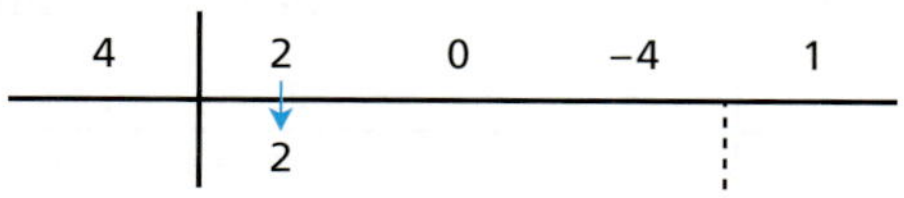
3º) Multiplicamos o valor de a por esse coeficiente e somamos o produto obtido com o próximo coeficiente de $P(x)$, colocando o resultado abaixo dele.	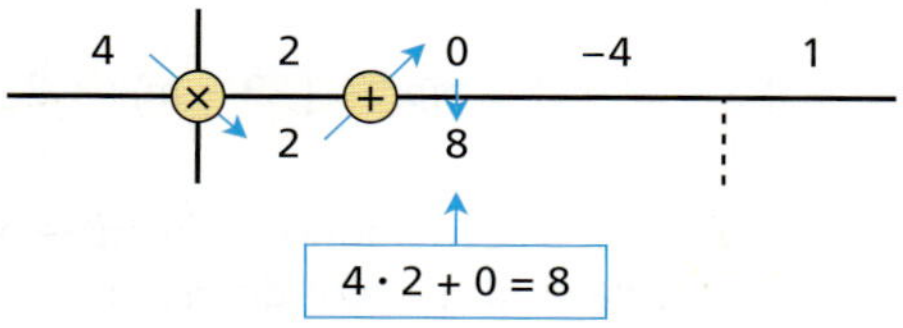
4º) Multiplicamos o valor de a pelo resultado que acabamos de obter, somamos o produto com o próximo coeficiente de $P(x)$ e colocamos esse novo resultado abaixo desse coeficiente.	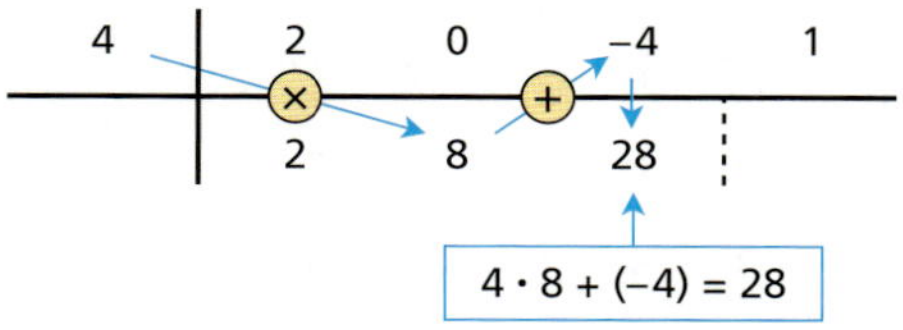
5º) Repetimos o processo até o último coeficiente de $P(x)$, que está separado, à direita.	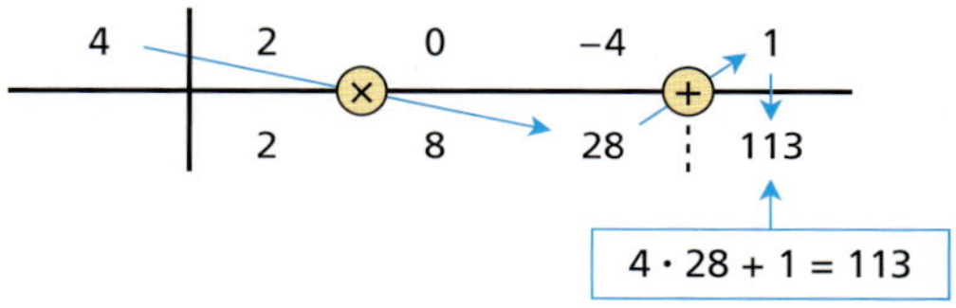

O último resultado é o resto da divisão, e os demais números obtidos são os coeficientes do quociente, dispostos ordenadamente, conforme as potências decrescentes de x.

Portanto, com esse procedimento, encontramos o quociente $Q(x) = 2x^2 + 8x + 28$ e o resto $R(x) = 113$.

Veja que, nesse caso, $gr(Q) = gr(P) - 1$, pois o grau do divisor $(x - a)$ é 1.

Exercícios

R10. Obter o valor numérico de $P(x) = -3x^5 + 2x^4 - x^3 + 2x^2 - 1$ para $x = 5$, utilizando o dispositivo de Briot-Ruffini.

➤ Resolução

Pelo teorema do resto, o resto da divisão de $P(x)$ por $x - 5$ é $P(5)$, que é o valor numérico de $P(x)$ para $x = 5$.

Vamos aplicar o dispositivo de Briot-Ruffini a $P(x) = -3x^5 + 2x^4 - 1x^3 + 2x^2 + 0x - 1$ (forma completa). Assim, temos:

5	−3	2	−1	2	0	−1
	−3	−13	−66	−328	−1.640	−8.201

Portanto: $P(5) = -8.201$

40. Aplicando o dispositivo de Briot-Ruffini, encontre o quociente e o resto da divisão de $P(x)$ por $D(x)$.

a) $P(x) = 3x^2 + 2x - 4$ e $D(x) = x + 3$

b) $P(x) = -x^3 + x - 3$ e $D(x) = x - \frac{1}{3}$

c) $P(x) = x^4 + x^3 - x^2 + x - 1$ e $D(x) = x + i$

d) $P(x) = x^5 - 2x^4 - ix^3 + x - 2i$ e $D(x) = x - \frac{i}{2}$

41. Utilizando o dispositivo de Briot-Ruffini, encontre o valor numérico de $P(x) = x^3 - x^2 + x - 2$ para $x = 8$.

R11. Determinar o resto da divisão de $-x^4 + mx^3 - 2x^2 - nx + 1$ por $x + 1$, sabendo que o quociente é $-x^3 - 4x^2 + 2x - 3$.

➤ Resolução

Observe que $x + 1 = x - (-1)$, então $a = -1$. Aplicando o dispositivo de Briot-Ruffini:

−1	−1	m	−2	$-n$	1
	−1	$1 + m$	$-3 - m$	$3 + m - n$	$-2 - m + n$

Então:

$Q(x) = -x^3 + (1 + m)x^2 + (-3 - m)x + 3 + m - n$ e $R(x) = -2 - m + n$

Vamos fazer a correspondência entre os coeficientes e calcular o valor de m e n:

$-x^3 + (1 + m)x^2 + (-3 - m)x + 3 + m - n =$

$= -x^3 - 4x^2 + 2x - 3$

- $1 + m = -4 \Rightarrow m = -5$
- $-3 - m = 2 \Rightarrow m = -5$
- $3 + m - n = -3 \Rightarrow 3 + (-5) - n = -3 \Rightarrow n = 1$

Como $R(x) = -2 - m + n$, temos:

$R(x) = -2 - (-5) + (1) = -2 + 5 + 1 = 4$

Logo, o resto dessa divisão é 4.

42. Ao dividir $x^3 - ax^2 + 2x - 2b$ por $x - 2$ e por $x + 1$, separadamente, obtemos os restos 5 e −2, respectivamente. Encontre os valores de a e b.

43. Sabendo que $x^2 + ix - 1$ é o quociente da divisão de $x^3 + ax^2 - 2bx + 1$ por $x - 1i$, determine o resto.

44. Encontre os valores de a, b, c e d no dispositivo de Briot-Ruffini abaixo.

2	2	a	5	b	1
	2	c	3	10	d

45. Considere o polinômio $P(x) = -x^4 + mx^3 - nx + 2$ e observe que:

- dividindo $P(x)$ por $x + 2$, obtemos resto −28 e quociente $Q(x)$;
- dividindo $Q(x)$ por $x - i$, obtemos resto $10 - 9i$ e quociente $Q_1(x)$. Agora, determine $Q(x)$ e $Q_1(x)$.

2.6 Divisão de polinômios pelo produto $(x - a)(x - b)$

Um polinômio $P(x)$ é divisível pelo produto $(x - a)(x - b)$ se, ao fazer divisões sucessivas de $P(x)$ por $(x - a)$ e, em seguida, do quociente obtido por $(x - b)$, obtemos resto zero.

Portanto, nessas condições, existem $Q_1(x)$, $Q_2(x)$ e $Q_3(x)$ tais que:

- $P(x) = Q_1(x) \cdot (x - a)$
- $P(x) = Q_2(x) \cdot (x - b)$
- $P(x) = Q_3(x) \cdot (x - a)(x - b)$

Assim:

Um polinômio $P(x)$ é divisível por $(x - a)$ e também por $(x - b)$, com $a \neq b$, se, e somente se, $P(x)$ é divisível pelo produto $(x - a)(x - b)$.

Exemplos

a) Vamos verificar se $P(x) = x^3 - 3x^2 - 6x + 8$ é divisível por $(x + 2)(x - 4)$ sem efetuar a divisão.

Temos:

- $P(-2) = (-2)^3 - 3 \cdot (-2)^2 - 6 \cdot (-2) + 8 = -8 - 12 + 12 + 8 = 0$
- $P(4) = (4)^3 - 3 \cdot (4)^2 - 6 \cdot (4) + 8 = 64 - 48 - 24 + 8 = 0$

Como $P(-2) = 0$, sabemos que $P(x)$ é divisível por: $(x - (-2)) = (x + 2)$

O polinômio $P(x)$ também é divisível por $(x - 4)$, pois: $P(4) = 0$

Logo, o polinômio é divisível pelo produto: $(x + 2)(x - 4)$

b) Já vimos que $P(x) = x^3 - 3x^2 - 6x + 8$ é divisível por $(x + 2)(x - 4)$. Vamos obter agora o quociente da divisão de $P(x)$ por esse produto, efetuando sucessivamente as divisões por $(x + 2)$ e por $(x - 4)$ pelo dispositivo de Briot-Ruffini.

Dividindo $P(x)$ por $(x + 2)$, obtemos:

–2	1	–3	–6	8
	1	–5	4	0

- $Q_1(x) = x^2 - 5x + 4$
- $R_1(x) = 0$

Dividindo o quociente obtido $Q_1(x)$ por $(x - 4)$, obtemos:

4	1	–5	4
	1	–1	0

- $Q_2(x) = x - 1$
- $R_2(x) = 0$

Verificamos que: $x^3 - 3x^2 - 6x + 8 = \overbrace{(x - 1)}^{\text{quociente}} \cdot \overbrace{(x + 2)(x - 4)}^{\text{divisor}}$

Logo, o quociente dessa divisão é: $Q_2(x) = x - 1$

Observação:

Podemos juntar as duas etapas dessa divisão:

–2	1	–3	–6	8
4	1	–5	4	0
	1	–1	0	

Exercícios

R12. Descobrir se $P(x) = x^3 + (1 - i)x^2 - ix$ é divisível por $x^2 + x$ e determinar o quociente dessa divisão.

➤ Resolução

Temos: $x^2 + x = x(x + 1) = (x - 0)(x + 1)$

Para saber se $P(x)$ é divisível por $(x - 0)(x + 1)$, vamos fazer divisões sucessivas com cada fator, utilizando o dispositivo de Briot-Ruffini.

0	1	1 – i	–i	0
–1	1	1 – i	–i	0
	1	–i	0	

Portanto, $P(x)$ é divisível por $x^2 + x$, pois o resto da divisão é zero. O quociente procurado é $Q(x) = x - i$

R13. Sabendo que $P(x) = x^3 - 5x^2 + 8x - 4$ é divisível por $D(x) = (3x - 3)(2x - 4)$, determinar o quociente dessa divisão.

➤ Resolução

Temos:

$(3x - 3)(2x - 4) = 3(x - 1) \cdot 2(x - 2) =$
$= 6(x - 1)(x - 2)$

Como $P(x)$ é divisível por $D(x)$:

$P(x) = Q(x) \cdot 6(x - 1)(x - 2) \Rightarrow$
$\Rightarrow P(x) = Q_1(x) \cdot (x - 1)(x - 2)$

Assim, para achar $Q(x)$, basta dividir $P(x)$ sucessivamente por $(x - 1)$ e $(x - 2)$, obtendo $Q_1(x)$. Em seguida, dividimos $Q_1(x)$ por 6.

1	1	–5	8	–4
2	1	–4	4	0
	1	–2	0	

Assim: $Q_1(x) = x - 2$

Logo, o quociente é:

$Q(x) = \frac{1}{6}x - \frac{1}{3}$

46. Verifique se $P(x)$ é divisível por $D(x)$ sem efetuar a divisão. Justifique o procedimento que você usou.

a) $P(x) = x^4 + x^3 - 10x^2 - 4x + 24$
$D(x) = (x - 2)(x + 2)$

b) $P(x) = 2x^3 - 3x^2 - 2x + 2$
$D(x) = x^2 - x$

c) $P(x) = x^5 - i$
$D(x) = (x - i)(x + i)$

d) $P(x) = \frac{1}{2}x^3 - \frac{3}{2}x^2 - 3x + 4$
$D(x) = x^2 + x - 2$

47. Encontre m e n para que $x^3 - 2x^2 + mx - 2n$ seja divisível por $x^2 - 1$. Em seguida, determine o quociente dessa divisão.

48. Sabendo que os restos das divisões de $P(x) = -4x^3 - 6x^2 - 2kx + 4$ por $x - 2$ e por $x + 2$ são iguais, encontre o resto da divisão de $P(x)$ por $(x - 2)(x + 2)$.

49. Mostre que $F(x) = x^4 + x^3 - 6x^2 - 4x + 8$ é divisível por $G(x) = x^2 + x - 2$, expressando $G(x)$ como produto de dois polinômios de grau 1.

50. Sendo $P(x) = x^2 + x - 2$ divisível por $x + 2$, é possível afirmar que $P(x)$ é divisível por $(x + 2)^2$? Por quê?

51. Mostre que $A(x) = x^3 + x^2 - 10x + 8$ não é divisível por $B(x) = (x - 1)^2$.

52. Encontre um polinômio $A(x)$, de grau maior que 2, que seja divisível por $(x - 1)^2$.

53. Quais são as condições para que um polinômio $A(x)$ seja divisível por $(x - 1)^2$?

54. Um polinômio $P(x)$ quando dividido por $x - 2$ dá resto 7 e quando dividido por $x - 3$ dá resto 11.

a) Determine o valor de $P(2)$ e $P(3)$, justificando sua resposta.

b) Sejam $Q(x)$ e $R(x)$ o quociente e o resto da divisão de $P(x)$ por $(x - 2)(x - 3)$. Que tipo de polinômio é o resto $R(x)$?

c) Utilizando a relação $P(x) = Q(x) \cdot (x - 2)(x - 3) + R(x)$, monte um sistema e determine $R(x)$.

- Você pode generalizar esse procedimento?

55. Considere um polinômio $P(x)$ de grau n.

a) Suponha que $P(x)$ seja divisível por $(x - a)$ e também por $(x - b)$. Nessas condições, responda:

- O que você pode dizer dos valores de $P(a)$ e $P(b)$? Justifique.
- Que tipo de polinômio é o resto da divisão de $P(x)$ por $D(x) = (x - a)(x - b)$?
- Utilizando a relação $P(x) = Q(x) \cdot D(x) + R(x)$, o que você pode dizer sobre $R(x)$?

  Elabore uma justificativa para mostrar que, nas condições dadas, $P(x)$ é divisível pelo produto $(x - a)(x - b)$.

b) Suponha agora que $P(x)$ seja divisível pelo produto $(x - a)(x - b)$. Nessas condições, responda:

- O que você pode dizer sobre o resto dessa divisão?
- Quanto vale $P(a)$ e $P(b)$?
- O que você pode dizer sobre o resto das divisões de $P(x)$ por $(x - a)$ e por $(x - b)$? Justifique. Elabore uma justificativa para mostrar que, nas condições dadas, $P(x)$ é divisível por $(x - a)$ e também por $(x - b)$.

56. Sabendo que o polinômio $P(x) = x^3 + ax + b$, com a e b reais, é divisível por $(x - 2)^2$, calcule os valores de a e b.

57. Um polinômio $P(x)$ é divisível por x e, quando dividido por $x + 1$ e $x - 2$, deixa restos 5 e 8, respectivamente. Se $R(x)$ é o resto da divisão de $P(x)$ por $x(x + 1)(x - 2)$, calcule $R(3)$.

58. Dado $P(x) = x^5 - kx^4 - kx^3 - 8x^2 - (2k + 3)x - 2$, determine o maior valor inteiro positivo n, tal que o polinômio seja divisível por $(x + 1)^n$.

3 Equações polinomiais ou algébricas

Já trabalhamos com equações do tipo $x - 1 = 0$ e $3x^2 - 2x - 1 = 0$, com coeficientes reais e no universo dos números reais. Esses são exemplos de equações algébricas. Agora, vamos estudar mais a fundo esse tipo de equação no universo dos números complexos, considerando seus coeficientes em $\mathbb{C}$.

3.1 Definição de equação algébrica

- **Equação polinomial** ou **algébrica** é toda equação na forma $a_n x^n + a_{n-1} x^{n-1} + a_{n-2} x^{n-2} + \dots + a_2 x^2 + a_1 x + a_0 = 0$ sendo $x \in \mathbb{C}$ a incógnita e $a_n, a_{n-1}, \dots, a_2, a_1, a_0$ os coeficientes complexos (reais ou não), com $a_n \neq 0$, e $n \in \mathbb{N}^*$.

Observe que $a_n x^n + a_{n-1} x^{n-1} + a_{n-2} x^{n-2} + \dots + a_2 x^2 + a_1 x + a_0$, com $a_n \neq 0$, é um polinômio $P(x)$ de grau n. A equação polinomial correspondente tem grau n.

Veja a seguir alguns exemplos de equações algébricas:

- $x^2 + 5x + 6 + i = 0$ é uma equação polinomial do 2º grau cujos coeficientes são 1, 5 e $(6 + i)$;
- $2x^5 + 3x^4 - x^2 + x = 0$ é uma equação de grau 5;
- $kx^3 + 6x - 8i = 0$ é uma equação de grau 3 se $k \neq 0$ e de grau 1 se $k = 0$.

3.2 Raiz de uma equação algébrica

Um número complexo α é **raiz** de uma equação algébrica $P(x) = 0$, de grau n, quando α é raiz de $P(x)$, ou seja: $a_n\alpha^n + a_{n-1}\alpha^{n-1} + ... + a_2\alpha^2 + a_1\alpha + a_0 = 0$

Observação:
A raiz de uma equação algébrica também pode ser chamada de **zero** de uma equação algébrica.

Exemplos

a) Vamos verificar se 2 é raiz da equação $P(x) = 6x^4 + 7x^3 - 36x^2 - 7x + 6 = 0$.
Substituindo x por 2 na equação, temos:
$6 \cdot 2^4 + 7 \cdot 2^3 - 36 \cdot 2^2 - 7 \cdot 2 + 6 = 0 \Rightarrow 96 + 56 - 144 - 14 + 6 = 0 \Rightarrow 158 - 158 = 0$ (verdadeira)
Logo, 2 é raiz da equação dada.

b) Vamos mostrar que i é raiz da equação $x^3 - (-1 + i)x^2 - i \cdot x = 0$, mas não é raiz da equação $x^3 - (-1 - i)x^2 + i \cdot x = 0$.
Substituindo x por i na 1ª equação, temos:
$i^3 - (-1 + i) \cdot i^2 - i \cdot i = 0 \Rightarrow i^3 + i^2 - i^3 - i^2 = 0$ (verdadeira)
Substituindo x por i na 2ª equação, temos:
$i^3 - (-1 - i) \cdot i^2 + i \cdot i = 0 \Rightarrow i^3 + i^2 + i^3 + i^2 = 0 \Rightarrow -2i - 2 = 0$ (falsa)
Logo, i é raiz apenas da 1ª equação.

3.3 Conjunto solução

Vimos que resolver uma equação consiste em determinar os valores de x, em um dado universo, que a torne verdadeira.

O **conjunto solução (*S*)** ou **conjunto verdade (*V*)** de uma equação algébrica é o conjunto de todas as raízes dessa equação que pertencem ao conjunto universo considerado.

Como exemplo, vamos determinar, em $\mathbb{C}$, o conjunto solução da equação: $x^2 - ix + 2 = 0$

Resolvendo essa equação pela fórmula de Bhaskara, encontramos as raízes: $x = 2i$ ou $x = -i$

Logo: $S = \{2i, -i\}$

Exercícios

59. Determine o conjunto solução da equação $x^3 + x = 0$, em $\mathbb{C}$.

60. Encontre o conjunto solução da equação $3x^3 + 27x = 0$, em $\mathbb{C}$.

61. Calcule k sabendo que 1 é uma das raízes da equação $x^4 - 8x^3 + kx^2 - 32x + 15 = 0$.

62. Dados os números 1, 0, −1 e 3, quais fazem parte do conjunto solução de $x^3 - 5x^2 + 7x - 3 = 0$?

3.4 Teorema fundamental da Álgebra

Esse teorema é utilizado no estudo das raízes das equações algébricas e foi originalmente demonstrado pelo matemático Carl F. Gauss, em 1799, em sua tese de doutorado.

- Toda equação algébrica $P(x) = 0$ de grau n, com $n \geq 1$, admite pelo menos uma raiz complexa (real ou não).

A demonstração do teorema fundamental da Álgebra não será estudada aqui. Contudo, esse teorema é importante para entender as relações entre as raízes e a forma fatorada de um polinômio.

Por esse teorema, toda equação polinomial $P(x) = 0$ sempre tem raiz em $\mathbb{C}$, ou seja, qualquer polinômio $P(x)$ de grau n, com $n \geq 1$, tem ao menos uma raiz complexa.

3.5 Teorema da decomposição

Com base no teorema fundamental da Álgebra, é possível verificar que os polinômios de grau $n > 1$ podem ser decompostos em um produto de fatores do 1º grau.

Observe a decomposição dos polinômios nos exemplos a seguir.

- Sabemos que i é raiz do polinômio $P(x) = x^2 + 1$, pois $P(i) = 0$.

  Como i é raiz de $P(x)$, temos, pelo teorema de D'Alembert, que $P(x)$ é divisível por $(x - i)$. Portanto, $P(x)$ pode ser escrito da seguinte forma: $P(x) = Q(x)(x - i)$

  Ao dividir $P(x)$ por $(x - i)$, utilizando o método de Briot-Ruffini, temos:

i	1	0	1
	1	i	0

  Logo: $Q(x) = x + i$

  A raiz do quociente $Q(x) = x + i$ também é raiz de $P(x)$.

  Portanto, podemos escrever $P(x)$ na forma fatorada: $P(x) = (x - i)(x + i)$

- Vamos decompor o polinômio $P(x) = 2x^3 - 6x^2 - 12x + 16$, sabendo que -2 é uma de suas raízes.

  Se -2 é raiz de $P(x)$, por D'Alembert, temos: $P(x) = Q(x)(x + 2)$

  E, pelo método de Briot-Ruffini:

–2	2	–6	–12	16
	2	–10	8	0

  $Q(x) = 2x^2 - 10x + 8$

  As raízes do quociente $Q(x) = 2x^2 - 10x + 8$ também são raízes de $P(x)$.

  Agora, vamos resolver a equação $2x^2 - 10x + 8 = 0$ pela fórmula de Bhaskara:

  $$x = \frac{-b \pm \sqrt{\Delta}}{2a} = \frac{-(-10) \pm \sqrt{36}}{2 \times 2} = \frac{10 \pm 6}{4}$$

  $x = 4$ ou $x = 1$

  Portanto, as raízes de $Q(x) = 2x^2 - 10x + 8$ são 1 e 4.

  Logo: $Q(x) = 2(x - 1)(x - 4)$

  Assim: $P(x) = 2(x - 1)(x - 4)(x + 2)$

- Sabendo que 1 é raiz do polinômio $P(x) = 2x^4 - 6x^3 - 2x^2 + 6x$, vamos decompor $P(x)$ em um produto de uma constante por polinômios do 1º grau.

  Como $a_0 = 0$, temos que 0 é raiz de $P(x)$, portanto: $P(x) = x(2x^3 - 6x^2 - 2x + 6)$

  Agora, como 1 também é raiz de $P(x)$, temos, pelo teorema de D'Alembert, que $P(x) = x(x - 1)Q(x)$ e, pelo método de Briot-Ruffini:

1	2	–6	–2	6
	2	–4	–6	0

  $Q(x) = 2x^2 - 4x - 6$

  As raízes do quociente $Q(x) = 2x^2 - 4x - 6$ também são raízes de $P(x)$.

  Resolvendo a equação do 2º grau, por Bhaskara, obtemos as raízes -1 e 3.

  Portanto: $Q(x) = 2(x - 3)(x + 1)$

  Como $P(x) = x(x - 1)Q(x)$, temos: $P(x) = 2x(x - 1)(x - 3)(x + 1)$

Assim, de modo geral:

- Todo polinômio $P(x) = a_n x^n + a_{n-1}x^{n-1} + ... + a_2x^2 + a_1x + a_0$ de grau n maior ou igual a 1, em $\mathbb{C}$, pode ser fatorado da seguinte forma:
  $P(x) = a_n \cdot (x - \alpha_1) \cdot (x - \alpha_2) \cdot (x - \alpha_3) \cdot ... \cdot (x - \alpha_{n-1}) \cdot (x - \alpha_n)$, sendo a_n o coeficiente dominante e $\alpha_1, \alpha_2, \alpha_3, ..., \alpha_{n-1}, \alpha_n$ as raízes desse polinômio.

29.2 Visão do especialista

Pelo teorema da decomposição, podemos concluir que:

- Toda equação algébrica de grau n (com $n \geqslant 1$) admite, em $\mathbb{C}$, exatamente n raízes complexas (reais ou não), não necessariamente distintas.

Observações:

- Se α é uma raiz de $P(x)$, então dizemos que $(x - \alpha)$ é um **fator** do polinômio $P(x)$.
- Expressar um polinômio $P(x)$ na forma fatorada é apresentá-lo como produto de polinômios do 1º grau e de uma constante (coeficiente dominante de $P(x)$).

Exercícios

R14. Sabendo que 3i e 5 são duas raízes da equação a seguir, encontrar o conjunto solução, em $\mathbb{C}$:
$x^4 - (4 + 3i)x^3 + (-7 + 12i)x^2 +$
$+ (10 + 21i)x - 30i = 0$

➤ Resolução

Sendo 3i e 5 raízes da equação $P(x) = 0$, sabemos que o polinômio $P(x)$ é divisível por $(x - 3i)$ e $(x - 5)$. Aplicando o dispositivo de Briot-Ruffini, temos:

3i	1	−4 − 3i	−7 + 12i	10 + 21i	−30i
5	1	−4	−7	10	0
	1	1	−2	0	

Logo: $P(x) = (x^2 + x - 2)(x - 3i)(x - 5)$

As raízes do quociente $Q(x) = x^2 + x - 2$ também são raízes de $P(x)$.

Determinando as raízes de $Q(x)$, encontramos -2 e 1, que são as outras duas raízes de $P(x)$.

Portanto: $S = \{3i, 5, -2, 1\}$

63. Escreva o polinômio $P(x) = 2x^4 - 2$ na forma fatorada, sendo 1, -1, i e $-i$ as suas raízes.

64. Encontre uma equação de grau 3 que tenha como raízes os números -1, $\frac{1}{2}$ e 2.

65. Sabendo que α é uma das raízes de um polinômio de grau 3, explique como podem ser encontradas as demais raízes desse polinômio.

66. Uma das raízes da equação $x^3 - 2x^2 - x + 2 = 0$ é 2; determine as outras.

67. Encontre o conjunto solução da equação $2x^3 - (5 - 4i)x^2 + (2 - 10i)x + 4i = 0$, sabendo que $\frac{1}{2}$ e 2 são raízes dessa equação.

68. Determine todas as raízes da equação $2x^3 - 4x^2 - 6x = 0$ e decomponha o polinômio $P(x) = 2x^3 - 4x^2 - 6x$ como produto de fatores de grau 1.

69. Resolva a equação $x^4 + x^3 - 10x^2 - 4x + 24 = 0$, sabendo que -3 e -2 pertencem ao conjunto solução.

3.6 Multiplicidade de uma raiz

Já vimos que toda equação polinomial $P(x) = 0$ de grau n tem exatamente n raízes complexas (não necessariamente distintas) e que elas são também as raízes do polinômio $P(x)$.

Veja o exemplo a seguir.

Fatorando o polinômio $P(x) = x^2 - 2ix - 1$, obtemos: $P(x) = (x - i)(x - i) = (x - i)^2$

Então, a equação do 2º grau $x^2 - 2ix - 1 = 0$ tem **duas raízes iguais a i:**

$x^2 - 2ix - 1 = 0 \Rightarrow (x - i)(x - i) = 0 \Rightarrow (x - i)^2 = 0 \Rightarrow x - i = 0 \Rightarrow x = i$

O número de vezes que uma raiz aparece na decomposição de um polinômio em fatores do 1º grau é a **multiplicidade** dessa raiz. No exemplo, i é uma **raiz dupla** ou de **multiplicidade 2**.

As raízes que não se repetem são as **raízes simples** ou de **multiplicidade 1**, ou seja:

29.3 Visão do especialista

- Uma raiz α de uma equação polinomial $P(x) = 0$ é uma **raiz de multiplicidade m**, com m natural não nulo, quando $P(x) = (x - \alpha)^m \cdot Q(x)$ e $Q(\alpha) \neq 0$.

Exemplos

a) Vamos resolver a equação $x^5 + 10x^4 - 6x^3 - 176x^2 + 133x + 294 = 0$, em $\mathbb{C}$, sendo -7 raiz dupla e 2 raiz de multiplicidade 1 (ou raiz simples) dessa equação.

Como -7 é raiz dupla e 2 é raiz simples da equação $P(x) = 0$, o polinômio $P(x)$ é divisível por $(x + 7)^2 \cdot (x - 2)$. Então, aplicando o dispositivo de Briot-Ruffini, obtemos um quociente $Q(x)$ e uma equação de grau menor, de fácil resolução.

–7	1	10	–6	–176	133	294
–7	1	3	–27	13	42	0
2	1	–4	1	6	0	
	1	–2	–3	0		

Assim, temos $x^2 - 2x - 3 = 0$, cujas raízes -1 e 3 também são raízes da equação $P(x) = 0$; portanto, o conjunto solução procurado é: $S = \{-7, 2, -1, 3\}$

b) Dado que -1 é raiz tripla ou raiz de multiplicidade 3 do polinômio $P(x) = x^4 + x^3 - Ax^2 - Bx - C$, vamos calcular os valores de A, B e C.

Como -1 é raiz tripla da equação $P(x) = 0$, temos, pelo teorema de D'Alembert, que o polinômio $P(x)$ é divisível por $(x + 1)^3$. Então, aplicando o dispositivo de Briot-Ruffini:

–1	1	1	–A	–B	–C
–1	1	0	–A	A – B	–A + B – C
–1	1	–1	1 – A	–1 + 2A – B	
	1	–2	3 – A		

Igualando a zero os restos encontrados, temos:

$$\begin{cases} -A + B - C = 0 \\ -1 + 2A - B = 0 \\ 3 - A = 0 \end{cases} \Rightarrow \begin{cases} C = B - A \\ B = 2A - 1 \\ A = 3 \end{cases} \Rightarrow \begin{cases} C = B - A \\ B = 5 \\ A = 3 \end{cases} \Rightarrow \begin{cases} C = 2 \\ B = 5 \\ A = 3 \end{cases}$$

Portanto: $A = 3$, $B = 5$, $C = 2$

Exercícios

70. Resolva a equação seguinte, em $\mathbb{C}$, e dê as multiplicidades. $(-5x^3 - 15x^2 + 50x) \cdot (x + 1)^4 = 0$

71. Encontre uma equação algébrica de menor grau que tenha 2 como uma raiz quádrupla e -3 como uma raiz simples.

72. Se i é raiz de multiplicidade 2 da equação $x^3 + (3 - 2i)x^2 - (1 + 6i)x - 3 = 0$, qual é a outra raiz?

73. Sabendo que 2 é raiz dupla da equação $x^3 - ax^2 + bx - 12 = 0$, calcule os valores de a e b.

74. Resolva, em $\mathbb{C}$, a equação $2x^3 + 6x^2 - 8 = 0$, sabendo que -2 é raiz dupla dessa equação.

75. Considere as equações do tipo $P(x) = 0$, em $\mathbb{C}$, e faça o que se pede:

- $2x^3 - 6x + 4 = 0$
- $x^4 + (-3 - i)x^3 + (3 + 3i)x^2 + (-1 - 3i)x + i = 0$
- $x^4 - 4x^3 + 3x^2 + 4x - 4 = 0$

a) Cite semelhanças e diferenças entre elas.

b) Calcule P(1) para cada equação.

c) Verifique se 1 é raiz de todas as equações.

d) Como saber se 1 é raiz de uma equação?

29.4 Visão do especialista

76. Determine o valor de a para que a equação $x^5 - ax^4 + (2a + 1)x^3 + (a^2 - 9)x^2 + (a^2 - 6a + 9)x + a - 3 = 0$ admita 0 (zero) como raiz tripla.

77. A equação $x^5 - 3x^4 + cx^3 + (3a + 8b)x^2 + 3(ab + 6)x + a + 2b - 1 = 0$ admite $x = 1$ como raiz, zero como raiz dupla e duas outras raízes. Determine os valores de a, b e c.

3.7 Raízes complexas

A seguir, vamos estudar o teorema das raízes complexas não reais de equações polinomiais com **coeficientes reais**.

29.5 Visão do especialista

- Se um número complexo $z = a + bi$, com $b \neq 0$, é raiz de uma equação polinomial com **coeficientes reais**, então o conjugado $\overline{z} = a - bi$ também é raiz dessa equação.

Assim, se o número complexo z (**não real**) é raiz de multiplicidade m de uma equação de coeficientes reais, então o conjugado $\overline{z}$ também é raiz de multiplicidade m da mesma equação.

Exemplo

Sabendo que $5 + 2i$ é uma das raízes da equação $x^4 - 11x^3 + 37x^2 - 9x - 58 = 0$, vamos determinar as demais raízes dessa equação, em $\mathbb{C}$.

Como a equação tem coeficientes reais e $z = 5 + 2i$ é sua raiz, então $\overline{z} = 5 - 2i$ também é raiz da equação. Com o dispositivo de Briot-Ruffini, obtemos uma equação de grau menor cujas raízes são as demais raízes da equação dada:

5 + 2i	1	−11	37	−9	−58
5 − 2i	1	−6 + 2i	3 − 2i	10 − 4i	0
	1	−1	−2	0	

Resolvendo a equação obtida, $x^2 - x - 2 = 0$, temos as outras raízes, -1 e 2. Assim, além de $5 + 2i$, as outras três raízes da equação são $5 - 2i$, -1 e 2.

É importante observar que as raízes complexas não reais de uma equação algébrica com coeficientes reais ocorrem sempre **aos pares**. Assim, toda equação algébrica de coeficientes reais e grau ímpar admite pelo menos uma raiz real.

Exercícios

78. Qual é o grau mínimo da equação algébrica de coeficientes reais que admite as raízes -3, de multiplicidade 2; 5, de multiplicidade 1; e $-2 + i$, de multiplicidade 3?

79. Determine $a \in \mathbb{R}$ de modo que $-x^3 + 3x^2 - ax + 5 = 0$ admita $1 + 2i$ como raiz. Ache o conjunto solução da equação formada, em $\mathbb{C}$.

80. Escreva uma equação polinomial de menor grau possível, com coeficientes reais e coeficiente dominante igual a 2, que admita $1 + i$ como raiz quádrupla e -2 como raiz dupla.

81. Sabendo que $2 + 2i$ é uma raiz de $x^4 - 4x^3 + 17x^2 - 36x + 72 = 0$, encontre as demais raízes dessa equação, em $\mathbb{C}$.

82. Resolva, em $\mathbb{C}$, a equação $x^4 + 2x^3 + 2x^2 + 10x + 25 = 0$, sabendo que uma de suas raízes é $\alpha = i - 2$.

3.8 Raízes racionais

O teorema que estudaremos a seguir indica como encontrar a raiz racional de equações algébricas com **coeficientes inteiros**, se essa raiz existir. Assim:

29.6 Visão do especialista

- Se $\frac{p}{q}$, com p e q inteiros primos entre si, é **raiz racional** da equação algébrica de grau n e **coeficientes inteiros** $a_nx^n + a_{n-1}x^{n-1} + \ldots + a_1x + a_0 = 0$, então p é divisor de a_0 e q é divisor de a_n.

Se nenhum dos possíveis valores encontrados é raiz da equação, então ela não tem raízes reais.

Veja no exemplo a seguir a aplicação do teorema.

Vamos encontrar as raízes inteiras da equação:

$$x^4 - \frac{7}{6}x^3 - 2x^2 + \frac{1}{2}x + \frac{1}{3} = 0$$

Observe que, nesse caso, a equação não tem coeficientes inteiros; no entanto, multiplicando os dois membros por 6, obtemos a equação $6x^4 - 7x^3 - 12x^2 + 3x + 2 = 0$, de coeficientes inteiros e equivalente à equação dada e, portanto, com as mesmas raízes.

Assim: $a_0 = 2$ e $a_n = 6$

Aplicando o teorema das raízes racionais, temos:

- possíveis valores de p: $D(2) = \{\pm 1, \pm 2\}$
- possíveis valores de q: $D(6) = \{\pm 1, \pm 2, \pm 3, \pm 6\}$

$$\frac{p}{q}\text{, com } p \text{ e } q \text{ primos entre si: } \pm 1, \pm \frac{1}{2}, \pm \frac{1}{3}, \pm \frac{1}{6}, \pm 2, \pm \frac{2}{3}$$

Verificando os valores encontrados, temos -1 e 2 como raízes inteiras da equação.

Observe que, em equações com coeficientes inteiros e $a_n = 1$, se existirem raízes racionais, elas serão inteiras e dividirão a_0.

Exercícios

R15. Encontrar as raízes inteiras da equação $x^3 - 4x^2 + 25x - 100 = 0$ e depois resolvê-la em $\mathbb{C}$.

➤ Resolução

Como a equação tem todos os coeficientes inteiros, aplicamos o teorema das raízes racionais.

$p \in \{\pm 1, \pm 2, \pm 4, \pm 5, \pm 10, \pm 20, \pm 25, \pm 50, \pm 100\}$ (divisores de a_0) e $q \in \{\pm 1\}$ (divisores de a_n)

Logo:

$\frac{p}{q} \in \{\pm 1, \pm 2, \pm 4, \pm 5, \pm 10, \pm 20, \pm 25, \pm 50, \pm 100\}$

Utilizando o polinômio:

$P(x) = x^3 - 4x^2 + 25x - 100$, verificamos se algum elemento desse conjunto é raiz da equação.

Obtemos: $P(1) \neq 0$, $P(-1) \neq 0$, $P(2) \neq 0$, $P(-2) \neq 0$ e $P(4) = 0$. Como $P(4) = 0$, sabemos que 4 é raiz da equação. Com essa raiz, podemos aplicar o dispositivo de Briot-Ruffini e encontrar uma equação de grau menor.

4	1	−4	25	−100
	1	0	25	0

Resolvendo a equação $x^2 + 25 = 0$, temos as outras raízes:

$x^2 + 25 = 0 \Rightarrow x^2 = -25 \Rightarrow x^2 = 25i^2 \Rightarrow x = \pm 5i$

Logo, o conjunto solução da equação é:

$S = \{4, -5i, 5i\}$

83. Determine as raízes inteiras da equação:
$2x^3 + x^2 - 13x + 6 = 0$

84. Encontre as raízes racionais da equação:

$$x^4 - \frac{5}{2}x^3 + 2x^2 - \frac{5}{2}x + 1 = 0$$

85. Resolva as equações, em $\mathbb{C}$.

a) $3x^3 - 14x^2 + 13x + 6 = 0$

b) $2x^4 + 6x^3 - 2x^2 - 26x - 20 = 0$

86. Determine o valor racional de x para que $P(x) = 16$, sendo: $P(x) = 2x^3 - 28x^2 + 90x - 84$

87. Considere a equação a seguir e responda às questões.
$4x^7 + 12x^6 + 7x^5 - 3x^4 - 2x^3 = 0$

a) É possível usar todos os divisores do termo independente de x? Por quê?

b) É impossível descrever todas as prováveis raízes racionais para equações dessa forma?

c) Que procedimento você pode utilizar para resolver equações desse tipo?

d) Resolva a equação, em $\mathbb{C}$, e indique a multiplicidade de cada raiz.

88. Considere a equação $x^2 - 2 = 0$ e faça o que se pede.

a) O teorema das raízes racionais pode ser aplicado a essa equação? Por quê? Em caso afirmativo, faça a pesquisa dessas raízes.

b) Verifique se $\sqrt{2}$ é raiz dessa equação.

c) O que você pode concluir a respeito do número $\sqrt{2}$?

3.9 Relações de Girard

As **relações entre os coeficientes e as raízes** de uma equação algébrica são mais uma ferramenta para auxiliar na resolução desse tipo de equação, quando é dada uma condição de existência para as raízes. Essas relações são denominadas **relações de Girard** em homenagem ao matemático Albert Girard (1595-1632), que se dedicou ao estudo das equações algébricas.

As relações entre coeficientes e raízes também permitem formar uma equação algébrica a partir de suas raízes.

Relações entre coeficientes e raízes de uma equação do 2º grau

Consideremos a equação do 2º grau $ax^2 + bx + c = 0$, cujas raízes são α_1 e α_2. Assim, pelo teorema da decomposição, temos: $ax^2 + bx + c = a(x - \alpha_1)(x - \alpha_2)$ (I)

Como $a \neq 0$, dividimos membro a membro a equação (I) por a e desenvolvemos o 2º membro, obtendo: $x^2 + \frac{b}{a}x + \frac{c}{a} = x^2 - (\alpha_1 + \alpha_2)x + \alpha_1\alpha_2$ (II)

Pela identidade de polinômios em (II), concluímos: $\alpha_1 + \alpha_2 = -\frac{b}{a}$ e $\alpha_1\alpha_2 = \frac{c}{a}$

Demonstramos, então, que:

As raízes α_1 e α_2 da equação do 2º grau $ax^2 + bx + c = 0$, com $a \neq 0$, obedecem às seguintes condições:

- $\alpha_1 + \alpha_2 = -\frac{b}{a}$
- $\alpha_1\alpha_2 = \frac{c}{a}$

Exemplo

Vamos calcular k, sabendo que $2 + i$ é raiz da equação: $x^2 - 4x + k = 0$

Pelo teorema das raízes complexas não reais de equações com coeficientes reais, sabemos que $2 - i$ também é raiz.

Então, aplicando as relações de Girard na equação, temos:

- $\alpha_1\alpha_2 = \frac{c}{a} \Rightarrow (2 + i)(2 - i) = k \Rightarrow k = 4 - 2i + 2i - i^2 = 4 - (-1) = 5$

Portanto: $k = 5$

Relações entre coeficientes e raízes de uma equação do 3º grau

Considere a equação do 3º grau $ax^3 + bx^2 + cx + d = 0$, cujas raízes são α_1, α_2 e α_3.

Procedendo de modo análogo ao da equação do 2º grau, obtemos:

- $\alpha_1 + \alpha_2 + \alpha_3 = -\frac{b}{a}$
- $\alpha_1\alpha_2 + \alpha_1\alpha_3 + \alpha_2\alpha_3 = \frac{c}{a}$
- $\alpha_1\alpha_2\alpha_3 = -\frac{d}{a}$

Veja o exemplo a seguir.

Vamos encontrar uma equação algébrica que tenha zero como raiz simples e i como raiz dupla.

A equação é do 3º grau, já que tem 3 raízes. Então: $ax^3 + bx^2 + cx + d = 0$ $(a \neq 0)$

Como zero é raiz, o termo independente de x é zero, isto é, $d = 0$. Assim:

- $0 + i + i = -\frac{b}{a} \Rightarrow -\frac{b}{a} = 2i \Rightarrow b = -2ia$
- $0 \cdot i + 0 \cdot i + i \cdot i = \frac{c}{a} \Rightarrow \frac{c}{a} = -1 \Rightarrow c = -a$

Logo, temos a equação $ax^3 - 2iax^2 - ax = 0$. Escolhendo um valor complexo para a, obtemos uma equação nas condições pedidas.

Portanto, fazendo $a = 1$, temos a equação: $x^3 - 2ix^2 - x = 0$

Relações entre coeficientes e raízes de uma equação de grau *n*

As relações de Girard podem ser generalizadas para equações de grau n, com $n > 3$.

Considere a equação $a_nx^n + a_{n-1}x^{n-1} + ... + a_2x^2 + a_1x + a_0 = 0$, com $a_n \neq 0$, cujas n raízes são $\alpha_1, \alpha_2, \alpha_3, ..., \alpha_{n-1}$ e α_n. As relações de Girard para essa equação são:

- $\alpha_1 + \alpha_2 + ... + \alpha_n = -\dfrac{a_{n-1}}{a_n}$
- $\alpha_1\alpha_2 + \alpha_1\alpha_3 + ... + \alpha_{n-1}\alpha_n = \dfrac{a_{n-2}}{a_n}$
- $\alpha_1\alpha_2\alpha_3 + \alpha_1\alpha_2\alpha_4 + ... + \alpha_{n-2}\alpha_{n-1}\alpha_n = -\dfrac{a_{n-3}}{a_n}$

  ⋮
- $\alpha_1\alpha_2\alpha_3 \cdot ... \cdot \alpha_{n-1}\alpha_n = (-1)^n \cdot \dfrac{a_0}{a_n}$

Exemplo

Vamos encontrar as quatro raízes da equação: $x^4 - 5x^3 + 8x^2 - 4x = 0$

O termo independente é nulo, então zero é uma raiz.

Observe que a soma dos coeficientes $(1 - 5 + 8 - 4)$ é zero. Assim, 1 também é raiz dessa equação.

Pelas relações de Girard:

- $-\dfrac{b}{a} = -\dfrac{(-5)}{1} = 5 = \alpha_1 + \alpha_2 + 1$
- $-\dfrac{d}{a} = -\dfrac{(-4)}{1} = 4 = \alpha_1\alpha_2$

Resolvendo o sistema $\begin{cases} \alpha_1 + \alpha_2 = 4 \\ \alpha_1\alpha_2 = 4 \end{cases}$, obtemos 2 como raiz dupla.

Portanto, as quatro raízes da equação são: 0, 1, 2 e 2

Exercícios

R16. Dada a equação $4x^3 - 10x^2 + 2x - 40 = 0$, de raízes α_1, α_2 e α_3, calcular:

$$\frac{\alpha_1}{\alpha_2\alpha_3} + \frac{\alpha_2}{\alpha_1\alpha_3} + \frac{\alpha_3}{\alpha_1\alpha_2}$$

➤ Resolução

As relações de Girard para a equação dada são:

- $\alpha_1 + \alpha_2 + \alpha_3 = -\dfrac{b}{a} = -\dfrac{(-10)}{4} = \dfrac{5}{2}$
- $\alpha_1\alpha_2 + \alpha_1\alpha_3 + \alpha_2\alpha_3 = \dfrac{c}{a} = \dfrac{2}{4} = \dfrac{1}{2}$
- $\alpha_1\alpha_2\alpha_3 = -\dfrac{d}{a} = -\dfrac{(-40)}{4} = 10$

Observe que, na expressão, essas relações não aparecem. Então, vamos efetuar operações modificando-a até que possamos usar as relações acima.

$$\frac{\alpha_1}{\alpha_2\alpha_3} + \frac{\alpha_2}{\alpha_1\alpha_3} + \frac{\alpha_3}{\alpha_1\alpha_2} = \frac{\alpha_1^2 + \alpha_2^2 + \alpha_3^2}{\alpha_1\alpha_2\alpha_3} =$$

$$= \frac{(\alpha_1 + \alpha_2 + \alpha_3)^2 - 2(\alpha_1\alpha_2 + \alpha_1\alpha_3 + \alpha_2\alpha_3)}{\alpha_1\alpha_2\alpha_3} =$$

$$= \frac{\left(\frac{5}{2}\right)^2 - 2 \cdot \frac{1}{2}}{10} = \frac{\frac{25}{4} - 1}{10} = \frac{21}{40}$$

R17. Sabendo que as raízes da equação $0{,}1x^3 + 3{,}5x^2 + 35x + 100 = 0$ são distintas entre si e estão em PG, resolver essa equação em $\mathbb{C}$.

➤ Resolução

Seja $q \neq 0$ a razão da PG formada pelas raízes. Então, podemos indicá-las por $\dfrac{\alpha}{q}$, α e αq.

Das relações de Girard, temos:

$$\frac{\alpha}{q} \cdot \alpha \cdot \alpha q = -\frac{d}{a}$$

$$\alpha \cdot \alpha \cdot \alpha = -\frac{100}{0{,}1}$$

$$\alpha^3 = -1.000 \Rightarrow \alpha^3 = (-10)^3 \Rightarrow$$

$$\Rightarrow \alpha = -10$$

Usando o dispositivo de Briot-Ruffini:

	0,1	3,5	35	100
−10	0,1	2,5	10	0

Obtemos, assim, a equação:

$0{,}1x^2 + 2{,}5x + 10 = 0$

$$x = \frac{-2{,}5 \pm 1{,}5}{0{,}2}$$

$x = -5$ ou $x = -20$

Note que −20, − 10 e −5 estão em PG $\left(q = \frac{1}{2}\right)$ e que −5, −10 e −20 também estão em PG ($q = 2$).

Logo, a equação tem a seguinte solução:
S = {−5, −10, −20}

89. Escreva as relações de Girard para as equações a seguir.

a) $2x^3 + 5x^2 - 12x + 1 = 0$

b) $\sqrt{2}x^4 - 2\sqrt{2}x^3 + x^2 - 4x = 0$

90. Obtenha a soma e o produto das raízes das equações.

a) $5x^3 + 10x^2 + 20x - 15 = 0$

b) $-3x^4 - x^3 - \frac{1}{3}x^2 - 6x - 9 = 0$

91. Encontre as raízes de $x^3 - 4x^2 - 19x - 14 = 0$, sabendo que a soma de duas delas é 5.

92. Resolva, em $\mathbb{C}$, a equação $x^3 + 4x^2 - 4x - 16 = 0$, sabendo que o produto de duas de suas raízes é 8.

93. A equação $3x^3 - 4x^2 - 17x + 6 = 0$ tem duas raízes inversas. Ache o conjunto solução.

94. Escreva uma equação polinomial de grau 3 cuja soma das raízes seja 3 e o produto −24. A soma dos produtos das raízes, tomadas duas a duas, deve ser −10. Existe uma única equação que satisfaz essas condições?

95. As raízes da equação $x^3 + 3x^2 - 22x - 24 = 0$ formam uma progressão aritmética. Determine as raízes.

96. Determine k real tal que as raízes da equação $x^3 - 12x^2 + (k + 1)x - 60 = 0$ sejam números inteiros consecutivos.

97. Dada a equação $-8x^3 - 2x^2 + 4x + 6 = 0$, cujas raízes são p, q e r, encontre o valor das expressões:

a) $p^2 + q^2 + r^2$

b) $\frac{1}{p} + \frac{1}{q} + \frac{1}{r}$

98. A equação $x^4 - 6x^3 + x^2 + 24x + 16 = 0$ tem, em $\mathbb{C}$, duas raízes reais de multiplicidade 2. Encontre-as.

99. Determine p real tal que $x^3 - 2x^2 - 5px + 50 = 0$ tenha duas raízes opostas.

100. Para que valor de m as raízes da equação $4x^3 - 12x^2 + 11x - m = 0$ formam uma PA?

101. As raízes de $x^3 - 70x^2 + 1.400x = 8.000$ formam uma PG. Encontre-as.

29.7 Visão do especialista

Ficha de revisão

1. Determine o polinômio P(x) do 1º grau tal que:
$P(1 - i) = 1$ e $P(-i) = -1 + 2i$

2. **Marketing.** O lucro de uma empresa varia com a quantidade de recursos que ela investe em propaganda de acordo com a lei $L(x) = x^4 - 5x^2$, quando essa empresa investe x milhões de reais por ano em propaganda. Que diferença de lucro ela terá se mudar seu investimento de 3 para 4 milhões de reais por ano?

3. Calcule o valor de a tal que seja nulo o polinômio $P(x) = (a^2 - 1)x^2 + (a^2 + 2a - 3)x + (a^2 - 3a + 2)$.

4. **Geometria.** A medida da aresta de um cubo é $(x + p)$ cm. Quando calculamos o volume desse cubo, encontramos a expressão $V(x) = x^3 + 9x^2 + 27x + 27$. Calcule o valor de p.

5. Determine o polinômio P(x) do 3º grau cujas raízes são 0, 1 e 2, sabendo que $P\left(\frac{1}{2}\right) = -\frac{3}{2}$.

6. Calcule a soma dos coeficientes do polinômio:
$P(x) = (3x^2 - 2x + 1)^5 + x^2 - x - 1$

7. Determine os valores de a e b de modo que $P(x) = x^3 - 7x^2 + ax + b$ seja divisível por $D(x) = x^2 - 3x + 2$.

8. Determine m complexo tal que $D(x) = 2x - 1$ seja divisor de $P(x) = 2x^5 - x^4 + mx^3 - x^2 - 3mx + 3$.

9. (ESPM-SP) O polinômio $P(x) = kx^5 + (k + 1)x^4 - kx^3 + 2kx$ é divisível por $x + 1$. O valor de P(2) é:

a) 60
b) 52
c) 24
d) −4
e) −28

10. Um polinômio P(x), quando dividido por $x - 2$, dá resto 5 e, quando dividido por $x + 3$, dá resto 11. Determine o resto da divisão de P(x) por $(x - 2)(x + 3)$.

11. Resolva, em $\mathbb{C}$, a equação $x^4 - x^3 + x^2 + 9x - 10 = 0$, sabendo que −2 e 1 são duas de suas raízes.

12. Determine a soma dos inversos dos quadrados das raízes da equação $x^3 - 2x^2 + x - 4 = 0$.

13. (Fuvest-SP) O produto de duas das raízes do polinômio $P(x) = 2x^3 - mx^2 + 4x + 3$ é igual a -1. Determine:

a) o valor de m;

b) as raízes de $P(x)$.

14. Embalagem. As dimensões de uma caixa em formato de paralelepípedo reto-retângulo são dadas pelas raízes da equação $x^3 - 7x^2 + 14x - 6 = 0$. Determine o volume dessa caixa.

15. Determine m de modo que a equação $x^3 - (4 + m)x^2 + (4 + 4m)x - 4m = 0$ admita $\alpha = 2$ como raiz dupla.

16. (Mackenzie-SP) Se na figura temos o esboço do gráfico da função $y = p(x) = x^3 + ax^2 + bx + c$, a soma das raízes de $p(x)$ é:

a) 2

b) -3

c) $-\frac{4}{3}$

d) $\frac{8}{5}$

e) $\frac{5}{2}$

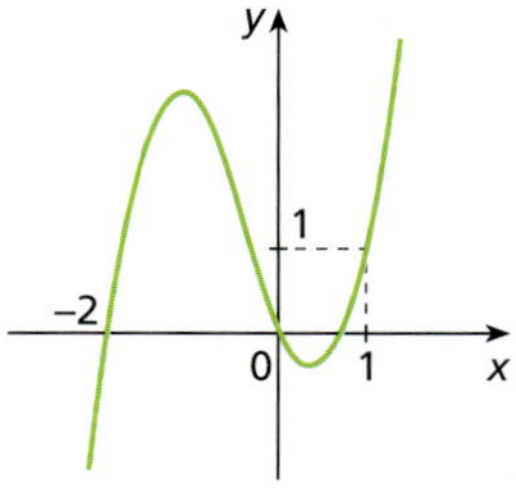

17. (FGV) Dado o polinômio $P(x) = x^4 + x^3 - 6x^2 - 4x + k$;

a) resolva a equação $P(x) = 0$, para $k = 8$;

b) determine o valor de k de modo que as raízes estejam em progressão aritmética de razão igual a 3.

18. Dados os polinômios $A(x)$ e $B(x)$ com graus α e β respectivamente, discutir em função de α e β os graus dos polinômios:

a) $A(x) + B(x)$

b) $A(x) \cdot B(x)$

19. Para quais valores de $m \in \mathbb{R}$ o resto da divisão de $P(x) = 4x^3 - 3x^2 + mx + 1$ por $D(x) = 2x^2 - x + 1$ é um polinômio constante?

20. Determine os valores de h de modo que a equação $x^3 + hx^2 + (2h + 1)x + 1 = 0$ admita duas raízes reais opostas.

21. Embalagem. (Unesp) A expressão $V(x) = x(16 - 2x)(24 - 2x)$ representa o volume, em cm^3, de uma caixa na forma de um paralelepípedo retângulo-reto, em que x é a altura e os lados da base são $16 - 2x$ e $24 - 2x$.

a) Se nenhuma das arestas da caixa pode ser menor que 1 cm, determine os valores possíveis da variável x.

b) Quando $x = 5$ cm, o volume da caixa é 420 cm^3. Investigue se existem outros valores de x para os quais o volume é 420 cm^3. Em caso afirmativo, dê esses valores.

22. (Unicamp-SP) Dada a equação polinomial com coeficientes reais $x^3 - 5x^2 + 9x - a = 0$:

a) Encontre o valor numérico de a de modo que o número complexo $2 + i$ seja uma das raízes da equação.

b) Para o valor de a encontrado no item anterior, determine as outras raízes da mesma equação.

23. Sabendo que a equação

$$\begin{vmatrix} 3 - x & 1 & -1 \\ 1 & 3 - x & -1 \\ 3 & 3 & -1 - x \end{vmatrix} = 0$$ tem uma raiz dupla, resolva-a em $\mathbb{C}$.

24. (Fuvest-SP) Dado o polinômio $p(x) = x^2(x - 1)(x^2 - 4)$, o gráfico da função $y = p(x - 2)$ é mais bem representado por:

a)

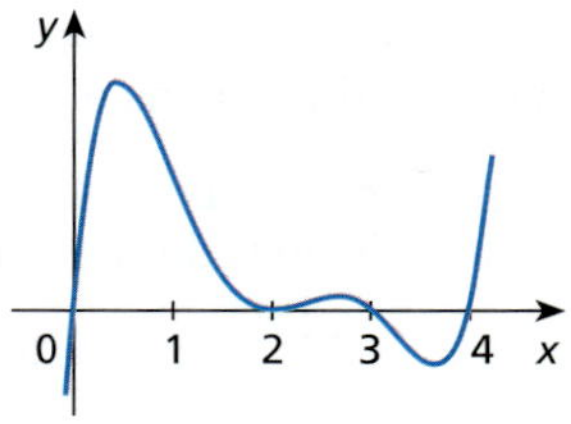

b)

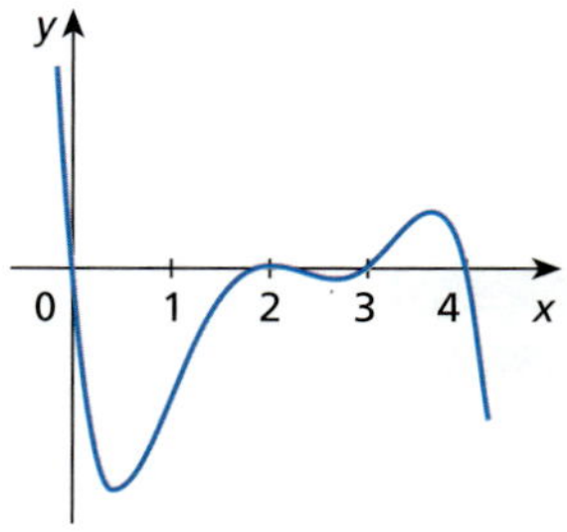

c)

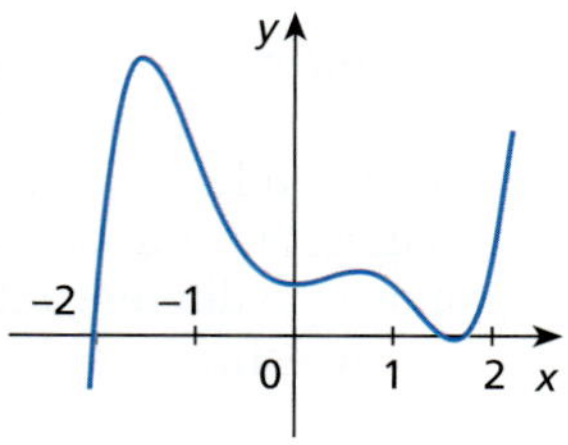

d)

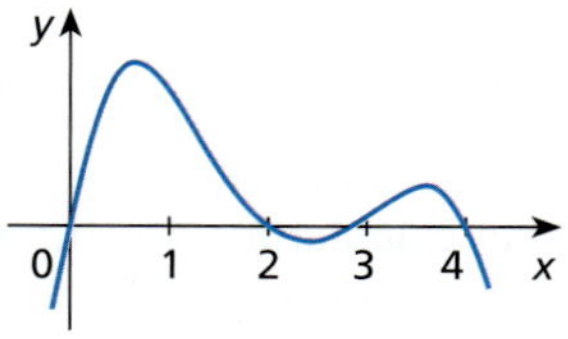

e)

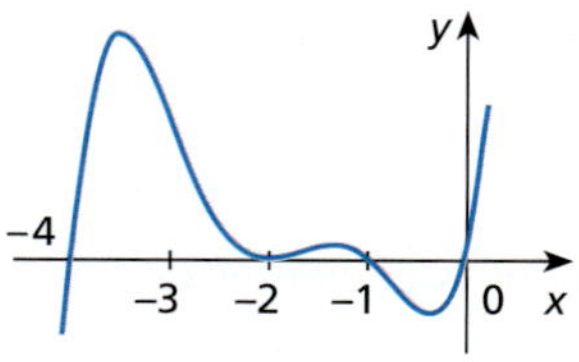

Questões de vestibular

29.8 Visão do especialista

1. (UEMS) Seja a equação

$$\frac{4x^2 + 13x - 9}{x^3 + 2x^2 - 3x} = \frac{A}{x} + \frac{B}{(x-1)} + \frac{C}{(x+3)}, \text{ em}$$

que A, B e C são números reais, pode-se afirmar que:

a) $A = 2, B = 3$ e $C = 1$
b) $A = 1, B = 4$ e $C = 2$
c) $A = 3, B = 2$ e $C = -1$
d) $A = 5, B = 3$ e $C = 0$
e) $A = B = C$

2. (UFRN) Se A, B e C são números reais e $P(x) = x^5 - 7x^2 + 2x + 4$ dividido por $Q(x) = x^3 - 8$ deixa o resto $R(x) = Ax^2 + Bx + C$, pode-se afirmar que $4A + 2B + C$ é igual a:

a) 8 b) 16 c) 12 d) 20

3. (Unifesp) Dividindo-se os polinômios $p_1(x)$ e $p_2(x)$ por $x - 2$, obtêm-se, respectivamente, r_1 e r_2 como restos. Sabendo-se que r_1 e r_2 são os zeros da função quadrática $y = ax^2 + bx + c$, conforme gráfico,

29.9 Visão do especialista

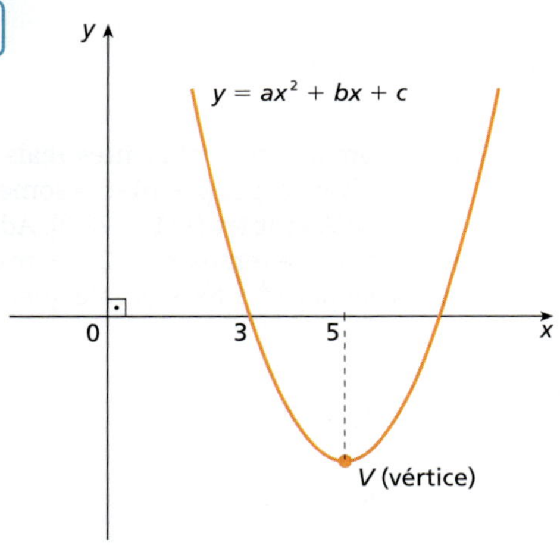

o resto da divisão do polinômio produto $p_1(x) \cdot p_2(x)$ por $x - 2$ é:

a) 3
b) 5
c) 8
d) 15
e) 21

4. (UEPB) O polinômio $P(x) = x^4 - 3x^3 - 2x^2 + 12x + m$ tem uma raiz dupla $x = 2$; as outras raízes estão no conjunto:

a) $\{-2, 2, 3\}$
b) $\{1, 0, 3\}$
c) $\{1, 2, 1\}$
d) $\{-1, 3, 2\}$
e) $\{1, 3, -2\}$

5. (UFC-CE) Os números complexos z_1, z_2, z_3, z_4 e z_5 são as raízes quínticas de 5 e $z_5 = \sqrt[5]{5}$ é a raiz quíntica real de 5. A soma $z_1 + z_2 + z_3 + z_4$ é igual a:

a) $-2\sqrt[5]{5}\,i$ c) 0 e) $\dfrac{1}{\sqrt[5]{5}}$

b) $-\sqrt[5]{5}$ d) i

6. (UFF-RJ) Determine todos os valores possíveis de $m \in \mathbb{R}$, de modo que o polinômio $p(x) = x^3 + (m - 1)x^2 + (4 - m)x - 4$ tenha três raízes distintas, sendo $x = 1$ a única raiz real.

29.10 Visão do especialista

7. (UEL-PR) A equação $x^3 - 10x^2 + ax + b = 0$ tem uma raiz igual a $3 + 2i$. Nela, a e b são números reais. Sobre essa equação, é correto afirmar:

a) $-3 + 2i$ também é raiz da equação.
b) a equação não possui raízes reais.
c) a equação possui uma raiz irracional.
d) o valor de a é -37.
e) o valor de b é -52.

8. (UFRR) Um polinômio $P(x)$ dividido por $(x - 2)$ dá resto 4 e dividido por $(x - 4)$ dá resto 12. Então o resto da divisão de $P(x)$ por $(x - 2)(x - 4)$ é:

a) $4x - 4$ c) $2x - 1$ e) 0
b) $3x - 2$ d) $4x$

9. (Ufal) A figura a seguir ilustra parte do gráfico de um polinômio $p(x)$, com coeficientes reais, de grau quatro e com coeficiente dominante igual a 1. O gráfico passa pelos pontos $(-2, 0)$, $(2, 0)$, $(0, -4)$ e $(1, -6)$. Admitindo essas informações, assinale a alternativa incorreta.

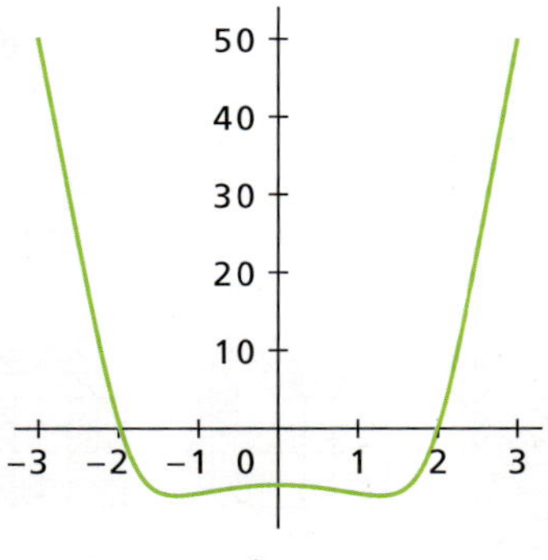

a) $p(x)$ é divisível por $x^2 - 4$.
b) O coeficiente constante de $p(x)$ é igual a -4.
c) $p(x)$ admite três raízes reais.
d) $p(x) = x^4 - 3x^2 - 4$
e) $p(-x) = p(x)$, para todo x real

10. (IME-RJ) Determine o valor das raízes comuns das equações $x^4 - 2x^3 - 11x^2 + 18x + 18 = 0$ e $x^4 - 12x^3 - 44x^2 - 32x - 52 = 0$.

11. (FGV)

a) Na figura abaixo, os ângulos $O\widehat{C}A$ e $A\widehat{M}N$ são retos; o ângulo $C\widehat{O}A$ mede 45°, e as medidas dos segmentos $\overline{OC}$ e $\overline{MN}$ são, respectivamente, 2 cm e 5 cm.

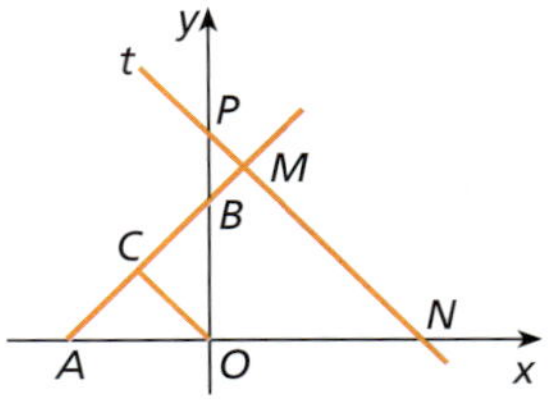

Escreva a equação da reta t, suporte do segmento $\overline{MN}$.

b) Sendo $P(x) = 4x^6 + 2x^5 - 2x^4 + x^3 + \alpha x^2 + \beta x + \gamma$ e $G(x) = 2x^3 + x^2 - 2x + 1$, determine os valores de α, β e γ que tornam $P(x)$ divisível por $G(x)$ e também o polinômio $Q(x)$, quociente da divisão de $P(x)$ por $G(x)$.

12. (Unicamp-SP) Para resolver equações do tipo $x^4 + ax^3 + bx^2 + ax + 1 = 0$, podemos proceder do seguinte modo: como $x = 0$ não é uma raiz, divide-se a equação por x^2 e, após fazer a mudança de variáveis $u = x + \frac{1}{x}$, resolve-se a equação obtida [na variável u]. Observe que, se $x \in \mathbb{R}$ e $x > 0$, então $u \geq 2$.

29.11 Visão do especialista

a) Ache as 4 raízes da equação $x^4 - 3x^3 + 4x^2 - 3x + 1 = 0$.

b) Encontre os valores de $b \in \mathbb{R}$ para os quais a equação $x^4 - 3x^3 + bx^2 - 3x + 1 = 0$ tem pelo menos uma raiz real positiva.

13. (Mackenzie-SP) Dadas as matrizes $A = \begin{pmatrix} 1 & 2 \\ x & 3 \end{pmatrix}$ e $B = \begin{pmatrix} 1 & -1 \\ 0 & x \end{pmatrix}$, a soma das raízes do polinômio $p(x) = \det(A \cdot B)$ é:

a) −1
b) 1
c) 2,5
d) −2
e) 1,5

14. (UFRN) O volume do cubo de aresta 6 é igual à soma dos volumes dos cubos de arestas 5, 4 e 3, conforme ilustração abaixo.

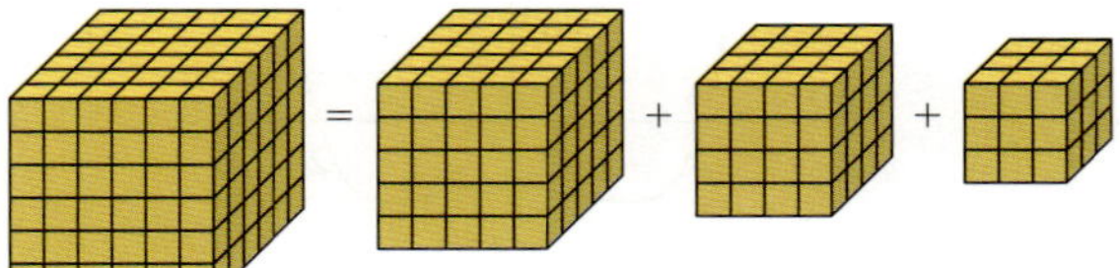

a) Comprove a afirmação acima, explicitando os cálculos.

b) Determine as raízes inteiras e positivas da equação polinominal $n^3 = (n-1)^3 + (n-2)^3 + (n-3)^3$, para justificar que o único cubo de aresta inteira n que tem volume igual à soma dos volumes de arestas $n-1$, $n-2$ e $n-3$ é o cubo de aresta 6.

15. (Ufam) Se x_1, x_2 e x_3 são as raízes da equação $3x^3 + 2x^2 - 7x + 2 = 0$, podemos afirmar que a soma dos inversos dessas raízes é igual a:

29.12 Visão do especialista

a) 4,5
b) 5,5
c) 1,5
d) 2,5
e) 3,5

16. (Uece) O polinômio $P(x) = x^3 + ax^2 + bx + c$ é tal que o polinômio $Q(x) = P(x) + P(-x)$ se anula em $x = 2$ e $Q(1) = 2$. Podemos afirmar corretamente que o produto das raízes de $P(x)$ é:

a) $\frac{4}{3}$
b) $\frac{3}{4}$
c) $-\frac{4}{3}$
d) $-\frac{3}{4}$

17. (UFRGS) Sabendo-se que i e −i são raízes da equação $x^4 - x^3 - x - 1 = 0$, as outras raízes são:

a) $\frac{1+\sqrt{2}}{2}$ e $\frac{1-\sqrt{2}}{2}$
b) $\frac{1+\sqrt{3}}{2}$ e $\frac{1-\sqrt{3}}{2}$
c) $\frac{1+\sqrt{5}}{2}$ e $\frac{1-\sqrt{5}}{2}$
d) $\frac{1+\sqrt{6}}{2}$ e $\frac{1-\sqrt{6}}{2}$
e) $\frac{1+\sqrt{7}}{2}$ e $\frac{1-\sqrt{7}}{2}$

18. (Ufac) Um polinômio com coeficientes reais (na variável x) $p(x)$ é divisível por $(x - \alpha)$ se, e somente se, $p(\alpha) = 0$ [J. R. d'Alembert (1717-1783)]. Admitindo este resultado, se temos $x^4 - 2x^3 + mx^2 - 64x + n$ divisível por $x^2 - 6x + 5$, vale que:

a) $m = n = 5$
b) $m + n = 68$
c) $m = 70$ e $n = 10$
d) $m = -5$ e $n = 70$
e) $m = 60$ e $n = 5$

19. (UFSCar-SP) Sendo z_1 e z_2 as raízes não reais da equação algébrica $x^3 + 5x^2 + 2x + 10 = 0$, o produto z_1z_2 resulta em um número:

a) natural.
b) inteiro negativo.
c) racional não inteiro.
d) irracional.
e) complexo não real.

20. (UFBA) Sendo $A(x)$ e $B(x)$ polinômios com coeficientes reais tais que:

- $A(x) = x^3 + 2x^2 + a_2x + a_3$ é divisível por $x^2 + x + 1$;
- $B(x) = x^5 + b_1x^4 + b_2x^3 + b_3x^2 + b_4x + b_5$ tem uma raiz em comum com $A(x)$;
- $B(i) = 0$;
- $B(1 + i) = 0$;

calcule $A(0) + B(1)$.

Questões do Enem

Seleção da prova de 2010

1. Um professor dividiu a lousa da sala de aula em quatro partes iguais. Em seguida, preencheu 75% dela com conceitos e explicações conforme a figura seguinte.

Algum tempo depois, o professor apagou a lousa por completo e, adotando um procedimento semelhante ao anterior, voltou a preenchê-la, mas, dessa vez, utilizando 40% do espaço dela.

Uma representação possível para essa segunda situação é:

a) 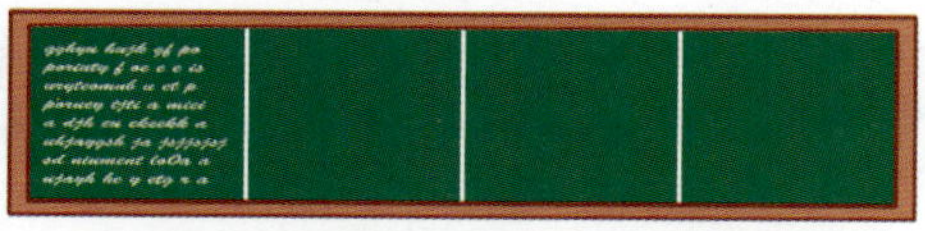

b) 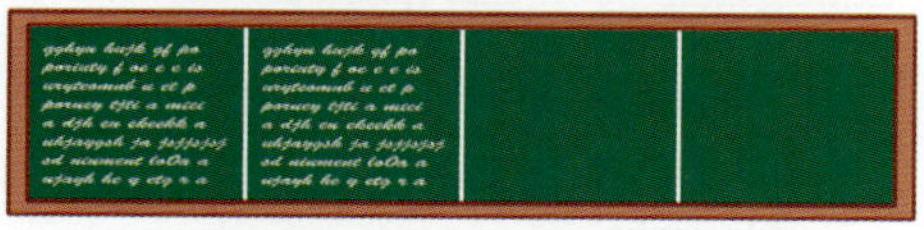

c) 

d) 

e) 

2. No monte de Cerro Armazones, no deserto de Atacama, no Chile, ficará o maior telescópio da superfície terrestre, o Telescópio Europeu Extremamente Grande (E-ELT). O E-ELT terá um espelho primário de 42 m de diâmetro, "o maior olho do mundo voltado para o céu".

Disponível em: <http://www.estadao.com.br>. Acesso em: 27 abr. 2010 (adaptado).

Ao ler esse texto em uma sala de aula, uma professora fez uma suposição de que o diâmetro do olho humano mede aproximadamente 2,1 cm.

Qual a razão entre o diâmetro aproximado do olho humano, suposto pela professora, e o diâmetro do espelho primário do telescópio citado?

a) 1 : 20
b) 1 : 100
c) 1 : 200
d) 1 : 1.000
e) 1 : 2.000

3. Alguns testes de preferência por bebedouros de água foram realizados com bovinos, envolvendo três tipos de bebedouros, de formatos e tamanhos diferentes. Os bebedouros 1 e 2 têm a forma de um tronco de cone circular reto, de altura igual a 60 cm, e diâmetro da base superior igual a 120 cm e 60 cm, respectivamente. O bebedouro 3 é um semicilindro, com 30 cm de altura, 100 cm de comprimento e 60 cm de largura. Os três recipientes estão ilustrados na figura.

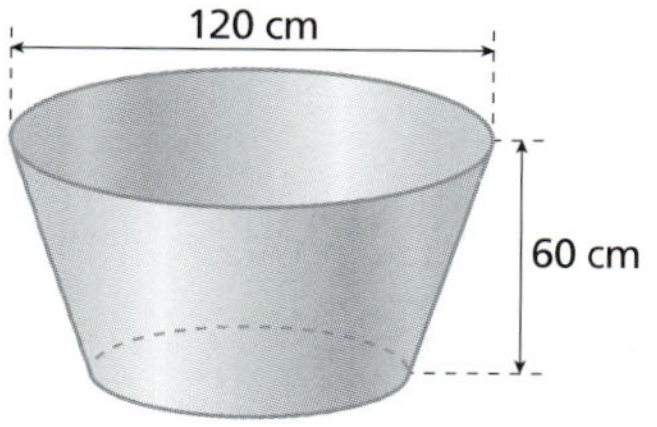

Bebedouro 1

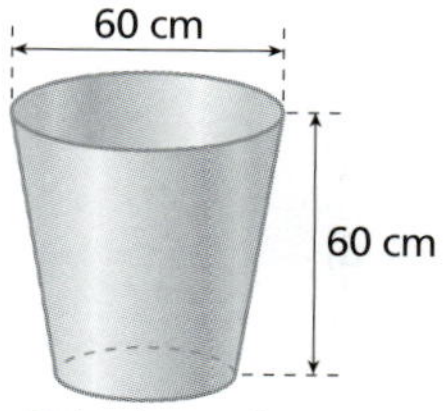

Bebedouro 2

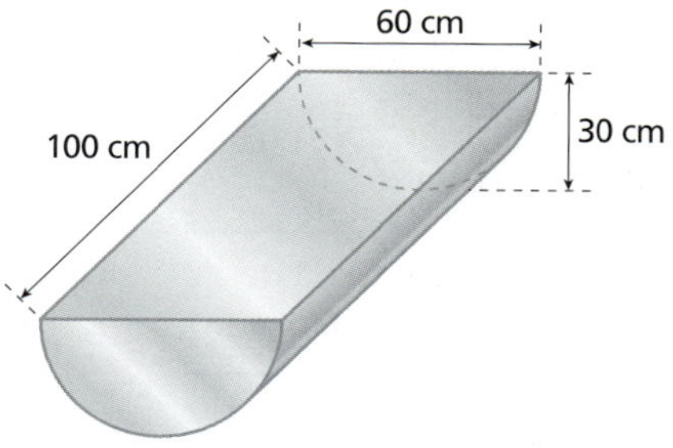

Bebedouro 3

A escolha do bebedouro in: *Biotemas*, v. 22, n. 4, 2009 (adaptado).

Considerando que nenhum dos recipientes tenha tampa, qual das figuras a seguir representa uma planificação para o bebedouro 3?

a)

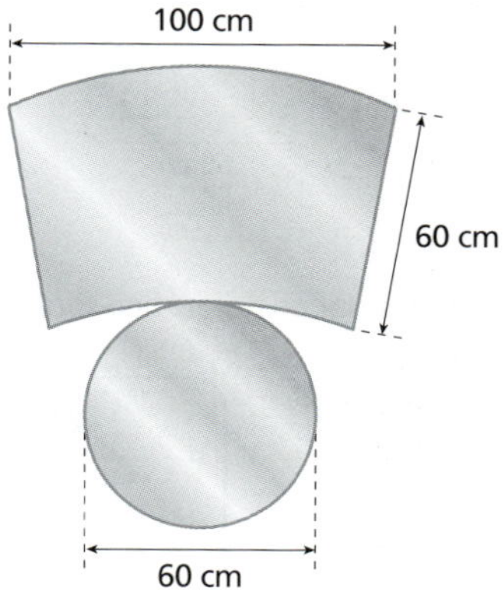

b)

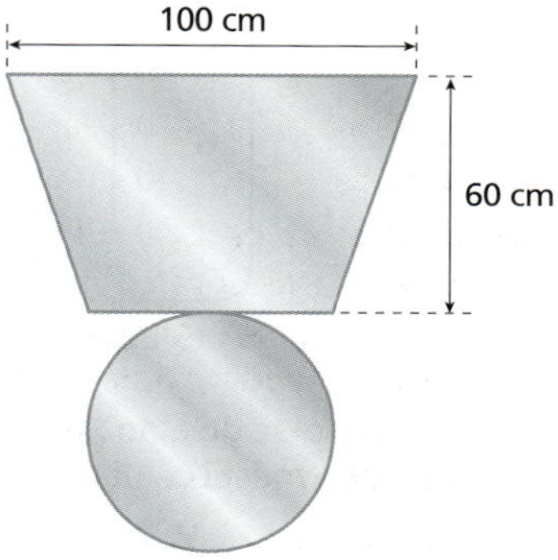

c)

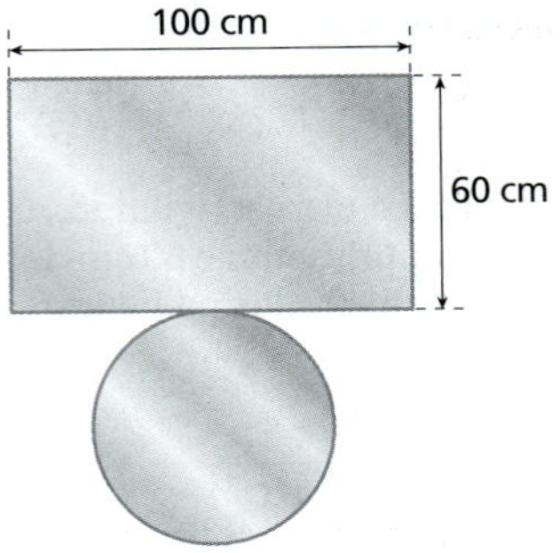

d)

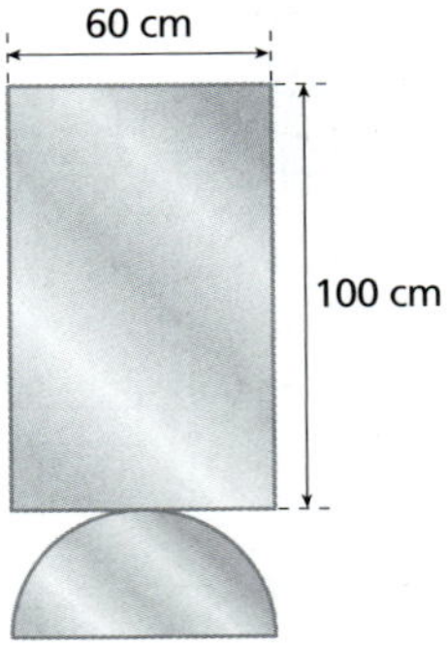

e)

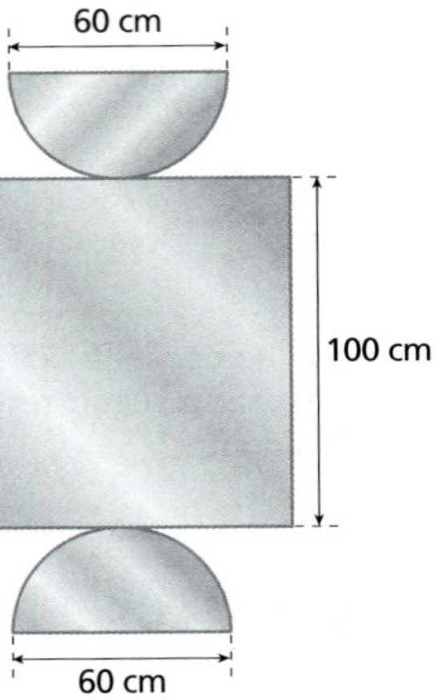

4. Uma fábrica produz barras de chocolate no formato de paralelepípedos e de cubos, com o mesmo volume. As arestas da barra de chocolate no formato de paralelepípedo medem 3 cm de largura, 18 cm de comprimento e 4 cm de espessura.

Analisando as características das figuras geométricas descritas, a medida das arestas dos chocolates que têm o formato de cubo é igual a:

a) 5 cm
b) 6 cm
c) 12 cm
d) 24 cm
e) 25 cm

5. A classificação de um país no quadro de medalhas nos Jogos Olímpicos depende do número de medalhas de ouro que obteve na competição, tendo como critérios de desempate o número de medalhas de prata seguido do número de medalhas de bronze conquistados. Nas Olimpíadas de 2004, o Brasil foi o décimo sexto colocado no quadro de medalhas, tendo obtido 5 medalhas de ouro, 2 de prata e 3 de bronze. Parte desse quadro de medalhas é reproduzida a seguir.

Classificação	País	Medalhas de ouro	Medalhas de prata	Medalhas de bronze	Total de medalhas
8º	Itália	10	11	11	32
9º	Coreia do Sul	9	12	9	30
10º	Grã-Bretanha	9	9	12	30
11º	Cuba	9	7	11	27
12º	Ucrânia	9	5	9	23
13º	Hungria	8	6	3	17

Disponível em: <http://www.quadrodemedalhas.com.br>. Acesso em: 5 abr. 2010 (adaptado).

Se o Brasil tivesse obtido mais 4 medalhas de ouro, 4 de prata e 10 de bronze, sem alteração no número de medalhas dos demais países mostrados no quadro, qual teria sido a classificação brasileira no quadro de medalhas das Olimpíadas de 2004?

a) 13º b) 12º c) 11º d) 10º e) 9º

6. Os dados do gráfico foram coletados por meio da Pesquisa Nacional por Amostra de Domicílios

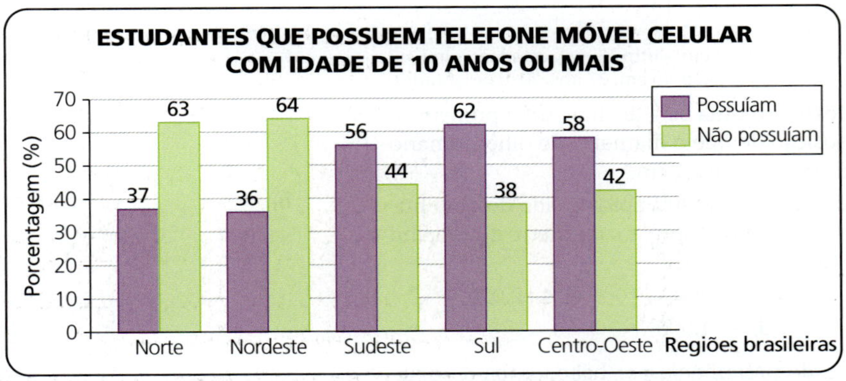

Fonte: IBGE. Disponível em: <http://www.ibge.gov.br>. Acesso em: 28 abr. 2010 (adaptado).

Supondo-se que, no Sudeste, 14.900 estudantes foram entrevistados nessa pesquisa, quantos deles possuíam telefone móvel celular?

a) 5.513 b) 6.556 c) 7.450 d) 8.344 e) 9.536

7. Acompanhando o crescimento do filho, um casal constatou que, de 0 a 10 anos, a variação da sua altura se dava de forma mais rápida do que dos 10 aos 17 anos e, a partir de 17 anos, essa variação passava a ser cada vez menor, até se tornar imperceptível. Para ilustrar essa situação, esse casal fez um gráfico relacionando as alturas do filho nas idades consideradas.

- Que gráfico melhor representa a altura do filho desse casal em função da idade?

a) 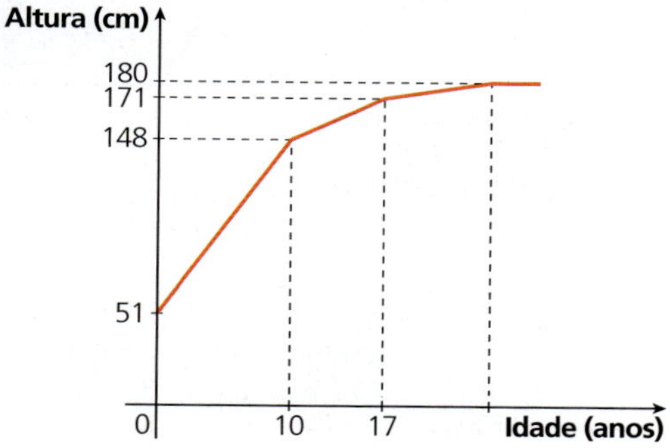

b) 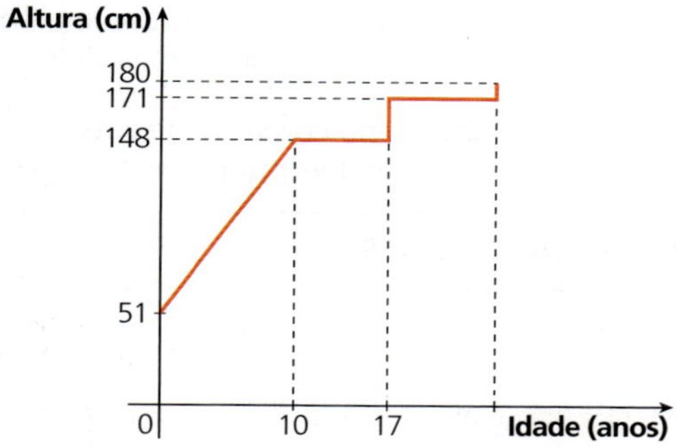

c) 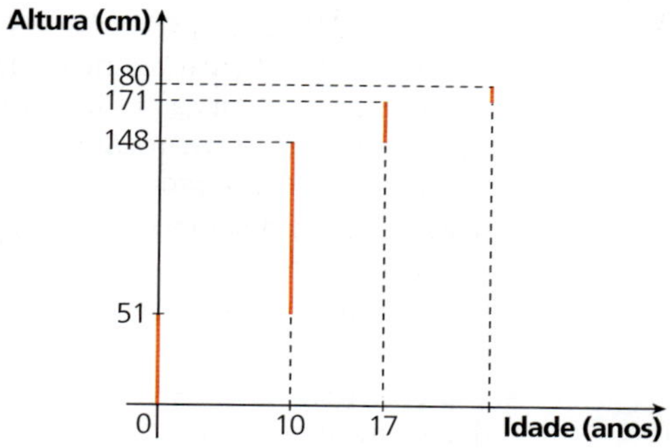

d) 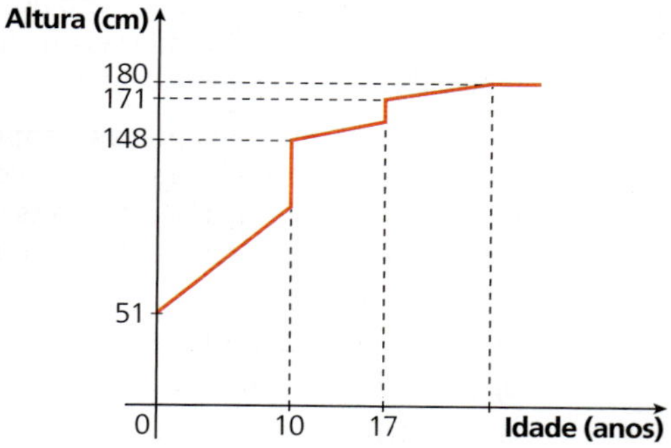

e) 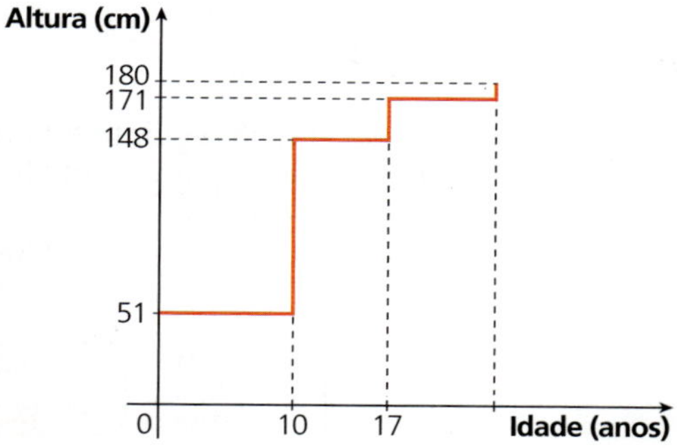

8. Em sete de abril de 2004, um jornal publicou o *ranking* de desmatamento, conforme gráfico, da chamada Amazônia Legal, integrada por nove estados.

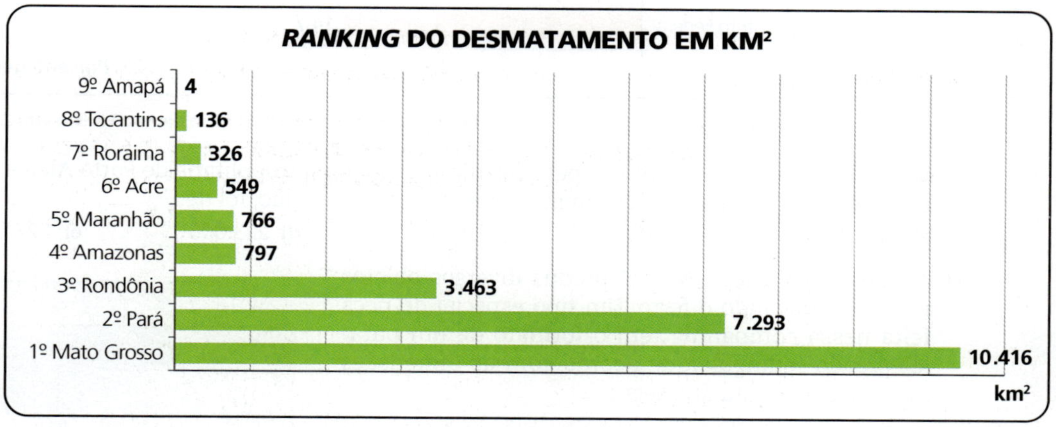

Disponível em: <http://www.folhaonline.com.br>. Acesso em: 30 abr. 2010 (adaptado).

Considerando-se que até 2009 o desmatamento cresceu 10,5% em relação aos dados de 2004, o desmatamento médio por estado em 2009 está entre:

a) 100 km² e 900 km²
b) 1.000 km² e 2.700 km²
c) 2.800 km² e 3.200 km²
d) 3.300 km² e 4.000 km²
e) 4.100 km² e 5.800 km²

9. A resistência elétrica e as dimensões do condutor.

A relação da resistência elétrica com as dimensões do condutor foi estudada por um grupo de cientistas por meio de vários experimentos de eletricidade. Eles verificaram que existe proporcionalidade entre:

- resistência (R) e comprimento (ℓ), dada a mesma secção transversal (A);
- resistência (R) e área da secção transversal (A), dado o mesmo comprimento (ℓ); e
- comprimento (ℓ) e área da secção transversal (A), dada a mesma resistência (R).

Considerando os resistores como fios, pode-se exemplificar o estudo das grandezas que influem na resistência elétrica utilizando as figuras seguintes.

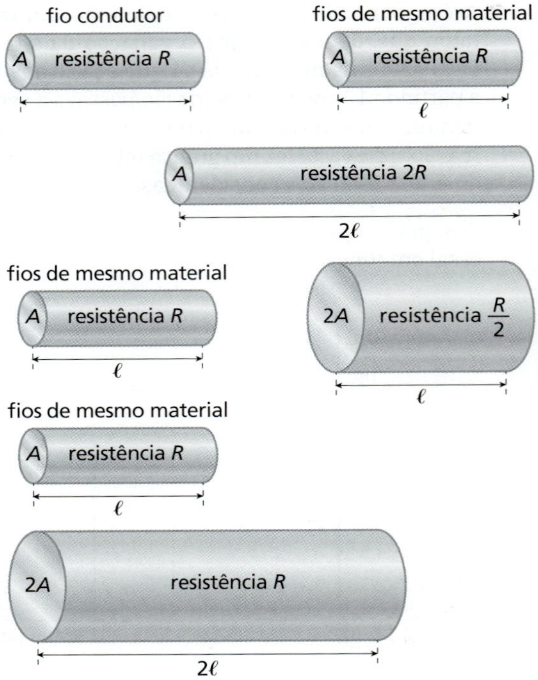

Disponível em: <http://www.efeitojoule.com>. Acesso em: abr. 2010 (adaptado).

As figuras mostram que as proporcionalidades existentes entre resistência (R) e comprimento (ℓ), resistência (R) e área da secção transversal (A), e entre comprimento (ℓ) e área da secção transversal (A) são, respectivamente:

a) direta, direta e direta.
b) direta, direta e inversa.
c) direta, inversa e direta.
d) inversa, direta e direta.
e) inversa, direta e inversa.

10. Os dados do gráfico seguinte foram gerados a partir de dados colhidos no conjunto de seis regiões metropolitanas pelo Departamento Intersindical de Estatística e Estudos Socioeconômicos (Dieese).

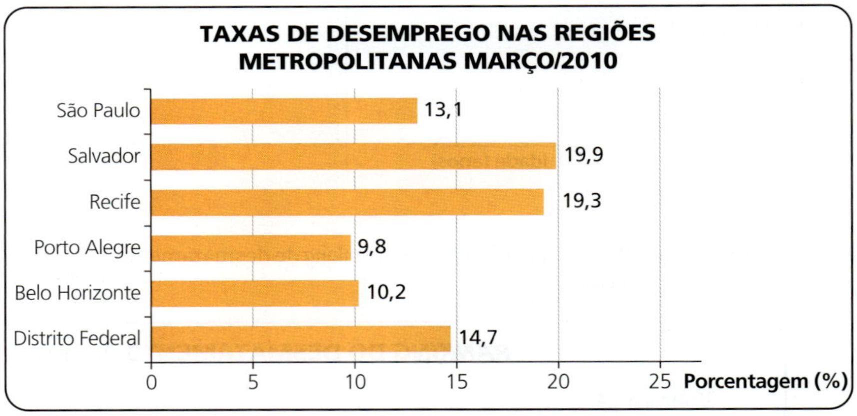

Disponível em: <http://g1.globo.com>. Acesso em: 28 abr. 2010 (adaptado).

Supondo que o total de pessoas pesquisadas na região metropolitana de Porto Alegre equivale a 250.000, o número de desempregados em março de 2010, nessa região, foi de:

a) 24.500 b) 25.000 c) 220.500 d) 223.000 e) 227.500

11. A siderúrgica "Metal Nobre" produz diversos objetos maciços utilizando o ferro. Um tipo especial de peça feita nessa companhia tem o formato de um paralelepípedo retangular, de acordo com as dimensões indicadas na figura que segue.

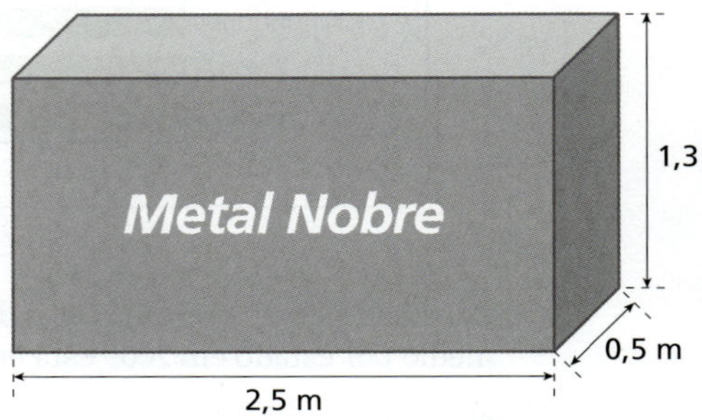

O produto das três dimensões indicadas na peça resultaria na medida da grandeza:

a) massa.
b) volume.
c) superfície.
d) capacidade.
e) comprimento.

12. A figura I a seguir mostra um esquema das principais vias que interligam a cidade A com a cidade B. Cada número indicado na figura II representa a probabilidade de pegar um engarrafamento quando se passa na via indicada. Assim, há uma probabilidade de 30% de se pegar engarrafamento no deslocamento do ponto C ao ponto B, passando pela estrada E4, e de 50%, quando se passa por E3. Essas probabilidades são independentes umas das outras.

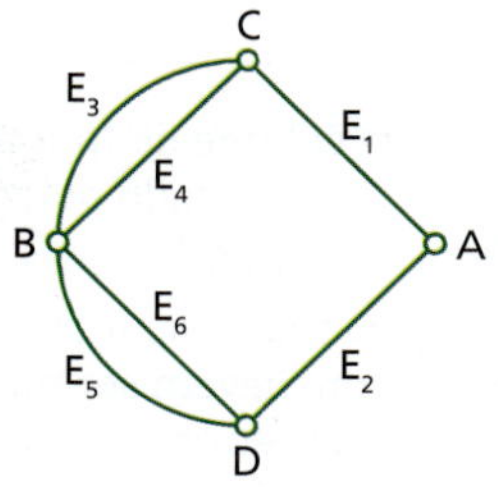

Figura I

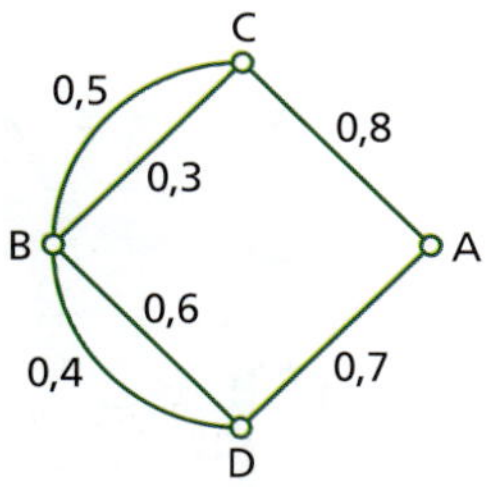

Figura II

Paula deseja se deslocar da cidade A para a cidade B usando exatamente duas das vias indicadas, percorrendo um trajeto com a menor probabilidade de engarrafamento possível.

O melhor trajeto para Paula é:

a) E1E3
b) E1E4
c) E2E4
d) E2E5
e) E2E6

13. Uma professora realizou uma atividade com seus alunos utilizando canudos de refrigerante para montar figuras, onde cada lado foi representado por um canudo. A quantidade de canudos (C) de cada figura depende da quantidade de quadrados (Q) que formam cada figura. A estrutura de formação das figuras está representada a seguir.

Figura I

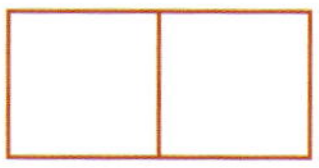

Figura II

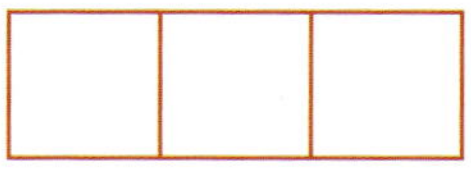

Figura III

Que expressão fornece a quantidade de canudos em função da quantidade de quadrados de cada figura?

a) $C = 4Q$
b) $C = 3Q + 1$
c) $C = 4Q - 1$
d) $C = Q + 3$
e) $C = 4Q - 2$

14. A loja Telas & Molduras cobra 20 reais por metro quadrado de tela, 15 reais por metro linear de moldura, mais uma taxa fixa de entrega de 10 reais.

Uma artista plástica precisa encomendar telas e molduras a essa loja, suficientes para 8 quadros retangulares (25 cm × 50 cm). Em seguida, fez uma segunda encomenda, mas agora para 8 quadros retangulares (50 cm × 100 cm). O valor da segunda encomenda será:

a) o dobro do valor da primeira encomenda, porque a altura e a largura dos quadros dobraram.
b) maior do que o valor da primeira encomenda, mas não o dobro.
c) a metade do valor da primeira encomenda, porque a altura e a largura dos quadros dobraram.
d) menor do que o valor da primeira encomenda, mas não a metade.
e) igual ao valor da primeira encomenda, porque o custo de entrega será o mesmo.

15. Um satélite de telecomunicações, t minutos após ter atingido sua órbita, está a r quilômetros de distância do centro da Terra. Quando r assume seus valores máximo e mínimo, diz-se que o satélite atingiu o *apogeu* e o *perigeu*, respectivamente. Suponha que, para esse satélite, o valor de r, em função de t, seja dado por:

$$r(t) = \frac{5.865}{1 + 0,15 \cdot \cos(0,06\,t)}$$

Um cientista monitora o movimento desse satélite para controlar o seu afastamento do centro da Terra. Para isso, ele precisa calcular a soma dos valores de r, no *apogeu* e no *perigeu*, representada por S.

O cientista deveria concluir que, periodicamente, S atinge o valor de:

a) 12.765 km
b) 12.000 km
c) 11.730 km
d) 10.965 km
e) 5.865 km

16. Uma empresa vende tanques de combustíveis de formato cilíndrico, em três tamanhos, com medidas indicadas nas figuras. O preço do tanque é diretamente proporcional à medida da área da superfície lateral do tanque. O dono de um posto de combustível deseja encomendar um tanque com menor custo por metro cúbico de capacidade de armazenamento.

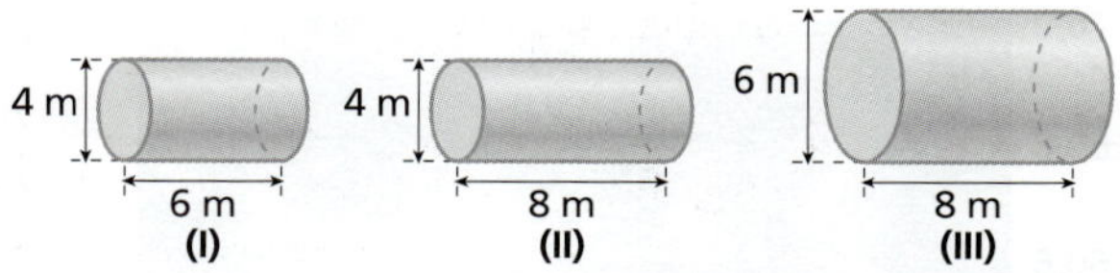

Qual dos tanques deverá ser escolhido pelo dono do posto? (Considere: $\pi \simeq 3$)

a) I, pela relação área/capacidade de armazenamento de $\frac{1}{3}$.
b) I, pela relação área/capacidade de armazenamento de $\frac{4}{3}$.
c) II, pela relação área/capacidade de armazenamento de $\frac{3}{4}$.
d) III, pela relação área/capacidade de armazenamento de $\frac{2}{3}$.
e) III, pela relação área/capacidade de armazenamento de $\frac{7}{12}$.

17. Uma empresa possui um sistema de controle de qualidade que classifica o seu desempenho financeiro anual, tendo como base o do ano anterior. Os conceitos são: **insuficiente**, quando o crescimento é menor que 1%; **regular**, quando o crescimento é maior ou igual a 1% e menor que 5%; **bom**, quando o crescimento é maior ou igual a 5% e menor que 10%; **ótimo**, quando é maior ou igual a 10% e menor que 20%; e **excelente**, quando é maior ou igual a 20%. Essa empresa apresentou lucro de R$ 132.000,00 em 2008 e de R$ 145.000,00 em 2009.

De acordo com esse sistema de controle de qualidade, o desempenho financeiro dessa empresa no ano de 2009 deve ser considerado:

a) insuficiente.
b) regular.
c) bom.
d) ótimo.
e) excelente.

18. Uma escola recebeu do governo uma verba de R$ 1.000,00 para enviar dois tipos de folhetos pelo correio. O diretor da escola pesquisou que tipos de selos deveriam ser utilizados. Concluiu que, para o primeiro tipo de folheto, bastava um selo de R$ 0,65, enquanto para folhetos do segundo tipo seriam necessários três selos, um de R$ 0,65, um de R$ 0,60 e um de R$ 0,20. O diretor solicitou que se comprassem selos de modo que fossem postados exatamente 500 folhetos do segundo tipo e uma quantidade restante de selos que permitisse o envio do máximo possível de folhetos do primeiro tipo.

Quantos selos de R$ 0,65 foram comprados?

a) 476
b) 675
c) 923
d) 965
e) 1.538

19. A figura a seguir é a representação de uma região por meio de curvas de nível, que são curvas fechadas representando a altitude da região, com relação ao nível do mar. As coordenadas estão expressas em graus de acordo com a longitude, no eixo horizontal, e a latitude, no eixo vertical. A escala em tons de cinza desenhada à direita está associada à altitude da região.

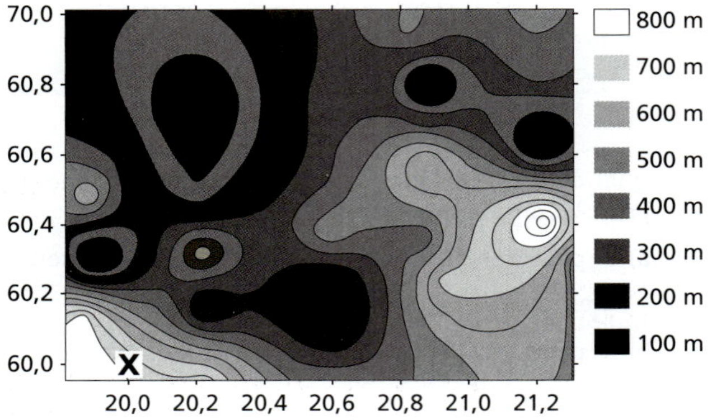

Um pequeno helicóptero usado para reconhecimento sobrevoa a região a partir do ponto X = (20; 60). O helicóptero segue o percurso:

$$0{,}8°\ L \rightarrow 0{,}5°\ N \rightarrow 0{,}2°\ O \rightarrow 0{,}1°\ S \rightarrow 0{,}4°\ N \rightarrow 0{,}3°\ L$$

Ao final, desce verticalmente até pousar no solo.

De acordo com as orientações, o helicóptero pousou em um local cuja altitude é:

a) menor ou igual a 200 m.
b) maior que 200 m e menor ou igual a 400 m.
c) maior que 400 m e menor ou igual a 600 m.
d) maior que 600 m e menor ou igual a 800 m.
e) maior que 800 m.

20. Para construir uma manilha de esgoto, um cilindro com 2 m de diâmetro e 4 m de altura (de espessura desprezível) foi envolvido homogeneamente por uma camada de concreto, contendo 20 cm de espessura.

Supondo que cada metro cúbico de concreto custe R$ 10,00 e tomando 3,1 como valor aproximado de π, então o preço dessa manilha é igual a:

a) R$ 230,40
b) R$ 124,00
c) RS 104,16
d) R$ 54,56
e) R$ 49,60

21. No manejo sustentável de florestas, é preciso muitas vezes obter o volume da tora que pode ser obtida a partir de uma árvore. Para isso, existe um método prático, em que se mede a circunferência da árvore à altura do peito de um homem (1,30 m), conforme indicado na figura. A essa medida denomina-se "rodo" da árvore. O quadro a seguir indica a fórmula para se *cubar*, ou seja, obter o volume da tora em m³ a partir da medida do rodo e da altura da árvore.

O volume da tora em m³ é dado por: $V = \text{rodo}^2 \cdot \text{altura} \cdot 0{,}06$ O rodo e a altura da árvore devem ser medidos em metros. O coeficiente 0,06 foi obtido experimentalmente.

Um técnico em manejo florestal recebeu a missão de cubar, abater e transportar cinco toras de madeira, de duas espécies diferentes, sendo:

- 3 toras da espécie I, com 3 m de rodo, 12 m de comprimento e densidade 0,77 toneladas/m³;
- 2 toras da espécie II, com 4 m de rodo, 10 m de comprimento e densidade 0,78 toneladas/m³.

Após realizar seus cálculos, o técnico solicitou que enviassem caminhões para transportar uma carga de, aproximadamente:

a) 29,9 toneladas.
b) 31,1 toneladas.
c) 32,4 toneladas.
d) 35,3 toneladas.
e) 41,8 toneladas.

22. Embora o Índice de Massa Corporal (IMC) seja amplamente utilizado, existem ainda inúmeras restrições teóricas ao uso e às faixas de normalidade preconizadas. O Recíproco do Índice Ponderal (RIP), de acordo com o modelo alométrico, possui uma melhor fundamentação matemática, já que a massa é uma variável de dimensões cúbicas e a altura, uma variável de dimensões lineares. As fórmulas que determinam esses índices são:

$\text{IMC} = \dfrac{\text{massa (kg)}}{[\text{altura (m)}]^2}$	$\text{RIP} = \dfrac{\text{altura (cm)}}{\sqrt[3]{\text{massa (kg)}}}$

ARAUJO, C. G. S; RICARDO, D. R. Índice de massa corporal: um questionamento científico baseado em evidências. *Arq. Bras. Cardiologia*, v. 79, n. 1, 2002 (adaptado).

Se uma menina, com 64 kg de massa, apresenta IMC igual a 25 kg/m², então ela possui RIP igual a:

a) $0{,}4\ \text{cm/kg}^{\frac{1}{3}}$
b) $2{,}5\ \text{cm/kg}^{\frac{1}{3}}$
c) $8\ \text{cm/kg}^{\frac{1}{3}}$
d) $20\ \text{cm/kg}^{\frac{1}{3}}$
e) $40\ \text{cm/kg}^{\frac{1}{3}}$

23. Um balão atmosférico lançado em Bauru (343 quilômetros a noroeste de São Paulo), na noite do último domingo, caiu nesta segunda-feira em Cuiabá Paulista, na região de Presidente Prudente, assustando agricultores da região. O artefato faz parte do programa Projeto Hibiscus, desenvolvido por Brasil, França, Argentina, Inglaterra e Itália, para a medição do comportamento da camada de ozônio, e sua descida se deu após o cumprimento do tempo previsto de medição.

Disponível em: <http://www.correiodobrasil.com.br>. Acesso em: 2 maio 2010.

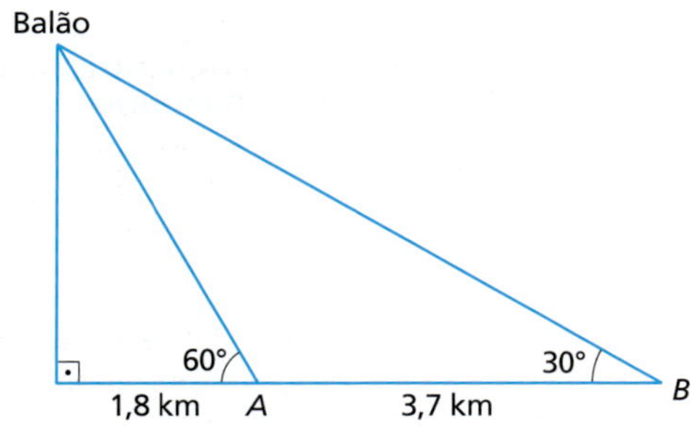

Na data do acontecido, duas pessoas avistaram o balão. Uma estava a 1,8 km da posição vertical do balão e o avistou sob um ângulo de 60°; a outra estava a 5,5 km da posição vertical do balão, alinhada com a primeira, e no mesmo sentido, conforme se vê na figura, e o avistou sob um ângulo de 30°.

Qual a altura aproximada em que se encontrava o balão?

a) 1,8 km
b) 1,9 km
c) 3,1 km
d) 3,7 km
e) 5,5 km

24. Em canteiros de obras de construção civil é comum perceber trabalhadores realizando medidas de comprimento e de ângulos e fazendo demarcações por onde a obra deve começar ou se erguer. Em um desses canteiros foram feitas algumas marcas no chão plano. Foi possível perceber que, das seis estacas colocadas, três eram vértices de um triângulo retângulo e as outras três eram os pontos médios dos lados desse triângulo, conforme pode ser visto na figura, em que as estacas foram indicadas por letras.

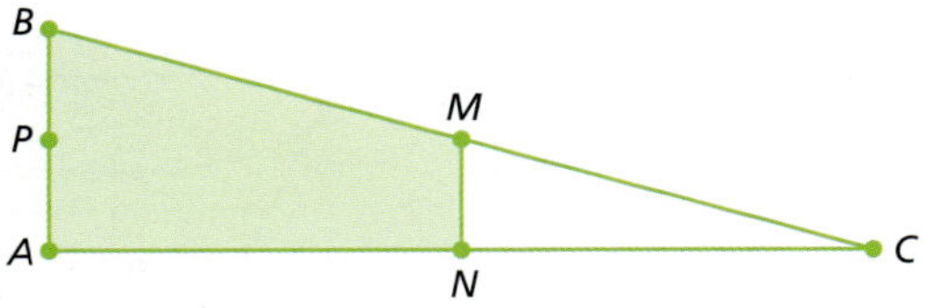

A região demarcada pelas estacas *A*, *B*, *M* e *N* deveria ser calçada com concreto.

Nessas condições, a área a ser calçada corresponde:

a) à mesma área do triângulo *AMC*.
b) à mesma área do triângulo *BNC*.
c) à metade da área formada pelo triângulo *ABC*.
d) ao dobro da área do triângulo *MNC*.
e) ao triplo da área do triângulo *MNC*.

25. O jornal de certa cidade publicou em uma página inteira a seguinte divulgação de seu caderno de classificados.

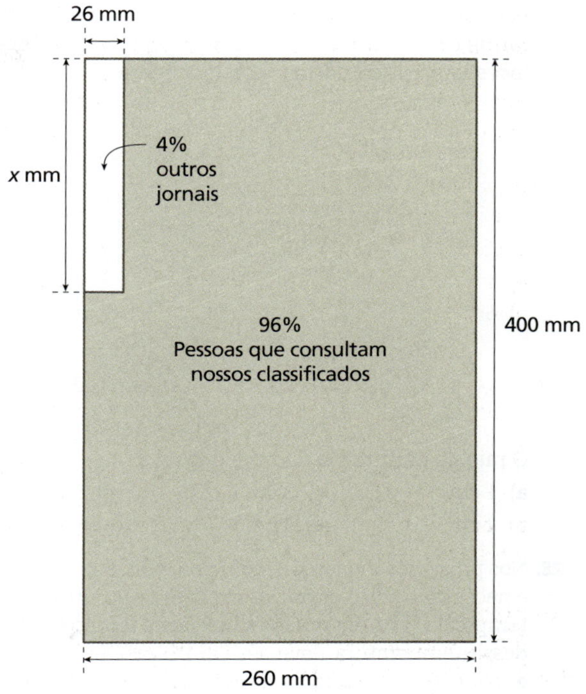

Para que a propaganda seja fidedigna à porcentagem da área que aparece na divulgação, a medida do lado do retângulo que representa os 4% deve ser de aproximadamente:

a) 1 mm
b) 10 mm
c) 17 mm
d) 160 mm
e) 167 mm

26. A ideia de usar rolos circulares para deslocar objetos pesados provavelmente surgiu com os antigos egípcios ao construírem as pirâmides.

BOLT, Brian. *Atividades matemáticas*. Ed. Gradiva.

Representando por R o raio da base dos rolos cilíndricos, em metro, a expressão do deslocamento horizontal y do bloco de pedra em função de R, após o rolo ter dado uma volta completa sem deslizar, é:

a) $y = R$
b) $y = 2R$
c) $y = \pi R$
d) $y = 2\pi R$
e) $y = 4\pi R$

27. Uma metalúrgica recebeu uma encomenda para fabricar, em grande quantidade, uma peça com o formato de um prisma reto com base triangular, cujas dimensões da base são 6 cm, 8 cm e 10 cm e cuja altura é 10 cm. Tal peça deve ser vazada de tal maneira que a perfuração na forma de um cilindro circular reto seja tangente às suas faces laterais, conforme mostra a figura.

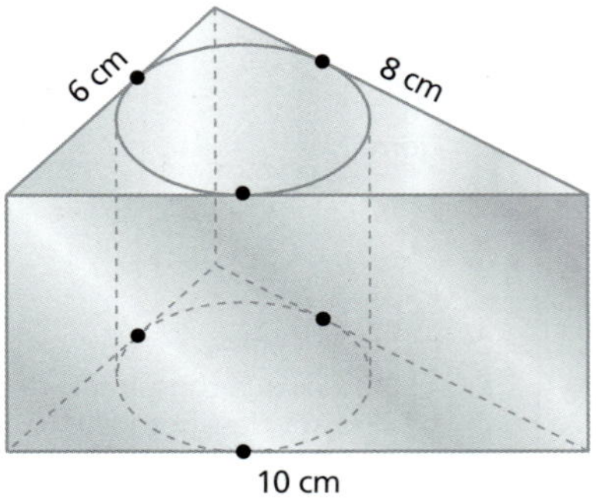

O raio da perfuração da peça é igual a:

a) 1 cm
b) 2 cm
c) 3 cm
d) 4 cm
e) 5 cm

28. Nos processos industriais, como na indústria de cerâmica, é necessário o uso de fornos capazes de produzir elevadas temperaturas e, em muitas situações, o tempo de elevação dessa temperatura deve ser controlado, para garantir a qualidade do produto final e a economia no processo.

Em uma indústria de cerâmica, o forno é programado para elevar a temperatura ao longo do tempo de acordo com a função:

$$T(t) = \begin{cases} \dfrac{7}{5}t + 20, \text{ para } 0 \leq t < 100 \\ \dfrac{2}{125}t^2 - \dfrac{16}{5}t + 320, \text{ para } t \geq 100 \end{cases}$$

em que *T* é o valor da temperatura atingida pelo forno, em graus Celsius, e *t* é o tempo, em minutos, decorrido desde o instante em que o forno é ligado.

Uma peça deve ser colocada nesse forno quando a temperatura for 48 °C e retirada quando a temperatura for 200 °C.

O tempo de permanência dessa peça no forno é, em minutos, igual a:

a) 100
b) 108
c) 128
d) 130
e) 150

29. O gráfico mostra o número de favelas no município do Rio de Janeiro entre 1980 e 2004, considerando que a variação nesse número entre os anos considerados é linear.

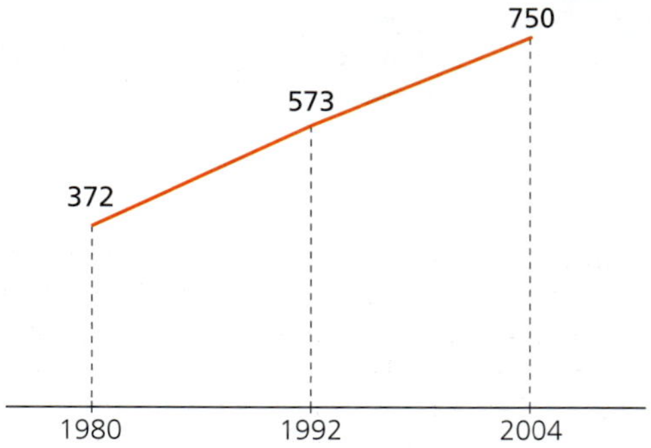

Favela tem memória. *Época*, n. 621, 12 abr. 2010 (adaptado).

Se o padrão na variação do período 2004/2010 se mantiver nos próximos 6 anos, e sabendo que o número de favelas em 2010 é 968, então o número de favelas em 2016 será:

a) menor que 1.150.
b) 218 unidades maior que em 2004.
c) maior que 1.150 e menor que 1.200.
d) 177 unidades maior que em 2010.
e) maior que 1.200.

30. O gráfico apresenta a quantidade de gols marcados pelos artilheiros das Copas do Mundo desde a Copa de 1930 até a de 2006.

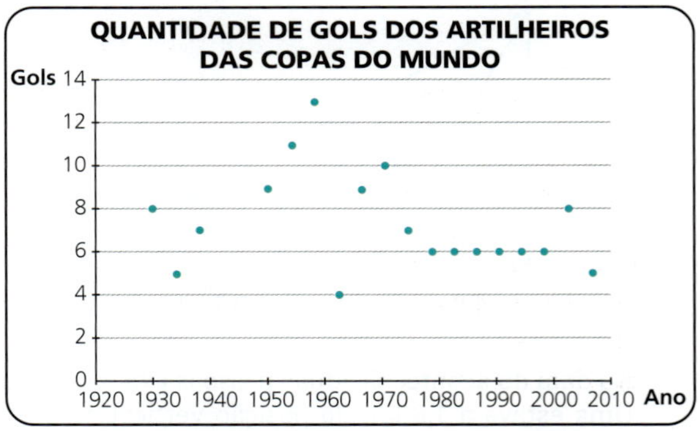

Disponível em: <http://www.suapesquisa.com>. Acesso em: 23 abr. 2010 (adaptado).

A partir dos dados apresentados, qual a mediana das quantidades de gols marcados pelos artilheiros das Copas do Mundo?

a) 6 gols
b) 6,5 gols
c) 7 gols
d) 7,3 gols
e) 8,5 gols

31. Em um casamento, os donos da festa serviam champanhe aos seus convidados em taças com formato de um hemisfério (Figura 1), porém um acidente na cozinha culminou na quebra de grande parte desses recipientes. Para substituir as taças quebradas, utilizou-se um outro tipo com formato de cone (Figura 2). No entanto, os noivos solicitaram que o volume de champanhe nos dois tipos de taças fosse igual.

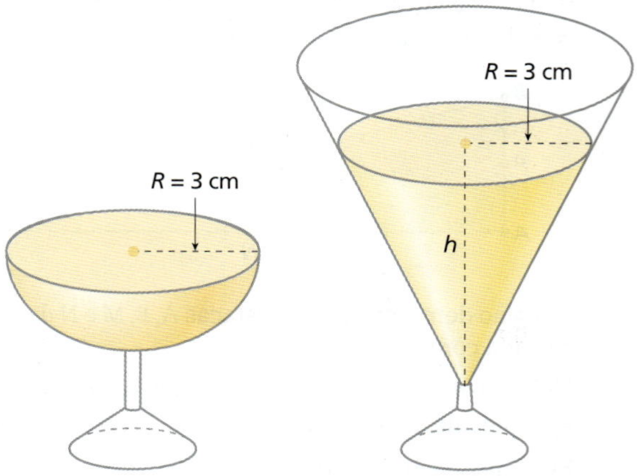

Figura 1 Figura 2

Considere:

$$V_{esfera} = \frac{4}{3}\pi R^3 \text{ e } V_{cone} = \frac{1}{3}\pi R^2 \cdot h$$

Sabendo que a taça com o formato de hemisfério é servida completamente cheia, a altura do volume de champanhe que deve ser colocado na outra taça, em centímetro, é de:

a) 1,33
b) 6,00
c) 12,00
d) 56,52
e) 113,04

32. O salto triplo é uma modalidade do atletismo em que o atleta dá um salto em um só pé, uma passada e um salto, nessa ordem. Sendo que o salto com impulsão em um só pé será feito de modo que o atleta caia primeiro sobre o mesmo pé que deu a impulsão; na passada ele cairá com o outro pé, do qual o salto é realizado.

Disponível em: <www.cbat.org.br> (adaptado).

Um atleta da modalidade salto triplo, depois de estudar seus movimentos, percebeu que, do segundo para o primeiro salto, o alcance diminuía em 1,2 m, e, do terceiro para o segundo salto, o alcance diminuía 1,5 m. Querendo atingir a meta de 17,4 m nessa prova e considerando os seus estudos, a distância alcançada no primeiro salto teria de estar entre:

a) 4,0 m e 5,0 m.
b) 5,0 m e 6,0 m.
c) 6,0 m e 7,0 m.
d) 7,0 m e 8,0 m.
e) 8,0 m e 9,0 m.

33. Marco e Paulo foram classificados em um concurso. Para classificação no concurso o candidato deveria obter média aritmética na pontuação igual ou superior a 14. Em caso de empate na média, o desempate seria em favor da pontuação mais regular. No quadro a seguir são apresentados os pontos obtidos nas provas de Matemática, Português e Conhecimentos Gerais, a média, a mediana e o desvio padrão dos dois candidatos.

	Matemática	Português	Conhecimentos gerais	Média	Mediana	Desvio padrão
Marco	14	15	16	15	15	0,32
Paulo	8	19	18	15	18	4,97

O candidato com pontuação mais regular, portanto mais bem classificado no concurso, é:

a) Marco, pois a média e a mediana são iguais.
b) Marco, pois obteve menor desvio padrão.
c) Paulo, pois obteve a maior pontuação da tabela, 19 em Português.
d) Paulo, pois obteve maior mediana.
e) Paulo, pois obteve maior desvio padrão.

34. Um grupo de pacientes com hepatite C foi submetido a um tratamento tradicional em que 40% desses pacientes foram completamente curados. Os pacientes que não obtiveram cura foram distribuídos em dois grupos de mesma quantidade e submetidos a dois tratamentos inovadores. No primeiro tratamento inovador, 35% dos pacientes foram curados e, no segundo, 45%.

Em relação aos pacientes submetidos inicialmente, os tratamentos inovadores proporcionaram cura de:

a) 16%
b) 24%
c) 32%
d) 48%
e) 64%

35. Em 2006, a produção mundial de etanol foi de 40 bilhões de litros e a de biodiesel, de 6,5 bilhões. Neste mesmo ano, a produção brasileira de etanol correspondeu a 43% da produção mundial, ao passo que a produção dos Estados Unidos da América, usando milho, foi de 45%.

Disponível em: <http://planetasustentavel.abril.com.br>. Acesso em: 2 maio 2009.

Considerando que, em 2009, a produção mundial de etanol seja a mesma de 2006 e que os Estados Unidos produzirão somente a metade de sua produção de 2006, para que o total produzido pelo Brasil e pelos Estados Unidos continue correspondendo a 88% da produção mundial, o Brasil deve aumentar sua produção em, aproximadamente:

a) 22,5%
b) 50,0%
c) 52,3%
d) 65,5%
e) 77,5%

36. João mora na cidade A e precisa visitar cinco clientes, localizados em cidades diferentes da sua. Cada trajeto possível pode ser representado por uma sequência de 7 letras. Por exemplo, o trajeto ABCDEFA, informa que ele sairá da cidade A, visitando as cidades B, C, D, E e F, nesta ordem, voltando para a cidade A. Além disso, o número indicado entre as letras informa o custo do deslocamento entre as cidades. A figura mostra o custo de deslocamento entre cada uma das cidades.

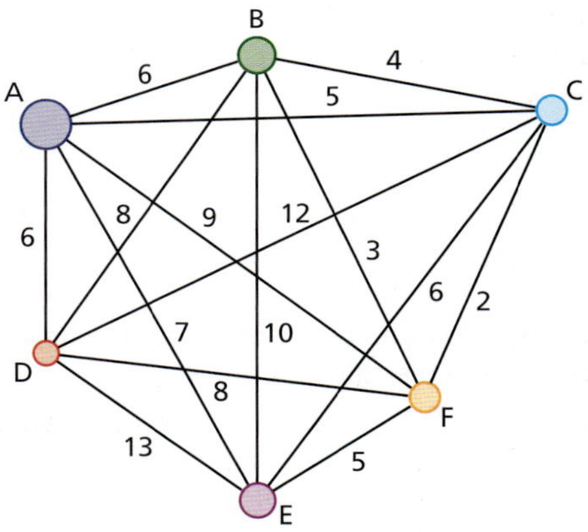

Como João quer economizar, ele precisa determinar qual o trajeto de menor custo para visitar os cinco clientes. Examinando a figura, percebe que precisa considerar somente parte das sequências, pois os trajetos ABCDEFA e AFEDCBA têm o mesmo custo. Ele gasta 1 min 30 s para examinar uma sequência e descartar sua simétrica, conforme apresentado.

O tempo mínimo necessário para João verificar todas as sequências possíveis no problema é de:

a) 60 min
b) 90 min
c) 120 min
d) 180 min
e) 360 min

37. O diretor de um colégio leu numa revista que os pés das mulheres estavam aumentando. Há alguns anos, a média do tamanho dos calçados das mulheres era de 35,5 e, hoje, é de 37,0. Embora não fosse uma informação científica, ele ficou curioso e fez uma pesquisa com as funcionárias do seu colégio, obtendo o quadro a seguir:

Tamanho dos calçados	Número de funcionárias
39,0	1
38,0	10
37,0	3
36,0	5
35,0	6

Escolhendo uma funcionária ao acaso e sabendo que ela tem calçado maior que 36,0, a probabilidade de ela calçar 38,0 é:

a) $\frac{1}{3}$
b) $\frac{1}{5}$
c) $\frac{2}{5}$
d) $\frac{5}{7}$
e) $\frac{5}{14}$

38. O quadro seguinte mostra o desempenho de um time de futebol no último campeonato. A coluna da esquerda mostra o número de gols marcados e a coluna da direita informa em quantos jogos o time marcou aquele número de gols.

Gols marcados	Quantidade de partidas
0	5
1	3
2	4
3	3
4	2
5	2
7	1

Se X, Y e Z são, respectivamente, a média, a mediana e a moda desta distribuição, então:

a) $X = Y < Z$
b) $Z < X = Y$
c) $Y < Z < X$
d) $Z < X < Y$
e) $Z < Y < X$

39. Um dos grandes problemas da poluição dos mananciais (rios, córregos e outros) ocorre pelo hábito de jogar óleo utilizado em frituras nos encanamentos que estão interligados com o sistema de esgoto. Se isso ocorrer, cada 10 litros de óleo poderão contaminar 10 milhões (10^7) de litros de água potável.

Manual de etiqueta. Parte integrante das revistas *Veja* (ed. 2055), *Cláudia* (ed. 555), *National Geographic* (ed. 93) e *Nova Escola* (ed. 208) (adaptado).

Suponha que todas as famílias de uma cidade descartem os óleos de frituras através dos encanamentos e consumam 1.000 litros de óleo em frituras por semana.

Qual seria, em litros, a quantidade de água potável contaminada por semana nessa cidade?

a) 10^{-2}
b) 10^3
c) 10^4
d) 10^6
e) 10^9

40. Um porta-lápis de madeira foi construído no formato cúbico, seguindo o modelo ilustrado a seguir. O cubo de dentro é vazio. A aresta do cubo maior mede 12 cm e a do cubo menor, que é interno, mede 8 cm.

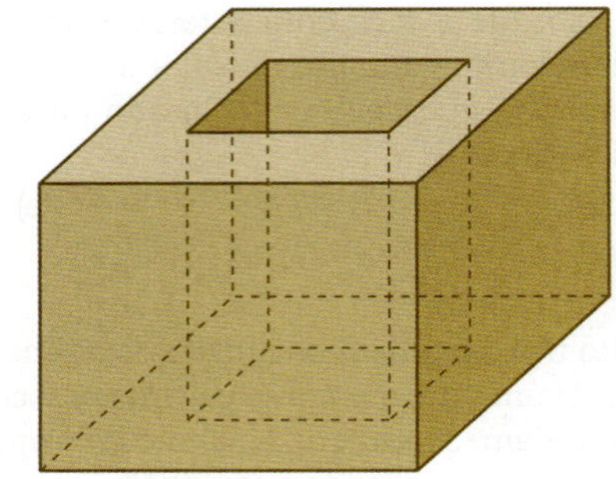

O volume de madeira utilizado na confecção desse objeto foi de:

a) 12 cm^3
b) 64 cm^3
c) 96 cm^3
d) 1.216 cm^3
e) 1.728 cm^3

41. Ronaldo é um garoto que adora brincar com os números. Numa dessas brincadeiras, empilhou caixas numeradas de acordo com a sequência conforme o esquema a seguir.

1
1 2 1
1 2 3 2 1
1 2 3 4 3 2 1
...

Ele percebeu que a soma dos números em cada linha tinha uma propriedade e que, por meio dessa propriedade, era possível prever a soma de qualquer linha posterior às já construídas.

A partir dessa propriedade, qual será a soma da 9ª linha da sequência de caixas empilhadas por Ronaldo?

a) 9
b) 45
c) 64
d) 81
e) 285

42. Para conseguir chegar a um número recorde de produção de ovos de Páscoa, as empresas brasileiras começam a se planejar para esse período com um ano de antecedência. O gráfico a seguir mostra o número de ovos de Páscoa produzidos no Brasil no período de 2005 a 2009.

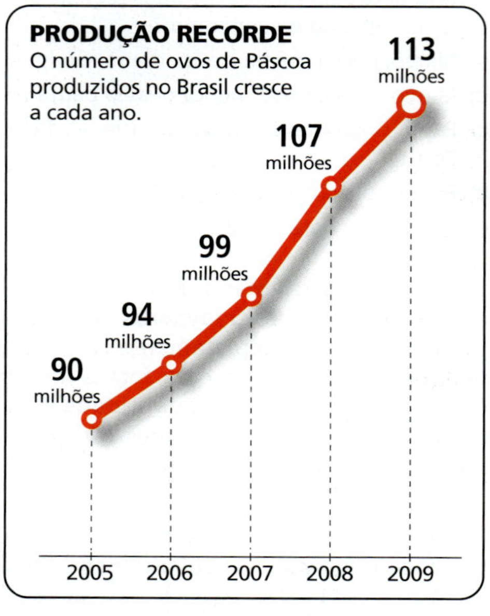

Revista *Veja*, São Paulo: Abril, ed. 2.107. n. 14, ano 42.

De acordo com o gráfico, o biênio que apresentou maior produção acumulada foi:

a) 2004-2005
b) 2005-2006
c) 2006-2007
d) 2007-2008
e) 2008-2009

Seleção da prova de 2011

43. O dono de uma oficina mecânica precisa de um pistão das partes de um motor, de 68 mm de diâmetro, para o conserto de um carro. Para conseguir um, esse dono vai até um ferro-velho e lá encontra pistões com diâmetros iguais a 68,21 mm; 68,102 mm; 68,001 mm; 68,02 mm e 68,012 mm.

Para colocar o pistão no motor que está sendo consertado, o dono da oficina terá de adquirir aquele que tenha o diâmetro mais próximo do que precisa.

Nessa condição, o dono da oficina deverá comprar o pistão de diâmetro:

a) 68,21 mm
b) 68,102 mm
c) 68,02 mm
d) 68,012 mm
e) 68,001 mm

44. A Escala de Magnitude de Momento (abreviada como MMS e denotada como M_W), introduzida em 1979 por Thomas Haks e Hiroo Kanamori, substituiu a escala de Richter para medir a magnitude dos terremotos em termos de energia liberada. Menos conhecida pelo público, a MMS é, no entanto, a escala usada para estimar as magnitudes de todos os grandes terremotos da atualidade. Assim como a escala Richter, a MMS é uma escala logarítmica. M_W e M_0 se relacionam pela fórmula:

$$M_W = -10{,}7 + \frac{2}{3}\log_{10}(M_0)$$

Onde M_0 é o momento sísmico (usualmente estimado a partir dos registros de movimento da superfície, através dos sismogramas), cuja unidade é o dina · cm.

O terremoto de Kobe, acontecido no dia 17 de janeiro de 1995, foi um dos terremotos que causaram maior impacto no Japão e na comunidade científica internacional. Teve magnitude $M_W = 7{,}3$.

U.S. Geological Survey. Historic Earthquakes.
Disponível em: <http://earthquake.usgs.gov>.
Acesso em: 1º maio 2010 (adaptado).

U.S. Geological Survey. USGS *Earthquake Magnitude Policy*.
Disponível em: <http://earthquake.usgs.gov>.
Acesso em: 1º maio 2010 (adaptado).

Mostrando que é possível determinar a medida por meio de conhecimentos matemáticos, qual foi o momento sísmico M_0 do terremoto de Kobe (em dina · cm)?

a) $10^{-5,10}$
b) $10^{-0,73}$
c) $10^{12,00}$
d) $10^{21,65}$
e) $10^{27,00}$

45. Um mecânico de uma equipe de corrida necessita que as seguintes medidas realizadas em um carro sejam obtidas em metro:

a) distância *a* entre os eixos dianteiro e traseiro;
b) altura *b* entre o solo e o encosto do piloto.

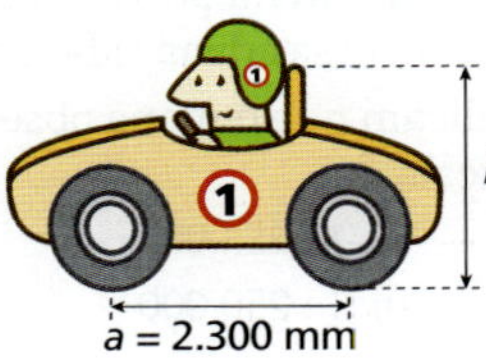

Ao optar pelas medidas *a* e *b* em metro, obtêm-se, respectivamente:

a) 0,23 e 0,16
b) 2,3 e 1,6
c) 23 e 16
d) 230 e 160
e) 2.300 e 1.600

46. O medidor de energia elétrica de uma residência, conhecido por "relógio de luz", é constituído de quatro pequenos relógios, cujos sentidos de rotação estão indicados conforme a figura:

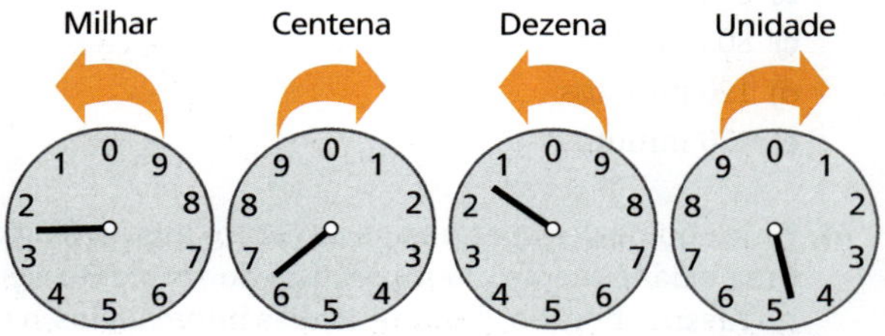

Disponível em: <http://www.enersul.com.br>.
Acesso em: 26 abr. 2010.

A medida é expressa em kWh. O número obtido na leitura é composto por 4 algarismos. Cada posição do número é formada pelo último algarismo ultrapassado pelo ponteiro.

O número obtido pela leitura em kWh, na imagem, é:

a) 2.614
b) 3.624
c) 2.715
d) 3.725
e) 4.162

47. Em uma certa cidade, os moradores de um bairro carente de espaços de lazer reivindicam à prefeitura municipal a construção de uma praça. A prefeitura concorda com a solicitação e afirma que irá construí-la em formato retangular devido às características técnicas do terreno. Restrições de natureza orçamentária impõem que sejam gastos, no máximo, 180 m de tela para cercar a praça. A prefeitura apresenta aos moradores desse bairro as medidas dos terrenos disponíveis para a construção da praça:

Terreno 1: 55 m por 45 m
Terreno 2: 55 m por 55 m
Terreno 3: 60 m por 30 m
Terreno 4: 70 m por 20 m
Terreno 5: 95 m por 85 m

Para optar pelo terreno de maior área, que atenda às restrições impostas pela prefeitura, os moradores deverão escolher o terreno:

a) 1
b) 2
c) 3
d) 4
e) 5

48. Você pode adaptar as atividades do seu dia a dia de uma forma que possa queimar mais calorias do que as gastas normalmente, conforme a relação seguinte:

- Enquanto você fala ao telefone, faça agachamentos: 100 calorias gastas em 20 minutos.
- Meia hora de supermercado: 100 calorias.
- Cuidar do jardim por 30 minutos: 200 calorias.

– Passear com o cachorro: 200 calorias em 30 minutos.
– Tirar o pó dos móveis: 150 calorias em 30 minutos.
– Lavar roupas por 30 minutos: 200 calorias.

Disponível em: <http://cyberdiet.terra.com.br>. Acesso em: 27 abr. 2010 (adaptado).

Uma pessoa deseja executar essas atividades, porém, ajustando o tempo para que, em cada uma, gaste igualmente 200 calorias.

A partir dos ajustes, quanto tempo a mais será necessário para realizar todas as atividades?

a) 50 minutos
b) 60 minutos
c) 80 minutos
d) 120 minutos
e) 170 minutos

49. Uma equipe de especialistas do centro meteorológico de uma cidade mediu a temperatura do ambiente, sempre no mesmo horário, durante 15 dias intercalados, a partir do primeiro dia de um mês. Esse tipo de procedimento é frequente, uma vez que os dados coletados servem de referência para estudos e verificação de tendências climáticas ao longo dos meses e anos.

As medições ocorridas nesse período estão indicadas no quadro:

Dia do mês	Temperatura (em °C)
1	15,5
3	14
5	13,5
7	18
9	19,5
11	20
13	13,5
15	13,5
17	18
19	20
21	18,5
23	13,5
25	21,5
27	20
29	16

Em relação à temperatura, os valores da média, mediana e moda são, respectivamente, iguais a:

a) 17 °C, 17 °C e 13,5 °C
b) 17 °C, 18 °C e 13,5 °C
c) 17 °C, 13,5 °C e 18 °C
d) 17 °C, 18 °C e 21,5 °C
e) 17 °C, 13,5 °C e 21,5 °C

50. Para uma atividade realizada no laboratório de Matemática, um aluno precisa construir uma maquete da quadra de esportes da escola que tem 28 m de comprimento por 12 m de largura. A maquete deverá ser construída na escala de 1 : 250.

Que medidas de comprimento e largura, em cm, o aluno utilizará na construção da maquete?

a) 4,8 e 11,2
b) 7,0 e 3,0
c) 11,2 e 4,8
d) 28,0 e 12,0
e) 30,0 e 70,0

51. Uma indústria fabrica brindes promocionais em forma de pirâmide. A pirâmide é obtida a partir de quatro cortes em um sólido que tem a forma de um cubo. No esquema, estão indicados o sólido original (cubo) e a pirâmide obtida a partir dele.

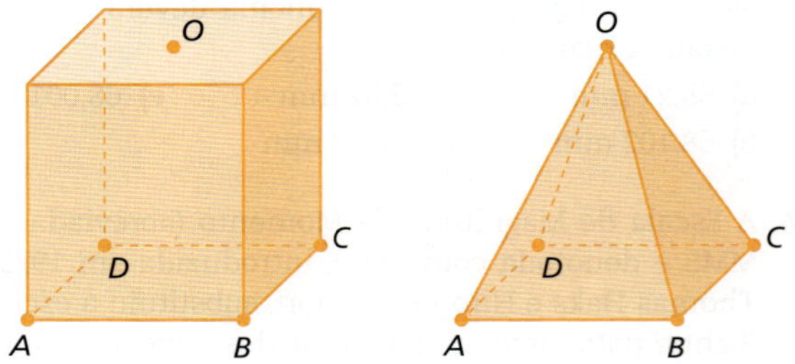

Os pontos A, B, C, D e O do cubo e da pirâmide são os mesmos. O ponto O é central na face superior do cubo. Os quatro cortes saem de O em direção às arestas $\overline{AD}$, $\overline{BC}$, $\overline{AB}$ e $\overline{CD}$, nessa ordem. Após os cortes, são descartados quatro sólidos.

Os formatos dos sólidos descartados são:

a) todos iguais.
b) todos diferentes.
c) três iguais e um diferente.
d) apenas dois iguais.
e) iguais dois a dois.

52. Café no Brasil

O consumo atingiu o maior nível da história no ano passado: os brasileiros beberam o equivalente a 331 bilhões de xícaras.

Veja, ed. 2158, 31 mar. 2010.

Considere que a xícara citada na notícia seja equivalente a, aproximadamente, 120 mL de café. Suponha que em 2010 os brasileiros bebam ainda mais café, aumentando o consumo em $\frac{1}{5}$ do que foi consumido no ano anterior.

De acordo com essas informações, qual a previsão mais aproximada para o consumo de café em 2010?

a) 8 bilhões de litros
b) 16 bilhões de litros
c) 32 bilhões de litros
d) 40 bilhões de litros
e) 48 bilhões de litros

53. Sabe-se que a distância real, em linha reta, de uma cidade A, localizada no estado de São Paulo, a uma cidade B, localizada no estado de Alagoas, é igual a 2.000 km. Um estudante, ao analisar um mapa, verificou com sua régua que a distância entre essas duas cidades, A e B, era 8 cm.

Os dados nos indicam que o mapa observado pelo estudante está na escala de:

a) 1 : 250
b) 1 : 2.500
c) 1 : 25.000
d) 1 : 250.000
e) 1 : 25.000.000

54. A figura seguinte mostra um modelo de sombrinha muito usado em países orientais.

Disponível em: <http://.mdmat.psico.ufrgs.br>. Acesso em: 1º maio 2010.

Esta figura é uma representação de uma superfície de revolução chamada de:

a) pirâmide.
b) semiesfera.
c) cilindro.
d) tronco de cone.
e) cone.

55. Em 2010, um caos aéreo afetou o continente europeu, devido à quantidade de fumaça expelida por um vulcão na Islândia, o que levou ao cancelamento de inúmeros voos.

Cinco dias após o início desse caos, todo o espaço aéreo europeu acima de 6.000 metros estava liberado, com exceção do espaço aéreo da Finlândia. Lá, apenas voos internacionais acima de 31 mil pés estavam liberados.

Disponível em: <http://www1.folha.uol.com.br>. Acesso em: 21 abr. 2010 (adaptado).

Considere que 1 metro equivale a aproximadamente 3,3 pés. Qual a diferença, em pés, entre as altitudes liberadas na Finlândia e no restante do continente europeu cinco dias após o início do caos?

a) 3.390 pés
b) 9.390 pés
c) 11.200 pés
d) 19.800 pés
e) 50.800 pés

56. O Índice de Massa Corporal (IMC) é largamente utilizado há cerca de 200 anos, mas esse cálculo representa muito mais a corpulência que a adiposidade, uma vez que indivíduos musculosos e obesos podem apresentar o mesmo IMC. Uma nova pesquisa aponta o Índice de Adiposidade Corporal (IAC) como uma alternativa mais fidedigna para quantificar a gordura corporal, utilizando a medida do quadril e a altura. A figura mostra como calcular essas medidas, sabendo-se que, em mulheres, a adiposidade normal está entre 19% e 26%.

O velho IMC (Índice de Massa Corporal)

O novo IAC (Índice de Adiposidade Corporal)

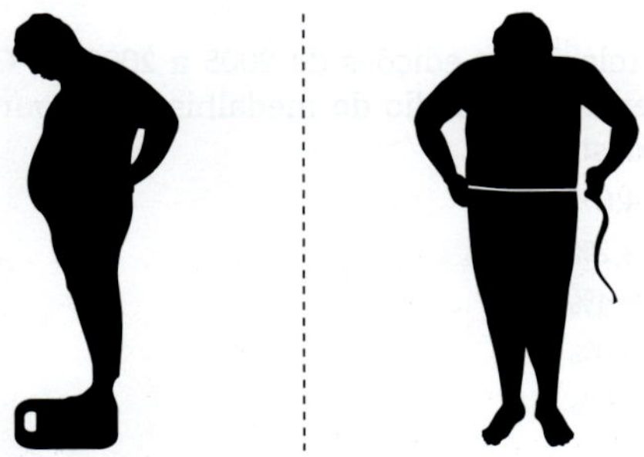

Índice de Massa Corporal $= \dfrac{\text{massa (kg)}}{\text{altura} \times \text{altura (m)}}$

% de Gordura Corporal $= \dfrac{\text{Circunferência do quadril (cm)}}{\text{altura} \times \sqrt{\text{altura}}\ \text{(m)}}$

Disponível em: <http://www1.folha.uol.com.br>. Acesso em: 24 abr. 2011 (adaptado).

Uma jovem com IMC $= 20\ \text{kg/m}^2$, 100 cm de circunferência dos quadris e 60 kg de massa corpórea resolveu averiguar seu IAC. Para se enquadrar aos níveis de normalidade de gordura corporal, a atitude adequada que essa jovem deve ter diante da nova medida é:

(Use $\sqrt{3} = 1{,}7$ e $\sqrt{1{,}7} = 1{,}3$)

a) reduzir seu excesso de gordura em cerca de 1%.
b) reduzir seu excesso de gordura em cerca de 27%.
c) manter seus níveis atuais de gordura.
d) aumentar seu nível de gordura em cerca de 1%.
e) aumentar seu nível de gordura em cerca de 27%.

57. Um bairro de uma cidade foi planejado em uma região plana, com ruas paralelas e perpendiculares, delimitando quadras de mesmo tamanho. No plano de coordenadas cartesianas seguinte, esse bairro localiza-se no segundo quadrante, e as distâncias nos eixos são dadas em quilômetros.

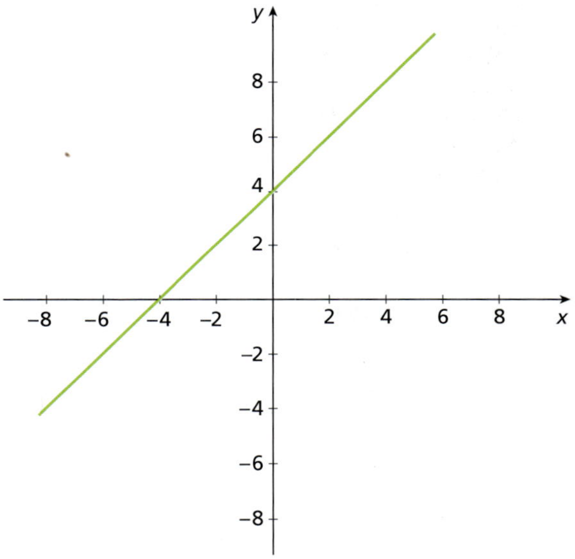

A reta de equação $y = x + 4$ representa o planejamento do percurso da linha do metrô subterrâneo que atravessará o bairro e outras regiões da cidade. No ponto $P = (-5, 5)$, localiza-se um hospital público. A comunidade solicitou ao comitê de planejamento que fosse prevista uma estação do metrô de modo que sua distância ao hospital, medida em linha reta, não fosse maior que 5 km.

Atendendo ao pedido da comunidade, o comitê argumentou corretamente que isso seria automaticamente satisfeito, pois já estava prevista a construção de uma estação no ponto:

a) $(-5, 0)$
b) $(-3, 1)$
c) $(-2, 1)$
d) $(0, 4)$
e) $(2, 6)$

58. As frutas que antes se compravam por dúzia, hoje em dia, podem ser compradas por quilograma, existindo também a variação dos preços de acordo com a época de produção. Considere que, independente da época ou variação de preço, certa fruta custa R$ 1,75 o quilograma.

Dos gráficos a seguir, o que representa o preço m pago em reais pela compra de n quilogramas desse produto é:

a)

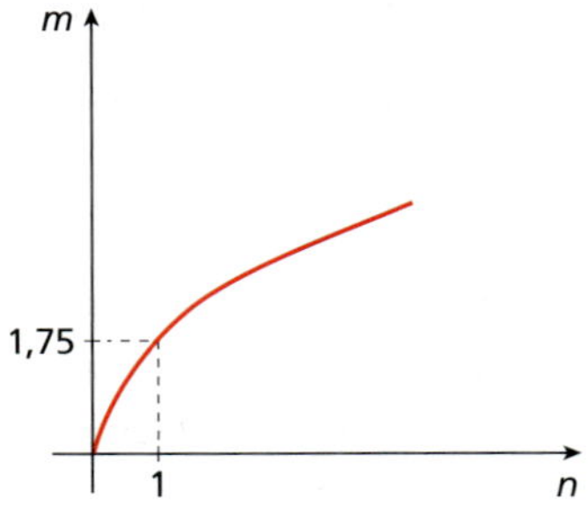

b)

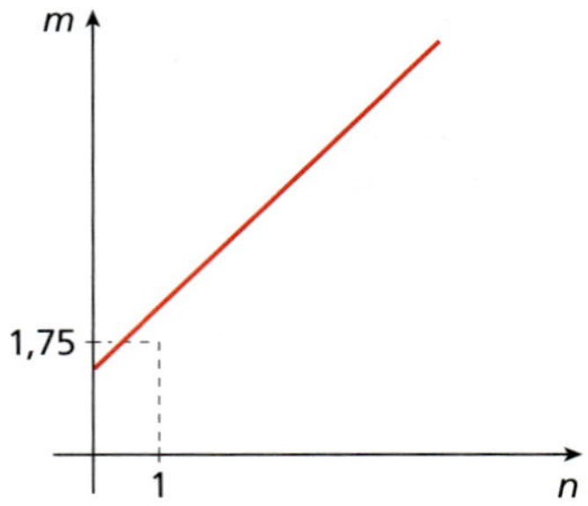

c)

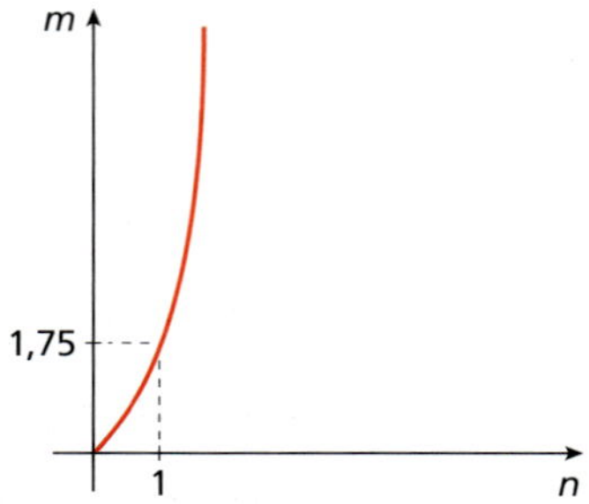

d)

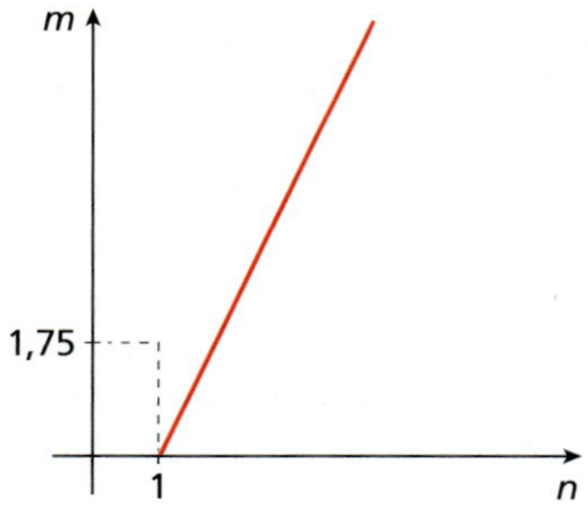

e)

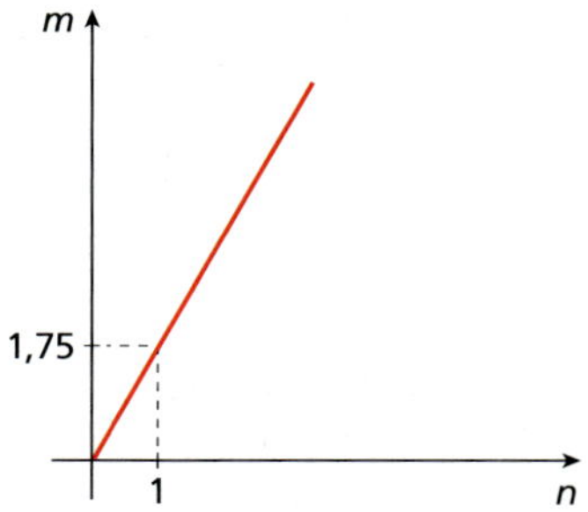

59. Observe as dicas para calcular a quantidade certa de alimentos e bebidas para as festas de fim de ano:

- Para o prato principal, estime 250 gramas de carne para cada pessoa.
- Um copo americano cheio de arroz rende o suficiente para quatro pessoas.
- Para a farofa, calcule quatro colheres de sopa por convidado.
- Uma garrafa de vinho serve seis pessoas.
- Uma garrafa de cerveja serve duas.
- Uma garrafa de espumante serve três convidados.

Quem organiza festas faz esses cálculos em cima do total de convidados, independente do gosto de cada um.

Quantidade certa de alimentos e bebidas evita o desperdício da ceia. *Jornal Hoje,* 17 dez. 2010 (adaptado).

Um anfitrião decidiu seguir essas dicas ao se preparar para receber 30 convidados para a ceia de Natal. Para seguir essas orientações à risca, o anfitrião deverá dispor de:

a) 120 kg de carne, 7 copos americanos e meio de arroz, 120 colheres de sopa de farofa, 5 garrafas de vinho, 15 de cerveja e 10 de espumante.
b) 120 kg de carne, 7 copos americanos e meio de arroz, 120 colheres de sopa de farofa, 5 garrafas de vinho, 30 de cerveja e 10 de espumante.
c) 7,5 kg de carne, 7 copos americanos e meio de arroz, 120 colheres de sopa de farofa, 5 garrafas de vinho, 15 de cerveja e 10 de espumante.
d) 7,5 kg de carne, 7 copos americanos, 120 colheres de sopa de farofa, 5 garrafas de vinho, 30 de cerveja e 10 de espumante.
e) 7,5 kg de carne, 7 copos americanos e meio de arroz, 120 colheres de sopa de farofa, 5 garrafas de vinho, 15 de cerveja e 10 de espumante.

60. A participação dos estudantes na Olimpíada Brasileira de Matemática das Escolas Públicas (OBMEP) aumenta a cada ano. O quadro indica o percentual de medalhistas de ouro, por região, nas edições da OBMEP de 2005 a 2009:

Região	2005	2006	2007	2008	2009
Norte	2%	2%	1%	2%	1%
Nordeste	18%	19%	21%	15%	19%
Centro-Oeste	5%	6%	7%	8%	9%
Sudeste	55%	61%	58%	66%	60%
Sul	21%	12%	13%	9%	11%

Disponível em: <http://www.obmep.org.br>. Acesso em: abr. 2010 (adaptado).

Em relação às edições de 2005 a 2009 da OBMEP, qual o percentual médio de medalhistas de ouro da região Nordeste?

a) 14,6%
b) 18,2%
c) 18,4%
d) 19,0%
e) 21,0%

61. Para determinar a distância de um barco até a praia, um navegante utilizou o seguinte procedimento: a partir de um ponto A, mediu o ângulo visual α fazendo mira em um ponto fixo P da praia. Mantendo o barco no mesmo sentido, ele seguiu até um ponto B de modo que fosse possível ver o mesmo ponto P da praia, no entanto sob um ângulo visual 2α. A figura ilustra essa situação:

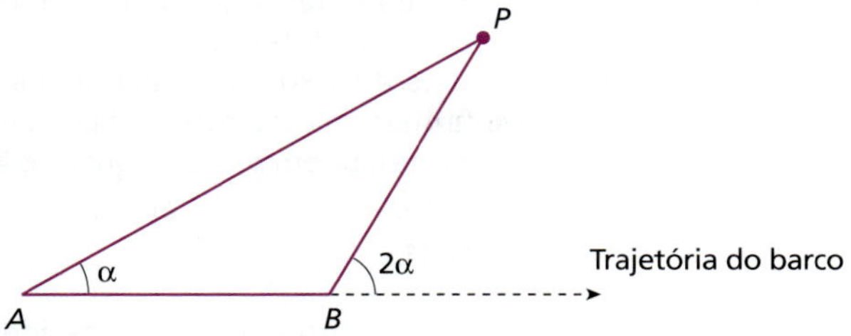

Suponha que o navegante tenha medido o ângulo $\alpha = 30°$ e, ao chegar ao ponto B, verificou que o barco havia percorrido a distância $AB = 2.000$ m. Com base nesses dados e mantendo a mesma trajetória, a menor distância do barco até o ponto fixo P será:

a) 1.000 m
b) $1.000\sqrt{3}$ m
c) $2.000\frac{\sqrt{3}}{3}$ m
d) 2.000 m
e) $2.000\sqrt{3}$ m

62. O saldo de contratações no mercado formal no setor varejista da região metropolitana de São Paulo registrou alta. Comparando as contratações deste setor no mês de fevereiro com as de janeiro deste ano, houve incremento de 4.300 vagas no setor, totalizando 880.605 trabalhadores com carteira assinada.

Disponível em: <http://www.folha.uol.com.br>. Acesso em: 26 abr. 2010 (adaptado).

Suponha que o incremento de trabalhadores no setor varejista seja sempre o mesmo nos seis primeiros meses do ano.

Considerando-se que y e x representam, respectivamente, as quantidades de trabalhadores no setor varejista e os meses, janeiro sendo o primeiro, fevereiro, o segundo, e assim por diante, a expressão algébrica que relaciona essas quantidades nesses meses é:

a) $y = 4.300x$
b) $y = 884.905x$
c) $y = 872.005 + 4.300x$
d) $y = 876.305 + 4.300x$
c) $y = 880.605 + 4.300x$

63. Um jovem investidor precisa escolher qual investimento lhe trará maior retorno financeiro em uma aplicação de R$ 500,00. Para isso, pesquisa o rendimento e o imposto a ser pago em dois investimentos: poupança e CDB (certificado de depósito bancário). As informações obtidas estão resumidas no quadro:

	Rendimento mensal (%)	IR (imposto de renda)
Poupança	0,560	Isento
CDB	0,876	4% (sobre o ganho)

Para o jovem investidor, ao final de um mês, a aplicação mais vantajosa é:

a) a poupança, pois totalizará um montante de R$ 502,80.
b) a poupança, pois totalizará um montante de R$ 500,56.
c) o CDB, pois totalizará um montante de R$ 504,38.
d) o CDB, pois totalizará um montante de R$ 504,21.
e) o CDB, pois totalizará um montante de R$ 500,87.

64. A tabela compara o consumo mensal, em kWh, dos consumidores residenciais e dos de baixa renda, antes e depois da redução da tarifa de energia no estado de Pernambuco.

Como fica a tarifa			
Residencial			
Consumo mensal (kWh)	**Antes**	**Depois**	**Economia**
140	R$ 71,04	R$ 64,75	R$ 6,29
185	R$ 93,87	R$ 85,56	R$ 8,32
350	R$ 177,60	R$ 161,86	R$ 15,74
500	R$ 253,72	R$ 231,24	R$ 22,48
Baixa renda			
Consumo mensal (kWh)	**Antes**	**Depois**	**Economia**
30	R$ 3,80	R$ 3,35	R$ 0,45
65	R$ 11,53	R$ 10,04	R$ 1,49
80	R$ 14,84	R$ 12,90	R$ 1,94
100	R$ 19,31	R$ 16,73	R$ 2,59
140	R$ 32,72	R$ 28,20	R$ 4,53
Fonte: Celpe.			

Diário de Pernambuco, 28 abr. 2010 (adaptado).

Considere dois consumidores: um que é de baixa renda e gastou 100 kWh e outro do tipo residencial que gastou 185 kWh. A diferença entre o gasto desses consumidores com 1 kWh, depois da redução da tarifa de energia, mais aproximada, é de:

a) R$ 0,27
b) R$ 0,29
c) R$ 0,32
d) R$ 0,34
e) R$ 0,61

65. O prefeito de uma cidade deseja construir uma rodovia para dar acesso a outro município. Para isso, foi aberta uma licitação na qual concorreram duas empresas. A primeira cobrou R$ 100.000,00 por km construído (n), acrescidos de um valor fixo de R$ 350.000,00, enquanto a segunda cobrou R$ 120.000,00 por km construído (n), acrescidos de um valor fixo de R$ 150.000,00. As duas empresas apresentam o mesmo padrão de qualidade dos serviços prestados, mas apenas uma delas poderá ser contratada.

Do ponto de vista econômico, qual equação possibilitaria encontrar a extensão da rodovia que tornaria indiferente para a prefeitura escolher qualquer uma das propostas apresentadas?

a) $100n + 350 = 120n + 150$
b) $100n + 150 = 120n + 350$
c) $100(n + 350) = 120(n + 150)$
d) $100(n + 350.000) = 120(n + 150.000)$
e) $350(n + 100.000) = 150(n + 120.000)$

66. Uma pessoa aplicou certa quantia em ações. No primeiro mês, ela perdeu 30% do total do investimento e, no segundo mês, recuperou 20% do que havia perdido. Depois desses dois meses, resolveu tirar o montante de R$ 3.800,00 gerado pela aplicação.

A quantia inicial que essa pessoa aplicou em ações corresponde ao valor de:

a) R$ 4.222,22
b) R$ 4.523,80
c) R$ 5.000,00
d) R$ 13.300,00
e) R$ 17.100,00

67. Cerca de 20 milhões de brasileiros vivem na região coberta pela caatinga, em quase 800 mil km^2 de área. Quando não chove, o homem do sertão e sua família precisam caminhar quilômetros em busca da água dos açudes. A irregularidade climática é um dos fatores que mais interferem na vida do sertanejo.

Disponível em: <http://www.wwf.org.br>. Acesso em: 23 abr. 2010.

Segundo este levantamento, a densidade demográfica da região coberta pela caatinga, em habitantes por km^2, é de:

a) 250
b) 25
c) 2,5
d) 0,25
e) 0,025

68. O número mensal de passagens de uma determinada empresa aérea aumentou no ano passado nas seguintes condições: em janeiro foram vendidas 33.000 passagens; em fevereiro, 34.500; em março, 36.000. Esse padrão de crescimento se mantém para os meses subsequentes.

Quantas passagens foram vendidas por essa empresa em julho do ano passado?

a) 38.000
b) 40.500
c) 41.000
d) 42.000
e) 48.000

69. Rafael mora no Centro de uma cidade e decidiu se mudar, por recomendações médicas, para uma das regiões: Rural, Comercial, Residencial Urbano ou Residencial Suburbano. A principal recomendação médica foi com as temperaturas das "ilhas de calor" da região, que deveriam ser inferiores a 31 °C. Tais temperaturas são apresentadas no gráfico:

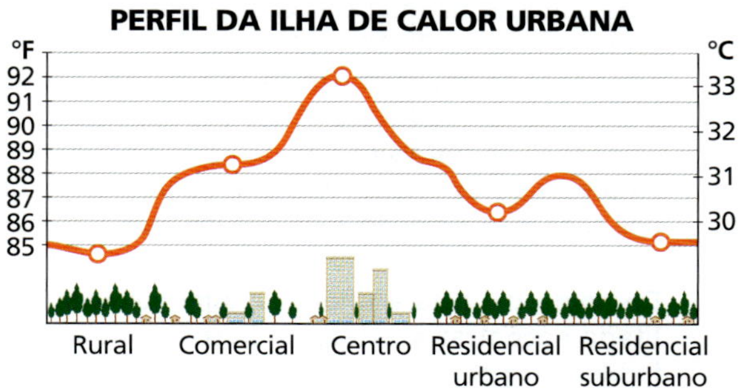

Escolhendo, aleatoriamente, uma das outras regiões para morar, a probabilidade de ele escolher uma região que seja adequada às recomendações médicas é:

a) $\frac{1}{5}$
b) $\frac{1}{4}$
c) $\frac{2}{5}$
d) $\frac{3}{5}$
e) $\frac{3}{4}$

70. Muitas medidas podem ser tomadas em nossas casas visando à utilização racional de energia elétrica. Isso deve ser uma atitude diária de cidadania. Uma delas pode ser a redução do tempo no banho. Um chuveiro com potência de 4.800 W consome 4,8 kW por hora. Uma pessoa que toma dois banhos diariamente, de 10 minutos cada, consumirá, em sete dias, quantos kW?

a) 0,8
b) 1,6
c) 5,6
d) 11,2
e) 33,6

71. O atletismo é um dos esportes que mais se identificam com o espírito olímpico. A figura ilustra uma pista de atletismo. A pista é composta por oito raias e tem largura de 9,76 m. As raias são numeradas do centro da pista para a extremidade e são construídas de segmentos de retas paralelas e arcos de circunferência. Os dois semicírculos da pista são iguais.

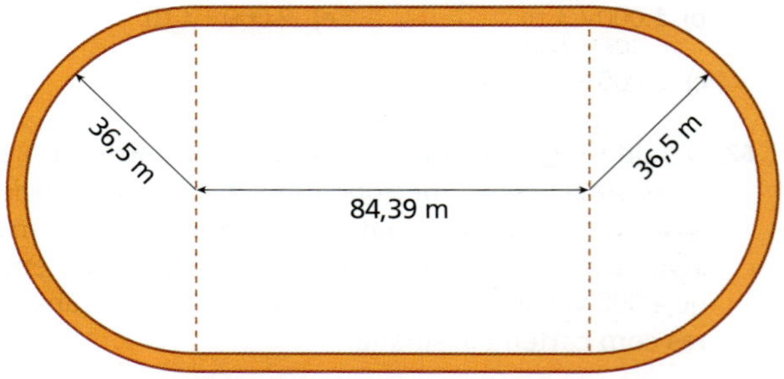

BIEMBENGUT, M. S. Modelação matemática como método de ensino-aprendizagem de Matemática em cursos de 1º e 2º graus, 1990. Dissertação de Mestrado. IGCE/UNESP, Rio Claro, 1990 (adaptado).

Se os atletas partissem do mesmo ponto, dando uma volta completa, em qual das raias o corredor estaria sendo beneficiado?

a) 1
b) 4
c) 5
d) 7
e) 8

72. Nos últimos cinco anos, 32 mil mulheres de 20 a 24 anos foram internadas nos hospitais do SUS por causa de AVC. Entre os homens da mesma faixa etária, houve 28 mil internações pelo mesmo motivo.

Época, 26 abr. 2010 (adaptado).

Suponha que, nos próximos cinco anos, haja um acréscimo de 8 mil internações de mulheres e que o acréscimo de internações de homens por AVC ocorra na mesma proporção.

De acordo com as informações dadas, o número de homens que seriam internados por AVC, nos próximos cinco anos, corresponderia a:

a) 4 mil
b) 9 mil
c) 21 mil
d) 35 mil
e) 39 mil

73. É possível usar água ou comida para atrair as aves e observá-las. Muitas pessoas costumam usar água com açúcar, por exemplo, para atrair beija-flores. Mas é importante saber que, na hora de fazer a mistura, você deve sempre usar uma parte de açúcar para cinco partes de água. Além disso, em dias quentes, precisa trocar a água de duas a três vezes, pois com o calor ela pode fermentar e, se for ingerida pela ave, pode deixá-la doente. O excesso de açúcar, ao cristalizar, também pode manter o bico da ave fechado, impedindo-a de se alimentar. Isso pode até matá-la.

Ciência Hoje das Crianças. FNDE: Instituto Ciência Hoje, ano 19, n. 166, mar. 1996.

Pretende-se encher completamente um copo com a mistura para atrair beija-flores. O copo tem formato cilíndrico, e suas medidas são 10 cm de altura e 4 cm de diâmetro. A quantidade de água que deve ser utilizada na mistura é cerca de (utilize $\pi = 3$):

a) 20 mL
b) 24 mL
c) 100 mL
d) 120 mL
e) 600 mL

74. Em um jogo disputado em uma mesa de sinuca, há 16 bolas: 1 branca e 15 coloridas, as quais, de acordo com a coloração, valem de 1 a 15 pontos (um valor para cada bola colorida).
O jogador acerta o taco na bola branca de forma que esta acerte as outras, com o objetivo de acertar duas das quinze bolas em quaisquer caçapas. Os valores dessas duas bolas são somados e devem resultar em um valor escolhido pelo jogador antes do início da jogada.

Arthur, Bernardo e Caio escolhem os números 12, 17 e 22 como sendo resultados de suas respectivas somas.

Com essa escolha, quem tem a maior probabilidade de ganhar o jogo é:

a) Arthur, pois a soma que escolheu é a menor.
b) Bernardo, pois há 7 possibilidades de compor a soma escolhida por ele, contra 4 possibilidades para a escolha de Arthur e 4 possibilidades para a escolha de Caio.
c) Bernardo, pois há 7 possibilidades de compor a soma escolhida por ele, contra 5 possibilidades para a escolha de Arthur e 4 possibilidades para a escolha de Caio.
d) Caio, pois há 10 possibilidades de compor a soma escolhida por ele, contra 5 possibilidades para a escolha de Arthur e 8 possibilidades para a escolha de Bernardo.
e) Caio, pois a soma que escolheu é a maior.

75. A figura apresenta informações biométricas de um homem (Duílio) e de uma mulher (Sandra) que estão buscando alcançar seu peso ideal a partir das atividades físicas (corrida). Para se verificar a escala de obesidade, foi desenvolvida a fórmula que permite verificar o Índice de Massa Corporal (IMC). Esta fórmula é apresentada como IMC $= \frac{m}{h^2}$, onde m é a massa em quilograma e h é altura em metro.

O PERFIL DOS NOVOS CORREDORES

Duílio Saba	
Idade	50 anos
Altura	1,88 metro
Peso	96,4 quilos
Peso ideal	94,5 quilos

Sandra Tescari	
Idade	42 anos
Altura	1,70 metro
Peso	84 quilos
Peso ideal	77 quilos

Veja, ed. 2055 (adaptado).

No quadro é apresentada a Escala de Índice de Massa Corporal com as respectivas categorias relacionadas aos pesos.

Escala de Índice de Massa Corporal	
Categorias	**IMC (kg/m^2)**
Desnutrição	Abaixo de 14,5
Peso abaixo do normal	14,5 a 20
Peso normal	20 a 24,9
Sobrepeso	25 a 29,9
Obesidade	30 a 39,9
Obesidade mórbida	Igual ou acima de 40

Nova Escola, n. 172, maio 2004.

A partir dos dados biométricos de Duílio e Sandra e da Escala de IMC, o valor IMC e a categoria em que cada uma das pessoas se posiciona na Escala são:

a) Duílio tem o IMC 26,7 e Sandra tem o IMC 26,6, estando ambos na categoria de sobrepeso.
b) Duílio tem o IMC 27,3 e Sandra tem o IMC 29,1, estando ambos na categoria de sobrepeso.
c) Duílio tem o IMC 27,3 e Sandra tem o IMC 26,6, estando ambos na categoria de sobrepeso.
d) Duílio tem o IMC 25,6, estando na categoria de sobrepeso, e Sandra tem o IMC 24,7, estando na categoria de peso normal.
e) Duílio tem o IMC 25,1, estando na categoria de sobrepeso, e Sandra tem o IMC 22,6, estando na categoria de peso normal.

76. Todo o país passa pela primeira fase de campanha de vacinação contra a gripe suína (H1N1). Segundo um médico infectologista do Instituto Emílio Ribas, de São Paulo, a imunização "deve mudar", no país, a história da epidemia. Com a vacina, de acordo com ele, o Brasil tem a chance de barrar uma tendência do crescimento da doença, que já matou 17 mil no mundo. A tabela apresenta dados específicos de um único posto de vacinação.

Campanha de vacinação contra a gripe suína		
Datas da vacinação	**Público-alvo**	**Quantidade de pessoas vacinadas**
8 a 19 de março	Trabalhadores da saúde e indígenas	42
22 de março a 2 de abril	Portadores de doenças crônicas	22
5 a 23 de abril	Adultos saudáveis entre 20 e 29 anos	56
24 de abril a 7 de maio	População com mais de 60 anos	30
10 a 21 de maio	Adultos saudáveis entre 30 e 39 anos	50

Disponível em: <http://img.terra.com.br>. Acesso em: 26 abr. 2010 (adaptado).

Escolhendo-se aleatoriamente uma pessoa atendida nesse posto de vacinação, a probabilidade de ela ser portadora de doença crônica é:

a) 8%
b) 9%
c) 11%
d) 12%
e) 22%

77. O gráfico mostra a velocidade de conexão à internet utilizada em domicílios no Brasil. Esses dados são resultado da mais recente pesquisa, de 2009, realizada pelo Comitê Gestor da Internet (CGI).

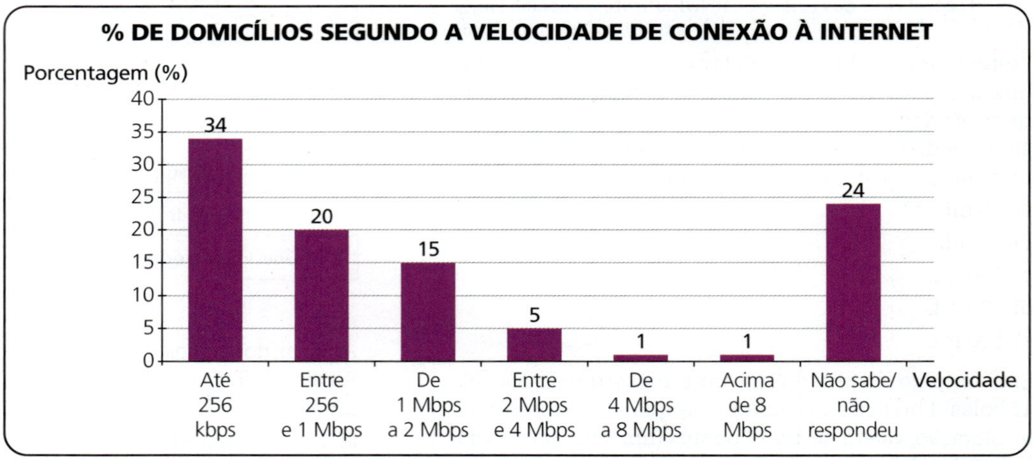

Disponível em: <http://agencia.ipea.gov.br>.
Acesso em: 28 abr. 2010 (adaptado).

Escolhendo-se, aleatoriamente, um domicílio pesquisado, qual a chance de haver banda larga de conexão de pelo menos 1 Mbps neste domicílio?

a) 0,45 b) 0,42 c) 0,30 d) 0,22 e) 0,15

78. Um técnico em refrigeração precisa revisar todos os pontos de saída de ar de um escritório com várias salas.

Na imagem apresentada, cada ponto indicado por uma letra é a saída do ar, e os segmentos são as tubulações.

Iniciando a revisão pelo ponto K e terminando em F, sem passar mais de uma vez por cada ponto, o caminho será passando pelos pontos:

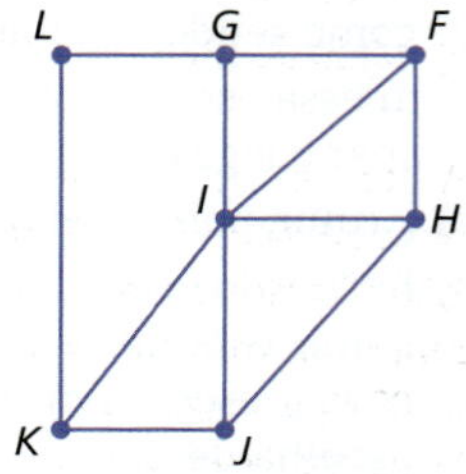

a) *K*, *I* e *F*.
b) *K*, *J*, *I*, *G*, *L* e *F*.
c) *K*, *L*, *G*, *I*, *J*, *H* e *F*.
d) *K*, *J*, *H*, *I*, *G*, *L* e *F*.
e) *K*, *L*, *G*, *I*, *H*, *J* e *F*.

79. O termo agronegócio não se refere apenas à agricultura e à pecuária, pois as atividades ligadas a essa produção incluem fornecedores de equipamentos, serviços para a zona rural, industrialização e comercialização dos produtos. O gráfico seguinte mostra a participação percentual do agronegócio no PIB brasileiro.

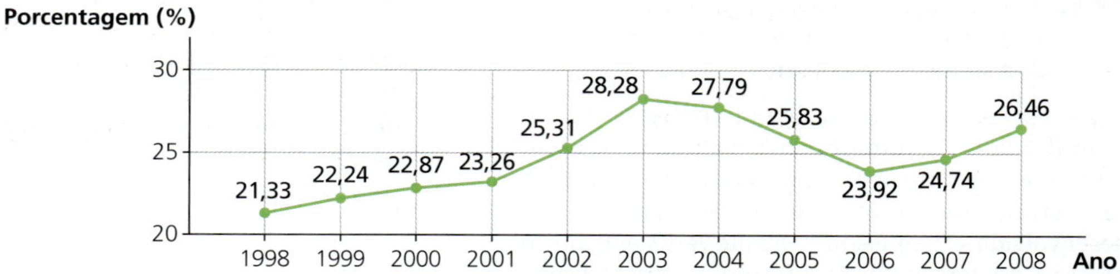

Centro de Estudos Avançados em Economia Aplicada (CEPEA). *Almanaque Abril 2010*. São Paulo: Abril, ano 36 (adaptado).

Esse gráfico foi usado em uma palestra na qual o orador ressaltou uma queda da participação do agronegócio no PIB brasileiro e a posterior recuperação dessa participação, em termos percentuais.

Segundo o gráfico, o período de queda ocorreu entre os anos de:

a) 1998 e 2001.
b) 2001 e 2003.
c) 2003 e 2006.
d) 2003 e 2007.
e) 2003 e 2008.

80. O setor de recursos humanos de uma empresa vai realizar uma entrevista com 120 candidatos a uma vaga de contador. Por sorteio, eles pretendem atribuir a cada candidato um número, colocar a lista de números em ordem numérica crescente e usá-la para convocar os interessados. Acontece que, por um defeito do computador, foram gerados números com 5 algarismos distintos e, em nenhum deles, apareceram dígitos pares.

Em razão disso, a ordem de chamada do candidato que tiver recebido o número 75.913 é:

a) 24 b) 31 c) 32 d) 88 e) 89

81. Uma enquete, realizada em março de 2010, perguntava aos internautas se eles acreditavam que as atividades humanas provocam o aquecimento global. Eram três as alternativas possíveis e 279 internautas responderam à enquete, como mostra o gráfico.

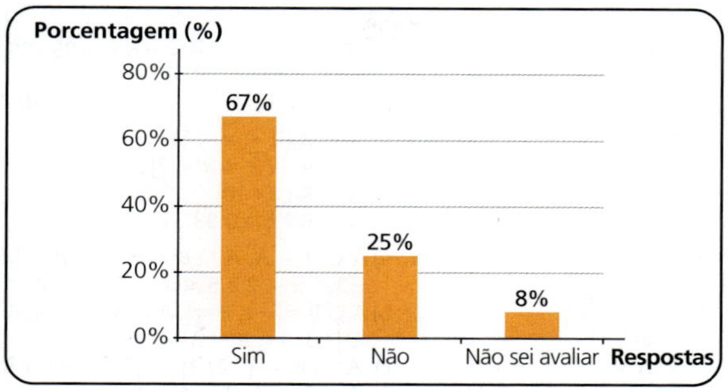

Época, ed. 619, 29 mar. 2010 (adaptado).

Analisando os dados do gráfico, quantos internautas responderam "NÃO" à enquete?

a) Menos de 23.
b) Mais de 23 e menos de 25.
c) Mais de 50 e menos de 75.
d) Mais de 100 e menos de 190.
e) Mais de 200.

82. A cor de uma estrela tem relação com a temperatura em sua superfície. Estrelas não muito quentes (cerca de 3.000 K) nos parecem avermelhadas. Já as estrelas amarelas, como o Sol, possuem temperatura em torno dos 6.000 K; as mais quentes são brancas ou azuis porque sua temperatura fica acima dos 10.000 K.

A tabela apresenta uma classificação espectral e outros dados para as estrelas dessas classes.

Estrelas da sequência principal				
Classe Espectral	**Temperatura**	**Luminosidade**	**Massa**	**Raio**
O5	40.000	5×10^5	40	18
B0	28.000	2×10^4	18	7
A0	9.900	80	3	2,5
G2	5.770	1	1	1
M0	3.480	0,06	0,5	0,6

Temperatura em Kelvin

Luminosidade, massa e raio, tomando o Sol como unidade. Disponível em: <http://www.zenite.nu>. Acesso em: 1º maio 2010 (adaptado).

Se tomarmos uma estrela que tenha temperatura 5 vezes maior que a temperatura do Sol, qual será a ordem de grandeza de sua luminosidade?

a) 20.000 vezes a luminosidade do Sol.
b) 28.000 vezes a luminosidade do Sol.
c) 28.850 vezes a luminosidade do Sol.
d) 30.000 vezes a luminosidade do Sol.
e) 50.000 vezes a luminosidade do Sol.

83. Considere que uma pessoa decida investir uma determinada quantia e que lhe sejam apresentadas três possibilidades de investimento, com rentabilidades líquidas garantidas pelo período de um ano, conforme descritas:

Investimento A: 3% ao mês

Investimento B: 36% ao ano

Investimento C: 18% ao semestre

As rentabilidades, para esses investimentos, incidem sobre o valor do período anterior. O quadro fornece algumas aproximações para a análise das rentabilidades:

n	$1{,}03^n$
3	1,093
6	1,194
9	1,305
12	1,426

Para escolher o investimento com a maior rentabilidade anual, essa pessoa deverá:

a) escolher qualquer um dos investimentos A, B ou C, pois as suas rentabilidades anuais são iguais a 36%.
b) escolher os investimentos A ou C, pois suas rentabilidades anuais são iguais a 39%.
c) escolher o investimento A, pois a sua rentabilidade anual é maior que as rentabilidades anuais dos investimentos B e C.
d) escolher o investimento B, pois sua rentabilidade de 36% é maior que as rentabilidades de 3% do investimento A e de 18% do investimento C.
e) escolher o investimento C, pois sua rentabilidade de 39% ao ano é maior que a rentabilidade de 36% ao ano dos investimentos A e B.

84. A resistência das vigas de dado comprimento é diretamente proporcional à largura (b) e ao quadrado da altura (d), conforme a figura. A constante de proporcionalidade k varia de acordo com o material utilizado na sua construção.

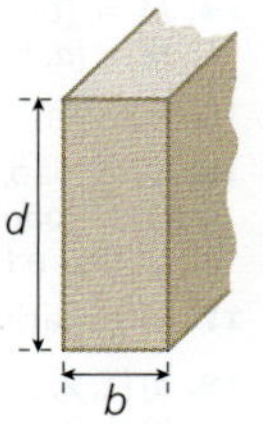

Considerando-se S como a resistência, a representação algébrica que exprime essa relação é:

a) $S = K \cdot b \cdot d$
b) $S = b \cdot d^2$
c) $S = K \cdot b \cdot d^2$
d) $S = \dfrac{K \cdot b}{d^2}$
e) $S = \dfrac{K \cdot d^2}{b}$

85. Uma indústria fabrica um único tipo de produto e sempre vende tudo o que produz. O custo total para fabricar uma quantidade q de produtos é dado por uma função, simbolizada por CT, enquanto o faturamento que a empresa obtém com a venda da quantidade q também é uma função, simbolizada por FT. O lucro total (LT) obtido pela venda da quantidade q de produtos é dado pela expressão $LT(q) = FT(q) - CT(q)$.

Considerando-se as funções $FT(q) = 5q$ e $CT(q) = 2q + 12$ como faturamento e custo, qual a quantidade mínima de produtos que a indústria terá de fabricar para não ter prejuízo?

a) 0 b) 1 c) 3 d) 4 e) 5

Respostas

Cap. 1 Conjuntos

1. a) $A = \{11, 12, 13, 14, 15, 16, 17, 18, 19\}$
b) $B = \{0, 3, 6, ...\}$
c) $C = \{101, 103, 105, ...\}$
d) $D = \{A, E, I, O\}$

2. a) $M = \{29, 31\}$
b) $N = \{R\}$
c) $O = \{\ \}$

3. respostas possíveis:
a) *D*: conjunto dos números naturais múltiplos de 12 e menores que 40
b) *E*: conjunto dos nomes das fases da Lua
c) *F*: conjunto dos números ímpares maiores que 3 e menores que 21

4. respostas possíveis:
a) *G*: conjunto dos números naturais pares menores que 11
b) *H*: conjunto dos números primos menores que 15
c) *I*: conjunto dos nomes das cores da bandeira brasileira

5. a) F b) V c) V d) F e) V f) V

6. a) F b) V c) V d) V e) V f) F

7. a) $X = \{0, 1, 2, 3, 4, 5, 6, 7, 8, 9\}$
b) $Y = \{-9, -8, -7, -6, -5, -4, -3, -2, -1, 0, 1, 2, 3, 4, 5, 6, 7, 8, 9\}$

8. a) $A = \{2\}$ b) $B = \{-2, 2\}$ c) $C = \{-2, 2\}$

9. a) unitário b) vazio c) unitário d) vazio

10. a) F b) V c) F d) V e) F f) V g) F h) V i) V

11. a) $B = \{2, 4, 6, 8, 10, 12\}$
b) $C = \{2, 3, 5, 7, 11, 13\}$

12. respostas possíveis: $C \subset B$, $B \supset C$, $C \subset A$, $A \supset C$, $A \not\subset B$, $B \not\subset A$

13. respostas possíveis: $C \subset B$, $B \supset C$, $C \not\subset A$, $A \not\subset C$, $B \not\subset A$, $A \not\subset B$

14. $M = \{b\}$ ou $M = \{a, b\}$ ou $M = \{b, c\}$ ou $M = \{a, b, c\}$

15. $A = \varnothing$

16. O = {João, Rui} ou O = {João, Rui, Jonas} ou O = {João, Rui, Carlos} ou O = {João, Rui, Carlos e Jonas}

17. alternativa **d**

18. a) {1, 2, 3, 4} b) {1, 3, 5} c) {1, 2, 3, 4, 5} d) {1, 2, 3, 4, 5}

19. a) {4, 5} b) {5, 6} c) {3, 5} d) {5}

20. a) *P* b) $\varnothing$ c) *M* d) $\varnothing$

21. a) {3, 4, 5, 6, 9}
b) {3, 5, 6}

22. $A = \{15\}$ e $B = \{15\}$ ou $A = \varnothing$ e $B = \{15\}$ ou $A = \{15\}$ e $B = \varnothing$

23. respostas possíveis: $A = \{0, 15\}$ e $B = \{15, 20\}$ ou $A = \{15\}$ e $B = \{5, 15\}$

24. $X = \{5\}$ ou $X = \{2, 5\}$ ou $X = \{4, 5\}$ ou $X = \{2, 4, 5\}$

25. a) $\varnothing$ b) {5} c) {5, 6, 7, 8, 9}

26. a) $A - B$
b) $A - B - C$ ou $A - C - B$

27. a) {4, 5, 6} b) {3, 5} c) {2, 3}

28. a) {0, 1, 2, 3, 4, 5, 6, 7, 8, 9} b) {3} c) {5} d) {1,2}

29. a) {6, 8, 10}
b) {0, 2, 10}
c) {0, 2, 6, 8, 10}
d) {6, 8}

30. resposta possível:

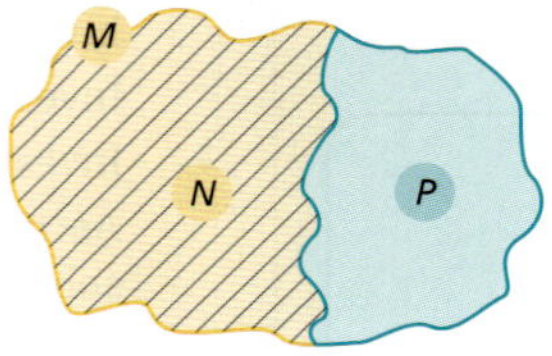

31. $X = \{c, a, t\}$ e $Y = \{a, t\}$

32. o próprio conjunto C

33. $A = \{1, 3, 4\}$

34. a) 15 b) 27 c) 0 d) 5

35. a) V b) F c) V d) F e) V f) V

36. 293 adolescentes

37. 47 alunos

38. 7 camisetas

39. 25 pessoas

40. 775 hambúrgueres

41. marca A: 90, marca B: 70, marca C: 75

42. 30 alunos

43. 8; 34

44. 260 pessoas

45. a) 46%

46. a) $\mathbb{N}$ b) $\mathbb{Q}$ c) $\mathbb{Z}$ d) $\mathbb{Q}_+$ e) $\mathbb{Q}_+$

47. a) F b) F c) V d) V e) F f) V g) F h) F

48. a) V b) V c) F d) F e) F f) V

49.

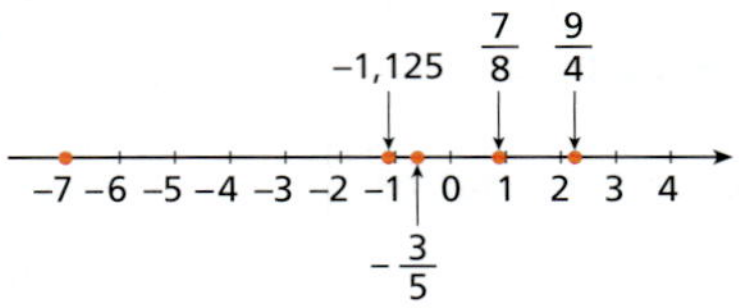

50.

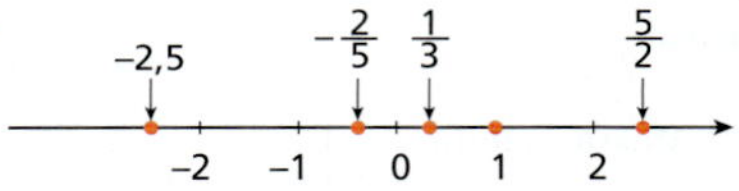

51. respostas possíveis:
a) $\frac{6}{5}, \frac{7}{5}, \frac{8}{5}, \frac{9}{5}$
b) $-\frac{13}{5}, -\frac{27}{10}, -\frac{14}{5}, -\frac{29}{10}$
c) $\frac{8}{16} = \frac{1}{2}$; logo não há número racional entre eles.

52. respostas possíveis:
a) $\frac{991}{1.000}, \frac{992}{1.000}, \frac{993}{1.000}, \frac{994}{1.000}$
b) $-\frac{10.001}{1.000}, -\frac{10.002}{1.000}, -\frac{10.003}{1.000}, -\frac{10.004}{1.000}$
c) $\frac{14}{10}, \frac{141}{100}, \frac{142}{100}, \frac{143}{100}$

53. a) $\notin$ b) $\notin$ c) $\notin$ d) $\in$ e) $\in$

54. a) $\subset$ b) $\not\subset$ c) $\subset$ d) $\subset$

55. a) $\not\subset$ b) $\not\subset$ c) $\subset$ d) $\subset$ e) $\not\subset$ f) $\not\subset$

56. a) V b) V c) V d) F

57. a) infinitos
b) 10 elementos
c) 0 elementos
d) infinitos

58.

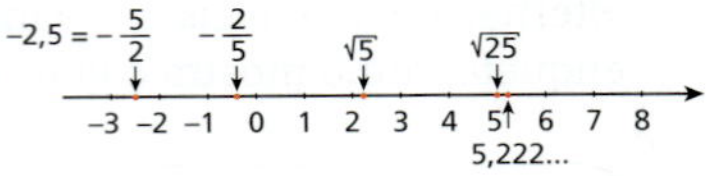

$-2{,}5 = -\frac{5}{2} < -\frac{2}{5} < \sqrt{5} < \sqrt{25} < 5{,}222...$

59. a) V b) V c) F d) V

60. a) $\{x \in \mathbb{R} \mid 1 < x < 5\}$
b) $\{x \in \mathbb{R} \mid \sqrt{2} \leqslant x < 7\}$
c) $\{x \in \mathbb{R} \mid x < 0\}$
d) $\{x \in \mathbb{R} \mid x \geqslant 0{,}33...\}$

61. a) $A \cup B = A$, $A \cap B = B$, $A - B = \{x \in \mathbb{R} / -3 < x < 2 \text{ e } 5 \leqslant x < 7\}$, $B - A = \varnothing$
b) $A \cup B = [-1, +\infty[$, $A \cap B =]1, 6[$, $A - B = [-1, 1]$, $B - A = [6, +\infty[$
c) $A \cup B = [-3, 1] \cup [2, 5[$, $A \cap B = \varnothing$, $A - B = A$, $B - A = B$

62. a) $]0, 3]$ b) $]-2, 4]$ c) $]-2, 0]$ d) $]3, 4]$

63. a) A
b) B
c) $\left[-\frac{1}{2}, -\frac{1}{3}\right] \cup \left]2, \frac{15}{7}\right]$
d) $\varnothing$
e) $\left[-\frac{1}{2}, -\frac{1}{3}\right] \cup \left]2, \frac{15}{7}\right]$

64. $\left]-2, \frac{1}{3}\right[\cup \left]\frac{1}{2}, 2\right[$

Ficha de revisão

1. $-7 < -6 < -\sqrt{16} < -\sqrt{10} < -1{,}333... < \frac{2}{5} < \sqrt{4} < \sqrt{9}$

2. a) {−20, −10, −4, −2, 2, 4, 10, 20}
b) {5, 6, 7, 8, ...}
c) $\varnothing$

3. {2, 5, 7}

4. a) {0, 1, 2, 3, 4, 5, 6}
b) {0, 1, 2, 3, 4, 5, 6}
c) {1, 2 ,3, 4, 5, 6}
d) {1, 2, 3, 4}
e) {3, 4}
f) {3, 4, 5, 6}

5. a) {*a*, *b*, *c*}
b) {*z*, *w*}
c) {*b*, *c*, *x*, *y*}
d) {*e*, *i*, *o*, *u*}
e) {*x*, *y*, *z*, *w*}
f) {*a*, *e*, *i*, *o*, *u*}

6. a) região 4 b) $\varnothing$ c) $\varnothing$

7. a) $]0, 3]$ b) $]-2, 4]$ c) $]-2, 0]$ d) $]3, 4]$

8. 200 pessoas

9. a) $]5, +\infty[$ b) $]-\infty, 3]$ c) $]3, 5]$

10. a) 12 alunos
b) 23 alunos
c) 15 alunos

11. A **12.** 3 **13.** 14

Questões de vestibular

1. alternativa **d**
2. alternativa **c**
3. alternativa **c**
4. 3
5. alternativa **d**
6. alternativa **a**
7. a) 17 b) 7
8. alternativa **a**
9. alternativa **c**
10. alternativa **a**
11. alternativa **c**
12. alternativa **e**
13. alternativa **d**
14. alternativa **d**

Cap. 2 Funções

1. a) do número de locações
b) o número de locações
c) o preço de locações
d) $y = 5x$
e) R$ 100,00
f) 10 locações

2. a) diâmetro da base e preço de custo
b) R$ 0,09 c) 5 mm d) R$ 45,00

3. a) $f(x) = 3x$ b) $f(x) = x^4$ c) $f(x) = 4x - 2$

4. a) É função, pois cada elemento de A tem um único correspondente em B.
b) Não é função, pois existe um elemento em A (3) que tem dois correspondentes em B.
c) Não é função, pois existe um elemento em A (5) que não tem correspondentes em B.

5. a)

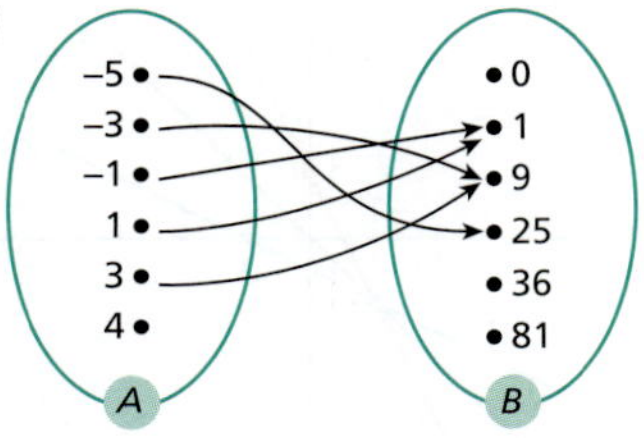

b) Não, pois existe um elemento em A (4) que não tem correspondente em B.

6. a) $D(f) = A$; $CD(f) = B$; $Im(f) = \{6, 7, 8, 9\}$
b) Não existe x tal que $f(x) = 4$.
c) $f(5) = 6$

7. $s(\ell) = 2\ell^2$; $D(s) = \mathbb{R}_+^*$; $Im(s) = \mathbb{R}_+^*$

8. a) 1 b) 2 c) 3 d) 4

9. a) 17 b) −7 c) −47 d) 37

10. a) $D(f) = \mathbb{R}$
b) $D(g) = \{x \in \mathbb{R} \mid x \neq -3\}$
c) $D(h) = \mathbb{R}$
d) $D(i) = \{x \in \mathbb{R} \mid x \geq 8\}$
e) $D(j) = \{x \in \mathbb{R} \mid x \geq 1 \text{ e } x \neq 3\}$
f) $D(k) = \mathbb{R}^*$

11. a) 3 b) −12 c) 4 d) −6 e) $\frac{9}{4}$ f) 0 g) 0 h) Não há zero. i) −6 j) 1

12. a) $D(u) = \mathbb{R} - \{2, 3\}$ b) $-\frac{3}{2}$ c) $\frac{11}{56}$ d) $-\frac{73}{42}$

13. a) $Im(v) = [2, 18]$
b) $Im(w) = \left[\frac{1}{3}, 1\right]$
c) $Im(f) = \left[\frac{1}{7}, \frac{1}{2}\right]$

14. −2 ou 4 **15.** −29

16. a) $a = 3$; $b = 2$ b) $-\frac{2}{3}$

17.

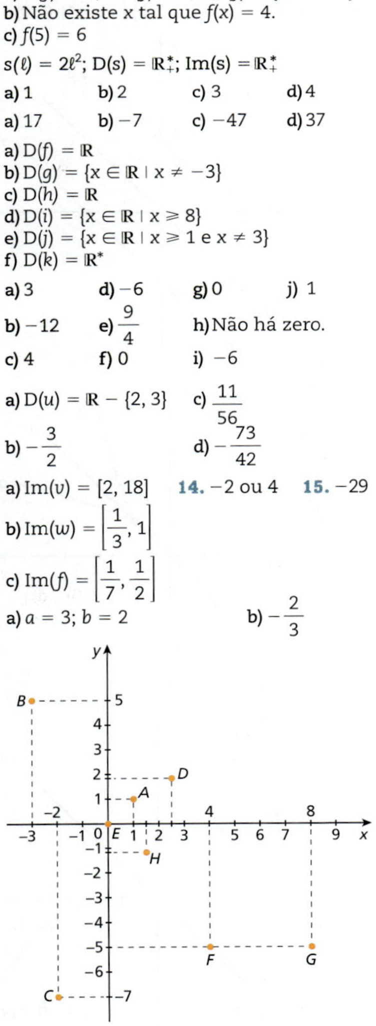

18. a)

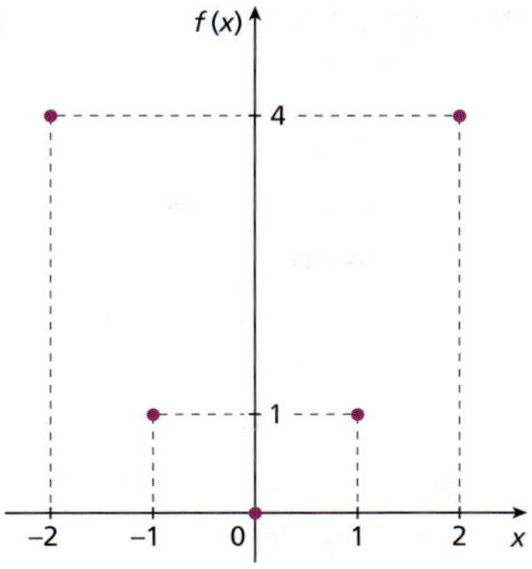

b)

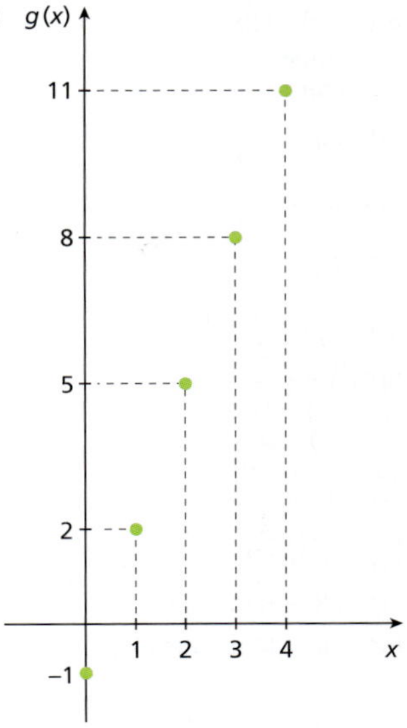

c)

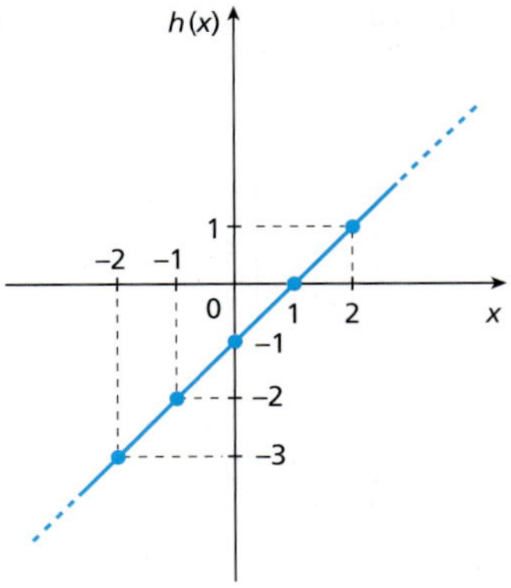

d)

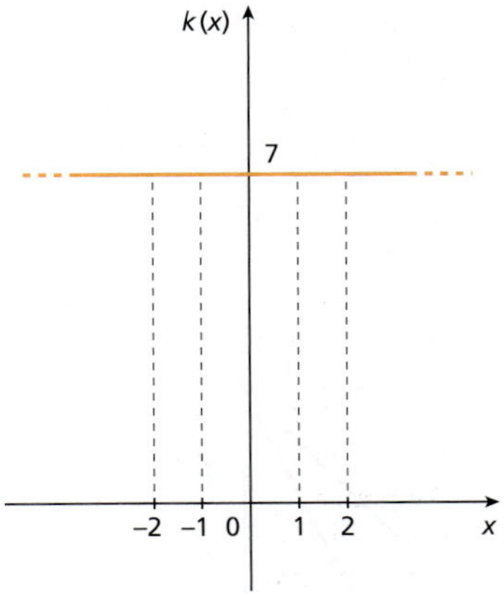

19. a) não, pois: $f(8) = 31 \neq -1$
b) É uma reta paralela ao eixo das abscissas passando por (0, 5).
c) 2
d) não, pois: $3 \notin D(f)$

20. a) variável independente: tempo; variável dependente: número de litros
b) $y = 8x$, em que y é o número de litros e x é o tempo em hora.
c) (1,5; 12)
Em 1 hora e meia a máquina produz 12 litros.
d) 6 horas → 48 litros
10 horas → 80 litros
e) 0,5 hora

21. a) $y = 2{,}50x$ b) R$ 5,00 c) R$ 3,75 d) 3ℓ; 10ℓ e) 50ℓ

22. a) $D(f) = \mathbb{R}$; $Im(f) = \mathbb{R}$; zero: 2
b) $D(g) = [1, 3]$; $Im(g) = [0, 1]$; zeros: 1 e 3
c) $D(h) = [-2, 2]$; $Im(h) = [-3, 3]$; zeros: −2, 0 e 2

23.

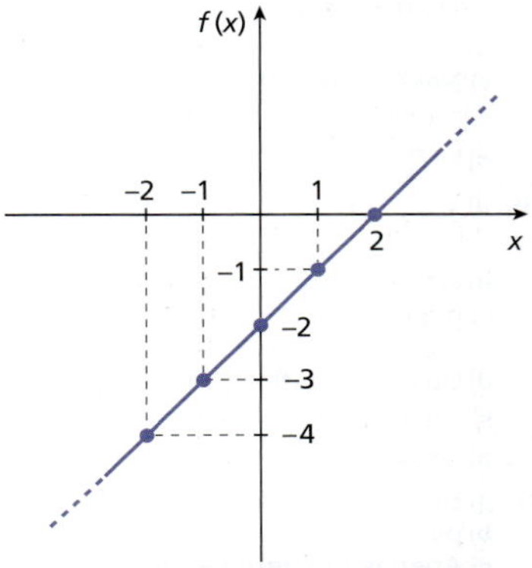

Analisando o gráfico acima, observamos que y é positivo para valores de x maiores que 2.

24. a) Não pode representar função.
b) Pode representar função.
c) Não pode representar função.
d) Pode representar função.

25. a) sim b) não

26. a) 0
b) resposta possível: 3,5
c) resposta possível: −1,5 ou 1,5
d) $D(f) = [-3, 3]$ e $Im(f) = [0,5]$
e) −2 e 2

27. a) f é crescente para $x \in \mathbb{R}$; g é crescente para $x \in [0, +\infty[$ e decrescente para $x \in]-\infty, 0]$; h é crescente para $x \in]-\infty, -1]$ e para $x \in [1, +\infty[$ e decrescente para $x \in [-1, 1]$
b) Só g tem um valor mínimo; $y = 1$

28. a)

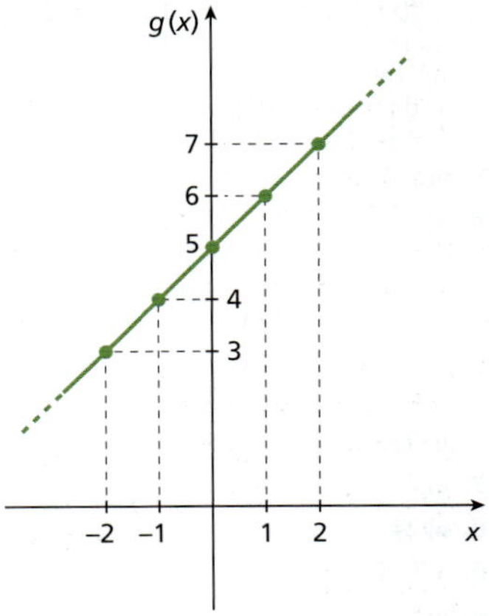

crescente

b)

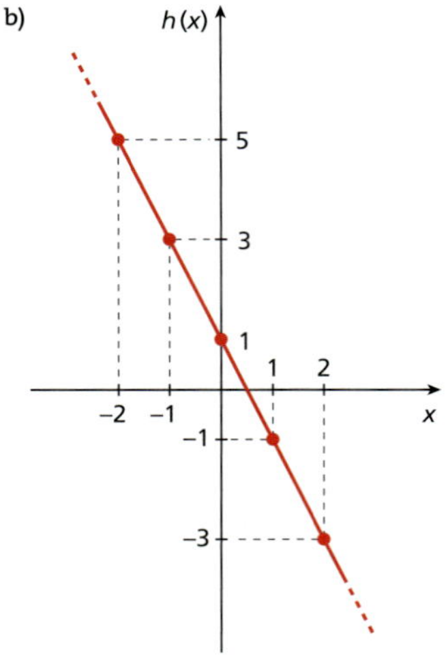

decrescente

29. a) 2 b) 4
c) Nesse intervalo, a função é positiva; não é crescente nem decrescente.
d) $D(f) = [-3, 4]$ e) $Im(f) = [-2, 4]$

30. a) V b) F c) F d) V e) V

31. a) -2 e 2
b) crescente: $[0, +\infty[$; decrescente: $]-\infty, 0]$
c) positiva: $x < -2$ ou $x > 2$; negativa: $-2 < x < 2$
d) $D(f) = \mathbb{R}$; $Im(f) = [-4, +\infty]$
e) -4; imagem de zero

32. alternativa **c**

33. a) $D(m) = \mathbb{R}$; $Im(m) =]-\infty, 3]$
b) para $x > 2$
c) Apenas um zero $(-\sqrt{6})$, porque o gráfico intercepta o eixo x uma só vez.
d) positiva em $]-\sqrt{6}, +\infty[$ e negativa em $]-\infty, -\sqrt{6}[$

34. a) 9 c) 2,26 e) 2
b) $\frac{19}{7}$ d) 4 f) $\frac{20}{7}$

35.

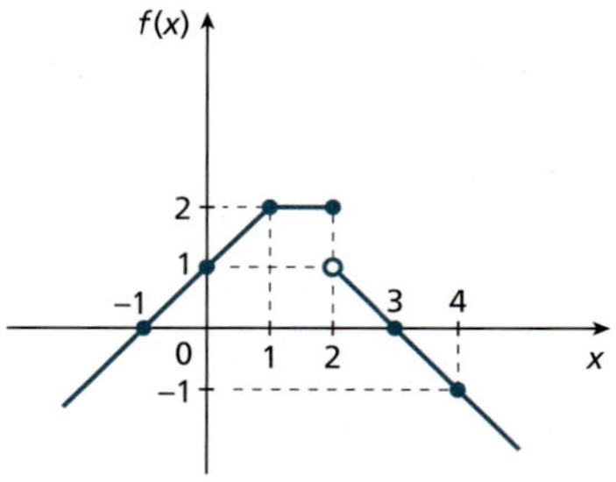

a) $f(x) > 0$ para $-1 < x < 3$
$f(x) = 0$ para $x = -1$ ou $x = 3$
$f(x) < 0$ para $x < -1$ ou $x > 3$
b) crescente: $]-\infty, 0]$
decrescente: $]2, +\infty]$
constante: $]0, 2]$
c) -1 e 3

36. a)
$$y = f(x) = \begin{cases} 10{,}5x \text{ para } x \in \mathbb{N} \text{ tal que } 0 \leqslant x < 30 \\ 17{,}5x \text{ para } x \in \mathbb{N} \text{ tal que } 30 \leqslant x \leqslant 100 \\ 28x \text{ para } x \in \mathbb{N} \text{ tal que } x > 100 \end{cases}$$
b) R$ 1.400,00; R$ 2.828,00

37. a) 7 b) 24 c) -1 d) -9

38. a) 24 b) 3

39. $-3\sqrt{2}$

40. a) 1 c) 5 e) 28
b) $\frac{5}{7}$ d) $\frac{19}{3}$ f) -87

41. a) $(f \circ g)(x) = x - 2$ b) $(g \circ f)(x) = x - 2$

42. $h(h(x)) = x^4 + 2x^2 + 2$

43. a) $(f \circ g)(x) = x^2 - 3x - 2$ e $(g \circ f)(x) = x^2 - 5x + 3$
b) $(f \circ g)(-2) = 8$ e $(g \circ f)(-2) = 17$
c) $(f \circ g)(1) = -4$ e $(g \circ f)(1) = -1$
d) 2 e 3

44. $\frac{6 + \sqrt{6}}{6}$ e $\frac{6 - \sqrt{6}}{6}$

45. $\frac{5}{2}$

46. -17

47. a) $g(x) = \frac{x + 3}{2}$ b) $n(x) = \frac{x^2 - 2}{3}$

48. a) $f(x) = 3x - 7$ b) $p(x) = x^2 + 18x$

49. a) $(f \circ (g \circ h))(x) = 60x^2 + 19$
b) $((f \circ g) \circ h)(x) = 60x^2 + 19$

50. a) sobrejetora c) injetora
b) bijetora d) sobrejetora

51. a) $f^{-1}(x) = \frac{x - 9}{4}$ d) $m^{-1}(x) = 3x - 5$
b) $g^{-1}(x) = \frac{3 - x}{2}$ e) $n^{-1}(x) = \sqrt[3]{x - 1}$
c) $h^{-1}(x) = \frac{-2x - 1}{14}$ f) $p^{-1}(x) = \frac{x^5}{2}$

52. a) $f^{-1}(x) = \frac{9x - 1}{2 - x}$
b) $D(f) = \{x \in \mathbb{R} \mid x \neq -9\}$
c) $D(f^{-1}) = \{x \in \mathbb{R} \mid x \neq 2\}$
d) $Im(f) = \mathbb{R}$
e) $Im(f^{-1}) = \mathbb{R}$
f) $(f \circ f^{-1})(x) = x$

53. a) $(f^{-1} \circ f)(x) = x$ c) $(f^{-1} \circ f)(2) = 2$
b) $(f \circ f^{-1})(x) = x$ d) $(f \circ f^{-1})(3) = 3$

54. a) $f^{-1}: \mathbb{R} \to \mathbb{R}$ tal que $f^{-1}(x) = 2x - 1$
b) $f^{-1}: B \to \mathbb{R}^*$ tal que $f^{-1}(x) = \frac{2}{x + 1}$
c) $f^{-1}: \mathbb{R}_+ \to \mathbb{R}_+$ tal que $f^{-1}(x) = \sqrt{x}$
d) $f^{-1}: \mathbb{R}_+ \to A$ tal que $f^{-1}(x) = 1 - \sqrt{x}$

55. a) $f^{-1}(x) = 3 - x$

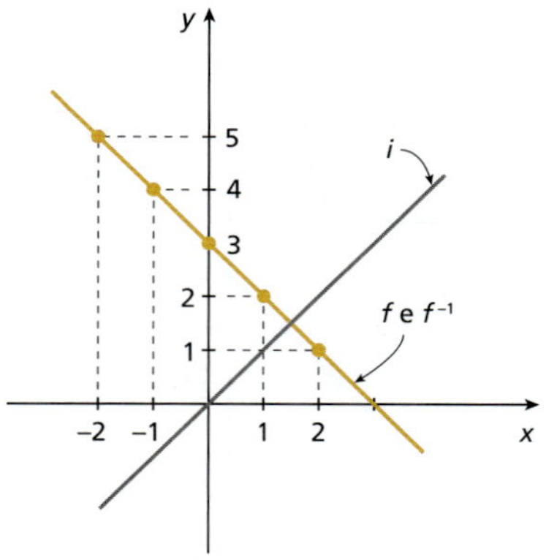

b) $g^{-1}(x) = \frac{x}{2}$

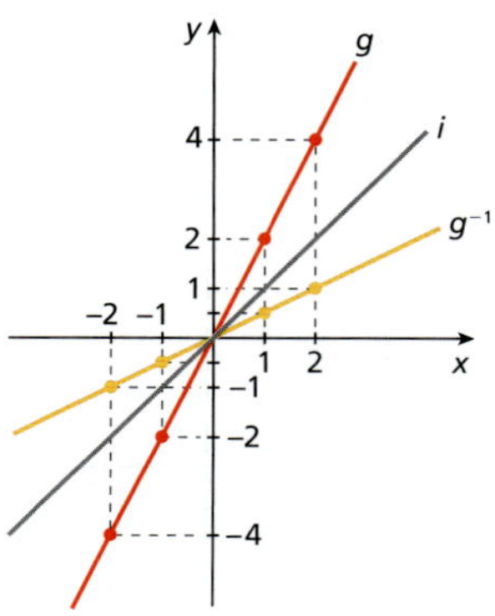

c) $h^{-1}(x) = 3x + 6$

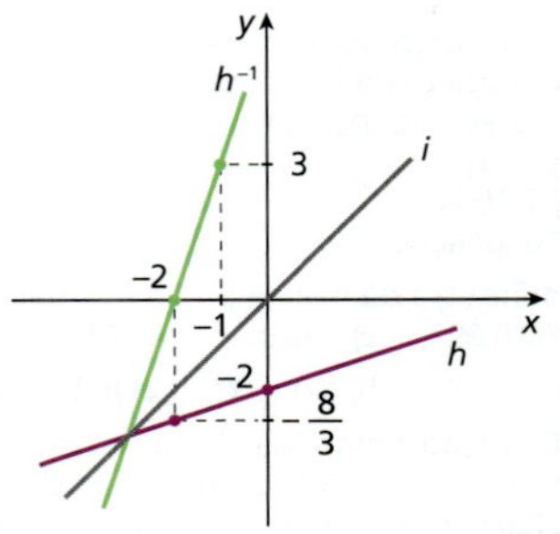

d) $k^{-1}(x) = \frac{x - 1}{2}$

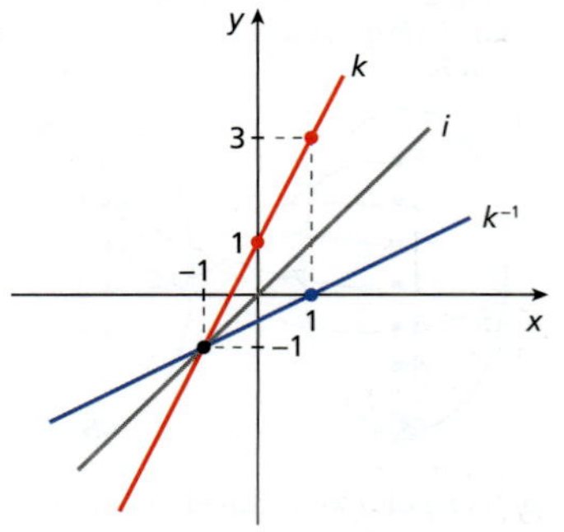

56. alternativas **a**, **c**, **d**

57. a) $f^{-1}(x) = \sqrt[3]{x}$ b) $(-1, -1)$, $(0, 0)$ e $(1, 1)$

58. a)

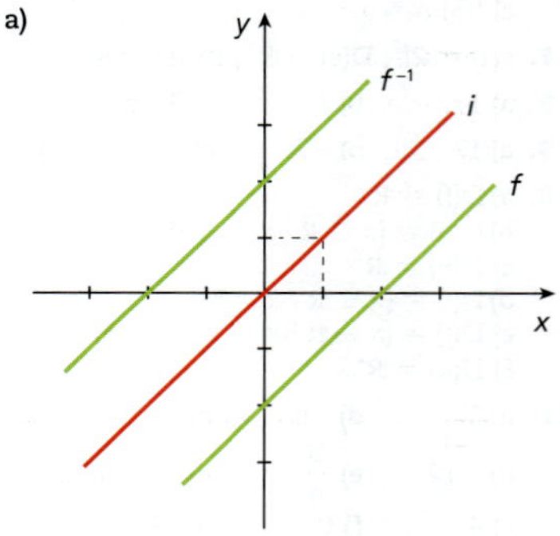

b)

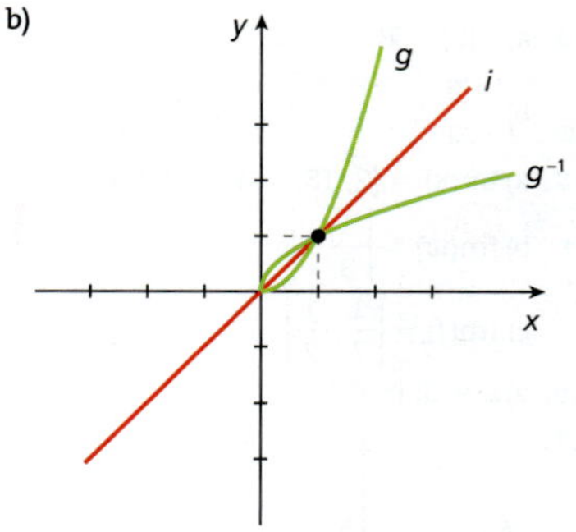

c)

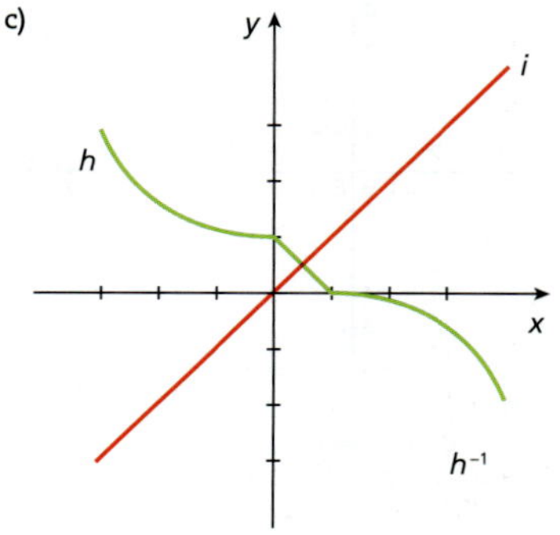

Ficha de revisão

1. a) $f: \mathbb{R}_+^* \rightarrow \mathbb{R}$
$f(x) = y = \pi x^2$
b) No par ordenado (x, y), x representa o raio do círculo, e y representa a área do círculo de raio x.
c) y (área)
d) x (raio)
e) 4A

2. $f: \mathbb{R}_+^* \rightarrow \mathbb{R}$
$f(x) = \dfrac{4\pi x^3}{3}$
a) V b) V c) V d) F

3. a) resposta possível: 75 km
b) das 10 às 11 horas
c) O par ordenado (2, 150) representa que, após 2 horas do início do movimento, ou seja, às 10 horas, Lucas havia percorrido 150 km.
d) 50 km

4. a) $f(x) = \begin{cases} 50, \text{ se } 0 \leqslant x \leqslant 1 \\ 100, \text{ se } 1 < x \leqslant 3 \text{ ou } 5 \leqslant x < 6 \\ 0, \text{ se } 3 < x < 5 \text{ ou } 6 \leqslant x \leqslant 7 \\ 75, \text{ se } 7 < x \leqslant 8 \end{cases}$
b) 250 km
c) 3 horas
d) resposta possível:
Não parar entre a 6ª e a 7ª hora da viagem e andar a 75 km/h.

5. O preço é igual nos dois postos.

Questões de vestibular

1. alternativa **b** **2.** alternativa **c**
3. alternativa **a** **4.** alternativa **d**
5. alternativa **c** **6.** alternativa **c**
7. alternativa **e**
8. a)

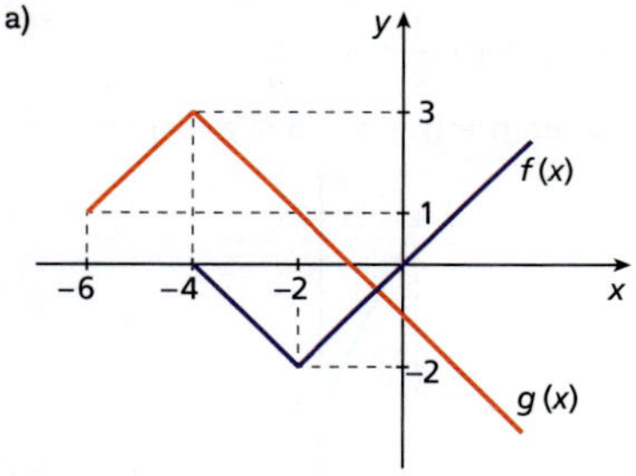

b) $D(g) = [-6, +\infty[$ e $Im(g) =]-\infty, 3]$

9. alternativa **b** **10.** alternativa **e**

Cap. 3 Função afim

1. a) $a = 2$; $b = 4$
d) $a = -\dfrac{5}{4}$; $b = 1$
e) $a = 0$; $b = -\sqrt{3}$
• Porque não assumem a forma $f(x) = ax + b$ para todo $x \in \mathbb{R}$.

2. alternativas **a**, **b**, **d**

3. a) −8 b) $-\dfrac{14}{3}$ c) $\dfrac{8}{5}$ d) 3

4. a) 7 c) $-3\sqrt{2} + 1$
b) $\dfrac{1}{3}$ d) −6

5. $-\sqrt{2}$ **6.** $\dfrac{5}{2}$ **7.** 6 **8.** $\dfrac{5}{7}$

9. $p = \pm\sqrt{2}$; $q = 3$

10. a) $f(x) = -x + 2$ c) $f(x) = -4x + 10$
b) $f(x) = -\dfrac{1}{2}x + \dfrac{2}{5}$ d) $f(x) = \dfrac{2}{3}x - \dfrac{4}{5}$

11. a) R$ 34,50; R$ 50,50
b) 331,25 minutos
c) $f(x) = \begin{cases} 34{,}50, \text{ se } 0 < x \leqslant 100 \\ 34{,}50 + 0{,}08x, \text{ se } x > 100 \end{cases}$
d) R$ 103,50

12. a) R$ 620,00 b) $f(x) = 540 + 0{,}01x$

13.

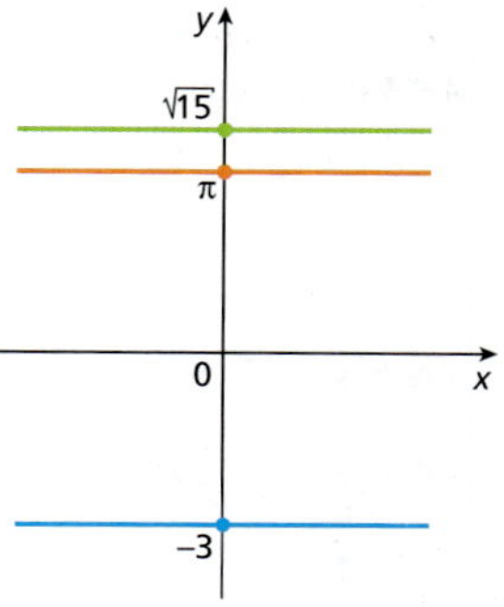

14. a) $f(x) = 2x + 3$

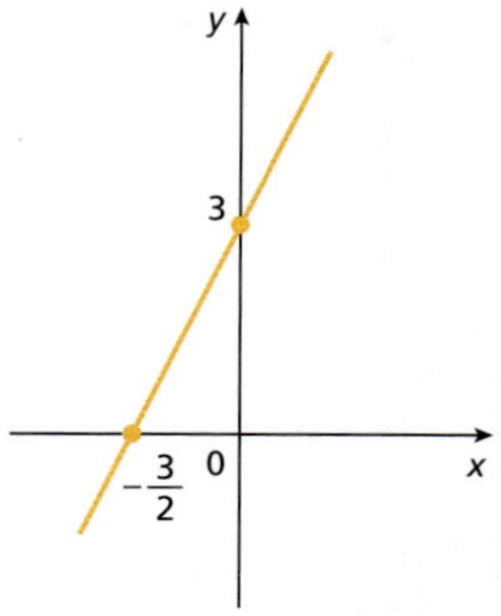

b) $g(x) = -4x + \dfrac{1}{2}$

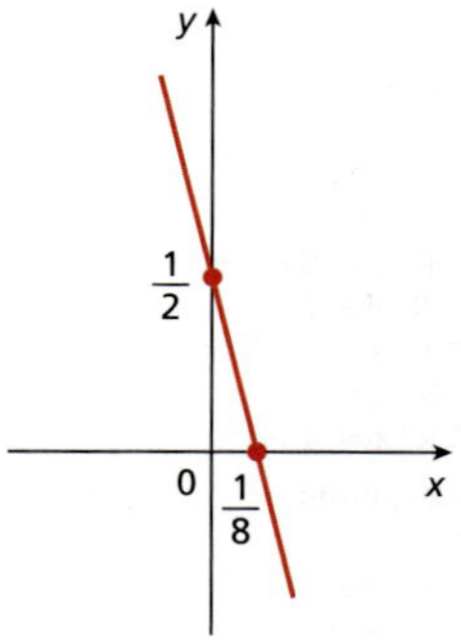

c) $h(x) = -x + 2$

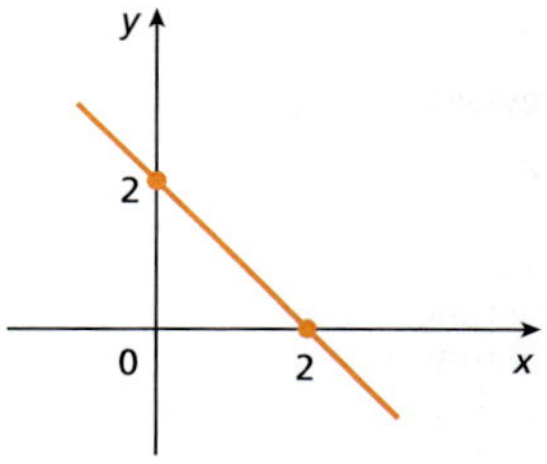

d) $i(x) = 5x - 4$

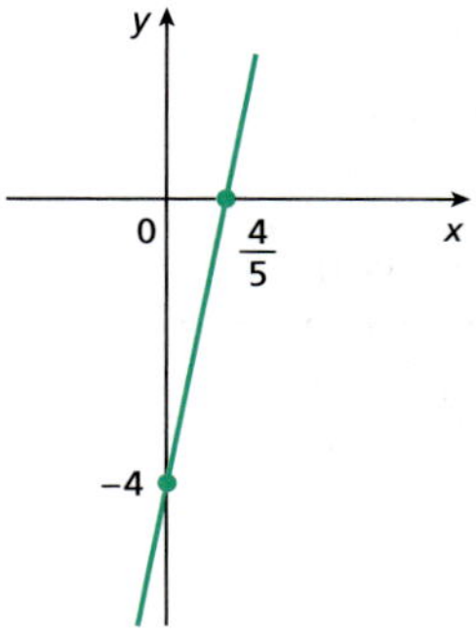

15. a) $f(x) = -\dfrac{4}{3}x + 4$ c) $f(x) = x + 1$
b) $f(x) = -\dfrac{1}{2}x - 1$ d) $f(x) = -\dfrac{5}{8}x - \dfrac{1}{2}$

16. $(9, 23)$; $\left(\dfrac{1}{2}, \dfrac{11}{2}\right)$

17. $f(x) = x + 3$; $g(x) = -x + 1$; $P(-1, 2)$

18. $A(-2, 0)$, $B\left(\dfrac{14}{5}, -\dfrac{6}{5}\right)$, $C(0, 3)$

19. a) o coeficiente (a) de x
b) Não podemos encontrar ponto comum às retas correspondentes a essas funções.

20. O barril que tem 80 litros.

21. 1,25 minuto

22. a)

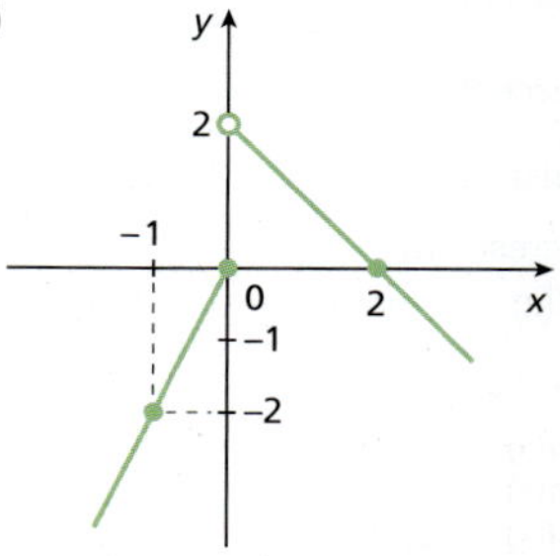

$Im(g) = \{y \in \mathbb{R} \mid y < 2\}$

b)

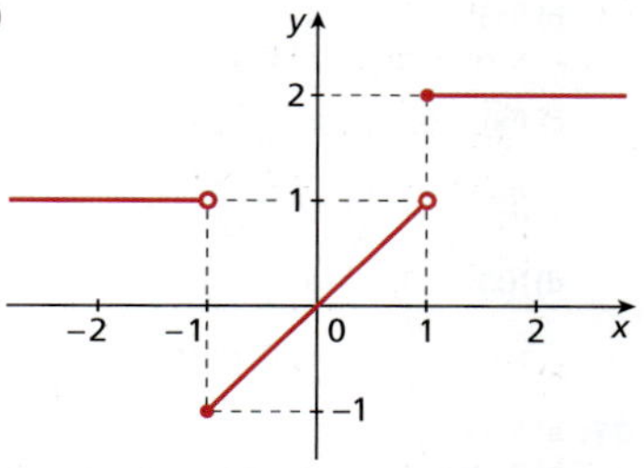

$Im(f) = \{y \in \mathbb{R} \mid -1 \leqslant y \leqslant 1 \text{ ou } y = 2\}$

23. a) $f(x) = \begin{cases} x + 2, \text{ se } x < -1 \\ 1, \text{ se } -1 \leqslant x < 1 \\ x, \text{ se } x \geqslant 1 \end{cases}$
b) $g(x) = \begin{cases} x + 2, \text{ se } x < -2 \\ \dfrac{1}{2}x + 2, \text{ se } x \geqslant -2 \end{cases}$

24. a) $s(t) = 10 + 80t$
b) $D(s) = \{t \in \mathbb{R} \mid t \geqslant 0\} = \mathbb{R}_+$;
$Im(s) = \{s \in \mathbb{R} \mid s \geqslant 10\}$
c) 330 quilômetros
d) 3 horas

25. a) R$ 8,00
b)

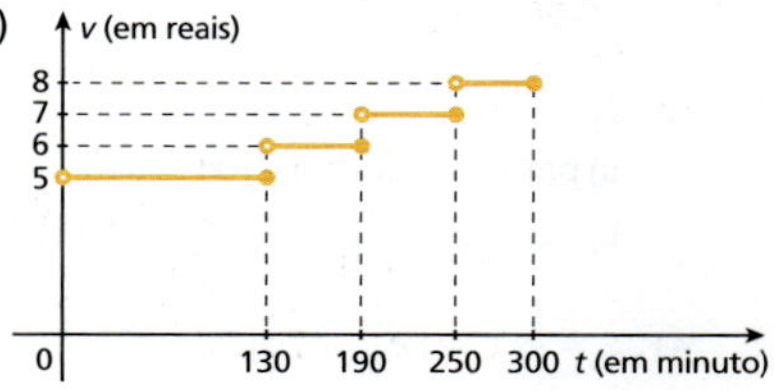

26. a)

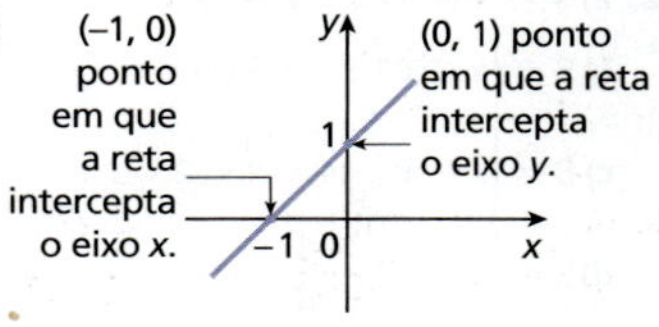

b)

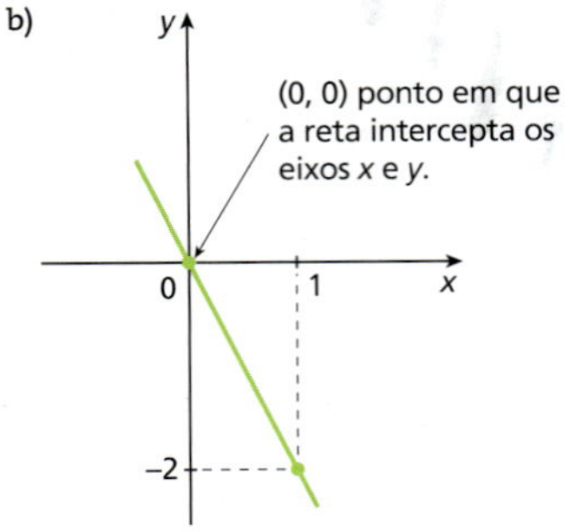

27. $m = 2$ **28.** $k = -5$ **29.** $p = 5$

30. $y = -\frac{3}{2}x - \frac{3}{4}$

31. a) decrescente c) crescente
b) crescente d) decrescente

32. crescente: $m > \frac{1}{2}$; decrescente: $m < \frac{1}{2}$

33. crescente: $k < \frac{2}{3}$; decrescente: $k > \frac{2}{3}$;
constante: $k = \frac{2}{3}$

34. decrescente

35. a) $f(x) = 0$ para $x = -\frac{1}{4}$; $f(x) > 0$ para $x > -\frac{1}{4}$; $f(x) < 0$ para $x < -\frac{1}{4}$
b) $g(x) = 0$, para $x = 2$
$g(x) > 0$, para $x < 2$
$g(x) < 0$, para $x > 2$

36. a) $f(x) = 0$, para $x = 0$; $f(x) > 0$, para $x > 0$; $f(x) < 0$, para $x < 0$
b) $f(x) = 0$, para $x = -15$; $f(x) > 0$, para $x > -15$; $f(x) < 0$, para $x < -15$
c) $f(x) = 0$, para $x = \frac{5}{2}$; $f(x) > 0$, para $x < \frac{5}{2}$; $f(x) < 0$, para $x > \frac{5}{2}$
d) $f(x) = 0$, para $x = -\frac{8}{3}$; $f(x) > 0$, para $x < -\frac{8}{3}$; $f(x) < 0$, para $x > -\frac{8}{3}$

37. a) $R_A(x) = 0{,}02x + 800$
b) a partir de vetores acima de R$ 70.000,00

38. a) $S = \{x \in \mathbb{R} \mid x \leq 4\}$
b) $S = \{x \in \mathbb{R} \mid x > 2\}$
c) $S = \{x \in \mathbb{R} \mid x > -\frac{1}{7}\}$

39. a) $x = -5$
b) $S = \{x \in \mathbb{R} \mid x > -5\}$
c) $S = \{x \in \mathbb{R} \mid x \leq -5\}$

40.

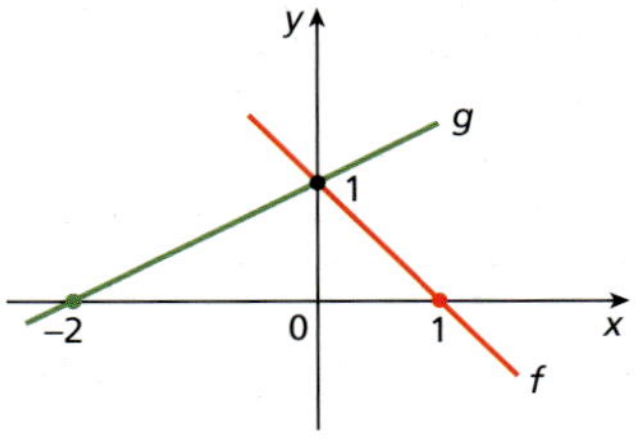

a) para $x > 0$, temos: $f(x) < g(x)$
b) $-x + 1 < \frac{1}{2}x + 1 \Rightarrow S = \{x \in \mathbb{R} \mid x > 0\}$

41. $S = \left\{x \in \mathbb{R} \mid x < -2 \text{ ou } x > \frac{1}{6}\right\}$

42. a) $S = \{x \in \mathbb{R} \mid x \leq 2 \text{ ou } x \geq 5\}$
b) $S = \left\{x \in \mathbb{R} \mid x \leq -3 \text{ ou } x \geq \frac{5}{4}\right\}$
c) $S = \left\{x \in \mathbb{R} \mid -4 < x < 2 \text{ ou } x > \frac{5}{2}\right\}$
d) $S = \left\{x \in \mathbb{R} \mid -\frac{1}{10} < x < \frac{8}{3} \text{ ou } x > \frac{18}{5}\right\}$

43. a) $S = \{x \in \mathbb{R} \mid -2 \leq x < 3\}$
b) $S = \left\{x \in \mathbb{R} \mid \frac{10}{7} \leq x < \frac{17}{4}\right\}$

44. a) $S = \left\{x \in \mathbb{R} \mid x \leq -1 \text{ ou } 3 \leq x < \frac{9}{2}\right\}$
b) $S = \left\{x \in \mathbb{R} \mid x < -4 \text{ ou } \frac{5}{8} \leq x < \frac{10}{7}\right\}$

45. a) $S = \left\{x \in \mathbb{R} \mid \frac{1}{3} \leq x < \frac{1}{2}\right\}$
b) $S = \left\{x \in \mathbb{R} \mid x < -\frac{1}{3} \text{ ou } x > 1\right\}$

46. a) $S = \left\{x \in \mathbb{R} \mid x \leq \frac{22}{3} \text{ ou } x > 9\right\}$
b) $S = \left\{x \in \mathbb{R} \mid x < \frac{9}{2} \text{ ou } x > 25\right\}$

47.

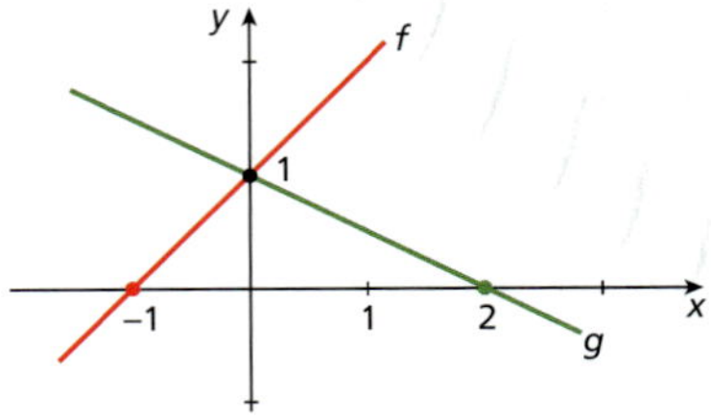

a) $x < 0$, temos $f(x) < g(x)$.
b) $S = \{x \in \mathbb{R} \mid x < 0\}$

48. a) $S = \{x \in \mathbb{R} \mid x \geq 2\}$
b) $S = \varnothing$

49. a) $S = \{x \in \mathbb{R} \mid 1 < x \leq 8\}$
b) $S = \{x \in \mathbb{R} \mid -12 \leq x \leq 2\}$

50. a) $S = \{x \in \mathbb{R} \mid -3 \leq x \leq 1\}$
b) $S = \left\{x \in \mathbb{R} \mid 1 < x \leq \frac{11}{6}\right\}$

51. a) $D(f) = \left\{x \in \mathbb{R} \mid x \geq -\frac{1}{2}\right\}$
b) $D(h) = \{x \in \mathbb{R} \mid x < 1\}$
c) $D(g) = \mathbb{R} - \{-1\}$

52. a) $D_f = \{x \in \mathbb{R} \mid x \leq 8 \text{ e } x \neq -3\}$
b) $D_g = \{x \in \mathbb{R} \mid x \geq 3\}$
c) $D_h = \{x \in \mathbb{R} \mid x \leq -10 \text{ ou } x \geq 3\}$
d) $D_i = \{x \in \mathbb{R} \mid x \leq 4\}$
e) $D_j = \{x \in \mathbb{R} \mid x \leq 4 \text{ ou } x > 12\}$

53. respostas possíveis:
a) $-x + 6 \leq 1$
b) $2 + 3x > 4 + 4x$

54. $D(f \circ g) = \{x \in \mathbb{R} \mid x \geq 2\}$
$D(g \circ f) = \{x \in \mathbb{R} \mid x \geq 0\}$

Ficha de revisão

1. a) -7 ou 7
b) -1

2. a) $a = 1$ e $b = 7$
b) Não é função afim.
c) Não é função afim.
d) $a = -\frac{1}{4}$ e $b = \frac{3}{4}$
e) Não é função afim.

3. a) decrescente
b) $\left(\frac{3}{5}, 0\right)$ e $(0, 3)$
c) $x = \frac{3}{5}$
d) $D(f) = \mathbb{R}$ e $Im(f) = \mathbb{R}$
e) $P(1, -2)$

4. $k > 1$

5. $Im(f) = \{0, 1, 2\}$

6. $x = \frac{26}{9}$

7. $-\frac{2}{3}$

8. a)

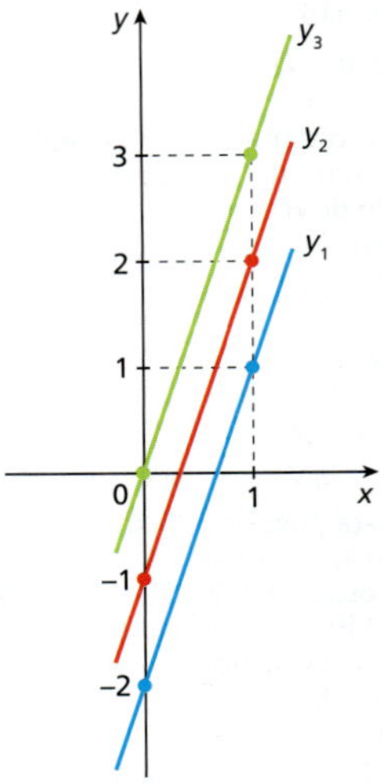

o coeficiente a do x

b)

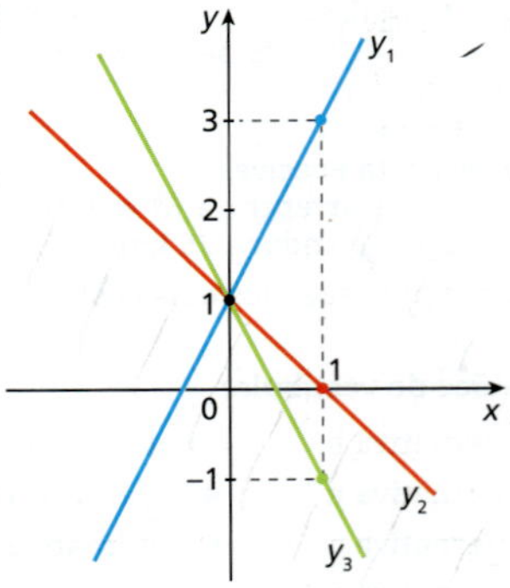

o coeficiente linear b

9. $\left\{x \in \mathbb{R} \mid \frac{1}{2} \leq x \leq 2\right\}$

10. $Im(f) = \{y \in \mathbb{R} \mid -5 < y \leq 7\}$

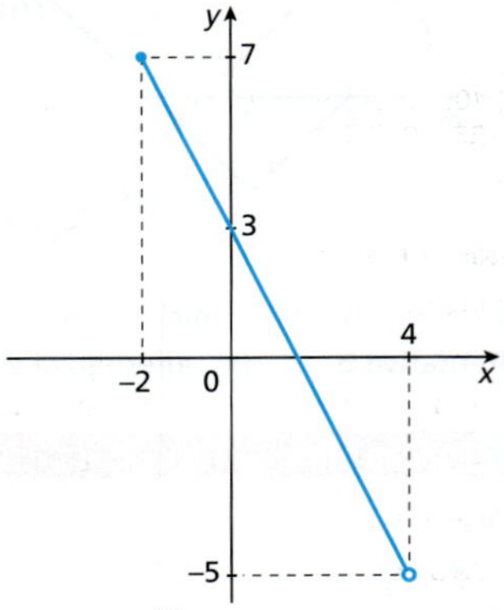

11. $y = 3x + \frac{13}{3}$

12. $f(x) = \frac{3}{2}x + 3$
sim, no ponto $P(6, 12)$

13. a) $A(3, 0)$, $B(0, 3)$, $C(6, 3)$
b)

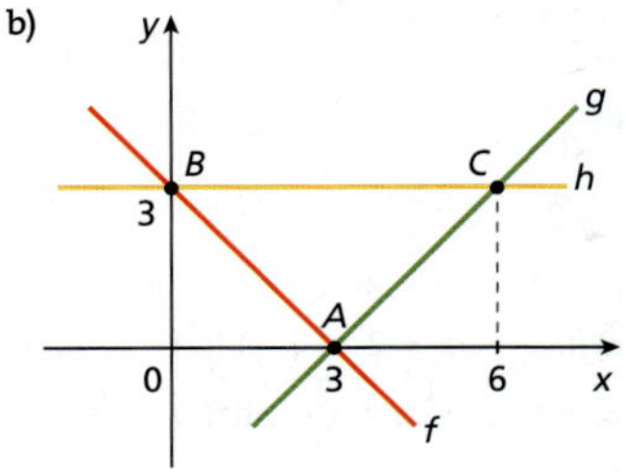

c) f é decrescente; g é crescente; h é constante

14. $\{x \in \mathbb{R} \mid -8 < x < 12\}$

15.

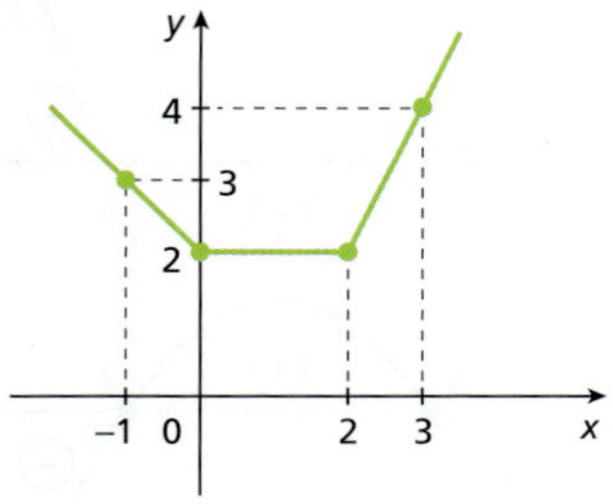

$D(f) = \mathbb{R}$
$Im(f) = \{y \in \mathbb{R} \mid y \geq 2\}$

16. alternativa **c**

17. a) $D(f) = \{x \in \mathbb{R} \mid x \geq 1\}$
b) $D(g) = \left\{x \in \mathbb{R} \mid x \geq \frac{1}{2}\right\}$
c) $D(h) = \{x \in \mathbb{R} \mid x \leq -1\}$
d) $D(i) = \varnothing$

18. alternativa **a**

19. alternativa **b**

20. $P\left(-\frac{9}{4}, \frac{1}{2}\right)$

21. $a = -2$ e $b = 6$

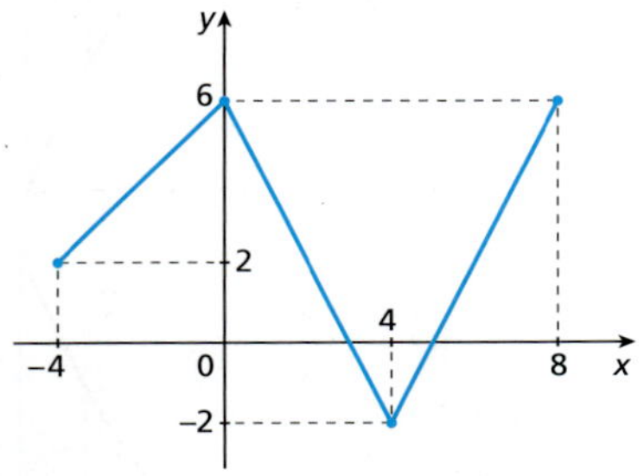

22. $y = 2{,}2 \cdot x$

23. 84 mm

24. a) $y = 50 \cdot x$
b) 100 pagantes
c) 400 frequentadores
d) R$ 4.000,00

25. 30% **26.** −273 °C

Questões de vestibular

1. a) $V(m) = \frac{5}{4}m$ b) 24 g

2. alternativa **c** **3.** alternativa **d**

4. alternativa **e** **5.** alternativa **c**

6. a) $\frac{1}{2}t + 5$; 8 kg b) $10 \leq t \leq 34$

7. alternativa **c**

8. a) R$ 3,75 b) 30 km

9. 60 km

10. a) 35 b) 24,8 cm

11. alternativa **d**

12. a) (6, 1) b) $P = 22{,}5$; $Q = 112{,}5$

13. alternativa **c** **14.** alternativa **a**

15. alternativa **e**

Cap. 4 Função quadrática

1. a) É função quadrática; $a = 1$, $b = -1$, $c = 0$.
b) É função quadrática; $a = 1$, $b = 0$, $c = \sqrt{7}$.
c) Não é função quadrática.
d) É função quadrática; $a = 1$, $b = -6$, $c = 9$.
e) Não é função quadrática.
f) Não é função quadrática.

2. a) −10 d) $x = 2$ ou $x = -5$
b) −12 e) $x = -4$ ou $x = 1$
c) 0

3. a) 0 b) $4 + 5\sqrt{2}$
c) $\frac{34}{25}$
d) $x = -1$ ou $x = 6$
e) Não existe x real que satisfaça $f(x) = 20$.

4. a) $x = -3$ ou $x = 1$
b) $x = -4$ ou $x = 2$
c) $x = -2$ ou $x = 0$
d) $x = -1$; a equação admite duas raízes reais iguais.
e) Não existe x real que satisfaça $f(x) = -5$.

5. $s(1) = 4{,}9$ m, $s(2) = 19{,}6$ m e $s(3) = 44{,}1$ m

6. $g(x) = x^2 + x + 1$

7. $\frac{64}{5}$

8. a) $p \neq \frac{3}{2}$
b) $p \neq -\frac{5}{3}$ e $p \neq -7$

9. $p \neq 3$ e $p \neq -5$

10. a) $A(x) = 4x^2 + 64x$ b) $A(x) = 228$ m²

11. a) 2; 6; 12; 90
b)

Número de pessoas do grupo	E-mails enviados
2	$2 \cdot (2 - 1)$
3	$3 \cdot (3 - 1)$
4	$4 \cdot (4 - 1)$
10	$10 \cdot (10 - 1)$

c) Sendo n o número de pessoas, o número de e-mails é $n(n - 1)$.
d) 12

12. $x(x - 1) = 12$; 4 algarismos

13. $x(x - 1) = 56$; 8 times

14. 24 alunos; $\frac{n(n-1)}{2}$

15. $d = \frac{n(n-1)}{2} - n$ ou $d = \frac{n(n-3)}{2}$

16. a) $f(x) = x^2 - 6x + 5$ $(a = 1 > 0)$
Concavidade voltada para cima.
b) $g(x) = -x^2 + 6x - 5$ $(a = -1 < 0)$
Concavidade voltada para baixo.
c) $j(x) = x^2 + 2x + 2$ $(a = 1 > 0)$
Concavidade voltada para cima.
d) $k(x) = -x^2 - 2x - 2$ $(a = -1 < 0)$
Concavidade voltada para baixo.

17. a)

x	0	1	3	5	6
$y = f(x)$	5	0	−4	0	5

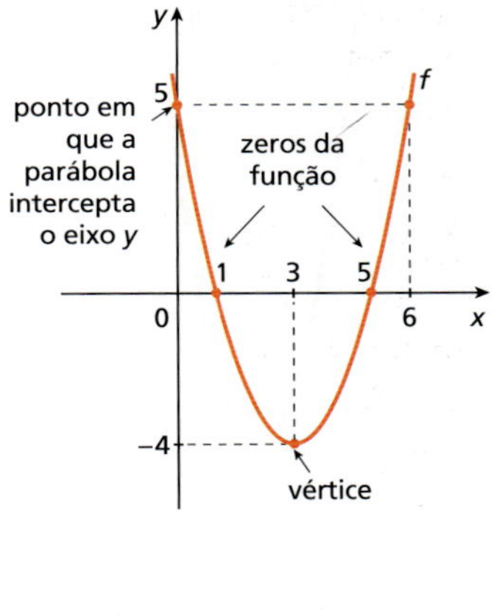

b)

x	0	1	3	5	6
$y = g(x)$	−5	0	4	0	−5

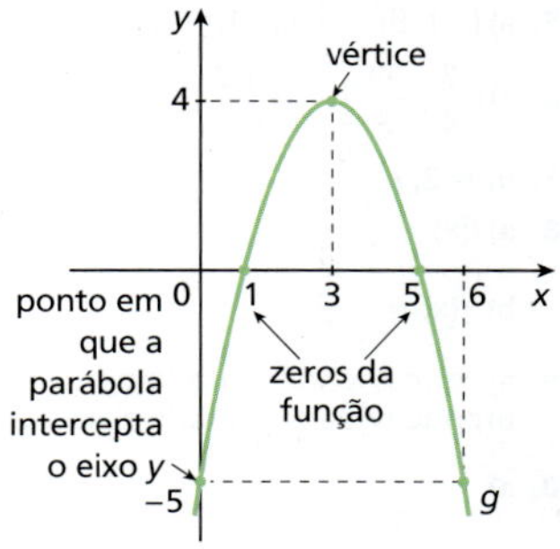

c)

x	3	2	1	0	1
$y = j(x)$	5	2	1	2	5

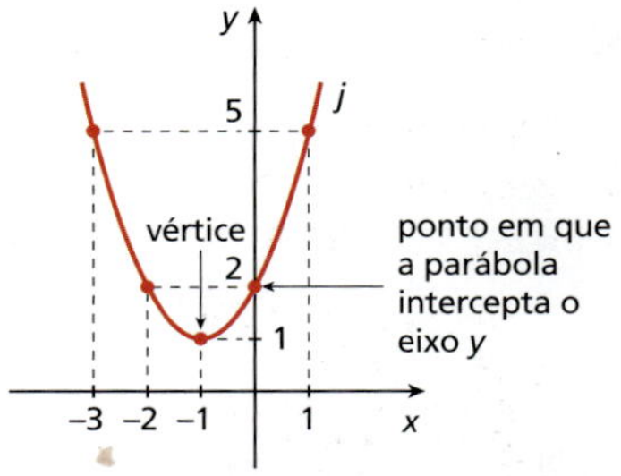

d)

x	−3	−2	−1	0	1
$y = l(x)$	−5	−2	−1	−2	−5

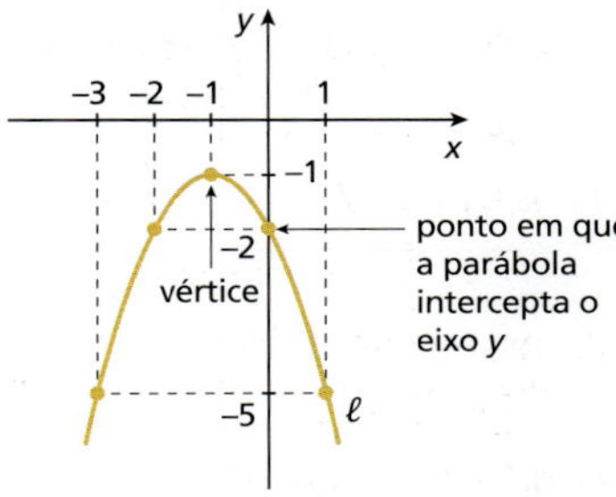

18. a) $k > 0$, concavidade é voltada para cima; $k < 0$, concavidade é voltada para baixo.
b) $k > -2$, concavidade é voltada para cima; $k < -2$, concavidade é voltada para baixo.
c) $k < -1$ ou $k > 5$, concavidade é voltada para cima; $-1 < k < 5$, concavidade é voltada para baixo.

19. a) $m \neq -6$ b) $m > -6$

20. $k \neq -3$; $k \neq 3$;
$k < -3$ ou $k > 3$, concavidade é voltada para cima; $-3 < k < 3$, concavidade é voltada para baixo.

21. a) (0, −1) b) $\left(0, \frac{1}{3}\right)$ c) (0, 0)

22. a) −2 e −1 c) $\frac{1}{3}$
b) Não admite raízes reais. d) $\frac{-3 \pm \sqrt{149}}{10}$

23. a) $k < 3$ b) $k = 3$ c) $k > 3$

24. a) $k > \frac{1}{100}$ b) $k > \frac{25}{8}$

25. $k > -\frac{16}{15}$ **26.** $k = 9$ **27.** $k < -4$

28. $k > -\frac{25}{3}$ **29.** $k = -2$ **30.** $k = -2$

31. a) $a = 1$, $b = -4$ b) $a = 1$, $b = 4$

32. 3

33. a) $f(x) = -x^2 + 2x - 2$
b) $f(x) = -2x^2 + 4x + 6$

34. $f(x) = x^2 + 8x + 15$; $f(x) = \frac{2}{3}x^2 + 4x + 6$

35. a) $(-1, 9)$ b) $(1, -9)$ c) $(-1, -4)$

36. a) $\left(\frac{3}{4}, \frac{39}{8}\right)$ b) $\left(\frac{2}{3}, \frac{25}{3}\right)$ c) $\left(\frac{3}{4}, -\frac{9}{4}\right)$

37. $m = 2, n = -8$

38. a) $f(x) = \frac{1}{5}x^2 + 2x + 10$
b) $f(x) = -\frac{1}{5}x^2 + 5$

39. a) concavidade voltada para cima
b) concavidade voltada para baixo

40. a)

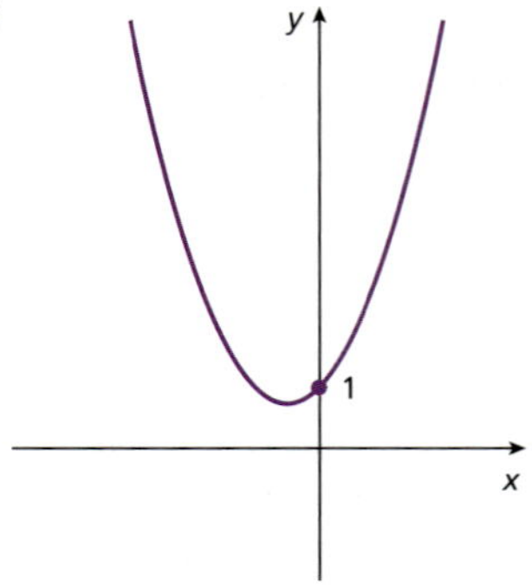

b)

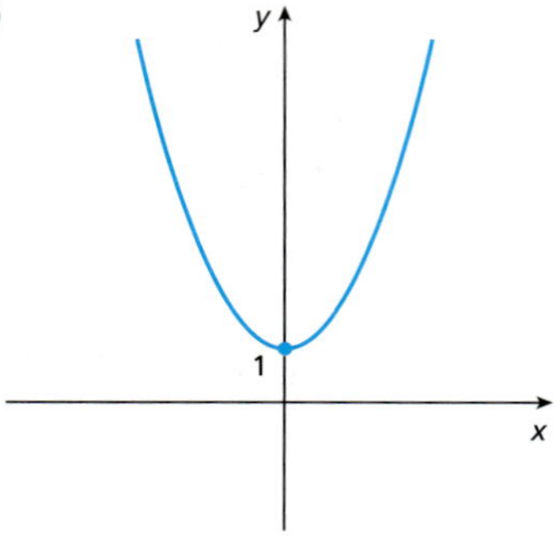

c)

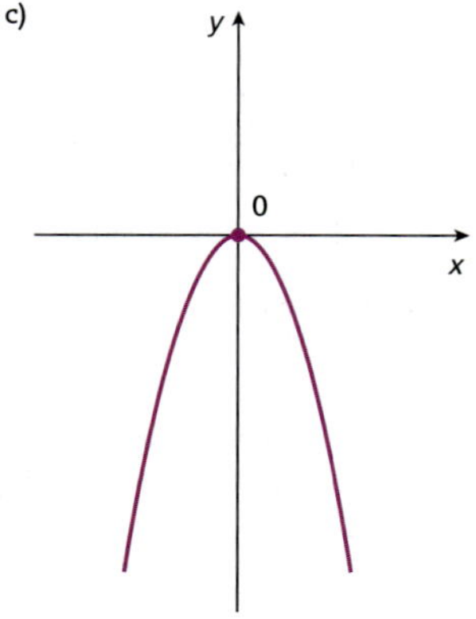

d)

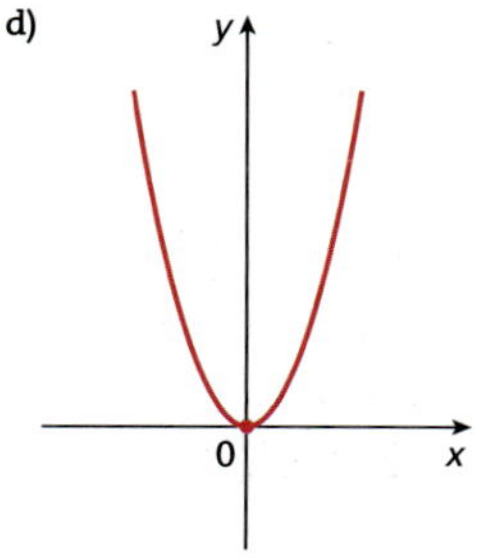

41. a)

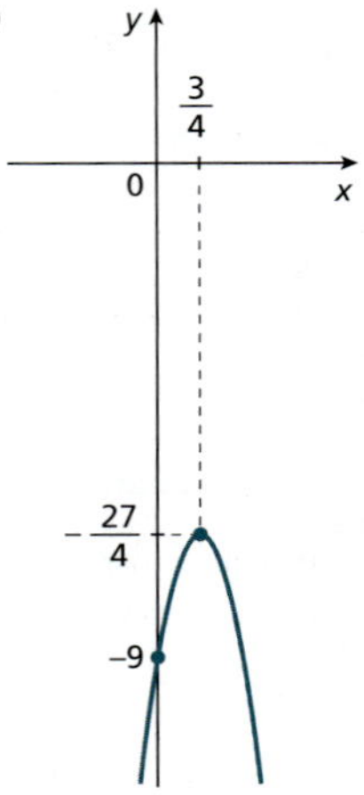

b)

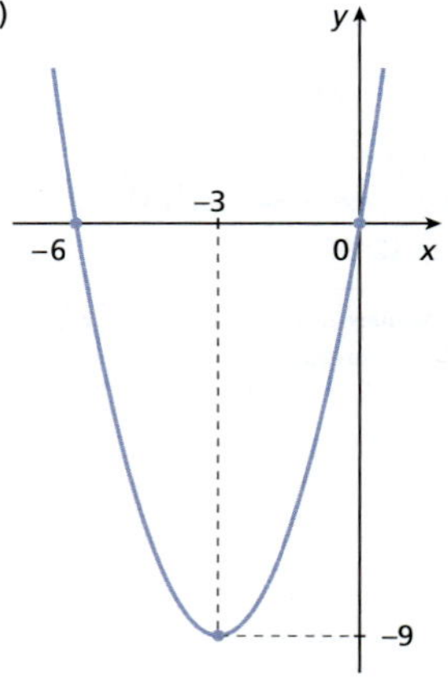

c)

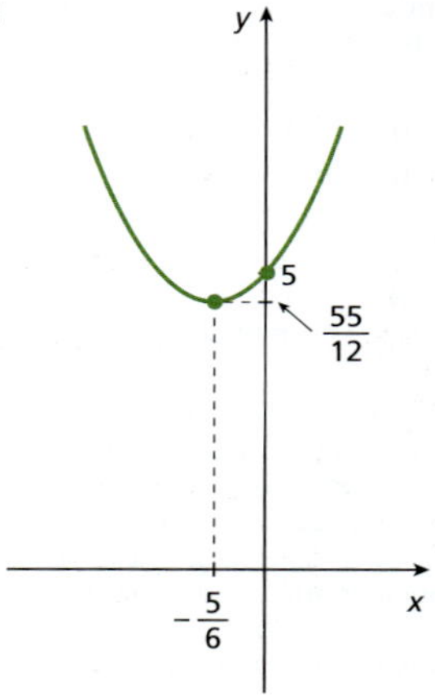

d)

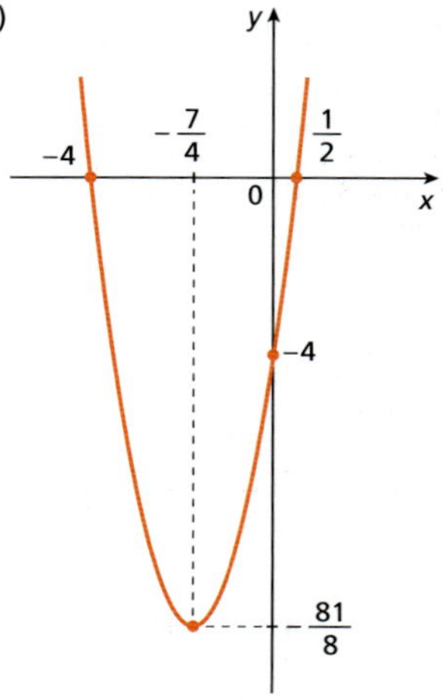

42. a)

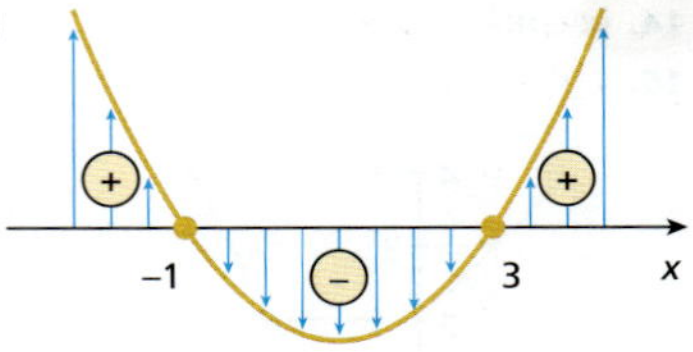

b)

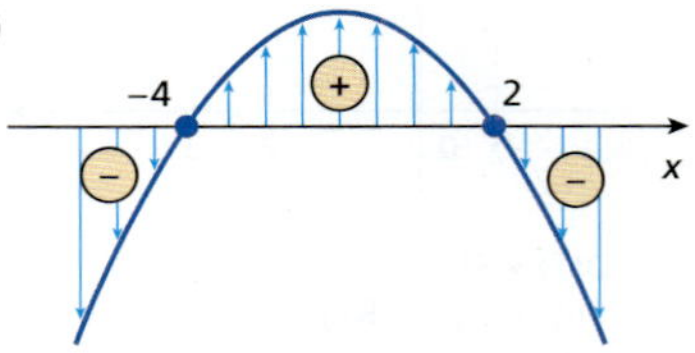

c)

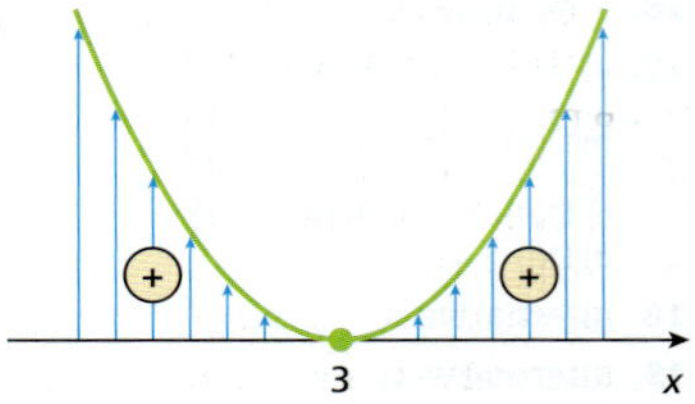

d)

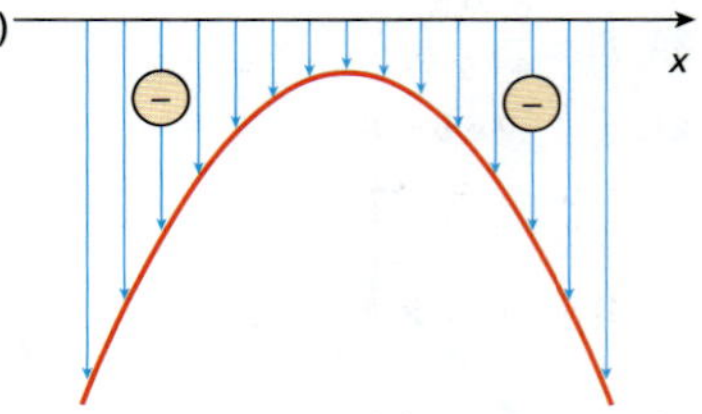

43. a)

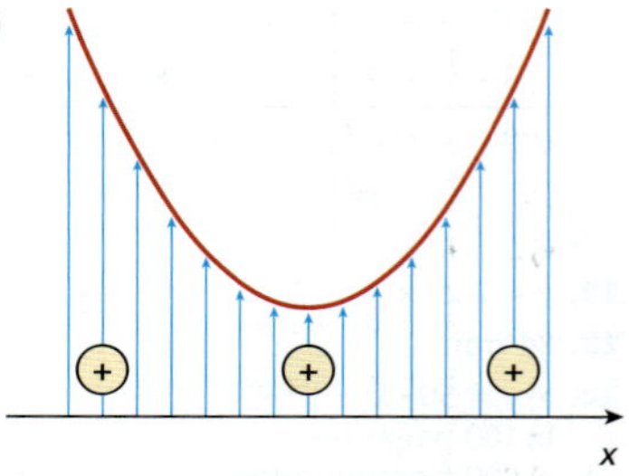

b)

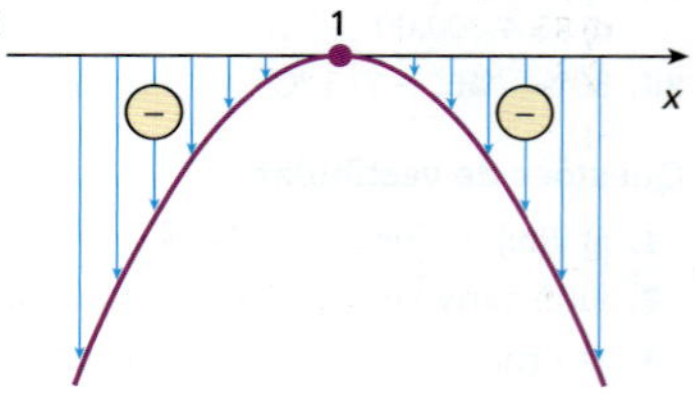

44. $0 < x < 2$

45. $x \leqslant -5$ ou $x \geqslant 1$

46. $k > \frac{9}{8}$

47. $k > \frac{1}{8}$

48. a) $-\frac{81}{8}$ é o valor mínimo dessa função.
b) -8 é o valor mínimo dessa função.
c) $\frac{5\sqrt{5} + 4}{4}$ é o valor máximo dessa função.
d) -9 é o valor máximo dessa função.

49. a) $k > 4$ b) $k < 6$

50. $k = 6$

51. $k = -2$ ou $k = 2$

52. $k = 5$

53. Não existe m real tal que $\frac{4}{3}$ seja o valor mínimo de f.

54. • $h(t) = -5t^2 + 10t$; 0 m

• 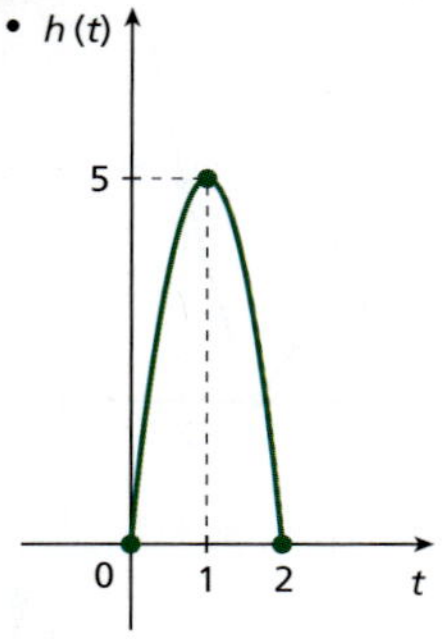

• Observando o gráfico, percebemos que o tempo de subida é igual ao de descida.

55. 6 m

56. a) $y = 1.098.000 + 2.432x - 320x^2$
b) R$ 3,80

57. subida: 0 a 2,5 s
descida: 2,5 a 5,37 s (aproximadamente)

58. O móvel A fica na frente do móvel B no intervalo]0, 10[

59. a) $S = \{x \in \mathbb{R} \mid x < -1 \text{ ou } x > 1\}$
b) $S = \varnothing$
c) $S = \{1\}$
d) $S = \{x \in \mathbb{R} \mid x \leq 0 \text{ ou } x \geq 2\}$
e) $S = \mathbb{R}$
f) $S = \left\{x \in \mathbb{R} \mid x \neq \frac{1}{2}\right\}$

60. a) $S = \left\{x \in \mathbb{R} \mid 0 \leq x \leq 1 \text{ ou } \frac{7}{3} \leq x \leq 4\right\}$
b) $S = \left\{x \in \mathbb{R} \mid x \leq -7 \text{ ou } 0 \leq x \leq \frac{5}{2}\right\}$
c) $S = \{x \in \mathbb{R} \mid x < -3 \text{ ou } x > 4\}$
d) $S = \{x \in \mathbb{R} \mid -\sqrt{2} < x < \sqrt{2}\}$
e) $S = \{-1\}$

61. a) $S = \left\{x \in \mathbb{R} \mid x \leq -\frac{5}{3} \text{ ou } -\frac{1}{2} < x < 4\right\}$
b) $S = \{x \in \mathbb{R} \mid 1 \leq x \leq 4 \text{ ou } 6 < x < 8\}$
c) $S = \varnothing$

62. a) $S = \{x \in \mathbb{R} \mid x < -2 \text{ ou } -1 \leq x \leq 1 \text{ ou } x > 2\}$
b) $S = \{x \in \mathbb{R} \mid x > 0\}$
c) $S = \varnothing$

63. a) −1 b) 4

64.

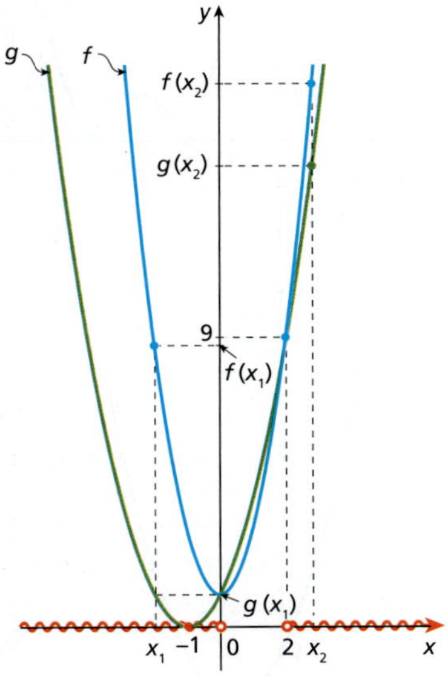

Do gráfico: $f(x) > g(x)$ quando $x < 0$ ou $x > 2$, com $x \in \mathbb{R}$.
$f(x) > g(x) \Rightarrow h(x) = x^2 - 2x > 0 \Rightarrow$
$S = \{x \in \mathbb{R} \mid x < 0 \text{ ou } x > 2\}$

65. a) $f(x) = -\frac{1}{2}x + 1$; $g(x) = -2x^2 + 2x + 4$
b) $\left(-\frac{3}{4}, \frac{11}{8}\right)$ e (2, 0)
c) $x \geq -1$
d) $S = \{x \in \mathbb{R} \mid x \geq -1\}$; Como previsto no item **c**, $f(x) \cdot g(x) \geq 0$ para valores $x \geq -1$, sendo $x = -1$ um dos zeros da função g.

66. a) $S = \{x \in \mathbb{R} \mid 0 \leq x < 2\}$
b) $S = \{x \in \mathbb{R} \mid -8 < x < 0\}$

67. a) $S = \varnothing$ b) $S = \{0, 5\}$

68. a) $S = \{x \in \mathbb{R} \mid x > 4\}$
b) $S = \{x \in \mathbb{R} \mid x < 4 \text{ e } x \neq 2\}$

69. a) $S = \{x \in \mathbb{R} \mid -3 \leq x \leq 2 \text{ ou } x > 4\}$
b) $S = \{x \in \mathbb{R} \mid x < -3 \text{ ou } 2 < x < 4\}$

70. a) $A(x) = 16\pi x - \pi x^2$ b) $2 < x < 8$

71. a) $D = \{7\}$
b) $D = \{x \in \mathbb{R} \mid x < -6 \text{ ou } -2 \leq x < 0 \text{ ou } x \geq 4\}$

72. a) $\mathbb{R} - \{0{,}2{,}5\}$ b) $\mathbb{R} - \{0\}$

73. $D = \{x \in \mathbb{R} \mid x > 1\}$

Ficha de revisão

1. a) Não é uma função quadrática.
b) É uma função quadrática.
c) É uma função quadrática.
d) Não é uma função quadrática.
e) É uma função quadrática.
f) É uma função quadrática.

2.

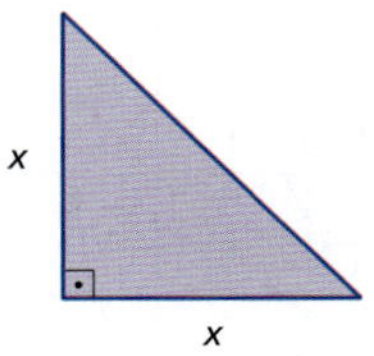

$A = \frac{x^2}{2}$; $S = \{x \in \mathbb{R} \mid x > 0\}$

3. a) (−3, 0) e (3, 0)
b) Não há.
c) (2, 0) e (3, 0)
d) (3, 0)
e) (2, 0) e (3, 0)

4. a) (0, −9)
b) (0, −4)
c) (0, −6)
d) (0, −9)
e) (0, 12)

5. As parábolas referentes aos itens **b**, **c**, **d**.

6. $V = \left(\frac{5}{2}, -\frac{9}{2}\right)$

7.

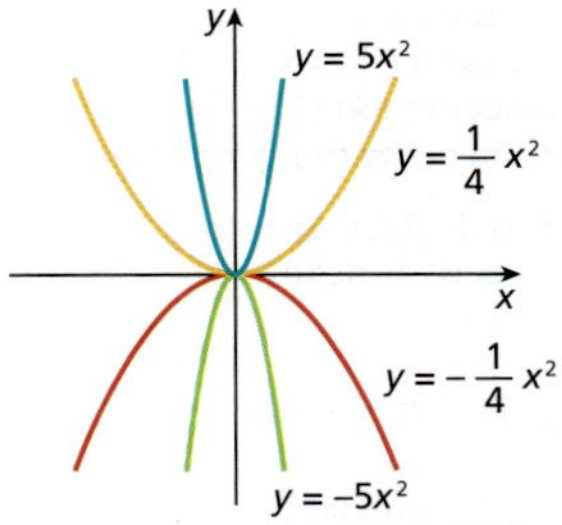

Quanto maior o valor absoluto do coeficiente de x^2, menor é a "abertura" da parábola.

8.

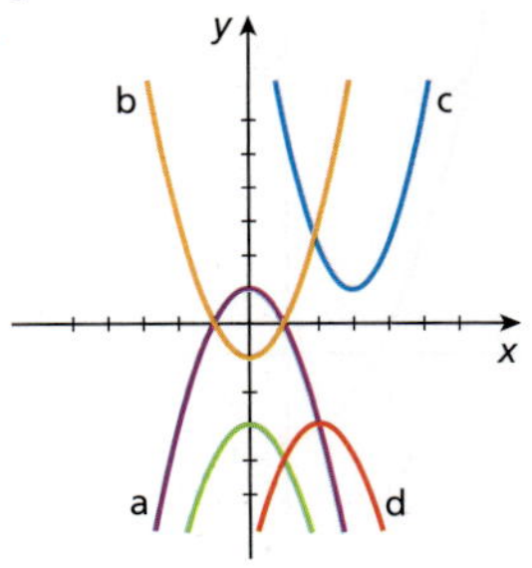

9. $k = -3$

10. a) F b) F c) V

11. $y = 2x^2 + 6x + 4$

12. a) Não; existem infinitas.
b) sim; $y = \frac{1}{4}x^2 - \frac{5}{4}x - \frac{3}{2}$

13. −1

14. a) $S = \{x \in \mathbb{R} \mid x < 1 \text{ ou } x > 4\}$
b) $S = \varnothing$
c) $S = \left\{x \in \mathbb{R} \mid \frac{2}{3} \leq x \leq 1 \text{ ou } x = 2\right\}$
d) $S = \left\{x \in \mathbb{R} \mid x \leq \frac{1}{4} \text{ e } x \neq -1 \text{ ou } x > 1\right\}$
e) $S = \{x \in \mathbb{R} \mid x < -2 \text{ ou } x > 2 \text{ e } x \neq 1\}$

15. $S = \{p \in \mathbb{R} \mid p > 1\}$

16. Não existe m real tal que $g(x) < 0$

17.

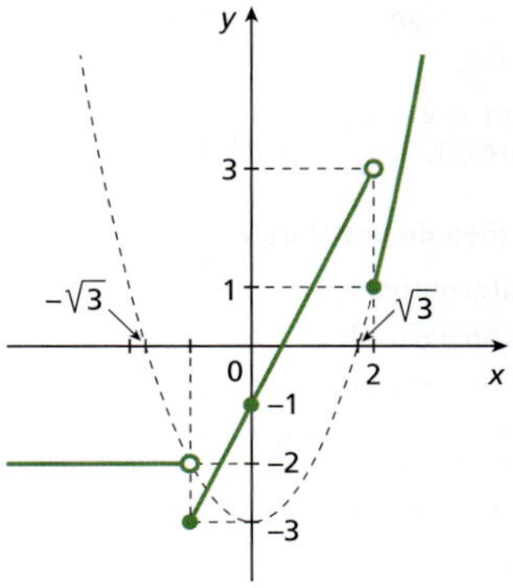

18. $m = -8$ ou $m = 4$

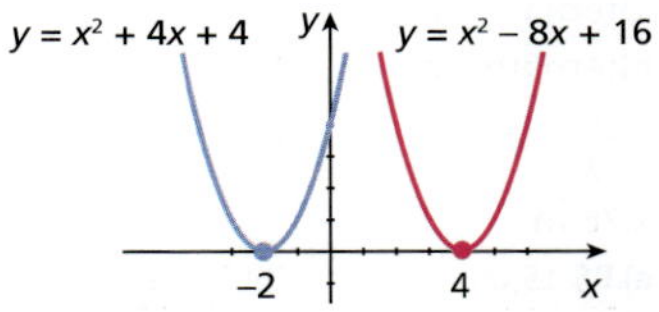

19. a)

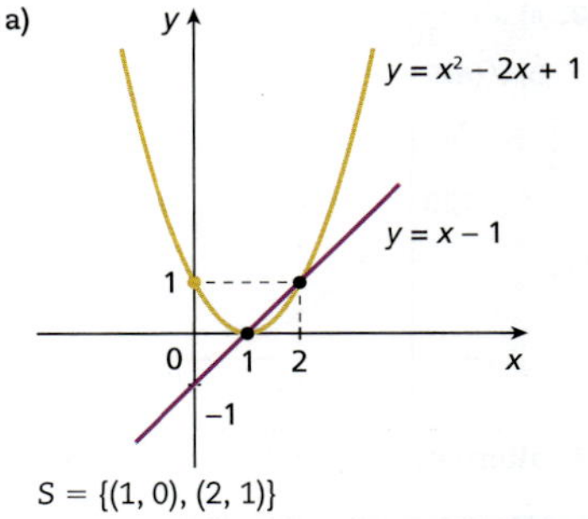

$S = \{(1, 0), (2, 1)\}$

b)

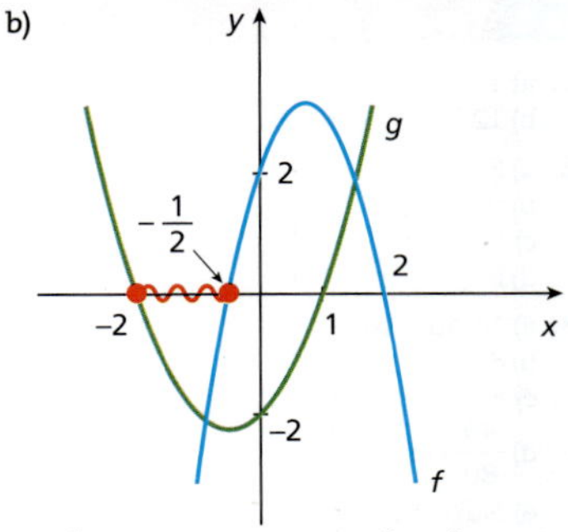

$S = \left\{x \in \mathbb{R} \mid -2 \leq x \leq -\frac{1}{2}\right\}$ ou $\left[-2; -\frac{1}{2}\right]$

20. a) R$ 475,00 b) 40 dias depois

21. a) 360 mm por 450 mm
b) $A(x) = \frac{32.400 + 1.170x - x^2}{2}$

22. a) ① $A_1 = 270 \cdot 90 \cdot 2 = 48.600 \text{ mm}^2$
② $A_2 = 180 \cdot 90 \cdot 2 = 32.400 \text{ mm}^2$
③ $A_3 = 180 \cdot 270 \cdot 2 = 97.200 \text{ mm}^2$

b) $A(x) = \dfrac{40.500 + 1.440x - x^2}{2}$
$D = \{x \in \mathbb{R} \mid 0 < x < 720 + 90\sqrt{69}\}$

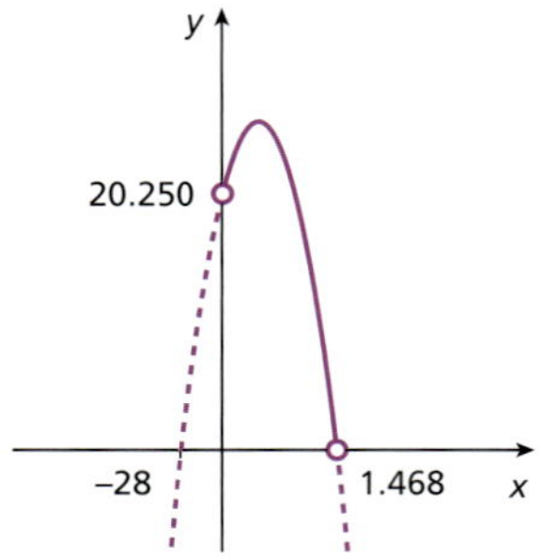

23. a) $1 < x < 7$ (em milhares de unidades)
b) 4.000
c) R$ 9.000,00

Questões de vestibular

1. alternativa **a**
2. alternativa **b**
3. alternativa **c**
4. a) $f(x) = (50 - x)x$; $x = 10$ ou $x = 40$
b) 625 cm^2
5. alternativa **d**
6. a) $y = \dfrac{60}{x}$
b) 6 CDs; R$ 10,00
7. alternativa **c**
8. alternativa **b**
9. alternativa **d**
10. $-\dfrac{2}{3} \leqslant a < 0$
11. 2,76 m
12. a) R$ 15,00
b) R$ 24,00
13. a) $a = \dfrac{3}{10}$; $b = 20$
b)

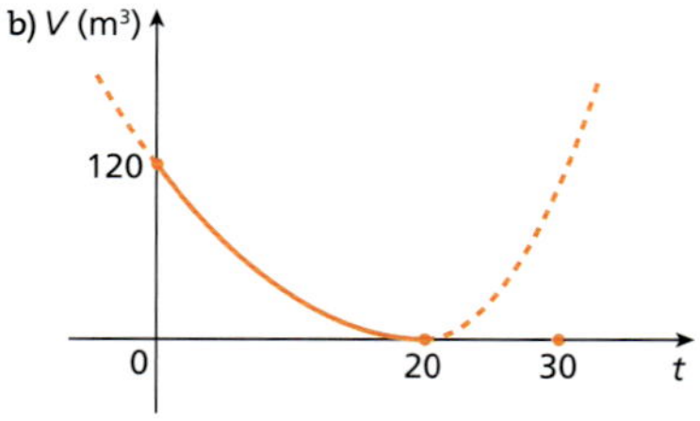

14. alternativa **a**

Cap. 5 Função modular

1. a) 1
b) 12
c) 8
d) 16
e) 16 e 16
f) 16

2. a) F
b) V
c) F
d) F

3. a) 16 ou –16
b) 8
c) 8
d) $\dfrac{49}{80}$ ou $-\dfrac{49}{80}$
e) Não existe x real.

4. a) $x - 12$
b) $x - 4$ para $x \geqslant 4$ e $-x + 4$ para $x < 4$
c) $2x - 9$
d) 3
e) $\begin{cases} -2, \text{ para } x < 4 \\ 2x - 10, \text{ para } 4 \leqslant x < 6 \\ 2, \text{ para } x \geqslant 6 \end{cases}$

5. a) 5; $x = 0$
b) 10; $x = 1$
c) 7; $x = 4$
d) –2; $x = 0$

6. a)

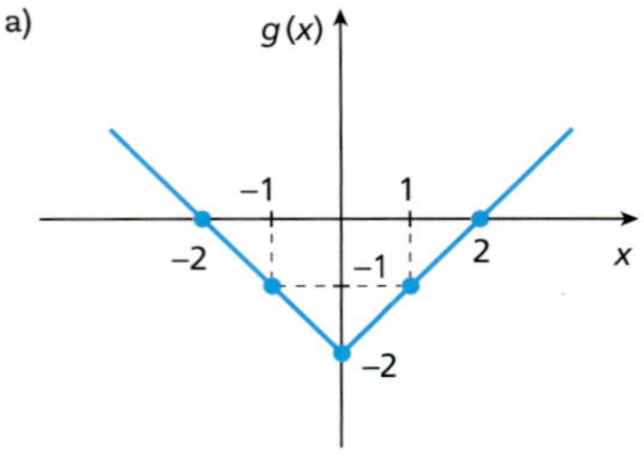

$Im(g) = [-2, +\infty[$

b)

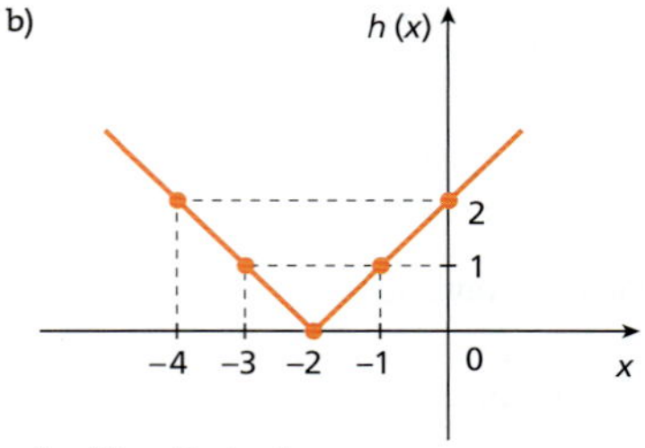

$Im(h) = [0, +\infty[$

c)

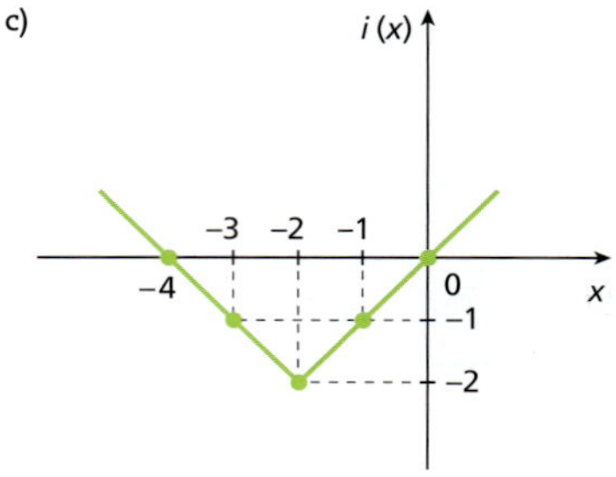

$Im(i) = [-2, +\infty[$

7. a) O gráfico de *g* é o gráfico de *f* trasladado 2 unidades para baixo;
b) O gráfico de *h* é o gráfico de *f* trasladado 2 unidades para a esquerda;
c) O gráfico de *i* é o gráfico de *f* trasladado 2 unidades para baixo e 2 unidades para a esquerda.

8. $m(x) > 0$ para $x < -5$ ou $x > -1$
$m(x) = 0$ para $x = -5$ ou $x = -1$
$m(x) < 0$ para $-5 < x < -1$
m é crescente em $[-3, +\infty[$
m é decrescente em $]-\infty, -3]$

9. O gráfico de $f(x)$ é dado por **d)**.
A lei de cada função é:
a) $g(x) = |x|$
b) $h(x) = |x + 2| + 3$
c) $i(x) = |x - 2| - 3$

10. a)

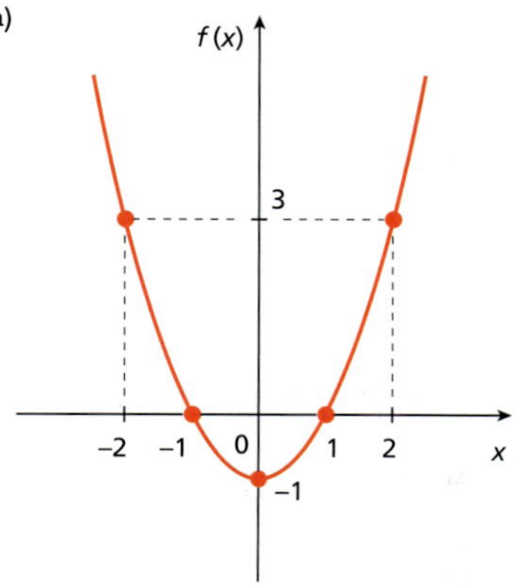

b)

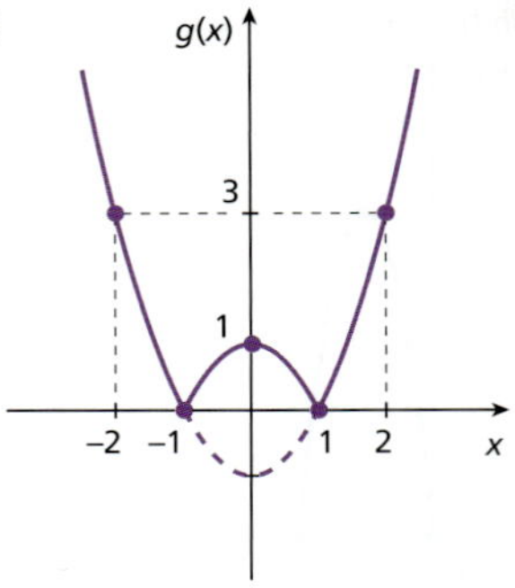

11. a)

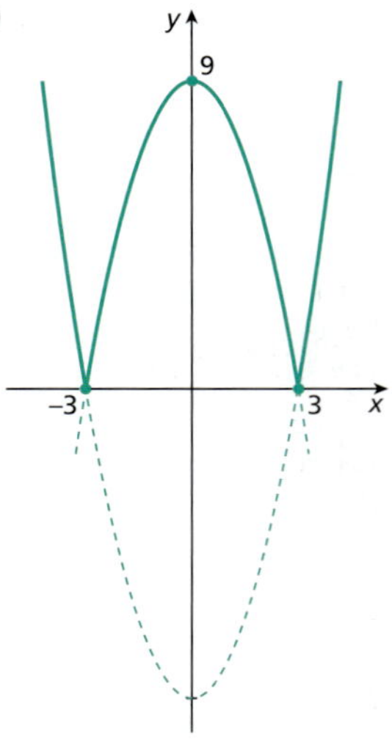

b)

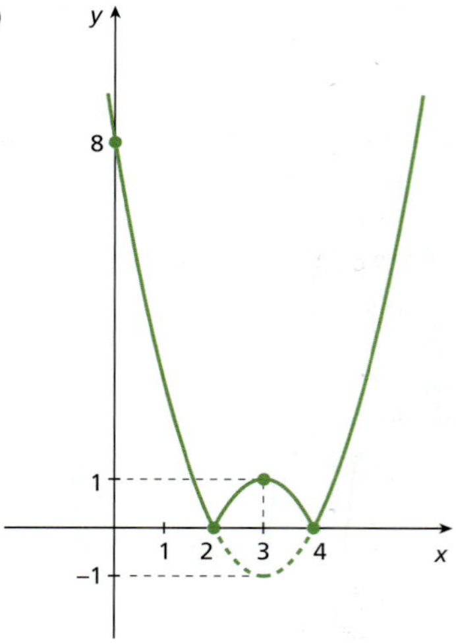

c)

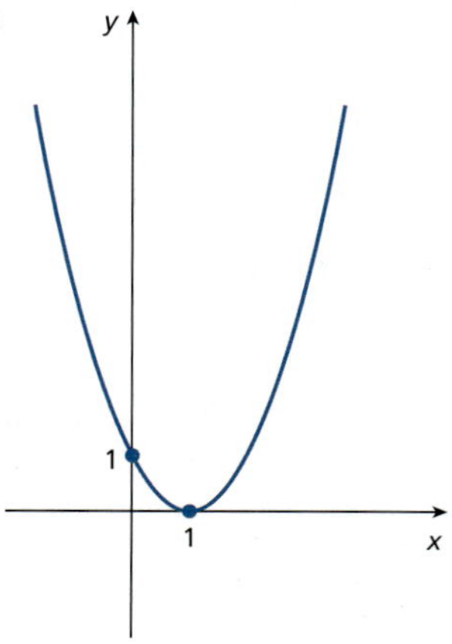

d)

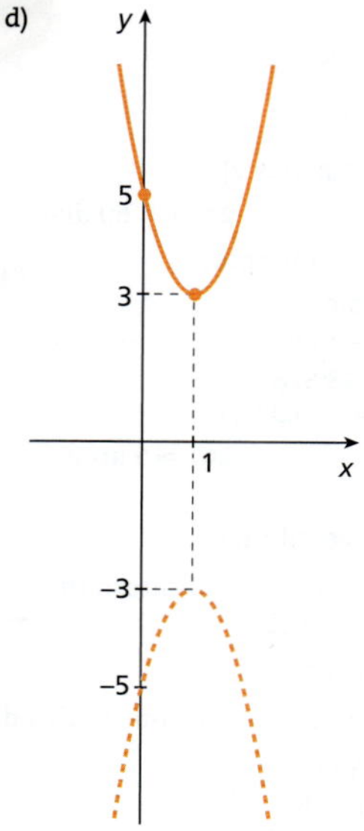

12. a) 4 unidades de área
b) 16 unidades de área

13. 9 unidades de área

14. a) $S = \{-1, 1\}$
b) $S = \{-5, 0\}$
c) $S = \{1\}$

15. a) $S = \{-3, 5\}$
b) $S = \{9\}$
c) $S = \varnothing$

16. a) $S = \left\{-\frac{1}{6}, \frac{7}{10}\right\}$
b) $S = \left\{-\frac{5}{16}, -\frac{7}{16}\right\}$
c) $S = \varnothing$
d) $S = \left\{-\frac{3}{2}, 0, \frac{1}{2}, 2\right\}$
e) $S = \varnothing$
f) $S = \left\{\frac{13}{2}, \frac{17}{4}\right\}$

17. a) Não existe x real.
b) 2 ou 3 ou $\frac{5+\sqrt{17}}{2}$ ou $\frac{5-\sqrt{17}}{2}$

18. a) 0
b) 5 e −5
c) $\frac{3}{2}$ e $-\frac{3}{2}$
d) 2 e −2

19. a) $S = \{4\}$
b) $S = \left\{\frac{23}{5}, \frac{25}{7}\right\}$
c) $S = \{-2, 1\}$
d) $S = \{0\}$

20. a) $D(f) = \mathbb{R}$
b) $D(g) = \mathbb{R}^*$
c) $D(h) = \mathbb{R} - \{1\}$
d) $D(i) = \mathbb{R} - \{-2, 2\}$
e) $D(j) = \mathbb{R}$

21. $S = \left\{-\frac{3}{2}, \frac{5}{2}\right\}$

22. $S = \{-7, -1, 3, 9\}$

23. −3 e 3

24. a) $S = \left\{x \in \mathbb{R} \mid x \leq -3 \text{ ou } x \geq \frac{5}{3}\right\}$
b) $S = \left\{x \in \mathbb{R} \mid -\frac{5}{2} < x < 2\right\}$
c) $S = \mathbb{R} - \{2\}$
d) $S = \{x \in \mathbb{R} \mid 6 < x < 9\}$

25. $S = \{x \in \mathbb{R} \mid -3 \leq x < -1 \text{ ou } 3 < x \leq 5\}$

26. a) $S = \{x \in \mathbb{R} \mid 1 \leq x \text{ ou } 2 \leq x \leq 3 \text{ ou } x \geq 4\}$
b) $S = \{x \in \mathbb{R} \mid -2 < x < 1 \text{ ou } 2 < x < 5\}$

27. a) $S = \{x \in \mathbb{R} \mid x \leq 2 \text{ ou } x \geq 4\}$
b) $x = 3$ ou $x = -2$
c) $S = \{x \in \mathbb{R} \mid -1 < x < 0\}$
d) $S = \mathbb{R}$

Ficha de revisão

1. a)

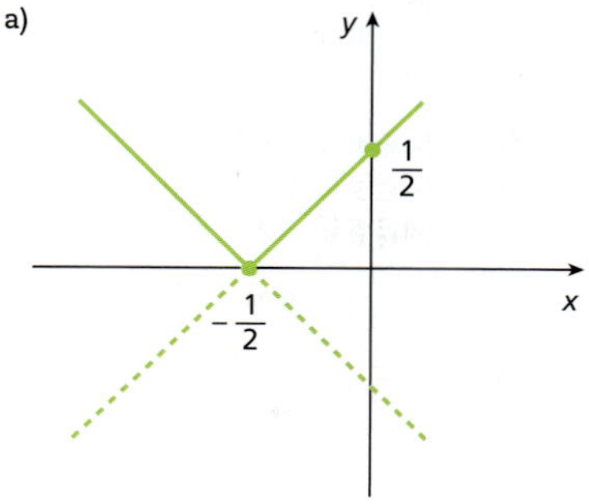

$Im(g) = \{y \in \mathbb{R} \mid y \geq 0\}$

b)

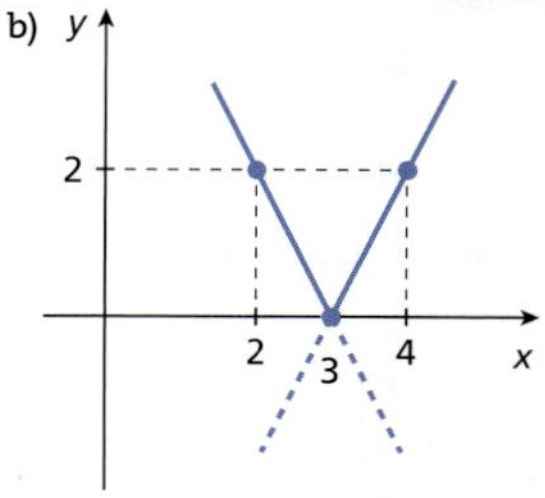

$Im(h) = \{y \in \mathbb{R} \mid y \geq 0\} = \mathbb{R}_+$

2. alternativa **d**

3. alternativa **e**

4. $S = \{x \in \mathbb{R} \mid x > 0\}$

5. $S = \{x \in \mathbb{R} \mid x < -1 \text{ ou } 0 < x < 1\}$

Questões de vestibular

1. alternativa **d**

2. alternativa **e**

3. a) demonstração
b) $x = -1$ ou $x = -3$

4. alternativa **e**

5. 50 e 250

6. alternativa **b**

Cap. 6 Função exponencial

1. a) 81
b) $-\frac{1}{125}$
c) 0
d) $\frac{81}{64}$
e) 8

2. a) 1,3 b) −1,2 c) 0,6 d) −1,3

3. a) −8
b) 8
c) 16
d) −16
e) −16

4. a) 8 b) $\frac{5}{4}$ c) $-\frac{64}{27}$ d) $\frac{9}{4}$

5. a) 10^6 b) 10^{-4} c) 10^{-8} d) 10^9

6. a) 100.000 b) −125 c) 169

7. a) 11 b) 0,027

8. a) 2^9 b) 3^3 c) 3^5

9. a) 1 b) $\frac{81}{16}$ c) 12 d) $-\frac{1}{16}$

10. a) 3^{28}
b) 2^{-14}

11. a) 11^{12}
b) $-\frac{3}{16}$

12. a) $3\sqrt{2}$ b) $10\sqrt{5}$

13. a) $\frac{-\sqrt{3}-3}{3}$ b) $2\sqrt{2} - \sqrt{3}$

14. a) $\frac{59}{2}$ b) $\frac{3}{11}$ c) 0

15. a) $9 \cdot 2^n$
b) −2

16. a)

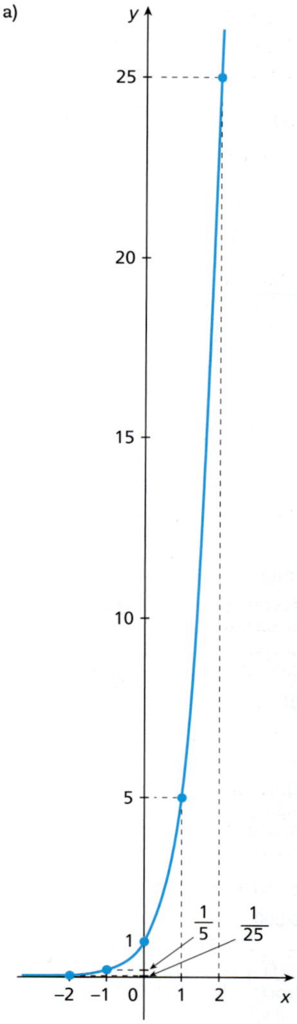

b)

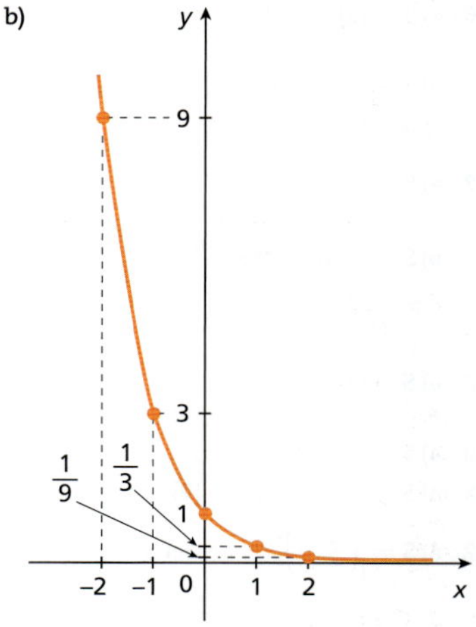

17. a)

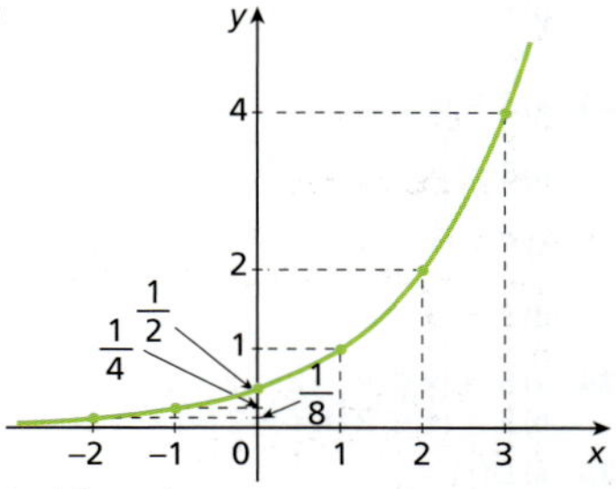

$Im(f) = \mathbb{R}_+^*$

b)

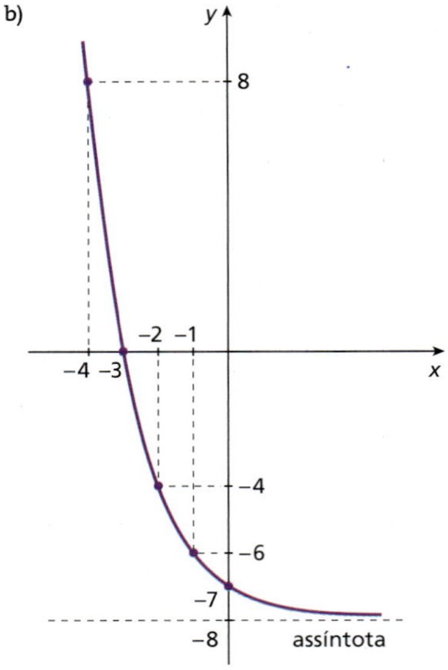

$Im(g) = \{y \in \mathbb{R} \mid y > -8\}$

18. a) decrescente b) crescente c) decrescente d) crescente e) decrescente f) decrescente g) decrescente h) crescente

19. a) III b) I c) IV d) II

20. 81

21. $a = -1$ e $b = 1$

22. a) Diminuindo, pois: $x_2 > x_1 \Leftrightarrow f(x_2) < f(x_1)$
b) Não, porque a curva não corta o eixo x.
c) $\{a \in \mathbb{R} \mid 0 < a < 1\}$

23. $k = 2.048$ e $a = 4$

24. a) 4.000 bactérias b) 30 horas

25. a) 5.000 b) 15.000
c) $a = \sqrt[6]{3}$ e $k = 5.000$
d) $D(f) = \{x \in \mathbb{R} \mid 0 \leqslant x \leqslant 6\}$; $Im(f) = \{x \in \mathbb{R} \mid 5.000 \leqslant y \leqslant 15.000\}$
e) $\simeq 8.650$

26. a) $S = \{2\}$ b) $S = \{-3\}$ c) $S = \{-13\}$ d) $S = \left\{\frac{1}{8}\right\}$ e) $S = \{-6\}$ f) $S = \{14\}$ g) $S = \left\{\frac{1}{2}\right\}$

27. a) $S = \{-3\}$ b) $S = \{-4\}$ c) $S = \left\{-\frac{3}{5}\right\}$ d) $S = \left\{-\frac{3}{4}\right\}$ e) $S = \{-3\}$

28. $\left(\frac{1}{3}, 3\sqrt[3]{3}\right)$

29. a) $S = \{4\}$ b) $S = \{1\}$ c) $S = \{2\}$ d) $S = \{0\}$ e) $S = \{2\}$

30. a) $S = \{-1, 0\}$ b) $S = \varnothing$

31. a) $S = \{0, 2\}$ b) $S = \{2\}$ c) $S = \{-2, 3\}$

32. a) $S = \left\{\left(\frac{1}{2}, 1\right)\right\}$ b) $S = \left\{\left(-\frac{2}{3}, -\frac{4}{3}\right)\right\}$ c) $S = \left\{\left(\frac{12}{7}, \frac{5}{14}\right)\right\}$ d) $S = \left\{\left(-\frac{5}{17}, -\frac{4}{17}\right)\right\}$

33. a) $S = \{x \in \mathbb{R} \mid x \leqslant -5\}$
b) $S = \left\{x \in \mathbb{R} \mid x > \frac{66}{5}\right\}$
c) $S = \{x \in \mathbb{R} \mid x < -12\}$
d) $S = \left\{x \in \mathbb{R} \mid x < \frac{2}{3}\right\}$

34. a) $S = \{x \in \mathbb{R} \mid -2 < x < 2\}$
b) $S = \{x \in \mathbb{R} \mid x \leqslant -2 \text{ ou } x \geqslant 2\}$

35. a) $D(f) = \{x \in \mathbb{R} \mid x \geqslant 5\}$
b) $D(g) = \mathbb{R}$

36. a) $S = \{x \in \mathbb{R} \mid -1 < x < 0\}$
b) $S = \mathbb{R}$
c) $S = \{x \in \mathbb{R} \mid x \leqslant -2 \text{ ou } x \geqslant 1\}$
d) $S = \varnothing$
e) $S = \mathbb{R}$
f) $S = \{x \in \mathbb{R} \mid x \leqslant -1 \text{ ou } x \geqslant 0\}$

37. a) $S = \{x \in \mathbb{R} \mid -1 \leqslant x \leqslant 3\}$
b) $S = \{x \in \mathbb{R} \mid 0 < x < 2\}$

38. a) $f(x) = \left(\frac{1}{3}\right)^{x+2}$; $g(x) = 3^x$
b) $\left(-1, -\frac{1}{3}\right)$
c) $\left(\frac{1}{3}\right)^{x+2} < 3^x$

Ficha de revisão

1. a) 10.000 b) $\frac{81}{16}$

2. a) 1 b) $-\frac{8}{3}$

3. a) $3\sqrt{5} - 6\sqrt{2} + 16\sqrt{6} + 20\sqrt{3}$
b) $12\sqrt[3]{7}$

4. a)

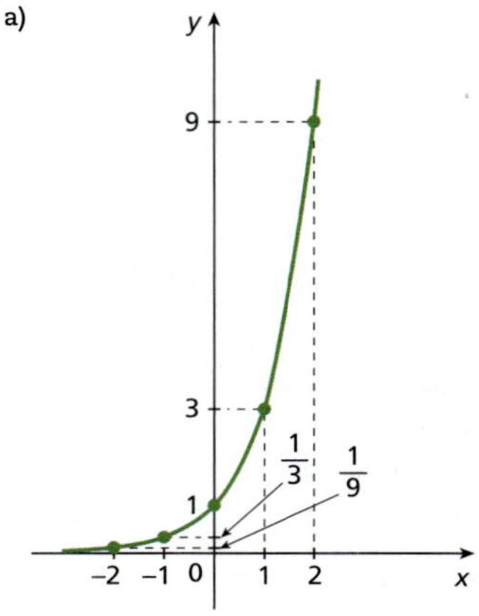

$D(f) = \mathbb{R}$; $Im(f) = \mathbb{R}_+^*$

b)

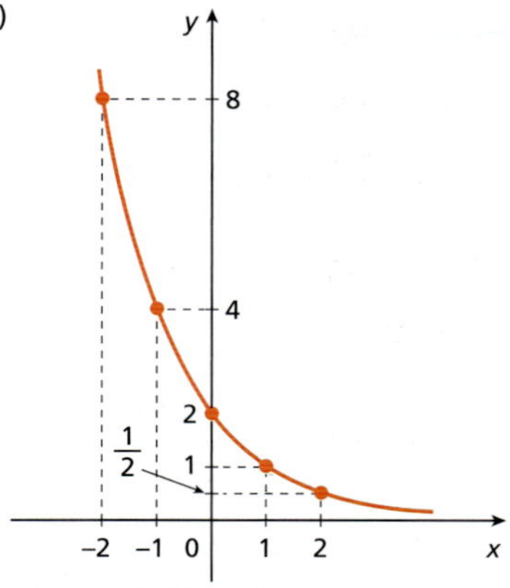

$D(g) = \mathbb{R}$; $Im(f) = \mathbb{R}_+^*$

5. −3 **6.** $\frac{1}{3}$ **7.** 5 **8.** $\frac{1}{2}$

9. alternativa e

10. a) $S = \left\{\frac{1}{2}\right\}$ b) $S = \left\{-\frac{4}{3}, \frac{1}{2}\right\}$

11. a) $S = \{4\}$ b) $S = \{-1\}$ c) $S = \left\{\frac{1}{4}, \frac{3}{4}\right\}$

12. a) $S = \{x \in \mathbb{R} \mid x < 1\}$
b) $S = \{x \in \mathbb{R} \mid -1 \leqslant x \leqslant 1\}$

13. $S = \{x \in \mathbb{R} \mid -4 < x < -2 \text{ ou } -1 < x < 1\}$

14. $S = \left\{x \in \mathbb{R} \mid x < \frac{1}{2} \text{ ou } 2 < x < 5\right\}$

15. $\frac{17}{24}$

16. $0 < m < 2$ e $m \neq 1$

17. $S = \{(2, 3), (3, 2)\}$

18. $f(x) = \frac{1}{2} \cdot 4^x$

19. $D(f) = \{x \in \mathbb{R} \mid x > 2\}$

20. 5 **21.** t = 60 dias

22. $\simeq$ 240.000 habitantes

23. 13.122 reais

24. a) $M(3) = 66.550$
b) $M(6) = 88.578{,}05$
c) $M(12) \simeq 156.921{,}42$

25. $\simeq 5.9\ m^3$ **26.** $\simeq$ 5 anos

Questões de vestibular

1. alternativa a **2.** alternativa e

3. $x = -11$; $y = -9$

4. demonstração

5. alternativa c **6.** alternativa d

7. alternativa e

8. a) $a = 1.024$; $b = \frac{1}{10}$
b) O tempo mínimo é de 30 anos.
c)

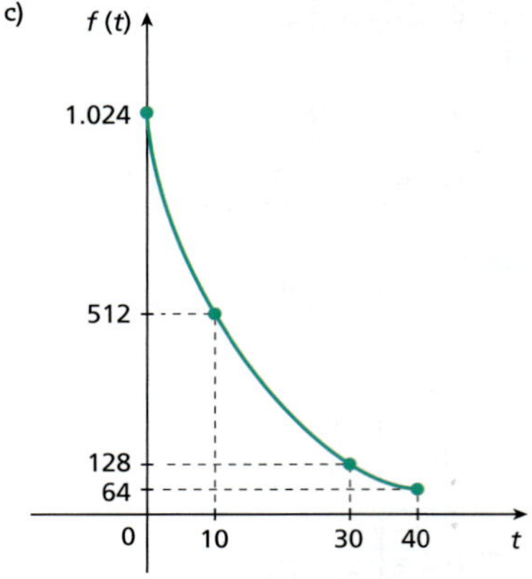

9. alternativa e **10.** alternativa b

Cap. 7 Função logarítmica

1. a) 5 b) 4 c) 3 d) 4

2. a) 2 b) −1 c) −2

3. 6 **4.** 502,5 **5.** $\frac{9}{2}$

6. 2 **7.** 0 **8.** 0

9. a) $\sqrt[5]{125}$ b) $\frac{1}{3}$

10. $\frac{81}{16}$

11. a) 9 b) $\frac{343}{64}$

12. $\frac{26}{3}$

13. a) $\{x \in \mathbb{R} \mid x > 0 \text{ e } x \neq 1\}$
b) $\left\{x \in \mathbb{R} \mid x > -\frac{5}{3}\right\}$
c) $\{x \in \mathbb{R} \mid x > 2 \text{ ou } x < -4\}$
d) $\{x \in \mathbb{R} \mid x \neq 1\}$

14. a) 1 b) 0 c) 7 d) 2 e) 21 f) 16

15. a) $\frac{1}{3}$ b) $\frac{2}{3}$ c) 7 d) 2

16. a) 243 b) 15 c) 1 d) 1

17. a) $6 + \log_2 13$
b) $2 + \log_{\sqrt{2}} 3$
c) $\log_3 13 + 1$
d) $\log_{\frac{1}{2}} 13 + 4$
e) 9
f) −19

18. a) 1 b) 2

19. a) $\log_a b + \log_a c + \log_a d$
b) $\log_a 2 + \log_a k - \log_a d$
c) $\frac{1}{2} \cdot \log_a 5 - \log_a v$
d) $-n$

20. a) 10 b) -2 c) 2 d) $-2 \log_2 5 - 4$

22. a) 0,7 b) 0,78 c) 1,48 d) 2,16 e) 0,4933...

23. a) $\simeq 1{,}5051$
b) $\simeq -1{,}9208$
c) $\simeq 2{,}3856$
d) $\simeq 1{,}0570$
e) $\simeq -0{,}0969$

24. $3 - \frac{k}{2}$

25. a) $b - a + 1$ b) $b - 2a$ c) $2(a + b)$ d) $a + b - 1$

26. $4a + 2b - 1$

27. ácida **28.** 10^{-9}

29. $a = \frac{b}{1-b}$

30. demonstração

31. mp

32. a) $\frac{1}{\log_b a}$ c) 1
b) O logaritmo de b na base a é o inverso do logaritmo de a na base b.

33. $\frac{1}{81}$ **34.** 2 **35.** 6

36. a) 3 b) $\frac{1}{2}$ c) 2 d) $\frac{1}{33}$

37. mn **38.** 7 **39.** $\frac{1}{6}$

40. demonstração

41. 0

42. $\frac{1-a-b}{1-a}$

43. a) 3 b) 0 c) -1 d) $\frac{1}{2}$

44. a) 31 b) $\sqrt{3} + 4$ c) 5 d) $\frac{325}{81}$

45. alternativa **b** **46.** 6 toneladas

47. a) crescente

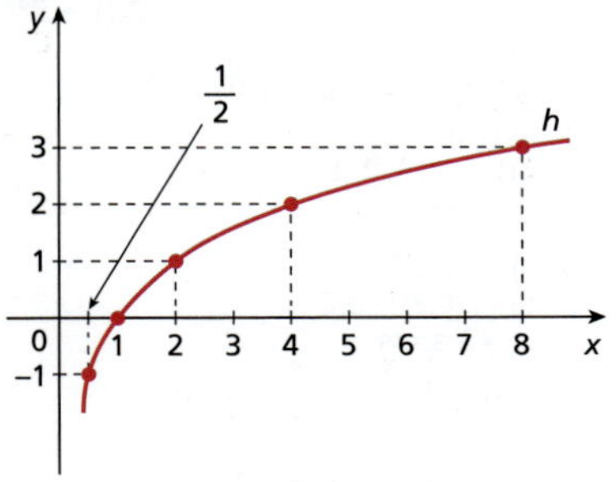

x	$h(x)$
$\frac{1}{2}$	-1
1	0
2	1
4	2
8	3

b) decrescente

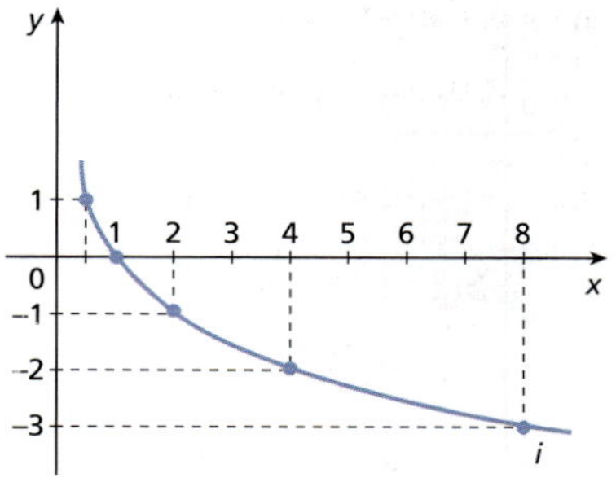

x	$i(x)$
$\frac{1}{2}$	1
1	0
2	-1
4	-2
8	-3

48. a) crescente b) decrescente

49. a) $f(x) = \log_3 x$ b) $f(x) = \log_{\frac{1}{4}} x$ c) $f(x) = \log_{\frac{1}{2}} x$ d) $f(x) = \log_5 x$

50. a) $\{k \in \mathbb{R} \mid k < -\sqrt{2} \text{ ou } k > \sqrt{2}\}$
b) $\left\{k \in \mathbb{R} \mid \frac{1}{3} < k < \frac{2}{3}\right\}$

51. a) crescente b) decrescente c) decrescente d) crescente

52. $3 < a < 4$

53. alternativa **a** **54.** alternativa **d**

55. a) $S = \{8\}$ b) $S = \{4\}$ c) $S = \{3\}$ d) $S = \{2\sqrt{3}\}$ e) $S = \left\{\frac{1}{2}\right\}$ f) $S = \{0, 1\}$

56. a) $S = \{15\}$ b) $S = \{\sqrt[3]{4}\}$ c) $S = \left\{\frac{8}{729}\right\}$ d) $S = \left\{\frac{1}{64}\right\}$ e) $S = \left\{\frac{1}{49}\right\}$ f) $S = \left\{\frac{1.000.000}{27}\right\}$

57. a) $S = \left\{\frac{1}{10}, \sqrt{10}\right\}$ b) 8

58. a) $10^{10}, \frac{1}{10^{10}}$ b) 2 c) $\nexists$ d) $\frac{29}{26}$

59. alternativa **e**

60. a) $S = \{1\}$ b) $S = \{4, 5\}$

61. a) $S = \{-8\}$ b) $S = \{-2\}$

62. $\log_2 3$ **63.** alternativa **a**

64. $7 \cdot 10^6$ **65.** 10^8

66. $S = \{1, 100\}$ **67.** $S = \{1\}$

68. 11 **69.** $S = \{2, 3\}$

70. $S = \{3 + 2\sqrt{2}\}$ **71.** $\sqrt{3} - 1$

72. a) $S = \{(220, 20)\}$ b) $S = \left\{\left(\frac{61}{2}, \frac{1}{2}\right)\right\}$ c) $S = \{(170, 70)\}$ d) $S = \{(25, 5)\}$

73. $S = \{(1, 2), (2, 1)\}$ **74.** $S = \{(4, 2), (2, 4)\}$

75. 7 **76.** alternativa **c**

77. alternativa **e**

78. a) $S = \{x \in \mathbb{R} \mid x > -8\}$
b) $S = \{x \in \mathbb{R} \mid x < -3 \text{ ou } x > 3\}$
c) $S = \left\{x \in \mathbb{R} \mid x \geq \frac{7}{3}\right\}$
d) $S = \{x \in \mathbb{R} \mid x > 3\}$
e) $S = \{x \in \mathbb{R} \mid x \geq 64\}$
f) $S = \{x \in \mathbb{R} \mid -3 < x < -2\}$

79. a)

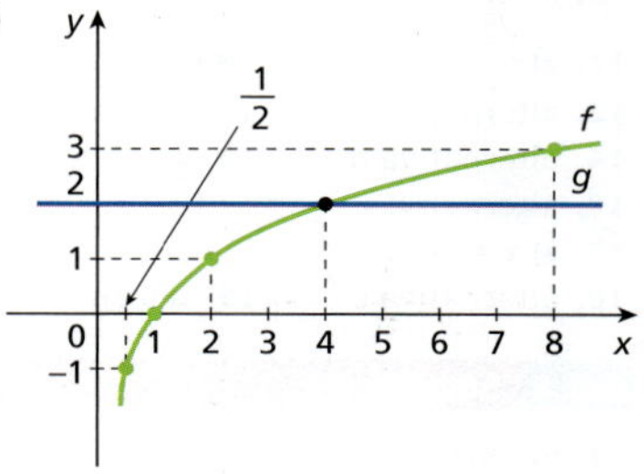

$f(x) \geq g(x)$ para $x \geq 4$
b) $\log_2 x \geq \log_2 4 \Rightarrow S = x \in \mathbb{R} \mid x \geq 4$

80. a) $S = \left\{x \in \mathbb{R} \mid \frac{3}{2} < x < \frac{5}{2}\right\}$
b) $S = \left\{x \in \mathbb{R} \mid x > \frac{41}{8}\right\}$

81. $S = \{x \in \mathbb{R} \mid 0 < x < 1 \text{ ou } 2 < x < 3\}$

82. $a > 4$ **83.** $S = \{x \in \mathbb{R} \mid 3 < x < 4\}$

84. $k > 4$

85. a) $D(f) = \{x \in \mathbb{R} \mid x \geq -2\}$
b) $D(g) = \{x \in \mathbb{R} \mid x > 0 \text{ e } x \neq 1\}$

86. $D(f) = \left\{x \in \mathbb{R} \mid \frac{1}{2} < x \leq 1\right\}$

87. $D(f) = \left\{x \in \mathbb{R} \mid \frac{1}{3} \leq x < 1\right\}$

88. $\{x \in \mathbb{R} \mid 3 < x < 4\}$

89. $S = \left\{x \in \mathbb{R} \mid \frac{1}{2} < x \leq \frac{3}{2}\right\}$

90. $S = \{x \in \mathbb{R} \mid 1 - \log_2 3 < x < 2\}$

Ficha de revisão

1. a) 5 b) $\frac{3}{8}$

2. 4 **3.** alternativa **e**

4. 50 **5.** $p = \frac{2q}{3}$

6. $a = \frac{b+1}{b}$ **7.** $\frac{2n+2}{n}$

8. $m = 1; n = 2$ **9.** alternativa **d**

10. alternativa **a** **11.** 4 vezes

12. $\frac{73}{2}$ **13.** $1 - k$

14. $k = \log_2\left(t + \sqrt{t^2 + 1}\right)$

15. $S = \{2, 4\}$

16. $S = \{x \in \mathbb{R} \mid 0 < x < 3^{\log_{\frac{2}{3}} 2}\}$

Questões de vestibular

1. alternativa **c** **2.** alternativa **a**

3. a + b **4.** alternativa **d**

5. a)

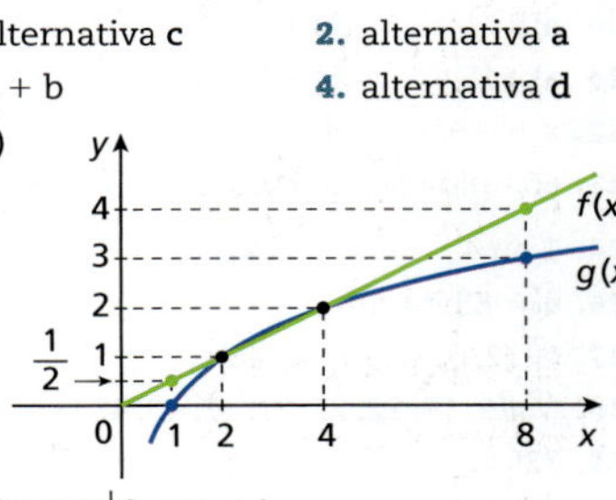

b) $x \in \mathbb{R} \mid 2 < x < 4$

6. a) $V = V_0(0{,}8)^t$
b) 3 horas e seis minutos

7. alternativa **d**

8. a) $\left(\frac{11}{2}, \frac{11}{2}\right)$

b) $(f \circ g)(x) = \log_{10} 10^x \Rightarrow (f \circ g)(x) = x$

$(g \circ f)(x) = 10^{\log_{10} x} \Rightarrow (g \circ f)(x) = x$

9. alternativa **a**

10. alternativa **c**

11. a) $\frac{\sqrt{3}}{3}$ e 27 b) demonstração

12. alternativa **d**

13. alternativa **c**

14. alternativa **d**

15. alternativa **d**

16. alternativa **e**

17. a) $x = 10$; $y = 5$ b) $S = \{0, \log_5 4\}$

18. alternativa **c**

19. alternativa **a**

Cap. 8 Sequências

1. a) $-4, 0, 4, 8, 12$

b) $-\frac{\sqrt{2}}{2}, \frac{1}{2}, -\frac{\sqrt{2}}{4}, \frac{1}{4}, -\frac{\sqrt{2}}{8}$

c) $-3, -3, -3, -3, -3$

d) $\frac{1}{2}, 2, \frac{9}{2}, 8, \frac{25}{2}$

2. a) 4, 40, 600, 12.000

b) $-\frac{1}{2}, -\frac{9}{2}, -\frac{243}{2}, -\frac{19.683}{2}$

c) $-2, \frac{1}{4}, 16, \frac{1}{256}$

3. (1, 1, 2, 3, 5, 8, 13, ...)

4. $f(n) = 2(n - 1)$, com $n \in \mathbb{N}^*$ ou $f(n) = 2n$, com $n \in \mathbb{N}$

5. respostas possíveis:

a) $\begin{cases} a_1 = -3 \\ a_n = a_{n-1} + 7 \end{cases}$ com $n \geq 2, n \in \mathbb{N}$

b) $\begin{cases} a_1 = -\frac{1}{4} \\ a_n = a_{n-1} + \frac{1}{8} \end{cases}$ com $n \geq 2, n \in \mathbb{N}$

6. $-15, \frac{1}{15}, -15, \frac{1}{15}$

7. (−4, 12, −36, 108...) ou (3, 12, 48, 192...)

8. alternativas **a**, **c**

9. a) $r = -3$; decrescente

b) $r = \frac{1}{1.000}$; crescente

c) $r = 0$; constante

10. a) 12, 19, 26, 33, 40

b) 12, 5, −2, −9, −16

c) $-2, -\frac{3}{2}, -1 -\frac{1}{2}, 0$

d) 12; 11,75; 11,5; 11,25; 11

11. −95

12. 496

13. −42, −35, −28

14. 22

15. a) −8 b) R$ 700,00 c) R$ 512,00

16. 4.300 m

17. 45

18. $b, 2b + 1, 3b + 2, 4b + 3, 5b + 4$

19. a) −103 b) 10

20. a) 9 b) 3

21. a) −15 b) −3

22. $x = -9$; $r = -4$

23. 66 unidades de medida

24. 1 ou 4

25. $a_1 = \frac{85}{4}$; $r = -\frac{15}{4}$

26. $a_8 = 85$; $r = 10$

27. (−12, 0, 12, 24, 36, 48)

28. (7, 12, 17, 22, 27, 32, 37, 42, 47, 52)

29. 725

30. respostas possíveis: (−15, −4, 7) ou (7, −4, −15)

31. 6 cm, 8 cm, 10 cm

32. a) R$ 330,00 b) R$ 9.440,00

33. 3 vezes

34. a)

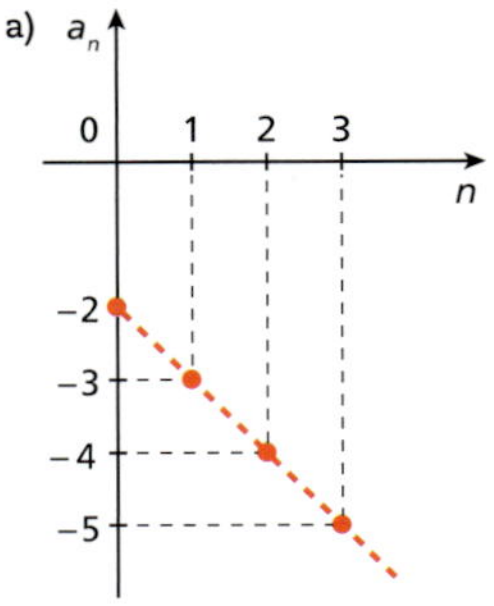

b)

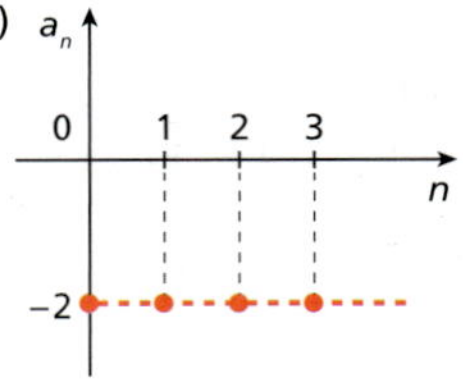

c)

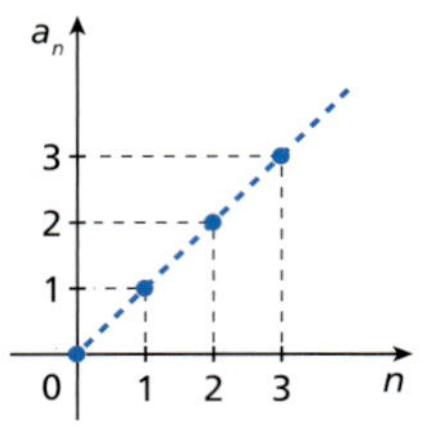

d)

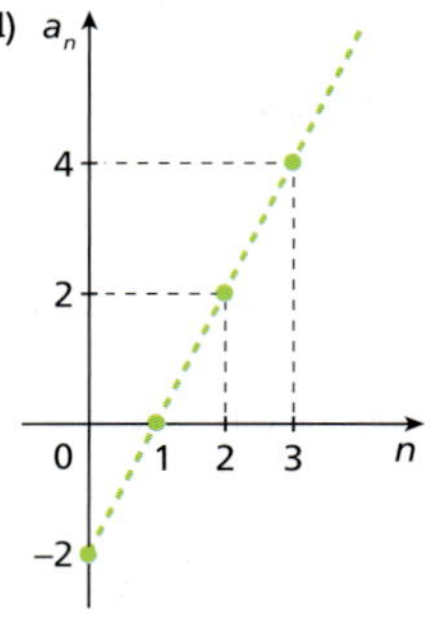

35. $\left(-2, -\frac{1}{3}, \frac{4}{3}, 3, \frac{14}{3}\right)$

36. a) 6.912 b) 568 c) 168 d) 57

37. 8

38. 29

39. a) R$ 180.000,00

b) R$ 15.000,00, R$ 21.000,00, R$ 27.000,00, R$ 33.000,00, R$ 39.000,00, R$ 45.000,00

40. $\frac{8}{3}$

41. 1.540

42. a) $S = \{60\}$ b) $S = \{1\}$

43. a)

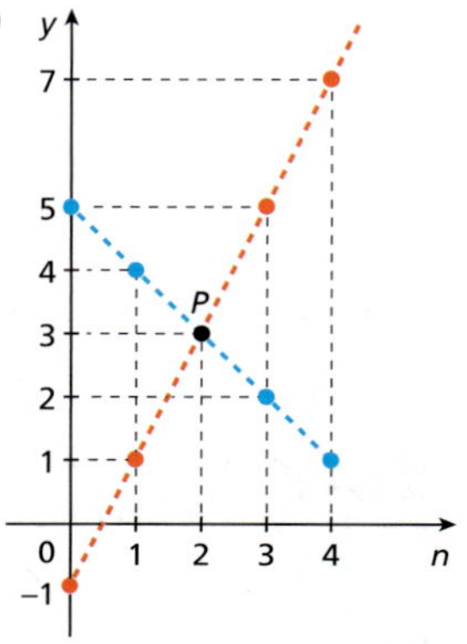

b) 24

44. 0

45. a) $\frac{1}{2}, 1, \frac{3}{2}, 2, \frac{5}{2}$

b) $\frac{1.275}{2}$

46. 5

47. a) R$ 84,00

b) R$ 1.152,00

c) R$ 96,00

48. 16

49. 100

50. $r = \frac{2}{3}$ e $S = -\frac{190}{3}$ ou $r = \frac{50}{3}$ e $S = -\frac{70}{3}$

51. a) 5.471 b) 5.575

52. a) PG b) PA c) PG d) PA

53. a) $q = \frac{4}{5}$ b) $q = \sqrt{3}$ c) $q = \frac{2}{\pi}$ d) $q = -2$

54. a) crescente

b) oscilante

c) decrescente

d) constante

55. a) 4, 24, 144, 864 e 5.184

b) $x^2, \frac{y}{x}, \frac{y^2}{x^4}, \frac{y^3}{x^7}, \frac{y^4}{x^{10}}$ e $\frac{y^5}{x^{13}}$

56. 8

57. $\frac{729}{125}$

58. $\frac{1}{7}$

59. oitavo termo

60. 6 termos

61. $a_1 = 6$

62. −2 ou 4

63. $\frac{6}{5}$

64. Os números pedidos são 2, 10 e 50.

65. 25, 50 e 100

66. (24; 36; 54; 81)

67. $\left(\frac{5}{4}, -\frac{5}{2}, 5, -10, 20, -40, 80\right)$ ou $\left(\frac{5}{4}, \frac{5}{2}, 5, 10, 20, 40, 80\right)$

68. 9.840 pessoas

69. 512

70. a) $C_2 = C_0(1 + i)^2$ e $C_3 = C_0(1 + i)^3$

b) $q = (1 + i)$

c) $C_n = C_0(1 + i)^n$, com $n \in \mathbb{N}^*$

71. a) 1 cm

b) (16, 8, 4, 2, 1)

72. $\simeq$ 1,84%

73. a) $x \cdot (0,8)^n$

b) $x \cdot (0,8)^n \cdot 0,2$

c) $\simeq$ 3 anos

74. a)

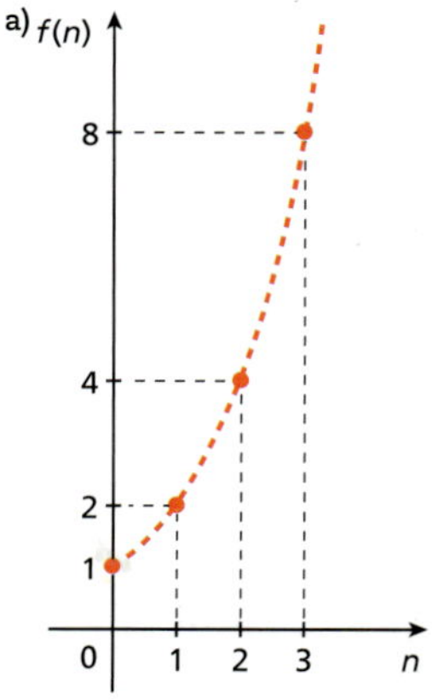

b)
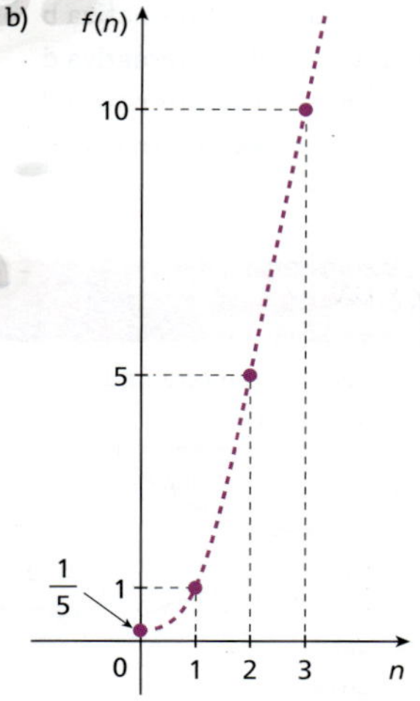

c)
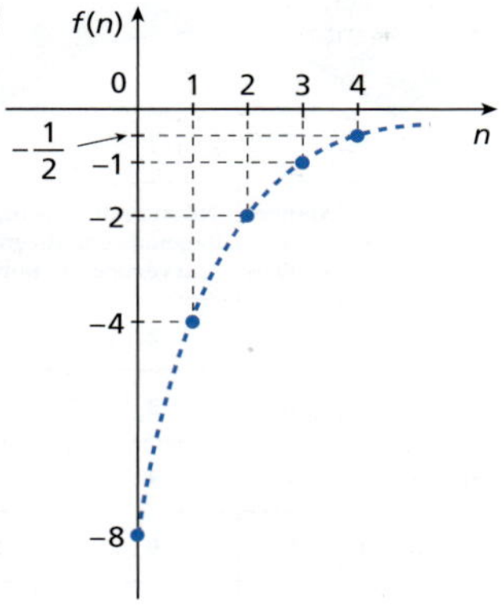

d)
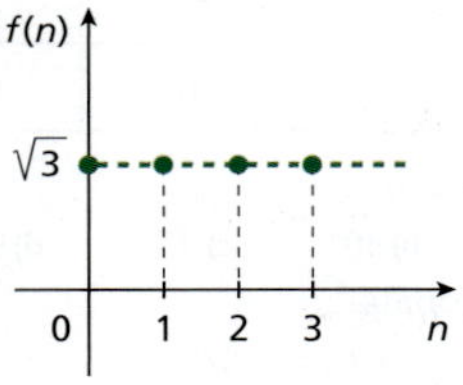

75. $\simeq$ R$ 2.185,45

76. a) $f(n) = \left(\frac{1}{4}\right)^n$, com $n \in \mathbb{N}$

b) $a_{10} = f(10) = \frac{1}{4^{10}}$ c) não

77. 28.086 **78.** $s_6 = \frac{63}{40}$ **79.** $\frac{15}{8} \simeq 1{,}875$

80. 3 **81.** 1.200

82. a) 45 b) 2π

83. a) $\frac{7}{9}$ b) $\frac{2}{33}$ c) $\frac{472}{999}$

84. x = 9 e y = 27 ou x = 225 e y = 135

85. 8

Ficha de revisão

1. $\frac{1}{17}$

2. $a_n = \frac{3n}{3 + n}$, com $n \in \mathbb{N}^*$

3. $\frac{45}{4}$

4. $f(12) = \frac{51}{5}$

5. a) PG; PA b) 32

6. alternativa **e**

7. a)
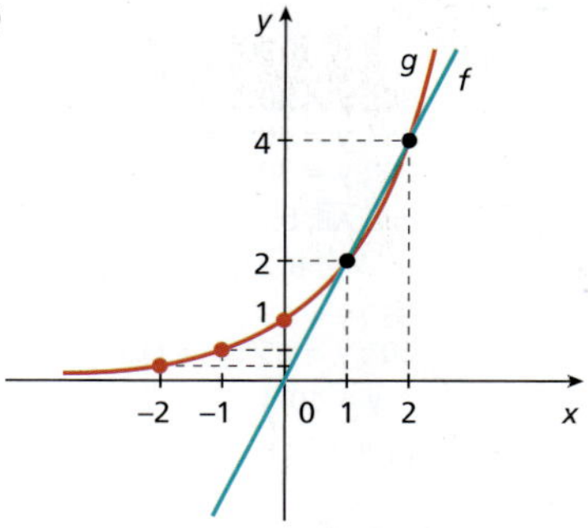

b) 2 e 4 d) $2\sqrt{2}$

c) $S = \{x \in \mathbb{R} \mid 1 \leq x \leq 2\}$

8. alternativa **b** **9.** 4 **10.** 15

11. 10 **12.** 10 **13.** 12 **14.** 189

15. 4 ou 108 **16.** $2\sqrt{2}$

17. S = {6} **18.** $\frac{3x}{2}m$

19. a) $T_n = \frac{n(n + 1)}{2}$ com $n \in \mathbb{N}^*$

b) 91 c) não; sim

20. 25 **21.** 70.821

22. 3 ou 9 **23.** $-\frac{35}{3}$

24. 10 ou 100 **25.** 0 **26.** 10

27. $\frac{1+\sqrt{5}}{2}$ ou $\frac{1-\sqrt{5}}{2}$ **28.** 6

29. y = 5; z = 7 **30.** 9 ou 42

Questões de vestibular

1. alternativa **d**

2. alternativa **b**

3. a) $\sqrt{2}, 6\sqrt{2}, 2\sqrt{2}, 12\sqrt{2}, 4\sqrt{2}, 24\sqrt{2}, 8\sqrt{2}, 48\sqrt{2}$

b) $2\sqrt[18]{2}$; $6 \cdot 2\sqrt[18]{2}$

4. alternativa **a**

5. alternativa **d**

6. alternativa **e**

7. a) 101; 300 b) 104,9 MHz

8. alternativa **e**

9. a) 100 b) 140

10. alternativa **e**

11. a) 8 cm; $4\sqrt{3}$cm b) $4\sqrt{3}$ cm²; $\frac{\sqrt{3}}{256}$ cm²

12. alternativa **d**

13. a) 8 questões b) 127,5 minutos

14. a) 799,2 m

b)
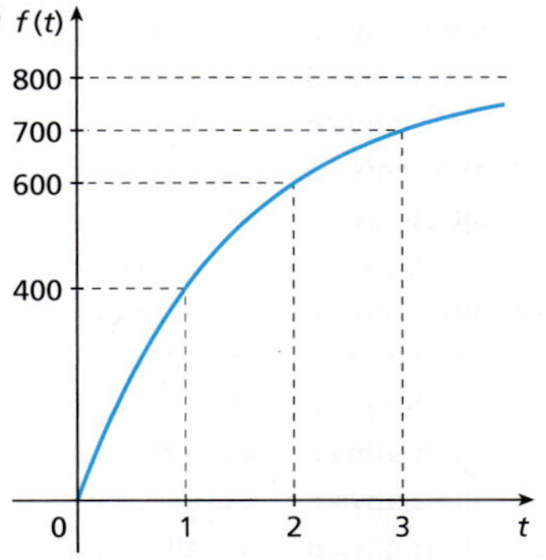

Cap. 9 Matemática financeira

1. $\frac{1}{3}$ **2.** 21 gotas **3.** 18 alunos

4. sim: $\frac{x}{y} = \frac{1}{6}$ **5.** $\frac{9}{52}$

6. inversamente proporcionais

7. $m = \frac{5}{2}$; $p = \frac{5}{4}$

8. 75 pedaladas **9.** $\simeq$ 42 cm

10. R$ 600,00; R$ 1.000,00

11. a) R$ 1.950.000,00; R$ 1.050.000,00; R$ 910.000,00

b) R$ 782.000,00; R$ 1.452.286,00; R$ 1.675.714,00

12. R$ 1.200,00; R$ 600,00; R$ 400,00

13. $\alpha = 45°$; $\beta = 60°$, $\gamma = 75°$

14. R$ 150.000,00; sócio: R$ 200.000,00

15. 31,25% **16.** 50 homens

17. sim **18.** 75% de c

19. 45% **20.** 8%

21. 11% **22.** R$ 2.500,00

23. 8% **24.** $\simeq$ R$ 16.835,38

25. menor **26.** 96%

27. 28% **28.** 20,12%

29. não, R$ 405,60; 56%

30. R$ 50,00

31. a) $\simeq$ 15,8% b) 20%

32. diminuição de 1%

33. valorização de 20%

34. 3,34%; 0,64% **35.** 455,07% ao mês

36. R$ 2,80 **37.** R$ 35,00; R$ 33,60

38. R$ 400,00 **39.** $\simeq$ 10,33%

40. 150% **41.** R$ 14,00

42. a) lucro de 40% c) R$ 560,00

b) lucro de 50%

43. desconto de 20%

44. R$ 1.800,00

45. 2 anos e 6 meses

46. a) R$ 15.450,00 c) R$ 16.350,00

b) R$ 15.900,00 d) 15.000 + 450t

47. a) R$ 3.440,00 b) M = 2.000 + 480 n

c)
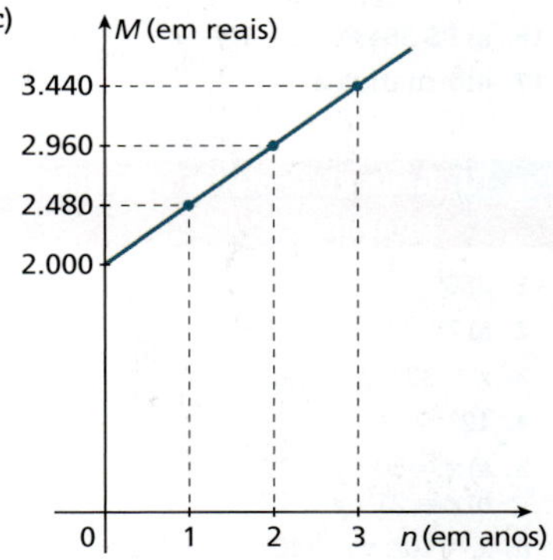

48. 36%; 3% **49.** $\simeq$ 3 anos e 4 meses

50. R$ 6.900,00 **51.** 96%

52. 4% ao mês

53. a) R$ 25.000,00 b) 23,5%

54. 1,35% **55.** b

56. a) 6,25% b) 5 meses

57. R$ 73,22 **58.** R$ 500,00

59. R$ 18.895,68

60. Não, faltaria aproximadamente R$ 181,70.

61. R$ 10.000,00 **62.** $\simeq$ 17% ao ano

63. 2 trimestres **64.** 5 meses

65. 35 anos **66.** 1 ano e 9 meses

67. $\simeq$ 41% **68.** 300%

69. 100%; 220% **70.** $\simeq$ 10 meses

71. a) 10 meses b) 9 meses

72. alternativa **a** **73.** R$ 2.200,00
74. $\simeq$ 41% **75.** $\simeq$ 4,6
76. Não; 13,6% **77.** $\simeq$ 28%
78. a) R$ 520,00 c) $\simeq$ R$ 490,15
b) $\simeq$ R$ 504,85 d) $\simeq$ R$ 1.515,00
79. R$ 144.000,00 **80.** $\simeq$ R$ 626,23
81. $\simeq$ R$ 6.079,12 **82.** 50%
83. $\simeq$ 2,4% **84.** $\simeq$ 3,3%
85. R$ 292,68 **86.** R$ 545,45
87. R$ 200.000,00

Ficha de revisão

1. 3%
2. R$ 20.000,00; R$ 4.000,00
3. alternativa **c** **4.** 10%
5. alternativa **e** **6.** 8
7. R$ 3.452,94 **8.** R$ 871,44
9. alternativa **d**
10. a) R$ 24.000,00 b) após o 1º mês
11. $\frac{8}{13}$ **12.** 5 pintores **13.** 25%

Questões de vestibular

1. alternativa **b** **2.** alternativa **d**
3. alternativa **d** **4.** alternativa **e**
5. alternativa **c** **6.** alternativa **a**
7. a) R$ 512,00; R$ 320,00 e R$ 448,00
b) R$ 320,00; R$ 800,00 e R$ 160,00
8. alternativa **e**
9. a) R$ 650.000,00 b) R$ 50,00
10. alternativa **e** **11.** alternativa **d**
12. a) R$ 8.000,00
b) $\frac{3\log 1{,}03}{\log 1{,}03 - \log 1{,}02}$ meses
13. alternativa **d** **14.** alternativa **e**
15. a) R$ 13.996,80 b) 10 anos
16. a) R$ 364.800,00 b) $\frac{12}{\log_3 1{,}08}$ meses
17. alternativa **a**

Cap. 10 Geometria plana: triângulos e semelhança

1. 260°
2. a) 7° b) 36°
3. x = 32°; y = 106°
4. 12°
5. a) x = 50°; y = 127°
b) x = 21°; y = 27°
6. x = 10°; y = 140°
7. a) 80° b) 80° c) 55° d) 48°
8. a) 37° b) 130° c) 80°
9. a) sim c) sim
b) sim d) não
10. a) 40° b) 60°
11. x = 30°; y = 40°
12. a) 40° b) 30°
13. x = 3; y = 3
14. 35 cm **15.** 60 cm
16. a) 20° b) 120°
17. a) 110° b) 120°
18. a) 100° b) 70° c) 36°
19. 50° **20.** x = y = 30°
21. a) y = 35°; x = 75°
b) x = 35°; y = 55°
22. a) 30° c) 55° e) 25°
b) 105° d) 36° f) 80°
23. a) x = 30°; y = 40°
b) x = 15°; y = 40°
c) x = 30°; y = 30°
24. mediana: $\overline{AE}$; bissetriz: $\overline{AD}$; altura: $\overline{AH}$
25. a) $\overline{AB}$ b) $\overline{AH}$ c) $\overline{AH}$
26. a) x = 35°; y = 55°; z = 125°
b) x = 30°; y = 65°; z = 115°
27. x = 17°; y = 107°
28. x = 5°; y = 85°; z = 48°
29. x = 40°
30. a) 6 b) 18
31. x = 3; y = 6
32. a) 3 b) 6
33. a) x = 9; y = 24
b) x = 2; y = 6
34. a) 6 b) 5
35. a) x = 8; y = 16
b) x = 5; y = 4
c) x = 6; y = 21
36. a) x = 2 b) x = 6; y = 8
37. 18 cm **38.** x = 8; y = 9
39. a) 4 b) 14,4
40. a) 4 b) $\frac{48}{5} = 9{,}6$
41. a) x = 14; y = 6
b) x = 7,3; y = 6
42. 18 **43.** $x = 7; y = \frac{7}{2}$
44. x = 20; y = 32; z = 10
45. 48 cm
46. 9 **47.** 27 **48.** $\simeq$ 5,9 m
49. $x = \sqrt{30}; a = \sqrt{5}; b = \sqrt{14}$
50. $\sqrt{21}$
51. a) x = 15; y = 20 b) x = 12; y = 20
52. $17\sqrt{2}$ **53.** $2(\sqrt{2} - 1)$
54. $\sqrt{10}$ cm; $3\sqrt{10}$ cm
55. a) $2\sqrt{7}$ b) 8
56. a) 6 b) 13
57. 4 dm **58.** $2\sqrt{41}$
59. a) 2 b) 2 c) $4\sqrt{5}$ d) 3
60. a) x = 4,8; y = 10 b) $x = 4\sqrt{3}; y = 4$
61. a = 9,6; b = 7,2; c = 12,8; d = 20
62. $x = 8; y = 8\sqrt{3}; h = 4\sqrt{3}; a = 16$

Questões de vestibular

1. alternativa **a** **2.** alternativa **b**
3. alternativa **d** **4.** alternativa **b**
5. alternativa **c** **6.** alternativa **d**
7. alternativa **a** **8.** alternativa **b**
9. alternativa **e** **10.** alternativa **c**
11. alternativa **c** **12.** alternativa **b**
13. alternativa **b** **14.** alternativa **c**
15. alternativa **d** **16.** alternativa **b**
17. alternativa **b** **18.** alternativa **c**
19. alternativa **c** **20.** alternativa **c**
21. alternativa **c** **22.** alternativa **e**
23. alternativa **d** **24.** alternativa **b**
25. alternativa **c** **26.** alternativa **d**
27. alternativa **e** **28.** alternativa **b**
29. alternativa **d** **30.** alternativa **c**
31. alternativa **a** **32.** alternativa **a**
33. alternativa **d** **34.** alternativa **b**
35. alternativa **a** **36.** alternativa **b**
37. alternativa **d** **38.** alternativa **b**
39. alternativa **d** **40.** alternativa **d**
41. alternativa **c** **42.** alternativa **d**
43. alternativa **a** **44.** alternativa **c**
45. alternativa **e**

Cap. 11 Superfícies poligonais, círculos e áreas

1. Todas, menos a terceira figura.
2. Resposta possível:

3. impossível
4. Resposta possível:

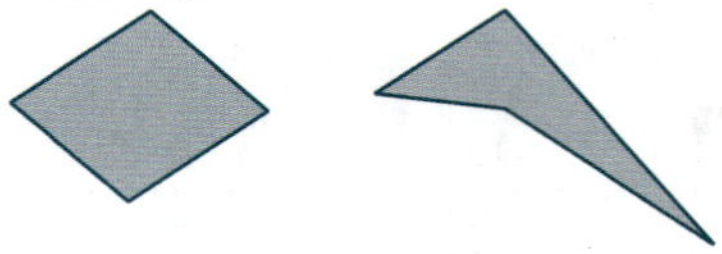

5.

Polígono	Número de vértices	Número de diagonais em um vértice	Número de diagonais do polígono
Pentágono	5	2	5
Hexágono	6	3	9
Heptágono	7	4	14
Eneágono	9	6	27
Polígono de 12 lados ou dodecágono	12	9	54
Icoságono	20	17	170

6. quadrilátero
7. a) 72° b) 40° c) 75° d) 90°
8. 152 diagonais
9. x = 98°; y = 82°; z = 57°
10. a) 60° b) 117° c) 40°
11. a) 35° b) 70°
12. a) 50° b) 65° c) 25°
13. x = 70°; y = 40°
14. x = 40°; y = 110°
15. a) x = 85°; y = 110° b) x = 35°; y = 125°
16. 22,47 cm **17.** 6 m **18.** 150°
19. 30° **20.** 30 cm
21. a) 8 cm c) 3 cm e) 2 cm g) 4 cm
b) $4\sqrt{6}$ cm d) 2 cm f) 5 cm
22. a) 60 cm^2 c) 48 cm^2
b) $9\sqrt{3}$ cm^2 d) 14 cm^2
23. a) x = 9 cm; A = 30 cm^2
b) x = 5 cm; A = 55 cm^2
c) x = 17 cm; A = 196 cm^2
24. $\simeq$ 160 cm^2 **25.** 5 m **26.** 17 m e 34 m
27. 28 cm e 2 cm **28.** 96 cm^2
29. 4 cm **30.** 120 cm^2
31. $2\sqrt{13}$ dm **32.** $36\sqrt{15}$ m^2
33. $12\sqrt{2}$ m **34.** 240 cm^2
35. $12\sqrt{3}$ cm^2 **36.** 50 m^2
37. 864 cm^2 **38.** 3 **39.** 1.362,5 cm^2
40. polígono regular de nove lados
41. polígono de doze lados

42. a) 22,5° b) 60°

43. $x = 12°$; $y = 72°$

44. 156°

45. a) 24 b) $3\sqrt{7}$

46. 8 **47.** 8 cm **48.** 40 cm

49. 7 cm

50. a) 115° b) 62° c) 25° d) 44°

51. 21° **52.** $x = 35°$; $y = 65°$

53. a) 55° b) 96°

54. a) $\frac{143°}{8}$ b) 9° c) $\frac{50°}{6}$

55. 70°

56. a) 75° b) 62° c) 53° d) 66° e) 58° f) 42°

57. a) $20{,}25\pi$ cm² b) 34π cm² c) $30{,}25\pi$ cm²

58. a) $\frac{6}{5}\pi$ cm² b) 65π cm²

59. a) $(4 - \pi)$ cm² b) 52π cm² c) $(4 - \pi)$ cm² d) 12π cm²

60. 4π cm² **61.** $16(\pi - 2)$

62. a) 36π cm² b) 45π cm²

63. a) $\left(4 - \frac{\pi}{2}\right)$ cm² b) $(4 - \pi)$ cm²

64. 25π cm²

65. a) 2π cm² b) $36(\pi - 2)$ cm² c) $9(4 - \pi)$ cm²

Questões de vestibular

1. alternativa **b** **2.** alternativa **d**
3. alternativa **e** **4.** alternativa **b**
5. alternativa **d** **6.** alternativa **b**
7. alternativa **e** **8.** alternativa **d**
9. alternativa **c** **10.** alternativa **b**
11. alternativa **b** **12.** alternativa **b**
13. alternativa **c** **14.** alternativa **d**
15. alternativa **b** **16.** alternativa **d**
17. alternativa **c** **18.** alternativa **b**
19. alternativa **a** **20.** alternativa **c**
21. alternativa **b** **22.** alternativa **b**
23. alternativa **d** **24.** alternativa **c**
25. alternativa **c** **26.** alternativa **d**
27. alternativa **a** **28.** alternativa **d**
29. alternativa **c** **30.** alternativa **b**
31. alternativa **d** **32.** alternativa **a**
33. alternativa **c** **34.** alternativa **b**
35. alternativa **d** **36.** alternativa **c**
37. alternativa **e** **38.** alternativa **c**
39. alternativa **b** **40.** alternativa **d**
41. alternativa **d** **42.** alternativa **e**
43. alternativa **a** **44.** alternativa **b**
45. alternativa **b** **46.** alternativa **d**

Cap. 12 Trigonometria no triângulo retângulo e em um triângulo qualquer

1. $\text{sen}\ \alpha = \frac{3\sqrt{10}}{10}$; $\cos \alpha = \frac{\sqrt{10}}{10}$; $\text{tg}\ \alpha = 3$

2. $\text{sen}\ \widehat{A} = \frac{2}{3}$; $\cos \widehat{A} = \frac{\sqrt{5}}{3}$; $\text{tg}\ \widehat{A} = \frac{2\sqrt{5}}{5}$

3. $x = \sqrt{34}$; $\text{sen}\ \beta = \frac{3\sqrt{34}}{34}$; $\cos \beta = \frac{5\sqrt{34}}{34}$

4. 36 **5.** $\frac{1}{2}$ **6.** $x = \frac{80}{3}$; $y = \frac{1.200}{41}$

7. a) $\frac{7}{12}$ b) $\frac{\sqrt{95}}{12}$

8. $x = \frac{114}{25}$; $y = \frac{228}{69}$ **9.** $\text{sen}\ \alpha = \frac{4\sqrt{17}}{17}$

10. $\cos \alpha = \frac{2\sqrt{13}}{13}$

11.

Ângulo	Seno	Cosseno	Tangente
20°	0,3420	0,9397	0,3640
70°	0,9397	0,3420	2,7475
50°	0,7660	0,6428	1,1918
40°	0,6428	0,7660	0,8391

12. $\text{sen}\ \alpha = \frac{8}{17}$ **13.** $\text{sen}\ \alpha = \frac{\sqrt{6}}{9}$

14. $\text{tg}\ \widehat{C} = \frac{2\sqrt{21}}{21}$

15. 20,78 cm **16.** 30°

17. a) $x = 5$ cm; $y = 5\sqrt{3}$ cm
b) $x = \frac{50}{3}\sqrt{3}$ cm; $y = 30°$
c) $x = 4\sqrt{3}$ cm; $y = 30°$

18. $10\sqrt{3}$ cm e 30 cm

19. 1,5 m **20.** 84,85 m **21.** 15,59 cm

22. $x = 6 \cdot (\sqrt{3} + 1)$ **23.** menor

24. 112,5 m

25. $x \simeq 1{,}29$; $y \simeq 2{,}25$; $z \simeq 5{,}33$

26. $x \simeq 85{,}1$ cm; $y \simeq 31$ cm; $z \simeq 90{,}6$ cm

27. $\simeq 10{,}6$ m

28. $OI = 10$ cm; $AO = 5\sqrt{5}$ cm

29. $\simeq 10{,}5°$ **30.** $\simeq 13{,}4$ km **31.** $\simeq 5{,}23$ m

32. $\simeq 72{,}405$ m

33. $\simeq 425$ m **34.** $\simeq 50$ m

35. 10 cm; $\simeq 106°$ e $\simeq 74°$ **36.** $\simeq 20{,}8$m

37. $\simeq 10{,}28$ m **38.** $\simeq 25{,}66$ cm; $\simeq 59°$ e $\simeq 121°$

39. $\simeq 3{,}65$ m **40.** $\simeq 70{,}98$ m

41. $AC \simeq 11{,}5$ cm; med$(\widehat{B}) \simeq 125°$ e med$(\widehat{C}) \simeq 25°$

42. 15 **43.** $\frac{1}{3}$

44. $a = 5{,}2$ cm; $x \simeq 71°$; $y \simeq 54°$

45. 34,5 cm² **46.** 4,26 cm **47.** 7,2 m²

48. $\simeq 47{,}5$ m **49.** 42,9 m

50. a) $x \simeq 8{,}5$ cm; $y \simeq 5{,}1$ cm
b) $x \simeq 40°$; $y \simeq 4{,}5$ cm
c) $x \simeq 2{,}46$ cm; $y \simeq 3{,}73$ cm
d) $x \simeq 3{,}6$ cm; $y \simeq 2{,}9$ cm

51. $DF = 7$ cm; med$(\widehat{D}) \simeq 38°$ e med$(\widehat{F}) \simeq 82°$

52. $8\sqrt{3}$ cm **53.** $4\sqrt{19}$ cm

54. a) 13 m b) $\simeq 28°$ e $\simeq 32°$

55. 34°, 59° e 87°

56. aproximadamente 68°, 68° e 44° ou 48°, 48° e 84°

57. a) $a \simeq 6{,}9$ cm; $b \simeq 4{,}7$ cm e $x = 59°$
b) $a \simeq 5$ cm; $x \simeq 90°$ e $y \simeq 53°$ ou $a \simeq 1{,}4$ cm; $x \simeq 16°$ e $y \simeq 127°$

58. a) acutângulo b) retângulo c) obtusângulo d) não existe triângulo

59. $\simeq 192{,}6$ km **60.** 18 cm²

61. a) 10 unidades de área
b) 10 unidades de área
c) $2{,}5\sqrt{2}$ unidades de área

62. 25,4 cm²

63. a) $A \simeq 10{,}22$ m² b) $A \simeq 3{,}64$ cm²

64. $\simeq 5{,}2$ cm² **65.** $50\sqrt{3}$ cm²

66. $90\sqrt{3}$ m²

67. a) $\simeq 77{,}8$ unidades de área
b) $\simeq 100{,}9$ unidades de área

68. a) $x^2 \cdot \text{sen}\ \alpha$ b) quadrado; área $= x^2$

Ficha de revisão

1. $\text{sen}\ \alpha = \frac{\sqrt{5}}{5}$; $\cos \alpha = \frac{2\sqrt{5}}{5}$; $\text{tg}\ \alpha = \frac{1}{2}$

2. a) 11,04 b) $\simeq 1{,}95$

3. A rampa E tem a maior inclinação, que é de aproximadamente 30°.

4. $\simeq 1{,}1$ m

5. $\simeq 25.922$ m

6. 12 e 16

7. $\frac{39\sqrt{2}}{10}$ e $\frac{\sqrt{2.158}}{10}$

8. a) 35 b) 12

9. 45°

10. $x \simeq 24$ e $y \simeq 25$

11. 4 m

12. $\simeq 0{,}49$

13. alternativa **c**

14. 10

15. 6,34 cm e 8,66 cm

16. 60°

17. $CN = CM = \frac{20}{3}$ cm

18. a) 255.000 estádios
b) A medida encontrada por Eratóstenes (40.162,5 km) é 97,5 km maior que a adotada hoje (40.075 km).

19. 20 m

20. $\frac{1}{3}$

21. $4\sqrt{19}$ cm

22. 75° ou 15°

23. $\frac{11}{30}$

24. $10\sqrt{31}$ m

25. 19 cm²

26. a) $\simeq 39{,}4$ cm² b) $\simeq 150{,}7$ cm²

27. $1.050\sqrt{2}$ m²

Questões de vestibular

1. alternativa **b** **2.** alternativa **a**
3. alternativa **d** **4.** alternativa **c**
5. alternativa **a** **6.** alternativa **d**
7. alternativa **c** **8.** alternativa **d**
9. alternativa **e** **10.** alternativa **c**
11. alternativa **c** **12.** alternativa **c**
13. alternativa **d** **14.** alternativa **b**

Cap. 13 Ciclo trigonométrico (1ª volta)

1. $\frac{\pi}{2}$ rad

2. 120°

3. 172°

4. $\simeq 114°38'59''$

5. a) $\frac{\pi}{6}$ rad b) $\frac{\pi}{3}$ rad c) $\frac{2\pi}{3}$ rad d) $\frac{5\pi}{6}$ rad e) $\frac{7\pi}{6}$ rad f) $\frac{4\pi}{3}$ rad g) $\frac{5\pi}{3}$ rad h) $\frac{11\pi}{6}$ rad

6. a) 225° b) 210° c) 330°

7. $\simeq 0{,}017$ rad

8. a) 144°, $\frac{4\pi}{5}$ rad b) 252°, $\frac{7\pi}{5}$ rad

9. a) $\frac{\pi}{36}$ rad b) 3.600 m

10. 50°

11. $\simeq 94{,}2$ cm **12.** 1.884 m

13. $\simeq 17{,}58$ m

14. $\simeq 10{,}99$ cm

15. $\simeq 30{,}53$ cm; $\simeq 24{,}42$ cm

16. e **17.**

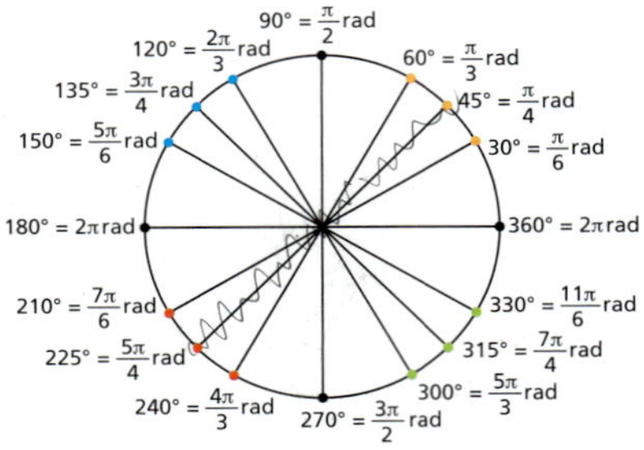

18. a) $\frac{3\pi}{4}$ rad, $\frac{7\pi}{4}$ rad, $\frac{\pi}{4}$ rad
b) 30°, 210°, 150°
c) $\frac{4\pi}{3}$ rad, $\frac{\pi}{3}$ rad, $\frac{5\pi}{3}$ rad
d) 45°, 225°, 135°

19. a) $\frac{3\pi}{10}$ rad, $\frac{\pi}{10}$ rad, $\frac{4\pi}{10}$ rad
b) 20°, 70°, 20°

20. a) $A = \frac{8\pi}{9}$, $B = \frac{10\pi}{9}$, $C = \frac{17\pi}{9}$
b) $A = \frac{12\pi}{7}$, $B = \frac{2\pi}{7}$, $C = \frac{5\pi}{7}$
c) $A = \frac{\pi}{5}$, $B = \frac{4\pi}{5}$, $C = \frac{6\pi}{5}$

21. $P = 36°$, $R = 216°$, $S = 324°$

22. positivo: $\frac{2\pi}{3}$ e $\frac{\pi}{4}$; negativo: $\frac{7\pi}{6}$; nem positivo nem negativo: π

23. $\text{sen}\ \frac{\pi}{6} = \text{sen}\ \frac{5\pi}{6} = \frac{1}{2}$, $\text{sen}\ \frac{7\pi}{6} = \text{sen}\ \frac{11\pi}{6} = -\frac{1}{2}$

24. a) 0,8 b) −0,8 c) −0,8

25. não: sen 120° = sen 60° = $\frac{\sqrt{3}}{2}$ e sen 240° = $-\frac{\sqrt{3}}{2}$

26. a) QI ou QII c) QI ou QII
b) QIII ou QIV d) (QI ∩ QIV) ou (QII ∩ QIII)

27. a) F b) F c) F

28. a) $\frac{\sqrt{6}}{2}$ b) $\frac{-2+\sqrt{3}}{3}$ c) $\frac{1-\sqrt{3}}{4}$

29. 16 h ou 20 h

30. a) 0,6428 b) −0,9659 c) −0,7660

31. a) 0,9511 b) −0,9511

32. sen α = −0,4540
sen β = −0,7660
sen θ = 0,9848

33. a) $\text{med}(\widehat{AB}) = \frac{\pi}{4}$ rad; $\text{med}(\widehat{AC}) = \frac{2\pi}{3}$ rad; $\text{med}(\widehat{AD}) = \frac{7\pi}{6}$ rad; $\text{med}(\widehat{AE}) = \frac{3\pi}{2}$ rad
b) sen $\frac{3\pi}{2}$; sen $\frac{7\pi}{6}$; sen $\frac{\pi}{4}$; sen $\frac{2\pi}{3}$

34. a) positivo b) negativo c) negativo

35. positivo: $\frac{\pi}{4}$; negativos: $\frac{7\pi}{6}$, $\frac{2\pi}{3}$ e π; nem positivos nem negativos: $\frac{3\pi}{2}$

36. QI, $\alpha = \frac{\pi}{4}$; QIII, $\alpha = \frac{5\pi}{4}$

37. a) não, cos 90° = 0; 3 · cos 30° = $\frac{3\sqrt{3}}{2}$
b) não, cos 90° = 0 e $\frac{\cos 180°}{2} = -\frac{1}{2}$

38. a) $\frac{2\pi}{3}$, $\frac{4\pi}{3}$ b) $\frac{3\pi}{4}$, $\frac{5\pi}{4}$

39. a) QI ou QIV c) nenhum dos quadrantes
b) QII ou QIII d) QI ou QIV

40. a) F b) F c) F

41. a) $-\frac{3\sqrt{2}}{2}$ b) $\frac{1}{2}$

42. a) −0,9 b) −0,9 c) 0,9

43. a) −0,7660 c) 0,6428
b) −0,2588 d) −0,8829

44. a) 0,3090 b) −0,3090

45. cos 348°, cos 28°, cos 265°, cos 134°

46. cos α = −0,6691
cos β = 0,3420
cos θ = 0,1736

47. a) negativo b) positivo c) negativo

48. a) cos $\frac{7\pi}{6}$; cos $\frac{4\pi}{3}$; cos $\frac{11\pi}{6}$; cos $\frac{\pi}{8}$
b) não; por exemplo: $\frac{\pi}{8} < \frac{11\pi}{6}$ e $\cos \frac{\pi}{8} > \cos \frac{11\pi}{6}$

49. a) $\frac{\pi}{3}$, $\frac{4\pi}{3}$ c) $\frac{\pi}{4}$, $\frac{5\pi}{4}$
b) $\frac{2\pi}{3}$, $\frac{5\pi}{3}$ d) $\frac{3\pi}{4}$, $\frac{7\pi}{4}$

50.

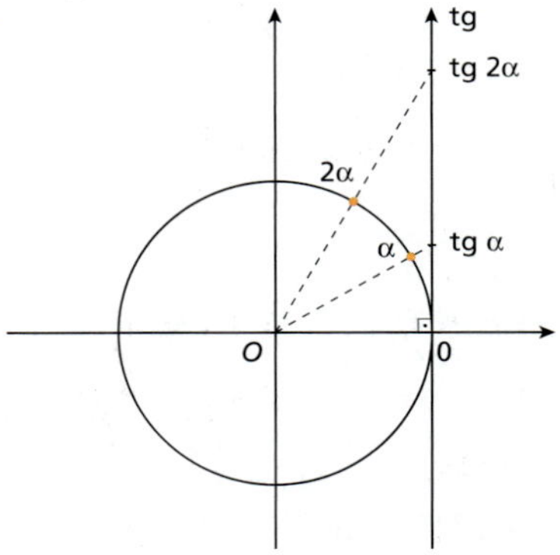

tg 2α ≠ 2 · tg α

51. a) −0,7 b) 0,7 c) −0,7

52. a) QI ou QIII c) nenhum dos quadrantes
b) QII ou QIV d) QI ou QIII

53. a) F b) F

54. a) −0,84 b) 3,73 c) −1,19

55. a) 3,0777 c) −3,0777
b) 3,0777 d) −3,0777

56. tg α = 0,9004; tg β = −0,3640; tg θ = 5,6713

57. a) negativo b) positivo

58. a) menor que 1 b) $\simeq 0{,}65$ c) QI
d) negativo, positivo, negativo
e) −0,65; 0,65; −0,65

59. a) $\text{med}(\widehat{AB}) = \frac{11\pi}{6}$ rad b) $\frac{-\sqrt{3}}{3}$

60. $\frac{12}{13}$

61. a) −0,6 b) −0,75

62. −0,8; −0,6; 0,8

63. sen x = $\frac{1}{2}$ e tg x = $\frac{\sqrt{3}}{3}$

64. a) $\simeq 2{,}29$ unidades de comprimento
b) $-\frac{\sqrt{7}}{4}$ c) $-\frac{3\sqrt{7}}{7}$

65. a) $\simeq 4{,}01$ unidades de comprimento
b) 1,1917 c) −0,6428

66. a) $\frac{\sqrt{3}}{2}$ b) $-\frac{1}{2}$

67. a) −0,8 b) −0,6

68. não

69. $m = -3$ ou $m = 1$

70. 44,5

71. a) $\frac{3\pi}{4}$ d) $\frac{3\pi}{2}$ f) 0, π e 2π
b) $\frac{3\pi}{4}$ e $\frac{7\pi}{4}$ e) $\frac{2\pi}{9}$ e $\frac{5\pi}{9}$ g) 0, π e 2π
c) $\frac{\pi}{6}$ e $\frac{\pi}{2}$

72. 0, π e 2π

73. $\frac{\pi}{3}$ e $\frac{5\pi}{3}$

74. $\frac{\pi}{6}$ e $\frac{7\pi}{6}$

75. $\frac{5\pi}{6}$ e $\frac{7\pi}{6}$

76. a) $\frac{\pi}{6}$, $\frac{\pi}{2}$, $\frac{5\pi}{6}$ e $\frac{3\pi}{2}$ b) 0, $\frac{\pi}{2}$, π, $\frac{3\pi}{2}$, 2π

77. a) $\frac{3\pi}{2}$ b) 0 e 2π c) $\frac{\pi}{2}$
d) $\frac{\pi}{4}$, $\frac{3\pi}{4}$, $\frac{5\pi}{4}$ e $\frac{7\pi}{4}$ e) $\frac{\pi}{4}$ e $\frac{5\pi}{4}$

78. π

79. $\frac{3\pi}{2}$

80. $\frac{5\pi}{6}$

81. $S = \left\{\frac{\pi}{4}\right\}$

82. π

83. $S = \left\{x \in \mathbb{R} \mid \frac{\pi}{2} < x \leq \frac{3\pi}{4} \text{ ou } \frac{3\pi}{2} < x \leq \frac{7\pi}{4}\right\}$

84. a) $S = \left\{x \in \mathbb{R} \mid \frac{\pi}{2} < x < \frac{3\pi}{2}\right\}$
b) $S = \{x \in \mathbb{R} \mid 0 < x < \pi\}$
c) $S = \left\{x \in \mathbb{R} \mid 0 < x < \frac{\pi}{2} \text{ ou } \pi < x < \frac{3\pi}{2}\right\}$
d) $S = \left\{x \in \mathbb{R} \mid 0 \leq x < \frac{\pi}{2} \text{ ou } \frac{5\pi}{6} \leq x < \frac{3\pi}{2} \text{ ou } \frac{11\pi}{6} \leq x \leq 2\pi\right\}$
e) $S = \left\{x \in \mathbb{R} \mid 0 \leq x \leq \frac{5\pi}{6} \text{ ou } \frac{7\pi}{6} \leq x \leq 2\pi\right\}$
f) $S = \left\{x \in \mathbb{R} \mid 0 \leq x \leq \frac{5\pi}{4} \text{ ou } \frac{7\pi}{4} \leq x \leq 2\pi\right\}$

85. a)

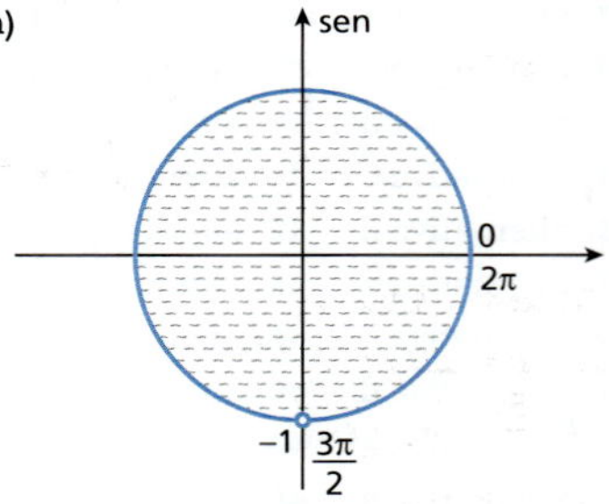

$S = \left\{x \in \mathbb{R} \mid 0 \leq x \leq 2\pi \text{ e } x \neq \frac{3\pi}{2}\right\}$

b)

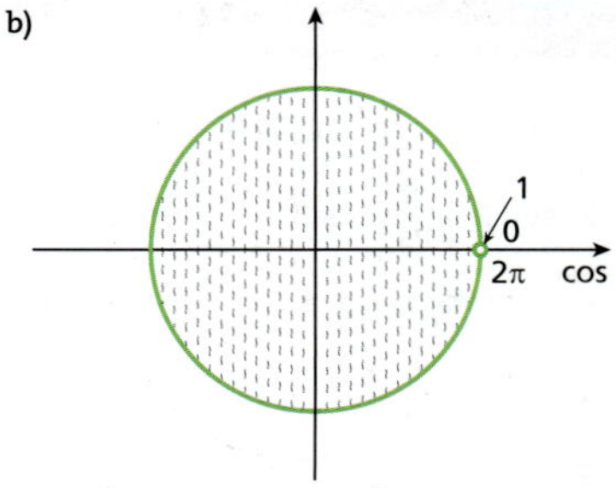

$S = \{x \in \mathbb{R} \mid 0 < x < 2\pi\}$

c)

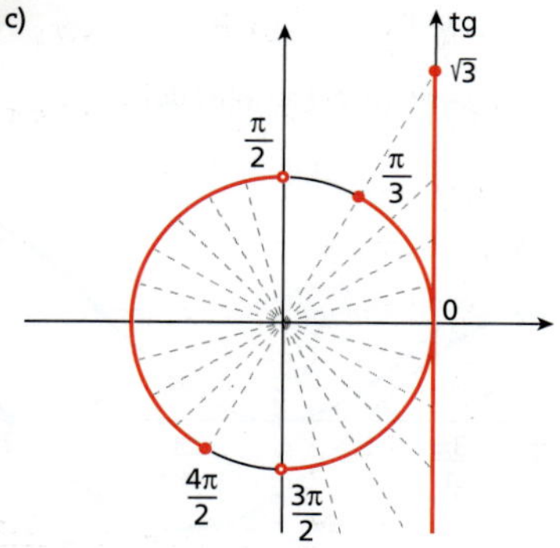

$S = \left\{x \in \mathbb{R} \mid 0 \leq x \leq \frac{\pi}{3} \text{ ou } \frac{\pi}{2} < x \leq \frac{4\pi}{3} \text{ ou } \frac{3\pi}{2} < x \leq 2\pi\right\}$

86. $S = \left\{x \in \mathbb{R} \mid 0 \leq x \leq \frac{4\pi}{3} \text{ ou } \frac{5\pi}{3} \leq x \leq 2\pi\right\}$

87. a) $S = \left\{x \in \mathbb{R} \mid \frac{\pi}{2} < x < \frac{2\pi}{3} \text{ ou } \frac{3\pi}{2} < x < \frac{5\pi}{3}\right\}$

b) $S = \left\{x \in \mathbb{R} \mid \frac{\pi}{4} < x < \frac{7\pi}{4}\right\}$

c) $S = \left\{x \in \mathbb{R} \mid 0 \leq x \leq \frac{7\pi}{6} \text{ ou } \frac{11\pi}{6} \leq x \leq 2\pi\right\}$

d) $S = \left\{x \in \mathbb{R} \mid 0 \leq x \leq \frac{\pi}{3} \text{ ou } \frac{2\pi}{3} \leq x \leq 2\pi\right\}$

e) $S = \left\{x \in \mathbb{R} \mid 0 \leq x < \frac{\pi}{4} \text{ ou } \frac{3\pi}{4} < x < 2\pi\right\}$

f) $S = \left\{x \in \mathbb{R} \mid 0 \leq x \leq \frac{\pi}{3} \text{ ou } \frac{5\pi}{3} \leq x \leq 2\pi\right\}$

g) $S = \{x \in \mathbb{R} \mid 0 \leq x \leq 2\pi\}$

h) $S = \{x \in \mathbb{R} \mid 0 \leq x \leq 2\pi\}$

88. a) $S = \left\{x \in \mathbb{R} \mid \frac{2\pi}{3} \leq x \leq \frac{4\pi}{3}\right\}$

b) $S = \left\{x \in \mathbb{R} \mid \frac{7\pi}{6} \leq x \leq \frac{11\pi}{6}\right\}$

c) $S = \left\{x \in \mathbb{R} \mid 0 \leq x < \frac{\pi}{2} \text{ ou } \frac{2\pi}{3} < x < \frac{3\pi}{2} \text{ ou } \frac{5\pi}{3} < x \leq 2\pi\right\}$

Ficha de revisão

1. x = 165° e y = 150°

2. $\frac{5\pi}{4}$ rad ou 225°

3. ≃ 38,22 m

4. $\frac{7\pi}{9}$ rad

5. ≃ 85°59′14″ **6.** 18π cm **7.** 1,4 rad

8.

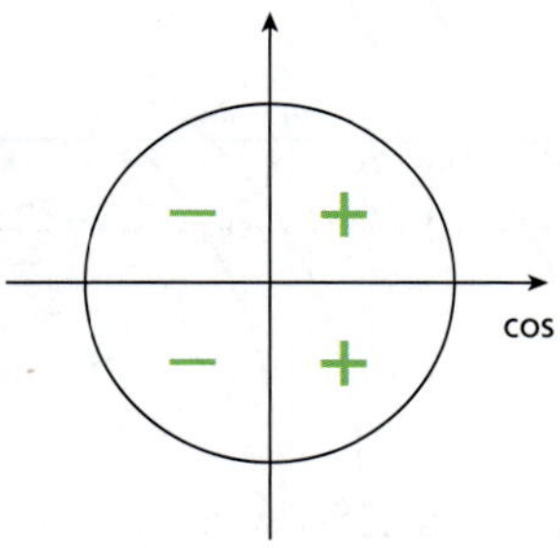

9.

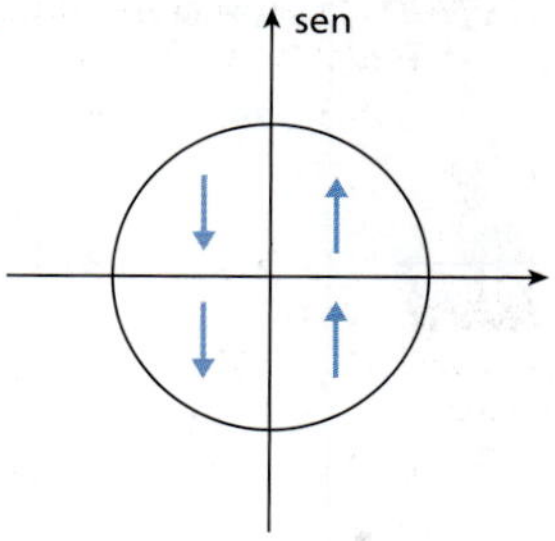

10. a) 0,53 b) −0,53 c) −0,53

11. $\text{tg}\,\frac{7\pi}{6}$, $\text{tg}\,\frac{\pi}{12}$, $\text{tg}\,\frac{23\pi}{12}$, $\text{tg}\,\frac{7\pi}{12}$

12. a) $\frac{-\sqrt{3} + \sqrt{2}}{2}$ b) $\frac{-3 - 2\sqrt{3}}{6}$

13. $\frac{2\pi}{3}$ e $\frac{4\pi}{3}$

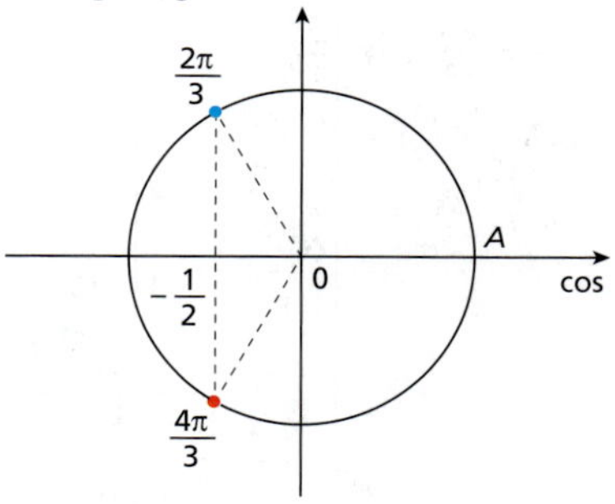

14. $\frac{\sqrt{5}}{5}$

15. a) 0,8 b) −0,8 c) −0,8

16. 1 **17.** $S = \left\{\frac{\pi}{6}, \frac{5\pi}{6}, \frac{7\pi}{6}, \frac{11\pi}{6}\right\}$

18. 3π **19.** $0, \frac{\pi}{2}, \pi, \frac{3\pi}{2}$ e 2π

20. a) $\frac{\pi}{3} \leq x \leq \frac{5\pi}{3}$ b) $\frac{\pi}{6} \leq x < \frac{\pi}{2}$

21. 37°30′ **22.** $-2 \leq a \leq 3$

23. $-\frac{5}{2} < m < -2$

24. x = 30° e y = 60° **25.** $\frac{\sqrt{2}}{4}$

Questões de vestibular

1. alternativa **d**
2. alternativa **c**
3. alternativa **d**
4. alternativa **b**
5. alternativa **c**
6. alternativa **b**
7. $6(\sqrt{3} + \pi)$ cm
8. a) $-1 \leq m \leq \frac{1}{3}$ b) 90°
9. alternativa **e**

Cap. 14 Funções trigonométricas

1.

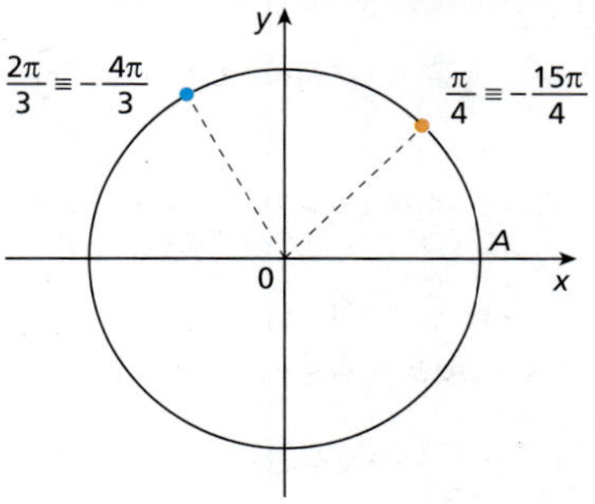

$-\frac{15\pi}{4} \equiv -\frac{15\pi}{4} + 4\pi = \frac{\pi}{4}$

2.

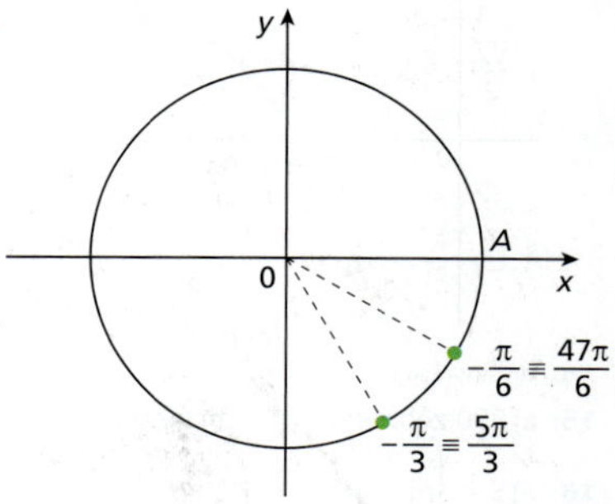

$-\frac{\pi}{6} \equiv -\frac{\pi}{6} + 8\pi = \frac{47\pi}{6}$

3.

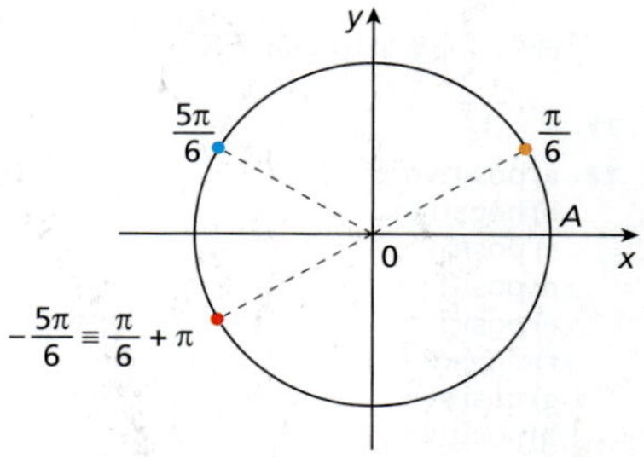

4. a) t e $\pi - t$ têm imagens simétricas em relação ao eixo vertical;
b) t e $t + \pi$ têm imagens simétricas em relação à origem;
c) t e $-t$ têm imagens simétricas em relação ao eixo horizontal;
d) t e $2\pi - t$ têm imagens simétricas em relação ao eixo horizontal.

5.

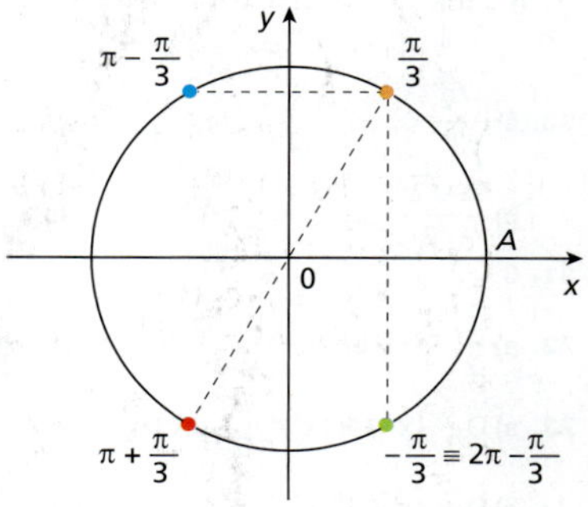

6. a) $\frac{5\pi}{3} + 2k\pi$, com $k \in \mathbb{Z}$
b) $45° + k \cdot 360°$, com $k \in \mathbb{Z}$

7. a) $\frac{7\pi}{6} + k \cdot 2k$, com $k \in \mathbb{Z}$
b) $120° + k \cdot 360°$, com $k \in \mathbb{Z}$

8. $S = \{k \in \mathbb{R} \mid 1 \leq k \leq 2\}$

9. $S = \left\{k \in \mathbb{R} \mid -\frac{7}{2} \leq k \leq -\frac{1}{2}\right\}$

10. $k = 11$

11. a) negativo
b) negativo
c) positivo
d) positivo

12. a) $-\frac{\sqrt{2}}{2}$ e) $\frac{\sqrt{2}}{2}$
b) $-\frac{\sqrt{2}}{2}$ f) $\frac{\sqrt{2}}{2}$
c) −1 g) 1
d) $\frac{\sqrt{3}}{2}$ h) $-\frac{\sqrt{3}}{2}$

13.

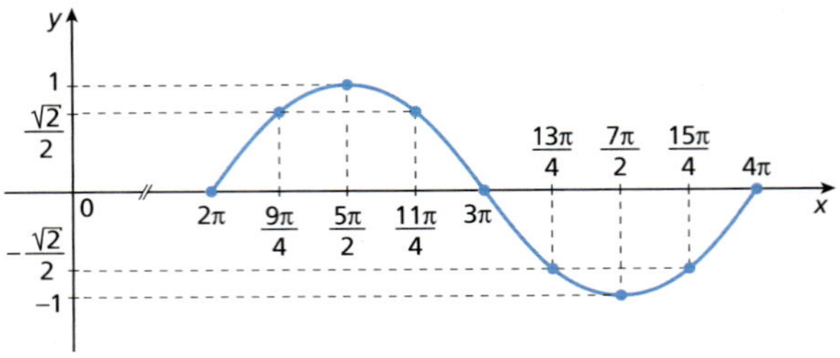

14. 0

15. a) 850 zebras b) janeiro de 2014

16. a) $S = \left\{m \in \mathbb{R} \mid -\frac{8}{3} \leq m \leq -2\right\}$

b) $S = \left\{m \in \mathbb{R} \mid 0 \leq m \leq \frac{4}{5}\right\}$

c) $S = \left\{m \in \mathbb{R} \mid 0 \leq m \leq \frac{2\sqrt{5}}{5}\right\}$

17. $k = 17$

18. a) positivo
b) negativo
c) positivo
d) positivo
e) positivo
f) negativo
g) positivo
h) positivo

19.

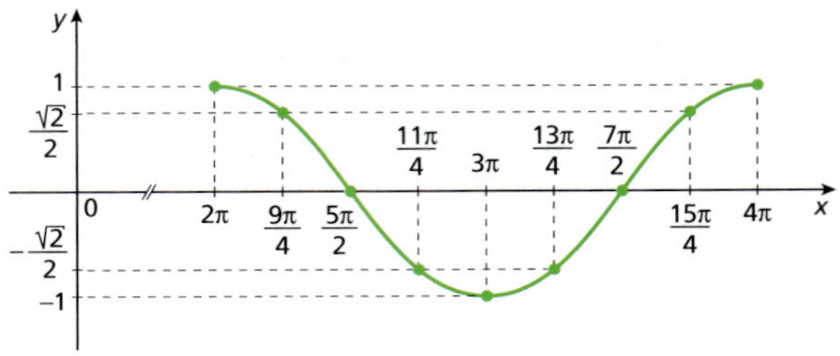

20. a) $\frac{\sqrt{2}}{2}$ c) $-\frac{1}{2}$ e) $\frac{\sqrt{2}}{2}$ g) $-\frac{1}{2}$

b) $-\frac{\sqrt{2}}{2}$ d) $\frac{\sqrt{3}}{2}$ f) $-\frac{\sqrt{2}}{2}$ h) $\frac{\sqrt{3}}{2}$

21. 0

22. a) $\frac{1}{2}$ b) $\frac{\sqrt{2}}{2}$ c) $-\frac{\sqrt{3}}{2}$ d) $\frac{\sqrt{2}}{2}$

23. a) $D = \left\{x \in \mathbb{R} \mid x \neq \frac{\pi}{8} + k \cdot \frac{\pi}{4}, k \in \mathbb{Z}\right\}$

b) $D = \left\{x \in \mathbb{R} \mid x \neq \frac{\pi}{12} + k \cdot \frac{\pi}{2}, k \in \mathbb{Z}\right\}$

24. a) negativo b) positivo

25.

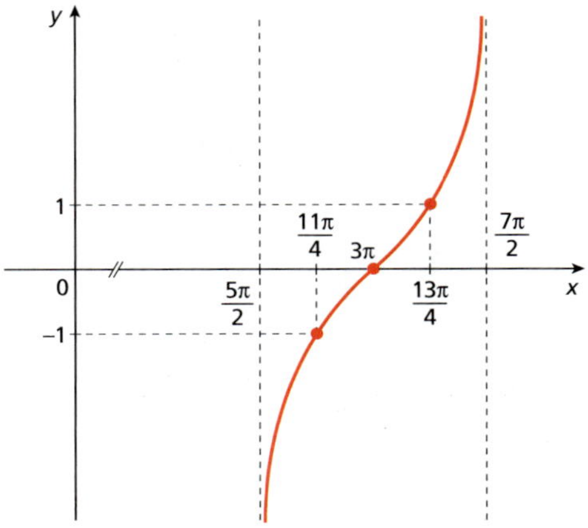

26. a) −1 c) inexistente
b) −1 d) inexistente

27. $-2 - \sqrt{3}$

28. a) sim c) não e) maior
b) não d) (π, 0)

29. domínio: $\mathbb{R}$; imagem: [0, 2]; período: 2π; amplitude: 1

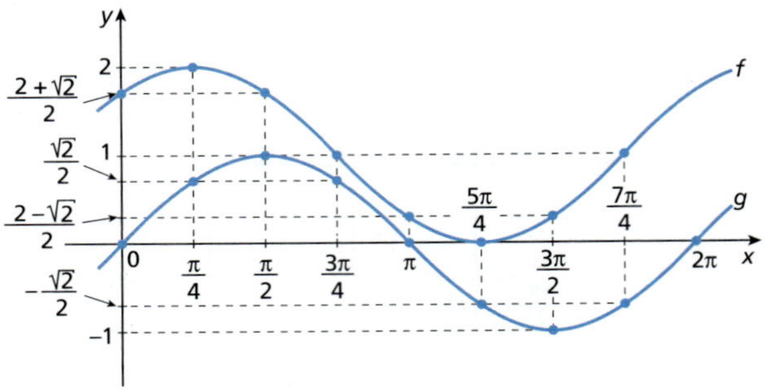

30. a)

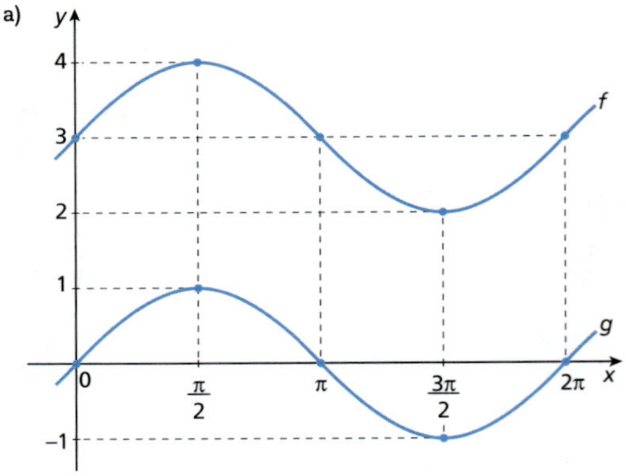

b)

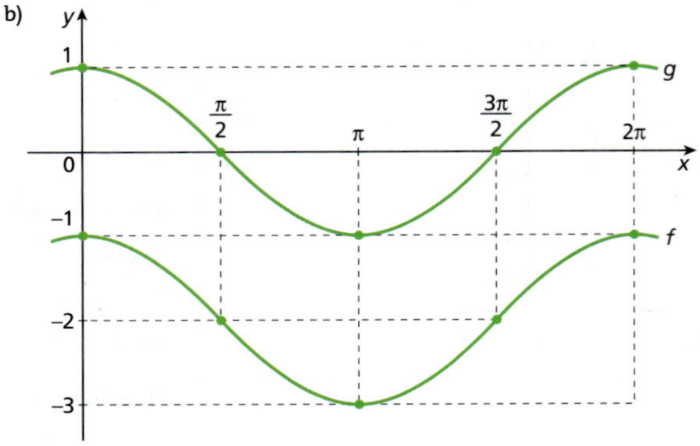

c)

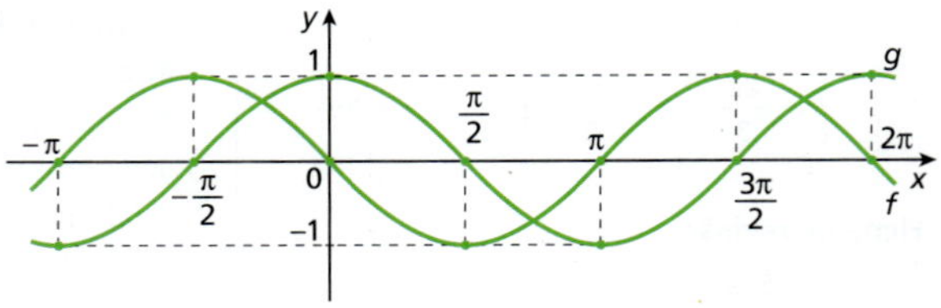

d)

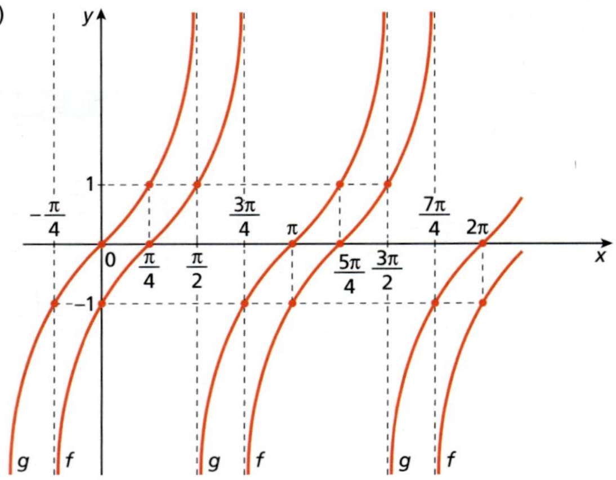

31. a) domínio: $\mathbb{R}$; imagem: $[-3, 3]$; período: π; amplitude: 3

b) domínio: $\mathbb{R}$ imagem: $[3, 7]$; período: $\frac{2\pi}{3}$; amplitude: 2

c) domínio: $x \in \mathbb{R} \mid x \neq \frac{\pi}{8} + k \cdot \frac{\pi}{4}, k \in \mathbb{Z}$; imagem: $\mathbb{R}$; período: $\frac{\pi}{4}$

d) domínio: $\mathbb{R}$; imagem: $[-6, 2]$; período: $\frac{2\pi}{3}$; amplitude: 4

32. domínio: $\mathbb{R}$; imagem: $[-2, 4]$; período: π; amplitude: 3

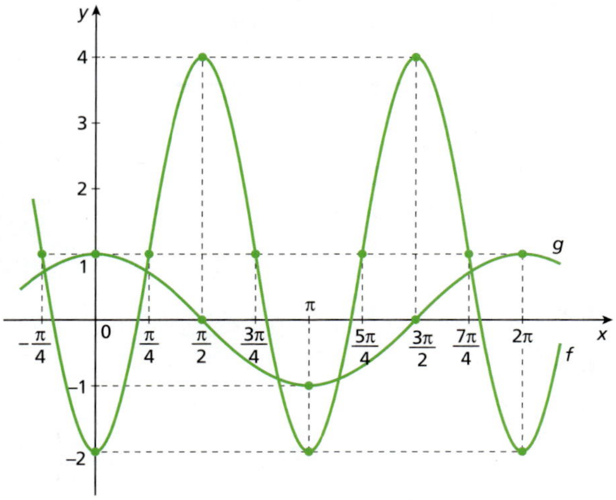

33. domínio: $x \in \mathbb{R} \mid x \neq \pi + k \cdot 2\pi, k \in \mathbb{Z}$; imagem: $\mathbb{R}$; período: 2π

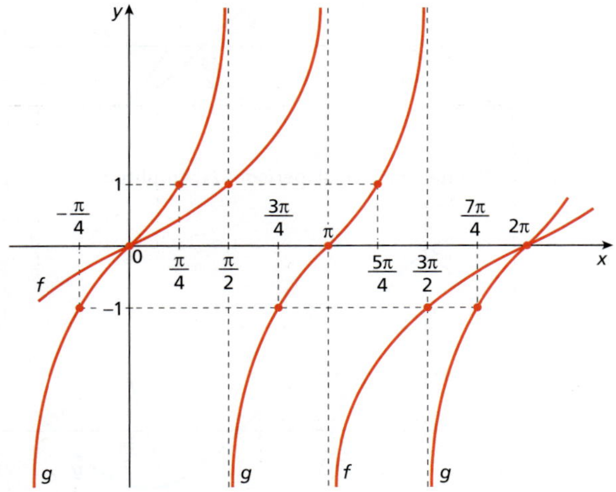

34. $a = 6$ ou $a = -6$; $b = \frac{1}{2}$ ou $b = -\frac{1}{2}$

35. a)

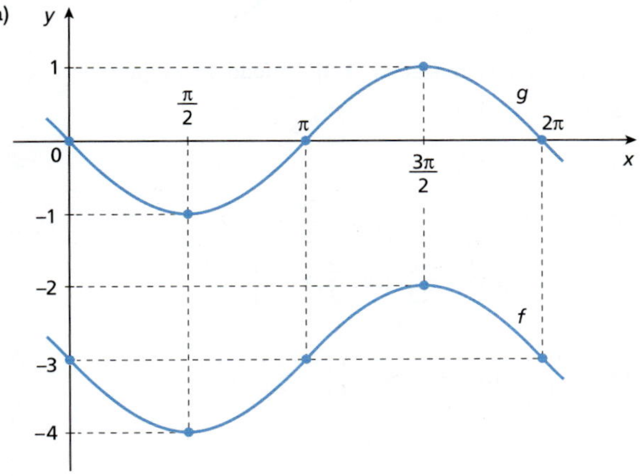

b)

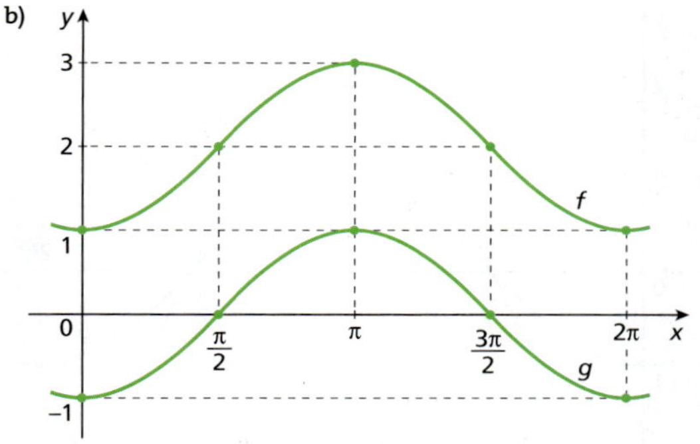

c)

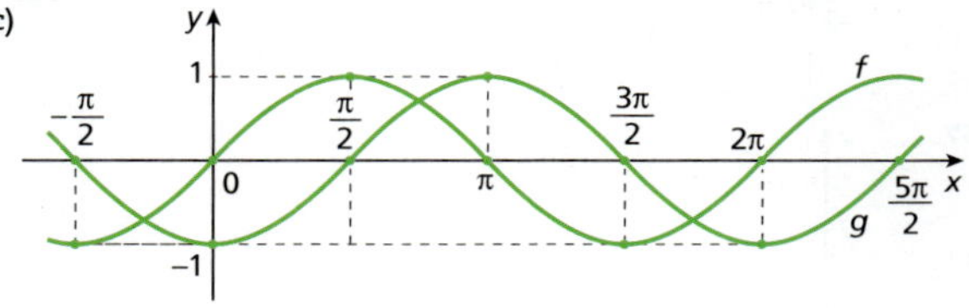

d)

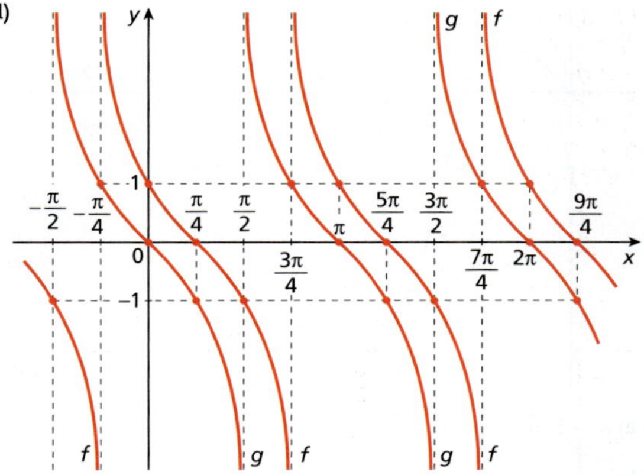

36. a)

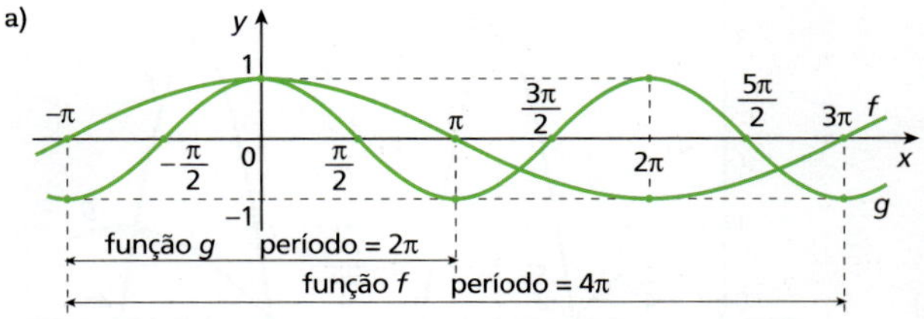

b)

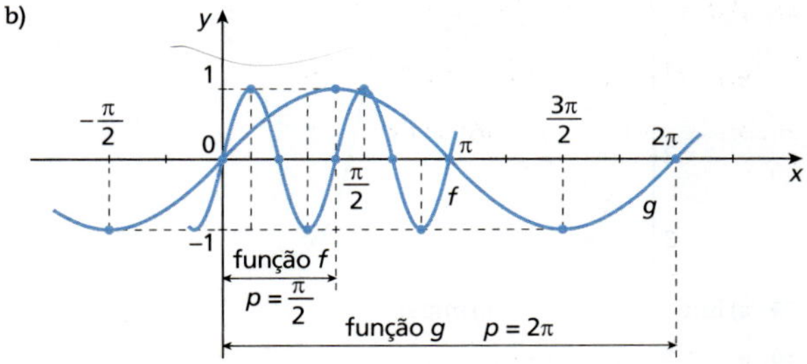

c)

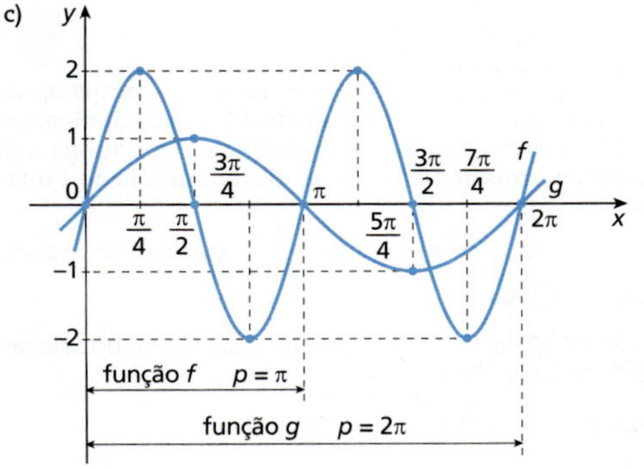

d)

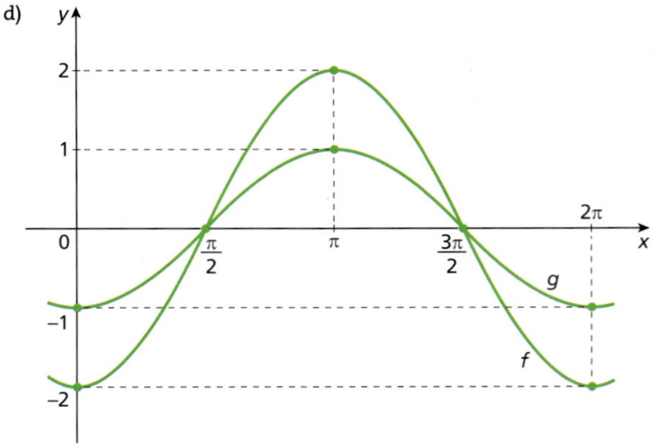

37.

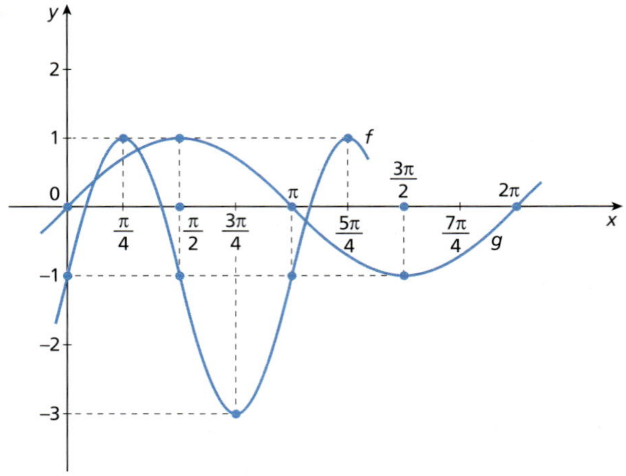

38. a) $A = 3$; $\alpha = \frac{\pi}{2}$; $\omega = 2$

b)

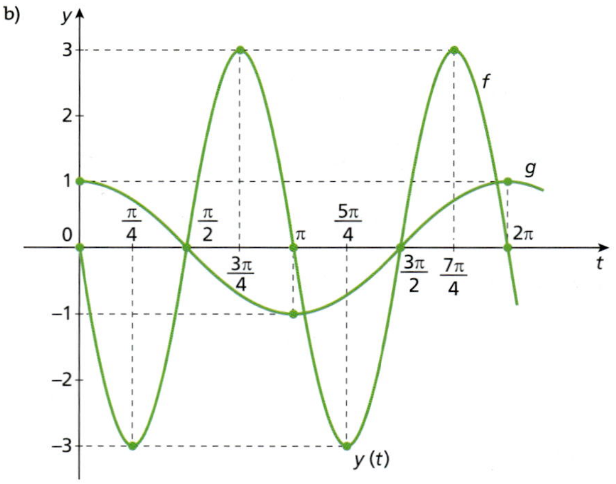

39. a) ímpar b) ímpar

40. $a = 2$; $b = 2$ **41.** $a = -2$; $b = 3$; $c = \frac{1}{2}$

42. $a = 1$; $b = \frac{1}{2}$ **43.** $a = 2$; $b = -3$

44. A maré oscila entre 1 metro e 5 metros, em ciclos completos a cada 8 horas, o que significa uma frequência de 3 ciclos diários. Em seu primeiro ciclo, que se inicia ao meio-dia, a maré atinge a altura máxima de 5 metros às 14 horas, e a altura mínima de 1 metro às 18 horas.

45. Amplitude: 220 V; período: $\frac{1}{60}$ segundos; equação: $E(t) = 220 \cdot \text{sen}\,(120\pi t)$

46. Amplitude: 5.900 casos; translação vertical: 6.380; translação horizontal: 0; período: ≈ meio ano

47. Equação: $T(t) = 20 + 18 \cdot \cos\left(\frac{\pi}{7} \cdot t\right)$

Ficha de revisão

1. a) $\frac{\pi}{3} + k \cdot 2\pi, k \in \mathbb{Z}$

b) $\frac{11\pi}{7} + k \cdot 2\pi, k \in \mathbb{Z}$

2.

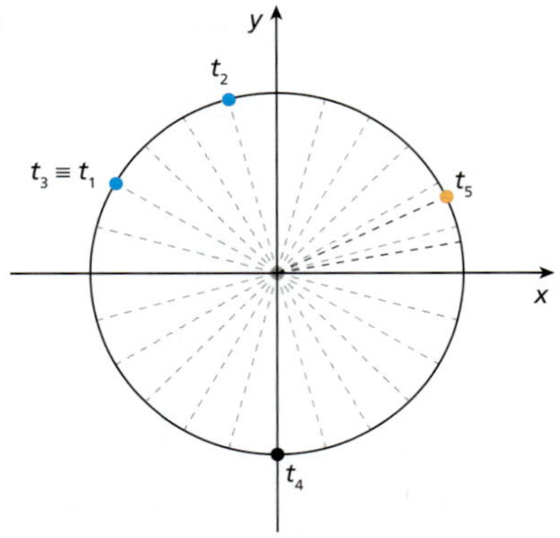

3. a) $-\frac{\sqrt{3}}{2}$ b) $\frac{\sqrt{3}}{2}$

4. $-\frac{\sqrt{2}}{2} - \sqrt{3}$

5. a)

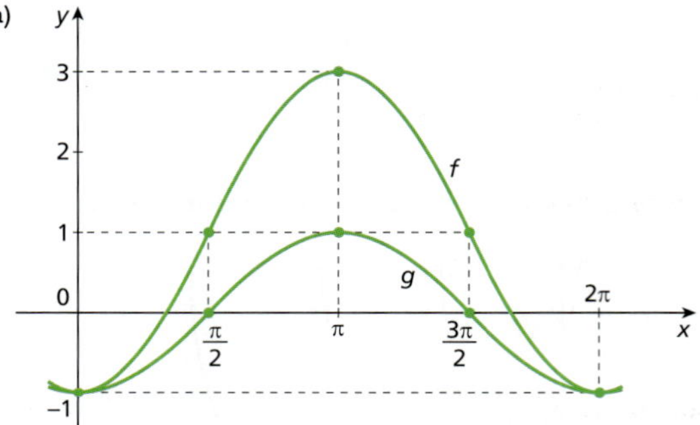

domínio: ℝ; imagem: $[-1, 3]$; período: 2π; amplitude: 2

b)

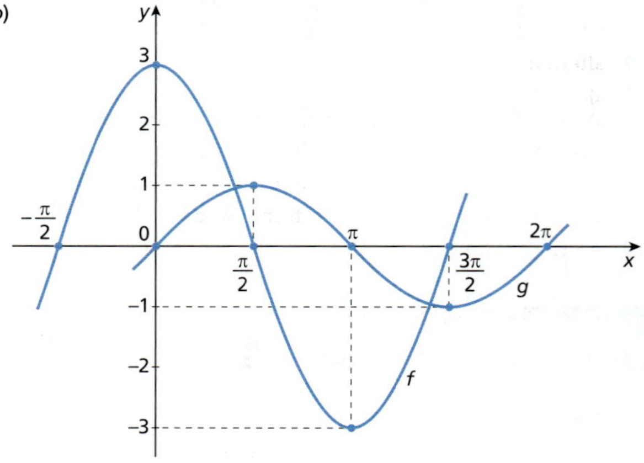

domínio: ℝ; imagem: $[-3, 3]$; período: 2π; amplitude: 3

6. a) $\frac{2\pi}{3}$ b) 2 c) $\frac{\pi}{5}$

7. $a = -1$; $b = \frac{1}{2}$

8. $D(f) = \mathbb{R}$; $Im(f) = [3, 7]$; $p = \frac{2\pi}{5}$; $A = 2$

9. $D = \left\{x \in \mathbb{R} \mid x \neq \frac{5\pi}{12} + k \cdot \frac{\pi}{2}, k \in \mathbb{Z}\right\}$

10. 4 **11.** 2

12. $S = \left\{m \in \mathbb{R} \mid -\frac{1}{4} \leq m \leq \frac{3}{4}\right\}$

13. $\frac{5\pi}{3}$

14. 1

15. • para $0 < x < \frac{\pi}{2} \Rightarrow f(x) < 0$

• para $\frac{\pi}{2} < x < \frac{3\pi}{2} \Rightarrow f(x) > 0$

• para $\frac{3\pi}{2} < x < 2\pi \Rightarrow f(x) < 0$

• para $x = 0$, $x = \pi$ ou $x = 2\pi \Rightarrow f(x) = 0$

16. PG; -1

17. alternativa **d**

18. 8

19. $-\frac{\sqrt{3}}{2}$

20. $\text{sen}\ \alpha < \text{sen}\ \frac{2\pi}{3} < \text{sen}\ 2\alpha$

21.

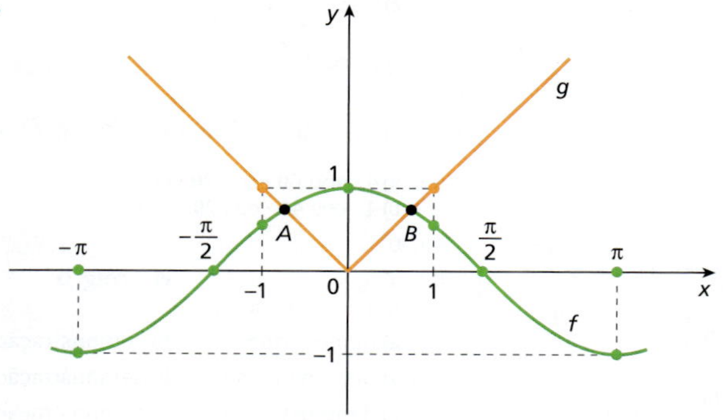

A equação $\cos x = |x|$ tem duas soluções reais, que são as abscissas dos pontos A e B no gráfico.

22. 8

23. a) $S = \left\{m \in \mathbb{R} \mid m \leq -\frac{1}{2}\right\}$

b) $S = \{m \in \mathbb{R} \mid 2 \leq m \leq 3\}$

24. 1.050 toneladas

25. às 3 h

26. 3.715

Questões de vestibular

1. alternativa **b**

2. cos 190°

3. alternativa **d**

4. alternativa **d**

5. alternativa **e**

6. alternativa **b**

7. alternativa **e**

8. a) 12

b) máxima para $t = 12$ ou $t = 24$; mínima para $t = 6$ ou $t = 18$

9. alternativa **a**

10. alternativa **c**

11. alternativa **c**

12. alternativa **c**

13. alternativa **e**

14. alternativa **e**

15. alternativa **b**

Cap. 15 Complementos e aprofundamento de Trigonometria

1. a) 2 b) $-\sqrt{2}$ c) 2 d) 1 e) $-\frac{2\sqrt{3}}{3}$ f) $-\sqrt{3}$

2. a) 1 b) 2 c) 1 d) -1 e) -1 f) -1

3. a) $-\frac{3}{4}$ b) $-\frac{\sqrt{7}}{3}$ c) $-\frac{4}{3}$ d) $\frac{4\sqrt{7}}{7}$ e) $-\frac{3\sqrt{7}}{7}$

4. a) $-\frac{5}{13}$ b) $\frac{12}{13}$ c) $-\frac{5}{12}$ d) $-\frac{12}{5}$ e) $\frac{13}{12}$

5. $\frac{\sqrt{15}}{7}$

6. a) $\sec^2 x$ b) $\text{sen}\ x + 1$

7. $-\frac{4}{3}$

8. $\frac{3\sqrt{2}}{4}$

9. a) -1 ou $\frac{3}{2}$ b) -5 ou 1

10. $A = 1$

11. a) $\cos\theta$ b) 1 c) 2

12. a) 0 b) $\text{cossec}\ x \cdot \sec^3 x$

13. a) $\text{sen}\ x \cdot \cos x$ b) $\text{cotg}\ x$

14. a) 1 b) $2 \cdot \text{tg}\ x \cdot \sec x$

15. a) $A = 1$ b) $B = 1$ c) $C = 1$

16. $-\frac{4}{3}$

17. $\frac{39}{8}$

18. $\frac{2}{9}$

19. $\frac{3\sqrt{10}}{2}$

20. 2

21. $x^2y^2 - 4x^2 = 196$

22. $\frac{-5 \pm \sqrt{41}}{2}$

23. 3; 1

24. a) $S = \left\{\frac{\pi}{3}, \frac{4\pi}{3}, \frac{\pi}{6}, \frac{7\pi}{6}\right\}$

b) $S = \left\{\frac{\pi}{3}, \frac{2\pi}{3}\right\}$

25. $S = \left\{\frac{\pi}{3}, \frac{\pi}{2}\right\}$

26. demonstração

27. a) demonstração b) demonstração c) demonstração

28. a) não b) sim c) sim d) sim

29. demonstração

30. demonstração

31. demonstração

32. a) $S = \left\{x \in \mathbb{R} \mid x = \frac{\pi}{4} + 2k\pi \text{ ou } x = \frac{3\pi}{4} + 2k\pi, k \in \mathbb{Z}\right\}$

b) $S = \left\{x \in \mathbb{R} \mid x = \frac{\pi}{3} + 2k\pi \text{ ou } x = \frac{2\pi}{3} + 2k\pi, k \in \mathbb{Z}\right\}$

c) $S = \left\{x \in \mathbb{R} \mid x = \frac{2\pi}{3} + 2k\pi \text{ ou } x = \frac{4\pi}{3} + 2k\pi, k \in \mathbb{Z}\right\}$

d) $S = \{x \in \mathbb{R} \mid x = 150° + 2 \cdot 360° \text{ ou } x = -150° + 2 \cdot 360°, k \in \mathbb{Z}\}$

e) $S = \left\{x \in \mathbb{R} \mid x = \frac{2\pi}{3} + k\pi, k \in \mathbb{Z}\right\}$

f) $S = \left\{x \in \mathbb{R} \mid x = \frac{\pi}{4} + k\pi, k \in \mathbb{Z}\right\}$

33. a) $S = \left\{x \in \mathbb{R} \mid x = \frac{23\pi}{12} + 2k\pi \text{ ou } x = \frac{19\pi}{12} + 2k\pi, k \in \mathbb{Z}\right\}$

b) $S = \left\{x \in \mathbb{R} \mid x = \frac{\pi}{6} + 2k\pi \text{ ou } x = \frac{11\pi}{6} + 2k\pi, k \in \mathbb{Z}\right\}$

34. a) $S = \left\{x \in \mathbb{R} \mid x = \frac{\pi}{2} + k\pi, k \in \mathbb{Z}\right\}$

b) $S = \left\{x \in \mathbb{R} \mid x = \frac{3\pi}{4} + k\pi, k \in \mathbb{Z}\right\}$

35. a) $S = \left\{x \in \mathbb{R} \mid x = \pi + 2k\pi \text{ ou } x = \frac{\pi}{3} + 2k\pi \text{ ou } x = \frac{5\pi}{3} + 2k\pi, k \in \mathbb{Z}\right\}$

b) $S = \left\{x \in \mathbb{R} \mid x = \frac{\pi}{4} + k \cdot \frac{\pi}{2}, k \in \mathbb{Z}\right\}$

c) $S = \left\{x \in \mathbb{R} \mid x = \frac{\pi}{2} + 2k\pi \text{ ou } x = \frac{\pi}{6} + 2k\pi \text{ ou } x = \frac{5\pi}{6} + 2k\pi, k \in \mathbb{Z}\right\}$

d) $S = \left\{x \in \mathbb{R} \mid x = k\pi \text{ ou } x = \frac{\pi}{3} + k\pi, k \in \mathbb{Z}\right\}$

36. a) $S = \left\{x \in \mathbb{R} \mid x = \frac{\pi}{2} + k\pi \text{ ou } x = \frac{3\pi}{4} + k\pi, k \in \mathbb{Z}\right\}$

b) $S = \left\{x \in \mathbb{R} \mid x = \frac{\pi}{2} + k\pi \text{ ou } x = \frac{\pi}{4} + k \cdot \frac{\pi}{2}, k \in \mathbb{Z}\right\}$

37. $S = \left\{x \in \mathbb{R} \mid x = \frac{k\pi}{2}, k \in \mathbb{Z}\right\}$

38. a) $S = \left\{x \in \mathbb{R} \mid x = \frac{\pi}{3} + k\pi \text{ ou } x = \frac{2\pi}{3} + k\pi, k \in \mathbb{Z}\right\}$

b) $S = \left\{x \in \mathbb{R} \mid x = \frac{\pi}{6} + 2k\pi \text{ ou } x = \frac{\pi}{2} + 2k\pi \text{ ou } x = \frac{5\pi}{6} + 2k\pi, k \in \mathbb{Z}\right\}$

39. a) $S = \left\{x \in \mathbb{R} \mid x = \frac{\pi}{3} + k\pi, k \in \mathbb{Z}\right\}$

b) $S = \left\{x \in \mathbb{R} \mid x = \pm\frac{\pi}{3} + 2k\pi, k \in \mathbb{Z}\right\}$

40. $y = \text{cotg}\, x;\ x = \frac{\pi}{4} + k\pi, k \in \mathbb{Z}$

41. $S = \left\{x \in \mathbb{R} \mid x = \frac{3\pi}{4} + k\pi, k \in \mathbb{Z}\right\}$

42. a) $S = \left\{x \in \mathbb{R} \mid x = \frac{\pi}{10} + \frac{2k\pi}{5}, k \in \mathbb{Z}\right\}$

b) $S = \left\{x \in \mathbb{R} \mid x = \frac{\pi}{3} + \frac{k\pi}{2}, \text{ou } x = \frac{3\pi}{4} + k\pi, k \in \mathbb{Z}\right\}$

43. a) $S = \left\{x \in \mathbb{R} \mid \frac{4\pi}{3} + 2k\pi < x < \frac{5\pi}{3} + 2k\pi, k \in \mathbb{Z}\right\}$

b) $S = \left\{x \in \mathbb{R} \mid 0 + 2k\pi \leq x \leq \frac{\pi}{3} + 2k\pi \text{ ou } \frac{5\pi}{3} + 2k\pi \leq x < 2\pi + 2k\pi, k \in \mathbb{Z}\right\}$

c) $S = \left\{x \in \mathbb{R} \mid 0 + 2k\pi \leq x \leq \frac{\pi}{3} + 2k\pi \text{ ou } \frac{\pi}{2} + 2k\pi < x < \frac{4\pi}{3} + 2k\pi \text{ ou } \frac{3\pi}{2} + 2k\pi < x < 2\pi + 2k\pi, k \in \mathbb{Z}\right\}$

d) $S = \{x \in \mathbb{R} \mid 0 + 2k\pi \leq x \leq \pi + 2k\pi, k \in \mathbb{Z}\}$

e) $S = \left\{x \in \mathbb{R} \mid \frac{3\pi}{4} + 2k\pi < x < \frac{5\pi}{4} + 2k\pi, k \in \mathbb{Z}\right\}$

f) $S = \left\{x \in \mathbb{R} \mid 0 + 2k\pi \leq x < \frac{\pi}{2} + 2k\pi \text{ ou } \frac{3\pi}{4} + 2k\pi \leq x < \frac{3\pi}{2} + 2k\pi \text{ ou } \frac{7\pi}{4} + 2k\pi \leq x < 2\pi + 2k\pi, k \in \mathbb{Z}\right\}$

44. a) $S = \left\{x \in \mathbb{R} \mid 0 + 2k\pi \leq x \leq \frac{\pi}{4} + 2k\pi \text{ ou } \frac{7\pi}{4} + 2k\pi \leq x < 2\pi + 2k\pi, k \in \mathbb{Z}\right\}$

b) $S = \left\{x \in \mathbb{R} \mid \frac{4\pi}{3} + 2k\pi < x < \frac{5\pi}{4} + 2k\pi, k \in \mathbb{Z}\right\}$

c) $S = \left\{x \in \mathbb{R} \mid \frac{\pi}{4} + 2k\pi \leq x < \frac{\pi}{2} + 2k\pi \text{ ou } \frac{5\pi}{4} + 2k\pi \leq x < \frac{3\pi}{2} + 2k\pi, k \in \mathbb{Z}\right\}$

d) $S = \left\{x \in \mathbb{R} \mid 0 + 2k\pi \leq x < \frac{\pi}{6} + 2k\pi \text{ ou } \frac{5\pi}{6} + 2k\pi < x < 2\pi + 2k\pi, k \in \mathbb{Z}\right\}$

e) $S = \left\{x \in \mathbb{R} \mid \frac{\pi}{6} + 2k\pi < x < \frac{11\pi}{6} + 2k\pi, k \in \mathbb{Z}\right\}$

45. a) $S = \left\{x \in \mathbb{R} \mid \frac{\pi}{4} + 2k\pi \leq x < \frac{\pi}{3} + 2k\pi \text{ ou } \frac{2\pi}{3} + 2k\pi < x \leq \frac{3\pi}{4} + 2k\pi, k \in \mathbb{Z}\right\}$

b) $S = \left\{x \in \mathbb{R} \mid 0 + 2k\pi < x < \frac{\pi}{4} + 2k\pi \text{ ou } \pi + 2k\pi < x < \frac{5\pi}{4} + 2k\pi, k \in \mathbb{Z}\right\}$

c) $S = \left\{x \in \mathbb{R} \mid \frac{\pi}{3} + 2k\pi \leq x \leq \frac{5\pi}{3} + 2k\pi, k \in \mathbb{Z}\right\}$

d) $S = \left\{x \in \mathbb{R} \mid \frac{\pi}{4} + 2k\pi \leq x \leq \frac{\pi}{3} + 2k\pi \text{ ou } \frac{5\pi}{4} + 2k\pi \leq x \leq \frac{4\pi}{3} + 2k\pi, k \in \mathbb{Z}\right\}$

46. $S = \left\{x \in \mathbb{R} \mid 0 + 2k\pi \leq x < \frac{\pi}{6} + 2k\pi \text{ ou } \frac{5\pi}{6} + 2k\pi < x < \frac{3\pi}{2} + 2k\pi \text{ ou } \frac{3\pi}{2} + 2k\pi < x < 2\pi + 2k\pi, k \in \mathbb{Z}\right\}$

47. $S = \left\{x \in \mathbb{R} \mid \frac{\pi}{2} + 2k\pi < x < \frac{3\pi}{2} + 2k\pi, k \in \mathbb{Z}\right\}$

48. resposta possível: $\text{sen}\, x < -\frac{\sqrt{2}}{2}$

49. a) $\frac{\sqrt{6} + \sqrt{2}}{4}$ b) $\frac{\sqrt{6} - \sqrt{2}}{4}$ c) $\frac{\sqrt{6} - \sqrt{2}}{4}$

50. a) $-\frac{16}{65}$ b) $-\frac{56}{65}$ c) $\frac{63}{65}$ d) $-\frac{33}{65}$

51. a) $-\frac{171}{221}$ b) $-\frac{140}{221}$

52. a) $\frac{4\sqrt{2} + \sqrt{21}}{15}$ b) $\frac{2\sqrt{42} - 2}{15}$

53. a) demonstração c) demonstração
b) demonstração d) demonstração

54. demonstração

55. a) $\frac{1}{2}$ b) $\frac{\sqrt{2}}{2}$ c) $\frac{1}{2}$ d) $\frac{\sqrt{3}}{2}$

56. $2 + \sqrt{3}$ **57.** 1

58. $\frac{\sqrt{6} - \sqrt{2}}{4}$ **59.** $2 + \sqrt{3}$

60. a) $-\sqrt{3} - 2$ b) $2 + \sqrt{3}$

61. a) demonstração b) demonstração

62. a) $\frac{\sqrt{2} - \sqrt{6}}{4}$ c) $2 - \sqrt{3}$
b) $\sqrt{6} + \sqrt{2}$ d) $-\sqrt{2} - \sqrt{6}$

63. $\frac{-\sqrt{2} - \sqrt{6}}{4}$; $-2 + \sqrt{3}$

64. a) $-\frac{6}{17}$ b) 18

65. $\frac{26}{121}$ **66.** a) $\frac{\sqrt{3}}{3}$ b) $\sqrt{3}$

67. -1 **68.** 2 **69.** 90° **70.** $\frac{3}{11}$

71. $\frac{\sqrt{3}}{2}; -\frac{1}{2}; -\sqrt{3}$ **72.** $-\frac{24}{25}; \frac{7}{25}; -\frac{24}{7}$

73. $-\frac{5}{13}; \frac{12}{13}; -\frac{5}{12}$ **74.** $\frac{119}{169}$

75. a) $\sqrt{\frac{2 + \sqrt{2}}{4}}$ c) $\sqrt{3 - 2\sqrt{2}}$
b) $\sqrt{\frac{2 - \sqrt{3}}{4}}$ d) $-\sqrt{3 - 2\sqrt{2}}$

76. $\cos\left(\frac{b}{2}\right) = \sqrt{\frac{5}{6}}$; $\text{sen}\left(\frac{b}{2}\right) = \sqrt{\frac{1}{6}}$; $\text{tg}\left(\frac{b}{2}\right) = \sqrt{\frac{1}{5}}$

77. a) demonstração c) demonstração
b) demonstração d) demonstração

78. $\frac{24}{25}$ **79.** $m^2 - 1$ **80.** $\frac{2}{5}$

81. a) $\frac{3}{2}$ b) 1 **82.** 2

83. a) demonstração c) demonstração
b) demonstração

84. $8\cos^4 a - 8\cos^2 a + 1$ **85.** $\frac{1}{2}$

86. $\frac{4}{3}; -\frac{24}{7}$ **87.** $\cos^2 x - \frac{\text{sen}\, 2x}{2}$

88. alternativa **d** **89.** $S = \left\{0; \frac{4\pi}{3}\right\}$

90. a) $2 \cdot \text{sen}\, x \cdot \cos 6x$
b) $2 \cdot \text{sen}\, \frac{3x}{2} \cdot \cos \frac{x}{2}$
c) $2 \cdot \cos \frac{5x}{2} \cdot \cos \frac{3x}{2}$
d) $-2 \cdot \text{sen}\, x \cdot \text{sen}\, 8x$
e) $2\, \text{sen}\, \frac{x}{2} \cdot \cos \frac{x}{2}$
f) $2 \cdot \cos^2 \frac{x}{2}$

91. a) $\frac{\sqrt{6}}{2}$ b) $-\frac{\sqrt{2}}{2}$ c) $3 + \sqrt{3}$ d) $\sqrt{3} + 1$

92. a) $4 \cdot \text{sen}\, 6\theta \cdot \cos 2\theta \cdot \cos \theta$
b) $4 \cdot \cos 4\theta \cdot \cos 2\theta \cdot \cos \theta$

93. 0

94. a) $\text{tg}\, 3x$ c) $-\text{cotg}\, 3x$
b) $4 \cdot \text{sen}^2 x \cdot \text{sen}\, 2x$

95. a) demonstração b) demonstração

96. a) demonstração b) demonstração

97. a) demonstração b) demonstração

Ficha de revisão

1. a) $\frac{2\sqrt{2}}{3}$ b) $2\sqrt{2}$ c) 3 d) $\frac{3\sqrt{2}}{4}$

2. -1 **3.** 2 **4.** $\frac{\sqrt{30}}{6}$

5. $\frac{m}{2}$ **6.** $\frac{11}{12}$

7. a) demonstração c) demonstração
b) demonstração d) demonstração

8. a) $S = \left\{x \in \mathbb{R} \mid x = \frac{\pi}{5} + 2k\pi \text{ ou } x = \frac{4\pi}{5} + 2k\pi, k \in \mathbb{Z}\right\}$

b) $S = \left\{x \in \mathbb{R} \mid x = \frac{5\pi}{12} + 2k\pi \text{ ou } x = \frac{11\pi}{12} + 2k\pi, k \in \mathbb{Z}\right\}$

c) $S = \left\{x \in \mathbb{R} \mid x = \frac{7\pi}{12} + k\pi, k \in \mathbb{Z}\right\}$

9. a) $S = \left\{x \in \mathbb{R} \mid x = k\pi \text{ ou } x = \frac{\pi}{6} + 2k\pi \text{ ou } x = \frac{5\pi}{6} + 2k\pi, k \in \mathbb{Z}\right\}$

b) $S = \left\{x \in \mathbb{R} \mid x = 2k\pi \text{ ou } x = \frac{2\pi}{3} + 2k\pi \text{ ou } x = \frac{4\pi}{3} + 2k\pi, k \in \mathbb{Z}\right\}$

c) $S = \left\{x \in \mathbb{R} \mid x = \frac{\pi}{6} + 2k\pi \text{ ou } x = \frac{5\pi}{3} + 2k\pi, k \in \mathbb{Z}\right\}$

10. $S = \left\{x \in \mathbb{R} \mid x = \frac{3\pi}{4} + k\pi, k \in \mathbb{Z}\right\}$

11. alternativa **d**

12. a) $S = \left\{\frac{\pi}{3}, \frac{2\pi}{3}, \frac{4\pi}{3}, \frac{5\pi}{3}\right\}$

b) $S = \left\{\frac{\pi}{3}, \frac{2\pi}{3}, \frac{4\pi}{3}, \frac{5\pi}{3}\right\}$

13. a) $\frac{\sqrt{3}}{2}$

b) $S = \left\{x \in \mathbb{R} \mid x = \frac{\pi}{2} + k\pi \text{ ou } x = \frac{\pi}{4} + \frac{k\pi}{2}, k \in \mathbb{Z}\right\}$

14. a) $S = \left\{x \in \mathbb{R} \mid \frac{7\pi}{6} + 2k\pi \leqslant x \leqslant \frac{11\pi}{6} + 2k\pi, k \in \mathbb{Z}\right\}$

b) $S = \left\{x \in \mathbb{R} \mid \frac{\pi}{6} + 2k\pi \leqslant x \leqslant \frac{5\pi}{6} + 2k\pi, k \in \mathbb{Z}\right\}$

c) $S = \left\{x \in \mathbb{R} \mid \frac{\pi}{4} + 2k\pi < x < \frac{7\pi}{4} + 2k\pi, k \in \mathbb{Z}\right\}$

d) $S = \left\{x \in \mathbb{R} \mid \frac{\pi}{3} + 2k\pi \leqslant x < \frac{\pi}{2} + 2k\pi \text{ ou } \frac{4\pi}{3} + 2k\pi \leqslant x < \frac{3\pi}{2} + 2k\pi, k \in \mathbb{Z}\right\}$

15. a) $\frac{-\sqrt{2} - \sqrt{6}}{4}$ b) $2 + \sqrt{3}$

16. cotg x · cotg y **17.** $\frac{1}{2}$ **18.** $-\frac{\sqrt{2}}{2}$

19. a) $-\frac{7}{9}$ b) $\pm\frac{4\sqrt{2}}{9}$

20. $-\frac{6}{17}$

21. a) $-2 - \sqrt{3}$ b) $\sqrt{6} + \sqrt{2}$

22. $-\frac{16}{65}$ **23.** $\frac{\sqrt{6}}{2}$

24. $2 \cdot \cos(a + b) \cdot \cos b$

25. alternativa **d** **26.** alternativa **d**

27. a) 38°C; 14°C b) 24°C

28. R$ 80,00 **29.** 3 horas

30. $D(f) = \left\{x \in \mathbb{R} \mid \frac{\pi}{6} \leqslant x \leqslant \frac{5\pi}{6}\right\}$

31. $S = \left\{x \in \mathbb{R} \mid \frac{\pi}{6} < x < \frac{5\pi}{6} \text{ ou } \frac{7\pi}{6} < x < \frac{11\pi}{6}\right\}$

32. $S = \{x \in \mathbb{R} \mid x \neq k\pi, k \in \mathbb{Z}\}$

33. $-\frac{17\sqrt{2}}{50}$ **34.** 1 **35.** demonstração

Questões de vestibular

1. alternativa **e**

2. a) $(f \circ g)(x) = x^2$

b) $S = \left\{x \in \mathbb{R} \mid x = \frac{\pi}{2} + k\pi, k \in \mathbb{Z}\right\}$

3. alternativa **e** **4.** alternativa **b**

5. alternativa **d** **6.** alternativa **d**

7. a) 0,35 °C; −0,7 °C b) 0 h; 8 h; 16 h; 24 h

8. $S = \left\{\frac{\pi}{4}, \frac{3\pi}{4}, \frac{5\pi}{4}, \frac{7\pi}{4}, \frac{7\pi}{6}, \frac{11\pi}{6}\right\}$

9. a) $S = \left\{t \in \mathbb{R} \mid t = -\frac{15}{2} + 12k, k \in \mathbb{Z}^*_+\right\}$

b) após 4,5 horas

10. alternativa **e** **11.** alternativa **b**

12. a) demonstração b) $\pm\frac{\sqrt{2}}{2}; \pm\frac{\sqrt{5}}{5}$

13. $\frac{3\pi}{2} \leqslant x \leqslant \frac{11\pi}{6}$

14. a) $\frac{3x}{2}$ b) $6(\sqrt{3} - 1)$ cm

15. alternativa **e**

16. a) 6,5 m b) 1,5 m; 21,5 m; 24 s

17. a) $-\frac{3}{5}$ b) $\frac{120}{169}$

Cap. 16 Matrizes e determinantes

1. a) 1×3 b) 3×1 c) 3×4 d) 2×1 e) 2×2 f) 4×4 g) 4×2

2. alternativa **e**

3. $\begin{pmatrix} 1 & 5 \\ 0 & 1 \\ 7 & 0 \end{pmatrix}$ **4.** $A = \begin{pmatrix} 5 & 7 & 9 & 11 \\ 8 & 10 & 12 & 14 \\ 11 & 13 & 15 & 17 \end{pmatrix}$

5. $C = \begin{pmatrix} 0 & -3 & -8 & -15 \\ 7 & 4 & -1 & -8 \end{pmatrix}$

6. $B = \begin{pmatrix} 0 & 6 \\ 3 & 3 \\ 3 & 6 \end{pmatrix}$ **7.** 2

8. $a_{11} = |-6| = 6$, $a_{22} = 7$, $a_{33} = 9$, $a_{13} = 3$, $a_{31} = -7$

9. resposta possível: $A = (a_{ij})_{3 \times 4}$, em que $a_{ij} = i^j$

10. não

11. $x = 3, y = 2, z = 5$ **12.** $x = 3; y = -1$

13. $a = 1, b = 3, c = -1, d = -3$

14. d.p.: 3, 8 e 15; d.s.: 11, 8 e 7

15. 375 **16.** 1 **17.** $\begin{pmatrix} 2 & 0 & 0 \\ 0 & 4 & 0 \\ 0 & 0 & 6 \end{pmatrix}$

18. $\begin{pmatrix} -1 & 2 & 7 \\ -7 & -4 & 1 \end{pmatrix}$ **19.** $\begin{pmatrix} 1 & \frac{1}{2} \\ 2 & 1 \end{pmatrix}$

20. 1, 0 e −7 **21.** $\begin{pmatrix} 2 & 0 & 0 \\ 0 & 4 & 0 \\ 0 & 0 & 6 \end{pmatrix}$

22. a) $x = 3, y = -5$ b) $x = -3, y = 4$

23. a) V b) F c) V d) V

24. a) $\begin{pmatrix} 5 & 2 \\ 1 & 3 \\ 5 & 2 \end{pmatrix}$ b) $\begin{pmatrix} 5 & 2 \\ 1 & 3 \\ 5 & 2 \end{pmatrix}$ c) $\begin{pmatrix} 6 & 2 \\ 0 & 6 \\ 7 & 7 \end{pmatrix}$

d) Não é possível.

25. a) $\begin{pmatrix} -2 & 1 \\ 1 & -1 \end{pmatrix}$ b) $\begin{pmatrix} 1 & -1 \\ -1 & 0 \end{pmatrix}$ c) $\begin{pmatrix} -2 & 1 \\ 1 & -1 \end{pmatrix}$

26. a) $\begin{pmatrix} 8 & -7 \\ 10 & -4 \end{pmatrix}$ b) $\begin{pmatrix} 9 & -9 \\ 10 & -7 \end{pmatrix}$ c) $\begin{pmatrix} 7 & -9 \\ 9 & -2 \end{pmatrix}$ d) $\begin{pmatrix} -1 & 5 \\ -7 & -14 \end{pmatrix}$ e) $\begin{pmatrix} 4 & 1 \\ 1 & -10 \end{pmatrix}$ f) $\begin{pmatrix} 0 & -1 \\ 1 & 0 \end{pmatrix}$

27. $\begin{pmatrix} 3 & -4 \\ -1 & 5 \end{pmatrix}$

28. a) $\begin{pmatrix} -1 & 2 \\ 3 & 5 \end{pmatrix}$ b) $\begin{pmatrix} 7 \\ -8 \end{pmatrix}$

29. $\begin{pmatrix} -3 & 6 \\ 6 & 6 \end{pmatrix}$

30. a) 14 b) Não existe.

31. a) $\begin{pmatrix} -7 & 15 \\ 5 & 3 \\ 8 & -14 \end{pmatrix}$ b) $\begin{pmatrix} -3 & 10 \\ 0 & 7 \\ 7 & -1 \end{pmatrix}$

32. a) $\begin{pmatrix} 3 & 9 \\ 6 & 12 \end{pmatrix}$ b) $\begin{pmatrix} 1 & \frac{2}{3} \\ 2 & \frac{4}{3} \end{pmatrix}$ c) $\begin{pmatrix} \frac{4}{3} & \frac{19}{3} \\ \frac{8}{3} & 8 \end{pmatrix}$ d) $\begin{pmatrix} 0 & 13 \\ -4 & 6 \end{pmatrix}$ e) $\begin{pmatrix} 5 & 6 \\ 2 & -8 \end{pmatrix}$ f) $\begin{pmatrix} 0 & -7 \\ 8 & 0 \end{pmatrix}$

33. $k = 4$; $x = -\frac{1}{4}$; $y = 0$; $z = 0$; $w = -\frac{1}{2}$ ou $w = \frac{1}{2}$

34. $\begin{pmatrix} -2 & -2 \\ -7 & -3 \end{pmatrix}$ **35.** $\begin{pmatrix} -1 \\ 3 \\ -7 \end{pmatrix}$

36. a) $\begin{pmatrix} 4 & 15 & 0 \\ -3 & -5 & 9 \\ -21 & 0 & 7 \end{pmatrix}$ b) $\begin{pmatrix} -2 & -15 & 0 \\ 3 & 7 & -9 \\ -21 & 0 & -5 \end{pmatrix}$

37. $(8 \quad -10 \quad 43)$ **38.** $\begin{pmatrix} \frac{1}{2} & -\frac{1}{2} & -1 \\ \frac{1}{2} & \frac{1}{2} & -\frac{1}{2} \\ 1 & \frac{1}{2} & \frac{1}{2} \end{pmatrix}$

39. $X = \begin{pmatrix} 2 & -6 \\ 1 & -7 \end{pmatrix}$; $Y = \begin{pmatrix} 0 & 3 \\ -1 & 12 \end{pmatrix}$

40. a) $\begin{pmatrix} 9 & 5 \\ 11 & 8 \end{pmatrix}$ b) $\begin{pmatrix} 7 \\ 6 \end{pmatrix}$ c) $(18 \quad 17)$

41. a) $\begin{pmatrix} 1 & 0 \\ 0 & 1 \end{pmatrix}$ b) $\begin{pmatrix} 0 & 0 \\ 0 & 0 \end{pmatrix}$ c) $\begin{pmatrix} 0 & 0 \\ 0 & 0 \end{pmatrix}$

42. a) $\begin{pmatrix} -10 & 4 \\ -5 & 2 \\ 3 & -1 \end{pmatrix}$ b) Não é possível. c) $\begin{pmatrix} 0 \\ 0 \\ 1 \end{pmatrix}$ d) $\begin{pmatrix} 5 \\ -1 \end{pmatrix}$ e) $\begin{pmatrix} -10 & -5 & 3 \\ 4 & 2 & -1 \end{pmatrix}$ f) $\begin{pmatrix} -10 & -5 & 3 \\ 4 & 2 & -1 \end{pmatrix}$

43. $x = \frac{1}{2}, y = -\frac{7}{3}$ **44.** $\begin{pmatrix} -1 & 1 \\ \frac{9}{2} & -2 \end{pmatrix}$

45. $\begin{pmatrix} 1 \\ 2 \end{pmatrix}$ **46.** $\begin{pmatrix} -3 \\ 8 \end{pmatrix}$

47. a) $\begin{pmatrix} -3 & 7 & 1 \\ \frac{7}{2} & -\frac{9}{2} & -\frac{1}{2} \end{pmatrix}$

b) $\begin{pmatrix} -3 & 7 & 1 \\ \frac{7}{2} & -\frac{9}{2} & -\frac{1}{2} \end{pmatrix}$

48. a) $\begin{pmatrix} -2 & 2 \\ 2 & 6 \end{pmatrix}$ b) $\begin{pmatrix} -5 & 1 \\ 0 & 5 \end{pmatrix}$ c) $\begin{pmatrix} 1 \\ 3 \end{pmatrix}$

49. $x = -1, y = 5, z = 0$ **50.** $X = \begin{pmatrix} 1 & 0 \\ 0 & 1 \end{pmatrix} = I_2$

51. $x = 5, y = -1$ **52.** $x = 4, y = -3$

53. a) A b) Não existe. c) Não existe. d) A

54. a) I_2 b) A c) I_2 d) A

55. a) $\begin{pmatrix} 4 & 20 \\ 0 & 9 \end{pmatrix}$ b) $\begin{pmatrix} 1 & -6 \\ 1 & 8 \end{pmatrix}$

56. a) $\begin{pmatrix} -2 & -4 \\ -20 & -2 \end{pmatrix}$ b) $\begin{pmatrix} 0 & -6 \\ -14 & -4 \end{pmatrix}$

- não

57. sim

58. a) $\begin{pmatrix} \frac{3}{5} & -\frac{2}{5} \\ \frac{1}{5} & \frac{1}{5} \end{pmatrix}$ b) $\begin{pmatrix} \frac{1}{5} & \frac{1}{5} \\ \frac{2}{5} & -\frac{3}{5} \end{pmatrix}$ c) Não existe C^{-1}.

59. a) $\begin{pmatrix} 1 & -1 & 0 \\ 0 & 1 & -1 \\ 0 & 0 & 1 \end{pmatrix}$ b) Não existe E^{-1}. c) $\begin{pmatrix} 1 & 0 & 0 \\ 0 & -2 & 0 \\ 1 & 0 & 3 \end{pmatrix}$

60. $\begin{pmatrix} -5 & 10 \\ 6 & 5 \end{pmatrix}$ **61.** $x = 4, y = 1$

62. $\begin{pmatrix} \frac{1}{12} & -\frac{1}{4} & \frac{1}{12} \\ -\frac{25}{12} & \frac{5}{4} & -\frac{1}{12} \\ \frac{83}{12} & -\frac{11}{4} & -\frac{1}{12} \end{pmatrix}$

63. a) 7 b) $-\frac{2}{5}$ c) 1 d) −10 e) 0 f) −9

64. -8

65. a) 0 b) -16 c) 44 d) 0

66. a) $S = \left\{-\frac{8}{5}\right\}$ b) $S = \left\{\frac{4}{3}, -1\right\}$

67. a) $\frac{2+\sqrt{6}}{2}$ ou $\frac{2-\sqrt{6}}{2}$

b) 2 c) $-\frac{2}{9}$

68. $S = \left\{x \in \mathbb{R} \mid x < \frac{13}{3}\right\}$

69. a) -24 b) -17 c) 4 d) 6 e) 9

70. $\cos^2 x$ **71.** 0

72. a) 20 b) 20 c) 20

73. a) 2 b) 5 c) -1 d) 2 e) 5 f) -1

74. a) -12 b) -22 c) -225 d) -22 e) -12 f) -25

75. 4 **76.** 0 ou -2

77. $S = \{x \in \mathbb{R} \mid 1 < x < 14\}$

78. $x = -1, y = 7$ **79.** 68 **80.** $\frac{1}{6}$

81. $1, 1, 1, 1$ **82.** $x = -1$ ou $x = \frac{1}{2}$

83. a) 6 unidades de área
b) 6 unidades de área

84. -8

85. a) -5 b) 38

86. a) -8 b) 66

87. 0 **88.** $S = \{-2, 2\}$

89. a) 0 b) 0 c) 0 d) 0

90. 10 **91.** 15

92. a) 12 b) 12

93. a) Não existe. b) Não existe. c) 0 d) -22

94. 12 ou -12 **95.** 0 **96.** -40

97. 24 **98.** 250 **99.** 36

100. 75 **101.** $\frac{1}{30}$

102. $m \neq -4$ e $m \neq 4$ **103.** $x \neq 0$ e $x \neq \pm 2$

104. $\frac{1}{2}$ ou $-\frac{1}{2}$ **105.** -15 **106.** 61

Ficha de revisão

1. a) $A = \begin{pmatrix} 2 & 3 & 4 & 5 \\ 3 & 4 & 5 & 6 \\ 4 & 5 & 6 & 7 \end{pmatrix}$

b) $B = \begin{pmatrix} 1 \\ 4 \\ 9 \end{pmatrix}$ c) $C = \begin{pmatrix} -1 & 1 \\ 5 & 1 \end{pmatrix}$

2. $a = 1, b = 8, c = 3, d = 5, e = -2, f = 3, g = -\frac{1}{2}$

3. a) identidade quadrada
b) diagonal quadrada
c) linha d) coluna

4. $x = \pm 2, y = 5$ **5.** $A = B = \begin{pmatrix} 0 & -1 \\ 1 & 0 \end{pmatrix}$

6. $a = 1, b = 0, c = 3, d = -3$

7. a) $\begin{pmatrix} -2 & 3 & -1 \\ 3 & -4 & 9 \\ -1 & 9 & 2 \end{pmatrix}$ b) $\begin{pmatrix} 0 & 3 & 5 \\ -3 & 0 & 1 \\ -5 & -1 & 0 \end{pmatrix}$

8. a) V b) V

9. a) $\begin{pmatrix} -\frac{7}{2} \\ -\frac{21}{2} \end{pmatrix}$ b) $\begin{pmatrix} \frac{7}{2} \\ -\frac{5}{2} \end{pmatrix}$

10. $X = \begin{pmatrix} 0 & 7 & 14 \\ -6 & 1 & 8 \\ -12 & -5 & 2 \end{pmatrix}$ **11.** $x = -\frac{4}{3}, y = 4$

12. $\begin{pmatrix} 3 \\ 7 \end{pmatrix}$ **13.** $B = \begin{pmatrix} -\frac{1}{3} & -\frac{5}{3} \\ 1 & 5 \end{pmatrix}$

14. a) V b) F

15. $X = \begin{pmatrix} -2 & 1 \\ -5 & -2 \end{pmatrix}$

16. a) $\frac{1}{2}$ b) 2

17. a) $S = \{x \in \mathbb{R} \mid 0 < x < 1\}$
b) $S = \{x \in \mathbb{R} \mid x > -3\}$

18. a) -90 b) -9

19. 3 **20.** 3 **21.** $x \neq 2$ e $x \neq -2$

22. $x \neq -\frac{3}{5}$ **23.** 1

24. alternativa **e** **25.** alternativa **e**

26. alternativa **e** **27.** alternativa **b**

28. alternativa **c**

29. a) 18 kg b) 11 anos

Questões de vestibular

1. alternativa **c** **2.** alternativa **c**

3. alternativa **a** **4.** alternativa **a**

5. a) $A \cdot B = \begin{pmatrix} \log_2(x^8) \\ 6y \end{pmatrix}$ b) $x = 8, y = \frac{5}{3}$

6. alternativa **c** **7.** alternativa **a**

8. alternativa **b** **9.** alternativa **d**

10. alternativa **b** **11.** alternativa **d**

12. alternativa **e** **13.** alternativa **e**

14. a) gráfica C
b) PB: R$ 2,15; CK: R$ 2,70; CKX: R$ 4,60

Cap. 17 Sistemas lineares

1. a) sim b) sim c) não

2. 2

3. respostas possíveis: $(0, 0, 0), (1, -1, -1), (1, 1, 5), (-2, 2, 2)$

4. sim **5.** 2 **6.** -1

7. $m = 4, n = -2$

8. a) $S = \left\{\left(\frac{27}{5}, \frac{9}{5}\right)\right\}$ b) $S = \left\{\left(\frac{9}{5}, \frac{27}{5}\right)\right\}$

9. $a = -\frac{3}{2}, b = \frac{7}{2}$

10. a) respostas possíveis:
Para $x - y = 0$: $(0, 0), (1, 1), (-2, -2)$
Para $x + y = 2$: $(1, 1), (2, 0), (0, 2)$

b)

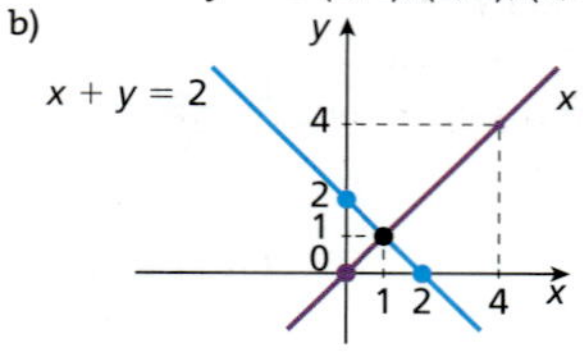

c) $S = \{(1, 1)\}$

11. $m = 1, n = 6, P = \left(3, \frac{1}{2}\right)$

12. 26 **13.** 60 L e 20 L

14. a) $5x + 2y = 7$
b) $S = \{(1, 1)\}$. Representa um ponto.

15. a) SPD b) SPI c) SI d) SPI

16. a) $k = 0$ b) $k \neq 0$

17. a) $S = \varnothing$ b) $S = \{(2k + 1, k) \mid k \in \mathbb{R}\}$

18. 2 **19.** $a = 2, b = -3, c = -4$

20. $\begin{cases} -3x + 2y = 4 \\ 7x - 9y = 0 \end{cases}$ **21.** sim **22.** sim

23. alternativas **b**, **c**, **d**

24. a) $N = \begin{pmatrix} 3 & -1 & 1 \\ 1 & 0 & 2 \\ 1 & 1 & 1 \end{pmatrix}$ e $M = \begin{pmatrix} 3 & -1 & 1 & 7 \\ 1 & 0 & 2 & 10 \\ 1 & 1 & 1 & 3 \end{pmatrix}$

b) $N = \begin{pmatrix} 3 & 4 & -1 \\ -1 & -1 & -1 \end{pmatrix}$ e
$M = \begin{pmatrix} 3 & 4 & -1 & 2 \\ -1 & -1 & -1 & 7 \end{pmatrix}$

c) $N = \begin{pmatrix} -2 & 3 & 0 \\ 1 & 1 & -2 \end{pmatrix}$ e
$M = \begin{pmatrix} -2 & 3 & 0 & 5 \\ 1 & 1 & -2 & 2 \end{pmatrix}$

d) $N = \begin{pmatrix} 1 & 1 & -2 \\ 1 & 1 & 0 \\ 0 & 1 & -5 \end{pmatrix}$ e
$M = \begin{pmatrix} 1 & 1 & -2 & 7 \\ 1 & 1 & 0 & 6 \\ 0 & 1 & -5 & -4 \end{pmatrix}$

25. a) $\begin{cases} 3x + 2y - z = 2 \\ 5x + 4y - 3z = 5 \end{cases}$

b) $\begin{cases} 2x + 3y = -2 \\ x - 4y + 7z = 0 \\ 5x - 6z = 3 \end{cases}$

26. a) $\begin{cases} x + 2y + 5z = -1 \\ 3x - 2y + 2z = 4 \end{cases}$

b) $\begin{cases} 2x - y - 3z = 4 \\ x + 4y + 3z = -2 \\ 3x + 2y - z = 5 \end{cases}$

c) $\begin{cases} 3x - 2y = 2 \\ -x + 3y = 5 \end{cases}$

d) $\begin{cases} 2x + 7y = -1 \\ 2x - 3y = 2 \\ x + y = 5 \end{cases}$

27. $m = 5$ e $n = 2$

28. a) $\begin{cases} x + y = 10 \\ y = 8 \end{cases} \Rightarrow S = \{(2, 8)\}$

b) $\begin{cases} x + y + z = 6 \\ y + z = 5 \\ z = 3 \end{cases} \Rightarrow S = \{(1, 2, 3)\}$

29. $k = 0$ **30.** a) $\begin{pmatrix} 2 \\ 6 \end{pmatrix}$ b) $\begin{pmatrix} -2 \\ -1 \\ 3 \end{pmatrix}$

31. a) $S = \{(2, 4)\}$ b) $S = \{(3, 7)\}$ c) $S = \{(3, 1)\}$ d) $S = \left\{\left(\frac{393}{16}, \frac{383}{16}\right)\right\}$

32. a) $S = \{(3, 1, 2)\}$ b) $S = \{(3, 1, 5)\}$

33. a) $a \neq 2$ b) $a \neq -\frac{2}{5}$

34. a) $\begin{cases} 5x + 20y + 16z = 5{,}75 \\ 2x + 2y + 2z = 1 \\ x - 3y + z = 0 \end{cases}$

b) amendoim: 250 g; castanha-do-pará: 125 g; castanha de caju: 125 g

35. 13

36. 1º: R$ 1.500,00; 2º: R$ 2.500,00; 3º: R$ 500,00

37. $m \neq 6$ **38.** 90°, 60° e 30° ou 75°, 45° e 60°

39. a) $S = \left\{\left(-\frac{14}{15}, \frac{33}{5}\right)\right\}$

b) $S = \left\{\left(-\frac{3}{13}, -\frac{38}{13}, \frac{40}{13}\right)\right\}$

40. R$ 2,60 **41.** $a = 4; b = \frac{1}{5}$

42. $m = 1; n = 3$ **43.** 3 **44.** $a = 2; b = 1$

45. $(2, -2, 1)$; sim **46.** alternativas **a**, **c**, **e**

47. a) $S = \{(2, -1)\}$; SPD
b) $S = \{(1, k, k) \mid k \in \mathbb{R}\}$; SPI
c) $S = \{(3, -2, -1)\}$; SPD
d) $S = \{(7k - 4, 1 - 3k, k) \mid k \in \mathbb{R}\}$; SPI

48. a) $S = \{(2, 3)\}$ c) $S = \{(8, -1)\}$
b) $S = \{(3, -1)\}$ d) $S = \{(-1, -3)\}$

49. $S = \left\{\left(1, \frac{2}{3}, \frac{5}{3}, \frac{4}{3}\right)\right\}$

50. a) $S = \{(1, 2, 3)\}$ c) $S = \{(4, 8, 2)\}$
b) $S = \{(-2, 1, 3)\}$ d) $S = \{(-1, 2, 4)\}$

51. a) $S = \{(1, 3)\}$; SPD c) $S = \varnothing$; SI
b) $S = \varnothing$; SI d) $S = \{(1, 2, -2)\}$; SPD
e) $S = \left\{\left(\frac{-3k + 28}{5}, \frac{k + 9}{5}, k\right) \mid k \in \mathbb{R}\right\}$; SPI
f) $S = \left\{\left(\frac{-5 + k}{3}, \frac{17 - 4k}{3}, k\right) \mid k \in \mathbb{R}\right\}$; SPI

52. a) $\begin{cases} k \neq 1 \Rightarrow SPD \\ k = 1 \Rightarrow SI \end{cases}$ b) $\begin{cases} k \neq -1 \Rightarrow SPD \\ k = -1 \Rightarrow SI \end{cases}$
c) $\begin{cases} k \neq 1 \text{ e } k \neq -1 \Rightarrow SPD \\ k = 1 \text{ ou } k = -1 \Rightarrow SI \end{cases}$
d) $\begin{cases} k \neq 1 \text{ e } k \neq -1 \Rightarrow SPD \\ k = 1 \text{ ou } k = -1 \Rightarrow SPI \end{cases}$
e) $\begin{cases} k \neq \frac{1}{2} \Rightarrow SPD \\ k = \frac{1}{2} \Rightarrow SI \end{cases}$ f) $\begin{cases} k \neq 0 \Rightarrow SPD \\ k = 0 \Rightarrow SI \end{cases}$

53. a) $\begin{cases} m \neq 2 \Rightarrow SPD \\ m = 2 \Rightarrow SI \end{cases}$ b) $\begin{cases} m \neq 0 \Rightarrow SPD \\ m = 0 \Rightarrow SI \end{cases}$
c) $\begin{cases} m \neq \frac{1}{2} \Rightarrow SPD \\ m = \frac{1}{2} \Rightarrow SI \end{cases}$ d) $\begin{cases} m \neq -1 \Rightarrow SPD \\ m = -1 \Rightarrow SPI \end{cases}$

54. $\begin{cases} a \neq \frac{3}{13} \Rightarrow SPD \\ a = \frac{3}{13} \Rightarrow SPI \end{cases}$

55. $m \neq 1$ e $m \neq 2 \Rightarrow$ SPD; $m = 1$ ou $m = 2 \Rightarrow$ SI

56. $p = 4$ e $q = -4$

Ficha de revisão

1. 10 ou -4 **2.** 3.060 residências
3. $r_A = 11$ km; $r_B = 7$ km; $r_C = 5$ km
4. -1 **5.** R$ 11.850,00
6. $f(x) = \frac{4}{5}x + \frac{17}{5}$ **7.** alternativa **b**
8. -1 **9.** 9
10. alternativa **b**
11. a)

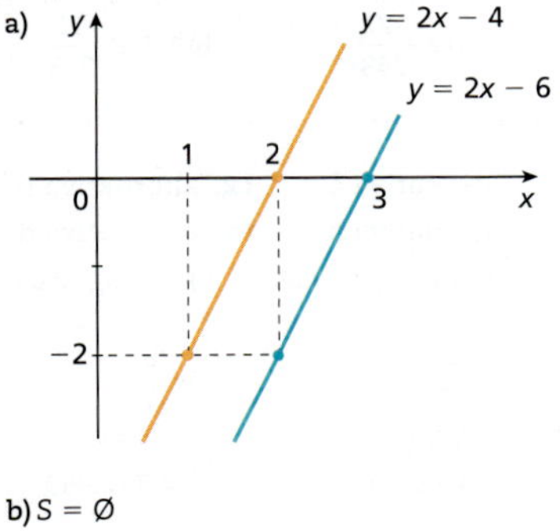

b) $S = \varnothing$

12. a) SPD; $S = \left\{\left(\frac{34}{13}, \frac{1}{13}\right)\right\}$
b) SPI; $S = \{(\alpha, 4 - 2\alpha) \mid \alpha \in \mathbb{R}\}$

13. $-\frac{11}{2}$ **14.** $S = \{(2\alpha, 3\alpha, \alpha) \mid \alpha \in \mathbb{R}\}$

15. a) $S = \left\{\left(5, -2, \frac{5}{3}\right)\right\}$ b) $S = \{(0, 1, 2, 3)\}$

16. $\lambda = \pm\sqrt{11}$ **17.** 12 ou -2

18. $\lambda \in \mathbb{R}, \lambda \neq 0, \lambda \neq \sqrt{2}$ e $\lambda \neq -\sqrt{2}$

19. $S = \{(-2, 3, 0)\}$ **20.** $S = \{(1, -1, 2, 3)\}$

21. $a \neq \frac{3}{13} \Rightarrow$ SPD; $a = \frac{3}{13} \Rightarrow$ SPI

22. $S = \{(21, 6)\}$ **23.** alternativa **d**

24. $m = \pm 3 \Rightarrow$ SPI; $m \neq \pm 3 \Rightarrow$ SPD **25.** $\frac{1}{2}$

26. $a \neq \pm 1 \Rightarrow$ SPD; $a = b = 1$ ou $a = b = -1 \Rightarrow$ $\Rightarrow$ SPI; $a = 1$ e $b \neq 1$ ou $a = -1$ e $b \neq -1 \Rightarrow$ SI

27. a) demonstração b) $-\frac{1}{2}$

Questões de vestibular

1. alternativa **a** **2.** alternativa **d**
3. alternativa **a** **4.** alternativa **b**
5. alternativa **d** **6.** alternativa **c**
7. Para $\alpha \neq -22$ o sistema é possível e determinado:
$V = \left\{\left(\frac{2\alpha + \beta + 8}{\alpha + 22}, \frac{3\alpha + 2\beta - 6}{\alpha + 22}, \frac{\beta - 36}{\alpha + 22}\right)\right\}$
Para $\alpha = -22$ e $\beta \neq 36$ o sistema é impossível.
Para $\alpha = -22$ e $\beta = 36$ o sistema é possível e indeterminado:
$V = \{(\lambda + 2, 2\lambda + 3, \lambda), \lambda \in \mathbb{R}\}$
8. alternativa **d**
9. a) 2, 3 ou 9 b) $S = \{(0, 0, 0)\}$
10. a) $k \neq -3$ e $k \neq 2$ b) $k = 2$ c) $k = -3$
11. a) $\alpha = \frac{\pi}{8} + \frac{k\pi}{2}, k \in \mathbb{Z}$
b) resposta possível: $\left(tg\frac{\pi}{8} - 1, 1\right)$
12. a) $m \neq \pm 1 \Rightarrow$ SPD; $m = \pm 1 \Rightarrow$ SI
b) $k = \frac{1}{2}$ e $m = -\frac{1}{6}$
13. alternativa **b**
14. $S = \{(1, 2, 3, 4)\}$
15. 2.000 maçãs, 3.000 peras e 5.000 laranjas
16. a)

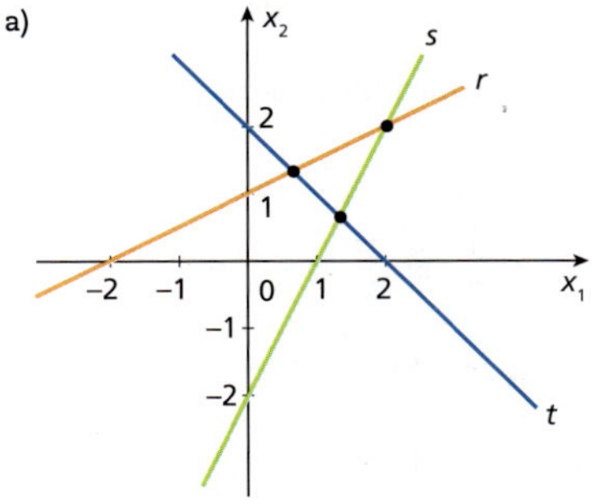

b) $S = \left\{\frac{4}{3}, \frac{4}{3}\right\}$

Cap. 18 Análise combinatória

1. 24 maneiras **2.** 12 modos
3. 6 pratos **4.** 132 maneiras
5. 12 possibilidades
6. 9.000 números **7.** 4.536 números
8. a) 180 números b) 100 números
9. 96 números **10.** 320 números
11. 328 números **12.** 729 modos
13. 30 letras **14.** 15 maneiras
15. a) 210 b) $\frac{7}{4}$
16. a) n b) $(n + 2)(n + 1)$
17. a) 6 b) 8
18. a) $3! \cdot 2!$ c) $3! \cdot 2! \cdot 2!$
b) $4! \cdot 2!$ d) $5! \cdot 3!$
19. a) $4!$ b) $\frac{5}{2} \cdot 4!$ c) $41 \cdot 4!$
20. 120 anagramas **21.** 120 números
22. 720 anagramas **23.** 48 modos
24. 720 modos
25. 48 anagramas; 36 anagramas
26. 48 maneiras **27.** 4.320 maneiras
28. a) 6 sequências b) 48 sequências
29. a) 479.001.600 possibilidades
b) 103.680 possibilidades
30. 1.728 maneiras **31.** 3.360 anagramas
32. 1.260 números **33.** 924 maneiras
34. 15 sequências
35. a) 42 maneiras b) 90 maneiras
36. a) 30.240 b) 30.220 c) 3.628.800 d) 1
37. 13 **38.** 30 maneiras
39. 6.720 formas **40.** 2 horas
41. 90 resultados **42.** 60 resultados
43. 380 possibilidades **44.** 20 maneiras
45. 60 maneiras
46. a) 720 maneiras b) 648 maneiras
47. 648 números **48.** 360 sequências
49. a) 91.390 b) 3 c) 124 d) 8
50. 3.003 formas
51. a) 14 diagonais b) $\frac{n(n - 3)}{2}$ diagonais
52. 35 comissões **53.** 10 escolhas
54. 45 apertos de mão **55.** 5.005 tipos
56. 56 tipos **57.** 56 triângulos
58. 84 triângulos **59.** 1.200 conjuntos
60. 126 triângulos
61. a) 300 comissões b) 396 comissões
62. 91 maneiras **63.** 55 maneiras
64. a) 1.365 c) 161.700
b) 161.700 d) 999
65. 24 **66.** a) $\frac{n^3 - n}{6}$ b) 165
67. $\frac{5}{39}$
68. a) 5 ou 8 b) 6 ou 7
69. a) demonstração b) demonstração
70. a) 8 b) 6
71. a) 0 b) 0
72. a) $S = \{2, 4\}$ b) $S = \{0, 1\}$
73. $-\frac{9}{7}$ **74.** 255 **75.** 10 **76.** 31 tipos
77. a) $1 - 25p + 250p^2 - 1.250p^3 + 3.125p^4 - 3.125p^5$
b) $x^6 - 6x^5y + 15x^4y^2 - 20x^3y^3 + 15x^2y^4 - 6xy^5 + y^6$
c) $8a^3 - 24a^2b^3 + 24ab^6 - 8b^9$
d) $\frac{x^9}{8} + \frac{3}{2}x^7y + 6x^5y^2 + 8x^3y^3$
78. a) $a^3 + 6a^2 + 12a + 8$
b) $p^4q^4 - 4p^4q^3r + 6p^4q^2r^2 - 4p^4qr^3 + r^4$
c) $2^{5x} - 5 \cdot 2^{4x} + 10 \cdot 2^{3x} - 10 \cdot 2^{2x} + 5$
d) $e^{3x} - 3x \cdot e^{2x} + 3x^2 \cdot e^x - x^3$

79. a) 729 b) 625

80. a) 10^8 b) 10^{10}

81. a) $\binom{n}{10} \cdot x^{n-10} \cdot (5y)^{10}$

b) $16.016x^4y^{10}$ c) $\binom{n}{10} \cdot x^{n-10} \cdot y^{-10}$

82. $17.920x^8$ **83.** 3.360

84. sim; 192.192 **85.** 7 **86.** 28

87. a) 32 b) 1.024 c) 16.384

Ficha de revisão

1. 62

2. a) $\frac{1}{n^2 - 7n + 12}$ b) $4n^2 + 10n + 6$

3. 24 opções **4.** 720 maneiras

5. a) S = {7} b) S = {6}

6. 24 números **7.** 175 triângulos

8. 56 resultados **9.** 8 amigos

10. 63 caracteres **11.** 120 maneiras

12. a) $\binom{n-1}{p-1}$ b) $\binom{n-4}{n-7}$

13. a) $8x^6 - 6x^4y + \frac{3}{2}x^2y^2 - \frac{1}{8}y^3$

b) $1 - 5x^2 + 10x^4 - 10x^6 + 5x^8 - x^{10}$

14. a) S = {6} c) S = {4}

b) S = {6} d) S = {5}

15. a) 12 b) 10

16. a) $32x^5 + 240x^4 + 720x^3 + 1.080x^2 + 810x + 243$

b) $x^6 - 9x^5 + 27x^4 - 27x^3$

17. $-1.716x^{10}$ **18.** 11.520

19. 110 tipos **20.** 31 modos

21. alternativa b **22.** alternativa b

23. 15.840 maneiras **24.** alternativa c

25. 21 números **26.** alternativa c

27. 6 cores **28.** alternativa c

Questões de vestibular

1. 171 senhas **2.** alternativa c

3. alternativa c **4.** alternativa d

5. a) 720; 120 b) 481ª; 312.465

6. alternativa e **7.** alternativa a

8. alternativa a **9.** alternativa e

10. a) 15 maneiras b) 90 maneiras

11. alternativa e **12.** alternativa e

Cap. 19 Probabilidade

1. S = {1, 2, 3, ..., 90}; E = {5, 10, 15, ..., 90}

2. 87; 90

3. Respostas possíveis:

- evento impossível: "Sair um número menor que 1";
"Sair um número negativo".
- evento certo: "Sair um número menor ou igual a 90";
"Sair um número maior ou igual a 1".
- evento simples: "Sair o número 52";
"Sair um número primo e par".

4. sim, pois $n(E) = 1$ e $n(S) = 52$

5. S = {(c, c, c), (c, c, k), (c, k, c), (k, c, c), (c, k, k), (k, c, k), (k, k, c), (k, k, k)}

a) {(k, c, c), (c, k, c), (c, c, k)}

b) {(k, c, c), (c, k, c), (c, c, k)}

c) {(k, k, c), (k, c, k), (c, k, k), (k, k, k)}

d) {(k, c, c), (c, k, c), (c, c, k)}

6. S = {(1, 1), (1, 2), (1, 3), ... (1, 6), (2, 1), (2, 2), (2, 3), ..., (2, 6), (3, 1), ..., (6, 6)}

a) {(1, 1), (2, 2), (3, 3), (4, 4), (5, 5), (6, 6)}

b) {(3, 6), (4, 5), (5, 4), (6, 3)}

c) ∅

d) {(6, 6)}

e) {(1, 1), (1, 2), (1, 3), (1, 4), (1, 5), (1, 6), (2, 1), (2, 2), (2, 3), (2, 4), (3, 1), (3, 2), (3, 3), (4, 1), (4, 2), (5, 1), (6, 1)}

f) S

g) {(2, 2), (2, 4), (2, 6), (4, 2), (4, 4), (4, 6), (6, 2), (6, 4), (6, 6)}

h) {(6, 3), (6, 6), (3, 6)}

7. a) S = {(A, B, C), (A, C, B), (B, A, C), (B, C, A), (C, A, B), (C, B, A)}

b) S = {(A, B, C), (A, C, B), (C, A, B)}

8. Sejam as bolas: azul = 1, amarela = 2, verde = 3 e vermelha = 4.

a) sem reposição:
S = {(1, 2), (1, 3), (1, 4), (2, 1), (2, 3), (2, 4), (3, 1), (3, 2), (3, 4), (4, 1), (4, 2), (4, 3)}

b) com reposição:
S = {(1, 1), (1, 2), (1, 3), (1, 4), (2, 1), (2, 2), (2, 3), (2, 4), (3, 1), (3, 2), (3, 3), (3, 4), (4, 1), (4, 2), (4, 3), (4, 4)}

9. a) $n(S) = 200$ b) $n(E) = 30$

10. $n(S) = 20.708.500$

11. a) $\frac{1}{2}$ b) $\frac{2}{3}$ c) $\frac{1}{6}$ d) 0

12. a) $\frac{1}{3}$ b) $\frac{1}{5}$ c) $\frac{8}{15}$ d) 0

13. $\frac{1}{13}$ **14.** a) $\frac{1}{2}$ b) $\frac{1}{40}$

15. a) $\frac{1}{2}$ b) $\frac{2}{3}$ c) $\frac{1}{3}$ d) $\frac{1}{6}$

16. 80%; 80%

17. a) $\frac{3}{8}$ b) $\frac{1}{8}$ c) $\frac{7}{8}$ d) $\frac{1}{4}$

18. $\frac{1}{1.225}$ **19.** $\frac{2}{91}$ **20.** $\frac{25}{51}$

21. $\frac{1}{24}$ **22.** 12,5%

23. a) 1 b) 0 c) $\frac{1}{3}$ d) $\frac{1}{3}$ e) $\frac{2}{3}$

24. a) $\frac{2}{91}$ b) $\frac{1}{455}$ c) $\frac{1}{13}$ d) $\frac{46}{455}$

25. $\frac{4}{15}$ **26.** $\frac{19}{66}$ **27.** $\frac{2}{3}$ **28.** $\frac{4}{13}$

29. $\frac{7}{13}$ **30.** $\frac{11}{36}$ **31.** $\frac{1}{2}$

32. a) $\frac{4}{7}$ b) $\frac{2}{7}$ c) $\frac{5}{7}$ d) $\frac{1}{7}$

33. 0,6 **34.** $\frac{2}{3}$ **35.** $\frac{3}{4}$

36. $\frac{3}{7}$ para ambos os casos

37. a) $\frac{19}{35}$ b) $\frac{16}{35}$ c) $\frac{27}{35}$

38. a) $\frac{1}{2}$ b) $\frac{1}{3}$ c) $\frac{1}{6}$ d) $\frac{2}{3}$ e) $\frac{1}{3}$ f) $\frac{5}{6}$

39. $\frac{7}{12}$ **40.** $\frac{5}{12}$ **41.** alternativa c

42. $\frac{1}{3}$ **43.** $\frac{4}{5}$ **44.** $\frac{11}{12}$ **45.** ≃ 21,74%

46. a) $\frac{2}{3}$ b) $\frac{1}{3}$

47. a) 60% b) 26% c) 65% d) 21% e) 40%

48. 4% **49.** 40%

50. a) 30% b) 30% **51.** $\frac{20}{87}$

52. a) não b) sim

53. $\frac{1}{8}$ **54.** a) $\frac{35}{144}$ b) $\frac{49}{144}$

55. $\frac{1}{169}$ **56.** $\frac{21}{40}$

57. a) $\frac{1}{14}$ b) $\frac{1}{210}$ c) $\frac{3}{7}$

58. a) $\frac{3}{28}$ b) $\frac{5}{14}$ c) $\frac{15}{28}$

59. $\frac{2}{9}$ **60.** ≃ 27,3% **61.** ≃ 2,6%

62. ≃2,8% **63.** 99,7% **64.** 7,2%

65. a) $\frac{1}{16}$ b) $\frac{3}{8}$ c) $\frac{1}{4}$

66. a) $\frac{9}{64}$ b) $\frac{25}{64}$ c) $\frac{30}{64}$

67. a) $\frac{45}{512}$ b) $\frac{135}{512}$ c) $\frac{405}{1.024}$ d) $\frac{243}{1.024}$

68. a) 14,2% b) 0,05% c) 31,5% d) 4,7% e) 99,9% f) 85,8%

69. 0,31

Ficha de revisão

1. S = {(c, 1), (c, 2), (c, 3), (c, 4), (c, 5), (c, 6), (k ,1), (k, 2), (k, 2), (k, 3), (k, 4), (k, 5), (k, 6)};
E = {(c, 2), (c, 3), (c, 5)}

2. $\frac{1}{5^{10}}$ **3.** $\frac{1}{54}$ **4.** $\frac{109}{180}$

5. $\frac{1}{64}$ **6.** $\frac{1}{7}$ **7.** $\frac{4.651}{7.776}$

8. alternativa c **9.** 23,04% **10.** 14,68%

11. a) $\frac{3}{250}$ b) $\frac{6}{29}$

12. $\frac{7}{10}$ **13.** $\frac{7}{15}$ **14.** 28x **15.** 10%

16. $\frac{68}{95}$ **17.** 0,1% **18.** $\frac{3}{4}$

19. $\frac{1}{10}$ **20.** $\frac{1}{7}$ **21.** $\frac{1}{24}$

22. $\frac{3}{4}$ **23.** $\frac{5}{22}$ **24.** $\frac{2}{5}$

25. a) $\frac{5}{6}$ b) $\frac{2}{3}$

26. $\frac{63}{256}$ **27.** no lançamento de 4 moedas

Questões de vestibular

1. a) $\frac{1}{453.600}$ b) $\frac{1}{15}$

2. alternativa e

3. a) 66 b) $\frac{31}{66}$

4. alternativa b **5.** $\frac{28}{57}$

6. a) $\frac{2}{15}$ e $\frac{1}{15}$ b) $\frac{7}{15}$

7. a) 161.280 b) $\frac{1}{14}$

8. alternativa a

9. a) 10 e $\frac{40}{243}$ b) 1, 5 e $\frac{11}{243}$

10. $\frac{35}{72}$

11. alternativa a **12.** alternativa b

13. alternativa b **14.** alternativa d

15. a) 25.240 pessoas b) $n > \log_{\frac{5}{6}} 0,05$

16. a) $\frac{1}{10}$ b) $\frac{28}{31}$

17. a) $\frac{2}{4.782.969}$ b) $\frac{55}{4.782.969}$

1. a) qualitativa
b) quantitativa discreta
c) qualitativa
d) quantitativa contínua
e) qualitativa
f) qualitativa
g) qualitativa
h) qualitativa
i) quantitativa discreta
j) quantitativa contínua
k) qualitativa

2. Variáveis qualitativas observadas: modalidades esportivas e período mais utilizado pelos alunos; variável quantitativa contínua observada: massa muscular (expressa por um número real)

3. população: 1,4 milhão de habitantes de Porto Alegre; amostra: 8.500 pessoas entrevistadas

4. 20%

5. variáveis qualitativas: nome, sexo, grau de escolaridade; variáveis quantitativas contínuas: salário e tempo de serviço

6. a)

Conceito	f_i	f_r(%)	F_i	F_r(%)
A	6	17,1	6	17,1
B	8	22,9	14	40,0
C	12	34,3	26	74,3
D	4	11,4	30	85,7
E	5	14,3	35	100,0

b) 6
c) 9
d) ≃34,3%
e) ≃25,7%
f) 40%

7.

Distância (km)	Frequência absoluta
[0, 100[	4
[100, 200[	2
[200, 300[	7
[300, 400[	11
[400, 500[	6

8.

Diária (R$)	f_i	F_i	f_r(%)	F_r(%)
[150, 180[	3	3	1,5%	1,5%
[180, 210[	8	11	4,0%	5,5%
[210, 240[	10	21	5,0%	10,5%
[240, 270[	13	34	6,5%	17,0%
[270, 300[	33	67	16,5%	33,5%
[300, 330[	40	107	20,0%	53,5%
[330, 360[	35	142	17,5%	71,0%
[360, 390[	30	172	15,0%	86,0%
[390, 420[	16	188	8,0%	94,0%
[420, 450[	12	200	6,0%	100,00%
Total	200	—	100,0%	—

a) R$ 300,00
b) de R$ 300,00 a R$ 330,00
c) 17%
d) 172
e) 28

9.

Salário	f_i	F_i	f_r(%)	F_r(%)
[300, 320[	10	10	25,0	25,0
[320, 340[	4	14	10,0	35,0
[340, 360[	5	19	12,5	47,5
[360, 380[	18	37	45,0	92,5
[380, 400[	3	40	7,5	100,0

10. a)

150	780	1.404	2.236	3.926
200	832	1.710	2.392	3.959
208	988	1.716	2.704	4.040
468	988	1.976	2.948	4.108
624	1.040	2.028	3.172	4.404
624	1.092	2.132	3.174	4.472
676	1.196	2.132	3.208	5.132
728	1.248	2.132	3.728	5.928

b) Resposta possível: escolhendo a amplitude de 900 reais para cada intervalo, temos a seguinte distribuição:

Contribuição fiscal (R$)	f_i	F_i	f_r(%)	F_r(%)
[150, 1.050[	13	13	32,5	32,5
[1.050, 1.950[	6	19	15,0	47,5
[1.950, 2.850[	8	27	20,0	67,5
[2.850, 3.750[	5	32	12,5	80,0
[3.750, 4.650[	6	38	15,0	95,0
[4.650, 5.550[	1	39	2,5	97,5
[5.550, 6.450[	1	40	2,5	100,0
Total	40	—	100,0	—

c) de 150 a 1.050 reais

11.

Ganho por ação (R$)	f_i	F_i	f_r(%)	F_r(%)
[4, 6[	4	4	8	8
[6, 8[	4	8	8	16
[8, 10[	11	19	22	38
[10, 12[	8	27	16	54
[12, 14[	10	37	20	74
[14, 16[	8	45	16	90
[16, 18[	5	50	10	100

12. 188 sócios

13.

Profissionais	Frequência
Sociólogos	32
Publicitários	20
Economistas	12
Psicólogos	16
Total	80

Dados fictícios.

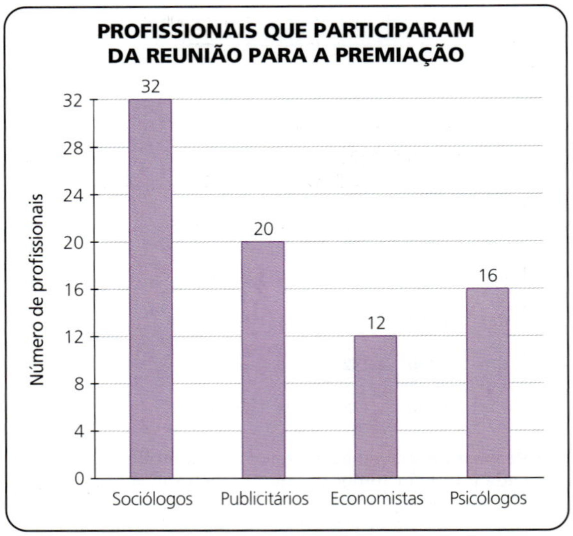

Dados fictícios.

14. a) de setores
b) meio de transporte preferido pelos clientes de uma agência
c) transporte rodoviário
d) rodoviário: 226,8°, aéreo: 86,4°, ferroviário: 46,8°

15. e-mails: 187,5; cartas: 112,5°; fax: 60°

16. a) empresa A
b) 1.188
c) empresa G
d) 1.250

17. a) não
b) sim; Gráfico de colunas:

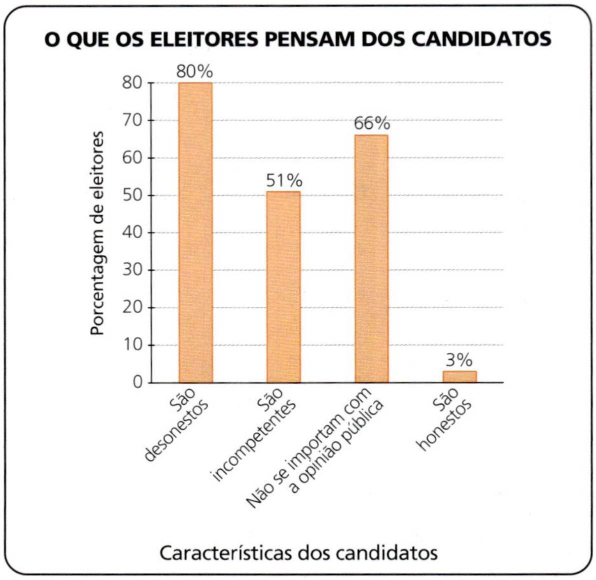

Dados fictícios.

Gráfico de barras:

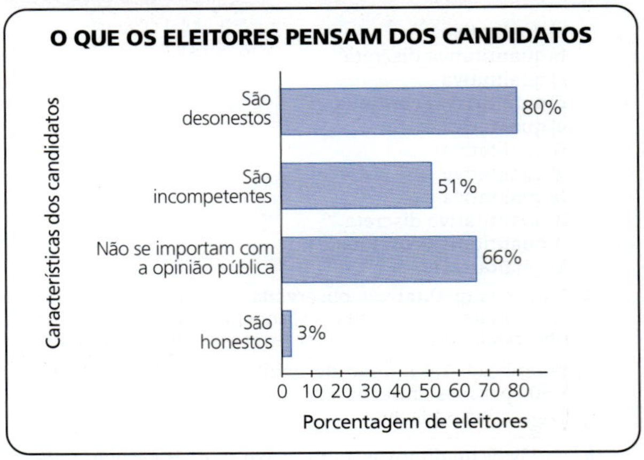

Dados fictícios.

18.

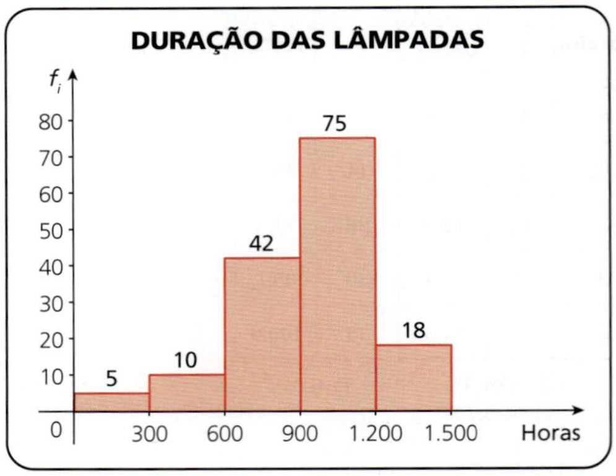

Dados fictícios.

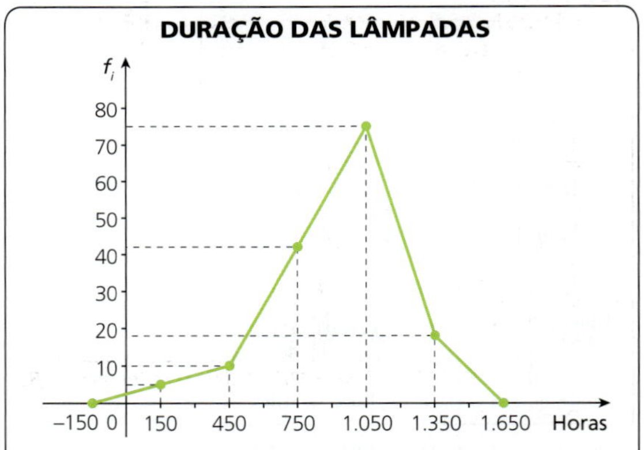

Fonte: Teste com 150 lâmpadas em uma fábrica.

19.

Gasto (em reais)	Número de apartam. (f_i)	F_i	f_r(%)	F_r(%)
80 ⊢ 100	3	3	6	6
100 ⊢ 120	7	10	14	20
120 ⊢ 140	8	18	16	36
140 ⊢ 160	14	32	28	64
160 ⊢ 180	10	42	20	84
180 ⊢ 200	5	47	10	94
200 ⊢ 220	3	50	6	100
Total	50	—	100	—

Fonte: Condomínio pesquisado.

GASTO COM ENERGIA ELÉTRICA DURANTE CERTO MÊS

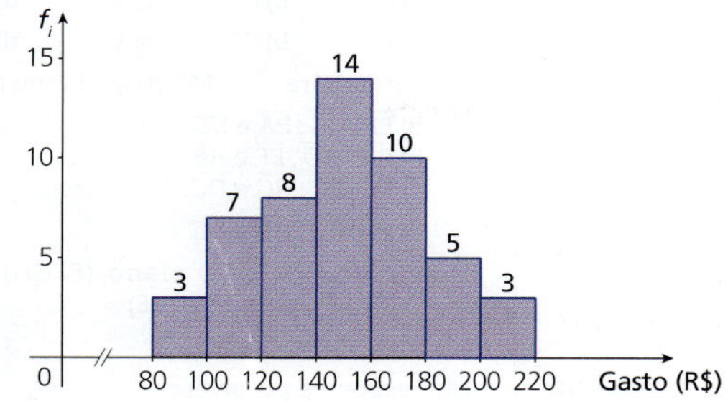

Fonte: Condomínio pesquisado.

GASTO COM ENERGIA ELÉTRICA DURANTE CERTO MÊS

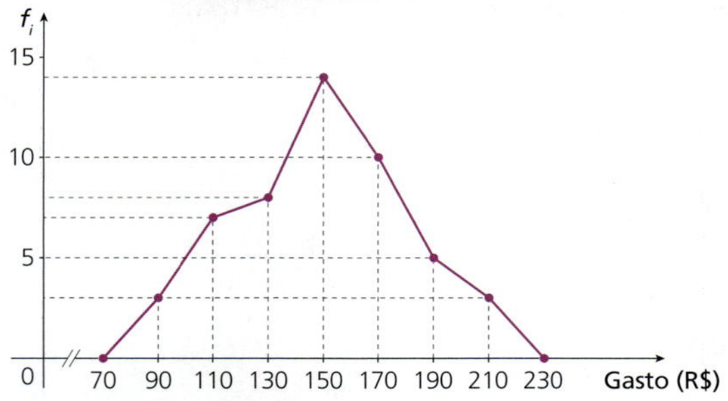

Fonte: Condomínio pesquisado.

Foram pagos de 140 a 160 reais.

20.

INDENIZAÇÕES PAGAS EM DECORRÊNCIA DE ACIDENTES DE TRABALHO

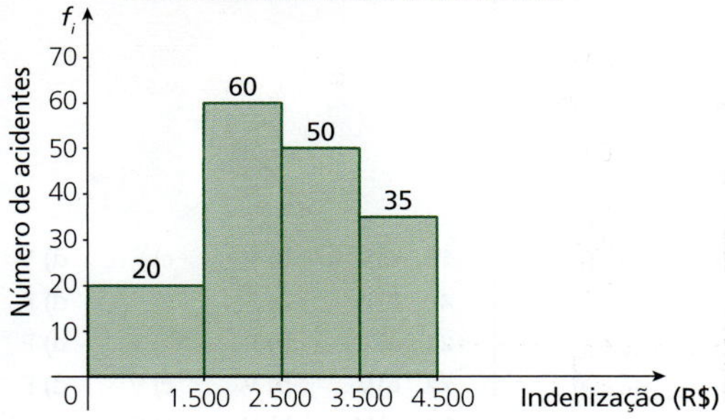

Dados fictícios.

Ficha de revisão

1. alternativa e

2. a) câncer de pulmão

b)

CURA DO CÂNCER

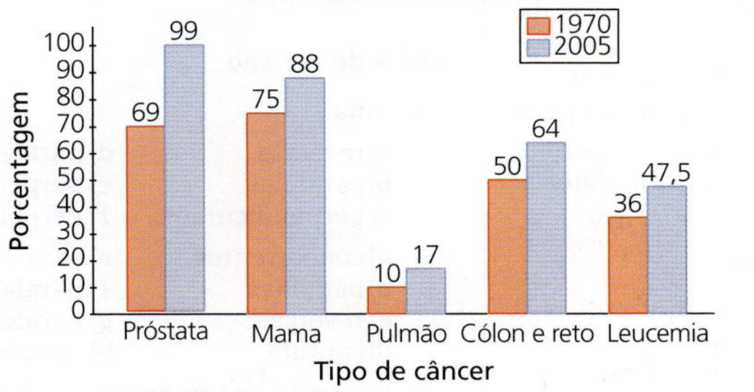

Fonte: Instituto Nacional do Câncer dos Estados Unidos.

3. a) resposta possível: gráfico de segmentos

b)

NÚMERO DE TURISTAS QUE ENTRARAM NO BRASIL ANUALMENTE

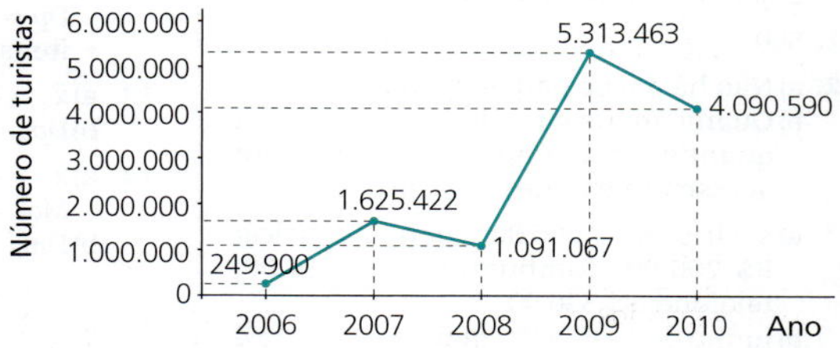

Fonte: Anuário estatístico Embratur 2006-2010.

4. a) 190

b) 40 alunos

5. a)

OPINIÃO DOS INTERNAUTAS EM RELAÇÃO À INFLUÊNCIA DOS AMIGOS

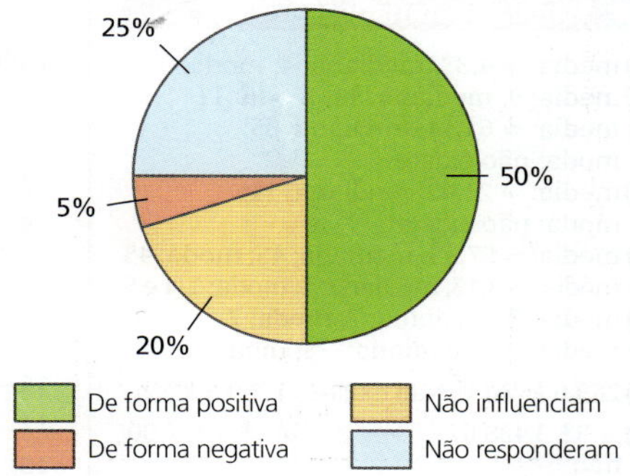

b)

NÚMERO DE INTERNAUTAS DE ACORDO COM A OPINIÃO

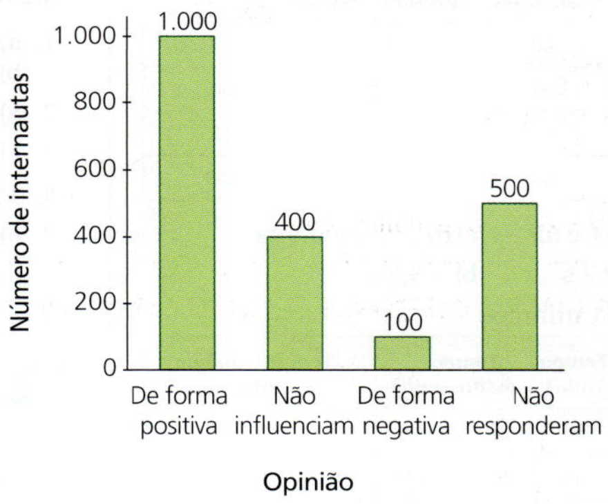

6. alternativa d

7. alternativa d

8.

Comprimento em metros	f_i	f_r(%)
3,00 ⊢ 3,20	3	15
3,20 ⊢ 3,40	6	30
3,40 ⊢ 3,60	6	30
3,60 ⊢ 3,80	2	10
3,80 ⊢ 4,00	3	15
Total	20	100

9. resposta possível: 5, 5, 8, 8, 11, 12, 13, 13, 14, 15, 16, 16, 17, 17, 17, 18, 25, 26, 28, 33

10. Não podemos afirmar que esses índices representam a mesma quantidade de objeto em ambas as pesquisas.

11. 500

12. a) Não há dados para responder.
b) Quanto maior o rendimento, maior é a quantidade de mulheres que tiveram acesso aos exames preventivos

13. a) salário: R$ 2.500,00; energia elétrica: R$ 200,00; combustível: R$ 114,00; telefone: R$ 336,00
b) junho de 1994: 14%; maio de 2003: 26%

14. alternativa **a**

Questões de vestibular

1. alternativa **c** 2. alternativa **d**
3. alternativa **c** 4. alternativa **e**
5. alternativa **e**

Cap. 21 Medidas estatísticas

1. a) média: $\simeq$ 4,33; mediana: 4; moda: 3
b) média: 9; mediana: 11; moda: 11
c) média: $\simeq$ 61,14; mediana: 65; moda: não existe
d) média: $\simeq$ 21,42; mediana: 11; moda: não existe
e) média: $\simeq$ 57,33; mediana: 45; moda: 45
f) média: $\simeq$ 3,13; mediana: 4; moda: 1, 4 e 5
g) média: 7; mediana: 7; moda: 7
h) média: −5; mediana: −5; moda: −6

2. a) 289,6 kWh b) Não existe. c) 269,5 kWh

3. a) $\simeq$ R$ 3.438,67 b) R$ 3.457,00
• não

4. 0,52

5. a) $\simeq$ 0,917 b) 1 c) 1

6. −2, −1, 0, 1 e 2 7. 32

8. a)

Horas trabalhadas	Número de presidentes (f_i)	F_i
60	18	18
61	32	50
62	28	78
63	22	100

b) 61 e 62 c) 61,5; a mediana

9. a) 9,2 s b) $\simeq$ 9,3 s

10. a) 21 minutos
b)

Tempo (min)	Tempo − média (min)	|Tempo − média| (min)
30	30 − 21 = 9	9
35	35 − 21 = 14	14
10	10 − 21 = −11	11
5	5 − 21 = −16	16
35	35 − 21 = 14	14
5	5 − 21 = −16	16
10	10 − 21 = −11	11
15	15 − 21 = −6	6
30	30 − 21 = 9	9
35	35 − 21 = 14	14
		$\sum$|tempo − média| = 120

O total de observações é 10. Então:
$\frac{120}{10} = 12$

11. a) média: 6; D_m = 1,2; Var = 2,8; $Dp \simeq$ 1,67
b) média: 6; D_m = 2,6; Var = 9,4; $Dp \simeq$ 3,07
c) média: 67,4; D_m = 12,68; Var = 252,04; $Dp \simeq$ 15,88
d) média: 67; D_m = 9; Var = 118,6; $Dp \simeq$ 10,89
e) média: 62,2; D_m = 24,44; Var = 1.129,36; $Dp \simeq$ 33,61
• itens **a**, **b**

12. a) $\bar{x}_A$ = 4,25 ; $\bar{x}_B$ = 2,3
b) $Dp_A \simeq$ 0,94; $Dp_B \simeq$ 0,84

13. a) $\bar{x}_A$ = 4; Mo_A = 2; Me_A = 3; $\bar{x}_B$ = 14; Mo_B = 12; Me_B = 13
b) $Dm_A = Dm_B$ = 0,7; $Var_A = Var_B$ = 2,5; $Dp_A = Dp_B \simeq$ 1,58

14. a) $\simeq$ 27 b) 25 c) 25 d) $\simeq$ 3,67
e) $Var \simeq$ 22,07 e $Dp \simeq$ 4,7
f) Os valores desse grupo se distanciam do valor médio cerca de 4,7 veículos.

15. a) $Var \simeq$ 10,07; $Dp \simeq$ 3,17
b) Os valores do grupo se distanciam cerca de 3,17 viagens do valor médio ($\simeq$ 15 viagens).

16. Os valores do grupo se distanciam cerca de R$ 101,37 do valor médio (R$ 465,00).

Ficha de revisão

1. A frequência entre 3 e 5 é 16% e entre 5 e 7 é 12%.

2. 1,2 3. $\bar{x}$ = 90 e Dp = 30 4. 5
5. 6 meses 6. alternativa **b** 7. 55
8. 0% 9. a) 2 e 2 b) 1,86

10. a) 2,59%
b) Me = 2,605% e Dm = 0,066%

11. $\simeq$ 1,13

12. a) B b) A

13. −14, −8, −2, 4, 10, 16, 22; Me = 4

14. 4 15. 11 16. 48

17. alternativa **d**

18. 3 ou 15 19. 0 ou 8 20. $\simeq$ 0,516

Questões de vestibular

1. a) Var = 0 se os valores de $(x_n - \bar{x})^2 = 0$
b) $\bar{x}$

2. a) 30.000 pessoas b) 560.000 pessoas
3. alternativa **b** 4. alternativa **b**
5. 18 gols 6. alternativa **b**
7. a) 105 b) 20
8. alternativa **d** 9. alternativa **a**
10. alternativa **b** 11. alternativa **d**

Cap. 22 Introdução à Geometria espacial

1. Todas as afirmações são verdadeiras.

2. infinitos; um único; infinitos

3. a) V b) F c) F d) F e) V

4. infinitos planos, um só plano ou nenhum plano

5. 6 retas

6. Verdadeira; basta fixar três pontos da figura por onde passa um único plano e variar o outro ponto, que é coplanar.

7. Três pontos (3 pés da mesa) determinam um único plano (do chão); quatro pontos podem determinar mais de um plano.

8. a) V b) F c) F d) V

9. a) F b) V c) F

10. a) $\overline{AE}$, $\overline{DH}$ e $\overline{BF}$
b) $\overline{CG}$, $\overline{BF}$, $\overline{AB}$ e $\overline{CD}$
c) plano (ADHE)
d) $\overline{DH}$, $\overline{CD}$ e $\overline{HG}$
e) a reta $\overline{FG}$ está contida no plano (FEH)
f) a reta $\overline{AD}$ é paralela ao plano (FEH)

11. a) F b) F

12. a) F b) F c) V d) F

13. a) V b) V c) V d) F

14. verdadeira 15. paralelas ou reversas

16. a) $\overline{EF}$, $\overline{HG}$, $\overline{EA}$ e $\overline{HD}$
b) $\overline{EH}$, $\overline{AD}$, $\overline{EF}$ e $\overline{AB}$
c) $\overline{FG}$, $\overline{BC}$, $\overline{HG}$ e $\overline{DC}$
d) $\overline{EF}$, $\overline{HG}$, $\overline{AB}$ e $\overline{DC}$
e) plano (ABCD), plano (EFGH), plano (BCGF), plano (ADHE)

17. alternativas **a**, **b**, **c**

18. respostas possíveis:
a)

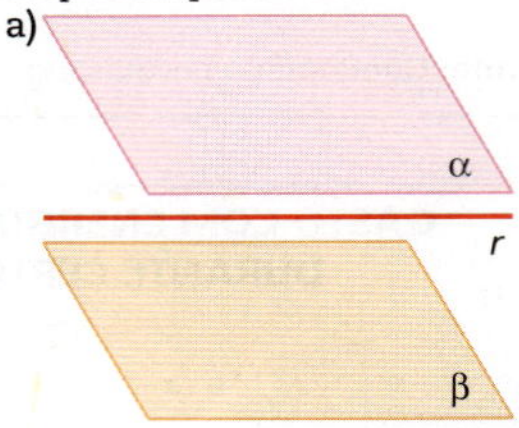

b)

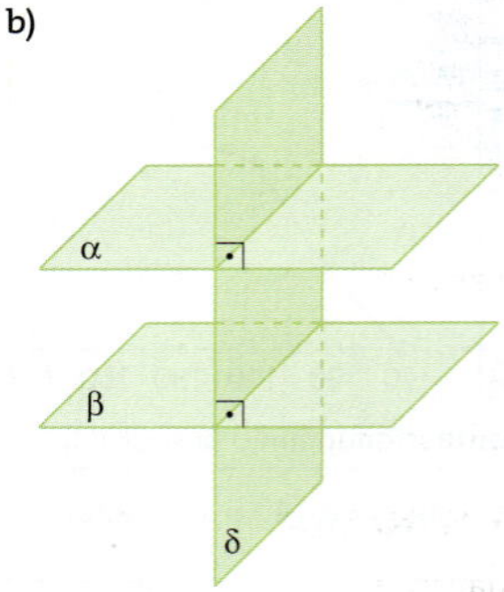

c)

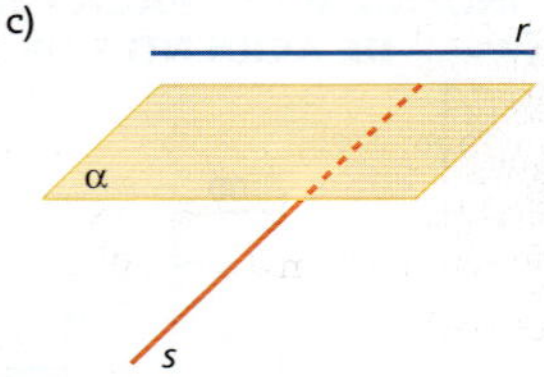

19. a) V b) V c) F d) V e) V

20. a) F b) F c) F d) F e) F

21. a) V b) F c) V d) F

22. a) V b) V c) V d) F e) V

23. a) V b) V c) F

24. demonstração 25. demonstração

26. demonstração 27. demonstração

28. a) F b) F c) V

29. a) B d) triângulo EDH
b) $\overline{HC}$ e) $\overline{HG}$
c) $\overline{AB}$ f) triângulo ABD

30. a) 2 cm c) $\sqrt{29}$ cm e) 5 cm g) 5 cm
b) 2 cm d) zero f) 3 cm

Ficha de revisão

1. uma

2. a) reversas d) paralelos
b) paralelas e) perpendiculares
c) perpendiculares f) perpendiculares

3. a) concorrentes e) secantes
b) paralelas f) paralelos
c) reversas g) paralelos
d) contida h) concorrentes

4. uma reta ou um ponto

5. a) (ABCDEF) e (GHIJKL)

b) (AFLG), (GHBA), (HICB) e (IJDC)

c) $\overline{AG}$, $\overline{BH}$, $\overline{CI}$, $\overline{DJ}$, $\overline{EK}$ e $\overline{FL}$

6. a)

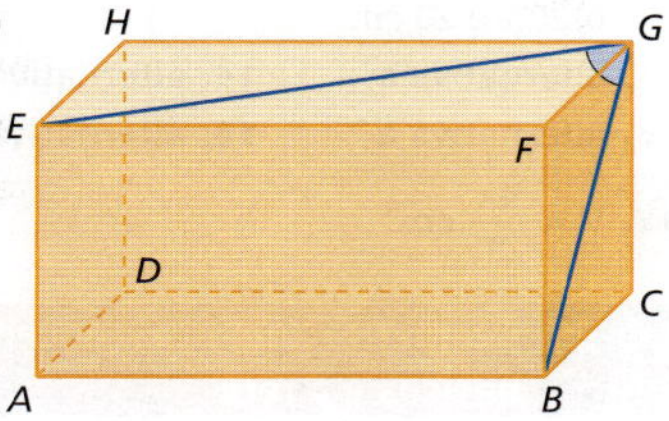

b)

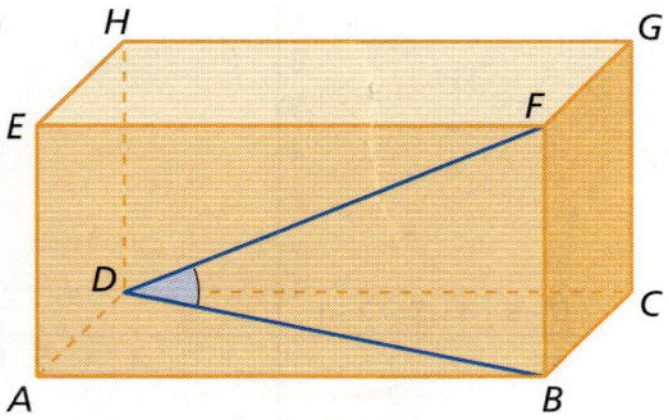

c)

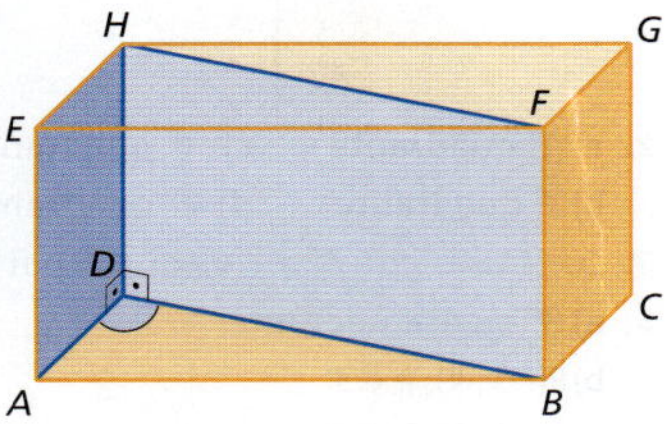

7. alternativa **a** **8.** $2\sqrt{2}$ cm

9. 60° **10.** $2\sqrt{r^2 - h^2 - d^2}$

11. 10 cm

12. a) demonstração b) 30°

Questões de vestibular

1. alternativa **d** **2.** alternativa **e**

3. alternativa **d** **4.** alternativa **a**

5. 11 regiões **6.** alternativa **c**

7. alternativa **b** **8.** alternativa **c**

9. alternativa **c** **10.** 08

11. 14 unidades de comprimento

12. alternativa **b**

Cap. 23 Poliedros

1. a) F = 5, A = 9 e V = 6
b) F = 7, A = 15 e V = 10
c) F = 14, A = 36 e V = 24

2. a) V = 16, F = 10 e A = 24; não convexo
b) V = 9, F = 9 e A = 16; convexo

3.

Poliedro	V	F	A	V + F − 2 = A	Nome
I	12	8	18	12 + 8 − 2 = 18	octaedro
II	6	8	12	6 + 8 − 2 = 12	octaedro

4. 20 faces **5.** 8 **6.** 12

7. 24 vértices **8.** 10 **9.** 11

10. 8 faces triangulares e 4 quadrangulares

11. V = 29, A = 68 e F = 41

12. resposta possível:

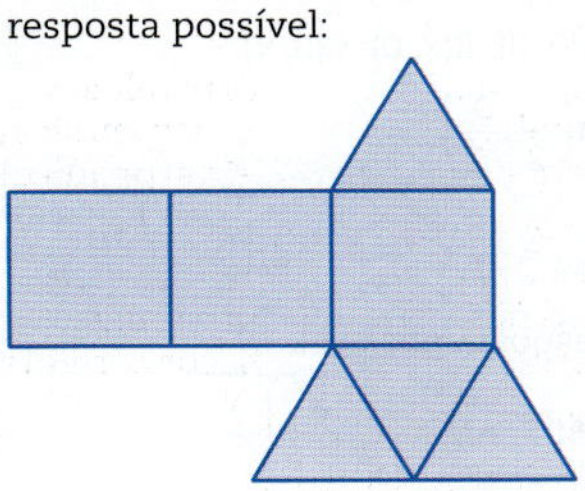

13. resposta possível:

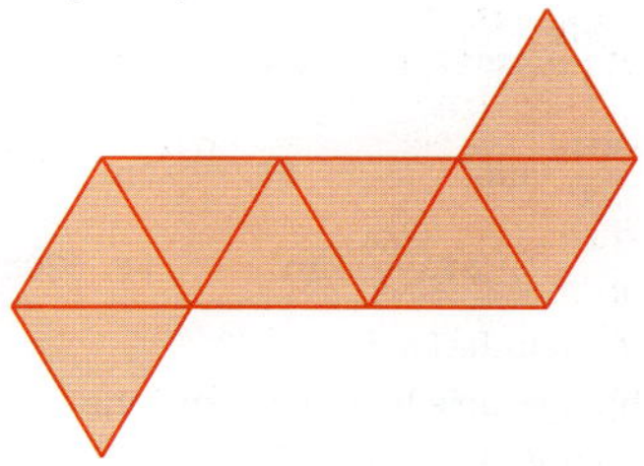

14.

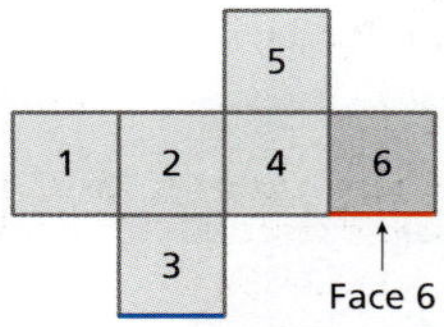

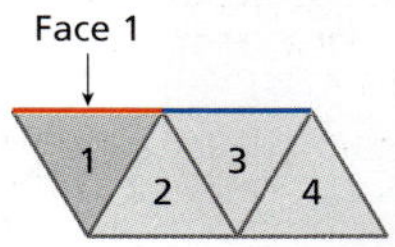

15. A = 27, F = 9 e V = 19

16. A = 18; V = 12

17. 30

18. a) 15 cm b) $\frac{\sqrt{61}}{2}$ cm

19. a) $x\sqrt{3}$ b) $a\sqrt{14}$

20. 5 cm **21.** $4\sqrt{3}$ cm

22. 1 cm, 2 cm e 3 cm

23. 30 cm, 40 cm e 120 cm **24.** $8\sqrt{2}$ cm²

25.

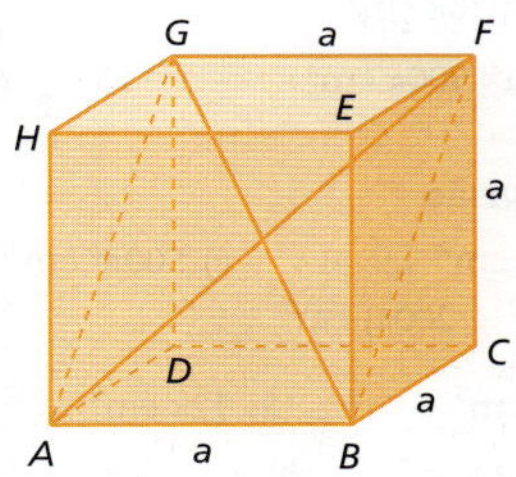

demonstração

26. alternativa **d** **27.** alternativa **b**

28. a) $21\sqrt{3}$ m² b) 80 cm²

29. o cubo B **30.** $50(6 + \sqrt{3})$ cm²

31. a) 6; 24; 54; 96 (unidades de área)
b) Quando a aresta dobra, a área total quadruplica, e, quando a aresta triplica, a área total fica multiplicada por 9.

32. 96 cm² **33.** 216 m³

34. $7\sqrt{3}$ m **35.** $54\sqrt{2}$ m³ **36.** $2\sqrt{3}$ m

37. 80 baldes **38.** $\frac{8.000\sqrt{3}}{9}$ ℓ **39.** $7b^3$

40. a) 8 cm³ b) 24 cm²
c) Fica multiplicado por 8.
d) Fica multiplicada por 4.

41. a) 1,2x b) antes: x^3; depois: 1,728x^3
c) 72,8%

42. $x = a\sqrt[3]{2}$ **43.** 140 cm³

44. $\sqrt{71}$ unidades de comprimento

45. 236 cm² **46.** 105 cm³

47. 832 cm² e 1.536 cm³ **48.** 72 cm³

49. a) 4 cm, 4 cm e 4 cm
b) 1 cm, 1 cm e 64 cm

50. $\frac{\sqrt{3}x^3}{4}$ **51.** $18(\sqrt{3} + 10)$ m² **52.** 14.700 g

53. $18\sqrt{3}$ dm³ **54.** $4.096\sqrt{3}$ cm³ **55.** 4 cm

56. $\frac{3\sqrt{6}}{2} \cdot \frac{27\sqrt{3}}{2}$ cm² **57.** (I) e (IV)

58. $g = 5$ cm, $b = 3$ cm, e $r = 4\sqrt{2}$ cm

59. 9 faces **60.** V = F = n + 1; A = 2n

61. Não vale a relação de Euler: 30 + 30 − 2 ≠ 60

62. a) $6\sqrt{2}$ cm b) $3\sqrt{3}$ cm c) $3\sqrt{5}$ cm

63. ≃ 11.970 euros **64.** $108(40 + 3\sqrt{3})$ mm²

65. 4 cm **66.** 64 cm², 80 cm² e 144 cm²

67. $64\sqrt{3}$ cm² e $64(1 + \sqrt{3})$ cm²

68. $5(36 + 5\sqrt{3})$ cm² **69.** 384 cm²

70. $4\sqrt{3}$ cm² **71.** 48 cm³

72. $\frac{2\sqrt{2}}{3}$ cm³ **73.** $\frac{16\sqrt{2}}{3}$ cm³

74. $18\sqrt{3}$ cm² e $9\sqrt{2}$ cm³ **75.** $24\sqrt{3}$ cm³

76. a) 16 cm² c) 88 cm² e) $\frac{16\sqrt{77}}{3}$ cm³
b) 72 cm² d) $\sqrt{77}$ cm

77. $100\left(10 + \frac{\sqrt{14}}{3}\right)$ m³ **78.** 1 para 12

79. A altura do prisma é o dobro da altura da pirâmide.

80. 3 cm³ **81.** $\frac{10\sqrt{3}}{3}$ cm

82. $\sqrt{13}$ cm e $7\sqrt{39}$ cm³

83. A_{lt} = 1.144 cm²; A_t = 2.312 cm²; h = 24 cm; V = 12.416 cm³

84. 10 cm

85. 12 cm, 512 cm² e 1.552 cm³

86. $6(21\sqrt{7} + 29\sqrt{3})$ cm² e $468\sqrt{3}$ cm³

87. 9 m **88.** 155.400 cm³

89. $\frac{256\sqrt{3}}{109}$ cm **90.** $78\sqrt{3}$ cm³

91. 1º) $V_{tronco} = \frac{1}{3} \cdot [(A_B - A_b) \cdot H + A_b \cdot h_t]$

2º) $H = \frac{h_t \cdot \sqrt{A_B}}{\sqrt{A_B} - \sqrt{A_b}}$

3º) $V_{tronco} = \frac{h_t}{3} \cdot [A_B + \sqrt{A_B \cdot A_b} + A_b]$

Ficha de revisão

1. a) não convexo
b) convexo
c) convexo

2. possível planificação:

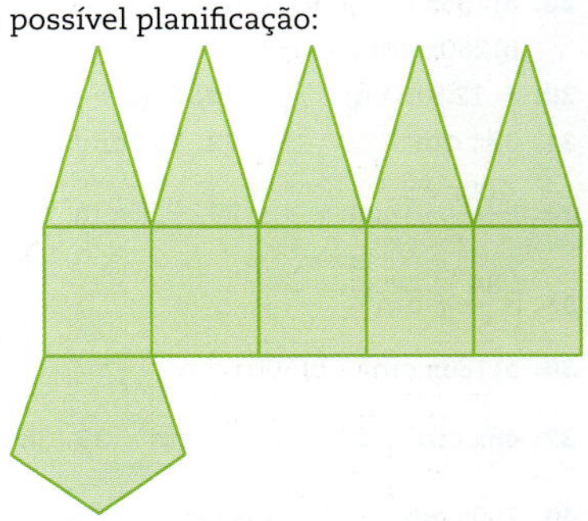

3. não **4.** $n\sqrt{62}$ **5.** 5 cm

6. 10 cm, 15 cm e 30 cm **7.** 40 cm³

8. $24(7 + \sqrt{85})$ cm² **9.** 1 m

10. a = 12 cm; $d = 12\sqrt{3}$ cm **11.** 36 cm³

12. 2.172 cm² **13.** 3.150 m³

14. a) $375\sqrt{3}$ cm³ b) $50\sqrt{3}$ cm²

15. a) $4\sqrt{2}$ cm   d) $2\sqrt{11}$ cm   g) $\frac{64\sqrt{7}}{3}$ cm³
b) $2\sqrt{2}$ cm   e) $48\sqrt{2}$ cm²
c) $2\sqrt{7}$ cm   f) $16(3\sqrt{2} + 2)$ cm²

16. $2\sqrt{2}$ cm   **17.** $\frac{200}{3}$ cm³   **18.** $\frac{20\sqrt{5}}{3}$ cm³

19. 1.664 cm³   **20.** $\frac{4}{3}$ cm³   **21.** $192\sqrt{3}$ cm²

22. 36.000 cm²

23. $200\sqrt{3}$ cm²; $\frac{1.000\sqrt{2}}{3}$ cm³   **24.** 27 cm³

Questões de vestibular

1. alternativa b   **2.** alternativa e
3. alternativa c   **4.** alternativa d
5. alternativa c   **6.** alternativa b
7. alternativa a   **8.** 175 minutos
9. alternativa d   **10.** alternativa b
11. $V = \frac{\ell^3}{6}$ **12.** alternativa a
13. alternativa d
14. a) 384 cm²   b) 384 cm²
15. alternativa b   **16.** 81 cm³
17. alternativa b   **18.** alternativa c
19. $16 + 3\sqrt{2} + \sqrt{34}$ **20.** alternativa e

Cap. 24 Corpos redondos

1. a) $A_{base} = \pi$ cm², $A_{lateral} = 6\pi$ cm², $A_{total} = 8\pi$ cm²
b) $A_{base} = 4\pi$ cm², $A_{lateral} = 16\pi$ cm², $A_{total} = 24\pi$ cm²

2. 196π cm²   **3.** π **4.** 1.050π cm²
5. $(100\pi^2 + 50\pi)$ cm²   **6.** 28π cm²
7. 9 cm e 6 cm   **8.** 2.704π cm² e 4.056π cm²
9. 1,5 L   **10.** 2.250π cm³   **11.** 72π cm³
12. 648π cm³   **13.** $(2 + 2\sqrt{3})$ cm
14. 16π dm³   **15.** 0,314 mL
16. O volume dobrará.
17. a embalagem maior
18. $\simeq 135{,}2$ m²   **19.** 500π cm³   **20.** 24 dias
21. 40 cm   **22.** 25 cm   **23.** $4\sqrt{6}$ cm
24. $20\sqrt{2}$ cm   **25.** 60°
26. $\frac{6\pi}{5}$ rad = 216°   **27.** $\frac{\pi}{3}$
28. a) 135π cm²; 216π cm²
b) 260π cm²; 360π cm²
29. $\simeq 12.318$ cm²   **30.** $2\pi(2 + \sqrt{29})$ cm²
31. 32π dm²   **32.** 75π cm²
33. $\frac{200\pi\sqrt{3}}{3}$ cm²   **34.** $0{,}96\pi$ m²
35. $\left(\frac{84}{5}\right)\pi$ dm²
36. a) 180π cm³   b) 600π cm³
37. 48π cm³   **38.** $\frac{8.000\pi}{9}$ cm³   **39.** 36π cm²
40. 750π cm³   **41.** 96π cm³   **42.** $\frac{23}{6}\pi$ cm³
43. a) 240%   b) $\frac{V_1}{V_2} = \frac{y}{x}$
44. $\frac{729\pi}{16}$ cm²   **45.** 15 cm
46. 420π m³   **47.** alternativa b
48. 80π cm²; 138π cm²   **49.** $A_{total} = 330\pi$ cm²
50. 7 cm   **51.** 98π cm³
52. $\frac{196\pi}{3}$ cm³   **53.** $\frac{76\pi}{3}$ cm³
54. $\frac{304\pi}{3}$ cm³   **55.** $\frac{63}{13}$ cm
56. $\frac{7}{8}$ **57.** $\frac{64}{3}$ cm³   **58.** 520π cm³
59. a) circunferência
b) superfície lateral de um cone
c) superfície esférica
60. r **61.** $r_1 + r_2$ ou $r_1 - r_2$ ou $r_2 - r_1$
62. $2\sqrt{2}$ cm
63.

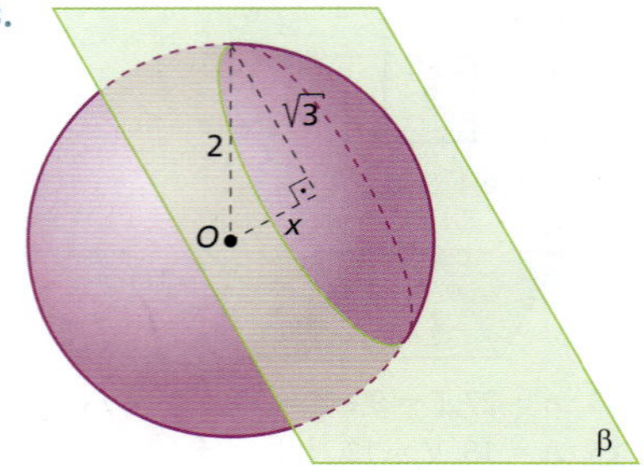

64. $16\sqrt{2}$ cm
65. a) 36π cm² e 36π cm³
b) 324π cm² e 972π cm³
66. 150 brigadeiros   **67.** $A_{esfera} = 144$ dm²
68. $3\sqrt[3]{9}$ cm   **69.** alternativa e
70. 32 cm³
71. 18π cm²; 36π cm³
72. 180π cm²; 900π cm³   **73.** $\frac{3}{2}$ rad

Ficha de revisão

1. a) $100\pi^2$ cm²   c) $500\pi^2$ cm³
b) $(100\pi^2 + 200\pi)$ cm²
2. $\frac{625\pi^2}{8}$ cm³   **3.** 12π cm²
4. a) x = 9 e y = 3   b) x = 15 e y = 5
5. 3π cm²   **6.** a primeira embalagem
7. 54,6 mL   **8.** $\frac{1.000\pi\sqrt{55}}{9}$ cm³
9. 5 cm e $5\sqrt{3}$ cm   **10.** $3\sqrt{6}$ cm
11. 36 cm²; $18\sqrt{2}$ cm³   **12.** $\frac{60}{19}$ m
13. 20 cm   **14.** 160π cm²; 306π cm²
15. $h = 7\sqrt[3]{4}$ cm   **16.** $3\sqrt[3]{9}$ cm
17. 3 cm; 36π cm³   **18.** 81π cm³
19. 225π cm²   **20.** 161π cm²
21. $(486 + 18\pi)$ cm²   **22.** (3, 4, 5)
23. 14 m   **24.** $32\pi\sqrt{3}$ m³
25. alternativa a   **26.** alternativa a
27. 4.275π cm³   **28.** $\frac{32\pi}{3}$ cm³

Questões de vestibular

1. alternativa e   **2.** 16 m
3. alternativa d   **4.** alternativa b
5. alternativa a   **6.** alternativa a
7. $\sqrt{14}$
8. alternativa c
9. a) 5 cm e 125π cm³   b) $\simeq 13{,}5$ cm
10. alternativa c   **11.** alternativa d
12. a) $108r^2$ cm² e $27r^2$ cm³
b) 20% e 20 cm
13. alternativa a   **14.** alternativa a
15. alternativa a   **16.** alternativa e
17. $V = \frac{4\pi}{3}$ cm³

Cap. 25 Geometria analítica: conceitos básicos e a reta

1.

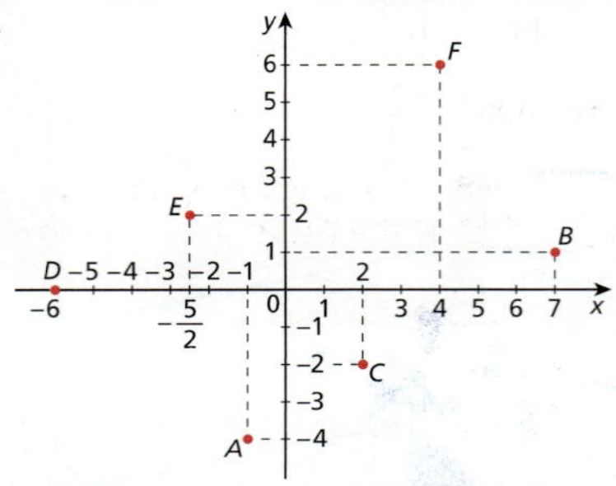

2. a) 4º quadrante   c) 1º quadrante
b) 3º quadrante   d) 2º quadrante
3. 10   **4.** m < 8 e n > 5
5. a) 3º ou 4º quadrante
b) $P(-k, k)$, $k \in \mathbb{R}$
c) $P(-k, k)$, $k \in \mathbb{R}$
6. 3
7. a) 5   b) $\sqrt{10}$ c) $\sqrt{97}$ d) 4
8. $5 + 3\sqrt{5}$ **9.** $\sqrt{2}$
10. a) $\sqrt{13}$ b) 2   c) 3
11. 36 unidades de área   **12.** 1 ou 3
13. $P\left(0, \frac{71}{6}\right)$ **15.** − 6 ou − 4
16. a) M(4, 3)   c) M(−5, −2)
b) $M\left(2, \frac{1}{2}\right)$ d) $M\left(\frac{9}{2}, -6\right)$
17. A(2, 6)   **18.** M(−2, 4)   **19.** $\sqrt{10}$
20. a) G(2, 2)   b) G(1, 0)
21. x = − 1 e y = 0   **22.** A(7, −4)
23. a)

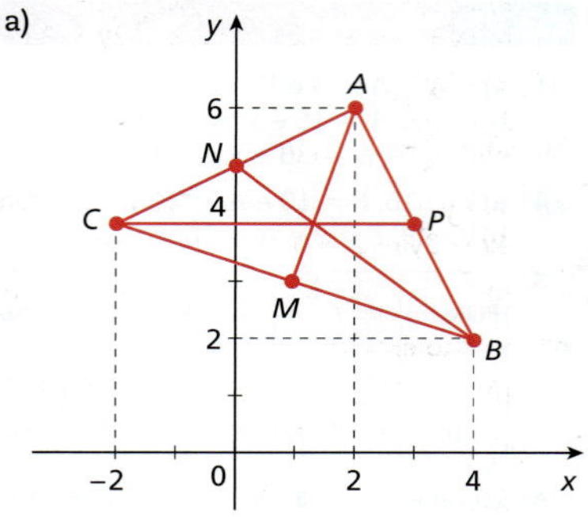

b) $AM = \sqrt{10}$, BN = 5 e CP = 5
c) $G\left(\frac{4}{3}, 4\right)$
24. a) A(0, 0); B(x, 0); C(0, y)
b) $M\left(\frac{x}{2}, \frac{y}{2}\right)$
c) $d_{CM} = \sqrt{\frac{x^2 + y^2}{4}}$; $d_{AM} = \sqrt{\frac{x^2 + y^2}{4}}$
d) resposta possível:
$CM = AM = \sqrt{\frac{x^2 + y^2}{4}}$

25. a) sim c) não e) sim
b) sim d) não

26. a) $x \neq \frac{9}{5}$ b) $x \neq -2$

27. Há infinitas possibilidades, por exemplo: $P(-1, 2)$ e $Q(2, 5)$

28. a) $m = 1$ b) $m \neq 1$

29. $x - 3y + 7 = 0$ **30.** $k \neq \frac{1}{2}$

31. -6 **32.** $A\left(-\frac{1}{2}, 0\right)$

33. $x = \frac{-y - 1}{2}$

34. a) $P\left(\frac{1}{2}, \frac{3}{2}\right)$

b) Impondo a condição de alinhamento de três pontos para P, A e B e para P, C e D.

c)

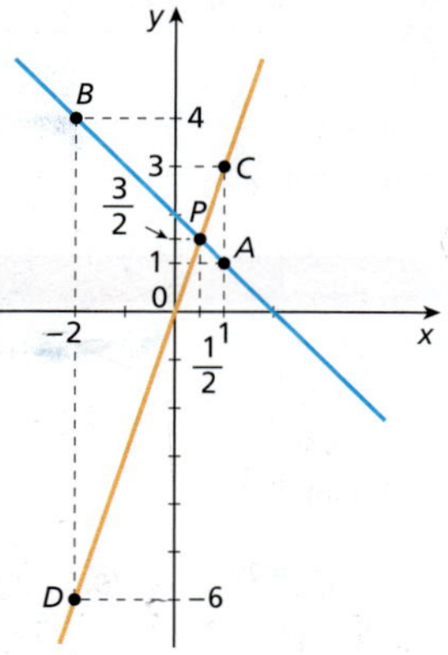

35. a) $y_P = 0$; $P\left(-\frac{11}{2}, 0\right)$

b) $x_P = 0$; $P\left(0, \frac{11}{7}\right)$

c) $x_P = y_P$; $P\left(\frac{11}{5}, \frac{11}{5}\right)$

d) $x_P = -y_P$; $P\left(-\frac{11}{9}, \frac{11}{9}\right)$

e) $2x_P - 7 \cdot 2x_P + 11 = 0$; $P\left(\frac{11}{12}, \frac{11}{6}\right)$

36. a) $x - y - 1 = 0$ c) $x + 3y - 6 = 0$
b) $2x - y + 4 = 0$ d) $x - 2y + 7 = 0$

37. $x + 2y = 0$ **38.** 3

39. $\left(0, -\frac{1}{3}\right)$ e $(-1, 0)$

40. $x - y + 1 = 0$, $2x - y - 2 = 0$ e $4x - 3y + 2 = 0$

41. a) $x + y - 3 = 0$ b) $x - y - 2 = 0$

42. a) Não existe. d) 1
b) 0 e) $-(\sqrt{2})/14$
c) $\frac{5}{2}$

43. a) 4 b) -3 c) 6

44. a) 1 b) 1 c) -1 d) $-\sqrt{3}$

45. $\sqrt{3}x - y - \sqrt{3} - 6 = 0$

46. $2x - y + 3 = 0$

47. a) $\sqrt{3}x + y - 5\sqrt{3} = 0$ c) $\frac{\sqrt{3}}{3}x - y = 0$
b) $x - y + 3 = 0$ d) $x + y - 1 = 0$

48. a) 1 b) $x - y + 3 = 0$

49. a) 1 c) $\left(-\frac{1}{3}, 0\right)$
b) $3x - y + 1 = 0$ d) $(0, 1)$

50. $y = \frac{1}{2}x + \frac{5}{2}$ **51.** 2 e 3

52. $y = \sqrt{3}x - 2$ e $y = -x + 4$

53. a) $\frac{x}{4} + \frac{y}{6} = 1$ b) $\frac{x}{2} + \frac{y}{-3} = 1$

54. $\frac{x}{4} + \frac{y}{7} = 1$ **55.** $\frac{x}{\frac{1}{2}} + \frac{y}{\frac{2}{3}} = 1$

56. $(6, 0)$; $(0, 9)$; $\frac{x}{6} + \frac{y}{9} = 1$

57. a) $\begin{cases} x = t + 3 \\ y = -\frac{t}{5} \end{cases}$ b) $\begin{cases} x = t - 7 \\ y = \frac{t}{2} \end{cases}$

58. resposta possível: $\begin{cases} x = t - \frac{2}{3} \\ y = -3t \end{cases}$

59. a) $5x - 4y = 0$ c) $\nexists$
b) $y = \frac{5}{4}x$

60. a) $P(2 - t, 3t)$ c) $(3, -3)$
b) $(2, 0)$ e $(0, 6)$ d) $\left(\frac{7}{3}, -1\right)$

61. paralelas distintas

62. $5x - y = 0$ **63.** $\frac{2}{3}x - y - \frac{1}{3} = 0$

64. $x - y + 1 = 0$

65. $x + 3y = 0$ **66.** 3

67. $3x + y - 3 = 0$ **68.** 60°

69. $y = \frac{1}{2}x + \frac{3}{2}$ ou $y = -2x + 4$

70. 2 ou $-\frac{1}{2}$ **71.** $\simeq 25°$

72. $\frac{7\sqrt{5}}{5}$ **73.** 1 **74.** $\frac{4}{5}$

75. $\frac{2\sqrt{10}}{5}$ **76.** $\frac{11\sqrt{13}}{26}$ **77.** 2

79. $\frac{33}{2}$ **80.** 17 **81.** 3 ou -17

82. 3 unidades de área

Ficha de revisão

1. 10 **2.** $C(4, 5)$ **3.** $\frac{9}{2}$

4. $2x - 7y - 6 = 0$

5. a) -1 b) $-\frac{\sqrt{3}}{3}$

6. $\frac{4}{5}$ **7.** $\frac{x}{-\frac{7}{3}} + \frac{y}{\frac{7}{2}} = 1$; $\left(-\frac{7}{3}, 0\right)$ e $\left(0, \frac{7}{2}\right)$

8. $x - 2y + 16 = 0$ **9.** $\frac{2}{3}$

10. -7 **11.** 8 **12.** $-\frac{1}{5}$ ou 5

13. $\frac{4\sqrt{5}}{5}$ **14.** $m \leq \frac{17}{3}$ **15.** $-\frac{3}{2}$ ou $\frac{13}{2}$

16. alternativa **d** **17.** $y = 240x - 120$

18. $y = 25x - 157$ **19.** $x + 2.000y = 2.000$

20. 3 minutos e 45 segundos

21. $y = -\frac{x}{2}$ e $y = 2x$ **22.** não

23. $y = 5x$ **24.** 135° **25.** $B(-1, 4)$

26. $\frac{3\sqrt{29}}{29}$ **27.** 4 **28.** alternativa **c**

29. 5 **30.** alternativa **a**

31. a) $A(u) = -\frac{17}{54}u^2 + \frac{64}{27}u + \frac{32}{27}$

b) $\frac{64}{17}$

32. $x - y - 1 = 0$ e $x - y + 3 = 0$

33. $x + y - 4 = 0$

Questões de vestibular

1. alternativa **d** **2.** alternativa **a**

3. alternativa **a** **4.** alternativa **b**

5. alternativa **c** **6.** alternativa **a**

7. a) $\left(\frac{3}{2}, \frac{2}{3}\right)$ b) demonstração

8. alternativa **a**

9. a) 8 cm, 25 cm e 6 cm
b) $x + y - 7 = 0$

10. alternativa **a** **11.** alternativa **c**

12. alternativa **b** **13.** alternativa **c**

14. alternativa **a**

Cap. 26 Circunferência

1. $(x - 2)^2 + (y + 1)^2 = 9$

2. a) $(x - 1)^2 + (y - 3)^2 = 4$
b) $(x + 1)^2 + (y - 1)^2 = 1$
c) $x^2 + y^2 = 16$
d) $(x - 3)^2 + (y - 0{,}5)^2 = 5$
e) $x^2 + (y + 4)^2 = 13$
f) $(x + 2)^2 + y^2 = 1$

3. a) $C(1, 2)$ e $r = 10$
b) $C(0, 3)$ e $r = \sqrt{5}$
c) $C(0, 0)$ e $r = 1$
d) $C(-3, -2)$ e $r = 5$
e) $C(5, 0)$ e $r = \frac{\sqrt{2}}{2}$

4. a) $m = 0$; $n = 1$; $p = 1$
b) $m = 0$; $n = -2$ e $p = \pm 3$
c) $m \pm 1$; $n = 1$ e $p = -2$ ou $p = \pm 4$
d) $m = 4$; $n = \frac{1}{9}$ e $p = -2$ ou $p = 1$

5. R e T **6.** μ, γ, β **7.** 2 **8.** $CP = 5$

9. $(x - 7)^2 + (y - 3)^2 = 16$

10. $x^2 + \left(y - \frac{3}{2}\right)^2 = \frac{45}{4}$

11. a) $x^2 + y^2 = 3$
b) $(x - 2)^2 + (y - 1)^2 = 10$
c) $x^2 + y^2 = 25$
d) $(x - 2)^2 + (y - 2)^2 = 8$

12. 10π unidades de comprimento

13. $(x + 2)^2 + (y - 4)^2 = 50$

14. a) $x^2 + y^2 + 6x - 4y + 4 = 0$
b) $x^2 + y^2 + 10y + 20 = 0$

15. a) $C(1, -1)$ e $r = \sqrt{2}$
b) Não existem.

16. Não representa.

17. a) $C(3, -9)$ e $r = \sqrt{82}$ b) $C(3, -9)$ e $r = \sqrt{82}$

18. $p < 1$

19. $x^2 + y^2 - 4x - 4y + 3 = 0$

20. 4 ou 2

21. a) exterior c) pertence
b) interior d) exterior

22. a) pertence b) interior c) exterior

23. a) exterior c) exterior e) pertence
b) pertence d) interior

24. $m < -4$ ou $m > 4$

25. a) $(x - 3)^2 + (y - 2)^2 = \frac{1}{2}$
b) $(x - 3)^2 + (y - 2)^2 = 1$
c) $\frac{\pi}{2}$ unidades de área

26. exterior

27. a) $(x + 1)^2 + (y - 1)^2 = 5$ c) $P(-3, 2)$
b) $R(-1, 2)$ d) $Q(-6, 1)$

28. a) tangente, $P(3, 3)$
b) secante, $A(1, 0)$ e $B(0, -1)$
c) exterior

29. $\Delta > 0$, a reta é secante; $\Delta = 0$, a reta é tangente; $\Delta < 0$, a reta é exterior.

30. $-2\sqrt{2}$ ou $2\sqrt{2}$

31. $x^2 + y^2 - 2x - 12 = 0$

32. x: $P(9, 0)$ e $P'(-1, 0)$; y: $Q(0, 3)$ e $Q'(0, -3)$

33. $4\sqrt{2}$

34. s_1: $y - 7 = 0$; s_2: $y + 7 = 0$

35.

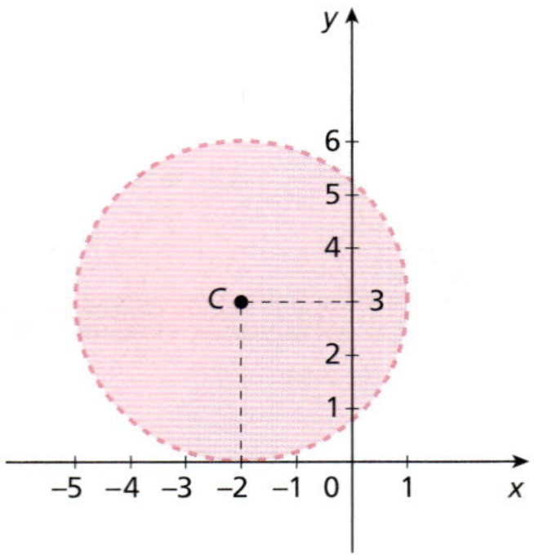

36. $x^2 + y^2 \geq 9$

37. a)

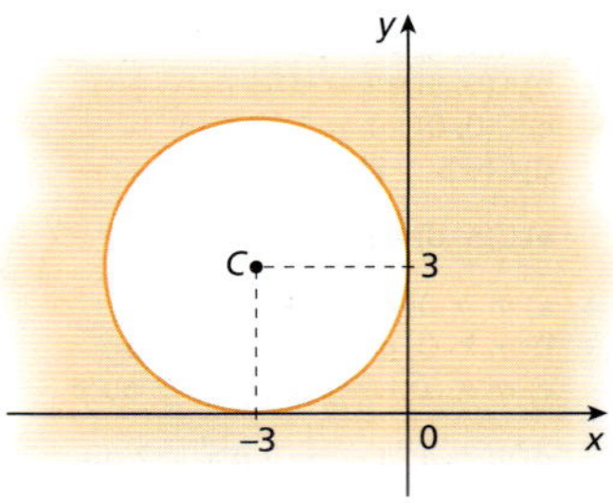

b)

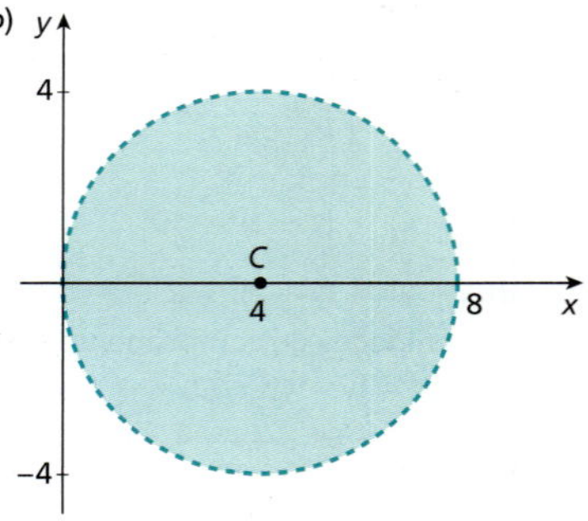

c)

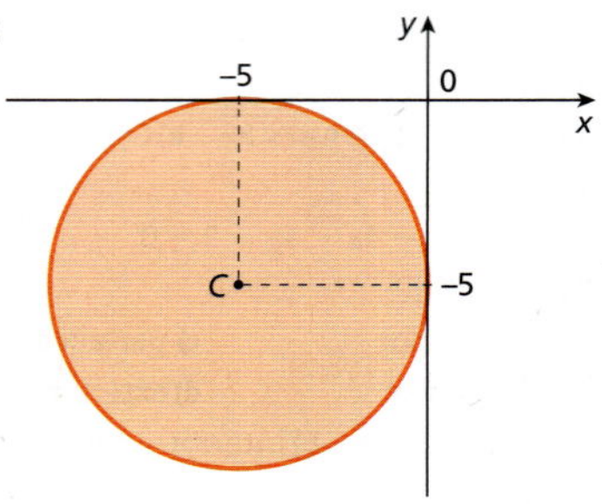

38. π unidades de área

39. 16π unidades de área

40. a) $(x - 2)^2 + (y - 3)^2 \leq 13$
b) $x^2 + (y + 5)^2 \leq 9$

41. a) tangentes interiores
b) secantes
c) tangentes exteriores
d) disjuntas interiores
e) disjuntas interiores e concêntricas
f) disjuntas exteriores

42. anti-horário

43. a) secantes
b) disjuntas interiores e concêntricas

44. resposta possível:

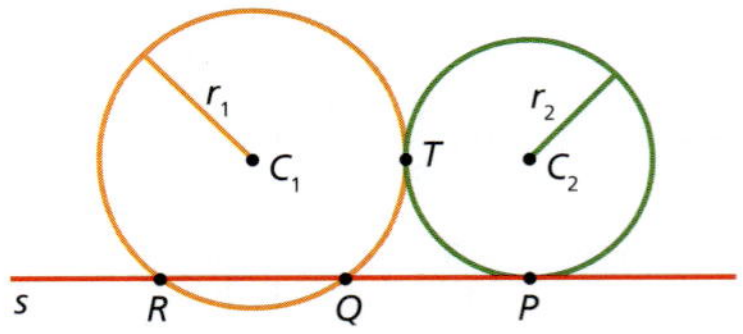

45. Não há pontos comuns.

46. $y = x + 1$; $A(3, 4)$ e $B(1, 2)$

47. $x^2 + y^2 < 36$; $x^2 + y^2 \geq 4$

48. a)

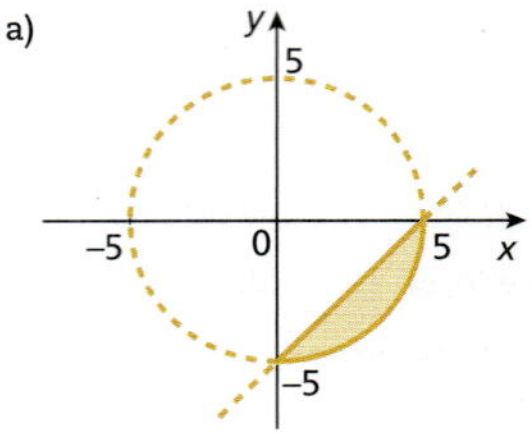

b)

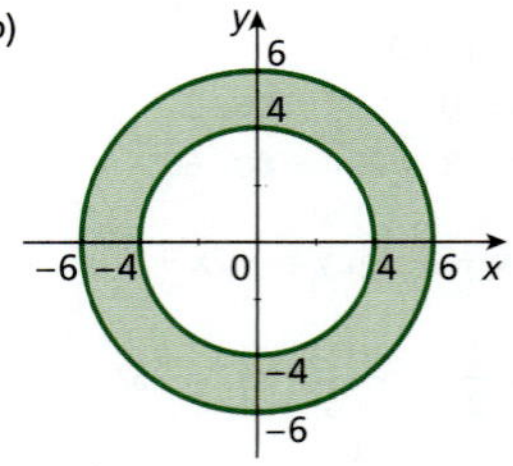

49. $x^2 + y^2 = 16$ e $A = 16\pi$ unidades de área

Ficha de revisão

1. $(x - 2)^2 + (y + 1)^2 = 17$

2. $(x + 1)^2 + (y + 1)^2 = 5$

3. interior

4. $-2 < p < 98$

5. $\dfrac{\sqrt{5}}{2}$

6. $(4, -2)$

7. $(-3, -5)$

8. $a = 1$, $b = 0$ e $c = -11$

9. $a = 36$, $b = 0$ e $c < 5$

10. $\simeq 25{,}5$ m

11. λ_1: $(x + 14)^2 + y^2 = 25$;
λ_2: $(x + 4\sqrt{3})^2 + + (y + 4)^2 = 25$;
λ_3: $x^2 + y^2 == 25$;
λ_4: $(x - 4\sqrt{3})^2 + (y + 4)^2 = 25$;
λ_5: $(x - 14)^2 + y^2 = 25$

12. $(x - 5)^2 + (y - 5)^2 = 25$ ou
$(x - 13)^2 + (y - 13)^2 = 169$

13. $\sqrt{5}$

14. $\dfrac{1}{2}$

15. 6 unidades de área

16. $(x - 2)^2 + (y + 1)^2 = 4$; 3π unidades de área

17. $x + 2y = 6$

18. $x + y = 7$ e $x - y = -1$

19. 2π unidades de área

20. $\dfrac{25}{4}\pi$ unidades de área

21. $\begin{cases} x^2 + y^2 \leq 25 \\ x^2 + y^2 > 9 \end{cases}$

22. $\left(-\dfrac{1}{2}, \dfrac{3}{2}\right)$

23. $(-3, 5)$, $(5, -1)$ e $(5, 5)$

24. todas, exceto $n = 5$

25. 21 pontos

Questões de vestibular

1. alternativa **d**

2. alternativa **d**

3. alternativa **c**

4. alternativa **d**

5. alternativa **c**

6. a) $2x + y = 20$
b) $2x + y = \sqrt{5}$ e $2x + y = -\sqrt{5}$

7. a) $y = \dfrac{\sqrt{21}}{2}x - 3$
b) $\left(\dfrac{2\sqrt{21}}{5}, \dfrac{6}{5}\right)$

8. alternativa **c**

9. alternativa **c**

10. a) $(6, 3)$
b) $(2, 11)$

11. a) $x^2 + y^2 = 5$; $P(2, 1)$ e $Q(-2, -1)$
b) $y = -2x + 5$

12. a) $(-1, -2)$
b) $(x + 5)^2 + (y - 1)^2 = 25$
c) $\dfrac{25}{4}$

13. $(x - 3)^2 + y^2 = \dfrac{9}{4}$

14. alternativa **a**

Cap. 27 Cônicas

1. $\dfrac{x^2}{25} + \dfrac{y^2}{9} = 1$

2. a) $\dfrac{x^2}{25} + \dfrac{y^2}{16} = 1$
b) $\dfrac{x^2}{9} + \dfrac{y^2}{5} = 1$
c) $\dfrac{x^2}{144} + \dfrac{y^2}{169} = 1$
d) $\dfrac{x^2}{7} + \dfrac{y^2}{16} = 1$

3. a) $\dfrac{x^2}{25} + \dfrac{y^2}{24} = 1$
b) $\dfrac{x^2}{25} + \dfrac{y^2}{9} = 1$
c) $\dfrac{x^2}{144} + \dfrac{y^2}{16} = 1$

4. A-II; B-I; C-III

5. a) $F_1(0{,}5\sqrt{3})$, $F_2(0, -5\sqrt{3})$ e $e = \dfrac{\sqrt{3}}{2}$
b) $F_1(2\sqrt{10}, 0)$, $F_2(-2\sqrt{10}, 0)$ e $e = \dfrac{2\sqrt{10}}{7}$
c) $F_1(0{,}2\sqrt{7})$, $F_2(0, -2\sqrt{7})$ e $e = \dfrac{\sqrt{7}}{4}$
d) $F_1(3\sqrt{2}, 0)$, $F_2(-3\sqrt{2}, 0)$ e $e = \dfrac{\sqrt{2}}{2}$

6. a) $F_1(0, 1)$; $F_2(0, -1)$; $A_1(0, \sqrt{3})$; $A_2(0, -\sqrt{3})$; $B_1(\sqrt{2}, 0)$; $B_2(-\sqrt{2}, 0)$
b) $F_1(2\sqrt{3}, 0)$; $F_2(-2\sqrt{3}, 0)$; $A_1(4, 0)$; $A_2(-4, 0)$; $B_1(0, 2)$; $B_2(0, -2)$

7. $\dfrac{x^2}{8} + \dfrac{y^2}{4} = 1$

8. a)

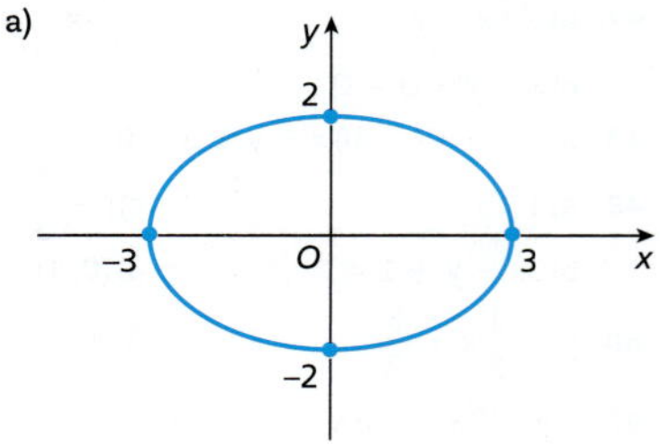

b)

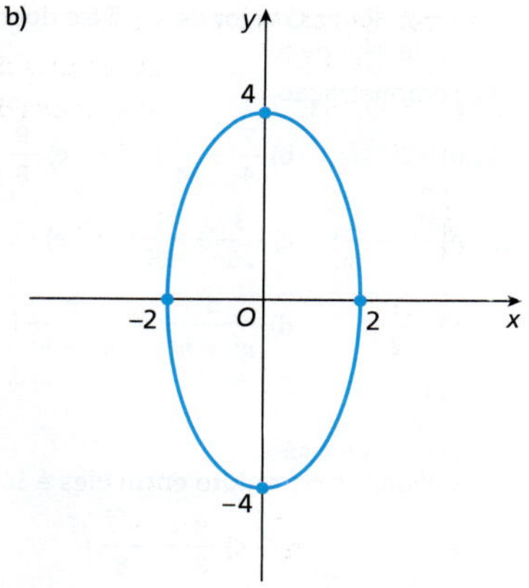

c)

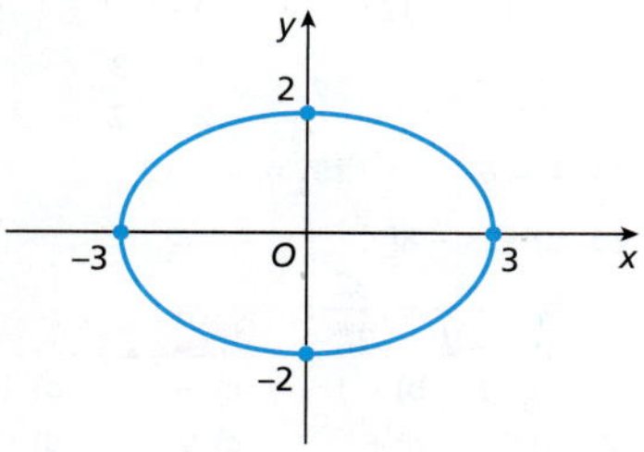

d)

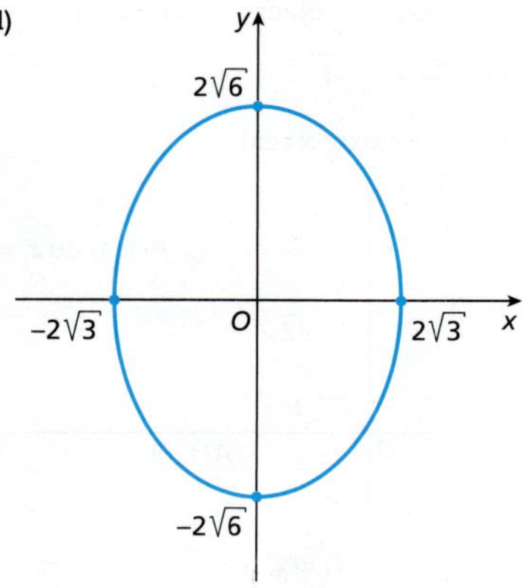

9. $x^2 + \frac{y^2}{4} = 1$

10. $\frac{x^2}{25} + \frac{y^2}{9} = 1$

11. 147.360.000 km e 152.640.000 km

12. a) demonstração b) demonstração c) demonstração

13. $x^2 = -24y$

14. a) $x^2 = 12y$ b) $y^2 = x$

15. a)

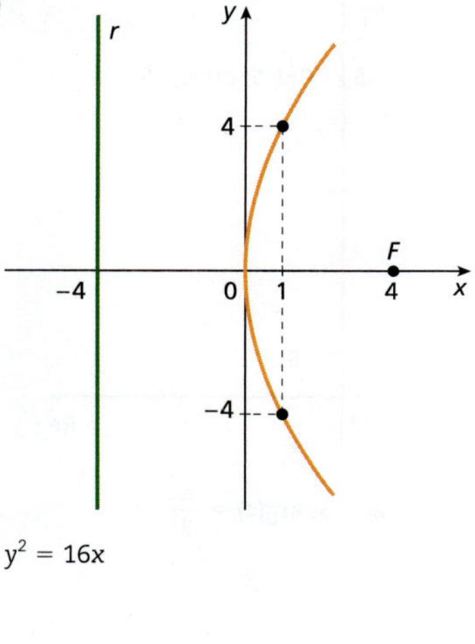

$y^2 = 16x$

b)

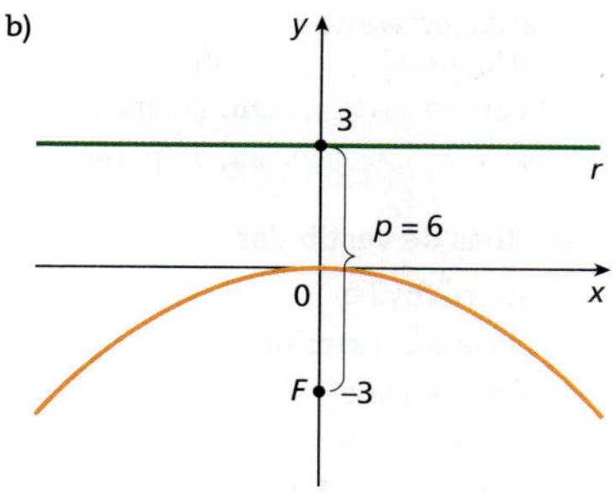

$x^2 = -12y$

16. a)

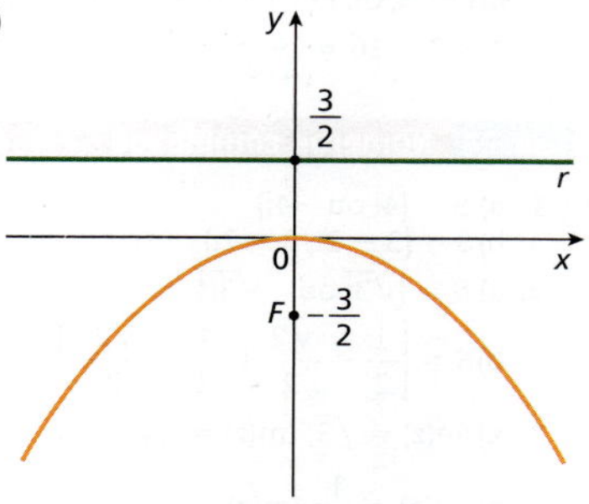

b)

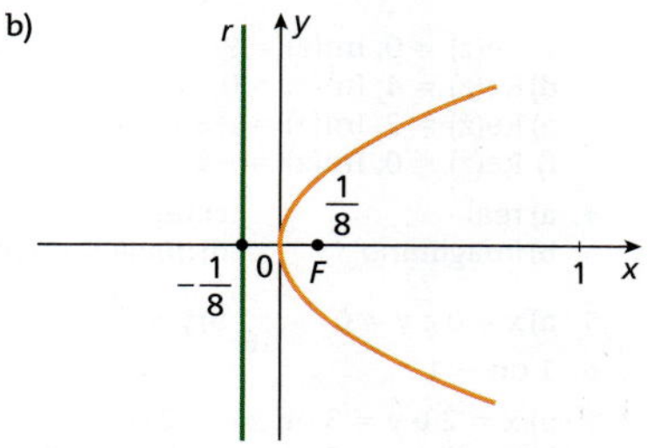

17. $y^2 = -40x$ **18.** $(0, 0)$ e $\left(\frac{3}{2}, 3\right)$

20. a) $\frac{x^2}{9} - \frac{y^2}{16} = 1$ b) $\frac{y^2}{4} - \frac{x^2}{21} = 1$

21. a) $\frac{x^2}{100} - \frac{y^2}{64} = 1$

b) $\frac{x^2}{49} - \frac{y^2}{64} = 1$ ou $\frac{y^2}{49} - \frac{x^2}{36} = 1$

22. a) $F_1(4, 0)$; $F_2(-4, 0)$; $A_1(2\sqrt{3}, 0)$; $A_2(-2\sqrt{3}, 0)$; $e = \frac{2\sqrt{3}}{3}$

b) $F_1(0, 6)$; $F_2(0, -6)$; $A_1(0, 5)$; $A_2(0, -5)$; $e = \frac{6}{5}$

c) $F_1(3\sqrt{10}, 0)$; $F_2(-3\sqrt{10}, 0)$; $A_1(3, 0)$; $A_2(-3, 0)$; $e = \sqrt{10}$

d) $F_1(0, 5)$; $F_2(0, -5)$; $A_1(0, 4)$; $A_2(0, -4)$; $e = \frac{5}{4}$

23. a)

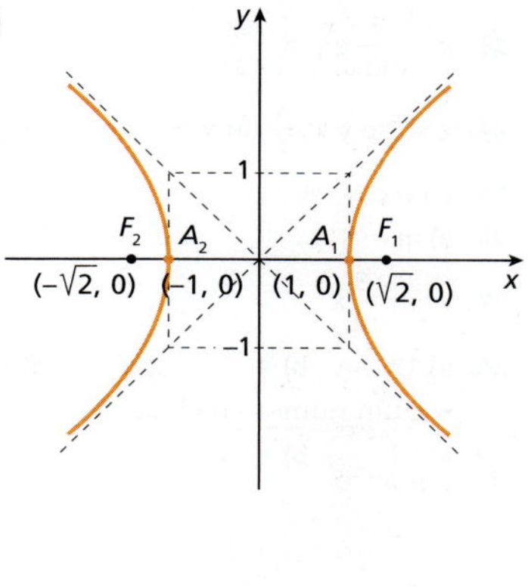

b)

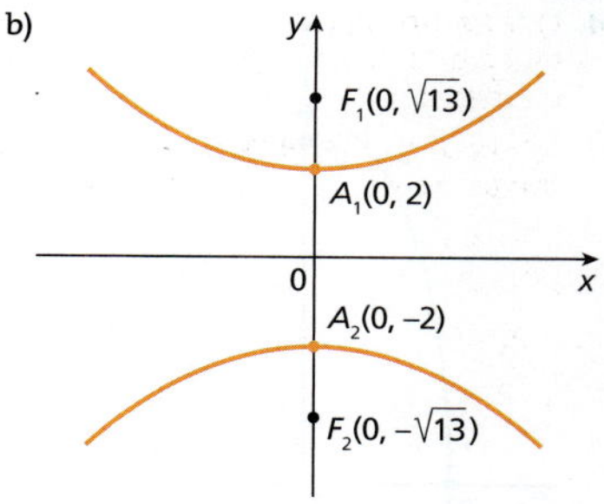

c)

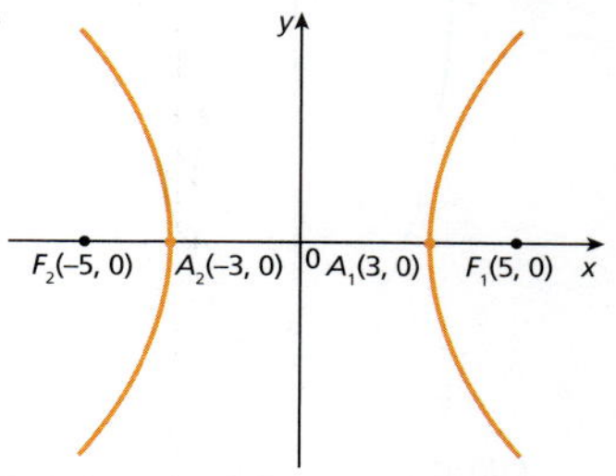

d)

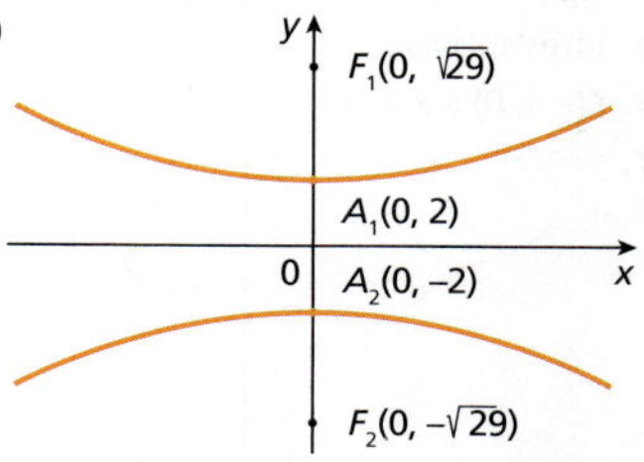

24. elipse: $\frac{4x^2}{25} + \frac{4y^2}{9} = 1$;

hipérbole: $\frac{x^2}{2} - \frac{y^2}{2} = 1$

25. a) $2x - 3y = 0$; $2x + 3y = 0$

b) $\frac{\sqrt{5}}{5}x - \frac{\sqrt{2}}{2}y = 0$; $\frac{\sqrt{5}}{5}x + \frac{\sqrt{2}}{2}y = 0$

26.

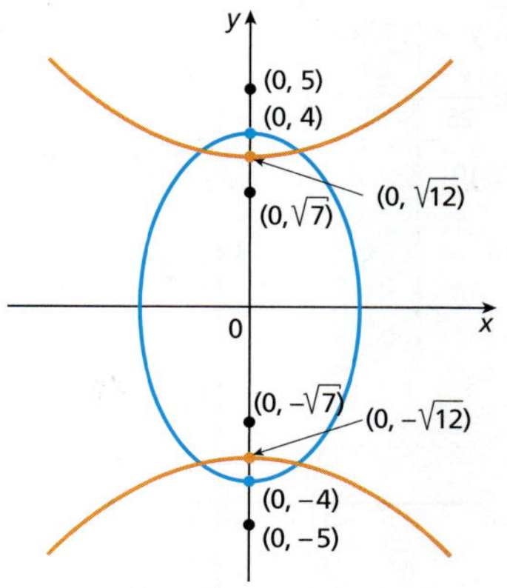

27. demonstração

Ficha de revisão

1. $\frac{x^2}{16} + \frac{y^2}{25} = 1$

2. a) 6 b) 3 c) $2\sqrt{5}$

3.

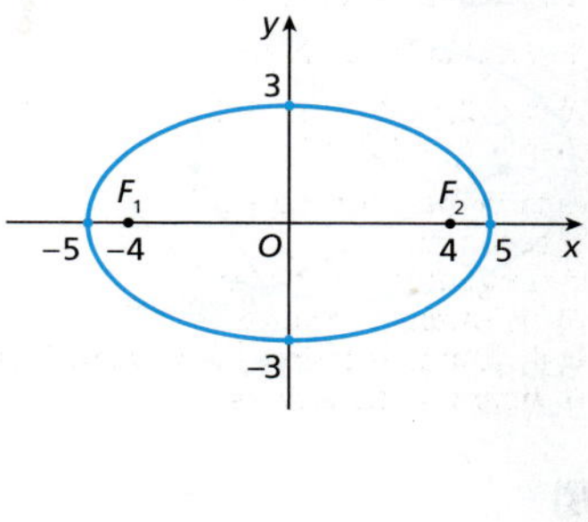

4.

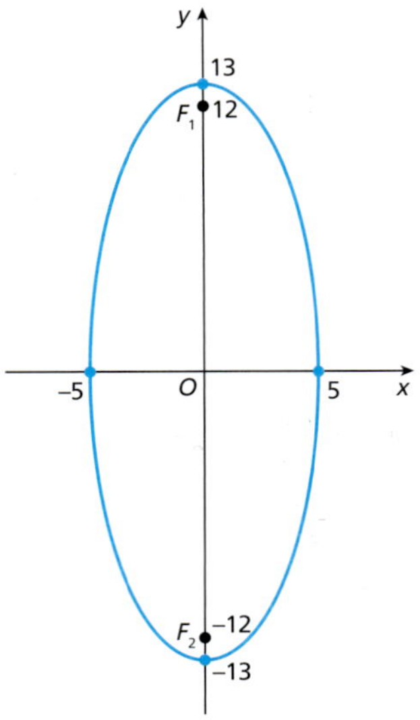

$F_1(0, 12)$; $F_2(0, -12)$

5. alternativa **e**

6. $F(-4, 0)$ e $x = 4$

7.

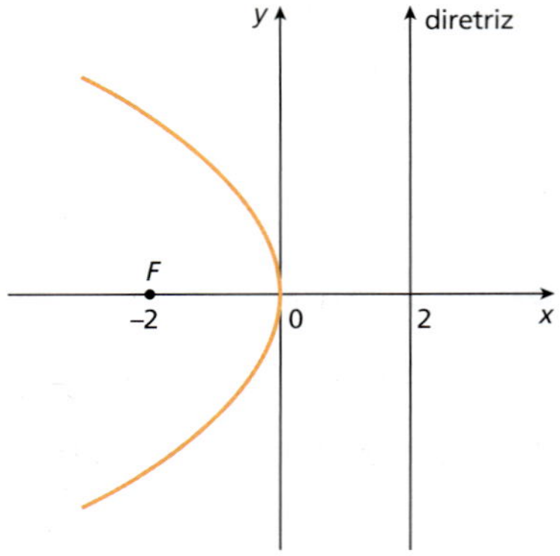

8. $y^2 = -12x$

9. 6

10. $\frac{y^2}{25} - \frac{x^2}{81} = 1$

11. 10

12. $\frac{\sqrt{85}}{6}$

13.

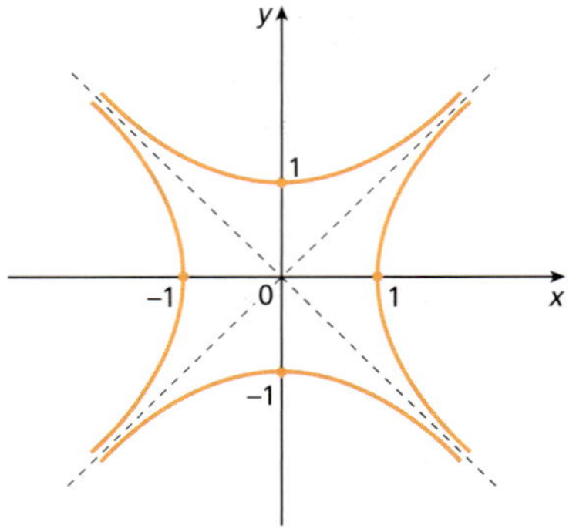

14. -13

15. elíptica

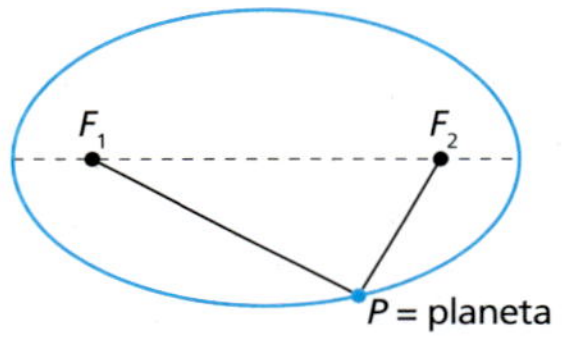

16. 5 km

17. $x^2 = -16y$

18. a) circunferência b) hipérbole c) parábola d) elipse

19. 3 ou -1

20. $(1, 1)$ e $(1, -1)$

21. 4

22. 10 pares

Questões de vestibular

1. alternativa **c**

2. pertence; exterior

3. alternativa **e**

4. alternativa **b**

5. a) $\frac{12}{5}$ unidades de comprimento
b) $Q(-5, 0)$, $R(5, 0)$; 12 unidades de área

6. $1 + 2 + 16 = 19$

Cap. 28 Números complexos

1. a) $S = \{4i \text{ ou } -4i\}$
b) $S = \{3 - 2i, 3 + 2i\}$

2. a) $S = \{\sqrt{3}i \text{ ou } -\sqrt{3}i\}$
b) $S = \left\{\frac{1}{2} - \frac{\sqrt{2}}{2}i, \frac{1}{2} + \frac{\sqrt{2}}{2}i\right\}$

3. a) $Re(z) = \sqrt{3}$; $Im(z) = -\sqrt{5}$
b) $Re(z) = \frac{1}{3}$; $Im(z) = \frac{2}{3}$
c) $Re(z) = 0$; $Im(z) = 9$
d) $Re(z) = 4$; $Im(z) = 0$
e) $Re(z) = 2$; $Im(z) = -3$
f) $Re(z) = 0$; $Im(z) = -1$

4. a) real b) imaginário c) real d) imaginário puro

5. a) $x = 0$ e $y \neq 0$ b) $y = \frac{1}{2}$

6. 1 ou -1

7. a) $x = 2$ e $y \neq 3$ ou $x = -2$ e $y \neq 3$
b) $x \neq 2$ e $y = 3$ ou $x \neq -2$ e $y = 3$
c) $x = 2$ e $y = 3$ ou $x = -2$ e $y = 3$

8. $m = -\frac{1}{11}$ e $n = -\frac{8}{11}$

9. a) $S = \{6\}$ b) $S = \{-5\}$ c) $S = \{-2\}$

10. $x = 2$ e $y = -2$

11. a) $S = \{-2i, 2i\}$ b) $S = \{2, 3\}$ c) $S = \{-\sqrt{2}, -3\sqrt{2}\}$

12. a) V b) F c) F d) V e) F f) F

13. a) $8 + 11i$ b) $6 - 3i$

14. a) $-7 + 5i$ b) $11 + 3i$

15. a) $2 + 2i$ b) $19 + 5i\sqrt{3}$

16. a) $7 + 4i$ b) $6 - 3i\sqrt{2}$

17. a) $-6 + 8i$ b) $28 - 3i$ c) $\frac{51}{8}$

18. a) $1 + 41i$ b) $28 + 3i$

19. $x = 3$; $y = 2$

20. $x = -1$ e $y = -4$

21. a) 24 b) $14 + 22i$

22. $x = -1$ e $y = 3$

23. $x = \frac{2}{13}$ e $y = \frac{23}{13}$

24. $x = 2$ e $y = \frac{3}{7}$ ou $x = -2$ e $y = -\frac{1}{3}$

25. É raiz.

26. a) $m = 8$ b) $m = -2$

27. $y = -\frac{3}{2}x$

28. a) 13 b) 4 c) 5 d) $a^2 + b^2$
• É um número real não negativo.

29. a) 53 b) 17 c) 5 d) $x^2 + 4y^2$

30. $6 = 2 \cdot Re(z)$. O valor de $z + \bar{z}$ é o dobro da parte real de z.

31. demonstração

32. a) $-2i$ b) $\frac{7}{4} - \frac{5}{4}i$ c) $\frac{9}{8} + 6i$

33. a) $\frac{1}{2} - \frac{1}{2}i$ b) $-\frac{1}{2}i$ c) $\frac{3}{25} + \frac{4}{25}i$ d) $\frac{a}{a^2 + b^2} + \frac{b}{a^2 + b^2}i$ e) i

34. a) 1
b) $w \cdot z = 1$
c) Sim, eles são.
d) Quando o produto entre eles é 1.

35. a) $5 + 2i$ b) $\frac{5}{12} - \frac{5}{12}i$ c) $\frac{9}{8} - \frac{\sqrt{7}}{8}i$

36. $\frac{2}{17}$

37. $z = \frac{3}{2} - \frac{3}{2}i$

38. $k = 6$

39. $m = -12$

40. a) $-13 + 8i$
b) $-\frac{4}{2^{20}} - \frac{32}{2^{20}}i$

41. a) -1 b) -1 c) $-i$ d) 1

42. a) F b) F c) V d) V

43. a) zero b) zero c) $-1 - i$

44. $\frac{2}{13} + \frac{3}{13}i$

45. Não existe x real.

46. a)

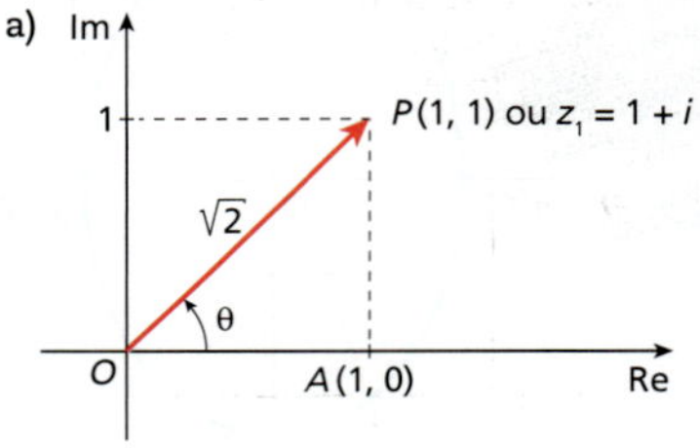

$|z| = \sqrt{2}$; $arg(z) = \frac{\pi}{4}$

b)

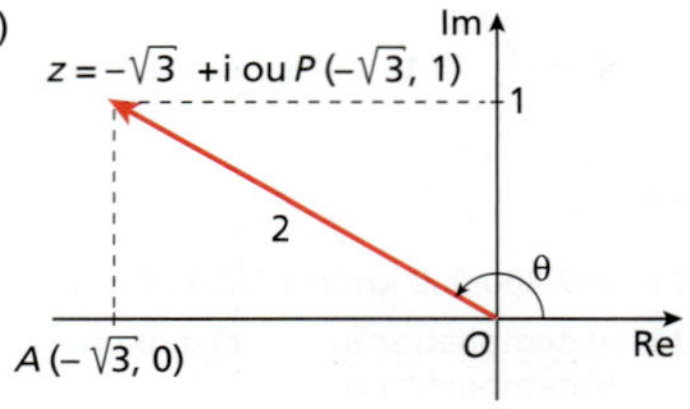

$|z| = 2$; $arg(z) = \frac{5\pi}{6}$

c)

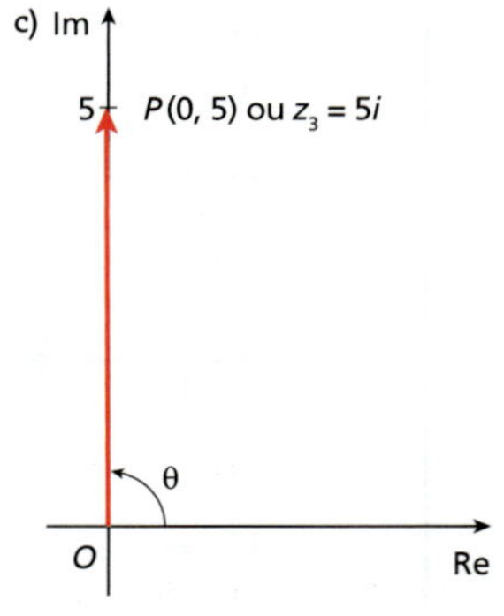

$|z| = 5$; $arg(z) = \frac{\pi}{2}$

47. a) $\arg(z_1) = \frac{11\pi}{6}$ c) $\arg(z_3) = \frac{7\pi}{6}$

b) $\arg(z_2) = \frac{7\pi}{4}$

48. a) $\sqrt{5}$

b) $\sqrt{73}$

c) $13\sqrt{2}$

49. $\sqrt{5}$

50. a) $|z| = 2$; $\arg(z) = \frac{\pi}{3}$; $|\bar{z}| = 2$; $\arg(\bar{z}) = \frac{5\pi}{3}$

Observando os valores encontrados, temos:

$|z| = |\bar{z}|$ e $\arg(\bar{z}) = 2\pi - \arg(\bar{z})$

b)

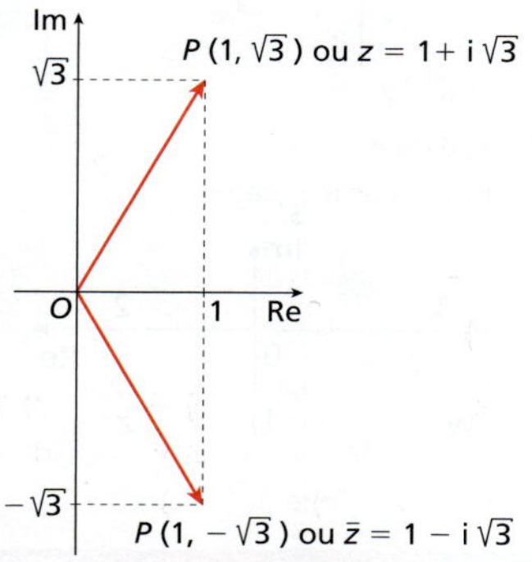

Geometricamente z e $\bar{z}$ são representados por pontos simétricos em relação ao eixo real.

c) sim

51. a)

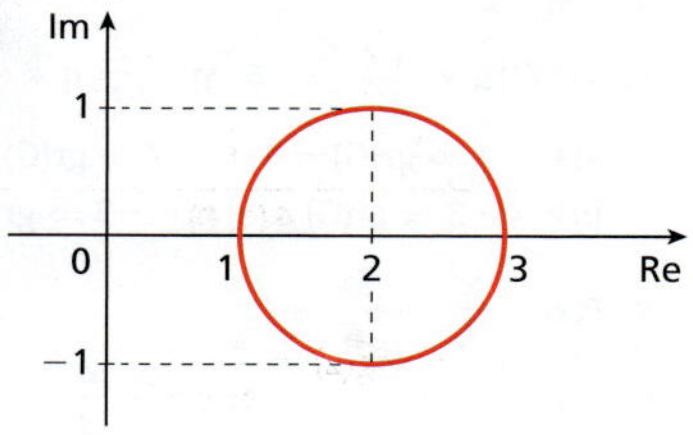

b)

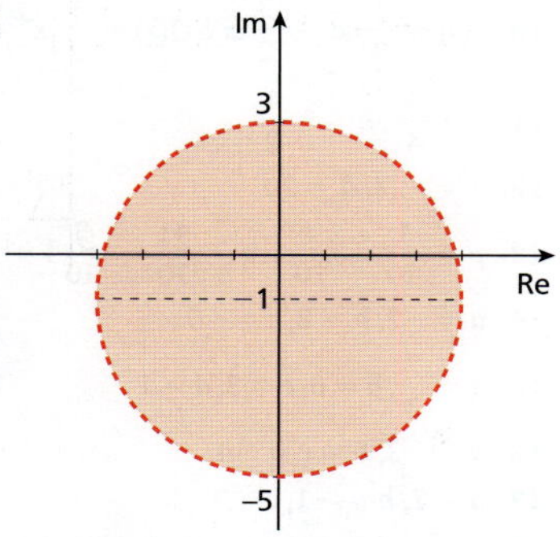

52.

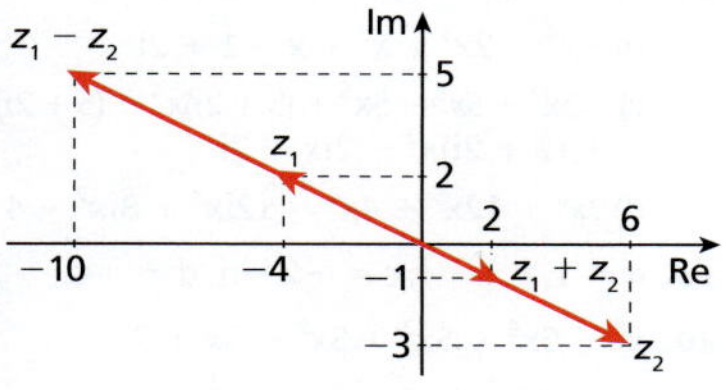

53. a) $z = \sqrt{2} \cdot \left(\cos\frac{7\pi}{4} + i \cdot sen\frac{7\pi}{4}\right)$;

$\bar{z} = \sqrt{2} \cdot \left(\cos\frac{\pi}{4} + i \cdot sen\frac{\pi}{4}\right)$

b) $z = 4\sqrt{2} \cdot \left(\cos\frac{5\pi}{4} + i \cdot sen\frac{5\pi}{4}\right)$;

$\bar{z} = 4\sqrt{2} \cdot \left(\cos\frac{3\pi}{4} + i \cdot sen\frac{3\pi}{4}\right)$

c) $z = 8 \cdot (\cos 0 + i \cdot sen\, 0)$;

$\bar{z} = 8 \cdot (\cos 0 + i \cdot sen\, 0)$

54. a) -1 b) $-3\sqrt{2} - 3i\sqrt{2}$

55. $z^{-1} = \frac{1}{3}$

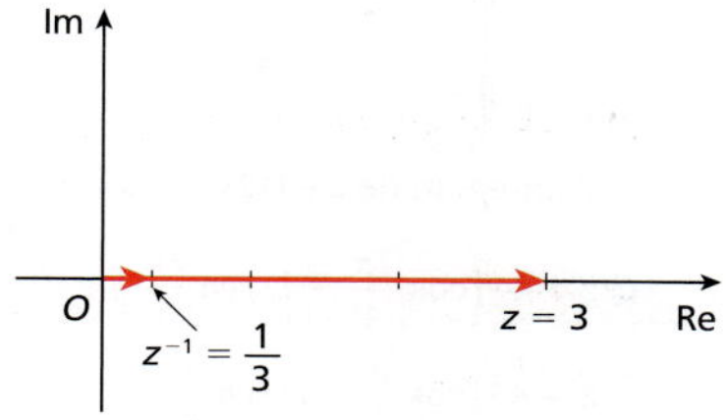

56. a) $-\frac{1}{2} + i\frac{\sqrt{3}}{2}$

b)

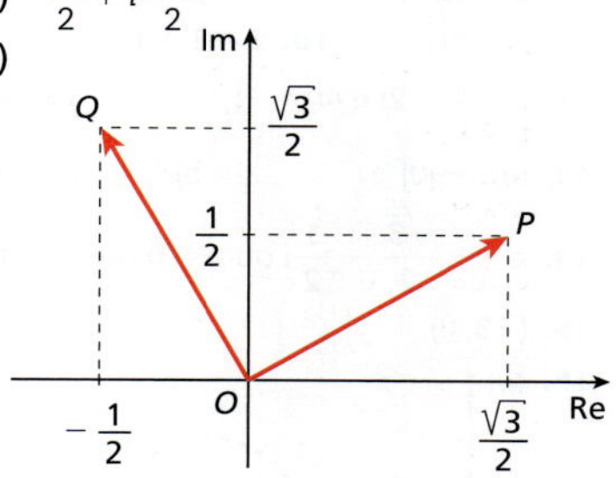

57. a) $8 \cdot \left(\cos\frac{11\pi}{12} + i \cdot sen\frac{11\pi}{12}\right)$

b) $16 \cdot \left(\cos\frac{2\pi}{3} + i \cdot sen\frac{2\pi}{3}\right)$

c) $\frac{1}{2} \cdot \left(\cos\frac{17\pi}{12} + i \cdot sen\frac{17\pi}{12}\right)$

d) $2 \cdot \left(\cos\frac{7\pi}{12} + i \cdot sen\frac{7\pi}{12}\right)$

58. $\rho_w = \frac{1}{5}$ e $\theta_w = \frac{4\pi}{3}$ **59.** $x = 2$

60. a) $-4 + 4i$ c) $-i$

b) $-128 + 128\sqrt{3i}$

61. $2.187 \cdot \left(\cos\frac{2\pi}{3} + i \cdot sen\frac{2\pi}{3}\right)$

62. É imaginário, pois $(1 - i)^{10} = -32i$

63. a) $n \in \{0, \pm3, \pm6, \pm9, ...\}$

b) $\nexists\, n \in \mathbb{Z}$

64. $\frac{1}{2} + \frac{\sqrt{3}}{2}i$; -1; $\frac{1}{2} - \frac{\sqrt{3}}{2}i$

65. a) $z^n = 2^n \cdot \left[\cos\left(n \cdot \frac{\pi}{6}\right) + i \cdot sen\left(n \cdot \frac{\pi}{6}\right)\right]$

b) $2^n \cdot \left[\cos\left(n \cdot \frac{\pi}{6}\right) - i \cdot sen\left(n \cdot \frac{\pi}{6}\right)\right]$

c) $\bar{z} = 2 \cdot \left(\cos\frac{\pi}{6} - i \cdot sen\frac{\pi}{6}\right)$;

$(\bar{z})^n = 2^n \cdot \left[\cos\left(n \cdot \frac{\pi}{6}\right) - i \cdot sen\left(n \cdot \frac{\pi}{6}\right)\right]$

d) $(\bar{z})^n = (\overline{z^n})$; demonstração

66. $w_0 = \sqrt[8]{2} \cdot \left(\cos\frac{\pi}{16} + i \cdot sen\frac{\pi}{16}\right)$;

$w_1 = \sqrt[8]{2} \cdot \left(\cos\frac{9\pi}{16} + i \cdot sen\frac{9\pi}{16}\right)$;

$w_2 = \sqrt[8]{2} \cdot \left(\cos\frac{17\pi}{16} + i \cdot sen\frac{17\pi}{16}\right)$;

$w_3 = \sqrt[8]{2} \cdot \left(\cos\frac{25\pi}{16} + i \cdot sen\frac{25\pi}{16}\right)$

67. a) $w_0 = \sqrt[3]{2i}$; $w_1 = -\frac{\sqrt[6]{108}}{2} - \frac{\sqrt[3]{2}}{2}i$;

$w_2 = \frac{\sqrt[6]{108}}{2} - \frac{\sqrt[3]{2}}{2}i$

b) $w_0 = 3\sqrt[3]{3}$; $w_1 = -\frac{3\sqrt[3]{3}}{2} + \frac{3\sqrt[6]{243}}{2}i$;

$w_2 = -\frac{3\sqrt[3]{3}}{2} - \frac{3\sqrt[6]{243}}{2}i$

c) $w_0 = \frac{\sqrt[6]{243}}{2} + \frac{\sqrt[3]{3}}{2}i$;

$w_1 = -\frac{\sqrt[6]{243}}{2} + \frac{\sqrt[3]{3}}{2}i$; $w_2 = -i\sqrt[3]{3}$

d) $w_0 = \frac{3\sqrt{3}}{2} + \frac{3}{2}i$; $w_1 = -3$;

$w_2 = -\frac{3\sqrt{3}}{2} - \frac{3}{2}i$

68. $z_1 = 3 \cdot \left(\cos\frac{5\pi}{4} + i \cdot sen\frac{5\pi}{4}\right)$

69. $w_1 = 1 \cdot (\cos\pi + i \cdot sen\,\pi)$;

$w_2 = 1 \cdot \left(\cos\frac{5\pi}{3} + i \cdot sen\frac{5\pi}{3}\right)$

70. a) $-\sqrt{2} - i \cdot \sqrt{2}$; $\sqrt{2} - i \cdot \sqrt{2}$

b) perímetro: $8\sqrt{2}$; área: 8

71. a) $w_0 = \sqrt[12]{3} \cdot \left(\cos\frac{\pi}{12} + i \cdot sen\frac{\pi}{12}\right)$;

$w_1 = \sqrt[12]{3} \cdot \left(\cos\frac{5\pi}{12} + i \cdot sen\frac{5\pi}{12}\right)$;

$w_2 = \sqrt[12]{3} \cdot \left(\cos\frac{9\pi}{12} + i \cdot sen\frac{9\pi}{12}\right)$;

$w_3 = \sqrt[12]{3} \cdot \left(\cos\frac{13\pi}{12} + i \cdot sen\frac{13\pi}{12}\right)$;

$w_4 = \sqrt[12]{3} \cdot \left(\cos\frac{17\pi}{12} + i \cdot sen\frac{17\pi}{12}\right)$;

$w_5 = \sqrt[12]{3} \cdot \left(\cos\frac{21\pi}{12} + i \cdot sen\frac{21\pi}{12}\right)$

b)

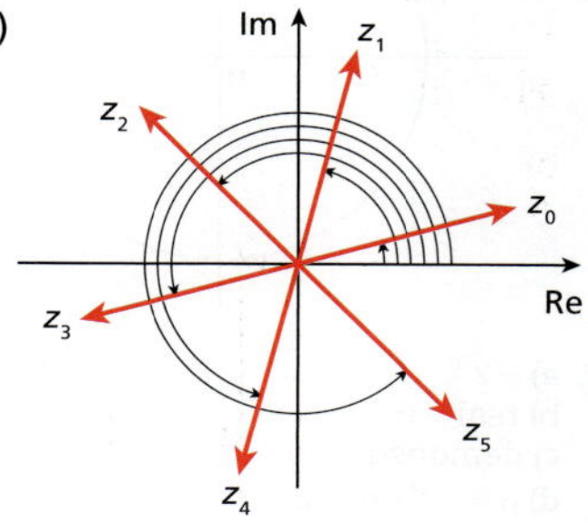

c) centro (0, 0); raio $\sqrt[12]{3}$

d) $\frac{\pi}{3}$

e) hexágono regular

f) PA de 6 termos, com $a_1 = \frac{\pi}{12}$ e $r = \frac{\pi}{3}$

72. a)

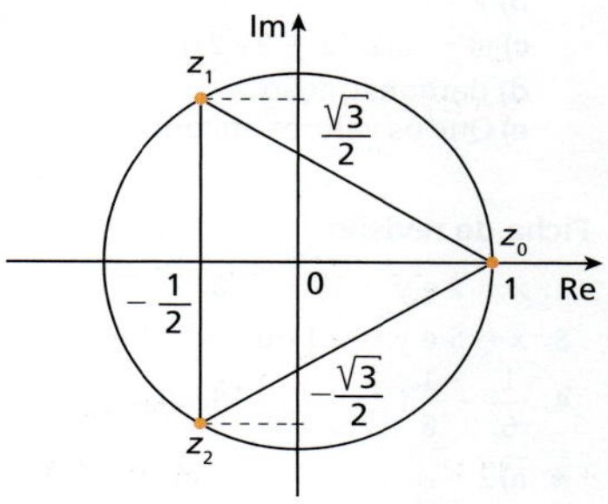

b)

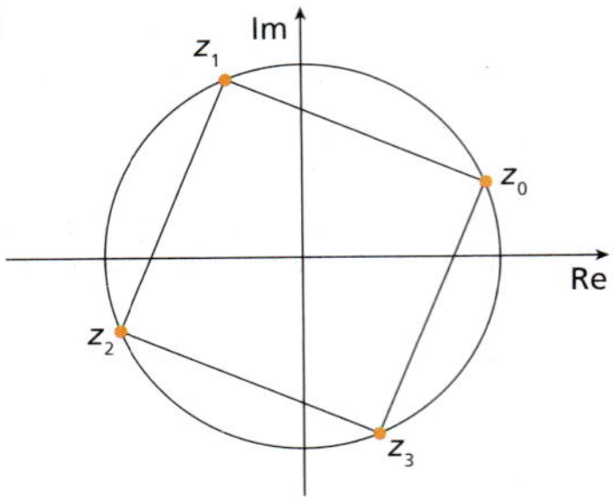

c)

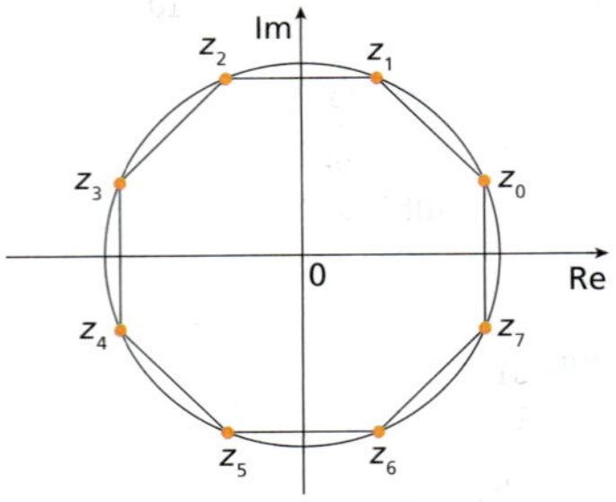

d)

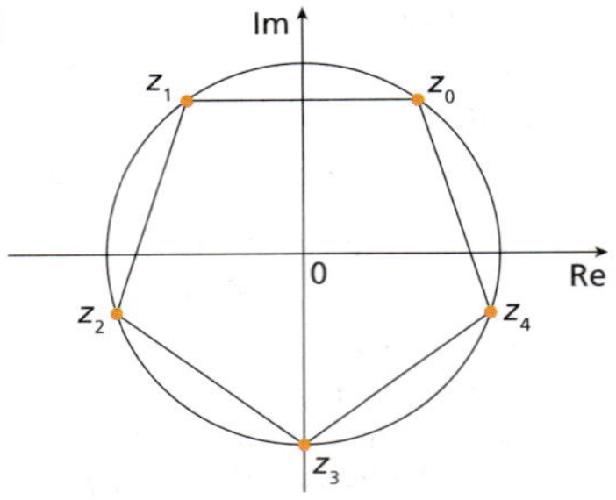

e)

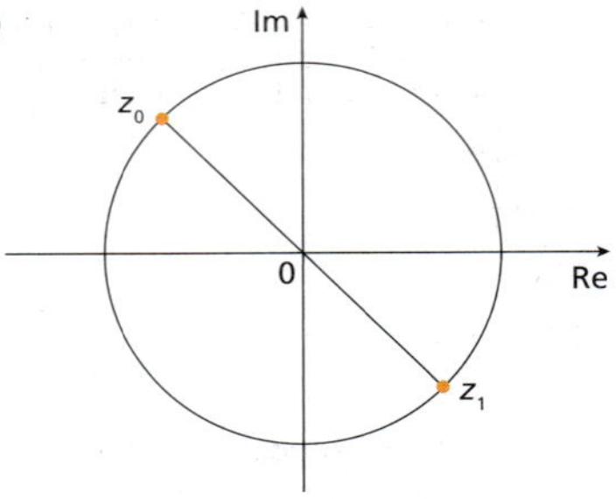

73. a) -2^{50}
b) real
c) demonstração
d) $\rho = 2^{50}$ e $\theta = \pi$
e) $2^{50} \cdot (\cos \pi + i \cdot \text{sen}\, \pi)$
f) $\pm i2^{25}$

74. a) $\begin{cases} a^2 - b^2 = 0 \\ 2ab = 16 \end{cases}$;
$a = 2\sqrt{2}$ e $b = 2\sqrt{2}$ ou
$a = -2\sqrt{2}$ e $b = -2\sqrt{2}$
b) 2
c) $w = \pm(2\sqrt{2} + 2\sqrt{2}i)$
d) demonstração
e) Que os valores encontrados são iguais.

Ficha de revisão

1. $x = 2$ e $y = 1$ **2.** 3
3. $x = 5$ e $y = -1$ ou $x = -1$ e $y = 2$
4. $\frac{1}{6} - \frac{1}{6}i$ **5.** $2i; -2^{15} \cdot i$
6. a) 2 b) $i2^{18}$

7. $w = 1 - 2i$
8. a) $4\, e^{\frac{7\pi}{4}}$
b)

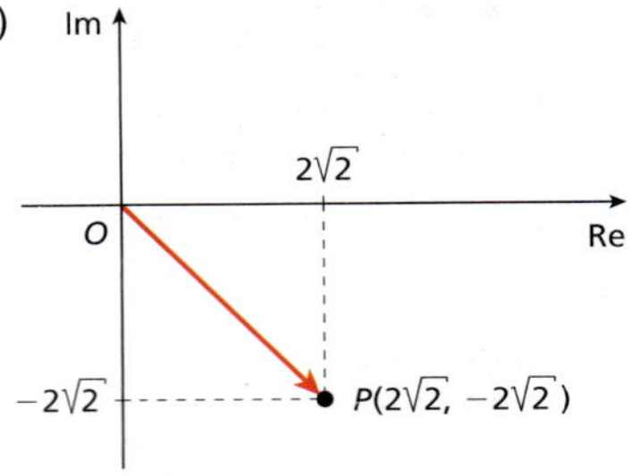

A imagem de z é $P(2\sqrt{2}, -2\sqrt{2})$.

c) $z = 4 \cdot \left(\cos \frac{7\pi}{4} + i \cdot sen \frac{7\pi}{4}\right)$;
$\bar{z} = 4 \cdot \left(\cos \frac{\pi}{4} + i \cdot sen \frac{\pi}{4}\right)$
d) $128\sqrt{2}i$

9. $3 - 3i$ **10.** $z = 1 + i$
11. $z = 1 - 2i$ e $w = -i$ **12.** $-\frac{1}{8}i$
13. a) $S = \{0\}$ b) $S = \{0, i, -i\}$
14. $z = \pm\frac{\sqrt{3}}{2} + \frac{1}{2}i$ ou $z = 0$ ou $z = -i$
15. $(-3, 0)$
16.

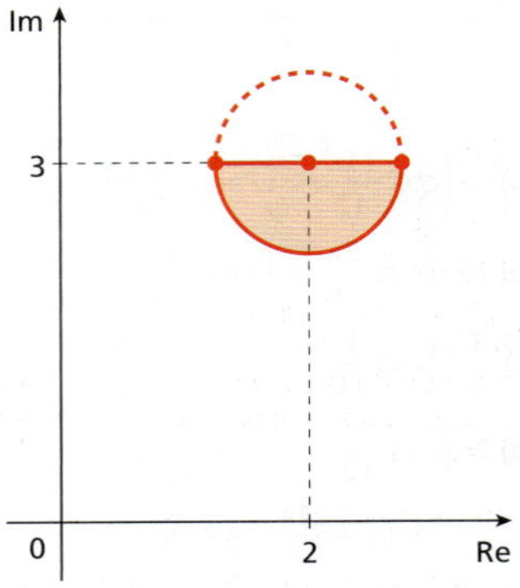

17. a) $\alpha \leq \frac{3}{4}$ e $\alpha \neq \frac{1}{2}$
b)

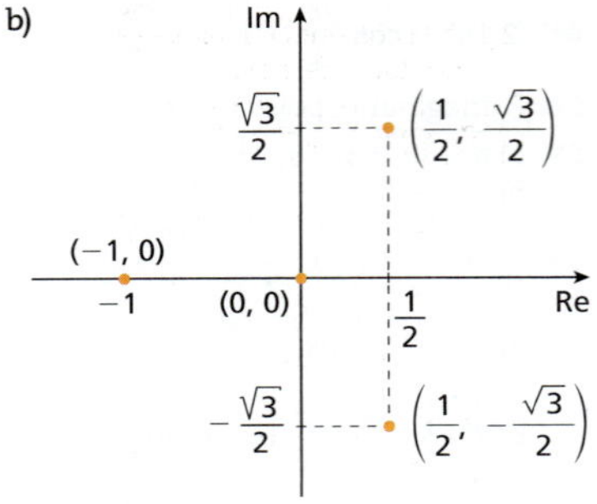

Questões de vestibular

1. alternativa **e** **2.** alternativa **b**
3. alternativa **e**
4. a) $z = \frac{4}{5} + \frac{3}{5}i$
b) $S = \{z \in \mathbb{C} \mid |z| = 1 \text{ e } z \neq i\}$
5. alternativa **a** **6.** alternativa **b**
7. a) $z^2 = 2i$, $w^2 \cdot \bar{z} + w = -4 + 6i$
b) demonstração
8. a) 4.096 b) 0
9. alternativa **e** **10.** alternativa **b**

11. a) $-7 + i$; 5
b)

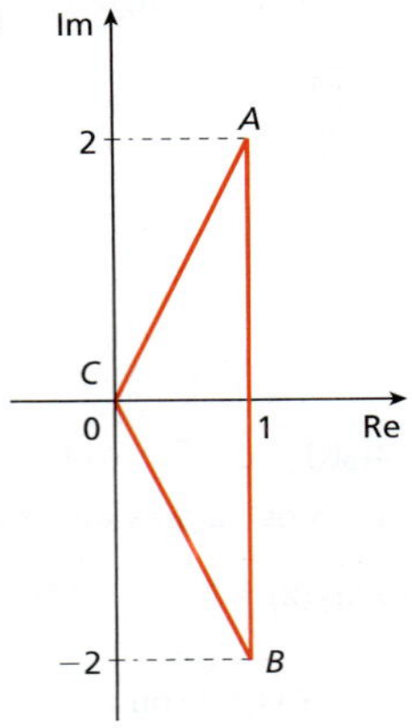

$b = 7$

12. a) 0 ou π
b) $x = \cos\theta \pm i\text{sen}\,\theta$

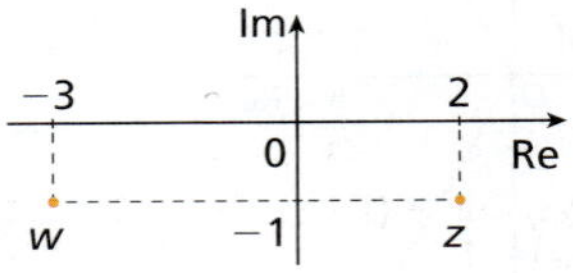

Cap. 29 Polinômios e equações polinomiais

1. $m = \frac{1}{2}, n = p = \frac{5}{2}$
2. $a = 5, b = -3 - i, c = 2$
3. $\nexists m \in \mathbb{C}$
4. $a \in \mathbb{C} \mid a \neq \frac{1}{2}$ **5.** $p = \frac{2}{7}, q = \frac{1}{7}$
6. a) $k = 7 \Rightarrow \text{gr}(G) = 1$; $k \neq 7 \Rightarrow \text{gr}(G) = 3$
b) $k = -3 \Rightarrow \text{gr}(G) = 3$; $k \neq -3 \Rightarrow \text{gr}(G) = 4$
7. $P(x) = \frac{x^2}{6} - \frac{5x}{6} + 2$
8. -1 **9.** $c = -\frac{8}{3}$
10. $P(x) = \frac{1}{2}ix^3 - \frac{3}{2}ix$ e $Q(x) = \frac{1}{2}ix^4 + \frac{3}{2}ix^3$
11. $a = \frac{1}{4}, b = -\frac{1}{2}$
12. $c = -27, d = 20$
13. $p = \frac{1}{10} + \frac{7}{10}i, q = \frac{41}{10} - \frac{3}{10}i$
14. $a = -2, b = 8, c = -6$
15. $a = \frac{7}{3}, b = 6, c = 3, d = 1$
16. $a = -3, b = c = -4$
17. $a = 2, b = -1, c = 3$
18. a) $x^4 - 4x^3 + 3x^2 - x + 1 + 2i$
b) $-x^4 - 2x^3 + x^2 + x - 1 + 2i$
c) $-3x^7 + 5x^6 - 5x^5 + (5 + 2i)x^4 - (5 + 2i)x^3 + (2 + 2i)x^2 - 2ix + 2i$
d) $9x^6 - 12x^5 + 4x^4 - 12ix^3 + 8ix^2 - 4$
19. $a = 1, b = -i, c = -2 - i, d = -4i$
20. $x^6 - 6x^4 - 5x^3 + 5x^2 - 3x + 2$
21. $A = \frac{7}{5}, B = \frac{2}{25}, C = -\frac{2}{25}$
22. $b = 1, a = 0$
23. a) $Q(x) = -\frac{1}{2}x + \frac{9}{8}, R(x) = -\frac{13}{8}x + \frac{13}{8}$

b) $Q(x) = -x^2 + 2x + \frac{1}{2}i$,

$R(x) = -(4 + 2i)x^2 + \frac{5}{2}x - 1 + 6i$

c) $Q(x) = 0$, $R(x) = F(x)$

24. $-\frac{7}{2}$ **25.** $a = 2, b = \frac{1}{2}$ **26.** $\frac{1}{2}$

27. a) -20

b) -20

$P(2) = R(x)$

28. $6x^3 - 5x^2 + 4x + 2$

29. $p = 1, q = 7$ **30.** alternativa c

31. a) 4 b) 8 c) 8 d) 0

32. $-\frac{21}{16}$ **33.** $-\frac{9}{2}$ **34.** 2 **35.** 3

36. $a = \frac{41}{9}, b = \frac{49}{9}$ **37.** 1

38. $a = 3i, b = -i$

39. a) 4 b) 2

40. a) $Q(x) = 3x - 7$; $R(x) = 17$

b) $Q(x) = -x^2 - \frac{1}{3}x + \frac{8}{9}$; $R(x) = -\frac{73}{27}$

c) $Q(x) = x^3 + (1 - i)x^2 - (i + 2)x + 2i$;
$R(x) = 1$

d) $Q(x) = x^4 + \left(\frac{i}{2} - 2\right)x^3 - \left(\frac{1}{4} + 2i\right)x^2 + \left(1 - \frac{i}{8}\right)x + \frac{17}{16} + \frac{i}{2}$;

$R(x) = -\frac{1}{4} - \frac{47}{32}i$

41. 454 **42.** $a = \frac{8}{3}, b = -\frac{11}{6}$

43. $1 - i$

44. $a = -11, b = 4, c = -1, d = 21$

45. $Q(x) = -x^3 + 5x^2 - 10x + 15$,
$Q_1(x) = -x^2 + (5 - i)x - 9 + 5i$

46. a) sim b) não c) não d) sim

47. $m = n = -1$; $Q(x) = x - 2$

48. -20 **49.** demonstração

50. não

51. demonstração

52. resposta possível:
$A(x) = x(x - 1)^2 = x^3 - 2x^2 + x$

53. $gr(A) = 0$ ou $gr(A) \geq 2$ e $A(x)$ resultado da multiplicação de $(x - 1)^2$ por um polinômio de grau maior ou igual a 1.

54. a) $P(2) = 7$, $P(3) = 11$
b) $R(x) = ax + b$
c) $R(x) = 4x - 1$

55. a)
- $P(a) = P(b) = 0$
- No máximo um polinômio de grau 1
- $R(x) = 0$ (polinômio nulo)

b)
- O resto é zero.
- $P(a) = P(b) = 0$
- o resto é zero para ambas as divisões.

56. $a = -12, b = 16$

57. 21 **58.** 4 **59.** $S = \{0, i, -i\}$

60. $S = \{0, 3i, -3i\}$ **61.** 24 **62.** 1 e 3

63. $P(x) = 2(x - 1)(x + 1)(x - i)(x + i)$

64. resposta possível:

$P(x) = x^3 - \frac{3}{2}x^2 - \frac{3}{2}x + 1$

66. $-1, 1$

67. $S = \left\{\frac{1}{2}, 2, -2i\right\}$

68. -1, 0 e 3; $P(x) = 2x(x + 1)(x - 3)$

69. $S = \{-3, -2, 2\}$

70. $S = \{0, -5, 2 \text{ e } -1\}$.
- 0 tem multiplicidade 1
- -5 tem multiplicidade 1
- 2 tem multiplicidade 1
- -1 tem multiplicidade 4

71. resposta possível: $(x - 2)^4(x + 3) = 0$

72. -3 **73.** $a = 7, b = 16$

74. $S = \{-2, 1\}$

75. a) Resposta possível:
- A primeira equação é de grau 3 e as demais são de grau 4.
- Todas elas admitem raízes complexas.
- A primeira equação admite 3 raízes complexas, enquanto as demais admitem 4 raízes complexas cada uma.

b) 0; 0; 0
c) Sim, é raiz de todas elas.
d) Uma equação algébrica admite 1 como raiz quando a soma de todos os coeficientes é zero.

76. 3

77. $a = -3, b = 2, c = -5$

78. 9

79. $a = 7$; $S = \{1 + 2i, 1 - 2i, 1\}$

80. $2(x - 1 - i)^4(x - 1 + i)^4(x + 2)^2 = 0$

81. $2 - 2i, 3i, -3i$

82. $S = \{i - 2, -i - 2, 1 + 2i, 1 - 2i\}$

83. $-3, 2$ **84.** $\frac{1}{2}, 2$

85. a) $S = \left\{-\frac{1}{3}, 2, 3\right\}$

b) $S = \{-2 - i, -2 + i, -1, 2\}$

86. 10

87. a) Não, pois $D(0) = \mathbb{Z}^*$
b) sim
c) resposta possível: Fatorar o polinômio; nesse caso, colocando x^3 em evidência.

d) $S = \left\{0, -1, -2, \frac{1}{2}, -\frac{1}{2}\right\}$; 0 tem multiplicidade 3 e as demais têm multiplicidade 1.

88. a) sim b) sim

89. a) Considerando α_1, α_2 e α_3 raízes da equação dada, temos:

$$\alpha_1 + \alpha_2 + \alpha_3 = -\frac{5}{2}$$

$$\alpha_1\alpha_2 + \alpha_1\alpha_3 + \alpha_2\alpha_3 = \frac{-12}{2} = -6$$

$$\alpha_1\alpha_2\alpha_3 = -\frac{1}{2}$$

b) Considerando α_1, α_2, α_3 e α_4 raízes da equação dada, temos:

$$\alpha_1 + \alpha_2 + \alpha_3 + \alpha_4 = -\frac{(-2\sqrt{2})}{\sqrt{2}} = 2$$

$$\alpha_1\alpha_2 + \alpha_1\alpha_3 + \alpha_1\alpha_4 + \alpha_2\alpha_3 + \alpha_2\alpha_4 + \alpha_3\alpha_4 = \frac{1}{\sqrt{2}} = \frac{\sqrt{2}}{2}$$

$$\alpha_1\alpha_2\alpha_3 + \alpha_1\alpha_2\alpha_4 + \alpha_1\alpha_3\alpha_4 + \alpha_2\alpha_3\alpha_4 = -\frac{(-4)}{\sqrt{2}} = 2\sqrt{2}$$

$$\alpha_1\alpha_2\alpha_3\alpha_4 = \frac{0}{\sqrt{2}} = 0$$

90. a) soma -2 e produto 3

b) soma $-\frac{1}{3}$ e produto 3

91. $-2, -1, 7$

92. $S = \{-4, -2, 2\}$

93. $S = \left\{-2, \frac{1}{3}, 3\right\}$

94. não, pois qualquer equação do tipo $a(x + 3)(x - 2)(x - 4) = 0$, com $a \in \mathbb{R}^*$, satisfaz.

95. $-6, -1, 4$ **96.** 46

97. a) $\frac{17}{16}$ b) $-\frac{2}{3}$

98. $S = \{-1, 4\}$ **99.** 5

100. 3 **101.** 10, 20 e 40

Ficha de revisão

1. $P(x) = (1 - i)x + 3i$

2. 140 milhões **3.** 1

4. 3

5. $P(x) = -4x(x - 1)(x - 2) = -4x^3 + 12x^2 - 8x$

6. 31 **7.** $a = 14, b = -8$

8. 2 **9.** alternativa a

10. $R(x) = -\frac{6}{5}x + \frac{37}{5}$

11. $S = \{-2, 1, 1 + 2i, 1 - 2i\}$

12. $-\frac{15}{16}$

13. a) 7 b) $1 + \sqrt{2}, 1 - \sqrt{2}, \frac{3}{2}$

14. 6 unidades de volume

15. $m \neq 2$

16. alternativa c

17. a) $S = \{-2, 1, 2\}$
b) Não existe k tal que as raízes estejam em PA de razão 3.

18. a) Para $A(x) + B(x)$, temos três casos:
- $\alpha = \beta \Rightarrow gr[A(x) + B(x)] \leq \alpha$
- $\alpha > \beta \Rightarrow gr[A(x) + B(x)] = \alpha$
- $\beta > \alpha \Rightarrow gr[A(x) + B(x)] = \beta$

b) $\alpha + \beta$

19. $\frac{5}{2}$

20. -1

21. a) $1 \leq x \leq \frac{15}{2}$ b) $x = \frac{15 - \sqrt{141}}{2}$

22. a) 5 b) $2 - i, 1$

23. $S = \{1, 2\}$, sendo 2 a raiz dupla

24. alternativa a

Questões de vestibular

1. alternativa c **2.** alternativa c

3. alternativa e **4.** alternativa e

5. alternativa b **6.** $-4 < m < 4$

7. alternativa e **8.** alternativa a

9. alternativa c

10. As equações não têm raízes comuns.

11. a) $x + y - 3\sqrt{2} = 0$
b) $\alpha = -3, \beta = 3, \gamma = -1, Q(x) = 2x^3 + x - 1$

12. a) $1, 1, \frac{1 + \sqrt{3}i}{2}, \frac{1 - \sqrt{3}i}{2}$ b) $b \leq 4$

13. alternativa e

14. b) $n = 6$ ou $n = \frac{3 \pm \sqrt{-3}}{2}$ (não convém)

15. alternativa e **16.** alternativa c

17. alternativa c **18.** alternativa d

19. alternativa a **20.** 5

Lista de siglas

Cesgranrio: Fundação Cesgranrio

Esal-MG: Escola Superior de Agricultura de Lavras

ESPM-SP: Escola Superior de Propaganda e Marketing

Faap-SP: Fundação Armando Álvares Penteado

Fatec-SP: Faculdade de Tecnologia de São Paulo

FCC-SP: Fundação Carlos Chagas

FEI-SP: Faculdade de Engenharia Industrial

Femm-MG: Fundação Educacional Monsenhor Messias

FGV: Fundação Getúlio Vargas

Fuvest-SP: Fundação Universitária para o Vestibular

Ibmec: Instituto Brasileiro de Mercado de Capitais

IME-RJ: Instituto Militar de Engenharia do Rio de Janeiro

Insper-SP: Instituto de Ensino e Pesquisa

ITA-SP: Instituto Tecnológico de Aeronáutica

Mackenzie-SP: Universidade Presbiteriana Mackenzie

PUC: Pontifícia Universidade Católica

Puccamp-SP: Pontifícia Universidade Católica de Campinas

FCMSCSP: Faculdade de Ciências Médicas da Santa Casa de São Paulo

UCMG: Universidade Católica de Minas Gerais

UCM-SP: Universidade Corporativa da Marinha Mercante

UCSalvador-BA: Universidade Católica de Salvador

Udesc: Universidade do Estado de Santa Catarina

Uece: Universidade Estadual do Ceará

UEL-PR: Universidade Estadual de Londrina

UEM-PR: Universidade Estadual de Maringá

UEMS: Universidade Estadual de Mato Grosso do Sul

Uerj: Universidade do Estado do Rio de Janeiro

Ufac: Universidade Federal do Acre

Ufal: Universidade Federal de Alagoas

Ufam: Universidade Federal do Amazonas

UFBA: Universidade Federal da Bahia

UFC-CE: Universidade Federal do Ceará

Ufes: Universidade Federal do Espírito Santo

UFF-RJ: Universidade Federal Fluminense

UFG-GO: Universidade Federal de Goiás

UFJF-MG: Universidade Federal de Juiz de Fora

UFMA: Universidade Federal do Maranhão

UFMG: Universidade Federal de Minas Gerais

UFPA: Universidade Federal do Pará

UFPB: Universidade Federal da Paraíba

UFPel-RS: Universidade Federal de Pelotas

UFRGS-RS: Universidade Federal do Rio Grande do Sul

UFRJ: Universidade Federal do Rio de Janeiro

UFRN: Universidade Federal do Rio Grande do Norte

UFRR: Universidade Federal de Roraima

UFRS: Universidade Federal do Rio Grande do Sul

UFSCar-SP: Universidade Federal de São Carlos

UFSE: Universidade Federal de Sergipe

UFTM-MG: Universidade Federal do Triângulo Mineiro

UFU-MG: Universidade Federal de Uberlândia

UFV-MG: Universidade Federal de Viçosa

UGF-RJ: Universidade Gama Filho

Unama: Universidade da Amazônia

UnB-DF: Universidade de Brasília

Unesp: Universidade Estadual Paulista

UnG-SP: Universidade de Guarulhos

Unicamp-SP: Universidade Estadual de Campinas

Unifemm-MG: Centro Universitário de Sete Lagoas

Unifesp: Universidade Federal de São Paulo

Unifor-CE: Universidade de Fortaleza

Unioeste-PR: Universidade Estadual do Oeste do Paraná

Unipar-PR: Universidade Paranaense

UNIR-RO: Universidade Federal de Rondônia

Unisinos-RS: Universidade Jesuíta

Unitau-SP: Universidade de Taubaté

UPF-RS: Universidade de Passo Fundo

Vunesp: Fundação para o Vestibular da Universidade Estadual Paulista

Bibliografia

ABRIL. *Como funciona: enciclopédia de ciência e técnica*. 2. ed. São Paulo: Abril, 1979.

ANGEL, Allen R. *Intermediate algebra for college students*. New Jersey: Pearson Education, 2004.

ÁVILA, Geraldo. *Introdução às funções e à derivada*. São Paulo: Atual, 1997.

BARBOSA, João Lucas Marques. *Geometria euclidiana plana*. Rio de Janeiro: Sociedade Brasileira de Matemática, 1995.

BOYER, Carl B. *História da Matemática*. 2. ed. São Paulo: Edgard Blücher, 1991.

BUSSAB, Wilton O.; MORETTIN, Pedro A. *Estatística básica*. São Paulo: Atual, 1997.

CARMO, Manfredo Perdigão do; MORGADO, Augusto César; WAGNER, Eduardo. *Trigonometria, números complexos*. Rio de Janeiro: Instituto de Matemática Pura e Aplicada, 1992.

CARVALHO, Paulo Cezar Pinto. *Introdução à geometria espacial*. Rio de Janeiro: Sociedade Brasileira de Matemática, 1993.

CRESPO, A. A. *Estatística fácil*. São Paulo: Saraiva, 1994.

DEVANEY, Robert L. *Chaos, fractals, and dynamics: computer experiments in Mathematics*. Menlo Park: Addison-Wesley, 1990.

EVES, Howard. *Introdução à História da Matemática*. Trad. Hygino H. Domingues. Campinas: Editora da Unicamp, 1995. (Coleção Repertórios).

LIMA, Elon Lages et al. *A Matemática do ensino médio*. 2. ed. Rio de Janeiro: Sociedade Brasileira de Matemática, 1997. v. 1.

________. *A Matemática do ensino médio*. Rio de Janeiro: Sociedade Brasileira de Matemática, 1998. v. 2. (Coleção do Professor de Matemática).

________. *A Matemática do ensino médio*. 2. ed. Rio de Janeiro: Sociedade Brasileira de Matemática, 1999. v. 3. (Coleção do Professor de Matemática).

________. *Temas e problemas*. Rio de Janeiro: Sociedade Brasileira de Matemática, 2001. (Coleção do Professor de Matemática).

MACEDO, Horácio. *Dicionário de Física*. Rio de Janeiro: Nova Fronteira, 1976.

MOISE, Edwin E.; DOWNS JR., Floyd L. *Geometria moderna*. São Paulo: Edgard Blücher, 1971. Partes I e II.

MONTEIRO, L. H. Jacy. *Elementos de álgebra*. Rio de Janeiro: Ao Livro Técnico, 1971.

ROSA NETO, Ernesto. *Números complexos*. 2. ed. São Paulo: Paed, 1981.

SMITH, David Eugene. *History of Mathematics*. Nova York: Dover, 1958. 2 v.

SPIEGEL, Murray R. *Estatística*. 2. ed. São Paulo: McGraw-Hill, 1984.

TINOCO, Lucia A. A. *Geometria euclidiana por meio da resolução de problemas*. Rio de Janeiro: Instituto de Matemática/UFRJ, 1999. (Projeto Fundão).

Vereda Digital

Conexões com a Matemática

Volume único

Conteúdo do DVD

✓ **Visão do especialista**

✓ **Biblioteca do estudante**
- Capítulos (Material complementar)
- Capítulos extras
- Ferramentas digitais: como usar
- Questões do Enem (1998 a 2009)
- Sugestão de leitura
- Sugestão de *sites*

✓ **Conteúdo multimídia**
- Roteiro de estudo
- Simulador

✓ **Listas de exercícios**

✓ **Respostas**

Conteúdo do DVD do professor

✓ **DVD do aluno**

✓ **Anotações em aula**

✓ **Banco de questões**
- Questões
- Resoluções dos Bancos de questões

✓ **Biblioteca do professor**
- 16.1 O produto das matrizes
- Textos para orientação pedagógica
- Capítulos extras

✓ **Conversa com o editor**

✓ **Resoluções**
- Livro do aluno
- DVD do aluno

Especificações técnicas para o uso do DVD
- CPU de 1.0 GHz
- Memória RAM de 1 Gb
- Leitor de DVD
- Acrobat Reader
- Sistema operacional: Windows XP ou superior
- Resolução mínima de vídeo: 1024 x 768